西方博雅典库
Liberal Arts Book Series

宗教思想史

第1卷　从石器时代到厄琉西斯秘仪

Histoire des croyances et des idées religieuses

De l'âge de la pierre aux mystères d'Eleusis

[美] 米尔恰·伊利亚德 著
～～ Mircea Eliade ～～

吴晓群 译

上海社会科学院出版社
Shanghai Academy of Social Sciences Press

目录

译者的话

《宗教思想史》是西方著名宗教史家米尔恰·伊利亚德(Mircea Eliade,1907—1986)的代表作之一,也是一部综合反映 20 世纪西方宗教研究成果的巨著。作为中文译本的序言,本文将就伊利亚德的学术生涯、他的宗教思想、研究方法以及《宗教思想史》的内容和结构作一些交待。

一、生平和著作

一个思想家的生活世界和他的思想活动往往是可以相互印证和解释的。

伊利亚德 1907 年 3 月 9 日出生于罗马尼亚首都布加勒斯特的一个军人家庭,父亲格奥尔基·伊利亚德(Gheorghe Eliade)是一名上尉军官。伊利亚德这一姓氏起源于希腊文 *hēlios*,意思是“太阳”。日后米尔恰·伊利亚德以宗教史家之名蜚声欧美学术界的时候,学术界将其誉为当代宗教研究领域里的“太阳”,其出处就在于此。

伊利亚德在家排行老二,有一个比他大一岁的兄长和一个妹妹。由于父亲的驻地时常需要移防,他们一家也总是居无定所。尽管如此,伊利亚德还是度过了一段无忧无虑的儿童时代。第一次世界大战爆发前一年,伊利亚德就读于布加勒斯特的一所小学,1917 年顺利考入中学。这时的伊利亚德逐渐长成了一个颇有个性的年轻人。他好胜心强、敏感、诗意盎然,但有时却陷入绝望、忧郁。晚年在回忆他的青年时代时,伊利亚德认为他的性格受到他父母的双重影响。他的父亲是摩尔达维亚人,摩尔达维亚人生性忧郁、充满诗意、喜好玄想;他母亲是奥尔特尼亚人,后者热爱冒险、精力充沛、性喜骑马。前者代表农民的性格,后者代表牧民和商人的性格。①

① 伊利亚德:《迷宫考验》(*Ordeal by Labyrinth*),芝加哥大学出版社 1982 年版,第 5 页。

中学时代的伊利亚德热衷于科普创作，梦想着“用文学形式来处理科学问题”。[1] 1921年，《大众科学报》组织征文活动，他创作的小说“我如何找到哲人之石”获了奖。小说有一个明显的特点，那就是发掘了炼金术中所包含的神秘主义思想，这为他后来将炼金术引入宗教研究领域开了先河。伊利亚德认为，“炼金术并不是化学的残余，不是一种‘前化学’，而是一种灵性的技巧，完全不是寻求征服物质世界；而是寻求改造人本身：寻求人的‘得救’和解脱。”[2] 事实表明，炼金术一直是伊利亚德投入大量精力研究的对象。早在大学时代，他就发表了一系列关于亚历山大里亚和阿拉伯的炼金术的研究论文，后来在印度留学的时候收集了大量印度炼金术的资料，先后用罗马尼亚文出版《亚洲的炼金术》(1935年)和《巴比伦的宇宙观和炼金术》(1937年)、《冶金术、巫术和炼金术》(1938年)。1956年出版的《熔炉和坩埚》，实际上是前述著作的综合。

同时，伊利亚德对于宗教、东方学和神秘主义的兴趣与日俱增。除了中学外语课程必须学习的法语和德语外，他还自学了意大利语和英语。用他自己的话说，学习意大利语是为了阅读帕皮尼(1881—1956)的诗歌，而学习英语则是为了阅读弗雷泽的《金枝》和麦克斯·缪勒关于东方特别是印度宗教的著作。[3] 他甚至还掌握了希伯来语和波斯语。

1925年，伊利亚德高中毕业，就读于布加勒斯特大学文学和哲学系。1928年以论文《从马西利奥·费奇诺到乔丹诺·布鲁诺的意大利哲学》获得学士学位。同年他游历意大利的时候，偶然读到印度著名哲学家苏伦德拉纳特·达斯古普塔的《印度哲学史》，遂向达斯古普塔本人和卡西姆巴扎的摩诃罗阇·曼宁德拉·昌德拉·南迪(Maharaja Manindra Chandra Nandy of Kassimbazar)写信，表示对于比较哲学深感兴趣，愿意到印度学习梵文和印度哲学，尤其是瑜伽思想。[4] 很快他便得到了答复，达斯古普塔鼓励他到印度去完成他的学习，而摩诃罗阇则答应为他提供为期5年的奖学金。11月，伊利亚德刚刚通过学位论文，便怀着兴奋的心情踏上了驶往东方的轮船。

---

[1][2] 米尔恰·伊利亚德：《自传》(*Autobiography*)第1卷，芝加哥大学出版社1981年版，第55、56页。

[3][4] 伊利亚德：《迷宫考验》(*Ordeal by Labyrinth*)，芝加哥大学出版社1982年版，第17、24页。

伊利亚德起先师从达斯古普塔，在他的指导下学习印度瑜伽和奥义书，同时刻苦学习梵文，以便能够同印度教僧侣直接进行对话。后来因与达斯古普塔发生矛盾，就到喜马拉雅地区的哈德瓦尔，在一所静修所拜师修炼瑜伽。伊利亚德并没有如期在印度呆满 5 年。1931 年底，他应召回国服兵役，以后就再也没有能够回到印度。不过在印度的这段经历成为他学术生涯中极其厚重的一笔。1933 年，他以自己在印度生活的背景用罗马尼亚文发表了小说《弥勒薏》(*Maitreyi*)，一时好评如潮，大获成功。小说 1950 年出版法文版，1994 年出版英文版。1987 年依据这部小说改编的电影《孟加拉之夜》问世，由如今当红的英国著名小生修 · 格兰特担纲主演男主角阿兰。

作为学院派的小说家，伊利亚德在文学创作方面数量颇丰，[①]并获得了极高的声誉，[②]但是他的学术重心却始终落在宗教研究上面。兵役结束后，伊利亚德在布加勒斯特大学度过一段较为平静的研究和教学生涯，获得了博士学位，并担任哲学系教授奈伊 · 尤内斯库(Naë Ionesco)的助手，讲授希腊哲学、基督教神秘主义神学以及印度宗教。同时，他还积极参与一些文化活动，用他自己的话说乃是"致力于在罗马尼亚扶植宗教史的科学研究"。[③]当时罗马尼亚的学术界，一方面，受欧洲特别是法国学术界的影响，宗教研究方兴未艾，但是宗教史作为一门学科尚未得到应有的重视，伊利亚德是在形而上学史名下教授宗教史的课程，并且学术界在研究方法上受到欧洲中心主义或者基督教中心主义的极大影响；另一方面，一些民俗学和民族学家因拘泥于自己的学术圈子，缺乏与欧洲学术交流的渠道。[④]在这种情况下，他联络法国、德国、意大利以及印度的著名宗教学家，编辑出版了一份宗教研究杂志《查莫西斯：宗教研究述评》。查莫西斯是古代盖塔伊—色雷斯人的民族神，又具有希腊秘仪的结构，[⑤]伊利亚德使用这个古代东欧民族的神灵作为这份宗教杂志的名称，其用意与他在宗教研究中力图跳出欧洲中心主义的巢窠不无关联。虽然这份杂志最后只发行了 3 卷，但是伊利亚德

---

① 《克里斯蒂娜小姐》(1935 年)、《老人与官僚》(1967 年)、《禁止入内的森林》(1978 年)、《百合花》(1982 年)等。

② 他是 1978 年诺贝尔文学奖候选人之一。1984 年又连续获得但丁 · 阿利吉尔里奖和埃尔巴—布里内蒂奖。

③ 伊利亚德：《迷宫考验》(*Ordeal by Labyrinth*)，芝加哥大学出版社 1982 年版，第 74 页。

④ 米尔恰 · 伊利亚德：《自传》(*Autobiography*)第 2 卷，芝加哥大学出版社 1981 年，第 9 页。

⑤ 参见本书第 2 卷，§179。

在第2卷上发表一篇关于罗马尼亚民间宗教的文章《罗马尼亚的曼德拉草崇拜》成为其日后出版的重要著作《想象和符号》中的材料。① 1972年,芝加哥大学出版社将伊利亚德在这方面的研究结集出版,名《查莫西斯——消失的神灵:达契亚和东欧宗教和民间传说的比较研究》。

20世纪40年代初,欧洲正在酝酿着一场人类历史上罕见的大灾难,那就是第二次世界大战。罗马尼亚卡罗尔领导下的政府也是风雨飘摇,遂决定将一批年轻的大学教师派遣到欧洲各国的外交机构任职。1940年4月,伊利亚德被任命为罗马尼亚皇家使团的文化专员派驻伦敦,第二年又以文化顾问的身份到里斯本大使馆任职。

战争结束后,罗马尼亚和其他东欧国家一样加入苏联社会主义阵营,伊利亚德则辗转来到法国巴黎,一直居住到1955年。在这期间,他的生活颇有些拮据,自称"穷学者",② 但是他的宗教研究却达到了一个高峰。《比较宗教的范型》、《宇宙和历史》、《永恒回归的神话》、《瑜伽:不死与自由》以及《萨满教》等一系列宗教学名著都是在这段时期以法文出版的。这些著作几乎涵盖了20世纪所有宗教研究的重要领域,使他迅速崛起成为一名蜚声国际学术界的宗教史家。

1956年,应美国芝加哥大学著名宗教学家约雅敬·瓦赫(Joachim Wach)邀请,伊利亚德以访问教授身份主持哈斯科尔(Haskell)讲座,教授"入会礼的范型",次年即任该校宗教史系主任和教授等职,在伊利亚德和他的同事(其中包括约瑟夫·北川、查尔斯·朗、弗兰克·莱因诺兹、约拿单·史密斯、温迪·道妮格等等)将芝加哥大学神学院建设成为一个国际知名的宗教史研究中心。伊利亚德与美国的宗教史学科结下了不解之缘。随着《比较宗教的范型》、《神圣与世俗》、《瑜伽》和《澳大利亚宗教》等著作陆续以英文出版,并成为许多大学宗教系的教科书,这位在欧洲学术界已经声名鹊起的罗马尼亚人也同样在北美学术界站稳了脚跟。1961年,他主编出版的《宗教史》创刊,很快成为美洲大陆宗教研究的一份重要刊物。20世纪80年代,伊利亚德的学术声名日盛,麦克米伦出版社欲出版一套大型宗教百科全书,伊利亚德当之无愧地担任该书主编。此时的伊利亚德已经年届八旬,因长期伏案工作和繁重的学术活动,百病缠身,不幸于1986年4月22日溘

①② 伊利亚德:《迷宫考验》(*Ordeal by Labyrinth*),芝加哥大学出版社1982年版,第75、88页。

然逝世。他的一些著名门生如劳伦斯·沙利文(Lawrence Sullivan)等在他去世前后一直在分担这部工具书的编辑工作。就在伊利亚德去世一年之后,煌煌16卷本的《宗教百科全书》正式出版。《宗教百科全书》的问世,为伊利亚德的学术生涯画上了一个圆满的句号。不仅如此,这部由包括中国学者在内的数以百计来自世界各国的学者共同协力完成的工具书更是一个象征,它象征着20世纪的宗教学研究在一大批像伊利亚德那样的学者的共同努力下,不仅取得了丰硕的成果,而且在学术的视野和研究的方法上走出了欧洲中心主义,逐渐成为国际学术界的公器。

二、作为一门学科的"宗教史"和《宗教思想史》

众所周知,宗教研究作为一门独立的学科,由英籍德裔学者麦克斯·缪勒于1870年首先提出,最初称为"宗教学"(Science of Religion)和"比较宗教学"(Comparative Religion),但是不久"宗教史"(History of Religions)一名逐渐占了上风,几乎成了作为一门学科的"宗教学"的代名词而与德文Religionswissenschaft(宗教学)并称。因此,我们不能将"宗教史"简单理解为宗教通史或者专题史,而应该在宗教学或者比较宗教学的意义上去理解这个术语。本文不拟追溯西方宗教研究的发展轨迹,为了帮助读者更好地理解《宗教思想史》一书,仅就伊利亚德本人对于宗教基本观点及其宗教的研究方法做一些初步的概括。

伊利亚德认为,如果从宗教本身去研究宗教就会发现,任何宗教都有一个不可化约的因素,那就是"神圣"。"神圣"可以通过"世俗"来显现自己,成为与"世俗"完全不同的事物,①这就是所谓的"神显"(hierophany)。神显的形式多种多样,可以是自然事物,如石头、树木,也可以是像基督教那样的道成肉身。宗教的历史就是由无数"神显"的实体所构成的历史。处在历史中的人通过"神显"而与"神圣"相遇,体验"神圣"。因着与"神圣"的相遇,生存的空间和时间都被圣化了,由此获得与"世俗"全然不同的意义。在"神圣"赋予人类生存以意义的层面上,人不是"世俗的"存在,而是"宗教的人"(*homo religiosus*)。

"宗教史"作为一门学科,它不仅要描绘历史上各种宗教现象的发展过

---

① 伊利亚德:《神圣与世俗》(*The Sacred and the Profane*),Harcourt Brace Jovanovich,1957年版,第11页。

程，更应在空间上揭示宗教的结构以及宗教对于人类的意义。所以，在方法论上，伊利亚德强调宗教学家不仅是一个历史学家，同时也应该是一个现象学家。作为历史学家是对宗教进行历时性的研究，作为现象学家则要对宗教进行共时性的研究。“宗教史”实际上是要将这两种不同的研究方法有机地结合起来。①

伊利亚德特别重视“宗教史”研究对于现代社会的意义。这实际上是对宗教进行共时性研究的“宗教史”研究自身的内在要求，也就是说，应当通过宗教研究深化对于人类本性，特别是自身所处世界的认识。在这层意义上，“宗教史”的最终目的乃是建立一种“新的人道主义”。

1961 年，伊利亚德写了一篇文章《一种新人道主义》，阐述了这一思想。作为一个宗教学研究的大师，伊利亚德常常将现代社会描述为一个“去神圣化”的世界(a desacralized world)。现代人“将自己的世界去神圣化了，刻意去过一种凡俗的生活”，他甚至不无讽刺地称这种“彻底的世俗世界、全然的去神圣化的宇宙，可谓人类精神历史中的一大新发现”。② 在这样一个世俗社会中，以研究宗教历史，解释其意义和价值为己任的“宗教史”究竟具有怎样的意义呢？首先，“宗教史”能够丰富现代社会关于宗教的知识，“亚洲各民族重新进入了历史；所谓的原始民族也将更大范围地进入历史的视野”③。其次，“宗教史”分析了“神圣”以及“神圣”在历史中的显现，揭示了“宗教人”的思想和行为模式，由此形成人类生存的意义和价值。第三，伊利亚德强调，现代社会所谓的非宗教的人其实是去神圣化的过程的结果，而这种去神圣化并不能摆脱过去的神圣历史。他们还是会自觉不自觉地继承宗教的遗产，各种新兴宗教、通俗小说的文学主题、政治意识形态，也会显示出某种衰减的、隐藏的宗教行为。“总之，大多数‘不信宗教’的人仍然主张某种伪似的宗教和衰减的神话。”④因而“从某种观点看，可以说那些声称不信教的人，宗教和神话只是‘隐蔽’在他们意识的暗处——换言之，对于这些人而言，整合一种生命的宗教观的可能性是深藏在心底的。”⑤

接下来，我们再考察一下《宗教思想史》的一些特色。

首先，它全景式地展示了人类历史上各种纷繁复杂的宗教现象的发展

①③　伊利亚德：《探索》，第 36、2 页。

②④⑤　伊利亚德：《神圣与世俗》(*The Sacred and the Profane*)，Harcourt Brace Jovanovich，1957 年版，第 13、209、201 页。

过程,这对于像伊利亚德这样一个百科全书式的学者,可谓驾轻就熟。事实上,在其学术生涯中,伊利亚德对于不同时空中的各种宗教材料差不多都有所涉猎,有些专题研究甚至可以用冷僻二字形容,如《瑜伽:不死与自由》、《萨满教》、《熔炉与坩埚》、《永恒回归的神话》等。《宗教思想史》融会贯通了这些专题研究的内容,例如《宗教思想史》第 2 卷在论述印度宗教时就充分吸收了《瑜伽:不死与自由》的材料和结论。他的其他一些宏观性研究如《比较宗教的范型》、《神圣与世俗》等,以及早年在布加勒斯特大学和巴黎高等研究院曾经讲授的宗教史课程,也都为伊利亚德 20 世纪 70 年代初正式创作《宗教思想史》做了学术上的铺垫。

从《宗教思想史》的整体结构看,全书分为 3 卷,[①]第 1 卷副标题为"从石器时代到厄琉西斯秘仪",勾勒了旧石器时代,包括美索不达米亚、埃及、印度、希腊、小亚细亚、巴勒斯坦以及伊朗在内的古代文明的宗教观念;第 2 卷,"从乔达摩·悉达多到基督教的胜利",叙述了中国宗教、印度教、佛教、犹太教、基督教的发展历程;第 3 卷"从穆罕默德到宗教改革"则讲述了伊斯兰教的产生和发展、基督教宗教改革时期的思想激荡、中世纪犹太教神学思想的演进、中国西藏宗教的基本发展等。伊利亚德原计划撰写 4 卷,在第 4 卷中还打算论述"基督教的扩张、中世纪的中国和日本的宗教"。可惜最后一卷没有完成,一则是因为他晚年身体欠佳,而更为直接的原因是 1985 年底他的办公室失火,许多文献被焚毁,其中包括他为撰写《宗教思想史》所准备的材料。[②]

其次,在《宗教思想史》中,伊利亚德特别注重那些对人类发展产生重要作用的宗教思想的创新,突出了人们在遭遇深层危机之际是如何通过宗教的创新来解释、摆脱和化解这些危机的。但是,伊利亚德强调,任何宗教思想的创新都不是凭空而起的,都以一定的传统宗教思想为基础。例如,人类起源于一次"太初时代"的杀戮,这种印欧民族的宗教观念其实可以追溯到旧石器时代原始民族猎杀动物,以及围绕这一活动方式而产生的宗教信仰。从宗教的空间结构分析,它是不同时期宗教创新的累积和叠加,有一点类似于考古学文化层的叠加,但显然要复杂得多;从宗教的时间延展分析,则它

---

① 全书最早为法文版,分别出版于 1976 年(英文本 1986 年)、1978 年(英文本 1982 年)、1978 年(英文本 1985 年)。以后德文本、日文本等其他文字的版本也陆续问世。

② 伊利亚德:《自传》(*Autobiography*)第 2 卷,芝加哥大学出版社 1981 年版,第 IX 页。

必然是“外来文化”和“本土文化”的相互融合之后的共生状态。因此，宗教的历史既有连续性也有阶段性，是二者的统一。

第三，《宗教思想史》还有一些特点是非常引人注目的。伊利亚德在书中大量吸收和融合了20世纪在专门宗教研究领域中其他大师级宗教学者的研究成果。例如肖勒姆的犹太教研究、科宾的伊斯兰教研究、石泰安和图齐的中国西藏宗教研究、杜米兹和维登格伦的印欧宗教研究，以及马伯乐、葛兰言的中国宗教研究等等。与此同时，他还特别关注一些被以往宗教史家所忽视的宗教思想，因而极大地丰富了人们对于宗教的多样性和复杂性的认识。例如，受到东方思想影响的希腊秘仪宗教、中世纪的基督教神秘主义、东南欧洲国家“宇宙论的基督教”中蕴含的前基督教因素，以及为正统神学家和哲学家所不屑的各种“非正统思想、异端、神话以及诸如算命、炼金术和秘传宗教等大众领域里的宗教生活”，[①]也就是所谓的“民间宗教”形式的宗教现象。此外，《宗教思想史》在结构安排上还有一个重要特点，就是在每一卷附有一个长篇“研究现状：问题与进展。评论性书目”，它罗列了相关宗教专题的研究书目和原始材料，并且做了精辟扼要的评论，既可供读者做进一步研究参考之用，又可以对西方20世纪宗教研究的成果和走向有一个大致的了解。

以上我们对伊利亚德的生平、他的“宗教史”研究及其对20世纪西方宗教研究的贡献，以及《宗教思想史》的基本内容和结构等做了一些简单的介绍。作为20世纪为数不多的才华横溢、勤于思考、著作等身的学术大师而言，伊利亚德的宗教研究的启示无疑是多方面的。例如对于“神圣”和“宗教人”的深刻洞见，对于宗教研究的非欧洲中心主义的学术取向，对于“宗教史”的现代性意识，以及对于宗教现象的复杂性和长期性在思想意识层面上的深刻认识，等等，都是值得我们回味和思考的。当然，对于他的某些字句和结论，我们不必过分拘泥，以免反过来束缚了我们自己的学术研究。

三、感言和鸣谢

翻译出版《宗教思想史》是我承担的国家哲学社会科学基金青年课题项目“伊利亚德的‘宗教史’方法论述评”的最终成果之一。现在终于同读者见面，欣喜之余，作为本书的主要译者，我首先要感谢上海社会科学院出版社对学术

① 参见本书第3卷，“前言”。

著作出版事业一如既往的支持。事实上,出版这样一部100多万字的著作,无论是出版社还是译者个人都明白,其中的挑战是远远大于机遇的。

在这里,我还要感谢哈佛—燕京学社。多年以前,作为该社的访问学者,我能够阅读和收集到大量伊利亚德的著作,其中就包括《宗教思想史》的英文本。我还有机会选听像伊利亚德的学生劳伦斯·沙利文教授的宗教研究的课程,与他面谈伊利亚德和他的学术研究。沙利文教授特别提醒我,研究伊利亚德还必须关注后伊利亚德时代宗教研究的状况。这最终促使我决定将布鲁斯·林肯的《死亡、战争与献祭》翻译介绍给国内的读者,作为本课题的研究成果之一。①

此外,我要感谢龚方震先生,他不仅是最早介绍和研究伊利亚德的中国学者之一,而且一直鼓励和支持我对伊利亚德的研究。其实,在《宗教思想史》的翻译过程中遇到的一些疑问,也是在他的指教下找到答案的。

我要感谢巴黎第十三大学数学系的安德烈·克罗普托斯基(Andrzej Klopotowski)教授。还记得我们在孟买大学林荫道上散步的时候,我随口说起在联系《宗教思想史》翻译版权上遇到的困难,他一口答应要给予我帮助。不久,当我还在借助孟买拥挤不堪然而便捷准时的轻轨交通去寻访我的研究材料的时候,他已经辗转联系到了巴尤出版社负责版权事宜的玛丽-马丁·赛兰诺(Marie-Martine Serrano)女士,版权问题迎刃而解。

我要感谢我的合译者也是我过去的同事吴晓群女士,当时她的研究和生活确实很繁忙,看得出她在承诺第1卷翻译的时候还有些犹豫不决。最终我还是非常庆幸自己得到了一份满意的译稿。

我自然要感谢我的妻子姚蓓琴。她不仅支持我的整个研究工作,而且实际上也分担了第3卷相当一部分的翻译。

几个月前《宗教思想史》译毕,交付出版社的时候,作为译者,我是大大地舒了一口气。如今就要与读者见面,反倒有些惴惴不安。译书本非易事,但为此付出艰辛决非错谬的借口,甚望读书界的朋友予以批评和指正。

晏可佳
上海社会科学院宗教研究所
2004年3月

① 此书的中文本已经由上海人民出版社于2002年出版。

第 1 卷

从石器时代到厄琉西斯秘仪

De l’âge de la pierre aux mystères d’Eleusis

谨以此书献给克里斯蒂娜

前　言

对于宗教史家来说，**每一种**神圣事物的表现形式都是重要的：每一次仪式、每一个神话、每一种信仰或神灵的形象，都是对于神圣的体验（experience of the sacred）的各种反映，因而蕴含着关于**存在**、**意义和真理**的观念。正如我曾在其他场合指出的，“如果不相信在这个世界上有着某种不可化约的**真实**，就很难想象人类的大脑是如何进行思考的；如果意识没有赋予人类的冲动和经验以**意义**，就无法想象它又是如何能够出现的。对于一个真实且富有意义的世界的认识，是与对神圣的发现密不可分的。通过体验神圣，人类的头脑觉察到那些自身显现为真实、有力、丰富以及富有意义的事物与缺乏这些品质的东西——也就是说，混乱无序地流动、偶然且无意义地出现和消失的事物——之间的不同”。① 简而言之，“神圣”是意识结构中的一种元素，而不是意识史中的一个阶段。在文化最古老的层面上，**人类生命**本身就是一种**宗教**行为，因为采集食物、性生活以及工作都有着神圣的价值在其中。换言之，作为或成为人，就意味着“他是宗教性的”。②

在我早期的作品中，从《比较宗教的范型》（*Patterns in Comparative Religion*）（1958年）到探讨澳大利亚宗教的一本小书《澳大利亚宗教：导论》（*Australian Religions：An Introduction*）（1973年），我曾讨论过神圣的辩证法及其形态。而本书则是从一个不同的视角进行思考和写作的。一方面，我根据时间顺序分析了神圣的各种表现形式（但切勿将宗教概念中的“时代”与最早记载这一宗教概念的文献的时间混淆在一起）；另一方面，在文献资料允许的范围之内，我强调了深层的危机，以及特别是不同传统的重要的创新时期。简言之，我试图阐释对宗教观念与信仰史有重大贡

①② 伊利亚德：《探索：宗教的历史与意义·前言》，1969年。

献的事件。

对于宗教史家来说,神圣的**每一种**表现形式都是重要的,但是同样显而易见的是,比起拉玛什图(Lamashtu)的驱邪仪式或努斯库(Nusku)的神话,安努(Anu)神的结构、《巴比伦史诗》(*Enuma elish*)中的神谱和宇宙起源说,或吉加美士传说,能更有效地揭示出美索不达米亚人的宗教创造力和独创性。有时,某种宗教创造的重要性是通过后来对它的评价而揭示出来的。对于厄琉西斯秘仪和俄耳普斯教最早的表现形式,我们所知甚少;然而,2 000多年来欧洲的思想家们却为之着迷不已,这本身就是一个很有意思的**宗教事实**,其影响如何我们还没有做恰如其分的研究。当然,被后来某些作家所赞颂的厄琉西斯入会礼和俄耳普斯秘密仪式,反映的是诺斯替教的神话化,以及希腊—东方的宗教融合。但是,恰恰是**这个**秘仪与俄耳普斯教的概念影响了中世纪的赫耳墨斯教[①]、意大利的文艺复兴、18 世纪的"神秘主义"传统以及浪漫主义;而给现在欧洲诗人——从里尔克(Rilke)到T. S. 艾略特(T. S. Eliot)和皮尔·伊曼纽尔(Pierre Emmanuel)——带来灵感的秘仪与俄耳普斯教,也仍然还是学者、神秘主义者和亚历山大里亚神学家们的秘仪和俄耳普斯教。

我们选择了一个标准来界定哪些是对宗教思想史产生重大影响的观念,当然,这一标准的有效性还有待于进一步的讨论。但是,许多宗教的发展已证实了这一标准;因为正是由于宗教发展的深层危机以及从这些危机中诞生的宗教创新更新了宗教传统本身。以印度为例便足以说明问题,在那里,由于婆罗门祭祀的宗教意义降低而带来的紧张与失望,产生了一系列伟大的创造(奥义书、瑜伽术的编集成典、释迦牟尼的教义、神秘的皈依等等),它们都是对同一个危机作出的不同而又大胆的解决方案(参见第 9、17、18 和 19 章)。

多年来,我一直想要撰写一本简明扼要的著作,以便使读者在几天的时间里就能将它读完。因为,只有持续的阅读才能揭示出宗教现象**基本的一致性**,及其在表达上无穷无尽的**新意**。读者阅读那样一本书,在纵览了旧石器时代、美索不达米亚和埃及的观念与信仰之后几个小时,便接触到吠陀赞歌、梵书和奥义书;他在头一天刚刚沉思过苏鲁支、释迦牟尼、道教、希腊秘仪、基督教的兴起、诺斯替教、炼金术或圣杯神话,第二天便发现了商

① 欧洲中世纪的一种神秘主义哲学和神学,据说源自赫耳墨斯。——译者

羯罗(Sankara)、性力派、米拉日巴(Milarepa)、伊斯兰教、约雅敬(Gioachino da Fiore)①或帕拉塞尔苏斯(Paracelsus)②;他才发现了羽蛇神(Quetzalcoatl)③和维拉科查(Viracocha)、十二阿尔瓦尔派(Alvârs)④、格列高利·帕拉马斯(Gregory Palamas)⑤、最早的喀巴拉派(Cabalists)、阿维森纳(Avicenna)⑥或艾赛(Eisai),不久又与德国的启蒙主义者和浪漫主义者、黑格尔、麦克斯·缪勒(Max Müller)⑦、弗洛伊德、荣格和朋谔斐尔(Bonhoeffer)相遇了。

唉,这本简明扼要的著作至今还没有写出来。因为目前,我只能顺其自然,先撰写一部三卷本,希望最后再将它压缩成一卷,形成一部400页左右的著作。我之所以选择这种折衷的办法,主要是基于两个特殊的理由:一方面,我认为需要适当引用一些重要却鲜为人知的文献;另一方面,我想为学生提供一份比较全面的评论性书目。所以,我尽量减少正文的脚注,将书目以及在正文完全没有提到或者浅尝辄止的讨论,另外做成一个独立的部分。因此,读者可以比较流畅地阅读本书,不会被对于资料的必要讨论、对于某些观点的研究现状的必要概括所打断。研究某个专题、并且写给非专业读者阅读的概论性著作,通常会在每章的末尾提供一份书目。由于这部《宗教思想史》的结构要求一个更为复杂的供评论研究用的资料,所以,我将各章分为若干小节,每一小节都有单独的标题。因此,学生在阅读正文的时候可以在本书的第二部分较容易地查询相关书目以及研究现状的概述。我试图为每一小节都提供一份最近重要的评论性书目,其中我并不排除任何在方法论上我不敢苟同的著作。除了个别例外,我不曾提到以斯堪的纳维亚语(Scandinavian)、斯拉夫语(Slavic)或巴尔干语(Balkan)出版的著作。为了便于阅读,我简化了东方的术语和专名的音译。

---

① 约雅敬(1132—1202),中世纪基督教神秘主义者,他本人及其学说被判为异端,追随者后被称为"约雅敬派"。——译者

② 帕拉塞尔苏斯(1493—1541),瑞士医师、炼金家,发现并使用多种化学新药,促进了药物化学的发展,对现代医学作出了贡献,著有《外科大全》。——译者

③ 古代墨西哥阿兹特克人和托尔特克人崇拜的重要神祇。——译者

④ 公元7—10世纪,印度的神秘主义派别。——译者

⑤ 格列高利·帕拉马斯(1296—1359),希腊塞萨洛尼基地区大主教、东正教神学家。——译者

⑥ 阿维森纳(980—1037),波斯人,伊斯兰哲学家、医学家,著有《医典》等医学著作。——译者

⑦ 麦克斯·缪勒(1823—1900),英籍德裔东方学家和语言学家,专门研究波斯古经《阿维斯陀》,整理出版了《梨俱吠陀》等印度经典。——译者

除了一些章节外，这部书是我从1933到1938年在布加勒斯特大学、1946年和1948年在法国高等研究院，以及从1956年至今在芝加哥大学所开设的一系列宗教史课程的讲义的再整理。我属于那种宗教史家，对宗教史家而言，无论他们的“专业”是什么，他们都会努力跟上相关领域的研究进程，且毫不犹豫地告诉学生，他们所学习的这门学科中遇到的各种难题。简言之，我认为任何专门历史的研究都要熟悉通史（universal history）。因此，即使最严格的专业划分也不能使学者将他的研究置于通史视野之外。我也相信，对于但丁或莎士比亚的研究，甚至是对陀思妥耶夫斯基或普鲁斯特的研究，也可以通过对迦梨陀娑（Kalidasa）①、能剧（Noh）②或《西游记》的认识而得到启发。这绝不是毫无意义的、枯燥乏味的伪百科全书派。重要的是不要忽略了人类思想史具有深刻而不可分割的统一性。

认识到人类精神史的统一性，是最近才有的事，它还没有得到充分的研究。这种统一性对于本学科的重要意义，我们将在第3卷的最后一章作出阐述。我们还将在这最后的一章中讨论由化约论的大师——从马克思、尼采到弗洛伊德——所带来的危机，以及由人类学、宗教史、现象学和新诠释学所作出的贡献，这样，读者便可对现代西方世界仅有的却是十分重要的宗教创新作出自己的判断。我指的是去神圣化（desacralization）的最后阶段。对于宗教史家而言，这一过程是相当有趣的，因为它表明“神圣”全然地隐而不彰了，更确切地说，它与“世俗”相等同了。

在我50年的研究工作中，我从我的老师、同事以及学生那里学到很多东西。我要把我最诚挚的感谢献给他们所有的人，无论是已经去世或是仍然活着的。像我自1950年以来的每部著作一样，如果没有我妻子以及她的关爱和奉献，这部书也是无法完成的。我满怀喜悦与感激之情，将她的名字写在本书的首页，这本书可能是我对于所至爱的这门学科所作的最后贡献了。

米尔恰·伊利亚德
1975年9月于芝加哥大学

---

① 迦梨陀娑，公元4—5世纪的印度诗人、剧作家、梵文古典文学的代表之一，其传世的作品有《罗怙世系》、《鸠摩罗出世》等。——译者

② 日本古典舞剧，由神道教典礼演化而来，表演时，演员戴着面具又唱又跳。——译者

第1章　太初……：古人的巫术—宗教行为 003

1. 定位(*orientatio*)。制作工具的工具。火的“驯化”

在此我们并不打算讨论“灵长目动物人化的过程”(hominization)这一问题，虽然这对于宗教现象的理解是十分重要的。但是，毋庸赘言，直立的姿势已标志着超越了典型的灵长目动物的状态，因为只有在清醒状态中才能保持直立的姿势。也正是因为这种直立的姿势，人类才有了一种猿人所无法进入的空间架构：从一个“上”—“下”中轴向四方散开。换言之，空间是围绕着人的身体而组成的，可以向前、向后、向右、向左、向上、向下延伸。正是从这种最初的原发性经验中——感觉自我被“抛”进了一个显然是无限的、未知的、险恶的环境之中——发展出多种不同的定位方法；因为人类在任何时候都不可能生活在无方向所带来的眩晕中。这种以一个“中心”定向的空间经验说明了领土、聚集地、居所及其宇宙象征的范式性(paradigmatic)划分与分配的重要性(参见§12)。①

古人(Paleanthropians)与灵长目动物生存模式之间还有一个同样具有决定性的不同之处，那就是工具的使用。古人不只是使用工具，而且还能制作工具。当然，有些猴子使用某些物品时就好像那就是工具似的，而且在个别情况下，它们甚至知道如何制作工具。而古人则会生产制作工具的工具。
此外，他们在工具的使用上更为复杂；他们把工具放在近处以便随时使用。 004
简言之，他们对工具的使用并不限于某个特殊的环境或时刻，不像猴子那样。同样值得注意的是，工具并不是作为人体的延伸，因为我们所知的最早

① 虽然，现代社会中的人不再意识到空间定位经验的“存在”价值，但是人们对此仍然是十分熟悉的。

加工过的石器,是去执行一种人体结构并不具备的功能,即砍斫(一个完全不同于牙齿的撕扯或指甲的抓搔的动作)的功能。[1]技术进步的缓慢并不意味着智力发展的同样迟缓。我们知道,在过去两个世纪里,技术的惊人发展与西方人智力的发展并不是同步的。此外,如同有人说过的,"每一次创新都会带来集体死亡的危险"(安德烈·瓦拉格那克[André Varagnac])。技术的停滞反而确保了古人的生存。

火的驯化——也就是制取、保存和运输火种的可能性——可以说是标志着古人与他们的动物祖先之间决定性的分野。最古老的关于用火的"资料"是在周口店(大约公元前 60 万年),但是火的驯化可能要更早,而且可能是在几个地方同时出现的。

我们需要不断重复这些并非是众所周知的事实,这样,读者在看到以下分析时才会记得,史前人类行为方式已经像是一个赋有智力和想象力的生命了。至于那些无意识的行为——梦、幻想、异象、编造寓言等等诸如此类的行为——据推测,在其强度和范围上与我们当代人没有什么不同。但是对于"强度"和"范围"这两个术语,我们必须从其最强和最具戏剧性的角度去理解。因为人是在"太初"时某个决定的最后产物:为了生存而屠杀的决定。简言之,人类通过成为肉食动物,从而超越了他们的祖先。因为大约在 200 万年间,古人都是靠狩猎为生的;妇女和儿童采集果实、根茎、软体动物等等,不足以确保种族的生存。狩猎要求根据性别进行分工,因此促进了"人化"的过程;而在食肉动物、甚至在整个动物界中,这样的差别是不存在的。

005 然而,不停地追捕和杀死猎物最终在猎人与被屠杀的动物之间建立了一种独一无二的关联系统。以后我们还将回到这一问题上。在此,我们只要指出,猎人与他的牺牲品之间的"神秘的关联",通过单纯的杀戮行为而被揭示出来:从任何一方面来看,猎物所流的血与人的血都是相类似的。总之,这种与猎物的"神秘关联"揭示了人类社会与动物世界之间的亲缘关系。屠宰猎取的野兽或是后来驯养的动物都是可以用来取代人类的"祭品"。[2]我们还必须补充的是,所有的这些概念都产生于人化过程的最后阶段。这些概念在旧石器时代的文明消失后的数千年里仍然活跃着——虽然已经被

① 参见 Karl Narr, "Approaches to the Social Life of Earliest Man",第 605 页以下。

② 这个十分古老的观念在古代地中海地区一直存留;不仅是动物代替人作为牺牲品(一个流传广泛的习俗),同时人也代替动物被献祭。参见 Walter Burkert, *Homo Necans*, 第 29 页,注解 34。

改变、重估以及伪装过了。

2. “晦暗的”史前“文献”

如果将古人视作完整意义上的人,那么他们也应该拥有某些信仰并举行仪式。因为如前所述,对于神圣的体验构成了意识结构中的一个元素。换言之,如果我们讨论史前人类是否有宗教这一问题,那么认为没有宗教的人就得提出证据以支持他们的假说。也许古人无宗教信仰说是在进化论兴盛时期形成并被普遍接受的,当时人们刚刚发现人类与灵长目动物很相似。但是,这里有一个误解,因为问题的关键不是古人骨骼的结构(这确实与灵长目动物的骨骼结构相类似),而是他们的*作品*;而这些作品证明了某种智力活动的存在,除了将其称之为“人类的智力”以外,不可能有别的名称。

但是,即使今天人们都同意古人有宗教信仰的话,实际上也很难(如果不是不可能的话)确定他们的宗教信仰是什么。然而,研究者们并没有放
弃,因为还是有许多证明古人生活的“文献”保留下来,总有一天古人宗教的 006
含义能够被破译出来。换句话说,即这些“文献”能构成一种“语言”,正如由于弗洛伊德的天才,那些在他之前全被认为是荒谬或无意义的无意识的创造——如梦、梦游、幻觉等等——揭示了确实存在一种对于人类的知识来说是极为宝贵的语言。

事实上,这些“文献”的数量相当丰富,但同时却“晦涩难解”,也不好区分:人类的骨骸,特别是头盖骨、石器、涂料(最多的是红赭石和赤铁矿)以及在墓葬中所发现的其他物品。只是从旧石器时代后期,我们才发现了一些岩画、雕刻、画石以及骨、石雕像。在某些墓葬和艺术作品中,就我们要考察的范围而言,至少可看出某些宗教的意图,但是在奥瑞纳文化(Aurignacian)[①]时期(公元前3万年)以前的大部分文献——即工具——除了其实用的价值外无他。

然而,很难相信这些工具就没有某种神圣性,不能产生各种神话故事。最初的技术发明——将石头改造成攻击或防御的工具、使用火——不仅确保了人类的生存和发展,而且也产生了一个神话与宗教的价值体系,激发并滋养了创造性的想象力。考察那些仍停留在渔猎阶段的原始人,便会知道工具在其宗教生活和神话里所扮演的角色。无论是用木头、石头或是金属制成的武器,

① 属西欧旧石器时代后期文化,最早发现于法国南部的奥瑞纳村庄,故名。——译者

其巫术—宗教价值仍然保留在欧洲的乡村居民中，而不仅仅保留在他们的民间传说中。我们在此且不讨论石头、岩石和鹅卵石作为神性的力量和显现，在《比较宗教的范型》一书中，读者会发现这些例子。

尤其是通过投掷武器而对于距离的把握产生了无数的信仰、神话以及传说。我们只需想一想那些围绕着长矛而构建起来的神话就知道了，人们凭借刺入苍穹的长矛便有可能登天，箭能穿过云彩刺透恶魔，或是变成一条链子直达天堂等等。至少还有必要提到一些与工具——特别是武器——有关的信仰和神话，以便更好地评价古人的石器所不能传达给我们的一切。
007 语义的含糊性并非史前“文献”所独有。任何一种文献，甚至是我们当代的文献，只要没有被纳入某个意义体系中而得到成功解读，在精神上必定是模糊不清的。一个工具，无论是史前的或是当代的，都只能显示出它技术上的意图；而它的生产者或拥有者与之相关联的思想、感觉、梦想以及希望，我们都不得而知。但是，我们至少应该试着去想象一下那些史前工具非物质方面的价值。否则，这种语义上的含糊可能会使我们对文化史持有一种完全错误的观念。例如，我们有可能会将一种信仰出现的时间与文献中第一次清楚记载这一信仰的时间相混淆。[1]在金属时代，某些传说提到与采矿、冶金以及武器的制造有关的技术秘密，如果将其视作前所未有的发明，那就太过草率了，因为这些传说至少部分地来源于石器时代。

200 万年以来，古人主要以渔猎和采集为生。但是，关于旧石器时代猎人宗教世界的最早考古证据，只可以追溯到法国—坎塔布连山脉一带岩画（公元前 3 万年）。此外，如果我们考察当代狩猎民族的宗教信仰与行为的话，就会明白几乎不可能证明古人是否也有类似的信仰。原始猎人[2]认为动物与人类很相似，且拥有超自然的力量；他们相信人能变成动物，反之亦然；死人的灵魂能进入动物体内；总之，某人与某个动物之间存在着某种神秘关系（这在过去被称之为“附兽守护神崇拜”）。至于狩猎民族宗教中对那些超自然生物的记载，我们发现有很多种类：兽形的同伴或守护神（野兽的最高主宰），它们既保护猎物也保护猎人；丛林中的众精灵；以及各种不同动

---

① 如果完全采用这种方法的话，我们就会将德国民间传说产生的时间定在格林兄弟出版其童话的 1812—1822 年。

② 为了简单起见，我们使用了哈克尔（J. Haeckel）的综合性描述，“Jäger und Jagriten”，*Religion in Geschichte und Gegenwart*，第 3 版（1959），第 3 卷，第 3 部，第 511—513 页。

物的灵魂。

此外，狩猎文明还有某些独特的宗教行为模式。例如，宰杀动物成为一 008
种仪式，这意味着他们相信野兽之主在监视着猎人，他只能为了食物而宰杀动物，而食物是不能浪费的。骨头，特别是颅骨有明显的仪式价值（或许因为他们相信颅骨里包含着动物的“灵魂”或“生命”，而野兽之主能使之长出新鲜的血肉来），这就是为什么颅骨和长骨被安放在树枝上或高处的缘故。最后，某些民族将宰杀动物的灵魂送往它的灵魂之乡（参见阿伊努人［Ainus］和吉里亚克人［Giliaks］的“熊节”）；至今仍有把每只宰杀动物的一块肉（如俾格米人［Pygmy］、菲律宾的尼格利陀人［Negrito］等）或颅骨和长骨（如萨莫耶德人［Samoyed］等）献给最高神的习俗；而在某些苏丹民族（Sudanese peoples）中，当年轻人杀死他的第一个猎物后，会用动物的血涂抹在洞壁上。

在我们掌握的考古文献中，究竟可以从中考证出多少种信仰和庆典？最多只是颅骨和长骨的献祭。我们不能低估狩猎民族宗教思想的丰富性与复杂性，同样，我们几乎也无法证明或否认古人是否有宗教信仰。如我们经常说的：信仰和观点是不会变成化石的。因此，有些学者对古人的思想与信仰宁可什么也不说，也不愿通过与狩猎文明的比较来重构古人的信仰。这种极端的方法论立场不是没有它的危险性的。将这么一大段人类思想史留白，会使人以为在这几百万年的时间里，人类的思想活动仅限于技术的保存与传播。这样的一种观点不仅是错误的，而且对于人类的知识来说也是不幸的。***一个劳动的人（Homo faber），他同时也是一个游戏的人、哲学的人和宗教的人（Homo ludens，saoiens，and religiosus）***。即使我们不能重构他的宗教信仰与行为，至少必须指出某些有助于说明的相似之处，虽然只能是间接的。

3. 葬俗的象征意义

最早也是最多的“文献”显然就是人骨。从莫斯特文化[①]（Mousterian，
公元前 7 万—前 5 万年）开始，我们能够肯定就已有了对死者的掩埋。但是 009
颅骨与下颌骨在比这早得多的遗址中就已经发现了，比如在周口店（年代大约是在公元前 40 万—前 30 万年），它们的存在引发了很多问题。因为当时

① 一种发现于欧洲、北非、近东的旧石器时代中期的文化。——译者

还谈不上掩埋,它们之所以被保存下来,只能是出于宗教方面的原因。步日耶神父(The Abbé Breuil)[①]和威廉·施密特(Wilhelm Schmidt)[②]提到,在澳大利亚和其他原始民族中记载有这种习俗,[③]他们保留死去亲人的颅骨,并在部落迁移时随身带着。虽然这种假说是可信的,但是并未被大多数学者所接受。同样的事实也可以作为他们有嗜食人肉的习俗的证明,无论这种习俗属于宗教仪式还是日常生活范围。A. C. 布隆(A. C. Blane)正是用这种方法来解释发现于蒙特塞西奥(Monte Circeo)山洞中一颗残破的尼安德特人(Neanderthal)[④]头骨的:这个人可能遭受了致命一击,右眼眶被打穿,洞口后来又被弄大,以便从中取出脑髓,然后仪式性地将其吃掉。但是,这种解释也没有被大家所接受。[⑤]

关于死后生命的信仰似乎从人类历史最初的时候就有了,在仪式中以红赭石代替血液,以此作为一种生命的象征。往尸体上撒红赭石的习俗在世界各地不同时代都普遍存在着,从周口店到欧洲的西海岸、在非洲远至好望角、在澳大利亚、在塔斯马尼亚岛(Tasmania)、在美洲远至火地岛(Tierra del Fuego)。至于葬俗的宗教含义是什么则始终是争论很大的话题。毫无疑问,埋葬死者总应该有一个正当的理由——但那是什么呢?首先,我们不应该忘记,“将尸体弃置在丛林、肢解尸体、让鸟类啄食,人死后其他人立即离开,将尸体留在屋内等等,这些习俗并不意味着不存在死后生命的概念。”[⑥]而葬礼更加证实了对于死后生命的信仰;否则,就无法理解人们为什

010 么要煞费苦心地去掩埋尸体。这种死后的生命可以完全是精神的,也就是灵魂在人死后的一种存在形式,这种信仰因死者在梦中出现而变得更加坚

① 步日耶神父(1877—1961),天主教神父、法国考古学家,对欧洲旧石器时代及其洞穴壁画有深入的研究。——译者

② 威廉·施密特(1868—1954),德国民族学家,主要著作有《民族学文化历史法手册》、《神的观念的起源》等。——译者

③ J. Maringer, *The Gods of Prehistoric Man*,第 18 页以下。

④ 旧石器时代中期的古人,分布于欧洲、北非、西亚和中亚地区,最初发现于德国杜塞尔多夫附近的尼安德特河流的洞穴中。——译者

⑤ 勒瓦-古汉(Leroi-Gourhan)不同意此人是被杀并被吃掉的说法(*Les religions de la préhistoire*, 第 44 页)。马林格(Maringer)也不认为周口店遗址有食人的迹象(*Gods of Prehistoric Man*, 第 20 页),他还驳斥了布隆的解释(同上书,第 31 页以下)。参见 Müller-Karpe, *Alsterinzeit*, 第 230 页以下、第 240 页以下,以及 M. K. Roper,“A Survey of Evidence for Intrahuman Killing in the Plestocene”。

⑥ Leroi-Gourhan,第 54 页。

定。但是，某些葬俗同样也可以被解释为防止死人重回人间而采取的一种预防措施，在这些例子中，尸体被折弯或是被捆绑起来。另一方面，死者身体弯曲的姿势，不但不是害怕"僵尸"（在某些民族中存在的一种恐惧），相反是表达了一种再生的希望；因为我们发现一些故意以胎儿姿势埋葬的例子。

在具有巫术—宗教含义的葬俗中，以下几个例子很能说明问题：乌兹别克斯坦的泰西克·塔什（Teshik Tash）墓（一个小孩被排列整齐的山羊角环绕着）、在科雷兹（Corrèze）的圣徒教堂（La Chapelle-aux-Saint）（在墓穴中发现有燧石工具和几块红赭石）[①]、多尔多涅（Dordogne）的法拉西（Farrassie）墓（几个墓冢里都存放着燧石工具）。还必须提到迦密山（Mount Carmel）的一个山洞中有10个墓葬。墓地中食物祭品或物件的真实性和含义还有待讨论；而最熟悉的例子则是在马斯-德·阿齐利（Mas-d'Azil）发现的女人颅骨，她被装上了假眼睛，头骨被安置在驯鹿的下颌骨和鹿角上。[②]

在旧石器时代后期，土葬似乎已十分普遍。撒有红赭石粉的尸体被埋葬在有许多显然是个人装饰品（如贝壳、挂件、项链等）的墓穴中。在墓穴旁边发现的动物头骨和其他骨头如果不是祭品的话，可能就是仪式宴会后留下的残余物。勒瓦-古汉（Leroi-Gourhan）认为，把它们这些当成"随葬品"，即死者个人物品是"很值得疑问的"。[③]这个问题很重要，因为这种物品的出现，不仅意味着相信个人死后的生命，而且肯定了死者会在另一个世界里继 011
续他个人的活动。类似的观念在许多不同层次的文化中都有着广泛的记载。不管怎样，勒瓦-古汉[④]承认了在利古里亚（Liguria）[⑤]发现的一座奥瑞纳墓穴文化的真实性，在这座墓穴里，尸骨与四支被称作**权杖**（*bâtons de commandement*）的神秘物品摆放在一起。因此，至少某些墓穴无疑是表明了有某种特定的活动会在死后继续的信仰。[⑥]

---

① 最近的考古发现表明，29 000年前在斯威士兰（Swaziland）以及43 000年前在罗德西亚（Rhodesia）的矿区都挖出了赤铁矿。非洲几个矿区的赤铁矿开采延续了好几千年。而在匈牙利的利巴拉顿湖（Baraton）附近也有相似的发现，时间大约是在公元前24000年，这表明旧石器时代人类的技术能力和他们交流的广度。参见R. A. Dart，"The Multimillennial Prehistory of Ochre Mining" and "The Birth of Symbology"，第21页以下。

② 根据勒瓦-古汉的说法，这个发现是"一堆火烧过的瓦砾，可能其用途已经世俗化了，取代了人类遗迹的存在"（第57页）。

③④ Leroi-Gourhan，*Les religions de la préhistoire*，第62、63页。

⑤ 意大利的行政区名。——译者

⑥ 应注意，其他学者认为，在墓穴中找到的可信的"文献"更多。

总之,我们可以归纳说,掩埋证实了有关死后生命的信仰(红赭石的使用已表明了这一点),并补充了一些额外的细节:掩埋的方位是朝向东方的,这表明了一种意向,即将灵魂的命运与太阳的运行联系在一起,因此这也表明了一种再生的希望,也就是说在另一个世界里的死后存在;相信某些特定的活动会延续到死后;存在某种形式的葬仪,陪葬个人饰品以及宴会的残余物表明了这一点。

让我们来考察一下一个现存古老民族的葬礼,就足以证明一个看似简单的仪式中其实蕴含着丰富且深刻的宗教象征。瑞奇-多马托夫(Reichel-Dolmatoff)详细描述了当代(1966 年)一个印第安科吉(Kogi)部落女孩的葬礼,这个部落操古奇布查语(Chibcha),居住在哥伦比亚的圣马丽亚内华达山区。[①]在为墓穴选定位置后,萨满(*máma*)便作出一系列的仪式性姿势,宣布:“这里是死人村;这里是死人的房屋;这里是子宫。我要打开这房子。这房子是关着的,我要打开它。”他这样宣布以后,“房子打开了”,萨满指示出挖掘墓穴的地方。这个死去的女孩被包裹在一层白布之中,那是她父亲为其缝制的尸衣。在整个过程中,她的母亲和祖母反复吟唱着一首缓慢而几乎是无字的歌。墓穴的底层铺着绿色的小石头、贝壳和腹足纲软体动物的壳。接着,萨满试图抬起尸体,给人的印象是那尸体似乎很重;他试了 9 次
012 才将其抬起。尸体的头部朝向东方,然后“房子关上了”,也就是说墓穴将被填满。然后围绕着墓穴举行其他仪式活动,最后,所有的人都离开。整个仪式要持续两个小时。

正如瑞奇-多马托夫所说的,后世的考古学家在发掘墓穴的时候,只会找到一具头部向东的尸骨和一些石头及贝壳。这些仪式,特别是其中所蕴含的宗教思想则再也无法从这些遗迹中还原了。[②]此外,即使对一个同时代的考察者来说,如果他不了解科吉人的宗教,也就无法得知仪式的象征意义。因为,正如瑞奇-多马托夫所说的,他们将墓地称作“死人村”和“死人的房屋”,而将墓穴比作“房屋”和“子宫”(这说明了为什么要将尸体安置成向左侧卧的胎儿姿势),接着是将祭品称作“给死人的食物”,以“房屋—子宫”

---

① C. Reichel-Dolmatoff, “Notas sobre el simbolismo religioso de los Indios de la Sierra Nevada de Santa Maria”, *Razon y Fabula*, *Revista de la Universidad de los Andes*, no. 1 (1967),第 55—72 页。

② 事实上,对于这一点,在瑞奇-多马托夫观察到之前,几乎无人所知。

的"开启"和"关闭"来象征仪式的开始与结束。最后，以一个仪式性的围绕墓穴举行的洁净礼，完成了整个葬礼。

另一方面，科吉人将世界——大地之母的子宫——等同于每一个树庄、每一座祭祀的房子、每一所住宅以及每一座墓穴。萨满9次抬起尸体，指通过9个月的反向怀孕，人的身体又回到了胎儿的状态。而且，因为墓穴被等同于世界，所以葬礼的祭品就获得了一种宇宙的意义。此外，那些祭品，"给死人的食物"也有一种性的含义在其中（在科吉人的神话、梦以及婚姻制度中，吃东西象征着性行为），因而成了能使大地之母受孕的"精液"。贝壳有着一个十分复杂的象征意义，不仅仅是关于性方面的：它们还代表着家庭中仍然活着的成员。而腹足纲软体动物的壳则象征着死去女孩的"丈夫"，因为如果墓穴中没有这个东西，当她到达另一个世界时，她会"索要一个丈夫"，这将导致部落里的某个年轻人死亡。①

在此，我们将结束关于科吉人葬礼所蕴含的宗教象征意义的分析。但是必须强调，如果仅*从考古学的层面去探讨*的话，那么这个宗教的象征意义对于我们来说，就如同旧石器时代的葬俗一样难以理解。正是考古资料的这种特殊形式限制了考古实物中所可能传递的"信息"，并 013
使之变得贫乏。当我们面对资料的缺乏和晦涩时，绝不能忘记这个事实。

4. 有关骨头堆放的争论

在阿尔卑斯山脉及其附近地区发现的许多洞熊骨头堆，为间冰期后期的宗教思想提供了为数最多、也最具争议性的"文献"。在瑞士的龙洞(Drachenloch)，爱弥尔·巴许勒(Emil Bächler)发现骨头，主要是颅骨和长骨，或沿着洞壁堆放，或堆放在岩石中的天然凹陷中，或堆放在一种石头盒子里。从1923年到1925年，巴许勒发掘了另一个洞穴，即"野人洞"(Wildenmannlisloch)，在那里，他发现了几个没有颌骨的熊的颅骨与一些长骨堆放在一起。在阿尔卑斯山其他几个史前人类的洞穴里也有类似的发现，其中最重要的，要数斯提里亚(Styria)的龙窟(Drachenhoetli)以及法兰哥尼(Franconia)的彼得石窟(Petershoehle)，霍曼(K. Hoermann)在那里距洞底

① 这种习俗广为流传，而且在东欧一直保存至今，在那里，人们会让死去的年轻人与冷杉树"结婚"。

1.2米高的凹陷处发现了一堆熊的颅骨。与此相类似的是，1950年，在奥地利一侧的萨尔茨芬石窟（Salzofenhoehle）的天然凹陷中，艾伦伯格（K. Ehrenberg）发现了三个东西向安放的熊颅骨和长骨。

因为这些骨头堆显然是故意如此堆放的，于是学者们试图解释其意义。戈斯（A. Gahs）将它与北极地区的某些民族把初熟的水果（*Primitialopfer*）献给最高神的习俗相比较。他们把杀死动物的颅骨与长骨放在平台上；将动物的脑髓和骨髓献给神灵，也就是说大部分被猎人吃掉了。威廉·施密特和科佩斯（W. Koppers）[1]都同意这种解释；对于这些民族学家来说，这是间冰期后期洞熊猎人信仰最高神或野兽之主的证据。而另一些学者则将这些颅骨堆与那些直到19世纪仍盛行于北半球的熊祭相对照。在这种祭祀中，要将被杀死的熊的颅骨和长骨保存下来，以便来年野兽之主再将其复活。卡尔·莫利（Karl Meuli）则认为这只是“掩埋动物”的某种形式，他将其
014 视作最早的狩猎仪式。这位瑞士学者认为，这种仪式表明了猎人与猎物之间存在一种直接的关系，前者埋葬后者的遗骸，为的是它的复活，在此并不涉及任何神圣的存在。

而所有的这些解释都遭到了巴塞尔学者科比（F. E. Koby）的质疑，他认为熊骨的“堆放”完全是偶然形成的，只是那些熊自己在骨头中间走动、抓扒的结果。勒瓦-古汉称他完全同意这一极端的批评：地质学和熊自身的行为特点可以解释为什么这些颅骨会沿着洞壁被放在“石头盒子”里，或是悬挂在由长骨所环绕的凹陷中。[2]这种对熊骨堆放意图的批评似乎很有说服力，尤其是最早的洞窟发掘并不是很理想；然而，令人惊讶的是，在许多洞穴中都发现了同样的堆置方式，特别是在离洞底一米多高的凹陷中。而且，勒瓦-古汉也承认“在某些例子中，有被人类重新处理过的可能性”。[3]

无论如何，对于骨堆是献给最高神灵的祭品这一解释已被多数学者所放弃，甚至其中包括威廉·施密特和W.科佩斯的支持者。在关于古人献祭活动的最新研究中，约翰内斯·马林格（Johannes Maringer）得出了以下的结论：（1）旧石器时代早期（托瑞勒巴[Torralba]、周口店、勒林根[Lehringen]）并没有关于献祭的“文献”；（2）旧石器时代中期（龙洞、彼得石窟等）的

---

① 科佩斯（1886—1961），奥地利民族学家，文化历史学派中的“维也纳学派”的创始人和著名代表，著有《民族与文化》、《原始人及其世界观》等。——译者

②③ Leroi-Gourhan, *Les religions de la préhistoire*，第31页以下。

"文献"可从多方面加以解释,但其宗教特征(如向超自然的存在者献祭)并不明显;(3)直到旧石器时代晚期(维林多夫[Willendorf]、梅尔多夫[Meiendorf]、司特尔沼泽[Stellmoor]、蒙特斯庞[Montespan]),才谈得上"或多或少有了一些确定性"的献祭。①

可以预计的是,研究者要么是缺乏无可辩驳的资料,要么是那些可以确定其真实性的资料语义含糊。古人的精神活动——如同我们这个时代中的"原始人"的精神活动一样——所留下的痕迹过于细微。仅举一例说明,科比和勒瓦-古汉所引用的论据,同样也能用来反对他们自己的结论:地质学的事实以及洞熊的行为足以解释不存在仪式性堆放。至于那些能确定其真实性而语义却含糊不清的骨堆,同样在当代北极猎人那里也有发现。骨堆本身只是巫术—宗教意向的表达;只有通过相关社会成员所传达的信息,我们才能理解其行为的特殊含义。然后,我们才能明白颅骨和长骨到底是献给最高神或野兽之主的祭品,还是只是希望它们能够重新长出肉来。甚至这后一种信仰也可能有不同的解释:动物的"重生"是因为野兽之主,或是居留在骨头里的灵魂,抑或是猎人埋葬它的方式所致(以避免它的骨头被狗吃掉)。 015

我们必须记住的是,那些可能有巫术—宗教意向的"文献"有着多种可能的解释方式。另一方面,我们不能忘记的是,无论北极猎人与古人之间可能有着多么的不同,但他们都有着共同的经济生活,并极有可能有着同样的宗教思想,因为这二者都具有狩猎文明的特点。因此,将史前的"文献"与民族学的事实相比较还是有道理的。

因此,建议从这一观点来解释一只发现于西里西亚(Silesia)属于奥瑞纳文化早期的幼棕熊头骨化石,虽然它的门齿和犬齿被锯掉或锉平了,但其臼齿还完好无损。W. 科佩斯提到在萨哈林岛②上的吉里亚克人(Giliaks)和日本虾夷岛(北海道旧称)上阿伊努人(Ainus)的熊节。在那里,宰熊之前,要先用一把锯子将小熊的门齿和犬齿锯掉,使它不再能伤害参加仪式的人。③在仪式中,孩子们将箭射在被捆绑住的动物身上,这一解释也适用

① J. Maringer, "Die Opfer der palaolithischen Menschen", 第 271 页。

② 即库页岛。——译者

③ 这是一种非常重要的仪式:熊的灵魂作为人类的信使被派往守护神那里,以便神灵能够确保未来狩猎的成功。

于三兄弟洞窟(Trois Frères)中的壁雕,这些壁雕展示的是熊被箭和石头所击中,显然正血流如注。①但这样的场面也可作多种解释。

016 远古宗教观念一直延续到以后的时代,这也证明了它的重要性。例如,相信动物能从其骨骸中重生的观念,在许多文化中都有所发现。②这就是为什么要禁止将吃过的动物骨头打碎的原因所在。这是一个适合于狩猎和游牧文化的观念,但它却也存在于一些更为复杂的宗教和神话之中。一个众所周知的例子便是琐尔(Thor)③的山羊,它们的喉咙被割断,在晚上被吃掉,但是琐尔神却使它们在第二天从其骨头中复活过来。④同样地,我们还知道以西结所看到的一个异象:先知被带到"遍满骸骨的平原",并遵从主的命令对这些骨头说:"枯干的骸骨啊,要听耶和华的话。主耶和华对这些骸骨如此说,我必使气息进入你们里面,你们就要活了。……有响声,在地震,骨与骨互相联络。我观看,见骸骨上有筋,也长了肉,又有皮遮蔽其上。"⑤

5. 岩画:图像还是符号?

最重要也是为数最多的图像文献是洞窟绘画。这些旧石器时代的艺术宝藏分布的地区相当有限,处在乌拉尔山与大西洋之间。在西欧、中欧以及俄国远至顿河地区都发现了史前时代的可移动器物上的装饰艺术。但是壁画艺术仅限于西班牙、法国以及意大利南部(除了1961年在乌拉尔山发现的石窟壁画外)。勒瓦-古汉评论说,最令我们惊讶的是,"这些艺术品的内容有着惊人的一致性:从公元前3万年到公元前9000年,图像表面的意义似乎没有多大的变化,而且与在西班牙西北部的阿斯图里亚斯(Asturias)以
017 及顿河地区所发现的相同。"⑥根据勒瓦-古汉的说法,⑦这是同一种意识形态体系——尤其是标志着"洞窟宗教"(religion of the caves)的体系——经

---

① 参见 J. Maringer, *The Gods of Préhistoric Man*, 第103页以下,图14。

② 参见 Eliade, *Shamanism: Archaic Techniques of Ecstasy*, 第160页以下,以及注释中所引用的书目,特别是 Joseph Henninger, "Neuere Forschungen zum Verbot des Knochenzerbrechens", 各处。

③ 北欧神话中的雷神。——译者

④ 《吉伐的哄骗》(*Gylfaginming*),第26章。

⑤ 《旧约·以西结书》37:1—8以下。

⑥⑦ Leroi-Gourhan, *Les religions de la préhistoire*,第83、84页。

接触而传播的现象。①

因为发现壁画的地方离洞穴的入口很远，研究者们一致同意将洞穴看作一种圣所。此外，许多洞穴都是不能居住的，进出的困难更增强了其神秘的特征。为了到达壁画前，必须走上几百米，就像在尼欧石窟（Niaux）和三兄弟石窟一样。卡巴莱特斯石窟（Cabarets）简直就是一个迷宫，要花好几个小时才能穿越此洞。在拉斯哥石窟（Lascaux），走进低矮的长廊，那里面有旧石器时代的艺术杰作，要到达那里必须顺着绳梯滑下 6.3 米深的竖井。这些壁画或雕刻作品的意图似乎是毋庸置疑的。大部分学者诉诸民族学的相似材料来解释这些艺术品。有些比较并不具有说服力，特别是当他们迫切地想要使旧石器时代的文献“完整”，以便强化其与某些民族学材料的相似性时就更是如此了。但是如此草率的解释只是使其作者受到怀疑，而不是他们所使用的方法。

那些熊、狮子和其他野兽身上插满了箭，而在蒙特斯庞洞所发现的泥熊、泥狮身上也刺有几个又深又圆的洞，这可以作为“狩猎巫术”的证据。②这种假设似乎是有道理的，但是有些艺术品也可被解释为再现原始狩猎的场面。仪式也可能是在“圣所”的最深处举行的，或是在狩猎出征之前，或是
年轻人的“入会礼”。③ 三兄弟石窟中的一处壁画被解释为，一个戴着野牛 018
面具、吹奏着某种乐器（可能是笛子）的舞蹈者。这一解释似乎是有说服力的，因为我们已知道，在旧石器时代的艺术品中，大约有 55 个穿着皮衣、呈舞蹈姿势的雕像。④ 而且，这在当代狩猎民族中也是一种典型的仪式行为。

---

① 勒瓦-古汉确立了旧石器时代艺术品的年表和形态学，将其分为五个时期，以前图像时期为其开端（公元前 50000 年），接下来是原始时期（公元前 30000 年），此时出现了风格独特的图像；第三个时期是远古时期（大约在公元前 20000—前 15000 年），以技术的娴熟为其特征；第四个时期是形式上的写实主义的古典时期（在马格德林时期〔Magdalenian，欧洲西南部旧石器时代晚期文化——译者〕，大约在公元前 15000—前 11000 年），延续了很长一段时间，最后在旧石器时代晚期（大约在公元前 10000 年）走向衰落并且宣告终结。

② 贝戈恩和卡斯特雷根据蒙特斯庞洞中陶土塑造的熊像，复原了整个仪式；关于对这一复原的批评，参见 Graziosi，*Palaeolithic Art*，第 152 页，并且参见 Peter J. Ucko and Andre Rosenfeld，*Paleolithic Cave Art*，第 188—189 页，对贝戈恩和卡斯特雷书的讨论。

③ 恰雷特将图克·德·奥伯特（Tuc d'Aubert）中的人类足迹解释为男孩入会礼的证据；这种假设被一些学者接受，但却遭到乌科（Ucko）和罗森费尔德的反驳，*Paleolithic Cave Art*，第 177—178 页。

④ Maringer，*The Gods of Prehistoric Man*，第 145 页。

在三兄弟石窟的洞壁之中有一尊高75厘米的雕像，步日耶神父将其称作“大巫师”。从步日耶的素描中可以看出这个雕像有着成年牡鹿的头，头上长着大鹿角，却有一张猫头鹰的脸、一对狼的耳朵、羚羊的胡须、熊的爪子以及长长的马尾巴。只有从其下肢、性器官以及舞蹈的姿势中才可看出这是一个人类的形象。但是最近从洞中拍摄下来的照片中却并没有看到步日耶所详细描绘的那些细节。[①] 有可能自雕像发现以来，一些细节已经遭到了毁损（如第二支鹿角），但步日耶的素描也不是不可能没错。如同最近的照片所显示的，这位“大巫师”并没有给人如此深刻的印象。然而，这尊雕像也是可以被解释为野兽之主或是化身为巫师的神的。此外，最近在卢尔德斯（Lourdes）发现了一块石板，表现的是一个人裹着鹿皮，带着马尾，头上有鹿角。

最近在拉斯哥石窟发现的艺术品非常有名，同时也成为争论的话题，那是在一个很难到达的较低的长廊里发现的。它展示的是一头受伤的野牛，用角抵着一个人，那人显然已经死了，躺在地上；他的武器，一种带钩的长矛刺在野牛的腹部上；在那人的旁边有一只鸟栖息在树上（他的头在鸟嘴里）。这一场景一般都被解释为一次狩猎的意外事故。1950年，霍斯特·基希纳（Horst Kirchner）建议将此图景看作是一次萨满的降神会，这样，躺在献祭的野牛前的那个人就不是一个死人，而是处于一种出神的状态之中，他的灵魂正在神游冥界。那只栖息的鸟是他的守护精灵，这是西伯利亚萨满教的一个典型的主题。根据基希纳的说法，这种降神会的举行能使萨满进入
019 出神的状态，从而进入神界以乞求神赐福，即乞求狩猎的成功。基希纳还认为这些神秘的**权杖**（*batons de commandement*）其实是鼓槌。如果这种解释被接受的话，就意味着旧石器时代的巫师们与西伯利亚萨满一样都使用鼓。[②]

基希纳的诠释一直是众说纷纭，对此我们认为没有资格妄加评论。然而，在旧石器时代存在着某种类型的萨满教，这似乎是肯定的。一方面，在今天萨满教仍然支配着猎人和牧人的宗教思想；另一方面，出神的体验作为

---

① Ucko and Rosenfeld, fig. 89 和第204、206页。

② H. Kirchner, “Ein archäologischer Beitrag zur Urgeschichte des Schamanismus”, 第244页以下、第279页以下。与此相关的，我们想提到的一个情况是，在巴伦支海中的欧勒尼岛（Oleny）上曾发现骨制的鼓槌，时间大约是在公元前500年；参见 Eliade, *Shamanism*, 第503页。

一种原初的现象，它也是人类状态的一种基本元素。我们不能想象人类会有一个时期没有梦或不梦游，没有进入“出神”的状态——这是一种意识的丧失，被解释为灵魂到冥界的游荡。在不同文化与宗教中所发生的变化与转型，是人们对这种出神体验所做的诠释和评估。既然旧石器时代人类的精神世界是由人与动物之间的神秘关系所主宰的，因此不难猜到一个出神中的巫师的职责是什么。

所谓的“X光绘画”，即画出动物的骨骼和内脏，这也与萨满教有关。这些绘画在马格德林时期(公元前13000—前6000年)的法国、公元前6000—前2000年的挪威、西伯利亚的东部，在爱斯基摩人中，在美洲(在奥吉布瓦人[Ojibways]和普韦布洛人[Pueblos]等民族中)，在印度、马来西亚、新几内亚以及澳大利亚西北部都有所发现。① 这是狩猎文化所特有的艺术，但是渗透其中的宗教思想则是萨满教的。因为正是萨满通过他超自然的视角，才能“看见他自己的骨骼”。② 换言之，他甚至能够进入动物的生命之源，即骨髓中。这种体验今天仍植根于藏传佛教之中，这便证明了它是某种神秘主义的基本要素。

6. 妇女的出现 020

冰川后期女性雕像的发现引发了许多至今仍争论不休的问题。这些雕像分布的地区很广，从法国的西南部到西伯利亚的贝加尔湖，从意大利北部到莱茵河。这些雕像大约5—25厘米高，以石头、骨头和象牙雕刻而成。她们被很不恰当地称作“维纳斯”，最有名的有列布支(Lespuges)、奥地利的维林多夫和法国多尔多涅省的洛赛尔(Laussel)等地的维纳斯。③然而，由于细致的发掘，在乌克兰的加家利诺(Gagarino)和梅沁(Mezine)所发现的雕像是最有启发性的。这些雕像从居住层出土，因此似乎与家庭宗教有关。在加家利诺紧靠着居住区的墙壁处发现6尊长毛象骨雕像，雕像线条简略，腹部的比例十分夸张，没有描绘脸部。而在梅沁发现的雕像则非常程式化；有些可以认为是被简化成了几何元素的女性形象(这种类型在中欧的其他地

---

① Andreas Lommel, *Shamanism: The Beginnings of Art*, 第129页以下。

② Eliade, *Shamanism*, 第26页以下。

③ Franz Hančar, “Zum Problem der Venusstatuetten in eurasiatischen Jungpalaolithikum”, 第90页以下、第150页以下。

方也有所记载);而其他的雕像则很可能是鸟类。这些小雕像被饰以各种几何图案,特别是万字形的装饰。为了解释其中可能蕴含的宗教功能,汉卡尔(Hancar)提到北亚某些狩猎部落制作一种叫珠利(*dzuli*)的小人偶。在这些部落中,珠利都是女性,这些"偶像"代表着神话中的女性祖先,部落中的所有成员都被假定是她们的后代,她们保护家庭和居民,每当有大型的狩猎活动归来时,人们都要向其祭献小麦粉和脂油。

更有意义的是杰拉席莫夫(Gerasimov)在西伯利亚马利塔(Mal' ta)发现的一个"村庄",村里矩形的房子分为两个部分,右边的是男子居住区(在此仅发现男性使用的东西),左边的房屋则属于妇女,女性雕像也只从这一边的房屋中出土。在男子的房屋中也有类似的雕像,是鸟的造型,有些则被解释为阳具。①

021 我们无法确定这些小雕像的宗教功能,它们可能代表着某种女性神灵,以及女神的巫术—宗教力量。无论是在原始宗教或是历史宗教中,女性特殊的存在模式所构成的"奥秘"都扮演着一个重要的角色。我们要感谢勒瓦-古汉,他阐明了整个旧石器时代艺术品(即岩画、壁雕、石头雕像以及石板画)中男女对立的主要功能,并且还进一步证明了从法国—坎塔布连山脉到西伯利亚的象征语言的统一性。采用地形测量学和统计学的分析方法,勒瓦-古汉得出结论,认为**图像**(形状、面孔等等)和**符号**是可以互换的;比如,野牛与"伤口"或是其他几何符号的概念有着同样的价值,都是指向"女性"。他随后又观察到其中还有男女配对的价值,如野牛(女性)与马(男性)。从这一象征理论去解释,洞窟被证明是一个负载着诸多意义的世界。

对于勒瓦-古汉而言,洞窟无疑是一个圣所,而那些石板和小雕像则构成了可移动的圣所,它们拥有与经过装饰的洞窟同样的象征性结构。然而,他也承认,他所重构的这一综合体不能告诉我们有关旧石器时代的宗教**语言**。他的方法使他无法辨认某些岩画中所暗示的"事件"。拉斯哥石窟中那个著名的"场景",其他学者将其解释为狩猎的意外事故或是萨满的出神,而勒瓦-古汉则认为,那只鸟只不过是某个"表示地形的群雕"之一,"与壁画上它旁边的人或犀牛事实上具有相同的象征意义"。②除了不同性

① M. M. Gerasimov,"Paleolithischeskaja stojanka Mal' ta",第40页,引自 Karl Jettmar, *Les religions arctiques et finnoises*, 第292页。

② Leroi-Gourhan, *Les religions de la préhistoire*,第148页。

别意义的象征组合之外(这或许说明了这种互补性在宗教上是很重要的),勒瓦-古汉所能提出的全部东西便是,“这些雕像涵盖了一个相当复杂而又丰富的体系,这是一个远比我们以前想象的要丰富得多、复杂得多的体系。”①

勒瓦-古汉的理论受到了来自不同角度的批评。人们尤其指责他没有一以贯之地去“解读”那些图像与符号,没有将在洞窟中举行的仪式与他新建立的象征体系联系起来。②不管怎样,勒瓦-古汉的贡献还是很重要的:他 022
论证了旧石器时代的艺术在风格和观念上的统一性,并且阐明了伪装在“男性”与“女性”符号之下的宗教意义的互补性。马利塔村庄中以性别为标准而完全分隔开来的两个区域也有类似的象征意义。在原始社会中,仍有许多暗示着两性之间的互补性与宇宙原则的体系,而我们在远古宗教中也会发现这些体系。互补的原则既可用于认识世界的结构,也可用于解释世界的周期性的创造与再生的奥秘。

7. 旧石器时代猎人的仪式、思想与想象

近来,古生物学的发现有一个共同之处,即它们不断地将人类和文化的起源向更早的时期推进。人类的历史比几十年前所认为的还要古老,而人类的心理活动也更为复杂。亚历山大·马尔沙克(Alexander Marshak)最近证明,在旧石器时代晚期已有基于对月亮盈缺的观察标记时间的符号系统。这些标记时间的方法,他称之为“时间解析法”,是长期不断积累的结果,我们可以推测,他们早已确定了某些季节性或周期性的仪式,就像今天的西伯利亚人和北美印第安人一样。这种标记时间的系统延续了25 000多年,从奥瑞纳文化早期到马格德林文化晚期。根据马尔沙克的说法,旧石器时代所使用的标记时间的系统,可能蕴含着最早的文明所使用的文字、算术和历法。③

无论人们对马尔沙克有关文明发展的基本学说有何看法,事实却是不

① Leroi-Gourhan, *Les religions de la préhistoire*,第151页。

② Ucko and Rosenfeld, *Paleolithic Cave Art*,第220页、第195页以下。亨利·路特(Henri Lhote)对此也有类似的批评。

③ Alexander Marshak, *The Roots of Civilization*,第81页以下。旧石器时代的人们准确地观察并记录下植物生命的周期,这同样深具意义。参见Marshak, *Roots*,第172页以下,以及所撰“Le bâton de commandement de Montgaudier (Charente)”,第329页以下。

023 变的,即早在农业发现之前的 15 000 年,人们已经出于实用目的,开始分析、记录并利用月亮的阴晴圆缺了。这使得我们更加能够理解月亮在远古神话中所扮演的重要角色,尤其是更加能够理解这样一个事实,那就是月亮的象征被整合进了一个由妇女、水、植物、蛇、繁殖、死亡和“再生”等等不同的实体所构成的独特体系之中。①

根据对那些刻在物体上或是画在洞壁上回纹的分析,马尔沙克得出结论,这些图案构成了一个系统,因为它们显示了某种连续性,表达了某种意图。这个结构在其他考古遗址中也有所发现,如在多尔多涅的贝雪达兹洞窟(Pech de l' Azé)发掘出土的骨雕,是属于阿舍利文化(Acheulian)②阶段(大约在公元前 135000 年),也就是说至少比旧石器时代晚期的回纹要早 10 万年。此外,这些回纹是画在动物图案的周围和上面的,这暗示着某种仪式(马尔沙克将其称之为“有个人参与的行为”)。虽然,我们很难确定其中的含义,但是从某个时刻开始(比如,在德国巴登地区的彼得斯费尔德[Petersfeld]的绘画),这些回纹就以“波浪纹”形式出现,并与鱼的图案相伴随。这里,水的象征是很明显的。但是马尔沙克认为,这不仅仅是水的图像;手指和各种工具留下的无数痕迹都表示这是“有个人参与的行为”,在这种行为中,水的象征或神话具有一定的作用。③

这样的分析证实了旧石器时代的图像与符号具有**仪式的功能**。这些图像和符号显然是指某些“故事”,也就是那些与季节、猎物的习性、性爱、死亡,某些超自然的存在物或某些人物(“有关神圣方面的专家”)的神秘力量有关的事件。我们可以将旧石器时代的图像视作某种密码,它指向图像的**象征性**(因此具有巫术—宗教的)**意义**,同时在与“故事”相关的仪式中的**功**
024 **能**。但是,这一拥有不同符号的“系统”,至少能让我们猜测到这些符号在旧石器时代的巫术—宗教活动中的重要性。

如同上面所提及的(§4),通过考察原始状态的猎人所特有的仪式与信仰,我们可以重构史前宗教的某些方面。这不单是一个究竟有多少民族学

① Eliade, *Patterns in Comparative Religion*,第 4 章。

② 欧洲旧石器时代初期继阿布维利文化之后的一种文化。——译者

③ A. Marshak,“The Meander as System”。作者认为回纹的传统不能以狩猎巫术或性的象征来解释。蛇—水—雨—暴风雨—云的综合体存在于新石器时代的欧亚大陆、澳大利亚、非洲和南北美洲。

材料的问题，而且也是所有的研究者（除了勒瓦-古汉和拉明-恩伯莱尔［Laming-Emperair］①之外）或多或少成功地使用过的一种研究方法。但是，即使将史前文化与原始文化的所有差异都考虑在内，我们仍能勾画出某些基本的轮廓来。因为，至今仍有许多以狩猎、捕鱼和采集为其生存方式的远古文明存在于世界的边缘地带（在南美洲的火地岛，在霍屯督人［Hottentots］和布须曼人［Bushmen］居住的非洲，在北极，在澳大利亚等等），或是在大型热带丛林中（如俾格米人等）。尽管受到来自邻近农业文明的影响（至少是在某些例子上），但其最初的结构直到 19 世纪末仍完好无损。这些文明停留在一个与旧石器时代晚期十分相似的阶段，因此可以说是一种活化石。②

当然，我们并没有企图将“原始民族”的宗教活动和神话移植给旧石器时代的人类。然而，正如我们已说过的，萨满式的出神似乎在旧石器时代已有所记录。一方面，这表明存在着灵魂可以离开身体神游世界的信仰；另一方面，这也意味着人们相信在这样的神游中，灵魂会遭遇到某些超人类的存在物，并向其寻求帮助或赐福。这种萨满式的出神还暗示着附体的可能性，即有可能一个死人的灵魂，或是一个精灵，或是一个神灵 025
进入人体。

还有一个例子，那就是性别之分（§6），它使我们可以假设存在着某些秘密仪式，只有男人才能够参加，并且在狩猎出征之前举行。类似的仪式也存在于类似于“男性联盟”（*Männerbünnde*）的成人特权团体；通过入会仪式将“秘密”揭示给年轻人。有些学者认为，在蒙特斯庞洞中发现有类似入会礼的证据，但是对于这种解释是有争议的。然而，自古以来就有入会礼则是毋庸置疑的。在世界最偏远角落（澳大利亚、南北美洲）③所记载的仪式的相似性证明，在旧石器时代已发展出一种共同的传统。

至于蒙特斯庞的“圆圈舞”（无论人们如何解释那些年轻人在洞穴泥地

① 他们没有使用这种方法而引起了乌科（Ucko）的批评（*Paleolithic Cave Art*，第 140 页以下），乌科（Ucko）在引用了一些民族学类比的例子后，澄清了史前社会某些方面的问题（第 151 页以下），借助于澳大利亚和非洲的事实对旧石器时代的岩画艺术作了分析（第 191 页以下）。

② “活化石”的概念已成功地运用于生物学的几个分支上，特别是在洞穴学方面。穴居人至今仍居住在过去属于动物区域内的洞穴中。“他们是名副其实的活化石，且经常代表着生命史中非常古老的时期——第三纪甚至是第二纪”。因此，这些洞穴保存了古代的动物志，这对于理解那些*没能成为化石*的原始动物族群来说非常重要。

③ 参见 Eliade，*Birth and Rebirth*，第 28 页以下。

上所留下的印迹)，库特·萨克斯(Curt Sachs)①并不怀疑这种仪式舞蹈在旧石器时代是广为人知的。②而今天，圆圈舞在欧亚大陆、东欧、马来西亚、加利福尼亚的印第安人中间都是极为普遍的。各地的猎人都会跳这种舞蹈，无论是为了使被杀动物的灵魂得以安息，还是为了确保狩猎的满载而归。③在这两种情况中，旧石器时代猎人宗教思想的连续性都是显而易见的。此外，猎人团体与猎物之间的“神秘关联”使我们可以假设，各种职业秘密只有男人才知道，而这些“秘密”又通过入会礼传授给了年轻人。

圆圈舞极好地表明了史前仪式和信仰在当代远古文化中的延续。我们还可以举出其他的例子。而现在，我们想要重复的是，使我们能够“解读”霍加(Hoggar)和达希利(Tassili)的某些岩画的，是一个关于波尔(Peul)牧人的入会礼神话，而这个神话是由一个受过教育的马里人告诉非洲学家格尔曼·迪特林(Germaine Dieterlen)的，迪特林则将其整理出版了。④ 而
026 H. 冯·希卡德(H. von Sicard)在有关鲁维(Luwe)及其专名同源词的专著中得出结论，认为这个非洲的神代表着欧洲与非洲猎人最早的宗教信仰，这位瑞典学者将其年代定为公元前8000年前。⑤

总之，似乎可以这样说，旧石器时代的人们对于一些神话相当熟悉，尤其是宇宙起源神话和万物起源神话(人的起源、动物的起源、死亡的起源等等)。仅举一例说明，一个宇宙神话谈到原初的水和造物主，而造物主既可以以人形也可以以水中动物的形象出现，潜入海底带回创造世界所需的材料。这个广为传播的宇宙起源神话和它古老的结构表明了这是一种史前最早的传说。⑥同样地，与升天和“巫术的飞行”(食肉类猛禽——如鹰和隼——的翅膀和羽毛)有关的神话、传奇以及仪式，在从澳大利亚和南美洲

---

① 库特·萨克斯(1881—1959)，德国音乐学家，曾从事过非洲音乐研究，著有《古埃及的乐器》、《世界舞蹈史》等。——译者

② Curt Sachs, *World History of the Dance* (1937)，第124、208页。

③ 参见埃维尔·加斯帕里尼(Evel Gasparini)书中丰富的文献资料，*Il Matriarcato Slavo*，第667页以下。

④ G. Dieterlen ,*Koumen*；参见 Henri Lhote, “Les gravures et les peintures rupestres du Sahara”，第282页以下。

⑤ H. von Sicard, “Luwe und verwandte mythische Gestalten”, 第720页。

⑥ 参见本书有关 *Zalmoxis*: *The Vanishing God*，第76—130页不同版本的比较分析。

一直到北极的所有大陆都有广泛的记载。[1]这些神话与某种有着萨满特征的梦境和出神体验有关,而其年代之久远则是毋庸置疑的。

还有一个同样普遍的神话与象征,那就是彩虹及其在地上的对应物——桥(有联接另一个世界的意思在其中)。我们也可以假设,存在着一个"世界中心",围绕着它构成了空间,宇宙系统的存在就建立在"世界中心"原始经验的基础之上。早在1914年,W. 杰特(W. Gaerte)就收集了大量史前的符号与图像,这些符号与形象能被解释为宇宙之山、大地之脐,以及把"世界"分为四个方向的范式性的河流。[2]

至于动物起源的神话以及猎人、猎物和野兽之主的宗教关系,在旧石器
时代的密码及其图像库中可能经常被提及。同样地,对于我们来说,很难想 027
象在一个狩猎社会中没有关于火的起源的神话,由于这些神话大多赋予性行为以重要的意义,则情况就更是如此了。最后,我们必须考虑到的是有关天空、星象和大气现象的神圣性的原始经验。这是少有的能同时表现超越与威严的体验之一。此外,萨满的出神升天、飞行的象征、在高处想象摆脱重力的体验,都是将天空圣化为超越人类的存在者——诸神、精灵和人间的英雄——的发源地和居所。而夜晚与黑暗、猎物的宰杀与家庭成员的死亡、宇宙的灾难、狂热和发疯所引起的偶发性危机,或是部落成员中的同胞相残等等的"启示"也是同样重要和富有意义的。

语言被赋予了巫术—宗教的价值。某些姿势已能透露出某种神力或宇宙"奥秘"的显现。很有可能史前艺术中拟人形象的姿势不只是表达了某种意思,而且还具有某种力量。直到19世纪末,"姿势—神显"的宗教意义仍存在于某些原始社会之中。[3] 而语音的发明则肯定更是一个巫术—宗教力量的无穷源泉。甚至在清晰的语言产生之前,人类的声音就不仅能传达信息、命令或意愿,而且也已能通过高音和声音的变化创造出一个想象的世

---

① 参见 Eliade, *Myths, Dreams, and Mysteries*, 第121—122页; *Shamanism*, 第403页以下、第448页以下、第477页以下,以及 *Australian Religions*, 第137页以下。

② W. Gaerte, "Kosmische Vorstellungen im Bilde prähistorischer Zeit: Erdberg, Himmelsberg, Erdnabel und Weltströme"。值得注意的是,杰特引用最多的例子是属于史前文化后期的。

③ 在澳大利亚北部的某些部落中,女孩入会礼的主要仪式是在整个社团的面前隆重举行的。由此表明她已是一个成年人了——换言之,她已准备好像一个女人一样行事了。此时,需要仪式性地展示某些东西,如一个符号、一件物品或是一个动物,以此来表明某种神圣的临在,为祭司所显示的奇迹而欢呼;参见 Eliade, *Australian Religions*, 第116—117页;其他的例子还可见 *Birth and Rebirth*, 第43页以下。

界。我们只要想一想那些虚构的创造就可以理解这一点了，这些虚构的创造不仅包括类似神话和诗歌，而且还有图像，它们都是通过萨满为其出神之旅的预备练习或是在某种瑜伽冥想中祷文的重复——包括调息(*prāṇāyāma*)和对“神秘音节”的想象——而产生的。

028 语言越是完善，它所具有的巫术—宗教的能力也就越强大。话一出口就具有了一种难以磨灭的力量。类似的信仰仍存在于一些原始和民间的文化之中。在一些更为复杂的社会中，我们也可以从颂文、讽刺、诅咒及谴责等巫术术语的仪式功能中找到类似的信仰。对于作为一种巫术—宗教力量的文字所具有的极具刺激性的体验有时可以使人确信，语言能够达到几乎与仪式行为同样的效果。

总之，还有必要考虑到各种不同类型的个人之间的差异。一个猎人可以因其勇敢或机智而闻名，另一个则有着强烈的出神体验。这些性格的差异意味着，他们对宗教体验会有着不同的评估与解释。总之，尽管只有很少的几个基本观念是共同的，但旧石器时代的宗教遗产已向我们展示了一个复杂的构造。

第 2 章　最漫长的革命：农业的发明 029
——中石器时代和新石器时代

8. 失　乐　园

冰川时代末期，大约公元前 8000 年，气候与地形发生了剧烈的变化，因此也影响到北欧阿尔卑斯山脉的动植物。冰川的消退使得动物向北部地区迁移，森林也逐渐取代了极地荒原。猎人们追逐着猎物，特别是追逐着那些驯鹿群而移动，然而由于猎物种类的减少，迫使他们不得不移居到湖边和沿海地区，靠捕鱼为生。在随后几千年里发展起来的一种新文化，被称为中石器时代文化。在西欧，比起旧石器时代晚期伟大的发明创造而言，中石器时代要明显地逊色很多。相反，在西南亚，特别是在巴勒斯坦地区，中石器时代却是一个轴心时期：它是驯化第一批动物及开始农业生产的时期。

至于那些追逐驯鹿群而进入北欧的猎人，有关他们的宗教活动我们所知甚少。罗斯特(A. Rust)在汉堡附近司特尔沼泽(Stellmoor)的一个水塘里，发现了 12 具完整的驯鹿尸体，它们的胸腔和腹部都填满了石头。罗斯特和其他学者对此的解释是，这些驯鹿是猎人献给神灵(也许是野兽之主)的初次收获。但是波哈森(H. Pohlhausen)提到，爱斯基摩人有将肉类保存在冰冻的湖水或河水中的习惯。①不过，波哈森本人也承认，这种实用的解释也不 030
排除某些堆放的动物含有宗教的意向。因为，将献给神灵的牺牲投入河中的做法，从北欧到印度在不同时期都有所记载。②

---

① A. Rust, *Die alt-und mittelsteinzeitliche Funde von Stellmoor*; H. Muller-Karpe, *Handbuch der Vorgeschichte*, 第 1 卷, 第 224 页以下; H. Pohlhausen, "Zum Motiv der Renntierversenkung", 第 988—989 页; J. Maringer, "Die Opfer der paläolitischen Menschen", 第 266 页以下。

② 参见 A. Closs, "Das Versenkungsopfer", 各处。

司特尔沼泽可能被中石器时代的猎人视作圣地。罗斯特从驯鹿骨堆中收集到许多物品,有木箭、骨制的工具以及驯鹿角制成的斧子。很有可能这些物品与青铜器时代及铁器时代在西欧的某些水池、湖泊中发现的东西一样,都是祭品。可以肯定的是,虽然两组物品间隔了 5 000 多年,但是其中所包含的这种类型的宗教活动的延续性却是毋庸置疑的。在贡比涅森林(Forest of Compiègne)的圣徒—救世主(Saint-Sauveur)泉的发掘物中包括新石器时代的燧石(故意打碎以表明是还愿的物品[*ex votos*]),还有高卢和高卢—罗马时期,以及从中世纪到我们今天的各种物品。①此外,还必须考虑到的是,在这最后的例子中,尽管受到罗马帝国文化的影响,尤其是不断遭到教会禁止,但是这一风俗仍然颇具活力。除了其本身固有的价值以外,这一例子也有着某种范式性的意义:它极好地说明了"圣地"以及某些宗教活动的延续性。

在司特尔沼泽的中石器时代的地层中,罗斯特发现了一截松树枝,在其顶端装着一个驯鹿的头颅。据马林格(Maringer)的说法,这一截松树枝可能与仪式性的盛宴有关:驯鹿的肉被吃掉,而它的头颅则被供奉给神灵。距阿伦堡—霍芬巴哈(Ahrensburg-Hopfenbach)不远处,一个中石器时代的地点(约公元前 1 万年),罗斯特从一个池塘底找到一截长 3.5 米的柳树干,上面有粗略的雕刻;可能是一个头,还有一截长长的脖子,树干上有深深的刻痕,据发现者说,它可能代表手臂。这个"偶像"被放置在池塘里,在它的周围既没有发现骨头也没有其他物品。很有可能它象征着某个超自然存在物的形象,虽然我们很难确定这个超自然存在物的结构。②

031 较之这些驯鹿猎人"文献"的贫乏,西班牙东部的岩画则为宗教史家提供了大量的资料。旧石器时代晚期自然主义的岩画,在"西班牙黎凡特"变成了一种僵硬而又形式主义的几何图案的艺术。摩伦那山(Sierra Morena)的岩壁上覆盖着人形和兽形的形象(主要是牡鹿和山羊),但只是以简单的线条和各种符号(波浪形的条纹、圆圈、点、太阳)表现。雨果·奥伯梅耶(Hugo Obermeier)指出,这些人形图案与中石器时代阿齐利文化(Azilian)③的卵石画相近似。既然该文化是出自西班牙,因此岩壁及卵石上所描

① Eliade, *Patterns in Comparative Religion*,第 200 页(1958 Sheed & Ward edition)。

② A. Rust, *Die jungpaläolitischen Zeltanlagen von Ahrensburg*,第 141 页以下;J. Maringer, "Die Opfer der paläolitischen Menschen",第 267 页以下。H. Muller-Karpe, *Handbuch d. Vorgeschichte*,第 1 卷,第 496—497 页(no. 347)。该注文有些犹豫地认为这是一个偶像。

③ 这是一个猎人与渔民的文明,其名字源于法国比利牛斯山脉的洞窟。

绘的人形图案必然有相似的含义。它们被解释为阴茎的象征、书写系统的元素或是巫术的符号等等。与澳大利亚的丘林加(*tjurungas*)相比较,似乎更有说服力。这些仪式物品通常都是石头,并绘有几何图案,代表着祖先神秘的身体。丘林加被藏在洞窟里或是埋在某个神圣的地方,年轻人只有在他们的入会礼结束时才能得到。在阿兰达人(Aranda)中,父亲会对儿子说:“这是你自己的身体,从这里,你会开始一个新的生命”,或“这就是你的身体。在前世,你就是祖先,你旅行到此,在这个神圣的洞窟中停下来休息。”①

即使马斯-德·阿齐利的卵石画有可能与丘林加的基本功能相似,但我们也无法得知,它们的制作者是否与澳大利亚的那些制作者有着同样的想法。然而,毋庸置疑的是中石器时代文化中的卵石画是具有宗教意义的。

在瑞士的比赛克山洞(Birsek)中发现了 133 枚卵石画,几乎都是破碎的。它们很有可能是被敌人或是被后来占据洞穴的人打碎的。无论是这两种人中的哪一种人,他们都是试图要毁掉这些物品中所蕴含的巫术—宗教的力量。
很有可能,这些在西班牙黎凡特的洞窟和其他饰有岩画的地方都是圣地。至 032
于那些太阳和其他伴有人形图案的几何符号,其中的含义则仍不清楚。②

我们还无法确定史前人类的信仰源头及其发展。从民族学材料判断,这种宗教的复合体是能够与对超自然的存在物或野兽之主的信仰共存的。似乎没有理由认为神话中的祖先不属于旧石器时代的宗教体系:因为它与起源的神话(世界的起源、猎物的起源、人类的起源以及死亡的起源)联系在一起,也是狩猎文明所特有的。此外,这种宗教观念广为传播,且有着丰富的神话传说,因为它存在于所有的宗教之中,甚至是在最复杂的宗教里面(除了小乘佛教以外)。一种古代的宗教观念有可能会在某个时期,由于某种具体的情况而以一种预料不到的方式得以发展。如果说,关于神话祖先的概念以及对祖先的祭祀支配着欧洲的中石器时代的话,那么有可能,像马林格所认为的那样,③这个宗教复合体的重要性可以从冰川时期的记忆中去加以解释,那时,人类的远祖生活在一个猎人天堂里。而事实上,澳大利

---

① Eliade, *Australian Religions*, 第 95 页,尤其是第 98 页(引文)。显然,根据澳大利亚人的信仰,先祖既存在于他神秘的身体(*tjurunga*)中,也在那个要再度转世的人身上。需要补充的是,他也还在地底下,并以“孩童之灵”的方式存在着(同上书,第 49 页)。

② 我们提到澳大利亚人与南美某些部落的人们一样,相信他们神秘的先祖既可以变成星辰,也可以升到天上,住在太阳与星球上。

③ Maringer, *The Gods of Prehistoric Man*, 第 183 页。

亚人就认为他们的神话先祖生活在一个黄金时代，一个地上的天堂里，那里有很多猎物，而且没有善恶概念。[1]澳大利亚人试图在某些节日庆典中重现这个人间天堂，到那时所有的法律和禁令都会暂时变得无效。

9. 工作、技术和想象的世界

如前所述，在近东，特别是在巴勒斯坦地区，中石器时代是一个富于创造的时期，虽然同时它也是两种类型的文明之间的过渡时期，即从一个基于狩猎和采集的文明向农耕文明的过渡。在巴勒斯坦，旧石器时代晚期的猎
033 人们似乎长期住在山洞中。但是属于纳图夫(Natufian)文化[2]的人们选择了一种定居的生活方式，他们住在洞窟和露天场所(如在艾南[Einan]考古发掘出一个村庄，它是由带火塘的圆形小屋所构成的)。纳图夫人发现了野生谷物充当食品的重要性，他们用石镰收割，并将谷粒放在臼子里用碾杵捣碎。[3]这是迈向农业的一大步。动物的驯化也开始于中石器时代(虽然直到新石器时代之初才比较普及)：大约公元前 8000 年在扎威·切米-沙尼达(Zawi Chemi-Shanidar)开始饲养绵羊；大约在公元前 7000 年在约旦的耶利哥(Jericho)开始饲养山羊；而猪大约出现于公元前 6500 年；大约公元前 7500 年在英格兰的史丹卡(Stan Carr)出现了狗。[4]驯化食草类动物所产生的直接后果是人口的增殖和商业的发展，纳图夫文化已具有了这种特征。

不同于欧洲中石器时代的几何型的简略图案与绘画，纳图夫文化的艺术是自然主义风格的。考古发掘出一些小型的动物雕像和人的塑像，有时还会有一些性爱的姿势。[5]碾杵被雕塑成阴茎的形状，作为一种性的象征是

---

① Eliade, *Australian Religions*, 第 46 页。

② "纳图夫"这一名称源自纳图夫干河(Wadi en-Natuf)，在那里最早发现这一类型的中石器时代的人。

③ Emmanuel Anati, *Palestine before the Hebrews*, 第 49 页以下；Müller-Karpe, *Handbuch*, 第 1 卷，第 245 页以下，R. de Vaux, *Histoire ancienne d'Israël*, 第 1 卷，第 41 页以下。

④ 所有的这些年代都是经由碳-14 测定而获得的。关于动物的驯化，参见 Müller-Karpe, *Handbuch*, 第 2 卷，第 250 页以下。最近在尼罗河上游河谷发现了一个前新石器时代的谷物文化，时间是在公元前 13000 年；参见 Fred Wendorf, S. Rushdi, and R. Schild, "Egyptian Prehistory: Some New Concepts", *Science* 169(1970)：1161—1171。

⑤ 例如在艾因撒克利(Ain Sakhri)发现的人像(Anati, *Palestine*, 第 160 页)。亦可参见 Jacques Cauvin, *Religions néolithiques*, 第 21 页以下。

如此的明显,无疑具有巫术—宗教的含义。

纳图夫文化有两种埋葬的类型:一是将整个身体弯曲起来埋葬;二是只埋葬头颅,这在旧石器时代已经出现,一直延续到新石器时代。至于在艾南所发现的骨骸,①可能是在葬礼中被献祭的人牲,但仪式的意义不得而知。 034
至于头骨堆,我们将纳图夫文化的发现与在巴伐利亚的奥夫内(Offnet),以及在符腾堡(Württemberg)的霍伦斯坦洞窟(Höhlenstein)的头骨堆相比较,结果发现,所有的这些人都是被杀死的,有可能是被猎人头者或是食人族所杀。②

无论是哪种情形,我们都可以假设这是一种巫术—宗教的行为,因为头颅(即大脑)被认为是"灵魂"的所在地。像梦、出神以及类似于出神的体验等等,使人认识到有一种独立于身体之外的元素存在,现代语言将其称之为"灵魂"、"精神"、"气息"、"生命"以及"影子"等等。这个灵性的元素(无法以其他名字代替,因为它们是以影像、幻像和幽灵等方式为人们所理解的)充满全身,成为我们的某种影子。但是,相信"灵魂"或"精神"居留在大脑中的观念却带来极大的影响:③一方面,人们相信,通过吃掉牺牲的大脑,便能吸收他的精神元素;另一方面,大脑,这一力量的源泉,也就成了被崇拜的对象。

中石器时代除了农业以外,还有其他发明,最重要的是制作弓箭以及绳索、渔网、渔钩和长距离航行的船只。像其他早期的发明(石器,各种用骨头、兽角制成的物品以及用皮革等缝制的衣服和帐篷)和后来新石器时代发明的器具(主要是陶器)一样,所有的这些发明都带来了许多神话和类似于神话的想象,有时还成为各种仪式行为的基础。这些发明的实用价值是很明显的。而不大明显的是,**通过熟悉各种不同样式的事物所激发的想象活动究竟具有怎样的重要性**。在用燧石或原始的缝衣针,将兽皮或树皮缝在一起,制作渔钩或箭头,捏制泥偶时,想象力在现实世界的不同层面发现了

---

① 其中一个坟墓被认为是世界上最早的巨石遗址(Anati, *Palestine*, 第 172 页)。关于艾南,参见 Müller-Karpe, *Handbuch*, 第 2 卷, 第 349 页。

② Anati, *Palestine*, 第 175 页; Maringer, *The Gods of Prehistoric Man*, 第 184 页以下。亦可参见 Müller-Karpe, *Handbuch*, 第 1 卷, 第 239 页。

③ 这一信仰不仅是为史前的人们所接受,希腊人也认为灵魂(后来克罗托纳的阿尔克迈恩[Alcmaeon of Crotona]认为还包括精液)居留在头颅中。参见 Onians, *Origins of European Thought*, 第 107—108、115、134—136 页等等。

035 一些意想不到的相似之处；工具与物品中承载着无数的象征意义，劳作的世界——使工匠们长时间沉浸于其中的微观世界——成为一个神秘而又神圣的中心，充满了各种意义。

与材料的亲密接触而创造并不断丰富一个想象世界，对于这样一个过程，我们从各种史前文化图像的或几何的创造物中只能形成一个粗略的认识，但是，我们却能从自己想象的经验中形成一个全面的认识。首先人类一直延续的想象性活动，使我们能够理解那些生活在遥远时代的人们的存在方式。然而，与现代社会中的人们不同，史前人类的想象活动有着神话的向度。我们在以后的宗教传统中会再次遇到大量超自然的形象与神话故事，它们很有可能早在石器时代就已经形成了。

10. 旧石器时代的猎人遗产

中石器时代的种种发展结束了旧石器时代人类文化的统一性，并且开创了其后作为文明主要特征的多样性和差异性。旧石器时代狩猎社会的遗民开始迁移到偏远地区或是那些难以到达的地方：沙漠、大森林以及山区。但是，旧石器时代社会的逐渐远离与隔绝并不意味着猎人的行为及其精神特质的消失，狩猎作为一种生存方式在农业社会中仍然延续着。也许有些猎人拒绝从事农耕经济，而受雇于人，保庄护村。起初只是防止野兽骚扰居民或破坏庄稼，后来则是抵抗强盗来犯。也可能最初的军事组织就成形于这些作为守卫者的猎人团体。我们会看到，战士、征服者以及军事贵族都延续着猎人所特有的象征与观念。

另一方面，农民与牧民都实行的血祭其实也是在重复着猎人对于猎物
036 的宰杀。狩猎，这种一二百万年以来与人类（或至少对于男性而言）无法分离的行为模式不是那么容易被废除的。

在农业经济取得胜利的几千年后，原始猎人的*世界观*（*Weltanschaung*）将重返历史舞台。因为，印欧人以及突厥—蒙古人的侵略与征服就带有高级猎手即肉食动物的特征。印欧人的男性联盟（*Männerbünde*）和中亚的游牧骑兵对定居人口的侵扰，就像肉食动物猎杀、窒息并吞噬草原上的食草动物或农场的畜群一样。许多印欧人以及突厥—蒙古部落都以某种捕食动物（主要是狼）命名，并将他们自己视作某个兽形神话祖先的后代。印欧民族的武士成年仪式中就包括仪式性地化身为狼：标准的武士要像肉食动物那样行动。

另一方面，捕杀野生动物也成为争夺土地、建立国家的神话模式。[1]在亚述人、伊朗人以及突厥—蒙古人中，狩猎与战争的技艺如此相似，以至于很难将其区分开来。从亚述人的出现到近代的开始，在印欧世界的每一个地方，狩猎场就是学校、训练场，狩猎也是王室和军事贵族喜爱的运动。此外，在许多原始民族中，与定居的农耕民相比，猎人享有的虚构的威望仍然存在。[2]千百年来与动物世界相处所留下来的某种神秘的共生现象，其痕迹是难以去除的。而且，狂欢式的出神还能够重现最早生食猎物的史前人类的宗教行为；这在希腊狄奥尼索斯(Dionysius)的崇拜者身上也发生过(§124)，甚至 20 世纪初，在摩洛哥的阿萨瓦人(Aissawa)中也还有这种行为。

11. 粮食作物的栽培：起源的神话 037

自 1960 年起，我们就知道村落的出现早于农业的产生。戈登·柴尔德(Gordon Childe)[3]所谓的"新石器时代的革命"是在公元前 9000 年到前 7000 年之间逐渐发生的。我们也知道与先前的理论正好相反，畜牧文化与动物的驯化比陶器的制作要早。农业——正确地说是谷物的种植——在西南亚和中美洲发展起来。而依赖块茎、根系和根茎进行植物再生产的"植物种植"，似乎发源于美洲和东南亚潮湿的热带平原。

植物种植的起源以及它与"谷物种植"的关系，我们还不是很清楚。有些民族学家倾向于认为，植物种植早于谷物的栽培；而另外一些学者则恰好相反，认为植物种植是贫瘠地区农业的替代物。南美的考古发掘正好为此提供了少有的几个清晰的证据。在委内瑞拉的兰契伯鲁多平原(Rancho Peludo)以及哥伦比亚的莫米(Momil)一带，木薯种植的遗迹是在玉米种植层之下，这表明了植物种植是先于谷物种植的。[4]最近在泰国的发现又为植物种植的起源提供了一个新的证据，在"幽灵之洞"中出土了培植过的豌豆、蚕豆以及热带植

---

① 在非洲和其他地区，每当入会礼和新头领的就职仪式时都要举行仪式性的猎杀。

② 一个典型的例子：哥伦比亚的德萨拿人(Desana)自称是猎人，虽然他们 75% 的食物是来自于捕鱼及园艺。但是，在他们看来，只有作为猎人才是值得活下去的。

③ 戈登·柴尔德(1892—1957)，英国考古学家，对欧洲及西亚的考古学有重大贡献，著有《欧洲文明的黎明》、《古代东方史的新发现》等。——译者

④ David R. Harris, "Agricultural Systems, Ecosystems, and the Origins of Agriculture", 载 *The Domestication and Exploitation of Plants and Animals*，第 12 页。

物的根块，据碳-14 测定，其时间大约为公元前 9000 年。[①]

农业的发明对于文明史的重要性自不待言。通过成为自己食物的**生产者**，人类不得不改变了其祖先的行为模式。尤其是人不得不将旧石器时代已发明的计算时间的技艺再进一步地加以完善。因为仅靠早期的太阴历不能准确地测定未来的时间。自此，耕种者可以在耕种前几个月就做好计划，以精确的时间顺序在一长段时间里来完成一系列复杂的工作，而特别是在
038 这段时间开始时通常难以预计整个工作是否能够获得丰收。此外，植物的栽培促成了不同的分工，从此以后，确保生计的主要责任就落到了妇女身上。

农业的发明对于人类宗教史而言也是十分重要的。植物的耕作使人类进入了一个以前无法进入的生存环境之中，由此产生了某些新的价值并彻底改变了前新石器时代人类的精神世界。后面我们会分析这种由谷物的种植所引发的宗教革命。现在，我们要引证一些神话来解释两种农业类型的起源。了解了耕种者是如何解释粮食作物的出现，同时我们也就了解了他们是如何以宗教来解释其各种行为的。

大多数起源神话都是在种植植物或谷物的原始民族中采集的。（这样的神话相当稀少，在发达文化中，它们有时甚至被彻底地重新加以解释。）一个广为流传的说法是，那些可以食用的根茎和果树（椰子、香蕉等等）是从一个被杀死的神灵那里诞生的。而最著名的例子来自新几内亚以外一个叫斯兰（Ceram）的岛屿：一个半神半人的女子海努维尔（Hainuwele）被肢解埋葬后，从埋葬她的地方冒出一些不知名的带块茎的植物来。这原初的谋杀彻底改变了人类的环境，因为它不仅引进了性爱与死亡，而且首次建立了至今仍在起作用的宗教与社会习俗。海努维尔的暴亡不仅仅是一种带有"创世性的"死亡，而且还使得女神能在人的生命中，甚至是在他们死后继续存在。从女神身体中所长出的植物里获取养分，实际上就是从她的实体中获取养分。

我们不在此详述起源神话对于史前耕种者的宗教生活及其文化的重要性。我们只要说，所有的重要活动，包括成年礼、牲祭或人祭、食人肉以及葬礼等等，准确地说都是在唤起、"回忆"那件原初的谋杀。[②]有意义的是，耕

① William Solhein, "Relics from Two Diggings Indicate Thais Were the First Agrarians", *New York Times*, 12 January 1970.

② Eliade, *Myth and Reality*，第 105 页以下。

种者将基本上和平的、确保其生存的劳作与谋杀联系在一起,而在狩猎社会 039
里,杀戮的责任却被归于**他者**、归于“外来者”。对于猎人,我们很容易理解:他害怕遭到死去动物(更确切地说是它的“灵魂”)的复仇,或是要在野兽之主面前为自己辩护。而对于史前农耕者来说,原初的谋杀神话肯定会证明这种人祭和吃人肉的血腥仪式的合理性,但是我们很难确定其最初的宗教背景。

一个类似的神话主题解释了粮食作物(包括根块植物和谷物)的起源——它是从神或是神话祖先的排泄物或汗水中生长出来的。当受益者发现他们的食物的令人作呕的根源时,他们便把神杀了,但遵从他的指示,将他的身体肢解后埋葬。粮食作物和文化的其他元素(农具、蚕等)就从他的尸体中流了出来。[①]

这些神话的含义是明显的:粮食作物是神圣的,因为它们是来自于神的身体(因为排泄物和汗水也是神的身体的一部分)。总之,对于人而言,吃这些食物也就是在吃神灵。**粮食作物与动物不一样,它不是这个世界所“既有”的**。这是一次原初的重大事件的结果,即这是**由一次谋杀所带来的**。我们稍后再来看这些食物神学的重要性。

德国民族学家詹森(A. E. Jensen)认为,海努维尔的神话是史前耕种根茎的农夫所特有的。至于与谷物种植的起源有关的神话,则是由一个原始的小偷来担任主角:谷物原是在天上,由善妒的诸神看守着,一位教化人民的英雄上到天空,盗取了一些谷种,赐给了人类。詹森分别将这两种类型的神话称为“海努维尔式的”和“普罗米修斯式的”,它们分别与史前古老的耕种者文明(植物种植)以及真正的农耕文明(谷物种植)有关。[②]二者之间的差异是确凿无疑的。然而,这两种类型的起源神话间的差别并没有詹森想象的那么严格,因为有些神话也解释说**谷物**是来自某个被杀死的原始存在者。我们应该补充的是,在农耕者的宗教中,谷物的起源也是神圣的;人类
获得谷物,有时与天空之神(或是大气之神)和大地之母的神婚(hieroga- 040
my),或是与性交、死亡和再生有关的神话故事有关。

---

① 最新的论述参见 Atsuhiko Yoshida, “Les excrétions de la Déesse et l’origine de l’agriculture”。

② 参见 A. E. Jensen, *Das religiöse Weltbild einer frühen Kultur*, 第 35 页以下以及 *Myth and Cult among Primitive Peoples*, 第 166 页以下。

12. 妇女和植物。神圣空间与周期性更新的世界

农业的发明最初可能也是最重要的后果是，使旧石器时代猎人的价值发生了危机：人们与动物世界的宗教关系被*人与植物之间神秘的关联*所取代。如果说在此之前骨头和血代表着生命的本质和神圣品质，那么接下来便是精液和血液。此外，妇女与女性的神圣品质也被提升到了首位。因为，妇女在植物的栽培中扮演了一个决定性的角色，她们成为耕地的主人，这使她们的社会地位得以提高，并创造了一些特有的社会风俗，比如入赘婚，即丈夫不得不住在他妻子的房子里。

土地的肥沃与女性的生殖力联系在一起；因此妇女担负着丰产的责任，因为她们知道创造的"秘密"。这是一种宗教秘密，因为它主宰着生命的起源、粮食的供应以及死亡。土地被等同于妇女。之后，犁的发明使得农业劳动又与性交等同起来。[1]但几千年来，大地之母都是通过单性生殖自己创造生命的。对于这种"奥秘"的记忆仍存留在奥林匹斯神话中（赫拉自己怀孕生下了赫淮斯托斯和阿瑞斯），在许多神话和公众信仰中也提及大地之母是如何产下人类、在地上分娩，等等。[2]因为人由大地而生，所以当他死时，又回归到母亲的怀抱。如吠陀诗人所说的，"爬回大地，你的母亲那里。"[3]

当然，女性与母亲的神性在旧石器时代也不是不存在（§6），但农业的
041 发明则使其力量猛增。性生活的神圣性，尤其是女人在性事方面的神圣性，与创造之谜密不可分。单性生殖、*神婚*（*hieros gamos*）以及狂欢秘仪都从不同的层面上解释了性事的宗教性质。一种在结构上属于人类宇宙的复杂象征将妇女和性事与月亮的阴晴圆缺、土地（等同于子宫）、必须被称作植物"奥秘"的某种东西联系在一起。这是一种以种子的"死亡"来确保另一个新生的奥秘，而这一新生则更为神奇，因为它伴随着惊人的繁殖。从有关植物神话（生命像田野上的花一样，等等）的想象和比喻中，我们可以发现人类的存在与植物生命的同化。几千年来，这种想象滋养了诗歌与哲学，即使是对于当代人而言也有其"真实性"。

所有这些跟随农业的发明而来的宗教价值，在时间的长河中逐渐地表

---

① 其他例子可参见 *Patterns in Comparative Religion*，§§91 以下。

② *Patterns in Comparative Religion*，§86；*Myths, Dreams, and Mysteries*，第 165 页以下。

③ 《梨俱吠陀》（*Rig Veda*）10.18.10。

达出来了。然而,我们现在提及于此,是为了凸显中石器时代和新石器时代创造的特点。我们还会看到与植物生命的“奥秘”相联系的宗教思想、神话和仪式,因为宗教创新并**不是由农业的经验现象所激发的**,而是由植物的节律中所发现的**出生、死亡以及再生的奥秘所激发的**。为了理解、接受和控制那些威胁着丰收的危机(洪水、干旱等等),就将这些危机转换成神话。而关于这些危机的不同神话和仪式将控制近东的宗教达千余年之久。诸神死而复生的神话主题是其中最为重要的部分。有时,这些古老的仪式甚至催生了新的宗教(如希腊和东方的厄琉西斯秘仪,参见§96)。

农耕文化发展出所谓的**宇宙论的宗教**(*cosmic religion*),因为宗教活动是围绕着一个核心的奥秘进行的:**世界周期性的更新**。与人类的存在一样,宇宙的节律也是从植物的生命得以表达的。宇宙神性的奥秘以“世界之树”来象征。宇宙被看做是一个有机体,它必须周期性地更新,换言之,即每年一次。通过蕴藏在某种果实或树旁泉水中的力量,某些特权人物可以获得“终极实在”、返老还童以及不朽。①宇宙之树被认为是生长在世界的中心, 042
并联结着宇宙的三个部分,因为它将其根部插入地府,而枝叶则直达天界。②

因为世界必须周期性地更新,所以每个新年都要仪式性地重新叙述一次宇宙的创造。这个神话与仪式的情节在近东和印度、伊朗地区都有记载。但是在一些原始农耕社会也有所发现,从某种意义上说,这是延续了新石器时代的宗教观念。其基本思想——宇宙的不断创造使世界得以更新——的起源肯定更早,甚至是在农业出现之前。在澳大利亚和一些北美部落中仍可找到这种观念,虽然已有所变化。③在史前的耕种者与农业社会的农耕者中,新年的神话和仪式都包含着死者的回归,在古希腊、古日耳曼以及日本等地也都有相类似的庆典。

在尤其以农耕为框架的宇宙时间的经验中,最后都会形成**时间循环**(*circular time*)以及**宇宙循环**(*cosmic cycle*)的观念。既然世界和人类的存

---

① 参见 *Patterns*, §§ 99 以下。

② 宇宙之树是世界之轴的最普遍的说法;但是宇宙之轴的象征也可能先于或独立于农业文明,因为它也见于某些古老文化之中。

③ 其他例子可见 Eliade, *Myth and Reality*,第 43 页以下。准确地说,澳大利亚的原住民没有宇宙起源论,但是由超人类的存在者所“形成的世界”就相当于“宇宙的创造”;参见 *Australian Religions*,第 44 页以下。

在都是按照植物的生命来评价的，宇宙的循环也被认为是以同样的节律无限期地重复着：出生、死亡、再生。在后吠陀时代的印度，这种观念被发展成了两种相互交错的教义：不同时代(*yugas*)循环的无穷重复，灵魂的转世投胎。此外，围绕着世界周期性地更新所表达的古老思想，在近东的几个宗教系统中都被一再提及并加以重新诠释。主宰东方和地中海地区达 2 000 年的宇宙起源论、末世论以及弥赛亚的信念深深根植于新石器时代的宗教概念之中。

空间的宗教价值——首先是居所和村庄——也是同等重要的。一种定居的生活方式构造的"世界"与游牧生活构造的世界是不同的。对于农耕者而言，"真实的世界"就是那个他所生活于其中的空间：房屋、村庄和耕地。
043 "世界的中心"就是由仪式和祈祷而圣化的地方，因为正是在那里，与超人类的存在的沟通才是有效的。我们不知道近东新石器时代的人类认为他们的房屋和村庄的宗教含义是什么，只知道他们从某一时刻起开始建造祭坛和神庙。但是在中国，就有可能重构新石器时代房屋的象征意义，因为在亚洲北部和西藏某些类型的住所自古至今具有连续性和相似性。在仰韶文化的新石器遗址中，有许多(大约直径为 5 米)小型的圆形建筑物，它以柱子支撑屋顶，房屋中间有一个作为炉灶的坑。可能在屋顶上、炉灶的上方穿了一个排烟的洞。房屋应该是以持久材料盖成的，在今天，蒙古包也有着同样的结构。①渗透于蒙古包和北亚民族帐篷里的宇宙的象征意义是众所皆知的：天空被认为是一个巨大的帐篷，中间有一根柱子(即帐篷杆)支撑着，或是顶上有一个排烟孔，如同世界之柱或"天洞"北极星。②这个洞也被称作"天窗"。西藏人则称他们屋顶的洞叫"天福"或"天门"。

居所的宇宙论象征在许多原始社会中都有所记载。显然，或多或少地，居所都被认为是一个**世界的缩影**(*imago mundi*)。既然在各种文化中都能找到这种例子，那么近东新石器时代的人类应该没有例外，而且这一地区是建筑中宇宙论象征发展得最为丰富的地区。按性别划分居所(一个在旧石器时代便已有记载的习俗，参见 § 6)可能就有一种宇宙论的意义蕴含其中。农耕者村庄中的划分大体上符合分类和仪式上的二分法(天与地、男与女等

---

① R. Stein,"Architecture et pensée religieuse en Extrême-Orient",第 168 页。也可见关于中国另一种类型的新石器时代房舍的描述，正方形或矩形的建筑，一半在地下，有台阶可以下去。

② 参见 Eliade,*Shamanism*,第 262 页。

等),在仪式上也分属对立的两组。然而,在我们所要看到的许多例子中,在两个对立团体之间的仪式性对抗扮演着重要的角色,特别是在新年庆典中, 044
无论是美索不达米亚神话中的战斗(§22),或仅仅是两大宇宙定理(冬/夏、昼/夜、生/死)间的冲突,其深层的含义总是一样的:对抗、竞争和战斗,可以唤醒、刺激或是增强生命的创造力。①这两种可能是由新石器时代的农耕文化所发展起来的宇宙原理,在时间的长河中被多次重新解释甚至是改变,现在已很难辨认,只能在某些宗教二元论中才依稀可以看出。

我们不想一一列举所有因农业的发明而带来的宗教创新。我们认为,在这里只要证明某些将在几千年后才开花结果的观念都是共同起源于新石器时代就足够了。还需要补充的是,其结构建立在农业基础上的宗教精神,它的传播尽管经历了无数次的变化与改革,仍保持着某些基本的一致性,甚至在今天,仍可从远至地中海、印度以及中国的农业社会中找到某些共同的特征。

13. 新石器时代的近东宗教

可以说,从新石器时代到铁器时代,宗教的思想与信仰的历史一直与人类文明史相伴随。每一项技术的发明、每一次经济的或社会的革新似乎都会"伴生"某种宗教意义或价值。在以下的篇幅中,我们会提到新石器时代的某些革新,自然还要考察它们在宗教上的反响。然而,为了不打破叙述的完整性,我们不会总是强调这些反响。

因此,如耶利哥文化的各个方面就值得加以宗教的评说。这可能是地球上最古老的一座城市(大约建于公元前6850年或前6770年),②不过该文化对陶器制作一无所知。然而,它的防御工事、高塔、大型公共建筑等 045
等——至少其中之一似乎是为仪式庆典而建的——显示出一种社会整合与经济组织,成为后来美索不达米亚城市国家的先声。加斯顿夫妇(Garstangs)和凯思琳·凯尼恩(Kathleen Kenyon)将几座结构罕见的建筑称作"神

① 参见 Eliade,"Prolegomenon to Religious Dualism: Dyads and Polarities",载 *The Quest*,第127—175页以下,尤其第163页以下。

② K. M. Kenyon, *Archaeology in the Holy Land*,第39页以下。"世界上第一座城市"的提法曾被戈登·柴尔德(Gordon Childe)和布雷德伍德(R. J. Braidwood)所批判。据凯思琳·凯尼恩(Kathleen Kenyon)的说法,最早的纳图夫人在大温泉的旁边建造了一个圣地,在公元前7800年之前被烧毁。

庙”和“家庙”。在显然属于宗教的“文献”中，有两尊女性小塑像和一些其他的动物塑像，表现出一种对生殖力的崇拜。有些学者特别重视加斯顿夫妇在20世纪30年代所发现的三尊泥塑像，人们认为，三尊塑像中有一个留胡须的男人、一个女人和一个孩子。他们的眼睛是用贝壳来表现的。加斯顿夫妇认为这可能是我们所知道的最早的神的三位一体，它也许影响了后来近东地区的神话。但是对于这种解释目前仍有争议。[1]

死者被埋在房屋的地板下面。凯思琳·凯尼恩[2]发掘出的一些骷髅表明，它们曾被进行过某种奇特的加工：头颅的下半部分是用泥塑成，而眼睛则用贝壳来代表，以至于如同真正的肖像一样。所有这一切无疑都表明存在一种骷髅崇拜。[3]但是，这样做似乎也有保持对于生者记忆的企图。

在叙利亚，靠近大马士革的特尔拉马(Tell Ramad)也发现有骷髅崇拜的痕迹，考古发掘出来的骷髅前额被涂成了红色，脸上敷着泥土。[4]从叙利亚(特尔拉马和比布罗斯[Byblos])，发掘出了一些公元前5000年代的泥人偶。其中一个在比布罗斯发掘出来的人偶是双性同体的。[5]其他一些在巴勒斯坦发现的女性塑像，时间大约是在公元前4500年，这些塑像表现了母亲女神令人恐惧的、恶魔般的一面。[6]

046 丰产崇拜和死者崇拜似乎是联系在一起的。的确，在安纳托利亚的哈西拉文化(Hacilar)和恰他育克文化(Çatal Hüyük)显示出有类似的信仰存在，这两种文化早于——或许还影响了——前陶器时代的耶利哥文化。骷髅崇拜在哈西拉文化中有很好的记载。而在萨他育克文化中，尸骨是被埋在房屋的地板下的，随葬的物品有珠宝、宝石、武器、纺织品和木制容器等等。[7]到1965年为止，共发掘出40个圣地，发现了许多石制和泥制的雕像。

---

① 参见 Anati, *Palestine before the Hebrews*，第256页，他接受了加斯顿(Garstang)夫妇的解释(*The Story of Jericho*)。反对这一解释的有：J. Cauvin, *Religions néolithiques de Syro-Palestine*，第51页。

② Kenyon, *Archaeology in the Holy Land*，第50页。

③ Kenyon, *Digging up Jericho*，第53页以下、第84页以下。亦可参见 Müller-Karpe, *Handbuch*，第2卷，第380—381页；Cauvin, *Religions néolithiques*，第44页以下。

④ 考特森发掘，考文作概述，第59页以下以及图18。

⑤ 考特森(特勒·他玛特)和杜南得(比布罗斯)发掘，考文概述，第79页以下以及图29—30。

⑥ 参见穆哈塔、泰尔·埃维斯和夏尔—哈—戈兰出土的小雕像，由考文复原，图29—30。

⑦ James Mellaart, *Çatal Hüyük: A Neolithic Town of Anatolia*，第60页以下，以及 *Earliest Civilizations of the Near East*，第87页以下。

主神是女神，表现为三种形象：年轻女子、生子的母亲（或生牛的）以及老妇人（有时有猛禽相伴）。男神是男孩或青年的形象——女神的孩子或情人——以及留胡须的成年人，偶尔坐在神圣的动物一头牛的背上。墙上壁画的种类多得令人惊讶不已，没有两个圣地的壁画会是一模一样的。女神的浮雕有时高 2 米，以石灰、木头或泥土塑成，头部成公牛的形象（神的显现），固定在墙上。没有性别的形象特征，但有时将女人的胸部与公牛的角——生命的象征——结合在一起。在大约公元前 6200 年的一个圣地中，发现有一只公牛头被固定在墙上，下面堆放着四只骷髅。一面墙上画着人腿兀鹫正在攻击一个被斩首的人。这显然代表着一整套重要的神话和仪式，可惜我们对其中的含义不得而知。

在哈西拉文化遗址（大约公元前 5700 年），女神坐在豹子背上，或是站着，手里抱着一只小豹子，也有单独的女神像，有站姿、坐姿、跪姿，或是在休息，有时会有小孩伴在身旁。有时女神全身赤裸，或只穿一条亵裤（*cache-sexe*）。这里出土的女神形象有年轻的也有年老的。在一个年代较近的遗址（在公元前 5435 年到前 5200 年之间），由孩子或动物陪伴的女神小雕像，以及男性塑像都消失不见了。然而，哈西拉文化的最后阶段却是以精美陶器为其特征，饰有丰富的几何图案。[①]

而特尔哈拉夫文化（Tell Halaf）[②]则出现在安纳托利亚文化消失之时。047
该文化已知道使用铜器，他们似乎是从北方下来的一支民族，也许是哈西拉文化和萨他育克文化的残存者。特尔哈拉夫文化的宗教体系与我们到目前为止考察的文化差别不大。死者与陪葬品一起下葬，其中包括泥偶。野公牛被视作男性丰产神的显现而受到崇拜。公牛的形象、牛头饰、公羊头和双刃斧都在祭祀中扮演着某种角色，与古代近东所有的宗教中都极为重要的风暴神有关。然而，我们没有发现男性小雕像，而女神的形象则很多；经常成蹲式，有鸽子伴随，还有着夸张的胸部，不难确认这便是母神的典型形象。[③]

---

① Mellaart, "Hacilar: A Neolithic Village Site"，第 94 页以下，以及 *Earliest Civilizations of the Near East*，第 102 页以下。

② 该遗址以伊拉克摩苏尔城（Mosul）附近的阿尔帕奇耶（Arpachiyah）村庄的特尔哈拉夫（Tell Halaf）命名。

③ 关于一般的介绍和参考书目，参见 Müller-Karpe, *Handbuch*，第 1 卷，第 59 页以下。关于特尔哈拉夫文化中的小雕像和图像的宗教象征意义，参见 B. L. Goff, *Symbols of Prehistoric Mesopotamia*，第 11 页以下。

大约在公元前4400年到前4300年间,特尔哈拉夫文化被毁或是消失了,而发源于伊拉克南部的欧拜德文化(Obeid)则扩散到了整个美索不达米亚平原。对此,在瓦卡遗址(Warka)(在苏美尔语中叫乌鲁克[Uruk],闪语称艾雷克[Erech])中已有所记载。没有任何其他史前文化有如此的影响力。该文化在金属加工方面(铜斧、各种黄金制品)的进步是相当可观的。而财富的积累是通过农业和商业获得的。由大理石制成的几乎是真人比例的骷髅和动物头颅显然有着某种宗教含义在其中。几枚嘎乌剌(Gawra)风格的印章表现的是不同仪式的场景(人们环绕在饰有牛头的祭坛周围,仪式舞蹈,象征性的动物,等等)。人类的形象相当简略。事实上,在整个欧拜德文化中都有一种非具像的趋向。描绘在护身符上的圣地不是对某个具体建筑的模仿,而是一种典型的神庙形象。

白垩人像可能是代表祭司。因为事实上,欧拜德时期最有意义的新生事
048 物就是纪念性神庙的出现。[1]其中最引人注目的是白色神庙(公元前3100
年),它长22.3米,宽17.5米,盖在一个长70米、宽66米、高13米的平台上。
这个平台由一座古代圣所遗址翻建而成,并形成一座塔庙(ziggurat)或一座
"圣山",其象征意义我们稍后将加以考察(§54)。

14. 新石器时代的精神殿堂

我们不打算详述农业以及后来冶金术是如何穿过爱琴海和地中海东部传到希腊和巴尔干半岛,然后再传到多瑙河地区和欧洲其他地区的;也没有必要考察它是如何传入印度、中国和东南亚的。我们只想提及,最初,农业在欧洲有些地区的传播是十分缓慢的。一方面,冰川后期的气候使得中石器时代的中西欧社会只能靠渔猎为生;另一方面,谷物的种植适宜于在温和的森林地带进行。最早的农业社会都是在水边或是大森林的边缘地带发展起来的。然而,大约开始于公元前8000年的近东农业,在新石器时代则取得了不容忽视的进展。尽管有些人口,特别是在畜牧业形成以后,曾对此加以抵制,但是随着欧洲的殖民和工业革命的到来,粮食作物的种植也进入了澳大利亚和南美的巴塔哥尼亚高原。

谷物种植的传播也带来了这种生活方式所特有的仪式、神话以及宗教

① 参见 Müller-Karpe, *Handbuch*, 第2卷, 第61页以下、第339、351、423页; M. E. L. Mallowan, *Early Mesopotamia and Iran*, 第40页以下(白色神庙)。

观念。但这并非是通过一个机械的过程完成的。即使像我们这样只限于考古材料的考察,换言之,即忽略其宗教含义,尤其是与之相伴随的神话和仪式,我们仍能发现在欧洲新石器时代的文化与其东方源头之间的差异,有时甚至是十分重要的差异。当然,比如多瑙河地区发现的许多公牛崇拜的图像是来自近东的。然而,却没有发现如同在克里特岛或印度河流域新石器时代文化中所举行的那种公牛献祭的证据。还有,在东方如此常见的诸神
偶像,或是母神及其孩子在一起的神像,在多瑙河地区也相当少见,而且从 049
未在墓葬中发现这样的雕像。

最近的一些发现充分证明了东南欧古代文化的原创性,它被马利亚·金布塔斯(Marija Gimbutas)称为“古欧洲文明”。因为事实上,一个包括了小麦、大麦的种植以及猪、羊、牛的驯养的文明,大约在公元前 7000 年或更早的时候,已经在希腊和意大利沿岸、克里特岛、安纳托利亚南部、叙利亚和巴勒斯坦,以及新月沃地(Fertile Crescent)①出现了。只是根据碳-14 测定法,很难说这个文化体系在希腊的出现晚于新月沃地、叙利亚、基利家(Cilicia)②或巴勒斯坦。我们还不知道这个文化的“原动力”是什么。③也没有考古证据表明有掌握农业和畜牧业技术的小亚细亚人曾迁移到希腊。④

无论“古欧洲文明”的起源如何,它都有其独特的发展道路,有别于近东文化和中欧及北欧文化。在公元前 6500 年至前 5300 年之间,巴尔干半岛和安纳托利亚中部的文化有一个飞速的发展。出土的大量物品(带有表意符号的印章、人类与动物的图像、兽形容器、神像面具)都表明与仪式活动有关。到公元前 6000 年代中期,以壕沟或围墙作防御的村庄大量增加,能容纳上千居民。⑤大量的祭坛、圣所以及各种祭祀的物品都表明有一个组织良好的宗教存在。在距布加勒斯特以南 60 公里的萨西欧哈(Căscioarele)有一个铜石并用时代的遗址,考古发掘证明那是一座神庙,在黄白底色的墙壁上绘有华丽的红绿色螺旋形线条。没有发现任何塑像,但
有一根高 2 米的圆柱,还有一根较小圆柱表示神圣之柱,是**世界之轴**(*axis* 050

① 指西亚伊拉克两河流域至叙利亚以及地中海东面的一片弧形地区,因土地肥沃,形似新月,故名。——译者

② 这是小亚细亚东南部的古地名。——译者

③ Marija Gimbutas, “Old Europe, c. 7000—3500B. C. ”,第 5 页。

④ 此外,牛、猪和麦种(单粒小麦)在欧洲都有其本土物种(Gimbutas,第 5 页)。

⑤ 比较而言,像瑞士湖边的居民点就只是一些小村庄而已(Gimbutas,第 6 页)。

mundi)的象征。①神庙的上面还发现了一个时间较晚的遗址,其中找到一个圣所的陶土模型。这个模型所显示出来的建筑结构给人印象十分深刻:高高的基座上建有四座神庙。②

在巴尔干半岛也发现了几座神庙的模型。还有无数其他的证据(图像、面具、各种抽象的符号等等)都显示出了某种宗教的丰富性和复杂性,但我们还不知道这一宗教的内容是什么。③

我们没有必要在此一一列举所有便于我们作出宗教解释的新石器时代的材料。当我们还将讨论到史前宗教的某个核心地带(地中海、印度、中国、东南亚以及中美洲)时,我们还会引证这些材料。现在我们要说的是,如果仅仅局限于考古材料而不借助于某些农业社会的文本或传说(这些传说在 20 世纪初仍保持其活力)的话,我们对于新石器时代宗教的描述就会显得过于简略和单调。而考古材料向我们呈现的宗教生活及思想只是片断的、残缺不全的。我们刚才已经看到新石器时代文化中最早的宗教材料所揭示的内容:女神和风暴神(以及他的化身:公牛和牛头饰)的雕像表明当时存在死者及丰产的崇拜;与植物的"奥秘"有关的信仰与仪式;妇女、耕地、植物的同化,暗示着出生、再生(入会礼)的相似性;很有可能存在死后生命的希望;一个包括"世界中心"象征和将居住空间视作**世界的缩影**(*imago mundi*)的宇宙起源论。这已足
051 以让我们认识到,在同一时代的原始农业社会中,这个明确围绕着丰产以及生—死—死后生命的循环等观念的宗教是多么的复杂和丰富。④

此外,当最早的文本也弥补了近东地区考古材料的不足之时,我们便看到它们所揭示的意义世界是多么的庞大,它不仅复杂、深邃,而且经过长期

---

① Vladimir Dumitrescu,"Edifice destiné au culte découvert à Căscioarele",第 21 页。这两根柱子是中空的,这表明它们是环绕着树干而铸成的(同上书,第 14、21 页)。**世界之轴**的象征意义与将宇宙之树当作宇宙之柱的象征意义相似。由杜米特里斯库(Dumitrescu)所做的碳-14 测定将其时间确定在公元前 4035—前 3620 年之间(同上文,第 24 页,注解 25);马利亚·金布塔斯(Marija Gimbutas)则认为是在"大约公元前 5000 年"("Old Europe",第 11 页)。

② Hortensia Dumitrescu,"Un modèle de sanctuaire découvert à Căscioarele",图 1 和图 4(后者为马利亚·金布塔斯所复制,图 1,第 12 页)。

③ 金布塔斯认为,"古欧洲文明"早在大约公元前 5300—前 5200 年就已发展出了书写文字(参见图 2 和图 3),也就是说比苏美尔人早了 2 000 年(第 12 页)。公元前 3500 年以后这一文明开始瓦解,随后又遭到黑海草原民族的入侵(第 13 页)。

④ 根据一份对容器和青铜器物品上的图像和装饰性基调的象征意义的比较分析,有时能显著地增加我们关于史前宗教的知识;但这有可能只是从手绘陶器的时代,尤其是从金属时代才开始的。

思考和反复解释之后，有时甚至变得晦涩而几乎难以理解了。有些我们得到的最早的文献似乎是在回忆那些早已过时或几乎已被遗忘的远古宗教创新。要知道，新石器时代的伟大精神，是不能通过我们手中的文献资料而“透明化”的。考古资料所能表达出来的语义是很有限的，而早期文献所表达的世界观又受到与宗教思想相关联的冶金术、城市文明、王权以及组织化的祭司集团的严重影响。

尽管我们再无法步入整个新石器时代①的精神殿堂，但是它的零星片断还是在农业社会的传说中保存了下来。如“圣地”（参见 §8）和某些农事仪式以及丧葬仪式的延续性是无需证明的。在 20 世纪的埃及，仪式性地捆扎麦束的方式完全如我们在古代遗址中所看到的一模一样——而且我们还要补充说，这一习俗是从史前时代延续下来的。在阿拉伯的佩特拉（Petraea），最后的麦束是要以“老头”的名义埋掉的，而这一名称源自埃及的法老时代。在罗马尼亚和巴尔干半岛，在葬礼和纪念死者的节日上供奉的麦粥被称作**柯里法**（*coliva*）。在古希腊也有称作**柯里巴**（*kollyba*）的祭品，但是这种习俗肯定还要更古老（据信在帝皮隆[Dipylon]的葬礼中就已有了这种仪式）。利奥波德·施密特（Leopold Schmidt）指出，20 世纪初的中欧和东南欧的农民仍在采用的某些神话与仪式中，还保存了荷马时代之前在
古希腊已失传的神话片断和仪式。我们无需在此一一列举。我们只想强 052
调，这样的仪式已持续了 4 000—5 000 年，而在最后的 1 000—1 500 年间受到基督教和伊斯兰教这两个极富活力的一神教的严密监视。

15. 冶金术中的宗教内容：铁器时代的神话

“磨制石器的神话”之后接着便是“金属的神话”，而其中最丰富也最有特色的都是围绕铁器发展出来的。前文字的远古民族与史前人类一样，在他们学会使用地球表面的铁矿之前就已知道使用陨铁石了。他们把某些陨石当作石头，也就是说，他们将其视作制造其他石器的原料。②当科尔特斯（Cortez）③问阿兹特克人（Aztec）的酋长，他们的刀是从哪里来的时候，他们

① 当然，我们所指的是近东和欧洲考古发掘出的新石器时代。

② 参见 Eliade, *The Forge and the Crucible*，第 21 页。

③ 科尔特斯（1485—1547），西班牙殖民者，1518 年率探险队进入美洲大陆，1523 年征服墨西哥。——译者

都指着天空。而事实上，考古发掘表明，新大陆的史前遗址中也的确没有地下铁矿的遗迹。[1]史前的东方人或许也有着相似的想法。苏美尔文字中的AN. BAR，最早的词意就是指铁，它是由“天空”和“火”这两个符号所组成的。通常译作“天上的金属”或“星辰的金属”。很长一个时期，埃及人都只知道陨铁石。对于赫梯人也是一样：一份公元前14世纪的文献提到赫梯国王使用“天上的黑铁”。[2]

因此，铁是十分珍稀的（它和黄金一样贵重），对铁的使用也主要是在仪式中。直到冶矿的发明，才在人类历史上开启了一个新的阶段。与黄铜和青铜不同，铁的冶炼很快就工业化了。而一旦冶炼磁铁矿或赤铁矿的秘密被发现以后，要获得大量的铁就不再困难，因为铁的贮量十分丰富且易于开采。但是，对于地球上铁矿的处理不同于陨铁石，也不同于黄铜和青铜的冶
053 炼。所以，只是在发明高温熔炉以后，特别是在将金属“淬炼”到白热化的技术完善以后，铁才占据了主导的地位。正是对地球上铁矿石的冶炼才使得这种金属能用于日常生活之中。

这个事实产生了重要的宗教后果。除了陨石中所蕴含有天空的神性以外，如今地下的矿石也分享了来自土地的神性。金属从大地的怀抱中“长出来”。[3]洞穴和矿井便是大地母亲的子宫。从矿井中采出的矿石从某种程度上说便是“胚胎”。它们生长缓慢，仿佛遵循着与动植物这些有机体的生命不同的时间节奏；不过它们是在黑暗的地下生长、“成熟”的。因此，它们从大地母亲的怀抱中被采掘出来就如同施行了早产手术一样。如果给它们时间任其发展（也就是按照**地质的时间节奏**），矿物就会成熟而成为“完美的”金属。

全世界的矿工都遵循着同一套涉及洁净、斋戒、冥想、祈祷以及崇拜的仪式。这些仪式取决于开采计划，因为开采者要进入一个神圣的据称不可亵渎的地带；他所接触的神圣性与平常所熟悉的宗教世界有所不同，因为这是一个更深也更危险的神圣性。他的感觉是，仿佛他要冒险进入一个并不属于人类的领地：神秘的地下世界缓慢地孕育着从大地母亲子宫中诞生的矿物。所有关于矿井和矿山的神话，无数的神仙、妖怪、小精灵、幽灵和鬼

① R. C. Forbes, *Metallurgy in Antiquity*，第401页。

② T. A. Richard, *Man and Metals*, vol. 1，第149页。

③ 参见 *The Forge and the Crucible*，第43页以下。

怪,都是个人在深入到生命的地质层面时所遭到的**神圣存在**的多种显现。

矿石带着这种黑色的神圣性被送进了熔炉。然后,开始了其最困难也是最冒险的活动。工匠代替了大地母亲,以使矿石加速“成长”。而熔炉在某种程度上则成为一个新的人造子宫,在这里面,矿石完成了其孕育期。因此,在冶炼的过程中有许多的预防措施、禁忌和仪式相伴随。①

冶炼家与铁匠以及铁匠之前的陶工一样,都是“火的主人”。他们用火 054
把原料从一种状态转变成了另一种状态。至于冶炼家,他则加速矿石的“生长”,使它们在很短的时间内“成熟”。冶炼是一种“加速度”的行为,也是一种使自然界原已存在的事物变成**另一种不同事物**的行为。这就是为什么在古代社会,冶炼家和铁匠会与萨满、医师和魔术师一起被认为是火的主宰的缘故。但是,金属的矛盾特性——同时具有神圣和魔鬼的力量——也会传到冶炼家和铁匠的身上:人们既尊敬他们,也畏惧、逃避他们,甚至鄙视他们。②

在许多神话中,铁匠之神为诸神锻造兵器,以确保他们能战胜巨龙或其他怪物。在迦南神话中,柯萨-瓦-哈西斯(Koshar-wa-Hasis)(字面的意思是“灵巧而聪明的”)为巴力神(Baal)锻造了两根棍子,最后巴力以此神棍杀死了大海及地下水的主宰耶姆(Yam)(参见§49)。在埃及神话中,陶器之神卜塔(Ptah)铸造的武器使何露斯(Horus)打败了塞特(Seth)。同样地,铁匠神陀湿多(Tvaṣṭṛ)为因陀罗(Indra)打造兵器与弗栗多(Vṛtra)作战;赫淮斯托斯(Hephaestus)铸造的闪电使宙斯战胜了堤丰(Typhon)(§84)。但是,铁匠神与诸神之间的合作,并不只局限于帮助天神在最后争夺世界统治权的战斗中取得胜利。铁匠也是诸神的建筑师和工匠,如监督巴力宫殿的建造、装饰其他神灵的圣所,等等。此外,铁匠神还与音乐和歌曲有关,正如在一些社会中,铁匠和铜匠也是音乐家、诗人、治疗者和魔术师。③在不同的文化层(这就说明了这些文化极为古老)中,看来铁匠的技术与神秘的技艺(萨满、魔术、治疗,等等)都与歌唱、舞蹈和诗歌的艺术密切相联。

围绕着矿工、冶炼家以及铁匠的所有这些观念和信仰都极大地丰富了

---

① *The Forge and the Crucible*,第57页以下。有些非洲民族将矿石分为“男”和“女”;在古代中国,大禹是最早的冶炼者,他也将矿石分阴阳(同上书,第37页)。在非洲,冶炼的工作是等同于性行为的(同上书,第57页)。

② 关于非洲铁匠的矛盾地位,同上书,第89页以下。

③ 同上书,第97页以下。

承自石器时代的**劳动的人**(*Homo faber*)的神话。而使材料臻于完善的希
055 望,对人类更是产生了重大的影响。人取代时间,而承担起改造自然的责任。过去矿石需要在地底下经过漫长的岁月才能成熟,而工匠则相信他能在几周之内就做到这一点,因为熔炉替代了大地的子宫。

几千年后,炼金术士的想法仍与当时没有什么不同。在本・琼森(Ben Jonson)[①]的《炼金术士》一剧中有一个角色就宣布:"铅和其他金属……**如果假以时日**就能变成黄金"等等。而另一个炼金家则补充说:"我们的技艺更加精湛。"[②]而征服时间的战斗——其最大的成功在于由有机化学所获得的"合成物",这是合成生命(侏儒,炼金家的旧梦)本身的一个重要阶段——这场现代科技社会想要取代时间的战斗从铁器时代就已经开始了。我们稍后还将评估其中的宗教意义。

---

① 本・琼森(1572—1637),英国文艺复兴时期的剧作家,著有《个性互异》、《炼金术士》等。——译者

② *The Forge and the Crucible*,第 57 页以下、第 171 页以下。也可参见本书其他关于西方炼金术的章节,以及第 3 卷关于"科学进步"的宗教意义的章节。

第3章　美索不达米亚的宗教 056

16.“历史从苏美尔开始”

这是克莱默(S. N. Kramer)一本书的著名标题。在书中,这位美国卓越的东方学家向我们展示了在苏美尔文献中有关宗教制度、技术和观念的最早资料。这是最早的**书写**文献,大约产生于公元前3000年代。但是,这些文献肯定反映了更为古老的宗教信仰。

对于苏美尔文明的起源及其早期历史,我们还不是很清楚。人们推测,有一个说苏美尔语——这种语言不是闪语,也不能以任何已知语言加以解释——的民族,来自北方地区并定居在美索不达米亚南部。很有可能苏美尔人征服了当地的原住居民,这些原住民的人种组成尚不清楚(他们在文化上属于欧拜德文明;参见§13)。不久后,成群的来自叙利亚沙漠操闪语的阿卡德(Akkadian)游牧民族进入了苏美尔北部地区,同时如连绵不断的波涛一般涌入苏美尔人的城市之中。到了公元前3000年代中期,在一位传奇首领萨尔贡(Sargon)的领导下,阿卡德人征服了苏美尔诸城。然而,甚至在征服之前,苏美尔—阿卡德文化的共生关系就已经发展起来了,在两个国家合并以后更是得到极大的增强。三四十年前,有些学者还认为巴比伦文化就是这两个民族融合的结果。现在,学者们普遍认为苏美尔人和阿卡德人的贡献应分开加以研究,因为,尽管事实上入侵者被所征服者的文化所同 057
化,但是两个民族的创造力还是不相同的。

特别是在宗教领域内,这些差异是显而易见的。从远古时代开始,神性存在的典型象征是**带角的**头饰。在苏美尔,如同近东各地一样,公牛所具有的宗教象征意义从新石器时代就出现了,且不间断地流传了下来。换言之,神的形态是以**空间**的力量和“超越性”来确定的,即雷电交加的天空(因为雷声与公牛的吼叫声相似)。神性存在之“超越的”、存在于天界的结构是以某个表意字前面的限定性符号——最初是星星——来表示的。从词汇表来看，这个限定词的意思就是"天空"。因此，每个神灵都被想象成一个天体；这就是为什么男女诸神都会发出耀眼光芒的缘故。

最早的苏美尔文献反映出了祭司对诸神的划分和系统化。首先是三联主神，其次是三行星神。我们有一份各种神灵的名单，但除了他们的名字以外，别的多半一无所知。在其**历史**的黎明时分，苏美尔的宗教就已经很古老了。的确，迄今为止发现的文献都是残篇，很难加以解释。然而，即使在这些残缺资料的基础上，我们也能发现某些正在逐渐丧失其原初含义的宗教传说。这一过程甚至在由安(An)、恩利勒(En-lil)和恩奇(En-ki)所组成的三大神那里就已开始了。如其名字所显示的("安"意为"天空")，这第一位神是个苍天神，他肯定是最高的统治神，是万神殿中最重要的神。但安同时也已显示出了**退位神**(*deus otiosus*)的征兆。三大神中较活跃、比较"真实"的是大气之神恩利勒(也称作"大山")和"大地之主"恩奇，他也是"创造之神"，曾被现代学者误认为是太初之水的神，因为在苏美尔人看来，大地是坐落在海洋上的。

迄今为止，还没有发现有关宇宙创造的文献，但有些引用的典故使我们可以重构创造的决定性时刻，如同苏美尔人所设想的那样。女神娜姆(Nammu，
058 她用象形文字书写的名字代表着太初的大海)被描绘成"孕育天地的母亲"和"生育众神的女祖先"。太初之水的主题被想象为宇宙和神圣的意义，在古代的宇宙创造论中是十分常见的。这里也是如此，汪洋大海也被认为是最初的母亲，她以单性生殖的方式产下了第一对夫妻，天空(安)和大地(奇[Ki])，他们体现了男女两性原则。这第一对男女通过**神婚**(*hieros gamos*)结合。他们的结合诞生了大气之神恩利勒。另一份残篇告诉我们，恩利勒将他的父母分开，安抓住天空向上升腾，而恩利勒则将他母亲大地带在身边。①天地分离的宇宙创造论主题也是广为传播的。的确，我们在不同的文化层面上都有所发现。但是，近东和地中海的版本可能是源自苏美尔的传说。

有些文献描绘了"太初"时代的完美和幸福："古时，万物都被创造得很完美"，等等。② 然而，真正的天堂似乎是迪尔木恩(Dilmun)，那是一个既没

---

① 参见 S. N. Kramer, *From the Tablets of Sumer*，第 77 页以下，以及 *The Sumerians*，第 145 页。

② 一首新译的诗《吉加美士、恩奇杜和地府》，有关埃及人对于最初的完美的概念，参见 § 25。

有疾病也没有死亡的国度。在那里，"没有残杀的狮子，没有叼走羔羊的狼……，不再有人得眼病并不停地说'我的眼睛生病了'，……守夜人不再巡逻。"①但总而言之，这种完美就此停滞不前了。因为迪尔木恩的主人恩奇在他妻子女神宁伽莎身旁睡着了，他的妻子与大地一样还是一个处女。当他醒来时，他与宁伽莎结合，生下一个女儿，后又与其女儿生下一个女儿，最后与其孙女结合再生下女儿——因为这是一个必须要在天堂里形成的一个神谱。但一个表面微不足道的意外引发的第一次诸神事件创造了一批植物，他本要"决定这些植物的命运"，即确定这些植物的生长和用途，但他却把它们给吃掉了。宁伽莎被他这种无意义的行为所激怒，宣布她将不再以
"生命的关注"来关注恩奇，因此他将死去。而事实上，不知名的病痛正折磨 059
着恩奇，他逐渐地衰弱预示着死亡将近。最后，还是他的妻子将其治愈的。②

这个神话我们所能够重构的就是这个样子，但它显然已是经过了重新处理，其目的尚不得而知。由一个神谱形成的天堂的主题，最后以造物神的罪与罚，以及随后预示其死亡的逐渐衰落而结束。当然其中有一个致命的错误，因为恩奇*没有根据他所体现的原则来行事*。这一错误几乎危及他所创造的世界。其他的文献也描写了诸神在遭到命运折磨时的哀号。稍后我们将看到伊南娜(Inanna)逾越她的统治范围所遭遇的风险。在恩奇的故事中，让我们感到惊讶的不是诸神也会死亡的特征，而是故事所表现的神话内容。

17. 诸神面前的人类

至少有四个苏美尔故事解释了人类的起源。这些故事彼此之间是如此的不同，以至我们推测它们可能源自不同的传说。一个神话说，第一个人是从地里长出来的，如同植物一般。另一个神话说，人是由某些工匠神用陶土塑造而成的，随后女神娜姆又给了他一颗心脏，恩奇赋予了他生命。第三个神话说，女神阿璐璐(Aruru)创造了人类。最后，根据第四个神话，人类是从两个被有意杀死的拉格马神(Lăgma)的血中形成的。这最后的一个主题在

① 今根据穆里斯·拉姆伯特(Maurice Lambert)的翻译，载 *La Naissance du Monde*，第 106 页。

② 我们同意杰斯坦(R. Jestin)的解释，参见"La religion sumerienne"，第 170 页。

著名的巴比伦宇宙创造诗歌《巴比伦史诗》(*Enuma elish*，§21)中重新提到并赋予了新的解释。

所有的这些主题及其各种版本在全世界或多或少都有所记载。根据两个苏美尔的版本，原始人以某种方式分享了神的实体：在恩奇的生命气息中或是在拉格马神的血液之中。这意味着，在神的存在模式与人类的处境之间没有不可逾越的鸿沟。的确，人被创造出来就是为了服务于诸神，首先，他们需要有人供他吃穿。[①]祭祀也被认为是对诸神的
060 侍奉。然而，如果人类是诸神的仆役，那么他们就不是诸神的奴隶。献祭主要是由供奉祭品和表达敬意所构成的。至于城市中盛大的群众庆典——在新年或庙宇落成时的庆祝活动——都有一个宇宙创造论的架构在其中。

雷蒙德·杰斯坦(Raymond Jestin)强调，文献中没有提到罪、赎罪的概念以及替罪羊的观念。[②]这暗示着人类不仅仅是诸神的仆役，同时也是他们的模仿者，因此也是他们的伙伴。既然诸神担负着维持宇宙秩序的责任，人类就必须服从他们的诫命，因为这些诫命是基于那些确保世界和人类社会能够正常运转的规范——“天命”(*me*)的。[③]这些天命确立即**决定了**一切存在、一切生命形式、神灵和人类的事务的命运。而天命的限定是与**命运决定**(*nam-tar*)的行为相伴随的，它形成并昭示了天命的内容。在每个新年来临之时，诸神决定接下来的12个月的命运。确实，这是一个在近东各地都能找到的古老观念，但最早明白表达这一观念的是苏美尔人，而且显然是通过神学家深入系统的研究后得出来的。

宇宙秩序总是不断地受到滋扰，先是大蛇威胁要使世界回到混沌状态，随后是人类的罪行、过失和错误，因此必须以各种仪式来赎罪和净化。而世界会周期性地更新，即经由新年庆典而被再创造。“在苏美尔语中，这个庆

---

① 有关崇拜，参见 Kramer，*The Sumerians*，第140页以下；A. L. Oppenheim，*Ancient Mesopotamia*，第183页以下。

② Jestin，“La religion sumérienne”，第184页。“‘赎罪诗篇’是晚出的文学，但由于闪族对其影响的日益增强，我们不再能将它们视作真正苏美尔思想的表达”(同上书)。

③ 关于不同职业、使命和组织有着不同的天命(*me*)，可参见 Kramer，*From the Tablets*，第89页以下；*The Sumerians*，第117页以下。“天命”(*me*)这个术语被译作“存在”(Jacobsen)或“神圣的力量”(Landsberger 和 Falkenstein)，并被解释为“在死者与生者之间神圣的内在性，是无法改变的、独立存在的、客观的，只有神才能逾越的”(J. van Dijk)。

典被称作 *à-ki-til*，意为‘使世界重生的力量’(*til* 的意思是‘生存’或‘重生’；因此说一个病人‘重生’了就是说他被治愈了)；整个永恒回归的循环法则都会被唤起。”[1]与新年的神话和仪式场景或多或少相类似的记载在不同的文化中都有发现。我们将在分析巴比伦的新年庆典(*akitu*)(§22)时判断其 061
重要性。仪式包括两个城市守护神举行**神婚仪式**，代表守护神的，或是他们的雕像，或是最高统治者(他会获得女神伊南娜丈夫的头衔，作为杜木兹[Dumuzi]的化身)[2]和一名神奴。这种**神婚仪式**实现了神与人之间的沟通，虽是一种短暂的沟通，但却意义重大。因为神圣的力量由此便直接倾注到了城市(也就是大地)的上面，并将大地神圣化，以此确保来年的繁荣与幸福。

而比新年庆典更为重要的是神庙的落成典礼。这不啻于重复了一次宇宙创造，因为神庙——神的“宫殿”——代表着最完美的**世界的缩影**(*imago mundi*)。这一**观念**十分古老且流传广泛。(我们还会在关于巴力的神话中遇到这一观念，§50。)根据苏美尔的传说，创造人类之后，诸神之一建造了五座城市，他把这五座城市建在“净土之上，并为其命名，将其作为祭祀的中心”。[3] 自那时起，诸神便满足于将城市建设的规划直接传达给地上的统治者。国王古德阿(Gudea)梦见两个尼达巴(Nidaba)女神向他显现一块上面布满仁慈之星的图板，而另一位神则向他揭示了一座神庙的修建计划。[4]可以说，神庙和城市的样式都是“先验的”，因为它们早已预先存在于天上了。巴比伦人的城市以星座为其原型：西巴尔(Sippar)位于天蟹座，尼尼微(Niniveh)位于大熊星座，阿舒尔(Assur)位于牧夫座等等。[5]这一概念在古代东方很盛行。

国王的制度及其象征(徽章、王冠和宝座)也都是“从天上传下来的”。[6]大洪水过后，君主制再度盛行于世。相信文字和制度都是预先存在的，这对于远古时代的本体论来说是十分重要的，我们能在柏拉图的理念论中

---

① Jestin, “La religon sumérienne”, 第 181 页。

② 参见 S. N. Kramer, “Le Rite de Mariage sacré Dumuzi-Inanna”，第 129 页，以及所著 *The Sacred Marriage Rite*, 第 49 页以下。

③ 参见克拉默(Kramer)所翻译的文献，*From the Tablets*, 第 177 页。

④⑤ E. Burrows, “Some Cosmological Patterns in Babylonian Religion”，第 65 页以下、第 66 页以下。

⑥ 参见“Sumerian King List”, Krame 译，载 *The Sumerians*, 第 328 页以下。

062 找到这一信仰最著名的表述。它最早记载于苏美尔的文献中，但其根源则可追溯到史前时期。事实上，一切模式预存在天上的理论继承并且发展了流传甚广的古老概念——即人类的行为仅是重复（或模仿）神灵的行为而已。

18. 第一个关于洪水的神话

大洪水后，王权再次被从天上带到了地上，因为大洪水就相当于世界的末日。事实上，只有一个人得救，在苏美尔的版本中这个人叫齐苏德拉（Zisudra），而在阿卡德的版本中则叫乌纳庇希提（Utnapishtim）。但是，与挪亚不一样，他不被允许居住在那从水中突起的新的陆地上。他多少有些被神化了，无论如何，他享受到了永生。这位幸存者被迁移到迪尔木恩（齐苏德拉），或是“河口”（乌纳庇希提）。从苏美尔版本的一些断简残篇中，我们得知，尽管万神殿中的有些神不情愿或是反对，但大神还是决定以洪水毁灭人类。有人提及齐苏德拉王的德行，说他“谦卑、服从、虔诚”。经守护神的通报，齐苏德拉得知安和恩利勒所作出的决定。至此文献出现了一大段的空白，其内容可能是讲齐苏德拉收到了建造方舟的确切指示。七天七夜之后，当太阳再次出来时，齐苏德拉俯伏在太阳神乌杜（Utu）的面前。在最后的一段残篇里，安和恩利勒赐予了他“神的生命”和神“永恒的气息”，并将他安置在神话般的迪尔木恩。①

我们在《吉加美士史诗》中也发现了同样关于洪水的主题。这部至今保存完好的名著表现出更多与《圣经》故事相类似的地方。我们推测，二者很有可能存在一个共同的相当古老的源头。众所周知，经过 R. 安德烈（R. Andree）、H. 优塞纳（H. Usener）和 J. G. 弗雷泽（J. G. Frazer）的整理汇编
063 之后，关于洪水的神话几乎传遍了世界各地；在各个大陆（虽然在非洲很少）和各种文化层中都有所记载。有些不同的版本似乎是由传播所致，首先是从美索不达米亚，然后是从印度。也有可能一次或几次洪水催生了这些传奇故事。但如果我们只是以毫无地质学线索的现象去解释一个流传如此广泛的神话，恐怕会太过轻率。大多数关于洪水的神话似乎在某种意义上都构成了宇宙节律的一部分：挤满了堕落人类的旧世界被洪水所淹没，一段

① 参见 Kramer, *From the Tablets*, 第 177 页以下；Kramer, *Sumerian Mythology*, 第 97 页以下，以及 G. R. Castellino, *Mitologia*, 第 140—143 页。

时间以后，一个新世界从“混沌的”水中浮现出来。①

在大多数版本中，洪水都是人类有罪（或未能行礼如仪）的结果，有时也仅仅是出于神要毁灭人类的想法。我们很难确定，在美索不达米亚传说中导致洪水的原因究竟是什么。有些典故说诸神作出这一决定是因为人类是“罪人”。根据另外一个传说，恩利勒的愤怒是因人类的过分“喧闹”而引起的。②然而，如果我们检视其他文化中关于洪水的神话，就会发现其主要原因还是在于*人类的罪以及世界的衰老*——宇宙逐渐退化而终至腐朽。这就是为什么世界必须再重新创造的原因。换言之，从整个宇宙的角度来看，洪水的灾难在新年庆典中象征性地得以发生：“世界的末日”和罪人的结束都是为再造一个新世界提供了可能。③

19. 下往地府：伊南娜和杜木兹

苏美尔的三天体神是由南纳—苏恩（Nanna-Suen，即月亮）、乌杜（太阳）
和金星爱情女神伊南娜三位神祇所组成的。月亮神和太阳神在巴比伦时期 064
其地位达到了最高点。至于伊南娜，就是阿卡德的伊西塔（Ishtar）以及稍晚的阿施塔特（Ashtarte），有关她的祭祀仪式和神话中都有着一种“现实性”，这是近东地区的其他女神所永远达不到的。在伊南娜—伊西塔的地位达到顶峰之时，她是爱神，同时也是战争女神，也就是说，她主宰着生与死。为了显示出她强大的力量，她被称作*有胡须的伊西塔*（*Ishtar-barbata*），即是雌雄同体的。她的个性在苏美尔时期就已被完全勾勒出来了，而有关她的主要神话也是古代世界最重要的神话之一。关于她的神话总是以一个爱情故事开头：伊南娜，艾雷克（Erech）的守护女神嫁给了牧羊人杜木兹，④杜木兹因此而成为城市的统治者。伊南娜高声咏叹她的激情与幸福：“我欣喜地走

---

① 有关某些洪水神话中内在的象征意义，参见 Eliade，*Patterns in Comparative Religion*，第210页以下。

② 我们会发现（§21），还是因为“噪声”——这一次是因为年轻神灵制造的喧闹打扰了他的睡眠——因此派阿卜苏（Apsu）去消灭他们（参见 *Enuma elish*，tab. I，lines 21 以下）。

③ 参见 *Myth and Reality*，第54页以下。根据《阿特拉哈希斯史诗》（*Epic of Atrahasis*）的版本，洪水后，伊亚（Ea）决定再造七对男女；参见 Heidal，*The Gilgamesh Epic*，第259—260页。

④ 根据另外一个版本，她先是喜欢上了农夫恩基姆杜（Enkimdu），但她的兄弟太阳神乌杜使她改变了主意；参见 Kramer，*The Sacred Marriage Rite*，第69页以下，以及所撰“Le Rite de Mariage Sacré Dumuzi-Inanna”，第124页以下。除了特别指出以外，我们所用的都是克拉默发表在后一篇文章中的译文。

着！……我的主似乎受到神的眷顾。”然而，她有一种预感，她的丈夫会有悲剧性的命运：“我的爱人，我的心上人，我给你带来了不幸……你吻着我，我把双唇贴在你的头上，正因为如此，你会遭受一个悲惨的命运。”①

当野心勃勃的伊南娜决定，下到地府去取代她的“姐姐”厄里什基迦勒(Ereshkigal)的地位时，这一“悲惨的命运”就注定了。作为天神的伊南娜也想统治地下的世界。她设法进入厄里什基迦勒的宫殿，但是当她成功地连续跨过七道门时，守门人剥去了她的衣服和饰物。伊南娜全身赤裸地——即被剥夺了所有的“权力”——出现在她姐姐面前。厄里什基迦勒以一种“死亡的眼神”注视着她，使“她全身僵硬”。三天后，伊南娜忠诚的朋友宁舒布尔(Ninshubur)依照她出发之前的指示，通知了恩利勒和南纳—欣神(Nanna-Sin)。但是他们都拒绝介入此事，因为伊南娜所进入的世界，是由不可侵犯的天意所控制的“死亡之地”，她“想要干预被禁止的事情”。不过，最后，恩利勒还是找到了一个解决的办法：他制造了两个使者，派他们带着
065 “生命之粮”和“生命之水”去地府。他们用诡计成功地使伊南娜“被挂在一根钉子上的尸体”复活了。伊南娜正准备升到地面上，地府的七法官安努尼克(Anunaki)从背后抓住了她，说：“谁能到过地府而又安然离去？如果伊南娜想要离开地府，就必须找个替死鬼！”②

伊南娜由一队恶魔加拉(the *gallas*)护送回到地面，如果她找不到另一个神灵来替代她的话，他们就要把她再次带回地府。加拉先是想要抓住宁舒布尔，但伊南娜阻止了他们。接着他们全跑到乌姆玛城(Umma)和贝德-提比拉城(Bad-Tibira)里去了。城中的守护神们惊恐万分，他们匍匐在伊南娜脚边的尘土中求告，女神可怜他们，便到别处找寻去了。最后，他们到了艾雷克。伊南娜惊奇而愤怒地发现，杜木兹坐在宝座上，并不哀伤，反而衣着华丽志得意满的样子，仿佛他是这个城市唯一的统治者。“她用一只眼睛凝视着他，那是死亡之眼！她只对他说了一个字，那是一个绝望的字！她对他吼叫，那是咒骂的叫喊！她对恶魔们说：‘就是这一个人，把他带走！’”③

① Kramer, “Le rite de mariage sacré Dumuzi-Inanna”, 第 141 页。

② Jean Bottéro, *Annuaire de l'Ecole des Hautes Etudes*, sec. 4 (1971—1972), 第 85 页。

③ 今根据博特罗(Bottéro)的译文，载 *Annuaire de l'Ecole des Hautes Etudes*, 第 91 页。在另一个版本中，伊南娜的行为似乎是出于恐惧。当恶魔们抓住她，并威胁要将她带回地府时，“惊恐万状的她将杜木兹推给了他们！(她对他们说)，‘把这个年轻人的脚锁起来’”(同上书)。

杜木兹乞求他的大舅子太阳神乌杜将他变成一条蛇，逃到了他姐姐格什提南娜(Geshtinanna)的家里，然后再逃到他从前牧羊的地方。在那里，恶魔加拉抓住了他，折磨他，并将他送往地府。但文献的佚失使我们无法知道故事的结局。“很有可能，正是厄里什基迦勒被杜木兹的眼泪所软化，决定减轻他的悲惨命运，由此，他每年只需在地府呆半年的时间，而其他半年可由他的姐姐来代替他”。①

在阿卡德版本的《伊西塔下地府》中也有一个同样的神话，但却有一些明显的不同之处。在苏美尔文献翻译出版之前，人们认为，在坦木兹(Tam-
muz)“死”后女神去了“不归地”，想要把他带回来。在苏美尔的版本中一些
缺少的元素似乎正好支持这种解释。首先，在阿卡德版本中，强调伊西塔被 066
囚的灾难性后果：女神消失后，人类和动物的繁衍完全停止了。这个灾难很容易理解，它是由于爱情与繁殖女神和她所挚爱的丈夫坦木兹之间的**神婚**被打断所致。这个灾难是宇宙性的，在阿卡德版本中，正是因为诸神害怕生命的消失，才不得不设法释放伊西塔。

令人惊讶的是，在苏美尔版本中，是从“心理的”也就是从人性的角度去斥责杜木兹的：一切都是因为伊南娜发现，她丈夫高傲地坐在宝座上而怒不可遏所引发的。这一浪漫的解释似乎是基于一个更古老的概念：“死亡”——仪式性的，也因此具有可逆转性——是任何一个创造或生殖行为所不可避免的。苏美尔诸王与后来的阿卡德的国王一样，都化身为杜木兹在**神婚**中与伊南娜结合。②这多少暗示着国王要接受仪式性的“死亡”。在这一事例中，我们可以假设，在这个苏美尔文献的故事背后，所要传达的是一个由伊南娜所创立的“秘仪”，为的是确保宇宙繁衍的循环不断。在《吉加美士史诗》中，当伊西塔向吉加美士求婚时，从他充满轻蔑的回答中似乎能觉察出这种“秘仪”的存在：吉加美士提醒伊西塔，正是她要求人们每年必须为坦木兹哀悼的。③然而这些哀悼都是仪式性的：每逢坦木兹月(6—7月间)的第十八天，人们会为年轻天神堕入地狱而悲伤痛哭，虽然人人都知道他六个月后会再回来。

---

① Kramer, “Le rite de mariage sacré”，第144页。

② 参见Kramer, *The Sacred Marriage Rite*，第63页以下，以及“Le Rite de Mariage Sacré”，第131页以下。

③ Tablet Ⅵ，46—47. 博特罗(第83页)译作：“坦木兹，你的第一位丈夫，正是你为他建立了普遍的哀悼仪式的。”

坦木兹崇拜几乎遍及中东各地。在公元前6世纪时,以西结(《旧约·以西结书》8:14)曾责备那些在神庙门前为坦木兹悲号的妇女。坦木兹最后变成了一个富有戏剧性的、忧伤的年轻神祇的形象,他每年死后都会复活。但是,在苏美尔文本的原型中,他可能有着一个更为复杂的结构:那些化身为他的国王们因此而分享了他的命运,他们每年都要庆祝世界的
067 再创造。但是为了再创造一个新世界,现有的这个世界必须先被毁掉;宇宙起源之初的混沌也暗示了国王仪式性的死亡和堕入地狱。简言之,两种宇宙模式:生/死、混乱/秩序、贫瘠/丰产——构成了一个过程中的两个环节。这个在农业发现之后出现的秘仪成了解释关于世界、生命以及人类存在的法则;它超越了植物界,因为这一法则也主宰着宇宙的节律、人类的命运以及人与神的关系。这个神话讲述的是爱情与丰产女神试图征服厄里什基迦勒的王国,也就是要*消灭死亡*,但*最终却失败了*。其结果是人类与某些神灵一样也必须接受生死的轮回。杜木兹—坦木兹的消失,是为了六个月以后再重新出现。这种轮换——神灵周期性的出现与消失——可以确立关于人类的救赎及其死后命运的“秘仪”。杜木兹—坦木兹的角色化身为苏美尔—阿卡德的国王,这一点很值得我们注意,因为这实现了神与人之间的联结。最后,每一个人都有望享受这种原先是为国王们所保留的特权。

20. 苏美尔与阿卡德的宗教融合

约在公元前2375年,大部分苏美尔的城市与神庙都被乌姆玛国王卢伽尔扎吉西(Lugalzaggisi)所统一了。这是我们所知帝国观念的第一次显现。经过一代人之后,这种努力在阿卡德国王萨尔贡身上取得了更大的成功。但是苏美尔文明得以保全其全部的结构,变化的仅是城市与神庙的国王:他们承认自己从属于阿卡德征服者。一个世纪之后,由于受到古蒂人(Gutians)的进攻,萨尔贡的帝国崩溃了,古蒂人是一支在底格里斯河(Tigris)上游地区过着游牧生活的蛮族。从此之后,美索不达米亚的历史似乎在不断地自我重复:苏美尔与阿卡德的政治统一被来自外部的蛮族所摧毁;而他们的政权又被内部的反叛所推翻。

因此,古蒂人的统治只维持了一个世纪,便在下一个世纪(大约公元前
068 2050—前1950)被乌尔(Ur)第三王朝所取代了。正是在这一时期,苏美尔文明达到了其顶峰。但这也是苏美尔最后的政权。东边受到埃兰人(Elam-

ites)①不断的侵袭,西方则有来自叙利亚—阿拉伯沙漠的亚摩利人(Amorite)②的骚扰,帝国因此而崩溃。在两个多世纪的时间里,美索不达米亚地区分裂为几个国家。直到公元前1700年,亚摩利人汉谟拉比(Hammurabi)统治巴比伦,实现了统一。他将帝国的中心设在遥远的北方,那里曾是他统辖的城市。汉谟拉比建立的王朝仿佛十分强大,但也只统治了不到一个世纪的时间。另一支蛮族喀西特人(Kassites)从北方开始侵扰亚摩利人,在大约公元前1525年,他们终于取得了胜利,统治美索不达米亚达四个世纪之久。

由城市—神庙而为城市—国家而为帝国,这是近东历史一个相当重要的现象。③对于我们来说,重要的是印证这样一个事实:苏美尔语虽然大约在公元前2000年就不用了,但它却仍保留其作为仪式语言,实际上作为知识语言的功用长达15个世纪以上。其他几种仪式语言也有着相似的命运,如梵语、希伯来语、拉丁语和古斯拉夫语等。苏美尔的宗教保守主义留存在阿卡德的结构之中。最高的三位神灵都是一样的:安、恩利勒和伊亚(即恩奇)。而三大天体神部分地沿袭了闪族神灵的名称:月神欣(Sin)(这即是苏美尔的苏恩[Suen]),太阳神夏马西(Shamash),金星神伊西塔(即伊南娜)。而地府继续为厄里什基迦勒及其丈夫内尔各勒(Nergal)所主宰。因帝国的需要而形成少许变化,如将宗教重心迁往巴比伦,以马尔杜克替代恩利勒,都是“经过几个世纪才完成的”。④至于神庙,“从苏美尔时期起,或许除了建筑的规模和数量之外,……其基本轮廓没有什么本质上的变化。”⑤

然而,闪族宗教的特征也融入了早期的结构之中。例如,两位“民族神”——巴比伦的马尔杜克和后来亚述的阿舒尔——都升格为宇宙之神。 069
同样具有重要意义的是,强调了个人的祈祷及悔罪诗篇在崇拜仪式中的重要性。有一篇最优美的巴比伦祷文是献给诸神的,其中有些神灵,甚至那些祈祷者也不知道他们是谁:“啊,主啊,……我的罪孽深重。不知名的神啊,我的罪孽深重……不知名的女神啊,我的罪孽深重……无知的人类,他甚至辨不清自己是在行恶还是在为善……我的主啊,不要抛下你的仆人。我的

① 埃兰为亚洲西南部的古代王国。——译者

② 亚摩利人是公元前2000年前后的古代闪族人,在《圣经》中指迦南后裔。——译者

③ 这是对新体制(如职业军队和官僚政治)的首次记载;后来也为其他国家所采用。

④⑤ Jean Nougayrol,“La religion babylonienne”,第217、236页。

罪孽有七七四十九倍，请赦免我的罪吧。”[①]在悔罪诗篇中，祈祷者承认他有罪并大声忏悔，他跪着或是匍匐在地，“以鼻触地”。

三大神——安、恩利勒和伊亚——在崇拜仪式中逐渐失去了其崇高的地位。崇拜者不是向他们，而是向马尔杜克或其他天体神（如伊西塔，特别是夏马西）祈祷；随着时间的流逝，夏马西逐渐成为了至高无上的神。有一首赞美诗称颂太阳神在各地都受到崇拜，甚至在外邦人中也不例外。夏马西捍卫正义，罚恶扬善。[②]诸神的神圣性不断增加，使人们产生敬畏之心，特别是诸神有其骇人的光芒。光被认为是神灵的特殊属性，而由于国王分享神性，所以他也会发光。[③]

阿卡德宗教的另一个产物是占卜。我们还注意到巫术的流行，以及神秘学的发展（特别是占星术），这后来在整个亚洲以及地中海世界变得十分普遍。

简言之，闪族的贡献在于强调了宗教经验中的个人因素，并将某些神灵提升至最高的地位。然而，这一崭新而宏伟的美索不达米亚宗教复合体却对人类的存在抱有一种悲观的看法。

070

21. 世界的创造

《巴比伦史诗》（*Emuma elish*，以其首句 emuma elish，“当在最高之处时”命名）是著名的宇宙创造诗歌，它与《吉加美士史诗》同为阿卡德宗教中最重要的作品。在戏剧的张力、对于相关神学的影响、宇宙创造论以及人类的创生等方面，这两部史诗在苏美尔文学中没有其他作品可与之相比。《巴比伦史诗》为了颂扬马尔杜克，讲述了世界的起源。尽管经过了重新的诠释，其主题仍是十分古老的：首先，太初是一个天地未分的汪洋世界，里面生活着第一对夫妇阿卜苏（Apsu）和提阿马特（Tiamat）。（其他资料指出，提阿马特代表海洋，而阿卜苏则是在地面上流动的淡水。）与许多其他太初诸神一样，提阿马特被认为是女性，同时也是双性同体的。从淡水与咸水的结合中产生了其他神祇夫妇。关于第二对神祇夫妇拉克姆（Lakhmu）和拉卡

---

① 根据 F. J. 斯蒂文斯（F. J. Stevens）的译文缩写，*ANET*，第 391—392 页，第 21—26、51—53 和 59—60 行。

② 译文参见 *ANET*，第 387—389 页。

③ A. Leo Oppenhim, *Ancient Mesopotamia*，第 176 页；E. Cassin, *La splendeur divine*，第 26 页以下、第 65 页以下，以及各处。

姆(Lakhamu)(据传说，为了造人他们作为牺牲被献祭了)，我们几乎一无所知。至于第三对神祇夫妇安莎尔(Anshar)和吉莎尔(Kishar)，他们的名字在苏美尔语中，意为“最上等元素的总和”与“最下等元素的总和”。

时间流逝(“日复一日，月增年长”)，[1]这两个互补的“总和”通过神婚(*hieros gamos*)生下了天空之神安努(Anu)，他又孕育出了奴第木德(Nudimmud)(即伊亚)。[2]由于这些年轻神灵玩耍吵闹的声音打扰了阿卜苏睡觉，他向提阿马特抱怨说：“他们的行为使我无法忍受，白天，我不能休息；晚上，也不能睡觉。为了结束他们的胡闹，我要消灭他们。让我们重得安静，至少我们可以睡觉！”(泥版1,37—39)我们能从这些字里行间中读到，诸神对于太初时代的静止(亦即物质的惰性与无意识相对应的模态)的极度怀念，对于一切运动——也就是宇宙创造的初始条件——的排斥。提阿马特“开始对她丈夫破口大骂，她发出痛苦的吼叫……：‘什么！我们要毁掉我们自己所创造的一切！他们的行为虽然难以忍受，但是我们应该温和而有耐心’”(1.41—1.46)。但是，阿卜苏根本不听她的劝告。 071

当年轻的神祇们得知其祖先的决定时，“他们一句话也说不出来了”(58)。但“无所不知”的伊亚则开始行动了。他以魔咒使阿卜苏陷入昏睡之中，“夺走了他的光芒，披在自己身上”，然后将其捆绑起来杀死了他。伊亚因而成为水神，因此他将水称作*apus*。正是在水(*apus*)的深处，“在命运的密室里、在典型的圣殿中”(79)，他妻子丹奇拉(Damkina)生下了马尔杜克。诗文颂扬了这位诸神中最晚诞生的神是多么的强壮、智慧和全能。随后，安努开始攻击其祖先，他让风从四面八方吹起，“并掀起大浪袭击提阿马特”(108)。不得安宁的诸神向他们的母亲抱怨：“当他们杀死阿卜苏，你的伴侣时，你从他身边走开，一言不发”(113—114)。

这一次，提阿马特决定反击。她变成怪物、蛇、“巨狮”、“狂怒的恶魔”及其他种种“冷酷的好战者”(144)。而“在她第一批创造出来的诸神中，……她特别欣赏金古(Kingu)”(147以下)。提阿马特在金古胸前捆上了命运之牌，并赋予他至高无上的力量(144以下)。面对如此的准备，年轻的神祇们

---

① Tablet Ⅰ, line 13。除非另有说明，否则我们采用的都是保罗·伽雷利(Paul Garelli)和马塞尔·雷波维奇(Marcel Leibovici)的译文，“La naissancedu monde selon Akkad”，第133—145页。我们还采用了拉巴特(Labat)、黑德尔(Heidel)、斯佩塞尔(Speiser)和卡斯特利诺(Castellino)的译文。

② 在苏美尔的三大神灵中少了恩利勒，他的位置被伊亚之子马尔杜克所取代。

失去了勇气。无论是安努或是伊亚都不敢与金古对抗。只有马尔杜克接受了挑战,但是要求诸神承认他是最高神,诸神只得同意了。于是,两支军队之间的战争便由提阿马特与马尔杜克之间单独的战斗来决胜负了。“提阿马特张开大嘴将他吞了下去”(4.97),马尔杜克吹起狂风,“使她的身体膨胀起来。她的肚子鼓起来,嘴巴张开。随后,他用箭射穿她的肚子,撕裂她的内脏,并刺穿了她的心脏。由此战胜了她,他夺走了她的生命,将尸体弃于地上,并站在上面。”(100—104)提阿马特的支持者们企图逃走,但马尔杜克“将他们捆起来并打碎了他们的武器”(111);随后,他将金古锁了起来,夺走了他的命运之牌,将其挂在自己的胸前(120以下)。最后,他回到提阿马特那里,劈开她的头颅,将尸体剖为两半,“像一条干鱼一样”(137);一半变成了天穹,另一半则变成了大地。马尔杜克在天上仿制了一座水中宫殿,并制
072 定了星球的运行轨道。第五块泥版记载了星体宇宙的组成、时间的确定以及地球是如何从提阿马特的器官中构成的(从她的眼睛里流淌下来的是幼发拉底河和底格里斯河,“从她尾部弯曲的部分创造出天地之间的联结”[5.59],等等)。

最后,马尔杜克决定造人,以便“让他们来为诸神服务,使其能感到轻松自在”(6.8)。而那些被征服、被捆绑的神祇们则仍在等待着对他们的惩罚。伊亚建议只要将他们其中的一位献祭就行了。问他们是谁“挑起战争、煽动提阿马特叛乱的”(23—24),大家异口同声都说是金古。于是,金古的血管被切开,伊亚用他的血创造了人类(30)。①史诗接着讲述为了歌颂马尔杜克而为其建造了圣所(即他的宫殿)。

尽管采用了传统的神话主题,《巴比伦史诗》却表现出一种更为灰暗的宇宙起源论和悲观的人类学②。为了提升马尔杜克这位年轻斗士的地位,所有远古时代的诸神,特别是提阿马特,都被描绘成带有恶魔的特征。提阿马特不再只是宇宙创造前远古混沌的总体;她最后被描写成了若干怪物的制造者。因此,她的“创造力”完全都是负面的。如《巴比伦史诗》所描述的,由于阿卜苏想要消灭年轻的诸神,而很快危及到创造的过程,也就是说,使宇宙的创造在初期就被迫停止了。(那时已有某个“世界”存在,因为诸神在

① 我们要补充的是,还有其他与宇宙创造论和人类的创造有关的类似传说存在。

② 书中所说的“人类学”都不是指研究人类体质特征、进化发展及社会风俗的科学,而是借用了《圣经》中的术语,是述及人之始原、本性及命运的。——译者

那里繁衍并“居住”,但是这个世界纯粹是一种形式的存在。)阿卜苏的杀戮开启了一系列“为创世而进行的屠杀”,因为伊亚不仅是取代了他的地位,而且还建造了最初的水中世界(“他在这里修建住所,……确立圣所”)。宇宙的创造是两组神祇之间争斗的结果,而提阿马特这一组神灵中也包括她创造出来的怪物和恶魔。换言之,这样的“太初时代”本身就是“负面创造物”的源头。正是从提阿马特的尸体中,马尔杜克创造了天地。这一主题在其他传说中也有所记载,可以有不同的诠释。从一个太初神祇的身躯中所创造出来的宇宙也分享了神的实体。但是,在提阿马特被“妖魔化”以后,这个实体还能说是神圣的吗?

从此宇宙具有了两重性;它由矛盾的(即使我们不明说是魔鬼般的)质
料与神圣的形式——因为这是马尔杜克所造就的——所组成。天穹是由提 073
阿马特的一半身体所形成的,而星辰和星座则成为诸神的“居所”或象征;大地是以提阿马特的另一半身体和她的器官构成的,却因为城市和神庙而被神圣化。总之,这个世界证明是一方面混沌与恶魔的太初与另一方面神圣的创造、临在和智慧混合而成的。也许这是美索不达米亚思想中最复杂的宇宙起源的表达了,因为它综合了神灵世界的所有结构,其中有些已变得无法理解或是难以形容了。

至于人类的创造,它延续了苏美尔的传说(人被造出来是为了服务于诸神),这个版本特别解释了人是从两个被献祭的拉格马(Lăgma)神中产生的。但它还加上了一个使事情变得更为严重的元素:金古。尽管他曾是太初神祇,但却变成了恶魔之首,成为提阿马特所创造的怪物和恶魔军队的首领。因此人也是从一种恶魔的实体中被造出来的,即金古的血。这个与苏美尔版本的不同之处是十分重要的。我们说这是一个悲剧性的悲观主义,因为人类似乎已被自身的起源定了罪。人类唯一的希望就在于人是伊亚所塑造的,因此而有了由一个伟大的神灵所塑造的形象。从这一点来看,在人类的创造与世界的起源之间有着某种对称性。在这两种创造中,原料都是一个被胜利的年轻神祇们妖魔化并被处死的堕落的太初之神。

22. 美索不达米亚王权的神圣化

在巴比伦,每逢新年庆典的第四天,人们会在神庙中朗诵《巴比伦史诗》。这个庆典在苏美尔文中被称作 *zagmuk*(意为“一年的开始”),而在阿卡德语中则叫 *akitu*,是在尼散月(Nisan)的头 12 天里举行的。它包括几个程序，最重要的有：(1)国王赎罪日，相当于马尔杜克的“囚禁”；(2)释放马尔杜克；(3)在国王的带领下，举行仪式性的战斗和一个胜利大游行，一直走到
074 “新年庆典之屋”(Bit Akitu)，并在那里举行一场盛宴；(4)国王与代表女神的神奴举行**神婚**(*hieros gamos*)；(5)由诸神决定命运。

这个神话与仪式的第一个程序——国王的受辱与马尔杜克的被囚禁——意味着世界倒退到宇宙创造之前的混沌状态。在马尔杜克的神殿里，大祭司拿走国王的象征物(权杖、戒指、弯刀和王冠)，并且打他的脸。然后，国王跪着声称自己是清白的：“我没有罪，大地之主啊，我没有轻视你的神性。”大祭司以马尔杜克的名义回答说：“不要害怕，……马尔杜克会听见你的祈祷的。他会加强你的统治的。”①

这时，人们四处寻找马尔杜克，假设他被“关在深山之中”(这是一句表示神灵“死亡”的套语)。如同我们在伊南娜—伊西塔的故事中所看到的，这种“死亡”并不是最后的结局；但仍必须从地下世界中将她赎回。同样地，马尔杜克也落入“远离太阳和光明的地方”。②最后，他被救了出来，诸神会集在一起(也就是将他们的雕像搬到一起)决定其命运。(这个仪式对应于《巴比伦史诗》中马尔杜克被尊为最高神。)国王带领游行队伍来到位于城外的“新年庆典之屋”。这个游行队伍象征着与提阿马特相对抗的诸神的军队。根据西拿基立(Sennacherib)③铭文，我们可以推测，人们是在模仿这场远古的战争，国王化身为阿舒尔(他后来取代了马尔杜克的位置)。④从“新年庆典之屋”的盛宴回来后，便缔结**神婚**(*hieros gamos*)。这最后的一个行为是决定这一年中每个月的命运。⑤通过这种“决定”，这一年就仪式性地**被创造**了，也就是说，确保了新世界的好运、丰收和富裕。

新年庆典(*akitu*)代表了美索不达米亚一个流传相当广泛的神话—仪
075 式场景，特别是新年庆典被认为是对宇宙创造的重复。⑥既然宇宙周期性的更新是传统社会中一个巨大的希望，我们还会经常提到各种新年庆典。现

---

① 文献引自 H. Frankfort, *Kingship and the Gods*, 第 320 页。

② 古典作家提到巴比伦的“贝勒(Bel)之墓”(即马尔杜克)。很有可能是埃特门那基(Etemenanki)神庙的金字形神塔，被认为是神灵暂时的埋葬之地。

③ 西拿基立(公元前？—前 681)，亚述国王。——译者

④ 一些典故暗示是由两组演员来模仿这场战斗的。

⑤ 如《巴比伦史诗》所述，马尔杜克制定了律法来控制他所创造出来的世界。

⑥ 参见 Eliade, *Cosmos and History*, 第 49 页以下；*Myth and Reality*, 第 41 页以下。

在我们要提到的是(仅以近东地区为例),在埃及、赫梯、乌加里特(Ugarit)、伊朗、曼达派(Mandaeans)①那里都能找到有关新年庆典(*akitu*)的不同故事。例如,在一年中的最后几天仪式性地重现“混沌”就有许多方式,如农神节(Saturnalia)式的狂欢、所有社会秩序的颠倒、火焰的熄灭以及死者的回归(由戴面具者扮演)等等。在埃及、赫梯以及乌加里特的文献中,都记载了两组演员之间的战斗。这种在12天的闰日为来年的12个月“确定命运”的习俗,仍存留在近东和东欧地区。②

对于在新年庆典中国王所扮演的角色,我们知道的并不很多。他的“受辱”是与世界倒退到混沌状态以及马尔杜克被囚禁在大山之中相一致的。国王代表神在战斗中与提阿马特对抗,并在**神婚**中与神奴结合。但这并不表示他与神总是合而为一的,如同我们前面所看到的那样,在其“受辱”时,国王向马尔杜克求援。尽管如此,美索不达米亚君权的神圣性却是有大量文献记载的。我们已经提及苏美尔国王的神婚,他代表杜木兹与女神伊南娜结合,这一**神婚**(*hieros gamos*)是在新年庆典时举行的(§19)。因为对于苏美尔来说,君权来自于天界,它的起源是神圣的,而这种概念一直持续到亚述—巴比伦文明消失为止。

君权的神性以许多方式表现出来。国王被称为“大地之王”(也就是世界之王)或“宇宙四方之王”,而这些头衔原本只是属于诸神所有的。③与诸神一样,也有某种超自然的光环照在国王头上。④甚至在他出生之前,诸神就已预先指定他为王了。虽然,国王承认他是人间父母所生养的,但他仍被认为是“神的儿子”(汉谟拉比宣称他是欣所生,而利庇特伊西塔[Lipitish- 076
tar]则说自己是恩利勒的儿子)。这种双重的降生使国王成为诸神与人之间最高的中介。国王在诸神面前代表人民,因此他必须为他的子民赎罪。有时,他还不得不为了他子民所犯的罪而受死,这就是为什么亚述人有“国王替身”的缘故。⑤文献还宣称,国王与诸神一起住在神奇的花园中,里面有

---

① 即诺斯替教派,今犹存于伊拉克。——译者

② 参见 *Cosmos and History*, 第65页以下。

③ 参见 Frankfort, *Kingship*, 第227页以下。

④ 这种光在阿卡德语中称作 *melammû*, 相当于伊朗语中的 *xvarenah*; 参见 Oppenheim, *Ancient Mesopotamia*, 第206页; Cassin, *La splendeur divine*, 第65页以下。

⑤ Labat, *Le caractère religieux de la royauté assyro-babylonienne*, 第352页以下; Frankfort, *Kingship*, 第262页以下。

生命之树和生命之水。[1]（实际上，国王与他的随从们吃掉了每天供奉在诸神雕像前的食物。）国王是神的“代表”、“人民的牧者”，神让他在人间建立公正与和平。[2]“当安和恩利勒让利庇特伊西塔去统治人们，以建立公正，……而我，利庇特伊西塔，尼普尔（Nippur）谦逊的牧者……奉恩利勒的旨意，在苏美尔和阿卡德建立起了公正。”[3]

可以说，国王享有了神的模态，但却并没有成为神。他**代表**神，而在远古文化的层面上，这也意味着在某种程度上他便**是**他所代表的神。无论如何，作为神界与人间的中介，美索不达米亚的国王实现了两种存在形式（即神与人）之间在仪式上的合二为一。正是由于具有了这两重性，所以国王至少是在比喻中被认为是生命和繁殖的创造者。**但他不是神，不是万神殿中的一个新成员**（不同于埃及的法老，参见§27）。人们也并不向他祈求，相反地，人们乞求神灵保佑国王。因为，尽管他们与神界关系密切，尽管他们与某些女神之间存在**神婚**（*hieros gamos*），但是国王们仍不能改变他们作为人的身份，最后，他们也终将死亡。别忘了，即使是传说中的乌鲁克（Uruk）国王吉加美士也无法获得永生。

077 ## 23. 追求永生的吉加美士

《吉加美士史诗》肯定是巴比伦最著名、最家喻户晓的著作了。书中的英雄乌鲁克国王吉加美士早在古代就已十分著名，在苏美尔版本中有好几个故事讲述了他传奇的人生。尽管有这样的背景，但《吉加美士史诗》却是闪族文化传统的产物。在阿卡德版本中，这部史诗是由若干独立的故事所组成的，其中最动人的是吉加美士追求永生的故事，或者更确切地说，这是一个关于功败垂成的故事。故事以一个极度荒淫的英雄同时又是暴君开始，向人们揭示了纯粹“英雄的”品质毕竟无法超越人的限制。

然而，吉加美士却有三分之二的神族血统，他是女神尼珊（Ninsun）与一个凡人所生的儿子。[4]史诗一开始，就赞美了他的博识和他所完成的宏伟建

---

[1] 正是国王，作为园丁，照看着生命之树；参见 Widengren, *The King and the Tree of Life in Ancient Near Eastern Religion*，尤其是第 22 页以下、第 59 页以下。

[2] 参见《汉谟拉比法典》前言（I. 50），载 *ANET*，第 164 页。

[3] 参见《利庇特伊西塔法典》序言（“Lipit-Ishrar Lawcode”），载 *ANET*，第 159 页。参见赞迪（J. Zandee）翻译和引用的文献，“Le Messie”，第 13、14、16 页。

[4] 根据苏美尔的传说，吉加美士的父亲是乌鲁克城的一位大祭司；参见 A. Heidel, *The Gilgamesh Epic*，第 4 页。

筑。但随即展现在我们面前的则是一个强暴妇女、强征民工的暴君。人民向诸神祈祷,于是神灵决定制造一个能与吉加美士对抗的巨人。这是一个半人兽,名叫恩奇杜(Enkidu),他能与野兽们和平共处,同饮一眼泉的水。吉加美士先是在一个梦里得知了他的存在,随后又从一个刚见过他的猎人那里得到证实。他派了一个妓女去诱惑恩奇杜,并将他引到乌鲁克城中来。如同诸神所预见的那样,两个斗士一见面便打了起来。吉加美士取得了胜利,但他对恩奇杜产生了爱惜之情,于是两人成了伙伴。诸神的计划最终也没有落空,从此以后,吉加美士便开始了他的英雄历险。

在恩奇杜的陪伴下,他出发前往传说中遥远的雪松林,那片松林是由强有力的怪物胡瓦瓦(Huwawa)看守的。在砍倒神圣的雪松之后,两位英雄杀死了胡瓦瓦。在回乌鲁克城的路上,伊西塔看见了吉加美士。女神向他
求婚,但他却无礼地拒绝了她。受辱的伊西塔乞求她父亲安努创造一头神 078
牛来毁掉吉加美士和他的城市。安努开始拒绝了,但是当伊西塔威胁说,要将死者从地府召回人间时,他妥协了。神牛冲向乌鲁克城,它的吼叫声使国王的随从成百上千地倒地而死。然而,恩奇杜成功地抓住了它的尾巴,吉加美士则一剑刺中了它的脖子。恼怒的伊西塔登上城墙诅咒国王。因胜利而欣喜若狂的恩奇杜撕下神牛的一条腿,丢在女神的脚边并辱骂她。这是两位英雄功业的顶峰,但也是悲剧的开始。当晚,恩奇杜便梦见他被诸神所谴责。第二天,他就病倒了,12 天后死去。

这一意外的变故使吉加美士难以接受。他为他的朋友哭了七天七夜,并拒绝埋葬他。他希望他的悲伤最终能使他的朋友复活。直到恩奇杜的尸体开始腐烂,吉加美士才放弃这一想法,并为恩奇杜举行了隆重的葬礼。之后,国王离开城市在沙漠中流浪,抱怨说:"我不也会像恩奇杜一样死去吗?"①他被自己有关死亡的思考吓住了。英雄的业绩也安慰不了他。从此以后,他唯一的目标就是摆脱人类的限制而获得永生。他知道著名的乌纳庇希提(Utnapishtim),即大洪水的幸存者仍然活着,于是决定去寻访他。

他的旅程充满了入会礼式的考验。他来到马息山(Mashu),找到了太阳每天都要经过的那扇门。这门由一个蝎形人和他的妻子把守着,"他们的眼神会致人于死地"(9.2.7)。不屈不挠的英雄因恐惧而呆若木鸡,并因自

① Tablet 9, column 1, line 4。除非特别指明,否则所有译文均采自 Contenau, *L'épopée de Gilgamesh*。

己的卑微而匍匐在地。但是蝎形人和他的妻子看出了吉加美士身上神性的部分，于是允许他进入通道。在黑暗中走了12个小时之后，吉加美士来到了大山另一边的一个神奇的花园中。又走了一段路，在海边，他遇上了仙女西杜丽(Siduri)，并向她打听在何处才能找到乌纳庇希提。西杜丽试图让他改变主意："当神造人时，他们已注定了人的死亡，他们将永恒的生命留给了
079 自己。你，吉加美士，只需填饱你的肚皮，日夜尽情欢乐吧。让每一天都成为一次欢宴，昼夜不停地跳舞玩耍吧。"①

但是吉加美士坚持他的决定，于是西杜丽便带他去找乌纳庇希提的船夫乌夏纳比(Urshanabi)，而他碰巧就在附近。他们渡过了死亡之水，到达了乌纳庇希提居住地的岸边。吉加美士求教他如何才能获得永生。他因此而得知了有关大洪水的故事以及诸神决定让乌纳庇希提和他的妻子与神成为"亲戚"，并让他们住在"河口"。"但是"，乌纳庇希提问吉加美士，"至于你，哪个神会接纳你，使你获得你所希求的生命呢？"(11.198)然而，他又出乎意料地继续说道："起来，试着六天七夜不要睡觉！"(199)在我们看来，这无疑便是最严厉的入会礼考验：征服睡眠，保持"清醒"就等于是超越人的限制。②这难道是说，乌纳庇希提知道神不会赐予吉加美士永生，因而建议他以一个入会礼的方式去夺取它吗？英雄已经成功地经过了几次考验：穿过通道，为西杜丽所"诱惑"，渡过死亡之水。从某种意义上来说，这些都是英雄式的考验。然而，这一次考验却是"精神上的"，因为只有一种异乎寻常的注意力才能使一个人六天七夜不睡觉。但吉加美士却立即就睡着了，乌纳庇希提嘲讽地大声叫道："瞧瞧这个强壮的人，渴望获得永生，睡意却像一阵暴风般征服了他！"(203—204)他整整睡了六天七夜；当乌纳庇希提叫醒他时，吉加美士还责怪乌纳庇希提，说他才刚睡着就叫醒了他。然而，他不得不接受事实，于是，他重又哀求道："我该怎么办，乌纳庇希提？我还能去哪里？恶魔已占据了我的身体；在我睡觉的房间里埋伏着死亡，无论我到哪里，死亡就跟到哪里！"(230—234)

吉加美士正准备离开，但在最后一刻，乌纳庇希提在其妻的劝告下，向他透露了一个"诸神的秘密"：有一个地方，吉加美士可以在那里找到一种使

① Tablet Ⅹ, column Ⅲ, lines 6—9；译文采自 Jean Nougayrol, *Histoire des religions*, 第1卷，第222页。

② 参见 Eliade, *Birth and Rebirth*, 第14页以下。

人重获青春的植物。吉加美士潜入海底去摘取这种植物,[①]然后兴高采烈 080
地返回。走了几天以后,他看见一眼新鲜的泉水,便急忙过去洗浴。被植物的香味所吸引,一条蛇从泉水中游出来,叼走了植物,褪下蛇皮留在那里。[②]吉加美士向乌夏纳比哭诉他的不幸。这个情节似乎可以解读为另一次入会考验的失败:英雄没能得益于一桩意外的礼物;简言之,他缺乏智慧。然后史诗突然结束:回到乌鲁克城,吉加美士邀请乌夏纳比登上城墙,并赞叹它的创立。[③]

在《吉加美士史诗》中,我们所看到的是对人类处境的戏剧性描写,即人受限于不可避免的死亡。然而,这部世界文学经典也可被解释为,即使没有神的帮助,只要能成功地通过一系列的入会考验,某些人也能获得永生。以此观点来看,吉加美士的故事便是对一个失败的入会礼的戏剧性表现。

24. 命运与诸神

不幸的是,我们不知道美索不达米亚入会仪式的内容,只能推测有这样一种仪式的存在。从吉加美士所经历的考验的特殊结构中,我们可以解读出追求永生的入会礼的意义。亚瑟王(Arthur)传奇故事所表现的也是类似的情境。其中也充满了入会礼的象征与主题,但我们无法确定那是否属于一个仪式的过程,是不是对凯尔特人(Celt)的神话或赫耳墨斯诺斯替教的回忆,是否只是想象的产物。就亚瑟王的传奇故事而言,我们至少知道在其
创作之前入会礼传统已经存在了,然而对于在吉加美士历险中可能蕴含的 081
原史(protohistory)[④]时期的入会礼的内容,我们却一无所知。

有人强调阿卡德的宗教思想是以人为中心的。总之,吉加美士的故事成为一个范式:它表明了人类处境的不牢靠,即使是英雄,也不可能获得永

---

① 我们可能会觉得奇怪,为什么吉加美士不是一采到这种植物便立即将它吃下,而是把它留了下来。参见 Heidel, *The Gilgamesh Epic*,第62页,注解211。

② 这是一个很著名的民间传说的主题:褪掉老皮,蛇便获得了新生。

③ Tablet Ⅻ,后人以苏美尔文增补;附加的故事与我们描述的剧情没有直接联系。

④ "protohistory"一词在中文中尚无适当对应之词,可译作"原始历史",意指尚未用文字表述的历史。从历时性看,可指一般意义上文字诞生之前的史前史;从共时性看,可指被人们当下直观却尚未由语言表现的历史,即进入历史表现之前的原始经验的总和。如果语境中只是指后一种情况,也可译成"原生性历史"。在本书中,为方便起见,我们一概译作"原史"。——译者

生。人生来便是要死的,他的被造只是为了服务于诸神。这种悲观的人类学在《巴比伦史诗》中就早已得到了系统的表述。这也见诸于其他重要的宗教文献之中。“主仆对话”这篇文献所表现出来的情绪,似乎是由恐惧症所产生的虚无主义:主人甚至不知道自己想要什么。他因人类所有的努力付诸东流而感到窘困:“登上古代的废墟,四处走走,环顾古往今来的骷髅,他们中间谁是坏人,谁又是公众的造福者呢?”①

另一份著名的文献“关于人类苦难的对话”——它又被称作“巴比伦传道书”——则更为绝望。“吃着好肉的凶猛的狮子,/是否向女神供奉面点、香火以平息她的不快?/……[至于我],难道我没有供奉吗?[不],我向诸神祈祷,/我向女神献上规定的牺牲”(第 50 行以下)。这个义人从其童年时期起,就努力想要洞悉神的旨意,他谦卑而又虔诚地找寻女神。然而“神带给我的只是匮乏而不是财富”(第 71 行以下)。相反,那卑鄙者、邪恶者却获得了财富(第 236 行)。人们“赞美穷凶极恶之徒,贬低那谦卑和平的人。”罪人称义,而义人却遭放逐。强盗得到金银财富,而弱者则忍饥挨饿。恶人势力日增,而弱者则被丢弃(第 267 行以下)。②

这种绝望的产生不是因为感到人类存在的虚无,而是因为体验到普遍的不公正:恶人获胜,祈祷不见回应,诸神似乎对人类的事务漠不关心。从公元前 2000 年代开始,类似的精神危机在其他地方(埃及、以色列、伊朗、印
082 度和希腊)也都出现并产生了不同的结果。因为,人们会根据各自不同文化中的宗教传统特点去回应这种虚无主义的经验。而在美索不达米亚的智慧文学中,诸神(对人)并不总是漠不关心的。有一篇文献提及一个无辜的人在身心两方面所遭受的折磨,堪与约伯相比较。这是义人遭受苦难的典型,因为似乎没有任何神灵来帮他。无数的病痛使他“倒伏在他自己的排泄物中”,他的亲属们还以为他已死了,正在为他哭泣,这时他梦见马尔杜克将会拯救他。在一次出神的恍惚之中,他看见神灵打败了病魔,如同将植物连根拔起一样,除去了他身上的病痛。最后,义人恢复了健康后以仪式性地通过巴比伦神庙的 12 道门的方式来表达他对马尔杜克的感谢之情。③

① “A Pessimistic Dialogue between Master and Servant”, 第 84 行; R. H. Pfeiffer 译, *ANET*,第 438 页。

② “A Dialogue about Human Misery”, Pfeiffer 译, *ANET*,第 439—440 页。

③ “I will Praise the Lord of Wisdom”, Pfeiffer 译, *ANET*,第 434—437 页。

总之,阿卡德宗教思想通过对人的关注,揭示出了人类的种种可能性的局限。人神之间的距离被证明是无法逾越的。然而,人类也并没有被孤立于他自己的寂寞之中。首先,他分享了被认为是属神的灵性元素,即他的"精神"(*ilu*,字面上的意思就是"神")。[①] 其次,通过仪式和祈祷,人类希望能获得神的赐福。重要的是,人类知道他与宇宙同源:他所居住的城市构成了**世界的缩影**(*imago mundi*),而其中的神庙与塔庙代表着"世界的中心",可以确保人类与天堂和诸神的沟通。巴比伦是"诸神之门"(Bab-il-ani),因为诸神经由此门下到人间。一些城市和圣所被命名为"天地之间的联接"。[②] 换言之,人类并不是居住在一个封闭的世界里,与诸神隔绝,完全孤立于宇宙的节律之外。此外,一个天地对应的复杂体系使得地球上的造物能够理解天上的事情,同时也为他们各自在天上的原型所"影响"。例如,因为各个行星都有它对应的金属和颜色,所以每个有颜色的东西都受到一颗
行星的影响。而每颗行星又都属于某一个神祇,由此,神灵们也有代表他们 083
各自不同的金属。[③] 因此,一个人仪式性地使用某种金属器物或某种颜色的宝石,他会感觉得到某位神祇的庇佑。

最后,阿卡德时期还发展出许多占卜术,以预测未来。据信,由此可以避免某些灾祸。流传至今的种种技艺和大量的书面文献都证明了社会各阶层对于占卜术的高度尊重。最复杂的方法是 extispicy,也就是检查牺牲的内脏;最经济的方法是 lecanomancy,即将油倒在水面上,或是把水倒在油上,然后解释这两种液体产生的形状。占星术的发展则比其他技艺晚,主要是在王室中使用。至于对梦的解释,则是对占卜术的补充。从公元前 2000 年代之初,人们就发展出了种种方法以避免各种恶兆。[④]

所有的占卜术都是要发现某些"征兆",其隐含的意思要根据某些传统的规则来加以解释。因此**这个世界是以律法构成并运作的**。如果这些征兆被破译了,就可以知道未来;换言之,就**可以"掌握"时间**,因为人们可以预见一段时间之后才发生的事。对征兆的注意还带来了真正科学的发现。有些

---

① 精神(*ilu*)是人类最重要的元素。其他的则是 *ištaru*(命运)、*lamassu*(个性,类似于雕像)和 *šēdu*(相当于拉丁文的天赋);参见 A. L. Oppenheimer, *Ancient Mesopotamia*,第 198—206 页。

② Eliade, *Cosmos and History*,第 14 页以下。

③ 黄金代表恩利勒,白银代表安努,青铜代表伊亚。当夏马西替代恩利勒的位置时,他就成为了黄金的"主人";参见 B. Meissner, *Bablylonien und Assyrien*,第 2 卷,第 130 页以下、第 254 页。

④ J. Nourgayrol, "La divination babylonienne",尤其是第 39 页。

发现后来被希腊人吸收并加以完善。但是,巴比伦的科学却始终是一种“传统”科学,即科学知识保持着一种整体论结构,也就是说,这个结构包含着宇宙论、伦理学和关于存在的前提在内。[①]

大约到公元前1500年,美索不达米亚思想的创造期似乎真的结束了。在接下来的10个世纪里,学术活动显然都停留在博学与编纂的工作上。但
084 从古代文献的记载来看,美索不达米亚文化的影响仍在持续并不断增强。美索不达米亚文化的概念、信仰和技术从地中海西部传播到兴都库什山脉。重要的是,注定会变得流行起来的巴比伦文明的种种发现,其中多少已经提到了天与地、大宇宙—小宇宙的对应性。

① 例如,中国的医学和炼丹术。

第 4 章　古代埃及的宗教观念与政治危机 085

25. 难忘的奇迹："初时"

埃及文明的诞生总是使历史学家们赞叹不已。在统一王朝形成前的2 000年里，新石器时代文化持续发展，但没有任何深层的变化。然而，从公元前 4000 年代开始，与苏美尔文明的接触却带来了真正的变化。埃及借鉴了苏美尔文化中的圆筒印章、制砖的方法、造船的技术、许多艺术主题，尤其是书写文字，而书写文字是在第一王朝初期没有任何背景的情况下突然出现的(大约公元前 3000 年)。[①]

但是很快地，埃及文明就发展出了自己的特色，而且这种特色在各个方面都表现出来了。当然，这个国家的地理有助于它发展出不同于苏美尔—阿卡德文化的一种特色。因为，美索不达米亚地区从任何一个方向都易于受到外来的入侵，而埃及——更确切地说——是尼罗河流域，它地势孤立，又为沙漠、红海以及地中海所阻隔。在遭到喜克索斯人(Hyksos)[②]的入侵(公元前 1674 年)之前，埃及从未受到外来的侵略。另一方面，尼罗河的航运则使统治者能够通过一个不断加强的中央集权来治理国家。此外，埃及也没有美索不达米亚式的大城市。可以说，这个国家是由神的代表，也就是法老统治着的广大农村地区。

但是，宗教，尤其是关于法老神性的教义，从一开始就对埃及文明结构
的形成起着重要的作用。据传说，国家的统一和建立都要归功于名为美尼 086

---

① H. Frankfort, *The Birth of Civilization in the Near East*, 第 100—111 页；E. J. Baumgartel, *The Culture of Prehistoric Egypt*，第 46 页以下。

② 喜克索斯人在公元前 1730—前 1570 年统治埃及，史称喜克索斯王朝，亦称牧人王朝。——译者

斯(Menes)的第一位国王。美尼斯在南部上埃及建立国家,将上下埃及统一后,定都于今开罗附近的孟斐斯。正是在那里,美尼斯第一次举行自己的加冕典礼。此后,在大约 3 000 多年的时间里,法老们都是在孟斐斯登基的,很有可能都是沿袭了美尼斯的加冕典礼。这并不是为了纪念美尼斯的业绩,而是*要更新这一原初事件中的创造性源泉*。①

统一国家的建立就是一个宇宙创造的故事。法老,神的化身,建立了一个新世界,这是一个比新石器时代的村落更复杂、更高级的文明。因此,最重要的就是,要确保这个根据神圣的模式所完成的事业能够永久不变——换言之,就是要避免出现那些可能会动摇新世界基础的危机。法老的神性是最强有力的保障。因为他是不朽的,他的死亡只是意味着他转到了天上。从一个神的化身到另一个神的化身,这种延续性是不会中断的,因此,宇宙的秩序也就得到了保证。

值得注意的是,最重要的社会政治和文化的创新都发生在最早的几代王朝中。正是这些创新为以后 15 个世纪确立了榜样。第五王朝(公元前 2500—前 2300 年)以后,几乎没有什么重要的东西加入埃及的文化遗产之中。"墨守成规"是埃及文明的特点,但这也可从其他传统社会的神话和怀旧中找到,是起源于宗教的。圣职形式的固定、太初时代的仪式姿势与英雄业绩的重复,乃是一种神学的逻辑结果,这种神学将宇宙的秩序视为神灵的工程,而任何变化都有可能使宇宙回到混沌之中,从而使恶魔得以猖獗。

这个被欧洲学者称为"墨守成规"的倾向,尽其最大努力地维持最初的创造完好无损,因为无论从宇宙论、宗教、社会以及伦理的角度来看,它都是
087 最完美的。宇宙创造的各个阶段,总是在不同的神话传统中被生动地回忆着。当然,这些神话只是提及那些发生在传说中太初时代的事件。这一阶段叫做"初时"(*Tep zepi*),从创造之神在远古的水面上出现,到何露斯(Horus)登基。所有存在的事物,从自然现象到宗教、文化事物(修建神庙的计划、历法、书写文字、仪式、王室象征等等),正因为是在太初之时就被造出来的,所以才具有其合法性和正当性。显然,初时是"在愤怒、喧闹、冲突和无序出现之前",是一个绝对完美的黄金时代。在这个非凡的时代里,既没有死亡也没有疾病,那时又被称之为"太阳神瑞(Re)的时代"(或俄赛里斯

① H. Frankfort, *Kingship and the Gods*,第 23 页。

[*Osiris*]的时代或何露斯的时代)。① 在某个时候,由于邪恶的入侵,世界失去了其应有的秩序,黄金时代结束了。但是传说中的黄金时代并没有因此而沦为过去的遗迹。因为它是需要效仿的榜样,这个时期被反复激活。简言之,那些力图摧毁恶魔势力的仪式,其目的可以说都在于重建最初的完美。

26. 神谱和宇宙起源论

如同所有的传统宗教一样,宇宙起源论和起源神话(人类、王族、社会制度以及仪式的起源等等)构成了有关神圣事物的基本知识。在埃及,自然也有好几个有关宇宙起源的神话,分别在多个宗教中心表现出不同神灵的特征以及万物创造的地方特点。这些主题都是非常古老的:一座土堆、一朵莲花或是一只鸟蛋从太初之水中浮现出来。至于创造之神,每一个重要的城市都认为自己的神灵才是主神。首都随着朝代的更替而改变。因此,新都的神学家们不得不将几种宇宙起源传说糅合在一起,将当地的主神视为造
物神。作为创造者的诸神由于结构上的相似很容易被同化。而神学家们也 088
通过吸收各种宗教体系,甚至通过将明显不同的神祇形象联系在一起的方式进行大胆的综合。②

和许多其他传说一样,埃及的宇宙起源说也是以一座土堆从远古之水中浮现出来开始的。这个"初地"(First Place)从浩瀚的水世界中出现,表示土地、光、生命以及意识的出现。③ 在日城(Heliopolis),有个名叫"沙丘"的地方,是太阳神庙的一部分,被认为是"太初之丘"。该城以其湖泊而著名,宇宙起源的莲花就是从这个湖中出现的。但是其他地方也因同样的缘故而受到重视。④ 的确,每一座城市、每一个圣所都被认为是一个"世界的中心",世界就是在这里创造、开始的。这一最早的山丘有时变成宇宙之山,法老会登上山顶与太阳神会面。

---

① 参见 Rundle Clark, *Myth and Symbol in Ancient Egypt*,第 263—264 页。"最初的完美"是一个广为传播的神话主题。

② 这些神话并没有形成自圆其说的叙述,而成为"公认的版本"。因此,我们不得不从最古老的断简残篇中重建这些神话,这些资料主要来源于《金字塔文》(*Pyamid Texts*,约公元前 2500—前 2300 年),《棺文》(约公元前 2300—前 2000 年)以及《死者书》(公元前 1500 年以后)。

③ 参见 Rundle Clark, *Myth and Symbol in Ancient Egypt*,第 36 页。

④ 参见法兰克福(Frankfort)所引证和评注的文献,*Kingship*,第 151 页以下。

其他版本则提到太初之蛋，其中蕴含“光明之鸟”(《棺文》第 4 卷，181C 以下)，或是提到最初的莲花孕育出太阳之子，①或是提到初始之蛇，它是阿图姆(Atum)神最初的也是最后的形象。(事实上，《死者书》第 175 章预言，当世界重归混沌状态时，阿图姆将重新变成蛇。在阿图姆身上，我们可以看到至高而隐秘的上帝，而太阳神瑞则是显现的上帝；参见 § 32)。创造的各个阶段——宇宙的创造、诸神的起源、生命的创生等等——都是各不相同的。根据日城(位于尼罗河三角洲的顶端)的太阳神学，瑞—阿图姆—科普拉(Re-Atum-Khepri)②创造了第一对神灵夫妻，苏(Shu，大气)和泰芙努特(Tefnut)，他们是盖布(Geb，大地神)和努特(Nut，天空女神)的父母。造物
089 主的创造性活动是通过手淫或吐痰来完成的。这种表达方式幼稚粗俗，但意思却是很清楚的：诸神是从最高神祇的身体中诞生的。如同在苏美尔传说中(§ 16)一样，天空与大地原本在一个不可分的神婚(*hieros gamos*)中结合在一起，直到被大气神苏分开。③ 从他们的结合中诞生了俄赛里斯和伊希斯(Isis)、塞特(Seth)和涅弗提丝(Nephthys)，他们是一个动人故事中的主人公，稍后我们将会再谈到他们。

在中埃及的赫尔莫波利斯(Hermopolis)，神学家们围绕着“八联神”(Ogdoad)——一组八个神祇，卜塔后来也加入其中——发展出了一套复杂的教义。从赫尔莫波利斯太初之湖中浮现出一朵莲花，从莲花中走出“神圣之子，他是‘八联神’所生育的最完美的继承者，是最古老诸神的神圣种子”，“他将诸神与人类的种子联结在一起”。④

但正是在第一王朝法老们的都城孟斐斯，围绕着卜塔神构造了一个最系统的神学。其主要文献被称之为“孟斐斯神学”(Memphite theology)，在夏卡巴(Shakaba)法老时期(大约公元前 700 年)它被刻在石头上，而原始文

---

① Sauneron and Yoyotte, *La Naissance du Monde*, 第 37 页；S. Morenz, *La religion égyptienne*，第 234 页以下(英译本，第 325 页以下)的参考书目。

② 这三个名称代表了太阳的三种形式：科普拉是正在升起的太阳，瑞是正午的太阳，阿图姆是落山的太阳。

③ 参见苏纳隆(Sauneron)和约约特(Yoyotte)所引用的文献，*La Naissance du Monde*，第 46—47 页。我们要补充的是，分离者的角色并不只是属于苏的，卜塔也扮演过分离者的角色，参见莫伦兹(Morenz)所引用的文献，*La religion égyptienne*，第 228 页(英译本，第 174 页)。

④ 苏纳隆和约约特所引用的文献，*La Naissance du Monde*，第 59 页。其他带注释的文献参见 Morenz and Schubert, *Der Gott auf der Blume*，第 32 页以下；也可参见莫伦兹，*La religion égyptienne*，第 229 页以下(英译本，第 174 页以下)。

献还要早大约2 000年前就已写成。令人吃惊的是,埃及最古老的宇宙起源论也是最具哲学性的。因为卜塔是以其思想(他的"心")和语言(他的"舌")来创造世界的。"他自身显现为心(思想),他自身显现为舌(语言),以阿图姆为其化身,他就是最古老的卜塔神。"卜塔被尊崇为最伟大的神,阿图姆则只是第一对神灵夫妻的创造者而已。正是卜塔"使诸神得以存在"。此后,诸神便拥有了自己的身体,进入"各种植物、石头、陶土,以及各种从地球表面(即泥土)上生长出来的东西,并经由它们显现自身"。[①]

简言之,众神的起源以及宇宙的创造都是一个神的思想和语言创造的结果。在此,我们看到的的确是埃及形而上学玄想的最高表达。正如约 090
翰·威尔逊(John Wilson)所指出的,[②]正是在埃及历史的开端,我们发现了一条类似于基督教神学中逻各斯的教义。

与众神的起源和宇宙的创造相比较,关于人类起源的神话显得相当简略。人类(*erme*)是从太阳神瑞的眼泪(*erme*)中诞生的。一份稍晚的文献(大约公元前2000年)——成书于一个充满危机的时代——写到:"人类,神的畜群,神为他们提供了许多东西。他(即太阳神)为了人类的利益而创造了天地……他创造了空气,让人呼吸,因为他们是他的形象,是以他的血肉做成的。神从天上洒下阳光,让草木、动物为他们而生长,让鱼鸟为他们所捕食。"[③]

然而,当瑞发现人类正在密谋反叛时,便决定要毁灭人类。哈托尔(Hathor)承担了这一屠杀的任务。但是当她威胁说要毁掉整个人种时,瑞就用计将她灌醉了。[④] 人类的造反以及后果发生在一个神话时代。显然,"人类"是埃及最早的居民,因为埃及是最早形成国家的,因此是世界的中心。[⑤] 埃及人是唯一的合法居民;外邦人禁止进入圣所,因为那是国家的小宇宙的缩影。[⑥] 某些晚出的文献带有普世主义(univeralism)的倾向。诸神

---

① 今从苏纳隆和约约特的译文,载 *Naissance*,第63—64页。参见莫伦兹的评注,*Rel. égyptienne*,第216页以下(英译本,第163页以下)尤其是参见,法兰克福的 *Kingship*,第24—35页。

② *ANET*,第4页。

③ 此段经文出自 *The Instruction of King Meri-ka-Re*,今根据苏纳隆和约约特的译文,载 *Naissance*,第75—76页。完整的翻译参见威尔逊,*ANET*,第414—418页。

④ 参见威尔逊翻译的文献,载 *ANET*,第10—11页。迦南传说中有一个类似的神话;参见§50。

⑤ 参见莫伦兹所引用的例子,*Rel. égyptienne*,第70页以下(英译本,第43页以下)。这是传统文明中的典型概念;参见 Eliade,*Cosmos and History*,第12页以下。

⑥ 参见莫伦兹书中的例子,*Rel. égyptienne*,第78页以下。

(何露斯、赛克赫美[Sekhmet])不仅保护埃及人,也保护巴勒斯坦人、努比亚人(Nubians)和利比亚人(Libyans)。[1] 然而,"初人"的神秘历史并不十分重要。在初时这一太初时期,宇宙的创造和法老的降临才是两个最重要的时刻。

091 27. 神的化身所应承担的职责

如同亨利·法兰克福(Henri Frankfort)所说,[2]宇宙起源论是最重要的事件,因为世界的出现才是**唯一真正**的变化。因此,只有包含宇宙生命律动的变化才是有意义的。但是,我们在此要讨论的是,体现为不同循环并且确保周期性出现的若干重要的时刻:天体的运动、季节的交替、月亮的盈亏、植物生长的节律、尼罗河水位的涨落,等等。正是宇宙节律的周期性构成了"初时"时期就确立起来的完美状态。无序则意味着在完美的变化范式中出现的有害无益的变化。

既然社会秩序代表着宇宙秩序的一个方面,则王族被认为从世界之初就已存在了。造物主是第一个王,[3]他将这一职责传给了他的儿子和继承人,即第一位法老。这种委托将王族神圣化并成为一种神圣的制度。实际上,描写法老行为举止的用语同描写太阳神瑞或其化身的用语都是一样的。在此仅举两例:瑞的创造性活动被总结为这样一句精确的套语:"他以**秩序**(*maʿat*)替代了混乱。"同样的术语也用来描述图坦卡蒙(Tut-ankh-Amon)[4]在阿肯那顿(Akh-en-Aton)(参见§32)或佩皮二世(Pepi Ⅱ)[5]的"异端"之后对秩序的重建:"他以秩序(*maʿat*)替代了(无序的)谬误。"同样,动词"照耀"(*khay*)也用来形容世界初创的太阳或每天破晓的曙光,以及法老在登基、节庆或与私人顾问团在一起时的情形。[6]

---

① *The Book of Gates*,部分内容是由苏纳隆和约约特所翻译的,*Naissance*,第76—77页。其余引文参见莫伦兹,第80页(英译本,第51页)。

② Frankfort,*Ancient Egyptian Religion*,第49页以下。

③ 在《死者书》(第17章)中,神宣布说:"当我独自在远古的海洋(Num)上时,我是阿图姆。而当我开始治理我所创造出来的这个世界时,我的首次显现是瑞。"注解做如下说明:"这意味着瑞开始时显身为王,就像那位在苏分开天地之前就已存在的王一样"(Frankford, *Ancient Egyptian Religion*,第54—55页)。

④ 图坦卡蒙是古埃及第十八王朝法老,约公元前1347—前1339年在位。——译者

⑤ 佩皮二世是古埃及第六王朝法老,约公元前2269—前2175年在位。——译者

⑥ Frankfort, *Ancient Egyptian Religion*,第54页以下。其他例子参见*Kingship*,第148页以下。

法老是秩序(*maʿat*)的化身,*maʿat* 一语可直译为“真理”,但它的一般意思是“良好的秩序”,因此有“正确”、“正义”的意思。秩序(*maʿat*)属于最初的创造;因此它反映了黄金时代的完美状态。既然 *maʿat* 是宇宙和生命的 092
基础,它就能为每一个个体所认识。不同来源和时期的文献都这样宣称:“要引导你的心去认识秩序(*maʿat*)”;“我要你在心中认识什么是秩序(*maʿat*);你便能做正确的事!”或:“我热爱秩序(*maʿat*),痛恨罪恶。因为我知道那(罪恶)是神所厌恶的。”而事实上,正是神赋予了人必要的知识。王子就是“一个认识真理(*maʿat*)并接受神教导的人。”一篇祈祷文的作者对太阳神瑞呼吁:“请你将秩序(*maʿat*)放在我的心中!”①

作为秩序(*maʿat*)的化身,法老是所有臣民的榜样。正如宰相瑞克米瑞(Rekh-mi-Re)所说:“他是一个用自己的行动让我们得以存活的神。”②法老的工作确保了宇宙与国家的稳定,使生命得以延续。的确,每天清晨,太阳神“驱逐”蛇怪阿波非斯(Apophis),虽然不能消灭它,但宇宙却得以重新开始。因为混乱(即最初的黑暗)是潜在的,故无法将其彻底消灭。法老的政治行为是在重复太阳神瑞的业绩:他也“驱走”阿波非斯,换言之,他保证这个世界不再回到混沌之中。当敌人侵犯边界时,他们就被比作阿波非斯,而法老的胜利就是重现太阳神瑞的胜利。(这种以类型和范式来解释生命与历史的倾向是传统文化的特点。)③法老当然是特殊的、不可重复的历史事件中唯一的主角:与各国征战,打败许多民族,等等。然而,当拉美西斯三世(Rameses Ⅲ)④修建陵墓时,却将刻在拉美西斯二世(Rameses Ⅱ)⑤陵寝上所有被征服城市的名字照抄在自己的陵墓上。甚至在古王国时期,“佩皮二世所征服的利比亚人,与两个世纪前在沙孚利(Sahure)神庙浮雕上的人名也是相同的。”⑥

---

① 译文来自 Morenz,*Rel. égyptienne*,第167—170页(英译本,第122—124页)。

② 法兰克福认为,这个概念解释了为什么埃及从未有过人民起义的原因。即使在中王国时期(大约公元前2250—前2040年以及公元前1730—前1562年)的政治危机之时,人们也没有对君主制有过质疑(*Ancient Egyptian Religion*,第43页)。

③ 参见 *Cosmos and History*,第1章。

④ 古埃及第二十王朝的国王(公元前1198—前1166),他在位期间改组军队,招募外族雇佣兵,抗击利比亚人与海上民族的入侵;他还鼓励工商业,修建神庙与宫殿。——译者

⑤ 古埃及第十九王朝第三位国王(公元前1304—前1237),在位期间大兴土木,广建神庙,并长期与赫梯人作战,使埃及新王国达到了鼎盛。——译者

⑥ H. Frankfort,*Kingship*,第347页。

093 从纪念碑和文献对法老的描写中是看不出法老的个人特征的。从许多有特色的细节中——例如,图特摩斯三世(Thut-mose Ⅲ)①在米吉多(Megiddo)战役中身先士卒的精神和勇气——巴克(A. de Buck)认为这是对一种传统的理想化统治者的写照。在对诸神的描绘中也明显地带有这种非个性化的倾向。除了俄赛里斯和伊希斯以外,所有的神灵,尽管他们有着各自不同的形式和功能,但在赞美诗和祈祷文中几乎都被埃及人以同样的词语呼唤。②

原则上,崇拜仪式是由法老来主持的,但他将其职责委托给不同神庙的祭司去执行。仪式的目的直接或间接地都是为了捍卫和稳固那“初始的创造”。在每年的新年庆典中,人们都要重温宇宙的创造,③甚至比庆祝太阳神瑞每天的胜利还更具范式意义,因为这涉及到一个更长时间周期的循环。法老的登基礼重现了美尼斯(Menes)的功绩(*gesta*),即两个国家(上埃及和下埃及)的统一。简言之,国家的建立被仪式性地重复着(§25)。法老登基30年后会在塞德(*sed*)节庆上重新举行加冕庆典,以求更新王权的神圣力量。④ 至于为有些神祇(如何露斯、闵[Min]、安努毕斯[Anubis]等)所举行的季节性庆典,我们仅有少量的资料。走在游行队伍中的祭司扛着神的雕像或圣舟;游行的队伍歌唱、奏乐和舞蹈,信徒们高声喝彩。

闵(Min)神的庆典是全埃及最著名的节庆之一,因后来与王室崇拜仪式合并,故此我们对之有更多的了解。这原先是一个丰收节庆,国王、王后
094 以及一头白色公牛加入到游行的队伍中来。国王割下一束谷穗献给公牛,而对于仪式的其他部分,我们则不甚清楚。⑤ 神庙的奠基和落成典礼是由

① 图特摩斯三世(约公元前1479—前1450),古埃及第十八王朝法老,在位期间多次发动对外战争,使埃及成为地跨亚非两大洲的强国。——译者

② 参见 Frankfort, *Ancient Egyptian Religion*, 第25—26页,其中有法兰克福(Frankfort)对闵(Min)与索贝克(Sobek)之间的比较。埃及人认为宇宙的稳定是十分重要的,并将其解释为在一个永不变动的整体中的一种有节律的运动。法兰克福对为什么诸神要以动物的形象显现提出了一个巧妙的解释:人类的个体特征超过了其形态上的结构,而动物则是不变的,它们总是在不断地再生产着它们的物种。因此,在埃及人的眼中,动物的生命是超人类的,因为动物分享着宇宙稳定的生命(同上书,第13—14页)。

③ 参见 *Cosmos and History*, 第51页以下;Frankfort, *Kingship*, 第155页以下。

④ 参见 Frankfort, *Kingship*, 第82页以下;Vandier, *La Religion égyptienne*, 第200—201页。

⑤ 迦迪纳(Gardiner)认为,其中也包括国王与王后的仪式性结合(参见 Frankfort, *Kingship*, 第390页)。

法老来主持的。可惜，我们只知道一些象征性的手势，如法老会在将要建造神庙的地基里放入一些“基石”（一块由王室铸造的金砖等等），或是在落成典礼上举右手为神庙祝圣等等。

日常的神圣仪式是向神殿（naos）中供奉的神像祭拜。祭司先举行洁净礼，然后走向神殿，打碎封泥，开启大门。祭司匍匐在神像前面，宣布他已进入天堂（神殿），默想神灵。随后，以石灰水清洗神像，使神祇“开口”。最后，祭司再重新关上门，封上门栓，倒退着走出神殿。①

我们有很多有关葬礼的资料。与近东的其他民族相比，埃及人对于死亡及其死后的问题更为关注。对于法老而言，死亡是踏上天国和“不朽”之旅的起点。此外，死亡还直接与埃及最家喻户晓的神俄赛里斯息息相关。

28. 法老的升天

就我们所能重构的部分而言，埃及最早关于死后存在的信仰与世界上有文献记载的两种传说颇为相似：死者的居所或是在地下，或是在天上——更确切地说，是在星辰之中。人死之后，灵魂飞向天空的星辰，分享它们的永恒。天空被想象成母神，因此，死亡也就等于是一次新生，换言之，是在星空世界里的再生。天空的母性意味着死者应该有第二次生命。当他在天上 095
再生之后，母神（以母牛的形象为其代表）就以其乳汁来喂养他。②

在新石器时代诸文化中，人们普遍相信死后的世界是在地下。在埃及前王朝时代（即公元前第 4000 年代初），在关于俄赛里斯的神话与仪式中，就已发现了某些与农业有关的宗教传说。俄赛里斯，这个唯一死于非命的埃及神祇也出现在王室的祭典中。我们稍后还将考察，这个死去的神祇与规定并致使法老得以不朽的太阳神学（solar theology）相遇的结果。

《金字塔文》（*Pyramid Texts*）几乎就只是在描述与法老死后的命运有关的概念。尽管神学家们做了很大的努力，但是其教义仍没有完全系统化。我们在平行的、有时矛盾的概念之间发现某种对立性。大部分的说法都强调法老，即阿图姆之子（＝瑞），是在世界被造之前由这位大神所生的，是不

---

① A. Moret, *Le rituel du culte divin journalier en Égypte*, passim; Vandier, *Relig. égyptienne*, 第 164 页以下。

② 这一观念是对死去法老乱伦的辩护，因为他被称之为“使他母亲怀孕的公牛”。参见 Frankfort, *Kingship*, 第 177 页以下。

死的。而其他文献则向法老信誓旦旦地保证，他的身体是不会腐败的。显然，这是两个尚未充分整合的、判然有别的宗教意识形态。① 然而，大多数文献都提到法老的天国之旅。他化作鸟形——猎鹰、鹭、野鹅(《金字塔文》461—463,890—891,913,1048)——或金龟子(366)或蚱蜢(890—891)等等。风、云和诸神都一齐来帮他。有时法老也靠梯子登天(365,390,971以下,2083)。在他登天的时候，法老就已成了本质上完全不同于人类的神(650,809)。②

但是，在进入东方名为“祭品之地”(Field of Offerings)的天国之前，法
096 老必须经过一些考验。入口处有一个“岸边蜿蜒的”湖(《金字塔文》2061)，摆渡的人有着判官的权力。为了能获准上船，法老必须完成所有仪式性洁净(《金字塔文》519,1116)，而且还必须回答一个入会礼式的询问，也就是说，必须以规定的用语回答，如同口令一般。有时法老还会诉诸恳求(1188—1189)、巫术(492以下)，甚至是威胁的方式。他乞求诸神(尤其是瑞、托特[Thoth]和何露斯)，或是向那两棵太阳每日都从它们中间升起的无花果树恳求，让他进入“芦苇地”(Field of Reeds)。③

到达天国后，法老欣喜地接受太阳神的接待，使者被派往世界的四面八方，宣布他战胜了死亡。在天国，法老继续着他在人间的存在：端坐在宝座上，接受子民的崇敬，他继续作出裁决并发号施令。④ 虽然只有法老才能享有太阳的不朽，但还是有一些子民(主要是他的家人和高官们)围绕

① 有些文献(*Pyr.* 2007—2009)中提到，应将法老的骨头重新收集起来，并将他的肢体从捆绑中解脱，以确保他能够升天；凡第尔(Vandier)指出，这属于俄赛里斯的神话与仪式复合体(*Relig. égyptienne*，第81页)。

② 凡第尔(Vandier)所引文献，第78页。也可见布列斯特德(Breasted)所翻译的片断(*Development of Religion and Thought in Ancient Egypt*，第109—115、118—120、122、136页)，以及我们的重译，载宗教经典选读，*From Primitives to Zen*，第353—355页。

③ Vandier，*Relig. égyptienne*，第72页。更进一步的讨论可见Breasted，*Development*，第103页以下，以及R. Weill，*Le champ des roseaux et le champ des offrandes*，第16页以下。类似的考验在许多古代传说中都有。这些考验假设预定的入会礼，包括某些仪式和教义(有关葬礼的神话学和地理学、秘密的口令，等等)。《金字塔文》是最早关于通过某种秘密的知识获得享受特权命运的文字记录，但其中少有这方面的故事。无疑，我们手中的文献只是一份已被遗忘的遗产，它在埃及前王朝时期的新石器时代文化中就已存在了。在埃及王室的思想中，这些有关入会礼的典故几乎只是一堆无用的遗迹；作为神之子和神的化身，法老不必经受入会礼的考验以获得进入天国的权力。

④ *Pyr.* 1301,1721；134—135,712—713,1774—1776，转引自Vandier，*Relig. égyptienne*，第79页。其他文献的翻译及评注，参见Breasted，*Development*，第118页以下。

在他的左右，①这些人因而也就被视作了星辰，被称之为“受赞美的”。凡第尔(Vandier)说：“《金字塔文》关于星辰的段落可谓诗意盎然，我们可以从中发现原始人类简单而自然的想象力，在神秘王国中自由活动。”②

如我们已看到的，《金字塔文》中的灵魂拯救论并不总是完全一致的。
太阳神学将法老等同于太阳神瑞，强调法老的特殊角色：他不接受死神俄赛
里斯的判决。“你在天空的星辰中开拓你的地方，因为你也是一颗星辰……
你俯视俄赛里斯，对死者下令，你远离死者，你不是他们中的一员”(《金字塔 097
文》251)。“瑞—安努不会把你交给俄赛里斯，他不会审判你的心，也无权支配你的心……俄赛里斯，你无法抓住他，你的儿子(何露斯)也无法抓住他”(《金字塔文》145—146)。其他文献的语气甚至更为强烈，竟然宣称俄赛里斯是一个死去的神，因为他遭到谋杀，被丢进了水里。然而，有些段落则暗示法老就是俄赛里斯。我们发现有如此的说法：“正如俄赛里斯还活着一样，国王乌纳司(Unis)也还活着；正如俄赛里斯不会死一样，国王乌纳司也不会死”(《金字塔文》167)。

29. 俄赛里斯，被谋杀的神

为了把握上述套语的意思，我们必须简单介绍有关俄赛里斯的神话及其宗教功能。首先，我们提到，关于俄赛里斯的神话，最完整的版本是普鲁塔克(Plutarch，公元 2 世纪)③在其作品《论伊希斯与俄赛里斯》(*De Iside et Osiride*)中所转述的。正如我们在 § 26 中论及宇宙论时所提到的，埃及的文献都只是些断简残篇。尽管有些不一致及矛盾之处(这可解释为俄赛里斯成为主神之前各宗教间的张力与融合)，但我们仍能轻易地重构俄赛里斯神话。根据所有的传说，俄赛里斯是一个传说中的国王，他治理埃及时，以其充沛的精力和公正而闻名。他的兄弟塞特设下陷阱将他谋害了。俄赛里斯的妻子伊希斯是一个“伟大的巫师”，她设法与死去的俄赛里斯结合并怀了孕。将他埋葬后，伊希斯躲到了尼罗河三角洲，并藏在纸莎草丛中生下了

① 也就是说，那些葬在王陵附近的人。

② *Religion égyptienne*，第 80 页。

③ 普鲁塔克(约 46—126)，古希腊传记作家、散文家，最著名的作品是《希腊罗马名人传》。——译者

一个男孩，取名何露斯。何露斯长大后，首先让埃尼阿德(Ennead)诸神承认了他的权力，然后开始向他的叔叔发起了进攻。

最初，塞特挖掉了他的一只眼睛(《金字塔文》1463)，但是战斗仍在继续，何露斯最终取得了胜利。他夺回了自己的眼睛并将它献给了俄赛里斯。(正是由于此，俄赛里斯才得以重生，参见《金字塔文》609 以下，等等。)诸神判处塞特背负他的受害者(例如，塞特被变成了船，在尼罗河上载着俄赛里斯)。[①] 但是，和阿波非斯(Apophis)一样，塞特最终也是不能完全被消灭
098 的，因为他也是某种不能削减的力量的化身。何露斯取得胜利后，来到死者的王国，并向他们宣布好消息：作为他父亲合法的继承人，他登基为王了。正因为此，他“唤醒了”俄赛里斯，文献上说，“他使俄赛里斯的灵魂活动了”。

特别是这最后的一个行为，说明了俄赛里斯特有的性格。何露斯发现他时，他正处于一种无意识的麻木之中，是何露斯使他复活过来的。“俄赛里斯！看啊！俄赛里斯！听啊！站起来！复活吧！”(《金字塔文》258 以下)俄赛里斯从未被描写到有过什么活动，他总是表现得无力而又消极。[②] 何露斯登基后，也就是在他结束危机(“混乱”)时期以后，何露斯让俄赛里斯复活了：“俄赛里斯，你走了，但你又回来了；你睡了，但你又醒来了；你死了，但你又重新活过来了！”(《金字塔文》1004 以下)俄赛里斯复活成了一个“有灵性的人”(灵魂)，并充满了活力。从此以后，是他保证了植物的丰收以及一切再生的力量。他被描绘成整个大地或是环绕世界的海洋。大约到公元前 2750 年，俄赛里斯已成为多产和生长之源的象征了。[③] 换言之，俄赛里斯，这位被谋杀的国王(＝死去的法老)，庇护着由他儿子何露斯(由新登基的法老代表)所统治的王国的繁荣。

我们大致能够看出太阳神瑞、法老以及俄赛里斯与何露斯之间的关系。太阳与王陵是两个主要的神性来源。根据太阳神学，法老是瑞的儿子；但是，由于他也继承了死去君主的权力(即俄赛里斯的权力)，因此在位的法老

---

① *Pyr.* 626—627，651—652，等等。根据一个不同的版本，普鲁塔克强调，塞特将俄赛里斯的尸体分成 14 块(参见 *Pyr.* 1867)，丢在各处。但伊希斯找到了这些肢体(除了性器官被鱼吞下以外)，并就地埋葬了；这解释了为什么有许多圣地都被认为有俄赛里斯坟墓的原因。参见 A. Brunner，“Zum Raumbegriff der Aegypter”，第 615 页。

② 直到第九、十王朝，文献中才开始出现俄赛里斯的名字；参见 Rundle Clark，*Myth and Symbol in Ancient Egypt*，第 110 页。

③ 参见 Frankfort，*Kingship*，第 195 页以下(俄赛里斯在麦穗中、在尼罗河中)。

也就是何露斯。“太阳神化”与“俄赛里斯化”，[①]这两种埃及宗教精神取向之间的紧张关系反映在王室的功能上。正如我们所知，埃及文明是由上埃 099
及和下埃及联合成一个统一王国的结果。最初，瑞被认为是黄金时代的统治者，但从中王国时期（大约公元前 2040—前 1730）开始，这一角色就换成了俄赛里斯。在王室的观念中，俄赛里斯的系统占了上风，因为俄赛里斯与何露斯之间的父子关系确保了王朝的延续，以及国家的繁荣。作为万物丰产的源头，俄赛里斯使他儿子及其继承者的统治兴旺繁荣。

一份出自中王国时期的文献将俄赛里斯提升为所有受造物的源泉和基础：“无论我活着还是死了，我都是俄赛里斯；我进入你的身体，通过你重现，我在你里面衰亡，也在你里面成长……诸神活在我里面，因为我生在、长在滋养诸神的谷物中。我覆盖着大地，无论我是生还是死，我是大麦。我不会被毁灭。我已进入‘秩序’之中……成为‘秩序’之主，我在‘秩序’中显现。”[②]

这是对死亡的大胆肯定，从此死亡就被当作一种肉体的升华。原先毫无意义的死亡变得有了意义。坟墓也成了人完成其蜕变（*sakh*）的地方，因为死者变成了阿赫（*Akh*），即“一个转变了的灵魂”。[③] 对于我们来说，重要的是，俄赛里斯逐渐成为了某种范式，不仅针对统治者，同时也针对每一个人。诚然，他的崇拜在古王国时期就已十分普遍了；这正好说明，尽管有太阳神学家的反对，但他仍在《金字塔文》中出现。但是，一系列的危机（稍后我们将详加叙述）使埃及古典时期的文明突然结束了。秩序重建以后，俄赛
里斯又成为了人们伦理和宗教希望的中心。这个过程被形容成俄赛里斯的 100
“大众化”。

实际上，除了法老以外，还有许多人声称，他们也仪式性地分享了俄赛里斯的经历与神圣性。原先刻在专为法老修建的金字塔密室墙上的文字，

---

① 从某种角色来看，可以说，这是死神俄赛里斯与垂死的神瑞之间的竞争；因为太阳神也是每晚“死去”，而第二天的黎明时再生的。

② *Coffin Texts* 330，Rundle Clark 译，*Myth and Symbol in Ancient Egypt*，第142页。

③ Frankfort，*Ancient Egyptian Religion*，第96、101页。应该记住，死者被放入棺材，就意味着他被放进了母亲天空女神努特的手臂之中：“你被放入以你母亲努特命名的棺材中”（*Pyr.* 616）。另一份文献则将努特比作一张死者睡在上面等待醒来的床（*Pyr.* 741）。棺材的四面都被拟人化了，认为分别是伊希斯、涅弗提丝、何露斯和托特，而底板被视作大地之神盖布，棺盖则是天空女神。因此，在棺材中的死者就被拟人化的整个宇宙所包围着；参见 A. Piankoff，*The Shrines of Tut-Ankh-Amon*，第21—22页。

如今也出现在贵族甚至平民百姓的棺材里了。俄赛里斯成为所有希望战胜死亡之人的典范。一篇《棺文》(4. 276以下)颂扬道:"现在你就是国王的儿子,王子,只要你的心(即灵魂)与你同在。"效法俄赛里斯并在他的帮助下,死者就能够使自己转变成"灵魂",也就是成为浑然一体因而不可毁灭的灵性存在。俄赛里斯是被谋杀并被肢解的,是伊希斯将他"重组",何露斯使他复活的。他就这样开始了一种新的存在模式:从软弱无力的阴影中走出来,成为了一个"有知觉"的"人",一个正式入会的灵性存在。① 可能,在伊希斯和俄赛里斯的希腊化秘仪中也发展出了类似的概念。俄赛里斯从瑞那里接替了审判死者的功能;他成为正义之主,住在宫殿或是太初之丘,也就是住在"世界的中心"。同时,如同我们在§33中将要看到的,瑞与俄赛里斯之间的紧张关系会在中王国和帝国时期找到一个解决的办法。

30. 昏厥:无政府主义、绝望以及死后生命的"大众化"

佩皮二世是第六王朝的最后一位法老。大约公元前2200年他死后不久,埃及为内战所严重动摇,国家因而瓦解。中央权力的衰弱激起了君主们的野心。一段时间内,无政府主义肆虐整个国家。后来,埃及被分为两个王国,北边的王国定都赫拉克勒欧波利斯(Heracleopolis),而南边的王国则定都底比斯。内战以底比斯人的胜利而告终,第十一王朝的最后几位法老重新统一了国家。这段无政府主义的时期被历史学家称之为第一中间期(或
101 第一过渡期),这一时期到公元前2050年结束,同时第十二王朝来临。中央权力的重建标志着真正新生的开始。

就是在第一中间期,开始了死后生命的"大众化"进程:贵族们在他们的棺木上抄写原先专门为法老所作的《金字塔文》。在埃及历史上,也只有这个时期,法老被指责为软弱甚至道德败坏。通过几部十分有趣的文学作品,我们可以发现发生在这些危机中的深层转变。我们所知道的最重要的文献有:《给墨瑞卡瑞王的训诫》(*The Instruction for King Meri-ka-Re*)、《伊普维尔箴言》(*The Admonitions of Ipu-wer*)、《竖琴手之歌》(*A Song of the Harper*)以及《一个对生活绝望的人与其灵魂的辩论》(*The Dispute of a*

① 当何露斯下到另一个世界使俄赛里斯重生时,他赋予了俄赛里斯"知识"的权力。俄赛里斯曾因其"无知",不知道塞特的真正本性而轻易地成为了他的受害者;参见由隆德尔·克拉克(Rundle Clark)翻译并注释的文献,*Myth and Symbol*,第114页以下。

Man Weary of Life with His Soul)。这些作品的作者描述了由于传统权威的瓦解所带来的灾难，特别是不义和犯罪，更使人们产生了怀疑主义的态度与绝望的情绪，甚至自杀的念头。但同时，这些记载也指出了一种内在的变化。至少有某些高贵者扪心自问，自己在这些灾难中应负的责任，并勇于承认自己的罪过。

有个名叫伊普维尔的人来到法老的面前，向他报告灾难的程度："看哪，国家被一些不负责任的人搞得分崩离析！……看哪，人们背叛了王室的圣蛇像[①]，……那给两个国家带来和平的象征……王宫可能会在一个小时之内便被夷为平地！"各省及神庙都因内战而不再纳税。金字塔陵墓遭到野蛮的掠夺。"法老被穷人赶走。看哪，那曾如同(神圣的)猎鹰般被安葬的，(如今却躺在)光秃秃的停尸架上；金字塔中的密室被洗劫一空。"不过，这位"先知"伊普维尔越说胆越大，最后竟开始指责法老应对这种无政府的局面负责。因为，法老应该是其子民的牧者，而他的统治却面临死亡。"你手中掌握权威与正义，却让全国一片混乱，争吵之声此起彼伏。看哪，人人相互攻击。人们是遵照你的指令行事的。这就是说，你的行为导致了这种局面，而你还在说谎。"[②]

同时代的一个法老为其子墨瑞卡瑞写了篇训诫。在文中，他谦卑地承 102
认自己有罪："埃及甚至在棺材中还在争斗……我也同样！"国家的不幸"全是由于我的所作所为，而我只是在做了这一切之后才知道！"他劝告他的儿子，"只要你活在人间，就要行**公正**(*ma*ᶜ*at*)。""不要以为来日方长，因为判官(审判你死后生命的判官)认为一辈子的时间也就只是一个小时而已。"人所做的，如影随形。因此，"不要作恶"。与其立一块石头的纪念碑，不如"让人们因为爱你而怀念你。""爱所有的人！"因为神灵喜爱公正胜过供品。"安慰哭泣者；不要欺负寡妇；不要夺走一个人应从其父那里继承的财产……惩罚不能有失公正。不要大开杀戒！"[③]

有一种破坏行为使每个埃及人都惊惧不已：人们毁掉祖先的坟墓，将尸体丢弃在外面，把石头拿走，为的是造他们自己的坟墓。如伊普维尔所说

---

① 古代埃及法老冠冕正中一昂首崛起的蛇形饰物，象征着法老的权威。——译者

② *The Admonitions of Ipu-wer*, Wilson 译，*ANET*，第 441—444 页；Erman-Blackman, *The Ancient Egyptians*，第 92 页以下。

③ Wilson 译，*ANET*，第 414—418 页；Erman-Blackman，第 72 页以下。

的:“许多死者被埋在河里。溪水便是他们的坟墓。”而法老劝告他的儿子墨瑞卡瑞:“不要毁坏他人的坟墓……不要将你的坟墓建立在废墟之上!”《竖琴手之歌》也描写了坟墓的被窃和破坏,但却有着完全不同的理由。“先前活着的诸神(即法老)歇息在他们的金字塔里,那些受祝福的死者(即贵族们)也葬在金字塔里——现在他们的陵墓何在?看看人们做了些什么!……墙垣破败,陵寝化为乌有——仿佛从来就不曾有过!”然而,对这位诗人来说,这些罪恶只不过进一步确认了死亡是一个无法破解的奥秘。“没有谁从那边回来,没有谁能向我们描述那里的情况,没有谁告诉我们他们的需要,当我们也到他们那里去的时候,没有谁能够安慰我们的心。”因此,这位竖琴手最后总结说:“尽情歌舞吧,不要闷闷不乐!”①

一切传统制度的崩溃,都会在不可知论和悲观主义中,在对享乐——这享乐无法掩饰深刻的绝望——的歌颂中有所表现。神圣王权的昏厥,不可避免地带来了死亡的宗教意义的贬值。如果法老的举止不再像是神的化身,那么所有的事情,特别是对生命的意义以及在坟墓以外的死后存在的真
103 实性都可能受到怀疑。《竖琴手之歌》令人联想到其他绝望的危机——在以色列、希腊及古代印度——那些由于传统价值的崩溃所带来的种种危机。

最感人的文献是《一个对生活绝望的人与其灵魂的辩论》。这是一个被绝望所压倒的人与其*灵魂*(*ba*)之间的对话。这个人努力想说服灵魂,自杀是多么有好处。“而今我还能对谁说话呢?人的同伴都是罪人,今天的朋友都不再相爱……人心贪婪:每个人都想掠夺同伴的财物……毫无正义,整个国家只剩下作恶多端者……罪恶遍布大地,无边无际。”他一想到这些罪恶,便觉得死亡仿佛更为可取,因为死亡能带给他被人遗忘或无人知晓的赐福。“如今死亡在我看来,就如病人的康复……如没药的香味……如莲花的芳香……如雨后田野上的清香……如一个被囚禁多年渴望重新回家的人。”而他的*灵魂*(*ba*)则提醒他,自杀者是不得入葬,不得举行葬礼的。灵魂接着又说服他,通过寻求感官快乐可以忘记烦恼。最后,灵魂向他保证,即使他决定自杀,灵魂也将与他同在。②

① Wilson 译,*ANET*,第 467 页;亦可参见 Breasted,*Development of Religion and Thought*,第 183 页;Erman-Blackman,第 132 页以下。

② Wilson 译,载 *ANET*,第 405—407 页;参见 Breasted,*Development*,第 189 页以下;Erman-Blackman,第 86 页以下。

中间期的文学作品直到中王国(公元前2040—前1730)恢复政治统一很长一段时间后,仍被广为阅读和传播。这些文献不仅见证了巨大的危机,而且也说明埃及宗教精神从那时起便生生不息的趋势。这种思想潮流很难用简单的言语加以描述,但是,其主要特征就是强调人格的重要性,认为人格乃是一个真正的范式,也就是法老人格的复制品。

31. "太阳神化"的神学与政治

中王国是被一系列杰出的法老所统治的,他们几乎都集中在第十二王朝。在他们的统治下,埃及经历了一个经济增长,并在国际上享有崇高声望的时期。[①] 法老登基时所选择的名字表达了他们想要对人及诸神行公正 104
(*maʿat*)的愿望。[②] 正是在第十二王朝时期,八位神祇之一的阿蒙神(Amon)在赫莫波里斯(Hermopolis)受到人们的崇拜,并被提升为最高神,取名为阿蒙—瑞。(王朝的创始人名为阿门内姆哈特[Amen-em-het],意为"阿蒙在其头上"。)这位"隐秘的"神(参见§26)等同于太阳,成为最高"显现的"神。正是由于这种"太阳神化"的作用,阿蒙成为继已灭亡的古王国、中王国之后而兴起的帝国的普世之神。

矛盾的是,这个帝国其实是第十二王朝灭亡后产生的第二次危机所不可避免(虽有所拖延)的结果。在喜克索斯人(Hyksos)于公元前1674年入侵埃及之前,王位的更替十分快速。早在喜克索斯人入侵的前两代,埃及国家就开始分裂了,但分裂的原因我们并不知道,不过无论如何,埃及人并没能抵御多久,就被这些使用战马、战车、盔甲以及混合弓箭的凶猛武士打败了。我们对于喜克索斯人的历史了解不多,[③]然而,他们对埃及的入侵,显然是公元前17世纪近东民族迁徙的结果。

---

① 尤其是当我们知道,各地的统治者均保有完整的地方主权时,更令人赞赏这一时期所取得的成就。

② 参见威尔逊所引用的例子,*The Culture of Ancient Egypt*,第133页。的确,埃及人始终认为,只有他们,才是真正的人;外邦人则与动物相类似,在某些情况下,是可以将他们作为祭品献祭给神灵的(参见Wilson,同上书,第140页)。

③ 从词源学上看,喜克索斯一词来自埃及文字:*hikau khasut*,意为"外国的统治者"。他们大部分为人所知的名字都有闪族的渊源,但也有些名字是胡利安文的。当时,在任何埃及文献中都未提到喜克索斯人的名字。只有第十九王朝的一份文献中出现了他们的一个防御城市,名为塔尼斯(Tanis),大约同一时期,在民间故事中对此也有所提及。如同人们所预料的,这些战胜者(在埃及人眼里的"野蛮人")被等同于象征着远古混沌的阿波非斯蛇。

征服者获胜之后便在尼罗河三角洲定居下来了。他们从其首都阿瓦里斯(Avaris),通过建立臣属关系统治下埃及大部分地区。但是,为了让上埃及的法老进贡,他们却犯了一个错误,允许上埃及法老的继位。喜克索斯人引进了几个叙利亚的神祇,最重要的是巴力神和特苏卜神(Teshub),他们
105 还将特苏卜等同于塞特。将杀害俄赛里斯的凶手提升至最高神之列,这显然是对埃及人的一种羞辱。然而,我们要记住,实际上,塞特的崇拜仪式在尼罗河三角洲从第四王朝时起就已盛行了。

对于埃及人而言,喜克索斯人的入侵是一场难以理解的灾难。他们由诸神赋予了特权地位,这样的信心现在受到了严重的动摇。此外,虽然亚洲人将尼罗河三角洲殖民化了,但是这些征服者蜷缩在自己的城堡中,对埃及文明不屑一顾。但埃及人却吸取了教训。他们逐渐学会了使用征服者的武器。被征服一个世纪之后(即约公元前1600年),在第十七王朝的一个法老统治时,从底比斯开始了一场解放战争。他们最终获得了胜利,进入了第十八王朝(公元前1562—前1308),建立了帝国。①

这次解放运动还表现为民族主义情绪和仇外情结的高涨。至少花了一个世纪的时间,才平息他们对喜克索斯人的复仇之心。起初,统治者不断地掠夺喜克索斯人。但是公元前1470年,图特摩斯三世(Thut-mose Ⅲ)在亚洲开展了一系列的军事行动,远征喜克索斯人原先的堡垒。因外族占领而产生的不安全感如今早已消失。为了让埃及在外敌入侵面前变得坚不可摧,图特摩斯三世四处征战,最终建立了帝国。很可能是其在位的前22年的挫折加强了他的军事野心。因为,在那段时间里,真正的统治者是他的姑母,也是他的岳母哈特谢普苏特(Hatshepsut)。② 这位睿智的女王更喜欢文化与商业的扩张,而不是征服战争。但在她退位才两个星期,图特摩斯三世就踏上了前往巴勒斯坦和叙利亚"平叛"的征程了。不久,又在米吉多战役中获胜,幸好图特摩斯三世为了帝国的未来着想,对被征服者还算宽容。

106 这是埃及孤立主义的结束,但也标志着埃及传统文化的没落。尽管帝国存在的时间相对较短,但它的影响却是非常深远的。埃及的国际政策使

---

① 没有正式的文献记载对喜克索斯人的驱逐。唯一的证据是在一个参加解放战争的小兵的简短自传里;见布列斯特德(Breasted)翻译的文献,*Ancient Records of Egypt*,第12卷,第1页以下;亦可参见 Wilson,*The Culture of Ancient Egypt*,第164—165页。

② 哈特谢普苏特(约公元前1490—前1468年在位),古埃及第十八王朝的女王。——译者

之逐渐成为了一种世界性的文化形态。在米吉多大捷一个世纪后,在埃及,随处可见大量"亚洲的"事物,甚至连政府部门以及王室宫殿也不例外。[①]许多外来的神灵不仅得到容忍,而且还同化成了埃及的神。更有甚者,埃及诸神也开始在外域受到崇拜,阿蒙—瑞就成了一个普世的神。

将阿蒙神化为太阳有助于两种宗教间的融合,也重新将太阳神恢复到了至上神的地位。因为,太阳是唯一被全世界所接受的神。[②] 那些献给阿蒙—瑞的最优美的诗篇都是在帝国初期创作的,他被人们颂扬成宇宙的创造者。而将太阳神作为至上神来加以崇拜,也在某种程度上促进了宗教的统一:同一个至高无上的神性原则,逐渐从尼罗河流域发展到叙利亚和安纳托利亚。在埃及,这个具有普世主义倾向的太阳神学,在政治的紧张关系中起着重大的作用。第十八王朝时期,阿蒙—瑞的神庙得以扩建,其税收10倍地增加。由于喜克索斯人的占领,以及底比斯法老对埃及的解放,使得诸神更直接地介入国家事务。这就意味着,诸神——首先是阿蒙—瑞——将通过其祭司来传达他们的声音。阿蒙的大祭司便获得了相当的权力,其地位仅在法老之下。埃及由此形成了神权政治,而这并没有减少大祭司与法老之间的权力之争。正是这种祭司集团极度的政治化加强了不同神学派别之间的紧张关系,有时甚至造成不能消解的敌意。

32. 阿肯那顿及其未竟的改革

太阳的光盘,即阿顿(Aton)被提升为唯一的最高神,这一事件被称作"阿马纳革命"(Amarna Revolution,前1375—前1350)。其部分原因是由 107
于法老阿门霍特普四世(Amen-hotep Ⅳ)[③]想要从大祭司的控制中解脱出来。事实上,这位年轻的法老登基不久,就剥夺了阿蒙大祭司管理神庙财产的权力,由此而切断了他权力的来源。然后,法老将他的名字(意为"阿蒙所满意的")改为阿肯那顿(Akh-en-Aton),意为"服侍阿顿的人",并废弃原来的首都底比斯(意为"阿蒙之城"),在往北500公里处另造新都,取名为阿克特阿顿(Akhet-Aton),即今天的特勒·埃尔-阿马纳(Tell el-Amarna),他在那里

① 参见 Wilson, *Culture*,第189页以下。

② 我们曾在别处(§20,亦可参见 *Patterns in Comparative Religion*, §§14,30)分析过天神是如何成为退位神(*dii otiosi*)的。

③ 阿蒙霍特普四世(约公元前1367—前1350年在位),古埃及第十八王朝的法老。——译者

修建了宫殿及阿顿神庙。不同于阿蒙的圣所，阿顿神庙是没有屋顶的，为的是要崇拜太阳的光辉。这还不是阿肯那顿唯一的改革。在造型艺术上，他鼓励一种后来被称之为阿马纳式的“自然主义”风格，这是首次将民间语言引入进王室的铭文和官方的政令。此外，法老还废除了许多繁文缛节，使家人以及朋友的关系更为自然。

所有这些改革都为宗教价值所认可，因为阿肯那顿遵从**真理**(*maʿat*)，一切因而也就都是“自然的”，与生命的节律相符合。这位多病且身有残疾的法老，原本应活不长久的，但他却发现了“生之喜悦”的宗教意义，享受阿顿无穷无尽的创造，尤其是神圣的光辉。为了推行他的“改革”，阿肯那顿将阿蒙和所有其他神祇①都赶走了，而尊阿顿为至上神，即是太阳的光盘，是万物生命的源泉：人们认为他手中握着光线，带给他的崇拜者以**生命**(*ankh*)的象征。我们发现，在阿肯那顿的两首赞美诗中，可以找到他的神学思想，但只有一首保留下来了。无疑，这是埃及最高贵的宗教作品。太阳是“生命之始”，它的光辉“普照大地”。“虽然你离我们很远很远，但是你的光辉却照在大地上；即使你照在人们的脸上，却找不到你的痕迹。”②阿顿是“妇女体
108 内种子的创造者”，正是他赋予胎儿生命，守护孩子的出生与成长，他也使蛋里的小鸡能够呼吸，并保护它们。“你的工作是多种多样的！人们却并不知晓，啊！唯一的神，除你之外别无他者。”③正是阿顿创造了地上所有的一切、男人和女人，并让它们各安其位，各取所需。“世界因你而存在！”“万物皆有所养。”

这首赞美诗可与《圣经·诗篇》中的第104首相比。有人甚至讨论过阿肯那顿改革中的“一神论”特征。作为“历史上的第一人”——布列斯特德(Breasted)④如此称呼他——阿肯那顿的原创性及其重要性尚有争议，但他的宗教热忱却是毋庸置疑的。刻在他棺木上的祈祷文中，有这样的内容：

---

① 原则上说来是这样的，因为他还保留了 Re、Maát、Har-akhti。

② “当你落下时……大地一片黑暗，犹如死亡一般。”正是在黑夜之中，野兽和蛇才会出来活动，因此“世界陷入一片寂静之中”。接着，阿肯那顿以一种异常清新的手法，细腻地描绘了黎明时的奇迹，树木、花草和鱼鸟共同分享着这一份祝福。

③ “你独自一人创造了大地……。”“你使天空如此高远，以便你能从那里俯瞰你所创造的万物！”

④ 布列斯特德(1865—1935)，美国埃及学家，曾在埃及和西亚各地从事考古发掘，著有《埃及古代文献》、《埃及史》等。——译者

"我呼吸着从你嘴中吐出的芬芳气息。每天，我都注视着你的美丽……请把你的手给我，上面负载着你的灵，以使我能够感受到你，并以此而活着。请永远地召唤我：让我能永远回应你的召唤！"即使过去了3 300多年，这篇祈祷文仍感人至深。

在阿肯那顿统治期间，由于他在政治及军事上的消极，使埃及失去了它在亚洲地区的领土。他的后继者图坦卡蒙（Tut-ankh-Amon，前1357—前1349）恢复了与阿蒙大祭司的关系，并重返底比斯。"阿顿式改革"的痕迹几乎全被消除。不久，这个漫长而壮丽的第十八王朝的最后一位法老也死了。

学者们普遍认为，第十八王朝的消亡也标志着埃及文化创造力的结束。在宗教创造方面，我们或许想要知道，在伊希斯和俄赛里斯秘仪建立之前，他们的朴实无华，是否正是新帝国时期宗教融合的伟大成就。[1] 因为，从某种角度来看，这些融合反映了埃及宗教思想的最高点，只要在风格上略加改动，就能构成了一个相当清晰的体系。

为了更好地掌握这些神学思想融合的重要性，让我们暂时回到"阿顿的一神论"。首先必须说明的是，阿肯那顿在其赞美诗中所提到的"唯一的神， 109
除你之外别无他者"这种说法，早在"阿马纳革命"前1 000年便已被用于阿蒙、瑞以及其他神灵的身上了。换言之，如约翰·威尔逊所指出的，在这一时期，至少有**两个**神，因为阿肯那顿本人就像神一样受到人们的崇拜。[2] 忠实信徒（也就是少数朝廷官员及要人）的祈祷文不是献给阿顿神的，而是直接献给阿肯那顿的。在著名的赞美诗中，这位法老宣布阿顿是他**个人的神**："你在我心中，除了你的儿子（即阿肯那顿），无人认识你，你引领他进入你的计划和你的力量之中！"这解释了为什么阿肯那顿死后，"阿顿神的信仰"也就随即消失的原因。总之，这种崇拜仅存于王室和廷臣之中而已。

我们要补充的是，早在阿马纳改革之前很久，阿顿神就已为人所知，并受到人们的崇拜了。[3] 在《地下之书》（*The Book of What Is in the Beyond*）中，瑞被称作"光盘（阿顿）之主"。在第十八王朝的其他文献中，阿蒙（"隐匿神"）被忽略了，而瑞则被描绘成"容颜被遮蔽"、"藏在另一个世界里"的神。换言之，瑞的神秘性和不可见性，是与那完全展现在太阳光盘中的阿顿相

---

① 当然，我们认为只有宗教的精英分子才理解这些融合中的深层含义。

② Wilson，*Culture of Ancient Egypt*，第223页以下。

③ 同上书，第210页以下；A. Piankoff，*The Shrines of Tut-Ankh-Amon*，第5页以下。

补充的。

33. 最终的融合：瑞与俄赛里斯的结合

新帝国的神学家们强调对立、甚至是对抗的诸神之间的互补性。在《瑞的连祷文》(*Litany of Re*)中，太阳神被称作“万流归一”(One-joined-together)；他表现为一个俄赛里斯形象的木乃伊，头戴上埃及王冠。也就是说，俄赛里斯体内充满了瑞的灵魂。① 这两位神祇的等同发生在死去的法老身上：按照俄赛里斯化的过程，法老就复活成为年轻的太阳神瑞。这是因为太阳的运行是人类命运的范式：从一种存在模式过渡到另一种存在模式，
110 从生到死，然后又重生。瑞堕入地府既意味着死亡，又意味着重生。有一份文献提到“瑞歇息在俄赛里斯之中，而俄赛里斯也歇息在瑞之中。”②许多神话故事也都强调了瑞的两重性：他既是太阳神，也是俄赛里斯。通过进入另一个世界，法老便成了俄赛里斯，也成了瑞。

根据以上所引用的文献，瑞“藏在另一个世界里”。《瑞的连祷文》中有几段祈祷文(第20—23行)强调了瑞与水有关的性格，并将太阳神等同于远古的海洋。不过，这种对立面的结合，主要表现在瑞与俄赛里斯之间或是何露斯与塞特之间神秘的关联中。③ 用隆德尔·克拉克(Rundle Clark)精辟的话来说，**瑞是超越的神，俄赛里斯是凸显的神，他们是互补的两种神**。④总之，他们都代表着同样的“奥秘”，是唯一的神所表现出来的多种形式。⑤根据由阿图姆所完成的诸神和宇宙的创造(§26)，神同时既是一也是多，而创造就包含在他名字和形式的多样性中。

其实埃及宗教思想对于诸神的结合与合并，从非常遥远的古代就已经开始了。帝国时期神学的原创性在于，一方面断定瑞的俄赛里斯化和俄赛里斯的瑞化的双重过程的必要性，另一方面相信这双重过程所揭示的人类存在的神秘意义：**生命与死亡的互补性**。⑥ 从某种角度来看，这种神学思想

---

① Piankoff, *The Litany of Re*, 第11页。

② Piankoff, *Ramesses* Ⅵ, 第35页。

③ 参见比扬科夫(Piankoff)所引用的例子, *Litany*, 第49页，注解3。

④ Rundle Clark, *Myth and Symbol*, 第158页。

⑤ 早在《金字塔文》中，阿图姆就已从他自身分化出了诸神。在其远古的蛇形中(参见§26)，阿图姆也已经等同于俄赛里斯(暗示了他也会“死亡”)，因此也等同于何露斯；参见比扬科夫(Piankoff)所引用并评注的文献, *Litany*, 第11页，注解2。

⑥ 在印度的梵书时期也有类似的情形，虽然各自追求的目的不同；参见第9章。

的融合，在确认了俄赛里斯胜利的同时，又赋予了他新的含义。这位被谋杀的神的胜利，在中王国之初就已完成了。从第十八王朝开始，俄赛里斯就成了死者的审判者。“审讯”和“灵魂称重”这两出在死后上演的戏，就是在俄 111
赛里斯面前展开的。在《棺文》中，这两出戏原本是分开的，在《死者书》(*Book of the Dead*)中却趋向于合并了。① 这些在帝国时期撰写的葬礼文献，其中包含着早期的材料，在整个埃及文明时期，都受到人们不同程度的欢迎。《死者书》是引导死者的灵魂到达另一个世界的最高指导。其中的祈祷文和魔咒的目的在于，使灵魂的旅程变得更加容易一些，特别是确保灵魂在“审讯”和“灵魂称重”的考验中能顺利通过。

在《死者书》的许多古老因素中，值得一提的是“第二次死亡”的危险(第 44、130、135—136、175—176 章)以及保存记忆(第 90 章)和记得自己名字的重要性(第 25 章)——这种信仰不仅“原始人”有，而且在希腊及古代印度也有所记载。而这部作品则反映了埃及帝国时期神学思想的融合。一首献给瑞的赞美诗(第 15 章)描写了太阳的日常运转，当它沉入地下时，它就散布喜悦。死者们“都感到欣喜，当你为伟大的神俄赛里斯而照耀地府时。”死者想要与神灵(瑞、何露斯、俄赛里斯、安努毕斯、卜塔等等)合而为一的欲望也是十分重要的。这不排除对魔咒的使用。事实上，知道某位神的名字就等于是获得了某种战胜他的力量。名字以及话语的巫术价值早在史前人们就已经知道了。对于埃及人而言，巫术是诸神创造用来保护人类的一件武器。在帝国时期，巫术人格化为伴随瑞一起驾船的神，也成为太阳神的一种属性。② 总之，瑞在夜晚穿行地下世界的旅程是一次危险的冥界之游，途中布满了种种障碍，而这也成了每一个死者前往审判之地的必经旅程的一个范式。③

《死者书》中最重要的章节之一，第 125 章是描写灵魂在名为“两个正义 112
的”大厅里接受审判时的情形。④ 死者的心被挂在天秤的一端，而另一端则是象征着**正义**(*ma*ʿ*at*)的一根羽毛或是一只眼睛。在审判的过程中，死者要

① Yoyotte，“Le judgement des morts dans l'Egypte ancienne”，第 45 页。必须弄清楚的是，对死者的审判和天上正义的概念，“是对所有人而言的，无论是贩夫走卒还是法老都一样”，这是从第九王朝以后就有明文记载的(同上书，第 64 页)。

② 而魔咒的角色最终变得很高，特别是在大众之中。

③ 其他的葬礼文献——《地下之书》、《诸门之书》等等——系统地描写了瑞在夜晚 12 个小时中渡船经过的死者王国。

④ 关于这种表达的含义，参见 Yoyotte，“Jugement des morts”，第 61 页以下。

念一篇祈祷文，祈求他的心不要说出对他不利的证据来。然后，他必须宣称自己是清白的，这被不恰当地称为"否定的忏悔"：

> 我从未犯过反人类的罪行……
>
> 我从未亵渎神灵。
>
> 我从未对穷人施暴……
>
> 我从未杀过人……
>
> 我从未给别人带来过痛苦。
>
> 我从未克扣神庙的食物(收入)，……
>
> 我是清白的。我是清白的。我是清白的。我是清白的。

死者向由42位神灵组成的审判庭陈述道："在此的诸神，你们好！我认识你们。我知道你们的名字。我不会被你们所打倒。你们不会说我对神是不敬的……在'普世之主'的面前，你们会说正义与我同在，因为我在埃及行公正(*maʿat*)之事。"然后，他自我吹嘘道："我做神所愿望看见的事。我给饥饿的人食物，给干渴的人水，给赤裸的人衣服，将船送给没船的人……所以，拯救我吧，保佑我吧！不要在伟大的神面前说我的坏话！"最后，他转向俄赛里斯："给予我力量的神啊……保护我免受那些播撒罪恶、制造麻烦的使者们的伤害……因为我以公正(*maʿat*)之主的名义行公正(*maʿat*)。我是清白的。"①死者还必须经过入会礼式的考问。他必须证明，他知道门和门槛不同部位的秘密名字，或是大厅守门人和诸神的名字。②

正是通过对于死亡奥秘的沉思，埃及人实现了最后的也是唯一的一次
113 宗教融合，其影响力一直持续到埃及文明的最后。当然，这是一个允许有多种诠释和应用的创造。对于那些相信魔咒威力的信徒来说，没有必要去理解瑞与俄赛里斯的双重性或生与死之间变化的延续性的深层含义。然而，这些思想却反映了同样的末世论的秘密知识。帝国时期的神学家们，通过将古老的死亡概念发展成灵性的转变，从而把曾在瑞的日常业绩与俄赛里斯的远古传说中的"奥秘"模式等同起来了。由此，他们便将永恒不灭的(太阳的运行)、悲剧性的或意外的(俄赛里斯的被杀)以及那似乎是短暂而无意义的(人类的存在)全都纳入了一个单一的系统之中。在这个灵魂拯救论的

---

① 根据约约特(Yoyotte)的翻译，"Jugement des morts"，第52—56页。

② Yoyotte，"Jugement des morts"，第56—57页。在旧王国时期，法老也得有一个入会礼式的考问；参见§28。

表述中,俄赛里斯的角色是必不可少的。正是因为他的缘故,每一个必死的人才能够希望在来世得到一个"高贵的命运"。总之,法老便是普世的典范。

"特权"、"入会礼的智慧"与"善行"之间的紧张关系,有时未必能够得到完美的协调。因为,如果"公义"总是能够得到保证,那么"入会礼的智慧"便只是对魔咒的痴迷。一切就要看如何对待《死者书》和其他类似作品中的末世论思想了。这些文献有各种"解读"的方式,可从不同的层面去看。当然,将其解读为巫术是最容易的:它仅仅意味着语言所拥有的无穷力量。由于有了新末世论的解释,使得"高贵的命运"人人皆可得之,可是巫术的魅力也随之不断增加。埃及文明的黄昏时刻将淹没在巫术的信仰与实践之中。[1]但是,我们也应记住,在"孟斐斯神学"(参见 § 26)中,卜塔是通过语言而创造了诸神与这个世界的。

---

① 参见本书第2卷。

114 # 第5章 巨石遗址、神庙与庆典中心：西方、地中海和印度河流域

34. 石头与香蕉

一个多世纪以来，西欧和北欧的巨石建筑强烈地吸引着各地的研究者。的确，当人们看到卡内克(Carnac)的列柱或巨石柱群(Stonehenge)①巨大的三石塔的精美照片时，不可能不为其中所包含的目的及含义而感到好奇。这些新石器时代的农夫有着如此高超的技艺，实在令人惊讶不已。他们是如何将300吨的石头竖起来的？又是如何吊起100吨的石板的？而且，这样的巨石遗址并不是孤立的。它们只是整个巨石遗址的一部分而已，这一遗址从西班牙的地中海沿岸，跨越葡萄牙、半个法国、英格兰的西海岸，进入爱尔兰、丹麦，直到瑞典的南海岸。当然，这些巨石遗址在外观上有很大的不同。但是，两代的史前史学家们都在努力想要证明整个欧洲巨石文化的连续性，即是一个以阿美里亚(Almeria)的洛斯米拉勒斯(Los Millares)为中心，向四周散布的巨石文化。

巨石文化有三种结构：(1)竖石(menhir，在布列塔尼语中，*men* 意为“石头”，*hir* 意为“长的”)，是一种很大的石头，有时也很高，②竖立在地上；(2)环形石垣(cromlech，*crom* 意为“圆形、曲线”，而 *lech* 则意为“地方”)，指一组竖石竖立成一个圆圈或是一个半圆(最壮观的是在英格兰南部城市索尔兹伯里[Salisbury]附近巨石柱群的环形石垣)，有时石柱会排成平行的几
115 行，如在布列塔尼的卡内克；③(3)石棚(dolmen，*dol* 意为“桌子”，*men* 意为

① 位于英国南部索尔兹伯里附近。——译者

② 竖石位于洛克马里亚克(Locmariaquer)附近，高达20多米。在布列塔尼，有些单独的竖石是与坟墓相连的。

③ 卡内克的石柱共有2 935根，排列起来长达3 900米。

"石头"），是由数根竖石撑起一块巨大的拱顶石，形成一个围栏或是密室。最初，石棚上还覆盖着一个土堆。

从严格意义上说，石棚是安葬死者的地方。后来在某些地区——西欧、瑞典——石棚变成了有覆盖物的通道，即一种长长的、上面盖有拱顶石的走廊。有些石棚非常大；如索多（Soto，在西班牙西南塞维利亚[Seville]附近）的石棚，长达21米，还有一面如山墙般的花岗石，高3.4米，宽3.1米，厚0.72米，重21吨。在洛斯米拉勒斯，发掘出一个大约有100条走廊的大型墓地。大多数墓穴都是在巨大的土堆之下。某些墓葬中埋有近百人，可能是同族的好几代人合葬在一起。有的墓室内有一根中柱，墙上的绘画遗迹尚可辨认。在大西洋沿岸发现了许多石棚，尤以布列塔尼为甚，远至荷兰。而爱尔兰的墓室则相对较高，墙上饰有雕塑。

所有这些无疑都表明了有一种很重要的死者崇拜。然而，那些建起这些雄伟建筑的新石器时代的农夫们，他们的房屋却很小，不经久（事实上，他们的房屋几乎没有留下任何痕迹），而死者的居所则是用石头建造的。很显然，他们打算建造一种壮观而又坚固，且能经得起时间考验的建筑。石头象征的复杂性以及石头的宗教价值是众所周知的。[①] 岩石、石板、花岗岩石块所展现的是持久、永恒和不朽，总之，是一种独立于时间的*存在*模式。

当我们思索这些由西欧最早的农夫们所建造的宏伟的巨石遗址时，我们不能不想起一个印度尼西亚的神话。太初之时，天与地靠得很近，神将礼物系于绳端赐给远古的第一对夫妇。一天，神将一块石头系于绳端送给他们，但人类的祖先对此感到十分惊讶和愤怒，就拒绝接受这礼物。几天后，
神再次把绳子吊了下来，这次是一只香蕉，他们立即就接受了。然后，人类 116
的祖先听到造物主的声音："既然你们选择了香蕉，你们的生命便将如水果一般。如果你们当初选择了石头，你们的生命则会如石头一样永恒不朽。"[②]

我们在前面已提到（§12），农业的发明彻底改变了关于人类存在的观

---

① 参见 *Patterns in Comparative Religion*，§§74以下。

② A. C. Krrijt, cited by J. G. Frazer, *The Belief in Immortality* (1913)，第1卷，第74—75页。我们在"Mythologies of Death"中对此神话有所评注（*Occultism, Witchcraft, and Cultural Fashions* 第3章）。

念:农业向人们揭示的是,人的生命犹如植物的生命一样脆弱和短暂。而另一方面,人也与植物享有了共同的生命周期:出生、生命、死亡、再生。我们可以把这些巨石遗址当作对印度尼西亚神话的一种回应:既然人的生命如同谷物一般,那么就只有**通过死亡**才能获得力量和常青。死者回到了大地母亲的怀中,希望如种子般重生;但他们也与墓室的石块有着神秘的联系,并最终变得如岩石一样坚不可摧。

死者的巨石崇拜显然不只是相信某种灵魂的存在,更是相信祖先的力量,并希望他们能够保护且帮助活着的人。这样的一种信仰完全不同于古代其他民族(美索不达米亚人、赫梯人、希伯来人、希腊人等等)的观念,因为对于那些民族来说,死人只是些可怜的影子,痛苦且无助。再者,对于从爱尔兰到马耳他岛(Malta)以及爱琴海诸岛屿的巨石遗址的建造者而言,**与祖先仪式性地沟通**构成了其宗教活动的核心,而中欧的原史文化与古代近东文化一样,**死者与活人之间的分隔**是有严格规定的。

除了各种庆典(游行、舞蹈等等)之外,死者的巨石崇拜还包括献祭(食物、祭酒等等)、在纪念碑附近举行的牲祭以及墓地的仪式性会餐。还有许多竖石并非竖立在墓地之中。这些石头**很有可能是"身体的替代物"**,死者
117 的灵魂就包含于其中。① 总之,**这个石头的"替代物"是为了身体的永恒而建造的**。竖石有时也被雕成人形,换言之,他们就是死者的"居所"和"身体"。同样地,石棚墙上程式化的形象以及在西班牙巨石墓地发掘出来的小人偶,可能都代表着死者的祖先。在某些例子中,我们可以发现,他们有一个类似的信仰,即祖先的灵魂有时是可以离开坟墓的。② 用有孔的石头封住巨石坟墓,并将其称作"灵魂之洞",死者能借此与活着的人相沟通。

竖石中所包含的性爱的意思也应考虑在内,因为这在不同层次的文化

---

① Horst Kirchner,"Die Menhire in Mitteleuropa und der Menhirgedanke",第 698 页以下(抽印本第 90 页以下)。

② 在布列塔尼,某些立在石棚走廊前的竖石被认为类似于埃及的信仰,他们认为死者灵魂会化为飞鸟,离开坟墓,阳光灿烂的时候停在柱子上栖息。"这种观点似乎在整个地中海地区以及西欧都存在。"(Maringer, *The Gods of Prehistoric Man*, 第 235 页)。卡尔·苏克哈德(Carl Schuchhardt)认为画在哈吉亚·特里亚达(Hagia Triada)石棺上的方尖塔也有着相同的作用(参见 §41),有飞鸟停在这些方尖塔上。但基歇纳(Kirchner)对此观点有所批评,"Die Menhire",第 706 页(抽印本第 98 页)。他提到,在东南亚的巨石文化中,竖石是灵魂的"坐骑"(参见 §36)。

中都有着普遍的记载。《耶利米书》(2∶27)中提到："他们向木头说：'你是我父。'向石头说：'你是生我的。'"①在20世纪初，欧洲的农民仍然普遍相信竖石有着丰产的功效。在法国，为了要生孩子，年轻妇女们还会顺着巨石往下滑(*glissade*)，或是坐在巨石上，要不就以腹部抵着巨石摩擦。②

这种生殖的功能不一定非以巨石形如阴茎来解释，虽然在某些文化中也有这样的象征。最具原创性也是最根本的概念是祖先"蜕变"成了石头，其方法是通过作为"替代物"的竖石或是将死者某种重要的元素，如骨骸、骨灰或"灵魂"掺入真正的纪念性建筑之中。这两种方法都能将死者的生命 118
"注入"石头中，于是他便栖息在一个新的身体之中了，成了矿物，也就不会腐烂了。因此，竖石或巨石坟墓便成了永不枯竭的生机与力量之库。通过投射入墓地巨石的结构之中，死者便能够主宰繁殖与富饶了。用印度尼西亚神话的语言来说，死者就是同时拥有了石头和香蕉。

35. 庆典中心与巨石建筑群

某些巨石建筑群，诸如卡内克或伯克郡(Berkshire)的阿士当(Ashdown)遗址(有800个巨石散布在宽250米、长500米的地区内)，它们无疑都是重要的庆典中心。这些节庆包括献祭，可能还有舞蹈和游行等各种活动。当然，会有上千的民众在卡内克的大街上游行。可能大多数节庆都与死者崇拜有关。像其他类似的英国纪念碑一样，③巨石柱群(Stonehenge)的环形石垣也位于墓地的中央。这个著名的庆典中心——至少其原有的形式④——是一个为了与祖先沟通而建造的圣所。就其结构而言，巨石柱群与其他文化中的巨石建筑群一样都逐渐形成了一个圣地：神庙或城市。这些神圣的空间都被视作"世界的中心"，这些特许的地方担负着沟通天地——也就是沟通天神、冥府女神和死者灵魂——的责任。

---

① 然而，即使是严厉的耶和华法规如《申命记》，当其中提到上帝的真实存在是一切造物唯一的源头时，也仍然使用了石头存有学的隐喻："你轻忽生你的磐石，忘记产你的上帝"(《申命记》32∶18)。

② 参见 *Patterns in Comparative Religion* 中的例子和索引，§77；Kirchner，"Die Menhire"，第650页以下(抽印本第42页)。

③ 例如，Woodhenge，Avebury，Arminghall，and Arbor Low；Maringer，*The Gods of Prehistoric Man*，第247页。

④ 巨石柱群并不是同时建成的。我们现在知道最初的工程之后又有数次整修。参见 Colin Renfrew，*Before Civilization*，第214页以下。

在法国的某些地方、伊比利亚半岛和其他地方可以发现女神崇拜的痕迹，那是庇护死者的女神。其中又尤以马耳他岛上的巨石建筑、死者崇拜和大女神崇拜最为壮观。此地考古发现的房屋不多；但迄今为止，却已发现了
119 17 座神庙，而且，真实的神庙数量应远远超过这个数字，这也证实了某些学者的观点，他们认为在新石器时代，马耳他岛是一座**圣岛**(*isola sacra*)。①圣所前面和神庙之间宽阔的椭圆形平台肯定是用于游行和仪式舞蹈的。神庙的墙上饰有令人赞叹不已的螺旋形浅浮雕，还有许多女性石头雕像躺在一旁。但最令人振奋的发现是一尊呈坐姿的巨型女子雕像，这肯定是一位女神。

考古发掘表明当时存在一种复杂的崇拜仪式，其中包含有牲祭、食物和奠酒、孵卵仪式(rites of incubation)以及占卜仪式，显示出存在一个重要且组织完备的祭司集团。死者崇拜可能是其最重要的部分。在著名的哈萨夫利尼(Hal Saflieni)史前墓地，现称之为“地下古墓室”(Hypogeum)，由开凿在岩石中的几个墓室组成，共掘出约 7 000 具遗骸。在这个史前墓地，还出土了女性卧像，这意味着存在孵卵仪式。如同其他巨石遗址一样，内室的墙壁上都有雕塑或绘画。大的墓室被屏风所隔开，显然是为祭司和新入会者举行某种宗教仪式所用的。②

尽管地下古墓室是墓地和礼拜堂，但是我们在神庙里却没有发现任何举行葬礼的痕迹。马耳他岛上的圣所呈曲线形结构，这似乎是独一无二的；考古学家们将其称之为“腰子形圣殿”，但苏兹(Zuntz)认为，其结构可能更多的是暗示着子宫。因为神庙有屋顶覆盖，房间里没有窗户，相当阴暗，进入圣殿就仿佛进入了“大地的深处”，即冥府女神的子宫。而岩石中的墓穴也是呈子宫的形状。死者被安置在大地的深处以便重生。“神庙就是以更大的比例复制的子宫。活人走进去就像进入了女神的身体之中。”实际上，苏兹认为这些遗址是“最典型的秘仪场所”。③

120 我们要补充的是，伊比利亚半岛和西欧的石棚与竖石的石壁上还有其他巫术—宗教的符号和象征，如光芒四射的太阳、斧头的记号(为雷电之神

① Gunther Zuntz, *Persephone*，第 4 页，注解 1。

② J. D. Evans, *Malta*，第 139 页；Glyn Daniel and J. D. Evans, *The Western Mediterranean*，第 20 页。

③ Zuntz, *Persephone*，第 8、25 页。

所特有)、蛇、生命象征、祖先的形象以及牡鹿等等。当然,这些形象是在不同地区发现的,属于不同阶段的文化,但是它们有一点却是共同的,即它们都与巨石建筑密切相关。这可能是由于不同的"巨石文化"民族有着多样的宗教观念,或是因为祖先崇拜,尽管十分重要,但是有着不同的宗教结构。

36. "巨 石 之 谜"

10 年前,考古学家们还认为巨石文化是受来自地中海东部的殖民者的影响,因为,在公元前 3000 年代地中海地区就已有了集体埋葬的考古证据了。[①] 在其向西方传播的过程中,石棚建筑(即"墓室")就转变成了一种巨大的建筑物。格林·丹尼尔(Glyn Daniel)认为,这种转变发生在马耳他岛、伊比利亚半岛和法国南部。他还将巨石建筑的传播与希腊和腓尼基向地中海地区殖民,以及伊斯兰文化向西班牙的传播相比较。"这是一种强大、引人注目且受爱琴海文明影响的宗教,他们花费如此劳力来修建坟墓(或是陵墓神庙?),并以此来保存……其守护及葬礼女神的雕像。女神像、斧头、兽角和其他象征物将我们从巴黎盆地、加夫里(Gavrinnis)以及安吉鲁拉居(Anghelu Raju)带回到了克里特、爱琴海地区甚至是特洛伊(Troy)。毋庸争辩的是,这种源于地中海东部的强大宗教传遍了整个西欧,它影响且启发了巨石坟墓的建造者。"[②]但是,宗教并不是他们移民的主要原因;宗教只是
"他们迁移到遥远的西欧和北欧时的心灵慰藉"。移民们寻找的是可以居住 121
和贸易的新国度。[③]

戈登·柴尔德在他最后一本书中,讨论了"巨石宗教"是如何由地中海的探险者和殖民者向外传播的问题。当不同的社会接受了这个宗教观念,巨石坟墓的建造方式也就被普遍采纳了,但这并没有影响其原有的结构。每座坟墓可能是属于一个贵族或一个族长;由他的侍从共同完成的。"一座巨石坟墓相当于一座教堂而不是城堡,其主人则像是凯尔特圣人而不是北欧的男爵。"[④]母神崇拜的巨石信仰的"传教士们"将大量的农耕者吸引到

---

① 米诺斯(Minoan)的集体墓穴或是天然的洞穴或是圆形围地,通常被称之为圆顶墓(*tholoi*);参见 Glyn Daniel, *The Megalithic Builders of Western Europe*,第 2 版(1962),第 129 页。

②③ Glyn Daniel, *The Megalithic Builders of Western Europe*,第 136、136—137 页。

④ Gordon Childe, *The Prehistory of European Society*, 第 126 页以下。作者(第 128 页)将巨石坟墓与不列颠岛上相同地区由威尔士和爱尔兰圣人所创建的小教堂作了比较。

了他们的社团之中。事实上，石棚和环形石垣所在的地区也大多适合于新石器时代的农业。

许多著名的史前史学家也对巨石建筑作出了类似的分析。① 然而，这些解释都被碳-14 测定断代法和树木年代学所推翻。② 可以证明，布列塔尼的巨石坟墓（“墓室”）建于公元前 4000 年以前，而英国、丹麦的巨石建筑则建于公元前 3000 年以前。③ 至于庞大的巨石柱群，以前曾认为同英国西南部与迈锡尼文明相关的威塞克斯（Wessex）文化同时期。但是最新的研究
122 方法表明，巨石柱群在迈锡尼文明之前就已建成；最后一次重建（巨石柱群第三期）的时间是在公元前 2100 年至前 1900 年之间。④ 马耳他岛的情况也是如此，塔西恩（Tarxien）神庙和哈萨夫利尼墓地的时代结束于公元前 2000 年之前；因此，其建筑风格不能被解释为是受到了米诺斯青铜器时期文化的影响。⑤ 所以，其结论只能是，**欧洲的巨石建筑先于爱琴海的巨石建筑**。我们所看到的是一系列原创的土著文化产物。

然而，在年代学上对于西方文化原创性的“推翻”和证明，无助于我们进一步解释巨石文化遗址。有关巨石柱群的讨论很多，虽其中不乏真知灼见，⑥但对于遗址的宗教功能及其象征意义却仍有争议。而且，为了不做某些过分冒险的假设（比如，格拉夫顿·艾略特·史密斯爵士［Sir Grafion Elliot Smith］就认为，所有的巨石建筑都是源于埃及的法老时期），学者们不

---

① 斯图亚特·皮戈特（Stuart Piggott）认为巨石建筑源于地中海东部，并将其与基督教堂或清真寺相比较；参见其著作 *Ancient Europe*，第 60 页。而格拉哈姆·克拉克（Grahame Clark）认为，爱琴海地区的集体埋葬仪式与母神崇拜相关联，是由拓荒者和找矿者传入西方的；参见其著作 *World Prehistory*，第 138—139 页。

② 关于“碳-14 测量树木年轮”（“tree-ring calibration of radiocarbon”），参见 Colin Renfrew, *Before Civilization*，第 48—83 页中的评注。众所周知，由于有了碳-14 和树木年代学测定时间，因而彻底改变了欧洲史前史的年表。

③ 不要忘记，在埃及，最早的石头金字塔大约建于公元前 2700 年。而砖造的金字塔的确是这些金字塔的前身，但是，我们知道，在公元前 3000 年以前，埃及还没有可与西欧巨石遗址相比的石制纪念碑；参见 Renfrew, *Before Civilization*，第 123 页。

④ Renfrew, *Before Civilization*，第 214 页以下。

⑤ 同上书，第 152 页。也可参见 Daniel and Evans, *The Western Mediterranean*，第 21 页。然而苏兹（Zuntz）认为应考虑到埃及和苏美尔的影响，*Persephone*，第 10 页以下。

⑥ 因为巨石柱群的建筑结构似乎也暗示着某种天文观察的可能性，那么，有可能主要的节庆都是与季节的变化有关的，如霍皮人（Hopis）和彻罗基人（Cherokees）的节庆；参见 Renfrew, *Before Civilization*，第 239 页以下。

敢再试图从整体去攻克这个难题。但是，这种胆怯却是令人惋惜的，因为“巨石文化”是一个典型且独一无二的研究课题。当然，比较研究应该指出，许多盛行于 19 世纪关于巨石文化的分析，对于理解史前纪念碑的建造者们的宗教观还是有所贡献的。

37. 民族学与史前史

众所周知，除了地中海、西欧、北欧以外，史前时期和原史时期的巨石文化分布甚广：阿尔及利亚、巴勒斯坦、阿比西尼亚(Abyssinia)、德干半岛、阿萨姆邦(Assam)、锡兰(Ceylon)、中国西藏和韩国。至于 20 世纪初仍存在 123
的巨石文化，最著名的是在印度尼西亚和马来西亚。罗伯特·海涅-戈登(Robert Heine-Geldern)曾对这一问题进行过深入研究，认为两种巨石文化——史前的和民族学的——在历史上有其相关性，根据他的观点，巨石文化是从一个单一的中心散布开去的，这个中心很可能就位于地中海东部。

我们稍后将再回到罗伯特·海涅-戈登的假设上来。现在，我们先概括一下他对现存巨石社会中的信仰所做的结论。巨石建筑与死后生命的观念息息相关。大部分巨石都是在保护灵魂永生之旅的仪式中竖立起来的，它们既保证那些生时为自己竖立纪念碑的人死后能有一个永生，也确保死者有一个永生。此外，巨石建筑还是生者与死者之间最好的桥梁，人们相信巨石可以长久保持建造者和死者的巫术能力，由此确保人畜兴旺、五谷丰收。在所有迄今仍盛行的巨石文化中，祖先崇拜都在其中起着重要的作用。[1]

巨石建筑是死者回归村里的灵魂之座，而活着的人也可以使用。巨石竖立的地方肯定是最好的祭祀之地(庆典舞蹈、献祭等等)和社会活动的中心。在巨石文化的死者崇拜中，家谱具有重要的作用。根据海涅-戈登的说法，可能会在仪式中诵读祖先——即村庄或某些家族的创始人——的家谱：**人们希望通过石头而名垂千古**；换言之，对于祖先的名字和业绩的记忆保证了与祖先的联系，而这一记忆则被“固定”在巨石之中。

我们已经提到，海涅-戈登声称，巨石文化从公元前 5000 年代一直延续到当代的“原始”社会。但他不同意格拉夫顿·艾略特·史密斯爵士和 J. 124
W. 佩里(J. W. Perry)的假设。而且，他也否认存在一种“巨石宗教”，其简

① R. Heine-Geldern，“Prehistoric Research in the Netherlands Indies”，第 149 页，以及“Das Megalithproblem”，第 167 页以下。

单的理由是，在许多宗教中（无论是初级宗教还是高级宗教），都记载有一些所谓的“巨石”信仰和观念。这位澳大利亚学者将巨石文化与某些“神秘主义”运动——如性力派（Tantrism），它既属于印度教也属于佛教——作了比较。他还否认，某些学者所说的“巨石文化圈”的存在是由特定的神话和社会或经济产生的。事实上，巨石建筑的想法与实践在许多不同的社会形式、经济结构以及文化组织中都有所记载。①

海涅-戈登对于巨石文化的分析仍是有价值的。但是，他对古代和当代巨石文化间统一性的假设至今仍有争议，可以说是为大多数学者所摒弃。巨石文化“延续性”的问题是一个重大问题，应保持开放的讨论空间。因为，如最近某个学者所说的，它是“史前史中最大的谜”。无论如何，不管采用何种假设，延续也好，趋同也罢，我们都不可能谈论所谓单一的巨石文化。我们认为，应该注意的是，在各种巨石宗教中，石头神圣性的价值主要在于与死后生命的关系。人们想通过石头特有的“存在显现”（ontophany）来“发现”死后生命的特有模式。在西欧的巨石文化中，民众对巨石的着迷是十分明显的；但这种着迷是由于希望将集体坟墓转化成雄伟壮观坚不可摧的纪念碑而产生的。通过巨石建筑，死者享有了一种特殊的力量；而且，既然与祖先进行仪式性的沟通，那么这种力量也能与生者分享。诚然，其他形式的祖先崇拜也是存在的。巨石宗教的独特之处在于，**人们将祖先等同于或联想成石头，从而理解了生死之间的延续性和永久性**。然而，我们还要补充的是，除了几个特例外，这些宗教观念并未得到充分的认识和完整的表述。

125 ## 38. 印度最早的城市

近来对于印度文明史前史的研究，开启了几十年前所无法预见的远景，也由此产生了许多仍无法圆满解决的问题。随着哈拉帕（Harappa）和摩亨佐-达罗（Mohenio-daro）两座城市的出土，我们发现了一个相当先进的都市文明，兼具商业都会与神权政治的特点。对其年代的测定仍有所争议，但可以肯定的是，印度河文明在大约公元前 2500 年左右已得到充分发展。使最初发掘的学者最感惊讶的是，哈拉帕文明的统一性和稳定性，在其长达千年的历史中竟没有丝毫的变化与革新。这两座城市可能是“帝国”的都城。这

① 参见“Das Megalithproblem”，第 164 页以下。

种文化的统一性和延续性，只能是以有着一种建立在某种宗教权威之上的统治的假设来解释了。①

今天，我们知道这一文化远不只限于印度河流域，在其影响所及之处都表现出同样的统一性。戈登·柴尔德认为，哈拉帕文明与埃及和美索不达米亚文明有着相同的科技发展水平。然而，哈拉帕文明的大多数器物都缺乏想象力，"这意味着哈拉帕人的眼睛所注视的并非这个世界"。②

至于这个印度最早的都市文明的起源，学者们认为应从俾路支地区去寻找。根据费舍维(Fairservis)的说法，哈拉帕人的祖先原系伊朗的前雅利安(pre-Āeryan)农耕者。随着在俾路支南部的考古发掘，我们对前哈拉帕文化的几个阶段开始有了较好的了解。值得注意的是，早期重要的聚集地建造在供祭祀用的建筑附近。在波拉利河(Porali River)地区一个被称为"伊迪丝·沙汉区"(Edith Shahr Complex)的重要考古点，出土了一个7—12米高的土堆，以及许多有围墙的建筑。在土堆的顶部有一塔庙形建筑；还有若干台阶通往平台。这些石头建筑似乎很少或偶尔有人居住，表明这一宏大建筑的功能是用于庆典的。同一建筑的第二层(phase B)是以巨大的环形石垣为其特色的，有上百个3—8米宽的建筑，以及由白石铺成的"大 126
道"。这些建筑也似乎只是服务于宗教目的。③

费舍维将这些圣地遗址以及奎达谷(Quetta Valley)发掘出来的建筑(代表着巴基斯坦信德省和俾路支地区的前哈拉帕文化阶段)与摩亨佐-达罗和哈拉帕作了比较，他认为，这些城市最初都是为崇拜庆典而建的。虽然在这两座城市里都有一座由独具特色的建筑构成的高台，名"城堡"，其宗教功能是毋庸置疑的，但还是有人对上述假设持有异议。不过，对我们来说，这种争论没有多大意思。因为，一方面，前哈拉帕文化时期的聚落(也就是最早的城市！)起源于崇拜是可以肯定的，而另一方面，现在学者们毫无例外地看到，在最古老的都市中心无不存在着庆典建筑。保罗·惠特利(Paul Wheatley)精彩地论证了在中国、美索不达米亚、埃及、中美洲等地的早期城

---

① 参见M. Eliade, *Yoga: Immortality and Freedom*，第353页以下。

② B. and R. Allchin, *The Birth of Indian Civilization*，第136页。

③ W. A. Fairservis, *The Roots of Ancient India*，第195页以下、第362页以下。关于前哈拉帕(Harappan)文化的这一阶段与印度南部巨石文化之间的关系，参见上书，第375页以下。

市,都有其宗教的意图和功能。[1] 最古老的城市都是围绕着圣所,也就是说围绕圣地、一个"世界的中心"建造的,在那里,人可与天、地、冥府相沟通。[2]如果能够证明印度河流域的两个都城与其前哈拉帕文化时期的城市原型(与其他古代城市)判然有别,那么就可以说哈拉帕和摩亨佐-达罗是世俗化的城市建筑——一种从本质上说是现代现象——最早的先例了。

现在我们必须强调的是,神圣空间和崇拜中心的结构是多样化的。在地中海和西欧的巨石文化中,崇拜中心与死者崇拜联系在一起,将它们圣化的是竖石和石棚,而不是圣所,而且聚落的规模都大不过村庄。[3]正如前面已经提
127 到的,在西方,真正的巨石"城市"是为死者修建的,也就是史前墓地。

39. 原史时期的宗教概念与印度教中类似的概念

哈拉帕宗教,即印度最早的都市文明的宗教,就其与印度教的关系而言也是十分重要的。尽管有些学者持怀疑态度,但我们对哈拉帕与摩亨佐-达罗的宗教生活还是有所了解,至少是知道其大概情况。例如,大量的雕像和某些刻在印章上的图案都表明有某种母神崇拜。此外,如同约翰·马歇尔爵士(Sir John Marshall)[4]早就注意到的,一尊呈"瑜伽修行"坐姿的阳具塑像,身边有野兽围绕着,约翰·马歇尔认为,这代表着一位大神,可能是湿婆(Śiva)的原型。[5]费舍维也注意到印章上绘有大量崇拜和献祭的场景。最著名的场景是一尊在高台上坐着(或舞蹈着)的人像,两边各跪着一个乞求者,各有一条眼镜蛇伴随在旁边。其他的印章上描绘的是,一个人如同吉加美士一样制伏了两只老虎,或是一个头上带角的神灵有着公牛的腿和尾巴,像是美索不达米亚的恩奇杜;还有许多树精,人们向这些树精献祭,还举着"旗帜"游行,等等。[6]在哈拉帕出土的几个骨灰瓮上所描绘的场景,瓦兹

---

① Paul Wheatley, *The Pivot of the Four Quarters*, 尤其是第 20 页以下、第 107 页以下、第 225 页以下。

② Eliade, *Cosmos and History*, 第 1 章, 以及"Centers du Monde, Temple, Maison"。

③ 早期城市建立的地方同样是"圣城",也就是"世界的中心";参见 Werner Müller, *Die heilige Stadt*,注释。

④ 约翰·马歇尔(1842—1924),英国考古学家,曾主持对今印度和巴基斯坦境内一些重要遗迹的考古发掘,著有《摩亨佐-达罗及印度河流域文明》等。——译者

⑤ Sir John Marshall, *Mohenjo-daro*,第 1 卷,第 52 页;Eliade, *Yoga*,第 355 页。在这些城市中还发现了雕刻成男性生殖器(*lingam*)的石像;参见 Allchin, *Birth of Indian Civilization*, 第312 页。

⑥ Fairservis, *Roots of Ancient India*,第 274 页以下。

(Vats)认为，那是死者的灵魂正在准备渡河。[①]

约翰·马歇尔之后的学者们都强调哈拉帕宗教中的“印度教”特征。除了前面已引证过的例子——大母神、“瑜伽修行”坐姿的湿婆原型、树木、蛇和林伽(*lingam*)的仪式价值——外，还有摩亨佐-达罗的“大浴场”(很像现代印度神庙中的澡堂)、菩提树、头巾的使用(在吠陀文献中还未出现，直到 128 梵书时期才有所记载)、鼻饰、象牙梳等等。[②]在历史的长河中，一部分哈拉帕文化的遗产是如何传播的，又是如何融入印度教之中的，我们所知甚少。对于两座都市的没落及其最终毁灭的原因，学者们仍在争论不休。人们猜测，可能是因为印度几次大的洪水、干旱、地震，[③]或是雅利安人的入侵所造成的。很有可能衰落是多种原因所致。无论如何，大约在公元前1750年，印度河文明走到了它的尽头，而印度—雅利安人只不过是给了它最后的一击(参见§64)。但必须澄清的是，一方面，雅利安人的入侵是渐进式的，长达几个世纪之久；另一方面，在南方，在从前称萨拉什特拉(Saurashrtra)的地区，一种从哈拉帕文化中衍生出来的文化在雅利安人进入以后仍继续发展。[④]

20年前，我们曾对印度河文化的没落做了这样的描述：

> 一个都市文明的崩溃并不等于整个文化的灭亡，而仅仅是文化退化为村落的、萌芽的、“大众的”形式。(在欧洲，这种现象在蛮族入侵期间及其之后的时间里都得到了证实。)但是不久在旁遮普邦(Punjab)的雅利安化构成了大规模的文化融合运动，后来终于形成了印度教。在印度教中，我们可以找到许多“哈拉帕”的因素，唯一的解释是，印欧征服者与印度河文化的代表之间的接触在很早以前就已经开始了。这些代表不一定就是印度河文化的创建者或其直系的子孙，他们可能是某种哈拉帕文化传播后形成的支流，居住在偏远的地方，从而逃过了最初的雅利安化浪潮。这样，以下这些表面上看起来有些奇怪的现象就得

---

① Allchin，第314页和图75。

② 参见Eliade，*Yoga*，第356页；Piggott，*Prehistoric India*，第268页以下；Allchin，*Birth of Indian Civilization*，第310页以下；Sir Mortimer Wheeler，*The Indus Civilization*，第135页以下。

③ 参见惠勒尔(Wheeler)书中对这些假设的讨论，第127页以下，Allchin，第143页以下；Fairservis，第302页以下。

④ Wheeler，第133页以下，Allchin，第179页以下，Fairservis，第293、295页。

到了解释：大母神和湿婆崇拜、阳具和树崇拜、禁欲主义和瑜伽等等，在
129 印度首次作为一个高度发展的都市文明——也就是印度河文明——的
宗教信仰出现，而在中古及近代印度，这些宗教因素却成了“大众”文化的特色所在。当然，从哈拉帕文化时期开始，在操原始澳洲语的土著民族的信仰与其“主人”，即都市文明的创建者的信仰之间就有了某种融合。但是，我们得说不只是这种融合被保留了下来，而且“主人”的贡献也是十分独特的（这一贡献特别是与其神权概念有关）。否则的话，就不可能解释为什么吠陀时期后婆罗门的地位会如此重要。很有可能，所有这些哈拉帕宗教的概念（与印欧的宗教概念迥然相异）在“大众”阶层，在说雅利安语的新主人的社会与文明的边缘都被保留下来了，当然不可避免地有所退化。很有可能就是在这些地方涌起浪潮，经过以后几次文化的融合而形成了印度教。①

自该书出版以来(1954年)，不断有其他的证据出现。②而且，类似的过程也在其他地方有所记载，尤其是克里特、希腊大陆和整个爱琴海地区。在那里，希腊化的文化和宗教是地中海文化基质与从北方下来的印欧征服者之间共生的结果。就像在印度一样，对于当地居民的宗教观念与信仰，我们主要是通过考古资料去理解的，而最早的文献，如荷马(Homer)和赫西俄德(Hesiod)的作品则主要反映的是说雅利安语的入侵者的传说。然而，我们必须弄清楚的是，荷马和赫西俄德所代表的是希腊文化融合的第一阶段。

40. 克里特：神圣洞穴、迷宫和女神

在克里特岛上，新石器时代结束于公元前5000年代。大约公元前3000
130 年代，来自南部和东部的移民到岛上殖民。新来者掌握着黄铜与青铜的冶
炼技术。亚瑟·伊文思爵士(Sir Arthur Evans)③将该文化称为“米诺斯文

① *Yoga*，第358页。

② 参见惠勒尔、阿尔舍(Allchin)、费舍维(Fairservis)的著作。亦可参见 Mario Cappiori，“Ist die Indus-Kultur und ihre Bevölkerung wirklich verschwunden?” W. Koppers，“Zentralindische Fruchtbarkeitsriten und ihre Beziehungen zur Induskultur”；J. Haekel，“‘Adonisgärtchen’ im Zeremonielwesen der Rathwa in Gujerat (Zentralindien)。Vergleich und Problematik”。

③ 亚瑟·伊文思(1851—1941)，英国考古学家，主持发掘了克诺索斯古城，所著《克诺索斯的米诺斯宫》(4卷)为研究爱琴海文明的重要著作。——译者

化”，这是根据传说中的米诺斯王而命名的，米诺斯文化共分为三个时期：米诺斯早期（大约前 3000 年代），米诺斯中期（自克诺索斯[Cnossus]和马利阿[Mallia]王宫建成，约前 2000—前 1580）和米诺斯晚期（前 1580—前 1150）。[1]在米诺斯中期，克里特人使用了象形文字，大约在公元前 1700 年左右被一种线形文字（即线形文字 A）所取代，这两种文字至今尚未释读成功。正是在这一时期（前 2000—前 1900），最早的希腊人和米尼安人（Minyans）进入希腊大陆。他们是印欧移民的先驱，随后印欧移民逐渐定居希腊地区（Hellas）、爱琴海诸岛以及小亚细亚沿岸。米诺斯晚期的第一阶段（前 1580—前 1450）是米诺斯文明的高峰期。正是在这一阶段，在伯罗奔尼撒半岛（Peloponnesus），说雅利安语的入侵者建立了迈锡尼城（Mycenae），并与克里特岛保持着联系。不久后（前 1450—前 1400），迈锡尼人（或亚该亚人[Achaeans]）定居克诺索斯，带来了所谓的线形文字 B。米诺斯晚期的最后一个阶段被称作迈锡尼时期（前 1400—前 1150），这一时期由于多利安人（Dorians）的入侵而结束，克里特文明也最终消亡了。

在 1952 年文特里斯（Ventris）释读线形文字 B 成功之前，所有关于米诺斯文化和宗教的资料都出自考古发掘。这些资料至今仍是最为重要的。最早提到带有宗教意图行为的资料是在洞穴中发现的。在克里特，和地中海其他地区一样，洞穴长期以来是人们居住的地方，自新石器时代以降，它也作为墓地（这一习俗沿袭至今）。然而，有相当多的洞穴都是用以祭祀当地神灵的。有些与这些有神性的洞穴有关的仪式、神话和传说后来还融入了希腊人的宗教传说之中。其中最有名的洞穴是在克诺索斯附近的安米索斯洞（Amnisos），是祭奉埃瑞杜亚（Eileithyia）的，她是前希腊时期负责分娩的一位女神。另一个洞穴在狄克提山（Mount Dicte），[2]以庇护过婴儿时的 131
宙斯著称，未来奥林匹斯山的主神正是从那里诞生的，古瑞特人（Curetes）敲击盾牌，掩盖了孩子的哭声。古瑞特人的战舞可能就是入会礼，它是由年轻男子的兄弟会来主持的（参见§83）。因为有些洞穴是年轻男子举行秘密仪式的地方，如伊得山（Mount Ida）的洞穴就是达克提勒人（Dactyls）的聚集

---

① 关于这些时期，参见 R. W. Hutchinson, *Prehistoric Crete*，第 137—198、267—316 页；R. F. Willetts, *Cretan Cults and Festivals*，第 8—37 页。

② 有关这些神圣的洞穴，参见 M. Nilsson, *The Minoan-Mycenaean Religion*，第 53 页以下；Charles Picard, *Les religons préhelléniques*，第 58 页以下、第 130—131 页；Willetts, *Cretan Cults and Festivals*，第 141 页以下。

场所,他们是冶金匠兄弟会中的神话人物。

我们知道,自旧石器时代开始,洞穴在宗教中就起着重要作用。迷宫接替了洞穴的这一宗教功能,并使之扩大化。进入一个洞穴或迷宫,就等于是下降进入了哈得斯(Hades)的地府,是另一个世界了,是一种入会礼式的仪式性死亡。著名的米诺斯迷宫神话既晦涩难懂,又残缺不全,但其中最具戏剧性的场景都与入会礼有关。这一神话与仪式中的最初含义可能早在有文献记录之前就已被人们遗忘了。有关忒修斯(Theseus)的英雄传奇,特别是他进入迷宫并战胜人身牛头的怪物弥诺陶洛斯(Minotaur)的故事,我们将以后讨论(§94)。但在此要提及的是,迷宫的宗教功能如同入会礼的考验一样。

在克诺索斯的考古发掘中,并没有发现代达罗斯(Daedalus)杰作的任何遗迹。然而,迷宫却出现在古典时期克里特的硬币上,而且,其他城市也提到过迷宫。根据字源学的解释,"迷宫"这个字可被解释为"两刃斧之屋"(*labrys*),换言之,也就是指克诺索斯王宫。但在亚该亚语中,"斧子"是*pelekys*(参见美索不达米亚语中的 *pilakku*)。因此,这一术语更有可能是源自亚洲的 *labra/laura*,意为"石头"、"洞穴"。所以,"迷宫"指的是地下采石场,是用人手开凿出来的。而事实上,哥泰拉(Gortyna)附近的安皮鲁莎洞(Ampelusia)至今仍被称为"迷宫"。①在此,我们要指出的是,洞穴的仪式性功能是极为古老的。稍后,我们还将再讨论这一功能是如何延续的,因为这一功能极好地说明了从史前直到现代的某些宗教观念和入会礼的连续性(§92)。

在新石器时代,女性雕像的数量不断增加;她们都有着钟形的裙子、裸
132 胸、双手高举呈崇拜的姿势。无论她们是"还愿的物品"(*ex votos*)或是"偶像",这些雕像都显示了妇女(特别是女神)在宗教上的优势。以后的文献证实并确认了这种优势。如果我们从游行、王室庆典以及献祭的场面来判断的话,就会发现妇女在所有的这些活动中都起到了十分重要的作用②。女神有时是蒙着面纱的,有时则是半裸的,她们用手按着胸部或是高举双臂,以示祈福。③还有以野兽女神(*potnia therōn*)的形象出现的。一枚从克诺索

① 参见 Faure, "Spéléologie crétoise et humanisme", 第 47 页。

② Picard, *Les religions préhistoriques*, 第 71、159 页以下。

③ Evans, *Palace of Minos*, 第 2 卷, 第 277 页以下;Picard, *Religions préhistoriques*, 第 74 页以下;Nilsson, *Minoan-Mycenaean Religion*, 第 296 页以下。女神有时被廊柱所取代;参见 Picard, 第 77 页;Nilsson, 第 250 页以下。

斯出土的印章上刻着一位女山神,她正用权杖指着一个眼睛被蒙住的男性崇拜者。①在凹刻石雕上,可以看到女神以狮子为前导,手里抱着雌鹿或公羊,或是站在两只动物之间等等。稍后,我们还将看到,野兽女神依然存在于希腊神话和宗教中(参见§92)。

无论在山顶、宫廷神殿还是民宅中,都可以举行祭拜活动。而且在任何地方,女神都是宗教活动的中心。米诺斯中期开始之时(前2100—前1900),我们发现在一些高地出现了圣所。起初只是些简陋的围栏,之后变成小型建筑。无论是在彼特索发(Petsofa),还是在犹克塔斯山(Mount Juktas)的圣所,在厚厚的灰烬中都挖出了许多陶土的人像和动物像。尼尔森(Nilsson)认为,人们将还愿的小人像投入定期燃烧的圣火中以祭拜自然女神。②更复杂也更神秘的是所谓的土地或植物崇拜。这一崇拜方式起源于乡村,后来至少是象征性地被宫廷仪式所吸收。但主要还是在圣所里举行。从凹雕、绘画和瓶罐上的浮雕来判断,这些崇拜活动包括舞蹈、圣物游行以及祓除仪式。

树木在其中起到了一个十分重要的作用。从图像资料看,有许多人正在触摸树叶,崇拜植物女神,或跳着仪式性的舞蹈。有些场景强调了这种仪
式的极端——谈不上是出神——的一面:一个赤裸的妇女疯狂地紧紧抓着 133
树枝;祭司转过脸去把树枝拨开,而他的同伴似乎正趴在坟上哭泣。③这种场面不只是描述了植物的一岁一枯荣,也表现了人与植物神秘一致性的宗教经验(参见§§12,14)。④

41. 米诺斯宗教的特点

皮卡德(Picard)说,“我们至今还没有证据表明有成年男性神祇的存在。”⑤有时,女神会有武装侍从护卫,但这一角色很不明确。然而,某些男性植物神我们却是知道的,因为,希腊神话中提及克里特岛上的神婚,而神

---

① Picard,第63页。但尼尔森认为这个印章制作的时间相当晚,而哈金森(Hutchinson)则认为它是迈锡尼时期的(*Prehistoric Crete*,第206页)。

② Nilsson, *Minoan-Mycenaean Religion*,第75页。

③ Evans, *Palace of Minos*,第2卷,第838页以下;Nilsson, *Minoan-Mycenaean Religion*,第268页以下。Axel W. Persson, *The Religion of Greece in Prehistoric Times*,第38—39页。

④ Picard, *Religions préhistoriques*,第152页。

⑤ 同上书,第80页。男性人像代表着崇拜者(同上书,第154页)。

婚是农耕宗教的特点。皮森(Persson)试图根据图像学的资料,重建植物周期性死亡与重生的仪式场景。这位瑞典学者相信,能将各种不同的崇拜仪式的片段与农作物四季的循环对应起来:春天(自然女神显现,接受祭司的崇拜,等等)、夏天(植物神显现,等等)、冬天(仪式性的哀歌、象征神灵离去的仪式,等等)。①这些解释,有些是有说服力的,但是对于整个仪式重构仍有争议。

似乎可以肯定的是,大部分图像学的资料都有某种宗教含义在其中,而崇拜仪式则是以生命、死亡以及重生的"奥秘"为中心的,因而它包括了入会礼、葬礼哀歌、狂欢以及出神的仪式等等。正如法兰西斯·维安(Francis Vian)所正确强调的:

> 如果单凭圣所狭小,就认为宗教在王宫中的作用不大,那是错
> 134 误的。事实上,宫殿整体上都是神圣的,因为守护女神和作为人与女神之间中介的祭司—国王就住在里面。舞台的四周有阶梯环绕,内庭摆放的祭台,还有各种储藏室,都是宗教设施。王座是尊贵之物,就像克诺索斯和派罗斯(Pylos)的王座一样,两侧有狮身鹰首兽护卫着;这王座甚至有可能是给女神的化身入坐的,而不是国王的座位。②

强调宫殿具有仪式中心的作用,这十分重要。神圣的斗牛(并不是要把牛杀死)是在宫中的平台上举行的,这个地方便是所谓宫殿中的剧场。克诺索斯的绘画向我们展示了一对男女骑在公牛背上表演杂技。尽管尼尔森对此存疑,但"杂技"具有宗教含义则是不容怀疑的:跨过狂奔的公牛是一个典型的入会礼考验。③很有可能,有关忒修斯的同伴的传奇故事(七男七女的年轻人被"祭献"给怪兽弥诺陶洛斯)所反映的就是入会礼的考验。遗憾的是,我们对神牛及其在崇拜仪式中所起的作用一无所知。克里特岛上特有

① Persson, *Religion of Greece in Prehistoric Times*,第25—104页。

② F. Vian, "La religion de la Crète minoenne et de la Grèce acheenn",载 Henri-Charles Puech, ed., *Histoire des religions*,第1卷,第475页。伊文思把克诺索斯王称作祭司—国王,这一名称也为尼尔森(第486页以下)和皮卡德(Picard)采用(第70页以下)。参见 Willetts, *Cretan Cults*,第84页以下。

③ Evans, *Palace of Minos*,第3卷,第220页,图154;Picard, *Religions préhistoriquer*,第144、199页;Persson, *Religion of Greece in Prehistoric Times*,第93页以下;J. W. Graham, *The Palaces of Crete*,第73页以下。

的一种仪式用品，被称为“祝圣的牛角”，上面勾画有公牛的正面形象。此物到处可见，证明其有重要的宗教功能：牛角作为祝圣的物品放置在它们中间。

有些仪式用品的宗教含义及其象征意义至今仍有很大争议。双刃斧确定是被用于献祭的。除克里特岛以外，许多地方也都发现了双刃斧。在小亚细亚，双刃斧作为雷电的象征，是风暴神的标志。但是，早在旧石器时代，考古学家就在伊拉克的特尔阿尔巴基耶(Tell Arpachiyah)发现它被置于裸体女神的身旁。在克里特岛，我们也看到双刃斧握在女祭司或女神的手中，或是置于她们的头上。考虑到双刃斧的双刃，伊文思将其解释为象征着互补的阳性和阴性原则的结合。

圆柱可能是**世界之轴**(*axis mundi*)的宇宙论象征，这一点从史前时代(参见§12)开始便已有所记载。刻有鸟类的柱头则有着多种解释，因为鸟 135
可以被视作灵魂，也被看作是女神的显现。无论如何，圆柱替代了女神，“因为圆柱有时两侧有狮子或狮身鹰首兽拱卫着，有如拱卫着女神一样。”①

死者崇拜也起着重要的作用。死者的躯体被放在装骨灰瓮的地下室的上面。如同小亚细亚和地中海的其他地方一样，死者还可享有地下祭奠，活着的人可以进入某些地下密室，里面有长椅，专供祭祀之用。可能葬礼是在女神显现吉兆的地方举行的(参见§35)。事实上，克诺索斯祭司王的石墓中就有一个有柱子的地下室，绘成蓝色的屋顶代表天空；地下室的上面还有一个类似供奉母神的王宫圣所的小庙。②

有关克里特宗教，最珍贵同时也是最难解的史料是在哈吉亚·特里亚(Hagia Triada)出土的一具石棺上的两块彩绘隔板。当然，这一史料反映的是公元前13至前12世纪的宗教观念，其时迈锡尼人已在克里特岛上定居。然而，如果隔板上描绘的场景是一个连贯的故事的话，那么它让人想起的就是米诺斯和东方的信仰与习俗。其中一块隔板描绘的是公牛献祭的场面：三个女祭司列队走向公牛，另一面是作为牺牲的公牛，它的喉咙已被割断，表现了在圣树前举行血祭的场面。从第二块隔板上，我们看到的是葬礼的

---

① Picard，第77页。

② Evans，*Palace of Minos*，第4卷，图版2，第962页以下。皮卡德(Picard)引用了狄奥多鲁斯(Diodorus)所转述的传说(4.76—80；16.9)，根据这一传说，米诺斯是被葬在地下坟墓中的，上面建有一个献给阿佛罗狄忒的神庙，她继承了爱琴海女神的角色(*Religions préhistoriques*，第173页)。

奠祭:一个女祭司将红色的液体倒入一个大瓮之中。最后的一幅场景也是最为神秘难解的:死者在他自己的坟墓前,身着长袍,在葬礼的祭品前现身,三个男性献祭者向他献上一条小船和两只小牛。①

136 许多学者根据其外形(根据皮卡德所说的,“看起来像个木乃伊”)来判断,认定死者已被神化了。这一假设貌似有理。他可能是一个特权人物,如克诺索斯的祭司王或是希腊的某位英雄(赫剌克勒斯[Heracles]、阿基琉斯[Achilles]、墨涅拉俄斯[Menelaus])。然而,这一场景似乎不只是对死者的神化,而更像是入会礼的圆满完成,是一个神秘宗教式的庆典,以确保死者能拥有一个幸福的死后生命。而事实上,狄奥多鲁斯(Diodorus,公元前 1 世纪)②早就注意到了克里特宗教与秘仪之间的相似性。但这种宗教后来在所谓多利安时期的希腊受到压制,仅在某些封闭的社团(*thiasoi*,这可能是一个前希腊的词汇)中还有所保留。③

狄奥多鲁斯转述的传说非常有价值,因为它表明了说雅利安语的征服者吸收东方和地中海的宗教观念的限度。

42. 前希腊宗教结构的延续

线形文字 B 的释读成功使我们了解到,大约在公元前 1400 年,在克诺索斯,人们所说和所书写的文字是希腊语。因此,迈锡尼人的入侵不仅摧毁了米诺斯文明,而且也影响到了其最后时期的文化;也就是说,在最后阶段,克里特文明也包括了希腊大陆文化。如果我们考虑到在迈锡尼人入侵前,埃及和小亚细亚的影响④已促成了亚洲与地中海的文化融合,便可了解希腊文化现象的古老与复杂。希腊文化根植于埃及和亚洲,但直到迈锡尼人入侵,才创造了“希腊奇迹”。

在克诺索斯、派罗斯和迈锡尼所挖掘出来的石版,记载着荷马时代诸神的名字:宙斯(Zeus)、赫拉(Hera)、雅典娜(Athen)、波赛冬(Poseidon)和狄

---

① 参见帕里贝尼(Paribeni)的复印件,“Il sarcofago dipinto…”, pls. Ⅰ-Ⅲ, and J. Harrison, *Themis*, figs.,第 31—38 页。亦可参见 Nilsson,第 426 页以下;Picard,第 168 页以下。死后的冥河之旅在希腊人的观念中留下了痕迹,如幸福岛;参见 Hesiod, *Works and Days*, 167 以下;Pindar, *Second Olympian*, 67 以下。

② 狄奥多鲁斯(公元前 1 世纪后期),古罗马历史学家,曾编写长达 40 卷的世界史,保留至今的不全。——译者

③ Picard,第 142 页。亦可参见 § 99。

④ 我们应该注意的是,这种影响也存在于两个方面。

奥尼索斯(Dionysus)。遗憾的是，关于他们的神话与祭典的资料却相当贫
乏，只提到宙斯·狄克泰乌斯(Zeus Dictaeus)、代达罗斯(Daedalus)、“神的 137
奴隶”、“雅典娜的奴隶”以及一些女祭司的名字，等等。显然，更重要的是，在希腊古典时期的神话和宗教中都提到了克里特的盛名。据说宙斯便是在克里特出生并死亡的；狄奥尼索斯、阿波罗、赫剌克勒斯都在克里特度过了他们的童年时代；也正是在这里，得墨忒耳(Demeter)爱上了伊西昂(Iasion)；米诺斯在这里得到了法典，和拉达曼堤斯(Rhadamanthys)一起成为地府的判官。在古典时代的巅峰期，希腊仍从这里招募合格的净化者。[1]克里特岛具有文明初期(*primordium*)所有的神奇特质：对于古典希腊而言，米诺斯时期的克里特岛是其“起源”的和“本地”的奇迹。

毋庸置疑，希腊的宗教传统是克里特岛和爱琴海诸岛屿的原住民所共生的结果。尼尔森指出，古典希腊有四大宗教中心：德尔斐(Delphi)、提洛岛(Delos)、厄琉西斯(Eleusis)和奥林匹亚(Olympia)。前三个中心都承袭了迈锡尼文化。某些米诺斯宗教的结构也被适当地保留了下来。我们从希腊的神庙中看到米诺斯—迈锡尼小神庙的延续，以及克里特的家庭炉灶崇拜与迈锡尼的宫廷崇拜之间的连续性。迈锡尼人对于爱神普赛克(*Psychē*)的蝴蝶形象是相当熟悉的。据记载，得墨忒耳崇拜也是起源于克里特岛，还有厄琉西斯最古老的神庙也可追溯到迈锡尼时代。“某些古典时代神秘宗教的神庙建筑和一些其他的布置，似乎或多或少都与前希腊时代的克里特建筑有关。”[2]

如同前雅利安时期的印度一样，前希腊时期主要是女神崇拜，以及与繁殖、死亡和灵魂永生有关的仪式和信仰。有些甚至从史前延续至现代。在此仅举一例，斯克提诺洞(Skoteino)“是克里特最宏伟、最别致的洞穴之一”，深60米，共有4层；在第二层的尽头有两尊“崇拜的偶像，分别放在一个石制祭坛的上面和前面”，那是一尊女人像和“一尊面带嘲讽微笑的无须
男性胸像”。在这两尊雕像的前面，“瓶罐的碎片堆积有几米之高；地下第三 138
层也堆满了其他杂物。……从时间上来看，它们前后相接，从公元前2000年代直到罗马时代末期，中间没有间断过”。[3] 洞穴的神圣性保留至今。在它旁边有座白色的小教堂，是献给受难的耶稣(Parasceve)的。每年的7月

---

①② Picard，第73、142页。

③ 参见P. Faure, “Spéléologie crétoise et humanisme”，第40页。

16日，在洞穴的入口处都会聚集起"阿波赛勒米(Aposelemi)山谷和切尔松尼斯(Chersonese)地区所有的居民，他们在洞穴拱顶下的两侧跳舞、喝酒、唱情歌，在旁边的小教堂里望弥撒。"①

古代克里特宗教还有若干特色保留下来。亚瑟·伊文思爵士强调了树神崇拜与圣石崇拜之间的一致性。在雅典的雅典娜·帕耳忒诺斯崇拜中也存在着类似的一致性：圆柱与圣树（橄榄树）联系在一起，也与作为女神标志的猫头鹰联系在一起。伊文思还认为石柱崇拜沿袭至今，例如，斯科普杰(Skoplje)附近泰科奇奥(Tekekioi)的圣石就是对米诺斯圆柱的仿制，受到基督徒和穆斯林的膜拜。而克里特时期相信圣泉与女神有关的信仰在希腊古典时期也有，希腊人将圣泉当作海中仙女涅瑞伊得斯(Nereids)来崇拜。直到今天，小精灵仍被称作涅瑞莱德斯(Neraides)。

不需要援引太多的例子。我们只要记住，古代宗教结构在所有的民间文化——从西欧、地中海到恒河平原以及中国（参见§14）——中都有着类似的连续性历程。我们只需强调一个事实，这个将丰产和死亡女神与关于入会礼和灵魂永生的仪式以及信仰联系在一起的宗教结构，并没有被吸收进荷马时期的宗教里面。尽管能与无数前希腊的传统共生，但是说雅利安语的征服者仍然成功地形成了他们自己的万神殿，并保留了其特有的宗教形式（参见第10—11章）。

---

① 参见 P. Faure, "Spéléologie crétoise et humanisme"，第40页。许多洞穴都是供奉圣人的，还有上百个小教堂就设在洞穴之中（同上书，第45页）。

第6章　赫梯人与迦南人的宗教 139

43. 安纳托利亚的共生现象与赫梯的宗教融合

从公元前7000年代直到基督教的传入，安纳托利亚高原上的宗教有着惊人的连续性，这一点十分引人注目。“的确，无论是从站在公牛背上的奇形怪状的男性神祇小雕像，如同在恰他育克第六层（约公元前6000年）所发现的赫梯时期的风暴神雕像一样，到被罗马军团的士兵所崇拜的朱庇特·多利迁努斯（Jupiter Dolichenus）的雕像；或是从与豹子在一起的赫梯女神赫巴特（Hebat），到古典时代的库柏勒（Cybele），这种连续性从来没有断裂过。”①

这种连续性至少部分的原因是由于一个令人惊讶的宗教融合的结果。被现代史学称作印欧种族的赫梯人在大约公元前2000年代左右——古王国时代（约前1740—前1460）和帝国时代（约前1460—前1200）——统治安纳托利亚。征服哈梯人（Hattians，这是我们知其语言的最早的安纳托利亚人）后，这些说雅利安语的入侵者便开始了一个文化共生的历程，这一历程在他们的政治统治结束后仍然持续。进入安纳托利亚高原不久，赫梯人便受到巴比伦人的影响。之后，特别是在帝国时代，他们吸收了胡利安人（Hurrians，一个非印欧语系的人种，居住在美索不达米亚和叙利亚北部）的文化元素。因此，在赫梯人的万神殿中，苏美尔—阿卡德的神祇与安纳托利亚和胡利安的神祇站在一起。现在已知的大部分赫梯神话和仪式，甚至在 140
形式上都与哈梯人或胡利安人的宗教传统有类似之处。印欧遗产反而是最微不足道的。然而，尽管他们文化的来源多种多样，赫梯文化，特别是它的宗教艺术却仍不失其原创性。

---

① Maurice Vieyra, “La religion de l'Anatolie antique”，载 *Histoire des religions*，第1卷，第258页。

诸神以他们所发出的不同的令人惊骇的光亮而有所区分(参见“神圣的光辉”,*melammu*,§20)。这个万神殿很大,但其中的某些神除了名字之外,其余的我们一无所知。每一个重要的城镇都是一个神灵的主要居住地,然而,他又是被其他神祇所包围着的。如同在古代近东的所有地方一样,诸神都“生活在”神庙里,祭司与他们的助手则负责为其清洗、穿衣、喂食,并以歌舞愉悦神灵。偶尔地,神灵也会离开他们的神庙,外出旅行。有时,他们的这种缺席被解释为愿望无法实现的原因。

万神殿被视为一个大家庭,首先的一对夫妻风暴神与大母神是他们的首领,他们也是赫梯国家的保护神。风暴神主要是以他的胡利安名字特苏巴(Teshub)而为人所知的,这个名字也为我们所采用。他的妻子在胡利安语中被称作赫巴特。他们的神物分别是公牛和狮子(或豹子),这证实了其史前历史的连续性(参见§13)。最著名的大母神是“太阳”女神阿琳娜(Arinna,在哈梯语中叫“乌鲁丝玛”[Wurusema])。事实上,她是同一个母神的化身,[1]因为她被称赞为“国家的女王,天地与天空的女王,赫梯国王与王后的保护神”,等等。也许,将她“太阳化”是在阿琳娜女神成为赫梯王国的保护神时,对其表示敬意的一种行为。

巴比伦表意字“伊西塔”(Ishtar)通常是指众多的地方女神,我们不知道她们的安纳托利亚名字是什么。在胡利安语中则叫萨什卡(Shanshka)。但可以
141 肯定的是,这个巴比伦的伊西塔,爱情与战争女神在安纳托利亚也是很有名的;因此,我们可以看到安纳托利亚—巴比伦宗教融合的某些例子。特苏巴之子太阳神与夏马西一样,是权力与公正的保护神。特苏巴的另一个儿子特勒皮努斯(Telepinus)并不是那么为人所知,有关他的神话我们很快就会涉及到。

至于当时的宗教生活,我们所知道的仅有官方崇拜仪式。那些保存至今的祈祷文献都属于王室档案。换言之,我们对民众的信仰与仪式一无所知。然而,丰产女神与风暴神的地位是毋庸置疑的。季节性庆典,特别是新年节庆(*purulli*)是由国王——代表说雅利安语的征服者——来主持的。但是,从新石器时代开始,类似的庆典就已经在乡间举行了。

“黑巫术”(black magic)则是被法律明文禁止的,触犯者被处以死刑。

---

① 在一段优美的祈祷文中,王后帕杜—赫巴丝(Pudu-hepas)把阿琳娜女神视作赫巴特(参见*ANET*,第393页)。然而,这是唯一指出这一点的文献。在仪式和供奉的名单中,两位女神是前后相随的。这可以解释为在赫梯最高主神之下,这两位女神都是母亲神的化身。

这也间接地证实了某些古老的习俗在民间是非常受欢迎的。另一方面，迄今发现的大量文献表明"白巫术"(white magic)则是公开的、经常举行的，它主要是涤罪仪式和袚除罪恶的仪式。

国王的特权和宗教角色是很显著的。君权是神授的。"诸神——太阳神和风暴之神将国家和我的房子托付给了我，……(诸神)关照国王。他们赋予国王新的力量，并使他不受年龄的限制。"[①]国王是受大神所"宠爱"的。(然而，我们没有看到美索不达米亚式的虚构神灵降临的记载。)他的成功与整个民族的兴旺是联系在一起的。统治者是诸神在地上的代理人，但同时也在众神面前代表整个民族。

我们迄今没有发现任何文献载有国王的祝圣仪式，但是我们知道，统治者会涂油，穿上特别的服装，并头戴王冠；最后，他会接受一个王室的名字。统治者也是一个大祭司，他会单独地或与王后一起主持一年中最重要的庆典。国王们死后便会被奉为神灵。人们谈到国王的死，会用一个专门的术语，说"他已成为神灵了"。他的雕像会被放在神庙中，而且，在位的国王还要向他祭献供品。据一些文献记载，每个国王在世的时候，都被认为是他那 142
已神化的祖先的化身。[②]

44. "消 失 的 神"

当我们重新解释某些重要的神话时，特别能够看出"赫梯人"[③]宗教思想的原创性。其中一个最显著的主题是关于"消失的神"。在我们最熟悉的版本中，主角是特勒皮努斯。其他版本中的主角则成了他的父亲、风暴之神，或是太阳神，或是其他女神。故事的背景，如特勒皮努斯的名字等，是哈梯人的。赫梯人的版本总是与各种仪式联系在一起；换言之，在他们的崇拜仪式中，神话的吟诵是其中最基本的一个部分。

因为故事[④]的开端已经佚失，所以我们不知道为什么特勒皮努斯决定

---

① 新宫殿的落成典礼，戈兹(Goetze)译，*ANET*，第 357 页。

② O. R. Gurney, "Hittite Kingship"，第 115 页。

③ 我们使用引号来表示，在大多数情况下，神话都是源自哈梯语或胡利安语，后被翻译成赫梯语，或为赫梯语所采用。

④ 我们所用的译文来自 A. Goetze, *ANET*, 第 126—128 页，Güterbock, *Mythologies of the Ancient Word*，第 144 页以下，以及维耶拉(Vieyra)所撰，载拉巴特(R. Labat)主编的 *Les religions du Proche-Orient*，第 532 页以下。亦可参见 Theodor Gaster, *Thespis*，第 302—309 页。

要“消失”。也许是因为人类惹恼了他。但他消失的结果立即就让人们感觉出来了。炉灶中的火熄灭了,神人都感到“窒息”;母羊遗弃了羊羔,母牛抛下了牛犊;“谷物不再茁壮成长”;动物以及人都不再交配;牧草干枯,泉水枯竭。(这也许是“圣杯”小说中著名的神话主题“荒芜之地”的最早的文献来源。)之后,太阳神送来了信使——先是一只鹰,随后是风暴神自己——去寻找特勒皮努斯,但他们都无功而返了。最后,母神派出了蜜蜂,它发现特勒皮努斯睡在树丛中,便螫了他一下,将他唤醒。恼怒的特勒皮努斯给大地带来了许多灾难,诸神吓坏了,想用魔法来使他平静下来。通过魔法仪式与咒语,特勒皮努斯的愤怒与“邪恶”终于被涤除了。[1] 平静下来的特勒皮努斯终于回到了诸神的行列中,于是生活又重新恢复了原来的节奏。

143 特勒皮努斯是一个易怒且喜欢隐藏自己的神,也就是从他周围的世界中消失。他不属于植物神,那种周期性地死亡和复活的神。然而,他的消失却对所有宇宙间的生命有着同样灾难性的后果。而且,“消失”与“显现”象征着下到地狱又回到人间(参见狄奥尼索斯,§122)。但特勒皮努斯与植物神的区别之处,事实上在于他被蜜蜂发现并复苏后,情况却变得更糟;只有靠涤罪仪式才使他平静下来。

特勒皮努斯的特别之处是他魔鬼般的狂怒,他威胁要毁灭整个世界。在此,我们看到,丰产神变化无常的、非理性的狂怒毁灭了他自己所创造的一切**生命**形式。同样矛盾的神性概念也在其他地方有所发现,特别是在印度教中(如湿婆和时母[Kālī]),在以后的章节我们对此将有详细的讨论。事实上,特勒皮努斯这一角色也同样是赋予风暴神、太阳神以及某些女神的——一般说来,是赋予那些主宰各种**宇宙生命**的神灵的——这表明了这个神话要表达的是比植物界更复杂的一个故事。事实上,它说明了一个难解的奥秘:造物是由**它自己的造物主**所毁灭的。

45. 征服巨龙

在新年庆典(*purulli*)上,人们会仪式性地诵读有关风暴神与巨龙(*illuyankas*)[2]之间战斗的神话。在第一回合的交战中,风暴神被打败了,

① 类似的涤罪仪式是由祭司主持的;参见加斯特(Gaster)翻译的文献,*Thespis*,第311—312页。

② 原文是“巨龙”的意思,也可译作“蛇”。

他向其他神祇求助。于是女神伊拉那(Inaras)设宴邀请巨龙。在此之前,她请求一个凡人胡帕斯亚斯(Hupasiyas)帮助她,胡帕斯亚斯答应了,但条件是要与她睡一觉,女神同意了。在宴席上,巨龙狼吞虎咽地大吃大喝着,结果肚子撑得进不了他的洞穴,于是胡帕斯亚斯就用一根绳子将他绑了起来。风暴神走进来,不费吹灰之力便将巨龙杀死了。这个神话以一个著名的意外事件作为其结局:胡帕斯亚斯来到女神伊拉那的家中,与她住在一起,但他没有听从女神的忠告,不得在她外出时向窗外看。他看见了他的妻子和 144
孩子,于是哀求伊拉那让他回家。文本的其余部分丢失了,不过,胡帕斯亚斯大概是被杀了。

第二种版本的情节是这样的:巨龙征服了风暴神,并挖走了他的心脏和眼睛。之后,风暴神娶了一个穷人的女儿,并与她生了一个儿子。长大后,他的儿子决定娶巨龙的女儿为妻。父亲告诉他当年的故事后,年轻人一走进他妻子家,就向巨龙讨要风暴神的心脏与眼睛。他得到之后还给了他父亲。风暴神重新拥有"力量"后,又在"海边"与巨龙会面,并成功地打败了巨龙。但因为娶了巨龙的女儿为妻,风暴神的儿子被迫忠诚于巨龙,因此,他请求他的父亲不要伤害巨龙。"所以,风暴神就杀了巨龙和他自己的儿子。"①

风暴神与巨龙之间的战斗是一个众所周知的神话—仪式主题。神在第一个回合被打败,以及他由此而受到的伤残,都与宙斯和堤丰巨人之间的战争相类似。堤丰成功地砍断了宙斯手脚的筋腱,将他扛在肩上,把他带到了西利西亚(Cilicia)的一个山洞里。堤丰把宙斯手脚的筋腱藏在熊皮里,但赫耳墨斯(Hermes)和伊吉潘(Aegipan)终于还是想法将筋腱偷了出来。宙斯重获力量,并将巨人打倒在地。② 偷盗身体器官的主题是十分有名的。但是在赫梯的版本中,巨龙不再是在许多宇宙神话或为争夺世界主权的神话中所出现的可怕的怪兽(如提阿马特、利维坦、堤丰等等)。巨龙已经带有民间故事中龙的某些特征了,因为他缺乏智慧,而且是一个贪吃的家伙。③

风暴神先是被打败了(其他地方也有类似的主题),最后取得胜利,却不是靠他自己的英勇品质,而是得到了人的帮助(胡帕斯亚斯或风暴神与一个

---

① 译文由戈兹(Goetze)翻译,载 *ANET*,第 125—126 页;Vieyra,载 Labat,*Les religions du Proche-Orient*,第 526 页以下。

② Apollodorus,*Bibliotheca* 1. 6. 3。

③ 参见 Gaster,*Thespis*,第 259—260 页。

凡间女子所生的儿子)。的确,在两个版本中,人的角色都与某种神圣的力量有关:他或是女神伊拉那的情人,或是风暴神的儿子。在这两个神话中,虽然理由有所不同,但是,人帮助了神,最后却都被那赋予他们半神性的神
145 所杀死。与伊拉那睡过之后,胡帕斯亚斯就再也不能重返他的家庭,即人类社会了,因为,分享了神性之后,他就变成另一个人了。

尽管已部分地成为了民间传说,这个巨龙的神话仍起着一个重要的作用:它在新年庆典上被仪式性诵读。一些文献记载了两个对立团体之间仪式性的战斗,[1]与巴比伦的新年庆典(*akitu*)相类似。这个神话在宇宙起源论方面的意义——这种意义在马尔杜克与提阿马特之间的战斗神话中表现得十分明显——被争夺宇宙统治权的斗争所取代(参见宙斯—堤丰的神话)。神的胜利确保了国家的稳定与繁荣。我们可以认为,在这个神话成为民间传说之前,表现了巨龙统治下的"混沌"时代和对生命之源的威胁——巨龙不仅象征着"虚拟性"(潜在性)和黑暗,也代表着干旱、规范的丧失和死亡。

46. 库马比与统治权

最引人入胜的是胡利安—赫梯的"神谱",[2]里面一连串神话事件的主角都是诸神之父库马比(Kumarbi)。第一章《天上的王国》("Kingship in Heaven"),说的是诸神间的继承关系。最初,阿拉鲁是王,即使是诸神中最重要的安努也要臣服在他的面前。但九年后,安努打败了他,阿拉鲁躲到了地府。库马比臣服在新的统治者之下。又是九年过去了,库马比转而攻击安努。安努逃到天上,库马比紧追不舍,抓住他的脚将他丢在地上,并咬下了他的"腰"。[3] 库马比大笑着设宴庆祝自己的胜利,安努却告诉他,说他已经怀孕了。库马比吐出他嘴里的东西,但安努的部分生殖力仍进入了他的
146 身体,他的肚子一下子变大了,怀上了三个神灵。虽因文献的其余部分已严重损毁,我们无法知道以后的情况,但可以推想安努的"孩子们"以风暴神特

---

① 参见加斯特(Gaster)的翻译(KUB ⅩⅦ 95,Ⅲ 9—17),载 *Thespis*,第 267 页以下。亦可参见 O. R. Gurney, *The Hittites*,第 155 页。另外一个文献指出了由诸神所决定的"既定的命运"(参见 Gurney, *The Hittites*,第 152 页,和他的"赫梯王位",第 107 页以下)。

② 资料来源于从哈梯文献翻译过来的赫梯文本,时间大约是在公元前 1300 年。哈梯的"神谱"反映的是与早期苏美尔和叙利亚北部宗教传统的融合。

③ 最早译作"膝盖"。这两个词都是男性生殖器的委婉说法。

苏巴为首，后来与库马比之间发生了战争，并最终废黜了他。

接下来的一章是《乌里库米之歌》(“Song of Ullikummi”)，它描写库马比想要恢复被特苏巴所剥夺了的王权。为了制造一个足以征服特苏巴的对手，库马比用他的精液与岩石交配，这一结合的产物便是乌里库米，一个石头人。乌里库米站在巨人乌倍鲁利(Ubelluri)的肩上，乌倍鲁利身体的一半从海里升起，支撑着天空与大地(它类似于胡利安语中的阿特拉斯[Atlas])，乌里库米成长得很快，以至顶到了天上。特苏巴来到海边向这个石头巨人发起攻击，但被打败了。文献有许多空缺之处，然而，我们还是可以重构整个事件的先后顺序。乌里库米威胁要毁灭全人类，诸神十分惊恐，决定向伊亚(Ea)求助。伊亚立即去找伊利(Ellil)和乌倍鲁利，问他们是否知道石头巨人已决定要推翻特苏巴的统治。伊利的回答已不得而知，至于乌倍鲁利，他的回答提供了一个重要的细节。他说，“当他们在我身上创造天地时，我一无所知。当他们用刀子将天地分开时，我还是不知道。现在，我的右肩有一点痛，我不知道是哪一个神灵站在上面。”于是，伊亚又去请求“古老的神灵”“打开祖先的宝库”，取出那把他们用以将天地分开的古老的刀子。乌里库米的脚被锯掉，因此成了残废，但这个石头人仍夸口说，他父亲库马比已将天上的王权赋予了他。最后，他终于还是被特苏巴杀死了。

这个神话在几个方面是值得我们注意的。首先，它包含了某些远古的元素：库马比通过吞下那已被废黜的神的生殖器而自我受孕；神与岩石的交媾产下一个人形石头怪物；这个石头巨人与胡利安的阿特拉斯和乌倍鲁利的关系。故事的第一章可以解释为影射库马比的双性现象，这是远古神灵的特征(例如，提阿马特和察宛[Zurvan])。在这种情况下，获得王位的特苏巴就是一个双性同体的天神(安努)的儿子。[①] 至于岩石与一个超人类的存 147
在交媾受孕的故事，我们在弗里吉亚(Phrygia)也发现一个类似的神话：帕巴斯(Papas，即宙斯)使一块名为阿格多斯(Agdos)的石头受孕，它生下了一个双性同体的怪物，名叫阿格迪提斯(Agditis)，但诸神把阿格迪提斯阉割了，他因而就变成了女神库柏勒。[②]

描写石头生人的神话更是流传甚广，在小亚细亚、远东以及波利尼西亚

---

① 根据某些神话片断的描述，诸神仿佛是在库马比的“体内”与他讨论，他们要从他身体的哪个孔出来(Güterbock, *Mythologies of the Ancient World*，第157—158页)。

② *Pausanias* 7. 17. 10—12。

都发现有这样的神话。这或许涉及到关于初人的当地神话主题；他们都是由一个冥府的大母神生出来的。某些神灵（如密特拉）也被想象成是从岩石中诞生的，就像太阳，它的光芒每天清晨都从山顶出现。但是，我们却不能将这一神话主题简化为太阳的神显。① 我们可以说，“石母”（*petra genetrix*）增强了大地之母的神圣性，赋予她巨大的力量，使得石头也能受孕生子。如同我们已经看到的（§34），对于巨石神圣性的崇拜，没有任何地方能比得过巨石宗教。乌里库米被放在支撑天地的巨人肩上并不是偶然的，这个“石人”自己也准备成为一根宇宙之柱（*columna universalis*）。然而，这个巨石宗教特有的主题被合并进了一个更大的背景之中：为争夺神权而进行的斗争。

47. 几代神灵间的冲突

胡利安/赫梯文献刚一翻译出来，人们便注意到，它与比布鲁斯的斐洛（Philo of Byblos）所描写的腓尼基神谱以及赫西俄德所记载的希腊传说之间有着某种相似之处。根据斐洛的说法，②第一个神界统治者是埃利翁
148 （Elioun，希腊文中叫作何比西斯妥［Hypsistos］，意即“最高者”），相对应地，在胡利安/赫梯的神话中就是阿拉鲁。从他与布鲁斯（Bruth）的结合中产生了乌剌诺斯（相当于安努）和盖（Ge，相当于该亚）。他们又生下了四个儿子，第一个是厄勒或克罗诺斯，相当于库马比。因为与他的妻子争吵，乌剌诺斯想要毁掉他的后代，但是，厄勒为自己锻造了一把锯子（或长矛?），赶走了他的父亲，成为了众神之王。③ 最后，巴力（第四代神，相当于特苏巴和宙斯）取得了统治权，有所例外的是，他没有通过战斗就获得了统治权。

在乌加里特（Ugaritic）文献发现之前，人们一直怀疑斐洛所转述的传说的真实性。但是在迦南人的神话中也记载着神族的世代传承（参见§49）。事实上，赫西俄德（§83）仅提到了三代神祇——分别由乌剌诺斯、克罗诺斯

---

① 事实上，当密特拉刚刚从石头里出来时，他就与太阳进行了第一场战斗。取胜后，密特拉拿走了太阳耀眼的王冠。但是不久，两位神灵却握手言欢，成了好朋友。

② 优西比乌（Eusebius）和波菲利（Porphyry）保留了斐洛《腓尼基的历史》（*Phoeician History*）一书中的某些片断。斐洛说，他是从桑科尼亚顿（Sanchoniaton）的作品中概括出来的，桑科尼亚顿被认为是生活在“特洛伊战争之前”的一位腓尼基学者。参见 Clemen，*Die phönikische Religion*，第28页。

③ 直到32年之后，厄勒才将乌兰诺斯阉割了。这两个行为：阉割父亲与夺取神权，在哈梯/赫梯和希腊神话中都是前后相联的，在此则分开了。

和宙斯所代表——这却证实了斐洛版本的真实性,因为,后者提及在乌刺诺斯(即安努)之前,是埃利翁(即阿拉鲁)的统治。可能腓尼基关于神权的神话是源自胡利安神话,或是受到它的极大影响。我们可以推测,赫西俄德利用了同样的传说,或是通过腓尼基,或是直接从赫梯传入希腊。

我们要特别强调的是,这个神话既具有“特殊性”,同时又具有宗教融合的特征,这一点不仅限于胡利安/赫梯版本(此外,里面还有许多苏美尔—阿卡德文化的成分)。①《巴比伦史诗》同样也表现了(1)诸神世代的谱系;(2)年轻的神反抗老一代神的战斗;(3)马尔杜克的胜利,并取得统治权。但是,在美索不达米亚的神话中,战斗的胜利是以宇宙的起源为结局的,更确切地说,是人们所熟悉的宇宙的创造。这个神话在宇宙创造的背景下,加入了神与巨龙的战斗,随后是对被征服者的肢解。在赫西俄德的《神谱》中,创造宇 149
宙的行为——如,天(乌刺诺斯)与地(该亚)的分裂是因为乌刺诺斯的被阉割——发生在故事开始的时候,而且,事实上是发生了争夺统治权的斗争。同样的场景也发生在胡利安/赫梯神话中:宇宙起源——亦即天地分开——发生在很久之前的“古老诸神”的时代。

总之,所有的神话都记载了诸神世代之间为了争夺宇宙的统治权而发生的冲突,一方面,抬高了最后一代征服者的地位;另一方面,也解释了当时世界的结构和人类的实际状况。

48. 迦南的万神殿:乌加里特

公元前 3000 年左右,在巴勒斯坦地区出现了一个属于青铜时代早期的新文明,这是*闪族人(Semites)定居的最早标志*。我们采用《圣经》的说法,叫他们“迦南人”,但这只是一个约定俗成的名字而已。② 入侵者开始定居下来,从事农耕,发展城市文明。在以后的几个世纪里,其他游牧民族也渗入这一地区,并与邻国进行贸易往来,特别是与埃及的贸易不断增加。大约在公元前 2200 年,青铜文明早期由于一支新的闪族亚摩利人(Amorites)的入侵而遭到毁灭,亚摩利人是半游牧的战士,偶尔从事一点农耕活动,而主

---

① 比较诸神的名字,Anu、Ishtart 和 Alalu;有一个叫阿拉拉(Alala)的神出现在巴比伦诸神的名单中,并被视为安努的祖先之一(Güterbock, *Mythologies of the Ancient World*,第 160 页)。

② 在公元前 2000 年代中期以前的文献中并未提及迦南这个名字,参见 R. de Vaux, *Histoire ancienne d'Israël*,第 1 卷,第 58 页。

要还是牧民。然而，这个文明的结束却造就了一个新时代的开端。亚摩利人(在苏美尔语中称为 MAR. TU，阿卡德语则叫作 Amurru)对叙利亚和巴勒斯坦地区的入侵，只是更大规模的民族迁徙中的一个插曲而已，同一时期，在美索不达米亚和埃及也有关于民族迁徙的记载。这些地区遭到从叙利亚沙漠来的狂暴而“野蛮的”游牧民族①的不断攻击，他们被城市和耕地
150 的富饶所吸引和刺激，如波涛般一次又一次地涌向这些地区。而在征服当地原住民的过程之中，他们也逐渐采纳了原住民的生活方式，并被其文明所熏陶。一段时间以后，他们的后代也不得不要抵御其他在农耕边缘地区过着游牧生活的蛮族的武装入侵。在公元前 2000 年代最后的几个世纪里，这一过程不断地重复着，直到以色列人进入迦南。

在盛行于叙利亚—巴勒斯坦沿岸的土地丰产祭祀，与游牧民崇拜天空星辰的宗教思想之间的紧张与共生关系，在希伯来人定居迦南时达到了一种新的强度。可以说，这种常常最终导向共生的紧张将形成一种范式，因为正是在这里，巴勒斯坦，一种新型的宗教经验与古老的宇宙崇拜的宗教精神发生了冲突。

1929 年以前，有关叙利亚—迦南宗教的可资利用的资料主要来自《旧约》、腓尼基铭文以及某些希腊作者的著述——特别是比布鲁斯的斐洛(公元 1—2 世纪)、萨摩萨塔的路西安(Lucian of Samosata，公元 2 世纪)以及潘诺波利斯的诺努斯(Nonnus of Panopolis，公元 5 世纪)。然而，《旧约》所反映的只是与异教的争论，而其他资料则要么太晚，要么太过零碎。1929 年以来，在拉斯珊拉(Ras Shamra)考古发掘出的大量神话文献给这一问题带来了光明。拉斯珊拉即古代的乌加里特，是叙利亚北部沿海的一个港口城市。这些文献大约成文于公元前 14 至前 12 世纪，但所包括的神话—宗教观念则要更早。迄今为止，解读并翻译出来的文献还不足以让我们对乌加里特宗教与神话有一个全面的了解。不幸的是，原稿中的脱漏使叙述中断了，开始与结局的数栏文字都已残缺不全，甚至关于神话故事的先后顺序都没有一个统一的意见。尽管乌加里特文献残缺不全，但是其价值仍是无可估量的。我们必须记住这样一个事实，即**乌加里特宗教并不能代表整个迦**

---

① 在公元前 3000 年代末的美索不达米亚文献中，MAR. TU 是指称“山里的土包子”，“他们不知道什么是小麦，也不知道房屋和城市”(文献引自 de Vaux, *Histoire ancienne d'Israël*，第 64 页)。

南宗教。

乌加里特文献的价值在于,它们说明了从一种宗教思想到另一种宗教思想的过渡。厄勒是万神殿中的主神,他的名字在闪语中是"神"的意思,但 151
在西部闪族人中,他是一个人格神。他被称作"有权能者"、"公牛"、"诸神及人类之父"①、"国王"、"时间之父"。他是"神圣的"、"仁慈的"、"智慧的"。在公元前14世纪的一根石柱上,他被描绘成庄严地坐在王座上,留着胡须、身穿长袍、头戴牛角王冠。② 到现在为止,没有任何有关宇宙起源的文献被发现。③ 然而,通过神婚而创造众星辰的传说可以被视为迦南的宇宙观。的确,第52号文献(《众仁慈而美丽之神的诞生》["The birth of the gracious and beautiful gods"])描写厄勒使他的两个妻子亚舍拉(Asherah)和安娜特(Anath),即晨星和晚星④怀孕的故事。亚舍拉"由厄勒受孕"后被称之为"众神之母"(第51号文献),她生育了70个神子。除了巴力之外,所有的神都是出自这第一对神灵夫妻厄勒—亚舍拉。

然而,尽管厄勒的称号表明了他是一个强有力的神,真正的"大地之主",尽管在献祭诸神的名单中,他的名字总是被排在最前面,但是,出现在神话中的厄勒,在体力上却显得软弱、优柔寡断、老态龙钟、顺从。有些神祇甚至嘲笑他。最终,他的两个妻子亚舍拉和安娜特也被巴力从他身边夺走了。我们必须说,这些赞美的称号反映的是一种早期的情况,当时,厄勒事实上还是众神之王。一个古老的、宇宙的创造神被一个年轻的、更强有力的神——特别是"主管"宇宙繁殖的神——所代替,这是我们屡见不鲜的现象。造物神时常会成为一个退位神(*deus otiosus*),与他的创造物的距离越来越远。有时,他的被取代是两代神灵之间或是两个主神之间冲突的结果。在现有的乌加里特神话中,其基本主题向我们展示的可能就是巴力成为最高神的过程。但这是一个以强力和机巧取得权力的过程,而且其中不乏语焉 152

① "父亲"(*ab*)的头衔是最常见的别名之一,与"人类之父"(*ab adm*)相比较(参见 M. H. Pope, *El in the Ugaritic Texts*,第47页以下)。

② F. A. Schaeffer, *The Cuneiform Texts of Ras Shamra-Ugarit*, pl. XXXI,第60、62页。

③ 然而,在西部闪族的铭文中,厄勒被称作"大地的创造者",参见 Pope, *WdM*,第1卷,第280页。

④ 这个神话是为了一个新的七年周期的开始所举行的典型仪式,这证明在早期,厄勒仍被视为大地的丰产神,后来这一荣耀才归于巴力。参见 Cyrus H. Gordon,"Canaanite Mythology",第185页以下;Ulf Oldenburg, *The Conflict between El and Baal in Canaanite Religion*,第19页以下;Cross, *Canaanite Myth*,第21页以下。

不详之处。

巴力虽说也是厄勒的儿子(因为厄勒是诸神之父),但他是唯一被称作“大衮(Dagan)之子”的神。大衮一名的意思是“谷物”,公元前3000年代前后在幼发拉底河上、中游地区受人祭拜。① 然而,大衮在乌加里特的神话中并未扮演任何角色,巴力才是主角。巴力(意为“主人”)原是一个普通名词,后来却成为了他的专名。他原先也有一个名字,叫哈都(Haddu),即哈达(Hadad)。他又被称作“驾云者”、“王子,大地之主”。他有一个称号叫阿利安(Aliyan),意为“强有力者”、“最高统治者”。他既是丰产的源泉和本原,也是一个战士,他的姐妹和妻子安娜特是爱情与战争女神。除了他们之外,最重要的神话人物是耶姆(Yam),意为“大海王子,河流的统治者”,还有莫特(Mot),意为“死亡”。作为年轻的神,他们也向最高权力发出了挑战。事实上,乌加里特神话中的很大一部分都是描写厄勒与巴力之间的冲突,以及巴力与耶姆和莫特争夺权力的战争过程。

49. 巴力取得统治权并战胜巨龙

根据一篇相当残破的文献记载,②巴力和他的同伙在萨潘山(Sapan)上厄勒的宫殿里一起突击厄勒,将他捆起来并刺伤了他。显然,这时有“什么东西”掉在了地上,这可解释为诸神之父被阉割了。这种假设看起来是合理
153 的,这不仅因为乌剌诺斯和胡利安/赫梯神安努在争夺统治权的相似过程中也是被阉割了的,而且还因为尽管厄勒对巴力显示出了敌意,但他却从未试图恢复他的最高权力,甚至在当他得知巴力被莫特杀死时,也没有此想法。③ 因为在古代东方,遭受这样的伤残之后是被排斥在最高权力之外的。此外,除了在第56号文献中厄勒通过生育星宿诸神而证明了他的男性生殖

---

① 安娜特的名字也在同一地区的文献中有所记载。可能“大衮之子巴力”这一名字是由亚摩利人传入的。参见最近出版的 Oldenburg, *The Conflict Between El and Baal*,第151页以下。在此,他肯定是与一个本地的“巴力”(即哈达)结合在一起了,因为,很难想象在古老的迦南宗教中没有一个著名的苏美尔风暴神,后成为丰产神。亦可参见 Cross, *Canaanite Myth and Hebrew Epic*,第112页以下。

② 这一资料来自 VI AB 图版,最早是由维洛鲁(C. Virolleaud)出版;参见 Oldenburg, *The Conflict Between El and Baal*,第185—186页中的译文。这一文献被加苏托(Cassuto)、波佩(Pope)和奥登伯格(Oldenburg)(第123页)解释为巴力的攻击以及厄勒的退位。

③ 他对亚舍拉说:“给我一个儿子,我会使他成为王”(Cyrus Gordon, *Ugaritic Manual*, 49:I:16—18;Oldenburg,第112页)。

力外，乌加里特文献似乎都认为他是没有生殖能力的。这解释了为什么他的态度总是顺从和犹豫不决的，以及巴力夺走他妻子的原因。

在夺取了萨潘山的王座后，巴力迫使厄勒躲藏在世界的尽头，“在河流的源头，在深渊(Abysses)的山谷中”，从此以后，这里就成了他的居所。① 厄勒为自己的命运哀伤并恳求家人的帮助，耶姆第一个听见他的悲叹，于是给了他一杯烈酒。厄勒祝福他，给了他一个新的名字，并宣布他为其继承人。他还进一步许诺要为他建一座宫殿，但同时也鼓励他将巴力赶下王位。

描写耶姆与巴力之间战斗的文本因残缺而中断了。虽然，如今耶姆似乎是统治者了，但厄勒与大多数神灵却已不在萨潘山上了。由于巴力辱骂耶姆，自以为是地抬高自己的地位，终有一天他会被毁灭的，耶姆派信使要求巴力投降。诸神吓坏了，巴力训斥他们：“从你们的膝盖上把头抬起来，看我怎样吓跑耶姆的使者！”②但是，厄勒接待了耶姆的使者们，并宣布巴力是他们的奴隶并且将向耶姆进贡。由于巴力似乎是很具威胁性的，厄勒又补充说，这些信使们能够轻而易举地将他制服。然而，由于安娜特的帮助，巴力积极备战，准备与耶姆对抗。(根据另一个文本，耶姆将巴力赶下了王位，而安娜特则打败了耶姆。)③铁匠神柯萨-瓦-哈西斯(Koshar-wa-Hasis，意为 154
“灵巧的与熟练的”)给了巴力两根神奇的棍棒，这两根棍子能从使用者的手中像箭一样自动地发射出去。第一根棍子打中了耶姆的肩膀，但他并没有倒下。第二根棍子打中他的前额，“大海王子”倒在了地上。巴力结果了他，而女神阿施塔特(Athtart)要他肢解耶姆并抛尸各处。④

耶姆同时被描写成神灵和魔鬼。他是“厄勒所钟爱的”儿子，作为一个神，他像其他神灵一样接受牺牲。另一方面，他又是一个水怪，一条有七个

---

① 因为，萨潘山是天的象征，所以说一个主神从山上跌落就表明他失去了统治权。

② G. R. Driver, *Canaanite Myths and Legends*，第79页。亦可参见 Vieyra, in Labat, *Les religions du Proche-Orient*，第386页，以及 Cross, *Canaanite Myths and Hebrew Epic*，第114页以下。

③ “难道不是我摧毁了厄勒的钟爱者耶姆吗？难道不是我消灭了纳哈尔(Nahar)这伟大的神吗？难道不是我制服了塔宁(Tannin)(即巨龙)吗？是我制服了他！是我消灭了这扭曲的大蛇，这有七个头的强有力者！”(Oldburg，第198页；参见 *ANET*，第137页)这篇文献提到耶姆失败后(在这个故事里是由安娜特所取得的胜利)对巴力的首次胜利，这与一个著名的神话主题相一致：神先是被蛇怪打败，后又复仇得胜。

④ Gordon, *Ugaritic Manual*, §68: 28—31, Caquot and Sznycer 译，载 Labat, ed., *Les religions du Proche-Orient*，第389页。

头的大蛇,“大海王子”是水底世界的本体和显现。耶姆与巴力战斗的神话意义是多重的。一方面,从季节和农业上的比喻来说,巴力的胜利意味着雨水战胜了大海和地下水;代表着宇宙规范的雨水取代了大海贫瘠的浩瀚以及灾难性的洪水。巴力的胜利标志着对秩序的把握与季节的稳定。另一方面,与水怪巨龙的战斗表明了一个年轻神灵的胜利,万神殿新的统治者的脱颖而出。最后,我们可以从中读到长子(耶姆)为父(厄勒)复仇的故事,他反抗的是阉割并废黜他父亲的篡位者。[1]

这样的战斗都是具有范式性的,也就是说,可以无限期地重复下去。正是因为如此,耶姆虽然被巴力“杀死了”,但他又在文献中重新出现。不只是他才有这样一种“周期性的存在”,正如我们将要看到的那样,巴力和莫特也有一个类似的存在模式。

50. 巴力的宫殿

为了庆祝战胜巨龙,安娜特为巴力举行了一场宴会。随后,女神关上宫
155 门,开始了一场大屠杀,杀了守卫、士兵和老人,死者的血都淹到了她的膝盖,她还将死者的头颅和手环绕在一起。这个故事有其深意。[2] 它与埃及神话,特别是与印度神话与图像中的难近母(Durgā)女神相类似。[3] 大屠杀与吃人肉是古代丰产女神的典型特征。由此而观,安娜特的神话具有从地中海东岸到恒河平原一切古代农业文明的共同成分。在另一个故事中,安娜特威胁她自己的父亲厄勒,她要用血来沾满他的头发和胡须。[4] 当她发现巴力的尸体时,安娜特开始痛哭,并“吃其肉而不用刀,喝其血而不用杯”。[5] 正因为安娜特野蛮残暴的行为,她也像其他爱情与战争女神一样被赋予了男性的特质,因此而被视为两性的神。

---

① 关于这一主题,参见 Oldenburg, *Conflict*,第 130 页以下。

② 血液被视为生命的精华之所在,这次杀戮可看作一种仪式,其目的是为了使叙利亚从夏末的干枯过渡到新季节的丰收之中。参见 Gray, *The Legacy of Canaan*,第 36 页,这一文献是由加科特(Caquot)和西尼赛(Sznycer)翻译的,参见 *Les religions du Proche-Orient*,第 393—394 页。

③ 埃及神话不再是原始时期的形态;参见 § 26。与难近母相比较,玛文·波普(Marvin Pope)强调了(参见最新出版的 *WdM*, vol. 1,第 239 页)沃尔特·多斯塔尔(Walter Dostal)早已强调过的观点,“Ein Beitrag”,第 74 页以下。

④ 文献ʿ*nt*:V:Oldenburg,第 26 页。

⑤ Text published by Virolleaud, “Un nouvel épisode du mythe ugaritique de Baal”,第 182 页以下;参见 Albright, *Yahweh and the Gods of Canaan*,第 131 页以下。

另一份残缺的文献表明,巴力派使者带了礼物给安娜特。告诉她,他已厌战了,让她放下武器,为大地的和平与肥沃而献祭。他告诉她,他要制造出雷霆与闪电以便让诸神及人类知道雨水就要来临。安娜特向他保证会听从他的劝告。

然而,虽然巴力是统治者,但是他却不像其他神祇那样拥有自己的宫殿和寺庙。换言之,巴力并没有一个富丽堂皇的神庙来表明他的权威。许多故事讲述了宫殿的建造,其中不乏矛盾之处。的确,虽然巴力废黜了厄勒,但还需要他的授权。他派人去亚舍拉那里为自己辩白,众神之母大为喜悦,并说巴力从此以后“将会给予充沛的雨水”,同时还“会在云朵中送出他的声音”。厄勒同意了,巴力又吩咐柯萨-瓦-哈西斯为他建造宫殿。起初,因为
害怕耶姆可能会进来,巴力拒绝在其住所安装窗户。但他最终还是同 156
意了。[①]

神庙一宫殿的建造是在巴力战胜巨龙之后,这等于宣布他已成为了最高神。诸神在马尔杜克战胜提阿马特并创造世界后,为其建造了一座宫殿(参见§21)。不过,宇宙起源的象征也出现在巴力的神话中。神庙一宫殿就代表着**世界的缩影**(*imago mundi*),它的建造在某种程度上对应于宇宙的起源。事实上,巴力通过战胜“水患”,调整雨水的节律,从而“形成”了今天的世界。[②]

51. 巴力与莫特的对抗:死亡与复活

当宫殿建成后,巴力就准备挑战“死神”莫特。后者是一个非常有趣的神。当然,他是厄勒的儿子之一,统治着地下的世界;但他也是近东神话中“死亡”人格化(也就是神化)的唯一例子。巴力派信使去向莫特宣布,他巴力才是诸神及人类的王,“由此诸神才会长得肥胖,而人类,这地上的众生才会得温饱。”[③]巴力命令他的使者,到那两座标志着世界尽头的大山那里去,

---

① 窗户可能象征着巴力通过打开云彩给大地送来雨水。他建在乌加里特的神庙在顶上就有一个开口,以便雨水能够降到一根石柱所描绘的神的脸上;参见 Schaeffer, *Cuneiform Texts*, 第6页,图版XXXII,图2。但是,屋顶隙缝的象征与功能则更为复杂;参见 A. K. Coomaraswamy, “The Symbolism of the Dome”。

② 洛仑·R.弗舍尔(Loren R. Fisher)使用“巴力式的创造”这一术语,并将它与“厄勒式的创造”相区分;参见他的论文“Creation at Ugarit”,第320页以下。

③ Gordon, *Ugaritic Manual*, Ⅶ: 502; Driver, *Canaanite Myths and Legends*, 第101页。

把它们举起来，扔到地底下去。他们会遇到莫特坐在烂泥里的宝座上，周围全是垃圾脏物。但他们不能离他太近，否则莫特的大嘴会将他们一口吞下去的。巴力还补充说，他们也不能忘记，莫特能将许多人热死。

莫特派使者回去对巴力说，让他到地府来。因为巴力杀死了耶姆，现在
157 是他到地府来的时候了。[①]这足以使巴力感到狼狈。他通过使者对莫特说，“你好，莫特，厄勒之子，我是你的奴隶，永远是你的奴隶。”欣喜若狂的莫特宣布，巴力一进入地府，他便将丧失他的力量并被其摧毁。莫特命令巴力带上他的儿子们以及风、云和雨一同前往地府。巴力同意了，但在下到地府之前，他与一只小母牛交配并使其产下一子。巴力用自己的衣服把孩子包裹起来，将他托付给厄勒。似乎在这一危急的时刻，巴力显出了他的原形，即宇宙公牛。同时，他确信万一他不能返回地面的话，他也会有一个继承人。

我们不知道巴力是如何死的，是否是在与莫特的战斗中被打败，或仅仅是在可怕的莫特面前屈服了。乌加里特神话值得注意之处在于，巴力这位年轻的风暴及丰产神，刚刚成为万神殿的主宰不久，居然就进了地狱，并像坦木兹以及其他植物神一样毁灭了。没有任何其他神经历“巴力—哈达”那样的命运，既不像美索不达米亚的阿达德(Adad)，也不像胡利安的特苏巴。(然而，在晚期的神话中，马尔杜克也会每年“消失”一次，“隐居在山里”。)我们推测，在此“地狱之旅”(*descensus ad inferos*)的意思是想赋予巴力多样且互补的特性：他是战胜“水患”的勇士，因此是宇宙的创造者，是造物神；他又是风暴和土地丰产神(我们必须记住他是大衮——“谷物”之子)；但他也是众神之王，决心要统治整个世界(因此也统治着地下的世界)。

无论如何，经过最后这次行动，厄勒与巴力的关系改变了。此外，宇宙的结构与节律就此成了现在的样子。文献到此又有一段缺损，接着两位使者向厄勒报告说，他们发现了巴力的尸体。厄勒坐在地上，撕扯着他的衣袍，捶打着胸脯，还划破了自己的脸。简言之，他宣布要在乌加里特举行哀悼仪式。“巴力死了！”他哭喊道。“人类的命运将会如何呢？”[②]突然之间，
158 厄勒仿佛从怨恨和复仇的欲望中解脱了出来。他的行为像一个真正的宇宙

① Gordon, *Ugaritic Manual*, § 67:I:1—8; translation by Oldenburg, *The Conflict between El and Baal*, 第 133 页。

② Driver, *Canaanite Myths and Legends*, 第 109 页; Caquot and Sznycer, 载 Labat, ed., *Religions du Proche-Orient*, 第 424—425 页。

统治神，他意识到巴力之死对宇宙的生命形成了威胁。厄勒请求巴力的妻子从他的儿子中选择一个来替代巴力。亚舍拉选择了“恐怖者”阿塔尔(Athar)，但是当阿塔尔坐在王位上时，他发现这个宝座对于他来说太大，因此承认他不能做众神之王。

与此同时，安娜特出发去寻找巴力的尸体。找到之后，她把尸体放在肩上向北而去。埋葬了巴力的尸体后，在葬礼宴会上她祭献了一大批牲畜。后来，安娜特遇见莫特，她抓住了他，“用刀把他砍成碎片，用簸箕簸，用火烤，再用磨子碾成粉末，撒在地里，让鸟吃掉。”①安娜特其实是在进行一种仪式性的杀戮，将莫特视作一穗谷物。一般来说，这种死亡是为植物神或精灵所特有的。② 我们猜测，正是莫特的这种像谷物那样的死法，使他日后能够得以复活。

然而，也有可能莫特的被杀与巴力的命运不无联系。厄勒梦见巴力还活着，而且“油膏般的雨从天而降，干谷中流淌着蜜糖”(这让人想起《圣经》中的场景，参见《以西结书》32：14，《约伯记》20：17)。他笑了出来，并宣布他要坐下来休息一下，因为“胜利者巴力还活着，大地王子还在”。③ 但是，如同耶姆的重生一样，莫特也在七年后重新出现，并抱怨他在安娜特那里所受到的待遇，还抱怨说巴力夺走了他的王权。于是这两个对手又重新开战，他们像野牛一样用头和脚相互攻击，像蛇一样彼此撕咬，直到双双倒地，巴力压在莫特的上面。然而，太阳女神夏帕苏(Shapash)从厄勒那里为莫特带来一个警告，说继续打下去是无益的，于是莫特便投降了，并承认了巴力的权威。在其他几段仅能了解其大概的插曲之后，安娜特得知巴力将永远为王，并将由此而开始一个和平的时代，到那时，“公牛发出羚羊般的叫声，猎鹰则如同麻雀一样啾啾作声。”④

52. 迦南的宗教观 159

有作者认为这一神话中反映了植物每年一次的死亡与重生。但是，在叙利亚和巴勒斯坦，夏季是不会给任何植物的生命带来“死亡”的；相反，这

---

① Driver，第 111 页；Caquot and Sznycer，第 430 页。

② 曾有人建议将莫特视作“丰收的精灵”，但他葬礼的特征太明显了：他活在地下世界或是沙漠中，凡是被他触摸过的任何东西都会变成废墟。

③④ Driver，第 113、119 页。

是一个收获水果的季节。对于农民来说，可怕的不是酷热而是漫长的干旱。所以莫特的胜利似乎是指七年干旱的周期，《旧约》中有类似的故事(《创世记》41;《撒母耳记下》24：12以下)。①

但是，这则神话的重要性不只在于与植物生长节律间的联系。事实上，这些动人且壮观的事件向我们揭示了神圣存在的一种特殊模式，特别是包括了失败以及“死亡”的存在模式，因被埋葬(巴力)或是被肢解(莫特)而“消失”，接着是或多或少阶段性的“重生”。这种既间断又有周期性的存在方式，让人想起那些主宰植物生长周期的神灵。然而，这是一种新的宗教产物，旨在将生命中某些消极的方面整合进一个对立统一的体系中。

总之，巴力的战斗，他的失败以及他的胜利都确保了他对天地的主宰权。但是，耶姆仍继续统治着大海，而莫特仍为冥府之王。这一神话凸显了巴力的首要地位、生命的长久以及统治宇宙与人类社会的规范。由此发现，由耶姆和莫特所代表的消极方面也仍有其正当性。莫特是厄勒之子，而巴力毕竟无法将他毁灭，这些事实表明了，死亡是一种正常的状态。总之，这证明了死亡是生命中的常态(*sine qua non*)。②

在新年庆典中，可能会叙述巴力与耶姆之间的战斗，而巴力与莫特斗争的神话可能在丰收的季节中也会讲述；但是，就目前所知的文献中却没有提
160 到这些事实。所以，我们也可以假设，国王——我们知道他在崇拜仪式中常常会扮演一个主要角色——在这些神话—仪式中代表着巴力；但这仍是一个有争议的题目。祭品通常是献给诸神的食物。祭献的程序与《旧约》中的程序相类似：它包括屠宰、祈求“平安”、“沟通”以及赎罪。

祭司(*khnm*)与希伯来文中的祭司(*kōhēn*)是一样的。与祭司一起被提到的，还有女祭司(*khnt*)和“奉献的”人(*qadešim*)(在《圣经》中这一术语是称呼神娼的，但在乌加里特文献中并没有这个意思)。最后，还提及神谕祭司或先知。神庙里装饰着祭坛和神像，以及一些神圣的象征物。除了血祭以外，崇拜仪式还包括舞蹈和许多纵欲的动作以及姿态，后来这激起许多先知的愤怒。但是必须记住，这些残缺不全的文献只能让我们对迦南人的宗

① 参见 Cyrus Gordon，“Canaanite Mythology”，第184、195页以下；M. Pope，载 *WdM*，第1卷，第262—264页。

② 只有在佛教神话中，我们才发现了另一个代表死亡的大神魔罗，他的法力源自人类对于生命的执著。但是，显然在后奥义书时代的印度人看来，生命—性爱—死亡—重生的轮回是解脱之路上最大的障碍(参见本书第2卷)。

教生活有一个大致的猜测。我们甚至没有一篇单独的祈祷文。我们知道生命是神赐的礼物，但却不知道人类创造之谜。

这样的一种宗教观并不仅限于迦南人。但它的重要性和意义却随着以色列人进入迦南后，与这种类型的宇宙神性遭遇冲突而增加了，这种宇宙神性激发了一种复杂的崇拜仪式活动，尽管纵欲过度，却也不失某种高贵。既然以色列人也信仰生活的神圣性，就立即产生了一个问题：如何保持这个信仰而又不接受迦南宗教意识形态中的其他成分，这一信仰又是其整个宗教意识形态中不可分割的一部分？正如我们刚才所看见的，这一意识形态就是某种以主神巴力(即整个生命的象征)生命的间歇性与循环性为中心的特殊神学。而雅赫维(Yahweh)并没有这种生存模式。(实际上厄勒也没有这种生存模式，但厄勒却遭受了其他蒙羞的变化。)此外，虽然，对雅赫维的崇拜仪式也包含某些献祭，但他并不被这些献祭行为所限制：他要求他的信徒通过服从与信心来实现内在的转变(参见 § 114)。

如同我们将要看到的(§ 60)，许多迦南宗教的成分被以色列人所吸 161
收了。

> 但是这些借鉴本身也是冲突的一个方面：巴力赤手空拳地作战。即使我们认为所有的外来群体，甚至包括那些非苏美尔人，如胡利安人和非利士人(Philistines)进入迦南后不久，就完全忘记了他们自己的宗教，我们也必须认为，雅赫维与巴力之间的斗争进行得如此长久，而且这场斗争，虽然有某些妥协和许多背教的错误，但是最后仍以雅赫维的胜利告终，这本身就是很不同寻常的。[1]

---

① R. de Vaux, *Histoire ancienne d'Israël*，第 1 卷，第 147—148 页。

162 # 第 7 章 “当以色列还是一个孩子的时候”

53.《创世记》的前两章

以色列人的宗教完全是《圣经》的宗教。这部经典集成辑录了不同时代、不同取向的文献,尽管代表着非常古老的口述传统,但是在几个世纪不同的环境背景之下又经过了重新的诠释、修正和编纂。①现代学者都是以亚伯拉罕(Abraham)为以色列宗教历史的开端。而事实上,根据传说,是上帝选他作为以色列人的祖先,并攻取迦南。但是,在《创世记》的前 11 章中,讲述的都是亚伯拉罕被选之前的传奇故事,从创世、大洪水到巴别(Babel)塔。众所周知,这些章节的编纂比《摩西五经》中的其他章节要晚得多。此外,有些著名学者主张,宇宙创造和起源的神话(人的创造以及死亡的起源,等等)在以色列人的宗教思想中也只是一个次要的部分。简言之,希伯来人的兴趣更多的是在于“神圣的历史”,也就是他们与上帝的关系,而对讲述*太初*(*primordium*)时期起源的传奇和神话故事不是很感兴趣。

163 从某一个时期开始,特别是对于某位宗教精英而言,这或许是对的。但是却没有理由断言,以色列人的祖先对所有古代社会都热切关注的问题,特别是像宇宙起源、人类的创造、死亡的起源以及其他重大事件都漠不关心。甚至在历经 2 500 年“改革”的今天,《创世记》前几章所描述的事件仍然为亚伯拉罕子孙们的想象以及他们的宗教思想提供了精神食粮。因此,我们

---

① 由《摩西五经》(也就是托拉的前五部)的来源和编纂产生许多问题。对于我们来说,我们只需要说,下列术语已暗示了其来源:雅赫维卷(*Yahwistic*,因为这是最早称神为雅赫维的文献,大约是在公元前 10 或前 9 世纪);埃洛希姆卷(*Elohistic*,稍后用 Elohim 这一名字来称呼“神”);祭司经卷(*Sacerdotal*,最晚的文献,是指祭司们的作品,强调的是献祭和律法);以及申典(*Deuteronomic*,这个词几乎只在《申命记》中出现过)。然而,此外,对于当代的《旧约》批评而言,文本的分析则更复杂、更细腻得多。除非专门注明,我们引用耶路撒冷本《圣经》。

也就按照前近代的传统，从《创世记》前几章开始论述。经文编纂的晚出并不构成一种障碍，因为内容是远古时代的；事实上，它所反映的观念比亚伯拉罕的传说更古老。

《创世记》的开篇段落十分著名：“起初，上帝（Elohim）创造天地。地是空虚混沌，渊面黑暗；上帝的灵运行在水面上。”（1∶1—2）①这种造物主盘旋其上的太初海洋的图景是相当古老的。②然而，《圣经》作者虽然可能对《巴比伦史诗》中的神话十分熟悉，但上帝飞翔于深渊之上的主题却并不见诸于美索不达米亚宇宙起源的神话。（事实上，太初海洋在希伯来文中被称之为 *tehôm*，其词根与巴比伦语中 *tiāmat* 一词非常相近。）正确地说，创世也就是“混沌”的重新组合（*tôhû wâ bôhû*），是由上帝话语的力量所致。他说：“要有光”，便有了光（1∶3）。创世的后续阶段是通过圣言来完成的。这一混沌的深渊不是拟人化的（参见提阿马特），因此也就不是在一场宇宙大战中“被征服”的。

这段《圣经》描述显示了一个特殊的结构：(1)上帝的话创世；③(2)世界是“好的”；(3)生命（动植物）是“好的”，是得到上帝赐福的（1∶10，21，31）；(4)最后，宇宙创造的工作是以人的被创造而结束的。在第六天也就是最后一天，上帝说：“我们要照着我们的形象，按着我们的样式造人，使他们管理 164
海里的鱼、空中的鸟、地上的牲畜和全地，并地上所爬的一切昆虫”等等（1∶26）。其中没有任何壮观的功绩（没有提阿马特—马尔杜克式的战斗），④在宇宙与人类的创造中，也没有任何“悲观主义的”因素（世界是由一种“恶魔般的”远古生物提阿马特形成的；人则是由大魔王金古的血所塑造而成的等等）。在这里，世界是“好的”，而人则是**上帝的形象**（*imago dei*），他像他的造物主和他的样式一样住在天堂里。然而，《创世记》很快就强调指出，虽然有上帝的赐福，但生命是痛苦的，人不再能居住在天堂里了。而所有的这一切都是人类祖先一系列错误以及原罪的结果。正是他们改变了人类的

① 书中的《圣经》译文全部采用中文和合本《圣经》。——译者

② 在许多传说中，造物主是被想象成鸟的形状的。但这是一种原始象征的“固化”：圣灵在水面穿梭，自由移动；因此它能像鸟一样“飞翔”。当然，这鸟便是圣灵的远古意象之一。

③ 我们想要补充的是，关于上帝富有创造力的话语在其他传说中也有所记载，不仅仅是在埃及神话中，也在波利尼西亚人的神话中。参见 Eliade，*Myth and Reality*，第31页以下。

④ 但在别的文献中也有提到战胜蛇怪（称之为巨龙[tannin]，或拉伯[Rahab]或利维坦[Leviathan]），这让人想起美索不达米亚和迦南的传说（例如，《诗篇》74∶13以下；《约伯记》26∶12以下）。

处境。上帝对于其受造者的堕落没有责任。因为正如奥义书以后的印度思想一样，人——更准确地说——是人类这一种类，他们**是自己行为的结果**。

此外，雅赫维卷(2∶5以下)中的故事更为古老，与我们刚才所概述的祭司经卷明显不同。这里关注的问题不再是创造天地，而是上帝(雅赫维)用地下涌出的洪水使沙漠成为沃土。雅赫维用尘土塑造了人(*âdâm*)，并"将生气吹在他的鼻孔里"，使他有了生命。然后雅赫维"在伊甸立了一个园子"，使各样的"好树"从地里长出来(2∶8以下)，再将人安置在园子中，"使他修理看守"(2∶15)。接着，雅赫维仍用泥土造出了飞禽走兽，将它们带给亚当(Adam)，由亚当来取名。[①]最后，在亚当睡着后，上帝取出他的一条肋骨造了一个女人，称之为夏娃(Eve，希伯来文为 *hawwâh*，其词根与"生命"一词相当接近)。

《圣经》注释家注意到，雅赫维卷较为质朴，没有"混沌的"深渊与"形式"世界的对立，而是荒漠和干旱与生命和植物的对立。所以，这个起源的神话
165 看起来似乎是来自于沙漠地区的。至于从尘土中造出了第一个人的说法，这一主题是众所周知的，如同我们在苏美尔已看到的(§17)。类似的神话在世界各地都有所记载，从古代的埃及、希腊到各个"原始"民族。基本的观念似乎都是一样的：即人是由一种最初的质料(泥土、木头或骨头)形成，并且是通过造物主的气息而获得生气的。在许多例子中，人与造物主的形象是一样的。换言之，如同我们在苏美尔的神话中已注意到的，通过其"形式"与"生命"，人在某种程度上分享着造物主的状态，只有身体是属于"质料"的。[②]

从亚当的一根肋骨造出女人，可被解释为是指初人的双性同体。类似的概念在其他的传说中也有记载，包括那些从《米德拉西》(*midrashim*)[③]中转述过来的内容。双性同体的神话说明了一个相当普遍的信仰：在神话中的祖先身上体现了人类的完美性，构成了一个统一体，同时也就是**全体**。我们在讨论到诺斯替教(Gnostic)和赫耳墨斯秘教(Hermetic)的玄想时，会再

---

① 这是古代本体论的一个特征：动物和植物从它们有名字的那一刻开始才真实存在(参见 Eliade, *Myths, Dreams, and Mysteries*，第194页中所用的有关澳大利亚人部落的例子。)

② 需要补充的是，根据许多传说，人死时，"灵魂"会回到天上他造物主的身边，而身体则回归大地。但是这种人类学的"二元论"却为《圣经》作者所排斥，而且，也为同时代近东的大部分民族所拒绝。只有在相对较晚的时候，才提出了一种更具突破性的、新的人类学观念。

③ 《米德拉西》是犹太教的布道书，专门讲解《旧约》的，成书于2—11世纪。——译者

评价双性同体的重要性。在此，我们应该注意的是，人类的双性同体乃是模仿神的双性同体，这一概念为许多文化所共有。[①]

54. 失乐园。该隐与亚伯

伊甸园中的河分为四条，还有亚当所看守并种植的树，都使我们想起美索不达米亚的意象。或许，在这个例子中，《圣经》故事是采用了某些巴比伦的传说。但是有关初人居住在天堂中的神话，以及人类难以接近天堂的神 166
话，都不见于幼发拉底河与地中海地区。像所有的“天堂”一样，伊甸园也位于“世界的中心”，那里有四条河流。园子的中心种植着生命之树、区分善恶的知识之树（《创世记》2：9）。雅赫维吩咐人说：“园中各样树上的果子，你可随意吃，只是分别善恶树上的果子，你不可吃，因为你吃的日子必定死。”（《创世记》2：16—17）这一禁忌中有一个别处不曾出现的观念：**知识的存在价值**。换言之，即知识能彻底改变人类的存在结构。

然而，蛇终于还是诱惑了夏娃。“不，你们不一定死，它对她说：‘因为上帝知道，你们吃的日子眼睛就明亮了，你们便如上帝能知道善恶。’”（《创世记》3：4—5）。关于这段相当神秘的插曲有着无数的解释。这一背景暗示了一个著名的神话符号：赤裸的女神、神奇的树和它的守护者蛇。但是，却没有英雄的凯旋以及赢得分享生命的象征（神奇的果实、永葆青春的泉水以及宝藏等等），《圣经》故事所讲述的是天真无邪的亚当是如何被蛇所欺骗的。简言之，这是一个错失“永生”的故事，像吉加美士一样（§23）。因为，一旦无所不知，等同于“诸神”，亚当就会发现生命之树（那是雅赫维并没有告诉他的）而获得永生。经文十分清晰明了：“耶和华（雅赫维）上帝说，那人已经与我们相似，能知善恶。现在恐怕他伸手又摘生命树的果子吃，就永远活着。”（《创世记》3：22）于是，耶和华将这对夫妇逐出天堂，并且要他们为了生计而劳作。

如果我们回到刚才所提到的神话情节，即赤裸的女神、神奇的树以及守护树的蛇，我们就会看到，无论从哪方面来说，《创世记》里的蛇都成功地扮演了守护生命或青春之象征的角色。但是，这一古老的神话却被《圣经》作 167

① 神的双性同体是许多指代由对立双方所组成的整体/统一体时的常用语之一：女性与男性、可见与不可见、天与地、光明与黑暗，还有善与恶、创造与毁灭，等等。对这些一组组相对概念的思索，在许多地区使人们对神性的对立统一，以及人类处境的重新评估上得出了令人吃惊的结论。

者所彻底改变了。亚当"未能通过入会礼的考验"被重新解释为罪有应得：他违反了上帝的旨意，露出了他魔鬼般的骄傲，企图和上帝一样。这是造物对其造物主所犯下的最大的罪，这就是后来对希伯来和基督教神学影响重大的"原罪"观念。这种关于"堕落"的观点，只有在以上帝的全能与嫉妒为核心的宗教中才会看到。整个《圣经》故事表明，雅赫维崇拜的这种一神论权威不断得到强化。

根据《创世记》第4—7章的编纂者的说法，这个原罪不仅仅关系到失乐园和人类处境的改变，而且在某种意义上，也成为负担重重的人类一切不幸的根源。夏娃生下"种地的"该隐(Cain)和"牧羊的"亚伯(Abel)。当兄弟俩奉献感谢祭时，该隐献上土里长出来的农作物，而亚伯则献上头生的牲畜，雅赫维接受了后者的供品，而拒绝了该隐。愤怒的该隐"起来打他兄弟亚伯，把他杀了。"(《创世记》4∶8)"现在，"雅赫维说，"你必从这地受诅咒。你种地，地不再给你效力，你必流离飘荡在地上。"(《创世记》4∶11—12)

从这段故事中可以看出，农人与牧人之间的对抗，而且其中暗含了对后者的辩护。但是，如果亚伯的名字意为"牧人"，该隐意为"铁匠"的话，那么他们的冲突就反映了铁匠在某些畜牧社会中的矛盾地位，无论他是受到鄙视或是尊敬，总之都是一个令人畏惧的角色。[①]如同我们(在§15中)已经提到的，铁匠被当作"火的主宰"且拥有极大的魔力。不管怎样，保留在《圣经》故事中的传说都反映了对定居于城镇的农耕安定生活的抗拒，以及对游牧民"单纯"生活的理想化。该隐成为"城市的建造者"(《创世记》4∶17)，他后
168 代中的一个，土八该隐(Tubal-cain)，就是"铜匠、铁匠的祖师"(《创世记》4∶22)。所以，该隐犯下的这第一次谋杀多少体现了技术与城市文明的象征。这暗示着所有的技术都可能带有魔力。

55. 洪水前后

我们无需在此一一列举该隐和塞特(亚当的第三个儿子)的后裔。与美索不达米亚的传说相一致，据说，最初祖先们都能活到很高的年龄，亚当在130岁时生了塞特，在800年后才去世(《创世记》5∶3以下)。而塞特和该隐所有的子孙都活到了800到900岁之久。一段奇特的插曲标志着大洪水前的这一时期：某些天神，即"神的儿子们"与凡间的女子结合，并生下了子

① 参见 Eliade, *The Forge and the Crucible*，第89页以下。

嗣,“那就是上古英武有名的人”(《创世记》6∶1—4)。这些“神的儿子们”很可能是“堕落的天使”。他们的故事在晚出的一本书中才有了完整的叙述(《以诺书》6—11),但这并不意味着这个神话以前无人知晓。事实上,在古代希腊和印度都有类似的信仰:这是一个英雄时代,这些半神的人物在人类发展之初(即“历史的黎明”时期)——这也是各个文化所特有的制度初创之时——留下了他们的事迹。让我们再回到《圣经》故事之中,在堕落的天使与凡间的女子结合后,上帝决定将人的寿命限制在 120 岁。无论这一神话主题(该隐与亚伯,大洪水前的先祖时代、“神的儿子们”的堕落以及英雄们的诞生)的起源是什么,重要的是,编纂者最后仍然将其收录在《创世记》中,尽管如此,他们还是保持了他们赋予雅赫维的某些拟人特征。

这一时期最大的事件就是洪水。“耶和华(雅赫维)见人在地上罪恶很大,终日所思想的尽都是恶。”(《创世记》6∶5)上帝后悔造了人,就决定将其毁灭。只有挪亚(Noah)和他的妻子以及他的儿子(闪、含和雅弗)和媳妇们活了下来。因为“挪亚是一个义人……他与上帝同行”(《创世记》6∶10)。
挪亚遵照雅赫维的详细指示,建造了方舟,将各种动物都装上了船。“当挪 169
亚六百岁,二月十七日那一天,大渊的泉源都裂开了,天上的窗户也敞开了。四十昼夜降大雨在地上。”(《创世记》7∶11—12)当水退了以后,方舟停在了亚拉腊(Ararat)山上。挪亚走出方舟,向上帝奉献牺牲。“耶和华(雅赫维)闻那馨香之气,就心里说,我不再因人的缘故咒诅他。”(《创世记》8∶21)而且上帝还与挪亚和他的子孙立约,并以彩虹为立约的标记(《创世记》9∶13)。

《圣经》的记载与《吉加美士史诗》中所记载的洪水有某些共同的成分。可能《圣经》的编纂者很熟悉美索不达米亚的神话,或者似乎更有可能的是,他们沿用了近东的远古传说。在前面(§18)我们已经注意到,有关洪水的神话流传得十分广泛,而且它们必定都有着共同的象征意义:需要彻底毁灭一个堕落的世界和人类,以便重新创造这一切,也就是要恢复其最初的完整。但是,这种循环的宇宙起源说在苏美尔和阿卡德的神话中已有所改变。《圣经》故事的编纂者则又回到并重新解释了洪水的灾难:他把这个故事提升为神圣历史中的一个插曲。雅赫维惩罚人类的堕落,而不为洪水的受害者感到痛惜(如同巴比伦神话中诸神的行为一样。参见《吉加美士史诗》泥版 11,第 116—125、136—137 行)。重要的是,他强调道德的纯洁与服从,这预示了将启示给摩西(Moses)的律法。像许多其他传奇故事一样,大洪水也被不断地重新诠释,并从不同的视角加以重新评价。

挪亚的儿子们成为新人类的祖先。那时,人们说着同一种语言。但有一天,人们决定建造"一座通天塔"(《创世记》11∶14)。这是人类最后的一次魔鬼行迹。雅赫维"降临要看看世人所建造的城和塔",发现从此以后"他们所要做的事,就没有不成就的了"(《创世记》11∶5—6)。于是,上帝变乱了他们的语言,人们便相互不能理解对方了。之后,雅赫维又将他们分散"在全地上,他们就停工,不造那城了"(《创世记》11∶7—8)。

170 在此,我们所面对的是从雅赫维宗教的角度来重新诠释的一个古老的神话主题。我们首先看到的是,在古代传说中某些为神所眷顾的人物(祖先、英雄、传奇的国王以及萨满)以树木、长矛、绳子或连续的箭矢为支撑而登天。但是,这种真正的(*in concreto*)登天在太初的神话时代以后就无迹可寻了。[1]其他神话也有人类试图借助各种登天工具登天失败的记载。不知《圣经》故事的编纂者是否了解这些远古的信仰。但无论如何,他是熟悉巴比伦的塔庙的,塔庙也具有相似的象征意义。实际上,塔庙的基座被认为是建在大地的肚脐之上的,而其顶端则在天上。爬上塔庙,国王或祭司们便仪式性地(即象征性地)登天了。然而,《圣经》故事的编纂者,他们是从字面上理解这一信仰的,在他们看来,这种信仰太过简单而且渎神,所以,要对其进行彻底的重新诠释。更确切地说,这个故事是被非神圣化和非神秘化了。

重要的是要强调以下的事实:尽管古老的题材经过漫长而复杂的选择、删除以及意义的消失,无论是遗留下来的,还是借鉴的,《创世记》的最后编纂者仍然将传统形式的整个神话保留了下来。《创世记》以宇宙的起源和人类的被造为其开端,描写祖先"天堂般的"生活,"堕落"的戏剧性事件与灾难性的后果(不得永生、必须为生计而劳作,等等)相联系,还提到第一批人类的逐步堕落——这为大洪水做了辩护——最后以一个传奇性的故事而结束:变乱语言,第二批人类在大洪水后的离散,以及新一轮魔鬼计划的结果。在古代及传统文化中,从各方面来看,这一神话都构成了一部"神圣历史":它解释了世界的起源以及人类的现实处境。我们确信,对于希伯来人来说,这个"神圣历史"成为亚伯拉罕以后,尤其是摩西的范式;但这并没有否定

① 今天,萨满"在精神上"承担了这种天堂之旅,也就是出神。

《创世记》前11章的神话结构与功能。

许多学者认为，以色列人的宗教并没有发明什么新的神话。但是，如果
“发明”一词被理解为一种精神上的创造的话，那么对于远古神话传说的选 171
择与批判就等同于创造一个新的神话，换言之，创造了一种能够成为范式的新的宗教世界观。而以色列人的宗教精神将上帝与选民的关系转换成了·种前所未有的神圣历史。从某一时刻起，这个表面上仅是一个民族的“神圣历史”就成了全人类的一种范式。

56. 族长的宗教

《创世记》第12章向我们展示了一个全新的宗教世界。雅赫维[①]对亚伯拉罕说：“你要离开本地、本族、父家，往我所要指示你的地去。我必叫你成为大国。我必赐福给你，叫你的名为大，你也要叫别人得福。为你祝福的，我必赐福给他，那咒诅你的，我必咒诅他，地上的万族都要因你得福。”(《创世记》12 ∶1—3)

就经文现存的形式而言，它肯定是在相关事件发生后几个世纪才编纂的。但是在亚伯拉罕“被选”所暗含的宗教观念却延续了公元前2000年代近东地区众所周知的信仰与习俗。《圣经》故事的特别之处在于强调上帝直接的信息及其结果。上帝在未经祈求的情况下自己向某一个人显现，在发出一系列的指令后，又作出许多惊人的承诺。据传说，亚伯拉罕服从上帝，后来当上帝要他祭献其子以撒(Isaac)时，他还是服从上帝。在此，我们所看到的是一种新的宗教经验——摩西以后人们所理解的“亚伯拉罕式的信仰”——它逐渐成为犹太教和基督教特有的宗教经验。

亚伯拉罕离开了迦勒底(Chaldaeans)的吾珥(Ur)，来到美索不达米亚西北边的哈兰(Haran)；之后，他又向南行，在示剑(Shechem)停留过一段时间；随后，他带着他的大队人马在巴勒斯坦和埃及之间移居(《创世记》13∶
1—3)。亚伯拉罕的历史和他儿子以撒、孙子雅各(Jacob)以及约瑟 172
(Joseph)的冒险故事，构成了《圣经》中的族长时期。长期以来，《圣经》评断家认为族长只是传说中的人物。但是，在过去的半个世纪里，特别是考古发现使得某些学者倾向于至少是部分地接受族长传说是真实的历史。当然，

① 显然，无论是在此处或是前面引述过的其他段落，“雅赫维”这一名字的出现都是一个年代错误，因为这个名字是上帝后来对摩西说的。

这并不意味着《创世记》第 11—15 章的内容就是“历史记载”(historical documents)。

希伯来人的祖先,也就是阿皮鲁人(*Ápiru*),他们到底是养驴人还是行旅商人,[1]还是牲畜较少准备定居下来的牧人,等等,[2]这些对于我们来说并不重要。只要记住,族长时期的习俗与近东的社会以及律法制度之间有许多的相似之处。还有一点要承认的是,在族长们居留美索不达米亚期间,他们了解并吸收了许多当地的神话传说。至于族长的宗教,其特点则是崇拜“父亲的上帝”(god of the father)。[3]雅赫维以“我的/他的/你的父亲的上帝”的方式显现自身,以色列人也如此向他乞求(《创世记》31∶5;等等)。其他的套语还包括某一个人名,有时在这个人名之前加上“父亲”一词:“亚伯拉罕的上帝”(《创世记》31∶53)、“你父亚伯拉罕的上帝”(《创世记》26∶24,等等)、“以撒的上帝”(《创世记》28∶13)、“我父亲以撒的上帝”(《创世记》32∶10,等等),或“亚伯拉罕、以撒和雅各的上帝”(《创世记》32∶24,等等)。这些套语与古代东方宗教中的称呼很相似。[4]

“父亲的上帝”就是子孙们都承认的直系祖先的上帝。他通过向祖先启示,从而与之建立起某种亲族关系。他是一个游牧民族的上帝,并不住在某座神殿里面,而是与某一群人在一起,与之相伴随且保护他们。他“通过应
173 许将自己与那些信任他的人们捆绑在一起”。[5]其他或许更古老的名称有 *pahad yiṣhâk*,翻译过来就是“以撒所敬畏的”,但更可能的意思是“以撒的亲族”;还有*ᶜabhir yaᶜaqobh*,其意为“雅各的避难所(或守护者)”(《创世记》31∶42,53)。

一进入迦南,族长们就与当地的厄勒崇拜相遭遇,结果“父亲的上帝”逐

---

① 奥尔布赖特(Albright)在好几本专著中也持有同样的观点;参见其近著 *Yahweh and the Gods of Canaan*,第 62—64 页以及各处。

② R. de Vaux, *Histoire ancienne d'Israël*,第 1 卷,第 220—222 页。

③ 阿尔布莱希特·阿尔特(Albrecht Alt)是第一位关注这一特点的人;参见其著作 *Der Gott der Väter*(1929 年)。

④ 在公元前 19 世纪,就有加帕多家(Cappadocia)的亚述人(Assyrian)称“我父亲的上帝”(或你的/他的父亲)。参见 Ringgren, *La religion d'Israël*,第 32 页(英译本第 20 页);Fohrer, *History of Israelite Religion*,第 37 页;de Vaux, *Histoire ancienne d'Israël*,第 1 卷,第 257—258 页中所引之资料。进一步详细的解释,则可参见 Cross, *Canaanite Mythand Hebrew Epic*,第 12 页以下。

⑤ De Vaux,第 261 页:“《创世记》中时常提及应许的主题。以不同的形式出现:承诺多子多孙、土地肥沃,或者二者一起应许。”

渐与之等同。①这样的同化使我们猜测,在这两种类型的神灵之间有着某种结构上的相似性。无论如何,一旦等同于厄勒,则“父亲的上帝”就获得了宇宙神的特点,而不再只是作为家庭或氏族的神灵了。这是以色列宗教融合的最早历史记录,它丰富了族长的遗产。也绝不是仅有的例子。

虽然相当简约,但有许多章节还是向我们描述了族长们的宗教活动。然而,其中的某些章节反映的却是更晚时期的情况。因此,将《圣经》内容与古代畜牧文化中所特有的习俗,尤其是前伊斯兰教的阿拉伯习俗相比较是恰当的。根据《创世记》的描写,族长们奉献牺牲,修建祭坛,竖起膏油的石头。但真正实行的可能只有游牧民族的血祭(*zèbah*),没有祭司,有些学者认为甚至连祭坛也没有:“每个献祭者各自宰杀从羊群中选出的牲畜;他们不焚烧祭品,而是由献祭者和他的家庭共同分享。”②

我们很难确定立石(*massebah*)的原初含义,因为它们的宗教背景各不相同。石块可能是立约的见证(《创世记》31:45,51—52),可能是墓碑(《创世记》35:20),或是圣灵显现,如同在雅各故事中的那样。雅各头枕在一块石头上睡着了,梦见一个梯子从天上降下来,“雅赫维站在梯子上”,将那块 174
地许给了他。醒来后,雅各就在他睡觉的地方竖起一块石头,并将那个地方命名为伯特利(*bêth-el*),意为“神殿”(《创世记》28:10—22)。立石在迦南的崇拜仪式中占有一席之地,这就是为什么后来雅赫维宗教要谴责这些习俗的原因。但是,这一习俗也存在于前伊斯兰教的阿拉伯人中间(参见第148页注解⑤),所以,可能以色列人的祖先们也有着同样的习俗。③

57. 亚伯拉罕,“信仰之父”

然而,有两次仪式在以色列宗教历史上发挥了重要的作用,一次立约的献

① 先祖的故事中提到“厄勒”之名的,是以ᶜ*el* 加上一个名词,如:El Roi,意为“看顾人的上帝”(《创世记》16:13);El Shaddaï,意为“雅赫维在幔利”(18:1;等等);El ᶜOlam,意为“永生的上帝”(21:33);El Bethel,意为“伯特利的上帝”(31:13;等等)。参见 de Vaux,第262页以下;Ringgren,第33页以下(英译本第20页以下);Cross,第44页以下。

② De Vaux,第271页:“在阿拉伯的中部地区,牺牲是在象征神的降临的立石前面被宰杀的;血浇在石头上,或是倒在石块下的深沟里。这种牺牲是游牧的阿拉伯人在春季的第一个月里为求牲畜的繁盛而特别祭献给神的。可能半游牧的以色列人的祖先早已有类似的庆典。”

③ 族长时期的故事中有提及某种神圣的树,例如,摩利橡树(《创世记》12:6)和幔利橡树(13:18;等等)。这些先祖时期受尊敬的树后来因为迦南的祭祀场所被禁而变得十分尴尬(“无论是在小山上、在各青翠树下”——《申命记》12:2)。

祭，一次以撒的献祭。第一次献祭(《创世记》15：9 以下)是由上帝直接给亚伯拉罕指定的。祭品包括小母牛、山羊、绵羊，其他地方也有与之相似的仪式(如赫梯人的仪式，参见 § 43)。不过，重要的还是上帝在夜间显现："日落天黑，不料有冒烟的炉，并烧着的火把，从那些肉块中经过。"(《创世记》15：17)"那日，雅赫维与亚伯兰立约。"(《创世记》15：18)这个约不是一个契约，因为，上帝对亚伯拉罕并没有什么要求：只是他自己约束自己。这个仪式在《旧约》只提到过这一次，但是一直为以色列人所采用，直到耶利米时期。有些学者认为族长时代不曾有这样的仪式。当然，这种献祭仪式出现在雅赫维经卷里，但是神学诠释并不能抹杀它原初的特质。

在《创世记》中，只对一次献祭仪式做了详细描述，即以撒的献祭(《创世记》22：1—19)。上帝命令亚伯拉罕将他的儿子献为燔祭(*ʿolah*)，亚伯拉罕正准备献祭的时候上帝以公羊代替了其子。这个故事曾引起无数的争论。首先，值得
175 注意的是，"燔祭"一词被重复了六遍。而这种献祭似乎是在部落最后定居下来后从迦南人那里借鉴而来的。[1]也有人认为那是"对过去的理想化"。然而，不应忘记的是《创世记》也记载了许多污秽卑劣的故事，"这显示了作者更关心的是忠实地记述传说，而不是要将其理想化"。[2]

无论其起源是什么，这个故事都比《旧约》中的其他故事更为深刻地阐明了"亚伯拉罕式的"信仰的深层含义。亚伯拉罕不是为了某个具体的目的而将儿子祭献给神的，不像摩押国王米沙祭献他的长子是为了打败以色列人(《列王纪下》3：27)，或者如耶弗他那样向雅赫维许诺，如果胜利了，他会将其所遇见的第一个人献燔祭给神，却没想到是自己的亲生女儿、他唯一的孩子(《士师记》11：30 以下)。这不是将头生的献给上帝，这种仪式以色列人是后来才知道的，而且在以色列人中也并不普遍。亚伯拉罕觉得，他因"信仰"而与他的上帝捆绑在一起了。他不"理解"上帝要他这样做的意义何在，而那些将头生的献给上帝的人却是完全明白这个仪式所包含的意思及其所具有的巫术—宗教性的力量的。另一方面，亚伯拉罕却从未怀疑过上帝的神圣、完美和全能。因此，如果上帝所命令做的事情很像是杀婴，那只

---

① De Vaux, *Histoire ancienne d'Israël*，第 270 页："最早提及于此的确定文献源自士师时期。"

② H. H. Rowley, *Worship in Ancient Israel*，第 27 页。的确，经文中很少有关于雅各之子所行祭祀的记载，但是，我们却被告知许多有关他的不光彩的故事，例如示剑的西缅(Simeom)和利未(Levi)的故事(《创世记》34)以及犹大(Judah)和他玛(Tamar)的故事(《创世记》38)。

是因为人类理解力的先天不足。只有上帝自己知道这一举动的意义和价值,而对于所有人来说,却不知道怎样将这一举动与犯罪区别开来。

在此,我们所遇到的是神圣辩证法的一个特殊例子:不仅仅是“世俗的”转变成了“神圣的”,同时那世俗的还保留着它原有的结构(一块*神圣*的石头仍然还是一块*石头*),但是这种“神圣化”甚至也不能为凡人所理解:杀婴并没有转变为一种意在产生特殊效果的仪式(如同那些为了某种目的而祭献 176
其头生子的人)。亚伯拉罕并不是在举行任何仪式(因为他没有任何目的,也不懂得他杀子的意义何在);但是,他的“信仰”使他相信他并不是在犯罪。有人会说,亚伯拉罕并不怀疑他行为的“神圣性”,但是这却是“无法辨认”的,因而也就是无法理解的。

对于神圣的不可认知性(因为神圣被完全等同于世俗了)的思考会产生重大后果。如我们将要看到的,亚伯拉罕式的信仰使得犹太民族在圣殿被毁、国家灭亡之后,仍能背负起他们悲剧历史的苦难。甚至到了19—20世纪,某些基督教的思想家也在沉思亚伯拉罕的例子,抓住其中的玄妙以及信仰中那最终“不可认知的”本质。克尔凯戈尔(Kierkegaard)①与他的未婚妻解除了婚约,却仍然希望她以一种不可想象的方式与其重修旧好。而列昂·舍斯托夫(Leon Chestov)宣称,真正的信仰只蕴含着一种确定性——即“对于上帝而言,一切都是可能的”——他这只是以一种较为质朴的语言重申了亚伯拉罕的经验。

58. 摩西与出埃及

《创世记》中的第46—50章、《出埃及记》以及《民数记》中讲述了以色列宗教的最初阶段。它们的内容是由一系列的事件构成的,而且大多数是直接由上帝所引起的。我们将其最重要的列举如下:雅各与其子在埃及定居;几个世纪以后,迫害降临了,埃及法老下令除掉所有以色列人的长子;摩西的兴衰(他曾奇迹般地逃过了大屠杀,并在法老的宫殿中被抚育成人),他杀死一个殴打希伯来人的埃及士兵,特别是他逃进米甸地(Midian)的沙漠之中,看到“燃烧的荆棘”(这是他第一次遭遇雅赫维),上帝命他带领族人出埃及,并将上帝的名字启示给他;上帝降下十个灾祸,法老被迫让他们离开;以色列人出埃及,穿越红海时海水淹没了追赶他们的埃及战车与士兵;雅赫维

① 克尔凯戈尔(1813—1855),丹麦哲学家,其思想为存在主义的理论根据之一,著有《非此即彼》、《恐惧与战栗》等。——译者

177 在西奈山上显圣，并与他的人民立约，接着是有关启示和崇拜仪式的指示；最后，以色列人在沙漠中漂荡40年和摩西的去世，以及在约书亚(Joshua)的带领下征服迦南。

100多年以来，《圣经》评断家竭力要将《圣经》故事中的“可信的”、“历史的”成分与那些“神话的”和“传说的”累赘和沉淀物区分开来。[①]也有人使用与埃及人、迦南人和近东其他民族的政治、文化与宗教史有关的文学及考古学的文献。在这些文献的帮助下，有希望阐明、澄清，甚至是重构希伯来不同族群的历史。一些学者认为，从雅各定居埃及(前18世纪—前17世纪)，到反映在出埃及和进入迦南的传说的种种事件应该是发生在公元前12世纪。[②]这些《圣经》以外的文献对于把出埃及和征服迦南这些事件至少是部分地整合进历史之中是有所贡献的。例如，我们根据埃及第十九王朝某些法老时期的军事和政治情况，便可相当确定以色列人出埃及的时间了；征服迦南的各个阶段也可从考古发掘的结果中来断定，尤其是某些迦南城市相继毁灭的时间。但是这些纪年的相互关系与一致性仍有所争议。

我们并不想在这些莫衷一是的争论中提出自己的立场。虽然我们希
178 望，但是到目前为止，还是没有足够的事实资料恢复以色列宗教中某些最重要事件的历史真实性。当然，同时也没有办法证明这些事件是不真实的。但是，这些历史事件和人物已经根据某种范型被重新塑造，不再可能指出它们原来的“真实性”了。我们没有理由怀疑这个叫摩西的人物的真实性，但是他的生平以及具体的人格特征已不可考。我们只知道，他成为了一个富有魅力的传奇人物，他被放在蒲草的箱子中，搁在尼罗河的芦苇中，以此开始了他的一生，许多其他英雄人物(忒修斯、珀耳修斯、阿卡德的萨尔贡[③]、罗慕洛[Romulus][④]和居鲁士[Cyrus]，等等)也都遵循着同样的模式。

摩西的名字像他家庭中的其他成员一样是埃及的。其中的*mśy*，是“出

---

① “非神话化”这一工作相当容易(因为，如同十大灾祸或是穿越红海等这样的“奇迹”都不会被视作“历史事件”)。但是对于《圣经》文献可能具有的历史真实性的诠释，都证明是相当棘手的。分析发现，《圣经》的编纂可分为几个不同的部分，分别是在不同时期、从不同的神学角度进行的。此外，还发现《圣经》受到其他几种文体的影响。当我们发现，编纂者使用了某种程式化的特殊文体(传说、散文故事、谚语，等等)时，一个故事的历史真实性就会受到怀疑。

② 根据《出埃及记》12∶40的记载，以色列人在埃及居留了430年。

③ 阿卡德的萨尔贡(前2371—前2316)，即萨尔贡一世，阿卡德王国的创建者。——译者

④ 罗慕洛，传说中罗马城的建立者，“王政时代”的第一个王。——译者

生、儿子”的意思，与亚摩西斯(Ahmosis)或拉美西斯(Rameses，意为“Ra的儿子”)相似。利未的儿子米拉利(Merari)，是埃及文的*Mrry*，意为“最亲爱的”；亚伦(Aaron)的孙子品哈斯(Pinhas)是埃及文的*P^c-nhsy*，意为“黑人”。年轻的摩西很有可能知道阿肯那顿(前1375—前1350)的“改革”，阿肯那顿以太阳神阿顿的“一神教”取代了对阿蒙的崇拜。一些学者注意到①这两种宗教间的相似之处：阿顿也被称为“唯一的神”；像雅赫维一样，他也是“创造万物”的神；最后，重要的是阿肯那顿的“改革”是受到“神命”的指示，如同雅赫维崇拜中的托拉(Torah)。但是，当时摩西所生长的拉美西斯社会，已经废除阿肯那顿的“改革”有两个世代了，不可能再引起他的注意。任何一个在“父亲的宗教”中成长起来的人，对埃及宗教中的普世主义、宗教融合(特别是在埃及与迦南崇拜之间的融合)、某些纵欲的仪式(男女神娼)以及动物“崇拜”都是深恶痛绝的。

至于出埃及的故事，它似乎是某个历史性事件。然而，那不是整个民族的迁徙，而是一部分人，确切地说，只是由摩西所领导的族群的迁徙而已。
其他族群则早已几乎是和平地进入了迦南。后来，“出埃及”这一事件被以 179
色列所有支派称为他们神圣历史中的一个插曲。而对于我们来说，重要的是，出埃及这一事件与逾越节的庆祝联系起来了。换言之，一个游牧民族特有的、为以色列的祖先们举行了上千年的远古献祭活动，被重新提升并融合进了雅赫维崇拜的神圣历史之中。一个原属于宇宙宗教的崇拜仪式(春天的牧人节日)，被解释成了对一次历史事件的纪念。**从宇宙型的宗教结构转变为神圣的历史事件**，这正是雅赫维一神教的特点，而且以后又被基督教所采用并延续下来。

59. “我是自有永有的”

当摩西为他的岳父米甸祭司叶忒罗(Jethro)放牧羊群时，他穿过沙漠，来到“上帝之山”何烈山(Horeb)。在那里，他看到“荆棘里的火焰”，听到有人叫他的名字。过一会儿，上帝的声音对他说，“我是你父亲的上帝，是亚伯

---

① 例如Albright, *From the Stone Age to Christianity*，第218页以下、第269页以下，以及所著*The Biblical Period from Abraham to Ezra*，第15页以下。但其他学者认为，这种类比似乎并不具有说服力；参见Ringgren, *La religion d'Isaël*，第51页(英译本，第39页)；Fohrer, *History of Israelite Religion*，第79页。

拉罕的上帝,以撒的上帝,雅各的上帝”(《出埃及记》3∶6)。不过,摩西以为他遇见了一个不知名的神,或者甚至是一个新的神灵。他遵命到以色列的子孙中间,对他们说,“你们祖宗的上帝打发我到你们这里来”;但是,如果他们问上帝的名字是什么,“我要对他们说什么呢?”(《出埃及记》3∶13)“上帝对摩西说,我是自有永有的(*ʾeyèh ʿăšèr ʿehyèh*)。”然后,他又教摩西对以色列的子民如此说:“那自有的打发我到你们这里来。”(《出埃及记》3∶14)

这个名字引起了无数的讨论。①上帝的回答非常神秘:他提到他的存在模式,却没有显现他自己。用现代人的话说,所有能说的就只是,这个神圣名字表明了存在与存在者的整体性。但雅赫维说,他是亚伯拉罕和其他族长的上帝,这种身份今天仍为那些宣称是亚伯拉罕子孙的人们所接受。而
180 事实上,我们可以在父亲的上帝和向摩西显现的上帝之间发现某种连续性。如德·沃斯(De Vaux)所说的,“首先,雅赫维崇拜是在沙漠里的游牧民中诞生并发展起来的。回归纯粹的雅赫维崇拜就是回到沙漠里去:这是先知们的‘游牧民族般的理想’。”②正如父亲的上帝一样,雅赫维并不固定于某一个具体的地方;此外,他与领导一个族群的摩西有着一种特殊的关系。

然而,雅赫维与父亲的上帝之间的不同也是十分重要的。父亲的上帝是匿名的,而雅赫维则有表明其奥秘和超越性的专门名字。上帝与他的崇拜者之间的关系也随之发生了变化:原先是“父亲的**上帝**”,我们现在听到的是“雅赫维的**子民**”。而蒙上帝拣选的观念原先体现在对亚伯拉罕的应许(《创世记》12∶1—3),现在更加明确了:雅赫维称族长的子孙们为“我的人民”,用德·沃斯的话来说,他们是他的“个人财产”。随着父亲的上帝与厄勒的不断同化,雅赫维也与之相等同了。他借用了厄勒的宇宙性结构和国王的头衔。“从厄勒的宗教中,雅赫维崇拜也以‘埃洛希姆之子’(*benêʾ eʾlohîm*)③来描述上帝的王国的观念。”④另一方面,雅赫维好战的特性也是

---

① 参见林格仑(Ringgren),第43页以下(英译本,第31页以下)中所列的最新书目,Fohrer,第75页以下,De Vaux, *Histoire ancienne d'Israël*, 第321页以下,以及 Cross, *Canaanite Myth and Hebrew Epic*, 第60页以下。

② De Vaux, 第424页。接下来我们引用了他的分析,第424—431页。

③ “埃洛希姆”一词源自古代闪族的神“厄勒”,古代犹太教曾以此名称呼其上帝。——译者

④ De Vaux, 第428页。“但是,更正确地说,是厄勒将他的温和与怜悯给了原先好斗而暴力的雅赫维。在可能是古本的《出埃及记》34∶6中,雅赫维(耶和华)将自己定义为‘有怜悯、有恩典的’”(同上书,第429页)。

承自“父亲的上帝”这一角色,是他的崇拜者的最高保护者。

神启的本质都集中在十诫(Decalogue)里(《出埃及记》20：3—17;参见34：10—27)。以其现有的形式来看,该经文并非出自摩西时代,但是,里面最重要的诫命肯定反映了原始雅赫维崇拜的精神。十诫的第一条,“除了我以外,你不可有别的神”,这表明,当时还不是严格意义上的一神教。其他神灵的存在是不容否认的。在渡过红海后,在高唱胜利凯歌时,摩西呼喊道:“雅赫维啊,众神中谁能像你?”(《出埃及记》15：11)但是他要求绝对的忠诚,因为雅赫维是一个“忌邪的上帝”(《出埃及记》20：5)。刚刚逃出沙漠, 181
反对伪神的斗争就在巴力毗珥(Baal-peor)立即开始了。在那里,摩押女子邀请以色列人向他们的神灵献祭。“百姓就吃他们的祭物,跪拜他们的神,”(《民数记》25：2)于是触怒了雅赫维。对于以色列人来说,这场开始于巴力毗珥的斗争仍在持续着。

诫命的第二条,“不可为自己雕刻偶像……”则很难理解。这不是禁止偶像崇拜。和异教崇拜相类似,以色列人也认为偶像只是神的载体而已。可能这条诫命潜在的含义是禁止以某种崇拜对象来代表雅赫维,正如他没有名字一样,雅赫维也不应有形象。上帝允许某些特定的人面对面地看见他;而对于其他的人类来说,他只是通过他的行为来显现。不像其他近东的神灵,他们可以人形、动物形或宇宙形态显现自身,而雅赫维只以人形显现。但他也以宇宙的形式显现,因为整个世界都是他的造物。

雅赫维的拟人性(anthropomorphism)有两个层面。一方面,雅赫维展示了人类所特有的性格和缺点:同情与憎恶、喜悦与愤怒、原谅与报复。(但他没有显示出荷马式诸神的软弱与缺点,而且他也不能容忍像某些奥林匹斯神那样受到嘲弄。)①另一方面,不同于大部分的神,雅赫维并没有反映出人类的情境,他没有一个家庭,只有一个天国,雅赫维是唯一的。但是,他像一个东方的暴君一样,要求崇拜者对他绝对忠诚,从这一点上,我们是否可以看到拟人性的另一个特征呢?追求绝对的完美和纯洁,似乎更像是一种非人的愿望。不宽容与狂热是世界上三大一神教中的先知和传教士们所共有的特征,这些在雅赫维的例子中都找到了他们的原型和为自己行为辩护的理由。

同样地,雅赫维的暴力也超越了拟人性的界限。有时候他的“愤怒”显

---

① Fohrer, *History of Israelite Religion*, 第 78 页以下。

得十分的非理性,以至于我们可以说,反映出他的"魔性"来。的确,在占领迦南后,以色列人对雅赫维的一些负面特征逐渐地习以为常,没有了感觉。
182 但是,这些"负面特征"却是属于雅赫维最原始的结构的。事实上,这正是一种全新的、最令人难忘的神性表达,上帝是绝对不同于他的造物的,是"完全的他者"(the *ganz andere*)。①这些矛盾特性的并存,某些行为的非理性,使得雅赫维不同于一个人类尺度的完美理想。就此而论,雅赫维与某些印度的神灵相类似,如湿婆或时母—难近母(Kālī-Durgā)。但二者之间有一个基本的不同点:印度的神灵是超越于道德之上的;既然他们的存在模式本身就是一个范式,那么其崇拜者们毫不犹豫地争相效仿他们。相反,雅赫维却订立了最高的伦理原则和实践的道德:十诫中至少有五条是与道德有关的。

根据《圣经》故事,出埃及三个月后,上帝在西奈(Sinai)沙漠中向以色列人显现。"西奈全山冒烟,因为雅赫维在火中降于山上,山的烟气上腾,如烧窑一般。遍山大大地震动。角声渐渐地高而又高,摩西就说话,上帝有声音答应他。"(《出埃及记》19:18—19)接着,雅赫维向在山脚下的以色列人显现,与他们立约,口授以十诫为开始的圣约律法,其中还包括一些对于献祭的规定(《出埃及记》20:22—26 以及第 24—26 章)。②随后,摩西又与上帝有过另外一次对话,并得到了"两块法版,是上帝用指头写的石版。"(《出埃及记》31:18,34:1—28)曼登霍尔(Mendenhall)注意到圣约律法的文体形式,它让人想起公元前 2000 年代赫梯国王与他们在小亚细亚的封臣之间的条约。③ 但是,虽然二者的用语有很多相似之处,却并没有明确的证据。

以色列人在沙漠里所度过的 40 年中是如何举行崇拜活动的,我们不是
183 很清楚。《出埃及记》(26,38:8—38)中对沙漠中的圣所有一个详细的描述,它包括会幕,里面藏着约柜,一个木制的箱子——据后来的传说——柜子里放着法版(《申命记》10:1—5;等等)。这个传说很有可能反映了真实的情况。因为,关于安置石头偶像、举行仪式的帐篷或轿子,在伊斯兰教之前的阿拉伯文中已有所记载。虽然,经文并没有同时提及约柜与会幕,但有可能和阿拉伯人一样,以色列人的帐篷也是放置约柜的。像早期的父亲的

① 德国神学家鲁道夫·奥托(Rudoph Otto)的用语。

② 不必说,所有的这些经文都是后来编纂的。

③ C. E. Mendenhall, *Law and Covenant in Israel and the Ancient East*(1935)。其他人如奥尔布赖特也接受了这种假设,参见 *Yahveh and the Gods of Canaan*, 第 107 页以下。

上帝一样,雅赫维也带领着他的百姓。这个约柜象征着上帝不可见的临在,然而我们却无法得知里面装着什么。

根据传说,摩西死在摩押平原上,在耶利哥(Jericho)的对面。雅赫维指着迦南地对他说:“现在我使你眼睛看见了,你却不得过到那里去”(《申命记》34:5;《民数记》27:12—14)。摩西的死亡也与他传奇且范式的人格相符。我们所能说的只是,这个叫作摩西的人之所以出名,是因为他不断戏剧性地与雅赫维相遇。通过摩西所传达的启示使他成为一个出神的、说神谕的先知和“巫师”——利未祭司的典范——同时也使他成为一个极富魅力的领袖,他成功地将一些民族改造成为整个以色列民族的核心。

60. 士师时期的宗教:宗教融合的第一个阶段

大约在公元前 1200 年前后,摩西的族群在约书亚的率领下进入迦南,到了公元前 1020 年,扫罗(Saul)称王,这一时期即是众所周知的士师时代。士师是军事首领、顾问和地方执法官。正是在这一个时期,其他部落接受了雅赫维的宗教,特别是在几次辉煌的胜利之后。因为雅赫维直接介入了战斗。他向约书亚保证:“不要怕他们,因为我已将他们交在你手里。”(《约书亚》10:8)而事实上,雅赫维从天上降下“大冰雹”,打死了数千的敌人(《约书亚》10:11)。打败迦南国王耶宾(Jabin)后,底波拉(Deborah)和巴拉
(Barak)作歌,颂扬上帝的愤怒:“耶和华(雅赫维)啊,你从西珥出来……,那 184
时地震天漏,云也落雨。”(《士师记》5:4)简言之,雅赫维证明了他比迦南众神更强大。以他的名义进行的战争都是圣战:①人被圣化(*qiddeš*,“神圣化”)且必须保持一种仪式性的洁净。至于战利品,是被“禁止”的,也就是说,将其完全烧毁作为燔祭供奉给雅赫维。

但是,为了适应一种新的生存方式,雅赫维崇拜也在不断地变化演进。我们首先注意到,为每一个游牧社会所最尊崇的价值观遭到了反对。如游牧民中不可违背的好客原则就被雅亿(Jael)推翻了:她邀请战败逃亡的迦南

① G. von Rad, *Der heilige Krieg im alten Israël* (1951), Ringgren, *La religion d'Israël*, 第 66—67 页(英译本,第 53—54 页)中有所总结。“禁止”(*hérèm*)这个词的词根有“神圣的”意思。林格仑(Ringgren)认为这是以色列的典型现象;但洛兹(A. Lods)和奥尔布赖特却引证其他例子说明这并不只限于闪族;参见 Rowley, *Worship in Ancient Israel*, 第 56 页和注解 7。

首领西西拉(Sisera)进她的帐篷里去,却乘他睡着时杀死了他(《士师记》4∶17以下)。摩西时代的移动式圣所也被废弃了。这时的崇拜仪式都是在圣所和圣地举行的。

但是,如同预计的一样,毕竟与迦南宗教的对抗还是带来了许多明显的后果。这种对抗一直持续到公元前7世纪。作为雅赫维与厄勒融合的结果,在雅赫维宗教之前厄勒的圣所,与许多迦南人的圣所一起都被改造成崇拜雅赫维的圣所了。①更令人惊讶的是,在士师时代,人们竟然将雅赫维与巴力混为一谈。甚至在那些信仰雅赫维的家庭中也可发现他们的名字中带有巴力的字眼。像著名的基甸(Gideon)也叫作耶路巴力(Jerubbaal),意为"他拆毁巴力的坛,让巴力与他争论。"(《士师记》6∶32)这预示着意为"主"的"巴力"这个词被认为是雅赫维的称号,或者是巴力与雅赫维一样受到人们的崇敬。②起初,巴力肯定是作为"大地之神"即最高的丰产神而被人们所接受的。只是在后来对他的崇拜才被人所厌恶,并成为叛教的典型证据。

185 迦南祭祀系统的大部分被采纳了。最简单的献祭是在圣地以不同的礼物,或油或水的奠酒供奉给神。祭品被视为神灵的食物(《士师记》6∶19)。正是在此时,以色列人开始实行燔祭(*ʿolah*),他们将此解释为献给雅赫维的供品。此外,他们也采用了许多迦南的习俗,这些习俗多与农业有关,甚至还有一些狂欢的仪式。③这一同化的过程后来逐渐加强,在王国时期,甚至出现了男女神娼。

圣所的建造也效仿迦南的模式。圣所包括一个祭坛、立石、木柱(*asherahs*,象征迦南女神亚舍拉)和盛奠酒的容器。在所有的仪式用品中,最重要的是:神像(*teraphim*,偶像或面具)以及圣衣以弗得(ephods,原先是披在偶像身上的衣袍)。参加崇拜的人员被安排在圣所的周围,担任守卫。最重要的人物是祭司和利未人:他们供奉牺牲,并通过抽签和以弗得来获知神意。在祭司和利未人旁边的是占卜者或先见(*rō'êh*),但对于他们的职责我们几乎一无所知。先见并不像先知(*nâbîim*)那样固定于某个圣所。最著名的先见是巴兰(Balaam,《民数记》22—24):他在梦中或醒着时都看见了雅

---

① 参见富莱尔(Fohrer)所列的圣所名单,*History of Israelite Religion*,第111—113页。关于崇拜仪式的融合,参见G. W. Ahlström, *Aspects of Syncretism in Israelite Religion*,第11页以下;Rowley, *Worship in Ancient Israel*,第58页以下。

② Ringgren,第56页(英译本,第44页);Fohrer,第105页。

③ Fohrer,第106页;Ahlström,第14页以下。

赫维；他被摩押国王要求“看见”以色列人，为的是能对他们下诅咒。这种类型的出神在其他游牧社会中也有所记载（如阿拉伯人的卡因[*kāhin*]）。[①]

更重要的是“先知”（*nâbî*）的功能。我们在后面会再回到这一话题（§116）。而现在需要补充的是，以色列的出神预言深深根植于迦南宗教。[②]事实上，巴力崇拜中也有先知（*nâbîim*）（《列王纪上》18：19 以下；《列王纪下》10：19）。但这是一种在古代近东（除了埃及以外）相当普遍的出神体验。苏美尔人就知道所谓“升天的人”，指类似于萨满的出神体验。在马
里，18 世纪的文献中提到“应答者”（*āpilum*），或 *muhhûm* 和 *muhhûtum*，即 186
是在梦中或异象中得到神谕的男人和女人。这些应答者（*āpilum*）和 *muhhûm* 类似于先知（*nâbîim*）。和以色列的先知一样，他们也使用简短的神谕并将他们的信息传递给国王，即使是坏消息或是对国王行为的批评。[③]

甚至在以色列人征服和殖民迦南的最初几个世纪中，我们也可看出迦南影响的深远和多样性。的确，仪式的体系、圣地和圣所都是源自于迦南；祭司阶层也是根据迦南的模式形成的；最后，即使是那些不久就开始挑战祭司的权威，反对与丰产崇拜相融合的先知们也深受迦南的影响。然而，先知们却声称拥有最纯粹的雅赫维崇拜。从某种观点来说，他们是对的；但是，他们所宣称的雅赫维崇拜却已经与迦南宗教与文化中最具创造力的成分同化了，而这正是先知们所要激烈抨击的。

---

① 彼得森（J. Pedersen）说，“在以色列人和阿拉伯人中，这一角色通常是由被圣灵附体的人来充当的”；J. Lindblom, *Prophecy in Ancient Israel*，第 86 页以下。

② A. Haldar, *Association of Cult Prophets among the Ancient Semites*，第 91 页以下，以及书目。

③ Lindblom，第 29 页以下、第 85 页以下，以及 Fohrer，第 225 页以下，他引用了巴比伦和亚述的例子。

187 # 第8章 印欧宗教:吠陀诸神

61. 印欧原史

印欧人闯入历史是以其可怕的破坏而著称的。在公元前2300—前1900年之间,希腊和小亚细亚的许多城市遭到烧杀劫掠,比如特洛伊城(大约在公元前2300年)、贝斯苏坦城(Beycesultan)、塔苏斯(Tarsus)以及安纳托利亚的300多个城市与乡村。文献中还提到赫梯人、卢维人(Luwians)和米坦尼人(Mitanni)[1]。但雅利安人也被证实为是另一群侵略者。印欧民族早在几个世纪前就开始了向外扩散,一直持续了2 000多年。大约在公元前1200年,雅利安人进入印度河与恒河平原,伊朗人在波斯建立了稳固的王国,而希腊及其岛屿则已经印欧化了。几个世纪之后,印度、意大利半岛、巴尔干半岛、喀尔巴阡山脉和多瑙河地区以及中欧、北欧和西欧——从维斯瓦河到波罗的海和大西洋沿岸的印欧化进程都已完成,或有了很大的发展。这一典型的过程是:移民、征服新的地域、驯服原住民,最后是与之同化,这一过程一直持续到19世纪。这样一种语言与文化的扩张在历史上是前所未有的。

一个多世纪以来,学者们努力想要找到印欧人的发源地,以解读其原史,并弄清他们迁移的不同阶段。学者们在北欧、中欧、俄罗斯大草原、中亚、安纳托利亚等地搜寻其发源地。如今,大家普遍同意,印欧人的发源地是在黑海以北,介于喀尔巴阡山脉与高加索之间。[2]在公元前5000—前3000
188 年代,这些地区所谓的古坟(*kurgan*)文化得以发展。大约公元前4000—前

---

① 大约公元前17世纪生活在哈布尔河与幼发拉底河上游地区的一个民族。——译者

② 对于某些动物(狼、熊、鹅、淡水鲑鱼、黄蜂、蜜蜂等)和植物(桦树、榉木、橡树和柳树)所使用的一般词汇表明其地处于温带。

3500 年,这一文化向西扩展,远至蒂萨河(Tisza)流域。在接下来的 1 000 年中,古坟文化延伸到了中欧、巴尔干半岛、外高加索、安纳托利亚以及伊朗北部(约前 3500—前 3000);在公元前 3000 年代,到达北欧、爱琴海地区(希腊和安纳托利亚沿岸)以及地中海东部。根据马利亚·金布塔斯(Marija Gimbutas)的研究,发展并传播古坟文化的民族只是原始印欧人,到了其传播的后期,才是现在的印欧人。

然而,可以肯定的是,印欧文化源起于新石器时代,甚至有可能追溯到中石器时代。另一方面,同样可以肯定的是,这一文化在其发展过程中受到当时更为发达的近东文明的影响。战车和金属①的使用就是源自于安纳托利亚文化(即所谓的库鲁阿瑞克萨斯文化[Kuro-Araxas Culture])。在公元前 4000 年代,这个文化中出现了来自巴尔干和地中海地区以陶土、大理石或石膏制成的女神坐像。

印欧人通用的词汇表明他们已开始从事农业,饲养牲畜(包括猪,可能还有绵羊),并已懂得利用马,无论是野生的还是驯养的。虽然,印欧民族无法放弃农业,但他们却更喜欢发展畜牧业经济。游牧的生活、家庭的父系结构、掠夺的偏好、为征战而建立的军事组织,这一切构成了印欧社会的特点。古坟(坟墓被建成房舍的形式,并有大量陪葬品)与简陋埋葬之间的对比表明当时已有了基本的社会分化。很有可能,古坟(*kurgan*)中埋葬的是首领的尸体。

对于本书而言,重要的是要确定,这种存在模式(游牧生活、为战争和征服而进行的重组)鼓励并促使了某些特有的宗教价值的出现。显然,农业社 189
会的某些产物完全不符合游牧社会的宗教抱负。另一方面,也没有任何游牧社会能够完全独立地存在于农耕经济与宗教之外。而且,在他们的迁徙和侵略的过程中,印欧人也不断地征服并同化定居的农业民族。换言之,在印欧民族的早期历史中,就可看出由于不同的(甚至是对立的)宗教取向并存所产生的精神上的紧张。

62. 最早的万神殿和共同的宗教词汇

要重构普通的印欧宗教不是不可能的。这首先可以从一套简单而有价值的宗教词汇入手。最早的研究发现,在"神"这一术语(拉丁语 *deus*,梵语

① "黄铜"与"斧子"是苏美尔语;对这些词汇的借用是在欧洲各语系(日耳曼语、意大利语和凯尔特语、伊利里亚语和色雷斯语、希腊语和斯拉夫语)发生分化之前。

deva,伊朗语 *div*,立陶宛语 *diewas*,古日耳曼语 *tivar*),及其特尤斯(Dyaus)、宙斯、朱庇特(Jupiter)等一些主神的名字里,均可发现其印欧语系中的词根 *deiwos*,即天空之意。关于神的概念总是与天空的神性有关,也就是说,与光及"超越性"(高度)有关,并扩展到与统治的概念和直接意义下的创造有关,即宇宙起源论和父权社会。天空(之神)被假定为父亲,如印度的特尤斯天父(Dyauspitar)、希腊的宙斯天父(Zeus Pater)、伊利里亚的达帕图瑞斯(Illyian Daipatūres)、拉丁民族中的朱庇特、斯基泰人的宙斯吾父(Zeus-Papaios)、色雷斯-弗里吉亚的宙斯父亲(Zeus-Pappos)等等。[1]

因为,天空和大气的神显观念扮演了一个十分重要的角色,所以有许多神祇以雷电为名也就不足为奇了,如日耳曼人的多纳尔(Donar)、琐尔(Thôrr),凯尔特人的塔拉尼斯(Taranis,Tanaros),波罗的海民族的佩尔库纳斯(Perkûnas),古斯拉夫人的佩隆(Perun)等等。可能在印欧民族时期,作为创造世界和宇宙的至上神,即天空之神,已经让位于风暴神了。这是一
190 个在宗教史中相当常见的现象。同样地,因闪电而引发的大火被视作源自天界。因此,对火的崇拜就成为印欧宗教的特点。重要的吠陀神阿耆尼(Agni)的名字在拉丁语中是 *ignis*,在立陶宛语中是 *ugnis*,在古斯拉夫语中是 *ogni*。[2]可以推断,太阳神甚至从原史时代起就占有重要地位(参见吠陀的苏利耶[Sūrya]、希腊的赫利俄斯[Helios]、古日耳曼的萨乌利[*sauil*]以及古斯拉夫的索恩斯[*solnce*]都是指太阳)。但是,太阳神在印欧不同的民族中有其不同的神话传说,特别是在他们与近东宗教接触以后。[3]至于大地(* GH^{c}EM),则被视作一种与天空相对立的孕育万物的力量,但是有关大地母亲的宗教观念,在印欧民族中则出现得比较晚,而且也只限于某些地区。[4]

---

① 希腊文中的"神"(*theos*)不属于同一个系列。它的词根是来自于"灵魂"和"死者的灵魂";参见拉丁文的 *dwesiu*(呼吸)、古斯拉夫文的 *duch*(呼吸)。因此,可能,*theos*(神)这个字是由神化死者的概念中发展出来的。

② 圣火在伊朗文中被称作阿塔(Ātar);但需要说明的是,在早期祭祀的用语中,火被称作阿耆尼(* *agni*),而不是阿塔(ātar);参见 Stig Wikander, *Der arische Männerbund*, 第 77 页以下。

③ 此外,在希腊与东方宗教融合的时期,关于太阳所代表的神性有着许多神学和哲学上的大胆诠释,因此可以说,太阳神是在一神教的犹太教和基督教发展之前最后一个显现又消失的宇宙之神。

④ 我们要补充的是,人类作为一种地上的存在者(GH^{e}MON),后来在西方与天界的存有者(即天神)相对立,而在东方,我们发现人作为一种理性的存在物(M^{e}NU),他是与动物相对立的;参见 Devoto, *Origini indo-eurpee*, 第 264 页以下。

我们发现另一种宇宙性元素——风,立陶宛人称作“韦尤帕提斯”(Wejopatis),意为“风之主”,伊朗人称作 Vayu,印度人也称之为 Vāyu。但在伊朗和印度的例子中,特别是伊朗的 Vayu,除了是宇宙的显现以外,更具有至上神的特征。

印欧人已发展出一套独特的神话和神学。他们献祭,并知道语言和赞美诗(* KAN)的巫术—宗教价值。他们以各种观念与仪式来圣化空间,并将他们所居住的地方“宇宙化”,这种神话与仪式故事在古代印度、罗马以及凯尔特人的文献中都有记载;同时,这也使他们能够周期性地更新这个世界,即通过两组参与者之间仪式性的战斗来完成,至今在印度与伊朗的祭典中仍可找到这一仪式的痕迹。人们认为诸神会在庆典中出现,就在人们的身旁将献给他们的祭品烧化。印欧人不建圣所,很可能崇拜仪式就是在一个神圣的露天围地里举行。他们的另一个特点是口述传统,即使是在他们 191
与近东文明遭遇后,仍然禁止使用文字。但是,印欧人几个世纪以来的移民史,从早期(赫梯人、印度—伊朗人、希腊人和意大利人等)到晚期(日耳曼人、波罗的海—斯拉夫人)不同阶段可以看出,在这一历史时期的神学和神话以及语言中,并不总是能够找到其共同的源头。一方面,要考虑到移民期间不同的文化接触;另一方面,也不能忘记,由于新的精神产物或借鉴、共生或消亡所带来的变化,使得任何宗教传统都不可能一成不变地永远保留下来。

语言反映了分化与创新的过程,这一过程甚至可能早在原史时期就已开始。最重要的一个例子是,在印欧民族中没有一个共同的专有名词来指代“神圣”。另一方面,在伊朗语、拉丁语和希腊语中都有两个名词指“神圣”:阿维斯陀语(Avestan)① *spenta* / *yaoždāta*(参较哥特语 *hails* / *weih*),拉丁语 *sacer* / *sanctus*,希腊语 *hieros* / *hagios*。“对每一对已确认词汇的研究……使我们可以假设,在史前时代就有了正反两面的概念:肯定的一面就是‘为神的临在所充满的’,而否定的一面就是‘为神禁止人类去接触的’。”②同样地,根据本文尼斯特(Benveniste)的研究,印欧民族中也没有

① 这是古波斯语,是古代波斯祆教的经典《阿维斯陀》中所使用的一种语言。——译者

② E. Benveniste, *Le vocabulaire des institutions indo-européennes*,第 2 卷,第 179 页。至于宗教,“印欧民族不认为这个全在的真实是一个独立体,因此没有描述它的词汇”(同上书,第 265 页)。杜米兹曾多次分析印欧人关于神圣的词汇;参见他最新出版的 *La religion romaine archaïque*,第 2 版(1974),第 131—146 页(Philip Krapp 英译,*Archaic Roman Religion*,第 2 卷,Chicago,1970,1:129—138)。

一个共同的词汇用以指代“献祭”。然而，“在各种不同的语系中，对于献祭的行为都相应地有许多不同的名称，如奠酒(梵语 *juhoti*，希腊语 *spendō*)，庄严的祭词(拉丁语 *voveo*，希腊语 *euchomai*)，仪式会餐(拉丁文 *daps*)，熏香(希腊文 *thuō*)，供灯(拉丁文 *lustro*)。”①至于“祈祷”，这一术语来自两个
192 不同的词根。②简言之，从其共同的原史出发，不同的印欧民族明显地倾向于各自不断地重新诠释他们的宗教传统。而这一过程在迁移的过程中得以加强。

63. 印欧人的三元分殊思想体系

各印欧民族的神话片断都是十分重要的文献来源。当然，这些片断通过属于不同时代、不同价值的文献流传下来，有赞美诗、仪式文本、史诗、神学注释、民间传说、史学著作，以及后来在中欧、北欧民族改宗后由基督教作者记录下的传说。无论如何，所有这些文献都是非常有价值的，因为，它们保存或反映(即使是已有所改变的)了许多原先的宗教观念。虽然，由马克斯·缪勒和他的追随者们所构建的“比较神话学”有夸张和错误的地方，但是，我们不能因此而不用这些文献，因为这些错误尚不足以否认这些文献的价值。《梨俱吠陀》中所记载的神话，其时间不会晚于公元前 2000 年代，而由李维(Livy)、爱尔兰史诗或冰岛诗人、史学家斯诺里·斯图鲁松(Snorri Sturluson)的作品中所保存下来的传说，从时间上来看是更晚出的作品。但是，如果这些传说也与吠陀神话相一致的话，那么我们就很难质疑它们共同的印欧特征，特别是如果这些巧合并非是孤立的，而是在一个系统之中时就更是如此了。

这就是乔治·杜米兹(Georges Dumézil)的系列研究中所证明的，这些研究彻底改写了印欧各民族之间的神话与宗教的比较研究。我们无需在此赘述。只需指出，这位法国学者的研究揭示出了印欧社会与思想的基本结构。他将印欧社会分为三个等级：祭司、武士、牧人与农夫。这种划分对应于三重宗教功能：巫术与司法主宰的功能，战神的功能，以及繁殖与经济繁

---

① Benveniste，*Le vocabulaire*，第 223 页。然而，埃利克·汉普(Erich Hamp)近来重建了有关“献祭”的通用名词；参见 *JIES* 1(1973)：320—322。

② 原始的赫梯语、斯拉夫语、波罗的海语、亚美尼亚语(和日耳曼语?)的方言证明与赫梯语 *maltāi-* 有关，意为“祈祷”，而伊朗语、凯尔特语和希腊语中现有的词汇则是从字根 * *ghwedh*(意为“祈祷、祈求”)发展而来的(Benveniste，*Le vocabulaire*，第 245 页)。

荣之神的功能。在印度—伊朗人那里,最能够观察到这种诸神与社会的三分法。事实上,在古代印度,社会阶层分为婆罗门(祭司、献祭者)、刹帝利(*kṣatriya*,武士、族群的保卫者)和吠舍 (*vaiśya*,生产者),这与诸神中的伐 193
楼那(Varuṇa)和密多罗(Mitra)、因陀罗、孪生的双马童(Nāsatyas)(或阿须云[Aśvins])相对应。大约公元前 1380 年,一个赫梯国王与一个印度支族(米坦尼人)的族长在小亚细亚签订条约,在这份条约中,相同的神以同样的秩序排列着:密多罗—伐楼那(乌鲁凡那[Uruvana]的变形)、因陀罗以及孪生的阿须云。同样地,《阿维斯陀》也将社会阶层分为祭司(*āthra. van*)、武士 (*rathaē-štar*,以战车作战)、牧人和农夫 (*vāstryō. fšuyant*),所不同的是,在伊朗,这种社会划分并没有被固定在一个种姓制度中。据希罗多德记载(《历史》4. 5—6),伊朗的斯基泰人也有这三种社会等级的划分,而且直到 19 世纪,高加索的奥塞梯人(Ossets)都还坚持着这种直接承自斯基泰人的传统。

凯尔特人将社会分为德鲁伊特(druids,祭司、法官)、军事贵族(*flaith*,意为"力量",与梵语中的 *kṣatrā* 同义)和牧牛者(*bó airig*,意为"拥有牛群[*bó*]的自由人[*airig*]")。根据杜米兹的研究,在神秘而又具强烈历史色彩的罗马城创立的传说中,也可以发现一种相类似的社会划分:国王罗慕洛,受到朱庇特的庇护;伊特鲁里亚(Etruscan)的卢库蒙(Lucumon)是军事专家;塔提乌斯(Tatius)和萨宾人(Sabines)则带来女人和财富。卡匹托尔山(Capitoline)上的三位神——朱庇特、马耳斯(Mars)和奎里纳斯(Quirinus),在某种程度上就是罗马社会的神性和天界模式。最后,在斯堪的纳维亚人(Scandinavian)的宗教与神话中也有类似的三位神:奥丁(Odin)是至上神,琐尔(Thor)是斗士,弗莱尔(Frey)是多产的守护神。

第一种功能又被区分为两个互补的部分和倾向——巫术的主宰和司法的主宰,这在伐楼那和密多罗这对神祇的身上表现得最为显著。对于古代印度人而言,密多罗是这样一个神,"在他之中显现出清晰的、秩序的、平静的、慈悲的以及作为神职人员的一面,而伐楼那则有着进攻的、阴暗的、直觉的、暴力的、可怕的以及好战的一面"。① 如今,这种由相互补充的两部分组成的神又再次发现,特别是在罗马,有着相同的对立和相同的交错面。一方面,是在牧神兄弟会(Luperci)的成员——年轻人赤裸着跑过城市,用羊皮

① G. Dumézil, *Mitra-Varuna*, 第 2 版(1948),第 85 页。

带子抽打妇女，以使她们能够多生多育——与真正的燃火祭司(Flamens)之间有对立；而另一方面，在罗马最初的两个国王之间也有不同的行为：罗慕洛创立了两种崇拜，供奉可怕的朱庇特，而努马(Numa)则建立了“民众的费
194 德斯”(Fides Publica)圣所，特别奉献给这位守护信仰、表达誓言的费德斯女神。原则上，罗慕洛与努马的对立，和牧神兄弟会与祭司的对立是相一致的；也完全符合伐楼那与密多罗之间的对立。

杜米兹在分析印度人与罗马人的神圣统治者的两个方面时，适当地强调了他们之间的不同。像罗马一样，吠陀时期的印度也可看出同样的印欧结构，但两种“意识形态”却并不是同质的。“罗马人的思考是**历史的**，而印度人的思维却是**玄想的**。罗马人有**国家的观念**，而印度人关心的则是**宇宙自然**。”罗马人注重经验的、相对的、政治的和法制的思想，而印度人则是重哲学的、纯粹的、教条的、道德的和神秘的思想。[①]同样的差异也存在于其他印欧民族的“意识形态领域”。我们前面已经说过，现有的文献构成了操雅利安语的不同民族各自在历史进程中的表现。简言之，我们所能抓住的只是印欧意识形态中的**一般结构**，而不是其原有社团的思想与宗教实践。尽管如此，这一结构还是向我们提供了关于各种不同类型宗教经验的信息，使我们了解到印欧民族的独特性。这也使我们进一步地意识到操雅利安语的各民族独特的创造力。

可以预见的是，关于第三种功能的文献在形态上差异最大，因为与丰收、平安和多产相关的宗教表述方式还必须与各部族的地理、经济以及历史情况相联系。至于第二种功能，即肉体的力量，特别是战斗力的使用，杜米兹已在印度(包含在印欧民族之中)、罗马和日耳曼世界的文献中发现了许多相一致的地方。因此，很有可能，最高级的入会礼考验就是要年轻战士与三个强敌或是与三个头的怪物战斗(可能以木偶代替?)。而事实上，这样的场景我们可以从爱尔兰英雄库丘林(Cuchulainn)战胜三兄弟的故事、贺雷修斯(Horatius)大战三头的库里阿提(Curiatii)的故事，以及因陀罗和伊朗
195 英雄特雷丹纳(Thraētaona)的神话中找到，他们每个人都杀死了一只三个头的怪物。胜利使库丘林与贺雷修斯变得“狂暴”(*furor*，凯尔特语 *ferg*)，这对于社会而言是危险的，因此，必须通过仪式来祓除其狂暴。此外，我们还发现因陀罗的“三个罪”的神话主题，与斯堪的纳维亚的英雄史塔克萨罗

---

① G. Dumézil, *Servius et la Fortune* 第190—192页。

斯(Starcatherus)的故事，以及希腊赫剌克勒斯的神话十分接近。[①]很有可能，在印欧人共同生活的时代，这些神话与仪式的主题并未详尽叙述关于英雄的神话及其英勇行为。但是，要注意的是，在印度和爱尔兰这两个相去千里的文化之中这些主题竟然保存下来了。

至此，我们可以判断，这种三元分殊的意识形态是一个一致却又可变通的体系，各自有着多样的神灵形式、宗教观念和行为。在研究印欧不同民族的宗教时，我们会有机会再来估计其数量和重要性。有理由相信，这种三元分殊的意识形态，虽然产生于一个共同的时期，但却已经分离开来，或是对那些古老的观念做了全新的诠释，例如，作为造物主、主宰和父亲的天空之神的观念。在《梨俱吠陀》中可以发现以伐楼那取代特尤斯庇特(Dyauspitar，即天父)的痕迹，这似乎反映或继续着更早以前便已开始的一个过程。

64. 印度的雅利安人

印度—伊朗部落在其共同生活的时期就自称“高贵(的人)”(阿维斯陀语称作 *airya*，梵语 *ārya*)。公元前 2000 年代初，雅利安人开始进入印度的西北部，四五个世纪之后，他们占领了“七河”地区(*sapt sindhavah*)，[②]也就是印度河上游盆地和旁遮普邦。正如我们在前面曾提及的(§39)，侵略者可能进攻并毁掉了某些哈拉帕人的城市。吠陀文献中详细描述了针对这些 196
达萨(*dāsa*)或达休(*dasyu*)的战役，他们可能是古代印度河文明的延续者或幸存者。他们被描绘成黑皮肚、“没有鼻子”、使用蛮族语言并且崇拜阳具(*śiśna deva*)的人。他们有许多牲畜，住在设防坚固的堡垒(*pur*)中。正是这些数以百计的“要塞”遭到因陀罗(别称为普兰达拉[*purandara*]，意为“城堡的摧毁者”)的攻击和摧毁。这些战役发生在赞歌出现之前，因为对于战争的回忆已被强烈地神话化了。《梨俱吠陀》中也提到另外一个敌对的部族帕尼人(Pani)，他们偷盗母牛，并且拒绝吠陀祭典。可能居住在拉维(Ravi)河畔的哈瑞优皮亚人(Hariyūpīyā)就是哈拉帕人。此外，吠陀文献还提及住

① 这三种罪与三种功能有关，分属三个领域：宗教秩序、战士理想以及丰产，这证实了三重功能的假说。我们要补充的是，在赫剌克勒斯的神话中发现一个共同的印欧主题是十分重要的，因为在希腊，这种三分的意识形态早就因为与爱琴海文化的共生而解体了。

② 阿维斯陀中也有这个名字：*Haptahindu*。

在废墟(*arma*, *armaka*)中的“巫觋”;这表明了雅利安人将毁掉的城市与先前居住在这一地区的人们联系在一起。①

然而,他们与原住居民文化的共生不久就开始了。如果在《梨俱吠陀》后期的经文中,达萨(*dāsa*)一词意为“奴隶”的话,那就表明了被征服者达萨人(Dāsa)的命运,其他被征服的部族似乎已充分地融入了雅利安人的社会之中,例如,达萨人的族长就因为保护婆罗门而受到赞美(《梨俱吠陀》8.46.32)。雅利安人与当地原住民的通婚现象在语言中留下了一些痕迹。吠陀时期的梵语有一系列的音素,特别是卷舌的辅音在其他印欧方言,甚至是在伊朗语中都找不到。很有可能,这些辅音反映了土著想要学习其主人的语言时所发的音。同样地,吠陀词汇中也保存了大量非雅利安语的词。而且,有些神话就有着原住民的源头。②早期文献所记载的这种种族、文化以及宗教共生的过程,在雅利安人迁移到恒河平原时更进一步地加强了。

吠陀时期的印度人已开始农耕,但他们的经济还是以畜牧为主。牛便是当时的货币。牛奶及其奶制品,还有牛肉都是可以吃的。马则是极受尊
197 崇的动物,但它们是专为战争、突袭和王室祭典而饲养的(参见§73)。雅利安人没有城市,也没有文字。尽管他们的物质文化十分简单,不过木匠和铜匠还是享有很大的特权。③铁器的使用是在大约公元前1050年左右才开始的。

这些部族由军事首领(*rājās*)所统治,而这些小国之君则受到民众会议(*sabhā* and *samiti*)的制约。到了吠陀时期的晚期,印度的社会组织确立为四个等级。**种姓**(*varna*)一词是指社会等级,意为“颜色”,显示出印度社会底层的人种非常复杂。

赞歌所揭示的只是吠陀时期生活的某些方面而已。这些赞歌的描绘是很概括的:雅利安人喜欢音乐和舞蹈,他们吹奏笛子、弹奏诗琴和竖琴。他们还喜欢喝酒,即苏摩(*soma*)④和苏拉(*surā*),饮用后者时并没有什么宗教含义在其中。掷骰子的游戏也十分普遍,《梨俱吠陀》(10.34)中有一首赞歌

---

① B. and R. Allchin, *The Birth of Indian Civilization*, 第155页。早期人们将可能的敌人想象为魔鬼、幽灵或巫师,这是十分常见的现象;参见 Eliade, *Cosmos and History*, 第37页以下。

② 参见 Eliade, *Yoga*, 第352页以下、第429页以下。

③ 自然地,对于物质文化的描述必须要以相似文明中巫术与宗教价值的工具和各自的神话来加以补充。

④ 一种用肉珊瑚汁制成的饮料,又称甘露。——译者

就是献给它的。许多赞歌提及雅利安不同部族之间的冲突。其中最著名的是婆罗多族(Bharatas)在国王苏达斯(Sudas)的带领下打败了十个王子结成的同盟。但是,由《梨俱吠陀》所得到的史料却相当有限。某些吠陀部族的名字,如婆罗多族在后期的文献中又重复出现。《摩诃婆罗多》(*Mahābhārata*)完成于吠陀时期之后的五六个世纪,它叙述了俱卢族(Kurus)与其堂兄弟班度族(Pāndavas)之间的大战。根据《往世书》(*Purāṇas*)①中所保存下来的传说,这场大战大约发生于公元前1400年,地点在印度半岛中部的马德亚德萨(Madhyadeśa),这表明当时雅利安人已经跨过了恒河流域。此时,正值伟大的神学论著《百道梵书》(*Śatapatha Brāhmaṇa*)完成之时,大约是在公元前1000—前800年之间,憍萨罗国(Kośala)和毗提诃国(Videha)都已经雅利安化了。至于《罗摩衍那》(*Rāmāyāna*)则表明,雅利安的影响已扩展到了印度南部。

正如雅利安人将其敌对的部族神话化,并变形成为魔鬼和巫师一样,他们也将领土争夺战转化——或者更确切地说,同化——为因陀罗与弗栗多(Vrtra)及其他魔鬼之间的战斗。我们稍后将讨论这种范式型的战役在宇宙论中的含义(§68)。现在要指出的是,对于新土地的占领是以修建献给 198
阿耆尼的祭坛(*gārhapatya*)而变得合理化的。②"据说一个人只要建立了祭坛(*gārhapatya*),就可以安宅(*avasyati*),而修建火坛者将得以安居"(《百道梵书》7.1.1.1—4)。但是所谓修建献给阿耆尼的祭坛,只是在仪式中模仿世界的创造而已。换言之,占领新的土地首先就是从混沌转变为宇宙;然后通过仪式,土地便获得了形式,并成为真实的世界。

我们将会看到,吠陀时期的万神殿是由男神所主宰的。我们知道为数不多的几位女神,她们在其中所扮演的角色多少都有些模糊:神秘的阿底提(Aditi)是众神之母;乌莎斯(Uśas)是黎明女神;拉德利(Rātri)是黑夜女神,《梨俱吠陀》(10.127)中有一首优美的赞歌是献给她的。比较重要的是印度教中占统治地位的大女神。当然,她代表了非婆罗门宗教的胜利,但也表明了印度文化的创造力。显然,我们必须考虑到,吠陀文献所代表的是一个服

---

① 印度教经典,共有18部,成书时间大约是在公元300—750年之间,其中内容有神话、传说和世系源流。——译者

② 参见A. K. Coomaraswamy, *The Rigveda as Land-náma-bók*,第16页;Eliade,*Cosmos and History*,第11页。

务于军事贵族的祭司精英的宗教体系，而社会其他成员，也就是大众（吠舍[*vaiśyas*]和首陀罗[*sudras*]），他们所持的观念与信仰可能比较接近2 000年后我们知道的印度教。①赞歌并没有反映出整个吠陀宗教，它们首先是为那些拥有世俗财富的人所作的，为其歌颂健康长寿、儿孙满堂、六畜兴旺以及家财万贯。②因此，我们或许可以认为，某些后来普遍流传的宗教观念在吠陀时期就已形成了。

我们已经提到印度文化的创造力似乎特别表现在与外族共生、同化以及价值重建的过程之中，从而导致了印度的雅利安化，以及后来的印度教化。数千年来，这一过程和婆罗门以建立在吠陀“启示”（*śruti*）基础上的宗
199 教体系之间进行着不断的对话。总之，印度宗教与文化的统一是长期综合的结果，受到吠陀时期的诗人、哲学家以及祭司们的影响。

65. 伐楼那和最初的神：提婆和阿修罗

赞歌并不是吠陀宗教最早的形式。印欧民族的天空之神特尤斯已从吠陀的崇拜仪式中消失了。他的名字现在意指“天空”或“白昼”。这个名字原先的意思是天空**神圣性**的人格化，最后却成了自然**现象**的名词。这在诸天神的历史中是相当常见的过程：在其他神的面前，他们会逐渐淡出，而成为退位神（*dii otiosi*）。只有当某位天神被尊为至上神时，他才能成功地保有他原先的特权。③ 吠陀诗人们仍然还记得“无所不知的天”（《阿闼婆吠陀》[Atharva Veda]1. 32. 4），因此，他们将特尤斯庇特称作“天父”（《阿闼婆吠陀》，6. 4. 3）；更重要的是，特尤斯出现在最初的组合“天与地”（Dyāvāprithivī）中（《梨俱吠陀》1. 160）。

特尤斯的位置很快就被至上神伐楼那所取代。我们不知道他是何时成为宇宙之王（*samraj*）的（《梨俱吠陀》7. 82. 2）。伐楼那通常有一个特别的头衔，叫作“阿修罗”（*asura*），这一头衔也为其他神灵所有，如阿耆尼（《阿闼婆吠陀》1. 10. 1 等等）。现在，这些阿修罗就代表着最古老的神灵家族（《阿闼婆吠陀》6. 100. 3）。吠陀文献提到提婆（*devas*）与阿修罗之间的冲突。在很

---

① 参见 Louis Renou, *Religions of Ancient India*，第 6 页。

② 这使人联想起荷马时代的希腊宗教，《荷马史诗》讲述的是军事贵族的故事，很少或完全与宇宙繁衍和死后灵魂的神话无关，但是，神话却支配着他们妻子以及臣服者们的宗教活动。

③ Eliade, *Patterns in Comparative Religion*，第 66 页以下。

长的一段后吠陀时期(即梵书时期),有关献祭奥秘的文献更是详细地叙述了这种冲突。事实上,当阿耆尼应因陀罗的请求抛弃不再献祭的阿修罗时,提婆的胜利就已决定了(《梨俱吠陀》10.124;5.5)。接着,提婆又剥夺了阿修罗的祭词(Vāc)。随后,因陀罗将伐楼那请进他的王国(《梨俱吠陀》5.5)。提婆对阿修罗的胜利被等同于因陀罗对达休(Dasyus)的胜利,达休也被扔进了最黑暗的深渊(《阿闼婆吠陀》10.2.17;《梨俱吠陀》7.99.4;等等)。

这一个神话式的冲突反映了因陀罗所领导的年轻神祇们对太初神灵的反抗。事实上,虽然阿修罗被称之为无敌的巫师(《阿闼婆吠陀》 200
3.9.4.72.1),且被比作首陀罗(*sudras*),但并不意味着他们就是前雅利安土著民的神。在吠陀时期,阿修罗(*asura*)这一头衔可以是任何神的称号,甚至是特尤斯和因陀罗的称号(后者在《阿闼婆吠陀》6.83.3中被称之为"至高无上的阿修罗")。换言之,阿修罗一词是指属于远古时代的神圣力量,特别是那些在世界形成之前就存在的力量。而年轻的神祇,即提婆成功地夺取了这些神圣的力量;这就是为什么他们也享有阿修罗这一别称的原因。

我们必须强调的是,"阿修罗时代"先于由提婆所统治的当前时代。在印度,如同许多远古和传统的宗教一样,从太初时代过渡到当前的时代被解释为宇宙创造的过程:从一个混沌的状态过渡到有序世界的形成,也就是宇宙。我们会在因陀罗与太初巨龙弗栗多的神话式战斗中再次发现这种宇宙创造论的背景(§68)。伐楼那原先是一个太初的神祇,是最强有力的阿修罗,如今则与弗栗多相等同了。这种等同使得人们能够就一系列关于神性的二元合一的奥秘进行一番神秘的玄想。

66. 伐楼那,宇宙之王和巫师:梨多与摩耶

吠陀文献将伐楼那描绘成至上神:他统治着世界、诸神(*devas*)和人类。他"像屠夫撕裂兽皮一样地撕开了大地,这样大地便成了太阳的地毯。"他"将牛奶放在母牛的体内,将智慧放到心里,将火放在水里,将太阳放在空中,将苏摩(*soma*)放在山上"(《梨俱吠陀》5.85.1—2)。作为造物主,他具有天神的某些属性:他是维斯瓦达萨陀(*viśvadarśata*),意为"天眼清净,澈见一切"(《梨俱吠陀》8.413),他是无所不知的(《阿闼婆吠陀》4.16.2—7),也是永无过错的(《梨俱吠陀》4.16.2—7)。他有"千眼"(《梨俱吠陀》7.34.10),这是描写众星辰的神话术语。因为他能"看见"万物,因此任何罪恶都无所遁形,无处可逃,在他的临在中,人们感觉"像奴隶"一样(《梨俱吠

陀》1.25.1)。他是"令人敬畏的主宰"、"绳索的主人",他拥有魔力,可以远距离地捆绑其牺牲者,也可以释放他们。许多赞歌和仪式的主题都是如何保
201 护人们或使人从"伐楼那的绳索"中解脱出来。①他的形象是手握绳索,在仪式中,无论他用绳索捆绑任何东西,都先打上绳结,这些绳结被称之为"伐楼那式的绳结"。

尽管有这些辉煌的业绩,但伐楼那在吠陀时期已开始衰落了。他远不及因陀罗受欢迎。但是,他与两个后来有意外发展的宗教观念有着密切的关系,这两个观念是梨多(*ṛta*)与摩耶(*māyā*)。梨多一词是动词"符合"的过去分词,意指世界秩序——这一秩序既是宇宙性的,也是仪式的和道德的。②虽然没有赞美"梨多"的诗歌,但是这个词却被经常用到(在《梨俱吠陀》中出现过300多次)。据称宇宙的创造是与梨多相符合的,诗歌中不断重申诸神如何依循梨多行动,梨多支配着宇宙的律动和道德规范,同样的原理也应用于崇拜仪式之中。"梨多之座"是位于最高之苍穹或是在坛火之中的。

伐楼那是在梨多的"房屋"中被养育长大的,据说他爱梨多,并且见证梨多。他被称为"梨多之王"。这个形同真理的宇宙规则据说是从他身上"奠定"的。违背梨多的人要在伐楼那面前受审,总是伐楼那,也只有伐楼那才能重建被罪恶、错误或无知破坏的秩序。罪人希望通过献祭而获得赦免(而且祭品也是由伐楼那指定的)。所有这一切显示出他作为宇宙创造神的特性。然而,随着时间的推移,伐楼那逐渐成为退位神(*deus otiosus*),仅残存于精通仪式者的学识以及宗教的民间传说之中。然而,他与宇宙秩序的关系却使他在印度精神史中占有重要的一席之地。③

初看之下,梨多的保护者居然同时与摩耶(*māyā*)密切相关,这似乎是一个悖论。然而,如果我们将伐楼那的宇宙性创造也视作"巫术的"一个方面的话,那么这种联系就可以理解了。一般认为,摩耶(*māyā*)的字根是

---

① Eliade, *Images and Symbols*, 第95页以下。彼得森(H. Peterson)从印欧语系的字根"*uer*"将伐楼那的名字解释为"捆绑"。

② "在美索不达米亚和叙利亚的印度旁支民族,以及伊朗各地,我们都能看到这个观念所占的重要地位,他们甚至使用同一个词汇,这使我们能以此为基础,反省和理解印度的印度—伊朗传统"(G. Dumézil, "Ordre, fantaisie, changement", *Revue des Etudes Latines* 32[1957]:140)。

③ 在古典语文中,"梨多"一词被 *dharma* 所取代,之后我们会看到它丰富的内容。在《梨俱吠陀》中,*dhāman* 和 *dhārrman* 各自被使用了96和54次之多。

māy,意为"变化"。在《梨俱吠陀》中,摩耶是指"毁灭性的变化或否定好的 202
机制的变化,恶魔式的和骗人的变化,也代表着变化中的变化。"①换言之,摩耶也有善恶之分。首先,魔鬼式的变化方式主要是"诡计"和"巫术",像巨龙弗栗多所使用的那些方法一样,弗栗多是摩耶之主(*māyin*),也就是巫师,是所向无敌的"骗子"。这样的一种摩耶会损害宇宙秩序,比如它会阻挠太阳的运行,或是阻断水流,等等。至于好的摩耶则分为两种:(1)战斗的摩耶,因陀罗挑战魔族时所使用的"对抗摩耶(*counter-māyā*)";②(2)创造形式与万物的摩耶,这是至上神的特权,特别是伐楼那的特权。这种宇宙学上的摩耶可等同于梨多。而且事实上,《梨俱吠陀》中的许多段落都提到,昼夜轮换、太阳运行、下雨以及其他蕴含着梨多的现象,都是源自创造性的摩耶。

在《梨俱吠陀》——古典吠檀多(Vedānta)时期之前大约1 500年——中,我们能够察觉到摩耶最初的含义是"有意图的变化",也就是创造或毁灭的变化,以及"变化中的变化"。现在要注意的是,摩耶这一哲学概念(即宇宙幻象、虚妄、非存在)的起源,既可见之于"变化"、宇宙规则的转化,以及**巫术或魔鬼的蜕变**等观念中,也存在于伐楼那的**创造力**——经由他的摩耶重建宇宙秩序——之中。这样,我们就可以理解摩耶之所以意味着**宇宙幻象**(*cosmic illusion*)的原因所在。从一开始,摩耶这一概念就是含糊不清、自相矛盾的,因为它不只意味着宇宙秩序的邪恶变化,同时也意味着神圣的创造力。后来,到了吠檀多时期,宇宙本身就成为了"变易"的幻象,换言之,就是一个毫无实在性的变化系统。

让我们再回到伐楼那。值得注意的是,他的存在模式,即作为令人敬畏的至上神、巫师以及绳索的主人,与巨龙弗栗多有着惊人的相似。无论从字
源学上看,他们的名字有着怎样的亲缘关系,③我们都可以恰如其分地认为 203
他们与太初之水相关,特别是"阻挡水流"("伟大的伐楼那把海藏了起来",《梨俱吠陀》9.73.3)。夜(不显现的)④、水(潜在的、萌芽的)、超越和无为

---

① 参见 Dumézil,"Order,fantaisie,changement",第142页以下,以及参考书目。

② "他藉由摩耶(*māyās*)战胜了摩耶之主(*māyin*)";这是许多文献中的主题(Bergaigne,*La religion védique*,第3卷,第82页)。在因陀罗的"法力"中,最主要的就是他转换万物的能力;参见 Eliade,*Images and Symbols* 第100页以下;Dumézil,"Order,fantaisie,changement",第143—144页。

③ 参见 Eliade,*Image and Symbols*,第98页以下。

④ 在《梨俱吠陀》中的某些段落中,可以看出伐楼那是不显现的、潜在的、永恒的。

(至上神的特点)都是相互关联的,无论是在神话或是形而上学中,不仅与各种绳索有关,而且也与巨龙弗栗多有关,我们会看到巨龙弗栗多"阻隔"、"抑止"或是"锁住"水流。

而且,伐楼那也被同化为蛇神亚希(Ahi)和巨龙弗栗多。①在《阿闼婆吠陀》(12.3.57)中,他被称为"毒蛇"。特别是在《摩诃婆罗多》中,伐楼那是等同于蛇的。他被称为"海洋之王"、"蛇(*nāgas*)王",而海洋则是"蛇居住的地方"。②

67. 蛇与诸神。密多罗、雅利安门、阿底提

伐楼那的这种歧义性与矛盾性从几个方面来看,都非常重要。但是,正是这种**对立统一**的范式性的特征应当引起我们的注意。因为,印度宗教思想的这种特性早在成为系统的哲学对象之前就已存在了。矛盾性和对立统一并不只是伐楼那的特性。《梨俱吠陀》(1.79.1)中也将阿耆尼称作"狂怒的蛇"。《爱多列雅梵书》(*Aitareya Brāhmaṇa*,3.36)中描写的"深渊之蛇"(Ahi Budhnya)是不可见的(*paroksena*),而阿耆尼是可见的(*pratyaksa*)。换言之,蛇代表着潜在的火,而黑暗只是不显现的光。在《瓦加沙赖耶本集》(*Vājasaneyi Samhitā*)(5.33)中,深渊之蛇和太阳(*Aja Ekapad*)是相同的。当太阳在黎明时升起时,他"将自己从黑夜中解脱出来……恰如深渊之蛇从蛇皮中蜕出来一样"(《百道梵书》2.3;1.3 和 6)。同样地,苏摩神(Soma)"像深渊之蛇一样,从他的老皮中爬出来"(《梨俱吠陀》9.86.44)。《百
204 道梵书》把他与弗栗多相等同(3.4.3.13,等等)。据说阿底提之子(Adityas)原先就是蛇。他们蜕去旧皮(意味着他们获得了不朽的生命,即"他们战胜了死亡")后,就成了神,成了提婆(《般遮云夏梵书》[*Pancavimśa Br.*]25.15.4)。最后,《百道梵书》(13.4.3.9)中宣称"关于蛇的知识(*sarpavidyā*)即是吠陀"。③换言之,关于神的教义与某种"知识"(这种知识至少在最初是有一定"魔性"的)极为矛盾地等同在一起。

---

① 参见库马拉斯瓦米(Coomaraswamy)文章中所收集的参考书目,"Angel and Tiran",第 391 页,注解。

② 《摩诃婆罗多》1.21.6 和 25.4。在其他段落中,国王伐楼那被认为是最杰出的蛇(*nāgas*),而且,在吠陀文献中也提到他与神话中蛇的关系;参见 G. Johnsen, "Varuṇa and Dhrtarāṣtra",第 260 页以下。

③ 关于这个主题,参见 Eliade, *The Two and the One*,第 88 页以下。

的确,诸神被等同于蛇,这实际上深化了见载于《大林间奥义书》(*Bṛhadāranyaka Upaniṣad*, 1. 3. 1)记载的某种观念,亦即提婆和阿修罗都是生主(Prajāpati)的孩子,而阿修罗年长。对立的形象却有着共同的出生,这是最能说明太初统一性—整体性的主题。当我们研究因陀罗与弗栗多之间著名的神秘战斗的神学诠释时,我们还会发现与此有关的引人注目的例证。

至于密多罗,当他与伐楼那分开时,他的地位就下降了。在吠陀文献中,只有一首赞歌(《梨俱吠陀》,3. 59)是献给他的。但他却与伐楼那分享着至上神的特性,他是和平、仁慈、公正和祭典方面的化身。如他的名字所显示的,他是"契约"的拟人化,就如同《阿维斯陀》中的密特拉一样。他帮助人们达成协议,并使他们遵守诺言。太阳是他的眼睛(《泰迪黎耶梵书》[*Taittiriya Brāhamaṇa*],3. 1. 5. 1),他无所不见,没有任何事物能逃过他的眼睛。当他与伐楼那一起被呼唤的时候,他在宗教活动以及思想上的重要性特别明显。他们既是对立的也是互补的。"密多罗—伐楼那"这个双名甚至在早期也扮演着一个重要的角色,象征着神的最高统治权,后来则专指所有对立的组合以及互补的敌对。

密多罗与雅利安门(Aryaman)、薄伽(Bhaga)的关系密切。前者保护雅利安人的社会,尤其是司职对外人友好的义务以及与婚姻有关的事宜。而薄伽的名字意思是"分享",他确保财富的分配。与密多罗和伐楼那一起(有时也与其他神灵一起),雅利安门与薄伽组成阿底提诸神,他们都是女神阿
底提的儿子。阿底提意为"无拘无束",也就是自由。从马克斯·缪勒的时 205
代开始,学者们对于这位女神的结构已进行了广泛的讨论。许多文献将她等同于大地甚至是宇宙,她代表着延伸、广阔和自由。①很有可能,阿底提是人们未能完全忘怀的大母神,而她的特质与功能都转移到了其子阿底提诸神的身上了。

68. 因陀罗,战士与造物主

在《梨俱吠陀》中,因陀罗是最受欢迎的神,大约有 250 首赞歌是献给他的,相比之下,只有 10 首献给伐楼那,还有 35 首同时献给密多罗、伐楼那和阿底提诸神。因陀罗是无敌的英雄、战士的楷模、达萨或达休难以对付的敌

---

① J. Gonda, *Some Observations on the Relations between "Gods" and "Powers"*,第 75 页以下。

手。他的随从摩录多(Maruts),在神话层面上反映了印度—伊朗社会中的年轻武士玛耶(*marya*)。但是,因陀罗也是造物主和多产神,是生命、宇宙和生物能量茂盛的拟人化。他嗜饮苏摩酒——生殖力的原型,会刮起暴风雨,召唤各种形式的降水。①

关于因陀罗的神话是《梨俱吠陀》中最重要的神话,故事的中心叙述了他战胜巨龙弗栗多(它将水阻隔在"山谷"之中)的经过。苏摩酒增强了他的力量,因陀罗用他的金刚杵(*vajra*,即"霹雳")——这一武器是由陀湿多(Tvaṣṭṛ)所打造的——制服了巨龙,劈开它的头,将水放出来,水"如咆哮的牛一样"注入大海(《梨俱吠陀》1.32)。

神与巨龙或海中怪物战斗的故事极为著名,也是一个广为流传的神话主题。我们只需记住,瑞与阿波非斯、苏美尔神尼诺塔(Ninurta)与阿萨各(Asag)、马尔杜克与提阿马特、赫梯风暴神与巨龙、宙斯与堤丰、伊朗英雄特雷丹纳与三头巨龙阿奇达哈卡(Azhi-dahâka)之间的战斗。在一些例子中,
206 如马尔杜克与提阿马特的战斗,神的胜利标志着宇宙创造的初始条件形成。在其他例子中,则是新纪元的开始或新王权的建立(参见宙斯与堤丰、巴力与耶姆之间的战斗)。简言之,正是通过宰杀某个蛇怪——虚无和"混沌"的象征,也代表着"土著民"——一个新宇宙或一个社会制度的"局面"才得以建立起来。所有这些神话都有一个共同的特点,即神或英雄经历恐惧或挫败后取得胜利(如马尔杜克和瑞在战斗前的犹豫;刚开始时,巨龙砍下了神的四肢;堤丰也砍下并拿走了宙斯的筋腱)。《百道梵书》(1.6.3—17)中说,因陀罗第一次看见弗栗多时,拔腿就跑,而《摩根德耶往世书》(*Mārkaṇḍeya Purāṇa*)则形容他"害怕得要命",想要挂免战牌。②

对于征服弗栗多这一神话,沉溺于自然主义的诠释之中是毫无裨益的,如雷电交加、大雨倾盆,或是泉水从山中涌出(Oldenberg),或是太阳战胜冰

① 因陀罗被称作 *sahasramuṣka*,意为"有一千个睾丸的"(《梨俱吠陀》6.46.3);他是"田地的主人"(《梨俱吠陀》8.21.3)和"大地之主"(《阿闼婆吠陀》12.1.6),他还是田地、动物以及妇女的下种者;参见 Eliade,*Patterns in Comparative Religion*,第 85 页。

② 事实上,他派使者去与他们建立"友谊"与"盟约"。然而,因陀罗用诡计杀死弗栗多,打破了约定,而这就是他最大的罪;参见 Dumézil,*Heur et malheur du guerrier*,第 71 页以下。(英译本 *The Destiny of the Warrior*,第 74 页以下。)因陀罗神话的另一个特点是,杀死弗栗多后,因陀罗满怀恐惧地逃到了大地的尽头,并且"化身微末"藏在一朵莲花里(《摩诃婆罗多》5.9.2 以下;这一主题在《梨俱吠陀》1.32.14 中就已出现过)。

冷且“禁锢”水源的寒冬(Hillebrandt)。当然,自然主义的因素是存在的,因为神话是多义的。因陀罗的胜利,就是生命战胜了因弗栗多阻塞水源而造成的贫瘠和死亡的胜利。但是,这个神话的结构是宇宙创造论的结构。《梨俱吠陀》(1.33.4)中说,由于他的胜利,因陀罗创造了太阳、天空和黎明。另一首赞歌(《梨俱吠陀》,10.113.4—6)则说,因陀罗一诞生就将天地分开,固定了苍穹,掷出了金刚杵,撕裂了将水禁锢在黑暗之中的弗栗多。现在,天空和大地成了诸神的父母(1.185.6)。因陀罗则是最年轻的神(3.38.11),也是最后一个出生的神,因为他结束了天与地之间的神婚:“因为他是如此强壮,他分开了天和地这两个世界,使得太阳得以照耀”(8.3.6)。在完成这一造物主的业绩后,因陀罗指定伐楼那为宇宙的统治者和梨多的守护者(梨 207
多隐藏在世界的下面,1.62.1)。

我们将会看到(§75),印度还有其他形式的宇宙起源论,解释世界是如何从“原始材料”(*materia prima*)中创造出来的。这些与我们刚才提到的神话并不相同。因为,对于后者而言,某种形式的世界已经存在了。天空与大地已形成,并已孕育了诸神。因陀罗只是使宇宙的父母分开,并掷出金刚杵,杀死了弗栗多,结束了恶龙所象征的死寂甚至是“虚妄”。[①]根据某些传说,诸神的“创造者”陀湿多——他的作用在《梨俱吠陀》中不是很清楚——为自己建造了一幢房屋,并创造了弗栗多来作为屋顶和墙壁。这幢房屋被弗栗多、天空、大地以及水流所环绕。[②]因陀罗打破了弗栗多的“阻力”和惰性,从而粉碎了太初的单一个体。换言之,除非将这个混沌的生命摧毁,否则,世界和生命都不可能诞生。这一广为流传的神话有许多版本,在印度,我们还可在被诸神所肢解的原人(Puruṣa)以及自我献祭的生主(Prajāpati)那里再次找到这一主题。然而,因陀罗并不是通过献祭的方式,而是作为战士杀死了一个典型的敌人,即杀死了作为阻力和惰性化身的远古恶龙。

神话是多义的,除了其宇宙创造的意义外,还有自然主义和历史的意义。因陀罗的战事,成为雅利安人对抗达休(也称作 *vṛtāṇi*)战斗的模式:“他在战斗中取得了胜利,他真的杀死了弗栗多”(《弥勒本集》[*Maitrāyaṇi-*

① 因陀罗与弗栗多的遭遇战打得“难分难解,不自觉地陷入深深的睡眠中,仍在继续奋战”(《梨俱吠陀》4.19.3)。

② 诺曼·W.布鲁恩曾经特别尝试想要重建这一宇宙概念。

Samhitā]2.1.3)。可能在早期,因陀罗与弗栗多之间的战斗是新年庆典中神话与仪式的场景,以此来确保世界的再生。①如果这个神既是不知疲倦的
208 战士、造物主,又是狂欢力量和世界繁衍的显现,那么,正是因为暴力使生命得以诞生、发展和再生;但印度思想很快就将这一神话用作说明神的两位一体,因此成为寻找揭开终极实在的诠释学例证。

69. 阿耆尼,诸神的祭司:献祭之火、光与智慧

印欧时期,家火的祭祀已占有十分重要的地位。这当然是源自史前的习俗,这一点也为许多古代社会的考古材料所证实。在吠陀文献中,阿耆尼主要是火的神化,但他并不限于这些宇宙和仪式性的显现。他是特尤斯之子(《梨俱吠陀》1.26.10),如同与他相当的伊朗神阿塔尔(Atar)是阿胡拉·马兹达(Ahura Mazdā)之子(《耶斯那》[*Yasna*] 2.12,等等)一样。他诞生在天上,以光的形式下到地上,但他也在水里,在森林中,在植物里。他更被等同于太阳。

人们同时以火的化身及其神性来描绘阿耆尼。人们形容他有"火焰般的头发"、"黄金的下颌"以及可怕的声音("当你下降到林中时,如同急切的公牛,你的尾巴是黑色的",《梨俱吠陀》1.58.4)。他是天空与大地之间的"使者",正是通过他,人们的祭品才得以到达诸神那里。阿耆尼是所有祭司的原型,被称作献祭者或"祭司"(*purohita*),这就是为什么《梨俱吠陀》的开篇就是献给他的赞歌。第一首赞歌以这样的诗句开始:"我歌唱阿耆尼,他是祭司、献祭之神、带给我们礼物的僧侣"。他永远年轻("永远不老的神",《梨俱吠陀》,1.52.2),因为,他随每一堆新的火而再生。作为"房屋之主"(*grihaspati*),阿耆尼驱逐黑暗,赶走魔鬼,并且抵挡疾病与妖术。这就是为什么人与阿耆尼的关系比与其他神祇更为密切的缘故。正是他"公平地分发人们所渴望的礼物"(1.58.3),人们才充满信心地向他呼喊道:"带领我们吧,阿耆尼,由正道迈向富裕……宽恕那让我们迷途的错误……让我们免于
209 病痛。永远保护我们,……不要放弃我们,即使我们是恶人、破坏者、说谎者或不幸的人"(1.187.1—5)。②

---

① Kuiper,"The Ancient Aryan Verbal Contest",第269页。印度吠陀时期的演讲辩论中也不断重申与阻力(*vrtāṇi*)对抗的远古斗争。诗人将自己比作因陀罗:"我杀死了我的敌人,如同因陀罗一样,没有伤口,安静而无声"(《梨俱吠陀》10.166.2;Kuiper,第251页以下)。

② 由于他在火葬中的角色,阿耆尼又被称为"食肉者",有时,还被比作狗和豺狼。这是他唯一邪恶的一面。

虽然阿耆尼在宗教生活中无所不在——因为祭祀之火占有很重要的地位——但是关于他的神话却并不是很多。在少有几个直接与他有关的神话中,最著名的是摩多利首(Mātariśvan)的神话,摩多利首把火从天上带到了人间。[①]在宇宙创造论中,他的角色显然很模糊,但却很重要。一方面,他被称作"水的胚胎"(*āpam garbhah*,《梨俱吠陀》3.1.12—13),他是从水神母亲的子宫中孕育出来的(10.91.6)。另一方面,人们又认为他潜入太初的水中,使水怀孕了。这其中肯定涉及一个古老的宇宙论观念:宇宙的创造是由火元素(火、热、光和精液[*semen virile*])和水元素(水、本质和苏摩酒[*soma*])结合而成的。阿耆尼的某些特性(热、金黄色——因为据说他有一个黄金身体[《梨俱吠陀》4.3.1]——生殖及创造力[《梨俱吠陀》10.20.9]),我们还会在围绕金胎(Hiraṇygarbha)和生主而阐述的宇宙论中再次发现(§75)。

赞歌强调了阿耆尼精神方面的能力:他是仙人(*ṛṣi*),拥有大智慧和超人的洞察力。要评价这些沉思的真正价值,我们就必须考察,对于火、火焰和热量等事物的"创造性的想象"和玄思所揭示出来的无数图像和象征。无论如何,所有这些都是从史前流传下来的遗产。印度文化只是将这些远古的发现加以阐述、表达并系统化了。在以后的哲学思考中,我们还会再次发现某些与火有关的远古想象,如根据火焰的"游戏"解释神圣创造的游戏(*līlā*)。至于火、光和智慧的同化,则是普遍流传的。[②]

在这里,我们最好评估一下阿耆尼在印度宗教和灵性中的重要性:他引
发了无数对于宇宙生命的玄想与沉思,并助长了人们将多元而不同的层面 210
化约为一个唯一的根本原理。的确,阿耆尼并不是唯一带给人们这种幻想和反省的印度神祇,但在其中占有最重要的位置。早在吠陀时期,他就已经被认为是火(*tejas*),这是一种"燃烧的能量,是光芒四射、功效卓著、壮丽无比、超越自然的力量。"在赞歌中,人们向他祈求赋予力量(《阿闼婆吠陀》7.89.4)。[③]但是,印度思想中特有的认同、同化及合并的过程则更为显著。阿耆尼,或他的同族太阳神,与人们试图把光、自我(*ātman*)和精液(*semen*

① 在其他文献中,阿耆尼本人就是摩多利首的使者;参见J. Gonda, *Les religions de l'Inde*,第1卷,第89页。

② 对献祭之火所作的宗教冥想在《阿维斯陀》中占有重要的位置(参见§104)。

③ 参见Gonda, "*Gods*" *and* "*Powers*",第58页以下。

virile)等同在一起的**哲学本体论**(*philosphoumena*)有关。通过仪式和禁欲苦行,人们追求“内在之火”的增长,阿耆尼就与“苦行的热”(*tapas*)和瑜伽修炼的宗教价值联系在一起了(虽然有时并非是直接的)。

70. 苏摩神与“不死”之饮

有120首赞歌是献给苏摩神的,他在吠陀诸神中位居第三名。《梨俱吠陀》的整个第九卷都是献给苏摩的“净化过程”(*pavamāna*)。与阿耆尼相比,更不容易将供仪式之用的叫作苏摩的植物和酒与这个同名的神区分开来。有关他的神话少得可怜。其中最重要的一个与苏摩的天上起源有关。一只鹰“飞向天空”,“不假思索地扑向青铜色的堡垒”(《梨俱吠陀》8.100.8)。这只鹰摘取了这种植物带回到地上。但人们又认为苏摩是生长在山上的。①然而,这一矛盾是可以解释的,因为山顶已属于超越的世界,就等同于天界。此外,其他文献中说苏摩是长在“大地之脐,高山之上”(《梨俱吠陀》10.82.3),也就是在“世界的中心”,在那里天与地之间可以相互沟通。②

211 除了一般论及诸神的形容词以外,苏摩神没有什么特别的属性。他能洞察一切、聪明、睿智、常胜且慷慨,等等。据说,他是其他神祇的朋友和保护者,特别是因陀罗的朋友。他也被称作苏摩王,无疑这是由于他在仪式中的重要性而决定的。他也等同于月亮,而这在《阿维斯陀》中并没有记载,显然只是在吠陀后期的文献中才出现的。

许多文献同时以宇宙论和生物学的用语详尽地阐述了植物汁液的榨取。由低矮的石磨所发出的沉闷的声音就像是雷声一样,毛织的滤网像是云朵,而汁液则像是使作物生长的雨水,等等。榨汁的过程也被视作两性的结合。但所有这些宇宙生命多产的象征,最终都是建立在苏摩神的神话价值之上的。

文献强调了伴随着购买这一植物,特别是制备苏摩酒之前以及在整个过程中所举行的种种仪式。从《梨俱吠陀》的时代开始,以苏摩酒献祭就很

---

① “Maujavata”的绰号表明摩加瓦特山(Mount Mūjavat)是苏摩的产地(《梨俱吠陀》10.34.1)。同样地,在伊朗,传说毫麻(haoma)是长在山上的(*Yasna* 10.4;*Yašt* 9.17;etc.)。

② 在《夜柔吠陀》(Yajur-Veda)的文献中,经常提到向诸神祭献苏摩;只有密多罗拒绝参与,但他最终也被说服了。从这一故事中可以找到原先神话的痕迹:通过献祭一个远古的神祇而创造了“使人不朽”的圣酒。这最初的谋杀是由诸神来完成的,这在对苏摩植物仪式性的榨取中被不断地重复着。

普遍了，它是“献祭的灵魂与中心”（贡达[Gonda]）。无论印欧人在早先的几个世纪中使用的是何种植物，可以肯定的是，这种植物后来被其他的植物种类所代替了。苏摩/毫麻（*haoma*）是印度—伊朗人对“不死”之饮（*amṛta*）的称呼。据推测，它可能取代了印欧民族的饮料蜂蜜水（*madhu*）。

苏摩所有的属性都与饮用它所带来的出神体验有关。一首著名的赞歌（《梨俱吠陀》8.48）中唱道：“我们喝了苏摩酒，我们已获得不朽；直达光明，我们发现了诸神。现在，凡人的不敬或怨恨又能奈我们如何，喔，永生？”（8.3）人们向苏摩神祈求延长“我们的生命”，因为他是“我们身体的守护神”，并能使“衰弱、疾病消失得无影无踪”（根据雷诺[L. Renou]的翻译）。苏摩能激发思想、恢复战士的勇气、增强性能力、治愈疾病。祭司与诸神共饮苏摩，使天地更加接近，加强并延长生命，确保丰产。而事实上，出神的经验既揭示了生命的圆满、无限的自由感，也拥有了几乎未曾想到过的物质与精神两方面的力量。由此带来与诸神的沟通，甚至是进入神界的感觉，确信 212
“不死”，也就是万物的生命得以无限延长。在著名的赞歌（《梨俱吠陀》10.119）中，有人说，“（人类的）五大部落甚至不值得我看一眼——我不是还没喝苏摩吗？”此君列举自己的业绩：“我以我的才智统辖天空和广袤的大地……我要使大地震动……我要展翼铺天盖地……我是如此巨大、巨大，我甚至可以飞上云端——我不是还没有喝下苏摩吗？”[①]——这不知是谁在说话，是神灵还是饮了圣酒的出神者？（根据雷诺[L. Renou]的翻译）

我们不打算谈论崇拜仪式中植物替代的问题。这些出神体验在印度思想中所起的作用才是重要的。很有可能，这种体验仅限于祭司和某些献祭者。但是经由赞歌，特别是经由对赞歌的诠释却唤起了相当多的反响。圆满且至福的存在所带来的启示，与神灵的沟通，在最初的酒失传后很长的时间里，仍继续使印度人为之心醉神迷。因此，努力想要借助其他方式来达到这样一种存在：苦行或狂欢、冥想、修炼瑜伽或是神秘的皈依。之后我们会看到（§79），古代印度人就已经知道了好几种类型的出神方式。此外，对绝对自由的追求，使人们创造出了许多的方法和哲学本体论，并最终开启了吠陀时期不曾有过的全新视野。在所有这些后来的发展中，苏摩神扮演了一个并不十分重要的角色，他所意味的宇宙创造论和献祭的原理则成为神学

① “赞歌似乎应该放在阿耆尼的口中，在献祭的过程中，诗人会问他喝了圣酒后的感觉”（L. Renou，*Hymnes spéculatifs àu Véda*，第252页）。

家和形而上学家关注的内容。

71. 吠陀时期的两位大神:楼陀罗—湿婆和毗湿奴

吠陀文献也提及某些其他神灵。这些神灵大多数因逐渐丧失了其重要
213 性而被人们遗忘,而有些神则最终获得了空前的地位。在那些被遗忘的神灵中,有黎明女神乌莎斯(Uṣas),她是天空(特尤斯)的女儿;风神伐由及其同族"气息之神"与"宇宙灵魂";风暴和雨季之神帕尔加鲁耶(Parjanya);太阳神苏利耶(Sūrya)和娑维德利(Savitṛ);正在消失的古代牧神普善(Pūṣan,他几乎没有祭祀),他是道路的守护者、死者的引领者,可与赫耳墨斯相提并论;孪生神双马童(或阿须云),他们是特尤斯之子、许多神话和传说中的英雄,后来的文学作品给予了他们一个很重要的地位;楼陀罗(Rudra)的儿子摩录多,他们是一群年轻的武士(*marya*),斯第格·维干德(Stig Wikander)将其解释为印欧"男性联盟"的神话模式。

第二类神灵中最具代表性的是楼陀罗—湿婆和毗湿奴(Viṣṇu)。他们在吠陀文献中只占有很小的篇幅,但是在古典时期,他们却成为了大神。在《梨俱吠陀》中,毗湿奴是作为对人类仁慈的神而出现的(1.186.10),是因陀罗的朋友和同盟者,他帮助因陀罗打败了弗栗多,并开天辟地(6.69.5)。他可在三步之内跨越整个世界,在第三步时到达诸神的居所(1.155.6)。这一神话启发并证实了梵书中的一个仪式:毗湿奴就是祭品(《百道梵书》14.1.1.6),而献祭者仪式性地模仿他的三步行走,从而与神同化,得以升天(1.9.3.9以下)。毗湿奴是空间无限延伸的象征(这使宇宙得以构成),是使生命得以增强的仁慈而全能的力量,也是稳定世界的宇宙轴心。《梨俱吠陀》(7.99.2)特别提到,他支撑着世界的上半部分。①梵书中强调他与生主的关系,这在吠陀时期就已有所记载。但是,直到后来,在第二类的奥义书(与《薄伽梵歌》同时代,因此大约是在公元前4世纪)中,毗湿奴被尊为一神论中的至上神。我们稍后会详述这一过程,这也是印度宗教中最有特色的产物。

就形态学而言,楼陀罗代表着相反类型的神祇。他在诸神中没有任何朋友,他也不喜欢人类,他以其恶魔般的愤怒使人恐惧,以疾病和灾难来毁

---

① 参见 J. Gonda, *Viṣṇuism and Śivaism*,第10页以下。献祭的柱子(*yūpa*)是属于他的(柱子是世界之轴[axis mundi]的复制品)。参见 Gonda, *Aspects of Viṣṇuism*,第81页以下。

灭人类。楼陀罗身披发辫(《梨俱吠陀》1.114.1.2),其色黑褐(2.33.5),腹 214
黑而背赤。他以弓箭为武器,身着兽皮,出没于崇山峻岭之中,那是他最喜欢去的地方。他与各种妖魔鬼怪为伍。

后吠陀时期的文学作品突出了楼陀罗的邪恶本质。他住在森林与丛林中,被称作“野兽之主”(《百道梵书》12.7.3.20),他保护那些躲避雅利安社会的人。诸神住在东方,楼陀罗则住在北方(如喜马拉雅山)。他被排除在苏摩祭以外,只能享有那些被丢弃在地上的食物(*bali*)或是残酒、腐烂的供品(《百道梵书》1.7.4.9)。他有许多绰号,他还被称作湿婆(“仁慈者”)、哈拉(Hara,“毁灭者”)、萨卡拉(Shaṣkara,“有益者”)、摩诃提婆(Mahādeva,“大神”)。

根据吠陀文献和梵书的记载,楼陀罗—湿婆显然是以占据野外无人之地的恶魔的(或至少是矛盾的)力量显现的。他象征着所有混乱的、危险的、不可预期的事物,他给人们带来恐惧,但他神秘的魔力也能给人带来好处(他是“医生中的医生”)。关于楼陀罗—湿婆的起源和他的原始结构有着许多讨论,有人认为他是死神也是繁殖之神(Arbman),他有着非雅利安人的因素(Lommel),他是神秘的苦行派 *vrātyas* 崇拜的神(Hauer)。由吠陀中的楼陀罗—湿婆转变成至上神的各个阶段,首先从《白净识者奥义书》(*Śvetāśvatara-Upaniṣad*)中可得到初步的证明。似乎可以肯定的是,像大多数其他神祇一样,在时间的进程中,楼陀罗—湿婆吸收了某些“民间的”宗教元素,无论是雅利安人的或是非雅利安人的。另一方面,如果就此相信吠陀文献所带给我们的便是楼陀罗—湿婆的“原始结构”的话,那也是很危险的。我们必须始终记住,吠陀赞歌和梵书中的论述是为一个精英阶层而作的,即军事贵族和祭司,而在雅利安社会宗教生活中相当大的一部分人则被严重忽视了。然而,湿婆后来成为印度教中的至上神,则不能从他的“起源”处寻找解释,即使这一起源是非雅利安的或是民间的。当我们分析印度宗教的辩证逻辑时,我们会发现其独创性,尽管经过了许多神话、仪式以及神灵形式不断地重新诠释和再评价。

215 # 第9章 释迦牟尼之前的印度:从宇宙献祭到最高的梵我一如

72. 吠陀仪式的形态

吠陀时期的崇拜仪式没有圣所;仪式的举行或是在献祭者的屋子里,或是在一块邻近的草地上,点燃三堆火就可以了。非肉类的祭品有牛奶、奶油、谷物和糕饼。也献祭山羊、母牛、公牛、公羊和马。但是,从《梨俱吠陀》时期开始,用苏摩酒献祭就被认为是最重要的一种献祭。

仪式分为两种:家祭(*gṛhya*)和典礼(*śrauta*)。前者是由一家之主(*gṛhapati*)来主持的,以传统(*smṛti*,意为“记忆”)保证其合法性。相反,典礼则通常是祭官主持的。[1]他们的权威建立在对永恒真理的直接启示(*śruti*,意为“听的”)上。在私人的祭典中,除了设家庭的祭火以及丰年祭以外,最重要的是与孩子的受胎和出生、男孩向婆罗门拜师的入门礼(*upanayana*)、婚礼和葬礼相关的圣事或祝圣(*samskāra*[2])。所有这些都是比较简单的庆
216 典,包括非肉类的供品[3],以及一家之主在进行圣礼时的仪式姿势和小声的咒语。

在所有的圣礼中,以入门礼最为重要。这个仪式与古代社会中的成年礼是同一类型的。在《阿闼婆吠陀》(11.5.3)中有关于入门礼的最早记载,

---

① 祭司的人数根据情况会有所改变。最重要的是“劝请者”(*hotṛ*)或“供奉者”(参较《阿维斯陀》中的 *zaōtar*,意为“祭司”);祭司后来成为主要的吟诵者。祭司担负着献祭的责任:他四处走动,保持火堆不灭,安排仪式用具,等等。作为神圣权力代表的婆罗门,如其名字(*brahman*)所暗示(意为“中立的”),沉默地监视着仪式的进行;他坐在正中央,是真正的“献祭的医师”,只有在发生错误时才会干预,并作出必要的补救。婆罗门得到半数的谢礼,这更证实了他的重要性。

② 此梵文字意义为“家庭祭”。——译者

③ 部分供品被投入火中,通过阿耆尼传送给诸神。其余的则被祭司们吃掉,由此,他们能分享一份神圣的食物。

文中说婆罗门教师将男孩化为胚胎，放在教师的肚子里三个晚上。《百道梵书》(11.5.4.12—13)对此有更详细的描述：当教师将手放在孩子的肩上时，这一刻就表明该教师已怀上了他，到第三天，这个孩子就以婆罗门的身份再生了。《阿闼婆吠陀》(19.17)称这个男孩是经由入门礼而“再生”(*dui-ja*)，在此，“再生”这个词是首次出现，以后它有着出人意料的发展。

再生显然是一种灵性意义上的，以后的文献很强调这一点。根据《摩奴法典》(Laws of Manu)(2.144)的说法，传授“婆罗门”这个吠陀词汇给初学者的人，必须被视作父母；的确，在男孩的生父与他的婆罗门教师之间，后者更像是他真正的父亲(2.146)；真正的出生①，即降生为不朽，这是由娑维德利(*sāvitrī*)的咒语所赋予的(2.148)。在跟随教师学习期间，学生(梵志生，*brahmacārin*)必须遵守某些规定：如为师长和他自己乞食、禁欲，等等。

典礼被组织在一个庞大的仪式系统中，既单一又复杂。对每一个祭典的详细描述都需要花费几百页的篇幅。想要列举所有献祭典礼是徒劳无益的。其中最简单的是在黎明曙光中举行的“火祭”(*agnihotra*)，以牛奶向阿耆尼献祭。也有的仪式与宇宙的节律相联系，如“雨祭”、“新月祭”、季节祭(*cāturmāsya*)和初穗祭(*āgrayana*)等等。但最基本的献祭，也是最具吠陀崇拜仪式特色的是苏摩祭。阿耆尼湿头摩(*agnistoma*，意为“赞美阿耆尼”)仪式每年春天举行一次，除了预先的准备以外，为期 3 天，以示“崇敬”(*up-asad*)。在预先的准备中，最重要的是德克夏(*dīkṣā*)，这是为了造成献祭者 217
得以重生，从而得以圣化。这一入会礼的意义我们还要详细叙述。苏摩酒的榨取可以在早上、中午和晚上进行。在中午榨取时要分发谢礼(*dākṣiṇa*)：可以是 7 头、21 头、60 头或 1 000 头母牛，有时甚至是献祭者全部的家产。所有的神都要被邀请到，他们参加庆典，先是分别降临，而后是齐聚在一起。②

我们对其他的苏摩祭也有所了解。有些是在一天之内完成的，而另一

---

① 这是一个泛印度的概念，后又被佛教所继承。通过放弃家族的姓氏，初学者便成为了“佛子”(*sakyaputto*)；参见 Eliade, *Birth and Rebirth*，第 53 页以下；Gonda, *Change and Continuity* 第 447 页以下。

② 另外一个仪式是奉乳祭(*pravargya*)，虽然早就并入阿耆尼湿头摩的仪式中了，但它也可能是一个独立的庆典，其目的为了在雨季过后祈求阳光普照。这个仪式的价值在于其特有的“神秘”特性，而事实上，它是对礼拜(*pūjā*)最早的说明，即崇拜神的图像。参见 J. A. van Buitenen, *The Pravargya*，第 25 页以下、第 38 页，以及各处。

些则要持续至少 12 天,或是 1 年,从理论上说则可以持续 12 年。此外,还有些仪式系统也与苏摩祭有关,如摩诃毗罗塔(*mahāvrata*,意为"庆祝大典"),其中包括音乐、舞蹈、戏剧表演、对话以及淫秽的场景(先是一个祭司有节奏地摆动,然后便是男女交媾,等等)。而力饮祭(*vajapeya*,意为"胜利之饮")持续的时间则从 17 天到 1 年不等,并有一套完整的神话和仪式:17 辆马车参加的赛跑,献祭者和他的妻子仪式性地爬上圣柱,以表示"升入太阳",等等。即位礼(*rājasūya*)也并入了苏摩祭的体系之中。在这个例子中,我们也发现有一些生动的插曲(国王在一群牛的面前模拟捕牛;国王与祭司玩掷骰子的游戏,并最终获胜;等等),但仪式的本质是指统治者神话般地再生(§74)。另一个庆典体系也与苏摩祭联系在一起——虽然是可以选择的——这就是火坛祭(*agnicayana*),意为"(用砖块)堆起(祭坛的)火"。文献中提到,"在(祭祀的)前几天"要屠宰包括人在内的五种牺牲,并将它们的头砌进第一层砖里。预先的演习要持续 1 年。祭坛以 10 800 块砖砌成五层,有时是堆成一只鸟的形状,以象征献祭者已神话般地登上了天堂。火坛祭(*agnicayana*)产生了宇宙起源的思想,这对于印度思想而言是具有决定意义的。人祭的方式是在重复生主的自我献祭,而修建祭坛则象征着宇宙的创造(§75)。

218

73. 最高的献祭:马祭和人祭

最重要也是最著名的吠陀仪式是"马祭"(*aśvamedha*)。只有得胜的国王才能执祭,他因此而获得"宇宙统治者"的尊称。献祭的结果是为了福佑整个王国。事实上,马祭(*aśvamedha*)的目的是清除污染,以确保全国的丰收和富饶。预备的仪式与正式仪式之间要间隔一年多,在此期间,种马可与上百匹其他马呆在一起。400 个年轻人看守着,以防止它接近母马。仪式持续 3 天。仪式的第二天,经过一些特别的仪式(如将母马牵给种马看,然后把种马套在一辆战车上,王子驾驭着它奔向一个水塘,等等)之后,宰杀大批家畜。最后,种马作为准备自我牺牲的生主的化身,被窒息而死。4 个王后(每一个都有 100 名侍女陪同着)围绕着尸体转圈,第一位王后躺在它的旁边,用外衣遮盖着,模仿性交。这时,祭司和妇女们说着淫秽的笑话。当王后一站起来,马和其他的牺牲就被砍碎。第三天,还要举行其他的仪式,最后谢礼则分给祭司们,祭司们也会接待 4 位王后和她们的侍女。

马祭肯定源自印欧民族。从日耳曼人、伊朗人、希腊人、罗马人、亚美尼亚人、马萨迦提人(Massagetae)和达尔马提亚人(Dalmatians)等民族中都可找到其线索。但只有在印度,这个神话与仪式的场景才在宗教生活与神学思想中获得了如此重要的地位。可能马祭(*aśvamedha*)在最初时,是一个春季的典礼,更确切地说是新年庆典。其结构中包含了宇宙起源的成分。一方面,马与宇宙(=生主)相等同,而献祭则象征着(即重复着)创造的行为。另一方面,《梨俱吠陀》和梵书文献中都强调了马与太初之水的关系。
在今天的印度,水仍代表着宇宙中最重要的物质。但这个复杂的仪式也带 219
有秘传类型的"奥秘"。"的确,马祭即是一切,作为一个婆罗门,如果对马祭(*aśvamedha*)一无所知,那他就是对一切都不知晓,他就不是一个婆罗门,他的权力就应该被剥夺"(《百道梵书》13.4.2.17)。献祭的意图是要更新整个宇宙,同时以最适当的方式来重建所有的社会等级及其使命。[①]马是王权(刹帝利,*kṣatrā*)的代表,并进一步被等同于阎魔(Yama)、阿底提(太阳)和苏摩(也就是等同于至上神),在某种程度上马还是国王的替身。当我们分析人祭(*puruṣamendha*)这一平行的仪式时,必须考虑到这种同化与替代的过程;事实上,人祭非常类似于马祭(*aśvamedha*)。除了动物牺牲外,还会以1 000头牛和100匹马的价钱购得一个婆罗门或刹帝利用于献祭。他同样也有一年的自由,而他一旦被杀死,王后就立即躺在他的尸体边。据信,人祭可以获得和马祭所能达到的一切效果。

我们要问的是,是否真有这样的一种献祭存在。几篇《天启经》(*śrautasūtras*)中都描写过人祭,但只有在《桑卡耶那经书》(*Sānkhāyana*)和《瓦以陀那》(*Vaitāna*)中提到杀死牺牲的过程。在其他的仪式文献中,人在最后一刻被释放,而以一个动物作为替身被杀死。重要的是,在人祭(*puruṣamendha*)的过程中要吟诵著名的宇宙起源赞歌《原人歌》(*Puruṣakūkta*,《梨俱吠陀》10.90)。牺牲等同于原人—生主,因而献祭者也就等同于生主。这表明人祭的神话与仪式场景与日耳曼人的传说有着惊人的相似之处:奥丁被长矛刺伤,吊在世界之树下九天九夜,为了获得智慧、掌握巫术,他把"自己献祭给自己"(《至高者说》[*Hávamál*]138)。[②]据11世纪不来梅的亚

---

① 在献祭的过程中,祭司吟唱道:"愿婆罗门生而神圣!……愿王子生而高贵,英雄、射手、战士手握强弓,驾驭着无敌的战车。愿母牛生来多乳,拉犁的公牛强壮,马儿奔驰如飞;妇女多产,战士常胜,年轻人口才流利!愿献祭者的后人英才辈出!愿帕尔加鲁耶赐予我们足够的雨水!愿小麦为我们而丰收!"(*Vājasaneyi Samhitā* 22.22)

② 参见 James L. Sauvé, "The Divine Victim";作者从日耳曼和梵文文献中引用了有关杀人祭祀的所有相关资料。

220 当(Adam of Bremen)说,这种献祭每九年在瑞典的乌普萨拉(Uppsala)举行一次,有九个人和其他动物被吊死作为牺牲。这种印欧民族类似的祭典似乎证明了人祭确实存在的假设。但是在印度,有关献祭的理论和实践被不断地重新诠释过了,杀人祭祀最后也被描述成了救世论式的玄学。

74. 仪式的秘传结构:入会礼与即位礼

为了更好地了解这一过程,重要的就是要说明典礼仪式中入会礼的预设。入会礼意味着初学者的"死亡"与"再生",也就是说,他重生为一个更高层次的生命。通过献祭或**回到母体**(*regressus ad uterum*)的仪式性"死亡",都是象征性的。这两种方法都意味着将"牺牲的死亡"等同于"生命的孕育"。如《百道梵书》(11.2.1.1)中所宣称的,"人有三次出生:第一次是父母所生,第二次是献祭时得到的生命,第三次是他死时被放在火堆上,因此而再次得以重生。"而实际上,人们会"死亡"很多次,因为,他们在一生中会参加许多次典礼,而在每一次典礼中都会"再生"一次。

此外,入会礼(*dīkṣā*)是每一次苏摩献祭必不可少的预备,但它也在其他场合举行。①我们想要重复的是,接受入会礼的献祭者已通过入会礼获得了再生,那时他仪式性地**回到母体**(*regressus ad uterum*)中去。现在,在入会礼中也同样有回到胚胎状态的情形。事实上,"祭司将要接受入会礼的人转变成胚胎后,再授以其入会礼。他们往他身上洒水,而这水则代表着精液……祭司们将他带进一个特别的小屋:这个特别的小屋就是他要进行入会礼(*dīkṣā*)的子宫。他们用一件外衣将他盖住,这外衣就是羊膜……他紧
221 握着拳头,就如同胚胎在子宫中紧握着拳头一样"(《爱多列雅梵书》1.3)。一些相近的文献强调了仪式所具有的胚胎的和分娩的特性:"行礼者(*dīkṣita*,即举行入会礼的人)是精子"(《弥勒本集》[*Maitrāyanī-Samṣhitā*]3.6.1);"行礼者(*dīkṣita*)是胚胎,他的外衣就是绒毛膜"(《泰迪黎耶本集》[*Taittīrya-Saṃ*]1.3.2)。而**回到母体**(*regressus ad uterum*)的理由被反复提及:"事实上,人还没有出生。只有通过献祭他才真正出生"(《弥勒本集》3.6.7)。②

---

① 参见 Eliade, *Birth and Rebirth*, 第 54 页以下;Gonda, *Change and Continuity*, 第 315 页以下。《梨俱吠陀》显然还不知道入会礼,但我们不能忘记这些仪式文献并不完全代表吠陀宗教(Gonda, 第 349 页)。在《阿闼婆吠陀》中所记载的庆典中,婆罗门被称作 *dīskṣita*,"他主持入会礼"。

② 所有的入会礼都有一个神话的模式:为了防止祭词(*Vāc*)与祭祀(*Yajña*)结合时产生可怕的怪物,因陀罗化身为胚胎进入祭词的子宫(《百道梵书》3.2.1.18 以下)。

这个神秘的新生在每一个献祭中重复着,以使献祭者与神灵同化。"献祭者命定要降生在天国"(《百道梵书》7.3.1.12)。"通过入会礼,他到达诸神那里,并成为他们中的一员"(《百道梵书》3.1.1.8)。该经文还说,献祭者在再生的过程中必须面对世界的四方站立,也就是说他必须主宰宇宙(7.7.2.11以下)。但行礼者也等于死亡了。"当他行入会礼时,献祭就是为第二次再生而死"(*Jaim. Upaniṣad Brāh*. 3.11.3)。[①]根据其他的文献记载,"行礼者(*dīkṣita*)就是祭品"(《泰迪黎耶本集》6.1.45),因为"献祭者是真的将自己祭献给神"(《爱多列雅梵书》2.11)。简言之,"入会者就是供奉给诸神的祭品"(《百道梵书》3.6.3.19)。[②]人们还以诸神为榜样:"噢,阿耆尼,奉献你自己的身体吧!"(《梨俱吠陀》6.11.2)"奉献你自己,就是增强你的身体!"(10.81.5)因为正是"通过献祭,诸神才会施予献祭者"(10.90.16)。

仪式性的死亡是为了到达诸神境界做准备,同时也为了在此世获得圆满的生命。在吠陀时期,通过献祭而"神化",虽然只是短暂的,但并不意味着人的存在和生命的贬值。相反,通过仪式性的升天和进入神的境界,献祭 222
者、整个社会以及自然界都因此而受到祝福并得以更新。我们已经看到其结果如同马祭的作用(参见第 187 页注解①)一样。也许宇宙的更新和王权的巩固,也是乌普萨拉异教徒举行人祭想要达到的目的。但是,所有这一切都是通过仪式而获得的,目的是要重现创造的行为,包括"死亡"、"胚胎的孕育"以及献祭者的再生。

印度国王的即位礼(*rājasūya*)有一个类似的场景。主要的庆典是围绕着新年举行的。涂油礼前一年有一个入会礼,而且通常在第二年结束典礼。即位礼很有可能是简化了的为重建宇宙而举行的年度庆典。国王在仪式中扮演着重要的角色,如同典礼(*śrauta*)中的献祭者一样,他在某种意义上同宇宙混为一体。仪式按不同阶段陆续进行着。从未来的国王回到胚胎的状态,经过一年的孕育,然后他神话般地再生为宇宙的创造者,与生主和宇宙相等同。未来国王的"胚胎期"则与宇宙的成熟过程相对应,很有可能,它原

---

① 也可参见贡达(Gonda)所引用的文献,*Change and Continuity*,第 385 页。

② 献祭者"如种子般"(由沙粒来代表)将自己投入祭火之中,以确保他能再生人间,而投入祭火中则表示可以在天国再生;参见库马拉斯瓦米(A. Coomaraswamy)所引用的文献,"Atmayajña: Self-Sacrifice",第 360 页。

先是与谷物的成熟有关的。仪式的第二个阶段是国王新身体的形成:一个象征性的身体,这可通过国王与婆罗门种姓之间神话式的婚姻,或是与民众间的婚姻(这一婚姻可以使他能从他们的子宫中诞生),或是阴阳水流的结合,或是黄金(意味着火)与水的结合等等方式来完成。

第三阶段是由国王获取统治三界权力的一系列仪式组成。换言之,他成为宇宙的化身,同时又是宇宙的创造者。当统治者举起手臂时,这一姿势就蕴含着宇宙创造的意思在其中,它象征着世界之轴(*axis mundi*)的树立。当国王受涂油礼时,他站在宝座上举起双手,这表示他是固定在大地之脐上的世界之轴——王座即是"世界的中心"——并直达天堂。洒水仪式则象征顺着世界之轴从天而降的太初之水(国王代表着世界之轴)滋养大地。然
223 后,国王分别向四方迈步,象征性地登上最高点。通过这些仪式,国王就获得了统治世界四方及四季的权力,即主宰了整个宇宙。①

我们在此已经注意到,仪式性死亡与仪式性再生,以及宇宙创造与世界更新之间的密切关系,所有这些观念都与我们将要讨论的宇宙创造的神话联系在一起。这些神话,由梵书的作者从他们特有的观点(特别是他们对于献祭的过誉之词)出发,被加以了详细的描述。

75. 宇宙起源论与形而上学

无论是直接的陈述或是间接的暗喻,吠陀赞歌中都提供了几种宇宙创造论的观点。这些神话都或多或少在不同层次的文化中广为流传和记载。要想找到每个宇宙论的起源是徒劳无益的。即使是那些被认定是由雅利安人传入的神话,在更早期或更古老的文化中也有类似的观点。宇宙论如同许多其他宗教思想和信仰一样,都是史前文明的遗产。对于我们而言,重要的是要了解印度人是如何诠释和重新评估某些宇宙创造神话的。应该记住的是,不要以现有最古老的记载去判断那些宇宙起源论的年代。最古老、流传最广泛的一个神话是"潜水创世",但它在印度流行的时间相对较晚,特别是在《史诗》和《往世书》中。

基本上,吠陀诗人和神学家们似乎都对四种类型的宇宙创造论特别着迷。它们是:(1)世界是由原初之水孕育而成的;(2)世界是由太初巨人原人

---

① 参见 J. C. Heesterman, *The Ancient Indian Royal Consecration*,第 17 页以下、第 52 页以下、第 101 页以下。

肢解而成的;(3)世界是由既存在又不存在的统一性/整体性创造而成的;(4)世界是由天地分离而成的。

在《梨俱吠陀》的庆典赞歌(10.21)中,神被想象成悬浮在水面上的金胎,他潜入水中使原初之水受孕,由此生下火神阿耆尼(第 7 诗段)。《阿闼 224
婆吠陀》(10.7.28)中将金胎与宇宙之柱(*skambha*)相等同。《梨俱吠陀》(10.82.5)中说,原水首先是受孕自“造一切者”毗首羯摩(Viśvakarman),但胚胎的形象并不符合这位凡事杂而不精的神灵。在这些例子中,我们看到原始神话许多不同的版本,都是将金胎作为飞翔于太初之水上的造物神的种子。①

第二个宇宙创造论的主题则完全是从仪式的角度加以重新诠释的,这可见于一首同样著名的赞歌《原人歌》(《梨俱吠陀》10.90)之中。双性同体的太初巨人原人代表着整个宇宙的整体性(第 1—4 诗段)。的确(第 5 诗段)原人先生下了创造性的女性力量遍照(Virāj),而后又由遍照生下了他。② 真正的创造是宇宙献祭的结果。诸神以原人为牺牲,从他被肢解的身体中造出了动物、仪式元素、社会等级、大地、天空和诸神。“他的嘴变成了婆罗门,手臂变成了刹帝利,大腿变成了工匠(Artisan),而脚则变成了仆从(Servitor)”(第 12 诗段)。头生天空,足生大地,意识生月亮,凝视生太阳,因陀罗和阿耆尼出自他的口,风来自他的呼吸,等等(第 13—14 诗段)。

最后的诗段(第 16 诗段)强调了献祭的范式性功能:“诸神以供物向供物献祭”;换言之,原人同时被作为献祭的牺牲和献祭之神。赞歌清楚地指出,虽然宇宙、生命和人都是出自于他的身体,但原人却早在创造之前就已存在了。换言之,原人既是超越的又是内在的,他是一个矛盾的存在物,又是一个典型的印度造物神(例如生主)。类似的神话在中国(盘古)、古代日耳曼(伊米尔[Ymir])以及美索不达米亚(提阿马特)都有所发现,说明了这是一个远古的宇宙起源论:世界的创造是以一个人格化的神祇为牺牲而完
成的。《原人歌》引起了人们许多的思考。但是,正如在古代社会中,神话是 225
一切造物的典型一样,这首赞歌不仅在男婴出生后的仪式以及神庙(甚至以

① 在古典时期的印度,金胎的形象成为了由水生成的宇宙之蛋(奥义书中已有所记载:《羯陀奥义书》4.6;《白识净者奥义书》3.4.12)。

② 遍照是 Śakti 的一种。在《大林间奥义书》(4.2.3)中,她嫁给了原人。

原人的形式修建)的落成典礼上被反复吟诵,而且也在重生的洁净仪式中被吟诵。①

《梨俱吠陀》(10.1129)中最著名的赞歌以形而上学的方式来阐述宇宙的起源。诗人自问,有(Being)是如何来自于无(non-Being)的,因为起初,"既没有无,也没有有"(第 1.1 诗段)。"其时既无死也无不死"(也就是既没有人也没有神)。只有一个无差别的"一"(中性名词)。"它自己呼吸,除它之外别无呼吸"。此外,"别无他物存在"(第 2 诗段)。"太初之时,黑暗藏于黑暗之中",而热(苦行[*tapas*]产生的热)生出了"一"、"潜能"(*ābhū*),即"胚胎","被虚空所包围着"(我们可以理解为:被远古之水所环绕着)。从这个胚胎("潜能")开始发展出爱欲(*kāma*),它"是**意识**(*manas*)最初的种子(*retas*)",这一惊人的主张,预示着印度哲学思想最主要的主题。通过沉思反省,诗人们"由此发现了无中之有处"(第 4 诗段)。这"第一粒种子"随后分裂为"高"、"低"阶层,分为阴阳不同的原理(《梨俱吠陀》10.72.4)。但是,"二次创造",也就是现象界的创造之谜仍然存在。诸神是创造后才产生的(第 6 诗段),因此他们并不是世界的创造者。诗人最后以问句结束了诗篇:"唯有那个在最高处监视这个世界的才会知道(即知道'二次创造'的起源)——抑或他也不知道?"

这首赞歌代表了吠陀思想的最高境界。不得而知的最高存在——"一"②、"彼"——的原理,超越诸神和造物,将在奥义书和某些哲学体系中
226 得以发展。像《梨俱吠陀》中的原人一样,这个"一"先于宇宙,且通过它自身创造了世界,并不因此而失去其超越性。我们应将这一观念牢牢地记在心中,因为这是后世印度思想的基础:**意识**和**宇宙**都是多产的"**爱欲**"(*kāma*)的产物。从中可以看到数论—瑜伽(Sāṃkhya-Yoga)以及佛教中的一个重要理论的萌芽。

至于宇宙创造论的第四个主题(天与地的分离,或是弗栗多被因陀罗肢解),这一神话与《原人歌》有关。二者都是为了创造(或更新)世界而以暴力将整体分裂开来。这一主题十分古老,同时也有一些新的诠释和应用。如我们前面已经知道的(§68),因陀罗打倒并肢解远古巨龙的造物行为,这种

① 参见贡达(Gonda)书中的参考书目,*Viṣṇuism and Śivaism*,第 27 页。

② 在《梨俱吠陀》中,我们可以见到多神的观念化约为一神原理的趋势:"富有灵感的诗人们将唯一称为许多"(1.164.46)。

模式不同于房屋的修建或是演讲比赛。

最后,我们要提到“造一切者”毗首羯摩(Viśvakarman)的创造性行为(《梨俱吠陀》10.81),他如同一个雕刻家、铁匠或木匠那样塑造世界。然而,这个在其他宗教中也是著名的神话主题,在《原人歌》的吠陀诗人那里却与创造—献祭联系在了一起。

宇宙起源论的多样性,也同样表现在神谱和关于人类起源的多种传说上。根据《梨俱吠陀》的说法,诸神是太初的天—地所生,或是从原初的水中出现,或是无中生有。无论如何,他们的存在都是在世界创造*之后*。一首晚期的赞歌(《梨俱吠陀》10.63.2)提到,诸神是由女神阿底提、原水和大地所生。但是,他们并非都是不死的。《梨俱吠陀》还说,他们的永生是从娑维德利(4.54.2),或是从阿耆尼(6.7.4)那里得到的,或是喝了苏摩酒(9.106.8)而得到永生。因陀罗是通过苦行(tapas)而获得不朽的(10.167.1),《阿闼婆吠陀》则宣称,所有其他神也是以同样的方式获得永生的(11.5.19;4.11.6)。梵书则认为,诸神是通过举行某些献祭活动获得永生的。

人类也是由太初的天—地所生。他们的神话祖先是毗婆薮(Vivasvat)之子摩奴,他是最早的献祭者和第一个人(《梨俱吠陀》10.63.7)。另一个版本则认为,人类的神话祖先是毗婆薮的儿女,阎魔(Yama)和他的妹妹阎蜜
(Yami)(10.10)。最后,如我们刚才所看到的,《原人歌》(10.90.12)说,人 227
类(也就是四个社会等级)起源于献为祭品的太初巨人的器官。太初之时,人类通过献祭,也是能获得永生的,但诸神决定永生者应该完全是灵性的,也就是说人类只有在死后才能达到(《百道梵书》10.4.3.9)。还有其他的神话解释了死亡的起源。在《摩诃婆罗多》中,死亡是由梵天(Brahmā)带来的,为的是解救大地——人类大量繁殖成了大地的负担——他威胁说,要将人类扔进大海里(6.52—54;12.256—258)。

关于诸神和人类诞生——永生的丧失或征服——的神话在其他印欧民族中也有所发现。无论如何,类似的神话在许多文化传统中都有记载。然而,只有在印度,这些神话才发展出献祭的技巧、冥想的方法与思想,从而唤醒了一种新的宗教意识。

76. 梵书中有关献祭的教义

《原人歌》是梵书(大约前 1000—前 800)中关于献祭理论的出发点和证明。如同原人将自己献给诸神作为牺牲,从而创造了宇宙那样,生主在完成

其宇宙创造的工作后，也累得“精疲力竭”。根据梵书的描写，生主似乎是某种高级思想的产物，但其结构却很古老。这位造物主很接近于宇宙大神。他在某种程度上类似于《梨俱吠陀》(10.129)中的“一”和毗首羯摩，然而也延续了原人的性质。此外，原人与生主的合而为一也有文献可考：“原人即是生主；原人即是岁”(*Jaim. Brāh.* 2.56；《百道梵书》6.1.1.5)。太初之时，生主是隐匿的统一性—整体性(Unity-Totality)，一个纯粹精神的存在。但是欲望(*kāma*)使他变成了多个，并自我再造(《百道梵书》6.1.1)。他通
228 过苦行(*tapas*)将自己加热到极限，再将这热散发出去，以此创世。[1]我们可以将此理解为流汗，如同某些早期的宇宙起源论一样，或是通过精液的散发。他首先创造了梵，也就是三智者(Threefold Knowledge，即三吠陀)，然后以“言”(Word)创造了“水”(Waters)。为了通过水再造自身，他潜入水中，并从水中发育出一个蛋。蛋的外壳变成了大地。接着，他在天界创造了诸神，在地上创造了阿修罗，等等(《百道梵书》11.1.6.1 以下)。[2]

生主想：“真的，我已为自己创造了一个伙伴，那就是岁(Year)。”这就是人们常说：“生主就是岁”的原因所在(《百道梵书》11.1.6.1 以下)；通过将自己献给诸神，他又为自己创造了另一个伙伴，那就是祭(sacrifice)，而这也就是人们常说“祭即是生主”的原因所在。文献中还说，生主宇宙身体的联结点(*parvam*)就是一年中的五个季节以及火坛的五个程序(《百道梵书》6.1.2)。

生主等同于**宇宙**、**时间的循环**(年)和**火坛**，这是婆罗门教关于献祭理论最大的创新之处。它标志着吠陀仪式激励精神的没落，并为奥义书作者的发现做好了准备。其基本观念是，通过“热”以及不断“散发”的创造过程，生主耗尽了他自己，最终精疲力竭。在此，有两个关键术语：热(*tapas*，苦行的热)和散发(*visṛj*)，这两个术语间接地暗示着性爱的意义。苦行和性在印度宗教思想中有着密切的联系。这个神话及其意象将宇宙创造论转化为生物术语；他们以自己的存在为模式，认为世界和生命在其维持的过程中会自我消耗。[3]对于生主的精疲力竭有着生动的描写：“生主在散发完生命之后，

① 这个词是 *visṛj*，源自字根 *sṛj*，意为“保护”；*vi*-指向各个方向分散。

② 其他文献中说，天空从他的头颅中生出，大气从他的胸部产生，而大地则是从他的脚上产生的(参见 Gonda，*Les religions de l'Inde*，第 1 卷，第 226 页)。原人的献祭对此肯定有所影响，但这也证实了两位神祇结构的相似性。

③ 古代文化也有类似的概念，特别是在原始农业社会中。

他的关节都脱落了。现在，生主就是岁，其联结点即是昼夜的交替（也就是黎明和黄昏）、满月与新月，以及季节之始。他无法将他松开的关节举起。诸神以火祭（仪式）治愈了他，使他的关节重新强壮起来”（《百道梵书》1.6.
3.35—36）。换言之，生主宇宙身体的再造和复原是通过献祭来完成的，也 229
就是通过建造一个祭坛以举行火坛祭（*agnicayana*）完成的（§72）。经文中还说（10.4.2.2），“生主即是岁，是由 720 个昼夜组成的，这就是为什么祭坛要用 360 块围石和 360 块砖组成的原因所在。”“关节脱落的生主（现在）就是原先建造的祭坛。”祭司们通过铺设层层砖头，修建祭坛，而使生主复活，“重新聚合”（*saṃskri*）了他。简言之，**每一次献祭都重复着最初的创造性行为，并保证来年世界的继续**。

这就是梵书中献祭的原始意义，即重建因时间循环（年）而“脱落”、“疲惫”的宇宙。通过献祭，也就是以祭司们持续不断的行为，世界才得以继续存在、完好，并且繁荣。这是要求每年（或周期性地）重现宇宙的创造这一个古老观念的新应用。这也证明了婆罗门的优越感，他们确信自己对仪式非常重要。因为“黎明时，如果祭司不点燃祭火，太阳就不会升起”（《百道梵书》2.3.1.5）。在梵书中，吠陀诸神是遭忽视的，或是被视为附属于献祭的创造性力量和巫术。他们宣布，太初之时，诸神也是必死的（《泰迪黎耶本集》8.4.2.1；等等），他们是通过献祭而成为神灵，并获得永生的（《泰迪黎耶本集》6.3.4.7；6.3.10.2；等等）。自此，一切都集中在仪式的神秘力量之上：诸神的起源与本质、神圣的力量、知识、凡间的福祉和另一个世界的“不死”等等。但是，献祭活动必须要怀抱信仰且正确举行，对其作用的丝毫怀疑都会带来灾难性的后果。为了说明这个关于仪式的教义（它同时也是宇宙起源论、诸神的起源和救世论），梵书的作者们增添了许多神话或片断，并以新观点来重新诠释，或是凭借某些想象的词源学，引经据典，或使用谜语来发明一些新的神话。

77. 末世论：通过献祭与生主等同

然而，很快就产生了一个新的观念：献祭不仅仅是再造生主，确保世界
的永存，而且还能创造出一种精神性的不朽的存在，也就是“人格”（per- 230
son）、自我（*ātman*）。献祭不只是含有宇宙创造的意向和末世论的功能，而且它使获得一种新的生命模式成为可能。在建立火坛祭（*agnicayana*）的过程中，献祭者将自己视为生主；更确切地说，生主和献祭者在仪式行为中是

等同的。祭坛就是生主，而同时，献祭者也成为了祭坛。通过仪式的神奇力量，献祭者为他自己建造了一个新的身体，得以升入天国，那里是他第二次的诞生地(《百道梵书》7.3.1.12)，从而获得“不朽”(10.2.6.8)。这意味着他在死后可以重获生命，得以“不死”。这是一种超越时间的存在模式。最为重要的是，仪式的目的是“圆满”(*sarva*)、完整和保有死后的这种状态。[①]

通过“重新聚合”(*samdhā*，*saṃskri*)生主，献祭者于他自身也完成了相同的整合；换言之，他变得“圆满”。就如同通过献祭后，生主又重新恢复了他的自我(*ātman*)一样，献祭者也重建了他自身、他的自我(《考史多启梵书》[*Kauṣītaki Brahmaṇa*]3.8)。在某种意义上说，自我的“构造”等同于重整因完成宇宙创造而脱落、疲惫的生主。当整个仪式行为(*karma*)完成之后，便构建了“自我”。这意味着通过仪式活动，献祭者的身心功能也得以圆满整合，这些功能构成了自我(《爱多列雅梵书》2.40.1—7)；正是藉由自我，献祭者才得以“不朽”。诸神也是通过献祭而得到永生，获得了“梵”(*brahman*)(《百道梵书》11.2.3.6)。结果，甚至是早在梵书时期，梵与自我就已内在地等同了。[②] 这又为其他系列的等同所证实：在《梨俱吠陀》中生主与火坛同化，《梨俱吠陀》中的音节与祭坛的砖头相等同。但是，梵自身也等同于《梨俱吠陀》中的432 000个音节，因而也就等同于生主，最后等同于献祭者，也就是等同于他的自我。[③]

231 如果生主(梵[*Brahman*])与自我(*ātman*)是同一的，那是因为他们都是同一行为(“重建”与整合)的结果，尽管二者的材料有所不同：生主—梵的重构是用祭坛的砖头，而自我重建的则是用各种身心功能。[④]然而，要强调的是，**正是宇宙起源的神话最后成了“构建”自我的范式**。许多瑜伽技巧都应用了同一个原则：身体的姿势、呼吸以及心理活动的“专注”、“合一”。

梵(*brahman*)我(*ātman*)合一的发现，在奥义书中被不厌其烦地加以发挥，并给予多种评价(§80)。现在我们想要补充的是，在梵书中，梵(*brahman*)是指宇宙献祭的过程，并且延伸为维持宇宙的神秘力量。但在吠陀中，梵则

① 参见J. Gonda, *Les religions de l'Inde*，第1卷，第236页以下。

② 参见Lilian Silburn, *Instant et cause*，第74页以下。

③ 《百道梵书》中的另一段经文(10.6.3.2)描写了“金色原人”如米粒或粟粒般存在于人的心中，然而又比天空、以太、大地和一切事物都要大：“灵性本身就是我的自我；我死时，我将获得这个自我。”这篇文献十分重要，因为，一方面，原人与梵相等同；另一方面，又确保了梵我的合一。

④ 参见Silburn, *Instant et cause*，第104页以下。

一直被认为是不灭、不变、一切存在的基础和原则。有意思的是,在《阿闼婆吠陀》中的几首赞歌(如 10.7.8)将梵等同于宇宙之柱(*skambha*,字面意思为“停留、支撑、支柱”),即梵支撑着世界,同时也是宇宙之轴和本体论的基础。“灵(*atmanvat*)拥有宇宙之柱(*skambha*)和一切气息”(《阿闼婆吠陀》7.8.2)。“那知道人中之梵的,便知道最高者(*parameṣṭhin*,意为‘主’),而知道最高者,也就知道了宇宙之柱(*skambha*)”(《阿闼婆吠陀》10.8.43)。我们认识到,他们努力将终极实在独立出来,梵被视作“宇宙之柱”,是支撑,是基础。而所有这些概念表达的都是**根基**(*pratiṣṭhā*),这一术语在吠陀文献中经常用到。婆罗门被认为是梵,因为他知道宇宙的起源和结构,因为他知道表达这一切的**话语**;因为祭词、逻各斯,能将任何人转化成婆罗门(《梨俱吠陀》10.124.5)。“婆罗门的出生是法(*dharma*)永恒的化身”(《摩奴法典》 232
1.98)。①

有一类特别的作品,即《森林书》(*Aranyaṇkas*)(字面意思为“森林的”),或许能让我们探究梵书中的献祭系统(*karma-kaṇda*)是如何转变为奥义书中所表述的形而上学的知识(*jñāna-kaṇda*)。所谓《森林书》,是在远离村庄的森林中秘密讲述的知识。其教义强调自我才是献祭的主题,而不是仪式的有形实体。根据《森林书》的记载,诸神就隐藏在人类之中,换言之,构成吠陀思想基础的大宇宙与小宇宙的结合,如今显示宇宙的诸神与存在于人体内的神灵是相同的(参见《爱多列雅森林书》1.3.8;2.1.2;3.1.1;等等。《桑卡耶那森林书》7.2 以下;等等)。结果,“献祭的内在化”(参见 §78)使得直接向“内在”和“外在”的诸神献祭成为可能。其终极目标是,不同的神灵与人类的身心功能和器官的合而为一。在多次的同化与等同之后,其结论是“自我意识(*prajñātman*)与太阳是同一个事物”(《爱多列雅森林书》3.2.3;《桑卡耶那森林书》8.3—7)。这种大胆的等同后被奥义书的作者们更加详尽地加以阐述。

78. 苦行:禁欲生活的技术与辩证法

我们已经多次提到苦行(*tapas*)。在讨论印度诸神、神话以及仪式时,不可能不提到这种通过苦行而获得的仪式性的“热”、“暖”或是“激情”。这一术语 *tapas*,是从字根 *tap* 而来,其意为“产生热”、“煮沸”,这在《梨俱吠

① 参见 Eliade, *Yoga*,第 115 页以下;其他文献参见 J. Gonda, *Notes on Brahman*,第 52 页。

陀》中已有清楚的记载(如 8.59.6;10.136.2;154.2.4;167.1;109.4;等等)。这是印欧民族的一个传统概念。这是因为,在类似的背景下,英雄类型的仪式中也有“灼热”或“狂怒”(*menos*, *furor*, *ferg*, *wut*)。[①]我们要补
233 充的是,通过种种身心的修炼所产生的“热”,甚而是由辛辣食物所产生的“热”,在原始文化的巫师与医师那里都有所记载。[②]获得巫术—宗教的“力量”是与一种强烈的内在的热相伴随的,这种力量被命名为“热”、“燃烧”、“酷热”等等。

我们举出这些事实,是要证明这种苦行是很古老的,而且流传相当广泛。但这不是暗示印度的苦行来自非雅利安的源头。印欧人,特别是吠陀时期的印度人,他们继承了史前的技术,又以不同的方式加以评价。然而,必须明白的是,从古至今,这种对于苦行的理解,除了印度之外无处可觅。

苦行的“热”有其模式或同构物,无论是在形象、符号以及神话中都与谷物的“烹煮”、鸡蛋的孵化、性兴奋特别是性高潮时的激情、钻木取火等联系在一起。“苦行”在许多方面是有“创造性的”:包括宇宙起源、宗教和形而上学。我们知道,生主通过苦行产生热,从而创造了世界,之后的精疲力竭则很像是性爱过后的疲惫(§76)。就仪式的层面来说,苦行使得“再生”成为可能,也就是从这个世界过渡到神灵的世界,从“世俗”的境界过渡到“神圣”的境界。进而,苦行还有助于冥想者“孵化出”秘教知识的奥秘,并向其启示深奥的真理。(阿耆尼给予苦行者[*tapasvin*]“头部的热”,使之获得超人的洞察力。)

苦行会彻底改变修行者的存在模式,因为它赋予修行者超人的力量。这种力量有时是可怕的,甚至是“邪恶的”。[③]在为最重要的献祭仪式所做的准备、入会礼、梵志的见习期都要经历苦行。基本上,苦行包括斋戒、火前凝
234 视、暴晒或饮酒(这比较罕见)。但“热”也可以通过调息而获得,这为吠陀仪式与瑜伽修炼之间的大胆等同开辟了道路。这种等同主要是由梵书中有关献祭的思考所促成的。

---

① 参见 Eliade, *Yoga*,第 107 页,注解 28。

② 其他例子参见 Eliade, *Shamanism*,第 474 页以下。

③ *śānti* 一词在梵语中是指灵魂的安详、平静、没有激情、脱离苦难,源自字根 *śam*,本意包括火、愤怒以及发热的“熄灭”。总之,这些热都是由魔鬼的力量所激发的;参见 D. J. Hoens, *Śānti*,尤其是第 177 页以下。

献祭很早就与苦行同化。据说,诸神不仅通过献祭,而且也通过苦行获得永生(§76)。如果在吠陀崇拜仪式中,诸神接受苏摩酒、黄油和圣火,那么在苦行中他们则接受"内在的献祭",生理功能取代了奠酒和祭品的地位。呼吸经常被认为是一种"不间断的酒"。①其中提到"般那火祭"(*prāṇāgnihotra*),意即"伴随着呼吸的火祭"(《瓦义加那沙天启经》[*Vaikhānasasmārtasātra*]2.18)。这种内在献祭的概念是一个意义重大的变革,它甚至使得婆罗门教和后来的印度教中都保有一些最古怪的苦行者和神秘主义者。不过,"林栖"的婆罗门也举行同样的内在献祭,他们过着苦行者(*sannyāsi*)的生活,但却没有失去世俗"家长"的身份。②

简言之,苦行在不同的层面上被整合进了一系列的同化之中。一方面——与印度思想特有的趋势相一致——宇宙的结构与现象被同化为人体的器官与功能,以及献祭的元素(祭坛、火、祭品、仪式器具、祈祷文等等);另一方面,苦行主义——在史前时代,这就意味着大宇宙与小宇宙的对应,如呼吸被等同于风,等等——被等同于献祭。某些形式的苦行主义,如调息,甚至被认为高于献祭,其结果被认为比祭祀的"果报"还要珍贵。但是,只有 235
理解到揭示这些同化的辩证关系,所有的同化与等同才会有效,即才真正具有宗教效力。

总之,我们不得不面对许多既同化又分属不同等级的体系。**献祭**被等同于**苦行**,但是,最重要的是**理解**构成这种同化基础的原理。在后来的奥义书中,理解、知识(*jñāna*)被提升到了很高的位置,而蕴含着神话神学的献祭体系则丧失了其在宗教中的优势。然而,这个建基于"理解"的体系最终也会丧失其优势,至少是在某些社会阶层中。例如,修炼瑜伽的人会强调苦行主义以及神秘经验的重要性,而某些出神者或有神论的皈依(*bhakti*)信徒,则会完全或部分地拒绝婆罗门的仪式主义和奥义书的形而上学思想,以及苦行主义和瑜伽术。

这种辩证法,因其能够发现无数在不同层次上的人类体验(生理的、心

---

① 事实上,"只要他在说话,他就不能呼吸,他是将他的呼吸供养了言语;而只要他在呼吸,他就不能说话,他用言语供养了呼吸。这是两种持续不断的奠酒;无论是醒是睡,人都要不间断地供养它们。其他所有的奠酒都有终了的时候,并分享了行为(*karman*)的本性。年长者知道真正的祭祀是不供养火祭的"(《考史多启奥义书》2.5)。根据《唱赞奥义书》5.19—24,真正的祭祀包括以呼吸为供品:"供养火祭却对此一无所知的人……就如同供养灰烬的人一般"(5.24.1)。

② 他们的宗教地位在《森林书》的论述中有所反映,虽然是相当模糊不清的。

理的、仪式活动的、象征主义的、神秘体验等等)的同构、同化以及对应性,它即使不是从印欧民族的原史时期开始,至少在吠陀时期就已存在了,而且在以后的时期里都扮演着一个相当重要的角色。我们会看到,特别是在宗教与形而上学出现危机的时候,也就是当传统的体系因丧失其有效性而完结,它的价值世界也随之崩溃时,同构的辩证法正可彰显出它创造的可能性。

79. 苦行者与出神者:尊者与浮浪者

如果说仪式性的禁欲是吠陀崇拜仪式一个不可缺少的组成部分,我们也不能忽视其他类型的苦行者和出神者,虽然在古代文献中很少提及他们。有些苦行者和出神者生活在雅利安社会的边缘,却并不因此而被认为是“异
236 端”;而另一些则被认为是“外来者”,虽然我们几乎无法断定他们是否属于土著民阶层,或只是反映了某些雅利安部落的宗教观念是在吠陀传统的边缘上发展起来的。

《梨俱吠陀》中有一首赞歌(10. 136)提到蓄长发(*keśin*)的苦行者(尊者,*muni*)以“褐污”为衣,“以风为带”(也就是赤身裸体),而“诸神则降临到他身上”。他呼喊道:“在忘形的沉醉中,我们站在风之上,你们,这些俗人只能察觉到我们的身体”(第 3 诗段)。尊者(*muni*)在空中飞翔,他是风元素(*Vāta*)的马、风神伐由的朋友。他住在日出之海和日落之海这两大海洋之间(第 5 诗段;参见《阿闼婆吠陀》11. 5. 6;等等)。“他跟随着阿布沙罗斯(Apsarases)、乾闼婆(Gandharvas)和野兽的足迹,并了解它们的思想”(第 6 诗段)。他“与楼陀罗共饮毒酒”(第 7 诗段)。还有一个出神的典型例子:尊者的灵魂舍弃了肉体,他能预知半神与野兽的思想,他住在“两大洋”之间。这个对于风之马以及对于诸神的影射,暗示着萨满式的法术。

吠陀中也描写了其他神话人物(如埃卡乌拉塔亚[Ekavrātya]、梵志、维那[Vena]等)的超常经验,他们可能代表了某些苦行者和巫师的神化形象。因为,“人—神”的主题始终是印度思想中的一个重要观念。埃卡乌拉塔亚可能是神秘社团“浮浪者”(*vrātyas*)的原型,许多学者从“浮浪者”身上看到了湿婆教(Śivaite)的苦行者、“神秘主义者”、瑜伽修炼者的先驱或是非雅利安民族的代表。《阿闼婆吠陀》中的整整一卷书(第 15 卷)都是为其而作,但该文献语义晦涩难懂。然而,它表明了“浮浪者”(*vrātyas*)在实践着苦行主义(如保持站姿长达一年,等等),并且熟悉呼吸的原理(同化为各种不同的宇宙范围,《阿闼婆吠陀》15. 14. 15 以下),把他们的身体等同于大宇宙(18. 1

以下）。这种社团很重要，他们有一种特别的献祭，即宣誓礼（*vrātyastoma*），能使其成员重新回到婆罗门社会之中。①在行宣誓礼（*vrātyastoma*）期间，其他人 237
物也在场，这些人中为首的被称为摩迦陀（*māgadha*），他充当歌手，还有一个妓女（《阿闼婆吠陀》15.2）。在夏至祭典（摩诃毗罗塔）的时候，这个妓女要与摩迦陀或梵志进行仪式性的交媾。②

梵志也被想象成宇宙中的一个人物。行过入会礼后，他披着黑羚羊的皮，留着长须，从东海旅行到北海，并且“创造多个世界”；他穿着红衣苦行（*tapas*），被赞颂为“永生怀里的胚胎”（《阿闼婆吠陀》11.5.6—7）。但是，在印度经常发生的是，他在俗世的“代表”梵志（以贞节为誓者）却与妓女仪式性地交合。

在某些吠陀仪式中，性结合在其中占有一席之地，如马祭（*aśvamedha*）。重要的是分清被视作神婚的夫妻结合③与狂欢式性交的区别，后者的目的是为了世界的繁育，或是“巫术防卫”的产物。④然而，无论如何，两种情况都是仪式，或都可称为“圣事”，都是对人格或生命的重新神圣化。后来，性力派发展出一整套将性爱转变为圣事的技艺。

至于居住在雅利安社会边缘的各种类型的苦行者、巫师和出神者，他们大部分后来都融入了印度教之中，我们对其所知甚少。最丰富的资料都是晚期的；然而这并不因此而减少其重要性，因为这些资料肯定反映了一个较早时期的情况。《瓦义加那沙天启经》列举了长长一串苦行者和隐修者的名字。有些人以其头发和衣袍为标志，不是以树皮为衣，就是破衣烂衫；有些人甚至一丝不挂，以小便和牛粪为食，住在墓地里，等等。还有一些人则修炼瑜伽或实践一种原始的性力派仪式。⑤

概言之，从最早的时期开始，就有许多文献记载了不同形式的苦行主义、出神体验和巫术—宗教的技术。我们可以分辨出“古典的”禁欲生活与

---

① 浮浪者戴着头巾，身穿黑衣，肩上披着两块羊皮，一块黑的，一块白的；他们的标志是手持尖棍，脖子上围着装饰物，还有一张无弦的弓。一辆由一匹马和一头骡子所拉的二轮车作为他们的献祭之地。

② 文献与参考书目参见 Eliade, *Yoga*，第 103 页以下。

③ 丈夫对妻子说“我是天，你是地！”（《大林间奥义书》6.4.20）这一概念可从诸神的名字中得知：“愿毗湿奴准备好子宫，陀湿多塑造其形！”等等（《大林间奥义书》6.4.21）。

④ 参见 Eliade, *Yoga*，第 254 页以下。在最后一个例子中，我们不得不面对农业社会中普遍流传的习俗。

⑤ Eliade, *Yoga*，第 138 页以下。

238 某些萨满式的主题，以及其他文化中典型的出神体验和一些早期的瑜伽修炼法。由那些遁世者所坚守的行为模式、技术和救赎论的多样性与复杂性，在后来的时代里将有增无减。简言之，我们可以说，出神的方法依赖于且延续着饮用苏摩酒或其他麻醉饮品所带来的兴奋体验，同时也预示着某些形式的神秘皈依，而苦行的禁欲生活和教义则为瑜伽术的发展做好了准备。

这里必须要补充的是，从奥义书时期开始，越来越多的人远离了社会生活，遁入“森林”，以完全沉浸在沉思冥想之中。这种习惯很早就成为一种范式，在现代印度仍很流行。但隐居“森林”，对于那些并非职业的出神者、苦行者和瑜伽行者来说，在刚开始时可能相当令人惊奇。远离社会生活毕竟表露出传统宗教中的一种深层危机。很有可能，这种危机在梵书时期关于献祭的思考中就已经出现了。

80. 奥义书以及仙人的探求：人如何才能解脱“业报”？

在梵书中，吠陀诸神因生主而极大地受到贬抑。奥义书的作者们则继续并完成了这一过程。而且他们走得更远，他们毫不犹豫地贬低献祭本身所具有的一切功效。有些奥义书的经文断言，没有关于**自我**(*ātman*)的**冥想**，献祭就无法完成(《弥勒奥义书》1.1)。《唱赞奥义书》(8.1.6)甚至宣称，就像使“因行为(即‘业’，*karman*)”而起的世界将要毁灭一样，因献祭而起的世界也将要毁灭。根据《弥勒奥义书》(1.2.9—10)的观点，那些自欺欺人地说献祭是很重要的人是可怜的，因为那些由于自己的善行而升入天国的人，在享受之后，还是会再回到人间或是下降到更低的世界里。无论是诸神或是祭典，对于一个真正的仙人(*ṛṣis*)而言都不重要。真正仙人的理想在最早的奥义书《大林间奥义书》(1.3.28)中的祈祷文里，已得到了绝妙的表达：
239 “引领我从无(*asat*)到有(*sat*)，从黑暗到光明，从死亡到永生！”

奥义书中透露出的精神危机，似乎是由对于献祭“力量”的沉思而产生的。我们已经看到，正如生主通过献祭而被重新塑造，恢复其“自我”(*ātman*)一样，献祭者也通过仪式性行为(*karman*)，“统一”其身心功能，从而建立起他的“自我”(§77)。在梵书中，“业”(*karman*)一词表示仪式活动以及因此获得的利益(因为，在他死后，献祭者可以前往诸神的世界)。但是，反思仪式的“因果关系”，却不可避免地发现，每一个造成结果的行为都只是无数因果系列的一部分而已。一旦人们从“业”(*karman*)中认识到宇宙的因果律，那么，所谓的献祭福报思想便会被摧毁。死后灵魂在天国中的存在，固然是献祭者仪式行为所带来的后果，但当他在有生之时所有其他行为的结果又在哪里"实现"呢？所以，充满福乐的死后生存是对一个正确的仪式活动的回报，但这总会有尽头。而那时，对于已经脱离了肉体的灵魂（即自我[*ātman*]）又会发生什么呢？不管怎样，它是不会最后消失的。他在生时的无数行为必须要有结果，换言之，也就是必然会在新的存在形式里"实现"，无论是在人间还是在另一个世界。这是无法逃避的结论：在地球以外的世界里，灵魂经历的不论是福乐还是不幸的死后生命，它都还要回到肉体之中。这就是灵魂转世的规律，即轮回（*saṃsāra*），这个规律自从被发现以来，就一直支配着印度宗教和哲学思想，无论是"正统的"宗教，还是如佛教和耆那教（Jainism）之类的异端。

"轮回"（*saṃsāra*）这一术语只出现于奥义书中。至于其教义的"起源"则已不可考。试图以非雅利安因素的影响来解释灵魂转世的信仰，这种努力并未成功。然而，或许这一发现蕴含着某种悲观的生存观。吠陀时期人长命百岁的理想已经过时。本质上说，生命并不必然代表着"罪恶"，只要将生命当作解脱"业"（*karman*）的束缚的一种手段。一个智者唯一值得奋斗的目标就是要获得解脱（*mokṣa*）（或是其他同义词 *mukti*，等等），而这就是 240
印度思想中的关键词。

每一个行为（业），无论是宗教的还是世俗的，都使轮回得以强化并长存，而解脱则既不能通过献祭，也不能通过与诸神的密切关系，甚至不能经由苦行或善行等方式来获得。因此，在仙人们（*ṛṣis*）的隐居之处，他们寻求其解脱之道。通过沉思那些在吠陀和梵书中早已赞颂过的知识所具有的救赎价值，仙人们有了一个重大发现。梵书的作者显然是指与仪式活动同构的（神秘）知识。梵书说，一个人如果对于献祭的奥秘一无所知，就会"二次死亡"。而仙人们（*ṛṣis*）则走得更远，他们将神秘知识从仪式和神学的背景中剥离出来，如今只有通过神秘知识揭示真实世界的深层结构，才能够掌握绝对的真理。但这个"知"却被"无知"（即无明，*avidya*）所摧毁，这似乎就是人类（梵书中的"未入会者"）的命运。当然，这个无知是一个形而上学的概念，只涉及终极真理，而不是指日常活动的经验法则。

在印度的哲学词汇中，所谓"无明"（*avidya*）就是指这种"形而上学的无知"，无明（*avidya*）掩盖了终极实在；"智慧"（知识）揭示了真理，从而也揭示了真实的世界。从某种观点来看，这种"无知"是"具有创造力的"，它创造了人类存在的结构与动力。另一方面，无明（*avidya*）使人们生活在一种不负责任的状态之中，不知道其行为（业）的后果是什么。经过充满激情的寻求与长期的踌躇之后，仙人们（*rṣis*）有时会突然顿悟，认为“无明”（*avidya*）便是“业”（*karman*）的“第一原因”，因此也是轮回的起源和动力。现在，这个循环便完成了，无知（即无明[*avidya*]）创造或增强了因果报应的定律（业[*karman*]），而因果报应又加深了牢不可破的一系列轮回。幸好，通过神秘的知识（*jñāna*，*vidya*），人尚有可能从地狱般的循环中解脱出来。我们会看到，其他的一些团体或教派也宣称，可以瑜伽术或神秘宗教的方式解脱。印度思想早就致力于会同各种不同的解脱之“道”（*marga*）。几个世纪后，《薄
241 伽梵歌》（公元前 4 世纪）提出了一种著名的综合思想，使这种努力达到了顶点。但现在重要的是要指出，对于**无明—业—轮回**（*avidya-karman-saṃsāra*）的发现，以及通过神秘知识和形而上学的知识（*jñāna*，*vidya*）而得到解脱的方法，这个始于奥义书时期的思想，尚未完全系统化，但却是后世印度哲学的根本。最重要的发展是关于解脱的方法，以及（悖理地）享受这种解脱之乐的自我（或“代表”）。

81. 梵我一如与“内在之光”的体验

为了能迅速地把握仙人（*rṣis*）的理想与缘起，我们打算简化叙述。在最早的奥义书中，①几种不同的方法是有差别的。我们不必过于强调这些差别，因为梵书中占主导地位的同化与同构的体系，在奥义书中也同样有效。主要的问题在每篇文献中都或隐或显地存在着。这就是如何把握和理解最初的存有者（Being）、“一”（One）、“全”（All），它能解释世界、生命以及人类的命运。从《梨俱吠陀》（10.129）时期开始，在赞歌中，它就被称为“一”（*tad ekam*，中性名词）。梵书把它叫作生主或梵。但在这些烦琐的论述中，这个最初的存有者是与宇宙献祭和仪式的神圣性相关的。仙人们努力想通过神秘知识所引导的冥想去理解。②

显然，这个最初的存在者是不可思议的、无限的、永恒的，它既是一也是

① 也就是散文体的奥义书，包括《大林间奥义书》、《唱赞奥义书》、《爱多列雅奥义书》、《考史多启奥义书》和《泰迪黎耶奥义书》。这些书可能是在公元前 800—前 500 年辑成的。

② 然而，不能忘记的是，奥义书中的仙人是“先知”的继任者，吠陀时期的诗人—哲学家。从某种观点来看，我们可以说，奥义书的中心直觉真理已在吠陀经中（以一种不成体系的形式）被找到了。例如，“精神”即是“神”，即是“真实”，即是“光明”。参见 Gonda, *The Vision of the Vedic Poets*，第 40 页以下、第 272 页以下。

一切,是世界的“创造者”和“主人”。有人甚至将它等同于宇宙,另一些人则从在太阳、月亮和言语里显现出来的“原人”(puruṣa)中寻找它,还有人认为它是支撑世界、生命以及意识的“无限者”。在最初的存在者的名字里,从一开始,“梵”这一名字就是最为优先被采用的。在《唱赞奥义书》一个著名段 242
落中(3.14.2—4),梵被描绘成“整个世界”,而其本质则是精神的,“生命是他的躯体,光是他的形状,虚空是他的灵魂”,而且他把所有的行为、欲望、气味和味道等等都涵摄在自身之中。但他同时又是“我心中的自我(*ātman*),比谷粒、芥子还要小”,却“又比大地、大气和世界还要大”。“涵摄所有的行为、欲望……,涵摄整个世界……,这就是我心中的自我,这就是梵。当我离开这个生命时,我将进入他的生命之中。”[①]述祀氏(Yājñavalkya)也自称“居于大地之中,大地却并不知道他,他的身体即是大地,并由内在控制大地”,而且将等同于“自我、内在的控制者、永恒者”(《大林间奥义书》3.7.3)。

像《梨俱吠陀》中(10.90)的原人一样,梵也同时既内在(于“这个世界”)又超越(于“这个世界”),既有别于宇宙,又遍布宇宙。而且,如自我(*ātman*)一样,他也居于人心中,这意味着真实的“自我”与宇宙的存有者是同一的。的确,当死亡降临时,“知者”的自我将与梵合而为一,而其他昏昧的灵魂则将堕入轮回(*saṃsāra*)之中。还有许多关于死后脱离尘世的理论。根据这些理论,那些懂得了“五火”[②]秘义的人将穿越不同的宇宙空间,直到他们到达“光明的世界”。在那里,他们会遇见一个“神人”(*puruṣamānasah*,意为“精神所生的”),他将引领他们到达梵的世界,并在
那里长住,不再回来。这个修正过的理论后来被许多教派所接受。然而,根 243
据其他的解释,死后,自我与宇宙存有者(梵)的结合是一种“非人格的永生”,自我融入其本源即梵之中。

重要的是要指出,对于梵我(*ātman-Brahman*)合一的冥想是灵性的修持,而不是一连串的理论。当人把握住自己的自我时,就会有“内在之光”

---

① 在《唱赞奥义书》的另一段落里(6.1—15),主人向其子施伟多凯也徒(Śvetaketu)解释说,宇宙和人是由太初的生命所创造的:创造之后,这生命便使宇宙和人体怀孕了,就如同一粒盐融入了水里。自我代表着人的神圣本质。而主人的教训则以这样一句著名的话语结束:“彼即汝(*tat tvam asi*),施伟多凯也徒(Śvetaketu)!”

② 祭祀之火是与其他世界的、生主的、现世的、男人的以及女人的结构同源的(参见《大林间奥义书》6.2.9—15;《唱赞奥义书》5.4.1—10.2)。

(*antah-jyoti*)的体验,而光是自我(*ātman*)和梵(*Brahman*)的最高意象。当然,这一说法是古代的传统。从吠陀时代开始,太阳或光便被认为是生命、精神、永生和生殖的化身。根据《梨俱吠陀》(1.115.1),太阳即是万物的生命或自我(*ātman*)。①那些喝了苏摩酒而得到永生的人,都能获得光明,发现诸神(《梨俱吠陀》8.48.3)。《唱赞奥义书》(3.13.7)则说:"光明照耀着天国,照耀着一切,照耀着最高世界,且的确与照耀在人心中的光(*antahpuraṣa*)是一样的。"②《大林间奥义书》(4.3.7)也将自我与人心中的人格相等同,其形式是"内在之光"。"那安详者从身体中升起,达到最高的光明之处,这便是它最适当的形式。这个存在者即是自我。它是永生且无畏的。它就是梵。"(《唱赞奥义书》8.3.4)③

82. 梵的两种形态以及"囚于"物质中的自我之谜

从"内在之光"中体验到的梵我(*ātman-Brahman*)合一,有助于仙人
244 (*rṣis*)破译创造之谜以及他自身的存在模式。因为他知道,人虽然是业(*karman*)的俘虏,但同时也拥有一个永生的自我,他在梵中看到一个类似的情境。换言之,他从梵中认识到了两种似乎互不相容的存在模式:"绝对"与"相对","精神"与"物质","人"与"非人",等等。在《大林间奥义书》(2.3.3)中,梵被理解为两种形式:肉体的(必死的)和不朽的。中期奥义书④更加系统地发展了这种趋势——《梨俱吠陀》中已有所记载——即将宇宙整体与意识化约为一个单一的原则。《羯陀奥义书》(特别是3.11)则相当独特地提出了宇宙本体论:宇宙之灵(*puruṣa*)高高在上,其下似乎既是精

---

① 《百道梵书》(8.7.2.16—17)说:"光即是生育"(《泰迪黎耶本集》7.1.1.1)。它"是生育的力量"。参见 Eliade, *The Two and the One*,第26页以及"Spirit, Light, and Seed",第3页以下。

② 《唱赞奥义书》(3.17.7)从《梨俱吠陀》中引用了两段谈到沉思的诗文"光明所照耀的地方比天还高",又说"通过沉思这最高处的光明,远离黑暗,我们到达了太阳,那众神之神。"意识到内在之光与超越宇宙之光的合一,会产生两种"微妙的生理"现象,即身体发热并听见神秘的声音(《唱赞奥义书》3.13.8)。

③ 所以,在《蒙查羯奥义书》(*Muṇḍaka Up*. 2.2.10)中,梵是"纯净的光中之光"。其他例子参见 Eliade, "Spirit, Light, and Seed",第4页以下;Gonda, *The Vision of the Vedic Poets*,第270页以下。

④ 最重要的有《迦塔奥义书》(Kātha)、《六问奥义书》(Praśna)、《弥勒奥义书》(Maitri)、《唵声奥义书》(Māṇḍūkya)、《白净识者奥义书》和《蒙查羯奥义书》。这些奥义书辑成的时间很难确定,可能是在公元前500—前200年之间。

神亦是物质的"不可见者"(*avyakta*),再者是以物质形式显现出来的精神大我(*mahān ātmā*),接下来是逐渐递减的层次,因不同的意识形式而有不同的感官,等等。根据《白净识者奥义书》(5.1)所说,隐藏在不朽与无限之中的梵既是知(确保永生),也是无知(等同于死亡)。

这种新的同构体系,意味着对大宇宙与小宇宙之间古老的类比法的重新诠释。这次是仙人(*rṣis*)通过沉思梵的悖论性结构,从而理解到他的存在处境。他的反思是在两个平行的层面上进行的。一方面,他发现,不仅是感受和知觉,而且连心理活动也属于自然现象的范畴。在《弥勒奥义书》中略有提及的这一发现,后来主要是由数论派和瑜伽哲学予以详细阐述的。另一方面,则有逐渐强调精神和自性(*prakṛti*)是原初的存在,全/一的两个模式的趋势,而这种趋势在《梨俱吠陀》中(10.90.3)已有记载。[①]因此,宇宙和生命代表着这原初存在者两个模式的整合活动。

本质上,解脱就是对这个"奥秘"的理解:一旦这个全/一的悖论被揭示出来,便有可能将人从宇宙的轮回下解脱出来。从不同的观点来看,这个宇 245
宙过程可以被视为出于无知的神的"游戏"(*līlā*)、"摩耶"(*māyā*),或是促使人们去寻求绝对自由(*mokṣa*)的"考验"。[②]其中最重要的是,原初存在中两个矛盾模式悖论的共存,使得人们可以对人类的存在加以解释——人类的存在本身同样是悖论的,因为生命虽然"包含着"自我,却不免受到业的支配——并且使得解脱成为可能。的确,当我们理解了梵及其显现、物质的创造以及缠绕在轮回之网中的自我之间的相似性,**便会发现无明—业—轮回之间可怕的连环是偶然和短暂的。**

当然,中期奥义书对于这些新发现有着不同的用法。梵的两种模式有时被解释为人格神,高于物质(梵的非人格的存在形式)。正是在这种意义下,我们可以理解《羯陀奥义书》(1.3.11),它将人格化的原则(*puruṣa*)置于"非人格化"(*avyakta*,意为"不可见的")的模式之上。[③]《白净识者奥义书》甚至更为明显,它将对绝对的存在(梵)的沉思与对人格神楼陀罗—湿婆的崇拜联系在一起。"三重梵"(Threefold Brahman)(1.12)、内在于一切自然

① H. von Glasenapp, *La philosophie indienne*,第131页。

② 后来所有的这些解释都变得流行起来。

③ 如同《蒙查羯奥义书》中(2.1.2)所说的,原人的地位是高于"不变的"(*akṣara*)和"自性的"(*prakṛti*);参见 Glasena, 第123页。

和一切生命形式的神(2.16—17)与既是世界的创造者也是世界的破坏者(3.2)的楼陀罗相等同。至于自性(*prakṛti*),那是主(楼陀罗—湿婆)的摩耶(*māyā*),是缠绕所有生命的创造性的“巫术”(4.9—10)。因此,宇宙的创造既可以被理解为神圣的流溢或者“游戏”(*līlā*),人类因无知而深陷其中,不得自拔。只有通过数论和瑜伽,也就是通过哲学的理解与坐禅的心理和生理技术才能够获得解脱(6.13)。①

重要的是要强调,瑜伽的修炼被提升到了寻求解脱之道的高度,和神秘
246 知识一样成为早期奥义书中的主要方法。《羯陀奥义书》也将瑜伽修炼与神秘知识式的坐禅并列(3.13)。在《白净识者奥义书》、《唵声奥义书》,特别是在《弥勒奥义书》中对某些瑜伽术有更为详尽的描述。

由此,我们看到早期奥义书中所记载的各种研究、发现的进一步发展。一方面,他们努力将精神原则(自我)从感官以及心理活动的生命、活力中分离出来,逐渐将后者贬低为自性(*prakṛti*)的驱动力。只有自我脱离了心理体验,才能与梵合一,因此才能被视作不朽。另一方面,他们努力阐述、分析全体的存有者(梵)与自然的关系。苦行与冥想都是为了使自我从心理体验中分离出来,这在早期的瑜伽论述中都有详细的说明与阐述。对于自我(*ātman*, *puruṣa*)的存在形式以及自性的结构和动力所做的严格分析,则是数论哲学的主题。

① 然而,《白净识者奥义书》有一个与众不同的特点,就是对于湿婆的崇拜;参见 Eliade, *Yoga*, 第121—122 页。

第 10 章　宙斯与希腊宗教 247

83. 神谱与诸神世代之间的斗争

正是宙斯这一名字显示出了他的禀性:他是一个伟大的印欧天神(参见§62)。忒奥克里托斯(Theocritus)[1](4.43)在诗中写到,宙斯有时闪闪发光,有时在雨中降临。据荷马称,[2]宙斯的领域是"在云际和大气里的广阔天空"(《伊利亚特》15.192)。他一连串的头衔强调了其作为一个大气之神的特点:雨神(Ombrios and Hyetios)、和风之神(Ourios)、闪电之神(Astrapios)、雷神(Brontōn),等等。但宙斯不仅是天空的象征,更是宇宙的表象。他超凡的特性是由他的权威,以及他与众多冥府女神不计其数的神婚所确定的。

然而,除了他的名字和统治权(这是在艰苦的战斗之后才赢得的)外,宙斯与古代印欧天神,比如吠陀天神并不相像。他不仅不是宇宙的创造者,甚至都不是希腊远古诸神中的一员。

的确,据赫西俄德(Hesiod)说,最初只有卡俄斯(Chaos,Abyss,即混沌),由此产生了"宽胸的"盖亚(Gaea,Gaia,即大地)和厄罗斯(Eros)。之后,盖亚"生下了与她自己大小一样,整个覆盖着她的,繁星点点的乌刺诺斯(Uranus,即天空)"(《神谱》118)。[3]赫西俄德是这样描绘乌刺诺斯的,(他)

---

① 忒奥克里托斯,古希腊著名诗人,生卒年月不详。其诗作对罗马诗人维吉尔及后来的田园文学有很大影响。——译者

② 书中荷马两部史诗《伊利亚特》和《奥德赛》的引文,主要采用中文《伊利亚特》(罗念生、王焕生译,人民文学出版社 1994 年版)和《奥德赛》(王焕生译,人民文学出版社 1998 年版)的译文,有些地方根据英译本做了改动。——译者

③ 书中的《神谱》引文主要采用中文《神谱》(张竹明、蒋平译,商务印书馆 1991 年版)的译文,有些地方根据英译本有所改动。——译者

"渴望爱情,带着黑夜,拥抱大地"(《神谱》176 以下)。从这一宇宙的神婚
248 中[①],产生了第二代神,乌剌诺斯诸神,即六个泰坦(Titans)(第一个是俄克阿诺斯[Oceanus],最后一个是克罗诺斯[Kronos])和六个女泰坦(Titanides)(包括瑞亚[Rhea]、忒弥斯[Themis]、摩涅莫绪涅[Mnemosyne]),三个独眼的库克罗普斯(Cyclopes)以及三个百臂巨人(Giants)。

这种无节制的、有时甚至是可怕的生殖力在太初时期是很典型的。但是,乌剌诺斯"从第一天起"就恨他的孩子们,他将他们藏在盖亚的身体里。暴怒的女神制作了一把巨大的镰刀,对她的孩子们说:"我的儿啊,你们有一个肆虐的父亲,……我们要惩罚他可耻的暴行。虽然他是你们的父亲,但正是他最先想做无耻之事。"然而,除了克罗诺斯以外,恐惧"使他们无人敢说一个字",克罗诺斯承担了这一任务。当乌剌诺斯到来时,他"乘着酒兴,想要进入大地的身体"(埃斯库罗斯[Aeschylus]:《片断》44),克罗诺斯用镰刀阉割了他。从流到盖亚身上的血里生出了三个厄里倪厄斯(Erinyes)、植物女神、巨人和梣树仙女。从乌剌诺斯掉入海中的性器官里诞生了阿佛罗狄忒(Aphrodite)。

这一事件表述了古代神话中天与地分离的一种十分暴力的说法。如同我们已经注意到的(§47),这是一个广为流传的神话,在许多不同发展水平的文化中都有记载。乌剌诺斯的被阉割意味着不间断的生殖划上了一个句号,[②]其实,这也是无用的,因为这位父亲将新生儿们"藏"在了大地之中。这位宇宙创造者的伤残是由他的儿子所造成的,之后这个儿子则成了他的继承人。这也是胡利安人、赫梯人和迦南人宇宙起源论中的主题(§§46 以下)。极有可能,赫西俄德知道这些东方的传说,[③]因为其《神谱》是以两代神灵之间的冲突为中心,并围绕着为夺取宇宙统治权的斗争而展开的。事实上,在使其父亲丧失力量以后,克罗诺斯便取而代之了。他与其姊瑞亚结合并育有五个孩子:赫斯提亚(Hestia)、得墨忒耳(Demeter)、赫拉

① 但是,在这一神婚之前,盖亚全凭她自己,就已生了山脉神女纽墨菲(the Nymphs)和荒芜的大海蓬托斯(Pontus)(《神谱》129)。

② 乌剌诺斯被阉割后的退位虽然很野蛮,但却显示了作为创造者的诸神退回天庭的趋势,在完成其创世的工作之后成为退位神(*dii otosi*);参见 Eliade, *Patterns in Comparative Religion*, §§14。

③ 参见最新出版的 M. L. West, *Hesiod's Theogony*, 第 18 页以下;P. Walcot, *Hesiod and the Near East*, 第 27 页以下。

(Hera)、哈得斯(Hades)和波赛冬(Poseidon)。然而,他从瑞亚和乌刺诺斯那里得知,他注定"终有一天要被他自己的儿子所推翻"(《神谱》463 以下),于是,每当他的孩子们一降世,克罗诺斯便将他们吞进肚子里。失望的瑞亚听从了盖亚的劝告:在她要生宙斯的那一天,她跑到克里特岛,将婴儿藏在 249
一个旁人难以进入的山洞里。然后,她将一块大石头包裹在襁褓中交给了克罗诺斯,他将石头一口吞了下去(《神谱》478 以下)。

宙斯长大后,强迫克罗诺斯吐出了他的兄弟姊妹,随后又释放了他父亲的兄弟们,他们都被乌刺诺斯用锁链拴住。出于感激,他们赠给宙斯闪电与霹雳。装备着如此的武器,于是宙斯便能统辖"神灵和凡人"了(《神谱》493—506)。而克罗诺斯和泰坦们是首先被征服的。这场没有结果的战争持续了十年,宙斯和年轻一代的诸神接受了盖亚的劝告,将三个被乌刺诺斯囚禁在深渊中的百臂巨人救了出来,不久,泰坦们便被彻底打败,并被囚禁在塔耳塔罗斯(Tartarus)的地下,由百臂巨人看守着(《神谱》617—720)。

这场关于泰坦巨神反对宙斯战争的描写(特别是 700 行以下的诗句)给人一种倒退到宇宙创造前的印象。宙斯对泰坦的胜利——非常暴力的象征——对一个新的宇宙的组织来说是合情合理的。就某种程度而言,宙斯创造了一个新的世界(参见因陀罗,§68)。不过,这个新世界至少曾经遭到两次严重的威胁。一个丑陋的家伙,盖亚和塔耳塔罗斯的儿子堤丰(Typhon)起来反对宙斯。这段故事长期以来一直被认为是伪作(820—880 行),但最近《神谱》的编辑论证了其真实性。①"从他的肩头长出 100 只蛇头,可怕的大蛇,口里吐出黝黑的舌头,从他的眼中……喷射出火焰般的光芒。"(《神谱》824 以下)宙斯用霹雳猛击他,然后将他抛入塔耳塔罗斯。②最后,关于神祇与巨人之间的战争,品达(Pindar)还提及一个不为荷马和赫西俄德所知的插曲(《第一次尼米亚赛会》[*First Nemean*]1.67),这些巨人是盖亚以乌刺诺斯的血生下的,他们起而反抗宙斯和他的兄弟们的统治。阿波罗多拉斯(Apollodorus)补充说,正是为了报复泰坦,盖亚才生下了巨人,也正是在巨人被打败之后,她又生下了堤丰(《希腊编年史》1.6.1—3)。

---

① West, *Hesiod's Theogony*,第 379 页以下。

② 阿波罗多拉斯在《希腊编年史》1.6.3 说,堤丰在被击倒之前,成功地偷走了宙斯的筋腱,这一主题使人联想起赫梯神话中的一个片断,那是关于风暴之神与巨龙之间的战斗;参见 §45。亦可参见 West, *Hesiod's Theogony*,第 392 页。

250 盖亚阴谋策划推翻宙斯的最高统治地位，这是原始神灵试图阻碍宇宙的创造或建立新秩序的一种表现（参见美索不达米亚诸神间的纷争，§21）。[①]而正是因为盖亚与乌剌诺斯，宙斯才得以维持其统治权，并结束了各代神灵间的相互残杀。

84. 宙斯的胜利与统治

在打败堤丰之后，宙斯以抽签的方式将宇宙统治权一分为三。海洋归波赛冬，地下冥府归哈得斯，天空归宙斯，而大地与奥林匹斯山则属于他们共同所有（《伊利亚特》15.197 以下）。随后，宙斯完成了一系列的婚姻。他的第一位妻子是墨提斯（Metis），即普鲁登斯（Prudence），但在她怀着雅典娜（Athena）时，宙斯将她吞了下去，这是因为盖亚与乌剌诺斯预言，当他“那个生性残暴的儿子最终降生时，他会做众神和人类之王”（《神谱》886 以下）。由于盖亚与乌剌诺斯这对远古夫妇的警告，宙斯的统治得以保全。这样，他就永远地将普鲁登斯与自己合为一体。[②]至于雅典娜，则是用斧子辟开宙斯的前额而诞生的（《神谱》924）。

随后，宙斯娶了女泰坦忒弥斯（Themis，即时序女神）、欧律诺墨（Eurynome），摩涅莫绪涅（Mnemosyne）——她为他生下了九位缪斯女神——最后是赫拉（《神谱》901 以下）。但在娶赫拉之前，他先后爱上了得墨忒耳和勒托（Leto），前者为他生下了佩耳塞福涅（Persephone），后者为他生下了孪生兄妹阿波罗（Apollo）和阿耳忒弥斯（Artemis）（《神谱》910 以下）。他还与其他女神有过多次私通，她们大多数属于冥府之神，如狄阿（Dia）、欧罗巴（Europa）、塞墨勒（Semele）等等。这些结合反映了风暴之神与其他大地女神之间的神婚。这诸多婚姻与性冒险的含义既是宗教的也是政治的。由此，宙斯便占有了自远古以来就受到崇拜的前希腊时期的地方女神，并取而代之，从而开始了一个新旧神灵以及地方神灵和外来神灵共生同化的过程，这是希腊宗教最显著的特征。

251 宙斯与奥林匹斯诸神的胜利，并没有使古代的神灵和崇拜（有些源自前希腊时期）消失。相反，一部分远古的遗产最终并入了奥林匹斯宗教体系之中。我们已经注意到了宙斯远古配偶在其命运中所扮演的角色。我们还将

① 但盖亚的愤怒也可以解释为对宙斯的残忍与暴力的一种反抗。

② 从神话中的层面看，这一插曲解释了宙斯以后的转变，他的“智慧”的来源。

引证其他的例子。现在,我们将涉及有关宙斯出生的故事及其在克里特岛所度过的婴儿时期。①无疑,这是一个爱琴海的神话与仪式,其中心是围绕着一个圣婴,他是大女神的儿子和情人。根据希腊的传说,婴儿的哭声被古瑞特人(Curetes)撞击盾牌所发出的噪声掩盖了(按照神话学的推测,这是刚入社的年轻人在表演他们的战争舞蹈)。帕莱卡斯托(Palaikastro)赞歌(前 4 世纪—前 3 世纪)赞美宙斯的跳跃,说他是"最伟大的古瑞特人"。②这可能是指一个古代的丰产仪式。而且,在伊得山(Mount Ida)的山洞中举行的"伊得的宙斯"(Zeus Idaeus)的祭祀,有着秘仪中的入会礼式的结构。③当然,宙斯不是一个秘仪之神。而宙斯在克里特岛上的墓也是后来才出现的,这个伟大的奥林匹斯神被同化为秘仪之神,一个死后又复活的神。

爱琴海文化的影响甚至持续到古典时期。例如,雕像中所表现的宙斯是年轻而无须的,然而,这些雕像都是在宏大无穷的宗教融合过程中受到宽容对待(如果不是被鼓励的话)的残存物。④在荷马的作品中,宙斯已恢复了一个真正印欧至上神的光彩与权威。他不只是一个"苍穹之神",更是"众神与人类之父"(《伊利亚特》1. 544)。在《赫利阿得斯》(*Heliades*)残篇(《残篇》70)中,埃斯库罗斯称颂道:"宙斯是苍穹(以太),宙斯是大地,宙斯是天空。是的,宙斯是一切的一切。"宙斯是大气现象的主宰,掌管着土地的丰产,当农耕开始时,人们将他作为"冥府的宙斯"向其祈求丰收(赫西俄德:
《工作与时日》465)。当他以克特修斯(Ctesius)为名时,是房屋的保护者和 252
繁盛的象征。他也拥有监督家庭的责任与权力,确保法律的尊严,如同波列乌斯(Polieus)一样,守护着城市。在更早的时候,他还是一个净化之神(Zeus Katharsios)。他也是一个预言神,特别是在伊庇鲁斯(Epirus)的多多拉(Dodona),那里的人们以"宙斯那棵高大橡树的神圣树叶"来占卜(《奥德赛》14. 327;19. 296)。

尽管事实上宙斯既不是世界的创造者,也不是任何生命或人类的创造者,但他却证明了自己是无可争议的众神之王及宇宙的绝对主人。众多的

---

① 参见 Charles Picard, *Les religions pré-helléniques*,第 177 页以下。

② 参见 H. Jeanmaire, *Couroïet Courètes*,第 427 页以下。

③ Euripides, fragment of a lost tragedy, *The Cretans*(frag. 427 Nauck).

④ 在东部地中海地区,这一过程使得罗马、希腊化及伊朗传统文化融入了拜占庭帝国的结构之中,之后,拜占庭的制度又被奥斯曼土耳其人所保存。参见本书第 3 卷。

宙斯神庙表明了他的泛希腊特征。①在《伊利亚特》中，关于宙斯自觉自己拥有无限权力、是全能之神的描写场景非常著名(《伊利亚特》8.17)，在这一场景中，宙斯向奥林匹斯诸神挑战："然后，你们会知道我是天神中最强大的。来吧，你们这些神，来试一试，就会清楚。将一根金索从天上吊下来，你们全部的男神和女神抓住它，但是，尽管费尽了力气，你们也不能将宙斯这最高的主神从天上拖到地上。而无论何时，只要我想拉你们，我就能将你们全部拖起来，包括大地和海洋；然后，再将这根金色的绳子系在奥林匹斯山峰上，把所有的一切都吊在空中。可见，我比诸神和凡人都要强大许多。"

关于金索(或金链)的神话主题，从柏拉图(Plato)、伪狄奥尼索斯(Pseudo-Dionysius)，直到 18 世纪，已有着多种的诠释。②但与我们有关的是，在一首俄耳普斯教的诗歌《吟诵神谱》(*Rhapsodic Theogony*)中，宙斯向远古女神倪克斯(Nyx，即黑夜)询问，如何才能建立起他的"统治诸神的骄傲帝国"，特别是应如何组织宇宙，以使"整体为一，而各部分均有其特点。"黑夜教给了他宇宙论的基本法则，随后又告诉他，必须用金索拴牢以太。③固然
253 这是一个晚出的文本，但它所记载的传说却是古代的。《伊利亚特》第 14 卷，第 258 行以下的诗句显示出，黑夜是一个相当强有力的女神，宙斯自己也避免惹怒她。值得注意的是，连自称全能的至上神宙斯，要与这位远古女神会面，也得征求她的同意。黑夜关于宇宙论的指示，在某种意义上，是重复盖亚与乌刺诺斯的启示，即中止为统治权而进行的争斗。

如同我们已经看到的，某些远古的神灵在奥林匹斯诸神胜利后仍存留下来了。首先是黑夜，我们刚刚才提及她的权力和威望。其次还有：蓬托斯(Pontus，意即荒芜的大海)；斯提克斯(Styx)，他参与了反对泰坦的战斗；赫卡忒(Hecate)，她为宙斯及其他奥林匹斯诸神所尊敬；俄克阿诺斯(Oceanus)，盖亚与乌刺诺斯的第一个孩子。他们中的每一位在宇宙中都仍占有一席之地，尽管是小小的、模糊的、边缘的角色。当宙斯感到他的权威已然确立时，便将他的父亲克罗诺斯从地府释放出来，并让他做了乐土之王，那就是最西边的"幸福岛"(the Isles of the Blessed)。

---

① 宙斯在希腊各地均受到人们的崇拜，特别是在高山之巅。在希腊大陆上，崇拜宙斯的重要场所是在奥林匹斯和雅典，此外，在克里特、小亚细亚和西方也都有祭祀宙斯的场所。

② 关于这一主题，参见 Eliade，"Ropes and Puppets"，载 *The Two and the One*，第 168—188 页，特别是 179 页以下。

③ 有关译文和评论，参见 P. Leveque，*Aurea Catena Homeri*，第 14 页以下。

85. 最初几代种族的神话:普罗米修斯,潘多拉

我们永远也不会知道克罗诺斯的“历史”。他肯定是一位古代的神,却几乎没有任何祭祀。有关他的重要神话仅仅是在诸神争斗中所出现的一个片断。不过,克罗诺斯是与第一个人类的种族,即“黄金种族”有关而被提及的。这是一个十分重要的象征:它向我们昭示了人与神之间最初的以及第一阶段的关系。赫西俄德说,“诸神与人类有着同一个起源”(《工作与时日》108)。这是因为,人生于大地(*gēgeneis*),如同最早的神灵是由盖亚所生的一样。简言之,世界和诸神的存在,起初由分隔所致,随后才经过生育的过程。如同诸神有几代一样,人类也就有五个种族:黄金种族、白银种族、青铜种族、英雄种族和黑铁种族(《工作与时日》109以下)。

第一种族生活在克罗诺斯时代(《工作与时日》111),即在宙斯之前。黄金时代的人类只有男性,与“他们强有力的兄弟”诸神居住在一起。人“如同神灵一样,他们的心中没有烦恼,脱离了痛苦与穷困”(《工作与时日》112以 254
下)。他们无需工作,因为土地提供了他们所需要的一切。他们的生命是在舞蹈、庆典以及各种各样令人愉悦的事情中度过的。他们既不知道病痛,也不知道何为衰老,他们的死亡就如同睡眠一般(《工作与时日》113以下)。但是,这一天堂般的时期——这在许多传说中都可找到类似的描写——却由于克罗诺斯的失势而结束了。①

赫西俄德随后讲到,人类的黄金种族“被大地所埋葬”,诸神创造了一个不如黄金种族那么高贵的种族,人类也就进入了白银时代。因为他们的罪,也因为他们不向诸神献祭,宙斯决定将他们毁灭。他随后创造了第三个种族,即青铜种族,一群暴力好战的人们,他们在相互地厮杀中结束了自己的生命。宙斯随之又创造了新的一代,即英雄种族,他们因底比斯(Thebes)和特洛伊(Troy)的战争而变得十分著名。他们中的大多数人死了,而另一些

---

① 或许矛盾的是:据《神谱》所载,这位“野蛮的”神,当他的孩子们一出生,他就将他们吞了下去;也是根据赫西俄德的著作(《工作与时日》111),这位神统治着人类的伊甸园时期。但是,我们不能忘记的是,《神谱》中的克罗诺斯反映出强烈的东方影响。令人感到惊讶的还有:诸神是以人类“强有力的兄弟”的身份出现的。这种断言与一般强调诸神与人类之间有着本质不同的观点相抵触。应该指出,这种基本的差别已经存在于黄金种族的时期:人类享受着天赐之福以及与诸神的友谊,但并不是不死的。此外,诸神是属于第二代的神灵,泰坦的第二代;换言之,此时,世界的结构与生存界的样式还没有严格的定义。

人则被宙斯安置在大地之端的"幸福岛"上,由克罗诺斯统治着他们(《工作与时日》140—169)。关于第五种族,即黑铁种族,赫西俄德没有多说什么。但他为自己生于这一时期而悲伤(《工作与时日》176 以下)。

赫西俄德所记载的传说中有许多问题,但并非所有的问题都与我们的论题有关。"完美的开端"和远古的幸福,二者都以一个偶然的事件或一项"罪"而宣告结束,这是广为流传的神话。也有与赫西俄德不同的说法,认为这种衰落是逐渐发生的,分四个阶段,这让人想起印度的四个历史时期(*yugas*)。虽然,这四个历史时期也有不同的颜色——白色、红色、黄色和黑色——但却与金属没有关系。另一方面,金属作为一种历史时代的特殊标志,在尼布甲尼撒的梦中(《旧约·但以理书》2:32—33)和一些晚期的伊朗
255 文献中都有记载。但是,前者指的是诸王朝,而后者则是指帝国未来的继承。

赫西俄德在青铜和黑铁种族之间插入英雄时代,这是因为传奇般的英雄时代的神话记忆,对于他来说是如此强烈而难以忘怀。英雄时代相当令人费解地中断了人类由白银种族的出现而开始的退化进程。然而,英雄们特定的命运却难以掩饰末世论的色彩,他们不死,而在"幸福岛"上,即由克罗诺斯所统治的极乐世界(Elysium)享受着一种充满赐福的存在。换言之,英雄们在一定程度上恢复了克罗诺斯统治下黄金时代人类的存在状态。这种末世论后来将被详细地加以说明,特别是在俄耳普斯教的影响下,极乐世界不再只是英雄们的特权,而成为那些虔诚的灵魂可以接近和"进入"的地方。这在宗教史上是一个相当常见的过程(参见埃及,§30;印度;等等)。

必须补充的是,世代相续的神话,并不表示他们对于人类的起源有着完全一致的观点。实际上,人类起源的问题似乎并没有占据希腊人的头脑。他们更关心的是某个具体的种群、某个城市、某个朝代的起源。许多家庭以为他们自己是某个英雄的后代,而这位英雄则是由某位神灵与凡人的结合产生的。有一个民族,密耳弥冬人(Myrmidons)自认为他们是蚂蚁的后代,而另一个民族则以为自己源于梣树。大洪水之后,丢卡利翁(Deualion)用"他母亲的骨头"(也就是石头)重新创造了大地上的人们。而根据一个后来的说法(公元前 4 世纪),是普罗米修斯用陶土塑造了人类。

我们不知道是什么原因,诸神与人类决定在墨科涅(Mekone)友好地分手(《神谱》535)。人类为了最后确立他们与诸神的关系而首次向神献祭。

正是在这一时刻，普罗米修斯首次扮演了一个角色。①他祭献了一头牛，并将它分成两份。但是，为了保护人类，同时也是为了愚弄宙斯，普罗米修斯在牛骨上堆放了一层脂肪，而用牛肚盖在鲜肉和内脏上面。为脂肪所吸引，宙斯为诸神选择了较差的那一份牺牲，而将鲜肉和内脏留给了人类。赫西俄德补充道，这就是为什么自此人类便焚烧兽骨以供奉不死的神灵的原因(《神谱》556)。

这种对牺牲欺诈般的分配方式给人类带来了重大的后果。一方面，作 256
为一种范式的宗教行为，它将食肉的饮食习惯提升到了献祭神灵，并向其表示敬意的最高位置上，而这意味着放弃了黄金时代素食的饮食习惯。另一方面，普罗米修斯的诡计激怒了宙斯，使之迁怒于人类，并剥夺了他们用火的权力。②但是，足智多谋的普罗米修斯将火种藏在一节空心的茴香杆里，从天庭把火种偷了下来(《神谱》567;《工作与时日》52)。暴怒的宙斯决定要罚惩人类和他们的保护者。于是，用锁链将普罗米修斯锁住，并让一只大鹰每日啄食他那夜晚又会重新恢复的“不死的肝脏”(《神谱》521 以下;《工作与时日》56)。直到有一天，普罗米修斯被宙斯的儿子赫剌克勒斯(Heracles)救出，这更增添这位英雄的荣耀。

至于人类，宙斯则送给他们一个“漂亮而邪恶的”女人(《神谱》585)，名为潘多拉(意为“一件来自诸神的礼物”，参见《工作与时日》81 以下)。“这是人类命中注定的、不可逃避的一个陷阱”，赫西俄德痛斥潘多拉，“正是她来到了人间，这类可诅咒的女人，可怕的灾难也来到了人间”(《神谱》592 以下)。③

86. 第一次献祭的结果

总之，普罗米修斯非但不是一个人类的恩人，而且还对人类现在堕落的

---

① 普罗米修斯的名字并未出现在荷马的著作中。

② 剥夺对火的使用也就取消了人与神分享祭品的好处;因为，如此一来就会迫使人类吃生肉，而无法祭献给神灵，人类就会重归野兽的状态。

③ 普罗米修斯曾徒劳地吩咐过他的兄弟，不要从宙斯那里接受任何东西。但天真的厄庇墨透斯(Epimetheus)还是接纳了潘多拉，并娶她为妻。不久，她打开了魔瓶，各种各样的罪恶从那里面逃出来，撒向人间。当潘多拉重新合上盖子时，唯有“希望”仍留在瓶底。据赛康(Séchan)和勒维克(Lévêque)称，“这正是愤怒的宙斯所想要的，他想使人永远地‘辛劳’(《工作与时日》91)，而这也是他制造‘希望’的原因，‘以慰藉人们的徒劳努力’(《西摩尼得斯集》1. 6)，却进入了瓶底”(*Les grandes divinités de la Grèce*，第 54 页)。

状况负有责任。在墨科涅，他先是在人类与诸神之间制造分裂；然后，他又
盗取火种，激怒了宙斯，才因此制造了潘多拉，而这个女人的出现给人类带
257 来了所有的烦恼、苦难和不幸。对于赫西俄德而言，潘多拉的神话解释了邪
恶突然降临世界的原因，"邪恶"代表着宙斯的报复。①

但是，这种关于人类历史的悲观观点(由一个泰坦口是心非的行为所注
定的)，并没有最终强加于人类。埃斯库罗斯以进步的主题取代远古黄金时
代的神话，他认为普罗米修斯是教化人类的最伟大的英雄。普罗米修斯断
言，最早的人类是住在"靠近太阳的、深深的地下洞穴中"，他们甚至不知道
季节的更替、动物的驯养或农作，而正是普罗米修斯教会了他们一切的艺术
和科学(《被囚的普罗米修斯》442 以下)。也正是他给人们带来了火，②从而
使他们从对死亡的恐惧中解脱出来(248)。因为宙斯不是人类的创造者，出
于嫉妒，他想要毁掉人类，而后再创造另一个种族(233)，普罗米修斯则英勇
地独自反抗这位世界之主的阴谋。为了解释宙斯的愤怒和普罗米修斯的不
妥协，埃斯库罗斯从品达的作品(或从他的材料来源处)中引用了一个戏剧
性的细节：普罗米修斯拥有一件可怕的武器，这是他母亲忒弥斯告诉他的一
个秘密。这个秘密与宙斯在未来不可避免的衰落③有关(522,764 以下)。
这位泰坦强调，宙斯只有一个办法可以避免这一灾难，即将他(普罗米修斯)
从锁链中解放出来(769—770)。因为《普罗米修斯》三部曲中的其他两部分
已经佚失，我们不知道这两位神灵之间的对抗是如何以和解的方式结束的。
但是，在公元前 5 世纪的雅典(Athens)，普罗米修斯已有了自己的年度庆
典。此外，人们还将他与赫淮斯托斯(Hephaestus)及雅典娜相提并论。不
管怎样，或许是受到知识精英和市井之人所共同信奉的某种宗教运动的影
响，宙斯的智慧与温厚有时被特别地加以强调(参见本书第 2 卷)。这位最
258 高主神不仅有所悔悟，将克罗诺斯立为极乐世界之王，而且也原谅了泰坦
们。品达赞扬道："宙斯，这不朽的神，已经释放了泰坦们。"(《第四次皮提亚

---

① 赫西俄德明确指出：当宙斯看到他自己"被狡诈的普罗米修斯所欺骗，从那天开始，他便为人类预备下了悲伤"(《工作与时日》47 以下)。

② 他没有将火种归还给诸神，正如赫西俄德所说的，火是从天庭被带下来的。"埃斯库罗斯省略掉了墨科涅事件，因为这与悲剧的气氛不相符合，且可能会损害他的英雄的威信"(L. Séchan, *Le mythe de Promethée*，第 102 页，注解 62)。

③ 有关这一主题的起源与发展，参见 Séchan，*Le mythe de Promethée*，第 23 页以下、第 42 页以及 J. P. Vernant，"Métis et les mythes de souveraineté"。

运动会》291)在《被解放的普罗米修斯》(*Prometheus Unbound*)一剧中,合唱团是由被释放的泰坦们组成的。①

在墨科涅对第一次献祭牺牲的分配显示出了它的后果:一方面,诸神与人类之间有了裂痕;另一方面,普罗米修斯被认定有罪。然而,宙斯的愤怒仿佛有些过分,这正如卡尔·莫利(Karl Meulı)所指出的,②这种仪式的分配与西伯利亚的远古猎人以及中亚的牧人向天神奉献的牺牲相类似,事实上,他们也仅以兽骨和头颅祭献给天神。换言之,在古代文化中被认为是对天神所表达的最适当的敬意,在普罗米修斯的例子中,却成了一项亵渎(lèse-majesté)宙斯这位至上神的罪行。我们不知道,原初的仪式意义是在何时发生变化的。然而,宙斯的狂怒似乎是被挑动起来的,不是由于分配本身,而是因为这一事件是由普罗米修斯所安排的,换言之,是被一个泰坦、一个"老一代"的神灵将事情弄得更糟了,他站在人类一边反对奥林匹斯诸神。普罗米修斯所树立的这一榜样可能会带来不幸的后果,被他这第一次成功所鼓励,人类或许会比泰坦所做的走得更远。但宙斯不能容忍一个强大而骄傲的人类的存在。人类永远也不应该忘记,他们的存在状态是不稳定的和短暂的,因此,他们必须与诸神保持距离。

此后,普罗米修斯的儿子丢卡利翁(Deucalion),那场由宙斯所带来的洪水中唯一的幸存者,也向宙斯奉献了一份如同在墨科涅那样的牺牲,却被接受了。"宙斯愉快地接受了丢卡利翁的请求,但是这个神话也表明,他是在要人类保持距离的前提下接受的。"③从那时起,最普通的献祭(*thysia*),就是在重复这一神话的模式:牺牲的脂肪部分被放在祭坛上焚烧,其余部分则
被献祭者以及仪式的参加者吃掉。④而诸神也在场,他们品尝牺牲(《伊利亚 259
特》1.423—424;8.548—552,等等),或享用焚烧脂肪时所升起的烟(《伊利亚特》1.66—67,等等)。

在墨科涅所产生的裂痕,在某种意义上是被丢卡利翁修复了。普罗米

① 参见 Séchan,第 44 页。

② K. Meuli, *Griechische Opferbräuche*(1946)。也可参见 W. Burkert, *Homo Necans*,第 20 页以下。

③ J. Rudhardt,"Les mythes gracques relatifs à l'instauration du sacrifice,"第 14 页。此外,宙斯并未直接回答丢卡利翁;他派遣赫耳墨斯去了解他所想要知道的(阿波罗多拉斯:《希腊编年史》1.7.2)。

④ 最类似的是希伯来人的 *zèbah*(参见 § 57)。

修斯的儿子在宙斯的同意下，重新建立了神人之间的关系。(此外，与那灾难性的分配同时代的人类都在洪水中受到了惩罚。)有趣的是，在埃斯库罗斯之后，普罗米修斯又扮演了一个相对较小的、不莽撞的角色。可能正是由于此，《普罗米修斯三部曲》才获得了极大的成功。这是因为，如果埃斯库罗斯赞美这位教化人类的英雄是独一无二的，是人类的保护者，那么，他其实也就是在赞美宙斯的宽厚和最终和解的精神价值，将宙斯提升为人类智慧的典范。因此，直到欧洲的浪漫主义时期，普罗米修斯才恢复了他作为暴政的永恒牺牲品的崇高形象。

而在印度，关于献祭的思考，则表现在一种独特的宇宙起源论上，并为形而上学与瑜伽术的发展开启了道路(§§76—78)。在希伯来人那里，血祭，甚至在遭到先知们的批评之后，仍不断地被重新诠释和重新评估。至于基督教，血祭则体现为基督自愿献身就死的行为。俄耳普斯教和毕达哥拉斯主义通过强调素食的长处，含蓄地承认人类在墨科涅因接受了普罗米修斯的分配而犯了"罪"(参见第2卷)。然而，普罗米修斯所遭受的惩罚，仅在反映宙斯的"公正"方面扮演了一个次要的角色。自荷马以来，带有必然性的神的"公正"以及相应的人类"命运"的问题，就占据着希腊人的思想。

87. 人与命运："生命之喜悦"的含义

从犹太教和基督教的视角来看，希腊的宗教似乎带有悲观主义的印记。人类的存在是短暂且充满烦恼的，荷马将人类比作"被风吹落到地上的树叶"(《伊利亚特》6.146以下)。这个比喻被诗人科罗封的米姆奈尔摩斯(Mimnermus of Colophon)(公元前7世纪)在他那长长的罪恶名单中再次提及：贫穷、疾病、悲哀、衰老等等。"如果他不是一个人，宙斯就不会送给他一千种疾病。"而与他同时代的诗人西摩尼得斯(Simonides)[①]则将人比作
260 "只有一天生命的生物"，像牲畜般活着，"不知道神灵为我们每一个人所注定的命运是什么。"[②]一位母亲祈求阿波罗，以他的力量赋予她的两个孩子最大的礼物，以报偿她的虔诚；神同意了她的请求，她的孩子们立即毫无痛

① 西摩尼得斯是公元前6世纪—前5世纪的希腊抒情诗人，为奥林匹克运动会的优胜者首创胜利者颂歌，其酒神颂在竞赛中多次获奖。——译者

② 爱奥尼亚的诗人们似乎被穷困、病痛和衰老所吓住了。唯一可能的安慰即是战争与荣誉，或是由财富所带来的种种享乐。

苦地死去了(希罗多德:《历史》1. 31. 1 以下)。《神谱》、品达、索福克勒斯都宣称,人类最好的命运便是不要出生,或一出生就尽可能快地死去。①

然而,死亡解决不了任何问题,因为它不能带来完全的、最终的消亡。对荷马时代的人们而言,死亡是在哈得斯黑暗的地府中一个被降低的、不光彩的存在状态,死者面色苍白,没有力气,也没有记忆。(被乌利西斯[Ulysses]所召唤而来的阿基琉斯[Achilles]的鬼魂宣称,他宁愿在人世间做一个穷人的奴仆,"也不愿统治所有的亡灵。")②而人世间,善没有酬报,恶也没有惩罚。在所有的死人中,只有伊克西翁(Ixion)、坦塔罗斯(Tantalus)和西绪福斯(Sisyphus)被判遭受永远的折磨,因为他们冒犯了宙斯。然而,墨涅拉俄斯(Menelaus)不但没有下到哈得斯的冥府却是到了极乐世界,那是因为通过娶海伦(Helen)为妻,他成了宙斯的女婿。据赫西俄德说法(参见§85),其他英雄们都有着同样的命运。但他们是属于特权阶层。

当希腊人意识到人类处境的不稳定性时,更加重了这种悲观的念头。一方面,人并非神的"创造物"(*stricto sensu*)(许多古代传说以及三个一神教都认为人是神所造的),因此,人不敢奢望他的祈祷能与诸神建立起某种亲密的关系。另一方面,人知道他的生命已经为命运(*moira* 或 *aisa*)所决定,简言之,即人的时间是有限的。③因而,死亡在出生之时便已确定了。神灵 261
所纺出的线就是生命过程的象征。④然而,某些表达方式,诸如"诸神的命运"(*moira* of the gods)(《奥德赛》3. 261)或"宙斯的命运"(*aisa* of Zeus)(《伊利亚特》17. 322;《奥德赛》9. 52)等则是说宙斯自己可以决定命运。原则上,他是能够改变命运的,比如当他的儿子萨耳珀冬(Sarpedon)将死之时,宙斯准备为了儿子而这样做(《伊利亚特》16. 433 以下)。但赫拉提醒

---

① 《神谱》425—428;品达:《残篇》157;索福克勒斯:《俄狄浦斯在科洛诺斯》1219 以下。

② 《奥德赛》11. 489—491——这句话十分著名,但后来遭到苏格拉底的无情批判;参见柏拉图:《理想国》,3. 386a—387b;387d—388b。

③ 在荷马之后,这一组术语命运(*moira*)和天数(*aisa*)的意思有所改变。这些几乎超凡的力量能使人疯狂,之后又被拟人化而变为三个女神。命运三女神 Moirai 的首次出现是在赫西俄德的《神谱》900 以下;她们是宙斯与忒弥斯的女儿。

④ 起初,"编织"(spinning)这一行为是由"诸神"(《奥德赛》20. 196;等等),或是由"恶魔"(*the daimon*)(《奥德赛》16. 64),或是由"命运"(*moira*)(《伊利亚特》24. 209),或是由"天数"(*aisa*)(《伊利亚特》20. 128)所完成的。但最后,如同在其他印欧(也包括东方的)传说中一样,命运之线的"编织"成了蜘蛛(*Klothes*)或 Moirai 的标志。参见 *Volospā* , str. 20; Eliade, *Patterns in Comparative Religion*, 58。"编织"某人的命运,就相当于"捆绑"(binding)他,换言之,也就是将他"固定"在一种不能改变的"位置"(situation)上。

他，这样的一种行为将破坏宇宙的法则（也就是正义[*dikē*]的法则），而宙斯也承认她是对的。

这个例子表明，宙斯他自己也承认最高的正义。此外，正义（*dikē*）是宇宙秩序，也即是神圣律法（*themis*）在人类社会的具体表现。赫西俄德声称，宙斯将正义赐给了人类，所以他们的行为与野兽不同。人类的首要责任是行事公正，并向诸神表示其敬意（*timē*），特别是要向神奉献牺牲。当然，经过了几个世纪的演变，“正义”（*dikē*）一词对于荷马和欧里庇得斯（Euripides）而言已有所区别。后者毫不犹豫地写到：“如果诸神做下任何丑陋的（或卑劣的）事情，那他们就不是神灵！”（《残篇》292）。在欧里庇得斯之前，埃斯库罗斯就已宣称，宙斯从不惩罚无辜者（《阿伽门农》750 以下）。而在《伊利亚特》中，宙斯就已被认为是“正义”（*dikē*）的保卫者，因为他捍卫誓言，保护陌生人、旅客和哀求者。[①]

简言之，诸神不会毫无原因地打击人类，只要人类不逾越由他们自己的生存方式所规定的限制。但是，人类却很难不越过这一强加的限制，因为人类的理想是“杰出”（*aretē*）。而过分的杰出使人类到了骄傲自大（*hybris*）的危险边缘。比如，这样的事情就发生在埃阿斯（Ajax）的身上，当他自夸他背
262 逆天意，已逃脱了死亡之时，波赛冬便毁灭了他（《奥德赛》4.499—511）。骄傲自大（*hybris*）带来一时的疯狂（*atē*）会蒙蔽受害者的眼睛，将他引向灾难。[②]这实际上是说，在某些事例（英雄、国王以及冒险者等等）中，骄傲自大（*hybris*）与其结果疯狂（*atē*）是认识命运（*moira*）的一种方式。这是因为，无论他们是过于雄心勃勃，或仅仅是被卓越的理想所误导，生命在出生时就已注定了是必亡的。

人类终究无法突破其自身的限制，而这种局限又是由人类的处境，特别是由人的命运（*moira*）所决定的。所谓智慧，便是从意识到人生命的有限性与不稳定性开始。所以，人要做的便是利用当下所能提供给他的每一件东西：年轻、健康、肉体的享乐，或偶尔表现出美德。荷马给人的教训是，高贵

---

① H. Lloyd-Jones, *The Justice of Zeus*，第 6 页（这种解释遭到多德[Dodds]的反对，*The Greeks and the Irrational*，第 52 页，注解 18）。宙斯也被作为国王的楷模：为他子民的福祉负责，巴西勒斯（the *basileus*，即王）必须是传统权力与习俗（*themistes*）的保护者；换言之，他必须尊重某种正义。

② 当希罗多德（《历史》1.32）让梭伦（Solon）说出，“我知道神灵是易妒忌和不稳定的”时，他主要是在批评那些愚蠢得忘记了自己只是人，而被傲慢（*hybris*）引入歧途的人们。

而完整地活着，*就在当下*(*in the present*)。当然，这一产生于绝望中的“理想”将经历种种变化，我们将在以后的章节中考察其中最重要的部分(参见第 2 卷)。但是，对于命定的限制和存在之脆弱的意识，却始终无法抹掉。这种悲观的看法不仅没有抑制希腊宗教中的创造性力量，反而导致对人类处境一种悖理的重估。诸神迫使人不可以超越他的局限，人才能认识到完美，因而了解到*人类处境的神圣性*。换言之，人重新发现了“生命之喜悦”(joy of life)的完整的宗教上的意义，那就是性经验与人体之美的神圣价值，以及每一个欢乐的、有组织的集体活动(游行、游戏、舞蹈、唱歌、体育竞赛、展览、宴会等等)中的宗教功能。*人体的完美*(肉体之美、协调的动作、平静与安详)的宗教意义，启发了艺术的准则。希腊的神人同形同性论(harmonious)，如同人们在神话中看到的，以后曾受到了哲学家们猛烈的批评，但却再度在神灵的雕像中发现其宗教意义。矛盾的是，一个宣称在神圣世界 263
与世俗世界之间有着不可逾越之鸿沟的宗教，同时却又认为完美的人体是诸神最适当的象征。

我们必须特别强调“活在当下”的宗教价值。*现存的*(*existing*)以及*活在时间里的*(*living in time*)简单事实构成了一种宗教的向度。这种向度并不总是明显的。因为在某种意义上说，神圣性总是隐藏在即时的、“自然的”、日常的生活之中。希腊人所发现的生命之喜悦，并不是一种亵渎式的愉悦。在生命之自然与世界之壮丽中，它展示了存在与分享的狂喜，哪怕只是转瞬即逝的。如同他们的前人和后代一样，希腊人懂得，逃避时间最有效的办法就是在刻不容缓之际把握当下生命之丰盈。

在宗教史中，将人类的有限与平庸的存在神圣化是一种相当常见的现象。但是，在 1 000 年以前，特别是在中国和日本，将“有限”与“环境”神圣化(无论其本质为何)都达到了顶点，并深刻地影响到各自的文化。就如同古代希腊一样，这种“自然材料”(natural datum)的变形，也会从一种独特的审美观中得以表现出来。①

---

① 参见本书第 3 卷。

264 第11章　奥林匹斯诸神与英雄们

88. 陨落的主神与铁匠—巫师：波赛冬和赫淮斯托斯

波赛冬是一个远古的主神，由于种种原因而丧失了他原先的宇宙统治权。[①]但他昔日权势的痕迹仍随处可见，首先就是他的名字，委拉莫维兹(Wilamowitz)将他的名字正确地解释为“大地的丈夫”(*Posis Das*)。在《伊利亚特》中(15.204)，宙斯是他的兄长，但赫西俄德则认为宙斯比波赛冬年轻(《神谱》456)，这显然反映了一个更早的传说。无论如何，只有波赛冬敢于抗议宙斯滥用权力，并提醒宙斯他的权力范围仅限于天界。[②]从这一细节中我们可以发现，一个昔日的主神是如何反抗这个更年轻、更幸运的神祇的。在划分宇宙的时候，波赛冬获得了大海的统治权，成为一个真正荷马式的神。由于大海对希腊人而言是十分重要的，因而使得波赛冬的宗教地位从未丧失。然而，他原先的结构却彻底改变了，曾由他带到希腊来的北方神话—宗教的遗产也几乎完全消失或是被重新诠释过。

事实上，崇拜波赛冬的印欧民族，直到他们到达希腊南部时才认识大海。波赛冬的许多特点与大海不相符合。比如在一些地方，波赛冬—希皮亚斯(Poseidon Hippios)是一个马神，特别是在阿卡狄亚(Arcadia)，他以马的形象受到人们的崇拜。也正是在阿卡狄亚，波赛冬遇见了正在四处寻找佩
265 耳塞福涅的得墨忒耳。为了躲避他，女神将自己变成一匹母马，而波赛冬则变成公马，并成功地迷住了她。由于他们的结合而生下了一个女儿和一匹骏马阿利翁(Arion)，后者在保萨尼阿斯(Pausanias)[③]的著作中(8. 25. 9)被称作

① 古风时期，在派罗斯，波赛冬确实享有比宙斯还高的宗教位置。

② 《伊利亚特》15.195。在《伊利亚特》1.400以下的诗句中，荷马声称，波赛冬曾与其他神灵一起密谋要将他的兄弟(即宙斯)捆绑起来。

③ 保萨尼阿斯(143—176)，希腊地理学家、旅行家，著有《希腊记事》。——译者

安提玛彻斯(Antimachus)。波赛冬有大量的艳遇,这与宙斯很相似。同时,这些故事也显示出了他作为"大地的丈夫"和"撼地者"(earthshaker)的特征。赫西俄德说,他曾娶美杜萨(Medusa)为妻,后者也是一个远古的大地女神。还有传说描述了他与盖亚结合生下安泰俄斯(Antaeus)的故事。

他与马的关系表明了马对于印欧入侵者的重要性。波赛冬是作为马的创造者、父亲或马的使用者而出现的。而马也与冥府相关联,这再次显示出了他作为"大地之主"的特征。他远古的力量也由他孩子们——俄里翁(Orion)、波吕斐摩斯(Polyphemus)、特里同(Triton)、安泰俄斯、哈耳皮斯姐妹(the Harpies)等等——巨大或丑陋的外貌而彰示出来。作为"大地的丈夫"(*Posis Das*),也就是使大地不断受孕的雄性精神,如韦拉莫维兹所说的,这个印欧民族的神能够与地中海以及东方宗教中那些最高的和丰产的神灵——"大地之主"们相提并论。[①]作为一个专门的海神,波赛冬只有依傍大海才能够保持其原先的特征:变幻莫测的威力以及驾驭航海人命运的权力。

在希腊宗教和神话中,赫淮斯托斯享有一个独一无二的地位。他的诞生就很特别。据赫西俄德称,赫拉生下了他"不是因为一次爱的结合,而是因为生气,对她的丈夫怨恨在心。"[②]此外,赫淮斯托斯以他的丑陋和残疾而与其他所有的奥林匹斯神相区别。他双脚残废,是罗圈腿,需要有所支撑才能行走。这一残疾是他掉到列姆诺斯岛(Lemnos)上的结果。因为他站在母亲赫拉一边,宙斯一怒之下将他从奥林匹斯山顶摔了下来(《伊利亚特》1.500以下)。根据另外一种说法,正是赫拉在其出生时,因羞于他的畸形而将他抛入了大海(《伊利亚特》18.394以下)。两位海中仙女涅瑞伊得斯(Nereids)、忒提斯(Thetis)和欧律诺墨将他安置在大海中央一个深深的洞穴之中。正是在那里的九年,赫淮斯托斯为他以后成为铁匠和工匠而学习。

266 已经有人指出,在"受迫害的孩子"和"邪恶的婴儿"这两个主题之间具有相似性;在这两种情形下,这个孩子都经历了严酷的考验。与狄奥尼索斯及忒修斯(Theseus)跳入波涛之中[③]相比较,这无疑是一种入会礼的考验。[④]但这是一种巫术及萨满式的入会礼,它解释了赫淮斯托斯的残疾。玛丽·

---

① 参见 Leonard Palmer, *Mycenaeans and Minoans*, 第127页以下。

② *Theogony*, 927;参见 Apollodorus, *Bibl.* 1. 3. 5—6. 但是在《伊利亚特》(1.578)中赫淮斯托斯声称,宙斯是他父亲。

③ 的确,正是因为跳入大海,忒修斯才得到了戒指和魔冠——赫淮斯托斯的艺术品——这使他得以进入并离开迷宫。参见 Delcourt,第119页以下。

④ 参见 Marie Delcourt, *Héphaistos ou la légende du magicien*, 第42页以下。

德尔克特(Marie Delcout)将赫淮斯托斯被砍断的脚踵或反转的脚面与未来萨满的入会考验相比较。[①]像其他巫师—神祇一样,赫淮斯托斯以他身体的残缺为代价,换取铁匠和工匠的知识。

他的作品同时是艺术的杰作和巫术的奇迹。除了胸针、手镯和项链外,他还打造了阿基琉斯著名的盾牌(《伊利亚特》18.369以下)、阿尔喀诺俄斯(Alcinous)宫门两侧的金狗、银狗(《奥德赛》7.92),诸神灿烂辉煌的居所。他最杰出的作品是一些自动装置,那些能自己移动的、黄金制成的三脚祭坛,和在他行走时搀扶他的两个酷似年轻女子的"黄金侍女"(《伊利亚特》18.417以下)。遵宙斯之命,他还以陶土塑造了潘多拉,并使她充满生气。但赫淮斯托斯首先还是一个"捆绑者"(binder)。他用他的作品——宝座、锁链、网罗等捆绑诸神和女神,以及泰坦巨人普罗米修斯。他送给赫拉一个黄金宝座,女神一坐下去便被其中看不见的绳索捆住了。因为无人能把她从宝座上解救出来,狄奥尼索斯被派去灌醉赫淮斯托斯,并将他带回奥林匹斯山,使他终于将其母亲放了出来(保萨尼阿斯1.20.2)。最著名的也是最具喜剧性的功绩是,赫淮斯托斯把阿瑞斯和他的情人阿佛罗狄忒束缚在一张看不见的网中,然后邀请奥林匹斯诸神前来观看他们的丑行(《奥德赛》8.266以下)。诸神爆笑不止,但他们同时也为他的作品所慑服。作品的创造者证明赫淮斯托斯不只是一个伟大的工匠,更是一个危险的巫师。

作为一个神—巫,赫淮斯托斯同时又还是捆绑者、释放者和助产神(正
267 是他为宙斯接生了雅典娜)。没有任何神话能像赫淮斯托斯的神话那样将魔法与工艺如此完美地结合在一起。某些至上神(伐楼那、宙斯)也是捆绑的大师,但是,他们这种捆绑和释放的力量也为其他神灵或巫师所分享(如印度的乌里特那、夜摩天、尼尔提[Nirrti])。绳结、罗网、系带、绳索和线以生动的象征,表现了巫术和宗教中所必须的命令、支配、惩罚、瘫痪、击毙等力量,简言之,是对一种可怕的、不寻常的、超自然力量的矛盾而又"微妙的"表达。[②]赫淮斯托斯的神话将这样一种巫术力量的来源与冶金匠、铁匠和工匠的职业秘密联系在一起,简单地说,就是使技术与工艺得以完善。但所有

---

① Delcourt,第110页以下。另一个萨满传说和铁匠—巫师所特有的元素是:赫淮斯托斯是在欧律诺墨(冥府)的山洞中或是在希达里翁(Cedalion)的地下铁厂里学习技艺的。

② Eliade,"The'God Who Binds'and the Symbolism of Knots",载 *Images and Symbols*,第92—124页。

的技艺都源于或有赖于对火的支配，在成为陶匠、冶金匠和铁匠的秘密之前，这是萨满和巫师的领地。

有关赫淮斯托斯的“起源”我们不甚清楚。有人认为他来自前希腊的遗产或印欧传统，但这些解释都不是很成功。他的远古构造是显而易见的。他不单只是一个火神，更应该是一个与火有关的各种工作的守护神，换言之，这些工作是某种相当少有的、特殊的巫术形式。

89. 阿波罗：和解了的矛盾

似乎有些自相矛盾，阿波罗，这个被认为是最能完美体现希腊特征的神，他的名字却并不是希腊文的。同样自相矛盾的是，事实上，他最著名的神话业绩也并没有见证那些被称为“阿波罗式的”特征：安详、尊重法律与秩序、神圣的和谐。相反，这位天神时常因复仇、嫉妒、甚至是怨恨而失去理智。但这些弱点很快就失去了其人格化的特征，而显现出后来为希腊人所理解的诸多神圣性的一面。

他是在宙斯之后最能体现神人距离的神。他承受了最悲惨的人的命运，甚至被剥夺了出生的权力。他是泰坦女巨人勒托与宙斯的孩子，但她却找不到一个地方来生下自己的孩子。因为慑于赫拉的淫威，没有一个地方敢于接纳她，赫拉还唆使德尔斐的巨龙皮同(Python)到处追杀她。最后，提 268
洛岛(Delos)接纳了这位泰坦女巨人，她在那里生下了一对双胞胎，阿耳忒弥斯和阿波罗。而阿波罗的首次行动便是惩罚巨龙皮同。据另一个更早的版本，阿波罗曾到过德尔斐，他未来的家。道路被一条雌龙皮同堵住了，阿波罗用箭射死了它。①这被认为是一个合理的故事，正如阿波罗杀死试图强暴他母亲的提堤俄斯(Tityos)一样被认为是合理的。但是，阿波罗又以箭射杀了尼俄柏(Niobe)的七个儿子(同时阿耳忒弥斯则杀死了她的七个女儿)，就因为这位骄傲的母亲吹嘘自己子女众多而羞辱了勒托。他也因其情人科罗尼丝(Coronis)与凡人偷情而杀死了她②。他还误杀了他最爱的美少

---

① *Homeric Hynm to Apollo* 300ff，；Apollodorus，*Bibl.* 1. 4. 1以下。

② 但是，阿波罗救下了她即将生产的孩子阿斯克勒庇俄斯(Asclepius)。阿斯克勒庇俄斯后来成为一个著名的医生，他的医术十分高明，应阿耳忒弥斯的请求，他甚至使希波吕托斯(Hippolytus)起死回生了。这一奇迹违背了宙斯所立下的律法，因此，众神之王用雷电将阿斯克勒庇俄斯击毙了。阿波罗为替他复仇而杀死了锻造雷电的库克罗普斯。由于犯下了残害同族的罪行(库克罗普斯与勒托也是泰坦巨人)，阿波罗被放逐到人间一年，在阿德墨托斯(Admetus)家中为奴。

年雅辛托斯(Hyacinthus)。

这些许多世纪以来赋予文学和雕刻艺术以灵感的带有侵犯性的神话，与阿波罗进入希腊的历史相类似。简言之，这些神话就是他取代前希腊地方神灵的历史，或多或少地有些残忍，而这一过程也是整个希腊宗教的特点。在比奥夏(Boeotia)，[①]阿波罗与普多俄斯(Ptoös)联在一起，成为阿波罗—普多俄斯，然而，大约在公元前4世纪，普多俄斯却变成了阿波罗的儿子或孙子。在底比斯，阿波罗取代了伊斯曼纽斯(Ismenius)的位置。不过，最有名的例子还是他在德尔斐建立自己神殿的故事，他杀死这一圣地的前任主人皮同。这个神话的意义重大，而且并不仅仅是对阿波罗而言。这场神—武士对巨龙的胜利是最广为流传的神话之一，而巨龙则曾是“土著”及远古大地统治权的象征(参见§45)。奇怪的是，一方面，阿波罗不得不为这
269 次谋杀赎罪，从而成为一个至高无上的净化之神；另一方面，他又在德尔斐建立了自己的神殿。正是作为皮提亚的阿波罗(Pythian Apollo)，他在泛希腊地区赢得了其声誉。这一过程在公元前8世纪便已完成了。[②]

至于他的“起源”，人们认为是发源于欧亚大陆的北部或小亚细亚。第一种假设主要是依据他与许佩耳玻瑞人(Hyperboreans)的关系而来，希腊人认为许佩耳玻瑞人是居住在北风之神玻瑞阿斯(Boreas)王国那边(即极北之地)的居民。依照德尔斐的神话，[③]宙斯让阿波罗住在德尔斐，给希腊人带去法律。但这位年轻的神灵却驾着一辆天鹅战车飞走了，飞到了许佩耳玻瑞人居住的国度，在那里呆了整整一年。然而，因为德尔斐人不停地以歌舞祈求他回归，他在许佩耳玻瑞人那里又度过了三个月的冬天后，于初夏时节回到了德尔斐。他不在期间，狄奥尼索斯统治德尔斐，成为神谕的发布者。

品达说，“无论是经由陆地或是大海，都没人能找到一条通往许佩耳玻瑞人的竞技之路”(《第十次皮提亚运动会》29以下)。换言之，这个国家及其居民只存在于神话地理的范围内。这是一个神圣的种族，他们摆脱了疾病与衰老。品达还说(《残篇》272)，极北地区的人能活1 000年，他们既不知

---

① 比奥夏是希腊中部的一个地区。——译者

② 参见 Wilamowitz, *Der Glaube der Hellenen*, 第2卷，第34页；Marie Delcourt, *L'oracle de Delphes*, 第215页以下。

③ 最早的引文出处是在阿尔凯奥斯(Alcaeus，古希腊抒情诗人，其作品现仅存残篇片断。——译者)的一首诗里(约公元前600年)，后为演说家希梅里乌斯(Himerius)所摘述过(公元4世纪)。

道工作也不知道战争，他们的时间都花在跳舞和弹琴吹笛上。巴克基立得斯(Bacchylides)(3.58)说，为了回报"他们的虔诚"，阿波罗将克勒索斯(Cressus)和他的女儿带到了许佩耳玻瑞人的地方。所以，这可以说是一个乐园，能与英雄灵魂所去的幸福岛相媲美。

希罗多德(《历史》4.32—35)转述了提洛岛人提及许佩耳玻瑞人向阿波罗献祭时的情形：用麦秆包裹着祭品，送到邻国，通过不断的传递，直到提洛岛。虽然，要想在这一传说中找寻某种所谓的历史记忆是毫无意义的，但他们确实将某些东西，如橄榄树这种地中海特有的植物放到了许佩耳玻瑞人的国度中。

然而，在北部地区——从色雷斯(Thrace)到斯基泰人和伊赛多涅斯人 270
(Issedones)的国度，在那些传奇故事中有一个重要的地方与阿波罗有关。传说中，他的有些信徒(阿巴里斯[Abaris, Aristeas])是"许佩耳玻瑞人"，而俄耳普斯(Orpheus)则总是与色雷斯有关。然而，虽然经过逐步的开发与探险，这个北方却仍然保留着一种神话的气息。特别是这个想象中的北方激发并哺育了神话的创造力。

赞同阿波罗源自亚洲这种说法的人总引用一个事实，即他最大的崇拜地都是在亚洲：利西亚(Lycia)的帕塔拉(Patara)、卡里亚(Caria)的狄杜玛(Didymas)、爱奥尼亚(Ionia)的克拉洛(Claros)等等。像其他许多的奥林匹斯神祇一样，在其希腊大陆圣地中，他仿佛是一个新来者。此外，在安纳托利亚的一个村庄附近发现的赫梯文献中提到阿普鲁那斯(Apulunas)的名字，意为"门神"，如尼尔森(Nilsson)所说的，这可以解读为阿波罗在古典希腊中已经存在了。①

但是，我们对于阿波罗"起源"的兴趣仅在于，这可有助于我们了解其崇拜者的宗教特征。如同希腊人自己一样，他们的神也是一种大融合的结果。正是由于经过了一个对抗、共生、合并以及融合的漫长过程，希腊神祇的形式才得以展现他们所有的本质。

90. 神谕与净化

刚一出生，阿波罗就大叫道："给我，我的七弦琴和我的弯弓，我将向人类宣告宙斯的坚强意志"(《荷马式的阿波罗赞歌》132)。在埃斯库罗斯的

---

① 参见 Martin Nilsson, *Greek Folk Religion*, 第79页；Guthrie, *The Greeks and Their Gods*, 第86页，注解1。

《欧墨尼得斯》(*Eumenides*)一剧中,阿波罗告诉复仇女神(Furies),他“从未
在没有得到宙斯旨意的情况下,将神谕传达给任何男人、任何女人或任何城
市”(《欧墨尼得斯》616—619)。这种对奥林匹斯诸神之父的尊敬,说明了阿
波罗与法律和秩序理念之间的关系。在古典时期,他尤其代表着宗教律法。
柏拉图称他为“国家的诠释者”(*patrios exēgētēs*;《理想国》4. 427b)。他通
过德尔斐、雅典和斯巴达的神谕给人忠告,通过他的诠释(*exēgētai*)来传递
271 并解释神所规定的神庙仪式,特别是杀人者所必行的涤罪仪式。如果阿波
罗成为远离罪恶(*apotropaios*)的神及至高无上的净化者(*katharsios*),那是
因为他必须在杀死皮同后,行涤罪礼净化自己。每一次的谋杀都会产生一
次恶毒的污染,那几乎是一种物质的力量(*miasma*,瘴气),一种可怕的祸
害,它会危害整个社会。阿波罗的贡献在于,他使得古代的杀人习俗变得不
那么残忍。[1]也正是他,后来又宣告犯下弑母罪行的俄瑞斯忒斯(Orestes)无
罪(参见埃斯库罗斯:《欧墨尼得斯》)。

早在阿波罗之前很久,德尔斐在史前就已是一个颁布神谕的圣地了。无论词源学如何解说,希腊人都将德尔斐这一名字与“子宫”(*delphys*)一词相联。[2]神秘的洞穴则是一张嘴(*stomion*),这个词还表示“阴道”。德尔斐的圆锥形神石(*omphalos*)[3]在前希腊时期的文献中就有记载。虽然,肚脐的象征与生殖的意思有关,[4]但它主要还是象征着“世界的中心”。据传说,宙斯让两只鹰分别从世界的两端起飞,然后在圆锥形神石上会合。这个庄严的神谕圣地,自远古时代起,就是大地母亲的力量与神性的显现之处,而在阿波罗的影响下,它又获得了一种新的宗教取向。

神谕,是由女祭司皮提亚(Pythia)和参与问神仪式的先知共同得到的。起初,问神仪式一年举行一次(在阿波罗的周年纪念日),后来是一月一次,最后则是一个月几次,只有冬季当阿波罗离开德尔斐时例外。这种仪式包括预备性的山羊祭。通常,求问者总是把他们的问题换一种方式提出来:也

① 按习俗,即使是并非蓄意杀人,杀人者也应由受害者的家庭来执行死刑;这是抚慰受害者的灵魂、摆脱因犯罪而产生的污染(*miasma*)的唯一途径。德拉古(Draco,公元前7世纪雅典的立法者。——译者)法典以国家(城邦)的公权取代了血亲间的仇杀,即先由城市法庭裁判定罪,然后再将罪犯交给受害者的家庭。

② 大地之母生下的雌蛇德尔福(Delphes),后为雄蛇皮同所取代了。

③ 本意为“肚脐”。——译者

④ Delcourt, *L'oracle de Delphes*, 第145页以下曾就此进行了讨论。

就是问做这件事是否比做那件事更好一些，而皮提亚则是以黑白豆子抽签的方式来回答的。①

在情况严重的时候，阿波罗会给予皮提亚灵感，让其在神庙的地窖中作 272
出预言。虽然，“皮提亚的癔语”(Pythic delirium)一词早已使用，但这既不是指歇斯底里式的狂喜，也不是指狄奥尼索斯式的“神灵附体”。柏拉图将皮提亚的发狂(*mania*)与缪斯(Muses)赋予诗人的灵感以及阿佛罗狄忒的爱情相比较。据普鲁塔克(Plutarch)②记载：“神(阿波罗)自己满足于让皮提亚看见未来的异象及光明，这就是所谓的神灵感应。”③皮提亚的雕像总是平静、安详、全神贯注，就如同赋予她灵感的神一样。

她究竟以何种方式成为神人的中介，至今仍是一个谜。从德尔斐的农妇中选出的皮提亚，在预先确定的日子里发布预言。她咀嚼着月桂树叶，熏着焚烧月桂树叶所发出的烟雾，而她所喝的卡索提斯(Cassotis)泉水中并没有使人沉醉的成分，因此也无法解释这种出神的状态。传说中，她发布神谕时坐的三脚凳是架在地面的一条裂缝(*chasma*)上的，烟雾带着超自然的功效从那里边升起。然而，考古发掘证实地面上既无裂缝也无洞穴可供皮提亚下去(但也可以认为它们已在地震中消失了)。因此可以得出结论(可能太快了一点)，这整个装置——带有烟雾的裂缝(*chasma*)、皮提亚降入的狭长通道(*adyton*)——这一切都是后来的神话想象。④不过，狭长通道(*adyton*)的确是存在的，正如玛丽·德尔克特所说的，⑤德尔斐的古迹与陆地结构都意味着有一种“降入”地下的仪式。由于皮提亚这种出神的状态没有任何自然的原因可以解释，我们或许可以认为，那是皮提亚的自我暗示，或是由远处的先知所暗示。然而，事实究竟如何，我们仍一无所知。

91. 从“异象”到知识

阿波罗式的“出神”虽然有时是由神所赋予灵感(也就是神灵附体)，但

---

① 古代的占卜看似简单，实际上却很庄严：宙斯在其膝盖上作出决定，并随其所愿地赋予每一个人。

② 普鲁塔克是古代希腊传记作家，生卒年代不详。他一生著有大量作品，《希腊罗马名人传》是其代表作。

③ Plutarch, *Pythia* 7. 397c；参见 *Oracles* 40. 432d；Delcourt，第 227 页。

④ 关于裂缝最早的记述是在公元前 1 世纪。

⑤ *L'oracle de Delphes*，第 227 页以下。

这并非指由狄奥尼索斯式的狂喜(*enthousiasmos*)所产生的一种神人交流
273 (参见§124)。这种由阿波罗赋予灵感或附身的出神,尤以其净化和神谕的
力量而闻名。(反之,狄奥尼索斯秘仪的入会礼[*bakchoi*]则从未显示过任何预言的力量。)我们发现,尤其是某些带有萨满特征的半神话式人物,被认为是阿波罗的崇拜者们。如许佩耳玻瑞人阿巴里斯(Abaris)是阿波罗的祭司,他具有神谕和巫术的力量(如同时在两地出现)。希罗多德写到,他“带着他那著名的箭飞快地跑遍了整个大地”(4.36),但从赫剌克利底斯(Heraclides)[①]时代(《残篇》51c),人们就认为是阿巴里斯骑在箭上飞行。弓箭在斯基泰的神话和宗教中起着一个特定的作用,也出现在西伯利亚人的萨满庆典中。[②]弓箭也是阿波罗著名的武器。类似的传说(包括与死亡类似的出神状态、同时在两地出现、变形以及进入地狱等等)也与其他传奇人物有关,如普罗科涅苏斯的阿里斯提亚(Aristeas of Proconnesus)、克拉佐美纳伊的海尔摩提莫斯(Hermotimus of Clazomenae)、克里特的伊庇曼尼德斯(Epimenides of Crete)以及毕达哥拉斯(Pythagoras)。至于俄耳普斯,阿波罗著名的“先知”,关于他的神话则有着大量的萨满事迹(参见本书第2卷)。

因为希腊人从荷马时代就已知道阿波罗,所以他肯定远非只是一个出神的守护神。可以看出,在萨满和阿波罗的祭司这两种职业之间有着某种富有意义的连贯性。萨满要发现隐藏的事情并预知未来,而阿波罗给予人们的礼物——异象,则赋予了神的崇拜者同样的力量。正如在西伯利亚的萨满传说中一样,阿波罗所赐予的异象启发了知识,使人们趋向于沉思,并最终将他们引向“智慧”。沃尔特·奥托(Walter Otto)认为,任何形式的神秘知识的获得“总是与某种精神提升相联系的,”[③]对于萨满式的出神而言尤其如此。这解释了在两种传说中音乐和诗歌的绝对重要性。萨满通过唱歌和击鼓来为他们的出神做准备。在中亚和波利尼西亚(Polynesia)的远古史诗,即是以萨满出神的冒险之旅为其原型。阿波罗的主要特征是七弦琴,当他弹奏时,能使诸神、野兽甚至石头都为之着迷。[④]

274 阿波罗的第二个特征是弓箭,也是萨满随身的用品之一,但它的仪式性

① 赫剌克利底斯,希腊天文学家,公元前388年生于本都的赫拉克利亚。——译者

② 参见 Eliade, *Zalmoxis*, 第36页,注解42—43。

③ W. Otto, The Homeric Gods,第72页。

④ Euripides, *Alcestis* 579以下;Apollonius of Rhodes 1. 740。

用途远远超过了萨满的范畴。弓箭的象征广为传播。阿波罗是“百步穿杨的射手”，然而同样的称号也适用于罗摩（Rāma）、佛陀和其他英雄以及传奇人物。但希腊精神精彩地重现了这一古老的主题，就如同在希腊文化中，萨满的技艺及其象征世界都发生了变形一样。正是由于阿波罗，弓箭以及射箭的象征还揭示了其他的精神境界，对距离的征服（从而超越了“当前”，摆脱了具体事物的粘性），以及由每一次对知性的专注所得到的平静与安详。简言之，阿波罗代表了一种新的神显方式，是希腊人特有的、独一无二的有关世界和人类生存的宗教表达方式。

赫拉克利特[1]宣称，“和谐是对立物间张力的结果，就像弓箭与七弦琴一样”（《残篇》51）。在阿波罗那里，这些对立物都被接纳并整合进了一个新的，而且更宽广、更繁杂的结构之中。他与狄奥尼索斯的和解是这同一整合过程的一部分，这使得他在杀死皮同之后成为涤罪仪式的守护神。阿波罗向人类揭示了从占卜的“异象”通往思想的道路。所有秘教知识中所暗含的魔鬼因素都被涤除了。阿波罗对人类最高的教训就是著名的德尔斐名言“认识你自己！”知性、知识和智慧被认为是由诸神，首先是由阿波罗所赋予人类的神圣模式。对于希腊人来说，阿波罗式的安详成为神圣完美的象征以及灵魂的世界。然而重要的是，精神的发现是经由一系列漫长冲突的和解，以及对出神和神谕技巧的掌握来完成的。

92. 赫耳墨斯，“人类的同伴”

宙斯与仙女迈亚（Maia）的儿子赫耳墨斯是诸神中最不具有奥林匹斯特点的神。在他身上，依然保留着某些前荷马时期神灵的特征。人们仍然以阴茎的形式来描绘他。他拥有一根“魔棒”、双蛇盘绕的手杖和隐身帽。他将仙草摩吕（*moly*）送给奥德修斯（Odysseus），以抵抗喀耳刻（Circe）的符咒 275
（《奥德赛》10.302—6）。此外，赫耳墨斯还喜欢与人类交往。正如宙斯所指出的，“他最喜欢做的事情就是与人类为伴”（《伊利亚特》24.334 以下）。但是，在他与人类的关系中，他的行为既像一个神，同时又像是一个“骗子”、一个工匠。他还是一个无可比拟的施惠之神（《奥德赛》8.335），每一个幸运的时刻，据说都是来自赫耳墨斯的一个礼物。另一方面，他所做的每一件事都表明，他又是诡计多端、口是心非的化身。他刚出生便偷了他兄弟阿波罗的

[1] 赫拉克利特，古希腊哲学家，生卒年月不详。——译者

牛,因而成为小偷的伙伴和保护者,欧里庇得斯将他称为“那些在黑夜里做事的人的主子”。①

尽管他保护小偷和夜行盗,但他同时又是畜群和夜行旅人的保护者。保萨尼阿斯说,“没有任何别的神灵对畜群的生长表现出如此的关心”(2.3.4)。赫耳墨斯还是道路神,他的名字正是从道路两旁的石堆(*hermation*)上得来的。每一个经过的路人都向石堆上丢一块石头。②赫耳墨斯最初可能是一个游牧民的保护神,甚至是一个动物之主。但希腊人则从一个更深层的意义上去解释赫耳墨斯的远古特征及其力量。因为他行走如飞(他有“黄金凉鞋”),所以他统治着道路;因为他熟知道路,所以在夜里他也不会迷路。这就是他会成为畜群的保护者和引领者,以及盗贼的守护者的原因所在,也是他成为诸神信使的原因所在。

可能正是由于这些同样的特性,使得赫耳墨斯也成了灵魂的引领者。他引导着后面的死者,因为他熟知道路,可以在黑暗中把握方向不至迷路。虽然那些垂死的人说,他们会被赫耳墨斯抓住,但他并不是死神。他能够自由地穿梭于宇宙三界之间而毫发无损。如果说他陪伴灵魂前往冥府,他也会将他们带回人间,例如他就曾将佩耳塞福涅、欧律狄刻(Eurydice)以及埃斯库罗斯的悲剧《波斯人》(629)中伟大国王的灵魂送回人间。赫耳墨斯与死者灵魂的关系也可从他的“灵性”天赋来解释。因为其机智、灵巧、创造力(正是
276 他发现了火)、隐身术以及飞毛腿,这些神奇的技能都是智慧的结晶,特别是对各种神秘知识的掌握,在后来的希腊化时期,这成为赫耳墨斯最特别的地方。他能在黑暗中识别方向,引领死者的灵魂,如闪电般飞奔,时隐时现,这些都反映出某种精神的属性。这不仅仅是聪明与狡诈,也是神秘知识与巫术。

沃尔特·奥托在精辟地分析了赫耳墨斯神奇的力量之后,承认“他的世界不是一个英雄的世界”,而且进一步推论说,“即使他的世界并不是高贵的……,也是远离粗俗可鄙的。”③这是事实,但并不完全。在古典时期,赫耳墨斯的特征就是他与人类世界的关系,这是一个开放的世界,在不断的变化过程之中,即是在改进与超越之中的世界。他首要的特点——灵巧和创造力、征服黑暗的能力、对人类活动的兴趣、引领灵魂等等——被不断地重

① Rhesus,216 以下。

② 这一习俗在许多民族中都有记载,而且总是与旅行有关。

③ Otto, *The Homeric Gods*,第 122 页以下。

新加以诠释，直至把赫耳墨斯塑造成一个更加复杂的形象为止，即教化人类的英雄、知识的守护神以及神秘知识的典型形象。

赫耳墨斯是奥林匹斯诸神中少有几个在经过了“古典时期”的宗教危机之后仍未丧失其宗教特点的神之一，他也没有因为基督教的胜利而消失。与托特（Thoth）和墨丘利（Mercurius）的同化，使他在希腊化时期重新受到欢迎，而且作为“三倍伟大的赫耳墨斯”（Hermes Trismegistus），以炼金术和赫耳墨斯教得以幸存下来，直到 17 世纪。希腊哲学家将赫耳墨斯称作“博学之士”（*logios*），即思想的化身。他被认为是掌握了各种类型的知识，特别是神秘知识。这使他成为“巫师的首领”，能征服所有黑暗的力量，因为“他明了一切事情，也能成就一切事情”。①《奥德赛》的故事中所提到的仙草摩吕（*moly*），后来仍不断地被希腊的和基督教的作者们用作比喻。这种植物使奥德修斯得以摆脱厄运，没有像他的同伴那样被喀耳刻变成猪，在此我们看到一种与本能相反的精神，或是一种净化灵魂的教义。进而，哲学 277
家们还认为赫耳墨斯就是“逻各斯”（Logos），后来他又被基督教的教父们比作基督，甚至在文艺复兴时期还被炼金术士们做了无数次的同化（参见第 3 卷）。

93. 女神（一）：赫拉，阿耳忒弥斯

赫拉被赋予特权的地位，很大程度上应归功于荷马，他强调她是宙斯的配偶。最初，赫拉只是阿哥斯（Argos）的女神，正是从那里开始，对她的祭祀流传到了整个希腊地区。韦拉莫维兹将她的名字解释为英雄（*hērōs*）的阴性名词，而且有“圣母”（*despoina*）之意。②我们很难说亚该亚人是否将这位女神带到了希腊，或者仅仅只是借用了她的名字。他们很有可能是慑于阿哥斯女神的力量和权威，而将其提升至他们主神之妻的位置，③而且可能正是因为这个原因，赫拉成为婚姻制度的象征和保护神。宙斯无数次的不忠行为引起她的妒忌，因此而争吵不休，诗人和神话作家们对此都有详细的描写。没有任何一个亚该亚族长敢像宙斯对待赫拉那样对待他的妻子。宙斯

---

① 参见 Hugo Rahner, *Greek and Christian Mystery*，第 191—192 页所引的资料。也可参见本书第 2 卷。

② Wilamowitz, *Glaube der Griechen*，第 1 卷，第 237 页。

③ Rose, *Handbook*，第 52 页；Guthrie, *The Greeks and Their Gods*，第 72 页。

殴打她，有一次甚至在她脚上捆上重物把她吊了起来，这是以后对待奴隶的一种酷刑。①

据赫西俄德说（《神谱》923—924），赫拉给宙斯生了三个孩子，赫柏（Hebe）、阿瑞斯和埃瑞杜亚，而赫淮斯托斯则是完全由她自己独自生下的（《神谱》926）。单性生殖、自我受孕的能力说明了一个事实，即使是奥林匹斯的天后也仍然明显地保有其地中海以及亚洲的特征。我们很难确定这一传说的原初含义，传说赫拉每年都要在坎托斯（Canthus）泉水中沐浴以恢复
278 她的童贞。②这是与父权制婚姻观念有关的象征吗（因为我们知道，在父权制社会中童贞是受到高度重视的）？然而，也许是希腊人彻底改变了阿哥斯的女神。不过，仍然可以发现某些她原本的特征。像大多数爱琴海以及亚洲的女神一样，赫拉不仅是一个婚姻女神，也是一个普通的丰产女神。尽管赫拉作为一个母神的假设为一些学者所否认，但却很难解释这样一个事实，即许多地方（普拉提、埃乌波亚、雅典、萨摩斯等地）都提及她与宙斯的**神婚**（*hieros gamos*）（无论是神话或是在仪式中的重现）。这是多产的雷电之神与大地之母结合的典型象征。此外，赫拉在阿哥斯是作为"轭之女神"和"拥有许多公牛"而受到崇拜。（在《伊利亚特》中，荷马将她描绘成"牛眼的"。）最后，她还被认为是可怕怪物的母亲，如勒那（Lerna）的九头蛇许德拉（Hydra）。如此一来，孕育怪物便成了大地女神的特征。的确，在赫西俄德那里，我们已经看到，堤丰的母亲是盖亚（大地）。然而，所有这些冥府的特性及其力量都逐渐被遗忘了，从荷马时代开始，赫拉就始终是婚姻女神。

我们在吕底亚（Lydia）的铭文中发现了阿耳忒弥斯的名字，这表明了她源自东方。这位女神的远古特征明显。她首先是独一无二的"兽之女王"（*potnia therōn*）（《伊利亚特》21.470 以下），即是说，她曾经既是一个充满激情的猎手，又是一个野生动物的保护者。荷马也叫她"野兽的女主人"（Agrotera）。而埃斯库罗斯则称她为"山之女神"（《片断》342）。她尤其喜欢在晚上打猎。狮子和熊是她喜欢的花纹动物，这让人想起亚洲的原型。荷马告诉我们，阿耳忒弥斯是如何教给斯卡曼德里奥斯（Scamandrius）各种

---

① *Iliad* 1.567，587；15.18 以下。参见 Plautus，*Asinaria* 303—304；Rose，*Handbook*，第 106 页和注解 15。就我们可能读到的历史事实而言，这一证据肯定是相当早期的，是在亚该亚人到达半岛之前。重要的是，荷马和他的听众都被这些乱哄哄的争吵逗笑了。

② *Pausanias* 2. 36. 2；他还提及赫拉在阿哥斯的秘密祭典，但露丝（Rose）并未提及这一祭典（*Handbook*，第 128 页，注解 11）。参见 Jeanmaire，*Dionysos*，第 208 页以下。

狩猎技巧的(《伊利亚特》5.49)。但是,当两只鹰撕扯、啄食一只怀有身孕的野兔时,她却愤怒了(埃斯库罗斯:《阿伽门农》133 以下)。

阿耳忒弥斯主要是童贞女神。这原本可理解为她摆脱了婚姻的桎梏。但希腊人却认为她之所以保有永恒的童贞是因为她对爱情没有兴趣。《献 279
给阿佛罗狄忒的荷马赞歌》(*Homeric Hymn to Aphrodite*)认为阿佛罗狄忒没有权力(1.17)。在欧里庇得斯的悲剧《希波吕托斯》(*Hippolytus*)中,阿耳忒弥斯自己公开宣称她恨阿佛罗狄忒(1301)。

不过她代表着若干母神的因素。在阿卡狄亚(Arcadia)[1],她最古老的祭祀地,她与得墨忒耳和佩耳塞福涅有关联。希罗多德(《历史》2.156)说,埃斯库罗斯将阿耳忒弥斯看作是得墨忒耳的女儿,即认为她就是佩耳塞福涅。一些希腊作家说,在克里特岛,她被称作布里托马提斯(Britomartis)[2],这表明她与米诺斯女神有关。可能她在其他语言中还有别的名字,我们特别要提到的是,在色雷斯她叫库柏勒(Cybele),在卡帕多西亚她叫玛(Ma)等。我们不知道从什么时候以及在什么地方,她开始作为阿耳忒弥斯而为人所知的。在以弗所(Ephesus),母神功能的变化就更大了——甚至怪异到我们都认不出一个希腊女神的成分了。阿耳忒弥斯被妇女们尊为分娩女神(Locheia)。她也是男孩们的"护士"和教师(*kourotrophos*)。从历史上有关她的一些祭祀仪式的记载中,我们或许能够破译出公元前 2000 年代爱琴海社会中女性入会礼的传统。纪念阿耳忒弥斯的阿尔斐俄斯(Alpheus)舞蹈,如同纪念整个伯罗奔尼撒半岛上的女神舞蹈一样,其特征都是纵欲狂欢。俗语说:"哪里没有阿耳忒弥斯在跳舞?"换言之,哪里的舞蹈不是为阿耳忒弥斯所跳的?[3]

在她许多有时是相互矛盾的方面,我们发现,众多远古神祇的形式被希腊宗教文化重估之后,整合进了一个巨大的体系之中。这位远古的"山之女神"以及地中海史前的"兽之女王",很快就吸收了母亲神的特性和她可敬畏的力量,但却没有因此而丧失其远古的特性,作为猎人、野生动物以及女孩的守护神。从荷马时代起,她的形象就确立下来了,阿耳忒弥斯主宰着那些

---

① 阿卡狄亚为希腊山区,位于伯罗奔尼撒半岛的中部,以其田园牧歌式的生活著称。——译者

② 参见 Rose, *Handbook*,第 131 页,注解 59 所引文献。

③ Jeanmaire, *Dionysos*,第 212 页以下。

只知道繁殖与母性，却不知道爱与婚姻的野生动物的品性。她总是保持着
280 一种自相矛盾的性格，这可从那些相互矛盾却又共同存在的主题（比如，童贞—母性）中看出来。希腊诗人、神话学家以及神学家们富于创造的想象力，预见了这些矛盾的共存暗示着某种神圣的奥秘。

94. 女神（二）：雅典娜，阿佛罗狄忒

雅典娜肯定是除赫拉之外最重要的希腊女神。我们很难以希腊文来解释她的名字。至于她的起源，为大多数学者所接受的尼尔森的假设似乎很有道理：雅典娜是一个"宫殿女王"，是迈锡尼王子宫殿的守护神。雅典娜虽然是一个家庭女神，与男人、女人的工作都有关系，但她在战争和掠夺的时代出现在城堡中，这赋予了她女战神的特征及力量。她穿着盔甲，挥舞着长矛，呐喊着从宙斯的头颅中跳出来。她的许多头衔都表明了这种战争的特点：如女斗士（Promachos）、强有力者（Sthemeia）、好战者（Areia）等等。

然而，如同《伊利亚特》中的许多场景所表现的，雅典娜是阿瑞斯的死敌，在那场著名的诸神之战中，她打败了阿瑞斯（《伊利亚特》21.390 以下）。[①]相反地，她欣赏赫剌克勒斯，认为他是英雄的真正典范。她在他超乎常人的磨难中给予他帮助，并指引他进入天堂（保萨尼阿斯 3.18.11，等等）。雅典娜也很欣赏堤丢斯（Tydeus），甚至想使他永生。但是，当她看见这位严重受伤的英雄劈开他敌人的头颅吸食其脑髓时，女神恶心地离开了。[②]当阿基琉斯因阿伽门农的辱骂而挥剑反击时，也是她出面阻止了阿基琉斯（《伊利亚特》1.194 以下）。

甚至在一首为听众所作的赞美战功的史诗中，雅典娜也表现出女战神的另一面。这是因为她所参与的战争显然是一项男人的活动。如她自己所
281 说的，"在一切事物中，我的心总是趋向于男性，只有婚姻除外"（埃斯库罗斯：《欧墨尼得斯》736）。《献给阿佛罗狄忒的荷马赞歌》（1.7—11）也承认，爱神的权力没有雅典娜的大。荷马和赫西俄德将她称作"少女"帕拉斯（Pallas），而在雅典，她是"处女"（帕耳忒诺斯[Parthenos]）。但是她与另外

① 事实上，阿瑞斯为诸神所厌恶，他们叫他"疯子"，因为他不知道"什么是公正"（《伊利亚特》5.761）。宙斯自己也承认"没有一个奥林匹斯是如此招恨的"，因为"他只想着战争、打仗"（《伊利亚特》5.890）。

② 参见 Bacchylides, frag. 41; Apollodorus, *Bibl.* 3.6.8.3。

一种类型的处女神阿耳忒弥斯也有所不同,她并不回避男人,也不与他们保持距离。雅典娜是奥德修斯的朋友和保护者,因为她欣赏他的智慧和坚强的个性,认为他是唯一能与宙斯相媲美的、"思维缜密"(*polymētis*)的男人(《伊利亚特》2.169,407,636)。在《神谱》(896)中,赫西俄德认为,"她在力量与智慧上都是与她父亲相等的。"雅典娜是奥林匹斯诸神中唯一没有母亲的。《献给雅典娜的荷马赞歌》(4—5)简短地描述了宙斯从自己的前额生下她的过程,但赫西俄德却详细地叙述了整个神话。宙斯吞下了墨提斯,这位知识女神,当时她已经怀孕,而雅典娜是从她父亲的头颅中降生的(《神谱》886以下;参见§84)。这个故事已被认为是后来加上去的,原先的神话只是简单地描述了雅典娜在奥林匹斯山上的出现。不过奥托恰当地强调了这一吞咽主题的古老以及"野蛮的"性质。①

无论她的起源如何,雅典娜奇迹般诞生的神话说明并证实了她与宙斯有着十分密切的关系。"我完全站在父亲一边,"她在《欧墨尼得斯》(736)中这样承认。在《奥德赛》(13.297)中,她对奥德修斯说:"在诸神中,我以我的知识(*mētis*)和技艺而自豪。"的确,知识(*mētis*),一种实践的知识是她最显 282
著的特征。雅典娜不只是纺纱、编织这些典型女性手艺的守护神,她首先是一个"多才多艺的工匠",是所有技术工匠们的启发者与导师。正是从她那里,铁匠学会了打造犁头,而陶匠呼唤她:"来吧,雅典娜,把你的手放在我们的窑上!"②正是她,马的驯服者发明了马衔,并教会了人们使用两轮战车。航海,一个应由波赛冬所主宰的领域,雅典娜也在其中显示了她知识的广博与完整。首先,她参与了造船中所涉及的许多技术工作,而她也帮舵手"正确地掌舵"。③

技术发明的神圣化与知识神话的例子并不常见。其他的神性表现的是种种形式的生命、丰产、死亡、社会架构等等的神圣化。雅典娜所显示的神性或某种手艺和行业的神圣起源不仅涉及到知识、技巧和实际的发明,而且还涉及自我控制、苦难中的平静、坚信世界的一致以及可理解性。因此,不难理解在哲学家时期,这位知识(*mētis*)的守护女神是如何成为神圣知识和

---

① 参见 Otto, *Homeric Gods*, 第51页。荷马没有提到这个神话(如同他没有提及有关克洛诺斯的故事一样),但是,他称雅典娜为"强有力的父亲的女儿"(*obrimopatrē*)。

② 参见奥托所引用的荷马警句,*Homeric Gods*,第58页。

③ 参见 M. Detienne, "Le navire d'Athéna"。

人类智慧的象征。

阿佛罗狄忒代表了希腊传说中另一种值得注意的东西，尽管是在一个完全不同的层次上。如同传说(希罗多德 1.105；保萨尼阿斯 1.14.7)所一直认为的那样，该女神肯定有着某种东方的来源。在《伊利亚特》中，阿佛罗狄忒保护特洛伊人。此外，她还显示出与伊西塔相类似的神性。然而，正是在塞浦路斯(Cyprus)——这个爱琴海—亚洲千年宗教融合的中心，她的典型形象开始确立下来(《奥德赛》8.362 以下)。这一希腊化的过程在《伊利亚特》(5.365)中就已相当明显，荷马说，她是宙斯与狄俄涅(Dione)的女儿、赫淮斯托斯的妻子。[①]但是，希罗多德则保留了关于她出生的一个更古老的版本。当乌剌诺斯的生殖器被抛入大海时，女神便从其精液的泡沫(*aphros*)中诞生了。正如我们已看到的(§46)，大神被阉割的主题乃是源于东方。

在她的崇拜仪式中，可以将某种亚洲的因素(比如神奴)与地中海的因素(鸽子)区别开来。另一方面，《献给阿佛罗狄忒的荷马赞歌》将其视为一个真正的野生动物的女主人："跟随在其身后的灰狼摇尾奉承着她，而眼睛阴森的狮子和熊以及动作敏捷的豹子则对鹿子垂涎欲滴。"但是，阿佛罗狄忒还有一个新的特别的特征：女神"将欲望放进它们的胸中，于是它们便全
283 部开始交合，两两成对，在那幽暗的峡谷之中"。[②]阿佛罗狄忒"将欲望放进"动物、人类以及诸神的心中。她"甚至使宙斯丧失理智"，"轻易地使他与凡间的女子交合，而不让赫拉知道"(第 36、40 行)。因此，《献给阿佛罗狄忒的荷马赞歌》在性冲动中看出了动物、人类以及神灵这三种存在形式中都有两性结合的因素。另一方面，通过强调性欲的非理性和不可化约性，《赞歌》为宙斯的种种艳遇辩护(之后，这种辩护又进一步地为诸神、英雄以及人们所重复)。简言之，这是对性爱的一种**宗教的**辩护；由于是被阿佛罗狄忒所激起的，因此，甚至连性的放纵与过错也被认为是有着神圣的起源的。

因为阿佛罗狄忒统治着宇宙三界，她便同时是天神(阿斯忒里亚[Asteria]，乌拉尼亚[Urania])、海神(Anadyomene，"从大海中升起的")[③]以及大

---

① 直到后来战神阿瑞斯成为她的丈夫；在《奥德赛》8.266—366 中，他是她的情人。

② H. G. Evelyn-White 译，*Hesiod, the Homeric Hymns, and Homerica*, Loeb Library ed. (Cambridge, Mass.: Harvard University Press, 1936)。

③ 贝壳是她的圣物之一，它同时是水与性的象征。

地之神。她脚下的道路铺满了鲜花,她也正是植物丰产的“第一要素”(埃斯库罗斯:《达那伊得斯》[Danaides]残篇 44)。然而,阿佛罗狄忒从未成为主要的丰产女神。她所唤起、赞美和保护的是物质的爱,是肉体的结合。在这个意义上,我们或许可以说,正是因为阿佛罗狄忒,才使希腊人重新发现了原始性冲动的神圣特性。爱情的诸多精神资源,则会被其他神灵所支配,尤其是厄洛斯(Eros)。这种非理性和不可抑制的性爱正好被作家以及艺术家们所利用,并加以扩大化,在希腊化时期,“阿佛罗狄忒的魅力”成为文学的一种套话。我们几乎可以认为,在这以阿佛罗狄忒为标志的艺术繁荣时期,肉体之爱已经彻底世俗化了。但事实上这只是一种伪装,其中有着无与伦比的丰富内涵,就如同希腊传说中的许多其他产物一样。在一种轻佻神性的表象下面,隐藏着最深层的宗教体验:性爱被展示为某种超越与奥秘。当分析现代世界的世俗化过程时,我们还会看到这种伪装的其他形式(参见第 3 卷)。

95. 英　雄　们 284

品达将生命分为三类:诸神、英雄和人(《第二次奥林匹克运动会》[*Second Olympian*]1)。对于宗教史家来说,英雄的类型引出了一些重要的问题,如希腊英雄的起源以及本体论的结构是什么? 在何种程度上,他们能与神人间的其他中介相比? 根据古代的信仰,罗德(Rohde)认为,英雄“一方面与冥府神灵有关,另一方面与死者有关。事实上,他们只是死者的灵魂,他们住在地下,像诸神一样永远呆在那里,他们有神一般的力量。”[①]像神一样,英雄们也享受献祭,但是,这两种献祭仪式的名称及程序都有所不同。另一方面,在优塞纳(Usener)的著作《诸神的名字》(*Götternamen*)(1896 年)中,他提及英雄们的神圣起源,和魔鬼一样,英雄们也是出自“瞬息的”或“特别的”神灵(*Sondergötter*),即出自具有特殊功能的神灵。

1921 年,法内尔(Farnell)提出一个至今仍有一定影响的折衷理论。他认为,英雄们并非全部都来源一致,而可以分为七类:源自神灵或祭祀的英雄,真实存在过的人物(战士或祭司),诗人或学者创造出来的英雄,等等。最后,布瑞里希(Brelich)在那本丰富且深具洞察力的书 *Gli eroi greci*(1958 年)中,对英雄的“形态结构”做了这样的描述:他们是这样的一些人

① Erwin Rohde, *Psyche*(英译本),第 117 页。

物，其死亡都有着重要的影响，而且与战争、竞技、先兆、巫术、青春期的入会仪式以及秘仪有关；他们创建城市，其祭典有着一种平民的特征；他们是血亲组织的祖先，是某种人类基本活动的“原型代表”。这些英雄还以其奇特甚至怪异的性格为特征，而其古怪的行为则揭示出他们超越常人的特性。[①]

285 概言之，希腊的英雄可以说是自成一体的，是超人(*sui generis*)，但他们又非神灵，而且只生活在远古时期——确切地说，即是在宇宙起源以及宙斯胜利之后的时期(参见§§83—84)。他们活动的时期主要是在人类出现的“最初”阶段，社会结构尚未确立，规范也还没有充分建立。他们的生存模式表现出了“太初”之时不完全和自相矛盾的特点。

英雄的出生以及童年都与常人不同。他们是神的后代，但有时却有着双重的父亲(例如，赫剌克勒斯既是宙斯的儿子，同时又是安菲特律翁[Amphitryon]的儿子；而忒修斯则是波赛冬和埃勾斯[Aegeus]的儿子)，或者他们的出生是不合常规的(埃癸斯托斯[Aegisthus]是堤厄斯忒斯[Thyestes]与他自己女儿乱伦的结果)。他们在出生后不久便遭遗弃(如俄狄浦斯[Oedipus]、珀耳修斯[Perseus]、瑞索斯[Rhesus]，等等)，是被动物养育成人的，[②]在遥远国度的旅行中度过了他们的青春年华，在无数次的冒险中使自己声名远扬(尤其是竞技与战功)，还有与神灵的婚姻(其中最著名的有珀琉斯[Peleus]与忒提斯、尼俄柏与安菲翁[Amphion]、伊阿宋[Jason]与美狄亚[Medea])。

英雄们的特点是具有某种特殊的创造力，可比作那些远古社会教化人类的英雄。就如同澳大利亚人神话中的祖先一样，他们开疆拓土，被人们认为是土著民(即某地区的第一批居民)，是种族、民族或家族的祖先(阿尔戈斯人[Argives]是阿哥斯的后代、阿卡狄亚人是阿卡斯[Arcas]的子孙，等等)。他们创设——即“发现”、“揭示”——许多人类的制度：城市的法律以及都市生活的规则、一夫一妻制、冶金、歌曲、著述、战术等等，也是某些手艺的创始人。他们是城市重要的创建者，那些发现殖民地的历史人物死后也都成了英雄。[③]此外，英雄们还创办竞技比赛，而在他们的祭典中的一个特

① A. Brelich, *Gli eroi greci*，第313页。以下数页多来自布列里奇(Brelich)的分析。

② 帕里斯(Paris)是被熊养大的，埃癸斯托斯是被山羊带大的，而希波托厄(Hippothous)则是由母马抚养成人的，等等。当然，这种入会礼的主题流传甚广；参见§105。

③ Brelich, *Gli eroi greci*，第129—185页。

色便是竞技比赛。据传说，四大泛希腊的赛会都是献给英雄们的，而之前则是献给宙斯的。（例如，奥林匹亚的竞技祭典就是为了纪念珀罗普斯[Pelops]的。）这就是为什么优胜者和著名的运动员都会被英雄化的缘故。[1]

诸如阿基琉斯、忒修斯等某些英雄与男孩的成年礼有关，英雄祭典常常 286
也是由青年来完成的。忒修斯传说中的几个插曲其实就是入会礼中的考验。比如，他仪式性地潜入大海（这个考验相当于冥府之旅），并进入涅瑞伊得斯的海底宫殿；类似的考验还有，忒修斯进入迷宫并与怪兽弥诺陶洛斯搏斗——一个英雄入会礼的范式主题；最后，他拐走了阿佛罗狄忒的诸多化身之一的阿里阿德涅（Ariadne），并由此以一次神圣的结合完成了他的入会礼。杰米瑞（Jeanmaire）说，忒修斯的祭典源自远古的仪式，在更早的时期是标志着那些即将成年的年轻人结束了在丛林中的入会考验后回到城里。[2]与之相类似，阿基琉斯的传说中的某些片断也能被解释为入会礼的考验。他是被半人半马肯陶洛斯（Centaur）抚养大的，即他是在丛林中被戴着面具或是将自己扮成动物形状的教师授以入会礼；他穿水过火，这是典型的入会礼考验；他甚至与女孩子共同生活了一段时间，穿着女孩的衣服，这也很像某种远古男子成年礼的习俗。[3]

英雄们也与秘仪相关，如在厄琉西斯（Eleusis）有特里普托勒摩斯（Triptolemus）的圣所和优默帕斯（Eumolpus）的坟墓（保萨尼阿斯 1. 38; 1. 38. 2）。此外，英雄祭典还与神谕有关，特别是与用以医治的孵化仪式有关，如卡尔卡斯（Calchas）、安菲阿拉俄斯（Amphiaraus）、莫普索斯（Mopsus）等等。因此，某些英雄（尤其是阿斯克勒庇俄斯）也与医药有关。[4]

英雄还有一个特征，那就是他们的死亡方式。除了某些英雄会分别被送往幸福岛（如墨涅拉俄斯[Menelaus]）、琉科（Leuce）的秘密之岛（如阿基琉斯）、奥林匹斯山（如该尼墨得斯[Ganymede]），或消失在地府（如特洛波尼欧斯[Trophonius]、安菲阿拉俄斯）外，绝大多数或是战死沙场（像赫西俄德所提到的那些英雄，都在底比斯或特洛伊战死），或是决斗而死，或是被叛逆者杀害，如阿伽门农被克吕泰涅斯特拉（Clytemnestra）所杀，拉伊俄斯

---

[1] 比如，公元前 496 年奥林匹克运动会上的克里奥米狄斯（Cleomedes, Pausanias 6. 9. 6）。

[2] H. Jeanmaire, *Couroï et Courètes*，第 323 页以下、第 338 页以下，以及各处；Eliade, *Birth and Rebirth*，第 109 页；亦可参见 Brelich，第 124 页以下。

[3] 参见 *Birth and Rebirth*，第 109 页。

[4] 参见布列里奇（Brelich）书中所引文献，第 106 页以下。

(Laius)被俄狄浦斯所杀，等等。他们的死通常都非常具有戏剧性，俄耳普
287 斯和彭透斯(Pentheus)是被撕成了碎片，阿克特翁(Actaeon)是被狗咬死的，格劳科斯(Glaucus)、狄俄墨得斯(Diomedes)、希波吕托斯则死于马蹄之下，还有要么是被宙斯吞食，或被雷电劈死，再或者就是被蛇咬死，如俄瑞斯忒斯(Orestes)、莫普索斯(Mopsus)等等。①

也正是他们的死亡表明了他们的超越常人的地位。即使不能像神一样永生，他们死后仍能继续活动，这就是英雄与常人不同之处。毋庸置疑，其余的英雄也身怀巫术—宗教的力量。他们的坟墓、遗物，甚至他们的纪念碑都会对几个世纪以后的人们产生影响。从某种意义上说，英雄们是由于他们的死而达到其神圣的状态：他们获得了一种无限的超生存，这既非蛹状的也不是纯粹精神的，而是一种超人(*sui generis*)，这是一种依赖遗骨、业绩，或身体的象征而存在的方式。

的确，不同于一般习俗，英雄的遗骨被埋在城里，他们甚至被允许进入圣所，如珀罗普斯的遗骨被放置在奥林匹斯的宙斯神庙里，涅俄普托勒摩斯(Neoptolemus)的遗骨在德尔斐的阿波罗神庙中。他们的坟墓和纪念碑是英雄崇拜的中心。献祭的过程包括奉献牺牲、仪式性的痛哭、哀悼仪式、悲剧合唱等。(给英雄的献祭与供奉冥神的相类似，而不同于对奥林匹斯诸神的献祭。奉献给奥林匹斯诸神的牺牲，屠宰时，喉咙是向着天空的，而供奉冥神与英雄的牺牲，屠宰时，则要喉咙朝向地面。奉献给奥林匹斯诸神的牺牲必须是白色的，而供奉冥神与英雄的牺牲则应是黑色的，且必须焚烧殆尽——活人不可食用。奥林匹斯祭坛的形式是古典的神庙，建在地面，有时建在高地之上；而祭祀英雄与冥神的祭坛则是低矮的火炉、地下的洞穴，或是某个密室[*adyton*][这也许是一个坟墓]。对奥林匹斯诸神的献祭是在阳光灿烂的早上举行，而对英雄和冥神的献祭则是在傍晚或午夜。)②

所有这些都显示出英雄之死以及英雄遗物的宗教价值。死后，英雄成
288 为保卫城市免受侵略、疾病以及各种灾难的守护神。在马拉松(Marathon)战役中，忒修斯帮助雅典人打败了波斯大军。③但是，英雄也享受精神上的

① 引自布列里奇(Brelich)的著作，第89页。

② Rohde, *Psyche*，第116—117页；亦可参见 Guthrie, *The Greeks and Their Gods*，第221—222页。

③ Plutarch, *Theseus* 35. 5; Brelich, *Gli eroi greci*，第91页以下。

永生，因荣耀而获得永生、名垂千古。他们也因此成为那些努力想要超越短暂的生命、名垂千古、活在后人记忆中的人们的榜样。一些真实人物的英雄化，如在马拉松或普拉提战死的斯巴达的国王们、诛戮暴君者，他们非凡的业绩使他们超越凡人而进入了英雄之列。①

古代希腊，特别是希腊化时期，留给了我们 幅“崇高的”英雄画像。实际上，他们的性格既独特又矛盾，甚至有些离经叛道。英雄们既像神也像魔，他们身上有着诸多相反的属性。他们既是刀枪不入(像阿基琉斯)，最终却也被杀死；他们以其强壮与健美而著称，但也有着怪异的性格(如赫剌克勒斯、阿基琉斯、俄瑞斯忒斯、珀罗普斯等，他们身材高大，但有些方面却连常人都不如)；②他们有的有着野兽的形状(如狼人吕卡翁[Lycaon])，或是能够变形成动物；有的是双性同体(如开克洛普斯[Cecrops])，或是可以变性(如泰瑞西阿斯[Teiresias])，或是穿着像女人(如赫剌克勒斯)。此外，有的英雄还有各种畸形(没头或多头，赫剌克勒斯有三排牙齿)，他们多是跛足、独眼或是瞎眼的。英雄们还经常精神错乱(如俄瑞斯忒斯、柏勒洛丰[Bellerophon]、赫剌克勒斯)。至于他们的性行为，也是过度或变态的：赫剌克勒斯在一个晚上就使特斯皮俄斯(Thespius)的 50 个女儿怀孕了；忒修斯强暴过许多女人(如海伦、阿里阿德涅等)，并以此而著称；阿基琉斯也强奸过斯特拉托妮斯(Stratonice)。英雄还与他们的女儿或母亲乱伦，又因为嫉妒、愤怒或毫无原因地纵容自己大开杀戒，他们甚至杀害自己的父母亲或亲属。

所有这些矛盾而又可怕的性情，这些反常的行为，都表明了当“人的世界”还没有被创造时，“太初”之时的流动性。在这远古的时代里，种种不正当的行为与陋习(也就是以后被斥责为丑恶、罪恶或犯罪的行为)都直接或
间接地刺激了创造的工作。然而，正是在英雄的创造(制度、法律、技艺、艺 289
术)完成之后，才出现了“人的世界”，至此，种种违法与逾越的行为才开始遭到禁止。英雄时代后，在新的“人的世界”，一个创造的时代，神话的“彼时”(*illud tempus*)便终结了。

英雄们的越轨行为是没有限度的。他们甚至敢冒犯女神(如俄里翁和阿克特翁就袭击过阿耳忒弥斯，伊克西翁曾攻击赫拉，等等)，而且不断地亵

---

① 亦可参见 Eliade, *Cosmos and History*，第 1 章。

② 赫剌克勒斯也是如此；参见布列里奇(Brelich)所引之文献，第 235 页以下。

渎神明(如埃阿斯在雅典娜的祭坛附近攻击卡珊德拉,阿基琉斯在阿波罗的神庙中杀死了特洛伊罗斯[Troilus])。这些冒犯与亵渎所表明的一种过分傲慢(*hybris*),是英雄所特有的性格(参见§87)。英雄与神灵对抗着,仿佛他们是平等的,然而,他们的傲慢却总是遭到奥林匹斯诸神严厉的惩罚。只有赫剌克勒斯在显示他的傲慢时未受到惩罚(他用武器威胁赫利俄斯[Helios]和俄刻阿诺斯)。但赫剌克勒斯是一位完美的英雄,如同品达所称呼的那样,他是"英雄一神"(《第三次尼米亚运动会》22)。而且,他是唯一一个人们不知道其坟墓和纪念碑在何处的英雄。他在火堆上羽化登仙,赢得永生,他被赫拉所接纳而成为一个神,位居奥林匹斯诸神之列。可以说,赫剌克勒斯通过一系列的入会考验,最终获得了其神圣的地位,不像吉加美士(参见§32)和某些希腊英雄那样,尽管他们十分傲慢,但终于还是未能获得永生。

我们也能在其他宗教中找到类似希腊英雄的形象,但只有在希腊,英雄的宗教结构才得到了一个如此完美的表达方式;也只有在希腊,英雄才享受到了一种重要的宗教声望,给人们以丰富的想象和反省,并激发了文学和艺术的创作。①

① 至于后来,英雄从中世纪到文艺复兴时期的变形,我们将在本书的第3卷中加以分析。

第12章　厄琉西斯秘仪 290

96. 神话：佩耳塞福涅在冥府

“地上的凡人中，看见这些秘仪的人是有福的！”《献给得墨忒耳的荷马赞歌》的作者叫道，“而那些未被接纳、没有参与秘仪的人，死后将永远失去这许多好处，他们会堕入黑暗与悲伤之中”。①

《得墨忒耳赞歌》讲述了两个女神的主要神话和厄琉西斯秘仪的创立。当得墨忒耳的女儿科瑞(Kore)(即佩耳塞福涅)在尼斯(Nysa)平原上采集花朵时，被冥王普路托(Pluto)，即哈得斯掠走。得墨忒耳找了她九天九夜，在这期间她不吃不喝，食不下咽。最后，赫利俄斯告诉了她真相：正是宙斯决定让科瑞嫁给他的兄弟普路托。得墨忒耳悲伤不已，对众神之王充满了愤恨，她不再回到奥林匹斯山。她化装成一个老妇人到了厄琉西斯，坐在“处女泉”边。当地的公主们问她，她说她的名字叫多索(Doso)，海盗们从克里特岛将她掳走，她从海盗那里逃了出来。随后，她接受公主们的邀请，为女王美塔尼拉(Metanerira)照顾孩子，即以小麦粉、水和薄荷做粥喂养他。

但是，得墨忒耳并没有以她们的方式来哺育迪莫枫(Demophoön)，而是用神油揉搓他，夜里将他“像一块烙铁似的”放在火里烧。这样，孩子便越来越像一个神了。事实上，得墨忒耳是想让他永生且永远年轻。但一天晚上，美塔尼拉发现她的儿子在火里，便痛哭了起来。“你们这些愚蠢的凡人，无法预知自己的命运，也不知道什么是善恶！”得墨忒耳叫道。由于他母亲无 291
意的破坏，迪莫枫便不能免于一死。之后，女神显出她光彩夺目的原形，她的身体发出耀眼的光芒。她要求为她建造“一座底下有祭坛的神庙”，她教

---

① 第480—482行；H. G. Evelyn-White译，参见*Hesiod, The Homeric Hymns, and Homerica* (Cambridge, Mass.: Harvard University Press, 1936)。

给人们如何祭祀她(304)。然后,她便离开了王宫。

神庙一建起来,得墨忒耳就回来呆在里面,整天只是想着她的女儿。接着她降下一场可怕的旱灾,使大地荒芜一片(304)。宙斯派了许多使者去求她回到众神中来,却都是无功而返。得墨忒耳说,她再不会踏上奥林匹斯山,也再不会让植物生长,除非她能再见到她的女儿。宙斯只得要普路托将佩耳塞福涅带回来,冥王屈服了。然而,他却将一粒石榴放入她的嘴里,并让她吞了下去。这粒石榴可以确保佩耳塞福涅每年回到她丈夫身边 4 个月。[①] 重新找回她的女儿之后,得墨忒耳同意回到诸神之中,而大地则又奇迹般地绿意盎然、生机勃勃起来。不过,在她回奥林匹斯山之前,女神向人们展示了她的仪式,并将其秘仪全部教给了特里普托勒摩斯(Triptolemus),即迪莫枫、戴奥克列斯(Diocles)、优默帕斯、色列乌斯(Celeus),这个“令人敬畏的秘仪,没有人能以任何方式逾越、窥视或泄露,因为,对神深深的敬畏使他们哑然失声”(478)。

《得墨忒耳赞歌》记载了两种形式的入会礼。更确切地说,文献从两位女神的再团圆,以及让迪莫枫永生之尝试的失败两方面解释了厄琉西斯秘仪的起源。迪莫枫的故事与古代的神话相类似,在史前时代,由于一个悲剧性的错误,使得人们无法得到永生。但是,在这个神话中,却不是因为某个神话祖先的错或“罪”,而使他自己以及他的后代丧失了原先所拥有的永生的地位。迪莫枫不是一个远古的人物,他是一个国王的小儿子。得墨忒耳决定要使他永生,这可以被解释为,她想要领养一个孩子(这对失去佩耳塞福涅的得墨忒耳会是一种抚慰),且同时也是她对宙斯和奥林匹斯诸神的报
292 复。得墨忒耳所做的是要将一个人变成一个神。女神拥有使人类获得永生的权力,而火,入会者的“煎熬”可以说是最有效的方法。为美塔尼拉所惊扰,使得墨忒耳对人类的愚蠢大感失望。但是,《赞歌》并没有提到后来概括的这种永生的技巧,即如何在入会礼中通过火将人变成神。

正是由于使迪莫枫获得永生的努力失败了,得墨忒耳才露出了她的真面目,并要求为她建造一座神庙。但直到重新找回她女儿之后,她才教给人们秘仪。“秘仪”的入会礼与被美塔尼拉所打断的入会礼有着根本的不同。厄琉西斯秘仪的入会礼并不能使人获得永生。在某个确定的时刻,厄琉西

① 这是一个广为流传的神话主题,无论谁吃了另一个世界的食物,便不能再返回活人的世界。

斯的神庙会燃起圣火。然而，虽然我们知道有火葬，但是，火与入会礼却不太可能有什么直接的关系。

对于这些秘密仪式，我们所知甚少，只知道秘仪的主要内容涉及两位女神的降临。通过这一秘仪，人的状况会得以改变，但这一改变不同于迪莫枫不成功的蜕变。少数直接与秘仪有关的古代文本强调入会者死后的至福。《得墨忒耳赞歌》中说，“地上的凡人中，看见这些秘仪的人是有福的！”这像是秘仪的主旨，被不断地重复着。“那些在堕入地府之前看见这些事的人是幸福的！”品达大声说，“他知道生命的终点！他也知道生命的开端！”[①]“在那些终将去冥府的凡人中，能见到那些秘仪的人是多么的幸福啊，只有他们，才能在冥府拥有真正的生命，而其余的人则都会成为魔鬼。”[②]换言之，由于在厄琉西斯所“看见”的事情，入会者的灵魂在死后会享受一种至福的存在，人死后将不会成为一种悲伤的阴影，没有了记忆和力量，如同荷马式的英雄们所害怕的那样。

《得墨忒耳赞歌》中唯一提到农业的地方，是在谈及特里普托勒摩斯成为第一个秘仪入会者的时候。据传说，得墨忒耳让特里普托勒摩斯教导希腊人耕作。有些学者认为，那次可怕的旱灾，就是植物女神佩耳塞福涅堕入冥府所造成的。但是《赞歌》却说，这场旱灾是得墨忒耳后来带来的，确切地说，是她呆在厄琉西斯为她所建造的神庙中时才带来那场旱灾。我们同意 293
沃尔特·奥托的说法，认为原先的神话只是提到植物的消失而没有谈到小麦的消失；因为在佩耳塞福涅被掠走时，人们还不知道小麦。许多文献和纪念碑都证明小麦是在佩耳塞福涅事件之后才由得墨忒耳带来的。因此，我们由此可以将这个古代的神话解释为，谷物的产生是由于某个神灵的“死亡”而带来的（§11）。然而，与其他永生的奥林匹斯诸神一样，佩耳塞福涅是不会“死亡”的，像德玛（*dema*）神、海努维尔（Hainuwele）神（参见§12）或植物神一样。这个古老的神话与仪式情节被厄琉西斯秘仪所继承并加以发展，强调神婚（*hieros gamos*）、暴死、农业以及死后的幸福之间的紧密联系。[③]

最后，佩耳塞福涅的被诱拐——即象征性的死亡——对人类有着重大

① 参见 *Threnoi*, Frag. 10。

② 参见 Sophocles, Frag. 719 Dindorf, 348 Didot。

③ 公元前 4 世纪，当埃索克拉底(Isocrates)想要赞美雅典人的美德时，他提醒听众，得墨忒耳给予了他们她最重要的礼物：农业，由此“人才超过了动物”，此外，还有带给“生命的终点和永生”(*Panegyricus*, 28)以希望的入会礼。

的意义。作为这一事件的后果，一个奥林匹斯的仁慈女神不得不每年都要在冥界呆上几个月。她弥合了在冥府与奥林匹斯山之间不可跨越的鸿沟。作为两个神灵世界之间的女调解人，她因此而可以干预凡人的命运。以基督教神学最常用的表达方式，我们可以说，这是“幸运的过错”(*felix culpa*)！同样地，迪莫枫不能获得永生，却使得墨忒耳得以显现其荣光，并由此奠定了秘仪的基础。

97. 入会礼：公共庆典与秘密仪式

据传说，厄琉西斯最早的居民是色雷斯人。最近的考古发掘使我们可以在很大程度上重构其神庙的历史。希腊人到厄琉西斯殖民大约是在公元前1580—前1500年，然而第一座神庙(一间被两根石柱支撑着的屋子)则是建造于公元前15世纪，且秘仪也正是在公元前15世纪才得以广泛展开。①

294 厄琉西斯秘仪持续了近2 000年。其中某些庆典可能会随着时间而改变。从庇西特拉图(Pisistratus)②时期的创建与重建，表明了这一祭典的活力以及声望的增长。靠近雅典城并受到它的保护，无疑使厄琉西斯在泛希腊宗教生活中占有核心地位。文字及具象的文献都特别提及了入会礼的最初几个阶段，那是不需要保密的。因此，艺术家们可以在瓶子和浅浮雕上表现厄琉西斯秘仪的场景，而阿里斯托芬(Aristophanes)也间接地提到入会礼的某些方面(《蛙》324以下)。③秘仪包含着几个不同的等级。有厄琉西斯小秘仪、厄琉西斯大秘仪(*teletai*)以及最终体验(*epopteia*)。而厄琉西斯大秘仪(*teletai*)与最终体验(*epopteia*)的真正秘密则从未公开过。

厄琉西斯小秘仪通常在每年春天的安替斯铁里翁月(Anthesterion，公历2—3月)中举行一次。庆典的地点在雅典近郊的阿哥拉(Agrae)，其中包括一系列的仪式(斋戒、涤罪及献祭)，均在秘仪传授者(mystagogue)④的指

---

① Mylonas, *Eleusis*，第41页。

② 庇西特拉图(前605—前527)，雅典僭主。他当政期间曾大兴土木，广建神庙。其时是希腊神庙建设的第一个高潮时期。——译者

③ 然而，亚里士多德的《尼可马克伦理学》(3.1.17)则指出，因为雅典人认为埃斯库罗斯在其悲剧中泄露了秘仪的某些秘密，而使其生命受到威胁(《弓箭手》、《女祭司》、《伊菲革涅亚》以及《西绪福斯》等剧都被引用为证据)。

④ 秘仪的传授者(mystagogues)，也称之为介绍人或带路人，通常由他向新来者介绍仪式中的一些具体的做法及口号，并对圣物和秘仪中表演的戏剧所代表的含义加以说明，此外，他还会宣布一些有关的诫律和规定。——译者

导下进行。有关两位女神的某些神话片断或许会在入会礼中由新入会者重现出来。厄琉西斯大秘仪也是一年举行一次，在每年的鲍厄特龙庙翁月(Boedromion，公历 9—10 月)。祭典持续 8 天，“所有的人都要净手”，且必须说希腊语，包括妇女和奴隶都有权参加，条件是他们得通过春天时在阿哥拉举行的预备仪式。

第一天，在雅典的厄琉西斯城区举行庆典，在这前一天的傍晚，圣物(*hiera*)就已经按照仪式从厄琉西斯被迎取回来。第二天，游行队伍来到海边，每个新来者在其教师的陪伴下，带着一头乳猪，在海里洗净后带回雅典作为祭品。第三天，在雅典和其他城邦的民众面前，国王—执政官(*archon-basileus*)偕同妻子主持大祭典。第五天，则是公共庆典的最高潮。黎明时分，庞大的游行队伍便从雅典出发了。队伍中的新入会者、他们的教师和许多雅典人陪伴着迎回圣物的女祭司。黄昏时分，游行队伍通过凯 295
佩索斯(Cephissus)的一座桥，在那里，戴上面具的人们大声辱骂上层社会的市民。[①] 夜幕降临时，带着点燃的火炬，朝圣者们进入神殿外的广场，以歌舞来赞美女神。次日，新入会者要斋戒并献祭，但是，关于大秘仪(*teletai*)的内容，我们却不得而知，只有假设而已。在神庙(telesterion)前面和里面举行的庆典可能与两位女神的神话有关。[②] 我们知道，新入会者手里拿着火炬，这是模仿得墨忒耳借着火炬之光四处游荡，找寻科瑞。[③]

我们现在来讨论种种为了解大秘仪(*teletai*)所作出的努力。我们将附带提及某些包含有祭文(*legomena*)、简单的仪式用语和祷文的庆典。虽然我们不知道其中的内容是什么，但它肯定相当重要，这也就是为什么那些不会说希腊语的人不能入会的缘故。关于第二天在厄琉西斯所举行的仪式，我们几乎一无所知。也许晚上是入会礼的高潮，只有那些入会已经一年的人才能获得最终的体验(*epopteia*)。次日的仪式和祭典是特别为死者而举行的，这天过后——第九天也就是最后一天——新入会者返回雅典。

---

① 关于“桥上的辱骂”(*gephyrismoi*)的意思有着许多争论。学者们特别强调淫秽表达方式的驱邪功能。

② Mylonas, *Eleusis*, 第 262 页以下。

③ Seneca, *Herc. fur.* 364—366; *Hippol.* 105—107；亦可参见 Minucius Felix, *Octavius* 22.2 等等。

98. 秘仪能为人所知吗?

学者们努力发掘大秘仪(*teletai*)和最终的体验(*epopteia*)中的秘密,他们不仅以古代文献为依据,而且也考虑到了基督教护教士们所转述的某些信息。后者所提供的资料虽必须小心考证,但也不能忽视。自弗卡特(Foucart)开始,学者们致力于研究提米斯修斯(Themistius)的片断,这些片断曾被普鲁塔克所引述,并保存在斯托拜俄斯(Stobaeus)的作品中。在其中,灵
296 魂于死后所立即经验到的与大秘仪中入会者所经历的考验相类似,首先他徘徊在黑暗之中,经历了种种可怕之事,然后突然被一道神奇的光芒击中,便发现了绿草如茵的净土,还有歌声和舞蹈。入会者头上戴着王冠,成为"纯洁与神圣的人",同时看见那些未入会者蜷缩在污泥与瘴气之中,沉溺在死亡恐惧的悲伤里,不相信死后的至福。[①]弗卡特认为,这些仪式(*drōmena*,即"已做过的事情")类似于在黑暗中漫游,有许多可怕的幽灵,然后入会者突然进入一片阳光普照的草地。然而,提米斯修斯所记载的是较晚期的描述,反映了俄耳普斯教的观点。[②]得墨忒耳圣所与神庙的考古发掘证实,神庙下面并没有地下室可供入会者仪式性地进入地府。[③]

有人还试图在亚历山大里亚的克雷芒(Clement of Alexandria)[④]所转述的入会者的秘密用语、咒语(*synthēma*)或口令的基础上重构入会礼:"我斋戒,我喝麦粥(*kykeōn*),我从箱子(*kistē*)里取;操作完毕,我就放在篮子里,然后,再从篮子里取出来,重新放进箱子里"。[⑤] 有些学者认为,只有前面的两句属于厄琉西斯秘仪的用语。的确,他们提到了当时众所周知的情节:得墨忒耳的斋戒,喝麦粥(*kykeōn*)等,而其余的咒语(*synthēma*)则是令人费解的。不少学者相信,箱子和篮子里装的是子宫的复制品、阴茎、蛇或形似生殖器的饼子。这些假设都没有说服力。容器里装的可能是古代传下

---

① Stobaeus 4, Meineke,第 107 页。

② Foucart, *Mystères*,第 392 页以下。在《斐多篇》(69c)中,柏拉图提及罪人在地狱中所受的惩罚以及草地的意思,这都是源于俄耳普斯,而俄耳普斯则是从埃及墓葬习俗中得到了启发。

③ 这并不排除地狱的象征,因为有一个洞——普路托的神庙——标志着进入其他世界的入口,那里可能是世界的肚脐;参见 Kerényi, *Eleusis*,第 80 页。

④ 克雷芒(约 150—220),早期著名的基督教神父及哲学家。早年深受希腊哲学及神秘宗教的影响和熏陶,据说他对秘仪十分熟悉,并有可能得到过其中某些仪式的真传,其著作《劝勉希腊人》中有大量关于秘仪的描写。——译者

⑤ *Protrepticus* 2. 21. 2。

来的、农业社会所特有的与性的象征有关的遗物。然而，在厄琉西斯，得墨忒耳在公共祭典中却表现出一种不同的宗教取向。而且，我们很难相信这样的一个仪式也可以由一个刚入会的孩子来主持。再者，如果咒语(*synthēma*)中所提及的仪式可以解释为神秘诞生或新生的象征，那么在那 297
个时候就应完成入会礼。如果那样的话，就很难理解最终的体验(*epopteia*)的意义及其必要性。无论如何，与藏在容器里的圣物(*hiera*)有关的证据意指庄严的赠品(*solemn presentation*)，而非复制品。因此，可能如 G. H. 普林斯海姆(G. H. Pringsheim)、尼尔森和麦隆纳斯(Mylonas)所认为的，咒语(*synthēma*)提到的庆典发生在很晚以后的时期，即希腊化时期为纪念得墨忒耳而作的。①

假设入会者参加的是一次圣餐，这是有道理的。如果是这样的话，圣餐在开始时就举行了，也就是在喝过麦粥(*kykeōn*)之后，在正式的秘密仪式(*teletai*)之前。普罗克洛斯(Proclus)②还提及另一种仪式，入会者望着天空喊道："下雨吧！"对着大地叫道"怀孕吧！"③希坡律图指出，这两个词包含了秘仪的重大秘密。④ 在此，我们所能肯定的就是一种与植物祭典型的**神婚**(*hieros gamos*)有关的仪式用语。然而，如果是在厄琉西斯念这个咒语的话，并不表示那是个秘密，因为同样的话语也出现在雅典城门帝皮隆(Dipylon)附近一口井旁的铭文中。

阿斯特里乌斯(Asterius)主教向我们转述了一段十分令人吃惊的信息。他大约生活在 440 年，当时基督教已成为了罗马帝国的官方宗教，也就是说，作者不再害怕被视为异教徒。阿斯特里乌斯提到一个地下通道，完全笼罩在黑暗之中，祭司与女祭司在这里举行庄严的聚会，还提到火把熄灭了，而"人们相信只有这两个在黑暗中的人才能使他们得救。"⑤但是，我们并没有在神庙下面发现地下室(*katabasion*)，虽然考古发掘在各处都已达到了岩层。可能阿斯特里乌斯提到的秘仪是希腊化时期在亚历山大里亚的厄琉西斯城区所举行的。无论如何，如果**神婚**(*hieros gamos*)真的存在，就很难理解为什么克雷芒

---

① 参见 Mylonas, *Eleusis*，第 300 页以下以及注解 39。

② 普罗克洛斯(410—485)，希腊哲学家，新柏拉图主义的主要代表，著有《柏拉图神学》、《神学要旨》等。——译者

③ *Ad Timaeum* 293c。

④ *Philosophumena* 5.7.34。

⑤ *Encomium to the Holy Martyrs*, *in Patrologia graeca*，第 40 卷，第 321—324 栏。

在谈及厄琉西斯之后，会称基督为“真正的祭司”(the true hierophant)。

298 3世纪时，希坡律图在档案中又增加了两段别的信息。[①] 他说，“在庄严的静穆中”，最终的体验(*epopteia*)显现为麦穗。希坡律图又补充说，“在夜里，在灿烂的火光中，庆祝伟大而又无法形容的秘仪，祭司高声叫道：‘神圣的布利莫(Brimo)生下圣婴布利莫斯(Brimos)!’也就是说，大能者(阴性名词)把生命赋予了大能者(阳性名词)。”至于是否有麦穗的庄严降临，似乎是有疑问的，因为入会者都应该随身带着麦穗，特别是因为在厄琉西斯当地的许多纪念碑上都刻有麦穗。当然，得墨忒耳是谷物女神，而特里普托勒摩斯也出现在厄琉西斯的神话与仪式的场景中。但是，我们很难相信新鲜麦穗的显现就是最终的体验(*epopteia*)中的大秘密，除非我们接受奥托的解释，他提到厄琉西斯秘仪中一个独特的“奇迹”：“这株麦穗以一种超自然的速度生长并成熟，这是得墨忒耳秘仪的一部分，就如同在狄奥尼索斯崇拜中，葡萄藤在几个小时里就长出来了一样”。[②] 不过，希坡律图说，弗里吉亚人(Phrygian)认为，割麦穗作为一种技术是后来传到雅典的。所以，可能这位基督教作者将他所知道的阿提斯(Attis)秘仪误植到了厄琉西斯秘仪中(据希坡律图说，阿提斯是一个被弗里吉亚人称之为“新鲜麦穗”的神)。

至于Brimo与Brimos这两个字，可能源自色雷斯语。Brimo特指“死者女王”，因此，她的名字既适用于科瑞和赫卡忒，也适用于得墨忒耳。科伦尼(Kerényi)说，祭司是在歌颂死亡女神在火中生下了一个儿子。[③] 无论如何，众所周知，最终的体验(*epopteia*)出现在令人炫目的光亮之中。不少古代作者提到，火在小型神殿(Anactoron)中燃烧，火焰与烟雾从敞开的屋顶飘散出来，在很远的地方都能看见。哈德良(Hadrian)[④]时期的一卷纸草古卷提到，赫剌克勒斯对入会者说：“我很久以前(或是在别处)就入会了……

299 (我凝视着)这火堆……(而且)看见了科瑞”。[⑤] 雅典的阿波罗多拉斯说，当祭司祈求科瑞时，他会敲击一个铜锣，这暗示着死亡王国会突然打开。[⑥]

---

① *Philosophumena* 5.38—41。

② *The Homeric Gods*，第25页。

③ 其他类似的例子有：狄奥尼索斯或阿斯克勒庇俄斯出生在克洛尼斯(Coronis)的火葬柴堆中，并被阿波罗从母体中取出来；参见Kerényi，*Eleusis*，第92页以下。

④ 哈德良(76—138)，罗马皇帝。——译者

⑤ 参见Kerényi，*Eleusis*，第83—84页。

⑥ Otto，*The Homeric Gods*，第27页。

99. “秘密”与“秘仪”

我们可以接受这样的一种说法，即认为佩耳塞福涅的神显以及她与母亲的重聚构成了最终体验(*epopteia*)的核心内容，而这一重要的宗教体验则正是由女神的降临所激发出来的。我们不知道后来人们是如何重现这种团圆，以后又发生了些什么。我们也不知道，为什么他们认为这样的一幅场景会彻底改变入会者死后的状况。但是无疑的，得到最终体验者(epoptes)感受到了一个神圣的秘密，这使他“接近”于女神，他也以同样的方式被厄琉西斯的神祇们所“收养”。① 入会礼揭示了与神灵世界的亲近关系，以及生死之间的连续性。这肯定是古代农业社会中所普遍共有的宗教思想，但却受到了奥林匹斯宗教的压抑。对生死之间神秘连续性的“启示”，使得到最终体验者能够安于自身死亡的不可逃避性。

厄琉西斯秘仪的入会者们并不由此而形成一个“教会”，或如希腊化时期的秘仪那样的秘密社团。他们回家后，新入会者和得到最终体验者仍继续参加公共崇拜。事实上，直到死后，这些入会者才又重新聚在一起，而与那些未入会者区分开来。就此而言，庇西特拉图之后的厄琉西斯秘仪可以被视为一种与奥林匹斯宗教以及公共祭典互为补充的宗教体系，而它也并没有违背城邦传统的宗教体制。厄琉西斯秘仪的主要贡献在于它实质上的救世论，这就是为什么秘仪很快就被雅典所接受并予以保护的原因。

在希腊地区及其殖民地崇拜的所有女神中，得墨忒耳是最受欢迎的，也 300
是最古老的；从形态上看，她是石器时代伟大女神的延续。古人还知道其他的得墨忒耳秘仪，最著名的有安达尼亚(Andania)和利科苏拉(Lycosura)秘仪。我们要补充的是，萨莫色雷斯(Samothrace)(是北方国家——色雷斯、马其顿和伊庇鲁斯——的秘仪中心)也以卡比里(Cabiri)秘仪而著称，公元前5世纪的雅典人就知道色雷斯—弗里吉亚的萨巴齐乌斯(Sabazius)秘仪举行庆典，这是第一个传入西方的东方祭典。换言之，尽管厄琉西斯秘仪的声望很高，却并不是希腊宗教文化中的独特产物，它其实属于一个更大的体

---

① 格思里(Guthrie, *The Greeks and Their Gods*, 第292—293页)考察了阿克西奥库斯(Axiochus)中的一个情节，这是一段被误认为是柏拉图的对话，在这段对话中，苏格拉底认定阿克西奥库斯(Axiochus)是不怕死的；正相反，因为他接受了厄琉西斯秘仪的入会礼，已成为诸神的亲戚(*gennētēs*)。认为这段文献是神圣收养的证据。但是，“亲戚”(*gennētēs*)一词更有“忠诚”之意，例如，“你是一朵女神忠实的花朵。”但是，这当然也不排除精神亲族的概念。

系，不幸的是，我们对此所知甚少。因为，这些秘仪像希腊化时期的秘仪一样必须保守自己的秘密。

总的说来，对于“秘密”的文化及宗教价值的研究还不够充分。所有的重大发现与发明——农业、冶金术、各种技艺、艺术等等——在最初的时候都是一种秘密，因为据信只有那些进入了技术秘密之中的人才能够确保活动的成功。随着时间的流逝，进入某种神秘的古代技术的入会礼知识逐渐普及到整个社会。然而，种种技艺并没有完全丧失其神圣的品质。农业的例子特别具有启发性。农业在欧洲传播了数千年之后，仍然保持着一种仪式性的结构，而“技术秘密”即确保丰收的庆典，现在已通过基本的“入会礼”而普及了。

可以认为，厄琉西斯秘仪与农业的神秘性有着密切的关系，它也可能是性行为、植物的丰产以及食物的神圣化，这些至少部分地形成了入会礼的内容。如此，我们必须假设有某种几乎被遗忘的圣事(*sacraments*)的存在，而这些圣事已经丧失其原有的意义。如果厄琉西斯入会礼可以再现如此古老的经验，而这些经验又揭示了食物、性爱、繁殖以及仪式性死亡的秘密与神圣性，那么，厄琉西斯理所当然地可以称得上是圣地和奇迹之源了。然而，
301 我们却难以相信，这个至高的入会礼只是对于古代圣事的重复而已。厄琉西斯肯定发现了某种新的宗教向度。这一秘仪尤其是以关于两位女神的某种“启示”而闻名的。

这种启示要求绝对地保密(*sine qua non*)。这个程序与在古代社会中的许多入会礼的要求一样。不同的是，厄琉西斯的保密能力实际上成为了秘仪中的一个范式。保守秘密的宗教价值在希腊化时期得以推崇。入会秘密的神话化及其诠释，为后世引发了无数的思考，最后成为了整个时代的风格。“神秘更增添了知识的价值”，普鲁塔克如是说。[①] 医药与哲学这两门学科据说都拥有各种入会礼的秘密，不同的作者将它们与厄琉西斯秘仪的各个方面加以比较。[②] 在新毕达哥拉斯学派与新柏拉图学派流行的时期，当时的套路就是表现大哲学家的谜一般的风格，认为那些大师们只向入会者传授他们真正的学说。

厄琉西斯的神秘性正好助长了这种思潮。大多数现代学者都不是很重

① 参见 Plutarch, *On the Life and Poetry of Homer* 92。

② 参见 Galen, *De usu partium* 7.14; Plotinus, *Enneads* 6.9.11, 等等。

视许多近古作者所提出的比喻或诠释。然而，尽管他们的作品年代谬误，这些解释却并非没有哲学及宗教的价值；事实上，他们延续了早期作者的努力，试图解释厄琉西斯秘仪而同时又不泄露其秘密。

最后，厄琉西斯秘仪除了在希腊宗教狂热史中扮演了一个核心的角色以外，也间接地影响到欧洲文化史，特别是在对于入会礼秘密的解释方面。当厄琉西斯被当作异教狂热的象征后，它无与伦比的威望便告结束了。而焚烧圣所、禁止秘仪则标志着异教徒信仰与实践的正式结束(参见第 2 卷)。当然，这并不意味着异教徒信仰与实践的完全消失，只是隐藏起来了而已。至于厄琉西斯的“秘密”，它仍继续萦绕在追寻者的想象之中。

302

第13章　苏鲁支与伊朗宗教

100. 难 解 之 谜

对伊朗宗教的研究既让人充满了惊奇，又不免使人失望。对于这一主题我们之所以会兴趣盎然，是因为此前我们已经知道，伊朗宗教对西方宗教形成的贡献相当卓著。如果说，希伯来人早已知道时间是线性发展而非循环往复的，那么在伊朗，则有许多其他的宗教观念被发现、反思并被体系化。我们只提及其中最重要的部分：对于一些二元体系的表述（宇宙论的、伦理学的、宗教二元论的）；救世主的神话；主张善终将胜利以及普世救赎的乐观主义末世论；肉体复活的教义；很有可能还有某些有关神秘知识的神话；麻葛（Magus）的神话学。后者在文艺复兴时期经由意大利的新柏拉图主义者和帕拉塞尔苏斯（Paracelsus）或约翰·迪（John Dee）[1]，又被重新加以阐述发挥。

不过，普通读者在接触这些材料时，总会感到失望和受挫。四分之三的《阿维斯陀》（Avesta）已经佚失。在现有的文献中，仅有估计是苏鲁支（Zarathustra）所作的《伽泰》（*gāthās*）对初学者有吸引力。但是，对于这些费解的诗篇，还没有确定的理解。其他现存的《阿维斯陀》，特别是在3—9世纪编纂的钵罗婆语（Pahlavi）的著作，则十分枯燥、单调和乏味。读过吠陀和奥义书的读者，甚至是梵书的读者都难免会大失所望。

303 然而，《伽泰》中偶尔能被解读出来的观念，或是在后期文献中被发现、阐述并被系统化的概念，却是十分有趣。但后者往往被混杂在仪式的经文和注释之中。尽管《伽泰》文字古奥晦涩，却十分有价值。除它之外，我们很难在其他经文中感受到这种语言的魅力、意象的原创性和深刻且富有新意的意义揭示。

---

① 约翰·迪（1527—1608），英国数学家、炼金术家和占星家，对英国数学的复兴有所贡献。——译者

至于苏鲁支个人对于这些宗教观念的开创或反思方面所作出的贡献，伊朗学者意见纷呈，各持已见。基本上，是由于两种史学研究方法的不同所致。一方认为，苏鲁支是一个历史人物，一个传统民族宗教的改革者，这里所指的传统民族宗教也就是公元前 2000 年代印度—伊朗人的宗教。另一方则认为，苏鲁支的宗教代表的只是伊朗宗教的一部分，即马兹达教（Mazaism），主要是对阿胡拉·马兹达（Ahura Mazda）的崇拜，持这种神话观点的学者不仅否认有什么"改革"，而且也否认有"先知"苏鲁支，甚至否认其人之历史真实性。

我们稍后会看到，关于苏鲁支的历史真实性应该不成问题。人们通常是把历史上的苏鲁支转化成了创立"马兹达教"的典范人物。经过几代人之后，集体记忆便不再保有关于这个伟大人物的真实传记了。最后，他变成了某种原型，也就是说，他只是通过典型事件来说明其使命的德性。的确，这不仅是对乔达摩·佛陀（Gautama Buddha）或耶稣基督来说是如此，而且对其他影响力较小的人物而言也是这样，比如，马克·科索维奇（Marko Kraljevic）和德登·迪·高宗（Dieudonné de Gozon）。但是，在某些时代里，《伽泰》（大多数学者认为这是苏鲁支的作品）有一些自传性的细节描述，证实了作者的历史性。这些仅存下来的细节，在神话化的过程中被保存了下来，而且在整个马兹达传统中仍具活力，因为，这些是苏鲁支创作的赞歌中必不可少的部分。

适当地使用这些传记细节，我们可以大致勾勒出苏鲁支的生平及其宗教活动的轮廓。稍后我们也将根据最近的研究成果加以修正和补充。

有人认为，苏鲁支活动的年代应该是在公元前 1000—前 600 年间。如 304
果马兹达传统所说的"在亚历山大前 258 年"可以接受的话，那么，苏鲁支的生活时间应该是在公元前 628—前 551 年间。[①] 有人根据《伽泰》语言的年代久远来判断，特别是它与吠陀的类似性，认为苏鲁支应该是生活在更早的

① 很有可能，"在亚历山大前 258 年"这一说法是指波斯波利斯（Persepolis）的被征服（公元前 330 年），由此结束了阿契美尼德（Achaemenids）王朝的统治。苏鲁支首次的成功，也就是使维斯塔斯帕国王（Vishtaspa）皈依，应该是在这位先知 40 岁的时候。但是，这个为大多数研究者（参见 W. B. Henning, *Zoroaster, Politician of Witch-Doctor?* 第 38 页以下；J. Duchesne-Guillemin, *La religion de l'Iran ancien*，第 136 页以下[英译本第 99 页以下]）所接受的传统纪年（"在亚历山大前 258 年"）却被莫勒（M. Molé, *Culte, mythe et cosmologie dans l'Iran ancien*，第 531 页）和诺利（G. Gnoli, "Politica religiosa e concezione della regalità"，第 9 页以下）所推翻了。

时代里。语言学分析得出的结论是,先知生活在伊朗的东部,可能是在花拉子模(Chorasmia)或巴克特里亚(Bactria)。①

据传说,他是一名祭司(*zaotar*)(《耶斯特》33.16),也就是献祭的祭司和歌咏者(相当于梵语中的*hotṛ*),他的《伽泰》在古老的印欧传统中属于圣诗。他出身于斯比塔马族(Spitāma,意为“辉煌的攻击”),这是一个牧马的部落。他父亲名叫普鲁撒思帕(Pouruśaspa,意为“有斑点的马”)。苏鲁支结过婚,他两个孩子的名字仍可考,小女儿叫普鲁绮斯塔(Pouručistā)(《耶斯那》53.3)。苏鲁支出身穷苦,在《伽泰》中,他曾祈求阿胡拉·马兹达的帮助和保护,并呼喊道:“我知道,啊,智慧的神,为什么我是如此无能;那是因为我没有成群的牛羊和仆人。”(《耶斯那》46.2)

他传教的部落是个定居的畜牧民族,其首领叫卡维(*kavi*),祭司叫卡拉班(*karapan*),意为“喃喃低语的人”,又称作乌西格(*usig*),意为“献祭者”。正是这些祭司,传统雅利安宗教的护卫者,被苏鲁支以阿胡拉·马兹达的名义毫不容情地加以攻击。他们也很快予以回击,于是先知不得不逃走他乡。“我将逃到哪里去呢?”他叫道:“何去何从? 我离开了自己的部落和家庭,族人和邪恶的首领们都不喜欢我。”(《耶斯那》46.1)他托庇于弗里亚族
305 (Fryāna)的首领维斯塔斯帕(Vishtaspa)之下,维斯塔斯帕后来皈依了他,并成为他的朋友和保护者(46.14;15.16)。但是,阻力并未减弱。在《伽泰》中,苏鲁支公开指责他个人的敌人班得阿(Bandva),他“总是主要的障碍”(49.1—2),还有“小王子维皮亚(Vaēpya)”,他“在冬之桥上得罪过斯比塔马族的苏鲁支,当时,苏鲁支及其牲畜在他的房外冷得发抖时,他却拒绝为其提供栖身之地”(51.12)。

从《伽泰》中,可以解读出苏鲁支传教活动中的某些迹象。这位先知被一群朋友和门徒所包围,他们是“穷人”(*drigu*)、“朋友”(*frya*)、“智者”(*vīdva*)和“盟友”(*vrvatha*)。② 他鼓励他的同伴“振臂驱逐”敌人,也就是那些“邪恶者”(《耶斯那》31.18)。苏鲁支的追随者们遭受到人们的反对和“愤怒”(*aêšma*)。这可能表明了,这些伊朗秘密社团与年轻的印度武士团体摩

① 参见 J. Duchesne-Guillemin, *La religion de l'Iran*,第138—140页;G. Widengren, *Les religions de l'Iran*,第79—90页(英译本,第100—102页)。我们引用的《伽泰》是根据 J. Duchesne-Guillemin, *Zoroastre*(1948; M. Henning 的英译本, *The Hymns of Zarathustra*[1952])的翻译。

② 引证这些术语在印度语中的同义词,维登格伦(Widengren)证明这一制度可能与印度—伊朗社团同样古老。

录多很相似,摩录多的首领为因陀罗,名阿德里古(*adhrigu*,“不贫穷的人”)。[1] 苏鲁支猛烈攻击那些以牛作为牺牲的祭祀仪式(32. 12,14;48. 10);而这种血祭是男性社团特有的祭祀仪式。

101. 苏鲁支的一生:历史与神话

光凭这些少而间接的线索很难勾画出苏鲁支的生平。马杰·莫勒(Marjan Molé)指出,即便这些零乱的材料所陈述的是真人真事,也不必然反映了历史真相,比如说,将维斯塔斯帕视为入会者的典型。而苏鲁支的历史真实性并不仅仅来自于某些具体的人物或事件(在“冬之桥”上的小王子维皮亚拒绝给苏鲁支庇护所,等等),也来自于《伽泰》所表现出来的可靠而充满激情的特性。而且,我们还为苏鲁支追问他的上帝时所表现出来的热切和存在的张力所打动:他请求上帝告诉他宇宙起源的奥秘,请他揭示自己未来的命运,还问到某些迫害者和一切恶人的命运。《耶斯那》第 44 节中的 306
每一诗段都以同样的句式开头:“这是我要问你的,主,请好好回答我!”苏鲁支想要知道“谁指引他们通向太阳和星辰的道路”(3),“谁将大地固定在下面,而让天上的云彩不至于掉下来”(4)。他关于世界创造的问题越来越急切。但他也想知道他的灵魂会怎样,“当他达到善时,将会是多么地欣喜若狂?”(8)“我们如何摆脱罪?”(13)“我怎样才能把邪恶交在正义的手中?”(14)他要求上帝向他展示“看得见的标志”(16),他甚至要与阿胡拉·马兹达合而为一,“他的话语都很灵验”(17)。而他又问道:“我会从正义之神(*Arta*)那里得到任何报偿吗?十匹母马、一匹种马,还有一匹骆驼吗?智慧的上帝啊?”(18)他也没有忘记问上帝“对那些不付给他应有报酬的人会有怎样直接的惩罚”,因为他已知道惩罚“就在心头等着他”(19)。

赏善罚恶的问题困扰着苏鲁支。在另一首赞歌中,他问道,“那些向君主(*khshathra*,意为“权力、权势”)引荐坏人的人会受到什么样的惩罚?”(《耶斯那》31. 15)在其他段落中,他呼喊道:“智慧的马兹达和正义之神啊,什么时候我才知道你以大能使那些威胁我的人毁灭呢?”(48. 9)他不能忍受看着那些男性社团的成员继续杀牛献祭,饮着豪麻(*haoma*)榨出来的汁而不受到惩罚:“什么时候你才会倒掉这肮脏的液体?”(48. 10)他希望能够更新今世的**生命**(30. 9),而问阿胡拉·马兹达,正义是否马上就能战胜邪恶

① Stig Wikander, *Der arische Männerbund*,第 50 页以下。

(48.2)。有时,我们会感觉到他的迟疑、困惑和谦卑,他想要更准确地知道上帝的意志:"你在命令什么?你用什么来赞美和崇敬?"(34.12)

《阿维斯陀》中这最庄严的部分,如果不是在追忆某个历史人物的话,其如此具体详尽的描写那是很难说得通的。的确,先知生平的后半段充满了传奇的神话色彩。但是,如同前面所说的,这是一个常见的过程,某个重要的历史人物被转变成了某种典型。有一首赞歌(《耶斯特》13)在赞颂先知的
307 诞生时,语气就仿佛是弥赛亚的降生一般:"在他出生和成长之时,水和植物都充满了喜悦;在他出生在成长之时,水和植物也都得以生长"(13.93 以下)。赞歌还宣布:"因此,至善的马兹达教将传遍七大洲"(13.95)。[1]

其后的经文就主要用来描写苏鲁支在天国的前世存在。他诞生在"历史的中点"以及"世界的中心"。当他母亲看到苏鲁支的圣火(*xvarenah*)时,她被包裹在一束巨大的光里。"连续三个晚上,房屋的周围仿佛着了火一般。"[2]至于他那受造于天国的身体随着雨水降下,使植物生长,而先知父母的两头小母牛吃下这些植物后,产出牛奶,与豪麻酒混合,被他的父母喝下,他们首次的结合便怀上了苏鲁支。[3] 在他出生之前,阿赫里曼(Ahriman)和魔鬼(*dēvs*)想要杀死他,却未能得逞。他出生前的三天,整个村庄一片光亮,斯比塔马族人以为着火了,赶紧撤离。当他们返回时,发现一个全身发光的孩子。根据传说,苏鲁支是笑着降生的。在降生前,他就受到魔鬼的攻击,但他以马兹达教的神圣咒语赶走了他们。他经历了四次考验,都顺利通过,其入会礼的特征显而易见(他被抛进火堆,被丢到狼窝中,等等)。[4]

我们不必过多的赘言。苏鲁支的考验、胜利和神迹,都是典型的神化救世主的过程。这里要强调的是,马兹达教不断重复的两个特有主题:超自然的光以及和魔鬼的战斗。在古代印度,也可以看到对于神秘的光和出神的"异象"体验的记载,这意味着会有一个远大的前途。至于与魔鬼的战斗,也就是说,和邪恶力量的对抗,则是每个马兹达信徒的基本职责。

---

① 参见 Widengren, *Les religions de l'Iran*, 第 120 页以下; J. Duchesne-Guillemin, *La religion de l'Iran*, 第 338 页以下(英译本, 第 226 页以下)。

② Zātspram 5, 参见 Molé, *Culte, mythe et cosmologie*, 第 184 页。关于 *xvarenah*, 参见注解 23。

③ Dēnkart, 7.2.48 以下; Molé, 第 285—286 页。

④ Molé, 第 298 页以下、第 301 页以下; 也可参见 Widengren, *Les religions de l'Iran*, 第 122 页以下。

102. 萨满式的出神？ 308

回到苏鲁支原始的教义，立即就有一个问题出现：这些教义是否只是在《伽泰》中才能找到，或是在后来的《阿维斯陀》中也能看到？我们无法证明《伽泰》中的内容就是苏鲁支的全部教义。此外，一些后来的经文，甚至是相当晚出的文献，也都直接指涉到《伽泰》里的概念，虽然对其做了进一步的发展。而且，众所周知的是，在晚近的文献中才首次出现的宗教观念并不必然地意味着这些概念就一定是新概念。

重要的是，如何阐释苏鲁支所特有的宗教体验。尼贝格(Nyberg)认为，可将其与中亚萨满式的出神相比较。他的假设遭到大多数学者的驳斥，但最近，维登格伦(Widengren)以一种比较节制却更具说服力的方式再次提出了这一观点。[①] 他引述了一些传说，根据这些传说，维斯塔斯帕吸食大麻(*bhang*)以进入出神的状态：当他的身体沉睡时，他的灵魂却遨游于天堂。此外，在《阿维斯陀》的传说中，苏鲁支自己也相信，他“沉浸在出神的状态之中”。正是在恍惚出神之中，他看到且听到了阿胡拉·马兹达的话语。[②] 另一方面，可能歌唱在仪式中也起着一个重要的作用，如果我们将天堂称为“歌之故乡”(*garô demânâ*)的话。我们知道，有些萨满以长时间歌唱的方式来达到出神的状态，但不是每一个包含着歌唱的祭祀仪式都被认为是萨满式的。在“分别之桥”(Čінvat Bridge)的场景描写中(参见 § 111)可见到类似萨满的成分，以及在正直之人维拉兹(Artay Virāf)的天堂与地狱之旅中也可看出其萨满的结构。[③] 然而，关于萨满式特有的入会礼(涉及身体的肢解以及内脏的更新)只在晚近的文献中才略有提及，这可能反映了某些外来的影响(中亚或希腊的宗教融合，特别是神秘宗教)。[④]

---

① Widengren, *Les religions de l'Iran*, 第 88 页以下。

② 参见 Widengren, *Les religions de l'Iran*, 第 91 页所引用的资料。我们知道，在古代印度也有人藉麻醉药物而达到出神的状态；参见 Rig Veda 10.136.7 和 Eliade, *Shamanism*, 第 407 页以下的评注。

③ 参见尼贝格(Nyberg)和维登格伦(Widengren)著作中的参考书目；另参见 *Shamanism*, 第 396 页以下。

④ 例如，*Zātspram* 曾提到，苏鲁支接受了艾哈迈斯潘德(Ahmarspand)的(《阿维斯陀》中的善神[Amesha Spentas])入会礼；其他考验包括“以熔化的金属倒入他的胸膛，然后又让其冷却”以及“用刀将其肢解，肚肠外露，流血不止；但他却通过了考验且自我痊愈了”(*Zātspram*, 22.12—13, Molé, 第 334 页)。这些都是萨满式的特殊业绩。

309 我们认为,苏鲁支可能很熟悉印度—伊朗的萨满术(斯基泰人和吠陀时期的印度人也知道这些法术),而且似乎也没有理由怀疑有关维斯塔斯帕是吸食大麻进入出神状态的传说。但是,在《伽泰》和其他《阿维斯陀》中所记载的出神和异象却并没有显示出萨满式的结构。苏鲁支在灵视中的激动更接近于其他宗教类型。此外,先知与其上帝的关系,以及他从未停止传播的教义,都与"萨满式"的体系没有任何联系。无论苏鲁支是在什么宗教背景下成长起来的,无论在他的皈依以及他最初的门徒的皈依中,出神可能起着怎样的作用,萨满式的出神在马兹达教中都不是最核心的部分。稍后我们将看到,马兹达教的"神秘体验"是由末世论式的希望所点燃仪式的结果。

103. 阿胡拉·马兹达的启示:人有选择善恶的自由

苏鲁支是直接从阿胡拉·马兹达那里得到新宗教的启示的。通过接受这一启示,他仿效上帝最初的行为——选择善(参见《耶斯那》32.2),而且这也是他对其信徒唯一的要求。苏鲁支宗教改革的本质就在于**仿效上帝**(*imitatio dei*)。他要求人们以阿胡拉·马兹达为榜样,但他们也有选择的自由。他并不觉得自己是上帝的奴隶或仆人(伐楼那、雅赫维和安拉的崇拜者则承认自己是上帝的仆人)。

在《伽泰》中,阿胡拉·马兹达是居于首要地位的神。他善良、神圣(*spenta*)。他通过思维创造了世界(《耶斯那》31.7.11),这相当于从**虚无中创造**(*creatio ex nihilo*)。苏鲁支宣布,他"通过思想认识了"阿胡拉·马兹达,他是"第一个也是最后一个"(31.8),也就是说,是开始也是结束。上帝由众神灵(众善神)护卫着:正义之神阿莎(Asha)、善念之神乌胡·玛纳赫
310 (Vohu Manah)、虔诚之神阿玛伊提(Ārmaiti)、王国与权力之神色莎特拉(Xshathra)、健康之神胡尔伐达特(Haurvatāt)和不朽之神阿梅尔拉达特(Ameretāt)。[①] 苏鲁支在《伽泰》中呼唤并赞美这些与阿胡拉·马兹达在一起的存在者:"智慧的上帝,最权威者,虔敬者,正义者,善念者,王国之神,请听我说,当末日的审判降临到每一个人头上时,请怜悯我"(33.11;也可参见以下诗句)。

阿胡拉·马兹达是若干神祇(正义之神、善念之神和虔诚之神)的父亲,

① 这些存在者,或称作"大天使"(Archangels),都与某种宇宙元素(火、金、土等等)有关。

也是孪生精灵之一的善灵(Spenta Mainyu)的父亲。但这也就暗示着,善灵还有另一个孪生兄弟恶灵(Angra Mainyu)。据著名的《伽泰》记载,太初之时,两个精灵一个选择了善与生命,另一个则选择了恶与死亡。善灵在"存在之始"向恶灵宣布说:"我们的思想、教义、精神力量、选择、言语、行为、意识以及灵魂都是不同的"(45.2)。这表明了两个精灵,一个神圣,一个邪恶,他们之所以不同,是通过**选择**而不是**本性**使然。

从严格意义上来说,苏鲁支的神学不是二元论的,因为阿胡拉·马兹达并没有遭遇一个与之对立的神。太初之时,对立是在两个精灵之间发生的。另一方面,诗中好几次暗示了阿胡拉·马兹达与圣灵合而为一(参见《耶斯那》43.3等等)。简言之,善与恶,神圣的善灵与毁灭性的恶灵,都源自阿胡拉·马兹达。但是,因为恶灵自己选择了他的存在模式与恶毒的使命,智慧的上帝不能被认为应为邪恶的出现负责。而另一方面,阿胡拉·马兹达是全知的,他从一开始就知道恶灵会作出怎样的选择,但却没有制止,这可能就意味着,上帝超越于所有的对立之上,或是说,恶的存在是人类自由的先决条件。

我们很清楚可以从哪里去寻找这种神学的史前源头。它源自各种二分的、两极的、可选择的、二元的、对立原则与**对立统一**(*coincidentia opposito-rum*)的神话与仪式体系,这些体系都同时说明了宇宙的律动与真实存在的 311
否定方面,而其中首要的也是最重要的,就是恶的存在。但是,苏鲁支却赋予了这个古老问题一个新的宗教的与伦理的含义。《伽泰》的几段诗句埋下了以后无数精妙阐释的种子,而这些诗句和诠释赋予了伊朗的精神世界以特别的风格。

善恶之间的原始分裂是选择的结果,这一选择由阿胡拉·马兹达开始,而在孪生精灵那里得以再次重复,他们分别选择了正义(Asha)和邪恶(Drug)。因为传统的伊朗宗教中的魔鬼(*daévas*)选择了邪恶,苏鲁支要求其门徒不再崇拜他们,尤其是要放弃屠牛献祭。对牛的尊重,是马兹达教中相当重要的部分。从中反映了定居的农耕民族与游牧民族之间的冲突。但是,苏鲁支所说的善恶对立不仅限于此,同时还包括社会层面的。那是雅利安宗教传统中所禁止的部分。苏鲁支将维瓦凡特(Vivahvant)之子伊玛(Yima)放在罪人之列,"他诱使我们的人民吃牛肉"(《耶斯那》32.8)。此外,我们已看到,先知问阿胡拉·马兹达,什么时候会摧毁那些举行豪麻祭的人(48.10)。

然而,最近的研究表明,马兹达教并不完全谴责豪麻祭与密特拉祭典,甚至在《伽泰》中也不尽然。① 而且,至少是为了普通信徒,动物献祭也没有中断过。②因此,苏鲁支主要反对的似乎是狂欢仪式的过度性,其中有太多的血祭和过度饮用豪麻酒。至于苏鲁支的"牧人"称号,并不是像有人认为的那样,指他负责保护每一个马兹达信徒并照顾好牲畜。"牧人"和"羊群"的隐喻式表达在整个古代近东和印度都有广泛的记载,指的是酋长和他们的人民。苏鲁支作为"牧人",他所放牧的"羊群"是指那些信奉善良宗教的人们。③

312 这些修正和更改,使我们能够更好地理解马兹达教对伊朗宗教史的贡献。的确,我们知道,尽管有所"改革",但苏鲁支还是接受了许多传统的宗教信仰与观念,同时也赋予了它们新的价值。因此,他重提印度—伊朗传统中的冥府之旅,但强调审判的重要性:每个人都会因他在人间所作出的选择而受到审判。义人将入天堂,进入"歌之故乡";至于罪人,他们则将"永远地留在罪恶之家"(《耶斯那》46.11)。通往彼岸的路要经过分别之桥,在那里,义人将与罪人区分开来。苏鲁支宣布,到那时,他会引领那些崇拜阿胡拉·马兹达的人们通过分别之桥:"我将与他们一起跨过拣选之桥!"(46.10)

104. 世界的"改观"

先知从不怀疑魔鬼(*daēvas*)终将被消灭,义人终将战胜恶人。但是,善的胜利什么时候才能彻底更新这个世界呢?他乞求阿胡拉·马兹达:"教给我你所知道的吧,主啊:在你所设想的惩罚来临之前,噢,智慧的上帝啊,义人会战胜恶人吗?因为我们知道,只有这样,世界才能革新"(《耶斯那》48.2)。苏鲁支所等待的正是世界的改观:"请给我预兆吧:整个存在界完全改变。好让我崇拜和赞美你,让我得到极大的喜悦"(34.6)。他叫道,"告诉我,如何才能治愈这个世界!"(44.16)他不断地说:"你为两边的人们注定了各自的报应,噢,智慧的上帝,以你明亮的火以及熔化的金属,给灵魂一个记号,惩罚邪恶者,赐福义人"(51.9)。

---

① 参见 Molé, Zaehner, M. Boyce, "Haoma, Priest of the Sacrifice", ect.; 另参见 Gnoli (inter alia:"Lichtsymbolik in Alt-Iran")。

② 参见 M. Boyce, "Ātas-zohr and Ab-zohr"; Gnoli, "Questioni sull"-interpretazione della dottrina gathica",第 350 页。

③ 参见 G. G. Cameron, "Zoroaster, the Herdsman", 各处; Gnoli, "Questioni",第 351 页以下。

可能,苏鲁支希望世界能够立即"改观"(*frašō-kereti*)。"让我们更新这个世界吧!"他大声呼喊道(《耶斯那》30.9)。① 好几次他都将自己称作"拯救者"(*saošyant*)(48.8;46.3;53.2;等等),这一观念后来也催生出一段 313 美妙的神话。他所宣称的(也可参见30.7;32.7)通过火与熔化的金属的末世考验,其目的既是对恶人的惩罚,也是为了更新这个世界。就像历史中不断出现的那样,对审判和世界更新的期待逐渐地被投射进了一个可做各种推测的末世论的未来景象之中。但是,我们要强调的是,苏鲁支对更新观念作出的新解释。我们已看到(§21),而且还将再次看到(§106),在近东、印度—伊朗民族以及其他民族的种种神话与仪式中,都有更新世界的情节。在新年庆典中会举行重现宇宙创造的仪式。但苏鲁支指责这个古老的情节,它的目的只是每年例行的世界重生,他宣称,世界万物需要一次彻底的、最后的"改观"。而且,这一次的更新不再是由一次宇宙创造论式的仪式来完成的,而是出于阿胡拉·马兹达的意愿。这次更新包括对每个存在者的审判,意味着要惩恶奖善(§112)。如果《伽泰》果真是苏鲁支的作品——学者们对此几乎全无疑义——那么我们就可以推论,先知是尽了最大的努力来彻底清除关于宇宙周期性更新的古老观念,而宣示由阿胡拉·马兹达所决定并带来的即将到来、不可避免的末世论。

总之,祆教教义的出发点就是全能、神圣和至善的阿胡拉·马兹达的启示。先知直接从上帝那里得到启示,但他并没有将其发展成为一个一神教。苏鲁支向其门徒所宣称的并作出榜样的,是上帝和其他诸神的选择。由于选择了阿胡拉·马兹达,马兹达教徒也就选择了善而不是恶,选择了**真正的**宗教而不是魔鬼的宗教。因此,每一个马兹达教徒都必须与邪恶作斗争。在《伽泰》中,绝不允许容忍任何魔鬼力量的化身。这种紧张关系使之很快就发展成了二元论。世界也就分成了善恶两部分,在所有宇宙和人类学的层面上,美德与其对立面的对立都存在着。另一种对立虽然很少被提及,但是对后来的伊朗思想却影响很大,即精神与物质、思想与"荒芜世界"之间的 314 对立(参见《耶斯那》28.2)。

苏鲁支宗教的精神性,或在某种意义上的"哲学性"十分显著。②最重要

---

① 莫勒(Molé)和诺利(Gnoli)中肯地指出,世界的立即更新是祭司献祭(*yasna*)的结果。

② 苏鲁支宗教的这一方面也符合古希腊人对他的印象:哲学家(根据毕达哥拉斯的老师亚里士多塞涅斯的描述)、麻葛、入会礼教师以及炼金术论著的作者。

的雅利安诸神都转化成了诸善神(Amesha Spentas)(有福的圣神),他们是阿胡拉·马兹达的护卫,事实上,每个神祇都构成某种抽象的价值(秩序、权力、虔诚,等等),同时也支配着某种宇宙元素(火、金、地,等等),这表明了创造性的想象与严厉的反省。通过将这些神灵与阿胡拉·马兹达联系在一起,苏鲁支成功地确定了阿胡拉·马兹达介入这个世界的方式,也说明了上帝是如何通过他的"大天使们"来帮助和支持其信徒的。事实上,先知将他的上帝称作"智慧的",以显现"真理"的重要性,他不断地歌颂"善思"(good thought),只是为了突出其教义的新意:他强调智慧的功能和宗教价值,也就是科学的、正确的和有用的知识。当然,这不是现代意义上的抽象科学,而是一种创造性的思维,即发现、创造世界的结构以及相关的普遍价值。从这种观点出发,苏鲁支的思辨性努力或许可与奥义书中所描写的圣人的冥想与发现相比较,这些冥想与发现彻底改变了吠陀经中关于世界以及人类存在的概念(§ 80)。

而当我们考察马兹达教"智慧"的入会礼和末世论的特征时,就更令人想起奥义书中的仙人(*ṛṣis*)。当然,作为一种私密化的宗教(像吠陀教和婆罗门教一样),马兹达教也允许一种秘教层面的发展,这种倾向虽不被禁止,但它也不是所有信徒都能理解的。《耶斯那》(48.3)中曾提到"秘密教义"。苏鲁支在提倡取代血腥而又疯狂的传统仪式时,就表现出明显的入会礼和末世论的特征。他所提倡的仪式是如此灵性的,以至于在《伽泰》中,"献祭"
315 (*yasna*)一词几乎等同于"思想"的意思。① 当阿胡拉·马兹达"以善思"降临苏鲁支,并问他,"你向谁敬拜?"时,苏鲁支回答道,"向你的火!"他又接着说,"以火供奉崇敬,我要尽可能地想到正义之神!"(《耶斯那》43.9)献祭是神学冥想的时机,或者更确切地说是其"支撑"。而无论后来祭司所给出的解释是什么,火坛都是且一直是马兹达教的宗教核心。至于苏鲁支所想象的末世审判的火,尽管从功能上说具有惩罚性,但更主要还是为了使这个世界洁净且精神化。

但是,仪式的功能则更大。根据最近的一种诠释,②祭司通过仪式会达到一种**奉献**(*maga*)的状态,即他会感受到一种能带来启发(*čisti*)的出神体

① Meillet, *Trois conférences, sur les Gātha*, 第 56 页; Duchesne-Guilemin, *Zoroastre*, 第 151 页。

② 参见诺利(Gnoli)的著作,特别是"Lo stato di 'maga'"和"La gnosi iranica",第 287 页以下。

验。在这种启发之中，祭司—献祭者就能成功地将他的精神本质(*mēnōk*)从其肉体本性(*gētīk*)中剥离出来，换言之，他恢复了这两种本质"融合"之前纯粹而又洁净的状态。这种"融合"是由于受到阿赫里曼的进攻而产生的。因此，献祭者要致力于恢复先前的原始状态，使世界"改观"(*frašō-kereti*)，这一救赎的工作是由苏鲁支这位祭司的典范所开创的。甚至可以说，献祭者已参与到改观的世界里了。①

奉献(*maga*)的状态最初是通过豪麻酒祭而获得，祭司在祭祀仪式中饮用这种"不朽之饮"(drink of immortality)。② 如今，在圣火(*xvarenah*)中，醇美的豪麻酒，这一神圣的液体，象征着火、光明、生机与生殖。阿胡拉·马兹达是伟大的圣火拥有者，但是，这神圣的"火焰"也会从密特拉的前额发出(《耶斯那》10.127)，而且像阳光一样从统治者的头上发散出来。③ 然而，每 316
人都拥有这"圣火"，在世界改观之日即最后的重建之时，"这似乎来自体内的伟大的光将在大地上持续燃烧"。④ 经由在仪式中饮用豪麻酒，献祭者超越了他作为人的处境，而得以接近阿胡拉·马兹达，并期待着宇宙的重建。

我们很难断定，仪式中的这种末世论概念是否在苏鲁支时代就已完全成形了。但是，在印度—伊朗人的祭祀仪式的功能中，肯定蕴含着这种观念。从其特有的观点来看，奥义书的作者也有类似的观念：世界被周期性地重建，即以献祭的无限力量来加以"重新创造"。但是，在马兹达教祭祀仪式中的末世论功能，可以说是融合了梵书中所表现出来的献祭的崇高性和奥义书中的入会礼神秘知识与可见的"光明"。在伊朗，如同婆罗门时代的印度一样，献祭的技艺以及末世论的神秘知识都是由一个宗教精英阶层发展出来的，并由此形成了一种秘教的传统。既然史诗中有关苏鲁支的门徒吸食大麻的几个情节符合真实的情况，⑤那么也就可与古代印度的情况相比

---

① 参见 Gnoli，"Questioni sull，interpretazione"，第 349 页以下。我们以后还将分析 *mēnōk* 和 *gētīk* 的意思(参见第 2 卷)。

② 参见 M. Boyce，"Haoma，Priest of the Sacrifice"；Gnoli，"Lo stato di 'maga'"，第 114—115 页，以及"Questioni"，第 366 页。

③ 参见 Duchesne-Guillemin，"Le *xvarenah*"，和 Eliade，"Spirit，Light，and Seed"，第 13 页以下所列出的参考书目。在此应该提及的是，美索不达米亚地区关于"火焰般的光辉"的概念，*melammu*；参见 § 20("Present Position of Studies")。

④ *Zātspram*，trans. Molé，*Culte，mythe et cosmogonie*，第 98 页；亦可参见同上书，第 475 页，其他例子可参见 Gnoli，"Questioni"，第 367—368 页。

⑤ 参见 Widengren，*Les religions de l'Iran*，第 88 页以下。

较,因为在那里,除了苦行、冥想、瑜伽和静坐(参见§78),我们还可以找到一些使用某种麻醉药品以达到出神状态的例子。但在印度宗教中,以麻醉药品来达到出神状态的只占很小的一部分。同样地,最早的祆教,正如《伽泰》中所反映出来的(虽不完全),在献祭的圣火中,它最强调的似乎是"智慧"和内在的"光明"。

根据传说,苏鲁支 77 岁时在一座火庙中被图兰人(Turanian)布拉扎许(Brātvarxsh)所杀。一份晚出的资料又说,那些凶手乔装成狼群。[①] 这个传说很好地说明了苏鲁支的命运,因为"狼群"是指雅利安男性社团的成员,他们曾遭受先知猛烈的抨击。

317 但是,这一神话化的过程至少持续了 15 个世纪,以上所述的只是苏鲁支在马兹达传说中被神化的一些例子(§101)。在希腊化的世界里,苏鲁支被尊为麻葛的典范,意大利文艺复兴时期的哲学家们提到他时,总将他称为"麻葛"。而对于他最优美的神话的反省,也可在歌德的《浮士德》中找到。

105. 阿契美尼德王朝的宗教

阿胡拉·马兹达与魔鬼之间的对立在印度—伊朗时期已经形成,因为吠陀时期的印度就已有天神提婆与阿修罗之间的对立。但是,这其中有一点差别,在印度,对立双方的宗教价值与伊朗的情况正好相反。提婆(*devas*)成为了"真正的神",战胜了更为古老的神灵阿修罗(*asuras*),后者在吠陀文献中被认为是"魔鬼的"形象(§65)。而在伊朗也有一个类似的过程,只是方向恰好相反。在那里,古代的神祇提婆(*daēvas*)被恶魔化了(§65)。在此,我们可以确定发生转变的方向:以上具有战士功能的诸神——因陀罗、苏尔伐(Saurva)和伐由,都变成了恶魔,而阿修罗诸神并没有被恶魔化。在伊朗,与古印度的阿修罗相应的伐楼那则变成了阿胡拉·马兹达。

苏鲁支可能也参与了这一过程。但是阿胡拉·马兹达被提升到至上神的地位却与他无关。在伊朗各国中,早在苏鲁支之前,阿胡拉·马兹达就已被视作至上神,或是诸神中最伟大的神。在阿契美尼德(Achaemenid)王朝的铭文中可以找到马兹达的名字。

---

① 参见希钵罗婆语的 *Rivāyat* 47.23, cited by Jean de Menasce, *Anthropos*, 第 35/36 卷, 第 452 页(参见 Duchesne-Guillemin, *La religion de l'Iran ancien*, 第 341 页, 注解 3; 英译本, 第 228 页, 注解 4)。

多年以来,关于波斯国王大流士(Darius)及其继承者是否相信祆教的问题在学者中一直争论不休。反对诸王是祆教徒的人所持的论点有:苏鲁支的名字没有在任何铭文中出现,重要的名字和术语如神圣(*spenta*)、恶灵(Angra Mainyu)与善神(正义之神除外)都不在其中;而在希罗多德笔下,阿契美尼德王朝时期的波斯宗教与祆教毫无关系。支持阿契美尼德王朝时期信奉祆教的证据是,大天神阿胡拉·马兹达的名字在铭文中受到尊崇,事实上,当亚达薛西一世(Artaxerxes Ⅰ)(前465—前425)采用以祆教诸神命名 318
的新历法时,并没有遭到反对。①

然而,即使阿契美尼德王朝的诸王不是祆教的信徒,他们的神学思想也是与《伽泰》处于同一层次的。和《伽泰》中的表述一样,他们的神学也使用了许多抽象的表达方式,并且也"带有道德关怀"在其中。② 此外,正如马杰·莫勒所指出的,我们不能指望一个国王会有像祭司那样的行为和祷告,他不会去主持仪式,但却会成就具体的行动。这个成就是"美德"(*fraša*),这一术语所表达的意思,即"善良的、为人们带来幸福的、使国王施展其才干的"。③ 大流士命人在波斯波利斯附近的纳克西卢斯坦(Naqš-i-Rustam)所刻的最早的铭文中,阿胡拉·马兹达被称颂为"一个伟大的神,他创造了这个大地,创造了那边的天空,创造了人类,为人类创造了幸福,他还使大流士成为众王之王,众主之主"。④ 铭文详细叙述了阿胡拉·马兹达的创造性,以及(由此推得)统治者的宗教职责。也就是为了要保持阿胡拉·马兹达所创造的世界,并确保"人类的幸福",这才使大流士成为王的。

阿契美尼德王朝的创立神话更证实了这个宗教的特权地位。据希罗多德说(《历史》1.107—117),米底亚国王阿司杜阿该斯(Astyages)做了两个

---

① 参见 Duchesne-Guillemin, 第167页(英译本,第118页);但是,该作者最近提到(*Historia Religionum*,第1卷,第326页),根据比克曼(Bickerman)的文章,从"祆教的历法"所得出的结论必须放弃。

② G. Dumézil, *Naissamces d'archanges*,第62页以下;亦可参见 Zaehner, *Dawn and Twilight*,第157页以下。

③ Molé, *Culte, mythe et cosmologie*,第35页。诺利("Considerazioni sulla religione degli Achemenidi",第246页以下)说,在铭文中,*fraša* 意为"优秀的",而且其中也没有任何宗教价值;然而,在每一个"优秀的"王室行为中都包含着宗教的价值。

④ R. G. Kent, *Old Persian*,第138页;参见 Widengren, *Rel. de l'Iran*,第140页,注解1。这些祷词可能源自米底亚文化(Nyberg, *Die Religionen des alten Irans*,第349页),而且维登格伦(Widengren)相信,它还受到闪族有关造物神概念的影响。

梦,麻葛将其解释为是危害他王位的恶兆,于是,他将其女儿嫁给了一个名为冈比西斯(Cambyses)的波斯人(那时的低等民族),当她生下居鲁士(Cyrus)时,阿司杜阿该斯下令将他杀死。但是,这个孩子却被牧人米特拉达铁
319 斯(Mithradates)的妻子救了下来,并抚养长大。[①] 居鲁士成长为一个少年牧人,但是他的王子风度使他身份暴露。最后,历经种种冒险活动,他征服了米底亚,剥夺了他外祖父的王位,建立了阿契美尼德王朝。

在许多民族中都能找到英雄被抛弃在荒野并受到迫害的神话主题。对我们而言,以下主题是很重要的:(1)居鲁士从被抛弃在荒野开始所经历的考验,就相当于军事组织的入会仪式;(2)在象征意义上,未来的国王是(或成为)密特拉神的儿子(他的养父名叫米特拉达铁斯,其意为"密特拉的礼物");(3)战胜米底亚的国王后,居鲁士建立了新的帝国和王朝;(4)这也就意味着他创造了一个新的世界,开启了一个新的时代,换言之,他完成了一个"小宇宙的创造";(5)因为宇宙的起源被新年庆典仪式性地重复着,由此我们可以合理地推测,王朝建立的神话和仪式情节也是新年(Nawrōz)庆典的一部分。

106. 伊朗国王与新年庆典

大流士设想并建造了波斯波利斯,以此作为新年庆典时专门使用的圣都。[②] 事实上,波斯波利斯不是一个政治上的首都,也没有战略上的重要性,而且不像帕撒尔伽达(Pasargadae)、埃卡巴塔那(Ecbatana)、苏萨(Susa)和巴比伦这些城市,波斯波利斯在任何东西方的文献中都不曾被提及。[③] 新年庆典像所有新年节庆的仪式一样,通过象征性地重复宇宙的起源来更
320 新世界。这一观念在印度—伊朗人中很常见。然而,在阿契美尼德王朝时期,该仪式可能也受到了美索不达米亚的影响。[④] 无论如何,新年庆典都是

① 根据查士丁(Justin)1.4 所述,牧人发现一只母狗正在给这个被抛弃的婴孩喂奶(君王英雄神话中的典型特征)。而希罗多德说,米特拉达铁斯的妻子名叫斯帕卡(Spako),在米底亚语中便是"母狗"的意思;参见 Widengren, "La légende royale",第 226 页。

② R. Girshman, "A propos de Persépolis",第 265、277 页;亦可参见 A. U. Pope, "Perseoplis, a Ritual City"。

③ 甚至是在大流士的宫殿中住了 30 年的塞提西阿斯(Ctesias)也不曾提及波斯波利斯,波斯波利斯这个名字的意思是指圣城的秘教意义;参见 K. Erdmann, "Persepolis",第 46—47 页。事实上,直到亚历山大大帝摧毁了这座城市,西方世界才知道它的存在。

④ 参见 Gnoli, "Politica religiosa e concezione della regalitā sotto I Sassanidi",第 23 页以下。

在阿胡拉·马兹达的庇佑下举行的,在波斯波利斯的几道城门上都有僧侣书写的文字,以此来代表阿胡拉·马兹达的庇佑。

从一个更加广泛的地理范围来说,从某个历史时刻开始,宇宙创造(的确,还有其他所有的“创造”和“奠基”的形式)的神话中总会有个神或英雄战胜水中怪物或巨龙(如因陀罗与弗栗多、巴力与耶姆、宙斯与堤丰,等等)。这可能显示了,在吠陀时期的印度人和古代伊朗人中存在着相类似的仪式场景,①虽然在后一个例子中,文献是晚出的,而且这个神话也有明显的历史化的形式。事实上,《阿维斯陀》(《耶斯特》9.145;5.34;19.92 以下)中所提到的英雄特雷丹纳(Thraētona)与恶龙阿兹达哈克(Aži Dahāka)之间的战斗,在波斯诗人菲尔多西(Firdausi)的史诗中则变成了法里东(Farîdun<Frêtôn<Traêtona)国王反对外来入侵者的战斗,这些外来入侵者就是恶龙佐哈克(Azdâhâk),他俘虏并强占了合法统治者贾姆席德(Jamšed<Yima Xšaêta)的两个姐妹。和特雷丹纳一样,法里东取得了胜利,杀死了恶龙,并送回了两位被俘的公主,还与她们结了婚。后来的传说又进一步说,国王正是在新年那一天杀死佐哈克的。② 伊朗人相信,他们的国王和英雄都曾杀死过恶龙(如阿尔达西尔[Ardashir]的传说),不管怎样,这是一个广为流传的主题,我们还会再讨论它的。在伊朗,与其他任何地方一样,神话主题和人物的历史化过程总是有着一个对应的相反过程:国家或帝国的真正敌人总是被想象成怪兽,特别是恶龙。③

重要的是要记住,伊朗国王有责任保持并更新世界,换言之,他的职责在于反对邪恶和死亡的力量,并致力于生命、丰产和至善。苏鲁支通过善的宗教来寻求宇宙的重生。每个袄教祭司都相信,藉由献祭,他们也参与到了末世的改观之中。列王在**太初之时**和每年所成就的事情,祭司们希望他们 321
也能每年都实现一次——而在最后的更新时,救世主(Saoshyant)会完成它。我们不知道,在阿契美尼德王朝时期,王室与祭司的两种宗教思想之间是否有着某种冲突或潜在的紧张关系。维斯塔斯帕国王与先知间的友谊或许是一个典范的模式。但是,在后来的萨珊王朝(Sassanids)时期,这种冲突

---

① 参见 Wikander, *Vayu*, 第 128 页以下;G. Widengren, *Stand und Aufgabe*, 第 51 页以下,以及 *Les religions de l'Iran*, 第 88 页。

② Widengren, *Les religions de l'Iran*, 第 66 页。

③ Eliade, *Cosmos and History*, 第 37 页以下。

就变得明显起来了。这一现象在其他地方也可见到，如悉达多王子成了佛，而他的救世论则取代了婆罗门的救世论。

107. 麻葛的问题。斯基泰人

当祆教向西传播时，遭遇到了其他类型的宗教并受到它们的影响。同样地，阿契美尼德王朝的马兹达教也不是没有改变。大流士的儿子薛西斯(Xerxes)在全国禁止举行魔鬼祭典，这使得他更加接近苏鲁支的宗教。但是后来，特别是从亚达薛西二世(前 405—前 359)铭文所记载的时代开始，密特拉和安娜希塔(Anāhitā)出现在阿胡拉·马兹达的身边。我们稍后会看到，在晚期的《阿维斯陀》中出现了类似宗教融合的迹象，在阿胡拉·马兹达和众善神之外，还引述这些神祇的名字。①

麻葛的问题及其与祆教之间的关系也存在这样的争论。例如，他们曾被认为是术士和巫师的土著部落，专门贬损祆教，或是相反，也有认为他们是苏鲁支真正的信徒和他在伊朗西部的传教士。在米底亚帝国时期(公元前 7 世纪)，他们似乎是世袭的米底亚祭司种姓，就像利未人和婆罗门一样。② 在阿契美尼德王朝统治下，他们是祭司阶层中最显赫的代表。根据希罗多德所转述的信息，他们会解梦(1. 107 以下)，在白马祭作预言(7. 13)，在献祭时，吟诵“诸神的系谱”(1. 132)，这表明他们是宗教诗歌传统
322 的守护者。③ 无论如何，麻葛接受了许多祆教的仪式和习俗，并最终被认为是苏鲁支的门徒。事实上，某些希腊作家认为苏鲁支就是一个麻葛。

还是从希罗多德那里，我们得到了关于伊朗北部，特别是有关斯基泰人的最有价值的资料。在他们的诸神中，我们找到了天空之神(Papaios)、密特拉(赫利俄斯—阿波罗)、战神阿瑞斯、大地女神以及阿佛罗狄忒·乌剌尼阿(Aphrodite Urania)(4. 59)。希罗多德还记载了一个与斯基泰部落以及王权的起源相关的民间传说(4. 5 以下)。这个神话可以用印欧民族三元分殊的思想加以解释，而且它还保存在高加索奥塞梯人的民间史诗中，他们是斯基泰人和阿伦人(Alans)的后裔。

---

① 然而，维登格伦(Widengren)认为，密特拉在波斯所享受的祭祀规模并不小，甚至早在大流士一世统治时期就已存在了(*Les religions de l'Iran*，第 148 页)。

② 参见 Zaehner，*Dawn and Twlight*，第 163 页。

③ Widengren，*Les religions de l'Iran*，第 139、135 页以下。

希腊历史学家希罗多德(《历史》4.59)说,斯基泰人没有神庙、祭坛或神像。然而,他们每年都会以马和羊以及百分之一的战俘祭献给战神阿瑞斯。他们在土堆上竖起一支铁剑以代表战神。在举行国王的葬礼时,会以人(一个嫔妃和若干奴隶)或马陪葬(4.71以下)。最后,重要的是要注意仪式中的萨满特征。据希罗多德说(他显然不明白这个宗教行为的含义),斯基泰人将大麻种子撒在火红的石头上,烟雾会使他们"快乐得高声嚎叫"(4.75)。很有可能,这是一种出神的体验,与我们在苏鲁支的传说中所发现的一样(§102)。

108. 马兹达教的新方面:豪麻酒祭

《七章耶斯那》(*Yasna with Seven Chapters*)以散文体写成,构成了《伽泰》中的第35—42章,它反映了一个相当复杂的适应和整合过程的开始。首先,从其词汇中,可以看出某些重要的创新。善神作为一组神灵被首次提及,而且我们发现"诸神"(*yazata*)这一术语在后来的马兹达教中变得十分重要。我们也发现某种使宇宙实体重新神圣化的趋势。火被等同于圣灵善
神(《耶斯那》36.3),以及太阳,他们还将火与阿胡拉·马兹达联系在一 323
起。[1] 太阳是"至高无上的"神的可见的形象(36.6)。真理之神阿莎同样也与光联系在一起。我们还注意到,阿莎在《七章耶斯那》中的崇高地位,人们同时向阿莎和阿胡拉·马兹达祈求,书中还宣布上帝与真理之神"永远"结合在一起(40.2; 41.6)。阿莎不只是象征着真理、正义和秩序,也是宇宙和灵性结构的人格化,[2]他被称作"最吉祥、仁慈、不朽而且是以光构成的神"(37.4)。在《伽泰》中启发苏鲁支的善念之神乌胡·玛纳赫则降到了一个次要的位置。

更令人惊讶的是,《耶斯那》中还提到阿胡拉的"好妻子们"阿胡拉尼斯(Ahurānīs),她们是河流:"我们崇敬阿胡拉尼斯,河流"(《耶斯那》38.3)。[3]而豪麻酒在祭典中也获得了一个重要的位置:"我们崇拜荣耀而又金黄色的

---

① 在《耶斯那》后面的篇章(1.11;3.13;7.13)中,太阳被称作是阿胡拉·马兹达的眼睛,这意味着古代印度—伊朗观念的重现,因为,太阳在《梨俱吠陀》(1.50.6)中就已被认为是伐楼那的眼睛。

② Zaehner,*Dawn*,第64页。

③ 如扎赫纳(Zaehner)所说的(*Dawn*,第65页),在后来的文献中河流被遗忘了;阿胡拉·马兹达的妻子是阿麦提(Armaiti),《伽泰》中的善念之神,后来与大地相等同。当然,这只是传统伊朗宗教的遗迹。

豪麻酒，我们崇拜使生命变得富饶的光辉灿烂的豪麻酒，我们崇拜那让死亡逃遁的豪麻酒”(42.5)。一些学者把对豪麻酒的提升解释为苏鲁支死后在先知的教义与传统宗教之间宗教融合的证据。然而，即使苏鲁支真的接受了豪麻酒祭(虽然，他同时也指责饮酒过量)，这也不能算是真正的宗教融合，而只是对古代印度—伊朗的宇宙宗教价值所表现出来的一种严肃的推崇。

苏鲁支的《伽泰》和《七章伽泰》是仪式中的祈祷文《耶斯那》的一部分，《耶斯那》大量的经文只是单调地祈求诸神。然而，《耶斯特》则是个别向神祇祈求的赞美诗。里面包括许多被苏鲁支忽视了的神，如密特拉，也包括一些神圣的人物或宗教事物的人格化，如豪麻酒。《豪麻酒颂》(*Hóm-yašt*，
324 《耶斯特》20)以一个大胆的起源神话来证成豪麻酒祭，正当苏鲁支在祝福圣火、吟诵《伽泰》时，豪麻向他走来，请他将其收集起来榨成汁。先知询问其原因，才知道维瓦凡特是第一个榨取豪麻汁的人，作为报偿而由此生下一子，就是国王伊玛，“最虔诚的人”(《耶斯特》20.45)。

在第2卷中，我们还会再讨论这个神话和仪式情节的含义及其历史起源：通过献祭的力量以获得子嗣。值得注意的是，在马兹达教中，伊玛、豪麻酒祭和血祭都是受到赞美的(《耶斯特》11.4—7)。如此推崇印度—伊朗传统，肯定遭到强烈的阻力，血祭后来果然被明确禁止了，而豪麻酒作为一种麻醉饮品也消失了，取而代之的是植物汁液、水以及牛奶的混合物。①

109. 密特拉神的提升

更令人惊讶的是，对于马兹达教的历史来说，更为重要的是为纪念密特拉而作的长篇赞美诗《密特拉颂》(*Mihr Yašt*)(《耶斯特》10)。阿胡拉·马兹达宣称，“当我创造广阔草原的密特拉时，我就使他和我一样值得受到崇拜和尊敬”(《耶斯特》10.1)。换言之，密特拉所有的伟大、力量和创造力都来自于智慧的上帝。在这序诗中，我们看到马兹达教的神学是在努力再次确定至上神的全能。事实上，早在苏鲁支的改革之前，《密特拉颂》便讲述并论证了对密特拉的提升。在赞美诗的最后，这两位神合而为一的时候，作者使用了密特拉—阿胡拉(Mithra-Ahurā)这一术语(《耶斯特》10.145)，颇类

① Widengren，*Les Religions de l'Iran*，第131页；参见Duchesne-Guillemin，*La religion de l'Iran*，第96页以下(英译本第74页以下)。

似于著名的吠陀双名“密多罗—伐楼那”。[1]

然而，在《密特拉颂》中受到赞美的神并不是毫无变化地重新统一于马兹达教之中。从赞歌中，我们可以解读出一个不连贯的神谱中不同时刻的意义，阿胡拉·马兹达一连串的举动和姿态确实是在赞扬、提升密特拉。首先强调的是他的多义性。据信，他是契约之神，只要承诺崇拜他（《耶斯特》10.4—6），信徒就不会遭受毁约。但他也是战神，具有暴力和残忍的一面 325
（他用他的狼牙棒［*vazra*］狂暴地屠杀恶魔和那些不信神的人，这一特征很接近因陀罗）。他还是太阳神，与光有关（10.142）。他有千耳千眼（10.141），也就是说他是全视全知的，像任何一位主神一样。他也是宇宙的抚养者，能确保土地和牲畜的繁殖（10.61 以下）。这种现象在宗教史上很常见，某个神祇被赋予了多重的力量和特征，有时甚至是相互矛盾的，为的是暂时或永久地获得将其提升至伟大诸神之列所必需的“全体性”。

阿胡拉·马兹达和善神在哈拉山（Harā）上也就是说在天穹以外的灵界，为他建了一座房屋（《耶斯特》10.49—52）。[2] 然而，密特拉向上帝抱怨说，虽然他是万物的守护者，但却没有如其他神灵一样得到祈祷文的供奉（10.54）。不过估计他后来得到了其所要求的供奉。因为在后来的赞歌中，我们看到他要么驾着白马拉的战车飞驰（10.62 以下），要么在斯罗撒（Sraosha）和拉喜奴（Rashnu）的陪伴下，夜里穿越整个大地把恶魔全部消灭（10.95—101），或是追捕那些毁约的人（10.104—111）。更值得注意的是，密特拉晋升至至上神灵之列的场景。首先是阿胡拉·马兹达作为密特拉的祭司，以豪麻酒为其祝圣，而豪麻神向他礼拜（10.88），即向他供奉牺牲。然后，阿胡拉·马兹达指定了密特拉祭应有的仪式（10.119—122），并亲自在天堂，即歌之故乡为其主持仪式（10.124）。经过这一番圣化后，密特拉回到地上与恶魔战斗，而阿胡拉·马兹达则留在歌之故乡。阿胡拉·马兹达与密特拉的重聚决定了恶魔们的命运。密特拉被尊崇为照亮整个世界的光而受到人们的崇拜（10.142—144）。赞美诗以这样的诗句结尾：“在巴耳斯曼（*barsom*）植物的旁边，我们崇拜密特拉和阿胡拉，荣耀的真理之神，永远不会坠落的神。

---

① 杜米兹(Dumézil)曾指出：在《伽泰》中，密特拉的地位被乌胡·玛纳赫所取代了；亦可参见 Widengren, *Les Religions de l'Iran*, 第 31 页。

② 这个神话主题的意思很常见：诸神在天上建造神庙，以礼赞某位神灵的胜利（常与宇宙创造论有关，参见马尔杜克），并庆祝他晋升入至上神灵之列（参见巴力）。显然，这一神话主题是从在地上为纪念某个神而为其修建圣所中找到灵感的（参见 § 50）。

我们崇拜星辰、月亮和太阳。我们崇拜密特拉,所有土地之主”(10.145)。

326 在马兹达教中,密特拉特别被提升至与恶魔和不信神的人做斗争的神灵斗士的地位。事实上,阿胡拉·马兹达放弃了这个完全专属于他的功能,这表明后者已有了某种退位神的趋势。但是,因为与邪恶力量做斗争是马兹达教的主要义务,因此,这篇诗歌也可解释为密特拉的“皈依”,因而是上帝的胜利。

110. 阿胡拉·马兹达与末世论的献祭

古代民族的宗教与祆教之间的宗教融合在其他赞歌中也能得到解读。例如,在献给天神提斯特利亚(Tištrya)(天狼星的人格化)的《耶斯特》8中,提斯特利亚悲叹道,他没有消灭掉魔鬼阿帕索(Apaoša)(阿帕索使河水倒流,并威胁要毁掉所有的造物),是因为人们在祭祀中忽视了他。于是,阿胡拉·马兹达便向提斯特利亚礼拜并献祭,提斯特利亚则战胜了恶魔并确保大地的丰产。阿胡拉·马兹达也同样向安娜希塔献祭,请求她“帮他这个忙:‘我能引导虔诚的苏鲁支按照善的宗教去思考、去言说、去行动吗?’”(《耶斯特》5.17—19)此外,智慧的上帝还向伐由献祭,求他“帮他这个忙”,去诛灭那些恶灵(15.3)。阿胡拉·马兹达还出人意料地宣称,没有弗拉法希(Fravashis)(即人类先存的灵魂)的帮助,人类和动物都会灭亡,而整个物质世界也会堕入虚妄之神的国度中(13.12)。

沙赫纳(Zaehner)①将这些文献理解为对祆教教义的否定,也就是阿胡拉·马兹达的自我贬抑,他不只是礼拜比他低一等的神灵,而且还向其求助。的确,至关重要的是,向弗拉瓦希的求助让人想起是某种类型的退位神(*deus otiosus*)——造物主因为“心力交瘁”,而不得不向某些动物甚至是他
327 的敌人求助。② 但事实上,阿胡拉·马兹达是以祝圣献祭(*yasna*)的方式向某些神灵礼拜(*yaz-*)的,这并不必然意味着他就将自己放在了一个次等的地位上。《耶斯特》强调仪式和祈祷的创造性力量,并表现阿胡拉·马兹达的祭司功能。③ 通过献祭,阿胡拉·马兹达使受祭者的巫术—宗教力量得

---

① Zaehner, *Dawn and Twlight*, 第 81 页。

② 这是一个“二元论的”宇宙创造主题,在东欧、中亚和西伯利亚的民间传说中十分常见,在察宛派(Zervanism)的文献中也有所记载;参见 Eliade, “The Devil and God”, *Zalmoxis*, 第 79 页以下。

③ 参见 Gnoli, “Note su Yasht VIII”, 第 95 页以下。

以十倍地增加。这些赞歌显然是要强调献祭的特殊重要性，这当然是印度—伊朗民族的概念，特别是在梵书中得到发展，也逐渐成为马兹达教的核心概念。

与其他印欧民族一样，祭火起着一个重要的作用。献祭"基本上就是在火前举行豪麻酒祭"。[1] 圣火的维持、洁净以及创立，在马兹达教中尤为重要。对于每一个信奉马兹达教的国王来说，创立圣火就是最高的宗教行为，即修建神庙，为其捐献财物，设置祭司。[2] 虽然苏鲁支指责某些血祭，但他并不一定排斥所有的血祭。无论如何，在《阿维斯陀》中是可以看到牲祭的(《耶斯那》11.4;《耶斯特》8.58)。此外，在阿契美尼德王朝、安息(Parthian)王朝以及萨珊王朝时期都有大量记载。[3]

以上已经看到(§104)，苏鲁支宣称自己是救世主，并呼喊道："愿我们更新这世界"(《耶斯那》30.9)，他对古老的神话与仪式情节做了重新评估，以确保通过仪式性地重复宇宙起源来更新世界。在袄教里，献祭中的末世论意图仍不断得以加强，但它的宇宙价值并没有因此而被抹掉。我们可从耶和华宗教(§57)中看出宇宙节律和现象一个类似于"历史化"的过程。而在马兹达教中，与怪兽的战斗和其他英雄主题都被解释为末世论的情节，即和恶魔的斗争以及等待和准备宇宙的更新(*frašō-kereti*)。因为在新年的节庆里，世界会象征性地再造，时间也会重新开始，最后末世的更新也有着 328
同样的场景。由苏鲁支的祭司所主持的献祭期待着最后的献祭，藉此，救世主会带来更新。因此，祭司也就将他自己等同于救世主，也即是等同于苏鲁支。[4]

后来，献祭的两个目的，即末世论和宇宙创造论又再次结合在一起。保存在钵罗婆语文献中的传说，强调阿胡拉·马兹达通过一系列的献祭活动创造了宇宙、原始的人类以及苏鲁支。[5] 末世的更新将会发生在新年庆典之时，而死者会复活并受到审判，并最终获得"永生"。应该注意的是，宇宙

---

① Duchesne-Guillemin, *La religion de l'Iran ancien*，第 71 页。

② Duchesne-Guillemin, *La religion de l'Iran*，第 84 页，注解 1(英译本第 64 页，注解 2)(书目)。

③ Duchesne-Guillemin, *La religion de l'Iran*，第 100 页以下(英译本第 76 页以下)。亦可参见以上§103。

④ Molé, *Culte, mythe et cosmologie*，第 134 页。救世主是最后的救主，也就是苏鲁支，根据一些晚近的传说，先知的后裔奇迹般地生活在卡撒亚湖(Lake Kasaoya)。

⑤ 莫勒(第 126 页以下)释译了钵罗婆语的《教义问答》(*Rivayāt*, 16B)的残篇。

的更新正如其原初的受造一样都是献祭的结果。钵罗婆语文献以大量的细节详细描述了由救世主及其助手所主持的最后的献祭，届时奥尔马兹达(Ohrmazd，即阿胡拉·马兹达)和众善神都会参加，然后死人将会复活，获得不朽，而整个宇宙将会彻底更新。①

我们看到，袄教是在何种意义上利用了古代献祭的价值。苏鲁支宣布对邪恶力量进行“圣战”，而每一个选择了善的宗教信徒都受到召唤，去与恶魔作战，去“肃清”魔鬼的世界，换言之，他也参与了阿胡拉·马兹达和他的大天使们洁净世界的工作。通过赞颂仪式的创造性力量，善的宗教的救赎功能得以逐渐加强。因为最终的目的是宇宙的更新，献祭的基本的宇宙价值就被限定了。的确，末世论的救赎不只是“拯救”人类，而且也通过肉体的复活重新创造了他们。这意味着一个新的、不朽的创造。如《耶斯特》(19.90)所宣称的：“物质世界将不会再毁坏……虚妄会消失。”

111. 死后的灵魂之旅

尽管有所改革和新的皈依，但是，有关葬礼、死亡的神话以及死后灵魂
329 存在的概念却没有太大的变化。甚至可以说，《阿维斯陀》和钵罗婆语文献所提供的资料对于前袄教时期而言仍是有效的。在伊朗西部，文献中所记载的仪式，特别是有关尸体的火葬，以及将骨灰安置在骨灰瓮中的习俗，随着袄教的传播而传到了其他地区。另外，还有一个更古老的、源自中亚草原的典型习俗，将尸体暴露在某个指定的地方，让兀鹰和狗吃掉。② 东伊朗人举行哀悼仪式时，捶打自己，甚至像是要自杀一样。但是，苏鲁支严厉禁止“眼泪和恸哭”，认为这会招来恶灵。③

至于灵魂在死后的存在，我们发现了一些类似的主题，如过桥、升天、审判等等，还有与自己自我会面的主题。《圣言集》(*Hādōxt Nask*)中的部分诗歌提到(《耶斯特》21—22)，义人的灵魂(*urvan*)死后会在身体旁停留三天。到第三天夜晚将尽时，南方会刮起一阵香风，死者的自我(*dāenā*)会显现为“一个漂亮的年轻女子，浑身发光，手臂白皙，精力充沛，面目姣好，身材

① 参见莫勒(Molé)翻译的文献，第87、90、126页以下，等等。

② Nyberg, *Die Religionen des alten Irans*, 第310页；Widengren, *Les religions de l'Iran*, 第53页。

③ Nyberg, *Die Religionen des alten Irans*, 第316页以下。

高大挺拔，胸部高耸……芳龄十五”(《圣言集》9)。在自我介绍后，自我又补充道：“过去我是可爱的，而通过你的善念、善言、善行和善的宗教会使我更加可爱；我是美丽的，你使我更加美丽；我是妩媚动人的，你使我更加妩媚动人”(《圣言集》14)。然后，灵魂走了四步，跨越了三重天，[1]到达“无始之光”(《圣言集》15)，也就是天堂。一个死者问他是如何“从肉体的存在过渡到灵性的存在，从充满危险的存在过渡到没有危险的存在的”(《圣言集》16)，但阿胡拉·马兹达却干涉道：“不要问他，因为你会使他想起他所走过的可怕、危险的道路，那是肉体与意识分离的道路”(《圣言集》17)，这是指旅途中种种戏剧性的考验。[2] 阿胡拉·马兹达说，他可以得到“春天的奶油”，[3]这是义人“死后的食物”(《圣言集》18)。相反，恶人的灵魂则会在 330
北风中遇见可怕的悍妇，并到达无始的黑暗地带，在那里，恶灵会让他吃毒药(《圣言集》20—35)。

让我们逐一来分析这些特征：(1)灵魂遇见他的自我(dāenā)，[4]那是在他之前就存在的(“虽然我过去是可爱的”)，却也是他在人间的宗教行为的结果(“你使我更加可爱”)；(2)自我以女子的原型形式出现，同时还有着具体的相貌；(3)当然，我们由此发现了一个印度—伊朗人的概念，因为在《考史多启奥义书》(1.3—6)中也可看到，他的灵魂在“诸神之路”(*devayāna*)上会受到欢迎，特别是意识之神(Mānāsi，阴性名词)和千里眼(Cākshushī，阴性名词)，然后，他穿过湖泊和河流，走进一座城市，到达梵的跟前，梵问他：“你是谁?”[5]

在《圣言集》中没有提到分别之桥。然而，苏鲁支曾详细描述过它(§103)。这是一个印度—伊朗民族的观念，在其他印欧民族或宗教史中也

---

① 这三重天是指星辰、月亮和太阳，在经文中指“善念”、“善言”和“善行”；参见 Widengren, *Les Religions de l'Iran*，第 125 页；Bossuet，“Die Himmelsreise der Seele”，第 25 页以下。

② 从晚近的文献中，我们能更清楚这些考验，*Mēnōk I Xrat* 2. 115—117 和 151—153；亦可参见 Soederblom，*La vie future d'après le mazdéisme*，第 91 页以下；Pavry，*Doctrine*，第 19、62 页以下。

③ 关于“春天的奶油”的宗教含义，参见 Widengren，*Les Religions de l'Iran*，第 126 页。

④ 关于自我(*dāenā*)，参见 Gnoli，“Questioni sull'interpretazione”，第 361 页以下。

⑤ 参见 Wikander，*Vayu*，第 47 页以下；Widengren *Les Religions de l'Iran*，(第 57—59 页)提到 *Dātistān i Denik 24. 5* 中称，年轻女子为“善行的司库(阴性名词)”，根据佛教《法句经》(219 以下)，好行福者，“从此到彼，自受福祚，如亲来喜。”死者的天国之旅在各个方面都像是灵魂的出神升天，穿越星辰、月亮和太阳，到达天堂(*garōdmān*)，如在晚近的作品《正直人维拉兹之书》(*Ardai Virāz Nāmak*)中所描述的升天经验。

有记载。古典文献①中描述了自我是如何与他的狗一起到达，并在分别之桥上引领义人的灵魂，越过宇宙之山哈拉·贝瑞哉提(Hara Berezaiti)(事实上，那座桥是“世界的中心”，联接着天与地)。受到乌胡·玛纳赫的接见，灵魂来到了阿胡拉·马兹达和众善神的面前。义人和恶人的分别就在桥前或在入口处决定的。至于对灵魂的审判，据钵罗婆语文献记载，是由密特拉来
331 主持的，其助手是斯罗撒和拉喜奴(拿着一对秤)，但是这种情景在《伽泰》中没有提到。无论如何，这一情节是多余的。过桥就已相当于入会礼的考验，这本身就是一次审判，因为根据普遍流传的说法，在义人的脚下，桥会变宽，而当不信神的人走近时，桥会变得像剃刀的边缘一样窄。

112. 肉体的复活

在表面上更为袄教所吸收的是末世论的神话和具体与伊玛有关的信仰。在印度，阎摩主要是激发了关于第一个死者的神话，而在伊朗，伊玛则变成了第一个国王和完美的统治者的典范。在这里，我们只要记住，在伊朗的传说中，最初的天堂是与伊玛的统治联系在一起的，在那 1 000 年里，没有死亡和痛苦的存在，人们永葆年轻。② 但是当伊玛开始说谎时，他的圣火便抛弃了他，他最终也失去了不朽的生命。③

另外一个末世论的神话，起初是独立的，后被苏鲁支的神学并入了伊玛的神话之中。阿胡拉·马兹达警告伊玛说，一个长达三年的冬天会摧毁地上所有的生命，随后他请求伊玛修建一个围栏(*vara*)，以此来拯救最善良的人们和所有动物的胚胎。这个围栏被想象成一个地下的居所，太阳、月亮和星辰的光都照不进去。④ 这是一个古老的末世论，或许是印欧民族的(参见日耳曼传说中的严冬)，但与袄教的观念完全不同。然而，伊玛之所以会被引进世界末日的神话情节之中，却是可以理解。他是传说中黄金时代的国王，而在围栏中所保存的，或更确切地说“被拯救”的是未来人类的胚胎，在

---

① *Vīdēvdāt* 19.28—32；Soederblom，*La vie future*，第 89—90 页。根据 *Vīdēvdāt* 13.19 的说法，有许多狗守护着桥；参见阎摩的狗。

② *Yasna* 9.4 以下；其他参考书目参见 Soederblom，*La vie future*，第 175 页以下，以及 A. Christensen，*Les Types du premier homme*，第 2 卷，第 16 页以下。

③ 参见斯泰森(Stensen)所著书各处，以及 G. Dumézil，*Mythe et Epopée*，第 2 卷，第 282 页以下(英译本，*The Destiny of a King*，第 38 页以下)。

④ *Vīdēvdat* 2.20—32；参见 Soederblom，*La vie future*，第 172 页以下；亦可参见 *Bundahišn* 39.14；*Mēnōk i Xrat* 62.15；Dumézil，*Mythe et Epopée*，第 2 卷，第 247 页以下。

末世的大灾难之后，他们将会体验到"太初"天堂般的存在方式。

此外，还有一个末世论的观念，即肉体的复活。这一信仰相当古老，在 332
《耶斯特》19.11 和 89(也可见 13.129)中都提到"那活着的"(即苏鲁支所宣布的救世主)到来时，"死者会复活"。所以，复活是末世更新的一部分，这也意味着世界的审判。在一个宏伟的末世论想象中，若干相当古老的概念再度出现：事实上，彻底且完全更新的世界就是一个全新的创造，它不会再因魔鬼的攻击而损坏；死者的复活，实际上是肉体的再生，也就相当于宇宙的创造、大宇宙和小宇宙的对应，这是一个为印欧民族所共有的概念，但在印度和伊朗则有着相当可观的发展。

如前所述(§104)，苏鲁支在祈祷文中所预想的最后的重生，在新年庆典仪式中得到了预演。这个传说最后将宇宙和人类的三个重大事件与新年结合在一起：世界创造、"宗教"启示和末世论的重生。[①] 但是，因为"年"在象征意义上是宇宙时间的整体，所以，每年最后的十天便是对末世论的预演。这是一个令人难以置信的时刻。在这期间，灵魂将回到人间。有一首《耶斯特》(13.49—52)呼唤弗拉法希，[②]他们会在每年的最后十天里自由地来去。这一信仰广为流传，但是苏鲁支和在他之前或之后的神学家们一样，把它放在了一个更大的体系中。根据钵罗婆的传说，奥尔马兹达在一年的这最后十天中完成了对人的创造，因此，弗拉法希来到人间的时刻也就是人类被造的时刻，而他们在时间终结时，即肉体复活之时，回到天上。[③]

后来的文献发展了新年庆典与肉体将要复活的末世更新之间的对应
性。在每一个新年之时，人们都会得到新衣服作为礼物；而在时间终结之 333
际，奥尔马兹达会赐给那些复活者光辉灿烂的衣袍。[④] 如前所述(§104)，在救世主所行献祭之后，无论是否有阿胡拉·马兹达的帮助，世界都会重生，死者都会复活。在某种意义上，这个末世论的献祭是在重复宇宙创造的

① 参见 Molé, *Culte, mythe et cosmologie*，第 120 页。

② 弗拉法希是义人的灵魂，同时也是他们在天上的原型。作为信徒的守护天使，弗拉法希与邪恶的化身战斗；但是后来的文献在提到他们时，将他们描绘成保卫天国的武装骑兵；参见 Widengren, *Les Religions de l'Iran*，第 39 页。弗拉法希这种复杂的形象显然是长期定型融合的结果。

③ 参见莫勒(Molé)所引用的文献，*Culte, mythe et cosmologie*，第 109 页。

④ *Saddar Bundeheš* 32—37，Molé 翻译，第 111 页。

献祭,这就是为什么它也会是“创造性”的原因。肉体的复活(由此推知也就是不再毁损),这是苏鲁支末世论思想的一个大胆发展。的确,它代表着有关不朽生命的一个全新概念。[1]

① 两种受造物——灵性的(*mēnōk*)和物质的(*gētīk*),以及远古人类的神话(迦约马特),我们会在本书第2卷再作讨论。

第 14 章　列王与先知时代的以色列宗教 334

113. 王权与王国:宗教融合的顶峰

“撒母耳(Samual)年纪老迈,就立他儿子作以色列的士师。”但他儿子们并没有追随他的榜样,以色列的首领们就对撒母耳说:“现在求你为我们立一个王治理我们,像列国一样。”(《撒母耳记上》8∶5)那时,王权是一种外来的体制。一些反对者对此大肆批评,因为在他们的眼中,雅赫维是以色列唯一的王。不过,王权从一开始就被认为是讨雅赫维欢喜的。在撒母耳膏立扫罗为王后,扫罗受到“耶和华(雅赫维)的灵”(《撒母耳记上》10∶6)的感动。因为,国王是上帝的“受膏者”(《撒母耳记上》24∶7,11;26∶9,11,16,23,等等),他为雅赫维所接受,在某种意义上成为他的儿子:“我要作他的父,他要作我的子。”(《撒母耳记下》7∶14)但国王并不是由雅赫维所生的,他只是通过一个特别的宣示而被承认为“合法的”。① 雅赫维授予他普世的权力(《诗篇》72∶8),而国王坐在上帝的旁边(《诗篇》110∶1,5;《历代志上》28∶5;29∶23;等等)。国王是雅赫维的代表,因此他属于神界。但是,雅赫维独一无二的地位使得国王的“神化”成为不可能,②后者只是雅赫维出色的“仆人”(大卫六次使用这个词)。

除了其他仪式以外,加冕典礼还包括涂油、宣布为王以及即位。③ 作为雅赫维的代表,以色列国王完全像古代东方诸王一样,必须维持宇宙的秩序 335

---

① G. Fohrer, *History of Israelite Religion*, 第 147 页。以色列民族也是耶和华的“儿子”(第 185 页以下)。

② 即使在像《诗篇》这么与王权密切相联的经文中,也不是国王,而是耶和华才是主角(Fohrer, History of Israelite Religion, 第 150 页)。

③ 参见林格仑(Ringgren)所引用并加讨论的文献, *La religion d'Israel*, 第 236 页以下(英译本,第 221 页以下);Fohrer, History of Israelite Religion, 第 142 页以下。

(《诗篇》2：10—12)，给人民以公正，保护弱者(《诗篇》72：1以下)，确保土地的丰产："他必降临，像雨降在已割的草地上，如甘霖滋润田地……在地的山顶上，五谷必然茂盛。"(《诗篇》72：6,16)在此，我们看到的是一个乐园式的传统意象，而弥赛亚的先知们赋予了这一意象全新的含义。(此外，对理想的王，弥赛亚的期待也与王权思想联系在一起。)王权被解释为雅赫维与大卫王朝之间一种新的约定，是西奈山圣约的延续。正是在这种*将外来体制作为神圣历史的新行动重新赋予意义*中，我们可以察觉到以色列王权思想的起源。①

所罗门(Solomon)在耶路撒冷(Jerusalem)紧挨着王宫处修建了圣殿，由此，他将圣殿的祭祀活动与世袭的君主制度结合了起来。圣殿成为雅赫维在以色列人中的居所。在这之前，约柜一直是伴随着以色列军队的，现在它被安置在这至圣所(*debir*)的幽暗之处。但是，雅赫维的荣光从他的圣殿发出，照在耶路撒冷城上，并照遍整个大地(《诗篇》15：1,24：3,46：5；《以赛亚书》31：4,48：2；等等)。建造圣殿的锡安山(Mount Zion)是"世界的中心"。②耶路撒冷圣殿成为民族的圣地，王室祭祀与国家宗教相等同。官方的仪式有为整个社会所举行的抚慰礼和赎罪礼，也有公开的祈祷，为国王、为他的荣耀、为他所行使的公正以确保"人民的和平"与世界的繁荣(《诗篇》20,72)。最后，我们看到，*仪式的举行使得世界的结构得以更新*。

正如圣殿是根据外来的模式建造而成的一样，崇拜仪式也是借鉴迦南的形式。达到如此程度的宗教融合几乎前所未有，因为君主制鼓励了以色列人和迦南人这两个民族间的宗教观念与实践的融合。此外，所罗门也接受了他的异族妻子们的祭祀仪式，并允许为她们的神建造圣殿(《列王纪上》
336 11：6—7)。列王将自己视作官方宗教的领导者，但是对于他们的神圣职责，我们却所知甚少。当约柜被运抵耶路撒冷时，大卫的举止像一个祭司：他在约柜前舞蹈，"在耶和华(雅赫维)面前献燔祭和平安祭，……奉万军之耶和华的名为民祝福。"(《撒母耳记下》6：16—18)同样地，所罗门也在圣殿的祝圣仪式时为群众祝福(《列王纪上》8：14)。而《诗篇》110：4宣称，国王是"照麦基洗德的等次，永远为祭司。"但是在其他场合，国王则因取代祭

① Von Rad, *Old Testament Theology*, 第1卷，第319页以下；Ringgren, 第252页。

② 关于这个象征对以后思想的重要性，参见 Eliade, *Cosmos and History*, 第1章。

司举行仪式而受到批评。很有可能，国王是参与新年的赎罪祭典的。另一方面，某些诗篇似乎也提到国王象征性的死亡与复活的仪式。所以我们或许可以假设，在新年庆典（包括象征性地重现世界的创造）与国王的“死亡与复活”仪式之间有着某种关系。[1]

所罗门死后，王国一分为二：北方王国为以色列，南方王国是犹大。因为约柜保留在耶路撒冷，北方的支派再也不能接近他们共同的圣地，于是，以色列的第一任国王耶罗波安（Jeroboam）便分别在伯特利（Bethel）和但（Dan）建造圣殿，在这两个地方，雅赫维以金牛犊的形式接受人们的献祭（《列王纪上》12：28—29）。这两尊牛犊铸像可能是作为不可见的神的宝座。但是，这项受迦南宗教影响的革新违背了反对偶像崇拜的禁忌，而近乎于叛教，这加深了两个王国之间的误解。[2]

114. 雅赫维与他的造物

整部“加冕诗篇”都尊雅赫维为国王。他是“大王，超乎万神之上。”（《诗篇》95：3）“耶和华（雅赫维）作王，万民当颤抖！……王有能力，喜爱公平，
竖立公正，在雅各中施行公平和公义。”（《诗篇》99：1—5）但是，神圣王权的 337
观念并不是建立在君主体制之上的。这一概念十分古老，上帝是世界的主宰，正是因为他创造了这个世界。雅赫维征服了象征混乱的远古怪兽拉伯（Rahab）、利维坦（Leviathan）和巨蛇（Tannin）。作为宇宙的创造者，上帝居住在天上，而通过天气现象来显现他的临在与意志，如闪电、打雷或降雨。我们前面已经提及他相互矛盾的性格（§59），即著名的“整体性”（totality）形式。雅赫维既行善也施恶，他赐与死亡与生命，他羞辱人也提升人（《撒母耳记上》2：6以下）。他的愤怒令人害怕，同时却又是仁慈的。毕竟，雅赫维是神圣的（*qâdoš*），这意味着他既是不可接近的、危险的，同时也是能给人带来救赎的。[3]

作为世界的造物主和王，雅赫维也是其造物的审判者。“我到了所定的

---

① G. Ahlström, *Psalm 89: Eine Liturgie aus dem Ritual des leidenden Königs*, 第 143 页以下；Widengren, *Sakrales Königtum*, 第 15 页以下；Ringgren, 第 249 页以下；Fohrer, 第 142 页以下。

② 必须记住，在南方，大卫王朝的世袭君主制仍然存在，而北方的王权已或多或少地神化了；参见林格仑，第 76 页以下。

③ Ringgren, *La religion d'Israël*, 第 86 页。

日期，必按正直施行审判。"(《诗篇》75：2)他要公正地审判众人(《诗篇》96：10)。他的"正义"同时是道德的、宇宙的和社会的，这构成了世界的基本法则。[1]雅赫维是"永生的上帝"，换言之，他既不同于"不能说话，不能行走，必须有人抬着"(《耶利米书》10：5)的偶像，也不同于像"早晨他们如生长的草"(《诗篇》90：5)一样的人类。人也是一种有生命的存在(*nèfèš*)，因为上帝将"气息"或"灵"(*rûah*)注入了他的身体，但他的存在只是短暂的。此外，上帝是灵，而人是血肉(*basar*)。这种对立不仅仅暗示着宗教对肉体的鄙视，更强调了相对于上帝的全能与永生来说，人类存在的不稳定与短暂。在这两种存在模式之间无法测量的距离正好解释了人是上帝的造物这一事实。不过，人也不同于其他造物，因为**他是以上帝的形象被塑造出来的**，因此他统治着自然界。

人的必死是原罪的结果，特别是亚当想要使自己与上帝一样(§59)。《圣经》强调了人的无用。人是用尘土造出来的，还要归于尘土(《创世记》3：19)。长寿是他最大的幸福。如同在许多其他传统文化中一样，死亡是降低身份的：它将人降为坟墓或阴间(*sheol*)——地下深处一个黑暗恐怖的地方——里的蛆虫。因为死亡本质上是对雅赫维工作的否定，雅赫维不统治
338 阴间。因此，死者就被剥夺了与上帝的关系，而对于信徒来说，这是最可怕的事情。不过雅赫维比死亡更强大，如果他愿意的话，就能把人从坟墓中唤起。一些诗篇提到了这种奇迹："耶和华(雅赫维)啊，你曾把我的灵魂从阴间救上来，使我存活，不至于下坑。"(《诗篇》30：3)"我必不至死，仍要存活，……耶和华(雅赫维)虽然严严地惩治我，却未曾将我交于死亡。"(《诗篇》118：17)这些仅是在犹太人沦为"巴比伦之囚"(前587—前538)前提到的死者复活，那时还有部分族群处于伊朗末世论的影响之下。[2]

作为雅赫维的"奴隶"或"仆人"，人必须活在对上帝的畏惧之中。服从是完美的宗教行为。相反，不服从或是破了十诫便是罪。然而，这种不安的感觉并没有妨碍对雅赫维的信任和因蒙受神恩而产生的喜悦。不过，人与上帝的关系也就仅限于此。对于《旧约》神学而言，灵魂与其造物主**神秘地**

---

① "正义"相当于巴比伦的 *māsuru* 和埃及的 *ma'at*；参见 Ringgren, *Word and Wisdom*, 第49页以下、第58页。

② 但是在神学(耶和华的全能)和某些迦南的信仰与仪式中已为复活观念的产生做好了准备；参见 H. Riesenfeld, *The Resurrection in Ez. XXXVII*, 第5页以下；Widengren, *Sakrales Königtum*, 第46页；Ringgren, *La religion d'Israël*, 第261页(英译本，第247页)。

合而为一(*unio mystica*)是不可想象的。通过承认他是造物主和最高的统治者,人至少知道了上帝的某些预言。因为,《托拉》(*torah*)详细地宣示了上帝的意志,最重要的事情就是要服从十诫,也就是说,在行事时要遵循公义(*sedhek*)。人的宗教理想就是要做一个"正直的"人,认识并尊重律法,即上帝的命令。如同先知弥迦(Micah)提醒其听众的:"世人啊,耶和华(雅赫维)已指示你何为善。他向你所要的是什么呢,只要你行公义,好怜悯,存谦卑的心,与你的上帝同行。"(《弥迦书》6：8)罪则带来神恩的丧失(*berâkhâh*)。但是,由于罪是人类处境的一部分,而雅赫维尽管十分严厉,却是仁慈的,所以他的惩罚不会是最终的结局。

115. 约伯,备受磨练的义人

有解经家认为,"权力与善的结合概括了《旧约》中认识上帝的方式。"[1]
我们怀疑是否所有读过《约伯记》的人都同意这个结论。这个故事是一个悲 339
剧,[2]主题是关于一个雅赫维非常引以为傲的义人所遭受的苦难。上帝问天国的"指责者"(accuser)撒但(Satan),"你曾用心察看我的仆人约伯没有?地上再没有人像他完全正直,敬畏上帝,远离恶事。"(《约伯记》1：8)但撒但回答道,约伯的虔诚是因为神恩带给了他富裕。于是,雅赫维允许这位"指责者"考验他最忠诚的仆人。约伯失去了他的孩子和财富,而且因为"从脚掌到头顶长毒疮"倒下了,他坐在炉灰里,悲叹着,诅咒自己的生日,但他并没有背叛上帝。三个朋友前来看望他,花了很长时间试图说服他认识一个简单的事实,即他在受苦——他受到惩罚——这证明他有罪。所以他必须承认并忏悔他的"罪"。但约伯拒绝根据报应的说法来解释自己的不幸。他知道"人在上帝面前不能为义"(《约伯记》9：2),雅赫维"完全人或恶人,他都灭绝"(《约伯记》9：22)。然而,在与上帝讲话时,他大胆地说:"其实你知道我没有罪恶,并没有能救我脱离你的手。"(《约伯记》10：7)他不懂为什么上帝如此无情地迫害他自己的造物(《约伯记》10：8—22),约伯很清楚人的微不足道:"你要惊动被风吹的叶子么,要追赶枯干的碎秸么?"(《约伯记》

---

[1] A. Weiser, *Die Psalmen* (1950),第 308 页;Ringgren, *La religion d'Israel*,第 137 页(英译本,第 126 页)。

[2] 《约伯记》的编纂年代不详。虽然我们所知的经文似乎是在犹太人沦为"巴比伦之囚"以后编纂的,但内容却是很古老的。

13：25)但是，他无法认识他的罪的本质："我的罪孽和罪过有多少呢？求你叫我知道我的过犯与罪愆。"(《约伯记》13：23)①

他的一个朋友责备他这一说法，因为造物本身就是有罪的："人是什么，竟算为洁净呢？妇人所生的是什么，竟算为义呢？上帝不信他的众圣者；在他眼前，天也不洁净。"(《约伯记》15：14—15)但约伯只是反复地说，在这件
340 事上，是雅赫维决定要倾覆他(《约伯记》19：6—7)。当另一个朋友说到罪人将受到的惩罚时，约伯提醒他，恶人不侍奉上帝，他们"活着"且很成功(《约伯记》21：7—16)。如果他知道如何能到上帝的面前，他会在雅赫维面前为他的事情分辩，告诉他许多恶行还未受到惩罚，而上帝却远离那些事情，不在那里，也看不见(《约伯记》23，24)。正因为他不放弃信仰和他对上帝的信任，约伯宣称："我至死必不以自己为不正！我持定我的义，必不放松；在世的日子，我心必不责备我。"(《约伯记》27：5—6)但约伯向上帝哭诉，上帝却并不回答他："我站起来，你就定睛看我。你向我变心，待我残忍。"(《约伯记》30：20—21)

他的第四个朋友以利户(Elihu)"还年轻"，于是发了怒。他很生气约伯这样的说法："我是清洁无过的，我是无辜的；在我里面也没有罪孽。"(《约伯记》33：9)以利户说，因为"上帝必不作恶，全能者也不偏离公平。"(《约伯记》34：12)他不会唾弃无过错的人(《约伯记》36：5)。在以利户的长篇大论之后，②雅赫维透过自然现象所给予的回答很令人失望。上帝"从旋风中回答"(《约伯记》38：1)，这是真正的神显，但他忽略了约伯的问题。雅赫维只是提醒约伯他的全能、他的宇宙性工作、宇宙的复杂以及生命所显示出来的无限多样性。在呼唤为主宰天地的、伟大的宇宙结构及其法则作见证之后，上帝向他谈起狮子、野山羊以及其他上帝给予其生命与繁衍的造物，上帝在塑造了它们之后，又赋予其独特的形状及行为。最后，他向约伯呼喊道："与上帝辩驳的，可以回答这些吗？"(《约伯记》40：2)约伯只是徒然地试图以沉默来逃避："我是卑贱的，我用什么回答你呢？只好用手捂口。"(《约伯记》40：4)

在第二段话中，雅赫维向他长篇大论地描述了巨兽(Behemoth)河马和

① 他不明白他的罪是约伯悲叹的主题。"然而人仆倒，岂不伸手？遇灾难，岂不求救呢？人遭难，我岂不为他哭泣呢？人穷乏，我岂不为他忧愁呢？"(《约伯记》30：24—25)"我若与虚谎同行，脚若追随诡诈？"(31：5)"我若不容贫寒人得其所愿，或叫寡妇眼中失望？或独自吃我一点食物，孤儿没有与我同吃？"(31：16—17；参见31：19—34)

② 这段话似乎是后来加进去的。

水中怪兽利维坦(鳄鱼)的情形。约伯的回答表明了他对雅赫维教义之奥义的了解:宇宙的存在是个奇迹,造物主的存在模式是无法理解的,他行为的目的是高深莫测的。“我知道你万事都能作,……谁用无知的语言,使你的旨意隐藏呢?我所说的,是我不明白的。这些事太奇妙,是我不知道 341
的。……我从前风闻有你,现在亲眼看见你。因此我厌恶自己,在尘土和炉灰中懊悔。”(《约伯记》42:1—6)最后,约伯承认在上帝面前有罪。雅赫维随即恢复了他原先的状态,并使他的财富加倍,约伯也活到了 140 岁(《约伯记》42:7—17)。

3 000 年后,这部令人热血沸腾的、神秘的且使人不安的作品依然令人着迷。实际上,为什么上帝允许他自己为撒但所引诱,这一问题一直困扰着许多天真的宗教灵魂。不过,约伯却很了解这一教训的意义所在:如果**万物**都依赖上帝,而上帝又是不可测的,那么人便不可能判断他的行为,因此,也就不可能判断他对撒但的态度。雅赫维给人的秘密教义远不只“约伯事件”而已,也是对所有那些无法了解这个世界上为什么存在恶及恶的胜利的人所说的。简言之,对于信仰者而言,《约伯记》是对恶与非公正、不完美与恐惧的一种解释。因为,万物都是由上帝所主宰的,都体现了上帝的旨意,无论什么事情发生在信徒身上都必有其宗教意义。但是,如果以为没有上帝的帮助,人便能够了解“邪恶的奥秘”,那非但徒劳无益,而且同时也是不敬的。

116. 先知时代

“现在称为先知(*nâbî*)的,从前称为先见。”(《撒母耳记上》9:9)事实上,游牧时期的“先见”(*rōʿêh*)制度在征服迦南以后,在纳因比(*nâhîim*)的影响下已有所改变,以色列人是在巴勒斯坦发现纳因比的。大约公元前 1000 年,雅赫维的“先见”们(如拿单)和纳因比仍然同时存在(《撒母耳记上》10:5)。渐渐地,两种体制融合在了一起,结果便成了古典《旧约》式的先知。像纳因比一样,先知们与圣殿、祭祀以及出神体验联系在一起。

以利亚(Elijah)和以利沙(Elisha)是过渡时期的人物,但他们的宗教使命和活动则表明他们已是典型的先知。以利亚在北方王国活动,是在亚哈王(Ahab)和亚哈谢王(Ahazias)统治时期(前 874—前 850)。他反对亚哈的政策。亚哈想要将以色列人和迦南人合并在一起,给他们同等的权利,鼓励 342
巴力或马尔卡(Malkart)——一种受到王后耶洗别保护的祭祀,耶洗别是推罗人——崇拜的宗教融合。而以利亚则宣称,雅赫维是以色列唯一的主宰,正是雅赫维而非巴力降下雨水才确保了国家的丰收。在著名的迦密山(Mount Carmel)故事中,他与巴力的先知比赛,看谁能解除那已持续了三年的旱灾,以利亚证明了迦南神无力点亮祭坛上的火,因此也就不能带来雨水。①此外,以利亚还斥责国王亚哈,为了霸占别人的葡萄园杀了他的一个臣民,以利亚预言亚哈将死于暴力(《列王纪上》21)。以利亚死后的名声接近于摩西,传说雅赫维用火车火马将他带到了天上(《列王纪下》2：2以下)。而以利亚的门徒与继承者以利沙的生平也充满了传奇(参见《列王纪下》2：19以下,等等)。不像以利亚,以利沙有一群先知围绕着他。但与以利亚一样,他也参与政治活动,向国王传达神谕,甚至与国王一起赶赴战场(《列王纪下》3：11)。

除了四处游荡的占卜者和预言家以外,还有两类先知。第一类是主持祭祀的先知。他们住在圣殿附近,与祭司一起参加各种仪式,②他们是王宫里的先知,与王室圣殿有关。他们时常向国王预言一次期待中的胜利(参见《列王纪上》22中的例子)。这类职业先知的数量很大,其中也包括《旧约》中那些被认为是假先知的人。

而在以色列宗教史中更为重要的是第二类先知,他们是经文中所提及的从阿摩司到“第二以赛亚”的伟大先知。这类先知宣称他们的传教不是因为职业使然,而是出于一种特殊的使命。他们不代表任何民族、任何圣殿或任何国王,而宣称自己是上帝的使者。③他们的使命是直接来自雅赫维的召
343 唤。如同耶利米所说的:“耶和华(雅赫维)的话临到我说:‘我未将你造在腹中,我已晓得你;你未出母胎,我已分别你为圣;我已派你作列国的先知。’”(《耶利米书》1：4以下)而以赛亚有一天则在圣殿中看到,“主坐在高高的宝座上”,撒拉弗④环绕在他的周围,以赛亚还听见上帝的声音说:“我可以差遣谁呢?谁肯为我们去呢?”以赛亚回答道:“我在这里,请差遣我。”于是,上帝便告诉他要向人民说些什么(《以赛亚书》6：1—10)。他们服从了上帝的

① 这次比赛也是一场宗教战争的一部分:正如耶洗别命令屠杀耶和华的先知一样,以利亚胜利后,也要求众民抓住那450个巴力的先知。他“带他们到基顺河边,在那里杀了他们。”(《列王纪上》18：40)

② 谈及他们的例子可参见《诗篇》第2、21、81、110和132首,以及《那鸿书》和《哈巴谷书》。

③ G. Fohrer, *History of the Israelite Religion*,第237页以下,以及第235和第238页,注解2所引书目。

④ 撒拉弗是《圣经》中守卫在上帝宝座旁的六翼天使。——译者

召唤，尽管人们并不听从他们(《何西阿书》9：7；《以西结书》12：21 以下)，而有时布道还会被武力(《阿摩司书》7：10 以下)所中断。有时先知觉得他的传教使命将会失败时(《以赛亚书》8：16—18)，也会自己中断布道。

所有伟大的先知都虔诚且热切地相信，其使命是真实不妄的，其所传的道是非常迫切需要的。他们毫不怀疑地相信，他们所宣讲的正是上帝的话语，因为他们感觉到了雅赫维的手或是他的灵(*rūah*)已放在了他们的身上。① 有时，他们也会以出神的方式来显现他们的圣职，虽然升天或出神似乎并非必不可少。② 某些先知甚至被控告“发疯了”(如《何西阿书》9：7 说：“民说：作先知的是愚昧；受灵感的是狂妄。”)，但是我们不能说那是一种精神疾病。相反地，那是由于上帝可怕的临在以及先知被赋予的重大使命所带来的感情上的震动。从萨满的“入会礼的疾病”，到所有宗教中伟大的神秘主义者的“发疯”，这种现象十分常见。此外，像古代的和传统社会中的“神职人员”一样，先知也被赋予了占卜③及展示神迹的能力，这些神迹本质上是巫术的。他们使死人复活，以很少的食物让众人吃饱，或是使某些人生病，等等。④ 先知的许多行为都有着某种象征意义：以利亚将他的披风搭在
以利沙的身上(《列王纪上》)19：19—21)；耶利米遵从雅赫维的命令，打碎 344
瓦罐以表示以色列即将亡国(《耶利米书》)19：10 以下)；他把牛轭套在头颈上以劝说人民臣服于巴比伦王(《耶利米书》27)。⑤

但是，无论他们的灵感从何而来(梦、异象、听觉、神奇的知识，等等)，先知们所得到的总是雅赫维的话语。这些直接的、个人的启示显然是以其深刻的信仰进行了诠释，并根据某些传统的模式传承了下来。这些在犹太人沦为巴比伦之囚之前的先知有一个共同之处，即他们都宣示了上帝对以色列的审判：雅赫维将派遣无情的征服者将其摧毁；上帝会以庞大的军事帝国

---

① S. Mowinckel，“The‘Spirit’and the‘Word’in the Pre-exilic Reforming Prophets”；A. Haldar，*Associations of Cult Prophets among the Ancient Semites*，第 115 页以下。

② 参见林格仑(Ringgren)和福赫勒(Fohrer)所引用的书目，Ringgren，*La religion d'Israël*，第 268 页，注解 1(英译本，第 254 页，注解 19)以及 Fohrer，第 234 页，注解 17。出神的体验更多的是发生在纳因比之中(Fohrer，第 234 页)。

③ 以利亚预言了亚哈谢王不久要死(《列王纪下》1：16—17)，而且知道国王已派人来杀他(《列王纪下》6：32)；还知道大马士革(Damascus)王在寝宫里说的话。——原文有误，这里的以利亚应为以利沙。——译者

④ 参见福赫勒(Fohrer)所引用的例子，第 233 页。

⑤ 参见 G. Fohrer，*Die symbolische Handlungen der Propheten*。

作为工具来惩罚那些背叛他的人们。在这可怕的审判中,还有可能辨认出任何承诺的希望吗?《旧约》里的先知曾被认为代表着时代盛衰的更迭,这在近东是很常见的,但这种概说似乎并不完全符合所有的案例。[1] 如同我们将会看到的(§118),唯一的希望就在于浩劫后幸存下来的“残存”选民。雅赫维与这些余民订立了一个新的圣约。

117. 牧羊人阿摩司。错爱者何西阿

阿摩司在耶罗波安二世(前782/780—前753/746)统治时期开始传教。他不是一个专门的先知(*nâbî*):“我是牧人,又是修理桑树的。耶和华(雅赫维)选召我,使我不跟从羊群,对我说:‘你去向我民以色列说预言。’”(《阿摩司书》7:14—15)他声称,上帝将要审判邻国的民众——大马士革人、迦萨人(Gaza)、非利士人、推罗人和腓尼基人——他们道德堕落,都犯了罪。这意味着所有的民族都在雅赫维的管辖之内。然而,阿摩司特别指责了北方王国以色列,谴责它的社会不公正和宗教方面的离经叛道。富人“为银子卖
345 了义人,为一双鞋卖了穷人。他们见穷人头上所蒙的灰也都垂涎。”(《阿摩司书》2:6—7)但是他们的财富会被摧毁(《阿摩司书》4:7—11)。这些令人厌恶的罪人献上再多的牺牲也是徒劳。阿摩司倾听并传达雅赫维的话:“我厌恶你们的节期,也不喜悦你们的严肃会。你们虽然向我献燔祭和素祭,我却不悦纳。”(《阿摩司书》5:21以下)上帝期待其信徒诚实、公正(《阿摩司书》5:24—25)。

而祭祀也因为掺入了迦南宗教中的纵欲因素而堕落了(《阿摩司书》5:26;8:14),仅有一种表面上对圣殿的崇敬是没用的:“以色列人啊,任你们往伯特利去犯罪,到吉甲加增罪过。”(《阿摩司书》4:4)只有回归信仰才能得救:“你们要求善,不要求恶,就必存活。这样,耶和华(雅赫维)——万军之上帝必照你所说的,与你们同在。要恶恶好善,在城门口秉公行义;或者耶和华(雅赫维)——万军之上帝,向约瑟的余民施恩。”(《阿摩司书》5:14—15)[2]

---

① 参见Ringgren,第271页(英译本第257页)。

② 结尾部分关于重建和丰收的神谕(《阿摩司书》9:11—15)与经常重复的谴责是如此的不同,因此其真实性受到怀疑;参见Ringgren,*La religion d'Israël*,第280页;然而冯·拉德(von Rad)认为它们是可信的(*Old Testament Theology*,第2卷,第138页)。

和阿摩司一样，年轻的何西阿在北方王国传道。他的使命及其先知信息的意义似乎都与他多变的婚姻相联。但是，对于经文中他讲道的一些解释却很有争议。根据他的第一次陈述(《何西阿书》1∶2—9)，雅赫维命令他娶一个“淫妇”，他给她生下的孩子分别取了象征性的名字——罗·路哈玛(意即“不蒙怜悯的”)和罗·阿米(意为“非我民”)——以公开宣布雅赫维不再爱以色列，以色列人也不再是上帝的子民。根据第二次陈述(《何西阿书》3∶1—5)，雅赫维告诉他缔结第二次婚姻，这一次是与一个“她情人所爱的；好像以色列人，虽然偏向别神，耶和华(雅赫维)还是爱他们。”或许他的第一个妻子曾参加迦南人的丰产仪式。至于第二个妻子，尽管她有不光彩的过去，但仍被拣选，这表明了雅赫维仁慈的态度，准备原谅以色列。

无论如何，何西阿所传的道反映了上帝被其选民所背叛而痛心不已。以色列如同雅赫维的妻子，但她对他不忠，她已经“行淫”，换言之，她醉心于迦南的丰产诸神。以色列人不知道丰收是雅赫维所恩赐的礼物。“她说‘我要归回 346
前夫，因我那时的光景比如今还好。’她不知道是我给她五谷、新酒和油，又加增她的金银，她却以此供奉巴力。”(《何西阿书》2∶7—10)在此，我们再次看到巴力与雅赫维之间不可缓解的冲突现在更进一步加深了，这实际上是宇宙论的宗教与对唯一的神、世界的创造者以及历史的主宰的信仰之间的冲突。

何西阿坚持不懈地抨击巴力与雅赫维信仰之间的融合。“他们就行淫离弃上帝，不守约束。在各山顶、各高岗的橡树、杨树、栗树之下献祭烧香。”(《何西阿书》4∶12—13)以色列已忘记了它的历史：“以色列年幼的时候，我爱他，就从埃及召出我的儿子来。先知越发招呼他们，他们越发走开。”(《何西阿书》11∶1—2)如此不可救药的忘恩负义终于使得上帝向他们大发雷霆。上帝的惩罚会是很可怕的：“因此，我向他们如狮子，又如豹伏在道旁。我遇见他们，必像丢崽子的母熊，撕裂他们的胸膛，在那里，我必像母狮吞吃他们，野兽必撕裂他们。”(《何西阿书》13∶7—9)

仅仅是外在的祭祀是没有用的，“我喜爱良善，不喜爱祭祀；喜爱认识上帝，胜于燔祭。”(《何西阿书》6∶6)那些举行宗教融合庆典的山顶祭坛都会被毁掉(《何西阿书》10∶8)。唯一的得救之途是虔诚地归于雅赫维。“以色列啊，你要归向耶和华(雅赫维)——你的上帝。你是因自己的罪孽跌倒了。当归向耶和华，用言语祷告他说，求你除净罪孽，悦纳善行。”(《何西阿书》14∶1—2)何西阿认识到，他们的堕落使得罪人不得“归向上帝”(《何西阿书》5∶4)。然而，雅赫维的爱胜过他的愤怒。“我必不发猛烈的怒气，……

因我是上帝,并非世人,是你们中间的圣者,我必不在怒中临到你们。"(《何西阿书》11：9)他要引领以色列"到旷野,对她说安慰的话。……她必在那里应声,与幼年的日子一样,与从埃及地上来的时候相同。……那日你必称呼我'伊施'(我的丈夫),……我必聘你永远归我为妻,以仁义、公平、慈爱、怜悯聘你归我。"(《何西阿书》2：14—20)这将回到雅赫维与以色列之间的
347 神秘婚姻之初。这种夫妻之爱已宣示了对于救赎的信仰:上帝的恩典是先于人的悔改而降临的。[①]还需要提及的是,这种夫妻的象征也为继何西阿之后的所有伟大先知所采用。

118. 以赛亚:"以色列余民"将回归

尽管他们的使命相似,但《圣经》里每一个伟大的先知都有各自不同的存在风格及其承担命运的方式。公元前 746 年或前 740 年,以赛亚在耶路撒冷的圣殿中看见并听见上帝的话语。他的妻子是一个女先知。就像职业的纳因比(*nâhîim*)一样,他也有门徒。[②]在公元前 701 年,以赛亚完成了其最后的论述。

起初,以赛亚主要是批评犹大和以色列王国中的道德与社会体制。他甚至毫不迟疑地抨击国王和最高官吏(《以赛亚书》3：12—15)。他宣称,没有人能免于上帝的审判(《以赛亚书》2：12—17)。就像以前的先知一样,他宣布仅有祭祀是不够的:"耶和华(雅赫维)说,你们所献的许多祭物于我何益呢?公绵羊的燔祭和肥畜的脂油,我已经够了。公牛的血、羊羔的血、公山羊的血,我都不喜悦。"(《以赛亚书》1：11)祷告也是徒劳的,因为"你们的手都满了杀人的血。"(《以赛亚书》1：15)唯一真实的奉献是行公义、做善事:"学习行善,寻求公平,解救受欺压的,给孤儿伸冤,为寡妇辩屈。"(《以赛亚书》1：17)

亚述人入侵叙利亚和巴勒斯坦为以赛亚的布道增加了一种新的元素。

---

① 参见 Fohrer, *History of the Israelite Religion*,第 250 页和注解 17(书目)。自相矛盾的是,何西阿所引用的夫妻比喻是来自于他向来反对的迦南的丰产祭祀;参见 Ringgren,第 283 页(英译本第 269 页)。而关于希伯来宗教思想中夫妻所象征的"存在"意义,参见 André Neher, *L'essence du prophétisme*,第 247 页以下,犹太教和基督教在解释《雅歌》时,用夫妻的结合来比喻神秘体验,特别是在反宗教改革的神秘主义神学中。相反地,在毗湿奴信仰的神秘主义中,灵魂与上帝的神秘结合被说成是罗陀(Rādhā)与克里希纳(Krsna)之间的通奸。

② 值得注意的是,在《圣经》中只有前 39 章是以以赛亚的名字叙述的。其余的部分则是由各种不早于公元前 6 世纪的神谕所组成的,其中最重要的是"第二以赛亚书"(40—55)和"第三以赛亚书"(56—66)。有些片段后来被引入《以赛亚书》(如 24—27 中的灾变)。

通过这些重大的军事和政治事件，先知看到了雅赫维是如何介入历史的：亚 348
述人仅仅是他的工具而已。对于以赛亚来说，这是上帝的复仇。雅赫维正在惩罚那些宗教的背信，这些宗教背信如急流般从社会的不公正以及道德价值的崩溃中奔流而出。这就是为什么他反对犹大王的对外政策。临时结成的同盟与政治伎俩只是空想而已。唯一的希望是信仰并信赖雅赫维。“你们若是不信，定然不得立稳。”（《以赛亚书》7：9）不是对埃及，而是对雅赫维的信仰才是得救的希望（《以赛亚书》31：1—3）。为了鼓励国王，以赛亚宣称得到了主的征兆：“必有童女怀孕生子，给他起名叫以马内利。”（《以赛亚书》7：14）在这个孩子“晓得弃恶择善”之前，雅赫维要行许多奇迹（《以赛亚书》7：16 以下）。这个神谕引来了无数的解释。[①] 基督教神学根据孩子的名字以马内利（意为“上帝与我们同在”）推测那预示着基督的诞生。无论如何，弥赛亚的意义是明显的，雅赫维会从大卫的家族中立一位正直的国王，他将获得胜利，而他的子孙也将永远为王。

当亚述王侵入巴勒斯坦时，以赛亚宣布他已不再是雅赫维的工具，而只是一个对权力永不满足的暴君（《以赛亚书》10：5—15），最后也必将被摧毁（《以赛亚书》14：24—25）。先知不厌其烦地重提上帝的权力和至尊地位，宣称在“雅赫维之日”，主将审判整个世界（《以赛亚书》2：12—17）。这就是为什么他谴责的不仅仅是亚述王的自大，而且也有犹大王国的社会及政治罪恶——欺压穷人（《以赛亚书》3：12—15）、奢侈（3：16—24）、放荡（5：11—13）、不公正（5：1—7，23）、窃取土地（5：8—10）——他将这些罪都看作是对雅赫维的背叛（1：2—3）。他还谴责那些坏的统治者（28：14—22），以及嘲笑他的祭司与祭祀先知（28：7—13）。

以赛亚相信锡安山是坚不可摧的。雅赫维始终并将一直保护圣山，抵御一切敌人的侵犯（《以赛亚书》14：24—32，17：2—14，29：1—8，等等）。
他也对“以色列的余民”终将“归回全能的上帝”抱有希望（《以赛亚书》10： 349
20—21）。[②] 但是，人们并不遵守他所传的道，而先知也不隐藏其对于理想破灭的失望。在最后的谈话中，他预言“美好的田地，多结果的葡萄树”必将毁灭，“在欢乐的城中和一切快乐的房屋上”必将长满荆棘蒺藜，“因为宫殿必

---

① Ringgren，*La religion d'Israël*，第 286 页注解 1（英译本，第 272 页，注解 74）；A. Neher，*L'essence du prophétisme*，第 228 页以下。

② 以赛亚给他的长子取名施亚雅述（Shear-jashub），意为“余民将回归”。

被撤下，多民的城必被离弃”。(《以赛亚书》32：9—14)

119. 对耶利米的应许

耶利米来自一个祭司家庭，在公元前626年接受了神召。从此以后，他传道40年。在一段著名的章节里，他谈到他是如何被拣选的(《耶利米书》1：1以下)。对于摆在面前的使命，他曾犹豫不决，并以年轻为托词：“我不知道怎样说，因为我是年幼的。”(《耶利米书》1：6)但是主按住他的嘴，使他坚强起来(《耶利米书》1：9以下)。耶利米的第一次谈话便是一个特别戏剧性的主题，“一个从北方来的民族”带来了一场迫在眉睫的灾难：“他们拿弓和枪，性情残忍，不施怜悯。”(《耶利米书》6：22—23)想从历史中去找寻这些蛮族骑兵是徒劳的。这个“从北方来的民族”代表着某种完全消亡了的神话想象。因为入侵带来的是国家最终的消亡：“我观看地，不料地是空虚混沌；我观看天，天也无光。”(《耶利米书》4：23)上帝对宗教背信的惩罚将使天地一片混乱，然而这也是为一个新天地做准备，耶利米将要宣布的新圣约。因为雅赫维是仁慈的，因此先知向人们传达他的召唤：“回来吧，我要医治你们背道的病。”(《耶利米书》3：22，4：1以下)

公元前609年约西亚(Josiah)王死时，他的儿子约雅敬(Jehoiakim)继位。他被证明是一个可憎的暴君，耶利米毫不留情地抨击他。他站在圣殿的门口，谴责那些任由自己被虚假宗教活动所欺骗的祭司、先知和民众(《耶利米书》7：1—15；26：1以下)。“你们不要倚靠虚谎的话，说这些是耶和华(雅赫维)的殿。”(《耶利米书》7：4)那些偷盗、杀人、奸淫、起假誓、向巴力烧香的人们，跑到雅赫维的圣殿里说“我们可以自由了！”这都是徒劳无益的，因为他们还在“行那些可憎的事”，而雅赫维并没有瞎(《耶利米书》7：9—11)。主提醒他们在示罗(Shiloh)圣地被非利士人灭掉的命运：“你们且
350 往示罗去，就是我先前立为我名的居所，察看我因这百姓以色列的罪恶，向那地所行的如何。”(《耶利米书》7：12—13)耶利米被逮捕了，只是因为某些高官的保护，他才没被处于死刑(《耶利米书》26：10以下)。有很长一段时间，先知无法在公众场合讲话。①

① 在耶和华的命令下，耶利米把他不幸的预言写了下来。一天，他的仆人巴录(Baruch)要在耶和华的圣殿里将其中的某些章节读给众人听，而他则会被抓到国王的面前，他的书籍也会被焚烧掉。然而，耶利米会口述一部新书(《耶利米书》36)。

耶利米最后一个阶段的传道开始于公元前 595 年，那时尼布甲尼撒(Nebuchadnezzar)征服了耶路撒冷，并将犹大王国的部分上层人物掳往巴比伦。新国王西底家(Zedekiah)在埃及的帮助下准备反叛，耶利米试图让人民平静下来。结果被作为卖国贼抓起来，关进了监牢，后来是巴比伦人释放了他。不久后，他与一群逃亡的乡下人前往埃及(《耶利米书》37—39)。他对“住在埃及地的犹大人”发表了他的最后一次讲话(《耶利米书》44：1)。通过他的预言，主详述了即将到来的灾难：“我所降与耶路撒冷和犹大各城的一切灾祸，你们都看见了。那些城邑今日荒凉，无人居住。”(《耶利米书》44：2)尽管上帝派遣了他的“仆人众先知去说”，也是徒劳，人们仍在行恶事(《耶利米书》44：4 以下)。最后，雅赫维宣布还有另一次灾难：那些住在埃及的“犹大的余民”也同样会被消灭(《耶利米书》44：12 以下)。

耶利米布道的一个特点是大量的忏悔和对其个人情感的涉及。[①]他敢于对上帝说：“难道你待我有诡诈，像流干的河道吗？”(《耶利米书》15：18)和约伯一样，他问上帝：“恶人的道路为何亨通呢？大行诡诈的为何得安逸呢？”(《耶利米书》12：1)他想要理解上帝的做法。[②]然而，尽管他预言的灾难事实上都发生了，耶利米还是没有放弃对救赎甚至是对创造一个新天地的信念。像一个陶匠一样，雅赫维可以毁掉他的作品，但他还能再造一个新的、一个更好的(《耶利米书》18：6 以下)。的确，上帝通过他的预言宣布了
一个新的圣约：“日子将到，我要与以色列家和犹大家另立新约。……我要 351
将我的律法放在他们里面，写在他们心上。我要作他们的上帝，他们要作我的子民。”(《耶利米书》31：31，33)

阿摩司期待的是上帝新的爱的行动所带来的救赎，这将使以色列可能“归回年轻的日子”。而耶利米则大胆地希望人类彻底地新生。因为“耶和华(雅赫维)啊，我晓得人的道路不由自己。”(《耶利米书》10：23)这就是为什么主应许他的子民的新生即将到来。“我要使他们彼此同心同道，好叫他们永远敬畏我，使他们和他们后世的子孙得福乐。又要与他们立永远的约，

① 《耶利米书》11：18—23，12：1—6，15：10—12，17：12—18，18：18—23，20：7—18。亦可参见 Ringgren，*La religion d'Israël*，第 295 页以及注解 2、3 的书目(英译本第 281 页和注解 97—98)。

② 参见 von Rad，*Old Testament Theology*，第 2 卷，第 203 页以下。

必随着他们施恩。”(《耶利米书》32∶39—40)这等于重新创造了人类，这个观念对后世产生了重大的影响(如基督教的《新约圣经》中所启示的“新的圣约”)。①

120. 耶路撒冷的陷落。以西结的使命

“地上的君主和世上的居民，都不信敌人和仇敌能进耶路撒冷的城门。”(《耶利米哀歌》4∶12)《耶利米哀歌》不知名的作者如此呼喊着，他见证了公元前 587 年耶路撒冷的陷落。“耶和华(雅赫维)啊，求你观看！见你向谁这样行！妇人岂可吃自己所生育手里所摇弄的婴孩吗？祭司和先知岂可在主的圣所中被杀戮吗？”(《耶利米哀歌》2∶20)这次灾难对以色列的历史和雅赫维宗教的发展都有着决定性的影响。政治和宗教首都的陷落，意味着国家的消亡以及大卫王朝的结束。圣殿被烧被毁使得献祭活动中断。大量的人口被掳走。但巴比伦是一个不洁的国家，不能在那里举行祭祀。而原先
352 作为圣殿的地方被宗教学校所取代，后来逐渐演变成了犹太会堂，公众定期在此聚会祈祷、唱赞美诗和讲道。然而，圣殿的被毁随时提醒着人们亡国之痛。这也就是为什么恢复国家独立的祈祷文与重建圣殿的祈祷文是联在一起的缘故。②

在耶路撒冷或流放的人中，有许多人怀疑雅赫维的力量，而接受了征服者的神灵。有些人甚至怀疑雅赫维的存在。但是对于其他人来说，这场灾难就是主发怒的最好证明，是先知们不厌其烦地预言过的。于是，他们对那些“乐观的先知们”产生了一种愤怒。另一方面，伟大的《圣经》先知们则获得了他们生前曾被剥夺了的尊敬和赞美。然而，被掳往巴比伦的社会上层分子，却在宗教传统之外找寻能够保护以色列的力量(参见第 2 卷)。

最后一个伟大的先知以西结随第一批流放者于公元前 597 年到达巴比伦城，开始了他的传道生涯，直到公元前 571 年。他是一个祭司，这说明了为什么他总是强调仪式的洁净。对于以西结来说，罪——首先是偶像崇

① 对于理想的王的期待成为盼望新的圣约：“我要使他就近我，他也要亲近我。”(《耶利米书》30∶21)

② 《诗篇》的作者乞求上帝洁净他，赦免他的罪，同时“重建耶路撒冷的城墙”。“那时你必喜爱公义的祭。”(51∶18—19)

拜——使以色列变得不洁净。雅赫维将用“清水”洗净他的子民,以此给他们带来救恩(《以西结书》36：25)。[①]起初,以西结认为他的任务是一个吃力不讨好却又是必不可少的启蒙的工作,必须使那些相信耶路撒冷坚不可摧的第一批犹大王国的流放者清醒过来,然后在圣城陷落后安慰他们。[②] 在他传道的第一个时期,以西结宣布了耶路撒冷的末日即将来临,这是以色列不忠的必然结果。在一个寓言故事里(《以西结书》23),他将以色列和撒马利亚(即犹大)比作两姐妹,尽管雅赫维爱她们,但是她们却“在埃及行邪淫,在幼年时行邪淫”,随后又与亚述人以及巴比伦人行淫。

以西结不断地回到不忠妇人的主题上来,而雅赫维为了他的名迟迟没 353
有放弃她们(参见《以西结书》第 20 章中的例子)。以色列不配再享有这种特权地位,虽然正是雅赫维从万民中选择了以色列。但是,除了将这场历史的浩劫解释为上帝与以色列婚姻关系的危机以外,更重要的是雅赫维无所不在的观念。上帝的临在并不限于某个特殊的空间。因此,无论信徒是在其家乡或在一块陌生的土地上崇拜雅赫维都是没有关系的。重要的是,他的内心生活以及对其乡人的方式。与其他先知相比,以西结更多的是对个人谈话。[③]

耶路撒冷的陷落是以西结一个传道新时期的开始,主要以期盼以色列的得救为其特点。对于上帝而言,没有什么事情是不可能的。在出神的状态中,以西结看见一个“遍满骸骨的平原”。被圣灵注入后,这些骸骨“便活了起来,并且站起来,成为极大的军队。”这便是雅赫维要对以色列家所做的(《以西结书》37：1—14)。换言之,虽然以色列死了,但神迹却可以使它复活。在另一个神谕中(《以西结书》36),雅赫维许诺要召回流放的人,重建这个民族并使之繁衍不息。尤其是他预言的以色列的得救:“我必用清水洒在你们身上,你们就洁净了。……我也要赐给你们一个新心,将新灵放在你们里面。……使你们顺从我的律例,谨守遵行我的典章。你们必住在我所赐给你们列祖之地。你们要作我的子民,我要作你们的上帝。”(《以西结书》36：25—28)和耶利米一样,以西结也相信有一个新的圣约,实际上就是创

---

① Von Rad, *Old Testament Theology*, 第 2 卷,第 224 页以下;Ringgren, *La religion d'Israël*, 第 300 页(英译本第 284 页)。

② 参见 Fohrer, *Die Hauptprobleme des Buches Ezechiel*, passim; *History of the Israelite Religion*, 第 317 页以下。

③ 参见 Fohrer, *History of the Israelite Religion*, 第 319 页以及他在注释 4 中所引用的书目。

造一个新天地。但是,因为以色列的消亡使得人们对于主的全能及荣光产生了怀疑,于是,以西结将这个由雅赫维的意愿所创造的新天地解释为,“我却顾惜我的圣名,就是以色列家在所到的列国中所亵渎的”(《以西结书》36∶21)。而王子与牧人、上帝最忠实的“仆人”大卫将要统治这个新的以色列(《以西结书》37∶25 以下,34∶22 以下)。在最后几章中(《以西结书》40—48),以西结详细描绘了未来的圣殿(他在出神中所看到的样子),以及未来在新以色列所举行的祭礼。[①]

354 ## 121. 对于“历史的恐怖”的宗教评估

在被掳时期的最后几年以及被掳时期以后,先知并没有消失(参见第 2 卷)。但是,他们传的道主要是发展由耶利米所勾勒的“救赎神学”。由此,我们可以从这一点出发合理地评价先知在以色列宗教史中的角色。

对于先知们的行为,首先给我们深刻印象的是,他们对献祭仪式的批评和对宗教融合——也就是迦南宗教的影响——的猛烈攻击,他们称之为“行邪淫”。但是这种他们从未停止谴责的“邪淫”,却是宇宙论宗教中最普遍的形式之一。特别具有农耕文明的特点,宇宙论宗教延续着神灵世界最基本的辩证法,尤其是在于相信神灵会化身于宇宙万物及其律动中或是从中显现出来。自从以色列人进入巴勒斯坦以来,这样的一种信仰就被雅赫维的信徒斥责为最糟糕的偶像崇拜。宇宙论宗教从未如此激烈地被攻击过。先知们最后否认任何神性临在的本质。整个自然界——“邱坛”、石头、泉水、树木、某些作物、某些花——都被指责为不洁,因为它们被祭祀迦南丰产神灵的仪式所污染了。[②]完全洁净且神圣的地方就只有沙漠,也只有在那里,以色列人才保持了对其上帝的忠诚。植物的神性,一般说来,也就是自然界充满活力的神显,只有在后来中世纪的犹太教中才又被重新发现。

所有的崇拜仪式,尤其是血祭更是首当其冲地受到抨击;这不仅因为它掺杂了迦南的元素,从而受到了污染,更因为祭司和民众同样认为仪式活动是最好的崇拜方式。但是,先知们宣称,想要在圣所里寻找雅赫维,那是徒

---

① 以西结的出神异象构成了“圣殿神学”的开端,这在犹太教与基督教中都得到了极大的发展。

② 出于同样的原因,在印度的基督教传教士只准许将那些不在印度祭典中使用的花带进教堂,也就是那些最难看的花。

劳的；上帝鄙视牺牲、节日和庆典（参见《阿摩司书》5：4—6，14—15，21—23），他要的是正直与公义（《阿摩司书》5：24）。在犹太人被掳往巴比伦之前的先知从未规定过信徒的仪式活动。如果民众不归向雅赫维，这个问题 355
就不会产生。先知们并不想改革仪式，而是想要人们转变态度。[1]直到耶路撒冷陷落以后，以西结才提出一个修订过的仪式条律。

面对威胁着两个犹太王国生存的历史危机，先知们的回应是对自然的去神圣化并贬损仪式活动，简言之，也就是粗暴地、全面地排斥宇宙论宗教，强调个人通过决意回到雅赫维从而获得灵性的新生。先知们所面对的危险是巨大且紧迫的。与种种宇宙论宗教密切关联的"生命之喜悦"，不仅仅是一种叛教，而且也是一种幻觉，在迫在眉睫的民族灾难中必然会消失得无影无踪。宇宙论宗教的传统形式，如丰产的秘密、生死之间的辩证统一，所提供的都只是虚假的担保。事实上，宇宙论宗教鼓吹着这样一种幻想，认为生命不会停息，因而尽管有着严重的历史危机，民族与国家也会永远存在。换言之，不仅是民众与高官，而且也包括祭司和乐观的先知们都趋向于将自然灾害（如干旱、洪水、瘟疫、地震等等）看作历史的苦难。这样的灾难是不会结束的。但是，在犹太人被掳往巴比伦之前的先知们不仅宣布了国家的毁灭，而且他们还预言了整个民族灭绝的危险。

先知们反对国家政治的乐观主义，抨击大卫王朝鼓励宗教融合以替代将雅赫维宗教立为国教的政策。他们所宣称的"未来"事实上已很迫近了。先知们不停地预言着这未来，为的就是要改变现状，从而促使一种内在忠诚的转变。他们对当时的政治热心本质上是宗教性的。事实上，事件的进展是能够促使以色列民族真诚的悔改，从而为其带来"救赎"，这也就是以色列在历史中幸存下来的唯一可能性。先知预言的应验，更证实了他们所传的道，特别是关于历史事件都是雅赫维的做工的观念。换言之，历史事件获得了一种宗教上的意义，从而转化成了"否定性的神显"，转化成了雅赫维的"愤怒"。由此，他们通过证明这一切仅是神意的具体表现，而揭示其内在的 356
一致性。

这样，先知们首次*赋予了历史以价值*。于是历史事件本身就拥有了一个价值，因为它们是由上帝的意愿所决定的。历史事实因此成为了人面对上帝时的"处境"（situations），从而获得了一种前所未有的宗教价值。可以

① 参见 Fohrer，*History of the Israelite Religion*，第 278 页。

说，希伯来人是第一个将历史的意义当作上帝神显的民族，而这一概念，如同人们所预计的那样，被基督教所接受并进一步加以阐发。[1]但是我们必须补充的是，将历史当作神显这一观念，并没有马上而且完全地被犹太人接受，古代的观念依然持续了很长的一个时期。

---

① 参见 Eliade，*Cosmos and History*，第 102 页以下；关于"救赎"的时间及其在以色列神圣历史框架中的"价值"，参见同上书，第 104 页以下。

第15章　狄奥尼索斯，或复得的至福 357

122. "两次诞生"之神的显现与隐匿

经过一个多世纪的研究，狄奥尼索斯仍然是一个谜。无论是就他的起源、他特殊的存在方式以及他所开创的宗教体验的类型而言，他都与其他希腊诸神有所不同。据神话传说，他是宙斯与底比斯国王卡德摩斯(Cadmus)之女塞墨勒公主的儿子。妒忌的赫拉设下圈套——诱使塞墨勒请求宙斯，让她看一看他作为一个天神的真面目。结果，不自量力的公主被宙斯的雷电所击中而早产。宙斯将婴儿缝在自己的大腿里面，几个月后，狄奥尼索斯降临世间。所以，他的确是"两次诞生"的。在许多起源的神话中，王族的创始人都是神与凡间女子结合的产物。但狄奥尼索斯第二次却是从宙斯那里生下来的。正因为如此，在所有神人结合的后代中，只有他才是神。[①]

克列奇默(Kretschmer)试图从色雷斯—弗里吉亚语去解释塞墨勒的名字，意为大地女神，而这一词源学的解释也为像尼尔森和韦拉莫维兹这样的著名学者所接受。无论正确与否，这一词源学的考证都无助我们对于这个神话的理解。首先，我们很难设想一段天神与地母之间的神婚(*hieros gamos*)的结果是后者被火烧死。另一方面，也是非常重要的一部分，最早的神话传说都强调这样一个事实：**一个凡间的女子**[②]塞墨勒生下了一个神。
正是因为狄奥尼索斯这种自相矛盾的两重性使希腊人为之着迷，也因为唯 358
有如此，才能解释他自相矛盾的特殊存在方式。

---

① Pinder, Frag. 85; Herodotus 2. 146; Euripides, *Bacchae* 92以下; Apollodorus, *Bibl*. 3. 4. 3等等。

② 《伊利亚特》14. 323中称她为"一个底比斯妇女"，而赫西俄德在《神谱》940中叫她"凡间的女子"。

因为狄奥尼索斯是凡间的女子所生，所以他无权位列奥林匹斯的万神殿中。然而，他最后还是被接纳了，甚至连他母亲塞墨勒也被迎进了诸神之列。如许多材料所显示的那样，荷马知道他，但无论是他或是他的听众，都对这个与奥林匹斯诸神迥异的、“外来的”神没有兴趣。不过荷马是最早见证狄奥尼索斯的人。《伊利亚特》(6.128—140)中有一段著名的插曲：色雷斯英雄吕科尔戈斯(Lycurgus)追杀狄奥尼索斯的乳母，“于是，她们把祭祀的器具统统丢在地上，”而狄奥尼索斯则“吓得跳进了海里，忒提斯把战栗的他搂在怀中，因为每当战士吼叫时，他都吓得要死。”但是吕科尔戈斯“惹恼了诸神”，“为所有不朽的天神所憎恨，”于是宙斯弄瞎了他，他也就活不长久了。

在这个故事中，我们看到“人—狼”的追杀，神跳进了大海。我们可将此诠释为有关古代入会礼的记忆。① 然而，在荷马描写这一故事的时代，这个神话的意思及其目的已大不相同了。它向我们展示了狄奥尼索斯神性特殊的一面，他被仇敌“迫害”。但是，这个神话也向我们进一步证实了一个事实，即狄奥尼索斯被接纳为神族中的一员，并不仅仅是宙斯、他的父亲，而是所有其他神灵都对吕科尔戈斯的行为感到愤怒。

这一“迫害”戏剧性地表达了对该神的存在方式及其宗教思想的抵制。珀耳修斯与他的人一起攻打狄奥尼索斯以及陪伴他的“海女”们，据传说，他把神扔进了勒那湖(Lernaean)的湖底。② 在分析欧里庇得斯的悲剧《酒神的伴侣》(*Bacchae*)时，我们还会遇到这一迫害的主题。有人试图将这一插曲解释为狄奥尼索斯祭祀所遇到阻力的神话式记忆。这一含蓄的理论假定，狄奥尼索斯进入希腊的时间相当晚——也就是说，暗示他是一个“外来的”
359 神。大多数学者都同意厄文·罗德(Erwin Rohde)的观点，认为狄奥尼索斯是一个色雷斯的神，是直接从色雷斯或是从弗里吉亚传入希腊的。但是，奥托则强调狄奥尼索斯的远古和泛希腊的特性，事实上，在迈锡尼铭文③中就发现了他的名字——*di-wo-nu-so-jo*——这似乎可以证实他的假设。然而，希罗多德断定狄奥尼索斯是“晚近才传入的”，在欧里庇得斯的《酒神的伴

---

① 参见 H. Jeanmaire, *Dionysos*, 第 76 页；关于吕科尔戈斯和青春期入会礼，参见 Jeanmaire, *Couroï et Courètes*, 第 463 页以下。

② Plutarch, *De Iside* 35。

③ 他的名字出现在从皮洛斯(Pylos)发现的一张线形文字 B 的片断中(XaO6)。

侣》(219)中，彭透斯也提及“这位晚来的神，无论他是谁”。

无论狄奥尼索斯祭祀传入希腊的历史怎样，那些描述他所遭遇抵制的神话与神话片断，却有着更深一层的意思。这些神话告诉了我们狄奥尼索斯的宗教体验和他的特殊结构。狄奥尼索斯必然会招致对抗与迫害，因为他所激发的宗教体验威胁到了整个生活方式以及普遍价值。这必然对奥林匹斯宗教的最高地位及其体制形成一种威胁。这种抵制还表现出一种更内在的排斥，这在宗教史中多有记载：对于任何**绝对**的宗教体验的抵制，因为要得到这样的体验，只有否弃**其他所有的一切**(无论是内心的平静、人格、意识、理性，还是别的什么等等)。

沃尔特·奥托清楚地认识到，在狄奥尼索斯的“迫害”主题与他的种种显现方式之间有着极为密切的联系。狄奥尼索斯是个突然显现而又神秘消失的神。在克罗尼亚(Chaeronea)的阿格尼奥尼亚节(Agriona)上，妇女们徒劳地找寻他，只得到消息说神已去了缪斯的家，她曾帮他藏匿过。[1] 他消失在勒那湖底或是海里，然后，如同在安塞斯特利节(Anthesteria)一样，他又出现波涛中的一条船上。他在摇篮中“醒来”的典故[2]也意指同样的神秘
主题。这些周期性的显现与隐匿，使得狄奥尼索斯成为植物神。[3] 而事实 360
上，他确实与植物的生命休戚相关：常春藤与松树几乎成为他的标志，而他最流行的庆典也与农业历法相符合。但是，狄奥尼索斯是与整个生命相关联的，正如他与水和萌芽、血或精液的关系，以及在他的动物化身(公牛、狮子、山羊)中所表现出来的充沛的生命力。[4] 他无法捉摸的显现和隐匿在某种程度上反映了生命本身的出现与消失，即生死的交替及其最终的合一。但这并不是对宇宙现象的“客观”观察，这种乏味的观察不能激发出任何宗教思想，也不能产生任何神话。经由他的显现与隐匿，狄奥尼索斯启示了生死相联的奥秘与神性。这种启示在本质上是宗教的，因为它是由神的真实降临而产生的。这些显现与隐匿并不总是与季节相关，狄奥尼索斯在冬天显现，而在他曾经最辉煌临在的春季祭典中消失。

消失或隐匿都是对于冥府之旅或死亡的神话式表达。不错，狄奥尼索

①② Otto, *Dionysos*，第 79、82 页。

③ 有人试图将狄奥尼索斯看作是一个树神、谷物神或葡萄神，而他被肢解的神话则被解释为暗指谷物的“受难”或葡萄酒的酿造(狄奥多鲁斯·希库鲁斯[Diodorus Siculus]3.62)。

④ 参见奥托所讨论的文献与资料，*Dionysos*，第 162—164 页。

斯的坟墓在德尔斐,但据说他是死在阿哥斯。当狄奥尼索斯在阿哥斯的仪式中被呼唤出来时,他是从深海里现身的,[①]也就是在他死去的地方现身。根据一首俄耳普斯的赞歌(第 53 首),当狄奥尼索斯不在时,他被认为是与佩耳塞福涅在一起。最后,扎格柔斯—狄奥尼索斯(Zagreus-Dionysus)的神话(我们还将进一步讨论)谈到神的暴卒,以及他是如何被泰坦巨人杀害、肢解和吞食的。

狄奥尼索斯多样而又互补的诸方面在其公共仪式仍然被觉察得到,尽管这些仪式不可避免地要经过"净化"及再解释的过程。

123. 公共庆典中的古风

从庇西特拉图时期开始,在雅典有四个庆典是为了纪念狄奥尼索斯。[②]
361 乡村酒神节(The Rural Dionysia)在 12 月举行,这是一个农村的庆典。游行队伍扛着一个巨大的阳具模型,一群头戴花冠的人们载歌载舞地走着。这肯定是一个远古的庆典活动,遍及全世界。阳具崇拜(phallophoria)当然先于狄奥尼索斯的祭祀。其他仪式性的娱乐则包括比赛和竞技,还有戴着面具或扮作动物模样的人游行。这些仪式也是先于狄奥尼索斯崇拜的,但我们完全可以理解为什么由酒神来引领面具游行的队伍。

对于在仲冬举行的"酒神节"(the Lenaea),我们所知甚少。赫拉克利特说,"Lenai"意为"酒神的崇拜者",其动词形式意为"扮演酒神的崇拜者"。藉着 *daidouchos* 的帮助,酒神被召唤来了。在一段对阿里斯托芬诗文的旁注中,厄琉西斯的祭司说:"塞墨勒的儿子啊,雅库斯(Iacchus),[③]你是财富的给予者!"

安塞斯特利节大约是在 2—3 月份举行的,而后来创立的大酒神节则在 3—4 月间举行。修昔底德(Thucydides)认为(《伯罗奔尼撒战争史》2.15.4),安塞斯特利节是最早的、也是最重要的狄奥尼索斯节庆。第一天被称作"酒桶日"(Pithoegia),是开启酒桶(*pithoi*)的日子,上一年丰收后的酒就保存在里面。酒桶被运到狄奥尼索斯在马什(Marsh)的圣殿向酒神祭

---

① Plutarch, *De Iside* 35。

② 事实上,有两个庆典的名字与月份的名字相一致的——酒神月(Lenaeon)和安塞斯特利月(Anthesterion)——这表明了其古老的特性及泛希腊的特征。

③ 在厄琉西斯秘仪的游行中,雅库斯被同化为狄奥尼索斯;奥托在其著作《狄奥尼索斯》(*Dionysos*)中讨论了这些资料(第 80 页);参见 Jeanmaire, *Dionysos*,第 47 页。

酒，然后人们便可以品尝新酒了。第二天被称作“陶罐日”(Choës，意为“罐子”)，有一个喝酒比赛：人们拿着装满酒的罐子，信号一响起，每个人便以最快的速度喝光自己罐子里的酒。如同乡村酒神节中的某些比赛一样(例如，酒囊日[*askoliasmos*]，年轻人要站在一个抹油的酒囊上，并尽可能长时间地保持平衡)，这个比赛也有一个熟悉的场景，即与其他比赛和各种竞技(运动、辩论等等)一样都是为了更新生命。[1] 但是，他们对死后生命这种愉快与陶醉的预期则不同于阴暗的荷马式地府。

陶罐日也有游行，象征着酒神入城。因为人们相信他从海里来，因此游 362
行队伍中包括一艘有四个轮子的船，上面载着狄奥尼索斯，他手里拿着葡萄藤，旁边的两个萨堤罗斯(satyrs)[2]吹着笛子。参加游行的人很多，他们可扮作各种各样的模样，在吹笛人和戴花冠的人的后面是献祭的公牛，他们浩浩荡荡地向着“酒神祭坛”(Lenaeum)——一个只在这一天开放的古老圣所——进发。各种庆祝活动将在那里举行，巴赛勒阿(*basilinna*)，即“王后”，也就是王—执政官的妻子，与四个未嫁的女子将参加典礼。从这时起，巴赛勒阿，古代城市王后的继承人就被视作狄奥尼索斯的配偶，并与他同乘一辆马车。而新的游行，即婚礼的游行队伍则朝向布科里恩(Boucoleum)——古老的王室所在地——行进。亚里士多德说，酒神与王后的神婚正是在布科里恩(字面的意思是“牛棚”)里完成的。[3] 选择布科里恩，意味着狄奥尼索斯的公牛化身在当时仍是很流行的。

有学者试图将这种结合解释为一种象征性的，并认为酒神已成为统治者的化身。但沃尔特·奥托恰当地强调了亚里士多德见证的重要性。[4] 巴赛勒阿在她丈夫(国王的继承人)的房子里接待神，而狄奥尼索斯则化身为国王出现。也许这种结合象征着神与整个城市的婚姻，以为这样可以带来好运。但是，这只是狄奥尼索斯的行为特点，他的化身总是很淫荡，还要求人们公开传扬他的权威。在其他希腊神祇的祭典中，人们不会相信一个神

① 当然，这是一个非常古老且传布甚广的场景，是史前最重要的遗产之一，在各种类型的社会中都有其重要的位置。

② 萨堤罗斯是森林之神，一种半人半羊的怪物，性好欢娱，耽于淫欲。——译者

③ Ath. *Pol*. 3. 5。

④ 这种结合完全不同于巴比伦的彼勒(Bel，当神降临神庙时有一个神奴陪伴)，也不同于在帕塔拉(Patara)的阿波罗神庙中睡觉的女祭司，为了通过神谕直接从神那里获得智慧；参见奥托的著作，第 84 页。

自身会与王后结合。

但是在三天的安塞斯特利节中，特别是第二天，狄奥尼索斯的凯旋仪式，也是恶兆之日，因为届时所有死者的灵魂都会回来，和他们一起回来的还有恶魔(*kēres*)，他们会从地狱带来恶毒的影响。而安塞斯特利节的最后一天就是祭奠他们的。为死者献上祈祷文，准备一种用各种谷物煮成的杂
363 粮粥(*panspermia*)，并必须在天黑之前吃掉。夜幕降临时，人们通常会大叫："到门边去，恶魔(*kēres*)！安塞斯特利节已经结束！"这个仪式场景是很常见的，而且几乎在所有农业文明中都有记载。死者和阴间的力量掌握并赐予人们丰产与财富。一篇希波克拉底式的文章写道："死去的人们给予我们食物、植物和种子。"在所有献给狄奥尼索斯的祭典中，他都同时显现为丰产与死亡之神。赫拉克利特(《残篇》15)早已说过"哈得斯和狄奥尼索斯就是同一个神。"

以上，我们提及狄奥尼索斯与水、潮湿和植物的液汁的关联。而那些伴随或预告他显现的"奇迹"也必须提到：从岩石中涌出水来、河里流淌的满是牛奶和蜂蜜。在提欧斯(Teos)的狄奥尼索斯庆典中，当天会有一眼酒泉喷涌出来。[①] 在伊利斯(Elis)，三只放在密室里的空碗，第二天一早却被发现已斟满了酒(保萨尼阿斯，6.2.6.1—2)。其他地方也记载有类似的"奇迹"。最著名的是"一天的葡萄藤"，它在几个小时里开花结果。许多地方都发生过这种事情，因为有许多作者提及此事。[②]

124. 欧里庇得斯与狄奥尼索斯狂欢祭

这样的"奇迹"是疯狂而出神的狄奥尼索斯祭所特有的，反映了酒神身上最原始、可能也是最古老的元素。在欧里庇得斯的《酒神的伴侣》中有许多证据表明，希腊文化与狄奥尼索斯狂欢祭之间存在冲突。狄奥尼索斯自己就是《酒神的伴侣》中的主角，这部戏在古希腊的戏剧中也是绝无仅有的。因为他的崇拜仪式在希腊不被人们所承认，狄奥尼索斯十分愤怒，就带领一队女祭司从亚洲兵临他母亲的出生地底比斯城下。底比斯国王卡德摩斯的三个女儿否认宙斯曾爱过她们的姐妹塞墨勒并生下一个神灵。狄奥尼索斯"疯狂地"袭击她们，他的姨妈们和其他底比斯的妇女一起逃到她们举行酒

① Diodorus Siculus，3.66.2.

② Sophocles，*Thyestes*(Frag. 234)，还有奥托所引用的其他资料来源，第98—99页。

神祭的山上。继承了其祖父卡德摩斯王位的彭透斯禁止这种祭典，尽管许 364
多人劝他不要如此，但他却坚持己见，不肯妥协。乔装成自己仪式的一个司仪，狄奥尼索斯被彭透斯逮住并关了起来。但是他却奇迹般地逃了出来，甚至还成功地劝说彭透斯潜入妇女们的狂欢庆典中。结果彭透斯被女祭司发现，并被撕成了碎片。而他自己的亲生母亲阿格薇(Agave)则带着他的头颅凯旋而归，却还以为那是狮子的头。①

无论欧里庇得斯在其晚年写作《酒神的伴侣》的意图是什么，这一希腊悲剧中的经典之作都是有关狄奥尼索斯祭祀的最重要文献。在此，“对抗、迫害然后凯旋”的主题在作品中得到了鲜明的表现。② 彭透斯反对狄奥尼索斯，是因为他是一个“外来者、传道者、巫师……有着漂亮芬芳的金黄色鬈发、红润的脸颊、眼里闪烁着阿佛罗狄忒式的魅力。假借教导甜美迷人的教仪之名，使女孩子堕落”(《酒神的伴侣》233 以下)。他鼓励妇女们在夜里离开家跑到山上去，随着小鼓与长笛的音乐声起舞。彭透斯主要是害怕葡萄酒的力量，因为“一旦葡萄汁在庆典中出现，祈祷仪式中与妇女在一起的每样东西都会变得不干净”(《酒神的伴侣》260—262)。

然而，并非酒使酒神的崇拜者出神。彭透斯的一个仆人黎明时在锡泰隆山(Cithaeron)遇见他们，说他们披着小山羊的皮，头上戴着常春藤编织的花冠，腰间缠绕着蛇，在手上喂食小山羊和小狼(《酒神的伴侣》695 以下)。狄奥尼索斯式的奇迹充斥其中：酒神祭司以酒神杖③击打岩石，就会涌出水或酒来；他们以手抓地，牛奶便会冒出来；而常春藤缠绕的酒神杖还会滴下
蜜来。“无疑地，”这个仆人继续说道，“如果你在那里，你定会转而皈依这个 365
你曾蔑视过的神，看过一眼，你就会向他祈祷”(《酒神的伴侣》712—714)。

被阿格薇发现后，这个仆人和他的同伴几乎被撕成了碎片。随后，酒神的崇拜者扑向地上正在吃草的动物，“手无寸铁”地将它们撕碎。“在一千个

---

① 当人们不承认他是神时，狄奥尼索斯便将他们变得“疯狂”，这样的例子还有许多。例如，阿哥斯的妇女(阿波罗多拉斯[Apollodorus]2.2.2；3.5.2)和明亚斯(Minyas)的女儿们在奥柯门农(Orchomenos)，都被撕成了碎片，并且被她们其中一人的儿子所吞食(Plutarch, Quaest. gr. 38. 299e)。

② 公元前 5 世纪，底比斯成为这一祭祀的中心，因为狄奥尼索斯正是降生在那里的，那里还有塞墨勒的坟。然而，我们不要忘记早期这里也曾抵制过他，而《酒神的伴侣》中的一个教训就是：不要因为神被认为是“新来的”而拒绝他。

③ 酒神杖是狄奥尼索斯或其祭司所执的一种专门的手杖，顶端饰有松果，有时杖身缠着葡萄藤。——译者

女子的手中”，那些凶猛的公牛在一瞬间被撕成了碎片。然后，这些女祭司们在草原上席卷而过。“她们从家中掳走小孩，无论她们在肩上放着什么都不用捆绑，也不会掉在地上，即使是铜器或铁器亦然。她们的头发上冒出火花，但却不会燃烧起来。因为酒神信众的掠夺，人们愤而拿起武器。天哪，奇迹显现了：投枪扎在她们身上却没有流血，而她们掷出酒神杖，却伤了众人”(《酒神的伴侣》754—763)。

我们无意强调这些疯狂而又野蛮的夜间仪式与前面提及的公众狄奥尼索斯庆典之间的差别(参见 § 123)。欧里庇得斯向我们展示了秘仪中所特有的一个秘密崇拜仪式。“这些秘仪，在你看来，都是些什么东西?”彭透斯问。狄奥尼索斯则答道：“他们的秘密禁止他们与那些不是信徒的人往来。”“那些庆典对他们来说有什么用?”“你是不会明白的，然而，这些东西确实是值得了解的”(《酒神的伴侣》470—474)。

秘仪在于酒神崇拜者参与了狄奥尼索斯的整个显现过程。仪式是在夜间举行的，在远离城市的山间林中。他们将祭祀的牺牲撕成碎片(*sparagmos*)，并生吃其肉(*ōmophagia*)，由此来实现与神的沟通。因为，他们撕碎与吞食的动物是狄奥尼索斯的化身或是他的显现物。所有其他的体验——身体异常的强壮、刀枪不入、水火不侵、种种奇迹(从地下涌出水、酒和奶)、与蛇及其他幼小的野兽“狎昵”——这一切可能都是因为狂热、因为被神所认同而造成的。狄奥尼索斯式的出神首先意味着超越人的状态，发现完全的释放，获得一种人类所难以达到的自由与自在。这其中也包括摆脱伦理与社会秩序的禁忌、规则与习俗——这至少部分地说明了为什么会
366 有如此之多的女性信徒的原因。[①] 狄奥尼索斯式的体验还涉及到一种最深层次的东西。吞食生肉的信徒们重新恢复了一种被压制了数万年的行为，这种狂热揭示了一种与生命及其宇宙力量的沟通，它只能被解释为一种神灵附体。而这种附体与“发狂”(*mania*)相混淆，也是预料之中的。狄奥尼索斯自己也有“发狂”的经历，酒神的崇拜者们只是在分享神的磨难与激情而已。总之，这是与他沟通的最确切的方式之一。

希腊人还知道由诸神所带来的其他发狂(*mania*)的事情。在欧里庇得斯的悲剧《赫剌克勒斯》中，赫拉使英雄发狂；在索福克勒斯的《埃阿斯》中，

---

① 然而，特雷西亚斯(Teiresias)为狄奥尼索斯辩护说：“他并没有强迫妇女对他忠诚。忠贞是要依靠品德的，因此，忠贞的妇女在参加酒神祭典时自然也不会被败坏。”(《酒神的伴侣》314 以下)

是雅典娜制造了这种疯狂。科里班忒祭(Corybantism)与狄奥尼索斯狂欢祭有相似之处，由科里班忒附体所带来的疯狂，只有通过一次入会礼才能治愈。然而，狄奥尼索斯及其崇拜仪式与其他仪式不同之处在于，**他们将其视为一种宗教体验**而非精神变态的危机，不论它是来自神的惩罚或是赐福。[1]最后，仪式与群众活动有着明显的相似之处，例如，中世纪某种惊厥式的舞蹈或阿萨乌人(Aissawa，北非一种神秘的兄弟会)的仪式性生食。[2] 这些事实上展现了狄奥尼索斯宗教的独创性。

很少有这样一个神带有如此多的远古特征，而在某个历史时期突然出现：其仪式中有兽形面具、阳具崇拜、撕牲、生食、食人肉、**发狂**以及**狂热**。最值得注意的是，尽管保持了一种史前的传统，但当狄奥尼索斯祭祀一旦融入希腊人的精神世界时，又创造出了新的宗教价值。的确，许多学者对这种由神灵附体所带来的极度兴奋——“发狂”十分感兴趣，也经常引起他们的嘲讽。希罗多德(4.78—80)在谈及斯基泰国王司库列斯(Skyles)的冒险经历时说，他在波里斯特尼斯(Borysthenes，即第聂伯河)的奥尔比亚(Olbia)“参加了狄奥尼索斯崇拜的入会礼。”在这一庆典(*teletē*)中，由于神的附体，他成了“酒神的崇拜者和疯子”。这很可能是指，在入会礼的游行中，“在神的王国”，他们变得极度兴奋，而在旁观者和被附体的人看来就是“发狂”(*mania*)。 367

希罗多德很喜欢讲述他在奥尔比亚时别人告诉他的一个故事。有一个著名的故事，[3]德摩西尼(Demosthenes)[4]试图嘲笑他的敌人埃斯基涅斯(Aeschines)[5]，却因此向我们揭示了公元前 4 世纪在雅典为了纪念萨巴齐乌斯(Sabazius)——一个与狄奥尼索斯相类似的色雷斯神——而由酒神崇

---

① 萨满与一个精神病患者之间的区别在于，他能够自我治愈，而且最后会比社会其他成员更强壮、更富有创造力。

② 罗德(Rohde)将狄奥尼索斯的出神式的宗教与中世纪惊厥式舞蹈的传播相比较，埃斯勒(R. Eisler)则注意到仪式性生食的(称作 *frissa*，来源于动词 *farassa*，意为“撕裂”)艾萨瓦(Aissasa)。他们神秘地认为，自己与食肉类动物相等同(如胡狼、豹子、狮子、猫、狗)，他们将牛、狼、绵羊和山羊撕碎，挖出内脏，然后吃掉它们。在一个庆祝的狂欢舞蹈之后，他们便开始大嚼生肉，“为的是要野蛮地享受出神以及与神的沟通”(布隆内尔[Brunel])。

③ *De corona*, 259.

④ 德摩西尼(前 384—前 322)，雅典民主政治家、雄辩家，反对马其顿对希腊的入侵，后服毒身亡。——译者

⑤ 埃斯基涅斯(前 389—前 314?)，雅典演说家及政治家，德摩西尼的政敌，后离开雅典。——译者

拜社团(*thiasoi*,私人宗教团体)所举行的某些仪式。(从名字上看,古人认为他就是色雷斯的狄奥尼索斯。)①德摩西尼是从“书本”(可能是一篇关于*hieroi logoi* 的文字)中知道这些仪式的。他提到“小山羊皮”(nebrizing,可能涉及生吃动物的献祭)、“酒坛”(*kratēr*,一种装酒和水混合而成的“神秘饮料”的容器)、涤罪礼(*katharmos*,主要是往入会者身上刷泥灰和面粉)。最后,辅祭扶起匍匐或是躺在地上的入会者,后者则重复这样的句子:“我已远离罪恶,感觉好多了。”然后,所有会众突然大声号哭(*ololygē*)。第二天早上看见入会者的游行队伍,他们头上戴着茴香与白杨树枝编成的花冠。埃斯基涅斯走在队伍的前面,手中挥舞着蛇,高声叫着:“仪式,萨巴齐乌斯的秘仪!”然后,边跳边喊着“Hyes, Attes, Attes, Hyes”。德摩西尼还提及一个
368 簸箕形的篮子(*liknon*),“神秘的簸箕”是狄奥尼索斯幼时最初的摇篮。

我们发现,在狄奥尼索斯仪式的中心总会有出神的体验,且或多或少都带有点暴力的发狂(*mania*)。在某种意义上,这种“发狂”证明了入会者“为神所充满”(*entheos*)。这种体验肯定是难以忘怀的,因为他们感受到一种充满想象的自在以及令人陶醉的自由,感受到了狄奥尼索斯超人的、无懈可击的力量。与神沟通会暂时伤害到人体的状况,但是不至使其改变。在《酒神的伴侣》或后来依诺斯(Nonnus)的作品《狄奥尼索斯》(*Dionysiaca*)中都未提及永生。这足以将狄奥尼索斯与查莫西斯(Zalmoxis)区分开来,从罗德(Rohde)开始,学者们经常将他们相提并论,有时甚至把他们混淆在一起。因为盖塔伊人(Getae)的神能使进入其秘仪的人获得“永生”。但是,希腊人始终不敢跨越这一将人与神分隔开来的无限的距离。

125. 当希腊人重新发现神的临在时

入会礼与私人宗教社团(*thiasoi*)的秘密性质似乎可以肯定(参见《酒神的伴侣》470—474),②即使有部分庆典是公开的(例如,游行)。很难判定何时又是在何种情况下,狄奥尼索斯崇拜具有了神秘宗教的特征。因为完全没有关于末世论的任何资料,许多德高望重的学者(例如,尼尔森、费斯图吉耶尔)都否认狄奥尼索斯秘仪的存在。然而,有关秘仪的情况,特别是古代

---

① 根据古代的注释,弗里吉亚文中的 *saboi*(或 *sabaioi*)一词与希腊文中的 *bacchos* 是同义的;参见 Jeanmaire, *Dionysos*, 第 95—97 页。

② 应该记住,安塞斯特利节庆中的某些仪式只是由妇女举行的,而且绝对保密。

的,我们所知甚少,可以说对秘仪的意义是一无所知。但这些秘仪一定存在过,因为全世界所有的文化中都有关于入会礼及其秘密的记载。

此外,末世论的形态也并不一定就只限于俄耳普斯教或希腊化时期的
秘教。狄奥尼索斯的隐匿和显现,他的冥府之旅(类似于死后复活),尤其是 369
圣婴狄奥尼索斯崇拜,①以及庆祝他“苏醒”的仪式——甚至摆脱了狄奥尼索斯—扎格柔斯(Zagreus)的神话—仪式主题,这是我们马上要强调的——都意味着灵性再生的愿望与希冀。在世界各地,圣婴总是有着入会礼的象征,显示了“再生”奥义的神秘特性。(就宗教体验而言,这样的象征是否能被理智地理解并不重要。)要记住萨巴齐乌斯崇拜(人们认为他就是狄奥尼索斯)中已经显示出秘仪的结构(“我已逃离了罪恶!”)。的确,《酒神的伴侣》中没有提及永生,然而,对于酒神的崇拜者死后的状况来说,与神的沟通,即使是暂时的,也并非是没有结果的。狄奥尼索斯出现在厄琉西斯秘仪中,使我们联想到至少是某些酒神崇拜体验中的末世论意义。

然而,特别是到了狄奥尼索斯—扎格柔斯时期,祭祀的秘仪特征就确定了。关于圣婴狄奥尼索斯—扎格柔斯被肢解的神话,我们主要是通过基督教学者而得知的。② 如我们所预料的,他们用神话即历史的观点来解释神话,既不完整又带有敌意。但是,正因为他们摆脱了不得公开宣说神圣及秘密之事的禁忌,基督教的作者们反而得以向我们转述了大量珍贵的细节。赫拉派泰坦巨人去杀圣婴狄奥尼索斯—扎格柔斯,他们先是用玩具(拨浪鼓、镜子、跖骨、球、陀螺、牛吼器)引诱他,然后杀害了他并将其砍成碎块。他们将砍碎的尸体丢进锅里去煮,有人说,他们还把他吃掉了。一个女神——雅典娜、瑞亚或是得墨忒耳——得到或是救下了他的心脏,将其放在一个箱子里。宙斯得知这一暴行后,用雷电劈死了泰坦巨人。基督教的作者没有提及狄奥尼索斯的复活,但是古代的人都知道这段故事。与西塞罗(Ciero)同时代的伊壁鸠鲁学派(Epicurean)的费罗德莫斯(Philodemus)谈到狄奥尼索斯的
三次诞生,“第一次是从他母亲那里,第二次是从(宙斯的)大腿中,第三次是 370
在他被泰坦肢解后,瑞亚将他的肢体收集在一起,他又复活了。”③菲尔米库

---

① 圣婴狄奥尼索斯崇拜最早出现在克里特岛和比奥夏,但后来传遍了整个希腊。

② Firmicus Maternus, *De errore prof. relig.* 6; Clement of Alexandria, *Protrept.* 2. 17. 2; 18. 2; Arnobius, *Adv. Nat.* 5. 19;这些文献在 Kern, *Orphica fragmenta* 中得出重现,第110—111页。

③ Philodemus, *De piet.* 44; Jeanmaire, *Dionysos*,第382页。

斯·马特努斯(Firmicus Maternus)最后补充说,在克里特(他将诸神解释为历史人物的地方),每年的仪式都要纪念这一次凶杀,他们重现"这个孩子临死前所受的折磨"。"在密林深处,他们发出奇怪的哭号声,假装愤怒的灵魂发了疯",以此表示这一罪行是因为疯狂而犯下的,"他们还用牙齿撕裂活生生的公牛"。

圣婴狄奥尼索斯—扎格柔斯受难及其复活的神话—仪式主题引发了无数的争论,特别是因为它的"俄耳普斯式的"诠释。我们认为这足以表明,由基督教作者所转述的信息已为早期的文献所证实。"扎格柔斯"的名字第一次被提及是在底比斯史诗《阿尔克迈翁家族》(*Alcmaeonis*)中(公元前 6 世纪),[1]它的意思是"伟大的猎人",这与狄奥尼索斯的野蛮与狂欢性格相符合。至于泰坦巨人所犯下的罪行,保萨尼阿斯(8.37.5)为我们提供了一段资料,尽管韦拉莫维兹和其他学者对此持怀疑的态度,但这段资料还是非常珍贵的。他说,在公元前 6 世纪庇西特拉图统治时期,雅典的欧诺马克里图斯(Onomacritus)写了一首这个题材的诗:"从荷马处得知泰坦的名字,他创立了狄奥尼索斯的崇拜(*orgia*),泰坦成为使神受难的承担者。"根据这个神话,当泰坦巨人接近圣婴时,他们以泥灰涂脸,以免被人认出来。而在雅典,庆祝萨巴齐乌斯的秘仪中,有一个入会礼就是把面粉或泥灰涂在新入会者的脸上。[2] 这两件事从来就一直都是联系在一起的。[3] 但是,我们在此看到的是一种古老的入会礼,是原始社会中所常见的,初学者用面粉或
371 泥灰抹脸,为的是要看起来像鬼一样,换言之,他们是在经历一次仪式性的死亡。至于"神秘的玩具",他们也早就知道。在法尤姆(Faiyum)发现的公元前 3 世纪的纸草古卷,虽有些残缺,但其中也提到陀螺、牛吼器、跖骨和镜子。[4]

在公元前 4 世纪,神话中最富戏剧性的插曲,是关于圣婴被肢解后,泰

---

① Frag. 3 Kinkel,第 1 卷,第 77 页;亦可参见 Euripides, Frag. 472;关于卡利马科斯(Callimachus, Frag. 171)扎格柔斯是狄奥尼索斯的别名;参见其他例子,载 Otto, *Dionysos*,第 191 页以下。

② Demosthenes, *De corona* 259. 阿尔戈斯人参加狄奥尼索斯庆典时,他们在脸部涂上白垩或泥灰。白垩(*titanos*)与泰坦(*Titanes*)的关系被突出来。然而,有时这个神话—仪式的综合体也会被这两个词所混淆(参见 Farnell, *Cults*,第 5 卷,第 172 页)。

③ 参见 Nonnus, *Dionysos* 27.228 以下。

④ *Orph.* Frag. 31.

坦将他的肢体丢进大锅里煮，然后再烧烤。我们知道相关的所有细节，而且，它们都与“秘仪的庆祝”[①]一起重演。简玛利(Jeanmaire)很中肯地指出，无论是在大锅里煮或是过火，都是为了带来永生（参见得墨忒耳和迪莫枫的故事）或返老还童（珀利阿斯的女儿将他们的父亲砍碎后放在锅里煮）的入会礼。[②] 需要补充指出的是，这两种仪式——肢解、在锅里煮或是过火——都是萨满入会礼的特征。

由此，我们可以在“泰坦的罪行”中看到古代入会礼的场景，虽然它原初的意义已被遗忘。泰坦巨人就像是入会礼的教师，也就是说，他们“杀死”初学者，是为了让他“重生”到一个更高的存在模式（在我们的例子中，可以说，他们赋予了圣婴狄奥尼索斯以神性和永生）中。但是，在一个宣称宙斯为绝对权威的宗教中，泰坦所能扮演的就只能是一个恶魔的角色，而且他们是被宙斯的雷电化为灰烬的。根据几个不同的版本，人类就是从泰坦的灰中被创造出来的，而且这个神话在俄耳普斯教中起到了一个相当重要的作用。

狄奥尼索斯仪式中入会礼的特征也能在德尔斐的妇女们庆祝神的再生时感受到，因为德尔斐的簸箕“装着被肢解而准备重生的狄奥尼索斯，也就是扎格柔斯”，普鲁塔克证实说，[③]这个狄奥尼索斯“重生为扎格柔斯，同时也是底比斯的狄奥尼索斯，宙斯与塞墨勒的儿子。”[④]

狄奥多鲁斯·希库鲁斯(Diodorus Siculus)谈到狄奥尼索斯秘仪：“俄耳 372
普斯在秘仪庆典中传递撕碎了的狄奥尼索斯肢体”（《世界史》5.75.4）。在另一段落中，狄奥多鲁斯认为，俄耳普斯是狄奥尼索斯秘仪的改革者，“这就是为什么源自狄奥尼索斯秘仪的入会礼也叫俄耳普斯”(3.65.6)。由狄奥多鲁斯所传下来的这个传说很有价值，因为它证实了狄奥尼索斯秘仪的存在。但可能早在公元前5世纪，这些秘仪就已经吸收了某些“俄耳普斯的”元素。而事实上，当时俄耳普斯也被人称作“狄奥尼索斯的先知”和“所有入

---

① 参见亚里士多德所提出的“问题”(Didot, *Aristote* 4.331.15)，在撒罗门·雷细赫(Salomon Reinach)之后，还有 Moulinier, *Orphée et l'orphisme*，第51页。在3世纪，优福里翁(Eurphorion)知道一个类似的传说（同上书，第53页）。

② Jeanmaire, *Dionysos*，第387页；参见 Marie Delcourt, *L'oracle de Delphes*，书中的其他事例，第153页以下。

③ *De Iside* 35.

④ Delcourt，第155、200页。普鲁塔克在谈到俄西里斯(Osiris)的被肢解与复活后，提到他的朋友克利阿(Clea)，德尔斐女祭司的首领时说：“俄西里斯就是狄奥尼索斯，有谁能比身为提亚底斯(Thyiades)王的你知道得更多呢？你父亲会带你接受俄西里斯秘仪的入会礼的。”

会礼的创始者”(参见第2卷第19章)。

令人惊讶的是,与其他希腊神祇相比,狄奥尼索斯的显现及其化身更加多样和新奇。他总是马不停蹄,他的足迹遍布各地,在各个民族里,融入每个宗教背景中,与不同的神结合在一起(甚至是和与他敌对的得墨忒耳和阿波罗在一起)。可以肯定,他是唯一以不同面貌出现的希腊神祇,能同时迷惑并吸引住农民与知识精英、政治家与冥想者、纵欲者与禁欲者。除了狂喜、性爱以及万物的繁殖外,还有由死者周期性的复活、疯狂、沉浸在动物的无意识中、**狂热的**出神等所带来的难忘的经历,所有的这些恐怖与启示都来自于一个源头:“**神的降临**”(*the presence of the god*)。他的存在方式表现了生与死的对立统一。这就是为什么狄奥尼索斯迥然不同于奥林匹斯诸神的原因。他是否更接近于人而不是神?无论如何,人可以接近他,甚至与他合而为一,而发狂(*mania*)的出神则证明了人的状态是可以超越的。

这些仪式有着超乎想象的发展。合唱、悲剧与羊人剧(satyr play)①都或多或少地直接与狄奥尼索斯有关。有趣的是,他们把仪式加以转化,先是
373 将“酒神祭的合唱”(*dithyrambos*,包括出神的疯狂)公开展示,最后放到文学中。② 一方面,如果某些公开的祈祷仪式被搬到台上,并使狄奥尼索斯成为戏剧之神,而另一方面,一些仪式、秘密和入会礼则发展成了秘仪。至少,俄耳普斯教便是间接地受惠于狄奥尼索斯的传说。超过其他的奥林匹斯神,这个年轻的神会不断地以新的化身、意想不到的神谕以及末世论的希望来满足他的崇拜者。

---

① 在古希腊,一部三部曲的悲剧演出后,为调节情绪而加演的滑稽喜剧,由羊人合唱团与悲剧主人公一起演出。——译者

② 酒神祭的合唱是“献祭后的一种圆圈舞,藉着旋律和仪式的欢呼与喧哗之声所带来的集体出神。确切地说,是合唱诗歌在希腊的发展达到巅峰的时期(公元前7—前6世纪),由领唱者(*exarchōn*)通过增加歌曲部分的重要性而逐步形成的一种文学形式,插入的诗歌在主题上或多或少地都与狄奥尼索斯的故事和他本身有关”(Jeanmaire,*Dionysos*,第248—249页)。

缩 略 语 374

ANET	J. B. Pritchard, *Ancient Near Eastern Texts Relating to the Old Testament* (Princeton, 1950; 2d ed., 1955)
Ar Or	*Archiv Orientálni* (Prague)
ARW	*Archiv für Religionswissenschaft* (Freiburg and Leipzig)
BEFEO	*Bulletin de l'Ecole française d'Extrême-Orient* (Hanoi)
BJRL	*Bulletin of the John Rylands Library* (Manchester)
BSOAS	*Bulletin of the School of Oriental and African Studies* (London)
CA	*Current Anthropology* (Chicago)
ERE	*Encyclopaedia of Religion and Ethics*, ed. James Hastings
HJAS	*Harvard Journal of Asiatic Studies*
HR	*History of Religions* (Chicago)
IIJ	*Indo-Iranian Journal* (The Hague)
JA	*Journal Asiatique* (Paris)
JAOS	*Journal of the American Oriental Society* (Baltimore)
JAS	*Journal of the Asiatic Society*, Bombay Branch
JIES	*Journal of Indo-European Studies* (Montana)
JNES	*Journal of Near Eastern Studies* (Chicago)
JRAS	*Journal of the Royal Asiatic Society* (London)
JSS	*Journal of Semitic Studies* (Manchester)
OLZ	*Orientalische Literaturzeitung* (Berlin and Leipzig)
RB	*Revue Biblique* (Paris)
REG	*Revue des Etudes Grecques* (Paris) 375
RHPR	*Revue d'Histoire et de Philosophie religieuses* (Strasbourg)

RHR	*Revue de l'Histoire des Religions* (Paris)
SMSR	*Studie Materiali di Storia delle Religioni* (Rome)
VT	*Vetus Testamentum* (Leiden)
WdM	*Wörterbuch der Mythologie* (Stuttgart)
ZDMG	*Zeitschrift der deutschen morgenländischen Gesellschaft* (Leipzig)

研究现状:问题与进展。评论性书目 376

1. 有关一般史前史的入门书,参见 Grahame Clark, *World Prehistory* (Cambridge, 1962); Grahame Clark and Stuart Piggott, *Prehistoric Societies* (London, 1965) (这本书中有丰富的参考书目); H. Breuil and R. Lantier, *Les hommes de la piere ancienne*; *paléolithique et mésolithique*, rev. ed. (Payot, 1959) (Eng. trans. *The Men of the Old Stone Age* [*Palaeolithic and Mesolithic*], trans. B. B. Rafter [London, 1965])。

更完整的文献资料,参见 H. Müller-Karpe, *Handbuch der Vorgeschichte*, vol. 1:*Altsteinzeit* (Munich, 1966),以及在卡尔 · J. 纳尔(Karl J. Narr)主编下出版的第一卷, *Handbuch der Urgeschichte* (Bern and Munich, 1967)。卡尔 · J. 纳尔(Karl Narr)以一份全面的参考书目作结束,为此书做了一个完美的总结,收录在 *Abriss der Vorgeschichte* (Munich, 1957), pp. 8—41。也可参见他的 *Urgeschichte der Kultur* (Stuttgart, 1961);F. Bordes, *Old Stone Age* (New York, 1968), 以及 *La préhistoire*: *Problèmes et tendances*, Éditions du CNRS (Paris, 1968)。

对于语言与社会起源的假设的分析,参见 Frank B. Livingstone, "Genetics, Ecology and the Origins of Incest and Exogamy", *CA* 10 (February 1969):45—61 (bibliography, pp. 60—61)。有关语言的起源,我们引用 Morris Swadesh, *The Origin and Diversification of Language* (Chicago, 1971)。

在卡尔 · J. 纳尔(Karl J. Narr)的几部著作中,他将这些假设与灵长目动物的"人类化"放在一起加以考察,试图为古人类构建一幅可能的图像;参见"Approaches to the Social Life of Earliest Man", *Anthropos* 57 (1962): 604—620; "Das Individuum in der Urgeschichte: Möglichkeiten seiner Erfassung", *Saeculum* 23 (1972):252—265。

关于美洲的殖民问题，参见 E. F. Greenman, "The Upper Paleolithic and the New World", *CA* 4 (1963):41—91; Allan Bryan, "Early Man in America and the Late Pleistocene Chronology of Western Canada and Alas-
377 ka", 同上书，10 (1969):339—365;Jesse D. Jennings and Edward Norbeck, eds., *Prehistoric Man in the New World* (Chicago, 1964); Gordon R. Willey, *An Introduction to American Archaeology* (Englewood Cliffs, N. J., 1966), vol. 1, pp. 2—72 and passim。

也可参见 Frederick D. McCarthy, "Recent Development and Problems in the Prehistory of Australia", *Paideuma* 14 (1968):1—17; Peter Bellwood, "The Prehistory of Oceania", *CA* 16(1975):9—28。

数万年来，在欧洲、非洲和亚洲，旧石器文化的顺序都是一样的。同样的顺序也发现于澳大利亚、南北美洲，只不过时间范围要短很多。在公元前2万—前1万年这段时间内，我们不能说哪一个地区的技术比其他地区进步。的确，工具的结构有所不同，但是，这些差异可能反映的是地区的适应性，而不是技术的进步；参见 Marvin Harris, *Culture, Man and Nature* (New York, 1971), p. 169。旧石器时代的**文化统一性**是后来各个文化的共同来源；此外，还可与现代的狩猎社会相比较。对于"残存"在古代希腊神话与仪式中的旧石器时代文化的精辟分析，参见 Walter Burkert, *Homo Necans* (Berlin, 1972)。至于狩猎文化，参见研讨会 *Man the Hunter*, edited by Richard B. Lee and Irven Devore (Chicago, 1968)。

2. 要明白为什么学者们不敢承认旧石器时代可能存在一种一致且复杂的宗教文化，我们就必须记住，在19世纪后期，"宗教"一词的使用是有很多限定的，对于其他文化中的宗教常常用一些贬义词，如"巫术"、"迷信"或"野蛮状态"等等。有些作者提到"没有宗教的人"，因为，他们在那些部落中找不到他们所熟悉的多神教和"拜物教的体系"。而那些认为有"宗教"的人则被指责为美化古人类，因为他们认为"宗教"就应该是一个相当于犹太教和基督教、印度教或是近东万神殿的复杂的思想体系。

我们不必罗列所有关于史前宗教的著作，大部分著作都只有参考书目的价值。以下著作中的文献资料或其进一步的假设或许有值得参考之处：T. Mainage, *Les religions de la préhistoire* (Paris, 1921); G. H. Luquet, *L'art et la religion des hommes fossiles* (Paris, 1926); C. Clemen, *Urgeschichtliche Religion*, 2 vols. (Bonn, 1932—1933); E. O. James, *Prehistoric*

Religion(London and New York,1957)。也可参见 Emmanuel Anati, ed., *Symposium international sur les religions de la préhistoire Valcamonica*, *18—23 septembre 1972*(Brescia, 1975);*HR* 16(1976):178—182。 378

更全面的讨论可参见最近的出版物:Johannes Maringer, *The Gods of Prehistoric Man* (New York, 1960); Étienne Patte, *Les hommes préhistoriques et la religion* (Paris, 1960); André Leroi-Gourhan, *Les religions de la préhistoire: Paléolithique*(Paris, 1964); Karl J. Narr, *Kultur, Unwelt und Leiblichkeit der Eiszeitmenschen*(Stuttgart, 1963);Narr, "Approaches to the Religion of Early Paleolithic Man", *HR* 4(1964):1—29; Narr, "Religion und Magie in der jüngeren Altsteinzeit", 收录在 *Handbuch der Urgeschichte* (1966), vol. 1, pp. 298—320。纳尔(Narr)的文章对最近出版的著作所做的书评也有所帮助,"Wege zum Verständnis prähistorischer Religionsformen", *Kairos* 3(1963):179—188。

对于从工具的制作发展出来的神话的研究还很不充分。我们曾分析过有关箭矢的象征和神话主题"Notes on the Symbolism of the Arrow",收录在 *Religions in Antiquity:Essays in Memory of E.R.Goodenough*, edited by Joseph Neusner(Leiden, 1968),pp. 463—475。

3. 关于旧石器时代葬礼习俗的基本资料,参见 J. Maringer, *The Gods of Prehistoric Man* (New York, 1960), pp. 14—37, 74—89。1940 年以前的文献资料仍是有用的,E. O. James, *Prehistoric Religion:A Study in Prehistoric Archaeology* (London, 1957), pp. 17—34。也可参见 Grahame Clark, *The Stone Age Hunters* (London, 1967), pp. 41 ff.。批判性的讨论参见 Leroi-Gourhan, *Les religions de la préhistoire*, pp. 37—64。

更详尽的分析,参见 H. Breuil, "Pratiques religieuses chez les humanités quaternaires,"*Scienza e Civilità* (1951), pp. 45—75; A. Glory and R. Robert, "Le culte des crânes humains aux époques préhistoriques", *Bulletin de la Société d'Anthropologie de Paris* (1948), pp. 114—133; H. L. Movius, Jr., "The Mousterian Cave of Teshik-Tash, Southeastern Uzbekistan, Central Asia", *American School of Prehistoric Research*, bull. no. 17 (1953), pp. 11—71; P. Wernert, "Cultes des crânes: Représentation des esprits des défunts et des ancêtres",收录在 M. Gorce and R. Mortier, eds., *L'histoire générale des religions* (Paris, 1948), vol. 1, pp. 51—102。

关于从塞西奥(Circeo)发掘出的头骨的含义,参见 A. C. Blanc, "I Paleantropi di Saccopastore e del Circeo", *Quartär* (1942), pp. 1—37。

雷蒙德·A. 达特(Raymond A. Dart)论证了南非和其他地方赭石矿开采的年代十分古老,参见"The Multimillennial Prehistory of Ochre Mining," *NADA*(1967), pp. 7—13,以及"The Birth of Symbology", *African Studies* 27 (1968): 15—27。这两篇文章中有许多参考书目。

379 有关"作为胚胎"的葬礼,参见 G. van der Leeuw, "Das Sogenannte Hockerbegräbnis und der ägyptische *Tjknw*", *SMSR* 14 (1938): 150—167。

4. 在 *Das alpine Paläolithikum der Schweiz* (Basel, 1940)一书中,埃米尔·巴克勒(Emil Bachler)记录了他的发掘结果。

至于其他发现,参见 K. Hoermann, *Die Petershöhle bei Velden in Mittelfranken: Eine altpaläolithische Station* (Nuremberg, 1933); K. Ehrenberg, " Dreissig Jahre paläobiologischer Forschung in österreichischen Höhlen", *Quartär* (1951), pp. 93—108; Ehrenberg, "Die paläontologische, prähistorische, und paläoethnologische Bedeutung der Salzofenhöhle im Lichte der letzten Forschungen," *Quartär* (1954), pp. 19—58。也可参见 Lothar Zotz, "Die altsteinzeitliche Besiedlung der Alpen und deren geistigen und wirtschaftliche Hintergründe", *Sitzungsberichte der Physikalischmedizinische Sozietät zu Erlangen* 78 (1955—1957): 76—101,尤其是 Müller-Karpe, *Altsteinzeit*, pp. 205, 224—226。

与某些北极地区民族献祭的比较,参见 A. Gahs, "Kopf-, Schädel-, und Langknochenopfer bei Rentiervölkern", *Festschrift für P. W. Schmidt* (Vienna, 1928), pp. 231—268. 威廉·施密特(Wilhelm Schmidt)多次重返这个问题;参见"Die älteste Opferstelle des altpaläolithischen Menschen in den Schweizer Alpen", *Acta Pontificiae Academiae Scientiarum 6* (Vatican City, 1942): 269—272; "Das Primitialopfer in der Urkultur", *Corona Americorum: Festgabe für Emil Bächler* (Saint Gall, 1948), pp. 81—92。也可参见 J. Maringer, "Das Blut in Kult und Glauben der vorgeschichtlichen Menschen", *Anthropos* 71 (1976): 226—253。

关于旧石器时代的"献祭"问题,参见 Oswald Menghin, "Der Nachweis des Opfers im altpaläolithikum", *Wiener Prähistorische Zeitschrift* 13

(1926):14—19; H. C. Bandi, “Zur Frage eines Bären-oder Opferkultes im ausgehenden Altpaläolithikum der Alpinen Zone”, *Helvetia Antiqua*, *Festschrift Emil Vogt* (Zurich, 1966), pp. 1—8; S. Grodar, “Zur Frage der Höhlenbärenjagd und des Höhlenbärenkult in den paläolithischen Fundstellen Jugoslawien”, *Quartär* 9 (1957): 147—159; W. Wust, “Die paläolithisch-ethnographischen Bärenriten und das Altindogermanische”, *Quartär* 7—8 (1956): 154—165; Mirko Malez, “Das Paläolithikum der Veternicahöhle und der Bärenkult”, *Quartär* 10—11 (1958/1959): 171—188。也可参见 I. Paulson, “Die rituelle Erhebung des Bärenschädels bei arktischen und subarktischen Völker”, *Temenos* 1 (1965):150—173。

F. E. 科比(F. E. Koby)对颅骨堆与熊祭的存在表示怀疑;参见他的文章“L'ours des cavernes et les Paléolithiques”, *L'Anthropologie* 55 (1951): 380
304—308; “Les Paléolithiques ont-ils chassé l'ours des cavernes?” *Actes de la Société Jurassienne d'émulation* 57 (1953): 157—204; “Grottes autrichiennes avec culte de l'ours?” *Bull. de la Soc. Préhist. française* 48 (1951):8—9. 古汉 (Leroi-Gourhan)对此也持同样的观点;参见他的著作 *Les Religions de la préhistoire*, pp. 31 ff. 。

完整的批判性讨论,参见 Johannes Maringer, “Die Opfer der paläolithischen Menschen”, *Anthropica* (St. Augustin bei Bonn, 1968), pp. 249—271。

科佩斯(W. Koppers)指出了民族学上一些有趣的类似性;参见他的文章“Der Bärenkult in ethnologischer und prähistorischer Beleuchtung,” *Paleobiologica* (1933), pp. 47—64;“Künstlicher Zahnschift am Bären im Altpaläolithikum und bei den Ainu auf Sachalin”, *Quartär* (1938): 97—103。仪式分析参见 Alexander Slawik, “Zum Problem des Bärenfestes der Ainu und Giliaken”, *Kultur und Sprache* (Vienna, 1952), pp. 189—203。

对于熊祭与旧石器时代欧洲萨满教之间关系的研究,参见 Karl Narr, “Bärenzeremoniell und Schamanismus in der älteren Steinzeit Europas”, *Saeculum* 10(1959): 233—272。

猎人相信动物可从其骨头中再生,参见 Eliade, *Shamanism: Archaic Techniques of Ecstasy*, trans. Willard R. Trask, Bollingen Series 76 (New York, 1964), pp. 160 ff. 。关于不可打破猎物或家畜骨头的禁忌,参见最

近的分析研究:Joseph Henninger,“Neuere Forschungen zum Verbot des Knochenzerbrechens”, *Studia Ethnografica et Folkloristica in honorem Béla Gunda* (Debrecen, 1971), pp. 673—702。特别值得一提的是波尔森(I. Paulson)的研究,“Die Tierknochen im Jagdritual der nordeurasiatische Völker”, *Zeitschrift für Ethnologie* 84 (1959): 270—292。

5. 关于史前洞穴和岩画有大量的参考书目,特别参见 H. Breuil, *Quetre cent siècles d'art pariétal* (Montignac, 1951) (Eng. trans., *Four Hundred Centuries of Cave Art*, trans. Mary Boyle [Montignac, 1952]); J. Maringer and H. Bandi, *Art in the Ice Age* (London, 1953); Paolo Graziosi, *PalaeolithicArt* (London, 1960); A. Leroi-Gourhan, *Préhistoire de l'art occidental* (Paris, 1965) (Eng. trans., *Treasures of Prehistoric Art* [New York, 1967]); A. Laming, *Lascaux: Paintings and Engravomgs* (Harmondsworth, Eng., 1959); Laming, *La signification de l'art rupestre paléolithique* (Paris, 1962),它们包含有大量批判性的参考书目; R. F. Heizer and M. A. Baumhoff, *Prehistoric Rock Art of Nevada and Eastern California* (Berkeley and Los Angles, 1962); Peter J. Ucko and Andrée Rosenfeld, *Palaeolithic Cave Art* (New York, 1967)。也可参见
381 *Simposio de arte rupestre, Barcelona*, 1966 (Barcelona, 1968),特别是 P. Graziosi, “L'art paléo-épipaléolithique de la Province méditerranéenne et ses nouveaux documents d'Afrique du Nord et du Proche-Orient”, (pp. 265 ff.) Emmanuel Anati, “El arte rupestre galaicoportunuès” (pp. 195 ff.); Henri Lhote, “Données récentes sur les gravures et les peintures rupestres du Sahara” (pp. 273 ff.)。对于史前艺术品和民族学层次上的民族艺术品之间的恰当比较,参见 Karl Narr,“Interpretation altsteinzeitlicher Kunstwerke durch völkerkundliche Parallelen”, *Anthropos* 50 (1955): 513—545。也可参见纳尔(Narr)近期的文章,“Zum Sinngehalt der altsteinzeitlichen Höhlenbil der”, *Symbolon*, n. s. 2 (1974):105—122。一个马克思主义的诠释,参见 G. Charrière, *Les significations des représentations érotiques dans les arts sauvages et préhistoriques* (Paris, 1970)。

古汉(Leroi-Gourhan)从风格和年代上将旧石器时代的艺术分为五个阶段:(1)发达的莫斯特文化期(大约在公元前 5 万年),在骨头和“小石板上有规则分布的刻痕”,但图像作品还没有出现;(2)原始时期(奥瑞纳文化,约

公元前3万年),在石灰质的石板上有雕刻或绘画的形象,“非常抽象且粗糙的造型,代表着某种无法辨认的动物的头部或带有生殖器的上半身”,后来(大约公元前25000—前20000年)的人像也遵守着同样格式化的风格:“与头部和四肢相比较,躯干显得过大,使人想起旧石器时代臀部过肥的妇女”;(3)古代时期(梭鲁特文化晚期,人约在公元前30000—前25000年),包括几个最重要的遗址(Lascaux, La Pasiega)(“对于技术的掌握已很纯熟,而绘画、雕塑或雕刻也显示出高超的技巧”);(4)古典时期(马格德林时期,大约在公元前15000—前11000年),装饰洞穴在地理上的分布很广,形式的写实主义也很盛行;(5)后期(马格德林文化晚期,大约在公元前1万年),洞中不再有装饰,艺术品基本上都是可移动的:“造型已失去了古代的风格,对动物的描绘采用了写实主义的风格,其形象和动作的描绘都很精确。这些可移动的艺术品向北延伸到大不列颠、比利时和瑞士。大约在公元前9000年,突然的没落标志着旧石器时代晚期的结束;马格德林文化后期文物少有显得粗糙而又简略的”(*Les religions de la préhistoire*, pp. 87—88)。

The Simposio de arte rupestre 中有两篇昂利·洛特(Henri Lhote)的文章,批评了古汉(Leroi-Gourhan)和拉明(Laming)所用的方法:“La plaquette 382
dite de ‘La Femme au Renne’, de Laugerie-Basse, et son interprétation zoologique”(pp. 79—97),和“Le bison gravé de Ségriés, Moustiers-Ste-Marie”(pp. 99—108)。对古汉(Leroi-Gourhan)所做诠释的批判性讨论,可参见 Ucko and Rosenfeld, *Palaeolithic Cave Art*, pp. 195—221。

对于史前艺术的象征及其风格的表现方式的提示性评论,参见 Herbert Kühn,“Das Symbol in der Vorzeit Europas”, *Symbolon* 2(1961): 160—184,以及 Walther Matthes, “Die Darstellung von Tier und Mensch in der Plastik des älteren Paläolithikum”,同上书,4(1964):244—276;贝戈恩(H. Bégouen)、卡斯特雷特(N. Casteret)和查雷特(J. Charet)出版的关于蒙特斯庞和图克·都伯特(Tuc d'Aubert)洞穴的作品,乌科(Ucko)和罗森费尔德(Rosenfeld)有著作讨论,*Palaeolithic Cave Art*, pp. 188—198,177—178。

马林格(Maringer)复制了卢德尔斯(Lourdes)的石版雕刻,*The Gods of Prehistoric Man*, fig. 27。拉瓦歇(La Vache)(Ariège)出土的骨头上所雕刻的场景应被解释为入会礼的典礼;参见 Louis-René Nougier and Romain Robert,“Scène d'initiation de la grotte de la Vache à Alliat (Ariège)”, *Bull. de la Soc. De l'Ariège* 23(1968):13—98。亚历山大·马尔沙克(Alexander Marshak)书中清晰地复制了其图样,*The Roots of Civilization* (New York, 1972),p. 275,fig. 154。

霍斯特·基希纳(Horst Kirchner)在其研究中,对拉斯哥(Lascaux)洞中著名的绘画提出了一种萨满式的解释,"Ein archäologischer Beitrag zur Urgeschichte des Schamanismus", *Anthropos* 47(1952):244—286。这一解释为纳尔(Karl Narr)所接受,"Bärenzeremoniell und Schamanismus in der älteren Steinzeit Europas",*Saeculum* 10(1959):233—272,特别是 p. 271。也可参见 Eliade, *Shamanism*, pp. 502 ff. ; A. Marshak, *The Roots of Civilization*, pp. 277 ff. 。

玛凯(J. Makkay)对于三兄弟(Trois Frères)洞中"伟大的巫师"也做了同样的诠释,"An Important Proof to the Prehistory of Shamanism," *Alba Regia* 2/3 (Székesfehérvár,1963):5—10。

也可参见 E. Burgstaller, "Schemanistische Motive unter den Felsbidern in den österreichischen Alpenländern", *Forschungen und Fortschritte* 41 (1967):105—110,144—158; H. Miyakawa and A. Kollantz, "Zur Ur-und Vorgeschichte des Schamanismus", *Zeitschrift für Ethnologie* 91 (1960):161—193 (书中的日文资料很有帮助)。

6. 关于女性雕像,参见撒卡欣-德拉·桑塔(E. Saccasyn-Della Santa)所收集的文献资料,*Les figures humaines du paléolithique supérieur eurasiatique* (Antwerp, 1947),它被后来的发现所补充,参见纳尔(Karl J. Narr)书中的参
383 考书目,*Antaios* 2(1960):155,n. 2。诠释方面,参见 F. Hančar, "Zum Problem der Venusstatuetten im eurasiatischen Jungpaläolithikum", *Prähistorische Zeitschrift* 30/31 (1939/1940):85—156; Karl J. Narr, "Weibliche Symbol-Plastik der älteren Steinzeit", *Antaios* 2 (1960): 131—157; Karl Jettmar, in I. Paulson, A. Hultkrantz, and K. Jettmar, *Les religions arctiques et finnoises* (French translation, 1965), pp. 292—299 (综述了杰拉席莫夫[Gerasimov]在马利塔的考古发掘)。也参见 J. Maringer, *The Gods of Prehistoric Man*, pp. 153 ff. ; A. Leroi-Gourhan, *Les religions de la préhistoire*, pp. 87 ff。这种小人像(纳尔将其称之为"Kleinplastik")被认为是受到地中海东部的影响;在法国坎塔布连山脉地区是倾向于自然主义的风格,而在东部和东北部则是几何图案占主导地位。但现在的学者普遍接受这样一种观点,认为旧石器时代晚期的西伯利亚受到蒙古和东南亚文化

的影响;参见 Jettmar, *Les religions arctiques et finnoises*, p. 292。

古汉(Leroi-Gourhan)的诠释受到乌科(Ucko)和罗森费尔德(Rosenfeld)的批判,*Palaeolithic Cave Art*, pp. 195 ff.,也受到昂利·洛特(Henri Lhote)的批判,“La Plaquette dite de ‘La Femme au Renne’”,收录在 *Simposio de arte rupestre*, pp. 80—97(参见上书, pp. 98—108,曼宁[Maning]提出的批评)。

关于所谓的 X 光风格以及它与萨满的关系,参见 Andreas Lommel, *Shamanism: The Beginnings of Art* (New York and Toronto, n. d.), pp. 129 ff.。若干学者曾讨论过此书,*Current Anthropology* 11(1970):39—48。

7. 亚历山大·马尔沙克(Alexander Marshak)在其论文中首次公布了他的发现,“Lunar Notation on Upper Paleolithic Remains”,*Scientia* 146(1964):743—745。这篇短文之后引出了一系列更为详细的文章:“New Techniques in the Analysis and Interpretation of Mesolithic Notations and Symbolic Art”,收录在 *Actes du symposium international*, ed. Emmanuel Anati(Valcamonica, 1970), pp. 479—494; *Notations dans les gravures du paléolithique supérieur: Nouvelles méthodes d'analyse*, Mémoire no. 8 of the Institut de préhistoire de l'Université de Bordeaux(Bordeaux, 1970); “Le bâton de commandement de Montgandier (Charente): Réexamen au microscope et interprétation nouvelle”, *L'Anthropologie* 74(1970):321—352;“Cognitive Aspects of Upper Paleolithic Notation and Symbol”, *Scientia* 178(1972):817—828。对于研究成果的分析,参见 *The Roots of Civilization: The Cognitive Beginnings of Man's First Art, Symbol, and Notation* (New York, 1972);参见我们的评论,“On Prehistoric Religions”, *HR* 14(1974):140—147,特别是 140—143。

“The Meander as System: The Analysis and Recognition of Iconographic Units in Upper Paleolithic Compositions”一文提交 1974 年 5 月在 384
堪培拉澳大利亚原住民研究所举行的学术研讨会,承蒙作者惠赐手稿。

对于圆圈舞的比较研究,参见 Evel Gasparini,“La danza circolare degli Slavi”, *Ricerche Slavistiche* 1(1952):67—92,以及著作 *Il Matriarcaio Slavo: Antropologia Culturale dei Protoslavi* (Florence, 1973), pp. 665 ff.。参见我们的书评,*HR* 14(1974):74—78。

阿马多·哈姆帕特·巴(Amadou Hampaté Bâ)(他自己就曾接受入会礼)所说的有关牧人普尔(Peul)的秘密神话,参见 Germaine Dieterlen, *Koumen*, *Cahiers de l'Homme* (Paris,1961);根据这一神话,亨利·洛特(Henri Lhote)解释了霍加尔(Hoggar)和塔西里(Tassili)的某些岩画;参见他的文章"Donnéesrécentes sur les gravures et les peintures rupestres du Sahara",收录在 *Simposio de Arte Rupestre*, pp. 273—290,特别是 pp. 282 ff.。

冯·西卡特(H. von Sicard)认为,非洲的鲁维人仍然反映了公元前800年之前欧非猎人关于至上神的信仰;参见"*Luwe* und verwandte mythische Gestalten", *Anthropos* 63/64(1968/1969):665—737,特别是720 ff.。

关于潜水创世(cosmogonic dive)的神话在东欧、中亚和北亚、印度土著(前雅利安人)、印度尼西亚以及北美等地都有记载;参见 Eliade, *Zalmoxis: The Vanishing God*, trans. Willard R. Trask (Chicago, 1972), chap. 3: "The Devil and God" (pp. 76—130)。

W. Gaerte, "Kosmische Vorstellungen im Bilde prähistorischer Zeit: Erdberg, Himmelsberg, Erdnabel und Weltströme", *Anthropos* 9 (1914): 956—979, 虽然其研究已经过时,但文中的图片仍然有用。

本杰明·赖伊(Benjamin Ray)出色地分析了丁卡人(Dinkas)和东贡人(Dogons)语言的巫术与宗教力量:"'Performative Utterances' in African Rituals", *HR* 13 (1973):16—35。("performative utterances"这一术语是英国哲学家 J. L. 奥斯汀所创。)

8. 罗斯特(A. Rust)已出版若干著作,讨论过去40年在梅尔多夫(Meiendorf)、斯特尔沼泽(Stellmoor)和阿伦斯伯格-霍芬巴赫(Ahrensburg-Hopfenbach)的考古发掘;其最重要的著作有 *Die alt-und mittlesteinzeitlichen Funde von Stellmoor* (NeumünsterinHolstein, 1934); *Dasaltsteinzeitliche Rentierjägerlager-Meiendorf* (Neumünster,1937); *Die Jungpaläolitischen Zeltanlagen von Ahrensburg* (1958); *Vor 20 000 Jahren* (Neumünster, 1962)。

关于这些发现的宗教意义,参见 A. Rust, "Neue endglaziale Funde von kultische-religiöser Bedeutung", *Ur-Schweiz* 12 (1948):68—71; Rust, "Eine endpaläolitische hölzerne Götzenfigur aus Ahrensburg", *Rom.*

Germ. Kom. d. deutsch. Arch. Inst. (Berlin, 1958), pp. 25—26; H. Pohlhausen, “Zum Motiv der Rentierversenkung der Hamburger und Ahrensburger Stufe des niederdeutschen Flachlandmagdalenien”, *Anthropos* 48 385
(1953): 987—990; H. Müller-Karpe, *Handbuch der Vorgeschichte*, vol. 1, p. 225; vol. 2, p. 496 (no. 347); J. Maringer, “Die Opfer der paläolitischen Menschen”, *Anthropica* (St. Augustin bei Bonn, 1968), pp. 249—272,特别是 pp. 266—270。

关于浸礼的献祭,参见 Alois Clois, “Das Versenkungsopfer”, *Wiener Bieträge zur Kulturgeschichte und Linguistik* 9 (1952): 66—107。

关于西班牙东部岩画中所包含的宗教意义,参见 H. Obermaier, *Fossil Man in Spain* (New Haven, 1924); J. Maringer, *The Gods of Prehistoric Man*, pp. 176—186。

9. 关于巴勒斯坦的史前艺术,最好也是最完整的介绍,参见 J. Perrot, “Préhistoire palestinienne”,收录在 *Dictionnaire de la Bible*, supplement to vol. 8 (1968), cols. 286—446。也可参见 R. de Vaux, *Histoire ancienne d'Israël* (Paris, 1971), vol. 1, pp. 41—59。有关纳图夫文化,参见 D. A. E. Garrod, “The Natufian Culture: The Life and Economy of a Mesolithic People in the Near East”, *Proceedings of the British Academy* 43 (1957): 211—227; E. Anati, *Palestine before the Hebrews* (New York, 1963), pp. 146—178; H. Müller-Karpe, *Handbuch der Vorgeschichte*, vol. 2: *Jungsteinzeit* (Munich, 1968), pp. 73 ff.。关于纳图夫宗教,参见 Jacques Cauvin, *Religions néolithiques de Syro-Palestine* (Paris, 1972), pp. 19—31。

关于头骨的宗教意义及仪式性的食人肉,参见 Müller-Karpe, *Handbuch*, vol. 1, pp. 239 ff.; Walter Dostal, “Ein Beitrag zur Frage des religiösen Weltbildes der frühesten Bodenbauer Vorderasiens”, *Archiv für Völkerkunde* 12 (1957): 53—109, 特别是 75—76(及目录); R. B. Onians, *The Origins of European Thought* (Cambridge, 1951; 2d ed. 1954), pp. 107 ff., 530 ff.。

10. 关于非洲的“仪式性狩猎”,参见 Helmut Straube, *Die Tierverkleidungen der afrikanischen Naturvölker* (Wiesbaden, 1955), pp. 83 ff., 198 ff.,以及注释。有关亚述人、伊朗人和突厥—蒙古人中的作战技术与狩

猎之间的相似性，参见 Karl Meuli，“Ein altpersischer Kridgsbrauch”，*Westöstliche Abhandlungen*：*Festschrift für Rudolph Tchudi*（Wiesbaden，1954），pp. 63—86。

我们要补充的是，狩猎也带来了其他神话与民间传说的主题。仅举一例为证：为追捕鹿群，英雄进入了另一个世界，或是魔法与巫术的世界，最后遇到基督或菩萨，等等；参见 Eliade，*Zalmoxis*，pp. 131—163。许多神话都
386 涉及征服土地，创建城市，跨越河流、沼泽，等等。而又总是动物使之绝处逢生，参见 Eliade，*Zalmoxis*，pp. 135 ff.，162。

11. 关于动植物的驯化与养植，参见 Müller-Karpe，*Handbuch der Vorgeschichte*，vol. 2，pp. 240—256；Peter J. Ucko and G. W. Dimbley，eds.，*The Domestication and Exploitation of Plants and Animals*（Chicago，1969）；Gary A. Wright，“Origins of Food Production in South-western Asia：A Survey of Ideas”，*Current Anthropology* 12（October-December，1971）：447—479。

有关比较研究，参见 F. Herrmann，“Die Entwicklung des Pflanzenanbaues als ethnologisches Problem”，*Studium Generale* 11（1958）：352—363；Herrmann，“Die religiösgeistige Welt des Bauerntums in ethnologischer Sicht”，同上，pp. 434—441。

罗伯特·布莱伍德（Robert Braidwood）将原始农业活动区分为四个阶段：人们居住在乡村中，从事基本的耕作（“最初的乡村农业”）；固定的村庄农业（“定居的乡村农业”），“早期的耕作”，以及最后的“精耕的乡村农业”；参见 R. Braidwood and L. Braidwood，“Earliest Village Communities of South West Asia”，*Journal of World History* 1（1953）：278—310；R. Braidwood，“Near Eastern Prehistory：The Swing from Food-Gathering Cultures to Village-Farming Communities Is Still Imperfectly Understood”，*Science* 127（1958）：1419—1430；参见 R. Braidwood，“Prelude to Civilization”，收录在 *City Invincible*：*A Symposium on Urbanization and Cultural Development in the Ancient Near East*，ed. Carl H. Kraeling and Robert M. Adams（Chicago，1960），pp. 297—313；Carl O. Sauer，*Agricultural Origins and Dispersals*（New York，1952）；Edgar Anderson，*Plants，Man，and Life*（Boston，1952）。

关于海努维尔类型的神话及其宗教和文化的意义，参见 A. E. Jensen，

Das religiöse Weltbild einer frühen Kultur (Stuttgart, 1948), pp. 35 ff.; Jensen, *Myth and Cult among Primitive Peoples* (English trans., Chicago, 1963), (German ed., Wiesbaden, 1951), pp. 166 ff.; Carl A. Schmitz, "Die Problematik der Mythologeme 'Hainuwele' und 'Prometheus'", *Anthropos* 55 (1960): 215—238; Eliade, *Myth and Reality*, trans. Willard R. Trask (New York, 1963), pp. 103 ff.; T. Mabuchi, "Tales concerning the Origin of Grain in the Insular Areas of Eastern-Southeastern Asia", *Asian Folklore Studies* 23 (1964): 1—92; Atsuhiko Yoshida, "Les excrétions de la Déesse et l'origine de l'agriculture", *Annales* 21 (July-August 1966): 717—728。

伊莲娜·奇拉西(Ileana Chirasi)最近证实,在希腊神话中有某些海努维尔式的神话—仪式结构,这似乎是属于"前谷物"阶段的(*Elementi di culture precereali nei miti e riti greci* [Rome, 1968])。

根据德国民族学家孔茨·迪德莫尔(Kunz Dittmer)的说法,在东南亚, 387
早在旧石器时代晚期,根茎和球茎植物的种植就已开始了。妇女负责耕种和收割,她们编织篮子,后来也制作陶器。因此,耕地便成了妇女们的财产。丈夫住进了妻子的房屋,其后代也是从母姓。男子除了打猎、捕鱼以外,也承担开垦土地的工作。孔茨·迪德莫尔将这种类型的文明称作"狩猎与耕种混合的文明"(Jäger-Pflanzer),在热带非洲、马来西亚以及南北美洲都很普遍。

在东南亚,后来也出现了块茎植物的耕种与园艺;正是在这一时期,有了猪和家禽的饲养。这种文明以母系社会的组织、男子秘密社团(以恐吓妇女)、各种年龄的团体、妇女在经济与宗教上的重要性、月亮神话、狂欢的丰产仪式、猎头以及头骨崇拜等等为其特色。他们认为人祭可以使生命复活。祖先崇拜可通过祖先保佑子孙、五谷丰收的角色而得以合理化。其他特色还有:萨满教和艺术(音乐、仪式戏剧、秘密团体的面具、祖先的塑像)的发展。这一类型的文明(或文化圈)在中石器时代已传入东南亚(今天,在外印度地区和中南半岛的某些原始民族中仍可发现)、赤道非洲和太平洋地区(波利尼西亚除外)。

孔茨·迪德莫尔将谷物的耕种解释为一种蔬菜的"替代物"(Ersatz),在大草原地带的农耕尤为需要。在印度也发生了从蔬菜到谷物耕种的过渡;最古老的谷物——黍正是在那里被培植出来的。这项新技术从印度传到了西亚，在那里，人们驯化了几种野生的禾本科植物。孔茨·迪德莫尔在谷物的种植中区分出两种文化圈：(1)“粗放”型的耕作，出现在雨水充沛的地区；(2)“深耕细作”式的农业，也就是采用了梯田、灌溉和园艺。每一种文化圈都有其自己相应的社会、经济以及宗教的结构(参见 Kunz Dittmer, *Allgemeine Völkerkunde* [Braunschweig,1954],pp. 163—190)。

相反，布劳曼(H. Baumann)认为块茎的耕种是从对谷物种植的技术模仿和重新适应中发展出来的，参见他的著作 *Das doppelte Geschlecht* (Berlin, 1955), pp. 289 ff. 。

12. 关于“女人”与“耕地”之间神秘的等同，参见 Eliade, *Patterns in*
388 *Comparative Religion*, trans. Rosemary Sheed(New York, 1958), pp. 239—264, 331—366；和 Eliade, *Myths, Dreams, and Mysteries*, trans. Philip Mairet (London, 1960), pp. 156—192。

对于艾伯特·迪德里希(Albert Dieterich)所下之仓促推论(*Mutter Erde*, 3d ed. [Berlin,1925])的批评，参见 Olof Pettersson, *Mother Earth: An Analysis of the Mother-Earth Concepts according to Albert Dieterich* (Lund, 1967)，以及图尔坎(R. Turcan)的批评性评论，载 *RHR* 175 (1969):70—79。也可参见 P. J. Ucko, *Anthropomorphic Figurines* (London, 1968)，和 Andrew Fleming, “The Myth of the Mother-Goddess”, *World Archaeology* 1(1969): 247—261。

关于希腊和地中海地区女神的单性生殖，参见 Uberto Pestalozza, *Religione mediterranea: Vechi e nuovi studi* (Milan, 1951), pp. 191 ff. 。

有关世界周期性地更新，参见 Eliade, *Cosmos and History: The Myth of the Eternal Return*, trans. Willard R. Trask (New York, 1959), pp. 62 ff. ，和 *Myth and Reality*, pp. 39 ff. 。

有关“宇宙之树”的象征，参见 Eliade, *Shamanism*, pp. 39 ff. , 168 ff. , 194 ff. , 282 ff. 中的文献及目录。

关于周期性的时间与宇宙的循环，参见 *Cosmos and History*, pp. 49 ff. 。

关于空间的宗教价值，参见 *Patterns in Comparative Religion*, pp. 367 ff. 。

关于新石器时代仰韶文化民居的象征意义，参见 R. A. Stein, “Architecture et pensée religieuse en Extrême-Orient”, *Arts Asiatiques* 4 (1957):

177 ff.;也可参见 Eliade, *Shamanism*, pp. 261 ff.。

关于分类以及仪式的二分法,参见 Eliade, *The Quest: History and Meaning in Religion* (Chiacago, 1969), pp. 127—175。

13. 关于耶利哥(今译杰里科)的考古证据及其诠释,参见 Kathleen Kenyon, *Digging Up Jericho*(London, 1957); Kenyon, *Archaeology in the Holy Land* (London, 1960); J. Garstang and J. B. E. Garstang, *The Story of Jericho* (London, 1948); E. Anati, *Palestine before the Hebrews*, pp. 273 ff.;和 R. de Vaux, *Histoire ancienne d'Israël*, pp. 41 ff.。

关于叙利亚和巴勒斯坦的新石器时代宗教,参见最近出版的 J. Cauvin, *Religions néolithiques de Syro-Palestine*, pp. 43 ff. (在耶利哥、蒙哈塔[Munhata]、贝塔[Beidha]、特尔拉马的考古发掘),和 pp. 67 ff.(拉斯珊拉、比布罗斯,等。);也可参见 Müller-Karpe, *Handbuch der Vorgeschichte*, vol. 2, pp. 335 ff., 349 ff.。

梅拉尔特(Mellaart)认为耶利哥的前陶器文化(第二阶段,前 6500—前 5500)是源自哈西拉文化(前 7000—前 6000);参见他的文章"Hacilar: A Neolithic Village Site", *Scientific American* 205 (August, 1961):90。但是在 *Earliest Civilization of the Near East* (London and New York, 1965)一书中(p. 45),他引用了关于耶利哥的最新的放射性碳年代测定法, 389
将其年代(第二阶段)定在公元前 6968 年至公元前 6918 年之间;换言之,这两个文化似乎是同一时期的。

至于恰他育克,它是近东最大的新石器时代的城市。虽然尚未完全出土(到 1965 年只露出表面的 1/4),恰他育克已显现了惊人的文明程度:发达的农业(若干谷物和蔬菜的品种)、饲养家畜、商业活动以及众多装饰华美的神庙。参见 James Mellaart, *Çatal Hüyük: A Neolithic Town of Anatolia* (New York, 1967)。也可参见 Walter Dostal, "Zum Problem der Stadt-und Hochkultur im Vorderen Orient: Ethnologische Marginalien", *Anthropos* 63(1968):227—260。

关于特尔哈夫文化,其基本书目参见 Müller-Karpe, *Handbuch*, vol. 2, pp. 59 ff., 427—428。

关于欧拜德文化,参见 Müller-Karpe, *Handbuch*, vol. 2, pp. 61 ff., 339, 351, 423 (考古发掘的参考书目),425 ff.(白神庙、塔庙)。参见 M. E. L. Mallowan, *Early Mesopotamia and Iran* (1965), pp. 36 ff.。

还有一个圣所值得一提:"眼睛神庙"(Eye Temple),它是在哈布尔谷(Habur)(在距乌鲁克以北 1 000 公里处)发掘出来的,年代在公元前 3000 年。其中发现了数以千计的以黑白石膏塑成的"人偶",其特点是有一对或多对眼睛。马洛万(Mallowan)认为,这些人偶是献给一位全视之神(城市的守护女神)的还愿礼物;参见他的著作 *Early Mesopotamia*, pp. 48 ff. and figs. 38—40。神庙是供奉女神伊南娜的。在他的 *The Eye Goddess*(1957)中,克劳福得(O. G. S. Crawford)研究了这种类型的画像是如何传播到英格兰和爱尔兰的,但他所引用的一些例子并不具有说服力。

有关美索不达米亚史前的小人偶和其物品的宗教象征意义,参见 B. L. Goff, *Symbols of Prehistoric Mesopotamia* (New Haven and London, 1963);特别参见 pp. 10—48(特拉哈夫与欧拜德时期), and figs. 58—234。

14. 关于最早的欧洲文明,参见 Marija Gimbutas, "Old Europe, c. 7000—3000 B. C.: The Earliest European Civilization before the Infiltration of the Indo-European Peoples", *Journal of Indo-European Studies* 1 (1973):1—20。

关于宗教的思想与仪式,参见 Marjia Gimbutas, *The Gods and goddesses of Old Europe*, 7000—3500 *B. C.: Myths, Legends, and Cult Images* (Berkeley and Los Angeles, 1974); J. Maringer, "Priests and Priestesses in Prehistoric Europe", *HR* 17 (1977): 101—120。

关于萨西欧哈圣所,参见 Vladimir Dumitrescu, "Edifice destiné au culte découvert dans la couche Boian-Spantov de la station-*tell* de
390 Căscioarele", *Dacia* n. s. 14 (1970): 5—24。

15. 关于金属的发现和冶金工艺的发展,参见 T. A. Rickard, *Man and Metals: A History of Mining in Relation to the Development of Civilization* (New York, 1932); R. I. Forbes, *Metallurgy in Antiquity* (Leiden, 1950); Charles Singer, E. Y. Holmyard, and A. R. Hall, *A History of Technology* (Oxford, 1955), vol. 1。有关文献目录,参见 Eliade, *The Forge and the Crucible*, trans. Stephen Corrin (New York, 1962), pp. 179—181,以及"The Forge and the Crucible: A Postscript" (*HR* 8 [1968]: 74—88), p. 77。

关于矿工与铁匠,参见 *The Forge and the Crucible*, pp. 53—86; "A Postscript", pp. 78—80。关于神圣的铁匠与教化人类的英雄,参见 *The*

Forge and the Crucible, pp. 87—108。关于冶金术的“起源”,参见 A. M. Leicester, *The Historical Background of Chemistry* (New York, 1956), vol. 1; I. R. Partington, *History of Chemistry* (London, 1961), vol. 1; Allen G. Debus, “The Significance of the History of Early Chemistry”, *Cahiers d'histoire mondiale* 9 (1965): 39—58; Robert P. Multhauf, *The Origins of Chemistry* (London, 1966)。

16. 有关苏美尔人的历史、文化与宗教的一般性介绍,参见 A. Parrot, *Sumer* (Paris, 1952),尤其可以参见克莱默(S. N. Kramer)的下列著作: *The Sumerians: Their History, Culture, and Character* (Chicago, 1963); *From the Tablets of Sumer* (Indian Hills, 1956),又以 *History Begins at Sumer* (New York, 1959)为名再版;“Mythology of Sumer and Akkad”, 收录在 S. N. Kramer, ed., *Mythologies of the Ancient World* (New York, 1961), pp. 93—137;以及 *Sumerian Mythology* (Philadelphia, 1944; rev. ed., 1961)。所有这些著作中都包含有大量完整的苏美尔文献的译文。同样可以参见 Adam Falkenstein and W. von Soden, *Sumerische und akkadische Hymnen und Gebeten* (Zurich, 1953),以及 G. R. Castellino, *Mitologuia sumero-accadica* (Turin, 1967)。查尔斯·F. 吉恩(Charles F. Jean)的专题著作 *La religion sumérienne* (Paris, 1931),至今也还是非常有用的。雷蒙德·杰斯坦(Raymond Jestin)给我们提供了一个值得注意的综述“La religion sumérienne”,收录在 *Histoire des religions*, ed. Henri Charles Puech (Paris, 1970), vol. 1, pp. 154—202。也可参见 Thorkild Jacobsen, “Formative Tendencies in Sumerian Religion”,收录在 Ernest Wright, ed., *The Bible and the Ancient New East* (New York, 1961), pp. 267—278; Jacobsen, “Early Mesopotamian Religion: The Central Concerns,” *Proc. Amer. Philos. Soc.* 107 (1963): 473—484。

埃杜瓦·多尔梅(Edouard Dhorme)把苏美尔人与阿卡德人的宗教放 391
在一起处理,参见 *Les religions de Babylonie et d'Assyrie*, coll. “Mann” (Paris, 1954), pp. 1—330(有很多评论性书目)。也可参见 V. Christian, “Die Herkunft der Sumerer”, *Sitzungsberichte der Akademie in Wien* 236, no. 1 (1961); A. Falkenstein, “La cité-temple sumérienne”, *Cahiers d'histoire mondiale* 1 (1954): 784—814; F. R. Kraus, “Le rôle des tem-

ples depuis la troisième dynastie d'Ur jusqu'à la première dynastie de Babylone", 同上, pp. 518—545; A. Sjöberg and E. Bergmann, *Sumerian Temple Hymns* (1969)。也可参见 J. van Dijk, "Les contacts ethniques dans la Mésopotamie et les syncrétismes de la religion sumérienne", 收录在 *Syncretism*, edited by Sven S. Hartman (Stockholm 1969), pp. 171—206。

早在 1944 年,兰德斯贝格(B. Landsberger)就证明苏美尔人的文化术语(即与农业、冶金及贸易有关的词汇)以及河流、城市的名字源自前苏美尔时期。参见 Kramer, *The Sumerians*, pp. 41 ff. 。

苏美尔人在美索不达米亚南部定居以前,都崇拜同样的神灵;其中最重要的神是安、恩利勒、恩奇和伊南娜。但是,后来每个城市都有了自己的保护神,如恩利勒是尼普尔的保护神,恩奇统治着艾丽杜,伊南娜在乌尔,等等。

迪尔木恩神话的翻译,参见 Kramer,载 *ANET*, pp. 34—41,以及 *From the Tablets of Sumer*, pp. 169—175; Maurice Lambert, "La naissance du monde à Sumer," *Naissance du Monde: Sources orientales* (Paris, 1959), vol. 1, pp. 103 ff. ;以及最近出版的 Castellino, *Mitologia sumero-accadica*, pp. 50 ff. 。

关于安,参见 Dhorme, *Religions*, pp. 22—26, 45—48;也可参见 D. O. Edzard, "Die Mythologie der Sumerer und Akkader", *WdM*, vol, pp. 40—41。

关于恩奇,参见 Dhorme, *Religions*, pp. 31—38, 50—51; J. Bottéro, "Les divinités sémitiques en Mésopotamie ancienne", *Studi Semitici* 1 (Rome, 1958): 17—63,特别是 36—38。

17. 关于人类起源神话的比较研究,参见 Theodor Gaster, *Myth, Legend, and Custom in the Old Testament* (New York, 1969), pp. 8 ff. 。有关美索不达米亚文献的翻译,参见 Alexander Heidel, *The Babylonian Genesis* (Chicago, 1942), pp. 62—72。

根据贝罗苏斯(Berossus)(公元前 3 世纪)留存下来的传说,贝勒(=马尔杜克)命令诸神砍下他的头,用泥土混合着他的血创造了人类(Heidel, *Babylonian Genesis*, pp. 77—78)。如果确有此传说,那么人类的身体就是以一个神灵和某种"魔鬼式"的物质(因为泥土源自提阿马特)塑造而成的。

在著名的"铲子的创造" (Creation of the Spade)神话中,恩利勒将天地分开,以便人类可以"从土中长出来";trans. Castellino, *Mitologia sumero-accadica*, pp. 55 ff.。

有关天命(*me*)的意思,参见 B. Landsberger, *Islamica* 2(1926):369; 392
T. Jacobsen, *JNES* 5 (1946):139, n. 20; J. van Dijk, *La sagesse suméro-akkadienne* (Leiden,1953), p. 19;和 K. Oberhuber, *Der numinose Begriff ME in Sumerischen* (Innsbruck, 1963)。也可参见 Yvonne Rosengarten, *Sumer et le sacré: Le jeu des prescriptions(me),des dieux, et des destins* (Paris, 1977)。

关于国王与伊南娜的神婚仪式,参见 S. N. Kramer, *The Sacred Marriage Rite: Aspects of Faith, Myth, and Ritual in Ancient Sumer* (Bloomington, Ind., 1969),以及他的"Le Rite du Mariage sacré Dumuzi-Inanna,"*RHR* 181(1972):121—146。

关于城市与神庙的天界原型的概念,参见 Eliade, *Cosmos and History*, pp. 6 ff.。

关于"国王谱系"的重要性,参见 Thorkild Jacobsen, *The Sumerian King List* (Chicago,1939)。新的翻译,参见 Kramer, *The Sumerians*, pp. 328—331。在西藏,传说最早的国王是从天上来的,死后又返回天上,他们使用一根神奇的绳索往来于天地之间;参见 Eliade, *The Two and the One*, trans. J. M. Cohen (London, 1965), pp. 166 ff. (也以 *Mephistopheles and the Androgyne: Studies in Religious Myth and Symbol* 为名出版)。也可参见 Erik Haarh, *The Yar-Lum Dynasty* (Copenhagen, 1969), pp. 138 ff。关于国王—救世主从天而降的神话在希腊化时代非常流行。

18. 有关洪水神话的基本文献,参见 T. Gaster, *Myth, Legend, and Custom*, p. 353,补充文献,参见 Eliade, *Myth and Reality*, pp. 54 ff.。

苏美尔断简的翻译,参见 Kramer, *ANET*, pp. 42—43。

关于《吉加美士史诗》中的洪水神话,参见 Alexander Heidel, *The Gilgamesh Epic and the Old Testament Parallels* (Chicago, 1946), pp. 224 ff.; A. Schott and W. von Soden, *Das Gilgamesch-Epos* (Stuttgart, 1958), pp, 86—99; W. G. Lambert, *JSS* 5 (1960):113—123; E. Sollberger, *The Babylonian Legend of the Flood* (London, 1962); Ruth E. Simoons-Vermeer, "The Mesopotamian Flood-Stories: A Comparison and Interpretation", *Numen* 21(1974):17—34。有关贝罗苏斯(Berossus)的版

本,参见 P. Schnabel, *Berossus und die hellenistische Literatur* (1923), pp. 164 ff. ,和 Heidel, *The Gilgamesh Epic* ,pp. 116 ff. 。

根据《吉加美士史诗》中的一个片断(泥版Ⅺ,第 14 行),“他们的心使诸神制造了洪水”。根据伊亚对恩利勒所说的话(Ⅺ,179 以下),我们可以理
393 解为有“罪人”存在,但是该片断对此并没有详细说明。《阿特哈西斯史诗》(Epic of Atrahasis)中的一个片断解释说,人类所制造的骚乱使恩利勒很生气,而且他们还“变得越来越多”了;参见 Heidel, *The Gilgamesh Epic* , pp. 107, 225 ff. 。根据最近出版的文献,洪水被视作神的惩罚:人类想要背叛他们的“命运”,即以劳作和崇拜来侍奉诸神;参见 G. Pettinato, “Die Bestrafung des Menschengeschlects durch die Sintflut”, *Orientalia* n. s. 37 (1968): 156—200; W. G. Lambert, *Atrahasīs: The Story of the Flood* (Oxford, 1969)。

19. 关于伊南娜有大量的参考书目,基本著作的书目已列在 E. O. Edzard in *WdM* ,vol. 1, pp. 81—89。也可参见 W. W. Hallo and J. van Dijk, *The Exaltation of Inanna* (New Haven and London, 1968); Wolfgang Helck, *Betrachtungen zur Grossen Göttin und den ihr verbundenen Gottheiten* (Munich, 1971), pp. 71—89;最新研究有 S. N. Kramer, *The Sacred Marriage Rite* (1969)和“Le Rite du Mariage sacré Dumuzi-Inanna,” *RHR* 181(1972):121—146。

关于伊西塔是双性同体的说法,参见 J. Bottéro, “Les divinités sémitiques’”, *Studi Semitici* (1958):40 ff. 。有关伊西塔作为战争女神的观念,参见 M. T. Barrelet, “Les déesses armées et ailées: Inanna-Ishtar”, *Syria* 32(1955):222—260。

关于杜木兹—坦木兹,参见 *WdM* , vol. 1, pp. 51—53 所列书目。最近最重要的作品有 Louis van den Berghe, “Réflexions critiques sur la nature de Dumuzi-Tammuz”, *La Nouvelle Clio* 6 (1954):298—321; T. Jacobsen, “Toward the Image of Tammuz”, *HR* 1 (1961): 189—213;和 O. R. Gurney, “Tammuz Reconsidered: Some Recent Developments”, *JSS* 7 (1962): 147—160。

关于格什提南娜在杜木兹的“返回”中所扮演的角色,参见 A. Falkenstein, *Bibliotheca Orientalis* , voll. 22, pp. 281 ff. 。对于阿卡德与苏美尔版本不同之处的分析,参见 A. Falkenstein, “Der sumerische und der akkadische Mythos von Inanna Gang zur Unterwelt", 载 *Festschrift W. Caskel* (1968), pp. 96 ff. , and by Jean Bottéro, 载 *Annuaire de l'École des Hautes Études*, 1971—1972, sec. Ⅳ, pp. 81—97。最重要的不同是:苏美尔版本没有详细描写地下世界(只提及"伟大的地下世界",作为"伟大的天上世界"的对应;Bottéro, p. 86);而在阿卡德版本中,伊西塔威胁说,如果不让她立即进入冥府,她就要打破冥府的大门,将所有的死人都放出来,他们"会吞食活人"(Bottéro, p, 86);在苏美尔版本中,"生命之水"是在冥府发现的(在装着冥府诸神的酒的"酒囊"里;Bottéro, p. 89);而在阿卡德版本中,厄里什基迦勒命令她的使者为坦木兹洗漱、涂油,并穿上华丽的衣服,也是她激起了伊西塔的愤怒,最后导致了坦木兹的毁灭(Bottéro, pp. 91 ff.)。

安顿·默塔迦(Anton Moortgat)在其著作 *Tammuz: Der Unsterblichkeitsglaube der altorientalischen Bildkunst* (Berlin, 1949)中,他基于画像资料对杜木兹—坦木兹的故事提出了一种新的诠释,但很少有画像是能肯定地加以确认的;参见 van den Berghe, "Réflexions critiques"。 394

20. 有关巴比伦宗教的精彩描述,参见 J. Nougayrol, *Histoire des religions* (Paris, 1970), vol, 1, pp. 203—249。也可参见 J. Bottéro, *La religion babylonienne* (Paris, 1952),以及他的文章"Les divinités sémitiques anciennes en Mesopotamie",载 S. Moscati, ed. , *Le antiche divinità semitiche* (=*Studi Semitici* 1 [Rome, 1958]), pp. 17—63,福拉尼(G. Furlani)曾在1928—1929 年出版了两卷本著作(*La religione babilonese e assira*),他将其研究在"La religione dei Babilnesi e Assiri"中做了一个总结,该文收录在 *Le Civiltà dell'Oriente* (Rome, 1958), vol. 3, pp. 73—112。也可参见 R. Follet, "Les aspects du divin et des dieux dans la Mésopotamie antique", *Recherches des sceinces religieuses* 38(1952): 189—209。奥本海默(A. L. Oppenheim)的怀疑态度("Why a 'Mesopotamian Religion' Should Not Be Written", *Ancient Mesopotamia: Portrait of a Dead Civilization* [Chicago, 1964], pp. 172 ff.)似乎并未被其同事所认同。也参见 M. David, *Les dieux et le destin en Babylonie* (Paris, 1949),以及托基尔德·雅各布森(Thorkild Jacobsen)具有启发性的综述, *The Treasures of Darkness: A History of Mesopotamian Religion* (New Haven, 1976)。

关于厄里什基迦勒和内尔各勒,参见 Dhorme, *Les Religions de Babylonie et d'Assyrie*, pp. 39—43, 51—52。

关于马尔杜克，参见 Dhorme，pp. 139—150，168—170；W. von Soden，载 *Zeitschrift für Assyriologie* n. s. 17(1955)：136—166。关于阿舒尔神，参见 G. van Driel，*The Cult of Assur* (Assen，1969)。

有关神庙，参见 Dhorme，pp. 174—197；H. J. Lenzen，"Mesopotamische Tempelanlagen von der Frühzeit bis zum zweiten Jahrtausend，"*Zeitschrift für Assyriologie* n. s. 17(1955)：1—36；G. Widengren，"Aspetti simbolici dei templi e luoghi di culto del vecino Oriente antico"，*Numen* 7(1960)：1—25；A. L. Oppenheim，*Ancient Mesopopamia*，pp，106 ff.，129 ff.。

有关这些仪式，参见 G. Furlani，"Il sacrificio nella religione dei Semiti di Babilonia e Assiria"，*Memorie della Accademia dei Lincei* 6，no. 3 (1932)：105—370；Furlani，*Riti babilonese e assiri*（Udine，1940）；F. Thureau-Dangin，*Rituels akkadiens* (Paris，1921)；一般性的介绍及丰富的参考书目，参见 Dhorme，pp. 220—257。关于在人神中间调解的仲裁神，参见 Dhorme，pp. 249—250。关于祈祷，参见 A. Falkenstein and W. von Soden，*Sumerische und akkadische Hymnen und Gebeten* (Stuttgart，1953)，和 Dhorme，pp. 247 ff.。

395 关于罪的忏悔，参见 R. Pettazzoni，*La confesione dei paccati*(Bologna，1935)，vol. 2，pp. 69—139。

有关诸神的荣光，参见 A. L. Oppenheim，"Akkadian *pul(u)h(t)u* and *melammu*"，*JAOS* 63(1943)：31—34；Oppenheim，"The Golden Garments of the Gods"，*JNES* 8(1949)：172—193；尤其是 Elena Cassin，*La splendeur divine*(Paris and The Hague，1968)，pp. 12 ff.（对于奥本海默[Oppenheim]假设的批评）；pp. 26 ff.（光与混沌；神的统治）；以及 pp. 65 ff.（"神圣的光辉"[*melammu*]与王室的作用）。参见§104，关于伊朗圣火(*xvarenah*)。

关于巫术，参见 Meissner，*Babylonien und Assyrien*，vol. 2，pp. 198 ff.；Dhorme，pp. 259 ff.；G. Contenau，*La Magie chez les Assyriens et les Babyloniens* (Paris，1947)；Erica Reiner，"La magie babylonienne"，载 *Le monde du sorcier*，Sources Orientales no. 7 (Paris，1966)，pp. 67—98；J. Nougayrol，"La religion babylonienne"，pp. 231—234。我们引述几段诺伽罗尔(Nougayrol)的结论(p. 234)："撇开苏美尔的'诸神的故事'不谈，巴比伦人的想象似乎很热衷于'魔鬼的故事'。在巫师们编造的大量冗长的故

事中,可能会有一些迷惑信众的文学因素,……但是,不可否认,仍表现出一种根本性的恐惧,就像我们害怕'核战争'一样。……美索不达米亚人与其他民族相比,似乎更多地受到'蛮族'的围困,后者经常威胁他们,并周期性地入侵其领地,这使他们感觉到文明和'美好生命'的脆弱,并时常对此产生疑问。"

21.《巴比伦史诗》有许多译本。最近的译本有 R. Labat, *Le poème babylonien de la création* (Paris, 1935)和 *Les religions du Proche-Orient asiatique*, pp. 36—70; E. A. Speiser, "The Creation Epic", *ANET*, pp. 60—72; A. Heidel, *The Babylonian Genesis* (Chicago, 1942; 2d rev. ed., 1951);和 Paul Garelli and Marcel Leibovici, "La naissance du monde selon Akkad",载 *La naissance du monde*, Sources Orientales no. 1(Paris, 1960), pp. 132—145。

海德尔(Heidel)的著作中也有对于其他巴比伦宇宙起源论文献的翻译,以及与《旧约·创世记》的比较研究。也可参见 W. von Soden in *Zeitschrift für Assyriologie* 47(1954): i ff.; F. M. T. de Liagre, *Opera minora* (Groningen, 1953), pp. 282, 504 ff.; W. G. Lambert and p. Walcot, "A New Babylonian Theogony and Hesiod", *Kadmos* 4(1965): 64—72(也参见本书第 6 章, § 47)。

将《巴比伦史诗》视为对美索不达米亚思想的一种表达,参见 T. Jacobsen, "The Cosmos as a State",载法兰克福(H. Frankfort)以及其他人的著作, *Before Philosophy: The Intellectual Adventure of Ancient Man* (Chi-
cago, 1946; Penguin Books, 1949), pp. 137 ff.,尤其是 pp. 182—199。雅各 396
布森(Jacobsen)在许多研究中凸显出了苏美尔统治(广而言之也包括巴比伦的万神殿)的"大众化"特征(例如,在《巴比伦史诗》中,马尔杜克是通过诸神大会而被提升为最高神灵的),参见 Jacobsen, "Early Political Development in Mesopotamia", *Zeitschrift für Assyriologie* 52(1957): 91—140,以及他的文章,载 *JNES* 2, pp. 159 ff.,也可参见"The Battle between Marduk and Tiamat", *JAOS* 88(1968): 104—108。

对于古代近东王权的神圣性始终存有争议。一些学者认为国王是神的代表,这是所有古代近东宗教中神话—仪式体系的核心。这种方法论取向,即"神话—仪式学派"(myth-and-ritual school)或称"范型论"(patternism),激发了许多研究著作的产生,其中重要的有 S. H. Hooke, *Myth and Ritual*

(1933)和 *The Labyrinth*(1935),以及英格纳尔(I. Engnell)和维登格伦(G. Widengren)的著作。对"范型论"也有很多批评,尤其是 H. Frankfort, *The Problem of Similarity in Ancient Near Eastern Religions*, Frazer Lecture (Oxford,1951)。这位著名学者认为,相关形式间的差异性比相似性更为重要。比如,他说,埃及法老被认为是神或是将成为神,而在美索不达米亚,国王只是神灵的代表而已。无论如何,当我们探究**历史性的文化**时,差异性与相似性都是同样重要的。也可参见 S. H. Hooke,"Myth and Ritual: Past and Present",收录在 Hooke, ed. , *Myth, Ritual, and Kingship* (Oxford, 1958), pp. 1—21; S. G. F. Brandon,"The Myth-and-Ritual Position Critically Considered",同上, pp. 261—291(这一研究包括一份到 1955 年为止的丰富的参考书目)。

22. 关于新年庆典(*akitu*),参见 H. Zimmern, *Zum babylonischen Neujahrsfest*, 2 vols. (Leipizig, 1906, 1908); S. A. Pallis, *The Babylonian akitu Festival* (Copenhagen, 1926)(参见对前者的批评, H. S. Nyburg, *Le monde orientale* 23 [1929]: 204—211); R. Labat, *Le caractère religieux de la royauté assyro-babylonienne* (Paris, 1939), pp. 95 ff. ; H. Frankfort, *Kingship and the Gods* (Chicago, 1948), pp. 313 ff. ; W. G. Lambert, 载 *JSS*, vol. 13, pp. 106 ff. (马尔杜克的胜利在每年的新年庆典上都会重现)。关于新年庆典是宇宙创造的重现的观点,参见 A. J. Wensinck,"The Semitic New Year and the Origin of Eschatology", *Acta Orientalia* 1(1923): 158—199; Eliade, *Cosmos and History*, pp. 62—73。

有关命运的庆典,参见 Dhorme, *Les religions de Babylonie*, pp. 244 ff. , 255 ff. 。

关于美索不达米亚王权的神圣性,参见 R. Labat, *Le caractère re-*
397 *ligieux de la royauté assyro-babylonienne*; Dhorme, *Les religions de Babylonie*, p. 20(国王的神化); H. Frankfort, *Kingship and the Gods*, pp. 215 ff. ; I. Engnell, *Studies in Divine Kingship in the Ancient Near East* (Uppsala, 1943), pp. 18 ff. ; G. Widengren, *The King and the Tree of Life in Ancient Near Eastern Religion* (Uppsala, 1951); Sidney Smith,"The Practice of Kingship in Early Semitic Kingdoms",收录在 S. H. Hoole, ed. *Myth, Ritual, and Kingship*, pp. 22—73; A. L. Oppenheim, *Ancient Mesopotamia*, pp. 98 ff. ; J. Zandee,"Le Messie: Conceptions de la royauté dans

les religions du Proche-Orient ancien", *RHR* 180(1971):3—28。也可参见 *Rencontre Assyriologique Internationale: Le palais et la royauté*, edited by P. Garelli (Paris,1974)。

23. 书中的译文采用 G. Contenau, *L'Epopée de Gilgamesh* (Paris, 1939); Alexander Heidel, *The Gilgamesh Epic and Old Testament Parallels* (Chicago,1946); E. A. Speiser, *ANET*, pp,72—99;以及 A. Schott and W. v. Soden, *Das Gilgamesch Epos*(Stuttgart,1958)。Labat, *Les relgions du Proch-Orient*, pp. 149—226。

目前,苏美尔版本的吉加美士传奇已知的有六个故事:(1)雪松林中的探险和打败胡瓦瓦(trans. Kramer, *From the Tablets*, pp. 204—207; Kramer, *The Sumerians*, pp. 192—197);(2)吉加美士与神牛;(3)洪水与齐苏德拉的永生;(4)吉加美士之死(*ANET*, pp. 50—52),巴比伦版本中没有这个故事;(5)吉加美士与阿加(Agga) (translated in *Tablets*, pp. 29—30; *The Sumerians*, pp. 197—200),这是苏美尔史诗中最短的一个故事(115 行),巴比伦版本中没有提及这一故事(但有学者认为这是真实的故事,因此不应包括在神话文献之中);(6)吉加美士、恩奇杜与另一个世界(译文来自 *Tablets*, pp. 224—225; *The Sumerians*, pp. 197—205)。

最后一个故事出自《吉加美士史诗》XII(参见第 3 章, p. 92, n. 50),吉加美士砍倒一棵巨树,把树干交给伊南娜—伊西塔,做成王座和躺椅。吉加美士则用树根和树冠为自己做了两件神奇的东西 *pukku* 和 *mekku*,对这两件东西的解释至今仍有争议,它们可能是乐器(鼓和鼓槌?)。因为一个仪式的错误,这些物品掉入了下界。为其主人的悲伤所感动,恩奇杜动身去寻找这两件物品。但是,因为他没有听从吉加美士的指示,即不要惹怒众精灵,恩奇杜因而无法再回到人间。吉加美士伤心地向诸神祈求,于是,冥府的主宰内尔各勒允许恩奇杜的灵魂回到人间片刻。吉加美士问他有关死人的命运。他犹豫地回答道:"如果我告诉你冥府的律法,你会坐在地上痛哭不已 398
的!"(col. IV, lines 1—5)但吉加美士坚持要知道,恩奇杜就给他做了一个简短而令人沮丧的描述:"一切都淹没在灰尘之中……"

参见克莱默(S. N. Kramer)以下的出版物: *Gilgamesh and the Huluppu-Tree* (Assytiological Study no. 8, Oriental Institute of Chicago); "Gilgamesh: Some New Sumerian Data",收录在 P. Garelli, ed., *Gilgamesh et sa légende* (Paris,1960), pp. 59—68; "The Epic of Gilgamesh and its Sumerian Sources", *JAOS* 64(1944):7—22;和"Sumerian Epic Literature",收录在 *La Poesia epica e la sua formazione*(Accad. Naz. Dei Lincei, 1970),pp. 825—837。也可参见 A. Schaffer, *Sumerian Sources of Tablet XII of the Epic Gilgmesh*, Dissertation, Department of Oriental Studies, University of Pennsylvania, Philadelphia, 1962。根据法尔肯斯坦(A. Falkenstein)的说法,英雄的名字在苏美尔语中叫作 Bilgameš;参见 *Reallexicon der Assriologie* (Berlin and Leipzig, 1932—),vol. 3(1968),pp. 357 ff. 。

关于《吉加美士史诗》(杰森[P. Jensen]将其视作一部世界文学经典,参见他的著作 *Das Gilgamesh-Epos in der Weltliteratur*, vol. 1 [Strasbourg,1960]),有许多参考书目。最重要的都已列在康坦诺(Contenau)、海德尔(Heidel)、克莱默(Kramer)、司科特(A. Schott)和索登(W. v. Soden)的译文中了。研究论文集有 P. Garelli, *Gilgamesh et sa légende*(pp. 7—30,参考书目)以及文章:法尔肯斯坦(A. Falkenstein)以及其他人的文章,收录在 *Reallexikon der Assyriologie*, vol. 3(1968),pp. 357—375,被索登(W. v. Soden)收录在 *Zeitschrift der Assyr.*, vol. 53, pp. 209 ff., 以及 J. Nougayrol,"L'Epopée Babylonienne",收录在 *La poesia epica e la sua formazione*, pp. 839—858。最近,库尔特·雅里兹(Kurt Jaritz)将某些故事(鼓、梦、雪松林等等)解释为萨满的观念与习俗;参见他的文章"Schamanistisches im Gilgameš-Epos", *Beiträge zu Geschichte, Kultur und Religion des alten Orients* (Baden-Baden, 1971),pp. 75—87。巴特沃斯(A. S. Butterworth)也提出了一个类似的解释, *The Tree at the Navel of the Earth* (Berlin,1970),pp. 138 ff. 。

阿达帕(Adapa)的神话是另一个追求永生而未成功的故事,但是这一次,失败的责任却并未落在英雄的头上。阿达帕是伊亚所造的,聪明但仍要死亡。曾经由于南风吹翻了他的船,阿达帕便撕碎了南风的翅膀。这违反了宇宙律法,安努传唤他接受审判。在他出发前,伊亚给了他明确的指示,告诉他在天界该如何应对,特别警告他不要接受那"死亡的面包"和"死亡之水"。阿达帕承认他是为了报复而撕碎南风的翅膀的。为他的诚实所打动,
399 安努向他提供"生命的面包"和"生命之水"。但是阿达帕拒绝了,因而失去了永生的机会。这个神话似乎间接地反映了安努与伊亚之间的紧张关系,但我们却不知其原因为何。参见最新的翻译及评注,Labat, *Les religions du Proche-Orient asiatique*, pp. 290—294。

关于死亡及地狱的观念,参见 B. Meissner, *Babylonien und Assyrien*, vol. 2, pp. 143 ff. ; A. Heidel, *The Gilgmesh Epic*, pp. 137 ff. ; J. M. Aynard, “Le jugement des morts chez les Assyro-babyloniens”,收录在 *Le Jugement des Morts*, Sources Orientales no. 4 (Paris, 1961), pp. 81—102。

24. 关于智慧文学的翻译,我们采用罗伯特·费弗尔(Robert H. Pfeifer)的译文,收录在 *ANET*, pp. 343—440. 其他翻译采用 W. G. Lambert, *Babylonian Wisdom Literature* (Oxford, 1960), pp. 21—62 ff. ; G. R. Castellino, *Sapienza babilonese* (Turin, 1962);和 R. Labat, *Les religions du Proche-Orient*, pp. 320 ff。也可参见 J. J. A. van Dijk, *La sagesse suméro-akkadienne* (Leiden, 1953); J. Nougayrol, “Une version ancienne du ‘Juste Souffrant’”, *RB* 59 (1952): 239—250;最新的参考书目,参见 O. Eissfeldt, *The Old Testament: An Introduction* (1963), p. 83, n. 3。

关于巴比伦的占卜,参见 A. L. Oppenheim, *Ancient Mesopotamia*, pp. 206—227。也可参见 *La divination en Mésopotamie et dans les régions voisines*, Travaux du Centre d'Études supérieures spécialisé d'Histoire des Religions de Strasbourg (1966),其中最值得注意的是 A. Falkenstein, “‘Wahrsagung’ in der Sumerischen Überlieferung”; A. Finet, “La place du devin dans la société de Mari”, J. Nougayrol, “Trente ans de recherches sur la divination babylonienne, 1935—1963”;以及 A. L. Oppenheim, “Perspectives on Mesopotamian Divination”。一个最新的补充是 Jean Nougayrol, “La divination babylonienne”,收录在 *La Divination*, ed. André Caquot and Marcel Leibovici (Paris, 1968), vol. 1, pp. 25—81。这些著作都有着丰富的参考书目。

有关巴比伦的占梦,参见 A. L. Oppenheim, *The Interpretation of Dreams in the Ancient Near East, with a Translation of an Assyrian Dream Book* (Philadelphia, 1956); Marcel Leibovici, “Les songes et leur interprétation à Babylone”,收录在 *Les songes et leur intérpretation*, Sources Orientales no. 2 (Paris, 1959), pp. 65—85。

关于星象,参见 A. Sachs, “Babylonian Horoscopes”, *Journal of Cuneiform Studies* 6 (1952): 49—75。关于占星术,参见 Nougayrol, “La divination babylonienne”, pp. 45—51 (参考书目, p. 78),以及 A. L. Oppenheim, *Ancient Mesopotamia*, pp. 308 ff. 。

关于科学发现,参见 O. Neugebauer, *The Exact Sciences in Antiquity*, 2d ed. (Providence, 1957); Neugebauer, "The Survival of Babylonian
400 Methods in the Exact Science of Antiquity and the Middle Ages", *Proceedings of the American Philosophical Society* 107 (1963):528—535; A. L. Oppenheim, *Ancient Mesopotamia*, pp. 288—310。

关于美索不达米亚观念的影响,参见 Oppenheim, pp. 67 ff. (参考书目, p. 356, n. 26);关于《旧约》中所记载的影响,参见 W. H. P. Römer, *Historia Religonum* (Leiden,1969), vol. 1, pp. 181—182 中的参考书目。

25. 关于埃及历史概论,参见 E. Drioton and J. Vandier, *L'Egypte*, 2d ed. (Paris, 1946);John A. Wilson, *The Culture of Ancient Egypt* (= *The Burden of Egypt*) (Chicago, 1951; 5th ed., 1958); William C. Hayes, *The Sceptre of Egypt*, vol. 1: *From the Earliest Times to the End of the Middle Kingdom* (New York, 1953); Joachim Spiegel, *Das Werden der altägyptischen Hochkultur* (Heidelberg, 1953); F. Daumas, *La civilisation de l'Egypt pharaonique* (Paris, 1965)。最近由哈里斯(J. R. Harris)编辑出版的 *The Legacy of Egypt* (Oxford, 1971) 有精辟的总结性论述。

关于埃及的史前文化,参见 E. J. Baumgartel, *The Cultures of Prehistoric Egypt* (London, 1955); H. Frankfort, *The Birth of Civilization in the Near East* (London, 1951), pp. 41 ff., 100 ff.; Wilson, *The Culture of Ancient Egypt*, pp. 18 ff.; W. B. Emery, *Archaic Egypt* (Harmondsworth:Pelican Books,1963)。

我们不知道农业是如何传入埃及的。可能是从巴勒斯坦传过去的(大约在公元前 4 500 年),因为在尼罗河三角洲附近的梅里姆迪赫(Merimdeh)发现了新石器时代文化的痕迹。死者被葬在屋里,但没有葬礼祭物。上埃及文化又被称作"巴达里文化"(Badarian,从其考古发掘而得名),他们除了知道耕种和畜牧以外,还会制作黑红陶器。死者以蜷曲的姿式被埋葬,家畜也用布裹起来掩埋。与特尔哈夫文化和瓦卡文化相比较,新石器时代的埃及文化显得贫穷而边远。

随着阿姆拉特文化(Amratian,即前王朝时代早期)的出现,我们看到他们开始利用尼罗河流域的自然灌溉。石头和黄铜都经过了加工,但陶器比巴达里文化时期还要粗糙(可能是因为已开始制造石头容器了,参见 Clark,

World Prehistory,p. 104)。在墓葬中发现有食物供品和陶制小人偶。只是在前王朝时代晚期,(纳卡达二世[Nakada Ⅱ])才引进了冶金术,比近东晚了1 000年。还有许多其他文化的因素是源自亚洲,但时间相距很远。美索不达米亚人很早就知道如何制造有轮子的车,但到了帝国时期(大约在公元前1 570年),它才传入埃及。埃及文明的黄金时代始于上下埃及的统一。至于都市文明的开始(这很有比较研究的价值),其遗迹都埋在尼罗河 401
的淤泥中了。关于巴达里和阿姆拉特文化,参见 Müller-Karpe,*Handbuch der Vorgeschichte*,vol. 2,pp. 28—55,339—345,353—361。

1948年以前的文献,参见 Jacques Vandier,*La religion égyptienne*, 2d ed. (Paris,1949),pp. 3—10;也参见(同上书,pp. 24—29)凡迪尔(Vandier)对于塞斯(K. Sethe)(*Urgeschichte u. älteste Religion der Ägypter* [Leipzig,1930])以及基斯(H. Kees)(*Der Götterglaube im alten Ägypten* [Leipzig,1941;2d ed., Berlin,1956])关于埃及原始宗教观点的批判。参见 R. Weill,"Notes sur l'histoire primitive des grandes religions égyptiennes," *Bulletin de l'Institut Français d'Archéologie Orientale* 47 (1948): 59—150。

关于埃及宗教的概括性研究,参见 Adolf Erman,*Die Religion der Ägypter*(Berlin and Leipzig,1934):Herman Junker,*Pyramidenzeit: Das Werden der altägyptische Religion* (Einsiedeln,1949);J. Garnot Sainte-Fare,*Religions de l'Egypte* (Paris, 1951); S. Donadoni, *La religione dell'Egitto antico* (Milan,1955);H. Frankfort,*Ancient Egyptian Religion* (New York, 1948); Frankfort, *Kingship and the Gods: A Study of Ancient Near Eastern Religion as the Integration of Society and Nature* (Chicago, 1948);R. T. Rundle Clark,*Myth and Symbol in Ancient Egypt* (London,1959)。最近对于宗教史所做之精辟总结,参见 S. Morenz,*Egyptian Religion*,trans. Ann Keep(Ithaca,N. Y.,1973)。也参见 C. J. Bleeker,"The Religion of Ancient Egypt,"*Historia Religionum*(Leiden,1969),vol. 1,pp. 40—114;Bleeker,*Hathor and Thoth: Two Key Figures of the Ancient Egyptian Religion* (Leiden, 1973),pp. 10 ff.,159 ff.;P. Derchain,"La religion égyptienne",*Histoire des religions*,ed. H. C. Puech (1970),vol. 1,pp. 63—140。

Hans Bonnet,*Reallexicon der ägyptischen Religionsgeschichte* (Berlin,1952),其中有大量的文献资料及参考书目。龚特尔·罗伊伯(Gunther Roeber)最近出版的文献集,内容丰富且配有精彩的说明,收录在 *Die ägyptische Religion in Text und Bild*:vol. 1,*Die ägyptische Götterwelt*;vol. 2,*Mythen und Lengenden um ägyptischen Gotteiten und Pharaonen*;vol. 3,*Kulte,Orakel und Naturverehrung im alten Aegypten*,vol. 4,*Der Ausklang der ägyptische Religion, mit Reformation, Zauberei und Jenseitsglaube* (Zurich,1959—1961)。

历史文献的翻译,我们接受的是 J. H. Breasted,*Ancient Records of Egypt*,5 vols. (Chicago,1906—1907)。《金字塔文》有德文、法文和英文的译本,分别是由塞斯(Seth)、斯倍勒尔斯(Speleers)以及梅尔塞尔(Mercer)翻译的;我们使用的译本是 R. O. Faulkner,*The Ancient Egyptian Pyramid Texts* (Oxford,1969),但我们也参考了由布列斯特德(Breasted)、魏尔(Weill)、克拉克(Clark)、苏纳隆(Sauneron)和约约特(Yoyotte)所翻译的片断。

402 有关宗教词汇,参见 C. J. Bleeker,"Einige Bemerkungen zur religiösen Terminologie der alten Aegypten",收录在 *Travels in the World of the Old Testament: Studies Presented to Professor M. A. Beek*(Assen,1974),pp. 12—26。

26. 对于埃及宇宙起源论的系统研究,以及对文献的翻译和注释,参见 S. Sauneron and J. Yoyotte,"La naissance du monde selon l'Egypte ancienne",收录在 *La naissance du monde*(Paris,1959),pp. 19—91。其他的翻译,也可参见 J. Wilson,*ANET*,pp. 3—10。

对于各种宇宙起源论的讨论,参见 Vandier,*La religion égyptienne*,pp. 57 ff.。参见隆德尔·克拉克(Rundle Clark)所做的分析,*Myth and Symbol*, pp. 35 ff.。尤其是 Morenz, *Egyptian Religion*, pp. 159 ff.。有关赫莫波里斯的宇宙起源论,参见 S. Morenz and J. Schubert,*Der Gott auf der Blume: Eine ägyptische Kosmogonie und ihre weltweite Bildwirkung* (Ascona, 1954)。关于语言的创造性力量,参见 J. Zandee,"Das Schöpferwort im alten Aegypten", *Verbum*, *Studia Theologica Rheno-Traiectina* 6 (1964):33 ff.。也可参见 R. B. Finnestad,"Ptah, Creator of the Gods", *Numen* 23(1976):81—113。

从公元前 3000 年代末,底比斯的重要性由于其守护神阿蒙(他有时是与瑞联系在一起的)而凸显出来。但阿蒙的宇宙起源论则来自赫利波里斯、赫莫波里斯和孟斐斯的宇宙起源论体系;文献的翻译及注释,参见 Wilson, *ANET*, pp. 8—10;Sauneron and Yoyotte, pp. 67 ff.。

有关远古山丘和神圣空间的象征意义,参见 Hellmut Brunner, "Zum Raumbegriff der Aegypter", *Studium Generale* 10(1957): 610 ff.; A. Saleh, "The So-Called 'Primeval Hill' and Other Related Elevations in Ancient Egyptian Mythology", *Mitteilungen des Deutschen Archäologischen Instituts* (Abt. Cairo) 25(1969): 110—120; I. E. S. Edwards, *The Pyramids of Egypt* (Harmondsworth: Pelican Books, 1961); J. Leclant, "Espace et temps, ordre et chaos dans l'Egypte pharaonique", *Revue de Synthèse* 90(1969); Othmar Keel, *Die Welt der altorientalischen Bildsymbolik und das Alte Testament* (Zurich and Neukirchen, 1972), pp. 100 ff.(有比较研究及精彩的图片)。

关于人类的起源有多种神话版本,根据其中的一个版本,卜塔在陶轮上用泥土造人(参见 Bonnet, *Reallexicon*, p. 617);在上埃及,造物神是克努姆(Khnum)(同上书, p. 137)。有关死亡起源的神话,我们则不得而知,《金字塔文》中简略提到过"在有死亡之前"的神话时代(*Pyr.* 1466)。

有关人类毁灭的神话则相当古老,参考书目参见 Vandier, *Rel. égypt.*, p. 53。参见 *The Book of the Divine Cow*,其翻译参见 Alexandre Piankoff, 收录在 *The Shrines of Tut-Ankh-Amon* (New York, 1955), p. 27。当瑞意 403
识到哈托尔想要毁灭人类时,他在夜里将她的酒染成血一样的红色,第二天一早,当哈托尔想继续其屠杀时,因为喝得太多而酩酊大醉。

当瑞老迈不堪之时,人类决定造反。而事实上,在上一段故事之后,瑞已决定放弃其对世界的统治。他在诸神面前承认其身体已虚弱得如同太初之时了,他请求他的女儿努特将他带到天上去(*Book of the Divine Cow*,皮安科夫[Piankoff]翻译,载 *Shrines*, p. 29)。他的继任者是苏或盖布。瑞的"衰老"、无力和隐退遥远的天界都是常见的神话因素:天神、造物神和宇宙的创造者成了退位神(*deus otiosus*)。事实上,在埃及的版本中,太阳神是退位神(*deus otiosus*),这是神学家们的再解释。

27. 关于埃及国王的神性,参见 A. Moret, *Du caractère religieux de la royauté pharaohique* (Paris, 1902)(已相当过时);H. Jacobsohn, *Die dogmatische Stellung des Königs in der Theologie der alten Ägypter* (Gluckstadt, 1939); H. Frankfort, *Kingship and the Gods*, pp. 15—215; G. Posener, *De la divinité du pharaon* (Paris, 1960); H. Goedicke, *Die Stellung des Königs im Alten Reich* (Wiesbaden, 1960); H. Brunner, *Die Geburt des Gottkönigs* (Wiesbaden, 1964)。

对于作为统一上下埃及的美尼斯国王,参见 Frankfort, *Kingship and the Gods*, pp. 17 ff.,在前王朝时代末期王权已经出现。法兰克福强调了"双王朝"(即上下埃及的分治)意识形态的起源。这一政治术语表达了埃及人的一种心理趋势,即"以一系列'静止平衡的对立'的二元论去理解世界"(*Kingship*, p. 19)。"埃及王权的二元形式并非历史事件的结果。这体现了埃及人关于整个对立面所特有的思想"(同上书)。

法兰克福引用了非洲一些类似的例子,以此来解释这种二元意识形态的起源(p. 16)。我们还将遇到有关二元及对立的其他例子,参见 Eliade, *The Quest*, pp. 127 ff. ("Prolegomenon to Religious Dualism")。

关于秩序(*ma*^{c}*at*)的种种含义,参见 Bonnet, *Reallexicon*, pp. 430—434; Frankfort, *Ancient Egypt. Rel.*, pp. 53 ff., 62 ff.; Posener, *Littérature et politique dans l'Egypte de la XII*^{e} *Dynastie* (Paris, 1956); Morenz, *Egyptian Religion*, pp. 113—130(以及参考书目)。

关于非人格化的趋势,参见 A. de Buck, *Het Typische en het Individueele by de Egyptenaren* (Leien, 1929); Ludlow Bull, "Ancient Egypt",收录在 *The Idea of History in the Ancient Near East*, ed: Robert C. Dentan
404 (New Haven, 1955), pp. 1—34。

关于仪式与庆典,参见 Vandier, *La rel. égypt.*, pp. 165—203, 和 Morenz, *Egyptian Religion*, pp. 81—109(有非常精彩的比较研究以及最新的参考书目)。Moret, *Le rituel du culte divin journalier en Egypte* (Paris, 1902),这部著作对我们仍有所帮助。也可参见 H. Kees, *Das Priestertum im ägyptischen Staat vom NR bis zur Spätzeit* (Leiden, 1953); J. Garnot Sainte-Fare, *L'hommage aux dieux dans l'ancien Empire égyptien d'après les textes des Pyramides* (Paris, 1954); S. Sauneron, *Les prêtres de l'ancienne Egypte* (Paris, 1967) (Eng. trans. by Ann Morrisett, *The Priests of Ancient Egypt* [New York, 1960])。

关于即位礼的基础研究,参见 Vandier, pp. 200—202, Frankfort; *Kingship*, pp. 79 ff.,其中有精彩的分析以及参考书目和图片资料。

关于闵神的庆典，参见 H. Gauthier, *Les fêtes du dieu Min* (Cairo, 1931); Vandier, pp. 202—203; Frankfort, *Kingship*, 186 ff.。

28. 关于《金字塔文》所描写的法老升天说，参见 J. H. Breasted, *Development of Religion and Thought in Ancient Egypt* (New York, 1912), pp. 70—141, 以及 R. Weill, *Le champ des roseaux et le champ des offrandes dans la religion funéraire et la religion générale* (Paris, 1936)。

我们不能肯定 *maa-kheru* 这一别称是否应译作"神圣的、至福的"。这一名称从中王国时期起，就被放在每个死者的名字后面。或许它所要表达的含义更接近"死者享受俄赛里斯祭典"的意思(J. Yoyotte, "Le jugement des morts dans l'Egypte ancienne", p. 37)(参见§33 的参考书目)。

29. 关于俄赛里斯有大量的文献。我们在此仅提一些基本的著作：Bonnet, *Reallexicon*, pp. 568—576; Vandier, *La rel. égypt.*, pp. 58 ff., 81 ff., 134 ff.; Frankfort, *Kingship*, pp. 181 ff.; Rundle Clark, *Myth and Symbol*, pp. 97 ff.; E. Otto and M. Hirner, *Osiris und Amun* (Munich, 1960)。也可参见 A. Scharff, *Die Ausbreitung des Osiriskulte in der Frühzeit und während des Alten Reiches* (Munich, 1948); J. G. Griffiths, *The Origins of Osiris*, Münchener Aegyptologische Studien no. 9 (Berlin, 1966). E. A. Wallis Budge, *Osiris: The Egyptian Religion of Resurrection*, 2 vols. (London, 1911; rev. ed., New York, 1961), 这部著作的文献、图片以及其中与非洲的比较研究仍很有用。在由弗雷泽(Frazer)所引起的研究风潮中，俄赛里斯被专门视作农业神；这种解释得到法国学者 A. 莫莱特(A. Moret)的支持，却遭到其他学者的批评和反对，如艾弥尔·切西纳 405
(Emile Chassinat)死后出版的著作，*Le Mystère d'Osiris au mois de Khoiac* (Cairo, 1966), vol. 1, pp. 30 ff.。我们可以肯定的是俄赛里斯的复杂个性，他曾是宇宙之神和葬礼之神，代表着普遍的丰产与王权，他也是死者的判官，后来又成了一个"秘仪"之神。

关于中王国时期和帝国时期的俄赛里斯神话的综述，参见 Vandier, *La rel. égypt.*, pp. 48—51。

《棺文》的编辑，参见 A. de Buck, *The Egyptian Coffin Texts*, 6 vols. (Chicago, 1935—1950), 由富克纳(R. O. Faulkner)翻译，已出版的有第 1 卷，*The Ancient Egyptian Coffin Texts* (Warminster, 1974)。

关于俄赛里斯的崇拜仪式，参见 Chassinat, *Le Mystère d'Osiris au*

mois de Khoiac;Rundle Clark,*Myth and Symbol*,pp. 132 ff.(竖起 *djed* 石柱象征神的脊柱),pp. 157 ff. ;Frankfort,*Kingship*,pp. 181 ff. 。

关于何露斯和塞特,参见 Bonnet,*Reallexicon*, pp. 307—318, 702—715,以及基本的参考书目。也可参见 H. de Velde,*Seth*,*God of Confusion*(1967)。

30. 关于第一中间期,参见 H. Stock,*Die erste Zwischenzeit Aegyptens*(Rome,1949);Wilson,*The Culture of Ancient Egypt*, p. 104—124;Drioton and Vandier,*L'Egypte*,pp. 213 ff. 。

文中所讨论的文献的翻译,参见 Adolf Erman,*The Literature of the Ancient Egyptians*,trans. A. M. Blackman (London,1927;由哈珀·托切博克[Harper Torchbook]重新出版[New York,1966],改名为 *The Ancient Egyptians*,其中有辛姆普森[W. K. Simpson]的重要导论);pp. 75 ff. ;"The Instruction for King Meri-ka-Re";pp. 92 ff. :"Ipuwer"; pp. 132 ff. ;"Song of the Harper";pp. 86 ff. :"Dispute of a Man Weary of Life"。我们采用的翻译主要是 Wilson,*ANET*,pp. 405 ff. ,441 ff. ,467。富克纳(R. O. Faulkner)对"The Dispute of a Man Weary of Life" 有新的译本,载 *Journal of Egyptian Archeology* 42(1956):21—40("The Mán Who Was Tired of Life")。威廉姆斯(R. J. Williams)研究过最新的译本,同上,48(1962):49—56。有些研究发表在 *Admonitions of Ipu-wer*;参见辛姆普森(W. K. Simpson)为埃尔曼(Erman)的书所作导论中的参考书目,pp. xxix-xxx;也同上,p. xxviii,对于最近研究的分析,参见 *Instruction for King Meri-ka-Re*(这篇文献冗长难懂)。

关于第十二王朝中间期的文献,参见 G. Posener,*Littérature et politique dans l'Egypte dela XII*[e] *dynastie* (Paris,1956)。

406 **31.** 关于中王国时期,参见 H. E. Winlock,*The Rise and Fall of the Middle Kingdom in Thebes* (New York, 1947); Wilson, *The Culture of Ancient Egypt*,pp. 124—153;Drioton and Vandier,*L'Egypte*,pp. 234 ff. 。这一时期的法老有许多伟大的政绩(如,他们在法尤姆附近开垦了 27 000 英亩的可耕地)。虽然不再对外征服,但埃及在地中海、爱琴海以及近东地区都是为他国所敬畏的国家。

有关喜克索斯人,参见 M. Engberg,*The Hyksos Reconsidered* (Chicago,1939);温洛克(Winlock)著作的最后两章; Wilson, pp. 154—165;

T. Säve-Söderbergh,"The Hyksos Rule in Egypt",*Journal of Egyptian Archeology* 37 (1951):53—72;Theodore Burton-Brown,*Early Mediterranean Migrations* (Manchester,1959),pp. 63 ff.。至于埃及人的恐外症,我们必须记住的是,长期以来,他们都不将外国人视作"人"。正是由于此,他们才将外国人用来献祭(Wilson,pp. 139 ff.)。关于这一问题,也可参见 F. Jesi,"Rapport sur les recherches relatives à quelques figurations du sacrifice humain dans l'Egypte pharaonique",*JNES* 17(1958):194—203。早在第一中间期,"亚洲人"就被指控煽动无政府主义,尽管那时他们的人数还很少(Wilson,pp. 110 ff.)。直到喜克索斯人入侵时,"亚洲人"才开始大量地在三角洲地区定居下来。

关于阿蒙大祭司的角色,参见 G. Lefebvre,*Histoire des Grands Prêtres d'Amon de Karnak jusqu'à la XXIe Dynastie* (Paris,1929);Vandier,*La relig. égypt.*,pp. 170 ff.;Wilson,*Culture*,pp. 169 ff.。

有关阿蒙—瑞的伟大赞歌的翻译有好几次,参见 Wilson,*ANET*,pp. 365—367;Erman,*The Ancient Egyptians*,pp. 283—287。这首赞歌受到孟斐斯神学的启发(Erman,*Die Religion der Ägypter*, p. 119),表明了埃及宗教有回归且重新诠释传统教义的趋势。同样重要的还有另一首被称作《太阳神的普世礼赞》("Universalist Hymn to the Sun")的赞歌,由瓦利尔(A. Varille)出版并翻译,收录在 *Bulletin de l'Institut français d'archéologie orientale* no. 41(Cairo,1942),pp. 25—30;也可参见威尔逊(Wilson)的翻译,收录在 *ANET*,pp. 367—369。

32. 关于"阿马纳革命",参见 J. D. S. Pendlebury, *Tell-el-Amarna* (London,1935);Drioton and Vandier,*L'Egypte*,pp. 86 ff.,334 ff.;Wilson,*The Culture of Ancient Egypt*,pp. 212 ff.;Rudolph Anthes,*Die Maat des Echnaton von Amarna*,*JAOS*,suppl. No. 14(1952);Cyril Aldred,*New Kingdom Art in Ancient Egypt during the Eighteenth Dynasty* (London,1951),特别是 pp. 22 ff.。

有关阿顿的伟大赞歌的翻译,参见 Erman,*The Ancient Egyptians*,pp. 288—291;Breasted,*The Dawn of Conscience*(New York,1953),pp. 281—286;和 Wilson,*ANET*,pp. 369—371。 407

关于阿蒙(瑞)—阿顿的连续性,参见 Alexandre Piankoff, *The Shrines of Tut-Ankh-Amon*(New York,1955),pp. 4 ff.。

33. 被埃杜瓦·纳维尔(Edouard Naville)称作"太阳神的连祷文"("Litany of the Sun")的是帝国时代最重要的文献之一。我们采用 Piankoff, *The Litany of Re* (New York,1964),pp. 22—43 的翻译。也可参见 *The Tomb of Ramesses VI* (New York,1954)。

关于《死者书》有多个译本,我们采用的是最新的一个译本,参见 T. C. Allen, *The Book of the Dead*, or *Going Forth by Day* (Chicago,1974)。关于其他葬礼用书(*The Book of What Is in the Beyond*; *The Book of Gates*; *The Book of Night*),参见 Vandier, *La relig. égypt.*, pp. 107 ff., 128—129。有关《两条路之书》(*Book of the Two Roads*),我们采用的译本是 Piankoff, *The Wandering of the Soul* (Princeton,1974),pp. 12—37。也参见 S. Morenz, *Altägyptischer Jenseitsführer: Papyrus Berlin 3127* (Frankfurt a M.,1966)。

《金字塔文》中对于死者的地下世界(*duat*)已有记载,参见 Breasted, *Development of Religion and Thought in Ancient Egypt*, p. 144, n. 2 中引用的例子。对于地狱的表述,参见 Erik Hornung, *Altägyptische Höllenvorstellungen* (Berlin,1968)。有关文献的描述与翻译,参见 E. V. Wallis Budge, *The Egyptian Heaven and Hell*, 3 vols. (以 1 卷本再版,London,1925)。死亡的"负面"元素,被视作人类最大的敌人,对此的详细分析参见 J. Zandee, *Death as an Enemy according to Ancient Egyptian Conceptions* (Leiden,1960),pp. 5—31(概述)和 pp. 45—111(关于死亡的各种表达方式:完全的毁灭、分解、囚禁等等)。H. Kees, *Totenglauben und Jenseitsvorstellungen der alten Aegypter* (1926;2d ed., Berlin,1956),此书是至今最为全面的研究著作,虽然其中有某些过于个人化的诠释,参见 Vandier, *La relig. égypt.*, pp. 111—130(有丰富的参考书目)。

对于埃及人或其他古代民族(印度、中国、希腊等等)来说,死亡不仅仅是造成灵魂与肉体的分离,而且也透露了灵界的三个原理:阿赫(*akh*)、灵魂(*ba*)和生命力(*ka*)之间的不同。第一个原理"基本上是指神圣的力量、超自然的力量"(Vandier, p. 131),其意为"照耀、荣耀",指的是死者的天界属性。
408 (事实上,当死者被称作阿赫时,他们就被视为超自然的存在者了,是天界的居民;参见 Frankfort, *Kingship*, p. 64。)灵魂像阿赫一样,以鸟的形式出现,"灵魂需要躯体,或至少是塑像,以维持其同一性。人们认为在漫游过田野、丛林之后灵魂会回到坟墓中的身体内"(Frankfort, *Kingship*, p. 64;参见 Frankfort,*Ancient Egyptian Religion*,pp. 96 ff.)。灵魂是死者某个层面的自我。另一方面,除了法老以外,生命力并不曾被个体化,也从未被详细描述过。这一术语可以被译作"生命的力量"。当人活着时,生命力是属于他的,但当他死后生命力仍会随着他到阴间(Frankfort,*Kingship*,p. 63)。只有国王的生命力才会在纪念碑上有所描绘。"生命力与法老一同诞生,如同他的孪生兄弟一般,它陪伴他一生,如同他的守护精灵;在他死后它仍像他的孪生兄弟和守护者一样"(Frankford, *Kingship*,p. 69)。

要注意的是,古王国的文献只提及法老的灵魂。"换言之,在早期,埃及人并不拥有灵魂"(Morenz,*Egyptian Religion*, p. 206)。只是从第一中间期开始,一般人才拥有了灵魂。显然,这只是**书面记载**的情况而已,我们并不知道历史的真实情况如何。但是有意义的是(在这个例子中也一样),法老的"例子"逐渐被那些少有特权者所效仿。也可参见 L. Greven,*Der Ka in Theologie und Königskult der Ägypter des Alten Reiches* (Glückstadt, 1952),和 Louis Zabkar,*A Study of the Ba Concept in Ancient Egyptian Texts*(Chicago,1968)。

关于死后的审判,参见 E. Drioton,*Le jugement des âmes dans l'ancienne Egypte* (Cario,1949);Vandier,*La relig. égypt.*,pp. 134 ff.; J. Spiegel, *Die Idee vom Totengericht in der aegyptischen Religion* (Glückstadt, 1935); J. Yoyotte, "Le jugement des morts dans l'Egypte ancienne",收录在 *Le jugement des morts*,Sources Orientales no. 4(Paris, 1961),pp. 16—80(文献的翻译、注释和参考书目)。也可参见 M. Guilmot, "L'espoir en l'immortalité dans l'Egypte ancienne du Moyen Empire à la basse époque,"*RHR* 166(1964):1—20。

关于无罪的宣称,参见 E. Drioton,"Contribution à l'étude du chapitre CXXV du Livre des Morts: Les confessions négatives,"*Recueil d'études égyptiennes dédiées à la mémoire de J. F. Champollion* (Paris,1922),pp. 545—564。第 125 章中所表达的某些观念和信仰是非常古老的:"至少可以回溯到金字塔时期。第 125 章中所提到肯定和否定的'道德律',我们可以溯源到第五、六王朝。"(Yoyotte,"Le jugement",p. 63。)毕塔佐尼(R. Pettazzoni)指出,这种否定的忏悔在其他民族中也有相类似的,参见其著作 *La confessione dei peccati* (Bologna,1935),vol. 2,pp. 21,56—57。

409 葬礼作品《神牛之书》(*The Book of the Divine Cow*)强调其内容的巫

术价值。文献中说，看到这部书的人“在法庭上不必服从……他在人间所犯下的抢劫罪都不算数”(trans. Yoyotte，p. 66；《神牛之书》完整的翻译可参见Piankoff，*Shrines of Tut-Ankh-Amon*，pp. 27—34)。“知识”凌驾于道德之上，这是印度思想从梵书时期、奥义书时期直到性力派的主题。

34. 有关巨石文化的参考书目很多，我们在即将发表的一篇文章“Megaliths and History of Religions”中分析了其中最重要的作品。

杰出的导读著作，参见 Glyn Daniel，*The Megalith Builders of Western Europe* (London，1958)；第 2 版(Pelican Books，1962)的附录(pp. 143—146)中有基于碳-14 的分析而建立起来的年表。当然，新的年表在很大程度上推翻了作者的主张。进一步的讨论参见§36。也可参见 Fernand Niel，*La civilisation des mégalithes*(Paris，1970)，参考书目参见 Glyn Daniel and J. D. Evans 的文章，收录在 *Cambridge Ancient History*，vol. 2：*The Western Mediterranean* (1967)，chap. 37，pp. 63—72。

对西班牙和葡萄牙巨石文化的详细研究，参见 Georg and Vera Leisner，*Die Megalithgräber der Iberischen Halbinsel*：*Der Süden*(Berlin，1943)，和 *Der Western*，3 vols (Berlin，1956，1959，1960)。也可参见 L. Pericot，ed.，*Corpus de sepulcros megalíticos*，fascs. 1 and 2 (Barcelona，1961)；fasc. 3 (Gerona，1964)；L. Pericot，*Los sepulcros megalíticos Catalanes y la cultura pirinaica*，2d ed. (Barcelona，1951)。

关于法国的巨石文化，参见 Z. Le Rouzic，*Carnac*(Rennes，1909)；Le Rouzic，*Les monuments mégalithiques de Carnac et de Locmariaquer* (Carnac，1907—1953)；Glyn Daniel，*The Prehistoric Chamber Tombs of France* (London，1960)；Daniel，*The Megalith Builders*，pp. 95—111；E. Octobon，“Statues-menhirs，stèles gravées，dalles sculptées”，*Revue Anthropologique* (1931)，pp. 291—579；M. and J. Pequart and Z. Le Rouzic，*Corpus de ssignes gravés des monuments mégalithiques du Morbihan* (Paris，1927)。关于不列颠群岛的巨石文化，参见 G. Daniel，*The Prehistoric Chamber Tombs of England and Wales* (1950)，和 *The Megalith Builders*，pp. 112—127；也可参见§35 中所列出的参考书目。

西比尔·冯·克勒斯-里德(Sibylle von Cles-Reden)，提供了一个通俗性的介绍，并用大量精彩的照片加以说明，收录在 *The Realm of the Great Goddess*：*The Story of the Megalith Builders*(London，1961) (translation of *Die Spur der Zykopen*,1960)。

多米尼克·沃费尔(Dominik Wolfel)的文章“Die Religionen des vorindogermanischen Europa”(载 *Christus und die Religionen der Erde*,vol. 1 [1950],pp. 161—537)详尽地研究了巨石修建者的宗教(pp. 163—253,及注 410
释)。对此我们持谨慎态度。马林格(J. Maringer)有简明论述,不过是在碳-14 分析之前,参见其著作 *The Gods of Prehistoric Man*,pp. 227—255。

关于竖石,霍斯特·基歇尔(Horst Kircher)发表了一篇颇为学术性的文章“Die Menhire in Mitteleuropa und der Menhirgedanke,” *Abhandlungen der Akademie in Mainz, Geistes-und Sozialwissenschaftliche Klasse* (1935),pp. 609—816。

35. 关于巨石柱群的文献举不胜举,我们仅在此提到一些最近的研究: R. J. C. Atkinson, *Stonehenge* (Harmondsworth: Penguin, 1960); A. Thom, *Megalithic Sites in Britain* (Oxford, 1967); G. S. Hawkins, *Stonehenge Decoded* (London, 1966)(但也参见 R. I. C. Atkinson, *Nature* 210[1966]: 1320 ff. 的批评); Colin Renfrew, *Before Civilization* (London and New York, 1973), pp. 120 ff. ,214 ff. 。

值得提及的是,在法国南部发现了许多巨石坟墓(3 000 座之多!),仅在(Département de l'Aveyron)就有 600 多座,是英格兰和威尔士所发现的两倍多。参见 Daniel and Evans, *The Western Mediterranean*, p. 38。对于在(Département de l'Hérault)发现的石棚的研究,参见 J. Arnal, *Prehistoire* 15 (1963)。那也是迄今为止在法国南部唯一发现的竖石雕像。

关于马耳他的史前史,参见 J. D. Evans, *Malta* (London, 1959); Evans, *Prehistoric Antiquities of the Maltese Islands* (London, 1971); Gunther Zuntz, *Persephone: Three Essays on Religion and Thought in Magna Graecia* (Oxford, 1971), pp. 3—58; Colin Renfrew, *Before Civilization*, pp. 147 ff. 。

苏兹(Zuntz)(pp. 25 ff.)论证了马耳他神庙所饰的螺旋形花纹象征的重要性,以及多瑙河文化的影响(希耳娜[Cîrna]的小塑像)。

36. 戈登·柴尔德(Gordon Childe)在他最新的一本书中总结了他对于“巨石宗教”传播的观点,参见 *The Prehistory of European Society* (Pelican Books, 1958), pp. 124—134:“Missionaries of the Megalithic Religion”。

根据格林·丹尼尔(Glyn Daniel)的说法,巨石建筑类型的起源直接与迈锡尼人或爱琴海人到达地中海的中西部有关(*The Megalith Builders of Western Europe*, p. 135)。这是商业与移民潮的现象之一,但是殖民的人有着强烈的宗教信仰与相当复杂的葬礼习俗。格林·丹尼尔探讨了为什么巨
411 石遗址鲜有金属制品,尽管其建造者采集矿石,并主要以金属从事交易。他认为,移民是故意不将金属物品葬入墓中而代之以石制品(p. 137)。

Colin Renfrew, *Before Civilization* 一书的副标题很有意思:*The Radiocarbon Revolution and Prehistoric Europe*。也可参见他的文章"Wessex without Mycenae", *Annual of the British School of Archaeology at Athens* 63 (1968):277—285;"Malta and the Calibrated Radiocarbon Chronology", *Antiquity* 46 (1972):141—145;和"New Configurations in Old World Chronology", *World Archaeology* 2 (1970):199—211。

37. 有些学者反对由于艾略特·史密斯(G. Elliot Smith)和佩利(W. J. Perry)的过度诠释所带来的禁忌,而是全面考察原史时代的巨石文化,如 A. Serner, *On "Dyss" Burial and Beliefs about the Dead during the Stone Age, with Special Regard to South Scandinavia* (Lund, 1938); H. G. Bandi, "La répartition des tombes mégalithiques", *Archives Suisses d'Anthropologie Générale* 12 (1946):39—51; V. Gordon Childe, "Megaliths", *Ancient India*, no. 4(1947/1948), pp. 4—13。除了海涅-戈登(R. Heine-Geldern)以外,只有一位学者比较研究过这两组巨石文化群,即原史时代和民族学阶段的巨石文化,虽然他将其研究限制在竖石的范围之内,参见 Joseph Röder, *Pfahl und Menhir: Eine vergleichend vorgeschichtliche volks- und völkerkundliche Studie* (=*Studien zur westeuropäischen Altertumskunde*, vol. 1[Neuwied am Rhein, 1949])。

至于海涅-戈登(R. Heine-Geldern)的著述,重要的有:"Die Megalithen Südostasiens und ihre Bedeutung für die Klärung der Megalithenfrage in Europa und Polynesien", *Anthropos* 13(1928):276—315;"Prehistoric Research in the Netherlands Indies",收录在 *Science and Scientists in the Netherlands Indies*, ed. P. Honig and F. Verdoorn(Cambridge, Mass., 1945), pp. 129—167;"Zwei alte Weltanschauungen und ihre kulturgeschichtliche Bedeutung", *Anzeiger der phil.-hist. Klasse der Oesterreichischen Akademie der Wissenschaften* 94(1957):251—262;"Das Megalithproblem",收录在 *Beiträge Oesterreichs zur Erforschung der Vergangen-*

heit und Kulturgeschichte der Menschheit—Symposion 1958(1959), pp. 162—182。关于海涅-戈登(Heine-Geldern)的文献和分析,参见 H. H. E. Loofs, *Elements of the Megalithic Complex in Southeast Asia: An Annotated Bibliography*(Canberra, 1967), pp. 3—4, 14—15, 41—42, 48, 94。

对于海涅-戈登(Heine-Geldern)的假设及其批评者的讨论,参见 Eliade, "Megaliths and History of Religions。"

38. 关于哈拉帕和摩亨佐-达罗的研究文献摘要,参见 Eliade, *Yoga:* 412
Immortality and Freedom, trans. Willard R. Trask, Bollingen Series 56 (New York, 1958), pp. 430 ff.。基础问题研究,参见 Sir John Marshall, *Mohenjo-daro and the Indus Culture*, 3 vols. (London, 1931),但是应补充1930年以后对考古发掘的最新研究。参见 E. J. Mackay, *The Indus Civilization*(London, 1935); Mackay, *Further Excavations at Mohenjo-daro* (Delhi, 1938); Mackay, *Chanhudaro Excavations* 1935—1936 (New Haven, 1943); M. S. Vats, *Excavations at Harappa* (Delhi, 1940); S. Piggott, *Prehistoric India* (Pelican Books, 1950); J. M. Casal, *La civilisation de l'Indus et ses énigmes*(Paris, 1969)(关于此,参见莫里西奥·托西[Maurizio Tosi]的评论, *East and West* 21[1971]: 407 ff.); Bridget and Raymond Allchin, *The Birth of Indian Civilization* (Pelican Books, 1968)(该书包含丰富的评论性参考书目); Sir Mortimer Wheeler, *The Indus Civilization*, 3d ed. (Cambridge, 1968)(这是对该书1953年版的修订本); Walter A. Fairservis, *The Roots of Ancient India: The Archaeology of Early Indian Civilization*(New York, 1971);在这一综合性的研究中,费舍维(Fairservis)也概述了他在巴基斯坦西部考古发掘的结果,特别是在奎达(Quetta)山谷、琐布(Zhob)和洛拉莱(Loralai)地区以及锡斯坦(Seistan)盆地。也可参见 D. H. Gordon, *The Prehistoric Background of Indian Culture*(Bombay, 1960); Ahmad Hasan Dani, *Prehistory and Protohistory of Eastern India*(Calcutta, 1960);和 Robert H. Brunswig, "Radiocarbon Dating and Indus Civilization: Calibration and Chronology", *East and West* 25(1975): 111—145。

保罗·惠特利(Paul Wheatley)在其重要著作 *The Pivot of the Four Quarters: A Preliminary Inquiry into the Origins and Character of the Ancient Chinese City*(Chicago, 1971)中,也研究了哈拉帕的仪式中心(pp.

230 ff.)。

有关"世界中心"的象征意义,参见 Eliade,*Cosmos and History*,pp. 12 ff.,and "Centre du Monde, Temple, Maison",收录在 *Le symbolisme cosmique des monuments religieux*(Rome,1957),pp. 57—82。

关于传说中城市的宇宙象征意义,参见 Werner Müller, *Die heilige Stadt: Roma quadrata, himmlisches Jerusalem und der Mythe vom Weltnabel*(Stuttgart,1961)。

39. 关于印度宗教,参见 Eliade,*Yoga*,pp. 353 ff.; Sir John Marshall, *Mohenjo-daro*, vol. 1, pp. 50 ff.; Piggott, *Prehistoric India*, pp. 200 ff.; Wheeler, *The Indus Civilization*, pp. 108 ff.; Allchin, *The Birth of Indian Civilization*, 311 ff.; Fairservis, *The Roots of Ancient India*, pp. 292 ff.。所有这些学者都承认哈拉帕的宗教有着"印度教的"色彩,并强调某些仪式物品、象征和神像从原史时期一直延续到现代。这种一致性是意义重大的,
413 因为这些考古学家们都曾直接在印度考古;换言之,他们的科学知识都有第一手的田野知识为支撑。

马里奥·卡皮耶里(Mario Cappieri)的研究也证实了这种"延续性",参见他的文章"Ist die Induskultur und ihre Bevölkerung wirklich verschwunden?" *Anthropos* 60(1965):719—762。科佩斯(W. Koppers)注意到,在印度中部的某些丰年祭与哈拉帕图像资料之间有着某种精确的相似之处,参见他的文章"Zentralindische Fruchtbarkeitsriten und ihre Beziehungen zur Induskultur,"*Geographica Helvetica* 1(1946):165—177)。约瑟夫·海克尔(Josef Haekel)研究了古吉拉特(Gujarat)某些村庄中与阿多尼斯(Gardens of Adonis)有关的庆典。这位澳大利亚学者认为,之所以有这些地中海式的仪式,是因为印度文明的创造者们是从伊朗来的前雅利安耕种者;因此,他们与近东和地中海地区享有共同的原史时期的文明,参见他的文章"'Adonisgärtchen' im Zeremonialwesen der Rathwa in Gujarat (Zentralindien): Vergleich und Problematik", *Ethnologische Zeitschrift Zurich* 1(1972):167—175。

有学者不同意有这种延续性,如 H. P. Sullivan,"A Reexamination of the Religion of the Indus Civilization",*HR* 4(1964):115—125, 和 J. Gonda, *Change and Continuity in Indian Religion* (The Hague, 1965), pp. 19—37。

莱克斯(R. L. Raikes)强调,地震运动和洪水是造成摩亨佐-达罗灭亡的主要原因,参见他的文章"The Mohenjo-daro Floods", *Antiquity* 39(1965):196—203;"The End of the Ancient Cities of the Indus Civilization", *American Anthropologist* 65(1963):655—659,and 66(1964):284—299;和 *Water, Weather and Archaeology*(London,1967)。因为不断的洪水所引起的混乱,自然加剧了摩亨佐-达罗最后阶段经济和文化水平的下降。但致命的一击似乎是来自于东部的入侵者,可能是操雅利安语的移民。考古发掘揭示出了最后大屠杀的痕迹,之后摩亨佐-达罗便不复存在了,参见 Wheeler, *Indus Civilization*, pp. 129 ff.,以及 § 64 中的参考书目。

40. 有关克里特岛的史前史和原史时期的基本文献,参见 Sir Arthur Evans, *The Palace of Minos*, 5 vols. (London,1921—1950);也可参见 A. J. Evans and J. L. Myres, *Scripta Minoa*, vol. 2(1952);P. Demargne, *La Crète dédalique*(Paris,1947);L. Cottrell, *The Bull of Minos*(1956);L. R. Palmer, *Mycenaeans and Minoans*(London,1961);R. W. Hutchinson, *Prehistoric Crete*(Baltimore,1962)(有丰富的参考书目,pp. 355—368);和 J. W. Graham, *The Palaces of Crete*(Princeton,1962)。

关于克里特宗教,特别参见 Charles Picard, *Les religions préhelléniques:* 414
Crète et Mycènes(Paris,1948)(有精彩的书目),和 M. P. Nilsson, *The Minoan—Mycenaean Religion and Its Survival in Greek Religion*, 2d ed. (Lund, 1950)。还可参见 A. W. Persson, *Religion of Greece in Prehistoric Times*(Berkeley,1950); M. Ventris and J. Chadwick, *Documents in Mycenaean Greek*(Cambridge, 1956); L. A. Stella, "La religione greca nei testi micenei", *Numen* 5(1958):18—57; S. Luria, "Vorgriechische Kulte", *Minos* 5 (1957):41—52; M. Lejeune, "Prêtres et prêtresses dans les documents mycéniens", *Hommages à Georges Dumézil* (Brussels, 1960), pp. 129—139; R. F. Willetts, *Cretan Cults and Festivals* (New York, 1962); H. van Effenterre, "Politique et religion dans la Crète minoenne", *Revue historique* 229(1963):1—18。

关于神圣洞穴,参见注解 42 以及 P. Faure, "Spéléologie crétoise et humanisme", *Bulletin de l'Association Guillaume Budé* (1958), pp. 27—50; Faure, *Fonction des cavernes crétoises* (Paris, 1964), pp. 162 ff.,斯科提诺(Skotino)洞被认为是一处入会礼的圣所。

关于迷宫及其入会礼的功能,参见 W. A. Matthews, *Mazes and Labyrinths: A General Account of Their History and Development* (London, 1922); W. F. Jackson Knight, *Cumaean Gates: A Reference of the Sixth Aeneid to the Initiation Pattern*(Oxford, 1936); K. Kerényi, *Labyrinth-Studien* (Zurich, 1950); Oswald F. A. Menghin, "Labirinthe, Vulvenbilder und Figurenrapporte in der Alten und Neuen Welt: Beiträge zur Interpretation prähistorisches Felsgraphik", 收录在 *Beiträge zur Alten Geschichte und deren Nachleben: Festschrift Franz Altheim* (Berlin, 1969), vol. 1, pp. 1—13; Philippe Borgeaud, "The Open Entrance to the Closed Palace of the King: The Greek Labyrinth in Context", *HR* 14 (1974): 1—27。

重要的是,我们完全没有发现与古典时期神庙相类似的建筑。公共圣所的唯一例子是在古尔尼亚(Gournia)发现的,但据尼尔森说,那也是源自家内祭祀的。甚至农业类型的仪式也是在宫殿的庭院中举行的。

41. 关于裸体女神,参见 Picard, *Rel. préhel.*, pp. 48 ff., 111 ff.; Nilsson, *Minoan—Mycenaean Religion*, pp. 397 ff.。

关于植物的崇拜,参见 Persson, *Religion of Greece*, pp. 25 ff.; Picard, *Rel. préhel.*, pp. 191 ff.。

关于牛和神圣斗牛的宗教意义,参见 Persson, pp. 93 ff.,以及批判性的参考书目,参见 Picard, p. 199; J. W. Graham, *The Palaces of Crete*, pp. 73 ff.。

有关双刃斧,参见 Picard, pp. 200—201; Hutchinson, *Prehistoric Crete*, pp. 225 ff.。

415 关于克诺索斯的祭司—国王的坟墓,参见 C. F. Lehman-Haupt, "Das Temple-Grab des Priesterkönigs zu Knossos", *Klio* 25(1932):175—176; Picard, p. 173。

关于哈吉亚·特里亚石棺,参见 R. Paribeni, "Il sarcoragio dipinto di Haghia Triada", *Monumenti Antichi publicati per cura della reale Accademia dei Lincei*, vol. 19, pp. 5—86, pls. Ⅰ—Ⅲ,以及复制品,参见 J. Harrison, *Themis*(Cambridge, 1912; 2d ed., 1927), pp, 159, 161—177, figs. 31—38; F. von Duhn, "Der Sarkophage aus H. Triada", *ARW* 12(1909):161—185; Nilsson, *Minoan-Mycenaean Religion*, pp. 426—443; Picard, pp. 107

ff. ,168 ff. 。

42. 关于前希腊化时期结构的延续性,参见 Charles Picard, *Rel. préhel.*, pp. 201 ff., 221 ff.; Nilsson, *Minoan-Mycenaean Religion*, pp. 447 ff.; Hutchinson, *Prehistoric Crete*, pp. 199 ff. 。

"概括地说,我们或多或少地看到了米诺斯的万神殿和前迈锡尼时期超自然存在者的世界一成不变的延续"(Picard, p. 252)。这位优秀的考古学家评论说,"秘教"神殿的布置是源于前希腊化时期的克里特:"那里有围栏,留有通道;克诺索斯的'神庙—仓库'的地下石柜是厄琉西斯箱子(*kistai*)的前身:圣柜后来成为可移动的,但上面有时会同时出现两个女神。在马利阿,在宫殿房间的石板上放着一个大陶盘和一些杯子,里面盛放着供物。这种布置与马利阿首都的相似性很值得我们注意,在那里,有丰年祭与葬礼的基本祭物,以及为崇拜守护活人与死者的大地之母而举行庆典的器物"(p. 142)。参见§§97—99。

富尔(P. Faure)认为,布里托马提斯是斯克提诺的守护女神,因此,我们便有可能"解释为什么在此举行耶稣受难(Parasceve)的庆典"("Spéléologie crétoise et humanisme", p. 40)。关于布里托马提斯,也可参见 Willetts, *Cretan Cult and Festivals*, pp. 179 ff. 。

有关埃及的影响(灵魂的停驻、裹住部分的身体、戴上黄金面具,等等),参见 Picard, pp. 228 ff., 279 ff. 。黄金面具是为了让死者带着完好无损的面容转化为一种超自然的存在者,如同不朽者的塑像一般(Picard, p. 2620)。

43. 关于赫梯人的历史与文化,参见 A. Goetze, Kleinasien, 2d ed. (1957); O.R.Guyney, *The Hittites* (Harmondsworth, 1952; 2d ed., 1954; 416
1972 年最新一次印刷)。

关于胡利安人,参见 E. A. Speiser, "The Hurrian Participation in the Civilisation of Mesopotamia, Syria, and Palestine", *Cahiers d'Histoire Mondiale* 1 (1953): 311—327; F. Imparati, *I Hurriti* (Florence, 1964); R. de Vaux, "Les Hurrites de l'histoire et les Horites de la Bible", *Revue Biblique* 74, pp. 481—503。

关于赫梯人楔形文字的文献以及到 1958 年为止的翻译,参见 E. Laroche, "Catalogue des textes hittites", *Revue Hittite et Asianique* 14 (1956): 33—38, 69—116; 15(1957): 30—89; 16(1958): 18—64。

重要文献的翻译,参见 A. Goetze, *ANET*, pp. 120—128, 201—211,

346—364，393—404，以及由 H. Güterbock，E. Laroche，H. Otten，M. Vieyra 和其他学者的参考书目，参见 Gurney，*The Hittites*，p. 224. 最新的法文译本是 Maurice Vieyra，*Les religions du Proche-Orient*：*Textes et traditions sacrés babyloniens*，*ougaritiques*，*hittites*，ed. R. Labat (Paris，1970)，pp. 525—566。

关于赫梯宗教概述，参见 R. Dussaud，"La religion des Hittites et des Hourites"，收录在 E. Dhorme and R. Dussaud，*La religion de Babylonie*，pp. 333—353；H. Güterbock，"Hittite Religion"，收录在 *Forgotten Religions*，ed. V. Ferm(New York，1950)，pp. 81—109；Güterbock，"Hittite Mythology"，收录在 *Mythologies of the Ancient World*，ed. S. N. Kramer(1961)，pp. 141—179；H. Otten，"Die Religionen des alten Kleinasien"，收录在 *Hankbuch der Orientalistik*(1964)，vol. 8，pp. 92—116；Maurice Vieyra，"Lareligion de l'Anatolie antique"，收录在 A. Puech，ed.，*Histoire des religions*，vol. 1，pp. 258—306。Giuseppe Furlani，*La religione degli Hittiti*(Bologna，1936)，今天，该著作对我们仍然很有帮助，根据古特波克(Güterbock)("Hittite Religion"，p. 109)的说法，虽然作者当时写作时，所能依据的赫梯文献的译文还非常有限。现在我们可以参阅 O. R. Gurney，*Some Aspects of Hittite Religion*，1976，Schweich Lectures of the British Academy(Oxford，1976)(有丰富的参考书目)。

也可参见拉罗歇(E. Laroche)的以下出版物：*Recherches sur les noms des dieux hittites*(Paris，1947)；"Teššub，Hebat et leur cour"，*Journal of Cuneiform Studies* 2(1948)：113—136；"Le panthéon de Yazilikaya"，同上，6(1952)：115—123。

对于赫梯诸神和神话的简单介绍，参见 Einar von Schuler，*WdM*，Vol. 1，pp. 172—176(诸神与女神)，196—201(太阳神)，208—213(雷雨神)。

关于国王的宗教角色问题，参见 O. R. Gurney，"Hittite Kingship，"收录在 *Myth*，*Ritual and Kingship*，ed. S. H. Hooke (Oxford，1958)，pp. 105—121。

有关仪式，参见 B. Schwartz，"The Hittite and Luwian Ritual of Zapia
417 of Kizzuwatna"，*JAOS* 58 (1938)：334—353；M. Vieyra，"Rites de purification hittites"，*RHR* 119 (1939)：121—153；H. Ottoen，*Hethitische*

Totenrituale (Berlin, 1958)。关于新年庆典(*purulli*),参见 Volkert Haas, *Der Kult von Nerik*: *Ein Beitrag zur hethitischen Religionsgeschichte* (Rome, 1970), pp. 43 ff.。

战败军队的洁净礼非常古老,它包括活人、山羊、小狗和乳猪的献祭。这些牺牲被剖成两半,军队从其中通过。参见 O. Masson, "A propos d'un rituel hittite pour la lustration d'une armée", *RHR* 137 (1950): 5—25; Gurney, *The Hittites*, p. 151。这种献祭类似于雅赫维在与亚伯拉罕立约时所要求于他的(《创世记》15:9—18)。在许多民族中,都有从分成两半的牺牲中间走过的仪式,参见 Frazer, *Folk-lore in the Old Testament* (London, 1919), vol. 1, pp. 393—425, 和 T. Gaster, *Myth*, *Legend*, *and Custom in the Old Testament* (New York, 1969), pp. 363 ff., 有补充的参考书目。也可参见 J. Henninger, "Was bedeutet die rituelle Teilung eines Tieres in zwei Hälften?" *Biblica* 34 (1953): 344—353; A. E. Jensen, "Beziehungen zwischen dem Alten Testament und der nilotischen Kultur in Afrika", *Culture in History*, ed. S. Diamond(New York, 1960), pp. 449—466)。关于祈祷,参见 O. R. Gurney, *Hittite Prayers* (1940),详细的考察,参见 E. Laroche, "La priére hittite: Vocabulaire et typologie", *Annuaire*, *École Pratique des Hautes Études*, *Ve Section*, 72 (1964—1965): 3—29。

44. 对于神话各种版本的分析,参见 H. Otten, *Die Ueberlieferungen des Telepinu-Mythus*, *Mitteilungen der Vorderasiatisch-aegyptischen Gesellschaft* 46(Leipzig, 1943)。比较性的评注,参见 T. Gaster, *Thespis*, 2d rev. ed. (New York, 1961), pp. 295 ff.。也可参见古特波克(Güterbock)的分析, "Gedanken über das Werden des Gottes Telepiuu", *Festschrift Johannes Friedrich* (Heidelberg, 1959), pp. 207—211, 和 Güterbock, "Hittite Mythology", pp. 144—148, 收录在 Samuel N. Kramer, ed., *Mythologies of the Ancient World* (Garden City, N. Y., 1961)。

根据以雷雨神为主角的版本,太阳神邀请"一千个神"来参加宴会,然而,尽管他们又吃又喝,但却不能解其饥渴。雷雨神的父亲派遣使者求教于他自己的父亲,"到底是谁犯了罪,以致种子凋零,万物枯萎?"(Güterbock, "Hittite Mythology", pp. 145—146)

加斯特(Gaster)发现在特勒皮努斯的神话—仪式场景与丰产神的神话—仪式场景之间有着某些共同的因素,参见他的著作 *Theespis*, pp. 304 ff.。

418 **45.** 关于巨龙，参见最新的著作 A. Goetze, *Kleinasien*, pp. 139 ff.，和 E. v. Schuler, *WdM*, vol. 1, pp. 177—178。

叙述这一神话的文献前面有这样一段说明："纳里克(Nerik)城的受膏立者(祭司)克拉斯(Kellas)如是说：以下是天上的雷雨神的新年庆典的说明：(庆典开始时)要唱颂：'愿土地富饶，国家安康；如果来年丰收，我们会再庆祝新年。'"(trans. M. Vieyra, "Les religions de l'Anatolie," p. 288；参见 Goetze, *ANET*, p. 125。)

比较性的评注，参见 Gasterm, *Thespis*, pp. 256 ff.。

46. 关于库马比，参见 H. G. Güterbock, "The Hittite Version of the Hurrian Kumarbi Myths: Oriental Forerunners of Hesiod", *American Journal of Archaeology* 52(1948):123—124；Güterbock, "Hittite Mythology," pp. 155—172；H. Otten, *Mythen vom Gotte Kumarbi* (Berlin, 1959)；P. Meriggi, "I miti di Kumarbi, il Kronos Hurrico", *Athenaeum* n. s. 31 (Pavia, 1953):101—115；C. Scott Littleton, "The 'Kingship in Heaven' Theme", 收录在 *Myth and Law among the Indo-Europeans*, ed. Jaan Puhvel (Berkeley, 1970), pp. 93—100。

有关乌里库米，参见 H. G. Güterbock, *The Song of Ullikummi* (New Haven, 1952)。

在鲍曼(H. Baumann)丰富而又混乱的著作 *Das doppelte Geschlecht* (Berlin, 1955)中，他讨论了巨石传统、雌雄同体以及开天辟地的宇宙创造论主题之间的关系。

关于从泥土中造人的神话，可参见 Eliade, *Patterns in Comparative Religion*, p. 237 中的参考书目。这一主题很普遍，特别是在高加索地区，参见 A. von Löwis of Menar, "Nordkaukasische Steingeburtsagen", *ARW* 13 (1901): 509—524。关于诸神是从伟大的女神(*petra genetrix*, *matrix mundi*)那里诞生的神话，参见 R. Eisler, *Weltmantel und Himmelszelt* (Munich, 1910), vol. 2, pp. 411, 727 ff.；Eliade, *The Forge and the Crucible*, pp. 43 ff., 186。

47. 关于比布鲁斯的斐洛的《腓尼基的历史》(*Phoenician History*)中有关宗教部分残篇的翻译及评注，参见 Carl Clemen, *Die phönikische Religion nach Philo von Byblos* (Leipzig, 1939)。由兰贝尔(W. G. Lambert)翻译出版的楔形文字文献中描述了五代神灵之间血腥的承接史。儿子们杀死他们的父亲,与其母亲和姐妹结婚,相继篡位。与赫西俄德的《神谱》有相似之处。参见 W. G. Lambert and P. Walcot,“A New Babylonian Theogony and Hesiod”, *Kadmos* 4(1965):64—72。也可参见 C. Scott Littleton, 419
“The ‘Kingship in Heaven’ Theme”,收录在 Puhvel, *Myth and Lsw*, pp. 112—114。

斯第格·维干德(Stig Wikander)指出,在伊朗、赫梯以及希腊诸神世代的神话之间有着一种相似性。其资料出处较晚(是取材于费尔多西[Firdausi]的史诗《列王纪》[*Shahnameh*],大约作于公元 976 年),但是英雄们——贾姆席德(Jamshid)、佐哈克(Zohak)和法里东(Feridun)——在某种意义上,是对伊玛、阿西·达哈卡和特雷丹纳这些神话人物的历史化。因此,神的统治权的神话应被视作印欧传说中一个基本的部分(Wikander, “Histoire des Ouranides”, *Cahiers du Sud* 36[1952]:8—17)。但是,这一神话并不见于其他印欧民族之中。斯科特·利特尔顿(Scott Littleton)倾向于认为巴比伦的传说(《巴比伦史诗》以及由兰贝尔[Lambert]所翻译的残简)是所有神灵世代神话的最初的来源(Littleton,“The‘Kingship in Heaven’ Theme”, pp. 109 ff.)。

48. 关于早期青铜时代之后的巴勒斯坦历史,参见 P. Garelli, *Le Proche-Orient asiatique, des origines aux invasions des Peuples de la Mer* (Paris, 1969), pp, 45 ff.; B. Mazar,“The Middle Bronze Age in Palestine”,载 *Israel Exploration Journal* [Jerusalem]18(1968):65—97; R. de Vaux, *Histoire ancienne d'Israël, des origines à l'installation en Canaan* (Paris, 1971), pp. 61—121(有非常优秀的文献目录索引)。

关于亚摩利人,参见 S. Moscati, *I predecessori d'Israele: Studi sulle più antiche genti semitiche in Siria e Palestina* (Rome, 1956); I. J. Gelb, “The Early History of the West Semitic Peoples”, *Journal of Cuneiform Studies* 15(1961):27—47; K. M. Kenyon, *Amorites and Canaanites* (London, 1966); R. de Vaux, *Histoire ancienne d'Israël*, pp. 64 ff.。

在特勒·哈里里(Tell Hariri)——古代马里——的考古发掘,发现了数以千计的泥版,以阿卡德方言“古巴比伦语”写成。其中有某些神灵的名字,主要有^{c}Anat、Dagan、Addu。但是因为缺少神话文献,我们还是不知道他们基本的宗教信仰与观念是什么。

阿摩鲁(Amurru)是亚摩利族用以冠名的神,阿摩鲁“是不知道如何屈膝(耕地)的人,吃生肉,终身没有住所,死后也不埋葬"(文献引自 de Vaux, p. 64)。同样的套话在接下来的 300 年间被用来描述那些"蛮族"(日耳曼人、阿瓦尔人、匈奴人、蒙古人、鞑靼人),他们危害着从罗马帝国直到中国的大都市的文明。

我们要知道,这些亚摩利人与《圣经》中的亚摩利人无关。"《圣经》中所说的亚摩利人是以色列人进入巴勒斯坦前当地的一个氏族的名字"(de Vaux, p. 68)。

420 关于迦南的宗教与文明,参见 J. Gray, *The Canaanites* (London, 1964);Gray, The Legacy of Canaan, 2d ed. (Leiden, 1965); Margaret S. Drower, "Ugarit", *Cambridge Ancient History*, vol. 2(1968), chap. 21b (有非常优秀的参考书目);R. de Vaux, *Histoire*, pp. 123 ff.; Marvin H. Pope and Wolfgang Rolling, "Die Mythologie der Ugariter und Phönizier", 收录在 *WdM*, vol. 1, pp. 219—312; O. Eissfeldt, "Kanaanäisch-ugaritische Religion", 收录在 *Handbuch der Orientalistik* (Leiden, 1964), vol. 8, pt. 1, pp. 76—91; A. Jirku, *Der Mythus der Kanaanäer* (Bonn, 1966); J. C. De Moor, "The Semitic Pantheon of Ugarit", *Ugarit-Forschungen* 2(1970): 187—228; H. Gese, 收录在 H. Gese, Maria Hofner, K. Rudolph, *Die Religion Altsyriens, Altarabiens, und der Mandäer* (Stuttgart, 1970), pp. 1—232; F. M. Cross, *Canaanite Myth and Hebrew Epic* (Cambridge, Mass., 1973)。

关于 1965 年以前出版的乌加里特文献,参见 C. H. Gordon, *Ugaritic Text-book* (Rome, 1954);也可参见 Gordon, *Ugaritic Literature: A Comprehensive Translation of the Poems and Prose Texts* (Rome, 1949),和 "Canaanite Mythology",收录在 *Mythologies of the Ancient World*, ed. S. N. Kramer, pp. 183—215。其他翻译可查阅 H. L. Ginsberg, "Ugaritic Myths, Epics, and Legends", *ANET*, pp. 129—155;G. R. Driver, *Canaanite Myths and Legends* (Edinburgh, 1956);A. Jirku, *Kanaanäische Mythen und Epen aus Ras Schamra-Ugarit* (Güttersloh, 1962);A. Caquot and M. Sznycer, "Textes Ougaritiques",收录在 *Les religions du Proche-Orient: Textes et traditions sacrés babyloniens, ougaritiques, hittites*, ed. R. Labat (Paris, 1970), pp. 350—458。

关于乌加里特宗教与神话已有许多研究文献,其基本的参考书目可参见 M. H. Pope and W. Rolling, "Mythologie"; H. H. Rowley, *Worship in Ancient Israel: Its Forms and Meaning*(London, 1967), pp. 11 ff.; Georg Fohrer, *History of Israelite Religion*(1968; English trans., New York, 1972), pp. 42—43; R. de Vaux, *Histoire*, pp. 136 ff。也可参见 L. R. Fischer, ed., *Ras Shamra Parallels: The Texts from Ugarit and the Bible* (Rome, 1975), vol. 2。

关于厄勒及其在万神殿中的角色,参见 O. Eissfeldt, *El im ugaritischen Pantheon*(Leipzig, 1951); M. Pope, *El in the Ugaritic Texts* (Leiden, 1955); Ulf Oldenburg, *The Conflict between El and Ba'al in Canaanite Religion* (Leiden, 1969),特别是 pp.15—45, 101—120, 164—170。另参见 F. M. Cross, *Canaanite Myth and Hebrew Epic*, pp. 20 ff.(在注释 51 中对奥登伯格[Oldenburg]的观点提出了批评)。

也可参见 C. F. A. Schaeffer, *The Cuneiform Texts of Ras-Shamra-Ugarit*(London, 1939), pp. 60 ff.; Schaeffer, "Nouveaux témoignages du culte de El et de Baal à Ras Shamra-Ugarit et ailleurs en Syrie-Palestine," *Syria* 43 (1966):1—19(在考古发掘中发现了代表厄勒的公牛雕像)。有关 *Il*(*el*)作为神的名字,参见 J. J. M. Roberts, *The Earliest Semitic Pantheon* (Baltimore and London, 1972), pp. 31 ff.:"古老的阿卡德人称作厄勒(Il)的神是一个高高在上但很仁慈的神,他关心人类的幸福,特别是在赐予人们子 421
嗣方面。这一特征在很大程度上与我们在其他闪族中所知道的厄勒相同" (p. 34)。

关于巨龙,参见 E. Dhorme, "Les avatars du dieu Dagon," *RHR* 138 (1950):129—144; Ulf Oldenburg, *The Conflict*, pp. 47—57。

49. 关于巴力,参见 Arvid S. Kapelrud, *Baal in the Ras Shamra Texts* (Copenhagen, 1952); Hassan S. Haddad, "Baal-Hadad: A Study of the Syrian Storm-God",博士论文, University of Chicago, 1960; U. Cassuto, "Baal and Môt in the Ugaritic Texts", *Israel Exploration Journal* 12 (1962):77—86; W. Schmidt, "Baals Tod und Auferstehung", *ZRGG* 15 (1963): 1—13; Ulf Oldenburg, *The Conflict*, pp. 57—100, 122—142, 176—177; M. Pope and W. Rolling,收录在 *WdM*, vol. 1, pp. 253—269(有主要译本及注释的书目, pp. 268—269); J. C. de Moor, *The Seasonal Pattern in the Ugaritic Myth of Ba'lu* (=*Alter Orient und Altes Testament*, vol. 16)(Neukirchen-Vluyn,1971);尤其是 F. M. Cross,*Canaanite Myt-hand Hebrew Epic*, pp. 112 ff.(巴力和安娜特),pp. 147 ff.(巴力与雅赫维的神显)。

巴力带走了亚舍拉,从而拆散了第一对神灵夫妻,似乎是以下这样的场景:当巴力派亚舍拉到厄勒那里去时,就要求他让出王宫,厄勒"张嘴大笑",并问道:"诸神之母为何到此?……是厄勒王的爱让你感动了吗?"但是亚舍拉嘲讽地回答说:"我们的王是阿利安·巴力,他是我们的审判者,没有人在他之上"(*Ugaritic Manual*, no. 51; trans. Oldenburg, p. 118)。直到后来巴力杀死了亚舍拉的 77 个儿子(*Ugaritic Manual*, no. 75; Oldenburg, p. 117),这才使得女神接近厄勒,要他为其报仇。

耶姆就是蛇怪(*tannin*)洛坦(Lotan),《旧约》中的利维坦。参见《旧约·诗篇》74∶14:"你曾砸碎利维坦的头"。《启示录》(12∶3)说,"有一条大红龙,七头十角。"至于耶姆,参见 Gray, *The Legacy of Canaan*, pp. 26 ff., 86 ff.; Oldenburg, *Conflict*, pp. 32—34,134—137,有关比较研究,参见 T. Gaster, *Thespis*, pp. 114 ff.。

关于柯萨—瓦—哈西斯,参见加斯特(Gaster)的评论,*Thespis*, pp. 161 ff.。

50. 关于女神安娜特,除了在有关巴力的著作中之外,另参见 Arvid S. Kapelrud, *The Violent Goddess Anat in the Ras Shamra Texts* (Oslo, 1969);M. Pope, *WdM*, vol. 1, pp. 235—241; Wolfgang Helck, *Betrachtungen zur grossen Göttin und den ihr verbundenen Gottheiten*(Munich and Vienna,1971),pp. 152 ff., 200 ff.; Joseph Henninger,"Zum Problem der Venussterngottheit bei den Semiten", *Anthropos* 71(1976):129—168。

422 关于安娜特与难近母之间的类比,参见 Walter Dostal,"Ein Beitrag zur Frage des religiösen Weltbildes des frühesten Bodenbauer Vorderasiens", *Archiv für Völkerkunde* 12 (1957):74 ff.。

关于安娜特的"同类相食"(她吃了巴力的尸体),参见 Charles Virolleaud, "Un nouvel épisode du myth ugaritique de Baal"。*Comptesrendus de l'Académie des Inscriptions et Belles-Lettres*, 1960, pp. 180—186,以及米歇尔·C. 阿斯托尔(Michael C. Astour)的评论,"Un texte d'Ugarit récemment découvert et ses rapports avec l'origine des cultes bacchiques gracs",*RHR* 154(1963):1—15; Astour, *Hellenosemitica*(Leiden,1964;

rev. ed. ,1967),pp. 170 ff. ; W. F. Albright, *Yahveh and the Gods of Canaan*(New York,1968), pp. 131 ff. 。

关于安娜特与阿施塔特之间的关系,参见 J. J. M. Roberts, The *Earliest Semitic Pantheon*, pp. 37 ff. ; Wolfgang Helck, *Betrachungen*, pp. 155 ff. 。女神阿施塔特似乎极像安娜特,其地位并不重要。"一份最近发现的神话文本重塑了她的重要性,强调她好战的性格以及她作为正义与权力保护女神的角色"(R. de Vaux, *Histoire ancienne d'Israël*,p. 145,参见 Charles Virolleaud, *Le Palais Royal d'Ugarit*, vol. 5,以及 赫尔曼(W. Hermann)的评论,"Aštart,"*Mitt. für Orientforschung* 15[1966]:6—55)。

关于宫殿—神庙的宇宙论象征,参见 Eliade, *Cosmos and History*, pp. 14 ff. ;Eliade,"Centre du Mond, Temple, Maison",收录于 *Le symbolisme cosmique des monuments religieux*, Serie Orientale Roma, no. 14 (Rome,1957), pp. 57—82; Ananda Coomaraswamy, "The Symbolism of the Dome, " *Indian Historical Quarterly* 14(1938):1—56; Loren R. Fisher, "Creation at Ugarit and in the Old Testament",*Vetus Testamentum* 15 (1965):313—324;也可参见 U. Cassuto, "Il palazzo di Baᵓal nella tavola Il AB di Ras Shamra",*Orientalia* n. s. 7 (1938):265—290;A. S. Kapelrud, "Temple Building, a Task for Gods and Kings",*Orientalia* 32 (1963):56—62。

51. 关于莫特,最近的研究有 Oldenburg, *The Conflict*, pp. 35—39; M. Pope,收录于 *WdM*, vol. 1, pp. 300—302; Cross, Canaanite Myth, pp 116 ff. 。也可参见 U. Cassuto,"Baal and Môt in the Ufaritic Texts",*Israel Exploration Journal* 12 (1962):77—86。

关于阿施塔特,参见 J. Gray, "The Dersert God ᶜAttr in the Literature and Religion of Canaan", *JNES* 8(1949):72—83; A. Caquot, "Le dieu ᶜAthtar et les textes de Ras Shamra",*Syria* 35(1958):45—60; Oldenburg,*Conflict*, pp. 39—45。

52. 关于乌加里特的巴力崇拜,参见 Kapelrud, *Baal in the Ras Shamra Texts*, pp. 18 ff. ; Kapelrud, *The Ras Shamra Discoveries and the Old Testament*(Norman, Okla. ,1963)。也可参见 J. Gray, "Sacral Kingship in 423
Ugarit", *Ugaritica*(Paris,1969),vol. 6,pp. 289—302。其中存在大量古老的丰产祭祀的典型元素:石制阳具、裸体女神像、牛形的巴力、戴着动物面具和牛角的祭司(参见 Scheaffer, Cuneiform Texts, p. 64, pl. X, fig. 2)。

关于赎罪礼(民众以及国王和王后举行的),参见 A. Caquot,"Un sacrifice expiatoire à Ras Shamra,"*RHPR* 42(1962):201—211。

如德沃(R. de Vaux)所说的(*Histoire*,p. 146),迦南与以色列的献祭"有着共同的仪式,例如,巴力先知的燔祭与以利亚在迦密山上准备的燔祭都是一样的(《列王纪上》18)"。

关于迦南的仪式,参见 Fohrer, *History of Israelite Religion*, pp. 57 ff.,有最近的参考书目。

关于雅赫维与巴力之间的冲突,参见以下 § 60 中的参考书目。

关于克莱特(Keret)和亚加・丹尼尔(Aqhat-Daniel)的史诗及其与希腊史诗的比较,参见 Cyrus A. Gordon, *The Common Background of Greek and Hebrew Civilizations* (New York,1965), pp. 128 ff. 。作者认为克莱特(Keret)的史诗"是现有文献中最早提到特洛伊的海伦这一主题的,"这是印欧民族特有的主题,在印度、希腊都有所记载,但是在美索不达米亚和埃及则没有(Gordon, pp. 132 ff.)。关于这个问题,参见 Michael C. Astour, *Hellenosemitica*,2d ed. (1967),阿斯托尔从叙利亚—巴勒斯坦和希腊的地理状况及其政治特质解释了这些地方相互之间的借鉴与类比:"两个地区的地理状况都很分散,缺乏一个中心轴点。这造成了相似的国家形成方式以及内政……希腊人和西部闪族世界都是小国寡民,没法统一,不能实行中央集权,除非是被外来的帝国所征服"(pp. 358—359)。

53. 关于古代以色列的历史,我们主要是采用 M. Noth, *Geschichte Israels*(Göttingen, 1950; 2d rev. ed. , 1954)(Eng. trans. by S. Godman, *The History of Israel* [London, 1958]); J. Bright, *A History of Israel* (Philadelphia, 1959); R. de Vaux, *Histoire ancienne d'Israël: Des origines à l'installation en Canaan* (Paris, 1971)。最后一本书中有着丰富的评论性参考书目。也可参见 W. F. Albright, *Archaeology and the Religion of Israel*, 2d ed. (Baltimore, 1946); Albright, *The Biblical Period from Abraham to Ezra* (New York, 1963); R. de Vaux, *Les institutuins del' Ancien Testament*, 2 vols. , 2d ed. (Paris, 1961, 1967)(Eng. trans. by John McHugh, *Ancient Israel: Its Life and Institutions* [New York, 1961]);
424 Otto Eissfeldt, *The Old Testament: An Introduction* (New York, 1965)(1964年从德文版第 3 版翻译过来,有补充的参考书目, pp. 722—785);J.

Pedersen, *Israel: Its Life and Culture*, 4 vols. (Copenhagen, 1926, 1940);G. von Rad, *Old Testament Theology*, vol. 1 (New York,1962)(最初的德文版于 1957 年出版);M. Noth, *Die Ursprünge des alten Israel im Lichte neuer Quellen* (Cologne and Opladen, 1961); *The Bible and the Ancient Near East: Essays in Honor of W. F. Albright*, ed. C. Ernest Wright (New York, 1968), pp. 85—139 (有关巴勒斯坦的考古,是由赖特[E. Wright]主持的); pp. 265—299 (关于年代的问题)。

关于以色列宗教史的著作非常多,过去 12 年中最实用的书有 T. Kaufmann, *The Religion of Israel*,格林贝格(M. Greenberg)将其从希伯来语翻译过来,并节略了篇幅(Chicago, 1960); H. Ringgren, *La religion d'Isaël* (Paris, 1966; German ed. , Stuttgart,1963; Eng. trans. David E. Green, *Israelite Religion*[Philadelphie, 1966]); W. Eichrodt, *Religionsgeschichte Israels* (1969); G. Fohrer, *History of Israelite Religion*(Nashville, 1972; German ed. , 1968)。

关于宇宙创造文献的翻译及注释,参见 Jean Bottéro, "La naissance du monde selon Israel", *Sources Orientales*, no. 1, pp. 187—234 (=*La naissance du monde*, Paris, 1959)。关于《圣经》中的宇宙起源论,参见 H. Gunkel, *Schöpfung und Chaos in Urzeit und Endzeit*, 2d ed. (Gottingen, 1972),特别是 pp. 29 ff. ; V. Maag, "Jahwäs Begegnung mit der Kanaanäische Kosmologie", *Asiatische Studien/Etudes Asiatiques* 18—19 (1965):252—269。

最近关于《圣经·创世记》的翻译及注释,最能为一般读者所接受的是 E. A. Speiser, *Genesis*(New York,1964)。

有关造人的神话,参见以上 § 17 中的参考书目。

54. 关于伊甸园与天堂的神话,参见 P. Humbert, *Etudes sur le récit du Paradis et de chute dans la Genèse* (1940); W. Andrae,"Der Kultische Garten", *Die Welt des Orients* 6 (1952):485—494; G. Widengren, *The King and the Tree of Life in Ancient Near Eastern Religion* (1951); A. Dammron, *La mythologie sumérienne et les premiers chapitres de la Genèse* (1959); Theodor H. Gaster, *Myth, Legend, and Custom in the Old Testament* (1969), pp. 24—37, 332—334 (参考书目); F. F. Hvidberg,"The Canaanite Background of Genesis Ⅰ—Ⅲ", *Vetus Testamentum*

10(1960):285 ff.; J. Coppens, *La connaissance du bien et du mal et le péché du Paradis*, Analecta Lovanesis Biblica et Orientalia (1958)。

关于生命之树和知识之树,参见 Eliade, *Patterns in Comparative Religion*, pp. 287 ff.; Gaster, *Myth, Legend, and Custom*, pp. 337—338。

425 关于该隐和亚伯,参见 Gaster, pp. 51—55(参考书目, pp. 341—342)。关于冶金的仪式与象征,参见 Eliade, *The Forge and the Crucible*, pp. 53 ff.;关于铁匠的社会组织与巫术的力量,同上书, pp. 81 ff.。

关于"该隐的记号"(《创世记》4:15),参见弗雷泽(Frazer)和加斯特(Gaster)所引用的比较材料, Gaster, *Myth, Legend, and Custom*, pp. 56—65(参考书目, pp. 344—345)。

55. 关于"神的儿子"与"人类女儿"的结合,参见 C. E. Closen, *Die Sünde der"Sohne Gottes"* (Gen. Ⅵ, 1—4) (Rome, 1939); Gaster, pp. 351—352(参考书目); B. S. Childs, *Myth, and Reality in the Old Testament*(Naperville, Ⅲ., 1960), pp. 49 ff.; G. A. Cooke, "The Sons of(the) God(s)", *Zeitschrift für die Alttestamentliche Wissenschaft* 76(1964): 22—47。

关于洪水,参见§18 中的注释;另参见 Gaster, pp. 352(参考书目); A. Parrot, Déluge et Arche de Noé(1952); C. Lambert, "Il n'y aura jamais de déluge(Genèse Ⅸ:11)", *Nouvelle Revue Théologique* 77(1955):581—601, 693—724。

关于巴别塔,参见 Gaster, pp. 360—361(参考书目),和 A. Parrot, *La Tour de Babel* (1953)。关于塔庙的象征,参见 Eliade, *Cosmos and History*, pp. 13 ff.; G. Widengren, "Aspetti simbolici dei temple e luoghi di culto del vecino Oriente antico", *Numen* 7(1960):1—25。关于升天的神话,参见 Eliade, *Australian Religions*, pp. 29 ff.,和 Eliade, "Notes on the Symbolism of the Arrow", pp. 468 ff.,收录在 *Religion in Antiquity: Essay in Memory of Erwin R. Goodenough*, edited by Jacob Neusner (Leiden, 1968)。

有关西方历史谱系传说极其完备的百科全书,参见 A. Borst, *Der Turmbau von Babel: Geschichte der Meinungen über Ursprung und Vielfalt der Sprache und Völker*, 6 vols. (Stuttgart, 1957—1963)。

56. 关于公元前 2000 年代的闪族游牧民族,参见 Joseph Henninger,

"Zum Frühsemitischen Nomadentum",收录在 *Viehwirtschaft und Hirtenkultur: Ethnographische Studien*(Budapest,1969),pp. 33—68,特别是 44—50(族长时期);50—53(马里文献中的游牧民族)。

关于哈比鲁人(Habiru)与希伯来人的关系,参见 R. de Vaux, *Histoire ancienne d'Israël*, pp. 202—208(研究摘要及最新的参考书目)。("Habiru-ᶜApiru 是一个人种学上的名词,指西部闪族的一支,'亚摩利人'或'原亚拉美人'与族长有关",p. 208。)也可参见 Albright, *From the Stone Age*, pp. 238 ff. ;Albright, *Yahweh and the Gods of Canaan*, pp. 75 ff. ;Foher, *History of Israelite Religion*, p. 30(注释 8—10 中包括参考书目)。

关于族长的年代,参见 R. de Vaux, *Histoire*, pp. 245—253. 关于"父 426
亲的上帝",参见 Albrecht Alt, *Der Gott der Väter* (1929; = *Kleine Schriften zur Geschichte des Volkes Israel* [1953], vol. 1, pp. 1—78);还有一个英译本:*Essays on Old Testament History and Religion*, trans. R. A. Wilson(New York, 1968) (pp. 1—100)。富莱尔(Fohrer)讨论了阿尔特(Alt)的主题,pp. 36 ff. ; de Vaux, pp. 256 ff. ;Ringgren, *La religion d'Israël*, pp. 29 ff. 。关于"父亲的上帝"与厄勒之间的关系,以及厄勒与雅赫维之间的关系,最近有一种新的视角对此加以分析,参见 R. M. Cross, *Canaanite Myth and Hebrew Epic*(Cambridge, Mass., 1973), pp. 1—76。

对于 El-Shaddaï 这一名称的诠释仍有争议。有人认为这个词源自阿卡德语中的 šadū,意为"山",那么该词的意思就是"群山的(厄勒)";参见 Ringgren, pp. 34—35。但是,从字源学上看,似乎像是来自西北部的闪族,最近有人提出希伯来语śaday/śadèh 的说法,那该词的意思就是"平原、田野或大草原的厄勒"(de Vaux, p. 264,有参考书目)。

值得注意的是,在族长的故事中有厄勒,却没有提到巴力。这表明以色列人的祖先在喜克索斯人之前进入迦南时,他们并没有发现有巴力崇拜。巴力是在公元前 2000 年代中期(甚至更早)的乌加里特才成为重要的神的,参见 de Vaux, p. 266。然而,如同我们已看到的(p. 152, n. 26),当时可能还有一个雷雨神和农业丰产神,他的名字在巴力传入后就被遗忘了。

在族长时期没有"偶像"崇拜的痕迹。但是当拉结要离开他父亲拉班的家时,她偷了他的神像(teraphim)(《创世记》31:19),拉班称之为"我的上帝"(《创世记》31:30)。关于神像(teraphim)的意思,参见 A. R. Johnson,

The Cultic Prophet in Ancient Israel, pp. 19 ff.。无论如何，拉结的行为还不足以说明雅各的家教。也可参见 Ringgren, pp. 38—39。

至于割礼，可能是族长时期的习俗。其起源已不可考。参见 R. de Vaux, *Les Institutions de l' Ancien Testament*, 2d ed. (Paris, 1961), pp. 78—82; Eng. trans., pp. 46—48; E. Isaac, "Circumcision as a Covenant Rite", *Anthropos* 59(1964): 444—456。有人认为割礼是源自埃及，但这一仪式在埃及并不普遍。另一方面，在叙利亚北部从公元前 3000 年代便有对这一习俗的记载。因此，以色列人的祖先可能在他们到达迦南前就知道了。
427 "那时，这一习俗的原始含义是作为进入婚姻与某个氏族共同生活的开始，就像《创世记》34:14—16 中所说的那样；只是在后来才成为上帝与他的子民立约的标记，《圣经》的作者说(《创世记》17)那是在亚伯拉罕的时代"(de Vaux, *Histoire ancienne d'Israël*, vol. 1, p. 273；在注释 94 与 96 中有最近的参考书目)。关于割礼在原始社会中作为入会礼的情况，参见 Eliade, *Birth and Rebirth: The Religious Meanings of Initation in Human Culture*, trans. Willard R. Trask(New York, 1958), pp. 21 ff.（平装本的书名是 *Rites and Symbols of Initiation*）。

57. 关于血祭，参见 R. de Vaux, *Les Sacrifices de l'Ancien Testament*(Paris, 1964), pp. 7—27(Eng. Trans., *Studies in Old Testament Sacrifice* [Cardiff, 1964], chap. 1); de Vaux, *Histoire ancienne d'Israël*, pp. 270 ff。关于中部阿拉伯人的习俗，参见 J. Henninger, "La religion bédouine préislamique"，收录在 *L'antica società beduina*, ed. F. Gabrieli (Rome, 1959), pp. 135—136，和他的文章"Les fêtes de printemps chez les Arabes et leurs implications historiques", *Revista do Museu Paulista* (Sao Paulo), n. s. 4(1950): 389—432。也可参见亨宁格(Henninger)最近的著作 *Les fêtes de printemps chez les Sémites et la Pâque israélite*(Paris, 1975)(有很多参考书目)。

58. 关于摩西的形象，最近有非常创新的诠释，参见 E. Auerbach, *Moses*(Amsterdam, 1953); H. Cazelles, *Moïse, l'homme de l'Alliance* (1955); H. H. Rowley, *From Joseph to Joshua* (Oxford, 1950); Rowley, "Moses and the Decalogue", *BJRL* 34(1951): 81—118。R. Smend, *Das Mosebild von Heinrich Ewald bis Martin Noth* (1959)。关于摩西的传道，参见 de Vaux, *Histoire ancienne*, pp. 305 ff.。关于出埃及和逾越节的各种传说，参

见 Fohrer, *History of Israelite Religion*, pp. 68 ff.; R. de Vaux, *Institutions*, vol. 2, pp. 383—394(参考书目, pp. 467—468) (Eng. trans., pp. 484—493, 550—551); de Vaux, *Les sacrifices de l'Ancien Testament*, pp. 7 ff. (Eng. trans. chap. 1)。

在《出埃及记》第1—15章中所叙述的逾越节对传统的影响,已得到特别的强调,参见 J. Pedersen, *Israel: Its Life and Culture*(1940), vol. 3, pp. 384—415; vol. 4, pp. 728—737;他的理论受到拉德(G. von Rad)和莫维克尔(S. Mowinckel)的批判和修正;参见 Fohrer, *History*, pp. 68 ff.。

我们已说过(p. 179),逾越节的庆祝原先是牧人的春祭,被解释为对出埃及的仪式性庆典;换言之,原来是表现宇宙宗教的周期性庆典,后来被历
史化了。另一方面,《出埃及记》中的传奇故事,即渡过红海和埃及军队的毁 428
灭随着时间的推移有了两种不同的解释。在最古老的文本中(《出埃及记》15∶1—10),法老的军队被耶和华刮起的巨波所吞没了。只是到了后来,在《诗篇》中才提到分开红海:"他将海分裂,使他们过去,又叫水立起如垒"(《诗篇》78∶13;参见《诗篇》77∶17—20)。

在此,红海的神迹就与创世联系在一起了,即耶和华对怪兽拉哈伯和利维坦的胜利:"从前砍碎拉哈伯、刺透大鱼的,不是你吗?使海与深渊的水干涸、使海的深处变为赎民经过之路的,不是你吗?"(《以赛亚书》51∶9—10)出埃及与对迦南的征服(以及后来《第二以赛亚书》所说的出走),在某种意义上,是对宇宙创造工作的重复(参见 Cross, *Canaanite Myth and Hebrew Epic*, pp. 100 ff.)。不过,历史的与宇宙起源的,这两种观点是互为补充的。对迦南的征服,在很大程度上是一个历史事件,它等同于一件神圣的工作,因为正是耶和华确保了以色列人的胜利。

59. B. E. Mendenhall, *Law and Covenant in Israel and the Ancient Near East* (Pittsburgh, 1955),在该书中,曼登哈尔(B. E. Mendenhall)比较了圣约与赫梯国王和他们在小亚细亚的藩属所订立的条约。在条约的序言(说明国王的名字和头衔,简述两边的关系)之后,是与属国的条约、将条约保存在神庙中并定期宣读的指示、作为见证的诸神的名单,最后是诅咒和祝福的话语。奥尔布赖特(Albright)接受这一主张,强调条约与合约对于古代希伯来人的重要性,因为大多数希伯来人都是商人。参见 Albright, *Yahweh and the Gods of Canaan*, pp. 107 ff.,及参考书目。曼德霍尔(Mendenhall)的主张受到德沃(R. de Vaux)的批判,参见 *Histoire*, p. 410, n. 141。德

沃(De Vaux)质疑由摩西所带领的半游牧民是如何知道赫梯国王的条约的。其次,这两种文本之间也有着结构上的差异,如在圣约中,并没有结尾时的诅咒和祝福语。此外,条约中的"规定"通常是以这样的句式开始的——"如果……那么……",而圣约则是以命令句陈述的。德沃(De Vaux)认为,赫梯国王与半野蛮的民族所订立的条约并不遵循古代的模式。因此就有好几种"合约范式"(De Vaux, p. 413)。

关于加低斯巴尼亚(Kadesh Barnea)绿洲在雅赫维崇拜创立时所扮演的角色,参见 T. J. Meek, *Hebrew Origins*(New York,1936;1960 年重印), pp. 119 ff. ;R. de Vaux, *Les Institutions de l'Ancien Testament*, vol. 2, pp.
429 228 ff. (Eng. trans. , pp. 369 ff.);Ringgren, pp. 49 ff. (Eng. trans. , pp. 30 ff.)。耶和华在西奈山显现时如火山爆发般的场景,参见 J. Koenig, "Le Sinaï, montagne de feu", *RHR* 167(1964):129—155; Koenig, "Aux origines des théophanies iahvistes", *RHR* 169(1966):1—36。克罗斯(Cross)证明"西奈山的显现"是"通过风暴的神显",类似巴力的显神方式。参见其著作 *Canaanite Myth and Hebrew Epic*, pp. 147 ff. 。G. E. Mendenhall, *The Tenth Generation: The Origins of the Biblical Traditions*(Baltimore, 1973), pp. 56 ff. , p. 105(有关在巴力毗珥的插曲)。

60. 近来关于以色列人定居迦南的研究(特别是考夫曼[Y. Kaufmann]、奥尔特[A. Alt]、诺斯[M. Noth]、奥尔布赖特[W. F. Albrigh]和曼德霍尔[G. E. Mendenhall]等人的理论),参见 R. de Vaux, *Histoire ancienne*, pp. 444—454。也可参见 R. Smend, *Jahvekrieg und Strämmebund* (Göttingen, 1963) (Eng. trans. by Max G. Rogers, *Yahweh War and Tribal Confederation* [Nashville, Tenn. , 1970])。

关于雅赫维崇拜与迦南宗教间的冲突,参见 R. Hillman, *Wasser und Berg: Kosmische Verbindungslinien zwischen dem Kanaanäischen Wettergott und Jahve* (Diss. , Halle, 1965);J. Maier, "Die Gottesvorstellung Altisraels und die Kanaanäische Religion",收录在 *Bibel und Zeitgemässer Glaube*(1965), vol. 1, pp. 135—158;T. Worden, "The Literary Influence of the Ugaritic Fertility Myth on the Old Testament", *VT* 3(1953):273—297; Fohrer, *History*, pp. 103 ff. ; de Vaux, *Histoire*, p. 147 (n. 99 有参考书目)。G. W. Ahlström, *Aspects of Sycretism in Israelite Religion* (Lund, 1963)。

R. Dussaud, *Les Origines cananéennes du sacrifice israélite*, 2d ed. (1921; rev. ed. 1941),该著作仍然非常有用。也可参见 Rowley, *Worship in Ancient Israel*, pp. 61 ff. ,以及 p. 65 和 n. 1. 中的参考书目。以色列人从未接受过人祭,公元前 7 世纪以小孩献祭的习俗所反映的是一种外来的影响。参见德沃(de Vaux)以及埃斯费尔德(Eissfeldt)的著作,罗莱(Rowley)对此有摘述,p. 65,n. 1。

关于古代近东和以色列人中的预言,参见 A. Haldar, *Association of Cult Prophets among the Ancient Semites* (Uppsala, 1945);也可见 J. Lindblom, *Prophecy in Ancient Israel* (Philadelphia, 1965);这两部著作中都有着丰富的参考书目。J. Pedersen, "The Role Played by Inspired Persons among the Israelites and the Arabs", *Studies in Old Testament Prophecy* (Robinson Festschrifi) (1950), pp. 127—142; A. Lods, "Une tablette inédite de Mari, intéressante pour l'histoire ancienne du prophétisme sémitique", 同上, pp. 103—110; A. Malamat, "Prophetic Revelation in New Documents from Mari and the Bible", *Vetus Testamentum*, suppl. , 15 (1966):207—227; G. Fohrer, *Studien zur alttestamentlichen Prophetie*, 1949—1965 (1967)。

61. 关于研究的历史——特别是与印欧民族的发源地及其移民有关之 430
假设的历史——的总结,参见 P. Bosch-Gimpera, *Les Indo-Européens*, trans. R. Lantier (Paris, 1961), pp. 21—96,以及 G. Devoto, *Origini indeuropee* (Florence, 1962), pp. 8—194。这两部著作中有重要的参考书目。O. Schrader, *Reallexicon der indogermanische Altertumskunde*, 2d ed. (Berlin and Leipzig, 1917 —1932),该书仍是不可替代的作品。也可参见 A. Nehring, "Studien zur indogermanischen Kultur und Urheimat",收录在科佩[W. Koppers]以及其他人的著作,*Die Indogermanen-und Germanenfrage*(Salzburg and Leipzig, 1936), pp. 7—229。

关于最近的考古发掘,参见马利亚·金布塔斯(Marija Gimbutas)的以下作品:*The Prehistory of Eastern Europe*(1956); *Bronze Age Cultures in Central and Eastern Europe* (The Hague, 1965); "Proto-Indo-European Culture: The Kurgan Culture during the Fifth, Fourth and Third Millennia B. C. ",收录在 George Cordona, ed. , *Indo-European and Indo-Europeans*(Philadelphia, 1970), pp. 155—197; "The Beginning of the Bronze

Age in Europe and the Indo-Europeans: 3500—2500 B. C.", *JIES* 1 (1973): 163—214; "The Destruction of Aegean and East Mediterranean Urban Civilization around 2500 B. C.",收录在 R. Crossland and A. Birchall, eds., *Bronze Age Migrations in the Aegean*(1973), pp. 129—139. Homer L. Thomas, "New Evidence for Dating the Indo-European Dispersal in Europe" (*Indo-European and Indo-Europeans*, pp. 199—251),荷美尔·L.托马斯(Homer L. Thomas)认为,印欧民族向外扩展的时间还要更早(放射线碳的分析表明,他们大约在公元前 2470 年或公元前 2600 年左右出现在荷兰)。Ward H. Goodenough, "The Evolution of Pastoralism and Indo-European Origins"(同上书, pp. 253—265),瓦德·H.戈丁纳夫(Ward H. Goodenough)认为,印欧人的故乡是在波兰的东部和乌克兰的西部。也可参见 Paul Friedrich, "Proto-Indo-European Trees",同上书, pp. 11—34; T. Burrow, "The Proto-Indoaryans", *JRAS*(1973): 123—140; M. M. Winn, "Thoughts on the Question of Indo-European Movements into Anatolia and Iran", *JIES* 2(1974):117—142(探讨大约公元前 3000 年时生活在安纳托利亚和伊朗的印欧民族)。关于近东印欧民族的评论性参考书目,参见 M. Mayrhofer, *Die Indo-Arier im Alten Vorderasien*(Wiesbaden, 1966);参见梅霍夫(Mayrhofer)载 *IIJ* 7(1964):208 ff.,以及载 *Die Arien im Vorderen Orien-Ein Mythos*(Vienna, 1974)。古坟(*kurgan*)的宗教功能表明有强烈的祖先崇拜,类似巨石文明(参见 § 35)。也可参见 R. Ghirshman, *L'Iran et la migration des Indo-Aryens et des Iraniens*(Leiden, 1977)。

62. 关于麦克斯·缪勒(Max Müller)的理论,参见 Richard M. Dorson, "The Eclipse of Solar Mythology",收录在 *Myth: A Symposium*, ed.
431 Thomas A. Sebeok (Philadelphia, 1955), pp. 15—38。Leopold von Schröder, *Arische Religion*, 2 vols. (Leipzig, 1914, 1916),这部著作仍然有用。在第 1 卷中,作者探讨了印欧民族的至上神;在第 2 卷中,则探讨了宇宙神灵(大地之神、太阳神、火神等等)。第 3 卷原本是要研究灵魂的概念以及祖先崇拜的。大量的研究直接或间接地受到国家社会党(即纳粹党)意识形态的影响,我们仅举一例为证,参见 Friedrich Cornelius, *Indogermanische Religionsgeschichte* (Munich, 1942)。J. W. Hauer, *Glaubensgeschichte der Indogermanen*(Stuttgart, 1937)。该书的第 1 卷(仅有 1 卷出版)由一系列独立的研究组成。对于印欧民族的种族主义研究的批判,参见

Die Indogermanen-und Germanenfrage, ed. W. Koppers, 载 Wiener Beiträge zur Kulturgeschichte und Linguistik (Salzburg and Leipzig, 1936),以及施密特(Wilhelm Schmidt) 3 卷本的 *Rassen und Völker im Vorgeschichte und Geschichte des Abendlandes* (Lucerne, 1946)(特别是 pp. 275—318)。

关于印欧民族的宗教词汇,参见 G. Devoto, *Origini indeuropee*, pp. 295 ff.,以及 E. Benveniste, *Le vocabulaire des institutions indo-européennes*(Paris,1969)。对于 *theos* 这一术语的深入分析,参见 G. Gallavotti, “Morfologia di *theos*”, *SMSR* 33(1962):25—43。关于伊朗宗教中火的神性,参见 Stig Wikander, *Der arische Männerbund* (Lund, 1938), pp. 76 ff.,以及本书的 § 104。

埃利克·汉普(Eric Hamp)(批评本文尼斯特[Benveniste]的主张,vol. 2, pp, 233 ff.)最近证明了印欧民族对于“献祭”有着共同的词汇,参见他的文章“Religion and Law from Iguvium,” *JIES* 1(1973):322。

后期的发展将神性的力量与死者的灵魂联系在一起了,特别是在日耳曼民族中,GHAV、GHUTO 这两个字根原意为“被召唤的”,后被用来表达神的观念。WELO(灵魂)也是后来才意指“在虚空中解脱的人”,也就是说,通过火化而解脱。参见 Devoto, *Origini*, pp. 295—316。

重要的是要指出,印欧民族与闪族之间的典型差异:对于书写语言的价值。希罗多德(1. 136)说,波斯人只教导孩子三件事:骑马、射箭和说真话。根据亚述国王亚述巴尼拔五世(Assurbanipal V)的年鉴记载,闪族统治者要学习骑马(和驾御战车)、射箭以及“纳布(Nabu)的智慧和根据先贤传统流传下来的书法技艺”;参见 G. Widengren, *Numen* 1(1954):63, n. 311; Widengren, *Religionsphänomenologie* (Berlin, 1969), pp. 570 ff.。也可参见 G. Dumézil, “La tradition druidique et l'écriture: Le Vivant et le Mort”, 432
RHR 122(1940):125—133。以口传为基础的印欧民族的宗教与重视书写的“圣书的宗教”,这二者间的极端差异,为苏鲁支的传教士在编修《阿维斯陀》时带来了很多困难,因为甚至是在萨珊王朝时期(3—7 世纪),书写仍被认为是魔鬼行径;参见 A. Bausani, *Persia religiosa* (Milan, 1959), pp. 20 ff.。也可参见 G. Widengren, “Holy Book and Holy Tradition in Iran: The Problem of the Sassanid Avesta”,收录在 F. F. Bruce and E. C. Rupp, eds., *Holy Book and Holy Tradition* (Manchester, 1968), pp. 36—53。

63. 对于乔治·杜米兹(Georges Dumézil)著作最合适的介绍,参见 *L'Idéologie tripartie des Indo-Européens* (Brussels, 1958)。关于乔治·杜米兹到 1960 年为止的著作目录,参见 *Hommages à Georges Dumézil* (Brussels,1960),pp. xi-xxiii。乔治·杜米兹的著作年表以及评论性的分析,参见 C. Scott Littleton, *The New Comparative Mythology: An Anthropological Assessment of the Theories of Georges Dumézil* (Berkeldy and Los Angeles,1996)。对于乔治·杜米兹的观念的研究,参见 *Myth and Law among the Indo-Europeans*, ed. Jaan Puhvel (Berkeley and Los Angeles, 1970), 以及 *Myth in Indo-European Antiquity*, ed. G. I. Larson (Berkeley and Los Angeles, 1974)。也可参见以下学者的文章:J. F. Richards, Alf Hiltebeitel, J. Gonda, C. Scott Littleton, and David M. Knipe, 载 *Journal of Asian Studies* 34 (1974): 127—168。Richard Bodéus, "Société athénienne, sagesse grecque et idéal indo-européen", *L'Antiquité Classique* 41 (1972):453—486,以希腊的资料精彩地证实了乔治·杜米兹的三元分殊观点。

推荐阅读乔治·杜米兹的作品有:*Jupier, Mars, Quirinus* (Paris, 1941—1945); *Mitra-Varuna: Essai sur deux représentations indo-européennes de la souveraintè* (1940; 2d ed., 1948); *Heur et malheur du guerrier* (Paris, 1969), *Aspects de la fonction guerrière chez les Indo-Européens* (1956) (Eng. trans. Alf Hiltebeitel, *The Destiny of the Warrior* [Chicago, 1970]); *L'héritage indo-européen à Rome* (Paris,1949); *Servius et la Fortune* (Paris, 1943);以及 *Mythe et Epopée*, 3 vols. (Paris,1968—1973) (Eng. trans. of vol. 2, pt. 3, by Alf Hiltebeitel, *The Destiny of a King* [Chicago, 1973])。在 *Mythe et Epopée* (pp. 31—257)的第1卷中,乔治·杜米兹发展了斯第格·维干德(Stig Wikander)在 *Mahābhārata* 中有关三元分殊观念的论证。乔治·杜米兹翻译了维干德(Wikander)的文章"La légende des Pandava et le fond mythique du Mahābhārata"(瑞典文本,收录在 *Religion och Bibel*, vol. 6, pp. 27—39),收录在 *Jupier, Mars, Quirinus* (1948),增补卷 vol. 4, pp. 37—53。关于
433 米坦尼诸神,参见 G. Dumézil,"Les 'trois fonctions' dans le Rig Veda et les dieux indiens de Mitani", Académie royale de Belgique, *Bulletin de la Classe des Lettres*, 5th ser. 47 (1961):265—298。

根据阿普特(V. M. Apte)的说法,从《梨俱吠陀》前 9 卷集结时开始,“人们就认为社会是由祭司、武士和农民组成的,即使当时这些社会阶层并不叫婆罗门(*brāhmana*)、刹帝利(*kṣatriya*)和吠舍(*vaiśya*),但这些名字所包含的观念却早已融入了等级制度之中,定义了三种活动的原则:梵行(*brahman*)(中性名词),‘在实在界中(可见或不可见的)的知识和神秘关联的运用’;‘权力’(*kṣatra*);以及‘农耕’(*viś*)和群聚’(*viśaḥ*)”(Dumézil, *L'idéologie tripartie*, p. 8,该文总结了 V. M. Apte,“Were Castes Formulated in the Age of the Rig Veda?”*Bulletin of the Deccan College Research Instittute*, no. 2, pp. 34—46)。杜米兹发现在早期罗马国王的继承中就有这种三元分殊的结构:(1)罗慕洛,令人敬畏的统治者(类似伐楼那);(2)智者努马,仪式与律法的创立者(类似密特拉);(3)图卢斯·霍斯提利乌斯(Tullus Hostilius),主要是武士(类似因陀罗、马耳斯);(4)安库斯·马尔基乌斯(Ancus Marcius),和平的国王,在其统治之下,罗马欣欣向荣(Quirinus)(Dumézil,*Heur et malheur du guerrier*, pp. 15 ff.)(*The Destiny of the Warrior*, pp. 7 ff.)。

64. 关于雅利安人进入印度,参见 K. Jettmar,“Zur Wanderungsgeschichte der Iranier”,*Die Wiener Schule der Völkerkunde*, *Festschrift zum 25 jährigen Bestand* (Vienna, 1956), pp. 327—349; P. Bosch-Gimpera,“The Migration Route of the Indo-Aryans”,*JIES* 1 (1973):513—517。也可参见 *East and West* 21(1971):14 ff。

关于雅利安人在印度的早期文化,参见 R. C. Majumdar, *The Vedic Age*, vol. 1, *History and Culture of the Indian People*(London, 1951)(有丰富的参考书目)。

关于雅利安人在印度河文明最后的毁灭中所扮演的角色,参见 Sir Mortimer Wheeler, *The Indus Civilization*, 3d ed. (Cambridge, 1968), pp. 132 ff.; R. Heine-Geldern,“The Coming of the Aryans and the End of the Harappa Culture”, Man 56 (1956): 136—140; Bridget and Raymond Allchin, *The Birth of Indian Civilization* (Baltimore, 1968), pp. 154 ff.; Walter A. Fairservis, Jr., *The Roots of Ancient India* (New York, 1971), pp. 345 ff.。G. D. Kumar, “The Ethnic Components of the Builders of the Indus Valley Civilization and the Advent of the Aryans”, *JIES* 1(1973): 66—80。

关于开疆拓土的仪式,参见 Ananda Coomaraswamy,*The Rig Veda as Land-nama-Bók*(London,1935)。

434 有关四吠陀(《梨俱吠陀》、《夜柔吠陀》、《沙摩吠陀》、《阿闼婆吠陀》)中赞歌、学派和修订的年代,参见 L. Renou, *L'Inde classique*(Paris,1947), vol. 1,pp. 270 ff. 。各种译本的目录,参见 Nurvin J. Hein,收录在 Charles J. Adams, ed. , *A Reader's Guide to the Great Religions* (New York and London, 1965), pp. 49—50 (2d ed. , 1977,pp. 110—111)。法文本的翻译,参见 Jean Varenne, *Le Véda , premier livre sacré de l'Inde*(Paris, 1967), vol. 1, pp. 36—38。其中最重要的是 Louis Renou, *Hymnes et prières du Véda* (1938); *La poésie religieuse de l'Inde antique* (1942); *Hymnes spéculatifs du Véda* (1956),扬·瓦隆纳(Jean Varenne)翻译、发表在 *Le Véda* , vols. 1 and 2;也可参见 Victor Henry,*Les livres VIII à XIII de l'Atharva Véda* (Paris, 1892—1896); P. E. Dumont, *L'agnihotra*(Baltimore, 1939)。

不可或缺的译本是 K. F. Geldner, *Der Rig-Veda* , 3 vols. (Cambridge, Mass. ,1951)。

关于吠陀宗教的诠释史,参见 L. Renou, *Religions of Ancient India* (London, 1953), pp. 7 ff. 。A. Bergaigne, *La religion védique d'après les hymnes du Rigvéda* , 3 vols. (Paris, 1878—1897),该书仍是无以伦比的。还有一本值得一读的书是 Maurice Bloomfield, *The Religion of the Veda* (New York, 1908); A. A. Macdonell, *Vedic Mythology* (Strasbourg, 1897); H. Oldenberg, *La religion du Véda* (French trans. , 1903); A. Hillebrandt, *Vedische Mythologie* , 2d ed. (Breslau, 1929); A. B. Keith, *The Religion and Philosophy of the Veda and Upanishads* , 2 vols. (Cambridge, Mass. , 1925); G. Fussman, "Pour une problematique des religions indiennes anciennes",*JA* 265 (1977):21—70。

关于吠陀宗教简史,参见 Louis Renou, *Religions of Ancient India* , pp. 1—45。也可参见他的另一本著作, *L'Inde classique* , pp. 314—372(该部分由菲利普·斯普拉特[Philip Spratt]翻译为 *Vedic India* [Calcutta, 1957]); *Le destin du Véda dans l'Inde* (=*Etudes védiques* , vol. 6, 1960; Eng. trans. by Dev Raj Chanana, *The Destiny of the Veda in India* [Delhi,1965])。

最近的著作有着丰富的参考书目,参见 J. Gonda, *Les religions de l'Inde*, vol. 1:*Védisme et hindouisme ancien* (French trans. ,Paris,1962)。也可参见 J. Gonda, *The Vision of the Vedic Poets* (The Hague,1965); Gonda,*Loka: World and Heaven in the Veda* (Amsterdam, 1966); P. Horsch, *Die vedische Gāthā und Sloka-Literatur*(Bern,1966)。

65. 关于吠陀时期的天神与阿修罗,参见 T. Segerstedt,"Les Asuras dans la religion védique",*RHR* 55(1908):157—203,293—316,该书仍值得一读;但对其主题(即认为阿修罗是印度河地区的原住民)仍有争议。也可参见 P. von Bradke,*Dyāus Asura, Ahura Mazdā, und die Asuras*(Halle,
1885)。布雷克(Bradke)指出,阿修罗(asura)一词在《梨俱吠陀》中出现 71 435
次(57 次为单数,4 次为双数,10 次是复数),在 10 次复数形式中,有 8 次是与天神为敌的意思;相应地,在单数形式中,只有 4 次有敌对的意思(von Bradke,p. 22)。也可参见 Herman Güntert,*Der arische Weltkönig und Heiland*(Halle,1923),pp. 101 ff. 。

天神与阿修罗争夺世界统治权的战争,其细节最早出现在梵书中;参见 Sylvain Levi,*La doctrine du sacrifice dans les Brāhmanas*(Paris,1898), pp. 27—61。

关于天神—阿修罗冲突的宇宙论意义,参见 F. B. J. Kuiper,"Basic Concept of Vedic Religion",*HR* 15(1975):107—120。关于伐楼那—弗栗多的同化,参见 Bergaigne, *Rel. védique*, vol. 3, pp. 113,128,147。对于天神—阿修罗的形而上学诠释,参见 A. K. Coomaraswamy,"Angel and Titan:An Essay in Vedic Ontology,"*JAOS* 55(1935): 373—419。

66. 关于研究伐楼那的参考书目,参见 Eliade, *Patterns in Comparative Religion*, pp. 66 ff. , 117, 以及 *Images and Symbols*, pp. 95—99;G. Dumézil,*Mitra-Varuna*, 2d ed. (1948),特别是 pp. 83 ff. ,116 ff. ; J. Gonda, *Les religions de l'Inde*, vol. 1, pp. 93—106; H. Lüders, *Varuna*(Göttingen,1951—1959),特别是 vol. 2:*Varuna und das Rta*. 关于梨多(*rta*)最近的参考书目,参见 Gonda,*Les religions de l'Inde*, vol. 4, p. 98,n. 3. 与梨多(*rta*)相对的,在伦理层面上是(*anrta*),即"混乱"、"错误";而在宇宙的层面上则是(*nirrti*),即"解体"。也可参见 H. de Glasenapp,*La philosophie indienne*(French trans. ,Paris,1951),p. 33。

关于伐楼那在因陀罗普及前的"退位",参见 L. Renou,*Religions of*

Ancient India, pp. 20 ff.。

关于吠陀时期的摩耶(*māyā*),参见 G. Dumézil,“Order, fantaisie, changement dans les pensées archaïques de l'Inde et de Rome”, *Rev. Etudes Latines* 32(1954):139—162,特别是 pp. 142—150,有丰富的文献资料。J. Gonda, *Four Studies in the Language of the Veda* (The Hague, 1959), pp. 119—194, 以及 Gonda, *Change and Continuity in Indian Religion*(1965), pp. 164—197。A. Bergaigne, *Le religion védique*, vol. 3, pp. 80 ff.,研究了其他拥有摩耶(*māyā*)的神:阿耆尼、苏摩、陀湿多等等;参见 Eliade, *Images and Symbols*, pp. 99 ff.。

关于法(*dharma*)的神话起源,参见 Paul Horsh,“Vom Schöpfungsmythos zum Weltgesetz”, *Asiatische Studien* 21(1967):31—61。

关于伐楼那—弗栗多在结构上的一致性,即神—蛇一体,参见 Eliade, *Images and Symbols*, pp. 98 ff.; *The Two and the One*, pp. 91 ff.; A. Coomaraswamy, “Angel and Titan: An Essay in Vedic Ontology,” *JAOS*
436 55(1935):373—419。奎普(Kuiper)说,在《梨俱吠陀》中,伐楼那以宇宙之轴支撑天地,他的作用类似于后来的巨蛇(Śeṣa);参见 *IIJ* 8(1964):108, 116, 118。关于伐楼那与《摩诃婆罗多》中的巨蛇的同化,参见 Gösta Johnsen, “Varuṇa and Dhrtarāstra”, *IIJ* 9(1966):245—265,特别是 260—261。

67. 伐楼那的矛盾性格并不少有,参见 L. Renou, “L'ambiguïté du vocabulaire du Rgveda”, *JA* 231(1939):161—235; Renou, *Religions of Ancient India*, pp. 20 ff.。关于苏摩的矛盾性格,参见 Eliade, *The Two and the One*, pp. 89—90。另参见 § 68,关于因陀罗—弗栗多的“友爱”。

关于密特拉,参见 H. Güntert, *Der arische Weltkönig und Heiland* (Halle, 1923), pp. 49 ff., 120 ff.; G. Dumézil, *Mitra-Varuna*, pp. 79 ff.,及参考书目; J. Gonda, *Les religions de l'Inde*, vol. 1, pp. 103 ff. 及参考书目; Gonda, *The Vedic God Mitra* (Leiden, 1972)。

关于雅利安门,参见 P. Thieme, *Der Fremdling im Ṛg Veda* (1938); Thieme, “Mitra and Aryaman”, *Transactions of the Connecticut Academy of Arts and Sciences* 41(1957):1—96;以及杜米兹(G. Dumézil)的以下作品:*Le troisème souverain: Essai sur le dieu indo-iranien Aryaman* (Paris, 1949); *Les dieux des Indo-Européens* (1952), pp. 40—59;以及 *L'idéologie tripartie des Indo-Européens*(Brussels,1958),pp. 68,108—118。

关于阿底提和阿底提诸神,参见 G. Dumézil,*Déesses latines et mythes védiques*(1956),pp. 90 ff.;J. Gonda,*Some Observations on the Relations between"Gods" and "Powers" in the Veda*(The Hague,1957),pp. 76 ff.; Gonda,*Les religions de l'Inde*,vol. 1,pp. 104 ff.,及参考书目。

68. 关于因陀罗的概述,参见 J. Gonda, *Les religions de l'Inde*,vol. 1,pp. 70—81(及参考书目); H. Lommel, *Der arische Kriegsgott* (Frankfurt, a. M., 1939); G. Dumézil, *Heur et malheur du guerrier* (1969),特别是 pp. 63 ff.,112 ff.(*Destiny of the Warrior*, pp. 65, 123 ff.); E. Benveniste and L. Renou, *Vrtra et Vrthragna, étude de mythologie indo-iranienne*(1934)。

关于因陀罗的宇宙创造的角色,参见 Norman W. Brown, "The Creation Myth of the Rig Veda",*JAOS* 62(1942):85—98; Eliade, *Cosmos and History*, pp. 19 ff.; Stella Kramrisch, "The Triple Strucure of Creation in the Rig Veda",*HR* 2(1960):140—175,256—285,特别是 pp. 140—148; F. B. J. Kuiper, "Cosmogony and Conception:A Query",*HR* 10 (1970):91—138,特别是 pp. 98—110。

关于神—武士与巨龙之间的战斗,参见 Eliade, *Cosmos and History*, pp. 54 ff.; Theodor, H. Gaster, *Thespis*(New York,1950),p. 141 ff.; J. Fontenrose, *Python* (Berkeley and Los Angeles, 1959); F. R. Schröder, "Indra, Thor, und Herakles", *Zeitschrift für deutsche Philologie* 76(1957):1—41;V. Ivanov and V. Toporov, "Le mythe indo-européen du dieu de l'orage poursuivant le serpent: Reconstruction du 437
schéma", *Exchange et communication*: *Mélanges C. Lévi-Strauss*(Paris, 1969)。

关于因陀罗—弗栗多战斗的范式功能, 参见 F. B. J. Kuiper, "The Ancient Aryan Verval Contest",*IIJ* 4(1960):217—281。关于摩录多,参见 Stig Wikander, *Der arische Männerbund*(Lund,1938), pp. 75 ff.。关于因陀罗的"多产"层面,参见 J. J. Meyer, *Trilogie altindischer Mächte und Feste der Vegetation*(Zurich,1937),特别是 vol. 3, pp. 154 ff.;J. Gonda, "The Indra Festival according to the Atharvavedins",*JAOS* 87 (1967): 413—429。

我们没有讨论因陀罗与三头怪物(陀湿多之子)或是与纳姆西(Namuci)对立的类似神话。杜米兹(Dumézil)发现在罗马、希腊和斯堪的纳维亚有相同的场景;参见他的著作 *Heur et malheur du guerrier*, pp. 33 ff., 63 ff. (*Destiny of the Warrior*, pp. 29 ff., 65 ff.)。对于因陀罗与弗栗多的范式性战斗后来有了大胆全新的诠释,虽然是为吠陀时期关于神的矛盾且两极的性格做准备。神灵—武士变成了巨龙的"兄弟",因为后者是由陀湿多(因陀罗的父亲)所创造的。根据这一神话,陀湿多没有邀请他的儿子参加苏摩祭。但因陀罗成功地潜入了祭典,用武力夺走了苏摩酒。他的父亲怒不可遏,将剩余的圣酒倒入了火中,并叫道:"长大吧,成为因陀罗的敌人!"从倒入火中的剩余的苏摩酒中弗栗多诞生了(*Taitt. Sam.* 2. 4. 12 和 5. 1 ff.; *Kauśītaki Br.* 15. 2—3)。但是后者很快便吞噬了阿耆尼和苏摩,其他的神灵望风而逃。陀湿多感到事态严重,于是赐给因陀罗闪电,由此确保了他最后的胜利。《百道梵书》1. 6. 3 对此有详细的描述:被打败的弗栗多对因陀罗说:"别杀我,因为现在的你就是过去的我。"

这个神话及其神学解释:

> 说明了神的历史中一个鲜为人知、并不显著的方面。甚至可以说这是神的"秘史",只有入会者才能知道,因为他们了解传说和教义。这一吠陀"秘史",一方面揭示了天神与阿修罗之间的血缘关系,因为这两种超人的存在都来自于同一个原理;而另一方面,显现出了诸神深层性格中的*对立统一*(*coincidentia oppositorum*),轮番或同时地,他们既仁慈又残暴,既是创造性的又是毁灭性的,既是太阳神也是蛇怪(也就是显现或隐匿),等等。我们可以从中看出,印度宗教努力想要发现一个单一的原理来解释这个世界,从而找到一个立足点以此来消解对立面。(Eliade, *The Two and the One*, pp. 93—94)。

438 关于这个问题也可参见 Conrado Pensa, "Considerazioni sul tema della bipolarità nelle religioni indiane", *Gururājamañjarikā: Studi in onore di Giuseppe Tucci* (Naples, 1974), pp. 379—409。

69. 关于阿耆尼赞歌的翻译及注释,参见 L. Renou, *Études védiques et pāniniennes*, vols. 12—14 (Paris, 1964—1965)。关于阿耆尼,可参见贝尔加尼(Bergainge)、奥登伯格(Oldenberg)、希尔布兰特(Hillebrandt)、凯茨(A. B. Keith)、马多内尔(Macdonell)(*Vedic Mythology*)以及贡达(Gonda)等人的著作。

印欧民族关于家火神圣性的观念，参见 Schrader-Nehring, *Reallexicon*, vol. 1, pp. 495 ff. ; vol. 2, pp. 239 ff. , 475 ff. 。

关于印欧民族中的圣火仪式，参见 Stig Wikander, *Feuerpriester in Kleinasien und Iran* (Lund, 1946)。

关于阿耆尼的"欲火"尤其是在后吠陀时期，参见 Wendy Doniger O'Flaherty, *Asceticism and Eroticism in the Mythology of Śiva* (Oxford, 1973), pp. 90—110。

70. 关于酒神苏摩赞歌的翻译及注释，参见 L. Renou, *Études védiques et pāniniennes*, vols. 8 and 9 (Paris, 1961)。也可参见 S. S. Bhawe, *The Soma-Hymns of the Ṛgveda*, 2 vols. (Baroda, 1957—1960)。从《梨俱吠陀》到近代研究，所有关于苏摩植物的资料，可参见 Hillebrandt, *Vedische Mythologie*, 2d ed. , vol. 1, pp. 193—498; 也可参见 Wendy Doniger O'Flaherty, "The Post-Vedic History of the Soma Plant", 收录在 R. Gordon Wasson, *Soma: Divine Mushroom of Immortality* (New York, 1968), pp. 95—147。在该书中，瓦松(R. G. Wasson)试图证明植物苏摩就是菌类的 *Amanita muscaria*；参见奎普(F. B. J. Kuiper)的评论，载 *IIJ* 12(1970): 279—285，以及瓦松(Wasson)的回应，同上，pp. 286—298。也可参见约翰·布罗(John Brough)的评论，"Soma and Amanita muscaria", *BSOA* 34 (1971): 331—362，以及保罗·戴密微(Paul Demiéville)的文章，载 *T'oung-Pao* 56 (1970): 298—302，关于苏摩在佛教之前传入中国的资料。

关于苏摩神，参见贝尔加尼(Bergaigne)、奥登伯格(Oldenberg)、凯斯(A. B. Keith)以及贡达(Gonda)等人著作中的相关章节。也可参见 N. J. Shende, "Soma in the Brāhmanas of the Rgveda", *JAS* (Bombay) 38 (1963): 122 ff. ; J. Gonda, "Soma, amṛta and the Moon", 收录在 *Change and Continuity in Indian Religion* (The Hague, 1965), pp. 38—70。

关于苏摩酒的盗取，参见 David M. Knipe, "The Heroic Theft: Myths from Ṛg Veda IV and the Ancient Near East", *HR* 6 (1967): 328—360，有丰富的参考书目。也可参见 Ulrich Schneider, *Der Somaraub des Manu: Mythus und Ritual* (Wiesbaden, 1971)。

关于印度—伊朗的苏摩/毫麻酒祈祷文的共同性质，参见 V. Henri, 439

"Esquisse d'une liturgie indo-iranienne", 收录在 Caland, *Agniṣṭoma* (1907), pp. 469 ff. ;J. Duchesne-Guillemin, *La religion de l'Iran ancien* (1962), pp. 95 ff. (Eng. trans. , *Religion of Ancient Iran* [Bombay, 1973], pp. 73 ff.); Duchesne-Guillemin, *Symbols and Values in Zoroastrianism* (New York, 1966), pp. 84 ff. 。

杰森(A. E. Jensen)比较了苏摩被其他神灵杀死以献祭以及德玛被其同伴肢解(主要是一种宇宙创造性的献祭),参见 A. E. Jensen, *Myth and Cult among Primitive People* (Eng. trans. , Chicago, 1963), pp. 175 ff. 。

71. 关于乌莎斯,参见 L. Renou, *Études védiques et pāniniennes*, vol. 3: *Les hymnes à l'Aurore du Rgveda* (Paris, 1957); A. K. Coomaraswamy, *The Darker Side of Dawn*, Smithsonian Miscellaneous Collections, vol. 94, no. 1 (Washington, D. C. , 1935), pp. 4 ff. ; G. Montesi, "Il valore cosmico dell'Aurora nel pensiero mitologico del Rig-Veda", *SMSR* 24—25 (1955):111—132。

关于伐由,参见 Stig Wilkander, *Vayu* (Uppsala and Leipzig, 1941)。

关于苏利耶和双马童,参见 D. P. Pandey, *Sürya* (Leiden, 1939); Gonda, *Rel. de l'Inde*, vol. 1, pp. 116 ff. 。

关于楼陀罗,参见 E. Arbman, *Rudra* (Uppsala, 1922); J. W. Hauer, *Glaubensgeschichte der Indo-Germanen*, vol. 1, pp. 174—298; W. Wust, *Rudra* (Munich, 1955); Gonda, *Rel. de l'Inde*, vol. 1, pp. 106—112; Gonda, *Viṣṇuism and Śivaism: A Comparison* (London, 1920), pp. 1—17。

关于吠陀时期的毗湿奴,参见 J. Gonda, *Aspects of Early Viṣṇuism* (Utrecht, 1954);Gonda, *Rel. de l'Inde*, vol. 1, pp. 112 ff. ; F. B. J. Kuiper, "The Three Strides of Viṣṇu", *Indological Studies in Honor of W. Norman Brown* (New Haven, 1962), pp. 137—151。Dumézil, "Visnu et les Maruts à travers la réforme zoroastrienne", *JA* 241(1953): 1—25, 在文中,杜米兹(Dumézil)比较了毗湿奴与伊朗神祇拉喜奴(Rašnu),摩录多与弗拉法希之间的对应性。关于雅利安门,参见 Dumézil, *Le troisième souverain*(Paris,1949)。

72. 关于吠陀仪式的简明介绍,参见 L. Renou and J. Filliozat, *L'Inde classique*(1949), vol. 1, pp. 345—372。更详细的阐述,可参见 A.

Bergaigne, *La religion*, vol. 1, pp. 121 ff. ; A. B. Keith, *Religion and Philosophy of the Veda* (1925), vol. 1, pp. 252—379; J. Gonda, *Les religions de l'Inde* (1962), vol. 1, pp. 129—209。Albert Hillebrandt, *Ritualliteratur* (Strasbourg, 1897)。该书仍是必读的作品。也可参见 K. R. Potdar, *Sacrifice in the Rig-Veda* (Bombay, 1953),尤其是 R. N. 440
Dandekar, ed. , *Śrautokoṣa*: *Encyclopedia of Vedic Sacrificial Ritual* (Poona, 1962)。也可参见 Ganesh Umakant Thite, *Sacrifice in the Brāhmaṇa Texts* (Poona, 1975); Madeleine Biardeau and Charles Malamoud, *Le sacrifice dans l'Inde ancienne* (Paris, 1976)。关于苏摩祭,参见 W. Caland and V. Henry, *L'Agnistoma*, 2 vols. (Paris, 1906—1907)。E. Mayrhofer and Passler, "Haustieropfer bei den Indo-iraniern und den anderen indo-germanischen Völkern", *Ar Or* 21 (1953): 182—205。

关于奉乳祭,参见 J. A. B. van Buitenen, *Pravargya, an Ancient Indian Iconic Ritual* (Poona, 1968)。

关于现代印度教的入门礼,参见 J. Gonda, *Change and Continuity*, pp. 264 ff. , 459 ff. 。

康沃斯(H. S. Converse)考察了火坛祭仪式与土著黑红陶文化之间的某些相似之处(火坛用 10 800 块砖砌成,而吠陀时期的雅利安人却并不使用砖块;烹饪的技术;阿修罗的"东方"含义;等等),得出结论,这种献祭方式并非源自雅利安人,参见 H. S. Converse, "The agnicayana Rite: Indigenous Origin?" *HR* 14(1974): 81—95。

家祭(*gṛhya*)早已存在于印度教崇拜仪式的结构之中;其"吠陀"特征则只是表面的(L. Renou, *Religions of Ancient India*, p. 39)。

关于谢礼(*dākṣiṇās*),给祭司的供品,参见 J. C. Heesterman, "Reflections on the Significance of the *dākṣiṇās*", *IIJ* 3(1959): 241—258。希斯特曼(Heesterman)(p. 257)认为,"谢礼(*dākṣiṇās*)是仪式中宇宙循环过程的物质表现。"也可参见 J. Gonda, "Gifts and Giving in the Rgveda", *Vishvesh Varanand Indological Journal* 2 (1964): 21—30,关于伊朗类似的仪式,参见 H. Lommel, "Zarathustras Priesterlohn", 收录在 *Festschrift für Willibald Kirfel* (Bonn, 1955), pp. 187—196。

73. 关于马祭(*aśvamedha*),参见 P. E. Dumont, *L'Aścamedha*: *Description du sacrifice solennel du chaval dans le culte védique* (Paris,

1927);J. Gonda, *Les rel. de l'Inde*, vol. 1, pp. 203 ff.; Gonda, *Ancient Indian Kingship from the Religious Point of View*(Leiden,1966;第一次发表在 *Numen* 3—4[1956—1957]:110 ff.);C. D. d'Onofrio,"Le'nozze sacre'della regina col cavallo",*SMSR* 24—25(1953—1954):133—162,特别是 153 ff.。

关于印欧民族中的马祭,参见 W. Koppers,"Pferdeopfer und Pferdekult der Indo-Germanen",*Wiener Beiträge zur Kulturgeschichte und Linguistik* 4(1936):270—409;Jaan Puhvel,"Aspects of Equine Functionality",收录在 Puhvel, ed., *Myth and Law among the Indo-Europeans*(Berkeley,1970),pp. 159—172。

关于人祭(*puruṣamendha*),参见 W. Kirfel, *Der Aśvamedha und der Puruṣamendha*, *Festschrift W. Schumbring*(Hamburg,1951),pp. 39—50;James L. Sauvé,"The Divine Victim: Aspects of Human Sacrifice in
441 Viking Scandinavia and Vedic India",收录在 J. Puhvel, ed., *Myth and Law among the Indo-Europeans*, pp. 173—191。

74. 关于入会礼(*dīkṣā*)的入会礼象征,参见 Eliade, *Birth and Rebirth*, pp. 53 ff.。

对于庆典的描述,参见 A. Hillebrandt, *Ritualliteratur*, pp. 157 ff.;A. B. Keith, *The Religion and Philosophy of the Veda and Upanishads*, vol. 1, pp. 300 ff.。贡达(Gonda)对从吠陀时期到现代印度教中的入会礼(*dīkṣā*)作了精彩的分析,参见他的著作 *Change and Continuity in Indian Religion*(The Hague,1965),pp. 315—462。

关于即位礼(*rājasūya*),参见 A. Hillebrandt, *Ritualliteratur*, pp. 143 ff.;A. B. Keith, *Rel. and Phil.*, vol. 1, pp. 340 ff.;P. V. Kane, *History of Dharmaśāstra*(Poona,1941),vol. 2, pp. 1214 ff.;J. Gonda, *Ancient Indian Kingship from the Religious Point of View*, pp. 79 ff.;尤其是 J. C. Heesterman, *The Ancient Indian Royal Consecration*(The Hague, 1957)。在原史时期,即位礼(*rājasūya*)可能是每年举行一次以庆祝宇宙的更新。其结构与印度季节性的庆节(*utsava*)相类似。在古时,民众在庆节中所扮演的角色更为重要。

Ananda Coomaraswamy,"Atmayajña: Self-Sacrifice", *HJAS* 6(1942):358—398,该作者的勇气和细致的注释值得关注。

75. 在印度,宇宙创造的潜水神话还保留着相当古老的形式,是大神潜入太初之水中取回泥土的。在梵书中,主角是生主,他化身为野猪潜入水中。在《罗摩衍那》中,角色转换为梵天;在《毗湿奴往世书》中,野猪是梵天—毗湿奴;而在《薄伽梵往世书》中,则是毗湿奴的化身(*avatāra*)(参见Eliade,*Zalmoxis*,pp. 115—117 中的注释)。但是,直到史诗和《往世书》时期,这一宇宙起源的神话才广为流传。其中可能包含着前雅利安的因素,是蒙达族(Munda)或蒙达族的祖先;参见 *Zalmoxis*, pp. 117 ff.。

关于印度宇宙起源的文献非常多,我们仅提及最近的出版物:Norman W. Brown, "The Creation Myth of the Rig Veda", *JAOS* 62 (1942): 85—98; Stella Kramrisch, "The Triple Structure of Creation in the Rig Veda", *HR* 2 (1962—1963):140—175, 256—291; F. B. J. Kuiper, "Cosmogony and Conception: A Query," *HR* 10 (1970): 91—138; Hans Penner, "Cosmogony as Myth in the Vishnu Purāna", *HR* 5(1966): 283—299。关于梵文文献的翻译及注释,可参见 Anne Marie Esnoul,收录在 *La naissance du monde* (Paris, 1959), pp. 331—365。

关于"木匠"(*takṣ-*)这一术语,关于宇宙起源的思想,参见 L. Renou, 442
Études sur le vocabulaire du Ṛgveda: Première série (Pondicherry, 1958), pp. 23 ff。

关于《原人歌》(*Puruṣakūkta*),参见 W. Norman Brown, "The Sources and Nature of *puruṣa* in the *Puruṣasūkta*," *JAOS* 51 (1931): 108—118; Ananda K. Coomaraswamy, "Rgveda 10, 90, 1: *aty atiṣṭhad daś āngulam*", *JAOS* 66 (1946): 145—161; A. W. Macdonald, "A propos de Prajāpati", *JA* 240 (1953): 323—338; Paul Mus, "Où finit Purusa?" *Mélanges d'Indianisme à la mémoire de Louis Renou* (Paris, 1968), pp. 539—563。

关于作为范式的《原人歌》,参见 J. Gonda, *Viṣṇuism and Śivaism* (London, 1970), p. 27。

关于印欧民族中类似的赞歌,参见 Güntert, *Der arische Weltkönig und Heiland* (Halle, 1923), pp. 315—343; F. R. Schröder, "Germanische Schöpfungsmyghen", *Germanisch-Romanisch Monatsschrift* 19 (1931):1—26, 81—99; Bruce Lincoln, "The Indo-European Myth of Creation", *HR* 15 (1975): 121—145。

关于吠陀诸神的诞生及得到永生，参见 A. B. Keith，*Religion and Philosophy*，*pp.* 82 *ff.* 关于比较研究，参见 G. Dumezil，*Le Festin d'immortalité* (Paris，1924)。

关于人类的起源及其神话中的祖先，参见 Arthur Christensen，*Les types du premier homme et du premier roi dans l'histoire légendaire des Iraniens*，2 vols. (1917，1934)；G. Dumézil，*Mythe et Epopée* (1971)，vol. 2，pp. 234 ff.；O. Höfler，"Abstammungstraditionen"，*Reallexicon der geramanischen Altertumskunde*，vol. 1，pp. 18—29。

在印度，为了灵魂的"不死"而放弃躯体的不朽，也影响到了神人之间的关系。根据某些传说，太初之时，神以肉身降临人间(参见 *Taittirīya Saṃhitā* 3. 5. 2；*Kāthaka Sam*. 37. 17；*Pañcavimśa Br*. 15. 5. 24)。这是一种流传甚广的古老概念。

76. 根据其他传说，生主是由苦行(*tapas*)而生的：太初之时，无(*asat*)变成意识(*manas*)，开始发热(atāpyata)，意识生出烟、光、火，最后是生主(*Taitt. Br*. 2. 2. 9. 1—10)。在《百道梵书》11. 1. 6. 1 中，太初之水象征着无。

在《梨俱吠陀》10. 61. 7 中提到天父与其女儿黎明女神通奸。在梵书中，是生主对其女儿不轨(*Śat. Br*. 1. 7. 4)。他化身为雄鹿以接近她(*Aitt. Br*. 3. 33. 34)，他甚至想占有她，但诸神阻止了他，而生主的精液流到地上
443 形成了一个湖泊(*Ait. Br*. 13. 1—10)。关于这一神话主题的重要性，参见 Wendy D. O'Flaherty，"Asceticism and Sexuality in the Mythology of Śiva，Part Ⅱ"，*HR* 9(1969)：9 ff.。

生主在创造了世界之后的"精疲力竭"与"筋骨欲裂"可与东南欧的创造神话相比较，神在完成宇宙的创造后也是"疲倦不堪"的；参见 Eliade，*Zalmoxis*，pp. 88 ff.。

关于生主，参见苏库马里·巴塔恰吉(Sukumari Bhattacharji)所引用的文献及评论，*The Indian Theogony* (Cambridge，1970)，pp. 322 ff.，以及 Gonda，*Les religions de l'Inde*，vol. 1，pp. 227 ff.。对于这一神话的比较分析，参见 A. W. Macdonald，"A propos de Prajāpati"，*JA* 240(1952)：323—338。

关于梵书时期的献祭，参见 Sylvain Lévi，*La doctrine du sacrifice dans les Brāhmanas* (1898)，此书仍是必读之书。也可参见 A. K.

Coomaraswamy, *Hinduism and Buddhism* (New York, 1943), pp. 19 ff. 。

77. 关于梵,参见 L. Renou and L. Silburn, "Sur la notion du bráhman", *JA* 237(1949):7—46;以及 Eliade, *Yoga*, p. 388 中的参考书目。补充书目参见 L. Renou, "Le passage des Brāhmana aux Upanisad", *JAOS* 73 (1953):138—144; Lilian Silburn, *Instant et cause* (Paris, 1955), pp. 50 ff.; J. Gonda, *Notes on Brahman* (Ultrecht, 1950); Gonda, *Les religions de l'Inde*, vol. 1, pp. 45 ff., 237 ff.; 以及 G. Tucci, *Storia della filosofia indiana* (Bari, 1957), pp. 279 ff。

关于印度思想史中的梵的概念,可参见苏伦德拉纳特·达斯古普塔(Surendranath Dasgupta)、拉达克里希南(S. Radhakrishnan)、费劳恩瓦尔德(E. Frauenwalder)等人的著作,以及 Karl H. Potter, *Bibliography of Indian Philosophies* (Delhi, Patna, and Varanasi, 1970)。

关于《森林书》,参见 A. B. Keith, *Religion and Philosophy*, pp. 490 ff.; J. N. Farquahar, *An Outline of the Religious Literature of India* (Oxford, 1920), pp. 30 ff.; J. van Buitenen, "Vedic and Upanishadic Bases of Indian Civilization", 收录在 J. W. Elder, ed., *Chapters in Indian Civilization* (Dubuque, Iowa, 1970), vol. 1, pp. 6 ff. 。

78. 关于苦行(*tapas*), 参见 Eliade, *Yoga*, pp. 106—111 以及 p. 385 所列之参考书目。对此的补充有 Chauncey Y. Blair, *Heat in the Rig Veda and Atharva Veda* (New Haven, 1961); D. J. Hoens, *Sānti: A Contribution to Ancient Indian Religious Terminology* (The Hague, 1951); Eliade, *Shamanism*, p. 412; J. Gonda, *Les Religions de l'Inde*, vol. 1, pp. 223 ff., 309 ff., 338 ff. (及参考书目); W. D. O'Flaherty, *Asceticism and Eroticism in the Mythology of Śiva* (London, 1973), pp. 40 ff. 。

79. 关于留长发(*keśin*)的尊者(*muni*), 参见 Eliade, *Yoga*, pp. 102 ff.; 444
Gonda, *Religions*, vol. 1, pp. 223 ff.; W. Wust, *múni*, *PHMA*: *Mitteilungen zur indo-germanische, vornehmlich indo-iranische Workunde*, no. 7 (Munich, 1961):24—65。

关于浮浪者(*vrātyas*), 参见 J. W. Hauer, *Der Vrātya: Untersuchungen über die nichtbrahmanische Religion altindien* (Stuttgart, 1927); Eliade, *Yoga*, pp. 103 ff.; W. Wust, *vratá-*, *PHMA*, pp. 66—73。豪尔(Hauer)

相信“浮浪者”是一种兄弟会，有着秘密的入会仪式，属于雅利安人的前卫。据希斯特曼(J. C. Heesterman)说，“浮浪者”的祭祀仪式是“天启”(*śrauta*)仪式的前身；参见他的文章“Vrātya and Sacrifice”, *IIJ* 6(1962—1963): 1—37。

关于古代及中世纪印度的尊者，参见 David N. Lorenzen, *The Kāpālikas and Kālāmukhas* (Berkeley and Los Angeles, 1972), pp. 187 ff. 。

80. 许多奥义书都已译成英文。拉达克里希南(S. Radhakrishnan)翻译并注释了《十三奥义书》，*The Principal Upanishads* (New York, 1953)，前面还有一篇长达 145 页的序言。也可参见罗伯特·休谟(Robert Hume)翻译的 *The Thirteen Principal Upanishads* (London, 1931); Swami Nikhilānanda, *The Upanishads*, 4 vols. (New York, 1949—1959)；以及 J. A. Van Buitenen, *The Maitrāyaṇiya Upaniṣad* (The Hague, 1962)。法文译本的书目参见 Jean Varenne, *Le Véda*, vol. 1, pp. 37—38。我们主要提及以下学者的译本：Emile Senart (*Bṛhadāraṇyaka*, 1930; *Chāndogya*, 1934), Louis Renou (*Kāṭha*, *Kena*, *Iśa*, *Kauṣītaki*), J. Maury (*Muṇḍaka*), E. Lesimple (*Māṇdūkya*, *Taittiriya*), L. Silburn (*Aitareya*, *Śvetāśvatara*), J. Bousquet (*Praaśna*), A. M. Esnoul (*Maitri*), B. Tubini (*Brahmabindu*, *Kaivalya* 等等), J. Varenne (*Ganapati*, *Mahānārāyana*, *Prānāgnihotra*). ,J. Varenne, *Le Véda*, vol. 2, pp. 614—704，这是一本很好的选集。J. Varenne, *Les Upanishads du Yoga*，从梵文翻译过来，并有注释(Paris, 1971)。

评论性的参考书目，参见 Eliade, *Yoga*, pp. 388—389，和 J. Gonda, *Les religions de l'Inde*, vol. 1, pp. 232, 239。特别有用的是 R. D. Ranade, *A Constructive Survey of Upanishadic Philosophy* (Poona, 1926); H. Oldenberg, *Die Lehre der Upanishaden und die Anfänge des Buddhismus* (Göttingen, 1915); S. N. Dasgupta, *Indian Idealism* (Cambridge, 1933), pp. 20 ff.; Walter Ruben, *Die Philosophen der Upanishaden* (Bern, 1947)；以及 J. Gonda, *Les religions de l'Inde*, vol. 1, pp. 239 ff. 。

奥义书被认为是四吠陀的附录，是“天启”(*śruti*)的部分。的确，在《梨俱吠陀》中，“知识”已拥有了一种巫术—宗教的价值。在梵书中，有关献祭的“科学”可以使人获得永生：神灵的世界“只属于那些知道的人”(*Śat. Br.*
445 10. 5. 4. 16)。但是在奥义书中，献祭的“科学”被关于梵的知识所取代了。

因为“献祭就像漂流在大海上的船一样,随时都可能会沉下去”(*Muṇḍaka Up*. 1. 2. 7)。

81. 吠陀和梵书中有关死后存在的观念非常复杂混乱。著名的苏摩酒神赞歌(RV 9. 113)说,灵魂渴望到那“永恒光照的地方,在那里,太阳有其所……,还有夜摩天……,有苍穹……,有永远年轻的河流,使我在那里得到永生,噢,苏摩”(从扬·瓦隆纳[Jean Varenne]的翻译)。天堂之旅、联接天地的桥梁、两只守桥的狗以及灵魂的问答,这些都是古代印度和伊朗宗教的主题,可以回溯到印度—伊朗结合在一起的时期(参见§111)。根据另一个传说,夜摩天统治的地府是专为各种罪人所准备的,这一观念逐渐占了主导地位。“这些世界的名字是‘没有太阳的地方’,四处漆黑;那些杀死了他们灵魂的人,死后会到那里去”(*Isa Up*. 1. 3)。从《百道梵书》开始,文献中描写了各种各样的折磨。逐渐地,关于二十一层地狱的描写变得越来越戏剧化。罪人会被野兽和毒蛇所吞噬,被烘烤,被踞子锯成几块,忍饥受渴,在油里煮或是在臼上碾碎,在石头或炽热的铁砧上磨碎等等。但是经受了这些折磨后,牺牲的苦难还没有结束,他们仍必须转世为畜生经受轮回之苦。

有地狱,就有天堂与之相对应。史诗——《摩诃婆罗多》、《罗摩衍那》和《往世书》特别描写了五个天神的五重天。依序是因陀罗天,其中有女舞者和乐手;湿婆天,那里有神及其眷属;毗湿奴天,完全由黄金打造而成,缀有莲花水池;克里希纳天,那里有女舞者及其信徒;最后是梵天,灵魂在那里享受着天堂的愉悦。文中不厌其繁地描写了黄金与宝石的宫殿、天堂花园、各种乐器为美女的歌舞伴奏等等。其中某些印度教的主题后来为佛教所沿用。

在梵书中,“新的死亡”(*punarmṛtyu*)的概念开始成形,也就是“二次死亡”,这是最后的死亡,等待着那些没有完成某些献祭的灵魂。然而,业的观念最终与这二次死亡所同化,人又以一种新的化身重回人间。根据奥义书 446
的说法,死者的灵魂从“亡魂之路”(*pitryāna*)或月亮之路离开。到达月亮以后,灵魂会接受类似入会礼式的询问,那些回答不出的人得重回人间,重新再生一次。而“那些知道答案的人”则通过“诸神之路”(*devayāna*)——也叫太阳之路——继续向神靠拢。《考史多启奥义书》(1.2—7)对此有详细的描述:灵魂从诸神的世界前往梵的世界,他们遇到各种入会礼的考验。梵问新来者:“你是谁?”新来者必须回答:“你是谁,我就是谁。”梵又问:“那么我是谁?”灵魂必须回答说:“真理”(1.6)。最后,梵说:“我的国今后就是你的国”(1.7)。简言之,第一条路是轮回之路,而第二条路是通往诸神世界的路。而要到达梵的超越的世界,灵魂必须通过入会礼的考验。换言之,人死后有三种可能:(1)灵魂以一种新的化身重回人间;(2)与诸神共度天堂般的生活;(3)灵魂与梵合而为一。据奥义书的作者说,天堂也是暂时的,一段时间以后,灵魂还得再回人间轮回。因此,唯一真正的解脱是死后与梵合而为一,而这只有通过神秘知识与冥想才能达到。

关于“内在之光”,参见 Eliade, *The Two and the One*, pp. 26 ff.; Eliade, “Spirit, Light and Seed”, *HR* 11(1971):1—30,特别是 pp. 3—16(今收录在 *Occultism, Witchcraft, and Cultural Fashions* [Chicago, 1976]); J. Gonda, *The Vision of the Vedic Poets* (1963), pp. 268 ff.。

82. 关于梵的两种模式,参见 H. de Glasenapp, *La philosophie indienne*, French trans. (Paris, 1951), pp. 131 ff.。

梵的“身体”(会死的)与“精神”(不朽的)之间的悖论,与某些吠陀诸神的矛盾性与对立统一相联系,因为印度思想便是如此来定义神性的。参见以上 § 68 中的补充注释。

关于宇宙的“神剧”,参见 Ananda K. Coomaraswamy, “Līlā,” *JAOS* (1941):98—101。

83. 关于希腊宗教的历史学研究与解经学分析,是欧洲文化史中最迷人的篇章之一。因为不可能在短短的几行字中概述从 19 世纪中叶的缪勒
447 (K. O. Müller)或威尔克(F. G. Welcker),到最近的布列里奇(Brelich)、布克尔特(Burkert)、维尔南(Vernant)以及迪迪安(Detienne)的各种不同的诠释,因此我们只能举出基本的参考书目。首先要提到的是一些总论性的著作:Gilbert Murray, *The Five Stages of Greek Religion* (1925); M. P. Nilsson, *A History of Greek Religion* (1925;2d ed., 1949);L. Gernet and A. Boulanger, *Le génie grec dans la religion* (1932); O. Kern, *Die religion der Griechen*, 3 vols. (1926—1938); W. K. C. Guthrie, *The Greeks and Their Gods* (1950);R. Pettazoni, *La religion dans la Grèce antique*, French trans. (Paris, 1953)。推荐阅读: J. E. Harrison, *Prolegomena to the Study of Greek Religion* (Cambridge, 1903;2d ed., 1922);H. J. Rose, *A Handbook of Greek Mythology* (London, 1928;4th ed., 1950)。沃尔特·奥托(Walter Otto)对希腊宗教和神话作出了非常精彩且极具个性的诠释,参见其著作 *Die Götter Griechenlands* (Frankfurt,

1928)。U. von Wilamowitz- Moellendorf, *Der Glaube der Hellenen*, 2 vols. (Berlin, 1931—1932),该书是这位伟大的德国历史学家和文献学家的遗著。最后,真正集大成的巨著是 M. P. Nilsson, *Geschichte der griechischen Religion*, 2 vols. (Munich, 1940;3d ed., 1947,1950),其中有丰富的文献资料。5 卷本的 L. R. Farnell, *The Cults of the Greek States* (Oxford, 1896—1909),对于资料的收集及分析仍是有用的。E. R. Dodds, *The Greeks and the Irrational* (Berkeley, 1951),该书极受欢迎,它成功地反映了当代思潮中的某些趋向。最近的总论性著作有 Walter Burkert, *Griechische Religion der archaischen und klassischen Epochen* (Stuttgart, 1977)。

关于宙斯,参见 A. B. Cook, *Zeus*, 3 vols. (Cambridge,1914—1940);这实际上是一本有关希腊宗教的论文集,内容广泛,讨论了宙斯的各个方面。在此我们无需提及各种著作中有关宙斯的若干章节。但基本的有:Guthrie, *The Greeks and Their Gods*, pp. 49—81。也可参见 M. P. Nilsson, "Vater Zeus", *ARW* 35 (1938): 156—171 (再版于 *Opuscula Selecta* 2[Lund, 1952]:710—731),特别是 Hugh Lloyd-Jones, *The Justice of Zeus* (Berkeley, 1971)。

我们采用的《神谱》版本是,M. L. West, *Hesiod's Theogony*,带有绪论和注释(Oxford, 1966)。1940 年以后,对于《神谱》与古代近东神谱的比较研究,参见 Peter Walcott, *Hesiod and the Near East* (Cardiff, 1966)。

是该亚建议瑞亚在克里特岛上生产的。两位女神是大地之母的化身。的确,瑞亚在词源学上的意思的就是"宽广的",即大地。

当克洛诺斯被宙斯逼迫吐出其兄弟姐妹时,他首先吐出来的是石头。宙斯将这块石头竖在德尔斐,在帕尔纳索斯山(Parnassus)的脚下(Pausanias 10. 24. 6);参见 West, *Hesiod's Theogony*, p. 303(第 498— 448
500 行注释)。

84. 关于墨提斯,宙斯的第一任妻子,后被他所吞食,参见 J. P. Vernant,"Métis et les mythes de souveraineté",*RHR* 3(1971):29—76。

关于克里特岛的宙斯,他在克里特岛上所度过的婴儿期,他与克里特男性神之间的关系,参见 Charles Picard, *Les religions préhélléniques* (Paris, 1948), pp. 115 ff.; H. Jeanmaire, *Couroī et Courètes* (Lille, 1939), pp. 427 ff.; Martin P. Nilsson, *The Minoan-Mycenaean Religion and Its*

Survival in Greek Religion, 2d ed. (Lund, 1950), pp. 55 ff. West, *Hesiod's Theogony*, pp. 297 ff. ,证明了这一传说的古老(*Theog*. 477)。

关于宙斯的“金索”,参见 Pierre Lévêque, *Aurea Catena Homeri* (Paris, 1959),以及 Eliade, *The Two and the One*, pp. 179 ff. 。

我们补充说明一下那些在奥林匹斯诸神取得胜利后幸存下来的远古的神灵。黑夜女神独自生下了许多半神,他们相当模糊,更类似于人格化的抽象概念,如死亡之神、睡眠之神、讽刺之神、悲哀之神、老年之神等等(Hesiod, *Theog*. 211 ff.)。但俄耳普斯的经典中说她是大地之母,是世界的王后(Kern, *Orph. fragm.*, *nos*. 24, 28, 28a, 65, etc.)。

关于尼克斯的神话—宗教结构及其后代的含义,参见 Dario Sabbatucci, *Saggio sul misticismo greco* (Rome, 1965), pp. 95 ff。

蓬托斯与其母该亚结合,生下了许多子孙,参见 L. Séchan and P. Lévêque, *Les grandes divinitiés de la Grèce* (Paris, 1966), p. 49(以及参考书目的注释,p. 64)。

因为斯提克斯在宙斯与泰坦的战斗中反对泰坦,宙斯宣布她是“诸神的伟大誓言”(*Theog*. 399 ff.)。也可参见 Séchan and Lévêque, *Les grandes divinités de la Grèce*, p. 64, n. 68。

至于赫卡忒,她主要是一个远古时代的女神。宙斯没有侵犯这位女泰坦的特权(*Theog*. 423 ff.)。赫卡忒后来成为专司巫术的女神,参见 Diodorus, *Bibl*. 4. 45。

俄刻阿诺斯是最初的泰坦,“他从不睡觉,在广袤的大地上滚动”(Aeschylus, *Prometheus* 138 ff.),他娶了他的妹妹提修斯(Tethys)。这一神话中包含着许多赫西俄德和荷马并不知晓的远古宇宙起源论的线索,据说,提修斯和俄刻阿诺斯分别代表着太初之水的阴阳两极的原理。简言之,他们是最早的神灵夫妻,从那时起,诸神和所有的实在才诞生了。参见 Séchan and Lévêque, pp. 50, 51, 65, Sabbatucci, pp. 110—116,尤其重要
449 的是 J. P. Vernant, “Thétis et le poème cosmogonique d' Alcman”, *Hommage à Marie Delcourt*, *Latomus* 114(1970):38—69,有着丰富的参考书目(例如参见 p. 38, n. 2, 39, n. 8)。

85. 关于克洛诺斯的研究文献,参见 Farnell, *Cults*, vol. 5, chap. 3。有些学者(凯恩[Kem]、波伦茨[Pohlenz])将克洛诺斯和泰坦巨人看作是原住民(被说雅利安语的入侵者征服)的神。换言之,奥林匹斯诸神与泰坦之

间的冲突反映了某些历史事件。但其东方文明的例证似乎否定了这种假设。

关于赫西俄德的五个时代的神话,参见 Arthur O. Lovejoy and George Boas, *Primitivism and Related Ideas in Antiquity*(Baltimore, 1935), pp. 25 ff.。关于伊朗类似版本(特别是《班达喜兴》[Bundahišn])的翻译及讨论,参见 N. Söderblom, *ERE*, vol. 1, pp. 205—219。乌戈·比昂奇(Ugo Bianchi)比较了极乐世界(Elysium)的黄金种族与伊朗传说中的第一个王伊玛,他是伐楼(Vara)的统治者,那是一个地下的国家,但却光亮无比。参见 Ugo Bianchi, "Razza aurea, mito delle cinque razze ed Elisio," *SMSR* 34 (1963):143—210,特别是 187—189。格温·格里菲斯(J. Gwyn Griffiths)反对学者们(如 H. C. Baldry, "Who Invented the Golden Age?" *Classical Quarterly* n. s. 2[1952]:83—92)的一般意见,他认为这个神话所指涉的是金属的发现与使用,参见 J. Gwyn Griffiths, "Archaeology and Hesiod's Five Ages",收录于 *Journal of the History of Ideas* 17 (1956):109—119。参见巴德雷(Baldry)的回应,载 *Journal of the History of Ideas* 17 (1956):553—554。关于这个问题的讨论,最好的是 J. Kerschensteiner, *Platon und der Orient* (Stuttgart,1945),pp. 161 ff. ("Der Metalmythos"); J. P. Vernant, "Le mythe hésiodique des races: Essai d'analyse structurale",*RHR*(1960):21—54(重印为 *Mythe et pensée chez les Grecs* [Paris,1965],pp. 13—41);Vernant,"Le mythe hésiodique des races:Sur un essai de mise au point",*Revue de Philologie* (1966):247—276(再版名为 *Mythe et pensée*,pp. 42—79)。

关于普罗米修斯,参见 E. Vandvick,*The Prometheus of Hesiod and Aeschylus* (Oslo, 1943); Louis Séchan, *Le mythe de Prométhée* (Paris, 1951);Karl Kerényi,*Prometheus: Archetypal Image of Human Existence* (New York,1963)(德文本出版于 1946 年)。

86. 关于希腊的献祭,参见 R. K. Yerkes, *Sacrifice in Greek and Roman Religions and Early Judaism*(New York, 1952),特别是 pp. 88 ff.; Karl Meuli, "Griechische Opferbräuche", *Phullobolia: Festschrift Peter von der Mühll* (Basel, 1946), pp. 185—288,以及 Walter Burkert, *Homo Necans* (Berlin,1972),pp. 8—97 及注释(p. 9,n. 2,参考书目)。

如弥利(Meuli)所说的,"奥林匹斯献祭只是仪式性屠杀"(p. 223)。他

450 们献上盛满水的陶罐和装着大麦的篮子。参与者洗手并将水喷洒在牺牲身上。然后,他们拿开大麦(他们仿佛准备的是素餐),篮子底下有一把刀。接下来的仪式活动有:片刻静默,祈祷,主祭的祭司割下牺牲前额的一咎毛发投入火中;当他击打祭物时,所有的妇女都一齐高声叫喊。牺牲的血被收集在一个容器里,随后倒在祭坛上。接下来是烧烤带有油脂的股骨和小块的肉。内脏放在祭坛上烧烤,当场分食(Meuli, pp. 265 ff.;参见 Burkert, *Homo Necans*, pp. 10 ff.)。

雅典的屠牛节(Bouphonia,字面含义为"对牛的杀戮"),使我们能够揭示出血祭所包含的某些古代因素。"乘着主人不注意,一只犁田的牛靠近了宙斯·波列乌斯的祭坛,并大嚼祭坛上的供品,那是献给城市守护神的谷物和麦饼。祭司看到这个渎神的场面,怒不可遏,他抓起一把斧子杀死了牛。他被自己的行为吓坏了,'这个杀牛的人'匆匆逃走,将凶器留在了现场。仪式的第二阶段分两部分。先是在市政厅专司血案的法庭上审判此案,斧头被判有罪,将其放逐到阿提卡半岛之外。随后,整个城市仪式性地分食这个牺牲的肉,而沾满麦草的牛皮则被挂在犁上,模仿耕地的工作"(Marcel Detienne, *Les Jardins d'Adonis* [Paris, 1972], p. 106 [Eng. trans., *The Gardens of Adonis* (New York, 1976)];至于参考书目,参见 p. 105, n. 2; Burkert, *Homo Necans*, pp. 154—161; U. Pestalozza, "Le origini della Buphonia ateniensi" [1956],再版时的名字是 *Nuovi saggi di religione mediterranea* [Florence, 1964], pp. 203—223)。

这个"无辜的喜剧"(*Unschuldskomödie*; Meuli, pp. 224 ff.)也出现在西伯利亚的狩猎仪式中(Eveline Lot-Falck, *Les rites de chasse* [Paris, 1953], pp. 170 ff.)。迪迪安(M. Detienne)令人信服地解释了血祭中的渎神特征,如希腊人所认为的那样,"以动物祭献给诸神就是要流血的,也就是杀戮的行为。对于城市而言,动物献祭就是一次染污。但它又是一种不可避免的、必需的染污,因为杀牛是城市与诸神力量相联系的一种根本的方式"(*Les Jardins d'Adonis*, pp. 106—107)。

像其他许多原史时期的民族一样,希腊人出于各种原因也实行人祭。动物代替人献祭(如伊菲革涅亚[Iphigenia]、以撒)相当于人仪式性地等同于动物牺牲。阿塔玛斯(Athamas)将他的儿子雷阿库斯(Learchus)"像一只
451 雄鹿一样"地杀死(Apollodorus, *Bible*. 3. 4. 3);据路西安说(*De dea Syr*. 58),在邦比克(Bambyke),用孩子献祭时,参与者会大叫:"他们是牛犊!"

对于献祭的山羊与悲剧的起源之间可能存在的关系的再考察,参见 W. Burkert,"Greek Tragedy and Sacrificial Ritual",*Greek, Roman and Byzantine Studies* 7 (1966):87—121。

奥林匹斯诸神的献祭与对阴间神灵和英雄们的献祭有所不同,参见§95。

关于普罗米修斯和丢卡利翁,参见 J. Rudhardt,"Les mythes grecs relatifs à l'instauration du sacrifice:Les rôles correlatifs de Prométhée et de son fils Daucalion",*Museum Helveticum* 27(1970):1—15。

关于埃斯库罗斯的《普罗米修斯》三部曲,参见 Louis Séchan,*Le mythe de Prométhée*,pp. 4 ff.;H. Lloyd-Jones,*The Justice of Zeus*,pp. 95 ff.。

关于人类是从梣树中诞生的希腊神话,参见 G. Bonfante,"Microcosmo e macrocosmo nel mito indoeuropeo",*Die Sprache* 5(1959):1—19。

87. 关于 *moira* 和 *aisa*,参见 W. C. Greene,*Moira: Fate, Good, and Evil in Greek Thought* (Cambridge, Mass., 1944); Ugo Bianchi, *Dios Aisa: Desino, uomini e divinita nell'epos, nelle teogonie e nel culto dei Greci* (Rome,1953);B. C. Dietrich,*Death, Fate, and the Gods* (London, 1967)。

关于纺织的象征意义,参见 Eliade,*Patterns in Comparative Religion*,§58;关于"纺织"某人的命运与"绑住"他之间的同义性,参见 Eliade,*Images and Symbols*,chap. 3,"The God Who Binds and the Symbolism of Knots"。

关于正义(*dikē*)观念的历史,雨果·劳埃德-琼斯(Hugh Lloyd-Jones)最近有精彩的论述,*The Justice of Zeus*(Berkeley,1971)。因为自尼尔森(Nilsson)以来,学者们认为在荷马万神殿的结构与封建的迈锡尼君主制之间有着某种类似之处。"正义"(*dikē*)可比作诸神的意志。如同迈锡尼的国王一样,诸神也可能是多变且残忍的,虽然他们还不至于卑劣。唯一不可原谅的罪就是对国王的不忠或背叛。在荷马时代,正义似乎意味着社会阶层的"典型行为"与属于该阶层的个人所拥有的"权力"。对于迈锡尼王权的结构、历史与危机的讨论,参见 J. P. Vernant,*Les origines de la pensée grecque* (Paris,1962),pp. 13—39。

关于 *themis* 和 *themistes*(神圣律法),参见 Lloyd-Jones,*The Justice of Zeus*,pp. 6 ff.,167—168(参考书目)。

关于骄傲自大(*hybris*)这一观念从古至今的历史,参见罗伯特·派恩(Robert Payne)非常个性化的著作 *Hubris: A Study of Pride* (London, 1951;rev. ed.,New York,1960)。

452 **88.** 关于波赛冬(*Posis Das*)的词源学,参见 Wilamowitz,*Glaube der Hellenen*,vol. 1,pp. 212 ff.(较早的讨论可参见 P. Kretschmer,*Glotta* 1 [1909]:27 ff.;也可参较 Cook,*Zeus*,vol. 2,pp. 583 ff.)。

也可参见 Guthrie, *The Greeks and Their Gods*, pp. 94—99; Louis Séchan and Pierre Lévêque,*Les grandes divinités de la Grèce*,pp. 99—116。萨克梅耶(F. Schachermeyr)努力重构波赛冬的历史:大约公元前 1900 年,印欧民族进入希腊,把马也带来了,他们发现了大地之母,一位有男神(*paredros*)相伴的女主神。入侵者将这位男神与他们的马神、水神、丰产神以及冥府之神相等同。而波赛冬,作为"大地的丈夫",就是这一大合并的产物。参见 Schachermeyr, *Poseidon und die Entstehung des griechischen Götterglaubens* (Berne,1950)。也可参见 Leonard Palmer,*Mycenaeans and Minoans* (London, 1961), pp. 127 ff.; C. Scott Littleton, "Poseidon as a Reflex of the Indo-European 'Source and Waters' God", *JIES* 1(1973): 423—440。

伊莲娜·切拉西(Ileana Chirassi)指出了迈锡尼时期的波赛冬与作为奥林匹斯神的波赛冬之间的差别(例如,皮洛斯的女神波西迪亚[Posideia],她可能反映了古代双性同体的神的观念,是恩奇与尼伽奇、厄勒与埃特式的)。参见 Chirassi, "Poseidaon-Enesidaon nel pantheon miceno", *Atti e Memorie del I Congresso Internazionale di Micenologia* (Rome, 1968), pp. 945—991,特别是 pp. 956 ff.。

关于马所具有的冥府含义,参见 J. M. Blasquez, "El caballo en las creencias griegas y en las de otros pueblos circum-mediter-raneos", *Revue Belge de philologie et d'histoire* 45(1967):48—80。

关于赫淮斯托斯,参见 Farnell, Cults, vol. 5, pp. 374 ff.; Nilsson, *Geschichte*, vol. 1, pp. 526 ff.; L. Malten, "Hephaistos", *Jahrbücher des deutschen archaeologischen Instituts* 27(1912):232 ff.;F. Brommer, "Die Rückführung des Hephaistos", 同上书, 52(1937):198 ff.;以及 Marie Delcourt,Héphaistos où la légende du magician (Paris,1957)。后来的传说试图调解两个有关赫淮斯托斯出生的神话:"赫拉因宙斯而受孕,但却是在

他们结婚之前。赫淮斯托斯出生时,赫拉为了面子而宣称他是没有父亲的(Delcourt,p. 33)。而赫淮斯托斯送给赫拉黄金桂冠的插曲并没有出现在荷马的史诗中,但这个传说却很快流传开来。柏拉图曾提到这个故事,说它是属于当时许多关于诸神的不负责的传说之一,并对这种做法表示不赞成(Republic 2. 378)。参见 Delcourt,pp. 78—79,86—96,她记录并分析了利巴努斯(Libanius)和希吉努斯(Hyginus)所转述的版本。

关于巫师的仪式性肢解,参见 Delcourt,pp. 110 ff.。

关于"火的主宰"与铁匠神,参见 Eliade,*The Forge and the Crucible*, pp. 79 ff.。

关于赫淮斯托斯与其他神灵的关系,参见 Delcourt,pp. 154 ff.。 453

89. 关于阿波罗,特别推荐 Farnell,*Cults of the Greek States*, vol. 4, pp. 98 ff.; Rose, *A Handbook of Greek Mythology*, pp. 135 ff.; A. B. Cook, *Zeus*, vol. 2, pp. 453—459(内容包括对于各种理论与争论的批判); Nilsson, *Geschichte*, vol. 1, 529 ff.; Guthrie, *The Greeks and Their Gods*, pp. 73 ff., 183 ff.。也可参见 K. Kerényi, *Apollon* (Vienna, 1937; 2d ed., 1953)。

关于阿波罗对前希腊神祇的取代,参见 Farnell, *Cults*, vol. 4, pp. 125 ff., 263 ff.。关于雅辛托斯(Hyacinthus)的传说(从词源学上可证明他是一个古代迈锡尼的神)最早是在欧里庇得斯的作品中被提到的(*Helen* 1470 ff.;参见 Apollodorus, *Bibl*. 3. 10. 3; Rose, *Handbook*, pp. 142, 160—161)。雅辛托斯变形为花,对这其中所蕴含的神话—宗教含义的分析,参见 Ileana Chirassi, *Elementi di culture precereali nei miti e riti greci* (Rome, 1968), pp. 159 ff.。在拉科尼亚(Laconia)的雅辛托斯庆典,同时也是献给阿波罗及其他无意中被杀死的牺牲者的。在波埃夏地区(Ismenium),如同在德尔斐一样,阿波罗是与雅典娜在一起的;而在维奥蒂亚(Boeotia)北部的泰吉拉(Tegyra),他则与拉托那(Latona)和阿耳忒弥斯一起出现。Delcourt, *L'oracle de Delphes*(1955), pp. 216 ff.。换言之,作为德尔斐的神,阿波罗是希腊宗教的创造者。

关于阿波罗起源的两种假设(来自北方或是安纳托利亚)的讨论,参见 Guthrie, pp. 75 ff.。

关于许佩耳玻瑞的传说,参见 Cook, *Zeus*, vol. 2, pp. 459—501(他将这一旅程比作银河之旅)。希罗多德也曾提到两个"极北少女",在很久以前带着供物来到提洛岛就再也没有回去。历史学家对于她们坟墓的描述与在法国的考古发掘完全一致。但是没有任何关于她们是来自“极北的”证据：那是青铜时代基克拉迪文化(Cycladic)的埋葬方式。我们所看到的是其含义已被人们遗忘了的远古的仪式，而坟墓的神圣性则让人们想起想象中的英雄。参见 C. T. Seltman, Guthrie, p. 77。也可参见 Charles Picard, *Les religions préhelléniques*, p. 271，其中包含关于其他与历史上迈锡尼式的坟墓有关的英雄崇拜的例子。

玛丽·德尔克特(Marie Delcourt)(*L'oracle de Delphes*, p. 163)认为，少女带到提洛岛的圣物(*hiera*)(藏在一束麦捆里)是阳具的形象，代表一种有孔的武器。

90. 在《复仇女神》一剧中，埃斯库罗斯解释了俄瑞斯忒斯(Orestes)被
454 解除弑母之罪的宗教含义。俄瑞斯忒斯承认自己有罪，并来到阿雷奥帕古斯(Areopagus)等待审判。阿波罗为他辩护，雅典娜宣告他无罪。而且，厄里倪厄斯(作为大地和母性力量的象征，她们不能放过的最可怕的罪就是弑母而不复仇)还被雅典娜所“归附”：成为欧墨尼得斯，即仁慈女神，专司生命的哺育和维持。至于弑母罪的染污，则以猪献祭的仪式所洗净了(*Eumenides* 281 ff.)。虽然这一献祭是由阿波罗所指定的，但却是一次带有阴间和冥府力量的献祭。这表明尽管阿波罗具有奥林匹斯神的结构，但还应考虑到这位德尔斐神所具有的复杂性，甚至是矛盾的宗教现实。

关于德尔斐以及德尔斐神谕的传说，参见 P. Amandry, *La mantique apollonienne à Delphes* (Paris, 1950); J. Defradas, *Les thèmes de la propagande delphique* (1954); 以及 Marie Delcourt, *L'oracle de Delphes* (1955)。神谕文献的引用，参见 H. Parke and D. Wormell, *The Delphic Oracle*, 2 vols. (Oxford, 1956)。也可参见 K. Latte, “The Coming of the Pythia”, *Harvard Theol. Rev.* 33(1940): 9 ff.。

关于德尔斐的狄奥尼索斯，参见 H. Jeanmaire, *Dionysos* (Paris, 1951), pp. 187—198, 492—493(评论性参考书目)。

91. 关于希腊的“萨满教”，参见 Eliade, *Shamanism*, pp. 387 ff.; *Zalmoxis*, pp. 34 ff. (有参考书目)。E. R. Dodds, *The Greeks and the Irrational* (Berkeley, 1951), pp. 141 ff.，作者在书中解释了在达达尼尔海峡与黑海的希腊殖民者和伊朗人(即斯基泰人)接触后，萨满技术与神话的传播。而卡尔·弥利(Karl Meuli)最早在斯基泰人的某些习俗中发现了萨

满教的结构,及其在希腊传统中的反映,此外,他还在希腊史诗中辨认出了萨满教的因素。参见他的文章“Scythica”, *Hermes* 70(1935):121—176,特别是 164 ff. 。瓦尔特 · 伯克(Walter Burkert)认为 *goēs* 是希腊本土的萨满,因为他与死者崇拜有关(“Goēs: Zum griechischen ‘Schamanismus’”, *Rheinisches Museum für Philologie* n. s. 105[1962]:35—55)。

关于俄耳普斯神话中的某些萨满特征,以及阿里斯塔俄斯和其他传奇人物的传说,参见本书的第 2 卷。

92. 关于赫耳墨斯,参见 Farnell, *Cults*, vol. 5, pp. 1 ff. ; Nilsson, *Geschichte*, vol. 1, pp. 510 ff. ; S. Eitrem, *Hermes und die Toten* (Christiania, 1909); P. Raingeard, *Hermès psychagogue* (Paris, 1935); K. Kerényi, *Hermes der Seelenführer* (Zurich, 1944) (Eng. trans. , *Hermes, Guide of Souls*, 1974); N. O. Brown, *Hermes the Thief* (Madison, Wis. , 1947); Walter Otto, *The Homeric Gods*, pp. 104—124; Jeanine J. Orgogozo, “L' Hermès des Achéens”, *RHR* 136(1949):10—30, 139—179。

关于赫耳墨斯的仙草摩吕(*moly*),参见 Hugo Rahner, *Greek Myths* 455 *and Christian Mystery* (New York and London, 1963), pp. 181 ff. 。也可参见第 2 卷中有关赫耳墨斯教的参考书目。

从某种观点来看,战神阿瑞斯仍是一个谜。他为诸神所厌恶,荷马对此并未讳言,宙斯说:“你是所有奥林匹斯神中我最恨的小厮! ……如果你是别的天神所生的儿子,你这样捣乱,你的地位早就比乌剌诺斯的儿子们低一等了!”(*Iliad* 5. 889 ff.)希腊人既不在仪式,也不在雕塑或文学作品中赞颂他,尽管事实上他们“也许比其他古代民族更多战争”(Séchan and Lévêque, *Les grandes divinités de la Grèce*, p. 248)。阿瑞斯似乎是一个不太重要的神,经常被比作意大利的战神马尔斯(Mars)或其他印欧战神。

据荷马说,阿瑞斯来自色雷斯(*Il.* 13. 301)。赫淮斯托斯用网将他与阿佛罗狄忒抓住,他挣脱后就去了色雷斯(*Od.* 8. 361)。希罗多德也说(5. 7),色雷斯人只崇拜三个神灵,即阿瑞斯、狄奥尼索斯和阿耳忒弥斯。是否因为他来自色雷斯,这位野蛮的神——“疯狂而不知法的东西”(*Il.* 5. 757)——所以,他从未真正融入希腊宗教之中?

93. 根据罗斯切尔(W. H. Roscher)的说法,赫拉原先肯定是个月神(*Lexikon*, Ⅰ, Ⅱ [1886—1990]), pp. 2087 ff. ;对这种假设的批判,参见 Farnell, *Cults*, vol. 1, pp. 180 ff.)。而罗斯(Rose)认为,赫拉主要是女性及

繁殖的神(但不是植物繁殖之神);参见他的著作 *Handbook*,p. 103。威克尔(Welcker)则始终认为,她是大地之母特拉·马特(Terra Mater)(*Die griechische Götterlehre*, 3 vols. [1857—1863]),这一观点为法内尔(Farnell)和罗斯(Rose)所反对,而古斯利(Guthrie)却对这一观点作出了一个更有说服力的阐述,*The Greeks and Their Gods*,pp. 68 ff.。

关于赫拉与母牛的关系,参见 Farnell,*Cults*,vol. 1,pp. 181 ff.;Cook,*Zeus*,vol. 1,pp. 444 ff.。

关于爱琴海的赫拉,参见 C. Picard,*Les religions préhelléniques*, p. 243;U. Pestallozza,"Hera Pelasga",*Studi Etruschi* 2d ser. 25(1957):115—182(再版时名为 *Nuovi saggi di religione mediterranea*,pp. 225—256);Louis Séchan and Pierre Lévêque,*Les grandes divinités de la Grèce*, pp. 184—185。切拉希(Ileana Chirassi)令人信服地证明了在地中海的"百合花女神"与赫拉之间的连续性,参见他的文章"Riflesi di una primitiva cultura precerealicola nel mondo miceneo",*Annali della Facoltà di Lettere e Filosofia dell'Università di Trieste* 3(1966—1967):15—26。

关于女神赫斯提亚,只要几句话就足够了。几乎没有关于她的神话,但
456 她在仪式中有某种重要性,因为她保护家庭或公共的炉灶。荷马不知道她的名字,但赫西俄德说她是克洛诺斯与瑞亚的大女儿(*Theog.* 454)。赫斯提亚主要是少女和"不活动的"女神,她从未离开过"不朽诸神的居所"。从词源学上考证,她与拉丁女神维斯塔(Vesta)有关,她象征着火的神圣性,这或许能解释她的抽象性(参见 § 104)。她的名字源于印欧语的词根,意为"燃烧"。但是,很有可能赫斯提亚崇拜是对一个前希腊的炉火崇拜的延续。参见 C. Picard, *Les religions préhelléniques*,pp. 242 ff.。

关于阿耳忒弥斯的参考书目,参见 Farnell,*Cults*, vol. 2, pp. 425 ff.; Nilsson, *Geschichte*, vol. 1, pp. 481—500; K. Hoenn, *Artemis, Gestaltwandel einer Göttin* (Zurich, 1946);古斯利(Guthrie)对此做了清楚的阐述, *The Greeks and Their Gods*, pp. 99—106。也可参见 Ileana Chirassi, *Miti e culti arcaici di Artemis nel Peloponese e Grecia centrale* (Trieste,1964)。

关于伊利里亚名字的起源,参见 M. S. Ruiperez,*Emerita* 15(1947):1—60。

关于以弗所的阿耳忒弥斯的类型,参见 Charles Picard, *Éphèse et*

Claros (Paris, 1922),pp. 474 ff.。

布劳洛尼亚庆节(Braruonia)是关于年轻女孩(阿耳忒弥斯的信徒)蜕变成幼熊的仪式(可能是表演一种熊舞),参见 H. Jeanmaire, *Couroï et Courètes* (Lille,1939),pp. 237 ff.。

从公元前 7 世纪开始,阿耳忒弥斯就等同于月神赫卡忒,以及色雷斯女神本德斯(Bendis)和库柏勒。

94. 尼尔森(Nilsson)将雅典娜解释为前希腊时期的女神,是米诺斯或迈锡尼王子的守护女神(*Minoan-Mycenaean Religion*,2d ed.,pp. 487 ff.),他的这一观点为学者们所普遍接受。库克(A. B. Cook)也认为,雅典娜是一个前希腊时期的女神,尤其是居于雅典卫城(Acropolis)岩石上的高山之母(*Zeus*,vol. 3,p. 749;同上书,pp. 224 ff.)。

对于雅典娜及其仪式的详细叙述,参见 Farnell,*Cults*, vol. 1, pp. 184 ff.;Nilsson, *Geschichte d. Griech. Rel.*,vol. 1,pp. 433 ff.。在讨论雅典娜的著作中,瓦尔特·奥托(Walter Otto)书中关于雅典娜的章节是最好的,*The Homeric Gods* (pp. 43—60)。也可参见 M. Guarducci, "Atena oraculare," *Parola di Passato* 6(1951):338—355;C. J. Herrington,*Athena Parthenos and Athena Polias: A Study in the Religion of Periclean Athens* (Manchester, 1955)。

关于宙斯吞下墨提斯的故事(*Theogony* 886 ff.),参见 M. L. West, *Hesiod: Theogony. Edited with Prolegomena and Commentary* (Oxford, 1966), pp. 401 ff.。在最近的两篇文章中,马塞尔·迪泰纳(Marcel Detienne)出色地丰富了关于雅典娜的解释,"Le navire d'Athéna", *RHR* 178 (1970):133—177,以及"Athena and the Mastery of the Horse,"*HR* 11 457
(1971):161—184。也可参见 H. Jeanmaire,"La naissance d'Athéna et la royauté magique de Zeus", *Rev. archéologique* 48 (1956):12—39。

关于阿佛罗狄忒,参见 E. Simon,*Die Geburt der Aphrodite* (Berlin, 1959); M. P. Nilsson, *Griechische Feste* (1906), pp. 362—387; Nilsson, *Geschichte*, vol. 1, pp. 519 ff.; Farnell, *Cults*, vol. 2, pp. 618 ff.; R. Flacelière,*L'amour en Grèce* (Paris,1960)。

关于阿佛罗狄忒崇拜的东方起源,参见 H. Herter,收录在 *Éléments orientaux dans la religion grecque ancienne* (Paris,1960),pp. 61 ff.。滕佩尔(K. Tumpel)强调了阿佛罗狄忒的印欧因素,但有夸张之嫌,收录在

Pauly-Wissowa, *Real-Encyclopädie*, s. v. ;也可参见 M. Stubbs,"Who Was Aphrodite?" *Orpheus* (1954), pp. 170 ff. 。

95. Erwin Rohde, *Psyche* (Tübingen and Leipzig, 1893; 2d ed. , 1897) 中的第 4 章以英雄为主题;参见英译本, *Psyche: The Cult of Souls and Belief in Immortality among the Greeks* (New York, 1925), pp. 115—155。3 年后,赫尔曼·尤斯纳尔(Herman Usener)在其著作 *Götternamen: Versuch einer Theorie der religiösen Begriffsbildung* (Bonn, 1896)中发展了森德古特(Sondergötter)的观点,特别批判了斯宾塞(H. Spencer)强调祖先崇拜的理论(pp. 253 ff.),同时也提出了一个与罗德(Rohde)相对立的观点(p. 248)。保罗·弗卡特(Paul Foucart)则延续了罗德的诠释路线, *Le culte des héros chez les Grècs* (1918) (Memoires de l'Institut Francais, 1921);也参见 S. Eitrem,收录在 Pauly-Wissowa, *Real-Encyclopädie*, vol. 8, pt. 1 (1912), s. v. "Heroes",以及 F. Pfister, *Der Reliquienkult im Altertum* (Giessen, 1910—1912)。

法内尔(Farnell)的"妥协理论"(compromise theory)被广泛接受,参见 L. R. Farnell, *Greek Hero Cults and Ideas of Immortality* (Oxford, 1921);参较 inter alia, M. P. Nilsson, *The Minoan-Mycenaean Religion*, 2d ed. (Lund, 1950), pp. 585 ff. ,以及 *Geschichte der Griechische Religion*, vol. 1, 2d ed. (Munich, 1955), p. 188。

清楚的阐述及实用的分析,参见 C. Robert, *Die Griechische Heldensage*, 2 vols. (Berlin, 1921—1926); L. Rademacher, *Mythos und Sage bei den Grienchen* (Munich, 1938); Marie Delcourt, *Légendes et cultes des héros en Grèce* (Paris, 1942); H. J. Rose, *Gods and Heroes of the Greeks* (London, 1957);以及 K. Kerényi, *Greek Heroes* (London, 1959)。

从一般宗教史的角度出发的重要著作有 Angelo Brelich, *Gli eroi greci: Un problema storico-religioso* (Rome, 1958)。在简略介绍了从罗德(Rohde)到尼尔森(Nilsson)的早期诠释后,作者分析了英雄在神话与仪式中的角色(英雄与死亡、英雄与竞技运动会、先知、入会礼等等),并考察了他
458 们与其他神话人物的关系,以此最终突出希腊英雄的独特结构。

柏拉图在品达所区分出来的三类存在者(诸神、英雄、人类)的范畴之外又加上了第四个范畴:魔鬼(*Cratylus* 397c ff.)。

关于古代希腊的青春期入会礼,参见 H. Jeanmaire, *Couroï et Courètes*

(Lille, 1939); Eliade, *Birth and Rebirth*, pp. 108 ff.; Brelich, *Gli eroi greci*, *pp*. 124 *ff*.; Brelich, *Paides e Parthenoi* (Rome, 1969), vol. 1。

罗德(Rohde)强调了在奥林匹斯诸神祭祀与冥府神灵和英雄祭祀之间存在的差别(*Psyche*, Eng. trans., p. 116 ff.),而简·哈里森(Jane Harrison)、弥利(Meuli)、皮卡德(C. Picard)和古特利(Guthric)也注意到了这一点。皮卡德(Picard)提到在仪式中手势的不同:在向奥林匹斯诸神献祭时,手臂上举,手心向着天空;而在向冥府神灵和英雄献祭时,则手臂下垂,手心向着地面,以呼唤土地的力量(Picard, "Le geste de la prière funéraire en Grèce et en Étrurie", *RHR*[1936]: 137 ff.)。但诺克(A. D. Nock)(*Harvard Theological Review* 37 [1944]: 141 ff.)和布克尔特(W. Burkert)(*Homo Necans*[Berlin, 1972], pp. 16 ff. 以及注释 41)指出,这种差异也并不总是存在的;也可参见 Brelich, *Gli eroi greci*, pp. 16—18。

96. 在希腊文中,"秘仪"(*ta mystēria*)一词多是以复数形式出现的,可能源于印欧语的词根 MU,其原初的意思是"闭嘴",指的是"仪式的静默"。参见希腊文 *myō* 和 *myeō*,意为"进入秘仪",以及 *myēsis*,意为"入会礼"(这一术语仅用于秘仪的入会礼)。

有关资料来源,参见 L. R. Farnell, *Cults of the Greek States* (Oxford, 1907), vol. 3, pp. 307—367。关于考古资料的利用,参见 F. Noack, *Eleusis: Die baugeschichtliche Entwicklung des Heiligtums* (Berlin and Leipzig, 1927); K. Kuruniotis, "Das eleusinische Heiligtum von den Anfangen bis zur vorperikleische Zeit", *ARW* 33 (1935): 52—78; G. E. Mylonas, *The Hymn to Demter and Her Sanctuary at Eleusis*, Washington Studies in Language and Literature 13 (Saint Louis, 1942); Mylonas, *Eleusis and the Eleusinian Mysteries* (Princeton, 1961), pp. 23—186; E. Simon, "Neue Deuting zweier eleusinischer Denkmäler des 4. Jh. v. Chr.", *Antike Kunst* 9 (1966): 72—92; H. Metzger, *Les représentations dans la céramique attique du IVe siècle* (Paris, 1951), pp. 231—265; Metzger, *Recherches sur l'imagerie athénienne* (Paris, 1965), pp. 1—53。

关于荷马式赞歌,参见理查森(N. J. Richardson)所编的, *The Homeric Hymn to Demter* (Oxford, 1973);也可参见 K. Deichgräber, *Eleusinische Frömmigkeit und homerische Vorstellungswelt im Homerischen Demeterhymnus*

(Mainz, 1950); Francis R. Walton, "Athens, Eleusis, and the Homeric Hymn
459 to Demeter", *Harvard Theological Review* 45 (1952):105—114; Ugo Bianchi, "Saggezza olimpica e mistica eleusina nell'inno omerico a Demeter," *SMSR* 35 (1964):161—193; Mary L. Lord, "Withdrawal and Return in the *Homeric Hymn to Demeter* and the Homeric Poems", *Classical Journal* 62 (1967): 214—248。

关于厄琉西斯秘仪的资料很多,我们仅列出以下书目:L. R. Farnell, *Cults*, vol. 3, pp. 126—198; Paul Foucart, *Recherches sur l'origine et la nature des Mystères d'Éleusis* (Paris, 1895); Foucart, *Les Mystères d'Éleusis* (Paris, 1914); Martin P. Nilsson, *Minoan-Mycenaean Religion and Its Survival in Greek Religion* (Lund, 1927; 2d ed., rev. and enl., 1950), pp. 468 ff., 558 ff.; Nilsson, "Die eleusinischen Gottheiten", *ARW* 32 (1935): 79—141, 再次印刷时名为 *Opuscula Selecta* (Lund, 1952), vol. 2, pp. 542—623; Nilsson, *Greek Popular Religion* (New York, 1940; 1961), pp. 42—64; S. Eitrem, "Eleusis: Les mystères et l'agriculture", *Simbolae Osloenses* 20(1940): 133—151; Victor Magnien, *Les Mystères d'Éleusis: Leurs origines. Le rituel de leurs initiations* (Paris, 1938)(很实用的引文和翻译); Walter F. Otto, "Der Sinn der eleusinischen Mysterien", *Eranos-Jahrbuch* 9(1939):83—112, 再次印刷时名为"The Meaning of the Eleusinian Mysteries",收录在 *The Mysteries: Papers from the Eranos Yearbooks* no. 2(New York, 1955), pp. 14—31; Momolina Marconi, "Sul misterio dei Misteri Eleusini", *SMSR* 22(1949—1950):151—154; C. Kerényi, *Eleusis: Archetypal Image of Mother and Daughter* (New York, 1967); Georges Méautis, *Les Dieux de la Grèce et les Mystères d'Éleusis* (Paris, 1959); P. Boyancé, "Sur les Mystères d'Éleusus", *REG* 75 (1962): 460—482; Walter Burkert, *Homo Necans* (Berlin, 1972), pp. 274—327。也可参见科尔特(A. Körte)、科恩(O. Kern)、德拉特(A. Delatte)、查尔斯・皮卡德(Charles Picard)等学者的研究。

根据希罗多德的观点(2.49 ff., 146), 保罗・弗卡特(Paul Foucart)断言,厄琉西斯秘仪源自埃及。但皮卡德(Charles Picard)说,"在圣地没有发现任何公元前 2000 年左右的埃及物品"("Sur la patrie et les pérégrinations

de Déméter", *REG* 40[1927]:321—330, 特别是 325)。阿克赛·佩尔松(Axel Persson)("Der Ursprung der eleusinischen Mysterien," *ARW* 21 [1922]: 287—309)和查尔斯·皮卡德(Charles Picard)(*Les religions préhelléniques*[Paris, 1948], pp. 89, 111, 114 ff.)认为秘仪源自克里特岛。但是最近的考古发掘已排除了厄琉西斯的建筑受克里特或迈锡尼影响的假设(参见 Mylonas, *Eleusis*, pp. 16 ff.; 参见上书,pp. 49, 68)。尼尔森(M. P. Nilsson)试图证明厄琉西斯的神话—仪式结构是源于迈锡尼的(*Minoan-Mycenaean Religion*, pp. 558 ff.; *Opuscula Selecta*, vol. 2, pp. 585 ff.)。米隆纳斯(Mylonas)指出,各种传说显示厄琉西斯秘仪更像是一 460
个源自北方的崇拜仪式(*Eleusis*, pp. 19 ff.)——色萨利(Thessaly)或色雷斯。根据保萨尼阿斯(Pausanias 1. 38. 2—3)的说法,优默帕斯作为优默帕德斯(Eumolpids)家族的创始人和第一个祭司,他可能是色雷斯的原住民。但优默帕斯这一名字却是前希腊时期的(Nilsson, *Minoan-Mycen. Rel.*, pp. 520 ff.)。无论如何,不管他们的起源为何,可以肯定的是秘仪在前希腊时期就已存在,他们所承袭的仪式,其结构是古老的。其他祭司来自第二个家族科里克斯(Kerykes),有"持火炬者"(dadouchos)、"仪式的司仪"(hierokeryx)以及主祭的祭司。直到公元 396 年西哥特国王阿拉里克(Alaric)毁灭厄琉西斯秘仪为止,祭司之职一直都是由这两个家族世袭的。

至于秘仪的"起源",多数学者认为其神话—仪式场景与农业有关。尼尔森(Nilsson)认为,得墨忒耳是"谷物之母",而科瑞则是"谷物少女",她们分别象征着新老谷物。因此,这两位女神的团圆就代表着两种谷物的交汇(*Greek Popular Religion*, pp. 51 ff.)。尼尔森(Nilsson)说,在厄琉西斯,"没有什么教义,只有新鲜的谷物从老的谷物中长出所象征的一些关于生命与死亡的基本观念"(同上书,p. 63)。康福德(R. M. Cornford)在其文章中也提出了一种类似的解释,参见"The aparchai and the Eleusinian Mysteries",收录在 *Essays and Studies presented to Willian Ridgeway* (Cambridge, 1913), pp. 153—166。我们在其他地方已批评并详细讨论过尼尔森(Nilsson)在《希腊流行宗教》(*Greek Popular Religion*)一书中对于宗教现象的拟似"起源"解释的不充分性,参见 Eliade, "Mythologie et Histoire des religions", *Diogène* (January 1955):108 ff。对于厄琉西斯秘仪与农业关系的分析还可参见 R. Pettazzoni, *I Misteri* (Bologna, 1924), pp. 45 ff., 以及 *La religion dans la Grèce antique* (Paris, 1953), pp. 73 ff。

关于地中海石榴的神话与仪式，参见 Uberto Pestalozza "Iside e la Melagrana"，收录在他的著作 *Religione Mediterranea* (Milan, 1951), pp. 1—70，以及 Ileana Chirassi, *Elementi di cultura precereali nel miti e riti greci* (Rome, 1968), pp. 73—90。

关于火的祝圣礼，参见 J. G. Frazer, "Putting Children on the Fire"，阿波罗多罗斯版附录 1，收录在 *The Library*, vol. 2, pp. 311—317; C. M. Edsman, *Ignis Divinus* (Lund, 1949)；尤其是 Marie Delcourt, *Pyrrhos et Pyrrha: Recherches sur les valeurs du feu dans les légendes helléniques* (Paris, 1965), pp. 66 ff.。得墨忒耳对待迪莫枫的方式就像伊希斯对阿尔西诺(Arsinoë)的孩子以及忒提斯对阿基琉斯所做的一样。但被惊恐的凡人所突然打断，这些努力都未成功。关于"火的主宰"，参见 Eliade, *Shamanism*, pp. 257 ff., 438 ff., 474 ff., 以及 *The Forge and the Crucible*, pp. 79 ff.。

关于巴乌伯(Baubo)的故事，参见 Charles Picard, "L'épisode de Baubô
461 dans les Mystères d'Eleusis", *RHR* 95 (1927): 1—37; V. Magnien, *Les Mystères d'Eleusis*, pp. 86 ff.。

根据所谓俄耳普斯版本的得墨忒耳神话(参见 Malten, "Altorphische Demetersagen", *ARW* 5[1909]:417 ff.)，在厄琉西斯住着一个穷困的农夫特沙勒斯(Dysaules)和他的妻子巴乌伯，他们仅有一间破旧的茅舍，因为得墨忒耳还没有带给人类麦子。根据阿提卡的传说，特里普托勒摩斯是特沙勒斯的儿子(Pausanias, 1. 14. 3)。他的另一个儿子埃乌布列乌斯(Eubuleus)是养猪的，他与他的猪一同被珀耳塞福涅吞食了。一首俄耳普斯赞歌(41. 6)说，当得墨忒耳结束了她在厄琉西斯的斋戒后，就遵照埃乌布列乌斯给她的指示到冥府去了(也可参见 K. Kerényi, *Eleusis*, pp. 43, 171)。

古人早已将厄琉西斯与极乐世界联系在一起了(参见 A. B. Cook, *Zeus*, vol. 2, pp. 36 ff.)。

97. Sterling Dow and Robert F. Healey, *A Sacred Calendar of Eleusis* (Cambridge, 1965)，他们根据公元前 330 年的一段铭文重构了节庆的时间。

关于小秘仪，参见 P. Roussel, "L'initiation préalable et le symbole

Eleusinien", *Bulletin de correspondance hellénique* 54 (1930): 51—74; Mylonas, *Eleusis*, pp. 239—243. 在希腊各地,以猪献祭是得墨忒耳崇拜的特点。参见最近出版的 W. Burtkert, *Homo Necans*, pp. 284 ff.。另一方面,在波利尼西亚群岛上的农夫也有这种入会礼的献祭。布克尔特(Burkert)(p. 286)指出,对于希腊人而言,俗话中"乳猪"(*choiros*)意味着女性生殖器。在象征意义上,献祭一头小猪就表示杀死了一个少女。

关于"桥上的辱骂"(*gephyrismoi*),参见 E. de Martino,"Gephyrismi", *SMSR* 10 (1934):64—79。

关于麦粥(*kykeōn*),参见 A. Delatte,"Le cyceon, breuvage rituel des mystères d'Eleusis", *Bull. Classe des Letters, Acad. Royale de Belgique*, 5th ser. 40(1954):690—752。

马格尼昂(V. Magnien)引用和翻译了大量有关入会礼的文献,但这些文献的价值各不相同,参见 *Les Mythstères d'Eleusis*, pp. 198 ff.(值得商榷)。关于仪式,参见 Mylonas, *Eleusis*, pp. 243—285; Dario Sabbatucci, *Saggio sul misticismo greco* (Rome, 1965), pp. 127 ff.。也可参见 Charles Picard,"Le prétendu 'baptême d'initiation' élusinien et le formulaire des mystères des Deux-déesses", *RHR* 154 (1959): 129—145; Ugo Bianchi, *O ΣYMIIAΣ AIΩN*,收录在 *Ex Orbe Religionum* (Leiden, 1972), vol. 1, pp. 277—286; H. Ludin Jansen,"Die Eleusinische Weihe",同上书, pp. 287—298。与入会礼相关的献祭与仪式都在圣所中举行,这使得厄琉西斯秘仪在
希腊仪式中显得很特别。奥林匹斯献祭是在祭坛上而不是在神庙中举行 462
的,而祭坛可以建在任何地方,无论是在家中、街上还是在旷野里。

关于两个容器(*plēmochiai*)(里面装满了水,入会者在念咒语时将水倒出。也许最著名的咒语是普罗克洛斯在 *Ad Timaeum* 293c 中所念)的宇宙与仪式含义,参见 Edward L. Ochsenschlager,"The Cosmic Significance of the *plēmochoē*", *HR* 9 (1970):316—337。

至于秘密的揭示(参见第 250 页,注解③),古典作者提到的不多。一篇署名为索巴特(Sopater)所作的演讲辞中提到一个年轻人梦见他正在接受入会礼,他期望得到秘密或"已完成的事",但是因为他听不见祭司所说的话,因此他被认为无法通过。另一方面,安多喀德斯(Andocides)则被控向未入会的人展示圣物(*hiera*),并泄露了绝不该说出的咒语(Mylonas, *Eleusis*, p. 272, nn. 194, 195)。亚西比德(Alcibiades)因为以模仿的形式嘲弄秘仪而被放逐,他

的同伙甚至被处以死刑(Xenophon,*Hellenica* 1.4.14;etc.)。

98. 西内修斯(Synesius)保存了亚里士多德早年谈到秘仪入会礼的一个残篇:"亚里士多德认为,入会者并不被期望学到什么东西,而是感受激情,并被置于某种安排之中,显然这是在接受他们之后向其敞开一切"(*Dio*, ed. Krabinger, vol. 1, pp. 271—272 = Aristotle, frag. 15 Rose;译文从 Jeanne Croissant,*Aristote et les Mystères* [Paris,1932],p. 137)。赛勒斯(Psellus)所转述的一份类似的文献,参见 J. Bidez, *Catalogue des manuscrits alchimiques grecs* (1928),vol. 6,p. 171,对此文献的分析,参见 Croissant,pp. 145 ff.。

关于提米斯修斯的段落,参见最近出版的 Mylonas,*Eleusis*,pp. 264 ff.; Farnell, *Cults*,vol. 3,pp. 176 ff.。作者根据最新的资料,有精彩的分析。

关于亚历山大里亚的克雷芒所转述的咒语(*synthēma*)或口令,参见 U. Pestalozza, *Religione Mediterranea*: *Vecchi e nuovi studi* (Milan,1951), pp. 216—234("Ortaggi, frutti e paste nei Misteri Eleusini");Mylonas, *Eleusis*,pp. 294—303;W. Burkert,*Homo Necans*,pp. 298 ff.。

关于藏在箱子和篮子里的物品究竟为何物的问题至今仍争论不休。科尔特(A. Korte)认为篮子里装着子宫(*kteis*)的复制品,参加秘仪的人相信,通过触摸它,便能再生为得墨忒耳的孩子(*ARW*[1915]:116 ff.)。科恩(O. Kern)进一步说,参加秘仪的人通过用自己的性器官与子宫的复制品接触从
463 而与女神结合(*Die griechische Mysterien der classischen Zeit* [1927],p. 10)。相反,迪特里希(A. Dieterich)则认为篮子里装的是阳具,参加秘仪的人将其放在箱子里,从而与女神结合在一起,或成为她的孩子(*Eine Mythrasliturgie*[1903],p. 123;*Mutter Erde*,3d ed. [1925],pp. 110 ff.)。查尔斯·皮卡德(Charles Picard)说,篮子里装的是阳具,箱子里装的是子宫,通过摸弄它们,参加秘仪的人便与女神结合在一起了("L'épisode de Baubô,"*RHR* 95[1927]pp. 237 ff.)。埃特里姆(S. Eitrem)则认为里面有一条蛇、一个石榴和一些形似阳具和子宫的麦饼("Eleusinia,"pp. 140 ff.)。这样的解释为许多学者所拒绝,如玛斯(Mass)、法内尔(Farnell)、罗塞尔(Roussel)、多布耐(Deubner)、奥托(Otto)、凯伦伊(Kerenyi)等等(也可参见 Mylonas,*Eleusis*,p. 296,n. 22)。但是,值得一提的是,这些历史一宗教的解释反映了 20 世纪前 30 年中西方的时代精神。

至于基督教教父们所记载的关于秘仪入会礼的种种细节,其中都有一个明确的目的:即攻击并贬损异教。然而,教父们还不敢编造故事,因为这会被异教作者所否认。但是我们也要记住,他们是在一个宗教融合的时期里写作,所涉及的主要是希腊化的秘仪。的确,正如新柏拉图主义和新毕达哥拉斯主义的作者宣称的,所有的秘仪都是一样的,基督教的作者也将厄琉西斯的仪式与后来的秘仪混为一谈。而且这些护教者也同样采用希腊化的风格以类比的方式来解释,这使得他们的描述显得更加可疑。

厄琉西斯的火与火葬。在公元前1110—前700年间,可能有某些秘仪的参加者在神庙所在的平台上被火化(Kerényi,*Eleusis*,p. 93)。另一方面,我们知道一个名为Zarmaros或Zarmanochegos的婆罗门的故事,在公元前20年,当奥古斯都再次来到厄琉西斯时,他(Zarmaros)要求入会,在经历了最终的体验(*epopteia*)之后,他跃入火中自焚而死(Dio Cassius,54. 9. 10;Strabo,15. 1. 73;参见Kerényi,p. 100)。从这些仪式性的火化中,我们是否可以看出一种对迪莫枫"神化"的记忆?也可见Marie Delcourt,*Pyrrhos et Pyrrha* (Paris,1965),pp. 68 ff. 。

99. 关于得墨忒耳崇拜,参见Farnell,*Cults*,vol. 3,pp. 38 ff. ;Nilsson,*Geschichte*,vol. 1,pp. 461 ff. 。

关于在希腊其他地方的得墨忒耳秘仪,参见Nilsson,*Geschichte*,vol. 1,p. 478;R. Stiglitz,*Die grossen Göttinen Arkadiens* (Vienna,1967),pp. 30 ff. ;G. Zuntz, *Persephone* (Cambridge,1971),pp. 75 ff. 。

公元前1世纪,狄奥多鲁斯·希库鲁斯记述了以下的传说:克里特岛上 464
的居民断言,秘仪已从岛上传播出去了,他们的证据是,厄琉西斯的入会礼、萨莫色雷斯的秘仪以及在克里特岛上由俄耳普斯所创立的仪式都已为所有想知道的人共享了。如果狄奥多鲁斯·希库鲁斯的信息是正确的,那可能是指这些仪式,特别是基本的神话主题说明了农业周期循环(种子消失在地下,接着便是新的收获)与珀耳塞福涅的被拐骗以及与得墨忒耳的团聚之间的关系。

对于狄奥尼索斯在秘仪中所扮演的角色一直很有争议。在公元4世纪,狄奥尼索斯被等同为雅库斯,是在向厄琉西斯行进过程中呐喊(希罗多德,8. 65)或赞歌(阿里斯托芬评注本,*Frogs* 309)的拟人化。法内尔(Farnell)认为,索福克勒斯(*Antigone* 1119—1121,1146—1152)说雅库斯是狄奥尼索斯在厄琉西斯的分身(*Cults*,vol. 3,p. 149)。但是,狄奥尼索斯似乎并没有出现在秘仪诸神之列(Mylonas, *Eleusis*, p. 238)。他在厄琉西斯的现身是宗教融合的结果,这一运动在希腊化时期将变得更加明显。

100. 关于伊朗宗教研究的历史,参见 J. Duchesne-Guillemin, *The Western Response to Zoroaster* (Oxford, 1958)。也可参见 G. Widengren, "Stand und Aufgaben der iranischen Religionsgeschichte", *Numen* 1 (1954):16—83; 2 (1955):47—134,以及 Gherardo Gnoli, "Problems and Prospects of the Studies on Persian Religion" (收录在 *Problems and Methods of the History of Religions*, edited by U. Bianchi, C. J. Bleeker, and A. Bausani[Leiden, 1972], pp. 67—101),他特别提及 1940 年以后出版的著作。J. H. Moulton, *Early Zoroastrianism* (London, 1913),其中丰富的文献资料仍然很有用,A. V. William Jackson, *Zoroastrian Studies* (New York, 1928),特别是"The Iranian Religion" (pp. 3—215),以及 L. H. Gray, *The Foundations of Iranian Religions* (Bombay, 1929) (其中包含有大量数据)。对于伊朗宗教的新诠释出现在以下著作中:E. Benveniste, *The Persian Religion according to the Chief Greek Texts* (Paris, 1929); H. Lommel, *Die Religion Zarathustras nach dem Awesta dargestellt* (Tübingen, 1930); H. S. Nyberg, *Die Religionen des alten Iran* (Leipzig, 1938); G. Widengren, *Hochgottglaube im alten Iran* (Uppsala, 1938); G. Dumézil, *Naissances d'archanges* (Paris, 1945) (也参见他的另一部著作 *Tarpeia*[Paris, 1947], pp. 33—113); J. Duchesne-Guillemin, *Zoroastre* (Paris, 1948); 以及 Duchesne-Guillemin, *Ormazd et*
465 *Ahriman: L'aventure dualiste dans l'antiquité* (Paris, 1953)。最近有 4 本总论性的著作:R. C. Zaehner, *The Dawn and Twilight of Zoroastrianism* (London, 1961) (参见杜歇纳-纪尧芒[Duchesne-Guillemin]的批评, *IIJ* 7 [1964]: 196—207); J. Duchesne-Guillemin, *La religion de l'Iran ancien* (Paris, 1962) (Eng. trans., *Religion of Ancient Iran* [Bombay]); Marjan Molé, *Culte, mythe et cosmologie dans l'Iran ancien* (Paris, 1963);以及 G. Widengren, *Die Religionen Irans* (Stuttgart, 1965); 法文译本 *Les religions de L'Iran* (Paris, 1968)。杜歇纳-纪尧芒(Duchesne-Guillemin)和维登格伦(Widengren)的著作中有很好的参考书目。莫勒(Molé)大胆的诠释引起了争议,但该书的价值在于其中有许多文献的翻译。个别题目还有补充的参考书目。也可参见 Mary Boyce, *A History of*

Zoroastrianism, vol. 1: *The Early Period* (Leiden and Cologne, 1975)。

至于经典文献,3/4的《阿维斯陀》据信已经失传。对于尚存文献的介绍,参见 Duchesne-Guillemin, *La religion de l'Iran ancien*, pp. 32—40 (Eng. trans., pp. 22—29)(同上书,pp. 40—50[Eng. trans., pp. 29—36],对《阿维斯陀》的结构有非常详尽的说明)。《阿维斯陀》唯一完整的译本是 J. Darmsteter, *Le Zend-Avesta*, 3 vols. (Paris, 1892—1893; 1960年再版)。但是"这对《伽泰》研究来说并没有什么用处"(Duchesne-Guillemin)。在最近对《伽泰》的译本中(C. Bartholomae, *Die Gāthās des Awesta* [Strasbourg, 1905],仍是必读的),我们要提到的是:Duchesne-Guillemin, *Zoroastre*, pp. 166—296(我们所根据的正是这篇文献中的译文)(该书的部分内容被恒宁[M. Henning]译成了英文,收录在 *The Hymns of Zarathustra* [London, 1952]);以及 H. Humbach, *Die Gāthās des Zarathustra*, 2 vols. (Heidelberg, 1959),其中有释义和注释。也可参见 Bernfried Schlerath, "Die Gāthās des Zarathustra," *Orientalistische Literatur-Zeitung* 57 (1962), cols. 565—589;对于最近各种解释所做的一个批评性的评论,参见施勒拉特(B. Schlerath)主编的 *Zarathustra* (Darmstadt, 1970), pp. 336—359;以及 Wolfgang Lentz, *Yasna 28*: *Kommentierte Uebersetzung und Komposition-Analyse* (Mainz, 1955)。有关《赞歌》和希钵罗婆语的文献资料,以后再列。

W. B. Henning, *Zoroaster, Politician or Witch-Doctor?* (Oxford, 1951),该书猛烈地批判了考古学家赫尔兹费尔德(E. Herzfeld)的 *Zoroaster and His World* (Princeton, 1947),以及尼贝格(H. S. Nyberg)的著作。(在新版的 *Rel. d. alten Iran* 一书序言中,尼贝格[Nyberg]对恒宁[Henning]的批评做了回应,并解释了他的立场。)

有关苏鲁支年代的传统看法已被推翻,参见 Molé, *Culte, mythe, et cosmologie*, pp. 530 ff.,以及杰拉尔多·诺利(Gherardo Gnoli)最新发表的"Politica religiosa e concezione della regalità sotto i Sassanidi",收录在 *La Persia nel Medioevo* (Rome, 1971), pp. 1—27,特别是 pp. 9 ff.。关于这一问题的批评性的参考书目,参见 O. Klima, "The Date of Zoroaster", *Ar.* 466
Or. 27 (1959): 556—644。

关于雅利安人的"男性社团",参见 Stig Wikander, *Der arische Männerbund* (Lind, 1938),以及 G. Widengren, *Rel. de l'Iran*, pp. 39 ff.

(有丰富的参考书目)。维登格伦(Widengren)一书包括对苏鲁支之前的观念与信仰的总述(pp. 23—78)。

101. 关于历史人物转化为某种原型,参见伊利亚德(Eliade)所引用并评注的例子,*Cosmos and History*,pp. 37 ff.。对于苏鲁支传说的详细描述,参见 Duchesne-Guillemin,*La religion*,pp. 337(Eng. trans. pp. 226 ff.)。

马利亚·莫勒(Marjan Molé)在 *Cult,mythe et cosmologie* 中,试图重构苏鲁支在非《伽泰》的《阿维斯陀》中的形象。"人们颂扬他,是为了正确的献祭,为了有效的咒语,为了传给其他人,他知道如何保护牲畜、水和植物,而不是为了教导人们一种新的教义。这一形象比较像俄耳普斯或查莫西斯,而不像闪族的先知"(Molé,"Réponse à M. Duchesne-Guillemin",*Numen*[1961]:53)。莫勒(Molé)承认关于苏鲁支的历史性问题他没有什么要说的(同上书,pp. 53 ff.;参见 *Culte,mythe et cosmologie*,pp. 530 ff.)。在整个马兹达传说中,苏鲁支都是祭司的原型,而维斯塔斯帕则是入会者的原型。然而,并不能排除苏鲁支是一个历史人物的可能性。

杰拉尔多·诺利(Gherardo Gnoli)持相同的观点,他认为,《伽泰》中以苏鲁支之名所传的教义只是马兹达教的一个方面,主要是它秘传的方面,即是专为宗教精英们所保留的神职和入会传说。相对的,阿契美尼德王朝所实行的马兹达教代表的则是大众的仪式,歌颂的是国家和统治者。参见 Gnoli,"Politica religiosa",pp. 17 ff.,以及"La Religione persiana",收录在 *Storia delle Religioni*, 6th ed. (Turin, 1971), pp. 235—292, 特别是 247 ff.。

对于苏鲁支宗教使命的暗示性分析,参见 K. Rudolph,"Zarathustra—Priester und Prophet",*Numen* 8 (1961):81—116。

102. 尼贝格(H. S. Nyberg)最早主张苏鲁支的出神是"萨满式的",参见其著作 *Die Religionen des alten Irans*, pp. 177 ff.。维登格伦(G. Widengren)在 *Stand und Aufgaben*, pp. 90 ff. 和 *Les religions de l'Iran*, pp. 88 ff. 两本书中,也回到对袄教中萨满因素的分析上来。也可参见
467 Eliade,*Shamanism*,pp. 397—401。对于苏鲁支的出神的精彩分析和详尽解释,参见 Alessandro Bausani,*Persia religiosa* (Milan,1959),pp. 38 ff.。

103. 乔治·杜米兹(Georges Dumézil)认为善神是对印度—伊朗功能性诸神的升华,参见其著作 *Naissance d'archanges* (Paris, 1945), chaps. 2—4; *Tarpeia* (1947), pp. 33—113; 以及 *Idéologie tripartie des Indo-*

Européens(Brussels,1958),pp. 40 ff. 。也可参见 Duchesne-Guillemin,*La rel. de l'Iran ancien*,pp. 171 ff. ,193 ff. (Eng. trans. ,pp. 135 ff. ,148 ff.); G. Widengren,*Les religions de l'Iran*,pp. 28 ff. 扎赫纳(Zaehner)和诺利(Gnoli)两位伊朗学者并不接受杜米兹(Dumézil)的假设。

关于阿胡拉·马兹达,参见杜歇纳-纪尧芒(Duchesne-Guillemin)、维登格伦(Widengren)、扎赫纳(Zaehner)、莫勒(Molé)等学者著作中的相关章节,以及 F. B. J. Kuiper,"Avestan Mazda",*IIJ*1(1957):86—95,他证实了这一名字意为"智慧且全知的主"。也可参见 I. Gershevitch,"Zoroaster's Own Contribution",*JNES* 23(1964):12—38。

关于世界的创造,参见 G. Gnoli,"Osservazioni sulla dottrina mazdaica della creazione,"*Annali dell'Istituto Orientale di Napoli* n. s. 13(1963):163—193。

安多瓦·梅耶(Antoine Meillent)强调苏鲁支改革的社会性质(农业社会与游牧社会的对比,武士贵族与农耕者之间的对立),参见 *Trois conférences sur les Gathas de l'Avesta* (Paris,1925)。

关于著名的"公牛灵魂的哀歌"("Complaint of the Soul of the Ox")(《耶斯那》29),参见杜米兹(G. Dumézil)的文章,收录在 *Bulletin de l'Académie royale de Belgique*, *Classe des Lettres*, 1 (1965):23—51。作者驳斥了某些学者(莫勒、隆美尔)所提出的诠释(pp. 33 ff.),根据他们的说法,这首《哀歌》与宰杀一头远古时代的公牛的宇宙起源论神话有关。事实上,这一主题是"牛的处境和社会上终年对它们的威胁仍没有完全解除,它们及其主人都暴露在其他民族的暴行之下"(p. 36)。

关于"伊玛的罪"(吃生肉),参见 Dumézil,*Mythe et Epopée* (1971),vol. 2,pp. 312 ff. (Eng. trans. ,*The Destiny of a King*,pp. 67 ff.)。

至于豪麻祭,苏鲁支对此的抨击(《耶斯那》33. 44)可能是针对过度纵欲而非献祭本身。关于在《伽泰》时期及《伽泰》之后的《阿维斯陀》中的豪麻,参见(33. 44)Zaehner,*Dawn and Twilight of Zoroastrianism*,pp. 85 ff. ; Molé,*Culte,mythe,et cosmologie*,pp,229 ff. ;G. Gnoli,"Licht-Symbolik in Alt-Iran:Haoma Ritus und Erlöser-Mythos",*Antaios* 8(1967):528—549; Gnoli,"Problems and Prospects", pp. 74 ff. ,有最近的参考书目;M. Boyce,"Haoma,Priest of the Sacrifice",*W. B. Henning Memorial Volume* 468
(London,1970),pp. 62—80。

为了平信徒而举行的动物祭，参见 M. Boyce，“*Ātaš-zōhr and Āb-zōhr*”，*JRAS*(1966)：100—118；Gnoli，“Questioni sull'interpretazione della dottrina gathica”，*Annali dell'Istituto Orientale di Napoli* 31 (1971)：341—370，尤其是 350 ff.。

关于“牧人”这个限定词，参见 G. Cameron，“Zoroaster the Herdsman”，*IIJ* 10(1968)：261—281，以及 Gnoli，“Questioni sull'interpretazione”，pp. 351 ff.。

关于“分别之桥”，参见以下 § 111。

104. 关于世界的“改观”(*frašō-kereti*)，参见 Molé，*Culte*，*mythe*，*et cosmologie*，s. v.。

关于苏鲁支教义的“哲学性”，参见 A. Pagliaro，“L'idealismo zarathustriano”，*SMSR* 33(1962)：3—23。

关于描写火祭的文献，参见 Duchesne-Guillemin，*La religion*，pp. 79 ff. (Eng，trans.，pp. 61 ff.)；也可参见 Stig Wikander，*Feuerpriester in Kleinasien und Iran*(Lund，1967)。圣火可分为两类、三类或五类，最后一种分类法区分在主之前闪耀的火、在人类和动物体内发现的火、在植物和云朵中的火，最后是工作时使用的火。《唱赞奥义书》也将火分为三种祭火和五种自然的火。参见 Duchesne-Guillemin，“Heraclitus and Iran”，*HR* 3 (1963)：34—49，尤其是 38—39。

杰拉尔多 · 诺利(Gherardo Gnoli)曾在若干著述中提出自己关于献祭(*yasna*)的诠释：“Lo stato di ‘maga’”，*Annali dell'Istituto Orientale di Napoli* n. s. 15 (1965)：105—117；“La gnosi iranica：Per una impostazione nuova del problema”，收录在 *Le Origine dello Gnosticismo*，ed. Ugo Bianchi (Leiden，1967)，pp. 281—290，尤其是 187 ff.；“Questioni sull'interpretazione della dottrina gathica”，pp. 358 ff.。

关于圣火(*xvarenah*)，参见 Duchesne-Guillemin，“Le *xvarenah*”，*Annali dell'Istituto Orientale di Napoli*，*Sezione Linguistica* 5 (1963)：19—31；G. Gnoli，“Lichtsymbolik in Alt-Iran，” pp. 99 ff.；Gnoli，“Un particolare aspetto del simbolismo della luce nel Mazdeismo e nel Manicheismo”，*Annali... di Napoli* n. s. 12 (1962)：95—128；以及 Eliade，“Spirit，Light，and Seed”，*HR* 11 (1971)：1—30，尤其是 pp. 13—16 (现收录在 *Occultism*，*Witchcraft*，*and Cultural Fastions* [Chicago，1976]，pp.

93—119,132—142)。

105. 关于提婆(*daēvas*)的恶魔化,参见 G. Widengren, *Les religions del'Iran*, pp. 36 ff., 97, 137 ff.; Duchesne-Guillemin, *La religion*, pp. 189 ff. (Eng. trans. pp. 133 ff.)。本文尼斯特(E. Benveniste)指出, *daēvas* 的恶魔化并非祆教所特有的现象,参见 *The Persian Religion according to the Chief Greek Texts* (Paris, 1929), pp. 39 ff.。参见最近发表的 Gnoli, 469
"Problems and Prospects of the Studies on Persian Religon", pp. 75 ff.。

关于伊朗宗教的二元论,参见 Ugo Bianchi, *Zaman i Ohrmazd* (Turin, 1958)。作者认为,"完全的二元论"不能视作是在苏鲁支之后才有的(p. 25)。

关于阿契美尼德王朝的宗教与祆教之间的关系,参见 Duchesne-Guillemin, *The Western Response to Zoroaster*, pp. 52 ff., 以及 *La Religion de l'Iran antique*, pp. 165 ff. (Eng. trans., pp. 119 ff.)(该文叙述了各种争论的历史过程)。一些学者(卡吉·巴尔[Kaj Barr]、喀美隆[G. Cameron]、伊利亚·盖许维奇[Ilya Gershevitch])承认在阿契美尼德王朝存在祆教。对此观点的批判参见 Widengren, *Les religions de l'Iran*, pp. 166—174。马利亚·莫勒(Marjan Molé)则消解了阿契美尼德王朝的祆教问题,对他而言,伊朗宗教的所有形式都是同时间存在的(参见他的著作 *Culte, mythe et cosmologie*, 尤其是 pp. 26—36)。参见 G. Gnoli, "Considerazioni sulla religione degli Achemenidi alla luce di una recente teoria", *SMSR* 35 (1964): 239 ff. 对于"苏鲁支历法"的批评,参见 E. Bickerman, "The 'Zoroastrian' Calendar", *Ar Or* 35 (1967): 197—207。

阿契美尼德铭文最好的版本及翻译是 R. G. Kent, *Old Persian: Grammar, Texts, Lexicon*, 2d ed. (New Haven, 1953)。

1967 年在波斯波利斯附近发现一份新的薛西斯一世的铭文,已翻译并有评注,参见 Manfred Mayrhofer, "Xerxes König der Könige", *Almanach der Oesterreichischen Akademie der Wissenschaften* 119(1969): 158—170。同上书, p. 163, n. 14。也可参见"Une statue de Darius découverte à Suse", *JA*(1972): 235—266,这是一项由多位学者所完成的研究。

关于伊朗王权的问题,参见维登格伦(G. Widengren)的以下著述:"The Sacral Kingship in Iran",收录在 *La regalità sacra* (Leiden, 1959), pp. 242—257; "La légende royale de l'Iran antique",收录在 *Hommage à*

Georges Dumézil (Brussels, 1960), pp. 225—237；以及 *Les religions de l'Iran*, pp. 73 ff. , 117 ff. ,266 ff. 。维登格伦(Widengren)及其他学者指出了美索不达米亚对伊朗王权概念的影响，参见 Gnoli, *Ex Orbe Religionum*, *Studia Geo Widengren oblata* (Leiden, 1972), vol. 2, pp. 94 ff. 。

也可参见 J. Wolski,"Les Achémenides et les Arsacides, contributions à la formation des traditions iraniennes", Syria 43(1966):65—89。

关于从居鲁士的传奇故事中可以解读出入会礼的场景，参见 Gerhard Binder, *Die Aussetzung des Königskindes: Kyros und Romulus*, *Beiträge zur klassischen Philologie* no. 10(Meisenheim am Glan, 1964)，尤其是 pp. 17—39, 58 ff. , 116 ff. 。

470 **106.** 关于波斯波利斯(大流士为新年庆典而建造的圣城)的仪式功能，参见 R. Ghirshman, "A propos de Persépolis", *Artibus Asiae* 20(1957): 265—278; A. U. Pope, "Persepolis, a Ritual City", *Archeology* 10(1957): 123—130；以及 K. Derdmann, "Persepolis: Daten und Deutungen", *Mitteilungen der deutschen Orient-Gesellschaft zu Berlin*, no. 29 (1960), pp. 21—47。

关于印欧民族中"遭弃的婴儿"、与巨龙的仪式性战斗、城市的建立及宇宙起源等神话之间的关系，参见 Gerhard Binder, *Die Aussetzung des Königskindes*, pp. 58 ff. 。

关于新年庆典，参见 Eliade, *Cosmos and History*, pp. 63 ff. ; Widengren, *Rel. de l'Iran*, pp. 58 ff. 。

107. 关于麻葛的问题及他们与祆教的关系，参见 G. Messina, *Die Ursprung der Magier und die zarathustrische Religion* (Rome, 1930); Widemgren, *Rel. de l'Iran*, pp. 134 ff. , 156 ff. , 221 ff. ; Zaehner, *Dawn and Twilight*, pp. 160 ff. , 189 ff. 。学者们普遍认为，麻葛原先是米底斯(Medes)的神职人员，"皈依"马兹达教后，他们移民到了帝国的西部。维登格伦(Widengren)(p. 136)认为，*Vidēvdāt* (=*Vendidad*)反映了麻葛的观念、信仰及仪式。他还认为(pp. 175 ff.)，察宛(Zurvan)(参见第 2 卷)是麻葛崇拜的一个神灵。

关于斯基泰人原史的最新描述，参见 S. P. Tolstov, "Les Scythes de l'Aral et le Khorezm", *Iranica Antiqua* 1 (1961):42—92。

关于斯基泰人的三分法意识形态，参见 Dumézil, *Mythe et Epopée*, vol.

1,pp. 439—575(该著是对早期作品的总结)。关于斯基泰人的萨满教,参见 Karl Meuli, "Scythica," *Hermes* 70 (1935): 121—179, 以及 Eliade, *Shamanism*, pp. 394 ff. 。

108. 不同于苏鲁支《伽泰》的诗体,《七章耶斯那》是以散文体写成的。关于这篇文献,参见 O. G. von Wesendonk, *Die Religionsgeschichtliche Bedeutung des Yasna haptanhaiti* (Bonn, 1931); Nyberg, *Die Religionen des alten Irans*, pp. 275 ff. ; Zaehner, *Dawn and Twilight*, pp. 62 ff. ; Duchesne-Guillemin, *La religion*, pp. 215 ff. (Eng. trans. , pp. 147 ff.)。

《耶斯特》的翻译,参见 H. Lommel, *Die Yäšts des Awesta* (Göttingen and Leipzig, 1927)。《豪麻酒颂》的翻译,参见 J. M. Unvala, *Neryosangh's Sanskrit Version of the Hōm Yast* (*Yasna* Ⅸ—Ⅺ), *with the Original Avesta and Its Pahlavi Version* (Vienna, 1924)。Stig Wikander, *Vayu* (Uppsala, 1941), vol, pp. 1—95。作者将《耶斯特》15 译成了德文,并附有 471
一份历史—宗教的评注。

109.《耶斯特》10 已经翻译出来,并有一个很完整的注释,参见 I. Gershevitch, *The Avestan Hymn to Mithra* (Cambridge, 1959)。参见 F. B. J. Kuiper, "Remarks on the Avestan Hymn to Mithra", *IIJ* 5 (1961): 36—60, 以及 Ugo Bianchi, "La stella Sirio e l'influenza dell'astrologia caldea nell'Iran antico", *SMSR* 34(1963):237 ff. 。

110. 关于天神提斯特利亚(天狼星的人格化)以及阿胡拉·马兹达对他的献祭,参见 G. Gnoli, "Note sur Yasht Ⅷ, 23—52", *SMSR* 34 (1963): 91—101。

111. §111 和 §112 中的文献资料大部分是以希钵罗婆语写成的。我们不想停留在至今仍悬而未决的年代问题上。读者在杜歇纳-纪尧芒(Duchesne-Guillemin)的书中会找到一个清楚的说明,参见 *La religion de l'Iran ancien*, pp. 40 ff. (Eng. trans. , pp. 21 ff.)。关于希钵罗婆语经典几乎完整的翻译,参见 E. W. West, *Pahlavi Texts*, vols. 5, 18, 24, 37, and 47 of *Sacred Books of the East* (Oxford, 1888—1897)。译本是过时了,但 *Bundahisn*、部分 *Denkart* 以及其他希钵罗婆语经典已有了新的译本,参见 Zaehner, *Dawn and Twilight*, p. 342, 特别是 Duchesne-Guillemin, *La religion*, pp. 52—63 (Eng. trans. , pp. 40—49),他对各种译本都有摘述和评注,并翻译了某些残篇。参考书目也可参见 Colpe, "Altiran: Einleitung",

载 *WdM* 12 (1974):197 ff. 。

关于死后生命的信仰,参见 Nathan Söderblom,*La vie future d'après le mazdéisme* (Paris,1901),和 J. D. C. Pavry, *The Zoroastrian Doctrine of a Future Life* (New York,1926);最近的重述,参见 Widengren,*Les religions de l'Iran*, pp. 52 ff., 124 ff., 192 ff., W. Bousset, "Die Himmelsreise der Seels",*ARW* 4 (1910):136—169, 229—273 (1960 年再次印刷),仍是必不可少的参考文献。

自索德布隆姆(Söderblom)(*La vie future*,pp. 82—88)以来,《圣言集》有多种译本和评注。Karl F. Geldner, *Die Zoroastrische Religion* (= *Religionsgeschichtliches Lesebuch* [Tübingen,1926], vol. 1, pp. 42—44); Carsten Colpe, *Die religionsgeschichtliche Schule* (Göttingen, 1961), pp. 126—129;G. Widengren, *Iranische Geisteswelt* (Baden-Baden,1961), pp. 171—177。针对卡斯滕·科尔普(Carsten Collpe)所提出的异议(*Die Religionsgeschichtliche Schule*, pp. 121 ff.),维登格伦(Widengren)指出
472 (*OLZ*,cols. 533—548),《圣言集》是古代文献,其语言与《伽泰》相接近,也参见他的文章"Les origines du gnosticisme et l'histoire des religions",收录在 *Le Origini dello gnosticismo*, *ed*. Ugo Bianchi(Leiden,1964),pp. 28—60,特别是 49 ff.,以及 *Les religions de l'Iran*,pp. 124 ff.;也可参见 L. H. Gray,"A Suggested Restoration of the *Hadoxt Nask*",*JAOS* 67 (1947): 14—23。

对于自我(*dāenā*)的诠释时有争论,参见 Gnoli,"Questioni sull'interpretazione", pp. 361 ff. 。这一术语后来有"宗教"的意思,可能源自词根 *dāy-*,意为"看",相当于吠陀的 *dhīh*,意为"见"。参见 Humbach, *Die Gāthās des Zarathustra*, vol. 1, pp. 56—58;J. Gonda, *The Vision of the Vedic Poets* (The Hague,1963), pp. 259—265。最初的意思与印度—伊朗民族的内明观念有关。参见 Gnoli,"Questioni",p. 363。就个别意义而言,自我(*dāenā*)被认为同时是人类和神灵所具有的能力(人格化为阿胡拉·马兹达的 *paredros*);而集合的含义则是指所有个人的自我,也就是相同信仰、仪式的精神的"集体存在",在信仰者团体看来便是指"马兹达教"或"教会"。参见 Gnoli,p. 365。

关于分别之桥的入会礼象征以及自我的含义,参见 H. Corbin, *Terre céleste et Corps de Résurrection* (Paris,1960),pp. 68 ff.;M. Molé,"Dāenā, le pont Činvat et l'initiation dans le Mazdéisme", *RHR* 158 (1960): 155—185。

有关与分别之桥相类似的,参见 Eliade, *Shamanism*, pp. 482 ff. ("The Bridge and the 'Difficult Passage'");参见 Duchesne-Guillemin, *Religion*, pp. 333 ff. (Eng. trans. pp. 223 ff.)。对于西方中世纪传说的检讨,参见 Peter Dinzelbacher, *Die Jenseitsbrücke im Mittelalter*, diss., University of Vienna no. 104 (Vienna, 1973)。

112. 有关伊玛围栏(*vara*)的神话及灾难性的寒冬,参见 Söderblom, *La vie future*, pp. 169—182; A. Christensen, *Les types du premier Homme et du premier Roi dans l'histoire légendaire des Iraniens*, 2 vols. (Leiden and Uppsala, 1917—1934), vol. 2, pp. 16 ff.。也可参见 Dumézil, *Mythe et Epopée*, vol. 2, pp. 246 ff. (Eng. trans., *The Destiny of a King*, pp. 4 ff., 38 ff.)。

关于"世界末日"的比较研究,参见 A. Olrik, *Ragnarok*(1922 年被拉尼什[W. Ranisch]译成德文)。

关于弗拉法希(*fravashis*),参见 N. Söderblom, *Les Fravashis: Étude sur les traces dans le mazdéisme d'une ancienne conception sur la survivance des morts* (Paris, 1899)(资料来自 *RHR*, vol. 39)。《伽泰》中并没有提到这一术语(提到的是自我)。弗拉法希在年终时会回到人间。参见《耶斯特》13. 49; al Bīrūnī, *Chronology of Ancient Nations*, trans., H. Sachau(London, 1879), p. 210; Windengren, *Religions*, pp. 38。这是一 473
个古老且流传甚广的信仰。参见 Eliade, *Cosmos and History*, pp. 62 ff.。

至于弗拉法希好战的方面,杜米兹(Dumézil)认为与摩录多相类似,参见其著述"Viṣnu et les Marut à travers la réforme zoroastrienne", *JA* 242 (1953): 1—25,特别是 21 ff.。

但是弗拉法希也是人过去、现在和未来在天上的"分身"(《耶斯那》24. 5);根据某些文献(参见《耶斯特》13. 82—84),善神也有他们的弗拉法希。在 *Vidēvdāt* 的一个段落中(19. 46—48),苏鲁支学习如何召唤阿胡拉·马兹达的弗拉法希。这是一个大胆而费解的概念,但正如波散尼(Bausani)(*La Persia religiosa*, p. 68)所说的,对这一观念并未加以深入探究。

113. 关于以色列的王权与王国,参见 J. Pedersen, *Israel: Its Life and Culture*, 4 vols. (London and Copenhagen, 1926, 1940), vol. 1/2, pp. 41 ff. ; G. von Rad, *Old Testament Theology* (New York, 1926), vol. 1, pp. 306 ff. ; G. Fohrer, *History of Israelite Religion* (Nashville, 1972), pp. 122 ff. (有丰富的参考书目, pp. 122—123, 139—140); H. Ringgren, *La religion d'Israël*, pp. 235 ff. (乌普萨拉学派的评论性意见)(Eng. Trans. pp. 220 ff.); J. de Fraine, *L'aspect religieux de la royauté israélite* (Rome, 1954); Geo Widengren, *Sakrales Königtum im Alten Testament und im Judentum* (Stuttgart, 1955); Widengren, "King and Covenant", *JSS*, 2, 1957, pp. 1—32; M. Noth, *Gott, König und Volk im Alten Testament* (= *Gesammelte Studien* [1957], pp. 188—299); G. von Rad, "Das judäische Königsritual", 收录在 *Gesammelts Schriften* (1958), pp. 205—213; R. de Vaux, "Le roi d'Israël, vassal de Yahvé", 收录在 *Mélangues E. Tisserant* (1964), vol. 1, pp. 119—133; A. R. Johnson, *Sacral Kingship in Ancient Israel*, 2d ed. (1967)。作为一种比较研究,参见 Sidney Smith, "The Practice of Kingship in Early Semitic kingdoms", 收录在 *Myth, Ritual, and Kingship*, ed. S. H. Hooke (Oxford, 1958), pp. 22—73; 尤其可以参见: K. H. Bernhardt, *Das Problem der altorientalischen Königsideologie im Alten Testament* (Leiden, 1961), 以及 I. Seibert, *Hirt-Herde-König* (Berlin, 1969)。

关于大卫与所罗门,参见 G. Fohrer, *History of Israelite Religion*, pp. 125 ff. ; R. A. Carlson, *David the Chosen King* (1965); 以及 G. W. Ahlström, "Solomon the Chosen One", *HR* 8 (1968): 93—110。

关于耶路撒冷圣殿的象征性及王室祭典的重要性,参见 N. Poulssen, *König und Tempel im Glaubenszeugnis des Alten Testament* (Stuttgart, 1967); G. W. Ahlström, *Psalm 89: Eine Liturgie aus dem Ritual des leidenden Königs* (Lund, 1959); T. A. Busink, *Der Tempel von Jerusalem. I: Der Tempel Salomos* (Leiden, 1970)。也可参见 J. Schreiner, *Sion-Jerusalem: Jahwes Königssitz* (Munich, 1963); F. Stolz, *Strukturen und Figuren im Kult von Jerusalem* (Berlin, 1970); E. L. Ehrlich, *Die Kultsymbolik im Alten Testament und im nachbiblischen*
474 *Judentum* (Stuttgart, 1959); H. J. Hermisson, *Sprache und Ritus im altisraelitischen Kult* (Neukirchen and Vluyn, 1965)。

114. 关于"加冕诗篇",参见 S. Mowinckel, *Psalmenstudien*, vol. 2:

Das Thronbesteigungsfest Jahwäs und der Ursprung der Eschatologie (Christiania, 1922)。关于诗篇的仪式功能,参见 S. Mowinckel, *The Psalms in Israel's Worship*, 2 vols. (New York and Oxford, 1962); H. Ringgren, *Faith of the Psalmist* (Philadelphia, 1963); H. Zirker, *Die kultische Vergegenwartigung der Vergangenheit in den Psalmen* (Bonn, 1964); C. Westermann, *The Praise of God in the Psalms* (Richmond, 1965)。也可参见 O. Keel, *Feinde und Gottesleugner: Studien zum Image des Widersacher in den Individualpsalmen* (Stuttgart, 1969)。

关于耶和华是"永生的上帝",参见 H. Ringgren, *La religion d'Israël*, pp. 99 ff. (Eng. trans., pp. 87 ff.); Fohrer, *History*, pp. 164 ff.。也可参见 Ringgren, *World and Wisdom: Studies in the Hypostatization of Divine Qualities in the Ancient Near East* (Lund, 1947)。以色列人关于活人与"圣灵"的观念,参见冯·拉德(von Rad)的若干著述以及 O. Eissfeldt, *The Old Testament*。

关于复活的概念,参见 H. Riesenfeld, *The Resurrection in Ezekiel XXXVII and in Dura-Europos Paintings* (Uppsala, 1948); Widengren, *Sakrales Königtum*, pp. 45 ff.。

115.《约伯书》的前言和后记是散文体的,而本文以及约伯与其朋友的对话则是诗歌体的。在诗歌与散文部分之间肯定存在某些差异。

关于约伯的文献非常之多,我们仅列举:O. Eissfeldt, *The Old Testament*, pp. 454 ff., 764 ff. (参考书目); G. Fohnrer, *Studien zum Buche Hiob* (1963); S. Terrien, *Job* (Neuchâtel, 1963); J. Pedersen, "Scepticisme israëlite", *RHPR* 10(1930): 317—370; P. Humbert, "Le modernisme de Job", *VT*, suppl. 3 (1955): 150—161; H. H. Rowley, "The Book of Job and Its Meaning" (= *From Moses to Qumran* [1963], pp. 141—183)。

116. 关于以利亚,参见 G. von Rad, *Old Testament Theology*, vol. 2, pp. 14—31; G. Fohrer, *History of Israelite Religion*, pp. 230 ff. (n. 15, bibliography); L. Bronner, *The Stories of Elijah and Elisha as Polemics against Baal Worship* (1968), 以及两卷本的 *Etudes Carmélitaines: Elie le Prophète*, vol. 1: *Selon les Ecritures et les traditions chrétiennes*; vol. 2: *Au Carmel, dans le Judaïsme et l'Islam* (Paris, 1956); 特别参见 P.

Marie-Joseph Stiassny, "Le Prophète Elie dans le Judaïsme", in vol. 2, pp. 199—255。

475 关于仪式先知,参见 A. Haldar, *Associations of Cult Prophetes among the Ancient Semites* (Uppsala, 1945); H. H. Rowley, *Worship in Ancient Israel*, pp. 144—175; J. Jeremias, *Kultprophetie und Gerichtsverkundigung in der späteren Königzeit Israels* (Neukirchen and Vluyn, 1970)。

关于列王与仪式先知的关系,参见 J. Petersen, *Israel*, vol. 1/2, pp. 124 ff.; F. M. Cross, *Canaanite Myth and Hebrew Epic*, pp. 217 ff.。

最近对于《旧约》中预言的分析参见 H. H. Rowley, "The Nature of Old Taestament Prophecy in the Light of Recent Study", *Harvard Theological Review* 38(1945):1—38, 以及 G. Fohrer, "Neuere Literatur zur Alttestamentlichen Prophetie", *Theologische Rundschau* (1951): 277—346; 同上书(1952): 192—197, 295—361; Fohrer, "Zehn Jahre Literatur zur Alttestamentlichen Prophetie", 同上书(1962):1—75, 235—297, 301—374。作为一个简短的说明,可参见 G. von Rad, *Theology*, vol. 2, pp. 50 ff.; Fohrer, *History of Israelite Religion*, pp. 230 ff.。同时还可参见 S. Mowinckel, "The 'Spirit and the 'Word' in the Pre-Exilic Reforming Prophets", *Journal of Biblical Literature* 53(1934):199—227;André Neher, *L'essence du prophétisme*(Paris,1955),pp. 85—178(先知的希伯来结构),和 179—350(先知的经验);Claude Tresmontant, *La doctrine morale des prophètes d'Israël*(Paris,1958)。

关于先知行为的象征意义,参见 G. Fohrer, *Die symbolischen Handlungen der Propheten*, 2d ed. (1986)。

117. 关于阿摩司与何西阿,参见 G. von Rad, *Theology*, vol. 2, pp. 129—146; Ringgren, *La religion d'Israël*, pp. 278 ff.; Fohrer, *History of Israelite Religion*, pp. 243—261; H. S. Nyberg, *Studien zum Hoseabuche*(Uppsala,1935); A. Caquot,"Osée et la royauté", *RHPR* 41 (1961):123—146; E. Jacob,"L'héritage cananéen dans le livre du prophète Osée",*RHPR* 43(1963):250—259。

118. 关于以赛亚,参见 O. Eissfeldt, *Old Testament*, pp. 303—346(参考书目, pp. 303—304); von Rad, *Theology*, vol. 2, pp, 147—169;

Fohrer, *History*, pp. 251—257。也可参见 S. H. Blank, *Prophetic Faith in Isaiah*(1958)。与以赛亚同时代但比他年轻的摩利沙人弥迦,可能是在公元前 725 年到公元前 711 年间传道的。他的八次讲道记录在《弥迦书》的前三章中。某些段落(1∶16; 2∶4—5,10,12—14)和部分是犹太人沦为巴比伦之囚以后附会的。弥迦并不关心国际政治,而是抨击犹大族的社会不公正与道德堕落。他说惩罚就要来临。国家就要毁灭(5∶10; 6∶16),而"锡安必被耕种像一块田,耶路撒冷必变乱堆,这殿的山必像丛林的高处"(3∶12)。被掳后增加的部分有弥赛亚的圣言。将来必从伯利恒诞生"一个 476
在以色列中为我作掌权的",而亚述人会被征服,这个王"必日见尊大, 直到地极。这位必作我们的平安"(5∶1—5)。参见 Fohrer, *History*, p. 257, n. 20,有关于弥迦的参考书目。

在公元前 7 世纪的后 30 年,有三个"小先知"在传道,他们是西番雅、哈巴谷和那鸿。西番雅宣布"耶和华之日"迫在眉睫:"耶和华的大日临近,……那日,是愤怒的日子,是急难困苦的日子,是荒芜凄凉的日子,"等等(1∶14 以下)。

119. 关于耶米利,参见 G. von Rad, *Theology*, vol. 2, pp. 188—199; Eissfeldt, *Old Testament*, pp. 346—364, 717—718 (有丰富的参考书目); Fohrer, *History*, pp. 188—199。

120. 关于以西结,参见 von Rad, vol. 2, pp. 230—237; Eissfeldt, pp. 365—381(有丰富的参考书目, pp. 365—369, 758); G. Fohrer, *Die Hauptprobleme des Buches Ezechiel* (1952); Fohrer, History, pp. 316—321。也可参见 J. Steinmann, *Le Prophète Ezéchiel et les débuts de l'exil* (1953); T. Chary, *Les prophètes et le culte à partir de l'exil*(1955)。

121. 关于"耶和华之日", 参见 G. von Rad, "The Origin of the Concept of the Day of Yahweh", *JSS* 4(1959):97—108, 和他的著作 *Old Testament Theology*, vol. 2, pp. 119—125。

关于未来的王, 弥赛亚,参见 S. Mowinckel, *He That Cometh* (New York, 1954), pp. 96 ff. , 155 ff. 。

先知书中的历史的宗教价值,参见 Eliade, *Comos and History*, pp. 102 ff. 。

122. 有关狄奥尼索斯各种诠释的历史过程,参见帕克 · 麦吉尼(Park McGinty)尚未出版的博士论文"Approaches to Dionysos: A Study of the

Methodological Presuppositions in the Various Theories of Greek Religion as Illustrated in the Study of Dionysos"(University of Chicago, December 1972)。麦吉尼(McGinty)讨论了 Friedrich Nietzsche(*Die Geburt der Tragödie*, 1871; Eng. trans. by Walter Kaufman, *The Birth of Tragedy* [New York, 1967]), Erwin Rohde (*Psyche*, 1894; Eng. trans. New York, 1925); Jane Harrison(*Prolegomena*, 1901; *Themis*, 1912); Martin P. Nilsson(尤其是 *Geschichte der griecghische Religion*, vol. 1, pp. 571 ff., 和 *The Minoan-Mycenaean Religion*, 1927; 2d ed., 1950); Walter Otto(*Dionysos*, 1933; English trans, by R. B. Palmer, *Dionysos: Myth and Cult* [Bloomington, Ind., 1965]); E. R. Dodds(*The Greeks and the*
477 *Irrational*, 1951),以及古特利(W. K. Guthrie)等人的诠释。法文著作中,优秀的有 H. Jeanmaire, *Dionysos: Historie du culte de Bacchus*(Paris, 1951),其中有丰富的参考书目(pp. 483—504)。

关于塞墨勒的词源学考证,参见 P. Kretschmer, *Aus der Anomia* (1890), pp. 17 ff.。克列奇默(Kretschmer)将色雷斯—弗里吉亚语中的词汇 Semelô(帝国时期在弗里吉亚的坟墓铭文中有记载,意指大地女神),与斯拉夫语的 *zemljia*(意为"大地")和立陶宛的冥府女神(Zemnya)作比较。这一词源学的解释为尼尔森(Nilsson)(*Min.-Mycenaean Rel.*, p. 567)和委拉莫维兹(Wilamowitz)(*Der Glaube der Hellenen*, vol. 2, p. 60)所接受,但遭到奥托(Otto)(*Dionysos*, pp. 69 ff.)的反对。

一个世纪以来,学者们试图从狄奥尼索斯崇拜传入希腊的历史去解释他遭"迫害"的原因。人们隐然将这位神视作一个"外来者",来自色雷斯(如罗德)或弗里吉亚(如尼尔森)。因为在迈锡尼的铭文中发现了他的名字,许多学者断定狄奥尼索斯源自克里特。参见 Karl Kerényi, "Die Herkunft der Dionysos-religion nach dem heutigen Stand der Forschung", 收录在 *Arbeitsgemeinschaft für Forschung des Lands Nordrhein Westfalen* (Cologne, 1956), pp. 5 ff.; Kerényi, *Der Frühe Dionysos*(1960)。参见佩斯塔洛扎(Pestalozza)的评论,"Motivi matrarcali in Etolia ed Epiro", *Rendiconti Ist. Lomb. di Scienze e Lettere* 87(Milan, 1957): 583—622;再版时名为 *Nuovi saggi di religione mediterranea* [Florence, 1964], pp. 257—295, 272—273, n. 3。也可参见 T. B. L. Webster, "Some Thoughts on the Prehistory of Greek Drama", *Bull. Inst. Classical Studies, University of London* 5(1958):43—48; G. van Hoorn,"Dionysos et Ariadne", *Menemosyne* 12(1959):193—197,特别是 J. Puhvel,"Eleuther and Oinoâtis,"收录在 *Mycenaean Studies*, ed. E. L. Bennett, Jr. (Madison, Wis.,1964),pp. 161—170。

123. 对于记念狄奥尼索斯庆典的分析,参见 Jeanmarie, *Dionysos*, pp. 25 ff.(参考书目)。关于"酒神节",也可参见 M. P. Nilsson, *Griechische Feste* (Leipzig, 1906), pp. 275 ff.; L. Deubner, *Attische Feste* (Berlin, 1932),pp. 125 ff.。关于安塞斯特利节,参见 Jeanmaire, pp. 48—56, 486。(参考书目)

关于竞技与仪式性战斗的宗教功能,参见 Eliade, *The Quest*, pp. 163 ff.。

关于死者定期重返人间的神话—仪式主题,参见 Eliade, *The Two and the One*, pp. 125 ff.; V. Lanternari, *La Grande Festa* (Milan, 1959), pp. 411 ff.。

124. 从比较的角度,多德(E. R. Dodds)分析了《酒神的伴侣》中所描述的狄奥尼索斯的某些特征(在山上雷鸣[oreibasia]、疯狂地舞蹈、狂欢、攻击村庄),他指出这些是欧里庇得斯时代前后在希腊各地流行的仪式和习俗。 478
参见他的文章"Maenadism in the *Bacchae*", *Harvard Theological Review* 33(1940):155—176。杨梅尔(Jeanmaire)则在他的著作 *Dionysos*, pp. 119 ff. 中探究了希腊以外的来源(在北非、阿拉伯和阿比西尼亚的 *zar* 和 *buri*)。在希腊,由其他神灵导致疯狂的例子很常见。参见 Jeanmaire, pp. 109 ff.。法内尔(Farnell)(*Cults*, vol. 5, pp. 167—171)曾比较人祭与仪式性食人肉。关于精神狂乱,参见 Jeanmaire, pp. 123 ff.,以及恩斯托·德·马蒂诺(Ernesto de Martino)的比较研究, *La Terra del rimorso* (Milan, 1961), pp. 220 ff.。对于彭透斯故事的仪式性诠释,参见 Clara Gallini,"Il travestismo rituale di Penteo", *SMSR* 34(1967):211 ff.。

肢解(*sparagmos*)与食生肉(*ōmophagia*)的仪式是阿萨乌人('Isāwiyya)中穆斯林宗派的特色。参见 R. Eissler, "Nachleben dionysischen Mysterienritus", *ARW* (1928):172—183, Rene Brunel, *Essai sur la confrérie religieuse des Aissäoua au Maroc* (Paris, 1926);也可参见 Eisler, *Man into Wolf* (London, 1951), pp. 112 ff.; Jeanmaire, *Dionysos*, pp. 259 ff.。

关于色雷斯残存的公牛祭，参见 C. A. Romaios, *Cultes populaires de la Thrace*(Athens,1949),pp. 50 ff. 。

125. 在第 2 卷中谈到希腊化时期的宗教时，我们还将回到狄奥尼索斯秘仪上来，在有关俄耳普斯教的章节中，我们会讨论婴儿狄奥尼索斯—扎哥琉斯被肢解的神话所蕴含的意义。

关于泰坦族用来吸引婴儿狄奥尼索斯—扎哥琉斯的玩具，参见 Jane Harrison, *Themis*, pp. 61 ff. ; R. Pettazzoni, *I Misteri*(Bologna,1924), pp. 19 ff. ; Jeanmaire, *Dionysos*, p. 383(关于法尤姆的纸草)。重要的是要指出，故事中的某些细节反映了古代的观念与信仰。玩具中的一种牛吼器被用在原始社会中男孩的成年礼上(参见 Eliade, *Birth and Rebirth*, pp. 22 ff. ; O. Zerries, *Das Schwirrholz*[Stuttgart,1942],pp. 84 ff. ,188 ff.),而以白灰或石膏涂脸的习俗(Harrison, Prolegomena, pp. 491 ff. ;Pettazzoni, *La religion dans la Grèce antique*, pp. 120 ff.)则在许多原始的秘密团体中都有记载。

瓦尔特·奥托(Walter Otto)(*Dionysos*, pp. 191 ff.)指出，有些资料来自其他较晚出的著作。

关于亚里士多德所提出的"问题"，参见 L. Moulinier, *Orphée et l'orphisme à l'époque classique*(Paris,1955),pp. 51 ff. 。

狄奥尼索斯秘仪引发长期的争论，我们在本书第 2 卷还将回到这一问
479 题上来。现在可参见 P. Boyancé, "L'antre dans les mystères de Dionysos", *Rendiconti della Pontificia Accademia di Archeologia* 33 (1962): 107—127; R. Turcan, "Du nouveau sur l'initiation dionysiaque", *Latomus* 24 (1965): 101—119; P. Boyancé, "Dionysiaca: A propos d'une étude récente sur l'initiation dionysiaque", *Revue des Etudes Anciennes* 68 (1966): 33—60。

英汉术语索引

（索引页码参见边码）

图书在版编目(CIP)数据

宗教思想史. 第1卷，从石器时代到厄琉西斯秘仪 / (美)伊利亚德(Eliade，M.)著 ；吴晓群译 .— 上海 ：上海社会科学院出版社，2011
ISBN 978 - 7 - 80745 - 915 - 6

Ⅰ. ①宗… Ⅱ. ①伊… ②吴… Ⅲ. ①宗教史 ：思想史—世界 Ⅳ. ①B929.1

中国版本图书馆 CIP 数据核字(2011)第 164851 号

合同登记号:09 - 2011 - 462

宗教思想史(第1卷)从石器时代到厄琉西斯秘仪

作　　者：[美]米尔恰·伊利亚德(Mircea Eliade)
译　　者：吴晓群
责任编辑：龙　华
封面设计：闵　敏
出版发行：上海社会科学院出版社
上海顺昌路 622 号　邮编 200025
电话总机 021 - 63315947　销售热线 021 - 53063735
http://www.sassp.cn　E-mail:sassp@sassp.cn
照　　排：南京理工出版信息技术有限公司
印　　刷：上海颛辉印刷厂有限公司
开　　本：710 毫米×1010 毫米　1/16
印　　张：30
插　　页：2
字　　数：500 千
版　　次：2011 年 9 月第 1 版　2022 年 1 月第 6 次印刷

ISBN 978 - 7 - 80745 - 915 - 6/B · 064　　定价：158.00元(全3卷)

西 方 博 雅 典 库
Liberal Arts Book Series

宗教思想史

第2卷　从乔达摩·悉达多到基督教的胜利

Histoire des croyances et des idées religieuses

De Gautama Bouddha au triomphe du christianisme

［美］米尔恰·伊利亚德 著
~~ Mircea Eliade ~~

晏可佳 译

上海社会科学院出版社
Shanghai Academy of Social Sciences Press

目录

第2卷

从乔达摩·悉达多到基督教的胜利

第2卷

从乔达摩·悉达多到基督教的胜利

De Gautama Bouddha au triomphe du christianisme

前　言

由于意外的原因,《宗教思想史》第 2 卷的印刷被推迟了。利用这段时间,参照 1977 年与 1978 年年初出版的作品,我对某些章节的书目做了补充,这些书目篇幅长短不一,因为我必须增加一些信息,它所涉及的问题对那些并非专家的人而言是陌生的。(如色雷斯人、日耳曼人、凯尔特人和中国原史时期的宗教、炼金术、启示文学和诺斯替教等等。)

为了不增加本书的篇幅,我将有关中国西藏、日本、中亚和北方(亚洲?)宗教的章节转到了下一卷。因此我必须将第 3 卷分为 2 册,每册约 350 页。第 1 册是从对弗洛里斯的约雅敬到伊斯兰教和密宗的浪潮,直到 7 世纪至 8 世纪的千禧年运动;第 2 册是从中美洲宗教的发现直至现代无神论理论。

我对我的朋友和同事表示衷心的感谢:保罗·利科教授、安德烈·拉考克(André Lacoque)教授和让·吕克·毕杜·佩伊奥特教授仔细阅读了第 2 卷的不同章节。同样,如没有我夫人热心忠诚的帮助,这本书恐怕也难以按时完成。

芝加哥大学

1978 年 5 月

米尔恰·伊利亚德

英文本前言

本书经维拉尔德·R.特拉斯克(Willard R. Trask)翻译成英文,他是一位出色的翻译家,也是我的挚友。多年来他以纯熟的技巧、清新雅致的文字把我的作品奉献给了英语读书界。不幸特拉斯克先生的译稿未及付梓,他就去世了。本英文版的校对和润色实得益于我从前的学生、现在的同事,芝加哥大学的劳伦斯·沙利文(Lawrence Saullivan)教授。他对文本提问解难、劳心甚久。此书终致完成,谨向他深表谢枕。

第16章 中国古代宗教 003

126. 新石器时代的宗教信仰

对于文化史学家和宗教史学家而言，中国是一个不同寻常、颇有裨益的研究领域。比如，最早的考古学资料可追溯到公元前6000—前5000年代之前，而且至少在一些个别情况下，可能追踪不同史前文化的连续发展，甚至可能明确这些文化对于古典中国文明的形成作出了哪些贡献。因为，正如中华民族起源于许多不同种族的融合一样，其文化也是一个复杂而独特的综合体，不过从中我们仍然可以发现若干源头对于这个综合体的贡献。

最早的新石器文化是仰韶文化，这是以1921年发现彩绘陶罐的那个村庄命名的。第二种新石器文化于1928年在龙山附近发现，以黑陶为特征。但是直到1950年以后，因过去30年的大量发掘，方始可能对中国新石器文化的全部阶段和总的轮廓作出分类。借助放射性碳测定年代的办法，基本可修订出一个年表。在陕西半坡出土了最古老的仰韶文化遗址，放射性碳测定年代在公元前4115或前4365年。公元前5000年代的遗址堆积长达600年。但是半坡还不是仰韶文化的最早阶段[①]。根据何炳棣(Ping-ti Ho)
对中国史前史所做的最新综合研究，公元前6000年代的农业实践，以及一 004
些动物的驯养、陶器和青铜冶金术乃是一种当地的发明[②]。不过最近有人以近东若干农业与冶金术中心的扩散来解释中国新石器文化和青铜器时代的发展。我们无意参与这个争论。某些技术在中国发明，或者在中国获得重大改进，这看来都是毫无疑问的。原史时代的中国接受了大量源自西方、穿越西伯利亚和中亚大草原而来的文化因素也不是没有可能的。

---

① Ping-ti Ho, *The Cradle of the East*，第16页以下。

② Ping-ti Ho，第91页以下、第177页以下。

考古材料固然可以提供给我们有关宗教信仰的材料，但是以为这些信仰便代表着史前人类的全部信仰，这样的结论是错误的。单凭考古发现无法勾勒出他们的神话、神学、仪式的结构与形态。比如，新石器时代的仰韶文化所揭示的宗教材料仅涉及神圣的空间、丰产和死亡的观念和信仰。村落公共建筑位于遗址的中央，周围环绕着半地下的小屋。不仅村庄的方位，而且房屋结构中央的泥坑和排烟孔都表明了许多新石器时代和传统社会共有的宇宙观(参见§12)。墓地中放着用具和食物，说明有灵魂死后存在的信仰。孩子夭折了，就装入瓮棺，埋在房屋附近，罐顶开口，好让灵魂出来并且回家①。换言之，瓮棺就是死者的“家”，在青铜器时代(商朝)的祖先崇拜中这种观念得到了酣畅淋漓的表达。

一些陶罐绘有红色且装饰有所谓死亡纹饰，特别有趣②。有三种图案
005 主题仅见于陪葬品中：三角形、棋盘形和贝壳形。但是这些主题同一个与性交、生产、复苏和复活等观念有关的相当复杂的符号体系密不可分。我们可以假定，此类纹饰表明，人们对于死后生命，对于彼岸世界的期待。

有一种绘有两条鱼和两种拟人形的图案，它可能代表一种超自然存在或者一位“神职人员”，亦即巫师或祭司③。但是这种解释仍存在疑问。鱼当然为性的符号，与历法有关(捕鱼季节相当于每年一个特定时期)。这四种形象的布置可能表示某种宇宙论的想象。

根据何炳棣的研究(Ping-ti Ho，第275页以下)，仰韶时代的社会以母系时代的法律为本。与此相对应，此后龙山时代的特点是祖先崇拜。何炳棣接受其他学者的观点，他把一些石制器物以及它们在彩绘瓶上的复制，解释为男性生殖器的符号。就像高本汉(Karlgren)认为象形文字“祖”(指祖先)起源于男性生殖器的图形一样，何炳棣在男性生殖器符号的多样化中看到了祖先崇拜的重要性④。“死亡纹饰”，如同我们所看到的，当然是包含了性的一种符号。但是卡尔·亨慈(Karl Hentze)把各种“男性生殖器式”的器物和图案都解释为代表着一种“灵魂之家”；一些仰韶文化的陶器代表小

---

① Ping-ti Ho, *The Cradle of the East*，第279页以下。

② 参见 J. G. Anderson, *Children of the Yellow Earth*，第315页；Kwang-Chih Chang, *The Archaeology of Ancient China*，第103页；参见 Hanna Rydh, “Symbolism in Mortuary Ceramics”，各处。

③ 同上书，第279页以下。相似的信仰和实践可以在近东以及东欧的某些史前文化中发现。

④ Ping-ti Ho, *The Cradle of the East*，第154页，图9复制了这一图像。

屋的模型，同时也是安葬死人的瓮棺，可与史前欧洲的类似材料以及圆顶帐篷相比拟。这些曾经大量出土的史前中国的“小型的灵魂之家”乃是不同历史时期的“祖先牌位”的雏形。[①]

总之，仰韶文化和龙山文化揭示了与其他新石器文明一样的典型信仰：生 006
命、丰产、死亡和来世之间具有的一致性，因而存在着宇宙循环的概念，这种循环通过历法展开，通过仪式而实现；祖先崇拜至关重要，乃为巫术—宗教的源泉；对立面统一的“奥秘”（亦由“死亡纹饰”所证明），这一信仰在某种程度上乃是以后各时代均占有统治地位的宇宙生命统一性/整体性观念的先声。我们还要补充很重要的一点，那就是大部分新石器时代的遗产直到最近还保存在中国乡村的宗教传统和宗教生活里面，当然不可避免会有所变化。

127. 青铜器时代的宗教：天帝和祖先

对于商朝（约前 1751—前 1028）以来的中国历史，我们有了更好的了解。商朝大致相当于中国的原史以及古代史的开端。其特点是青铜冶炼、城市中心和都城的出现、军事贵族的存在、王权的形成以及文字的滥觞。至于此时的宗教生活，文献相对丰富。首先有丰富的图像，它们主要通过华贵的青铜礼器而展现于世。此外，王室墓葬也提供了一些宗教生活的信息。不过，无数刻在动物骨头和龟甲上的卜辞更是弥足珍贵[②]。最后，后世的一些著作（如《诗经》，高本汉称之为“自由的周朝文献”[③]）也包含许多古老的材料。然而，我们还要补充的是，这些资料给我们的信息都是有
关王室的信仰和仪式；正如对于新石器时代一样，我们对于商朝的神话和神 007
学仍然知之甚少。

这些图像材料的解释未必总是确定的。学者们一致承认，一些主题与仰韶的彩陶所载的主题有着相似之处，此外，也与后来时代的宗教符号相似。亨慈把两极相通的符号解释为明显的宗教观念，它与时间的周而复始

---

① 参见 Karl Hentze, *Bronzegerät, Kultbauten, Religion Im ältesten China der Shangzeit*, 第 49 页以下、第 88 页以下，以及他的著作 *Das Haus als Weltort der Seele*, 第 23 页以下，以及图 10—12。这两部著作从那些历史上或者形态上与古代中国文明有关联的各种文化中挑选出了大量相似的事例。

② 它们证明了北亚地区广泛流行一种占卜方法：提问、加热兽骨或龟壳，占卜者解释表面形成的裂纹形状，然后把问题和答案刻在裂纹旁边。

③ Bernhard Karlgren,“Legends and Cults in Ancient China”,第 344 页。

以及灵魂的再生有联系[①]。同样重要的是，蝉和饕餮的符号表示生生不息，周而复始，从黑暗和死亡中出现的光明以及生命的循环。同样值得注意的是，对立面相结合的图像(有翼的蛇、蛇与鹰等等)，换言之，对立的辩证法和对立统一(*coincidentia oppositorum*)乃为道教哲学家和神秘主义者的中心主题。青铜器代表着坟墓—居家。[②] 其形式不是来自陶器就是来自木器的原型。青铜器所表现的令人赞叹的动物艺术可能起源于木雕。[③]

卜辞使我们知道了一些不见于(或是未曾分辨出来的)新石器时代资料中的宗教观念，亦即帝(主)或上帝(在天之主)，他是一位占据统治地位的至高无上的天神。帝驾驭着宇宙节律和自然现象(雨、风、干旱等)；可保国王获胜，庄稼丰收，或者相反，带来灾难，招致疾病和死亡。有两个祭祀帝的地方：宗庙和郊社。但是，与其他古代天神(参见《宗教思想史》第 1 卷，§14 以下)的情况一样，他的崇祀也表明其宗教权威的某种消解。我们发现，帝
008 处高邈之境，不及王室谱系的祖先那样积极，献给他的祭品也少一些。向他祈求的仅为丰收(雨)和战争，这是统治者的两项主要职责。

无论如何，帝终究拥有至高无上的地位。其他各方神灵以及国王的祖先都隶属于他。只有国王的祖先才能向帝说情；另一方面，只有国王才能与其祖先沟通，因为国王是“予一人”。[④] 统治者凭借着祖先的襄助加强其权威；对于祖先所具有的巫术—宗教力量的信仰又使商朝的统治合法化了。而其祖先也有赖于献祭给他们的谷物、牲血和牲肉。[⑤] 有些学者假设，[⑥]由于祖先崇拜对于执政的贵族至关重要，那么它也就逐渐为其他社会阶层所采纳，这种假设毫无价值。祖先崇拜已经充分地、极为普遍地扎根于新石器时代了。正如我们刚才所看到的那样(参见 §126)，它构成了早期农耕民(围绕着人类宇宙的循环而构建起来的)宗教系统的基础。只是这一远古的崇拜，由于

---

① Hentze, Bronzegerät, 第 215 页以下。

② 喷火兽、虎、龙等见载于新石器时代晚期的宇宙学符号，如今仍然运用于中国民间艺术中。参见 Hentze, *Bronzegerät …… der Shangzeit*, 第 40 页以下、第 55 页以下、第 132 页以下、第 165 页以下。

③ Li Chi, *The Beginning of Chinese Civilization*, 第 32 页。

④ “予一人”(或者“我，第一个人”)载于甲骨文；参见 David N. Keightley, “Shang Theology and the Genesis of Chinese Political Culture”, 第 213 页，注解 6。

⑤ 正如凯特赖(Keightley)所论(同上书，第 214 页以下)，祖先崇拜强化了作为宗教与政治权威的王室谱系的各个方面。“天命观”通常被视为周朝的一种发明，却深深根植于商朝的神学里面。

⑥ 例如，Ping-ti Ho, *The Cradle of the East*, 第 320 页。

国王的突出地位(据说他的第一位祖先是帝的后裔)才具有了一种政治功能。

国王要举行两种祭祀:祭祀祖、祭祀帝和其他神灵。有时仪式持续 300 或 600 天。“祀”这个字是指“年”,因为每年的循环被设想为一次完整的祭祀。这证明历法的重要性,它确保一年四季正常回归。安阳附近重要的王室墓葬发掘揭示,除动物骨骼外,尚有人牲,杀死他们可能是为了伴随统治
者进入来世。牺牲的选择(随从、奴仆、犬马)强调了狩猎(仪式性的狩猎?) 009
对于军事贵族和皇室的重要性。[1] 卜辞保存下来的一些提问总是涉及到对国王出征的建议和成功机会。

王室墓葬与瓮棺一家居具有相同的宇宙论象征和功能:二者均为死者之家。类似的信仰也能够解释何以要在建造新房,尤其是建造庙宇和宫殿时献人牲。牺牲的灵魂保佑建筑工程坚固耐用;也可以说建造的房屋充当了牺牲灵魂的“新肉体”。[2] 但是人牲还有其他目的,我们这方面知之甚少;但可以推断,人牲所追求的目标是时间的周而复始或王朝的更新。

商朝宗教虽有断层,但是能够勾勒出它的一条主线。毋庸置疑,天神与祖先崇拜乃是至关重要的。与宗教历法密不可分的祭祀系统与占卜术的复杂性假设了存在着一个“神职人员”——占卜者、祭司或萨满——阶层。最后,纹饰图案则表明宇宙论同时也是救世论的符号体系的复杂联系,虽然我们尚未获得充分的理解,但似乎这些都是古代中国宗教的先声。

128. 典型意义的王朝:周

大约公元前 1028 年,末代商王被武王打败。在一份著名的宣言书中,[3]周武王以从天帝得到命令,要他结束腐败罪恶的政权,从而为自己反叛商王的行为进行辩护。他第一次阐明了著名的“天命观”。这位获胜的诸
侯变成了周朝的国王;他开创了中国历史上最长的王朝(前 1028—前 256)。 010
就我们的目的而言,不必细述其兴盛、危机及其衰亡的过程。[4] 只要指出一

[1] Li Chi, *The Beginning of Chinese Civilization*, 第 21 页以下。作者注意到青铜器上动物的主题(虎、牛)。我们还可以补充说,这些符号性的动物还具有相当复杂的宇宙学的和混沌初开的象征。

[2] 参见 Eliade, *Zalmoxis, the Vanishing God*, 第 182 页以下。

[3] 该文本保留在《书经》里面,译文参见 Bernhard Karlgren, *Shu Ching: The Book of Documents*, 第 55 页以下。

[4] 以下是一些重要的年代:西周延续到公元前 771 年,东周继之(前 771—前 256)。从公元前 475 年—前 221 年,持续发生了一系列战争,称为战国时代,因始皇帝统一中国而结束。

个事实即可:虽然战争频仍、普遍存在的不安全感,但正是自基督诞生之前的 800—200 年间,传统的中国文明臻于成熟,哲学思想达到顶点。①

周初的天或上帝具有拟人神和人格神的特征。他住在大熊座里,位于天穹正中。各种文本阐述了天神的结构:他看见、观察、谛听万事万物;他具有超人的洞察力,而且无所不能;他的旨意永无谬误。在盟誓和契约中也祝告天和上帝。后来,孔子和诸子百家中的哲学家、道德家和神学家也都赞颂那无所不在、俯察万物的天。但是在这些赞颂中,天帝愈发失去了其宗教本性;他变成了宇宙秩序的原则、道德律令的保证。这种至上神的抽象化和理性化过程在宗教史上屡见不鲜(参见婆罗门、宙斯、希腊化时期哲学家的诸神,以及犹太教、基督教和伊斯兰教的上帝)。

但是,天仍然是周朝的保护神。国王是“天子”,是“上帝的摄政”。② 因
011 此,原则上只有天子才有资格祭天。他有责任维系宇宙节律的正常运行;凡遇灾难——干旱、异兆、天灾、洪水,国王必须举行仪式。既然每位天神统治一年四季,天在农耕崇拜中亦有一席之地。因此,国王必须在周而复始的各重要农时中代表天神(参见§130)。

一般而言,祖先崇拜沿袭了商朝确立的结构(但是我们的知识仅限于贵族的仪式)。瓮棺—家居被牌位所取代,由后人将牌位安放在祖先的祠堂里。每年举行四次极其繁复的仪式,供奉熟食、谷物和各种饮料,赞颂祖先的灵魂。祖先的灵魂附身于某个家庭成员,通常是死者的孙子,他可以享用供品。类似的仪式在亚洲和世界其他地方并不少见,由一个活人代表死者的仪式在商代极有可能出现了,如果没有出现在原史时代的话。③

地祇及其崇拜历史悠久,不过对此我们知之甚少。我们只是知道,土地

---

① 正是在这一时期创作和编撰了各种“经书”。正如亨慈所看到的(*Funde in Alt-China*),我们见证了在周朝统治之下写作渐次脱离了神圣化。写作的最初功能——记载天与地、神与人的关系——为谱系学和历史学的倾向所取代。总之,写作变成了政治宣传的工具。

② 参见理雅各译《书经》,第 426 页。人们相信周朝是神话型祖先的后稷(五谷神)之后,《诗经》(第 153 首)赞颂这位后稷按照“天的命令”赐予他们“小麦和大麦”(《诗经·周颂·思文》:“贻我来牟,帝令率育。”——译者)。我们还要补充的是,商代墓葬的人牲到了周朝已经完全消失。

③ 在陶器的雕饰上所描绘的人们,他们高举双手,极有可能代表着祖先崇拜中的祖先或祭司(参见 Hentze, *Funde in Alt-China*, 第 224 页以及图版 XL)。这一图像的主题在新石器时代和商朝也有记载(同上书,图 29、30)。祖先主题之“民间化”的一个极好例子,在中周一件青铜器上面有所表现,该青铜器的盖子上面以古朴的自然主义风格描绘了一男一女,面对面地坐着(参见同上书,第 228 页以及图版 XLⅢ)。

在被用以代表母亲之前，表现为一种没有性别的存在或者一种双性的宇宙力量。[1] 根据葛兰言(Marcel Granet)的观点，大地之母(Mother Earth)最初是以“中性的圣地”的形象出现的。稍后，“地祇方始被设想为具有母性 012 的、哺育的特点”。[2] 古时候死者葬在家中的某处，那里也是保存种子的地方。长期以来，种了的保护神一直是一位女子。“在周朝，用以在皇家田地里撒播的种子不是保存在天子的宫殿，而是保存在王后的寝宫里面”。[3] 不过随着男系家族和君权的出现，太阳才变成了神。周朝有许多以等级制度组织起来的地祇：家有家神，村有村神，诸侯之地、天子之地各有其神。祭坛是露天的，但有一块石板、有一棵树构成，乃为最初祭祀作为宇宙权能之地祇的遗迹。围绕着四季更替举行的农时崇拜很可能代表着这种宇宙宗教的初级形式。因为正如我们将看到的那样(§130)，大地不是被想象为农业丰收的唯一源泉。作为天的补充力量，地本身就表现为宇宙整体的一个组成部分。

我们要做一个重要的补充，就是刚才所概括的宗教结构尚未穷尽周朝的丰富材料(考古发现，尤其是众多的文献资料)。我们还要描绘一些宇宙起源的神话和基本的形而上学观念。现在我们只要指出，近来学者们一致同意，应当强调上古中国文化和宗教的复杂性。与其他许多国家一样，中国人的种群并非是单一的。此外，起初其语言、文化和宗教均非表现为一个单一的体系。沃弗朗·埃伯哈特(Wolfram Eberhard)研究了周边人种因素泰族、通古斯族、突厥—蒙古族、藏族等等对于汉族综合体的贡献。[4] 对宗教史学家而言，这些贡献弥足珍贵：它们首先有助于我们理解北方萨满教对中 013 国宗教性的影响，以及对于某些道教实践之“起源”的影响。

中国史官意识到其古代文明与“蛮夷”的信仰和实践之间是有分野的。但是在这些“蛮夷”中，我们经常发现人种种群发生部分或全部的同化，其文

---

① 参见 Eliade, “Mother Earth and the Cosmic Hierogamies”，载 *Myths, Dreams, and Mysteries*，第 155 页。

② M. Granet, “Le dépôt de l'enfant sur le sol”，载 *Etudes sociologiques sur la Chine*，第 201 页。“当新生儿或者濒死者被放在大地之上，就是听凭大地之神判断生和死……放在大地上的仪式表明种族和土地本质具有一致性的观念。”(同上书，第 192—193、197—198 页)

③ M. Granet, “Le dépôt de l'enfant sur le sol”，第 200 页。

④ 参见 Eberhard, *Kultur und Siedlung der Randvölker Chinas*，和其两卷本著作 Lokalkulturen im alten China。

明终结而转变为中华文明的一个组成部分。我们只需给出一个例子：楚国文明。他们的王国大约建立在公元前1100年。吸收了羌文化的楚人起源于蒙古族，其宗教特征是萨满教和出神术。① 中国在汉朝获得统一，虽然破坏了楚文化，却使其宗教信仰和实践扩展到全国。可能它们的一些宇宙神话和宗教实践为汉文化所采纳；至于其出神术，则出现在了道教的圈子里。

129. 世界的起源和构成

中国没有留给我们严格意义上的宇宙起源的神话，但是从历史传说和某些传奇作品中，我们可以辨别出各种历史化了的、世俗化了的创世之神。比如叙述了一个太初的、拟人神盘古诞生在“天地混沌如鸡子”的时候。盘古死的时候，头为“(四)岳，目为日月，膏脂为江河，毛发为草木”。② 在这里，我们看到了以太初之人献祭——提阿马特(参见§21)、原人(参见
014 §75)、阎摩(参见§173)——来说明创世的神话的基本特征。《书经》中有一处还证明了中国古代尚有另外一个宇宙生成的主题，记载于不同民族、不同层次的文化中间：“黄帝乃命重、黎，绝地天通，罔有降格”。③ 对此做一种殊异的解释——神与诸灵下凡人间来压迫人类——实属穿凿附会，因为该神话的其他中国版本(以及其他文化的版本)都赞美了一个天堂般的太初时代：那时候，地与天相距甚近，诸神下凡，与民杂糅，而人们或者爬山、攀树或者登天梯，甚至让鸟带着他们登天。在某种神话事件(宇宙“仪式”错误)发生之后，天与地被断然地分开了，登天的树或葡萄藤被割断了，与天相接的山峰被削平了。然而，某些获特许之人——萨满、神秘家、英雄、统治者——能在出神的境界中升天，因而重新恢复“从前”(*in illo tempore*)被阻断了的交往。在整个中国历史上，我们发现了一种可以被称做对于天堂的乡愁，即渴望通过出神而重建一种“太初状态”：那就是最初的统一性/整体性(混沌)或者人类能够与神直接往来的时代。

---

① 参见 John S. Major, “Research Priorities in the Study of Ch'u Religion”，尤其是第213页以下。

② 译文参见 Max Kaltenmark, “La naissance du monde en chine”，第456—457页。亦可参见 Norman Girardot, “The Problem of Creation Mythology”，第298页以下。

③ Henri Maspéro, *Les religions chinoise*，第186—187页。此段插曲后来被解释为因精灵的“占有”所带来的无序；参见 Derek Bodde, “Myths of Ancient China”，第289页以下。

最后，第三则神话讲的是伏羲和女娲兄妹的故事，两人有龙的身体，在绘画中通常表现为尾部相互缠绕在一起。有一次洪水泛滥，“女娲炼五色石以补苍天，断鳌足以立四极，杀黑龙（共工）以济冀州，积芦灰以止淫水”。①
另一则文献则描述了天地开辟，女娲抟黄土（贵族）和泥巴（穷人和卑微者） 015
作人。②

从被历史化了的大禹传说中也可以分辨出一种宇宙起源的主题。（神话的）尧帝统治时，“天下犹未平，洪水横流，泛滥于天下”。③ 与其父筑坝治水不同，大禹“掘地而注之海，驱蛇龙而放之菹”。④ 所有这些主题——洪水淹没大地，龙蛇繁殖——具有宇宙起源的结构。禹扮演着造物主和人文英雄的角色。在中国学者看来，世界的组成与人文制度的建立相当于宇宙的起源。当君主消灭了来自四面八方的邪恶势力，自立于中央并完成社会组织，世界就被“创造”出来了。

但是，世界的起源与形成问题也令老子和道家深感兴趣，这也提示我们，关于宇宙起源的思考是非常古老的。实际上，老子及其门徒吸收了古代的神话传说，而道家的主要词汇也为其他学派所共有，这一事实证明道家本身之为古老以及道家思想遍及全国的特点。我们将看到（§130），老子的世界起源说用形而上学的语言重复了古代作为类似于天地混沌如鸡子的宇宙生成的主题。⑤

至于宇宙的结构和节律，自商朝至 1911 年的辛亥革命，在各种基本概念之间保持着一种完整的统一性和连续性。对于宇宙的传统想象是：有一个中心，一根垂直的轴贯穿其间，将天地两极联接在一起，并由四极而形成此一中央架构。天圆（状似卵子）地方。苍天覆盖大地。大地描述为一驾方
形的马车，中央有一根支柱，支撑着像天一样圆台。五个宇宙之数——四极 016
和一个中央——中的每一个都各有一种颜色、味道、声音和特殊的符号。中国位于世界的中央，国都位于中国的中央，王宫位于国都的中央。

把国都以及一般任何一座城市描述为“世界的中心”，这与古代近东、古

---

① 《列子》（前 3 世纪），根据康德谟（Kaltenmark）译文，“La naissance du monde”，第 458 页。

② 《淮南子》（前 3 世纪），根据康德谟译文，同上书，第 459 页。

③ 《孟子·滕文公上》。——译者

④ 《孟子》，根据康德谟（Kaltenmark）译文，第 461 页。（《孟子·滕文公章句下》第 9 章。——译者）

⑤ 参见 Norman Girardot，“Myth and Meaning In the Tao Te Ching”，第 299 页以下。

代印度、伊朗等等文献记载的传统概念并无不同。[1] 与其他城市文明一样，中国的城市也是从一个仪式中心演变而来的。[2] 换言之，城市之所以为“世界的中心”是因为在这里能够进行天地之间的交流。一座完美的城市应当位于世界的中心，那里有一株神奇的“直木”，联接天地，“在正午的时候任何在它周围的事物完全直立在那里，不留下一丝影子。”[3]

根据中国的传统，每座都城都必须有一座明堂，它是举行仪式的场所，同时也是世界的缩影（*imago mundi*）和历法。明堂建成方形地面（＝地），圆形屋顶（＝天）。一年当中，君主要在明堂不同的宫室之间迁移；按照历法规定，住在一定方位，以促使每季和每月的相继推移。君主的服色、饮食起居和言行举止，要与每年的时节完全相配合。在夏季的第三个月末，君主居
017 明堂中央，仿佛他就是一年的中枢。[4] 就像“世界中心”的其他象征（树、圣山、九级塔）一样，在一定意义上君主是联接天地的世界之轴。“世界中心”的时空象征甚为普遍；见载于许多古代文化和每一个都市文明。[5] 我们应当补充的是，如同皇宫一样，哪怕是中国最古朴、原始的住房也有着同样的宇宙论符号：它们也构成了“世界的缩影”。[6]

130. 对立、转化与综合

正如上文所述（第 469 页），五个宇宙学之数——即四方和中央——构成一种典型的分类模式，同时也构成一种普遍的一本同源（homologation）。存在的万物归属于一个明确的层级或族群，因此分有着这一族群的实体所特有的属性和美德。于是我们发现，我们所面对的是一个大胆的、精心构造的大宇宙和小宇宙相互对应的体系，一种在所有传统宗教都起到重大作用的普遍的类比理论。而中国思想的独创性在于：它把这个大宇宙—小宇宙

---

① 参见 Eliade, *The Myth of the Eternal Return*, 第 12 页以下。

② Paul Wheatley, The Pivot of the Four Quarters, 第 30 页以下，以及第 41 页以下。

③ Marcel Granet, *La pensée de chinoise*, 第 324 页。

④ Marcel Granet, 同上书，第 102 页以下；亦参见 Marcel Granet, *Danses et légendes de la Chine ancienne*, 第 166 页以下。这种仪式性地在明堂中央占据一个位置似乎与“古代族长必须在其住所隐居一段时间”相对应。恪守为期 6—12 天的“仪式和仪典，可以预测或者决定五谷丰登、牲口肥美”（*La pensée de chinoise*, 第 107 页）。12 天代表来年的 12 个月，这是在近东和世界其他地方都有记载的古老概念（参见 Eliade, *The Myth of the Eternal Return*, 第 51 页以下）。

⑤ 参见 Eliade, “Centre du monde, temple, maison”, 第 67 页以下。

⑥ 参见 R. A. Stein, “Architecture et pensée religieuse en Extrême-Orient”。

的范式综合进了一个更大的分类体系，这就是著名的阴阳对立而互补原则的循环。在全世界每一种层次的文化中，我们都可以找到各种在不同类型的两极分化与对立、二元性与转化、对立面的合一与对立统一基础上发展起来的范式体系。① 阴阳对立的重要性在于，它不仅是一种普遍的分类模式， 018
而且发展为一种宇宙论，它一方面使身体的训练和精神的修行得以系统化并获得价值，另一方面不断启发严密而系统的哲学思考。

正如我们所看到的（§127），在商朝青铜器上有大量对立和转化的符号。对立符号之所以如此安排就是为了造成它们的结合；例如，乌鸦或其他象征黑暗的图形有着“太阳的眼睛”的含义，而光明的图案则以象征“黑夜”的符号来表示。② 根据卡尔·亨慈的观点，阴阳符号在最早的礼器上就有了，比最早的文字文本还要早许多。③ 葛兰言要人们注意这一事实：《诗经》中阴这个字表示寒冷、多云天气，并且指内；而阳则表示温暖、晴好天气。换言之，阳和阴指时间的具体而相反的观念。④ 有一部占卜书以阴阳为昼夜，实为后来庄子“四时迭起，万物循生。一盛一衰……一死一生”之先声。⑤ 因此，世界就是“一种由两种变化的并且互补的现象的结合所构成的周而复始的整体”。⑥ 转化的观念看来超越了对立的观念。时令的结构可以说明这一点。哲学家们认为，在冬季，“在地下，春天在冻土之下，阳为阴所封闭，经历了一年的考验，从中再恢复活力。在春天开始之时，它从囚笼中出来，以脚 019
踵击地：这时寒冰化解，溪水苏醒了。”⑦ 因此，宇宙自身就显示为一系列对立形式的周期性转化。

阴阳交互作用制约着的宇宙节律，与两性行为的补充性转化之间具有一种完美的对称性。既然万物被赋予了女性的本质即阴和男性的本质即阳，那么阴阳和合（hierogamy）的主题就同时具备了宇宙和宗教的维度。实际上，两性的仪式性对立既表示两种生活样式的互补和对立，也表示了阴和阳这两种宇宙原则相互转化。春秋两祭乃是古代农业崇拜的核心，其间有两个对立的合唱队举行对歌。“阳唱，阴和”；“男童唱，女童和”，这两句话是

---

① 参见我们的研究，“Prolegomenon to Religious Dualism: Dyads and Polarities”，载 *The Quest*，第 127—175 页。

② Carl Hentze, *Bronzegerät*, *Kultbaute*, *Religion im ältesten China der Shangzeit*，第 192 页以下。

③ Care Hentze, *Das Haus als Weltort der seele*，第 90 页以下。

④⑤⑥⑦ Marcel Granet, *La pensée chinoise*，第 117、132、127、135 页。

可以互换的；它们表明节律既是宇宙的，同时也是社会的。[①] 对立的合唱队相互对唱，犹如黑暗与光明的对立。两性相遇的地点代表整个空间，而参与者则象征着人类整体和天地万物。[②] 集体的男女交媾可令祭典臻于完满，这种仪式在世界其他地方也是有例可援的。在一年的其他时间中主宰着生命的两极对立，在这种对立面的联合中被取消、被超越了。

“一阴一阳之谓道，”有一篇短论如是说。[③] 阴阳交替使宇宙不停地变化，这只是道的外在一面。但是当我们试图把握道的本体论结构时，我们就遇到了数不清的困难。我们记得，该词的狭义含义是“道路、路”，不过也有“言说”的意思，故有“教义”的含义。道“首先表示人们行走的道路”以及“制约行为的观念或者道德律”，但是它又意味着“天与地、神圣权能与人类沟通
020 的艺术”，亦即占卜家、巫士、国王的巫术—宗教的力量。[④] 对于一般哲学、宗教思想而言，道是秩序的原则，内在于现实中所有事物；亦有所谓天道与地道（二者在一定意义上以阳与阴的方式相互对立），以及人道的提法（亦即国王应遵行的行为准则，使其能够成为天与地的中介）。[⑤]

这些含义有的起源于统一性/整体性这一远古概念，换言之，起源于一种宇宙起源的概念。老子有关世界起源的思考就脱胎于一种宇宙起源的神话，这个神话说，世界是从一个类似于蛋的整体中创造出来的。在《道德经》第 42 章中，我们读到：“道生一，一生二，二生三，三生万物。万物负阴而抱阳。”[⑥]我们看到，老子是怎样利用传统的宇宙起源神话，并又赋予其宇宙形而上学取向的。“一”相当于“全”，指太初的整体性，这一主题在许多神话中都很常见。老子的评注解释了天地的统一（亦即“二”）产生万物，这也和一种众所周知的神话情节相对应。但是在老子看来，“一”，太初的统一性/整

① Marcel Granet, *Danses et légendes de la Chine ancienne*，第 43 页；*La Pensée chinoise*，第 141 页。

② Marcel Granet, *Danses légendes de la Chine ancienne*，第 143 页。

③ 《系辞》，引自 Marcel Granet, *La Pensée chinoise*，第 325 页。这是最早关于道的学术定义。

④ Max Kaltenmark, *Lao tseu et le taoïsme*，第 30 页；亦可参见 Marcel Granet, *La Pensée chinoise*，第 300 页。

⑤ Max Kaltenmark, *Lao tseu*，第 33 页：“这个道也正是孔子理想，他声称：‘朝闻道，夕可死矣。’”

⑥ 参见康德谟于“La naissance du monde en Chine”中的译文，第 463 页。这个事物产生的系列几乎为从《易经》到新儒学的所有哲学流派所用；参见 Wing-Tsit Chan, *The Way of Lao Tzu*，第 176 页；Norman Girardot, “Myth and Meaning in the Tao Te Ching”，第 311 页以下。

体性本身就是创造的一个阶段，因为一是从神秘的、不可理解的原则，即道所创造出来的。

在另一段关于宇宙起源的文字（第 25 章）中，道被称为"有物混成，先天
地生……可以为天下母。吾不知其名，强字之曰道，强为之名曰大"。[①] 公 021
元前 2 世纪有位评注家将"混成"解释为"洞同天地，混沌为朴，未造而成物，谓之太一"。[②] 故，道是太初的整体性，活生生的富有创造力，但是无形无名。"无名，天地之始，有名，万物之母"则是另一个关于宇宙起源的文句（第 1 章，1—7 行）。然而在此段文字里，"母"代表宇宙起源的开端，而在其他地方则指道本身。"谷神不死，是谓玄牝，玄牝之门，是谓天地根。"[③]

道之不可名状也被冠以其他名称，这些名称继续表达着宇宙起源的想象，亦即混沌，不过同时也使这一想象更加富于色彩。我们可以列出以下最重要的一些名称：虚、无、大、一等。[④] 我们在分析老子学说时还将再回到其中某些术语来，但是在此指出这一点是至关重要的，那就是道家、隐士和道士在追求长生和成仙时，他们所寻求的正是重新建立这种天堂之境，尤其是太初的自足性和自发性。在这种对太初状态的乡愁之中，我们可以分辨出古代农耕崇拜的一种新的诠释，这种农业崇拜原是以代表阳和阴的男孩和女孩的集体（即"混沌"的）交媾而仪式性地获致一种"整体化"。所有道家学
派都共有一个基本要素，那就是颂扬文明昌盛之前的人类最初环境。然而， 022
凡是想建立一个公正的、政治开明的社会，建立一个以伟大君王和文明英雄为榜样，以他们的规范进行治理的社会人士，却反对这种"返璞归真"。

131. 孔子：礼的力量

可以说在古代中国，各种宗教思潮共有若干基本的概念。我们首先提到了作为现实的原则和根源的道，为阴阳节律所制约的易，以及大宇宙和小宇宙之间的类比理论。这一理论适用于人类存在与组织的各个层面：个人

---

① 根据康德谟译文，*Lao tseu*，第 39 页。

② 《淮南子》，参见 Girardot，"Myth and Meaning in the *Tao Te Ching*"，第 307 页。对于庄子而言，当混沌之帝被凿窍，使他像人类那样有一张脸和七窍后，原初状况的完美统一就消失了；但还"日凿一窍，七日而混沌死"；参见 James Legge，*The Texts of Taoism*，Vol. 1（*SBE*，第 39 卷，第 50 页）。（原文见《庄子・应帝王》。——译者）

③ Kaltenmark，*Lao tseu*（chapter 6），第 50 页。

④ 参见 Girardot，"Myth and Meaning in the *Tao Te Ching*"，第 304 页。

解剖学，生理学和心理学，社会制度，以及人群居住和集中之地(城市、宫殿、祭坛、神庙和家居)。有些思想家(尤其是道家)主张，在道这个符号之下发生作用并与宇宙节律相互协调的存在只有在太初时代(亦即在社会组织和文化产生之前的阶段)才有可能出现，可是其他思想家则认为，这一类型的存在只有在一个公正的文明社会里才能够实现。

在采取后一种立场的人中间，最著名、最有影响力的当推孔子(Confucius，前 551—前 479)。[1] 孔子生活在一个无政府和不公正的时代，他为普通人的痛苦和悲惨遭遇而叹息，他明白唯一的解决办法就是进行一场由开明的领袖发起，尽责的公仆推行的重大政府改革。他本人因未能在行政部门身居要职，于是献身教育，事实上，他是开办私学的第一人。尽管孔子有众多弟子，但他去世前不久却深信他自己的使命完全失败。但是，他的弟子
023 把他思想精华代代相传，他去世后 250 年，西汉皇帝(前 206—公元 20)决定把帝国交给儒家管理。从此，孔子的学说指导行政机构和政府决策达 2 000年。

恰当地说，孔子不是一名宗教领袖。[2] 他的观念，尤其是新儒家的观念，通常是在哲学史范围内进行研究的。但是，孔子直接或间接地受到中国宗教的深刻影响。事实上，他的道德和政治改革的真实源泉是宗教的。他并不拒绝那些重要的传统观念，如道、天神和祖先崇拜。此外，他赞美并且振兴了礼和风俗行为的宗教功能。

在孔子看来，道是由天命所确立的；“道之将行也与，命也”(《论语》14.36)。以道作为依据的行为就是顺应天意。孔子承认天的重要性。在他看来，天绝非一位退位神(*deus otiosus*)；天关怀着每一个人，帮助他变得更好。他主张，“天生德于予”(5.22)。“五十而知天命”(2.4)。事实上，孔子相信天赋予了他使命。与许多同时代人一样，他认为天道正是通过文化英雄尧、舜，以及周文王、周武王两朝国王的榜样而揭示出来的(8.20)。

孔子宣称一个人必须奉行祭祀和其他传统仪式，因为它们构成一个“君子”、“绅士”之生命的一部分。天是悦纳祭祀的；也喜欢德行，尤其喜欢德政。对于天和死后生命做形而上学和神学的思考是没有意义的(5.12，

---

① 他姓孔。Confucius 是“孔夫子”的拉丁文写法。

② 但是孔子不久被冠之以文化英雄所特有的种种美德和特性；参见 Granet，*La Pensée chinoise*，第 477 页以下。

7.20,11.11)。“君子”必先关怀人类的存在,因为他就生活在今生今世。至于灵魂,孔子不否认其存在,但是质疑其重要性。虽然尊重它们,却忠告说, 024
“敬鬼神而远之,斯为智矣。”(6.20)至于是否要事鬼神,则“未能事人,焉能事鬼?”(11.12)孔子所规划的道德和社会改革包括“有教无类”,就是一种将普通人转化为“君子”的教育方法。任何人都能成为“真正的人”,前提是他学习合乎道的礼仪行为,换言之——某些合乎仪式与习俗的行为举止。然而,这种行为举止不易掌握。它既不是一种全然外在的仪式主义,也不是一种仪式完成后所导致的情感升华。恰当的仪式行为的任何一部分都会释放出一种巨大无比的巫术—宗教的力量。[①] 孔子回想起了著名的哲学家—国王舜:“恭己正南面(君主的合乎礼仪的姿势)而已矣。”(换言之,国家事务应当合乎规范,15.4)因为宇宙和社会是受同样活跃在人类中间的巫术—宗教的力量所制约的。“其身正,不令而行。”(13.6)“为政以德,譬如北辰居其所而众星拱之。”(2.2)

行为举止要循规蹈矩,以体现宇宙之和谐。能够这样做的人就不再是一个没有受过教育的普通人了,他的生存模式彻底改变,他是一个“圣人”。训练的目的就是将行为举止“转化”为发乎自然的仪式,这无疑有着宗教的意向与结构。[②] 由是观之,孔子的方法和老子以及道家的学说和技术是可以相提并论的,因为后者主张,通过这些学说和技术就可以回归最初的自 025
然。而孔子的独创在于,他追求把行为举止“转化”为发乎自然的仪式,而这种发乎自然的仪式与一个复杂的高度等级化的社会不可分离。

在孔子看来,高贵和出众并非与生俱来;而是可以通过教育获得。通过训练和某种天然悟性(4.5,6.5,等等),一个人就可以成为君子。善良、智慧和勇气是高贵(者)所特有的美德。一个人最大的满足就在于发扬自身的美德:“仁者不忧。”(9.28)然而,最合适君子的职业是从政(7.32)。与柏拉图一样,孔子也主张为政之道无它,乃在于维护大多数人的和平与幸福。但是,正如我们刚才看到的那样,为政之道就像任何其他技艺或行为或有意义的行动一样,本质上是一种宗教性的教育和学习的过程。孔子尊重周朝的文明英雄和伟大君王,后者是他的模范。“述而不作,信而好古。”(7.1)有些学者从这些主张中看到对于一去不复返的时代的怀念。不过,孔子通过复

① 参见 Herbert Fingarette, *Confucious: The Secular as Sacred*。

② 同样的努力可见于性力派和喀巴拉派,以及某些禅宗的行为。

兴公共行为的仪式功能，独辟蹊径，他证明恢复世俗工作和社会行为的宗教取向是必要的，也是可能的。

132. 老子和道家

在大约作于公元前100年的《史记》里，大史学家司马迁写道，孔子问礼于老聃（老子），老聃答曰："去子之骄气与多欲，态色与淫志，是皆无益于子之身。吾所以告子，若是而已。孔子去，谓弟子曰：鸟，吾知其能飞；鱼，吾知
026 其能游；兽，吾知其能走。走者可以为罔，游者可以为纶，飞者可以为矰。至于龙，吾不能知其乘风云而上天。吾今见老子，其犹龙邪！"[1]

与所有司马迁记载的传说一样，其实这次见面必定是伪造的。但是，它明确而不无幽默地解释了这两位伟大宗教人物的格格不入。因为，这位历史学家又写道："老子修道德，其学以自隐无名为务。"可是，与世隔绝、嘲弄尊荣，与孔子所竭力主张的"君子"理想背道而驰。老子"自隐无名"的生活，解释了关于他生平的真实信息何以阙如的原因。据传，他做过周朝宫廷档案馆长，[2]深为王室的衰微而沮丧，辞官西行。经函谷关时，关令要他将其学说写下来。于是便著成"书上下篇，言道德之意五千余言而去，莫知其所终"。司马迁在讲述完他所知道的这一切后总结道："世莫知其人然否。老子，隐君子也"。

这一"五千余言"的作品就是著名的《道德经》，所有中国文学中最深奥难懂的文本。此书作者是谁，作于何时，众说纷纭，莫衷一是。[3] 然而如今人们同意，今本不会出于与孔子同时代人之手，可能成书于公元前3世纪。
027 它含有各种原始道家学派的格言，一些警句可溯至公元前6世纪。[4] 尽管《道德经》的特点是不讲究系统性，但它所表达的思想却是一以贯之、独具创意的。正如康德谟（Max Kaltenmark）所言："故此我们必须同意，的确存在

---

① 从 Kaltenmark, *Lao tseu*，第17页沙畹译文。

② 《史记·老子韩非列传》说老子是"周守藏室之史也"。——译者

③ 至少有四种不同立场：(1) 老子即公元前6世纪的老聃，因此可能见过孔子；(2) 老子生活在春秋时期（前774—前481），但不是《道德经》的作者；(3) 他生活在战国时期（前404—前221），但是不能确定他是否著有《道德经》；(4) 他不是一个历史人物。参见 Wing-tsit Chan, *The Way of Lao Tzu*，第35页以下；以及 Jan Yün-Hua, "Problems of Tao and *Tao Te Ching*"，第209页（作者概述了冯友兰关于老子和早期道家的最新观点，第211页以下）。

④ 参见 Kaltenmark, *Lao tseu*，第19页。

某个哲学家，即使不是该书的直接作者，也是一位至少对此书的形成发挥了重大影响的大师。继续称他为老子也是无伤大雅的。”①

矛盾的是，《道德经》也包含有大量对于君主和政治、军事领袖的忠告。老子和孔子一样认为，国君只有依道而行，换言之，就是无为而治，方可治理好国务。因为“道常无为而无不为”(37.1)。② 这就是为什么道家从不干预事物的进程。“侯王若能守之，万物将自化。”(37.2)和真正的道家一样，“太上，不知有之”(17.1)。既然“天之道，不争而善胜”(73.6)，获得权力的最有
效途径就是无为和非暴力。③ “柔弱胜刚强”(36.10；参见 40.2“弱者道 028
之用”)。

简言之，孔子向君主以及任何求学之人宣扬他的“圣人”理想，而老子则和孔子一样，敦促政治和军事领袖以道家的方式行事，换言之，接受道的规范模式。不过这是两位大师之间仅有的相似之处。对于孔子强调礼仪的重要性、尊重社会价值和理性主义的思想体系，老子予以了批判，并且加以拒绝。“绝仁弃义，民复孝慈。”(19.1)在儒家看来，仁义是最大的美德。然而老子视之为一种人为造作的态度，是有害无益的。“故失道而后德，失德而后仁，失仁而后义，失义而后礼。夫礼者，忠信之薄而乱之首。”(38.9—14)同样，老子谴责社会价值，因为它们是虚假的因而是有害的。至于推理知识，因把绝对价值加诸相对概念之上，只会破坏存在的统一性，并且造成混乱。④ “是以，圣人处无为之事，行不言之教。”(2.10)

总而言之，道家恪守道这个唯一的规范模式。不过，道是指终极的、神秘的和不可理解的实在，是一切事物的源泉(*fon et origo*)、一切存在的基础。在分析道的宇宙起源的功能时，我们曾指出道的不可名状的特征(参见

---

① 参见 Kaltenmark, *Lao tseu*，第 22 页。在其他传统文学中也可以找到同样情形：被认为由某位圣人所作的作品，通常经他的弟子续写和增补。在一定意义上，作品出了名，作者倒变成了“无名氏”。

② 未经特别指出，译文皆根据康德谟(Kaltenmark)所著 *Lao tseu*。陈荣捷英文本 *The Way of Lao Tzu* 评注也颇有价值。亚瑟·维列(Arthur Waley)著 *The Way and Its Power*，以文学价值见长。(不幸康德谟的译本与维列译本多有出入，不将前者重新翻过，就不可能引用后者译本。——英译者)

③ “将欲取天下而为之，吾见其不得已。”(29.1)“善为士者不武，善战者不怒。善胜者不争……是为不争之德……是谓配天，古之极。”(68.1—2,7)

④ “天下皆知美之为美，斯恶已；皆知善之谓善，斯不善已。”“长短相形，高下相倾。”(2.1—12,5—6)

§130)。《道德经》开篇第一句就是:“道可道,非常道。”(1.1)这无异于说老
029 子所道之道、道家的模式也非常道(永恒的或者至高之道)。① 后者由实在的整体构成,超越事物的样式,因此无可致知。老庄都没有试图证明它的存在——这种态度为许多神秘家所共有。极有可能的是,这一“玄之又玄”指典型的道家出神术体验,这一点我们还要回头再来讨论。

因此老子所道乃为“第二性”的、偶然的道;但是,这也是不可致知的。“视之不见……听之不闻……故混而为一。……绳绳不可名。”②(14)但是某些形象和比喻揭示了某种有意义的结构。正如我们已指出的那样(参见§130),这“第二性”的道被称作“天下母”(25,52)。以不死的“谷神”、“玄牝”为象征。③ 谷的形象表示空的观念,同时也表示水的容器,因而也是女阴的观念。空和无,一方面与丰产和成熟有关,另一方面又与可感的性质之阙如(道的特殊模式)有关。三十辐共一毂,当其无,有车之用,这一想象激发了一种特别丰富的象征,显明在“抱一而为天下式”的圣人,也显明在“致虚极、守静笃……吾以观复”的道家。④

修道之人若顺应这种“第二性”的道的模式,就可激发并强化其阴性潜
030 能,首先是“柔弱”、谦卑、不争。“知其雄,守其雌,为天下溪。为天下溪:常德不离,复归于婴儿。”(28.1—2)从某种观点看,道家乃是想要达到双性同体之样态,亦即远古时代人类所处的完美之境的理想。⑤ 不过两性之结合更加容易回归到婴儿状态,亦即个人存在之“始”;此种回归使生命周期性的再生成为可能。我们现在更能理解道家何以要回到太初状态,也就是“始”的存在状态。在他看来,生命圆满、自发性和喜乐只有在“创造”之始,在新生命初显之际方才具备。⑥

对立面相互结合的模式通常就是道,正是在道的统一性/整体性中阴阳

---

① “或曰‘玄’,或曰‘玄之又玄’,因为探索更深层次的神秘是无的放矢。”(Kaltenmark,第45页。)

② 另一段文字把道表述为“道之为物,惟恍惟惚,”“其中有”像、物、精(第21章)。

③ 玄牝一语“表明道的神秘生殖力,同时也暗示它与山谷或山洞的观念有关”(Kaltenmark,第51页)。关于道的这方面内容,参见 Ellen Marie Chen,“Nothingness and Mother Principle in Early Chinese Taosim”。

④ Kaltenmark, *Lao tseu*,第55页。

⑤ 参见 Eliade, *The Two and the One*,第78页。

⑥ 当然,这是各种传统社会所共有的一个观念:完美之境属于(宇宙或“历史”的)循环的开端,随之而来的便是“堕落”。

共存。但是正如我们所见(参见 §130),原史时代初期,代表阴阳的男孩女孩的集体交媾,可使宇宙和社会的统一性/整体性能够周期性地实现。这里的情形也是如此,道家也受到古代宗教行为模式的启发。我们要补充的是,道家对待妇女的态度与封建中国主流意识形态是大相径庭的。

宇宙周而复始这一普遍的中国观念在《道德经》中起着非常重要的作用。道"周行而不殆"(25)。生命的生死也可用阳、阴的交替来解释:前者激发起生命的动能,阴则意谓休憩。然而,圣人希望从生死的宇宙节律退身而出,通过实现其自身的空,就把自己置身于此周而复始之外。正如老子所言:"其无死地"(50.13),"含德之厚,比于赤子"(50.1)。道家懂得多种无限延长生命的技术,甚至是获得"肉身不坏"的技术。追求长生不老就是追求 031
道的一部分。但是老子似乎并不相信肉身不坏和人类个体的长生。《道德经》在这个问题上语焉不详。①

为了使问题放在恰当的语境中讨论,我们必须谨记,道家的出神术在起源和结构上具有萨满教的性质。② 我们知道,在出神状态中,萨满的灵魂离开肉体在宇宙中游荡。庄子在一则轶事中说,有一天,孔子发现老子"慹然而非人"。等候了一会儿,便对他说,"丘也眩与? 其信然与? 向者先生形体掘若槁木,似遗物离人而立于独也。"老聃曰:"吾游心于物之初。"(21)正如康德谟所观察到的,"游心于物之初"是对道家神秘体验的根本总结。此种出神之游可以回归到万物之"始";精神使自己游离于时间和空间之外,发现超越于生死的永恒存在。我们在此所得到的乃是萨满出神的复兴和深化。在其出神之旅中,萨满游离于时空之外:他飞向"世界的中心";他在重构"堕落"之前天堂般的时代,那时人可升天与神交往。但是老子之游心于物之初却是另外一种神秘体验,因为他超越了构成人类环境的界限,因此基本上改变了其本体论秩序。

道家的第二位大师庄子,他的生平我们知之甚少。他可能生活在公元前 5 世纪;若果然如此,他的一些格言就要比今本《道德经》还早。和老子一样,庄子拒绝流俗观点和推理知识。唯一完美的知识是出神的知识,因为它 032
不包含实在的二元性。这就解释了为什么庄子将生死等量齐观:它们是终

① Kaltenmark, *Lao tseu*,第 82 页。参见 Ellen Marie Chen, "Is There a Doctrine of Physical Immortality in the *Tao Te Ching*?"

② 参见 Granet, *La pensée chinoise*,第 501 页以下;Eliade, *Shamanism*,第 470 页以下。

极实在的两种模式或两个方面①。道家经常探讨这种生/死合一的主题。②有个著名轶事阐明了庄子意识状态的相对性概念:“昔者庄周梦为蝴蝶,栩栩然胡蝶也。自喻适志欤!不知周也。俄然觉,则蘧蘧然周也。不知周之梦为蝴蝶欤,蝴蝶梦为周欤?”③换言之,在道的周而复始之中,不同的意识状态是可以互换的。

圣人精神摆脱一切的限制并显现在道的统一性/整体性之中,他就生活在一种完整的出神状态。与某些瑜伽行者一样,这种在世间存在的悖论状态有时用异乎寻常的神的全能来表达。“至人神矣!大泽焚而不能热,河汉冱而不能寒,疾雷破山、飘风振海而不能惊。若然者,乘云气,骑日月,而游乎四海之外,生死无变于己,而况利害之端乎?”④根据某些道家的观点,这些旅程是真正的心游。⑤ 和那些萨满占主导地位的其他民族——如突厥—
033 蒙古人——的情形一样,萨满出神之游时的神判和历险给诗人以灵感,并在史诗中得到赞美。⑥

133. 长生久视之术

汉语常将 Taoism 区分为哲学性的道家(“学派”)和宗教性的道教(“教派”)。⑦ 有些学者认为这一区分是合理而且必要的;在他们看来,老庄的道家是“纯哲学”,与“道教”追求肉身的长生不老这一核心目标有着本质的区别。⑧ 其他一些学者则主张,历史上各种形式的 Taoism 基本上都是统一的。⑨ 事实上,“玄学家”、“神秘家”以及追求长生不老的道士都共有道这一

---

① 《庄子》第 18 篇中可以读到这些动听的故事。

② 列子对他的弟子说:“唯予与彼知而未尝生未尝死也。”“死之与生,一往一反。故死于是者,安知不生于彼?”

③ 今根据马伯乐(Maspéro)译文,同上。周是庄子的名。

④ 《庄子》第 2 篇,今根据 Kaltenmark, *Lao tseu*,第 117—118 页译文。

⑤ “内观者,取足于身。”(《列子》,根据康德谟译文,第 118 页。)

⑥ 参见 Kaltenmark,第 120 页。亦参见 Eliade: *Shanmanism*,第 474 页以下,论中国的民间故事和萨满文学,以及第 177 页以下,论满族史诗中的萨满教框架。

⑦ 根据席文(Sivin)的观点,这一区别是现代编年史家独创的;参见其文“On the Word ‘Taoist’”,第 304 页以下。

⑧ 尤其参见 A. C. Graham: *The Book of Lieh-tzu*,第 10 页以下、第 16 页以下,以及 Herrlee G. Creel, *What Is Taoism*? 第 1—24 页。

⑨ 最重要的学者有马伯乐、葛兰言、康德谟和施舟人(Schipper)。关于这两种对立观点,参见 Norman Girardot, “Part of the Way”,第 320—324 页。

矛盾观念，并寻求相同的目标：在他们的人格中达到终极实在的两种显现（亦即阳和阴、物质和精神、生命和死亡）的统一。不过“道家”和“道教”的区分还是有用的，不妨保留。

道士的最终目标乃是成仙。仙是一个表意字，一人，一山，隐士也；但是此字最早的形式为一舞者，长袖善舞，如鸟振羽。道士登仙，身披羽衣，肩生双翅。[①]“白日升天”是一个神圣的用语，指登仙的大师。第二种仙人是指 034
在仙境如仙岛或圣山昆仑山住上几百年的道士。[②]他们经常返回人间，把长生久视的方法传授给某些合格的初入教的道士。最后，第三种是死后登仙的道士。但是这死是表面上的：他们在棺材里面留下一根拐杖、一把宝剑或一双草鞋，把它们变成他的身体，曰“尸解”。[③]仙人有时表现为一只比例失调的大骷髅，象征他们的内心充满大量阳气。[④]

道士懂得某些长生术。它们的基本原理就是“养生”。既然大宇宙和身体小宇宙之间有着精确的对应性，生命力可从身上的九窍进出，因此必须好好守护它们。道教徒把身体分为三部分，谓“丹田”[⑤]。上丹田在大脑，中丹田在心脏，下丹田在脐下。摄食要有一定目标：要用适合于身体各器官的含有“元气”的食物或草药营养它们。必须记住，身体各部位不仅住有神灵和守护神，也住有恶神：“三虫”分别居住在三个“丹田”里面，吞噬人的精气。
要祛除它们，道士必须放弃日常的饮食（谷、肉、酒等等），服食能杀死“三虫” 035
的草药和矿物质。

既摆脱了“三虫”，道士就饮露吸风，服食宇宙之“气”。他不仅吸入空气，还吸入太阳、太阴和星辰流溢出来的精华。根据公元 3 世纪的某些方法，太阳的流溢物应当在正午（阳气最盛时）吸入，太阴的流溢物应当在子夜（阴气最盛时）吸入。但是，首先必须闭息；通过一种内观和凝神，道士看到

---

① 关于双翼、羽毛、魔法飞行以及道教之间的关系，参见 Kaltenmark, *Le Lie-sien Tchouan*，第 12 页以下。众所周知，羽毛是“萨满飞升”最常见的符号之一；参见 Eliade: *Shamanism*，“魔法飞行”一节（第 447 页以下）。

② 在这里我们看到关于不受时间制约的天界只有一种入教者方可登临的典型想象。根据史学家司马迁的记载，公元前 4—前 3 世纪的一些诸侯曾经派遣探险队去寻找这些超自然的岛屿。（《史记》，沙畹译，卷三，第 436—437 页）。

③ Maspéro, *Le taoïsme*，第 84—85 页提到一些事例。

④ 《抱朴子内篇 · 论仙》云：“上士举形升虚，谓之天仙。中士游于名山，谓之地仙。下士先死后蜕，谓之尸解仙。”——译者

⑤ 应当记住丹砂（mercuri sulphide）是炼丹道士炼制“神丹”的基本元素。

他的呼吸,引导它经过三个丹田。如果在一定的时间内闭息,比如达到1 000 次呼吸,就能成仙。①

还有一种服气法,谓"胎息";这是一种内部的、封闭一循环的"呼吸",就像胎儿在母亲子宫里面的呼吸。② "通过回到基础,回归源头,一个人就能够避免年老,回到胎儿状态。"③"胎息"和瑜伽的"调息"(参见§143)不同,它不是一种初级修定。不过胎息也能获得某种体验。根据《太平经》(公元3 世纪)的记载,通过内观能够分辨住在五种器官中的诸神。而且他们与那些住在大宇宙里的诸神一样。通过修定,道士就能够与他们相互沟通,使他们来访而强身健体。④

036 另外一种长生久视法就是房中,它同时也是一种仪式和冥想。称为"房中"的修炼可以追溯到远古时代,其目的在于增强生命力,确保长生不老,多多生男。但是道家的房中术,或容成子(公元1世纪)的"守阴之道"在于"还精补脑"。事实上这是道教典型的"撄宁"理想:避免元气外泄。道士必须行房而握固不泻。握固不泻可使精液与"气"相混合,在体内循环,或者更加确切地说,由下丹田上升到脑部上丹田,从而焕发生命的活力。正常情况下男女双方均会有所得益。公元5世纪的一部文献说:"精思远念,于是男女可行长生之道。"通过精思远念,男女"忘形";念咒语毕,男子守肾,女子守心。"不死之道也。"⑤

仙人容成公善为"补导"之事。"取精于玄牝;"(参见第478页注解③)其原理是,久居山谷的生命之神是不死的,借着这些神灵,生命得以维系,气得以滋养。白发再度变成黑发;掉落的牙齿又长了出来。他所行之术与老子无异。据说他还是"老子师"。⑥ 有些炼师运用一种被称做"采补"(康德

---

① Maspéro,"Les procédé de 'nourrir le principe vital' dans la religion taoïste ancienne",第203页;Maspéro, *Les taoïsme*,第107页以下。

② 参见 Maspéro,"Les procédé",第198页;Eliade, *Yoga*,第53页以下。我们也许可以补充道,出神的"深沉、静默的"呼吸类似于动物休眠的呼吸,而且,对于中国人而言,动物生命的充足和自发性构成了完全同宇宙相协调的存在的绝妙范例。

③ 《胎息口诀》(马伯乐译)序言,载"Les procédé",第198页。

④ 关于居住在身体中的道教诸神,参见 Maspéro, *Les taoïsme*,第116页;参见 M. Strickmann,"The Longest Taoist Scripture",第341页。

⑤ 参见 Maspéro,"Les procédé",第386—387页。马伯乐还在该书第388页提供了该文献的部分影印件。

⑥ Kaltenmark, *Le Lie-sien Tchouan*,第55—56页。(此段文字原文为"容成公者,能善补导之事,取精于玄牝。其要谷神不死,守生养之气也。发白复黑,齿落复生。事与老子同。亦云老子师也。"——译者)

谟)的方法,这被谴责为非正统方法。就是吸取交媾女子的精元:“这种元气来自生命之泉,大有益于长寿。”[1]

道教房中的主要一个目标,就是要将精子与下丹田的气相和合,以便在 037
那里,也就是在肚脐之下炼就新的长生不老之体——“玄胎”。此胎盖由“气”所滋养,逐渐发展成“纯身”,道士将死之际,就会离开他的尸体,与其他天仙汇合。为了“补脑”,道士还要大量吸入阴气;这就是为什么他要经常更换伙伴。由这做法产生了后来集体性的“合气”,这种仪式尤其为佛教所诟病。但是此种“纵欲”是严格仪式性的;事实上,它可以追溯到史前的农耕仪式(参见 § 130)。

道家的房中术也受到某种来自印度的影响,尤其是“左道”性力派的影响,此种性力派阐述了一种同时控制吐纳和射精的瑜伽术[2]。与性力派相同的是,道家的房中术用语也同时涉及到精神运动和神秘体验。

134. 道家和炼丹

冶金匠、冶炼工以及金属工匠的某些仪式和神话被炼丹术士所接受并重新加以解释。古代关于在土地的“子宫”里面孕育了矿石,金属天然化为黄金,以及“金属工匠—入会礼—行业秘密”这一意识的复合体在炼丹术士的教导中重新出现。

关于中国炼丹术的起源,学者众说纷纭,莫衷一是。最早提到炼丹活动的文献,其年代仍有争议。在中国,与其他地方一样,炼丹术的信仰是双重的:(1) 金属可转化为黄金;(2) 达到这一结果的活动本身具有“救赎论”的价值。自公元前 4 世纪以降,中国文献多有明确提到这种双重信仰的。与 038
孟子同时代的邹衍被公认为炼丹术的“创始人”。[3] 公元前 2 世纪,刘安和其他作者都明确提到金丹和长生不死的关系。[4]

中国的炼丹术作为一门独立学科,由以下各部分组成:(1) 传统的宇宙论信仰;(2) 有关长生不老药和神仙的神话;(3) 其目标不仅在于延年益寿,还在于获得生活的喜乐和精神的自发性的技术。这三种因素——原理、神

---

[1] Kaltenmark, *Le Lie-sien Tchouan*,第 57 页。

[2] 参见 Yoga,第 254 页以下,及本书第 3 卷(第 33 章)。

[3] 参见 H. Dubs, “*The Beginning of Alchemy*”,第 77 页;参见李约瑟:《中国科学技术史》,第 5 卷,第 2 部,第 12 页。

[4] 李约瑟:《中国科学技术史》,第 5 卷,第 13 页。

话和技术——乃是部分从原史时期流传下来的文化遗产，因此不可误以为最早记录这些因素的文献能够告诉我们它们产生的年代。显然“炼丹”、获得“不死药”以及“呼吸”神仙三者是相互关联的：栾大向汉武帝夸口，他能够行此三种奇迹，但只是令神仙“现身”而已。① 李少君则告诉汉武帝：“祠灶皆可致物，致物而丹砂可化为黄金，黄金成以为饮食器则益寿，益寿则海中蓬莱仙者乃可见之，以封禅则不死。”②可见寻求不老药与寻求住在远方神秘岛屿上的神仙是有关联的。因为，想要遇仙就要超越凡人的局限，与神仙共同拥有无时间的福乐的存在。③

039 追求黄金也就是追求灵性。黄金乃帝王之性：存在于“正土”，与雀(*chüe*，雄黄或硫磺)、汞以及来世(“黄泉”)有着神秘的关联。大约公元前122年的《淮南子》就是这样叙述的，从这本书中我们还发现一种关于金属快速变形的信仰。④ 炼丹术士只不过加速金术的成长。与其西方同行一样，中国的炼丹术士通过提高时间节律而参与自然造化。金、玉皆属阳性，可令肉身不坏。同样道理，炼丹术士也可以延年益寿以至于永生。⑤《列仙记》保存了一个传说，炼丹术士魏伯阳成功地炼成了“不老之药”，与他的一个门徒、一条狗吞吃了一些丹药后，就肉身离地，一齐仙去了。⑥

小宇宙和大宇宙之间传统的一本同源(homologation)将宇宙论的五大元素(水、火、木、气、土)与人体器官联系起来了：心与火、肝与木、肺与气、肾与水、胃与土。相应地，人体小宇宙也可用炼丹术加以解释：“心火红如朱
040 砂，肾之水色黑，如铅，”等等。⑦ 可见，人在他自己的身体内部拥有构成宇宙的一切元素，以及确保其周期性更新的一切生命力量。问题只是如何

①② Edouard Chavannes, *Les mémeoires historiques de Sse-ma-Ts'ien*，第3卷，第479页。

③ 寻找居住在远方岛屿上的神仙乃是秦始皇(公元前219年；参见司马迁：《史记》，沙畹译，第2卷，第141页，152页；第3卷，第437页)和汉武帝(公元前110年；参见同上书，第3卷，第499页，以及多布斯：《炼金术的起源》，第66页)所梦寐以求的。

④ 德效骞(Dubs)节译，第71—72页。该文献即使不是起源于这位与公元前4世纪的孟子同时代的大师本人(同上书，第74页)，可能也是起源于邹衍学派。金属的自然形态变化的信仰在中国极为古老，尤其可参见李约瑟：《中国科学技术史》，第3卷，第636页以下。

⑤ 参见 Eliade, *Forgerons et Alchimistes*，第99页以下所引文献。

⑥ Lionel Giles, *A Gallery of Chinese Immortals*，第67页以下。通常可以通过服食在实验室里面炼制的不老药达到“肉身成仙”；参见李约瑟：《中国科学技术史》，第5卷，第2部，第93页以下。

⑦ 引文参见 Eliade, *The Forge and the Crucible*，第116页。

强化其中的某些要素而已。因此，朱砂的重要性不在于它是红颜色（血液的颜色、生命的原则）的，而在于这样一个事实：朱砂投入火中会产生汞。它以隐蔽形式蕴含着一种通过死亡还阳的奥秘。这便意味着，朱砂可令人类肉身永恒的再生，总之，其结果便是长生不死（因为焚烧象征死亡）。著名的炼丹术士葛洪（283—343）写道，在一年之内，日服十颗朱砂和蜂蜜和合的丹丸，可使白发转黑，落齿复生；服食一年以上，则可长生不死。①

但是朱砂也可以从人体内部创造出来，首先是通过净化储存在丹田里面的精子（参见 § 133）。这些丹田，即大脑中一个包含“洞穴”的秘密地带，又名昆仑。不过昆仑也是西海上的一座大山，有神仙居住在那里。“通过神秘的入静进入昆仑，一个人就可以进入‘混’（*hun*）状态，一种类似于天地未开的太初的、天堂般的、‘无意识’的状态。”②

有两个因素我们应当注意：(1) 神秘的昆仑与大脑和腹部的神秘地带的一本同源；(2) “混沌”状态的作用，一旦通过入静而达到这一状态，就可以入丹田，炼就不死的胎儿。神仙居住的西海昆仑是对“微渺世界”——小
宇宙——极其古老的一种传统想象。昆仑山有两层：下层是一座直立的圆 041
锥体，上层覆盖着另外一座倒立的圆锥体。③ 也就是葫芦形，与炼丹术士的丹鼎和大脑的秘密地带颇为相似。至于通过入静达到的，并且对于炼丹不可或缺的“混沌”状态，与西方炼金术士的原初物质（*materia prima*）和混沌物质（*massa confusa*）很相似。④ 原初物质不可简单地理解为实体的一种原初结构，因为它也是炼金术士的内在体验。事物化约到它最初的绝对无差别的太初状态，在内在体验的层次上就相当于回归到出生前的胎儿状态。但是，正如我们所看到的，通过回归子宫（*regressus ad uterum*）而使万象更

① 参见 James R. Ware, *The Nei P'ien of Ko Hung*，第 74 页以下。丹砂作为一种长生之药，在公元前 1 世纪的一部收集道教神仙传奇的作品《列仙传》中提到过。在服食朱砂多年之后，一位大师“返老还童”，另外一位则“能够飞行”，等等；参见 Kaltenmark, *Lie-sien Tchouan*，第 271、146—147 页。

② Rolf Stein, “Jardins en miniature d'Extrême-Orient”，第 54 页。亦可参见 Granet, *La pensée chinoise*，第 357 页。

③ 关于这一符号的史前历史，参见 Carl Hentze, *Tod, Auferstehung, Woltordnung*，第 33 页以下、第 160 页以下。

④ 参见 M. Eliade, *The Forge and the Crucible*，第 153 页以下，以及本书第 3 卷。

新、长生不老,这一主题也是道教所追求的。最常用的方法就是"胎息",而炼丹术士则能混合丹鼎中的元素,达到回归胎儿的境界。①

过了一段时期的发展,外丹被认为是"显教",而同瑜伽型的内丹相对立,后者就成了"秘教"。内丹之成为秘教是因为神丹可在炼丹术士的身体内部通过"微观生理学"的方法炼就,无需借助矿物质或者植物。"纯粹的"金属(或其"灵魂")等同于身体的各个部分,而炼丹的过程也不是在丹房而是在道士的身体和意识中进行的。身体变成了丹鼎,"纯"汞和"纯"铅在身体里面与精、气一起循环、融合。

042 通过调和阴阳之力而产生"玄胎"("长生不老药"、"黄花")、神仙,最终经脑部(*occiput*)离开身体升天(参见§133)。内丹近似"胎息",所不同的是用炼丹的术语描述而已。行气等同于房中和炼丹,而女子则类似于丹鼎。②

最后两节我们描述的一些思想和实践在秦汉时代(约前25—220)文献里均有记载——这未必说明在此之前就不为人知。我们认为,在这里对其加以讨论是不无裨益的,因为长生久视之术,以及在一定程度上,炼丹术都是古代道家的一个组成部分。还应当补充的是,在汉代,老子就已经被神化了,道教被组织成为独立的宗教机构,具有一种救世的使命,并促发了革命运动。这些发展多少是有些始料未及的,我们将在后文予以关注(第3卷,第35章)。现在我们要提醒诸位:在一部约公元165年的文献中,老子被认为是从太初的混沌中流溢出来的,而且被同化为盘古(§129)。③

至于"道教"则是公元2世纪末由张道陵所创。炼成神丹后,张就升天成仙,获得了天师称号。在四川省他首创"治"(taocracy),凡人、天神在此聚会。这一教派的成功多归功于其领导人有着医病的天才。正如我们将在第3卷(第35章)看到的那样,其医道包含有一种心理—宇宙的法术,辅之以
043 日常饮食,在场者都可以分享道之德性。每月举行纵欲的仪式"合气",也是

① 参见 M. Eliade, *The Forge and the Crucible*,第119页。这种"回归子宫"只是早期广泛传播的一个概念的发展而已,在古代文化层面已经有文献记载:通过象征性地回归到世界的源头,也就是通过重新实现宇宙的诞生,可以治病(参见 *Myth and Reality*,第24页以下)。道教和中国炼丹术士接受这一传统方法并发扬光大,那就是,不仅将其局限于治疗各种疾病,更加运用于将人从时间的折磨,也就是从衰老和死亡中解救出来。

② 参见 R. H. Van Gulike, *Erotic Colour Prints*(《秘戏图考》),第115页以下。

③ "老子变化身体。眼为月;头为昆仑;肉体为四肢;肠为蛇;腰为海。"(译文参见 Maspéro, *Le taoïsme*,第108页。)

为了达到同样目的(参见 § 133)。但是,通过道获得再生的类似希望在另外一种道教运动中也非常典型,这一运动就是“太平道”。早在公元 1 世纪太平道的创始人就向皇帝呈送了一部关于救世的作品。由神仙口授,阐述汉朝复兴的途径。这位受到神灵感应的改革家被处死了,但是他的救世学说在其门徒中间传扬。公元 184 年,该派领袖张角声明要进行彻底的改朝换代,宣布“苍天”应由“黄天”(因此他的门徒均裹黄巾)取代。他的仓促起义差一点推翻了王朝。起义最终被皇帝的军队镇压下去,但是救世的狂热贯穿了整个中世纪。最后一位“黄巾军”领袖于 1112 年被处死。

044 # 第17章　婆罗门教和印度教：第一哲学和拯救之道

135. “一切皆苦……”

紧随印度次大陆的雅利安化，婆罗门教，以及数百年后的印度教就向外扩张了。到公元前6世纪，婆罗门可能已经抵达锡兰（斯里兰卡的旧称），在公元前2世纪至公元6世纪之间，印度教又挺进到印度支那、苏门答腊、爪哇和巴厘。在进入东南亚的过程中，印度教确实被迫糅合进了一些当地的因素。① 不过，共生、同化与融合在中、南印度皈依印度教的过程中也起到过相似的作用。婆罗门的朝圣和游方对于次大陆文化和宗教的整合作出了极大的贡献。公元初年，这些“传教士”成功地将吠陀和梵书时期所特有的社会结构、文化体系以及世界观强加给了当地的雅利安与非雅利安人群，但是他们也表现出宽容和机会主义的一面，吸收了各种民间的、边缘的以及当地的因素。② 由于同质化过程是在多种（神话的、意识的以及神学的等等）层次上展开的，非婆罗门宗教在整体上被化约成为一个公分母，最终被正统派
045 所吸收。印度教的同化本地因素以及“民间神灵”直到今天依然非常活跃。③

婆罗门教向印度教的转化是潜移默化的。正如我们已经指出的那样，某些特殊的“印度教”因素已经在吠陀社会里存在着了（§64）。但是吠陀和梵书的作者对它们不感兴趣，它们多少是一些“民间”因素而没有记载于经文里面。另一方面，这种转化过程即便在吠陀时期的文献中也有记载，尤其是某些大神遭到贬损，被其他神灵取代（参见§66），这一转化过程一直延续到中世纪。因陀罗在《摩诃婆罗多》中依然流行，只是不像以往那样常胜不

①② 参见Gonda：*Les religions de l'inde*，第1卷，第268、263页（以及书目）。

③ Eliade：*Yoga*，第431页以下。

败了,也不再统领诸神了:法(*dharma*)比他更强大,晚期经典甚至把他描写成一个胆小鬼[1]。相反,毗湿奴和湿婆取得了非同寻常的地位,而女神们也开始了其令人惊叹的生涯。

次大陆的雅利安化和印度教化是在各种深刻危机中完成的,奥义书的苦行和沉思,尤其是乔达摩·悉达多的教导就是这些危机的见证。事实上,对于这些宗教精英们而言,在奥义书以后他们的视野发生了急剧的变化。佛陀声言,“一切皆苦,万物靡常”。这也是一切后奥义书时代宗教思想的基本主题。在这种普遍的痛苦中,教义、沉思、禅定和解脱之道便有其存在的合理性了。如果不能“救苦救难”,它们就分文不值。人生经历,不论其本质如何,都会造成“苦”。正如后期有位作家说:“身体是苦,因为身体是痛苦之所在;感官、(所感知的)对象以及知觉皆苦,因为它们引导我们走向痛苦;快乐是苦,因为快乐之后痛苦接踵而至。”[2]而最早的数论派作家自在黑
(Īśvarakṛṣṇa)则断言,哲学的基础在于人类渴望逃避三苦的折磨:第一苦是 046
(诸天引起的)天界之苦;第二苦是(自然造成的)人间之苦;第三苦是由内心或者五官引起的痛苦。[3]

然而,发现痛苦是普遍的未必造成悲观主义的后果。没有一种印度哲学,也没有一种印度宗教的启示会得出绝望的结论。相反,痛苦是存在的规律这一启示恰恰可以使痛苦被视为获得解脱的必要条件。因此就本质而言,普遍的痛苦具有积极的鼓舞人的价值,它不断提醒圣者和苦行者,获得自由和福乐的不二法门就是:遁世、舍弃财产和野心、彻底与世隔绝。除此之外,不唯人类处在痛苦之中,痛苦乃是宇宙的必然。在时间中存在,具有延续性,这一事实本身就包含着痛苦。人类与诸神和动物的不同之处在于他们能够超越人类的处境。确实存在着某种解脱的方法——这种确定性普遍存在于印度哲学和神秘主义中间,它是不会导致绝望或悲观的。痛苦固然是普遍的;但是对于懂得如何解脱痛苦的人来说,痛苦不是最后的结局。

---

① 参见贡达(Gonda)书中的例子,第 271、275 页。冥王阎摩的身材也有所增长;他甚至同化于时间之神迦利(贡达,第 273 页)。

② 5 世纪的阿尼鲁达:《数论经评注》2.1;参见:*Yoga*,第 11 页。

③ 《数论颂》第一(参见陈天竺三藏真谛译《金七十论》卷上:“何者为三苦。一依内二依外三依天。”《金七十论》是数论派哲学经典《数论颂》的注释本之一——译者)。而最早阐述瑜伽的波颠阇利则写道:“对于智者,一切皆苦。”(《瑜伽经》2.15)参见 Eliade: *Yoga*,第 11 页。

136. 获得无上“正觉”的方法

解除痛苦乃是一切印度哲学家与禅修的目标。任何知识，如果它不去探索人类的解脱，便毫无价值。“舍此(居住在我里面的永恒)，一切都不值得去认识。”(《白识净者奥义书》1.12)“解脱”就意味着超越人类的处境。印度文献使用束缚、锁链、囚禁、忘却、痴迷、入眠或者无明等想象来象征人类的处境，而为了表达消除(亦即超越)人类的处境——自由，解脱(*mokṣa*、*mukti*、*nirvāṇa*，等等)——印度文献使用了挣脱束缚，或者撕破面
047 纱(除去蒙住眼睛的覆障)，或者唤醒、使人想起什么，以及诸如此类的想象。

《唱赞奥义书》(6.14.1—2)说到，一个人被蒙上眼睛带到远离城市的荒野之地。这人叫道：“我竟被人蒙上眼睛带到此地，我竟被人蒙上眼睛抛弃在这儿!”于是，有人除去他的覆障，指点他回城的方向。他一个村庄一个村庄问去，终于回到了自己的家里。这一经文还补充道，人若是有了胜任的精神导师，就能够从无明的覆障中解脱出来，最终获得圆满。

1 500 年以后，商羯罗(? 788—820)对于《唱赞奥义书》的这段经文做了极好的评注。诚然，这位著名的吠檀多形而上学家是根据他自己的无分别不二论体系来解释这个著名寓言的，但是他的评注确实阐述并且澄清了它的本意。商羯罗写道，情况是这样的，诸贼带着这人远离存在(*ātman-brahman*，“梵我”)，这人被他的身体网罗所束缚。诸贼就是妄见(“有益”、“无益”等等)。他的眼睛被虚妄的覆障蒙蔽了，对妻儿、朋友、牲口等的贪恋把他给束缚住了。“我是某某的儿子，我快活，我不快活，我聪明，我不聪明，我崇拜宗教，等等。我应当怎样生活？有没有逃避的办法？我到哪里去获得拯救？”他思考着这些问题，深陷于一张硕大的网罗之中，直到有一天遇见一个知道真正存在(梵我)的人，一个从被奴役的状态中解救出来的、快乐的、尤其是对于他人充满同情的人。从这个人身上他知道了获取知识的途径，明白了世界之空有。于是这个人，这个曾经被他自己的妄念所囚禁的人，就从他对人间世事的依恋中解脱出来了。由于认识到他自己就是真正的存在，因此他理解了，自己并非像他所曾经认为的那样是一个迷途的流浪者。相反，他理解了什么是存在：他自己就是彼一的存在。于是蒙在他眼睛上面、无明(*avidyā*)构成的虚幻的覆障被揭掉了，他就像寓言中所说的那人一样回到了他自己的家(亦即找到了自我，*ātman*)，一

个洋溢着欢乐与安宁的家。①

《弥勒奥义书》(4.2)把那些依旧沉沦在人类处境中的人比作“被善、非 048
善之业果绑缚的”,或是被囚禁在监狱里面的,或是“为(谬误的)酒所醉的”、“沉沦于(情欲的)黑暗之中的”,或是虚幻的戏法或生成假象的梦境的牺牲品——正是由于这些原因他忘却了“最高的境界”。那制约着人类处境的痛苦就是由无明(*avidyā*)所造成的。正如这个经过商羯罗评注的寓言所表明的,人由于无明所造成的一系列后果而受苦,直到有一天发现他只是看上去陷入了世俗中罢了。因此,对于数论派和瑜伽派而言,自我与世界没有任何瓜葛(参见§139)。

可以说,在奥义书之后,印度的宗教思想把解脱和“觉”,与意识到那种一开始就存在,只是人们未能认识的境界等同起来。无明——其实就是**对自我的无知**——相当于“遗忘”真我(*ātman, puruṣa*)。神秘知识②(*jnāna, vidyā*)通过消除无明或者揭开摩耶之幕就可以获得解脱;真正的“知识”就相当于“觉”。佛陀就是一个“觉者”。

137. 观念的历史和文献的年代

除早期奥义书外,所有其他印度宗教和哲学文献都是在佛陀说法之后才编撰的。可以从中分辨出当时某些典型的佛教思想的影响。一些作于公元1世纪的作品主要是对佛教的批评。然而切勿强调年代的重要性。一般
而言,每一篇印度哲学论著③都包含有早于它的创作时期的、通常极为古老 049
的概念。当哲学文献里出现了一种新的解释时,并不意味着此前就没有人提出过。有时可以确定某些**文献的编撰年代**(而这也仅仅是公元1世纪以后的文献),不过充其量也是近似的,但是要确立**哲学观念的年代**几乎是不可能的④。总之,婆罗门传统的宗教和哲学作品都是在乔达摩·悉达多以后的数世纪中编撰的,这一事实并不意味着它们所反映的就是佛教时期的观念。

---

① 参见 Eliade: *Myth and Reality*,第132页,此处论述了一方面这些印度神话中囚虏和挣脱束缚的象征,与另一方面诺斯替神话的某些方面的相似性。亦参见下文§229。

② 原文作 gnosis。——译者

③ 应当注意梵文中没有一个与欧洲语言“哲学”一语相对应的字。一个特定的哲学体系叫 *darśana*,意为“一个观点,一种理解,教义,思考方法”(源于词根 *dṛś*,意为“看、沉思、理解”)。

④ 参见 *Yoga*,第99页以下。

在梵行期的佛陀曾遇到各种哲学"学派"的代表人物,他可能从他们那里领教了早期吠檀多派(亦即奥义书的教义),以及数论派和瑜伽派学说(§148)。在我们看来,若要从奥义书、佛教和耆那教作品中追溯这些学派的早期发展阶段——它们与其经典时代的系统表述有所不同——我们将一无所获。我们只要指出若干最重要的转化、极大改变最初方向的修正就足够了。但是切不可忘记,在奥义书时代之后,所有的方法和救世说都有一个共同的基本框架。无明—羯磨—轮回的序列,存在=苦的等号,将无明解释为入睡、梦幻、醉酒、囚禁——这一连串的概念、符号和想象都毫无异议地被接受下来。《百道梵书》称:"人乃生在一个由他自己构建的世界中"(6.2.2.27)。可以说婆罗门教典型的三大"见"(*darśanas*)——吠檀多、数论和瑜伽——以及佛教都是在努力解释这个原则并从中推出结论的。

138. 体系化之前的吠檀多派

050 吠檀多一语(字面意思为"吠陀之末")即指奥义书,它们事实上[①]被放在吠陀文献的末尾。起初,吠檀多泛指奥义书所阐述的一系列教义。不过这一术语到后来(公元1世纪)逐渐成为一个专有名词,指一种与其他各"见",尤其是数论和瑜伽有所不同的哲学"体系"。我们在对奥义书教义的分析中已经提到了系统化之前的吠檀多主要观念。至于吠檀多"哲学体系"的早期历史我们还不太清楚。今存其最古老的作品《梵经》,系跋达罗衍那(*Bādarāyana*)于公元初年所作。但是它肯定不是最早的作品,因为跋达罗衍那提到了许多比他还早的作者的名字和思想。比如,在讨论个体的自我与梵的关系时,跋达罗衍那提到三种不同的理论,并且提到各自的最著名的代表人物的名字。第一种理论认为梵我一如;第二种认为在解脱之前自我和梵完全不同,截然分开;而根据第三位吠檀多派大师,自我具有神圣的本质但是并不等同于梵(《梵经》1.3.21)。

在讨论前人提出的理论时,跋达罗衍那很可能想阐述一种原理:即宣称梵是物质的,是一切存在的物质因和动力因,同时也是个体自我的基础——然而这一原理也主张,解脱者作为自主精神而存在于外部世界。不幸的是,不借助于评注我们就难以理解《梵经》的555条格言。这些极其直白然而谜一样的修多罗(*sūtra*)仅为一种记忆工具;它们的含义必须由一位大师加以

---

① 吠檀多一语已在《蒙查羯奥义书》(3.2.6)和《白识净者奥义书》(6.22)中出现。

阐述。可是由于公元 800 年左右商羯罗富有启发性的解释，那些早期的评注就被遗忘了，而且终于消失了。我们只是知道某些作者的名字及其作品的引语。[①]

然而，在《自识净者奥义书》和《弥勒奥义书》、《薄伽梵歌》和《解脱法》 051
（《摩诃婆罗多》第 12 卷）中，我们找到了一些商羯罗以前的吠檀多思想的基本内容。关于摩耶的教义获得极大的重要性。人们反思梵、创造以及摩耶之间的关系。宇宙创造就是梵的神奇力量（摩耶）的显现，这一古老的观念让位于一种作为个人体验，尤其是个人对于无明体验之摩耶。总之，摩耶被等同于无明（*avidyā*），被比拟为梦幻。外部世界的多重"现实"就如同梦境一样虚无缥缈。把现实整体化为神（在《梨俱吠陀》10.129 已有文献记载），也就是整体化为统一性/整体性的倾向产生了越来越多的大胆的信仰形式。如果存在（Being）就是永恒的统一性/整体性，那么，不仅仅宇宙，也就是客体的多样性是虚幻（*māyā*），而且多元化的精神也同样如此。比商羯罗早两代人的吠檀多派大师乔荼波陀主张，个体自我多样性的信仰也是由摩耶所造成的（参见《蛙氏奥义书颂》2.12 和 19）。[②] 事实上唯有一种存在——梵——是实存的，当圣人通过瑜伽坐禅在经验上把握住自己的自我时，他便在一种永恒当下的光明和福乐中觉醒。

正如我们所看到的（§81），梵我一如构成了奥义书最重要的发现。但是在经过佛教神学家的批评之后，吠檀多大师被迫为他们的本体论提供一种系统而严密的基础，它同时又是一种神学、一种宇宙论，总之，一种救赎论。在这种重新思考奥义书传统，并加以系统阐述以适应时代需要的努力中，商羯罗是无与伦比的。然而，尽管商羯罗成就斐然，其思想在印度精神史上影响巨大，却并未穷尽吠檀多神秘主义的、哲学的诸种可能性。在他之后的好几个世纪，众多大师将创造出不少与之相似的体系。此外，吠檀多派的创造性并没有在经书及其早期评注的时代就宣告终结，这一事实使之迥异于与其他两"见"
（*darśanas*）。因此，尽管可以说数论派和瑜伽派的"哲学体系"的基本内容 052
在 3—4 世纪已经成形，但是吠檀多派却在商羯罗之后继续繁荣一时。[③]

---

① 参见 H. Von Glasenapp, *Die philosophie der Inder*，第 132 页以下。

② 《蛙氏奥义书颂》又名《圣教论》，2.12，19 有巫白慧先生译文："光明之我具自幻，由是以我执着我，是我觉知诸差别；斯乃吠檀多结论"；"执着（我）我为生命等，及无终极之诸有。此乃提婆之幻现，自身由此被误解"。——译者

③ 正因如此，我们把各古典吠檀多派体系推延到本书第 3 卷论述。

139. 数论—瑜伽派中的神我

早在数论派"哲学"系统形成前，也就是公元前4世纪，它的一些典型术语已载明于《羯陀奥义书》中了。① 或许成书略晚一些的《白识净者奥义书》提到大量数论—瑜伽派原理，并使用这两"见"的专门术语。但是对于第一部数论著作(公元5世纪自在黑所作)问世以前的历史，我们知之甚少。不过这个问题属于印度哲学史的范畴。就我们的目的而言，我们只消说——根据例如《解脱法》的某些章节加以重构的——体系化之前的数论派以及瑜伽派特有的实践方法都可以恰如其分地称之为救赎的神秘知识(saving gnosis)。总之，数论派继奥义书之后力主在获得解脱过程中知识具有决定性作用。早期数论派大师的独创性在于他们深信，真正的"科学"是以自然、生命以及心智活动的结构和动力进行缜密分析为前提的，只有通过持续的努力以把握神我(*puruṣa*)之独有样态才能够完成此种缜密分析。

甚至在经典时代，亦即在自在黑的《数论颂》和波颠阇利的《瑜伽经》撰著的时代，这两"见"的理论结构也十分相似。有两种明显的基本区别：(1)数论派是无神论的，而瑜伽派则是有神论的，因为它假定了一个主(自在天)的存在；(2) 根据数论派的观点，要获得解脱，形而上学是唯一的途径，而瑜
053 伽派则强调坐禅术的至关重要性，其他区别可以忽略。因此，我们将要简述的数论原理对于波颠阇利《瑜伽经》的理论方面也是同样有效的。②

在数论派和瑜伽派看来，世界是*实有*的(不是像吠檀多派那样认为是虚幻的)。然而，如果世界果然*存在*并且*延续*，那么它的存在性和延续性则是由于神我(*puruṣa*)的"无知"。宇宙不可胜数的形式及其显现与发展的过程之存在，仅仅依赖精神即神我不认识他自己，仅仅依赖神我由于这种"无知"而遭受痛苦和奴役。在神我获得解脱的一刹那，受造物作为一个整体，就将重新融化在原初物质(*prakṛti*)里面。

正如奥义书的自我一样，神我(*puruṣa*)是不可言说的。其"性质"是消极的。神我即"观者(*sākṣin*，意思是"见证者")，他孤立、持中，仅为一个被动的旁观者"(《数论颂》19)。"自主"和"不动心"是神我的传统名称，在经文中经常出现。神我不可化约，没有性质，它没有"理解力"，因为它没有欲望。

---

① 比如参见《羯陀奥义书》，2.18—19，22—23；3.3—4，10—11；7.7—9；等等。

② 参见 Eliade, *Yoga*，第7页以下；Gerald Larson, *Classical Sāmkhya*，第166页以下。

欲望不是永恒的,因此它们不属于神我。神我是永恒的自由,而与“意识状态”、流变不居的心智生活有所不同。①

不过神我这一概念同时也会产生种种难题。因为,如果神我永远是纯粹的、不动心的、自主的以及不可化约的,它怎么能够涉足心智的经验呢?二者又如何可能建立起联系呢?也许我们暂不考察数论派—瑜伽派解决这个难题的办法,先去熟悉一下神我与自然之间会有什么联系,这样做或许会更好一些。目前我们要说明的只是,数论—瑜伽派所通常讨论的目的并不是这一似非而是的状况——亦即将神我与自性联系起来的这种奇特关 054
系——的起源和原因。神我与经验结合的原因和起源是数论—瑜伽派大师认为不可解决的一个问题的两个方面,因为这个问题超越了人类现有的理解能力。也就是说,人是通过“觉”(菩提)这一手段认知和理解的。但是觉本身仅为原初物质(自性,*prakṛti*)的产物——只不过它是一种非常细微的产物。觉(菩提)既然是自然的一种产物,是一种“现象”,那么它就只能与其他现象一样,同知识发生联系;它决不能认识神我,因为它不能够与一种超越的现实发生联系。因此,神我和生命(亦即事物)之间这种悖论的结合的原因与起源也只有通过与任何事物的知识无关的途径才能够被认识。而这种知识在人类现有的条件下是不存在的。

数论—瑜伽派知道,造成痛苦的原因就在于“无知”,换言之,在于把神我与心智行为混为一谈。但是,明确断定这种形而上学的无知究竟是在什么时候出现的,这就像断定世界是在哪一天创造一样困难。任何企图想要找到解决这个问题的方法都是徒劳的。事实上,这是一个错误的问题。一种古老的婆罗门教习俗(参见商羯罗:《吠檀多经》3.2.17)——佛陀本人也曾不止一次提到——认为,对于一个其提法本身就是错误的难题,一个人应当以沉默答之。

140. 创世的意义:辅佐精神获得解脱

实体(自性,*prakṛti*)与神我(*puruṣa*)一样也是实有的、永恒的;但是与神我不同,实体是有动力的、创造性的。虽然这一原初物质完全是均一的,但是它具有三种“存在模式”,能够通过三种不同方式显现自己,称之为三德(*guṇas*):(1) 萨埵(*sattva*,光明与智慧的状态);(2) 罗阇(*rajas*,驱动力和

---

① 参见 Eliade, *Yoga* 第 15 页以下所引原文。

精神活动的状态)；(3) 多磨(*tamas*，静止的惰性和心智的晦暗状态)。因
055 此，德就具有双重性质：一方面是客观的，因为它们构成了外部世界的各种现象，另一方面又是主观的，因为它们维护、滋养和调节着心智生活。

当自性偏离了原初的完美、宁静的状态，呈现出由“目的论直观”(这一点我们回头再来讨论)所规定的特殊性质时，这自性就由大谛(*mahat*)转化为我慢(*ahaṃkāra*)，意思是均匀的统觉，它不是“个人的”经验，不过已经模糊地意识到有一个自我存在着(*aham*＝ego＝自我)。由这种统觉出发，“发展”的过程分化为两个相反方向，其中一个方向导致客观现象的世界，而另外一个则导致主观(感官和心智)现象的世界。

因此，无论客观宇宙还是主观宇宙都是由同一个自然的原初状态，亦即我慢(*ahaṃkāra*)转化而来的，在我慢的阶段，自我的预感首次就在这种具有活力的统觉中产生了。通过这种双重的发展过程，我慢(*ahaṃkāra*)创造了双重的宇宙：内在的宇宙和外在的宇宙，这两个宇宙之间有着选择性的对应关系。因此人的身体及其生物学功能、人的感官、人的“意识状态”，甚至人的“理智”都是由同一种实体构成的：就是与创造物质宇宙及其结构完全相同的实体(参见§75)。

我们应当注意，与几乎所有印度思想体系一样，数论—瑜伽派十分强调**“自我意识”的个体化原则**。世界的诞生是一种准“心灵”行为。客观的现象和心理生理学现象具有共同的基质，二者唯一的不同之处在于德(*guṇas*)的形态，萨埵(*sattva*)在心智现象中起主导作用，罗阇(*rajas*)在心理生理现象(情欲、感官行为等)中起主导作用，而物质世界的现象则是由多磨(*tamas*，原子，植物、动物有机体等)构成①。根据这种生理学基础，我们就能够理解
056 为什么数论—瑜伽派认为，所有心灵经验都是一种单纯的“物质”过程。道德不是后天养成的；例如，善不是精神的性质，而是意识所代表的“细微物质”的“净化”。德(*guṇas*)充盈于整个宇宙，并且在宇宙和人类之间建立起不可分割的互感关系。事实上，**宇宙和人类只有程度上的差别，并无本质上的不同**。

由于事物的这种递进式“发展”(*pariṇāma*)，它就产生出无穷的形式，

---

① 数论—瑜伽派也对三德做了一种主观解释，当它思考其“心灵”方面的时候。当萨埵起主导作用时，意识就是宁静的、清澈的、可以理解的、善良的；罗阇起主导作用时，则焦躁、不确定；多磨起主导作用的时候，就是晦暗、混乱的、情欲的和野蛮的(参见《瑜伽经》2.15.9)。

日渐复杂,日渐变化多端。数论派相信,此种无穷的创造,此种由形式和有机体所组成的复杂的大厦需要有一种存在的理由、一种外在的意义。太初的、无形的、永恒不动的实体(*prakṛti*)就具有这样一种意义。但是我们所见到的世界却与之相反,它在形式和结构上表现出巨大的复杂性。数论派将宇宙形态的复杂性上升到了形而上学论证的层次。因为常识告诉我们,每一种复合性的事物都依存于另外一种复合性的事物。例如,一张卧榻完全由各种不同部件组成,但是这一暂时性的组合方式却合乎人类的目的(《数论颂》17)。

因此,关于创造(Creation),数论—瑜伽派形成了一种具有**目的论**特点的观念。如果创造的使命不是服务于精神,那么它便是荒谬的,毫无意义的。因此每一种事物本质上都是"复合性的",都必然具有一个"监管者",也就是某个能够利用这些复合体者。这一监管者不是精神行为或意识状态(因为它们本身也是实体之极为复杂的产物)。这便是精神存在的重要证明:"通过与他者的利益相结合而获得精神存在的知识。"[①]尽管神我(*puruṣa*)被宇宙创造的幻象和混乱所遮蔽,但是实体(自性,*prakṛti*)却受到纯粹为了神我获得解脱这一"目的论直观"所推动。因为"从大梵到最后一片草叶,创造都是为着神我之利益而存在,直到神我获得至高的知识"(《数论经》3.47)。[①]

141. 解脱的意义

如果说数论—瑜伽派哲学没有解释在神我和"意识状态"之间这种奇特 057
关联的原因或起源,它却尝试解释这种关联的本质。这不是一种严格意义上**实有**的关联,例如存在于客体与知性之间的关系。但是——对于数论—瑜伽派哲学而言,这是理解这一悖论的一把钥匙——精神生活之最精细、最鲜明的部分,亦即处在至纯的光明状态(萨埵,*sattva*)下的智慧(菩提,*buddhi*)具有一种特性:也就是反映神我的特性。然而,这一自我不会因为这种反映而毁坏,也不会因为这种反映而丧失其本体论形态(永恒、无动于衷等等)。正如一朵花反映在一颗水晶里面,在"智慧"里面也会反映出一个神我(*puruṣa*,参见《瑜伽经》1.41)。但是只有一个无知的人才会把花的性质(形式、大小、色泽)归属于那一颗水晶。对象移动了,其在水晶里面的形象也随

① 《数论经》1.66;筏遮塞波底:《瑜伽经复注》17;《瑜伽经》4.24;参见《大林间奥义书》2.4.5。

之移动，而后者是不动的。

神我发现自己被从永恒性中拖进了这种与心智经验，也就是被拖进了与生命和事物的虚幻联系中去了。这都是由于无明的缘故（《瑜伽经》2.24），只要无明（*avidyā*）依旧，就会有存在，而因羯磨（*karman*）的缘故，有存在就会有痛苦。说"我苦……"、"我想……"、"我恨……"、"我懂……"，并且认为这个"我"就是神我，这就是生活在虚幻里面并使这种幻象永远保持下去了。这就意味着，每一种基于幻象的活动，不是前一种活动所造成的力量之完满，就是另外一种为实现自己的力量之运作，这一力量或者在当下的存在中，或者在下一个存在中达到完满。

事实上，这就是存在的规律。如同其他规律一样，它是超越主观性的，但是其有效性和普遍性正是那折磨人生的痛苦之根源所在。对于数论派而言，正如对于奥义书而言，要得到拯救只有一种办法：那就是取得关于神我的知识。这种关于拯救的知识是从一件事物中获得的：**否认彼一神我具有任何属性**。这就相当于否认痛苦和我们没有任何关系，把苦看作是一种客
058 观事实，外在于神我，也就是**没有价值**，或者**没有意义**（因为所有"价值"和"意义"皆由智慧所创造）。只有人类经验把自己等同于神我，才会存在痛苦。可是，既然这种关系是虚幻的，痛苦也就很容易消除。当神我被认识、被接受，价值判断也就被取消了；苦非苦，非非苦，而是一个**事实**而已。从这一时刻起，我们就理解了神我是自由、永恒和静止的，我们所遭遇的一切——痛苦、感情、屈辱、思想等等——就**不再属于我们了**。

知识只是一种解释神我本质的"觉"。这种知识不是通过经验而是通过启示获得的：它在一刹那间揭示了终极现实。那么，如何在自性（*prakṛti*）的帮助下实现解脱呢？数论派通过目的论论证做了回答：事物按照神我（*puruṣa*）的自由权力直观地行动。智慧（菩提）作为自性（*prakṛti*）最微妙的显现，充当了最初的启示而推动整个解脱过程。这种自我启示一旦实现，智慧也就是其他所有被误认为属于神我（*puruṣa*）之心智行为（因而也是物质）的因素就从神我那里消失而复归本质，就像"舞女满足了她主人的欲望后悄然离去"。[①] "再没有什么比自性还要敏感的；只要它自语'我被认识了'，就不在神我的面前显现自己了。"（《数论颂》61）这是在"生解脱"（*jīvan-mukta*）者所处的状态：智者继续生活下去，因其羯磨的残余还没有全部消失

---

① 这一比喻在《摩诃婆罗多》和数论作品中经常出现；参见《数论颂》59，《数论经》3.69。

(就像虽然陶器做好了多时,陶轮仍然旋转不停,《数论颂》67;《数论经》3.82)。但是,神我(*puruṣa*)临到死亡之际就放弃了肉体,完全获得了“自由”(《数论颂》68)。

因此,数论—瑜伽派认为,神我无灭无生;它既不被束缚,也不是被动的(亦即积极地寻求解脱);既不渴望解脱,也没有“得到解脱”(乔荼波陀:《圣 059
教论》2.32)。[①] “其所处的状态把这两种可能性都排除掉了。”(《数论颂》1.160)神我是纯粹的、永恒的和自由的;它是不受束缚的,因为它除自己之外不与任何事物发生关系。但是人们却**相信**神我(*puruṣa*)受到了束缚,并且**以为**它是可以获得自由的。这些就是我们心智生活的虚幻所在。如果我们把解脱看做是一种戏剧场面,这只是因为我们用人类的眼光来看它而已。实际上,神我只是一位“沉思者”,而“解脱”(*mukti*)只是神我**意识**到自己的永恒、自由的本性而已。一旦我们把苦理解为**外在于神我**,仅与人类的“人格”(*asmitā*)有关,苦就不再成其为苦了。

数论—瑜伽派将现象的无限多样性简化为一条原则,也就是自性(*prakṛti*),视物质宇宙、生命和意识同出一源。然而,这一教义却是以神我的多样性为前提的,尽管它们的本性基本是同一的。因此数论—瑜伽派把看上去极为不同的事物——物质的、生命的以及心智的事物统一起来,并且(尤其在印度)把那看上去单一而普遍的事物,亦即神我孤立起来。每一个神我(*puruṣa*)事实上都是孤立的,因为神我不与世界发生联系,也不与其他神我发生联系。宇宙住满了这些永恒的、自由的、静止的神我(*puruṣa*)——也就是相互之间毫无关联的单子。

总之,我们得到了关于精神的一种悲剧性的、矛盾的概念——这种观念遭到佛教和吠檀多大师的猛烈攻击。

142. 瑜伽:心注一处

最早明确提到瑜伽术的是《梵书》,尤其是奥义书。但是甚至早在吠陀中也提到了某些苦行僧和出神者,他们掌握一些泛瑜伽修习,具有“神通”(§78)。既然瑜伽(*yoga*)一词很早就用于指任何一种苦行方法,任何一种
坐禅术,我们发现,修习瑜伽在印度广为流传,不仅在婆罗门中间,而且在佛 060
教徒和耆那教徒中间也很流行。但是,除了这种不成系统的、泛印度的瑜伽

① 参见巫白慧译文:“无灭亦无生,无缚亦无成,无欲脱已脱,斯乃胜义性。”——译者

之外，正如波颠阇利在其《瑜伽经》中所阐述的，还形成了作为一个瑜伽学派（*yoga-darśanas*）的"古典"瑜伽。这位作者本人也同意（《瑜伽经》1.1），总体而言，他只是收集了瑜伽理论和技术的传统而已。至于波颠阇利本人我们一无所知。我们甚至不知道他生活在公元前 2 世纪，还是公元 3 世纪或是 5 世纪。对于传统流传下来的瑜伽术，他只保留了那些历经数世纪充分检验的部分。至于为这些瑜伽修习提供理论框架和形而上学基础方面，波颠阇利本人的贡献微乎其微。他只是重新泛泛地概括了数论派原理，把它改造成一种相当表面化的有神论。

古典瑜伽兴起于数论派衰落之际。波颠阇利不相信单凭形而上学的知识就能够引导人类获得解放。知识仅仅为争取自由奠定了基础；获得自由要靠苦行和坐禅。波颠阇利把瑜伽定义为"抑制意识状态"（《瑜伽经》1.2）。"意识状态"（*cittavṛttis*）数量无限，但是分为三种范畴，与三种可能的经验相对应：(1) 错误和幻象（梦幻、幻觉、知觉错误、混淆，等等）；(2) 所有正常的心智经验（不行瑜伽者的全部感觉、感知和思想）；(3) 由瑜伽术所激发起来的超心理经验，当然，只有那些修习者才能够获得这种超心理经验。波颠阇利瑜伽论的目标是要消除属于前两个范畴的经验（它们分别是由逻辑错误和形而上学错误所造成的），并且用一种宁静的（enstatic）、超感官的以及超理性的"经验"取代它们。

与数论派不同，瑜伽派为自己规定的任务就是把不同组合、不同种类以及不同形式的"意识状态"（*cittavṛttis*）一一除灭。除非一个人开始"亲身"知道即将被除灭的结构、起源和强度，否则是不可能将其除灭的。在这里，
061 "亲证的知识"就是指方法、技术和实践。一个人不去行动、不去苦行就什么也不能得到：这是瑜伽文学的一个主题。《瑜伽经》第 2 卷和第 3 卷尤其致力于研究这种瑜伽行为（清净、坐姿、吐纳术等等）。人们若不能亲证意识状态（*cittavṛttis*，其字义为"意识的旋涡"），便不能驾驭它而最终除灭它。只有通过亲身经历才能获得自由。①

造成心智之流的旋涡（*vṛttis*）的原因当然在于无明（《瑜伽经》1.8）。但是对瑜伽派而言，消除形而上学的无明尚不足以除灭意识的各种状态。因为甚至此刻当下的"旋涡"被毁坏之时，其他的旋涡还是会从潜意识深处的

① 因此诸神（*videha*，"非化身的"）——他们没有经验，因为他们没有身体——不如人类的状况，不能获得完全解脱。

“熏习”(*vāsanās*)的无尽源泉中喷涌而出,并取而代之。熏习(*vāsanās*)是瑜伽心理学的一个重要概念。这种潜意识的力量乃是路障,它会产生两种自由:一方面,“熏习”不断地注入心智之流,形成无穷无尽的意识状态;另外一方面,由于熏习处于特有的(潜意识的)形态,它就难以被控制和驾驭。因此瑜伽行者——即使他长于连续的修习——遇到熏习(*vāsanās*)所产生的强大心智之流的旋涡的突然侵入,难免有被击溃的危险。要成功地除灭“意识状态”,就必须打破潜意识—意识的循环。

瑜伽坐禅的出发点就是心注(*ekāgratā*)一处。它可以是一种有形的对象(眉心、鼻尖或是某个发光物体等等)、一种思想(一种形而上学真理),也可以是自在天(*Īśvara*)。练习心注(*ekāgrātā*)一处就是要控制两种心智流的产生:感官活动和潜意识活动。这不是说心注一处需要大量以生理学为 062
主导的训练和技术。例如,如果身体做出一种疲惫的或者很不舒服的坐姿,如果呼吸被瓦解了或曰其节律被打乱了,心注(*ekāgratā*)一处也就无法达到。这就是为什么瑜伽术包含一定的心智—生理学实践和精神实践的范畴,这种范畴被称为 *aṅgas*(“支”)。可以将其视为一组修行方法,也可以视为以苦行和以解脱为目的的精神之旅的不同阶段。《瑜伽经》(2.9)所提出的八支已经成为经典:(1) 禁制(*yamas*);(2) 劝制(*niyamas*);(3) 坐法(*āsanas*);(4) 调息(*prāṇāyāma*);(5) 摆脱感官行为以及对外物的支配(制感,*pratyāhāra*);(6) 执持(*dhāraṇā*);(7) 禅定(*dhyāna*);(8) 三昧(*samādhi*)。

143. 瑜伽术种种

前两种修习——禁制和劝制——不可避免地构成了一切苦行主义的初阶。禁制(*yamas*)有五种:不害(*ahiṃsā*),真诚(*satya*),不盗(*asteya*),不淫(*brahmacarya*),不贪(*aparrigraha*)(参见《瑜伽经》2.30)。这些禁制所产生的不是瑜伽状态,而是“洁净”状态,高于非修习者的状态。与此相关,瑜伽行者必须修习劝制,也就是一系列肉体和心智的训练。波颠阇利写道(《瑜伽经》2.32):“清净、安静、苦行(*tapas*)、习瑜伽之形而上学,凡事皆以自在天为一切行为的动机,这就是劝制。”①

① “洁净”还意味着身体器官内部的纯洁(《哈特瑜伽》尤其这样坚持认为)。“安静”指“消除欲望以增进存在的必要条件。”苦行(*tapas*)包括忍受对立的事物,如冷和热等。

坐法(*āsanas*)才是瑜伽术的真正开端。坐法是指一种著名的瑜伽姿势,《瑜伽经》2.46 的定义是“安稳自如”。在这里,我们遇到了一种典型的
063 印度苦行方法,在奥义书甚至在吠陀文献中都有记载。其要义就是**毫不费力地**保持同一种姿势,唯有如此,坐法(*āsanas*)才有助于心注一处。“连维持姿势的力量也消失之后,这一姿势方臻于完美”(广博仙:对《瑜伽经》2.47 的注释),“修坐法者必须努力制服身体天然的努力”(筏遮塞波底:对《瑜伽经》2.47 的注释)。

坐法是消除人类存在特性的第一步。在身体的层面上就是要心注一处(*ekaāgratā*),也就是专注于某一点:身体“专注”于一种姿势。正如心注一处结束了“意识状态”的动摇与散乱,坐法(*āsanas*)则结束了身体的运动性和有效性,因为它把各种可能姿势的多样性化约为一种静止、神圣的姿势。此外,向“统一化”和“整体化”的发展对于一切瑜伽修习都是十分典型的。它们的目标就是要超越(或者消除)人类的局限性,**拒绝**服从人类的天然倾向。

如果说坐法(*āsanas*)是拒绝运动,那么调息(*prāṇāyāma*),训练呼吸,就是拒绝像普通人那样毫无节律的呼吸。非瑜伽行者,他们的呼吸随着环境和心智的张力而变化。这种不规则性造成一种危险的心智流动,令注意力不集中、散乱。一个人要集中注意力就只有通过一定的努力才能做到。但是,在瑜伽派看来,这种努力就是一种“外在化”。因此,要通过调息(*prāṇāyāma*)尝试消除呼吸的努力:有节律的呼吸必然是自发的,以至于瑜伽行者把呼吸本身都给忘却了。

后世有位评注家薄阇(Bhoja)评论道:“在呼吸和心智状态之间总是有着一种联系。”(对《瑜伽经》1.34 的注释)这一评论相当重要。呼吸的节律与意识状态之间的联系,远古时代的瑜伽行者就已经体验到了。他们很可能就是以这一联系为工具把意识“统一起来”。通过调节自己呼吸的节律并且使之逐渐缓慢下来,瑜伽行者就能够“执持”于某种在清醒状态下无法达到的意识状态,尤其是在睡眠时所特有的意识状态。一个睡着
064 的人,他的呼吸状态比清醒的人缓慢。通过调息而获得这种入睡的节律,瑜伽行者——不过没有牺牲他的清醒——就能够专注于各种睡眠所特有的意识状态。

印度心理学区分了意识的四种状态:白昼的意识,睡而有梦的意识,睡而无梦的意识以及“第四位的意识”(第四,*turīya*)。每一种意识状态

与一种特殊的呼吸节律相关联。通过调息,亦即逐渐延长呼气和吸气——这一修习的目标就是使呼吸的这两个环节的间隔尽可能延长下去[1]——的时间,就能够毫不间断地从清醒的意识状态过渡到另外三种意识的状态。

坐法(*āsanas*)、调息(*prāṇāyāma*)、心注一处(*ekāgratā*)只要不断地修持,就能够成功地摆脱人类的局限。静止的状态可使瑜伽行者保持呼吸有节律,将目光和注意力集中于一处,这样就“心注一处”了、“统一”了。他可以通过制感(*pratyāhāra*)检验他的凝神程度,这个术语的原意就是“从感官那里全身而退”或曰“出神”,但是我们愿意将其译为“把感官行为从外在事物的支配下解放出来”。感官不是朝向外物,而是“坚守自身”(薄阇:对《瑜伽经》2.54 的注释)。可以把制感看做心理—生理苦行的最高阶段。从今往后,瑜伽行者不再被感官行为、记忆等等搞得“心神不宁”或者“烦恼不堪”了。

瑜伽行者对于外部世界的刺激、对于潜意识的涌力能够保持自制,这使
他能够修习执持和禅定。执持(*dhāraṇā*,词根 *dhṛ*,“坚守”)其实就是“把思 065
想固定在某一点之上”,其目的是为了**理解**。波颠阇利把它定义为“统一的思想流动”(《瑜伽经》3.2)。广博仙补充道:“连贯的心智应努力同化那坐禅的对象,而不是任何其他外物。”

无需指出,此种瑜伽禅定功夫与世俗的坐禅完全不同。禅定(*dhyāna*)有可能“渗透”进外在事物,神奇地与之“同化”。这种向事物本质的“渗透”是非常难以解释的,既非各种诗性想象,也非柏格森的直观,瑜伽禅定的特点在于它的连贯性,以及始终同瑜伽相伴随并引导瑜伽的那种澄明状态。事实上,“连贯的心智”从未脱离瑜伽的意志。

144. 神在瑜伽派中的角色

与数论派不同,瑜伽派肯定神,亦即自在天(*Īśvara*,意思是“主”)的存在。当然此神并非造物主。但是又认为自在天(*Īśvara*)可加快解脱过程。

---

① 呼吸的节律通过协调三个“环节”获得:吸气、呼气和屏息。通过修持,瑜伽行者能够延长这三个环节达到很长时间。调息的目的就是尽可能使呼吸的悬置时间长久一些,为此,瑜伽行者每呼吸一次时间起先为 16 秒半,后为 35 秒、50 秒、3 分钟、5 分钟等等。呼吸的节律化和呼吸的保持在道教的修行、穆斯林神秘主义以及静修派的祈祷方法中起到很重要的作用。参见 Eliade, *Yoga*,第 53—59、431—432 页。

波颠阇利提到的主毋宁为瑜伽行者的神。一个人只有选择瑜伽后才能得到他的帮助。比如帮助那些把他当作专注对象的瑜伽行者获得三昧(*samādhi*)。根据波颠阇利(《瑜伽经》2.45),此神的帮助不是由“欲望”和“感情”实现的——因为主不会有欲望,也不会有感情——而是一种处在自在天和神我(*puruṣa*)之间的“形而上的互感”,这种互感源于二者结构的对应性。自在天也是一个神我(*puruṣa*),只是这一神我早已从永恒中解脱出来,不受存在之“苦”和“不净”的影响(《瑜伽经》1.24)。广博仙在评注这段经文的时候解释道,“获得自由”的精神与自在天(*Īśvara*)的区别在于:前者曾经与心智的存在有着某种(仅为虚幻的)联系,而自在天原本就是自由的。神不为仪式和虔诚而动心,也不因为对他的信仰而动心。但是,他的
066 “本质”(或许可以说)本能地与那些通过瑜伽而寻求自由的神我携手共进。

自在天与瑜伽行者之间这种形而上的互感似乎已经耗尽了他的精力,使他无法进一步关注人类的命运了。我们有一种印象,好像自在天(*Īśvara*)已经由外进入瑜伽的“见”(*darśana*)似的。他在解脱中所起到的作用无关紧要,因为原初物质本身就在解脱大量陷于虚幻存在的网罗中的“自我”。然而波颠阇利认为需要在解脱的辩证法中谈论神,因为自在天与一种经验现实相对应。正如我们刚才所说,有些瑜伽行者可以通过“皈依自在天”(《瑜伽经》2.45)而获得三昧(*samādhi*)。波颠阇利既着手收集“古代传统”各种行之有效的瑜伽术并将其分类,就不会忽略一系列专注于自在天(*Īśvara*)而得到的经验。

换言之,在“法术型”瑜伽——亦即仅仅诉诸苦行的意志和力量的瑜伽——之外,还另有一种“神秘型”瑜伽传统,在此种传统中,瑜伽修习的最高阶段就是皈依某一位神,不过这种皈依是极其崇高和极其理智化的。无论如何,至少就波颠阇利及其最早的一位评注家广博仙而言,自在天并无一个全能的创造之神的光辉,缺少各种神秘主义中那能动的、庄严的神的感情。总之,自在天(*Īśvara*)仅仅是瑜伽行者的原型——一个大瑜伽行者,很有可能是某些瑜伽教派的守护神。事实上,波颠阇利说过,自在天(*Īśvara*)是无尽时间里的圣徒的师尊。因为,他补充道,自在天是不受时间束缚的(《瑜伽经》1.26)。只是后来的评注家筏遮塞波底弥室罗(Vācaspatimiśra,约公元850年)和识比丘(Vijñnabhikṣu,公元6世纪)方才大力强调自在天的重要性,在他们生活的时代,整个印度都沉浸在皈依和神秘主义的潮流之

中了。①

145. 三昧(*samādhi*)与“神通” 067

由“执持”过渡到“禅定”并不要求任何新的技术。同样地,瑜伽行者一旦成功地进行执持和禅定,就不需要任何其他瑜伽修持法作为补充②便可以获得三昧(*samādhi*)了。三昧(*samādhi*)——瑜伽的“平衡”(enstasis)——乃是一切苦行者精神努力与修习之最终结果和冠冕。这一术语主要具有一种灵魂知识学(gnoseological)的意义:三昧(*samādhi*)就是一种沉思状态,在这种状态下,**思想能够直接把握对象的形式**,不需要借助于范畴和想象;在这种状态下,对象以其“自相”(*svarūpa*)、本质显现自己,仿佛就是“自己抽空了似的”(《瑜伽经》3. 3)。**对象的知识和知识的对象**之间有了一种真正的对应性,因为对象再也不是处在与意识的联系中,它把自己规定和确定为一种现象对意识显现自己了,它仿佛就是“自己被抽空了似的”。

然而,三昧(*samādhi*)不是一种知识,而是一种“状态”,一种瑜伽派所特有的平衡状态。这种“状态”使得神我可以通过一种非由“经验”构成的行为而显现自己。但是并非任何一种三昧(*samādhi*)都能够揭示神我因而最终获得解脱。当三昧(*samādhi*)通过思想固定于空间的某一点,或者某个观念时,此种平衡就叫做“有持的”或者“有想三昧”(*samprajñāta-samādhi*)。相反,排除任何与外物“关系”所获得的三昧(*samādhi*),亦即仅仅对存在取得一种透彻的认识,此种平衡就是一种“无想三昧”(*asamprajñāta*)。就认识真理、结束痛苦而言,前一种平衡只是获得解脱的工具。而后一种平衡(无想三昧,*asamprajñāta*)则摧毁了“先前一切心智作用的业力(*saṃskāra*)”(识比丘语),甚至成功地阻止瑜伽行者从前行为所造就的业力。这种平衡事实上就是“狂喜”,因为它无需外物引导就能够体验到了。

---

① 另有一位评注家,尼拉坎沙(*Nīlakaṇṭha*)断言,虽然神是静止的,就像一个有吸引力的人物那样帮助瑜伽行者。尼拉坎沙认为自在天具有一种能够预定人类生命的“意志”,因为“他想让哪些人站起来,就让他们行善事,想让哪些人倒下去,就让他们行恶事”(转引自达斯古普塔:《作为哲学和宗教的瑜伽派》,第 88—89 页)。我们与波颠阇利给自在天所派定的朴素角色已经是多么的遥远!

② 三昧(*samādh*)的含义是:联合、整体性、专注、彻底的精神集中、联接,通常翻译为“集中”。但是这样就有危险将该字与执持(*dhāraṇā*)相混淆。这就是为什么我们宁愿将它翻译为平衡、静态联接。

068 显而易见,“有想三昧”是分阶段的,循序渐进的。在这些“有持”阶段,可以借助某种知识而获得三昧。必须牢记,这是一种由“知识”向“状态”的过渡,因为这是所有印度坐禅的特有属性。在关于三昧(*samādhi*)的论述中,也有一种印度文化所追求的“层面上断裂”——由知识向存在的悖论式的过渡。

当瑜伽行者达到了这一阶段,他就获得“神通”(*siddhis*),这也是从《瑜伽经》3.16之后所着重讨论的。通过执持、禅定、在某一个对象或某一组对象上获得三昧,瑜伽行者就获得了与所体验对象有关的某种神秘力量。例如,通过执持于潜意识的业力(*saṃskāra*),他能够了解他的前生(《瑜伽经》3.18)。通过执持于其他的对象,他能够获得许多神通(如飞行、隐身等)。一切进入禅定的事物——通过法术型的坐禅——都能够被同化、被拥有。在印度人的观念里,自我克制具有一种积极的价值。苦行者通过舍弃某些享乐所得到的力量要远远超过他所舍弃的享乐。通过舍弃、苦行(*tapas*),人、鬼或神都可以获得大神通,以至于威胁整个宇宙。

为了避免这种神圣力量的蔓延滋长,诸天就“诱惑”苦行者。波颠阇利本人提到天界的诱惑(《瑜伽经》3.51),而广博仙做了如下解释,当瑜伽行者最终获得有想三昧时,诸天就会造访他,说:“到天界来享乐吧。这些快乐是人们求之不得的,这位少女是值得赞美的,这颗灵丹可以消除年迈和死亡”等等。他们不断以天女、天眼通和天耳通诱惑他,许诺把其身体改造成“金刚不坏之身”——总之,他们给他分享天界的一份子(广博仙:对《瑜伽经》3.51的注释)。但是天界依然远离绝对的自由。这位瑜伽行者认为应当拒绝这些“法术的海市蜃楼”,“只有无明之徒才向往它”,他依然恪守自己的目标:获得最终的解脱。

069 如果瑜伽行者经不住诱惑而运用这些神通,他就再也不能获得新的力量了。根据古典瑜伽派的全部传统,瑜伽行者运用无尽的神通(*siddhis*)可以回归绝对的自由,亦即“无想三昧”(*asamprajñāta-samādhi*),但是绝对不要去制服自然的元素;事实上,波颠阇利告诉我们(3.37),这些神通在清醒状态中是“圆满”(这是 *siddhis* 的字面含义)的,但是它们却是获得三昧状态的障碍①。

① 不过,此种对于通过神力而得到的“天界”的乡愁一直令瑜伽行者和苦行者向往不已。据广博仙所说(对《瑜伽经》3.26的注释),居住在天界(梵界)的某些神和具有神通的瑜伽行者多有类似。事实上,梵界的神,按照他们本性而处在四种“精神境界”,分别对应于有想三昧的四种类型。这些神既然处在各自境界上,他们就没有获得彻底解脱。

146. 最 终 解 脱

从有想三昧过渡到无想三昧,广博仙概括如下:瑜伽行者在达到有想三
昧的最后阶段时,同时可获得某种智慧(波若,*prajñā*),通过此种智慧,他实
现了“绝对的独存”(*kaivalya*),亦即神我(*purusa*)摆脱自性(*prakṛti*)的帝
国而获得绝对自由。以为这种精神状态是一种恍惚,是完全被抽空了内容
的意识,那就大错特错了。三昧一语所表述的“状态”和“知识”是指在意识
中没有了对象,而决不是指意识的绝对空无。相反,意识充满了对于存在的
直接、整体的直观。正如晚近的一位作者摩陀婆(Mādhava)写道:“‘灭’
(*nirodha*,一切心智活动的最终止息)不可被想象为一种非存在,而毋宁是
支持着神我的一种特殊状况。”这种整体空无的平衡,这种无条件限制的状
态,已经不再是“经验”(因为在其中已经不存在意识和世界之间的联系)而 070
是“启示”了。理智(菩提)由于完成了自身的使命,就从神我(*puruṣa*)那里
隐退,与之相隔绝,而与自性(*prakṛti*)重新整合起来。瑜伽行者得到了解
脱:他成了一个生解脱者(*jīvan-mukta*),“在今世获得解脱者”。他不再生
活在时间的支配之下,而是生活在一种永恒的现在,一种波伊提乌①用于定
义永恒的当下(*nunc stans*)。

显然,他处在一种悖论的状态;因为他生活在今世,却解脱了;他有一个身体,不过他认识了自己,因为此一事实,他*就是神我*;他生活在绵延的时间里却又分有了永恒。三昧究其本性就是一种悖论,因为它出空了存在和思想,同时又使它们充满。瑜伽的平衡提出了在宗教和神秘主义历史上一个著名的方法:也就是对立统一的方法。通过三昧,瑜伽行者超越对立,将空无和实有、生命与死亡、有与非有统一起来了。所谓平衡,就是把现实的不同形态重新整合在一种形态里面:整合在现实世界尚未主一客二分的无形态的原型、无差别的丰富性里面。

以为这种至上的重新整合只是倒退向太初的无差别,那是大错特错了。解脱并不等同于前世存在的“熟睡”状态。所有作者都强调瑜伽的*超*意识状态的重要性,这就向我们表明,最终的重新整合只有在超意识的取向上,而不是在多少是深深的“入定”中获得的。换言之,通过三昧而复原到初始的

---

① 波伊提乌(Boethius,? —524)古罗马哲学家。曾将亚里士多德和柏拉图作品译为拉丁文,著《哲学的慰藉》,主张与神交往是人生至乐。——译者

无形态，将这种新的因素带入与现实世界尚未主一客二分之前就已经存在的状态之中去了：这新因素就是关于统一和妙乐的**知识**。的确有一种向“太初状态”的回归，不同之处就在于那个“生解脱者”是在自由和超意识的维度上回归到了太初状态。他是在确立了一种全新的、悖论的存在模式之后，重新整合了太初的丰富性：这个存在的模式就是**自由的意识**，它不存在于宇宙的任何地方，既不存在于生命的层面上，也不存在于“神话的神性”（诸神）的层面上，它仅仅存在于绝对的存在（大梵）之中。

印度思想证明了一个看似荒诞而且毫无意义的事实，这就是：世界存
071 在、人类存在，以及人类在世界上的存在都是一连串的虚幻和痛苦，可是从这个事实中还是看到了一种理想，一种追求自由的意识，这真是非常的令人着迷。因为，通过解脱自己，人类确立了自由的精神维度并将其“导入”宇宙和生命，也就是将其导入盲目的、有条件的存在状态里面。

然而，这种对于绝对自由的追求是以否定生命和人格为代价的。佛陀也主张这种激进的否定以便达到涅槃。但是这种极端的、排他的解决办法并没有穷尽印度宗教的精神源泉。我们将看到（§§193—194），《薄伽梵歌》提供了另外一种获得解脱的方法，不需要付出舍离世间的代价。

第 18 章　佛陀及其同时代人 072

147. 太子悉达多

佛教是唯一的一种宗教,其创始人声称自己既非某个神的先知,也非他的使者,甚至他还拒绝神一至上存在的观念。但是他主张自己是一个“觉者”(佛陀),因而是引路人和精神导师。他说法的目的就是为了众生得解脱。正是这一“救世主”身份把他的解脱学说变成了一种宗教,把悉达多这位历史人物变成了一个神。我说“历史人物”,是因为尽管佛教神学家做过各种神学思考,并多有发明,尽管某些西方学说把佛陀视为一个神话人物或者一个太阳符号,但是没有理由否认他的历史真实性。

学者们大都同意,这位未来佛可能于公元前 558 年 4 月或者 5 月(或者根据另外一个传说,于前 567 年)生于迦毗罗卫国(Kapilavatsu)。他是一个小国的国王净饭王(Śuddhodana)和元配夫人摩耶(Māyā)生的儿子,16 岁成婚,29 岁离开王宫,公元前 523 年(或前 532 年)4—5 月间证得“无上正等正觉”,余生致力于说法,于公元前 478 年(或前 487 年)11 月 80 岁时圆寂。但是这些日期和其他一些我们将进一步叙述的事件并非佛陀弟子们所知道的佛陀生平的全部。因为,一旦他的真正身份亦即他的觉者的身份为他的弟子接受并且公开宣传,那么他的生平就会发生变化,而获得那些伟大的救世主所特有的神话特征。这一“神话化”过程会与日俱增,只是世尊在世的 073
时候,这一过程就已经开始了。因此,我们要记得佛陀传奇性的生平事迹,因为在佛学和佛教神话、在宗教文献和造像艺术里,佛陀的生平都是一种创造性源泉。

例如,据说这位未来佛,菩萨(“觉有情”)还是兜率天的一位神的时候就自己选定了父母。据说这位菩萨是受生清净的,以大象或是 6 个月大的婴儿形象由其母亲右胁进入(古代版本只说其母做了一个梦:一头大象进入她的身体里面）。其入胎同样也是清净的，因为菩萨是在一座用宝石做成的石龛而不是子宫里面孕育的。佛陀降生在一座花园里面；母亲攀着一棵树，婴儿就从她的右胁生下来了。

这位菩萨甫一落地，走了七步，面北作狮子"吼"："我于一切天人之中最尊、最胜、最长。无量生死，于今尽矣。"[①]这个诞生神话宣称，未来佛的降生超越了宇宙（他达到了"世界的巅峰"），消除了空间和时间（他事实上就是"最尊"、"最长"）。大量的奇迹预示了这一事件。当他出现在一座婆罗门寺庙里，诸神像"皆从座起，顶礼菩萨足"，"高唱颂歌"。[②] 父亲给孩子起名悉达多（"一切义成"）。诸位仙人给他看相，辨认出他有"大人"（*mahāpuruṣa*）的三十二相，八十种随形好，有的说他要做转轮圣王（*cakravartin*），也有的说他要成佛。有一位年迈的仙人（*ṛṣi*）阿私陀（Asita）从喜马拉雅山飞到迦毗罗卫求见这位新生儿，他双手把他捧起，看出他会成佛，不由得放声大哭，因为阿私陀知道，自己活不到追随他的日子了。

074 他出生之后 7 天，摩耶夫人就死了，转生兜率天（*tuṣita*-heaven）。孩子由姨母抚养到 7 岁。此后就接受了每一位印度太子都要接受的教育，在知识和身体的训练上都出类拔萃。16 岁时娶邻国两位公主瞿波（Gopā）和耶输陀罗（Yaśoodharā）。又 13 年，耶输陀罗生下一个儿子罗睺罗（Rāhula）。这些生活细节令佛教的苦行传统感到尴尬，不过很可能是真实的。不管怎样，悉达多在罗睺罗出生不久就遁离王宫，这是为了不违背印度在儿子或者孙子出生之前不得出家的习俗。

这次出家的全部情节描述极为细致感人。根据早期经文，佛陀对他的弟子说，关于老、病和死的思考使他对人生感到毫无趣味，决心将众生从这三种苦中救度出来。传说对这一场面的描述是相当戏剧化的。由于仙人警告在先，净饭王将年轻的太子幽禁在深宫和欢喜园里面。但是诸天破坏了父亲的计划，因为在悉达多相继三次到欢喜园游玩的路上，第一次他遇见了一位拄着拐杖的老人，第二天遇见了一位病人，"骨瘦如柴、面皮发青、热病缠身"，最后一次又遇见一个死人被抬进坟墓。他的车夫告诉他，没有人能够逃脱病、老、死。在他最后一次游园的时候，太子看见一位行乞的比丘，神

① 《中部》3.123。关于七步的象征，参见 Eliade, *Myths, Dreams, and Mysteries*，第 110 页以下。

② 《方广大庄严经》，第 118 页以下；A. Foucher, *La vie du Bouddha*，第 55 页以下。

态安详尊严，这一情景令他心中顿生安慰，使他明白宗教能够治愈众生因缘的悲苦。

148. 大　出　家

为了坚定他离弃世俗的心愿，诸天于子夜时分唤醒悉达多，让他能目睹入睡的妃子们赤裸不雅的肉体。诸天让全城都入睡了，于是太子唤醒马夫车匿(Chandaka)，骑上骏马，出了城门往东南方向去。骑马到了距离迦毗罗
卫国十二里格的地方，他停了下来，挥剑断去青发，换上猎人服装，吩咐车匿 075
骑上他的马回宫。他逗留的时候，遣散了一路护卫着他的诸天队伍。从此诸天在佛陀传奇的生平中不再起重要作用。他将凭借自己的手段，而不是超自然的帮助取得正果。

他现在成了一个游方的苦行僧，名乔达摩，这个名字是他在释迦(Śākya)族中取的，他来到吠舍离(Vaiśālī，巴利文：Vesāli)城，那里有个叫阿兰迦兰(Ārāḍa Kālāma)的婆罗门大师传授一种早期的数论思想。他很快掌握了其中的原理，但认为它并不合适，就离开阿兰去了摩揭陀(Magadha)首都王舍城(Rājagṛha)。国王频婆娑罗(Bimbisāra)深为这个年轻的苦行僧所吸引，要把一半的国土赠送给他，但是乔达摩拒绝了这个诱惑，他投在了另外一位大师郁陀兰子(Udraka)的门下。同样，他很快掌握了郁陀兰子传授的瑜伽术，可仍然不满意，就离开他，和五位追随自己的弟子一起到伽耶(Gayā)去。他的哲学和瑜伽的学徒期维持了一年。

他在伽耶附近一个僻静的地方住下，实行最严格的苦行，长达六年。他到了每天只吃一粒黍以维系生命的地步，进而发愿断一切食；寂静不动，形同骷髅，最后竟变得像一堆尘土。经过这些极度的苦行，他获得了一个称号，释迦牟尼(Śākyamuni，“释迦族的苦行僧”)。他达到了苦行的极致，仅剩的第一千种生命力也离开了他，这时他恍然大悟，苦行并不是获得解脱的手段，就终止断食。当时印度各地对于苦行僧(*tapasvins*)都深为尊敬，因此他的苦行经历不无益处。从此，未来佛能够宣称他掌握了苦行之道，如同他掌握了哲学(数论)和瑜伽一样，如同他在出家之前体验了太子生活中的诸种快乐一样。于是，各种各样的人间经验，没有他不曾知道的——从文化、爱欲和权力的大喜大悲，到苦行僧离群索居和苦修生活期间所遭际的贫困，以及瑜伽行者所进行的沉思和入定。

乔达摩接受了一位信女供养的乳糜，这令五位一起与他苦行的弟子大 076

为厌恶,离开他往婆罗奈(Benares)去了。释迦牟尼因这食物而奇迹般地恢复元气,就走入一片森林,挑了一棵菩提树(*aśvattha*;*Ficus religiosa*),坐在树下,发愿不证"无上大觉",终不起座。但是释迦牟尼在入定之前受到死神魔罗(Māra)的攻击。因为这位大神预见,乔达摩马上会发现解脱之道,它将中断生、死和转世的永恒轮回,从而结束他的统治。一群可怖的妖魔鬼怪向释迦牟尼发起了攻击,但是他先前的功德以及他的"仁慈"(*maitrī*)在周围筑起了保护带,他坚定如故。

于是魔罗又说,树下座位是他多年以前一次布施的功德。释迦牟尼也在过去生修了诸多功德;但是他没有见证人,就召来"公正的万物之母",并以右手指地,后来这成了佛教造像中的一个经典印相。大地从释迦牟尼的右胁显现,证明他的话。然而死神魔罗(Māra)也是色欲之神(Kāma)——总之,他是生命之神——由于菩萨会向世人开示他的解脱道,生命本身也同样受到了威胁。于是有无数女子围绕着这位苦行僧,以赤身裸体、万种风情诱惑他,可是徒劳无功。魔罗被打败了,只好在夜幕降临之前退却了。[①]

149. "悟道"。传法

魔罗的攻击和诱惑的神话表明释迦牟尼的德性绝对清净。他现在可以
077 专心观想一个核心问题:解脱痛苦。第一观想,他遍历四禅,以"天眼通"(§158)看到整个世界及其永恒的变化,也就是在羯磨支配下可怕的生死轮回和转世。第二观想,他重演了自己的前生,并且在一瞬间思考了他人无穷的生命。第三观想形成了菩提(*boddhi*),正遍觉,因为他已经领悟了造成地狱般生死轮回的规律,也就是通常所说互为依存的"十二因缘"(§157)。他同时还发现了了断这些"因缘"所必需的条件。从此他拥有了四"圣谛":在日出之前他就成了佛,一个"觉者"。

佛陀在"悟道处"逗留了七个星期。佛教传说保留下来了各种神奇事件,其中我们要提到的有魔王的最后诱惑:他劝说佛陀径直般涅槃,不要开示刚发现的关于解脱的教理。但是佛陀回答说,他在建立一个接受他的教理、组织严密的教团之前是不会入涅槃的。尽管如此,佛陀不久又问自己是否值得去传授如此深奥的道理。但是梵天王从中劝请,尤其是他保证有一些人还是可以得到解脱的,他终于下定了说法的决心。就前往婆罗奈,以他

① 然而,魔罗没有遭到不可挽回的诅咒,因为在不久的将来他也皈依了佛门,获得解脱。

的“天眼通”看到先前离他而去的五位弟子。他在今萨尔纳特(Sarnāth)遗址的一个静修处找到他们,告诉他们他已经成佛。他阐释了四圣谛:苦、集、灭、道(参见 § 159)。

这便是“初转法轮”。五位弟子就皈依成为“圣徒”(阿罗汉)。波罗奈有位银行家的儿子也皈依了,接着这家人中的其他成员也先后皈依。不久由 60 名比丘(*bhikkhu*)组成了一个教团(僧伽),佛陀分别派遣他们到全国各地去传法。而他本人去了优卢频婆(Uruvilvā),用一系列神通使特别崇拜阿耆尼的婆罗门迦叶(Kaśyapa)三兄弟皈依佛门。接着佛陀向迦叶的一千弟子说法;向他们证明整个世界都燃烧着情欲的烈焰。他们接受了他的教理, 078
成为阿罗汉。

从此皈依者日增。在王舍城,摩揭陀年轻的国王频婆娑罗供给佛陀和僧团一处精舍。还是在王舍城,佛陀度化了两位圣僧舍利弗(Śāriputra)、目犍连(Maugalāyana)和一位苦行僧摩诃迦叶(Mahākāśyapa),此三人注定要在佛教史上起到重大作用。不久世尊遵父命,前往迦毗罗卫,随行的还有一大批僧侣。这次访问衍生了许多戏剧情节和神话题材。佛陀成功地使他父亲和许多亲戚皈依佛教。其中有他的表亲:日后成为在家弟子的阿难(Ānanda),以及不久与他为敌的提婆达多(Devadatta)。

佛陀没有流连于迦毗罗卫。他回到王舍城,访问舍卫城和吠舍离,多少有些惊人的皈依还在继续。当他得知父亲身患重病,再次去看望他并且为他送终。守寡的王后请求义子接受她也加入僧团。他拒绝了,但是王后以及随侍的公主都想当比丘尼,就跟着佛陀一路步行到了吠舍离。阿难替她说情,最后佛陀才答应收留她,并为这些比丘尼制定了比僧众更加严格的戒律。但是这样的决定并非出于情愿,他还宣称,由于接受了女众,佛法本可以延续一千年的,现在就只有五百年了。

佛陀的一些弟子显了神通,但他自己却不炫耀“神通”(§ 159)。尽管如此,他与“六师外道”、他的敌人斗法时还是显了一些绝大的神通:一会儿他让一颗芒果树长大,一会儿踏上彩虹从东方走向西方,或者在空中变幻出无数化身,或者幻化为因陀罗天为母亲说法。但是,由于这些关于神话故事并不可追溯到早期传说,因此他的原始教义很有可能禁止“神通”(*siddhis*),强 079
调智慧(*prajña*)的皈依手段。①

① 不过,各种传记还是不断提到佛陀在空中行走的事。

我们料想得到,与世尊对立的大师们嫉妒他的成功,徒劳地诽谤他的名誉。这在僧众中间引起了一些小小争论,其中有一次发生在佛陀获得正觉后九年,在憍赏弥城(Kauśāmbī)关于寺院戒律的争论(焦点是茅厕里洗过的钵是否可以再用来盛东西)。世尊试图让对立的双方重归于好,但是他们请求他不要为这些事情所烦恼,世尊就离开了憍赏弥。[①] 然而,在家弟子们出于义愤拒绝施舍给那些让佛陀出走的僧众,那些桀骜不驯的僧众只好让步。

150. 提婆达多的破僧。最后的度化。佛陀般涅槃

关于佛陀生平的中间一段,我们只能得到很模糊的消息。每当雨季来临,他继续在各城市附近的精舍(寺院)说法。一年中的其他时期,他与最亲近的弟子一齐到全国去弘扬善法。公元前 509 年,他的儿子罗睺罗也终于出家了。佛传还讲到一些神奇的皈依,比如谜一般的夜叉、一个远近闻名的强盗、一个出身高贵的孟加拉商人的皈依等等;这些都表明世尊的名声已经远播到了他传法的地区之外了。

当佛陀 72 岁的时候(公元前 486 年),他那位嫉妒的表亲提婆达多提出,要佛陀将僧团的领导权转交给他。遭到拒绝之后,提婆达多先是雇用杀
080 手,后又想用落石或狂象杀死佛陀。提婆达多拉拢了一些僧人,另立一个分裂的派别,传播一种更加激进的苦行主义。但是舍利弗和目犍连召回了一些误入歧途的僧众。根据某些资料,提婆达多被活生生打入地狱了。世尊的晚年因为一些悲惨事件而陷入一片黑暗,其中包括他的部族释迦族的没落、舍利弗和目犍连的去世。

公元前 478 年的雨季,佛陀在阿难的陪伴下住在竹林精舍,他在那里患了痢疾。他躲过了这场灾难,阿难很高兴,因为“世尊毕竟没有在留下他关于僧团的指示以前去世”。但是佛陀答道,他已经将佛法和盘托出了,不像有些大师那样保留任何秘密;他已经是“虚弱的老人了”,生命已经到了尽头,从此弟子们一定要各自去弘扬佛法。

然而,有些材料[②]补充了一些重要的情节:回到吠舍离,佛陀在遮波罗

---

① 这一事件意义重大:表明佛陀并没有颁布指令约束僧团行为的细节,不过我们也看到许多相反的事例;参见 J. Filliozat, *L'Inde calssique*,第 2 卷,第 485 页。

② 《诸天传》,第 200 页以下(E. Burnouf 译;参见其《道论》,第 74 页以下)以及其 Windisch, *Māra und Buddha*,第 33 页以下。亦可参见 Foucher, *La vie du Bouddha*,第 303 页以下。

支提(Cipala)的森林里面休憩,他三次向阿难赞美这一可爱的场所,赞美“印度大陆”的美轮美奂,还补充说,只要有人请求佛陀,他就“可住寿一劫或此劫的一部分”。但是阿难三次都没有开口,世尊就叫他走开。这时魔罗走上前来,提醒他不要忘记当年的承诺,当僧伽牢固地建立之后就要般涅槃。“哦,不要担心,恶魔啊,”佛陀答道,“你不会等很久的。”佛既舍寿,天地大动。阿难请问世尊这一奇异现象的因缘,知道之后就劝请他住寿一劫。但是佛陀不能违背刚才对于魔罗的承诺。“这都是你的过错,阿难……如果你请求如来,阿难啊,他会拒绝你第一次和第二次请求,但是他会同意你第三 081
次请求。因此,这实在是你的过错,阿难。”①

于是他要弟子把吠舍离的僧众召集在一起,他们两人就去了波婆(Pāpā)村。有个叫纯陀(Cunda)的铁匠邀请他们吃饭,飨以某种“猪肉”——一种肉食或者一种猪喜欢吃的蘑菇。此餐令佛陀出血性痢疾旧疾复发。尽管如此,他们还是出发前往摩罗国(Mallas)的都城拘尸那揭罗(Kuśinagara)。艰难的旅途令他筋疲力尽,遂以右胁偃卧于林间的两棵树中间,面向西,头朝北,左足覆于右足之上。阿难不由泪流满面,但是即将入灭的世尊安慰他道,“止止,阿难,不要自苦,也不要哭……你怎么能够指望生成之物不毁坏呢?那是完全不可能的。”②于是当着全体僧众,他赞扬阿难的虔心并保证他能够修得正果。

经过阿难的通报,整个摩罗国民都聚集在世尊的面前。佛陀度化了最后一位比丘须跋陀罗(Subhadra),就召唤他的弟子,问他们对于正法和戒律还有什么疑问。诸比丘都默不作声。于是佛陀就宣说遗教:“诸比丘,现在我劝告汝等:诸因缘法固有毁坏。大家应自精勤,证取道果!”于中夜和后夜之际,佛陀由初禅入第四禅后就灭度了。时在歌栗底迦(Kārtikka)月满月的那晚,就是公元前 478 年(一说公元前 487 年)。

似乎要弥补佛陀如常人一般死去,佛陀的葬礼倒是附生了许多神话。摩罗国百姓歌舞七日礼敬世尊,遗体裹满多层布匹,安放在装满香油的金棺里面,因为他的葬礼要与一位转轮圣王相当。在火化之前,佛陀遗体在拘尸 082

① 《大般涅槃经》(Mahāparinibbāna)3.40,根据富歇(Foucher)译文,第 303 页。阿难致命的粗心大意,这一情节显然是为了解释佛陀之死。因为,正如佛陀选择了自己出生地,那么也能够永远延长自己的生命。阿难没有这样做不是他的错。然而,由于佛陀传奇和佛徒僧团都没有责怪阿难铸成大错,插入这一情节显然有护教方面的原因。

② 《大般涅槃经》5.14。

那揭罗城中游行。但此时摩诃迦叶正沿着世尊的道路赶往拘尸那揭罗城，佛灭八天之后，方才赶到，在这之前一直无法点燃香木。由于摩诃迦叶是僧团的第一位首领，至少世尊的葬礼是一定要在场的。其实，根据传说，佛陀从棺材里面伸出脚来，好叫这位大弟子顶礼佛足。于是香木自动燃烧起来。由于世尊在摩罗国入灭，百姓要取走佛骨。但是邻国的百姓也要求分得一份，好建造窣堵波(*stūpa*)。起初摩罗国的百姓不肯，但是在邻国结盟的威胁下，他们只好同意把佛骨分成八份。在舍利子、骨灰罐和香木余灰上面，建造了不少窣堵波。

151. 宗教环境：游方的苦行僧

公元前6世纪初正是印度恒河地区宗教和哲学活动蓬勃发展的时期，堪与同时期的希腊文化繁荣相媲美。除了追随婆罗门传统的僧侣和神秘家之外，还有无数沙门(*śramaṇas*，“精进者”；巴利文，samana)团体、游方的苦行僧(*parivrājaka*)，其中不乏瑜伽行者、魔法师和辩证法家(“智者”)，以及唯物主义者和虚无主义者，他们是斫婆迦(Cārvākas)和顺世论(Lokāyatas)的先驱。有些类型的游方苦行僧可以追溯到吠陀和后吠陀时代。他们大多数人我们但闻其名而已。他们的教理在佛教和耆那教经典里面有零星记载；因受佛教和耆那教信徒的攻击，这些教义经常遭到故意歪曲和嘲弄。

然而，这些沙门可能对于空虚的人生以及婆罗门注重仪式的学说感到索然无味，因此大多放弃了世俗的生活。沙门所要认识与把握的，乃是生死
083 流转及其神秘的力量——业(*karman*)。他们运用多种方法，从极端的苦行、类似瑜伽的狂喜、对于事物的经验分析，到最抽象的形而上学、崇尚淫乱、极端的虚无主义以及庸俗的唯物主义。选择何种方法部分取决于个人将何种价值赋予羯磨所造成的生死流转。这一价值究竟是属灵的、有生有灭的有机体还是无成无毁的永恒的神我？实质上，同样的问题在奥义书时代早期就是(§80)并且仍将是印度思想的核心问题。

佛教与耆那教经典有时提到了某些宗教派别的教义，却没有提到它们的名称。比如，《梵网经》提到了某些教义：“有些人思维过去的轮转，断言自我(*atta*；梵文 *ātman*)和世界之有常，通过心灵的训练(亦即得到三昧的瑜伽)而获得神奇的力量，比如回想起他们的前世等等。有的断言亦常有亦非常有……有些不可知论者拒绝回答一切问题。有些认为自我和世界的产生没有原因。其他的团体则思维未来的轮转，预见自我在今生肉身败坏后的

变化。这一自我可以有想,甚至有色,自我也可以不有色亦不无色,因而与色界的事物不同,不论常有与否,都要经受不乐之苦。有的主张自我无想,或者不有想亦不无想,一切事物都与之无关。”①这份目录可谓弥足珍贵,因为其中某些遭到攻击的教义后来竟为各种佛教派别所用,并且发扬光大了。

除这些其名称已经湮没的教义之外,原始资料还保留了一些教派的名字。我们还将进一步考察其中最为重要的教派:正命派(Ājīvikas),其祖师主要为末迦利瞿舍梨(Makkhali Gośāla)和尼乾子外道(Nigranthsas,“离系”),也就是大雄(Mahāvīra)的弟子耆那教徒。至于乔达摩的老师阿兰迦
兰和瑜陀兰子,虽然佛陀的智慧和定力超过他们,但是他们对于他的禅定方 084
法影响甚大。

《沙门果经》(*Sāmaññaphala Sutta*,长部,1. 47 以下)还提到佛陀的六师外道。他们都是“于大众中而为导首,多有知识,名称远闻,犹如大海无不容受,众所供养。”富兰那·迦叶(Purāṇa Kassapa)似乎宣扬一切行为都是无价值的。阿耆多·翅舍钦婆罗(Ajita Keśakāmbala)讲说一种近似斫婆迦的唯物主义;波浮陀·迦旃延(Pakudha Kacāyana)传授永恒的七“身”(*kāya*,即地、水、火、风、乐、苦和命);而珊阇耶(Sañjaya)可能传授一种怀疑论,因为他拒绝任何讨论。另外两位就是末迦利瞿舍梨和尼乾子·若提子(Nigraṇthas Nātaputta)也就是大雄了;后者虽是与佛陀同时的重要宗教人物,但是佛教材料很少提到他。

有些经书叙述佛陀曾遭遇这些游方僧(*paribbājakas*),但是佛教经文强调世尊的回答而不是他的对话者的学说。比如,他斥责他们迷恋苦行、无视他人、自认为得到正果并为之额手相庆、夸大自己的成就等等。② 他主张真正的沙门和婆罗门的特征不在于他的外表、他的苦修或者肉体的禁欲而是内在的修持、施舍、自制、破除迷信以及调伏分别智。③

152. 大雄和“世界的拯救者”

虽然大雄与佛陀同时,虽然他们在相同地区旅行,虽然进出相同的团

---

① 参见 J. Fillozat, *L'Inde calssique*,第 2 卷,第 512 页。

② *Undumbarikā Sīhanāda Sutta*(长部,3. 43 以下);Rhys Davids, *Dialogues of the Buddha*,第 3 卷,第 39 页。

③ *Kassapa Sīhanāda Sutta*(长部,1. 169 以下);Rhys Davids, *Dialogues of the Buddha*,第 1 卷,第 243 页以下。

体，佛陀却从来没有遇见过他。我们不知道为什么佛陀决心避免直面这位
085 最强大、最具创造性的对手——他所建立的教团至今尚存。这两位导师的生平和精神的相似性是显而易见的。两人都出身军事贵族种姓（刹帝利），都有反对婆罗门的倾向，这种倾向在奥义书时代就已经初露端倪了。本质上他们都是“异端”，因为他们否认至上神的存在以及吠陀天启的思想，弃绝无用残酷的献祭。可是另一方面，他们的生活情调各异，他们的教义也是不可调和的。

与佛教不同，耆那教并不起源于大雄的宣教，因为他只是最后一位祖师（Tīrthaṃkaras，“搭建渡口者”，换言之，“开路者、预告解脱者”）。[①] 第一位祖师乃是勒舍婆（Ṛṣabha）或阿底那陀（Ádīsvara，“初祖”），据说生活在几百万年以前，初为太子，后出家苦行，最终在凯拉莎（Kailāsa）山上涅槃，另外21位祖师传奇般生平大致相仿，大雄的生平也遵循着同样的模式：他们都出身王子，放弃世俗生活，建立宗教社团。人们同意第二十三位祖师巴湿伐（Pārśva）有一定的历史真实性。他是波罗奈太子，30岁舍离世间，博学多才，在建立了八个教团后，于100岁时死在一座山上，这是在大雄之前250年。巴湿伐至今在耆那教的崇拜和神话中占据特殊地位。

大雄是一尊贵部族首领和提萨罗（Tirśālā）国王悉达多的儿子，悉达多和统治摩揭陀的家族有关。但是传说将其诞生安排在传统的“救世主”的结构里面：作为第二十四位也是最后一位祖师，他决心降生人间，振兴巴湿伐所建立教团的教义和完美无缺的道德。他原本受胎于一位婆罗门女儿提婆难陀（Devānanda），但是诸天将胎儿转移到摩揭陀的公主怀里。有一系列梦
086 境预告这两位母亲将要诞生一位救世主和转轮圣王。就像佛陀和苏鲁支一样，他诞生的那天晚上曾大放光明。

婴儿取名筏驮摩那（Vardhamāna，“繁荣”），与佛陀一样，过着太子生活，娶了贵族少女，还生了一个孩子。但是，筏驮摩那30岁时双亲去世，得到兄长同意，放弃所有财产权出家，穿上了游方苦行僧的衣服。13个月以后他脱下了苦行服，这是他的第一次革新，使得他与巴湿伐传统有所不同。他赤裸身体，亦即“天衣”，实行长达13年的最严格的苦行和坐禅。最后，经过长久的禁欲和两天半的默想，某个夏夜，在河畔的一棵娑罗树（śāla）下，他得到了全部知识。于是他成为一个“胜利者”（*jina*），以后他的门徒就称为

① 但是不久佛教徒宣称也有许多佛陀。

耆那教徒(Jains),但是他主要以大雄(Mahāvīra),“伟大的英雄”著名。他30 年来过着游方的生活,在摩揭陀、鸯伽(Aṅga)以及恒河平原的毗提诃(Videha)诸国弘法。雨季时节,大雄就像其他圣人一样住在城市附近。他72 岁死在白婆(Pāvā,今帕特纳附近)。他“入涅槃”的日子仍众说纷纭,有的认为在公元前 468 年,而雅各比(Jacobi)和叔布里克(Schubrig)则认为在公元前 477 年。无论如何,它发生在佛陀涅槃之前数年。

153. 耆那教的教义和生活

关于大雄本人我们知之甚少。如同围绕着佛陀的神话一样,颂扬大雄诞生的神话是传统的印度神话。耆那教的经典在公元前 4—前 3 世纪编撰。但是有些段落确实非常古老,可能保存有大师本人的话。典型的大雄教义对自然的结构深感兴趣,对于分类和数字也很热衷。甚至可以说他的体系 087
受到数字的支配(叔布里克语),事实上他谈到三种意识、五种正知、七种原则或范畴、五种身体、六种标志灵魂功德与邪恶的颜色(*leśya*)、八业、十七种精神品质的发展阶段等等。另一方面,大雄与巴湿伐与佛陀的不同之处还在于他的苦行主义,他规定弟子应终身裸体,严守许多戒律。

大雄否认上帝(God)存在,但不否认诸天(gods)存在;诸天虽有不同层次的福乐,但不是永生的。宇宙和生命无始无终。宇宙的轮转就是无限地重复自身。灵魂的数量也是无限的。除解脱的灵魂之外,万物皆受羯磨制约。耆那教的一个典型特征,也是一个明显具有古代结构的特征就是它的泛灵论:世界上存在的一切事物都是有灵魂的,不仅动物,而且植物、石头、水滴等等都有灵魂。由于尊重生命是耆那教首要的也是最重要的诫命,这一泛神论信仰造成了无数困难。所以僧侣走路的时候必须清扫前面的路面,日落以后不得出门,以免杀死某些微小的动物。

泛灵论、主张绝对尊重生命的教义,与贬低人类生命,视饥饿而死是最高贵的死法,二者看起来是极为矛盾的。尊重生命——亦即尊重三界中一切的存在——不能使人类的生命获得神圣性,也不能够赋予其宗教的意义。耆那教分有奥义书明显的悲观主义和对生命的否定,因此它只会想象一种精神的和超越宇宙的至乐(§190):灵魂从“业体”中解脱出来,“像箭一样”飞到宇宙的巅峰;在那里,他和其他解脱的灵魂相遇、沟通,组成纯灵魂的甚至是神灵的社团。这样一种悲观主义和无宇宙的“灵魂论”使我们回想起某些诺斯替教(§228)以及古典的数论派和瑜伽派(§§139 以下),但是二者还是有重大区别的。

088 羯磨(*karman*)具有决定性的作用,因为它创造业障——一种心物有机体——附着在灵魂里面,迫使灵魂轮回。成就解脱(*mokṣa*)就是停止与任何事物接触,也就是拒绝已经渗透进灵魂的羯磨,阻止一切新的羯磨侵入。可以想见,通过一系列瑜伽[1]冥想和禅定,并奉行苦行和反思就可以获得解脱。自然,只有僧众和尼众能够立志解脱,但是寺院生活对于一切年满八岁、身体健康的孩子都是敞开的。经过数年学习,见习者可经过一位导师领入教门,发誓遵守五戒:不伤害、不妄语、不偷盗、不奸淫、无所得。然后得到一只乞钵、一把清扫前路的拂尘以及一小块纱布,说话时用以掩盖口鼻,免得飞虫吸入。除雨季外,僧众和僧尼要仿照大雄去过游方生活。

根据传说,在大雄去世的时候,除了一个人数众多的在家教团之外,还有 14 000 名僧众和 36 000 名尼众。这些数字也许有所夸大;但令人吃惊的是出家的尼众以及女居士为数众多,尤其是据某些耆那教祖师说,尼众由于禁止裸体修行,因此不能得到解脱,这就更加令人吃惊了。尽管如此,早期传说仍记载了大量的尼众或者在家姐妹。人们相信大雄主要是向世袭贵族和军事贵族宣扬社会平等。可以推测,那些属于这些阶层的妇女们从大雄深深植根于最古老的印度精神的教法里面,找到了一种为婆罗门正统所拒绝的宗教方法。

089

154. 正命派和万能的"命运"

佛陀认为末迦利瞿舍梨是他最危险的对手。他曾是大雄的门徒和伙伴,奉守苦行,有神通力,为正命派领袖。根据保存在佛教和耆那教经典中的某些传记性文字,瞿舍梨是一位法力甚高的巫师。曾以"巫火"烧死了他的一个弟子;然而,在与大雄斗法中被大雄诅咒而死(约于公元前 485—前 484)。

Ajīvika(正命派)的词源仍不清楚。因受佛教和耆那教攻击,难以重构正命派教义和宗教生活。除了存于其对手著作中的一些引述之外,其经典已经不存。不过我们知道,这一运动极为古老,比佛教和耆那教要早上好几代人。

---

① 某些瑜伽术与波颠阇利整理的传统瑜伽(§143)完全相符合。比如,禅定(*dhyāna*)就是把心灵的活动固定在"某一点"上面。

瞿舍梨与他所有同时代人的不同之处在于，他是一个极端的宿命论者。“人的一切修行都是无用的”，这就是他的基本教训。其思想体系的基石只有一句话：*niyati*，“命运”、“宿命”。佛经说瞿舍梨相信“诸有情之杂染是无因无缘，无因无缘诸有情而杂染。诸有情之清净是无因无缘，无因无缘诸有情而清净。非自作、非他作。非余人作，无力……无体力亦无气力。一切之有情，一切之生物，一切之有类，一切之命者，无自在力、无力、无精进，由自然之决定、结合、由自然之性质而互相变化。”(《沙门果经》54)换言之，瞿舍梨反对印度流行的关于“业”的学说。他认为一切事物在经历 840 万大劫(*mahākalpa*)之后无需任何修行，最终自然得到解脱。佛陀认为这种冥顽的决定论是一种罪过，这就是他在其同时代人中间首先攻击末迦利瞿舍梨 090
的原因；他认为其“宿命”(*niyati*)教义是一切教义中最危险的。

末迦利瞿舍梨因其原创性而在印度思想中占有一席之地；他的决定论观念激励他研究自然现象和生命规律。[①] 正命派完全裸体，这一习俗甚至早于大雄和瞿舍梨。与所有游方僧一样，他们乞食、遵守非常严格的食物戒律；许多信徒最后是饿死的。进入僧团的入会礼考验古已有之；新僧人必须手握一样滚烫的物体烧自己的双手，活埋到脖子，一根一根地拔掉头发。但是正命派的修行方法几乎没有流传下来。我们猜测，他们有自己的苦行传统和坐禅方法；我们之所以有此推论，是因为有些文献提到正命派主张一种相当于其他神秘派别中最高天的涅槃境界[②]。

---

① 他按照感官数目对生物进行分类；他提出在自然界内部发生变化的教义(*parināmavada*)。

② 到 10 世纪末，正命派与整个印度一样都变成了巴克提(*bhakti*)信徒，接受了一种叫般卡拉特拉(Pañcarātras)毗湿奴派的教义；参见 A. L. Basham, *History and Docrine of the Ajīvikas*，第 280 页以下。

091 # 第19章　佛陀的基本教义:从永恒轮回的畏怖到不可言说的快乐

155. 有人身中毒箭……

佛陀从未将佛法纳入任何体系。他不仅拒绝讨论哲学难题,甚至不肯公布教法中的一些基本要点——例如,他不言说成佛者入涅槃的状态。此种沉默早就造成了各种异见,最终形成各种学派和教派。佛陀教义的口传和结集都产生了许多问题,以为这些问题有朝一日能够得到满意的解决是毫无意义的。但是,如果说重构佛陀"真正的思想内核"看来全无可能,那么假设佛教的早期文献完全修改了佛陀关于解脱的教义,这也是过头了。

从一开始,佛教社团(僧伽)就通过戒律(*vinaya*)来保持其组织上的统一。至于教义,僧众共同持有某些基本的观念,如转世业报、达到涅槃的禅定法以及"佛位"等。除僧伽之外,早在世尊时代就有许许多多慈悲为怀的居士,他们接受佛陀的教义而不舍离世间。虔信佛教、供养僧伽,以此积累"功德",死后往生"乐土",获得更好的来世。此类宗教生活就是典型的"民
092 间佛教",因其产生了大量神话、仪式、文学以及艺术作品而在亚洲宗教历史上的地位极为重要。

就其本质而言,可以说佛陀既反对婆罗门和沙门的宇宙论和哲学思想,也反对前古典时代的数论和瑜伽派的各种方法和技术。至于宇宙学和人类起源问题,他也拒绝讨论,显然在佛陀看来,世界非由神、巨匠,也非恶灵(如诺斯替派和摩尼教徒所认为的那样;参见§229)所创造,但是它持续存在着,换言之,它由人类的善、恶诸行所创造。事实上,随着无明与罪恶的日增,人类生命不仅会缩短,就是宇宙本身也要毁坏。(这是印度所共有的观点,但是它起源于更古老的观念,那就是世界逐渐衰落必然带来周期性的更新。)

至于数论和瑜伽派，佛陀借鉴发展了数论大师的分析以及瑜伽行者的瑜伽冥想术，同时又拒斥他们的理论前提，特别是关于神我（*puruṣa*）的观念。他直截了当地拒绝这方面的思考。这一点在他和鬘童子（Mālunkyaputta）的一次著名对话中表现得淋漓尽致。这位僧人埋怨世尊不肯回答下列问题：世界永恒还是不永恒？有限还是无限？灵魂与身体相同还是有所不同？如来（Tathāgata）死后继续存在还是死后不存在了？等等。鬘童子请求世尊明确说出他的想法来，要不就承认他并不知道答案何在。佛陀于是给他讲了一个故事。有人身中毒箭，他的亲友请来一位医生，但是这个人却说："我不除箭……我要知射我的那人是谁，是出身刹帝利家族还是婆罗门家族；是高是矮还是中等身材；是城里人还是乡巴佬。我不除箭，我要知道射我的这支箭是什么样子……弓箭用什么弦……箭翎用什么羽毛……箭镞用什么做的。"[①]世尊接着说道，还没等这些问题弄清楚，这人就已经中毒死了，那些要解决各种哲学问题后才肯接受圣道的人也是如此。为什么佛陀拒绝讨论 093
这些问题呢？"因为这些问题是无用的，与梵行毫无关系，它们不能令人厌离、去执、入灭，得到宁静、深观、圆觉、涅槃。"[②]因此佛陀提醒鬘童子，他只教导一件事，那就是四圣谛（《中部》1.426）。

156. 四圣谛和中道。为什么？

佛陀的核心教义是四圣谛。佛陀证道后在波罗奈初转法轮之际就向他从前的五位弟子开示了这一真理（§149）。第一谛是苦（巴利文：*dukkha*）。佛陀以及奥义书时代之后的大多数印度思想家和圣人都认为一切皆苦。事实上，"谓生苦、老苦、病苦、死苦。怨憎会苦。爱别离苦……所求不得苦。略五盛阴（*skandhas*，'积聚'）苦。"（《中部》1.141）我们应当指出，*dukkha* 这个字通常翻译为"苦"或"痛苦"，可是它有更为广泛的意义。各种各样的快乐，甚至某些由禅定获得的精神境界也是苦（*dukkha*）。在赞美了一些瑜伽境界的福乐之后，佛陀补充说道，它们"无常，苦（*dukkha*）变异不居"（《中部》1.90）。它们之所以苦，因为它们是无常的。[③] 我们看到，佛陀将

---

① 这个故事载于《中阿含·箭喻经》。——译者

② 《箭喻经》："此非义相应，非法相应，非梵行本，不趣智，不趣觉，不趣涅槃。是故我不一向说此。"——译者

③ 佛教的经院哲学将苦划分为苦苦、坏苦和行苦。（《清净道论》第 499 页；参见 Rahula, *L'Enseignement du Bouddha*，第 40 页。）但是，由于一切事物都是缘起法，因此都是苦。

094 “自我”化约为五种身心力量的积聚(*skandhas*)。他说苦(*dukkha*)就其实质就是五阴。①

第二谛提出,苦(*dukkha*)的根源在于那造成转世投胎的欲望、贪婪和“渴爱”(*taṇhā*)。这种“渴爱”不断寻找新的快乐,不外三种:感官快乐、渴望永恒以及渴望断灭。值得注意的是,渴望断灭与其他几种“渴爱”一样受到了谴责。对于断灭的渴望,由于本身也是一种“渴爱”,可以导致自杀,它并不构成一种解决办法,因为它无法终止永恒轮回。

第三谛主张,要解脱苦(*dukkha*)就要消除“渴爱”。这就是涅槃。其实涅槃又名“断绝渴爱”(*taṇhākkaya*)。最后,第四谛指出了一条终止痛苦的道路。

在阐述四圣谛的时候,佛陀运用了印度医学的方法,首先确定病征,再找出原因,最后提出治疗方法。事实上,佛陀的疗法就是四圣谛,因为它提出了治疗人生诸恶的方法。这个方法就是“中道”。事实上,中道就是避免两种极端:以感官快乐追求快乐,以及相反,以过度的苦行追求精神幸福。中道又称八正道,它包括:(1)正见;(2)正思维;(3)正语;(4)正业;(5)正命;(6)正精进;(7)正念;(8)正定。

佛陀不厌其烦地复述八种正道,按照不同的对象,用不同的方法加以解释。八正道有时按照各自的目的进行分类。例如,《中部》(1.301)的一篇经文将佛陀的教义划分为:(1)伦理行为(“戒”,*sīla*);(2)心灵修炼(“定”,
095 *samādhi*);(3)智慧(“慧”,*panna*;梵文 *prajñā*)。其实,基于“无缘大悲、同体大悲”的伦理行为(戒)其实就是实践八正道中的三条法则(第2—4条):正思维、正语和正业。许多经文阐述了这些戒律的意义。② 心灵修炼(定)就是八正道的最后三条法则:正精进、正念和正定。其中包括瑜伽苦行,这一点我们以后将详细讨论,因为它们是佛陀思想的本质。至于智慧(慧),可由正见和正思维这两条法则取得。

157. 一切无常(*anattā*)的教义

僧众通过思维四圣谛的前两谛——关于苦以及苦的根源,就会发现自我的存在是无常和无本性的。他发现自己不是迷失在事物当中(如同例如

① 经文转引自罗睺罗(Rahula),第41页。

② 例如,正语是不妄语、绮语、两舌和恶口,克制一切粗鲁、伤人、恶意的话语,以及一切废话。正业就是不杀生、偷盗、邪淫。正命就是以不伤害他人的职业谋生。

吠檀多派、俄耳普斯派和诺斯替教所言），而是与它们分有相同的存在形态；因为宇宙整体和心灵行为乃是同一个世界。佛陀通过不带感情色彩的分析，证明世间存在的一切可以划分为五种范畴——“集合”或者“积聚”（*skandhas*），它们是：(1)色（包括全部物质现象、感官及其对象）；(2)受（五官的接触引起的感觉）；(3)想（由认知现象产生的知觉和观念）；(4)行（意识和潜意识的心理行为）；(5)识（*vijñānas*），也就是感官功能尤其是存在于心里并形成感官经验的精神（*manas*）所产生的各种知识。只有涅槃因缘俱 096
灭，无所“造作”，因此不能归于五阴之中。

五阴概括了世间的事物以及人类的处境。另外还有一种著名的学说甚至更加生动地概述和展现了主宰着生死轮回的因果联接。这个学说就是“因缘缘起法”（*pratītya-samutpāda*；巴利文，*paṭicca-samuppāda*），因缘由十二支组成，第一是无明。无明缘行，行缘心理构造（识，*saṃskāras*），它们制约着各种心理和心智现象等等，以至于制约着欲望，尤其是产生新的存在并最终导致老死的情欲。本质上，无明、欲望和存在相互依存，它们共同解释了生死轮回的牢不可破的锁链。

这种分析与分类方法并非佛陀首创。前古典时代的数论派和瑜伽派的分析，如同更早的梵书和奥义书中的思想，已经把宇宙的整体性和心理行为区分和分类为某些元素和范畴。但是奥义书与数论派和瑜伽派一样，都承认自主性的精神原则，亦即自我（*ātman*）或者“神我”（*puruṣa*）的存在。而佛陀似乎否认或者至少回避讨论这一原则的存在。

事实上，有许多公认反映世尊原始教义的经书否认人格（补特伽罗［*pudgala*］）、命我（*jīva*）以及自我（*ātman*）的实在性。世尊在一次说法中称以下“完全是谬见”：“宇宙是我；死后我应是常住、坚固、常恒而不变易；永久如此存在。”①我们可以理解他否认自我是有苦行主义的意图和目的：思 097
维人格的非真实性，就可以拔除无明的根源。

然而，否认存在着一个轮回业报、可是能够解脱获得涅槃的自我也会产生一些难题。因此，佛陀多次避免回答涉及自我是否存在的种种问题。比如，当一位游方僧波磋种出家（Vacchagotta）拿这些问题向佛陀发问时，他默然不语。但是他过后对阿难解释了他沉默的意思：他若答言有我，他就是说谎；此外，波磋种出家还会认为世尊是一个持有“常见”之人（也就是，他会

① 《中部》1.138。

把佛陀当成一个与其他“哲学家”没有什么区别的人）。若佛陀答言无我，那么波磋种出家就会把他当成一个持有“断见”之人，而且更为重要的是，这样佛陀只会令他更增疑惑；“因为他就会想：从前我有一个自我，现在我再也没有这个自我了”（《相应部》4.400）。公元5世纪的世亲（Vasubandhu）在评注这一故事的时候说：“相信‘自我’存在就陷入了常见的异端；否认‘自我’则陷入断见的异端。”[①]

由于否认自我（*nairātmya*）的实在性，一个人就会陷入如下的悖论：一种如此强调业和“果”，也就是业报轮回之重要性的教义，却否认造业之主体也就是那个“自食其果”的人的存在。换言之，正如后来的佛教大师佛音（Buddhaghoṣa）所言：“只有苦存在，那受苦的人不存在。只有业存在，那造业的人却不存在。”（《清净道论》，第513页）然而，有些文献就不那么明确了：“在今世承受果报者非前世造业者；但是他却不是另外一个人。”[②]

如此犹疑和歧异反映了佛陀拒绝回答某些众说纷纭的问题所造成的窘境。如果世尊否认那不可化约、不可毁坏的自我存在，那是因为他知
098 道，对于自我的信仰会导致不着边际的形而上学论战，助长智慧上的傲慢，总之有碍于正觉的获得。正如他反复强调的那样，他所弘之法，乃是脱离苦难以及脱离苦难的途径。关于自我以及涅槃本性的无止境的争论可以在正觉的经验中得到解决：它们在思想和语言的层次上是根本无法解决的。

尽管如此，佛陀看来还是认为存在着某种具有统一性和连续性的“人格”（补特伽罗）。在一篇演说中，佛陀论及关于烦恼和烦恼的承受者，他说：“烦恼就是五阴：色、受、想、行、识；烦恼的承受者就是我（补特伽罗），如尊者如是名、如是姓”（《相应部》3.22）。但是他拒绝参与“补特伽罗论者”（*pudgalavādīn*）和“五阴论者”（*skandhavādīn*）之间的争论；他站在“中道”的立场上。[③] 但是对于连续性人格的信仰继续有所发展，而且不仅仅存在

①② 转引自 L. De la Vallée, *Nirvāna*，第108、46页。

③ 除此之外，补特伽罗论者关于人格的矛盾定义接近他们的论战对手：“说补特伽罗就是五阴是错误的；说补特伽罗不是五阴也是错误的。”另一方面，“五阴论者”最后还是将人格转化为“一系列”（*samtāna*）的因缘作用，其统一性尽管处在变异不居之中，是不连续的，这就使得它类似于“灵魂”。对于这两种解释，以后的学派多有发挥，但是在佛教思想史上，未来是属于灵魂一系列派的。虽然如此，在我们所得经藏中的各派还是主张无自性的（*nairātmya*）（参见 Vallée-Poussin, *Nirvāna*，第66页以下）。

于民间范围。《本生经》就叙述了他的前生以及他亲友的前生,他们人格的同一性得到了广泛承认。如果我们否认"真我"(就算我们称其为自我,也称其为补特伽罗)的连续性,那么我们应当怎样理解悉达多诞生时说的话:"无量生死,于今尽矣"(§147)呢?

158. 涅槃之道

最后两谛应当联系起来思考。首先要认识到断爱(*taṇhā*)方可灭苦,也
就是"远离(贪爱),不染不著,断舍吐尽无欲灭止没者"(《中部》1.141)。断 099
言灭苦之道就是八正道。最后两谛明言:(1)涅槃存在;(2)只有通过特殊的禅定和冥想才能够达到涅槃。由此可见,这就意味着一切关于涅槃的本性、达到涅槃的人处于何种存在样态的讨论,对于尚未进入这一不可言喻状态之中的人是毫无意义的。

佛陀没有给涅槃下过一个定义,但是他反复谈论涅槃的属性。他断言,阿罗汉(*arhats*,解脱的圣人)"得到了不可动摇的快乐"(《赞叹经》8.10);涅槃"就是快乐"(《增支部》4.414);世尊已涅槃,僧众也可以涅槃:"甚至你们也在今世就可以涅槃;你们可以活着涅槃"(《中部》1.172)。阿罗汉"甚至在今世就可以断灭、入涅槃(*nibbuta*),获得内心快乐,与梵天同行"。①

因此,佛陀教导说,涅槃是"今世可见的"、"显明的"、"真实的"、"今世的"。但是他强调一个事实,这就是在瑜伽行者中只有他"看见"并且涅槃(这个他字,我们一定要理解为是指佛陀本人及其弟子)。这种"眼力"在佛典中称为"阿罗汉之眼"(阿黎耶,*ariya cakkhu*),我们就是用它来"触摸"因
缘俱灭者、无造作者,也就是涅槃。② 此种超越的"眼力"可以通过冥想的方 100
法获得,而这种方法早在吠陀时期就已经广为运用,在伊朗也有相似的方法。

总之,不论涅槃的本性是什么,可以肯定的是,只要按照佛陀教导的方法,我们就可以入得涅槃。这一方法显然有着瑜伽的结构,因为它包含着数

---

① 《增支部》1.26;《中部》1.341。瓦利—布桑(Vallée-Poussin)将这些经文比较《薄伽梵歌》5.24:"内有幸福与安恬,犹有光亮心中闪,此瑜伽者已成梵,故能得到梵涅槃。"(汉译根据张保胜译《薄伽梵歌》,中国社会科学出版社1989年版。——译者)另外一篇佛教经文则是这样描写阿罗汉的:"对于这位僧侣,我说他不去东方不去西方……;他就在今世得解脱、入涅槃、心无所,与梵合一。"(转引自瓦利—布桑,第73页注解1。)

② 在可见的"涅槃",也就是生涅槃,与般涅槃,也就是在死后的涅槃,二者之间是有所区别的。

百年广为人知的一系列冥想和禅定方法。但是,这种瑜伽经过世尊的宗教天才的发展,被赋予了新的解释。比丘首先要不懈地反思自己的身体,以便意识到自己所做的一切自觉或不自觉的行为。[①] 例如,“当他缓慢吸入,充分知道缓慢吸气;当他快速呼出,也能够知道等等。他的意念要停留在所有呼出……所有吸入上面”(《长部》2.291 以下)。同样,比丘也要“彻底理解”他在举手、投足、饮食、言说、沉默等方面的行为。这种持久的清明境界可以证知现象世界的脆弱以及“灵魂”的非实在性。[②]

现在比丘获得了某种信心,就可以尝试这些修持方法了。佛教传统将这些方法划分为三个范畴:“禅那”(*jhānas*;梵文,*dhyānas*)、“三摩钵提”(*samāpattis*)和“三昧”(*samādhis*)。我们分别概述这三个范畴,再解释它们的结果。入初禅(*jhāna*),舍离欲求,体验到随理智行为(推理和反思)而来的“喜乐”。入二禅(*jhāna*),理智行为也平息了;因此体验到内心快乐,思想统一,以及由此专注内心而得到的“喜乐”。入三禅(*jhāna*),喜情已断,平
101 等无着,觉智不昧,身受其乐。最后,入四禅中,不苦不乐,获得一种绝对清净、平等与思想觉醒的境界。[③]

有四种三摩钵提(*samāpattis*)都是追求“清净”的思想。思想的内容全部出空,就能够持续地念住于空间的无限性、意识的无限性以及“空”,第四种三摩钵提乃是念住于“非想非非想”。但是比丘在这种灵性清净的工作中一定要更进一步,终止一切知觉和每一个观念(灭尽定,*nirodhasamāpatti*)。在生理上,比丘似乎处在一种昏厥状态,据说是“以身体接触到了涅槃”。后来有位作者主张“获得灭尽定的比丘已没有什么可以做的了。”[④]至于三昧,是比禅那和三摩钵提时间短暂的修禅方法,旨在一种心理训练。思想专注于某些对象或者观念以便获得意识的统一性,终止理智行为。有各种不同的三昧,每种三昧都直接针对一个特定的目标。

---

① 此即四念住第一,身念住。——译者

② 苏曼揭罗·毗拉悉尼(*Sumaṅgala Vilāsini*)的注疏从身体运动得出如下结论:“他们说有一个活生生的实体在走路,活生生的实体在休息。可是真的有一个活着的实体在走路,活着的实体在休息吗?没有。”至于呼吸,这位比丘发现“它们是以色法为基础,而色法即是身,身即是四大。”(参见 Eliade,*Yoga*,第 169 页)

③ 《长部》1.182 以下;经文转引自:*Le Yoga*,第 170—171 页。参见《中部》1.276 等。不论今后比丘如何修持,掌握此四禅能够确保他往生“诸天”,诸天会不断地投入这四禅里面。

④ 寂天(公元 7 世纪),转引自 *Yoga*,第 173 页。

修习和掌握这些以及其他一些[1]我们不能在此详述的瑜伽术,比丘就可以进入"解脱道"。可以分为四个阶段:(1)"入流"阶段,比丘摆脱错误和疑惑,还要在世间转生七次;(2)"一来"阶段,因比丘断灭贪、嗔、痴,因此只有一次转生;(3)"不还"阶段,完全断绝错误、疑惑和贪欲,转生天神,获得解脱;(4)最后一个阶段是"阿罗汉"(*arhat*),他除尽一切不净和欲望,取得超 102
自然知识和神通(*siddhis*),在生命结束后入涅槃。

159. 坐禅的方法和"般若"的觉照

我们引用了许多原典以及后期注疏,以为就此对于这些瑜伽修炼有了充分的"理解",那未免轻率了一些。只有在导师的教导下才能够揭示其结构和功能。奥义书时代是这样,在我们时代也不例外。

尽管如此,我们还是要提到某些基本要点。首先,瑜伽修炼要在"智慧"(般若,*prajñā*),也就是对于比丘体验的各种心理和超心理状态完整理解的引导之下进行。持续努力"观照"最常见的生理现象(呼吸、走路、举手等),可以揭示常人意识所无法企及的瑜伽"境界"。

第二,由于变得"理智化"了,瑜伽体验可以改变通常的意识。一方面,比丘摆脱了各种障蔽不明的邪见(比如,相信"人格"的真实性,相信事物的统一性等等);另一方面,凭着他超常的体验,达到一种超出任何概念系统的不可言喻的理解层面。

第三,通过循序渐进的修持,比丘可以发现有关佛陀教义的新证明,特别是有关"绝对者"、"非业造者"的证据,这"绝对者"、"非业造者"超越了那障蔽不明的意识所能认识的一切形态,可以发现"熄灭生死"(或曰"涅槃")的明显无误的真实性,此种真实性除了说它确实存在之外,别的什么都说不上来。后世的一位佛教作者总结道,关于涅槃真实性的信仰乃是起源于亲证性的瑜伽:

> 我们不可因涅槃不是知识的对象就说它不存在。涅槃显然不是直 103
> 接通过颜色、感官等等去认识的;并且涅槃也不是间接地通过我们的感官去认识它的活动。但是它的本性和活动……的确是我们知识的对象……瑜伽行者入定,便可觉知涅槃、其本性和活动。当他出定后,就会喊道:"啊,涅槃,寂灭,平静,美妙,舍离!"不能因为盲者看不见蓝色

---

① 例如,八解脱(*vimokṣas*)和(*abhibhayātanas*)。

和黄色，就说视觉看不见颜色，颜色不存在。[①]

佛陀最具启发性的贡献也许在于他详细叙述了坐禅的方法，从而把苦行生活和瑜伽术与求知的过程成功地结合起来了。佛陀把瑜伽型的苦行—修定与对佛法的理解等量齐观，这一事实也证明了这个结论。但是我们知道，这两种方式——或者说两种不同的心智取向——很少能够为同一个人所掌握。佛教经典早就在二者之间进行了调和。“专注于瑜伽禅定（耆那教徒）的比丘和执著于教义的比丘（法瑜伽行者）相互嘲笑。相反他们应当相互尊重。因为，的确很少有人能够在有生之年亲证涅槃。也很少有人能够通过般若深入现实的堂奥。”[②]

佛陀所揭示的一切真理就是要通过瑜伽方式“实现”之、“冥想”之、“体验”之。这就是为什么世尊最喜欢的弟子阿难尽管对佛法所知甚多还是被排除在结集大会之外，因为他不是阿罗汉（§185），就是说他尚未获得圆满的瑜伽“体验”。《相应部》的一本经书（2.115）让尊者茂师罗（Mūsila）和尊
104 者那罗（Nārada）面对面坐在一起，他们各自在一定程度上达到了佛教的圆满。他们的知识一样多，但是那罗认为自己不是一个阿罗汉，因为他还没有亲证“涅槃”。[③] 在佛教的历史上，这种两分法一直持续存在并且愈演愈烈。有些作者甚至断言“智慧”（*prañā*）本身就能够达到涅槃，无需发掘任何瑜伽体验。在这种为通过般若获得涅槃的“纯粹的阿罗汉”所进行的辩护中，我们看到了一种反神秘主义倾向，也就是从“形而上学家”的立场抵制瑜伽修炼。

我们还要补充的是，通往涅槃之路——与古典瑜伽通往三昧之路一样——使我们获得“神通”（悉地，*siddhis*；巴利文，*iddhi*）。这使佛陀又遇到了一个新问题（正如后者使得波颠阇利遇到新问题一样）。因为一方面，在修炼瑜伽的过程中不可避免会获得“神通”，正因如此，神通就构成了比丘精神发展的标志：它们能够证明比丘处在“无缚”的过程，挣脱正在无情挤压他的自然规律。但是另一方面，“神通”无疑也是危险的，因为它们诱惑比丘们以无用的“神奇奥秘支配世界”，此外，它们也还会在不信教的人中间造成困惑。

---

① 众贤（Saṃghabhadra）语，转引自瓦利—布桑，第73—74页。比较《清净道论》：“一件事物，不可因愚夫感知不到，就说它不存在。”

② 《增支部》3.355，转引自*Yoga*，第174页。

③ 参见*Yoga*，第176页。亦可参见瓦利—布桑文“Mūsila et Nārada”，第191页。

“神通”由五类“知”(*abhijñās*)构成:(1)神足通(*siddhi*);(2)天眼通;(3)天耳通;(4)他心通;(5)宿命通。这五种知与非佛教的瑜伽行者所能够获得的神力并无不同。在《长部》(1.78以下)里,佛陀说比丘入定,可变化无数身,石壁无碍,履水如地,游空如鸟,耳闻天声,能知他心,能忆无数生。但是他没有忘记补充道,拥有这些神通所带来的危险,它们会使比丘偏离真
正的目标也就是涅槃。此外,炫耀这些神通也无助于他们宣扬解脱道;其他 105
的瑜伽行者和苦行僧也能够行同样的神通;甚至更糟的是,那些未入教门者会认为除了神通之外佛教就没有别的什么了。正因如此,佛陀严禁在普通百姓面前显示神通。

160. 涅槃的悖论

如果我们记得比丘能够转化凡俗意识,能够修持夸张的瑜伽和超心理的实验,我们就会理解古典文献在论及涅槃的“本性”以及解脱者的“境界”时,何以表现出茫然、犹豫甚至自相矛盾了。“入涅槃者”的境界究竟是一种彻底断灭,还是一种不可言喻的喜乐的死后存在,它们毕竟还是做了一些讨论。佛陀把证得涅槃比作熄灭火焰。但是人们看到,对于印度思想而言,火焰的熄灭并不意味着彻底的湮灭,而是意味着火焰被压抑在某种蛰伏状态。① 另一方面,如果涅槃就是无上的、无条件的,如果它就是绝对者,那么它不仅超越了各种宇宙结构,而且超越各种知识的范畴。如果的确如此,则可以断定“入涅槃者”不再存在(如果我们以这个世界中的一种模式来理解这种存在)了;但是也可以断定他在涅槃中、在无条件的因而不可思议的模式中“存在”。

佛陀对于这个问题未置可否,这样做恰到好处。只有那些已经进入涅槃之道,至少获得了某种程度瑜伽体验并恰到好处地以智慧(*prañā*)觉照这些体验的人才能够体认到涅槃,随着意识的转化,种种言语的构造和思想的结构都泯除尽净了。于是,人们就走到了一个悖论和似乎自相矛盾的层面
上,在这个层面上,存在就是虚无;因此,人们就能够断言,自我存在同时又 106
不存在;解脱是断灭同时也是喜乐。在一定意义上,虽然数论—瑜伽派和佛教之间存在各种差异,我们还是可以把“入涅槃者”与“生解脱者”(§146)相

① A. B. 凯思(Keith)指出在奥义书中,而桑那特(Senart)则指出《摩诃婆罗多》中也都有同样的想象。

比较。

然而有一点非常重要，那就是我们要强调指出，大量佛教的想象和符号对于涅槃的解释却是将它等同于绝对超越于宇宙，也就是彻底的断灭。我们已经提到“佛行七步”（§147）的宇宙学和时间的符号。我们还要提到一个寓言，“破裂的卵子”，佛陀用来形容他已经打破存在的轮回（*saṃsāra*）——换言之，他已经超越了宇宙周而复始的时间。还有同样令人回味的佛陀“毁坏房屋”和阿罗汉“毁坏屋顶”的想象，它们表达了任何有限世界的彻底断灭。[①] 当我们想起印度思想（以及一般而言所有古代思想）中“宇宙—房屋—人体”三者一本同源的重要性，我们就能够评价佛陀提出目标的革新意义。对于古代“安身立命”的思想（也就是把某种生存境况置于完美宇宙之上）而言，佛陀反对同时代思想精英的观念：他们强调世界的彻底断灭以及对于每一种“有限”境况的超越。

然而，佛陀并不认为他所弘扬的是一种原创性教义。他在各种场合反复说明，他遵循的乃是“古法”、超越时间（*akālika*）教义，它们为古代所有“圣人”和“正觉者”所共同拥有。[②] 这不过是用一种与众不同的手段强调他的思想是“永恒”真理，具有普遍性而已。

---

① 参见 Eliade，*Images and Symbols*，第 87 页以下，以及“Briser le toit de la maison”相关文字。

② “我知道古道，那些往昔所有获得正觉的圣人所确立的古道。我遵循的就是这古道。”（《相应部》2. 106）其实，“往昔那些圣人、获得正觉的，所有那些高贵者，他们指导弟子达到的目的，与我现在指导我的弟子达到的目的是一样的；而那些未来的圣人，他们指导弟子达到的目的，与如今我指导弟子达到的目的是一样的”（《中部》2. 3—4；参见同上书，2. 112；3. 134）。

第20章 罗马宗教:从起源到对酒神崇拜者的迫害(约公元186年) 107

161. 罗慕洛(Romulus)和献牲

古代历史学家认为,罗马城约建于公元前754年,考古发现证实了这一传说是可靠的:罗马城(*Urb*)从公元前8世纪开始有人居住。罗马建城的神话和最初几位国王的传奇对于我们理解罗马宗教甚为重要,但是这一神话大全也反映了几分种族志和社会学的真实性。在罗马诞生之前的一些重大事件强调了:(1)一个由不同族源的亡命之徒组成的聚落;以及(2)完全不同的种族的融合。作为罗马民族源头的拉丁人,他们由本地新石器时代居民与来自外阿尔卑斯山的印欧入侵者混合而成。最初的文化融合构成了罗马民族和文化的主要范型。因为同化的过程,以及种族的、文化的和宗教的结合一直持续到罗马帝国终结之际。

历史学家记载的传说认为,阿尔巴(Alba)国王努米托尔(Numitor)被他的兄弟阿穆利乌斯(Amulius)废黜。阿穆利乌斯为了巩固王位,杀死了努米托尔的儿子,逼迫其女儿瑞亚·西尔维娅(Rhea Sylvia)当了侍奉女灶神维斯塔(Vestal)的祭司。但是西尔维娅怀上了马耳斯(Mars)的孩子,生下两个男孩。这对孪生子被遗弃在台伯河畔,奇迹般地吸吮着一头母狼的乳汁,后为一个牧羊人所救,由牧羊人的妻子抚养他们。长大成人的罗慕洛和瑞穆斯(Remus)与他们的外祖父相认,杀死了篡位者,恢复了努米托尔的王
位。但是他们决定离开阿尔巴,到曾经度过童年的地方建立一座城市。向 108
神灵问卜以后,罗慕洛选择了帕拉蒂尼山(Palatine),而瑞穆斯则选择了阿文提努斯(Aventinus)丘陵。瑞穆斯先看见了预兆:六只飞鹰。但是罗慕洛看见了十二只飞鹰,于是建造城市的荣耀落在了他的头上。他用一把犁,沿着帕拉蒂尼山划出一条沟:挖起的泥土代表城墙,沟代表护城河,而那把犁

则表示未来城门的位置。瑞穆斯嘲笑他兄弟口出狂言，便一脚跨过“城墙”和“护城河”。罗慕洛立刻扑上去把他杀掉了，口中喊道：“谁跨过我的城墙就叫他这样死掉！”①

这一传说的神话特征是显而易见的。它让我们回想起在萨尔贡、摩西、居鲁士以及其他名人传奇中新生儿被遗弃的主题(参见§§58，105)。母狼原是马耳斯派来哺乳婴儿的，预示着罗马人好战的天性。先遭遗弃后被母兽喂养，这构成未来英雄所经受的最初考验。接着，年轻人在贫穷、卑微的人群中被养育成人，对于自己的身世一无所知(参见居鲁士)。“敌对的(孪生)兄弟”、他们杀死叔叔(或者祖父)的主题也是屡见不鲜。至于用划出一道沟(*sulcus primigenius*)表示建造城市的仪式，在许多文化中也有相似的传说(相应地，推倒敌方的城墙，再沿残垣断壁划一条沟，这也是摧毁其城市的一种仪式)。② 正如在许多其他传说中一样，建城就是重复宇宙的创造过程。瑞穆斯的献祭，反映了以原人、伊米尔(Ymir)和盘古(参见§75)为典型的太初献祭。瑞穆斯在罗马城址被杀，被献为祭品，确保了该城未来的兴
109 旺发达，罗马民族的诞生和罗慕洛登上王位。③

我们很难确定这一神话传说的年代，至于它当初被历史学家载入史籍以前经过哪些修改就更加难以确定了。不可否认，这是一个非常古老的神话，而且有学者指出，它与印欧民族的宇宙起源神话具有某种相似性。④ 我们更为关心的是，这一传奇对于罗马人思想的影响。正如格里马尔(Grimal)所指出的：

> 对于首次献给罗马神灵的血祭，罗马人将一直保留着恐怖的记忆。罗马建城700余年以后，贺拉斯(Horace)仍然认为它是一种始源性的过错，其结果一定造成罗马的子民自相残杀，从而令全城毁灭。历史上每逢危机降临，罗马人就会痛苦地质问自己，深信罗马要承担这个诅咒。她诞生时既没有与人类和平相处，也没有与神灵和平相处。这种

① 参见 Livy, 1.3 以下；Ovid, *Fausti* 2.318 以下；Dionysius of Halicarnassus, *Antiquit. Rom.* 1.76 以下；Plutarch, *Romulus* 3—11；等等。

② Servius, ad *Aeneid* 4.212。

③ Florus, *Rerum Romanorum epitome*, 1.1.8; Propertius, 4.1.31；Jaan Puhvel, “Remus et frater”，第154页以下。

④ 参见 Puhvel，第153页以下，以及 Bruce Lincoln, “The Indo-European Myth of Creation”，第137页以下。

宗教上的焦虑成了加在她命运上的重负。①

162. 印欧神话的"历史化"

传说最早的城市居民为当地的牧民,以后又从拉丁姆(Latium)来了一些不法之徒和流浪汉。为了得到女人,罗慕洛就使了一个计谋:在一次吸引周边城市的家庭参加的节日里,他的伙伴们掠夺了一些萨宾族(Sabine)妇女,强行拖入房间成婚。萨宾族和抢夺者之间爆发了一场战争,双方相持不
下,直到萨宾族妇女在亲戚和抢夺者之间出面调停方才结束。和解的结果 110
就是萨宾人也到城里定居。罗慕洛创建了元老院和公民大会,后来就在一场狂风暴雨之中消失了,人们都说他是一个神灵。

虽然罗慕洛犯了杀兄之罪,但是他成为并且依然是罗马人心目中的一个典范:他是开国者和立法者、武士和祭司。传说中他的接班人也是如此。第一位接班人萨宾人努玛(Numa)致力于建立罗马的宗教机构,他尤以崇拜信守誓言的女神费得斯(Fides Publica)著名,女神费得斯主宰着个人与个人、民族与民族的关系。继位的列王中最有名的是塞维乌斯·图利乌斯(Servius Tullius),他因行政改革、扩大城区范围和重建罗马社会而闻名。

这一传说叙述了从罗马建城到末代国王伊特鲁里亚人傲慢的塔昆尼乌斯(Tarquinius Superbus)和罗马共和国建立期间发生的一些大事,其真实性曾进行过深入的讨论。关于某些历史人物和事件的回忆,在集体记忆的修正下很有可能重新得到解释和组合,以便符合某种特殊的编年史概念。乔治·杜米兹(Georges Dumézil)证明,罗马人把印欧神话(参见§63)的一些重要主题给"历史化"了,以至可以说最初的罗马神话——也就是尚未受到伊特鲁里亚和希腊神话影响的神话——尽管经过一定的伪装,仍然可以在李维史书的前两卷中找到。

比如关于罗马人和萨宾人的战争,杜米兹注意到这个神话与斯堪的纳维亚神话中的一个核心情节有着惊人的对应性,这个核心情节就是埃希尔(Aesir)和瓦尼尔(Vanir)神族之间的冲突。埃希尔神族团结在奥丁(Óðinn)和瑛尔(Thór)周围。奥丁是这一神族的首领,是神—国王—巫师;瑛尔则手握大锤,是天界最勇猛的战士。与此相对照,瓦尼尔族是丰产和富

① Pierre Grimal, *La Civilisation romaine*,第27页。贺拉斯在*Epode* 7.17—20提到了第一次弑兄的后果。

裕之神。他们在遭到埃希尔族攻击后起而抵抗，但是正如斯诺里·斯图鲁松(Snorri Sturluson)所描述的，“一会儿这一族胜利，一会儿那一族胜利”。埃希尔族和瓦尼尔族对于这种代价昂贵的胜利感到厌倦，于是双方就讲和
111 了；瓦尼尔族的主要神灵住在埃希尔族中间，由于他们的丰产和财富，使得奥丁的神族臻于完善。通过这种方式，埃希尔神族和瓦尼尔神族融合为一体，双方再也没有发生过冲突(参见§174以下)。

乔治·杜米兹强调，罗马人与萨宾人的战争同上述印欧神话之间有着相似之处：一方面是战神马耳斯之子、朱比特的门生罗慕洛，以及他的伙伴、可敬可畏的武士，但是贫穷、没有女人；另一方面是塔提乌斯(Tatius)和萨宾人，以富有和多产(因为他们拥有女人)闻名。事实上，这两族人是互为补充的。战争的结束不是由于分出了胜负，而是由于女人的调解。讲和的萨宾人决定与罗慕洛的伙伴融合，给他们带来财富。这两位国王携手共事，建立了祭祀体系：罗慕洛祭祀朱比特，塔提乌斯祭祀与丰产和土地相关的诸神，其中就有基林努斯。“从今往后，不论是在这个令人疑窦丛生的统治时期还是以后的日子，我们再也听不到萨宾人与罗马的拉丁人、阿尔巴人以及罗慕洛的人之间发生不和。社会如此形成了。”①

正如一些学者所认为的，这场以和解告终的战争确实反映了某种历史真相——“本地人”与印欧征服者的融合。② 但是它的重要意义却在于这些“历史事件”被重新思考、组合过了，以便与某种印欧社会的神话结构相符合。当我们考察罗马的整个印欧文化遗产时，斯堪的纳维亚神话故事与罗马历史传奇之间令人震惊的对称性可以揭示其中的深层意义。首先要记住，最早的罗马三联神——朱比特、马耳斯、基林努斯表现了记载于其他印欧民族中间三元分殊的意识形态，也就是巫师的、法律的、统治的功能(朱比
112 特，伐楼那和密特拉，奥丁)、好战的诸神的功能(马耳斯，因陀罗，玻尔)，以及丰产和经济繁荣的功能(基林努斯，双马童，弗莱尔)。这些功能性的三联神构成了印欧社会分化为三种阶层的理想模式，这三种阶层就是：祭司、武士和牧民/农民(以印度为例就是婆罗门、刹帝利和吠舍；参见§63)。在罗

① Georges Dumézil, *L'héritage Indo-européen à Rome*，第127—142页；*La religion romaine archaïque*，第82—88页。

② 但是将人种因素同与丧葬仪式等量齐观，认为萨宾人实行土葬而拉丁人实行火葬，这未免有一些大胆；参见H. 缪勒—卡尔佩(Müller-Karpe)，转引自Georges Dumézil, *La rel. Rom. Arch.*，第10页。

马,这种三元分殊的社会很早就被打破了,只是在三个部落的传说中可能残存了一些相关的记忆。

尽管如此,印欧人文化遗产的精髓仍以一种相当历史化的形式保留了下来。第一种功能的互补倾向——在双联神伐楼那—密特拉所展现出来的巫师统治和法律统治——在罗慕洛和塔提乌斯这两位罗马的缔造者那里也得到回响。前者是半神半人,是朱比特·费尔特里乌斯(Jupiter Feretrius)的门生;后者稳健、智慧,是神圣(*sacra*)和法律(*leges*)的创立者,虔诚地崇拜誓言女神费德斯。其后有好战的国王图卢斯·豪斯特里乌斯(Tullus Hostillius)和安科斯·马耳修斯(Ancus Marcius),在后者的统治下,罗马开始繁荣并从事长途贸易。① 总之,代表三重功能的神灵都转化成为了“历史人物”,而且直接成为早期的罗马国王。原先的等级结构——神圣的三元分殊——通过时间顺序,表现为一段前后相续的历史。

乔治·杜米兹还讨论了其他印欧社会神话在罗马是如何被历史化的。我们还可以提到,第三代国王贺雷修斯(Horatius)战胜库里阿提(Curiatii),这正是因陀罗和特里塔(Trita)战胜三首怪的翻版。还有科克雷斯(Cocles,“独眼龙”)和斯恺伊沃拉(Scaevola,“左撇子”)这两位残疾者的传奇,与斯堪的纳维亚神话中的一对独眼神和独臂神奥丁和瑣尔(Thór)②之间的相似性。③

这些比较研究意义重大。它们首先证明,罗马宗教的起源不必到“原 113
始”信仰中去寻找,④因为印欧民族的宗教意识形态就是到了罗马民族形成的时候也依旧非常活跃。这一遗产不仅构成了特有的神话和仪式的方法,而且构成了前后一贯、表达清楚的神学体系,要了解这一点,我们只要读一读杜米兹对于崇高(*maiestas*)、贵重(*gravitas*)、风气(*mos*)、占卜(*augur*)、神圣(*augustus*)等术语的分析就可以了。⑤

---

① 参见 G. 杜米兹的近著 *Mythe et épopée*,第 1 卷,第 27 页以下;第 3 卷,第 211 页以下。

② 独臂神是曲尔(Týr),不是瑣尔,参见本卷§§175—176。此处疑误。——译者

③ Dumézil,*La rel. Rom. Arch.*,第 90 页,此书还提到了他从前的著作。

④ 尤其代表这一研究倾向的是罗斯(H. J. Rose),她将神意(*numen*)等同于玛那(*mana*),这一研究忽视了一个事实,那就是“许多世纪以来,神意仅仅是神的意愿(*numen dei*),表达了某某神灵的意志。”(Dumézil,*La rel. Rom. Arch.*,第 47 页。)

⑤ 参见 Dumézil,*Idées romaines*,第 31—152 页。确实,除了这个理论解释的普遍体系以及对于世界的经验性的把握之外,还有一些外来的信仰和神灵。但是在罗马民族的诞生时期,这一共同的宗教遗产首先影响着农村地区。

印欧神话主题和神话—仪式情节历史化的重要性还有另外一个理由。这一过程揭示了罗马人的宗教特色:反形而上学和“现实主义”的倾向。事实上,罗马人对于宇宙历史和人类生命表现出直接的**宗教**兴趣,他们十分看重异常现象(认为其中包含各种预兆),并且笃信仪式的力量,这些都令我们震惊不已。

163. 罗马人宗教精神的特点

罗马人反形而上学的气质、对于宇宙和历史的**直接现实**的浓厚兴趣(这本身就颇具宗教意味!)早就从他们对于异常现象、偶然事件以及改革的态度中显现出来了。对罗马人而言,正如对于一般农业社会而言,合乎理想的
114 范式就是岁月流转、四季更迭的规律性和秩序性。任何激进的改革都是对这一范式的侵害;最终可能招致回归到混沌状态的危险(比较古埃及的类似概念,§25)。同样地,任何异常现象——灾异、怪诞的自然现象(例如怪物出生、石头下雨等等)都预示着诸神与人的关系出现了危机。灾异昭示了诸神的不满乃至愤怒。怪诞的现象就是诸神的暗示;从一定的观点看,它们是一种“否定性的神显”。

雅赫维也是以宇宙现象和历史事件来公布他的计划:先知则不断地解释它们,强调其中所昭示的令人敬畏的种种威胁(参见§116以下)。就罗马人而言,一种异常现象的确切含义是隐晦不显的;必须由专事祭祀的专人加以解读。这说明了占卜术的至关重要,以及对于伊特鲁里亚的占卜者(haruspices)、后来的《西比尔之书》和其他神谕作品的尊敬和恐惧。占卜就是去解读所看到的(*auspicia*)或是听到的(*omina*)征兆。只有执政官和军事首领才有权解释。但是罗马人也保留拒绝接受征兆的权力(尤其参见西塞罗:《论神之本性》1.29),有个执政官,本人也是占卜官(augur),每逢出行就坐在密不透风的轿子里面,以便不去看见任何有碍他计划的预兆(《论神之本性》77)。一旦异常现象的意义被解读出来以后,就要举行洁净祭礼或其他洁净仪式,因为这些“否定性的神显”昭示着不洁之物的存在,必须认真清除干净。

乍看起来,这种对异常现象和不洁的过分畏惧,或许可以解释为源自对迷信的恐怖。无论如何,这是一种很特殊的宗教经验。因为人与神的对话是通过这种不同寻常的现象进行的。这种对神圣者的态度来自对自然现实、人类活动和历史事件——总之,具体、个别、直接的事物——的宗教意义

进行解释的结果。繁复的仪式则是这种行为方式的另外一种表现。既然神是在此时此地(*hic et nunc*)显现,是以无数不同寻常的象征和偶然事件显现的,于是知道哪种祭典最为灵验,这一点是非常重要的。辨别出每一个神灵特有的显现,甚至其中所有的细节,这一需要无疑推动了相当复杂的人格化 115
过程。一个神灵的不同的显现及其不同的功能,都有被当成不同的自主"人格"的倾向。

在某些情况下,这些人格化过程还没有具体成为一个真正的神的形象。人们逐一召唤他们,就像他们总是一群神似的。例如农业活动要根据若干所显示的迹象进行,每个实体(entity)都主宰某个特殊的阶段——从犁地、耕耘到收割、装运和贮藏。同样,圣奥古斯丁还幽默地说(《上帝之城》7.3),人们召唤梵蒂冈努斯(Vaticanus)和法布里努斯(Fabulinus)帮助新生儿哭叫、说话,召唤埃都卡(Educa)和波利纳(Polina)令他吃喝,召唤阿贝欧纳(Abeona)教他学走路,等等。但是人们只在农事和家祭时召唤这些超自然的实体。他们尚不具备真正的人格,他们的"力量"无法扩展到他们的活动范围以外。[①] 在形态学上,这样的实体还不具备诸神的条件。

罗马人极其缺乏神话想象力,漠视形而上学,却对具体、个别且直接的事物十分感兴趣。罗马人的宗教特点是实用主义,追求实效以及尤其将有机的集体:家庭、宗族(*gens*)和祖国统统"神圣化"。罗马人讲求纪律,崇尚诚信(*fides*),忠于国家以及将宗教特权凌驾于法律之上,这些都是通过压抑个性而实现的:个人只是因为他所属的群体才有意义。直到后来,在希腊哲学和东方救赎宗教的影响下,罗马人方才发现了个人在宗教里的重要意义;但是这个意义重大的发现主要在城市居民中产生影响(参见 § 206)。

罗马宗教精神所具有的社会特征[②]以及特别强调与他人关系的重要 116
性,明白无误地表现在"礼敬"(*pietas*)这个词上面了。礼敬和动词 *piare*("安抚、除去污秽和恶兆")有关,但是"礼敬"的意义却不只是奉守仪式,还要尊重人与人之间的自然关系(也就是**合乎规范的关系**)。对于儿子而言,"礼敬"就是服从父亲;忤逆就是一种怪异行为,是对自然秩序的违背,有罪的儿子必须以死清除这一污秽。除了对诸神表示"礼敬"外,还要对所属集

① 此外,甚至这些有限范围也不是很重要;参见 Dumézil, *La rel. Rom. Arch.*, 第 52 页以下。

② 在某些基督教教会在 20 世纪非神圣化的社会中致力于成为"主流"的努力中,我们也能够看到同样的倾向。

团的成员、城市、甚至所有人类表示“礼敬”。“万民法”(*jus gentium*)甚至规定了对外国人的义务。“在希腊哲学的影响下,‘人性’(*humanitas*)的概念就变得更加清晰了——同属于人类的事实就足以使全人类像一个(*gens*)成员或一个城市的成员组成家族那样,真正成为一个家族,并且规定团结、友谊或至少相互尊重的义务”,这时,这种尊重一切人的概念发展到了极致。18—19 世纪的“人文主义”意识形态只不过是回溯并且阐述罗马人古老的“礼敬”概念罢了,不过与此同时它们也把这个概念变得世俗化了。

164. 家庭祭祀:佩那忒斯、拉瑞斯、马涅斯

直到异教信仰终结之前,由家长(*pater familias*)主持的家庭祭祀,同由国家供养的专职祭司主持的公共祭祀具有同等的自主性和重要性。与频
117 繁变动的公共祭祀不同,以祭灶为主的家庭祭祀在罗马 1 200 年的历史上似乎看不出有什么改变。毫无疑问,这是一种极其古老的仪式系统,因为它也存在于其他印欧民族之中。与雅利安人的印度一样,罗马人的“家火”是整个仪式的中心;每天供奉食物、每月供奉三次鲜花等等。这些仪式是献给佩那忒斯和拉瑞斯的,他们是祖先在神话和仪式上的人格化;同时也献给守护精灵(*genius*),他们保护个人的“幽灵”。出生、结婚和死亡所带来的危机,必须举行特定的通过仪式,这些仪式由某些精灵或是较小的神灵管辖。前文我们提到过生孩子时要召唤某些神的实体就是一个例子。结婚的宗教仪式要在地方和家庭神(忒卢斯,后来是刻瑞斯)的支持下,在婚约守护女神朱诺(Juno)的保护下进行,仪式也包括献祭和绕行灶台。

葬礼在入殓或下葬九天后举行,还要在已故亲人(*divi parentes*)或称为马涅士的定期祭礼中延续这个仪式。祭祀死者的节日有两个:2 月的祭祖节(Parentalia)和 5 月的驱鬼节(Lemuria)。在第一个节日期间,行政长官摘下徽章,关闭神庙,祭坛之火也要熄灭,并不得举行婚礼(奥维德:《岁时记》2. 533,557—567)。死者转回人间,在他们的坟墓享用食品(2. 565—576)。但首先只有“礼敬”才能告慰祖先(*animas placare paternas*,2. 533)。自古以来,罗马历的 2 月是每年的最后一个月,处在季节交替之间某种不稳定、“混沌”的状态。各种范型都停顿下来,死者重返人间。牧神节(Lupercalia)的仪式也是在 2 月举行的(§165),这个仪式是为预备“新年”(亦即仪式性的宇宙创造)到来而进行的一次集体洁净礼。

在为期三天的驱鬼节(5 月 9 日、11 日和 13 日)期间,鬼魂(*lemures*;词

源不详)还要返回到他们后代的家里。为了安抚他们,免得他们带走活人,家长嘴巴里塞满黑豆,一边吐,一边把以下咒语连说九遍:“我用这些豆子赎 118
回我自己——赎回我自己,赎回我的人。”最后,一边敲打某些青铜物品吓跑幽灵,一边再重复九次咒语:“我祖先的马涅斯啊,离开这个地方!”(5.429—444)仪式性地为定期重返人间的死者送行,是全世界都很普遍的仪式(参见安塞斯特利节,§123)。

还有一个和马涅斯有关的仪式也值得一提,那就是“献身仪式”(*devotio*)。李维(8.9—10)在叙述同萨谟奈人(Samnites)的战争时,曾经做过详尽的描述。当执政官德修斯(Decius)看到他的军团濒临溃败时,他“奉献”自己的生命求得胜利。在一名大祭司的指导下,他诵读仪式文,祈求许多神灵,从雅努斯(Janus)、朱比特、马耳斯、基林努斯,到马涅斯和忒卢斯。德修斯还要把敌军的生命连同自己的生命献祭给马涅斯和大地女神。献身仪式展现了“人祭”这种“为了创造的杀戮”的古老概念。总之,献身仪式就是用生命当作祭品换取某种利益(对于德修斯,就是争取胜利)。虽然祈求的是整个万神殿,但是**只有献给马涅斯的供品**——也就是德修斯和萨谟奈人的牺牲——才挽救了罗马的军队。

我们不知道古代拉丁姆的居民如何描绘死者的国度;我们所看到的转述反映的是希腊和伊特鲁里亚观念的影响。古代拉丁人的丧葬神话可能延续了欧洲新石器时代的文化传统。无论如何,居住在农村的意大利人关于彼岸世界的概念,只是在表面上受到后来希腊、伊特鲁里亚和希腊化时期的影响。另一方面,维吉尔的《埃涅阿斯纪》第 6 卷所祈求的哈得斯(Hades)、帝国时代在石棺上的葬礼符号,以及东方的、新毕达哥拉斯派的天界永生的概念,从公元前 1 世纪开始在罗马和帝国的其他城市都相当流行。

165. 祭司、占卜官和宗教兄弟会 119

公共祭祀由国家控制,祭司或宗教公会主持。在王政时期,国王位居祭司阶层的顶端:他是圣王(*rex sacrorum*)。不幸我们对于这些礼拜仪式所知甚少。然而,我们的确知道王宫(Regia)举行的三种仪式,它们分别献给朱比特(或朱诺和雅努斯)、马耳斯和丰收女神、孔苏斯之妻俄普斯(Ops Consina)。因此,正如杜米兹[①]所指出的,王宫是一个聚会场所,国王集这三种

① *La rel. rom. arch.*,第 576 页;以及参见同上书,第 184—186 页。

基本功能为一体,我们很快在后文会看到,这三重基本功能是由三位“小祭司”(*flamines maiores*)执行的。我们可以合理地推测,甚至在前罗马时期,国王周围也有许多祭司,就像吠陀时期的罗阇(*rājan*)有他的家庭祭司(*purohita*)、爱尔兰的国王(*rj*)有他的德鲁伊特(Druids)一样。但罗马宗教的特色是祭司各司其职。与吠陀时期的印度或凯尔特人不同,他们的祭司是可以互换的,因此能够主持任何仪式,可是在罗马,每一个祭司或每一个祭司团只能执行某个特定的职能。[①]

在祭司阶层中,仅次于国王的有15位祭司,其中最重要的有三位主要祭司:朱比特的祭司(*flamines Dialis*)、马耳斯的祭司和基林努斯的祭司。祭司(flamen)之名和梵文 *brahman* 有关,但这些祭司没有形成一个瓦尔那。他们甚至没有组成一个宗教团体,因为每一个祭司都是独立的,并且附属于某个神灵,以这个神灵为自己的名字。这一体制非常古老,祭司们根据礼拜服饰以及许多禁忌相互区别。由于奥路斯·格里乌斯(Aulus Gellius)[②]的好古热忱,我们对于朱比特祭司的状况有比较清晰的认识:他不能离开罗
120 马,不能穿有任何打结的衣服(如果带着镣铐的囚犯进入他的房子,就必须被释放);他不得在光天化日下赤裸身体、看见军队或者骑马;他必须避免接触秽物、死人或任何使人联想到死亡的事物等等(《阿提卡夜话》10.15;参见普鲁塔克:《问罗马人》111)。

至于马耳斯和基林努斯的祭司,他们的义务和禁忌相比之下就不那么严格了。我们没有马耳斯祭司(*flamen Martialis*)所行崇拜仪式的直接资料,但他可能会参加10月15日献给马耳斯的马祭。至于基林努斯祭司(*flamen Quirinalis*),要主持三场典礼:前两场庆典,夏季8月21日的孔苏斯节(Consualia)和4月25日的罗比古斯节(Robigalia)当然与谷物有关。[③]

我们对于祭司团(pontifical college)的起源所知甚少。从西塞罗的叙述(《论其房屋》[*Dedomo*]135和《论占卜家的答复》[*Har. resp.*]12)可以合理

---

① *La rel. rom. arch.*,第157页。

② 奥路斯·格里乌斯(Aulus Gellius,123—165),罗马作家和语法学家,著10卷本《阿提卡夜话》(Noctes Atticae)。——译者

③ 杜米兹,同上书,第166页以下、第277—280页。12位小祭司(*flamines minores*)属于那些在古典时期已经废止的神灵:伍尔卡努斯(Volcanus,火神、冶金神)、伍尔图努斯(Volturnus)、帕拉图阿(Palatua)、卡尔门塔(Carmenta,生育女神、水神)、佛洛拉(Flora,百花和青春女神)、波摩娜(Pomona,果树女神)等等。

推论,祭司团由大祭司(*pontifices*)、圣王(*rex sacrorum*)和三位主要祭司组成。与库尔特·拉特(Kurt Latte)的观点不同,①杜米兹证明这种体制相当古老。大祭司与朱比特祭司作为国王的神圣侍从起到某种补充的作用。祭司们以某种"置身历史之外"的方式行使他们的职责;他们只是定期举行规定的仪式,无权诠释或解决新的情况。虽然朱比特祭司与天上的诸神非常亲密,但是他并不传达上天的旨意;那是占卜官的责任。另一方面,祭司团——或者确切地说,只有祭司长(*pontifex maximus*),其他人只是他的延伸——享有自由和主动权。他出席决定宗教活动的会议,在没有主持官员出席的时候负责崇拜仪式的举行;他还主持各种节日。罗马共和时期,祭司长"任命主要祭司和维斯塔(Vesta)女祭司,他握有管教他们的权力;对于维
斯塔女祭司而言,他是她们的顾问,有时候也是她们的代表"。② 因此,这种 121
主要祭司和祭司长的体制很有可能不是在罗马王政时期创制的;正如杜米兹所论:"前者处于严格规范的地位而后者处于自由自在的地位,这是无法用连续性的创造或进化加以解释的,而是同前罗马人的不同功能一一对应,那些功能仍然能够根据它们的名字被辨认出来;……总之,在宗教遗产中由国王执行的功能大部分转移给了祭司长,这是很自然的事。"③

六个维斯塔女祭司隶属于祭司团。她们是祭司长从 6—10 岁的少女中挑选出来的,要奉祀灶神 30 年。为了保护罗马人民,她们要让城市之火一直燃烧,绝对不允许熄灭。她们的宗教力量全靠她们的童贞;如果一个维斯塔女祭司不能保守贞节,她将被活埋在地下墓穴,她的性伙伴也会被处死。正如杜米兹所述,这肯定是一种独特的祭司制度,这种制度在"民族志里仍没有发现许多可比的例子。"④

占卜团(augural college)和祭司团一样古老和独立。但他们的戒律是秘不示人的。我们仅仅知道占卜官不必解读未来。他的作用局限在决定某个特定计划(如选择崇拜的地点或宗教人员等等)是"合乎神意"(*fas*)还是"不合乎神意"(*nefas*)。他如是请求诸神:"如果合乎神意(*Si fas est*)……,请赐给我某某征兆!"然而,早在王政结束之际,罗马人就开始向其他的专家咨

---

① 该作者认为发生过一次革命"从而产生了最高祭司以及附属于最高祭司的大祭司团,成为罗马宗教组织的首领"(*Römische Religionsgeschichite*,第 195 页)。参见杜米兹的批评,*La rel. rom. arch.*,第 116 页以下。

② Dumézil, *La rel. rom. arch.*,第 574 页。

③④ Dumézil, *La rel. rom. arch.*,第 576 页。

询,不论他们来自本国还是外国(§167)。随着时间的推移,一些源自希腊和伊特鲁里亚的占卜术也被引入罗马。观察动物内脏的占卜法(haruspices)就是完全从伊特鲁里亚人那里借鉴过来的。①

122 除这些团体以外,公共祭祀还包括许多封闭性组织或是“兄弟会”(*sodalis*,“同伴”),他们各有特殊的宗教技术。20人的随军祭司团(Fetialis)赋予宣战与缔结和约以神圣的意义。沙利伊祭司团(Salii)是马耳斯和基林努斯的“舞者”,各有12名成员,每当从和平转到战争或是从战争转到和平,就在3月和10月举行表演。阿耳瓦尔兄弟会(Fratres Arvales)保护耕地。牧神兄弟会(Luperci)在2月15日庆祝牧神节(Lupercalia),在适值岁末危机时刻举行的许多庆典中这个仪式尤为重要(参见§§12,22)。② 牧神兄弟会成员在卢佩耳纳尔(Lupanar)山洞前杀一只公羊献牲,裸身穿着羊皮围裙,围帕拉蒂尼山(Palatine)奔跑,进行洁净仪式。他们沿途用公羊皮制成的皮鞭抽打过路的行人。女人被鞭打以后就会生育(普鲁塔克:《罗慕洛传》21.11—12等等)。与其他新年庆典一样,这些仪式也有洁净和丰产的作用。我们这里看到的当然是一种远古的仪式结构,其中还包括类似“男性联盟”(*Männerbund*)的入会礼遗迹。但是这个场景的意义,似乎在罗马共和时期之前就已经被遗忘了。

在公共祭祀和家庭祭祀里,祭品通常是食物:初熟的谷类和葡萄、甜酒,尤其是动物祭品——牛、羊、猪等,在10月15日还要献马。除了10月献马外,牲祭总是按照相同的仪轨进行的:在代表献祭者自家炉灶的一只可移动的小炉(*foculus*)上面进行预备性的祭酒,这只小炉安置在神庙前面祭坛的边上。接着献祭者用一把祭祀的刀子在祭牲的身上从头到尾划过,象征性地宰杀祭牲。最早是他本人亲自宰杀祭牲,但是在经典的仪式里,某些专职祭司(*victimarii*)取代了这一工作。留给诸神的部分——肝、肺、心和其他内脏——在祭坛上烧化。剩下来的肉被举行家庭祭祀的献祭者及其同伴,
123 或者被主持国家献祭的祭司吃掉。

---

① 至于求取神谕的活动,也就是直接从某个神灵那里获得启发,由于不受国家控制而受到怀疑。著名的《西比尔之书》因为据说包含着罗马未来的秘密,因而被接受。但是祭司们将其谨慎看护,只有遇到极端危险的场合才会求问其中的神谕。

② 2月就是以 *Februum* 命名的,这个词瓦罗(Varro)(*De lingua latina* 6.13)将其翻译为“洁净礼”,动词 *februare* 的意思是“清洁”。

166. 朱比特、马耳斯、基林努斯和卡匹托尔山的三联神

罗马人与希腊人有所不同,希腊人很早就创造了一个明确的万神殿,而罗马人在历史初期,只有一个神灵集团,也就是古老的三联神:朱比特、马耳斯、基林努斯,再加上雅努斯和维斯塔也就完成了。“太初时代”的保护神雅努斯列在首位,最后一位则是罗马城的保护女神维斯塔。尽管如此,许多文献都提到许多起源于当地或从希腊或伊特鲁里亚来的神灵。但是,这些神灵无论是在分类和等级上都不是固定的。[1] 某些古代作家把他们区分为“本地神灵”(*di indigetes*)和“外来神灵”(*divi novensiles*),前者是国家的(*partii*)神灵,后者则是后来被接受的神灵(瓦罗[2][Varro]:《拉丁语论》5.74;维吉尔:《农事诗集》1.498)。李维留给我们的“献身”(*devotio*)仪式的咒语中所提到诸神的排列顺序很有价值:四位大神(雅努斯、朱比特、马耳斯、基林努斯),接着是女战神柏洛那(Bellona)和拉瑞斯(战争和土地的保护神),再后是外来神灵和本地神灵,最后则是马涅斯和忒卢斯(§164)。

毋庸置疑,三联神朱比特、马耳斯和基林努斯的起源甚为古老。三位主要祭司的地位和功能就充分说明他们所奉祀的神明的结构。朱比特[3]是诸神的最高统治者,天上的雷电之神、一切神圣的源泉、公义的统治者、宇宙的丰饶和秩序的保证者,虽然他并非主宰战争。战争归马耳斯(Mavors, Mamers)管辖,对所有意大利人而言,他代表战争之神。有时马耳斯也与和平的典礼有关,但这只不过表示宗教史上一种著名的现象:某些神灵逾越其
活动范围的一种极权主义和“帝国主义”倾向。这个现象在基林努斯身上表 124
现得尤为明显。[4] 然而,正如我们所见(§165),基林努斯祭司(*flamen Qurinalis*)原本只参加三个和谷物有关的庆典。此外,从词源上看,基林努斯和罗马人的集会(*covirites*)密切相关,总之,他代表印欧人三元分殊思想的“第三种功能”。但是罗马与其他地方一样,第三种功能发生了重大分裂,

---

① 瓦罗将他们划分为 *certi*(“确定的”)和 *incerti* 两类,在后一类中又区分出 20 个神灵;参见奥古斯丁:《上帝之城》7.2。

② 瓦罗(Marcus Terentius Varro,前 116—前 27),罗马作家、学者,著有《拉丁语论》(*De lingua latina*),支持庞贝,反对恺撒。——译者

③ 这个名字在奥希安文(Oscian)、翁布里亚文(Umbrian)和拉丁文里面都能够找到。

④ 此神有时与马耳斯·格拉迪乌斯(“好战的马耳斯”)构成一组神灵;他们都拥有神圣的盾牌(李维:《罗马史》5.52);罗慕洛为马耳斯之子、王室法术和军事的代表,死后即被等同于基林努斯。

这一点从其意义之多元性以及活力我们就一目了然了。

至于雅努斯和维斯塔，他们被附加于古代的三联神之上，可能也是延续了某种印欧民族传统。根据瓦罗（Varro）的说法，“第一”（*prima*）是属于雅努斯，而“最高”（*summa*）则属于朱比特。因此，朱比特是国王（*rex*），“最高”超过“第一”，前者只是在时间上占优势，而后者则是在尊严（*dignitas*）上略胜一筹。① 在空间上，雅努斯位于门槛和大门口。在时间的轮转上，他主宰“一年之始”。同样地，在历史时间上雅努斯被置于历史的开端：他是拉丁姆的第一个国王，统治着人神共处的那个“黄金时代”（奥维德：《农事诗集》1.347—348）。他被想象为双面人（*bifrons*），因为“每个通道都联接着两个地方、两种状态，那就是一进一出”。② 雅努斯的源远流长是毫无疑问的，因为印度—伊朗人和斯堪的纳维亚人都知道“第一位神”。

维斯塔（Vesta）的名字起源于一个印欧语字根，意为“点火”；永恒的维斯塔之火（*ignis Vestae*）就是罗马人的灶火。所有供奉维斯塔的圣所都呈圆形，而其他神庙都是四方形，正如杜米兹所证明的，这个事实可以用印度天
125 地符号的教义加以解释。神庙必须根据天上的四极来建造和定位；但是维斯塔的住所却一定不可如此建造，因为这位女神的所有力量都来自大地；她的神龛是一个圣所（*aedes sacra*）而不是神庙（*templum*）。③ 维斯塔不能用其他形象表达；火就足以代表她了（奥维德：《农事诗集》6.299）。这是此神之为古老性和延续性的又一个证明，因为形象之阙如正是罗马诸神独有的特征。

在伊特鲁里亚人统治时期，朱比特、马耳斯和基林努斯这个三联神丧失了他们的现实性；在塔昆时代被新的三联神，朱比特、朱诺、弥涅尔瓦（Minerva）所取代。伊特鲁里亚—拉丁族的影响是显而易见的，其中也杂入了某些希腊因素。现在诸神有了塑像。从此朱比特被称为至善者（Optimus Maximus），以希腊的宙斯（Zeus）经过伊特鲁里亚改造之后的形象出现在罗马人面前。他的祭祀也发生了变化。元老院赐给战胜将领的凯旋仪式，现在具有了朱比特的符号。在仪式过程中，凯旋的将军成了朱比特的替身。

---

① 瓦罗书，转引自奥古斯丁：《上帝之城》7.9.1；参见杜米兹的评注，*La rel. rom. arch.*，第333页。

② 杜米兹，第337页。

③ 参见杜米兹，第323页；与此相似，在伊朗火神阿塔尔（Atar）是在六柱神的最后一位（杜米兹，第329页）。

他驾着战车前进,头戴桂冠,佩挂朱比特的饰物。[1] 虽然朱诺和弥涅尔瓦也出现在朱比特的神庙里,但是朱比特才是真正的主人,因为宣誓和奉献都是给他的。

杜米兹说:"朱诺在罗马女神中是最重要的,但她也是最令人困惑的。"[2]她的名字 *Jūnō*,其词根意思为"生命力"。她有很多职能,主宰各种与女人生产有关的节日(妇女临产时就呼唤她的别名露西娜),但是与每次月朔,亦即月亮"再生"的节日等等也有关系。然而,她是卡匹托尔山丘上的王后(Regina),这一称呼反映了即使到罗马共和时期也有一种强大的传统继续存在着。总之,朱诺与印欧民族意识形态中的三重功能——神圣王权、军事力量和丰产——有关系。杜米兹把这种多元价值和吠陀时期的印度和伊朗共有的一个概念进行比较,这个概念就是:女神被认为同时具备这三种职 126
能,并使其相互协调,由此构成妇女在社会上的典范。[3]

至于弥涅尔瓦,她是艺术和工匠的守护神。这个名字可能是一个意大利语(起源于印欧语词根 * *men-*,意思是任何精神活动);但是罗马人是通过伊特鲁里亚人接受她的。但在伊特鲁里亚,梅恩尔瓦(Menrva)(弥涅尔瓦)已经是帕拉斯·雅典娜(Pallas Athena)的别名。

总而言之,卡匹托尔山的三联神并没有继承任何罗马传统。只有朱比特还代表着印欧人的遗产。朱诺和弥涅尔瓦的联系是伊特鲁里亚人的杰作。同样,对于他们而言,三联神在万神殿的等级阶层中起到重大作用。我们知道,它构成了各种神庙的基石(参见塞维乌斯对《埃涅阿德》1.422 的注释)。不过我们知道的也只有这些了。

167. 伊特鲁里亚人:难题和假说

罗马很早就和伊特鲁里亚世界有所接触。然而很难确定它们的文化相互影响的程度。考古资料(如墓葬、壁画、雕像和其他物件)证实那是一个高度发达的文明,但我们并不知道伊特鲁里亚人的语言。同样,古代历史学家也没有像他们描述色雷斯人、凯尔特人、日耳曼人那样描述伊特鲁里亚人的

---

① 塞维乌斯对维吉尔《农事诗集》(Eclogue)4.27 的注释。普鲁塔克:《阿米利乌·鲍卢斯传》(*Aemilius Paulus*)32—34,详细描述了阿米利乌·鲍卢斯在皮德纳(Pydna)大捷(公元前 168 年)之后所举行的那次著名的凯旋仪式;参见杜米兹的评论,第 296—298 页。

②③ 参见杜米兹,第 299 页,以及第 307 页以下,他分析了娑罗室伐底(Sarasvatī)和阿娜喜特(Anāhitā)的职能。

宗教、文化和历史。此外,关于某些伊特鲁里亚宗教的基本资料,直到公元前1世纪才有拉丁作家加以补充,那时原有的遗产已经受到了希腊化的影响。最后,伊特鲁里亚人的族源也是众说纷纭,这使得比较研究的价值打了折扣。

根据希罗多德(1.94)流传下来的一个传说,伊特鲁里亚人是吕底亚人(Lydians)的后代。在爱琴海的列姆诺斯岛(Lemnos)发现的铭文似乎证明他们来自亚洲。但是,在伊特鲁里亚发展出来的文化形态并未反映出亚洲
127 的特征。可以肯定,海外征服者和定居在波河(Po)和台伯河之间——亦即公元前6世纪的伊特鲁里亚——的原住民很早就开始共生了。伊特鲁里亚文明自然比较优越:他们拥有数量庞大的舰队,经营商业,使用铁器,构筑坚固的城市。他们主要的政治组织是城市联盟,这样的城市联盟一共有12个。不过,伊特鲁里亚人只是这些城市中的一部分人口,这些城市还有翁布利亚人(Umbrians)、维内提人(Veneti)、利古里亚人(Ligurians)和其他住在意大利的民族。

在艺术和宗教方面,希腊的影响很快就产生了。在伊特鲁里亚诸神中,法夫伦斯(Fufluns)表现为狄奥尼索斯(Dionysus),塞墨勒(Semele)表现为塞姆拉(Semla),阿里阿德涅(Ariadne)表现为阿里雅萨(Areatha)。我们还可以找到阿耳图梅斯(Artumes,就是希腊的阿耳忒弥斯)和阿普鲁(Aplu,就是希腊的阿波罗)。还有一些真正的伊特鲁里亚神取了拉丁名字或是法利斯坎语(Faliskan)[1]名字:乌尼(Uni)取名朱诺、内图恩(Nethuns)取名涅普图努斯(Neptune)、马利斯(Maris)取名马耳斯、萨特雷斯(Satres)取名萨图尔努斯(Saturn)。神话英雄马斯塔纳(Mastarna,伊特鲁里亚语:*maestrna*)则源自拉丁文*magister*(执政官)。罗马诸神之被希腊诸神同化,伊特鲁里亚人可谓先行一步,堪称模范:朱诺、弥涅尔瓦和涅普图努斯变成了赫拉、雅典娜和波赛东,这是模仿了伊特鲁里亚人的乌尼、梅恩尔瓦和内图恩。简言之,伊特鲁里亚文化,特别是伊特鲁里亚宗教很早就吸收了意大利和希腊的成分。[2] 当然这是一种创造性的综合,因为伊特鲁里亚人发展了他们借鉴过来的观念,以便符合他们自己的文化特点。但是我们并不知道伊特鲁

① 流行于台伯河以北的一种古代语言。——译者

② F.阿尔泰姆(Altheim)看到,在伊特鲁里亚历史晚期而不是早期,亚洲和地中海的文化遗产更加能够分辨出来;参见其著*A History of Roman Religion*,第50页。

里亚人的神话和神学。我们甚至不敢大胆地认为赫刻勒(Hercle)(希腊的赫剌克勒斯)是不是一个例外,因为,即使让·巴耶(Jean Bayet)做了大量研究,我们也只是知道赫刻勒崇拜在伊特鲁里亚很流行,他在当地有自己的神话,与希腊传说有所不同,甚至包含有某些东方成分(麦勒卡特[Melkart])①。至于伊特鲁里亚神学,我们认为无法根据后来关于伊特鲁里亚“圣书”的叙述重构其神学。我们将会看到,这些陈述几乎充斥着各种占 128
卜方法。

由于文献的阙如,学者们只得全力以赴地对考古材料进行缜密的研究。对于死者和冥府女神的祭典的古老结构,令人联想起马耳他岛、西西里岛以及爱琴海地区的墓群和雕像(参见 § 34)。大坟场(necropolises)——十足的鬼城——在生者居住的城市旁边拔地而起。这些墓群有华丽的装饰,男人的坟墓饰以武器,女人的则饰以珠宝。施行人祭,这个风俗后来演变为角斗士竞技比赛。丧葬铭文只记载死者的母系祖先;男子的坟墓装饰有阳具,而女子的坟墓则有一块状似房舍的墓碑。女子就化身为房子,因而也就是家庭。② 巴霍芬(Bachofen)曾经提到“母系社会”,看来可以断定妇女在伊特鲁里亚社会里地位显赫。妇女与她们的男人结伴赴宴。希腊作家曾经惊奇地看到,伊特鲁里亚人的妻子享有的自由竟然相当于希腊的“情妇”(*hetairai*)。事实上,她们可以不戴面纱在男人的面前表现自己,墓地壁画也描绘她们穿着透明的衣服,她们又是呼喊,又是卖弄风姿,鼓舞裸体的运动员投入竞赛。

在共和时代晚期,罗马人才知道伊特鲁里亚人的宗教拥有“圣书”,他们在一些超自然的人物中间流通,据说是泰格斯(Tages)或者女神维歌怡(Vegoie)创作的。根据传说,有一天泰格斯从土沟里现身,面貌像个小孩子,却有着长者的智慧。很快在泰格斯周围聚集起来的人群小心翼翼地抄下他的教导,而这就是《预言原理》(*haruspicinae disciplina*)的起源。③ 有一位超

① J. Bayet,“Heraclès-Herclé dans le domaine étrusque”,载 *Les origines de l'Hercule romain* (1926),第 70—120 页;亦可参见 Bayet, *Herclé, étude critique des pricipaux monuments relatifs à l'Hercule étrusque* (1926)。

② 墓葬用的阳具出现在公元前 4 世纪,而状似房屋的墓碑则要早得多。伊特鲁里亚墓葬铭文提到了父亲的名以及母亲家族的姓氏:“母亲与其被认为是一个人,不如说被认为是她那家系中的一员。”(Altheim, *A History of Roman Religion*,第 51 页以下。)

③ Altheim, *A History of Roman Religions*,第 61 页。

自然的人物将“圣书”(或是包含秘密教义的书籍)向世人揭示出来,这一神
129 秘的主题从埃及、美索不达米亚一直到中世纪的印度和中国西藏都有所记载。这种情形在希腊化时期尤其盛行。泰格斯显现为永远的孩童(*puer aeternus*)启发了赫耳墨斯秘仪(§209),但是这并不必然意味着我们要把伊特鲁里亚传统“解读”为一种炼金术。对于我们而言,如下一个事实是非常重要的,那就是,据信在公元1世纪的伊特鲁里亚人圣书(*libri*)中保存着某种超自然的启示。基本上,这些文献可被分为《雷电之书》(*libri fulgurales*)、《礼仪之书》(*libri rituales*)(含《地狱之书》[*acheronitici*])、《占卜之书》(*libri haruspicini*)(含《命运之书》[*libri fatales*])。

关于雷电的教义,我们知道塞涅卡和普林尼(Pliny)曾经予以记载,[①]解释了一年之中每一天发生的雷电的含义。换句话说,被分成16个区域的天空构成某种虚拟的语言,气象学现象则将这种语言具体化。雷电在空中的哪个区域开始,又在哪个区域结束,将会说明这个雷电的意义。11种不同的雷电类型分别由不同的神灵掌管。因此,雷电所表达的信息来自天神,通过“秘密的语言”传递出来,只有经过特殊的祭司和占卜家才能解读。我们看到,它与迦勒底人教义的相似是一目了然的。[②] 但是我们所得到的雷电理论的形式,显然受到希腊化科学的某种影响:从托名亚里士多德的《气象学》(*Meteorologica*)到“迦勒底巫者”的各种概念。[③] 尽管如此,这些影响说到底主要是修饰了语言,以使自己更符合时代精神的风格。其基本观念,特别是大宇宙和小宇宙同源的概念是极其古老的。

动物占卜——也就是根据牺牲动物的内脏的迹象加以诠释——也是如此,它是以三种相关层面(神灵、宇宙和人类)之间存在的对应关系为前提
130 的。不同部位的内脏提示神灵的决定,因而预测即将发生的历史事件。公元1877年在比雅森扎(Piacenza)出土了一块羊肝青铜模型,某个雕刻家在上面刻写了一些线条和大约40个神名。[④] 这个模型同时描绘了世界的结构以及万神殿的位置。

大宇宙和小宇宙一本同源的教义对于我们所说的伊特鲁里亚人的历史

---

① *Naturales quaestiones* 2.31—41和47—57;*Naturalis historia* 2.137—146。

② 最新文章可以参见A. Piganiol,“Les Etrusques, peuple d'Orient”,第340—342页。

③ 尤其参见S. Weinstock,“Libri Fulgurales”,第126页以下。

④ 关于该模型的年代仍有争议;它可能断代为公元前3或前2世纪。它与美索不达米亚的肝脏占卜术的相似性是十分明显,可能随着以后的影响,这种相似性得到了强化。

观念也颇有启发。根据《命运之书》，人类生命最多到 12 个“七”(hebdomads)；第 12 个“七”一到，人的“灵魂就会消散”，而诸神再也不会向他显示任何迹象①。万民万国、伊特鲁里亚和罗马也不例外，都有被同一个主宰宇宙的范型所确定的命数。有些学者曾经提到，这是伊特鲁里亚人的悲观主义，他们强烈相信宇宙和存在的决定论。然而，我们看到这只是许多传统社会所主张的一个古老概念：人类和造化之大韵是紧密相联的，因为一切存在的模式——宇宙、历史、人类——在它们各自特殊的层面上不断地重复着生命循环的轨迹所表现出来的模式。

我们难以重构伊特鲁里亚人关于死亡和死后生存的信仰。公元前 4 世纪的墓藏壁画描绘着冥界，“与希腊人的冥界有所不同，但受到了他们的启发：死者骑马或者驾驭马车前行；在进入冥界时，有一群人，也许是他的祖先前来迎接他；哈得斯(Hades)和佩尔塞福涅(Persephone)，在这里他们又分别被称为埃得(Eita)和佩尔希帕尼(Phersipnai)，在主持一场宴会等候他的到来。”②另一方面，那些壁画也描绘了并非希腊起源的魔鬼信仰。其主角乃是卡隆(Charun)，虽然他有个希腊名字，却是伊特鲁里亚神话的原创。“他的鹰钩鼻使人想到猛禽，他的耳朵则使人想到马的耳朵；每当他发出狞
笑，就会露出磨得嘎嘎响的利齿，使人想到肉食动物准备吞食牺牲品。”在杀 131
死猎物之后，卡隆就陪伴他向冥府走去。但是他只负责走到冥府入口，根据墓室壁画场景判断，死者将享受充满幸福的来世生活。

《地狱之书》(*libri acherontici*)的残篇太少，无法和埃及的《死者书》进行任何比较。按照基督教作家阿诺比乌斯(Arnobius)的记载：“在《地狱之书》中，伊特鲁里亚承诺：通过将动物的血奉献给某些神灵，灵魂就可以变为神灵，远离死亡。”(《反对异教徒》2.62)塞维乌斯(Servius)补充了一个重要细节：在奉献了某种祭品后，灵魂会转化为神灵并且被称为可以记得其前生的“生物”(*animales*)(塞维乌斯对《埃涅阿德》3.168 的注释)。在这里我们看到，这个通过血祭获得的神圣化，可以解释它的古老，也可以解释为类似密特拉秘仪入会礼的一种献祭—圣事(参见 § 217)。无论如何，“灵魂的神化”补充了伊特鲁里亚末世论的一种新的取向。

---

① 瓦罗，原文转引自 Bouché-Leclerq, *Histoire de la divination*，第 4 卷，第 87 页以下；参见 C. O. Thulin, *Die Ritualbücher*，第 68 页以下；Dumézil, *La rel. rom. arch.*，第 653 页以下。

② Dumézil, *La rel. rom. arch.*，第 676—677 页。

总之,我们无法把握伊特鲁里亚宗教思想的本质。伊特鲁里亚的占卜术、定位方法(*orientatio*),以及建筑城市和宗教建筑的方法在罗马初期就享有盛誉,揭示了他们神学中的宇宙论结构,看来也说明他们曾经努力解决历史时期之谜。这些概念很有可能对于罗马宗教的臻于成熟作出了贡献。

168. 危机和灾难:从高卢的宗主权到第二次布匿战争

公元前496年左右,随着伊特鲁里亚人末代国王被放逐,共和时期开始,在阿文廷努斯山下很快就矗立起一座神庙,献给新三联神:刻瑞斯(Ceres)、利柏耳(Liber)、利柏拉(Libera)。这种新的崇拜奉祀三位丰产的保护
132 神,它的建立或许政治起到了一定的作用。这个圣所长期以来举行农神崇拜,属于平民的代表。[1] 在词源学上,Ceres是人格化的"成长"。刻瑞斯祭司的存在以及在"刻瑞斯节"(Cerealia,4月19日)仪式的特征都证实这位女神的古老。至于利柏尔,他的名字似乎起源于一个印欧语言的字根* *leudh*,意思是"促使萌芽者、保佑生育和丰收者"。根据圣奥古斯丁的说法(《上帝之城》7.3),利柏尔—利柏拉在两性结合过程中"释放"精子促进世界的生育和丰产(《上帝之城》7.9)。在意大利一些地方,利柏耳节(Liberalia,3月17日)具有某些放荡的成分:端着阳物游行,由一位最贞洁的女子公开为他戴上冠冕,以及淫秽的言词(《上帝之城》7.21)。但是这个三联神刻瑞斯、利柏尔和利柏拉很快就同化为得墨忒耳(Demeter)、狄奥尼索斯(巴科斯[Bacchus])、佩尔塞福涅(又作Proserpine)的三联神(又是希腊化的解释[*interpretatio graeca*])。顶着酒神巴科斯响亮名字的利柏尔随着酒神崇拜的传播而备受青睐(参见本书第554—555页)。

早在公元前6世纪伊特鲁里亚诸王统治期间,罗马就已经熟悉了希腊诸神。但从共和时期开始,我们才见证了希腊诸神被迅速同化:狄奥斯古利(Dioioscuri)崇拜于公元前499年、墨耳枯里乌斯(Mercury)崇拜于公元前495年、阿波罗崇拜于公元前431年(当时瘟疫流行;他是以"医疗之神"而被引入罗马的)先后被同化了。维纳斯(Venus)原本只是意为"奇幻魅力"的一个普通名词,后来却等同于希腊的阿佛罗狄忒(Aphrodite),但

---

[1] 根据传说,该神庙是在首次参考了《西比尔之书》之后建造的,但是这里有一个时间倒置的错误。

在特洛伊传奇的影响之下,这个女神的结构后来也有所变化。拉丁和意大利诸神也经历了相似的同化。黛安娜(Diana)是从阿尔巴传入,最后和阿耳忒弥斯(Artemis)同化了。大约公元前 396 年,维伊城(Veii)的守护女神朱诺女王(Juno Regina),在隆重的典礼中被迎入罗马城。李维在一段著名的文字(5.21.3—22)中描述了"唤神"(*evocatio*)仪式:独裁者卡米
卢斯(Camillus)向被围困的女神说:"我请求您,如今居住在维伊城中间的 133
朱诺女王啊,与我们同行,当我们获得胜利后,到我们的城市里来,这个城市也很快就是您的,和您的庄严相称的神庙也将在那里恭候您。"维伊城的人民还不知道,"他们已经被自己的占卜者和外国的神谕所放弃;有些神灵已经被共邀洗劫城池,而其他诸神因为在恳求之下放弃他们的城市,开始在他们敌人的神庙中寻找新家;他们不知道,这就是他们苟延残喘的最后一天。"①

公元前 4 世纪初,凯尔特人的入侵阻绝了罗马和希腊文明的接触。罗马城遭到彻底破坏(约前 390 年),一些罗马人产生了永远放弃这片废墟的念头,到维伊城去定居。就像遭到喜克索斯人侵略后的埃及(参见 § 30)一样,燃烧的城市动摇了罗马人对自己历史命运的信心。直到桑第诺姆(Sentinum)战役的胜利(约前 295 年),罗马和意大利方才摆脱高卢人的宗主权。罗马人重新建立了与希腊世界的交流,并且采取征服的政策。到公元前 3 世纪末,罗马成为意大利最强的一股势力。从此,政治的兴衰有时候甚至严重影响到传统的宗教制度。对于一个倾向于在历史事件中解读出诸多神显的民族,他们在军事上的胜负本身就充满了宗教意义。

此后爆发了第二次布匿战争,直接威胁到罗马国家的存在,这时,宗教也经历了深层次的转型。罗马向一切诸神祈求,不管他们来自何方。占卜术和《西比尔之书》显示,罗马战败的原因在于犯了各种仪式上的错误。元老院按照《西比尔之书》的指示,采取了若干补救措施:献祭、驱邪、庆典以及不同寻常的游行,甚至举行人祭。康奈伊(Cannae,约前 216 年)大败,尤其是四伏的灾异和两个维斯塔女祭司的乱伦使得情况更加危急,元老院于是决定派费比乌斯·皮克托(Fabius Pictor)到德尔斐(Delphi)神庙去求问神
谕。在罗马,《西比尔之书》则指示要举行人祭:两名希腊人和两名高卢人被 134

---

① 根据 B. O. 福斯特尔(Foster)的译文。

活埋(李维,21.57.6)。① 这种仪式可能有着极其古老的结构:“为了创造的杀戮”。②

最后,约公元前205—前204年,在战胜汉尼拔(Hanibal)前夕,罗马人听从《西比尔之书》的建议,引进第一位亚洲神灵,也就是佩西诺斯人(Pessinotes)的大母神库柏勒(Cybele)(李维,29.10以下)。一块象征这位女神的著名黑石由一艘罗马战舰运到佩加蒙(Pergamum)。人们在奥斯提亚(Ostia)举行隆重的仪式迎接库柏勒,供奉在帕拉蒂尼山上的一座神庙里面。③然而,这种崇拜具有狂欢的性质,甚至还有阉人祭司的存在,与罗马人一贯的严谨持重形成了强烈的对比。元老院及时规范了这一崇拜的宗教活动。一切献祭严格限制在神庙内进行,每年把圣石运去沐浴的游行除外。罗马公民禁止以安纳托利亚仪式向库柏勒献祭。教职人员限定为一位男祭司、一位女祭司以及他们的助理,但是无论罗马人还是他们的奴隶都无权充当祭司。至于罗马官方的祭祀,则是由城内行政长官主持。

然而,大约在公元前204年,元老院批准组织宗教兄弟会,其成员一律出自贵族阶层,它们主要的功能仅限于举办纪念库柏勒的盛宴。总之,引进亚洲神灵的始作俑者就是贵族阶层。罗马贵族认为,罗马注定要在东方扮演重要角色。但是库柏勒的出现在当时没有产生重大的影响。东方宗教的
135 入侵将在一百多年后发生。当然,在经历了第二次布匿战争的可怕痛苦和恐怖之后,罗马可能被亚洲神灵所吸引。但是在这里,我们再一次看到罗马人特有的模棱两可:既要控制外来宗教,又担心失去这些宗教所带来的好处。④ 然而,这两场战争以及最后压倒性的胜利,它们造成的后果是不可避免的。一方面,意大利各地为数众多的难民和外国奴隶聚集到罗马来。另一方面,某些阶层的居民日渐脱离传统宗教。在罗马,与公元前4世纪以来的整个地中海地区一样,对于个人宗教经验的需求越来越强烈。而这样的

---

① 约公元前226年,在求问《西比尔之书》后2名希腊人和2名高卢人遭活埋,以便消除高卢入侵的危险(普鲁塔克:《马塞努斯传》3.4)。还有一次与此相似的献祭发生在公元前2世纪末(普鲁塔克:《问罗马人》83)。约公元97年,元老院禁止人祭。

② 为了确保胜利,薛西斯(Xerxes)在扬帆远征希腊之前活埋了9名少男和9名少女。我们还知道在萨拉米斯战役前夜,狄米斯托克利(Themistocles)听从神谕,将3名囚犯献祭(普鲁塔克:《狄米斯托克利传》13)。关于这个主题,参见 Eliade, *Zalmoxis, the Vanishing God*,第183页以下。

③ 应当指出,由于埃涅阿斯(Aeneas)传奇,库柏勒不再是一个外国女神了。

④ 参见 Jean Bayet, *Histoire... de la religion romaine*,第154页。

宗教经验又只有在秘密的宗教聚会以及秘教类型的封闭团体——换句话说,就是脱离国家控制的秘密社团——里面获得。这就是为什么元老院禁止罗马公民甚至他们的奴隶参加安纳托利亚的库柏勒祭祀。

大约公元前 186 年,官方既惊讶又愤怒地发现,罗马城内竟然也有酒神崇拜的踪迹,也就是夜间活动的"狂欢秘仪"。酒神崇拜尤其在希腊化时期(参见 § 206)早已经传遍整个地中海世界。在罗马征服大希腊地区之后,秘仪的秘密团体蔓延了整个半岛,特别是在坎帕尼亚(Campania)。事实上,有一位坎帕尼亚的女祭司—预言家把一种秘密崇拜引入了罗马,并根据她的指示加以修改,其中某些仪式与秘仪的仪式很相似。罗马执政官立即公开指责,于是开展了一场调查,揭露出这种崇拜的规模和狂欢特点。有 7 000 多名信徒遭到指控,他们被控犯有多种可憎行为:他们发誓保守秘密、鸡奸,以及有组织的谋财害命。这些仪式都在极其秘密的情况下举行。根据李维(39. 13. 12)的记载,男人们浑身摇摆好像发狂一样,口中说出预言;女人"身穿酒神女祭司的服饰,披头散发",跑到台伯河边,"高举燃烧的火炬",丢到河里,拿上来时却又继续燃烧,"因为这些火炬燃烧着含有与钙混合在一起 136
的硫磺。"①

有些指控与后来迫害异端和审判女巫的陈腔滥调如出一辙。及时而深入的调查以及残酷的镇压(数千人被处死),都显示这种迫害的政治特点。官方声讨这种秘密团体的危险性,也就是军事政变的危险性。毫无疑问,酒神崇拜并未彻底消灭,但是罗马公民被禁止举行这种祭祀。此外,所有酒神崇拜的仪式都限制在 5 个贵族以内,必须经由元老院决议特批。除了那些"圣物"之外,该祭祀的建筑和器物统统被销毁掉了。

所有这些恐慌措施表明,元老院对于那些不在它控制之下的宗教团体是多么的疑虑重重。针对酒神崇拜者的元老院决议(*senatus consultum*)始终有效,3 个世纪以后,遂成为迫害基督徒的一个范例。

---

① 他们还被指控用某种可怕的手段使那些拒绝参与他们的罪行和放荡之举的人失踪(李维,39. 13. 13)。关于李维的原文以及公元前 186 年元老院决议的详细分析,参见 Adrien Bruhl, *Liber Pater*,第 82—116 页。

137 # 第21章　凯尔特人、日耳曼人、色雷斯人和盖塔伊人

169. 史前元素的持存

从公元前5世纪征服意大利北部(罗马在公元前390年遭受攻击),到公元前279年掠夺德尔斐的阿波罗神庙,凯尔特人对于欧洲上古史的冲击给世界造成的影响还不到两个世纪。此后,凯尔特民族的历史命运注定要走向消亡:因为遭遇日耳曼民族的扩张和罗马的压力,凯尔特民族的势力日衰。不过,凯尔特人是丰富而有创造力的原史时代的继承者。我们将会看到,考古学的资料对于我们理解凯尔特宗教是至关重要的。

原始凯尔特人很可能是所谓瓮葬文化(Urnfield)①的始作俑者,这种文化大约是在公元前1300—前700年的中欧得到发展。他们居住在村落里,从事农业,使用铜器,火葬死者。第一批移民(公元前10—前9世纪)把这些生活习惯带到了法国、西班牙和大不列颠。在公元前700—前600年左右,欧洲普遍使用铁器;这就是所谓第一期铁器文化(Hallstatt),其特色是社会的分层和丧葬仪式的变化。这些新生事物可能是黑海的辛梅里安人(Cimmerian)带来的伊朗文化所造成的。凯尔特的军事贵族也在这时候诞生。死者的尸体(至少是首领的尸体)不再举行火葬,而是以他们的兵器和贵重物品
138 作为陪葬,把尸体放在四轮战车上,埋入墓室,覆以坟丘。公元前500年左右,也就是名为拉特尼文化(La Tené)的第二期铁器时代,凯尔特人的艺术创造力达到巅峰。考古发掘出土了珠宝和无数金属器物,被誉为"蛮族艺术的荣耀,这是凯尔特人对于欧洲文化的伟大贡献(即使是有限度的)"。②

---

① 之所称之为"瓮葬文化"是因为死者在火葬后将骨灰放进瓮中,埋入坟墓。

② Ann Ross, *Pagan Celtic Britain*, 第35页。参见J. J. Hatt, *Les Celtes et les Gallo-Romains*, 第101页以下。

关于凯尔特宗教的文献甚为贫乏，因此考古文物显得弥足珍贵。我们从考古发掘得知，凯尔特人极其重视圣地，也就是那些按照一定的规定在献祭的祭坛四周被奉为神圣的地方。（我们将会看到，仪式性地划分神圣空间、“世界中心”的象征，古代作家曾经予以报道，在爱尔兰神话中也可以发现。）同样，由于考古发掘我们还得知，在深达 2—3 米的仪式坑里放置了不同的供品。就像希腊人的地坑（*bothros*）或罗马人通往冥府的壕沟（*mundus*）一样，这些仪式坑使人们得以和冥神沟通。它们始于公元前 2000 年代，有时摆满金银物品，堆满了经过装饰的用于仪式的釜。[①]（在中世纪的传说和凯尔特的民间故事里，也曾经保留着关于这些和彼岸世界沟通的坑以及地下宝藏的回忆。）

同样重要的是，考古学也证实了骷髅崇拜的传播与延续。在约克郡（Yorkshire）发现的石灰岩圆柱，装饰有风格独特的人头像，它们可以追溯到公元前 18 世纪并且延续到中世纪，在各个不同的凯尔特部落里，都有骷髅和表现“断头”的材料。考古发掘出土了放在壁龛或镶嵌在圣所墙壁上的骷髅、石雕头像，还有许多浸泡在泉水里的木头雕像。其实，古典作家早就注意到了骷髅的宗教意义，而且尽管教会明令禁止，在中世纪的传奇和英 139
国、爱尔兰的民间故事里，[②]断头崇拜还是扮演着重要的角色。这种崇拜无疑深深植根于史前时代，甚至在 19 世纪的某些亚洲文化里还仍然存在。[③]断头的最初巫术—宗教意义由于人们相信骷髅是男性精液（*semen virile*）的源泉、“灵性”的住所而得到强化。在凯尔特人看来，骷髅是储存神圣力量的最佳容器，是神圣的源泉，可使骷髅的持有者免遭各种危险，同时赐予他健康、财富和胜利。

总而言之，考古发现一方面证明凯尔特文化的古老，另一方面也揭示凯尔特文化的某些核心的宗教观念从原史时代一直延续到中世纪。其中许多观念和风俗有着新石器时代古老的宗教世系，却早被凯尔特人吸收而且一部分综合进他们从印欧祖先那里承袭下来的神学体系。考古学证明了这种令人惊讶的文化连续性，使得研究凯尔特宗教的历史学家可以利用晚出的资料，尤其是利用公元 6—8 世纪的爱尔兰文献，以及到 19 世纪仍然流传于

---

① Stuart Piggott, *Ancient Europe*，第 215 页以下；Piggott, *The Druids*，第 62 页以下。

② Ross, *Pagan Celtic Britan*，第 97—164 页，插图 25—86，图版 1—23。

③ Eliade, *Yoga*，第 301、419—420 页；*Shamanism*，第 421 页以下。

爱尔兰的史诗传奇和民间故事。

170. 印欧文化的遗产

其他文献的确证实了凯尔特文化源远流长。我们发现,爱尔兰的许多观念和风俗见载于古印度文献,而且爱尔兰语的诗律和梵语或赫梯语的诗律也颇类似;正如斯图亚特·皮戈(Stuart Piggott)所说,这正是“公元前2000年代的共同遗产的吉光片羽”。① 与婆罗门一样,德鲁伊特(Druids)十分强调记忆的重要性(参见§172)。而古爱尔兰的法律也是用韵文书写的,
140 以便于记诵。爱尔兰和印度法律文书的相似性并不只表现在形式和技术方面,甚至在用语上都颇多相似。②印度和凯尔特还有其他相似之处:以斋戒作为打官司的手段;真理具有巫术—宗教价值;③在散文体的历史故事里穿插诗歌,特别是在对话里面;游吟诗人的重要性以及他们和统治者的关系。④

因为欧洲大陆凯尔特人的仪式规定不立文字,因此我们得不到任何他们本人撰著的宗教文献。我们仅有的描绘均出自希腊—罗马作家,以及高卢—罗马时期的许多有图像的碑刻。相形之下,居住在苏格兰、威尔士,尤其是爱尔兰的凯尔特岛民,却留下卷帙浩繁的史诗文学。虽然这些作品都是在改信基督教以后创作的,但是它们继承了前基督教时期的神话,而丰富的爱尔兰民间故事也是如此。

爱尔兰文献还经常佐证经典作家留给我们的资料。恺撒在其《高卢战记》(6.13)里说,高卢人有两个特权阶级,德鲁伊特和武士,以及受压迫的第三个阶级——“平民”。这个社会的三元分殊乃是著名的印欧民族意识形态

---

① Piggott, *The Druids*,第88页。梅尔斯·狄龙(Myles Dillon)说,德鲁伊特和婆罗门分别保存着印欧民族的习俗和信仰,一直到18世纪盖尔人的世界(Gaelic World)以及今天的印度。参见Piggott,“The Archaism of Irish Tradition”,第6页;同上书,“Celts and Aryans”,第52页以下。研究爱尔兰和印度葬礼仪式的汉斯·哈特曼(Hans Hartmann)得出结论(*Der Totenkult in Ireland*,第207页),爱尔兰人的心态结构比较接近于印度人而不是英国人和德国人。

② D. A. Binchy,“The Linguistic and Historical Value of the Irish Law Tracts”,转引自Dillon,“The Archaism”,第247页。

③ 参见Dillon,“*The Archaism*”,第247、253页,以及*Celts and Aryans*。

④ 参见Dumézil, *Serviuset la Fortune*,第221页以及相关段落;J. E. Caerwyn Williams,“The Court Poet in Medieval Ireland”,第99页以下。我们还要补充的是与苏美尔—阿卡德世界的相似性。这些可以通过印欧民族与古代近东各民族的交往得到解释(参见H. Wagner,“Studies in the Origins of Early Celtic Tradition”,第6页以下以及相关段落)。

的反映(参见§63),在爱尔兰改信基督教后仍然存在:在国王(* *rig*)(在语 141
音学上相当于梵文的 *rāj*,拉丁文的 *rēg-*)之下,社会分为德鲁伊特、武士(*flaith*, 意为"力量",语音学上相当于梵文刹帝利)以及牧民"*bó airig*,自由(airig)民,他们被界定为拥有牛群(*bó*)的人"。①

我们以后还有机会讨论凯尔特人中还有哪些其他印欧宗教体系的遗迹。但是现在我们想要指出:正是"一个强有力的祭司集团作为神圣传统的守护者,墨守成规地恪守这些传统",使得"印度—伊朗人以及意大利—凯尔特人的社会能够保持一个共同的文化遗存。"②至于印欧民族三元分殊的神学,在恺撒流传至今的凯尔特人诸神名录里面,在相当历史化的爱尔兰传说里面,我们都可以找得到。杜米兹和杨·德·弗利(Jan de Vries)都证明,传说中的民族"达努女神之子"(Tuatha Dé Danann),他们的首领其实代表前两种职能的神,而第三种职能则代表弗摩尔斯族(Fomȯrṡ),他们是岛上的原住民。③

恺撒曾以"罗马化的解释"(*interpretatio romana*)描述了凯尔特人的万神殿。这位执政官写道:"在诸神里,他们最崇拜墨耳枯里乌斯。他有许多形象;他们说他是所有艺术的发明者,是所有道路和旅程的指引者,他们认为他对商业和交通的影响最大;墨耳枯里乌斯之后还有:阿波罗、马耳斯、朱比特和弥涅耳瓦。他们对诸神的概念与其他民族相同:阿波罗祛除疾病,弥涅耳瓦向艺术和工艺提供最初的原理,朱比特统治天国,马耳斯主宰战争。"(《高卢战记》6.17,爱德华兹[H. J. Edwards]翻译)

这种对于高卢人万神殿的"罗马化的解释",其真实性和价值曾经引起
广泛的讨论。对于凯尔特民族的风俗和信仰,恺撒知之甚多。在远征外阿 142
尔卑斯山的高卢人(Transalpine Gaul)之前,他曾担任南阿尔卑斯山的高卢人(Cisalpine Gaul)的总督,但是由于我们对欧洲大陆凯尔特人的神话一无所知,对于恺撒提到的诸神也是不甚了了。不过令人惊讶的是,他居然没有把"朱比特"列为诸神之首。可能是因为这个伟大的天神在这些城市居民中已经不再占据首位,这些城市至少有 4 个世纪受到了地中海文化的影响。

---

① Dumézil,*L'idéologie tripartite des Indo-Européens*,第 11 页。

② E. Benveniste, *Le vocabulaire des institutions indo-européenes*,第 1 卷,第 10 页。参见房德里耶斯(Vendryes)在第 567 页注解 1 的评论。

③ 参见 Dumézil,*Mythe et épopée*,第 1 卷,第 289 页;Jan de Vries,*La religion des Celtes*,第 157 页以下(原版为德文,参见 Critical Bibliographies, §169)。

这种现象在宗教史上屡见不鲜，在古代的近东地区（参见§48以下）、吠陀时期的印度（参见§62）以及古日耳曼民族（参见§176）都是如此。不过，我们在莱茵河、摩泽尔河（Moselle）和索恩河流域，以及某些日耳曼部落中间发现了“巨人朱比特”柱子，它们仍然具有古老的、天神的象征。我们必须特别指出，第一，这些柱子并不是像图拉真（Trajan）或马可·奥勒留（Marcus Aurelius）的柱子那样庆祝军事凯旋。它们并不是竖立在广场或街道上面，而是竖立在远离城市的地方。其次，凯尔特的朱比特经常带有轮子的形象，[①]而轮子在凯尔特文化中相当重要。有四条轮辐的轮子代表年，也就是指四季轮转。事实上，“轮”和“年”在凯尔特语里用的是同一个术语。[②]正如维尔纳·缪勒（Werner Müller）所见，此种凯尔特人的朱比特因而成为主宰宇宙的天神、年份之主，而柱子本身则象征世界之轴（*axis mundi*）。另一方面，爱尔兰文献提到“善神”达戈达（Dagda），学者一致认为他就是恺撒称之为“朱比特”的高卢神。[③]

考古学证实了恺撒所述“墨耳枯里乌斯”甚为流行的情形：有200多处雕像和浮雕以及近500篇铭文可以证明。我们并不知道他的高卢名字，很
143 有可能就是名为“鲁格”（Lug）的神，他在凯尔特岛民的文化中占有重要的地位。有好几个城市就以鲁格来命名的（例如鲁格杜努姆[Lugdunum]，就是今天的里昂）；在爱尔兰还有庆祝他的节日，这证明所有凯尔特民族的国家都知道他。爱尔兰文献说鲁格是一支军队的首领，在战场上大行巫术，但他也是一位出色的诗人以及某个重要部落的神话祖先。这些特征使他足以媲美北欧的沃登—奥丁（Wodan-Óðinn），塔西佗（Tacitus）也认为后者就是墨耳枯里乌斯。由此我们可以得出结论，鲁格代表至上神的巫术—好战的一面：他暴戾而令人畏惧，但是他保护武士、吟游诗人和巫师。就像奥丁—沃登一样（§175），他的特征是具有巫术—灵性的能力，这可以解释为什么人们认为他就是墨耳枯里乌斯—赫耳墨斯。

恺撒（《高卢战记》6.17）写道，高卢人“决定要打一场决定性战役时，他们就许愿把所有掠夺来的东西奉献给马耳斯。在打完胜仗之后，他们把所

① 参见 Werner Müller, *Die Jupitergigantensäulen und ihre Verwandten*，第46页以下。

② 参见缪勒（Müller），同上书，第52页所引例证。据中世纪记载，年（annus）的形象是一个人手持一只带有四轮辐的轮子；参见缪勒的复制画，第51页。

③ Jan de Vries, *La religion des Celts*，第45页以下。

有掳获的活人献为祭品，而将其他财物堆集在一处。"我们不知道高卢战神的凯尔特名字。但是在许多献给马耳斯的还愿铭文里常有这些称号："世界之王"(Albioriz)、"至尊"(Rigisamos)、"战斗之王"(Caturix)、"大能的"(Camulus)、"常胜的"(Segomo)等等。某些称号无法理解，即使我们能够翻译出来，还是不能增加我们的了解。献给赫耳枯勒斯的100多篇铭文也是如此；和献给马耳斯的铭文一样，它们也只能证明存在着一位战神而已。

假如我们把另外一些史料也列入考察的范围，这位神的结构可能就会丰富许多。根据希腊历史学家萨摩沙塔的路西安(Lucian of Salmosata，公元2世纪)，赫耳枯勒斯的凯尔特名字叫做欧格米奥斯(Ognmios)。路西安曾经见过赫耳枯勒斯的画像：那是个满脸皱纹的秃头老人，他用琥珀和黄金制成的细链条把一大群男女绑在自己的舌头上，带着他们向前走。这些链条看来并不牢固，而这些人非但不想逃走，反而紧紧跟着他，"高兴愉快地赞美他"。当地凯尔特人向路西安解释这幅画像说：凯尔特人不是像希腊人那 144
样通过赫耳墨斯而是通过赫耳枯勒斯表现说话的艺术，"因为赫耳枯勒斯强大多了"(路西安：《赫剌克勒斯》1—7)。这一文献曾经引发各种相互矛盾的解释。①有的拿这些被链条锁住的人与印度陪伴因陀罗左右的摩录多(Maruts)以及奥丁的随从埃恩赫贾(Einherjar)进行比较(德·弗利)。也有的将欧格米奥斯与"大力的捆绑者"伐楼那相比(F·鲁)。凯尔特人的"马耳斯"很可能吸收了至上神—巫师的某些性质，而又强化了其灵魂引路人的职能。(我们将在§175看到，相反，在日耳曼人那里，奥丁神部分地取代了战神的角色。)在爱尔兰的史诗文学里，和奥格米奥斯相互对应的是欧格玛神(Ogma)，他是一个典型的战士。但是人们相信他还创制了欧甘(Oghamic)文字——这就是说，他同时将军事力量和奥丁那样的"科学知识"结合在一起了。

恺撒把"阿波罗"描述为医神。我们不知他的高卢原名，但是他在铭文里的称号全都证明他治病救人的职能。爱尔兰文献提到迪安塞克特(Diancecht)救活了"达努女神之子"。在一条古代驱邪咒语中也祈求这位神灵。他的名字和铁匠神格鲁布纽(Gorubniu)并称。因此他可能就是杜米兹所认为的代表"第三种职能"的神灵之一。至于"弥涅尔瓦"，她的高卢原名我们

① Françoise Le Roux, "Le Dieu celtique aux liens: de l'Ogmios de Lucien à l'Ogmios de Dürer"，第216页；J. de Vries, *La religion des Celtes*，第73页以下。

也无从知晓，不过恺撒说她是工匠和贸易女神(因而也属于第三种职能)，她曾被拿来和达戈达的女儿布列甘蒂亚(Brigantia)相提并论，布列甘蒂亚也是诗人、铁匠和医生的保护神。

171. 我们有可能重构凯尔特万神殿吗?

经过恺撒以“罗马化的解释”改造的凯尔特诸神掩盖了一个宗教事实，那就是我们不可能将他们与凯尔特岛民的传说进行全面的比较。至于从遗
145 迹或铭文所提供的高卢和罗马时期的诸神名字，大部分也只是万神殿中的诸神在当地的描述性称号，有些学者误以为这些称号就是某些独立的神。

关于诸神的高卢原名，流传至今的唯一资料就是诗人鲁肯(Lucan，公元1世纪)的作品。他提到“那些以残忍的祭品安抚特乌塔特斯(Teutates)和埃萨斯(Esus)的狂暴，他们野蛮的神龛令人不寒而栗，而塔拉尼斯(Taranis)的祭坛也不比斯基泰人的黛安娜的祭坛慈善到哪里去。”(《内战记》，又名《法尔萨卢斯记》1.444)高卢—罗马时期的铭文也提到埃萨斯、塔拉努库斯(Taranucus，又名朱比特·塔努库斯[Jupiter Tarnucus])和马耳斯·特乌塔特斯(Mars Toutatis)，证明了上述名字的真实性。一位中世纪评注家①曾试图解释这些名字，但是他的注解却矛盾百出。尽管如此，他的评注详细说明了对每一位神的献祭办法，例如：特乌塔特斯的献祭是把人塞进一只桶里面闷死；献给埃萨斯的供品要吊在树上流血至死；至于塔拉尼斯(“战神和最伟大的天神”)的祭典，则是将众人放在木制的人形棺材里烧掉。

在贡德斯特路普鼎(Gundestrup Caldron)上面有一个图案，描绘穿着衣服的人把活人祭品头朝下丢进一只容器里。几名战士步行走向这只容器；在他们上方，有几名骑手正在离开这只容器。德·弗利(《凯尔特宗教论》，第55页)认为，这可能是举行某种入会仪式，但是与特乌塔特斯无关。(爱尔兰史诗多次提到一个主题，有个国王被困在已经烧得白热化的屋子里面，就自己跳进水桶里躲避大火。这里确定是指某种人祭仪式。)②自

---

① *Commenta Bernensia*，被兹维克尔(J. Zwicker)影印收入 *Fontes historiae religionis Celtica*，第1卷，第55页以下。

② M. L. 斯杰伊斯特德(Sjoestedt)在她的 *Dieux et héros des Celtes*(第55页)引用了一些欧洲大陆凯尔特人的相同事例。拉姆诺(Ramnoux)认为，这些献祭在某个或者某一系列统治结束的时候举行，以便寻求某个衰亡时代的复兴(事实上，它们是在某一年中特定的日子里面进行的)；参见所著“La mort sacrificielle du Roi”，第217页。

从18世纪以来,特乌塔特斯的名字就被翻译成"部落之父"。这位神在部落生活里起着极其重要的作用:他是战争的保护神,但他的职能却很 146
复杂。①

至于塔拉尼斯,他的名字意思很明确:该字的字根是* *taran*("雷电")。他的第二种化身"塔拉诺斯"(Taranos)近似于日耳曼神话中的多纳尔(Donar)。与多纳尔一样,塔拉诺斯也被同化为朱比特。因此,"巨人朱比特"柱子很可能就是献给"雷神",古凯尔特天空之神塔拉尼斯的。而埃萨斯是某个神的专名,不过其词源不详②。在两座祭坛的浮雕上,描绘着埃萨斯正在伐树:这会让我们想到吊死祭品吗?德·弗利主张,埃萨斯这个高卢神相当于斯堪的纳维亚的奥丁。③事实上,我们还不能下什么断语。

雕像、图案和铭文还透露出其他一些高卢—罗马神灵的名字和形象。在某些情况下,借着凯尔特岛民传说里隐藏的神话,我们甚至可以弄清它们的结构并确定其宗教职能。然而,也正是由于凯尔特宗教文化特有的保守倾向,这些分析结果经常不是确凿无疑的。我们且举一个著名的浮雕为例,上面刻有克耳努诺斯(Cernunnos)的名字,描绘了一个戴着雄鹿耳朵和鹿角,也许是个秃顶的老人。自然,我们将它与贡德斯特路普鼎上描述的场景进行比较:头上戴着雄鹿角的人以曾被错误地描述为"佛陀结跏趺坐"的方式端坐着,一手拿着项链,另一手拿着公羊首蛇;各种野兽围绕着他,其中有一头极其俊美的公鹿。在大不列颠也曾发现过类似的形象。④我们知道,公 147
鹿的图案和宗教象征源远流长。在法尔·卡莫尼卡(Val Cammonica)的石雕可以回溯到公元前4世纪,表现一个长着公鹿角和一条有角蛇的神灵。但是,正如我们看到的(§5),在法国"三兄弟"(Trois Frères)石窟的"大巫"或"万兽之主",长着一个鹿首以及有许多分叉鹿角。所以,克耳努诺斯也可以被解释为"万兽之主"。⑤

---

① 参见Duval,"Teutates, Esus, Taranis",第50页,以及*Duval*, *Les dieux de la Gaule*,第99页以下(战神);德·弗利认为,他"可能既是墨耳枯勒斯又是马耳斯"(第53页);J. J. 哈特(Hatt)认同他有"两种面孔,一是战争的,一是和平的"("Essai sur l'evolution de la religion gauloise",第90页)。

② 参见H. Birkhan,*Germanen und Kelten*,第1卷,第313页以下。

③ 德·弗利认为埃苏斯的词源就是* *eis*,大致相当于"活力、热情"(*Rel. des Celtes*,第106页)。

④ Ross, *Pagan Celtic Britain*,第104页。

⑤ 参见同上书所引传奇,第183页。

然而，公鹿的宗教象征是极其复杂的。一方面，在原史时期，从中国一直延伸到西欧地区，公鹿由于每年更换鹿角[1]而成为连续创造和万物更始的象征。另一方面，公鹿又被视为凯尔特人和日耳曼人的神话祖先；[2]此外，它是最著名的多产象征之一，但它也是陪葬动物和死者的引路人；最后，它还是国王和英雄最喜捕猎的动物，它在狩猎结束时的死亡象征着英雄的悲惨死亡。[3]因此，克耳努诺斯可能将其他职能与“万兽之王”结合在一起。我们只要想一想基督教会与假扮公鹿的仪式(*cervulo facere*)进行的长期艰苦的斗争，就能理解公鹿(那些军事贵族最喜欢的猎物!)在平民阶层中的宗教意义了。

克耳努诺斯的例子说明，在缺乏一定的神话—仪式背景的情况下，要正确解释如此意义众多而复杂的宗教结构是相当困难的。对于相关女神的考古证据进行的分析，也有类似的困难；我们只能说，为数众多的雕像和还愿
148 铭文(ex-votos)证明了她们的重要性。例如主母(*Matres*)和贵妇(*matronae*)的塑像，强调她们是多产和生殖的女神的作用(水果篮，盛满谷物的角杯；或怀中抱着或膝上坐着的小孩)。正如卡米拉·朱利安(Cammille Jullian)写道，她们“可能没有名字，同时又有一万个名字的女神，她们没有正式的名字，却有着一百个称号”。[4] 但是，凯尔特岛民的文献却为我们提供了重要的细节。众神之母是一个女神，在爱尔兰是达努(Danu)，在威尔士则是顿(Dôn)。此外，凡是想当爱尔兰(Eriu)国王的，就要和同名的守护神爱利乌(Eriu)结婚；换言之，国王只有通过与大地女神缔结神婚(*hieros gamos*)方可登基。这种神话—仪式的情节乃是爱尔兰民间文学中最常见、最经久不衰的主题。[5]

在这里，我们很可能发现了古代近东包含天神(或者风暴神，或者太阳神)与大地之母的神圣婚姻的神话—仪式场景的一个变体，其中国王和神奴

---

① 参见 Eliade, *Images and Symbols*，第 164 页。关于公鹿的宗教角色，参见 Eliade, *Zalmoxis, the Vanishing God*，第 147 页。

② 参见 Otto Hölfler, *Siegfried, Arminius und die Symbolik*，第 32 页以下，以及注解第 66—94。

③ 参见 *Zalmoxis, the Vanishing God*，第 147 页以下；H. Birkhan, *Germanen und Kelten*，第 454 页以下。

④ *Histoire de la Gaule*，第 1 卷，第 42 页，注解 2，转引自 Duval, *Les dieux*，第 57 页。

⑤ 参见 Proinsias Mac Cana，“Aspects of the Theme of King and Goddess in Irish Literature”；Rachel Bromwich，“Celtic Dynastic Themes and the Breton Lays”。

就代表这两个神。这种神婚(*hieros gamos*)可在一定时期内确保国泰民安。爱尔兰古代传统的遗存在 12 世纪的王室献祭中也有所表现:国王当着臣民的面和一匹白色母马交配,然后这匹白马就被宰杀、烹制;马肉君臣分食之。[1]换言之,国王通过与化身为马的大地之母的神婚而取得统治权。有一位高卢女神爱普娜(Epona,意为女王),她的雕像表现为骑在马上,或站在匹或多匹马的前面。爱普娜曾被解释为母神和灵魂的引路人,[2]而与她相对的爱尔兰大地女神利亚努(Rhiannun<* Rīgantona,"女王")也化身为 149
母马。[3]

与罗马统治时期的大不列颠的图像相似,方言文学喜欢表现三联神的母神形象。其中最有名的是三女战神马查(Machas),她们化身为爱尔兰北端乌尔斯特省(Ulster)首府的保护神。[4]只有和三位女神中的一位同眠才能取得王位。有时女神会化作一位丑陋的老妪,向年轻英雄要求同床共枕,但是当年轻人躺到她身旁的一刹那,这位老妪就变成个绝代俏佳人;这位英雄娶了她以后可以获得统治权。[5] 老妪亲吻变美女的神话—仪式主题可以在布列吞圣杯(Breton Grail)的传奇故事中找到,而早在梵书时期的印度,这一主题就已经广为人知了。[6]

在爱尔兰史诗里,梅德王后(Medb)有很多情人——这相当于说她是属于爱尔兰所有国王的。但我们必须补充说明,在凯尔特社会中妇女享有相当多的宗教和社会特权。原始部落的丈夫拟娩仪式(couvade),根据文献记载,在欧洲仅见于凯尔特人和巴斯克人(Basques,一种前印欧民族),它强调了女性在巫术—宗教方面的重要性。拟娩仪式以及其他一些风俗(例如某些葬礼、有关死亡的神话等)都表明它们是前印欧民族元素的遗迹,很有可能属于新石器时代的原住民。

至于女神,她们的多重职能,如多产、战争、命运和财富,在日耳曼女神

---

① 参见 Geraldus Cambrensis, *Topographia Hibernica*。施罗德(F. R. Schröder)第一个将这种仪式与吠陀时代的马祭进行比较;参见其文"Ein altirischer Krönungsritus und das indogermanische Rossopfer"。

② 参见 H. Hubert,"Le mythe d'Epona"。

③ J. Gircourt, "Epona-Rhiannon-Macha",第 25 页。

④ 吉科特(Gircourt,同上书,第 26 页以下)研究了马查和马的关系。

⑤ 参见 A. C. L. Brown, *The Origin of the Grail Legend*, chap. 7,"The Hateful *Fée* Who Represents Sovereignty"就这些资料进行的分析。

⑥ 参见 A. K. Coomaraswamy, "On the Loathly Bride",第 383 页以下。

中也有所记载，而它们至少部分地表明属于印欧民族的遗产。[①]这个可以追溯到欧洲史前时代和凯尔特原史时代的宗教复合体，先后又增加了地中海、
150 罗马(确切说应当是希腊化时期的宗教融合)和基督教的影响。为了评价凯尔特的宗教特性，我们必须既要考虑某些古代因素——尤其是和女性、命运、死亡和冥府这些“神秘”相关的风俗和信仰——的持存，也要考虑这些因素从古代到近代以前连续不断的重新解释。

172. 德鲁伊特及其秘密教义

恺撒在《高卢战记》(6.13)中对于德鲁伊特的描述是凯尔特宗教最为重要的史料。尽管这位执政官没有直接援引波塞东尼乌斯(Posidonius，公元前2世纪)的原文，却采用了他的许多资料。不过，恺撒也掌握有其他资料。他写道：德鲁伊特“关心对于神的崇拜，不论是公众的还是私人的恰如其分的献祭，以及仪式问题的解释：大批年轻人为了获得他们的指导而跟随在他们左右，对他们怀有极大的尊敬。”德鲁伊特“也会裁决各种公众或私人的纷争”；如果有谁不服他们的裁决，就被禁止参加祭礼，而这种处罚相当于褫夺其公民权。只有一名领袖掌握最高权力。“一旦他去世了，就由其他地位显赫的人来继承，如果有好几个人的地位相当，就通过全体德鲁伊特投票竞争这个职位，有时他们还会诉诸武力。在每年的一定时间，这些德鲁伊特全部聚集在卡尔努特斯人(Carnutes)的边境聚会，他们的地界被认为是全高卢的中心。”

德鲁伊特可以免除兵役和纳税。许多人为这些特权所吸引，前来向他们学习。“据说，他们要在德鲁伊特的学校里学习背诵许多诗篇，有人竟因此留在那里学习达20年之久。虽然他们在别的一切公私事务上都使用希腊文字，但他们却认为不应该把这些诗篇写下来。”恺撒说，德鲁伊特采取这
151 样的做法“是因为他们不希望教材成为公器”，还因为，如果过分依赖书写，学徒期的德鲁伊特就会忽视记诵。他们相信“灵魂不灭，人的死亡不过是灵魂从一个身躯转入另一个身躯而已。他们认为这一信条能摆脱人们的畏死之心，大大增强他们的勇气。此外，他们还有许多别的理论，探索星体及其运行、宇宙和大地的规模、自然的秩序、不朽之神的能力和权力等等，把他们传授给青年们。”

就像婆罗门一样，德鲁伊特是祭司(他们是主持祭礼的人)；但也是老

---

① 参见Birkhan, *Germanen und Kelten*，第542页。

师、学者和哲学家。[①]他们每年相聚在“献祭场所,这也是全高卢人的中心”,[②]这是他们的一件头等大事。在这里我们又看到了一个被视为“世界中心”[③]的庆典中心。在世界各地文化几乎都有记载(参见 § 12)的“世界中心”的象征,与神圣空间的宗教概念和确定献祭场所的技术总是密切相关的;我们已经看到(第 557 页),凯尔特人早在原史时期就构建一个神圣空间。尽管不同的凯尔特部落,它们的神名和信仰各有不同,但是德鲁伊特们每年聚会一次,显然是以他们相互一致的宗教观念为前提的。在高卢境内的一切公众祭礼,很可能参照凯尔特人在卡尔努特斯人地界的献祭场所(*locus consecratus*)举行的大祭。

根据狄奥多鲁斯 · 希库鲁斯[④](5.31)和斯特拉波[⑤](4.4)所引用的波塞东尼乌斯的资料,凯尔特人也以各种方法实行人祭:他们刀刺献祭的活人(根 152
据他抽搐和倒下的样子预测未来)或是用箭扎他或刺穿他。恺撒(《高卢战记》6.16)报道说:“那些重病缠身的人以及那些要打一场恶战的人,不是献人祭,就是发愿献人祭,他们邀请德鲁伊特主持此类献祭。”某些学者凭着这些事实来证明凯尔特人的“不开化”,以及德鲁伊特神学的野蛮和幼稚的“原始”本性。但是在所有的传统社会当中,人祭充盈于宇宙论和末世论的强大而复杂的象征,它说明在古日耳曼人、盖塔伊—达契亚人、凯尔特人以及罗马人(附带提一下,罗马人直到公元 97 年才禁止人祭)中间,人祭何以能够持久不衰。这种血腥的仪式绝非证明实行人祭的民族智力的低下或灵性的贫乏。且举一例,婆罗洲的恩加久 · 达雅克人(Ngadju Dayaks),他们创造出宗教史上最为统一而高尚的神学,可也是(和凯尔特人一样的)猎头族,也是实行人祭的。[⑥]

---

① 房德里耶斯证明吠陀时代的印度人、拉丁人以及凯尔特人的宗教语汇(尤其是那些指抽象名词的术语)的一致性(“L'écriture ogamique et ses origines”)。这一事实表明,在这三个操雅利安语的族群中间甚至在原史时代就已经有了“神职人员”;参见上文,第 141 页。

② 参见 Françoise Le Roux, *Les druides*,第 109 页以下。

③ 参见 J. de Vries, *Rel. des Celtes*,第 218 页。恺撒所述德鲁伊特中有一名“最高首领”行使“最高权力”,在其他经典作家中找不到证明。

④ 狄奥多鲁斯 · 希库鲁斯(Diodorus Siculus),希腊历史学家,与恺撒同时代人,著有《世界史》。——译者

⑤ 斯特拉波(Strabo,公元前 63—公元 23),希腊地理学家,本都的阿马西亚人,著有《地理学》等。——译者

⑥ 参见 Eliade, *The Quest*,第 77 页以下,关于汉斯 · 沙勒尔(Hans Schärer)著作 *Die Gottesidee der Ngadju Dajak in Süd-Borneo* (Leiden,1946)的评论。

我们的所有史料都强调德鲁伊特对青年人教育的极端重要性。很可能只是那些准备加入德鲁伊特阶层的弟子们,才必须系统地学习神学和科学,才会像恺撒提到的那样由他们的导师施教20年。不立文字(因此我们对德鲁伊特的教义一无所知)、注重记忆、口传知识,这些都是印欧传统的继续(参见第1卷,第383页)。他们所传授的内容是秘密的,因为那是秘传的,也就是说未入会者不得与闻,这一观念使我们想起奥义书(§80以下)和性力派一类的秘传宗教。

至于灵魂转世的信仰,恺撒解释道,这一教义"能摆脱人们的畏死之心",特别是为了"大大增强他们的勇气",这是恺撒对于灵魂存在的信仰做的一种理性主义的解释。鲁肯写道(《内战记》1.450以下):凯尔特人认为,
153 "同样的气息支配着不同地方的躯体。"庞波纽斯·美拉(3.3)[①]和第马基尼斯[②]还补充道:德鲁伊特教导说,"灵魂是不灭的,而且过了一定的年分之后就会开始新的生命,灵魂就会进入另外一个身体。"爱尔兰文献也有灵魂转世的记载。[③]由于缺乏任何直接的证据,我们可以断言灵魂的死后存在就是德鲁伊特所谓的灵魂"不灭",同时也是(如奥义书所说的)身心"不灭",或者只是灵魂的不明确的"存在"。

由于一些古代作者把俄耳普斯教—毕达哥拉斯派的灵魂转世说与凯尔特人联系起来,许多现代学者就此得出结论,认为希腊和拉丁作家是用毕达哥拉斯的语言去解释凯尔特人的信仰——换言之,他们"发明"了一种连凯尔特人自己都不知道的信仰。不过在公元前5世纪,希罗多德也用相同的方式,也就是在毕达哥拉斯的影响下,去解释盖塔伊人对于灵魂"不灭"的信仰,希腊历史学家并未否认这一信仰(§179)。事实上,古代作家直接提到毕达哥拉斯,正是因为盖塔伊人和凯尔特人的概念与俄耳普斯和毕达哥拉斯的学说有着相似之处。

人们也怀疑恺撒关于德鲁伊特的科学兴趣的描述:"他们还有许多别的理论,探索星体及其运行、宇宙和大地的规模、自然的秩序"云云。尽管如此,从克里尼(Coligny)出土的历书残片表明当时的天文知识已经相当发达

---

① 庞波纽斯·美拉(Pomponius Mela),公元1世纪西班牙地理学家,著《寰宇方位论》。——译者

② 第马基尼斯(Timagenes),罗马帝国奥古斯都时代的一位历史学家。——译者

③ 参见 Le Roux, *Les druides*,第128—129页。然而这位作者看到,在爱尔兰,灵魂转世仅限于某些神话人物或者神灵(第130页)。

了。事实上，这份历书推算出19个太阳年为一个周期，等于235个月，使两种不同系统的历法(阳历和阴历)能够协调起来。许多作者也怀疑斯特拉波关于盖塔伊—达契亚人的天文知识的描述，但是我们稍后(§179)会讨论到考古学家在萨米泽格图察(Sarmizegetuza)和科斯特斯提(Costesti)出土的两座"历法神庙"遗址，它们正是盖塔伊—达契亚人的庆典中心。

罗马皇帝奥古斯都、提比略(Tiberius)和革老丢(Claudius)相继镇压德 154
鲁伊特，其目的就是要消灭高卢的民族主义。然而在公元3世纪，来自罗马的压力明显有所减弱，凯尔特民族的宗教惊人地复兴了，德鲁伊特重新获得权威。可是，在爱尔兰，德鲁伊特以及主要的宗教结构一直延续到了中世纪。除此之外，自12世纪开始，围绕着寻找圣杯的英雄故事的文学创作，凯尔特宗教精神的创造力再度达到顶点。

173. 雨格德拉希尔和古日耳曼人的宇宙起源论

尽管日耳曼宗教史家掌握的史料，远比研究凯尔特人学者的资料多，但是他们还是强调研究的难度。他们的资料，类别不同，价值各异：考古发掘、罗马时期的著作(其中最重要的是塔西佗的《日耳曼尼亚志》[*Gerniania*]、基督教传教士的描述，尤其是冰岛游吟诗人的和13世纪的斯诺里·斯图鲁松[Snorri Sturluson]编撰的珍贵手册。对此我们还要补充说，冰岛皈依基督教相对较晚(约公元1000年)，所以保存了连贯的口述传统，使我们能够重构日耳曼神话和崇拜仪式，至少是其大致结构。这就是说，如果没有补充性证明，关于冰岛的挪威移民信仰的资料并不能适用于所有日耳曼部落。

然而，尽管存在严重的空白(我们缺少哥特人和勃艮地人的史料)，尽管日耳曼各部落散居在半个欧洲而受到(凯尔特人的、罗马人的、东方的、北亚的和基督教的)各种影响，使其信仰异质化了，我们却不能怀疑，日耳曼民族
的宗教具有某种基本的统一性。首先，在若干部落的传说中仍然可以辨认 155
出一些印欧文化遗产所特有的因素(尤其是神圣的三元分殊，两位至上神的对立和互补以及末世论)。此外，日期的名称表明日耳曼各民族崇拜的主要诸神大致相同。公元4世纪日耳曼人以七天为一个星期，他们用自己的神名取代罗马诸神之名去命名这七天。例如"墨耳枯里乌斯日"(*dies Mercuri*)代之以"奥丁—沃登日"(Óðinn-Wodan)；星期三，古代高地德语作***Woutanestac***，英语作***Wednesday***、古荷兰语作***Woensdag***，古斯堪的纳维亚语作*Óðinnsdagr*。这就证明，在整个日耳曼世界中，墨耳枯里乌斯被等同

于另一个有名的奥丁—沃登神。

人们看到，日耳曼宗教的后期对于世界末日的神话充满强烈兴趣。无论如何，这种兴趣是相当普遍的现象，见载于公元前 2 世纪的近东、伊朗、巴勒斯坦、地中海以及一个世纪之后的罗马帝国的文献之中。但是日耳曼宗教的特征在于这样一个事实：**在宇宙起源之际就已经宣告了世界的末日**。

关于世界创造的最完整叙述，是斯诺里的《吉伐的哄骗》(*Gylfaginning*, 4—9)流传下来的；他的主要材料是一首优美的诗歌《女占卜师的预言》(*Völuspá*)，成书于异教时代即将结束之前。根据这些“预言”(第三节)，起初，“世界没有大地或苍穹”，只有“巨大的深渊”，也就是基努伽伽普(*Ginnungagap*)。[①] 这一同东方的世界起源说很相似的想象，在其他文献中也可以找到。[②]斯诺里补充说，北方有一个寒冷多雾的地方，名为尼斐海姆(Niflheimr)，是死者的世界，那儿流淌着一眼泉水，是 11 条河流的源头；南方有一个溽热的国度，叫穆斯贝尔(Múspell)，有巨人苏特(Surtr，“黑色”)守卫。冰火汇聚，诞生了一个拟人神，叫伊米尔(Ymir)。当伊米尔入睡时，从他手
156 臂下面流出的汗水生出一男一女，他的两只脚也生产了一个儿子。从融化的冰块中生出了一头母牛奥登布拉(Auðmbla)，她用自己的乳汁喂养伊米尔。奥登布拉舔着结冰的盐岩，舔出了一个叫布里(Búri)的男人。布里娶了一位巨人的女儿，生下三个小孩；奥丁、维里(Vili)和维伊(Vé)。三个兄弟决定杀掉伊米尔；于是，伊米尔涌出的血吞没了巨人，只有其中一个巨人幸免于难，他奇迹般地救下了自己和妻子。后来三兄弟把伊米尔抬到巨大的深渊中央，把他肢解掉，用他的身体创造世界：他的肉形成土地，他的骨头构成山脉，他的血液化作大海，他的头发做成白云，他的骷髅高悬天空。

这个基于屠杀和肢解拟人神的宇宙起源说，使我们联想到提阿马特(Tiamat)(§21)、原人(*Puruṣa*)(§73)以及盘古开天地(§129)的神话。因此，世界的创造因一次血祭而成，而这个历史悠久、流传甚广的宗教观念

---

① 德·弗利认为，*gingnunga* 一词表达一种被巫术欺骗的观念，因此解作“咒语、巫术”(“*Ginnungagap*”)

② 根据 9 世纪德意志南部一首具有基督教起源的诗歌《维索布鲁恩(Wessobrun)祈祷》，“没有大地，没有上天，没有树木，没有高山……没有太阳普照，没有月亮放光。没有壮观的大海”(A. R. Ellis Davidson 译，*Gods and Myths of Northern Europe*，第 197 页)。

为日耳曼人,也为其他民族的人祭活动作出了合理的解释。简言之,这个仪式——乃是重复太初的神圣行为——令万物更始、生命复苏、社会凝聚。伊米尔是双性同体的:①他自己生出了一对男女。双性同体当然就是整体性最生动的表现。在古日耳曼人那里,太初整体性的观念受到其他神话传说的强化,根据这些传说,伊米尔乃是诸神的祖先,也生下了魔鬼般的巨人(他们威胁整个宇宙,直到最后的大灾难降临)。

在创造宇宙的工作中,三兄弟用穆斯贝尔(Múspell)迸出的星星之火创造星辰和天体,并规定它们的运行轨道,由此确立昼夜轮换和四季更迭的循环。地球是圆形的,外围有大洋环绕;诸神在海边建造巨人的居所。在内陆则建了弥德郭(Miðgarð,意为“中央住所”),乃为人类世界,有伊米尔的睫毛 157
做成的藩篱护卫。在沉默之神侯尼尔(Hoenir)和罗杜尔(Lóður,这一人物我们几乎一无所知)的帮助下,奥丁在海岸边找到两棵树,用它们创造了世界上第一对人类,阿斯科尔(Askr)和安布拉(Embla)。奥丁赋予他们生命,侯尼尔赐给他们智慧,罗杜尔给予他们感官和人类的形象。另一则神话则说到,这两个人类是从宇宙树雨格德拉希尔(Yggdrasill)诞生,并繁衍了世上的人类。在世界末日(Ragnarök)(§177)的隆冬季节,他们就在雨格德拉希尔的树干下寻找避难所,靠树枝上的露珠养活。据斯诺里所述,这对在宇宙树上结庐而居的夫妻,在世界毁灭中幸存下来,并在随后出现的新世界里繁衍新的人类。

这棵处在世界中心的宇宙树,象征并且构成世界。其树梢触及天空,枝蔓覆盖世界。其树根一条伸入死亡的国度(Hel),一条通达巨人的国度,一条扎根人类的世界。②从其萌芽之际(也就是诸神创造世界的时候),宇宙树就经受着毁灭的威胁:老鹰出来吃它的叶子,树干开始朽坏,还有一条名叫尼德赫格(Níðhog)的蛇咬啮树根。时隔不久的某一天,宇宙树将会倒地,那便是世界末日。

显然这正是著名的宇宙树的想象,它位于“世界中心”,联接三界:天堂,

---

① 伊米尔一名可与梵文阎魔(Yima),“那个双性的”相比。根据塔西佗(《日耳曼尼亚志》2)的观点,日耳曼民族的祖先乃是隤士托(Tuisto)。而此字与古瑞典语 tvistra(“分开”)有关系,并且与伊米尔一样,他也是指称一个双性同体的神。

② 根据斯诺里的叙述,每一条树根都落入一眼泉里面,其中最著名的乃是诸神中最智慧的弥弥儿(Mímir)看守的泉眼,奥丁就是把自己的眼睛丢入弥弥儿之泉的(§174),还有一口命运之泉(Urðarbrunnr)。但是最早的传说中可能只有一眼泉。

人间和冥界。[1] 我们曾经不止一次指出，这个宇宙学的象征源远流长，流传甚广。某种东方和北亚的概念可能影响了雨格德拉希尔(Yggdrasill)神话
158 的想象。但是我们必须强调日耳曼民族的特色：这棵树——也就是宇宙——在出现之时就已经预示了它的败坏和最后毁灭，因为命运之神乌达(Urðar)就藏身在雨格德拉希尔的根系所扎根的一处泉水里面。根据《女占卜师的预言》(第 20 节)的叙述，命运女神决定每个生命的命运，不只是人类，还包括巨人和诸神。因此我们可以说，雨格德拉希尔就是存在本身典型的、普遍的命运的化身：一切存在形式——世界、诸神、生命和人类——都要灭亡，但是又在新一轮的宇宙循环中复活。

174. 埃希尔和瓦尼尔。奥丁及其“萨满”力量

在创造弥德郭以后，诸神就为他们自己构筑住所阿斯郭(Asgarð)，它也位于世界的中心，只不过是在高处而已。[2]日耳曼诸神分为两大集团：埃希尔(Aesir)和瓦尼尔(Vanir)。埃希尔神族中最重要的神有曲尔(Týr)、奥丁和琐尔(Thór)；曲尔和奥丁是双联的至上神(相当于印度吠陀时期的密多罗和伐楼那)；手执大锤的琐尔则是巨人们不共戴天的敌人，相当于战神因陀罗。在瓦尼尔神族里，最举足轻重的神是尼约尔德尔(Njörðr)、弗莱尔(Freyr)以及芙丽娅(Freyja)，他们的特征是富足、多产、幸福以及和平。当我们在分析罗马人和萨宾人之战的神话结构时(§162)，曾提及埃希尔神族和瓦尼尔神族之间的对抗。这场漫长、艰苦而未分胜负的战争最终以和解结束。瓦尼尔族的主要神灵在埃希尔神族中间定居，他们奉献多产和财富，以加强埃希尔神族的司法统治、巫术的和军事的力量。

有一些作者通过各种努力，试图把这个传奇故事解释为历史上不同宗
159 教信仰之间的冲突：原住民的农耕者(有些学者认为就是“巨石族”[Megalithenvölker])和征服者(“战斧族”[Streitaxtvölker]，亦即雅利安入侵者)的冲突。但是乔治·杜米兹证明，我们在此遇到的乃是一个早已存在的印欧神话主题，只是在斯诺里的叙述中被历史化了。[3] 的确，新石器时代

① 同样的象征还有伊尔敏素尔(Irminsul)柱，萨克森人相信，它是擎天柱。

② 众所周知，对“世界的中心”做详尽的地形学描述，乃是一种神话地理学的反映，其构造与想象的几何学相对应。

③ 参见杜米兹近著 *Les dieux des Germains*，第 17 页以下以及第 39 页(书目)，所著 *Du mythe au roman*，第 22 页以下(英译本《从神话到小说》，第 98 页以下)。

农民的土地遭到侵略，军事强权的入侵征服了原住民，然后出现两种不同类型的社会，甚至不同人种的共生形态，这些都是从考古学可以得到证实的事实；其实，这是欧洲原史中的典型现象，在某些地区甚至延续到中世纪。但是，埃希尔神族和瓦尼尔神族的战争这一神话主题，却比日耳曼化的过程还早，因为这个主题是印欧民族传说不可分割的组成部分。这个以化敌为友而整合为一个共同社会作为结尾的神话，很有可能成为当地许多战争的模式和理由。

然而，我们必须补充说，即使埃希尔神族的主神——曲尔、奥丁和瑣尔——保留了统治和战争这两种功能的某些特征，他们的形象还是经历了一些重大的修改。一方面，他们被塑造成符合日耳曼宗教精神的神灵，另一方面又受到地中海宗教和北亚宗教的冲击。奥丁—沃登是最重要的神，他是诸神的父亲及君主。人们强调他与伐楼那的相似之处：他们都是君主楷模、巫术大师，他们"捆绑"并挫败敌人，他们悦纳人祭。[1]但是我们会看到，他们的差别也是同样引人注目的。

在《至高者说》(*Hávamál*，139—142)里，奥丁叙述他如何获得神秘的鲁纳文字，它是智慧和巫术力量的象征。他把自己吊在雨格德拉希尔树上九个夜晚，"以矛自残，作为献给奥丁的祭品，我以自己给自己献祭，没有食物没有酒，看！那些神秘的鲁纳文字就应我所求显示给我看了"。他因而获 160
得神秘的知识和作诗的天才。从这首诗的字里行间，我们看到了结构上类似萨满教的入会礼仪式。奥丁一直吊在雨格德拉希尔树上，[2]雨格德拉希尔(Yggdrasill)的字义是"雨格(Ygg)之马(*drasil*)"，而雨格正是奥丁的别名。绞架通常被称为受绞刑人的"马"，而且我们知道，献给奥丁的祭品也是挂在树上的。他以矛自残，不吃不喝，在经历了仪式性的死亡后，获得了只有行入会礼后方可获得的那种秘密知识。奥丁有一匹八脚马，名斯莱普尼尔(Sleipnir)，有两只为他预言未来的乌鸦，这更证实了他的萨满特征。如同萨满一样，奥丁可以改变自己的面貌，让灵魂出窍幻化成某种动物。他在死者中间寻找并获得秘密的知识；他在《至高者说》(158)中声称，他知道有一种魔咒，可使被绞死的人走下绞架，开口和他说话。他还精通一种叫做

① 参见 Dumézil，*Les dieux des Germains*，第 62 页以下。

② 关于宇宙树在北亚萨满教入会礼中的意义，参见我们的 *Shamanism*，第 38 页以下、第 157 页以下、第 171 页以下。

“赛德”(*seiðr*)的萨满秘技。①

其他神话透露了奥丁采用的是哪些计策，付出了怎样的代价方才获得智慧、全能以及作诗的灵感的。巨人弥弥儿(Mímir)以神秘知识著称。诸神砍下他的头颅送给奥丁；奥丁以植物保存这颗头颅，以后他想知道某些秘密时，就来询问这颗巨人的头颅。②根据斯诺里(《吉伐的哄骗》8)的说法，弥弥儿是雨格德拉希尔树旁智慧之泉的守卫，奥丁奉献自己的一只眼睛丢进泉水里面方才获得啜饮智慧之泉的权力(《女占卜师的预言》25)。

有一则相当重要的神话提到“诗歌和智慧之酒”：在瓦尼尔神族与埃希
161 尔神族和解时，所有的神灵朝着一口大鼎吐口水；从这个吐口水的仪式里产生了一种拥有超凡智慧的生物，科瓦希尔(Kvasir)。③然后，有两个侏儒上去杀了他，将他的血加蜂蜜调和成蜜酒。凡是啜饮这蜜酒的人就能成为诗人或智者。蜜酒藏在另一个世界，一个难以到达的地方，但奥丁却想方设法得到了蜜酒，从此以后，诸神也都能够获得这蜜酒了。游吟诗人把诗的灵感称为“雨格之杯”、“雨格之蜜酒”，也称为“侏儒之蜜酒”或“科瓦希尔之血”。④总之，在接受入会礼(使他得到神秘的鲁尼文字)、用一只眼睛献祭(使他得以饮用弥弥儿之泉)，以及偷得蜜酒之后，奥丁就毫无异议地成为智慧和一切秘教知识的主人。他是诗人、智者、出神者和武士的保护神。

175. 战争、出神和死亡

与伐楼那有所不同，奥丁—沃登是一个战神；杜米兹说：“在日耳曼人的意识形态和日常生活里，战争无孔不入，改变一切。”(*Les dieus Germains*，第65页)不过，在传统社会，尤其是古日耳曼社会中，战争就是一种仪式，在神学上证明有其合理性。首先，战争等同于献祭：无论胜利者还是牺牲者都在为战神奉献血祭。因此，像英雄一样战死就成为人所向往的一种

---

① 难以断定古日耳曼宗教尤其是奥丁—沃登神话中的萨满因素的“起源”。有些可以追溯到印欧遗产，但是我们也一定不可以排除北亚的影响。无论如何，出神的技术以及具有萨满结构的信仰使得日耳曼宗教和亚洲萨满教十分近似。

② 尤卡吉尔(Yukagir)萨满也向他们萨满祖先的头颅问事；参见*Shanmanism*，第245页。还可参见俄耳普斯的人头(§180)。

③ 它是醇醪的人格化，此种醇醪促成两大社会集团的协议。在其*Loki*，第102页以下，杜米兹证明印度也有相似的神话；参见其著*Les dieus des Germains*，第31页以下。

④ 相关史料参见Turville-Peter，*Myth and Religion of the North*，第38页。(图维勒—彼得关于日耳曼名字的拼写被广泛运用。——英译者)

宗教经验。此外,武士之死所具有的出神特点使之与灵感迸发的诗人、萨满、先知和占卜者相似。正是藉着此种战争、出神和死亡的高扬,奥丁—沃登方才拥有了独特的性格。

沃登(Wodan)的名字起源于 *wut* 一语,意为"狂暴"。指年轻武士的一种典型经验:因过分的攻击性和令人畏惧的狂暴,年轻武士的人性丧失殆尽——他们变成了残暴的食肉动物。根据《英格林伽传奇》(*Ynglinga Sa-* 162
ga, 6),奥丁的伙伴"卸下盔甲,口衔盾牌,如狗似狼,强壮得如同狗熊和水牛。他们杀人,烈火与钢铁都不能阻挡他们。这就是常说的狂暴斗士(*berserkir*,意为"披着熊皮的武士")的狂暴"。他们又被叫做 *úlfhéðnar*,意思是"披着狼皮的人"。

在经过了一次象征成年的战斗后,才能成为一名狂暴斗士。塔西佗写道(《日耳曼尼亚志》31),在卡狄人(Chaitti)那里,刚刚成年的男子在他杀死一个敌人之前绝不会把须发剃掉。年轻的泰法里人(Taifali)必须杀死一头野猪或熊;赫鲁里族(Heruli)则必须徒手搏击。[①]通过这些考验后,刚刚成年的男子就获得一种野兽的生存模式,他变成了一名令人震慑的战士,他的行为就像一头食肉动物。由于仪式性披上狼皮的习俗而产生关于狼人的信仰,在中世纪流行一时,在北方民族甚至持续到19世纪。

战神奥丁—沃登也是死亡之神。他用巫术庇护伟大的英雄,最后却背叛并诛杀他所保护的英雄。对于这一奇特而自相矛盾的行为似乎要从他需要在身边集聚一批武士在世界末日之际大打一场末世之战来解释。事实上,战死沙场的英勇战士将由瓦基里斯(Valkyries)引入天庭瓦尔哈拉(Valhalla)。[②]奥丁神亲自在那里迎候他们,而他们则在那里整天打斗,预备世界末日之战。

奥丁—沃登作为"男性联盟"(*Männerbunde*)的保护神,是绝对得不到农民喜欢的,因为像所有具有出神的、好战的团体一样,"男性联盟"会给村落带来恐怖。崇拜奥丁的仪式,其中包含有把人绞死献为祭品,主要是由王 163

---

① 参见 Eliade, *Rite and Symbol of Initiation*, 第81页和注解4,以及"Dacians and Wolves",载 *Zalmoxis, the Vanishing God*, 尤其第17页以下。塔西佗描述了(居住在奥得河上游和维斯图拉河上游一带的)哈累夷人(Harii),他们使用黑色的盾牌,浑身涂黑,就像阴兵鬼卒(*exercitus feralis*),这种可怕的情形使敌人惊慌失措(《日耳曼尼亚志》43)。

② Valhöll,意为"死者大厅"。瓦基里斯(这个名字的意思是"那些选择战死沙场的人")最初只是一些满足死者需求的精灵(提供食品、住所等等)。

室、将领及其近臣举行的。我们还发现,许多地名里都有奥丁的名字,有些地方把他的名字与“田地”、“草原”联系在一起。这并不能证明奥丁具有“农业神”的结构,毋宁证明其具有“帝国主义”特征以及取代其他神灵的职能和属性的倾向。

奥丁—沃登在日耳曼的宗教生活中起主导作用,因为他施展各种千奇百怪的巫术进行统治。奥丁是世界、诸神以及人类的主要创造者(至于其他活跃于开天辟地的神话时代的诸神,在人们的集体记忆中仅留下一个名字而已)。同样,他在末日大战中也扮演主要角色。他是统治之神同时又是战神、死神的特点使我们更能理解君权神圣的性质和战死沙场的宗教意义——这些都是日耳曼中世纪文化所特有的概念(参见第3卷)。

176. 埃希尔神族:曲尔、琐尔、巴尔德尔

埃希尔神族的首神曲尔(Týr, * Tiwaz, Ziu),则要苍白许多。他原本是一位至上神,[①]因为诸神的名字之一提瓦尔(* tiwar)就是曲尔(Týr)的复数。但是自从“罗马化的解释”(*interpretatio romana*)将他等同于马耳斯之后,就经常被归在战神之列了。事实上,他也充分展现了其好战的一面,但是他最初的“法律之神”(与密特拉相同)的特征还是很明显的。他和审判法律案件的议事地(*thing*)有着不可分割的联系。无论和平时期还是战争时
164 期的集会其实并没有什么区别,因为都是全副武装地参加集会,作出各种决定的方式就是向空中挥舞长剑和斧头或者击打盾牌。[②]

最能够刻划曲尔特点的神话情节发生在太初时期。诸神获知芬里尔(Fenrir)——女巨人和埃希尔神族的洛基(Loki)所生的一头灰狼打算吞噬他们。他们就说服灰狼玩一个游戏,设计用一条看不见的神奇细绳把他绑起来。这头年轻的灰狼虽有所狐疑,还是答应和诸神一起玩游戏,只是提出条件,其中有一个神要把手放在他的嘴上作为抵押,保证不会伤害自己。只有曲尔敢于做出这个举动,当这头狼发觉自己无法挣脱时,就一口咬断了曲尔的胳臂(《吉伐的哄骗》13.21)。杜米兹正确地评论道:这个

① 他的名字* Tiwaz与其他印欧天神的名字有关:如特尤斯(Dyaus)、宙斯(Zeus)、朱比特(Jupiter)等。也许至少在某些日耳曼部落内,天神继续以伊尔敏—赫尔敏(Irmin-Hermin)的名字得到人们的敬仰。

② 正如德·弗利所见,“从日耳曼人的观点看,在‘战争之神’和‘法律之神’之间没有什么矛盾。”(*Altgermanische Religionsgeschichte*,第2卷,第13页。)

举动实为拯救诸神，却是背信弃义之举，因而预示曲尔将被褫夺统治权和司法权。①

琐尔(Thór, Donar)是最受欢迎的神。琐尔一名的含义为“雷电”，他使一把穆乔尔尼尔(Mjöllnir,“粉碎者”)大锤，正是雷电的神话想象，相当于因陀罗的金刚杵(*vajra*)(§68)。他长着红色的须髯和惊人的胃口，颇似吠陀时代的战士。琐尔是埃希尔神族及其家园的卫士。有许多描述他抵抗巨人、用他的大锤消灭他们的故事。②他的头号对手是巨蛇约努甘(Jönungan)，他用身体缠住世界，并将在世界末日对诸神造成威胁。有一些文献和图像描绘了琐尔从海中把巨蛇拖出来的情景。

许多神庙中都有琐尔手执大锤的绘画。看到的人提到琐尔画像，总比 165
他们提到其他诸神的画像更多。作为司风暴之神，琐尔颇受农民爱戴，虽然他不是农业神，却能使丰收在望，保护村庄免遭魔鬼侵扰。对于琐尔战神的功能，奥丁是一种补充。因陀罗特有的爱欲倾向，或许可以从琐尔的大锤在婚礼中所起的功能看出来。我们也看到，描写琐尔、穆乔尔尼尔(锤子)和巨人的神话故事“民间故事化了”。例如，琐尔把自己打扮成新娘子，骗过偷大锤的巨人。这些神话背后的仪式意义早已被淡忘了，它们只是因其叙事特点而流传至今。许多文学题材的“起源”也经历了类似的过程。

至于巴尔德尔(Baldr)是最令人感兴趣的神，不仅因为他纯洁而高贵，也因为他的悲剧命运。他是奥丁和女神芙里格(Frigg)之子，斯诺里写道，他“是一位最优秀的神，人人对他赞颂备至。他容貌清秀，全身焕发耀眼的光芒……他是诸神中最有智慧的，柔声细语、心地善良”(《吉伐的哄骗》22)。关于巴尔德尔的崇拜仪式，我们知之甚少，但是我们知道他深受世人爱戴。可是巴尔德尔正是以其死亡，揭示他在世界的戏剧性变化中具有重要意义。无论如何，他的神话是日耳曼神话里最动人的故事。

根据斯诺里的版本，巴尔德尔做过许多噩梦，诸神因而决定使他不受任何损伤。他的母亲要世界万物发誓不伤害他。后来埃希尔神族在“议事地”(*thing*)集会，围着巴尔德尔，用刀剑刺他，用各种东西扔他取乐。“洛基见

---

① Dumézil, *Les dieux des Germains*, 第 75 页：“因此此举对于神圣社会造成的后果就是丧失了道德的和神话的力量；除了一个唯知关心攫取和征服的世俗团体或者国家的缩影以外，别的就什么也不是了。确实，一切人类团体的生命乃由暴力和权术构成。至少神学描述了一个神界，在这个神界里一切都是不完善的，但是密多罗或者菲得斯(Fides)却时刻警觉着，闪耀着神圣模范的光芒。”

② 琐尔与斯堪的纳维亚青铜器时代岩画上挥舞斧子的绘画人物二者间的关系殊难确定。

状很不高兴。"就假扮成妇女去看望女神芙里格,问她是否一切存在都已经
发誓放过巴尔德尔了。芙里格答道:"除了一种名为槲寄生(*Mistilteinn*)的
嫩枝;因为我觉得它太年轻,所以没有要他发誓。"洛基就把槲寄生挖出来,
到议事地去。巴尔德尔的弟弟霍斯(Hoð, Hödhr)因为双眼失明落在队伍
166 后面,但是洛基把那槲寄生嫩枝递给他说:"和别人一样去攻击他,我来帮你
带路。"在洛基的带领下,霍斯把槲寄生朝他的兄弟扔了过去。"嫩枝刺着巴
尔德尔,他就倒地身亡了。这是神、人之间最大的悲哀。"但是因为他们是在
圣地,因此没有人能够惩罚洛基(《吉伐的哄骗》33—35)。

"这个戏剧故事显然和《女占卜师的预言》的结构相同,乃是理解世界历史的一把钥匙。从中我们看到这个平庸时代之无可救药。巴尔德尔的善良和慈悲毫无疑问没有任何回报,在邪恶命运的拨弄下,'没有对他进行任何审判,根本没有付诸现实';巴尔德尔至少曾经存在过,而这存在既是抗议也是慰藉。"①

巴尔德尔没有战死沙场,因此死后无法进入瓦尔哈拉,而是坠入黑尔的国度。奥丁就差遣信使到黑尔那里,要求释放巴尔德尔。黑尔说,她可以释放巴尔德尔,只要"世间万物"都为他的死亡而恸哭。诸神就公布了这个消息,于是人类、动物、顽石和草木,一切的一切都流泪了。只有一个女巫拒绝为巴尔德尔哭泣,都"猜是洛基装扮的"。最后,琐尔逮到了洛基,诸神用链子将他捆绑在一块岩石上。在他的头顶挂了一条毒蛇,毒液就滴落在洛基的脸上。斯诺里写道,洛基的妻子和他在一起,捧着盆子接住毒液。当盆子装满毒液时,她就将其倒掉;这时毒液就落在洛基脸上;他痛苦得全身扭曲,大地也为之震动。然而,洛基在世界末日之前就成功逃走了。

177. 瓦尼尔神族。洛基。世界末日

瓦尼尔神族多少与多产、和平和财富直接相关。尼约尔德尔(Njörðr)
是诸神中的长者,他和自己的妹妹结婚,生下双胞胎兄妹弗莱尔(Freyr)及
芙丽娅(Freyja)。古日耳曼人一向厌恶乱伦,因此可以认为这个神话传说
反映了前印欧时期当地居民的习俗,②或是反映了丰产女神,尤其是农业丰
167 产的狂欢性质。塔西佗(《日耳曼尼亚志》40)说女神纳尔土斯(Nerthus)是

① Dumézil, *Les dieux des Germains*, 第 95—96 页。

② 斯诺里说当时瓦尼尔神族兄妹结婚是一个习俗。

“大地之母”，和尼约尔德尔同名。这位女神乘着牛车巡行在各个部落中间，在“大洋”上面有一座海岛，她的崇拜仪式就在岛上一片圣林里举行——这位罗马历史学家还补充说：“只有在这个时候他们才知道并享受和平与安宁。”女神的车驾和神像都要在湖里沐浴，参与仪式的奴隶也在湖里淹死。塔西佗的说法，或许受到他所知道的罗马库柏勒仪式的影响；不过，保留在奥拉夫(Olaf)王传奇中的一个研究证实了这种仪式确实存在。①

在斯堪的纳维亚异教的最后阶段，弗瑞取代了尼约尔德尔。在瑞典乌普沙拉(Uppsala)的神庙里，弗瑞的雕像是一只阳具；他的仪式包括各种狂欢和人祭。但是他的神话却平淡无奇。至于芙丽娅，就像女神芙里格(Frigg，*Frija②)——这可能只不过是一个姓氏而已——一样，首先是爱情和生殖女神。根据斯诺里的观点，在他创作的那个时代，只有芙丽娅还受到崇拜，许多地名里都含有芙里格这个字，便印证了他的观点。斯诺里还说，芙丽娅最初是瓦尼尔神族的女祭司，也是第一个教会埃希尔神族一种叫作“希德”(*seiðr*)的占卜术。她拥有沟通冥界的法力，还能够变成小鸟。

洛基则是个神秘且含糊的神。他的名字来源不详，也没有祭祀他的仪式和神庙。虽然他是埃希尔神族的一个神灵，却试图伤害他们，在世界末日他与诸神厮杀，他将杀死赫穆达尔(Heimdallr)。他的所作所为令人困惑：一方面他是诸神的伙伴，③喜欢和诸神的敌人巨人作战；他命令侏儒为他打造一些诸神的神奇物品(如奥丁的德劳普尼尔[Draupnir]戒指或琐尔的大锤等等)。另一方面，他也是邪恶的、不道德的、有罪的：他是杀死巴尔德尔 168
的凶手并为此到处炫耀。他的邪恶本质可以从他的后代身上得到证明：灰狼芬里尔和巨蛇就是他的儿子；黑尔是他的女儿——凡是没有权利入住瓦尔哈拉的死者都要到她幽暗的国度里去。

洛基的神话很多，但是它们经常类似于流行的滑稽故事。他喜欢到处炫耀自己的辉煌战果：他让曲尔的妻子生下一个儿子；他假冒琐尔，和琐尔的妻子同枕共眠等等。几乎所有关于神、巨人的滑稽故事和传说中都有他的角色。著名而可怕的诗歌《洛基的奚落》(*Lokasenna*)讲述了洛基如何闯

① Davidson, *Gods and Myths of Northern Europe*, 第93页。

② 她被等同于维纳斯：*dies Veneris*, *Freitag*, *Friday*。

③ 他和琐尔一起游历魔鬼和巨人的辖地；他陪伴奥丁和赫尼耳(Hoenir)，帮助他们抢劫了侏儒安德瓦里(Andvari)，等等。

入诸神的宴会厅，极其傲慢地侮辱他们。直到瑙尔出现才使他住口。

100 多年以来，学者们先后把洛基解释为火神、雷神、死神、与基督教魔鬼同类，甚至是像普罗米修斯那样教化人类的英雄。[①]1933 年，杨·德·弗利(Jan de Vries)将他比作"恶作剧小精灵"，这类神话人物仅见于北美神话。乔治·杜米兹提出了一种比较合理的解释，因为它可以同时解释洛基、霍斯(Höð)、巴尔德尔以及世界末日的问题。洛基的角色就像是一个江湖骗子，他心狠手辣，在末日大战时倒向诸神的敌人，这和《摩诃婆罗多》里的恶人难敌(Duryodhana)，今世魔鬼的化身(§191)颇多相似。杜米兹证明，在《摩诃婆罗多》和《埃达》(Edda)中存在着一个完整的末世论神话，它叙述善恶的关系和世界的毁灭，这个神话很可能早在印欧民族大散居之前就已经存在了。[②]

我们知道(§173)，日耳曼人在异教的最后阶段非常关注末世论。世界
169 末日是他们的宇宙起源说的重要部分，就像在印度、伊朗和以色列，关于世界末日的情节和主要人物是众所周知的。日耳曼人关于世界末日最完整、最富戏剧性的描述是由诗歌《女占卜师的预言》以及斯诺里的释文提供给我们的。其中包括所有关于世界末日的文学作品共有的老套套：道德败坏和沦丧，人类相残，大地震动，太阳无光，星球陨落；群魔挣脱锁链，降生人世；巨蛇跃出洋面，给世界带来大水灾。我们也发现更多与众不同的细节：持续三年的寒冬腊月(*fimbulvetr*)；巨人搭乘用死人指甲建造的船登临海岸；其他巨人则由苏耳特(Surtr)带领从陆路挺进，攀上彩虹，攻打并摧毁诸神的家园阿斯郭(Asgarð)。最后，诸神和英雄组成的军队，在大平原上同妖魔和巨人的军队短兵相接，开展决战。诸神和敌人一对一交手。瑙尔和巨蛇征战，但是他自己中了蛇毒，很快倒地身亡。奥丁则被灰狼芬里尔活吞；他的幼子维达尔(Vidar)杀死灰狼之后也死去了。赫姆达尔攻打洛基，两人同归于尽。事实上诸神及其对手都在这场末日之战里同归于尽，只有巨人苏耳特除外；活着的巨人点燃了宇宙大火——所有的生命都消失殆尽；最后，海洋淹没大地，连天穹也崩塌了。

---

① 参见 Jan de Vries, *The Problem of Loki*，第 10—22 页，以及 Dumézil, *Loki*，第 109 页以下，所列举的一些主要理论。

② Dumézil, *Les dieux des Germains*，第 97 页以下，以及 *Mythe et épopée*，第 1 卷，第 238 页以下。

但是这还不是最后的结局。不久一个新天新地诞生了，一片苍翠，美轮美奂，土地肥沃，一如既往，所有苦难都涤除干净了。死去诸神的后代又回到了阿斯郭；巴尔德尔和霍斯从冥府复活，重归于好。一轮新日比从前更加绚烂，沿着轨迹在天空运行。有一对夫妻因在雨格德拉希尔树庇护下而逃过一劫，成为新人类的始祖。①有些学者相信，可以从世界末日的神话找到各种东方宗教的影响（伊朗的、基督教的或摩尼教的影响等等）。但是，正如杜米兹所证明的，这是印欧民族末世神话的斯堪的纳维亚版本；以后受到的影响只是令这个神话更加富有想象力，更加生动感人而已。

从保存至今的神话残篇判断，日耳曼宗教堪称欧洲最为复杂、最具原 170
创性的宗教。我们最为深刻的印象是，这个宗教通过吸收各种异质宗教——如起源于地中海、东方或北亚的宗教——的技术层面，丰富并且创新了印欧民族的传统。而类似的过程在印度教的兼容并蓄中（§135）、在罗马宗教（§161）的形成过程中都可以找到，只不过日耳曼人的宗教创造力并未因其改宗基督教而一蹶不振。公元8世纪英国的一首最优美的史诗《贝奥武夫》（*Beowulf*）对英雄神话的描述比类似欧洲大陆的作品远为精彩，这都得益于基督教思想的影响。②还有一篇描绘世界末日的作品也给人留下深刻印象，它镌刻在英格兰坎伯兰郡的哥斯弗斯（Gosforth）的一个石头十字架上，而这座纪念碑的另一面则表现了耶稣被钉十字架的情景。③ 事实上，在中世纪晚期，某些日耳曼宗教的创造力或与基督教共生或与之对立，反而达到了鼎盛。近来的研究显示，中世纪的王室在宗教上的影响力，最后还是源自古日耳曼的概念：国王代表着神圣祖先——君主的"权威"有赖于天界的神圣力量，这力量同时是宇宙秩序的基础和保证。④ 至于英雄神话，在骑士制度和圣乔治（Saint George）、贾拉哈德爵士（Sir Galahad）及帕济法尔（Parsifal）的传奇（参见第3卷）中以一种丰富的、活泼的形式绵延不绝。

---

① 这最后一个细节与我们刚才概述的末世论场景有矛盾，在这场景中，雨格德拉希尔树倒下，世界就终结了。

② A. Margaret Arendt, "The Heroic Pattern"，第149页、第164页以下。就该史诗而言，圣徒文学模仿了在《赫尔登传奇》（*Heldensagen*）中的英雄生活（同上书，第165页）。

③ K. Berg, "The Gosforth Cross"，第27页以下；Davidson, *Gods amd Myths*，第207页以下。在同一座教堂里面还发现了一块石碑（也许是十字架残片），表现了瑙尔从大洋中钓上巨蛇。

④ 参见 Otto Höfler, *Germanische Sakralkönigtum*，第1卷，第Ⅻ页以下、第350页以下。

178. 色雷斯人，历史上“伟大的无名氏”

最早的色雷斯文化乃是青铜器时代的重要基质和乌克兰半游牧民族文化
171 的综合；色雷斯民族的发祥地是介于德涅斯特河(Dniester)、喀尔巴阡山以北和巴尔干地区之间的一片广袤地带。公元前 8 世纪末，辛梅里安人的入侵在艺术和兵器方面带来了高加索因素。公元前 5 世纪的希罗多德写道，色雷斯是人口仅次于印度的大民族。但是他们在政治史上的作用却微乎其微。马里查(Maritsa)流域的奥德利塞(Odryses)王国兴盛一时，于公元前 429 年攻打马其顿，却在不到一个世纪之后丧失自治权，向腓力二世俯首称臣。亚历山大大帝继续推行他父亲的扩张政策，于公元前 335 年横渡多瑙河，征服了盖塔伊—达契亚人。亚历山大远征失败，使色雷斯各部落得以保持独立自主，并且加强巩固其国家组织。当南方的色雷斯人被明确纳入到希腊化时期的生活范围里面时，达契亚人一直到公元 107 年以后方才成为罗马帝国的一个行省。

不幸的命运似乎同样伴随着色雷斯人、盖塔伊人和达契亚人的宗教创造力。希腊人早就领教了色雷斯宗教精神的原创性和力量。各种不同的宗教传统根源于色雷斯(或弗里吉亚)，例如狄奥尼索斯运动的起源(§122)，以及众多有关俄耳普斯的神话(§180)。而且在柏拉图的《卡尔米底斯篇》(Charmides)中，苏格拉底对于“色雷斯国王查莫西斯”(Zalmoxis)的御医赞不绝口，他们的医道和医术都胜过希腊医生。除了希罗多德对于查莫西斯的神话和仪式的珍贵描述之外，有关色雷斯人或色雷斯—盖塔伊人的宗教资料却稀少而含糊。毫无疑问，尤其在罗马帝国时期，他们的宗教建筑比比皆是；然而，由于文字资料的阙如，对于它们的解释都是不确定的，均属臆测。色雷斯人、盖塔伊和达契亚人，与凯尔特人一样，他们的祭司和僧侣对于文字心存疑虑。关于他们的神话、神学和仪式，我们所知不多，都是由希腊和拉丁作家通过他们的希腊化和拉丁化的解释而流传至今的。如果希罗多德不曾记录他和海列斯彭特(Hellespontine)希腊人的某些对话，我们对于查莫西斯的神话和仪式就会一无所知，甚至连盖倍列吉司(Gebeleïzis)的名称都不知道。
172 的确，就像在斯拉夫或波罗的海居民——古日耳曼人和凯尔特人就更不必说了——的后代中间一样，我们也可以在巴尔干各民族和罗马尼亚人的风俗和民间传说中间发现色雷斯的宗教遗产，虽然变化在所难免。但是从一般宗教史的观点分析，对欧洲民间故事传统的分析还刚刚起步。

希罗多德说(5.7)，色雷斯人“崇拜阿瑞斯、狄奥尼索斯和阿耳忒弥斯”，但是他们的国王却信奉“赫耳墨斯”，他们相信自己正是赫耳墨斯的后裔。尽管这种简短的叙述作为一种希腊化的解释(*interpretatio graeca*)令人疑窦丛生，但是人们还是尝试重构色雷斯人最初的万神殿。从荷马(《伊利亚特》13.301 等等)到维吉尔(《埃涅阿德》3.357)，传说都把色雷斯视为战神阿瑞斯的故乡。当时，色雷斯人也以英勇善战、视死如归著称；因此，我们可以接受“阿瑞斯”为诸神之首。但是，正如我们所知(§176)，古日耳曼的天神提瓦兹(Tiwaz)被等同于罗马的马耳斯。因此，色雷斯人的阿瑞斯很可能原本也是一个天神，后来才成为战神和暴风雨之神。①果真如此，则“阿耳忒弥斯”就是冥府之神，类似色雷斯的女神本迪斯(Bendis)和科提托(Cotyto, Cotys)；希罗多德之所以决心称她为“阿耳忒弥斯”(而不是例如“得墨忒耳”)，是因为色雷斯的那片莽莽的森林和群山。

如果这一“解读”可以接受，我们或许就能够假设，在最早的色雷斯人中间也有风暴神和大地之母神婚一类的神话；而“狄奥尼索斯”可能就是他们结合的产物。希腊人知道狄奥尼索斯的色雷斯名字；最常见的就是萨波斯(Sabos)或萨巴奇乌斯(Sabazius)。② 色雷斯人的“狄奥尼索斯”崇拜仪式，
使我们联想到欧里庇得斯在《酒神的伴侣》中描述的仪式(§124)。这个庆 173
典是在夜晚的群山中举行，燃烧着火炬，狂野的音乐(由青铜大鼎、钹和笛子混合而成)刺激着信徒欢悦呐喊、狂舞不止。“尤其是妇女，沉浸在这种狂乱的令人精疲力竭的舞蹈里面；她们的装束怪诞，身上穿着‘贝撒里斯’(*bessares*)，这是一种长而飘逸的长袍，看来是用狐皮裁剪而成的；外罩鹿皮，可能还头戴鹿角。”③她们的手里则握着献给萨巴奇乌斯的蛇、匕首或酒神之杖。在达到一种“神圣的癫狂状态”之后，她们攫住那些选作祭品的动物，撕成碎片，生吞下肚。这种生食仪式可使她们与神合为一体；会众就自称为萨波斯或萨巴奇乌斯。④

---

① 此外，我们知道兹别苏多斯(Zbelsurdos)神，此字的第二部分-*surdos* 似乎起源于词根 * *suer*，“哞、哼唱”，因此它是一位风暴神，希腊人错误地将其命名为 Zeus Keraunos。参见 Eliade, *Zalmoxis, the Vanishing God*，第 51 页和注解 87。

② 参见 E. Rohde, *Psyche*，第 304 页，注解 1 所引资料。另外一个神名是巴萨利乌斯(Bassareus)，意为“穿着长狐皮衣的”。关于在雅典的萨巴奇乌斯仪式，参见第 1 卷，§124。

③ Rohde, *Pysche*，第 257 页。

④ 参见 Rohde, *Pysche*，第 272 页，注解 32。关于促成脱魂而与神合一的“热情”，参见同上书所引资料，第 272—273 页，注解 32—36。

就像希腊的酒神信徒一样，在这里毫无疑问也有一种暂时的“神圣化”。但是，这种出神的体验可以形成某种特有的宗教禀赋，首当其冲的就是接受神谕的才能。但是与希腊的狄奥尼索斯宗教不同，在色雷斯，预言能力是和“狄奥尼索斯”的崇拜仪式联系在一起的。贝西人(Bessi)的某个部落专门管理“狄奥尼索斯”的神谕；他们的神庙建在高山上，①女先知们则在“出神状态”中预言未来，如同德尔斐神庙的皮提亚(Pythia)一样。

出神体验可以使人更加相信灵魂不只是独立的，也能与神灵“神秘地合一”(*unio mystica*)。由出神体验所决定的灵魂和肉体的分离，一方面揭示了人的基本二元性，另一方面也揭示了由于这种“神圣化”，灵魂在死后以纯粹的精神形式存在也是有可能的。存在某种灵魂的模糊的远古信仰，它们经过逐步的演变，至此形成灵魂轮回的概念，或是各种灵魂不灭的概念。正
174 是出神体验开辟了一条通往这些概念的道路，不过出神体验可能未必都是“狄奥尼索斯”(狂欢)型的。也可以通过药草或苦行(隐居、茹素、禁食等)以及祷告获得。②

希腊俄耳普斯教的宗教生活和观念也是在这种宗教氛围里发展出来的(§180以下)。在一些色雷斯部落中，相信灵魂不灭以及灵魂脱离肉体得到的妙乐，最后几乎竟病态地成为对死亡的歌颂和对生活的厌弃。妥劳索伊人(Trausi)在婴儿出生时嚎啕大哭，却欢天喜地地为死者送葬(希罗多德:《历史》5.4)。许多古代作家以色雷斯人的末世论信仰解释他们英勇顽强的战斗精神。马提亚努斯·卡佩拉(Martianus Capella)③甚至相信他们真的“极其渴望死亡”(*appetitus maximus mortis*)，因为“他们认为死亡是

---

① 希罗多德(7.111)认为贝西人是萨特莱伊部落的一支，但是其他作家(波利比乌斯、斯特拉波和普林尼等)则比较正确地将他们描述成为独立的民族。关于色雷斯人的预言，参见 Rohde, *Psyche*，第260页以下。

② 色雷斯人的(庞波纽斯·美拉，2.21)、斯基泰人的(希罗多德，4.73)大麻种子；马萨盖塔伊人的某些“水果”燃烧的烟雾(希罗多德，1.120)。斯特拉波(7.3.3)采纳波塞冬尼乌斯(Posidonius)的说法，报道说麦西亚人(Mysians)禁肉食，仅吃蜂蜜、牛乳和奶酪，因为这个原因他们被称做“敬畏上帝的人”(*theosebeis*)以及“行在烟中的人”(*kapnobatai*)。这些用语很可能是指某些宗教人物，而不是全体民众。*Kapnobatai* 或为舞者或为“萨满”，他们用大麻烟达到出神迷狂(参见 *Zalmoxis*，第42、61页)。斯特拉波还说，在色雷斯人中间有一些虔诚的隐士，名为 *ktistai*，他们与妇女分居，把自己奉献给诸神，生活中“消除了一切恐惧”(8.3.3)。

③ 马提亚努斯·卡佩拉:《论文字学与墨耳枯里乌斯的结合》(6.656)。卡佩拉是公元5世纪出生于北非的基督教作家。——译者

一件美妙的事”。将死亡赋予宗教的意义,在罗马尼亚和其他东南欧民族的民间传说中也可以看到。[1]

至于“赫耳墨斯”,希罗多德说他是一个只有“国王”,也就是军事贵族才崇拜的神,我们很难辨认他的身份。希罗多德没有提到太阳神,虽然其他许多文献却有记载。[2] 所以我们可以推测色雷斯的“赫耳墨斯”就是太阳神。
在几个世纪后,所谓的“马背英雄”的纪念碑,在巴尔干各民族流行一时,这 175
时,这位骑马英雄已被等同于阿波罗。[3] 然而这是一个晚出的概念,不能说明希罗多德所提到的“王族”神学。

179. 查莫西斯和“灵魂不死”

希罗多德认为,盖塔伊人是“最勇敢,也是最公正守法的色雷斯人”(4.93)。他们“认为自己是长生不死的,”他又说:“他们相信他们是不死的,死去的人只是到查莫西斯或盖倍列吉司那里去了。”(4.94)这是盖倍列吉司这个名字第一次也是最后一次出现在文献之中。托马谢克(Tomaschek)证明这个神相当于色雷斯神兹别苏多斯或兹别提乌多斯(Zbelsurdos, Zbeltiurdos)。[4]就像兹别苏多斯一样,盖倍列吉司应该也是一位风暴之神,或者毋宁说他就是一位古代的天神,如果我们采纳瓦尔德-波克尼(Walde-Pokorny)以及德谢夫(Dečev)的观点,则这个神名源于印欧语言词根* *guer*,意为“照耀”。[5]在叙述将一位信使献祭给查莫西斯后——这个仪式我们稍后将详细讨论——希罗多德又说:“如果有雷声和闪电发生的话,这些色雷斯人便向空中射箭以作为对神的一种威吓,他们除去自己的神以外,不相信任何其他神灵。”(4.94)

虽然有希罗多德的见证(其实他的表述不论在语法上还是在文风上都十分随意),我们也很难把查莫西斯和盖倍列吉司视为同一个神。他们的结

---

① 参见 *Zalmoxis*,第 5 章和第 8 章。

② 参见 Pittazzoni, “The Religion of Ancient Thrace”,第 84 页以下。

③ 参见 Gavril Kazarow, *Die Denkmäler des thrakischen Reitergottes in Bulgarien*,第 1 卷,图 528、835;Pettazoni,“Religion of Ancient Thrace”,第 87 页以下。

④ “Die alten Thraker”,第 62 页。

⑤ A. Walde and J. Pokorny, *Vergleichendes Wörterbuch der indogermanischen Sprachen*,第 1 卷,第 643 页;D. Dečev, *Charakteristik der thrakischen Sprache*,第 73、81 页。但是亦可参见 C. Poghirc, “Considérations philologiques et linguistiques sur Gebeleïzis”,第 359 页。

构各不相同,他们的崇拜仪式有天壤之别。我们将会看到,查莫西斯没有任何风暴之神的性格。至于向空中射箭,我们也很怀疑,希罗多德是否真的懂
176 得这种仪式的含义。这一举动很可能威胁的不是神(盖倍列吉司),而是出现在云端的那些邪恶力量。换言之,这是一种积极的崇拜行为:它向天空黑暗之神射箭,是为了效法闪电之神并且助他一臂之力。[①]不管实情到底怎样,我们必须承认:我们无法单凭这一孤立的文献去重构盖倍列吉司的职能和"历史"。除希罗多德外再无人提起盖倍列吉司,这一事实未必说明盖倍列吉司就从崇拜仪式中消失了。我们可以想象他或许和其他神灵联合,或是换了个名字继续存在。[②]

希罗多德提供给我们最为珍贵的资料与查莫西斯的神话和崇拜仪式有关。根据他从海列斯彭特和黑海地区的希腊人那里所获知的故事,查莫西斯原是毕达哥拉斯的奴隶,"在获释并得到一大笔财富以后,他立刻回到自己的国家。当时色雷斯人生活悲惨,民智不开",于是查莫西斯决定要教化他们。他"给自己修建了一座会堂,在那里他设宴款待国内的名流,并且教导他们说,不论是他本人、他的宾客,还是他们的子孙,都是永远不会死的,但是他们将要到一个他们获得永生和享受一切福乐的地方去。"他同时"修造了一座地下室,下到地下室里面,一连住了三年,色雷斯人非常怀念他,为他的死去而悲哀;到第四个年头,他又出现在色雷斯人的面前,于是他们便相信查莫西斯告诉他们的一切了……至于我呢,"希罗多德又说:"我既不不相信,也不完全相信关于查莫西斯和他的地下室的说法,但是我认为他是比毕达哥拉斯要早许多年的;至于这个查莫西斯是一个平常人,还是盖塔伊人用这个名字称其国家中的一个神,我就不打算去追究了。"(4.95—96)

177 自然,这份文献在古代世界留下了极为深刻的印象,从希罗多德的同辈人到新毕达哥拉斯派以及新柏拉图派。这个故事前后一致:海列斯彭特的希腊人或是希罗多德本人都将他们听到的查莫西斯的生平、教义和崇拜仪式与毕达哥拉斯的精神结构结合在一起了。这也就是说,对于盖塔伊—达

① 参见 *Zalmoxis*,第 51 页。

② 关于先知以利亚的罗马尼亚民间神话包含有一些属于风暴之神的因素,这一事实证明至少在达契亚人基督教化时期盖倍列吉司还是有众多民众信仰的,不管他那时的名字叫什么。我们也认为,大祭司和祭司阶层鼓励宗教融合最终造成盖倍列吉司和查莫西斯混为一谈(参见下文,第 588 页)。

契亚人的神的崇拜仪式是由灵魂不灭的信仰和入会礼的仪式组成的。通过希罗多德或他的消息来源的理性主义的、“神话即历史论”的解释，我们还可预言，这种崇拜仪式具有“秘仪”的特征。[①]希罗多德说：盖塔伊人“自信是长生不死的”(4.93)，因为“死去的人只是到查莫西斯神那里去”。(4.94)然而，动词*athanatizein*的意思不是“认为自己长生不死”，而是“使自己长生不死”。[②] 人们必须通过入会礼才能“获得永生”，而这个入会礼使查莫西斯创造的崇拜仪式比较接近于希腊及希腊化时期的秘仪(§205)。确切地说我们对于该庆典的内容一无所知，但是希罗多德流传下来的信息表明，那是一种包含“死亡”(消失)和“回归人间”(神显)的神话—仪式场景。

这位希腊历史学家还提到(4.94)查莫西斯仪式的独到之处：他们每四年就要派遣一位信使“向神转告他们的各种需要”。有一群人，每人手里拿着三支投枪，经过抽签选出的使者被抛向空中；当他落地时，就会因投枪穿身而死。这个祭礼能够与神沟通信息，换言之，**重现盖塔伊人和他们的神之间在太初时代的直接关系**，当时查莫西斯就住在他们中间。这个献祭和派遣使者，在一定意义上象征性地重复着崇拜仪式的设立，再现查莫西斯在三年消失之后的显现，以及他的显现所表明的一切，尤其是他的显现能够确保灵魂的不死和福乐。 178

某些古代作家和现代学者，一方面将查莫西斯同狄奥尼索斯和俄耳普斯联系起来，另一方面又把他和一些神话人物，或相当神话化的历史人物联系起来，[③]因为这些人物不是具有萨满术，就是秉有预言、游历冥界(*katabaseis*)的天赋。但是，希罗多德告诉我们的查莫西斯，与萨满或萨满化的神话、信仰和实践体系不相符合。相反地，正如我们所看到的，查莫西斯崇拜仪式的特征在于“庆典的盛宴”(*andreia*)、在“地下室”消失后于第四年的神显、灵魂“永生”，以及关于彼岸福乐世界的教义，凡此种种都使查莫西斯崇

① 这也许就是为什么希罗多德没有提供给我们细节(如果——当然我们也只是猜测而已——他的消息来源告诉了他这些细节的话)，因为他对待这些秘仪的异常慎重的态度是众所周知的。但是希罗多德承认，他不相信查莫西斯是毕达哥拉斯的奴隶之说；相反，他倒是相信盖塔伊语*daimon*是很古老的一个字——这一细节非常重要。

② 参见I. M. Linforth，“Hoi athanatizontes, Herodotus, Ⅳ. 93—94”，*Calssical Philology* 93 (1918)：23—33。

③ 阿巴里斯(Abaris)、普罗康尼苏斯的阿里斯提亚斯(Aristeas of Proconnesus)、科拉佐门奈伊的赫莫提姆斯(Hermotimus of Clazomenae)、克里特岛的伊皮门尼底斯(Epimenides of Crete)、毕达哥拉斯，等等；参见下文，第600页。

拜更接近秘仪。①

公元初年,斯特拉波(《地理学》7.3.5)提出了一个查莫西斯神话的新版本,主要是依据波塞冬尼乌斯(约前135—约前50)所收集的资料。根据这一资料,查西莫斯是毕达哥拉斯的奴隶;但是查西莫斯从他的主人那里学到的不是灵魂不死的教义,而是“关于天体的知识”,亦即根据星象预言未来事件的方法。对此斯特拉波补充道,他还到巫术盛行的埃及旅行。查莫西斯正是凭着他的天文知识、巫术和预言的能力,说服国王让他参与朝政。作为大祭司和“全国最受崇敬之神”的先知,查莫西斯隐居到科伽伊奥农(Kogaionon)圣山的一个洞穴里面,除了国王及其侍从,他拒绝接待任何人,后来他“被尊奉为一个神”。斯特拉波又说:“当波伊勒比斯塔(Boerebista)统治
179 盖塔伊人时,查莫西斯的职位被迪卡尼乌斯(Decaeneus)所取代”;而且,“查莫西斯传授毕达哥拉斯派禁止肉食的诫命当时多少还得到奉行。”②

根据波塞冬尼乌斯和斯特拉波的叙述,在盖塔伊—达契亚宗教进入一个新阶段时,查莫西斯的特点已经有很大的不同。首先,查莫西斯**神**被等同为**他的大祭司**,大祭司最后以同一个名字被神圣化。其次,没有提到任何结构上与希罗多德所说的秘仪相同的祭祀。总之,查莫西斯的崇拜仪式由一位独居山顶的大祭司主持,虽然他同时也是国王的朋友和首席顾问;而且这一崇拜仪式是“毕达哥拉斯式”的,因为它禁止肉食。我们不知道,在斯特拉波时代,查莫西斯“秘仪”里还具有多少入会礼和末世论的结构。但是,古代作家提到过某些隐士和圣人,很可能就是由“这些神职人员”举行查莫西斯崇拜仪式的“秘仪”传统。③

---

① 在此意义上,查莫西斯与狄奥尼索斯秘仪中的狄奥尼索斯相似,参见§206。

② 在其他章节(7.3.11)中,他讲述了波伊勒比斯塔的生平,斯特拉波将迪卡尼乌斯描述为“一个巫师(*goēs*),他不仅曾经到埃及旅行,而且充分学习到了某些象征,他称通过这些象征能够洞悉神意,很快他就被众人认为是一个神”。

③ 参见*Zalmoxis*,第61页以下。另外一个细节似乎在斯特拉波看来也是很重要的:查莫西斯——就像以后的迪卡尼乌斯一样——因其天文学和神奇知识而有着不同寻常的生涯。公元6世纪,约尔丹尼斯(Jordanes)根据一些较为古老的文献用夸张的语言描述达契亚的祭司对于天文学和自然科学的强烈兴趣(《盖塔伊志》11.69—71)。坚持掌握天体的知识,这一点也许是真实的。事实上,显然具有天体—太阳象征的萨尔米兹格图查(Sarmizegetuza)和科斯特兹底(Costeşti)的两位神灵,他们的神妙似乎也具有一种历法的功能。参见Hadrian Daicoviciu,“Il Tempio-Calendario dacico di Sarmizegetuza”以及所著*Dacii*,第194页以下、第210页以下。

第 22 章　俄耳普斯、毕达哥拉斯和新末世论 180

180. 俄耳普斯、竖琴手以及“入会礼的创立者”的神话

撰文论述俄耳普斯以及俄耳普斯教，似乎非得罪两大学术团体中的某一方不可：一方面是疑古派和“理性主义者”，他们极力贬低俄耳普斯教在希腊精神史上的重要意义；另一方面是崇古派和“狂热主义者”，他们认为那是一种意义重大的宗教活动。①

我们根据文献资料的分析可以区分两类不同的宗教事实：(1)与俄耳
普斯有关的大量神话和传说；(2)被视为“俄耳普斯教”的观念、信仰和习
俗。最早提到这位七弦琴手的，是公元前 6 世纪的诗人瑞吉姆的伊比科
斯(Ibycus of Rhegium)，他曾言及“俄耳普斯的伟名”。品达(Pindar)则称
俄耳普斯是“弹奏阿波罗七弦琴”(phorminx)的乐师、“抒情歌曲之父”
(《皮托竞技会颂歌》4.7)。埃斯库罗斯(Aeschylus)如此描述俄耳普斯：
“他那迷人的声音称颂着天下万物。”(《阿伽门农》1630)在一幅瓶绘上，俄
耳普斯手执七弦琴站在甲板上；另外，在德尔斐西锡尼安人的宝库(Treas-
ury of Sicyonians)的一根公元前 6 世纪的石柱上，清楚地刻着俄耳普斯的
名字。公元前 5 世纪初，俄耳普斯的图像变得越来越丰富：瓶绘表现他弹 181
奏着七弦琴，身边围着小鸟、野兽，或者色雷斯的门徒。有的图像表现他
被一群疯女撕成碎片，也有的图像表现他和其他神灵同在哈得斯里面。
到公元前 5 世纪，首次提到他下到冥界带回妻子欧律狄刻(Eurydice)的有

① 甚至对于同一种资料的评价，这两派学者也是水火不容的。疑古派强调资料稀少，年代较晚。另一派主张，一份文献的编撰年代必不可与其内容形成的年代相互混淆，因此，我们如果以批判精神运用一切可能的证据，就能够把握俄耳普斯教的基本信息。这两种方法之间的紧张关系与一种更为深刻的哲学对立不无相关，这一对立自公元前 6 世纪的希腊至今一直是屡见不鲜的。“俄耳普斯”与“俄耳普斯教”只不过是几乎自动引发激烈争论的许多主题中的一个事例而已。

关情节(欧里庇得斯:《阿尔刻提斯》357以下)。他之所以功败垂成,有的说他因为急于回头看一眼他的妻子,[1]也有的说因为地下神灵反对他这样做。[2]有传奇故事说他住在色雷斯,比“荷马还早一代”;但是在公元前5世纪的陶器上总是表现他身穿希腊服饰,弹奏音乐令野兽和野蛮人如痴如醉。[3]其实俄耳普斯就死在色雷斯。据埃斯库罗斯的佚作《巴撒里得斯》(*Bassarides*)所述,俄耳普斯每天清晨都会登上潘加斯山(Pangaeus)膜拜太阳,也就是阿波罗;此举令狄奥尼索斯深为愤怒,就派遣一群疯女前去阻挠;这位七弦琴手于是被撕成碎片,身首异处。[4]他的头颅被抛入赫布罗斯河(Hebron),随波逐流直到莱斯沃斯岛(Lesbos),仍一路歌声不止。有人虔诚地找到这颗头颅,奉为神谕。

我们还会再次提到公元前6—前5世纪的文学作品中有关俄耳普斯的其他文献。现在我们要注意,俄耳普斯的神力以及他生平中一些最重要的情节都令人联想到萨满实践。与萨满一样,他既是医生,也是音乐家;他让野兽如痴如醉并且支配它们;他下到冥界,想把死者带回人间;他的头颅被保存下来,被当作一个神谕,这与直到19世纪尤卡吉尔人(Yukagir)对待萨满的头骨的做法如出一辙。[5]所有这些萨满教因素都是非常古老的,而且与公元前6—前5世纪盛行的希腊精神格格不入;但是对于这些萨满教因素在古希腊的原史之前,也就是说它们在融入俄耳普斯传奇
182 之前可能具有怎样的神话—宗教功能,我们一无所知。除此之外,俄耳普斯和许多神话人物却有着密切的关系,例如阿巴里斯(Abaris)、阿里斯提亚(Aristeas)等——他们也都具有萨满教或者泛萨满教的出神体验的特征。

根据这些史料,我们足以断定这位传奇般歌手的年代是在“荷马之前”,这与传说以及俄耳普斯教的一贯宣传相一致。即使也许是某种深层的体验

---

① 这些资料在 W. K. C. Guthrie, *Orpheus and Greek Religion*,第29页以下,以及 Ivan M. Linforth, *The Arts of Orpheus* 中都进行了分析。

② 他缺乏“像阿尔刻提斯那样为爱情而死的勇气,而是设法活着下到阴间。正因如此,诸神降下灾难,而且是公正的灾难,让他死在女人的手中”(柏拉图:《会饮篇》179D)。

③ 参见 Guthrie,*Orpheus*,第40页以下、第66页,以及图片9;参见图版6。

④ O. Kern, *Orphicorum Fragmenta*,第113条,第33页。缪斯将他的尸体收拢来,下葬在奥林匹斯山的雷伯特里亚(Leibethria)。

⑤ Eliade, *Shamanism*,第319—392页。

将神话推到远古时代,这也没有什么太大的关系。(我们也许可以看出,在这神话背后有一种欲望,就是要把俄耳普斯追溯到卓越的“太初”时期,因而声称俄耳普斯是“荷马的祖先”——也就是比作为官方宗教代表和唯一象征的荷马更加年长,因而应当更受尊敬。)重要的是这一事实,这些为公元前6世纪希腊人所知的远古因素其实是经过精心选择才流传下来的。[①]因此,强调了俄耳普斯是在色雷斯生活、传教,并且在那里悲剧性地死去,[②]这些都证明这个人物具有一种“太初”的结构。而同样重要的是,在为数不多记载下到冥界的希腊传说中,与俄耳普斯的冥界之旅相关的传说是最为著名的。[③]因为冥界之旅(*katabasis*)与入会礼特别有关。于是我们这位歌手又以“入会礼”和秘仪的创立人而闻名。根据欧里庇得斯的说法,俄耳普斯举起“照亮幽微秘仪的指路火炬”(《瑞索斯》943)。《反阿里斯多吉顿》(*Against Aristogeiton*)(25.11=Kern. *Prph. Frag.*, 第23条)说,俄耳普斯“将最神圣的入会礼展现给了我们”,而这种入会礼很有可能就是指厄琉西斯秘仪。

最后,他和狄奥尼索斯以及阿波罗的关系也证实他作为“入会礼的创立者”并非虚名,因为在希腊诸神里,只有他们和入会礼以及“出神”有关(当然是一些各不相同甚至相反类型的出神)。自古以来,这些错综复杂的 183
关系一直众说纷纭。公元前1世纪的狄奥多鲁斯(Diodorus 4.25.4)提到狄奥尼索斯曾把他的母亲塞墨勒(Semele)从哈得斯带回来,他看出这与俄耳普斯下到冥界寻找妻子欧律狄刻有着异曲同工之妙。俄耳普斯被疯女撕成碎片也可以解释为一种狄奥尼索斯仪式,也就是神灵化身为动物而被肢解(*sparagmos*, §124)。不过,俄耳普斯主要还是以阿波罗的弟子闻名。根据某个传说,他还是阿波罗和仙女卡利俄佩(Calliop)之子。因崇拜阿波罗而惨死。他的乐器正是阿波罗七弦琴。[④]最后,作为“入会礼的创立者”,俄

---

① 在这一时代,对于色雷斯“野蛮”民族,甚至是在黑海以北过着游牧生活的斯基泰人,希腊人已经有所了解。

② 有一份俄耳普斯在色雷斯的崇拜场所的名录,参见R. Pettazzoni的*La religion dans la Gréce antique*,第114页,注解16。

③ *Katabasis eis Hadou* (*Kern*, *Orph. Frag.*, 第293条以下,第304页以下)。《奥德赛》(第11卷,尤其第566—631行)中的冥界之旅窜入的可能就是“俄耳普斯教”的内容。

④ 古特利(Guthrie)引用欧里庇得斯的《阿尔刻提斯》第578行,阿波罗身边围绕着猞猁、狮子和一只雌兔,“和着七弦琴的乐声跳舞”(*The Greeks and Their Gods*,第315页)。

耳普斯十分注重洁净礼,而“洁净”(*katharsis*)仪式也是阿波罗崇拜所特有的内容。[①]

此外,我们还必须牢记某些与众不同的特征:(1)虽然俄耳普斯的名字和相关神话的文献仅见于公元前6世纪以后,但是俄耳普斯却是一个古老的宗教人物。很容易想象他确实生活在“荷马之前”,无论这是指在时间上还是地理上(也就是说,他生活在荷马文明的精神价值所不及的“蛮族”地区)都是如此。(2)我们虽然无法得知俄耳普斯的“起源”和史前史,但他肯定不属于荷马的传统,也不属于地中海文明的文化遗产。他和色雷斯人的关系至今仍是一个谜,因为一方面,在野蛮人中间,他的行为像一个希腊人,而另一方面,他却拥有前希腊文明的巫术—宗教神力(例如使唤动物、萨满式的冥界之旅)。从形态学上看,俄耳普斯很接近查莫西斯(§179),查莫西斯也是通过“冥界之旅”而成为秘仪的创立者和盖塔伊人的文化英雄,也就是那些“主张灵魂不灭”的色雷斯人。(3)俄耳普斯被表现为一个出色的入会礼创立者。如果说人们将他奉为“荷马的祖先”,那也是为了强调他所传
184 扬的信息的重要性,这信息与奥林匹斯宗教大相径庭。我们并不知道那些据说由俄耳普斯所创立的入会礼的基本内容。我们只是知道一个梗概而已:茹素、苦修、洁净、宗教教育(*hieroi logoi*,圣典)。我们还知其神学前提:灵魂转世,因而还有灵魂不灭。

正如我们已经看到的(§97),厄琉西斯秘仪的目标是追求灵魂在肉体死后的命运,但是狄奥尼索斯和阿波罗的崇拜仪式也和灵魂的命运有关。因此,很有可能在公元前6—前5世纪将俄耳普斯这个神话人物看成厄琉西斯秘仪的创立者,因为他虽然受到传统入会礼的启发,却提出了一套更加合乎时宜的入会礼原则,这套原则解释了转世轮回和灵魂不灭。

俄耳普斯的形象一开始就与阿波罗和狄奥尼索斯的符号出现在一起。“俄耳普斯教”自然也将按照相同的方向发展。这并不是唯一的例子。皮洛斯(Pylos)的先知美拉姆帕司(Melampus),虽然也是“阿波罗的至爱”,但是同时“也把狄奥尼索斯的名字,他的崇拜仪式和阳具游行一并介绍给希腊

① 阿波罗使得在莱斯沃斯的俄耳普斯的神谕销声匿迹(菲洛斯塔图斯:《提亚那的阿波罗尼乌斯传》,4.14)。这是一种神的嫉妒表示,还是表明这两种神谕方式的水火不相容,一种为萨满式的,一种为皮提亚式的?(皮提亚是德尔斐阿波罗神庙祭司,在精神迷醉的状态下回答崇拜者的问题,被认为是阿波罗的神谕。——译者)

人”(希罗多德:《历史》2.49)。除此之外,正如我们所看到的(§95),阿波罗和冥界也有一定的联系。另一方面,他最终还是与狄奥尼索斯讲和,狄奥尼索斯也被奥林匹斯诸神所接纳。这两个对立神灵的和好并不是毫无意义的。这会不会是希腊精神想通过两神共存的权宜之计,来表达他们希望解决荷马宗教价值观的没落所引发的宗教危机呢?

181. 俄耳普斯教的诸神起源说和人类起源说:转世轮回和灵魂不灭

在公元前6世纪,宗教和哲学思想主要是探讨一与多的问题。当时的宗教思想家提出了一个问题:“每个人同我们认为与之相似的神之间有什么关系?我们如何能够彻底理解二者背后潜在的统一性?”[①]在狄奥尼索斯的 185
狂欢中,人与神之间达到了某种合为一体的境界,但那是转瞬即逝的,而且只有在意识处于低潮之际方能够达到。“俄耳普斯教”不仅接受酒神崇拜的教义——也就是人类参与神性——而且进一步从逻辑上推论出**灵魂不灭**和**灵魂即神性**的结论。这样,他们就以阿波罗所传的“洁净”(*katharsis*)仪式取代了狂欢仪式(*orgia*)。

于是这位七弦琴手就成为整个宗教运动的——它既是“秘传的”又是“大众的”——象征和保护神。这一宗教运动的与众不同之处就在于强调书写文献,也就是“经书”的重要性。柏拉图提到许多归在俄耳普斯和默塞俄斯(Musaeus,相传他是俄耳普斯之子或门徒)名下的作品,它们讨论了洁净礼与死后生命的问题。柏拉图同时也引述“俄耳普斯所作”叙述诸神起源的六音步诗。此外,欧里庇得斯同样也讨论俄耳普斯的“作品”,而不相信俄耳普斯是一个历史人物的亚里士多德对于包含在“所谓俄耳普斯教诗歌”中的灵魂论也相当熟悉。[②]如果说柏拉图也知道其中一些文献,这是一件合乎情理的事情(它们可以从书商手里购得。)

---

① Guthrie, *The Greeks and Their Gods*,第316页。爱奥尼亚人几乎不为宗教所吸引,他们提出了一个哲学问题:“我们生活其中的世界的多样性与一切事物所从出的唯一和原初的本质之间的关系是什么?”亦可参见同一位作者所著,*A History of Greek Philosophy*,第1卷,第132页。

② 柏拉图:《理想国》364e、《克里同篇》402b、《斐里布篇》66c;欧里庇得斯:《希波吕托斯》954、亚里士多德:《论灵魂》410b28。苏达斯(Suidas)列出了一份很长的书目归在俄耳普斯名下(Kern, *Orph. Frag.* 第223条)。参见墨里尼耶(L. Moulinier)的批判性分析,*Orphée et l'Orphisme à l'époque classique*,第74页以下。

第二个特征就是所谓“俄耳普斯教”的明显多样性。除了那些创作诸神起源的作者、苦行僧以及先知外，还有后世提奥弗拉斯图斯(Theophrastus)所称的古典时代的“俄耳普斯教祭司”(Orpheotelestes)，更不用说柏拉图在
186 一段著名文字中描写的到处为人施行洁净礼的民间术士和占卜者。①这种现象在宗教史上是屡见不鲜的：每一个苦行僧、诺斯替教以及每一种神秘主义运动会产生无数的伪形态以及时常是幼稚的洁净仪式。我们只需记住在奥义书时代以来印度成群结队的假苦行僧以及对于瑜伽行者和性力派的怪诞仿效者就可以了。拙劣的模仿层出不穷，尤其是在强调某种救赎的神秘知识(gnosis)乃出乎天启和入会仪式特征时候就更其如此了。例如我们只要想到在兄弟会出现以后，或者与玫瑰十字“秘仪”相关的形形色色遍布西欧的“入会礼”以及“秘密会社”就可以了。因此，如果因为存在如此之多的俄耳普斯祭司和江湖术士，我们就怀疑俄耳普斯的观念和仪式的真实性，那么我们未免头脑过于简单了。一方面，类似的出神者、占卜者以及灵疗者自古就有记载；他们是“民间宗教”的诸多特征之一。另一方面，从公元前 6 世纪以来，有一些江湖术士、占卜者以及行洁净礼者冒用俄耳普斯的名字，这个事实只不过证明，确实存在着某种神秘的方法和知识，它似乎更加高级、更加有效以及更加受到人们的尊敬，并且人们试图模仿它或者至少想从与这个伟大人物的名字相关的声望中捞取好处。

柏拉图的某些叙述使我们得以窥见俄耳普斯教灵魂不灭概念的内涵。灵魂因太初之罪而受到惩罚，幽闭在肉体(*sōma*)之中，如同幽闭在坟墓(*sēma*)里面一样。②因此，灵魂取了肉身的存在倒更像是死亡，因而肉身的死亡是真正生活的开始。然而，这种“真正的”生活不是能够自动获得的；灵魂要根据其功过受到审判，在以后的某一个时期再次化为肉身。正如在奥义书时代以后的印度，在这里也有一种相信灵魂不朽的信仰，这灵魂注定要
187 转世投胎，直到最后获得解脱。甚至在恩培多克勒时代，这位过着“俄耳普

① “求乞祭司和江湖巫人，奔走富家之门，游说主人，要他们相信：如果他们或他们的祖先作了孽，用献祭和符咒的方法，他们可以得到诸神的赐福，用乐神的赛会能消灾赎罪；……他们发行一大堆默塞俄斯(Musaeus)与俄耳普斯的书籍。据他们说，默塞俄斯与俄耳普斯是月神和文艺之神的后裔。他们用这些书里规定的仪式祭祀祓除，让国家和普通人都相信，如果犯下了罪孽，可以用祭享和赛会为生者赎罪。可以用特有的仪式使死者在阴间得到赦免。”(《理想国》364b—365a)

② 《克拉底鲁斯篇》400c；参见《斐多篇》62b，关于灵魂的“监狱”或者“牢房”的论述。这些文字至今仍然众说纷纭。

斯教的生活"的人也认为灵魂是肉身的囚犯，因为被放逐而远离幸福，穿着"一件肉身的外衣"(《残篇》115 和 126)。恩培多克勒还认为，灵魂不死就意味着转世投胎，这正是他茹素的理由(屠宰的动物也许在身体里面有我们亲人的灵魂)。

但是茹素的生活还有一层更为复杂、深刻的宗教原因。俄耳普斯教徒(以及毕达哥拉斯派)不吃肉，就可以不参加作为官方崇拜仪式必然施行的血祭。这种拒绝固然表示了决心远离城市，总之，决心"抛弃世俗"，但是它首先宣布全盘(*in toto*)拒绝希腊宗教体系，也就是由普罗米修斯创始的首次献祭而建立的体系(§86)。普罗米修斯由于为人类留下肉，将骨头献祭给诸神而惹恼了宙斯；他促成了人神共处的"天堂"时代的生活之终结。① 回归茹素的生活则既表明结束祖先的过失，以及希望至少是部分回归幸福的太初状态。

所谓"俄耳普斯教的生活"(柏拉图：《法律篇》Ⅵ，782c)还包括洁净、苦行和一些特殊的教规；但是要获得拯救就要通过一种"入会礼"，也就是获得宇宙论和神智论的启示。通过校勘古代作家(埃斯库罗斯、恩培多克勒、品达、柏拉图、阿里斯托芬)为数不多的证据和叙述，我们能够重构至少可以勉强称为"俄耳普斯教义"的大致内容。我们能够从一种宇宙起源说中分辨出诸神的起源，我们也会发现一种相当奇特的人类学。这基本上是一种人类 188
起源的神话，它构成了与荷马、厄琉西斯的末世论迥异的俄耳普斯末世论的基础。

所谓"杂录"②一类的神谱，仅仅保留了赫西俄德所传诸神源流的部分细节。时间之神(克罗诺斯)在以太中创造一只太初之卵，从中诞生第一位神厄罗斯(Eros)，也叫法尼斯(Phanes)。厄罗斯作为生殖的原则，创造了其他诸神和世界。但是，宙斯吞噬了法尼斯和他所造的一切，又创造了一个新世界。宙斯吞噬其他神灵的神话主题非常有名。而赫西俄德曾述及，这位奥林匹斯的神灵在雅典娜神奇诞生之前将她的母亲墨提斯(Metis)吞进肚子里(§84)。不过在俄耳普斯的神谱里，其中的意义却更加微妙；我们看到

---

① 赫西俄德：《工作与时日》90 以下，110 以下。关于茹素的神话的、末世论的价值，参见 Guthrie，*Orpheus*，第 197 页以下所引用的文献和评论，尤其是萨巴图齐(Sabbatucci)在 *Saggio sul misticismo greco*，第 69 页以下的解释。参见 Detienne，"La cuisine de Pythagore"，第 148 页以下。

② 公元 5 世纪的达马苏(Damascius)还在披阅一部名为《俄耳普斯杂录》的作品。该书的一些残篇当然是相当古老的(公元前 6 世纪)；参见 Guthrie，*Orpheus*，第 77 页以下、第 137—142 页。

这个神谱努力把宇宙的统治者改造成为他所统治的世界的创造者。除此之外,这个情节也反映了“一生多”的哲学思想。[1]这个神话虽经重新处理,却仍然保有远古的结构。也有人正确地强调这个神话同埃及人、腓尼基人的宇宙起源说的相似之处。

其他的传说则以黑夜女神倪克斯(Nyx)为第一原理,生乌剌诺斯(Uranus)和盖亚(Gaea);或认为海洋之神俄克阿诺斯(Oceanus)生下时间之神克罗诺斯,后来克罗诺斯又生下以太和混沌(Chaos);或认为,“一”生“冲突”,“冲突”将“大地”从“水”和“天”分离开来。最近出土的德尔维尼纸草古卷(Derveni Papyrus)[2]揭示了一种全新的俄耳普斯教以宙斯为核心的诸神起源说。有一段据称为俄耳普斯所作的经文,曰:“宙斯,始也,中也,万物生焉”(第 13 栏,第 12 行)。俄耳普斯把命运之神(Moira)称为宙斯的“思想”。因此,“人谓……‘命运之线已经织就’,就是宙斯的思想决定事物之所是、所非、将是。”(第 15 栏,第 5—7 行)俄克阿诺斯只是宙斯的化身,就像“盖”
189 (Ge)(得墨忒耳)、大母神、瑞亚与赫拉,都只是同一位女神的不同名字(第 13 栏,第 7—11 行)。这一宇宙起源说同时含有两性的和“一元论”的结构:例如,宙斯“于空中”(或是“在天上”)云雨,由此创造世界。但是该文献却不曾提及其对象是谁。[3]在此,作者断定世界的逻各斯(*logos*)类似于宙斯的逻各斯,以此宣称存在的统一性(第 13 栏,第 1—3 行)。这就是说,指涉“世界”的名词就叫做“宙斯”(参见赫拉克利特:《残篇》1. 32)。从几个方面看,德尔维尼纸草古卷保留下来的文献相当重要。一方面,该文献证明在远古时代确实存在俄耳普斯教的秘密集会;另一方面,也证明至少在这一俄耳普斯教的诸神起源说里,确实有一元论、甚至是“一神论”的倾向。

至于人类从泰坦神的灰烬里诞生的神话,直到晚期(公元 1—2 世纪)方才见载于某些作家的作品当中。[4]但是,当我们试图寻找狄奥尼索斯—扎格

---

① Guthrie, *The Greeks and Their Gods*,第 319 页。

② 1962 年在帖撒罗尼迦的德尔维尼发现,年代为公元前 4 世纪。该文献系一份俄耳普斯教经文的评注本,它不仅证明这些作品的古老,而且证明了它们具有丰富的思想性。

③ 这种类型的宇宙起源说令人想起摩菲斯特神学(§26)、斐尔希底斯(Pherecydes)体系以及生主的自我创造(§76)。

④ Plutarch, *De esu carn.* 1.7(Kern, *Orph. Frag.*, 第 210 条);狄奥·克里索斯托姆(Dio Chrysostom),33.55。最完整的版本保存在亚历山大里亚的克雷芒(Clement of Alexandria)的 *Protrept*,2.17.2 以及 2.18.2。

柔斯神话—仪式的主题时(§125),可以发现年代更早的文献资料。虽然有些学者持怀疑态度,但是我们仍可从品达的诗句“对他们太初苦难的惩戒”(《残篇》133,《全集》),以及柏拉图《法律篇》的言论——“(他们)表现了古老传说中的‘泰坦神族本性’”——中看到人类源自泰坦神族的提法。根据奥林皮奥多鲁斯(Olympiodorus)提供的材料,我们或许可以假设,柏拉图的弟子色诺克拉底(Xenocrates)把身体“即牢狱”的概念与狄奥尼索斯以及泰坦神族联系在一起。①

不论对于这些隐晦的论述做何解释,我们都可以断定,早在远古时代,泰坦神族的神话就被视为“俄耳普斯教的”神话。根据这个神话,人类既分有泰坦族的本性,也分有神性,因为泰坦族的灰烬里含有婴儿狄奥尼索斯的身体。无论如何,通过洁净仪式(*katharmoi*)和入会仪式(*teletai*),并且过一种“俄耳普斯教的生活”,人类就能消除泰坦神族的因素而变成酒神的信徒 190
(*bakkhos*);换言之,人类就与泰坦的本性分离开来,而拥有狄奥尼索斯的神性。

我们无需特别强调这个概念是全新的,具有原创性。我们要记住美索不达米亚人的先例:人类是马尔杜克(Marduk)用泥土(亦即太初的魔鬼提阿马特的身体)以及大魔王金古(Kingu)的血液创造出来的(§21)。但是,尽管俄耳普斯教的人类起源说看似阴郁悲惨,却矛盾地包含一种希望的因素在内,这希望不见于美索不达米亚人的世界观(*weltanschauung*),也不见于荷马的概念。因为,人类虽然具有泰坦族的起源,但是他的存在模式也分有了神性。他甚至能够将自己从明显的各种世俗存在(无知、肉食)的“魔鬼般”的因素中解脱出来。我们一方面看出一种非常接近于柏拉图的二元论(灵魂/肉体),另一方面也看出一系列的神话、信仰、行为以及入会仪式,它们能够使俄耳普斯教徒与其他人区别开来,总之,将灵魂同宇宙区别开来。这都令人联想到印度的救赎论和技术(§195),而它本身也是诺斯替教派的先声(§299以下)。

182. 新末世论

至于“俄耳普斯教”的末世论,可以根据柏拉图、恩培多克勒以及品达的某些著作为基础重构其大概轮廓。根据柏拉图的《斐多篇》(108a)和《高尔

① 奥林皮奥多鲁斯,第83页 Norvin(=Xenocrates, frag. 20, Heinze),论《斐多篇》62b。

吉亚篇》(524a),这条道路“既不坦荡,也不止一条……;有许多岔道和十字路口”。柏拉图的《理想国》(614c—d)又说,义人准许沿着右边走路,恶徒被遣送到左边。类似的指示也见载于意大利南部和克里特岛的墓地出土的镌刻在金盘上的铭文,它们至少可以追溯到公元前5世纪:“万福,右行前往圣
191 地并佩尔塞福涅园地者。”该文献还有如下直接的指示:“你将在哈得斯住所的左面找到一眼泉水,泉水之旁有一棵白杉树。切勿走近那眼泉水。你将找到另外一眼泉水,流淌着来自记忆之池(Mnemosyne)的凉水,在它前面有卫兵把守。对他们说:‘我是大地和光明天堂之子;想必你们自己一定明白;我已精疲力竭,口渴难耐。快给我记忆之泉的凉水。’卫士就会给你饮那圣泉中的水,从此你就会位列诸英雄之中。”①

柏拉图在埃尔(Er)的神话里说,所有命定转世为人的灵魂,都必须喝忘川(Lethe)之水,以便忘掉在冥界的所有经历。然而,据信“俄耳普斯教徒”的灵魂不会再转世为人了,因此他们要拒绝饮记忆之水。“我已经从沉重的惩罚和痛苦的轮回中解脱,踏着敏捷的步伐,朝向我渴望的冠冕。在地狱的女王(即佩尔塞福涅)的胸膛里面,我找到了庇护。”女神答道:“啊,幸运、幸福的人啊!你曾为人类,现在已经是神了。”②

这个“沉重惩罚的轮回”就是一系列的转世为人。人死之后,灵魂接受审判,然后暂时被送到受刑的地狱或幸福的处所,一千年之后重返人间。普通人在解脱之前必须经过十次轮回。俄耳普斯教徒大段渲染对于罪恶的折
192 磨,“有无数病痛恭候遭到谴责的人”。③ 凯恩(Kern)甚至进一步说,俄耳普

---

① 金盘来自佩特里亚(Petelia)和厄琉西奈伊(Eleuthernae)。参见Guthrie,*Orpheus*,第171页以下以及苏兹(Zuntz)的新释,*Persephone*,第364页以下。

② 开篇的文字相当重要。起先向地狱之神致词:“我从纯洁的社团来,哦,哈得斯、欧克来斯(Eucles)、欧布利乌斯(Eubouleus),还有其他不朽之神的纯洁统治。我也因为成为你们幸福的族类而高兴。但是命运使我变得卑下,还有其他不朽的诸神。”(不过请参见苏兹的解读,*Persephone*,第318页)另外一块书版揭示了一些重要的细节:“我遭到了因为我的不义行为应当受到的惩罚……现在我在光芒的佩尔塞福涅面前祈祷,以便让慷慨的佩尔塞福涅赏赐我福乐的居所……万福,万福,右行前往圣地并佩尔塞福涅的园地者。”(Boulanger,“Le salut selon l'Orphisme,”第40页。)

③ “他们浸没在烂泥里面,经受惩罚,就像惩罚他们道德的污秽的方式一样(《理想国》363d;《斐多篇》69c),像猪一样在污物中打滚(参见普罗提诺,1.6.6),或者他们将因徒劳地在无底的木桶里面灌水,或因使用筛子舀水以至于精疲力竭(《高尔吉亚》493b;《理想国》363e),柏拉图认为,这种想象乃是疯子的想象,他们贪心不足,屈从一已不知餍足的情欲,这实际上也许是对那些未能在人间举行入会仪式而在地狱里面不断地,然而徒劳地取水洁净自己的人的描述。”(F. Cumont, *Lux perpetua*,第245页)

斯教是地狱的第一个创造者。①事实上，俄耳普斯为了寻找欧律狄刻所作的冥府之旅(*katabasis*)也佐证了各种关于地狱的描述。我们又遇到了萨满教元素，这是俄耳普斯神话的一个主要特色；我们知道，在整个中亚和北亚，萨满会历数他们出神后的冥界之旅，精心铺陈和广泛传播大量壮观的冥界地形地貌。②

金盘上描绘有冥界的风景和日程安排——泉水和杉树、右行的道路——还有“口渴的死者”——在许多关于丧葬的神话和地理学里都可以发现这些相似之处。我们当然不能排除来自东方的影响。但是更加有可能的是，它们全部的结构代表着一种远古的共同遗产，这份遗产是从数千年来对于出神、异象、狂喜、梦幻般的冒险和幻想的旅程中产生出来的——事实上，它经过各种不同的传统维持了下来。泉水旁的树木是“天堂”的典型形象；在美索不达米亚与之相对应的乃是一座有圣树和泉水的花园，由神的代表“园丁之王”看守(§22)。这些金盘在宗教上的重要意义在于，它代表着一种与荷马传统不同的灵魂死后存在的概念。很可能我们在这里得到的是一种流行于远古时期地中海和东方的信仰和神话，它长期存在于“民间的”或 193
社会的边缘，曾几何时那些“俄耳普斯教徒”、毕达哥拉斯派以及凡是为末世论之谜所惑的人们终于将其接受了下来。

然而，更为重要的是关于“口渴的灵魂”的新解释。许多文化都记载着，葬礼的奠酒是要缓解死者的干渴。③而能够使英雄复活的“生命之水”也在神话和民间故事里广为流传。就希腊人而言，死亡等于遗忘，死者就是那些对于前生失去记忆的人。只有少数身份特殊的人，例如提瑞西阿斯(Tiresias)或安菲阿刺俄斯(Amphiaraus)④才能在死后保持原来的记忆。赫耳墨斯为了让他的儿子埃斯里底斯(Aethalides)长生不死，就赐给他“永不磨灭的记忆”。⑤但是，当转世轮回的教义引入希腊以后，关于记忆和遗忘的神话

① Pauly-Wissow, *Realencyklopädie*, s. v. “Myterien”, 第 1287 栏。古蒙(Cumont)(*Lux perpetua*, 第 46 页)倾向于在俄耳普斯教中找出从普鲁塔克的神话和《彼得启示录》，直到但丁的一切“魔幻文学”的根源。

② 参见 Eliade, *Shamanism*, 第 487 页以下。

③ 参见 Eliade, “Locum refrigerii”。

④ 提瑞西阿斯和安菲阿刺俄斯都是希腊神话人物；前者是冥府的先知，后者得神助而长生不死。——译者

⑤ “就算他陷入了阿刻戎(阿刻戎为希腊南厄罗皮斯一条河流，有数段没入地下，相传与冥河相通——译者)可怕的漩涡之中，他的记忆也没有离开他的灵魂”(Apollonius Rhodius, *Argonautica* 1.642 以下)。

也随之发生了变化。忘川的功能被颠倒了:河水不再是迎接死者,使之忘却生前事;相反,忘川是要消除灵魂对于天堂的记忆,好使他重新投胎返回人间。因而"遗忘"不再象征死亡,而是象征复活。迫不及待的灵魂(柏拉图在《斐德罗篇》248c描述道:"为忘却和过犯所重压的灵魂。")要喝上一口忘川之水,现在则是要转世投胎,再次堕入人生的轮回。毕达哥拉斯、恩培多克勒以及其他相信转世轮回教义者,都说他们还记得自己的前生;换句话说,他们成功地保持了对彼岸世界的记忆。①

金盘上面镌刻的铭文残片似乎是一份经过核准的正式文献,是去往彼岸世界的导游手册,颇似埃及或中国西藏的《死者书》。有些学者否认这些文献具有"俄耳普斯教"的特征,主张它们起源于毕达哥拉斯派。甚至主张大部分被认为是俄耳普斯教的观念和仪式,其实都是毕达哥拉斯派的原创或改编。不过,这个问题太复杂了,不是寥寥数页轻易解决得了的。只是我们还是要说,毕达哥拉斯或者毕达哥拉斯的门徒即使可能有所贡献,甚至贡献很大,但还是无法改变我们对于俄耳普斯教现象的理解。当然,俄耳普斯的传说和毕达哥拉斯的传说之间显然存在着相似之处,就像他们各自的崇高声望一样不容否认。作为神圣的"入会礼创立者",毕达哥拉斯是历史人物,却也是一个"通神之人"的典范,他本身就综合了各种古代的因素(其中包括萨满教因素),并且大胆重新赋予苦行和冥想术以新的意义。事实上,毕达哥拉斯的传奇讲到了他与诸神和灵魂的关系,他驯服动物,以及同时出现在不同地方。布克尔特(Burkert)解释毕达哥拉斯著名的"黄金腿",就是将它与萨满的入会礼进行比较。(我们知道,西伯利亚萨满在举行入会礼时,他们相信自己的内脏会更新,有时候骨头也会与铁固定在一起。)最后,毕达哥拉斯的冥府之旅也具有一种萨满教因素。罗得岛的希罗尼摩斯(Hieronymus of Rhodes)讲述了毕达哥拉斯下到冥界,在那里看到荷马和赫西俄德的灵魂因为说了诸神的坏话而备受折磨。②此外,这

194

① 参见 Eliade, *Myth and Reality*,第114页下。锻炼和培养保存记忆的方法在毕达哥拉斯社团中具有相当重要的意义(Diodorus,10.5;Iamblichus,*Vita Pyth*. 78以下)。公元前6世纪希腊著名人物都曾提到过的遗忘和记忆的主题,在印度人的沉思技术和冥想中也具有重大作用;以后诺斯替教也接受了这一主题(§130)。

② Eliade, *Zalmoxis, the Vanishing God*, 第39页以下。关于毕达哥拉斯所行神迹的总汇,及其相关的资料来源和最近书目,参见 Walter Burkert, *Weisheit und Wissenschaft*,第118页以下,第133页以下、第163页以下(英译本,*Lore and Science in Ancient Pythagoreanism*,第120页以下、第141页以下、第166页以下)。然而,在这些传奇里面,并没有提到萨满式的出神之旅。

种萨满特征不仅见诸于俄耳普斯和毕达哥拉斯传奇，阿波罗的祭司，许佩耳玻瑞族的阿巴里斯(Hyperborean Abaris)也会御剑飞行(§91)；普罗科涅苏斯的阿里斯提亚(Aristeas of Proconnesus)的出神术远近闻名，甚至误以为他已经死亡，他的分身术、化身为乌鸦也是如此；还有克拉佐美纳伊的海尔摩提莫斯(Hermotimus of Clazomenae)，有些古代作家认为他是毕达哥拉斯的前生，他的灵魂可以长时间地离开身体。①

除了这些“入会礼的创立者”的传奇之间颇多相似外，俄耳普斯教和毕 195
达哥拉斯门徒在信条和行为之间也有许多近似之处：信仰灵魂不灭和转世轮回，灵魂在冥界受惩罚，最终返回天堂；主张茹素；强调洁净仪式的重要性；以及倡导苦行。不过，这些近似之处尚不足以证明俄耳普斯教不曾作为一个独立的运动而存在。确实有许多俄耳普斯教的著作可能出自毕达哥拉斯门徒之手，但是，如果认为“俄耳普斯教”的末世论神话、信仰和仪式都是毕达哥拉斯或其门徒创造的则未免太幼稚了。此两种宗教运动其实是平行的发展，就像当时“时代精神”的两种不同表现一样。而且，二者之间也有重大差异：在创始人毕达哥拉斯的亲自指导下，他的“教派”不仅组织成为一个秘教的封闭团体，而且发展出一种“全才教育”制度。②此外，他们不回避积极的政治活动，甚至在某些时期，毕达哥拉斯的门徒还在意大利南部的数城市中执掌大权。

毕达哥拉斯有一大功绩，就是奠定了一种具有整体论结构的“整体科学”基础，把科学知识与伦理学、形而上学、宗教信条以及各种“世俗的技术”融为一体。总之，知识的功能同时是关于灵魂的知识、存在的知识以及救赎的知识。这就是传统形式的“整体科学”，③我们可以在柏拉图的思想中，在意大利文艺复兴时期的人文主义者、在 16 世纪的炼金术士那里看到这种 196
“整体科学”，它首先在印度和中国的医学和炼丹术中成为现实。

---

① 参见 Eliade, *Zalmoxis*，第 37 页，注解 44—45，类似的例子参见同上书，第 37—39 页。

② 通过学习音乐、数学和天文学实践其苦行和道德戒律。但是我们知道，这些学科的真正目标本质上是神秘的。事实上，如果“一切皆数”以及“一切皆对立面的和谐”，则万物(其中也包括宇宙，“吐纳”)相通。

③ 事实上，在亚里士多德以后，这种形式的“整体知识”就丧失了优势，科学研究趋向于方法论的研究，终于在 16 和 17 世纪的欧洲产生了辉煌的成果，但是这一事实绝非表明整体论的取向是不合时宜的。这种只不过是一种新的观点，一种不同的目的因(*telos*)。炼金术不是萌芽状态的化学；它是一门学科，将各种不同的意义体系结合在一起，追求不同的目的。

一些作家倾向于认为俄耳普斯运动是一种"教会",或者一种与毕达哥拉斯派相似的教派。但是俄耳普斯教完全不可能把自己建设成为一个"教会",或者某种类似于秘仪的秘密组织。俄耳普斯教的特点——它是一种"民间宗教",又能吸引社会精英,有"入会礼"和"经书"——比较接近印度的性力派或中国的道教。这些宗教运动都不建立"教会",但是包含各种"学派",代表各种平行发展的传统,有时通过一系列传奇般的大师而发扬光大,拥有卷帙浩繁的文献。①

另一方面,我们还看到,在"俄耳普斯教"中还存在一些在远古时代以神话人物卡比里②、忒尔克涅斯、古瑞特人以及达克提勒(Dactyles)等名义活动的入会团体的继承者——其成员都小心翼翼地保守着某些"行业秘密"(他们是冶金家、金属工匠,但同时又是医生、占卜师以及主持入会仪式的师父等等)。只是到了"俄耳普斯教"那里,与各种支配外物的技术相关的行业秘密就让位给了与灵魂在死后的命运相关的秘密。

俄耳普斯教虽然在波斯战争后开始没落,但是其核心观念(二元论、灵魂不灭、因而人类的神性以及末世论)尤其经过柏拉图的解释后,仍然继续影响着希腊思想。这个潮流也同样存在于"民间"的层面(也就是俄耳普斯教祭司)。后来,在希腊化时期,我们还是可以在各种秘仪中发现某些俄耳普斯教概念的影响;再后,到公元1世纪时,尤其因为新柏拉图派和新毕达哥拉斯派的缘故,人们对俄耳普斯教的兴趣大增。正是这种发展和自我更新的能力,这种参与一系列宗教融合运动的创造力,揭示了俄耳普斯"经验"的范围。

197 至于俄耳普斯这个形象,则从俄耳普斯教独立出来,各色人等继续对他赋予新的解释,其中包括犹太教和基督教的神学家、文艺复兴时期的炼金术士和哲学家,以及从波利希亚诺(Poliziano)到波普(Pope)、从诺瓦利斯(Novalis)到里尔克(Rilke)和皮埃尔·伊曼努尔(Pierre Emmanuel)等诗人。俄耳普斯真是极少数让欧洲的基督徒、理性主义者、浪漫主义者,甚至现代主义者都不能忘怀的一个希腊神话人物(参见第3卷)。

---

① 而且与性力派一样,某些较晚的俄耳普斯文献都是表现为某个古代教义的启示——至少在某些事例中,这也许很可能是真实的。

② 卡比里(Cabiri),希腊小神,掌管土地丰产,拯救航海者;忒尔克涅斯(Telchines),希腊海怪,波赛东的随从,能呼风唤雨,危害神、人;古瑞特人(Curetes),克里特岛上的半神半人;达科提勒(Dactyles)伊得山上的冶金匠。——译者

183. 柏拉图、毕达哥拉斯和俄耳普斯教

怀特海(A. N. Whitehead)有句名言:整部西方哲学史只不过是对柏拉图哲学的一连串注解而已。在宗教思想史里,柏拉图的重要性也是有目共睹的:在古典时代晚期,尤其是公元 4 世纪以后的基督教神学、伊斯玛仪派的神秘知识、意大利的文艺复兴,无不深受柏拉图宗教观的影响,即使方式各有不同。由于柏拉图最主要、最全神贯注的研究领域不是宗教而是政治,这一事实因而更加显得意义非凡了。柏拉图渴望按照正义与和谐的法律组织一个理想的城邦,在这个城邦里,每一个人都要担当各自的职分。因为在各个历史时期,一系列严重威胁整个社会大厦基础的政治、宗教和道德的危机,削弱了雅典和其他希腊城邦。当时苏格拉底就认为,社会解体的主要原因在于智者派的相对主义和怀疑主义的盛行。智者派否认一种绝对、不可移易的法则的存在,本质上就否认了客观知识的可能性。为了凸显智者派推论的谬误,苏格拉底致力发展"接生婆式的方法"(maieutics),认识自我,开发心灵的能力。但是他对于自然世界的研究却毫无兴趣。然而柏拉图却想完善其老师的思想,为了给知识的有效性提供一个科学基础,他因而钻研数学。他着迷于毕达哥拉斯派关于宇宙的统一性、宇宙永恒的秩序,以及支配天体运行轨道和音阶的和谐的概念。[1]在阐述其理念论——也就是有形 198
世界的无形而永恒的原型——时,柏拉图是这样回答智者派和怀疑论者的:客观的知识是可能的,因为它是以前世的记忆和永恒的范型为基础的。

柏拉图有时候说,"理念的世界就是我们世界的范型"——物质对象竭力"模仿"理念世界,有时候又断言,感官世界"参与"理念世界,这在我们看来乃是一回事。[2]既然推论出了这一永恒的理念世界,就必须解释人类何时以及如何能够认识理念。正是为了解决这个问题,柏拉图借用了某些"俄耳普斯教"和毕达哥拉斯派关于灵魂命运的学说。当然,苏格拉底曾经强调灵魂的无价,因为灵魂是知识的唯一来源。由于他的立场与荷马所认可的传

---

① 亚里士多德不无恶意地写道,柏拉图和毕达哥拉斯之间只存在术语上的差别(《形而上学》987b10 以下)。但是,布克尔特所言极是(*Lore and Science*,第 44 页),在毕达哥拉斯眼里,事物即数。

② 参见 Guthrie, *The Greeks and their Gods*,第 345 页,以及 *A History of Greek Philosophy*,第 4 卷,第 329 页以下。

统观点——"灵魂恰似如缕轻烟"——相抵触,苏格拉底因而反复强调需要"好生照拂自己的灵魂"。而柏拉图则更进一步:在他看来,人类最可宝贵的是灵魂——**不是生命!**——因为灵魂属于理念世界、永恒世界。因此他借用俄耳普斯教—毕达哥拉斯派传统,将其纳入自己的灵魂转世和"回忆说"(*anamnēsis*)的理论体系之中。

总之,柏拉图认为,知识就是回忆(尤其参见《美诺篇》81c—d)。在轮回到
人间之前,灵魂一直在沉思着理念:灵魂享有纯粹与完美的知识。但是在化身
为人的过程中,灵魂喝下了忘川之水,忘记他曾经直接沉思理念时获得的知
识。尽管如此,这种知识还是潜伏在化身为人的灵魂里面,通过哲学思考,就
199 能回想起来。物质对象能够帮助灵魂回到自身,通过某种"回归",灵魂可以再
次发现并恢复灵魂原先在超越条件下所获得的知识。因此,死亡就是回到太
初的完美状态,灵魂在转世为人的时候便会暂时丧失这个状态。①

哲学教导灵魂从肉体中解脱出来之后如何继续留在理念世界,避免再次化身为人类,在这个意义上,哲学就是"为死亡做准备"。总之,有效的知识以及能够振兴衰败中的希腊城邦的政策,是建立在一种阐述理念和永恒世界以及灵魂轮回的哲学之上的。②

末世论是当时非常时髦的思想。诚然,灵魂不灭、轮回和灵魂死后存在的教义都不是新观念。公元前6世纪,希罗斯的菲勒希底斯(Pherecydes of Syros)最早提出灵魂不灭以及灵魂化身为人,重返人世。③但是我们很难考证这个信仰可能来源何处。在菲勒希底斯的时代,灵魂不灭的观念只有在印度才有明确的表述。埃及人虽然也认为灵魂是不朽的,而且可能化身为各种动物,但是我们却找不到关于轮回的普遍理论的任何线索。而盖塔伊人(Getae)也是相信有可能"使自己不死",但对于死后灵魂的存在和轮回也是一无所知。④

---

① Eliade, *Myth and Reality*,第121—122页。柏拉图的理念论和回忆说与古代世界人们的行为方式之间的相似性,参见同上书,第122页以下。

② 这就令我们想到印度形而上学致力于发展轮回理论,却不将其与知识论联系起来,更不必说政治学了(§80)。

③ Cicero, *Tuscul.* 1.38(=Diels A5)。参见 M. L. West, *Early Philosophy and the Orient*,第25页,注解1—2中提到的其他相关论述。根据另外一种传说,菲勒希底斯运用了"腓尼基人的秘籍";但是这只是一种老一套的说法而已,并没有文献价值(West,第34页以下)。

④ 希罗多德:《历史》,4.93以下(参见§179,上半部分)。

无论如何,菲勒希底斯的末世论在希腊没有引起任何回应。只有“俄耳普斯教”,特别是毕达哥拉斯、他的门徒以及与他同时代的恩培多克勒方才将轮回和灵魂死后存在的教义加以广泛传播和系统化。留基伯(Leucip- 200
pus)和德谟克里特(Democritus)的宇宙观、当时的天文学发现,尤其是毕达哥拉斯的思想,极大地改变了灵魂死后存在的概念和彼岸世界的结构。由于当时的人们已经知道地球是一个球体,所以,无论是荷马所说的冥府哈得斯,或是极西之地的幸福岛(Isles of the Blessed),都无法确定其在人间的神话地理学中的位置。毕达哥拉斯的信徒有句名言说:幸福岛就是“太阳和月亮”。[①] 一种新的末世论和不同的丧葬地理学渐成主流:彼岸世界就在群星之间;灵魂源于天界(根据留基伯和德谟克里特的观点,灵魂就是“火”,像太阳和月亮一样),终必返回天堂。

对于这种末世论,柏拉图作出了决定性的贡献。他从俄耳普斯教—毕达哥拉斯派的传统中抽取了某些因素,运用某些东方材料,将所有这些因素与他个人的思想结合起来,精心构筑了一个全新的、更加一以贯之的“灵魂神话学”。但是他没有完全借助荷马和赫西俄德的“古典”神话。因为经过长期侵蚀之后,荷马神话和诸神的原来意义都已经消失殆尽了。[②]无论如何,“灵魂神话学”是不会在荷马神话中寻求支持的。另一方面,在柏拉图早期的对话里,曾经认为“神话”(*mythos*)和“逻各斯”(*logos*)是对立的;神话充其量只是真伪参半。总之,柏拉图在他的早期名篇《会饮篇》里,毫不犹豫地充分论述了两类神话主题,也就是关于宇宙起源的厄罗斯(Eros)神话,以及尤其是被想象为双性球形的初人神话(《会饮篇》189e,193d)。但是这些神话的结构是相当古老的。关于双性同体的初人传说,在若干远古传说里都有记载(如印欧诸民族)。[③]双性同体的神话所传达的信息非常明显:也就 201
是人类的完美被想象为一个牢不可破的整体。然而,柏拉图为这个神话添加了一层新的意义:球体的形状和人类像天体一样运行,太初的人类就是从

① 但是其他传说,尤其是描述毕达哥拉斯的冥府之旅的传说,则表明人们相信,冥府存在于地下。

② 色诺芬(Xenophanes,生于约公元前 565 年)已经毫不犹豫地公然抨击荷马的万神殿,尤其是攻击诸神的神人同形说。他主张存在一个神,“这个神首先高于一切诸神和一切人类之上。”(《残篇》23)甚至像品达这样虔诚的人也反对“不可信的”神话(*Olymp.* 1.28 以下)。

③ 这一概念将一再被激活,从新柏拉图派和基督教诺斯替教派,到德国的浪漫主义。参见 Eliade, *The two and the One*,第 101 页以下。

这些天体上面掉下来的。

既然柏拉图“灵魂神话学”的基础就是人类起源于天体，那么就需要对这一论断作出解释。我们最早在柏拉图《高尔吉亚篇》(493)里遭遇到了末世论神话：肉体是灵魂的坟墓。苏格拉底引述欧里庇得斯、俄耳普斯教—毕达哥拉斯派门徒的传统，为这个末世论辩护。在这里，隐约提到了轮回，但是我们刚才已经看到，这一对于柏拉图末世论至关重要的主题，在《美诺篇》(81a—e)里已经做了分析。在《斐多篇》(107e)里，柏拉图更进一步讨论到灵魂在经过一段漫长时间后重返人间。《理想国》运用了大宇宙—小宇宙的古老象征，但是以柏拉图式的独特方式证明灵魂、国家和宇宙的一本同源，从而发展了这一象征。但是，“洞穴”神话(《理想国》Ⅶ)见证了柏拉图巨大的神话创造力。

柏拉图的末世论想象在《斐多篇》达到了高峰。在这篇对话里，灵魂的命运和天体的运行破天荒地被联系在了一起(246b 以下)。宇宙的第一原理据说就是灵魂的第一原理。重要的是，这个对话借用了两个外来象征：(1)灵魂是驾驭马车的车夫；(2)“灵魂之翼”。前者见载于《羯陀奥义书》(1.3.3—6)，但是有一些区别，在柏拉图看来，灵魂难以控制这两匹马的原因在于它们相互对立。至于“灵魂之翼”，当人“目睹这个世界的美丽而回想起真实的美的理念”时，它们就开始“生长起来了”(249e)。灵魂之翼的生长因为举行了某种入会仪式，这在中国的道士以及澳大利亚巫医
202 的秘密传统里都有记载。① 在这种想象里，灵魂是轻盈的精神实体，好比是小鸟或蝴蝶。“飞升”意味着智慧以及对神秘事物或形而上学真理的认识。②柏拉图运用这个远古象征并不让人感到意外。柏拉图“重新发现”并发展了所谓“远古时代的本体论”：理念论承袭了传统精神所特有的范型的教义。

《第迈欧篇》的宇宙起源神话详细叙述了《普罗泰哥拉篇》(Protagoras)和《会饮篇》所蕴含的一些提法，但是仍有所创新。值得注意的是，在柏拉图最伟大的宇宙创造论里，那位断言造物主(Demiurge)创造灵魂多如天上繁

① 道士相信，一个人修炼得道，就会从身上长出翅膀来。关于澳大利亚的巫医，参见 Eliade, *Australian Religions*，第 134 页。这些想象将在新柏拉图主义、教父以及诺斯替派那里再度得到复兴和发展。

② “智慧(*manas*)是飞得最快的小鸟。”《梨俱吠陀》(6.9.5)“有理解力的人就是有了翅膀。”(*Pancavimca Brāhmana* 4.1.13)

星一样的第迈欧，其本人正是毕达哥拉斯派的门徒(《第迈欧篇》41d以下)。柏拉图的门徒后来也得出"星体不灭"的学说。正是通过柏拉图的这种综合，将"俄耳普斯教"和毕达哥拉斯信仰的元素合为一体，从而获得广泛的传播。这一包括有巴比伦思想(星辰的神性)的学说将在随后的希腊化时期成为主流思想。①

柏拉图梦寐以求的政治改革却始终是一纸空文。在他死后一代人，希腊城邦在马其顿的腓力神速挺进之前就土崩瓦解了。这是世界史上极为罕见的情况：某个世界的终结与另一个新型文明的开端难分难解，这个新的文明必定在希腊化时期蓬勃发展。值得注意的是，俄耳普斯、毕达哥拉斯和柏拉图正是激发此种新的宗教精神的源头活水。

184. 亚历山大大帝和希腊化时期的文化 203

大约在公元前323年6月13日，腓力(Philip)之子亚历山大死于巴比伦，享年未满33岁，当时他的王国从埃及一直延伸到旁遮普。亚历山大在位的12年又8个月里，曾经扑灭希腊的叛变，征服小亚细亚和腓尼基，降服阿契美尼德帝国，打败波鲁斯(Porus)。但是，尽管他天才横溢而且拥有半神的光环——据说他是宙斯和阿蒙(Ammon)之子——但是他明白他的权势于比阿斯河(Beas)达到极限。他的军队抗命拒绝渡过比阿斯河挺进印度，于是这位"世界的主宰"只得让步。这是他一生最大的败绩，令其征服亚洲甚至"海外"的计划毁于一旦。然而，当亚历山大下达撤退令后，印度的未来以及整个世界的未来已经大致被勾勒出来了：亚洲即将接受地中海世界的影响；从今往后，东西交通将不再彻底隔绝。

自从德洛伊森(J. G. Droysen)作亚历山大传(1833年)以来，尤其是在塔恩(W. W. Tarn)的著作问世(1926年)之后，许多历史学家提出各自不同甚至相互矛盾的观点，说明亚历山大征服亚洲的目的。②以寥寥数页去分析一场持续了150年的论战实在是不明智的。但是，不管根据何种观点来评价亚历山大的远征，学者们一致同意，这些远征的后果相当深

① 参见Burkert, *Lore and Science*，第360页。灵魂与天体和群星相关的信仰——甚至灵魂来自天体并且回到那里的信仰——是由爱奥尼亚哲学家提出的，它至少始于赫拉克利特和阿那克萨哥拉(Burkert，第362页)。

② 例如，只要比较一下巴恩(A. R. Burn)、米伶(R. D. Milns)、夏歇迈耳(F. Schachermeyr)、阿尔泰姆(F. Altheim)、彼得·格林(Peter Green)和福克斯(R. L. Fox)的观点就足够了。

远，无法改变。在亚历山大之后，世界的历史面貌发生了剧变。早期的政治与宗教结构——城邦及其宗教体制，作为“世界的中心”和典范的“城市”，以坚信希腊人和“野蛮人”之间具有不可化约的差别为基础的人类学——所有这些结构如今全部轰然倒塌。倒是“人类居住的世界”(*oikoumenē*)的观念、“世界主义”(cosmopolitan)和“普世主义”(univer-
204 salistic)的趋势逐渐成为主流。虽然不无抗拒，人类的基本统一性的发现却是不可避免的。

亚历山大的老师亚里士多德认为奴隶天生就是奴隶，而“野蛮人”在本性上(*naturaliter*)就是奴隶。①但是亚历山大在苏萨(Susa)迎娶了两位阿契美尼德王朝的公主，命令90名近臣采用波斯礼仪与伊朗贵族女儿缔结良缘。同时1万名马其顿士兵同样采用波斯礼仪举行婚礼。从此，波斯人在军队里跻身领导地位，甚至可以编入马其顿方阵之中。不过马其顿人决不与他们分享主权的政治概念。既然他们是胜利者和征服者，在他们眼里的“野蛮人”只不过是俯首称臣的百姓而已。后来马其顿军队在美索不达米亚的俄匹斯(Opis)兵变——因为当时有人质问亚历山大：“你已经把波斯人当作你的亲戚了”——他朗声答道：“但我早就把你们全部当成我的亲人了。”这场哗变终于以和解的盛宴落幕，根据传说，共有3 000人应邀参加宴会。宴会结束之际，亚历山大宣读和平祈祷文，祈求地球上的所有民族都能和平共处，同心同德(*homonoia*)。“他以前说过，所有人都是同一个父亲的孩子，他的祈祷是在表达他的正式信仰，他肩负神的使命，要成为世界的和解人。”②

亚历山大从未宣布他是宙斯的儿子，不过，他接受其他人的封号。为了促进希腊人同波斯人的融合，他引进伊朗人对国王所行的“服从礼”(*proskynēsis*)。(当时他已经采用阿契美尼德君主的服饰和礼仪。)对于伊朗人而言，“服从礼”因行礼者的社会等级而有所不同。波斯波利斯(Persepolis)有一座浮雕，描绘大流士一世(Darius Ⅰ)端坐在王座上，有个贵族正在亲吻他的手。但希罗多德却叙述道，地位较低的人在君主面前要俯伏

① 亚里士多德：《残篇》658，罗斯译。参见柏拉图：《理想国》470c—471a。但是亚里士多德的论敌伊斯克拉底(Isocrates)却持相反的主张，“希腊人”一语所指，不是某个特殊种族群体的后代，而是某些“受到教育”的人(Panegyric 50)。

② Tarn, *Alexander the Great*，第117页。

在地。然而近臣对于“服从礼”的抵制令亚历山大深感意外，他在宣布放弃 205
“服从礼”的同时，也打消了成为帝国之神的念头。①他之所以想当神，或许是要模仿埃及法老的例子，但是也应当留意希腊当时兴起的某些潮流。举一个例子来说，亚里士多德写道，当至高的君主来临时，他必是人中之神（《政治学》3.13；1 284a），这肯定是指亚历山大。不管怎样，亚历山大在亚洲和埃及的继承者，倒是毫不迟疑地接受被人奉为神灵。

马其顿诸将(Diadochi)经历了 20 年战争，帝国分裂为三个马其顿王朝：亚洲落入塞琉古(Seleucids)王朝，埃及归于拉基德(Lagids，托勒密)王朝，马其顿则成为安提哥尼(Antigonids)的领地。大约从公元前 212 年起，罗马就开始干涉希腊化诸国的事务，最终吞并了整个地中海世界。当屋大维(Octavius)征服埃及（约前 30 年）时，“人类居住的世界”从埃及、马其顿扩展到了安纳托利亚和美索不达米亚。可是罗马帝国的建立也就标志着希腊化文明的终结。

从亚历山大开始的世界的历史性统一最初是通过希腊人大量移民到东方世界，以及希腊语言和希腊化文化的传播而完成的。从印度、伊朗到叙利亚、巴勒斯坦、意大利和埃及都在用希腊共同语(*koinē*)说话、写字。在各大城市——无论是古代的还是最新建立的——里都有希腊人建筑的神庙、剧院和体育馆；而希腊式教育，在亚洲各国也日益为有钱人和特权阶级所采纳。在整个希腊化世界，教育和“智慧”的价值及其重要意义得到发扬光大。
几乎总是以哲学为基础的教育享有宗教般的特权地位。教育被当作社会进 206
步的工具以及使心灵臻于完美的工具，这在历史上是绝无仅有的。②

当时最流行的哲学，首先是斯多亚学派，由塞浦路斯的闪族人希提乌姆的芝诺(Zeno of Citium)所创，③其次还有伊壁鸠鲁(Epicurus)的学说和犬儒学派，在人类居住的世界里成为主流学派。所谓“希腊化启蒙运动”既鼓

---

① Tarn，*Alexander the Great*，第 80 页。哲学家卡里森尼(Callisthenes)建议亚历山大将这一习俗限制在亚洲人中间，他后来因卷入了一场阴谋而被处死。关于“服从礼的计划”，参加彼得·格林(Peter Green)的近著，*Alexander of Macedon*，第 372 页以下。

② 我们必须等到 17 世纪才能够在西欧和中欧国家发现类似对于教育的弘扬——也就是对于“新科学”、一种新的教育和科学研究的高扬，人们希望以此纯洁和改革基督教世界。参见本书第 3 卷。

③ 芝诺大约在公元前 315 年抵达雅典，约于公元前 300 年，在一个画家的柱廊(Stoa Poikile)里面开办了他的学校。伊壁鸠鲁生于萨摩斯岛，父亲是雅典人，约自公元前 306 年开始在雅典教学。

吹个人主义，也鼓吹世界主义。城邦（*polis*）的衰败使人得以从古老的市民和宗教的纽带中解放出来；另一方面，这种自由向他显示出个人在神秘浩瀚而令人恐怖的宇宙中的孤独和异化。而斯多亚派向个人证明城市和世界的一本同源，不遗余力地支持个体的重要性。与亚历山大同时的第欧根尼（Diogenes）就宣称自己是“世界公民”（*cosmopolitēs*）[①]（换言之，第欧根尼拒绝接受任何城市和国家的公民身份）。但是，不论来自哪个社会，也不论来自何方，所有人都是**世界公民**，也就是同一座城市，亦即世界的公民。正是斯多亚派将这一观念发扬光大。[②]“芝诺的早期作品《共和国》就展示出了一个美好的希望，永远不会离开人们；他梦想世界不再分割为许多国家，世界就是一座遵行同一条神圣律法的大城市，所有人都是公民，相互之间也是伙伴，人和人之间关系的维持，凭藉的不是人类的律法，而是他们的自由意志的赞同（如其所言）或是爱。”[③]

伊壁鸠鲁也产生了一种“世界主义”，不过他的主要目的是为了个人的
207 幸福。他承认诸神存在。然而诸神和宇宙或人类毫无关系。在他眼里，世界就是一台机器，以纯粹的机械原理产生，既没有创造者，也没有目的。由此推论，人类可以自由选择最适合的生存方式。伊壁鸠鲁哲学致力于证明，心平气和（*ataraxia*）是最佳的存在状态。

斯多亚派的创始人站在反对伊壁鸠鲁学说的立场上构造他自己的体系。芝诺及其门徒认为，世界是因上帝做了一次最初的显现而开始发展的，神奇的种子产生“繁殖的理性”（*logos spermatikos*），也就是产生世界的法则。同样地，人类的理智也来自于一颗神圣的火花。在这种以单一的理性为前提条件的一元论的泛神论里，宇宙是“一种充满智慧的有生命的存在”（*Stoicorum veterum fragmenta*，第1卷，第171条以下；第2卷，第441—444条）。只要智者发现了自己灵魂最深处的东西，他就拥有了与推动并且统治宇宙的理性相同的理性（这一概念令人想起最古老的奥义书，参见§81）。所以，宇宙是有智慧的、令人愉悦的，因为它充满着理性。人们通过智慧的运用能够达到与神合一，自由地接受最适合自己的命运。

---

① 第欧根尼·拉尔修：《哲学家传》6.22。但是，犬儒派只关心个人的幸福，对于社团毫不关心。

② M. Hadas, “From Nationalism to Cosmopolitanism”，第107页以下；亦可参见同一位作者所著，*Hellenistic Culture*，第16页以下。

③ W. W. Tarn, *Hellenistic Civilization*，第79页。

的确，世界和人类的存在是严格按照预定的计划展开的，但是，通过培养自己的德性和履行他的职责——也就是实践神的意志——智者就能证明自己是自由的，超越决定论的。自由就是发现灵魂是自足的(*autarkeia*)。在与世界和他人的关系中，灵魂是坚不可摧的，只有自己才能伤害自己。如此高度赞美灵魂，同时就宣称人类本质上是平等的。但是，为了获得自由，个人必须摆脱情感的纠葛，放弃一切外物——“肉体、财富、声望、账册、权力”，否则人不过是“他所欲求的每一件事物的奴隶而已”，“活在其他人的控制之下”。(伊比克泰图，4.4.33)占有和欲望＝奴役，这一等式令人想起印度宗教的教义，尤其是瑜伽派和佛教(参见§§143、156以下)。同样地，伊比克泰图赞美神：“我和您同心；我就是您啊！”(2.16.42)在印度也有无数类似的提法。印度的形而上学体系和救赎思想与地中海世界的相关思想之间 208
的相似性，到公元前后将会如同雨后春笋一般出现。我们还将会遇到这种重要的精神现象。

就像任何新哲学一样，希腊化时期新类型的宗教旨在个人的救赎。封闭性宗教组织——其中包含末世论的入会礼和天启——如同雨后春笋般出现。更多以体验并征服死亡的神灵为中心的神秘智慧的宗教(§205)，取代了各种厄琉西斯的秘传传统(参见第12章)，并且大量增长。这些神灵更加接近人类；他们关心个人的灵性成长，关心个人的得救。除了希腊化秘仪中的诸神和诸女神，如狄奥尼索斯、伊希斯、俄赛里斯、库柏勒、阿提斯、密特拉以外，也有其他的神灵流行一时，并且因为同样的理由：赫利俄斯(Helios)、赫剌克勒斯和阿斯克勒皮俄斯(Asclepius)都保护和帮助个人。[①]甚至被神化的国王也比传统神灵更加灵验：国王接受“救世主”(*sōtēr*)的称号，是“永生的法律”(*nomos empsychos*)的化身。

新的秘仪宗教的一大特征就是融会贯通了希腊文化—东方思想，同时也展现了亚历山大征服的东方之巨大的精神反作用。东方被颂扬为最古老、最尊贵的“圣哲”的祖国，那里有许多智慧大师守护秘密的教义和得救的方法。亚历山大和印度婆罗门以及苦行者讨论学问的传奇在基督教时代很奇怪地盛行一时，反映了西方对于印度“智慧”普遍的仰慕之情。某些启示文学(与历史上某些特定概念有关)、新巫术和天使学的专用语，以及通过天

① 参见 Carl Schneider, *Kulturgeschichte des Hellenismus*，第1卷，第800页以下、第838、869页以下。

堂和冥界的出神之旅而得到的启示,都是从东方世界传入的(参见§202)。

我们将会分析希腊化时期宗教创新的重要意义(§205)。此刻我们只
209 要补充一点:从宗教史的观点看,始于亚历山大,完成于罗马帝国的历史世界的统一,可以同新石器时代因农业传播而带来的统一性相提并论。在农业社会里,从新石器时代传承下来的文化统一性虽然受到城市中心的影响,毕竟绵延了数千年。与这种在欧洲和亚洲的农业人口里显而易见的基本统一性相比,公元前1000年代的城市社会表现出重大的宗教多样性。(对此我们只要对照一下若干东方、希腊和罗马的城市的宗教结构便可一目了然。)然而,在希腊化时期,“人类居住的世界”(*oikoumenē*)的宗教精神因为采用了一种共同的语言而最终宣告终结。

第23章　从摩诃迦叶到龙树的佛教史。大雄以后的耆那教 210

185. 第一次分裂之前的佛教

佛陀本无传承衣钵的人。他曾经开示佛法(*dharma*),创建僧团(*saṃgha*);现在必须整理佛法,亦即结集佛陀演说的教法,编定正典了。大弟子舍利弗和目犍连已经去世。[1] 至于阿难,他忠实地随侍佛陀25年,却没有成就阿罗汉:他没有时间修习禅法。最初是由摩诃迦叶主持五百阿罗汉大会;佛陀对他颇多称许,但是他性格冷峻,不够宽容,也不像阿难那么随和。

根据佚名的传说,结集大会在王舍城附近的一个洞窟里面举行,那是在佛灭后第一年的雨季,会期持续7个月。许多资料都提到摩诃迦叶和阿难之间发生了严重冲突。阿难因不是阿罗汉而无权与会。于是他退隐山林,很快就证道了。这才被允许参加会议,根据其他的版本,则说他奇迹般地混入了洞窟。无论如何,阿难出席了这次结集大会,因为只有阿难亲聆并且记
得佛陀的全部演说。针对摩诃迦叶提出的问题,阿难背诵这些演说。他的 211
回答便构成经藏(*Sūtra*)的主体。而优婆离(Upāli)则背诵律(*vinaya*)藏(*piṭaka*)。

后来据说摩诃迦叶指责阿难在随侍佛陀时犯了若干罪行(五种或十种)。其中最严重的就是支持接纳比丘尼、没有请世尊久住世间直至本劫结束(§150)。阿难不得不当众承认他的过失,但是他最后还是获得了胜利,成为僧伽(saṃgha)的领袖人物。据说他余生(在佛灭后的40年或至少24

---

① 舍利弗在世尊入灭6个月之后去世,他对比丘的影响甚大:他在“智慧”和学识方面大大超过他们。一些学者主张他是佛陀之后最伟大的圣人。(原文如此——译者)

年)一直追随佛陀的风范,四处游行说法。

关于王舍城大会之后的佛教史,我们所知甚少。在接下去的几个世纪中,关于那些领导僧伽的长老,有各种不同的名录,但是并无史料价值。大体可以断定,佛教向西发展至德干高原。教义的差别以及对于律藏的歧义解释可能日渐增多。佛灭后的100或者110年,由于更加严重的危机必须召开一次新的结集大会。阿难的弟子耶舍(Yaśas)对于吠舍离的众比丘的一些做法尤其是收受金银深为恼怒。他就设法在吠舍离召开了七百阿罗汉大会。会议谴责一切有问题的行为,那些犯有过失的比丘被迫接受了这个决议。①

然而,这些分歧不但持续存在,甚至愈加严重,似乎可以断定,到公元前4世纪中叶已经存在不同的部派。在吠舍离的结集大会之后数年,有个比丘叫做大天(Mahādeva)的,在华氏城就证成阿罗汉的条件,提出五项非正统的论点。他主张阿罗汉(1)可能在梦里受到引诱(魔罗的女儿可以使他梦
212 遗);(2)可能在某些事情上无知识;(3)可能心有怀疑;(4)可能在别人的帮助之下悟道;(5)可能说出某些话语而成道。如此贬抑阿罗汉乃是他对于那些自称"生解脱"的人表达的反对意见。僧伽立刻分裂为两派,一派反对大天,一派赞同大天。华氏城的结集大会无法阻止这种分裂——赞同"五种论点"的比丘自称为数众多,取名大众部(Mahāsāṃghika),而反对者则主张他们代表长老(*sthavira*)的观点,自称上座部(Sthaviras)。

186. 从亚历山大大帝到阿育王

第一次分裂具有重大的典范意义,因为以后的分歧都是按照这一模式得到解决的。僧团的统一无可挽回地被破坏了,不过佛教的传播并未因此而终止。在这次分裂之后的25年间,发生了两件前所未有的大事,影响到了印度的未来。一是亚历山大大帝的入侵,对于印度具有决定性的影响,从此印度向希腊化文化开放了。然而,由于印度人轻视历史,毫无编撰历史的意识,对于亚历山大大帝以及他的丰功伟绩并无记忆。只有通过后世传颂的大量传奇故事(所谓的"亚历山大罗曼史"),印度的民间文学方才知道这一古代历史上最为卓越的冒险活动。但是这次同西方的真正接触所造成的

① 第二次结集是律藏记载的最后一项历史事件,此后的佛教史将只是在晚出的作品里得到叙述,而且通常是残缺不全和前后矛盾的。

后果，不久就在印度文化和政治方面表现出来了。犍陀罗(Gandhāra)的希腊—佛教造像只是其中的一个例子，然而意义深远，因为它们开创了以人类自身的形象表现佛陀的艺术形式。

第二个重大事件是旃陀罗笈多(Chandragupta，前 320？—前 296)建立了孔雀王朝，他在年轻的时候就曾听闻亚历山大。继征服西北地区之后，他击败了难陀(Nandas)王朝，当上摩揭陀(Magadha)国王。旃陀罗笈多建立了第一个印度"帝国"，这一帝国注定由他的孙子阿育王(Aśoka)予以开拓和 213
巩固。

公元前 3 世纪初，皈依上座部的婆罗门犊子(Vātsīputra)主张，人格(补特伽罗)既然生死流转，因而具有连续性(§157)。他由此建立了一个势力强大的部派犊子部。不久，阿育王在位期间，因为某些比丘主张"一切有"(*sarvam asti*)(过去、现在、未来都存在)的理论，上座部再度分裂。阿育王召开结集大会，但是没有取得结果。革新者命名为"说一切有部"。因遭到阿育王反对，他们只好逃到克什米尔，由此将佛教引入了喜马拉雅地区。

阿育王皈依佛教是佛教史上的一件大事(他于前 274—前 236 年在位，一说前 268—前 236 年)。在第十三篇诏书里，阿育王忏悔说，他战胜羯陵伽国(Kaliṅgas)时曾杀敌 10 万人，俘虏 15 万人，为此他深感苦恼。但是在 13 年前，阿育王犯下了一桩更为臭名昭著的暴行。阿育王的父亲频头娑罗王(Bindusāra)驾崩后，他杀死了自己的亲兄弟，攫取了国家权力。然而，就是这个冷酷的征服者、残害兄弟的人却成为"印度最有德性的君主、最伟大的历史人物"(费里奥扎特[Filliozat]语)。在征服羯陵伽国三年后，阿育王皈依佛教。他当众宣布他的皈依并且巡礼佛迹多年。虽然阿育王笃信佛教，却相当宽容，他对于帝国境内的其他宗教极为仁慈，他所信奉的佛法同时具有佛教和婆罗门教的特点。第十二篇摩崖诏书曰："天爱喜见王以布施和各种表示尊重的事物礼敬一切信仰，一切宗教团体成员，以及一切在家弟子。但是他认为还有比布施和礼敬更重要的，就是让一切信仰获得实质性发展。"①总之，我们看到了宇宙秩序的古老观念，这个宇宙秩序的典型代表就 214
是这位世界的统治者。②

---

① 尼卡姆(N. A. Nikam)和理查德·麦克恩(Richard McKeon)译文，载 *The Edicts of Aśoka*，芝加哥大学出版社，1959 年版。

② 这也间接证明了佛教接受了传统印度思想的一些基本观念。

尽管如此,这位统治着几乎整个印度的孔雀王朝盛世的最后一位国王,积极提倡佛教戒律,他认为这最符合人类的本性。他派遣许多传教团到各地弘法,远至大夏、粟特和锡兰。传说锡兰因为他的儿子或者兄弟而皈依佛教。锡兰的皈依意义深远,这一岛国至今仍然信奉佛教。阿育王推动的弘法活动一直延续了数百年,期间虽有孔雀王朝继位者的迫害和斯基泰民族的入侵。佛教从克什米尔传播到伊朗东部,甚至经由中亚抵达中国(公元 1 世纪)和日本(公元 6 世纪)。又于公元 1 世纪由孟加拉和锡兰分别传入印度支那和印度群岛。

阿育王曾曰:“万民即我子孙。我为我的子孙追求今世和来世的福祉和幸福,也为万民追求幸福。”(尼卡姆和理查德·麦克恩译)他那以宗教统一帝国——亦即全世界——的梦想与他本人一同幻灭了。他死以后,孔雀王朝就迅即没落了。但是阿育王笃信解脱的信念以及他积极提倡佛教戒律,令佛教得以转型成为一种世界宗教,一种唯一在亚洲被接受的关于救赎的世界宗教。

187. 教义的冲突以及新的综合

阿育王宣扬解脱之道的政策,使得佛教得以广泛弘扬。但是佛教的迅速兴盛和创造力还有其他的源泉。首先,因为“信解”和“实修”之间的冲突,双方均不遗余力地进行经释和经论的工作。其次,正典文本里的理论差
215 异——更不用说其中的矛盾——迫使佛门弟子不断去追根寻源,亦即追寻
佛陀的根本教义。这些诠释学的努力极大地丰富了佛教思想。分裂与部派事实上证明,佛教的教义,正统思想未能穷尽它,部派佛教也不能束缚它。①

最后,我们必须记住,佛教和其他的印度宗教一样具有强烈的宗教融合的特点,不断同化并整合那些非佛教的思想。佛陀自己便树立了一个很好的榜样,他接受大部分的印度传统——不仅有业和轮回的教义、婆罗门教的瑜伽术和数论派的逻辑分析,还有泛印度神话的想象、象征和主题——其前提是根据自己的观点重新加以诠释。因此早在佛陀时代,佛教可能就已经接受了传统的宇宙论,以及无数天堂、地狱和居住其间的众生的观念。在佛灭之后,佛舍利崇拜就已经盛行,从前对于著名瑜伽行者的敬拜就是先例。

① 诚然每一个学派、每一个部派都有义务阐述本身的思想,但是这一系统化的过程是得到真正的哲学创造性的推动和滋养的。

窣堵波(*stūpa*)作为宇宙象征之核心,尽管不无原创性,但是其大致轮廓在佛教之前就已经存在了。佛教的许多建筑和艺术遗址已经消失殆尽,佛教的许多早期文献也都散佚了,佛教年代的编定我们只能做一蠡测,但是我们可以断定,许多符号、观念和仪式,均先于最早的文献记载,有的甚至要早好几个世纪。

可见,与新"部派"显示的哲学创造相呼应的,乃是缓慢的然而同样不乏创造性的宗教融合和整合的过程,这一过程尤其在大量信众中间得以实现。① 据说安置佛陀或者其他高僧的舍利或圣物的窣堵波可能起源于古 216
冢,这些古冢用于存放火化后的骨灰。覆钵筑于高台中央,有甬道环绕,供人巡礼。支提(*caitya*,佛殿)是一种两侧建有列柱的崇拜场所,有前亭、回廊和密室,密室收藏书写在各种材料上面的经文。后来支提变得类似于寺庙,最终不再是一种独立的建筑了。崇拜仪式包括礼拜、问讯、绕行、献花、香料、阳伞等等。崇拜与这个世界不再发生关系的佛陀,这只是一种外表上的悖论。因为接近在窣堵波中再现的佛陀"色身"的遗迹或是佛寺的结构所象征的佛陀的"化身"相当于接受佛法,也就是浸润在佛陀的"法身"里面。也是由于同样的辩证法,这种崇拜仪式后来延及佛像和朝拜佛陀曾经到过的圣地(如菩提伽耶或鹿野苑等地)。这就是说,佛陀崇高的不可逆转的救世行为,使得处在轮回中的一切事物和行为皆有助于佛门弟子获得解脱道。

佛灭后数百年间,人们以非偶像的形式表现世尊,顶礼世尊:佛足、菩提树、法轮。这些符号分别通过佛陀的弘法、证道和"转法轮"来表现佛法。公元 1 世纪初,第一尊佛像(犍陀罗的希腊—印度雕像)产生,这一形象并未掩盖基本的符号。保罗·穆斯(Paul Mus)证明,佛陀的造像继承了吠陀祭坛的宗教意义。另一方面,佛陀头部的光环(以及公元 4—5 世纪基督教艺术中环绕耶稣的光环),有着阿契美尼德王朝时代的原型,特别是环绕阿胡
拉·马兹达的耀眼光环。(此外,这个原型还表达了古老的美索不达米亚的 217
概念,参见 § 20。)在佛像艺术里,这一象征是为了凸显佛性和光的同一性,正如我们所见(§ 81),从《梨俱吠陀》开始,光就被认为是"神灵"最恰如其分的形象和表现。

① 绝不可将其视为一种"民间"现象,因为它主要是在一些印度文化的代表人物推动之下完成的。

随着精舍(*vihāras*)的建造,比丘的生活也发生了各种变化。而我们所关心的变化,是弘法作品以及学术著作的大量问世。有大量著作已经散佚(因此我们对于某些部派几乎一无所知),但是巴利文和梵文[1]的佛教文献的数量之多还是给人留下了深刻印象。这些构成"增上法"的经文——也就是第三"藏",亦即论藏(*Abhidharmd Piṭaka*,"阿毗达磨藏")——在公元前300—公元100年之间创作出来了。阿毗达磨藏的风格和经藏(Sūtra)有所不同,它是理性主义的、辩证的、枯燥乏味的、缺乏个性的作品。在这里,佛陀的思想以哲学体系的形式得到重新的诠释和阐述,其作者努力去解释经藏里的大量矛盾。

显然,每个部派都有自己的阿毗达磨藏(*abhidharmakośa*),而不同版本的增上法之间的差异又引发了新的争论。这些创新有时是相当重要的。我们仅举一个例子加以说明:起初涅槃是唯一"无为"(*asaṃskṛta*)的事物,但是现在,除了少数例外,各部派均将"无为"加诸虚空、四圣谛、道(*mārga*)、因缘缘起(*pratītya samutpāda*),甚至是某些瑜伽的"冥想"。至于阿罗汉(*arhat*),有的部派主张阿罗汉会堕落,而其他部派则认为,甚至阿罗汉的身体未必绝对清净;还有些人说,甚至在胎藏或在梦境里证得阿罗汉,但是这些学说受到其他部派长老的严厉批评。

由此造成一个重要后果,便是赋予佛性以新的意义。对于上座部而言,释迦牟尼是一个人,他**使自己成佛**,因而也变成了"神"。但是其他论
218 师则羞于谈论佛陀—释迦牟尼的历史真实性。一方面,一位伟大的神如何能够**变成**神呢?另一方面却必须接受一个涅槃了的救世主。说出世部(Lokottara)宣称,释迦牟尼早在数劫之前便已经成佛了,一直居住在天上;人们看到在迦毗罗卫诞生、说法和死去的那人,只是真正的释迦牟尼的幻影(*nirmita*,应化)。这一幻影论的佛性论,后来大乘佛教将其发扬光大了。

锡兰的上座部(Theravādins)也难逃部派纷争的命运。但是在印度大陆的部派分裂和分化一直相当严重。大众部和他们的对手上座部一样也在发生分化,先是分为三个团体,后来分为一些部派,在此我们无需赘述其名。重要的是这一事实,大众部推动或者造成了一种佛教的激进改革,我们名之为摩诃衍那(Mahāyāna),意思是"大乘"。

---

[1] 一部分梵文佛经仅存藏文和汉文译本。

188.“菩　萨　道”

大乘佛教最早的文献为公元前 1 世纪末的《般若经》(*Prajñāpāramitā Sūtras*)，该著作集长短不一，晦涩难懂，运用了一种全新的佛教思想和文学风格。大乘和小乘(意思是“小乘载”，指原始佛教的上座部)的术语显然是后来出现的。佛门弟子称这一新的方法为“菩萨道”。它们的特色是在修习方面更为宽容，在佛性论方面具有更为神秘主义的结构。学者们一致承认大乘佛教受到了居士的影响。大乘佛教的理想不再是隐居的阿罗汉，不再是追求涅槃而是追求菩萨(*boddhisattva*)，菩萨是在俗之人，是慈悲的模范，为了使他人得到拯救而无限推延自己的解脱。这一宗教英雄颇似罗摩和黑天，并不要求他的信徒像和尚那样过简朴的生活，而是采取皈依(*bhakti*)式
的个人虔修。然而，我们要补充说，原始佛教并非拒绝这种虔修。根据《中 219
部》(1. 42)的记载，佛陀本人就说过，凡是“自皈依(佛)者，得生梵天”。[①] 但是现在为了“饶益众生”而决意成佛，大乘佛教于是彻底改变修持者的观念：他不再渴望涅槃，而是追求成佛。

所有佛教派别都承认菩萨的重要性。但是大乘佛教宣称菩萨高于阿罗汉，因为后者并不完全从“我执”中解脱出来，因为阿罗汉只求自己的涅槃。那些批评阿罗汉的人认为，阿罗汉智慧有余，慈悲不足。相反，正如《般若经》一再声称的，菩萨不指望自己获得涅槃。相反，“是人为安隐世间故发心。为安乐世间故发心。我当得阿耨多罗三藐三菩提。为世间作救。为世间作归。为世间作舍。为世间作究竟道。为世间作洲。为世间作导师。为世间作趣。”[②]

此种解脱教义由于大乘佛教阐述一种新的甚至更为激进的哲学，也就是“性空”(*śūnyatā*)哲学而变得勇往直前。事实上，对于菩萨及其般若成就，有两件事缺一不可：“灭度无量无数无边众生，实无众生得灭度者。”[③]这似乎是一个悖论：就在慈悲度脱众生(不仅人类，还包括鬼魂、畜生、植物)的
时候，整个世界其实是“空”。原始佛教坚持无我(*nairāmya*)的教义。大乘 220

① 这样的经文还有不少；参见《长部》2. 40；《法句经》288(“自皈依佛者……得生诸佛国”)。

② 《八千颂般若》15. 293, E. Conze, *Buddhism: Its Essence and Development* (New York: Harper & Bros., 1954)，第 125 页。

③ 《金刚经》3，转引自孔茨(Conze)，同上书，第 130 页。

佛教颂扬菩萨的事业,却又一切皆空,一切法皆空。不过这个悖论并非一个真的悖论。性空之论将真实世界视为空无,这就使得我们更容易舍离世间,破除我执——这正是释迦牟尼佛以及原始佛教所要达成的目标。

我们在阐述空的哲学时还会回到这个问题上来。现在让我们考察大乘佛教究竟有哪些特有的宗教创新。一方面,大乘佛教的特点是极大强化了佛教在家弟子的虔修以及大乘佛教的救世论神话,另一方面又极大强化了论师的各种想象丰富而论证严谨的形而上学。这两个倾向并非相互冲突,[①]相反,它们其实是相互完善,相互影响的。

有许多菩萨,因为总是有许多救度者,他们成了佛,却发愿推迟涅槃,度脱众生。其中最重要的有弥勒菩萨(Maitreya)、观世音菩萨(Avalokiteśvara)和文殊师利菩萨(Mañjuśrī)。弥勒(源于 *maitrī*,"仁慈")菩萨是未来佛,释迦牟尼的继承者。观世音菩萨[②]是最广为人知的菩萨。当然他是佛教较晚的创造,是公元 1 世纪的(不仅是佛教的)皈依运动的典型。观世音菩萨是印度三大神的综合。他是宇宙之主,日月出其眼,地出其足,风出其口,世界"掌握在其手中","每个毛孔都含藏着三千大千世界"——人们发现这些习语也用于描述毗湿奴和湿婆。观世音菩萨保护众生免于各种灾难,有求必应,甚至对于不孕妇女的祈求也是如此。文殊师利菩萨("妙吉祥")和阿
221 闳佛(Akṣobhya)密切相关,是智慧的化身,护持学问。他在中国佛教里拥有崇高的地位。

观世音菩萨和阿弥陀佛(Amitābha)有神秘的联系,但是阿弥陀佛在印度直到很晚——公元 7 世纪——才开始普及。在此之前,他的声名总是离不开观世音菩萨。公元 8 世纪以后,阿弥陀佛在中国的西藏地区、中国和日本拥有极高的名声。就此而言,我们在大乘佛教的信仰中谈论他是恰如其分的,因为他的神话和崇拜仪式均表现出一种惊人的创新。当阿弥陀佛还是一个比丘时,他就发愿成佛,造就"美妙国土",诸有情居住期间,各因功德无与伦比的快乐而后得入涅槃。这个国土就是极乐世界(Sukhāvatī),位于极其遥远的西方;国土光明普照,就像天堂一样,满目的珠光宝气,鸟语花香。

---

① 有时在小乘佛教那里也有类似的情况出现,众比丘似乎对于普通民众虔敬崇拜中的某些过分表现感到困惑不已。

② 观世音一名的含义,学者们众说纷纭:或曰"自上天观察的主"(*īśvara*)(巴恩诺夫),或曰"慈悲俯察人间者"(孔茨)。此两说似乎最令人信服。

往生该国土的诸有情其实是不死的,他们还能够享受阿弥陀佛的口传说法。

在印度早就有这种关于天堂的信仰。极乐世界的特别之处就在于**信众非常容易进入**。只需要谛听并念诵阿弥陀佛的名字;在临终之际,阿弥陀佛自会降临,接引弟子往生极乐。这种信仰的殊胜之处便在于此。然而,在原始佛教里就已经可以看到这种教义的论证。汉译《那先比丘经》(*Milinda-pañha*)说:"人在世间作恶至百藏。临欲死时念佛。死后者皆生天上。"[①]当然,极乐世界还不是涅槃,但是因为**一个念头或一句佛号**就一定可以毫不费力地在未来获得最后的解脱。如果我们还记得佛陀和原始佛教所传八正道的艰难困苦,我们就可以判断这种新的神学的大胆创新。但是这显然是神秘的、虔敬的神学,在日常生活中,完全与大乘佛教著名论师的形而上学发 222
现相互契合。

既然有不可胜数的佛,也就有不可胜数的佛国或佛土(*buddha-kṣetras*)。极乐世界只是无数佛国中的一个。它们是十方诸佛以其愿力或念力创造的超越世界。《华严经》说他们多如"微尘数"都是"菩萨悲愿"所生。所有这些佛国都是"人们心中所生,有无数形式"。[②] 经文一再强调这些世界具有想象的本质。"佛土"是精神的构造,起于人的思想,以便他们皈依。在这里,印度的天才毫不犹豫地运用他们的创造性想象作为解脱的工具。

189. 龙树和究竟空的学说

这些神话性的神学中还含有某些新的学说,二者皆起因于同样的前提,就是需要去除我执。第一种学说是变现(*pariṇāma*)说。变现说似与羯磨的法则相矛盾,但它继承了原始佛教的信念:比丘努力成为阿罗汉的典范将助益并鼓励在家信众。但是,正如大乘佛教所言,其变现论为当时特有的创新。修行者应当将他们的功德转换或者奉献给众生,令众生有所觉悟。公元 7 世纪的寂天(Śāntideva)创作的著名《菩提行经》(*Bodhicaryāvatāra*)说:

> 以我善行之功德,救度有情种种苦,为诸病人作医护……。生命及来世,财物及功德,为利益有情,一切我皆舍。[③] 223

---

① Paul Demiéville, *Version chinoise du Milinda-pañha*,第 166 页。巴利文本经过修改,受到僧伽罗文僧团的影响,有窜入的文字。

② 《华严经》,转引自 Conze, *Buddhism: Its Essence and Development*,第 154 页。

③ 《菩提行经》3. 6 以下,根据芬诺特(Finot)译文。

另外一个新观念揭示了“佛性”遍在于每一个人，甚至每一粒沙子里面。这就是说，我们自己的“佛性”促使我们成佛。这个观念与奥义书的“梵我一如”以及印度的共同信念——人只有自身也变成了神，才能够崇拜神——密切相关。它在大乘佛教，尤其“如来藏”(*tathāgata-garbha*)的著名学说里获得重大发展。又与佛性独创的解释，亦即三身说(*trikāya*)不无关联。第一为法身(*dharmakāya*)，它是超越的、绝对的、无限的、永恒的。事实上，法身就是法的精神之身；换言之，它既是**佛陀所传的佛法**，也是**绝对实在、纯粹的存在**(我们可以回想起生主的身体是由神圣的音节和神秘的咒语构成的，参见§77)。第二为报身(*saṃbhogakāya*)，它是佛陀的荣耀显现，只有菩萨才能接近。第三为化身(*nirmāṇakāya*)，就是诸有情在世间看到的佛陀具有人形的幻影，因为他是有形的、转瞬即逝的，但是化身起到相当重要的作用，因为诸有情只有通过这个变现的幻影才能听闻正法，获得解脱。

我们说过，大乘佛教这些特有的教义和神话，其目的是要使在家信众更加容易得到解脱。他们吸收了印度宗教的某些因素，其中既有“民间的”(各种崇拜仪式、皈依运动等等)，又有学者的，大乘佛教更新并且丰富了佛教的遗产，但是并没有因此而背离佛教的遗产。龙树(Nāgārjuna，公元2世纪)的性空学说，又称为“中论”，与释迦牟尼的“中道”遥相呼应。当然，似乎为
224 了平衡大乘佛教的皈依中的“方便”倾向，性空论则以其深刻艰涩的哲学闻名。

龙树在印度的对手以及某些西方学者，都批评他的性空论是虚无主义哲学，因为他似乎否认佛教的基本教义。其实，龙树的哲学是一种与解脱论相平行的本体论，寻求破除建立在语言基础上的虚幻结构。因此性空论运用佯谬的辩证法而达到“对立统一”(*coincidentia oppositorum*)，与库萨的尼古拉(Nicholas Cusa)、部分与黑格尔和维特根斯坦颇多类似。龙树证明我们无法以语言表现终极实在(*paramārthatā*，真谛、绝对真理)，以此批评、拒斥任何哲学体系。他首先指出存在两种“真理”：一种是实用的世俗真理或者世俗谛(*lokasaṃvṛti-satya*)，一种是真谛，唯有真谛方能走向解脱。那声称传达“胜义”的阿毗达磨其实只是一些实用知识罢了。更为糟糕的是，阿毗达磨对存在下了无数的定义和范畴，反而遮蔽了解脱之道(例如诸蕴[*skandhas*]、诸界[*dhātus*]等)，事实上它们都是想象的产物。龙树则致力于使心量从这些戏论里解放出来。

龙树致力于证明所有似乎存在的事物或者可以感觉、思维或想象的事

物都是虚妄不实的，从中得出了以下几点结论。首先，原始佛教的一些著名观点，或是阿毗达磨的作者对于它们所做的系统阐述都是错误的。因此，例如，事物的三大发展阶段“生”、“住”、“灭”不存在；蕴、界、心、境、行也不存在。它们之所以不存在，是因为它们没有自性。“业”只是意识创造出来的，因为严格说来，既没有“造作”也没有“造作者”。龙树认为“有为法”（*saṃ-skṛta*）和“无为法”（*asaṃskṛta*）没有任何差别。“于无常着常，是则名颠倒，空中无有常，何处有常倒。”（《中论》23. 13，14）至于著名的“缘起”法 225
（*pṛtītya-samutpāda*）则只有从实践的观点看才是有用处的。实际上，“众因缘生法，我说即是空。”（《中论》24. 18）同样，佛陀所说的四圣谛也没有自性，它们只是世俗谛而已，只有在语言的层次上才有意义。

第二个结论更加激进，龙树认为“烦恼”和“解脱”没有什么分别，因而轮回和涅槃也没有什么差别。“涅槃与世间，无有少分别。”（《中论》25. 19）①这不意味着轮回和涅槃是“同一件事物”，只是它们之间是无分别的。涅槃是“心灵的造作”。换言之，从终极真理的观点看，如来自身并不享有自发的或者有效的本体论条件。

最后，究竟空的第三个结论可以说是人类思想史上最具原创性的本体论创造。诸法皆“空”，没有“自性”；然而我们不能因此推论说存在一个“绝对的本质”，“性空”（或涅槃）即指向此一“绝对的本质”。当我们说“空”是不可表述、不可思虑、不可描摹的时候，并不意味着有某个“超越性的实在”拥有这些性质。终极真理并不揭示任何像吠檀多派那样的“绝对”，当佛教修行者达到了对于“诸法”及其断灭都不起分别心时，才会发现空的存在模式。事实上，通过思维而“证得”究竟空，这就是解脱。但是入涅槃的人并不“知道”空，因为“空”超越了有和无。般若（智慧）通过“世俗谛”揭示究竟真理：世俗谛并没有被拒斥，而是“转变成为一种本身并非实有的真理”。②

龙树并不认为“性空”论是一种“哲学”，它是一种修行，既是辩证的，也 226
是思维的，它破除修行者关于世界和解脱的任何理论构建，使他能够得到无碍妙境和自由。实际上龙树主张：由于语言之外并不存在一个客观基础，因此他的论证以及其他任何哲学都是无效的。我们不能说性空存在或说性空不存在，也不能说性空既存在也不存在。批评者说：“如果诸法是空，则龙树

---

① 《中论》第 25 章通篇分析涅槃。参见 Frederick J. Streng, *Emptiness*，第 74 页以下。

② 参见斯特伦（Streng），第 96 页。

的否定也是一个空命题”,对此龙树答道,对手的主张和他的否定都是没有自性的,它们都是世俗谛罢了(《中论》24. 29)。

佛教思想以及总体上的印度哲学思想,在龙树之后有了深刻变化,虽然这变化并非可以直接观察得到。龙树把印度思想固有的“对立统一”倾向发挥到了极致。尽管如此,他也成功地证明,虽然诸法皆空,但是菩萨道仍然是非常殊胜的。而菩萨的理想继续鼓舞着慈悲心和利他主义,正如《华严经》所言:“所谓住于涅槃,而示现生死。知无众生,而勤行教化。究竟寂灭(*śānta*),而现起烦恼(*kleśas*)。住一坚密智慧法身(*dharmakāya*)。而普现无量诸众生身。常入深禅定(*dhyānas*),而示受欲乐。”①

190. 大雄以后的耆那教:知识、宇宙论和解脱论

大雄之后的继承者是“上足弟子”(*sthavira*)善法(Sudharman),据说他
227 把教祖的说法传给其徒阎浮(Jambū)。因此他们是最后的“成就者”(*kevalins*),因为只有他们才知道圣典的全部内容。我们还知道阎浮以后一些上足弟子。其中最重要的人物是公元前 3 世纪和旃陀罗笈多国王同时代的贤臂(Bhadrabāhu,卒于公元前 270 或前 262 年)。他编定了耆那教正典,自己也勤于著述。但是他还见证并可能促成了一场最后导致耆那教组织分裂的危机。

据传,贤臂长老预见将有长达 12 年的饥荒,就和部分耆那教社团迁居到德干高原。他派遣门徒图拉巴德拉(Sthūlabhadra)去寻找那些尚未迁居的教徒。数年后在华氏城召开大会结集圣典,而在此之前圣典一直是口传的。贤臂动身前往尼泊尔。各地教团派遣使者到他那里去,这样他就可以向他们背诵只有他本人才知道的某些古老经典。但是使者们听得漫不经心,而且专门挑选那些保留着原始教义的经论。只有图拉巴德拉记住了全部 14 卷的经文。这个插曲很可能只是一个传说,却解释了后来两种耆那教经典的差异。

那些坚持裸形生活的迁移教徒回到摩揭陀国(Magadha)以后,对于一直居住在那里的耆那教徒道德废弛感到大为震惊。双方的冲突持续了好几代人,在某些仪式上的细节和教义的差异更是加剧了这一状况。公元前 77 年,耆那教团不可避免地发生分裂,形成白衣派(Śvetāmbaras)和天衣派

① 根据实叉难陀汉译《华严经》转译的法文译本,转引自 E. Lamotte, *L'Enseignement de Vimalakīrti*,第 36 页。

(Digambaras)。天衣派认为不坚守赤裸的生活就无法得到解脱(因而认为妇女无法得到解脱)。此外,他们也不承认大雄生平的某些传说(例如他曾经结婚的传说),由于天衣派主张原始经文已经失传,因而质疑白衣派所传经典的真实性。公元 5 世纪后半叶,白衣派在伐拉毗(Valabhī)组织召开第二次结集大会,确定了圣典定本。

我们不拟讨论构成耆那教浩瀚的经典文献的各种不同范畴。后经典的 228
文献也不胜枚举。① 和佛教不同的是,耆那教始终保持其最初的结构。在大量的哲学和祭典文献里面,我们难以发现许多新颖独创的观念。最重要的论著,如公元 1 世纪康达康达(Kuṇḍakunda)的《根本正行论》(*Pravacanasāra*)以及乌玛斯伐底(Umāsvāti)的《入谛义经》(*Tattvārtha*)(成书时间不详,但是晚于康达康达的作品),基本上只是把大雄及其弟子的概念在学术上予以体系化而已。②

耆那教的教法也是某种解脱论。其主题是耆那教的"三宝":正信、正智、正行。所谓的正行指的是僧律。"正见"分为四种,从眼识到无限超越的知觉。我们将不分析五种"正知",仅略述典型的耆那教逻辑:"观点论"(*naya-vāda*)以及"或然论"(*syād-vāda*)。"观点论"主张,对于任何事物,都可能有各种补充性的判断。根据一定的观点提出的某个观点,如果从另一个不同观点去看就未必是真实的,哪怕这个主张与全部的陈述相容。"或然论"则表示真实世界本身的歧义性和相对性,又称"七支论法",因为它包含有七种论断形式:(1)某物有;(2)某物无;(3)某物有或无;等等。这一学说曾遭到印度其他哲学流派的指责。③ 尽管如此,这些逻辑方法却是耆那教 229
最具原创性的思想。

通过大量的分类和列举,耆那教把对于物质、灵魂、时间和空间(这两个范畴被认为是"实体")以及"业障"等等的分析加以阐述和系统化。有一个典型特点,可能是大雄借鉴自末迦利瞿舍梨(Makkhali Gośāla),相信业如同

---

① 除了哲学论述以外,还有(从印度教史诗和往世书中摘编的)史诗、耆那教 24 位祖师的传奇故事以及故事集、罗曼史和戏剧,更不要说道德说教和科学文献。除了小说之外(本身不无令人厌倦的道德说教)之外,汗牛充栋的耆那教作品以单调乏味见称。

② 这种保守主义在印度是很典型的,本身并不具有否定性质。但是耆那教作品却出奇地具有一种浓厚的、枯燥乏味的特征。

③ 佛陀在批评有的僧人回避别人提出的一切问题的时候,可能提到过七支论法(《长部》1.39—42)。

染料(*leśya*)一样漏入灵魂，这些颜色会浸透到身体里面。因此，心灵的善恶是非就表现为身体的六种颜色：黑色、蓝黑色和灰色为地狱众生所特有，黄色、粉红色和白色为今世之人的颜色——纯净亮丽的白色仅属于天界。这当然是相当古老的观念，和某些瑜伽修行有关。事实上，在按照灵魂的等级将事物加以分类中，在第八个阶段，“灵魂在初观中获得其纯粹的本质”，也称为“初白观”。颜色和灵魂的发展阶段相等同，这在其他印度传统中也可以发现。

就像数论—瑜伽派的“自性”一样，物质也是自发且无意识地构造着，供灵魂御使。虽然宇宙是永恒的并且没有开端，但是它存在着，以便灵魂可以把自己从其结构解脱出来。但是正如我们即将看到的，解脱并不是完全彻底地逃离世界。耆那教宇宙论的原创性恰好就在于它的古老性。它保存了那些印度教和佛教的宇宙论所忽视的印度传统观念，并且赋予其新的意义。世界(*loka*)被象征为一个人直立，双手下垂，握拳于髋部。这个大宇宙人由下层世界(下肢)、中层世界(腰部)、上层世界(胸部和头部)组成。有一条垂
230 直的管子贯穿三重宇宙，颇似“世界之轴”(*axis mundi*)。下层世界由层叠的七层地(*bhūmis*)构成，每层都有不同的颜色，从最晦暗的黑色到十六种宝石散发的光明世界。在第一层地的上部居住着十八种神灵。其他六层地就是真正的地狱，为数高达840万所，各住着不同罪名的人，颜色分别是灰色、蓝黑色和黑色。他们的身体被肢解、遭到火烧或冰冻的折磨，使我们联想到传统的地狱想象。那些罪不容赦的罪人被永远禁闭在位于这个大宇宙人脚下的最可怕的深渊(*nigroda*)里面。

宇宙具有人形，其不同区域——与这个宇宙人的器官相对应——居住着不同颜色的众生，这种想象是相当古老的。在印度，只有耆那教较好地保存了这种想象并与“神秘之光”的体验水乳交融。中层世界大致等同于印度教和佛教的宇宙论所描述的世界。① 上层世界位于弥楼山(Meru)之上，分为五层，相当于大宇宙人的双肋、头颈、下巴、五官以及顶髻。各层各有若干“乐土”，分别住着各种神灵。至于第五层，亦即宇宙之巅(大宇宙人的头

① 状如圆盘，弥楼山居其中，山底联着地狱。以这座宇宙之山为轴心，环绕着15座大陆(曰“洲”，*dvīpas*)，每座大陆四面环水。中央大陆曰南瞻部洲，婆罗多瓦尔萨(Bhāratavarṣa，印度)将其横切为7个地区。另外的洲—大陆乃是“福地”(*bhoga-bhūmis*)，因为那里的居民不需为了生存而劳作。它们也是诸天居住的地方。

髻)，是灵魂得到解脱后居住的地方。这也就是说，**灵魂得到解脱，但是并不超越宇宙之外**(佛教的涅槃也是如此)，只是在宇宙间向上超越许多层次。解脱的灵魂与其同伴在“成就国土”(*siddha-kṣetra*)享受不可言说的至乐妙境，但是这至乐妙境却不出人形宇宙之外。

早在贤臂时代，耆那教就已经传到了孟加拉和奥里萨。后来天衣派在 231
德干高原建立教团，而白衣派则向西传至古吉拉特(Gujarat)。这两个教派都夸耀在其皈依者或支持者中间有许多国王和太子。就像所有其他印度宗教一样，耆那教也受到了穆斯林的迫害(掠夺、毁寺、禁止裸形)。他们也成为印度教反击的目标，从 12 世纪开始，它就不可逆转地没落了。耆那教和佛教不同，它从未成为印度的大众宗教和主要宗教，也从未传播到印度次大陆之外的地方。但是，佛教一度从其发源地完全销声匿迹了，而耆那教社团至今还有 150 万名信徒，因其社会地位和文化特点，其影响力仍然相当巨大。

232 # 第24章 印度教的综合:《摩诃婆罗多》和《薄伽梵歌》

191. 十八日战争

《摩诃婆罗多》全诗九万颂,为世界文学中最长的一部史诗。今本《摩诃婆罗多》包含许多改动和衍文,后者主要出现在史诗的“百科全书”部分(第12、13卷)。但是,以为我们能够复原此诗的“原始形式”实属幻想。至于确定其年代,“这一想法对于这部史诗而言毫无意义”(雷诺语)。据推断,该史诗在公元前7世纪至公元前6世纪之间就已经完成,在公元前4世纪到公元4世纪之间已经形成了我们今天所见到的形式(温特尼兹语)。

《摩诃婆罗多》的主题是婆罗多王的两个后代——俱卢族(Kurus)(100个俱卢兄弟)和般度族(Pāṇḍus)(五个般度兄弟)——之间所发生的冲突。俱卢兄弟是盲君持国(Dhṛtarāṣṭra)之子,老大名难敌(Duryodhana),他像魔鬼一样衔恨于他的堂兄弟们。其实,他是恶魔迦梨(Kali),世界最邪恶时代的魔鬼化身。而般度五兄弟:坚战(Yudhiṣṭira)、阿周那(Arjuna)、怖军(Bhīma)、无种(Nakula)、偕天(Sahadeva),则是持国的弟弟般度之子。他们其实分别是达磨(Dharma)、伐由(Vāyu)、因陀罗(Indra)和双马童(Aśvins)的儿子,我们以后就能够体会到这种天界血统的意义。般度死后,坚战年幼,无法继承王位,于是持国当上了国王。但是难敌不打算让出王位。他多次设圈套陷害五位堂兄弟,其中最危险的一次是劝说他们住进紫胶宫,然后
233 火烧紫胶宫。般度五兄弟从地道逃走,和他们的母亲一起在森林过着隐姓埋名的生活。此后经历了许多危险。阿周那打扮成一个婆罗门,获得黑公主(Draupadī)的青睐(她是室利[Śrī]女神下凡),阿周那把她带回般度族在森林里的隐居地。母亲没有看见她,以为阿周那带回来的只是行乞的食物,就说:“一起享用吧。”就这样,这个年轻女子成为五兄弟共同的妻子。

盲君持国获知般度兄弟没有死于大火,就决定分给他们半个王国。他们于天帝城(Indraprastha)建都,他们的堂兄,雅达婆(Yādava)族的国王克里希纳(Kṛṣṇa)与他们结盟。难敌怂恿坚战掷骰子。其中有颗骰子做了手脚,使得坚战先后输掉了他的财产、王国、兄弟和妻子。国王宣布比赛无效,把财产还给了般度兄弟。可是,不久国王又准许举行第二次掷骰子比赛,双方同意谁输了就要在森林居住 12 年,另外还要隐姓埋名 13 年。结果坚战又输了,只好和他的兄弟以及黑公主被流放国外。《森林篇》(*Vana-parvan*)第 3 卷有 17 500 颂,是最长也是最丰富的文学插曲:隐者向般度兄弟讲述了那罗(Nala)和达磨衍蒂(Damayantī)、沙维德丽(Sāvitrī)、罗摩(Rāma)和悉达(Sītā)的故事。接着描写了在第 13 个年头的种种历险。在第 5 卷里(《预备篇》),战争似已不可避免。般度兄弟派克里希纳为使者,要求归还他们的王国,或至少五个村庄,但是难敌拒绝了。双方集结大量军队,战争爆发了。

第 6 卷就是著名的《薄伽梵歌》(*Bhagavad Gītā*),我们稍后将会详细讨论。以后各卷不厌其烦地叙述十八日战争的情况。战场上尸横遍野,死伤无数。俱卢族的将领个个阵亡,最后难敌也战死了。俱卢兄弟们只有三个人逃走,其中包括阿湿婆陀门(Aśvatthāman),湿婆神降临到他身上。阿湿婆陀门和湿婆创造的魔兵乘夜色潜入睡梦中的般度兄弟的军营,大肆屠杀,只有五兄 234
弟大难不死。坚战看到生灵涂炭,很是难过,便想要放弃王位隐居,但是他的兄弟找来克里希纳和几个智者,说服他打消了这个念头,而他也以国王的身份主持马祭(*aśvamedha*,参见 § 73)。持国与他的侄子们合作了 15 年后,带着几个随从退隐到森林里。不久,他们在火祭时被自己的圣火烧死。在大战结束 36 年之后,克里希纳和他的民众以一种奇异的方式死去:他们手持芦苇变成的长矛,相互残杀。都城崩塌,消失在大海里面。坚战也感到自己年事已高,便传位给他的侄孙帕利克西特(Parikṣit)(他原本是个死婴,被克里希纳救活),和他的弟弟以及黑公主,带着一只狗,前往喜马拉雅山。他的同伴沿途相继死去,只剩下坚战和那只狗(那其实是他的父亲达磨)坚持到达终点。史诗最后简要地描述坚战如何下地狱,而后又上升天界。

192. 末世战争和世界末日

这场恶战其实是梵天决定发动的,以解决人类不断繁殖的问题。梵天要诸天和魔鬼下凡,煽动人类相互残杀。《摩诃婆罗多》描述了一个世界的终结(*pralaya*),然后在坚战或帕利克西特的统治下,出现一个崭新的世界。① 全诗表现出一个末世论的结构:“善”“恶”力量的殊死战争(类似于提婆和阿修罗之间的战争);大火或洪水摧毁整个世界;一个崭新纯洁世
235 界的复苏,其象征就是帕利克西特奇迹般的复活。在一定意义上,我们可以说这是赋予了新年庆典这一古老的神话—仪式场景一种极为崇高的意义。然而这一次不是一年的结束,而是整个宇宙时代的终结。

从《往世书》的时代开始,这种循环论就已经非常盛行了。这并不意味着末世论的神话必定是印度宗教的创造。这种观念相当古老,分布极广。此外,在伊朗和斯堪的纳维亚都有类似的神话。根据祆教的传说,在历史终结之际,奥尔马兹达(Ohrmazd)擒获阿赫里曼(Ahriman),六大天神(Ameśa Spentas)也会抓住六个魔头,这些邪恶的化身将被扔到黑暗里去(参见§216)。我们已经看到(§177),古日耳曼人也有类似的末世论:在最后的末世(Ragnarök)之战里,神与魔鬼或怪物捉对厮杀,不同的是,他们相互杀死对方直到剩下最后一个,大地腾起熊熊烈焰,倾覆到大海里面;但是,大地终将再度从汪洋大海里浮现,在年轻的神巴尔德尔(Baldr)的统治下,新的人类将过着快乐的生活。

斯第格·维干德(Stig Wikander)和乔治·杜米兹对于这三场末世之战的相似结构曾经做过出色的分析。我们可以得出结论说,各印欧民族都有世界末日的神话。这三个神话之间当然存在着明显的差别,不过可从这三个印欧民族宗教各自不同的取向加以解释。吠陀时代的确没有末世神话的记载,但是不能证明这种神话就一定不存在。② 正如杜米兹所说(*Mythe et épopée*,第 1 卷,第 218 页以下),《摩诃婆罗多》是“以史诗表现了末世危
236 机”,印度教神话称之为一个“宇迦”(*yuga*)的结束。《摩诃婆罗多》包含吠陀时期,甚至前吠陀时期的因素。③ 因此可以把一个时代的终结的神话视

---

① 乔治·杜米兹认为坚战的统治就是某种世界的复原,参见所著 *Mythe et épopée*,第 1 卷,第 152 页以下。阿尔夫·希尔特伯特尔(Alf Hiltebeitel)与传统印度人的解释相一致,主张“新时代”始于帕利克西特登基(“The *Mahābhārata* and Hindu Eschatology”,第 102 页)。

② “吠陀歌手的思想关注今世,关注在今世侍奉诸神,他们过去的神话解释使他们能够做到这点;他们对于遥远的将来毫无兴趣。”(Dumézil,*Mythe et épopée*,第 1 卷,第 221 页)

③ 斯第格·维干德已经看到,般度五兄弟的父亲——达磨、伐由、因陀罗和双马童——对应于吠陀时代执行三重功能的神:密特拉—伐楼那(=达磨),因陀罗(=伐由和因陀罗)以及双马童。这三位神并不反映该诗创作时期的宗教状况(当时占主导地位的乃是毗湿奴和湿婆),也不反映吠陀时代的宗教状况,当时苏摩和阿耆尼具有重要作用。这就说明,《摩诃婆罗多》表现了超吠陀时代或者前吠陀时代的宗教状况(参见 Dumézil,*Mythe et épopée*,第 1 卷,第 42 页以下)。

为古老的雅利安传统,由于伊朗人也有类似的神话,这一结论的可能性就更大了。

但是我们必须立即补充说明,全诗表现了一种波澜壮阔的思想综合,远比它所继承的任何印欧民族的末世论传说都要丰富。在描绘人类毁灭,灾祸遍地的时候,《摩诃婆罗多》借鉴了《往世书》华丽的辞藻。不过更为重要的是其神学的发展和创新。“(神的)化身”(*avatāra*)具有相当强烈和活跃的“弥赛亚”色彩。在《薄伽梵歌》(11.12 以下)描述的一次著名的神显中,克里希纳化为毗湿奴向阿周那现身。正如人们所看到的,[1]这一次神显就是一个“世界的终结”(*pralaya*),以某种方式预示了史诗最后几卷所描述的“世界末日”。毗湿奴(—克里希纳)作为一个“世界的终结”的主宰,他的启示蕴含着许多神学和形而上学的推论。事实上,在《摩诃婆罗多》叙述的重大事件背后,我们可以解读出毗湿奴(—克里希纳)和湿婆之间的对立和互补。湿婆之“破坏”力量和毗湿奴(—克里希纳)之“创造”力量谋求相互的平衡。当其中一位神——或是其代表——在某个事件里出现时,另一位就会隐退。但是,毗湿奴(—克里希纳)也是“破坏”和“复活”的创造者。此外,《摩诃婆罗多》和《往世书》也都强调这位神的否定性方面。[2]

这就相当于说,作为至上神的毗湿奴本身就是终极实在,因此他同时支 237
配着世界的创造和毁灭。他像所有神一样超越于善恶之外。因为“美德和罪恶,大王啊,只是存在于人间。”(12. 338. 28)从奥义书时期起,这个观念只是流传于瑜伽行者和冥想者中间,但是《摩诃婆罗多》——尤其是《薄伽梵歌》——则使它普及到印度所有社会阶层。全诗尽管把毗湿奴推崇为至上神,却也强调湿婆和毗湿奴的互补。[3] 由此看来,《摩诃婆罗多》可以视为印度教的基石。事实上,这两位大神以及其他著名女神(萨克蒂[Śakti]、迦梨、难近母),从公元最初的几个世纪直到今天的整个印度教中一直居于主要地位。

湿婆—毗湿奴的互补在某种意义上相当于诸神之间所特有的对抗功能(创造和毁灭等等)。对于这个神性结构的领悟就是一种天启,就是一种获

---

① 参见 M. Biardeau, “Etudes de mythologie hindoue”(1971),第 54 页。

② 在《往世书》里,毗湿奴经常被描述为贪婪、危险、不可靠、“疯狂”;相反,湿婆不止一次地被表现为一个能够平息其怒气的人。参见大卫 · 金斯利(David Kinsley)的引文,“Through the Looking Glass”,第 276 页以下。

③ 关于这种互补的方方面面,参见 J. Gonda, *Viṣṇuism and Śivaism*,第 87 页。

得解脱的典范。事实上,《摩诃婆罗多》一方面描述并颂扬善与恶、法(*dharma*)与非法(*adharma*)之间的斗争,这个斗争的重要性在于它是一种普遍范型,它支配着宇宙的生命、社会以及个人存在;另一方面,全诗也提醒我们,终极实在——奥义书里的梵—我——超越了法/非法,或其他任何对立。换言之,解脱就意味着体会到实在的两种"模式"之间的关系:**直接的**——受到历史限制的——实在和**终极**的实在。奥义书的一元论否定直接实在的真实性。在《摩诃婆罗多》中,尤其在其训诫性的篇章里,提出了一种比较宽广的教义:一方面重申奥义书的一元论,给它抹上了一层有神论(毗湿奴教[Vaiṣṇava])的色彩;另一方面,它也接受任何不明显违背经典传统的救世论。

238 **193. 克里希纳的启示**

这部描述人类毁灭和"宇迦"(yuga)终结的可怕的战争文学,同时也是印度教思想融合的典范,乍一看似乎这是一个悖论。对立双方的和解乃是从梵书时期以来印度思想所特有的一种倾向,但是只有在《摩诃婆罗多》里我们才看见这一成果的重要意义。从根本上讲,我们可以说全诗[①](1)主张吠檀多(Vedānta,也就是奥义书的学说)、数论派和瑜伽派三者等同;(2)认为此三条"道路"(*mārgas*)是殊途同归,它们分别代表仪式行为、形而上学知识和瑜伽修行;(3)竭力证明在时间中的存在具有确定的模式,换言之,肯定人类环境的真实性并且重新赋予其意义;(4)宣布第四条解脱"道"的殊胜:亦即皈依毗湿奴(—克里希纳)。

《摩诃婆罗多》叙述了在系统化前的数论派和瑜伽派。数论意味着"真实的知识"(*tattva-jñāna*)或"自我的知识"(*ātman-bodha*),就此而言,数论继承了奥义书的思想。瑜伽则指在任何时间将自我引向大梵(*brahman*)的任何具有无穷"力量"的行为。这种行为通常是指苦行。瑜伽(*yoga*)这个术语有时解作"方法",有时解作"力量"或"冥想"。[②] 这两种"见"(*darśanas*)被认为是相同的。《薄伽梵歌》说:"只有心胸狭隘的人才会反对数论和瑜伽,但是智者(*paṇḍitas*)却不这样做。谁要是真正精通其中之一,就能够喜获

① 尤其是在该诗"伪史诗"以及训诫诗部分(第12、13卷等等)。

② 这种词义变化与一种真正的形态学差别遥相呼应;参见 Eliade, *Yoga: Immortality and Freedom*,第143页。

双成。……数论和瑜伽实为一体。”(5.4—5)①

《薄伽梵歌》还缜密地论证了这三种解脱“道”的相似之处。这一著名的插曲从阿周那的一次“存在危机”开始,以关于人类境遇和“诸”解脱道的典范性的启示结尾。克里希纳看到阿周那因不得已在战场上兄弟阋墙、友朋相残而意志消沉,就启示他作为一个刹帝利应当如何行使他的职责,免得让 239
他拘泥于业报的束缚。总之,克里希纳的启示包含:(1)宇宙结构;(2)存在的各种模式;(3)最终获得解脱的道路。但是克里希纳也谨慎地强调这个“古代的瑜伽”(4.3)、“最高的机密”并不是什么创新;他曾经把它启示给毗婆思万(Vivasvant),毗婆思万传授给摩奴(Manu),摩奴传给甘蔗王(Ikṣvāku)(4.1)。“正是通过这样的传承,王仙们都通晓了这种瑜伽,但是后来它却失传了。”(4.2)每当世界秩序(*dharma*)动摇的时候,克里希纳就会现身(4.7),也就是以一种适应当时的“历史关头”的方式,启示这一永恒的智慧。这就是“化身”(*avatāra*)的教义。换言之,即使《薄伽梵歌》在历史性上表现为一种新精神的融合,那只是像我们这样的肉眼凡胎,因受时间和历史的局限才将其看成是新的。②

可以说克里希纳所启示的教义,其核心内容就是以下简短的训诫:相信我并且效法我!他把自己在宇宙和历史中的存在和“行为”启示给阿周那,就是要给阿周那作出一个榜样:从中阿周那发现了他自己的历史生命的意义,相应地,由于理解克里希纳是谁,做过什么,他就得到了解脱。此外,克里希纳也很强调神灵的榜样和救世的价值:“无论高贵者做什么,平庸者也都做什么:他所遵循的法则,全世界都遵从。”(3.21)克里希纳还说:“在三界之中,没有什么是我必须去做的……但是我仍然在业中忙
碌。”(3.22)克里希纳毫不迟疑地揭示了这种行为的深刻意义:“如果我不 240
是在业中不知疲倦地忙碌,人们就会以我为榜样。如果我停止我的工作,世界就不复存在;我将成为宇宙的混乱和世界末日的制造者。”(3.23—24,根

① 译文参考了张保胜的《薄伽梵歌》中文译本,中国社会科学出版社 1989 年版。——译者

② 这一结论与西方人对于印度精神的各种解释不无关系。因为,如果我们有权重构印度学说和修行方法的历史,有权尝试确定它们的各种革新之处,它们的发展阶段,以及它们相继作出的修正,那么我们一定不可忘记,从印度人的观点看,一种“启示”的历史背景的意义是相当有限的;一种解脱方案在历史层面上的“出现”和“消失”,并不能告诉我们关于它的“起源”。根据印度传统,这也正是克里希纳所强烈主张的,各种“历史关头”——同时也是宇宙生成的重要关头——并没有创造学说,而是为非时间的信息提供了恰到好处的表述方式。参见 Eliade, *Yoga*,第 155 页以下。

据森纳特的译文)

因此,阿周那必须效法克里希纳的行为,也就是说,他首先必须继续采取行动,免得他的消极无为造成“宇宙的混乱”。但是,要像“克里希纳所做的”那样去行动,就必须了解神的本质以及显现模式。这就是为什么克里希纳显现自己:人们通过认识神,也就知道了所要仿效的榜样。克里希纳首先启示了居住在他里面的有与非有,以及从他的身体里面流出来的整个创造——从诸神到矿物(7.4—6;9.4—5;等等)。他通过原初物质不断地创造世界,但是这种连续创造并没有束缚他,*他是自己所创造的一切事物的唯一旁观者*(9.8—10)。克里希纳的启示正是(看似悖论地)赋予行为(即业)以一种新的解释:要效法神,神创造、维系世界*却不参与世界*,人也应该学会这样做。“为无为而无为,这是不够的;无为本身不能获得圆满”,因为“人注定要有所为。”(3.4—5)即使他绝对无为,三德(*gunas*)所造成的无意识行为也会驱使他堕入业报轮回。(“德”是三种存在的模式,充满宇宙,在人和宇宙之间建立一种有机的通感的关系。)

既然注定要有所行动——因为“有为胜于无为”(3.8)——那么人们就应该实施规定的行为,换言之,就是履行“职责”,也就是由于他所处的特殊情景之下所应当去做的事情。“履行自己的达磨(*svadharma*),即使不甚圆满,也胜过履行他人哪怕再圆满的达磨(*paradharma*)。”(3.35)这些特殊的行为都受到“德”的限制(17.8以下;18.23以下)。克里希纳多次强调,三德源于他而不束缚他:“我不在‘德’里,而是‘德’在我里面。”(7.12)从中我们可以得出如下的教训:虽然人要接受“三德”所创造的“历史处境”(我
241 们必须接受它,因为三德也是来自克里希纳),按照这一处境的必然性去行为,但是不得*赋予*他的行为*任何意义*,因此也不得认为他的处境具有*一种绝对价值*。

194. “舍离行为的后果”

在这种意义下,我们可以说《薄伽梵歌》试图“解脱”一切的人类行为,为一切世俗行为“辩护”;一个人再也不痴迷于他的“成果”,通过这一事实,*就将其行为转化为献祭*,也就是转化为超个人的动力,以维持宇宙的秩序。正如克里希纳所说,只有以献祭为目标的行为才能够不受束缚(3.9)。生主(Prajāpati)创造了献祭,以便宇宙显现自己,人类生存繁衍(3.10以下)。但是克里希纳还启示道,人类不仅通过言语正当的献祭(亦即吠陀的崇拜仪

式),而且通过**他的一切行为**,而不论这些行为的本质如何,使神的工作臻于圆满。当各种苦行僧和瑜伽行者“奉献”他们心理—物理的行为,他们就舍离了这些行为,赋予这些行为以超越个人的价值(4.25 以下),在这样做的时候,“所有这些人都知道献祭的意义,靠献祭涤除了他们的罪恶”(4.30)。

通过瑜伽,可以把世俗的行为转化为仪式。克里希纳对阿周那开示道,“有为之人”①也能够解脱自己(换言之,舍离他在世俗社会中的一切行为的后果)**而继续行动**。他唯一要做的事情就是:**必须与他的行为及其后果相分离**,换言之,“舍离行为的后果”(*phalatṛṣṇavairāgya*);他必须**非人格地去行动**,摒弃情欲、贪婪,仿佛他只是代人行事而已。如果他恪守这个法则,他的行为就再不会撒下达磨的各种潜伏的新种子,也不会堕入业报轮回了。“不执著于业果,永远满足,远离羁绊,那么不论怎样忙碌,实则寂然不动。”(4.20)

《薄伽梵歌》最大的创新就在于主张这样一种通过“舍离活动的后果”而 242
实现的“有为瑜伽”。这是它在印度获得前所未有成功的原因所在。因为通过“舍离行为的后果”,每一个人都有望得到解脱,即使他因为各种原因而必须参与社会生活,拥有家庭,忧国忧民,甚至做出一些“不道德”的事(像阿周那一样,他必须在战场上杀死敌人)。平心静气地行动而不为“贪图结果的欲望”所左右,就能够主宰自我,心有所安,毫无疑问,这只有通过瑜伽才能够做到。正如克里希纳所教导的:“行为可不受限制,却必须恪守瑜伽。”对于瑜伽术的这种解释,是《薄伽梵歌》所特有的思想综合,试图将各种行为协调起来:无论是苦行、神秘主义的行为,还是庸庸碌碌的世俗活动。

除了每个人都可以做得到的、“舍弃行为的后果”的瑜伽以外,《薄伽梵歌》还扼要阐述了严格意义上的瑜伽(6.11 以下),那就是思辨瑜伽。“瑜伽胜过苦行,甚至胜过智慧(*jñāna*)、献祭。”(6.46)但是瑜伽行者必须专注于神,否则不能达到其终极目标:“心灵平静,无所畏惧……心意坚定,不住地思想着我,他必须修持瑜伽,把我当成他的最高目的。”(6.14)“看到我在万有之中,在万有之中看到我,这人我永远不会失去他,他也永远不会失去我。确信万有归一,崇拜安住万有之中的我,这样的瑜伽行者,**无论其生活方式怎样**,都安住于我。”(6.30—31)

---

① “有为之人”就是那些不能舍离人间生活,因此不能通过知识、苦行或神秘的奉献而获得解脱的人。

这便是瑜伽修持的成功，同时将神秘的“皈依”(*bhakti*)提升为至高的“道”。此外，《薄伽梵歌》也标志着圣恩观念的滥觞，预示着这一观念将在中世纪的毗湿奴教文学中蓬勃发展。但是《薄伽梵歌》在有神论发展过程中所起到的重要作用并不仅限于此。这部无与伦比的巨著、印度思想的基石可以在许多不同语境中加以诠释。《薄伽梵歌》彰显了人类的历史意义，从这
243 个事实来看，它无疑提供了一种最为完备的解脱方式，而且这种解脱方式最适合于已经融入“历史轮回”的现代印度，我们补充这一点也是很重要的。用我们西方人所熟悉的语言说，《薄伽梵歌》所面临的问题是：如何解决由于这个双重的事实所造成的矛盾处境——人类一方面存在于时间之中，**注定要处在历史里面**，而另一方面他又明白，如果他任凭自己在时间与历史里枯竭，他将会“万劫不复”，因而必须不惜一切代价**在世俗里**发现通往超越历史与时间的道路？

我们已经看到，克里希纳提出的解决方案：要在世间履行自己的义务(*svadharma*)，却不要贪恋行为的结果(*phalatṛṣṇavairāgya*)。既然整个世界都是克里希纳(—毗湿奴)的创造，甚至就是他的显现，那么生活在这世界里面，参与其构造，并不是“恶业”。所谓“恶业”，其实是相信世界、时间和历史本身独立的实在性，也就是相信在世界和时间之外，**没有其他任何东西存在**。这个观念当是印度人所共有的，但是唯有在《薄伽梵歌》里才获得最彻底的表达。

195. “分殊化”和“整体化”

要理解《薄伽梵歌》在印度宗教史上的重要性，我们就必须记住数论派、瑜伽派和佛教提出了怎样的解决方案。根据这些学派的观点，解脱的必要条件就是舍离世间，甚或舍弃作为在历史中存在的人类生命。[①] “一切皆
244 苦”和永恒轮回的发现[②]使得人们从一个特殊的方向去寻求救赎：要获得解脱就**必须摒弃**生命的冲动和社会的规范。离群索居和苦行修持是必不可少的准备阶段。另一方面，通过知识获得救赎，则相当于“觉”、“解脱束缚”、“去除眼睛上的覆障”等等(参见§136)。总之，救赎的前提条件就是断绝与

① 的确，数论派和瑜伽之见的“古典”阶段要比《薄伽梵歌》形成的年代要晚数世纪。但是它们特有的倾向——尤其是它们将精神与心理经验相隔绝的论证方法——实际上已经在奥义书时代就有所记载了。

② 必须牢记，投胎转世使得自杀成为稀罕之事。

这个世界的联系,舍弃这个世界,舍弃这个充满痛苦、挤满奴隶的牢狱。

由于造物神的隐退,在宗教上贬低今世就比较容易一些了。对于数论—瑜伽派而言,宇宙是因为原初物质(*prakṛti*)"目的论本能"而产生的。对于佛陀而言,甚至根本不提这种问题,他完全反对神的存在。在宗教上贬低这个世界,与此相伴随的就是颂扬精神或自我(梵我或神我)。对于佛陀而言,虽然他不承认梵我是自主的、不可化约的单子,但是解脱还是必须本质上通过"精神"的努力去获得。

心物二元论的逐渐增强,使我们想起宗教二元论的发展,在伊朗的宗教中演变为善恶原则的两极对立。正如我们多次论及的,长期以来,善恶对立只是宇宙、社会和宗教的二元或二元对立的诸多事例之一,它们确保着生命和世界有节奏的流转。简言之,被归结为善和恶的两种对立原则,起初只是许多表达现实世界对立而互补方面的许多方式之一:白天/黑夜、男性/女性、生命/死亡、丰产/贫瘠、健康/疾病等等。[1] 换言之,善、恶构成同一个宇宙(因而也是人类的)节律的一部分,中国思想中阴、阳两种原则转换所表达的也是同样的节律(§130)。

贬低宇宙和生命,这在奥义书里已经约略提到了,在数论—瑜伽派和佛 245
教的"二元论"本体论以及分殊化的方法论中得到酣畅淋漓的表达。印度宗教思想这些发展阶段中特有的逐渐强化过程,只有伊朗二元论从祆教到摩尼教的逐渐强化的发展过程能够与之相比。苏鲁支认为,世界是精神和物质的混合体。祆教徒只要正确地举行献祭,就可以把他天界的本质(*mēnōk*,"精神")与其物质的表现(*gētik*,"物质")区分开来。[2] 然而,对于苏鲁支宗教和马兹达教而言,宇宙是阿胡拉·马兹达(Ahura Mazdā)的创造;只是后来被阿赫里曼败坏了。但是摩尼教和一些诺斯替派则与之相反,认为世界的创造是出自魔鬼的力量。世界、生命和人类本身是一系列不祥的或罪恶的行为所造成的。总之,这些空幻且邪恶的创造必定是要毁灭的。只有经过漫长而艰难的努力,将精神和躯体分离开来、将光明与囚禁它的黑暗分离开来,人才能够获得解脱。

诚然,通过一系列越来越激进的"分别"途径,印度各种寻求精神解脱的

---

① 参见 Eliade, *The Quest: History and Meaning in Religion*,第 232 页。

② 参见§140。我们同意诺利(G. Gnoli)的解释;参见 Eliade, "Spirit, Light and Seed",第 18 页以下。

方法和实践,在《薄伽梵歌》问世以后还继续拥有大量的信徒。因为弃绝生命——尤其是弃绝受到社会政治结构与历史限制的生存状况——在奥义书时代以后成为一种受到高度颂扬的解脱道。尽管如此,《薄伽梵歌》将所有印度宗教的取向大胆地综合起来,因而也包括远离社团以及社会义务的苦行实践。但是最重要的是,《薄伽梵歌》将宇宙、一切生命尤其是**人类存在**神圣化了。正如我们刚才所见,毗湿奴—克里希纳不仅是世界的创造者和主宰者,他还化身为整个自然,使之成为一个庄严世界。

另一方面,每当一个宇宙周期临近结束,毗湿奴就会定期毁坏整个宇
246 宙。换言之,万物均由神所创造,在神的主宰之下。因此,宇宙生命、个人生存以及历史的"否定性方面"就获得了一种宗教意义。人类再也不是自生自灭的宇宙牢狱中的囚犯了,因为世界是由一个有人格的、万能的神创造的。不仅如此:这神在创造世界以后并没有弃之不顾,而是显现在世界里面,活跃在世界的各个层面,从宇宙的物质结构到人类的意识。世界的大灾大难,甚至整个宇宙周期性的毁灭都是由毗湿奴—克里希纳主宰的,因此,**它们也是神的显现**。于是《薄伽梵歌》中的神颇近于犹太教先知所理解的世界的创造者、历史的主宰者雅赫维(参见§121)。无论如何,我们还是不无兴趣地指出,正如《薄伽梵歌》是在恶战在即的情况下启示给人类的,犹太教先知也是在"对于历史的恐惧"的背景下,在犹太民族即将消亡的威胁下传扬这些思想的。

印度思想所特有的将现实世界整体化的倾向在《薄伽梵歌》中得到了最为酣畅淋漓的表达。这种整体化不仅形成人格神的象征,甚至赋予外表看来断然是"邪恶"与"灾难"的事物一个宗教的意义,例如战争、背信弃义以及谋杀等等。① 然而《薄伽梵歌》在印度宗教历史上的重大意义,首先在于正是它赋予了生命以及人类存在以神圣的意义。公元1世纪,性力派也试图将有机体的功能(如食、色等)转化为圣物。尽管如此,将肉体和生命神圣化的这一类型却是通过极其复杂、困难的瑜伽术得到的。事实上,性力派的秘传仅仅局限于精英人物。但是《薄伽梵歌》所传达的信息却是传达给各种生活领域中的人类,并且鼓励一切宗教事业。其前提就是要皈依神,皈依既是人格的也是非人格的,是创造的也是破坏的,是道成肉身的也是超越的神。

---

① 从某种观点看,可以说《薄伽梵歌》涵盖了一个相当古老的概念,就是将整个现实想象为对立然而互补原则的相互转化。

第 25 章　犹太教的苦难：从启示文学到《托拉》的颂扬 247

196. 末世论的开端

《以赛亚书》第 40—55 章是一部独立的作品，名为《第二以赛亚书》(Deutero-Isaiah)。它成于犹太人沦为"巴比伦囚虏"的后期，作者佚名，可能在受审之后被处死(《以赛亚书》52∶13—53∶12)。该书所传达的信息和其他预言迥然有别，首先是乐观主义，其次是对当时历史的大胆解释：古列王乃是雅赫维的工具(41∶2)，正准备消灭巴比伦；凡相信巴比伦诸神之大能者很快就要溃败，因为那些神是偶像，没有生气，没有力量(40∶19 以下；44∶12—20 等等)；唯有雅赫维是上帝："我是首先的，我是末后的，除我以外再没有真神"(44∶6)；"我是上帝，再没有能比我的。"(46∶9)

我们在这里看到了一种最彻底的系统化的一神论，因为其他神的存在都被否定了。"从前砍碎拉哈伯，刺透大鱼的，不是你吗？使海与深渊的水干涸，使海的深处变为赎民经过之路的，不是你吗？"(51∶9—10)世界的创造和人类的历史以及后来犹太人沦为囚虏和获释，都是雅赫维所作的工。被流放的犹太囚虏的获释被解释为一次新的出埃及。但是这次是凯旋而归："我必在旷野开道路，在沙漠开江河。"(43∶19)"大山小山必在你们面前发声歌唱，……松树长出，代替荆棘；番石榴长出，代替蒺藜。"(55∶12，13；参见 40∶9—11；54∶11—14)这次新的出埃及不再是仓促行事："你们出来
必不致急忙，也不致奔逃，因为耶和华(雅赫维)必在你们前头行，以色列的 248
上帝必作你们的后盾。"(52∶12)万国都包括在这一将临的救赎里面。"地极的人都当仰望我，就必得救；因为我是上帝。"(45∶22；56∶1—7 论及改信雅赫维之人)然而，以色列将总是享有特殊地位，也就是一个统治民族。

耶路撒冷的沦陷、犹大王国的覆灭以及犹太人的被掳，事实上都是伟大

先知们所宣布的上帝的审判。而今惩罚已经结束,雅赫维就要重新颁布约书了,这一次将是“永约”(55∶3),永远的救恩(45∶17; 51∶6, 8)。因为“以永远的慈爱怜恤你。这是耶和华(雅赫维)——你的救赎主说的。”(54∶8)雅赫维解放被掳的犹太人,他们将回到锡安,“永乐必归到他们的头上,他们必得着欢喜快乐,忧愁叹息尽都逃避。”(51∶11)

如此欢喜雀跃,如此因确信救恩降临的至福异象,不见于更早一些的文献。何西阿、耶利米和以西结都对于以色列的得救深信不疑。但是《第二以赛亚书》的作者却是第一个勾勒出一个末世论的先知。事实上,他宣告了一个新时代的曙光。在一个时代行将结束而另一个新时代随时开始之间,存在着一种本质的差别。其他先知并未宣告一个悲剧时代的终结,另一个完美幸福时代即将降临,他们只是教导以色列人要结束不道德的行为,诚心回归上帝以便获得重生。相反,《第二以赛亚书》却描绘了新时代的开端,那是一段发生巨变的历史,其中包括一系列为上帝所决定的不可思议的事件:(1)巴比伦被上帝所摧毁(43∶14—15; 等等),被他的工具古列所摧毁(41∶2;等等),或被以色列(41∶14—16)所摧毁;(2)以色列得救,也就是犹太囚虏获释(49∶25—26),然后穿越旷野(55∶12—13),抵达耶路撒冷(40∶9—11),散居在世界各地的以色列人得以重聚(41∶8—9);(3)雅赫维返回锡安(40∶9—11);(4)通过重建(44∶26),人口的繁衍(44∶1—5),甚
249 至通过几乎不亚于重建伊甸园的诸种变迁(51∶3)而改天换地;(5)万民皈依雅赫维并且放弃他们所拜的神(51∶4—5)。① 后来的先知还将返回到这种末世论场景并加以发展(§197)。但是在异象的表现力和精神的深度上,谁也不能望《第二以赛亚书》作者之项背。

有四首诗,称为“仆人之歌”(42∶1—4; 49∶1—6; 50∶40; 52∶13; 53∶12),对犹太民族的苦难做了原创性的、戏剧化的表现。对于这些诗歌的解释可谓众说纷纭。“耶和华(雅赫维)的仆人”(*ebhed yahveh*)很可能是比拟被掳的犹太精英。他所受的折磨被认为是为全民族的赎罪。雅赫维的仆人接受每一个苦难:“人打我的背,我任他打,……人辱我、吐我,我并不掩面。”(50∶6)这种被掳的考验乃是一种献祭,以色列的罪过由此得以除灭。“担当我们的忧患,背负我们的痛苦……他为我们的过犯受害,为我们的罪孽压伤。因他受的刑罚,我们得平安;因他受的鞭伤,我们得医治。”(53∶4—5)

---

① 参见 Fohrer, *The History of Israelite Religion*, 第 328 页。

基督教的解经学认为“耶和华的仆人”预示着弥赛亚的到来。某些章节也佐证了这一解释。如“耶和华(雅赫维)使我们众人的罪孽都归在他身上。……他像羊羔被牵到宰杀之地……从活人之地被剪除,是因为我们百姓的罪过。”(53∶6—8)仆人自愿牺牲,他“也被列在罪犯之中。他却担当多人的罪,又为罪犯代求。”(53∶12)但是“他必看见自己劳苦的功效,便心满意足……我要使他与强盛的均分掳物。”(53∶11, 12)甚至:雅赫维将让他的仆人“作外邦人的光,叫你施行我的救恩,直到地极。”(49∶6)

这些经文达到了希伯来宗教思想的顶峰。通过雅赫维的仆人所遭受的苦难而宣告普世救恩,这便预示了基督教的问世。

197. 哈该和撒迦利亚:末世论先知 250

被掳的犹太人回到耶路撒冷(约公元前 538 年),除了其他迫切的问题以外,所要面对的就是重建圣殿的问题。新的圣殿不再属于王朝而是属于人民,他们负担了重建的费用。大约在公元前 537 年安放基石,然而不久之后,工程就停顿下来。直到公元前 520 年,在一次政治变动之后才恢复圣殿的建造。波斯帝国危机四伏,带来了新一轮末世论浪潮。刚被任命犹大省长的所罗巴伯(Zerubbabel)以及得到先知哈该(Haggai)和撒迦利亚(Zechariah)支持的大祭司约书亚(Joshua),专心致力于重建圣殿。大约公元前 515 年,圣殿建成,但是这时所罗巴伯因为波斯政权的不信任而早已离任。

对于那些沉浸在近来各项预言的狂热分子而言,这是一系列新绝望的开始。他们问道,既然上帝的审判已经结束,那么《第二以赛亚书》所说的末世到底什么时候开始呢?在先知哈该看来,当所罗巴伯安置圣殿基石的那一刻起,一个新时代就已经开始了(《哈该书》2∶15—19)。他还宣布,这项工程完成的当天,将会看到天地震动,倾覆“列国的宝座”,除灭他们的军队,立所罗巴伯为弥赛亚王(《哈该书》2∶20, 23)。[①] 然而,圣殿最终完成了,人们又问,为什么末世(*esachaton*)还没有降临呢?其中最有说服力的答案就是,因为犹太社团的腐败推迟了末世的到来。不过,正如历史上曾经多次发生的那样,《第二以赛亚书》预言的世界大逆转的推迟改变了救恩的概念,末世论的希望也就逐渐淡忘了。

我们将进一步评价这种困惑状态对于以色列以后的历史所造成的影

---

① 相似的观念也出现在《撒迦利亚书》中(8∶9—13,等等)。

响。然而，我们不能低估末世论预言的重要性。哈该和撒迦利亚坚持认为，旧时代和新时代之间存在着根本的差别。撒迦利亚认为，前者的特点是雅
251 赫维行毁灭的意志，而后者则是施拯救的愿望(《撒迦利亚书》1∶1—6, 8∶14—15)。首先，那些要为以色列的悲剧负责的列国将要毁灭(1∶15)。其次，雅赫维要他的城邑"丰盛发达"(1∶17, 2∶5, 等等)。上帝将清除犹大的罪人(5∶1—4)，把恶人逐出此地(5∶5—11)，被掳者也将重聚。最后，弥赛亚的统治将在耶路撒冷开始，而列国将来到"耶路撒冷寻求万军之耶和华(雅赫维)，恳求耶和华(雅赫维)的恩。"(8∶20—22，参见2∶15)

类似的预言也出现在"以色列启示录"的经文(《以赛亚书》24—27)里。[①] 公元前4世纪，《第二撒迦利亚书》(9∶11—17; 10∶3—12)以及先知约珥(Joel)再度论及同样的主题。[②] 末世论场景包含以下全部或部分内容：列国灭亡，以色列获救，流亡的被掳者在耶路撒冷重逢，国家变得有如天堂，建立上帝的政权或弥赛亚的统治，最后列国皈依雅赫维。在这些关于伊甸园的想象里，我们可以看到，这是对犹太人沦为囚虏之前"乐观先知"的末世论的一种修正。[③]

自《第二以赛亚书》以来，人们就一直相信，末世的曙光快要出现(参见《以赛亚书》56∶1—2, 61∶2)。有时这位先知还冒昧地提醒雅赫维，他恢复耶路撒冷城太迟了(《以赛亚书》62∶7)。然而，他知道过错在于那些罪人，因为"你们的罪使你们与上帝隔绝。"(59∶2)[④]第二以赛亚和被掳时期以后的先知一样，都认为在重大的历史动乱(巴比伦的覆亡、列国攻击耶路撒冷之后是列国的灭亡)之后将会开创一个新的时代。

252 末世的救赎将延及其他民族，对于以色列宗教以后的发展具有重要意义。在《第二以赛亚书》(《以赛亚书》51∶4—6)里，雅赫维面对万国说，他的"救恩"将"如光明到来"。"当那日，人必仰望造他们的主，眼目重看

---

① 上帝将审判所有以色列的敌人，他们的都城将要倾圮，然而幸存者可在雅赫维在锡安山之际分享弥赛亚的庆典(《以赛亚书》24∶21—25∶12)。

② 在针对向雅赫维和以色列人犯下罪行的列国进行的末世之战后，将开始一个富足与和平的天堂般的时代(《约珥书》4∶2—3, 12; 4∶18—21)。("第二撒迦利亚书"由《撒迦利亚书》第9—14章构成)

③ Fohrer, *History of Israelite Religion*, 第340页。

④ 先知玛拉基(公元前5世纪)拒绝明确"耶和华的日子"将在哪一天到来。当务之急是要在内心做好准备，因为"他来的日子"将会在任何时候到来(3∶2)。

以色列的圣者。”(17∶7)西番雅(Zephaniah)对普世救赎做了更为明确的宣告(《西番雅书》3∶9)：“那时，我必使万民用清洁的言语，好求告我耶和华(雅赫维)的名，同心合意地侍奉我。”然而救恩是经常应许给予一切人类的，但是只有在耶路撒冷，以色列的宗教和国家的中心，才能真正得到救恩(《以赛亚书》2∶2—4，25∶6以下，56∶7；《约珥书》3∶17；《西番雅书》8∶20以下)。

除了这些仅仅关注人类历史世界的预言之外，还有一些相当古老的预言(§12)，它们更加关注的乃是宇宙的整体。哈该(《哈该书》2∶6)宣告雅赫维将“震动天地，沧海和旱地”。最后的审判将通过破坏整个世界的大灾难而结束(《以赛亚书》34∶4；51∶6)。但是，雅赫维将创造“新天新地。从前的事不再被记念”(《以赛亚书》65∶17)。新天新地将长存(66∶22)，雅赫维将是一道“永远的光”(60∶20)。甚至耶路撒冷都将被重建(《撒迦利亚书》2∶5—9)，并且将得到“新名的称呼，是耶和华(雅赫维)亲口所起的”(《以赛亚书》62∶2)。如同在许多其他末世论场景所见的，新天新地将包含某种“天堂”成分：无数的财富，无比的丰饶，疾病的消失，长寿，人类与动物的永久和平，不洁之物的消灭等等。但是这个即将恢复其最初的完美的宇宙，其核心将是耶路撒冷——真正的“世界中心”。

198. 对于弥赛亚王的期盼

根据末世论的预言，新世界将由雅赫维①或是由上帝所指派的国王以上帝的名义来治理。这位国王通常被称为“受膏者”(*masiah*，弥赛亚)，据 253
说是大卫的后裔。以赛亚提到一个“婴孩”，一“子……在大卫的宝座上”(《以赛亚书》9∶1—6)，还提到“从耶西的本必发一条……枝子”(《以赛亚书》11∶1)，他将以公义来治理一个天堂般的世界，在这个世界里，“豺狼必与绵羊同居，豹子与小羊同卧，少壮狮子与牛犊并肥畜同群，小孩子要牵引它们”(《以赛亚书》11∶6)。撒迦利亚把弥赛亚的尊严分为世俗的权威和精神的大能，也就是处在所罗巴伯和大祭司约书亚之间(《撒迦利亚书》4∶1—6；6∶10—14)。在另一个预言中，他描述弥赛亚王进入耶路撒冷，“得胜……凯旋而来，谦谦和和地骑着驴，就是骑着驴的驹子”(《撒

① 《以赛亚书》24∶2，33∶22，44∶6，“耶和华(雅赫维)要在锡安山作王治理他们”(《弥迦书》4∶7；参见2∶13)；《撒迦利亚书》9∶1—8；等等。

迦利亚书》9∶9—10)。

我们必须说明,“耶和华(雅赫维)的受膏者”一语最初指一个在位的国王,这一点是很重要的。因此末世论的人物被比喻为一个国王。后来“受膏者”一语也用于指祭司、先知以及列祖。① 受雅赫维的“膏”,表示和上帝具备更加亲密的关系。但是在《旧约》里,末世的弥赛亚并不是超自然的存在,自天而降,拯救世界。**救赎绝对是雅赫维的工作**。弥赛亚是一个凡人,是大卫的子孙,他将坐在大卫的宝座,凭公义来治理。有些历史学家认为,对弥赛亚的期待是在那些具有末世论狂热,同时忠于大卫王朝的人群中间产生的。但是这些群体毕竟只是少数人,因此对于弥赛亚的期待并没有产生重大的影响。② 不过问题没有这么简单。希伯来宗教思想具有一种原创性是毋庸置疑的,但是其中所表达的王族意识形态却与著名的东方君主制度中国王的“救赎”角色有着相似之处。③

这些末世论预言同那些犹太人被掳时期之前的著名先知所传达的消息
254 形成重大对照。因为后者并没有期待人类以及生存的品质发生急剧逆转,毋宁只是期待一个新的时代因而也是一个新世界的创造;人类可以通过雅赫维所施行的奇迹而自动地发生转变。因此,末世论的先知对于这些著名先知所传达的信息存在着一种误解,对于上帝拯救以色列的意志存在着一种乐观主义的幻想。④ 不过我们必须看到,对于新天新地的期待,包括期待人类恢复到太初的完善状态,乃是一种极其古老的宗教精神的核心概念,尤其是古代农业民族的核心概念(参见§12以下)。每一种末世论都是回归、继承并且丰富这样一个观念——只有创世这一上帝的崇高工程,才能够更新并且提高人类的存在。确实,被掳以后的末世论期望产生了一种与早期著名先知有所不同的宗教体验,但是它决不是无足轻重的。概而言之,它事实上放弃了凭借个人努力而实现精神完善的任何期望,强化了对于全能的上帝的信仰,以及对于他救赎之应许的信仰。

的确,末世(*eschaton*)一再推迟来临,强化了与之相对立的律法主义和仪式主义的取向。但是末世论的期望并没有彻底消失(参见§203)。

---

① 参见 S. Mowinckel, *He That Cometh*, 第 56 页以下。

② 参见 Fohrer, *History of Israelite Religion*, 第 350 页。

③ 尤其参见 G. Widengren, *Sakrales Königtum*, 第 30 页以下; Mowinckel, *He That Cometh*, 第 280 页以下和相关章节;以及 Ringgren, “König und Messias”。

④ 参见 Fohrer, 第 352 页。

199. 律法主义的进展

在波斯宗主权的统治下，犹太民族获得 200 年的和平，开始于被掳时期之前并一直延续到囚虏时期的律法改革得到极大加强。在巴比伦，割礼成为雅赫维子民身份的最高象征。守安息日成为忠诚于约书的证明（《以赛亚书》56：1—8，58：13—14）。《利未记》中对于仪式条例（第 17—26 章）正是在被掳时期从形式上固定下来的。它被称为“圣洁法典”，传为摩西所作，
规定了动物献祭、性关系和禁令、节期以及崇拜仪式的细节，特别强调仪式 255
性的洁净和不洁净。如同《梵书》一样（参见§76），“圣洁法典”将生活和社会行为都仪式化了。其目的就是要保持以色列人的纯洁，准备重新征服雅赫维所应许的土地。在一个外来的、不洁净的世界中，一个民族只有确保其种族和精神上的同一性才有可能生存下去。

国家生活的重建不再期望依靠一种发自精神的内心皈依——就像那些伟大的先知所期望的那样——而是依靠在律法（即《托拉》）的绝对权威之下社团生活的有效组织。在崇拜仪式方面，上帝的荣耀从属于以色列的“圣洁”，也就是说，从属于以色列在仪式上的纯洁，这纯洁时常受到罪恶的威胁。公开涤除罪恶获得极其重要的意义，赎罪节（*yom kippurim*）就证明了这点。“涤除罪行的体制完备地确立起来，以至它几乎没有给对于新的更好的秩序的期望留下什么余地。在宗教文献中丝毫找不到末世论或弥赛亚思想的痕迹。对他们而言，以色列具备一切救赎所必需的体制，因为它已经持续存在数百年了。”①祭司制度是唯一能够监督律法实施的权威。自波斯时代就一直主导宗教生活的僧侣阶层在被掳时期已经确立了它的结构。

大约在公元前 430 年，一位生活在亚达薛西一世宫廷中的犹太人尼希米当上了犹大省长，获准重建耶路撒冷城墙。他还进行宗教改革（其中包括他坚持驱逐娶非犹太人做妻子的祭司）。另外一位宗教领袖以斯拉的史实我们知之不多，他（可能生活在公元前 5 世纪后期）继承了尼希米的使命。②他也强调以色列在仪式上的重要性，废除异族通婚。这当然决非种族主义

① A. Caquot，“Le judaïsme depuis la captivité de Babylone”，第 143 页。

② 但是根据莫尔顿·史密斯（Morton Smith）（他同意克勒尔曼［Kellermann］的结论）的观点，正是尼希米深化了由以斯拉发起的改革：参见所著 *Palestinian Parties and Politics That Shaped the Old Testament*。第 120 页以下。亦参见同上书，第 126 页以下他对于《尼希米书》的分析。

的措施。异族通婚的危险在于宗教方面,因为通婚将威胁雅赫维宗教的完
256 整性。然而,以斯拉的改革却导致了种族隔离,他强化了律法主义,从此律
法主义在以色列宗教中就一直占据主导地位。据传(《尼希米记》8),以斯拉
向"众男女一切听了能明白的人"宣读"摩西的律法书"。我们无法断定《摩
西五经》是该律法书的全部还是其中一部分。但是,自从这一庄严宣读之
后,以色列宗教就"正式"拥有了圣典。

《托拉》(*torah*,律法)很快就和《摩西五经》混为一体了。研究和解释书写的经文取代了口头传承。以斯拉被认为是第一位"文士"或"律法博士"。文士成为宗教行为名副其实的模范。(参见后文第650页,便西拉对文士的赞美)。但是逐渐地产生了一个新的观念——"口传《托拉》"。人们主张,除了成文的律法书外,摩西从上帝那里还得到过额外的训示,从那时起,这些额外的训示就以口头方式一直传承至今。对于这些训示的全部注解就构成了《密西拿》(Mishnah,"复述")。本质上,这是一种将"秘传宗教"合法化的方式,也就是说,一种具有入会礼性质的秘密教义的传承方式。[1] 随着时间的发展,"博士"的著作就成为研究《托拉》的权威(参见§201)。

就我们的目的而言,无需一一论述继以斯拉改革之后数百年间创作、重
订或编辑的所有作品。正是在这段时期创作了《历代志》、某些诗篇和先知
书,[2]重订了早期经文。也是在这段时期经历了两股相互对立的宗教倾
向——我们姑且称之为"普世主义者"和"民族主义者"——之间日趋发展的
紧张关系。普世主义者继续末世论先知的期盼,就是在哪一天目睹万国崇
拜雅赫维,以他为唯一的真神。另一方面,民族主义者则主张上帝的启示是
257 排他的,并且致力于维护以色列种族的完整性。事实上这种冲突相当复杂
而且微妙。

200. 神圣智慧的人格化

有一个最为重要并且对犹太教历史产生深刻影响的事件,就是犹太教和希腊文化的对抗。早在青铜器时代晚期,希腊人就一直同巴勒斯坦有所往来。公元前1000年代,他们持续不断地涌入巴勒斯坦,甚至在波斯统治

---

[1] 大乘佛教的教义和性力派的实践,以及赫耳墨斯教、启示录,以及诺斯替派的"启示",都是以类似的解经方式证明其有效性的。

[2] 应当注意,有些历史学家将《约伯记》断定在被掳时期以后。

期间也没有中止。[①] 但是，只是特别在亚历山大胜利以后，希腊化文化的影响方才激增起来。希腊的语言、文化和制度（学校、体育等等）到处流传，不仅在散居的犹太人社团流传，而且远及巴勒斯坦地区。亚历山大死后（约公元前 323 年），该地区由埃及托勒密王朝统治。[②]

正如罗马人一样，历史，尤其是先知以后的历史充满了宗教意义。换言之，那些改变并且规范了以色列政治命运的历史事件，同样能够再现救恩历史中的重大时刻。希伯来人认为，国家政策和宗教活动是不可分的，因为仪式性的洁净——以色列因此得以保存——和政治自治权密切相关。希腊思想对巴勒斯坦的影响，在政治、宗教以及文化方面上渐次产生。贵族和一部分中产阶级努力引进希腊化启蒙运动（*Aufklärung*）产生的观念和制度。这种"自由主义"和世界主义的政策，威胁到民族自身的认同，因而遭到其他社会阶层的反对，特别是保守的宗教人士和乡村百姓。这两股势力之间的 258
紧张状态后来引发了马加比起义（§202）。

不同的意识形态和宗教倾向造成犹太人的分裂，从亚历山大征服巴勒斯坦（约公元前 332 年）到巴勒斯坦成为罗马行省（公元前 69 年），在耶路撒冷或是散居的犹太人所创作的一些作品中留下了印记。但是，时代精神的力量不可抗拒，就是在批评和反对希腊化思想的文献里，我们都可以找到希腊化思想的蛛丝马迹。

"智慧"（*hokmā*）的人格化就是这一时期最具原创性的宗教观念。《箴言》（可能作于公元前 3 世纪）的前 9 章赞美智慧的神性起源，并且列举她的种种品质。"在耶和华造化的起头，在太初创造万物之先，就有了我。从亘古，从太初，未有世界以前，我已被立。没有深渊，没有大水的泉源，我已生出。"（8∶22—24）。智慧是"明白思想的发明者"；"帝王藉我坐国位，君王藉我定公平。"（8∶12 以下）有的学者从这个概念中看出希腊哲学的影响，不过 Sophia（希腊文 *sophia*＝"智慧"）作为神和有人格的实体看来是相当晚出的；尤其是在赫耳墨斯教作品、普鲁塔克以及新柏拉图主义者的作品里可以找到。[③]

---

① 参见 Smith，*Palestinian Parties and Politics That Shaped the Old Testament*，第 58 页以下、第 228 页以下。

② E. Bickerman，*Der Gott der Makkabäer*，第 59 页以下；V. Tcherikover，*Hellenistic Civilization and the Jews*，第 99 页以下；Martin Hengel，*Judaism and Hellenism*，第 1 卷，第 65 页。

③ Hengel，*Judaism and Hellenism*，第 1 卷，第 154 页以及第 2 卷，第 98 页，注解 298（古代资料和书目）。

其他学者则引证了早于希腊影响的其他闪族作品，尤其是埃利潘蒂尼(Elephantine)文书中的“阿希卡尔[Ahikar]的智慧”。① 甚至也有人在大地之母的女神崇拜(伊希斯或阿施塔特)里探寻“智慧”(*hokmā*)的祖先，但是“智慧”并非上帝的伴侣，她是从上帝的口里生出来的。

259 布谢(Bousset)和格雷斯曼(Gressmann)正确地强调了人与上帝之间的“中保”尤其在希腊化时期的犹太教思想里的重要性。② 某些智慧学派把“智慧”推到最高权威，作为启示的中保。但是我们很快将要看到，对于“智慧”的各种不同的自相矛盾的解释和评价其实反映了一种将要极大改变犹太教面貌的深层危机。

201. 从绝望到一种新的神正论：《传道书》和《便西拉智训》

一般认为，《传道书》(希伯来文：*Qoheleth*)③和《约伯记》见证了报应的教义崩坏所带来的震撼，感人肺腑。与智慧文学的神学不同，《传道书》作者关注上帝的高深莫测的行为。不仅愚昧人和智慧人(2：15以下)、人与兽(“这个怎样死，那个也怎样死。”3：19)命运相同，而且“在审判之处有奸恶，在公义之处也有奸恶”(3：16)。作者根据他自己的经验作出判断：他看见“有义人行义，反致灭亡；有恶人行恶，倒享长寿。”(7：15)就像一个平静而不带感情的哲学家，他不断回到这个主题：“义人所遭遇的，反照恶人所行的”(8：14；参见9：2)。总之，我们不再可能奢谈什么上帝的“公义”(5：8，等等)。更有甚者，也不再可能理解创世的意义或生命的价值：“人查不出日光之下所做的事；任凭他费多少力寻查，都查不出来。”(8：17)因为“上帝从始至终的作为，人不能参透”(3：11)。上帝不再慷慨地表现愤怒或
260 怜悯。罪恶感和对于宽恕的期待都是虚空。上帝已经抛弃了人类，他不再关心他们的命运。

《传道书》中著名的叠句“虚空与捕风”，对于发现人类存在境况之险恶是有裨益的。作者道贺“死人……而非活着的活人”，特别是“未曾生的”

---

① 参见奥尔布赖特(W. A. Albright)、斯托里(C. I. K. Story)以及多涅尔(H. Donner)的研究，亨格尔(Hengel)上述著作中对这些研究逐一做了分析，第1卷，第154页以下；第2卷，第99页。

② W. Bousset and Gressmann, *Die Religion des Judentums im späthellenistischen Zeitalter*, 第3版，第319、342页；参见 Hengel, *Judaism and Hellenism*, 第1卷，第155页。

③ *Qoheleth*, 意义不详；或指“会众之首”或指“传颂人”；参见 Hengel, *Judaism and Hellenism*, 第1卷，第129页。

(4∶2—3)。甚至智慧也是虚空(1∶16—17；2∶15；9∶11)。然而，《传道书》不是要反叛上帝。恰恰相反，既然人类的命运是在“上帝手中”(9∶1)，人就必须利用“上帝所赐他一生的日子吃喝……因为这是他的分”(5∶18)。对人来说，唯一的“恰当的幸福”是享乐主义的，“你只管欢欢喜喜吃你的饭，心中快乐喝你的酒……同你所爱的妻，快活度日……，因为那是你……所得的分。凡你手所当做的事，要尽力去做，因为在你所必去的阴间，没有工作，没有谋算，没有知识，也没有智慧”(9∶7—10)。

这种悲观的理性主义被拿来和某些希腊哲学流派相比。从伏尔泰时代以来，有些历史学家和解经学者就提到斯多亚派、伊壁鸠鲁或犬儒派享乐主义的影响。[1] 希腊化文化对被掳时期之后的犹太教具有重大而深远的影响(参见§202)。然而，在《传道书》里却找不到这些影响。希腊哲学家和作家激烈批评传统的神话和神学，但是《传道书》的作者根本没有否定上帝的存在，他宣称上帝的实在和全能，[2]并且一再重复道，我们只有借他的恩赐而受益。更有甚者，《传道书》不排斥崇拜仪式和虔敬。所以根本不存在什么无神论的问题；相反，《传道书》表达了因发现上帝的漠然态度所产生的绝望和顺从之间的冲突。盛邀众人，享受生命，这恰好可与埃及人的《竖琴手之歌》(§30)以及西杜丽(Siduri)女神对吉加美士的忠告做比较(§23)。

便西拉(Ben Sirach，“西拉之子”)的作品，又名《次经传道书》，虽然没有
《传道书》那么感人肺腑，然而更加充分地揭示了以色列民族所遭受的危机。 261
这部作品可能于公元前190—前185年间，出自某个文士(*sōpēr*)之手，他是某个智慧学派的教师，是专门写给那些痴迷于希腊化启蒙运动的希伯来年轻人看的。便西拉是个爱国主义者，深信谨守律法书(对于政治或宗教而言)都是至关重要的。他抨击富人(《便西拉智训》13∶3，18—23)，因为他们是世界主义和普世主义最积极的支持者。便西拉于其著作中开宗明义，抗议希腊思想的世俗意识形态，他宣称道：“博大智慧，来自天主。”(1∶1)这使得他得以把(预存于上帝里的)智慧等同于《托拉》。《便西拉智训》第24章“赞美智慧”，这是一篇著名的赞美诗，也是本书的高潮。智慧宣布她的崇高地位(“出自至高者之口”)以及她下降到耶路撒冷(“随后居家锡安山……统治耶路撒冷”)(24∶11)。

---

[1] 参见Hengel，第1卷，第77页，注解52所列书目。

[2] 参见Hengel，第1卷，第124页。

针对以“启蒙运动”为代表的“世界主义者”主张的观点，便西拉描述智慧的教师、理想的文士，乃是一位投身研究《圣经》的学者：他“专心致志，思考至高者和律法。他探究所有古人的智慧，花全部的时间去探究预言，深研箴言隐秘的含义，思考比喻的微妙”等等(39：1以下)。因为“敬畏主，遵守全部的律法，这就是全部的智慧”(19：20)。在智慧文学里，尤其是在《箴言》以及一些《诗篇》里，真正的“义人”就是认识了这个宇宙秩序和道德生活之神性起源的智者。**因此，人们可以独立于他们的宗教去寻求智慧。**但是便西拉拒绝这种“普世主义”的解释；他将智慧与虔敬和崇拜仪式等量齐观。
262 “智慧即是《托拉》……也就是摩西颁布给我们的律法。”(24：23)①换言之，智慧是上帝给予以色列独有的恩赐。因为上帝为每个国家都立了一位统治者，“但是以色列由主亲自统管。”(17：17)

在神学方面，便西拉回到了传统立场。他批评那些认为上帝不关心人类命运的观点；换言之，他驳斥在耶路撒冷城里流行的《传道书》和希腊哲学。最重要的是，他试图为报应的教义辩护：他赞美上帝的工完美无缺(39：16，42：15，22：25)，反复说明虔诚的人与恶徒有不同的命运，因为“太初伊始，他向义人行善，他向罪人降灾”(39：25)。“沉思”良久，他总结道：“唯有主是公正的。”(18：2)

这种对传统神正论的大胆恢复，必然伴随着对“智慧之敌”，也就是亲希腊的背教者和“自由派”的猛烈抨击。便西拉祈祷将以色列从“异邦”中拯救出来：“愿你大发雷霆，倾泻烈怒，毁灭对手，消灭仇人……让……那欺压你的民族的人统统遭到毁灭。”(36：6，8)

然而，在著名的第24章，智慧宣布说：“我独自遨游天庭，我横跨地下之海。大地和海浪啊，统统纳入我的统治，囊括万邦与万民。”(24：5)换言之，智慧是代表“充满整世界、自然与人类(不仅仅是犹太民族)的力量”。② 但是便西拉觉得有义务要限制并且最终是忘却智慧的普世主义取向。在抗拒希腊思想及其智慧(Sophia)时，“智慧(*hokmā*)要影响犹太教就只有同另外

---

① 在“列祖颂”(44：1—49：16)中，便西拉赞美了《圣经》历史上的著名人物：以诺、挪亚、亚伯拉罕、以撒和雅各、摩西等等。这是一段与众不同的经文，在智慧文学中没有与之相近的文字。(亨格尔将它与希腊化文学中的英雄颂进行比较，*de viris illustribus* [*Judaism and Hellenism*，第1卷，第136页]。)但是作者的灵感丧失殆尽，“颂歌”变成了训诫，变得单调乏味。

② W. Schencke, *Die Chokma (Sophia) in der jüdischen Hypostasenpekulation*，第127页；参见Hengel，第1卷，第162页。

一个起决定性作用的因素,也就是律法结盟。……在这场抗拒希腊思想及其智慧的斗争中,我们绝对不能低估智慧(*hokmā*)对犹太教的形成所产生的重大影响。”

202. 最初的启示:《但以理书》与《以诺一书》 263

到安提阿哥四世·伊皮法纽(Antiochus Ⅳ Epiphanes)在位期间(公元前 175—前 164),对于希腊化的抗拒达到了高潮。代表普世主义的多比亚斯(Tobiads)和代表民族主义的奥尼亚斯(Oniads)之间的对立有一段时间甚至到了快要兵戎相见的地步。亲希腊文化的一派要求进行激进的改革,计划把《圣经》的犹太教改造为“现代”宗教,类似于其他同时期的宗教融合的产物。大约公元前 167 年,奥尼亚斯的对手趁其密谋起义失败,建议安条克颁布谕旨废除《托拉》。[①] 圣殿于是成为宗教融合的圣所,供奉等同于腓尼基的巴力的奥林匹斯的宙斯。该谕旨禁止安息日和宗教节期、割礼以及收藏《圣经》,违者处死。巴勒斯坦到处都设立祭坛,供奉外邦人的神,人民被迫带着供品前往献祭。

自从征服迦南以来,尤其是在王国时代,以色列人曾经受到过宗教融合的诱惑和危险(§113 以下)。但是安提阿哥·伊皮法纽的侵犯有过之而无不及。诚然,他并不想以奥林匹斯的宙斯取代雅赫维;他的目的只是要给神取一个名字,在异教徒看来,这个神基本上是没有名字的。[②] 此外,若干希腊和罗马作家将雅赫维比拟为宙斯。[③] 对于传统主义而言,这种比拟是渎神的,对于广大着迷于浮夸的斯多亚派哲学和宗教观点的亲希腊文化的知识分子,却是可以接受的。不过这类哲学解释超出了大多数以色列人的理解范围,在他们眼里,宙斯只是外邦人所崇拜的诸神之一。此外,正如历史学家弗拉维乌斯·约瑟福斯(Flavius Josephus)后来所言(《犹太古史》
12.220.253),安提阿哥犯下了许多条罪行,例如渎神(首先是在耶路撒冷建 264
立多神崇拜)、抢劫、不宽容,尤其是迫害犹太人。[④]

---

① 根据毕克曼(Bickerman)的记载,耶路撒冷的极端亲希腊派怂恿安条克实行暴力镇压,参见所著 *Der Gott Makkabäer*, 第 120 页以及相关章节。逼迫谕旨正是由多比亚斯派起草的(Hengel, 第 1 卷,第 289 页)。

② Bickerman, 第 92 页以下。

③ 参见 Hengel 书,第 1 卷,第 261 页以下;M. Simon, “Jupiter-Yahvé”,第 49 页以下。

④ 参见 Simon, “Jupiter-Yahvé”,第 51 页。

哈斯蒙尼(Hasmoneans)家族中有个名叫马他提亚(Mattathias)的祭司,发出了武装起义的信号。起初,他受到一批奋锐党人,“虔敬派”(*hassidim*)的支持。马他提亚死后,他的儿子犹大·马加比(Judas Maccabaeus)担任战争指挥。大约在公元前164年,他攻克圣殿,恢复了崇拜仪式。虔敬派认为这场宗教胜利已经足够了。但是马加比为了争取政治自由而继续战斗,大约在公元前128年取得成功。在消失了数世纪之后,犹太人又有了自己的国王,从哈斯蒙尼家族中选出了新王。[1] 他们的统治是灾难性的,大约在公元前63年,人民如释重负地接受了罗马的统治。

从安提阿哥·伊皮法纽入侵到庞贝将巴勒斯坦划归罗马行省的那一个世纪,对于犹太民族的历史和宗教具有决定性的影响。一方面,强制推行的异教化在巴勒斯坦犹太人心里造成难以释怀的创伤:他们不再相信异教徒是清白无罪的,从此,他们和希腊文化之间便有了一道深渊。[2] 另一方面,马加比的军事胜利极大地增加了犹太王国的政治影响力。此外,犹大·马加比的克里斯玛形象后来鼓舞了其他的武装起义,不过这时抵抗的是罗马人而已。但是公元66—70年的那场起义却是以提多的军团摧毁第二圣殿和耶路撒冷城而宣告结束的。而公元132—135年巴尔·科赫巴(Bar Cochba)领导的起义则遭到罗马皇帝哈德良(Hadrian)的残暴镇压。

265 就本书的目的而言,我们应当特别关注这一时期在宗教方面的创新。正如我们所期待的,当时的历史事件经过了改造,充满了谜一般的消息,形成了宇宙历史中的一个特殊意象。最早的启示作品出现在“虔敬派”群体中间——《但以理书》和《以诺书》中最古老的部分。“虔敬派”是一个联系紧密的团体,他们主张,绝对尊重律法,并且要悔改。强调悔改的重要性,对于用启示概念理解人类历史具有直接的影响。事实上,历史的忧患意识也达到了前所未有的程度。因此,《但以理书》和《以诺一书》都预言,世界正在走向它的末日,虔敬派必须为即将到来的上帝审判做好准备。

---

① 关于马加比的迫害和战争的分析,参见 Bickerman, *Der Gott Makkabäer*; Tcherikover, *Hellenistic Civilization and the Jews*, 第176—234页; S. K. Eddy, *The King Is Dead*, 第213—256页;以及 Hengel, *Judaism and Hellenism*, 第1卷,第277页。

② 但是宗教融合的倾向在撒马利亚和外约旦,特别是在操希腊语的散居犹太人中间继续发展;参见 Hengel,第1卷,第308页。

今本《但以理书》大约于公元前 164 年完成。作者通过数百年前说出的预言描述刚刚发生的以及当时的事件。这种做法(*vaticinia ex eventu*,“以事件为基础的预言”)乃是启示文学的特点:[①]它加强了预言的可信程度,因而有助于信徒承受当前的苦难。例如《但以理书》讲述了尼布甲尼撒王(Nebuchanezzer,约前 605—前 562)的梦。这位国王看见一座雕像:头是黄金的,胸膛和膀臂是银的,肚腹和腰是铜的,脚是半铁半泥的。突然飞来一块石头击中了雕像,“于是金、银、铜、铁、泥都一同砸得粉碎,成如夏天禾场上的糠秕,被风吹散,无处可寻”(《但以理书》2:32—36)。但以理这样解释这个梦:金头就是尼布甲尼撒王,在他之后必另兴一个不及他的王国,又有第三个王国,就是铜的,要统治全世界。第四个王国,必“坚壮如铁”,将打碎其他列国,但是最后也将败坏。于是“天上的上帝必另立一国,永不败坏,也不归别国的人。”(2:44)前后相续的亚述王国(即新巴比伦王国)、玛代和波斯王国,以及最后亚历山大王国都一个比一个快地没落了。尤其是在第四王国(也就是安提阿哥·伊皮法纽王国)时期以色列人民的生存受到了严重威 266
胁。然而,但以理保证,这个败坏世界的末日将近,在它以后上帝要建造永恒的国度。但以理进而描述了他自己的一个梦,他见到四只巨兽从海中上来。巨兽代表四个注定要灭亡的王国;此后,统治列国的大权必赐给“至高者的圣民”(《但以理书》7:27)。

总之,《但以理书》提醒人民过去发生的大事,特别是一系列的灾难毁灭了那些军事帝国,其作者心中有个明确的目的:鼓励并坚定他的教友。不过,四个王国戏剧性的更替,同时表达了**关于世界历史的统一概念**。的确,这一神话想象表明其起源于东方。四个前后相续的王国,以四种金属作为象征,在赫西俄德和伊朗那里都可以找到。至于四只巨兽,其先例就更多了:有巴比伦的、伊朗的以及腓尼基的。[②] 同样,《以诺一书》(16:1)的“太古”也可与“大年”(Great Year)的教义相比较。[③] 然而,《但以理书》和犹太教的各种启示都呈现出一种其他宗教传统所没有的因素:构成世界历史的事件不再反映宇宙循环的永恒规律,也不再依赖于星辰的运行,**历史的事件**

---

① 参见埃及人的“陶工神谕”;许斯塔斯普和西比尔神谕,等等。

② 参见 W. Baumgartner,“Danielforschung”,第 214—222 页; A. Bentzen, *Daniel*, 第 57—67 页; A. Lacoque, *Le Livre de Daniel*, 第 49 页以下。

③ 参见 Eliade, *The Myth of the Eternal Return*, 第 134 页以下;Hengel, *Judaism and Hellenism*, 第 1 卷,第 191 页以下。

是按照上帝的计划展开的。① 在这个预定的计划里，以色列将扮演重要的角色。历史正在加速走向终点；换言之，以色列的最后胜利也就要到来了。这场胜利不仅是政治上的；事实上，历史的完成就意味着以色列的救赎，是上帝亘古以来就已定下的救赎，并且镌刻在人类历史的计划中，不管他的子民犯了怎样的罪过。

267

203. 唯一的期望：世界末日

和其他宗教传统一样，在犹太人的启示文学中，世界末日也是通过一些灾变和奇异的自然现象昭示出来的：夜晚出太阳，白天出月亮，喷泉涌动鲜血，行星偏离轨道，树木淌血，火焰从地心窜出，石头说话等等(《以斯拉下》5：4—12)。一年将会缩短，人类彼此杀戮，干旱和饥荒遍野等等。② 正如伊朗的传说，在世界末日将见到一场大审判，因而死人也要复活。

《以赛亚书》(26：19)已经提到复活(“死人要复活，尸首要兴起”)，但是难以断定这段文字的年代。最早提到复活的文字无疑是《但以理书》12：13：“到了末期，你必起来，享受你的福分。”③这里很可能受到了伊朗的影响；但是我们也必须记住，古代东方早就有关于植物神的概念(参见§117)。启示文学(《以斯拉下》；《以诺一书》51：1—3，61：5，62：14以下；《巴录书》)和法利赛人，对于复活的教义都做了不厌其烦的说明。到耶稣传道的时代，除了撒督该人之外，人们已经普遍接受了这个教义。

至于最后的审判，《但以理书》(7：9—14)描述它在“亘古常在者”面前发生，这“亘古常在者”“白袍似雪”，坐在如火焰的宝座上：“他坐着要行审判，案卷都展开了。”以诺在其灵魂出窍的梦境里也见到主坐在他的宝座上以及“封缄的案卷”。他还目睹对堕落天使和背教者的审判，他们被罚丢入燃烧的深渊里(《以诺一书》90：20以下)。至高者坐在“审判宝座”上的想象再度出现在《以斯拉下》中，有罪的人注定要堕入“火焚谷的炉子里面”，而

---

① 在以诺的出神之旅中，他看见了一块书版，上面书写着全部历史(《以诺一书》81：1以下)。关于这个主题，参见 Widengren, *The Ascension of the Apostle*, 尤其是第27页以下。

② 参见 Eliade, *The Myth of the Eternal Return*, 第147页以下；P. Volz, *Die Eschatologie*, 第150页以下。这些老一套说法乃是启示文学所特有的，起源于一种相当古老的神话—仪式场景：世界末日，接着出现一个新天新地(§12；亦可参见 Eliade, *Myth and Realith*, 第4—5章)。

③ 同时期的作品还有《以诺一书》90：33以及希利尼人耶孙的著作，后者作于犹大·马加比去世后不久；参见 Hengel 书，第1卷，第196页。

义人的报偿就是进入“快乐的天园”(7∶33—37)。在审判之后,邪恶将永远 268
消除,道德堕落也将消失殆尽,真理将统治一切地方(《以斯拉下》6∶26—28)。用火进行末世审判的概念,很可能是源自于伊朗(参见§104)。

在“亘古常在者”和审判的异象里,但以理目睹“有一位像人子的”从天上降下,被领到“亘古常在者”面前,“接受了权柄、荣耀、国度”(《但以理书》7∶13—14)。但以理用“人子”(亦即“人”)象征处在末世得胜的崇高时刻的以色列民族。这种表达在公元前1世纪就相当流行,此外,耶稣也以此称呼自己。我们在这里看到的是一个在希腊化世界里很熟悉的人物,就是“人”(Anthropos)或是“初人”。这个神话起源于印度—伊朗人(参见*Puruṣa*,“原人”;Gayōmart,“迦尤马特”),但是“人子”的最直接的先例可以在伊朗—“迦勒底人”(Chaldean)的宗教融合中找到(参见§216)。初人担负着末世论的使命,这个观念并没有出现在《圣经》里面。只是在晚期犹太教中才出现了亚当在创世之前就存在的观念。①

因此,关于普遍历史具有统一性的概念,使我们能够从一个时代中解读出末世论的意义。古老的宇宙论(尤其是印度四个“宇迦”的教义)以循环论解释这个世界逐渐无可避免地衰亡,但是虔敬派与此不同,宣称雅赫维是历史上唯一的主。在《但以理书》和《以诺一书》中,上帝依旧是一个中心人物:邪恶没有明确化身为雅赫维的敌手。邪恶是从人类的不服从(《以诺一书》98∶4以下)以及堕落天使的背叛而产生出来的。

但是在启示文学里,情况就发生了显著变化。世界和历史现在被视为受到 269
邪恶势力,也就是撒但指挥的魔鬼势力的支配。最早提到撒但的经文(《约伯记》1∶6以下;《撒迦利亚书》3∶1以下)将其描绘为雅赫维天庭中的一员。他之所以是“敌人”,因为他是和人类作对的天使(参见§115)。然而,现在**撒但却化身为邪恶的功能:他变成了上帝的敌人**。此外,一个新的观念也形成了:即两个时代(或两个国)的观念:“这个统治时代”与“那个统治时代”。事实上,经文写道:“上帝创造了两个时代,而不是一个。”(《以斯拉下》7∶50)②在这个时代,“撒但

---

① 事实上,犹太教并不知道人子就是原人神话的一个变体。犹太教的次经作品虽然歌颂人子在末世论中所起的作用,但是丝毫没有提到他预先的存在(参见Mowinckel, *He That Cometh*, 第420页以下)。F·A·波尔什(Borsch)同样找出了国王作为最初的人子的东方神话结构;参见所著*The Son of Man in Myth and History*, 第89页以下。

② 这部作品还包含一个相当古老的观念,也就是世界不可避免地衰老下去:“这个世界已经不是青年了,他正在接近老年”(《以斯拉下》14∶11)。

的国"注定得胜。圣保罗称撒但为"这世界的神"(《哥林多后书》4∶4)。他的势力在弥赛亚快要到来的时候会达到顶峰,那时将有如前所述的多重灾变和反常现象出现(第654页)。但是,在这场末世争战里,雅赫维将征服撒但,歼灭或打败所有的魔鬼,根除邪恶,然后建立他的国,赐予永恒的生命、喜乐和平安。[①] 有经文还提到向天堂回归,死亡也已经被挪开了(《以斯拉下》8∶52—54)。然而,虽然这个新天新地是完美永恒的,但仍是一个**物质的世界**。

撒但的形象可能是在伊朗二元论的影响下发展出来的。[②] 无论如何,这是一种温和的二元论,因为撒但并不是一开始就和上帝并存的,而且他也不是永恒的。另一方面,我们还必须顾及到较早的一个传说,亦即相信雅赫维是现实世界的一个绝对整体,也就是"对立统一"(*coincidentia oppositorum*),在这个对立统一中,所有对立的事物都共存在一起,其中包括"邪恶"(§59)。我们必须记住撒母耳的一个著名例子:"耶和华
270 (雅赫维)的灵离开扫罗,**有恶魔从耶和华**(雅赫维)**那里来**扰乱他。"(《撒母耳记上》16∶14)如同在其他宗教里,当精神危机令人们怀疑传统神学的语言和推论而最后将生命、现实和神性的否定性方面加以人格化,二元论便随之清晰地浮现出来了。前不久还被想象为**处在宇宙过程的一定阶段上**的东西(以对立双方的相互转化为基础:日夜、生死、善恶等等),现在就独立了,人格化了,拥有特别的唯一的功能,尤其是邪恶的功能(参见§195)。或许撒但就是因为古老的雅赫维想象的"分裂"(它反映着神性的奥秘)并且受到伊朗二元论思想的教义影响所造成的结果。无论如何,作为邪恶化身的撒但在基督教的形成和发展中扮演相当重要的角色,而后又以他变化多端的形象成为18—19世纪的欧洲文学里的著名人物。

至于末世和新天新地,次经文学并未提出统一的概念。这些作者一概把眼下的灾异和苦难描述为"分娩"或"弥赛亚"的阵痛,因为它们是弥赛亚将临的先兆和告示。如同在《以赛亚书》和囚虏时期以后的先知书中那样,

---

① 末世到来的日子可以用"聪明"推算出来;尤其参见《但以理书》9∶22以下;《以诺一书》10∶12, 89, 97∶2;《以斯拉上》4∶5, 14∶11;等等。亦可参见 W. Bousset, *Religion des Judentums*, 第2版,第283页以下;P. Volz, *Eschatologie*, 第2版,第141页以下。

② 《古兰经》提到神创造了两个灵,一个善灵,一个恶灵(参见§233),这个教义令人联想到察宛派(§213)。

弥赛亚总是被当成一个人:他是上帝的子民的国王。① 我们且举一个例子,《所罗门诗篇》(完成于公元前 1 世纪)里有一篇祷告,请求弥赛亚,也就是大卫的子孙早日来临,碾碎“不义的统治者并且洁净耶路撒冷”,赶走异教徒(17:22—24)。他是一个“公义的王……在他的日子里再也没有不义存在;因为一切都是圣洁,他们的王受主膏立。”(17:26 以下,29, 30)

对于一些人而言,有些作者认为弥赛亚的王国仍然属于当今时代;在一定意义下,它是一种过渡期的统治,也就是千禧年(*millenium*)。② 这个弥赛亚王国必定持续 400 年、500 年或 1 000 年。接着就是大审判和世界的毁 271
灭。弥赛亚本人也会死去,一切将会回到原始的“寂静”,也就是混沌状态。“七日之后,这个败坏的世代就不复存在了,一个新的世代觉醒了。”(《以斯拉下》7:28 以下;查尔斯[Charles]书,第 2 卷,第 582 页);换言之,将会有新天新地、复活和永福。③

有些经文则认为弥赛亚位列永恒的存在者,其中还有以诺、以利亚和其他被上帝取到天上去的人。根据某些拉比文献,弥赛亚刚一出生就被藏在了伊甸园里,或者和以利亚一起在天国里。④《十二族长遗训》和库姆兰文献提到的两个弥赛亚,一个是祭司,一个是国王,祭司弥赛亚居于首位。《利未约书》(*The Testament of Livi*)提到在他的祭司职位下,“一切的罪都将消失……他将亲自开启伊甸园之门……他将赐予圣徒品尝生命之树”(18:9—12)。总之,祭司弥赛亚将解除原罪所造成的一切后果。⑤

我们需要补充的是,耶稣的传道和基督教的迅速崛起与在马加比起义和第二圣殿被毁期间,犹太人的弥赛亚期盼和末世论思想所特有的同样

---

① 参见 Mowinckel, *He That Cometh*, 第 280 页以下(以及颇有价值的书目》)。

② 拉比的思考发挥了这一观念;参见 G. F. Moore, *Judaism in the First Centuries of the Christian Era*, 第 2 卷,第 375 页以下。

③ *Sanhedrin* 99a,引用了拉比不同的观点;参见 Moore, *Judaism*, 第 2 卷,第 375 页。

④ Strack and Billerbeck, *Kommerntar zum Neuen Testament aus Talmud und Midrasch*, 第 2 卷,第 340 页。

⑤ Ringgren, *La religion d'Israël*, 第 350 页;Mowincke, *He That Cometh*, 第 382 页。基督诞生以后的最初几个世纪里,关于弥赛亚时代的思考在拉比的范围内继续进行着。同样的主题不断涌现:异教徒的毁灭、犹太人的胜利、上帝赐福于虔信的人(参见 Moore, *Judaism*, 第 2 卷,第 345 页以下所引资料)。某些经文还补充道,弥赛亚到来的那一天,万民都将改信一个上帝雅赫维(Moore, 同上书,第 371 页)。但是那些启示作品作家深信末世到来的确切日子是可以推算的,这一点人们已经放弃了。弥赛亚将在上帝所选定的那一时刻到来。那时候,虔信的人们一定要苦修、悔罪,并服从律法书(Moore, 同上书,第 350 页以下)。

的精神骚动密切相关(参见§224)。

272

204. 法利赛人的反应:颂扬《托拉》

犹太教和其他传统一样,启示的异象增强了人们对于历史的恐怖的抗拒。人们受到异象的启发,可以从当时的灾异里看到令人宽慰的预兆。犹太民族的处境越糟,就越能够肯定当今世界即将走到尽头。总之,恐怖日增预示着救赎就在眼前。将苦难的历史事件赋予宗教的意义在以后还会不断重复,而且这样做的不只是犹太人和基督徒。

这既不是逃避历史的负担,也不是幼稚的乐观主义。启示文学乃是某种神圣知识,在起源和本质上都是神圣的。正如《但以理书》作者所说的(2:20—22),上帝"将智慧赐与智慧人",是"他显明深奥隐秘的事,知道暗中所有的。"以诺这个传奇人物曾是太初时代贤哲和先知的典型想象,[①]现在变成了甚为流行的人物:他预见大洪水以前的那一代人以及堕落的天使将要面临审判。现在他宣告一个新的启示,要求众人悔改,因为第二次审判近了。如同但以理,以诺在他的梦境和异象里得到神圣的知识(《以诺一书》13:8, 14:1, 83:1以下,93:1以下)。天使指给他看天上的奥秘,而他则灵魂出窍,做了一次天国之旅(第12—36章),上帝准许他去看写在书版上从开始到结束的整部宇宙历史。

黎明时分,上帝将秘密知识启示给几位以虔敬和先见之明著称的人。这次传授乃是一种秘传,是"封缄的"——换言之,凡人是无从获得的。然后再传给少数杰出人物。不过,既然太初时期对应于时间的终结(末世),那么神圣知识如今并且总是启示给少数入会者。《以诺一
273 书》1:6把人子描述为一个卓越的入会者,"通晓所有的秘密"。当他坐在他的宝座上,"他将倾吐所有秘密的智慧"(《以诺一书》51:3)。他最大的特点就是智慧和才智。[②] 我们还要补充一点,就是收藏"秘密知识"的主题在希腊化时期甚为流行(§209),所有诺斯替教派也证明了这一点(§229)。[③]

---

① 根据传说,以诺是大洪水之前的一个族长:"与上帝同行,上帝将他取去,他就不在世了"(《创世记》5:24)。以下文字多取自 Hengel, *Judaism and Hellenism*, 第1卷,第204页的分析。

② 参见 Mowinckel, *He That Cometh*, 第375页以下和第385页以下所列举的事例。

③ 在印度,经过入会而传授的秘密知识的教义,自奥义书时代就有记载,但主要在性力派文学中得到详细的阐述。(参见第3卷)

启示文学的作者充分发展了智慧隐藏在天上,一般人不能知晓的概念,[1]而出神的异象和体验在启示文学里(如同在希腊化世界的每个角落)也起着重要的作用。因为异象和出神证实有真正的"先知和贤哲",更重要的是,出神的体验逐渐从整体上丰富了启示的知识。《但以理书》揭露的只是世界历史,但是属于"以诺的传统"的经文却涉及整个可见和不可见的世界:地上和天国的地理学、天文学和占星学、气象学和医学。对于"以诺的传统"而言,宇宙论的奥秘也显示并荣耀上帝所作的工。正如亨格尔(Hengel)所说(第 1 卷,第 208 页),智慧师(*hassidim*, 虔敬派)甚至比便西拉还要坚决地反对希腊思想。因为从根本上讲,通过"上帝的启示",他们掌握的知识远胜于希腊人的知识。事实上,他们的知识涵盖了宇宙、历史和天堂,还包括人类末世(*eschaton*)的命运——这是理性不可企及的知识。存在一种整体的、秘传的以及救赎的知识,只有通过出神的异象或者通过入会礼传承,这一观念也见载于其他宗教传统,也为古代基督教所分有。

再也没有其他犹太教思想潮流能够像启示思想那样,恣意汪洋地借鉴
希腊—东方观念的。尽管如此,其根基仍然是《旧约》里救赎历史的概念。[2] 274
我们必须讨论一种极其重要的精神现象:**由宗教融合所激发出来的宗教创造力**。事实上,虔敬派这些最早的启示文学作家,接受并且吸收了来自数种宗教融合体系的观念,但是这些观念既丰富了犹太教,也使犹太民族在极端困难的时期维持了一线希望。在其他宗教思潮里,我们也能够看到相似的过程。在"正义的导师"的领导下,以艾赛尼派为名的虔敬派从犹太社团中分离出来,决心到沙漠里去过隐修生活(§223),如今与艾赛尼派住院修士组织相似的就只有像希腊那种与世隔绝的教派了。甚至法利赛人,从虔敬派发展出来的第二个团体,也在他们关于律法的教义里糅合了某些希腊化的观念。[3]

总之,安条克·伊皮法纽渎神的过犯和马加比成功的起义,决定了犹太教的取向和未来的结构。这种激励着安条克的拥戴者"反对《托拉》的狂热"

---

① 参见 Hengel, *Judaism and Hellenism*, 第 1 卷,第 206 页以下,第 2 卷,第 137 页,注解 630。

② Hengel, 第 1 卷,第 251 页。

③ 参见 Hengel, 第 1 卷,第 312 页,书中概述了犹太人从东方—希腊化文化环境中借鉴的各种信仰和观念。

刺激了“支持《托拉》的狂热”，结果更加强化了律法的本体论。[1]《托拉》被提高为绝对、永恒的实体，世间万物的典范。拉比西门·本·拉基许(Rabbi Simon ben Laqisch, 公元3世纪)认为，这个世界之所以存在正是因为以色列接受了《托拉》这个事实，否则，世界就会回到混沌状态。[2] 构成《托拉》的248条诫命和365条禁令具有宇宙的意义。人类生来就有248块骨头和365条血管，反映出人体的结构里就有上帝作的工(宇宙)和他的启示(律
275 法)。[3] 作为绝对实体，《托拉》是生命之源。希勒尔(Hillel)写道：“有多少《托拉》，就有多少生命。”(*Pirkê Abhot* 3.7)

但是，对于《托拉》的颂扬极大地改变了犹太教的命运。从先知时代起，希伯来的宗教精神就受到普世主义和特殊主义之间的张力所激励。造成这种剧烈而颇具创造性对立的，基本上是因为启示思想本身的悖论。事实上，一种来自上帝的启示出现**在历史里面**，也就是**仅限于犹太民族**，却又宣称具有普世的价值，同时又仅为以色列民族所**独享**。在公元前2世纪下半叶，由于散居犹太人的剧增以及部分由于传教的缘故，犹太教正在向着**普世宗教**转变。但是反抗安条克渎神的结果形成了所谓的“《托拉》偏爱”。[4] 而这种“偏爱”却阻碍了一种普世宗教的兴起。诚然，律法在捍卫民族认同上起到了决定性的作用，在这股强大的民族主义思潮的冲击下，普世使命的意识却未能得到自由发展。顺便一提，这也解释了为什么原始基督教会在犹太先知精神的激励下，决定向深为以色列人厌恶的撒马利亚人(《使徒行传》8：4以下)以及稍后安提阿的非犹太人派遣传教士(《使徒行传》11—19，等等)。“基督论取代《托拉》的本体论，作为自由的一种表达以及上帝在历史里的至高启示，不再被视为具有民族或历史的限制。”[5]《托拉》的不可动摇以及律法主义的胜利宣告了末世论期望的终结。“甚至启示文学都逐渐销声匿迹，

---

① Hengel，第1卷，第292页以下。末世论——也就是“与希腊文化对抗的第二个结果”——代表着唯一能够限制《托拉》的无所不在的力量；事实上，《托拉》将最终统治当今的历史世界以及宇宙的节律(同上书，第312页)。

② 据说拉比以利以谢·本·叙尔坎努斯(Rabbi Eliezer ben Hyrcanus, 约公元100年)说过：“如果没有《托拉》，天地将不复存在。”(Hengel，第1卷，第172页所引经文)。参见 Moore, *Judaism*, 第1卷，第266页以下、第450页以下。

③ 两个世纪以后，性力派将提出类似的人类—宇宙的体系以及类似的仪式；参见第3卷。

④ 参见 Hengel，第1卷，第312页。甚至在散居的犹太社团中，《托拉》的优先地位也是不容否认的。隐喻解释并不取消经典的字面含义，就是斐洛也接受既定的律法和禁令。

⑤ Hengel，第1卷，第314页。

终于被犹太教的神秘主义取代。”①

然而,我们必须指出,从犹太教的观点来看,放弃普世的使命是为保护 276
以色列社团所必须付出的代价。归根结底,根本性的问题是以色列民族的历史延续。这并不是一个单纯的“民族主义”问题,而首先是一个建立在“选民”观念基础上的神学问题。以色列是雅赫维拣选的,是他的子民。因此,犹太民族就是被神意神圣化的。民族的异化就意味着背叛,也就是说,**亵渎了从一开始就被祝圣的种族结构**。因此犹太民族的要务就是维持其同一性不受玷污,直到世界末日:换言之,要永远听凭上帝的差遣。

---

① Hengel,第 1 卷,第 175 页。

277

第26章　希腊化时期的融合与创造:救赎的应许

205. 秘 仪 种 种

我们已经看到(§184),*救赎的应许*是希腊化时期宗教的创新和重要特征。当然,最突出的是个人的救赎(虽然王朝的崇拜仪式也有类似的目的——整个王朝的救赎)。① 人们相信,这些神灵经历死亡和复活,更像一个人而不是一座城市(*polis*)的守护神。仪式包括举行精心设计的入会仪式(教义问答、仪式、秘传教义);在入会仪式后,新教徒方可进入秘仪团体。一个秘仪社团的成员也可以加入其他秘密的兄弟会。正如当时各种宗教思想一样,救赎期望的发展也表现出了宗教融合的迹象。

其实,宗教融合是那个时期十分显著的特征。宗教融合是相当古老的现象,有许多文献记载,在赫梯、希腊和罗马宗教的形成过程中,在以色列宗教、在大乘佛教和道教里面,宗教融合无不起着重要的作用,但是希腊化时期和罗马时期的宗教融合之与众不同就在于它的规模和创造力。宗教融合非但没有造成损耗和贫乏,反而成为每一种宗教创新的条件。我们已经论述了宗教融合在被掳时期以后的犹太教(§202)中的重要性。我们稍后在
278 伊朗的宗教精神里也会发现类似的过程(§212)。早期基督教也是在宗教融合的环境里发展起来的。其实在我们考察的这个时期里,只有萨拉匹斯(Serapis)是巧妙糅合两个神的特征而形成的。但是希腊—东方的秘仪、末世论和启示思想,以及君主崇拜——略举数例为证——都证明了宗教融合思想的意义和力量。

---

① 例如,将某个传统神灵抬高到王朝的保护神的地步:阿波罗是塞琉古王朝的保护神,宙斯是拉基德(Lagids)王朝的保护神,雅典娜是阿塔里德(Attalids)王朝的保护神,某些君主的神化和融合主义的国家崇拜仪式——例如托勒密王朝的埃基的萨拉匹斯崇拜——也有同样的目的。

可以说,救赎的应许是要驱除女神梯刻(Tyche,机运女神;罗马神话福耳图娜[Fortuna])的巨大力量。梯刻反复无常、不可预料、善恶不分;她显现为“必然”(*anangkē*)或“命运”(*heimarmenē*),特别对于伟大的人物如亚历山大大帝炫耀自己的力量。[①]命运最后和星相的宿命论结合。个人的存在以及城市和国家的延续皆由星体决定。这个教义以及占星术(该教义的应用技术),都是受到巴比伦人观察天体运行的刺激而得到发展的。诚然,大宇宙和小宇宙之间的对应关系在美索不达米亚和亚洲其他地区早已广为人知(§24)。然而,现在人们不只感到自己分有宇宙的节律,而且发现自己的生命也是由星体的运行所决定的。[②]

直到人们开始相信有某些独立于命运并且高于命运的神灵以后,这种悲观主义的概念方才销声匿迹。人们宣称,贝勒(Bel)就是“机运之神的主宰”(*Fortunae rector*)。在伊希斯秘仪里,女神保证入教信徒可以活得比命
中注定的日子还要久长。在《伊希斯和俄赛里斯赞美诗》中,女神宣告:“我 279
征服了命运,命运要服从我。”甚至梯刻(或福耳图娜)也变成了伊希斯的一个象征。[③]许多秘教—智慧派和赫耳墨斯教文献也说,入教者不再受到命运的束缚。[④]

厄琉西斯秘仪的入会礼只在特定的日子,而且只在神庙(*telestērion*)里进行(参见§97),而其他救赎宗教的入会礼则有所不同,可以在任何时间、任何地方举行。这些入会礼都炫耀自己源远流长,不过某些仪式的确立其实不超过100年。这当然是希腊化和罗马时期“时代精神”的套话,但是,正如我们所见,救赎再现了某些远古宗教的成分。除了酒神崇拜以外,所有的秘仪都起源于东方:弗里吉亚(库柏勒和阿提斯)、埃及(伊希斯和俄赛里

---

① 参见 Tarn, *Hellenistic Civilization*,第 340 页。

② 斯多亚派哲学家开始纠正是非不分的占星术:他们把命运解释为包含道德因素的天命(Providence);其实正是天命创造了星体。另一方面,我们必须指出,由于巴比伦人所从事的天文计算,世界历史从此划分为由星体主宰的各种时代和危机。这种新的宇宙—历史观激发了某些末世论思想(例如犹太教的启示观点[参见§20],奥古斯都在内战结束后开创的黄金时代等等)。

③ 参见 A. D. Nock, *Conversion*,第 101、288—289 页;J. Bergman, “I Overcame Fate, Fate Harkens to Me”,第 39 页以下。

④ 参见 Nock, *Conversion*,第 102 页。机运(*causus infestus*)的力量再也不能染指那些侍奉和尊敬伊希斯的人(阿普列乌斯[Apuleius]:《变形记》[Metamorphoses]11. 15)。诺斯替教再也不是命运的囚徒(Lactantius, *Institutiones* 2. 16);因为精神(*nous*)是命运(*heimarmenē*)的主人,律法的主人(*Corp. Herm.* 12. 9)。

斯)、腓尼基(阿多尼斯)、伊朗(密特拉)。但是在希腊化时期,特别是在罗马帝国时期,这些东方宗教逐渐丧失了民族特征,它们的结构和救赎思想宣称具有普世主义的目的。我们可以知道它们的公共仪式的主要特点,至于它们的秘密仪式——也就是入会仪式——我们只有很少一些难以理解的材料。

我们知道,入会者要发誓对于仪式中的所见所闻保守秘密。然后他要学习神圣历史(*hieros logos*,"圣典"),也就是宗教的起源神话。新信徒也许从前就知道这个神话的内容,但是现在他得到了关于这一神话的新的、秘不外传的解释——也就是这些神圣故事的真正意义。在举行入会仪式之前,必须经过一段时期的斋戒和苦修,然后行洁净礼。在密特拉和阿提斯秘仪里,人们会在架有烤架的坑上献祭公牛和公羊:血就滴落躺在下面的参加入
280 会仪式的信徒(mystes)身上。通过某种我们还不知道的方式,新信徒仪式性地参与了以神的死亡和复活为核心的场景。总之,入会礼完成了对神的效法(*imitatio dei*)。我们得到的大部分残缺资料都提到信徒象征性的死亡和复活。在阿普列乌斯(Apuleius)的传奇作品《变形记》(*Metamorphoses*)里,主人公卢西乌斯(Lucius)举行伊希斯秘仪的入会礼,经历了"自愿死亡","到达死亡的国度",以获得"灵性的诞生"(11. 21. 24)。在库柏勒秘仪里,新入会者被认为是经历过"死亡的过程"(*moriturus*)。[1]在这些神秘的死亡后面就是一个全新的灵性生命的诞生。萨鲁斯特(Sallust)写道,在弗里吉亚的仪式里,新的入会者要"喂牛奶,仿佛他们重新诞生了"(《诸神与世界》4)。在一篇名为《密特拉祈祷文》然而充满赫耳墨斯神秘知识的经文里,我们读到:"今天,在芸芸众生中的我从那里再度出生……"或是"为了赋予生命而再度出生……"。[2]

在仪式的过程中,新入会者要进行冥想或是手握某件圣物。同时,他被告知这些象征物的含义,可能就是对于这些物体作为救赎工具的价值作出某种秘传的解释和论证。在入会礼的某个阶段,新入会的信徒们要举行某种仪式性的盛宴。在我们现在研究的仪式中,这种古老的习俗具有末世论

---

① 参见 Firmicus Maternus, *De errore profanorum religionum* 18。其他例子参见 Eliade, *Rites and Symbols of Initiation*: *The Mysteries of Birth and Rebirth*,第 103 页以下。

② A. Dieterich, *Eine Mithrasliturgie*,第 10 页,转引自 *Rites and Symbols of Initiation*,第 103 页。

的意义。[1]在密特拉秘仪里,面包和酒给予入会者以今生的智慧和力量、来
世的荣耀的永生。[2] 通过入会礼,新的入会者变得与诸神平等。在各种秘 281
仪里,封圣、神化、“不死”(*apathanatismos*)是很常见的观念。[3]

206. 神秘的狄奥尼索斯

在希腊化时期和罗马时期,狄奥尼索斯是最受欢迎的希腊神。他的公共崇拜仪式取消了出神,而变得“洁净”和属灵化(不过,出神在狄奥尼索斯秘仪中还继续保留了下来)。[4]此外,狄奥尼索斯的神话是最生动活泼的神话。许多雕塑艺术,尤其是石棺上面的装饰,都是以此神生平中著名的神话场景为主题的,先是他的孩提时代(他奇迹般的诞生、扬谷的簸箕)到他拯救阿里阿德涅(Ariadne),接着就是神婚(*hieros gamos*)。神话、宗教圣地和雕像都指向狄奥尼索斯的双重本性,他是宙斯和人间女子的儿子,受到迫害而能克敌制胜,遭到杀害而又死而复活。在德尔斐展示着他的坟墓,而其他地方的许多雕像则描绘了他的复活。他成功地使他的母亲成为奥林匹斯的神,特别是他把阿里阿德涅从冥府带回人间,并且娶她为妻。在希腊化时期,阿 里阿德涅这个人物象征着人类的灵魂。换言之,狄奥尼索斯不仅把灵魂从死亡里拯救出来,他还在神秘的婚礼里与它结合在一起。[5]

早在大约公元前 3 世纪的雅典,某种艺匠(*technitai*)社团,或者崇拜酒神的艺术家使狄奥尼索斯广为流传。他们是一些类似宗教的兄弟会,[6]但是没有任何秘仪的色彩。至于严格意义上(*stricto sensus*)的狄奥尼索斯秘仪,我们已经描述了它们的基本特征(§125)。我们多次说道,在《酒神的伴侣》里,狄奥尼索斯宣称,崇拜他的秘仪结构并且解释秘密入会礼的必要性:
“禁止把他们的秘密告诉崇拜酒神以外的人。”彭透斯问道:“献祭的人可以 282
得到什么好处?”他说:“虽然值得一听,却不能告诉你。”(第 470—474 行)总

① 参见 F. Cumont, *Les religions orientales*,第 219 页,注解 43;第 256 页,注解 52 中所引用的材料。

② F. Cumont, *Textes et monuents figurés relatifs aux Mystères de Mithra*,第 1 卷(Brussels, 1896),第 320 页。

③ 参见 R. Reizenstein, *Die hellenistischen Mysterienreligionen*,第 29 页以下;S. Angus, *The Mystery Religions and Christianity*,第 106 页以下。

④ 参见 Carl Schneider, *Kulturgeschichte des Hellenismus*,第 2 卷,第 801 页。

⑤ Schneider, *Kulturgeschichte des Hellenismus*,第 2 卷,第 802 页。

⑥ 参见 H. Jeanmaire, *Dionysos*,第 425 页以下。

之，入会礼的秘密被很好地保持着。关于礼拜仪式的经文几乎全部散佚了，除了某些晚出的俄耳普斯赞美诗。我们有大量的希腊化时期和罗马时期的考古证据，但是即使对于它们的符号进行的解释被大部分学者接受，却依然不足以说明入会礼的内容。

狄奥尼索斯秘密团体(*thiasoi*)在结构上的封闭性、仪式性(亦即入会礼)是毋庸置疑的。在库麦伊(Cumae)，始于公元前5世纪的铭文证明这个兄弟会拥有自己的公墓，只有酒神秘仪的信徒才能够安葬在那里。① 可以证明酒神的洞穴乃是崇拜场所(不过，某些学者认为它们只是世俗的欢宴嬉戏的场所)。最早的酒神崇拜图像可以上溯到公元前6世纪，或是表现狄奥尼索斯躺在洞穴里，或是女祭司面对着洞里安放着神的巨大面具跳舞。有文献提到，神圣的舞蹈和仪式性盛宴是在洞穴前面举行的；此外，它们还说，在夜晚举行庆典以便保守秘密。至于入会礼的仪式，我们则只能作出一些假设。弗里德里希·玛茨(Friedrich Matz)在关于这些想象画面的论文里(虽然承袭其他学者的说法)得出结论说，入会礼的最核心部分是揭开藏在簸箕(*liknon*)下的一条阳具。② 许多绘画都表现过这一场景，它或许是一种重要的仪式，但是波扬斯(Boyancé)很中肯地证明，文献中提到的"簸箕"与所有的入会礼有关，而不只是狄奥尼索斯独有的。

另一方面，在奥斯提亚(Ostia)博物馆收藏的一尊灰泥浮雕(玛兹[Matz]的图版XXV)提到狄奥尼索斯和其他三个人名，石柜上刻有 *Mysteria* 字样。石柜中装着 *crepundia*③ 和 *signa*，也就是"神秘的玩具"(拨浪鼓、
283 响板、跖骨和镜子)，见载于公元前3世纪的格鲁布(Gorub)纸草文献。泰坦神就是以这些玩具诱拐狄奥尼索斯(扎格柔斯)，再把他肢解的(§125)。这个神话主要是一些基督教作家告诉我们的，但是曾经参加过入会秘仪的普鲁塔克(Plutarch)和阿普列乌斯(Apuleius)以及希腊化时期埃及的俄耳普斯兄弟会也都知道这个神话。④ 从雕像判断，"揭开阳具"好像是"在酒神

---

① 参见 Cumont, *Religions orientales*，第197页，图12；*Lux perpetua*，第252页，图6；参见同上书，第405—406页。

② F. Matz, *Dionysiakē teletē*，第16页。参见 Boyancé，"Dionysiaca"，第35页，注解2；Eliade, *A History of Religious Ideas*，第1卷，第357页以下。

③ 拉丁文 *crepundia*，意为呱啦啦作响的儿童玩具；*signa*，意为记号、标记。——译者

④ Boyancé，"Dionysiaca"，第55页，关于 *crepundia*，亦可参见 R. Turcan, *Les sarcophages romains à représentation dionysiaque*，第407页以下。

降临之前举行的恐怖仪式”。① 波扬斯认为，“观看此物并不能使秘仪信徒产生神将确保他在死后获得好运的信仰。”（第 45 页）入会礼的主要活动乃是通过音乐和舞蹈而感受到神的降临，这个体验才会使他们“相信他们和神有着亲密的关系”。②

这些观点无疑是言之有理的，但是它们无助于增加我们对于入会礼的认识。无论如何，我们必须说明，揭开阳具正是一种宗教行为，因为它正是狄奥尼索斯本人——*他既是神灵又是征服了死亡的凡人*——的生殖器官。我们只要记得湿婆的林伽（*lingam*）的神圣性，就能够理解在某些文化和宗教思想里，神的生殖器官不只是象征其创造力的奥秘，也表现了他的*降临*。现代西方世界自然是不会有这种宗教经验的。因为与秘仪不同，基督教忽视性爱的圣事价值。狄奥尼索斯的仪式盛宴也同样被忽视了，在这盛宴上， 284
入会者头戴花环，醉态百出，快乐无比，好像神灵附体。我们很难去体会这种愉悦的神圣性。但是这些活动却预演了狄奥尼索斯秘仪向入会信徒承诺的彼岸世界的福乐。③

后来反映俄耳普斯末世论的文献，则强调狄奥尼索斯是新时代的国王。当他还是一个孩子时，宙斯就要他统治宇宙中的一切神灵（克恩[Kern]：《俄耳普斯教残篇》[*Orphicorum Fragmenta*]，第 207 篇）。圣婴的显现宣告大地回春，也就是世界的再生。④（婴儿作为重生和更新的象征延续了阳具的宗教象征。）狄奥尼索斯的胜利以及世界的重生的期望，意味着人们相信黄金时代即将复归。这便解释了所谓“新狄奥尼索斯”这个称号在公元 1 世纪

---

① Boyancé，第 45 页。参见 Turcan，“Du nouveau sur l'initiation dionysiaque”，第 108 页。

② Boyancé，第 44 页。Turcan，*Les sarcophages*，第 402 页以下则分析了其他秘仪的入会仪式。庞贝著名的秘仪之宫（Villa Item）（“Villadei Mistri”）壁画可能是指狄奥尼索斯仪式。但是，一些人认为这一壁画描绘了入会礼场景，另一些作者则认为它们揭示的既非秘仪，也非表现此神话或者入会礼的程序；参见 G. Zuntz，“On the Dionysiac Fresco in the Villa dei Misteri”，第 180—181 页。

③ 参见 F. Cumont，*Religious orientales*，第 203 页，*Etudes sur le symbolisme funéraire*，第 372 页以及 *Lux Perpetua*，第 255 页以下。

④ “再生（Palingenesis）的概念以及一位新神周期性出现的观念，与表示一个神通过复临（*parousiai*）——不管他是每年复临一次，还是两年复临一次——方式交替显现和消失（*aphanismoi*）的观念密切相关。在宇宙持存的层面上，这个概念可以很容易就转换为宇宙的大轮回”（Jeanmaire，Dionysos，第 413—414 页）。关于少年狄奥尼索斯的符号，参见 Turcan，*Les sarcophages*，第 349 页以下、第 405 页以下、第 433 页以下。

初何以盛行一时。①

207. 阿提斯和库柏勒

与同时代的其他宗教形式相比，库柏勒崇拜和阿提斯秘仪更能够说明这一时期宗教融合的创新所特具的多样性结构。这个弗里吉亚女神在公元前205—前204年传入罗马时已经有1 000年的历史了，当时罗马共和国正
285 受到迦太基军队的严重威胁(§168)。代表库柏勒化身的黑石证明了这个宗教的久远历史：石头是大地之母的最古老的象征。而阿提斯和他的宗教的起源也是石头——也就是大地之母库柏勒。根据保萨尼阿斯(Pausanias)所记述的神话(7.17.10—12)，宙斯使石头受孕，生下双性同体的怪物阿格狄斯提斯(Agdistis)。②诸神决定阉割他，由此把他变成了女神库柏勒。根据另外一个版本，这个双性同体怪物的血长成了一棵杏树。河神桑加里乌斯(Sangarius)的女儿娜娜(Nana)③吃了杏果而怀孕生下阿提斯。阿提斯长大后，和国王的女儿成婚，而深爱着阿提斯的阿格狄斯提斯混进婚宴大厅。在场的人都发疯了，国王割下了他的生殖器，阿提斯逃走，却在松树下割下自己身体最重要的器官而死。伤心欲绝的阿格狄斯提斯想使他复活，但是宙斯禁止这样做；他只准许使阿提斯的遗体不腐烂，他仅有的生命迹象就是头发的生长和小指头的动弹。④既然阿格狄斯提斯正是双性同体的大地之母的化身，那么阿提斯既是库柏勒的儿子和情人，也是她的受害者。女神很后悔自己的善妒，也悲悼她的爱人。

我们不久还要进一步讨论这个古老的神话和血腥的仪式，它在公元最初几个世纪的罗马帝国发展成了一种盛行的救赎宗教。可以确定，其神话—仪式的场景说明了植物的“奥秘”(参见§12)：献给库柏勒的血液和性器官能够确保大地之母的繁殖力。然而随着时间的推移，这个古老的崇拜被赋予了许多新的宗教意义，血腥的仪式成为救赎的工具。这个崇拜的救

---

① 简玛利(Jeanmaire)(第416页)列举了托勒密十一世、三巨头之一安东尼以及后来的图拉真、哈德良和安东尼乌斯·皮佑(Antonius Pius)的例子。

② 这一情节令人想起胡利安—赫梯神话：库马比(Kumabi)，“诸神之父”，用自己的精子使一块石头受孕(参见§46)。

③ 娜娜是母神的另外一个化身(因而也就是阿格狄斯提斯的化身)。

④ 根据另外一种传说，阿提斯被一头熊杀死——这是一种古老的传说，因为希罗多德(1.34以下)是用神话即历史论的方式(in euhemerized form)叙述这个故事的。

世功能有时也广为人知。在佩西努斯(Pessinus),有一个类似秘仪—宗教的 286
封闭型的兄弟会。[①]早在传入罗马之前,阿提斯和库柏勒崇拜在传入希腊的时候可能就已经发生了某些变化。与在罗马一样,血腥的阉割仪式和去势的祭司令希腊人深为反感,这使得阿提斯崇拜一直处在从属地位。长期以来,此神在罗马始终不得举行公共崇拜仪式,虽然有一些公元前 2 世纪的陶土塑像可以证明他的存在。只有在革老丢(Claudius)和他的几个继位者统治期间,阿提斯及其崇拜才被抬举到很高的地位——我们一定要指出这一事件的重要性。

从春分开始的一段时间[②],也就是从 3 月 15 日到 3 月 28 日,有各种节日。第一天"芦苇进庙"(*canna intrat*),献芦苇的兄弟会成员带着割下的芦苇到神庙(根据传说,库柏勒是在桑加里乌斯河畔发现阿提斯的)。7 天后,献树的兄弟会成员从森林砍下一棵松树,带到神庙里(*arbor intrat*,"松树进庙")。树干如尸体般缠着细布条,树干中央绑着阿提斯像。松树象征死去的神。3 月 24 日是"血日"(*dies sanguinis*),库柏勒的加鲁斯祭司(Galloi)和新入教者跳起狂野的舞蹈,沉醉于笛子、铙钹和手鼓的音乐里,鞭笞自己直到流出血来,用刀割他们的手臂;当狂热达到最高潮时,一些新入教者就割下他们的生殖器,作为供品献给女神。

3 月 24 日和 25 日夜间为哀悼之夜,第二天一早宣布此神复活,立刻爆
发出一阵欢悦。[③]那是"欢乐之日"(Hilaria)。经过一天的休憩(*requietio*)之 287
后,3 月 27 日,人们游行到河边,洗濯(*lavatio*)库柏勒神像。有些作者说,3 月 28 日是个人单独举行入会礼的日子,新入教者以献祭的公牛或公羊的血(*taurobolium* 或 *criobolium*)获得祝圣。可能这种献祭也会发生自残现象,

① 参见 Hepding, *Attis*,第 202 页;H. Graillot, *Le culte de Cybèle*,第 396 页以下。

② 关于节日的信息我们是根据比较晚出的(公元 3—4 世纪)文献得到的;参见本书"研究现状",§ 207。但是描述这一崇拜在发展到极致时的结构也是很重要的。

③ 有些作者将这一场面同基督教作家斐耳米库斯·马耳特努斯(Firmicus Maternus)(公元 4 世纪)的一段文字联系起来,这段文字描述人们围绕着一口棺材上的神像哀悼不已。突然闪出一道光芒,祭司便安慰会众:"只管宽心好了,你们这些新入教的,神得救了;我们可以就此摆脱绝望。"(*De errore profanarum religionum* 22;Vermaseren 译)。斐耳米库斯·马耳特努斯(Firmicus Maternus)并没有明言他所指的是哪一种崇拜仪式,但是他的描述似乎最像俄赛里斯崇拜仪式;参见 Hepding, *Attis*,第 106 页;Lois, *Les mystères païens et le mystère chrétien*,第 102 页。尽管如此,我们必须不要忘记这两种宗教具有相同的结构;参见 M. J. Vermaseren, *Cybele and Attis*,第 116 页以下。

因为要把生殖器官献给女神。他获准进入"洞房"（*pastos*, *cubiculum*），成为库柏勒的神秘丈夫，就像加鲁斯（Gallos）一样，进入至圣之地向母神献上他割下的身体器官。①

至于入会礼本身，我们有的唯一文献就是亚历山大里亚的克雷芒（Clement of Alexandria）所引述的咒语，它被用作入会者的口令："手鼓令我餍足，铙钹令我陶醉，我变成了陶罐（*kernos*）；我走进这密室。"（《劝告异教徒》2.15；维马瑟伦［Vermaseren］译）显然与厄琉西斯的入会咒语（*synthēma*）非常相似（§98），可以解释为双方互有借鉴，或为希腊化时期好几种秘仪所共用的咒语。这个咒语可以诠释某些入会仪式。手鼓和铙钹是库柏勒最喜欢的乐器。既然阿提斯被称为"新绿的麦穗"（希坡律图：《驳斥所有异端》5.8），那么很有可能在仪式的盛宴里会有面包和酒；斐耳米库斯·马耳特努斯（Firmicus Maternus，《论谬误》18）将其解释为恶魔般地照
288 搬基督教的圣餐。至于 *kernos*，在阿提斯的入会礼仪式里，这种陶罐可能不是用来盛献祭的食物，而是公牛或公羊的性器，献给"地下的地母"。②

我们将会看到，至少过了一定日子以后，阿提斯和库柏勒秘仪就承诺给予入会信徒"不死的生命"。而现在我们必须深入探讨那些主要仪式，也就是加鲁斯的饮食禁忌和自我阉割。希腊化时期的秘仪虽然已经"属灵化"了，却仍保留了许多古老的因素。这当然是要求每个入会信徒举行入会礼的宗教独具的特色。食生肉是狄奥尼索斯秘仪的一个重要仪式，它再现了原始社会狩猎民族典型的一种宗教经验（参见§124）。至于厄琉西斯秘仪的入会礼，则是一种回想，一种对于古老圣事的追忆，尤其是小麦和面包的圣事价值（§99）。总之可以说，具有入会礼结构的庆典乃是重新发现古老的行为模式，并且赋予那些已经废弃的仪式对象以新的价值，例如在入会礼上行割礼使用的石刀、响板在俄耳普斯神话和入会礼中的作用，以及保守秘密的宗教功能（§99）。

---

① 加鲁斯是库柏勒祭司中的一种，通常为阉人。（此名起源于弗里吉亚的一条名为加鲁斯的河流。）参见 Hepding, *Attis*，第190页以下。根据另外一种解释，pastos（意为"洞房"）是一座山洞或者神庙之内或者神庙附近的地下建筑；进入此处，秘教信徒感受地狱之旅（*descensus ad inferos*）；参见 Vermaseren, *Cybele and Attis*，第117—118页。还应当补充的是，在罗马帝国时期，公牛或者公羊的血可在任何季节奉献。它们还用以祝福皇帝身体健康。

② 我们赞同 Herding, *Attis*，第190页，以及 Loisy, *Les mystères*，第109页的解释。亦可参见 Vernaseren, *Cybele and Attis*，第118页。

希腊化时期的秘仪延续了古老的仪式行为(原始的音乐、狂热的舞蹈、刺青、食用致幻植物),以使神灵降临,甚至与之实现“神秘的合一”(*unio mystica*)。在阿提斯秘仪里,新入会的教徒必须禁食,尤其不可以吃面包,① 因为神就是“新绿的麦穗”。第一次入会礼的盛宴就是要体验面包和酒的圣事价值。至于加鲁斯和某些门徒在出神的狂喜状态中的自残行为,则可以确保他们的绝对贞节,换言之,就是将他们的才智完全奉献给神灵。② 我们 289
很难分析这类经验,除了入教者或多或少的下意识冲动以外,我们还应考虑到人们对于仪式性双性同体状态的怀念,或者通过某种独一无二的惊世骇俗的残疾以便增加“神圣的力量”的欲望,甚至通过彻底的“仿效神”(*imitatio dei*)而脱离传统的社会结构的欲望。总之,阿提斯和库柏勒崇拜使人们有可能重新发现性、肉体的折磨和流血的宗教价值。门徒的忘我状态能使自己从规范和习俗的权威之下解脱出来,在某种意义下,那就是自由的发现。

重新发现远古体验的倾向也面临某种抗衡的力量,那就是努力“升华”阿提斯—库柏勒这对神并且重新诠释其崇拜仪式。这也是当时宗教融合的一种典型现象:既想恢复最古老的美德,又想抬高当时新的创新。公元 1 世纪的哲学家和神学家竭力运用隐喻解释法,将阿提斯等同于创造的原则,等同于生死轮回的辩证过程。最后形成一个悖论,阿提斯被同化为太阳,竟成为太阳神学的核心,在异教消亡之前大行其道。入会礼的最初意义——与神的神秘合一——增添了新的价值。一份公元 376 年的罗马铭文说,经公牛血(*taurobolium*)和公羊血(*criobolium*)圣化的人会得到“再生直到永远”。③ 这里或许有基督教的影响。但是在“欢乐之日”(Hilaria)的神话—
仪式场景里便蕴含了“复活”或“再生”的应许。可能是秘仪的神学家在面对 290
基督教传教的成功时,特别强调只有阿提斯获救,人类才能永生的观念。无论如何,罗马皇帝,特别是末代的安东尼皇帝曾大力提倡这一弗里吉亚崇

---

① 但是不禁食野鸡！圣哲罗姆(*Ep.* 107 ad *Lactam*)称之为“贪吃的禁食,”(*gulosa abstinentia*)(转引自 Loisy, *Les mystères*,第 89 页,注解 4)。

② 参见米歇尔·梅斯林(Michel Meslin)的有关论点,载“Réalités psychiques et valeurs religieuses dans les cultes orientaux”,第 297 页。必须澄清的是,绝对奉献给神灵并不一定意味性自残。仪式性的贞节能够通过象征性的婚姻得到保证。密特拉入会礼的第二级,名 Nymphus,进入这一等级的信徒就成为神的新娘,但是仪式方面则完全是精神性的;参见 Meslin,第 302—303 页。

③ *Taurobolio criobolioque in aeternum renatus*;铭文转引自 Hepding, *Attis*,第 89 页。但是有些时候公牛血祭到 20 年后还要再举行一次;参见 Loisy:*Les mystères*,第 119 页以下;Vermaseren, *Cybele and Attis*,第 106 页。

拜,希望可以以此抑制基督教的兴起。

208. 伊希斯和埃及的秘仪

埃及的秘仪与同类型宗教团体的不同之处在于它们的“起源”以及传播到亚洲和欧洲的各个阶段,我们都一清二楚。在公元前3世纪初,托勒密一世(Ptolemy Soter)决心借助于一个埃及人和希腊人所共同崇拜的至上神巩固他的政权。于是他把萨拉匹斯(Serapis)提高为全民族的大神。根据普鲁塔克转述的一个传说(《论伊希斯与俄赛里斯》28),托勒密在梦里看到了神的塑像。约在公元前286年(或前278年),他们从锡诺普(Sinope)把神像请到亚历山大里亚新落成的神庙里面。关于萨拉匹斯(Serapis)的语源以及它发源于哪一个国家,仍然存在争议。通常认为他的名字源自Oserapis,也就是,“俄赛里斯—阿匹斯(Apis)”。[①]而关于他的崇拜仪式,是在托勒密一世命令下由两个博学的神学家——埃及祭司曼内托(Manetho)和希腊祭司提摩修斯(Timotheus)——确立的。曼内托撰写了若干著作,其中包括埃及史,他对于希腊文化也很熟悉;而提摩修斯则是来自厄琉西斯的犹摩尔毗底(Eumolpid)家族,曾参加过若干秘仪。

这一新宗教由于伊希斯和俄赛里斯在当地享有崇高威望而大获成功。我们知道(§33),新帝国的神学家将俄赛里斯和瑞做成了一种精心构造的惊人的宗教融合,这两个神灵本来就具有互补的性质,终于被等同于一个神了。俄赛里斯崇拜一直大行其道,因为在埃及诸神里,只有他遭到谋杀,但是伊希斯和何露斯使他战胜死亡而复活。在阿拜多斯(Abydos)和其他一
291 些地方,在神庙前举行的俄赛里斯仪式再现着他的各种传奇故事。希罗多德曾经参加过在赛伊斯(Saïs)举行的类似庆典,他认为它们就是希腊秘仪,所以未加细述(2.61)。[②]某些在神庙内部举行的秘密的俄赛里斯仪式,无疑涉及到来生。[③]但是,我们不应该贸然把这些秘密仪式解释为一个活人为了获得“救赎”而举行的入会庆典。另一方面又很难想象,像曼内托这样博学

---

① 但是参见Ruth Stiehl, “The Origin of the Cult of Sarapis”。

② 他见证了萨莫色雷斯(2.51)和厄琉西斯(2.171)以及俄耳普斯(2.123)秘仪上的美味大餐。

③ 参见古蒙(Cumont)在*Religions orientales*第243—244页,注解96—101的一些书目;亦可参见Loisy, *Les Mystères*,第136页以下;G. Nagel, “The ‘Mysteries’ of Osiris in Ancient Egypt”,第124页以下(摘录了阿拜多斯神庙的文献)。

多才的神学家居然没有把古代宗教传统融入伊希斯秘仪里面。我们看到，例如，伊希斯的《德性颂》(*Aretalogies*)没有表现最近的创造；相反，它们重复了古代与王室意识形态有关的仪轨。[①] 此外，我们不久将要看到，伊希斯秘仪延续了古代埃及的某些庆典。

就我们的目的而言，我们无需细述这个崇拜在埃及境外传播的年代和事件。起初在小亚细亚和希腊传播，公元前 2 世纪传入意大利，公元 1 世纪初传入罗马。这个埃及崇拜在罗马大行其道，以至于罗马人多次强烈抗议元老院拆除其神庙的决定。就像希腊化时期和帝国时期的其他秘仪那样，伊希斯和萨拉匹斯的秘仪包括公共庆典、每日礼拜和秘密的入会仪式。我们可以知道前两种仪式系统的主要特征。至于入会礼，阿普列乌斯的《变形记》第 2 卷被公认为是所有古代关于秘仪的最有价值的文献。

这两个大型的公共庆典再现了俄赛里斯和伊希斯的神话故事。第一个庆典名为"放舟"(Navigium)，"伊希斯之舟"开始春季航海的季节。第二个庆典是发现俄赛里斯(Inventio of Osiris)，从 10 月 29 日到 11 月 1 日。这 3 292
天要禁食、哀悼，表演哑剧，表现如何寻找被谋杀、被肢解的俄赛里斯，伊希斯如何安葬他(参见 § 29)，然后宣告神的遗体的发现，重新构造并且使他复活，于是门徒就欢欣鼓舞。[②] 每日的礼拜则是在每天的清晨和下午进行。神庙大门一早便会打开，观众可以默想神像，参加祭司主持的仪式。根据阿普列乌斯的描述，在女神预先选定的日子里，大祭司会把水撒在新入会的教徒身上，传授他"某种不得外传的秘密"。然后，当着众人的面，大祭司告诫他在 10 天内禁食荤腥。在入会仪式的当天夜晚，众门徒要馈赠礼品；然后，新入会的教徒身穿亚麻外袍，在祭司的带领下进入神庙内室。

> 细心的读者啊，你们或许会问，在内室里面他们说了什么，又做了一些什么：如果允许我说，我一定会告诉你们；如果适合你们听到，你们也早就知道了……不过我不会打扰你们太久，你们的心灵是虔诚的、诚信的，因此，请听我说且相信我说的话。你们要知道，我走到了地狱的边缘，甚至走到了普罗塞耳皮娜(Proserpine)的门前，然后我穿越了各种元素，终于回到人间：午夜时分，我看到艳阳高照，我看到诸天神和冥神，我问候他们，敬拜他们。(《变形记》11.23；阿丁顿[Aldington]翻

① Jan Bergman, *Ich bin Isis*，第 121—240 页。

② 这些节日的早期形式可以追溯到第十二王朝在阿拜多斯的神圣演出。

译,加斯利[Gaselee]校对)。

毫无疑问,我们看到了一种死亡与复活的体验,然而个中详情我们还是不得而知。新入会者堕入地狱,而通过宇宙四种元素才回到人间:他看见太阳在夜里闪耀,这一想象可能是指俄赛里斯—瑞在夜晚穿越冥府;然后他走
293 近其他诸神,在他们面前默想并膜拜他们。有人认为这种隐晦艰解的叙述,是指新入会者穿越摆放着各种神像并且象征冥府的大厅,然后突然走进光亮的房间。其他学者则认为这涉及超心理学的体验或催眠。事实上,我们充其量只能说,这些信徒终于感觉到他和俄赛里斯—瑞或是阿露斯融为一体了。因为到了早上,这些信徒穿着象征黄道十二宫的十二件法衣,头戴棕树叶的冠冕,登上神庙中央的平台。就这样"装扮如同太阳,外观如同神像",在众门徒的目光下出现在伊希斯神像前面。对于《变形记》的主人公而言,这天就是他在秘仪里再生的纪念日。到了第三天,入会礼以仪式性的盛宴告终。不过在一年后,女神再次下令让新入会者参加"夜晚举行的大神的庆典"(11.28),这个仪式可能和"找到俄赛里斯"有关。最后,新入会者还会得到女神的另外一个异象,要他接受第三次入会礼;但是阿普列乌斯对于这最后一次入会礼的考验却没有任何说明。

正如我们所看到的(§33),在古埃及,人们希望死后可以和俄赛里斯合而为一。但是在入会礼中,入会者在活着的时候便可以神秘地与神合一了;换言之,这是**活着的**个人而不是这人死后灵魂的"神化"。正如伊希斯使俄赛里斯"复活",入会者的神化本质上也是女神所为。我们不知道教徒的"生存状况"如何,然而我们可以确定,入会者对他们死后都会在神那里得到特许的命运深信不疑。就入会礼本身而言,即使我们对于它的内容仍然流于猜测,但是根据阿普列乌斯的叙述,我们还是感受到这个新宗教在结构上具有宗教融合的特点。埃及人的因素是重要的组成部分:由伊希斯和俄赛里斯的神话—仪式场景形成了两个公共庆典以及可能至少是部分的入会礼,
294 伊希斯被抬高到了宇宙(或曰唯一)的女神的地位,俄赛里斯则被抬高到至上神的地位,这都继承了远古宗教传统的特点(§33)。另一方面,秘仪信徒的冥府之旅以及穿越宇宙的元素回到人间,则是见证了希腊化时期特有的观念。

公元初若干世纪埃及秘仪的大为盛行,以及圣母马利亚的图像和神话的某些特点乃借自伊希斯的事实证明,这是一种真正的宗教创新,而不只是人为的或退化的宗教复兴。秘仪里的诸神必须被视为伊希斯和俄赛里斯的

新的显现。此外，正是这些希腊化时期的解释被后来的新俄耳普斯教和新柏拉图主义神学家加以发挥。俄赛里斯被同化为狄奥尼索斯(他也曾被杀害、肢解而又复活)，用以说明新俄耳普斯神学：宇宙是神的自我献祭，从一分化为多，然后"复活"，再由多样性聚集为原始的统一性。[①]

诸神的相互等同最后就形成了对于以后的神智学家来说至关重要的宗教融合型的"一神教"。重要的是，这个"一神教的"普世思想歌颂典型的受难诸神，如狄奥尼索斯和俄耳普斯。至于伊希斯和俄赛里斯，正是由于秘仪的神学家的最新解释，以及新柏拉图主义哲学家的重新评价，在此后的几个世纪里，一直被认为是忠实地、最深刻地表现了埃及的宗教文化。[②]

209. 三倍伟大的赫耳墨斯的启示

赫耳墨斯教一名是指赫耳墨斯文献所表达的全部信仰、观念和习俗的体系。那是一批非常重要的文献，创作于公元前 3 世纪到公元 3 世纪之间。 295
主要分为两种类型：通俗的赫耳墨斯文化(占星术、巫术、神秘科学、炼金术)和知识型的赫耳墨斯文献，尤其是《赫耳墨斯教文集》(*Corpus Hermeticum*)，[③]共收集了 17 篇希腊文论文。这两类文献虽然在结构、内容和风格上有所差异，在旨趣上却具有某种相同性，就像道家和道教的关系(§133)、"古典"瑜伽和"巴洛克"瑜伽的连续性一样。通俗的赫耳墨斯文献出现较早，有些作品可以追溯到公元前 3 世纪，而哲学性的赫耳墨斯文献的创作集中在公元 2 世纪。

正如我们所预料的，这种文献多少反映了犹太—埃及人的宗教融合(因而也包括某些伊朗的成分)，柏拉图主义的影响也很明显；但是从公元 2 世纪起，诺斯替教的二元论逐渐占据了主流。"赫耳墨斯秘教文学里的角色、背景和神话开始寻求某种埃及风格。至少对于某些早期的作品而言，这一倾向体现在它们是以托勒密和罗马帝国统治下的埃及的知识为基础的，而且这种知识的真实性也是不容低估的。"[④]在古代埃及的传说中经常出现的人物(托特[Thoth]、阿加托戴蒙[Agathodaimon]、阿蒙[Ammon]等等)、背

---

① 参见 Macrobius, *In Somnium Scipionis* 1. 12。

② 参见本书第 3 卷。

③ 还有一篇"完美的演说"(*Logos teleios*)拉丁译文，名 *Asclepius*，原本已佚；在斯托巴乌斯(Stobaeus)的 *Anthologium*(约公元 500 年)中只保留了大约 30 条摘录。

④ Jean Doresse "L'Hermétisme égyptianisant"，第 422 页。

景(孟斐斯、赫耳摩波利斯[Hermopolis]、赛伊斯、阿斯旺等等)、某些法老神学的主题(例如在底比斯或赫耳摩波利斯出现的最早的土丘),以及对于埃及传统之谙熟,[1]这些现象我们都要考虑进去。希罗多德已经知道了托特和赫耳墨斯的等同(2.152)。对于希腊化时期的作者而言,托特是一切科学的保护者、象形文字的发明者、令人敬畏的巫师。人们认为他用他
296 的话语创造了世界,我们也知道,斯多亚派把赫耳墨斯等同于“逻各斯”(*logos*)。[2]

通俗的赫耳墨斯教作品在罗马帝国时代占有很重要的地位。首先是因为它们具有“可操作性”的特点:在一个对于无所不能的命运女神感到恐惧的时代里,这些作品揭示了“自然的秘密”(不同层次的宇宙之间存在“交感”关系、存在结构上的相似性的学说),正是因为这些秘密,麻葛(*magus*)拥有了神秘的力量。即使是星相的命数也都能够转化为有利的因素。在一部星相学作品《赫耳墨斯教之书》(*Liber Hermeticus*)里,[3]无一处提到死亡和来生的问题,它所关心的是如何快乐地生活在人世间。然而,自然知识是神所创造的,也只有神才能够使人类掌握它。“这个知识关系到去发现自然得以秘密地维系的感应与排斥的整体结构,如果没有一个神将它启示出来,如何能够获取这个秘密呢?”[4]因此,赫耳墨斯教的科学既是一种奥秘,其传授也具有入会礼的性质,人们只有通过祈祷、祭祀或是层次更低的巫术去获得自然知识。[5]

在杂乱无章的巫术秘诀里,在有关自然的巫术、神秘科学的论述里,我们有时候也会发现知识型的赫耳墨斯教文献所特有的概念。在《宇宙的女儿》(*Korō Kosmou*,14—18)里,灵魂的创造被描述为炼金术过程。希腊文的《阿斯克勒皮俄斯》(*Asclepius*)在结尾处的祈祷文中曾有一段巫术的秘诀。我们切不可低估“通俗的”赫耳墨斯文学的重要性。普林尼(Pling)的

---

[1] 事实上,纸草古卷保存了真正的希腊化时期的某些神话,伊利女神特弗诺特(Tefnut),在这个神话中托特—赫耳墨斯具有很大的作用;参见 Doresse,第 449 页。

[2] A. J. Festugière, *La Révélation d'Hermès Trismégiste*,第 1 卷,第 122 页以下。有一个可追溯至托勒密时期的传说:托特,第一个赫耳墨斯生活在“大洪水之前”;第二个赫耳墨斯,三倍伟大的赫耳墨斯继之,以后是他的儿子阿加托戴蒙以及他的孙子塔特(Tat)。这些人物在《宇宙的女儿》中都曾经引用过。这个家谱无疑是埃及的。

[3] 其希腊文版本起源于公元前 3 世纪:参见 Festugière, *La Révélation*,第 1 卷,第 122 页以下。

[4][5] Festugière, *Hermetisme et mystique païenne*,第 43、44 页。

《自然史》以及中世纪的名著《博物志》(*Physiologus*)都受到这些作品的启发,并吸收了其中一些资料。从中世纪后期直到 18 世纪末,它们的宇宙论及其主要观念(感应和对应的学说,尤其是大宇宙和小宇宙对应的学说)也 297
还是相当盛行,不仅在意大利的新柏拉图主义和帕拉塞尔苏斯(Paracelsus),而且在约翰·迪(John Dee)、阿什莫尔(Ashmole)、弗卢德(Fludd)和牛顿等立场不同的学者那里都能够找到这些观念。

和通俗的赫耳墨斯教文献一样,知识型的赫耳墨斯教文献也被认为是由三倍伟大的赫耳墨斯(Hermes Trismegistus)所传授的。这些论文在文学形式,尤其在学说内容上各不相同。早在 1914 年布谢(Bousset)就说过,《赫耳墨斯教文集》里有两种互不相容的神学:乐观主义的神学(一元论—泛神论类型),以及具有强烈的二元论的悲观主义神学。前者认为宇宙是美善的,因为有神性充盈其间。① 人们沉思宇宙之大美,就可以获得神性。神是一(《赫耳墨斯教文集》11.11)又是一切(12.22);是创造者而被称为"父"。继神、宇宙之后,人位居第三。他的使命是"歌颂且礼拜天上的万物,照管并统治地上的万物"(《阿斯克勒皮俄斯》8)。总之,人也可以成为宇宙大化的必要组成部分;他是"会死的存在,是不死之神的装饰品"(《赫耳墨斯教文集》42)。

相反,在悲观主义的神学里,世界基本上是恶的:"它不是神的工程,至少不是第一位神的工程,因为第一位神无限超越于物质,他隐藏在他存在的奥秘里面。所以人们只有舍弃今世才能够接近神,他在今世的举止应该像异乡人。"②我们且以《赫耳墨斯教文集》的首篇《人类的牧者》为例,看一看世界的创造和人类的痛苦是怎样的:双性同体的"理性"(Nous)首先创造了巨匠造物主,他形成了世界,而后造了"人"(Anthropos),也就是天上的人;他下凡到地上来,"被爱所蒙骗"而和"自然"(Physis)结合,繁衍出地上的人 298
类。从此,神圣的"人"不再是孤独的个体,因为他造了人类,他的生命转化为人类的灵魂,他的光变成"理性"。因此,地上的人类既是会死的,也是永生的。然而,在知识的帮助下,人可以"变成神"。这种贬抑世界和身体的二元论强调神性和人的属灵因素的一致性,就像神一样,人的灵魂(nous)也具

① 世界是一个"不死的存在"(《赫耳墨斯教文集》8.1);名之曰"神"、"大神";"看不见的神"就是通过这个世界显现自己的(同上 5.2)。

② Festugière, *Hermétisme*,第 37 页;参见所著 *Révélation*,第 1 卷,第 84 页以下。

有生命与光的特征。既然世界"整体是邪恶的"(《赫耳墨斯教文集》64),那么人就必须成为今世的"异乡人"(13.1),以成就"神性的诞生"(13.7)。事实上,再生的人拥有了不死的身体,而最重要的,他就是"神的儿子"(13.2)。

这一与特殊的宇宙论以及救赎论有关的神学,本质上具有"诺斯替教"的结构(§229)。但是我们不能贸然将二元论和悲观主义的赫耳墨斯教的论述归结为诺斯替教。文献中某些"诺斯替教"类型的神话和哲学因素其实是当时"时代精神"的一部分——例如,贬低世界、强调神或超人的存在所启示,并通过秘密符号传授给世人的太初知识的救赎价值。我们还要补充的是,知识所具有的绝对重要性、通过入会仪式的方式传授,这些都使我们想起印度的传统(奥义书、数论和吠檀多),正如重生的人"肉身不坏"也与哈特瑜伽(Hatha Yoga)、道教以及印度和中国的炼丹术一样。

210. 赫耳墨斯教的秘传特点

有些学者(莱岑斯坦[Reitzenstein]、格夫肯[Geffcken])认为,赫耳墨斯教是严格意义上的宗教兄弟会,有其教义、仪式和献祭,《赫耳墨斯教文集》便是他们的圣典。布谢(Bousset)、克洛尔(E. Kroll)、古蒙(Cumont)以及费斯图吉耶尔神父(Festugière)都拒绝这个假设。第一,两种相互冲突、不可
299 调和的教义并存,与兄弟会——"一群男子决意选择一种思想和生活体系所组成的团体"——的理念是格格不入的;第二,赫耳墨斯教文献丝毫没有提及"赫耳墨斯门徒特有的庆典。没有任何类似诺斯替教的圣事,也没有浸礼、圣餐、告解、为举行崇拜仪式的祭司按手礼祝圣。没有教士、没有等级制的组织,也没有不同级别的入会仪式。我们只看到,人分两等:听话的人和不听话的人。这一区分过于平淡无奇了,至少早在巴门尼德(Parmenides)时期就可以看到这样的区分。"①

尽管如此,如果说存在一个秘密,按照等级制组成的兄弟会的假说没有什么说服力,那么大量知识型的赫耳墨斯教文献则假定了某种封闭团体的存在,他们实行一种类似于炼金术士和性力派的入会礼。用《阿斯克勒皮俄斯》(25)的话说,其中所包含的乃是一种"宗教精神"(*religio mentis*):神"接受纯粹精神性的奉献"(《赫耳墨斯教文集》1.13)。尽管如此,我们还是察觉到某种与众不同的宗教氛围和某种仪式类型:门徒齐集于

① Festugière, *Hermétisme*, 第 38 页;参见 *Révélation*, 第 1 卷,第 81 页以下。

一座神庙里;他们服从沉默的规定,不将启示泄漏给外人;在隆重的仪式中举行教义问答;师徒之间的关系具有宗教寓意。在一尊巨爵(*kratēr*)里举行浸礼的神话证明他们很熟悉各种秘仪的仪式。[①] 我们也可以推断他们知道某些出神的方法;赫耳墨斯告诉他的门徒塔特(Tat)他的出神体验,随后他便进入"不死的身体",而塔特也能够模仿他(《赫耳墨斯教文集》1.3,13)。

可以说这是一种新的秘传智慧的模式。与其他包含等级制的组织、入会仪式以及秘密教义的渐次启示的那种封闭组织有所不同,赫耳墨斯教就像炼金术一样,只有一些启示文献,由"师父"传授并解释给少数有了充分准备的门徒(也就是经过苦行、冥想和某些仪式行为而获得"洁净")。我们一定不可忽略这一事实,《赫耳墨斯教文集》包含的启示是一种最高的神秘知识(Gnosis),也就是确保救赎的秘传知识,理解且吸收这些知识就等于参与了一种"入会礼"。[②] 这种新型的个人的、完全属灵的、通过专心阅读和默想秘传文献进行的入会礼,在罗马帝国时期,尤其是在基督教取得胜利之后,更是大行其道。因此,一方面各种源自神灵的"圣典"大受推崇,另一方面后来特别是公元 5 世纪起,其他的秘仪和秘密组织就都销声匿迹了。从这个新型的入会仪式的观点看,秘传教义的传授并不包含"入会礼的传承";因为圣典可能被遗忘好几个世纪,而只要有一个胜任的读者解读它们,其教义就变得可以理解,并且具有了现实的意义。 300

赫耳墨斯教的传播是秘教历史上相当引人入胜的篇章。通过叙利亚文和阿拉伯文的文献,尤其是通过哈兰(Harran)的示巴人(Sabaean)的努力而得以实现的,后者直到公元 11 世纪一直生活在伊斯兰教统治下的美索不达米亚。[③] 最近的研究揭示,沃尔弗朗·冯·埃森巴哈(Wolfram von Eschenbach)的《帕济法尔》(*Parzival*)和某些 13 世纪的西班牙文献里有赫耳墨斯

---

① 根据《赫耳墨斯教文集》的第四篇论文,在万物初开之际,上帝把 *nous* 注满了一尊巨爵;那些浸没在里面的人就变成一个"完人";费斯图吉耶尔已经证明,这代表着两种秘仪仪式的混合:(1)啜饮从这尊巨爵中舀出来的一种神圣饮料以及(2)进行一种洁净性的、入会礼性质的沐浴;参见所撰"Le baptême dans le cratére",第 108 页(重印于 *Hermétisme*,第 100—112 页)。

② 费斯图吉耶尔(Festugière)很好地分析了希腊化时期一种特有的文化环境:将秘仪的仪式转化为一种隐喻,作者称之为"文学的秘仪"。但是这种转化仍然具有宗教的价值,它激发读者的想象力,并且揭示了秘仪的深层含义。

③ 示巴人奉赫耳墨斯和阿加托戴蒙为"先知",他们熟悉《赫耳墨斯教文集》中的第四篇论文,名"巨爵"。亨利·卡赫纳(Henry Kahane)和热内·卡赫纳(Renée Kahane)认为,巨爵就是"圣杯"。

教的成分。[①]然而赫耳墨斯教在西欧真正的复兴肇始于马西利奥·费奇诺
301 (Marsilius Ficinus)应美第奇家族的柯斯莫(Cosmo de Medici)之请,而于1463年把《赫耳墨斯教文集》翻译为拉丁文。但是我们将会看到(本书第3卷),《赫耳墨斯教文集》的重新发现对于赫耳墨斯教事实上形成了一种新的、创造性的、大胆的解释。

211. 希腊化时期的炼金术

科学史家将希腊—埃及炼金术划分为三个时期:[②](1)通过合金、着色和伪造的方法制造黄金的技术手段时期(例如,公元前3世纪的莱顿和斯德哥尔摩纸草古卷);(2)哲学时期,可能始于蒙德斯的布罗斯(Bolos of Mendes,公元前2世纪),以伪托德谟克里特的《物理学和秘教》(*Physika kai Mystika*)为代表;(3)最后一个阶段,真正的炼金术文献的阶段,也就是3—4世纪索西穆斯(Zosimus)的作品以及4—5世纪的评注。虽然亚历山大里亚的炼金术历史起源的问题还没有解决,基督元年前后的炼金术文献的突然涌现乃是各种秘仪、新毕达哥拉斯派和新俄耳普斯教、星相学、"东方智慧"中的各种启示、诺斯替教等秘传思潮(此种思潮尤其吸引了那些有教养者和知识分子),以及作为工艺秘密、各种远古的巫术和技术体系守护人的"民间"传统的风云际会所致。中国的道教和新道教、印度的性力派和哈特瑜伽(Hatha Yoga)也有类似的现象。在地中海世界,这些"民间"传统在希腊化时期的继续发展成为一种具有古老结构的精神行为。正如我们所看到的(§209),对于与实体、宝石以及植物有关的传统技术和科学逐渐增长的兴趣正是这一时期所特有的。

302 炼金术实践诞生的历史性原因何在呢?毫无疑问,我们无从知晓。但是炼金术不大可能是一门建立在伪造和仿制黄金的秘诀的基础上自发形成的学科。希腊化时期的东方继承了所有美索不达米亚和埃及的冶金术,我们还知道,自公元前14世纪以来,美索不达米亚的黄金检测技术就已经臻于完美。因此企图将一门在西方世界徘徊了将近2 000年的学科同伪造黄金的努力联系起来,岂非对于古人所拥有极其丰富的金属和冶金知识视而

---

① 参见 R. Kahane and H. Kahane, *The Krater and the Grail: Hermetic Sources of the Parzival*,以及他们撰写的,"Hermetism in the Alfonsine Tradition"。

② 参见 Eliade, *The Forge and the Crucible*,第127页以下。

不见,这也低估了古人的知识和精神能力。希腊化时期炼金术的主要目的是要将贱金属转化为黄金,这在当时的科学条件下并非谬想,因为事物的统一性有一段时期成为希腊哲学的教条。只是我们难以相信,炼金术起源于证明事物具有统一性教条的有效性,并为此而提供证明的实验。一种属灵的技术和一种救赎学说居然能够起源于哲学理论,这似乎是不大可能的。

另一方面,当希腊学术运用于科学的时候,它曾经表现出了一种异乎寻常的观察和推理的意识。当我们阅读希腊炼金术士的文献时,我们感到吃惊的是正是他们缺乏这种科学精神。正如西尔伍德·泰勒(Sherwood Taylor)所言:

> 例如,凡是用过硫磺的人都会注意到它在融化状态下的奇特现象,以及随后发生的液体发热的现象。虽然提到硫磺的地方不下数百次,但是除了在金属中的作用之外,无一处提到它的这些特性。这与古典时期希腊人的科学精神形成极其强烈的对比,以至于我们不得不得出结论,认为炼金术士对于那些不能帮助他们达到其目的的自然现象毫无兴趣。尽管如此,如果我们认为他们只追逐黄金也是一个错误,因为尤其在晚期作品中的那种准宗教的、神秘的风格,与寻求财富的精神是格格不入的……炼金术士从不运用科学的方法。[1]

古代炼金术士的文献证明"这些人其实对制造黄金并没有真正的兴趣, 303
事实上他们根本不是在谈论黄金。应用化学家在考察这些著作时一定会觉得就像一个建筑师要从一部关于共济会的著作中寻找有用的信息似的"。[2]

因此,如果炼金术既不是产生于伪造黄金的欲望(黄金检测技术早在12 个世纪之前人们就已经掌握了),又不是产生于一种希腊技术(我们刚才已经看到炼金术士对那些物理—化学现象毫无兴趣),那么我们就要到别处去寻找这门特殊学科的"起源"了。炼金术不是一种关于事物统一性的哲学理论,而可能就是大地母亲在她的子宫里孕育矿产的古代观念(参见§15),正是从这种观念中形成了人工的,也就是在实验室里面,将贱金属转化为黄金的信仰。这种信仰与矿藏、冶炼和金属工匠的符号、神话以及技术之间的联系,很可能产生了最早的炼金术活动。但首先是在实验中发现了像工匠感

---

① F. Sherwood Taylor, *A Survey of Greek Alchemy*,第 110 页。参见其所著,"Origins of Greek Alchemy",第 42 页以下。

② Taylor, *A Survey of Greek Alchemy*,第 138 页。

受到的那种**活生生**的物质,这才对炼金术的产生具有决定性的作用。事实上,正是复杂的、戏剧性的**物质生命**这一概念,而不是希腊科学,才是炼金术的源头活水。我们有充分的理由假定,可能是希腊—东方秘仪的知识产生了对于物质的戏剧性生命的体验。

在希腊—埃及的炼金术文献里,从一开始就描述了物质的“受难”、“死亡”和“复活”的情节。将贱金属转化为黄金——这一伟大工程(*opus magnum*)的结果就是取得哲人之石——只要使物质经历四个阶段即可完成,这四个阶段分别以颜色来表示:黑色(*melansis*)、白色(*leukansis*)、黄色(*xanthosis*)和红色(*iosis*)。黑色(中世纪作家称为 *nigredo*)象征“死亡”。但是我们必须强调,这一工程的四个阶段,在伪托德谟克里特的《物理学和秘仪》这一最早的炼金术文献(公元前 2—前 1 世纪)中就有所记载。这四个阶段(或者五个阶段)有许多不同的提法(*nigredo*, *albedo*, *citrinitas*, *rubedo*,时为 *viriditas*,时为 *cauda pavonis*),这些提法在阿拉伯和西方的炼金术史里始终存在着。

304 更确切地说:神的神秘戏剧——他的受难、死亡和复活——被投射到了物质上,以便使它得以转化。总之,炼金术士对待物质就像秘仪中人们对待神一样:矿物质经历“受难”、“死亡”和“重生”,从而转化为另外一种存在模式,这也就是贱金属的转化。在《论工艺》(3.1.2—3)里,索西穆斯描述了他在梦中看到的一个异象,有个叫伊昂(Ion)的人对他说,他被人用剑刺伤、肢解、砍头、剥皮而且加以火焚,他经受所有这些折磨就是“为了要使他的身体蜕变成为灵魂”。索西穆斯醒来后就扪心自问,梦里所见难道不正是水的化合作用的炼金术过程,伊昂不就是水神的化身和想象吗?正如容格(C. G. Jung)所证明的,水神是炼金术士的“永恒的液体”(*aqua permanens*),而火的“折磨”则是分解(*separatio*)的过程。①

我们应当注意到,索西穆斯的描述不仅使我们想起狄奥尼索斯以及其他秘仪里“濒死的诸神”的肢解(这种“受难”在某个层面上等同于植物周期,特别是“谷物之神”的受难、死亡和复活的各个阶段),而且它与萨满的入会礼异象,与一切古代入会礼的基本结构有着惊人的相似。萨满入会礼的考验虽然与此“有一定距离”,但有时候还是很残酷的:未来的萨满在梦里会看

① C. G. Jung, “The Visions of Zosimus”,第 38 页以下。

到自己被肢解、砍头和死亡的景象。① 如果我们牢记入会礼仪式的普遍性以及金属工匠、铁匠和萨满之间的密切关系,如果我们认为古代地中海的金属冶炼者和铁匠的兄弟会很可能有自己的秘仪,那么我们就会把索西穆斯的异象解释为传统社会典型的精神世界。而在这里我们也看到炼金术士的伟大创新:**他们把受难的入会礼的功能投射到物质上去了**。通过类似于秘仪门徒的"折磨"、"死亡"和"复活"的炼金术过程,金属就改变了性质,也就是 305
说,获得了超越的存在模式:贱金属变成了"黄金"。而我们知道,黄金正是永生的象征。一切炼金术的点石成金不外乎使物质臻于完美,②对于炼金术士而言,就是完成他的"入会礼"。

在传统文化里,矿物和金属被视为生命的有机体,怀孕、生长和诞生,甚至还会结婚(§115)。希腊—东方的炼金术士继承了所有这些古老信仰,并赋予其新的含义。在炼金术中,硫磺和水银的化合就总是用"婚姻"来表示的。而这个婚姻也是两种宇宙原则的结合。其中也有炼金术观点的创新:物质的生命不再是古人所想象的是一种"有生命"的神显;相反,它需要获得一种"精神的"向度。换言之,既然假定灵魂的经历和受难具有入会礼的意义,那么物质也有精神的命运。在精神的层面上,"入会礼的考验"最终可以得到自由、彻悟和永生,而在物质的层面上则会得到点石成金,获得哲人之石。这种对于古代神话—仪式场景(矿物在地母子宫里的孕育和生长;冶炉被同化为新的大地子宫,矿物完成其孕育;矿工和冶铁匠取代大地之母的角色,加快并且完成矿物的"生长")的大胆解释,可与古代农耕仪式之"变化"为秘仪相媲美。我们稍后会讨论使物质的"精神化"和"点石成金"所带来的影响。③

---

① 参见 Eliade, *Shamanism*,第 33 页以下和各处。

② C. G. Jung, *Psychology and Alchemy*,第 222 页以下,论及通过炼金术士的工程,拯救为物质所囚禁的活生生的世界(*anima mundi*)。这个概念在起源和结构上都是诺斯替教的,当然也是炼金术士所主张的。不管怎样,它与最后归结到宇宙复原观念的整个末世论潮流是一致的。但是炼金术至少在一开始并没有提出活生生的宇宙被物质所囚禁的思想,虽然还是隐约感觉到世界是大地之母(Terra Mater)的产物。

③ 参见本书第 3 卷。

306

第 27 章　伊朗的新思想

212. 安息王朝(约公元前 247 年到公元 226 年)的宗教取向

阿契美尼德帝国寿终正寝(约公元前 330 年)以后,伊朗宗教也卷入了希腊化时期规模宏大、错综复杂的宗教融合运动(参见 § 205)。帕提亚(Parthian)酋长阿尔萨斯(Arsaces)收复了部分伊朗领土而获得独立,自立为王(约前 247 年),建立了一个新王朝,史称安息王朝,但却无法阻止宗教融合的过程。帕提亚人固然带来了起源于草原骑马民族的全部宗教和文化传统,在安息人取得政权后开始确立的王室意识形态中,某些成分反映着无法征服的部落的文化遗产,这些部落数个世纪以来一直在帝国的边缘过着游牧的生活。但是希腊文化的吸引力是难以抵挡的,至少在公元 1 世纪时,安息王朝还是鼓励希腊化(在他们的钱币上铸有希腊诸神的肖像)。当然我们也应当记住,他们心向往之的对象,即亚历山大的希腊文化本身也吸收了大量闪族和亚洲的成分。

这一时期的文献数量和种类都非常多:有希腊文和拉丁文作家的作品、纪念碑、铭文、钱币。但是关于伊朗宗教和信仰的信息却非常贫乏。只有借助于晚出的文献我们才能够较好地理解安息王朝的宗教创造力。最近的研
307 究证明,这些晚出的文献所表达的信仰和观念早在帕提亚时代就已经形成了。此外,这也是当时那个时代的方式,即在无数文化的冲撞和交流之后,从先前的观念中形成了新的宗教形式。

基本上,这些资料表明:(1)整个帝国都信奉密特拉,他和国王有特别的关系;①(2)麻葛成为专司献祭的祭司阶级,特别是主持血祭(牛或马)。斯

---

① 当朝君主的神化,这一现象是希腊化时期的特征,在安息王朝也有记载;至少有三个例子。参见 J. Duchesne-Guillemin, *La religion de l'Iran ancien*,第 225 页,附有书目(K. M. JamaspaAsa 英文译本名,*Religion of Ancient Iran* [*Bombay*, 1973])。

特拉波(Strabo)写道，麻葛崇拜安娜希塔(Anāhitā)，但是有证据显示他们也参加密特拉的仪式(在其秘仪中扮演某个角色)；(3)火的崇拜特别流行；(4)在公元前 2—前 1 世纪，流传着一部希腊文的末世论作品《许斯塔斯普神谕》(*Oracles of Hystaspes*)(许斯塔斯普是维斯塔斯帕的希腊名字)，该书所指虽然是罗马(预言罗马的衰亡)，却是伊朗末世论文学的一部分。①

尽管如此，帕提亚时期重大的宗教发展顺序有所不同。在公元前 1 世纪，密特拉秘仪开始传遍了地中海世界(最早的文献记录可以追溯到公元前 67 年)。我们可以合理地猜测，大约在同一时期，围绕着密特拉确立起来了弥赛亚王的观念；虽然还不无争论，但是正如维登格伦(Widengren)所证明的那样，例如诺斯替教的《珍珠赞美诗》所反映的那种救世主神话很可能在安息王朝时期就成形了。最后，察宛派(Zurvanite)神学，及其关于时间、永恒、"灵性"先于物质世界的创造以及绝对的二元论也是在这个时期形成的——这些概念在几个世纪后的萨珊王朝得到体系化和组织化。

重要的是，我们不可无视所有这些宗教形式的基本整体性。它们表现 308
的多样性只是由于它们追求的目的有所不同。例如，我们无法在民间宗教或是神学思辨里发现王室意识形态的成分。所有这些创新的共同之处在于，虽然它们都继承了从前的观念，却又保持着"开放性"，在后来的几个世纪里不断地发展。《许斯塔斯普神谕》延续了古典末世论主题，这些主题很可能起源于印度—伊朗人(年月的缩短、宇宙的毁坏、最后的战争等等)，在萨珊王朝的钵罗婆文的启示文学，特别是在《巴赫曼耶斯特》(*Bahman Yašt*)中得到再现。另一方面，《许斯塔斯普神谕》也以 7 000 年的末世论编年史为基础证明它们的预言，根据这一编年史，每 1 000 年都由一颗行星主宰，这显然受到了巴比伦的影响(如著名的七种系列：七大行星、七种金属、七种颜色等等)。但是对于这个编年图式的解释却是伊朗所特有的：在前六个 1 000 年里，上帝和恶灵争夺统治权，邪恶似乎是获胜了；上帝派遣太阳神密特拉(相当于阿波罗或赫利俄斯)下凡，他统治第七个 1 000 年；在这个时期结束时，行星的力量消失，宇宙大火更新了世界。② 这个带有末世论的

---

① J. Bidez and F. Cumont, *Les Mages hellénisés*，第 1 卷，第 217 页；G. Widengren, *Les religions de l'Iran*，第 228 页以下；J. R. Hinnells, "The Zoroastrian Doctrine of Salvation"，第 147 页以下。

② F. Cumont, "La fin du monde selon les Mages occidentaux"，第 93 页以下；Bidez and Cumont, *Les Mages hellénisés*，第 1 卷，第 218 页以下。

神话编年史，在公元初年的西方世界相当流行。

在关于国王—救世主（等同于密特拉）诞生的传说里，我们也可以解读出末世论的希望。神圣的国王和宇宙统治者、人神之间的中保的传统观念因为具有了救赎的意义而大为丰富起来——这个过程在人们渴望救主降临的时代是很容易理解的。密特拉达特·尤帕托尔（Mithradates Eupator）的传奇生平充分展现了这种末世论的希望：彗星宣告他的出生；闪电击中婴
309 儿，却只留下一个疤；这个未来的国王经历一连串相当于入会考验的教育；
密特拉达特即位时（和所有的国王一样）被认为是密特拉的化身。[1] 在基督的诞生传说里也有类似的弥赛亚主题。

213. 察宛和恶的起源

察宛（Zurvan）和察宛派所引起的问题远没有最终解决。他当然是一个很古老的神。[2] 格什曼（Ghirshman）认为，在鲁里斯坦（Luristan）发现的一尊青铜器上描述一个有翼的、双性同体的神从肩膀上生出来一对双胞胎，这个神就是察宛；象征着人生三阶段的三个游行队伍，敬献给察宛一束嫩枝（*barsom*）。[3] 如果这个解释是正确的，那么在最早的书面文献中就应该知道这个察苑生下奥尔马兹达和阿赫里曼的神话。根据罗得岛的欧底姆斯（Eudemus of Rhodes）（公元前 4 世纪后半叶）提供的信息，“麻葛……时而称这个智慧的大全为‘空间’，时而称之为‘时间’。据说就是他生下了奥尔马兹达和阿赫里曼，也就是光明和黑暗。”[4]这条信息很重要：它向我们证明，在阿契美尼德王朝即将终结时，伊朗人就已经认为，时间和空间是善与恶这两个原则的共同来源，正是善恶原则化身为奥尔马兹达和阿赫里曼。

“时间”在阿维斯陀语里写作 *thwâša*，意思是“这个行色匆匆的”、“这个
310 匆忙的”，维登格伦认为，这个字原指苍穹，是主宰命运的天神的别名。[5] 所

① Justin，37.2；Plutarch，*Quaest Conviv* 1.6.2；Widengren，*Les religions de l'Iran*，第 266 页以下；Widengren，“La Légende royale de l'Iran antique”，各处。

② Widengren，*Hochgottglaube im alten Iran*，第 310 页。

③ Ghirshman，“Notes iraniennes XV：Deux bronzes des rois d'Urartu”，载 *Artibus Asiae* 28（1958）：第 37 页以下；Duchesne-Guillemin，*La religion de l'Iran*，第 146 页。

④ 欧德姆斯（Eudemus）的文献，载彼德斯（Bidez）和古蒙（Cumont）所著 *Les Mages hellénisés*，第 1 卷，第 6 页以下。

⑤ Widengren，*Hochgottglaube*，第 232 页以下；Zaehner，*Zurvan，a Zoroastrian Dilemma*，第 89 页以下。

以，察宛很可能原来是个天神，是时间的起源，幸福和灾难的施予者——也就是命运的主宰。[1] 无论如何，察宛的结构是很古老的：他使人想到某些集宇宙的对立和集各种对抗于一身的原始神灵。

在后期《阿维斯陀》里（可能在公元前 4 世纪结集的作品）就很少提到察宛，但是他总是和时间或命运有关。有一份文献（《驱魔书》19.29）说，在登临“马兹达所造的”分别之桥时（参见 § 103），义人和虔诚信徒的灵魂将沿着“察宛所创造的路”前进。这里清楚地强调时间/命运——换言之就是每一个个体生命的延续——的末世论功能。在其他文献里，察宛被称为“无限的时间”（《驱魔书》19.13，16）；也有的文献区分为“无限的时间”（*zurvan akarana*）和“漫长而自主的时间”（*Zurvan darego xvadhāta*）（《耶斯特》72.10）。

所有这些都预设了一种从永恒的胸膛里涌出持续的时间的理论。在钵罗婆语作品中，“漫长而自主的时间”是从“无限的时间”中产生的，持续了 12 000 年后，又回到无限的时间中去（《班达喜兴》1.20；《丹伽尔特》282）。数个 1 000 年循环组成的宇宙周期理论是非常古老的，只是在印度、伊朗和美索不达米亚有着不同的表现方式。虽然这种千年理论在古代后期开始流行起来，在无数的天启和预言中都运用了这个理论，但是它在伊朗，尤其在察宛派中才得到充分的发展。事实上，关于时间和命运的思考在察宛派的作品里经常出现：它们用以解释恶的起源以及今世何以邪恶遍行，并且对于二元论的难题也提出了更确切的解答。

普鲁塔克在《论伊希斯与俄赛里斯》（46—47）里采用公元前 3 世纪的资 311
料，描述“麻葛苏鲁支”的教义：“从至纯的光明里诞生的奥罗马兹得（Oromazdes）”和“从黑暗里诞生的阿里曼诺斯（Aremanos）”，他们分别统治世界 3 000 年，然后相互战争 3 000 年。在晚期一篇充满察宛派成分的文献《曼诺克伊卡拉特》（*Menōk i Khrat*）（7.11）里，人们仍然相信宇宙的生命周期是 9 000 年，均分为三个阶段（奥尔马兹达把统治权让位于阿赫里曼，接着是 3 000 年战争）。既然袄教否认阿赫里曼统治世界的观念，普鲁塔克运用的资料很可能就是察宛派的概念。此外，普鲁塔克还写道，密特拉——他

① 根据欧底姆斯的观点，既然察宛是麻葛——也就是说，它最初起源于玛代——所崇拜的神，那么就很难断定苏鲁支没有提到察宛，究竟是因为立场不同而拒绝这个神，还是表明在先知的生活环境里这个时间和命运之神不太重要。

的地位介于奥尔马兹达和阿赫里曼之间，这就是为什么他被称为“中介者”——教导波斯人要对这些神进行特别的献祭，类似于献给冥府“恶魔”的祭品——而这也不是祆教的概念。①

普鲁塔克并没有提到察宛，但是双生神神话和轮流统治的解释，在以后察宛派的某些文献中也有所表述。根据亚美尼亚教会神父科尔波的埃兹尼克(Eznik of Kolb)所述，在万物还不存在之前，察宛(“Zrwan 意为‘命运’或‘荣耀’”)为生子而献祭千年。② 因为他怀疑献祭是否有用，(“我献祭有什么用吗?”)因此他一下子怀上了两个儿子：“因为献祭”，他得到奥尔马兹达，“因为怀疑”，他得到阿赫里曼。察宛决定使头生的将来为王。奥尔马兹达知道父亲的想法，而告诉了阿赫里曼，阿赫里曼就撕开子宫③而出世。但是
312 当阿赫里曼告诉察宛自己是他的儿子时，察宛答道：“我的儿子是芳香馥郁，光芒四射的，你却又臭又黑暗。”然后奥尔马兹达出生，果然“光芒四射，香气袭人”，于是察宛就要立他为王。但是阿赫里曼提醒他曾立誓使头生的孩子作王。为了遵守诺言，察宛只好准许他作王 9 000 年，然后就要由奥尔马兹达统治世界。埃兹尼克接着说，奥尔马兹达和阿赫里曼“下凡创造万物。奥尔马兹达所创造的都是善良而正直的生命，而阿赫里曼所造的则是邪恶而畸形的。”我们应当注意，这两个神都是造物主，只不过阿赫里曼所造的都是邪恶的。这种负面的宇宙创造(群山、蛇、有毒的动物，等等)乃是从东欧到西伯利亚④许多民间的神话和传奇中的基本要素，在这些神话和传奇之中，“上帝的敌人”扮演了重要的角色。

钵罗婆语的重要作品《大班达喜兴》⑤(3.20)说：“我们通过献祭，万物得以创造。”这个观念和察宛神话肯定源自印度—伊朗人，因为它们在印度

---

① Widengren, *Rel. de l'Iran*，第 244 页以下，讨论了普鲁塔克的原文，概述还编制了一个新的书目。

② Eznik, *De Deo*，根据玛利耶(L. Mariès)的译文，转引自 Zaehner, *Zurvan*，第 42—128 页。参见 Eznik, *Against the Sects*, Zaehner 译，第 438—439 页。

③ 埃兹尼克(Eznik)清楚知道察宛是双性同体的。但是其他晚期作家却说察宛是“母亲”或“妻子”；参见 Zaehner, *Zurvan*，第 63 页以下、第 423、428 页。参见埃兹尼克和提奥多·巴尔·科乃依(Theodore bar Konai)的其他文献；Bidez and Cumont, *Les Mages*，第 2 卷，第 89—92 页；以及 Zaehner, *Zurvan*，第 421 页以下；相关讨论，参见 Zaehner，第 54 页以下。

④ 参见我们的研究“The Devil and God”，载 *Zalmoxis, the Vanishing God*，第 76—130 页。

⑤ 班达喜兴的意思是创世记，有两种版本，一种在印度获得，名《印度班达喜兴》，一种在伊朗获得，因字数较多，计 16 章，名《大班达喜兴》。——译者

也有发现。为求子嗣，生主献祭酬神礼(*dākṣāyaṇa*)，①而他在献祭时也有怀疑(“我应该献祭吗？还是不应该献祭呢？”)。生主是一个从身体创造世界的大神，也象征着岁时的循环(§76)。怀疑在仪式上是一种过失，会造成可怕的后果。因此，**邪恶是一次技术性意外造成的，因神圣献祭者的疏忽所致**。邪恶之神自己并没有本体论条件，他依附于邪恶制造者的无意过犯，而且后者还预先规定了邪恶的存在期限。

因怀疑造成了灾难性的后果，这个主题几乎在全世界的神话中都有相似的表述，这些神话将死亡或邪恶的起源解释为造物主一时缺乏警惕或预见所致。这与早先苏鲁支所主张的概念之间的差别也是显而易见的：阿胡拉·马兹达创造了两个精灵，但是恶灵**自由选择他的存在模式**(参见 313
§103)。因此智慧之主并不直接为邪恶的出现负责。同样，在许多古代宗教里，至上神蕴含着对立统一，因为他就是整个现实世界。但是在察宛派的神话里，如同其他同类型的神话一样，是大神自己创造了恶，虽然他不是故意的。无论如何，至少在埃兹尼克转述的故事中，察宛并不创造宇宙；他承认自己是个退位神(*deus otiosus*)，因为他把统治权的象征给了他的双胞胎儿子(他送给奥尔马兹达“一束嫩枝”[*baresom*]，而根据《扎德斯普兰》(*Zâtspram*)，他送给阿赫里曼“一件制造黑暗实体的工具”)。

214. 时间的末世论功能

从我们所熟悉的钵罗婆语文献及其修订(此事在马兹达教成为萨珊帝国[公元 266—635 年]国教期间进行，甚至到伊斯兰教征服伊朗后还在进行)来看，察宛派似乎是由玛代的麻葛精心构造的一种宗教融合的神学，②而不是独立的宗教。事实上，没有奉献给察宛的祭品。进而言之，人们总是与奥尔马兹达和阿赫里曼一起提到这个太初之神的。但是我们必须说明，千年王国的教义总是和察宛有关——无论这个察宛是时间的宇宙之神，还仅仅是时间的人格化而已。每 9 000 年或 12 000 年构成一段世界历史，这样的解释总是和察宛本身有关。根据某些叙利亚文献，③察

① 参见 S. Lévi, *La doctrine du sacrifice dans les Brāhmanas*(1898)，第 138 页。

② 维登格伦(Widengren)研究过察宛派与玛代麻葛之间关系；参见所著 *Rel. de l'Iran*，第 33 页以下。

③ 这些文献已由扎赫纳(Zaehner)译出，参见 *Zurvan*，第 435、439、440 页。关于这些文献的注疏，参见 Duchesne-Guillemin，第 186 页以下，以及维登格伦所著 *Rel. de l'Iran*，第 317 页以下。

宛身边有三个神——实际上也就是他的化身,阿琐卡尔(Ašōqar)、弗拉琐卡尔(Frašōqar)、札罗卡尔(Zārōqar)。这三个名称分别为三个阿维斯
314 陀语用来称呼神的称号:*aršōkara*(“那使人身强力壮的”)、*frašōkara*(“那使人光辉灿烂的”),以及 *maršōkara*(“那使人衰老的”)。[①] 这显然是将时间当成某种有生命的东西,因为它被想象为人类存在的三个阶段:青年、成人和老人。在宇宙的层次上,每个阶段都经历 3 000 年。在奥义书和荷马的作品里,都可以看到这种“三个时间的说法”。[②] 另一方面,在钵罗婆语的经典里也有类似的说法;例如,奥尔马兹达“存在、过去存在、将来存在”,而且据说,“奥尔马兹达的时间”(*zamân i Ohrmazd*),“过去存在、现在存在、将来存在”。[③] 而察宛(=Zaman)也是“过去和未来皆为万物”。[④]

总之,在袄教和察宛派的文献里都有关于时间的想象和符号。在12 000 年的历史周期里也有相同的情形。它在察宛派的思想里也有一定的地位。察宛被表现为四面神,在他周围有不同的宇宙四重结构,这符合古代时间和命运的天神形象。[⑤] 如果我们从“无限的时间”(*zanman i akanārak*)去认识察宛,那么他似乎超越于奥尔马兹达和阿赫里曼,因为经文说:“时间强过那两个受造物。”[⑥]

我们可以获得二元论倾向逐渐增强的马兹达教的正统思想与察宛派神学的论战。在《丹伽尔特》的一段经文[⑦]里,很自然地谴责了“察宛生下奥尔马兹达和阿赫里曼兄弟”这个观念。因此,正统的钵罗婆语经典没有提到这两个对手的起源问题。奥尔马兹达和阿赫里曼是永恒存在的,但是魔鬼在
315 未来的某个时候终究会消失。于是我们就能够理解,为什么时间和千年王国的教义对于马兹达教也非常重要。

根据马兹达教神学,时间不仅是世界创造不可或缺的元素,它也是消灭

---

① Nyberg,“Questions de cosmogonie et de cosmologie mazdéennes”,第 89 页以下;Zaehner, *Zurvan*,第 221 页以下;Widengren, *Rel. de l'Iran*,第 317 页以下。

② 参见 Widengren,第 319 页,注解 4;荷马:《伊利亚特》1. 70。

③ 参见 Zaehner, *Zurvan*,第 278 页翻译的文献。

④ 扎赫纳翻译的文献,第 232 页和第 283 页;参见 Widengren,第 318 页以下。

⑤ Nyberg,“Questions de cosmogonie”,第 57 页;Zaehner, *Zurvan*,第 54 页、第 97 页以下。

⑥ 《班达喜兴》,《残篇》第 1 章,根据 Widengren,第 325 页译文。

⑦ 《丹伽尔特》(M829. 1—5),涉及伽泰中关于双灵的经文(《耶斯纳》30. 3);参见 Duchesne-Guillemin,第 185 页以下。

阿赫里曼和邪恶不可或缺的条件。①事实上,奥尔马兹达创造世界,就是为了要征服和消灭邪恶。所以宇宙论本身就已经蕴含着末世论和救世论。这就是为什么宇宙不再是循环的,而是直线性的:世界有起点也有终点。时间的绵延是阿赫里曼侵袭的间接结果。奥尔马兹达创造了直线的、有限的时间,在其中和邪恶对抗,如此奥尔马兹达便赋予了时间某种意义(末世论),以及戏剧性的结构(这是一场连续不断的战斗,直到最后胜利)。这就是说,他所创造的有限的时间正是**神圣的历史**。事实上,这正是马兹达思想的伟大原创性所在,把宇宙起源论、人类起源论以及苏鲁支的教义解释为同一个神圣历史的不同阶段。

215. 两种创造:精神(*mēnōk*)和物质(*gētik*)

根据《班达喜兴》(*Bundahišn*)第 1 章,奥尔马兹达和阿赫里曼永远存在;奥尔马兹达在时间上是无限的,但是在空间上却受到阿赫里曼的限制,然而阿赫里曼却受到时间和空间的限制,因为他在某个时候会消失。换言之,马兹达教的上帝在起源上是有限的,因为他被对手阿赫里曼包围。②如果阿赫里曼没有实施其攻击,那么这种状况就会永远地保持下去。奥尔马兹达为了回击阿赫里曼,就创造了世界,使自己在空间上也成为无限的。所以说是阿赫里曼成全了奥尔马兹达。换言之,邪恶不自觉地、非自愿地助长了善的胜利——这是在历史里经常看到的观念,也使歌德为之心驰神往。 316

全知的奥尔马兹达预见了阿赫里曼的攻击行动,就创造出“理想的”或“精神的”存在,所用的术语是 *mēnōk*,这个字很难翻译,因它同时指完美的世界和胚胎的世界。根据《宗教的审判》(*Dātastān i Dēnīk*)(37.3 以下)所述,*mēnōk* 的世界是完美的,而《丹伽尔特》(9.3.75)则说世界在开始的时候是完美的。另一方面,《班达喜兴》(1.6)也描述在 *mēnōk* 状态下的创造,在 3 000 年的时间里,“不思不动,不可感知”。③ 但是经文首先强调了 *mēnōk* 属于天界和灵魂的特征。“我来自天上的世界(*mēnōk*)”,一份公元 4 世纪的

---

① 在《班达喜兴》1.1(参见 Zaehner, *The Teaching of the Magi*,第 35 页)中,奥尔马兹达另有三个名字:时间、空间和宗教。此种四位一体说为察宛派采纳,但是仍然必须对于创造作出解释;参见 Duchesne-Guillemin,第 309—310 页。

② Zaehner, *Teaching of the Magi*,第 30 页。

③ 参见 Duchesne-Guillemin,第 310—311 页所引其他经文和及其评论;亦可参见 Mary Boyce, *A History of Zoroastrianism*,第 1 卷,第 229 页以下。

文献说:"我不是从尘世的世界(*gētik*)来的。我原先就显现为精神状态;我原先的状态不是尘世的状态"。①然而我们必须澄清,在这里并无抽象的存在、柏拉图的"理念"世界:*mēnōk* 的状态既是精神的,也是具体的。

宇宙的戏剧和世界的历史可以分为四个阶段。第一个阶段,阿赫里曼与黑暗世界侵犯奥尔马兹达的光明世界。(在此我们遇到的二元论是在宇宙创造之前的,因为在苏鲁支的教义里,阿胡拉·马兹达既是光明的创造者,也是黑暗的创造者;参见《耶斯纳》44.5。)在把创造从精神状态(*mēnōk*)转换为物质状态之前,奥尔马兹达问圣灵(*Fravashis*)(天堂里预先存在的灵魂)是否愿意下凡,接受肉体的存在以对抗邪恶势力,②圣灵一致同意。这便证明了强调肉身的生命、事功以及物质的重要性——这是苏鲁支教义的特点。这和诺斯替教以及摩尼教悲观主义的差别是显而易见的。③事
317 实上,在阿赫里曼入侵以前,物质的创造(*gētik*)本身也是善良且完美的。只是阿赫里曼的入侵带来的邪恶,将它们败坏了。其结果形成"混合"(*gumēcišn*)状态,这是以后所有创造物的状态,直到最后的洁净礼才会消除。阿赫里曼和群魔侵入物质世界,制造有害的事物污染世界,特别是潜入人的身体。其实某些经典说,阿赫里曼并没有用否定的 *gētik* 创造物对抗奥尔马兹达的物质世界:要毁灭整个世界,他只要潜入人的身体里面,并且住在那里就足够了。"所以说,只要阿赫里曼不再居住在人的身体之中,他就会在整个世界消失掉。"④

阿赫里曼的入侵是用极为生动的语言加以描绘的:他撕裂天堂的外围,潜入物质世界(*gētik*),污染水源,毒害植物,致原牛死亡。⑤他攻击原人伽尤马特(Gayōmart),妓女玷污他,因而也玷污了所有的男人。(然而,原人命中注定要在受到侵犯后再活 30 年。)然后,阿赫里曼投身到圣火里,污染圣火,使其烟雾弥漫。但是无论阿赫里曼的势力多么强大,他还是受限于物质

---

① *Pand Nāmak i Zartušt*(=求问苏鲁支之书),第 2 节,根据 H. Corbin, "Le temps cyclique dans le mazdéisme",第 151 页的翻译。

② 《班达喜兴》第 1 章,Zaehner, *Zurvan*,第 336 页。

③ 在马兹达教看来,摩尼的激进的二元论乃是一种极端的异端思想。

④ 《丹伽尔特》第 6 卷,第 264 节,沙克特(S. Shaked)翻译,"Some Notes on Ahriman",第 230 页。

⑤ 食用的、药用的植物从他的骨髓里生出,他的精子产生有用的动物。可以看出海努威尔(Hainuwele)类型的神话记忆(参见 § 113)。关于原牛被谋杀,参见 Duchesne-Guillemin,第 323—324 页;Mary Boyce, *History of Zoroastrianism*,第 1 卷,第 138 页以下、第 231 页。

世界,因为天堂关上了大门,他只得待在物质世界的陷阱里。①

216. 从伽尤马特到苏什扬特

原人是奥尔马兹达和大地之母斯潘达马特(Spandarmat)的儿子。像其他神话里的巨人一样,他有浑圆的身体,"如太阳一般闪耀"(参见柏拉图:
《会饮篇》189d 以下)。在他死去的时候,从他的身体产生金属;阳光洁净他 318
的精子,1/3 的精子落到土里,长出大黄,从大黄里诞生了第一对人类玛西耶(Mašye)和玛西雅妮(Mašyāne)。换句话说,第一对夫妻是从神话祖先(伽尤马特)和地母生出来的,他们最初的形式是植物——这种神话结构在全世界流传甚广。奥尔马兹达命令他们要行善,不要崇拜魔鬼,还必须禁食。虽然玛西耶和玛西雅妮宣称奥尔马兹达为造物主,但是他们受到阿赫里曼的蛊惑,称他为大地、流水和植物的创造者。因为这个"谎话",这对夫妇受到诅咒,他们的灵魂将待在地狱,直到他们复活。

他们 30 天没有进食,但是他们后来喝了母羊奶,却假装不喜欢喝;这是第二个谎话,更加助长了魔鬼的力量。这个神话故事可以从两个方面去解释:(1)说谎之罪;(2)进食之罪,也就是规定了人类的条件之罪(在许多古代的神话里,太初的夫妇是不用吃东西的,而根据伊朗的信仰,甚至在时间的终点,人类也不再吃喝东西)。②30 天后,玛西耶和玛西雅妮砍下小牛的头烤来吃。他们将一块肉献给圣火,又将另外一块肉抛向天空,献给诸神;可是这块肉却被老鹰叼走了。(后来传说是被狗吃掉了。)这可能意味着神没有得到祭品,但是也可能意味着人不应该食肉。50 年来,玛西耶和玛西雅妮没有性欲。但是他们还是交媾,生下了一对双胞胎,他们"如此美味",竟然被父母一人一个吃掉了。于是奥尔马兹达就除去小孩身上的气味,从此他们的父母亲才会让他们活下去。③后来玛西耶和玛西雅妮又生了双胞胎,成为一切人类的祖先。

要理解祆教神学家如何重新诠释传统神话,那么伽尤马特(阿维斯陀 319

---

① 阿赫里曼再也不能侵入天堂了,因为圣灵手执长矛,守卫着"天空的堡垒";参见 Zaehner, *Dawn and Twilight of Zoroastrianism*,第 270 页。

② 《班达喜兴》,载 Zaehner, *Teaching of the Magi*,第 145 页;亦可参见 Zaehner, *Zurvan*,第 352 页。

③ 《大班达喜兴》14.14,Zaehner, *Teaching of the Magi*,第 73 页的翻译;另外一个译本,参见 A. Christensen, *Les types du premier homme et du premier roi*,第 1 卷,第 19—20 页。

语作 *gaya maretan*,“有死的生命”)的神话是相当重要的。与伊米尔(Ymir)和“原人”(Puruṣa)一样,伽尤马特也是太初双性同体的巨人,但是他的死亡则有不同的解释。从他的身体流出来的不再是整个世界,而只有金属——也就是行星——以及从他的精液流出的大黄中生出的第一对人类。正如在后期的犹太教思想中,亚当具有宇宙论属性和出色的精神品格一样,伽尤马特也被抬举到很高的地位。在马兹达教的神圣历史里,他的地位很接近苏鲁支和苏什扬特。事实上,在物质世界(*gētē*)中,伽尤马特是第一个得到“善宗教”启示的人。[1] 在阿赫里曼入侵以后他又活了30年,因而能够把启示转达给玛西耶和玛西雅妮,再由他们传授给子孙后代。马兹达教的神学宣称伽尤马特就是公义的人,完美的人,相当于苏鲁支和苏什扬特。[2]

在后期的神学作品中,伽尤马特因为拯救了人类的环境,他的荣耀达到了顶峰。事实上,人类本性善良,拥有灵魂和不死的身体,就像伽尤马特一样。由于人类祖先的罪,阿赫里曼就把死亡带入了物质世界。但是,正如沙赫纳(Zaehner)所言,[3]对于袄教而言,原罪不是源自不服从的行为,而是因为一个错误的判断:人类祖先错把阿赫里曼当成了创造者。不过,阿赫里曼没有能够消灭原人的灵魂,因而也无法消灭人类的灵魂。现在人类的灵魂成了奥尔马兹达最强有力的盟友,因为在物质世界里,只有人类才拥有自由意志。但是灵魂只有通过他所寓居的身体才能行动,身体是灵魂的工具或者“外衣”。此外,身体也不是黑暗所造(如诺斯替教所说的),而是和灵魂相同的实体。起初身体是明亮而芳香的,但是色欲使他发臭。不过,在末日审
320 判以后,灵魂会恢复充满精力而圣洁的身体。[4]

总之,人因为有了选择善恶的自由,所以他不仅可以确保自己得救,甚至能够参与奥尔马兹达的救世大业。我们看到(§104),每一位献祭者都可以使自己回到阿赫里曼入侵而造就的“混合”(*gumēcišn*)以前的洁净状态,而帮助世界的“改观”。因为在马兹达教看来,物质世界——也就是物质和生命——**本身是善的**,应当加以洁净和复原。其实,肉身复活的教义宣称了

---

① 《班达喜兴》7.1,4,*Molé, Culte, mythe et cosmologie dans l'Iran ancien*,第504页。

② 参见莫勒(Molé)所引经文及其注解,同上书,第485页以下。

③ *The Dawn and Twilight of Zoroastrianism*,第267页。

④ 参见沙赫纳对《丹伽尔特》有关章节的翻译和注疏,同上书,第273页。

物质世界不可估量的价值。这是我们迄今所知道的在西方 17 世纪的化学一哲学家之前，对于物质世界的意义所做的最严谨、最大胆的解释(参见本书第 3 卷)。

从伽尤马特之死和第一对人类诞生到苏鲁支出现的 3 000 年间，有一系列传奇性的王朝，著名的有伊姆(伊玛)(Yim/Yima)、阿兹达哈克(Aždahāk)和法里东(Frēton)。苏鲁支**出现在历史的中心**，居于伽尤马特和未来的救世主苏什扬特正中间。(根据公元 4 世纪的传说，苏什扬特将由一位处女所生，她将在迦萨亚湖[Kasaoya]沐浴，湖中奇迹般地保存着苏鲁支的精子。)我们将会看到(§§104、112)，在苏什扬特举行献祭之后，世界将发生一次最终的"更新"(*frašō-kereti*)。钵罗婆语经典对于这个末世论的情节有更详细的描述。首先，在最后的 3 000 年里，人们逐渐不再食肉、牛奶和植物，直到最后仅以水为生。

事实上，这一世界末日重复了祖先的行为，以便消除这些行为。这就是为什么那力量尚不及人类的女魔阿姿(Āz，"贪婪")被迫要吞噬群魔。与阿
赫里曼杀死原牛相对应的，乃是由苏什扬特和奥尔马兹达杀死公牛哈塔尤 321
斯(Hathayōs)举行末世的献祭。以它的油脂和骨髓混合白毫麻酿造的酒，可以使复活的人长生不死。第一个人伽尤马特将第一个复活。太初战争将再度爆发：恶龙阿兹达哈克重新出世，而"从前"曾经打败大蛇的英雄法里东也会复活。决战中，两边的军队捉对厮杀。最后是阿赫里曼和阿姿被奥尔马兹达和斯罗兹(Srōz)打败。①

根据某些文献，阿赫里曼永远地丧失了力量；而根据其他文献，他被丢回当初他潜入世界的洞眼里，他就在那里被消灭。②大火使山里的金属流淌出来，在这火河里面——对于恶徒，它是燃烧的，而对于义人则是温暖的牛乳——恢复精力的身体洁净三天。热力最终使群山崩塌，填平沟壑，阻断通往地狱的洞穴(我们知道，在天堂里面大地是平整的，这和末世论的想象一样的古老)。在世界得到更新之后，人类再无犯罪之虞，并将获得永生，享受种种世俗(例如亲人团聚)和灵性的福乐。

---

① 参见《班达喜兴》34.23；Duchesne-Guillemin，第 350 页以下；Zaehner，*Dawn and Twilight*，第 309 页以下。在这里当然是一种印欧末世论的神话，在婆罗门的印度和日耳曼人中间都有所保留；参见§177、192。

② *Mēnōk i Krat* 8.11—15；《丹伽尔特》，第 12 卷，第 291 章；参见 Duchesne-Guillemin，第 351 页；Zaehner，第 314 页以下、第 251 页以及 Widengren，*Rel. de l'Iran*，第 230 页以下所引其他文献。

217. 密特拉秘仪

根据普鲁塔克(《庞培传》24.5)的记载,基利家海盗“暗中崇拜(密特拉)秘仪”;庞培(Pompey)征服且俘虏他们之后,他们就把这个崇拜仪式传到了
322 西方世界。这是第一次明确提及密特拉秘仪。①我们不知道《密特拉颂》(*Mihryašt*,参见§109)所歌颂的这位伊朗神灵是如何转变成为密特拉秘仪的。对于他的崇拜仪式也许是从美索不达米亚和小亚细亚的麻葛中间发展出来的。密特拉作为守护神和战神,已经成为帕提亚王朝的保护神。康马吉尼(Commagene)的安提阿哥一世(Antiochus Ⅰ,前69—前34)的陵寝纪念碑表现了该神紧握着国王的手。但是在密特拉的王室宗拜仪式中似乎没有秘密仪式,自从阿契美尼德王朝结束以来,名为“密特拉卡那”(Mithrakana)的大型庆典始终是公开举行的。

我们主要是从有图画的纪念碑去了解密特拉秘仪的神话和神学。文字材料甚少,且多涉及仪式以及不同等级的入会礼。有个神话讲到密特拉如何从石头里诞生(*de petra natus*),类似人形怪物乌里库米(Ullikummi)(§46)、弗里吉亚的阿格底斯提(§207)以及奥塞梯(Ossetic)神话里的一个著名英雄。②这就是为什么山洞在密特拉秘仪中起着重要的作用。另一方面,根据比鲁尼(al-Bîrûni)记载的传说,帕提亚国王在即位前夕躲进了一个山洞,臣民便前来敬拜他,就像敬拜一个新生的婴孩——更明确地说,就像敬拜一个以超越自然方式诞生的婴孩。③亚美尼亚的传说也提到梅赫尔(Meher,亦即密特拉[Mihr, Mithra])在山洞里隐居,每年只出来一次。事实上,这位新的国王**就是**密特拉,就是下凡的、再生的密特拉。④这个伊朗神话的主题也出现在基督教的传说里,耶稣在伯利恒一个充满光芒的洞穴里诞生。⑤总之,密特拉奇迹般的诞生是关于著名的宇宙的主宰—救世主的伊

---

① 关于这一崇拜仪式及其传播到西方的所有其他资料——文字的、铭文的以及考古的——均不早于公元1世纪。

② 参见Dumézil, *Légendes sur les Nartes*,第192页以下。

③ 比鲁尼:《印度》,第2卷,第10页。

④ G. Widengren, *Iranisch-semitische Kulturbegegnung*,第65页;亦可参见其所著*Les religions de l'Iran*,第269页,注解6;以及盖许维奇(I. Gershevitch)的文章,载欣诺斯(J. R. Hinnells)主编的*Mithraic Studies*,第85页以下、第356页。

⑤ 参见Eliade, *The Two and the One*,第50页以下,以及*Zalmoxis*,第27页以下。

朗宗教融合神话的一个组成部分。

重要的神话情节还有密特拉奉太阳神索尔(Sol)之命(据某些铭文判 323
断),盗窃公牛献祭,这是很有名的神话。密特拉教的洞穴浮雕和绘画几乎都描绘了这个故事。密特拉很不情愿地执行这一使命,他别转头去,一手抓住公牛的鼻子,另一只手抓起刀子插入公牛的腹胁。“从垂死的牺牲者的身体里长出了各种药草……。从脊髓长出可以做面包的小麦,从他的血液长出葡萄,可以酿成秘仪的圣酒。”[①]从祆教的背景看,密特拉献祭公牛的故事似乎是一个难解之谜。我们看到(§215),杀死原牛的是阿赫里曼。一份晚出的文献(《班达喜兴》6. E. 1—4)却歌颂屠牛的善果:原牛的精液经过月光的洁净,诞生出各种动物,从它的身体上长出植物。从形态学观点来看,这种“为了创造的杀戮”应当看作农业宗教的仪式,而不是一种入会礼仪式。[②]另一方面,正如我们刚才所看到的(§216),在时间的终点,苏什扬特和奥尔马兹达将以公牛哈塔尤斯献祭,而以他的油脂和骨髓酿造的酒可以使人不死。所以密特拉的功绩可与这一世界末日的献祭相比。因此可以说,秘仪的入会礼便蕴含着世界最终的更新,也就是入会者的得救。[③]

宰杀公牛要在洞穴里当着太阳神和月神的面进行。黄道十二宫或七大行星,以及风和四季的符号,都说明了这个献祭具有宇宙学的结构。考特斯
(Cautes)和考托帕特斯(Cautopates)打扮得像密特拉一样,手执火炬,观看 324
神的工作;他们是作为太阳神的密特拉的另外两个化身(其实,伪狄奥尼索斯就曾提到“三个密特拉”,《书信集》7)。

索尔和密特拉的关系是一个至今尚无答案的问题,一方面,虽然索尔地位比密特拉更低,却命令密特拉去屠牛;另一方面,也有铭文把密特拉称为“战无不胜的索尔”(Sol invictus)。有的情节描绘索尔跪在密特拉面前;也有的情节描绘两个神相互握手。无论如何,我们看到密特拉和索尔在宴会里分食公牛肉而结为好友。这个宴会在象征宇宙的洞穴里举行。两位神的

---

① F. Cumont, *Les Mystéres de Mithra*,第 2 版,第 13 页。亦可参见 Cumont, *Textes et monuments figurés relatifs aux Mystères de Mithra*,第 1 卷,第 179 页、第 186 页以下。

② G. 维登格伦(Widengren)比较了晚近的一个巴比伦仪式 Kalu,其中包含有献祭一头公牛,目的是确保世界丰收(*Iranisch-semitische Kulturbegegnung*,第 51 页以下)。

③ 关于杀牛的相似解释,参见 J. R. Hinnells, *Mithraic Studies*,第 305 页以下。此外,自从 H. 温迪斯曼(Windischmann)(1859 年)以来,许多伊朗学家注意到密特拉和苏什扬特之间惊人的相似性。

侍者都戴着动物面具。这个宴会构成了秘仪圣餐的模式，其中信徒戴着表示不同入会等级的面具，服侍宗教集会的长老(*pater*)。据推测，有些洞穴壁画描绘了索尔升天，这可能发生在宴会结束之后。随后密特拉也到天上去了；有些绘画描绘他跟在太阳神的马车后奔跑。

在所有的秘仪里，只有密特拉没有如其他神那样命运悲惨，所以我们可以推论说，密特拉的入会礼中没有暗示死亡和复活的各种考验。在入会礼之前，入教者先要发誓(*sacramentum*)保守秘仪的秘密。圣哲罗姆的一段文字和许多铭文都提到入会礼七个等级的名称：乌鸦(*corax*)、新娘(*nymphus*)、武士(*miles*)、狮子(*leo*)、波斯人(*Perses*)、太阳密使(*heliodromus*)和长老(*pater*)。前几级的入会礼7岁以上儿童就可以参加，他们可能要接受某种宗教教育，学习颂歌和赞美诗。信徒团体分为两种团体："侍从"和"会众"，后者由"狮子"以上的入会者组成。[①]

我们并不知道不同等级的入会礼内容。基督教的护教士在抨击密特拉
325 的"圣事"(称之为撒但的诱惑！)时，曾提到或许令新入会者获得新生的"洗礼"。[②]这个仪式可能是为擢升为"武士"的入会者举行的。[③]我们知道，他会被授予一顶王冠，但入会者必须拒绝，说密特拉是他"唯一的王冠"。[④]然后他用烧红的烙铁在前额烙印(德尔图良：《论异端无权成立》40)或是以燃烧的火炬洁净(路西安[Lucian]：《下往哈得斯》7)。在"狮子"的入会礼中，往入教者手中倒上一些蜂蜜，舌头上也要抹上一些。因为蜂蜜是受祝福者以及新生儿的食物。[⑤]

根据一位4世纪的基督教作家所述，入会者要蒙住眼睛，然后疯狂的群众会包围他，有的模仿乌鸦鼓噪和振翅的声音，也有的模仿狮子的吼叫声。

---

① 参见Cumont, *Textes et monmuments figures*，第1卷，第137页，以及第2卷，第42页。文章引用了波菲利的《论禁止食荤》(*De abstinentia*)4.16残篇。

② 德尔图良：《论异端无权成立》(*De praescr. Haeret.*)40(参见Cumont, *Textes et monuments*，第2卷，第51页)。

③ Loisy, *Mystères païens et mystere chrétien*，第173页。我们不知道"乌鸦"等级的入会礼考验的详情；波菲利认为(《论禁止食荤》4.16)，"乌鸦"乃是一位副手(据说乌鸦是信使，将太阳神杀死公牛的命令带给密特拉)。属于新娘等级的象征乃是一把火炬(婚姻的火炬)、一盏灯，后者象征着指引参加入会者的"新光"。

④ Tertullian *De corona* 15 (=Cumont, *Textes et monuments*，第2卷，第50页)。

⑤ Porphryr, *De antro nymph.* 15(Cumont, *Textes et monuments*，第2卷，第40页)。将蜂蜜涂在新生儿的舌头上。伊朗的传说认为蜂蜜来自月亮。参见古蒙(Cumont)所著书，第1卷，第320页。

鸡肠缚手，鱼贯入水坑。然后有人上前，持剑割断鸡肠，自称为解救师。①在卡普阿(Capua)的密特拉神庙绘画所描绘的入会礼场景可能表现了某种入会礼考验。古蒙(Cumont)描述了其中保存最为完好的场景："裸身的入会者坐着，蒙住眼睛，双手可能反绑着。传授师从后面走近他，好像把他往前 326
推。有一位身穿东方服饰的祭司，头戴弗里吉亚的高帽子，手中握着宝剑，走上前来。在其他的场景里，这位入会者跪着甚至躺在地上。"②我们也知道，新入会者还必须出席一场模拟的屠宰，向他展示一把沾染了供物血污的剑。③某些入会礼仪式很可能真的与假扮的鬼怪搏斗。其实，历史学家兰普里丢斯(Lampridius)说，康茂德(Commodus)皇帝以活人祭奉献密特拉秘仪④。康茂德可能是在入会礼担任"长老"时真的杀死了一个擢升武士的入会者，而他原本以为只是假装杀死他而已。

这七个等级各有一颗行星保护：水星保护乌鸦、金星保护新娘、火星保护武士、木星保护狮子、月亮保护波斯人、太阳保护太阳密使、土星保护长老。圣塔·普里斯卡(Santa Prisca)和奥斯蒂亚(Ostia)的密特拉神庙清楚地说明了这些星相的关系。⑤另一方面，奥利金(《驳塞尔索》6.22)提到用不同金属制成的七级梯子(铅、锡、铜、铁、合金、银、金)以及与诸神的关系(铅和克罗诺斯、锡和阿佛罗狄忒等等)。这个梯子可能是我们所不知道的仪式的一部分，同时又象征着密特拉的秘密集会。

218. "如果当初基督教受阻……"

我们在讨论密特拉秘仪时，似乎免不了要引用恩斯特·勒南(Ernest Renan)的名言："如果基督教在成长过程中因致命的疾病而受阻，那么整个世界就都是密特拉教徒了。"(《马可·奥勒留》，第 579 页)勒南可能对于密特拉 327

---

① Pseudo-Augustine, *Quaest vet. et novi Test*, 114.12(Cumont, *Textes et monuments*，第 2 卷，第 8 页)。有的作者怀疑这条信息是否可靠；但是正如鲁瓦西(Loisy)所言，"它的粗俗本身就证明了它的真实性；我们这位作者所言正好使我们推断，这是一种象征性的解释，其中的含义他不明白，或者他根本不想再说出来"(*Mystères païens*，第 183 页)。

② F. Cumont, *Les religions orientales*，第 142 页，图版Ⅻ。其他卡普阿密特拉神庙的场景来自 Veraseren, *Mithras, the Secret God*，插图第 51—53 幅，第 132—133 页的复制。

③ Cumont, *Les Mystères de Mithra*，第 135 页。

④ *Commodus* 9; Cumont, *Textes et monuments*，第 2 卷，第 21 页。

⑤ Ferrua, *Il mitreo sotto la chiesa di Santa Prisca*，第 72 页以下；G. Becatti, *Scavi di Ostia*，第 2 卷：*I Mitrei* (Rome, 1954)，第 108 页以下。

秘仪在公元3世纪的煊赫与盛行留下了深刻的印象,他当然对于秘仪传遍罗马帝国诸行省也感到震惊。这个新的秘仪宗教的确以其力量和创新令人肃然起敬。密特拉的秘密仪式成功地将伊朗的遗产和希腊—罗马的宗教融合在一起。在其万神殿里,古典时期的诸神与察宛和其他东方神灵比肩而立。此外,密特拉秘仪还吸收并整合了帝国时期流行的宗教思潮:占星术、末世论思想、太阳神的宗教(哲学家解释为太阳崇拜的一神教)。其文化源自伊朗,其献祭的语言却是拉丁文。其他东方的救赎宗教都是由外国的祭司集团控制(埃及人、叙利亚人、腓尼基人等),而密特拉秘仪的长老(*patres*)却是从意大利人和罗马行省本地人中招募的。再者,密特拉教与其他东方宗教不同之处还在于它没有狂欢的或可怕的仪式。这是一个典型的士兵宗教,以信徒的纪律、节制和道德令世人耳目一新——这些美德不禁使人想起了古老的罗马传统。

密特拉教传播甚广:从苏格兰到美索不达米亚,从北非、西班牙到中欧和巴尔干地区。其圣所大都发现于罗马古老的行省,如达契亚、潘诺尼亚(Pannonia)和日耳曼尼亚。(这个宗教似乎没有进入希腊或小亚细亚。)然而我们必须考虑到,每个密特拉的秘密集会最多只接受100个会众。即使在罗马的某个时期有100座神庙,其入会信徒也不会超过1万人。[①]密特拉教几乎是士兵的秘密宗教,随着军团的移动而传播。我们仅知的入会仪式类似于印欧民族的“男性联盟”的入会礼(参见§175),而不像埃及或弗里吉亚的秘仪入会礼。因为正如我们所见,密特拉是各种秘仪中唯一没有经历
328 死亡的神。而且,在各种秘仪中,也只有密特拉教不接受女性。在妇女参与救赎宗教达到登峰造极的时代里,这种禁令使得人们皈依密特拉宗教即使并非全无可能,也是相当不容易的。

不过基督教的护教士还是担心密特拉教可能具备的“竞争力”,因为他们认为秘仪像魔鬼一样模仿基督教的圣餐。查士丁(《护教文》66)指责“邪恶的魔鬼”规定以面包和水作为圣餐:德尔图良(《论异端无权成立》40)也提到“以面包作为供奉”。事实上,入会信徒的盛宴是纪念密特拉和索尔在献祭公牛之后的那次宴会。对于密特拉信徒而言,这样的庆典很难说到底是圣餐,还是当时帝国流行的仪式性盛宴。[②]无论如何,我们不能否认密特拉

① 参见 Widengren,“The Mithraic Mysteries”,第453页。

② 参见 I. P. Kane,“The Mithraic Cult Meal in Its Greek and Roman Environment”,第343页以下。

教(或者其他秘仪)的盛宴自有其宗教意义,因为它们都模仿某个神圣模式。基督教的护教士猛烈抨击他们魔鬼般地模仿圣餐礼,这个事实恰好证明其具有神圣特征。至于入会仪式中的洗礼,在其他宗教也有实行。但是对于公元 2—3 世纪的基督教神学家而言,基督教和密特拉宗教的相似性更加令他们感到不安,因为用烙铁在前额上烙印可使他们想起“印记”(*signatio*),也就是完成洗礼圣事的仪式;此外,自从 2 世纪以来,这两个宗教都在相同的日子(12 月 25 日)庆祝神的诞生,也都相信有世界末日、最后审判以及肉体复活。

但是这些信仰和神话—仪式场景,其实都是希腊化和罗马时期的时代精神。各种具有融合特点的救赎宗教的神学家们,毫不迟疑地借用他们所认可的观念和说法(我们在论及弗里吉亚秘仪时曾经提到过这点,§207)。
总之,重要的是要对于皈依和入会礼考验所揭示的神话—仪式场景作出个 329
人的体会和神学的解释(我们只要记住,在非基督教的世界和基督教的历史上,对于圣事的意义有许多不同的解释)。①

不少皇帝尤以政治原因支持密特拉教。公元 307—308 年,戴克里先(Diocletian)和其他奥古斯都们在卡尔努图(Carnutum)设祭坛供奉“帝国的恩人”密特拉。但是公元 312 年君士坦丁的密尔维娅桥(Milvia)大捷结束了密特拉教的命运。在朱利安短暂的统治下密特拉教曾再现其盛况,这个哲学家—皇帝称自己是密特拉的信徒。他于 363 年驾崩,其后经历一段宽容时期,但是格拉提安(Gratian)在 382 年颁布的敕令结束了官方对于密特拉教的支持。与所有的救赎宗教和秘教集会一样,密特拉的秘密仪式也遭到禁止和迫害,从历史上消失了。但是在这个逐渐基督教化的世界中,其他伊朗宗教的天才创新却为自己找到了一条出路。在公元 3 世纪初,摩尼教的兴盛一度动摇了基督教会的基础,而摩尼教的二元论也一直影响着整个中世纪。另一方面,基督教和伊斯兰教最终也吸收了伊朗的某些宗教观念,如圣诞、天使学、麻葛的主题、光明的神学,以及某些神秘知识的神话因素;在某些情况下,从中世纪中期直到文艺复兴和启蒙时代都能够找到它们的踪迹。②

---

① 参见 John R. Hinnells, “Christianity and the Mystery Cults”, 第 20 页。

② 参见本书第 3 卷。

330

第28章 基督教的诞生

219. “无名的犹太人”:拿撒勒的耶稣

在公元32—33年,有个叫扫罗(Saul)的年轻法利赛人,他以狂热迫害基督徒闻名,正要从耶路撒冷到大马士革去。“忽然从天上发光,四面照着他。他就仆倒在地,听见有声音对他说:‘扫罗,扫罗!你为什么逼迫我?’他说:‘主啊!你是谁?’主说:‘我就是你所逼迫的耶稣。起来,进城去,你所当做的事,必有人告诉你。’同行的人站在那里,说不出话来,听见声音,却看不见人。扫罗从地上起来,睁开眼睛,竟不能看见什么。有人拉他的手,领他进了大马士革。三日不能看见,也不吃,也不喝。”最后门徒亚拿尼亚(Ananias)在异象中得到耶稣指示,把手按在扫罗身上,扫罗就视觉恢复。“于是起来受了洗,吃过饭就健壮了”。①

此事发生在耶稣被钉十字架的二三年后。(没有人知道耶稣被处死的确切时间:或在公元30—33年之间。因此保罗改信最早在公元32年,最迟不超过公元36年。)正如我们所见,对耶稣复活的信念构成了基督教,尤其
331 是圣保罗的基督教的基本要素。②这个事实相当重要,因为他的书信是讲述基督教社团历史的最早文献。所有的书信都充满着无与伦比的热情:复活以及通过基督获得救赎的确实性。伟大的希腊学者委拉莫维兹—摩棱多夫(Wilamowitz-Moellendorff)写道:“最后,希腊人的语言终于表达了热情而强烈的宗教体验。”③

---

① 《使徒行传》9:3—5,18—19。《使徒行传》的作者对于保罗在大马士革遇见复活的耶稣,有两种叙述:2:4—21, 26:12—20。

② 在《哥林多前书》(15:1—2)中,保罗认真地写下了所有遇见复活的耶稣之人的名录。

③ 转引自G. Bornkamm, *Paul*,第9—10页。

我们还需要强调另外一个事实:保罗的出神体验与耶稣的呼召之间相距甚短,只有几年。提比略(Tiberius)在位第十五年(亦即公元 28—29 年),苦行的施洗约翰开始在约旦河一带,“宣讲悔改的洗礼,使罪得赦”(《路加福音》3:1 以下)。历史学家弗拉维乌斯·约瑟福斯(Flavius Josephus)形容施洗约翰“为人诚实”,他劝告犹太人要奉行美德、公义和虔敬(《犹太古史》18. 52. 116—119)。事实上,施洗约翰是一个真正的先知,他受到上帝的启示,迫切而狂热地公开反对犹太人的政治和宗教的等级制度。施洗约翰是千禧年派的领袖,宣布天国将临,不过他没有自称“弥赛亚”。他的讲道大获成功。几千名从巴勒斯坦各地前来受洗的人中有个人叫耶稣的,是加利利的拿撒勒人。根据基督教的传说,施洗约翰认出他就是弥赛亚。

没有人知道耶稣为何要受洗。不过可以确定,他的受洗暴露了他的弥赛亚身份。在福音书里,这一天启的奥秘被解释成为圣灵以鸽子的形象降临,同时天上传来声音说:“这是我的爱子,我所喜悦的。”(《马太福音》3:16;参见《马可福音》1:11;《路加福音》3:22)耶稣在受洗之后,立刻被带到旷野之中。福音书说“耶稣被圣灵引到旷野”,为了让他在那里受撒但的试探(《马太福音》4:1—10;《马可福音》1:12;《路加福音》4:1—13)。
这些试探显然具有神话特征,但是这些象征揭示了基督教特有的末世论结 332
构。在形态学上,它们是一系列入会礼的考验,和释迦牟尼佛的苦行类似(§148)。耶稣在旷野中禁食四十昼夜,并且受到撒但的“试探”:他先是命令耶稣施展奇迹,(“吩咐这些石头变成食物”;又带耶稣到耶路撒冷圣殿顶上,说道:“你若是上帝的儿子,可以跳下去。”)然后他给予耶稣绝对的权力:“世上万国与万国的荣华。”换言之,撒但给他的是摧毁罗马帝国的力量(也就是启示文学所宣称的犹太人的军事胜利),只要耶稣跪下来拜他。[①]

有一段时期,耶稣像施洗约翰一样给人施洗,而且可能更加成功(《约翰福音》3:22—24;4:1—2)。但是获悉先知被希律王逮捕,耶稣就离开犹太(Judaea)回到他的家乡去了。弗拉维乌斯·约瑟福斯说希律此举是出于恐惧:希律害怕施洗约翰对群众的影响力,担心发生叛乱。无论究竟是什么原

① 确实,“试探”的场景在公元 66—70 年起义失败,也就是在罗马帝国摧毁了圣殿以后,就与福音书大量传说融为一体了。但是在基督教会形成的象征里面,“试探”预示着耶稣的奇迹(因为不久他将要把水变成酒,使饼和鱼变多)以及基督教的胜利(因为,虽然罗马帝国没有被一场武装起义摧毁,但是它因为皈依了基督教而被征服了)。

因，约翰的入狱促使耶稣开始传道。耶稣抵达加利利后，就宣讲好消息，也就是福音："日期满了，上帝的国近了！你们当悔改，信福音！"[1]这个信息传达了一种末世论的希望，除了极少数例外，它主宰了犹太人宗教精神长达一个多世纪。继众先知、施洗约翰之后，耶稣也预言了这个迫近的世界改观：这就是他传道的实质(§ 220)。

在最初的一些门徒簇拥下，耶稣在会堂和空地传道，特别向穷人和被剥
333 夺继承权的人传道。他使用传统的说教方法，大谈神圣历史和最著名的《圣经》人物，援引远古的想象和象征，尤其是使用形象的比喻。如同希腊化世界的许多其他"神人"一样，耶稣也是个医生和巫师，会医病赶鬼。在行过某些奇事后，耶稣被怀疑行妖术，这在当时是个死罪。"他是靠着鬼王别西卜赶鬼，"有人说。"又有人试探耶稣，向他求从天上来的神迹。"[2]犹太人并没有忘却耶稣赶鬼和巫师的名声：在公元 1—2 世纪的传说还提到耶稣(Yeshu)"行妖术，让以色列误入歧途。"[3]

不久，耶稣的传道很快使两个颇有政治和宗教影响力的团体感到不安了，它们是法利赛人和撒都该人(Sadducees)。法利赛人对于这个拿撒勒人随意解释律法感到恼怒。撒都该人则竭力避免在这位弥赛亚的传道之后很可能引发的暴动。事实上，有些人暗示耶稣宣扬的上帝的国就是一种奋锐党人在宗教上的狂热主义和政治上的不妥协思想。奋锐党人拒绝承认罗马的权威，因为在他们看来，"上帝是唯一的统治者和主"(约瑟福斯：《犹太古史》18. 1. 6. 23)。十二使徒中至少有一个叫西门的，被称为奋锐党人，曾经是该派的信徒(《马可福音》3∶18)。《路加福音》记载，在耶稣被钉十字架后，有位门徒说："我们素来所盼望要赎以色列民的，就是他。"(《路加福音》24∶21)

此外，福音书讲述了一个最引人入胜也是最神秘的情节，就是人们对耶
334 稣所宣扬的上帝的国发生了误会。[4]在讲道之后，耶稣得知有 5 000 个追随

---

① 《马可福音》1∶15。《马太福音》4∶17 则指"天国"，不过这两种表达方式的意思是一样的。

② 《路加福音》11∶15—16。路加一眼看出，要求行"神迹"与指责耶稣行妖术是一个故事；而其他福音书则分别叙述了这两件事：《马可福音》3∶22，8∶11；《马太福音》12∶24，38；16∶1。参见 C. H. Dodd, *The Founder of Christianity*，第 179 页，注解 11。

③ 参见 *B. Sanhedrin* 43. 2。这份文献还提出了其他一些细节，它们的重要意义在以后还会显现出来，因为它们不见于基督教文献(参见第 707 页注解 1)。J. Klausner, *Jesus of Nazareth*，第 17—47 页就拉比文献做了分析。

④ 四位福音书作者都讲述了这一情节(马可和马太还讲了两遍)：《马可福音》6∶30—44，8∶1—10；《马太福音》14∶13—21，15∶32—39；《路加福音》9∶10—17；《约翰福音》6∶1—15。

他到利加利利海岸边的人没有吃的。耶稣要他们坐下来，然后神奇地使少许的饼和鱼变多，众人都吃饱了。在这里我们看到一种极为古老的仪式行为，借此确证或者恢复一个团体的神秘凝聚力。共同进餐可能象征性地参与末世(*eschaton*)，因为《路加福音》9：11 说，耶稣对他们刚刚还在讲述上帝的国。这个新的奇迹使群众兴奋不已，但是他们并不了解其中的深刻含义，而是把耶稣视为众人长期热烈盼望的“先知—国王”，他要来拯救以色列。“耶稣……知道他们要来强逼他作王。”(《约翰福音》6：15)于是他送走了群众，和门徒上了一条船避难，横渡加利利海。

这个误会可以诠释为一次失败的起义。无论如何，耶稣被群众抛弃了。根据《约翰福音》6：66—67 的记载，只有十二门徒仍然忠于耶稣。就在公元 30 年(或 33 年)的春天，耶稣决定要与他们一起到耶路撒冷过逾越节。对于这次远征的目的，人们至今众说纷纭。耶稣可能是要在以色列的宗教中心传他的道，以要求明确的答复。[1]当他来到耶路撒冷附近，人们“以为上帝的国快要显出来”(《路加福音》19：11)。耶稣进城的时候，就像是弥赛亚王(《马可福音》11：9—10)，他赶出在圣殿里做买卖的人，并教训他们(11：15 以下)。翌日，他再度进入圣殿，说了一个葡萄园户的比喻，园户在杀了园主派来的仆人之后，又抓住他的儿子，杀了他。“葡萄园的主人要怎么办呢?”耶稣的结论是：“他要来除灭那些园户，将葡萄园转给别人。”(12：9)

对于祭司和文士来说，这个比喻的意思很明显：先知遭到迫害，最后的 335
使者施洗约翰也刚被杀掉。对耶稣来说，以色列仍然代表上帝的葡萄园，不过应当诅咒其僧侣阶层；新的以色列会有其他的领袖。[2]此外，耶稣让听众明白，他本人就是这果园的继承人，即园主的“爱子”——这一弥赛亚的宣言在当权者看来可能会导致血腥的复仇。正如大祭司该亚法(Caiaphas)所说：“一个人替百姓死，免得通国灭亡。”(《约翰福音》11：50)因此必须迅速干预，但是不要惊动耶稣的拥护者。逮捕行动一定要在夜晚暗中进行。在逾越节前夕，耶稣和他的门徒共进最后的晚餐。这个“最后的爱筵”后来成为基督教最核心的仪式：圣餐，我们稍后将会解释其中的意义(§ 220)。

“他们唱了诗，就出来往橄榄山去。”(《马太福音》26：30)关于这个感人

---

① Dodd, *The Founder of Christianity*，第 139 页以下；R. M. Grant, *Augustus to Constantine*，第 43 页。

② 参见 Dodd，第 150 页。

的夜晚，有两件事始终萦绕在基督徒的回忆里。耶稣对彼得说，“鸡叫之前”，他会三次不认耶稣(《马太福音》26：34；参见《马可福音》14：26—31)。耶稣认为彼得是他最忠实的门徒，认为他就是那个要维持信徒社团的人。的确，不认耶稣只是证明了人类的弱点。不过，此举并未抹煞彼得的尊严和他的克里斯玛(charisma)性格。这个痛苦事件的含义很是明显的：在救赎的事业里，人类美德的重要性不如人类的罪过；重要的是悔改，不要丧失希望。没有彼得的先例，大部分的基督教史就会难以成立；他的不认耶稣和悔改(《马太福音》26：74)，在某个方面已成为每一个基督徒人生的典范。

另一个同样具有典范意义的情景发生在“名叫客西马尼”(Gethsemane)的地方。耶稣带着彼得和其他两位门徒，说：“我心里甚是忧伤，几乎要死。你们在这里等候，和我一同警醒。”(《马太福音》26：38)然后他往前走，“俯伏在地祷告说，‘我父啊，倘若可行，求你叫这杯离开我。然而，不
336 要照我的意思，只要照你的意思。’”(《马太福音》26：39)但是当他回到门徒那里，见他们睡着了。他对彼得说：“你们不能同我警醒片时吗？”(《马太福音》26：40)“总要警醒祷告，”他再次鞭策他们。还是徒劳无功：回来又“见他们睡着了，因为他们的眼睛困倦。”(《马太福音》26：43；参见《马可福音》14：32—42；《路加福音》22：40—46)自从吉加美士的冒险(§ 23)以来，我们就已经知道，克服睡意，保持“清醒”是最困难的入会礼考验，因为它追求转变一种世俗的状态，获得“永生”。在客西马尼园里，这个“入会礼的守夜”——尽管只有几个小时——证实是人力所不及的。这个失败也是大部分基督徒的范例。

不久以后，耶稣就被大祭司的护卫逮捕，或许还受到罗马士兵的逼迫。我们很难断定整个事件的先后顺序。福音书提到了两次审判。公会判决耶稣犯了渎神之罪。因为，大祭司问他：“你是上帝的儿子基督(即弥赛亚)不是？”他回答：“我是。”(《马可福音》14：61—62；参见《马太福音》26：57—68；《路加福音》22：54，66—71)。渎神可以用石头打死，但是我们不能断定当时的公会是否有权力判处重罪。无论如何，接着审判耶稣的是犹大总督彼拉多(Pontius Pilate)。耶稣以煽动叛乱(“你是犹太人的王吗？”)的罪名，被钉十字架处死，这是一种典型的罗马酷刑。耶稣受尽嘲弄(穿上紫袍并戴上荆棘编成的冠冕，士兵们戏称他“犹太人的王”)，有两个“强盗”分别立在他左右，和他同钉十字架。约瑟福斯常用这一用语——“强盗”(*lēistai*)——称呼革命者。“因此，处死耶稣显然是镇压犹太人对于罗马人及其犹太地区

合作者的反抗。对耶路撒冷的执政者来说,任何上帝的国将临的宣传都暗示要恢复犹太人的国。”①

耶稣被捕、审判和牺牲使得信徒四散逃命。耶稣被捕后不久,他最喜爱 337
的门徒彼得三次不认他。可以断定,要不是一个只有耶稣的信徒才能理解的情节,耶稣的传道,甚至他的名字都已经淹没不存了:那就是受难者的复活。保罗和福音书的传说,对于空墓以及耶稣复活的多次显现赋予了重大意义。对于耶稣基督复活的信仰将这些为数不多的意志消沉的逃亡者转变成为一群勇士,确信自己是不可战胜的。几乎可以说,使徒正是在自身经历了绝望和灵性死亡的入会礼考验之后获得了新生,成为最早的一批福音传教士。

220. 上帝的福音:上帝的国近了

鲁道夫·布尔特曼(Rudolf Bultmann)说,耶稣的传记是“难以忍受的陈词滥调”。确实,其中的证据稀少而不确定。最早的“保罗书信”对于耶稣的生平几乎完全忽略了。作于公元 70—90 年间的对观福音收录了早期基督教社团的口述传说。但是这些传说只关注基督的复活。这未必因此削弱它们的文献价值,因为基督教的基本要素就是**回忆**——其他宗教对待其创始人也是如此。**正是对耶稣的回忆**构成了一个基督徒的典范。但是最早的见证所流传下来的传说已是某种“范型”,而不只是“历史”;它保留的是事件和传道的重要结构,而不是对耶稣言行的精确回忆。这种现象是广为人知的,不仅局限于宗教史领域。

另一方面,我们一定要记住,最早的基督徒,也就是耶路撒冷的犹太人,
其实构成了巴勒斯坦犹太教中一个信仰启示的教派。他们每天都在期盼基 338
督的复临(the Second Coming of Christ);他们所关注的是**历史的终结**,而不是末世论所期盼的编年史。此外,我们可以设想,围绕着复活的主这一角色,很早就形成了一个完整的神话,使人想起救世主和圣灵感动的人(*theios anthropos*)。这个神话我们还要详细描述(§222),它具有特别重要的意义:我们可以藉以了解基督教特有的宗教维度,甚至其晚期的历史。这些神话把拿撒勒的耶稣投射到各种原型和超越形象的宇宙里面去了,而且就像他

---

① Grant, *Augustus to Constantine*,第 43 页。拉比传说则报道了耶稣被犹太教当局审判,在逾越节前夜被绞死;参见 Klausner, *Jesus of Nazareth*,第 18 页以下。

的言行一般“真实”。事实上，这些神话证实了他独有的福音具有何等的力量和创造力。除此之外，正是由于这个普遍的神话和象征，基督教的宗教语言才能够走出其家乡，成为普世的语言。

学者们都同意，对观福音带给了我们福音的实质，尤其是宣告了上帝的国。我们说过(参见§219)，耶稣在加利利的传道时就宣传“上帝的福音，说‘日期满了，……上帝的国近了’”(《马可福音》1∶15)。[1]末世迫在眉睫了：“站在这里的，有人在没尝死味以前，必要看见上帝的国大有能力临到。”(《马可福音》9∶1；参见13∶30)“但那日子，那时辰，没有人知道，连天上的使者也不知道，子也不知道，惟有父知道。”(《马可福音》13∶32)

然而，耶稣也用其他表述，暗示上帝的国已经来临。在赶鬼之后，他说：“我若靠着上帝的能力赶鬼，这就是上帝的国临到你们了。”(《路加福音》11∶20)还有一次耶稣断言，自从施洗约翰到如今，“天国是努力进入的，努
339 力的人就得着了”(《马太福音》11∶12)。这意思似乎是：上帝的国虽有阻碍，却已经来临了。[2]与当时文学中所充斥的启示综合征不同，上帝的国是在没有灾难发生的情况下降临的，甚至没有外部的征兆。“上帝的国来到，不是眼所看见的。人也不得说，‘看哪，在这里’，‘看哪，在那里’；因为上帝的国就在你们中间。”(《路加福音》17∶20，21)在几个比喻里，耶稣说上帝的国如同种子发芽、生长以至于成熟(《马可福音》4∶26，29)，上帝的国如同芥菜种(30，32)以及面酵(《马太福音》13∶33)。

这两种关于上帝的国的不同宣告——*即将来临和已经来临*——可能相当于耶稣使命的前后相续的两个阶段。[3]也可以说，这两个宣告是对同一个福音的两种不同解释：(1) 先知与启示作品所宣告的上帝的国，换言之，也就是“历史世界的终点”即将到来；(2) 通过耶稣的中保，那些生活在永恒信仰中的人们已经预先生活在天国里面了。[4]

---

① 当代解经学认为，只有四处真正提到了上帝的国：《马可福音》1∶15a、《路加福音》11∶20和17∶20—21以及《马太福音》11∶12。参见 Perrin, *Rediscovering the Teachings of Jesus*，第63页，以及 Perrin, *The New Testament: An Introduction*，第288页以下。

② 参见 Ernst Käsemann, “The Problem of the Historical Jesus”，第42页以下；Perrin, *Rediscovering*，第76页以下。

③ 参见 M. Simon and A. Benoit, *Le Judäisme et le Christianisme antique*，第86页。

④ 佩林(Perrin)赞同布尔特曼(Bultmann)的观点，论及一种“生存性实在的体验”；参见所著 *The New Testament*，第290页。

对于福音的第二种解释尤其强调了耶稣的弥赛亚身份。毫无疑问，耶稣的门徒认为他就是弥赛亚，“基督”这个名字（等于希腊文里的“受膏者”，亦即“弥赛亚”）就是明证。耶稣自己从未使用过这个名字，然而，别人如此称呼他时，他接受了（《马可福音》8：29，14：61）。或许耶稣回避使用“弥赛亚”这个名字，是为了强调他所传的福音与犹太教弥赛亚主义的民族主义形式有所不同。上帝的国不是奋锐党人想用武力建立的神权统治。耶稣主要以“人子”自谓。此语最初与“人”同义（参见 § 203），以后用于指“神子”—— 340
耶稣在传道中已有所暗示，以后在基督教神学中更是得到发扬光大。

但是就我们可能重构耶稣“其人”——至少是一个概括——而言，他也可以与受苦的仆人（《以赛亚书》40：50；参见 § 196）相比较。

> 我们没有任何根据拒绝那些谈到考验在等着他的经文的真实性。如果我们不承认他面临且接受苦难、羞辱以及死亡的可能性，那么他的全部使命就变得无法解释了。他前往耶路撒冷的举动，当然承担着整个行动的风险，不过也不完全排除因上帝的干预而获胜的可能性。①

耶稣宣布：“莫想我来要废掉律法和先知。我来不是要废掉，乃是要成全。”（《马太福音》5：17）就像众先知一样，他否定恪守仪式的形式主义，赞美内心的纯洁；他孜孜不倦地教导人们要爱上帝、爱他们的邻人。耶稣在登山宝训（《马太福音》5：3—12；《路加福音》6：20—23）中说，那些怜恤人的、清心的、温柔的以及使人和睦的、哀恸以及为义受逼迫的人，都有福在等着他们。这段经文甚至在基督教世界以外也颇为流行。然而对耶稣来说，以色列永远是上帝的选民。他奉差遣，是到以色列家迷失的羊那里去（《马太福音》15：24），只有在特殊情况下，他才会转向外邦人：他告诫门徒要避开外邦人（《马太福音》10：6）。不过他似乎在上帝的国降临时才会接受“万民”（《马可福音》13：10；《马太福音》8：11）。与先知和施洗约翰一样，耶稣是要犹太民族发生一次重大的改观，换言之，要造就一个新的以色列，一个上帝的新子民。主祷文（《路加福音》11：2—4；《马太福音》6：9—13）很好地概括了达到这个目标的“方法”。主祷文使用了一种希伯来民族表述虔敬 341
的方式，不使用第一人称单数，而是复数：**我们**的父，**我们**日用的饮食，天天赐给**我们**，赦免**我们**的罪，救**我们**脱离凶恶。主祷文内容源自古犹太会堂的

---

① Simon and Benoit, *Le Juaisme*，第 87 页。关于耶稣集弥赛亚和受难的仆人这两个角色于一身，参见 Dodd, *the Founder*，第 103 页以下。

祈祷文(*kaddish*),反映了一种要重新发现原始宗教体验的乡愁:作为父亲显现的雅赫维。但是耶稣所表达的内容更为简洁、更为感人。[①]尽管如此,每个祷告者心中必须充满*真正的信仰*,也就是亚伯拉罕所表现的信仰(§57)。“因为在上帝凡事都能。”(《马可福音》10∶27)同样,“在信的人,凡事都能。”(《马可福音》9∶23)由于亚伯拉罕信仰的奥秘美德,堕落的人的存在模式发生了剧烈的转变。“凡你们祷告祈求的,无论是什么,只要信是得着的,*就必得着*。”(《马可福音》11∶24;参见《马太福音》21∶22)换言之,凭着亚伯拉罕信心的力量,新的以色列神秘地诞生了。此外,这也说明基督教何以能够成功传播耶稣基督复活的信仰。

当耶稣和门徒共进最后的晚餐时,他“拿起饼来,祝了福,就擘开,递给他们,说:‘你们拿着吃,这是我的身体。’又拿起杯来,祝谢了,递给他们;他们都喝了。耶稣说:‘这是我立约的血,为多人流出来的。’”[②]有位现代解经学家坚定地认为:“他的话没有比这句话能够更好地得到证明了。”[③]只有路加记载了耶稣的指示:“你们拿这个,大家分着喝。”(22∶18)虽然保罗证实了这个传说的真实性(《哥林多前书》11∶24),但是我们无从证明这些话是耶稣说的。这个仪式其实延续了犹太人的家祭仪式,特别是饼和酒的祝谢。
342 耶稣经常举行这个仪式;当税吏和罪人在场时,这圣餐大概就是宣布了上帝的国的降临。[④]

对于早期基督徒来说,“擘饼”(《使徒行传》2∶24)是最重要的仪式行为。一方面,这再现了基督的临在,因而也是他所建立的上帝的国的临在;另一方面,这个仪式也预演了末日的弥赛亚圣餐。但是耶稣的话还包含更为深层的意义:他必须自愿牺牲自己,以保证“新的约书”得以确立,[⑤]也就是新以色列的基础。这就暗含着一个信念:只有通过献祭性的死亡而产生一种新的宗教生活;我们知道,这是一种相当古老的概念,而且在全世界广泛传播。我们不知道耶稣本人是不是也认为领取他的身体和他的血作为圣

---

① 解经学家还强调最早的祈祷文(*kaddish*,“愿上帝在你有生之日就建立他的国”)与耶稣的主祷文,“愿你的国将临”之间的区别。参见 Perrin, *Rediscovering the Teachings*,第57页以下以及所引文献。

② 《马可福音》14∶22—24;参见26∶26,《路加福音》22∶19;《哥林多前书》11∶24。《约翰福音》(6∶51)保留了一个相同的版本,也许根据的是亚兰文的陈述。

③ Dodd, *The Founder*,第10页。

④ 当然,“不可接触者”的在场会让犹太教严谨派觉得受到冒犯并大光其火。

⑤ 库姆兰社团也认为自己是确保了新的约书的实现;参见§223。

餐便意味着与耶稣的人格神秘地合而为一。不过保罗是这么说的(《哥林多前书》1∶16;参见 12∶27;《罗马书》12∶5;《以弗所书》4∶12),尽管其思想和神学语言颇具独创性,但是这很可能是继承了一种真正的耶路撒冷传统。[1]无论如何,早期基督徒的共聚会餐模仿耶稣的最后行为,既是对最后晚餐的纪念,也是对救世主自愿牺牲的仪式性重复。

在形态学上,圣餐使人想起地中海沿岸的古代文化,尤其是各种秘仪中的爱筵(agapes)仪式。[2]其目的就是会众与具有神智结构的神灵相互沟通而得到祝圣和拯救。其与基督教仪式的趋同具有重要意义:这反映了一种希望——这希望在当时相当普遍——就是神秘地与上帝合而为一。有些作者
提出圣餐受到了东方救世宗教的影响,但是这种假设是没有根据的(参见 343
§222)。就其效法基督(*imitatio Christi*)而言,原始的爱筵实际上就是一种圣事。即使到了今天我们也要说,在许多世纪的递嬗过程中,这个核心仪式——以及基督教最重要的仪式洗礼——启发了众多神学思想。在我们这个时代,对圣餐的不同诠释将罗马天主教和其他改革教会分离开来(参见第 3 卷)。

221. 教会的诞生

公元 30 年的五旬节,耶稣的门徒聚集在一处,“忽然,从天上有响声下来,好像一阵大风吹过,充满了他们所坐的屋子;又有舌头如火焰显现出来,分开落在他们各人头上。他们就都被圣灵充满,按着圣灵所赐的口才说起别国的话来。”(《使徒行传》2∶1—4)圣灵如火焰般地显现,在宗教史上是相当著名的主题:曾出现在美索不达米亚(§20)、伊朗(§104)、印度(佛陀、大雄,等等;§152)。不过五旬节却有着一个更为明确的指向:大风、火焰般的舌头与方言,使人联想到上帝在西奈山的显现(参见§59)。[3] 换言之,圣灵的降临被解释为上帝的新启示,恰似西奈山的启示那样。就在五旬节这天建立了基督教会。使徒们在领受圣灵之后,开始传福音,行许多的“奇事神

① 保罗精心阐述了这一观念,并且同时赋予其更为深刻的含义;他将基督教社团,新以色列,等同于“基督”的身体,每一个基督徒就是都是“在基督里面”,正如基督“在他里面”一样;参见§222。

② 尤其参见 A. D. Nock, *Early Gentile Christianity and Its Hellenistic Background*,第 73、138 页以下。

③ E. Trocmé, *Le livre des Actes et l'histoire* 一书引用了这些材料。

迹”(《使徒行传》2∶43)。

那天彼得向群众讲道,要他们归主。他和同伴们见证了耶稣基督的复活,是上帝叫他复活的(《使徒行传》2∶24,32 等等)。大卫曾预言这项奇迹(《使徒行传》2∶31),可见复活也是先知们所预言的末世论事件(2∶17—
344 21)。彼得劝勉犹太人悔改,各人“奉耶稣基督的名受洗,叫你们的罪得赦,就必领受所赐的圣灵”(《使徒行传》2∶38)。在这个成为一切福音宣道(*kerygma*)范例的最初演说之后,有无数人受洗(《使徒行传》2∶41 说多达 3 000 人)。在另一个场合(他刚医好一个生来瘸腿的人;《使徒行传》3∶1—9),彼得规劝犹太人承认,给耶稣定罪,虽然无知,但是有错并要他们要悔改、受洗(《使徒行传》3∶13—19)。

《使徒行传》使我们得以窥见早期耶路撒冷基督教社团(对此作者以希腊文 *ecclēsia*[教会]名之)的生活。显然,他们仍然遵守传统的宗教诫律(男孩子行割礼、行洁净礼、在安息日要休息、到圣殿祈祷)。但是,他们经常聚会领受教训、擘饼、爱筵、祈祷并赞美上帝(《使徒行传 2∶42,46》)。然而,《使徒行传》列举了许多向不信教者传道的事例,并没有提到社团成员要接受什么教训。至于其经济组织,此经说道:“信的人……凡物公用,并且卖了田产、家业,照各人所需用的分给各人”(《使徒行传》2∶44—45)。他们等待基督的复临。

耶路撒冷的基督徒虽然恪守摩西律法,仍然受到大祭司和撒都该人的敌视(《使徒行传》4∶1—3)。彼得和约翰在圣殿里传道时被捕,被押解到犹大公会前,不过后来就被释放了(《使徒行传》4∶1—3)。另一次,所有使徒都被逮捕,随后被公会释放(《使徒行传》5∶17—41)。后来,大约在公元 43 年,希律王亚基帕一世(Agrippa)因为想要获得亚拿(Annas)家族的支持,就下令杀死了一位使徒(12∶1 以下)。法利赛人的态度不大明确。扫罗的老师迦玛列(Gamaliel)曾在犹太公会前为使徒辩护。但是法利赛人袒护出身耶路撒冷家系的信徒(所谓的“希伯来人”),而敌视那些散居犹太人中间的
345 改信教徒(所谓“希腊化犹太人”);斥责他们糟践圣殿和律法(6∶13—14)。这就是公元 36—37 年司提反(Stephen)被石头打死的原因,他是第一位基督教的殉道者(7∶58—60)。“扫罗也喜悦他被害。”(8∶1)从这日起,“希腊人”被逐出耶路撒冷,进入犹太和撒马利亚(Samaria)的乡村(8∶1)。从那时候起,希伯来人和他们的领袖雅各(“主的兄弟”)就掌握了耶路撒冷教会的领导权。

我们已经看到“希伯来人”和“希腊人”之间的某种紧张关系。前者比较保守，墨守律法，尽管他们期待基督复临。他们忠实地履行犹太人的仪式规定，是“犹太—基督教”(Judaeo-Christianity)运动的典型代表。①保罗拒不接受的正是他们严格遵守律法(参见 § 222)。事实上，我们很难理解，宣称并亲眼目睹耶稣复活的人竟会拘泥于拉比的律法主义。“希腊人”是指在耶路撒冷的一个犹太人小团体，其成员改宗基督教。他们不大看重在圣殿里作礼拜。司提反在演说中大声疾呼：“至高者并不住人手所造的。”(《使徒行传》7：48)遭患难四散的“希腊人”加紧在散居犹太人中间传道，而在安提阿(Antioch)则向异教徒传道(11：19)。正是在散居的犹太人中间发展出了基督论。“人子”这个称号——在希腊文中并没有任何深层的含义——被“上帝的儿子”或“主”(Kyrios)所取代。“弥赛亚”被译成希腊文 Christos，最终成为一个专有名词：耶稣基督。

传教工作很快转向了异教徒。在安提阿、叙利亚，第一个重要的异教徒改宗信徒的社团形成了。正是在这些地方，最早使用了“基督徒”这个名称(《使徒行传》11：26)。②基督教的传教就从安提阿延伸到了希腊化世界。 346
犹太人的弥赛亚运动与希腊思想及宗教精神相互激荡，对于基督教的发展产生了决定性的影响。圣保罗的宝贵贡献，就在于他正确地把握到了问题的实质，并且以百倍的勇气为他认为是唯一公正、坚定的解决方案而奋战。

保罗可能于公元 1 世纪初生于基利家的大数，③他来到耶路撒冷向“众百姓所敬重的教法师”迦玛列(《使徒行传》5：34)学习。保罗自称“是希伯来人所生的希伯来人。就律法说，我是法利赛人；就热心说，我是逼迫教会的。”(《腓立比书》3：5；参见《加拉太书》1：13—14)正当他迫害基督徒的时候，在前往大马士革的路上看见基督向他显现。他是在没有见到耶稣的人中间唯一被称为使徒的人。事实上，正是复活的基督使得保罗改信了：他所

---

① 诺尔曼·佩林(Norman Perrin)认为保存在福音书中的耶稣的故事和语录就来源于他们；犹太基督徒还因其对于预言深感兴趣而著称。参见 Perrin，*The New Testament*，第 45 页。然而问题还要复杂一些；参见 Jean Daniélou，*Théologie du Judéo-Christianisme* 第 17 页以下；M. Simon and A. Benoit. *Le Judaïsme et le Christianism antique*，第 258 页。

② 彼得森(E. Peterson)论述了“基督党人”一名的政治反响；参见所著 Frühkirche，*Judentum und Gnosis*，第 64 页以下。苏埃顿尼斯(Suetonius)是最早提到这一新教派的拉丁作家，他曾报道说革老丢皇帝于 49 年将犹太人逐出罗马，因为他们为“基督的煽动”而骚动不已(*Judaei impulsore Christi tumultuantes*)。

③ 他给自己《圣经》名字加上古罗马的姓氏保罗，其父为罗马公民。

传的福音并不是从人类领受的,而是“从耶稣基督启示来的”(《加拉太书》1∶11—12;《哥林多前书》2∶16)。成为“外邦人的使徒”后,保罗多次进行其漫长的旅行传道,从小亚细亚、塞浦路斯、希腊到马其顿。他在许多城市传道、创建教会,在哥林多和罗马居住了很长时间。保罗在耶路撒冷因犹太人告发而被捕入狱,在两年的囚禁之后,他被提交到罗马皇帝的上诉法庭。他在罗马过了两年软禁的生活,受到守卫的监视。《使徒行传》的记述到此便中断了,因此我们不知道使徒整个故事的结局。公元62和64年间,他在罗马殉教。

尽管《使徒行传》(共28章)有15章是讲述保罗的故事,尽管有14封
347 “使徒书信”归于保罗名下,[①]但是我们对于圣保罗的生平、作为使徒的活动及其思想的了解仍然是残缺不全的。他对福音书既丰富而又个性化的解释是用口语表达出来的——或许对信徒和非信徒表达的方式还有所不同。“使徒书信”并不是一篇先后相续的系统论述的各章。它们连续地澄清并且界定一些关系到教义或生活的问题——这些问题在他的教训中仔细讨论过,但是社团没有正确领会,或者保罗对于这些问题提出了自己的解决方案,但是遭到其他传教者的批评甚至拒绝。尽管如此,我们还是要说,“使徒书信”代表了原始教会最早而且最重要的文献,因为它们不仅反映了刚刚诞生的基督教最严重的危机,也反映了基督教第一位神学家大无畏的创造力。

222. 外邦人的使徒

圣保罗的神学和宣道(*kerygma*)起源于他往大马士革路上的出神体验。一方面,他从复活的基督,[②]也就是弥赛亚身上看到了上帝的儿子奉了差遣救人脱离罪和死亡。另一方面,他的皈依也与基督建立起一种神秘的关系。保罗说他的经验犹如和基督同钉十字架(《加拉太书》2∶19);他如今有了“基督的心”(《哥林多前书》2∶16)或是“上帝的灵”(7∶40)。他毫不犹豫地宣称:“基督在我里面说话。”(《哥林多后书》13∶3;《罗马书》15∶18)他说他被神秘地提到“第三层天上去”,从主那里得到“启示”(《哥林多后书》13∶1—4,7)。这些“神迹奇事”是圣灵赐予他的,好叫“外邦人顺服”(《罗马书》15∶18)。虽然有着这一特殊经验,保罗并不需要一种与众不同的特殊

① 普遍同意有五六封书信确为保罗所作,其中最重要的有:《罗马书》、《哥林多前、后书》以及《加拉太书》。但是其他书信表述并继承了保罗的思想。

② 保罗是基督向其显现的最后一人(《哥林多后书》15∶8)。

地位。每一个信徒都能够通过领洗圣事而与基督神秘地合为一体。因为“我们这受洗归入基督耶稣的人，是受洗归入他的死……我们藉着洗礼归入 348
死，和他一同埋葬，原是叫我们一举一动有新生的样式，像基督藉着父的荣耀从死里复活一样”(《罗马书》6：3—4)。通过洗礼，基督徒就“在基督里”(《哥林多后书》5：17)，他就会变成一个神秘身体的肢体。在一个灵里面受洗，“成了一个身体”，“不拘是犹太人，是希腊人，是为奴的，是自主的……饮于一位圣灵”(《哥林多前书》12：13)。

浸没于水中而死亡和复活乃是一种神话—仪式场景，与广泛记载的水的象征具有必然联系。[1]但是圣保罗将洗礼圣事**与最近的一件历史事件——耶稣基督的死亡与复活联系起来**。此外，洗礼不仅确保了信徒获得新生命，而且转变成为基督奥体的一部分。这一概念对于传统犹太教来说是不可想象的。另一方面，它不同于当时其他各种洗礼仪式，例如不同于艾赛尼派的洗礼，艾赛尼派的许多净化仪式基本上都是起洁净作用(参见第720页)。圣餐圣事同样也不同于犹太教。如同洗礼一样，圣餐把信徒结合进入基督的奥体，也就是教会里面。他同领祝圣的面包和酒，而分受主的身体和血(《哥林多前书》10：16—17；参见 11：27—29)。圣保罗认为，救赎就是与基督神秘地融为一体。凡是有信心的，就有基督在他们的心里(《哥林多后书》13：5)。拯救乃是上帝的慷慨赐予，也就是耶稣基督的死和复活而带来的。

圣保罗赋予恩典以极其重要的意义(《罗马书》3：24，6：14，23，等等)，这可能出乎他个人的体验：不管他的思想和行为——甚至喜悦司提反被石头打死——如何，上帝仍然准予他得救。因此对于犹太人而言，服从《托拉》的律法和道德的规定是没有用处的：人不能单凭自己得救。确切地说，正是由于确立了律法，人才意识到有罪；在意识到律法之前，他不知道自己是不是一个罪人(《罗马书》7：7 以下)。在律法之下就如同“受管于世俗小学之 349
下”(《加拉太书》4：3)。这就是说“凡以行律法为本的，都是被咒诅的。”(《加拉太书》3：10)至于异教徒，虽然他们可以藉着受造之物去认识上帝，但是“自称为聪明，反成了愚拙”；他们沉溺于偶像崇拜，那是一切可耻的欲望和堕落的根源(《罗马书》1：20—32)。总之，无论是犹太人或异教徒，只

---

① 参见 Eliade, *Patterns of Comparative Religion*, §64 以下，以及 *Images and Symbols*，第 5 章。

有凭着信心和圣事才能得到救恩。得救是“上帝的恩赐,在主耶稣基督里的永生”(《罗马书》6∶23)。①

圣保罗的神学不可避免地会与耶路撒冷的犹太—基督教发生抵触。后者要求改宗的异教徒行割礼,不许与他们共餐,举行圣餐礼。在发生了一次冲突之后——保罗(《加拉太书》2∶7—10)和《使徒行传》的叙述相互矛盾——双方在耶路撒冷聚会,达成妥协。改宗的异教徒必须“禁戒祭偶像的物和血,并勒死的牲畜和奸淫”(《使徒行传》15∶29)。达成此项决定时,保罗可能并不在场。这位外邦人的使徒是断然不会接受这个决定的,因为它保留了一些犹太教习俗。无论如何,耶路撒冷会议证明,基督教在异教徒中间获得了意想不到的成功——与巴勒斯坦的部分失败形成了强烈的对比。

但是有人请求圣保罗去解决某些威胁到他自己教会,亦即他所建立的
350 社团的危机。在哥林多,有信徒贪图属灵的恩赐或从圣灵领受的“克里斯玛”(charisma)。事实上,我们在这里看到的是希腊化世界中一种相当流行宗教形式:追求神的降临(*enthousiasmos*)。“克里斯玛”包括医病、行异能、做先知、说方言、翻译方言(《哥林多前书》12∶4以下)。有些信徒沉醉于出神体验和异能,相信圣灵附在了他们的身上,因而是自由的;他们认为凡事都可行(《哥林多前书》6∶12),甚至是淫行(6∶15—16)。②保罗提醒他们的身体是“基督的肢体”(《哥林多前书》6∶15)。他进而阐述克里斯玛的结构:为首的是使徒,其次是先知,第三是教师(*didaskalos*)属灵的恩赐(12∶28;参见14∶1—5)。总之,圣保罗并不拒绝高级的恩赐,但是他补充道:“我现今把最妙的道指示你们。”接着便是爱的颂歌,此乃保罗思想的顶峰:“我若能说万人的方言,并天使的话语,却没有爱,我就成了鸣的锣,响的钹一般。我若有先知讲道之能,也明白各样的奥秘,各样的知识,而且有全备的信,叫我能够移山,却没有爱,我就算不得什么”等等(13∶1—13)。

对于克里斯玛的追求,圣保罗很可能是接受的,因为他懂得,需要把福音翻译成为希腊化世界所熟悉的宗教语言。他比任何人都更加理解传“钉

① 应当指出,《罗马书》——文中发展了关于恩宠的神学以及十字架的救赎论——是圣保罗最重要的著作。许多神学家认为《罗马书》是《新约》最重要的一卷。对于这一深刻的、大胆的以及难解的经文的注疏引发人们进行了大量的思考,并造成基督教的分裂与更新长达1 500年。当代最具意义的神学就滥觞于卡尔·巴特对其所做的著名评注(参见本书第3卷)。

② 这种现象在印度宗教(参见§146)以及诺斯替教(参见§230)的历史上有广泛的记载:在某些基督教和伊斯兰教(参见本书第3卷)的神秘主义流派中也可以找到。

十字架的基督”的困难所在：“在犹太人为绊脚石，在外邦人为愚拙”(《哥林多前书》1∶23)。大多数犹太人都相信肉身复活，而这一信仰在希腊人看来却是荒诞不经的，希腊人只对灵魂不朽感兴趣。[1]还有，希望在末世来临之际世界将会焕然一新，这也是希腊人难以理解的；相反，希腊人寻求的是某 351
种将自己从物质中解脱出来的工具。使徒保罗试图作出自我调适；他越是融入希腊化世界，就越少谈论末世的期望。我们还注意到其他一些意义重大的创新。他不仅常常使用希腊宗教术语(*gnōsis mystērion*, *sophia*, *kyrios*, *sōtēr*)，而且采用了一些迥异于犹太教和原始基督教的概念。例如，圣保罗借用诺斯替教特有的二元论观念，提出“属血气的人”比“属灵的人”低劣而且两相对立。[2]基督徒寻求抛弃属肉体的人以便成为纯粹属灵的(*pneumatikos*)。另外一种二元论特点是将上帝与世界对立起来，这世界是由“地上有权有位的人”(《哥林多前书》2∶8)，换言之，“世俗小学”(《加拉太书》4∶3,9)所统治的。尽管如此，保罗的神学本质上仍以《圣经》为本。他拒绝诺斯替教在至上上帝和救世主与负责创造世界的邪恶的造物神之间作出区分。在人类堕落以后，宇宙确实为邪恶所主宰；但是救赎相当于第二次创造，而世界将恢复其太初完美的状态。

保罗的基督论围绕着复活而发展起来，这一事件揭示了基督的本质：他是上帝的儿子、救世主。基督论的情节使我们想起极为古老，在当时就相当著名的一种救赎论场景：[3]救世主为了人的福祉从天而降，在完成使命后重返天上。

保罗最早的书信是公元 51 年于哥林多写给帖撒罗尼迦(Thessalonica) 352
教会的第一封书信，信中宣说关于复临的“主的话”[4]：“因为主必亲自从天降临，有呼叫的声音和天使长的声音，又有上帝的号吹响，那在基督里死了

---

① 救世主从死里复活，确保了基督徒的复活(《哥林多前书》15∶12 以下)。保罗还接受(希腊原创的)死后灵魂不朽的概念(《腓利比书》1∶23；参见《哥林多后书》5∶8)。然而，死后存在并不是一种纯粹脱离身体，而是有“灵性(*pneumatikos*)的身体”在死后继续存在(或者用圣保罗本人的话：《哥林多前书》15∶44 以下)。“灵性的身体”的教义亦见载于其他的传统(印度、中国西藏等等)。圣保罗的独创性就在于将复活与灵魂不朽联系起来；但是这种做法也引起了其他的一些问题。

② 《哥林多前书》2∶14—15。“头一个人是出于地，乃属土；第二个人是出于天”(15∶47)。

③ 古老神话有不同类型的超自然存在(神的儿子、造物神、文明英雄、弥赛亚和千禧年人物等等)，他们下凡教导或者拯救人类然后回到天上。在印度教神学(*avatar*)以及佛学(菩萨)里面也有类似的概念。

④ 参见《哥林多前书》15∶51：“我如今把一件奥秘的事告诉你们。”

的人必先复活。以后我们这活着还存留的人必和他们一同被提到云里，在空中与主相遇。这样，我们就要和主永远同在。”（《帖撒罗尼迦前书》4：16—17）6年以后，公元57年，他提醒在罗马的信徒，“我们的得救，现今比初信的时候更近了。黑夜已深，白昼将近。”（《罗马书》13：11—12）然而，对于基督复临的期待绝不能扰乱基督教的社团生活。他坚决主张人们必须工作，以为自己取得食物（《帖撒罗尼迦后书》3：8—10），他也要求要尊重现行法律，顺服有权柄的，纳税（《罗马书》13：1—7）。含糊不清地肯定**此刻当下**（虽然在等待基督复临，历史仍在继续而且必须得到尊重）的价值，其所造成的重大意义是很快可以感受得到的。尽管自从公元1世纪末人们提出了无数的解决办法，但是“**历史的此刻当下**”在当时的基督教思想中仍然是一个挥之不去的难题。

圣保罗在古代教会里的权威主要是由于一次大灾难所造成的，这次大灾难震动了犹太教，也破坏了犹太—基督教的发展。使徒保罗在他生前并没有太大的重要性。不过就在他死后不久，公元66年爆发了犹太人反抗罗马人的战争；公元70年，随着耶路撒冷和圣殿的沦陷，战争方才宣告结束。

223. 库姆兰的艾赛尼派

战争时期，公元68年的初夏，韦斯巴芗（Vespasian）军队的一支分遣队攻击并摧毁了位于死海岸边开阔沙漠地带的库姆兰（Qumran）“修道院”。抵抗者很可能都遭到杀害，但是在灾难发生前夕，他们有足够的时间把大量
353 手稿藏进大陶罐里。这些陶罐在1947—1952年间重见天日，使我们对犹太教的启示运动和基督教的起源有了新的认识。事实上，学者们认为，死海附近的这个修道社团就是神秘的艾赛尼派，以前人们只是通过约瑟福斯、斐洛（Phlio）、小普林尼的稀少资料而对它有所了解。[①]在迄今解读和出版的手稿里，除了对《旧约》某些经文的评注之外，还有一些原创作品。其中最为重要的有：《光明之子与黑暗之子的战争》、《会规手册》、《感恩经卷》以及《哈巴谷书评注》。

在这些新的文献帮助下，我们得以重构这个教派的大致历史。艾赛尼

---

① 库姆兰古卷与古典作家的叙述这两种文献之间的矛盾之处，一部分可以解释为后者的信息来源有误，一部分可以解释为这一教派的复杂性。库姆兰社团并不代表全部艾赛尼派，似乎可以断定，艾赛尼派还存在于巴勒斯坦其他地方。

派的祖先是虔敬派(*hassidim*),我们对于该派的宗教狂热和在马加比战争中的角色(参见§202)记忆犹新。库姆兰社团的创始人被其门徒们称为“正义的导师”,他是出身撒督家族的祭司,因此属于合法且极其正统的祭司阶层。当西门(Simon, 142—143)被宣布为“永远的国王和大祭司”,大祭司的职务不可逆转地从撒督家族移到哈斯蒙尼家族(Hasmonean)的时候,这位正义的导师就和一批门徒离开耶路撒冷,在犹大沙漠避难。在库姆兰文献里所斥责的“邪恶祭司”很可能就是指西门,他曾经迫害流亡的“正义的导师”,甚至当他被耶利哥(Jericho)的总司令暗杀时(《马加比上》16∶11 以下),他正想要攻打库姆兰。谁也不知道“正义的导师”是在怎样的情形下去世的。[①]他的门徒和追随者都将他尊奉为上帝的使者。正如摩西立下旧约,而“正义的导师”则更新了旧约;他在库姆兰创立的末世论社团提前实现了 354
弥赛亚的年代。

从最早出版的那些文献中专家学者看到艾赛尼派和基督教在宗教仪式上有许多相似之处。通过这些新的文献,我们对于这个犹太教的启示教派的历史和文化环境(*Sitz im Leben*)有了更好的理解。与艾赛尼派相似的教派也启发了耶稣传道的某些方面以及《新约》作者经常使用的表述。不过二者也有差别,库姆兰社团实行严格的修道制度;而早期基督徒则生活在世俗,组成传教社团。这两个教派都属于启示派和弥赛亚派:与基督徒一样,艾赛尼派认为自己是新约的子民。但是他们都在等待一个末世先知(在《新约》中这先知已经来到,就是施洗约翰)以及两个弥赛亚:使他们成圣的弥赛亚祭司和领导以色列与外邦人作战的弥赛亚国王,在这场战争中上帝会带来最后的胜利。事实上,《光明之子与黑暗之子的战争》正是为这场末世之战所预备的战斗计划。经过 6 年总动员,一场长达 29 年的战争打响了。光明之子的军队将由 28 000 名步兵和 6 000 名骑兵组成,还有一大群天使为他们助阵。[②]而基督徒则抱着基督在荣耀中复临的希望,充当世界的审判者和救世主;但是他们遵守耶稣的教导,并不接受圣战的意识形态。

---

① 杜邦-索麦尔(A. Dupont-Sommer)以及其他学者都指责“不义的祭司”鼓动人们暗杀了他;参见 *Les écrits esséniens*,第 375 页以下(英译本 *The Essene Writtings from Qumran*,第 349 页以下)。然而,这一罪行在文献里面并没有确凿的证据;参见 F. M. Cross, *The Ancient Library of Qumran*,第 157—160 页对于经文的分析。

② 参见 Y. Yadin, *The Scroll of the War of the Sons of Light against the Sons of Darkness*; Dupont-Sommer, *Les écrits esséniens*,第 369 页以下(英译本第 343 页以下)。

对艾赛尼派和基督徒来说,弥赛亚将在末日出现,迎接永恒的天国。在两派的弥赛亚教义里,祭司、国王和先知三种因素同时并存。然而,在库姆兰文献里并没有预先存在的弥赛亚(第二个亚当、人子)这种观念;此外,弥
355 赛亚也不是来自天上的救世主,两个弥赛亚的形象还没有像原始教会的基督论那样统一起来。①作为一个末世人物,“正义的导师”将创造一个新时代。他的门徒称他就是弥赛亚:这位夫子揭示了经典中真实的、奥秘的含义,拥有先知的权能。有些经文暗示这位夫子将在末日复活。②但是,作为一名专家,克罗斯(Cross)神父得出的结论是,“即使艾赛尼派期待他们的夫子作为弥赛亚祭司回来,他们也是相当间接地表达了这样的希望”(第 299 页);这与《新约》坚定地表达出了这一观念形成了鲜明的对照。

这两个启示教派的组织和仪式体系有着惊人的相似,但是某些区别也是显而易见的,而且相当重大。艾赛尼派形成了一个既是祭司又是平信徒的社团。其宗教活动(讲道、崇拜、解经)在世袭祭司指导下进行;平信徒负责社团的生活来源。指导小组名 *rabbîm*(意思是,“为数众多的”),《新约》里也有这个术语(指选举其代表的“众人”;《使徒行传》15∶12)。12 名平信徒,3 名祭司形成内部团体。最高职位是“监督”(*mbaqqên*),这位最高领袖的行为应当像一个“牧人”(《大马士革文献》13∶7—9)。其职能使人想起基督徒中的“牧师”(*episkopos*)。

在库姆兰,新进社团的信徒要举行入会洗礼,而后每年参加仪式性的洁
356 净礼。与基督徒的“擘饼”一样,艾赛尼派在一起共餐被理解为参与弥赛亚的宴会。③社团成员不结婚,因为他们都认为自己是圣战战士。这不是一种真正的、纪律严格的苦修,而是一种末日即将到来观念所促成的临时性的苦修。④另外一点相似之处也是应当强调的:艾赛尼派和《新约》作者运用了相

---

① 参见 Cross, *The Ancient Library of Qumran*,第 221 页以下。《希伯来书》提出,耶稣就是弥赛亚,是祭司也是国王,“照着麦基洗德的等次”(6∶20,7∶1—25,等等)。克罗斯(Cross)认为,这种解释是原始基督教努力调整基督论以适应艾赛尼派的弥赛亚期望,或者更确切地说,将过去对于弥赛亚的乡愁的实现(第 221 页)通过一个人物表现出来。

② 最重要也是争论最多的经文是《大马士革文献》中一段评注《民数记》21∶18 的文字;参见 Dupongt-Sommer, *Les écrits*,第 145 页以下(英译本第 124 页以下)以及 Cross, *The Ancient Library*,第 226 页以下的翻译和分析。

③ 参见 Cross,第 85—91、235—236 页所引述的经文。

④ Cross,第 96—99、237—238 页对于经文做了分析。参见《哥林多前书》7∶29—31:“时候减少了。从此以后,那有妻子的,要像没有妻子。”

似的释经方法——这一方法不同于拉比的犹太教,也不同于斐洛。通过运用一种特殊的程序(*pesher*),艾赛尼派在《旧约》的预言中解读出直接涉及到当时历史的地方,因此这些预言也预告了某些即将来到的事件。凡是能够获得这些“知识”的人,也就是得闻“正义的导师”揭示的启示知识的人,知道大战顷刻之间就要爆发。此外我们还知道(§ 202),整个犹太教启示文学颂扬神秘的知识。同样,基督徒,尤其从第二代人开始也赋予神秘知识以特殊意义:他们迫不及待地想要解读基督复临的各种预兆。对艾赛尼派而言,宗教知识基本上就是天启知识,其本质是关于末世论的知识。在保罗书信以及《马太福音》和《约翰福音》里也有类似的概念。高深的教义,甚至社团的圣事也被认为是神秘的。因为“属肉体的”不能进上帝的国,唯有“属灵的”才能进入。[①]总之,在犹太人和基督徒中间,奥秘知识和神秘主义是一部分天启的“方法”。在库姆兰被毁、艾赛尼派遭到驱逐后,可能一些逃亡的人加入了巴勒斯坦的基督教社团。无论如何,基督教在前两 357
个世纪里,始终保持着启示和神秘的传统,这就助长了某些诺斯替教的倾向(参见 § 228)。

艾赛尼派和《约翰福音》在神学语言方面的相似性同样引人注目。库姆兰文献包含有一些约翰的作品特有的表述,例如“世界的光”(《约翰福音》8∶12)、光明之子(12∶36)、“但行真理的必来就光”(3∶21)、“认出真理的灵和谬妄的灵”(《约翰一书》4∶6)。[②]根据艾赛尼派的教义,自从上帝起初创造天地以来,这个世界就成为两个灵的战场:真理之灵(也称为“光明王子”或“真理的天使”)和邪恶之灵或谬误之灵;后者就是彼列[③]、黑暗王子、撒但。这两个灵及其属灵军队之间的战争,也发生在人类以及每个“光明之

---

① 参见《约翰福音》3∶5:“人若不是从水和圣灵生的,就不能进上帝的国。”关于库姆兰和《新约》文献中的“知识”(=诺斯替)的神秘性质,参见 F. Nötcher, *Zur theologyischen Terminologie der Qumranischen Texte*, 第 15 页以下;W. D. Davies, “‘Knowledge’ in the Dead Sea Scrolls and Matthew 11∶25—30”;J. Jeremias, *Die Abendmahlsworte Jesu*,第 58 页以下;K. G. Kuhn, “Die Sektenschrift und die iranische Religion”,尤其是第 299 页以下。

② Cross,第 207 页,注解第 13—17,引用了库姆兰文献中与《约翰福音》相同的用语。光明/黑暗的二元论以及尤其是对于光明的颂扬,把它当作圣灵的大显现,这证明受到了伊朗观念的影响。但是一定不要忘记在《旧约》以及其他闪米特宗教中也有类似的想象;参见 Eliade, *The Two and the One*,第 55 页以下。

③ 《旧约》中彼列指坏人,《撒母耳记上》第 25 章有“属彼列的人”;《新约》中彼列特指魔鬼,“基督和彼列有什么相同呢?”(《哥林多后书》6∶15)——译者

子”的心里(《会规手册》4∶23—26)。艾赛尼派的末世论场景堪与约翰的作品相比较。《会规手册》(3∶17—23)提到,虽然公义的儿女有光明之王的引导,但是在黑暗天使的驱使下有时还是会犯错。同样地,《约翰一书》提到“上帝的儿女”和“魔鬼的儿女”,①敦促信徒不要被魔鬼诱惑(3∶7—10,4∶1—6)。但是,艾赛尼派在期待着末世之战,而在约翰的作品里,尽管战争还在继续,但是危机已经过去,因为耶稣基督已经战胜了魔鬼。

我们还必须指出另外一个差别:在约翰的作品里,“灵”通常被理解为上
358 帝的灵或基督的灵(《约翰一书》4∶13);在《会规手册》里,光明之王或真理之灵是辅佐光明之子的。然而,约翰描述的保惠师形象(《约翰福音》14∶17,15∶26,16∶13,等等)似乎起源于一种类似库姆兰的神学。基督应许要差遣他来作见证并且为信徒代祷,但是保惠师不是以自己的名义来说话。这种职能与人们对于圣灵的期望很不相同,经常引起解经学者的好奇。库姆兰文献使我们得以理解保惠师的起源。在形态学上,他是雅赫维天国里的成员,是神圣的天使或信使。②但是伊朗的影响,尤其是宗教二元论和天使论的影响,把雅赫维天国里的两位天使(参见§203)转化为两个对立的原则——善/恶、真理/虚妄、光明/黑暗——的化身。艾赛尼派和约翰的作品都分享了深受伊朗二元论影响的巴勒斯坦宗教融合的神学与末世论。

尽管艾赛尼派和原始基督教有许多我们刚才提到过的相同之处,它们还是呈现出了不同的结构,追求的目标也各不相同。艾赛尼派的末世论起源于祭司传统,基督教的末世论则深深植根于《旧约》的先知传统。艾赛尼派坚持并强化了祭司的分离主义,相反基督教则寻求深入社会各个阶层。艾赛尼派排除那些身体或精神不洁或残缺的人参加弥赛亚的盛宴,但是对基督教来说,上帝的国的记号恰恰是残缺者得以治愈(瞎眼的看见,哑子开口说话,等等)和死者复活。最后,耶稣的复活和圣灵的恩赐、律法的严格之后的灵性自由,都是将这两个弥赛亚社团区分开来的核心“事件”。③

359 224. 圣殿的毁坏。基督复临的延迟

公元66年,犹太—基督教徒由于拒绝参与反抗罗马人的弥赛亚战争,

---

① 《耶路撒冷圣经》的英文译本(本人引用的经文多出于此)并没有使用“魔鬼的儿女”一语。但是钦定本和新英语本均使用此语。——英译本注

② Cross,第214页,注解82,提到天使的信使有着迦南人的原型。

③ Cross,第241页以下。

转移到外约旦的佩拉(Pella),[①]其他人则逃难到叙利亚、小亚细亚以及亚历山大里亚等城市。他们拒绝参战的用意并非逃避起义:基督徒们[②]要将自己与以色列民族的命运区分开来(优西比乌:《教会史》3.5.3)。这一事件标志着教会与犹太教的决裂。然而,通过类似的行动,犹太教也将幸存下去。那一世纪最重要的宗教领袖拉比约翰嫩·本·撒该(Johanan ben Zakkai),强烈反对武装起义,在城市被围困期间藏在棺材里面潜逃出城。不久,获得提多(Titus)钦准,在雅法(Jaffa)附近的亚布内(Jabneh)建立了一所小学。正是拉比约翰嫩创建的学校在犹太人国破家亡的时候保存了他们的精神价值。

圣城沦为废墟,圣殿遭到毁坏无情地改变了犹太人和基督徒的宗教取向。对犹太人而言,圣殿的毁坏造成的问题比他们祖先在 6 个世纪之前所遭遇的还要严重。因为在那个时候,先知预见灾难时也透露灾难发生的原因:因为他们无数次的背信,雅赫维正准备惩罚他的子民。而这次却相反,启示却宣称上帝在这场与邪恶势力的末世战争中将肯定获得最终胜利。对于这场始料未及而又无法解释的灾难,亚布内的拉比约翰嫩提出了一个答案:犹太教将继续存在下去,但是应当加以“改革”,也就是抛弃虚幻的启示希望和弥赛亚思想,完全遵循法利赛人的教导(参见 § 204)。这个决定所造成的结果,首先是巩固律法和会堂,然后赋予《密西拿》(Mishnayoth)和《塔木德》(Talmud)以重要意义。不过圣殿第二次被毁标志着犹太教的重大发 360
展:由于失去了圣殿——唯一可以举行仪式的神圣空间——教徒只得做祷告和接受宗教指导。[③]

在战争期间,基督徒也经历过启示狂热的复兴:他们希望上帝很快就会干预人世,而且正好是通过加快基督复临来实现。《马可福音》反映并且发挥了这种启示的希望。[④]但是基督复临的延迟却引发了令人窘迫的问题。答案基本上可以分成三种类型:(1) 更强烈地重申基督复临即将到来(例如《彼得后书》);(2) 将基督复临推迟到比较遥远的未来,对于这样一个漫长

---

① 佩拉(Pella),迦南古城,位于大城伯珊东南,希腊化时期属低加波利十城联盟之一。——译者

② 4 年以前的公元 62 年,耶路撒冷犹太—基督教社团的领袖雅各已经殉教而死。

③ 参见 Judah Goldin,“On Change and Adaptation in Judaism”,第 290 页以下。

④ 在公元 70 年的那场大灾难以后,基督徒开始收集耶路撒冷基督徒中关于耶稣的生平、使命、死亡以及复活的种种传说并见诸文字;最初的福音书由此得以问世。

的时间间隔,人们提出了神学的辩护:保留给教会的宣教活动(《马太福音》和《路加福音》);(3) 基督复临已经发生,因为耶稣被钉十字架和复活就是真正的“末世”(*eschaton*),而基督徒已经得到“新的生命”(例如《约翰福音》)。[1]

最后被接受的是第三种解释。事实上,它继续了早期信徒所面对的悖论:耶稣是弥赛亚,却和其他人类并没有不同;虽然是上帝的儿子,但却受人羞辱,死在十字架上。然而复活却证实了他的神性。只是这个不可否认的证据并没有被普遍接受(对于大多数的犹太人而言,弥赛亚的来临必然预示着民族解放和世界*显而易见*的改观)。因此基督复临就延迟了,以便迫使不信者都皈依了。《约翰福音》的作者及其追随者对于基督复临的延迟作出了大胆的回答。上帝的国已经创立;但是这个国并不是自动地、普遍地*显明出来*,正如弥赛亚道成肉身而为历史中的耶稣,对于大多数犹太人
361 而言并不是自己显明了的——对于不信者来说,基督的神性也不是自己显明了的。总之,这里同样有着一种在整个宗教史中相当著名的辩证过程:神圣显现在世俗事物里面同时却又是掩藏的;因为,神圣虽然已经把自己显现在事物里面,但不都是显明给了所接近那个事物的人。现在神圣——上帝的国——则是把自己显现在受到具有历史局限的人类社团——也就是教会里面了。

重新解释基督复临的意义为宗教经验和神学思考开辟了众多可能性。这不是我们熟悉的场景——基督复临表现为上帝取得了切实无疑的胜利,它能够通过消灭邪恶以及历史终结而得到证实——相反人们确信,属灵的生活可以*在这个世界里面*取得进步、臻于完善,历史也将会发生改观;换言之,历史的存在可以达到上帝的国的完美和至福。诚然,上帝的国首先会向一切信徒显明,但是每个基督教社团都可以成为神圣生活的榜样,由此鼓励众人皈依基督。这种建立在上帝的国和教会合而为一的神圣辩证法基础上的新诠释一直持续到今天。其矛盾之处在于,这种解释表现出各种各样的“去神圣化”(desacralizations)(对于福音和传说的非神话化、仪式的庸俗化、圣事的简单化、反神秘的倾向和宗教象征的贬值、只对教会的伦理和社会功能感兴趣等等)——“去神圣化”也是当代基督教世界正在发生的过程(参见第3卷)。

---

① 参见 Perrin, *The New Testament: An Introduction*,第41页。

第29章　罗马帝国时期的异教、基督教和神秘知识 362

225. 处女座复归(*Jam redit et Virgo*)……

如果说大地之母库柏勒崇拜受到罗马贵族的保护(参见 § 168),那么后来引进的其他东方宗教能够大获成功则是因为有了城市无产阶级以及罗马的大量外邦人的支持。在罗马共和国的最后 2 个世纪里,传统宗教——也就是公共祭祀——逐渐丧失其地位。某些祭司的职能(例如朱比特的祭司[*flamen Dialis*])以及某些兄弟会已经废置。正如在希腊化时期的其他地方,宗教精神表现为命运女神福耳图娜(梯刻)以及星相命运的符号(§ 205)。巫术和占星术不仅吸引了众多平民百姓,而且吸引了一些哲学家(斯多亚派承认占星术是有效的)。内战期间,到处流传着许多源于东方的启示;名为《西比尔神谕》(*Sibylline Oracles*)的启示作品宣称罗马帝国即将土崩瓦解。更有甚者,罗马必将终结的古老咒语①似乎从当时历史的血腥事件中得到了证实。贺拉斯毫不讳言他对这个城市厄运临近深感恐惧(参见所著《长短 363
句》第 16 首)。

当恺撒渡过卢比孔河②(Rubicon)时,新毕达哥拉斯学派的尼基迪乌斯·费古鲁斯(Nigidius Figulus)宣称,宇宙和历史的大变局开始了,它将毁

---

① “每当发生一次重大危机时,有两个抑郁的神话就会萦绕在罗马人心头:(1)城市的生命结束了,它的延续受到一定时代的限制(罗慕洛看见的 12 只飞鹰揭示的“神秘数字”);(2)大年将要结束一切历史,因而也将结束罗马的历史。因为在罗马建城 120 年结束的时候,人们认识到罗慕洛看到的 12 只飞鹰并非像人们感到恐慌的那样,指该城只有 120 年的生命历史。在 365 年结束的时候,也没有遇到大年的问题,依照这一大年计算,罗马城中一年相当于大年的一天,而人们认为,命运将担保罗马有另外一种大年,每 12 个月相当于罗马 100 年”(Eliade, *The Myth of the Eternal Return*, 第 134 页; Willard R. Trask 译)。

② 时在公元前 49 年,任高卢总督的恺撒率领大军在高卢与罗马交界的卢比孔河集结,准备袭取罗马。——译者

灭罗马甚至整个人类(鲁肯[Lucan]:《内战记》639, 642—645)。但是,在漫长的悲剧性的内战以后,出现了奥古斯都(Augustus)的统治,似乎开创了一个永久和平(*pax aeterna*)的时代。由罗马的"时代"和"大年"两种神话引起的恐惧如今证明是空穴来风。因为,一方面奥古斯都刚刚建立了一个新罗马,毋庸担心它的持续存在;另一方面,从铁器时代进入黄金时代并没有发生大灾难。事实上,维吉尔用阿波罗时代替代了最近的那个时代(*saeculum*),也就是(将使整个宇宙燃烧的)太阳时代;由此他逃避了一场灾难(*ekpyrōsis*),并且认为内战本身表明已从铁器时代过渡到了黄金时代。后来当奥古斯都的统治似乎果真开创了一个黄金时代时,维吉尔再度向罗马人保证,这个城市将长治久安下去。在《埃涅阿斯纪》(1.255)里,朱比特向维纳斯保证,他将不再给罗马人以任何空间和时间的限制:"我赐给他们无限的统治。"(*imperium sine fine dedi*)《埃涅阿斯纪》问世后,罗马被命名为永恒之城(*urbs aeterna*),并且昭告天下,奥古斯都是这个城市的第二位创始人。他的生日 9 月 23 日被视为"宇宙的出发点,奥古斯都拯救了宇宙,因为他使其改变了面貌。"①于是,罗马会不断周期性再生的希望传遍各地。正如维吉尔所宣告的(《埃涅阿斯纪》6.798),从 12 只老鹰和大火灾的神话中获得解脱的罗马,甚至将扩展到"岁时与太阳的轨道以外"(*extra anni solisque vias*)的地方。

我们必须不遗余力地把历史从星相的宿命论和宇宙循环中解放出来,
364 通过罗马永恒更新的神话,以恢复(通过献祭或者君主统治)每年创造一个新宇宙的古老神话。这同样也是尝试从宇宙层面上赋予历史以意义,也就是把历史事件和大灾难看做宇宙的燃烧或分解,周期性地使宇宙毁灭以便其再生。历史造成的战争、破坏、苦难,不再是从一个宇宙时代向另外一个宇宙时代过渡的征兆:**它们本身就是过渡**。因此,每一个和平时期便意味着历史更新了,一个新世界由此开始了。总之(正如围绕着奥古斯都的神话所显示的那样),他的统治再创了宇宙。②

维吉尔在《第四田园诗》中宣布,就在阿西纽斯·波利奥(Asinius Pollio,约前 40 年,在屋大维取得最后胜利以前)任执政官期间,黄金时代即将开始。"那是一轮新的时代的诞生(*magnus ab integro saeclorum nascitur*

① J. Carcopino, *Virgile et le mystère de la IV*^{e} *églogue*, 第 200 页。

② *The Myth of the Eternal Return*, 第 119—220 页。

ordo)。现在处女座复归(*jam redit et Virgo*),回到了土星(Saturn)的统治。一个"黄金种族"在全世界兴起,阿波罗就是它的君主(5—10)。维吉尔把所有这些征兆都视为黄金时代的复归,它将诞生一个儿童,其身份无人知晓,但是许多学者猜测他就是波利奥之子。这首充满灵感而又深奥难解的诗,其意义至今人们还是众说纷纭。而我们只需强调维吉尔的异象能力:他好像一个真正的先知(*vates*),同时把握了内战结束的宇宙的和宗教的意义,他把屋大维·奥古斯都胜利开创的和平时代的末世论功能神圣化了。

事实上,奥古斯都统治时期正是传统罗马宗教的创造性再生时期。[1]根据苏埃顿尼斯(Suetonius,《奥古斯都传》90—92),奥古斯都举手投足就像一个真正的古代罗马人,他重视梦托和其他预兆、观察诸神的显现、礼敬(*pietas*)神、人。"正是这种宗教(*religio*)而不是斯多亚的神学理论支配着这位
皇帝的各种重大举措……通过礼敬和宗教,历史上罗马人的宗教态度和理 365
想有意识地得到恢复和更新。"[2]奥古斯都下令修复倾圮的圣地,新建许多神殿。他重新建立长期空缺的祭司职位(例如朱比特祭司),他同样怀着敬奉之心恢复了像塔堤安(Titii)、牧神兄弟会(Luperci)以及阿耳瓦尔兄弟会(Arval Brothers)。[3] 他同时代的人丝毫不怀疑这种变革的真实性。"在诗人的歌声、在公共的宗教生活,无不颂扬一个新时代的来临。"[4]奥古斯都时代的艺术作品也惊人地表现出宗教经验和思想的复兴。

奥古斯都一死,历史证明了所谓黄金时代乃是一个弥天大谎,罗马人又堕入灾异即将来临的生活之中。但是奥古斯都时代始终是西方基督教文明的一个典范。此外,维吉尔,还部分地包括西塞罗(Cicero)都启发了神学文学以及中世纪所特有并一直延续到文艺复兴时期的文化神学。

226. 非法宗教(*religio illicita*)的苦难

尤利乌斯·恺撒死后被封为神,与诸神同列,大约公元 29 年,在古罗马

---

① 正是弗朗兹·阿尔泰姆(Franz Altheim)坚持认为奥古斯都进行了宗教改革;参见所著 *A History of Roman Religion*,第 350 页以下。以下数页多受其分析的启发。

②④ Altheim, *History of Roman Religion*, 第 375、372 页。

③ 罗马祭司团,崇拜罗马女神狄亚(Dea),每年 5 月以谷穗、山羊、母牛等献祭狄亚。奥古斯都恢复了这一古老祭司团,他本人及其家庭成员也加入了这个 12 人的祭司团。——译者

广场为他建造了一座神庙。罗马人同意他们的伟大领袖死后封神，但是拒绝他们在世时被神化。①奥古斯都只有在行省里才获得神的尊号；在罗马，他只是“神的儿子”(*Divi filius*)。然而，在官方和私人宴会上都崇奉这位帝国的守护神。

“好”皇帝的神化以及皇帝崇拜的组织在奥古斯都之后就变得相当普遍
366 了。②但是提比略(Tiberius)没有被神化，因为卡利古拉(Caligula)没有向元老院提出这个要求。至于卡利古拉，在他去世之前已经看到自己被神化了，然而，元老们正式指责对他的怀念。革老丢(Claudiu)、韦思巴芗和提多都被神化了，但是加尔巴(Galba)、奥索(Otho)与维特利乌斯(Vitellius)却没有，人们认为他们不值得神化，元老院之敌多米提安(Domiltian)也是如此。公元2世纪，当皇位继承制牢固地建立起来之后，所有伟大的皇帝都被神化了，但是3世纪却不是这样，当时皇位更迭的速度太快了。③

从2世纪以来，基督徒拒绝崇拜皇帝，这成为他们受迫害的主要原因。首先，除了尼禄下令屠杀基督徒之外，敌视基督徒的方针主要受到敌视基督教的罗马公众舆论的鼓励。在前2个世纪，基督教被认为是一种非法宗教(*religio illicita*)，基督徒因为未经官方认可，过着地下宗教生活而遭到迫害。公元202年，塞普提姆斯·塞尔维鲁斯(Septimus Severus)颁布了第一条反对基督教的法令，禁止改宗基督教。不久，马克西姆斯(Maximus)攻击基督教会组织未果。到德修斯继位之前，教会一直在平安地发展着。但是公元250年，德修斯(Decius)颁布一道谕旨，要求全体公民向帝国的诸神献祭。这次迫害虽然短暂，但是极其严酷，因而许多人公开放弃了信仰。尽管如此，由于那些公开表明其信仰的信仰者和殉教者，教会才从最终胜利的考验中诞生。公元257—258年，瓦勒里安决定压迫基督教，此后经过了一段长久的和平时期(260—303)。基督教得以渗透到帝国的各个角落、每一个社会阶层(甚至皇帝的家属)。

最后的迫害——戴克里先(Diocletian，303—305)持续时间最长，手段

---

① 尽管如此，恺撒在卡匹托尔山上有一座雕像，另外在基林努斯神庙中还有一座名为“不可战胜的神”的雕像。大约在公元44年，他正式接受了“恺撒神”的尊号。

② 这并非受到希腊化时期来自东方的影响。西塞罗早已写道：“善良和勇敢的人，他们的精神本身就是神”(《论法律》2.11.27)。

③ 资料来源于 Robert Grant, *Augustus to Constantine*, 第17页。

也最为残暴。虽然帝国仍处在动荡不安之中,但是这一次公众舆论已经不大敌视基督徒了。戴克里先决心摧毁这一外来的、反民族的宗教,以便强化 367 帝国观念;他想重新激活古代的罗马传统,尤其是颂扬皇帝的半神半人的想象。但是奥古斯都宗教改革的遗产已经所剩无几了。埃及和小亚细亚的崇拜极为流行,它们得到了帝国的保护。康茂德(Commodus, 185—192)施行伊希斯和密特拉秘仪入会礼,卡拉卡拉(211—217)则支持叙利亚太阳神、战无不胜的索尔(Sol Invictus)的崇拜。数年以后,赫里奥加巴鲁斯(Heliogabalus)皇帝本身就是叙利亚人、埃梅萨(Emesa)神的祭司,他亲自将这一崇拜引入罗马。赫里奥加巴鲁斯于 222 年被暗杀,叙利亚神埃梅萨也随之在罗马遭到禁绝。尽管如此,正如我们将要看到的(参见§239),奥勒留(270—275)认识到仅仅歌颂罗马过去的伟大宗教传统是无济于事的,还必须在可敬的罗马传统中糅合进一种一神论的太阳神学,只有这种宗教才能够变得普世化。

甚至在迫害之前,公元 2 世纪末叶,一些基督教的神学家和论战者就试图在世俗的权威和异教知识分子面前证明其宗教的正确,并且捍卫这一宗教。但是他们的尝试注定要失败。不论是由于直率还是不够老练,某些护教士(塔提安、德尔图良)竭力攻击异教和希腊化文化。护教士中最重要的人物当属查士丁(约于 165 年殉教),他企图证明基督教并不蔑视异教文化;他赞美希腊哲学,但是指出它受到了《圣经》的启示。查士丁重复了亚历山大里亚犹太教的论证,证明柏拉图和其他希腊哲学家在他们所处时代之前早就知道了"先知"摩西所宣布的教理。不管怎样,护教士的失败是可以预见的。对于统治者而言,基督教不仅是犯下了无神论之罪和大逆罪(*lése-majesté*),它还被怀疑犯有各种其他罪行,从纵欲、乱伦到溺婴、食人。对于异教精英而言,基督教神学的核心——救世主的道成肉身、受难和复活——是不可理解的。不管怎样,对于这个新生的救赎宗教狂热的毫不妥协的态度使得任何与多神论宗教和平共处的希望化为泡影。

对于基督教的传教事业而言,宗教迫害是最大的威胁,但是威胁教会的 368 还不仅仅是这些危险。伊希斯和密特拉秘仪以及不可战胜的索尔崇拜以及太阳一神教都是可怕的竞争对手,由于它们得到官方的保护,情况就更是如此了。此外,威胁到教会的更为微妙的危险还来自教会内部:那便是各种异端,而首当其冲的就是诺斯替教。各种异端和神秘知识(gnoses)与基督教几乎同时产生。由于缺少正典,唯一能够验证信仰和仪式之真实性的就只剩下使徒传统了。大约在公元 150 年,所有使徒以及认识使徒的人都已经去世,但是他们撰写或启示的一些作品以及口头传说确保他们的见证得以流传下来。

尽管如此,这两种使徒传统——文字的以及口传的——多少都有一些值得怀疑的新奇之处。四福音书和《使徒行传》得到了全体教会的认可,①此外还有一些文本也以使徒的名义流传着:《多马福音》、《真理福音》、《伪马太福音》以及《彼得行传》、《约翰行传》等等。这些作品大多名为“次经”(因为它们包含有以前“隐藏了的”启示),涉及复活的基督告诉使徒的神秘教义以及基督生平大事的意义。这种通过口头传说保留和传播下来的秘密教导,正是诺斯替教引以为权威的东西。

227. 基督教的神秘知识

秘传宗教以及相应的入会礼问题必然会引起争论,到了诺斯替教引发
369 危机时就更是如此了。面对某些诺斯替教作者过分的矫揉造作,基督教会的教父们——以及后来大多数古今历史学家——都否认耶稣曾奉行并由门徒传承一种秘传教义。不过这个观点与事实不符。秘传宗教——换言之,只在少数入会信徒中间秘传的教义和仪式——在希腊化时期和基督教诞生时期的各大宗教里都有记载。在正统犹太教和犹太教的教派那里,在艾赛尼派(例如《会规手册》9.16 以下; 6.13—23)那里,在撒马利亚人和法利赛人那里,我们都可以见到不同程度的入会礼场景(秘密的教义和礼仪、信徒的分隔、宣誓保守秘密等等)。②

《马可福音》(4∶10 以下,7∶17 以下,10∶10 以下)同样提到某些秘传教义的实践。在教会建立初期,基督教社团区分为三个等级——这便有着以入会礼的等级的前提。它们是:“初信者”、“进阶者”和“完全者”。根据奥利金的观点,“耶稣向他的门徒私下解释了一切,因此福音书的作者对于那些比喻作出了明确的阐述”(《马太福音评注》14.12)。亚历山大里亚的克雷芒还要直截了当。他说他的老师保存了“有福教义的真

---

① 值得注意的是,2 世纪下半叶,这些文本被当时所有的主要教会当作唯一代表使徒传统的作品而采纳。从此以后,基督教就拥有了它的正典——《新约》——成为“有经典的宗教”。

② 参见 Morton Smith, *Clement of Alexanderia and a Secret Gospel of Mark*, 第 197—199 页所引资料和评注。正是根据犹太教的这种秘密教义和实践传统,形成了默卡巴(*Merkabah*)文学,尤其是克卡拉特(*Kekalat*)文本(参见 Smith, 第 198 页)。

正传统，直接来自使徒彼得、雅各、约翰和保罗，父子相传，直到我们，感谢上帝”(《杂著》1. 11；2. 3)。这便提到在一定数量的信徒中传播教义必须保守秘密，口耳相传(13. 12)；这些教义便是诺斯替传统。在另外一部著作中，克雷芒说道：“主在复活后向义人雅各、约翰以及彼得传授了高级知识。他们传授给了其他使徒，而其他使徒又传授给七十人，其中一人就是巴拿巴。”①

我们不可能知道，到底按照哪些标准选择门徒，并将秘密知识传授给他 370
们，也不知道获得这些知识的环境和步骤。某种具有“神秘”类型的训导会循序渐进地向一切信徒开示，它涉及洗礼、圣餐以及十字架的象征意义，涉及大天使，涉及对于启示的解释。至于向“完全者”以及那些即将成为“完全者”揭示的秘密很可能涉及基督穿过天使居住的七重天，降在地下和升到天上《以弗所书》4：9)以及个体末世论的奥秘，也就是灵魂死后的神秘旅程。伪狄奥尼索斯将此神秘旅程与使徒的口头传统联系了起来。“于是我们看到，存在着一种诺斯替教大师或灵性大师的传承，与传承使徒信仰的主教的传承有所不同，他们传承的是使徒时代以及使徒们的克里斯玛传统。”②

尽管如此，使徒的秘传传统继承了犹太教关于灵魂升天的奥秘以及天界秘密的神秘思想。不过这些教义也存在于曼德教(Mandaeans)那里。此外，它们与埃及(参见§53)和伊朗的末世论概念有着相似之处。这些观念和信仰以及其他与犹太教和基督教共同持有的观念和信仰有所不同的观念和信仰，还存在于一些诺斯替教、异教和基督教异端派别的思想里面。我们可以理解，为什么在某个时期，神秘知识和秘教思想令教会深感疑虑。通过援引口头秘传的使徒传统，某些诺斯替教将一些与福音精神大相径庭的教义和仪式引入基督教。危险的不是这些秘教和神秘知识，而是它们披着秘传外衣渗透进基督教的各种异端思想。

诚然，只要“圣经”和教义都没有固定下来，似乎不好滥用“异端”这个术
语去指涉某些对于基督教训的大胆诠释。不过有几个事例明显属于异 371
端——也就是对福音消息的错误解释：例如，拒绝《旧约》的有效性，把圣父

① *Hypotuposeis*, Frag.，今存优西比乌《教会史》2. 1. 3—4；参见 Jean Daniélou, “Les traditions secrètes des Apôstres”，第200页。

② Daniélou, “Les traditions secrètes”, 第208页以下。

看做是一个邪恶而愚蠢的造物神(demiurge);还有,认为世界是受诅咒的,将生命贬抑为偶然的或魔鬼的创造,或是否认圣子的道成肉身、死亡和复活。事实上,圣保罗本人也认为这个世界是撒但统治的,犹太教和基督教的启示都预示世界即将毁灭。不过圣保罗和启示作品的作者并不否认这个世界是上帝创造的。

228. 诺斯替教的研究方法

我们难以确定"诺斯替教(Gnosticism)"宗教思想的起源,不过它肯定与同时代或更早一些的各大宗教(袄教、各种秘仪、犹太教和基督教)中的神秘知识有所区别——正如我们所看到的,这些神秘知识都包含某些秘密的思想。此外还必须补充的是,诺斯替教作家所使用的神话或末世论主题几乎都早于严格意义上的诺斯替教。其中有些主题在古代伊朗和奥义书时期的印度、俄耳普斯教和柏拉图主义中都有文献记载,其他主题则兼具古希腊宗教融合、各种经书的和新旧约之间的犹太教或早期基督教的特点。然而,严格意义上的诺斯替教并不是一些不相干因素的有机综合,而是对于当时流传的某些神话、观念和神学进行的一种创新,甚至做了一种奇特的悲观主义解释。①

亚历山大里亚的克雷芒保留了瓦伦廷(Valentinus)关于神秘知识的一
372 种说法,认为一个人只有知道了"我们过去是什么,我们现在变成了什么;我们从哪里来,我们被抛向哪里;我们追寻的目标是什么,我们何时能够得救;什么是诞生,什么是再生"(《提阿多图文录》78.2),才能够得到最后的救赎。与奥义书、数论—瑜伽派以及佛教不同——它们有意回避讨论人类堕落的起因——诺斯替教传授的救赎知识就是揭示关于世界起源和创造、恶的起源、救世主降临人间拯救世人的故事,以及超越的上帝的最后胜利(这个胜利将表现为历史的终结和宇宙的毁灭)的"神秘历史"(更确切地说,就是教外人无法知道的历史)。这是一种整体神话:它宣说了从世界的起源到此刻当下的一切决定性因素,并且通过证明这些因素之间是相互依存的,确保末世(*eschaton*)是真实无妄的。我们

① 例如,诺斯替教博士重新解释了基督下到人间的神话,将其与《圣经》语境——亦即造物主派遣的弥赛亚——剥离出来,并将它与一种迥然不同的"秘密历史"(创造是一种恶意的悲剧,因而必须将其归结到一个巨匠造物神或者一个魔鬼,一个邪恶的真正化身那里)联系起来。

知道，这种整体神话有多种版本。我们以后还要提到其中一些，尤其是要强调其中最夸张的一种，也就是摩尼（Mani）所精心构造的版本（§233）。

我们回过来再谈瓦伦廷的说法。这位诺斯替教徒认为，他的真正存在（亦即他的精神存在）就其根源和本质而言是神圣的，只是目前他被囚禁在肉体里面。他还认为，他曾经居住在超越的地域，不过后来被抛入下界，他正飞快地朝着救赎前进，最后终将挣脱肉体的牢狱。总之，他发现虽然他的诞生就是堕入了物质世界，但是他的再生将纯粹是灵性的。下面的基本观念值得注意：精神/物质的二元论、神性的（超越的）和反神性的、灵魂（＝灵性、神圣的粒子）堕落的神话，也就是化为肉身的形式（陷入牢狱），以及通过神秘知识（gnosis）获得解脱（救赎）的确定性。

初看起来，我们遇到的乃是俄耳普斯教—柏拉图二元论的一种夸张的、反宇宙论的以及悲观主义的发展。①其实，这个现象更为复杂。人性的戏剧 373
性场景——尤其是人的堕落和救赎——反映了上帝的戏剧性场景。上帝差遣太初的存在或者他的亲生儿子，来到今世以拯救人类。这个超越的存在化为肉身，受尽耻辱，但是在最后回到天堂之前，他向少数被拣选的灵魂启示那真实的、救赎的神秘知识。有些版本以更为戏剧化的形式渲染上帝的儿子或超越的存在降临人间：他被魔鬼的力量俘获，沉浸在物质世界里变得残酷无情，以至于忘记了自己的身份；上帝于是差遣一位信使来"唤醒"他，帮助他恢复自我的意识（这就是"得救的救世主"的神话，《珍珠赞美诗》里有极好的叙述；参见§230）。

虽然伊朗也有类似的神话，但是上帝所差遣的救世主—使者的**直接**模式显然是耶稣基督。1945年在上埃及的纳格·哈马迪（Nag Hammadi）发现的文献，表明某些重要的诺斯替教派别起源于犹太—基督教。②然而，他们的神学和伦理学与犹太教和基督教却大相径庭。首先，在诺斯替教看来，

① 参见§181以下。当然，对于柏拉图而言，巨匠造物神不是邪恶的化身。世界就是一个完美而和谐的"宇宙"。对于普罗提诺以及斯多亚派而言，星辰就是诸神，并且认为它们有助于使那些智慧的生物会聚一处；参见《九章集》（*Enneads*）2.9；4.8，等等。至于灵魂化为肉身，在普罗提诺看来确实是一种"堕落"，因为灵魂丧失了自己灵性的完满和自主（4.8；5.16）；但是它也是自由地下到凡俗世界，以便帮助较为低级的世界（4.8；7.1）。

② 例如，纳格·哈马迪发现的《多马福音》据说就是一部完整的耶稣语录，为俄克西林蒲纸古卷之一，于1897公诸于世；参见 H.-C. Puech, *En quête de la Gnose*，第2卷，第33页以下各处。

真神并不是创造万物的上帝,即雅赫维。世界的创造是层次较低甚至是邪恶力量的创作或者说宇宙是高级世界的魔鬼般的仿制品,对犹太人和基督徒而言,这些概念是不可想象的。诚然,在后期异教思想中,宇宙的起源已经失去任何积极的宗教意义。但是诺斯替教更进一步。这个世界的创造不仅不再是对上帝的全能的一个证明;而且还被解释为高级世界中的一个偶然事件,或是太初的黑暗入侵光明的后果(参见摩尼教神话,§233)。至于上帝化为肉身,它再也不——如同犹太人和基督教所认为的那样——
374 是"神圣历史"的一部分,而只是证实并显示了灵魂的堕落。对诺斯替教而言,唯一值得追求的目标就是将神性的粒子从这个世界解脱出来,使其重返天界。

我们知道(§181 以下),人的"堕落"也就是灵魂之化为肉身,这是俄耳普斯和毕达哥拉斯派神学家思考的主要对象;堕落乃是因为在天堂里犯罪而受到惩罚,或者灵魂自己的选择所造成的灾难性后果。在基督纪元最初的几个世纪中,这些神话为许多诺斯替教和其他作者所大加渲染和穿凿附会。①

既然这个世界是由一个偶然事件或一次灾难造成的,既然世界是在无知的支配之下和邪恶力量的统治之下,诺斯替教便发现需要彻底与所属的文化相疏离,拒绝它的一切规范和制度。由神秘知识而获得的内在自由使他能够随心所欲。诺斯替教徒是精英人物的一份子,是圣灵拣选出来的。他归属于"属灵的"(Pneumatics)等级——是"完全者"、"国王的儿子"——只有他才会得救。②正如印度的仙人、苦行者(*sannyasis*)和瑜伽行者一样,诺斯替教徒觉得他不受社会律法的制约:他超越了善恶。我们还可以将诺斯替教与印度的现象进行比较:与性力派的"左道"(参见本书第 3 卷,第 38 章)的性技巧和狂欢仪式相对应的,正是放荡的诺斯替教的纵欲仪式(尤以

---

① 俄耳普斯—毕达哥拉斯派道成肉身是一种惩罚的观念,与堕落天使的圣经神话结合在一起,为某些基督教的或半基督教的诺斯替派(瓦伦廷、马西昂、巴尔蒂萨尼[Bardesanes])、摩尼、《宇宙的女儿》的作者,也许还有奥利金等人所借鉴。至于灵魂自愿降临人世,乃是起源于自恋(灵魂爱上了反映在物质世界中他自己的形象)或者野心。这个概念见载于《阿帕迈亚的神意》、《人类的牧者》(*Poimandres*)的作者以及普罗提诺的作品;参见 E. R. Dodds, *Pagan and Christian in an Age of Anxiety*, 第 23—24 页。

② 第二等级,属心的(Psychics),指那些拥有灵魂(*psychē*)的人,因而能够被引导向上的人,但是他们缺少灵(*pneuma*)。最后,第三等级,"属肉的"(身体的或物质的),完全沉溺于物质,注定要消灭。这两个阶层的人,其虚妄的焦灼令秘密的、神秘的教义必须加以传播。

法比昂派[Phibionists]为甚)。①

229. 从行邪术的西门到瓦伦廷 375

基督教护教士把“行邪术的西门”(Simon Magus)斥为第一个异端以及所有异端的鼻祖。根据一些历史学家的观点,西门并不是严格意义上的诺斯替教徒,不过他的门徒在公元 70 年的灾难以后都变成了诺斯替教徒。②使徒彼得和撒马利亚的西门派运动发生了冲突,西门在那里宣称他是“称为神的大能者”。③事实上,西门被当成“第一位神”来崇拜,而他在推罗妓院找到的伴侣海伦则被视为神的思想(Ennoia)最后的最堕落的化身;西门把她救出来之后,海伦—思想就成为普世救赎的工具。宗教史家对行邪术的西门的兴趣在于对于海伦的颂扬以及围绕她所形成的神话。“巫士”(magician)和娼妓的结合确保了普世的救赎,因为他们的结合乃是神与智慧的结合。

关于这对怪诞夫妻的记忆很有可能产生了浮士德(Faust)这一巫士的传奇。事实上,西门在罗马就是以“浮士德”(Faustus,“才能出众的”)闻名,而他伴侣的前世就是特洛伊的海伦。不过在公元最初几个世纪中,主要强调使徒彼得和这位巫士的斗争。根据这一传奇,西门在罗马公众面前宣称他上到天堂,但是使徒彼得的祷告而使他狼狈地掉下来。 376

有几个原因使马西昂(Marcion)的例子具有启发性。马西昂于公元 85 年生于本都(Pontus),是锡诺普(Sinope)的主教之子,恪守正统的习俗。不过他把保罗的反犹太教发展到极致。马西昂反对《旧约》,并且自行规定了他的正典,只收入《路加福音》和保罗的 10 封书信。他还加上一份手册《反驳》(*Antitheses*),提倡自己的神学原理。大约公元 144 年左右,他在罗马企

---

① “我们在这里遇到的不是一种批判和辩论,而是一种叛逆……顽强的、暴力的以及大规模的,并且造成了重大后果的叛逆:对抗人类的环境、存在、世界、上帝本身。它同样还会产生一种一次颠覆、变革的终极事件——推翻或倾覆现存状态,左右、内外、高下相互颠倒——或者导致一种虚无主义:‘纵欲的诺斯替教’的虚无主义,他摆脱了一切道德的和自然的律法,使用或者虐待他的身体和世界,以便使它们都变得世俗化,使它们都“枯竭”,否定它们,消灭它们;这是一种巴西里得(Basilides)的虚无主义,在他们看来,每一件事物、生成中的宇宙整体注定会在黑暗‘大无知’的黑暗里面、在‘无’的和平里面获得圆满。”(H.-C. Puech, *En quête de la Gnose*, 第 1 卷,第 XXII 页)

② 参见 R. M. Grant, *Gnosticism and Early Christianity*, 第 70 页以下; J. Daniélou and H. Marrou, *Nouvelle histoire de l'Eglise*, 第 1 卷,第 87 页。

③ 《使徒行传》8:10。然而,尚不能断定行邪术的西门和《使徒行传》中的西门是否同一个人;参见 Jonas, *The Gnostic Religion*, 第 103 页。

图争取教会长老的支持,但是没有成功。在受到绝罚之后,他更为积极地阐述自己的教义,并且事实上建立了一个教会。他是一个卓越的组织者,成功地让地中海盆地的许多基督教社团改宗。这一新的神学大获成功,因此受到正统派作家的不断攻击。但是从公元 3 世纪初起,马西昂派开始衰落,不到一个世纪就在西方世界销声匿迹了。

马西昂接受诺斯替教二元论的基本要素,但是不接受它的启示思想。他的二元论体系将《旧约》的造物主所确立的律法和公义,与善神启示的爱和福音对立起来。后者差遣他的儿子耶稣基督,将人类从律法的束缚中解放出来。耶稣采取了肉身的形式,有感觉并且受苦,但他不是物质的。耶稣在他的讲道中荣耀那慈爱的上帝,但是谨慎地说明*不是*指《旧约》里的上帝。事实上,正是从耶稣的讲道中雅赫维得知存在一个超越的神。他为了报复,就把耶稣交给迫害者。但是耶稣在十字架上受死带来了救赎,因为耶稣奉献自己,就把人类从造物主那里赎回来了。然而,世界还是在雅赫维的统治下,信徒还将受迫害直到末日。到那时善神才会为人所知:他会迎接诚实的人进入他的天国,至于其余的人,则与物质和造物神一起被彻底消灭。

还有一个撒马利亚人米南德(Menander),他把诺斯替教引入安提阿
377 (Antioch)。他自称救世主,从天上下来拯救人类(伊里奈乌:《反异端论》1.23.8),他还宣称凡是由他领洗的,地位要高过天使。他的继承人萨托尼尔(Satornil,公元 110—130 年期间在安提阿活动),将隐藏的上帝和犹太人的上帝对立起来,后者只是一个造物天使的领袖。他谴责婚姻,认为那是撒但做的工(伊里奈乌,1.24.2)。他的神学为二元论所支配。根据伊里奈乌的记载,萨托尼尔最早提出人类有两种范畴:有天界之光的人和没有天界之光的人。

塞林图(Cerinthus)是一位与约翰同时代的犹太—基督徒(伊里奈乌,3.3.4),他说,这个世界是由一个不认识真神的巨匠造物神所创造的;这是严格意义上的诺斯替教的最早表达。根据塞林图的观点,耶稣是约瑟和马利亚之子,在他受洗的时候,基督以鸽子的形式降临到他身上,并且对他启示未知的父,在基督受难之前再度升天回到圣父那里(伊里奈乌,1.28)。

在犹太—基督教中间传播的诺斯替教还曾进入埃及。塞林图到亚历山大里亚定居,大约于公元 120 年,卡波克拉底(Carpocrates)也曾宣扬一种类似的教义:耶稣是约瑟之子,但是有个“权能”为他祝圣(伊里奈乌,1.23.1)。凡是接受这个权能的都会与耶稣等同并且行同样的奇迹。卡波克拉底的神

秘知识的特点在于其激进的反道德论，它"似乎根源于诺斯替教不仅要反叛犹太人的上帝，也要反对律法。"[1]另一个亚历山大里亚人巴西里得(Basilides)，与卡波克拉底同时代，他最早将行邪术的西门的门徒所传授的教义综合起来。他详细阐述了宏大而复杂的诺斯替教的宇宙起源说，引人注目地将天堂和统治天堂的天使数目增加了很多：他数了一下，一共有 365 个！[2]巴西里得全盘拒绝犹太人的律法，认为雅赫维只是创造世界的天使之一，虽然他企图支配和臣服所有的天使(伊里奈乌，1. 24. 4)。

最重要的诺斯替教导师无疑当属瓦伦廷，他也是当时最伟大的神学家和神秘主义者。瓦伦廷生于埃及，在亚历山大里亚求学，公元 135—160 年 378
间在罗马教书。但是由于未能得到主教的职位，与教会决裂并且离开这个城市。[3]在构造他的庞大体系时，瓦伦廷解释恶的存在以及灵魂的堕落不是通过二元论的观点——例如，上帝之敌人的干扰——而是通过发生在上帝**自身内部**的重大事件。对于瓦伦廷思想做一个概述虽不足以反映他思想融合的不凡和创新，却有一个好处，即可以免去用无数的系谱、"流溢"和"投射"等等概念，千篇一律地去解释一切宇宙、生命、灵魂和精神的起源，讲述它们中间发生的重大事件。[4]

瓦伦廷认为，圣父，绝对而且超越的第一原理是不可见而且无法理解的。他与其伙伴思想(Ennoia)结合，生下了 15 对"永恒"(eons)，形成"普累若麻"(Pleroma)。[5]最后一个永恒，智慧(Sophia)被认识圣父的欲望所蒙蔽而引发了一场灾难，于是出现了邪恶和欲望。智慧从普累若麻中被抛出来之后，与她所引起的畸形创造物一起创造出了一种低等的智慧。他们首先

---

① Daniélou and H. Marrou, *Nouvelle histoire de l'Eglise*, 第 1 卷，第 96 页。

② 参见 H. Leisegang, *La Gnose*, 第 143 页以下所抄录和评注的经文。亦可参见格兰特(Grant)中肯的评论，*Gnosticism and Early Christianity*, 第 142 页以下。

③ 直到 1950 年，我们关于瓦伦廷的神学资料只有伊利奈乌、亚历山大里亚的克雷芒以及希坡律图保存下来的摘录和概述，他们使用的都是其门徒的著作。但是纳格·哈马迪发现的《真理福音》虽然不是瓦伦廷的著作，却肯定代表着他的思想。其他纳格·哈马迪文本(例如，《三本质论》，《致雷吉乌斯[Rhegius]关于复活的书信》)都与瓦伦廷学派有关系。

④ 执迷于这类瀑布状的谱系和一系列的说明是当时的时代特点。增加在终极实在与不同等级的实在之间的各种中间阶段以及中介性媒体的数量，这种做法在哲学家中间也不乏其人(例如，普罗提诺)。但是在诺斯替教作者中——尤其是巴西里得、瓦伦廷和摩尼——这同时也是一种迷恋和刻板的模仿。

⑤ Pleroma(希腊文 *plērōma*，"完满")是指围绕着太初之神的精神世界，它由全体"永恒"所组成。

创造了一对新的夫妇,也就是基督和他的女伴圣灵。最后,当普累若麻恢复其最初的完美状态时就产生了救世主,也就是耶稣。救世主下降到低等的区域,用产生于低等智慧的物质的(hylic)元素创造“无形的物质”,用灵魂的
379 元素创造出巨匠造物神,也就是《创世记》里的上帝。造物神全然不知还存在一个更高的世界,而认为自己就是唯一的神。他创造出有形的世界,并且创造两种不同类型的人,属肉的人(Hylics)和属灵的人(Psychics),用他的呼吸赋予他们气息。不过在造物神不知情的情况下,产生于高级智慧的精神元素自身进入了他的气息里,并且产生了属灵(Pneumatics)的阶层。①为了拯救这些被囚禁在物质里面的精神粒子,基督下降人间,并没有真正成为肉身,就启示了解脱的知识。于是属灵的人被这神秘的知识所唤醒,上升到了圣父身边。

正如汉斯·约拿斯(Hans Jonas)所论,在瓦伦廷的体系中,物质起源于精神,并且通过神圣历史去解释物质。事实上,物质是绝对存在的一种状态或“属性”——更确切地说,是那种状态的“具体化的外在表现”。无知(智慧的“盲目”)是物质世界存在的第一因②——这个观念让人想起(为某些吠檀多派和数论—瑜伽派所主张的)印度概念。正如在印度一样,无知和知识是两种不同类型的本体论。知识是绝对的太初状态,无知则是这个绝对内部的混乱所引起的。但是知识所欲达到的救赎便是一个宇宙事件。③最后属灵之人的救赎将通过世界的消灭而达到。

230. 诺斯替教的神话、想象和隐喻

遗忘(Amnesia,即忘却自己的身份)、睡眠、酒醉、慵懒、囚禁、堕落以及乡愁都是诺斯替教特有的想象和符号,尽管它们并不是由传授神秘知识的
380 导师所创造的。灵魂由于转向并且渴望肉体的享乐而忘却了自己的身份。“他忘却了从前的住所,其真正的中心,其永恒的存在。”④诺斯替教关于“遗忘”和“记忆”的神话,在《珍珠赞美诗》⑤里面有最戏剧化、最感人的描绘,此诗收在次经《多马行传》中。有个王子从东方来到埃及,要寻找

---

① 这就解释了为什么存在三种人,这是一切诺斯替教共有的思想;参见第734页,以及注解②。

②③ Hans Jonas, *The Gnostic Religion*, 第147、175页。

④ 这是一种后期的诺斯替教哈兰派(Harranites)的教义;参见Jonas,第63页。

⑤ H. Leisegang, *La Gnose*, 第247—248页,该文将此诗翻译出来并加以注释; R. M. Grant, *Gnosticism: A Source Book*, 第116页以下;以及其他作品。今根据格兰特译文。

在大海里面

的一颗珍珠

与呼吸粗重的蛇比邻。

在埃及，他被当地人所囚禁。他们给他一些食物吃，于是王子忘记了自己的身份：

我忘记了我是国王的儿子。

我服侍他们的国王；

我忘了父母派我去寻找珍珠。

由于他们食物的沉重负担

我陷入了沉睡。

但是王子的父母亲知道他出事了，写了一封信给他：

“从沉睡中起来，

聆听我们信中的言辞！

心中回想起，你是国王的儿子！

认出谁是奴仆——你所服侍的人。

回想起那颗珍珠，你为了它

曾飞速前往埃及！”

这封信化做一只老鹰飞到他身边并且开口说话。

它的言语和声响，

令我从酣睡中苏醒起身。

我接过信，吻了它，

我打开封缄，阅读……

我想起来，我是国王的儿子……

我想起来，我被差遣到埃及就是为了这颗珍珠。

而我开始行使魔法……

那……呼吸粗重的蛇。

我让它酣然入睡…… 381

我用父亲的名字称呼它……；

我拿走了那颗珍珠，

转身回到我父王的家。

这就是“得救的救世主”（*Salvator salvatus*）神话的一个最好的版本。我们还必须补充的是，在不同诺斯替教文献中都有相同的神话主题。① 这些想象的意义很容易理解。大海和埃及通常都象征物质世界，人的灵魂和被派来拯救灵魂的救世主都被囚禁在这里。主人公在天上脱下他“光明的长袍”，披上“污秽的外衣”，以便与这个国度的居民没有什么分别；那就是他所化身的肉体——“躯壳”。在他升天时的某一刻，他遇见了那荣耀的外衣，“样子就像他自己”，他明白这个“替身”就是他真实的自我。和他超越性的“替身”相遇，这令人想起伊朗传说中灵魂在天上的自我(*dāenā*)的形象，人在死后第三天会与之相遇(参见本书第1卷)。正如约拿斯所言，在人类的自我里面发现超越性原理，这就是诺斯替教的核心因素。②

因为沉溺于“生活”(＝物质)而造成遗忘，以及通过一个信使的手势、诗歌或者言语而唤起记忆，这个主题在中世纪印度的民间宗教中也可以看到。其中流传最广的传奇是摩阇衍陀罗那陀(Matsyendranāth)的记忆失而复得。这位瑜伽行者爱上了一位王后，与她一起住在她的宫殿里，完全忘记了他自己的身份，或者根据另外一个版本，他被囚禁在“卡达里(Kadalī)的土
382 地上”，甘当这王后的犯人。摩阇衍陀罗那陀的门徒乔罗迦陀(Goraknāth)得知他被囚禁，就装扮成一名舞女到他面前跳舞，同时唱起神秘的歌曲。摩阇衍陀罗那陀渐渐回忆起他的真实身份：他领悟到“肉欲之道”会带来死亡，他的“遗忘”实质上就是忘记了他真实不灭的本性，而“卡达里的迷幻”代表世俗生活的海市蜃楼。乔罗迦陀对他说，这种遗忘是女神难近母(Durgā)带给他的，几乎是以他的永生为代价的。乔罗迦陀说，此种迷惑象征着无明，自然(亦即难近母)施加于人类身上永恒的诅咒。③

这个民间主题的起源可以追溯到奥义书时代。我们前面概述了《唱赞奥义书》中的一个寓言，有个人被强盗掳去，被蒙上眼睛带往远离他村庄的地方，商羯罗的评注说：强盗和遮眼的覆障就是揭示真实谛的老师；而这个人成功返回的家象征着他那与梵合一(§136)的自我。数论—瑜伽派也表现出了类似的立场：首先神我是一个“局外人”，他与世界(自性)没有任何牵

---

① 约拿斯引用了一些“污秽的外衣”和“光明的长袍”、蛇、书信以及升天之类的神话；参见所著 *Gnosticism Religion*，第116页。亦可参见 Puech, *En quête de la Gnose*，第2卷，第118页以下。

② Jonas, *Gnostic Religion*，第124页。在《多马福音》(第84条语录)中，耶稣对他的门徒说：“当你们看见你们的形象，乃在你们以前存在，不死、不显，你们就能够忍受了！”“想象”(*eikōn*)，也就是超越的自我，被描述为一个“天使”；参见 *En quête*，第2卷，第130页以下、第142页以下。超越的自我与“天使”相遇勘与自我—大梵的不可言传的经验相比较。

③ 参见 Eliade, *Yoga*，第294页以下。

连。正如诺斯替教所认为的那样，自我(精神、灵魂)在生命和历史的戏剧里，“是孤立的、淡漠的、消极的，只是一个观察者”(参见§136以下)。

我们不排除它们可能彼此之间互有影响，但更可能这是一些平行的精神思潮，是从数世纪前在印度(奥义书)、希腊和地中海东部(俄耳普斯教和毕达哥拉斯派)、伊朗以及希腊化世界所产生的危机中发展出来的。诺斯替教作者所运用的一些想象和隐喻历史悠久——甚至还有史前史——而且传播广泛。其中有一个人们喜欢的想象，就是把沉睡比喻为无知和死亡。诺斯替教主张，人不但睡觉而且喜欢睡觉。“为何你总是喜爱睡觉，而且总是被这些羁绊给绊住了呢?”《金萨》(Ginzā)问道。[1]《约翰启示录》写道：“让听 383
见的人从沉睡中苏醒。”[2]我们将看到，同样的主题也见于摩尼教。但是这种说法并非为诺斯替教所独擅。保罗的《以弗所书》(5∶14)也引用了一位无名氏的话：“你这睡着的人当醒过来，从死里复活，基督就要光照你了。”酣睡(Hypnos)是死亡(Thanatos)的孪生兄弟，因而在希腊、印度以及诺斯替教中“唤醒”的行为就具有了救赎的意义(广义地说，苏格拉底“唤醒”和他谈话的人，有时甚至是违背他们意志的)。

这是一个古老而广泛传播的象征。战胜睡眠保持清醒，是相当典型的入会礼考验。在一些澳大利亚部落，接受入会礼的新人必须三天不睡觉；或者在黎明前不得睡觉。[3]我们已经看到，著名的英雄吉加美士(Gilgamesh)未能通过他的入会礼考验：他没有保持清醒，痛失永生的机会(参见§23)。在一个类似俄耳普斯—欧律狄刻的北美神话里，有个男人下到地狱，找到他刚刚去世的妻子。冥王答应只要他彻夜警醒，就可以把妻子带回人间。为了不让自己太倦怠，他甚至在白天也睡了一觉，但是仍有两次无法保持警醒到黎明。[4]“不睡着”显然不只是克服身体的疲劳；它首先是要展现灵性的力量。要保持“警醒”，保持充分的意识，这意味着：**出现在灵性的世界**。耶稣不断告诉门徒要“警醒”(例如参见《马太福音》24∶42)。在客西马尼之夜，由于门徒无法和耶稣一起“保持警醒”而酿成悲剧(参见前文，§219)。

---

① 转引自Jonas, *Gnostic Religion*, 第70页。《金萨》的另外一段经文讲述了亚当“从睡眠中醒来，抬起眼睛观看那光明的处所”(约拿斯书，第74页)。

② 参见J. Doresse, *Les livres secrets des gnostiques d'Egypte*, 第1卷，第227页。“我就是那从夜晚永恒的睡眠中惊醒的声音”；希坡律图保存的一份诺斯替教残经首句(*Refut.* 14—15)。

③ Eliade, *Rites and Symbols of Initiation*, 第14—15页。

④ Eliade, *Shamanism*, 第311—312页。

384 诺斯替教文学也用“醉酒”表达“无知”和“酣睡”。次经《真理福音》把“即将去获取知识的人”和“喝醉的人脱离醉态，复归自我，妥善安排自己的一切”的人相比较。①“警醒”表示记忆，表示重新发现了灵魂的真实身份，也就是重新认识到灵魂来自上天。“醒来吧，光辉的灵魂，从你沉浸的醉酒和酣睡中醒来，”有一份摩尼教文献如是说。“随我来到高贵的地方，来到你原来居住的地方”。在曼德教的传说中，天上的使者唤醒亚当，对他说：“不要沉浸在昏沉之中，不要忘记主给你的指示。”②

总之，这些想象——无知、忘却、囚禁、酣睡、醉酒——在诺斯替教的教义中用来比喻灵魂的死亡。神秘知识赐予*真正*的生命，也就是救赎和永生。

231. 殉道的圣灵

公元 216 年 4 月 14 日，摩尼出生在巴比伦尼亚的塞琉基亚-泰锡封(Seleucia-Ctesiphon)。根据传说，他的父亲帕提克(Patek)连续三天听见有一个声音吩咐他不要吃鱼、不要喝酒，并且禁女色。帕提克不知所措，就加入了诺斯替教的浸礼派，也就是埃尔察派(Elchasaite)。③摩尼天生病弱(可能是个瘸子)。4 岁时，父亲带着他一起生活，在埃尔察社团里将他抚养成人。20 多年(公元 219/220—240 年)中，摩尼在充满犹太—基督教狂热的环境里长大，接受教育。因此，我们决不可低估摩尼教思想中基督教因素的
385 重要性。然而摩尼的宗教活动与基督教的神学、末世论以及仪式是对立的。摩尼分别在 12 岁和 24 岁时得到两个启示，要他与埃尔察派决裂，去完成自己的使命。摩尼把这些天启的内容告诉了我们。天使捎来“大明尊”(摩尼教至高至善的神)的消息。第一个消息命令他弃绝他父亲的团体。12 年之后，公元 240 年，第二个消息敦促他赶紧行动：“时候到了，你要公开展示自己，大声宣传你的教义。”④

我们不知道摩尼经历了怎样的灵性痛苦，而由一个羸弱的年轻人转变

① 《真理福音》22：18—20，转引自 James M. Robinson，*The Nag Hammadi Library*，第 40 页(经文由乔治·麦克拉伊[George W. MacRae]翻译)。

② 参见 Jonas，*Gnostic Religion*，第 83—84 页；Puech，*En quête*，第 2 卷，第 210—211 页；亦可参见 Eliade，*Myth and Reality*，第 127 页以下。

③ 此为犹太—基督教的异端派别，由埃尔察(Elchai)创建于帕提亚。

④ *Fihrist*，第 50 页，根据 H.-C. Puech，*Le Manichéisme*，第 43 页译文。根据摩尼教的传说，先知自愿离开了这个浸礼派的教派。然而，很可能他是被教会人士驱逐出来的。

成为一种新救赎宗教的不知疲倦的使徒。我们也不知道，是什么原因促使他决定于公元 240/241—242 或 243 年初到印度做第一次使徒之旅。[1]不管怎样，摩尼与一些印度宗教领袖的接触，对于二者都产生了影响。新王沙普尔一世(Shapur Ⅰ)传摩尼回波斯，摩尼旅行到萨珊王朝的首都巴拉帕(Balapat，即冈底夫·沙普尔)。沙普尔对于这位先知印象深刻，允许他和他的传教士在整个帝国传教。这相当于官方承认了这个新宗教，这个日子被虔诚地保留下来了：公元 242 年 3 月 21 日(或根据不同的算法，公元 243 年 4 月 9 日)。

关于沙普尔一世在位期间(242—272)摩尼的生平，我们知之甚少。这就是说，除了早年(两个启示、沙普尔“改宗”)和晚年(失宠和去世)之外，我 386
们对于先知的生平几乎一无所知。大致可以肯定的是，他和国王关系良好，在伊朗帝国全境旅行布道，远及其东方边界。他还向境内外(埃及、巴克特里亚等)派遣了大量传教士。

公元 272 年 4 月，沙普尔去世，其子霍尔密兹(Hormizd)继位。摩尼赶去见他。从这位新的统治者那里，他得到了一份新的保护状，一份到巴比伦尼亚去的许可证。但是一年以后霍尔密兹去世，其兄瓦赫兰一世(Bahram Ⅰ)继承王位。应国王召见，摩尼抵达冈底夫·沙普尔，在这之前他做了一次“最高教牧之旅”，“使徒向他年轻时居住的地方以及他所建立的教会做最后一次告别访问。”[2]

事实上，甫抵首都，摩尼就遭到麻葛首领、坚定的祭司(*mobēd*)卡达尔(Kartēr)的控告：这位马兹达教不宽容运动的主要推动者声称，摩尼的宣教会导致国王的臣民脱离官方宗教。摩尼和国王的对话形同暴风骤雨。摩尼宣称他是受到神的差遣才去传教的，瓦赫兰咆哮道：“为什么神的启示是给你而不是我们，这块土地上的主人呢？”摩尼只能回答说：“这是神的意志。”[3]宣判之后，他被锁上铁链，投入大牢。这些锁链(他的双手和双脚各三条，颈部还有一条)让他动弹不得，其重量(约 20 公斤)令他痛苦不堪。这

---

① “是要躲避政府因摩尼教的初传而采取的某种措施吗？是要学习佛教的信仰，还是相反，循着使徒多马的足迹，向那个国家早已存在的基督教社团宣扬他的教义？”(Puech 书，第 44 页)

② Puech, *Le Manichéisme*, 第 50 页。摩尼对他的同伴说：“你们看着我，供给我吃食，我的孩子们，因为我的身体就要离开你们了。”(参见 Francois Decret, *Mani et la tradition manichéenne*, 第 67 页)

③ Puech，第 51 页；参见 Decret，第 68 页。

场受难(摩尼教徒用基督教的术语称之为“钉十字架”)持续了 26 天。①虽然
387 如此,这位先知还是能够接受教友的探访,传说尽管有些不无修饰之辞,却保留了一些有教益的情节。摩尼死于公元 272 年 2 月 26 日,享年 60 岁。尸体被砍为数块。首级被挂在城门上展示,其余则丢给狗吃。

先知死后,瓦赫兰立刻下令,无情地镇压了这一宗教运动。摩尼教会似乎快要永远消失了。不过它继续发展了好几个世纪,传播到西方的伊比利亚半岛以及东方的中国。

232. 摩尼教派的神秘知识

摩尼教首先就是某种神秘知识,也是前述主要的诺斯替思潮的一部分。但是与其他教派创始人有所不同,摩尼致力于创造一种普世宗教,人人皆可以入教,并且不限于仅向入会的信徒秘传教义。他承认某些古代宗教的价值,但是认为它们还不够完善。另一方面,他宣称他的教会综合了一切宗教的经典和智慧的精华:“正如小河汇聚成大川,我的经典里也加入古老的书籍,它们形成了一种大智慧,以前的世代从未存在过。”(《卡法里亚》[*Kephalia*]154)②事实上,摩尼赋予耶稣很突出的地位,并且形成自己独有的圣灵(Paraclete)观念,他借鉴了印度的灵魂转世说,而最重要的是,他回到了伊朗的核心观念,首先是光明/黑暗的二元论以及末世论的神话。宗教融合是这一时期的综合特征。在摩尼这里也有策略上的需要。他想把教会扩展到波斯帝国的两极,所以他必须使用东方和西方都熟悉的宗教语言。然而,摩尼教尽管似乎具有某些异质因素,但还是有其内在统一性和巨大的原创性。

与佛教和基督教这些普世宗教一样,摩尼教也必须成为一种传教的宗
388 教。在摩尼看来,传教士一定要“永远在世界上漫游,宣传教义,用真理引导人们。”③摩尼教与时代精神相一致,也是“有经典的宗教”。为了避免曾经动摇祆教、佛教和基督教的争论和异端,摩尼亲自创作了七部经书。除了第

① 在一次动人的祷告中,摩尼询问他的神:“我已经向高处的孩子指明了道路。我已经执行了你的命令,被差遣到这个世界上来。请让我与得救的平安同在,不再看到敌人的面孔,不再听见他们巨大的声音。这次,请赐予我胜利的王冠吧。”(F. C. Andreas, *Mitteliranische Manichaica aus Chinesisch-Turkestan*, 第 3 卷,第 863 页)

② 参见 Puech, *Le Manichéisme*, 第 69 页。

③ al-Bîrûni, *Chronology*, 第 190 页; Puech,第 64 页。

一部《沙普尔书》(*Shābuhragān*)以中期波斯文创作外,其余皆以叙利亚文以及/或是东方亚兰文撰写。这些卷帙浩繁的作品鲜有保存至今者,而且仅存译本;但是今存残经的数量之众多,语种之丰富(有粟特语、科普特语、突厥语、汉语等等),表明摩尼教传教曾取得过空前的成功。

如同一切神秘知识或数论—瑜伽以及佛教的思想,通往解脱的道路始于对人类状态的仔细分析。由于人是生活于尘世这一事实,也就是说他被赋予了肉体的存在,因而人类就会受苦,也就是说他成了恶魔的猎物。不通过神秘知识这唯一的科学、**解脱的知识**,就不能获得解脱。与诺斯替教观念相一致,为邪恶所支配的宇宙,不可能是善良且超越的神的作品,而只能是其敌手的作品。因此,今世的存在之前还有一个更早的、前宇宙的状态,就像人类的苦难和堕落本身就假定存在着一种至福的太初状况一样。摩尼教教义的本质可以归结为两个术语:**二宗**,**三际**。①这两个术语也是后《伽泰》时期伊朗宗教精神的基础。因此可以说,摩尼教是伊朗在宗教融合时期一种诺斯替教的表述。一方面,摩尼重新解释了某些伊朗的传统概念;另一方面,他也把一些不同起源的(印度的、犹太—基督教的以及诺斯替教的)因素 389
整合到了他的体系里。

对于摩尼教徒而言,摩尼教不仅提供了他们救赎的伦理和方法,更重要的是,提供了他们一种整体的绝对的知识。救赎是神秘知识的必然后果。“求知”就等于回忆:教徒承认自己是一颗光明的粒子,因此具有神性,因为神和灵魂之间是同质同性(consubstantiality)的。无知是由于把灵魂和身体、精神和物质混为一谈所造成的(这个概念从公元前 5 世纪开始在印度和其他地区居于主导地位)。不过对摩尼而言,正如所有诺斯替教的教师,具有救赎作用的神秘知识也包含有宇宙的神秘的(或说被遗忘的)历史。入教者之所以获得救赎是因为**知道了**宇宙的起源、创造人类的原因、黑暗魔王的伎俩以及大明尊的应对方法。这种对于宇宙现象,特别是月亮阴晴圆缺的“科学解释”令当时的人们印象深刻。事实上,在摩尼的宇宙起源论和末世论的伟大神话里,自然和生命起着重要作用:灵魂的重大事件就反映在宇宙生命的形态和命运里面。

---

①　根据伯希和翻译的一篇吐鲁番经文(*JA* 1913, 第 110 页以下),凡是希望“入教”的,必须知道两宗——在本质上绝不相同的光明与晦暗——和三际:初际,天地尚未成形、光明与黑暗两分;中际,黑暗侵入光明的境界;后际,两宗再度分开。

233. 伟大的神话:神圣灵魂的堕落和救赎

太初之际,也就是“初际”,有两种“本性”或“实体”,光明与晦暗、善与恶、上帝与物质共存,有一条界线将双方分割开来。统治北方的是大明尊(类似基督教的圣父以及伊朗的察宛),南方则归黑暗魔王(阿赫里曼或是基督教的魔鬼)统治。但是物质的“不规则运动”驱使黑暗魔王侵略上界的光明王国。魔王看见光明的闪烁,心中燃烧起征服光明的欲望。这时大明尊也决定驱逐这个敌人。他“召唤”,也就是从他自身生出善母,善母又生出一
390 个新的本质,原人(也就是伊朗的奥尔马兹达)。原人带着自己的儿子,他们实际上就是他的“灵魂”以及用五道光明做成的“盔甲”下到边界。他挑战黑暗,但是反被黑暗征服,他的儿子们则被诸魔(Archontes)吞噬。这一失败标志着宇宙“混合状态”的开始,却同时也确保了神的最后胜利。因为晦暗(物质)如今拥有了一部分光明——也就是一部分神圣的灵魂——而大明尊则同时为了预备他的获救,在布署征服黑暗的决战。

在第二次创造中,大明尊“召唤”生命之灵,他们下降到晦暗国度,抓住原人的手①,把他带到天上的家乡,光明的天堂。生命之灵打败诸魔,用他们的皮作成“天”,用骨头堆成高山,用他们的肉和排泄物造出大地(从中我们可以辨认出,用提阿马特、伊米尔、原人[Puruṣa]一类的怪物作为牺牲创造世界的古老神话)。此外,他还用自己未被晦暗玷污的那些部分创造日月星辰,从而完成第一次光明的救赎。

最后,大明尊又进行最后一次召唤,流溢出第三位使者。他把宇宙组建成一台机器,采集——总之也是解救——仍在囚禁中的光明粒子。在每月的前两个星期,这些粒子升向月亮,形成满月;在后两个星期,光明从月亮转移到太阳那里,最后到达天国。但是仍然有一些粒子被魔鬼吞噬。这位使者就化身为眩目的裸女出现在公魔鬼面前,而母魔鬼看到的却是英俊的裸男(把天使的双性同体做了邪恶的、“魔鬼”的解释)。公魔鬼欲火中烧,喷射
391 出精液,同时喷射出他们所吞噬的光明。他们的精液落到地上,就产生各种植物。至于怀孕的母魔鬼,一见到英俊的少男就流产了,[流产的婴儿]掉落在地面上,吃掉了树芽,因而也汲取了其中包含的光明。

对于第三位使者的战略,化身为贪欲的物质惊慌不已,决定要在受囚禁

① 握手将成为摩尼教最好的仪式。

的光明粒子周围建造更为坚固的牢狱。他要一男一女的魔鬼吞食所有流产的婴儿以汲取其中的光明，然后进行交合。于是生下亚当和夏娃。正如亨利-夏尔·毕克(Henri-Charles Puech)所说：

> 所以我们这一物种诞生于一系列令人厌恶的食人和性交行为。它保有这种恶魔起源的痕迹：身体取魔鬼的形象；利比多、欲望驱使人类交配并繁殖自己，亦即按照物质的计划，把在身体之间代代相传的光明灵魂无限地囚禁起来。①

但是，既然亚当身上积聚了最多的光明，那么他和他的后裔就成为救赎的主要对象。于是末世论的场景在这里重复了：正如生命之灵拯救原人，救世主，"神子"，也就是奥尔马兹达或"耶稣，光明"，唤醒了堕落并且无知的亚当。正是救世智慧("知识之神"、"知识")的道成肉身前来拯救自己陷于亚当里面的灵魂，迷失并且被囚禁在黑暗里面的灵魂。② 与其他诺斯替教体系一样，解脱包括三个阶段：唤醒、救赎的知识的启示、回忆(*anamnēsis*)。"亚当反省自己而且认识了自己"，"有福的灵魂变得智慧充满而且复活了"。③

这个救赎场景便成为现在和未来所有通过神秘知识获得救赎的模式。
直到世界末日，一部分神圣灵魂的光明将"被唤醒"，去拯救被囚禁在世界、 392
人类和动物身体以及各种植物里面剩余的光明。尤其是树木，其中含有大量的神圣灵魂，它们充当了受难的基督，亦即被钉十字架的耶稣(Jesus Patibilis)的绞架。正如摩尼教徒浮士德(Faustus)所言："在每一棵树上吊死的耶稣正是人类的生命和救恩。"④世界的延续承载着历史上的耶稣被钉十字架和苦难。诚然，光明粒子，亦即有福的死者的圣灵以月亮和太阳为"容器"不断地被运往天堂。然而，另一方面，最后的救赎却被延误了，因为有些人不遵循摩尼指明的道路，也就是说，他们不停地繁殖。因为，既然光明积聚在精液里面，那么每一个来到今世的婴儿都只是延宕了一颗神性粒子的囚禁时间。

在描述"后际"时，也就是末世论的终场，摩尼有时借鉴了西亚和希腊化

---

①② Puech, *Le Manichéisme*，第81、82页。

③ Theodore bar Konai，载F. Cumont，*Recherches sur le Manichéisme*，第1卷，第47页；吐鲁番残经S59，Henning公布，Puech，第82页译文。

④ 圣奥古斯丁所述，《反浮士德》20.2(理查德·斯托瑟尔特[Richard Stothert]翻译，收入*The Works of Aurelius Augustinus*[Edinburgh，1872])。

世界都很熟悉的启示想象。末世论戏剧以一系列可怕的考验(摩尼教徒称之为“大战”)开场,接着便是公义的教会取得胜利和最后的审判,那时,灵魂要在基督的法庭(*bēma*)前接受审判。经过一个短暂的统治后,基督、被拣选的以及所有善的化身都将上升到天国。这个世界被大火焚烧和洁净1 468年之后彻底毁灭。最后的光明粒子将聚集在一尊“雕像”里面,然后升到天上。[①]物质及其一切化身、恶魔、牺牲者、受诅咒者,将被封在“球体”(*bōlos*)里,投入大坑底,用石头封住。这次,两种实体将彻底分离,因为晦暗再不能侵入光明的国度了。

393 234. 作为恐怖的神秘(*mysterium tremendum*)的绝对二元论

这一壮观的神话显然包含伊朗宗教精神和希腊化时期神秘知识的重要主题。摩尼用一大堆细节不厌其烦地“解释”人类没落的原因,追究神圣灵魂堕落和被囚禁在物质里的各种情节。与例如印度的神秘知识(数论—瑜伽和佛教)的言简意赅甚至沉默不语相比,摩尼教的神学、宇宙起源论和人类起源论似乎要回答一切任何关于“起源”的问题。我们可以理解,为什么摩尼教徒认为其教义比其他宗教更加真实,也就是说更加“科学”,那是因为他们用一系列因果连环来解释整体实在。其实,在摩尼教和古代或现代的科学唯物论之间有某种相似性:对二者而言,世界、生命和人类都是一次意外事件造成的。甚至二宗之间的冲突都是因为某个意外:黑暗魔王正是由于利科波利斯的亚历山大(Alexander of Lycopolis)所称物质的“无序运动”而接近了大明尊。正如我们所见,所有的“创造”,从世界的形成到人类的出现,都只是对立双方的自卫行动而已。

很少有反宇宙论的哲学或神秘知识能够像摩尼教那样具有惨烈的悲观主义。世界是魔鬼的物质,也就是诸魔的身体所创造的(虽然神灵完成了宇宙起源的*行动*)。而人类是魔鬼最可憎的化身的产物。还有什么比这更加不幸、更加卑微的人类起源神话呢?(在这里,我们也看到与当代科学的相似之处,例如,弗洛伊德认为食人的习俗和乱伦助长了人类的本性。)

人类的存在就像宇宙的生命,无一不是神灵败绩的耻辱。事实上,如果

---

① 尽管如此,根据某些摩尼教某些学派的观点,不是所有的光明粒子都能得救;换言之,有些灵魂将永远被囚禁在物质的牢狱里面。

原人一开始就得胜,就不会有什么宇宙、生命和人类的存在了。宇宙的起源只不过是神想要拯救自己的一种绝望表现,正如人的创造是物质想要囚禁 394
光明粒子的绝望表现一样。尽管人类的起源并不光彩,但是人类还是成为重大事件的核心和支柱,因为他承载着神圣灵魂的粒子。①然而,其中有个误解,因为神所感兴趣的不是人类现在的样子,而是他的灵魂,这灵魂具有神圣的起源,并且先于人类出现。总之,神要拯救的其实是他自己。在这里,我们所谈论的是一个"得救的救世主"。此外,只有在这一时刻神是主动的,因为通常都是黑暗魔王采取主动。这是摩尼教文学如此动人之所在,尤其是描述灵魂堕落和苦难的赞美诗。一些摩尼教诗篇相当华丽,耶稣受难的想象则属于人类虔诚之心感人至深的创造。

由于身体本质上是魔鬼的,摩尼规定至少"选民"②要遵守最严格的禁欲主义,同时禁止自杀。一旦摩尼教的前提——二宗以及恶神在太初时代的入侵——被接受,整个体系似乎就牢固地建立起来了。一个人不能,也不可赋予属于神的敌人的一切——自然、生命和人类的存在——以任何宗教意义。"真正的宗教"就在于脱离魔鬼势力构筑的牢狱,要促成这个世界、生命和人类的最终消亡。通过神秘知识得到的"启示"足以成为救赎的工具,因为它促成特定的行为,而将信徒与世界分离开来。除了少数象征的手势(平安之吻、亲切的问候、握手)、祷告和歌曲之外,仪式毫无用处。摩尼教的主要节日为比玛祭(Bema),纪念摩尼受难,同时也称颂这位使徒的"宝座"(*bēma*),也就是他所宣扬的神秘的救赎知识。

事实上,传道和"教诲"乃是摩尼教的真正宗教活动。在公元 3 世纪,尤其在 4 世纪,摩尼教传教士遍布整个欧洲、北非和小亚细亚。公元 5 世纪大 395
为衰退,到了 6 世纪,摩尼教在欧洲已经销声匿迹,虽然在某些核心地区(例如 8 世纪的非洲)继续存在。此外,在 5 世纪的萨珊王朝,它激发了马兹达克(Mazdak)运动,7 世纪亚美尼亚的保罗派(Paulicians)以及 10 世纪保加利亚的鲍格米勒派(Bogomilism)可能都接受了摩尼教派的某些主题(参见本书第 3 卷)。另一方面,自 7 世纪末开始,有一股强大的力量使摩尼教传

① 具有讽刺意味的是,这一神圣的火花却处在精子里面。摩尼采用了印度—伊朗的观念,将精神、光明和精子等同起来。

② 就像其他诺斯替教派,摩尼教将信徒分为较低等级的一切净信听者或者望教的,以及精英等级,即选民。

入中亚和中国，在这些地区，摩尼教一直存在到14世纪。[1]必须补充的是，摩尼教的宇宙论观念对于印度和中国西藏都有某种影响(参见本书第3卷，第36章)。此外，“摩尼教倾向”始终是欧洲宗教精神的一个组成部分。

摩尼教在传教方面取得的所有成功并不能使我们忽略这一事实，那就是摩尼教被基督徒视为异端，它还受到猛烈的批评，这些批评不仅来自麻葛、犹太人、穆斯林，而且来自像曼德教那样的诺斯替教以及哲学家——例如普罗提诺等。

① 公元763年，回鹘可汗改宗，摩尼教遂成回鹘帝国的国教，直到公元840年该帝国为黠戛斯所灭。(关于摩尼教在中国的传播历史，参见林悟殊：《摩尼教及其东渐》，冯承钧译《西域南海史地考证译丛》第2卷，伯希和、沙畹：《摩尼教流行中国考》；又：回鹘，法文本作Ouiogour，英译本误作Ugrian——译者)在中国，摩尼教“寺”建于公元7世纪，“明教”在道教和佛教的边远地区依然活动，直到14世纪(Puech, *Le Manichéisme*，第64—67页以及注解257)。

第30章 诸神的黄昏 396

235. 异端和正统

公元2世纪期间，那些动摇教会的险象环生的危机，形成了第一个成系统的神学。正是在批判诺斯替教“异端”——尤其是一切反宇宙论的二元论、拒绝耶稣基督的道成肉身、死亡并且复活的观念——的过程中，教父们循序渐进地阐述了正统的教义。基本而言，正统思想就是忠实于《旧约》神学。诺斯替教之所以被视为最严重的异端，就是因为他们全盘或者部分地拒绝接受希伯来思想的各项原则。事实上，诺斯替教的观念——灵魂预先存在于太初之神的怀抱里面、世界的创造是偶然的、灵魂沉沦于物质里面等等——与《圣经》的神学、宇宙起源论以及人类学是格格不入的。一个人不可能自称基督徒却不接受《旧约》关于世界起源和人类本性的教义：上帝从创造物质开始他的宇宙创造工作，按照造物主的形象创造有肉体、有性欲、自由的人类，从而完成创造的工作。换言之，人类天生具有上帝的强大潜能。“历史”乃是一段时间，人类在这段时间里要学习实践他的自由并使自己成圣——总之，充当一个学徒去从事上帝的事业。[①]因为创造的目的就是人性的神圣化。这就说明了时间和历史的重要性，以及人类自由的决定性 397
作用；因为人类不可能单凭自己而成为上帝。

基督教采纳了这些概念。圣保罗赞美基督所担保的新生：“若有人在基督里，他就是新造的人。”(《哥林多后书》5：17)受割礼不受割礼都无关紧要，“要紧的就作新造的人”(《加拉太书6：15》)。“借着自己造成一个新人。”(《以弗所书》2：15)如克劳德·特雷斯蒙当(Claude Tresmontant)

---

① 我们信从克劳德·特雷斯蒙当对于希伯来思想进行的出色解释；参见所著 *La métaphysique du Christianisme*，第53页以下以及 *Essai sur la pensée hébraïque*，第1—2章。

所述，

> 从这个观点来看，问题不在于——如同诺斯替教神话所言——要回到我们过去的、太初的状况，恰恰相反，问题在于要义无反顾地向前看，去追求即将来临的、形成的创造。基督教不是如诺斯替教或新柏拉图主义那样关于回归的教义，而是关于创造的教义。①

基督教的悖论在于，尽管基督的复临一再延迟，宗教迫害愈演愈烈，但是它还是表现为乐观的宗教。反诺斯替教的神学赞美世界的创造、祝福生命、接受历史——即使历史只是变得恐怖。正如拉比约翰嫩·本·撒该在亚布内的学校维系着犹太教的存在，基督教会对于未来也充满希望和信心。诚然，我们不久将会看到，一些教会也接受，有时甚至赞美某些拒斥生活的态度（禁欲主义、隐修制度、赞扬独身等等）。然而，在那个被绝望所主宰的时代，各种哲学几乎都像诺斯替教那样反宇宙论和悲观主义，②教会的神学和宗教生活对此起到一种平衡作用，因而显得独树一帜。

对于基督教教父而言，正统与使徒的传承密不可分：使徒直接领受基督
398 的教训，并且将其传给各位主教及其接班人。③至于异端的起因，伊利奈乌和希坡律图认为那是希腊哲学败坏了《圣经》。

沃尔特·鲍威尔（Walter Bauer）在 1934 年批评了这个论点。④这位德国学者论述道，首先正统/异端的对立直到很晚才变得明确起来，大约在 2 世纪初。相对而言，原始基督教是一个混合体，有各种不同的表达方式。其实最早的基督教反而比较接近后来所谓的异端。鲍威尔的结论是，在最初

---

① *La métaphysique du Christianisme*，第 71 页。有意义的是，教父们大体上遵循着犹太教的规范原则，忽视犹太人诺斯替教式的思考。

② 我们要记住，历史学家经常忽略了一个悖论：最重要的诺斯替教导师以及马西昂和某些古典作家（伊皮克泰图、普鲁塔克）正是在安东尼"黄金时代"这一和平繁荣时期精心创作了他们的悲剧性的、极端悲观主义的哲学；参见 E. R. Dodds，*Pagan, and Christian in an Age of Anxiety*，第 4 页。

③ 异端也声称是从某个使徒传下来的（例如，巴西里得声称是从彼得的解释因而也是从彼得本人那里传下来的），但是教父们拒绝这些所谓的传承，理由是这些传承是秘密的，不可检验的。正如伊利奈乌写道（《反对异端》3.4.3），"瓦伦廷以前，那些追随瓦伦廷的人是不存在的；在马西昂以前，那些追随马西昂的人也不存在"（译文引自 *The Ante-Nicene Fathers*）。

④ *Rechtglaubigkeit und Ketzerei im ältesten Christentum*。第 2 版（1964）已经翻译为英语，名 *Orthodoxy and Heresy in Earliest Christianity*（1971）。亦可参见 André Benoit，*Le Judaïsme et le Christianisme antique*，第 297 页。

2个世纪里，基督教有三个重要的中心：埃德萨(Edessa)、亚历山大里亚和小亚细亚，它们都是异端；正统思想是后来才传入的。起初，只有罗马才是唯一的正统思想中心。因此，古代正统思想的胜利就意味着罗马基督教的胜利。“因此，在原始基督教那里，有许多变化的形式，有许多常常对立的思潮，罗马成功地确立了一个特定的形式，因为它成功地取代了后来被称为异端的其他思想倾向而名曰‘正统’。”①

然而，如安德烈·贝诺瓦(André Benoit)所言，鲍威尔纯粹从历史的角度进行解释，没有把属于正统与异端的教义内容考虑进去。我们要感谢特纳(H. E. Turner)，他对正统和异端这两种立场进行了神学的分析。②正如贝诺瓦所言，特纳认为异端

> 之所以有别于正统，一方面是因为它不接受教会所表述的教义，另 399
> 一方面，它败坏了基督教信仰的特殊内涵，总之，它偏离了传统的信仰。③
>
> 正统表现为一种前后一致、相互协调的思想体系，而异端由于逐渐偏离原始的教义基础并且引入了贬抑、篡改和拟古主义等因素，因而是一个片段的、不完整的，总之前后不一致的思想体系的大杂烩。④

从基督教思想史的观点来看，

> 正统的胜利就是一致性胜过不一致性，确定的逻辑胜过浮想联翩的空谈，科学论述的神学胜过杂乱无章的教义……看来正统与法律制度，与有历史、有政策的社会组织是密切相关的。但是，它似乎也与某种思想体系和教义密切相关。它既是法律制度，又是神学。⑤

总之，正统是这样确定的：(1) 忠实于《旧约》以及有文献可考的使徒传统；(2) 抗拒过分的神话想象；(3) 极其重视系统的思想(因而，也就是重视希腊哲学)；(4) 强调社会和政治制度的重要性——总之，强调法制思想，这是具有罗马精神特点的概念。上述这些因素都创造了重要的神学思想，或多或少助长了教会的胜利。然而，在基督教历史上的某些特定时期，这些因素有时也会造成极其严重的危机，而有助于原始传统

---

① Benoit, *Le Judaïsme et le Christianisme antique*，第300页。

② E. H. W. Turner, *The Pattern of the Christian*；贝诺瓦对此书做了讨论，第302页。

③④⑤ Benoit，第303、306、307页。

的进步。

236. 十字架和生命之树

由于反诺斯替教派的论战,秘传教义和基督教的诺斯替教派传统在教
400 会遭到遏制(后来,教会机构对于神秘体验也表现出了类似的猜疑;参见本
书第3卷)。这或许是基督教为捍卫教会的统一所不得不付出的最高代价。
从此,基督教的诺斯替教派和秘传教义只得化整为零、偃旗息鼓,在官方教
会的边缘苟延残喘。某些秘教传统(主要保存在启示文学和次经里面)后来
在民间范围内极其流行,不过它们同根源于异端的诺斯替教体系,尤其是摩
尼教的神话和传说有关(参见§237)。

就本章而言,不必逡巡于原始教会的某些困境,例如(2世纪末叶)关于逾越节问题的争议或是关于戒律问题(例如受洗之后宽恕信徒的致死之罪)的争论。

对于普通的宗教史而言,更为重要、更有意义的问题在于因基督论的教条而引发的争议和危机,我们以后还会涉及这个问题。现在我们要说的是,在融合前基督教宗教遗产的过程中,在赋予基督的消息以普世意义的各种不懈努力中,有两种平行的、相互补充的倾向曾经起到重要的作用。第一种(也是较早的)倾向就是吸收并且重新解释那些起源于宗教经典的象征和神话情节,无论这起源是东方的还是异教的。第二种倾向则主要表现为公元3世纪以后的神学思考,它试图借助希腊哲学,特别是新柏拉图主义的形而上学使基督教普世化。

圣保罗将洗礼圣事赋予了一种具有古老结构的象征:仪式性的死亡
和复活,在基督里面重造一个人。最早的神学家精心描绘了这个情节:洗
礼就是潜入深渊与海怪打斗,其原型就是基督下到约旦河。根据查士丁
(Justin)的说法,基督这位新挪亚从深渊中胜利地升起,成为一个新种族
401 的领袖。洗礼时的赤裸同时具有仪式和形而上学的意义:意味着放弃亚
当堕落以后穿上的腐败与罪恶的旧袍。所有这些主题也出现在其他地
方:"死亡的深渊"是古代东方、亚洲和大洋洲神话的古老主题。仪式性的
裸体则意味着融合和完满,表明在"天堂"里是不穿"衣服"的,亦即没有
"穿衣和撕烂"(关于时间的原初想象)。遭遇海怪是对英雄的入会礼考
验。对基督徒来说,洗礼固然是一种圣事,因为它是基督确定的。然而洗
礼也是重复入会礼的考验(=和怪兽搏斗)、象征性的死亡和复活(造就一

个新人)。①

此外,圣保罗认为,人通过洗礼可获得对立面的和解:“并不分自主的、为奴的,或男或女。”(《加拉太书》3:28)换言之,经过受洗的人恢复了太初双性同体的状态。《多马福音》清楚表达了这个观念:“当你把男女变成一件事物,男人不再是男人,而女人也不再是女人……那时你就将进入上帝的国。”②我们毋需赘言作为人类完美境界之范型的双性同体的象征是多么古老和普遍。或许是因为诺斯替教赋予了双性同体的象征以很重要的意义,所以在圣保罗之后,这一象征就使用得越来越少了。不过它从未在基督教史上彻底消失。③

更为大胆的是,通过基督徒的想象、仪式和神学,同化了世界之树的象征。我们在此又遇到了一个非常古老而普遍的象征。用善恶之树做成的十 402
字架等同于(或取代了)宇宙之树,这棵树被描述为“拔地而起,直达天堂”,是一棵不死的植物,它“伫立在天地中央,牢固地支承着宇宙”,“植在髑髅地(Calvary)的生命之树”。许多教父作品和礼仪文献都把十字架比喻为梯子、柱子或是山,这是“世界中心”所特有的表现方式。可见**世界中心的想象本身很自然地加在**基督教的想象之上。十字架作为善恶之树和宇宙之树的想象固然起源于《圣经》传统。但是,正是通过十字架(=中心)才能够和天国沟通,同时整个宇宙才能够“得救”。救赎的概念只是吸收并完善了**永恒更新和宇宙再生**、世界的**多产和神圣性**、**绝对实在**,以及**不朽**的概念——所有这些概念都与世界之树的象征并存。④

越来越多的古老主题融合进了十字架受难的场景。既然耶稣基督是在世界的中心被钉十字架,亚当在那里受造并且埋葬在那里,基督的鲜血流入“亚当的头部”,为他施洗并赎了他的罪。⑤而且,既然救世主的血赎了原罪,

---

① 参见 Eliade: *Patterns in Comparative religions*, 第64—65节; *Images and Symbols*, 第151—160页。

② 第22条,根据毕克的法译;参见第106条:“当你合二为一时,你将成为人子。”

③ 参见 Eliade, *The Two and the One*, 第78页以下,以及 Wayne A. Meeks, “The Image of the Androgyne: Some Uses of a Symbol in Earliest Christianity”, 尤其是第180页以下。双性同体的神话重新出现在埃里金纳以及随后的雅各布·波墨、巴德尔(Baader)以及德国浪漫派的作品中,在某些当代神学家中间也得到复兴。

④ 参见 Eliade, *Patterns in Comparative Religion*, 第99节以下; *Images and Symbols*, 第160页以下。

⑤ 参见,例如, *The Book of the Cave of Treasures*, 第53页。

那么十字架(＝生命之树)就变成了圣事(以橄榄油、小麦、葡萄为象征)以及草药的源泉。[①]尤其是公元3世纪以来基督教作家所精心阐述的这些神话主题有着漫长而复杂的史前史:从被献祭的神或太初存在的血和身体生长出了神奇的植物。不过在这里我们要强调的是,这些古老的场景和想象,经过基督教作家的重新处理,在欧洲民间宗教中获得了前所未有的成功。无数民间传奇和歌曲都提到,在十字架下面或是耶稣坟墓上生长出花草和草
403 药。例如在罗马尼亚的民间诗歌里,救世主的鲜血长出了麦子、圣油和葡萄藤:[②]

我的身体倒下了。
在倒下的地方
长出了好麦子。

他敲打着钉子。
我的鲜血喷涌而出,
鲜血滴落的地方
甘美的葡萄酒流淌。

他的两肋流淌着
鲜血与水。
从鲜血与水——长出葡萄藤。
从葡萄藤——结出葡萄。
从葡萄酿成葡萄酒:
救世主为基督徒所流的血。

237. 朝向“宇宙论的基督教”

在第3卷的最后几章里面,我们将研究基督教民间故事的意义及其对于普通宗教史的关系。但是在这里必须指出我们所说的这种基督教福音的“普世化”——就是以神话想象作为工具并不断吸收前基督教的宗教遗产——究竟起到了怎样的作用。我们首先要牢记,大部分象征(洗礼、生命

---

① 参见我们的研究“La Mandragore et les mythes de la naissance miraculeuse”,第23页以下。

② 引文出自“La Mandragore”,第24—26页。

之树、同化为生命之树的十字架、起源于救世主之血的圣事圣物——橄榄油、圣油、葡萄酒和小麦)继承并且发展了记载于规范的犹太教以及《旧约》和《新约》时期之间的次经中的某些象征。它们(例如,宇宙之树、生命之树)有的是一些古老的象征,在新石器时代就已经出现,并且在近东自苏美尔文化以来就已经被赋予了明确的意义。

还有一些象征与异教徒的宗教生活有关,那是犹太人在希腊—罗马时期从异教那里借鉴得来的(例如葡萄酒用于仪式、犹太教艺术中生命之树的象征)。①最后,有许多为基督教作家所采用,并将变成欧洲流行书籍和宗教 404
民间故事的神话想象、人物和主题,都是源自犹太人的次经。总之,基督教的神话想象所借鉴和发展的那些主题和情节属于宇宙论的宗教精神,只是经过了《圣经》语境的重新诠释。除自身具有的意义之外,基督教的神学和神话想象仅仅是延续了征服迦南(参见§60)以后就开始的一个过程。

用神学的语言说,许多古老传说在融入基督教的场景之后就得到了"救赎"。在这里我们看到的其实是许多各不相同、形式多样的宗教世界的一种同质化现象。在某些神或神话英雄转变为基督教圣徒的现象(发生于古代末期,特别是在中世纪兴盛期)中也可以发现类似的过程。我们还将进一步分析圣徒及其圣物崇拜的重要性(第3卷,第32章)。不过我们应当牢记这种崇拜的一个后果:异教宗教传统的"基督教化"——因而也是它们在基督教的经验和想象的框架中的遗迹——有助于全世界的文化统一。且举一例,从希腊到爱尔兰,从葡萄牙到乌拉尔,无数的屠龙英雄和诸神都变成了同一个圣徒:圣乔治。一切宗教的普世主义使命就是要走出地方主义。②早在公元3世纪,在罗马帝国各地,我们看到各种独裁和自治的趋势威胁到罗马世界的统一性。③在城市文明瓦解之后,前基督教传统的同质化和统一的 405
过程就注定要扮演重要的角色。

这个现象之所以重要,是因为它具有民间宗教所特有的创造力,这一点

① 参见E. Goodenough, *Jewish Symbols in the Greco-Roman Period*,第6卷,第136页以下,以及第12卷,第123页以下(葡萄酒用于仪式);第7卷,第87页以下,以及第12卷,第126页以下(生命之树)。但是犹太教吸收的异教象征的数字还很长:公牛、狮子、胜利之神、老鹰、贝壳、飞鸟、舟子,不一而足;参见Goodenough,第7—11卷的总结,第12卷,第132—183页。

② 类似的过程也发生在印度(地方性神灵和崇拜对象的印度化)、中国(尤其是民间道教)、犹太教(迦南的征服以及中世纪时期)和伊斯兰教。

③ 参见Roger Rémondon, *La crise de l'Empire romain* (1970),第322页。

还没有引起宗教史学家的关注。这种创造力与神学家、神秘主义者和艺术家的创造力是等量齐观的。我们可以说这是一种"宇宙论的基督教",因为,一方面基督论的奥秘被投射到了整个自然上面,而另一方面,基督教的历史因素被忽略了;相反地,更加强调世界存在的仪式性维度。宇宙由于救世主的死亡和复活而得到救赎,由于上帝的、耶稣的、圣母的以及圣徒的足迹而成圣,这一概念即便是零星的、象征性的,却也揭示了一个充满德性和美妙的世界,在这个世界里面,战争与战争的恐怖从历史的世界中被剔除了出去。[1]

然而,我们还必须补充的是,基督教的民间传说多少也受到异端思想的启发,而且有时忽略了某些神学上至关重要的神话、教义和场景。例如,《圣经》的宇宙起源论从欧洲民间传说中销声匿迹了,这就是一个很重要的现象。仅在东南欧洲"流行的"宇宙起源论具有二元论的结构:其中包含有神和魔鬼。[2]在那些没有记载这种宇宙起源的欧洲传说里,根本就没有世界创造的神话。[3]

我们将在本书第3卷回到欧洲民间传说中所残存的犹太人、基督徒以及异端的启示作品和次经所熟悉的人物和场景。直到20世纪这些古老传说依然继续存在,说明它们在乡村人口的宗教世界里具有多么重要的意义。
406 例如,摩尼教和曼德教中经常叙述的,很可能起源于苏美尔人的一个神话主题,在罗马尼亚以及其他东欧民族的死亡神话和葬礼仪式中仍然起着重要作用。曼德教和摩尼教作品提到,在七重天的每一重天都有"海关",还提到在灵魂的天堂之旅里会有"海关官员"来检查灵魂的"货物"(亦即灵魂的宗教工作及其价值)。[4]在罗马尼亚的民间宗教传说和葬礼风俗里,提到穿越七重"大气层的海关"(*vămile văzduhului*)的"死亡之路"。

我们还将举出一些为基督教神学和神话所吸收的伊朗象征和场景。伊

① 关于"宇宙论的基督教",参见拙作 *Zalmoxis, the Vanishing God*,第7章,尤其是第125页以下,以及本书第3卷。

② 有些学者称这个神话为"宇宙论的突然消失";我们在 *Zalmoxis*,第3章,第76—125页做了研究。

③ 在法国就是这种情况;参见 Paul Sébillot, *Folklore de France* (1905),第183页。

④ 参见 Geo Widengren, *Mesopotamian Elements in Manicheism*,第82页以下("The Customers and the Merchandise"),以及 R. Murray, *Symbols of Church and Kingdom*,第174页以下、第247页以下。

朗人肉体复活的观念为犹太教遗产所接受。“把复活的身体比喻为穿上一件天上的长袍,肯定使我们想起马兹达教神学里常见的关于衣服的象征。义人的身体将会发光,这一事实最好用波斯人的光明宗教来解释。”①耶稣诞生的想象——星星或光柱照耀在洞穴上方——借鉴了伊朗人(帕提亚人)宇宙的统治者和救世主诞生的情节。《雅各第一福音》(18∶1以下)说,那时有眩目的光充满了伯利恒的洞穴,光明散去就出现了圣婴耶稣。这就是说,这道光与耶稣同在,或者就是他的一种显现。

但是《马太未完成作品》(*Opus imperfectum in Matthaeum*)的佚名作者为这个传奇引入了各种新的元素。他说有12位博士—国王住在“维多利亚山”附近。他们知道塞特(Seth)关于弥赛亚将临的奥秘启示,每年会爬上一座山头,山上有一洞穴为温泉和树木所环绕。他们在那里向上帝祷告3天,等候那颗星辰的出现。它终于以小孩的形象出现,要他们前往犹大。在这颗星辰的指引下,博士—国王们旅行了2年。回家之后,他们讲述自己的 407
见闻,在使徒多马抵达他们的国家时,就请求他为他们施洗。②

这一传奇经过某些颇有意味的发展后,再度出现在一部叙利亚作品《祖克宁编年史》(*Chronicle of Zuqnîn*)中。从这部作品中我们得知,12位“智者—国王”来自叙珥(Shyr,此系苏鲁支诞生地Shyz一字的误用)。“维多利亚山”则对应于伊朗人的宇宙山(Hara Barzaiti),也就是联接天地的世界之轴(*axis mundi*)。塞特把包含弥赛亚来临预言的一本书埋藏在这个“世界的中心”,而恒星也是在这里宣布世界统治者和救世主的诞生。根据伊朗的传说,照耀着圣山的圣火(*xvarenah*)宣布从苏鲁支精液里面神奇诞生的救世主苏什扬特(Saoshyant)的到来。③

238. 神学的繁荣

我们已经说过,公元2世纪诺斯替教危机期间形成的基督教神学,其基本特征就是忠于《旧约》。伊里奈乌,这位最早而且也最重要的基督教神学家,把救赎——也就是耶稣基督的道成肉身——解释为延续并且最后完成

---

① J. Duchesne-Guillemin, *La religion de l'Iran ancien*, 第265页(英译本,第242页)。

② *Patrologia Graeca*, 第57卷, 第637—638行;亦可参见Eliade, *The Two and the One*, 第50页以下,附有书目。

③ 参见 *The Two and the One*, 第52—54页。

亚当被造，但是因堕落而终止的工程。基督总归了亚当的存在轨迹，以便将人类从罪的因果关系中解救出来。尽管如此，亚当是人类堕落的原型，注定要死亡，而基督却是新人类的创造者和典范，被许以永生的承诺。伊里奈乌寻求并最终找到了亚当和基督之间的对立之处：亚当是从处女地创造的，而基督则是处女所生；亚当以吃了禁果而违背上帝，而基督则以被钉十字架而顺从上帝，等等。

408 可以把"总归论"(recapitulation)解释为一种双重的努力，它一方面要吸收《圣经》的整体启示，另一方面又要论证道成肉身是这个启示的最后完成。神圣历法，亦即礼拜的时间沿袭了犹太人的习俗；不过总是有基督论的创新(*novum*)。查士丁称星期天为"第一天"，将它与复活以及世界的创造联系起来。

这种将基督教的福音与以色列的神圣历史——真正普世的历史——联系起来，以强调福音之普世性的努力，与吸收希腊哲学的努力是并驾齐驱的。逻各斯(Logos)的神学——更准确地说是逻各斯道成肉身的奥秘——使得思想能够进入为《旧约》的视野所不及的各种观点。不过，这个大胆的创新并不是没有危险的。幻影说(Docetism)为最早的异端之一，在起源和结构上都属于诺斯替教，它坚决拒绝道成肉身的观念。幻影论者(Docetist，此名源于希腊动词 *dokeō*，"似乎"、"好像")认为，救世主不可能忍受道成肉身并在十字架上受苦的羞辱。在他们看来，基督只是**看上去好像**一个人，因为他具有人类的外貌。换言之，受难和死亡的是**别人**(耶稣这个人或古利奈的西门)。

然而教父们热烈捍卫道成肉身的教义是正确的。从宗教史的观点来看，道成肉身代表最后也是最完美的神显(hierophany)：上帝完全化身成为一个**具体的**、**历史的**人——也就是在相当确定的、不可逆转的历史时间里面活动——却不为自己的身体所局限(因为圣子和圣父是同体的)。我们甚至可以说，耶稣基督的虚己(kenosis)不仅达到了太初以来完成的所有神显的顶峰，而且也**证明**了这些神显，也就是说证明了它们的有效性。接受绝对有可能化身为历史人物就要同时承认普世的神圣辩证法的有效性；换言之，就是要承认基督教之前的无数世代，人们在宣称神圣，也就是上帝作为宇宙的
409 万物及其节律而临在的时候，并不是幻觉的牺牲品。

逻各斯(Logos)化为肉身的教义所引发的难题以更为严重的形式出现在三位一体的神学里面。诚然，神学的思辨起源于基督教的体验。从教会

开始之初，基督徒就知道上帝有三种形象：(1) 圣父——在《旧约》里显现为造物主和审判者；(2) 主耶稣基督，复活的主；(3) 圣灵——具有更新生命、实现上帝的国的力量。但是在4世纪初，一位亚历山大里亚的教士阿里乌(Arius)就三位一体提出更为一致、更为哲学性的解释。阿里乌并不拒绝三位一体，但是他认为三个神圣的位格不是同体同性的。他认为**只有**圣父是**非受造的**；圣子和圣灵都是**后来**由圣父所创造的，所以低于他的位格。一方面，阿里乌重提基督—天使的教义，亦即基督等同于天使长圣米迦勒(Saint Michael，这在2世纪初的罗马有文献可考)，另一方面，重提奥利金的几篇将圣子视为第二类的神的论点。阿里乌的解释甚至得到一些主教的赞同，不过公元325年的尼西亚公会议(Council of Nicaea)通过了反对阿里乌的信经。然而，阿里乌的神学依然有相当强大的捍卫者，争论持续了半个世纪以上。[①]亚大纳西(Athanasius，卒于公元373年)阐述了圣父圣子同性同体(*to homoousion*)的教义，圣奥古斯丁归结为："三位一体"(*una substantia—tres personae*)。这一切绝不是发生在神学家之间的争论；"三位一体"的教义也是普通百姓最为关心的。因为，如果耶稣基督只是第二位的神，如何能够相信他拥有拯救世界的力量呢？

三位一体的神学所引发的难题从未停止过；自文艺复兴以来，理性主义的哲学家首先倡言"反三位一体论"(antitrinitarianism，参见第3卷)。然而，我们必须相信"三位一体"的神学能够激发大胆的思辨，因为它驱使基督徒脱离日常经验和普通逻辑的束缚。[②] 410

逐渐兴起的成圣(sanctification)思想以及最终形成的马利亚崇拜，主要是民间宗教信仰所造成的。大约在1世纪末，也就是《约翰福音》的时代，教会已经承认马利亚在宗教里的重要性。在十字架上，耶稣对他的母亲说："'母亲，看，你的儿子！'又对那门徒说，'看，你的母亲！'"(《约翰福音》19：26)马利亚的重要性源于她的母亲身份：她是Deipara，"那个生了神的"。这个术语最早见于3世纪初；但是当基督一性论者(Monophysites)[③]赋予它一种异端含义时，教会便以更明确的名词"天主母"(Theotokos)取代了它。但

---

① 阿里乌派在公元388年被彻底征服。

② 从这个观点看，可以将它与龙树(§189)的形而上学、喀巴拉派以及禅宗大师(参见第3卷)的方法相提并论。

③ 有一种异端运动(兴起于5世纪)，其成员认为基督的人性和神性是混合在一个实体(physis)里面的。

是马利亚一直是一个童贞的母亲，而且以弗所会议宣布了有关马利亚永世童贞的教义。①

从这个例子我们也可以看到吸收并且重新解释一个广泛传播的古老宗教观念的过程。事实上，童贞圣母马利亚的神学取代并且完善了古代亚洲和地中海的“单性生殖”概念，这也是大地之母（例如赫拉，参见§93）自我生殖的职能。马利亚神学反映了史前时代以来最古老、最虔诚的崇拜女性的宗教奥秘的一种转型。在西方基督教里，圣母马利亚等同于神圣智慧的形象。相反，东方教会除了“天主母”的神学以外，它还发展出天界的“智慧之神”索菲亚（Sophia）的教义，其中展现了圣灵的女性形象。许多世纪以后，索菲亚学（sophianology）对东正教会学者的影响类似于新托马斯主义在西方基督教哲学的复兴中所扮演的角色。

411

239. 在战无不胜的索尔与“你可凭此记号战胜”之间

正如我们所见（§226），奥勒留皇帝（270—275）正确把握到一神论结构的太阳神学的重要性，它可以确保罗马帝国的统一。因此他重新把埃梅萨（Emesa）神引进了罗马，但是在这样做的时候他也留意彻底改变此神的结构和仪式。他审慎地剔除了叙利亚的因素，对此神的礼拜也仅限于罗马元老。太阳神索尔（Deus Sol Invictus）的周年庆典定于12月25日，这是一切东方太阳神的“生日”。

希腊与罗马的阿波罗—赫利俄斯（Apollo-Helios）信徒、密特拉和叙利亚巴力的崇拜者，他们都承认或预见太阳神的崇拜和神学具有普世主义的性质。此外，有许多哲学家和神学家都相信一种一神论结构的太阳神。其实，公元3世纪末特有的一神论和普世主义倾向到4世纪已经占据了主导地位。大量的宗教融合——各种秘仪、逻各斯的基督教神学的兴起、太阳符号同时运用到皇帝和帝国——展现了“一”的概念以及“统一性”神话的魅力。

君士坦丁大帝（306—337）在改信基督教以前是太阳神崇拜的信徒，认为战无不胜的索尔是其帝国的基础。在那些有装饰的纪念碑、硬币以及铭文上，太阳是大量描绘的对象。奥勒留把太阳神视为至上之神，而君士坦丁大帝却认为太阳是神最完美的象征。他认为太阳附属于至上之神，这很可

① 尽管如此，直到公元1000年马利亚无罪受胎的教义方才在西方得到确立。

能是他改信基督教的首要原因;但是新柏拉图主义者波菲利(Porphyry)已经表达了这种观念。①

关于君士坦丁在密尔维娅桥决战——在这场战斗中,他的敌人玛克森提乌斯(Maxentius)被杀——之前看到的记号,种种证据相互之间并不一致。根据拉克坦丟斯(Lactantius)的说法,君士坦丁"在梦中得到指示,要他把**天堂的记号**画在士兵的盾牌上,就这样奔赴战场。他按照此项命令行事, 412
在他们的盾牌画上了……基督的暗号"(《论迫害者之死》44)。但是该撒利亚主教优西比乌在《君士坦丁传》(*Vita Constantini*)(1.28—29)中讲述了另外一个故事。根据他的叙述,君士坦丁说:

> 大约正午时分,当太阳开始下山的时候,他亲眼见到天上有一个光明十字架的奖赏,悬于太阳之上,又写着藉此可以征服的文字。目睹这一景象他和整个军队就大为惊奇……他心里疑惑这个神奇现象会有什么意思;……在睡梦中他见到上帝基督显现,带着他在天上见到的相同记号,命令他制作一面军旗,绣上相同的符号,凡与敌手交锋就用它保护自己。

这些叙述的真实性依然存在争议,甚至君士坦丁所见记号究竟是基督教的还是异教的也有争议。②无论事实怎样,君士坦丁改信基督教使得罗马帝国正式基督教化了。最早的基督教象征于公元315年开始出现在硬币上,而最后的异教图像则于公元323年消失。教会取得了司法特权,亦即国家承认主教法庭的判决具有法律效力,甚至涉及非宗教事务也不例外。基督徒获得最高职位,对于各种异教的限制措施也是与日俱增。在提奥多西大帝(Theodosius the Great, 379—395)统治下,基督教成为国教,明令禁止异教思想;被逼迫的如今成为逼迫的。

事实上,在君士坦丁改信之前,基督教已证明其强大和重要性。公元300年左右,在安提阿和亚历山大里亚,基督教社团是最大而且也是组织最严密的宗教团体。其实,基督教和罗马帝国之间的对立逐渐显得不那么不可调和了。最后一批护教士,拉克坦丟斯(240—约320)和该撒利亚的优西比乌(263—约339)宣布基督教是拯救罗马的唯一希望。

基督教传播最后获胜的原因是多种多样的。首先,是基督徒的坚定信 413

---

① 参见 F. Altheims, *Der unbesiegte Gott*, 第5章。

② 参见本书"研究现状",参见 Benoit, *Le Judaïsme et le Christianisme antique*, 第308页以下。

心和道德力量、他们面对折磨与死亡时的勇气——这种勇气就是连他们的敌人萨摩萨塔的卢西安(Lucien de Samosate)、马可·奥勒留(Marcus Aurelius)、加里安努斯(Galienus)、塞尔索(Celsus)等人也为之赞叹不已。其次,基督徒有着非同一般的凝聚力:社团照顾寡妇、孤儿和老人,赎回被海盗劫掠的人。每当时疫流行、城市被围,唯有基督徒在看护伤员,掩埋尸体。对于罗马帝国大量无家可归的人们、众多深为孤独无助所苦的人们、文化和社会异化的牺牲品,教会是他们获得认同,发现或探索生命意义的唯一希望。由于不受任何社会、种族或知识程度的阻碍,任何人都可以加入这个乐观而又看似矛盾的团体,在这个团体里,有权势的公民、皇帝的近臣纷纷在曾经是他们奴隶的主教面前躬身行礼。几乎可以肯定,在古往今来的历史上,还从来没有任何社会曾经有过像公元最初 4 个世纪里面的基督教社团那样平等、行善而友爱的生活。

对欧洲的宗教、文化和社会史来说,基督教最为始料未及、影响深远的创新就是隐修制度,其特色是与世隔绝以及极其严格的禁欲主义。[①]这个现象出现在公元 3 世纪,而且如近人所认为的那样,不但出现在埃及,还分别出现在巴勒斯坦、叙利亚以及美索不达米亚。[②]圣安东尼(Saint Anthony)建立了埃及的隐修制度,帕科米乌(Pachomius, 约 290—347)则在公元 320 年于泰巴德(Thebaïd)的沙漠地区组织隐修生活(到了大约 4 世纪末,那里已
414 有 7 000 位僧侣)。正如彼得·布朗(Peter Brown)所言,僧侣们自愿选择了“反文化”——沙漠和洞穴。[③]他们声望卓著,一方面是因为他们战胜了魔鬼,另一方面是因为他们驯服了野兽。一种新的观念出现了:这些僧侣,真正的“圣徒”,他们通过祈祷就足以驾驭魔鬼,感动上帝的意志。事实上,只有这些僧侣有勇气抵制皇帝的某些决定。柱头修士圣西门栖息在他的柱顶,断案、预言、治病、申斥高官,并为他们出谋划策。

到公元 4 世纪末,僧侣们掀起的暴力浪潮席卷从美索不达米亚到北非的广大地区:公元 388 年,他们烧毁幼发拉底河附近卡林尼库姆(Callini-

---

① 参见 A. J. Festugière, *Les moines d'Orient*, vol 1, *Culture et Sainteté*; A. Vööbus, *History of Asceticism in the Syrian Orient*, 第 1 卷、第 2 卷,以及 J. Lacarrière, *Les hommes ivres de Dieu*.

② 不过埃及的隐修制度发展迅速并借着其著名的文学而发挥巨大的影响。

③ Peter Brown, *The World of Late Antiquity*, 第 101 页以下;亦可参见其所撰“The Rise and Function of the Holy Man in Late Antiquity”。

cum)的一座犹太会堂,向那些供奉异教神庙的叙利亚村落施以暴力;公元391年,亚历山大里亚的宗主教提奥非罗(Theophilus)号召僧侣们摧毁供奉萨拉匹斯(Serapis)的大神殿萨拉皮翁(Serapeum),以"净化"这座城市。他们还强行进入异教徒家里搜查偶像。公元415年,狂热的僧侣犯下了历史上最为臭名昭著的罪行:他们以私刑处死了希帕蒂娅(Hypatia)。希帕蒂娅是亚历山大里亚有名的哲学家,其弟子希内修斯(Synesius)主教称她为"母亲、姐姐、老师与恩人"(《书信集》16)。

在东方,主教袒护僧侣以巩固他们自己的地位;主教和僧侣一起自命为人民的领袖并且支配公众舆论。正如彼得·布朗所言:"这些怪人将基督教变成了一种群氓的宗教。"①与他们相比,他们后继者的成就,尤其是西方中世纪鼎盛时期的僧侣们就更加令人叹为观止了(参见第3卷)。

240. 停在厄琉西斯的巴士

没有任何历史事件比公元396年哥特人领袖阿拉里克(Alaric)火烧厄琉西斯(Eleusis)神庙更能有力地表现异教的"正式"灭亡。然而,另一方面,也没有其他例子更能展现异教宗教精神的神秘性和连续性的奥秘过程。在 415
公元5世纪,曾经参加厄琉西斯秘仪的历史学家犹纳皮乌斯(Eunapius)讲述了最后一位合法的圣师所做的预言。在犹纳皮乌斯面前,这位圣师预言,他的继承人将是非法而且是渎神的,他甚至不是雅典公民;更糟糕的是,他将会"奉祀其他的神",并且由于他的诅咒,那人"必定会主持其他仪式"。因为这一亵渎之举,神庙将会毁灭,对于两位女神的崇拜也将会永远消亡。

犹纳皮乌斯继续说道,事实上有个级别很高的密特拉秘仪的入会者(长老)将成为圣师。他是厄琉西斯的末代圣师,因为不久之后,阿拉里克的哥特人突破温泉关,紧随其后的便是"黑衣人"、基督教僧侣——欧洲最古老也是最重要的宗教中心终于被摧毁了。②

然而,即使入会礼仪式在厄琉西斯消失了,得墨忒耳也没有放弃她最重要的显现之地。诚然,在希腊其他地方,圣得墨特里乌斯(Saint Demetrius)取代了她的地位成为农业的保护神。但是在厄琉西斯始终有一位叫圣得墨

---

① Brown, "The Rise and Function of the Holy Man",第107页。

② Eunapius, *Bioi sophistōn*, 第42页以下(Beissade编定,1882年);参见G. E. Mylonas, *Eleusis*, 第8页; C. Kerényi, *Eleusis*, 第17—18页。

特拉(Saint Demetra)的圣徒,她在别处从未听说,而且从未得到正式承认。直到19世纪初,村民仍然举行仪式,用鲜花装点这位女神的雕像,因为她庇佑着他们田野的丰产。后来,在公元1820年,虽然遭到居民的武装抵抗,这座雕像还是被克拉克(E. D. Clarke)掠走,放在了剑桥大学。①公元1860年,厄琉西斯有个教士对法国考古学家勒诺尔芒(F. Lenormant)讲了一个关于圣得墨特拉的故事:她是一个来自雅典的老妇人,她的女儿被"土耳其人"抢
416 走了,但是勇敢的猎人(*pallikar*)解救了她。1928年,麦隆纳斯(Mylonas)从一位90岁的厄琉西斯老妇人那里听到相同的故事。②

得墨忒耳的基督教神话中一个最动人的故事发生在公元1940年2月初,雅典报刊对此极尽渲染和评论之能事。③在雅典和哥林多之间的巴士车站上,有个老妇人登上了一辆巴士,她"又瘦又干瘪,却有着一双大而锐利的眼睛"。由于她没有钱付车费,司机就要她下一站下车——那站刚好就是厄琉西斯。但是司机却再也不能发动引擎了,最后乘客们决定凑钱帮老妇人付车费,她重新上了车,这一次巴士居然能开动了。这时老妇人就对他们说:"你们本该早一点这样做的,只是你们太自大了;既然我是你们中的一分子,我就要告诉你们一件事:你们会因你们的生活方式而遭受惩罚,甚至你们还会被剥夺植物和饮水!""她的恫吓还未说完",登载于《赫斯提亚》(*Hestia*)这篇文章的作者继续说,"她就不见了踪影……谁也没有看到她下车。于是乘客们面面相觑,他们还查看票根,以确定真的开过一张车票。"

我们引用查尔斯·皮卡德(Charles Picard)的名言作为结论:"我相信即使是普通的希腊学家,在面对这个故事时,也会想起著名的《荷马史诗》,史诗中说到,科瑞(Kore)的母亲装扮成一个**老妇人**前往厄琉西斯国王色列乌斯(Celeus)的宫殿,怒责他们不敬神的行为,预言灾难将会降临整个地区。"④

---

① J. C. Lawson, *Modern Greek Folklore and Ancient Greek Religion*, 第80页以下。

② F. Lenormant, *Monographie de la voie sacrée éleusinienne*, 第399页以下; Lawson, *Modern Greek Folklore*, 第81页以下; Mylonas, *Eleusis*, 第12页。

③ 我们所用的报道发表在1940年2月7日的《赫斯提亚》上,由皮卡德(Picard)翻译,载"Demeter, puissance oraculaire",第102—103页。

④ Picard,第103—104页。

缩 略 语 417

ANET J. B. Pritchard, *Ancient Near Eastern Texts Relating to the Old Testament* (Princeton, 1950; 2d ed. , 1955)

AO *Acta Orientalia* (Leiden)

ArOr *Archiv Orientálni* (Prague)

ARW *Archiv für Religionswissenschaft* (Freiburg and Leipzig)

BEFEO *Bulletin de l'Ecole française d'Extrême-Orient* (Hanoi)

BJRL *Bulletin of the John Rylands Library* (Manchester)

BMFEA *Bulletin of the Museum of Far Eastern Antiquities* (Stockholm)

BSOAS *Bulletin of the School of Oriental and African Studies* (London)

CA *Current Anthropology* (Chicago)

ERE *Encyclopaedia of Religion and Ethics*, ed. James Hastings

FFC Folklore Fellows Communications (Hamina; later, Helsinki)

HJAS *Harvard Journal of Asiatic Studies* (Cambridge, Mass.)

HR *History of Religions* (Chicago)

HTR *Harvard Theological Review* (Cambridge, Mass.)

IIJ *Indo-Iranian Journal* (The Hague)

IPEK *Jahrbuch für prähistorische ethnographische Kunst* (Berlin) 418

JA *Journal Asiatique* (Paris)

JAFL *Journal of American Folklore* (Boston and New York)

JAOS *Journal of the American Oriental Society* (Baltimore)

JAS *Journal of the Asiatic Society, Bombay Branch*

JIES *Journal of Indo-European Studies* (Montana)

JNES	*Journal of Near Eastern Studies* (Chicago)
JRAS	*Journal of the Royal Asiatic Society* (London)
JRASB	*Journal of the Royal Asiatic Society of Bengal* (Calcutta)
JSS	*Journal of Semitic Studies* (Manchester)
NGWG	*Nachrichten von der Königlichen Gesellschaft der Wissenschaften zu Göttingen* (Göttingen)
OLZ	*Orientalische Literaturzeitung* (Berlin and Leipzig)
RB	*Revue Biblique* (Paris)
RE	*Pauly-Wissowa, Real-Encyclopädie der klassischen Altertumswissenschaft*
REG	*Revue des Etudes Grecques* (Paris)
RHPR	*Revue d'Histoire et de Philosophie religiouses* (Strasbourg)
RHR	*Revue de l'Histoire des Religions* (Paris)
SBE	*Sacred Books of the East*, 50 *vols.*, ed. Max Müller (Oxford)
SMSR	*Studi e Materiali di Storia delle Religioni* (Rome)
VT	*Vetus Testamentum* (Leiden)
VdM	*Wörterbuch der Mythologie* (Stuttgart)
ZDMG	*Zeitschrift der deutschen morgenländischen Gesellschaft* (Leipzig)

研究现状:问题与进展。评论性书目 419

第 16 章 中国古代宗教

126. 应当特别提到下列关于中国史前文化的著作:William Watson, *Early Civilization in China* (London, 1966),这是一本很好的导论; Li Chi, *The Beginnings of Chinese Civilization* (Seattle and London, 1957; 2d ed. , 1968); Cheng Tê-k'un, *Archaeology in China*, vol. 1, *Prehistoric China* (Cambridge, 1959); William Watson, *Cultural Frontiers in Ancient East Asia* (Edinburgh, 1971),特别是第 1 章"Neolithic Frontiers in East Asia" (pp. 9—37); Carl Hentze, *Funde in Alt-China :Das Welterleben im ältesten China* (Göttingen, 1967), 该书概述了作者早期著作中的一些观点;Ping-ti Ho, *The Cradle of the East :An Inquiry into the Indigenous Origins of Techniques and Ideas of Neolithic and Early Historic China, 5000—1000 B.C.* (Hong Kong and Chicago, 1975)。

关于中国新石器时代(仰韶文化),参见 J. G. Anderson, *Children of the Yellow Earth* (London, 1934)。何炳棣(Ping-ti Ho)在其近著中主张中国的农业、冶金术和文字均起源于当地,参见 *Cradle of the East*, 尤其是第 34 页以下。而李济(Li Chi)等考古学家则提到安阳遗址的图像受到某些西方(也就是美索不达米亚)的影响(*Beginnings of Chinese Civilization*, 第 26 页以下)。无论如何,可以断言,中国文化与其他文化一样,逐渐受到起源于西欧、北欧或者南欧的观念和技术的影响。另一方面,就像人们经常提到的那样,中国是"通往太平洋的门户",中国的宇宙论象征及其艺术表现在婆罗洲、苏门答腊、新西兰等某些民族的宗教中,以及对美洲西北海岸民族的影响中也是很容易就找到的。特别参见关于太平洋地区的两种研究: 420
Badner, "The Protruding Tongue and Related Motifs in the Art Style of

the American Northwestern Coast, New Zealand, and China",以及 Robert Heine-Geldern, "A Note on Relations between the Art Style of the Maori and of Ancient China",它们都发表于 *Wiener Beiträge zur Kulturgeschichte und Linguistik* 15 (Vienna, 1966);亦可参见 Douglas Fraser, ed., *Early Chinese Art and the Pacific Basin: A Photographic Exhibition* (New York, 1968)。

关于各种宗教概念,参见 Hermann Koster, "Zur Religion in der chinesischen Vorgeschichte", *Monumenta Serica* 14 (1949—1955): 188—214; Ping-ti Ho, *The Cradle*, 第 279 以下; Bernhard Karlgren, "Some Fecundity Symbols in Ancient China", *Bulletin of the Museum of Far Eastern Antiquities*, no. 2 (Stockholm, 1930), 第 1—54 页; Carl Hentze, *Funde in Alt-China*, 第 20 页以下,第 219 页以下; Hentze, *Bronzegerät, Kultbauten, und Religion im ältesten China der Shang-Zeit* (Antwerp, 1951); 以及 Hentze, *Das Haus als Weltort der Seele* (Stuttgart, 1961)。关于死亡纹饰,参见 Hanna Rydh, "Symbolism in Mortuary Ceramics", *BMFEA*, no. 1 (Stockholm, 1929), 第 71—121 页。

127. 关于中国青铜器时代的文化,参见 Cheng Tê-k'un, *Archaeology in China*, 第 2 卷, *Shang China* (Cambridge, 1960); Kwang Chih Chang, *The Archaeology of Ancient China*, 第 185—225 页; 以及 Watson, *Cultural Frontiers in Ancient East Asia*, 第 38 页以下(尤其第 42 页以下)。

关于宗教观念,参见 Herlee G. Creel, *The Birth of China: A Study of the Formative Period of Chinese Civilization* (New York, 1937), 第 174—216 页; Kwang Chih Chang, *The Archaeology of Ancient China*, 第 251 页以下; Cheng Tê-k'un, *Archaeology in China*, 第 2 卷,第 213 页以下; Hentze, *Bronzegerät, Kultbauten, und Religion*; W. Eichhorn, "Zur Religion im ältesten China", *Wiener Zeitschrift für indische Philosophie* 2 (1958): 33—53; F. Tiberi, "Der Ahnenkult in China", *Annali del Pontifcio Museo Missionario Etnologico* 27 (1963): 283—475; Ping-ti Ho, *Cradle*, pp. 289 ff.; Tsung-tung Chang, *Der Kult der Shang Dynastie im Spiegel der Orakelinschriften: Eine paläographische Studie zur Religion im archäischen China* (Wiesbaden, 1970) (参见 the critique by Paul L. M. Serruys, "Studies in the Language of the Shang Oracle Inscriptions",

T'oung Pao 60 [1974]: 12—120); M. Christian Deydier, *Les Jiaguwen* (刻在兽骨和龟背上面的占卜文字): *Essai bibliographique et synthèse des études* (Paris, 1976); David N. Keightley, "The Religious Commitment: Shang Theology and the Genesis of Chinese Political Culture", *HR* 17 (1978): 211—225.

关于骨卜术,参见 Eliade, *Shamanism: Archaic Techniques of Ecsta-* 421
sy, trans. Willard R. Trask, Bollingen Series 76 (Princeton, 1972), p. 164, n. 97 (书目)

关于饕餮面具的象征,参见卡尔·亨慈(Carl Hentze)的著作,尤其是 *Bronzegerät ... der Shang-Zeit*, pp. 215 ff., *Funde in Alt-China*, pp. 171 ff., 195 ff., 以及"Antithetische T'ao-t'ieh-motive", *IPEK* 23 (1970/1973): 1—20.

"蝉"的象征意义也是相当重要的。因为它的幼虫从地里面钻出来(因此它是幽暗的象征),蝉是复活的标志;因此它放置于死人的口中,参见 Carl Hentze, *Frühchinesischen Bronzen und Kultdarstel lungen* (Antwerp, 1937), pp. 37 ff.。在饕餮面具即象征创造光明与生命的黑暗魔鬼的口中刻着特殊的蝉的图案(同上书第 66 页以下)。

128. 关于周文化,参见 Ch'eng Tê-k'un, *Archaeology in China*, vol. 3, *Chou China* (Cambridge, 1963); Kwang-Chih Chang, *The Archaeology of Ancient China*, 第 256 页以下,第 263 页以下。

关于周朝宗教,参见 Ping-ti Ho, *Cradle*, pp. 322 ff.; Hentze, *Funde in Alt-China*, pp. 218 ff., 以及下面两段文字中所引用的专著。

"四书五经"提到十多个至上神的名字,最著名的有上帝和黄帝。但是,所有这些至上神的名字中都以帝(Lord)和天(Heaven)这两个名字为基础。至上神住在天界,这一结构是显而易见的:"上帝……监观四方"(《诗经》3. 1. 7. 1), 耳听八方(5. 16. 3. 14。理雅各[James Legge]译《诗经》第 3 卷即为末卷,此照原文译出。——译者);"天监下民"(《书经》4. 9. 1. 3), "明明我祖"(3. 3. 5. 7),"明明天子,令闻不已"(《诗经》3. 3. 2. 11—12), "天命弗僭"(《书经》4. 3. 2. 5),"惟天聪明"(4. 8. 2. 3)等等。关于《书经》的英译本,参见 James Legge *The Chinese Classics*, 5 vols. (London, 1861—1872)中的第 3 卷以及 Bernhard Karlgren, *Shu Ching: The Book of Documents* (Stockholm, 1950)。

关于至上天神的崇拜，参见 B. Schindler, "The Development of Chinese Conceptions of Supreme Beings", *Asia Major: Introductory Volume* (1923), pp. 298—366; H. H. Dubs, "The Archaic Royal Jou Religion", *T'oung Pao* 47 (1958):217—259; 以及 J. Shih, "The Notion of God in the Ancient Chinese Religion", *Numen* 16 (1969):99—138。根据史约瑟(Joseph Shih)的观点，帝是至上神，天是人格神。有周一代，则两个神名不分你
422 我，祈求的却是同一个神；亦可参见同一位作者"Il Dio Supremo," 载"La religione della Cina", *Storia delle Religioni* 5 (Turin, 1971):539 ff.。

与其他宗教的情况有所不同，关于中国宗教通史的著作可谓凤毛麟角。最有参考价值的著作有：L. Wieger, *Histoire des croyances religieuses et des opinions philosophiques en Chine depuis l'origine jusqu'à nos jours* (Hien-hien, 1917)，这本书颇具个人特点，参考时要谨慎；Jan J. M. de Groot, *The Religious System of China*, 6 vols. (Leiden, 1892—1910, reprinted Taipei, 1964)，此书资料的丰富性，无出其右；Marcel Granet, *La religion des Chinois* (Paris, 1922); Henri Maspéro, *Mélanges posthumes*, vol. 1: *Les religions chinoises* (Paris, 1950); C. K. Yang, *Religion in Chinese Society* (Berkeley, 1967)是一部重要著作，可惜不是通史类的；D. H. Smith, *Chinese Religions* (New York. 1968)(但可参见欧大年[Daniel Overmyer]的书评，载 *HR* 9 [1969—1970]: 256—260); Laurence G. Thompson, *Chinese Religion: An Introduction* (Belmont, 1969)，该书主要描述了汉以降的宗教观念和生活；Werner Eichhorn, *Die Religionen Chinas* (Stuttgart, 1973)，这是一本很好的旧题新说的著作；以及 *Religion and Ritual in Chinese Society*, ed. Arthur P. Wolf (Stanford, 1974)。康德谟(Max Kaltenmark)在"La religion de la Chine antique"和"Le taoïsme religieux", 载 Henri-Charles Puech, ed., *Histoire des religions*, vol. 1 (1970), pp. 927—957, 1216—1248 做了短小精悍的叙述。

关于中国宗教信仰和组织的相关分析，可以参考葛兰言(Marcel Granet)的著作：*Fêtes et chansons anciennes de la Chine* (1919), *Danses et légendes de la Chine ancienne* (1926), 和 *La pensée chinoise* (1934)。亦可参见 Henri Maspéro, *La Chine antique* (1927; new ed., 1955)。

关于大地之母，参见 Berthold Laufer, *Jade: A Study of Chinese Archaeology and Religion* (Chicago: Field Museum, 1912), pp. 144 ff. (与

此相反的观点,参见 B. Karlgren, "Some Fecundity Symbols in Ancient China", pp. 14 ff.); Marcel Granet, "Le dépôt de l'enfant sur le sol: Rites anciennes et ordalies mythiques", *Revue archéologique* (1922), reprinted in the volume *Eludes sociologiques sur la Chine* (1953), pp. 159—202。根据沙畹(Edouard Chavannes, *Le T'ai Chan: Essai de monographie d'un cult chinois* [Paris, 1910], esp. pp. 520—525)的观点,土地的人格化作为地母的现象可能是相对晚出的现象:大概出现在公元前2世纪的汉初,在此之前,大约只有地方性的对于各种土地神的崇拜(第437页)。但是葛兰言已经证明,这些神灵取代了从前远古时代的女性的或者"中性"的神灵。这是一种极为普遍的现象;参见 Eliade, "La Terre-Mère et les hiérogamies cosmiques" (1953), 后出版英文本,名为 "Mother Earth and the Cosmic Hierogamies", 载 *Myths, Dreams, and Mysteries; The Encounter between Contemporary Faiths and Archaic Realities*, trans. Philip Mairet (New York, 1960)。

关于各种地方性的和边远地区的文化如何融入汉文化的详尽分析,参见 Wolfram Eberhard, *Kultur und Siedlung der Randvölker Chinas* (supplement to vol. 36 of *T'oung Pao* [Leiden, 1942]); 以及 Eberhard, *Lokalkulturen im alten China*, 2 vols. (vol. 1 was published as a supplement to vol. 37 of *T'oung Pao* [1943]; vol. 2 was published as *Monumenta Serica*, monograph no. 3 [Peking, 1943])。*Lokalkulturen* 的第2卷的修订增补本以 *The Local Cultures of South and East China* (Leiden, 1968)之名出版。

关于中国的萨满教,参见 Eberhard, *The Local Cultures*, pp. 77 ff., 304 ff., 468 ff.; 参见 Eliade, *Shamanism*, pp. 448 ff.; Joseph Thiel, "Schamanismus im alten China", *Sinologica* 10 (1968): 149—204; John S. Major, "Research Priorities in the Study of Ch'u Religion", *HR* 17 (1978): 226—243, esp. pp. 236 ff.。

129. 关于宇宙起源的最重要的文献已由康德谟(Max Kaltenmark)译出,"La naissance du monde en Chine", 载 *Sources Orientales*, vol. 1: *La naissance du monde* (Paris, 1959), pp. 453—468。中国神话,特别是宇宙起源的神话,从各种不同观点得到了讨论,相关作品有 Henri Maspéro, "Légendes mythologiques dans le *Chou King*", *JA* 204 (1924): 1—100;

Bernhard Karlgren, "Legends and Cults of Ancient China", *Bulletin of the Museum of Far Eastern Antiquities*, no. 18 (1946), pp. 199—365 (此书资料丰富,无出其右,但是参见 W. Eberhard, *Artibus Asiae* 9 [1946]: 355—364 对高本汉[Bernhard Karlgren]研究方法的批判); Derk Bodde, "Myths of Ancient China", 载 S. N. Kramer, ed., *Mythologies of the Ancient World* (New York, 1961), pp. 369—408; J. Shih, "The Ancient Chinese Cosmogony", *Studia Missionaria* 18 (1969):111—130; N. J. Girardot, "The Problem of Creation Mythology in the Study of Chinese Religion", *HR* 15 (1976); 289—318(对于最近的一些研究做了批判分析)。

关于盘古神话,参见 Maspéro,"Légendes mythologiques", pp. 47 ff.; Edouard Erkes, "Spuren chinesischer Weltschöpfungsmythen", *T'oung Pao* 28 (1931):355—368; Eberhard, *The Local Cultures*, pp. 442—443; Bodde, "Myths of Ancient China", pp. 382 ff.; Girardot, "The Problem of Creation Mythology", pp. 298 ff.。

关于绝地天通,参见 Maspéro, "Légendes mythologiques", pp. 95—96; Maspéro, *Les religions chinoise*s, pp. 186 ff.; Bodde "Myths of
424 Ancient China", pp. 389 ff.; 以及 Eliade, *Myths, Dreams, and Mysteries*, pp. 59 ff.。

关于女娲,参见 Bodde, pp. 386 ff.。关于大禹治水的神话,参见 Marcel Granet, *Danses et lédgendes*, pp. 466 ff., 482 ff.。关于中国城市的起源和祭典结构,参见 Paul Wheatley, *The Pivot of the Four Quarters: A Preliminary Inquiry into the Origins and Character of the Ancient Chinese City* (Chicago, 1971), pp. 30 ff., 411 ff., and passim; 还可参见 Werner Müller, *Die heilige Stadt* (Stuttgart, 1961), pp. 149 ff.。

关于宇宙学和空间符号,参见 Granet, *La pensée chinoise*, pp. 342 ff.; Schuyler Camman 的三篇文章, "Types of Symbols in Chinese Art", 载 *Studies in Chinese Thought*, ed. Arthur F. Wright (Chicago, 1953), pp. 195—221; "Evolution of Magic Squares in China", *JAOS* 80 (1960); 116—124, 和"The Magic Square of Three in Old Chinese Philosophy and Religion", *HR* 1 (1961):37—80; Eliade "Centre du monde, temple, maison", 载 *Le Symbolisme cosmique des monuments religieux*, Série Orientale, no. 14 (Rome, 1957), pp. 57—82; Eliade, *The Myth of the Eternal*

Return:*Cosmos and History*, trans. Willard R. Trask, Bollingen Series 46 (Princeton, 1965)。Hermann Koster, *Symbolik des chinesische Universismus* (Stuttgart, 1958), esp. pp. 14 ff., 48 ff.; R. A. Stein, "Architecture et pensée veligieuse en Extrême-Orient", *Arts asiatiques* 4 (1957): 163—186; R. A. Stein, "L'habitat le monde et le corps humain en Extrême-Orient et en Haute-Asie", *JA* 245 (1957):37—74.

关于明堂,参见 Granet, *La pensée chinoise*. pp. 102 ff., 178 ff., 250 ff.; Stein, "Architecture et pensée religieuse", pp. 164 ff.; Koster, *Symbolik*, pp. 34 ff., 48 ff.。

130. 关于各种对立与转化的符号的形态研究,参见我们的研究"Prolegomenon to Religious Dualism:Dyads and Polarities",载 *The Quest*:*History and Meaning in Religion* (Chicago, 1969), pp. 127—175。关于中国宇宙学中的两极,参见 Granet, *La pensée chinoise*, pp. 86 ff., 149 ff.; Carl Hentze, *Bronzegerät*, pp. 192 ff.; Hentze, *Tod*, *Auferstehung*, *Weltordnung* (Zurich, 1955), pp. 150 ff.; 以及 Koster, *Symbotik*, pp. 17 ff.。

在分析保存在"四书五经"中最早的情诗《诗经》时,葛兰言(Marcel Granet)提出,农民庆祝的节庆,可能源自新石器时代(参见其所著 *Fêtes et chansons anciennes de la Chine*)。根据康德谟(Kaltenmark)的观点,"它们主要和年轻人的婚典有关:性别不同、来自不同村庄的男女团体,在外婚制 425
的原则下,举行赛歌,内容是规定的,仪式性地歌咏风景。不外乎山水景象,所有这些元素都是神圣的……(节庆)与农业生活的重要时刻相对应,农民们往往根据这些时刻安排生活。春天,他们分散在田野里,住小茅屋;冬天,他们又回到同族的村庄。理所当然地,圣地一方面与农民社团有关,另一方面也与山水和神圣树林有关;二者都是祭祖的中心,而封建崇拜仪式的圣所——祠堂、供奉土地和丰收之神的小庙——只不过是古代圣地的分化而已。同样,皇家大典也不过是农业崇拜的变化而已"(Max Kaltenmark, "Religion de la Chine antique", p. 952)。

关于道的概念,参见 Granet, *La pensée*, pp. 300 ff.; 李约瑟:《中国科学技术史》,第 2 卷(1956)第 36 页以下(该书剑桥大学出版社已出版前 5 卷,后 2 卷在撰写中)。Koster, *Symbolik*, pp. 16 ff., 51 ff.; Ellen Marie Chen, "Nothingness and the Mother Principle in Early Chinese Taoism",

International Philosophical Quarterly 9 (1969): 391—405; Holmes Welch, *Taoism: The Parting of the Way* (Boston, 1957; rev. ed. 1965), pp. 50 ff.; Max Kaltenmark, *Lao tseu et le taoïsme* (Paris, 1965), pp. 30 ff.; Wang-tsit Chan, *The Way of Lao Tzu* (New York, 1963), pp. 31 ff.。

关于《道德经》中的宇宙起源的片论，参见 Norman J. Girardot, "Myth and Meaning in the Tao Te Ching: Chapters 25 and 42", *HR* 16 (1977): 294—328，以及 § 129 所列书目。

关于"谷神"、"玄牝"，参见 § 132。

131. 孔子是运用其说教进行宗教和政治改革的第一人。他没有正式提出教训，只是与他的弟子进行对话而已。孔子 50 岁时，他在国家行政部门获得一个职务，但是不久辞官，因为他认识到自己没有实权。失望之余他周游列国达 10 余年。67 岁时听从弟子的劝告回到家乡鲁国，在那里他又生活了 6 年。

据传有一些著作出自孔子之手，其中包括"四书五经"，但是他不可能撰
426 写这些著作，甚至可以怀疑都不是他编辑的。他的一些按语和谈话经他弟子收集冠以《论语》（"谈话录"，英文译本通常作 Analects）而刊布。我们以理雅各（James Legge）的译本为准：*The Analects of Confucius* (new ed., New York, 1966); L. Giles, *The Sayings of Confucious* (new ed., New York, 1961)，以及 W. E. Soothill, *The Analects* (London, 1958)。还可参见 F. S. Couvreur, *Entretiens de Confucius et de ses disciples* (new ed., Paris, n. d.); James R. Ware, *The Sayings of Confucius* (New York, 1955)。

关于孔子的文献可谓汗牛充栋。我们应当提到的有：H. G. Creel, *Confucius and the Chinese Way* (New York, 1949; republished, 1960); 林语堂，《孔子的智慧》(The Wisdom of Confucius, New York, 1938); Liu Wu-chi, *Confucius, His Life and Times* (New York, 1955); Etiemble, *Confucius* (Paris, 1956); Daniel Leslie, *Confucius* (Paris, 1962); J. Munro, *The Concept of Man in Early China* (Stanford, 1969), pp. 49—83 ("The Confucian Concept of Man"); Herbert Fingarette, *Confucius The Secular as Sacred* (New York, 1972)；以及 Arthur. F. Wright 所编辑的批判研究：*Confucianism and Chinese Civilization* (New York, 1967)。

132.《道德经》译本甚多(从1868—1955年,仅英译本就出版了36种)。我们常要想起葛兰言(Marcel Granet)对斯坦尼斯拉斯·朱利安(Stanislas Julien)译本(1842年)的评论:“凭良心说,它不但不忠实于原文,而且不知所云”(*La pensée chinoise*, p. 503, n. 1)。我们参考了亚瑟·维列(Arthur Waley)文笔优美的译本, *The Way and Its Power* (London, 1934),还参考了陈荣捷(Wing-tsit Chan)的译本,该译本以评注多且畅晓著称,但是原文我们则引用了康德谟(Max Kaltenmark)的好书 *Lao tseu et le taoïsme* (Paris, 1963)。

维列和陈荣捷的著作中均有长篇导论,考察了该文献在历史上引发的大量问题。亦可参见 Jan Yün-Hua, “Problems of Tao and the *Tao Te Ching*”, *Numen* 22 (1975):208—234(作者概述了对于早期道教的最新研究)以及“The Silk Manuscripts on Taoism”, *T'oung Pao* 63 (1977):66—84(论述了最近从一座大约公元前168年的古墓中发现的手稿)。河上公本《道德经》已由埃克斯(Edouard Erkes)译出, *Ho-shang-kung's Commentary on Lao-tsu, Translated and Annotated* (Ascona, 1950)。

概论性的著作中,我们要提到的有, Henri Maspéro, *Mélanges posthumes*, vol. 2:*Le taoïsme* (Paris, 1950); Fung Yu-lan, *History of Chinese* 427
Philosophy, vol. 1 (Princeton, 1952), pp. 170 ff.; Max Kaltenmark, *Lao tseu et le taoïsme*; Holmes Welch, *Taoism: The Parting of the Way*; Nicole Vandier-Nicolas, *Le taoïsme* (Paris, 1965); Etiemble, “En relisant Lao-Tseu”, *Nouvelle Revue Française* 171 (1967):457—476; 以及 Herlee G. Creel, *Whal is Taoism*, (Chicago, 1970)。

1968年9月7日至14日,在贝拉吉奥(Bellagio)举行的学术研讨会上的交流信息发表于 *History of Religions* 9 (1969—1970):107—255; 尤其参见 Holmes H. Welch, “The Bellagio Conference on Taoist Studies”, pp. 107—136, 以及 Arthur F. Wright, “A Historian's Reflection on Taoist Tradition”, pp. 248—255。关于当今道教研究的潮流,参见 Norman J. Girardot, “Part of the Way: Four Studies on Taoism”, *HR* 11 (1972):319—337。

我们列出一些最近的研究成果:Donald Munro, “The Taoist Concept of Man”, 载 *The Concept of Man in Early China* (Stanford, 1969), pp. 117—139; J. J. L. Duyvendak,. “The Philosophy of Wu-Wei”, *Asiatische*

Studien 1 (1947): 81—102; Walter Liebenthal, "The Immortality of the Soul in Chinese Thought", *Monumenta Niponica* 8 (1952): 327—397; Max Kaltenmark, "Ling-pao: Note sur un terme du taoïsme religieux", *Bibliothèque de l'Institut des Haules Etudes Chinoises* 14 (Paris, 1960): 551—588; Kimura Eiichi, "Taoism and Chinese Thought", *Acta Asiatica* 27 (1974): 1—8; Michel Strickmann, "The Longest Taoist Scripture", *HR* 17 (1978): 331—354。《道德经》与《庄子》所表达的"道家"与通过各种微妙的生理学和炼丹术追求长生久视的"道教"之间的关系,乃是一个仍在争论不休的问题。

一些作者坚持认为"道家"与神仙崇拜的差别。根据这些作者(例如 A. G. 格拉汉[Graham], H. H. 威尔奇[Welch], 冯友兰)所述,道家在最初的重要发展阶段上因迷信(巫术和民间宗教)和佛教的观念以及实践的入侵而贬值。这种贬值的结果便产生了"新道家"或是"道教"。尤其参见 Creel, *What is Taoism*, pp. 1—24, 37 ff.; A. C. Graham, *The Book of Lieh-tzu* (London, 1960), pp. 10 ff, 16 ff. (参见施博尔[K. Schipper]在 *T'oung Pao* n. s. 51 [1964]: 288—292 的书评对于这个立场的批判)。另一方面,法国汉学家及其弟子(葛兰言、马伯乐、康德谟、施博尔、石秀娜[Anna Seidel]等等)认为,在"道家"和"道教"之间具有结构性的类似。对于代表这两种方法近著的讨论,参见 Norman Girardot, "Part of the Way: Four Studies on Taoism", pp. 32—24, 尤其参见席文(N. Sivin)的文章"On the Word 'Taoist' as a Source of Perplexity: With Special Reference to the Relations of Science and Religion in Traditional China", *HR* 17 (1978): 303—330(尤其
428 在第 313 页,席文考察了日本学者最近的一些解释。)

关于中国人不死的概念,参见 Yang-shih Yu, "Life and Immortality in the Mind of Han China", *HJAS* 25 (1964—1965): 80—82; Eliade, *The Two and the One*, trans. J. M. Cohen (Chicago, 1979); Ellen Marie Chen, "Is There a Doctrine of Physical Immortality in the Tao Te Ching?" *HR* 12 (1973): 231—249。李约瑟强调道教具有"法术的、科学的、民主的、政治的以及革命的"特点(《中国科学技术史》第 2 卷,第 35 页),李约瑟认为道教徒不仅敌视儒家,而且敌视整个封建制度(第 100 页,参见第 100—132)。然而,席文对于这些表述的合理性表示怀疑,谁也不能证明道教的反封建,也不能将道教与一场科学运动的开端画等号,参见所撰"On the Word 'Taoist'", pp. 309 ff. 。

《庄子》不止一次被译为各欧洲主要语言。理雅各(James Legge)的 *The Writings of Kwan-zze* (*SBE*, vols. 39 and 40, London, 1891)最为有名。现在可以参考 Burton Watson, *The Complete Works of Chuang Tzu* (New York, 1968)。

关于庄子,参见 Arthur Waley, *Three Ways of Thought in Ancient China* (London, 1939; reprinted New York, 1956), pp. 3—79; Yu-Lan Fung, *Lao Tzu and Chuang Tzu: The Spirit of Chinese Philosophy* (London, 1947); A. C. Graham, "Chuang-tzu's Essay on Seeing Things as Equal," *HR* 9 (1969—1970):137—159。

133. 关于道教寻求肉身不死的技术,参见 Henri Maspéro, *Le taoïsme*, pp. 89—116; Holmes Welch, *Taoism*, pp. 97 ff. ; Max Kaltenmark, *Lao tseu et le taoïsme*, pp. 146 ff. 。

关于道教神仙,参见 Lionel Giles, *A Gallery of Chinese Immortals* (London, 1948); Max Kaltenmark, *Le Lie-sien Tchouan: Biographies légendaires des Immortels taoïstes de l'antiquité* (Peking, 1953)(译注本)。

关于"尸解"参见 H. Maspéro, *Le taoïsme*, pp. 98 ff. ; H. Welch, *Taoism*, pp. 108 ff. 。

关于瑜伽行者炼金术士的"魔幻飞行",参见 Eliade, *Yoga: Immortality and Freedom*, trans. Willard R. Trask, Bollingen Series 56 (Princeton, 1969), pp. 414 ff. ; Eliade, *Shamanism*, pp. 474 ff. ; 以及 Eliade, *The Forge and the Crucible: The Origins and Structures of Alchemy*, trans. Stephen Corrin (Chicago, 1979), pp. 190—193。

关于海上三座凡人无法登临的神山,参见司马迁:《史记》,沙畹译(Ed- 429
ouard Chavannes, Paris, 1967), vol. 3, pp. 436—437:"盖尝有至者,诸仙人及不死之药皆在焉。其物禽兽尽白,而黄金银为宫阙。未至,望之如云;及到,三神山反居水下……终莫能至云"(vol. 2, pp. 152—153)。这些属于神话地理学的地方乃为古代出神体验的结晶。参见印度仙人御风而行到达北方一个叫做白岛(Çvetadvïpa)的地方;那些具有超自然飞行能力的人也能够到达天池(Anavatapta); 佛和阿罗汉能够在眨眼之间就到达天池(参见 Eliade, *Yoga*, pp. 414 ff.)。

仙鹤是神仙之鸟,据信能活千年以上,"弯着头颈也能呼吸,这样能够呼吸疏缓，道士模仿之。"(Kaltenmark, *Lao tseu*, p. 153)亦可参见 J. J. de Groot, *The Religious System of China*, vol. 4, pp. 232—233, 295, 395。关于鹤舞，参见 Granet, *Danses et légendes*, pp. 216 ff.。

关于"丹田"和"三虫"，参见 Maspéro, *Le taoïsme*, pp. 91 ff.; Welch, *Taoism*, pp. 106—109, 121, 130—132。

关于中国古老的吐纳术，参见 Hellmut Wilhelm, "Eine Chou-Inschrift über Atemtechnik", *Monumenta Sinica* 13 (1948): 385—388。

关于"养生术"，马伯乐(Henri Maspéro)的论文乃为必读之文，"Les procédés de 'nourrir le principe vital' dans la religion taoïste ancienne", *JA* (1937): 177—252, 353—430；亦可参见，*Le taoïsme*, pp. 107—114。关于印度、伊斯兰教以及基督教的吐纳术(基督教的静修)，参见 Eliade, *Yoga*, pp. 47—53。

"胎息的重要性在于人体是由吐纳构成的。在世界刚刚形成的时候，九气与混沌混合在一起；混沌散开，九气也就分开了：清气上升形成天，浊气下降形成地。最早的神灵、那些最伟大的神灵同时也就从气结中产生了；接着较低级的神灵也产生了，并且繁殖。后来，黄帝用四极之土造人，将他们暴
430 露于各种空气之中达 300 年，当他们完全浸透了气息之后，就能够说话走动，产生了各类人种。人的身体是由构成土的浊气造的，但是使之充满火力的生命之气却是在天地之间流动的清气。人若要不死，就必须用清气来彻底取代浊气，这就是胎息的目标。而普通人靠五谷杂粮维持生命，是用这些粗糙的食物代替身体，而道士靠呼吸维持生命，用清而又清的物质来代替身体。"(Maspéro, *Le taoïsme*, p. 114)

其与俄耳普斯教的人类起源说和末世论的相似性应当引起我们的注意；参见 § 181。

道士认为整个人的身体里住满神仙；参见马伯乐对于这一万神殿的描述，*Le taoïsme*, pp. 116—137。通过神秘的坐禅和出神，就能够与诸神发生联系(ibid., pp. 137—147)。

关于道教的房中术，参见李约瑟：《中国科学技术史》第 2 卷，第 146—152 页以及 Akira Ishihara and Howard S. Levy, *The Tao of Sex: An Annotated Translatioin of the XXVIII Seclion of "The Essence of Medical Prescriptions"* (Tokyo, 1968, new ed. New York, 1970)。书中分析的房中术不限于道教。

马伯乐翻译的一篇道书(“Les procédés,” p. 385,此系《玉房指要》——译者),做了如下描述:“还精补脑之道,交接精大动欲出者,急以左手中央两指,却抑阴囊后大孔前,壮事抑之,长吐气,并叩齿数十过,勿闭气也,便施其精,精亦不得出,但从玉茎复还上,入脑中也。此法仙人吕相授,皆歃血为盟,不得妄传,身受其殃。”亦参见高罗佩:《秘戏图考》(东京,1951),第78页。

《清灵真人裴君传》,马伯乐认为可能作于公元5世纪,所记还精方法概括为张天师的五种窍门里面:“当精思远念,于是男女可行长生之道。其法要秘,非贤勿传……凡入靖,先须忘形。忘形。”念完咒语后,“男子守肾固精 431
炼炁,从夹脊溯上泥丸(亦即位于头部的丹田),号曰‘还元’。女子守心养神,炼火不动,以两乳炁下肾,夹肾上行,亦道泥丸,号曰‘化真’。养之丹扃,百日通灵,若久久行之,自然成真,长生住世,不死之道也。”(根据马伯乐译文“Les procédés”, pp. 386—387)。

关于不死的新肉身的“玄胎”,参见 Welch, *Taoism*, pp. 108 ff., 120 ff.。

关于道教房中术与印度的性力派瑜伽术的关系,参见 Eliade, *Yoga*, pp. 264 ff., 413 ff.; 李约瑟:《中国科学技术史》第2卷,第425页以下;高罗佩(R. H. van Gulik):《中国古代房内考》(莱顿,1961),第339页以下; J. Filliozat, “Taoïsme et Yoga”, *JA* 257 (1969):41—88。还可参见 Lu K'uan Yu, *Taoist Yoga: Alchemy and Immortality* (London, 1970),一位现代作家著作的英译本(席文说,“没有提出什么道教的起源或特殊关联的证据,” “On the Word ‘Taoist,’;” *HR* 17 [1978]:319, n. 27)。

134. 关于中国炼丹术,基本书目见于拙著 *Yoga*, pp. 284—290,以及 *The Forge and the Crucible*, pp. 193—195,尤其可参见李约瑟:《中国科学技术史》第5卷,第2册(1974),第2页以下,第318页以下。最重要的著作有 A. Waley, “Notes on Chinese Alchemy”, *BSOAS* 6 (1930): 1—24; Homer H. Dubs, “The Beginnings of Alchemy”, *Isis* 38 (1947):62—86, Nathan Sivin, *Chinese Alchemy: Preliminary Studies* (Cambridge, Mass., 1968)(参见我们的书评, *HR* 10 [1970]:178—182); 李约瑟:《中国科学技术史》第5卷,第3册(1976)(待出的最后两卷还将继续讨论炼丹术)。

炼丹术文献的翻译,我们提到的有 Lu-Ch'iang Wu and Tenney L. Da-

vis, "An Ancient Chinese Treatise on Alchemy Entitled *Ts'an T'ung Ch'i*,
Written by Wei Po-Yang about 142 A. D.", *Isis* 18 (1932):210—289, 以
及"Ko Hung on the Yellow and the White," *Proceedings of the American*
Academy of Arts and Sciences 71 (1935):221—284。后面这本书收入葛
432 洪(《抱朴子》)第 4—6 章。此书第 1—3 章,由欧根·费菲尔(Eugen Feifel)
翻译,载 *Monumenta Serica* 6 (1941):113—211 (第四章重译过,载于同刊
第九号, 1944),第 7—11 章由 T. L. Davis 和 K. R. Chen 翻译, "The inner
Chapters of *Pao-pu-Tzu*", *Proceedings of the American Academy of Arts*
and Sciences 74 (1940—1942):287—325。关于戴维斯及其合作者的译文
质量,参见李约瑟:《中国科学技术史》第 5 卷,第 2 册,第 6 页以及 Nathan
Sivin, *Chinese Alchemy*, p. 15.;詹姆斯·R. 韦尔(James R. Ware)全文翻
译了《抱朴子内篇》,载 *Alchemy, Medicine and Religion in the China of*
A. D. 320: The "Nei P'ien" of Ko Hung (Cambridge, Mass., 1966)(参见
我们的评论,载 *HR* 8 [1968]:8—85)。席文(Sivin)所著 *Chinese Alchemy*,
pp. 145—214,含《丹经要诀》(*Tan ching yao chueh*) ("Essential Formulas
from the Alchemical Classics")的译注本,作者是孙思邈(6 世纪)。亦参见
Roy C. Spooner and C. H. Wang, "The Divine Nine-Turn *Tan Sha* Meth-
od: A Chinese Alchemical Recipe," *Isis* 38 (1947):235—242。

根据德效骞(H. H. Dubs)的观点,最早的文献可以追溯到公元前 144 年,那年皇帝颁旨伪造黄金者将斩首示众(原文影印,载德效骞(H. H. Dubs), "The Beginnings of Alchemy", p. 63)。但是李约瑟在《中国科学技术史》第 5 卷,第 2 册,第 47 页以下认为伪造黄金实非炼丹"方法"。

德效骞相信,中国的炼丹术可以溯至公元前 4 世纪。他认为,炼丹术只可能出现于对黄金几乎闻所未闻,也不知用各种滴定法提纯金属的文明里面;在美索不达米亚,这些方法早在公元前 14 世纪就为人所知,这一事实使得炼金术起源于地中海地区几乎是不可能的(德效骞,第 80 页以下)。但是炼金术史家不同意这一观点(尤其参见, F. Sherwood Taylor, *The Alchemists* [New York, 1949],第 75 页)。德效骞(第 84 页)认为炼金术乃由中国旅行家输入西方。然而,劳费尔(Laufer)认为,中国"科学的"炼丹术有外国的影响并非不可能(Laufer, *Isis* [1929], pp. 330—331)。关于地中海观念可能渗透进中国,参见德效骞,第 82—83 页,注解 122—123。关于中国炼金术的观念起源于美索不达米亚,参见 H. E. Stapleton, "The Antiquity of

Alchemy", *Ambix* 5 (1953):15 ff. 。在扼要讨论炼丹术的起源时,席文(第19—30 页)拒绝德效骞的假说。最激烈的批评是李约瑟提出来的(第 5 卷,第 2 册,第 44 页以下),不过他也主张炼丹术是中国的独创,只是提出了很
不相同的理由。根据李约瑟的观点,中国古代文化是仅有的一种环境,它能 433
够产生抗拒死亡的丹药——炼丹师的最高的作品(第 71、82、114—115 页),中国古代文化的两个概念——也就是不老药和炼金术制作黄金——最早在公元前 4 世纪就已经融合为一体了(第 12 页,等等)。但是李约瑟认为,印度早在公元前 6 世纪就已经知道黄金与不死的联系了(第 118 页以下)。

在最近发表的一篇文章里,席文注意到道教炼丹术具有"泛中国"特征;参见所撰"On the Word 'Taoist' as a Source of Perplexity",第 316 页以下。在同一篇文章里(第 323 页以下),席文相当到位地研究了葛洪的重要性,许多学者认为葛洪是"中国最伟大的炼丹术作家"(李约瑟语)。

直至最近几年,西方学者一直认为"外丹"是"外传的",而"内丹"是"秘传的"。如果这种两分法对于某些作家来说是正确的,比如 9—10 世纪的彭晓,那么一开始外丹就"与内丹一样是秘传的"(Sivin, *Chinese Alchemy* p. 15, n. 18)。公元 7 世纪伟大的外丹—化学家孙思邈完全恪守道教传统;参见我们在 *The Forge and the Crucible*, p. 110 所引片段,今从席文(Sivin), *Chinese Alchemy*, pp. 146—148 的译文。

关于吐纳术和房中术的炼丹符号,参见高罗佩(R. H. van Gulik):《秘戏图考》,第 115 页以下。

不仅老子之死(参见第 486 页注解③),而且他的诞生都被解释为一种宇宙起源,参见 Kristofer Schipper, "The Taoist Body", *HR* 17 (1978):355—386, 尤其 361—374。

关于老子的神化,参见 Anna K. Seidel, *La Divinisation de Lao tseu dans le Taoïsme des Han* (Paris, 1969);还可参见其"The Image of the Perfect Ruler in Early Taoist Messianism: Lao tzu and Li Hung", *HR* 9 (1969—1970):216—247。

关于道教运动的弥赛亚结构,参见 Paul Michaud, "The Yellow Turbans", *Monumenta Serica* 17 (1958): 47—127; Werner Eichhorn, "Description of the Rebellion of Sun En and Earlier Taoist Rebellions", *Mitteilungen des Instituts für Orientforschung* 2 (1954): 325—352;

Howard S. Levy, "Yellow Turban Religion and Rebellion at the End of the Han", *JAOS* 76 (1956):214—227; R. A. Stein, "Remarques sur les mouvements du Taoïsme politico-religieux au Ⅱe siècle ap. J.-C", *T'oung Pao* 50 (1963):1—78。还可参见本书第 3 卷第 35 章书目。

第 17 章　婆罗门教和印度教 434

135. 关于印度次大陆的印度教化和印度教地方因素的综合,参见 Eliade, *Yoga: Immortalily and Freedom*, trans. Willard R. Trask, Bollingen Series 56 (Princeton, 1970), pp. 293 ff., 431 (bibliography); J. Gonda, *Les religions de l'Inde*, vol. 1 (Paris, 1962), pp. 236 ff., 268 (bibliography)。

印度教的形态和历史,相关的著作甚多。最有帮助的有:L. Renou and Jean Filliozat, *L'Inde classique*, vol. 1 (1947), pp. 381—667; L. Renou, *L'Hindouisme*, Coll. "Que sais-je?" (1951); J. Gonda, *Les religions de l'Inde*, vol. 1, pp. 257—421; Anne-Marie Esnoul, "L'Hindouisme", 载 H.-C. Puech, ed., *Histoire des religions*, vol. 1 (1970), pp. 996—1104; 以及 Esnoul, *L'Hindouisme* (1973) (an anthology)。

亦可参见 J. E. Carpenter, *Theism in Mediaeval India* (London, 1926)(资料翔实); J. Gonda, *Aspects of Early Viṣṇism* (Utrecht, 1954); Gonda, *Change and Continuity in Indian Religion* (The Hague, 1964); Gonda, *Viṣṇuism and Śivaism: A Comparison* (London, 1970); Arthur L. Herman, *The Problem of Evil and Indian Thought* (Delhi, Varanasi, Patna, 1976), pp. 146 ff.,; Stella Kramrisch, "The Indian Great Goddess", *HR* 14 (1975):235—265, 尤其参见 pp. 258 ff. (双性同体的神和女神)和 pp. 263 ff. (Devī); J. C. Heestermann, "Brahmin, Ritual, and Renouncer", *Wiener Zeitschrift zur Kunde des Süd-und Ostasien* 11 (1964): 1—37; V. S. Agrawala, *Śiva Mahādeva, The Great God* (Benares, 1966); Madeleine Biardeau, *Clefs pour la pensée hindoue* (Paris, 1972); Wendell Charles Beane, *Myth, Cult, and Symbols in Śakta Hinduism: A Study of the Indian Mother Goddess* (Leiden, 1977), esp. pp. 42 ff., 228 ff.; Wendy Doniger O'Flaherty, *Asceticism and Eroticism in the Mythology of Śiva* (London, 1973)。

亦可参见第 24 章书目(§191—194)。

我们将在第3卷的第2、3章讨论湿婆和毗湿奴的不同发展阶段。

136. 关于"解脱痛苦"的主题,参见 Eliade, *Yoga*, pp. 31 ff.。

关于印度囚犯和从捆绑中挣脱出来的主题,与诺斯替神话某些方面的相似结构,参见 Eliade, *Myth and Reality*, trans. Willard R. Trask (New York, 1963), pp. 114 ff. ("Mythologies of Memory and Forgetting")。

137. 关于奥义书吠陀观念的连续性,参见 F. Edgerton, "The Upanishads: What Do They Seek, and Why", *JAOS* 49 (1929): 97—121, esp. pp. 100 ff.。 435

印度宗教连续性的问题, J. Gonda, *Continuity and Change* (尤其参见 pp. 38 ff, 315 ff.)做了讨论。

阿南达·K. 库玛拉斯瓦密(Ananda K. Coomaraswamy)多次提到印度形而上学的"传统"特征(指它独立于历史的联系)。参见所著 *Selected Papers*, vols. 1 and 2, edited by Roger Lipsey (Princeton, 1977)。

138. 关于体系化以前的吠檀多,参见达斯古普塔(S. N. Dasgupta)和拉达克里希南(S. Radhakrishnan)所著印度哲学史有关章节; H. von Glasenapp, *Die Philosophie der Inder* (Stuttgart, 1949), pp. 129 ff.; William Beidler, *The Vision of Self in Early Vedānta* (Delhi, Patna, Benares, 1975), 尤其参见 pp. 104 ff., 227 ff.。

我们已经考察了(§82)中期奥义书中"肉身的"("有死的")与"非肉身的"("不死的")梵的矛盾;我们还提到这种形而上学思考的神话先驱(§68)。我们在数论哲学中也可以看到这种相似的对立统一倾向,尤其是促使宇宙实体"原初物质"推动精神("神我")解脱的那种"目的论直观";参见§140。我们要补充的是,(作为现实或者绝对实在之整体的)梵的对立统一特征也表现在许多神话中,尤其表现在关系到人类的生存条件的神话中。例如,邪恶的化身(魔鬼、鬼怪等等);换言之,恶就如同善一样具有神圣的起源:它是神的不可分割的组成部分。参见 W. D. O'Flaherty, *The Origins of Evil in Hindu Mythology* (Berkeley, 1976),第139页以下所引婆罗门教神话和往世书神话及其评注。还要补充的是,这个主题也见载于其他神话里面:邪恶或者死亡是从造物主的唾沫或者排泄物或者阴影中诞生的;参见 Eliade, *Zalmoxis, the Vanshing God*, Trans. Willard R. Trask (Chicago, 1972), pp. 92 ff. (保加利亚人的传奇); p. 83(摩尔达维亚人的传奇); p. 97(沃古尔人神话)。

139. 关于数论文献及其评注的书目列于我们的著作 *Yoga: Immortality and Freedom*, pp. 377—379。对此,我们尚需补充彭萨(Corrado Pensa)的翻译, *Īśvarakṛṣṇa*, *Sāṃkhya-kārikā con commento di Gauḍapāda* (Tu-
436 rin, 1960), 和埃斯诺(Anne-Marie Esnoul)的翻译, *Les strophes de Sāṃkhy* (*Sāṃkhy-kārikā*), 以及乔荼波陀的评论(巴黎,1964)(梵文本和评注翻译)。

关于批评性书目,参见 *Yoga*, p. 379。还可以补充 J. A. B. van Buitenen, "Studies in Sāṃkha", *JAOS* 80 (1956): 153—157; 81 (1957): 15—25, 88—107; Pulinbihari Chakravarti, *Origin and Development of the Sāṃkhya System of Thought* (Calcutta, 1952); 以及 Gerald James Larson, *Classical Sāṃkhya: An interpretation of Its History and Meaning* (Delhi, Varanasi, Patna, 1969)。拉尔森(Larson)的著作,对于自理查德·加尔贝(Richard Garbe)到拉达克里希南(S. Radhakrisbnan)的数论哲学解释做了评论(第 7—76 页)。

关于奥义书中的数论观念,参见 Eliade, *Yoga*, pp. 111 ff.; E. H. Johnston, "Some Sāṃkhya and Yoga Conceptions of the Śvetāśvatara Upanishad", *JRAS* 30 (1930): 855—878; Johnston, *Early Sāṃkhya* (London, 1937); J. A. B. van Buitenen, "Studies in Sāṃkhya", esp. pp. 88 ff, 100 ff.; Larson, *Classical Sāṃkhya*, pp. 99 ff.。

关于神我的本体论结构,参见 *Yoga*, pp. 15 ff., Larson, *Classical Sāṃkhya*, pp. 181 ff.。

正如我们所看到的,奥义书不厌其烦地赞美"智慧"(*vidyā*, *jñāna*)(参见本书第 1 卷, § 80)。事实上,正是凭着(神秘)的形而上学知识,仙人才能够破除"无明"(*avidyā*),获得解脱,也就是超越人类的限制。智慧的准巫术力量,一方面相当于仪式的力量,另一方面又相当于瑜伽实践或者苦行所获得的"神通"(参见 § 78 以下)。在这一点上,数论派(Sāṃkhya)继承了吠陀和奥义书的传统。埃德格森(F. Edgerton)恰到好处地强调了奥义书中知识所具有的"神通"力量;参见所著 *The Beginnings of Indian Philosophy* (London, 1965), pp. 22 ff., 亦可参见 Corrado Pensa, "Some Internal and Comparative Problems in the Field of Indian Religions", 载 *Problems and Methods of the Hisiory of Religions* (Leiden, 1971), pp. 114 ff.。

格哈尔德·欧伯哈默(Gerhard Oberhammer)在 *Strukturen yogischer*

Meditation (Vienna, 1977), pp. 17—56 中分析了数论型的禅定。

140. 关于自性的模态和“发展”,参见 Eliade, *Yoga*, pp. 19 ff.。

关于世界的产生,需要指出数论派和瑜伽派之间的差别。对于瑜伽派而言,世界的存在乃是因为对于精神的真实结构的无知(参见《数论经》2. 23—24),而数论派的作者则认为自性的变现是由“目的论直观”出于“神 437
我的利益”推动的(《数论颂》31, 42 等等;参见 Eliade, *Yoga*, pp. 26 ff.)。数论哲学超越神我/自性二元论的尝试可以同奥义书,尤其是中期奥义书(羯陀、白识净者、弥勒)对于大梵的两种模态——“精神”和“物质”、“绝对”和“相对”——的冥想相比较(参见§82; 亦可参见 C. Pensa, “Some Internal and Comparative Problems”, pp. 109 ff.)。

141. 参见 Eliade, *Yoga*, pp. 35 ff., 88 ff.。

142. 关于瑜伽实践及其起源和历史,参见 Eliade, *Yoga*, pp. 47—101(自主的技术); pp. 101—143(瑜伽和婆罗门教); pp. 143—159(瑜伽和印度教)。关于波颠阇利和经典瑜伽的文献,参见上书, pp. 370—373,亦可参见 p. 373,这里列出了直到1954年关于瑜伽的书目。在这里我们要提到达斯古普塔(S. N. Dasgupta)三本最重要的著作, *A Study of Patañjali* (Calcutta, 1920), *Yoga as Philosophy and Religion* (London, 1924), 和 *Yoga Philosophy in Relation to other Systems of Indian Thought* (Calcutta, 1930); 豪威尔(J. W. Hauer)的三本著作: *Die Anfänge der Yoga-Praxis* (Stuttgart, 1922), *Der Yoga als Heilweg* (Stuttgart, 1932)和 *Der Yoga: Ein indischer Weg zum Selbst* (Stuttgart, 1958); Alain Daniélou, *Yoga: The Method of Reintegration* (London, 1949); Jacques Masui, *Yoga, science de l'homme intégral* (Paris, 1953)(文献和研究均在 Jacques Masui 指导下完成); P. Masson-Oursel, *Le Yoga* (Paris, 1954); T. Brosse, *Etudes expérimentales des techniques du Yoga*, 费洛扎(J. Filliozat)作序, “La nature du Yoga dans sa tradition”(Paris, 1963); Jean Varenne, *Le Yoga et la tradition hindoue* (Paris, 1973; Derek Coltman 英译, *Yoga and the Hindu Tradition* (Chicago, 1976)。

《瑜伽经》以及广博仙和筏遮塞波弥室罗的注疏已由伍兹(J. H. Woods)翻译出版, *The Yoga-System of Patañjali* (Cambridge, Mass., 1914)。瓦伦纳(Jean Varenne)翻译了 *Huit Upanishade du yoga* (Paris, 1971), *Yoga-darśana Upaniṣad*的译文则收入所著 *Le Yoga et la tradition hindoue* (pp. 232—255；英文译本 pp. 200—222)。

《瑜伽经》包括 4 章，或曰 4 卷(*pādas*)。第 1 章含 51 篇经(sātras)，曰
438 “三昧章”；第 2 章含 55 篇经，曰“亲证章”；第 3 章曰含 55 篇经，讨论“神通”。第 4 章，仅含 34 篇经，曰“独存章”，可能是后人增补的。

波颠阇利的年代暂且不论(公元前 3 世纪，或公元 3 世纪甚至 5 世纪)，这位《瑜伽经》作者所阐述的苦行和修定方法当然是相当古老的。它们既非波颠阇利也非他那个时代的发明；在他之前已经经过了数百年时间的考验。此外，《瑜伽经》最初的文本为了适应新的“哲学状况”而经过多次处理，这也不是没有可能的。最早的文本可能经过了许多作者的思考和注疏。我们所知此类最早的著作是广博仙的《瑜伽注释》(*Yoga Bhāṣya*，6—7 世纪)，后经筏遮塞波弥室罗修订(约公元 850 年)，收入《真理明晰》(*Tattvavaiśāradi*)。它们是理解《瑜伽经》的最重要著作。参见 Eliade, *Patañjali and Yoga*, trans. Charles L. Markmann (New York, 1969), pp. 9 ff.。

143. 关于瑜伽术，参见 Eliade, *Yoga*, pp. 47—101; *Patañjali and Yoga*, pp. 61—122; J. Varenne, *Le Yoga et la tradition hindoue*, pp. 114—150。

关于“禁制”和身心“训练”，参见 Eliade, *Yoga*, pp. 48 ff.; Varenne, *Le Yoga*, pp. 121 ff.; Corrado Pensa, “On the Purification Concept in India Tradition, with Special Regard to Yoga”，载 *East and West* n. s. 19 (1969):1—35, esp. 11 ff.。

关于“坐法”以及“调息”的训练，参见 Eliade, *Yoga*, pp. 53—69, 384; *Patañjali and Yoga*, pp. 3—5, 65; Varenne, *Le Yoga*, pp. 126—133。

关于“执持”和“禅定”，参见 Eliade, *Yoga*, pp. 69—76, 384—385, Varenne, *Le Yoga*, pp. 141 ff.; Gerhard Oberhammer, “Strukturen yogischer Meditation,” *Verl. der Österr. Akad. d. Wiss.*, *Phil.-hist. Klasse* 322 (Vienna, 1977):71 ff.。

144. 关于自在天在经典瑜伽中的作用，参见 Dasgupta, *Yoga as Phiyosophy and Religion*, pp. 85 ff., Eliade, *Yoga*, pp. 76 ff.。自在天不见于《梨俱吠陀》、《娑摩吠陀》以及《耶柔吠陀》，只在《阿闼婆吠陀》中提到 6 次。但是首先在最早的奥义书和《薄伽梵歌》中，自在天是寻求解脱者的目标；参见 J. Gonda, *Change and Continuity in Indian Religion* (The Hague,
439 1965), pp. 139 ff. (《阿闼婆吠陀》中的自在天), pp. 144 ff. (奥义书和《薄

伽梵歌》中的自在天);以及 pp. 158 ff. (哲学和经典瑜伽中的自在天)。

145. 关于"悉地"或者"神通",参见 S. Lindquist, *Die Methoden des Yoga* (Lund, 1932), pp. 169—182; Lindquist, *Siddhi und Abhiññā: Eine Studie über die klassischen Wunder des Yoga* (Uppsala, 1935); J. W. Hauer, *Der Yoga*, pp. 326 ff.; Eliade, *Yoga*, pp. 84 ff., 384 (bibliography); A. Janàček, "The Methodical Principle in Yoga according to Patañjali's Yogasūtra", *ArOr* 19 (1951); 514—567, esp. 551 ff.; C. Pensa, "On the Purification Concept in Indian Tradition", pp. 6 ff., 16 ff.。

关于"三昧",参见 Eliade, *Yoga*, pp. 79 ff.; Hauer, *Der Yoga*, pp. 336 ff; Varenne, *Le Yoga*, pp. 169 ff.; Oberhammer, *Strukturen yogischer Meditation*, pp. 135 ff.。

除了波颠阇利所述"八支瑜伽"外(亦即由"禁制"到"三昧"的一系列操练和修定),印度传统还有"六支瑜伽"(*ṣaḍaṅga-yoga*)。在这一系列中,前三支(禁制、劝制、坐法)阙如,但是多了一"支"不为波颠阇利传统所知,那就是"推理"(*tarka*, 又有"超上知识"的意思)。参见 A. Zigmund-Cerbu, "The Ṣaḍaṅgayoga", *HR* 3 (1963):128, 134; C. Pensa, "Osservazzioni e riferimenti per le studio dello ṣaḍaṅga-yoga", *Istituto Orientale di Napoli, Annali* 19 (1969):521—528。这一"六支"瑜伽体系在以后佛教和性力派中具有重要意义;参见本书第 3 卷。亦可参见 Günter Grönbold, *Ṣaḍaṅga-yoga* (Inaugural diss., Munich, 1969), esp. pp. 118 ff. (*Kalācakra Tantra*); pp. 122 ff. (据说有许多大师曾教授"六支瑜伽")。

146. 关于究竟解脱和生解脱,参见 Eliade, *Yoga*, pp. 91 ff.; 参见 Roger Godel, *Essai sur l'expérience libératrice* (Paris, 1951); Varenne, *Le Yoga*, pp. 162—163。"既然现在它们根据定义处在一种'超越于善恶之外'的地位,那么这些超人就不再需要任何人间价值。对于他们而言,一切都是许可的。正如人们所期待的那样,有许多瑜伽行者,他们声称(或者真心实意地相信)他们获得了三昧,利用这样的境界在人间"过上天堂的生活"。在形而上学的意义上,他们这样做是有道理的,因为他们的行为既不会造业,也不会受果。之所以不会造业,是因为生解脱者根据定义是摆脱了一切欲望的人(因为他的一切熏习都已经消除了);之所以没有受果,是因为解脱的灵魂再也不受羯磨的作用了。在这样的情形下,任何业造因而都是 440
超越因果范限的,而这就是为什么据说生解脱者处在一种绝对'孤独'

(kaivalya)的境界。"(Varenne, *Yoga*, 英译本,第138页)

第18章 佛陀及其同时代人

147. 佛陀传记甚多,举其要者:E. J. Thomas, *The Life of the Buddha as Legend and History* (London, 1927); A. Foucher, *La Vie du Bouddha d'après les textes et les monuments de l'Inde* (Paris, 1949); H. von Glasenapp, *Buddha; Geschichte und Legende* (Zurich, 1950)。对佛陀传说的历史价值进行分析的著作有:Ernst Waldschmidt, "Die Überlieferung vom Lebensende des Buddha", *Abhandlungen der Akademie der Wissenschaften in Götingen, Phi. -hit. Klasse*, 3d ser. nos. 29 and 30 (1944, 1948); E. Lamotte, "La légende du Bouddha", *RHR* 134 (1947):37—71; Lamotte, *Histoire du Bouddhisme indien, des origines à l'ère Śaka* (Louvain, 1958), pp. 16 ff.; André Bareau, "La légende de la jeunesse du Bouddha dans les Vinayapiṭaka anciens", *Oriens Extremus* 9 (1962):6—33; Bareau, *Recherches sur la biographie du Bouddha dans les Sūtrapiṭaka et les Vinayapiṭaka anciens*, vol. 1: *De la Quête de l'Eveil à la conversion de Śāriputra et de Maudgalāyana* (Paris, 1963); vol. 2:*Les derniers mois, le parinirvāṇa et les funérailles* (Paris:Ecole Française de l'Extrême-Orient, 1970); Bareau, "The Superhuman Personality of the Buddha and Its Symbolism in the Mahāparinirvāṇasūtra of the Dharmaguptaka", 载 Joseph M. Kitagawa and Charles H. Long, eds., *Myths and Symbols; Studies in Honor of Mircea Eliade* (Chicago, 1969), pp. 9—21; Bareau, "Le Parinirvāṇa du Bouddha et la naissance de la religion bouddhique", *BEFEO* 64 (1974):275—299。对最新解释的分析,参见 Frank E. Reynolds, "The Many Lives of Buddha:A Study of Sacred Biography and Theravāda Tradition", 载 Frank E. Reynolds and Donald Capps, eds., *The Biographical Process* (The Hague, 1976), pp. 37—61。莱因诺德(Reynolds)提到了19世纪末与20世纪初学者特有的"神话倾向"(塞纳特[E. Sénart]、克恩[H. Kern]、库马拉斯瓦密[A. K. Coomaraswamy])以及"史学倾向的"(欧登伯格[H. Oldenberg]、里斯·戴维兹[T. W. Rhys-Davids]和卡罗琳·里斯-戴维兹[Caroline A. F. Rhys-Davids]),接着莱因诺德分析了某些最近的研究思路,就是尝试将"神话"和"历史"二者的观点

综合起来。

本杰明·I. 许华兹(Benjamin I. Schwartz)颇具说服力地引起人们注意到对于佛教兴起以及救世论运动进行社会学解释的谬误:“即使佛教确实是 441
在城市商业环境里面兴起的,如同塔帕尔(Thapar)教授所认为的那样,那么它打动我们的也决不是它特有的‘资产阶级’哲学。虽然她强调了早期佛教的政治和社会的教义,但是人们还是感觉得到佛教的核心并不在这里”(“The Age of Transcendence”,载“Wisdom, Revelation and Doubt: Perspectives on the First Millennium B. C.”, *Daedalus*, Spring, 1975, p. 4)。

关于大人(*mahāpuruṣa*)的象征,参见 A. K. Coomaraswamy, “The Buddha's *cūḍā*, Hair. and uṣṇīṣa, Crown”, *JRAS* 26 (1928):815—840; Stella Kramrisch, “Emblems of the Universal Being”, *Journal of the Indian Society for Oriental Art* 3 (Calcutta, 1935):148—160; A. Wayman, “Contributions Regarding the Thirty-Two Characteristics of the Great Person”, 载 Liebenthal Festschrift, ed. K. Roy, *Sino-Indian Studies* 5 (Santiniketan, 1957):243—227。

关于“七步”的主题,也出现在马利亚的诞生中;参见《原始雅各福音》第6章以及昂利·德·努巴克(Henri de Lubac)所做的评注, *Aspects du Bouddhisme* (Paris, 1951), pp. 126—127。

菩萨在庙中现身可与《伪马太福音》第23章相比较:“当有福的马利亚带着她的孩子进入(埃及)的神庙,所有的偶像都倒在地上了。”但是这两个故事证明是有所不同的:埃及人的偶像是被永远地扔到地上,因为基督取缔了对伪神的崇拜,但是婆罗门的诸神俯伏在地,敬拜未来的救世主;参见 Foucher, *La vie du Bouddha*, pp. 55 ff.。

仙人阿私陀的情节,《方广大庄严经》第101页以下做了详尽铺陈;参见 Foucher, *La vie du Bouddha*, pp. 61—63 中的部分章节的翻译。富歇(Foucher)还提供了相关的图像。阿私陀的预言可以和老西面(Simeon)将小耶稣抱在怀里称颂上帝的情节相比较(“因为我的眼睛已经看见你的救恩,就是你在万民面前所预备的,”《路加福音》2:8—20, 25—35); 参见富歇的注疏, pp. 63—64。亦参见 J. Brinktrine, “Die buddhistische Asita-Erzählung als sog. Parallele zum Darstellung Jesu im Tempel”, *Zeitschrift für Missionswissenschaft und Religionswissenschaft* 38 (1954):132—134; F. G. W. de Jong, “L'épisode d'Asita dans le Lalitavistara", *Asiatica:Festschrift E. Weller* (Leipzig, 1954), pp. 312—325; C. Regamey, "Encore à propos du Lalitavistara et de l'episode d'Asita", *Asiatische Studien* 27 (1973):1—34.

148. 关于寻求正觉,参见 A. Foucher, *La vie du Bouddha*, pp. 112 ff.。

关于唯物主义(顺世论),参见 Eliade, *Yoga*, pp. 375—376 的书目。补
442 充:Debiprasad Chattopadhyaya, *Lokāyata: A Study in Ancient Indian Materialism* (New Delhi, 1959)。关于魔罗的诱惑,参见 E. Windisch, *Māra und Buddha* (Leipzig, 1895),书中翻译了许多故事(第 87 页以下),在第 214 页以下,比较分析了耶稣的诱惑(《路加福音》4:1—13)。佛教关于魔罗的资料,在 J. Masson, *La religion populaire dans le Canon bouddhique pāli* (Louvain, 1942), pp. 103—113, 以及 E. Lamotte, *L'Enseignement de Vimalakīrti* (Louvain, 1962), pp. 204—205, n. 121 中做了分析和引述。亦可参见 J. Przyluski, "La place de Māra dans la mythologie bouddhique", *JA* 210 (1927) 115—123; A. Wayman, "Studies in Yama and Māra", *IIJ* 3 (1959):44—73, 112—131; T. O. Ling, *Buddhism and the Mythology of Evil* (London, 1962); J. W. Boyd, *Satan and Māra:Christian and Buddhist Symbols of Evil* (Leiden, 1975)。富斯曼(G. Fussmann)最近证明,在某些地区,魔罗是一个古老的至上神,参见所撰"Pour une problématique nouvelle des religions indiennes anciennes" *JA* 265 (1977); 21—70, esp. pp. 52 ff.。

149. Foucher, *La vie du Bouddha*, 第 363—364 页列出了关于"正觉"的文献。关于树下正觉的比较符号,参见 H. de Lubac, *Aspects du Bouddhisime*, pp. 55 ff.。关于"天眼"(*divya-cakṣu*),参见 E. Lamotte, *L'Enseignement de Vimalakīrtiyi*, pp. 168—169, n. 57,所引巴利文经典以及后期文学。关于佛陀在婆罗奈说法的巴利文和梵文资料,参见 Lamotte, *Histoire*, vol. 1, p. 28, n. 1。关于佛陀传法的诀窍,参见 Eliade, *The Two and the One*, trans. J. M. Cohen [Chicago], 1979, pp. 166 ff.。关于"神通"(*siddhis*)以及佛陀禁止运用神通,参见 Eliade, *Yoga*, pp. 175 ff.,以及下文 § 159。

关于阿罗汉,参见 A. Bareau, "Les controverses relatifs à la nature de l'Arhat dans le Bouddhisme ancien", *IIJ* 1 (1957):241—250。

关于转轮王的象征，参见 J. Auboyer, "The Symbolism of Sovereignty in India according to Iconography", *Indian Art and Letters* 12 (1938): 26—36; K. V. Soundara Rajan, "The Chakravarti Concept and the Chakra (Wheel)", *Journal of Oriental Research* (Madras) 27 (1962):85—90。亦可参见 A. J. Prince, "The Concepts of Buddhahood in Earlier and Later Buddhism", *Journal of the Oriental Society of Australia* 7 (1970): 87—118。

关于最初的皈依，参见 A. Foucher, *La vie du Bouddha*, pp. 211—240, 368—371。关于佛教僧团的早期历史，参见《巴利律大品》(*Mahāvagga*) (translated by T. W. Rhys-Davids and Hermann Oldenberg in *Vinaya Texts*. vol. 1, Oxford, 1881)。

150. 有关对佛陀传奇的各个阶段的分析，参见 Lamotte, *Histoire*, pp. 718—756。亦可参见上引 E. Waldschmidt, §147 书目，以及E. Burnouf, *Introduction à l'histoire du bouddhisme indien* (Paris, 1844)。关于提婆达多的破僧，参见 A. M. Hocart, "Buddha and Devadatta", *Indian Antiquary* 52 (1923):267—272; 54 (1925):98—99; E. Waldschmidt, "Reste von Devadatta-Episoden," *ZDMG* 123 (1964): 552 ff.; B. Mukherjee, *Die Überlieferung von Devadatta, der Widersacher des Buddha, in den kanonischen Schriften* (Munich, 1966); E. Lamotte, "Le Bouddha insulta-t-il Devadatta?" *BSOAS* 33 (1970):107—115。 443

关于佛陀最后一次进餐，参见 A. Bareau, "La nourriture offerte au Bouddha lors de son dernier repas", 载 *Mélanges de l'Indianisme … Louis Renou* (Paris, 1968), pp. 61—71; 参见 Bareau, "La transformation miraculeuse de la nourriture offerte au Bouddha par le Brahmane Kasibhāradvāja", 载 *Etudes tibétaines dédiées à Marcelle Lalou* (Paris, 1971), pp. 1—10。

关于佛陀的葬礼，参见 C. Vaudeville, "La légende de Sundara et les funérailles du Bouddha dans l' Avadānaśataka", *BEFEO* 53 (1964) 71—91。

关于佛骨，参见 J. Przyluski, "Le partage des reliques du Bouddha", *Mélanges Chinois et Bouddhiques* 4 (1935—1936):341—367; B. C. Law, "An Account of the Six Hair Relics of the Buddha (Chakesadhātuvaṃsa)",

Journal of Indian History 30 (1952):193—204; E. Waldschmidt, "Der Buddha preist die Verehrungswürdigkeit seines Reliquien", republished in the volume *Von Ceylon bis Turfan* (Göttingen, 1967), pp. 417—427。

151. 关于佛陀时期的苦行和宗教的派别,参见 Eliade, *Yoga*, p. 399 书目。补充:J. Filliozat, *L'Inde classique*, vol. 2, pp. 511—516; E. Lamotte, *Histoire*, vol. 1, pp. 6 ff. 。

152—153. 重要的耆那教文献译本有:H. Jacobi, *Jaina Sūtras*, *SBE*, vols. 22, 45 (Oxford, 1887); W. Schubring, *Worte Mahāvīras*, vol. 14 of *Quellen zur Religionsgeschichte* (Göttingen, 1926); 以及 Schubring, *Die Jainas*, fasc. 7 of *Religionsgeschichtliche Lesebuch* (Tübingen, 1927)。

关于书目和通论,参见 C. L. Jain, *Jaina Bibliography* (Calcutta, 1945); L. Alsdorf, *Les études jaïna:Etat présent et tâches futures* (Paris, 1965); Jozef Deleu, "Die Mythologie des Jainismus", 载 *Wörterbuch der Mythologie*, vol. 2, pp. 207—284(关于耆那教正典参见同上书, pp. 212—213)。一般性研究,参见 H. von Glasenapp, *Der Jainismus* (Berlin,
444 1925); A. Guérinot, *La religion djaina* (Paris, 1926); E. Leumann, *Buddha und Mahāvīra* (Munich, 1926); W Schubring, *Die Lehre der Jainas nach den alten Quellen dargestellt* (=*Grundriss der indo-arischen Philologie und Altertumskunde*, vol. 3, pt. 7 [Berlin, 1935]); C. della Casa, *Il Gianisino* (Turin, 1962); C. Caillat, *Les expiations dans le rituel ancien des religieux jaina* (Paris, 1965); Caillat, "Le Jainisme", 载 H.-C. Puech, ed., *Histoire des religions*, vol. 1 (1970), pp. 1105—1145); 亦可参见 § 190 书目。

大雄两次受胎的神话,激发了耆那教的艺术和图像,参见 W. N. Brown, *Miniature Paintings of the Jaina Kalpasūtra* (Washington, D. C.:Smithsonian Institution, 1934); T. N. Ramachandran, *Tiruparuttikuṇrani and Its Temples* (Madras:Government Press, 1934); Ananda K. Coomaraswamy, "The Conqueror's Life in Jaina Painting", *Journal of the Indian Society of Oriental Art* 3 (Calcutta, 1935):1—18。

关于大雄诞生照亮黑夜的光明,参见 *Akārāṅga Sūtra* 2. 15. 7 (=*Gaina Sūtras*, pt. 1, trans. H. Jacobi, *SBE*, vol. 22 [Oxford, 1884], p.

191)。

关于巴湿伐那陀和"渡河者"的神话和图像,参见 Heinrich Zimmer, *Philosophies of India*, Bollingen Series 26 (Princeton, 1969), pp. 181—234; Jozef Deleu, "Die Mythologie des Jainismus", pp. 252—253, 270—273。

154. 关于末迦利瞿舍梨(Makkhali Gośāla)和正命派(Ājīvika),参见 Eliade, *Yoga*, p. 400。关于末迦利瞿舍梨最重要的资料是耆那教的论述《薄伽伐提》(*Bhagavatī*)。最出色的专著是 A. L. Basham, *History and Doctrines of the Ājīvikas: A Vanished Indian Religion* (London, 1951)。*ājīvika* 一语可能起源于 *ājīvik*("生活方式或者某一类人职业"),也可能起源于 *ā jīvat*,"像生命一样漫长无际",显然与解脱前必须经历无数次生命的教义有关。

第 19 章 佛陀的基本教义

155. 许多巴利文佛典都翻译成了英文,重要的有:*Dialogues of the Buddha* (*Dīgha Nikāya*), trans. by T. W. and C. A. Rhys-Davids, 3 vols. (*Sacred Books of the Buddhists*, vols. 2—4) (Oxford, 1899—1921); *Further Dialogues of the Buddha* (*Majjhima Nikāya*), trans. by Lord Chalmers, 2 vols. (*Sacred Books of the Buddhists*, vols. 5—6) (Oxford, 1926—1927); *The Book of Kindred Sayings* (*Saṃyulta Nikāya*), 445
trans. by C. A. F. Rhys-Davids and F. L. Woodward (Pali Text Society, Translation Series, nos. 7, 10, 13—14, 16) (London, 1917—1930); *The Book of Gradual Sayings* (*Aṅguttara Nikāya*), trans. by F. L. Woodward and E. M. Hare (P. T. S. Translation Series, nos. 22, 24—27) (London, 1932—1936); *Minor Anthologies*, vol. 1: *Dhammapāda*, *Khuddakapāṭha*, trans. by T. W. Rhys-Davids (*Sacred Books of the Buddhists*, no. 7) (Oxford, 1931); *Minor Anthologies*, vol. 2. *Udāna*, "*Verses of Uplift*", *and Itivuttaka*, "*As It Was Said*", trans. by F. L. Woodward (*Sacred Books of the Buddhists*, no. 8) (Oxford, 1935)。

其中最实用的文集有:H. C. Warren, *Buddhisim in Translation* (Cambridge, Mass., 1896; 该书以后数次重印):Edward Conze, *Buddhist Texts through the Ages* (Oxford, 1954; New York:Harper Torchbooks,

1964); E. Conze, *Buddhist Scriptures* (Harmondsworth, 1959); E. J. Thomas, *Early Buddhist Scriptures* (London, 1935); Lilian Silburn, *Le Bouddhisme* (Paris, 1977)。

关于佛经翻译的书目,参见 André Bareau, “Le bouddhisme indien”,载 *Les Religions de l'Inde*, vol. 3 (Paris, 1966), pp. 240—243。亦可参见上书, pp. 227—234, “Histoire de l'étude du bouddhisme indien”。

156. 关于佛法的基本原理,著述甚多。以综述见长者:E. Conze, *Buddhism: Its Essence and Development* (Oxford, 1951; New York: Harper Torchbooks, 1959), pp. 11—69; Walpola Rahula, *L'Enseignement du Bouddha d'après les textes les plus anciens* (Paris, 1961); A. Bareau, “Le bouddhisme indien,” pp. 13—82。亦可参见:M. Walleser, *Die philosophische Grundlage des älteren Buddhismus* (Heidelberg, 1904); Hermann Oldenberg, *Buddha: Sein Leben, seine Lehre und seine Gemeinde* (Berlin, 1881; 9th ed., 1921); Oldenberg, *Die Lehre der Upanishaden und die Anfänge des Buddhismus* (Göttingen, 1915); E. Lamotte and J. Przyluski, “Bouddhisme et Upaniṣad,” *BEFEO* 32 (1932):141—169; A. K. Warder, “On the Relationship between Early Buddhism and Other Contemporary Systems,” *BSOAS* 18 (1965):43—63。

157. 关于十二因缘的教义,参见 Surendranath Dasgupta, *A History of Indian Philosophy*, vol. 1 (Cambridge, 1922), pp. 84 ff; A. Bareau, “Le bouddhisme indien”, pp. 40 ff.; W. Rahula, *L'Enseignement du Bouddha*, pp. 79 ff.; B. C. Law, “The Formulation of the Pratītyasamutpāda”, *JRAS* 104 (1937): 287—292; A. C. Banerjee,
446 “Pratītyasamutpāda”, *Indian Historical Quarterly* 32 (Calcutta, 1956): 261—264; Thera Narada, “Kamma, or the Buddhist Law of Causation”, 载 D. R. Bhandarkar et al., eds., *B. C. Law Volume*, pt. 2 (Poona, 1946), pp. 158—175。亦可参见 L. de la Vallée-Poussin, *Bouddhisme: Etudes et matériaux: Théorie des Douze Causes* (Ghent, 1931)。

关于无我的教义,参见 L. de la Vallée-Poussin, *Nirvāṇa* (Paris, 1925); E. Conze, *Le Bouddhisme*, pp. 16 ff; Conze, *Buddhist Thought in India* (London, 1962), pp. 34 ff; W. Rahula, *L'Enseignement*, pp. 77 ff.。亦可参见 Maryla Falk, “Nairātmya and Karman”,载 *Louis de la Vallée-*

Poussin Memorial Volume (Calcutta, 1940), pp. 42 ff.。

关于早期佛教的难题,参见 Frank Reynolds,"The Two Wheels of Dhamma:A Study of Early Buddhism",载 Bardwell L. Smith, ed., *The Two Wheels of Dhamma* (Chambersburg, Pa., 1972), pp. 6—30;亦可参见 Reynolds,"A Bibliographical Essay on Works Related to Early Theravāda and Sinhalese Buddhism", ibid., pp. 107—121。

158. 西方人对于涅槃的研究史,参见 Guy Richard Welbon, *The Buddhist Nirvāṇa and Its Western Interpreters* (Chicago and London, 1968);尤其应当参见关于赫尔曼·欧登伯格(Hermann Oldenberg) (pp. 194—220)、里兹·戴维兹夫妇(T. W. and C. A. F. Rhys-Davids) (pp. 221—248),以及瓦利·布桑(L. de la Vallée-Poussin)和舍尔巴茨基(T. Stcherbatsky) (pp. 248—296)各章。关于瓦利·布桑的早期研究,参见所著 *The Way to Nirvāṇa: Six Lectures on Ancient Buddhism as a Discipline of Salvation* (Cambridge, 1917), *Nirvāṇa* (Paris, 1925),和其论文"Nirvāṇa",载 *Indian Historical Quarterly* 4 (1928):347—348。关于舍尔巴茨基(Stcherbatsky)的观点,参见 *The Central Conception of Buddhism and the Meaning of the Word "Dharma"* (London, 1923)和 *The Conception of Buddhist Nirvāṇa* (Leningrad, 1927)。然而,经过一场旷日持久的论战,这两位学者都信服各自对手的观点了;参见 T. Stcherbatsky,"Die drei Richtungen in der Philosophie des Buddhismus", *Rocznik Orjentalistyczny* 10 (1934):1—37; L. de la Vallée-Poussin,"Buddhica", *HJAS* 3 (1938):137—160。

弗烈德里希·海勒(Friedrich Heiler)从宗教体验的角度考察了涅槃的概念;参见其著 *Die buddhistische Versenkung* (Munich, 1918)。

关于"解脱道",以及入会礼的象征,参见 Eliade, *Yoga: Immortality and Freedom*, trans. Willard R. Trask, *Bollingen Series* 56 (Princeton, 1970), pp. 155 ff.。

关于瑜伽和佛教之间的关系,参见 L. de la Vallée-Poussin,"Le bouddhisme et le Yoga de Patañjali", *Mémoires Chinois et Bouddhiques* 5
(Brussels, 1937):223—242; Eliade, *Yoga*, pp. 162 ff.。相关书目,参见上 447
书 pp. 395—396;尚需补充:Gerhard Oberhammer, *Strukturen yogischer Meditation* (Vienna, 1977), pp. 102 ff.。

159. 关于佛教的坐禅方法,参见 Eliade, *Yoga*, pp. 162 ff., 以及书中开列的书目(pp. 396 ff.); Grace Constant Lounsberry, *Buddhist Meditation in the Southern School* (London, 1950); E. Conze, *Buddhist Meditation* (London, 1956)。

关于 jhāyins 和 dhammayogas, 参见 L. de la Vallée-Poussin, "Mūsila et Nārada", *Mémoires Chinois et Bouddhiques* 5 (1937):189—222。关于"神通"(*abhijñās*), 参见 L. de la Vallée-Poussin, "Le Bouddha et les Abhijñās", *Le Muséon* 44(1931):335—342; Eliade, *Yoga*, pp. 177 ff., 398—399 (bibliography on the "miraculous powers")。

160. 关于阿罗汉, 参见 Eliade, *Yoga*, pp. 170 ff.; E. Conze, *Le Bouddhisme*, pp. 91 ff.; A. Bareau, "Le bouddhisme indien", pp. 60 ff., 123 ff.。亦可参见 Isaline Horner, *The Early Buddhist Theory of Man Perfected: A Study of the Arhat* (London, 1936)。

关于无非法的神秘结构,参见 André Bareau, *L'Absolu en philosophie bouddhique: Evolution de la notion d' asaṃskṛta* (Thesis for the doctorat ès lettres, Paris, 1951)。

关于消除有限世界的想象,如佛陀之"毁坏房屋"、佛教"冲破宇宙之卵而出"的象征以及阿罗汉"冲出屋顶"的象征,参见 Eliade, *Images and Symbols: Studies in Religious Symbolism*, trans. Philip Mairet (New York, 1961), pp. 73—79, 和"Briser le toit de la maison: Symbolisme architectonique et physiologie subtile", 载 *Studies in Mysticism and Religion, Presented to Gershom G. Scholem* (Jerusalem, 1967), pp. 131—139。

第20章 罗马宗教

161. 关于早期意大利和罗马的起源的文献可谓汗牛充栋,雅克·于耳根(Jacques Heurgon)在 *Rome et la Méditerranée occidentale jusqu' aux guerres puniques* (1969), pp. 7—50, 罗列了出来。皮耶特罗·德·弗朗西西(Pietro de Francisci)所著 *Primordia civitatis* (Rome, 1959), 有数章讨论了古代罗马的社会结构和宗教观念(第 197—405 页);虽然所载文献颇有用处,但是一定要小心阅读(参见杜米兹的批评,载 *Revue Belge de philologie et d'histoire* 39 [1961]:67 ff., 以及 Pierangelo Catalano, *Contributi allo studio del diritto augurale*, vol. 1 [Thuin, 1960], pp. 402 ff.,

542 ff)。

第一波操雅利安语、掌握冶炼黄铜技术、实行火葬的民族,于公元前2000年代开始在意大利北部定居;他们是所谓"沃土文明"(terramare civilization,"起源于 terra mar[n]a,'肥沃的土壤',因土中富含有机物,农民得以坐享丰收。[Heurgon, *Rome et la Méditerranée occidentale*, p. 64]")的创建者。第二波在公元前2000年代末期迁入的是维拉诺万人(Villanovans):他们使用铁器,将死者骨灰装入陶罐,葬于坑底。公元前1000年代拉丁姆地区以维拉诺万文化为主。

值得一提的通史类作品有 A. Piganiol, *Histoire de Rome*, 5th ed. (Paris, 1962); G. de Sanctis, *Storia dei Romani*, vols. 1 and 2, *La conquista del primalo in Italia*, 2d ed. (Florence, 1956—1960); L. Pareti, *Storia di Roma*, vol. 1 (Turin, 1951); Robert E. A. Palmer, *The Archaic Community of the Romans* (Cambridge, 1970) (只是该作者没有阅读原著就对杜米兹横加批评,例如参见第154页)。

G. Wissowa, *Religion und Kultus der Römer*, 2d ed. (Munich, 1912),是一本奠基性著作,此后出版了好几部著作,论述王政时期以及共和时期的宗教,尤其参见 Cyril Bailey, *Phases in the Religion of Ancient Rome* (1932); Nicola Turchi, *La Religione di Roma antica* (1939); A. Grenier, *Les religions étrusque et romaine* (1948); Franz Altheim, *A History of Roman Religion*, trans. Harold Mattingly (London, 1938) (原版书名为 *Römische Religionsgeschichte* [Baden-Baden, 1931]); Jean Bayet, *Histoire psychologique et politique de la religions romaine* (1957; 2d ed., 1973); Kurt Latte, *Römische Religionsgeschichte* (1960) (但参见对其观点的批评和评论, A. Brelich, *SMSR* 32 [1961]: 311—354; G. Dumézil in his book, next cited); Georges Dumézil, *La religion romaine archaïque* (1966; 2d ed., 1974; English translation, by Philip Krapp, *Archaic Roman Religion*, 2 vols., Chicago, 1970); Pierre Boyancé, *Etudes sur la religion romaine* (Rome, 1972)。

拉丁文献的翻译见于 *Religionsgeschichtliches Lesebuch*, fasc. 5 of K. Latte, *Die Religion der Römer und der Synkretismus der Kaiserzeit* (Tübingen, 1927), 以及 Frederick C. Grant, *Ancient Roman Religion* (New York, 1957)。弗雷泽(J. G. Frazer)的翻译和注疏 *The Fasti of*

Ovid (London, 1919)堪称相关信息的宝藏。

449 关于意大利人、古维尼西亚人(Paleo-Venetian)、马萨皮克(Messapic)人以及古西西里人的宗教,参见 Aldo Luigi Prosdocimi,"Le religioni dell'Italia antica",载 *Storia delle religioni*, founded by P. Tacchi Venturi, edited by Giuseppe Castellani, 6th ed., vol. 2 (Thurin, 1971), pp. 673—724 (该书有极好的书目)。亦可参见 F. Altheim, *A History of Roman Religion*, pp. 18—33。

关于翁布里亚的古比奥(Gubbio)发现的伊古维翁铜表(Iguvine Tables),其文献详细描绘了每年在一所司铎学校举行的仪式(城市的洁净礼以及全民的涤除礼),参见 J. W. Poultney, *The Bronze Tables of Iguvium* (Baltimore, 1959) (该书的文本附有评注); G. Devoto, *Tabulae Iguvinae*, 3d ed. (Rome, 1962)(文本和评注); G. Dumézil, "Les trois grands dieux d'Iguvium",载 *Idées romaines* (1969), pp. 167—178(该文于 1955 年首次发表); A. J. Pfifig, *Religio Iguvina: Philologische und religionsgeschichtliche Studien zu den Tabulae Iguvinae* (Vienna, 1964)。

关于罗慕洛和瑞穆斯的神话,参见 Michaei Grant, *Roman Myths* (London and New York, 1971), pp. 91 ff.; Jaan Puhvel, "Remus et Frater", *HR* 16 (1975):146—157; 以及 Bruce Lincoln, "The Indo-European Myth of Creation," *HR* 16 (1975):137 ff.。

除了最流行的一个版本——传说罗慕洛被暴风雨卷走——以外,还有传说说他变成了一名僭主,因此被元老们杀掉了;死掉的僭主被大卸八块,用衣袍裹起来带走;参见 Dionysius of Halicarnassus, *Rom. arch.* 2. 56; Plutarch, *Romulus* 27; Ovid, *Fasti* 2. 497,等。布魏尔(Puhvel)将此版本与原人、伊米尔和伽尤马特被肢解的神话加以比较;在罗马神话中,这一情节从罗慕洛转到了他的双胞胎兄弟上去了,"因为一个人只能被杀死一次"("Remus et Frater," p. 155)。

关于建立城市所蕴含的宇宙起源的意义,参见 Eliade, *The Myth of the Eternal Return: Cosmos and History*, trans. Willard R. Trask, Bollingen Series 46 (Princeton, 1965), pp. 18 ff.; Werner Müller, *Die heilige Stadt* (Stuttgart, 1961),尤其参见 pp. 9—51 (Roma quadrata)。关于求神问卜的符号(罗慕洛看到 12 只老鹰)。参见 Jean Hubaux, *Les grands mythes de Rome* (1949), pp. 1—26; Eliade, *Myth of the Eternal*

Return, pp. 133 ff; Dumézil, *La rel. rom. arch.*, pp. 499—500 (English trans., pp. 502—504)。

162. 关于印欧传统,参见 G. Dumézil, *L'héritage indo-européen à Rome* (1949),尤其是 *Mythe et épopée* (1968), vol. 1, pp. 259—437,分析了前4位国王的传说;亦可参见 Dumézil, *Les dieux souverains des Indo-Européens* (1977), pp. 158 ff.。关于萨宾人战争的神话模式,参见 450
L'héritage, pp. 127 ff; *Mythe et épopée*, vol. 1, pp. 290 ff.; *La rel. rom. arch.*, pp. 82 ff.。关于在贺雷修斯和库里阿提、科克雷斯和斯恺伊沃拉的"历史"背后隐藏着的印欧神话主题,参见 Dumézil, *Horace et les Curiaces* (1942)和 *La rel. rom. arch*, p. 90(此处列出作者的早期作品)。两个有残疾的人,科克雷斯和斯恺伊沃拉("独眼龙"和"左撇子")先后拯救了拉尔斯·波森纳包围下的罗马,"一个用眩目的独眼吓走了伊特鲁里亚军队,另一个在伊特鲁里亚首领面前以作伪誓的英雄行为而献出了右手"。这个传奇与斯堪的纳维亚独眼神和独臂神奥丁和曲尔之间有着相似之处,奥丁"因为牺牲了一只眼睛而获得了超自然的智慧作为补偿,而曲尔为了拯救诸神而将自己一条胳臂放进了狼怪嘴里"(Dumézil, *La rel. rom. arch.* p. 90; English trans., pp. 75—76)。

参见 Dumézil, *La rel. rom. arch.*, pp. 36 ff.(附有早期的书目)对于罗斯(H. J. Rose)(尤其是在"Numen and Mana", *HTR* 29 [1951]:109—130 提出的论点)以及瓦甘伍德(H. Wagenwoort, *Roman Dynamism*, 1950)观点的讨论。杜米兹在重版的 *Idées romaines* (1969), pp. 31—152 中,出色地分析了一些罗马宗教的概念:*ius*, *credo*, *fides*, *augur*, *maiestas*, *gravitas*。亦可参见 P. Grimal, "'Fides' et le secret", *RHR* 185 (1974):141—155。

163. 关于罗马人的宗教经验,参见 Pierre Grimal, *La civilisation romaine* (1960), pp. 85 ff.;亦可参见 Dario Sabbatucci, "Sacer", *SMSR* 23 (1951—1952):91—101; H. Fugier, *Recherches sur l'expression du sacré dans la langue latine* (1963); R. Schilling, "Magie et religion à Rome", *Annuaire de l'Ecole Pratique des Hautes Etudes*, sec. 5 (1967—1968), pp. 31—55。

关于灾异的宗教功能,参见 J. Bayet, "Présages figuratifs déterminants dans l'antiquité gréco-latine", 载 *Hommages à Cumont* (Brussels, 1936),

vol. 1, pp. 27—51, reprinted in Bayet, *Croyances et rites dans la Rome antique* (1971), *pp.* 44—63; R. Bloch, *Les prodiges dans l'antiquité classique* (1963); G. Dumézil, *La rel. rom. arch.*, pp. 584 ff. (有关书目参见 p. 590, n. 1)。李维(21. 62)报道了公元前 218 年冬天的一次灾异,这是布匿战争中最富戏剧性的。在牛市场上,有一头牛自行爬到第三层楼,再从上面一跃而下。天空中有船的画像在燃烧。斯佩斯(Spes, 罗马希望女神——译者)神庙被雷电击中。朱诺的长矛自己移动。在乡村,远远看见有
451 长相像人一样的幽灵身穿白袍。在皮希瑙(Picenum)下石头雨,等等。经占卜,《西比尔之书》下令举行为期 9 天的献祭。于是整座城市为不祥之兆即将期满而忙碌起来:首先,举行洁净礼,接着献祭;然后将 40 磅黄金移入朱诺神庙作为祭品,在阿文提努斯(Aventine)树起一座女神的雕像等等。参见 E. de Saint-Denis, "Les énumérations de prodiges dans l'œ-uvre de Tite-Live", *Revue de philologie* 16 (1942):126—142。

瓦罗(Varro)留下了一份名录,是关于诸神主宰各种农业活动的:Vernactor(翻土)、Imporcitor(深耕)、Institor(播种)、Oburator(施肥)、Occator(耙地)、Sarritor(除草)、Subruncinator(二度施肥)、Messor(收割)、Connector(装车)、Conditor(入仓)、Promitor(出仓)。这份名录出自 Fabius Pictor, *Libri iuris poniificii*, 瓦罗加以转述,塞维乌斯(Servius)将这份文献保留下来(ad Vergil, *Georg.* 1. 21); 参见 J. Bayet, "Les feriae sementinae," *RHR* 137 (1950):172—206, 再版收录于 *Croyances el rites dans la Rome antique*, p. 184; 亦可参见 Dumézil, *La rel. rom. arch.*, pp. 51 ff. 。

164. 关于家祭,参见 A. de Marchi, *Il culto privato di Roma antica*, 2 vols. (1896—1903); Dumézil, *La rel. rom. arch.*, pp. 600—610。亦可参见 Gordon Williams, "Some Aspects of Roman Marriage Ceremonies and Ideals", *Journal of Roman Studies* 48 (1958):16—29; G. Piccaluga, "Penates e Lares", *SMSR* 32 (1961):81—87; J. M. C. Toynbee, *Death and Burial in Roman World* (1971)。关于马涅斯,参见 E. Bömer, *Ahnenkult und Ahnenglaube im alten Rom* (*ARW* Beiheft no. 1, 1943),以及 Latte, *Römische Religionsgeschichte*, p. 100, n. 2 所提供的书目。

在 5 月驱鬼节(Lemuria festival)回家的亡灵(*lemure*),与一年当中可能在任何时候都会来骚扰活人的恶鬼(*larvae*)不同;参见 Dumézil, *La rel. rom. arch.*, p. 373。

死者也会在8月24日、10月5日以及11月8日回来,这时壕沟(*mundus*)——通往冥府的壕沟就会打开。"当壕沟打开的时候,就是通往冥府诸神的大门打开了"(*Macrobius*, *Saturnalia* 1. 16. 18所引瓦罗语)。但是*mundus*一语也指罗慕洛将各种万物初熟的果子——它们的用途在习俗上是好的,在性质上也是必须的——以及他同伴家乡的泥土投入的这个壕沟(Plutarch, *Romulus* 11. 1—4; Ovid, *Fasli* 4. 821—824)。参见Stefan Weinstock,"Mundus patet", *Rheinisches Museum* 45 (1930):111—123; 452
Henri Le Bonniec, *Le culte de Cérès à Rome* (1958), pp. 175—184; W. Müller, *Die heilige Stadt*, pp. 24—27, 33; Dumézil, *La rel. rom. arch.*, pp. 356—358 (Eng. trans. pp. 351—353)。

关于献身仪式(李维, 8. 910), Dumézil, *La rel. rom. arch.*, pp. 108 ff. 做了评论。

165. 在罗马,正如在每一个传统社会里,节日可使时间神圣化,这就说明历法是何等的重要。关于罗马历法,参见A. Grenier, *Rel. étrusque et romaine*, pp. 94 ff.; J. Bayet, *Histoire psychologique*, pp. 89 ff. 和298(书目); G. Dumézil, *Fêtes romaines d'été et d'automne* (1975)。

关于节庆及其保护神,参见L. Delatte, *Recherches sur quelques fêtés mobiles du calendrier romain* (Liège, 1957); Dumézil, *La rel. rom. arch.*, pp. 339 ff.。亦可参见Giulia Piccaluga, *Elementi spettacolari nei rituali festivi romani* (Rome, 1965)。关于圣地*pomerium*(四面有墙的地方)以及*templum*(占卜后的祭神场所),参见Pierangelo Catalano, *Contributi allo studio del diritto augurale*, vol. 1, pp. 292 ff. (*pomerium*; 书目参见n. 177); pp. 248 ff., 205 ff. (*templum*)。

关于神职人员,参见J. Marquart and T. Mommsen, *Handbuch der römische Altertümer*, 2d ed. (7 vols., 1876—1986), vol. 3, pp. 234—415; Wissowa, *Religion und Cultus der Römer*, pp. 479—549; K. Latte, *Römische Religionsgeschichte*, pp. 195—212, 397—411; Dumézil, *La rel. rom. arch.*, pp. 567—583。关于国王与大祭司的关系,参见Dumézil,"Le *rex* et les *flamines maiores*",载*The Sacred Kingship* (Leiden, 1959), pp. 407—417。亦可参见Dumézil,"La préhistoire des flamines majeurs", *RHR* 118 (1938):188—200 (重印收录于*Idées romaines*, pp. 156—166)。

关于大祭司团和祭司长(*pontifex maximus*), 参见G. Rohde, *Die*

Kultsatzungen der römischen Pontifices, Religionsgeschichtliche Versuche und Vorarbeiten, no. 25 (Giessen, 1936); J. Bleicken, "Ober pontifox und Pontifikal-Collegium", *Hermes* 85 (1957):345—366。

关于维斯塔,参见 T. C. Worsfold, *The History of the Vestal Virgins of Rome*, 2d ed. (1934); G. Giannelli, *Il Sacerdozio delle Vestali romane* (Florence, 1933); F. Guizzi, *Aspetti juridici del sacerdozio Romano*; *il sacerdozio di Vesta* (1968)。

关于占卜与占卜团,参见 A. Bouché-Leclercq, *Histoire de la Divination dans l'antiquité*, vol. 4 (1882), pp. 160 ff.; Pierangelo Catalano,
453 *Contributi allo studio dello diritto augurale*, vol. 1, pp. 9—20, 这一部分批判性地讨论了从莫姆森(Mommsen)到瓦勒顿(I. M. J. Valeton)和库利(U. Coli)关于 *augurium* 和 *auspicium* 的观点; pp. 395—558,则是关于国王和占卜法; pp. 559—574,讨论了拉丁人和萨宾人 *reges augures* 以及伊特鲁里亚诸王。亦可参见 Dumézil, *La rel. rom. arch.*, pp. 584—589。

《西比尔之书》的起源和历史不详。据传塔昆尼乌斯最先得到,存于朱比特神庙,他任命了一个两人委员会负责只许奉命为国是问卜。大约在公元前 367 年始创常设问卜团,曰 *decemviri*,由 10 位贵族,10 位平民组成。且不管起源怎样,《西比尔之书》到第二次布匿战争频繁占卜时就已经希腊化了。大约在公元前 213 年,加入了《玛尔西亚那预言》(carmina Marciana)。"苏拉时期,《西比尔之书》和朱比特神庙一同毁于大火,委员会派人到各地有西比尔女巫的地方,尤其是埃尔西拉伊(Erthyrae),复原或重写了《西比尔之书》,奥古斯都命人删改后由朱比特神庙移往帕拉蒂尼,提比略又修订了一遍,公元 5 世纪初斯提里科(Stilicho)将其付之一炬。皇帝一向宠幸的问卜团也不知所终了。"(Dumézil, *La. rel. rom. arch.*, p. 594; English trans., p. 605)。关于《西比尔之书》的起源,亦可参见 J. Gagé, *Apollon romain* (Paris, 1955), pp. 26—38, 196—204; 参见 R. Bloch, "Les origines étrusques des Livres Sibyllins", *Mélanges A. Ernout* (1940), pp. 21—28。

关于兄弟会,参见 Wissowa, *Religion und Cultus*, 550—564; Dumézil, *La rel. rom. arch.*, pp. 579 ff.。关于随军祭司团(*fetialis*),参见 Jean Bayet, "Le rite du fécial et le cornouailler magique"(1935; 重印收录于 *Croyances et rites dans la Rome antique* [1971], pp. 9—44)。关于

ius fetiale, 参见 Dumézil, *Idées romaines*, pp. 63—78。关于沙利伊祭司团(Salii),参见 R. Cirilli, *Les prêtres-danseurs de Rome*:*Etudes sur la corporation sacerdotale des Saliens* (1913); Dumézil, *La rel. rom. arch.*, pp. 285—287, 581—582。关于十二名田野兄弟会(Fratres Arvales),参见 G. Wissowa, "Zum Rituel der Arvalbrüder", *Hermes* 52 (1917):331—347; E. Norden, *Aus römischen Priesterbüchern* (1939), pp. 109—268; A. Pasoli, *Acta fratrum Arualium* (1950)(文本和评注)。

随军祭司团的主要仪式为,以罗马名义要求战败国赔偿,如果没有得到满意的答复,祭司就会在 33 天以后来,把一枝投枪或一根山茱萸树枝扔到敌方的土地上以示宣战(李维, 1.32.5—14,等等)。

沙利伊祭司,"舞者—祭司",在 3 月 1 日举行仪式,宣布战争季节开始。他们穿过城市,在祭神的场所尽情舞蹈,口诵赞美诸神的"赞歌"(*carmen*,但是到共和国晚期已经无人听懂)。每日舞毕,必有盛宴。3 月 9 日以后,整 454
个仪式变得更加热闹,仪式活动有:赛马、洁净兵器和战斗号角等等。10 月,沙伊利祭司庆祝战争季节结束,洁净兵器(免得城市沾染血污之气)。有学者尝试重构"赞歌"的歌词; 参见 L. Bayard, "Le chant des Saliens, essai de restitution", *Mélanges des sciences rel. des Facultés Catholiques de Lille* 2 (1945):45—58。

十二田野兄弟会在距罗马 75 公里的"女神"(Dea Dia)圣林中有自己的仪式中心。每年 5 月举行仪式,为期 3 天:第一天和最后一天在罗马举行,第二天也是最重要的一天,要在仪式中心举行仪式。在圣林中,兄弟会杀死两头怀孕的母猪(*porciliae*, 著名的丰产象征),吃掉它们的肉。然后头戴麦穗,蒙上面纱,游行至神庙;在圣所前传递麦穗。在吃完一顿素餐后,进入神庙,关上大门,高唱赞美拉瑞斯和马耳斯的赞歌(其拉丁文歌词古奥难解)。祭神活动后还举行舞蹈、赛马。参见 Ileana Chirassi, "Dea Dia e Fratres Arvales", *SMSR* 39 (1968):191—291。

关于牧神节,参见 L. Deubner, "Lupercalia", *ARW* 13 (1910):481 ff.; A. K. Michels, "The Topography and Interpretation of the Lupercalia", *Trans. Amer. Phil. Assoc.* 54 (1953):35—39(附有详细的书目); M. P. Nilsson, "Les Luperques", *Latomus* 15 (1956) 133—136; Ugo Bianchi, "Luperci", *Dizionario Epigrafice di Antichità Romane*, vol. 4 (Rome, 1958), pp. 1—9; G. Dumézil, *La rel. rom. arch.*, pp. 352 ff.。

牧神兄弟会之名自然包含有狼名，然其结构却不明确；参见 Dumézil，*La rel. rom. arch.*，p. 352 和 n. 2。格鲁贝尔(J. Gruber)认为 *lupercus* 起源于“luposequos”，亦即“qui lupum sequitur”(*Glotta*，vol. 39，1961)。此兄弟会应为自远古时代流传下来的一“男性联盟”；参见 F. Altheim，*A History of Roman Religion*，pp. 206—217 (German ed.，*Römische Religionsgeschichte*，vol. 1，pp. 131 ff.)。阿尔夫迪(A. Alföldi)也认为牧神兄弟会是“男性联盟”——兄弟会的遗迹，事实上，它在罗马建国过程中起到了决定性的作用，参见其所著 *Die trojanischen Urahnen der Römer* (Rektoratsprogr. d. Univ. Basel für das Jahr，1956)。克列尼(Kerényi)认为，牧神兄弟会本身也代表狼(起源于北欧的原始兄弟会形式)和公羊(受到南方的影响)；参见其所撰“Wolf und Ziege am Fest der Lupercalia”，载 *Mélanges Marouzeau* (1948)，pp. 309—317 (reprinted in *Niobe* [Zurich，1949]，pp. 136—147)。

455 普鲁塔克(*Romulus* 21. 10)描述了献祭公羊以后的一种入会礼类型的仪式，两个出身贵族的年轻人被带到牧神兄弟会前，“一些人用带血的小刀触及他们的前额，其他人则用浸过羊奶的羊毛擦拭掉额上的血污。额头擦拭干净以后，年轻人一定要放声大笑。”

G. Dumézil，*Le probléme des Centaures* (Paris，1929)，pp. 203—222 就牧神兄弟会的这一入会礼特征做了分析；亦可参见 Gerhard Binder，*Die Aussetzung des Königskindes*：*Kyros und Romulus* (Meisenheim am Glan，1964)，pp. 90—115，尤其参见 pp. 98 ff.。

关于两种牧神兄弟会之间的竞争，参见 G. Piccaluga，“L'aspetto agnostico dei Lupercalia”，*SMSR* 33 (1962)：51—62。

关于 *februum*，Februarius 以及 Faunus，参见 Dumézil，*Le probléme des Centaures*，pp. 195 ff.；A. Brelich，*Tre variazioni romane sul tema delle origini* (Rome，1956)，pp. 95—123；Binder，*Die Aussetzung des Königskindes*，pp. 80 ff.；Dumézil，*La rel. rom. arch.*，pp. 353 ff.。

关于祭品，参见 S. Eitrem，*Opferritus und Voropfer der Griechen und Römer* (1913)；Wissowa，*Religion und Kultus*，pp. 380 ff.；Latte，*Römische Religionsgeschichte*，pp. 379—392。

杜米兹描述了 *suovetaurilia*(由杀猪、羊和牛组成)、专门献给马耳斯仪式以及献给因陀罗的 *sautrāmanī* 之间的相似性，参见其所著 *Tarpeja*

(1947), pp. 117—158, 和 *La rel. rom. arch.*, pp. 247—251。

关于10月献给马耳斯的祭马,及其与印度专由武士举行的马祭(*aśvamedha*,参见§73),参见 Dumézil, *La rel. rom. arch.*, pp. 225—239,以及 *Fêtes romaines d'été et d'automne*, pp. 179—219。

以后(公元前5世纪末?),在伊特鲁里亚人(其实他们也是模仿了希腊人)的影响下,罗马引入飨神仪式(*lectisternia*),其特征是人们向神献上祭品时,神的真身当场降临。"让祭坛上的神吃饱是每一次献祭的目的;给他吃顿饭则是另外一回事情。"(Dumézil, *La rel. rom. arch.*, p. 559; Eng. trans., p. 567)。事实上,神(也就是所崇拜的雕像)就坐在奉祀他的桌边。"飨神仪式最初是在神庙外面举行的,好让人们能够亲眼目睹平时这些深藏在神龛里面的保护神。"(同上)

166. 关于本地的神灵(di indigetes)和外来的神灵(divi novensiles),参见 Wissowa, *Religion und Kultus*, pp. 18 ff., 43, 以及 A. Grenier, *Les religions étrusque et romaine*, p. 152。

关于李维(8.9.6)保存下来的献身仪式(*devotio*)的咒语以及对于拉特 456
(Latte)的批评(拉特认为这是祭司长的伪造),参见 Dumézil, *La rel. rom. arch.*, pp. 108 ff.。

关于古代的三联神,参见 Dumézil, *La rel. rom. arch.*, pp. 187—290,附有作者早期著作的书目(更重要的作品为:*Jupiter, Mars, Quirinus* [1941]; *Naissance de Rome* [1944]; *L'héritage indo-européen à Rome* [1948]; 和 *Mythe et épopée*, vol. Ⅰ [1968], pp. 259—437)。维索娃(Wissowa)已经注意到前朱比特的三联神;参见 *Religion und Kultus*, pp. 23, 133—134。根据拉特的观点,三联神的形成很晚,而且是偶然的(*Römische Religionsgeschichte*, pp. 37, 195);但是参见 Dumézil, *La rel. rom. arch.*, pp. 154 ff.。

在朱比特还是一个农业神或战神的条件下,必须考虑到他干预人事的模式(Dumézil, *La rel. rom. arch.*, p. 193)。"政治和法律至少从观念上讲在许多问题上是结合在一起的。朱比特威望中的另外一个因素,就像宙斯以及吠陀时代印度的诸神之首伐楼那和密多罗的威望一样,在于他是誓言的见证人、保证人和追讨者。"(ibid., p. 190; Eng. trans., p. 179)

关于马耳斯,参见 Dumézil, ibid., pp. 215—256。另外一种完全不同的研究方向,参见 Udo W. Scholz, *Studien zum altitalischen und altrömischen Marskult und Marsmythos* (1970)。关于 10 月的马祭,仍可参见 H. J. Rose, *Some Problems of Classical Religion*:*Mars*, Oslo, 1958, pp. 1—17, 其对农业崇拜所作的解释;参见 Dumézil, *La rel. rom. arch.*, pp. 223—238。

关于基林努斯,参见 Dumézil, *La rel. rom. arch.*, pp. 259—282, 以及 A. Brelich, "Quirinus: una divinità romana alla luce della comparazione storica", *SMSR* 36 (1965): 63—119。Carl Koch, "Bemerkungen zum römischen Quirinuskult", *Zeitschrift för Rel. und Geistesgeschichte* 5 (1953):1—25 提出了与杜米兹相反的解释。

关于维斯塔,参见 O. Huth, *Vesta*:*Untersuchungen zum indo-germanischen Feuerkult* (1943); A. Brelich, *Geheime Schutzgottheit von Rom*: *Vesta* (*Albae Vigiliae* n. s. 7 [Zurich, 1949]); Dumézil, "Aedes Rotunda Vestae", 载 *Rituels indo-européens à Rome* (1954), pp. 26—43,以及 *La rel. rom. arch.*, pp. 319—332。

关于雅努斯,参见 L. A. Lackay, "Janus", *University of California Publications in Classical Philology* 15 (1956); 157—182; R. Schilling, "Janus, le dieu introducteur", *Mélanges d'archéologie et d'histoire de l'Ecole Française de Rome*, 1960, pp. 89—100; G. Capdeville, "Les épithètes cultuelles de Janus", ibid., 1973, pp. 395—436; Dumézil, *La rel. rom.. arch.*, pp. 333—339。

457 关于卡匹托尔三联神,参见 Dumézil, *La rel. rom. arch.*, pp. 291—317。亦可参见 U. Bianchi, "Disegno storic del culto Capitolino nell' Italia romana e nelle provincie dell'Impero", *Monumenti antichi dei Lincei* 8 (1949):347—415, 以及 Bianchi, "Questions sur les origines du culte capitolin", *Latomus* 10 (1951):341—366。

关于朱诺,参见 Dumézil, *La rel. rom. arch.*, pp. 299—310,和"Junon et l'Aurore", *Mythe et épopée*, vol. 3 (1973), pp. 164—173。关于此名的语源,参见 E. Benveniste, "Expression indoeuropéenne de l'éternité", *Bull. Soc. Linguistique* 38 (1937): 103—112, 亦可参见 M. Renard, "Le nom de Junon", *Phoibos* 5 (1951):131—143, 和 Renard, "Juno Historia", *Latomus* 12 (1953):137—154。

关于朱诺保护的节日,尤其是 Nonae Caprotinae 和 Matronalia, 参见

Dumézil, *La rel. rom. arch.*, pp. 301—313。还可参见 J. Gagé, *Matronalia: Essai sur les organisations cultuelles des femmes dans l'ancienne Rome*, Coll. Latomus, no. 60 (1963)。

关于弥涅尔瓦一名的起源,参见 A. Meillet, *De i.-e. radice * men, "mente agitare"* (1897), p. 47。

167. 关于伊特鲁里亚人,基本的材料见于某些近著:M. Pallottino, *Etruscologia*, 6th, ed. (Milan, 1968); R. Bloch, *Les Etrusques* (1954); J. Heurgon, *La vie quotidienne chez les Etrusques* (1961); H. H. Scullard, *The Etruscan Cities and Romel* London, 1967); L. Banti, *Il mondo degli Etruschi*, 2d ed. (Rome, 1969)。

帕洛提诺(M. Pallottino)的两篇文章讨论了"伊特鲁里亚问题":"Nuovi Studi sul problema delle origini etrusche", *Studi Etruschi* 29 (1961):3—30,以及"What Do We Know Today about the Etruscan Language?" *Intern. Anthropological Linguistic Review* 1 (1955):243—253。亦可参见汉肯(H. Hencken)的两部著作:*Tarquinia, Villannovans, and Early Etruscans* (Cambridge, Mass., 1968), vol. 2, pp. 601—646, 和 *Tarquinia and Etruscan Origins* (London, 1968)。

关于伊特鲁里亚宗教,参见 A. Grenier, "La religion étrusque",载 *Les religions étrusque et romaine* (Paris, 1948) (=*Mana* 2 [1948]:3—79); R. Herbig, *Götter und Dämonen der Etrusker* (Heidelberg, 1948); F. Altheim, *A History of Roman Religion*, pp. 46—92, 485—494; Dumézil, *La rel. rom. arch.*, pp. 611—680; G. C. Giglioli and G. Camporeale, "La religione degli Etruschi", 载 G. Castellani, ed., *Storia delle Religioni*, 6th ed., rev. and enl., vol. 2 (1971), pp. 539—572 (pp. 655—661, 670—672 有极好的书目)。吉格里奥利(Giglioli)在 pp. 544—552, 652—654 列举了古典作家的文献,并且予以评论。

关于伊特鲁里亚人的亚洲起源说(希罗多德 1.94)以及列姆诺斯(Lem- 458
nos)铭文,参见 A. Piganiol, "Les Etrusques, peuple d'Orient", *Cahiers d'histoire mondiale* 1 (1953):32—39; 还可参见 Dumézil, *La rel. rom. arch.*, pp. 614—619。

关于伊特鲁里亚诸神及其希腊人的解释,参见 G. Devoto, "Nomi di divinità etrusche", *Studi Etruschi* 6 (1932): 243—280 (Fufluns); 7

(1933):259—266 (Culšanś):14 (1940):275—280 (Vertumno)。亦可参见 L. Banti, "Il culto del cosidetto 'Tempio dell'Apollo' a Veii e il problema delle triadi etrusco-italiche", *Studi Etruschi* 17 (1943):187 ff. ; J. D. Beazley, "The World of the Etruscan Mirror", *Journal of Hellenic Studies* 69 (1949): 1—17; F. Messerschmidt, "Griechische und Etruskische Religion", *SMSR* 5 (1929:21—32; Eva Fiesel, *Namen des griechischen Mythos im Etruskischen* (1928)(参见本文尼斯特[E. Benveniste]的观察报告, *Rev. Philol.* 56 [1930]:67—75, 以及 Dumézil, *La rel. rom. arch.*, pp. 66—61); Dumézil, ibid. , pp. 658—676。

在皮尔吉(Pyrgi,凯伊尔[Caere]的一个港口),最近发现了一份布匿铭文,一起出土的还有镌刻着伊特鲁里亚文的石版,其年代约为公元前 500 年。布匿文献为伊特鲁里亚国王献给腓尼基女神阿施塔特(Astarte)的颂词,此阿施塔特等同于乌尼(Uni, =朱诺)。这再度证明伊特鲁里亚宗教的适应性,愿意接受闪米特神话—仪式,并且奉闪米特神为民族神。参见 A. Dupont-Sommer, "L'inscription punique récemment découverte à Pyrgi (Italie)", *JA* 252 (1964):289—302; Dumézil, *La rel. rom. arch.*, pp. 665 ff. 对其译文做了引用和注疏。参见 J. Heurgon, "The Inscriptions of Pyrgi", *Journal of Roman Studies* 56 (1966):1—14 的书目以及 G. Camporeale, 载 Castellani, ed. , *Storia delle Religioni* , vol. 2 (1971), p. 671。

关于占卜术, A. Bouché-Leclercq, *Histoire de la divination dans l'antiquité*, vol. 4 (Paris, 1882), pp. 3—115 之论迄今尚无出其右。

"圣书"(*libri*)的内容,参见 C. O. Thulin, *Die etruskische Disziplin*, vol. 1: *Die Blitzlehre* (Göteborgs Högskolas Årsskrift, no. 11 [1905], pp. i—xv, 1—128); vol. 2, *De Haruspicium* (ibid. , no. 12 [1906], pp. 1—54); vol. 3, *Ritualbücher* and *Zur Geschichte und Organization der Haruspices* (ibid. , no. 15 [1909], pp. 1—158)。

普林尼和塞涅卡关于雷电的教义,所根据的资料是一样的(Caecina)。朱比特本人就有三种不同的雷电。另外七种雷电分别归朱诺、弥涅尔瓦、伍尔卡努斯、马耳斯、萨图耳努斯,以及其他三个不知其名的神灵掌管。参见 Bouché-Leclercq, *Histoire de la divination*, vol. 4, pp. 32—61; Thulin, *Die Blitzlehre*, pp. 47—68; A. Biedl, "Die Himmelsteilung nach der 'dis-
459 ciplina etrusca'", *Philologus* n. s. 40 (1931) 199—214; A. Piganiol, "Sur

le calendrier brontoscopique de Nigidius Figulus", *Studies ... in Honor of A. C. Johnson* (1951) pp. 79—87; Piganiol, "Les Etrusques, peuple d'Orient", pp. 640—641; S. Weinstock, "Libri Fulgurales", *Papers of the British School at Rome* 19 (1951): 122—142; R. B. Bloch, *Les prodiges dans l'antiquité classique* (1963) pp. 149 ff.; Dumézil, *La rel. Rom arch.* pp. 624—635。对于它与东方教义和实践的相似性,富兰尼(G. Furlani)在两篇论文里做了讨论:"*Il bidental* etrusco e un'inscrizione di Tiglatpilesar I d'Assiria", *SMSR* 6 (1930): 9—49, 和"Fulmini mesopotamici, ittiti, greci ed etruschi", *Studi Etruschi* 5 (1931) 203—231。

关于皮阿森扎(Piacenza)出土的《占卜书》(*libri haruspicini*)和青铜模型,参见 Bouché-Leclercq, *Histoire de la divination*, vol. 4, pp. 61—74;. Thulin, *Ritualbücher*; G. Furlani, "Epatoscopia babilonese ed epatoscopia etrusca", *SMSR* 4 (1928): 243—285; Furlani, "Mantica babilonese ed etrusca", *Tyrrhenica, Saggi di studi etruschi* (1957), pp. 61—76; 关于比较研究,参见 *La divination en Mésopotamie et dans les régions voisines*, 14th Meeting of the International Assyriologists Association, 1967; J. Nougayrol, "Haruspicine étrusque et assyrobabylonienne", *Comptes Rendus de l'Acad. des Inscriptions*, 1955, pp. 508—517; Nougayrol, "Le foie d'orientation BM 50594", *Revue d'Assyriologie* 62 (1968): 31—50; E. Laroche, "Eléments d'haruspicine hittite", *Revue hittite et asianique* 12 (1952): 19—48; R. Bloch, "Liberté et détermination dans la divination romaine", *Studi in onore di Luisa Banti* (Rome, 1965), pp. 63 ff.; Bloch, "La divination en Etrurie et à Rome", 载 *La Divination*, vol. 1 (Paris, 1968), pp. 197—232。

皮阿森扎出土的青铜肝脏模型上面镌刻着40位神灵的名字,可能是按照某种顺序排列的,但目前不可能重构。我们所得万神殿中诸神的座次是马提亚努斯·米尼乌斯·费利科斯·卡佩拉(Martianus Minneus Felix Capella)在 *De nuptiis Philologiae et Mercurii* (1.41—61)流传下来的。这是一部晚期文献(公元5世纪),充满了希腊和希腊—罗马时代的想象,但是仍不失为一份珍贵的资料,因其清楚而详细描述了诸神各居十六层天。其资料主要依据的是与西塞罗同时代的尼基迪乌斯·费古卢斯(Nigidius Figulus)关于伊特鲁里亚仪式的拉丁文翻译。图林(Thulin)坚信,皮阿森扎出土的肝脏模型上面诸神分居的十六个地区的诸神，与皮阿森扎(Martianus Capella)的十六层天是一一对应的。(参见所著 *Die Götter des Martianus Capella und der Bronzeleber von Piacenza* [Berlin, 1906])。但是斯坦凡·威因斯托克(Stefan Weinstock)认为希腊天文学对于后者的影响更大，参见其所撰“Martianus Capella and the Cosmic System of the Etruscans”,
460 *Journal of Roman Studies* 36 (1946):101—129。对于前三界，亦即朱比特居住的天界的分析，参见 Dumézil, *La rel. rom. arch.*, 672—676。

关于魔鬼论和丧葬信仰，参见 S. Weinstock, “Etruscan Demons”, 载 *Studi in onore di Luisa Banti*, pp. 345—350; C. C. van Essen, *Did Orphic Influence on Etruscan Tomb Paintings Exist?* (Amsterdam, 1927); van Essen, “La Tomba del Cardinale”, *Studi Etruschi* 2 (1928):8—132; F. de Ruyt, *Charun, démon étrusque de la mort* (Brussels, 1934); M. Pallottino, “Il culto degli antenati in Etruria ed una probabile equivalenza lessicale etrusco-latino”, *Studi Etruschi* 26 (1958):49—83; J. M. Blásquez, “La Tomba del Cardinale y la influencia orfico-pitagorica en las creencias etruscas de ultratumba”, *Latomus* 26 (1965):3—39。

在某些墓葬画面上，一个魔鬼拿着一本书或书卷或在上面写着什么。一些文字符号可能暗示死者的名字和年代。我们看到的似乎是“某种进入来世的通行证”(F. de Ruyt, *Charun*, p. 160)。关于同埃及信仰的相似性，参见本书第 1 卷，§ 33 所列书目。

168. 关于阿文提努斯的三联神，参见 H. Le Bonniec, *Le Culte de Cérès à Rome, des origines à la fin de la Republique* (Paris, 1958)，以及 Dumézil, *La rel. rom. arch.*, pp. 379 ff.。“阿文提努斯崇拜显然也是平民的一次胜利，是由于无数次的妥协，结果逐渐地获得了社会阶层政治上和宗教上的平等。经典范型——平民出身的市政官在神庙的附属建筑里办公，在那里收集档案，举行公民表决，以后还作为一种预防手段，誊写元老院决议——在共和制度建立之初的公元前 5 世纪就已经形成了”(Dumézil, p. 384; Eng. trans., *Archaic Roman Religion*, vol. 1, pp. 379—380)。亦可参见 F. Altheim, *History of Roman Religion*, p. 250。也许这三个农业神的联系，二女一男，起源于大希腊；参见 Dumézil, p. 448。

每逢刻瑞斯节的时候，除了献祭猪，还要举行一种野蛮的“游戏”：“将点燃的火炬绑在狐狸的尾巴上”(Ovid, *Fasti* 4. 679—682)，然后放入竞技场；

对于这一仪式的解释仍是众说纷纭;参见 Dumézil, p. 380。

关于利柏耳(Liber)的词源,参见 E. Benveniste, "Liber et liberi", *Rev. etudes latines* 13 (1936):52—58。关于其崇拜仪式,参见 A. Bruhl, *Liber pater, origine et expansion du culte dionysiaque à Rome et dans le monde romain* (Paris, 1953),尤其参见 pp. 13 ff.。圣奥古斯丁提供给我们的关于利柏耳节的信息,其中一部分是来自瓦罗, Bruhl, pp. 17 ff. 做了考察。弗朗兹·阿尔泰姆(Franz Altheim)主张利柏耳神起源于希腊,参见 461
Terra Mater (Giessen 1931) pp. 15 ff; 参见布努尔(Bruhl)的批评, pp. 23 ff.。希腊人对克瑞斯节的解释,参见 Jean Bayet, "Les 'Cerealia', altération d'un culte latin par le mythe grec", *Revue Belge de philologie et d'histoire* 29 (1951) 5—32, 341—366, republished in *Croyances et rites dans la Rome antique* (1971) pp. 89—129。

关于希腊的影响,参见 Franz Altheim, *A History*, pp. 34 ff., 149 ff.; Dumézil, *La rel. rom. arch.*, pp. 450 ff.。关于凯尔特人的影响,参见 Altheim, *History*, pp. 282 ff., 353 ff.。

关于阿波罗,参见 J. Gagé, *Apollon romain: Essai sur le culte d'Apollon et le développement du 'ritus graecus' à Rome, des origines à Auguste* (Paris, 1955)。

关于维纳斯,参见 R. Schilling, *La religion romaine de Vénus depuis les origines jusqu'au temps d'Auguste* (Paris, 1954); 谢林(Schilling)在"Les origines de la Vénus romaine", *Latomus* 17 (1958) 3—26 中对于埃尔诺特(A. Ernout)和格里玛尔(P. Grimal)的批评做了答复。参见 Dumézil, *La rel. rom. arch.*, pp. 422—424, 471—474。

关于唤神仪式(*evocatio*),参见 V. Basanoff, *Evocatio: Etude d'un rituel militaire romain* (Paris, 1947); R. Bloch, "Héra, Uni, Junon en Italie centrale", *Comptes rendus de l'Académie des Inscriptions* 117 (1972): 384—396。有关唤神仪式(*evocatio*)的其他著名事例还有:大约在公元前264年,威尔图姆努斯(Vertumnus)从伍尔希尼(Volsinii)那里被召唤出来,大约公元前146年,布匿人的塔尼特(Tanit)被西庇奥·艾米利安努斯(Scipio Aemilianus)召唤离开了迦太基(Macrobius, *Sat.* 3.9)。

关于李维所列公元前207年的灾异,参见 J. Cousin, "La crise religieuse de 207 avant J.-C.", *RHR* 126 (1943):15—41。Dumézil, *La rel.*

rom. arch., pp. 457—487 精彩地描绘了第二次布匿战争期间的宗教。关于请库柏勒的仪式(*transvectio*),参见 H. Graillot, *Le cuite de Cybèle, mère des dieux, à Rome et dans l'empire romain* (Paris, 1912), pp. 38 ff.;关于女神的兄弟会的政治意义,参见 ibid., pp. 90 ff.;关于在罗马以及各行省对她的崇拜仪式,参见 F. Cumont, *Les religions orientales dans le paganisme romain*, 4th ed. (1929), pp. 17 ff., 208 ff.。亦可参见 T. Köves, "Zum Empfang der Magna Mater in Rom", *Historia* 12 (1963): 321—327; F. Bömer, "Kybele in Rom", *Rheinisches Museum* 71 (1964): 13—51。

对于酒神崇拜的迫害的资料和批评性书目, A. Bruhl, *Liber pater*, pp. 82—116 做了极精彩的分析,对于这一事件的批评,参见 J. Bayet, "Le phénomène religieux dionysiaque" (=*Croyances et rites*, pp. 241—274)。亦可参见 J. Festugière, "Ce que Tite-Live nous apprend des mystères de Dionysos", *Mélanges d'archéologie et d'histoire de l'Ecole Française de Rome* 66 (1954): 79—99; Latte, *Römische Religionsgeschichte*, p. 270, n. 5 (bibliography); Dumézii, *La rel. rom.*. arch., pp. 511—516。

462 ## 第 21 章 凯尔特人、日耳曼人、色雷斯人和盖塔伊人

169. 关于史前的凯尔特人,参见 M. E. Marien, "Où en est la question des champs d'urnes?" *L'antiquité classique* 17 (1948): 413—444; E. Sprockhoff, "Central European Urnfield Culture and Celtic La Tène", *Proceedings of the Prehistoric Society*, 1955, pp. 257—281; P. Bosch-Gimpera, *Les Indo-Européens: Problémes archéologiques*, trans. R. Lantier (Paris, 1961), pp. 241 ff.; G. Devoto, *Origini indo-europee* (Florence, 1962), pp. 389 ff.; Stuart Piggott, *Ancient Europe* (Edinburgh, 1963), pp. 215 ff. (pp. 261—266 有极好的书目); Piggott, *The Druids* (London, 1968), pp. 9—24; Richard Pittioni, "Das Mittel-Metallikum—Die Frühzeit der indogermanischen Einzelvölker Europas", *Anzeiger der Öst. Akad. der Wissenschaften, Phil.-hist. Klasse*, no. 5 (1972), pp. 1—29。

关于凯尔特人的历史与文化有大量文献传世,我们应提到的有, H. Hubert, *Les Celtes*, 2 vols. (1932); A. Grenier, *Les Gaulois* (Paris,

1945)；T. O'Rahilly, *Early Irish History and Mythology* (Dublin, 1946)；T. G. E. Powell, *The Celts* (London, 1958)；Jan de Vries, *Kelten und Germanen* (Berne and Munich, 1960)；J. Philip, *Celtic Civilization and Its Heritage* (Prague and New York, 1962)；C. F. C. Hawkes, "The Celts: Report on the Study of Their Culture and Their Mediterranean Relations, 1942—1962"，载 *Rapports et Commentaires*, *VIII*^{e} *Congrès International d'Archèélogie Classique* (Paris, 1963), pp. 3—23；Nora Chadwick, *The Celts* (Harmondsworth, 1966)（但参见 Piggott, *The Druids*, p. 193)；Anne Ross, *Pagan Celtic Britain: Studies in Iconography and Tradition* (London, 1967)；Helmut Birkhan, *Germanen und Kelten bis zum Ausgang der Römerzeit* (Vienna, 1970), pp. 1—36；Jean-Jacques Hatt, *Les Celtes et les Gallo-Romains*, Series Archaeologia Mundi (Geneva, Paris, Munich, 1970)(有出色的插图)。

关于凯尔特宗教的希腊文和拉丁文的文献，已由茨威克(J. Zwicker)编定，*Fontes historiae religionis celticae*, 3 vols. (Berlin, 1934—1936)；德译选本为 Wolfgang Krause, "Die Kelten", *Religionsgeschichtliches Lesebuch*, 2d ed. (Tübingen, 1929)。关于其他资料(高卢铭文、雕像、青铜像、瓶饰上的神圣图画)参见 Paul-Marie Duval, *Les dieux de la Gaule* (Paris, 1976), pp. 12—30。

关于凯尔特人宗教的概论性作品，参见 M.-L. Sjoestedt, *Dieux et héros des Celtes* (Paris, 1940; English trans., *Gods and Heroes of the Celts*, New York, 1976)；J. Vendryés, "La religion des Celtes"，载 *Mana: Les religions de l'Europe ancienne*, vol. 3 (Paris, 1948), pp. 239—320
(有诸神的详细资料)；A. Rees and B. Rees, *The Celtic Heritage: Ancient* 463
Tradition in Ireland and Wales (London, 1961)；J. de Vries, *La religion des Celtes* (Paris, 1963；原版为 *Keltische Religion*, Stuttgart, 1961)；Anne Ross, *Pagan Celtic Britain* (pp. 489—503 有极好的书目)；Françoise Le Roux, "La religion des Celtes"，载 *Histoire des religions* (Encyclopédie de Pléiade), vol. 1 (1970), pp. 780—840；Paul-Marie Duval, *Les dieux de la Gaule* (1976) (a revised and enlarged edition of the work published in 1957)。

关于史前的圣所以及圣地的符号，参见 K. Schwarz, "Zum Stand der

Ausgrabungen in der Spätkeltischen Viereckshanze von Holzhausen", *Jahresbencht. d. Bayerische Bodendenkmalpfl.* (1962), pp. 21—77; Piggott, *Ancient Europe*, pp. 230 ff. 。关于中世纪爱尔兰的中心和"神圣的地理学",参见 A. Rees and B. Rees, *The Celtic Heritage*, pp. 146 ff. 。

关于骷髅崇拜,参见 P. Lambrechts, *L'Exaltation de la tête dans la pensée et dans l'art des Celtes* (Bruges, 1954),尤其是 Anne Ross, *Pagan Celtic Britain*, pp. 94—171, figs. 25—86, and pls. 1—23 (关于这一崇拜在皈依基督教后持续存在的情况,参见 pp. 155 ff.)。

170. 关于凯尔特文化以及与之相并列的古印度文化的重要性,参见 G. Dumézil, *Servius et la Fortune* (1942); Myles Dillon, "The Archaism of Irish Tradition", *Proceedings of the British Academy* 33 (1947):245—264; Dillon, "The Hindu Act of Truth in Celtic Tradition", *Modern Philology* 44 (1947):137—140; Dillon, "Celt and Hindu", *Vishveshvaranand Indological Journal* 1 (1963):1—21; J. E. Caerwyn Williams, "The Court Poet in Medieval Ireland", *Proc. Brit. Acad* 57 (1971):85—135。亦可参见 D. A. Binchy "The Linguistic and Histoncal Value of the Irish Law Tracts", *Proc. Brit. Acad.* 29 (1943); C. Watkins, "Indo-European Metrics and Archaic Irish Verse", *Celtica* 6 (1963) 194 ff. ; R. Schmidt, *Dichtung und Dichtersprache in indogermanischer Zeit* (Wiesbaden, 1967), pp. 61 ff. 。在其去世以后出版的著作 *Celts and Aryans* (Simla, 1975)中,米勒斯·迪隆(Myles Dillon)重新研究了全部的问题:形态学和句法学(pp. 32 ff.)、宫廷诗人和英雄传说(pp. 52 ff.)、社会制度(pp. 95 ff.),以及宗教(125 ff.)。亦可参见 Hans Hartmann, *Der Totenkult in Irland* (Heidelberg, 1952); K. H. Jackson, *The Oldest Irish Tradition: A Window on the Iron Age* (Cambridge, 1964); H. Wagner, "Studies in the Origin of Early Celtic Tradition", *Eriu* 26 (1975):1—26。

关于凯尔特人的三元分殊,参见 G. Dumézil, *L'idéologie tripartite des*
464 *Indo-Européens* (Brussels, 1958), p. 11:"如果我们将那些描述恺撒所征服的颓废的异教高卢人的社会环境的文献同那些告诉我们关于爱尔兰皈依基督教之后不久的文献联系起来,那么在 * *rīg*(它在语音学上与梵文 *rāj-*,拉丁文 *rēg-*完全相同)一词背后浮现出一种社会类型,这个社会是由以下三部分构成的:(1)德鲁伊特(* *dru-uid*),即"博学多闻"的阶层,它统治一切,比周边邻国强大,几乎就像婆罗门阶层一样超越民族;(2)其次是军事贵族,唯一的土地拥有者,爱尔兰的 *flaith*(参见高卢文 *vlato*, 日耳曼文 *Gewalt*, 等等),意思是“权力”,此字在语义学上与梵文 *kṣatra*,军事功能的精华,完全相同;(3)最后是牧人,爱尔兰人的 *bó airig* , 自由民(*airig*),他们被定义为拥有牛(*bó*)的人。”鲍威尔(T. G. Powell)在其研究“Celtic Origins: A Stage in the Enquiry”, *Journal of the Royal Anthropological Institute* 78 (1948):71—79 采纳了杜米兹的证明(参见 *Jupiter, Mars, Quirinus*); 参较 Piggot, *The Druids* , p. 88。

正如杜米兹在别处所论,“爱尔兰人将他们岛国的历史想象为一系列的入侵;比他们的入侵还要早一次的入侵的是达南女神之子(Tuatha Dé Dannan),其实是由异教古老诸神组成的,尤其是那些凯尔特人从他们的印欧祖先那里继承得来的。”达南女神之子(Tuatha Dé Dannan)的主要成员由以下神灵组成:大神达戈达(Dagda), 热心于高级德鲁伊特的魔法、欧格玛(Ogma),胜利之神、鲁格(Lug)(“万般手艺之神”)、迪安·塞奇(Dian Cecht),医生,以及古阿布纽(Goibuniu),铁匠。第三种功能中人们最需要的农业,也就是食物和健康的供应者,则是岛上本地的居民福摩尔斯(Fomȯrṡ)。“达南女神之子(Tuatha Dé Dannan)征服的魔鬼,大多数被杀掉了,剩下的则被驯服了。在这场战争结束的时候,也就是在梅格·图里得(Mag Tuired),大获全胜之际,入侵的达南女神之子决定留下被征服民众的首领,不杀死他,而是要他交待保证爱尔兰农牧业丰收的秘密。”(G. Dumézil, *Mythe et épopeé* , vol. 1. [1968], p. 289; 亦可参见注解 1,关于以前作品的解释)。德·弗利(Jan de Vries)在 *La religion des Celtes* , p. 157 ff. 中赞同杜米兹的解释。

关于其他包含有三元分殊结构的爱尔兰史诗传说的事例,参见 *Mythe et épopeé* , vol. 1 pp. 602—612 (“Le trio des Machas”); pp. 616—623 (“Les trois oppressions de l'île de Bretagne”)。在 *Mythe et épopeé* , vol. 2 (1971), pp. 331—353(此卷已由希尔特拜特尔[Alf Hiltebeitel]翻译成为英 465
语,名 *The Destiny of a King* [Chicago, 1973])第 5 章,分析了前后相继的“梅德(Medb)女王”神话与印度的玛达维(Mādhavī)、宇宙之王迅行王(Yayatī)之女的神话在结构上的相似性。亦可参见“The Well of Nechtan”, *Mythe et épopeé* , vol. 3 (1973), pp. 27—34。

关于恺撒证词的价值,参见米歇尔·拉姆波德(Michel Rambaud)有用但是批评过分的著作 *L'Art de la déformation hitorique dans les Commentaires de César*，第 2 版以及增补版(巴黎，1966)，尤其是关于宗教的章节(pp. 328—333)。"从他对高卢宗教的描绘中看出，这位总督、高卢的征服者以及罗马的大祭司提出了他执行的政策。"(p. 333)

关于所谓的"巨人朱比特"柱子，参见 Werner Müller, *Die Jupitergigantensäulen und ihre Verwandten* (Meisenheim am Glan, 1975)，书目甚多(pp. 113—127。关于轮子的象征，参见同上，pp. 46 ff.；亦可参见 A. Rose, *Pagan Celtic Britain*, pp. 347 ff., 475 ff.；R. Pettazzoni, "The Wheel in the Ritual Symbolism of Some Indo-European Peoples"，载 *Essays on the History of Religions* (Leiden, 1954), pp. 95—109；J. J. Hatt, "Rota flammis circumsepta, à propos du symbole de la roue dans la religion gauloise", *Revue archéologique de l'Est* 2 (1951): 82—87。

关于达戈达(Dagda)，参见 J. Vendryès, "La religion des Celtes", pp. 263；F. Le Roux, "Notes sur le Mercure celtique", *Ogam* 4 (1952): 289 ff.；J. de Vries, *La religion des Celtes*, pp. 45 ff.。

关于鲁格(Lug)，参见 Vendryès, "La religion des Celtes", pp. 278, 313；de Vries, *La religion des Celtes*, pp. 58 ff.；P.-M. Duval, *Les dieux de la Gaule*, pp. 27 ff.；R. Pettazzoni, "II dio gallico a tre teste"，载 *L'onniscienza di Dio* (Turin, 1955), pp. 286—316；R. Lantier，载 *Wörterbuch der Mythologie*, pt. 2, pp. 132 ff., 141 ff.。

关于高卢人的战神，参见 J. De Vries, *La Religion des Celtes*, pp. 64 ff.；P. Lambrechts, *Contributions à l'étude des divinités celtiques* (Bruges, 1942), pp. 126 ff.；E. Thevenot, *Sur les traces des Mars celtique entre Loire et Mont Blanc*, Dissertationes archaeologicae Gandenses (Bruges, 1955)；F. Benoit, *Mars et Mercure: Nouvelles recherches sur l'interprétation gauloise des divinités romaines* (Aix-en-Provence, 1959)。

关于欧格米奥(Ogmios)，参见 Françoise Le Roux, "Le dieu celtique aux liens: de l'Ogmios de Lucien à l'Ogmios de Dürer", *Ogam* 12 (1960): 209—234，他还讨论了早期的著作；J. de Vries, *La rel. des Celtes*, pp. 73—79；P.-M. Duval, *Les dieux de la Gaule*, pp. 79—82。根据斯杰奥斯特德(M. L. Sjoestedt)的说法，Ogam 一名"表明并非盖尔语的发音，一

定是从高卢语假借来的”(“Légendes épiques irlandaises et monnaies gauloises”, *Etudes Celtiques* 1 [1936]:7)。另一方面, Ogmios 一名似乎是从希腊文 *ogmos*, “线、排、沟”,假借得来的;但是认为这一神名起源于希腊的观点掩饰了其凯尔特宗教的现实。 466

欧格玛(Ogma)神被称为“欧甘字母(ogams)”之父,这种字母主要发现于公元 5—6 世纪爱尔兰和威尔士的 360 种丧葬铭文里面;参见 J. Vendryès, “L'écriture ogamique et ses origines”, *Etudes Celtiques* 4 (1939):83—116 (书目甚多)。关于这些符号的算数用法,参见 L. Gerschel, “Origine et premier usage des caractères ogamiques”, *Ogam* 9 (1959):151—173。参见 James Cartney, “The Invention of the Ogam Cipher,” *Eriu* 26 (1975):53—65。

关于“阿波罗”(“Apollo”),参见 J. Vendryès, “La religion des Celtes”, pp. 261 ff., 287 (与阿波罗有关的诸神); F. Le Roux, “Introduction à une étude de l'Apollon Celtique”, *Ogam* 12 (1960):59—72; J. de Vries, *La religion des Celtes*, pp. 79—86。

关于“弥涅尔瓦”(“Minerva”), 参见 J. Vendryès, “La religion des Celtes”, pp. 261 ff.; J. de Vries, *La religion des Celtes*, pp. 86 ff.。

171. 关于鲁肯提到的高卢诸神,参见 P.-M. Duval, “Teutates, Esus, Taranis”, *Etudes Celtiques* 8 (1958—1959):41—58; Duval, “Le groupe de bas-reliefs des ‘Nautae Parisiaci’”, *Monuments Piot* 48 (1956):78—85; E. Thevenot, “La pendaison sanglante des victimes offertes à Esus-Mars”,载 *Hommages à Waldemar Déonna* (Liège, 1957), pp. 442—449; J. de Vries, *La religion des Celtes*, pp. 53 ff., 105 ff.; Françoise Le Roux, “Les chaudrons celtiques à l'arbre d'Esus: Lucain et les scholies Bernoises”, *Ogam* 7 (1955):33—58; Le Roux, “Taranis, dieu celtique du Ciel et de l'orage”, *Ogam* 10 (1958); 30—39; 11 (1959):307—324; Anne Ross, “Esus et les trois ‘grues’”, *Etudes Celtiques* 9 (1960—1961):405—438; J. J. Hatt, “Essai sur l'évolution de la religion gauloise”, *Revue des études anciennes* 67 (1965):80—125(体系重构并不能令人信服)。

保存于中世纪《贝尔内希斯注释集》(*Commenta Bernensis*)的注疏相互矛盾。特乌塔特斯(Teutates)被等同于墨耳枯里乌斯,可是在另外一个地方却被等同于马耳斯;埃萨斯(Esus)等同于马耳斯和墨耳枯里乌斯,特乌塔特斯等同于帕特(Dis Pater)和朱比特。

爱尔兰国王被困在一间燃烧的房屋里面，最终淹死在一口大缸里，关于这一主题，参见 Clemence Ramnoux, “La mort sacrificielle du Roi”, *Ogam* 6 (1954):209—218。

关于塔拉尼斯(Taranis)的语言学和历史—文化的分析，参见 H. Birkhan, *Germanen und Kelten*, pp. 311 ff.。

关于克耳努诺斯(Cernunnos)，参见 P. P Bober, “Cernunnos: Origin and Transformation of a Celtic Divinity”, *American Journal of Archaeology* 55 (1951):13—51; J. de Vries, *La religion des Celtes*, pp. 112 ff. (附有书目); Anne Ross, *Pagan Celtic Britain*, pp. 180 ff.。关于法尔·卡莫
467 尼卡(Val Cammonica)的石雕，参见 F. Altheim and E. Trautmann, “Keltische Felsbilder der Val Cammonica”, *Mitteilungen des Deutschen Archaeologischen Instituts, röm., Abt.*, 54 (1939):1 ff.。关于鹿角的象征，参见 Eliade, *Zalmoxis, the Vanishing God*, trans. Willard R. Trask (Chicago, 1972), pp. 147 ff. (附有书目); Otto Höfler, *Siegfried, Arminius und die Symbolik* (Heidelberg, 1960), pp. 32 ff. and notes 66—94; Helmut Birkhan, *Germanen und Kelen*, pp. 453—457。关于鹿角面具在基督教欧洲的仪式，参见 Waldemar Liungman, *Traditionswanderungen: Euphrat-Rhein*, *FFC* no. 118 (Helsinki, 1937), p. 735 ff.。

关于主母(*Matres*)和贵妇(*matronae*)，参见 Vendryès, “La religion des Celtes”, pp. 275 ff., 288, n. 9; de Vries, *La religion des Celtes*, pp. 122 ff.; P.-M. Duval, *Les dieux de la Gaule*, pp. 55 ff.; Anne Ross, *Pagan Celtic Britain*, pp. 265 ff.。

斯杰奥斯特德(M. L. Sjoestedt)强调主神与大地之母在元旦(*Samain*)之日举行结婚仪式的重要性，这天“凯尔特的年就得到了更新”，这种诸神之间的婚姻(*hieros gamos*)乃是“整个部落永远生生不息的保证”(*Dieux et héros des Celtes*, p. 57)。爱尔兰天神与地祇之间的婚姻，凯尔特学者进行了充分的研究。参见新发表的作品：Proinsias Mac Cana, “Aspects of the Theme of King and Goddess in Irish Literature”, *Etudes Cetliques* 7 (1956):7—114, 356—413; 8 (1958):59—65; Rachel Bromwich, “Celtic Dynastic Themes and the Breton Lays”, *Etudes Celtiques* 9 (1960):439—474; Ross, *Pagan Celtic Britain*, pp. 292 ff.。亦可参见布朗(A. C. L.

Brown)和库马拉斯沃米(A. K. Coomaraswamy)下引著作。

施罗德(F. R. Schröder)最早注意到杰拉都斯·坎布仑希斯(Geraldus Cambrensis)的《爱尔兰地形志》(*Topographia Hibernica*)(约 1185 年)中的一段文字,它叙述了乌尔斯特(Ulster)的一个部落肯乃库尼(Kenelcunil)的国王在臣民的面前与一匹白色牝马交媾。然后牝马被宰杀,马肉被烹煮,锅中汤料供国王沐浴。接着国王分食马肉,饮沐浴后的汤水;参见 Schröder, "Ein altirischer Krönungsritus und das indogermanischen Rossopfer", *Zeitschrift für keltische Philologie* 16 (1927):310—312。施罗德(Schröder)比较了这一王室的献祭与印度的马祭(*aśvamedha*)(参见 § 73)。扬·布魏尔(Jaan Puhvel)根据杜米兹的观点,在"Aspects of Equine Functionality"中再次提出了这个问题,此文载 *Myth and Law among the Indo-Europeans* (1970), pp. 159—172(但是参见 Dumézil, *Fêtes romaines d'été et d'automne*, pp. 216—219)。

关于爱普娜(Epona)和利亚努(Rhiannun),参见 H. Hubert, "Le mythe d'Epona", *Mélanges Vendryès* (Paris, 1925), pp. 187 ff.; P. Lambrechts, "Epona et les Matres", *L'Antiquité classique* 19(1950):103 ff.; Jean Gricourt, "Epona-Rhiannon-Macha", *Ogam* 6 (1954):25—40, 75—86, 165—188(利亚努,就是不列颠的爱普那,她的神话对应于爱尔兰的马查[Macha])。与格里科尔(Gricourt)一样,布魏尔(Puhvel)主张人间的女神最早现为马身;参见所撰"Aspects", pp. 165 ff.。杜米兹认为三个马查中,一个是占卜家,一个是女武士,一个是农妇。换言之,她们代表了祭司、武士和农民这三种社会职业分工;参见所撰"Le trio des Machas", *Mythe et épopée*, vol. 1, p. 603。 468

在"可怕的老妇人和年轻英雄"的一个版本中,对于那个带来变化的吻所表示的含义,仙女(=女神)是这样解释的:"你看我第一眼是丑陋的,而最后却是美丽的,就是国王的统治也是这样。没有战斗就没有胜利,但是对于任何人而言,他都是美丽和出众的。"(阿南达·库马拉斯沃米翻译,载"On the Loathly Bride," *Speculum* 20 [1945]: 391—404[该文对于这一主题做了一种比较研究,主要利用了印度的资料])。布朗(A. C. L. Brown)充分分析了布列吞圣杯传奇中"代表君主统治的可怕仙女"的主题,参见所著 *The Origin of the Grail Legend* (Cambridge, 1943),第 7 章。

172. 我们关于高卢德鲁伊特的地位和仪式的信息可以追溯到波塞东

尼乌斯(Posidonius)的 *History* (第 23 卷)。此书已佚,但是斯特拉波(约前 63—公元 21)、狄奥多鲁斯(Diodorus Siculus)(他的创作期在前 60—前 30 年之间)、雅典奈乌(Athenaeus)(公元 2 世纪),以及尤里斯・恺撒(Julius Caesar)都摘抄并概述了此书(他还得到了其他资料)。梯也尼(J. J. Tierney)在他的研究"The Celtic Ethnography of Posidonius"中成功地将这些借用之处意义考证出来了,载 *Proceedings of the Royal Irish Academy* 60 (1959—1960):180—275(该文献载第 225—246 页,后附英文翻译第 247—275 页)。关于波塞东尼乌斯(Posidonius)在凯尔特人种志方面的重大贡献,亦可参见 Arnaldo Momigliano, *Alien Wisdom*: *The Limits of Hellenization* (Cambridge, 1975), pp. 67 ff.。

我们还有普林尼保存下来的信息(*Nat. Hist*. 16. 249)以及其他一些较后期的作者(公元 4 世纪)所做的评注,用诺拉・查德威克(Nora Chadwick)的话说,它们构成了"亚历山大里亚的传统",参见其所著 *The Druids* (Cardiff and Connecticut, 1966); 亦可参见 Stuart Piggott, *The Druids* (1968), pp. 88 ff.。

469 关于德鲁伊特还有许多文献,然多不可用。不过我们一定要提到肯德里克(T. D. Kendrick)所著 *The Druids*: *A Study in Keltic Prehistory* (London, 1927),其中有过分的实证主义的观点;根据这位作者的观点,德鲁伊特是一些"精灵"(参见法兰克斯・勒・罗克斯所做的有关评论,"Contribution à une définition des druides", *Ogam* 12 [1960]:475—476, esp. pp. 476 ff.)。可以参考以下文献:Jan de Vries, "Die Druiden *Kairos* 2 (1960): 67—82; de Vries, *La religion des Celtes*, pp. 212 ff.; F. Le Roux, *Les Druides* (Paris, 1961); Nora Chadwick, *The Druids*; S. Piggott, *The Druids* (这三部著作均有较为完整的书目; Piggott, pp. 123 ff., 还包括关于 17 世纪以来关于德鲁伊特的浪漫主义想象)。

恺撒提供给我们的资料是弥足珍贵的,因为他在高卢任总督期间,他本人对于德鲁伊特的精神权威和政治势力有亲身的体会。此外,罗马有许多人熟悉高卢,能够阻止他言过其实。

大不列颠和爱尔兰的方言文献对我们了解德鲁伊特教团的状况也是颇有价值的资料。参见 Myles Dillon, D. A. Binchy, J. E. C. Williams, and K. H. Jackson 前引书目(§170),以及 Françoise Le Roux, *Les Druides*。某些古典作家所记关于德鲁伊特、游吟诗人以及 *vates* 的差别不见于凯尔特岛民(参见 Le Roux, pp. 14 ff.)。

恺撒写道,德鲁伊特的教义"是在不列颠发明并由此传播到了高卢,今天,凡是愿意更加精确地研究这一学科的人照例都要旅行到不列颠去学习它"(*De Bello Gal*. 6. 13. 11 ff.)。这段话引发了好些过分的假设(de Vries, *La rel. des Celtes*, pp. 218—220 提到了其中的一些假设)。但是德鲁伊特教团是一种从共同的历史流传下来的凯尔特制度,这在不列颠和高卢都概莫能外;德·弗利(de Vries)分析了恺撒这一说法背后的原因。

恺撒还说,民众从各地前来"卡尔努特斯的献祭场所"平息他们的纷争。但是,既然个人之间的案件通常是由德鲁伊特在社团内部处理的,恺撒所言很可能是指部落间的政治冲突。在献祭场所的会众乃是 一种"超民族的"上诉法院的最后裁决;参见 Hubert, *Les Celtes*, vol. 2, p. 227; de Vries, *La rel. des Celtes*, pp. 215—216。

关于禁止将神圣的传说诉诸笔墨,参见 M. Winternitz, *Geschichte der indischen Literatur*, vol. 1 (Leipzig, 1908), p. 31; G. Dumézil, "La tradition druidique et l'écriture, le Vivant et le Mort", *RHR* 122 (1940): 470
125—133; S. Gandz, "The Dawn of Literature", *Orsis* 7 (1969):261 ff. 。关于爱尔兰口头文学,参见 D. A. Binchy, "The Background to Early Irish Literature", *Studia Hibernica* 1 (1961):21 ff. ; A. Rees and B. Rees, *The Celtic Heritage*, pp. 20 ff. 。

关于献祭场所和神庙,参见 F. Le Roux, *Les Druides*, pp. 108 ff. ; J. de Vries, *La rel. des Celtes*, pp. 201 ff. (附有书目); R. Lantier, 载 *Wörterbuch der Mythologie*, pt. 2, pp. 147 ff. 。关于崇拜仪式,参见 de Vries, pp. 228 ff. (献祭), pp. 233 ff. (节日); Lantier, pp. 151 ff. 。

关于人祭的各种意义,参见 Eliade, *Zalmoxis*, pp. 48 ff. 。

关于凯尔特人与高卢与盖塔伊—达契亚人宗教概念的相似性,参见 § § 179—179。

173. 关于斯堪的纳维亚岩石图案,参见 O. Almgren, *Nordische Felszeichnungen als religiöse Urkunden* (Frankfort, 1934)(瑞典版 1926 年问世); Peter Gelling and Hilda Ellis Davidson, *The Chariot of the Sun and Other Rites and Symbols of the Northern Bronze Age* (New York, 1969), pp. 9—116。

翻译成德语的日耳曼宗教的主要资料集有:W. Baetke, *Die Religion*

der Germanen in Quellenzeugnissen (1937)。原文文献由施罗德(F. R. Schröder)刊布于 *Quellenbuch zur germanischen Religionsgeschichte* (1933)。塔西佗短文的最佳评注本当推 Rudolph Much, *Die "Germania" des Tacitus* (Heidelberg, 1937; 2d ed. , 1959)。

在 E. O. G. Turville-Petre, *Myth and Religion of the North* (London, 1964), pp. 1—34, 287—290, 321—323(第 321—323 页有关于各种版本和翻译的书目信息)中,对于中世纪的资料——《埃达》、《萨迦》、《斯诺里·斯图鲁松的埃达》(约 1179—1241),以及 *Gesta Danorum* of Saxo Grammaticus(生于 1150 年)做了简短的分析。

我们使用的是 F. Wagner, *Les poèmes héroïques de l'Edda* (Paris, 1929)以及 *Les poèmes mythologiques de l'Edda* (Liège, 1936)中的翻译。亦可参见 C. A. Mastrelli, *L'Edda*(全译本,附有完整的评注)(Florence, 1952); Jean I. Young, *The Prose Edda of Snorri Sturluson: Tales from Norse Mythology* (Berkeley, 1964); Henry Adams Bellows, *The Poetic Edda* (New York, 1968)。

最好的概论乃是 Werner Bentz, "Die altgermanische Religion",载 W.
471 Stammler, *Deutsche Philologie im Aufriss* (1957), cols. 2467—2556, Jan de Vries, *Altgermanische Religionsgeschichte*, 2 vols. , 2d ed. (Berlin 1956—1957), 以及 Turville-Petre, *Myth and Religion of the North* (1964)。相关分析见于 Helmut Birkhan, *Germanen und Kelten bis zum Ausgang der Römerzeit*, esp. pp. 250—343(日耳曼和凯尔特人的天神)。

乔治·杜米兹多次从印欧人的观点就日耳曼宗教进行比较研究;尤其参见其所著 *Les dieux des Germains* (1959, English trans by Einar Haugen, *Gods of the Ancient Northmen*, University of California Studies in Comparative Folklore and Mythology, no. 3, Berkeley, 1974), *Loki* (1948; 第二版和修订版 1959 年出版于德国);所著 *La Saga de Hadingus* (1953 年此书增补新版名 *Du mythe au roman* 出版于 1970 年;考特曼(Derek Coltman)将其翻译为英文,名 *From Myth to Fiction: The Saga of Hadingus*, Chicago, 1973 年);以及所著 *Les dieux souverains des Indo-Européens* (1977), pp. 86 ff。亦可参见 Edgar Polomé, "The Indo-European Component in Germanic Religion",载 Jaan Puhvel, ed. , *Myth and Law among the Indo-Europeans* (Berkeley, 1970), pp. 55—82; Uno Strutynski, "History and Structure in Germanic Mythology: Some Thoughts on Einar Haugen's Critique of Dumézil",载 C. G. Larson, ed., *Myth in Indo-European Antiquity* (Berkeley, 1974), pp. 29—50(参见 Edgar Polomé, "Approaches to Germanic Mythology", ibid., pp. 51—65)。

Karl Helm, *Altgermanische Religionsgeschichte*, vol. 1 (1913); vol. 2, pts. 1 and 2 (1937—1953)有完全不同的取向;比较与杜米兹在方法论上的讨论(所引书目, *Les Dieux des Germains*, p. 38)。亦可参见 Peter Buchholz, "Perspectives for Historical Research in Germanic Religion", *HR* 8 (1968):111—138(反对杜米兹的研究方法 p. 114, n. 7), W. Baetke, *Das Heilige im Germanischen* (1942); R. L. M. Derolez, *Les dieux et la religion des Germains* (French trans., Paris, 1962; originally published in Dutch, Roermond, 1959); H. R. Ellis Davidson, *Gods and Myths of Northern Europe* (Harmondsworth, 1964)。

在阿鲁瓦·克罗斯(Alois Closs)的一系列研究中,他从历史人种志的观点描述日耳曼宗教;参见其所撰"Neue Problemstellungen in der germanischen Religionsgeschichte", *Anthropos* 29 (1934):477—496; "Die Religion des Semnonenstammes", *Wiener Beiträge zur Kulturgeschichte und Linguistik* 4 (1936):549—674; "Die Religion der Germanen in ethnologischer Sicht", 载 *Christus und die Religionen der Erde*, vol. 2 (Vienna 1951), pp. 271—366; "Historische Ethnologie und Germanistik: Das Gestaltproblem in der Völkerkunde", *Anthropos* 51 (1956):833—891。

关于宇宙起源,参见 F. R. Schröder, "Germanische Schöpfungs- 472
mythen", *Germanisch-Romanische Monatsschrift* 19 (1931):1—26, 81—99; Jan de Vries, *Altgermanische Religion*, vol. 2, pp. 35—71; de Vries, "*Ginnungagap*", *Acta Philologica Scandinavica* 5 (1930—1934): 41—66。亦可参见 Kurt Schier, "Die Erdschöpfung aus dem Urmeer und die Kosmogonie der Völospá",载 *Märchen, Mythos, Dichtung: Festschrift Friedrich von der Leyen* (Munich, 1963), pp. 303—334(此系比较研究,充分利用了各种资料); Bruce Lincoln, "The Indo-European Myth of Creation", *HR* 15 (1976):121—145; 以及§§73, 75, 76。

关于第一对人类夫妻的创造,参见 J. de Vries, *Altgermanische Religion*, vol. 1, pp. 268 ff.; K. Helm, "Weltwerden und Weltvergehen in altgermanischen Sage, Dichtung, und Religion", *Hessische Blätter für Volkskunde* 38 (1940):1—35(书目甚全); Otto Höfler, "*Abstammungstraditionen*", 载 *Reallexikon der germanischen Altertumskunde*, vol. 1, pp. 18—29。关于人类从树上诞生,参见 G. Bonfante, "Microcosmo e macrocosmo nel mito indoeuropeo", *Die Sprache* 5 (1959):1—8。

174. 关于埃希尔和瓦尼尔的战争,主要资料有:*Völuspá* 21—24; *Skâldskaparmâl*, chap. 4; *Ynglinga Saga* 1. 2. 405; 以及 Saxo Grammaticus, *Gesta Danorum* 1. 7。杜米兹在 *Tarpeia* (1947), pp. 253—269,以及 *Les dieux des Germains*, pp. 1—14 中将其翻译出来并作注。杜米兹在 *Tarpeia*, pp. 247—291; *Loki* (1948), pp. 97—106; *L'Héritage indo-européen à Rome* (1949), pp. 125—142; 以及 *Les dieux des Germains*, pp. 3—37 中,将这场战争解释为印欧神话诗的"历史化"。这一解释为 J. de
473 Vries, *Altgermanische Religion*, vol. 2, pp. 20—14, 以及 W. Betz, *Die altgermanische Religion*, col. 2475 所赞同。

关于奥丁—沃登,参见 J. de Vries, *Altgermanische Religion*, vol. 2, pp. 27—106, W. Betz, cols. 2485—2495(这两部著作都包含有很好的书目),以及 Dumézil, *Les dieux des Germains*, p. 40—64 都做了研究。亦可参见 Dumézil, *Les dieux souverains des Indo-Européens*, pp. 189—199; Turville-Petre, *Myth and Religion of the North*, pp. 35—74; Derolez, *Les dieux et les religions des Germains*, 70—91; 以及 Davidson, *Gods and Myths of Northern Europe*, pp. 48—72, 140—157。理查德·L. 奥尔德(Richard L. Auld)最近对其提出了一种心理学的解释,"The Psychological and Mythic Unity of the God Odhinn",载 *Numen* 33 (1976):14—60。扬·德·弗利(Jan de Vries)所著 *Contribution to the Study of Odhin, Especially in His Relation to Agricultural Practices in Modern Popular Lore*, *FF* Communications no. 94 (Helsinki, 1931),证明借助于民间故事解释古代日耳曼宗教是不妥的(尤其参见第 62—63 页)。

罗马人将奥丁—沃登等同为墨耳枯里乌斯,而日耳曼人则将 *dies Mercuni* 翻译为"沃登日"。这种等同的理由尚不清楚。人们却由此引申出奥丁与墨耳枯里乌斯一样,也是商人的保护神。此外,墨耳枯里乌斯主要是灵魂的引路人,而奥丁最后则担当起死神的职能了。但是,这两个神最相似的地方在于他们"精神上"的职能,尤其是他们精通法术并与奥秘技术有关(参见

§92)。关于奥丁吊在宇宙树上,参见 A. G. Hamel, "Odhinn Hanging on the Tree", *Acta Philologica Scandinavica* 7 (1932):260—288; Konstantin Reichardt, "Odin am Galgen", 载 *Wächter und Hüter: Festschrift für Hermann J. Weigand* (1957), pp. 15—28。奥丁的自我献祭及其获得神秘知识,参见杰尔·弗里克(Jere Fleck)的研究,"Odhinn's Self-Sacrifice—A New Interpretation, I: The Ritual Inversion", *Scandinavian Studies* 43 no. 2 (1971): 119—142; "II: The Ritual Landscape", ibid. 43 no. 4 (1971):385—413。

关于奥丁—沃登的崇拜,参见 J. de Vries, *Altgermanische Religion*, vol. 2, pp. 48 ff., 以及 Turville-Petre, *Myth and Religion of the North*, pp. 64 ff., 70 ff.。关于以人祭奉祀奥丁,参见 Turville-Petre, pp. 48 ff., 以及 James L. Sauve, "The Divine Victim: Aspects of Human Sacrifice in Viking Scandinavia and Vedic India", 载 *Myth and Law among the Indo-Europeans* (Berkeley, 1970), pp. 173—191。

关于古代日耳曼人中的萨满教,参见 Eliade, *Shamanism: Archaic Techniques of Ecstasy*, trans. Willard R. Trask (Princeton, 1964), 379 ff.。尚有 Peter Buchholz, *Schamanistische Züge in der altisländischen Überlieferung* (Inaugural diss., Saarbrücken, 1968); Alois Closs, "Der Schamanismus bei den Indoeuropäern", *Gedenkschrift für Wilhelm Brandenstein* (Innsbruck, 1968), pp. 289—302, esp. pp. 298 ff.; Karl Hauck, *Goldbrakteaten aus Sievern* (Munich, 1970), pp. 444 ff.。反对将奥丁做"萨满"解释的,参见 Jere Fleck, "The Knowledge-Criterion in the *Grimnismál*: The Case against 'Shamanism'", *Arkiv för nordisk filologi* 86 (1971):49—61。

de Vries, *Altgermanische Religion*, vol. 2, pp. 63 ff., 以及 Turville-Petre, *Myth and Religion of the North*, pp. 57 ff. 对于八腿马斯莱普尼尔以及两只乌鸦做了分析。亦可参见 Davidson, *Gods and Myths of Northern Europe*, pp. 145 ff.。

关于赛德,参见 Eliade, *Shamanism*, pp. 385 ff., 以及 Peter Buchholz, *Schamanistische Züge*, pp. 43 ff.。

关于科瓦希尔神话的不同版本,参见 Derolez, *Les dieux et les religions des Germains*, pp. 87 ff., 以及 Turville-Petre, *Myth and Religion* 474 *of the North*, pp. 45 ff。

关于宇宙树雨格德拉希尔，以及世界中心的象征，参见 de Vries, *Altgermanische Religion*, vol. 2, pp. 380 ff.; Eliade, *Shamanism*, p. 380。参较 Turville-Petre, *Myth and Religion of the North*, p. 279。

正如克洛托（Klōthes）或者摩赖（Moirai）（参见 § 87）一样，诺恩斯（Norns）"编织"人类的命运（参见 Eliade, *Patterns in Comparative Religion*, trans. Rosemary Sheed [London and New York, 1958], § 58）。这个名字指命运（Old Norse *urð*, Anglo-Saxon *wyrd*, German *wurd*）接近于拉丁文 *vertere*，"转变"。关于命运、命运女神以及诺恩斯（Norns），参见 J. de Vries, *Altgermanische Religion*, vol. 1, pp. 267 ff.。

175. 关于 *wut*（"狂暴"），及其印欧语的近义词——凯尔特语 *ferg*，荷马英雄的 *menos*，参见 Dumézil, *Horace et les Curiaces* (Paris, 1942), pp. 16 ff.。关于印欧社会中青年武士的入会礼，参见 Dumézil, ibid., pp. 34 ff.; 参见 Eliade, *Rites and Symbols of Initiation: The Mysteries of Birth and Rebirth*, trans. Willard R. Trask (New York, 1965), pp. 81 ff.。关于 *berserkir*，参见同上书 pp. 174—182, notes 1—11。还有：Klaus von See, "Berserker", *Zeitschrift für deutsche Wortforschung* n. s. 2 (1961): 129—135; A. Margaret Arendt, "The Heroic Pattern: Old Germanic Helmets", 载 *From Old Norse Literature and Mythology: A Symposium*, ed. Edgar C. Polomé (Austin, Tex., 1969), pp. 130—199; Eliade, "The Dacians and Wolves", 载 *Zalmoxis*, pp. 1—20; Mary R. Gerstein, "Germanic *Warg*: The Outlaw as Werwolf", 载 G. J. Larson et al., eds., *Myth in Indo-European Antiquity* (Berkeley, 1974), pp. 131—156。

关于仪式性的狼人，参见 *Zalmoxis*, pp. 14 ff.。

关于 *berserkir* 与年轻的 *hamatsas*——夸基特（Kwakiutl）人中的食人社团的比较，参见 Dumézil, *Horace et les Curiaces*, pp. 42 ff.; Eliade, *Zalmoxis*, pp. 16 ff.。

关于瓦基里斯（Valkyries）和瓦尔哈拉（Valhalla），参见 de Vries, *Altgermanische* Religion, vol. 2, pp. 58 ff. 所引文献和书目；参见 H. R. Ellis Davidson, *Gods and Myths*, pp. 61 ff.。

176. 关于曲尔（* Tiwaz, Ziu），参见 de Vries, *Altgermanische Religion*, vol. 2, pp. 13 ff.。日耳曼学家一般注重曲尔战神的职能；参见 De-

rolez, *Les dieux et les religions des Germains*, pp. 107 ff.; Davidson, *Gods and Myths*, pp. 57 ff.。关于曲尔作为审判者以及与日耳曼和平大会(*thinge*)的关系,参见 de Vries, vol. 2, pp. 13 ff.; Dumézil, *Les dieux des* 475
Germains, pp. 68 ff.; 以及 Dumézil, *Les dieux souverains*, pp. 196 ff.。

塔西佗在《日耳曼尼亚志》第 9 章中写道,他们的神主要有墨耳枯里乌斯、马耳斯与赫耳枯勒斯,亦即沃登—奥丁、曲尔和琐尔。在第 39 章中,他描绘了斯维比人中的主要部落塞姆诺内斯人,这位罗马历史学家说道,每逢一定的时期,所有属于这种人的各个部落都派遣代表聚集在一个神圣的丛林之中;在那里他们杀死一个人作为牺牲,献给神,塔西佗称之为万物之主的尊神(*regnator omnium deus*)。100 多年以来,学者们试图证明这个神不是曲尔就是沃登。关于争论的历史,参见 R. Pettazzoni, "Regnator omnium deus", *Essays on the History of Religion* (Leiden, 1954), pp. 13—50; 意大利文本刊登在 *SMSR* 119—120 (1943—1946): 137 ff.; 参见 Hildebrecht Hommel, "Die Hauptgottheiten der Germanen bei Tacitus", *ARW* 37 (1941): 144—173; J. de Vries, *Altgermanische Religion*, vol. 2, pp. 32 ff.; Eliade, *Images and Symbols: Studies in Religious Symbolism*, trans. Philip Mairet (New York, 1952), pp. 103 ff.。毕塔佐尼(Pettazzoni) (p. 145)反对将此神与曲尔和沃登相等同;他认为文中所指乃是无人格的神圣丛林之神。但是,我们必须考虑到,斯维比人是起源于伊尔敏—厄尔敏(Irmin-Hermin)的厄尔密诺内斯人(Herminones)人中最重要的一个部落(参见 A. Closs, "Die Religion des Semnonenstammes", pp. 653 ff.)。《圣亚历山大作品翻译集》(*Translatio S. Alexandri*)一书作于公元 863—865 年之间,其作者弗尔达的鲁道尔夫(Rudolf of Fulda)写道,萨克森人敬奉一根高大的树干,他们的语言称为 Irminsul,拉丁语作 *universalis columna*,因为它支撑着整个世界。(其他提到 Irmin 和 Irminsul 的文献,可参见 R. Meissmer, "Irminsul bei Widukind von Corvey", *Bonner Jahrbücher* 139 [1934]: 34—35; Heinz Löwe, "Die Irminsul und die Religion der Sachsen", *Deutsches Archiv für Geschichte des Mittelalters* 5 [1942]: 1—22.)。因此伊尔敏(Irmin)乃是一天界之神;事实上,还有一些古代民族描绘他们的天神和至上神是一根支撑天庭的柱子。鲁威(H. Löwe) (p. 15)以及其他学者一样,认为 Irmin 就是 *regnator omnium deus*。这就是说,日耳曼人崇拜一个名为 Irmin 或 Tiwaz-Ziu 天神或至上神(参见

H. Hommel, “Die Hauptgottheiten”, p. 151),这个神后来被沃登一奥丁所取代。参见 Werner Müller, *Die Jupitergigantensäulen und ihre Verwandtes* (Meisenheim am Glan, 1975), esp. pp. 88 ff. 所做的出色分析。

关于琐尔,参见 de Vries, *Altgermanische Religion*, vol. 2, pp. 107 ff., 以及 Dumézil, *Les dieux des Germains*, pp. 67 ff., *L'idéologie tripartite des Indo-Européens*, pp. 54 ff., 和 *Heur et malheur: Aspects mythiques de la fonction guerrière chez les Indo-Européens* (1956), pp. 69
476 ff. (English translation by Alf Hiltebeitel, *The Destiny of the Warrior* [Chicago, 1970], pp. 89 ff.)。亦可参见 Turville-Petre, *Myth and Religion of the North*, 75 ff.; F. R. Schröder, “Thor, Indra, Herakles”, *Zeitschrift für deutsche Philologie* 76 (1957):1 ff.;以及 H. R. Ellis Davidson, “Thor's Hammer”, *Folklore* 74 (1963)。

关于巴尔德尔的书目卷帙浩繁;首先可参考 J. de Vries, *Altgermanische Religion*, vol. 2, pp. 214—238; W. Betz, *Die Altgermanische Religion*, cols. 2502—2508; G. Dumézil, *Les dieux des Germains*, pp. 93 ff.; Otto Höfler, “Balders Bestattung und die nordischen Felszeichnungen”, *Anzeiger der Österreichischen Akademie der Wissenschaften, Phil.-hist. Klasse* 88 (1951): 343—372; Turville-Petre, *Myth an Religion of the North*, pp. 196 ff. 将巴尔德尔解释为一个农业丰产的天才,乃由曼恩哈特(Mannhardt)和弗雷泽(Frazer)首倡, F. R. Schröder, “Balder und der zweite Merseburger Spruch”, *Germanisch-Romanische Monatsschrift* 34 (1953):166—183 又重新提出这一观点,此说遭到 J. de Vries, “Der Mythos von Balders Tod”, *Arkiv för Nordisk Filologi* 70 (1955):41—60 的批评(但是德·弗利[de Vries]将巴尔德尔之死解释为神话,与年轻武士的成丁礼相对应,这一观点杜米兹并不接受;参见其所著 *Le dieux des Germains*, p. 104)。关于槲寄生这一主题的充分讨论,参见 Jonathan Z. Smith, “When the Bough Breaks”, *HR* 12 (1973): 342—372, esp. pp. 35—70。自从布吉(S. Bugge)以后,不少学者发现巴尔德尔与基督之间的相似性,参见 Derolez, pp. 126 ff.; Turville-Petre, pp. 119 ff.。杜米兹认为巴尔德尔取代了曲尔的职能(“使得斯堪的纳维亚的密特拉退化了);参见其所著 *Les dieux de Germains*, p. 93。

关于另外一位埃希尔神灵,赫穆达尔的文献比较零乱。他是诸神的更夫,是千里眼;有9个母亲生他。赫穆达尔和洛基是死对头,在末世之战时,他们将把对方杀死。关于赫穆达尔的资料, B. Pering, *Heimdall* (1941)做了分析;参见 J. de Vries, *Altgermanische Religion*, vol. 2, pp. 238 ff.; de Vries, "Heimdallr, dieu énigmatique", *Etudes germaniques* 10 (1955) 257—268。Ake Ohlmarks, *Heimdall und das Horn* (Uppsala, 1937),资料丰富,值得参考;其自然主义的解释(赫穆达尔=太阳;号角=月亮)过于天真。杜米兹将赫穆达尔解释为"第一位神",类似于伐由和雅努斯;参见其所撰"Remarques comparatives sur le dieu scandinave Heimdallr", *Etudes Celtiques* 8 (1959):263—283。

177. 关于瓦尼尔神族,参见 J. de Vries, *Altgermanische Religion* vol.
2, pp. 163—208, 307—313; W. Betz, *Die Altgermanische Religion* cols. 477
2508—2520; Dumézil, *Les dieux des Germains*, pp. 117—127; Turville-Petre, *Myth and Religion of the North*, pp. 15—79, 325(书目)。

关于纳尔土斯—尼约尔德尔,参见 Helmut Birkhan, *Germanen und Kelten*, pp. 544 ff.; E. Polomé, "A propos de la déesse Nerthus", *Latomus* 13 (1954):167 ff.; G. Dumézil, *La Saga de Hadingus, du mythe au roman* (1953); 其新的增补版 *Du mythe au roman* (1970), 杜米兹证明哈丁古斯(Hadingus)是从尼约尔德尔及其神话剽窃来的史诗;亦可参见其所撰"Njördhr, Nerthus et le folklore scandinave des génies de la mer", *RHR* 147 (1955):21—26,此文重印于 *Du mythe au roman*, pp. 185—196 (Eng. trans., *From Myth to Fiction*, pp. 215—229)。

关于芙丽娅和芙里格,参见瓦尼尔诸神的书目以及德·弗利(J. de Vries) (vol. 2, pp. 302 ff.)、德罗兹(Derolez) (pp. 139 ff.)和戴维森(Davidson) (*Gods and Myths of Northern Europe*, pp. 92—127)的研究。

关于洛基的著作也不在少数。1931年以前诸说, J. de Vries, *The Problem of Loki*, *FFC* no. 110 (Helsinki 1933), pp. 1—22 做了考察;亦可参见 de Vries, *Altgermanische Religion*, vol. 2, pp. 255 ff.。德·弗利(de Vries)将洛基比作北美神话特有的"恶作剧者"。斯托罗姆(F. Ström)在 *Loki: Ein mythologisches Problem* (Gothenburg, 1956)中,认为此神是其"义兄"奥丁的化身。罗思(A. B. Rooth)则根据斯堪的纳维亚民间故事的材料得出结论说,洛基最初的形象是蜘蛛(瑞典方言作 *Locke*);参见其所著 *Loki in Scandinavian Mythology* (Lund, 1961)。亦可参见 de Vries,

"Loki … und kein Ende", *Festschrift für F. R. Schröder* (Heidelberg, 1959), pp. 1 ff.; Alois Closs, "Loki und die germanische Frömmigkeit", *Kairos* 2 (1960): 89—100。乔治·杜米兹在 *Loki* (1948)这部力作中讨论了这个问题,此书第二版多有修订,以德文出版于1959年;亦可参见其所著 *Les dieux des Germains*, pp. 94 ff.。乔治·杜米兹引用了一个与其相似的高加索神来突显洛基与巴尔德尔的对立:邪恶的希尔敦(Syrdon)用一个看似无害的诡计将美貌的英雄索兹利科(Sozryko)杀死了;参见 *Loki*, pp. 169 ff.。

关于斯堪的纳维亚的末世神话,丹麦学者阿克赛尔·奥尔利克(Axel Olrik)出版了一部很珍贵的著作,尤以资料丰富见长:*Ragnarök: Die Sagen vom Weltuntergang*, trans. W. Ranisch (Berlin, 1922)。奥尔利克(Olrik)认为,*Ragnarök* 的概念可能受到了某些高加索神话以及波斯和基督教末世论的影响。莱岑斯坦(R. Reitzenstein)认为摩尼教的影响很大;参见其所撰"Weltuntergangsvorstellungen",载 *Kyrkohistorisk Årsskrift* 24
478 (1924): 129—212, 以及"Die nordischen, persischen und christlichen Vorstellungen vom Weltuntergang",载 *Vorlräge der Bibliothek Warburg* 1923—1924 (Leipzig and Berlin, 1926): 149—169。但是杜米兹已经证明其中实际上只有见载于印度(《摩诃婆罗多》)、波斯和斯堪的纳维亚传说中的印欧神话;参见其所著 *Les Dieux des Germains*, pp. 212 ff.。参见 Stig Wikander, "Germanische und indo-iranische Eschatologie", *Kairos* 2 (1960): 83—88。关于 *Ragnarök*, 亦可参见 J. de Vries, *Altgermanische Religion*, vol. 2, pp. 397 ff.; J. S. Martin, *Ragnarök* (Assen, 1972)。

关于死后存在的观念以及死亡的神话学,参见 G. Neckel, *Walhall: Studien über germanischen Jenseitsglauben* (Dortmund, 1931); H. R. Ellis, *The Road to Hel* (Cambridge, 1943); 以及 R. T. Christiansen, *The Dead and the Living* (1946)。

关于武士的成丁礼、英雄的命运以及异教—基督教共生的精彩论述,参见 H. Margaret Arendt, "The Heroic Pattern: Old Germanic Helmets, Beowulf, and the Grettis Saga",载 *From Old Norse Literature and Mythology: A Symposium*, ed. Edgar C. Polomé (Austin, Tex., 1969), pp. 130—199。

关于哥斯弗斯十字架,参见 K. Berg, "The Gosforth Cross", *Journal*

of the Warburg and Courtauld Institutes 21 (1951): 27 ff.（附有精美的照片）。

关于日耳曼王族，奥托·赫夫勒(Otto Höfler)出版了一部颇有启发、学识渊博的专著，*Germanische Sakralköniglum*, vol. 1: *Der Runenstein von Rök und die germanische Individualweihe* (Tübingen, 1953)；亦可参见其所撰论文，载 *The Sacral Kingship* (Leiden, 1959), pp. 664 ff.。参见德·弗利(J. de Vries)的评论，*Germanisch-Romanische Monatasschrift* 34 (1953): 183 ff.，以及我们在 *Critique* 83 (1954): 328 ff. 的评论。吕克(Rök)纪念碑上的鲁尼文铭文的重要性事实上就在于其作者即一处圣所的卫士瓦林(Varin)将他的儿子不是"奉祀"给神——这一习俗在日耳曼传统中屡见不鲜——而是奉祀给了一个国王，哥特王提奥多里克(Theodoric)。瓦林在瑞典树立起一座纪念碑，可是提奥多里克却是在数世纪之前的意大利维罗纳实行其统治。"但是"，铭文叙述道，提奥多里克"仍然决定着战争的命运"。他全副武装地干预战争，肩上顶着盔甲，骑在战马上面。提奥多里克不仅是一个国王，不论生前还是死后，都深知荣耀和成圣；对于整个日耳曼世界而言，他变成了一个神话人物，并且以伯恩的迪特里希(Diederich of Berne)的名字在 19 世纪甚至 20 世纪都十分有名。这些事实是众所周知的。但是吕克(Rök)碑刻证明，这已不是一种"文学"或者民间故事，而是一种活生生的宗教信仰，换言之，当他树立起纪念碑的时候，瓦林是在进行一 479
种仪式，表明信仰国王的神圣性。

关于日耳曼国王族，亦可参见 K. Hauck, "Herrschaftszeichnen eines Wodanistischen Königtums", *Jahrbuch für fränkische Landesforchung* 14 (1954): 9—66; J. de Vries, "Das Königtum bei den Genmanen", *Saeculum* 7 (1956): 289—310。

178. 关于色雷斯人的原史和历史，参见 Joseph Wiesner, *Die Thraker* (Stuttsart, 1963)的研究。W. Tomaschek, "Die alten Thraker", *Sitzungsberichte der Akad. Wien* 130 (1893)仍不失为一本基本读物。关于某些宗教观念的零散然而有用的资料可在最近关于色雷斯语言的专著中找到，首先是 D. Dečev, *Die thrakischen Sprachreste* (Vienna, 1957); I. I. Russu, *Limba Traco-Dacilor*, 2d ed. (Bucharest, 1963); C. Poghirc. ed., *Thraco-dacica* (Bucharest, 1976); Poghirc, *Studii de tracologie* (1976)。

拉菲埃勒·毕塔佐尼(Raffaele Pettazzoni)提出了一个总体的观点，

"La religione dell'antica Tracia",载 *Serta Kazaroviana* (= *Bulletin de l'Institut Archéologique Bulgare* 16 [Sofia, 1950]:291—299,此研究有英文版问世,"The Religion of Ancient Thrace",载 Pettazzoni, *Essays on the History of Religions* [Leiden, 1954], pp. 81—94)。亦可参见 Furio Jesi, "Su Macrobe *Sat. I.* 18: Uno schizzo della religione tracica antica", *Studii Clasice* 11 (Bucharest, 1969):178—186。

关于色雷斯人阿列斯崇拜,参见 Wiesner, *Die Thraker*, pp. 101 ff.,以及注解 36 ff.。关于本迪斯—阿耳忒弥斯(Bendis-Artemis),参见同上 pp. 106 ff. 以及注解 48 ff。

关于兹别苏多斯(Zbelsurdos),参见 G. Seure, "Les images thraces de Zeus Keraunos: Zbelsurdos, Gebeleïzis, Zalmoxis", *REG* 26 (1913): 225—261; A. B. Cook, *Zeus*, vol. 2, pt. 1 (Cambridge, 1925), pp. 817—824。

关于色雷斯人的"狄奥尼索斯", Erwin Rohde, *Psyche: The Cult of Souls and Belief in Immortality among Greeks* 一书迄今无出其右(初版名 *Psyche: Seelencult und Unsterblichkeitsglaube der Griechen*,出版于 1894 年。我们引用的是希利斯(W. B. Hillis)的英文翻译,出版于 1925 年)。亦可参见 Wiesner, *Die Thraker*, pp. 102 ff.。

色雷斯人的"狄奥尼索斯"以萨巴奇乌斯(Sabazius)一名,其崇拜传播远及非洲(早在公元 4 世纪),参见 Charles Picard, "Sabazios, dieu thraco-phrygien: Expansion et aspects nouveaux de son culte", *Revue archéologique* 2 (1961): 129—176; 亦可参见 M. Macrea, "Le culte de Sabazius en Dacie", *Dacia* n. s. 3 (1959):325—339; E. Lozovan, "Dacia Sacra", *HR* 7 (1968):215—219。

480 关于萨巴奇乌斯("萨巴奇乌斯之手",与雅赫维同化等等)的融合主义崇拜,参见 W. O. E. Oesterley, "The Cult of Sabazios", 载 *The Labyrinth*, ed. S. H. Hooke (London, 1925), pp. 115—158。

关于色雷斯—盖塔伊的苦行和思想,参见 Eliade, *Zalmoxis*, pp. 661 ff.。

关于保加利亚的"马背英雄",加夫利尔·I. 卡扎洛夫(Gavril I. Kazarow)在所著 *Die Denkmäler des thrakischen Reitergottes in Bulgarien*, 2 vols., Dissertationes Pannonicae, (Budapest, 1938)中做了详细的调查。

亦可参见其所撰"Zum Kult des thrakischen Reiters in Bulgarien", *Wissenschaftliches Zeitschrift der Karl Marx Universität* 3, (Leipzig, 1953—1954): 135—137, C. Picard, "Nouvelles observations sur diverses représentations du Héros-Cavalier des Balkans", *RHR* 150 (1956):1—26;以及 R. Pettazzoni, "The Religion of Ancient Thrace", pp 84 ff.。

179. 盖塔伊—达契亚人是青铜器时代色雷斯人的直系后裔。他们的扩张远远超出了现在的罗马尼亚边界。最近的考古发掘表明,盖塔伊—色雷斯人遗址远至德涅斯特河,南及巴尔干,西部和北部抵达匈牙利,东南到达斯洛伐克和塞尔维亚。公元 1 世纪时,在波列比斯塔(Boerebista)国王统治时期,达契亚的势力盛极一时。但是罗马人在公元 3 世纪末突入巴尔干半岛,于奥古斯都时期抵达多瑙河。第二位重要的达契亚国王名德西巴鲁斯(Decebalus),于公元 89 年击败多米提安(Domitian)率领的罗马人,但是在两场血流成河的战斗中被图拉真击败(101—102),遂自杀。达契亚于是变成罗马的一个行省。关于达契亚的原史和历史的书目可谓汗牛充栋,我们需要提到的有, Vasile Pârvan, *Getica* (Bucharest, 1926); Pârvan, *Dacia, An Outline of the Early Civilizatiuon of the Carpatho-Danubian Countries* (Cambridge, 1928; 亦可参见拉杜·伍尔普(Radu Vulpe)的第 4 版罗马尼亚文译本[Bucharest, 1967],书中含有译者的一些重要的补充和评注性的书目[pp. 159—216]); Hadrian Daicoviciu, *Dacii* (Bucharest, 1965); H. Daicoviciu, *Dacia de la Buerebisla la cucerirea romană* (Bucharest, 1972); R. Vulpe, *Aşezări getice în Muntenia* (Bucharest, 1966); I. H. Crişan, *Burebista şi epoca sa* (1975)。关于色雷斯人和盖塔伊—达契亚人的扩张及其与斯基泰人的关系,参见 M. Dušek, "Die Thraker im Karpatenbecken", *Slovenska Archaeologia* 22 (1974):361—428。

根据斯特拉波的说法(7.3.12),达契亚人原名 *daoi*。赫西丘(Hesychius)保留的一个传说告诉我们, daos 是一个弗里吉亚词,意思是"狼"。故早 481
期达契亚人自称"狼"或者"那些像狼的"。由于狼堪称武士的典范,军队的入会礼以及秘密的武士兄弟会的特征就是要模仿狼的行为和外表。参见 Eliade, "The Dacians and Wolves",载 *Zalmoxis*, pp. 5—20。

关于盖塔伊—达契亚人的宗教信仰,参见 I. I. Russu, "Religia Geto-Dacilor: Zei, credinţe, practici religioase", *Annuarul Institutului de Studii Clasice* 5 (Cluj, 1947):61—137,以及 *Zalmoxis*, p. 22, n. 1 中的书目。

关于盖倍列吉司(Gebeleïzis),参见*Zalmoxis*, pp. 51—55, 在以及注解87—97的书目。还有C. Poghirc, "Considérations philologiques et linguistiques sur Gebeleïzis", *Academia Litterarum Bulgarica*, vol. 2: *Thracia* (Serdicae, 1974), pp. 357—360。作者提出(p. 359)要将此神之名读作* *Nebeleizis*, 其前半部分近似于希腊文*nephelē*, 拉丁文*nebula*, 盎格鲁—萨克森文*nifol*,意思是"云、风暴的天空",而第二部分的意思是"神"。

关于查莫西斯(Zalmoxis),参见拙著*Zalmoxis*, p. 22, n. 1的书目。参见上书, pp. 24 ff., 其中就希罗多德的《历史》4. 94—96中可以找出的神话—仪式场景做了分析。

关于希腊的出神、巫医和"萨满—哲学家",许多学者都将其与查莫西斯相提并论,参见*Zalmoxis*, 第34—42页。

从雅各布·格林到内克尔(Neckel)、扬·德·弗利(Jan de Vries),一些日耳曼学家将查莫西斯消失的主题与丰产之神弗莱尔之死进行比较,但是这种比较未必有价值,参见*Zalmoxis*, pp. 47—48。

希坡律图(《驳斥所有异端》2. 25)讲述了一个故事,查莫西斯本应宣传凯尔特人中间流传的毕达哥拉斯教义,这再次证明过去人们将查莫西斯宗教定义为信仰灵魂不死的传统的重要性。胡伯特(H. Hubert)将德鲁伊特文化与色雷斯人和盖塔伊—达契亚人的兄弟会进行比较;参见其所著*Les Celtes depuis l'époque de la Tène*, p. 283。其中尤其重要的是大祭司、灵魂不死以及与德鲁伊特的入会礼类型相似的盖塔伊—达契亚人的神圣技术。此外,某些凯尔特影响也应当考虑进去,因为有一段时期凯尔特人居住在达契亚人西面;参见Parvân, *Getica*, pp. 461 ff.; Pervân, *Dacia*, *Civilization antice din ţările carpato-danubiene*, 4th ed. (Bucharest, 1967), pp. 103 ff., 183 ff.; H. Daicoviciu, *Dacii*, pp. 61 ff.。

关于约尔丹尼(Jordanes)的*Getica*, 参见Eliade, *Zalmoxis*, pp. 64 ff.
482 以及note 127。此外, Norbert Wagner, *Getica*: *Untersuchungen zum Leben des Jordanes und zur frühen Geschichte der Goten* (Berlin, 1967)。

关于萨尔米兹格图查(Sarmizegetuza)与科斯特兹底(Costeşti)的"天文台—神庙",参见C. D. Daicoviciu, "Le problème de l'état et de la culture des Daces à la lumière des nouvelles recherches", 载*Nouvelles études d'histoire présentées au Xe Congrès de sciences historiques* (Bucharest, 1955), pp. 126 ff.; Hadrian Daicoviciu, "Il Tempio-Calendario dacico di

Sarmizegetuza", *Dacia* n. s. 4 (Bucharest, 1960): 231—254; H. Daicoviciu, *Dacii*, pp. 194 ff. , 210 ff. 。

关于中世纪的历史神话化过程(盖塔伊人与哥特人等等)中的查莫西斯后期历史,参见 Eliade, *Zalmoxis*, pp. 70 ff. 。

第 22 章　俄耳普斯、毕达哥拉斯和新末世论

180. O. Kern, *Orphicorum Fragmenta* (Berlin, 1922)做了典籍编辑的工作; W. K. C. Guthrie, *Orpheus and Greek Religion* (London, 1935; 2d ed. , 1952), pp. 59 ff. , 137 ff. 和 G. Arrighetti, *Frammenti Orfici* (Turin, 1959)将一部分典籍进行了翻译。俄耳普斯赞美诗有一个很好的本子,就是 O. Quandt, *Orphei Hymni* (Berlin, 1941), 而 O. Faggin, *Inni Orfici* (Florence, 1949)则是一个选译本。亦可参见 O. Dottin, *Les "Argonautiques" d'Orphée* (Paris, 1930)。

对于原始资料从各种迥异的观点进行批判性分析,可以参见 Guthrie, *Orpheus*, pp. 29 ff. , 以及 I. M. Linforth, *The Arts of Orpheus* (Berkeley, 1941)相关章节。R. Böhme, *Orpheus, der Sänger und* seine *Zeit* (Berne and Munich, 1970)再度对于早期文献资料做了详细分析。亦可参见 K. Ziegler, "Orphische Dichtung", 载 the Pauly-Wissowa *Realencyklopädie*, vol. 28 (1942), cols. 1321—1417。

截止于 1922 年近期作品的完整书目,参见 Kern, *Orphicorum Fragmenta* (pp. 345 ff.); 1941 年 Martin P. Nilsson 于"Early Orphism and Kindred Religious Movements", *Opuscula Selecta* , vol. 2 (Lund, 1952)注解 1, pp. 62—30(本文系 *HTR* 28 [1935]:181—230 所发表的论文的增补),做了一个补充。关于最新的研究,参见 K. Prümm, "Die Orphik im Spiegel der neueren Forschung", *Zeitschrift für Katholische Theologie* 78 (1956):1—140。关于大量俄耳普斯与俄耳普斯教的文献,我们提到的有: E. Mass, *Orpheus: Untersuchungen zur griechischen, römischen, altchristlichen Jenseitsdichtung und Religion* (Munich, 1895); Otto Kern, 483
Orpheus: Eine Religionsgeschichtliche Untersuchung (Berlin, 1920); A. Boulanger, *Orphée: Rapports de l'orphisme et du christianisme* (Paris, 1925), esp. pp. 17—67; Vittorio Macchioro, *Zagreus: Studi intorno all'orfismo* (Florence, 1930)(参考时请谨慎); P. Boyancé, *Le culte des*

Muses (1937), pp. 33—61; Nilsson, "Early Orphism"; Nilsson, *Geschichte der griechischen Religion*, 3d ed., vol. 1 (1967), pp. 678—699; 2d ed., vol. 2 (1961), pp. 246—431(全部第二版翻译成为英文,名 *A History of Greek Religion* [New York, 1964]); Guthrie, *Orpheus and Greek Religion*; Guthrie, *The Greeks and Their Gods* (Boston, 1968), pp. 307—332; Guthrie, *A History of Greek Philosophy*, 4 vols. (Cambridge, 1975); Linforth, *The Arts of Orpheus*; E. R. Dodds, *The Greeks and the Irrational* (Berkeley, 1951), pp. 146 ff.; R. Pettazzoni, *La religion dans la Grèce antique* (Paris, 1953), pp. 108—131; Louis Moulinier, *Orphée et l'orphisme à l'époque classique* (Paris, 1955); Dario Sabbatucci, *Saggio sul misticismo greco* (Rome, 1965), pp. 69—126; Walter Burkert, "Orpheus und die Vorsokratiker", *Antike und Abendland* 14 (1968): 93—114; Burkert, *Griechische Religion der archäischen und klassischen Epochen* (Stuttgart, 1977), pp. 440—447 ("Orpheus und Pythagoras")。

俄耳普斯起源于色雷斯是斯特拉波和普鲁塔克提出的,得到罗得(E. Rohde, *Psyche*)、玛斯(E. Mass, *Orpheus*)、佩德里兹特(P. Perdrizet, *Cultes et inythes du Pangée*, 1910)的赞同。布兰格尔(Boulanger)敏锐地观察到"色雷斯人中间根本找不到俄耳普斯教的特征——对于罪的意识、对于洁净和救赎的需要、地狱般的惩罚"(*Orphée*, p. 47, n. 1)。亦可参见 R. Böhme, 载 *Annales Univ. Saraviensis* 6 (1956): 3 ff.。范·温德肯(A. J. van Windeken)提出,"许佩耳玻瑞族起初是一个具有俄耳普斯教倾向的宗教团体,以后才成为一个神话般的民族;参见其所撰"Hyperboréens", *Rheinisches Museum* 100 (1957): 164—169。

迪迪安(M. Detienne)最近对于俄耳普斯失去欧律狄刻提出了一种新观点,参见所撰"Orphée au miel", *Quaderni Urbinati di Cultura Classica*, no. 12 (1971), pp. 17 ff.。俄耳普斯被谋杀乃公元 5 世纪画家所喜欢的主题;参见 Guthrie, *Orpheus*, pp. 64—65, 以及 fig. 4, pl. IV, 以及 Moulinier, *Orphée et l'orphisme*, p. 14, n. 2 (根据约翰·比兹雷[Sir John Beazley]的目录, *Attic Red-Figured Vase-Paintings*, Oxford, 1942)。

181. 关于柏拉图的神话:灵魂被幽闭在身体(*sōma*)里面,就像坟墓
484 (*sēna*)一样,以及该神话与俄耳普斯教的关系,下列著作从各种不同的观点做了分析和注解:Guthrie, *Orpheus*, pp. 214 ff.; Guthrie, *The Greeks and*

Their Gods, pp. 311 ff.; Linforth, *The Arts of Orpheus*, pp. 147 ff. and passim; Perceval Frutiger, *Les mythes de Platon* (Paris, 1930), pp. 259 ff.; F. Cumont, *Lux Perpetua* (Paris, 1949), pp. 245 ff.; 以及 Moulinier, *Orphée et l'orphisme*, pp. 24 ff.。

关于"俄耳普斯的生活",参见 Guthrie, *Orpheus*, 263—266; Dodds, *The Greeks and the Irrational*, pp. 149 ff.。

关于俄耳普斯神秘主义,参见 Dario Sabbatucci, *Saggio sul misticismo greco*, pp. 41 ff.。关于俄耳普斯教的茹素,参见 Guthrie, *Orpheus*, pp. 197 ff.; Sabbatucci, pp. 69 ff.; Marcel Detienne, "La cuisine de Pythagore", *Archives de sociologie des religions*, no. 29 (1970), pp. 141—162; Detienne, *Les jardins d'Adonis* (Paris, 1972), pp. 85 ff. and passim (English trans., *The Gardens of Adonis*, New York, 1976)。

关于俄耳普斯教的神谱以及宇宙起源的文献,参见 Guthrie, *Orpheus*, chap. 4, Alderinck, *Crisis and Cosmogony: Post-Mortem Existence in the Eleusinian and Orphic Mysteries* (Ph. D. diss., University of Chicago, 1974), 第 6 章,有翻译和评注。亦可参见 R. Mondolfo, "Intorno al contenuto dell'antica teogonia orfica", *Rivista di filologia classica* 59 (1931): 433—461; F. Dümmler, "Zu orphische Kosmologie", *Archiv f. Gesch. d. Phil.* 7 (1948)。

关于腓尼基和埃及的宇宙起源说的相似性,参见 Ugo Bianchi, "Protogonos", *SMSR* 28 (1957):119 ff., 以及"Le dualisme en histoire des religions", *RHR* 159 (1961):26 ff., 这两篇文章以及 S. Morenz, *Die Aegypten und die altorphische Kosmogonie* (1950)。

威里巴尔德·斯塔乌达赫(Willibald Staudacher)在其所著 *Die Trennung von Himmel und Erde: Ein vorgriechischer Schöpfungsmythos bei Hesiod und den Orphiker* (Tübingen, 1942; 再版, Darmstadt, 1968), pp. 85 ff. 中,区分了两种俄耳普斯教宇宙起源说,一是基于黑夜女神的主题(欧蒂莫斯[Eudemus]和柏拉图:《蒂迈欧篇》40c and 41a),另外一个则基于太初之卵的主题(阿里斯托芬:《鸟》650—731;以及希罗尼摩斯[Hieronymus]和赫兰尼库斯[Hellanicus]);这二者传说混合在俄耳普斯教的《杂集》(*Rhapsodies*)里面。1962 年发现的德尔维尼纸草卷则揭示了另外一种与众不同的学说,即颂扬宙斯的宇宙起源的权能和绝对统治。该份纸草卷由卡普索门农(S. C. Kapsomenos)编辑,沃尔特·布克尔特(Walter Burkert)将其翻译为德文,载"Orpheus und die Vorsokratiker: Bemerkungen zum Derveni-Papyrus und zum pythagoreischen Zahlenlehre", *Antike und Abendland* 13 (1967): 93—114 (translation, pp. 94—96), 梅克尔巴赫
485 (R. Merkelbach)的翻译则收录于"Der orphische Papyrus von Derveni", *Zeitschrift für Papyrologie und Epigraphik* 1 (1967): 23—30。英文翻译以及评注,参见 Alderinck, *Crisis and Cosmogony*,第 6 章。

关于宙斯雷击泰坦诸神(Titans),参见本书,第 1 卷,§124。人类从泰坦神的灰烬里诞生,有许多的争论。尼尔森(Nilsson)(*Geschichte der griechischen Religion*, vol. 1, pp. 686 ff.)认为这一神话相当古老;可是,林福斯(Linforth, *Arts*, p. 331)则主张我们没有令人信服的理由断定该神话的年代。墨里尼埃(Moulinier)的批评过于吹毛求疵(*Orphée*, pp. 44 ff.),得出了一个完全否定的结论:"正是普鲁塔克最早……认为泰坦吃掉狄奥尼索斯的神话与我们人类的诞生有关:肉食的人类将因此而受到惩罚"(第 59 页提到,*De esu carne* 996e, Kern, *Orph. Frag.*, no. 210, p. 231)。可是多德(Dodds)说,对与该神话有关的全部文献做了考察以后,"我发现很难拒绝认为柏拉图及其门徒是完全知道这个神话的"(*The Greeks and the Irrational*, p. 156;参见 p. 176, notes 132 and 135)。多德同意色诺克拉底(Xenocrate)的证词是有价值的。关于这段文字的讨论,参见 P. Boyancé, "Xenocrates and the Orphics", *Rev. des études anciennes* 50 (1948): 21—25。斯特拉切(J. C. G. Strachan, "Who Did Forbid Suicide at *Phaedo* 62b?" *Classical Quarterly* n. s. 20 [1970]: 216—220)认为色诺克拉底的残篇具有俄耳普斯的起源。无论如何,奥林皮奥多鲁斯(Olympiodorus)说,柏拉图的著作"充满了俄耳普斯的作品的回响"(ad *Phaed.* 70c; Kern, *Orph. Frag.*, no. 224)。亦可参见 H. Jeanmaire, *Dionysos*, pp. 391 ff.。乌戈·比昂奇(Ugo Bianchi)将扎格柔斯的神话和柏拉图的《法律篇》701c-d"论泰坦的本性"解释为"前定之罪",是那些超人在人类产生之前所犯下的;参见其所撰"Péché originel et péché antécédent", *RHR* 170 (1966): 118 ff.。

182. 关于俄耳普斯教的地狱,参见 Kern in *RE*, s. v. "Mysterien", col. 1287; Cumont, *Lux Perpetua* (Paris, 1949), pp. 245 ff.; M. Treu, "Die neue 'orphische' Unterweltbeschreibung und Vergil", *Hermes* 82 (1954): 24—51。关于俄耳普斯教的末世论,参见 Guthrie, *Orpheus*, pp. 164 ff., 183 ff.; R. Turcan, "L'âme-oiseau et l'eschatologie orphique", *RHR* 155 (1959): 34—40; Walter Burkert, *Lore and Science in Ancient Pythagoreanism* (Cambridge, Mass., 1972), pp. 125 ff. (原版书名为 *Weisheit und Wissenschaft* [Nuremberg, 1962])。

关于柏拉图的转世投胎说,参见布鲁克(R. S. Bluck)的两篇文章,"The *Phaedrus* and Reincarnation", *American Journal of Philology* 79 (1958): 156—164, 以及"Plato, Pindar and Metempsychosis", ibid., pp. 405—414。

意大利和克里特岛发现的金盘起源于俄耳普斯教,此说到 20 世纪 30 486
年代已被广泛接受,但参见 U. von Wilamowitz-Moellendorff, *Der Glaube der Hellenen*, 2 vols. (Berlin, 1931—1932), vol. 2, pp. 202 ff.; A. Boulanger, "Le salut selon l'Orphisme", *Mémorial Lagrange* (Paris, 1940), p. 71; Boulanger, *Orphée et l'orphisme*, p. 23; C. Picard, "Remarques sur l'Apologue dit de Prodicos", *Revue archéologique* 6th ser. 42 (1953): 23; G. Zuntz, *Persephone: Three Essays on Religion and Thought in Magna Graecia* (Oxford, 1971), pp. 318 ff. 对此提出不同意见(另参见 R. Thrcan, *RHR* 183 [1973]: 184 的批评)。如今人们一致将这些金盘称为"俄耳普斯—毕达哥拉斯式的";尤其可以参见 Konrad Ziegler, "Orphische Dichtung", *RE*, vol. 18, cols. 138—138; Guthrie, *Orpheus*, pp. 171—172; Cumont, *Lux Perpetua*, pp. 248, 406; Burkert, *Science and Lore in Ancient Pythagoreanism*, p. 113, n. 21(书目)。

Diels-Krantz, *Die Fragmente der Vorsokratiker*, vol. 1, sec. 1B, Frags. 17—21 和 Kern, *Orph. Frag.*, no. 32 对于金盘的文书进行了编辑。亦可参见吉尔伯特·穆莱(Gilbert Murray)的英文翻译,"Critical Appendix on the Orphic Tablets",载 J. E. Harrison, *Prolegomena to the Study of Greek Religion* (Cambridge, 1903; 2d ed., 1922), pp. 664—646, 以及 Guthrie, *Orpheus*, pp. 172 ff.。关于金盘文书——龚特尔·苏兹(Günther Zuntz)认为起源于毕达哥拉斯派——的最佳版本以及对于文书严格分析,参见其所著 *Persephone: Three Essays on Religion and Thought in Magna Graecia*, pp. 275—393。

关于"死者的干渴",参见 André Parrot, *Le "Refrigerium" dans l'au-delà* (Paris, 1937); Eliade, "Locum refrigeni …", *Zalmoxis* 1 (1938):

203—208; T. Gaster, *Thespis* (1961), pp. 204 ff.; Zuntz, *Persephone*, pp. 370 ff.。

关于古希腊的"遗忘"和"记忆",参见 Eliade, *Myth and Reality*, trans. Willard R. Trask (New York, 1963), pp. 119 ff.,利用了韦尔南(J. V. Vernant)的论文"Aspects mythiques de la mémoire en Grèce", *Journal de psychologie* 56 (1959) 1—29; 参见 Marcel Detienne, *Les maîtres de vérité dans la Grèce ancienne* (Paris, 1967), pp. 9—27 ("La mémoire du poète"), and pp. 125 ff.(有范围极其广泛的书目)。

"一个在诸神的意志下被放逐者、一个流浪者"——恩培多克勒如此自谓。"因为我曾经是男孩、女孩,灌木和飞鸟,以及一尾海里面的鱼"(*Purifications*, frag. 117)。恩培多克勒论毕达哥拉斯,将其描述为"一个知晓许许多多事物的人","因为当他全身心进行思考的时候,他能够轻而易举地看到一个人活上十次、甚至二十次才能够看到的东西"(ibid., frag 129); 参见埃托尔·毕格诺(Ettore Bignone)的评注, *Empedocle* (Turin, 1926),
487 pp. 483 ff.。印度瑜伽行者和仙人能够回忆起他们的一些前生,但是佛陀却能够回忆他的所有**前生**。这是说只有佛陀是全能的,参见 Eliade, *Yoga*, pp. 180 ff.。萨满声称他们也记得自己的前生,这一事实表明,这种习俗是非常古老的,参见 Eliade, *Myths, Dreams, and Mysteries: The Encounter between Contemporary Faiths and Archaic Realities*, trans. Philip Mairet (New York, 1960), pp. 51—52。

希罗多德(4.14)讲述了普罗科涅苏斯的阿里斯提亚的传奇。他死后被留在城里,有人在通往希吉克斯(Cyzicus)的路上看见他。据说 7 年后他又出现在普罗科涅苏斯,创作了记载其游历的史诗:因为"崇拜太阳神",他最远走到了埃西顿尼斯(Issidones),有人告诉他们的邻居阿里玛斯皮(Arimaspes)("单目人")以及许佩耳玻瑞人的情况。他又一次失踪,但是希罗多德补充道,240 年以后他出现在意大利南部,吩咐当地的居民建造一座阿波罗祭坛,在祭坛旁边树起了"一座雕像,刻着普罗科涅苏斯的阿里斯提亚的名字。"他告诉他们,当阿波罗到美塔旁地(Metaponte)去的时候,他就变成了一只乌鸦与其同行,"说完就消失了"。我们要注意这里的一些萨满教的因素:出神与死亡混同,同时在两个地方现身,化身为一只乌鸦。关于阿里斯提亚,参见 Eliade, *Zalmoxis, the Vanishing God*, trans. Willard R. Trask (Chicago, 1972), p. 37, n. 44, 以及 Burkert, *Lore and Science*, pp. 147—149 中的书目。博尔顿(J. D. P. Bolton)在其所著 *Aristeas of Proconnesus* (Oxford, 1962)对于这个传奇做了一种“历史化”的解释。另外一个传奇式的人物是克拉佐美纳的赫莫提穆斯(*Hermotimus* of *Clazomenae*),他有离开自己身体多年的神奇力量。在他漫长的出神阶段,他走到很远的地方,当他回来的时候,就预言未来。但是有一天,当他毫无知觉睡着的时候,他的敌人把他的身体烧掉了,此后他的灵魂就再也回不来了(参见 *Zalmoxis*, p. 37, n. 45)。

在克里特岛的伊皮门尼底斯(Epimenides of Crete),以及弗密翁(Phormion)、列欧尼姆斯(Leonymus)的传奇中也有某些“萨满教”的因素(参见 *Zalmoxis*, pp. 37—38; Burkert, *Lore and Science*, p. 152)。有些学者还提出巴门尼德和恩培多克勒也属于此中。迪尔斯(H. Diels)早已将巴门尼德在诗歌中描绘的神秘之旅与希波利亚萨满的出神之旅进行了比较;莫利(Meuli)、莫里逊(Morrison)、布克尔特(Burkert)和古特利(Guthrie)又根据各种论据再度提出了这个问题(参见 *Zalinoxis*, p. 38 and notes 4—50)。至于恩培多克勒,多德写道,他的残篇“提供了我们第一手的资料,从中我们对于希腊萨满究竟是一个什么样子能够形成观念”(*The Greeks and the Irrational*, p. 145)。这一解释查尔斯·H. 卡恩(Charles H. Kahn)是 488
反对的:“恩培多克勒的灵魂并没有像赫莫提穆斯和伊皮门尼底斯那样离开他的身体。他也没有像阿巴里斯那样骑在弓箭上,也没有像阿里斯提亚那样化为一只乌鸦。没有人同时看到他出现在两个地方,甚至也没有像俄耳普斯和毕达哥拉斯那样下到冥府去。”(“Religion and Natural Philosophy in Empedocles' Doctrine of the Soul”, *Archiv für Geschichte der Philosophie* 42 [1962]:3—35, esp. pp. 30 ff. 。)尽管如此,恩培多克勒的某些神力还是相当著名的:他能够驾驭风暴,带来雨水(frag. 111; 关于其他相关文献,参见 Burkert, *Lore and Science*, pp. 153—154)。突厥、蒙古和爱尔兰的萨满也具有同样的神力;参见 John Andrew Boyle, “Turkish and Mongol Shamanism in the Middle Ages”, *Folklore* 83 (1972):184 ff. ; Stefan Einarsson, “Harp Song, Heroic Poetry …”, *Budklavlen* 42 (1965):25—26。我们尚需补充的是这种神力已经偏离了严格意义上的萨满实践。

关于毕达哥拉斯派的“萨满教”,参见 Burkert, pp. 120 ff. (附有丰富的书目); J. A. Philip, *Pythagoras and Early Pythagoreanism* (Toronto, 1966), pp. 159 ff. ; M. Detienne, *La notion de Daimon dans le pythago-*

risme ancien (Paris, 1963), pp. 60 ff.。

关于两种不同范畴的毕达哥拉斯派——*acousmatici*(据说“级别略低”)以及 *mathematici*(代表大师级的神秘知识)——参见 Burkert, *Lore and Science*, pp. 166 ff., 192 ff.。亦可参见 M. Detienne, “Des confréries de guerriers à la société pythagoricienne”, *RHR* 163 (1963):127—131。

俄耳普斯“教派”或者俄耳普斯秘密集会, Guthrie, *Orpheus*, pp. 203 ff. 和 Cumont, *Lux Perpetua*, pp. 240, 244, 405 认为是存在的,但是费斯图吉耶尔(Festugiére)(与格鲁佩和委拉莫维兹一样)却有不同观点,参见“L'Orphisme et la légende de Zagreus”, *Revue Biblique* 44 (1935):366—396。不过我们可以比较俄耳普斯教“秘密团体”与性力派同样的秘密组织。

183. 从大量柏拉图神话的参考书目中我们挑选出来的有 Karl Reinhardt, *Platons Mythen* (Bonn, 1927); Perceval Frutiger, *Les mythes de Platon* (Paris, 1930); P. M. Schuhl, *Etudes sur la fabulation platonicienne* (Paris, 1947); Ludwig Edelstein, “The Function of the Myth in Plato's Philosophy”, *Journal of the History of Ideas* 10 (1949):463 ff.; W. J. W. Koster, *Le mythe de Platon, de Zarathoustra et des Chaldéens* (Leiden, 1951); Paul Friedländer, *Plato*, vol. 1 (Princeton, 1958; 2d ed., 1969), pp. 171—212。

489 关于希罗斯的菲勒希底斯以及可能来自东方的影响——关于他的宇宙学和人类学,参见 M. L. West, *Early Greek Philosophy and the Orient* (Oxford, 1971), pp. 1—75。

关于对于人在天上长生不死的古代文献和现代的评断性研究, Walter Burkert, *Lore and Science in Ancient Pythagoreanism*, pp. 358 ff. 做了精彩的分析。路易·罗吉尔(Louis Rougier)的解释,参见 *L'Origine astronomique de la croyance pythagoricienne en l'immortalité céleste des-âmes* (Cairo, 1935),根据这一解释,这一观念的起源不应追溯到宗教想象,而应追溯到“毕达哥拉斯的天文学改革”(pp. 21 ff.),但是 Burkert, *Lore and Science*, p. 358, n. 41 对此论曾详加考辨并且予以拒绝。

关于毕达哥拉斯与柏拉图在哲学上的区别,参见 Burkert, pp. 43 ff., 53 ff., 81 ff.。至于将《第迈欧篇》解释为毕达哥拉斯派文献,参见同上书, pp. 64 ff., 84 ff.。东方思想对于柏拉图可能的影响, Joseph Bidez, *Eos, ou Platon et l'Orient* (Brussels, 1945), chaps. 5 and 9, 以及 Julia Kerschensteiner, *Platon und der Orient* (Stuttgart, 1945), pp. 147 ff. 对此进行了讨论,他们都反对这种说法。

我们前文已经提到(p. 201 and n. 46)柏拉图的想象("灵魂之翼")与印度思想之间的相似性。我们还要补充的是,柏拉图与数论—瑜伽派和吠檀多派一样,所谓的"美德"与灵魂超越性的功能相比就变得毫无价值了,这功能就是思辨永恒(《理想国》第四篇,第428以下)。一个完美的圣哲,他的职责就是完善他内在的生命以便获得解放。最高的知识就是专注于真正的存在,这种知识将走向自由,认识神就是成圣。

我们一定要指出一种与回忆说(*anamnēsis*)颇多相似的宗教观念。就像柏拉图(《美诺篇》81),澳大利亚的阿兰达人(Aranda)也相信,**知识**就是**回忆**。在年轻人举行成丁礼的时候,他要知道叙述那些生活在太初时代的图腾祖先行为的神话。接着他还要知道他自己就是其中一位祖先转世投胎。在某个特定主人公的神话中,他会发现关于自己不平凡的生平、他在太初时代的冒险活动。某些有形的物质(石头、*tjurungas*[神圣事物]等等)可以成为他前世荣耀存在的证明。(对于柏拉图而言也是如此,外在的事物有助于灵魂重新发现他在超人间的前世所拥有的知识。)阿兰达人至关重要的成丁礼,要由年轻人的父亲向他揭示这位年轻人与神圣事物(*tiurunga*)之间神秘的同一性。"年轻人,且看着这个东西。这是你自己的身体。这是你的吉尔帕(tjilpa)祖先,从前你就是靠它你的前世才能够到处漫游。现在你把它埋入附近的山洞里面吧"(T. G. H. Strehlow,转引自 Eliade, *Australian* 490
Religions: An Introduction [Ithaca, N. Y., 1973], pp. 9—99)。

在另外一部书中,我们概括了希腊神话的弱化过程(*Myth and Reality*, pp. 152 ff.)。我们摘录了色诺芬(生于大约公元前565年):"荷马与赫西俄德说诸神做各种在人类看来是丑恶的事情:通奸、偷窃、相互欺骗。"他聪明地批评了神人同形同性说:"如果牛和马或者狮子有手,或者能够用手画画,做人类所做的工作,那么马就会把诸神画成马的样子,牛也会把诸神画成牛的样子,并且把他们的身体也画成自己的模样。"

不过荷马与赫西俄德的神话依然令整个希腊化世界的学者深感兴趣。但是神话再也不是从字面上去理解了:而今他们追求"隐含的意思"、"背后的意思"(*hyponoiai*; 术语 *allēgoria*, "讽喻"是以后所用)。通过尤其是斯多亚派所发展的讽喻方法,荷马与赫西俄德在希腊精英们的眼里得到了"拯救",荷马的诸神因此获得更高的文化价值。在公元前3世纪,犹希麦如

(Euhemerus)出版了一部叙述哲学之旅的小说，*Hiera anagraphē*(神圣的历史),立刻获得极大的成功。犹希麦如相信,他发现了诸神的起源:他们就是被神化了的古代列王。这又提供了一种“理性化”保留荷马诸神的可能性。它们具有了“真实性”:这本质上是一种历史性(确切说是一种前历史性);神话正是对于古代列王的记忆,只是被混淆了,被想象改变了。

还要作出重要的补充是,柏拉图所叙述的“灵魂的神话”一直具有很大的诱惑。但是对于某些柏拉图神话的讽喻性解释却只有学者们才会有兴趣。

184. 关于亚历山大的生平和事业的概述,参见 W. W. Tarn, *Alexander the Great*, 2 vols. (Cambridge, 1948; 首卷重印于 1956 年;第 2 卷是文献研究和附录); A. R. Burn, *Alexander the Great and the Hellenistic World*, 2d rev. ed. (New York, 1962); F. Schachermeyr, *Alexander der Grosse: Ingenium und Macht* (Vienna, 1949); F. Altheim, *Alexander und Asien: Geschichte eines geistiges Erbe* (Tübingen, 1953); R. D. Milns, *Alexander the Great* (London, 1968); Peter Green, *Alexander the*
491 *Great* (London, 1970; 2d et., rev. and enl., under the *title Alexander of Macedon*, Harmondsworth; 1974); Robin Lane Fox, *Alexander the Great* (London, 1973)。彼德·格林(Peter Green)和福克斯(R. L. Fox)的著作附有大量的书目,此外他们还对于德洛伊生(Droysen)、塔恩(Tarn)以及其他一些亚历山大的传记作家提出的年代假说作出了分析。格里菲斯(T. Griflith)编辑的 *Alexander the Great: The Main Problems* (Cambridge, 1966),收入了从前一些最有名的专家所作的研究,其中有罗宾逊(C. A. Robinson)、巴迪安(E. Badian)和瓦尔瑟(G. Walser)的作品(Walser, “Zur neueren Forschung über Alexander den Grossen”, pp. 345—348, 最初发表于 1956 年)。亦可参见 J. R. Hamilton, *Plutarch: Alexander: A Commentary* (Oxford, 1969)。

关于这一时期的通史,参见 P. Jouguet, *L'Impérialisme macédonien* et *l'hellénisation de l'Orient* (Paris, 1926); G. Glotz, P. Roussel, and R. Cohen, *Histoire grecque*, vol. 4: *Alexandre et l'hellénisation du monde antique* (Paris, 1938; 2d ed., 1945); M. Rostovtzeff, *Social and Economic History of the Hellenistic World*, 3 vols. (Oxford, 1941; rev. ed., 1953)。

关于希腊文明,参见 W. W. Tarn, *Hellenistic Civilisation* (London, 1927; 3d ed. , revised by the author and G. T. Griffith, 1952); Moses Hadas, *Hellenistic Culture: Fusion and Diffusion* (New York, 1959); Hadas, "From Nationalism to Cosmopolitanism", *Journal of the History of Ideas* 4 (1943): 105—111; 以及 Carl Schneider, *Kulturgeschichte des Hellenismus*, vol. 2 (Munich, 1969),这是一部重要的著作,且包括详尽的书目(pp. 989—1106)。施奈德尔(Schneider)将希腊文明划分为四个阶段:(1)截止于大约公元前 280,其特点是希腊普世性神灵萨拉匹斯的首次出现,以及主要神灵当作王朝保护神加以崇拜现象之发轫;(2)介于大约公元前 280 和大约公元前 220 年之间,这是希腊化最为辉煌的时期;(3)末世论的相争与困难时期(约前 220—前 168),其特点是启示文学的兴起、埃及和亚洲神秘—智慧崇拜以及狄奥尼索斯崇拜;(4)罗马征战,自大约公元前 168 年至公元前 30 年,这一时期众多神庙被毁、被掠,祭司被遣散等等,但是希腊化的宗教传统在那些最初发端的中心还是保存了下来:厄琉西斯、萨摩色雷斯、安达尼雅(Andania)和德罗斯(Delos) (pp. 77—72); 亦可参见最后的总论(pp. 963—988)。

关于希腊化时期的近东,参见 Samuel K. Eddy, *The King Is Dead: Studies in the Near Eastern Resistance to Hellenism, 334—31 B. C.* (Lincoln, 1961), 以及 F. E. Peters, *The Harvest of Hellenism: A History of the Near East from Alexander the Great to the Triumph of Christianity* (New York, 1970)。 492

关于统治者的神化,参见下文, § 205。

关于希腊教育的传播,参见 H. I. Marrou, *Histoire de l'éducation dans l'antiquité* (Paris, 1948; 2d ed. , 1965), pp. 139 ff. ; W. W. Tarn, *Hellenistic Civilisation*, pp. 268 ff. ; M. Hadas, *Hellenistic Culture*, pp. 59 ff. ; C. Schneider, "Jugend und Erziehung",载 *Kulturgeschichte des Hellenismus*, vol. 1。

《圣经》时代的犹太教与希腊化的"启蒙"将于第 25 章,尤其是 § 202 讨论。亦可参见 Tarn, *Hellenistic Civilisation*, pp. 210 ff. ; Hadas, *Hellenistic Culture*, pp. 30 ff. , 72 ff. 。

关于希腊化时期宗教的书目,参见第 26 章, § § 205—210。

正如塔恩所言:"希腊化世界的哲学是斯多亚的,其他均属二流"(*Hell.*

Civ., p. 326)。关于斯多亚派文献,参见 H. von Arnim, *Stoicorum veterum fragmenta*, 4 vols. (1903—1905, 1924; republished, Stuttgart, 1968);费斯塔(N. Festa)和安纳斯塔西(R. Anastasi)有意大利文译本,分别为 *Frammenti degli Stoici antichi* (1932—1935; republished, Hildesheim, 1971)和 *I Frammenti morali di Crisippo* (Padua, 1962);布列希尔(E. Bréhier)有法文译本 *Les Stoiciens* (Paris, 1962);亦可参见波伦兹(M. Pohlenz)的德文译本 *Stoa und Stoiker* (Zurich, 1950)。

波伦兹(M. Pohlenz)的 *Die Stoa*, 2 vols. (Göttingen, 1948—1949; 2d ed., 1964; Italian translation, Florence, 1967)仍为一部重要作品。亦可参见 J. M. Rist, *Stoic Philosophy* (Cambridge, 1969); C. Rodis-Lewis, *La morale stoïcienne* (Paris, 1970); R. Hoven, *Stoïcisme et stoïciens face au probléme de l'au-delà*) (Paris, 1971); 以及 Léon Robin, *La pensée grecque et les origines de l'esprit scientifique* (new ed., 1973), pp. 477—478,以及 P M. Schuhl, ibid., pp. 501—503 所列书目。

伊壁鸠鲁的残篇, Hermann Usener, *Epicurea* (1887; republished Rome, 1963)做了收集。亦可参见 C. Arrighetti, *Epicuro*: *Opere* (含文献和意大利文翻译)(Turin, 1960)。对于本书而言,大量的评断性作品中还引用了 A. J. Festugière, *Epicure et ses dieux* (1946; 2d ed., 1968)这部重要的作品。

关于犬儒派哲学,参见 L. Robin, *La pensée grecque*, pp. 4—5 的书目。

亚里士多德的哲学在希腊化时期以其科学性而获得了巨大声望,到了中世纪仍将对于基督教、伊斯兰教和犹太教神学产生巨大影响。亚里士多
493 德的形而上学也会令人联想到数论—瑜伽派。人是由肉体(*sōma*)、灵魂(*psychō*)和心灵(*nous*)组成的,借着心灵"灵魂才能够进行思想和判断"(《论灵魂》429a23)。心灵永远存在,"必定从外部进入男性里面产生"(《论灵魂的产生》736b20)。心灵超越于人类活的器官,它指导器官,却不受灵魂的影响:它"更加神圣,更加不受影响"(《论灵魂》408b29)。事实上,心灵类似于神,在亚里士多德看来,神是绝对的、无条件的、永恒的实体;由于神是"不动的",因此其行为是纯粹精神的(《尼各马克伦理学》1178b7—22;《论天》292b4 以下)》。同样,心灵的行为也仅仅在于思想。人类的人格也不是受心灵制约的。心灵是了无差别、一视同仁的,与其所属的人格没有关系。无生、无死(《论天》279b20)。当死亡降临的时候,心灵就发现其过去的状

态。但是我们不可能知道,甚至于无法想象这种无形存在的模态,因为心灵没有理性的行为也没有记忆;唯一的断语只有一个:*存在*(《论灵魂》408b18以下)。因此,在世界彼岸,人是不会产生亟需自我解脱的欲望的,而相信灵魂不死就是毫无意义的。正是在这一点上,亚里士多德的教义在中世纪引发了无数的争论。

我们同时还要强调,亚里士多德的思想一方面与奥义书和吠檀多关于自我(*ātman*)本性思考的相似性,另一方面与数论—瑜伽派在神我(*puruṣa*)的结构和命运的相似性(参见§141)。尽管如此,亚里士多德的教义与印度形而上学体系之间还是有一个重大区别;对于后者而言,精神(自我、神我)的解脱就意味着自我和福乐的意识(参见 *sāccitanānda*)。

关于亚历山大与印度,参见 H. G. Rawlinson, *Intercourse between India and the Western World*, 2d ed. (New York, 1972); A. K. Narain, "Alexander and India", *Greece and Rome* 12 (1965): 155—165; F. F. Schwartz, "Neue Perspective in den griechisch-indischen Beziehungen", *Orientalistische Literaturzeitung* 67 (1972):18 ff.。

关于印度与西方之间最早的文化交流,参见 Eliade, *Yoga: Immortality and Freedom*, trans., Willard R. Trask, Bollingen Series 76 (Princeton, 1964), pp. 431—432 的书目;还可以补充的是 F. F. Schwartz, "Candragupta-Sandrakottos: Eine historische Legende in Ost und West", *Das Altertum* 18 (1972):85—102; H. Scharff, "The Maurya Dynasty and the Seleucids", *Zeitschrift für vergleichende Sprachforschung* 85 (1971):211—225。F. F. Schwartz, "Arrian's *Indike* on India: Intention 494
and Reality", *East and West* 25 (1975):180—200 一文,讨论了最近有关该问题的研究。

关于亚历山大与婆罗门对话的传说,参见 Friedrich Pfister, "Das Nachleben der Überlieferung von Alexander und den Brahmanen", *Hermes* 68 (1941): 143—169; Günther C. Hansen, "Alexander und die Brahmanen", *Klio* 43—45 (1965):351—380; J. D. M. Derrett, "Greece and India: The *Milindapañha*, the Alexander-Romance, and the Gospels", *Zeitschrift für Religions-und Geistesgeschichte* 19 (1967):33—64; Derrett, "The History of 'Palladius' on the Races of India and the Brahmans", *Classica et Mediaevalia* 21 (1960):64—135。

第 23 章　从摩诃迦叶到龙树的佛教史。大雄以后的耆那教

185. 论佛教史与佛教部派的著作汗牛充栋。基本著作如下：L. de la Vallée-Poussin, *Le dogme et la philosophic du Bouddhismc* (Paris, 1930), *Nirvāṇa* (1925), 以及 *La morale bouddhique* (1927)；孔茨(E. Conze)的两部著作：*Buddhism: Its Essence and Development* (Oxford, 1951), 以及 *Buddhist Thought in India* (London, 1962)；Sukumar Dutt, *The Buddha and Five After Centuries* (London, 1957)；E. Frauwallner, *Die Philosophie des Buddhismus* (Berlin, 1956)；E. Lamotte, *Histoire du bouddhisme indien*, vol. 1, *De l'origine à l'ére Śaka* (Louvain, 1958)；A. Bareau, "Le Bouddhisme Indien", 载 *Les religions de l'Inde*, vol. 3 (Paris, 1966), pp. 7—246 (pp. 234—243, 书目)。

关于巴利文佛经，参见 J. Filliozat, 载 L. Renou and J. Filliozat, *L'Inde classique* (1949), vol. 2, pp. 323—351；A. Bareau, "Le Bouddhisme Indien", pp. 30—40。关于经典的结集，参见 Lamotte, *Histoire*, vol. 1, pp. 155—209。

在王舍城的结集大会上，与会者齐声背诵出两种经文——经藏和律藏。根据某些传说，论藏也是以同样的方式背诵的，因此全部正典，三藏已经在那个时候编次完毕了；但这是不可能的(参见 Bareau, "Le Bouddhisme Indien," p. 27)。

关于舍利佛的重要性，参见 A. Migot, "Un grand disciple du Bouddha, Śāriputra", *BEFEO* 46 (1954):405—454。

495 关于阿难，参见 G. P. Malalasekera, *Dictionary of Pāli Proper Names*, 2 vols (London 1937—1938), vol 1, pp. 249—268 中提到的资料。

关于心中熟谙诫律的优婆离，参见 E. Lamotte, *L'Enseignement de Vimalakīrti* (Louvain 1962) pp. 170—171, n. 62 所引文献。

关于结集大会，参见 J. Przyluski, *Le concile de Rājagrha* (Paris 1926—1928)，不过他提出的一些假设——例如阿难被阻止参加结集是一种放逐替罪羊仪式的残迹——是不大可能的；A. Bareau, *Les premiers conciles bouddhiques* (Paris 1955)；M. Hofinger, *Etude sur le concile de Vaiśālī* (Louvain 1946)；E. Lamotte, *Histoire du bouddhisme indien*, vol. 1, pp. 297—319；E. Frauwallner, *Die buddhistische Konzilien*, *ZDMG* 102

(1952) 240—261;亦可参见 Charles S. Prebish,"A Review of Scholarship on the Buddhist Councils", *Journal of Asian Studies* 33 (1974):230—254; Janice J. Nattier and Charles S. Prebish,"Mahāsāṃghika Origins: The Beginnings of Buddhist Sectarianism", *HR* 16 (1977):237—272。

关于正典的差别,参见 A. Bareau,载 *Les religions de L'Indie*, vol. 3, pp. 84 ff. 。

关于佛教不同部派,参见 Lamotte, *Histoire*; vol. 1, pp. 571—602; A. Bareau, *Les sectes bouddhiques du Petit Véhicule* (Saigon, 1955); N. Dutt, *Early Monastic Buddhism*, vol. 2 (Calcutta, 1945), pp. 47—206;以及 Prebish,"Mahāsāṃghika Origins"。亦可参见 T. O. Ling, *Buddhism and the Mythology of Evil: A Study in Theravāda Buddhism* (London, 1962)。

186. 关于亚历山大大帝和孔雀王朝时期的印度,参见 L. de la Vallée-Poussin, *L'Inde aux temps des Mauryas et des barbares* (Paris, 1930); E. Lamotte,"Alexandre et le Bouddhisme", *BEFEO* 44 (1945—1950):147—162; A. K. Narain, *The Indo-Greeks* (Oxford, 1957); W. W. Tarn, *The Greeks in Bactria and India*, 2d ed. (Cambridge, 1951)。

关于阿育王,参见 J. Bloch, *Les inscriptions d'Aśoka* (Paris, 1959); Lamotte, *Histoire*, pp. 319—340; A. Bareau, *Les sectes bouddhiques*, pp. 35—55。普兹卢斯基(Przyluski)的著作 *La légende de l'empereur Aśoka dans les textes indiens et chinois* (Paris, 1923),因其出色的翻译而仍然可资利用。费洛扎(Filliozat)对阿育王曾有一说法:"阿育王达到了威权的顶峰,是他那个时代最伟大的国王。公元前 3 世纪中叶的罗马、埃及的托勒密王朝都未能达到像印度帝国那样的伟大与威权;塞琉西王朝屈服于帕提亚人,中国战国时期的列国正在同秦国争战并终将由后者来统一全国。如果 496
这些民族对于阿育王在西方的事业毫无所知,那只是因为在他那个时代这些民族未能或者不愿看到他们自己历史以外的世界。尽管如此,他的威权不只是其盛名之一;很少有君王能够像他那样充满智慧,谦和地为他的政权带来一种关于解脱的宗教之启示"(*L'Inde classique*, vol. 1, pp. 22—21)。

关于坎大哈发现的希腊—亚兰文双语铭文,参见 D. Schlumberger, L. Robert, A. Dupont-Sommer, and E. Benveniste,"Une inscription bilingue gréco-araméenne d'Aśoka", *JA* 246 (1958):1—48。关于另外两种最近发

现的铭文，参见 D. Schlumberger，“Une nouvelle inscription grecque d’Aśoka”，*Comptes rendus des séances de l’Académie des Inscriptions et Belles Lettres* 109 (1964)：1—15；A. Dupont-Sommer，“Une nouvelle inscription araméenne d’Aśoka trouvée dans la vallée du Lagman (Afganistan)”，ibid. 115 (1970)：15。

187. 关于窣堵波(*stūpa*)和佛骨崇拜，参见 M. Benisti，“Etude sur le *stūpa* dans l’Inde ancienne”，*BEFEO* 50 (1960)：37—116；A. Bareau，“La construction et le culte des *stūpa* d’après les Vinayapiṭaka”，ibid.，pp. 229—274；S. Paranavitana，“The *stūpa* in Ceylon”，*Memoirs of the Archaeological Survey of Ceylon*，vol. 5 (Colombo，1946)；Akira Hirakawa，“The Rise of Mahāyāna Buddhism and Its Relation to the Worship of Stūpas”，*Memoirs of the Research Department of Toyo Bunko* 22 (1963)：57—106。约翰·埃尔文(John Irwin)证明阿育王柱蕴含一种悠久的宗教传统，受到一种与美索不达米亚地区相似的宇宙论符号的影响，参见其所作“‘Aśokan’ Pillars：A Reasesssment of the Evidence”，*Burlington Magazine* 65 (1973)：706—720；66 (1974)：712—727；67 (1975)：631—643。

关于支提(*caitya*)，参见 V. R. Ramchandra Dikshitar，“Origin and Early History of Caityas”，*Indian Historical Quarterly* 14 (1938)：440—451，以及 Eliade，*Yoga*，p. 426 所提供的书目。

关于佛教寺庙的象征，保罗·穆斯(Paul Mus)的名著 *Barabudur*，2 vols. (Hanoi，1935)依然无出其右者。

关于佛像的起源与发展，参见 A. K. Coomaraswamy，“Indian Origin of the Buddha Image”，*JAOS* 46 (1926)：165—170，和其“Origin of the Buddha Image”，*Art Bulletin* 9 (1927)：142；P. Mus，“Le Bouddha paré. Son origine indienne. Śākyamuni dans le Mahāyānisme moyen”，*BEFEO* 28 (1928)：153—280；O. C. Gangoly，“The Antiquity of the Buddha-Image，the Cult of the Buddha”，*Ostasiatische Zeitschrift* n. s. 14 (1937—1938)：41—59；E. Benda，*Der vedische Ursprung des symbolischen Buddhabildes*
497 (Leipzig，1940)：B. Rowland，“Gandhāra and Late Antique Art：The Buddha Image”，*American Journal of Archeology* 46 (1942)：223—236；Rowland，*The Evolution of the Buddha Image* (New York，1963)。

关于吠陀的象征在佛像中的延续，参见 Paul Mus，“Etudes indiennes

et indochinoises", *BEFEO* 29 (1929) 92 ff. ; A. Coomaraswamy, "Some Sources of Buddhist Iconography", 载 *Dr. B. C. Law Volume* (1945), pt. 1, pp. 1—8; 和 Coomaraswamy, "The Nature of Buddhist Art",载其所著 *Figures of Speech or Figures of Thought* (London, 1946), pp. 161—199, esp. pp. 180 ff. 。关于佛像与公元 1 世纪至 5 世纪之间基督图像的相似性,参见 Benjamin Rowland, "Religious Art East and West", *HR* 2 (1962):11—32。根据罗朗(Rowland)的观点,这是一种共同的符号遗产,可以追溯到很古老的时代。基督和佛陀都主要被表现为导师(继承了希腊演说家的白袍),或者具有太阳的符号以及形象巨大,表现了他们超越的本性。亦可参见罗朗所撰"Buddha and the Sun God", *Zalmoxis* 1 (1938): 69—84。

关于寺院生活,参见 Nalinaksha Dutt, *Early Monastic Buddhism*, rev. ed. (Calcutta, 1960); Charles Prebish, *Buddhist Monastic Discipline: The Sanskrit prātimokṣa Sūtras of the Mahāsaṃghikas and the Mūlasarvāstivādins* (Pennsylvania, 1975)。

关于阿毗达磨藏,参见 L. de la Vallée-Poussin, "Documents d'Abhidharma, traduits et annotés", pt. 1, *BEFEO* 30 (1930): 1—28, 247—298; pts. 2—5 以后还发表在 *Mélanges chinois et bouddhiques* 1 (1932): 65—125; 6 (1937) 7—187; Mahathera Nyanatiloka, *Guide through the Abhidharma-Piṭaka*, 2d ed. (Colombo, 1957); A. Bareau, "Le Bouddhisme Indien", pp. 93—106。亦可参见 H. V. Guenther, *Philosophy and Psychology in the Abhidharma* (Lucknow, 1967); *L'Abhidharmakośa de Vasubandhu*, translated by La Vallée-Poussin, 6 vols. (Paris, 1923—1931)。

然而必须注意的是,阿毗达磨不是要产生新的思想,而是要借助于一种哲学理论以便澄清人的心灵。其最终目的还是要获得救赎。

188.《般若经》的年代与文献以及相关研究书目,参见爱德华·孔茨(Edward Conze)的杰作, *The Prajñāpāramitā Literature* (The Hague, 1960),其中还包括多语种的译文。爱德华·孔茨本人还出版了多卷《般若经》的译本;参见其所著, *Selected Sayings from the Perfection of Wisdom* (London, 1955)。

关于大乘佛教,参见 E. Conze, *Buddhist Thought in India* (London, 498

1962), pp. 195—237; A. Bareau, "Le Bouddhisme Indien", 载 *Les religions de l'Inde*, vol. 3, pp. 141—199; Bareau, *L'Absolu en philosophie bouddhique* (Paris, 1951); E. Lamotte, "Sur la formation du Mahāyāna", *Festschrift Friedrich Weller* (Leipzig, 1954), pp. 377—396。A. Bareau, "Le Bouddhisme Indien", pp. 242—243, 列出了大乘佛教经文各种文字的著名译本。

根据大乘佛教的传说,佛灭以后弟子群集王舍城,在大迦叶主持下结集"三藏";在这期间,菩萨们登上毗婆罗山(Vimalasvabhāva), 在阿难的帮助下,结集了大乘经书。它们藏在帝释天、龙宫和乾闼婆。直到佛陀涅槃以后 500 岁,佛法衰微,龙树在龙宫找到七匣大乘经书。他用 90 天记住这些经书,然后传授给在家信徒。关于这个惊人的传说,参见 Lamotte, *L'Enseignement de Vimalakīrti*, pp. 67—68。

关于菩萨,参见罗睺罗(W. Rahula)的近文"L'Idéal du Bodhisattva dans le Theravāda et le Mahāyāna", *JA* 259 (1971):63—70。公元 1 世纪时,大乘著述家就言及声闻、独觉佛和菩萨等概念。声闻(意为"弟子")遵行佛陀的教导,最终获得涅槃;独觉佛(个人成佛)自己获得涅槃,可是作为一个完全的觉者却不能向他人揭示真理。而菩萨不仅能够获得涅槃而且为了他人的利益而开示这一真理(Rahula, pp. 65—66)。

对于各种菩萨的分析,参见 E. Conze, *Le bouddhisme*, pp. 123 ff.; A. Bareau, "Le Bouddhisme Indien", pp. 169 ff.; J. Rahder, *Daśabhūmikasūtra et Boddhisattvabhūmi* (Paris, 1962); L. de la Vallée-Poussin, *Vijñaptimātratāsiddhi*, vol. 1, pp. 721—742; 尤其是埃提安·拉蒙特(Etienne Lamotte)的译文(附有充分的注解), *L'Enseignement de Vimalakīrti*。

关于弥勒,参见 H. de Lubac, *Amida* (Paris, 1955), pp. 82 ff., 以及 E. Lamotte, *L'Enseignement de Vimalakīrti*, pp. 189—192, note 89 的译文和注解。关于文殊师利菩萨,参见埃提安·拉蒙特最近的文章,"Mañjuśrī", *T'oung Pao* 48 (1960):1—96。

关于观世音菩萨,参见 M.-T. de Mallmann, *Introduction à l'étude d'Avalokiteśvara* (Paris, 1948); H. de Lubac, *Amida*, pp. 104 ff.。一些学者(希尔万·列维[Sylvain Lévi]、查尔斯·艾略特爵士[Charles Eliot]、普兹卢斯基[J. Przyluski]、伯希和[Paul Pelliot]、米叶·德·玛尔曼[Mlle de Mallmann])将伊朗的因素引入观世音菩萨;参见 H. de Lubac, *Amida*, pp. 237 ff. 的讨论。但是印度的先例也并不缺乏;参见费洛扎(J. Filliozat)的评论,载 *JA* 239 (1951):81 and *RHR* 137 (1950):44—58。 499

关于阿弥陀佛和极乐世界,参见 de Lubac, *Amida*, pp. 32—48, 78—119,以及文中各处。

本书第 621 页注解①所引戴密微(P. Demiéville)文章,"Version chinoise …"载 *BEFEO* 24 (1924),以及第 258 页的选印本。

其他佛都不如阿弥陀佛那样庄严和灵验。以后,人们描绘所有这些佛和菩萨周围有诸天相伴,尤其是梵天和因陀罗,他们身边还伴随着般若婆罗蜜多或者救度母这样的女性。这种新的佛身论继承了前大乘佛教的佛性超越论。似乎在公元 4 世纪,无着就已经明确形成了这样的观点,参见 *Vijñaptimātratāsiddhi*, trans. L. de la Vallée Poussin, vol. 2, pp. 762—813; Paul Demiéville, ed., *Hobogirin: Dictionnaire encyclopédique du Bouddhisme d'après les sources chinoises et japonaises* (Tokyo, 1929), fasc. 2, pp. 17—85。

"佛土"是佛陀的慈悲心得以显现的无尽世界。清净、不净以及二者混杂的世界都判然有别。我们的娑婆世界是险象环生的、败坏的,不过正是在这娑婆世界,释迦牟尼获得了正觉。但是"不管是净还是不净,佛土乃为一切佛陀之乡,因此都是完全清净的。净与不净完全是主观的判断。佛陀能够将净与不净随意转换"(Lamotte, *L'Enseignement*, p. 399)。亦可参见所撰条目"佛土",载 *Hobogirin*, pp. 198—203。

对于佛和菩萨的崇拜包括各种各样的尊崇和礼敬,要不断努力地观想他们,要有朝一日像一个佛那样再生,但是第一要务是要持名念佛,此法在印度以及所有大乘佛教传播国家的民间都十分流行。法师们对于如下二种方法的相应好处多有论述:一是**信佛**,一是**念诵佛号**。事实上,大乘佛教的这两种创新在印度有十分悠久的史前史,因其具有"民间"的形式,掩盖了圣言与"慈悲思想"有效性的清晰表达。亦可参见 Frank E. Reynolds, "The Several Bodies of the Buddha: Reflections on a Neglected Aspect of Theravāda Tradition", *HR* 16 (1977):374—389。

189. 关于龙树和中观派,参见 Frederick J Streng, *Emptiness: A Study in Religious Meaning* (Nashville, 1967)的书目, pp. 237—245。关于龙树的生平,参见上书, pp. 237—238,以及 E. Lamotte, *Le Traité de la* 500 *grande vertu de sagesse de Nāgārjuna* (*Mahāprajñāpāramitāśātra*), 2 vols. (Louvain, 1944, 1949), vol. 1, 导论,第 xi-xiv 页书目。拉蒙特证明,在鸠摩罗什及其学派看来,龙树生在公元 243—300 年间 (*L'Enseignement de Vimalakīrti*, p. 76)。关于龙树的著作以及归于他名下的著作,参见 Streng, *Emptiness*, pp. 238—240。《中论》和《回诤论》, Streng, pp. 181—227 有翻译;拉蒙特的 *Traité* 选译了鸠摩罗什汉文本《中论》第 1—31 章。也许此中文译本有鸠摩罗什本人的增补。Streng, pp. 238—240 还列出了其他各语种的翻译。《中论》收入了梵文、藏文和汉文的注疏。月称的《中论疏》是最有价值的。《中论疏》27 章已由不同译者翻译成德文、英文和法文(Stcherbatsky, S. Schayer, E. Lamotte, J. de Jong 和 J. May; 参见 Streng, p. 240)。特别值得一提的有 J. May, *Candrakīrtī Prasannapadā Mādhyamakavṛtii*: *Douze chapitres traduits du sanskrit et du tibétain* (Paris, 1959)。

关于的龙树哲学,参见 F. I. Stcherbatsky, *The Conception of Buddhist Nirváṇa* (Leningrad, 1927), pp. 1—68; La Vallée-Poussin, "Réflexions sur le Mādhyamaka", *Mélanges chinois et bouddhiques* 2 (1933): 1—59, 139—146; T. R. V. Murti, *Central Philosophy of Buddhism* (London, 1955), 以及梅伊(J. May)的书评, *IIJ* 3 (1959): 102—111; Richard H. Robinson, *Early Mādhyamika in India and China* (Madison and London, 1967), pp. 21—70; 尤其是斯特伦(Streng)的 *Emptiness*, pp. 4—98, 139—152。

190. 耆那教经典与寺庙的简史,参见 L. Renou, *L'Inde classique*, vol. 2, pp. 609—639。关于耆那教的哲学,参见 O. Lacombe, ibid., pp. 639—662, 以及 § 152 的书目。尚需补充的有:Y. R. Padmarajiah, *A Comparative Study of the Jaina Theories of Reality and Knowledge* (Bombay, 1963)。亦可参见 Mrs. S. Stevenson, *The Heart of Jainism* (Oxford, 1915); S. B. Deo, *A History of Jaina Monachism from Inscriptions and Literature* (Poona, 1956); R. Williams, *Jaina Yoga: A Survey of the Medieval Śrāvakācāras* (London, 1963); U. P. Shah, *Studies in Jaina Art* (Benares, 1955); V. A. Sangave, *The Jaina Community: A Social Survey* (Bombay, 1959)。

第 24 章　印度教的综合:《摩诃婆罗多》和《薄伽梵歌》

501

191.《摩诃婆罗多》现有毗湿奴·苏克塔姆卡(Vishnu S. Sukthamkar)和贝尔瓦卡(S. K. Belvalkar)的评注本:*The Mahābhārata: For the First Time Critically Edited* (Poona: Bhandarkar Oriental Research Institute, 1933—1966)。

有罗伊(P. C. Roy)(Calcutta 1882—1889)和杜特(M. N. Dutt)(Calcutta, 1895—1905)的英译本,仍为可用,但是还应该参考已故范·布坦南(J. A. B. van Buitenen)译本。范·布坦南去世之前翻译出版了《摩诃婆罗多》1—5 卷(University of Chicago Press 1973—1978),《薄伽梵歌》也已经译就(今已出版;参见§194)。

对于《摩诃婆罗多》的研究史,参见 Alf Hiltebeitel, *Kṛṣṇa and the Mahābhārata: A Study in Indian and Indo-European Symbolism* (Ph. D. diss., University of Chicago, 1973), pp., 134—190。这方面最重要的研究,应当提到的还有:Adolf Holtzmann (the younger), *Das Mahābhārata und seine Theile*; 4 vols. (Kiel, 1892—1893); E. W. Hopkins, *The Great Epic of India: Its Character and Origin* (1901); Joseph Dahlmann, *Die Genesis des Mahābhārata* (Berlin, 1899); G. J. Held, *The Mahābhārata: An Ethnological Study* (London and Amsterdam, 1935); V. S. Sukkhamkar, *The Meaning of the Mahābhārata* (Bombay, 1957); Georges Dumézil, *Mythe et épopée*, vols. 1 and 2 (Paris, 1968, 1971); Alf Hiltebeitel, *The Ritual of Battle: Krishna in the Mahābhārata* (Ithaca, N. Y., 1976)。布鲁斯·朗(J. Bruce Long)最近出版了一份附有注解的书目, *The Mahābhārata: A Select Annotated Bibliography*, South Asia Occasional Papers and Theses, no. 3 (Cornell University) (Ithaca, N. Y., 1974)。

1947 年,斯第格·维干德(Stig Wikander)在一篇文章(瑞典文)中证明,作为般度兄弟之父的诸神具有吠陀或者前吠陀的诸神结构,而主人公的集体婚礼则与同一个神圣结构相对应。杜米兹将此文译为法文,并且加以注解,刊于 *Jupiter, Mars, Quirinus*, vol. 4 (Paris, 1948), pp. 37—53, 55—85, 名"La légende des Pāṇḍavas et la substructure mythique du Mahābhārata"。还可参见 Dumézil, *Mythe et épopée*, vol. 1, pp. 42 ff.。

(此书第一部——第 31—257 页——按照印欧神话的观点集中分析了《摩诃婆罗多》。)

192. 关于《摩诃婆罗多》与伊朗和斯堪的纳维亚末世论的相似性参见
502 G. Dumézil, *Mythe et épopée*, vol. 1, pp. 218 ff.; Stig Wikander, "Germanische und Indo-Iranische Eschatologie", *Kairos* 2 (1960):83—88。

玛德兰·比亚杜(Madeleine Biardeau)在"Etudes de mythologie hindoue: Cosmogonies purāṇiques", *BEFEO* 55 (1969): 59—105, esp. pp. 97—105 讨论了杜米兹的研究;亦可参见 *Annuaire de l'Ecole des Hautes Etudes*, sec. 5 (1969—1970), pp. 168—172, 以及 Alf Hiltebeitel, *Kriṣhṇa and the Mahābhārata*, chap. 27, 和"The Mahābhārata and Hindu Eschatology," *HR* 12 (1972): 95—135; 参见 Hiltebeitel, *The Ritual of Battle*, pp. 300—309。

关于史诗描述的世界末日(*pralaya*), 参见 Biardeau, "Etudes", *BEFEO* 57 (1971): 17—89; 关于皈依(*bhakti*)和化身(*avatāra*), 参见"Etudes", ibid. 63 (1976):111—263。亦可参见 David Kinsley, "Through the Looking Glass: Divine Madness in the Hindu Religious Traditions", *HR* 13 (1974):270—305。

193. 关于《摩诃婆罗多》中的数论和瑜伽观念, 参见 Eliade, *Yoga: Immortality and Freedom*, trans. Willard R. Trask (Princeton, 1969), pp. 146 ff. 和其中的书目, p. 144, n. 1, and p. 392。在他的一次冗长的说教中,毗斯玛(Bhīsma)断言"数论和瑜伽都炫耀自己的方法是最殊胜的羯磨……我认为这两种教训都是真实的……它们都是纯洁的、克制(欲望)的、悲悯万物的,但是数论和瑜伽之见确实是不同的(《摩诃婆罗多》13. 11043 ff.)。诚然,这是指处在系统化以前的两种见。数论不是一种区分和划分神我与心理体验的方法,后者乃是自在黑体系的出发点。

194. 关于《薄伽梵歌》的著述甚多;参见 Eliade, *Yoga*, p. 394 提到的部分书目;亦可参见 J. Bruce Long, *The Mahābhārata: A Select Annotated Bibliography*, pp. 16—19。我们引用艾米尔·森那尔(Emile Sénart)(Paris, 1922)的译本。最近出版的一些译注本也很重要:Franklin Edgerton (Harvard University Press, 1952), R. C. Zaehner (Oxford University Press, 1969), 和 J. A. B. van Buitenen, *The Bhagavad Gītā in the Mahābhārata* (University of Chicago Press, 1981)。

关于《薄伽梵歌》中的瑜伽术,参见 Eliade, *Yoga*, pp. 159 ff. 。

195. 关于通过献祭(*yasna*)使得天界本质得以"分化",参见 G. Gnoli, "Lo state di 'maga'", *Annali dell'Istituto* Orientale di Napoli n. s. 15 (1965):105—117,以及 § 104 所引该作者其他著作。亦可参见 Eliade, 503
"Spirit, Light, and Seed",载 *Occultism, Witchcraft, and Cultural Fashions* (Chicago, 1976), pp. 108—109 (= *HR* 11 [1971]:18 ff.)。

关于对立原则的转化,参见 Eliade, "Prolegomenon to Religious Dualism", chap. 8 of *The Quest: History and Meaning in Religion* (Chicago, 1969)。

第 25 章　犹太教的苦难

196. 犹太民族流放时期以后的历史激发了许多学者进行了大量的研究:K. Galling, *Studien zur Geschichte Israels im persischen Zeitalter* (Tübingen, 1964); E. Bickerman, *From Ezra to the Last of the Maccabees: Foundations of Post-Biblical Judaism* (New York, 1962); I. L. Myres, "Persia, Greece and Israel", *Palestine Exploration Quarterly* 85 (1953):8—22。关于一般宗教史的研究,参见 Georg Fohrer, *History of Israelite Religion* (Nashville and New York, 1972), pp. 330—390。

关于《第二以赛亚书》,参见波纳尔(P. E. Bonnard)最新、最有价值的著作, *Le Second Isaïa, son disciple et leurs éditeurs* (*Isaïa 40—68*) (Paris, 1972)。

已经考证出《第二以赛亚书》某些章节受到伊朗的影响。例如,《以赛亚书》50∶11 谈到那些"点火"者,这种表达相当于阿维斯陀语"祭司"(*athravan*)。参见 David Winston, "The Iranian Component in the Bible, Apocrypha, and Qumran", *HR* 5 (1966):187, n 13 中所列书目。第 44 章和第 45 章更为明显地表现出伊朗的影响,人们看出,"居鲁士的圆柱铭文"以及《耶斯纳》44 的相似性;参见 Morton Smith, "II Isaiah and the Persians", *JAOS* 83—84 (1963):415—421, 以及温斯顿(Winston)所引书目, p. 189, n. 17。

关于"仆人之歌",参见 I. Engnell, "The 'Ebed Yahweh Songs and the Suffering Messiah in 'Deutero-Isaiah'", *BJRL* 31 (1948):54—96; C. Lindhagen, *The Servant Motif in the Old Testament* (Uppsala, 1950); J.

Lindblom, *The Servant Songs in Deutero-Isaiah* (1951); C. R. North, *The Suffering Servant in Deutero-lsaiah* (1942; 2d ed., London, 1956), 以及其所著 *The Second Isaiah* (Oxford, 1965)中的评注; H. A. Rowley, *The Servant of the Lord* (London, 1952); S. Mowinckel, *He That Cometh* (New York, 1955), pp. 187—260; 以及 W. Zimmerli and J. Jeremias, *The Servant of God*, 2d ed. (London, 1965)。

504 **197.** 关于先知哈该,参见 Théophane Charry, O. F. M., *Agée-Zacharie-Malachie*, Coll. "Sources bibliques" (Paris, 1969); F. Hesse, "Haggai", 载 A. Kuschke, ed., *Verbannung und Heimkehr* (Rudolph Festschrift) (Tübingen, 1961), pp. 109—134; K. Koch, "Haggais unreines Volk", *Zeitschrift für die alttestamentliche Wissenschaft* 79 (1967): 52—66。

关于撒迦利亚,参见 T. Charry, *Agée-Zacharie-Malachie*; K. Galling, *Studien*, pp. 109—126; Otto Eissfeldt, *The Old Testament: An Introduction* (English translation) (Oxford and New York, 1965), pp. 429—440 (第 429 页和第 762 页有长篇书目)。

关于末世论的发展,参见 G. Hölscher, *Der Ursprung der jüdischen Eschatologie* (Giessen, 1925); P. Volz, *Die Eschatologie der jüdischen Gemeinde in neutestamentlichen Zeitalter*, 2d ed. (Tübingen, 1934); G. Fohrer, "Die Struktur der alttestamentlichen Eschatologie",载作者主编的 *Studien zur alttestamentlichen Prophetie* (Berlin, 1967), pp. 32—58。亦可参见 § 198 所引书目。

198. 关于《圣经》中的弥赛亚概念,参见 H. Gressmann, *Der Messias* (Göttingen, 1929); A. Bentzen, *King and Messiah* (London, 1955; 原著系 *Messias, Moses redivivus, Menschensohn*, Zurich, 1948); L. E. Browne, *The Messianic Hope in Its Historical Setting* (1951); H. Ringgren, "König und Messias", *Zeitschrift für die alttestamentliche Wissenschaft* 64 (1952): 120—147; T. W Mason, *The Servant-Messiah* (Cambridge, 1952); S. Mowinckel, *He That Cometh*, pp. 280 ff.; Joseph Klausner, *The Messianic Idea in Israel from Its Beginning to the Completion of the Mishnah* (New York, 1955); G. Fohrer, *Messiasfrage und Bibelverständnis* (1957)。亦可参见 § 203 所引书目。关于拉比的概念,参

见 G. F. Moore, *Judaism in the First Centuries of the Christian Era* (Cambridge, Mass., 1927, 1930; republished 1971), vol. 2, pp. 349 ff.; Gershom Scholem, *The Messianic Idea in Judaism* (New York, 1971), pp. 1—78。

关于东方各大专制王朝的意识形态与以色列的国王—拯救者主题之间的关系,参见 G. Widengren, "Early Hebrew Myths and Their Interpretation",载 S. H. Hooke, ed., *Myth, Ritual and Kingship* (Oxford, 1958), pp. 168 ff., 以及 Widengren, *Sakrales Königtum im Alten Testament und im Judentum* (Stuttgart, 1955), pp. 30 ff.。

199. 《摩西五经》的创作历史相当复杂。有关研究现状和书目,参见 O. Eissfeldt, *The Old Testament*, pp. 155—240, 以及 pp. 241—300,就最 505
早的历史作品(《约书亚记》、《士师记》、《撒母耳记》、《列王纪》)进行了文本分析。

以斯拉和尼希米的编年史存在许多难题;参见 J. Wright, *The Date of Ezra's Coming to Jerusalem* (London, 1947); Wright, *The Building of the Second Temple* (London, 1958); A. Gelston, "The Foundations of the Second Temple", *VT* 16 (1966):232 ff.; H. Rowley, "The Chronological Order of Ezra and Nehemiah",载 *The Servant of the Lord* (London, 1952), pp. 131 ff.; Rowley, "Nehemiah's Mission and Its Historical Background", *BJRL* 37 (1955):528 ff.; H. Cazelles, "La mission d'Esdras", *VT* 4 (1954), 113 ff.; S. Mowinckel, *Studien zu dem Buche Ezra-Nehemia*, 3 vols. (Oslo, 1964—1965); F. Michaeli, *Les livres des Chroniques, d'Esdras et de Néhémie* (Neuchâtel, 1967)。科勒曼(Kellermann)和摩尔顿·史密斯(Morton Smith)认为以斯拉先于尼希米;参见 U. Kellermann, *Nehemiah: Quellen, Überlieferung und Geschichte*, supplement 102 to *Zeitschrift für die alttestamentliche Wissenschaft* (Berlin, 1967); "Erwägungen zum Problem der Esradatierung", *Zeitschr. für die alttest. Wiss.* 80 (1968):55 ff.; Morton Smith, *Palestinian Parties and Politics That Shaped the Old Testament* (New York and London, 1971), pp. 120 ff.。关于文本的历史,参见 O. Eissfeldt, *The Old Testament*, pp. 541—559。

在以斯拉和尼希米任职期间,排他主义(或者"民族主义")与融合主义

(或者“普世主义”)的“党派”对立逐渐形成。诚然,这一对立在巴比伦囚虏之前就已经存在,然而只是到了以斯拉和尼希米时代获得了政治特征。

短篇《约拿书》,作于公元前 4 世纪,充分显示出一种“普世主义”的倾向。神差遣先知到尼尼微宣布该城将因为居民的邪恶而被毁灭。但是,由于尼尼微人悔罪了,雅赫维就取消了对他们的惩罚。换言之,**雅赫维关注一切民族**。(有些作者在《路得记》中也看到了“相同的精神”。)但是“普世主义”一语同样可以用于指那些(宗教、文化和宗族)同化的支持者。这种融合主义倾向在王国时期已经非常普遍,到希腊化时期达到顶峰。

200. 关于希腊化时代的巴勒斯坦史,参见 S. Lieberman, *Greek in Jewish Palestine* (New York, 1942); Lieberman, *Hellenism in Jewish Palestine* (New York, 1950); F. M. Abel, *Histoire de la Palestine depuis la conquête d'Alexandre jusqu'à l'invasion arabe*, vol. 1: *De la conquête d'Alexandre jusqu'à la guerre juive* (1952)。维克多 · 切利科瓦(Victor
506 Tcherikover)于 *Hellenistic Civilization and the Jews* (New York, 1970)(译自希伯来文)一书中做了极为精彩的概述。亦可参见 W. W. Tarn, *Hellenistic Civilisation*, 3d ed. (1952; New York, 1961 再版), Chap. 6: "Hellenism and the Jews"(pp. 210 ff.); Samuel K. Eddy, *The King Is Dead: Studies in the Near Eastern Resistance to Hellenism, 334—31 B. C.* (Lincoln, Neb., 1961), esp. pp. 183—256。

关于宗教史, W. Bousset and H. Gressmann, *Die Religion des Judentums im späthellenistischen Zeitalter*, 3d ed. (Tübingen, 1926; republished 1966),仍有其全部价值。马丁 · 亨格尔(Martin Hengel)在 *Judentum und Hellenismus* (1968; 2d ed., Tübingen, 1973)这部学识渊博的著作中,很好地处理了这个问题;我们引述了约翰 · 包登(John Bowden)的英文译本, *Judaism and Hellenism: Studies in Their Encounter in Palestine during the Early Hellenistic Period*, 2 vols. (Philadelphia, 1974)。马塞尔 · 西蒙(Marcel Simon)和安德烈 · 贝诺瓦(André Benoit)在 *Le Judaïsme et le Christianisme antique, d'Antiochus Epiphane à Constantin* (Paris, 1968)中,对于这个问题做了一个出色的综合描述,并且辅之以一个精彩的书目。

摩尔顿 · 史密斯(Morton Smith)追溯了希腊对于巴勒斯坦城市和乡村影响的古老和重要(早在公元前 320—前 290 年以及公元前 218—前 199 年

希腊人就向巴勒斯坦派遣驻军),参见其所著 *Palestinian Parties*, pp. 57 ff.。马丁·亨格尔(Martin Hengel)在 *Judaism and Hellenism*, vol. 1, pp. 6—106; vol. 2, pp. 2—71 (chap. 1, "Early Hellenism as a Political and Economic Force"; chap. 2, "Hellenism in Palestine as a Cultural Force and Its Influence on the Jews"),提供了补充资料。

关于智慧(*hokmā*)的人格化以及智慧在东方智慧文学中的类似之处,参见 W. Schencke, *Die Chokma (Sophia) in der jüdischen Hypostasenspekulation* (Christiania, 1913); P. Humbert, *Recherches sur les sources égyptiennes de la littérature sapientiale d'Israël* (Neuchâtel, 1929); W. Baumgarther, "Die israelitische Weisheitsliteratur", *Theologische Rundschau* n. s. 5 (1933): 258—288; J. Fichtner, *Die altorientalische Weisheit in ihrer israelitisch-jüdischen Ausprägung* (Giessen, 1933); H. Ringgren, *Word and Wisdom* (Lund, 1947); W. F. Albright, "Some Canaanite-Phoenician Sources of Hebrew Wisdom",载 *Wisdom in Israel and the Ancient Near East*, suppl. to *VT* 3 (*1955*): 1—15; G. von Rad, *Wisdom in Israel* (Nashville and New York, 1972; the German edition dates from 1970); H. Conzelmann, "The Mother of Wisdom",载 *The Future of Our Religious Past*, ed. J. M. Robinson (London and New York, 1971), pp. 230—243; Hengel, *Judaism and Hellenism*, vol. 1, pp. 153 ff.; vol. 2, pp. 97 ff.。

201. 关于《传道书》(*Qoheleth*),参见 J. Pederson, "Scepticisme 507
israëlite", *RHPR* 10 (1930): 317—370; R. Gordis, *Koheleth: The Man and His World* (New York, 1951); K. Galling, *Die Krisis der Aufklärung in Israel* (Mainzer Universitätsreden, 1952); H. L. Ginsburg, *Studies in Koheleth* (New York, 1960); H. Gese, "Die Krisis der Weisheit bei Koheleth",载 *Les sagesses du Proche-Orient Ancien: Travaux du Centre d'histoire des religions de Strasbourg* (Paris, 1963), pp. 139—151; O. Loretz, *Qoheleth und der alte Orient* (Freiburg, 1964); M. Dahood, "Canaanite-Phoenician Influence in Qoheleth", *Biblica* 33 (1952): 30—52; Dahood, "Qoheleth and Recent Discoveries", ibid. 42 (1961): 359—366; David Winston, "The Book of Wisdom's Theory of Cosmogony", *HR* 11 (1971): 185—202; R. Braun, *Koheleth und sein*

Verhältnis zur literarischen Bildung und Popularphilosophie, supplement 130 to *Zeitschrift für die Alttestamentliche Wissenschaft* (Erlangen, 1973); M. Hengel, *Judaism und Hellenism*, vol. 1, pp. 115—129, 以及 vol. 2, pp. 77—87 (notes 51—162)的书目。对于文献的历史分析,参见 Eissfeldt, *The Old Testament*, pp. 491—499。

关于《便西拉智训》,参见博克斯(G. H. Box)和俄伊斯特雷(W. O. E. Oesterley)的译注,载 R. H. Charles, *Apocrypha and Pseudepigrapha of the Old Testament* (Oxford, 1913), vol. 1, 268—517。关于文本的历史分析以及长篇书目,参见 Eissfeldt, *The Old Testament*, pp. 595—599。我们的解释大多依靠 Martin Hengel, *Judaism and Hellenism*, vol. 1, pp. 130—155; vol. 2, pp. 88—96。

对《便西拉智训》的研究提出了《便西拉智训》与斯多亚派哲学的某些相似之处,首先,肯定世界和人类生存是根据一个由上帝决定的计划而发展的(参见 § 184)。此外,便西拉还有一个观点与斯多亚派相同:宇宙与一种理性力量,也就是神性融合在一起;参见 M. Pohlenz, *Die Stoa*, 2d ed. (Göttingen, 1964), vol. 1, p. 72。还有,芝诺的哲学源于闪族的一个宗教观点,这种观点与《旧约》的思想颇多类似(参见同书,第 108 页)。因此,犹太人——从便西拉和阿里斯托布鲁到斐洛——吸收了斯多亚派的观念,实为向东方文化遗产的回归(参见 Hengel, *Judaism and Hellenism*, vol. 1, pp. 149, 162)。尽管如此,希腊影响的重要性不可过分夸大。著名的《便西拉智训》第 24 章和伊希斯(Isis)的德性颂(arétalogies)的相同得到广泛的认可。诺克斯(W. L. Knox)看到,(人格化的智慧)与叙利亚带有伊希斯特征的阿施塔特之间令人称奇的密切关系("The Divine Wisdom", *Journal of Theological Studies* 38 [1937]:230—237; 此句引文出自第 235 页)。亦可
508 参见 H. Ringgren, *Word and Wisdom*, pp. 144 ff.; H. Conzelmann, "The Mother of Wisdom", 载 J. M. Robinson, ed., *The Future of Our Religious Past*, pp. 230—243; Hengel, vol. 1, pp. 158 ff.; vol. 2, pp. 101 ff. (注解 331 的补充书目)。伊希斯的崇拜仪式在公元前 3 世纪的耶路撒冷广为人知,以及犹太教的智慧学派将伊希斯—阿施塔特的德性颂(arétalogy)转化为神圣的智慧并非毫无可能;参见 Hengel, vol. 1, p. 258。但是,正如我们已经看到的(第 648 页),智慧不是神的伴侣(*paredros*)而是从他的口里出来的。参见 W. Schencke, *Die Chokma (Sophia) in der jüdischen*

Hypostasenspekulation; J. Fichtner, *Die altorientalische Weisheit in ihrer israeltisch-jüdischen Ausprägung*; Fichtner, "Zum Problem Glaube und Geschichte in der israelitisch-jüdischen Weisheitsliteratur", *Theologische Literaturzeitung* 76 (1951) 145—150; J. M. Reese, *Hellenistic Influence on the Book of Wisdom and Its Consequences* (Rome, 1970); B. L. Mack, *Logos und Sophia*: *Untersuchungen zur Weisheitstheologie im hellenistischen Judentum* (Göttingen, 1973)。

重要的是,我们要注意到,在公元前3世纪和公元2世纪间,相似的概念不仅见载于东方—希腊化世界,也见载于佛教和印度教的印度;我们见证了作为解脱的至高工具的"知识"(*Prajña*, *jñāna*)被宗教和神话加以人格化了。这一过程还将继续到中世纪的印度和基督教的欧洲(参见第3卷)。

《摩西五经》的重大翻译工程,这在远古时代是前所未有的,为直接用希腊文创作犹太教文学提供了一种可能性,大约在公元前175—前170年,第一位犹太哲学家阿里斯托布鲁撰写了一部献给年轻君主托勒密六世斐洛米特(Ptolemy Ⅵ Philometor)的训诫文和护教作品。根据保存的残篇判断,作者构造了一个大胆的、以后经常重复的理论:《圣经》中的犹太教义是真正的哲学;毕达哥拉斯、苏格拉底和柏拉图对其十分熟悉,并且借鉴了其中的原理;当希腊诗人和哲学家谈论"宙斯"的时候,他们指的就是真正的上帝。"因为所有哲学家都同意,对于上帝而言,我们都应该抱有一种虔敬的观点,对此,我们的体系提出了无与伦比的劝诫"(转引自 Eusebius, *Praeparatio Evangelica* 13.12.7 以下)。尽管如此,摩西的智慧要高于希腊哲学的智慧,因为它是直接从上帝来的;参见 Hengel, vol. 1, pp. 163 ff., 以及 vol. 2, pp. 106—110, notes 375—406 所引用的资料。

不久以后,《阿里斯提亚书信》(*Letter of Aristeas*)更为明确地表达了一种倾向,就是要把《圣经》中上帝的观念与希腊的(亦即"普世主义")的神性观念融会贯通起来。希腊人和犹太人"崇拜的是同一个上帝——主和宇宙的创造者……只是我们用不同的名字称呼他罢了,比如宙斯或者陡斯(Dis)"(*Arist.* 15—16)。精通哲学的希腊人据说早就提出了一神论思想。因此,作者认为犹太教和希腊哲学是一回事。参见哈达(M. Hadas)的英文译注本, *Aristeas to Philocrates*: *Jewish Apocyphal Literature* (New York, 1951), 以及佩勒提耶(A. Pelletier)的辑本 *Lettre d'Aristée a Philocrate*, Sources Chrétiennes, no. 89 (Paris, 1962); 参见 V. Tcherikover, 509

"The Ideology of the Letter of Aristeas", *HTR* 51 (1958):59—85; Hengel, vol. 1, p. 264; vol. 2, p. 176。

202. 关于安提阿哥四世·伊皮法纽到庞贝的巴勒斯坦历史,参见前文所引§200书目。还要加上毕克曼(E. Bickerman)的3部作品,"Un document relatif à la persécution d'Antiochus IV Epiphane", *RHR* 115 (1937): 188—221, *Der Gott der Makkabäer* (Berlin, 1937), 和"Anonymous Gods", *Journal of the Warburg Institute* 1 (1937—1938) 187—196; B. Nazar, "The Tobiads", *Israel Exploration Journal* 7 (1957):137—145, 229—238; J. A. Goldstein, "The Tales of the Tobiads", 载 *Christianity, Judaism, and Other Greco-Roman Cults: Studies for Morton Smith*, vol. 3 (Leiden, 1975), pp. 85—123。

关于安提阿哥的逼迫以及解放战争,参见第652页注解①所引资料。总之,安提阿哥的"改革"受到了亲希腊犹太人的支持,目的是要将耶路撒冷改造成为一座希腊人的"城市"(*polis*); 参见 Hengel, vol. 1, p. 278。《马加比传》的新译注本有 F. M. Abel, *Les Livres des Maccabées*, 2d ed. (Paris, 1949); S. Zeitlin, *The First Book of Maccabees* (New York, 1950); Zeitlin, *The Second Book of Maccabees* (1954); 以及 J. G. Bunge, *Untersuchungen zum zweiten Makkabäerbuch* (Bonn, 1971)。关于评断分析和书目,参见 Eissfeldt, *The Old Testament*, pp. 576—582, 771。

关于雅赫维和希腊神概念的等同,参见 Hengel, vol. 1, 261 ff.; 还有 Marcel Simon, "Jupiter-Yahvé: Sur un essai de théologie pagano-juive", *Numen* 23 (1976):40—66。重要的是我们应当注意,最早提到犹太人的希腊作家——阿比德拉的赫卡塔乌斯(Hecataeus of Abdera)、提奥菲拉斯图斯(Theophrastus)、马加斯特尼斯(Megasthenes)、索利的克利雅库(Clearchus of Soli)——都把犹太人描述为"哲学家"民族;参见 Hengel, vol. 1, pp. 255 ff. 对于原始资料的分析。

510 普吕格(O. Plöger)证明虔敬派(*hassidim*)历史悠久;这一运动见载于公元前3世纪的文献中,可能兴起于波斯帝国统治时期;参见其所著:*Theocracy and Eschatology* (Oxford, 1968), pp. 23 ff., 42—52。关于虔敬派还可以参见 Hengel, vol. 1, pp. 175 ff.; vol. 2, 118 ff.。

关于犹太教次经文学和思想,参见 W. Bousset, *Die jüidische Apokalyptik* (Berlin, 1903); P. Volz, *Die Eschatologie der jüdischen Gemeinde im neutestamentlichen Zeitalter*, 2d ed. (Tübingen, 1934); H. H. Rowley, The Relevance of Apocalypic, 3d ed. (London 1950); Rowley, *Jewish Apocalyptic and the Dead Sea Scrolls* (London, 1957); S. B. Frost, *Old Testament Apocalyptic: Its Origins and Growth* (London, 1952); Rudolph Mayer, *Die biblische Vorstellung vom Weltentbrand* (Bonn, 1956); D. S. Russell, *The Method and Message of Jewish Apocalyptic* (London, 1964); H. D. Betz, "Zum Problem religionsgeschichtlichen Verständnisses der Apokalyptik", *Zeitschrift für Theologie und Kirche* 63 (1966):391—409; Hengel, vol. 1, pp. 181 ff.。

关于《但以理书》,参见 R. H. Charles, *A Critical and Exegetical Commentary on the Book of Daniel* (Oxford, 1929); W. Baumgartner, "Ein Vierteljahrhundert Danielforschung", *Theologische Rundschau* n. s. 11 (1939):59—83, 125—144, 201—228; L. S. Ginsburg, *Studies in Daniel* (New York, 1948); A. Bentzen, *Daniel*, 2d ed. (Tübingen, 1952); O. Eissfeldt, *The Old Testament*, pp. 512—529 (含有有价值的书目,512—513, 768—769); André Lacoque, *Le Livre de Daniel* (Neuchâtel and Paris, 1976)。

关于"以事件为基础的预言"(*vaticinia ex eventu*),参见 E. Osswald, "Zum Problem der *vaticinia ex eventu*", *Zeitschrift für die alttestamentliche Wissenschaft* 75 (1963):27—44。

关于《但以理书》受到的伊朗影响,参见 I. W. Swain, "The Theory of the Four Monarchies: Opposition History under the Roman Empire", *Classical Philology* 35 (1940):1—21; David Winston, "The Iranian Component in the Bible, Apocrypha, and Qumran: A Review of the Evidence", *HR* 5 (1966):189—192。Hengel, vol. 1, pp. 181 ff.,对东方影响的问题进行了探讨。应当强调的是,有一些主题在先知书中已经出现了。

关于"大年",参见 Eliade, *The Myth of the Eternal Return Cosmos and History*, trans. Willard R. Trask, Bollingen Serie (Princeton, 1965), pp. 134 ff.; B. L. von Waerden, "Das Grosse Jahr und die ewige Wiederkehr", *Hermes* 80 (1952):129—155。

关于四个王国和四只巨兽,参见 H. H. Rowley, *Darius the Mede and the Four World Empires in the Book of Daniel* (Cardiff, 1935), pp. 161

511 ff.; W. Baumgartner, "Zu den vier Reichen von Daniel 2", *Theologische Zeitschrift* 1 (1945):17—22; A. Daquot, "*Sur les quatre Bêtes de Daniel* VII", *Semitica* 5 (1955):5—13。

203. 关于世界末日综合征,参见 Eliade: *The Myth of the Eternal Return*, pp. 112 ff.。亦可参见 § 200 提供的关于启示文学的书目以及 T. F. Glasson, *Greek Influence in Jewish Eschatology, with Special Reference to the Apocalypse and Pseudepigrapha* (London, 1961)。

关于肉身复活,参见 R. H. Charles, *Eschatology*. (1899; republished New York, 1963), pp. 78 ff., 129 ff., 133 ff.; P. Volz., *Eschatologie*; A. Nicolainen, *Der Auferstehungsglaube in der Bibel und ihrer Umwelt* (1944); E. F. Sutcliffe, *The Old Testament and the Future Life* (1946); R. Martin-Achard, *De la mort á la résurrection d'après l'Ancien Testament* (1956); K. Schubert, "Die Entwicklung der Auferstehungslehre von der nachexilischen bis zur frührabbinischen Zeit", *Biblische Zeitschrift* n. s. 6 (1962):177—214。

伊朗关于复活的教义明确见载于公元前 4 世纪;参见 Theopompus, Frag. 64, 载 F. Jacoby, *Fragmente der griechischen Historiker* (Berlin, 1929);亦可参见本书第 1 卷 § 112。

《旧约》次经和伪经已由查尔斯(R. H. Charles)及其合作者翻译出版,收入 *Apocrypha and Pseudepigrapha* (Oxford, 1913)第 2 卷。《以斯拉下》、《以诺一书》、《所罗门诗篇》、《十二族长遗训》以及叙利亚语《巴录启示录》摘录,我们根据的就是他们的译文。我们也参考了 J. T. Milik, *The Books of Enoch* (1976)和 Pierre Bogaert, *L'Apocalypse syriaque de Baruch*, 2 vols. (1969)。同时可参见 A. M. Dennis, *Introduction aux Pseudépigraphes grecques de l'Ancien Testament* (Leiden, 1970)。

关于"人子",参见 E. Sjöberg, *Der Menschensohn im äthiopischen Henochbuch* (Lund, 1946), pp. 40 ff.; 以及 S. Mowinckel, *He That Cometh*, pp. 346—450; C. Colpe, 载 *Theologisches Wörterbuch zum Neuen Testament*, vol. 8, pp. 418—425; J. Coppens, *Le Fils de l'Homme et les Saints du Très-Haut en Daniel VIII, dans les Apocryphes et dans le Nouveau Testament* (Bruges and Paris, 1961); F. H. Borsch, *The Son of Man in Myth and History* (Philadelphia, 1967),这些书中有分析性书目。关于

"人子"一语在《新约》中的含义,参见 § 221。

关于撒但,参见 Bousset and Gressmann, *Die Religion des Judentums im späthellenistischen Zeitalter*, pp. 332 ff.; Ringgren, *Word and Wisdom*, pp. 169 ff. (含有书目); B. Reicke, *The Disobedient Spirits and* 512
Christian Baptism (Copenhagen, 1948); B. L. Randelini, "Satana nell'Antico Testamento", *Bibbia e Oriente* 5 (1968):127—132。

关于以诺升天,参见 G. Widengren, *The Ascension of the Apostle and the Heavenly Book* (Uppsala, 1950), pp. 36 ff.。

拉比文献和《米德拉西》涉及《新约》的内容已经由斯特拉克(H. L. Strack)和比勒贝克(P. Billerbeck)翻译并加以评注,载 *Kommentar zum Neuen Testament aus Talmud und Midrash*, 6 vols; (Munich, 1922—1961)。

关于次经和伪经中伊朗的影响,参见 D. Winston, "The Iranian Component in the Bible, Apocrypha, and Qumran", *HR* 5 (1966):192—200。

204. 关于抵御历史恐怖的启示文学,参见 Eliade, *The Myth of the Eternal Return*, pp. 112 ff.。

关于以诺的传说,参见格列洛(P. Grelot)的三篇论文,"La légende d'Hénoch dans les Apocryphes et dans la Bible", *Recherches de science religieuse* 46 (1958):5—26, 181—210, "La géographie mythique: d'Hénoch et ses sources orientales", *RB* 65 (1958):33—69,和"L'eschatologie des Esséniens et le Livre d'Hénoch", *Revue de Qumran* (1958—1959):113—131; 还可参见 J. T. Milik, "Problèmes de la littérature hénochique à la lumière des fragments araméens de Qumran", *HTR 64* (1971):333—378。

关于法利赛人,参见 W. L. Knox, *Pharasaism and Hellenism in Judaism and Christianity*, vol. 2: *The Contact of Pharasaism with Other Cultures* (London, 1937), 和 L. Finkelstein, *The Pharisees*, 2 vols. (1938; 3d ed., Philadelphia, 1962)。还可参见 Hengel, vol. 1, pp. 169—175 ("Wisdom and Torah in Pharisaic and Rabbinic Judaism"), J. Neusner, *The Rabbinic Traditions about the Pharisees before 70*, 3 vols. (Leiden, 1971), 以及 W. B. Davies, *Torah in the Messianic Age and for the Age to Come*, Journal of Biblical Literature Monograph Series, no. 7 (1952)。

关于犹太教的改信，参见 W. Braude, *Jewish Proselyting*, Brown University Studies, no. 6 (Providence, 1940)，和 Hengel, vol. 1, pp. 168 ff. (有最近的书目)。

亨格尔(Hengel)正确地评论道，"犹太教在希腊—罗马时期，它的历史影响发挥到了极致。它反抗塞琉古，为自由而战，以及与罗马进行艰苦卓绝的战斗在古代世界也许是独一无二的"(Hengel, vol. 1 p. 309)。他们劝人改信的努力，为早期基督教所效法和发扬光大。尽管如此，"《托拉》的本体
513 论"以及法利赛人的严格律法主义一方面结束了传教的努力，另一方面也悲剧性地误解了基督教。在巴勒斯坦小规模的犹太—基督徒只有恪守《托拉》，才能够举步维艰地维持下来。对于宗教融合的希腊化背教者的指责至今还影响到犹太教对于保罗的评价(Hengel, vol. 1 p. 309 提到克劳斯纳[J. Klausner]、巴伊克[L. Baeck]以及舒佩斯[H. J. Schoeps]；参见 Hengel Vol. 2, p. 205, n. 315)。例如在舒佩斯(H. J. Schoeps)看来，保罗是一个散居的犹太人，背叛了他父亲的信仰(*Paul* [London 1961], p. 261)。在引用了这段文字之后，亨格尔评论道(vol. 1, p. 309)，对于《托拉》这种严格的、护教论的理解与先知的消息大相异趣，难以同福音是普世的、末世的观点相互协调，这一点是不容忽视的。然而，《托拉》的捍卫者认为基督徒就像大约在公元前 175 年和前 164 年之间的犹太教叛徒，他们鼓吹改信并且吸收其他宗教(同上书，第 314 页)。

第 26 章　希腊化时期的融合与创造

205. 希腊化时期的各种宗教，参见 Carl Schneider, *Kulturgeschichte des Hellenimus*, vol. 2(Munich, 1969), pp. 838 ff. (关于外来神，有一个内容丰富的书目)。亦可参见格兰特(F. C. Grant)有关文献的翻译和注疏，*Hellenistic Religion*: *The Age of Syncretism* (New York, 1953)。Karl Prümm, *Religionsgeschichtliches Handbuch für den Raum der altchristlichen Umwelt* (Freiburg im Breisgau, 1943)一书乃为一个概述并附有关于希腊化和罗马时期宗教状况的重要书目。亦可参见 W. W. Tarn, *Hellenistic Civilisation* (London, 1927; 3d rev. ed., 1952)；诺克(A. D. Nock)的两部著作：*Conversion*: *The Old and the New in Religion from Alexander the Great to Augustine of Hippo* (Oxford, 1933), *Essays on Religion and the Ancient World*, 2 vols. (Oxford, 1972)；Johannes Leipoldt and

Walter Grundmann, *Umweh des Urchristentums*, vol. 1(Berlin, 1965), esp. pp. 68 ff., 101 ff.;以及塞兰托(V. Cilento)的3部著作:*Trasposizioni dell'antico: Saggi su le forme della grecità al suo tramonto* (Milan and Naples, 1961—1966), *Comprensione della religione antica* (Naples, 1967),和 *Studi di storia religiosa della tarda antichità* (Messina, 1968)。

关于宗教的融合,参见 R. Pettazzoni,"Sincretismo e conversione",载 *Saggi di storia delle religioni e della mitologia*(Rome, 1946), pp. 14— 514
51;Helmer Ringgren, "The Problem of Syncretism",载 *Syncretism*, ed. Sven S. Hartman(Stockholm, 1969), pp. 7—14; A. S. Kapelrud, "Israel's Prophets and Their Confrontation with the Canaanite Religion", ibid., pp. 162—170;J. van Dijk, "Les contacts ethniques dans la Mésopotamie et les syncrétismes de la religion sumérienne", ibid., pp. 171—206; Jan Bergman, "Beitrag zur *Interpretatio Graeca*: Aegyptische Götter in griechischer Übertragung", ibid, pp. 207—227;*Le syncrétisme dans les religions grecque et romaine*, Travaux du Centre d'Etudes Supérieures spécialisé d'Histoire des Religions à Strasbourg (Paris, 1972); Geo Widengren "Cultural Influence, Cultural Continuity, and Syncretism",载 *Religious Syncretism in Antiquity: Essays in Conversation with Geo Widengren*, ed. B. Pearson (Missoula, Mont., 1975), pp. 1—20;F. Dunand and P. Lévêque, eds., *Les syncrétismes dans les religions de l'antiquité: Colloque de Besançon, 1973* (Leiden, 1975)。

关于星相学和宿命,参见 Karl Prümm, *Religionsgeschichtliches Handbuch für den Raum der altchristlichen Umwelt*, pp. 404 ff. (含有早期的文献);A. J. Festugière, *La Révélation d'Hermès Trismégiste*, vol. 1 (1944), pp. 89—122;弗朗兹·古蒙(Franz Cumont)的3部著作:*Astrology and Religion among the Greeks and the Romans* (New York, 1912), *L'Egypte des astrologues* (Brussels, 1973),和 *Lux Perpetua*(1949), pp. 303 ff.; H. Ringgren, ed., *Fatalistic Beliefs* (Stockholm, 1967),尤其是扬·伯格曼(Jan Bergman)的研究,"I Overcome Fate, Fate Harkens to Me", pp. 35—51;C. Schneider, *Kulturgeschichte des Hellenismus*, vol. 2, pp. 907—919。

在罗马时期,在罗马和帝国各地星相学流行一时。奥古斯都发布他的星相,钱币上也铸有他所属的山羊座。

七大行星的神话和神学见于一周七天、启示文学中的七天使以及七重天、七重地狱,以及密特拉教中仪式性的七台阶的梯子等等。

关于君主崇拜,参见 E. Bickerman, "Die römische Kaiserapotheose", *ARW* 27 (1929):1—24;Lily R. Taylor, *The Divinity of the Roman Emperor* (Middletown, 1931);Mac Evance, *The Oriental Origin of Hellenistic Kingship* (Chicago, 1934); D. M. Pippidi, *Recherches sur le culte impérial* (Bucharest, 1939); Pippidi, "Apothéose impériale et apothéose de Pérégrinos", *SMSR* 20 (1947—1948):77—103; Karl Prümm, *Religionsgeschichtliches Handbuch*, pp. 5—6 (含有一个内容广泛的书目); L. Certaux and J. Tondriau, *Le culte des souverains dans la civilisation*
515 *hellénistique* (Paris, 1958); *Le culte des souverains dans l'Empire romain*, Entretiens sur l'antiquité classique, no. 19(Vandoeuvres and Geneva, 1973)。

关于秘仪的文献资料,有 N. Turchi, *Fontes mysteriorum aevi hellenistici* (Rome, 1923)。尽管有着护教论倾向,卡尔·普吕姆(Karl Prümm)的 5 卷本著作,*Religionsgeschichtliches Handbuch*, pp. 215—356("Die Mysterienkulte in der antiken Welt"),因其文献和书目甚丰而依然不可或缺。乌戈·比昂奇(Ugo Bianchi)在其所著 *The Greek Mysteries* (Leiden, 1976) 辑录了部分有图像的纪念碑资料。

关于秘仪的综合性研究有:R. Reitzenstein, *Die hellenistischen Mysterienreligionen nach ihren Grundgedanken und Wirkungen*, 3d. ed. (1927); N. Turchi, *Le religioni misteriosofiche del mondo antico* (Rome, 1923); R. Pettazzoni, *I Misteri: Saggio di una teoria storico-religiosa* (Bologna, 1924); S. Angus, *The Mystery Religions and Christianity* (London, 1925); H. R. Willoughby, *Pagan Regeneration: A Study of Mystery Initiation in the Graeco-Roman World* (Chicago, 1929); F. Cumont, *Les religions orientales dans le paganisme romain*, 4th ed. (1929; English trans., *Oriental Religions in Roman Paganism* (New York, 1911); A. Loisy, *Les Mystères païens et le mystère chrétien*, 2d ed. (Paris, 1930)。

亦可参见 *The Mysteries: Papers from the Eranos Yearbooks* (New York, 1955); Eliade, *Rites and Symbols of Initiation: The Mysteries of*

Birth and Rebirth (New York, 1958), pp. 109 ff. ; A. D. Nock, "Hellenistic Mysteries and Christian Sacraments", *Mnemosyne* 4th ser. 5(1952) 117—213; reprinted in *Early Gentile Christianity and its Hellenistic Background* (New York: Harper Torchbooks, 1964), pp. 109—146; R. Merkelbach, *Roman und Mysterium in der Antike* (Munich and Berlin, 1962); P. Lambrechts, "L'Importance de l'enfant dans les religions à mystères", *Latomus* 28 (1957):322—333;G. Freymuth, "Zum Hieros Gamos in den antiken Mysterien", *Museum Helveticum* 21(1964):86—95;F. Cumont, *Lux Perpetua* (Paris, 1949), pp. 235 ff. ; L. Bouyer, "Le salut dans les religions à Mystères", *Revue des sciences religieuses* 27 (1953): 1—16。亦可参见§§206—208。

206. 关于希腊化的文化环境和罗马帝国时期的狄奥尼索斯,参见 U. von Wilamowitz-Moellendorff, *Der Glaube der Hellenen*, vol. (1932), pp. 261 ff. ; H. A. Jeanmaire, *Dionysos: Histoire du culte de Bacchus* (Paris, 1951), pp. 417 ff. (pp. 497 ff.含有书目);C. Schneider, *Kulturgeschichte des Hellenismus*, vol. 2, pp. 800—810, 1097 ff. (书目);M. P. Nilsson, 516
The Dionysiac Mysteries in the Hellenistic and Roman Age(Lund, 1957); Nilsson, Geschichte der griechschen Religion, vol. 2, 2d rev. ed. (1961), pp. 360—367(Eng. trans. , *History of Greek Religion*, 2d ed. [New York, 1964], pp. 205—210); R. Turcan, *Les sarcophages romains à représentation dionysiaque: Essai de chronologie et d'histoire religieuse* (Paris, 1966)。

关于孩提时代的狄奥尼索斯,参见 D. Costa, "Dionysos enfant, les bacchoi et les lions", *Revue archéologique* 39 (1952):170—179;Turcan, *Les sarcophages romains*, pp. 394 ff. 。塞墨勒的升天,参见 Boyancé, "Le disque de Brindisi et l'apothéose de Sémélé", *Revue des études anciennes* 44 (1942):195—216; Nilsson, *The Dionysiac Mysteries*, pp. 4 and 14; R. Boyancé, "Dionysos et Sémélé", *Atti della Pontificia Accademia Romana di Archeologia* 38 (1965—1966):79 ff. 。

关于狄奥尼索斯秘仪的入会礼,参见 A. Schneider, *Kulturgeschichte des Hellenismus*, p. 1101 中的书目。尤其参见,F. Matz, *Dionysiakē teletē: Archäologische Untersuchungen zum Dionysos-Kult in hellenistisch-*

er und römischer Zeit(1964); G. Zuntz, "On the Dionysiac Fresco in the Villa dei Misteri at Pompeii", *Proceedings of the British Academy* 49 (1963): 177—202; R. Turcan, "Un rite controuvé de l'initiation dionysiaque", *RHR* 158 (1960): 140—143, "Du nouveau sur l'initiation dionysiaque", *Latomus* 24 (1965): 101—119,和 *Les sarcophages romains*, pp. 408 ff.; P. Boyancé, "Dionysiaca: A propos d'une étude récente sur l'initiation dionysiaque", *Revue des études anciennes* 68 (1966): 33—60。

关于洞穴在狄奥尼索斯秘密团体崇拜中的作用,参见 Boyancé, "L'Antre dans les mystères de Dionysos", *Rendiconti della Pontificia Accademia di Archeologia* 33 (1962): 107—127; Claude Bérard, *Anodoi: Essai sur l'imagerie des passages chthoniens*, Bibliotheca Helvetica Romana no. 13, Institut Suisse de Rome(1947), pp. 58 ff., 144 ff.; Bérard, 载 *Mélanges d'histoire ancienne et d'archéologie offerts à Paul Collart* (Lausanne, 1976), pp. 61—65。

亦可参见 F. Cumont, *Etudes sur le symbolisme funéraire des Romains* (1942), pp. 370 ff., 和 Cumont, *Lux Perpetua*, pp. 250 ff.。

207. 关于弗里吉亚秘仪的扼要陈述,参见 R. Pettazzoni, *I Misteri*, pp. 102—149; A. Loisy, *Les Mystères païens*, pp. 83—120; F. Cumont, *Les religions orientales*, pp. 43—68, 220—230; K. Prümm, *Religionsgeschichtliches Handbuch*, pp. 255—263(含有早期的书目); C. Schneider, *Kulturgeschichte des Hellenismus*, vol. 2, pp, 856 ff.。

关于阿提斯崇拜的文字材料(文献与铭文), H. Hepding, *Attis, seine Mythen und sein Kult* (Giessen, 1903)做了收集和评注。H. Graillot, *Le culte de Cybèle, Mère des Dieux, à Rome et dans l'Empire Romain*
517 (Paris, 1912)至今仍是一本无与伦比的著作。维马瑟伦(M. J. Vermaseren)所著 *Corpus Cultus Cybelae Attisque* 第 1 卷出版于 1977 年。这位作者还出版过 *The Legend of Attis in Greek and Roman Art* (Leiden, 1966)和 *Cybele and Attis: The Myth and the Cult*, translated from the Dutch by A. M. H. Lemmers (London, 1977);后面这部著作包含一个内容广泛的书目。亦可参见 P. Lamrechts, *Attis: Van herdersknaap tot god* (Brussels, 1962)(pp. 61—74 含有一个法文概述)。

关于库巴巴·库柏勒(Kubaba-Cybele)的史前史,参见 R. Eisler,

"Kubaba-Kybele", *Philologus* 68 (1909): 118—151, 161—209; E. Laroche, "Koubaba, déesse anatolienne, et le problème des origines de Cybèle",载 *Eléments orientaux dans la religion grecque ancienne* (Parisi, 1960), pp. 113—128; Vermaseren, *Cybele and Attis*, pp. 13—24; Dario M., Cosi, "La simbologia della porta nel Vicino Oriente: Per una intepretazione dei monumenti rupestri frigi", *Annali della Facollà di lettere e Filosofia* 1(Florence, 1976):113—152,esp. pp. 123 ff.。

关于罗马时期的库柏勒和阿提斯崇拜,参见 R. Boyancé, "Sur les mystères phrygiens: 'J'ai mangé dans le tympanon, j'ai bu dans la cymbale'", *Revue des études anciennes* 37(1935):161—164; J. Carcopino, "La réforme romaine du culte de Cybèle et d'Attis",载 *Aspects mystiques de la Rome païenne* (Paris, 1942), pp. 49—171; P. Lambrechts, "Les fêtes 'phrygiennes' de Cybèle et d'Attis", *Bulletin de I'Institut d'Histoire Belge de Rome* 27 (1952): 141—170; E. van Doren, "L'Evolution des mystères phrygiens à Rome", *Antiquité classique* 22 (1953): 79—88; Charles Picard, "Les cultes de Cybéle et d'Attis", *Numen* 4(1957):1—23; R. Romanelli, "Magna Mater e Attis sul Palatino", *Hommages à Jean Bayet*, Coll. Latomus, no. 70 (Brussels, 1964), pp. 619—626; A. Brelich, "Offerte e interdizioni alimentari nel culto della Magna Mater a Roma", *SMSR* 36 (1965):26—42; D. Fishwick, "The Cannophori and the March Festival of Magna Mater", *Transactions and Proceedings of the American Philological Association* 97 (1966): 193—202; Dario M. Cosi, "Salvatore e salvezza nei Misteri di Attis", *Aevum* 50 (1976):42—71。

关于"洞房"的意义和仪式功能,Vermaseren, *Cybele and Attis*, p. 117 做了概述。

关于"公羊的血",参见 R. Duthoy, *The Taurobolium: Its Evolution and Terminology* (Leiden, 1969),该书附有早期文献。

鲁瓦西(A. Loisy)(*Mystères païens*, p. 110)提醒人们注意,亚历山大里亚的克雷芒讲述的一个神话(*Protrept.* 2. 15),这个神话可以看作是对如下咒语的注解:"手鼓令我餍足……;我走进这密室":宙斯施展诡计诱奸了众神之母(库柏勒);然后"当她得知受到他的欺负之后,他为了平息她的怒气,就将一副公羊的睾丸扔到她的腿上,好像他阉割自己,赎他的罪过。讲 518

述这个神话的阿诺比乌斯(Arnobius)说,宙斯是把自己变成一头牛去诱奸众神之母的。"

关于加鲁斯祭司,参见 Vermaseren, *Cybele and Attis*, pp. 98 ff. ,以及该书所引文献 pp. 200 ff. 。关于阉割以等同于神性,参见 Michel Meslin, "Réalités psychiques et valeurs religieuses dans les cultes orientaux, Ⅰ[er]-Ⅳ[e] siécles", *Revue historique* 512(1974): 295 ff. 。

关于弗里吉亚秘仪与基督教的关系,参见 M. J. Lagrange, "Attis et le christianisme", *RB* 16(1919):419—480;Lagrange, "Attis ressuscité", *RB* 36 (1927):561—566; A. Loisy, *Les Mystères païens*, pp. 108 ff. ; Vermaseren, *Cybele and Attis*, pp. 180 ff. 。亦可参见 Hugo Rahner, "Christian Mysteries and Pagan Mysteries",载 *Greek Myths and Christian Mystery* (London and New York, 1963), pp. 1—45,以及前文 § 205 的书目。

208. 关于埃及秘仪,参见 F. Cumont, *Les religions orientales*, pp. 69—94, 231—248; A. Loisy, *Les Mystères païens*, pp. 121—156; K. Prümm, *Religionsgeschichtliches Handbuch*, pp. 268—280; Georges Nagel, "The 'Mysteries' of Osiris in Ancient Egypt",载 Joseph Campbell, ed. , *Pagan and Christian Mysteries*:*Papers from the Eranos Yearbooks*, trans. Ralph Manheim and R. F. C. Hull (New York, 1963), pp. 119—134(法文本以 *Eranos-Jahrbuch* 名于 1944 年出版);Curt Schneider, *Kulturgeschichte des Hellenismus*, vol. 2, pp. 840 ff. 。

关于萨拉匹斯,参见 P. M. Fraser, "Two Studies on the Cult of Sarapis in the Hellenistic World", *Opuscula Atheniensia* 3(1960):1—54;Fraser, "Current Problems Concerning the Early History of the Cult of Sarapis", ibid. 7(1967):23—25;Ruth Stiehl, "The Origin of the Cult of Sarapis", *HR* 3(1963):21—33;Ladislav Vidman, *Isis und Sarapis bei den Griechern und Römern* (Berlin, 1970);J. E. Stambaugh, *Sarapis under the Early Ptolemies* (Leiden, 1972); W. Hornbostel, *Sarapis*: *Studien zum Überlieferungsgeschichte*, *den Erscheinungsformen und Wandlungen der Gestalt einees Gottes* (Leiden, 1973)。

关于希罗多德和埃及秘仪,参见劳埃德(A. B. Lloyd)的注疏本,*Herodotus*, *Book Ⅱ*, 2 vols. (Leiden, 1975—1976)。

关于伊希斯及其在罗马帝国的流传有许多著述。参见 R. Merkelbach,

Isisfeste in Griechisch-römischer Zeit: *Daten und Riten* (Meisenheim am Glan, 1963); M. Münster, *Untersuchungen zur Göttin Isis* (Berlin, 1968); R. E. Witt, *Isis in the Graeco-Roman World* (London and Ithaca, 1971)(总的来说,这是一部令人失望的作品);S. K Heyob, *The Cult of Isis among Women in the Graeco-Roman World* (Leiden 1975)。亦可参见 519
R. Harder "Karpokrates von Chalkis und die memphitische Isispropaganda", *Abhandlungen der Preussischen Akademie der Wissenschaften Phil. Hist. Klasse* 1943: 14 (Berlin, 1944); D. Vandebeek, *De intepretatio Graeca van de Isisfigur*, Studia hellenistica no. 4 (Louvain, 1946)。

在最近发表的有关该崇拜流传的著述,我们需要提到的有:G. Grimm, *Zeugnisse aegyptischer Religion und Kunstelemente im römischen Deutschland* (Leiden, 1969); P. F. Tchudin, *Isis in Rom* (Aarau, 1962); Tam Tinh Tram, *Le culte d'Isis à Pompéi* (Paris, 1964); Françoise Dunand, *Le culte d'Isis dans le bassin oriental de la Méditerranée*, 3 vols. (Leiden, 1973); M. Malaise, *Les conditions de pénétration et de diffusion des cultes égyptiens en Italie* (Leiden, 1972)。

关于伊希斯的《德性颂》,参见 D. Müller, "Aegypten und die griechischen Isis-Aretalogien", *Abhandlungen der Sächsischen Akademie der Wissenschaften*, *Phil. -hist. Klasse* 53:1(1961);Jan Bergman, *Ich bin Isis*: *Studien zum memphitischen Hintergrund der griechischen Isisaretalogien* (Uppsala, 1968);参见约拿单·史密斯(Jonathan Smith)的书评,载 *HR*11 (1971):236 ff. (还可参见 ibid., n. 10, pp. 241—242 所载内容广泛的书目)。

关于伊希斯崇拜的入会礼,参见 M. Dibelius, "Die Isisweihe bei Apuleius und verwandte Initiationsriten", 载 *Botschaft und Geschichie* (Tübingen, 1965), vol. 2, pp. 30—79(这一研究初版于 1917 年);V. von Gonzenbach, *Untersuchung zu den Knabenweihung im Isiskult* (Bonn, 1957); J. Gwyn Griffiths, *Apuleius of Madauros*: *The Isis Book* (Leiden, 1975)。亦可参见 J. Baltrušaitis, *La Quête d'Isis*: *Introduction à l'égyptomanie*: *Essai sur la légende d'un mythe* (Paris, 1967)。

209. 费斯图吉耶尔(A. J. Festugière)和诺克(A. D. Nock)于 *Hermes Trismégiste*, 4 vols. (Paris, 1945—1954)已将赫耳墨斯文献编订并翻译出

版。赫耳墨斯文献的英文译本:W. Scott and A. S. Ferguson, *Hermetica*, 4 vols. (Oxford, 1924—1936),其注解和评注弥足珍贵,但是其文献部分参考时应当小心为妙,因为作者用了一个拙劣的本子。

对于各种研究与问题的精彩描述和评论,参见 Jean Doresse, "L'Hermétisme égyptianisant", *Histoire des religions*, vol. 2 (Paris, 1972), pp. 430—497(亦可参见 pp. 433—441 有关各种文献的详细目录)。Festugière, *La Révélation d'Hermès Trismégiste*, 4 vols(Paris, 1944—1954),仍为无可比拟的精品。这位作者还在 *Hermétisme et mystique et mystique païenne* (1967)中辑录了其他的研究,其中有"L'Hermétisme"
520 (1948)和"Hermetica"(1938)。亦可参见 K. Prümm, *Religionsgeschichtliches Handbuch*, pp. 540—605;G. van Moorsel, *The Mysteries of Hermes Trismegistos* (Utrecht, 1955);Hugo Rahner, *Greek Myths and Christian Mystery* (London and New York, 1963), pp. 190 ff. 。

关于通俗的赫耳墨斯教文献,在 Festugière, *La Révélauon d'Hermès Trismégiste*, vol. 1:*L'Astrologie et les sciences occultes* 一书中做了透彻的分析、解释和节译。关于《宇宙的女儿》(*Kore-Kosmou*)一文中灵魂的创造具有炼金术的结构,参见费斯图吉耶尔(Festugirès)发表于 *Pisciculi* (Münster, 1939), pp. 102—116 以及重印于 *Hermétisme et mystique païenne*, pp. 230—248 的论文。

哲学化的赫耳墨斯作品,其文学特点各不相同。《人类的牧者》(*Poimandres*)是一部德性颂,也就是叙述神灵(在这里也就是神圣智慧)之德性(*aretē*)的奇迹般显现;也有一些宇宙起源和训诫作品的残篇(参见 Festugière, *La Révélauon d'Hermès Trismégiste*, vol. 2, pp. 28 ff.)。第一篇和第八篇描绘了神圣化的体验,这两篇也包含有关于赫耳墨斯教的救赎论(*Hermétisme et mystique païenne*, pp. 34 ff., 38 ff.)。

《赫耳墨斯教文集》第五、六篇以及第九篇阐述了乐观主义神学,而第一、四、六、七篇以及第八篇则包含有悲观主义的教义。但是有些时候,在同一篇各种不同取向也同时并存。《赫耳墨斯教文集》中的埃及特征有许多著述做了说明,参见莱岑斯坦(Reitzenstein)的作品,载 R. Reitzenstein and H. H. Schaeder, *Studien zum antiken Synkretismus* (Leipzig and Berlin, 1926), pp. 43—44; Philippe Derchain, "L'authenticité de l'inspiration égyptienne dans le *Corpus Hermeticum*", *RHR* 161 (1962): 172—198;

Martin Krause, "Aegyptisches Gedankengut in der Apokalypse des Asclepius", *ZDMG*, supplement, 1(1969):48—57;和 Jean Doresse in "Hermès et la gnose: A propos de l'*Asclepius* copte"以及最近的作品"L'Hermétisme égyptianisant", pp. 442—450 等。

人们还查找出了某些犹太教思想。*Corpus Hermeticum*, Treatise Ⅰ, 引用了《创世记》;参见 C. H. Dodd, *The Bible and the Greeks* (1935), pp. 99 ff.; Scott, *Hermetica*, vol. 1, pp. 54 ff.。亦可参见 Marc Philonenko, "Une allusion de l'*Asclepius* au livre d'Hénoch",载 *Christianity, Judaism and Other Greco-Roman Cults: Studies for Morton Smith*, vol. 2(Leiden, 1975), pp. 161—163。

对于《人类的牧者》(*Poimandres*), R. Reitzenstein, *Poimandres: Studien zur griechisch-ägyptischen und frühchristlichen Literatur* (Leipzig, 1904); Festugière, *Révélation*, vol. 4, pp. 40 ff.; Hans Jonas, *The Gnostic Religion* (1958; 2d rev. ed., 1963), pp. 147—173; E. Haenschen, *Gott und
Mensch* (Tübingen, 1965), pp. 335—377 都做了研究。纳格·哈马迪的诺 521
斯替教图书馆收藏有一批赫耳墨斯教文献,用上埃及文字著成,有数篇原始 *Asciepius* 之较长的残篇,参见多勒斯(J. Doresse)的三种作品:"Hermès et la gnose: A propos de l'*Asclepius* copte", *Novum Testamentum* 1(1956): 54—59; *Les livres secrets des gnostiques d'Egypte* (Paris, 1958), pp. 256 ff.;和"L'Hermétismeégyptianisant", p. 434。

210. R. Reitzenstein, *Poimandres*, pp. 248 ff. (on the "Poimandres Gemeinde")主张存在赫耳墨斯教,这一观点为 Geffcken, *Der Ausgang des griechisch-römischen Heidentums* (Heidelberg, 1920), pp. 20 ff. 所接受。参见 Festugière, *La Révélation d'Hermès Trismégiste*, vol. 1, pp. 81—84 和 *Hermétisme et mystique païenne*, pp. 37—38 对于这一假说的批评。

关于赫耳墨斯教从崇拜型秘仪向文学性秘仪的转化,参见 Festugière, *L'idéal religieux des Grecs et l'Evangile*, pp. 116—132; *La Révélation*, pp. 82 ff.; *Hermétisme et mystique païenne*, pp. 103 ff.。亦可参见 A. D. Nock, "The Question of Jewish Mysteries", *Gnomon* 13 (1937): 156—165, republished in *Essays on Religion and the Ancient World* (Oxford, 1972), vol. Ⅰ, pp. 459—468。

关于赫耳墨斯教的"入会礼",参见 O. Sfameni Gasparro, "La gnosi ermetica come iniziazione e mistero", *SMSR* 36 (1965):53—61; Henry and Renée Kahane, *The Krater and the Grail: Hermetic Sources of the Parzival* (Urbana, 1965), pp. 40 ff.。

关于赫耳墨斯教与艾赛尼派的关系,参见 F. M. Braun, "Essénisme et Hermétisme", *Revue Thomiste* 54 (1954): 523—558;还可参见 F. M. Braun, "Hermétisme et Johanisme", ibid. 55 (1955):22—212;56(1956): 259—299。

对于示巴人的赫耳墨斯教文学作品的分析,参见 Scott, *Hermetica*, vol. 4, pp. 248—276(作者的分析主要依据 D. A. Chwolsohn, *Die Ssabier und Ssabismus* [St. Petersburg, 1856]);还可参见 Festugière and Nock, *Hermès-Trismègiste*, vol. 4, pp. 145—146;J. B. Segal, "The Sabian Mysteries",载 E. Bacon, ed., *Vanished Civilizations* (New York and London, 1963), pp. 201—220。

关于阿拉伯文的赫耳墨斯教文献,参见 L. Massignon's appendix in the first volume of *La Révélation d'Hermès Trismégiste*, pp. 384—399,以及 Henry and Renée Kahane, *The Krater and the Grail*, pp. 116—122。

12 世纪,阿拉伯文著作经过大量翻译后,赫耳墨斯教始为欧洲人所知;参见 H. and R. Kahane, pp. 130 ff.。赫耳墨斯教对于沃尔弗朗·埃森巴哈的《帕济法尔》的影响以及 *graal*(杯、瓶和盆)一语起源于 *krater*,这些在卡汉尼斯(Kahanes)的 *The Krater and the Grail* 全书各处都做了研究。亦可
522 参见其所撰"Hermetism in the Alfonsine Tradition", *Mélanges offerts à Rita Lejeune* (Gembloux, 1969), vol. 1, pp. 443—445。卡汉尼斯(Kahanes)的研究成果为 Henry Corbin, *En Islam iranien*, vol. 2(1971), pp. 143—154 所首肯。

关于《赫耳墨斯教文集》的拉丁文译本及其在文艺复兴时期的重要性,参见 Frances A. Yates, *Giordano Bruno and the Hermetic Tradition* (Chicago, 1946)和本书第 3 卷。

211. 关于炼金术的一般观点,参见 Eliade, *The Forge and the Crucible: The Origins and Structures of Alchemy*, trans. Stephen Corrin, 2d ed. (Chicago, 1979) (originally published in 1962)。关于希腊化时期的炼金术,参见同上书,pp. 146 ff. 和 pp. 217—221 的书目。近著中我们要提到的有 A. J. Festugière, *La Révélation d'Hermès Trismégiste*, vol. 1

(1944), pp. 216—282;谢尔伍德·泰勒(F. Sherwood Taylor)的三部作品,"A Survey of Greek Alchemy", *Journal of Hellenic Studies* 50(1930):103—139,"The Origins of Greek Alchemy", *Ambix* 1(1937):30—47 和 *The Alchemists* (New York, 1940);Robert P. Multhauf, *The Origins of Chemistry* (London, 1966), pp. 103—116; W. J. Wilson, "The Origins and Development of Greco-Egyptian Alchemy", *Ciba Symposia* 3(1941):926—960;以及 J. Lindsay, *Hellenistic Alchemy* (London, 1970)。

至于冶金术的秘方以及金匠工艺,早在公元前 16 世纪就已经有文献记载(例如艾伯斯纸草古卷[Ebers Papyrus]),它们当然具有礼拜的性质,因为在传统社会里操作便是仪式。莱顿与斯德哥尔摩纸草古卷,包含有纯粹的"化学"秘方(关于这些秘方,参见 Multhauf, *The Origins of Chemistry*, pp. 96 ff. 这一部最新作品,包含有最近的书目),它们是在底比斯巫术古卷Ⅻ和ⅩⅢ旁边的一座古墓里面出土的。福尔贝斯(R. O. Forbes)引用了许多例子,美索不达米亚地区有一种"秘密语言"专门记载制作玻璃、天青石以及医学的秘方(最早为公元前 17 世纪);参见其所著 *Studies in Ancient Technology*, vol. 1(Leiden, 1955), p. 125。在公元前 7 世纪美索不达米亚的医学文献中经常出现的警告用语——"知道的可以向知道的传授,但是知道的不可向不知道的传授"——早在 10 个世纪以前的喀西特时期就已经出现了;参见 Forbes, p. 127. 。希腊化时期的炼金术文学多有怒斥和誓言,禁止神圣的奥秘与俗人交流。奥斯当斯(Ostanes)说,"小心掩饰他的奥秘就像保护自己的眸子一样;他命令他们不得向那些不配得到这些奥秘的门徒传授",其他的例子参见 J. Bidez and F. Cumont, *Les mages hellénisés* (Paris, 523
1938), vol. 2, pp. 315 ff. 。

保守炼金术操作的秘密,这个义务自古至今一直是必须遵守的。除此之外,通过文字透露"商业秘密"的传播实在是现代历史学的误解。如果说有哪种文献声称是"揭示秘密"的,那么只有性力派文献,但是在其汗牛充栋的文献中我们根本找不到获得成就(*sadhana*)所必须的任何实际指导:凡在重要关头上师的指点必不可少,以便证明体验的真实无妄。

斯塔普莱顿(H. E. Stapleton)主张,亚历山大里亚炼金术的起源,不在希腊化的埃及而在美索不达米亚的哈兰。他认为《阿加托戴蒙文论》(*Treatises of Agathodaimon*)的作者就是从那里来的,这一文献可能作于公元前 200 年,根据斯塔普莱顿的观点,它比《物理学和秘教》(*Physika kai Mysti-*

ka)还早;参见所撰“The Antiquity of Alchemy,” *Ambix* 5(1953):1—43。这一假设首先解释了阿拉伯炼金术的起源,但是至今仍有争议。谢帕德(H. J. Shepard)在一系列新的研究中提出,炼金术其实起源于诺斯替教;参见所撰“Gnosticism and Alchemy”, *Ambix* 6(1957):86—101,以及 Eliade, *The Forge and the Crucible*, pp. 217—221 所附书目。

荣格(C. G. Jung)的研究对于索西穆斯的异象做了评论,“The Visions of Zosimus”, trans. R. F. C. Hull,载 *The Collected Works of Carl G. Jung*, Bollingen Series 20, vol. 13(Princeton, 1954)。关于这个异象的文献载 M. Berthelot, *Collection des anciens alchimistes grecs* (Paris, 1888), pp. 107—112,115—118。谢尔伍德·泰勒(F. Sherwood Taylor)的英文译本载 *Ambix* 1(1937):88—92。分解(*Separatio*)在关于肢解人体的炼金术用语中有所表达;参见 Jung, “The Visions of Zosimus”, p. 87, n. 111。关于诸元素的“折磨”,参见上文,p. 105。亦可参见 Eliade, *Shamanism: Archaic Techniques of Ecstasy*, trans. Willard R. Trask (Princeton, 1964)。关于物质融入精神,参见 C. G. Jung, *Psychology and Alchemy*, trans. R. F. C. Hull, *Collected Works*, vol. 12, 2d ed. (1968)。

第 27 章　伊朗的新思想

212. 关于帕提亚人的政治和文化史的精彩论述,参见 Franz Altheim,
524 *Alexandre et L'Asie* (Paris, 1954), pp. 275 ff. (原版书名为 *Alexander und Asien*, Tübingen, 1953);R. Ghirshman, *Parthes et Sassanides* (Paris, 1962); I. Wolski, “Les Achémenides et les Arsacides”, *Syria* 43 (1966): 65—89; Wolski, “Arsakiden und Sasaniden”, *Festschrift für Franz Altheim* (Berlin, 1969), vol. 1, pp. 315—322。

本书第1卷有关伊朗宗教的概述作品均于第421—423页的§100书评书目中录出,其中也包含有一些关于帕提亚时期的著作。尤其参见,J. Duchesne-Guillemin, *La religion de l'Iran ancien* (Paris, 1962), pp. 224 ff. (English trans., by K. M. JamaspAsa, *The Religion of Ancient Iran*, Bombay, 1973);维登格伦(G. Widengren)的四部著作,*Les religions de l'Iran* (Paris, 1968), pp. 201 ff. (原版书名为 *Die Religionen Irans*, Stuttgart, 1965);*Iranisch-semitische Kulturbegegnung in parthischer Zeit* (Cologne and Opladen, 1960); “Juifs et Iraniens à l'époque des Parthes”,

VT suppl. , 4(1957):197—240;和"Iran and Israel in Parthian Times", *Temenos* 2(1966):139—177。亦可参见 Stig Wikander, *Feuerpriester in Kleinasien und Iran* (Lund, 1946)。

关于《许斯塔斯普神谕》(*Oracles of Hystaspes*),参见 Widengren, *Les relegions de l'Iran*, pp. 228 ff. ; J. Bidez and F. Cumont, *Les mages hellénisés* (Paris, 1934), vol. 1, pp. 228 ff. 。约翰·欣诺斯(John R. Hinnells)认为这些神谕同苏鲁支的神学是一致的,参见所撰"The Zoroastrian Doctrine of Salvation in the Roman World",载 *Man and His Salvation: Studies in Memory of S. C. F. Brandon*(Manchester, 1973),pp. 146 ff. 。参见 F. Cumont, "La fin du monde selon les mages occidentaux", *RHR* 103 (1931):64—96。

关于安息时期的王权以及密特拉达特·尤帕托尔传奇般的传记,参见 Widengren, "La légende royale de l'Iran antique", *Hommages à Georges Dumézil* (Brussels, 1960),pp. 225—237,和 *Les religions de l'Iran*, pp. 266 ff. 。

213. 关于察宛的古老结构,参见 O. Widengren, *Hochgottglaube im alten Iran* (Uppsala, 1938),pp. 300 ff. ;还可参见其 *Religions de l'Iran*, pp. 244 ff. , 314 ff. 。关于察宛的文献,沙赫纳(R. C. Zaehner)做了翻译和评注,参见 *Zurvan, A Zoroastrian Dilemma* (Oxford, 1955);还可参见其 *The Teachings of the Magi*(London, 1956)。除我们提到的沙赫纳(Zaehner)、维登格伦(Widengren)和杜歇纳-吉勒芒(Duchesne-Guillemin)的著作外,在大量论述察宛派文献的著作中还有 M. Molé,"Le problème zurvanite", *JA* 247 (1959):431—470;Ugo Bianchi, *Zamān i Ohrmazd:Lo zoroastrismo nelle sue origini e nella sua essenza* (Turin, 1958), pp. 130—189;Gherardo Gnoli, "Problems and Prospects of the Studies on Persian Religion",载 U. Bianchi, C. J. Bleeker, and A Bausani eds. , *Problems and Methods of the History of Religions* (Leiden 1971) pp. 85 ff. 。

关于各种从东欧到西伯利亚都有分布的宇宙起源神话——其中神的对手起到一定作用——参见 Eliade, *Zalmoxis, the Vanishing God:Comparative Studies in the Religions and Folklore of Dacia and Eastern Europe*, trans Willard R. Trask (Chicago 1972) pp. 76 ff.(该书第 10—12 页分析了伊朗的各种传说)。

Eznik, *Against the Sects*(translated by Zaehner, *Zurvan*, pp. 438—439)转述的神话叙述了奥尔马兹达在创造世界以后并不知道如何制造太阳和月亮。阿赫里曼却知道,就告诉魔鬼:奥尔马兹达必须和他的母亲同睡来创造太阳,与他的姐妹同睡来创造月亮。有一个魔鬼就飞奔到奥尔马兹达那里,把这个办法透露给他听(参见 Eliade, *Zalmoxis*, p. 107, notes 80—81)。正如维登格伦(Widengren)所示(*Religions de l'Iran*, p. 321),麻葛即以此种乱伦行为闻名。埃兹尼克(Eznik)保存的这一神话,其流传包含有一个矛盾,因为奥尔马兹达表现自己是一位"成功的创造者"("奥尔马兹达创造的一切都是善而公义的"),却突然被证明不能完成他的创造;他表现出了退位神所特有的"心灵疲惫"(参见 *Zalmoxis*, pp. 87 ff. and passim)。这一情节可能是一个病因学神话以辩护帕提亚时期的麻葛的行为。

214. 我们将于第 3 卷研究萨珊时期的各种宗教(参见以下 § 216)。Widengren, *Les religions de l'Iran*, pp. 273 ff. ,以及 Duchesne-Guillemin, *La religion de l'Iran ancien*, pp. 276 ff. 都有很精彩的论述。然而还要记住的是,有一些概念虽仅见载于晚期的文献,其实可以追溯到阿契美尼德时期,尤其参见 O. Widengren, "The Problem of the Sassanid Avesta", 载 *Holy Book and Holy Tradition*, ed. F. F. Bruce and E. G. Rupp (Manchester, Eng., 1968), pp. 36—53。

关于千年王国以及三种时间的说法(*aršōkara*, *frašōkara*, and *maršōkara*),参见 H. S. Nyberg, "Questions de cosmogonie et de cosmologie mazdéennes", *JA* 214(1929):193—310;219(1931):89 ff. ;和 Nyberg, *Die Religionen des alten Iran* (Leipzig, 1938), pp. 380 ff. 。关于有限的时间与天体的作用,参见 M. Molé, *Culte, mythe et cosmologie dans l'Iran ancien* (Paris, 1963), pp. 395 ff. 。

215. 关于两种创造,亦即 *mēnōk* 和 *gētik*,除尼贝格(Nyberg)、杜歇纳-吉勒芒(Duchesne-Guillemin)、沙赫纳(Zaehner)和维登格伦(Widengren)的著作以外, O. Gnoli, "Osservazioni sulla dottrina mazdaica della creazione", *Annali dell'Istituto di Napoli* n. s. 13 (1963):180 ff. ; S. Shaked, "Some Notes on Ahreman, the Evil Spirit, and His Creation", 载 *Studies in Mysticism and Religion Presented to Gershom G. Scholem* (Jerusalem, 1967), pp. 277—234; Shaked, "The Notions *mēnōk* and *gētig* in the Pahlavi Texts and Their Relation to Eschatology", *Acta Orientalia* 32 (1971):59—107;

Mary Boyce, *A History of Zoroastrianism*, vol. 1(Leiden, 1975), pp. 229 ff.。还可参见 Henry Corbin, "Le Temps cyclique dans le mazdéisme et dans l'ismaëlisme", *Eranos-Jahrbuch* 20 (1955): 150—217; R. Zaehner, *The Dawn and Twilight of Zoroastrianism* (London, 1961)。

216. 关于伽尤马特神话的资料,参见 A. Christensen, *Les types du premier homme et du premier roi dans l'histoire légendaire des Iraniens* (Leiden and Uppsala, 1971—1974), vol. 1, pp. 19 ff.; S. S. Hartmann, *Gayōmart, étude sur le syncrétisme dons l'ancien Iran*(Uppsala,1953)(欠说服力);以及 M. Molé, *Culte, mythe et cosmologie*, pp. 280 ff., 409 ff., 447 ff.,该书有节译和评注。

Duchesne-Guillemin, *La religion de l'Iran ancien*, pp. 208 ff., 324 ff.; Zaehner, *Dawn and Twilight*, pp. 180, 232, 262 ff.; M. Molé, *Culte, mythe et cosmologie*, pp. 484 ff. (critique of Hartmann's thesis)都对伽尤马特做了充分的讨论。霍夫曼(K. Hoffmann)找到了吠陀中相似的一个半神 Mārtānda("有死的种子"),载"Mārtāṇḍa and Gayōmart", *Münchener Studien zur Sprachwissenschaft* 11(1957):85—103。

关于大宇宙—小宇宙的主题及其同宇宙起源和伽尤马特神话的关系,参见 Anders Olerud, *L'idée de macrocosmos et de microcosmos dans le "Timée" de Platon* (Uppsala, 1951), pp. 144 ff.,和 Ugo Bianchi, *Zamāni Ohrmazd*, pp. 190—221(参见 pp. 194 ff. 对奥勒鲁德的批评)。

犹太教界对于亚当也提出了类似的思考。公元前 2 世纪或者公元前 1 世纪的《西比尔神谕》(3. 24—26)将亚当这一名称解释为宇宙的符号:A=*anatolē*,东;D=*dysis*,西;A=*arktos*,北;M=*mesēmbria*,南。亦可参见 *Book of the Slavic Enoch* (载 R. H. Charles, *The Apocrypha* [Oxford, 1913], vol. 2, p. 449); the alchemist Zosimus, *Authentic Commentaries*, sec. 11, translated by Festugière,载 *La Révélation d'Hermès Trismégiste*, vol. 1(Paris, 1944), p. 269。

关于人—植物从一个被献祭的或者被吊死的无辜生物中诞生的神话,参见 Eliade, "Gayōmart et la Mandragore",载 *Ex Orbe Religionum: Studia Geo Widengren Oblata*, vol. 2(Leiden, 1972), pp. 65—74。

根据保存于《班达喜兴》中的一个早期传说,伽尤马特在降服之前曾经 527
对攻击者做了激烈的抵抗,给他们造成了巨大的损失。在摩尼教神话里面,原人 Gēhmurd(伽尤马特)领导抵抗恶灵的进攻;参见 G. Widengren,"The Death of Gayōmart",载 J. M. Kitagawa and C. H. Long, eds., *Myths and Symbols:Studies in Honor of Mircea Eliade* (Chicago 1969), p. 181。还可参见"Primordial Man and Prostitute:A Zervanite Motif in the Sassanid Avesta", *Studies in Mysticism and Religion Presented to Gershom G. Scholem*, pp. 337—352。

关于作为完人的伽尤马特,参见 M. Molé, *Culte, mythe et cosmologie*, pp. 469 ff.。莫勒(Molé)认为,"马兹达教的巨人不是伽尤马特而是奥尔马兹达"(p. 410)。

人类里面有不灭的元素,其表述各有不同(*ahū*,"生命";*urvan*,"灵魂";*baodhah*,"知识";*daēnā* 和 *fravashi*),Duchesne-Guillemin, *La Religion de l'Iran ancien*, pp. 327 ff. 对它们一一做了分析,他还编制了一份书目。

关于未来的救世主以及最后万象更新,参见 Duchesne-Guillemin, pp. 343—354(其中对于末世论者的各种矛盾做了分析,pp. 352—353);O. Widengren, *Les religions de l'Iran*, pp. 127 ff.; Molé, *Culte, mythe et cosmologie*, pp. 412 ff.,以及本书第 1 卷第 429—431 页的书目。

217. 古蒙(Franz Cumont)两卷本的 *Textes et monuments figurés relatifs aux Mystères de Mithra* (Brussels, 1896, 1898),依然是不可缺少的。这位作者还出版了一部简写本,*Les Mystères de Mithra* (Brussels, 1900;3d. ed., 1913);还可参见其 *Les religions orientales dans le paganisme romain*, 4th ed. (Paris, 1929), pp. 131 ff., 270 ff.(这两部作品均有英译本)。古蒙最后一本关于密特拉教的文章可能完成于 1947 年 5 月,3 个月后他去世了,该文直到 1975 年才刊行:"The Dura Mithraeum",弗朗西斯(E. D. Francis)翻译并编辑,载 *Mithraic Studies*, ed. J. R. Hinnells(Manchester, 1975), pp. 151—214。对于古蒙的解释,R. L. Gordon, "Franz Cumont and the Doctrines of Mithraism", ibid., pp. 215—248 做了批评性的分析。斯第格·维干德(Stig Wikander)此前已经批评古蒙的 *Etudes sur les Mystères de Mithra*(Lund,1950)第 1 分卷(也是出版的唯一一卷)中的重构工作;参见维登格伦(Widengren)在 *Stand und Aufgaben der iranischen Religionsgeschichte* (Leiden, 1955), pp. 114 ff. 的评论。

528 铭文与碑刻总集,参见 M. I. Vermaseren, *Corpus Inscriptionum et Monumentorum Religionis Mithricae*, 2 vols. (The Hague, 1956, 1960)。

参见该作者 *Mithras, the Secret God*(London and New York, 1963)(由荷兰文英译)。

还有一些短篇论述,参见 A. Loisy, *Les Mystères païens et le mystère chrétien*, 2d ed. (1930), pp. 157—198;R. Pettazzoni, *I Misteri* (Bologna, 1924),pp. 220—281;J. Duchesne-Guillemin, *La religion de l'Iran ancien*, pp. 248—256;G. Widengren, "The Mithraic Mysteries in the Greco-Roman World, with Special Regard to Their Iranian Background",载 *La Persia e il mondo greco-romano* (Academia Nazionale dei Lincei, 1966), pp. 433—455(附有作者早期出版的论著);R. C. Zaehner, *The Dawn and Twilight of Zoroastrianism*, pp. 128 ff. 。亦可参见 K. Prümm, *Religionsgeschichtliches Handbuch für den Raum der altchristlichen Umwelt* (Freiburg im Breisgau, 1943), pp. 281 ff. 。

第一届国际密特拉研究大会于 1971 年在曼彻斯特召开,论文集由约翰·欣诺斯(John R. Hinnells)编辑出版:*Mithraic Studies* (Manchester, Eng. , 1971)。第二届会议于 1975 年在德黑兰举行。亦可参见 1975 年以来的 *The Journal of Mithraic Studies*。

在维登格伦(G. Widengren)的几部著作中,他发现了密特拉秘仪中的伊朗因素;参见其所撰近文"The Mithraic Mysteries"。梅克尔巴赫(R. Merkelbach)也考证了一些伊朗起源的特征;参见所撰"Zwei Vermutungen zur Mithrasreligion", *Numen* 6(1959):154—156。关于帕提亚国王的即位以及关于亚美尼亚的梅赫尔的传说,参见 G. Widengren, *Iranisch-semitische Kulturbegegnung in parthischer Zeit*, pp. 65 ff. ;S. Hartmann, *Gayōmart*, p. 60, n. 2, p. 180, and note 6。参见 Eliade, *Zalmoxis*, pp. 28 ff. 。

卡斯滕·科尔普(Carsten Colpe)的研究"Mithra-Verehrung, Mithras-Kult, und die Existenz iranischer Mysterien"(*Mithraic Studies*, pp. 378—405),将密特拉秘仪的起源限制在本都和康马吉尼,他认为这一宗教融合具有政治上的倾向,形成时间相对较晚(公元 2 世纪)。

密特拉场景以及牛被杀之前的场景,参见 Duchesne-Guillemin, *La religion de l'Iran ancien*, p. 250,和 M. I. Vermaseren, *Mithras, the Secret God*, pp. 79 ff. ;这些冒险故事几乎仅见于莱茵河和多瑙河之间中欧地区的纪念碑。

关于考特斯(Cautes)和考托帕特斯(Cautopates),参见勒罗伊·坎贝尔(Leroy A. Campbell)的近著:*Mithraic Iconography and Ideology* (Lei-
529 den, 1968), pp. 29 ff. ,和 Martin Schwartz,"Cautes and Cautopates, the Mithraic Torch Bearers",载 *Mithraic Studies*, pp. 406—423;这些研究引用了早期文献中最重要的内容。

在描绘祭牛的场景时,密特拉别过头去"仿佛看着他的背后,脸露悲哀;太阳的形象经常出现在左边,右边则是月亮;下面有一条蛇、一条狗正朝向流血的伤口;有蝎子夹住濒死之兽的睾丸并用尾巴刺它;有时还会有一只蚂蚁助阵;或者在牛的下方画着一只坛,一只狮子好像在一旁把守着这坛子,或者有一条蛇也在做同样的事情……牛尾巴高高举起,尾梢是一束颗粒饱满的麦子;还有一些石碑描绘从伤口流的不是鲜血,而是麦子"(Loisy, *Les Mystères païens*, pp. 185—186)。

关于密特拉杀牛有许多书目,我们提到的有 Vermaseren, *Mithras, the Secret God*, pp. 67 ff. ,和该作者"A Unique Representation of Mithras", *Vigiliae Christianae* 4(1950): 142—256; L. A. Campbell, *Mithraic Iconography*, pp. 247 ff. ;John R. Hinnells,"Reflections on the Bull-slaying Scene",载 *Mithraic Studies*, pp. 290—312(该作者拒绝古蒙的解释,古蒙认为这一场景所表现的动物——牛、狗、蛇和蝎子正好表现善恶之争)。

关于在密特拉节的时候伊朗袄教徒用动物献祭,参见 Mary Boyce, "*Mihragan* among the Irani Zoroastrians",载 *Mithraic Studies*, pp. 106—118。

密特拉教入会礼的七大等级,参见 F. Cumont, *Textes et monuments figurés*, vol. 1, pp. 314 ff. ; G. Widengren, "The Mithraic Mysteries", pp. 448 ff. ;以及 Campbell, *Mithraic Iconography*, pp. 303 ff. 。长期以来第二等级作 *cryphius* 不是 *nymphus*。但是哲罗姆的手稿(*Ep. ad Laetam* 107. 10)中虽不见 *cryphius*,该字却记载于闪·西尔维斯特罗(San Silvestro)的密特拉教铭文里,参见 Bruce M. Metzger, "The Second Grade of Mithraic Initiation",载其 *Historical and Literary Studies: Pagan, Jewish, and Christian* (1968), pp. 25—33。亦可参见 W. Vollgraff, "Les cryfii des inscriptions mithraïques", *Hommage à Waldemar Deonna* (Brussels, 1957), pp. 517—530。

至于公元 4 世纪的作者(Pseudo-Augustine, *Quaest. vet. et novi Test.*

114.12)所描述的入会礼,有些学者认为不大真实;参见 F. Saxl, *Mithras: Typengeschichtliche Untersuchungen* (Berlin, 1931), p. 67, n. 2。但是普 530
吕姆(Prümm)(*Handbuch*, p. 290)和莱泼德(J. Leipold)(载 J. Leipold and W. Grundmann, *Die Umwelt des Christentums*, vol. 3 [Berlin, 1967], p. 35)与鲁瓦锡(Loisy)(*Les Mystères païens*, p. 183)都同意该文献所述是真正的入会礼考验。

卡普阿(Capua)的密特拉窟壁画的彩印复制最近收入了维马瑟伦(M. I. Vermaseren)的 *Mithraica*, vol. 1: *The Mithraeum at Sa. Maria Capua Vetere*(Leiden, 1971)。亦可参见该作者的 *Mithraica*, vol. 2: *The Mithraeum at Ponza*(1974)。

218. 关于罗马帝国境内密特拉秘仪传播的书目甚多。参见 F. Cumont, *Textes et monuments figurés*,和 M. I. Vermaseren, *Corpus Inscriptionum*。亦可参见 Vermaseren, *Mithraica*; W. Blawatsky and G. Kochelenko. *Le culte de Mithra sur la côte septentrionale de la Mer Noire* (Leiden, 1966); V. J. Walters, *The Cult of Mithras in the Roman Provinces of Gaul*(Leiden, 1974);G. Ristow, *Mithras in römischen Köln*(Leiden, 1974);C. M. Daniels,"The Role of the Roman Army in the Spread of the Practice of Mithraism", *Mithraic Studies*, pp. 249—274;Nicolae Mitru, "Mithraismul în Dacia", *Studii Teologice* (Bucharest) 2d ser. 23 (1971):261—273。

梅克尔巴赫(R. Merkelbach)主张密特拉教的宇宙起源说受到柏拉图《第迈欧篇》的启发。参见其所撰"Die Kosmogonie der Mithra-Mysterien", *Eranos-Jahrbuch* 34(1966):249 ff.。亦可参见 R. Turcan, *Mithras Platonicus: Recherches sur l'hellénisation philosophique de Mithra* (Leiden, 1975)。

J. P. Kane, "The Mithraic Cult Meal in Its Greek and Roman Environment", *Mithraic Studies*, pp. 313—351(尤其参见 pp. 341 ff.),对于古代的仪式盛宴做了比较性分析。亦可参见 A. D. Nock,"Hellenistic Mysteries and Christian Sacraments", *Mnemosyne* 4th ser. 5(1952):177—213(reprinted in Nock, *Essays on Religion and the Ancient World* [Oxford, 1972], pp. 791—820),以及 § 220 的书目。

关于基督教护教论者的证据,参见 Carsten Colpe,"Die Mithrasmysterien und die Kirchenväter",载 *Romanitas und Christianitas*:*Studia I. H. Waszink* (Amsterdam and London), *pp*. 29—43。

第 28 章　基督教的诞生

219. 关于拿撒勒的耶稣的著作数量,自 19 世纪初以来甚至越来越多,我们的兴趣主要集中在这些著作的神学和方法论方面。从赫尔曼·莱玛鲁斯(Hermann E. Reimarus)(1779)到威廉·瑞德(Wilhelm Wrede)(1901)的著作的详尽的批评史,参见 Albert Schweitzer, *Von Reimarus zu Wrede*: *Eine Geschichte der Leben-Jesu-Forschung* (Tübingen, 1906; 6th ed., 1951);我们使用的是其英文本,*The Quest of the Historical Jesus*(1910), republished in 1968,詹姆士·罗宾逊(James M. Robinson)为该书做了导论,该导论的可贵之处在于分析了某些后人(莫里斯·高戈[Maurice Goguel]、布尔特曼[R. Bultmann]、卡尔·巴特[Karl Barth]、布里[F. Buri],等等)的研究。

我们还要提到某些近著:G. Bornkamm, *Jesus von Nazareth* (Stuttgart, 1956;English trans., *Jesus of Nazareth*, New York, 1961); Ethelbert Stauffer, *Jesus*:*Gestalt und Geschichte* (Bern, 1957); J. Jeremias, *Das Problem des historischen Jesus*(Stuttgart, 1960;English trans., *The Problem of the Historical Jesus*, Philadelphia, 1964); H. Conzelmann, G. Eberling, E. Fuchs, *Die Frage nach dem historischen Jesus* (Tübingen, 1959);V. Taylor, *The Life and Ministry of Jesus* (London, 1954); C. H. Dodd, *The Founder of Christianity*(London and New York, 1970)。亦可参见 J. Moreau, *Les plus anciens témoignages profanes sur Jésus*(Brussels, 1944);E. Trocmé, *Jésus de Nazareth vu par les témoins de sa vie* (Paris, 1971);F. Trotter, ed. *Jesus and the Historians*(Colwell Festschrift) (Philadelphia, 1968); W. Kümmel, "Jesusforschung seit 1950", *Theologische Rundschau* 31(1966):15 ff., 289 ff.。

对于起源于福音书的最早的"耶稣传",Robert M. Grant, *The Earliest Lives of Jesus*(New York, 1961)做了分析。关于与福音书不同的资料来源,参见 Roderic Dunkerley, *Beyond the Gospels*(Harmondsworth, 1957)。约瑟夫·克劳斯纳(Joseph Klausner)从犹太教的观点研究这个问题,参见所著 *Jesus of Nazareth*(译自希伯来文,London, 1925),以及 *From Jesus to Paul*（译自希伯来文，New York，1943）。关于耶稣和基督教的诞生，马塞尔·西蒙（Marcel Simon）做了十分精彩的描述，并附有书目和研究现状的分析，载 M. Simon and A. Benoit, *Le Judaïsme et le Christianisme antique*（Paris, 1968），pp. 33 ff.，81 ff.，199 ff.。亦可参见 Robert M. Grant, *Augustus to Constantine*（New York, 1970），pp. 40 ff.；Norman Perrin, *The New Testament: An Introduction*（New York, 1974），pp. 277 ff.。

施洗约翰的门徒后来形成了一个与基督教社团相对抗的派别。参见 M. Goguel, *Jean-Baptiste*（Paris, 1928）；J. Steinmann, *St. Jean Baptiste et la spiritualité du désert*（Paris, 1955）；J. Daniélou, *Jean-Baptiste, témoin de l'Agneau*（Paris, 1964）；J. A. Sint, "Die Eschatologie des Täufers, die Täufergruppen und die Polemik der Evangelien"，载 K. Schubert, ed., *Von Messias zum Christos*（Vienna, 1964），pp. 55—163。 532

关于耶稣的奇迹及其与希腊化时期巫术和法术的关系，参见 L. Bieler, *Theios aner*, 2 vols.（Vienna, 1935, 1936）；H. van der Loos, *The Miracles of Jesus*（Leiden, 1965）；O. Böcher, *Christus Exorcista*（Stuttgart, 1972）；G. Petzke, *Die Traditionen über Apollonius von Tyana und das Neue Testament*（Leiden, 1970）；Morton Smith, "Prolegomena to a Discussion of Aretalogies, Divine Men, the Gospels, and Jesus", *Journal of Biblical Literature* 40(1971)：173—199；J. Hull, *Hellenistic Magic and the Synoptic Tradition*（Naperville, Ill., 1974）；Jonathan Z. Smith, "Good News Is No News: Aretalogy and Gospel"，载 Jacob Neusner, ed., *Christianity, Judaism and Other Greco-Roman Cults: Studies for Morton Smith*, vol. 1（Leiden, 1974），pp. 21—38。参见下文 p. 533。

关于耶稣和法利赛人的关系，有希腊文和闪米特文的文献，John Bowker, *Jesus and the Pharisees*（1973）一书已经将其翻译并且加以评注。

关于希律·安提帕的统治，参见 H. Hoehner, *Herod Antipas*（Cambridge, 1972）。关于奋锐党人及其与耶稣和犹太—基督教的关系，参见 S. C. F. Brandon, *Jesus and the Zealots*（Manchester, 1967）这部颇有启发也颇有争议的著作。马塞尔·西蒙（Marcel Simon）认为奋锐党人的理想是"一种神权统治，其运作毫无疑问必须同弥赛亚或者弥赛亚到来之前的时代相适应。……他们的宗教信念坚如磐石。这便激发了他们的民族主义。"（Simon and Benoit, *Le Judaïsme et le Christianisme antique*, p. 214）

关于耶稣的审判，参见 *The Trial of Jesus*: *Cambridge Studies in Honour of C. F. D. Moule*, ed. E. Bammel (London, 1970)。亦可参见 A. Jaubert,"Les séances du sanhédrin et les récits de la passion", *RHR* 166(1964):143—163;167(1965)1—33。A. Ammassari, *La Resurrezione, nell'insegnamento, nelle profezie, nelle apparizioni di Gesù*, 2 vols. (Rome, 1967, 1976)。

220. 关于耶稣上帝的国将临的教训，参见 T. W. Manson, *The Teaching of Jesus* (Cambridge, 1931;2d ed. 1937); N. Perrin, *The Kingdom of God in the Teaching of Jesus* (London, 1963); Perrin, *Rediscovering the Teaching of Jesus* (New York, 1967), pp. 54—108(pp. 249 ff. 附有注释性的书目)。

关于上帝的国已经存在，参见 E. Käsemann, "The Problem of the Historical Jesus",载 *Essays on New Testament Themes* (London, 1964), pp.
533 15—47, N. Perrin, *Rediscovering the Teaching of Jesus*, pp. 85 ff.(含有对最近不同释义的分析和评论),和西蒙(M. Simon)的论述，载 *Judaïsme et Christianisme*, pp. 85 ff.。

关于圣餐，参见 Oscar Cullmann, *Le culte dans l'Eglise primitive* (Paris, 1945), pp. 12 ff.; K. G. Kuhn, "Repas cultuel essénien et Cène chrétienne",载 *Les manuscrits de la Mer Morte*: *Colloque de Strasbourg* (1957), pp. 85 ff.; Jean Daniélou, *Théologie du Judéo-Christianisme* (Tournai, 1958), pp. 387 ff. (English trans. by John A. Baker, *The Theology of Jewish Christianity*, vol. 1 of *A History of Early Christian Doctrine* [Philadelphia, 1977]);西蒙(M. Simon)的论述，载 *Judaïsme et Christianisme*, pp. 184 ff.。关于比较研究，参见 A. D. Nock, *Early Gentile Christianity and Its Hellenistic Background* (New York, 1964), pp. 109—146。亦可参见诺克(Nock)所撰论文"Hellenistic Mysteries and Christian Sacraments", *Mnemosyne* 4th ser. 5(1952):177—214。

在耶稣的治病、赶鬼和奇迹以及与希腊化时期(例如塔雅纳的阿波罗尼乌斯[Apollonius of Tyana])所记载的传说、犹太教所记载的传说(有些来自巴比伦的《塔木德》,参见 Perrin, *Rediscovering the Teaching of Jesus*, p. 135)的相似做法之间有重大差别。耶稣总是坚持"因信得救"(参见《马可福音》5∶34,10∶52;《路加福音》7∶50,17∶19,等等)。在治好一个被鬼附身的孩子后,门徒问耶稣:“我们为什么不能赶出那鬼呢?”耶稣说:“是因你们的信心小。我实在告诉你们,你们若有信心像一颗芥菜种,就是对这座山说,‘你从这边挪到那边’,它也必挪去,并且你们没有一件不能做的事了”(《马太福音》17:19—20;参见《路加福音》17:6)。正如我们所见,对于信心的强调完全不见于希腊化文献,也不见于巴比伦的《塔木德》,参见 Perrin, *Re-discovering the Teaching of Jesus*, pp. 130—142,以及该书所引最近的一些著作,p. 130,n. 1,和 p. 131,nn. 1—6,等等。

221. 关于教会以及作为历史文献的《使徒行传》,参见 J. Dupont, *Les problèmes du Livre des Actes d'après les travaux récents* (Louvain,1950); E. Haenchen, *Die Apostelgeschichte*(Göttingen, 1956);E. Trocmé,*Le Livre des Actes et l'histoire*(Paris, 1957)。

关于耶路撒冷社团,参见赛福(L. Cerfaux)的研究,辑录于 *Recueil Lucien Cerfaux*, vol. 2(Gembloux, 1954),pp. 63—315;P. Gaetcher, *Petrus und seine Zeit*(Innsbruck, 1957);O. Cullmann, *Peter:Disciple, Apostle, Martyr* (1962; English translation of the second edition, revised and enlarged, of *Petrus*[1960])。关于原始教会和正统的犹太教和犹太教的教派,参见 E. Peterson, *Frühkirche, Judentum, und Gnosis*(Vienna,1959); H. Kosmalas, *Hebräer, Essener, Christen* (Leiden, 1959); M. Simon, 534
Verus Israel (Paris, 1948;2d. ed. ,1964)。

《使徒行传》几乎没有提到耶路撒冷最早的基督教社团的领袖雅各,“主的兄弟”(《加拉太书》1:19),也是保罗反对的(《加拉太书》2:12)。他与拉比犹太教的联系显而易见(不饮酒、从不剃须、在圣殿里面度过时光等等)。既然雅各派在公元66—70年战争以后就消失了,对于他的记忆也就淡化了。但是其他文献(《希伯来福音》、《多马福音》、《伪克雷芒福音》等等)却将雅各描绘成为教会最重要的人物;参见 S. G. F. Brandon, *The Fall of Jerusalem and the Christian Church* (London, 1951), pp. 126—154; J. Daniélou, *Nouvelle histoire de l'Eglise*, vol. 1(Paris, 1963),pp. 37—38。

关于犹太—基督教,参见 H. J. Schoeps, *Theologie und Geschichte des Judenchristentums*(Tübingen, 1949);Jean Daniélou, *Théologie du Judéo-Christianisme*, esp. pp. 17—101; M. Simon et al. , *Aspects du Judéo-Christianisme:Colleque de Strasbourg*(Paris,1965)。M. Simon and A. Benoit, *Le Judaïsme et le Christianisme antique*,pp. 258—274 有一个很好的

描述。还可以补充 M. Simon, "Réflexions sur le judéo-christianisme", *Christianity, Judaism... : Studies for Morton Smith*, vol. 2 (Leiden, 1975), pp. 53—76(含有对最近一些著述的批评性审读)。犹太—基督教的特点在于它坚持遵守犹太教律法——这种忠诚性用西蒙(M. Simon)以后的话说,"是一种化石化。某些犹太—基督徒依然偏离大教会的教义发展,并且不接受或者无视基督教的教义在希腊思想赋予其框架和概念的时候,对于原始的讲道而言是有所丰富与发展的,由于这一事实他们竟成了异端……他们厌恶保罗,这是他们特有的立场,这无疑是由于他对律法的态度所造成的。但是由于同样的原因,他们也反对以保罗思想为出发点的基督论发展。在涉及到礼仪的教义上,他们仍然是原始社团的坚定后代。因此他们是消极被动的异端。"(Marcel Simon,载 *Le Judaïsme et le Christianisme antique*, p. 270)

犹太人拒绝基督教的理由,参见 D. R. A. Hare, *The Theme of Jewish Persecution of Christianity in the Gospel according to St. Mattew*(Cambridge, 1967), pp. 1—18。

535 **222.** 整整两代人,对于圣保罗的皈依和神学的解释,一方面受到严格强调巴勒斯坦犹太教和希腊化犹太教区别的影响,另一方面受到个人过分强调这两种形式犹太教评价的影响。例如,阿尔贝特·史怀泽(Albert Schweitzer)将圣保罗与圣约翰相对照,他认为圣保罗是耶路撒冷的宗教结构的忠实信徒,而圣约翰则完全融入了希腊化的犹太教传统;参见 A. Schweitzer, *Die Mystik des Apostel Paulus* (Tübingen, 1930; English trans., *The Mysticism of Paul the Apostle*, New York, 1968);犹太教解经学家蒙特费奥(C. J. G. Montefiore)认为保罗属于那种无根的散居犹太人;蒙特费奥(Montefiore)的结论是,要是他知道巴勒斯坦纯正的、高级的耶路撒冷犹太教,也许就根本不会接受福音了(*Judaism and St. Paul*[London, 1914])。约瑟夫·克劳斯纳(Joseph Klausner)也持有同样的观点,所著由斯汀斯普林(W. F. Stinespring)翻译为英文,名 *From Jesus to Paul* (London, 1943; republished, New York, 1961), S. Sandmel, *A Jewish Understanding of the New Testament* (New York, 1956), pp. 37—51 以及 H. J. Schoeps, *Paulus*(Tübingen, 1959)也是如此。

但是最近的研究表明,一方面希腊化对于拉比的意识形态具有深刻影响,另一方面闪米特观念也出现在希腊化作品里面。那种巴勒斯坦犹太教和希腊化犹太教之间古老的两分法再也站不住脚了(参见§§200,204)。由于同样原因,这两种形式的基督教思想的对立——史怀泽(A. Schweitzer)曾经那么精彩地予以渲染——也就是保罗和约翰的对立也就消失了。参见 W. D. Davies, *Paul and Rabbinic Judaism: Some Elements in Pauline Theology* (London, 1948; paperback, New York, 1967,附有一个新的导论,"Paul and Judaism since Schweitzer", pp. vii-xv)。保罗遵照复活的基督之召唤,却并不认为自己是一名使徒。但是他从刚好在耶稣基督中发现弥赛亚的一个犹太人的观点重新定义了以色列和律法。保罗认为,从此以后"上帝的子民"的标志不再是服从律法而是信仰基督。这在一定意义上实现了犹太教的宗教普世主义;因为,通过基督—弥赛亚,"上帝的子民"能够完成宇宙的协调("不论是犹太人,是希腊人,是男人,是女人"等等),并且预备好世界的更新,也就是"新的创造"。

在许多文献中,我们要提到 M. Dibelius and W. G. Kummel, *Paulus*, 2d. ed. (Berlin, 1956; English trans. of the first ed., *Paul*, New York, 1953); J. Dupont, Gnosis: *La connaissance religieuse dans les Epîtres de* 536
Saint Paul (Louvain, 1949); A. D. Nock, *St. Paul*, 3d ed. (London, 1948); L. Cerfaux, *La théologie de l'Eglise suivant Saint Paul*, 2d ed. (Paris, 1948); W. C. Van Unnik, *Tarsus or Jerusalem* (London, 1952); E. Earle Ellis, *Paul and His Recent Interpreters* (Grand Rapids, Mich., 1961); Ellis, "Paul and His Opponents: Trends in the Research", *Christianity, Judaism …: Studies for Morton Smith*, vol. 1, pp. 264—298, esp. pp. 284 ff.; J. W. Drane, *Paul, Libertine or Legalist: A Study in the Theology of the Major Pauline Epistles* (London, 1975); K. Stendhal, *Paul among Jews and Gentiles* (Philadelphia, 1976); E. P. Sanders, *Paul and Palestinian Judaism* (Philadelphia, 1977)。亦可参见这一研究领域某些最近研究的主题:W. D. Davies, "Paul and the People of Israel", *New Testament Studies* 24 (1977): 4—39; G. Bornkamm, *Paul*, trans. D. G. M. Stalker (New York, 1971; original German edition, *Paulus* [Stuttgart, 1969])。

223. 关于死海古卷的翻译,尤其参见 T. H. Gaster, *The Dead Sea Scriptures in English Translation* (New York, 1956); G. Vermes, *The Dead Sea Scrolls in English* (Harmondsworth, 1962); J. Carmignac et al.,

Les textes de Qumran traduits et annotés, 2 vols. (Paris, 1961, 1963)。亦可参见 A. S. van der Ploeg, *Le Rouleau de la Guerre: Traduit et annoté avec une introduction* (Leiden, 1969); Y. Yadin and C. Rabin, *The Scroll of the War of the Sons of Light against the Sons of Darkness* (London and New York, 1962)。有一些文献也将翻译成英文,参见阿尔哥罗(J. M. Allegro)、克洛斯(F. M. Cross)、杜邦-索麦尔(A. Dupont-Sommer)等的著作。

在通论性的作品中,最具有实用性的是 J. M. Allegro, *The Dead Sea*
537 *Scrolls* (Harmondsworth, 1956); Y. Yadin, *The Message of the Scrolls* (London, 1957); H. Bardtke, *Die Sekte von Qumran* (Berlin, 1958; 2d ed., 1961); F. M. Cross, Jr., *The Ancient Library of Qumran and Modern Biblical Studies* (New York, 1958; 2d rev. ed., 1961); O. Cullmann, J. Daniélou, et al., *Les manuscrits de la Mer Morte: Colloque de Strasbourg* (Paris, 1958); R. K. Harrison, *The Dead Sea Scrolls: An Introduction* (New York, 1961); A. Dupont-Sommer, *Les écrits esséniens découverts prés de la Mer Morte* (Paris, 1959; 2d ed., 1965; English trans. by G. Vermes, *The Essene Writings from Qumran*, Oxford, 1961); E. F. Sutcliffe, *The Monks of Qumran as Depicted in the Dead Sea Scrolls* (London, 1960); H. Ringgren, *The Faith of Qumran: Theology of the Dead Sea Scrolls* (Philadelphia, 1963)。

截止于 1957 年初的关于库姆兰手稿的书目,参见 C. Burchard, *Bibliographie zu den Handschriften vom Toten Meer* (Berlin, 1957)。作者继续在 *Revue de Qumran* 中补充当今的书目。A. Dupont-Sommer, *Les écrits esséniens*, 2d ed., pp. 442—444;亦可参见 R. K. Harrison, *The Dead Sea Scrolls*, pp. 151—158。

关于库姆兰与基督教的关系,参见 J. Daniélou, *Les manuscrits de la Mer Morte et les origines du christianisme* (Paris, 1956); K. Stendhal, ed., *The Scrolls and the New Testament* (New York, 1957); H. Kosmala, *Hebräer, Essenen, Christen* (Leiden, 1959); L. Mowry, *The Dead Sea Scrolls and the Early Church* (Chicago, 1962); J. van der Ploeg et al., *La secte de Qumran et les origines du Christianisme* (Bruges and Paris, 1959); M. Black, *The Scrolls and Christian Origins* (Edinburgh and New York,

1961);Black, *The Scrolls and Christianity*(London,1969);J. H. Charlesworth, ed. , *John and Qumran*(London, 1972)。亦可参见 F. Nötscher, *Zur theologischen Terminologie der Qumranischen Texte*(Bonn, 1956); W. D. Davies, "'Knowledge' in the Dead Sea Scrolls and Matthew 11:25—30",载 *Christian Origins and Judaism*(Philadelphia, 1962), pp. 31—66; J. Jeremias, *Die Abendmahlsworte Jesu*, 2d. ed. (Göttingen, 1949), pp. 58 ff. 。

关于库姆兰与伊朗的关系,参见 K. G. Kuhn, "Die Sektenschrift und die iranische Religion", *Zeitschrift für Theologie und Kirche* 49(1952): 296—316;H; Michaud, "Un mythe zervanite dans un des manuscrits de Qumran", *VT*5(1955):137—147;David Winston, "The Iranian Component in the Bible: Apocrypha and Qumran—A Review of the Evidence", *HR* 5(1966):183—216;S. Shaked, "Qumran and Iran:Further Considerations", *Israel Oriental Studies* 2(1972): 433—446; Richard N. Frye, "Qumran and Iran: The State of Studies", *Christianity, Judaism* …: *Studies for Morton Smith*, vol. 3(Leiden, 1975), pp. 167—173(弗赖[Frye]很怀疑大卫·温斯顿[David Winston]和其他学者的论证,但是他接受了夏克德[Shaked]的论点;参见 pp. 172—173)。

关于 *pesher* 方法的解释,参见 Cross, *The Ancient Library of Qumran*, p. 218, n. 38 的书目;还可以加上 Lawrence H. Schiffman, *The Halakha at Qumran*(Leiden, 1975)。关于两种灵的战争,参见 Y. Yadin and C. Rabin, *The Scroll of the War*, pp. 29 ff. and passim; H. S. van der Ploeg, *Le Rouleau de la Guerre*; Cross, *The Ancient Library*, pp. 210 ff. (n. 25,书目);S. Shaked, "Qumran et Iran",pp. 437 ff. 。

关于保惠师的形象,参见 O. Betz, *Der Paraklet*: *Fürsprecher im häretischen Spätjudentum*, *im Johannes-Evangelium*, *und in neugefundenen gnostischen Schriften* (Leiden and Cologne, 1963)。

224. 关于拉比约翰嫩·本·撒该(Rabbi Johanan ben Zakkai),参见 538
Jacob Neusner, *Life of Rabbin Yohanan ben Zakkai* (Leiden, 1962)和 *Development of a Legend*:*Studies in the Traditions concerning Yohanan ben Zakkai* (Leiden, 1970)。尚可补充:N. Sed, "Les traditions secrètes et les disciples de Rabbin Yohanan ben Zakkai",*RHR* 184(1973):49—66。

关于圣殿被毁的后果，参见 G. F. Moore, *Judaism in the First Centuries of the Christian Era*, 2 vols. (Cambridge, Mass., 1927, 1930), vol. 1, pp. 93 ff.; vol. 2, pp. 3 ff., 116 ff.; 参见 Judah Goldin, "On Change and Adaptation in Judaism", *HR* 4(1965):269—294; Jacob Neusner, *From Politics to Piety: The Emergence of Pharisaic Judaism* (Englewood Cliffs, N.J., 1973); Sheldon R. Isenberg, "Power through Temple and Torah in the Greco-Roman Period", *Christianity, Judaism...: Studies for Morton Smith*, vol. 3, pp. 24—52。

关于公元70年的那场大灾难对于基督教所造成的影响，参见 L. Gaston, *No Stone on Another: Studies in the Significance of the Fall of Jerusalem in the Synoptic Gospels* (Leiden, 1970); N. Perrin, *The New Testament*, pp. 40 ff., 136 ff.。

关于基督教和犹太教的关系，参见 Robert A. Kraft, "The Multiform Jewish Heritage of Early Christianity", *Christianity, Judaism…: Studies for Morton Smith*, vol. 3, pp. 174—199; Wayne A. Meeks, "'Am I a Jew?' Johannine Christianity and Judaism", ibid., vol. 1, pp. 163—186; 亦可参见 G. W. Bruchanam, "The Present State of Scholarship on Hebrews", ibid., pp. 299—330。关于罗马帝国中基督徒和犹太人的关系，参见 Marcel Simon, *Verus Israel*。

关于基督复临的延迟，参见 Norman Perrin, *The New Testament: An Introduction*, pp. 40—51, 197—198, 和 A. L. Moore, *The Parousia in the New Testament* (Leiden, 1966)。

关于基督论的起源，参见 R. H. Fuller, *The Foundation of New Testament Christology* (London, 1965); Martin Hengel, *Der Sohn Gottes: Die Entstehung der Christologie und die jüdisch-hellenistische Religionsgeschichte*, 2d rev. ed. (Tübingen, 1977; English trans. by John Bowden, *The Son of God*, Philadelphia, 1976); C. F. D. Moule, *The Origin of Christology* (New York, 1977)。

关于《新约》神学的著作甚多。尤其参见 N. Perrin, *The New Testament* (pp. 353—359, 书目) 和 Rudolf Bultmann, *Theology of the New Testament*, 2 vols. (English translation; New York, 1951, 1955)(这是一部思想深刻、个性鲜明的著作，而且包含有一份书评书目：vol. 1, pp. 357—

368;vol. 2, pp. 253—260)。

本章讨论的问题多参考了 Gerhard Delling et al., *Bibliographie zur jüdisch-hellenistischen und intertestamentarischen Literatur: 1900—1970*, 2d ed. (Berlin, 1975)。 539

第 29 章　罗马帝国时期的异教、基督教和神秘知识(Gnosis)

225. 关于东方宗教向罗马和罗马帝国的渗透,参见 F. Cumont, *Les religions orientales dans le paganisme romain*, 4th ed. (Paris, 1929; English trans., *Oriental Religions in Roman Paganism*, paperback); A. D. Nock, *Conversion: The Old and the New in Religion from Alexander the Great to Augustine of Hippo* (Oxford, 1933; 2d ed., 1961), pp. 66 ff., 99 ff., 122 ff.; 亦可参见 § § 205—208 的书目。

关于《西比尔神谕》,参见 § 165 所引书目以及 A. Peretti, *La Sibilla babilonese nella propaganda ellenistica* (Florence, 1942): A. Kurfess, *Die Sibyllinische Weissagungen* (Munich, 1951); V. Nikiprowetski, *La Troisième Sibylle* (Paris and The Hague, 1970), esp. chap. 6, "La Doctrine", pp. 71 ff.; John J. Collins, *The Sibylline Oracles of Egyptian Judaism* (Missoula, Mont., 1974)(尤其参见 pp. 101 ff. 关于希腊化时期大年的教义)。关于启示文学及其与智慧学派的关系,参见 § § 202—204;还有 J. Z. Smith, "Wisdom and Apocalyptic",载 *Religious Syncretism in Antiquity: Essays in Conversation with Geo Widengren* (Missoula, Mont., 1975), pp. 131—156; John J. Collins, "Cosmos and Salvation: Jewish Wisdom and Apocalyptic in the Hellenistic Age", *HR* 17 (1977): 121—142。

关于《第四田园诗》,参见 E. Norden, *Die Geburt des Kindes* (Berlin, 1924); J. Carcopino, *Virgile et le mystère de la IVe Eglogue* (Paris, 1930; rev. ed., 1943); Henri Jeanmaire, *La Sibylle et le retour de l'âge d'or* (Paris, 1939)。

关于罗马命运的两种神话,参见 Jean Hubaux, *Les grands mythes de Rome* (Paris, 1945), 以及 Eliade, *The Myth of the Eternal Return: Cosmos and History*, trans. Willard R. Trask, Bollingen Series 46 (Princeton, 1965), pp. 133 ff.。

关于奥古斯都的和平,参见 Charles Norris Cochrane, *Christianity and*

Classical Culture (Oxford and New York, 1940; rev. and enl. ed., 1944), pp. 1—26。

关于奥古斯都的宗教改革，参见 Franz Altheim, *A History of Roman*
540 *Religion*, trans. Harold Mattingly (London, 1938), pp. 321—410 (originally published as *Römische Religionsgeschichte*, Baden-Baden, 1931)。

226. Robert M. Grant, *Augustus to Constantine: The Thrust of the Christian Movement into the Roman World* (New York, 1970)对于帝国时期做了一个很精彩的总论。

关于君主崇拜，参见§205 的书目。

关于教会和帝国的关系，参见 E. Peterson, *Der Monotheismus als politisches Problem* (Leipzig, 1935); G. Gittel, *Christus und Imperator* (Stuttgart and Berlin, 1939); E. Stauffer, *Christus und die Cäsaren*, 2d. ed. (Hamburg, 1952); J. M. Hornus, *Evangile et Labarum: Etude sur l'attitude du christianisme primitif devant les problèmes de l'Etat, de la guerre, et de la violence* (Geneva, 1960)。

C. N. Cochrane, *Christianity and Classical Culture*, 2d ed. (1944), 以及 H. Chadwick, *Early Christian Thought and the Classical Tradition* (Oxford, 1966)对于基督教和古典传统的冲突做了很好的论述。亦可参见 W. Jaeger, *Early Christianity and Greek Paideia* (Cambridge, Mass., 1962); J. Carcopino, *De Pythagore aux Apôtres* (Paris, 1956)。拉伯雷奥勒(Pierre de Labriolle)的著作 *La réaction païenne*, 5th ed. (Paris, 1942)仍很实用。

关于基督教的皈依，参见 A. D. Nock, *Conversion*, pp. 187 ff., 297 ff. (含有资料和书目); Gustave Bardy, *La conversion au christianisme durant les premiers siècles* (Paris, 1949); A. Tuck, *Evangélisation et catéchèse aux deux premiers siècles* (Paris, 1962); Paul Aubin, *Le problème de la "conversion": Etude sur un thème commun à l'hellénisme et au christianisme des trois premiers siècles* (Paris, 1963)。

关于基督教的扩展，A. von Harnack, *Mission und Ausbreitung in der ersten drei Jahrhunderten*, 4th ed. (Leipzig, 1924)仍然是无可替代的(英译本名 *The Mission and Expansion of Christianity in the First Three Centuries*); 亦可参见 R. Liechtenhan, *Die urchristliche Mission* (Zurich,

1946); Jean Daniélou and Henri Marrou, *Nouvelle histoire de l'Eglise*, vol. 1:*Des origines à Grégoire le Grand* (1963), pp. 112—340。

关于逼迫,参见 P. Allard, *Histoire des persécutions*, 3d ed., 5 vols. (Paris, 1903—1908)——过时然而依旧有用; H. C. Babut, *L'Adoration des empereurs et les origines de la persécution de Dioclétien* (Paris, 1916); H. Grégoire, *Les persécutions dans l'Empire romain* (Brussels, 1951; 2d. ed., enl., 1964); J. Moreau, *Les persécutions du christianisme dans l'Empire romain* (1956),这是一部精彩的总论著作; W. H. C. Frend, *Martyrdom and Persecution in the Early Church* (Oxford, 1965); G. E. M. de Ste. Croix, "Why Were the Early Christians Persecuted?" *Past and* 541
Present 26 (1961):6—31。亦可参见 N. H. Baynes, "The Great Persecution", *Cambridge Ancient History*, vol. 12(1939), pp. 64—77; G. E. M. de Ste. Croix, "Aspects of the Great Persecution", *HTR* 47(1954): 75—113。

最重要的护教士有:安提阿的提阿非罗(约 180 年),著 *To Autolycus*;叙利亚人塔提安(约 165 年);德尔图良,197 年著《护教篇》;米努修斯·费利克斯(Minucius Felix),著《屋大维传》(*Octavius*);尤其是殉教者查士丁。

关于护教士,参见 M. Pellegrino, *Gli Apologetici del II^{0} secolo*, 2d ed. (Brescia, 1943); Pellegrino, *Studi sull'antica Apologetica* (*Rome*, 1947); E. R. Goodenough, *The Theology of Justin Martyr* (Jena, 1923); W. H. Shotwell, *The Exegesis of Justin* (Chicago, 1955); P. Prigent, *Justin et l'Ancien Testament*(1964)。

关于使徒传统的大量文献,我们引用了 R. P. C. Hanson, *Tradition in the Early Church* (London, 1963), 以及 M. Pellegrino, *La tradizione nel Cristianesimo antico* (Turin, 1963)。天主教的观点尤其在 A. Deneppe, *Der Traditionsbegriff* (Münster, 1947),和 Yves Congar, *La tradition et les traditions* (Paris, 1960)中有所表达。关于清教神学的立场,参见 O. Cullmann, *La Tradition* (Neuchâtel and Paris, 1953); E. Flessemann van Leer, *Tradition and Scripture in the Early Church* (Assen, 1954); 和 G. G. Blum, *Tradition und Sukzession: Studien zum Normbegriif des apostolischen von Paulus bis Irenäus* (Berlin, 1963); 还可参见 A. Ehrhardt, *The Apostolic Succession in the First Two Centuries of the*

Church (London, 1953) (Anglican position)。

乔治·库梅尔(Georg Kümmel)在其近著 *Das Neue Testament: Geschichte der Erforschung seiner Probleme* (1970; English trans., *The New Testament: The History of Investigation of Its Problems*, Nashville and New York 1972; pp. 407—465 附有内容广泛的书目)回顾了《新约》研究的历史。短篇的论述,参见 R. M. Grant, *The Formation of the New Testament* (London, 1965);这位作者还出版了一部篇幅更大的作品,*Historical Introduction to the New Testament* (New York and Evanston 1963)。亦可参见 A. Riesenfeld, *The Gospel Tradition and Its Beginnings* (London, 1957)以及前引§221 以下的书目。

227. 关于正统犹太教和犹太教教派——艾赛尼人、撒马利亚人以及法利赛人——中的神秘主义(=秘密的教导和礼仪), Morton Smith, *Clement*
542 *of Alexandria and a Secret Gospel of Mark* (Cambridge, Mass., 1973), pp. 197—199 中被一一列举出来;这部著作以其资料丰富而见长,但是作者的论点——关于耶稣施行入会礼式的洗礼以及随意诉诸秘密传统之权威的实践——却为解经学家所拒绝。参见同上书,第 199 页以下,文中分析了关于耶稣秘密教训的各种文献。

关于犹太教的神秘主义,参见肖勒姆(G. Scholem)的两种作品:*Jewish Gnosticism, Merkabah Mysticism, and Talmudic Tradition* (New York, 1966),和"Jaldabaoth Reconsidered", *Mélanges H.-C. Puech*, pp. 405—421; Jean Daniélou, *Théologie du Judéo-christianisme* (Paris, 1957), pp. 121 ff. (English trans., *The Theology of Jewish Christianity*, 1977);还可参见 Morton Smith, "Observations on *Hekhalot Rabbati*",载 *Biblical and Other Studies*, ed. A. Altmann (Cambridge, Mass., 1963), pp. 142—160; James M. Robinson, ed., *Jewish Gnostic Nag Hammadi Texts* (Berkeley, 1975)。

让·丹尼罗(Jean Daniélou)神父在其研究中考察了基督教神秘主义的资料,参见"Les traditions secrètes des Apôtres", *Eranos-Jahrbuch* 31 (1962):199—215。他认为,"使徒们的神秘主义传统乃是他们那个时代存在并且涉及到天界的秘密特定区域的犹太教神秘主义的延续"(p. 211)。亦可参见 G. Quispel, "Gnosis and the New Sayings of Jesus", *Eranos-Jahrbuch* 38(1969):261—295。

关于基督教的神秘知识(Gnosis),参见 J. Dupont, *Gnosis: La connaissance religieuse dans les Epîtres de Saint Paul* (Louvain, 1949);Stanislas Lyonnet, "Saint Paul et le gnosticisme: L'Epître aux Colossiens",载 *Le origini dello Gnosticismo* (contributions to the Messina Colloquium)(Leiden, 1967), pp. 531—538; H. J. Schoeps, *Aus frühchristlicher Zeit* (Tübingen, 1950); Schoeps, *Urgemeinde, Judenchristentum, Gnosis* (Tübingen, 1956); H. B. Bartch, *Gnostisches Gut and Gemeindetradition bei Ignatius von Antiochen* (Gütersloh, 1940)。亦可参见 M. Simonetti, *Testi gnostici cristiani* (Bari, 1970)以及§221 的书目。

228. 关于神秘知识和诺斯替教的调查,在过去的 40 年里取得了重大进展;然而众所周知的名称"诺斯替教"的起源却还是不甚了了。阿多尔夫·哈纳克(Adolf Harnack)认为,诺斯替教出现于公元 2 世纪,因而代表着一种基督教激进的希腊化("eine akute Hellenisierung des Christentums")。而且,这也是当时基督教神学家——首先是里昂的伊里奈乌和罗马的希坡律图的观点——他们也认为,诺斯替教是一种可恶的异端,在希腊哲学影响之下肢解了基督教的教义而成。但是威廉·布谢(Wilhelm Bousset)在他的一部迄今仍为奠基性的著作 *Hauptprobleme der Gnosis* (Güttingen, 1907)中提出了截然相反的解释:在从比较的观点分析了诺斯 543
替教所特有的主题(二元论、救世主的概念、灵魂出神作天堂之旅)之后,他认为这些主题都起源于伊朗。因此,威廉·布谢认为,诺斯替教是一种前基督教的现象,而实际上也含摄基督教于内。莱岑斯坦(R. Reitzenstein)在好几部著作里发展并且澄清了这一假设,其中最重要的著作是 *Das iranische Erlösungsmysterium* (Leipzig, 1921)。莱岑斯坦重构了《多马福音》中得到充分表达的"得救的救世主"的伊朗神话(参见§230)。诺斯替教起源于伊朗神话的观点,虽然受到某些东方学家和宗教史学家的批评,但是为威登格伦(G. Widengren)所接受、修正并且丰富;尤其参见他的研究,"Les origines du gnosticisme et l'histoire des religions" (*Le origini dello Gnosticismo*, pp. 28—60),这位瑞典学者还考察了其他新提出的假设。

汉斯·约拿斯(Hans Jonas)的著作 *The Gnostic Religion: The Message of the Alien God and the Beginnings of Christianity* (Boston, 1958; enl. ed., 1963)因其对于"诺斯替现象"的透彻分析而成为一部基础型的著作。汉斯·约拿斯是继莱斯甘(H. Leisegang)和西蒙·佩特雷芒(Simone

Pétrement)之后第一位研究诺斯替教的哲学史家;不过莱斯甘(Leisegang)的 *Die Gnosis* (Leipzig, 1924; 3d ed., 1941; French trans., *La Gnose*, 1951)因其大段引用原文颇为实用,而西蒙·佩特雷芒的著作则得名 *Le dualisme chez Platon, les gnostiques, et les manichéens* (Paris, 1947)。关于诺斯替运动的开端,约拿斯将其区分为两种类型的神秘知识,起源于不同的文化环境,叙利亚的和伊朗的(这一假设遭到维登格伦的批评,参见后者所撰"Les origines du gnosticisme", pp. 38 ff.)。

罗伯特·格兰特(Robert M. Grant)的著作 *Gnosticism and Early Christianity* (New York, 1959)是一部极为精彩的导论,对于各种诺斯替教的体系做了恰如其分的分析。罗伯特·格兰特认为诺斯替教的出现是因为公元70年大灾难之后犹太教启示思想的危机所致。这一假设尤其得到让·丹尼罗(Jean Daniélou)神父的赞同,却遭到雅各·诺伊斯纳(Jacob Neusner)的批判,参见其所撰"Judaism in Late Antiquity", *Judaism* 15 (1966):236 ff.。

吉勒斯·古斯佩(Gilles Quispel)认为,诺斯替教是一种普世宗教(参见共著 *Gnosis als Weltreligion* [Zurich, 1951]),但是2世纪的诺斯替教的不同体系起源于犹太教和犹太—基督教的启示思想(参见辑录于 *Gnostic Studies*, 2 vols. [Leiden, 1973]中的论文)。亨利-夏尔·毕克(Henri-Charles Puech)对于诺斯的历史与现象研究的重要论文,散见于1934年以
544 来在各种学术杂志以及 *Annuaire du Collège de France* 上,最近收集并且发表于 *En quête de la Gnose*, vol. 1: *La Gnose et le Temps*; vol. 2: *Sur l'Evangile selon Thomas* (Paris, 1978)。尤其我们必须提到他对普罗提诺的研究、神秘知识的现象学以及诺斯与时间(vol. 1, pp. 55—116, 185—214, 215—270)。

R. McL. Wilson, *The Gnostic Problem* (London, 1958)提出了一种新的观点,他特别分析了各种诺斯替教派别中的犹太教和基督教因素。亦可参见他在默西拿会议(Messina Colloquium)的论文,"Gnosis, Gnosticism, and the New Testament"(*Le origini dello Gnosticismo*, pp. 511—527)。

讨论诺斯替教起源的国际性会议默西拿会议的与会者非常谨慎地给 *Gnosis* 和 *Gnosticism* 的含义做了规定;"诺斯替教"是指"公元2世纪的某一类思想体系,这是人们都同意如此称呼的。"但是相反,"诺斯"则是指"一种

有关神的奥秘的知识,仅有少数精英能够获得”(*Le origini dello Gnosticismo*, *p. xxiii*)。在默西拿会议上,人们再次看到关于诺斯替教的“起源”有多种多样的假设。在“*Perspectives de la recherche sur les origines du gnosticisme*”(*ibid.*, *pp.* 716—746)一文中,乌戈·比昂奇(Ugo *Bianchi*)描述了诺斯替教主题的形态,同时分析了它们的地理学分布以及它们的历史联系。亦可参见该文作者所撰“*Le problème des origines du gnosticisme*”(*ibid.*, *pp.* 1—27)。

在默西拿会议的大量学术交流中,我们要提到 H. Jonas, “Delimitation of the Gnostic Phenomenon—Typological and Historical” (ibid., pp. 90—108); A. Bausani, “Lettere iraniche per l'origine e la definizione tipologica di Gnosi” (pp. 251—264); G. Gnoli, “La gnosi iranica: Per un impostazione del problema” (pp. 281—290),此文主要考察了摩尼教; R. Grahay, “Eléments d'une mythopée gnostique dans la Grèce classique” (pp. 323—339); M. Simon, “Eléments gnostiques chez Philon” (pp. 359—376); H. Ringgren, “Qumran and Gnosticism” (pp. 379—388); H. J. Schoeps, “Judenchristentum und Gnosis” (pp. 528—537);和 G. Quispel, “Makarius und das Lied von der Perle” (pp. 625—644)。

关于普罗提诺和诺斯,参见毕克(H.-C. Puech)的研究:*En quête de la Gnose*, vol. 1, pp. 55—116;关于柏拉图的二元论(尤其是普罗提诺对它的解释)与诺斯替教的关系,参见 E. R. Dodds, *Pagan and Christian in an Age of Anxiety: Some Aspects of Religious Experience from Marcus Aurelius to Constantine* (Cambridge, 1965), pp. 24 ff., 83 ff.。 545

在上埃及纳格·哈马迪藏在一只罐子里的诺斯替教抄本的发现以及它们取得、解读和出版的可读性颇强的历史,参见 Jean Doresse, *Les livre secrets des gnostiques d'Egypte*, vol. 1: *Introduction aux écrits gnostiques coptes découverts à Khenoboskion* (Paris, 1958), pp. 133 ff. (English trans., *The Secret Books of the Egyptian Gnostics*, New York, 1972); John Dart, *The Laughing Savior* (New York, 1976)也揭露了前书未曾透露的一些秘闻。亦可参见 James R. Robinson, “The Jung Codex: The Rise and Fall of a Monopoly”, *Religious Studies Review* 3(1977): 17—30。全本的 *The Facsimile Edition of the Nag Hammadi Codices* 于 1976 年问世。某些文献的评断本及其翻译和评注于 1956 年陆续发表。但是唯一的

全译本(不幸并无注解和评注)在詹姆斯·罗宾逊(James M. Robinson)的指导下出版,名 *The Nag Hammadi Library* (New York, 1977)。

纳格·哈马迪图书馆的发现引起众多的研究。参见 David M. Scholer, *Nag Hammadi Bibliography, 1948—1969* (Leiden, 1971),相关进展的年报发表于 *Novum Testamentum*。Carsten Colpe, "Heidnische, jüdische, und christliche Überlieferung in den Schriften aus Nag Hammadi", *Jahrbuch für Antike und Christentum* 16(1973):106—126;17(1974):109—125;18(1975):144—165;19(1976):120—138,对于最近出版的作品——对于其历史和经文的评注、译本和专论——做了博大精深的分析。

在对这些新文献的分析和解释的著作中,我们要提到的有:W. C. van Unnik, *Newly Discovered Gnostic Writings* (Naperville, Ill., 1960);Alexander Böhlig, *Mysterion und Wahrheit* (Leiden, 1968), pp. 80—111, 119—161;Martin Krause, ed., *Essays on the Nag Hammadi Texts in Honour of Alexander Böhlig* (Leiden, 1972);M. Tardieu, *Trois mythes gnostiques: Adam, Eve, et les animaux d'Egypte dans un écrit de Nag Hammadi* (Paris, 1974)。亦可参见亨利—夏尔·毕克(Henri-Charles Puech)在其著作 *En quête de la Gnose*, vol. 2:*Sur l'Evangile selon Thomas*。该卷(pp. 11—32)含《多马福音》的翻译(系 1959 年首次出版,并附有评断和注解)。另外一个译本有详细的注解:Jean Doresse, *L'Evangile selon*
546 *Thomas, ou les Paroles Secrètes de Jésus* (Paris, 1959)。亦可参见 J. E. Menard, *L'Evangile selon Thomas* (Leiden, 1975)的精彩评注。关于这一重要文献,还可参见 Robert M. Grant, *The Secret Sayings of Jesus* (New York, 1960); R. McL. Wilson, *Studies in the Gospel of Thomas* (London, 1960); B. Gartner, *The Theology of the Gospel of Thomas*。

最具争议并经多次翻译的文献乃是《真理福音》,参见 W. W. Isenberg 刊载于 R. M. Grant, *Gnosticism*, pp. 146—161 以及 George W. MacRae 刊载于 J. M. Robinson, *The Nag Hammadi Library*, pp. 37—49 的译文。

关于《腓利福音》(=*Nag Hammadi Library*, pp. 131—151, trans. W. W. Isenberg),参见 R. McL. Wilson, *The Gospel of Philip* (London, 1962);J. E. Menard, *L'Evangile selon Philippe* (Paris, 1967)。

在过去的 15 年中还出版了一些诺斯替教文献的选本,有翻译和注解。我们提到的有:Robert M. Grant, *Gnosticism: A Source Book of Heretical*

Writings from the Early Christian Period (New York, 1961),和 Werner Foerster, *Die Gnosis*, 2 vols. (Zurich, 1969, 1971; English trans., ed. R. McL. Wilson, *Gnosis: A Selection of Gnostic Texts, Coptic and Mandaean Sources*, 2 vols., Oxford, 1972, 1974)。

229. 关于行邪术的西门,参见 Grant, *Gnosticism and Early Christianity*, pp. 70—96; H. Leisegang, *La Gnose*, pp. 48—80; L. Cerfaux, "Simon le Magicien à Samarie", *Recherches de science religieuse* 27(1937): 615 ff.; L. H. Vincent, "Le culte d'Hélène à Samarie", *Revue Biblique* 45 (1936): 221 ff.; H. Jonas, *The Gnostic Religion*, pp. 103—111, 346 (书目)。

关于浮士德博士传奇的起源,参见 E. M. Butler, *The Myth of the Magus* (Cambridge, 1948);Gilles Quispel, "Faust: Symbol of Western Man", *Eranos-Jahrbuch* 35(1966):241—265(重印收录于 *Gnostic Studies*, vol. 2 [Leiden and Constantinople, 1973], pp. 288—307)。

马西昂的作品 *Antitheses* 今已失传,但是其主要内容可通过德尔图良的 *Adversus Marcionem* 中得知。许多正统作家都曾对马西昂口诛笔伐,如查士丁、伊里奈乌和哥林多的狄奥尼索斯。

Adolph von Harnack, *Marcion: Das Evangelium vom fremden Gott*, 2d. ed. (Leipzig, 1924)仍无出其右者。亦可参见 E. G. Blackmann, *Marcion and His Influence* (London, 1948); H. Leisegang, *La Gnose*, pp. 185—191;Hans Jonas, *The Gnostic Religion*, pp. 130—146;Grant, *Gnosticism and Early Christianity*, pp. 121 ff.。

关于非正统的犹太—基督教。参见 J. Daniélou, *Théologie du Judéo-Christianisme*(Tournai, 1958), pp. 68—98;关于塞林图,参见同上书,pp.
80—81。关于卡波克拉底,参见 Leisegang, *La Gnose*, pp. 136—175; Wil- 547
son, *The Gnostic Problem*, pp. 123 ff. 和 Grant, *Gnosticism and Early Christianity*, pp. 142 ff.。

关于瓦伦廷及其学派,参见 F. M. Sagnard, *La gnose valentinienne et le témoignage de saint Irénée* (Paris 1947); A. Orbe, *Estudios valentinianos*, 4 vols. (Rome, 1955—1961),这是一部博大精深的比较诺斯替教和基督教的专著;以及 H. Jonas, *The Gnostic Religion*, pp. 174—205。亦可参见上文有关《真理福音》的书目。在瓦伦廷学派的著作中一定要提到 *De*

Resurrectione (*Epistula ad Rheginum*)；我们用的是马尔科姆·李·皮尔(Malcolm Lee Peel)的翻译和评注本：*The Epistle to Rheginos*：*A Valentinian Letter on the Resurrection* (Philadelphia, 1969)。这一短篇文献(不足8页)特别重要，因为它是纳格·哈马迪第一篇涉及个人末世论(也就是死亡和个人的死后存在)的文献。

瓦伦廷是唯一的诺斯替教教师，我们还知道他的一些门徒的名字。其中有一位叫赫拉刻列翁(Heracleon)的，最早对《约翰福音》做评注；奥利金自己也写了一部评注作为答复。事实上，这些门徒极大地发展了瓦伦廷的体系，以至于连瓦伦廷本人的教义都难以发现了。关于瓦伦廷神学的各种表述，参见 R. Grant, *Gnosticism and Early Christianity*, pp. 134 ff. 。

关于放荡的诺斯替教教派，其中尤以法比昂派(对于他们的狂欢，Epiphanius, *Panarion*, 26. 1. 1ff. 做了描绘)为甚；参见 Stephen Benko, "The Libertine Gnostic Sect of the Phibionites according to Epiphanius", *Vigiliae Christianae* 2 (1967)：103—119；Alfonso M. de Nola, *Parole segrete di Gesù*; p. 80—90; Eliade, *Occultism, Witchcraft, and Cultural Fashions* (Chicago, 1976), pp. 109 ff. , 139—140。

在伊拉克南部至今仍然存在一个很小的诺斯替教社团，名曼德教徒，约为13 000—14 000人。此名起源于 *mandāyē*("Gnostics")。有关经典甚多：两部《金萨》("宝藏")、《约翰之书》和一部正典祈祷书以及其他仪式书，这些多亏了布洛威女士(E. S. Drower)的热心与活动。曼德教的宗教活动(尤其是洗礼和安魂弥撒)以及神学很可能可以追溯到非常古老的年代，在耶稣基督的教训之前。尽管如此，人们对这一教派的起源和历史依然知之不多。也许它就是一个犹太教的异端，与正统犹太教相对立，并受到诺斯替教和伊朗思想的强烈影响。正如库尔特·鲁道尔夫(Kurt Rudolph)写道：
548 "它是当时犹太—叙利亚诺斯替教的一个派别，通过洗礼而组织起来，在生活和语言上形成一个紧密的社团，并且将一种已经消失了的信仰最具价值的文献保存至今。"有大量的著作(文献和评断性的研究)，参见 E. S. Drower, *The Mandaeans of Irak and Iran* (Oxford, 1937; reprinted Leiden, 1962); K. Rudolph, "Mandäische Quellen"，载 W. Foerster, ed. , *Die Gnosis*, vol. 2(Zurich, 1971), pp. 171—418；Rudolph, *Die Mandäer*, 2 vols. (Göttingen, 1960—1961)。亦可参见鲁道尔夫(Rudolph)的概论，"La religion mandéenne"，载 H. -C. Puech, ed. , *Histoire des religions*, vol. 2(Par-

is, 1972),pp. 498—522。

230.《珍珠赞美诗》产生了长期持续不断的争论,尤其是一些学者坚持认为该神话起源于伊朗,参见 R. Reitzenstein, *Das iranische Erlösungsmysterium* (Bonn, 1921), pp. 72 ff.; G. Widengren, "Der iranische Hintergrund der Gnosis", *Zeitschrift für Religions- und Geistesgeschichte* 4 (1952):105 ff.; 和 Widengren, *Religionsphänomenologie* (Berlin, 1969), pp. 506 ff.。Jonas, *The Gnostic Religion*, pp. 116 ff.; Erik Peterson, *Frühkirche, Judentum, und Gnosis* (Rome and Freiburg, 1959),pp. 204 ff.; Alfred Adam, *Die Psalmen des Thomas und das Perlenlied als Zeugnisse vorchristlicher Gnosis* (Berlin, 1959); H.-C. Puech, *En quête de la Gnose*, vol. 2, pp. 118 ff., 231 ff. 对这个神话做了精彩的分析。亦可参见 A. T. J. Klijn, "The So-Called Hymn of the Pearl", *Vigiliae Christianae* 14(1960): 154—164; G. Quispel, *Makarius, das Thomasevangelium, und das Lied von der Perle* (Leiden, 1967)。

关于珍珠在古代和东方文化中的象征意义,参见 Eliade, *Images and Symbols*, trans. Philip Mairet (New York, 1961), pp. 130—150; M. Mokri, "Les symboles de la Perle", *JA* 248(1960):463—481。至于基督教神学家将珍珠等同于基督,参见 C. M. Edsman, *Le baptême de feu* (Leipzig and Uppsala, 1940),pp. 190 ff.; Eliade, *Images and Symbols*, pp. 148 ff.。

摩阇衍陀罗那陀及其回忆的传奇在我们的著作 *Yoga: Immortality and Freedom*, trans. Willard R. Trask (Princeton, 1969), pp. 314 ff. 中做了分析;参见该书 pp. 421—422 中的有关资料来源的书目。在苏哈拉瓦尔底(Suhrawardi)的小册子 *Recital of Occidental Exile* 中,信徒被流放国外、被囚以及信使唤醒他,催促他上路的主题,亨利·科宾(Henry Corbin)在其著作 *En Islam iranien*, vol. 2(1971), pp. 270—294 中做了出色的分析。

关于"得救的救世主",参见上引莱岑斯坦(R. Reitzenstein)和维登格伦(G. Widengren)的著作;亦可参见 C. Colpe, *Die religionsgeschichtliche Schule* (Göttingen, 1961)所做的批评。

关于诺斯替教特有的想象和符号,参见 Hans Jonas, *The Gnostic Religion*, pp. 48—99; G. MacRae, "Sleep and Awakening in Gnostic Texts", 载 *Origini dello Gnosticismo*, pp. 496—510; H.-C. Puech, *En quête de la* 549

Gnose, vol. 2 pp. 116 ff.。亦可参见，Eliade，*Myth and Reality*，trans. Willard R. Trask (New York, 1963)，pp. 127 ff.。

231. 摩尼教研究的历史在欧洲思想史上是一个重要篇章；我们应当牢记在心的是 Isaak de Beausobre，*Histoire critique de Manichée et du Manichésme*，2 vols (Amsterdam, 1734—1739)与 Bayle，*Dictionnaire* 的条目所唤起的兴趣和热烈的讨论，参见 J. Ries，"Introduction aux études manichéennes: Quatre siècles de recherches"，*Ephemerides Theologicae Lovanienses* 33 (1957):453—482;35(1959):362—409。关于 20 世纪出版的作品，参见 H. S. Nyberg，"Forschungen über den Manichäismus"，*Zeitschrift für neutestamentliche Wissenschaft* 34(1935) 70—91; Raoul Manselli，*L'eresia del male* (Naples 1963) pp. 11—27。最好的概述非 H.-C. Puech，*Le Manichéisme: Son fondateur, sa doctrine* (Paris, 1949)莫属；其注解(pp. 98—195)则是出色的文献目录。这位作者的"Le Manichéisme"一文做了一个新的综论，该文载 H.-C. Puech ed.，*Histoire de religions*，vol. 2(1972)，pp. 523—645。亦可参见 G. Widengren，*Mani und der Manichäismus* (Stuttgart, 1962)(我们引用该书的英文版 *Mani and Manichacism* [London and New York 1965])；O. Klima，*Manis Zeit und Leben* (Prague, 1962)；François Decret，*Mani et la tradition manichéenne* (Paris, 1974)。可资参考的还有 A. V. W. Jackson，*Researches in Manichaeism, with Special Reference to the Turfan Fragments* (New York 1932)；A. H. Schaeder，"Urform und Fortbildungen des manichäischen Systems"，*Vorträge der Bibliothek Warburg 1924—25* (Leipzig, 1927)，pp. 65—157；U. Pestalozza，"Appunti sulla vita di Mani"，*Reale Istituto Lombardo di Scienze e Lettere* 2d ser. 67 (1934):417—479; reprinted in *Nuovi Saggi di Religione Mediterranea* (Florence, 1964)，pp. 477—523。关于近著的书目，参见 L. J. R. Ort，*Mani: A Religio-Historical Description of His Personality* (diss., Leiden, 1967)，pp. 261—277；Puech，"Le Manichéisme"，pp. 637—645。

帕提克听见声音的情节，参见伊本·纳迪姆(Ibn an-Nadîm，*Fihrist*，pp. 83—84，trans. Flügel)的叙述。关于帕提克所皈依的洗礼教派，参见 Puech，*Le Manichéisme*，pp. 40—42，n. 146—156；G. Widengren，*Mani*，pp. 24—26。

最近发现的5世纪希腊文经书使我们得以辨认这个洗礼教派就是埃尔察派,这是一个图拉真在位时期由埃尔察创立的一个犹太—基督教的诺斯替教派。参见 A. Heinrichs er L. Koenen, "Ein griechischer Maini-Cop- 550
dex", *Zeitschrift für Papyrologie und Epigraphik* 5 (1970): 97—216; Hans J. W. Drijvers, "Die Bedeutung des Kölner Mani-Codex für die Manichäismusforschung", 载 *Mélanges... Henri-Charles Puech* (1974), pp. 471—486; Gilles Quispel, "Mani the Apostle of Jesus Christ", *Epektasis: Mélanges... Cardinal Jean Daniélou* (1972), pp. 667—672; R. N. Frye, "The Cologne Greek Codex about Mani", *Ex Orbe Religionum* (Festschrift for G. Widengren), vol. 1, pp. 424—429; F. Decret, *Mani*, pp. 48 ff.。

摩尼把他的启示写进了《沙普尔书》(参见 al-Bîrûni, *Chronology of Ancient Nations*, trans. Edward Sachau [London, 1897], p. 190)。根据科普特文 *Kephalaion* 的证据,摩尼在20岁时接受了一个启示:圣灵得到基督的允许下凡,并且向他启示长期以来一直隐藏的"奥秘",也就是光明与黑暗的冲突、世界的起源、亚当的创造,总之,凡是以后成为摩尼教教义的一切基础;参见 *Kephalaia* (= H. J. Polotsky, *Manichäische Handschriften*, vol. 1 [Stuttgart, 1934], chap. 1, pp. 14—15)。

关于沙普尔一世的皈依,参见 Puech, *Le Manichéisme*, p. 46 and notes 179—184; 4月9日是塔基扎底赫(S. H. Taqizadeh)计算出来的。关于摩尼最后的旅行,参见 W. B. Henning, "Mani's Last Journey", *BSOAS* 10 (1942): 941—953。至于摩尼之死的可怕细节(被活剥),其真实性似乎可疑;参见 Puech, pp. 54—56。

232. P. Alfaric, *Les écritures manichéennes*, 2 vols. (Paris, 1918—1919;关于缪勒(F. W. K. Müller)、沙畹(E. Chavannes)、伯希和(P. Pelliot)、亨宁(W. B. Henning)等人以后的发现和作品,参见 Puech, *Le Manichéisme*, pp. 144 ff. (nn. 240 ff.)。Puech, *Histoire des religions*, vol. 2, pp. 547 ff.,以及 Widengren, *Mani und der Manichäismus*, pp. 151—153 对于摩尼的作品做了分析;亦可参见 Ort, *Mani*, pp. 32 ff.。除了献给沙普尔的用中期波斯语撰写的《沙普尔书》之外,摩尼还用叙利亚文和东部亚兰文撰写了"The Living Gospel"(敦煌出土的《摩尼光佛教法仪略》作《彻尽万法根源智经》——译者)、"The Book of Mysteries,"(亦即《秘

密法藏经》——译者)、the "Pragmateia"(或"Treatise",即《证明过去经》——译者)、"The Treasure of Life"(即《净命宝藏经》——译者)、"The Book of Giants"(即《巨人书》——译者)和 the "Letters"(Puech, *Le Manichéisme*, p. 67 and n. 262)。在这些归于先知名下的经文中,以 *Kephalaia*,或"Chapters"最为重要。有些经文翻译并得到评注,参见 A. Adam, *Texte zum Manichäismus* (Berlin, 1954); C. R. C. Allberry, *A Manichaean Psalm-Book* (Oxford, 1954); H. J. Polotsky, *Manichäische Homilien* (Stuttgart, 1934); H. J. Polotsky and A. Böhlig, *Kephalaia* (Stuttgart, 1940);以及 F. Decret, *Mani*, pp. 58 ff. and passim。

551 **233.** Puech, *Le Manichésme*, pp. 74—85, Widengren, *Mani*, pp. 43—69,和 Hans Jonas, *The Gnostic Religion*, 2d ed. (Boston, 1963), pp. 209—231 都描述了这个神话。虽然维登格伦(Widengren)坚持认为摩尼教具有伊朗特征(亦可参见 *Les religions de l'Iran*, pp. 331—341),他还是恰到好处地分析了这一神话中某些人物和情节的美索不达米亚的先例,参见 *Mesopotamian Elements in Manichaeism* (Uppsala 1946), pp. 14—21,25,53("生命之母"),pp. 31 ff. ("黑暗魔王"), pp. 74 ff. ("信使")等等。亦可参见 W. B. Henning, "Ein manichäischer kosmogoniseher Hymnus", *NGWG* 10(1932):214—228; Henning, "A Sogdian Fragment of the Manichaean Cosmogony", *BSOAS* 12(1948): 306—318; A. V. W. Jackson, "The Doctrine of the *Bolos* in Manichaean Eschatology", *JAOS* 58(1938): 225—234;Hans W. Drijvers, "Mani und Bardaisan:Ein Beitrag zur Vorgeschichte des Manichäismus", *Mélanges... Henri-Charles Puech*, pp. 459—469。

关于"黑暗魔王",参见毕克(H.-C. Puech)的重要研究,"Le Prince des Ténèbres et son Royaume",载 *Satan*(Paris, 1948),pp. 136—174。关于"众魔鬼的诱惑"的情节,参见 F. Cumont, *Recherches sur le Manichéisme*, vol. 1 (Brussels, 1908), pp. 54—68, 和 Puech, *Le Manichéisme*, p. 172 (n. 324)。关于光明、圣灵和男子的精液三者的等同,参见 Eliade, "Spirit, Light, and Seed", *HR* 11(1971):1—30(now chap. 6 in *Occultism, Witchcraft, and Cultural Fashions* [Chicago, 1976])。关于植物起源于原人的精子,参见 Eliade, "La Mandragore et les mythes de la 'naissance miraculeuse'", *Zalmoxis* 3 (1940—1942):3—48;Eliade, "Gayōmart et la Mandragore", *Ex Orbe Religionum*, vol. 2, pp. 65—74; Eliade, "Adam, le Christ et la Mandragore", *Mélanges... H. -C. Puech*, pp. 611—616。

234. 耶稣受难的形象,尤其是制作面包是罪,因为它暗示"折磨"谷物的想法(参见 Puech, *Le Manichéisme*, p. 96)令人想起作为某些农业宗教文化的一部分的古老信仰(参见 § § 11 以下)。

关于摩尼教的传播,参见 U. Pestalozza, "Il manicheismo presso i Turchi occidentali ed orientali", *Reale Istituto Lombardo di Scienze e Lettere* 2d ser. 57 (1934): 417—479 (republished in *Nuovi Saggi di Religione Mediterranea*, pp. 402—475); G. Messina, *Cristianesimo, Buddhismo, Manicheismo nell'Asia Antica* (Rome, 1947); H. S. Nyberg, "Zum Kampf zwischen Islam und Marnchäismus", *OLZ* 32 (1929): 425—441; O. Maenchen-Helfen, "Manichaeans in Siberia", *University of California Publications in Semitic Philology* 11(1951): 311—326; M. Guidi, *La lotta tra l'Islam ed il Manicheismo* (Rome, 1927); W. B. Henning, "Zum 552
zentralasiatischen Manichäismus", *OLZ* 37 (1934): 1—11; Henning, "Neue Materielen zur Geschichte des Manichäismus", *ZDMG* 40(1931): 1—18。德 · 斯托普(E. de Stoop)的著作 *Essai sur la diffusion du manichéisme dans l'Empire Romain* (Ghent, 1909)已经过时了;参见 Puech, *Le Manichéisme*, p. 148, n. 257, 和 Widengren, *Mani*, pp. 155—157 上的最近的书目。亦可参见 P. Brown, "The Diffusion of Manicheism in the Roman Empire", *Journal of Roman Studies* 59(1969): 92—103; F. Decret, *Aspects du manichéisme dans l'Afrique romaine* (Paris, 1970)。关于所谓"新摩尼教"运动的书目,参见本书第 3 卷,第 36 章的书目。

第 30 章　诸 神 的 黄 昏

235. 关于希伯来宗教思想,参见 Claude Tresmontant, *Essai sur la pensée hébraïque* (Paris, 1953);关于基督教神学的《圣经》结构,参见这位作者的 *La métaphysique du christianisme et la naissance de la philosophie chrétienne* (Paris, 1961), pp. 21 ff.。关于上帝"形象"的主题,参见 J. Jervell, *Imago Dei, Gen. I, 26 f, im Spätjudentum, in der Gnosis, und in den paulinischen Briefen* (Göttingen, 1960)。

关于"正统"定义的争论,参见 Walter Bauer, *Rechtglaubigkeit und*

Ketzerei im ältesten Christentum (Tübingen, 1939; 2d. ed. , 1964; English translation, *Orthodoxy and Heresy in Earliest Christianity*, 1971); E. H. W. Turner, *The Pattern of the Christian Truth* (London, 1954); A. Benoit, in M. Simon and A. Benoit, *Le Judaïsme et le Christianisme antique* (Paris, 1968), pp. 289—290。贝诺瓦(Benoit)在概述中论述道(p. 300):“因此必须放弃那种简单化、一元化的基督教起源的观点。基督教虽然诉诸对于基督的信仰,但是这种信仰的表述方式却不是唯一的、一以贯之的。在这里,我们只要想到在《新约》本身之内可以找到不同的神学就足够了:保罗的神学、约翰的神学……。”

236. 关于水的象征和神话,参见 Eliade, *Patterns in Comparative Religion*, trans. Rosemary Sheed (New York, 1958), §§64,65; *Images and Symbols*, trans. Philip Mairet (New York, 1961), pp. 151 ff. 。关于基督洗礼的象征,参见 J. Daniélou, *Sacramentum futuri* (Paris, 1950), pp. 13—20,55—85; Daniélou, *Bible et liturgie*(1951),pp. 29—173;Hugo Rahner, *Greek Myth and Christian Mystery* (London, 1963),pp. 69—88。

553 关于原始基督教和诺斯替教中双性同体的象征,参见 Eliade, *The Two and the One*, trans. J. M Cohen (Chicago, 1979),pp. 103 ff. ; A. di Nola, *Parole segrete di Gesù* (Turin, 1964),pp. 60 ff. ; Wayne A. Meeks, “The Image of the Androgyne:Some Uses of a Symbol in Earliest Christianity”, *HR* I3(1974):165—208(含有大量书目); Derwood Smith, “The Two Made One:Some Observations on Eph. 2:14—18”, *Ohio Journal of Religious Studies* 1 (1973):34—54; Robert Murray, *Symbols of Church and Kingdom:A Study in Early Syriac Tradition* (Cambridge, 1975), pp. 301 ff. 。Ernst Benz, *Adam:Der Mythus des Urmenschen* (Munich, 1955)是一部很好的文献辑录。在当代作者中,我们要提到天主教神学家乔治·科普更(Georg Koepgen)(*Die Gnosis des Christentums*, Salzburg, 1939),他认为不仅基督而且教会和神职人员也是双性同体的(pp. 316 ff.)。尼古拉·贝尔迪耶夫(Nicholas Berdyaev)也认为未来的完人也是双性同体的,就像基督本人一样;参见其所著 *The Meaning of the Creative Act* (English translation, 1955), p. 187 (originally published in 1916)。

关于宇宙之树和“世界中心”的象征,参见 Eliade, *Patterns in Comparative Religion*, §§99 ff. ; *Images and Symbols*, pp. 42 ff. 。关于作为宇

宙之树或生命之树的十字架,参见 *Images and Symbols*, pp. 161 ff. 的参考书;以及 H. Rahner, *Greek Myth and Christian Mystery*, pp. 46—68("The Mystery of the Cross")。

关于在"骷髅地"埋葬、经救主的血洗礼的"亚当的头颅",参见 *The Book of the Cave of Treasures*, translated from the Syriac by E. A. W. Budge (London, 1927), p. 53。

关于十字架下生长出来的神奇植物的传奇,参见 Eliade, "La Mandragore et les mythes de la 'naissance miraculeuse'", *Zalmoxis* 3 (1940—1942): 3—48(附有书目性的注解, pp. 44—45), 和 Eliade, "Adam, le Christ et la Mandragore", *Mélanges... H. -Ch. Puech* (Paris, 1974), pp. 611—616。

关于救主之血长成葡萄园的传奇,参见 Eliade, "La Mandragore", pp. 24 ff. ; N Cartojan, *Cărtile populare in literatura românească*, 2d, ed. , vol 2(1973) pp. 113 ff. 。

关于叙利亚文学、曼德教以及摩尼教中圣油("救命之药")起源的传奇,参见 G. Widengren, *Mesopotamian Elements in Manichaeism* (Uppsala, 1946), pp. 123 ff. , 和 Robert Murray, *Symbols of Church and Kingdom*, pp. 95 ff. , 320 ff. 。

关于类似传奇(塞特和十字架、寻找油膏和圣油等等)在西方的流传,参见 Esther Casier Quinn, *The Quest of Seth for the Oil of Life* (Chicago, 1962)。

237. 对于希腊化时期和罗马帝国时期的犹太教吸收异教的宗教图像 554
及其象征这一漫长而复杂的过程,艾德温 · 古迪纳夫(Edwin R. Goodenough)在他的 12 卷本的鸿篇巨制中做了十分精彩的铺陈:*Jewish Symbols in the Greco-Roman Period* (New York, 1953—1955)。亦可参见 Morton Smith, "The Image of God: Notes on the Hellenization of Judaism, with Especial Reference to Goodenough's Work on Jewish Symbolism", *BJRL* 40 (1958):473—512。

关于"宇宙论的基督教",参见 Eliade, *Zalmoxis, the Vanishing God*, trans. Willard R. Trask (Chicago, 1972), chap. 7。

关于东欧民间故事中记载的二元论宇宙起源说,参见 *Zalmoxis*, chap. 3。关于伊朗文化对于基督教的贡献, J. Duchesne-Guillemin, *La religion de l'Iran ancien* (Paris, 1962), pp. 246 ff. (参见 p. 264, nn, 2—3 的书目)做了扼要叙述。

最早提出基督诞生于山洞里面的基督教文献是《第一雅各福音》(18∶1 以下)、殉教者查士丁和奥利金。

查士丁攻击那些举行密特拉秘仪入会礼的人们,指责他们“在魔鬼的唆使下,居然宣称他们的入会礼是在被称为洞穴(*spelaeum*)的地方进行的”(*Dialogue with Tryphon*, chap. 78)。这一攻击证明,早在公元 2 世纪基督徒就认识到密特拉教的洞穴与伯利恒的洞穴有着相似之处。

关于《马太未完成作品》和《祖克宁编年史》,参见 Ugo Monneret de Villard, *Le leggende orientali sui Magi evangelici* (Rome, 1952), pp. 62 ff.; G. Widengren, *Iranisch-semitische Kulturbegegnung in parthischer Zeit* (Cologne and Opladen, 1960), pp. 70 ff.; Eliade, *The Two and the One*, trans. J. M. Cohen (Chicago, 1979), pp. 52 ff.。

238. 关于早期基督教神学兴起的问题有许多书目。参见 J. Daniélou and H. Marrou, *Nouvelle histoire de l'Eglise*, vol. 1, pp. 544—555。我们在此提到的有:J. Daniélou, *Message évangélique et culture hellénistique aux IIe et IIIe siècles* (Tournai, 1961; English trans., *The Gospel Message and Hellenistic Culture*, Philadelphia, 1977); M. Werner, *Die Entstehung des christlichen Dogmas problemgeschichtlich dargestellt*, 2d ed. (Tübingen, 1954); H. A. Wolfson, *The Philosophy of the Church Fathers* (Cambridge, Mass., 1956); E. F. Osborn, *The Philosophy of Clement of Alexandria* (Cambridge, 1957); J. Daniélou, *Origène* (Paris, 1950); H. de Lubac, *Histoire et Esprit: L'intelligence de l'Ecriture d'après Origène* (Paris, 1950); H. Crouzel, *Théologie de l'image de Dieu chez Origene* (Paris, 1956); A. Houssiau, *La Christologie de saint Irénée*
555 (Louvain, 1955); A. Benoit, *Saint Irénée: Introduction à l'étude de sa théologie* (Paris, 1960); R. P. C. Hansen, *Origen's Doctrine Tradition* (London, 1954); C. Tresmontant, *La métaphysique du christianisme et la naissance de la philosophie chrétienne* (Paris, 1961)。

关于阿里乌和尼西亚会议,参见 H. Marrou in *Histoire de l'Eglise*, vol. 1, pp. 290 ff., 551—553(书目); W. Telffer, "When Did the Arian Controversy Begin?" *Journal of Theological Studies* (London) 47

(1946):129—142;48(1949):187—191。

关于马利亚学,参见 F. Braun, *La mère des fidèles:Essai de théologie johannique* (Paris, 1953); J. Galot, *Mary in the Gospel* (1964); Karl Rahner, *Mary, Mother of the Lord* (1958); E. Schillebeeckx, *Mary, Mother of the Redemption* (1964); H. C. Graef, *Mary:History of Doctrine and Devotion*, 2 vols. (1963, 1966)。

239. 关于战无不胜的索尔和太阳崇拜,参见 F. Altheim, *A History of Roman Religion*, trans. Harold Mattingly (London, 1938), pp. 466 ff.; Altheim, *Der unbesiegte Gott* (Hamburg, 1957), esp. chaps. 5—7; 以及 G. H. Halsberghe, *The Cult of Sol Invictus* (Leiden, 1972)。

关于君士坦丁的皈依以及他的宗教政策,参见 A. Piganiol, *L'empereur Constantin* (Paris, 1932)(作者认为君士坦丁是主张文化融合的); A. Alföldi, *The Conversion of Constantine and Pagan Rome* (Oxford, 1948); W. Seston, *Dioclétien et la Tétrarchie* (Paris, 1946); H. Kraft, *Konstantins religiöse Entwicklung* (Tübingen, 1955)。亦可参见上引阿尔泰姆(F. Altheim)的著作,尤其是 *Der unbesiegte Gott*, chap. 7。安德烈·贝诺瓦(André Benoit)在 M. Simon and A. Benoit, *Le Judaïsme et le Christianisme antique*, pp. 308—334 中做了一个精彩的综论,他论述道(p. 328):"不论君士坦丁看到的记号的直接意义和起源本身究竟是什么,历史学家显然愿意按照他们对于君士坦丁问题的理解去加以解释。那些认为君士坦丁于 312 年已经断然站在基督教一边的历史学家认为这个记号只能是基督教的(尤其参见阿方尔迪[Alföldi]和福格特[Vogt]的论述)。那些认为君士坦丁于 312 年尚未站在基督教一边的,则认为这个记号既是基督教的,也是异教的,只是用来联合信徒的(参见格里高利[Grégoire]的论述)。最后,那些认为在 312 年君士坦丁主张宗教融合的,则认为这个记号是含糊的,有多重意义的,可以同时表达异教和基督教的思想。"

关于 4 世纪的基督教史,参见亨利·马罗(Henri Marrou)的论述,载 J. Daniélou and H. Marrou, *Nouvelle histoire de l'Eglise*, vol. 1: *Des origines à Saint Grégoire le Grand* (Paris, 1963) pp. 263—272, 547—559 (书目)。

关于基督教与异教之间的关系,参见 P. de Labriolle, *La réacuon païenne*, 5th ed. (Paris, 1942); E. R. Dodds, *Pagan and Christian in an* 556

Age of Anxiety:*Some Aspects of Religious Experience from Marcus Aurelius to Constantine* (1965); A. Momigliano, ed., *The Conflict between Paganism and Christianity in the Fourth Century* (Oxford, 1963),尤其参见 H. I. Marrou, "Synesius of Cyrene and Alexandrian Neoplatonism" (pp. 125—150),以及 H. Bloch, "The Pagan Revival in the West at the End of the Fourth Century" (pp. 193—218)。最后,参见 Peter Brown, *The World of Late Antiquity*: *From Marcus Aurelius to Muhammad* (London, 1971), pp. 34 ff.。

关于修院制度的起源和早期发展,参见 H. Marrou,载 Daniélou and Marrou, *Nouvelle histoire de l'Eglise*, vol. 1, pp. 310—320(含有书目, pp. 553—555); A. Vööbus, *A History of Asceticism in the Syrian Orient* vol. 1: *The Origin of Asceticism*: *Early Monasticism in Persia*; vol. 2: *Early Monasticism in Mesopotamia and Syria* (Louvain, 1958, 1960); D. Chitty, *The Desert a City* (Oxford, 1966); Peter Brown, "The Rise and Function of the Holy Man in Late Antiquity", *Journal of Roman Studies* 61(1971):80—101,和 chap. 8 of his book *The World of Late Antiquity*。亦可参见 A. J. Festugière, *Les moines d'Orient*, 4 vols. (Paris, 1961—1966),以及雅克·拉卡利埃(Jacques Lacarrière)附有大量插图的著作:*Les hommes ivres de Dieu* (Paris, 1961)。

240. 犹纳皮乌斯讲述最后一个合法圣师预言的 *Bioi sophistōn* 残篇,克列宁(C. Kerényi)已经翻译出来:*Eleusis* (New York, 1967), pp. 17—18;亦可参见 George E. Mylonas, *Eleusis and the Eleusinian Mysteries* (Princeton, 1961), p. 8。

关于厄琉西斯遗存的异教,参见 F. Lenormant, *Monographie de la voie sacrée eleusinienne* (Paris, 1864), vol. 1, pp. 398 ff. (勒诺尔曼[Lenormant]讲述的圣得墨特拉的传奇已由库克[A. B. Cook]转译为英文,并附有书目,参见所著 *Zeus*, vol. 1[1914], pp. 173—175)。亦可参见 John Cuthbert Lawson, *Modern Greek Folklore and Ancient Greek Religion*: *A Study of Survivals* (Cambridge, 1910; reprinted New York, 1964), pp. 79 ff.。关于 1940 年 2 月 7 日的情节,参见 Charles Picard, "Demeter, puissance oraculaire", *RHR* 122 (1940):102—124。

英汉术语索引

557

（索引页码参见边码）

563

图书在版编目(CIP)数据

宗教思想史. 第2卷, 从乔达摩·悉达多到基督教的胜利 / (美)伊利亚德(Eliade, M.)著 ; 晏可佳译 .—上海 : 上海社会科学院出版社, 2011
ISBN 978-7-80745-915-6

Ⅰ. ①宗… Ⅱ. ①伊… ②晏… Ⅲ. ①宗教史 : 思想史—世界 Ⅳ. ①B929.1

中国版本图书馆CIP数据核字(2011)第164863号

合同登记号:09-2011-462

宗教思想史(第2卷)——从乔达摩·悉达多到基督教的胜利

作　　者: [美]米尔恰·伊利亚德(Mircea Eliade)
译　　者: 晏可佳
责任编辑: 龙　华
封面设计: 闵　敏
出版发行: 上海社会科学院出版社
上海顺昌路622号　邮编200025
电话总机021-63315947　销售热线021-53063735
http://www.sassp.cn　E-mail:sassp@sassp.cn
照　　排: 南京理工出版信息技术有限公司
印　　刷: 上海颛辉印刷厂有限公司
开　　本: 710毫米×1010毫米　1/16
印　　张: 31
插　　页: 2
字　　数: 520千
版　　次: 2011年9月第1版　2022年1月第6次印刷

ISBN 978-7-80745-915-6/B·064　　定价: 158.00元(全3卷)

西方博雅典库
Liberal Arts Book Series

宗教思想史

第3卷　从穆罕默德到宗教改革

Histoire des croyances et des idées religieuses

De Mahomet à l'âge des Réformes

[美] 米尔恰·伊利亚德　著
~~　Mircea Eliade　~~

晏可佳　姚蓓琴　译

上海社会科学院出版社
Shanghai Academy of Social Sciences Press

目录

第3卷

从穆罕默德到宗教改革

第3卷

从穆罕默德到宗教改革

De Mahomet à l'âge des Réformes

前　言 XI

第 3 卷迟至今日方才问世，唯因健康的缘故：随着时间的推移，我的目力继续衰弱，而且由于久病不愈的关节炎，我连写字也有困难。这迫使我与几位同事一起合作完成《宗教思想史》的最后部分，他们都是我过去的学生。

读者将会注意到，我修改了在第 2 卷前言里公布的计划。我续写基督教会的历史直到启蒙运动，将印度教的扩张、中世纪的中国和日本的宗教各章放到最后一卷。我用 4 章篇幅讨论 4—14 世纪欧洲的信仰、思想以及宗教组织的历史。但是我没有特别花费笔墨描述大家所熟悉的旧世界思想的创新（也就是经院哲学和宗教改革），而是更多地关注某些大体上已经湮没不闻的或者在教科书中被削减到极至的现象：非正统思想、异端、神话以及诸如算命、炼金术和秘传宗教等大众领域里的宗教生活。这些宗教创新，从它们各自的精神视野看，自有其令人特别感到兴趣的地方，有时也不无崇高的思想。无论如何，它们已经融入到欧洲的宗教历史和文化中去了。

《宗教思想史》末卷的重要内容将描述美洲、非洲以及大洋洲古老的传统宗教。事实上，在最后一章里，我还将着手分析现代社会里的宗教创新。

我要感谢查尔斯·亚当斯（Charles Adams）教授，他费心阅读了第 33
章和第 35 章，而且同我当面交流了一些观点。然而，书中对于什叶派和穆 XII
斯林神秘主义的解释自然应当由本人负责，它是以我已故的朋友，亨利·科宾（Henry Corbin）教授的解释为基础的。我还要向我的同事和朋友安德烈·拉高克（André Lacocque）教授致谢，他仔细阅读并校对了全文，我还要向我的朋友和本书的出版者让-鲁克皮多-巴约（Jean-Luc Pidoux-Bayot）致谢，他对于本书的写作一直抱有耐心和兴趣。

我妻子不离我左右，她的热情关怀帮助我战胜因为病痛和虚弱而引发的疲惫和沮丧。在本卷付梓之际也要向她表示深深的谢意。

第31章　古代欧亚大陆宗教:突厥—蒙古民族、芬兰—乌戈尔民族、波罗的海—斯拉夫民族 001

241. 猎人、游牧民族、武士

从4世纪的匈奴直到14世纪的帖木儿(Tamburlaine, 1360—1404),突厥—蒙古民族令人恐怖的入侵,可以说一直遵循着欧亚大陆古代猎人的神秘模式:像肉食动物一样在大草原上追捕其猎物。不论是匈奴骑兵,还是阿瓦尔人(Avars)、突厥人和蒙古人的骑兵,他们出其不意、快速运动、斩尽杀绝,除灭一切静止的文明目标(城镇、村庄),酷似在草原上追逐鹿群、攻击游牧民族牲畜的狼群。当然,对于这种行为的战略意义及其政治后果,军事首领们自然是了如指掌的。然而对于典型的猎人——肉食动物——的神秘尊重在这过程中扮演了重要角色。许多阿尔泰(Altai)部落把一头具有超自然力量的狼视为自己的祖先(参见§10)。

“草原帝国”灿烂夺目而又或多或少地转瞬即逝,这一点仍然令历史学家困惑不已。确实,在公元374年,匈奴人在德涅斯特河畔(Dniester)一举击溃东哥特人(Ostrogoths),导致其他日耳曼民族的一系列迁移;接着匈奴人又从匈牙利平原出发,洗劫了罗马帝国的部分行省。阿提拉(Attila)攻克了中欧的大片土地,在他去世后不久(453年),匈奴人内部分裂而群龙无首,从历史上消失了。同样,成吉思汗在20年内(1206—1227)创立了庞大的蒙古帝国。蒙古帝国的继承者又使之不断扩展(公元1241年占领东欧,公元1258年后相继占领波斯、伊拉克和安纳托利亚,公元1279年又占领了中国),但在攻占日本失败之后(1281年)便走下坡路了。自认为成吉思汗之后的突厥人帖木儿(1360—1404)可称为最后一位以食肉动物为典范的伟 002
大征服者。

我们必须坚持一点,就是所有这些驰骋于中亚大草原上的“野蛮人”,对于文明民族的某些文化和宗教创造并非一无所知。此外，正如我们将会看到的，他们的祖先，即史前时代的猎人与游牧民族同样从南亚某些地区的发现中获益匪浅。

操各种阿尔泰语言的民族占据了幅员辽阔的领土：西伯利亚、伏尔加河(Volga)流域、中亚、中国的北部和西北部、蒙古和土耳其。我们可以划分出三个主要的分支：(1)突厥族(回鹘人、察合台人)；(2)蒙古族(卡尔梅克人、蒙古人、布里亚特人)；(3)满族—通古斯族(Machu-Tungus)。[①] 这些阿尔泰民族的原始居住地很可能位于中国西藏与中国西北地区之间，围绕着阿尔泰山和青海群山的大草原，北至西伯利亚的北方针叶林地带(Taiga)。这些阿尔泰语民族，与芬兰—乌戈尔(Finno-Ugrian)人一样，他们在北部地区从事渔猎，在中亚地区从事游牧，在南部地区则以农作为生，过着一种祥和的生活。

从史前时代开始，欧亚大陆的北部就受到来自南方的各种文化、技艺和宗教思想的影响。西伯利亚地区驯养鹿，很有可能是受到草原上驯化马的影响。史前时代的商业中心——例如奥涅加湖(Onega)中的鹿岛——和冶金中心帕姆森林(Perm)，在西伯利亚文化的发展中起着重要的作用。此外，亚洲的中部与北部逐渐接受来自美索不达米亚、伊朗、中国、印度，以及中国西藏地区(喇嘛教)、基督教(景教)、摩尼教等宗教思想的影响，还有伊斯兰教以及后来的俄罗斯东正教的影响。

然而，还要加上一点，就是这些影响未必总是能够改变原始的宗教结构。某些旧石器时代猎人所特有的信仰与习俗依然存在于欧亚大陆北部。在许多情况下，我们都可以从喇嘛教、伊斯兰教或基督教的外表下辨认出这
003 些远古的神话与宗教观念。[②] 因此，尽管有各种各样的文化融合，我们还是可以看出一些特有的概念：信仰一位天神，它是人类的主宰；信仰一种特殊的宇宙起源论；信仰与动物之间的一种神秘的休戚与共感；信仰萨满教(Shamanism)。尽管如此，我们对于中亚与北亚宗教的兴趣主要在于这些创造所具有的兼容并蓄的结构。

---

① 包含芬兰语和匈牙利语在内的乌拉尔—阿尔泰语族假说现已被放弃了。

② 文字材料稀少，而且年代较晚：公元前2世纪的汉文史书、一些4世纪拉丁和拜占庭的历史学家也提到过一些(与阿提拉的远征有关)、蒙古鄂尔浑的古突厥碑铭(7—8世纪)以及成吉思汗征服以后的文学描写，还有马可·波罗以及早期天主教传教士的游记，都有所提及。只是在18世纪以后欧洲作家的作品才对于欧亚草原上的信仰和习俗提供了前后一致的信息。

242. “天神”腾格里(Tängri)

在阿尔泰语系各民族的所有神灵中，最重要也是最有名的当推腾格里(蒙古人和卡尔梅克人作 Tengri，布里亚特人作 Tengeri，伏尔加河流域的鞑靼人作 Tängere，贝尔提尔人[Beltirs]作 Tingir)。Tängri 的意思是“神”和“天”，属于突厥语和蒙古语词汇。它“在亚洲的史前时代早已存在而且得天独厚。它的影响跨越时空，超越文明，无远弗届。可以说 2 000 年来人们都知道它的存在，整个亚洲已经或正在使用它，从中国的边地到俄罗斯南部，从堪察加到马尔马拉海；阿尔泰的‘农民’用它来指他们的诸神或至上神，在突厥和蒙古人的历史上凡是为他们所接受的伟大的普世宗教(基督教、摩尼教、伊斯兰教等)中也保存着腾格里。”①

“腾格里”一词用于表达神性。早在公元前 2 世纪的匈奴人那里，这个字就用来指伟大的天神。文献中他被形容为“崇高”(*üsä*)、“洁白如同天堂”(*kök*)、“永恒”(*möngkä*)，而且充满“力量”(*küc*)。② 古鄂尔浑突厥文碑铭(7—8 世纪)写道：“蓝天在上，褐土在下，初创之时，于二者间，人类生焉。”③ 004
我们可以把天地之分解释为一种宇宙起源的行为。但是就严格意义上的宇宙起源论而言，这里只是暗示了腾格里采取了这一行为。然而阿尔泰的鞑靼人以及雅库特人却说他们的神是“造物主”。而且，布里亚特人也认为诸神(*tengri*)创造了人类，人类一直幸福地生活，直到恶灵在大地上散播疾病与死亡。④

宇宙秩序因而包括世界与社会的组织，还有人类的命运均依赖于腾格里。因此，每一位君主都必须从上天那里接受权力。从鄂尔浑的碑铭中我们读到：“腾格里曾经抬举我父成为可汗……腾格里曾经赐予帝国，这位腾格里又令我成为可汗……。”⑤实际上，就像中国模式一样，可汗是一位“天子”(参见 § 128)。君主就是天神的使者或代表。对于腾格里的崇拜正是通过君主而维持其力量和统一的。“正当世事纷乱，部落星散，没有帝国的时

---

①②③　Jean-Paul Roux，“Tängri，essai sur le ciel-dieu des peuples altaïques”，第 200 页。

④　参见 Eliade，*Shamanism*，第 69 页，注解 7。在蒙古人的民间宗教里，腾格里“创造万物”，火、乳等等。参见 W. Hessing，*La religion des Mongols*，第 404 页。但是这个词的本意并不涉及宇宙起源论的问题。

⑤　J.-P. Roux，“Tängri” (third article)，第 27 页。蒙古时期里面也有相同信仰。“藉着永恒的腾格里的权力和力量，他成了可汗”；R. Grousset，*L'Empire des Steppes*，第 182 页。

候(正如我们现在这样),腾格里这曾经何等重要的天神就成为退位神,(*deus otiosus*),让位给次要的天神,或者四分五裂(化作无数腾格里)……没有君主的时候,天神就会慢慢为人遗忘,民间崇拜就会增强而成为主流。”①(蒙古人有99位腾格里,大都有确切的名称和相应的职能。)天神和君主转化为“退位神”,这是一个普遍现象。就腾格里而言,他化身为许多神灵或被其他神灵所代替,似乎是随着帝国的分裂而发生的。但是类似
005 的过程在不同的历史背景下都会发生(参见《比较宗教的范型》,§§14以下)。

腾格里既无庙宇祭祀,也不大可能用一座雕像来表现。在那场著名的讨论中,成吉思汗对不花剌(Boukhara)的伊玛目说:“整个宇宙都是神的家园,为他指定一个特殊的场所(比如麦加),再到那里去朝圣有何裨益呢?”就像别处的天神一样,阿尔泰各民族的天神也是无所不知的。蒙古人发誓的时候总说:“以天为誓!”军事首领们登临山顶(在人们想象中那里是世界的中心),向天神祈祷,或在每次出征之前,于军帐中独处(有时达三天之久,就像成吉思汗所做的一样),而他的士兵们则祈求苍天。腾格里通过自然现象表达他的不满,例如彗星、饥荒和洪水。这时候,人们(例如蒙古人或贝尔提尔人)就会向他祷告,以马、牛和羊向他献祭。献祭天神是一种相当普遍的现象,尤其是出现天灾人祸的时候。不过在中亚与亚洲北部,与其他地方一样,腾格里化身为其他神灵是由于他同化了其他神灵(如暴风之神、自然丰产之神等)。例如在阿尔泰语中,白乌耳干(Bai Ülgän,即“至尊之神”)被腾格里凯拉汗(Tengere Kaira Kan,即“仁慈的天神”)所取代,人们向后者献祭马匹(§248)。② 其他天神的特征是遥不可及和清净无为。例如通古斯人的布伽(Buga,“天”、“世界”)不接受任何崇拜;他是万能的,但是并不干预人类的事务,也不惩罚作恶多端的坏人。而雅库特人的乌伦·艾·托扬(Urün Ai Toyon)住在第七层天,主宰一切,但是只做好事(就是说并不惩罚恶人)。③

---

① J.-P. Roux, “La religion des Turcs de l'Orkhon des VIIe et VIIIe et siècles” (first article),第20页。

② 关于Ouranian结构的神名——“首领”、“主人”、“父”、“造物主”、“至大的”、“光明”等等——参见Eliade, *Patterns in Comparative Religion*, §18;参见Uno Harva, *Die religiönsen Vorstellungen der altaischen Völker*,第104页以下。

③ 参见Eliade, Patterns, §18; Harva, *Rel. Vorstell*,第151页以下。

243. 世界的结构

阿尔泰各民族的宇宙观以及宇宙起源论是人们深感兴趣的。首先,它们保存了某些传统文化中都能够找到的古老因素。其次,在漫长的融 006
合进程中,它们传承至今的各种形式不断融合吸收某些外来民族的观念,并重新加以解释。第三,它们的宇宙观似乎并非总是能够解释在亚洲流传甚广的宇宙起源神话。诚然,我们也要考虑到,我们目前掌握的资料是不均衡的:宇宙起源的神话主要是在民间流传,这一点非常重要,不可忽视。

亚洲和世界许多地区一样,宇宙的结构大致分为三层——天、地和阴间,三者由一根中心轴线串联起来。这个轴线穿透一个"开口",一个"洞",正是经过这个开口,诸神下凡人间,死者进入阴曹地府。也正是经过这个"开口",萨满的灵魂可以做他上天入地的旅行。因此三界——分别居住着诸神、人类以及故人君主——被想象成上下叠加的三个层面。①

一些阿尔泰民族把天想象成一顶帐篷,银河是它的"接缝",群星是透光的孔隙。诸神一次又一次打开帐篷从外面观看大地,就有了流星。天也像是一只罩子或盖子,与大地边缘并非严丝合缝,因而时有大风从缝隙中吹进来。而通过这些缝隙,英雄和其他受到眷顾的人就能够悄悄地进入天上。在天的中央有北极星闪耀,像一根桩子支撑天篷。蒙古人、布里亚特人等称它为"金柱"、西伯利亚的鞑靼人等称它为"铁柱",而特留特人(Teleuts)则称它是"太阳之柱"。②

正如我们所期望的,这种宇宙观乃是以人类世界这个小宇宙为模型的。世界之轴被表现为一种具体样式,它或者是支承人类住房的柱子,或者是单独一根名为"世界之柱"的桩子。当住房的形式发生改变(从圆锥形屋顶的 007
草屋到圆顶帐篷),柱子的神话与宗教功能也随之转移到圆顶帐篷顶端的排烟孔了。它正好与"天穹"的那个开口相对应,并融合了北极星在天穹上穿

① 这一想象最终产生了一个信仰,那就是世界是由一个动物(乌龟、鱼)驮着的,免得世界沉没于大洋里面;参见 Harva, *Rel. Vorstell.*,第22页以下。

② 参见 Eliade, *Shamanism*,第260页以下所引资料。布里亚特人把群星想象为一群马,而北极星是系马的桩子。这一观念在阿尔泰和乌戈尔各民族中间流传甚广。参见同上书,第267页,注解7。

透的孔隙。这种象征意义的流传极为广泛。[1] 其中含有一种观念，就是相信可与天直接交流。从大宇宙来看，这种交流是藉着一根轴线（柱子、高山或大树等）。从小宇宙来看，表现为人类家居中央的一根柱子或帐篷顶端的一个小洞。因此我们可以说，**每一个人的住所都生动地表现为一个“世界中心”**，一切祭坛、帐篷或住家都能够突破自身的层次而与诸神交流，甚至（像萨满那样）登上天庭。

我们多次讲过，“世界中心”这一流传最为广泛的神话想象（甚至可以追溯到史前时代；参见§7）便是“宇宙山”和“世界树”。在阿尔泰民族和整个亚洲都可以找到这些想象。阿尔泰的鞑靼人认为他们的白乌耳干住在天中央，以金山为宝座。阿巴根（Abakan）鞑靼人称它为“铁山”。蒙古人、布里亚特人、卡尔梅克人把这座山叫做 Sumbur、Sumur 或者 Sumer，这显然受到印度的影响（即神话之山“须弥山”），但是这并不意味着他们原先不知道其古老而普遍的象征意义。[2] 至于世界树，在亚洲各地都能够找到，并在萨满教中扮演着重要角色。从宇宙观而言，世界树从大地的中心，也就是世界的“肚脐”上拔地而起，最高的树枝触及白乌耳干宫殿。世界树联接着宇宙的三个不同区域，因为它的树根扎在大地的最深处。蒙古人和布里亚特人认为，诸神（腾格里）以大树的果实为食。其他阿尔泰民族则认为，孩子未出
008 生之前，其灵魂就像小鸟一般栖息在宇宙树的枝头上面，萨满到那里去寻找他们。[3] 萨满就是用宇宙树的木头制作他的鼓。萨满的圆顶帐篷前、圆顶帐篷内都有这棵世界树的仿制品，他们还在鼓上绘有宇宙树。此外，我们还将看到（§245），阿尔泰萨满骑上一根仪式用的桦木枝，他实际上是爬上了宇宙树。

244. 创世神话的嬗变

在中亚和北亚民族中著名的宇宙起源神话，几乎远播全世界，尽管有形式上的差别。它的远古特征（§7）、它的广泛传播——在中亚和北亚以外，我们还可以在雅利安和前雅利安时期的印度、东南亚以及北美洲等地发现

---

① 在一些远古时期的民族中，与一些比较进化的文明中一样，我们都可以找到证据，比如在埃及、印度、中国、希腊等等。参见 Eliade, *Shamanism*, 第 266 页以下的书目。

② 参见 Eliade, *Shamanism*, 第 266 页以下。

③ 参见 Eliade, *Shamanism*, 第 39—40 页、第 266 页以下；这一神话主题我们在非洲和印度尼西亚也可以找到；参见第 273 页。另外一个主题，很可能起源于美索不达米亚，是命运之树；参见同上书，第 273—274 页。

这一神话——以及它在数百年的过程中所经历的多种多样的变化,这些都使其成为宗教史学家最感到激动的问题之一。为了突出这一神话版本在中亚地区(以及欧洲东部地区,§250)的独有特征,我们还是先看看这一神话的最早形式究竟是怎样的。场景大致如下:创世之前,洪水遍地。故事情节会有如许变化:(1)神自己变为一种动物,潜入深渊,取一块泥土创造世界;(2)神差遣两栖动物(一只水鸟)去做这件事;或者(3)神让一种事先并不认识的生物(有时取鸟形)潜水,以后后者自然成了他的敌人。第一种版本出现在印度教中(一位大神——生主、梵天、毗湿奴——化作野猪,潜入水底,带上泥土;参见本书第1卷,第395页)。第二种版本流传甚广(前雅利安时期的印度、阿萨姆、北美洲等等)。我们注意到,在这个版本中,潜入水中的动物与造物主相互之间绝无冲突。只有在亚洲与东欧,这种具有宇宙起源意义的潜水才包含着"二元论"的意义。

在不同的突厥民族中间,有时会遇到后两种版本相互融合的现象。有
一个布里亚特神话描绘了松布尔—布尔坎(Sombol-Burkan)歇息在原初的 009
大洋上面。他看到了一只水鸟,就要它潜入深水。他就用这只鸟带回来的泥土,创造了大地。而其他不同版本则说松布尔—布尔坎还用这泥土创造了人类。① 勒贝德(Lebed)鞑靼人的神话说:有一只白天鹅遵照上帝的命令潜入水中,用喙衔回一些泥土。神便用它创造了平整而光滑的大地。只是后来才出现了魔鬼,造出了沼泽。② 按照阿尔泰鞑靼人的神话传说,起初只存在一片汪洋。上帝与"人"取了黑鹅的形象,一起在水中游泳。上帝差遣"人"去寻找泥土。但是"人"藏了一些泥土在自己的嘴里,当大地开始扩展的时候,嘴里的泥土也随着膨胀起来。只得吐出来,于是就变成了沼泽。神对他说:"你犯了罪,你的臣民将是邪恶的。我的臣民则是虔诚的;他们要见到光明的太阳,我要称作库尔比斯坦(Kurbystan)(＝奥尔玛兹达[Ohrmazd])。而你就叫埃尔利克(Erlik)。"③这里与伊朗的观念相融合是

① 参见我的研究"The Devil and God",第103—104页(载 *Zalmoxis, the Vanishing God*,第76—130页),它分析了某些布里亚特人和雅库特人神话的不同版本。

② W. Radlov,转引自"The Devil and God",第100—101页。

③ Radlov,转引自同上书。这一神话接着还讲述了人的创造。埃尔利克要求一块土地,大小能够盖住权杖。他敲打这块泥土,就出现了可憎的动物。最后神把他打入地狱。埃尔利克和神对抗不一定反映着一种"二元论"的概念。在古突厥碑铭里,埃尔利克是死亡之神;参见 Annemaire V. Gabain,"Inhalt u. magische Bedeutung der alturkischen Inschriften"。

显而易见的。但是具有宇宙论意义的潜水情节却几乎完全保留下来了。至于“人”等同于地狱之王埃尔利克汗(Erlik Khan),乃是因为初人亦即神话的祖先,他也是第一位死去的人(这一神话主题在全世界都可以见到)。

在蒙古人那里,这个神话的各种变化就更为复杂了。奥希尔瓦尼(Očirvani)(=金刚力士[Vajrapani])和扎干·斯库尔提(Tšgagan-Šukurty)从天庭直下太初的汪洋,奥希尔瓦尼命令他的伙伴潜入水中为他带一些泥土回来。他们把泥土堆在一只乌龟的背上,后来两人就都睡着了。这时魔鬼叙尔姆斯(Šulmus)来了,想淹死他们,但是就在将他们翻转过来的时候,大地就开始膨胀。根据第二种版本,奥库尔曼(Očurman)住在天上,想创造大地,就去寻找一个伙伴。他找到扎干·斯库尔提,差遣扎干·斯库尔提以他的名义去寻找陶土。但是扎干·斯库尔提妄自尊大,他叫道:“没有我,你
010 怎么找得到陶土呢!”于是陶土就从他指间滑落了。他再次潜入海底,以奥库尔曼的名义带回了泥土。世界创造以后,叙尔姆斯出现了,他要求分得一部分土地,只要和他权杖尖所及那样的大小就足够了。叙尔姆斯用权杖击打太阳,于是蛇出现了。[①] 这种神话将两个二元主题相互统一起来或者合并了两种神话:(1)敌对力量就是潜水英雄;(2)在大地创造以后,有一个邪灵不知从哪里冒出来,索要一部分土地或者寻隙毁坏大地。

具有宇宙起源意义的潜水神话可在芬兰—乌戈尔人、西部斯拉夫人以及东欧人那里找到。我们还要回过头来探讨这个“二元对立”的神话,考察关于其起源的各种假设(§250)。目前我们需要强调的是,正是这第三个版本——造物主差遣一个具有人形的助手潜入水里——潜水神话出现了戏剧性的因而最后也是“二元论的”发展。潜水以及随之而来的创造世界的种种曲折说明了世界是不完善的:死亡、群山和沼泽的出现,以及魔鬼的“出生”和邪恶的存在。既然不是**造物主本人**潜入水中寻找创造大地的物质,而是他的助手或仆人执行这项任务,凭借这样一个情节,就有可能将违背、抗拒或对立的因素引入这一神话。神的助手,由兽形逐渐转变成为神的“仆人”、“伙伴”以及最后转变成神的敌人,这就有可能用“二元论”的观点来解释世界的创造。[②] 我们以后还会有机会来理解这种“二元论”解释对于“民间”神正论的重要性(§251)。

---

① Potanin,转引自 Eliade, *Zalmoxis*,第 105 页。

② 参见 Eliade, *Zalmoxis*,第 125 页以下。

各种造人的神话也突出了神的对手的作用。在许多神话故事中,上帝用泥土造人,并且将灵魂吹入他的身体里面。但是在中亚与北亚,这个故事还包含有一个戏剧性的情节:上帝在造好了第一批人的身体以后,吩咐一只狗看护他们,自己到天堂去为他们寻找灵魂。就在他离开的时候,埃尔利克出现了,他答应如果让他接近那些人就给它一身毛(那时候的狗是光着身子 011
的),于是埃尔利克就用唾液玷污了人类。布里亚特人相信,若不是上帝的敌人卓姆(Cholm)的玷污,人类就不会害病,也不会死亡。根据另外一些阿尔泰神话的版本,埃尔利克趁上帝不在的时候,骗过了狗,赋予这些人身体以活力。[①] 后面这个例子的关键在于,不顾一切地豁免神对于人类疾病和死亡的罪责,而且豁免他对于人类灵魂的罪恶的罪责。

245. 萨满与萨满的入会礼

一位天神,他变成了退位神(*deus otiosus*),或者有无数的化身(腾格里和 99 个 Tengri);一位创世的上帝,但是有一个魔鬼般的狡猾对手破坏了他的创造(世界与人);人类脆弱的灵魂;魔鬼以及恶灵带来疾病与死亡;宇宙分为三层——天、地、地狱——这意味着一种可能非常复杂的神话地理(天有多层,地狱也有多层,上天入地均需熟谙路径)——这些神话因素足以让我们理解为什么萨满在中亚和北亚的宗教中占有重要地位。实际上,萨满既是神学家,又是魔鬼学家;既是出神的专家,又是医生;既是狩猎帮手、村落与牲畜的保护者、灵魂的引路人,又是某些社会中的诗人和学者。

"萨满教"这一术语指一种古老的(似乎旧石器时代起就存在了)、分布范围极广(只有非洲例外)的宗教现象。严格意义的萨满教主要盛行于亚洲中部、北部与北极的一些地区。只有亚洲地区的萨满教受到(伊朗—美索不达米亚的、佛教的、喇嘛教的)许多影响,但是并未丧失其原有结构。

萨满的多种法力来自他的入会礼经历。由于经受了入会礼考验,这位 012
将来的萨满才能感受到人类灵魂的脆弱,并学习捍卫灵魂的方法。同样,他也亲身体验到各种疾病所造成的痛苦,并从中辨认出致病的原因。他经历过一次仪式性的死亡,堕入地狱,有时也升至天堂。总之,萨满的所有法力都有赖于他的体验以及对于"精灵"类型的认识。他很快就对所有"精灵"了如指掌:活人与死者的灵魂,神灵与魔鬼的灵魂,以及其他肉眼凡胎看不见

---

① Harva, *Rel. Vorstell*,第 114 页以下。在芬兰—乌戈尔人中间也可以发现相似的传说。

的无数人物的灵魂——这些灵魂居住在宇宙三界之中。

做一名萨满有三种途径：(1)自发的使命感（“呼召”或者“拣选”）；(2)萨满世家的世袭；或者(3)个人的抉择，或者在少数情况下出于部族的意愿。然而不论经过哪种选择途径，一名萨满只有在得到双重知识的传授以后才能得到承认：(1)出神类型的知识传授（梦境、异象、神灵附体等等）；(2)传统类型的知识传授（掌握萨满本领，通晓各种精灵的名字与功能、部落的神话和谱系以及秘密语言等）。这双重教育由灵魂与年长的萨满师傅传授给他，构成了入会礼的内容。这种传授可公开进行，但没有这样的仪式决不意味着没有入会礼。在后一种情况下新入会者在梦中或者在他的出神经验中也可以获得同样的效果。

一个人获得神秘使命的征候是很容易看出来的。一位未来的萨满要有一些迥异于常人的奇怪举止。要变成一个梦幻者，喜欢独处，喜欢在森林里或者荒无人烟的地方闲逛，出现幻觉，在睡梦中唱歌。有时候，在这个潜伏期里会出现相当严重的症状。在雅库特人中间，这个年轻人很容易变成一个疯子并且失去知觉、躲藏在森林里，吃树皮，自己跳入水火，用刀自残等。[①] 即使采取世袭的办法挑选未来的萨满，也要看他行为是否发生了变化。萨满祖先的灵魂会从家族中挑选一个年轻人；他忽然变得心不在焉、耽于幻想、急需独居、获得异象、口说预言、昏迷不醒、丧失知觉。在这种时候，
013 布里亚特人认为灵魂被其他精灵勾走了。它被迎往天上的宫殿，萨满祖先将传授他这一职业的秘密、诸神的相貌和名字、精灵的名字和崇拜，等等。在这初次入会礼后，灵魂才能再度回到身体。[②]

这种神秘使命经常意味着一种深刻的危机，具有入会礼的作用。每一种入会礼，不论属于哪一种级别的，都要有一段与人隔离的时期，经历某种考验和折磨。年轻的萨满出于一种“被拣选”的恐惧而导致疾病缠身，这种疾病本身实质上就是一种“入会礼的疾病”。任何疾病所引发的脆弱感与孤独感在这种特殊情况下因具有神秘死亡的象征意义而变得更加沉重。由于

---

① 参见 Eliade, *Shamanism*，第 35 页以下所举的例子。

② 自从 19 世纪中叶以来，人们多次尝试将西伯利亚和北极地区的萨满的现象解释为精神疾病。但是问题几乎没有很好得到解决。一方面，未来的萨满并不总是患有*神经官能症*；另一方面，其中有一些人真的得病之后*却是因为他们被成功地治愈以后成为萨满的*。入会礼相当于一种治疗过程；首先，它获得了一种新的心理整合。参见 Eliade, *Shamanism*，第 33 页以下；同上书，*Myth, Dream and Mysteries*，第 75 页以下。

独自承担超自然的“拣选”,他会觉得自己被神或是魔鬼的力量所遗弃,很快就会死掉。未来萨满的“疯疯癫癫”、“心慌意乱”,表明作为世俗之人的他就要“解体”,而一个新人即将诞生。

在许多情况下,“疾病”的综合征非常类似于传统的入会礼。“被拣选者”遭受的痛苦酷似入会礼考验。就像在青春仪式中,少男少女被恶魔——“入会师傅”——杀死一样,未来的萨满看到自己被“疾病的恶魔”碎尸万段。在病痛之中,未来的萨满通过地狱之旅而体验到了仪式性的死亡。他在梦中目睹自己被肢解。他看到魔鬼割下他的头,挖出他的双眼。根据雅库特人的神话,有一群精灵把未来的萨满带到地狱,将他关在一间屋子里长达三年。就在那里,他接受了入会礼:精灵割掉他的头,放在一边(因为新的萨满必须亲眼观看自己被大卸八块),然后把他的身体剁成碎片,再将碎片交给掌管各种疾病的精灵。正是有了这样的经历,未来的萨满才能获得治病的 014
能力。接着,他们的骨头再次覆上新的肉体,有时候还可以得到新的血液。其他一些萨满则说,在他们经历入会礼的疾病时,萨满祖先会用箭扎他们,割他们的肉,并且抽出他们的骨头,将这些骨头弄干净;或者打开他们的腹腔,吃他们的肉,喝他们的血;或者烹煮他们的身体,把他们的头放在铁砧上锤炼。在这期间,他们躺在圆顶帐篷里或者某个无人之处,毫无知觉,几乎没有生气,长达三天至九天。有的甚至还停止了呼吸,就差被人埋葬了。最后他们苏醒过来,但是有了一个全新的躯体,以及萨满的天赋。①

一般而言,当新萨满还毫无知觉地躺在圆顶帐篷中时,家人就要请一名萨满,这名萨满以后将起到师傅的作用。在其他情况下,新萨满经历了“入会礼的肢解”后,就要出门去寻找一位师傅,学习萨满的各种职业秘密。这种传授具有秘传性质,有时要在出神状态下领受。换言之,萨满师傅采取与魔鬼和精灵一样的方式教导他的弟子。在雅库特人那里,师傅带着新萨满的灵魂进行一次漫长的出神之旅。他先爬上一座高山。在山顶上,萨满师傅指引新萨满观看山下交叉的山径,它们都是通往山巅的。那里就是折磨人的疾病之所在。接着师傅把新萨满引入一处住所。在那里,他们穿上萨满服装,一起进行萨满仪式。师傅传授新萨满如何辨别袭击人体各部位的疾病,如何治愈它们。最后,他将弟子引向更高一层的世界,即天上

① 参见 *Shamanism*,第 43 页以下、第 76 页以下、第 110 页以下所引例证。

精灵的住处。新的萨满从此拥有了“神圣”的身体，可以从事这项职业了。①

尤其在布里亚特人、果尔德人(Goldi)、阿尔泰人、通古斯人和满族人那里，我们还可以找到一些公开举行的入会礼。最有意思的是布里亚特人。仪式主要内容是升天那部分。在圆顶帐篷里放置一根坚硬的桦树，树根插入火炉，树顶穿过排烟孔。这根桦树被称作“门神”，因为它替萨满打开了进
015 入天堂的通道。萨满学徒爬到桦树顶端，穿过排烟孔，高声呼喊，吁求神助。然后，全部在场的人群列队前往村里的某个地方，在那里，前一天晚上就为这场仪式种下了许多桦树。在一根桦树旁以一头公羊献祭，学徒则赤裸上身，在额头、眼圈和耳朵上面涂抹羊血，而别的萨满则在一旁击鼓。萨满师傅爬上一根桦树，在树顶刻上九道痕。学徒也随着其他萨满一起爬上桦树。在爬树的时候他们全部沉浸——或假装沉浸——在出神状态。根据我们获得的一种资料，未来的萨满必须爬上九根桦树，就像九道刻痕一样，这九根桦树就象征着九重天。②

我们一定要记住，在这种入会礼仪式中，萨满学徒为了满师就应当抵达天堂。正如我们将要看到的，靠着一棵树或是一根木桩登上天庭也是阿尔泰族萨满跳神仪式的主要内容。桦树或是木桩就相当于处在世界中心、联接三界的宇宙之树或者世界之柱。总而言之，在萨满教中的树同宇宙之树的地位完全相同。

246. 萨满教的神话与仪式

关于萨满起源的神话，突出了两个非常有意义的主题：(1)“第一位萨满”是神(或者天神)创造出来的；(2)但是由于他有着邪恶的意念，诸神就大大地限制了他的法力。布里亚特人认为，腾格里们决定赐给人类一名萨满，

---

① G. V. Ksenefontov，转引自 *Shamanism*，第 114 页以下。

② *Shamanism*，第 115—122 页，根据阿迦皮托夫(N. N. Agapitov)、强迦洛夫(M. N. Changalov)以及约尔马·帕坦南(Jorma Partanen)的资料。正如乌诺·哈尔瓦(Uno Harva)(*Rel. Vorstell*，第 492 页以下)所言，这个仪式一定会令人想起密特拉秘仪。例如，未来的萨满要用公羊血洁净，与牛血洁净仪式(*taurobolium*)相似，他爬到树上去令人想起密特拉教入会礼中攀爬七级梯子以象征天上的七颗行星(参见§217)。正如我们已经注意到，古代近东对于整个中亚和西伯利亚产生了显著影响，布里亚特萨满的入会礼极有可能受到其中的影响。但是我们必须补充的是，世界树的象征以及入会礼上攀登桦树的仪式先于美索不达米亚和伊朗的文化因素。

以便跟各种恶灵带来的疾病和死亡做斗争。他们派遣了一只老鹰。老鹰看
到一位睡梦中的女子,便跟她发生关系。这女子生下一个儿子,成为“第一 016
位萨满”。雅库特人也有同样的信仰。只是老鹰有一个至上神的名字:“埃”
(Ai,即“造物主”)或“埃·托扬”(Ai Toyon,“光明的创造者”)。埃的后代被
描绘成为鸟神,栖息在“世界之树”枝头;在树顶上有一羽双头鹰,可能就是
埃·托扬的化身。① 萨满的祖先——他们的灵魂在拣选萨满学徒及其入会礼
中扮演重要角色——就是这位鹰形至上神所创造的“第一位萨满”的后代。

然而,有些人认为,在当今萨满教中萨满祖先的作用越来越弱化了。根据布里亚特人的传说,在过去,萨满的法力直接来自天上的神灵;只是到了我们的时代,他们才从萨满祖先那里获得了法力。② 这种说法反映出,在亚洲和北极地区,人们都认为萨满教是今不如昔了。以前,“最早的萨满”真的能够骑“马”(也就是他们的鼓)腾云驾雾;他们变化多端,行各种神迹,令现在还活着的后继者们望尘莫及。布里亚特人把这种衰落解释为第一位萨满的傲慢与邪恶:他与神相争短长,神就大大地削弱了他的法力。③ 从这个病因学神话中我们能够解读出二元论信仰的间接影响。

在社团的宗教生活中,萨满起着重要的作用,但是他并不代表全部的宗
教生活。他不是献祭者。④ 在阿尔泰地区,他只是在发生某些难以对付的
事情时才会出现在生产和婚姻的仪式中,比如不孕或者难产。相反,在所有 017
与人类灵魂体验有关的仪式上,萨满是必不可少的:疾病(灵魂丧失或者被
恶灵附体)和死亡(这时灵魂一定被引向另外一个世界去了)。在亚洲其他
地方,当猎物稀少的时候,人们会去请萨满,求助于他们的出神本领(算命或
预测等等)。⑤

拉德洛夫(Radlov)对阿尔泰地区的马祭做了一次不失为经典的描绘。

---

① 参见 *Shamanism*,第 68 页以下所引资料。当埃·托扬创造第一位萨满的时候,他还在天上的住所种下了一棵七枝白桦树,作为造物主后代的巢穴。他还在地上种下了三棵树;正是在他们的记忆里,萨满也拥有一棵树,他的生命就多少维系在这棵树上;参见同上书,第 70 页,注解 11、12。某些萨满在他们的入会礼之梦中游到宇宙树旁边,在树顶上可以看到世界之主。

② L. Sternberg, “Divine Election”,第 495 页。同样在蒙古人中间,萨满依赖于他们祖先;参见 Heissig, “Les religion de la Mongolie”,第 354 页以下。

③ 参见 *Shamanism*,第 68 页。

④ 正如我们不久会看到的,在阿尔泰民族中间萨满本人也献马祭,但是他这样做是因为他要将祭品的灵魂引到白乌耳干那里。

⑤ 参见 *Shamanism*,第 184 页以下。

每个家庭都一次又一次地举行这种献祭仪式，该仪式持续两到三个晚上。喀木(*kam*，即萨满)在草地上搭起一个新的圆顶帐篷，他在里面放一根除掉枝丫并刻下九道刻痕的桦木桩。在举行一些开场仪式后，萨满祝福献祭的马，并在几名助手的帮助下将它杀死，他打断马的背脊骨绝不流出一滴血来。向祖先与保护精灵献上供品后，就将马肉烧熟，在仪式性的盛宴上分而食之。

这个仪式的第二部分最为重要，在第二天晚上进行。喀木穿上他的萨满服装召唤无数精灵。这个漫长而复杂的仪式最后以“升天”告终。萨满一边敲鼓，一边喊叫，还做出许多动作，表明自己升上了天堂。在“出神”(?!)状态中，他爬上桦木桩的最初几道刻痕，相继穿越不同的天界，直到第九层天，或是如果他真的法力无边，可以直上第十二层天，甚至更高。当萨满用自己的法力爬到桩顶时，就停下来召唤白乌耳干神：

你，乌耳干啊，你创造了人类……

你，乌耳干啊，你让六畜兴旺！

不要让我们陷于困境啊！

让我们能够抵御魔鬼。

不要让我们看见库尔摩斯(Körmös)(恶灵)。

不要把我们遗弃他的手中……

不要责罚我的罪过！

从白乌耳干那里萨满知道祭品是否悦纳，得到关于气候与收成的预告。
018 下面这个阶段才是“出神”的高潮：萨满筋疲力尽，倒在地上。过一会儿以后，他揉揉眼睛，好像从酣睡中醒来一样，向在场者一一问候，好像久别重逢似的。①

萨满既可上天，也能入地。而入地的仪式要困难得多。入地可以是垂直的，或者是水平的，然后又是双重垂直的(即先上天后入地)。在前一种类型里，萨满好像顺着七级台阶逐级而下，或者穿越七重 *pudak*(“障碍”)而入地。他的祖先和辅助他的精灵陪伴着他。每穿过一重“障碍”，他就要描述一番所看见的那层地狱的面貌。在第二重“障碍”，他好像听到金属的声音；在第五重“障碍”，又听到波涛与风声；最后，在第七重“障碍”就看到埃尔利克汗的宫殿，是用石头和黑土建造的，四边都有防御工事。萨满在埃尔利克

① 参见 Radlov, *Aus Sibirien*, 2，第 20—50 页，*Shamanism*，第 190—197 页做了概括。

面前念上一段长长的祈祷文(其中也提到那位“在天上”的白乌耳干)。然后他回到圆顶帐篷中,向助手讲述他此行的成果。

第二种下地狱的方式——先是水平的,然后是垂直的——更加复杂,也更加具有戏剧性。萨满骑马穿越沙漠与草原,攀登铁山,放马奔驰一段路,就来到“大地的出烟口”,也就是冥界的入口。在入地的过程中,他要遇到一片大海,越过一座细如发丝的桥,①经过罪人遭受折磨的地方,然后他又要骑上马赶路,最后抵达埃尔利克汗的居处。虽然有看门狗和门卫把守大门,他还是能够登堂入室。与“死者之王”的会面——常以夸张的手势加以再现——包括许多畏怖而诡异的细节。萨满向埃尔利克献上各种礼品,最后又献上美酒。死神终于酩酊大醉而和蔼可亲,赐福于萨满,许诺他六畜兴旺等。于是萨满欢天喜地回到人间,只是不骑马,而是骑鹅。他揉揉眼睛,就像刚睡醒一样。人家问他:“一路还顺畅吧?你办成了吗?”答道:“这真是一趟很愉快的旅行,我受到一次很好的接待!”②

正如我们将要看到的,这些出神状态下的地狱之旅在阿尔泰各民族的 019
宗教与文化中具有十分重要的作用。萨满此行固然是为从“死者之王”那里得到祝福,以便获得更多的家畜、更好的收成(如同前引之例),但更重要的是为了指引死者的亡灵抵达彼地,或是寻找并拯救病人被魔鬼囚禁的灵魂。基本场景大抵相同,只是一些重要的细节因民族而异。不论是独自一人,还是有助手相伴,萨满总是竭力模仿下地狱的种种艰难困苦。返抵人间的时候,死者的灵魂还不愿意进入他们的新居,萨满就给他们喝还魂汤。整个场面变得活泼有趣,有时甚至还略显荒诞。还有一些事例,在历经艰险后,萨满来到死者的地界,从无数精灵中找出死者灵魂的近亲,把他托付给他们。一旦回到人间,萨满向每一位助手带去他们死去亲人的问候,有时甚至分发带回的小礼物以示感谢。③

萨满的主要职能是治病。一般来说,生病是因为灵魂迷失了或被“偷走了”。萨满要找到灵魂,捉住它,让它与病人的身体重新结合为一体。有时一种疾病有两种原因:灵魂在逃,魔鬼“附体”,因而病情加剧,萨满的治疗工

① 为了给这一旅程作出语出惊人的描绘,萨满步伐踉跄,几近跌倒。在海边他感觉到无数死在那里的众萨满的骨殖,因为罪人是过不了那座桥的。

② Potanin,转引自 *Shamanism*,第200—203页。

③ 参见 *Shamanism*,第205—209页的例子。

作得先要找回失去的灵魂，然后赶走身体里面的恶魔。在很多情况中，寻找灵魂是一个十分引人入胜的场面。萨满先从水平方向开始其出神之旅——以便确定灵魂并没有"迷失"在或远或近的地方——然后他开始下到地狱，找到囚禁灵魂的那个恶魔，最后成功地将灵魂从他手中抢救回来。

247. 萨满教的意义与重要性

萨满对于捍卫整个社团心灵上的整合起到不可或缺的作用。他们是击退魔鬼的优秀战士；他们不仅与魔鬼和疾病作斗争，而且还能够行黑巫术。
020 在亚洲某些类型的萨满教中有许多武器(比方说盔甲、长枪、弓箭、刀剑等)，它们说明萨满需要同人类真正的敌人——魔鬼——进行斗争。从整体上看，可以说萨满守卫生命、健康、多产以及"光明"的世界，抵御死亡、疾病、贫瘠、不幸以及"黑暗"的世界。我们很难想象在古代社会里像这样一个斗士到底包含了什么意义。然而首先可以断定的是，在这个陌生的世界里，陷入恶魔以及邪恶力量重重包围的人类其实并不孤单。除了诸神以及超自然的存在物，人们可以祈祷和祭献之外，还有"神圣专家"的存在，他们"看得见"各种精灵，可以上天与诸神相会，也可以入地与魔鬼、疾病以及死亡搏斗。萨满捍卫着整个社团的心灵整体性，这一基本职能之所以能够维系下来，主要是由于这样一个因素：人们获得了担保，当那些不可见世界的居民引起危机的时刻，他们同类中的一员能够给予他们帮助。知道社团中的一员能看到常人看不见的隐藏的事物，能通报来自超自然世界的直接而明确的消息，这是何等的愉快和安慰啊！

正是由于萨满能够遨游于超自然世界，*看见*超自然的事物(诸神、魔鬼等)以及死者的灵魂，所以萨满以一种明确的方式向我们提供关于*死亡的知识*。关于"殡葬地理"的特征以及某些与死亡有关的神话主题，很有可能都来自于萨满的出神体验。萨满在去往阴间出神之旅的途中见闻、所遇之人，萨满本人在出神之际或之后都能一一描述。于是一个未知的、可怕的死亡世界就形成了：它具有各种类型；形成最后的结构；随着时间的推移，人们就会熟悉并且接受它。死亡世界的居民变得*可以看见了*；他们有面貌、有个性，甚至还有生平事迹。渐渐地，死者的世界变得清晰了，死亡本身也具有了价值，尤其是它成了一种通往*精神性存在*的通过仪式。总之，萨满出神之旅的故事将"死者的世界"精神化了，以想象和尊贵的人物丰富了这个世界。

萨满在另外一个世界中的冒险，在出神状态中上天、入地所经受的考 021
验，都让人联想起民间故事中的人物以及史诗文学中英雄的冒险经历。史诗文学中大部分“主题”、中心人物、想象和情节，最终可能全都起源于出神体验，因为它们取材于萨满所述在超自然世界中的旅行与冒险的故事。例如布里亚特人的英雄穆—蒙托(Mu-monto)，他代父亲卜到地狱里面，回到人间之后描述了罪人遭受的折磨。鞑靼人也流传着一个内容相同的故事。在萨彦(Sayan)草原的鞑靼人中有一名勇敢的女孩库柏克(Kubaiko)，为了将兄弟被魔鬼砍下的头颅带回人间，她下到地狱里面。在历经诸多艰险并帮助惩罚各种罪孽之后，库柏克来到地狱之王的面前。地狱之王向她保证，如果她能顺利通过某个考验，就可以将她兄弟的头带回去。其他鞑靼史诗文学中的主人公也必经历过类似的入会考验，其中也包括地狱之旅。①

同样，萨满出神之前的亢奋状态正是抒情诗的源泉之一。在心神恍惚的预备阶段，萨满击鼓，呼唤那些帮助他的精灵，讲一种“秘密语言”或是“动物语言”，并且模仿动物的叫声，特别是禽鸟的鸣唱。他以此将自己带入某种“第二状态”，激发起语言的创造以及抒情诗歌的韵律。此外，我们还要记住萨满仪式的戏剧性特征。它是日常经验世界中独一无二的奇观。萨满们炫耀他们的魔法技能(玩火和其他“奇迹”)，去揭示另外一个世界，一个充满神灵和魔法师的诡异世界，在这个世界中，一切都是可能的，死者复活，活人为了复活而死去，人消失之后又马上出现，“自然法则”不复存在，展现出一种超人类的“自由”，并且恍然如同就在眼前。像这样一种奇观在“原始”社团中自然会产生共鸣是不难理解的。萨满的“奇迹”不仅确立和巩固了传统宗教的结构，而且还刺激和丰富了人们的想象力、消除了梦境与当下的现实 022
之间的障碍，开启了通往诸神、死者与精灵世界的窗口。②

248. 亚洲北部以及芬兰—乌戈尔民族的诸宗教

本书的主旨在于分析宗教上的各种创新，这种安排只能允许我们就属于古代西伯利亚语系、乌拉尔(Uralian)语系和芬兰—乌戈尔语系各民族的宗教现象做一概括性的描述。不是说他们的宗教缺乏趣味，而是说它们独具特色的因素(如诸天神和退位神、潜水创造宇宙以及具有二元论特点的泥

①② Eliade, *Shamanism*, 第 213 页以下、第 508—511 页。

土硬化的神话，以及萨满教等）与阿尔泰民族有许多相似之处。

例如叶尼塞人（Yenisei）（凯特人［Kets］）的埃斯（Es），此名指“天”和“天神”（参见腾格里）。阿努钦（Anutchin）认为，埃斯是“看不见的”，因为从来就没有人看到过他；谁看到他都会变成瞎子。埃斯是宇宙的创造者以及主宰，他也创造了人类。埃斯善良，无所不能，但他对人类事务毫无兴趣，“把它们交给次要的神灵、英雄或是伟大的萨满去管。”他没有崇拜仪式。也不用向他献祭或祈祷。尽管如此，他保护着这个世界并且帮助人类。[1] 尤卡吉尔人（Yukagirs）的库德巨（Kudjū，“天”）也是一位仁慈的神，但是他在宗教生活中不起什么作用。[2] 库尔雅克人（Koryaks）称他们的至上神为“那在天上的”、“在天上的主人”、“监护者”、“存在者”，[3]但他是很不主动的神。

更重要也更著名的，当推萨莫耶德人（Samoyeds）的努姆（Num）。根据最古老的资料（卡斯特伦［M. A. Castren］），努姆居住在天上，掌管风雨，看见并知道地上发生的一切，赏善罚恶。[4] 其他的研究者则强调他的善良与
023 法力，却又补充道，努姆在创造了世界、生命与人类之后，就将他的法力委托给比他低级的神灵。最近，雷赫提沙罗（Lehtisalo）找到了新的补充材料：努姆居住在第七层天，太阳是他的眼睛，无形无象，接受驯鹿的献祭。[5] 在萨莫耶德人福音化期间（1825—1835），传教士摧毁了数千个人形“偶像”，有的长着三张或七张脸。既然大多数的说法一致，认为努姆是没有形象的，那么就可以合理地得出结论，这些偶像代表萨莫耶德人的祖先和各种神灵。然而，有好几张脸——又暗示着无所不见、无所不知的职能——的特点正好表现了太阳，亦即努姆的主要显现形式。[6]

最为流行的宇宙起源神话，与中亚和北亚各地一样，乃是上帝的对手或

---

① 阿努钦人，转引自保卢森（Paulson）的翻译和评注，同上书，“Les religions des Asiates septentrionaux”，第 50 页以下。

② 约切尔森（Jochelson），转引自保卢森的评注，同上书，第 53 页以下。

③ 参见 *Patterns*，第 59 页。参见 *Patterns*，§18，关于其他天神名字的例子（例如车列米西和奥斯提亚克诸民族的）。

④ Castren，*Reiseerinnerungen*，1，第 253 页以下。

⑤ A. C. Schrenk，Lehtisalo，参见保卢森（Paulson）的概述，“Les religions des Asiates septentrionaux”，第 61 页以下。

⑥ 参见 Pettazoni，*L'onniscienza di Dio*，第 383 页。关于天神变成太阳，参见 Eliade，*Patterns*，§37。

助手,一只鸟形动物"潜水"。努姆先后派遣天鹅、鹅、"北极潜水鸟"和鲁鲁(*ljuru*)鸟,为他带回泥土来。只有鲁鲁鸟喙上沾着一点泥回来。当努姆创造了大地,从"某个地方"来了一位"老人",请求在地上休息一会儿。努姆同意了,但是第二天一早,他惊讶地发现那老人正在岛边企图破坏大地。就喝令老人离开,老人请求并且得到了一块可以用他的魔杖尖覆盖的泥土。老人宣布自己从今往后就要住在这个洞里面,而且要把人类掳走,说完就钻进洞里面去了。惊愕之余,努姆发现自己犯了一个错误:他原以为老人要住在**大地之上**,而非**大地之下**。[①] 在这个神话里,努姆不再是无所不知的。他不知道老人(带来死亡的**邪恶者**)的存在和意图。在车列米西人(Cheremis)和沃古尔人(Voguls)那里也有这个神话的其他版本,更加突出创世的"二元论"特点。[②]但是这种"二元论"特点在芬兰人、爱沙尼亚人和摩尔多瓦人那
里还要鲜明:正是魔鬼本人,在上帝的命令下,潜入水中。但是他在嘴里藏 024
了一些泥土,用它创造出了高山和沼泽。[③]

至于这些民族的萨满教,大致上与我们刚才概括的亚洲萨满教具有相同的结构(§§245—247)。但是我们要注意,在芬兰,在萨满灵感刺激下的文学创作达到了顶峰。在以利亚斯·吕恩诺特(Elias Lönnrot)编定的芬兰民族史诗《卡勒瓦拉》(1832年,第1版)中,主人公是万奈摩宁(Väinämöinen),意思是"永恒的智者"。万奈摩宁起源于超自然,有出神—预言的能力、无边的魔法力量。此外他还是一位诗人、歌者与竖琴手。他和他的伙伴——铁匠伊尔玛利宁(Ilmarinen)和武士勒明盖宁(Lemminkäinen)——所经历的冒险常常让人联想到亚洲萨满和巫师—英雄的事迹。[④]

在渔猎社会中,保护各类动物的神灵和动物之主(Masters of Animals)起着重要的作用。动物像人一样。每个动物都有一个灵魂,而有些民族(如尤卡吉尔人)认为,不抓住动物的灵魂就杀不死它。[⑤] 阿伊努人(Ainus)和吉里亚克人(Gilyaks)在打死狗熊后,会将它的灵魂送回"老家"。动物之主既保护猎物也保护猎人。狩猎本身就是一种极其复杂的仪式,因为猎物被

①② 雷赫提沙罗(Lehtisalo)语,Eliade, *Zalmoxis*,第98页的评注、第97—98页。

③ 参见同上书,第82—84页所引的不同版本的神话。

④ 参见 Martti Haavio, *Väinämöinen, Eternal Sage*,尤其是第83页以下、第104页以下、第230页以下。关于乌拉尔人的萨满教,参见 Eliade, *Shamanism*,第220页以下。

⑤ 参见 Paulson, *Die primitiven Seelenvorstellungen der nordasiatischen Völker*,第174页以下;同前书,"The Animal Guardian",各处。

认为具有超自然的力量。[1] 我们之所以对这些信仰与仪式感兴趣，在于它们是一种极其古老的文化（在南、北美洲和亚洲等地都能遇到它们）。它们告诉我们人与动物世界之间神秘的统一性，早在旧石器时代的猎人那里就可以看到这种巫术—宗教的概念了（§2）。

对保护动物的神灵以及动物之主的信仰在农业社会中几乎已经绝迹了，但它在斯堪的纳维亚地区却依然保存了下来。更重要的是，许多突出动物的巫术—宗教力量的超自然人物与神话主题可在欧洲其他地区以及亚洲
025 西部的游牧民族的信仰里面，尤其是在农民的民间故事里面找到。这一事实的意义非同小可。它证明了直到 20 世纪初，在某些欧洲乡村社会中还依然存在某些古老的观念。

249. 波罗的海民族的宗教

在波罗的海的三大民族——立陶宛人、拉脱维亚人和古普鲁士人——中，古普鲁士人在漫长的改信基督教的战争中遭到条顿骑士的杀戮和征服，最终为大量的日耳曼定居者所同化。拉脱维亚人和立陶宛人也屈服于日耳曼人，并且至少在名义上于 14 世纪改信了基督教。可是他们还是成功地保留了他们的宗教传统。只是到了 16 世纪，路德派的传教士们才开始不间断地征讨异教。然而波罗的海民族的人种志和民间文学仍然保留了一部分的古老遗产。因此，它们构成了我们了解传统宗教弥足珍贵的资料。[2] 尤其重要的是那些达伊纳斯（*dainas*，一种四行短歌），与农耕、婚姻和死亡有关的仪式，以及民间故事。波罗的海的地理位置有利于他们保留这些文化传统（我们不妨想一下比利牛斯山、阿尔卑斯山、喀尔巴阡山以及巴尔干地区的各民族留存下来的大量古老信仰和习俗）。但是并不排除相邻民族——日耳曼人、爱沙尼亚人、斯拉夫人——以及最近四个世纪以来基督教对于他们的影响。

虽然波罗的海三大民族的万神殿、宗教的观念和生活存在一定的区别，

---

① 参见 Eveline Lot-Falck, *Les rites de chasse chez les peuples sibériens*，各处；Paulson，“Les religions des Asiates septentrionaux”，第 71 页以下；同上书，“Les religions des peuples finnois”，第 170 页以下。

② 文字材料（《编年史》陈述了传教士和教会的尊荣）有时也包含有用的信息，但是参考的时候一定要小心谨慎。其作者不谙波罗的海语言；此外，在基督教宣传家和历史学家眼里，它们代表的是这些民族的“异教文化”。

但为了便于陈述起见，我们还是将它们放在一起介绍。首先，我们需要强调一个事实，波罗的海民族保留了古代印欧天神的名字：*deiuos*。拉脱维亚语作 *dievs*；立陶宛语作 *dievas*；古普鲁士语作 *deivas*。在改信基督教后，这个神名就用来称《圣经》中的上帝。在拉脱维亚民族的民间宗教故事中，第夫 026
斯（Dievs）是神圣家族中的父亲，居住在天上 座高山农场里面。但是他经常与农夫们一起干活，参加每年按季节为他举行的献祭仪式。第夫斯确立人间秩序，决定人的命运，督察人类的道德生活。① 然而，第夫斯不是至上神，也不是最重要的神。

雷神柏库纳斯（Perkūnas，立陶宛语）或柏孔斯（Pērkuons，拉脱维亚语）②也住在天上，但是经常下凡与魔鬼和其他鬼怪战斗（这一点恰好透露出了基督教的影响）。作为诸神敬畏的武士和工匠，他掌管雨水，滋润土地。在农民生活中，柏库纳斯/柏孔斯起着最重要的作用，每逢旱灾或瘟疫流行，人们就向他祭献。根据16世纪的记载，风暴来临时人们向他献上一块肉，祈祷说："神哪，柏库纳斯，不要打击我们，我求你，神哪！我将这块肉奉献给你了。"在这里能够看出，这是一种古老的仪式，每当暴风雨来临，原始民族都会举行这样的仪式，祈求天神的眷顾（《比较宗教的范型》，§14）。

在波罗的海民族的万神殿中占有显著地位的乃是太阳女神少勒（Saule，有人早就指出她与吠陀教的苏利耶有相似之处）。她被想象成既是母亲又是年轻女子。少勒在天上也有一座高山农场，就在第夫斯农场的旁边。有时候这两个神会发生冲突，战斗往往持续三天。少勒赐福土地，救苦救难，惩治罪人。每年夏至是她最重要的节庆。③ 在拉脱维亚民间宗教故事中，少勒是月神梅内斯（Mēness）的妻子，月神梅内斯似乎是一名战神。
所有的天神都与马匹有缘。他们骑马在天上的高山旅行，或乘着马车下凡。 027

地上的神灵大多为女神。大地之母，拉脱维亚人称作泽蒙·梅特（*Zemenmāte*），立陶宛人称作泽敏娜（*Zemyna*）。立陶宛人称"大地之主"为泽美

---

① 参见 Harold Biezais, *Die Gottesgestalt der lettischen Volksreligion*，尤其第90页以下、第182页以下。

② 在马拉拉斯（Malalas），1261年的《编年史》和16世纪的基督教作家都中提到了柏库纳斯。关于柏孔斯，参见 H. Biezais, *Die himmlishe Götterfamilie der alten Letten*，第92页以下、第103页以下。

③ 参见 Biezais, *Die himmlishe Götterfamilie*，第183页以下、第103页以下（少勒的崇拜仪式）。

帕提(*Zemēpatis*)。但是"母神"的数量甚多:例如森林之母(*Meza māte*;立陶宛人称 *Medeine*),而她化身为花园之母、田野之母、浆果之母、百花之母、蘑菇之母等等。这种情形也出现在水神(诸水之母、潮汐之母)、气候现象的人格化(雨之母、风之母),以及人类行为(睡眠之母)那里。正如乌斯奈尔(Usener)指出的,①这些神话人物的涌现令人想起罗马宗教特有的一种现象(参见§163)。在拉脱维亚人那里,最重要的女神是莱玛(Laima,词根为 *laime*,"好运"、"机遇")。她完全是一个主宰人类命运的女神,每个人的命运在出生时就由她决定了。但是莱玛也掌管婚姻美满、收获丰饶以及牲畜兴旺。尽管莱玛与童贞女马利亚相融合,她仍然代表着一个古老的宗教形象,很可能属于拉脱维亚异教文化的最高阶段。②

在改信基督教信仰之前,公开的崇拜仪式主要在森林中进行。某些树木、泉水或地方被认为是神圣的,有神灵居住。因此禁止人们接近。整个社团就在露天、小树林和其他神圣的地方举行献祭活动。木屋以及木屋中的"神圣的屋角"构成了神圣空间。至于神殿本身,我们所知极为有限。考古发掘出土了一些圣所,这些圣所为木制,圆形,直径 5 米左右。神像置于中央。

至于是否存在神职阶层,我们同样不能确定。相关资料提到了"巫师",
028 也就是占卜家和出神者。他们都享有崇高的威望。公元 1249 年,条顿骑士团的骑士们强加给古普鲁士人一份条约——这是关于波罗的海宗教的第一份书面文献——要求战败者不得将死者与马匹或侍者、武器、衣服与其他贵重物品一起火化或者埋葬;③不得在收获之后向库尔切(Curche)或其他神灵的偶像奉献祭品;不得向能够获得异象的游吟诗人(*tulissones* 或 *ligaschones*)问事,这些游吟诗人在葬礼的筵席上赞美死者,声称亲眼见到死者乘着马匹朝着另一个世界飞去。

人们能够看出,这些"能够获得异象的游吟诗人"乃是一批类似于亚洲萨满的出神者和巫师。很可能在葬礼临近尾声时,由他们引导死者的灵魂进入冥界。基督教会的权威人士认为,与其他地方一样,波罗的海民族的出

---

① 参见 Usener, *Die Götternamen*,第 79—122 页。

② 参见比耶扎(Biezais)的比较研究,*Die Hauptgöttinen der alten Letten*,尤其是第 179—275 页。关于童贞女马利亚与其他文化的融合,参见同上书,第 278 页以下。

③ 这一古老的习俗(在美索不达米亚、中国、斯基泰等的原史时期都有发现)一直持续到 15 世纪。

神术以及巫术实践也是魔鬼的怂恿。事实上，一般来说，出神或者幻化成动物乃是一种宗教活动（或者说是一种"白巫术"）：萨满变成一只动物与邪恶的精灵展开一场大战。17世纪的立陶宛人也有类似的信仰。有一位被指控为变成狼的老人，承认自己就是一个狼人，每到圣露西亚节（Saint Lucy）、五旬节（Pentecost）和圣约翰节（Saint John）的夜晚，他就与同伙一起变成狼，走到"大海的尽头"（即地狱），在那里与魔鬼和巫师搏斗。老人解释说，狼人自己可以变成狼，下到地狱里要回被巫师偷走的东西——家畜、小麦和地上的出产。狼人死的时候，灵魂升入天堂，而巫师的灵魂将被魔鬼抓走。狼人是"上帝之犬"。要是没有他们的积极干预，魔鬼早将大地毁灭殆尽了。①

波罗的海民族的葬礼与婚礼在仪式上有许多相似之处，这进一步证明了他们宗教的古老。相似的葬礼与婚礼仪式一直到20世纪初还在罗马尼亚以及巴尔干半岛保持着。同样，第夫斯、少勒和莱玛有时会打扮成农民模样，和农民一起在农田里劳动，这一信仰在欧洲东南部的民间故事里也可以 029
见到。

总之，波罗的海宗教具有以下特点：(1)相信有几个神灵的家族存在；(2)太阳神和风暴神起重要的作用；(3)生育、命运（莱玛）女神以及其他居住地上的神灵及其特征的重要性；而且(4)在忠诚于上帝的"好巫师"与坏巫师，即魔鬼的仆人之间在出神的状态下进行仪式性搏斗的观念。尽管混合有基督教的信仰，这些宗教形式仍然是相当古老的。它们既有印欧遗产（第夫斯、柏库纳斯和少勒）的起源，也有欧亚文化的底子（莱玛、泽蒙·梅特）。波罗的海宗教与斯拉夫和芬兰—乌戈尔宗教一样之所以极为重要，是因为在人种志和民俗学的帮助下，我们能够说明其古老的因素。确实，正如马利亚·金布塔斯（Marija Gimbutas）所说，前基督教的波罗的海民间故事"是那么的古老，毫无疑问可以追溯到史前时代，至少可以追溯到铁器时代，其中的一些因素甚至可以追溯到前此数千年。"②

250. 斯拉夫民族的异教信仰

斯拉夫民族与波罗的海民族是最后一批进入欧洲的雅利安语民族。斯

① 参见 Eliade, *Occultism, Witchcraft, and Cultural Fashions*，第129页。

② M. Gimbutas, "The Ancient Religion of the Balts"，第98页。这种对于民间故事的解释并没有得到某一些学者的认同。参见本书"研究现状"，§249，关于 *dainas* 之古老特征的争论。

拉夫人先后被斯基泰人、萨尔马特人(Sarmatians)和哥特人(Goths)所统治,被迫居住在德涅斯特河和维斯图拉河(Vistula)之间狭隘的范围之中达1 000多年。但是从5世纪起,欧洲遭到匈奴人、保加利亚人与阿瓦尔人的蹂躏,使得斯拉夫各部落四处流浪,渐渐定居到中欧与东欧。① 他们的族名——斯拉夫(*Sclavini*)——最早出现于6世纪。考古发掘揭示了生活在
030 俄罗斯和波罗的海地区斯拉夫人的物质文明,以及他们的某些宗教习俗与信仰的详细资料。但是关于古斯拉夫人宗教仅有的文献资料却比基督教要晚。即使我们能够得到这些资料,它们所代表的异教民族文化也已经处在了衰落状态。尽管如此,正如我们稍后将会看到的那样,对斯拉夫人的仪式和民间信仰进行仔细的分析,可以使我们掌握斯拉夫人原创的宗教精神及其特征。

赫尔蒙德(Helmond)作于公元1167—1172年间的《斯拉夫编年史》(*Chronica Slavorum*)为我们提供了珍贵的资料。在列举了一些神灵的名字与职能——我们过后将会做些介绍——之后,赫尔蒙德断言,斯拉夫人并不反对"在天上只有一个神",只是认为这个神"只关心天上的事务",把统治人间的权力交给由他所创造的一些比较低级的神灵。赫尔蒙德把这个神叫作"诸神之前"(*prepotens*)以及"诸神之神"(*deus deorum*),但他不是人类的上帝:他统治其他神,他与大地已经没有任何关系。② 实际上这位天神变成了一个退位神(*deus otiosus*),这个过程与我们在阿尔泰民族和芬兰—乌戈尔民族以及印欧民族(参见吠陀教的特尤斯,§56)那里所看到的是一样的。

至于其他诸神,最完整的名录见于《基辅编年史》(*Chronicle of Kiev*),又名《奈斯托尔编年史》(*Chronicle of Nestor*),成书于12世纪。编年史作者愤怒地提及弗拉迪米尔(Vladimir)大公(978—1015)时期俄国部落中的异教。他提到了七个神——佩隆(Perun)、弗罗斯(Volos)、考耳斯(Khors)、达兹博格(Dazhbog)、斯特里博格(Stribog)、斯玛尔戈鲁(Simarglŭ)和摩克什(Mokosh)——并且断言:"人民喜欢向他们献祭……把儿女带给他们,祭献给这些魔鬼。"③

多亏了其他一些补充材料,我们至少可以部分地重构这些神灵的结构

---

① 某些斯拉夫族群组成了某些阿提拉部落;参见Gimbutas, *The Slavs*,第98页以下。

② 赫尔蒙德(约1108—1177),*Chronica Slavorum*,第1卷,第83章。

③ 这段文字由布鲁克纳(Brückner)翻译,*Mitologia Slava*,第242—243页,以及*Die Slawen*,第16—17页。

与职能。所有斯拉夫部落都崇拜佩隆。人们可以在民间传说和地名特征中找到他的痕迹。他的名字属于印欧语(起源于词根 *per/perk*,“打击”、“打碎”),表明他是一位雷神,相当于吠陀教的雨神(Parjanya)以及波罗的海民族宗教的柏库纳斯。很可能他长得也像柏库纳斯,在人们的想象中柏库纳斯是个伟岸、勇敢的大男了,留一把红胡子,手执斧头或锤子,专打恶鬼。有 031
一个日耳曼部落把佩隆视同为瑣尔(Thor)。有些斯拉夫语的词语和用语在词源上与他的名字有关,例如 *piorum*,波兰语即指雷与闪电。① 橡树是奉献给他的,就像奉献给前基督教的欧洲的其他雷神一样。根据拜占庭历史学家普罗科皮乌斯(Procopius)的记载,人们向他献祭公鸡,在一些重大节日里还要献公牛、公熊或者公羊。在基督教的民间故事里,佩隆被圣以利亚(St. Elijah)所取代,圣以利亚被想象为一个长着白胡子的老人,坐在熊熊燃烧的战车中穿越天堂。

弗罗斯或维勒斯(Veles)是有角家畜之神,在立陶宛人和凯尔特人那里也可以找到相似的人物(立陶宛语,*Velnias*,现在用于指魔鬼,和 *vēlē*,“死亡的阴影”;塔西佗提到了凯尔特人的女预言家 Veleda)。② 罗曼·雅各布森(Roman Jakobson)认为,③弗罗斯起源于印欧民族共同的万神殿,他可与伐楼那相提并论。而考耳斯这一神名借自伊朗语 Khursid,即太阳的人格化。斯玛尔戈鲁也起源于伊朗语;雅各布森将他比作波斯人的 Sîmourg,即狮身鹰首神兽。斯拉夫人可能是从萨尔马特人那里借用了这个名称,因为萨尔马特人把神兽称为 Simarg。

达兹博格从词源学上讲是“财富的施予者”(斯拉夫语 *dati*,“给予”,*bogŭ*;“财富”,但是也有“神”,财富的源泉之意)。这位神等同于太阳。至于斯特里博格,我们实际上对他几乎一无所知。有一份古老的俄国文本,名《伊戈尔之诗》(*The Poem of Igor*),说风是他的孙子。④ 在《奈斯托尔编年史》中提到的最后一位神是摩克什,她很可能是一位丰产女神。17 世纪的

① 参见 Gasparini, *Il matriarcato slavo*,第 537 页以下。

② 维勒斯在 15—16 世纪的基督教的魔鬼学里面也能够找到;Gimbutas, *The Slavs*,第 167 页以下;同一作者,“The Lithuanian God Velnias”,第 87 页以下。

③ 参见其所作“The Slavic God Veles and his Indo-European Cognates”;但是亦可参见 Jaan Pehvel,“Indo-European Structure of the Baltic Pantheon”,第 85 页。

④ 其词源不详;有人提出其斯拉夫语词根 * *srei*,“颜色”,如同伊朗语词根 * *srira*,“美丽”一样,都是风的称号,但是这个词也表明太阳的光芒;参见 Gimbutas, *The Slavs*,第 164 页。

俄罗斯教士会问农民:“你去了摩克什那里吗?”捷克人在干旱季节也会呼唤她的名字。[①] 有些中世纪文献提到了洛得(Rod,这个神名与动词*roditi*,“生
032 产”有关)和罗泽尼莎(*rozhenitsa*,“母亲”、“子宫”、“财富”)仙女,她们类似于斯堪的纳维亚的诺尔(Norns)。很有可能罗泽尼莎是古老的地上母神—女神玛蒂·希拉泽姆耳佳(*Mati syrazemlja*,“潮湿的大地之母”)的各种化身或称号,对于她的崇拜一直持续到了 19 世纪。

我们还知道波罗的海各民族宗教的大约 15 个神的名字,在这一地区,斯拉夫异教一直维持到 12 世纪。最重要的神是斯万特维特(Svantevit,或 Svetovit),他是鲁根(Rügen)岛的守护神,在阿尔克纳(Arkona)有他的圣所,其神像高 8 米。[②] Svantevit(Svetovit)的词根 *svet*,原指“力量”、“强大”。斯万特维特既是战神又是土地的保护神。在鲁根岛上,加洛维特(Jarovit)、鲁杰维特(Rujevit)以及博罗维特(Porovit)也受到崇拜。前两位神名具有历法上的功能:*jaro*(与 *jaru* 有关,意思是“年轻、热情、勇敢”)表示“春天”;[③]*ruenū* 是秋季月份的名称,那是年轻动物交配的季节;*pora* 则是“仲夏”的意思。

多首神文化可以在某些印欧民族中找到(例如高卢人的三首神,有双首或三首的“色雷斯骑士”),不过在芬兰—乌戈尔民族那里也可看到(§248),原始的斯拉夫民族与他们有许多相似之处。多首的意义是显而易见的:它表现了神的无所不知,这是天神也是太阳神的特性。[④] 我们可以假设,西部斯拉夫人的至上神是一位太阳神,他可以变化为各种形式:特里格拉弗(Triglav),斯万特维特,鲁杰维特。我们还记得在东部斯拉夫人那里,考耳斯与达兹博格都等同于太阳。另一个神斯瓦洛格(Svarog,西部斯拉夫人称之为 Svarožic)是达兹博格的父亲;希特玛耳·冯·梅瑟堡(Thietmar von Merseburg,11 世纪初)认为他是一个至上神。根据传说,火——不管是太
033 阳还是家中的炉火——是斯瓦洛格之子。在 10 世纪,阿拉伯旅行家马苏第

---

① Brückner, *Mitologia Slava*,第 141 页以下。

② 该神庙毁于 1168 年。鲁根岛的其他圣所以及建造于里德戈斯特(Riedegost)山上的一座神庙于 12 世纪和 13 世纪被迫改信基督教的时候被毁。

③ 加洛维特的祭司以他的名义宣布,“我是你们的神,将绿草覆盖田野,以树叶覆盖森林。田野和森林里的出产,以及所有人类有用的事物都在我的掌控之下”(Helmond, *Chronical Slavorum*, 3, 4)。

④ 参见 R. Pettazzoni, *L'onniscienza di Dio*,第 34 页以下。这种假设由于神马在占卜中的作用得到了加强。

(Al-Masudi)写道，斯拉夫人崇尚太阳；他们建造一座庙宇，在拱顶上开了一个口子以便观看太阳的升起。[1] 然而，在斯拉夫民族的信仰与风俗里，(阳性的)月亮实比太阳更为重要(太阳是中性的，也许起源于一个阴性名字)。人们祈祷月亮——称它为“父亲”和“祖父”——以求得丰收与健康，每逢月食，便是悲痛的时刻了。[2]

251. 古斯拉夫人的仪式、神话和信仰

重构斯拉夫宗教史的企图乃是徒劳的。然而，我们可以梳理出主要的层次，分析它们对于斯拉夫民族精神的贡献。除了印欧遗产和芬兰—乌戈尔人、伊朗人的影响之外，我们还可找出更为古老的起源。伊朗词 *bog*(“财富”，也指“神”)取代了波罗的海民族保留的印欧神名 *deivos*(§248)。我们前文已提到其他借自伊朗语的词汇。[3] 至于同芬兰—乌戈尔民族信仰与风俗的相似性，是由于他们在史前时代即有所接触，或是由于他们起源于共同的传统。例如说，我们已注意到西部斯拉夫人与芬兰—乌戈尔人的神庙在结构上的相似性，他们以多首形象表现神灵和精灵的相似性。[4] 在斯拉夫民族中间有一个普遍的习俗，该习俗不见于印欧民族，就是双重埋葬(double-sepulcher)。[5] 在死者下葬三年、五年或七年后，把他的骨头挖出来，洗干净，再用包布(*ubrus*)裹起来；将包布带回家，暂时安放在家中悬挂神像的 034
“神圣的屋角”里。这块包布的巫术—宗教价值是由于它接触到了死者的骷髅和骨殖。最早的时候，存放在“神圣的屋角”的是一部分挖掘出来的骨头。这种极其古老的做法(在亚洲与非洲皆有所闻)在芬兰人那里也可以看到。[6]

斯拉夫人另外一种不见于印欧民族的风俗是 *snochačestvo*，也就是公公

---

① 参见 F. Hasse, *Volksglaube und Brauchtum der Ostslaven*，第 256 页。

② 参见 Evel Gasparini, *Il matriarcato slavo*，第 597 页以下所收集的文献。

③ 我们还要补充一个用语 *ray*，在它用于表达基督教的“天堂”之前，它的意思乃是 *bog*(“财富”)。

④ 参见 Gasparini, *Il matriarcato slavo*，第 553—579 页。但是正如我们所见到的(§250)，多首神在其他印欧民族中也存在。

⑤ 这一习俗仅见于受到斯拉夫人影响的民族：日耳曼人、罗马尼亚人以及其他东南欧洲民族。

⑥ 参见 Gasparini, “Studies in Old Slavic Religion: Ubrus”；相同作者，*Il matriarcato slavo*，第 597—630 页。

有权与未成年儿子的未婚妻同房，或是在儿子离家很久的情况下与他的媳妇同房。奥托·施拉德尔(Otto Schrader)曾经将斯拉夫人这一习俗与印欧民族施行的“让婚制”(*adiutor matrimonii*)进行比较。但是在印欧民族那里，临时转让女儿或妻子是由父亲或丈夫主动进行的，他们在行使父亲或丈夫的权威。这种转让在丈夫不知情或违背其意愿的情况下是不可能发生的。[①]

古斯拉夫社会的另一特征就是人人权力平等。整个社团拥有充分权力。因而所有决定都须经过大家一致同意。起初，*mir* 一词既指共同参加的**集会**，也指决定的**一致性**。这就说明为什么 *mir* 一词既可以用来指**和平**又可以指**世界**。加斯帕里尼(Gasparini)认为，*mir* 一词反映了在某个时期内，社团的每一个成员——**不论男女**——都享有同样的权利。[②]

与其他欧洲民族一样，斯拉夫人的民间宗教故事、信仰与风俗保留了很大一部分多少基督教化了的异教遗产。[③] 特别有意思的是，斯拉夫人普遍接受森林之灵(俄语作 *leshy*；白俄罗斯语作 *leshuk* 等)的概念，森林之灵能
035 确保猎人得到足够数量的猎物。这一类型的神灵是相当古老的：动物之主(§4)。森林之灵结果变成了家畜的保护神。某些森林精灵(*domovoi*)在人们建造房屋的时候会潜入屋内，这也是一种极为古老的信仰。这些精灵有好的，也有坏的，大多在支撑房屋的梁柱里安营扎寨。

民间神话故事更为清楚地显示了古老的前基督教概念的遗存。在此我们只举一个最著名同时也最重要的例子：即我们先前提到的(§244)关于潜水创世这个传遍了整个中亚和北亚地区的神话。在斯拉夫各民族和东南欧洲民族的传奇中，也可以找到这个多少有些基督教化的神话。此神话有一个非常有名的情节：在太初的大海上，上帝看到撒但，就命令他潜入水底带回一点泥土，以便创造世界。但是魔鬼在嘴里或手中藏了一些泥土(或沙子)，当大地开始长大，那些泥沙就变成了高山和沼泽。这个神话的俄罗斯版本还有一个特点，就是魔鬼，有时还包括上帝都是以水鸟的形象出现的。魔鬼具有鸟的形状乃是起源于中亚。在“提比里亚海传奇”(“Legend of the

---

① 参见 *Il matriarcato slavo*，第 5 页以下。加斯帕里尼(Gasparini)回顾了其他非印欧民族的证据：居住女方家庭的婚姻(第 232 页以下)；至少在南方斯拉夫人中间存在的母系氏族(第 252 页以下)；女方舅舅的权威性(第 277 页以下)；妻子定期回娘家(第 299 页以下)。

② Gasparini，*Il matriarcato slavo*，第 472 页以下。

③ 参见 Gasparini，同上书，第 493 页以下、第 597 页以下叙述和分析的资料。

Tiberiad Sea"，这是一部记载于 15—16 世纪抄本上的伪经故事）中，上帝在空中飞翔，看见化身为水鸟的撒但。另有一个版本则描绘上帝和魔鬼为一白一黑两只潜水鸭子的形象。[1]

与中亚地区同一创世神话的不同版本相比，斯拉夫和东南欧洲的版本突出了上帝和魔鬼的二元对立。有些学者把这种上帝通过魔鬼的帮助而创造世界的观念，解释成一种鲍格米勒派（Bogomil）[2]信仰的表现。但是这种假设会遇到一些困难。首先，这个神话不见于任何鲍格米勒派的文献。更重要的是，在有些地区（如塞尔维亚、波斯尼亚、黑塞哥维那、匈牙利等）[3]鲍格米勒派流传了好几个世纪，但是那里却看不到这一神话。此外，在乌克兰、俄罗斯和波罗的海地区——鲍格米勒派从未渗透到这些地区——却照样可以收集到这个神话的不同版本。最后，正如我们所见，这一 036
神话的不同版本主要集中在中亚和亚洲北部地区。有人推断这一神话起源于伊朗，但是在伊朗并不存在潜水创世的神话。[4] 还有，正如我们已经提到的（§ 244），在北美、雅利安和前雅利安的印度以及东南亚，都有这一神话的不同版本。

总而言之，这是一则古老的神话，经过多次重新解释和创造。它在欧亚地区、中欧和东南欧洲的广泛流传证明它迎合了大众深层的精神需要。一方面，这个神话在解释世界为什么是不完美的，为什么从一开始就存在邪恶的同时，还使上帝不必为这个最严重的失误负责。另一方面，它揭示了在远古时期就已经萦绕在人类宗教想象中的上帝的本性：它是个典型的"退位神"（*deus otiosus*，这在巴尔干半岛的传说中尤其明显）。人们就是这样来解释人生，解释上帝与魔鬼的伙伴——甚至是友谊——关系。

我们反复强调这个神话的原因有许多。首先，它的欧洲版本形成了一

---

① 参见 Eliade, *Zalmoxis*，第 94 页以下。

② 10—15 世纪盛行于巴尔干地区的基督教教派。该派由鲍格米勒所创，故名。该派中心教义从二元宇宙论出发，认为有形的物质世界为魔鬼所创造。因此，该派否认道成肉身之说，反对关于上帝通过物质施恩于人的基督教教义。——译者

③ 同样，在德国和西欧也没有这个神话，尽管清洁派和帕塔利尼派（Patarini）曾将一些起源于摩尼教和鲍格米勒派的神话主题传播到了法国南部、德国和比利牛斯山地区。参见 *Zalmoxis*，第 90 页以下。

④ 尽管如此，在察宛派（参见 § 213）流传下来的伊朗传说里，还是存在两个独创的主题：上帝（基督）与撒但是兄弟，而巴尔干传奇说，上帝在创造世界以后就变得精神迟钝了；参见 *Zalmoxis*，第 109 页以下。

个完整的神话;它不仅讲述了世界的创造,而且解释了死亡与邪恶的起源。另外,假如我们将这个神话的不同版本综合起来考察,那么这个神话就显示了一种“二元化”趋势逐渐得到强化的过程,可以同其他宗教创新(参见印度,§195;伊朗,§§104、213)进行比较。但是在这里,我们看到的是**民间故事型的**传说,不管它们的源头在哪里。换言之,对这个神话的研究可让我们理解某些民间宗教精神的观念。各东欧民族在改信基督教很久以后,仍然通过这个神话来维护世界的现状和人类的处境。对于魔鬼的存在,基督教从未提出异议。但是魔鬼在宇宙起源中所扮演的角色乃是一种“二元论”的创新,这种创新使得这些传说能够历久不衰,广为流传。

很难断定古斯拉夫人是否还有其他类似伊朗或诺斯替教的二元观念。
037 对于我们而言,我们只要证明,一方面在基督教化的欧洲各民族中仍然连续性地存在着古老神话—宗教结构;另一方面,对宗教历史来说,远古宗教遗产在民间层面上的再创造也是有其重要意义的。

第32章　圣像破坏危机(8—9世纪)之前的基督教会 038

252. 罗马何至于遭到破坏……

休·特雷沃尔—洛佩尔(Hugh Trevor-Roper)写道:“古代文明的终结,希腊、罗马的伟大地中海文明的最后颓败是欧洲历史的一大难题。为什么会颓败,什么时候开始颓败的,可谓众说纷纭。我们只是看到,从3世纪开始就出现了一个缓慢的、致命的然而也是不可逆转的过程,至少就西欧而言这个过程到5世纪就结束了。”①

至于罗马帝国衰亡和古代世界倾圮的原因,大家常常会提到基督教;更确切地说,基督教的兴盛并正式成为国教。在本章中,我们不必离题去探讨这个艰深又微妙的问题。我们只需记住,就算基督教不鼓励军事活动、崇尚军功,那么在君士坦丁皈依基督教(§239)之后,早期护教士反对帝国的观点也就失去了存在的理由。更为重要的是,君士坦丁决定接受基督教,定新都于博斯普鲁斯,这反而有可能将古典的希腊—罗马文化保存下来。② 但很显然,帝国的基督教化带来的这些有利后果,当时的人们却未能享受到:
特别是在410年8月,哥特人的首领阿拉里克(Alaric,他本人是阿里乌派基 039
督徒)攻克并洗劫了罗马,屠杀了一批市民。从军事与政治的角度来看,这一事件尽管十分严重,却称不上是一场大灾难,因为罗马帝国当时的首都是米兰。但这一消息震惊了整个罗马帝国。当时的宗教精英以及异教的文化与政治中心认为,这一始料未及的灾难是对未来的预兆,并将它归咎于放弃

---

① Hugh Trevor-Roper, *The Rise of Christian Europe*,第33页。

② “如果罗马帝国没有基督教化,如果在蛮族和穆斯林入侵的岁月里,君士坦丁堡没有保留罗马法和希腊文化,谁能料想,世界将会如何,基督教又将会如何呢?12世纪罗马法的重新发现标志着欧洲复兴的一个重要阶段。但是重新发现的罗马法正是保存在查士丁尼时代伟大的拜占庭法典里面的。”(同上书,第34页)同样,15世纪希腊学问的重新发现则导致了文艺复兴。

了传统的罗马宗教而采纳了基督教。

正是为了回答这种指责，希波的主教(Bishop of Hippo)奥古斯丁(Augustine)在公元412—426年间，撰写了他最重要的著作《上帝之城》(*De civitate Dei contra paganos*)。该书首先批判了异教，也就是批判了罗马的神话和宗教组织，同时阐明了一种对西方基督教思想具有深刻影响的历史神学。事实上，奥古斯丁本人并不关心他那个时代所理解的普遍历史。在古代的帝国中，他只提到了亚述和罗马(如XVIII，27，23)。尽管奥古斯丁涉猎甚广，知识渊博，但作为一个基督徒他只关心开创了历史、规定了历史发展方向的两件事：亚当的原罪以及人类通过基督得到的救赎。他拒斥各种关于世界的永恒或是永恒轮回的理论，但是也不想费心反驳它们。世界是上帝创造的，而且将会有一个终结，因为时间是直线发展的，而且是有限的。最初的堕落发生以后，只有一件事情是重要的，那就是道成肉身。历史的同时又是救赎的真理在《圣经》中已经得到彰明，因为犹太民族的命运表明，**历史**具有意义并且朝着一个明确的目标发展：那就是人类的得救(4.3；5.12，18，25)。总之，**历史**就是由亚伯(Abel)与该隐(Cain)的精神后代之间的斗争所构成的(15.1)。

奥古斯丁区分了六个时代：(1)从亚当到大洪水；(2)从挪亚到亚伯拉罕；(3)从亚伯拉罕到大卫；(4)从大卫到巴比伦囚虏；(5)从流放时期到耶稣。第六个时代要一直持续到基督的第二次来临。① 所有这些时代都处在
040 “世俗之城”(*civitas terenna*)，是由该隐的罪恶开始的，与之相对的就是“上帝之城”(*Civitas Dei*)。世俗之城充分显示了它“虚空”(*vanitas*)的特点，因此它是短暂的而且是会毁灭的，它靠着自然的传承而得以延续。上帝之城则是永恒而不朽的，“真理”(*veritas*)普照，是属灵的得以重生之地。在世俗(*saeculum*)世界里，亚伯那样的义人就是走在救赎道路上的朝圣者。总而言之，罗马帝国的职责——以及它存在的理由——就是要维护和平与正义，将福音传遍全世界。② 当时有些基督教作者将罗马帝国的繁荣与教会的发展联系起来，但是奥古斯丁不同意这种观点。他不断地重复，基督徒必须等

① 奥古斯丁没有考虑基督复临的具体日子，但是他的教友拉克坦西(240—300)已经宣布那日子在公元500年。

② 《上帝之城》XVIII，46。根据奥古斯丁的观点，国家和皇帝并不是魔鬼的产物；然而，它们却是原罪的产物。

待上帝之城对于人类文明的最后胜利。这种胜利不会像那些千禧年派所预想的在历史的时间中实现。换言之,即使整个世界都改信了基督教,地球与历史也不会有什么变化。值得注意的是,《上帝之城》的最后一部(22)论述了肉身的复活。

对于阿拉里克对罗马的蹂躏,奥古斯丁回顾了罗马在历史上曾遭遇的各种灾难。他强调罗马人本身也征服并剥削过无数其他的民族。总之,奥古斯丁有一句名言:“要不是罗马人作恶多端,罗马何至于遭到破坏!”(*Roma non pereat si Romani non pereant*)换句话说,只有人类的品德才能保证一种制度的永恒,而不是相反。

公元 425 年,也就是奥古斯丁去世前五年,他完成了《上帝之城》的创作,这时,阿拉里克的“亵渎行为”已被遗忘,可是西罗马帝国也已穷途末路。在余下的四个世纪中,那些不得不经历帝国消亡与西欧“蛮族化”的基督徒,首先就是从奥古斯丁的著作中汲取思想。《上帝之城》彻底断绝了教会与垂死的罗马帝国之间的历史关联。既然基督徒的真正使命在于寻求得救,而唯一可以确信的便是“上帝之城”最终的决定性胜利,那么,一切历史性的灾难就没有任何精神意义了。

公元 429 年夏天和 430 年春天,汪达尔人横渡直布罗陀海峡,洗劫了毛 041
里塔尼亚和努米底亚(Numidia)。直到公元 430 年 8 月 28 日奥古斯丁去世之日,他们仍然盘踞在希波。一年之后,该城遭到洗劫,部分地区被焚毁。罗马帝国经略的非洲从此灭亡了。

253. 奥古斯丁:从塔加斯特到希波

正如许多宗教创始人、圣徒或者神秘主义者(如佛陀、穆罕默德、圣保罗、米拉日巴和罗耀拉的依纳爵)一样,圣奥古斯丁的生平有助于我们了解他天才思想的不同方面。他生于塔加斯特(Tagaste)的一座小村庄,此地属于罗马帝国统治的非洲,父亲是异教徒,母亲是基督徒。奥古斯丁自幼学习修辞学。后皈依摩尼教,信仰虔诚,长达九年,纳有一妾,生一子,名阿狄奥达图斯(Adeodatus)。公元 328 年,他移居罗马,希望在那里找到一份职业。两年以后,他的保护人、异教的学术精英领袖叙马库斯(Symmachus)把他送到米兰。在此期间,奥古斯丁放弃了摩尼教,并狂热地钻研新柏拉图主义。在米兰,他结识了在教会和罗马宫廷都享有盛名的安布罗斯(Ambrose)大主教。当时形成了一直维持到 20 世纪的领圣体的制度:女人不能领有神职，不能参与宗教活动（如安排圣事或进行宗教指导），明确区别教士与平信徒；主教享有极高的地位。

不久，奥古斯丁的母亲莫尼卡（Monica）也来与他住在一起。很可能是她说服奥古斯丁和他的妾分居（但是没过多久奥古斯丁另外又纳了一妾）。安布罗斯的布道以及他的以身作则、奥古斯丁对于新柏拉图主义的深入研究终于使他深信必须戒绝女色。公元 386 年夏季的某一天，他听到邻居花园中有一个孩子的声音说：“拿起来，读！”（*tolle, lege*）奥古斯丁就翻开《新约》，他的眼睛落在《罗马书》的一段文字上（13∶13—14）：“行事为人要端正，好像行在白昼。不可荒宴醉酒；不可好色邪荡；不可争竞嫉妒。总要披戴主耶稣基督，不要为肉体安排，去放纵私欲。”

042 公元 387 年的复活节，他在安布罗斯的主持下受洗，并决定举家返回非洲。但他的母亲在奥斯提亚（Ostia）去世，阿狄奥达图斯也在三年后死去。在塔加斯特，奥古斯丁与他的同道建立了一个半修道的团体，致力于沉思与研究。然而，当 319 年奥古斯丁到希波访问的时候，他领神父职并担任助理主教，396 年正式继任主教。在他生前的演说、书信以及卷帙浩繁的著作中，奥古斯丁一直致力于捍卫教会的整体性，深化基督教的教理。他被恰当地认为是最伟大、最具影响力的一位西方神学家。尽管如此，在东派教会中，他并不享有这样的声誉。

在奥古斯丁的神学体系中，我们可以看到他的性格、他的心路历程打下的深深烙印。正如我们将会看到的，虽然他拒斥摩尼教，但他对人的“邪恶本性”还是保留了一种唯物主义的观点，认为它是由原罪造成的，是随着性而传播下来的。而新柏拉图主义对他也具有决定性的影响。奥古斯丁认为，人是“一个为肉体所俘获的灵魂，当奥古斯丁以一个基督徒的身份说话时，总是不忘提及人是灵魂与肉体的统一；而在哲学上他总是坚持柏拉图的定义。”[1]正是他感情丰富的性格，他坚持不懈地与情欲作斗争却总是大败而归，促使他更加赞美神恩，更加坚定了他的预定论（predestination）观念（§255）。

奥古斯丁最终放弃了沉思的生活，担负起神父和主教的一切责任，在一个信徒团体中过着虔敬的生活。奥古斯丁比任何一位大神学家更加强调把救赎与教会生活等同起来。正因如此，直到他生命的最后日子，他还在为维

[1] Etienne Gilson, *Christian Philosophy in the Middle Ages*，第 74 页。普罗提诺重复了柏拉图在《阿西庇阿德》中的定义，而奥古斯丁就是从这里发现这个定义的。

护教会的统一而努力。对奥古斯丁来说,最大的罪恶莫过于裂教。他毫不犹豫地说,自己相信福音书是因为教会命令他去相信。

254. 奥古斯丁的伟大先驱:奥利金

奥古斯丁构思其作品的时期,基督教神学达到了一个高峰。公元 4 世纪下半叶正是基督教教父的黄金时代。教父们——该撒利亚的巴西勒 043
(Basil of Caesarea)、纳西盎的格列高利(Gregory of Nazianzus)、尼萨的格列高利(Gregory of Nyssa)、约翰·克里索斯托(John Chrysostom)、本都的伊瓦格里乌斯(Evagrius Ponticus)等——与安布罗斯一样,都是在教会和平时期完成其著述的学者。当时的神学依然为希腊教会神父所主宰。在反对阿里乌派的过程中,亚大纳西(Athanasiu)提出了圣父与圣子同体(*homoousia*)的教义,后为尼西亚(Nicaea)公会议(325 年)正式接受。然而,奥利金(Origen,约 185—约 254),这位最机敏、最大胆的神学家,也是唯一可以与奥古斯丁相提并论的神学家,却一点没有得到他应有的权威,尽管死后他的声望与影响与日俱增。

奥利金出生于亚历山大里亚的一个基督徒家庭,以智慧、狂热和异乎寻常的创新能力而著称。他用自己的才干、热情、渊博的知识为教会服务(先在亚历山大里亚,然后在该撒利亚)。奥利金坚信《圣经》与福音的启示全然不必畏惧柏拉图哲学,曾投在著名的阿蒙尼乌斯·萨卡斯(Ammonius Saccas)门下,20 年后,就是这位萨卡斯又成了普罗提诺的老师。奥利金认为,神学家必须了解并接受希腊文化,以便自己也能够为异教的知识精英和受到古典文化熏陶的、刚皈依不久的基督徒所了解(他的这种做法,到 4 世纪末方才盛行起来)。

奥利金的著述涉及面甚广:①有语文学(他的《六文本合参》(*Hexapla*)奠定了《圣经》评断学的基础)、护教文(《驳塞尔索》(*Contra Celsus*)、解经学(保存于许多重要的注疏里面)、宣道作品、神学和形而上学等。但其大部分作品都散佚了。除《驳塞尔索》和数篇重要的注疏及宣道作品之外,我们只得到《论祈祷》、《殉道者的劝勉》,以及神学著作《论原理》(*De principiis*, *Peri archôn*),后者无疑是他最重要的作品。按照优西比乌的

---

① 哲罗姆称他有 800 种作品,又补充道,庞费利乌斯(Pamphilius)提出了一份 2 000 种作品的名录。

说法,奥利金为了摆脱自己的情欲,“过分咬文嚼字地”解释《马太福音》中
044 的一段文字。[①] 他一生弘扬殉道者经受的死亡和种种考验,公元 250 年德修斯迫害期间被捕入狱;公元 254 年死于酷刑的折磨。

由于奥利金的缘故,新柏拉图主义从此融入了基督教的思想。奥利金的神学体系是一种天才式的构造,对后人产生了极大的影响。但是,正如我们将会看到的,他的某些想法过于大胆,容易被别有用心的人曲解。奥利金认为,上帝圣父是超越的、无法理解的,永恒地创造了他的影像——圣子,圣子既是可以理解也是不可理解的。通过逻各斯(Logos),上帝创造了不可胜数的纯粹的圣灵(*logikoi*),赋予他们生命和意识。但是,除了耶稣,所有的这些圣灵都疏远上帝。奥利金并未解释这种疏远的根本原因。他只是提到了疏忽、厌烦与遗忘。总之,这一严重状况被解释为纯洁的圣灵的无知。由于远离上帝,他们就成了“灵魂”(*psychai*;参见《论原理》2.8.3),圣父就根据他们错误的严重程度赋予与他们不同的肉身:天使,人类或者魔鬼。

于是,由于他们的自由选择,也由于天命,这些堕落的灵魂踏上了最终返回上帝的朝圣之旅。事实上,奥利金认为灵魂并没有因为原罪而丧失选择善恶的自由(贝拉基后来也重复提出了这个观念,参见§255)。因为上帝是万能的,事先就知道我们的各种自由的行为(《论祈祷》,5—7)。奥利金强调自由选择具有救赎的功能,以此拒斥诺斯替教和某些异教哲学家的宿命论。肉身固然是一个囚笼,但它同时也是上帝显现自我的途径,而灵魂也通过肉身得到升华。

宇宙的戏剧可以定义为一条由无知走向经验的道路,这经验就是灵魂在踏上返回上帝的朝圣途中所遭受的各种考验。拯救就是回到最初的完美状态,也就是所谓 *apokatastasis*(“万物复原”)。但是这最后的完美胜过最初的完美,因为它是无懈可击的,也是最后形成的(《基督教原理》2.11.7)。此时此刻,灵魂将得到“复活的肉身”。基督徒的灵魂之旅受到赞美,被比喻为旅行、自然的成长以及与邪恶抗争。最后,奥利金认为,一个完美的基督徒可以认识上帝,通过爱而与上帝合为一体。[②]

---

① “有为天国的缘故自阉的。”(《马太福音》19:12)此事发生于公元 210 年以前。

② 参见“Sources Chrétiennes”,第 252、253、268、269 卷中的《论原理》版本和译本。罗瓦·A·格里尔(Rowan A. Greer)的近著 *Origen*,选收了其中一些译文。关于他的神学体系,参见同上书,第 7—28 页。

奥利金在世的时候就已经受到批评,在他去世后相当一段时间,仍遭到一些神学家的攻击,在查士丁尼(Justinian)皇帝的命令下,他在公元 553 年 045
的第五次公会议上受到明确谴责。尤其是他的人类学以及他的“万物复原”的观念令许多神学家深为不安。他们指责他更像一个哲学家和诺斯替教信徒,而不是基督教神学家。“万物复原”意味着一种普遍的救赎,因此包括魔鬼也能够得救;此外,它还把基督的工融入一个普遍的宇宙过程。但是,我们必须考虑到奥利金的时代,特别是其思想综合的暂时性。奥利金认为自己真诚为教会服务;他的许多明确而坚定的宣言①以及他的殉道,都证明了这一点。不幸的是,奥利金的著作大都散佚了,很难区分哪些是他本人的思想,哪些是“奥利金派”的思想。虽然部分教会人士怀疑他,但他还是对加帕多家的教父产生了影响。多亏了大巴西勒(Basil the Great)、纳西昂的格列高利与尼萨的格列高利,奥利金神学思想的精华在教会里面保存了下来。通过加帕多家人,他还影响了本都的伊瓦格里乌斯、伪亚略巴古人丢尼修(the Pseudo-Areopagite)和约翰·卡西昂(John Cassian)等,尤其影响了他们关于神秘主义经验以及基督教隐修制度方面的观念。

但是,对奥利金的谴责令基督教会丧失了巩固其普世主义的可能,尤其丧失了基督教神学与其他宗教思想体系(比如印度宗教思想)进行对话的机会。他的“万物复原”观念,以其所蕴含着的大胆含义,是最具创新意义的末世论思想之一。②

255. 奥古斯丁的论战立场——恩宠论和预定论 046

奥古斯丁于公元 397 年被任命为大主教,几年之后,他动手撰写《忏悔录》。他对于青年时期的鲜活回忆深感压抑,“我的罪恶使我恐惧不安”(10.43.10)。他说“敌人掌握着我的意志,把它打成一条铁链紧紧地将我缚住”(8.5.1)。这部作品的创作具有一种治疗的作用:目的在于达到自我的合一。它既是一部灵魂的自传,又是一段长长的祈祷,奥古斯丁希望藉此深入了解上帝本性的奥秘。“但是允许我,请允许尘埃粪土的我向你的慈爱说

① 例如在《第一原理》(1, 尤其是 2)中,他说:“我们认为,只有不与教会和使徒的传统相冲突的,才可以信为真理。”

② 1 000 年之后,西方教会抵制了弗洛里斯的约雅敬(Joachim Floris)和爱克哈特大师(Meister Eckhart)的大胆思想,又使得当时的人们丧失了一次从他们思想中汲取养分的机会。

话，因为我是向你的慈爱，不是向讥讽我的人说话。”(1.6.7)他祈祷上帝说：“我心中的上帝啊”，“喔，我迟到的喜悦！*Deus dulceda mea*”，“我听命于你！”“赐予我之所爱！”[1]奥古斯丁回顾了他的罪恶与年轻时的过失——偷盗梨子，抛弃小妾，朋友死后感到生活绝望——不是为了略述轶事，而是为了向上帝敞开他的心扉，更好地认识到这些行为的严重性。《忏悔录》感情真挚的语调至今仍令读者感动不已，正如它当时令佩脱拉克(Petrarch)和数世纪后的其他学者感动一样。[2]这是奥古斯丁唯一一本在整个世界人们仍然喜欢阅读的著作。人们一再称《忏悔录》是“第一部现代作品”。

但是，对于5世纪的教会来说，奥古斯丁远远不止是《忏悔录》的作者。首先，他是一位伟大的神学家，是反对异端和裂教的杰出批评家。他最早的论战就是反对摩尼教和多纳图派(Donatist)。奥古斯丁年轻的时候曾经被摩尼教所吸引，因为其中二元论的思想使他可以解释恶的起源、恶的似乎无
047 穷的力量。后来，他拒斥了摩尼教，但是恶的问题仍然困扰着他。从大巴西勒开始，基督教的神学家们通过否认恶的本体论的现实性来解决这个问题。大巴西勒把恶定义为“善的阙如。因此，恶并不是内在于某个实体里面，而是表现为灵魂的一种缺陷”(《论创造的六日》2.5)。同样，波斯拉的提多(Titus of Bosra，卒于370年)与约翰·克里索斯托(约344—407)也认为恶是“善的阙如”(*steresis*，*privatio boni*)。

在公元388—399年间撰写的抨击摩尼教的五篇论文中，奥古斯丁又一次提出了类似的论证。上帝创造的一切都是*真实的*，是存在的，因此也是*善*的。恶非实体，因为它丝毫没有善的痕迹。他竭力维护上帝的统一、全能、善，同时又将上帝与这世上的恶区分开来。我们在东欧以及中亚宇宙起源的传说中也看到过类似将上帝与恶区分开来的努力(§251)。“善的阙如”的教理至今仍吸引基督教的神学家投入大量的研究，但它一直不被普通信徒所理解和接受。在奥古斯丁那里，反对摩尼教的论战[3]坚定了他对人类彻底堕落的观念；某些悲观论的特征和摩尼教的物质主义重新出现在他关

---

① 参见Peter Brown, *Augustine of Hippo*，第167、180页。甚至《忏悔录》这一书名本身也很重要；在奥古斯丁看来，忏悔(*Confessio*)是指“谴责自己，赞美上帝”(同上书，第175页)。

② 尤其是人们在佩脱拉克之后引述了这句名言：“我不再去恋爱，但我爱上了爱……我开始寻找一切爱的机会因为我已经疯狂地爱上了*爱的观念*。”(3.1.1)

③ 相关的基本文献在克劳德·特雷斯蒙当(Claude Tresmontant)所著*La métaphysique du Christianisme*，第528—549页有转载和注疏。

于恩宠的神学里面(参见本节下文)。

在戴克里先迫害之后的和平时期,于公元 311—312 年间,努米底亚的大主教多纳图(Donatus)开始分裂。多纳图派通过各种手段把在迫害期间有所动摇的教士逐出教会。他们认为,如果教士有罪,他们所进行的圣事就不具有作为恩宠的中保意义。然而,奥古斯丁反驳说,教会的神圣性不在于教士和信徒的完美与否,而在于圣事所传达的恩宠本身;因此,同样地,圣事之拯救性的作用也不在于领受圣事者的信念。为了避免出现分裂,奥古斯丁多年以来一直在促成多纳图派与教会的和解,但是并未成功。

最漫长也是最具影响力的论战,是奥古斯丁与贝拉基及其弟子的论战。贝拉基是一位年长的不列颠僧侣,他于公元 400 年抵达罗马。因不满基督徒的行为与道德,便致力于改革。他那谨严的苦行生活以及渊博的知识很 048
快令他声誉鹊起。公元 410 年他与几个弟子到北非避难,但未遇上奥古斯丁。于是他取道前往东部省份,他在那里也取得与罗马一样的成功,于公元 418—420 年间去世。

贝拉基对人的智慧,特别是人的意志怀有极大的信心。他教导说,只要能够敦行美德和苦行,每一位基督徒都能达到完美的境界,也就是成为圣人。人必须对他自己的罪恶负责,因为他具有去恶从善的能力;换言之,他具有"自由意志"。正因如此,贝拉基不接受亚当的后代自动地、普遍地分有原罪的说法。"如果罪是天生的,那它就不是出于人的自愿;如果罪出于自愿,那它就不是天生的。"婴孩受洗的目的不是要涤除原罪,而是使他在基督里面获得新生。对于贝拉基来说,恩宠就包含在通过律法,尤其通过耶稣基督显明的上帝的启示之中。基督的教训构成了一种模范,可为基督徒所仿效。总之,在贝拉基的神学中,在某种意义上人凭着自己就能够得救。[①]

贝拉基派的历史短暂但很曲折。在各种宗教会议中,贝拉基多次遭到绝罚又得到平反。一直到公元 579 年奥朗日(Orange)的主教会议上,贝拉基派才彻底受到谴责,当时奥古斯丁在公元 413—430 年间撰写的反驳文章起到了决定性的作用。如同他与多纳图派的论战一样,奥古斯丁首先抨击

---

① 很有可能他最优秀的门徒科埃勒斯图(Coelestus)进一步丰富了贝拉基的论点。公元 411 年或 412 年,米兰的保罗反驳了这种异端思想,他说贝拉基主张亚当创造出来的时候就是会死的,甚至在还没有犯罪的时候就已经知道他是会死的;只有亚当因为他的过失而受到伤害,而不是整个人类;婴儿处在亚当堕落以前的状态;此外,在耶稣基督之前,也存在着极其纯洁的、不犯任何罪的人。

贝拉基谨严的苦行主义和道德的完美主义。奥古斯丁的胜利首先是教会的平信徒社团对于苦行主义与改革的胜利。奥古斯丁赋予上帝的恩宠,因而赋予上帝的全能以重要意义,重申《圣经》的传统,也没有钳制大众的虔诚信
049 仰。至于预定论的教义,则唤起了精英阶层的极大兴趣。

奥利金已经指出过,神圣的天命(也就是上帝的预知性)并不是促使人类行为的原因;人对自己的行为有完全的自由,要对自己的行为负责(参见§254)。从并不阻碍人类自由的上帝的预知性教义,过渡到预定论的神学是通过原罪的神学观点(theologoumenon)来完成的。安布罗斯已经注意到,在耶稣基督的无玷始孕与原罪通过两性结合而世代相传的观念之间有一种关联。而奚普里安(Cyprian, 200—258)则认为,婴儿必须受洗,因为洗礼可以抹掉他们的原罪。

对于前人的思考,奥古斯丁重新加以解释、铺陈和深化。他尤其强调,恩宠是上帝的自由,无需任何外在的必要条件。既然上帝是至高无上的——**万物**都是他从**虚无**中创造的——那么,恩宠也是至高无上的。这种上帝至高无上、全能与恩宠的观念在预定论中得到了最充分的表达。奥古斯丁把预定论定义为:“上帝对他未来工程的安排,既不可隐瞒也不可更改。”(*Perseverentia* 17.41)但是奥古斯丁又说,预定论与异教的宿命论毫不相干:上帝的惩罚是为了显示他的愤怒,证明他的权能。宇宙的历史就是上帝行动的舞台。有些人得到永恒的生命,有人却受到永恒的惩罚——在后一类人中间还包括未受洗即夭折的婴孩。在奥古斯丁看来,预定论的双重性——上天堂和下地狱——是无法理解的。既然原罪是通过两性关系而流传下来的,①那么它就是普遍的,不可避免的,如同生命本身一样。最后,教会就是由一定人数的圣徒所构成,他们在创世之前就预定了要来拯救人类。

通过这类论战,奥古斯丁提出了一些观点,虽然没有全部被天主教会所接受,但是在西方神学界掀起了无穷无尽的争论。有人将这种刻板的神学比作异教的宿命论。此外,奥古斯丁的预定论有损于基督教的普世主义,因为根据后者,上帝想使**所有人**都得到救赎。人们反对奥古斯丁的不是他关
050 于恩宠的教义,而是他将恩宠等同于某种特定的预定论;有人公正地指出,上帝预知性的教义可以避免针对奥古斯丁预定论的解释所引发的各种反对

① 就像性传播疾病一样,佩里肯(Jaroslav Pelikan)在 *The Emergence of the Catholic Tradition (100—600)*,第 300 页中做了如此评价。

意见。①

我们在此引用当代一位著名的天主教神学家的结论:"奥古斯丁反对摩尼教,捍卫人类的自由与责任。奥古斯丁驳斥摩尼教,那是为了拒斥摩尼教,因为摩尼教将恶的责任推卸给了某个神秘的'自然'或'原则'。从这一点上来看,奥古斯丁的贡献是积极的,符合基督教的。但是,奥古斯丁进而提出的理论是否让人完全满意呢?奥古斯丁关于原罪的解释不是也遭到后人相同的批评吗?今日若有人犯了罪……照奥古斯丁的观点,这罪恶是不是应该由那个犯了罪的人来担负责任呢?这罪恶难道不正是由于第一对夫妻的过失而'传播'下来的一种罪恶和堕落'本质'吗?……圣奥古斯丁告诉我们,正是从第一个人开始,人类在**肉体**里面熏染了罪的**恶习**。这难道不是一种对罪的遗传采取物质主义的认识,一种物理学的并且同样也是决定论的观念?压在人类身上的并不是生物学,在一个初生婴儿的身上,罪恶没有镌刻在他的生物组织或者他的心理机制里面。儿童是通过他所接受的教育……通过他将采纳的思维方式和道德模式而**获得罪的遗传**。奥古斯丁关于未经洗礼就夭折的婴孩会受到惩罚的学说,表明教会中最伟大的天才、最渊博的博士也不能幸免陷入严重的矛盾……十六个世纪以来,我们在教会中一直承受着圣奥古斯丁伟大的果实,也承受着他脆弱的错误。"②

256. 圣徒崇拜:殉道教堂(*Martyria*),圣物和朝圣

长期以来,奥古斯丁一直猛烈攻击对殉道者的崇拜。他不太相信圣徒所行的奇事,谴责买卖圣物。③但在公元 425 年,圣司提反(Sanit Stephen)的 051
圣物运到了希波,奇迹般地治愈了许多病人,这使他改变了观点。在公元 425—430 年间的讲道以及《上帝之城》第 22 章中,奥古斯丁解释了圣物崇拜并为之辩护,他还详细地记录它们的种种奇迹。④

① 参见佩里肯(Pelikan)的精辟论述,同上书,第 325—326 页,以及关于"自然与恩宠,"第 278—331 页的概述。

② Tresmontant, *La métaphysique*, 第 611 页;在注解 40 中,他转述了莱布尼茨的一段话,这段话证明问题没有取得任何进展:"人类的灵魂如何能够被原罪——一切现实罪恶的根源——所感染,除非上帝不公平地把灵魂暴露给原罪。"(《神正论》,第 86 页)

③ 公元 401 年前后,他指责某些僧侣"卖掉了殉道者的肢体,且不论这些人是否真的殉道者"(*De opere monachorum*, 转引自 Victor Saxer, *Morts, martyrs, reliques*, 第 240 页)。

④ 参见前书,第 225 页以下。

公元2世纪末以来,对殉道者的崇拜甚为流行,并且为教会所接受。但特别在大迫害期间以及君士坦丁建立和平之后基督“见证人”的圣物获得的很大重要性,颇令人感到不安。有些主教从这种过分的崇拜中看出异教卷土重来的危险。事实上,异教的葬礼风俗与基督徒对死者的崇拜确有某些关联,例如在死者入土那天以及每年的忌日都要在墓地上举办宴席。这一古老仪式的“基督教化”很快就拥有了自身的意义:对基督徒来说,在墓地举办宴席预演了天堂的末世盛宴。对殉道者的崇拜也延续了这一传统,区别在于它不再是一个家庭仪式,而是全体社团都要参与,还有主教出席。此外,对殉道者的崇拜有一种新的因素,是非基督教群体所没有的。殉道者超越了普通人类的境界;他们是为基督而牺牲的,无论在天上或地上,他们更接近上帝。他们的遗物也具有了神圣性。殉道者不仅可以代人在上帝面前说情——他们是上帝的“朋友”——而且他们的圣物还能创造奇迹,治疗疑难杂症。殉道者的墓地和圣物构成了一个奇特而悖论的地方,在那里天与地可以相互沟通。①

我们不可将殉道者崇拜比拟为英雄崇拜。在异教徒那里,这两种崇拜——对诸神的崇拜与对英雄的崇拜是截然不同的(§95)。英雄在死去之后,与诸神明确地分开了,而殉道者的身体则使崇拜者——那些为他举行崇拜仪式的人——接近上帝。这种对肉体的宗教狂热在某种程度上与道成
052 肉身的教义有关。既然上帝自己以耶稣基督的肉身显现,那么每一个殉道者为上帝受苦以至于死,他们的肉身便被神化了。他们圣物的神圣性与圣餐的奥体基本上具有一种平行关系。既然面包和酒是基督肉身与血的化体,则殉道者的肉身因他的死为人类做了楷模而成圣,这是一种真正的效法基督(*inmitatio Christi*)。通过殉道者肉身的无限分割,通过将圣物的范围加以无限延伸——长袍、物品、油甚至是尘土等等,凡是与殉道者的墓地或身体有关的东西——等等,这种一本同源性(homologization)遂得以强化。

到了公元6世纪,圣物崇拜到了极为流行的地步。在东罗马帝国,这种过分的虔诚时常令教会权威感到为难。4—5世纪在叙利亚有两种类型的教堂:长方形教堂和“殉道教堂”(*martyria*)。这些殉道教堂有与众不同的圆顶,②中

① Peter Brown, *The Cult of the Saints*,第3页以下。

② 尤其参见 H. Grabar, *Martyrium*。

央筑有供奉圣徒圣物的祭坛。尽管有教士加以抵制,但是,长期以来人们照例围绕着这个中央祭坛(*mensa*)举行各种特别的仪式,尤其是奉献祭品、祈祷,吟唱宣扬殉道者事迹的赞美诗。祭祀仪式还包括漫长的守夜,一直持续到凌晨,这个仪式令人感动,信徒们虔心期待奇迹的发生。围绕着祭坛举行爱筵和宴会。[1]教会权威竭力把对圣徒尊崇以及圣物崇拜,转移到侍奉基督上。最后,到了 5—6 世纪,一些长方形教堂取得殉道者的圣物,有些还在教堂内部建造一个专门的圣堂,名殉道教堂(*martyium*),供奉殉道者的圣物。同时也将殉道教堂改造成为正式的教堂。[2]

这一时期——从 4 世纪末到 6 世纪——圣物崇拜传播到西罗马帝国的每一个角落。但是这种崇拜基本处在主教控制之下,实际上还受
到他们的鼓励,用彼得·布朗的话说,其实主教正是这一民间狂热崇拜 053
的指使者(*impresarios*)。殉道者的坟墓,通常处在城市边缘的公墓中一个最显眼的位置,渐渐成为当地宗教生活的中心。墓地开始有了无与伦比的尊严。诺拉的保罗(Paulinus of Nola)炫耀在圣费立克斯(Saint Felix)的坟墓周围修筑的建筑群,其规模之大,足以令外乡人以为是另外一座城市。大主教的权力便体现在这些新造的"城外之城"中。[3]圣哲罗姆(Saint Jerome)写道,当崇拜圣徒的时候,"全城好像挪了一个地方"。[4]

和东方一样,在坟墓附近举行一些仪式,那里成了列队游行与朝圣的好去处。列队游行与朝圣在地中海地区的宗教史上是一种独特的创新。在这种公开的仪式中,基督教允许妇女与穷人参与。游行仪式与队伍表现了性别与阶层的融合;男人和女人、贵族和奴隶、富人和穷人、当地人与外地人都融合在一起。当圣物被正式引入一座城市的时候,它们获得的荣耀只有前来巡视的皇帝能够与之媲美。

通过梦境或是幻觉,每发现(*inventio*)一次圣物都会掀起一场巨大的宗

---

① 这是一种遭到教会反对却被坚持举行的仪式。公元 692 年,特鲁罗(Trullo)公会议再次禁止举行爱筵和在祭坛上供奉食物。

② Baldwin Smith, *The Dome*,第 137、151 页。

③ 参见 Brown, *The Cult of the Saints*,第 8 页。

④ Brown, *Movetur urbs sedibus suis* (*Ep.* 107, Ⅰ);第 42 页。人们可以将"城外之城"与马耳他的巨石墓地相比,尤其是可以与哈尔·萨费尼(Hal Salfieni)著名的死者之城比较(参见第 1 卷,第 104 页)。

教狂热,被看作宣布了一次神圣的大赦。[1]这种事件对教士间的争论具有决定性的作用,比如安布罗斯发现了殉道的圣徒热尔韦斯(Gervase)和普罗泰斯(Protaise)的圣物。查士丁娜皇后(Empress Justine)要求将一座新落成的大教堂供阿里乌教徒使用,但安布罗斯把圣物放在祭坛下面,使她未能得逞。

圣徒崇拜特别能在苦行的社会环境中盛行。[2]对诺拉的保罗来说,圣费立克斯既是保护人,又是朋友(*patronus et amicus*);圣费立克斯去世之日就
054 是他的再生之时。在坟墓旁边,人们可以读到关于殉道者受难的故事(*Passio*)。通过再现圣徒的生活与死亡的模范行为,时间消失,圣徒复现——人们等待新的奇迹:治病,赶鬼,保护自己免遭敌人侵害。但是每一个基督徒的理想是要在此圣地入葬。希望自己的坟墓尽可能地靠近圣徒,到末日审判的时候,圣徒就可以在上帝面前替死者说话。在殉道者教堂下面或者附近曾经出土了许多紧挨在一起的坟墓。

圣物的无限分割以及向帝国各地的分送(*translatio*),对于基督教的传播有极大的贡献,并维持了基督教集体经验的统一性。诚然,滥用、欺诈、宗教与政治的斗争也在与日俱增。视圣物为稀有的高卢和日耳曼地区,常从别处尤其是从罗马迎来圣物。在加洛林王朝(740—840)初期,许多罗马的圣徒和殉道者被运到西欧。公元9世纪前后,据推测每一座教堂都有(或应当有)圣物。[3]

尽管随着时间的推移,圣物崇拜逐渐呈现"民间性"的特点,但仍不无其崇高之处。总之,圣物崇拜说明了"事物的变化",它在某种程度上预见了日后德日进(Teilhard de Chardin)的大胆学说。此外,在信徒的狂热中,圣物崇拜不仅连接了天堂与尘世,而且协调了神人关系。因为一直都是上帝规定了圣物的"发现"(*inventio*)、奇迹的发生。除此之外,这种崇拜中隐藏着的矛盾(例如,殉道者既在天上,又在坟墓里,或在他肉身的某一部分中)使得信徒对于宗教思想的二律背反感到习以为常。确实,对于道成肉身、三位一体和圣事神学而言,我们可以把圣物崇拜看作是一种"容易理解的"(亦即可以为平信徒所接受)的东西。

---

①② 参见Brown, *The Cult of the Saints*,第92、67页。

③ 参见Patrick J. Geary, "The Ninth Century Relic Trade",第104页以下。教皇乐于转送这些圣物,因为罗马的圣物凸显了罗马作为帝国首都和基督教中心的尊荣地位。

257. 东派教会与拜占庭神学的繁荣 055

公元 4 世纪期间,东、西两派教会之间的分歧日趋明显。例如,拜占庭教会实行牧首制,其地位高于主教和都主教。在君士坦丁堡公会议(381年)上,东派教会声称由四大教区组成,每个教区各设一个牧首。君士坦丁堡——或者间接地,东罗马帝国的皇帝——与罗马的关系经常变得很紧张。君士坦丁堡拥有圣安得烈(Saint Andrew)的圣物,由于圣安得烈是“第一个受召的”,因此地位要高于圣彼得,所以君士坦丁堡宣称至少其地位与罗马是平等的。在以后的几个世纪里,关于基督学和教会学的争吵多次造成这两派教会的对立。我们只考察那些造成分裂的争吵(§302)。

在最早几次公会议上,只有几个“教皇”的代表与会。“教皇”这一称号是西里修(Siricius,公元 384—399 年在位)最早采用的,因此宣称他是其他主教的“父亲”,不是他们的“兄弟”。但是罗马还是支持了对阿里乌派的新谴责(在公元 381 年的第二届君士坦丁堡公会议上),以及对聂斯脱利(Nestorius)的谴责(在公元 431 年的第三次以弗所公会议上)。第四次公会议于公元 451 年在卡尔西顿召开,反对基督一性论(monophysitism),[①]教皇利奥一世(Leo I)就信条提出了一种新的说法,得到东派教父的同意,因为与圣西里尔(Saint Cyril)的思想是一致的:“这同一个基督、圣子、圣主和独生的,处于两种性质之中,两性互不混淆,互不变换,互不割裂,互不分开;两性决不因为联合而失去差别,相反,仍各自保持其性质,并汇合于同一个人、同一个实体里面。而不是分裂为两个位格,而是同一个圣子、独生的、上帝逻各斯、主耶稣基督。”[②]

这一信条完成了古典的基督学,却没有回答基督一性论提出的一些问题。5 世纪末,特别 6 世纪,卡尔西顿公会议的信条引起各方的反应。东派 056
基督教不完全接受这一说法,不可避免地导致信仰基督一性论教会的分裂。[③] 关于基督一性论,以及基督一性论所提出的某些疑问,几个世纪以来一直争论不休,既无结果,又枯燥乏味。

---

① 一性论派主张,即使耶稣基督是由“两种本性”(神性和人性)组成,这两种本性也会完全融合为一体;因此,“道成肉身是唯一的本性”。

② Philip Schaff, *The Creeds of Christendom*,第 2 卷,纽约,1919,第 62 页。

③ 公元 5—6 世纪的君士坦丁堡公会议(分别召开于 553 年和 680 年)对于基督一性论作出了妥协。

现在要提一下，哪些内容组成了东派教会的结构。首先是拜占庭的礼仪无与伦比的活力、其僧侣的华丽外表以及仪式性的、艺术性的富丽堂皇。礼拜仪式对于新入教的信徒表现为一种“奥秘”。伪亚略巴古人告诫那些经历此种奥秘的人：“要谨守那奥秘中最奥秘的，不要用渎神的方式将它泄漏出来。面对这神圣的奥秘，要谨慎，要诚实。”(《教阶体制》1.1)圣像间壁的幕布只在特定的时刻拉开；在以后几个世纪中，圣像间壁与教堂其他各殿完全分开了。

“教堂内部的四壁象征四方。教堂内部象征宇宙。祭坛就是天堂，位于东方。圣堂的正门被称作‘天堂之门’。在复活节的一个星期里面，这扇门一直敞开着；这个习俗的意义在复活节法典(Paschal Canon)中有明确的解释：基督从坟墓中复活，为我们打开天堂之门。相反，西面是苦难、死亡的晦暗之地，是死者的永恒居所，死者在那里等待着肉身复活和最后审判。教堂建筑的中间象征大地。根据科斯马·英迪科普罗斯第斯(Cosmas Indicopleustes)的观点，大地是长方形的，四壁环绕，上有天穹遮盖。所以教堂内部的四面象征四大方位。”①作为宇宙的象征，拜占庭教堂是世界的体现，也是世界的神圣化。

诗人与作曲家罗曼努斯·梅罗德斯(Romanus Melodus, 6世纪)使得宗教的诗歌与合唱音乐取得了辉煌灿烂的结果。最后，我们还要强调，助祭
057 在神职人员与信徒之间扮演着媒介的角色。助祭指示祈祷，在礼拜仪式的关键时刻给予参与仪式的信徒以提示。

但是，东派基督教最重要的创新首先在于神学，特别是在于神秘主义神学。诚然，拜占庭宗教思想的结构在某种程度上掩盖了它的“独创”，因为每一个神学博士都竭力去保存、守护和捍卫由教父传下来的教义。神学体系是僵化的。新思想即属异端，“创新”和“渎神”几乎是同义词。②这种明显的单调性(不断重复教父阐述的思想)可以视为僵化与枯竭的象征，且蔓延数世纪之久。

然而，东派教会神学的核心教义，特别是关于人的神化(*theosis*)的观念，却颇具独创性，尽管它是以圣保罗(Saint Paul)、《约翰福音》以及其他的

---

① Hans Sedlmayr, *Die Entstehung der Kathedrale*，第119页；W. Wolska, *La Topographie chrétienne de Cosma Indicopleustès*(Paris, 1962)，第131页以及各处。

② 参见 Jaroslav Pelikan, *The Spirit of Eastern Christendom* 所引文献和评注。

《圣经》文献为基础的。救赎就是神化的思想起源于道成肉身的奥秘。忏悔者马克西姆(Maximus the Confessor)认为,上帝创造了人,赋予他神圣的和非物质的繁衍形式;性欲与死亡是原罪的结果。道成肉身使得人类有可能成圣,但是还要靠上帝的恩宠才能使之成为现实。这解释了东派教会何以强调内心的祈祷(后来变成了"不间断的祈祷")、沉思以及修道的重要性。神化之前或者完成神化的时候,会体验到一种神秘之光。其实旷野教父们就是通过光明照耀而获得出神的体验。僧侣"散发着恩宠的光芒"。当一个隐居僧侣潜心祈祷时,他的密室为一片光明所笼罩。[①]1 000年后,同样的传统(祈祷、神秘的光、神化)重现于阿索斯圣山(Mount Athos)"静修派"(Hesychastic)的僧侣中间。他们坚称喜悦地看到了永恒的光明,由此引发的争论令伟大的思想家格列高利・帕拉马斯(Gregory Palamas, 14 世纪)能够以他泊山上的荣光为核心,阐述一种神秘主义神学。

我们从东派教会中可以看到两种互补的倾向,虽然表面上是对立的,随
着时间的流逝而日趋明显:一方面是信徒团体组成的**教会**的作用;另一方面 058
是修道的僧侣和默想的权威性。西派教会机构对于默想者和神秘主义者采取保留的态度,而东派教会的普通信徒和教会权威都对他们很敬重。

唯一对西派教会神学产生影响的东派神学是丢尼修(伪亚略巴古人)的思想。对于他的身份和生平,我们一无所知。他可能是公元 5 世纪叙利亚的一位僧侣,但一般又认为他与圣保罗是同时代人,因此他拥有使徒般的威望。伪亚略巴古人的神学受到新柏拉图主义与尼萨的格列高利的启发。对于丢尼修来说,最高的原则——尽管它是无以名状的、绝对的、超越人格与非人格的——其实是通过事物的等级而与可见的世界产生精神交往的。三位一体首先是一与多的最终统一的象征。这样,丢尼修就回避了基督一性论,也回避了卡尔西顿的教条。在《论神名》(*Divine Numbers*)中,他考察了神性的显现方式,在《论天阶体系》(*Celestial Hierarchy*)中,他考察神性如何通过不同等级的天使来表现。但真正给他带来巨大声望的是一篇短小精悍的文章《论神秘的神学》(*Mystical Theology*)。在基督教神秘主义历史上,我们第一次看到"神圣的无知"以及"无知"等提法,来说明灵魂走向上帝的过程。伪亚略巴古人丢尼修提到了"神圣的阴影发出超越实质的光"、"超越光明的黑暗";他拒斥一切上帝的属性,"因为说上帝是生命、是善,与说上

① 参见 Eliade, *The Two and the One*,第 66 页以下。

帝是空气、是石头一样,都不是不确切的。”因此,丢尼修实际上是奠定了否定神学的基础,这令人想起奥义书的用语:“非此! 非彼!”(§81)

尼萨的格列高利在此之前已将其中的一些观念表述得更为深刻、更系统。但是丢尼修的声望使得这些观念在僧侣中间十分流行。伪亚略巴古人丢尼修的著作很早就被翻译成了拉丁文,在9世纪又被爱尔兰僧侣司科图斯·埃里金纳(Scotus Erigenus)重新翻译;这个译本使丢尼修也在西方声名大振。他的思想被忏悔者马克西姆这位“7世纪拜占庭教会中最具普世精神,也许是最后一位具有创新精神的思想家”所接受和阐发。[①] 忏悔者马
059 克西姆以讲义形式为丢尼修的神秘主义论文集作注,也由埃里金纳翻译成拉丁文。事实上,这一著作集——原文加上忏悔者马克西姆的注释——便以《伪亚略巴古人著作》之名广为流传,影响了许多西方神秘主义者和神学家,从明谷的伯纳德(Bernard of Clairvaux)和托马斯·阿奎那(Thomas Aquinas),到库萨的尼古拉(Nicholas of Cusanus)。[②]

258. 圣像崇拜以及圣像破坏运动

圣像破坏运动(8—9世纪)引发了严重的危机,其原因是多种多样的,有政治的、社会的以及神学的。最初两个世纪的基督徒完全遵循十诫的禁令,没有制造圣像。但是自从3世纪开始,东罗马帝国的基督徒就无视这一禁令,宗教圣像(受《圣经》启发而制作的图像或场景)开始在墓地以及信徒们聚集的房屋出现。这种创新随着圣物崇拜的盛行而兴起。到了4—5世纪,圣像开始增多,对它们的崇拜得到深化。在这两个世纪中,对圣像的批评与辩护也越来越旗帜鲜明了。赞同圣像的主要论点是圣像具有教育意义——特别是对不识字的人尤为重要——以及圣像具有神圣美德。到了6世纪末和7世纪,圣像完全成为崇拜的对象,不仅在教堂中,在私人家居中也是如此。[③] 人们在圣像前祈祷、跪拜或者拥抱圣像,甚至携带圣像在某些仪式中列队游行。在这一时期,产生奇迹的圣像数量也越来越多,圣像具有超

---

① 贝克(H. C. Beck)语,转引自 Pelikan, *The Spirit of Eastern Christendom*,第8页。维尔纳·埃拉特(Werner Elart)写道:“也许是那个世纪唯一具有创造力的思想家,真正的拜占庭神学之父”(Meyendorff)。

② Deno John Geanakoplos, *Interaction of the “Sibling” Byzantine and Western Cultures in the Middle Age and Italian Renaissance*,第133页以下。

③ 参见 Ernst Kitzinger, “The Cult of Images in the Age before Iconoclasm”,第89页。

自然力量的源泉,它们保护城市、宫殿与军队。①

正如恩斯特·凯钦格(Ernest Kitzinger)所指出的,这种对圣像超自然 060
力的崇拜,说明人们相信圣像与所表现的人物之间具有某种连续性,这是6—7 世纪圣像崇拜现象中最重要的特征。圣像是“上帝本身的一种延续,是上帝的一个有机组成部分”。②

公元 726 年,君士坦丁五世皇帝正式禁止崇拜圣像,公元 754 年,在君士坦丁堡举行反对圣像的主教会议,谴责圣像崇拜是渎神之举——主要的神学依据是在圣像崇拜中有偶像崇拜的成分。815 年的第二次反对圣像的主教会议则以基督学研究的名义拒斥圣像崇拜。因为描绘耶稣的形象,那就是表现了神性(这是亵渎之举),或者将人性与神性分离开来,只是表现了人性一面(而这是异端)。③相反,只有圣餐才真正表现了基督的“形象”,因为它充满了圣灵;因此,圣餐与圣像不同,它包含着神圣与物质两个方面。④

系统阐述支持圣像崇拜的神学的,则有大马士革的约翰(John of Damascus, 675—749)和斯图底隐修院的狄奥多尔(Theodore the Studite, 759—826)。它们主要是依据伪亚略巴古人的思想,强调精神与物质之间的连续性。大马士革的约翰写道:“你们这些看得见的,如何去崇拜看不见的事物呢?”圣像破坏者过分的“属灵”将自己与古代的诺斯替教归为一类,诺斯替教认为,基督不是肉身的而是来自天上。⑤既然道成了肉身,那么上帝的形象也就转化了,可以看见了,因此《旧约》中不得描绘上帝的禁令也就自然消除了。相应地,那些否认基督可以用圣像来表现的人实际上否认了道成肉身的真实性。尽管如此,这两位作者又指出,形象在本质和实体上都不与它的原型等同。 061
形象只是形似而已,虽然反映原型却仍同原型有所区别。因此,当圣像破坏论者说圣餐是一种“形象”的时候,他们便是渎神了;因为,若说圣餐在本质与实体上都与基督等同,则圣餐就是耶稣,而非他的“形象”。⑥

---

① 最著名的是埃德萨城基督像,据说能够击退波斯军队的进攻,而钉在帝国宫廷青铜大门上面的基督圣像,于 727 年被毁,标志着圣像破坏运动的开始。

② Kitzinger, “The Cult of Imagines”,第 104 页。圣徒像有圣灵住在里面;同上书,第 140 页以下。

③ 参见 Pelikan, *The Spirit of Eastern Christendom*,第 129 页。参见 Stephen Gero, *Byzantine Iconoclasm during the Reign of Constantine V*,第 74 页。

④ Gero,第 78 页;Pelikan,第 109 页。

⑤ Pelikan,第 122 页。

⑥ Pelikan,第 119 页;N. Baynes, “Idolatry and the Early Church”,第 135 页。

关于圣徒的圣像，大马士革的约翰写道："圣徒在世的时候，他们就被圣灵充满，他们去世之后，圣灵的恩宠也不会远离他们的灵魂、他们的坟墓以及他们的圣像。"[①]当然，对圣像的崇拜不能与对上帝的崇拜一样。但是圣像与其他因耶稣基督的临在而被神化的对象——如拿撒勒、各各他或者十字架的木料——同属一个范畴。这些地方和事物"吸收了上帝的能量"，因为正是通过它们，上帝救赎才能作用于我们。在我们这个时代，圣像取代了耶稣基督所行的那些为他的门徒有幸亲眼目睹的奇迹和其他事情。[②]

总之，正如圣物使得天地的交流成为可能，圣像将那一段奇妙的初始世界(*illud tempus*)——基督、圣母和圣使徒们生活在人类当中——再度现实化了。即使圣像对信徒的权能不及圣物，但是信徒更容易取得圣像：在最普通的教堂中、在私宅里面都可以看到。此外，默想圣像能够进入一个象征的世界。因此，圣像可以完成并强化对不识字信徒的宗教教育(实际上，在整个东欧的农村人口，圣像正是起到了这样的作用)。

除了政治与社会因素，圣像破坏的狂热由于双方的错误而加剧了。一方面，圣像破坏者对于圣像的符号功能不是一无所知就是心存厌恶；另一方面，也有许多圣像支持者利用圣像崇拜牟取私利，或者提高他们所宠爱的教会机构的威望、优势或财富。

---

① G. Mathews, *Byzantine Aesthetics*，第103页以下，对于这段文字做了精辟注释。

② Pelikan，第121页。正如福音派传教士用言词写作基督的事迹，用塑造圣像的黄金进行同样的写作也是有其可能性的；参见同上书，第135页。

第 33 章　穆罕默德与伊斯兰教的发展 062

259. 安拉，阿拉伯人的退位神

在所有世界宗教的创始人中，我们唯一知道其详细生平的，就是穆罕默德。①这不意味着我们就一定知道他内心的生平。然而，我们所掌握的历史资料从两个方面讲可谓弥足珍贵：一方面是关于他的生平和宗教体验，它们为他预备了先知的道路，并使他最终决定做一个先知；另一方面是关于他那个时代阿拉伯文明以及麦加的社会结构。这些资料既没有解释穆罕默德的个性，也没有说明他传教的成功，却使我们领略到了先知的创造力。我们至少拥有一位世界宗教创始人如此丰富的资料，这一点非常重要。我们由此能够更好地理解一位宗教天才的力量。我们能够看到，一位宗教天才如何充分利用历史环境，使他的宗教思想获得巨大成功，极大地改变了历史的进程。

穆罕默德大约在公元 567—572 年间出生于麦加一个强大的古来氏部落。他 6 岁时成了孤儿，先后由祖父和伯父阿布·塔里布(Abû Tâlib)抚养成人。②25 岁那年受雇于麦加富孀赫蒂彻(Khadîja)，并多次随商队旅行到 063

---

① 最重要的资料是《古兰经》(阿拉伯语作 *al-Qur'ân*，"训诫")和口头传诵的圣训(阿拉伯语：*al-Hadîth*，"传闻"、"口述")。但是我们还要补充的是，这些资料的历史真实性不一定可靠。

② 先知的诞生和童年时代很快被神圣化了，以便与典型的救世主神话情节相符合。他母亲怀他的时候听到了一种声音，宣告他的儿子将成为他民众的主和先知。在降生的时候，有光明照亮了整个世界(参见苏鲁支、大雄以及佛陀的诞生；§ § 104, 147, 152)。他生下像羊羔，行过割礼，脐带割断。出世后手握泥土，眼望天穹。麦地那有位犹太人知道有位圣灵降临世界了，就和他的教友讲起这事。穆罕默德 4 岁时，有两位天使把他扔在地上，打开他的胸膛，从心脏里取出一滴血，用装在一只金杯里面的融雪洗涤他的内脏(参见《古兰经》94：1 以下，"我们难道没有为你开拓胸襟吗……"等。这种入会礼仪式是萨满教特有的入会礼)。12 岁时，与阿布·塔里布一起随商队去叙利亚。在伯斯特拉(Bostra)，有一个基督徒认出穆罕默德的双肩上有神秘的先知记号。参见 Tor Andrae, *Mohammed: The Man and His Faith*，第 34—38 页；W. Montgomery Watt, *Muhammad at Mecca*，第 34 页以下。

叙利亚。不久,公元595左右,他娶了他的这位女雇主,尽管两人年龄相差悬殊(那时赫蒂彻已40岁)。这是非常美满的姻缘。穆罕默德在赫蒂彻去世后先后娶过九个妻子,但她健在时再没有别的配偶。他们生育了七个孩子:三个儿子,但都夭折了,四个女儿(最年幼的名法蒂玛[Fâtima],嫁给了穆罕默德的堂兄弟阿里[Alî])。赫蒂彻在穆罕默德的生活中占有重要地位;正是她在他受到考验的时候鼓励他从事宗教事业。

公元610年左右,穆罕默德第一次得到启示,他在此之前的生平,我们知之甚少。据传他在山洞和其他荒无人烟的地方长期进行“隐修”(*tahannuth*),在当时阿拉伯多神教中并没有这种做法。穆罕默德很可能在旅行期间耳闻目睹了某些基督教僧侣守夜、祷告或冥想的行为,这给了他启发。赫蒂彻有个堂兄弟也是基督徒。此外,在阿拉伯城市里,人们也能够耳闻一些基督教思想的宣传——正统的、教派的(聂斯脱利派、诺斯替教)都有——以及犹太人的思想与宗教生活。但在麦加基督徒很少,且大多数社会地位低下(很可能是阿比西尼亚的奴隶),没有受过什么教育。但是在雅兹里布(Yathrib)(也即后来的麦地那)有许多犹太人,我们将会看到(§262),穆罕默德在关键时刻得到了他们的支持。

然而在穆罕默德时代,阿拉伯中部地区的宗教似乎并未受到犹太—基督教的影响。尽管它已开始衰落,但还是保持了闪语民族多神信仰的结构。其
064 宗教中心在麦加(又作 *Makkah*)。这一地名在托勒密(Ptolemaic,2世纪)的《地理志》中就提到过了,称为麦可瑞巴(*Makoraba*),此字起源于赛巴伊语Makuraba,“圣所”。换言之,麦加最初是一个仪式中心,围绕着它逐渐形成了一座城市。[①]在圣地中央矗立着克尔白(Ka’ba,意为“立方形体的房屋”),这是一座朝向天空的建筑,墙上镶有著名的黑色之石,被认为自天而降。围着黑石绕行,无论是前伊斯兰时期还是今天,都是每年前往阿拉法特(Arafat)朝圣时的重要仪式的一部分。人们认为,这块黑石的主人就是安拉(Allah,意思是“神”;犹太教徒和阿拉伯基督徒也用同一个神名来称呼他们的神)。但是那时候安拉已是一个退位神(*deus otiosus*);对他的崇拜只是以初熟的(麦子)和头生的(牲畜)献祭,同时献给安拉和各种当地的神灵。[②]

---

① 再者,这是常有的过程;参见 Paul Wheatley, *The Pivot of the Four Quarters*(芝加哥,1971)。

② 参见 J. Henninger, *Les fêtes de printemps chez les Sémites*,第42页以下。

阿拉伯中部比较重要的有三大女神：默那(Manāt，“命运”)、拉特(Allāt，安拉的阴性形式)和欧萨(Al'Uzza，“力量”)。她们被认为是“真主的女儿”，在民间甚为流行，就连穆罕默德本人刚开始传教的时候也犯了错误，赞美她们的职司，赞美她们在安拉面前为人说话，后来他改正了这个错误。

总之，前伊斯兰教时代的宗教有些类似于公元前 6 世纪巴勒斯坦地区的民间宗教，就像上尼罗河埃利潘蒂尼(Elephantine)的犹太—亚兰人(Judaeo-Aramaic)聚居区的文献所反映的那种宗教，除了雅赫维—亚胡(Jahweh-Jahu)崇拜之外，人们还崇拜伯特利(Bethel)和哈朗伯特利(Harambethel)、女神阿拉特(Arat)和一位丰收之神。①在麦加，圣所的宗教活动仅限于有影响力的家族成员来主持；各种职责都父子相传，报酬优厚。确切地说，当时并不存在神职机构。虽然希伯来语 *Kôhên*(“教士”)一词，可能与阿拉伯语 *Kâhin* 起源相同，但是后者是指“先知”、“预言家”，他在镇尼(*jinn*)附身的情况下，可以预知未来、找回各种丢失的东西或者走失的骆驼。②在
穆罕默德时代唯一的一神论者是一些称作哈尼夫(*hanîf*)的诗人和预言家。 065
他们有的受到基督教的影响，但是基督教特有的(以后也为伊斯兰教所特有的)末世论他们却不知道，当时阿拉伯人也大都不知道。③

在穆罕默德开始其先知的使命之前，曾经历过一连串的出神体验，某种意义上这是他获得启示的前奏。在《古兰经》53：1—18 中，他回顾了第一次出神体验：“这只是他所受的启示，教授他的，是那强健的、有力的，使他达到全美。他在东方的最高处，然后他渐渐接近而降低，他相距两张弓的长度，或更近一些，他把他所应启示的启示他的仆人。”(4—10)在一棵酸枣树旁，穆罕默德又一次看见他：“他确已看见他的主的一部分最大的迹象。”(17—18)在《古兰经》81：22—23 中，穆罕默德又一次提到了这一景象：“你们的朋友，不是一个疯人，他确已看见那个天使在明显的天边。”④

这种景象还伴随着有声音的默示，这是《古兰经》唯一承认它们是从安

---

① 参见 A. Vincent, *La religion des Judéo-Araméens d'Éléphantine*(巴黎，1937)，第 593 页以下、第 622 页以下、第 675 页以下。

② 穆罕默德开始传教的时候，他经常遭到指责，说他是魔鬼附体。

③ 参见 Tor Andrae, *Les origines de l'Islam et le Christianisme*，第 41 页以下。古代阿拉伯宗教的一神论倾向，参见 J. Wellhausen, *Reste arabischen Heidentums*，第 215 页以下。

④ 除非特别注明，《古兰经》引文均从 Arthur J. Arberry, *The Koran Interpreted*，第 1 卷和第 2 卷(伦敦和纽约，1995)。

拉那里来的。穆罕默德这些最初的神秘主义经验决定了他日后的先知生涯,这些通过伊本·伊司哈格(lbn Ishâk,卒于公元768年)记述的传说而流传于世。穆罕默德每年都要去山洞隐居,当他睡着的时候,天使哲布勒伊来走到他身边,手里拿着一本书,命令道:"你去读!"穆罕默德不肯,天使就把书用力"压在他的嘴巴和鼻孔上",弄得他快要窒息了。直到第四次,天使命令他"你去读",穆罕默德这才问道:"我该读什么?"这时,天使回答他说:"你应当奉你的创造主的名义而宣读,他曾用血块创造人。你应当宣读,你的主是最尊严的,他曾教人用笔写字,他曾教人知道自己所不知道的东西。"(96∶1—5)穆罕默德读了,于是天使离开了他。"我从睡梦中醒来,"穆罕默德说,"这些话好像铭刻在我的心里。"穆罕默德离开了洞穴,还没有登上山顶,就听到天上有一个声音对他说:"'穆罕默德啊!你是安拉的使者,我就是哲布勒伊来'。我抬头望向天空,看见哲布勒伊来,取了人的形象,双腿交
066 叉,坐在天际。"我站在原地望着他,既不能向前,也不能退后。我的视线离开他,但是不管我往哪个方向看去,却都能在天空中看见他。"①

这些体验的真实性看来是确实无疑的。②穆罕默德一开始对天使的抗拒,使人联想到萨满以及许多神秘主义者和先知在担负神圣使命时,同样也有一个犹豫不决的过程。《古兰经》没有提到洞中的景象,很可能为了要避免被人指责先知被镇尼(*jinn*)附体了。但是《古兰经》中其他一些暗示性文字证明确有这样的启示。③要他进行"诵读"的命令常常伴随着剧烈的颤抖、高烧或寒颤。

260. 穆罕默德,"安拉的使徒"

将近有三年的时间,穆罕默德只将他最初得到的安拉的消息告诉赫蒂彻和几个密友(他的堂弟阿里,养子栽德和两个未来的伊斯兰政教合一的领袖哈里发,奥斯曼和阿布·伯克尔)。后来天使的启示中断了,穆罕默德有一段时期陷于焦虑和沮丧。但是安拉的一条新消息恢复了他的信心:"你的

---

① 伊本·伊司哈格著,安德烈伊(Andrae)译,《穆罕默德传》,第43—44页。参见另一译本Blachère, *Le problème de Mahomet*,第39—40页。

② 一些现代历史学家认为,这两个情节——洞中梦幻与天使哲布勒伊来现身天空——不属于同一个体验;参见Andrae, *Mohammed*,第45页以下。但是这种反对意见没有什么说服力。

③ "不要摇动你的舌头,以便你仓促地颂读它。集合它和颂读它,确是我的责任。当我诵读它的时候,你当静听我的颂读。"(75∶16—18)换言之,任何人不得随意增删《古兰经》。

主没有弃绝你，也没有怨恨你……；你的主将来必赏赐你，以至你喜悦。”(93：3—5)

公元 612 年，穆罕默德在一次启示中接到命令，向大众公开他的启示，从此开始了他使者的使命。从一开始他就强调主的力量和仁慈，真主用“血块”造人(96：1；参见 80：17—22，87：1)；教会了他《古兰经》，“并教人修辞”(55：1—4)；创造了天、高山、大地和骆驼(88：17—20)。他回顾自己的
生活，赞美真主的美善：“难道他没有发现你伶仃孤苦，而使你有所归宿？” 067
(93：3—8)他将一切事物的暂时性与真主的永恒性相对比：“凡在大地上的，都要毁灭；唯有你的主的本体，具有尊严与大德，将永恒存在。”(55：26—27)然而令人惊讶的是，穆罕默德在他最初的这些演说中，只有一次提到真主的统一性：“你们不要以别的神灵与真主同受崇拜”(51：51)；这也可能是后来添加上去的。①

他传播的另外一个主题是最后审判即将来临以及死者的复活：“当号角被吹响的时候，在那时，将有一个艰难的日子。那个日子对不信道的人们，是不容易度过的。”(74：8—10)这在其他一些最古老的苏拉中也屡有提及，但关于最后审判最完整的说法却是出现在后面：“当天绽裂……；当地展开，并抛其所怀，而且变为空虚……；人啊！你必定勉力工作，直到会见你的主，你将看到自己的劳绩。至于用右手接过功过簿者，将受简易的稽核……；至于从背后接受功过簿者，将叫苦连天，入于烈火之中”。(84：1—12)在许多以后传授的苏拉中，穆罕默德更为充分地描绘了世界末日的情景：山被移掉了，混作一团，化为齑粉；穹苍崩裂，月亮与星辰都将除灭、沉没。先知还提到宇宙性的大火灾，火焰和火烟将被降于你们，而你们不能自卫(55：35)。

当号角第二次吹响的时候，死者将会复活，从坟墓中出来。复活将在一眨眼的工夫里完成。在破碎的天空后面，将出现真主的宝座，由八名天使抬着，四周布满天兵。人们聚集在宝座之前，好人在它的右边，坏人在它的左边。然后对照功过簿的记录做最后的审判。历史上的先知会被召集在一起作证，证明他们早就宣告过一神教，早就告诫过当时的人们。坏人将会受地

① 参见 Bell, *The Qur'an*; Watt, *Muhammed at Mecca*，第 64 页。《古兰经》最初也是记在心里的，但是遭到多神教徒反对，这才形成文字；参见 Blachère, *Le problème de Mahomet*，第 52 页以下。

068 狱苦刑的惩罚。①然而，穆罕默德更加强调信徒在天园中享受快乐。这些快乐首先是物质层面的：泛泛的河水，果实累累的树木，各种肉类，“好像藏在蚌壳里的珍珠一样”美丽的年轻人献上醴泉，天园的女子，安拉所造的处女(56∶26—43)。穆罕默德没有提到在地狱中受煎熬或在天堂享乐的“灵魂”或“精神”。肉体的复活事实上是一种新的创世。既然死亡与最后审判之间是一段没有意识的时间，那么复活的人会觉得最后审判是在死去之后立刻进行的。②

穆罕默德宣称“除安拉外，再无神灵！”的时候，并未预见要再创立一种新的宗教。他只是想“唤醒”他城里的同胞，说服他们只崇拜安拉：这些人已经承认安拉是天地的创造者，是丰收的保证(29∶61-63)；人们在遇到严重危机和重大险境时呼唤他的名字(29∶65;31∶31;17∶69)；“他们指真主而发出最严重的誓言”(35∶42; 16∶38)。此外安拉还是天房的主。在最古老的苏拉中，穆罕默德要求同部落的古来氏人“崇敬这天房的主，他曾为饥荒而赈济他们，曾为恐怖而保佑他们”(106∶3—4)。

然而，反对意见逐渐出现。很多都是一些控告和借题发挥之词。伊本·伊司哈格说，当先知奉安拉之命，宣布真正的宗教(伊斯兰教，“顺从”)，他城里的同胞们并没有反对他，因为那时他没有说他们神灵的坏话。根据传说，《古兰经》53∶20 论及三大女神拉特、欧萨和默那的章节后，还有这句话：“她们是崇高的女神，人们渴望得到她们的帮助。”但是后来穆罕默德认识到这句话是魔鬼教给他的。于是就用下面一句话取而代之：“这些偶像只是你们和你们的祖先所定的名称……正道确已从他们的主降临到他们。”

069 这一事件给我们以两方面的启发。首先，它表明了先知的诚实：他承认，自己在颂读真主启示给他的话时曾经受到魔鬼的欺骗。③其次，他删改

① 然而我们应当注意，这些苦刑不像佛教或者基督教所描述的那样恐怖。应当注意到，被穆斯林广泛接受的末世论包含有某些内容是《古兰经》所不见的(例如，在坟墓中受罚、地狱上面的桥、火湖等等)。

② 罪人将等待审判，不管他们在坟墓呆上一天还是一个小时；参见《古兰经》10∶46 以下，4∶43 以下，等等。

③ 很可能穆罕默德认为三位女神是在神人之间起中介作用的天使；事实上，信天使是伊斯兰教所接受的，以后的天使学在什叶派中具有重要的地位(参见§281)。但是考虑到女神(=天使)所起的这种中介作用可能不利于他严格的一神论，穆罕默德就删掉了这两句话。

了两句话，这恰好说明真主的全能和绝对自由。①实际上，《古兰经》是唯一一部可以删除某些启示内容的圣书。

对于古来氏部落富裕的领袖来说，放弃“异教”等于失去了特权。此外，承认穆罕默德是真主的真正使者，还意味着承认他在政治上的权力。更为重要的是，先知宣告的启示将诅咒他们多神论的祖先堕入永恒的火狱，对一个传统的社会而言，这是一种令人无法接受的观念。而对大部分人来说，主要的反对意见在于穆罕默德“平庸的生活”。“这个使者怎么也吃饭，也往来于市场之间呢？为何真主不派一个天神降临他，而与他同为警告者”(25∶7)。人们嘲笑他的“启示”，认为不是穆罕默德自己杜撰的，就是镇尼蛊惑的。特别是宣布世界末日将临和肉身复活引起了公众的讥讽挖苦。除此之外，时间一天一天地过去，末世的灾难却迟迟不来。②

人们还指责他没有行任何奇迹。“我们绝不信你，直到你为我们而使一道源泉从地下涌出，或者建有一座园圃，种植着椰枣和葡萄，你使河流贯穿其间……；或者你请真主和众天神来作保证；……或者你升上天去，我们绝不信你确已升天，直到你降示我们所能阅读的经典”(17∶93—96)。

261. 出神的天堂之旅和天经 070

总之，人们请求穆罕默德登霄并带回一本天经，以证实他的使命是真实的。换言之，穆罕默德必须遵循摩西、但以理、以诺、摩尼和其他使者的榜样，升上天堂与神相会，并从神的右手领受一本含有默示的天经。这个情节不论正统犹太教还是犹太教的启示派、撒马利亚人、诺斯替教和曼德教徒都是很熟悉的。它的起源可以追溯到传说中的美索不达米亚国王埃门杜拉齐(Emmenduraki)，这是一种传统的王族意识形态。③

不信道的人对先知的指责增加了，穆罕默德的反驳与辩护也相应增加。与在他前面的其他先知和使者——其中也包括他的对手——一样，穆罕默

① “凡是是我所废除的，或使人忘记的启示，我必以更好的或同样的启示代替它。难道你不知道真主对于万事是全能的吗？”(2∶106)

② 穆罕默德坚定地认为世界末日的终结是不可避免的。他没有指明将发生在哪一天，不过某些苏拉文字使人认为会在他在世的时候化为现实。

③ 参见 G. Widengren, *The Ascension of the Apostle and the Heavenly Book*，第 7 页以下；同一作者，*Muhammed, the Apostle, and his Ascension*，第 115 页和各处。

德认为并且宣布自己是“安拉(神)的使者”(*rasûl Allah*):①他为他城里的同胞带来了神圣的启示。《古兰经》就是“以明白的阿拉伯语”(26∶195)写成的启示;麦加城里的居民都能够懂的;假如他们还是坚决不信,那是因为面对安拉的迹象,他们故意视而不见(23∶68),因为傲慢和漫不经心(27∶14, 33∶68 等等)。除此之外,穆罕默德清楚地知道在他之前由上帝派遣的使徒也都遭遇到了类似的考验:如易卜拉欣(亚伯拉罕)、穆萨(摩西)、努哈(挪亚)、达伍德(大卫)、叶海亚(施洗约翰)、尔撒(耶稣)(21∶66 以下,76 以下)。

登霄(*mî'râj*)也是对不信道者的回答:“赞美真主,超绝万物,他在一夜之间,使他的仆人,从禁寺行到远寺,他在远寺的四周降福,以便我昭示他我的一部分迹象。”(17∶1)传说这次夜间旅行发生在公元 617 年或 619 年,穆罕默德骑上长有翅膀的牝马卜拉格(al-Boraq),游历地上的耶路撒冷,升天。071 对于这次出神旅行,后来的文献资料有大量的描述。只是情节上各有不同。有的资料说,先知骑天马,默想天堂和火狱,走近安拉的宝座。这次旅行是在瞬间完成的;穆罕默德打翻的一罐水还没有全部流尽,他就已经回到了屋里。在另外一种传说中,穆罕默德在哲布勒伊来的引导下,顺着梯子爬到了天堂的门口。他走到安拉面前,安拉亲口对他讲,从许多先知中选中了穆罕默德,他是安拉的“朋友”。真主赐给他《古兰经》以及某些神秘知识,穆罕默德不能告诉他的信徒。②

这次出神之旅在以后的穆斯林神秘主义和神学中具有重要作用。我们现在必须指出,它展现出穆罕默德以及伊斯兰教的创造力之所在,那就是吸收并融合传统的神话—仪式的生活、思想和情节,将它们灌注在一种新的宗教综合体里面。我们刚才领略了伊斯兰教的传统是如何重新赋予一个古老的主题以一种全新的价值,这个主题就是一位使者在登天的旅行中获得一本圣书。我们后面还会看到,伊斯兰教与犹太教和其他宗教传统,甚至像克尔白那样一种“异教”和古老传统发生冲撞之后的结果。

---

① 参见 G. Widengren, *Muhammed*,第 161 页以下。这是一种在古代近东广泛使用的称号,后来什叶派伊玛目也宣称是安拉的使者;参见同上书,第 2 章。

② 参见 Widengren, *Muhammad*,第 102 页以下的文献的翻译和评注。人们还将发现,Arthur Jeffrey, *Islam*,第 35—46 页的长篇节译。某些学者提出,正是有了关于登霄的拉丁文翻译,但丁才能够在《神曲》的写作中尽情描写许多细节。参见 Asin Palacios, *La escatologia musulmana en la Divina Commedia*; E. Cerulli, *Il "Libro della Scala"*。

262. 迁居麦地那

穆罕默德及其信徒的处境愈发险恶了。麦加的贵族决定剥夺他们在部落中拥有的权利。一个阿拉伯人唯一的保护就是他是一个部落的成员。穆罕默德得到了他伯父阿布·塔里布的保护,尽管塔里布并不赞同伊斯兰教。但是,在阿布·塔里布去世之后,他的儿子阿布·拉哈布(Abû Lahab)剥夺了先知的权利。这个因古来氏部落强烈反对所致的问题在神学上可以解释 072
为:这是出于安拉的本意。对多神教的盲目坚持一直是由安拉所决定的(参见 16∶39, 10∶75, 6∶39)。与不信道者的决裂已无法避免:"我不崇拜你们所崇拜的;你们也不崇拜我所崇拜的"(109∶1—2)。

公元 615 年前后,穆罕默德劝说大约 70—80 名穆斯林迁移到一个基督教的国家阿比西尼亚,一方面是为了使他们免遭迫害,另一方面也是因为担心内部的某种分裂。[①]先知认为自己一开始只是被派来让古来氏部落的人信教的,现在他开始接近游牧民族和两个绿洲城市塔伊夫(Tai'if)和雅兹里布的居民。在塔伊夫的游牧民族和贝督因人那里他失败了,但是与雅兹里布(后来的麦地那)居民的接触却是令人鼓舞的。穆罕默德于是决定迁徙到雅兹里布,因为那里的传统宗教没有遭到经济和政治利益的破坏,那里有许多犹太人——换言之,有许多一神教的信徒。另外,这座绿洲城市经历了一场漫长的内战,已是元气大伤。某些部落认为,一名先知,他的权威若不是建立在血缘上,而是建立在宗教上,就可以超脱部落关系,充当一个仲裁者的角色。此外,麦地那有两个主要部落,其中的一个部落大部分已经接受了伊斯兰教,相信天神派遣穆罕默德向所有阿拉伯人传达启示。

公元 622 年,乘着前往麦加朝圣的机会,一个由雅兹里布 75 名男子、2 名女子组成的代表团秘密会见穆罕默德,庄严宣誓要为他而战。信徒们随后分散成小组离开麦加,回到雅兹里布。穿越大沙漠(300 多公里)的路程持续了 9 天。在岳父阿布·伯克尔(Abû Bakr)的陪同下,穆罕默德最后一批上了路。9 月 24 日,他们抵达麦地那外围的一个小村庄科巴(Qoba)。希吉拉(*Hijira*)或"迁徙"(阿拉伯语 *al Hîjra*)终于获得了成功。不久之后,先知进入麦地那,让他的骆驼选定将来居住的地点。他的住房——也是信徒集体礼拜的地方——花了一年的时间方才建成,因为还要为穆罕默德的

① Watt, *Muhammed*,第 115 页以下。

妻子们建造住所。

073 穆罕默德在麦地那的宗教和政治活动完全不同于麦加时期。这一转变明显表现在希吉拉之后降下的《古兰经》苏拉里面：它们主要涉及穆斯林公社(乌姆玛，*ummah*)[①]的组成及其宗教—社会机构。伊斯兰教的神学结构在先知离开麦加之际就已经成形了。但是，先知在麦地那对崇拜作出规定(祈祷、斋戒、施舍、朝觐)。从一开始穆罕默德就表现出不同寻常的政治智慧。他宣布自己是唯一的首领，以此将来自麦加的穆斯林“迁士”与麦地那皈依的“辅士”融合在一起。对部落的忠诚也就此废除了。从今往后，只存在一个由穆斯林组成的神权社会。在大约于公元623年颁布的章程中，穆罕默德命令“迁士”和“辅士”形成同一个族群，与其他族群相区别；但他同时规定了其他氏族以及另外三个犹太部落的基本权利。对于穆罕默德的做法，某些麦地那的居民无疑并不感到满意。但是，他的政治威望随着他在军事上的胜利与日俱增。而确保穆罕默德的决策获得成功的，是天使带来的新启示。[②]

麦地那三个犹太部落的反应令穆罕默德深感失望。在迁徙之前，穆罕默德选定耶路撒冷为祈祷的方向，与犹太教的做法相一致。在麦地那住下后，他又采用了其他一些以色列人的仪式。在麦地那的最初几年降下的《古兰经》苏拉见证了他是如何规劝犹太人改信伊斯兰教的：“信奉天经的人呀！在众天使(的统道)中断之后，我的使者确已来临你们，为你们阐明教义，以免你们将来说：‘没有任何报喜者和警告者来临我们’”(5∶19)。穆罕默德
074 说，如果犹太人承认他是先知，就将准许他们继续保留传统的仪式。[③]但是犹太人对他的态度一直充满了敌意。他们指摘《古兰经》中的错误，证明穆罕默德根本不懂《旧约》。

公元624年2月11日，决裂终于发生了。穆罕默德那天又获得了一个新的启示，命令穆斯林在礼拜的时候，再不得朝向耶路撒冷，而应朝向麦

① 关于这个术语的含义和历史，最可靠的著作，参见 F. M. Denny, “The Meaning of *Ummah* in the Qur'ân”。

② 在迁士第一次进行劫掠时，麦地那人狂叫这是一种渎神的行为，因为那时正值禁月(公元623年12月，伊斯兰教历莱哲布月)，违背了不得打仗的规定。但是穆罕默德接到安拉的消息：“禁月内作战是大罪；妨碍主道，不信真主，妨碍朝觐禁寺，驱逐禁寺的居民出境，这些行为，在真主看来，其罪更大。迫害是比杀戮还残酷的”(2∶217)。

③ 参见 Watt, *Muhammed at Mecca*，第199页以下。

加(2∶136)。凭着天才的直觉,穆罕默德宣布,易卜拉欣(Abraham)和他的儿子易司马仪(Ishmael)建立了天房的基础(2∶127)。只是由于祖先犯了罪过之后,这个圣地才被偶像崇拜者所据有。从今往后,"阿拉伯世界本来就有自己的神庙,比耶路撒冷的神庙还要古老。这个世界本有自己的一神教,哈尼夫派(*Hanifism*)……。由于这一转变,暂时离开了其源头的伊斯兰教,现在永远地回归到这个源头。"[①]这一决定造成了重大的宗教与政治后果:首先,阿拉伯统一的未来得到了保证;此外,以后围绕着天房的反思[②]将会形成一种有着最古老、也是"最真实"一神教象征的圣地神学。从此,穆罕默德脱离了犹太教和基督教。这两个"有经典的宗教"不知道如何保存它们最初的纯洁。这就是为什么天神派遣了**最后**一位使者,这就是为什么伊斯兰教注定要继基督教而起,正如基督教继犹太教而起一样。

263. 从放逐到胜利

为了维持生计,穆罕默德与"迁士"不得不袭击麦加的商队。公元 627 年 3 月,在白德尔(Badr),他们打了第一次胜仗(3∶123),损失 14 人,而偶像崇拜者损失 70 人,40 人被俘。穆罕默德把战利品和俘虏平分给了战士。一个月后,先知将三支犹太部落中的一支逐出了麦地那,他们留下了房产和物品。一年后,穆斯林在伍候德之战中被一支大约 3 000 人的麦加军队击溃;穆罕默德本人也负了伤。但是在这场为宗教而展开的游击战争中,决定 075
性的战役是所谓的"壕沟"之战。因为在战争中遵从了一位波斯人的建议,在这座绿洲之城的城门前挖掘了壕沟,故有此名。根据传说,4 000 名麦加人围困麦地那长达两个星期,却未能攻克;一阵狂风吹乱了军阵。围城期间,穆罕默德注意到某些伪信士和最后一支居住在麦地那的犹太部落古莱宰人的可疑举动。战争胜利后,他指责犹太人叛变,下令处死他们。

公元 628 年 4 月,一个新的启示降临(48∶27),穆罕默德得到保证,信士们能够到克尔白朝觐。虽然一些人还犹豫不决,但是信徒的商队已经向圣城进发了。他们未能进入麦加,但是先知把这次小小的失败转变成为一场胜利:作为安拉的代表,他要求信徒发誓忠诚于他(48∶10)。他需要这样

① Blachère, *Les problème de Mahomet*, 第 104 页。

② 例如参见 Henry Corbin, "La Configuration du Temple de la Ka'ba comme secret de la vie spirituelle"。

的誓言，因为不久之后他与麦加人签订了停战协定，也许看似有些羞辱，但是后者允许他在来年到麦加朝觐。此外，古来氏人也与穆斯林维持了10年的和平。

公元629年，在2 000名信士的簇拥下，穆罕默德进入为多神教徒暂时放弃的麦加城，举行朝觐仪式。伊斯兰教的胜利似乎已经近在眼前了；此外，许多贝督因部落甚至连古来氏上层人士也都皈依了伊斯兰教。同年，穆罕默德派遣一支远征军抵达拜占庭帝国边境的木达(Mu'ta)。虽然这支远征军遭到了挫败，却丝毫没有降低他的威望。木达指示了伊斯兰教将要传道的方向；穆罕默德的后继者们心中自然明白。

公元630年1月，穆罕默德带领(据说)1万人，借麦加人支持一个敌对部落的机会，终止了休战协议，一举占领了该城。捣毁了克尔白的偶像，洁净了圣所，取消了多神教徒的所有权利。一旦穆罕默德成了圣城的主人，他就显示他的宽容；他处死了六个不共戴天的敌人之外，禁止教友向当地居民复仇。按照他出色的政治直觉的引导，他没有把他的神权国家首都确定在麦加；朝觐之后，他回到了麦地那。

076 第二年，即公元631年，穆罕默德没有去朝觐，而是派了阿布·伯克尔代他前往。这一次，穆罕默德得到了新的启示，宣布发起针对多神教的全面战争。“真主及其使者对于以物配主者是无干的……当禁月逝去的时候，你们在哪里发现以物配主者，就在那里杀戮他们……如果他们悔过自新，谨守拜功，完纳天课，你们就放走他们。真主确是至赦的，确是至慈的。以物配主者当中如果有人求你保护，你应当保护他，直到他听到真主的言语，然后把他送到安全的地方。这是因为他们是无知的民众”(9∶3—6)。①

公元632年2—3月之间，似乎在预感的驱策下，穆罕默德去了一趟麦加，这是他的最后一次朝觐。他详细写下朝觐的所有规定，至今仍为穆斯林所遵从。这时天使向他口述了安拉的话：“今天，我已为你们成全你们的宗教，我已完成我所赐你们的恩典，我已选择伊斯兰做你们的宗教。”(5∶3)根据传说，在“辞朝”快结束时，穆罕默德高呼：“我主啊！我完成了我的使命吗？”这时人群回答：“对，你已圆满地完成了使命！”

---

① 至于一神教徒，“有经人”，穆罕默德在另外一处提醒他们遵守“《讨拉特》和《引支勒》，以及你们的主所降示你们的经典……信道的人、犹太教徒、拜星教徒、基督教徒，凡确信真主和末日，并且行善的人，将来必定没有恐惧，也不忧愁。”(5∶68—69)

回到麦地那后，公元 632 年 5 月的最后一天，穆罕默德病倒了。6 月 8 日，他躺在最心爱的妻子阿以莎(Aïsha)的怀中死去了。人们悲痛万分。许多人不能接受先知已死的事实，他们相信，穆罕默德像耶稣一样升天了。他的遗体没有葬在墓地里，而是葬在阿以莎的一间房子中，那里至今还树立着一块纪念碑，在穆斯林心目中，此地与天房一样神圣。阿布·伯克尔被选为哈里发，也就是先知的“继任人”，他向信士们说：“如果有人崇拜穆罕默德，那么穆罕默德确实死了；如果有人崇拜真主，那么穆罕默德还活着，而且永远不死。”

264.《古兰经》的基本内容 077

在宗教史以及世界史上没有什么事情能够与穆罕默德所创造的宏伟大业相比较的。征服麦加，建立一个神权国家，这都证明了他的政治天才绝不逊于他的宗教天才。诚然，当时的社会环境，尤其是麦加统治阶级的内部矛盾对于穆罕默德十分有利。但这无法解释穆罕默德的神学、传道以及他所获得的成功，更无法解释他永恒的创造：伊斯兰教和穆斯林的神权政治。

毫无疑问，穆罕默德直接或间接地知道犹太教、基督教的某些观念和习俗。就基督教而言，他略有所知。他提到耶稣(尔撒)和马利亚(麦尔彦)，但认为他们不具备神性(5∶16—20)，因为他们是被创造的(3∶59)。他多次提到耶稣的儿童时代、他的奇迹以及使徒(他称他们为“辅士”)。与犹太人的观点不同，穆罕默德否认耶稣被钉十字架而死，这与诺斯替教和幻影论相同。①尽管如此，他不承认耶稣是救世主，否认《新约》的内容，否认圣事和基督教的神秘教义。先知提到基督教的三联神：上帝—耶稣—马利亚；告诉他这些的很可能是阿比西尼亚的基督一性论教会，在那里，人们十分崇拜马利亚。②另一方面，还可以看出聂斯脱利派的影响；例如，他相信死亡使灵魂处于毫无意识的状态，为信仰而献身的人立刻进入天堂。同样，关于启示是陆续降下来的观念也是犹太—基督教各派和诺斯替教所共有的。

但是外来的影响不足以解释穆罕默德的宗教使命以及他所传之道的结

---

① “他们没有杀死他，也没有把他钉死在十字架上，但他们不明白这件事的真相……真主已把他擢升到自己那里去。”(4∶157—158)(“但他们不明白这件事的真相”一句，英、法文本原文作“他们只是杀死了他的外形而已”，故正文中有“这与诺斯替教派和幻影论相同”之语。——译者)

② 参见 Andrae, *Les origines de l'Islam*，第 209—210 页。我们还要认识到，“圣灵”一字在闪米特语言中是阴性的。

构。在宣布末日审判即将来临,而人是独自站在真主的宝座面前的时候,穆罕默德表明,部落之间的冲突与错综复杂的关系对于宗教而言是毫无意义的。但是,他把个人重新结合在一个具有宗教特点的新的社团乌姆玛(*um-*
078 *mah*)里面了。他因此创建了阿拉伯国家,与此同时,他又能够使得伊斯兰教不断扩张,这个信徒团体超越种族与民族的界限而不断增长。漫长的部落战争的能量,从此转化为以安拉为名,为一神教的全面胜利而针对异教徒所展开的外部战争。然而,在征服游牧部落,尤其是征服麦加的过程中,穆罕默德运用和谈的技巧胜过运用武力,这为他的后继者哈里发们树立了很好的榜样。

最后,穆罕默德向他城里的同胞启示了《古兰经》,这就使他们与另外两个拥有"经典的人民"处于同等地位,把阿拉伯语提升为礼仪语言和神学语言,目的是要使之成为一种具有普世文化的语言。

从宗教形态学的观点看,穆罕默德的信息,正如在《古兰经》中所表述的那样,乃是一种最纯粹的一神论观念。安拉是真主,唯一的真主;他是完全自由、全知全能的;他是天地的创造者,任何存在的事物都是他创造的,并且"他在创造中增加他所欲增加的"(35∶1)。正是由于这种永不止息的创造,才有昼夜的轮流,雨水从云中下降,才有"利人航海的船舶"(2∶164)。换言之,安拉主管的不仅有宇宙的节律,还包括人类的工作。他的一切行动都是自由的,都是按照他的意志行动,因为他的行动完全由他自己决定。安拉还有拥有自我矛盾的自由,删除某些《古兰经》苏拉就是如此(§260)。

人是脆弱的,不是因为他的原罪,而是因为他是一个被创造的;不过他处在一个神圣世界里面,因为真主降下了他的启示,赐给最后一位先知。**任何行为**——生理的、物理的、社会的、历史的——唯因真主才得以发生,所以也要接受真主的审判。世界上**没有任何东西**是自由的,是独立于真主的。但是,安拉是仁慈的,他的先知所启示的宗教也比先前的两个一神教更为简单。伊斯兰教没有教会,也没有祭司。崇拜可以在任何地方进行,礼拜不必在圣所进行。①宗教生活是由一些同时具有法律性质的制度来规定的,名为"五大柱石"。②最重要的"柱石"是撒拉特(*shalât*),即经典规定的礼拜或祈
079 祷,包括每天五番拜;第二根柱石是札卡特(*zakât*),即义务性的施舍;第三

① 尽管如此,还是要求信士在每星期五的中午到公共场所举行聚礼;《古兰经》62∶9。

② 中国穆斯林称此"五大柱石"为"五功"。——译者

根柱石是沙渥姆(*sawn*),指在整个斋月期间,从日出到日落不进食;第四根柱石叫哈吉(*hajj*),即朝觐;第五根柱石,舍哈代(*shahâdat*),口颂清真言:“除安拉外,再无神灵。穆罕默德是安拉的使者!”①

人是软弱的,因此《古兰经》并不鼓励禁欲,也不提倡僧侣生活。“阿丹的子孙啊!每逢礼拜,你们必须穿着服饰。你们应当吃,应当喝,但不要过分,真主确是不喜欢过分者的。”(7∶31)总而言之,《古兰经》中所言,不是针对圣人或完人,而是针对所有的人。穆罕默德把合法妻子的数目定为四人(4∶3),但并未明确妾与奴隶的数目。②至于社会差别是可以接受的,但在穆斯林公社中所有信徒都是平等的。虽然没有取消奴隶制,但奴隶的状况比在罗马帝国要好。

穆罕默德的“政治”使命,令人想起《旧约》各章的人物和观念。他的“政治”是直接或间接地由安拉启发的。整个世界的历史就是安拉永无止息的显现,甚至不信教者的胜利也是上帝意志的实现。为使整个世界皈依一神教,这场全面而持久的战争是不可或缺的。无论如何,战争总比背教和无政府状态要好。

前往克尔白——“安拉的住所”——朝觐并举行各种仪式,表面上与穆罕默德所传播的绝对一神论相矛盾。但是正如我们前文(§262)所指出的,穆罕默德希望能将伊斯兰融入到易卜拉欣的传统中。与《古兰经》中各种其他象征和情节——天经、穆罕默德登霄、天使哲布勒伊来等——一样,朝觐在以后的神学和神秘主义中不断地被重新解释和不断地赋予其意义。但是人们还要考虑到圣训(先知的“口述”),同样地,它通过无数的解释和思考而得以合法化。安拉一直保持着唯一和绝对的神灵的地位,穆罕默德也一直 080
是最出色的先知。但是与犹太教和基督教一样,伊斯兰教最后也接受了一些中介人与传递人。

265. 伊斯兰教进入地中海与近东地区

与犹太人和罗马人一样,伊斯兰教徒——特别是在其最初阶段——把

① 清真言不见于《古兰经》文字,但是其含义在《古兰经》中无处不在;参见 Watt, *Muhammad at Mecca*,第 308 页。

② 针对欧洲人的批评,某些东方学家的回答是,与前伊斯兰教的性混乱相比,这已经是一大进步了。此类对于伊斯兰教的“辩护”,虽然在社会学和伦理层面上是有效的,但是从《古兰经》神学的立场上看,却是毫无结果的,事实上也是渎神的。启示何需“辩护”。

历史事件看作神圣历史的一部分。最初几任哈里发们赢得一系列辉煌的军事胜利,确保了伊斯兰教的存在和以后的胜利。事实上,先知之死所引起的危机对于这个新宗教几乎是致命的。根据后来大多数穆斯林所接受的一个传说,穆罕默德临死的时候并没有指定谁是他的继任人。阿布·伯克尔,即穆罕默德最宠爱的妻子阿以莎的父亲在穆罕默德入葬之前被选为哈里发。但是,大家又都知道,穆罕默德甚爱阿里(Alî),阿里是穆罕默德女儿法蒂玛的丈夫、他在世的两个孙子哈桑(Hasan)和侯赛因(Husayn)的父亲,所以穆罕默德可能希望阿里成为他的继任人。但是,为了维护穆斯林公社的统一,阿里和他的追随者们接受了选举阿布·伯克尔为哈里发的事实,因为伯克尔年事已高,阿里以为自己很快就能继位。当时最重要的是摆脱伊斯兰教的致命危机。贝督因部落逐渐离异。阿布·伯克尔立刻发起几次远征又使他们臣服。紧接着,这位哈里发组织攻打拜占庭统治下的一个富裕省份叙利亚。

两年后,公元 634 年,阿布·伯克尔去世,但他已经任命他的一名将军欧麦尔('Umar)为继任人。这位伟大的战略家在位期间(634—644),穆斯林胜利连连,所向披靡。拜占庭人在雅穆克(Yarmuk)战役中被歼,于公元 636 年放弃叙利亚。公元 637 年,穆斯林攻克安提阿(Antioch),同年,萨珊帝国(Sassanid Empire)土崩瓦解。公元 642 年征服埃及,公元 694 年征服迦太基。在 7 世纪结束前,伊斯兰教已经统治了北非、叙利亚、巴勒斯坦、小
081 亚细亚、美索不达米亚和伊拉克。只有拜占庭还在抵抗,但是它的领土已经大为缩小。①

然而,虽然有这些史无前例的胜利,伊斯兰公社的统一还是遭到了破坏。欧麦尔被一名波斯奴隶刺伤,临死前指定由六位圣门弟子选出他的继任者。此六人忽视了阿里和他的追随者们(*shî'at'Alî*,即“阿里派”或什叶派[Shîah, Shî-ism]),选择了先知的另一名女婿奥斯曼为哈里发('Uthman, 644—656)。奥斯曼出身于倭马亚(Ummayah)的贵族部落,该部落以前是穆罕默德的敌人。奥斯曼把帝国的要职分配给来自麦加的贵族。后来他被

① 阿拉伯人令人目不暇接的扩张被描述为类似于野蛮民族入侵的最后一次大潮,震动了西罗马帝国。然而,阿拉伯人实与野蛮民族不同,他们在大漠边缘形成了一些兵营—城市。被征服民族只要缴纳一定的税赋,就可以保留自己的宗教和习俗。但是对于那些大城市,情况有所不同,尤其是行政官员和知识分子必须皈依伊斯兰教。

在埃及和伊拉克驻军的贝督因人刺杀。麦地那人便拥立阿里为哈里发。对于什叶派来说,阿里是第一位真正的哈里发,因为他们认为在先知穆罕默德和他后裔的家族之外,任何人都不可成为穆罕默德的继任者。

但是,阿以莎和许多麦加首领指责奥斯曼被害与阿里有关。双方发生冲突,因战争发生在阿以莎的驼桥周围,故名"骆驼之战"。阿里将他的首都定在伊拉克附近的一座兵营城市,但是叙利亚的总督穆阿威叶(Mu'âwiya)不承认阿里的哈里发地位,穆阿威叶是奥斯曼的表兄、先知有争议的岳父。穆阿威叶眼看就要失败,他的士兵就用枪尖挑起《古兰经》。阿里接受了天经的仲裁,但是,由于他的代表的无能,他不得不放弃他的要求。由于这种软弱表现,一些士兵就抛弃了他,后称为哈瓦利吉派(Khârijites),即"退出同盟者"。公元 661 年,阿里遇刺身亡,他的为数不多的追随者拥立他的长子哈桑为哈里发。当时穆阿威叶已在耶路撒冷被叙利亚人选为哈里发,他顺利地说服了哈桑放弃哈里发的名号。

穆阿威叶是一位卓越的军事领袖,也是一位睿智的政治家。他重新组 082
织了帝国,创建了哈里发的第一个王朝——倭马亚王朝(Umayyads,661—750)。但是公元 680 年,阿里的次子侯赛因以及几乎全部家属在伊拉克的卡尔巴拉(Karbala)被杀,如此便失去了最后一次统一穆斯林公社的机会。什叶派人对于这次杀戮一直牢记在心中,在以后好几个世纪里,多次掀起暴动,遭到在位的哈里发残酷镇压。直到 10 世纪,什叶派社团才获准在穆哈兰(Muharram)月的头十天举行仪式,公开悼念伊玛目(Imam)侯赛因之惨死。①

就这样,在先知去世 30 年后,乌姆玛分裂为三部分——而且至今依然如此——大多数的信徒为逊尼派(Sunnis),亦即他们遵守逊奈(Sunnah,即"行为"、"传统")的人,接受在位哈里发的统治;什叶派,忠诚于第一位"真正"的哈里发阿里;以及哈瓦利吉派("退出同盟派"),认为只有整个社团才有权力选举首领,如果他犯下重罪时有责任将他罢黜。正如我们将会看到的(参见第 35 章),在穆斯林宗教制度、神学和神秘主义的发展过程中,这三派或多或少作出了各自的贡献。

关于早期哈里发建立帝国的历史,我们在此只是回顾那些最重要的事件。军事扩张一直持续到公元 715 年,突厥人迫使一支阿拉伯军队撤出乌

① 参见 Earle H. Waugh,"Muharram Rites: Community Death and Rebirth"。

浒水(Oxus)。公元717年,对拜占庭的第二次海上远征大败而归。公元733年,法兰克国王查理·马特(Charles Martel)在图尔(Tours)附近击溃阿拉伯人,迫使他们退到比利牛斯山的另一侧。这标志着阿拉伯帝国军事强权的终结。后来伊斯兰教的攻略和征服是由其他民族的穆斯林进行的。

伊斯兰教本身也开始改变其最初的一些结构。在此之前,由穆罕默德所规定的圣战目标——使不信教的人皈依伊斯兰教——已越来越不重要了。许多阿拉伯军队宁愿使多神教徒臣服,而不是让他们改信伊斯兰教,以便征得丰厚的税收。此外,改信伊斯兰教的人也不能享有与穆斯林同样的
083 权利。从公元715年开始,阿拉伯人与改信伊斯兰教的新信徒之间的紧张关系日益增长。后者支持任何许诺他们与阿拉伯人拥有平等权利的起义。在多年的动乱和武装冲突之后,倭马亚王朝在公元750年被推翻,取而代之的是麦加的另一支重要家族阿拔斯(Abbāsides)王朝。新的哈里发主要靠着什叶派的帮助而获得胜利。可是阿里追随者的处境并没有因此改变,而且阿拔斯的第二任哈里发曼苏尔(al-Mansur, 754—775)血腥镇压了一场什叶派起义。另一方面,阿拉伯人与新信徒之间的区别在阿拔斯王朝里彻底消除了。

最早的四大哈里发把首都定在麦地那。但穆阿威叶把帝国的首都建立在大马士革。在这里,希腊、波斯和基督教的影响逐渐扩大到整个倭马亚王朝。这主要表现在宗教与民间的建筑风格上。叙利亚最早一批清真寺都采用了基督教堂的穹顶。①宫殿、别墅、花园、墙面装饰与马赛克镶拼画等模仿了近东的希腊形式。②

阿拔斯王朝延续并且发展了这种融会东方和地中海文化遗产的过程。伊斯兰教创造并且组织了一种以官僚机构及商业为基础的都市文明。哈里发放弃了他们的宗教职能,他们深居宫苑,让乌里玛(*ulamâ*)——神学家和教法家——去关心信徒的日常问题。公元762年,定新都于巴格达标志着占优势的阿拉伯伊斯兰教的终结。巴格达城呈由十字形道路分割的圆形,它是世界的缩影(*imago mundi*)、帝国的中心,四座城门代表空间的四个方

---

① 参见 E. Baldwin Smith, *The Dome*,第41页以下。

② 参见 U. Monneret de Villard, *Introduzione allo studio dell' archeologia islamica*,尤其是第24页以下、第105页以下。

向。由最吉利的行星——木星——决定负责巴格达的“诞生”，因为开工的日子由波斯的一位占星师推算确定。①曼苏尔和他的继位者们拥有萨珊王朝那样的一切辉煌。阿拔斯王朝主要依靠以波斯人为主体的官僚机构以及在伊朗军事贵族中招募的王家军队实行统治。伊朗人大批改信了伊斯兰 084
教，在政治、行政管理和礼节上恢复了萨珊王朝的模式。萨珊和拜占庭风格主宰了建筑艺术。

这也是一个大兴翻译的时代，以叙利亚语为媒介，希腊哲学家、医学家和炼金术士的作品得以翻译为阿拉伯文。在哈伦·赖世德(Harun-al-Rashid，788—809年在位)及其继位者的统治下，近古地中海文明第一次得到具有阿拉伯特色的复兴；虽然时有冲突，但毕竟在阿拔斯王朝的鼓励下完成了吸收伊朗的文化价值的过程。②我们以后将会看到(第35章)，这些发现和冲突对于穆斯林的精神结构具有怎样的影响。

---

① 参见Charles Wendell，“Baghdad：*Imago Mundi*”，第122页。

② 当然，这也和伊朗文化融合所具有的无穷创造力(参见§212)有关。

085 # 第34章　从查理曼大帝到弗洛里斯的约雅敬的西方基督教

266. 中世纪全盛时期的基督教

公元474年，西罗马帝国的最后一任皇帝罗慕路斯·奥古斯都卢斯(Romulus Augustulus)被一个蛮族首领奥多亚克(Odoacer)废黜。长期以来，历史学家约定俗成地将474年定为古代的结束和中世纪的开始。但是1937年亨利·皮雷纳(Henri Pirenne)的遗著《穆罕默德与查理曼》(*Mohammad and Charlemagne*)问世，从一个完全不同的角度对此提出了疑问。这位伟大的比利时历史学家在书中提请人们注意一些重要史实。首先，帝国的社会结构继续存在了两个世纪。其次，公元6—8世纪期间，蛮族的国王们依然沿袭罗马的方法，采用帝国的名号。更重要的是，继续与拜占庭以及亚洲开展商业交流。皮雷纳认为，直到8世纪西方与东方的交流才因伊斯兰教的入侵而中断。西方与地中海文明的各个中心相互隔绝，因连绵不绝的外部入侵和内部战争而沦为一片废墟，这时西方才真正堕入“野蛮状态”。从战争的废墟中产生的新社会的基础是乡村自治：它的表现方式就是封建主义。这个新世界，也就是中世纪，正是由查理曼大帝成功地构建起来的。

皮雷纳的假设引起了长期的争论，[1]如今他的观点只有一部分被人们接受。但是它激发学者们去重新审视西方中世纪形成的复杂历史进程。皮
086 雷纳没有考察基督教给西方带来的深刻变化。其实，正如巴克(W. C. Bark)所证明的，西欧在公元300—600年间的历史是由两种因素共同作用的结

① 巴克(Bark)引述的评论，参见William Carroll Bark, *Origins of the Medieval World*，第7页以下、第114页以下。

果：其一是基督教；其二是各种事件的激扬震荡：经济逐渐衰退，罗马帝国的地方政权势力削弱，接连不断的入侵造成社会混乱以及自给自足的农业社会逐步形成。事实上，如果西方没有分裂、贫穷和腐败的统治，教会的影响也不会变得那么重要。①

起初，中世纪社会是由先锋人物组成的社团。某种意义上是按照本笃会(Benedictine)修道院的范例组成的。圣本笃(Saint Benedict, 480—540)是西方修院制度的创造人，他组织了一批在经济上完全自给自足的小社团。其中一个或是几个修道院被毁，不会影响整个修院制度。野蛮的游牧民族入侵，以后维京人的闯入，毁坏了城镇以及最后的文化中心。古典文化的残余在修道院里残存下来。②但是，僧侣很少有闲暇致力于学术研究。他们的主要职责是传播基督教，扶助贫民。除此之外，他们还要建造房屋、行医、冶金，并且以种地为首务。这些僧侣极大地改进了农耕的工具与方法。③

这些修道院在经济上享有高度自主权，与土地权力的封建制度颇为相似，这种制度就是由领主将土地分配给他的下属，作为后者提供军事服务的报酬或者预先承诺的赏赐。④这两种"种子制度"历尽了历史上各种灾难而得以幸存，为一个新的社会和文化奠定了基础。查理・马特(Charles Martel)将许多属于教会的地产"世俗化"，分配给他的臣民。这是建立一支强大而忠诚的军队的唯一方式，因为当时没有任何一位君主以自己的实力去武装军队。

正如我们在即将对骑士制度(§267)的讨论中所述，封建制度及其意识 087
形态起源于日耳曼。⑤正是有了骑士制度，西方才能够度过 5 世纪以来接连不断的重重危机和灾难。公元 800 年，查理曼大帝在罗马得到教皇的加冕，成为"神圣罗马帝国皇帝"，这在 50 年以前是不可想象的事。由于皇帝与教皇之间发生了严重冲突，以及连续几个世纪的国王和诸侯的嫉妒，罗马帝国的角色仍然是不确定的，其重要性是有限的。我们并不是要阐述中世纪全盛时期的政治史与军事史，但是我们要注意一点，那就是一切社会体制——

① 巴克(Bark)引述的评论，参见 William Carroll Bark, *Origins of the Medieval World*，第 26—27 页。

② 大约在公元 700 年，西方文化在爱尔兰和北翁布里亚的修道院里面保存了下来。一个世纪以后，正是在这些地方，学者、神学家以及艺术家层出不穷。

③ 参见 Bark, *Origins*，第 80 页以下。

④ 参见 Hugh Trevor-Roper, *The Rise of Christian Europe*，第 98 页以下。

⑤ 参见 Carl Stephenson, *Medieval Feudalism*，第 1—14 页。

封建制度、骑士和帝国——在拜占庭世界都是闻所未闻或者是尚在雏形之中的宗教创新。

为了节省篇幅，我们不得不略过基督教在礼仪和圣事方面的创新，①以及在公元9世纪被称为“加洛林复兴”中的宗教因素。然而我们必须提到，在这5个世纪里，西方教会历经了改革与颓废、胜利与耻辱、创新与僵化，以及开放与宽容的过程。我们且举一例：“加洛林复兴”后的10世纪和11世纪上半叶，教会发生了倒退。但是随着格列高利七世(Gregory Ⅶ)——公元1073年当选教皇——的“格列高利改革”，教会又进入了一个荣耀与强盛的时代。这种兴衰交替背后的深层原因三言两语是不易说清楚的。在此只强调一点就足够了，那就是这些时而兴盛时而衰亡的阶段，首先与是否忠诚于使徒传统有关，其次又与对末世来临的期望以及对于更真实、更深刻的基督教经验的憧憬有关。

基督教的发展从一开始就深受《启示录》的影响。除了圣奥古斯丁以外，神学家和预言家讨论着“世界末日”的话题，算计着世界末日来临的日
088 子。敌基督与“末日皇帝”的神话深深吸引着神职人员和大量信徒。在第一个千禧年到来之际，“世界末日”的古老传说仿佛具有了极大的真实性。与典型的末世论恐怖相伴随的是各种各样的灾异：时疫，饥荒，凶兆(彗星、日蚀等等)。②人们感到魔鬼无所不在。基督徒认为这些灾难是因他们的罪恶所致。唯一的保护就是忏悔，并求助于圣徒以及遗物。补赎如同死亡一样如影随形。③此外，修道院长和主教决心将信徒团结在圣物周围，用僧侣拉乌尔·格拉贝(Raoul Glaber)的话说，以求“再创和平，再创神圣信仰的制度”。骑士们把手按在圣物上面，发誓维护和平：“我决不侵犯教会……决不攻击教士或僧侣……决不抢夺公牛、母牛、猪、羊……我也不伤害农夫或农妇……。”④“神命休战”禁止在礼拜期间的“圣日”进行战争。

去耶路撒冷、罗马以及孔波斯特拉的圣雅各(St. James of Compostella)的集体朝圣开始风行。拉乌尔·格拉贝把去耶路撒冷的“神圣之旅”看作对死亡的准备以及得救的应许；大多数朝圣者都宣布敌基督将临，“世界末日

① 例如，交换结婚戒指、强调弥撒(以后庆祝新生和悼念死亡都要举行弥撒)的意义、《祈祷书》的编定等等。

②④ 参见 Georges Duby, *L'An Mil*，第105页以下、第171页以下。

③ “正是在这千禧年里，西方教会最终接受古老信仰，死者是存在的，虽然不可见，然而与他们活着的时候没有什么区别。”Duby，同上书，第76页。

将近”。[①]

但是，公元 1033 年，即耶稣基督受难千年一过，基督徒们认为补赎和洁净达到了目的。拉乌尔·格拉贝赞颂各种迹象以及上帝的恩宠：“天空开颜，风和日丽……大地重披绿装，硕果累累，灾荒一扫而光……无数病人恢复了健康，在圣徒引导之下欢聚一堂……上帝的仆人向上帝举手，齐声赞
颂：‘和平！和平！和平！’”[②]与此同时，尤其是克吕尼(Cluny)的本笃会修 089
道院致力于创造一种新型的教会。西方各地重建圣所，整修教堂，新发现了各种圣物。大量差遣传教士到北方和东方去传教。但更有意义的是，教会的宗教生活在民众虔诚信仰的压力下发生了变化。圣餐礼被赋予了特别重要的意义。僧侣们被要求变成教士，以便“预备基督的身体和血”，增加“可见世界中的神圣内容”。[③]对十字架的崇拜也大为增强，因为它是基督人性的最佳记号。这种对“上帝道成肉身”的颂扬不久又加上了对圣母的崇拜。

围绕着第一个千禧年的恐惧和希望所形成的宗教形态，某种程度上是以后 5 个世纪中特有的宗教危机和创新的一次预演。

267. 对于前基督教传统的吸收和重新解释：君权神授和骑士制度

对大多数日耳曼部落来说，王室具有神圣的起源和特征：王朝的创始人是从诸神，特别是从沃登(Wodan)传下来的。[④]国王的“幸运”就是他具有神性的最佳证明。君主本人要举行献祭仪式，祈求五谷丰登和军事胜利；他是臣民与神之间卡里斯玛式的中间人。假如一位国王被“幸运”——换言之，也就是诸神——所抛弃，那么他就可以被罢黜，甚至被处死，就像瑞典的多
马尔德尔(Domaldr)因连年歉收和饥荒而被处死一样。[⑤]甚至在皈依基督教 090

---

①②③　参见 Duby, *L'An Mil*，第 179、183—184、219 页。

④　大多数盎格鲁—撒克逊国王宣称，他们是沃登的后代；参见 William A. Chaney, *The Cult of Kingship in Anglo-Saxon England*，第 133 页以下所引文献。斯堪的纳维亚君主是从被弗雷(Frey)暗杀的伊格威(Yngwi)神传下来的；《里格的莱尔》(*Lai de Rig*)提到，海姆达尔乃是诸王的祖先(同上书，第 19 页)。关于古日耳曼的帝王制度，参见《宗教思想史》第 2 卷，第 833 页。

⑤　参见《英格林传奇》(*Ynglingasaga*)第 15 章(18)；参见同书，第 43 章(47)，讲述了这个英格林的后代因为歉收而被献祭给了奥丁的故事。其他例子可以参见 Chaney, *The Cult of Kingship*，第 86 页。

之后，君王的系谱（即他们是沃登的后代）仍然具有重要意义。①

与在其他地方一样，教会努力将这信仰融入到基督教的神圣历史中。例如，某些王族谱系宣称沃登是挪亚的儿子，出生在方舟里，或者宣称他是马利亚某个表兄之子。②战死沙场的国王——即使毫无教养——也会被尊奉为殉道的圣徒。身为基督徒的君王至少部分地保留了他们祖先的巫术—宗教性的权威，他们会影响未来收成的种子以及病人与儿童。③为了削弱对王族墓地的崇拜，国王移葬于教堂内。

但是，对异教传统最具创意的复兴是将国王抬高为 *Christus Domini*，“受膏的主”。因而国王变得神圣不可侵犯；任何一种推翻他的阴谋都是渎神的行为。从此之后，国王的宗教威望不再是他的神圣起源，而是来自他的祝圣，宣布他是受膏的主。④11 世纪有一位作者断言：“一个基督教国王就是耶稣基督在人民中间的代表”。“有了一个贤明的国王，人民就会幸福、富足，无往而不胜。”⑤这种对“受膏的主”的颂扬令人联想到古老的异教传统。尽管如此，国王仅是人民与教会祝圣了的保护人，他在人与神之间的中保职能则从此由教会实施。

在骑士制度（chivalry）的发展过程中，我们可以看到一种类似的影响与共生。塔西佗简要地介绍了古日耳曼武士的成年仪式：当着所有全副武装的武士的面，由首领或父亲将盾牌与投枪交给年轻人。从少年时代起，他就与酋帅（*princeps*）的侍从（*comites*）一起军训，但是，只有在举行这个仪式之后，这个年轻人才被认为是一名武士和部落的正式成员。塔西佗还写道，在
091 战场上，酋帅的勇敢不如他人，是他的耻辱；侍从们的勇敢不如酋帅，也是他们的耻辱。假如自己的酋帅战死，而自己却从战场上生还，这就是毕生的羞辱了。保卫酋帅是所有侍从的神圣职责。“酋帅们为胜利而战斗；侍从们则为酋帅而战斗。”同样，酋帅则要确保他们的给养，提供他们兵器，分给他们一部分战利品。⑥

---

① 英国八大王室的谱系中有七个王室宣布是沃登的后代；参见 Chaney，第 29 页。

② 参见 Marc Bloch, *Les rois thaumaturges*，各处；Chaney，第 86 页以下。

③ 参见 Chaney，第 42 页所引事例。

④ 这就意味着君主必须服从主教。

⑤ *Principes d'un régime politique chrétien*，献给沃尔夫斯通（卒于 1023 年）大主教的一篇论文；转引自 Chaney 书，第 257 页。

⑥ 《日耳曼尼亚志》13—14。关于古代日耳曼武士成年礼，参见 § 175。

日耳曼部落皈依基督教之后，这种风俗依然保留着。成为封建主义以及骑士制度的基础。公元 791 年，查理曼大帝的长子路易（Louis）13 岁不到，就从他父亲手中接过了武士的长剑。47 年后，路易也交给他 15 岁的儿子“一件适合男子汉的兵器——长剑”。这就是中世纪骑士制度所特有的授予兵器仪式以及成年仪式的起源。

至于骑士制度本身，它在西方军事史、社会史、宗教史以及文化史上具有重要意义，但是它的起源很难说清。不管怎样，在公元 9 世纪法国引进能够承载穿戴铠甲骑士（*cathafracti*）的高头大马之前，并不存在“古典”形式的骑士制度。虽说一开始骑士基本的美德就是完全效忠于他的领主，[1]但是每一个骑士也应当保护穷人和教会。授予兵器的仪式还包括赐福兵器（长剑放在祭台上等等）。但是正如我们将会看到的，主要是从 12 世纪开始，教会的影响才变得重要。

经过一定阶段的学徒和考验后，要公开举行骑士授剑的仪式。领主按照仪式将兵器：长剑、标枪、马刺、锁甲与盾牌授予他的扈从。后者站在他的主人面前，双手合拢，有时还要低头下跪。最后，领主用力在他的颈部击一拳或一掌。这个仪式的起源和意义至今仍众说纷纭。

骑士制度在 11 世纪和 12 世纪上半叶达到鼎盛。13 世纪开始衰落，15
世纪以后只是一种礼仪和尊贵的象征。具有反讽意义的是，正是它的衰败 092
与颓废使得骑士制度成为无数文化创新的主题，其渊源与宗教意义是很容易看出来的（§ 270）。

塔西佗简要描述的风俗当然还包含有宗教的意义：年轻人晋升武士表明他的武士成年礼的完成，而对酋帅的绝对忠诚事实上是一种宗教的存在模式。皈依基督教为这一祖辈的传统带来许多新的解释和意义。但从未消除这一异教遗产。在长达三个世纪的时间里，教会在骑士的祝圣过程中扮演平常的角色。但是，从 12 世纪开始，这一仪式至少从表面上看是在教会的控制下进行的。年轻的扈从在忏悔之后，要在教堂里祈祷一个晚上。第二天清晨，他领圣餐，在领受武器时，要发誓遵守骑士的准则[2]并且进行

---

① 罗兰被视为最出色的英雄，因为他无条件地遵守他的扈从身份，而不惜失去生命。

② 根据某些资料的记载，这一准则包括四种律法：每日弥撒，将自己的生命献身给神圣的信仰，保卫教会，以及保护鳏寡孤独和穷人。有的版本还补充道，骑士一定帮助“有求于他们的妇女和少女”以及“贵妇并且……捍卫她们的权利。”

祈祷。

在第一次十字军东征之后,圣地出现了两种保护朝圣者、照顾病人的军事团体,圣殿骑士团(Templars)和医院骑士团(Hospitalers)。从此以后,有些僧侣在宗教教育中增加了骑士型的军事训练。从伊斯兰教的“圣战”(*jīhād*)(§265)、密特拉秘仪的入会礼(§217),以及在基督徒苦行僧自称为“神军”(*militia sacra*)士兵的用语和比喻中,我们可以找到这些宗教军事团体的先驱。但是我们还必须记得战争在古日耳曼人中的宗教意义(§175)。①

268. 十字军东征:末世论与政治

启蒙时代的历史学家与哲学家——从吉本(Gibbon)和威廉·罗伯逊(William Robertson)到休谟(Hume)和伏尔泰(Voltaire)——都把十字军东
093 征(Crusades)看作是一场令人痛苦的狂热与愚蠢的大爆发。尽管这样的判断如今已不那么甚嚣尘上,但是当代还是有一批学者持有这样的观点。不管怎样,十字军东征毕竟是中世纪历史的核心事件。“在他们出征以前,文明的中心位于拜占庭帝国和阿拉伯哈里发的统治区。在他们撤出以前,文明的重心转移到了西欧。正是从这种文明的转移中诞生了近代历史。”②但是这霸权是用高昂的代价换来的,而付出这代价的则主要是拜占庭帝国和东欧的人民。

然而,我们必须关注的则是十字军东征的宗教意义。保罗·阿尔房德里(Paul Alphandéry)和阿尔方索·杜普隆(Alphonse Dupront)清晰地描绘了十字军东征末世论的根源和结构。“不论在教士还是非教士心目中,十字军东征意识的核心就在于他们负有责任,要解放耶路撒冷……十字军东征的士兵表现出一种强有力的意识就是要在时间和人性空间上双双获得圆满。在这个意义上,时间的圆满和空间的圆满,其象征就是将万国重新统一在圣城以及世界之母——耶路撒冷的周围。”③

随着贵族和皇帝发动的十字军东征遭到不同程度的溃败,其末世论特

① 我们还要补充的是,在伊斯兰教中也曾经形成宗教型的骑士制度;参见 Henry Corbin, *En Islam iranien*,第2卷,第168页以下。

② Steven Runciman, *A History of the Crusades*,第1卷,第Ⅺ页。

③ A. Dupront, “Croisades et eschatologie”,第177页。

征也愈发地明显了。第一次也是最为壮观的一次十字军东征，由拜占庭皇帝亚历克修斯(Alexis)和教皇乌尔班一世(Urbain Ⅰ)发起，公元1095年隐修士彼得(Peter the Hermit)为之号召。在历尽艰险之后(在莱茵河和多瑙河畔的城市屠杀犹太人、三支法兰克军队于君士坦丁堡重新集结)，十字军穿越小亚细亚，尽管其首领们相互猜忌、内讧不断，还是征服了安提阿、的黎波里、埃德萨，最后是耶路撒冷。然而，仅一代人之后，这些占领城市先后落于敌手，于是圣伯纳德(Saint Bernard)于1145年在韦兹莱(Vézelay)鼓动进行第二次东征。一支由法国国王和德国皇帝率领的大军抵达君士坦丁堡；然而未过多久，先后在以哥念(Iconium)和大马士革(Damascus)被歼。

公元1188年，腓特烈·巴巴罗萨(Frederick Barbarossa)皇帝在美因茨(Mayence)发起的第三次十字军东征同时具有帝国和弥赛亚的性质。法国国王腓力·奥古斯都(Philip Augustus)以及英国国王狮心理查(Richard the Lion Hearted)予以响应，只是不像腓特烈·巴巴罗萨那样“狂热和热切。”[①]十字军占领了亚柯(Acre)，在耶路撒冷城下被埃及和叙利亚传奇般 094
的苏丹撒拉丁(Saladin)打败。这次十字军东征再度以悲剧告终。德国皇帝在亚美尼亚的一条河流里丧命；腓力·奥古斯都班师回朝，以便削弱英王。耶路撒冷城下的狮心王理查得到撒拉丁允许，让他的军队到圣墓前举行祈祷。

当时有人认为诸王未能解放耶路撒冷，是因为贵族和富豪们多行不义。诸王和富豪们没有忏悔，自然进不了天国，也征服不了圣地。圣地是属于穷人的，他们才是蒙选的十字军战士。“帝国多次的努力，虽有弥赛亚传说的保证，却仍旧归于失败，这恰好证明解放圣地的任务非由人间权贵所能及。”[②]当教皇英诺森三世(Innocent Ⅲ)发起第四次十字军东征(1202—1204)时，教皇写了一封亲笔信给努依里的富尔格(Foulques de Neuilly)，富尔格是一位穷人的使徒，保罗·阿尔房德里写道：他“是十字军历史上最为著名的人物之一”。富尔格猛烈抨击富人和贵族，宣扬苦行与道德革新是东征的基本条件。但是富尔格于1202年去世，当时十字军战士已

① Paul Alphandéry and A. Dupront, *La chrétienté et l'idée de Croisade*，第2卷，第19页。“腓力·奥古斯都几乎不怎么关心此次远征成功与否，他主要关心的是他离开的王国。”

② Paul Alphandéry and A. Dupront, *La chrétienté et l'idée de Croisade*，第2卷，第40页。

经整装出发,这第四次冒险东征竟成了欧洲历史上最痛苦的一段经历。实际上,十字军战士因物欲的驱使,又因内讧而分裂,他们没有直扑圣地,而是攻占君士坦丁堡,屠杀了部分居民,将城里的财富洗劫一空。佛兰德(Flanders)的国王鲍德温(Baudoin)被拥立为拜占庭的拉丁皇帝,而托马斯·摩罗西尼(Thomas Morosini)成了君士坦丁堡牧首。

毋庸赘言,最后几次东征是胜利甚少而失败甚多。我们只要记得,巴巴罗萨的孙子德皇腓特烈二世(Frederick Ⅱ)虽然遭到教皇绝罚的处分,仍于公元1225年到达圣地,从苏丹那里获得耶路撒冷的所有权,公元1229年他
095 加冕称王,并且在位15年。但是1244年,耶路撒冷落入了马木路克(Mameluks)之手,以后再未被西方征服。在那个世纪结束之前,断断续续还进行了一些东征,但都未成功。

诚然,十字军东征打开了西欧通向东方的道路,与伊斯兰教发生了接触。但是,没有这些血腥的远征,文化交流照样能够进行。十字军加强了教皇的权威,促进了西欧君主制度的发展。但是,它们削弱了拜占庭帝国,使得土耳其人长驱直入巴尔干半岛,严重破坏了同东派教会的关系。而且,十字军战士的野蛮行径激起了穆斯林起来反对基督徒,许多穆斯林统治长达六个世纪之久的教堂,最终因十字军的东征而被摧毁。

虽然十字军东征被政治化了,但是这一群众运动仍然具有末世论的结构。有一个证明就是,公元1212年在法国北部和德国突然出现了许多儿童十字军。这些运动具有自发性似乎是毫无疑问的,当时有一个人说:“任何人,不论来自国内还是来自国外,都没有教唆过他们。”①那些孩子们的“最大特点就是非常年幼,极其贫穷,多为牧童”。②他们向前进军,不断有穷人加入他们的队伍。大概有三万名儿童,唱着歌,列队前进。问他们去哪里,孩子们就回答说:“去上帝那里!”当时一名编年史作者说,“他们想横渡大海,有权有势的诸王失败了,他们却要夺回耶稣圣墓。”③教士们反对由孩子发动战争。法国的儿童十字军以灾难结束:到达马赛后,他们登上七条大船,但其中两艘在撒丁(Sardinia)附近海面上因暴风雨搁浅,船上的儿童十字军全部沉入大海。至于另五艘船,其中两名背叛的船主将船一直开到亚

---

①② Paul Alphandéry and A. Dupront, *La chrétienté et l'idée de Croisade*, 第2卷, 第118、119页。

③ Reiner, 转引自阿尔房德里和杜普隆的著作, 同上书, 第120页。

历山大里亚，把孩子们卖给了那里的萨拉森(Saracen)酋长和奴隶贩子。

“德国”的十字军战士经历了同样的遭遇。当时的一位编年史作者叙述道，公元1212年，“有个叫尼古拉斯(Nicholas)的孩子，身边聚集了许多儿童 096
和妇女。他宣称，有一位天使在命令他，一定要与他们一同前往耶路撒冷，解救主的十字架，大海会像从前对以色列人那样，给他们让路，他们连鞋子都不会沾湿”。①不仅如此，他们没有任何武装，从科隆(Köln)地区出发，沿莱茵河顺流而下，穿过阿尔卑斯山，到达意大利北部。一些人到了热那亚(Genoa)和比萨(Pisa)，但是被赶走了。那些成功抵达罗马的少年发现他们得不到任何权威机构的支持。教皇不同意他们的计划，少年十字军战士只得踏上归途。正如《卡尔巴森年鉴》(*Annales Carbacenses*)的作者所描述的，“他们光着脚、饿着肚子，一个跟着一个，默默无语地往回赶路”。没有任何人帮助他们。另一名目睹此事的人写道：“许多人死于饥饿，尸体抛在村庄、公共场所，没有人给他们下葬。”②

阿尔房德里与杜普隆两人从这些运动中公正地看出，儿童在民间信仰中的重要地位。这是屠杀婴儿的神话③、耶稣对儿童的赞扬、大众对贵族十字军的不满——这种不满在第一次十字军东征时围绕着“塔弗尔”(Tafurs)④的传奇就已经产生了——诸种因素共同发生作用的结果。“除非奇迹发生，否则绝无可能再度征服圣地——而从今往后，奇迹只会发生在最纯洁的人也就是儿童与穷人中间。”⑤

十字军东征的失败并没有消除人们对末世的期待。托马斯·康帕内拉(Tommaso Campanella)在他所著的《论西班牙的君主制度》(*De Monarchia Hispanica*，1600年)一书中，呼吁西班牙国王出资再次发起一场新的十字军东征，打败土耳其帝国，在取得胜利后建立一个普世的君主国家。38年后，康帕内拉在国王路易十三(Louis XIII)和奥地利安妮(Anne)王后庆祝未来的路易十四生日的时候，献上《颂诗》(*Ecloga*)，预言圣地收复(*recupera-*

① *Annales Scheftheariensis*，文献转引自阿尔房德里和杜普隆的著作，同上书，第123页。

② 文献转引自阿尔房德里和杜普隆的著作，同上书，第127页。

③ 此神话出自《马太福音》2：1—18。希律王听说耶稣诞生，害怕将来他做犹太人的王，就派人把全城两岁以内的婴儿全部杀光。——译者

④ “塔弗尔”(＝流浪汉)是那些追随着十字军战士的穷苦人，他们以小刀、木棒和斧头为武器；参见 Norman Cohn, *The Pursuit of the Millennium*，第67页以下。

⑤ Paul Alphandéry and A. Dupront, *La chrétienté*，第145页。

tio Terrae Sanctae)和世代更新(*renovatio saeculi*)。年轻的国王将在1 000天之内征服整个地球,剿灭一切魔鬼(也就是那些不信基督的王国),解放希
097 腊。穆罕默德的势力将被逐出欧洲,埃及和埃塞俄比亚将再度皈依基督教,鞑靼人、波斯人、中国人以及整个东方都将信仰基督教。世界各族人民将形成统一的基督教信仰,这个更新的世界将只有一个中心:耶路撒冷。康帕内拉写道:“教会是从耶路撒冷开始的,当它征服整个世界以后仍将回到耶路撒冷。”①在他的论文《第一次与第二次的复活》(*La prima e la seconda resurrezione*)中,康帕内拉不再像圣伯尔纳那样,把征服耶路撒冷看作是迈向天国的耶路撒冷的一步,而是把它看做是弥赛亚王国开始在人间的实现。②

269. 罗马艺术与宫廷爱情故事的宗教意义

十字军东征也是一个最辉煌的精神创新的时代。在这个时代里,罗马艺术达到最高点,哥特艺术臻于完善,色情和宗教诗歌以及亚瑟王(King Arthur)传奇、特里斯坦和绮瑟(Tristan and Iseuit)的浪漫文学也繁荣一时。在这个时代里,经院哲学与神秘主义大获全胜,著名大学先后创立,修会组织和巡回传道也颇为流行。然而这也是一个禁欲主义和末世运动层出不穷的时代,其中大多数处于正统教会的边缘地带,或者显而易见就是异端。

我们不能详细考察这些值得关注的创新。现在我们只要列举这一事实即可,这一时期最著名的神学家和神秘主义者(从圣伯纳德,1090—1153,到爱克哈特大师,1260—1327)以及最具影响力的哲学家(从坎特伯雷的安瑟伦,1033—1109到圣托马斯·阿奎那,约1223—1274),都在这个极大地改变了西方精神世界的危机和转型的时代完成了他们的著作。我们还要列举一个事实,那就是1084年成立了加尔都西会(Carthusian Order),1098年在第戎(Dijon)附近的西多(Citeaux)成立了西多会(Cistercian),此后又于1120年在普雷蒙特烈(Prémontré)确立了会规。其他还有圣多明我(Sanit
098 Dominic, 1170—1224)和阿西西的圣方济各(Saint Francis of Assis, 1182—1221)创立的修会组织,这些修会对于以后四个世纪的宗教与学术生活产生了重大作用。

---

① 请注意康帕内拉《颂诗》的第207句,“十字军战士和末世论”,转引自杜普隆所著书,第189页。

② 参见阿美利奥(Romano Amerio)的评注本,第72页;杜普隆,同上书,第189页。

我们还是简要分析一下千禧年危机以后中世纪社会符号世界的某些结构。我们首先应当注意，从 11 世纪初开始，一个新的社会结构萌生了。大约在公元 1027 年，拉乌恩的阿达尔贝特(Adalbert of Laon)致信国王说："信徒组成一个团体，而国家却有三个团体……上帝之家，我们以为只有一个，却分成了三个：一组人在祈祷，一组人在战争，还有一组人在劳作。三者共存，不容分开……相应地，这三个群体仍是一个，只有这样，法律才能战胜一切，世界才能安享太平。"①

这个社会纲领令人想起乔治·杜米兹(Georges Dumézil)曾经深入探讨的印欧社会的三元分殊现象(参见 § 63)。在这里，我们感兴趣的是，宗教的、更确切地说是基督教的符号促进了这种社会的划分。世俗的现实渗入了神圣内部。这种观念是一切传统文化所特有的。我们且举一个众所周知的例子，这种观念从一开始就影响了宗教建筑，从基督教的长方形教堂(参见拜占庭教堂的象征意义，§ 257)中我们就能够发现这一点。罗马艺术采纳这一象征并且发扬光大。大教堂就是"世界的缩影"(*imago mundi*)，宇宙结构的符号既组成了一个世界又将它神化。"宇宙是从神圣的角度去理解的，不管这宇宙是一块石头或一朵花，动物或人。"②

实际上，在大教堂这个宇宙中，我们看得到宇宙的一切生存模式、一切
生命和人类的劳作，以及神圣历史中的人物与事件，天使、怪物和魔鬼。大 099
教堂的装饰物构成了无穷无尽的宇宙象征(太阳、黄道带、马、生命之树等等)，各种宗教经典和神话的主题(魔鬼、龙、凤、人首马身怪等等)，或者劝诫的主题(每月的劳作内容等等)。③我们可以区分出两个相互对立的世界：一边是丑陋、畸形、鬼怪般的东西；④另一边是荣耀的基督王、教会(表现为女子)以及 12 世纪在民间信仰中颇具地位的圣母。这种对立是真实的，其目的也是显而易见的。但是罗马艺术的创造力正在于这种激越迸发的想象

---

① Duby, *Lan Mil*，第 71—75 页。到 11 世纪，"这个社会纲领解释一种典型的社会重组：一个修道制度和 *Opus Dei* 统治的教士阶层、一个军事贵族阶层以及一个种地农民组成的经济精英，他们用劳动而获得思想上的进步"；Jacques Le Goff, *Histoire des religions*，第 2 卷，第 817 页。亦可参见同一位作者所著，*Pour un autre Moyen Age*，第 80—90 页；以及 G. Duby, *Les trios ordres ou l'imiginare du féudalism*，第 62 页以下以及各处。

②③ M. M. Davy, *Initiation à la symbolique romane*，第 19 页、第 209 页以下。

④ 这些令圣伯尔纳十分恼火，他反问道："我们教堂里面的这些怪物象征什么，这些恐怖的美女，这些美丽的恐怖?"《护教文》，12. 19，转引自 Daby，同上书，第 210 页。

力，这种将一切神圣、世俗与想象世界中现存的事物重新统一在一个整体中的意志。

就我们的目的而言，我们的兴趣不仅在于这种图像在对群众进行宗教教育方面的意义，还在于它在唤醒并且激发想象力以及符号思维方面的作用。沉思这些丰富多彩的图像可以使基督徒熟悉许多宗教的、非宗教的象征世界。信徒能够逐渐进入一个价值与意义的世界，对某些人而言，这些世界变得比日常经验的世界更加“真实”、宝贵。

庆典的画像、手势和行为，史诗、抒情诗以及音乐的价值就在于，它们能够引导主体进入一个与现实世界平行的想象世界，从中体验到用其他方法根本无法获得的心理体验以及精神启示。在传统社会里，这种价值因宗教的，或者准宗教的文学和艺术的创造而得到发展。[①] 在此不需要讨论游吟诗人的文学作品以及他们的宫廷爱情观。不过我们要注意的是，这些文学的巨大的创新之处就在于它们首先赞美了女子以及婚外情，这点正是文化史学者深感兴趣的地方。我们一定不要忘记，中世纪贵族社会中妇女低下的地位，婚姻由经济或政治利益所左右，以及丈夫的粗鲁和漠不关心。在12世纪发现并且受到赞美的“真正爱情”意味着这是一种更高的、复杂的文
100 化，事实上是一种神秘的禁欲主义文化，人们只有在那些优雅有教养女子的爱情中才能够领略这种文化。

我们可以遇到这样多才女子的事例，首先是著名的阿基坦的阿莉埃诺(Aliénor[Eleanor]of Aquitaine)城堡中的布瓦蒂埃(Poitiers)，她是第一位著名的游吟诗人布瓦蒂埃的威廉(William of Poitiers, 1071—1127)的孙女，相继为法国和英格兰王后。在由阿莉埃诺的女儿，香巴涅的玛丽(Marie de Champagne)所主持的这种得天独厚的文化环境里，数以百计的王子、男爵和骑士，以及公爵夫人、伯爵夫人接受“教育”。甚至还有一个爱情法庭，我们知道这个特殊法庭的法律和一些判例。[②] 女人觉得她们可以管教男人，“用一种新奇而微妙的方法来施展她们的权力。男人们只有被俘虏、接受指导和教育的份。阿莉埃诺可谓贝阿特丽丝(Beatrice)的先声”。[③]

---

① 正如深层心理学所证明的，同样的过程，无论多么贫乏，多么庸俗，也能够在当代世俗化的社会中找到。

② André Le Chapelain, *De arte amandi*。这篇短文由拉费特-豪萨特(L. Lafitte-Houssat)翻译，载 *Troubadeur et Cours d'Amour*，第43—65页。

③ Friedrich Heer, *The Medieval World*, *Europe*, 1100—1350，第137页。

诗歌的主题总是不出爱情两字，只是用一种约定俗成的，既奔放又含蓄的方式加以表达而已。贵妇人（普罗旺斯语，*dompna*）是已婚女子，懂得自己的价值，关心自己的名誉（*pretz*）。因此，保守秘密最为重要。由于各种社会和感情的禁忌，情人要和贵妇人分居。诗人在赞美他的贵妇人身上各种品德的同时，叹息自身的孤独与痛苦，不过也倾吐了他的渴望：要见到她，哪怕行程万里，要触摸她的衣袍，要得到她的香吻，不一而足。

这种长期的爱慕的考验同时也是一种苦行之道，一种教育以及一种共同的精神体验。诗人发现贵妇人是完美的典型，赞美她秀外慧中，而将她的情人置于一个与之并行的想象和隐喻的世界，在这个世界里世俗的环境会逐渐转变。即使在某种情况下诗人得到贵妇人全部的爱，这种转变也仍然会发生。[①] 因为这种占有实际上是一种至高无上的行为，是精心构造的仪 101
式，同时受到禁欲、道德的升华以及热情的控制。

这种色情内容具有仪式的特征是毫无疑问的。它与性力派的性爱技巧（参见第 40 章）相比较，不仅可以从严格字面的意义上去实践，也可以从微妙的生理学或纯粹精神的层面加以理解；还可以同印度教毗湿奴学派的皈依思想相比较（参见同上），这种思想认为，神秘体验是通过已婚女子拉达（Rādhā）同少年克里希纳（Krishna）的爱情来表现的。后面这个例子尤为重要。首先，它证明“情欲之爱”的真实性以及神秘的价值。另外，它也有助于进一步把传统基督教“神秘的合一”（*unio mystica*，以此婚姻术语表现灵魂与基督的结合）与印度教的特殊传统区别开来，后者突出了神秘体验的绝对性及其同社会和道德观念的截然不同，其所运用的不是尊重婚姻习俗而是相反的想象——通奸。

270. 秘教文化与文学创新：游吟诗人、爱情的信徒（*Fedeli d'Amore*）和圣杯传奇

自从 2—3 世纪的诺斯替教以来，人们第一次在宫廷爱情文学中赞美妇

① 参见摩歇·拉扎尔（Moshe Lazar）所著 *Amour courtois et Fin'Amors dans la littérature du XIIe siècle* 中的文献。此外，香巴涅的玛丽明确把婚姻的结合与爱的结合区别开来：“情人之间是相互的、自由自在地达成一致。夫妻之间则受到义务的约束而相互服从对方的意志，从不拒绝对方的要求。”

女的精神尊严和宗教价值。[1] 根据许多学者的观点，普罗旺斯的游吟诗人从西班牙的阿拉伯诗歌的范本中汲取灵感，这些诗歌赞美女性以及女性所
102 唤醒的精神之爱。[2] 但是，同样应当考虑到12世纪重新发现或重新激活的凯尔特人的、诺斯替教的以及东方文化的因素。此外，对于圣母的崇拜——实际上盛行于整个时代——也间接将女性神圣化了。一个世纪以后，但丁(Dante, 1265—1321)甚至更进一步：他把初识时还是少女，再遇时已为佛罗伦萨贵族之妻的贝阿特丽丝神化了。她胜过天使与圣人，不受罪恶的污染，几可与圣母媲美。她成了人类(以但丁为代表)与上帝之间新的中介。当贝阿特丽丝准备在人间的天堂现身时，就有人高呼："来吧，自由的新妇。"(《炼狱篇》30, 11)此诗取自《雅歌》(4：8)的一句名言，为教会所采用，但那是仅仅用来唱赞圣母或教会本身的。[3] 将妇女神圣化的惊人例子可谓无出其右。显然，贝阿特丽丝代表着神学，因此也代表着得救的秘密。但丁创作《神曲》是为了拯救人类，而实现人类的这种转变，不是通过理论，而是通过天堂地狱的异象震撼和吸引读者。这样做的人非但丁一人，可是他极其出色地表达了一种传统观念，根据这种观念，艺术，尤其是诗歌，不仅是传播形而上学或神学的工具，也是唤醒并拯救人类的工具。

另外一种运动也明确宣称爱情和女子具有救赎作用，这一运动基本属于"文学"的范畴，但是也包含有神秘的诺斯替教，甚至入会礼的秘教组织的性质。这就是爱情的信徒(*Fedeli d'Amore*)，[4]12世纪的普罗旺斯、意大利、法国和比利时都有其代表人物。爱情的信徒组成了一个秘密的灵性军事团体，其目标就在于崇拜"独一无二的贵妇人"，并且进入一种"爱情"的神

---

① 一些诺斯替教文献赞美神圣的母亲，称之为"神秘的沉默"、圣灵、智慧。"我是(居住)在(光明)里的思想……(她存在于)万有以先……我在各种创造中运动……我是万有中看不见的一"(转引自 Elaine Pagels, *The Gnostic Gospels*，第55页以下)。在《雷电、完美的心里》这首诺斯替教诗歌中，有一个女子大胆宣称："我是最先，我是最末……我是妻子，我是少女。我是(母亲)，我是女儿，"等等(同上书，第56页)。

② 尤其参见 Menéndez Pidal, *Poesia arabe y poesia europea*; Garcia Gomez, "La lirica hispano-árabe y la aparición de la lirica romance"，以及 Claudio Sanchez-Albornoz, "El Islam de España y el Occidente"，第178—179页，注解56。

③ 在其他地方(《炼狱篇》33, 10以下)，贝阿特丽丝把基督的话用在了自己身上："等不多时，你们就不得见我；再等不多时，你们还要见我。"(《约翰福音》16：16)

④ 参见 Liuge Valli, *Il linguagio segreto di Dante e dei Fedeli d'Amore*; R. Ricolfi, *Studi su i "Fedeli d'Amore"*，第1卷。

秘境界。其成员使用一种“秘密语言”(*parlar cruz*),这样他们的教义就不会被“粗俗的人”(la gente grossa)——该运动最杰出的代表人物弗朗切斯科·达·巴尔贝里诺(Francesco da Barberino, 1264—1348)以此语称呼普通百姓——所掌握。另一名爱情的信徒拜希乌的雅克(Jacques de Baisieux)创作了一首诗歌《爱情值得自豪》,要求“不得泄露爱情的对象,而要小心隐藏”。[1] 拜希乌的雅克在解释“爱情”(Amor)的意义时,提出了爱情的 103
入会礼具有一种灵性的性质:

> A 的意思是
> 不,而 mor 的意思就是死(*mort*);
> 把它们连在一起,我们就是不死。[2]

“女子”象征超越的智慧,也就是智慧之神。爱上一个女子能够令入会者猛醒,而整个基督教世界仍因为教皇精神的无能而昏睡。在“爱情的信徒”文献中经常提到一个“不是寡妇的寡妇”:即“智慧的玛当娜”(*Madonna Intelligenza*),她因为作教皇的丈夫献身于世俗事务,忽略精神生活而成了一个“寡妇”。

准确地说,这一运动并非异端,但是这群人不再认为教皇拥有作为基督教社会精神领袖的尊严。我们并不知道他们要举行怎样的入会礼,但这些仪式应当存在,因为爱情的信徒形成了一个准军事组织,并且举行秘密集会。

不仅如此,自 12 世纪以来,秘密以及隐藏秘密的方法,在不同社会阶层中都广为流传。“情侣之间以及各种宗教的教派都有自己的秘密语言,而那些小型的秘教团体成员只有通过记号和符号、颜色和暗号才能够辨认出来。”[3]“秘密语言”以及各种传奇的、谜一般的人物和神奇的冒险如同雨后春笋一般出现,构成了一种复杂的准宗教现象。例如,12 世纪围绕着亚瑟王展开的关于圆桌骑士的小说。此外,直接或间接地接受了阿基坦的阿莉埃诺和香巴涅的玛丽教育的一代新人不再欣赏古老的武功之歌(*chansons de geste*)。查理曼大帝的地位现在被传奇性的亚瑟王所取代。《布列塔尼

---

① “D'Amur ne doivent reveler / Les consiaus, mais tres bien celer...” (*C'est des fiez d'Amours*, vv. 499—500),转引自 Ricolfi, *Studi*,第 68—69 页。

② 转引自 Ricofi,同上书,第 63 页。

③ F. Heer, *The Medieval World*,第 258 页。

传奇》(*Matière de Bretagne*)使得诗人掌握了大量人物与故事的素材,它们
104 主要源自凯尔特人,①同时吸收了其他各种因素:基督教、诺斯替教与伊斯兰教的因素。

受到香巴涅的玛丽保护的诗人特鲁瓦的克雷蒂安(Chrétien de Troyes)掀起了大众对亚瑟传奇的迷恋。关于他的生平大略,我们几乎一无所知,只是知道他从1170年左右开始写作,创作了五部诗体的长篇小说,其中最著名的是《朗斯洛》(*Lancelot*)、《埃利克》(Erec)和《波西法尔》(Percival)。就我们的研究而言,可以说关于圆桌骑士的小说创造了一种新的神话,因为它们向听众展现了"神圣的历史",为骑士和情侣的行为树立了典范。我们还要补充的是,关于骑士的神话在文化上的影响胜过它在历史上的影响。

我们首先要关注的是各种远古因素,尤其是入会礼主题的数量和意义。大多涉及对于奇妙事物的漫长而曲折的"追寻",其中包括主人公进入另一世界。在那些决定能否进入骑士团体的规定中,我们能够看到获准进入类似"男人联盟"(*Männerbund*)式的秘密团体所必须接受的种种考验。例如波西法尔必须在一个小教堂过夜,那里躺着一个死去的骑士;当雷声响起的时候,他看到一只黑手熄灭了唯一的烛火。②这是一种典型入会礼式的守夜仪式。主人公经历的考验数不胜数:他得跨过一座桥,这座桥或是没入水中,或是用锋利的刀剑做成,或是有怪物或狮子守卫;有精灵、妖怪或魔鬼把守城堡的大门。所有这些情节都会令人联想到通往冥界的道路,以及地狱里的种种险境;当活生生的人踏上这样的旅途时,这种旅行便是一种入会礼。主人公在进行这种下地狱的冒险之旅时,便是追求长生不死或是其他与众不同的目标。亚瑟王传奇系列中的人物所经历的无数考验都属于同一种类型:他们的"追寻"结束之际,主人公治愈了国王的怪病,这样就使得"荒原"重新披上绿装,或者他们自己变成了统治者。

105 我们从字里行间可以看到反复出现的一些基督教的因素,但不一定是正统的内容。我们首先发现的是关于骑士荣誉的神话以及对于女性的赞美,有时甚至发挥到了极致。③就其在民众中间大获成功而言,这种充满了

① 亚瑟、渔夫—国王、波西法尔、朗斯洛;"荒原"、冥界的各种奇妙事物,等等。

② 亦可参见 Jean Marx, *La Légende arthurienne et le Graal*, 第218页以下的分析。

③ 例如,特鲁瓦的克雷蒂安所著《朗斯洛》。至于《特里斯坦和伊瑟》美丽的悲剧故事,根据鲁米斯(R. S. Loomis)的说法,它是"中世纪最流行的世俗故事"(*The Development of Arthurian Romance*, 第90页)。

入会礼主题和情节的文学对于我们的研究来说是弥足珍贵的。人们津津乐道于这些充满入会礼性质的老一套传奇故事，这一事实证明这些冒险故事满足了中世纪民众的需要。

但是我们同样也要考虑到作者的意图是要以他们的作品为媒介表达某些传统的秘教(如《爱情的信徒》所做的那样)，或是表达某种消息以“唤醒”读者，如同后来但丁所确立的模式。圣杯(Grail)的象征意义以及圣杯传奇就属于这种情况，最早起源于不列颠(Breton)的亚瑟王传奇并没有提到圣杯。直到大约1180年，圣杯才首次出现在特鲁瓦的克雷蒂安的作品中。正如房德里耶斯(J. Vendryes)所说：“不管凯尔特文学如何丰富多彩，没有任何一个文学作品可以为圣杯这个在中世纪各种文学创作中屡见不鲜的主题提供任何模式。”①

然而，最完整、最连贯的圣杯故事不是出自特鲁瓦的克雷蒂安，而是出自一位德国骑士，沃尔弗朗·冯·埃森巴哈(Wolfram von Eschenbach)之手。埃森巴哈承认，他在1200—1210年间根据普罗旺斯的吉约特(Kiot)口述创作了《帕济法尔》(*Parzival*)。这部著作的内容由几个部分构成：第2—12卷、第13卷的一部分是依据克雷蒂安的作品，但是在第14卷里，埃森巴哈却与这位杰出的先驱有所不同，因为他不赞同克雷蒂安对待圣杯的办法。令人惊讶的是，在埃森巴哈的传奇里，东方因素甚多而且甚为重要。②帕济法尔的父亲伽姆雷(Camuret)曾在巴格达哈里发的军队里当兵。他的叔叔隐修士特雷弗立曾特(Trevrizent)年轻时游历过亚洲与非洲。帕济法尔的侄子将成为约翰长老(Prester John)，那位统治“印度”的神秘教士—国王。而最早创作圣杯故事并讲给吉约特听的，是一位“异教”(穆斯林—犹太人)圣人弗雷吉塔尼斯(Flégétanis)。

沃尔弗朗·冯·埃森巴哈直接得到了有关东方世界——从叙利亚、波斯一直到印度和中国的丰富信息，这一点如今得到了广泛的认同。他可能是从十字军士兵和从东方回来的意大利商人那里收集来的。③对我们的研究而言，更为珍贵的是沃尔弗朗所叙述的或再现的关于圣杯的神话、信仰和 106

① J. Vendryes, “Le Graal dans le cycle breton”, 第74页。

② 不仅如此，全文60%都是以东方为背景。

③ 参见 Hermann Goetz, “Der Orient der Kreuzzüge in Wolframs *Parzival*”。根据这位作者的观点，该传奇包含着新的重要的艺术史材料；例如，例如沃尔弗朗提到了通往中国的丝绸之路(比马可·波罗还要早一个世纪)；提到了后来巴格达的几位哈里发以及迦腻色伽的窣堵波。

仪式。①与特鲁瓦的克雷蒂安不同，沃尔弗朗赞美了渔夫—国王安福塔斯(Amfortas)的尊贵和功业。安福塔斯是一个骑士团的首领，该骑士团的成员称作 Templeisen，和"圣殿骑士"一样，他们发誓不近女色。他们是上帝的选民，承担各种危险使命。有 25 位贵妇人守护圣杯。

最近，两位美国学者研究出圣杯(*graal*，"杯、瓶、盆")起源于希腊文 *krater*("火山口")。②这个词源有助于解释圣杯所具有的救赎功能。实际上，根据《赫耳墨斯教文集》第四篇论文，"上帝把智慧注入一个火山口里，置于大地之上，他又派遣一名使者，向人类宣布：谁能够潜入前面的火山口，谁就会重新上升到创造这个火山口的上帝那里，谁就会知道一切存在的秘密。——凡是留意这个声明，并接受这一智慧洗礼的人都将分享神秘知识(*gnosis*)，并因为他们得到了此一智慧而成为至善至美之人。"③赫耳墨斯教对于《帕济法尔》的影响似乎是可信的，因为在 12 世纪，随着大量阿拉伯文著作的翻译，赫耳墨斯教始为欧洲人所知。④至于在赫耳墨斯教文献中揭示
107 的神秘知识的入会礼功能，我们已做过探讨(§210)，以后有机会还要进一步探讨。

帕西学者贾汉杰尔·科雅吉(Jahangir C. Coyajee)爵士 1939 年发表了一部著作，另辟蹊径，研究了圣杯与伊朗的王室圣火(*xvarenah*)之间的相似性(参见第 1 卷，第 268 页以下)，以及亚瑟传奇与神话国王凯·库思老(Kay Khosraw)之间的相似性。⑤亨利·科宾(Henry Corbin)也考察了伊朗和西方的这两组神话，尤其是比较了它们的情节、骑士制度和经过考验方可得到的智慧，但是拒绝科雅吉提出双方有过历史接触的假设。⑥在无数的相似点中，我们要强调，这两个属灵的骑士制度具有相似的结构以及库思老和亚瑟王的神秘性。此外还要补充的是，在沃尔弗朗·冯·埃森巴哈以后创作的

---

① 甚至三个谜一般的名字——Kiot、Flégétanis 和 Trevrizent——的词源，也是有含义的；参见本书"研究现状"，§270。

② Henry and Renée Kahane, *The Krater and the Grail*: *Hermetic Sources of the Parzival*，第 13 页以下。亨利·科宾(Henry Corbin)同意这个假设；参见其所著 *En Islam iranien*，第 2 卷，第 143—154 页。

③ *Corpus Hermeticum* 4, 3—6，费斯图吉尔(Festugière)翻译，第 1 卷，第 50 页。

④ 参见 Kahane and Kahane, *The Krater and the Grail*，第 130 页以下。

⑤ 参见科雅吉所撰文章，载 *Journal of the K. R. Cama Institute*，第 37—194 页；此种比较得到扬·马克斯(Jean Marx)所著 *La légende arthurienne* 的赞同，第 244 页，注解 9。

⑥ Corbin, *En Islam iranien*，第 155—210 页。

圣杯传奇中，帕济法尔之子罗亨格林(Lohengrin)在许多骑士的伴随下在印度得到了圣杯。

不管一般如何解释沃尔弗朗及其后来者的创作，显然，圣杯的象征意义以及它所激发的故事情节代表了在不同传统的基础上所进行的一种全新的精神综合。在这种对于东方的强烈兴趣背后，我们看到了十字军东征理想的彻底幻灭，对宗教宽容——这种宽容原本更能够促进人们接近伊斯兰教——的向往，以及对以*真正的*圣殿骑士(亦即沃尔弗朗笔下的*Templeisen*)为榜样的"属灵骑士"的思古幽情。[①]圣杯传奇当然是一种综合，因为它把基督教的象征(圣餐、长矛)与当时存在的赫耳墨斯教因素结合在一起。且不论亨利 · 卡哈内与勒内 · 卡哈内(H. and R. Kahane)提出的词源说(*graal* = *krater*)是否正确，通过阿拉伯文译本重新发现了赫耳墨斯教似乎是毫无疑问的。亚历山大里亚的赫耳墨斯教强调了一种希望，那就是可以 108
以神秘知识，或曰古老而普遍的智慧为媒介，完成入会礼的仪式(这种希望在意大利文艺复兴时期达到了顶峰；参见§310)。

在各种关于亚瑟王的文学中，都不可能知道骑士所经历的入会礼是否与真正意义上的仪式相符合。同样，我们也不相信能够凭着文献资料去证实或者否定圣杯被带到了"印度"或东方的其他地方。正如亚瑟王隐退的地方阿瓦隆岛(Avalon)，或者是西藏传说中神奇的香巴拉(Shambala)一样，传说圣杯被带到的东方，实为神话的地域。在这里，重要的是圣杯消失的象征意义；它标志着秘密传统从此变得遥不可即的某种历史性时刻。

围绕着圣杯情节所传达的属灵消息，至今还在激发人类的想象力和思考。总之，圣杯的神话属于西方宗教史的一部分，即使它有时似乎也与乌托邦思想史相混淆。

271. 弗洛里斯的约雅敬：新历史神学

弗洛里斯的约雅敬(Joachim of Florris，意大利文 Gioacchino da

---

① 圣殿骑士早在十字军东征时期就已经摇身一变，成了著名的银行家，积累了大量财富；不仅如此，他们享有甚高的政治声望。为了夺取他们的财富，国王腓力四世(Philip Ⅳ)于 1310 年发起了一次臭名昭著的审判，指责他们生活不道德、思想异端。两年以后，教皇克雷芒五世一劳永逸地镇压了圣殿骑士团。

Fiore),1135 年前后生于卡拉布里亚(Calabria),在朝拜圣地之后就将自己的一生献给了上帝。他进入了高拉索(Corazzo)的本笃会修道院,在那里当上了院长。长期以来,他一直努力将他的修道院并入西多会;但是在 1188 年实现了这一目标的时候,约雅敬和他的团体已经脱离了高拉索修道院。1192 年,他在费奥尔的圣乔瓦尼(San Giovanni di Fiore)创立了一所新的修道院。

约雅敬与当时权重一时的人物都有往来:他与三位教皇进行过谈话(每一位教皇都鼓励他写下他的“预言”),他还面见过狮心王理查(他向狮心王预言了许多事情,其中最重要的是敌基督的诞生)。他于公元 1202 年 3 月 30 日去世,这位费奥尔的修道院院长已是基督教世界里最著名、最受人尊敬的人物之一。但他也有一些强大的对手,我们将会看到,他们成功地贬低
109 了他的地位。他的著作庞杂深奥,包括一系列重新诠释《圣经》的解经著作。① 但是,由于围绕着约雅敬的预言而形成了各种传奇,有许多伪经也以他的名义流传于世。

尽管如此,约雅敬拒绝先知的称号。他只承认自己拥有解读上帝留在历史上并且保存在《圣经》中的记号的天赋而已。事实上,他披露了他关于神圣历史的知识的源泉:在一些重要时刻,上帝会给他启发(有一次是在复活节前夕,另一次是在逾越节期间)。②按照约雅敬的观点,2 和 3 这两个数字主宰并代表着世界历史的各个时代:③两部约书、两种选民(犹太人和外邦人)以及三位一体中的三个位格。第一个时代(他用了“状态”*status* 一语)是由圣父主宰的《旧约》时代,其宗教特征是敬畏,由律法的绝对权威带来的敬畏。第二个时代由圣子所主宰,是《新约》以及因恩宠而圣化的教会时代,其宗教特征就是信仰。这一时代将持续 42 代,每代大约 30 年(根据《马太福音》1∶1—17 从亚伯拉罕到耶稣基督也经过了 42 代)。按照约雅敬的计算,第二个时代将在 1260 年结束,那时会出现第三个时代——这最后一个时代由圣灵所主宰——这个时代的宗教生活将充满爱、欢乐以及灵性的自由。但是,在第三个“状态”到来之前,敌基督将统治三年半,信徒将

① 约雅敬最重要的著作是 16 世纪在威尼斯出版的:*Concordia novi ac veteris Testimenti*(又名 *Liber Concordiae*),*Expositio in Apocalypsin* 和 *Psalterium decem chordarum*。

② Bernard McGinn, *Visions of the End*,第 130 页收录了原文。

③ 参见 Marjorie Reeves, *The Influence of Prophecy in the Late Middle Ages: A Study of Joachimism*,第 7—11 页。

要面临他们最后的也是最为痛苦的考验。①只有一位非常神圣的教皇以及“属灵的人类”(*viri spirituales*)——由两类信徒组成，一类是传教士，另一类是思想家——才能抵挡得住灾难。第一个时代由已婚男子统治；第二个时代由教士统治；第三个时代则由属灵的修士统治。在第一个时代里，最重要的是工作；在第二个时代里，最重要的是科学与纪律；而第三个状态则以思想为最高价值。

当然，这种宇宙历史的三阶段模式以及它与三位一体的关系比我们所 110
概括的要复杂得多，因为约雅敬也很重视二元的系列(例如，《旧约》预言了基督教历史的重要事件)。但是他的解释毫无疑问是独创的。首先，与圣奥古斯丁不同，这位修道院院长预计在经历一系列挫折之后，历史将进入一个至福的、精神自由的时代。因此，摆在我们面前的基督教的完美会在**未来的历史中**达到(这种思想任何正统神学都不会接受)。实际上，这是一种历史而不是末世论，其证明就是第三个时代也会出现衰落、苦难和毁灭。因为不会毁灭的完美只有在最后审判以后才会出现。

正如人们所预料的那样，第三个时代具体的、历史的特征引起了最强烈的反应。不仅引发了信徒的热情和大众的狂热，而且遭到教会人士的反对。约雅敬投身于 11 世纪以来教会改革的伟大运动。他期待一种真正的改革——一种由上帝干预历史的世界的变革(*reformatio mundi*)——而不是回到过去。② 他并不拒斥传统体制，诸如教皇制、圣事或者教士——但是认为它们的作用应当是相对平和的。教皇的职能与权力应当发生根本性的转变。③在由圣灵主宰的未来教会里，圣事看来未必一定需要。④至于神职人员并不会消失，但应当由修士，那些属灵的人来指导教会：由他们作纯粹属灵的指导，而不是由外在的组织来统治和主宰教会。⑤

这位修道院院长还断定，在第三时代，基督所做的工将在圣灵的指导下
最终完成。但是这个观念又提出了一个问题，那就是基督在救赎历史上的 111

① 人们会发现这里有一个属于犹太教和基督教的著名启示。

② 参见 McGinn, *Visions of the End*, 第 129 页。

③ McGinn, “Apocalypticism in the Middle Ages”, 第 282 页，该书纠正了瑞维斯(Reeves)所著 *The Influence of Prophecy*, 第 359—397 页的观点。

④ McGinn, “Apocalypticism”, 第 282 页；参见注解 82 所引书目。

⑤ 无怪乎约雅敬死后半个世纪，方济各会士仍因被禁止过一种“新生活”而深感沮丧。

中心地位究竟应当如何评价。不管怎样，约雅敬强调在未来的教会里**属灵**的要胜过**教会组织**，这显然在反对 13 世纪教会取得的优势。由此可见，约雅敬的观点对他那个世纪的教会制度进行了无情的批判。[①]这位费奥尔的修道院院长其实预言了未来两大新修会的基础，其中一个就是阿西西的圣方济各所创的修会可能反映了约雅敬的观念。实际上圣方济各会士相信，圣方济各通过其模范的生活方式：守贫、谦卑、爱一切人，在他的生命中实现了基督的“降临”。1254 年，巴黎爆发了一件“丑闻”，圣方济各会的杰拉多·德·波尔佐·圣多米诺(Gerard de Borzo San Domino)以《永恒的福音书导论》为题，发表了这位生于卡拉布里亚的修道院院长的三篇文章，并附有导言和注解。他宣称天主教教会的权威已接近尾声，不久(1280 年)就会出现属灵的新教会。巴黎大学的神学家们利用了这个意想不到的机会，将其斥为有害于各托钵修会的异端。不仅如此，在此之前约雅敬早已不再受到教皇的欢迎。1215 年他的三位一体论受到谴责。在《永恒的福音书导论》“丑闻”之后，公元 1263 年教皇亚历山大四世(Alexander Ⅳ)也谴责了约雅敬的主要思想。

然而，一些有声望的人仍然对他深为推崇，比如但丁，他把约雅敬置于他的天堂里面。人们争相传抄约雅敬的作品，在西欧小范围地流传着。约雅敬的思想直接或间接地影响了弗拉蒂切利会士(Fraticelli)、贝格哈德会修士(the Beghards)与贝居安会修女(the Beguines)，人们在维拉诺瓦的阿诺德(Arnold of Villanova)的著作以及他的门徒中也能发现约雅敬派的纲领。[②]以后，在 16 世纪末和 17 世纪初，第一批耶稣会士发现了约雅敬关于第三“状态”思想的重要性。他们实际上发觉了他们所处时代的重大变化，发觉到与邪恶(亦即马丁·路德！)作最后的斗争已经迫在眉睫了。[③]我们还可以在费迪南德·莱辛(Ferdinand Lessing)那里意想不到地发现这位卡拉布里亚先知的观念：在莱辛《人的教育》一书中，这位哲学家发展了约雅敬的
112 思想，亦即上帝的启示在第三时代将会持续不断、循序渐进地展开。[④]莱辛思想的影响就更广泛了。通过圣西门派(Saint-Simonians)的思想，他可

① McGinn, *Visions of the End*，第 129 页。

②③ 参见 Reeves, *The Influence of Prophecy*，第 175—241、274 页。

④ 诚然，莱辛设想的第三时代是理性因为教育而获得胜利；但是在他看来，这也是基督启示的最后完成。他本人以同情和赞美的口气提到“某种 13—14 世纪的狂热分子”，他们的唯一错误就是过早地宣布“永恒的新福音”的到来；参见 Karl Löwith, *Meaning in History*，第 208 页。

能影响了奥古斯特·孔德(August Comte)以及他关于三个阶段的思想。费希特(Fichte)、黑格尔、谢林等人也受到约雅敬派关于历史在即将来临的第三时代中得到更新和臻于完善的思想的影响,尽管原因各不相同。

113 # 第35章　伊斯兰教的神学和神秘主义传统

272. 主流神学的基础

正如我们所看到的(§265),在(建立在“圣训”基础上的)逊尼派和(主张阿里是第一位“真正”的哈里发的)什叶派分裂后,穆斯林公社的统一性就已经消亡了。此外,“从很早的时候起,它(伊斯兰教)就已分化为数量惊人的派别或学派,经常相互争斗,有时甚至相互谴责,每个派别都宣称自己是启示真理的坚决拥护者;许多派别在历史演变过程中消失了,新的派别还可能继续产生,而且许多(经常是最古老的)教派和学派一直保存到今天,仍然具有巨大的活力,而且决心永远存在下去,以新的思想丰富从他们祖先流传下来的信仰和观念”。①

逊尼派代表而且仍将代表伊斯兰教的主流。其特点首先就是着重《古兰经》与圣训的字义解释,看重伊斯兰教法——也就是沙里亚(*sharî'at*)的作用。伊斯兰教法的范围比西方的司法制度涵盖面更广。一方面,它不仅规范信徒个人与所属社团和国家之间的关系,而且规范信徒的良心与真主的关系。另一方面,伊斯兰教法表达了真主的意志,因为它是穆罕默德得到的启示。实际上,对逊尼派来说,神学和教法须臾不可分离。教法来源如下:对《古兰经》的解释,以先知的言行为基础的“逊奈”
114 (或传统),“公议”(*ijmâ*,“伊制玛仪”),或穆罕默德的圣门弟子及其后裔所达成的共识,以及“伊智提哈德”(*ijtihâd*)即个人对经卷和逊奈都没有明确回答的问题所进行的思考。但有些学者把类比推理(*ciyâs*,“格亚斯”)也看作教法的来源之一,而“伊智提哈德”只不过是在进行这种推理时所使用的方法。

① Henri Laoust, *Les schisms dans l'Islam*,第v—vi页。

对我们来说,无需研究逊尼派承认的四大教法学派。①所有的学派都运用称为"凯拉姆"(*kalâm*)的理性方法,这个阿拉伯字的意思是"演讲"或"谈话",但最终用来指伊斯兰教神学。②最古老的神学家是穆尔太齐赖派(Mo'tazilite),这是一批于伊斯兰教历2世纪上半叶在巴士拉(Basra)形成的思想家。他们的教义影响甚大,在相当长一段时期内,甚至成了逊尼派伊斯兰教的官方教义。穆尔太齐赖派有五大教义,其中最重要的是前两条。第一条是认主唯一(*Tawhîd*),即真主的独一性:"真主是唯一的,无形似;真主既不是肉体,也非个体,既非实体,也非偶然。他超越时间。他不是有方所、有实体的;他不是任何受造的性质和品质的对象。他不为任何条件所限制或决定,他不生育,也不被生……。他创造世界,不是按照一个预先存在的模式,也没有助手来创造的。"③据此可以推论,穆尔太齐赖派否定神的性质,主张《古兰经》是受造的。穆尔太齐赖派的第二条教义是真主是正义的,主张人有自由意志,应当对自己的行为负责。

后三条教义主要涉及个人道德以及社团的政治机构问题。 115

马门(al Ma'mûn)完全拥护穆尔太齐赖派,宣布它为全国的教义,在他继任哈里发之后的某个时期,整个逊尼派社团经历了一次极其严重的危机。艾什尔里(al-Ash'arî, 260/873—324/935)④努力保持了社团的统一。⑤艾什尔里起先追随穆尔太齐赖派,但是在40岁时他在巴士拉的大清真寺公开宣布放弃这一教派,余生致力于协调逊尼派内部的派别纷争。艾什尔里反对从字面上理解《古兰经》,赞同理性论证的价值,但是他也批评穆尔太齐赖派过分推崇理性的力量。按照《古兰经》的说法,对"格海布"(*ghayb*,看不见的、超感性的、神秘的)的信仰是宗教生活不可或缺的。而"格海布"超出了

---

① 这四大教法学派是:哈乃斐学派、马立克学派、沙斐仪学派和罕百里学派。关于它们的起源和著名代表人物的研究,参见 Toufic Fahd, *L'Islam et les sectes islamiques*,第31页以下。

② H. A. Wolfson, *Philosophy of the Kalâm*。我们要提到一个阿拉伯语 *motakallim*,"那个谈话的,"由该字引申出"穆台凯里姆"(*motakallimûm*)一字,"那些以凯拉姆为业的人",也就是"神学家"。在法拉比(al-Fârâbî)或者阿维洛伊(Averroës)等哲学家看来,"穆台凯里姆首先是教义的捍卫者,不是执迷于某个已经证明的或者可以证明的真理,而是运用他们一切的辩证神学源泉去维持传统的宗教信仰"(Henry Corbin, *Histoire de la philosophie islamique*,第152—153页)。

③ Al-Ash'arî 语,科宾翻译,载 *Histoire*,第158页。参见沃尔夫松(Wolfson)的注疏,载 *Philosophy*,第129页以下;亦可参见 Laoust, *Les schisms*, *s. v. mu'tazilisme*, *mu'tazilite*。

④ 这两个不同的年代分别指伊斯兰教历和公历,下同。——译者

⑤ 参见 Wolfson,第248页以下;Laoust,第127页以下、第177页以下、第200页以下。

理性证明的范围。艾什尔里反对穆尔太齐赖派,承认真主拥有《古兰经》中论及的特点和名字,但是不要问“自己为什么”;他让“信仰与理性同时并存,二者之间无中介”。同样,《古兰经》不是受造的,因为神的话语是永恒的,“不像人的话需要在时间中表现出来”。①

虽然艾什尔里的思想遭到穆尔太齐赖派以及坚持《古兰经》字面意义的派别的许多批评,但是在若干个世纪里它几乎支配着逊尼派伊斯兰教。该派引人注目的最重要贡献就是对于理性与信仰的关系进行了深刻分析。只有一种精神实在,可以通过信仰,也可以通过理性去获得。“然而,这只是一个用何种方式去感知那现实的问题,运用这两种方式的条件是那么的不同,因而不可将二者混为一谈,不可用其中一个替代另外一个,不可抛弃其中的一个而执著于另外一个。”②不过,科宾的结论认为:“虽然艾什尔里派与穆尔太齐赖派和坚持《古兰经》字面意义的派别相对立,但是事实上又以它们的思想为基础。”③而以此为基础,很难发展出一种由显义转向隐义的灵性经注学。

116

273. 什叶派和隐义经注学

正如犹太教和基督教一样,伊斯兰教是一种“有经典的宗教”。真主通过天使,就是他的信使向先知穆罕默德口述真主的话而显现在《古兰经》中。从教法和社会的角度看,信仰的“五大柱石”(§264)构成了宗教生活的基本内容。然而,穆斯林的理想是要理解《古兰经》“真正”的含义,亦即本体论意义上的真理(阿拉伯术语为 *haqîqat*)。先知,尤其最后一位先知穆罕默德,他们在真主的启示下创作了经典,道出了真主的教法——沙里亚。但是这些经典却有各不相同的解释,显然最初是做字面上的解释。按照穆罕默德的女婿阿里,第一位伊玛目的说法,“《古兰经》中每句经文都有四种含义:显义(*zâhir*),隐义(*bâtin*),限制(*hadd*)与神的规划(*mottala'*)。显义是口头传颂的,隐义是内心的理解,限制是指宣布哪些允许与哪些不允许做,神的规划是指真主通过经文,要人去实现的事物”。④这种观念虽为什叶派所特

---

① Corbin,第 165 页以下。

② Corbin,第 177 页。亦可参见 Fazlur Rahman, *Islam*,第 91 页以下;Wolfson,第 526 页以下。

③ Corbin,第 177 页。“如果说艾什尔里在经历那么多攻击和批评以后还能够存在,我们一定要承认,逊尼派伊斯兰教在内心是认可这一思想的”(第 178 页)。

④ 科宾翻译,第 30 页。参见中世纪基督教神学的四重含义(字面的、隐喻的、道德的以及类比的)。

有，但是许多穆斯林神秘主义者和神学家都接受这个观念。伟大的伊朗哲学家纳西尔·库思老(Nasîr-e Khosraw)(5 世纪/11 世纪)写道："实证的宗教思想(沙里亚)乃是显义的理念(*haqîqat*)，而**理念**则是隐义的实证宗教……实证的宗教是象征(*mithâl*)；而理念则是被象征的对象(*manithûl*)。"①

理念 *haqîqat*——需要由宗教学者解释给信徒听。对什叶派而言，这些宗教学者、精神导师就是伊玛目(Imâm)。②事实上，对《古兰经》做灵性的经注就是伊玛目们对弟子所做的秘密教导。这种教导忠实地流传了下 117
来，构成了一部鸿篇巨制(马吉力西本[Majlisî]为 26 卷对开本)。伊玛目与什叶派作者的经注建立在两个具有互补性的关键术语上："坦吉尔"(*tanzîl*)和"塔维尔"(*ta'wîl*)。"坦吉尔"是指实证的宗教，即由天使所传启示的字面含义。相反，"塔维尔"则是指**回到源头**，换言之，回到天经的真正的原来的含义。根据一部伊斯玛仪派(Ismaili)文献(参见 § 274)，"因此(塔维尔)就是要让事物回到它的源头。而实践塔维尔的人，要把那些已经说出来的显现在外的(显义，*zâhir*)，**引回到它的**真理，也就是理念那里去"。③

与正统观点相反，什叶派相信在穆罕默德之后开始了一个新的循环，即"瓦拉雅特"(*walâyat*，"友谊"、"保护")。真主的"友谊"向先知和伊玛目启示了天经和圣训的秘密含义，因此他们能够不断向穆斯林宣布神圣的奥秘。"就此而言，什叶派是伊斯兰教中的诺斯替派。因此瓦拉雅特的循环就是伊玛目继承先知的循环，隐义继承显义的循环，理念继承沙里亚的循环。"④事实上，最早的伊玛目还是希望维持实证宗教与理念的平衡，不把显义和隐义分离开来。但是环境不允许他们维持这种平衡，因此，也不能维持什叶派的统一。

我们简要回顾一下这一运动极富戏剧性的历史。除了倭马亚哈里发的政治迫害以及教法学者的反对外，什叶派还遭受了内部分裂的严重冲击，致使其内部产生了许多教派和分裂。由于宗教领袖必须是伊玛目，也就是阿

---

① 科宾翻译，第 17 页。根据一条据说从穆罕默德本人那里传下来的圣训，"《古兰经》有显现在外的，也有隐藏在内的；有显义也有隐义；同样，显义中也含有隐义，"而且至少有七种这样的隐义；参见同上书，第 21 页。

② 我们要记得阿拉伯语 *Imâm* 最初是指主持集体礼拜者，也就是哈里发。而什叶派认为，伊玛目除了作为精神领袖外，还代表着最高的政治—宗教尊严。

③ *Kalâme-e Pir*，科宾翻译，载 *Histoire*，第 27 页。

④ Corbin，*Histoire*，第 46 页。

里的直系后裔，在第六位伊玛目加法尔·萨迪克（Ja'far al-Sâdik，卒于148/765年）去世那年，爆发了一场危机。他的儿子伊斯玛仪（Isma'îl）已经被父亲指定为继任人，但是很早就去世了。一部分信徒就投在伊斯玛仪的儿子穆罕默德·伊本·伊斯玛仪（Muhammad ibn Isma'îl）门下，他们认为他就是第七位伊玛目；他们成了伊斯玛仪派，或称其为什叶派中的“七伊玛目派”。而另一批信徒则认为伊斯玛仪的兄弟穆沙·卡西姆（Mûzâ Kâzem）是第七位伊玛目。卡西姆也是加法尔任命的。穆沙·卡西姆一系传到第十二位伊玛目，穆罕默德·马赫迪（Muhammad al-Mahdîq）。这位伊玛目在
118 260/874年，也就是他5岁那年，在他年轻的父亲去世的那一天神秘失踪。①他们被称为什叶派的“十二伊玛目派”，或称伊玛目派（*Imamîya*），该派也是信徒最多的什叶派。至于数字七和十二，这两个什叶派的神智学家都做了许多解释。②

从教法的角度来看，什叶派与正统的逊尼派之间最重要的区别有以下两个方面：(1)临时婚姻；(2)在受到迫害的时候有权隐藏宗教观点。这两个什叶派分支的创新主要表现在神学方面。我们已经提到了重要的隐义经注和诺斯替思想。按照某些逊尼派神学家和西方学者的观点，正是由于伊玛目的秘密传授，许多外来的概念（尤其是诺斯替教和伊朗的概念）得以渗入什叶派伊斯兰教。例如，接连不断的神圣流溢（divine emanation）以及在此过程中出现的伊玛目的观念。同样还有灵魂转生说、某些宇宙结构与人类结构的理论等等。然而我们要记住的是，类似的现象也出现在苏非派（Sufism，§275）、喀巴拉派（Kabbalah，§289）以及基督教的历史中。我们必须考察的，不是在所有这些事实本身，尤其不是它们各自是如何借鉴外来精神观念和方法的，而是在吸收这些观念和方法的体系中它们是怎样得到重新解释和阐述的。

此外，什叶派赋予伊玛目的地位也引起大多数正统派的批评，特别是在什叶派将他们的导师与先知相比较的时候就更是如此了。我们已经提到

---

① 关于十二伊玛目的失踪及其后果（尤其是精神方面的后果），参见 Henry Corbin，*En Islam iranien*，第4卷，第303—309页。失踪标志着为期两年的“小隐遁”开始，在这期间，隐遁的伊玛目与一些使节进行秘密交流。因他没有指定继任人，大隐遁，或曰十二伊玛目的秘密历史于是就从329/940年开始了。

② 我们还应该提到第三个派别，栽德派，以第五伊玛目的名字栽德（Zaid，卒于724年）命名。他们人数很少，思想接近逊尼派。事实上，他们并不将超自然的特性赋予伊玛目，这与伊斯玛仪派发生分歧（参见§274）。

(第 995 页,注解②)将穆罕默德的生平神话化的例子。例如,有光在穆罕默
德父亲的头上出现(显然是指“穆罕默德荣耀的光芒”);穆罕默德是“完人” 119
(*insân Kâmil*),是真主与人类的中间人。有一条圣训说,真主告诉穆罕默德:“如果你不存在,我就不会创造这个世界!”我们还要补充的是,有一些神秘主义教团认为,一个信徒的终极目标就是要与先知融合为一。

但是在逊尼派看来,伊玛目是不能与穆罕默德相提并论的。他们承认阿里是出色的、崇高的,但是否认除了他以及他的家庭成员之外不存在合法继承人的观念。逊尼派尤其否认伊玛目是受真主启示,实际上他就是真主的显现的观念。①实际上,什叶派承认阿里与他的后代是神光的一部分——或者,照另一些人的说法,他们具有神的本质——但这并不是指道成肉身的观念。更准确地说,伊玛目是一种神性的显现,是一种神显(我们可以在一些神秘主义那里遇到类似的信仰,但与伊玛目没有关系;§276)。因此,对十二伊玛目派和伊斯玛仪派而言,伊玛目是真主与信徒之间的中间人。他不能代替先知穆罕默德,但是他完成先知穆罕默德的事业,享有与他相同的威望——这是一种大胆而创新的概念,因为它让宗教体验进入了一个新的领域。正是由于“瓦拉雅特”、“真主的友谊”,伊玛目才能够发现并且向信徒传授伊斯兰教不为人知的精神层面。

274. 伊斯玛仪派以及对伊玛目的崇拜;大复活;马赫迪

正是由于伊万诺夫(W. Ivanow)的研究工作,我们才开始对伊斯玛仪派有所了解。关于它的早期阶段,很少有资料流传至今。在伊玛目伊斯玛仪去世后,传说有三名隐遁的伊玛目。在 487/1094 年,伊斯玛仪派发生分裂:形成(波斯的)“东方派”和“西方派”,前者的中心是安拉穆特(Alamût,位于
里海西南部群山环抱的一座城堡)的军事基地;后者的成员生活在埃及和也 120
门。本书因篇幅所限,不允许我们就伊斯玛仪派的宇宙论、人类学和末世论的复杂体系进行分析和概述。②我们只要提到,伊斯玛仪派认为,伊玛目的

① 伊斯玛仪派也反对叙利亚的努赛里派主张阿里高于穆罕默德的观点;有的派别甚至将他神化了。这些都是什叶派所否认的。

② 我们要提到的一些观念:太初的原则或者组织者,奥秘中的奥秘,从第一位智慧的人和精神的阿丹开始的存在的顺序以及两种等级制度——天园的和世俗的——用科宾的话说,就是“用其中的一个象征另外一个”——等等观念;参见 Corbin, *Histoire*,第 110—136 页,本书的参考书目中对此做了概括(§274)。关于伊斯玛仪派史,Laoust, *Les schismes*,第 140 页以下、第 184 页以下做了叙述。

身体不是血肉之躯;如同苏鲁支一样(参见 § 101),伊玛目的父母啜饮了一滴来自天园的露水,就生下了他。伊斯玛仪派的诺斯替思想认为,伊玛目的“神性”(*lâhit*)就是指他“精神性的诞生”,这使他成为“神光的圣寺”即一座纯精神的圣寺的支柱。“他的伊玛目本性、他的‘神性’就在于他的奥体(*corpus mysticum*)是由他的信徒的各种光明所组成的”。①

改革的伊斯玛仪派以安拉穆特城堡为基地,提出了更为大胆的教义。②伊斯兰教历 559 年莱麦丹月 17 日(公元 1164 年 4 月 8 日),伊玛目向他的追随者宣布大复活。“这一宣布表明一个纯粹灵性的伊斯兰教即将到来,摆脱了一切律法的原则,摆脱了一切教法束缚;表明个人宗教的到来,因为它使人们得以发现先知启示的精神内涵,并且使之变得富有活力。”③蒙古人于 654/1251 年占领并摧毁了安拉穆特城堡,但是并未终结这一运动,这一灵性的伊斯兰在各种苏非派团体中以隐蔽的形式而继续存在。

改革的伊斯玛仪派认为,伊玛目的人格高于先知。“十二伊玛目派认为只有在末世才会出现的事情,安拉穆特的伊斯玛仪派认为会在‘此刻当下’发生,因为他们认为末世提前了,那就是灵魂复活反抗一切奴役。”④由于伊玛目被视为“完人”,或者“真主的面孔”,伊玛目的知识就是“人类所能够得到的关于真主的唯一知识”。科宾认为,正是永恒的伊玛目说出下面两句
121 话:“先知不常有。而我们常有”;“真主的人不是真主本身;但是他们却与真主不可分离。”⑤因此,“只有作为神的显现的永恒伊玛目才有可能具有一种本体论的性质:他是*怎样*启示出来的,他*本身*就是怎样的。他是绝对的人,永恒的神的面孔,是神的最高属性,拥有神的名字。他在世间的形象,就是至高语言的显现,就是一切时代的真正的大门,就是真主面容的永恒显现”。⑥

此外,就普通人而言,认识伊玛目(当然,这是一种灵性的认识,一种在想象的世界[*mundus imaginalis*]中与五官不可见、不可即的隐遁的伊玛目“相遇”)就等于认识了自我,这也是一个很重要的信仰。有一篇伊斯玛仪派

---

①③ Corbin, *Histoire*,第 134 页。

② 西方关于“阿萨辛派”的民间故事皆起于安拉穆特城堡和改革的伊斯玛仪派,希尔维斯特·德·萨西(Sylvester de Sacy)认为阿萨辛一语起源于 *hashshâshîn*,因为据说信徒服用哈西什(*hashish*)(哈西什为一种麻醉品。——译者)。相关传说,参见 S. Olschki, *Marco Polo's Asia*,第 368 页以下,以及本书参考书目所列其他著作(§ 274)。

④⑤⑥ Corbin, *Histoire*,第 142、144、144—145 页。

文献写道："一个人假如还没有认识他的伊玛目就死去了，那么他的死就是无知的。"科宾正确地指出，下文正是伊斯玛仪哲学中最重要的内容："伊玛目说过：'只要我的朋友寻找我，不论在高山、平原还是沙漠，都能够找到我，我与他们同在。我向他显示我的本质，就是关于我自己的神秘知识，不需要任何有形的接近。这，就是大复活。'"①

在伊斯玛仪派以及其他什叶派的神秘体验中，看不见的伊玛目起着重要的作用。我们还要补充的是，关于成圣，或者说精神导师的神性，在其他宗教传统中也有类似的观念（印度、中世纪的基督教、哈西德派等等）。

同时也应当指出，关于隐遁的伊玛目的神话想象在很多场合下都与马赫迪（*Mahdî*，"向导"，也就是"受真主引导的"）的末世论神话有关。马赫迪一语不见于《古兰经》，许多逊尼派学者只是用它指称一些重要的历史人物。②有些人认为马赫迪就是尔撒（'Isâ），但是大多数神学家认为他应当是先知的后代。逊尼派认为，马赫迪虽然发起了宇宙的更新（*renovatio*），但他不是什叶派所说的永无谬误的导师；而什叶派则把马赫迪等同于第十二位 122
伊玛目。

马赫迪在末世的隐藏和复出在民间信仰以及千年危机中起到至关重要的作用。凯桑派（Kaisânîya）认为，马赫迪就是阿里和另外一个妻子所生的儿子穆罕默德·本·哈乃菲亚（Muhammad ibn al-Hanafîya）。虽然他一直活着，但是他躺在拉德瓦（Radwa）山上的一座墓中，他的信徒在那里等待他的归来。就像所有这些传说一样，末世临近就表现在人类的极度堕落以及一些特殊的征兆上：克尔白消失，《古兰经》变成白纸一堆，呼唤安拉名字的人被杀死等等。而马赫迪的显现将为穆斯林开创一个无可比拟的公义和繁荣的人间。马赫迪的统治将延续五年、七年，或者九年。显然，每逢灾难年代，民间就会掀起一个期盼马赫迪的高潮。有许多政治家宣称自己就是马赫迪以夺取政权（好几次还确实获得了成功）。③

---

① Corbin, *Histoire*，第149页。

② 参见D. B. Macdonald, *Shorter Encyclopedia of Islam*，第130页的条目中提到的一些历史人物。关于马赫迪这一形象的传说和信仰，参见伊本·赫勒敦（Ibn Khaldûn）：《历史范论》，第2卷，第156—206页。

③ 其中一个例子就是苏丹的马赫迪，1885年被基卿纳爵士（Lord Kitchener）征服。

275. 苏非派、秘传派以及神秘体验

苏非派是伊斯兰教最著名的神秘主义流派，也是伊斯兰教最重要的秘传派传统之一。阿拉伯语 *sufi*（“苏非”）一词起源于 *suf*（“羊毛”），指苏非派披的羊毛斗篷。从 3/9 世纪开始，这个词被广泛使用。根据传说，苏非派奉穆罕默德的圣门弟子为其灵性鼻祖：例如赛尔曼 · 法里西（Salmân al-Fârîsi），他是先知家中的波斯理发师，后来成了灵性传承和秘传教义的典范，还有乌维斯 · 卡拉尼（Uways al-Qaranî），穆罕默德曾多次赞扬他的虔诚。①苏非派苦行倾向的起源不详，②但很可能是在倭马亚王朝形成的。实
123 际上，许多虔诚的信徒对于哈里发不关心宗教，一心扩充帝国的做法深感失望。③

最早的神秘主义—苦行主义者是哈桑 · 巴士里（Hasan al-Basri，卒于110/728 年），以虔诚和忧郁著名，因为他总是想着最后审判的日子。另一位思想家易卜拉欣 · 伊本 · 阿德汗姆（Ibrâhîm ibn Adham）以确定苦行（*zuhd*）的三阶段闻名：(1)弃绝世俗世界；(2)弃绝因弃绝世俗世界而产生的喜悦；(3)彻底认识到世俗世界是无足轻重的，甚至根本不值得多看一眼。④拉比亚（Râbî'a，卒于 185/801 年）是一名被主人解放了的女奴，她为苏非派引入了对真主无私、全部的爱。爱真主的人不应该想象什么是天堂，什么是地狱。在苏非派中，拉比亚第一个谈到真主的嫉妒。“噢，我的希望我的安慰我的喜乐啊！除你以外，这颗心绝不会去爱其他！”⑤拉比亚认为夜祷就是与真主进行长时间的爱的对话。⑥然而，正如最近的研究所表明的，加法尔 · 萨迪克（卒于 148/765 年），第六位伊玛目和早期苏非派大师之一，早就用神圣的爱来定义神秘体验（“那是一股将人全部吞没的神圣火焰”）。在这里，我们看到什叶派与早期苏非派之间的一致性。

---

① 参见 L. Massignon，“Salman Pâk et les prémices de l'Islam iranien”； Anne-Marie Schimmel，*Mystical Dimensions of Islam*，第 28 页以下。

② 伊斯兰教历 3 世纪，大多数苏非派都结过婚；两个世纪后，苏非派结婚者仅为极少数。

③ 后来许多苏非派将“政府”等同于“邪恶”；参见 Schimmel，*Mystical Dimensions*，第 30 页。我们还要记住，基督教修院制度的影响；参见 Marijan Molé，*Les mystique musulmans*，第 8 页以下。

④ Schimmel，第 37 页。

⑤ Margaret Smith 翻译，载 *Râbîa the Mystic*，第 55 页。

⑥ 参见同上书翻译文献，第 27 页。

实际上,什叶派特有的隐义解释,起初在“圣训”中就被等同于苏非派。按照伊本·哈勒敦的说法,“苏非派浸润着什叶派的各种学说”。同样,什叶派也认为他们的教义是苏非派的源泉和灵感所在。①

不管怎样,神秘体验以及神智派的神秘知识观念很难为正统的伊斯兰 124
教所接受。一个穆斯林不敢想象与安拉有一种基于精神之爱的和睦关系。对他来说,只要听从真主,服从教法,实践《古兰经》和逊奈的教导就足够了。乌里玛(*ulamâ*)因为拥有渊博的神学知识,精通教法,被认为是社团中唯一的宗教领袖。然而,苏非派都是坚定的反理性主义者,他们认为,要获得真正的宗教知识,只有通过个人体验,与真主发生瞬间的合一。在乌里玛看来,这种神秘体验的结果以及苏非派对此的解释,对正统神学的基础形成了威胁。

此外,苏非派的“道路”使得他们必须拥有一些“弟子”,由导师向他们传授知识,进行长期的指导。导师与弟子之间不同寻常的关系很快形成了对于“谢赫”和圣人的崇拜。侯吉维里(Hujwîri)写道:“你们要知道,苏非派的原则和基础以及关于真主的知识,都是建立在圣人基础上的。”②

这些创新令乌里玛深感不安,这不仅是因为他们的权威受到威胁或轻视。这些正统神学家认为,苏非派颇有异端的嫌疑。实际上,正如我们将看到的,在苏非派中有新柏拉图主义、诺斯替教和摩尼教的影响。对于正统派而言,这些影响是渎神的③、有害的。有些苏非派——埃及人祖奴(Dhû'l-Nun,卒于 245/859 年)和努里(al-Nûri,卒于 295/907 年)——都曾被怀疑为异端分子,在哈里发面前受到审判,而有些大师如哈拉智(al-Hallâj)和苏哈拉瓦迪(Sohrawardî)最后以异端罪名被处死(§§277、280)。这迫使苏非派只在可靠的弟子和少数信众构成的团体中传授他们的体验和观念。

然而,整个苏非运动不断发展,因为它“满足了大众的宗教直觉,这种直

① 参见 S. H. Nasr, “Shi'ism and Sufism”,第 105 页以下。我们还必须认识到,在伊斯兰教最初的几个世纪中,很难将一个学者区分为逊尼派还是什叶派;同上书,第 106—107 页。什叶派与苏非派的分野是因为苏非派大师对精神的传授和“神圣的友谊”(见下文)提出了新的解释。什叶派的苏非派自 3/9 世纪以来就已经消失了,直到 7/13 世纪方才重新出现。

② *Kashf al-Mahjûb*, R. A. Nicholson 翻译,第 363 页;参见 H. A. Gibb, *Mohammedanism*, 第 138 页。

③ 苏非派称其宗教功修为“道路”,含有修炼必须采取的途径和手段的意义。——译者

觉在一定程度上被抽象的、不够个人化的正统派的教导搞得饥渴难耐，而苏非派比较直截了当的个人化、感情化的宗教实践使之得到餍足”。①实际上，
125 除对少数几个弟子进行秘传之外，苏非派大师还鼓励举行公开的“精神音乐会”。宗教歌曲、器乐（笛、锣、手鼓）、神圣舞蹈、不断赞念真主之名（*dhikr*，“齐克尔”），这一切令大众和宗教精英深为感动。我们还将深入探讨神圣音乐和舞蹈的象征意义与功能（§282）。齐克尔有点像东派基督教名为“独祷”（*monologistos*）的祈祷，在“独祷”中只是不断重复上帝或耶稣的名字。②我们下文还会看到（§283），齐克尔的技巧（以及静修派的实践）到 12 世纪呈现出了非常复杂的形态，具有一种“神秘生理学”以及类似瑜伽的方法（特殊坐姿、调控呼吸、色彩和听觉的显现，等等）。它受到印度影响的可能性也是不可排除的。

随着时间的推移，除了极少数的例外，乌里玛的迫害完全消失了。即使最固执的迫害者最终也承认苏非派对传播伊斯兰以及灵性的更新具有特殊的贡献。

276. 苏非大师：从祖奴到提尔米德里

埃及人祖奴（Dhû'l-Nûn，卒于 245/859 年）深谙掩饰他的神秘体验的艺术。“噢！真主啊！在公众场合我称你为‘我的主’！但是当我独处时，我称你为‘我的爱’！”据说，他是第一个提出区分关于真主的直觉知识（*ma'rifa*，“体验”）和推论知识（*'ilm*）的人。“随着时间一分一秒过去，那获得神秘知识的人（gnostic）会变得越来越谦卑，因为他距离真主越来越近了……他们不是他们自己，但是，既然他们存在，他们就存在于真主之中。他们的行动
126 是真主促成的，他们的话语就是真主的话，只是用他们的嘴说出来而已。”③祖奴的文学天才值得一提。他的长篇赞诵真主荣耀的赞美诗具有极高的神秘主义诗歌的艺术价值。

伊斯兰教最具争议的神秘主义者是波斯人阿布·雅兹德·比斯塔米

① H. A. Gibb, *Mohammedanism*，第 135 页。

② 齐克尔出现之前的几个世纪，这种祈祷已经有一些教会教父提到过了（圣尼尔斯[Saint Nils]、约翰·卡西安[John Cassian]、约翰·克里马库斯[John Climacus]，等等）；静修派尤其盛行这种祈祷。

③ 参见 Margaret Smith, *Readings from the Mystics of Islam*, no. 20。亦可参见 Schimmel, *Mystical Dimensions*，第 43 页以下。

(Abû Yazîd Bistâmî，卒于 260/874 年)，他没有写过任何著作。但是他的弟子用语录和格言的形式，将他思想的精华流传了下来。通过极其严格的苦行，以及对于真主本质的集中思考，比斯塔米实现了自我的“寂灭”(*fanâ*)，他第一个提出了这一说法；同样，他也第一个用米尔拉吉(*mî'râj*，指穆罕默德登霄；参见 § 261)一语描述他的神秘体验。他实行“独处”，相信至少在一瞬间他体验到了被爱、爱者与爱本身的绝对统一。在出神状态中，比斯塔米讲出了“神灵感应的话”，仿佛他本人就是真主似的。“你到底如何生于此地？我蜕变，如同蛇蜕皮；于是我认识到自己的本质：我就是真主！”还有：“真主遍观宇宙一切生命，他发现他都不存在于他们的心里，只有在我心里，他看到许许多多的自己。”①

和许多东方学家的观点一样，沙赫纳(Zaehner)认为比斯塔米的神秘体验受到了印度的影响，更确切地说是受到商羯罗的吠檀多思想的影响。②既然苦行和冥想技巧被赋予了很大的重要性，人们更容易联想到瑜伽的影响。可是有些苏非大师怀疑比斯塔米是否真的实现了与真主的合一。祝奈德(Junayd)认为，他“只是原地踏步而已，没有达到终极的完美的境界。”哈拉智相信“他只是刚好踏入神圣话语的门槛而已”，认为“那些话真主确实降到他身上了”；但是，哈拉智接着说，他的“自我”是他继续前进道路上的障碍。“可怜的阿布·雅兹德，”哈拉智说，“他不知道自己在什么地方，用什么办法使自己的灵魂与真主合而为一。”③

阿布·卡西姆·祝奈德(Abû Qâsim al-Junayd，卒于 298/910 年)是巴格达苏非派当之无愧的导师。他身后留下了大量神学和神秘主义的作品，他对于精神体验导致灵魂与真主融合的分析尤其弥足珍贵。在祝奈德传授
的思想中，他强调清醒(*sahw*)的重要性，并将其与比斯塔米灵性的沉醉 127
(*sukr*)的实践相对立。重要的是在体验到个体寂灭的出神状态之后获得“第二次清醒”，在这“第二次清醒”的状态中因为真主临在而重新恢复了自己的特性，发生逆转而灵性化了。神秘主义者最终的目标不是“寂灭”(*fanâ*)，而是在真主里面获得“新的生命”(*baqâ*，即“那留下来的”)。

---

① L. Massignon 翻译，载 *Lexique technique de la mystique musulmane*，第 276 页以下。亦可参见 G.-C. Anawati and Louis Gardet，*Mystique musulmane*，第 32—33、110—115 页。

② R. C. Zaehner，*Hindu and Muslim Mysticism*，第 86—134 页。

③ Massignon，第 280 页；Anawayi and Gardet，第 114 页。

祝奈德确信神秘体验不能用理性的术语加以阐述,因此禁止他的弟子在没有获得真传的人面前奢谈这种体验(哈拉智正是违背了这条规定,遭到祝奈德的拒斥)。他的论文和书信都是用一种"秘密语言"创作的,读者不熟悉他的传道方式,根本无法理解。①

另一位伊朗导师侯赛因·提尔米德里(Husayn Tirmidhî,卒于285/898年),人称哈基姆(*al-Hakîm*),即"哲学家",因为他第一个将希腊哲学引入苏非派。他著述颇丰(创作了约80种短篇著作),最著名的是《神性的封印》(*Khâtam al-walâya*),②书中形成了一些苏非派以后一直沿用至今的术语。苏非教团的领袖称为*qutb*("支柱"),或者*ghauth*("助手")。他描述的神圣等级并不是一种"爱的上下之分",它们是指圣徒的神秘知识和内在启发。正是因为提尔米德里,苏非派越来越强调神秘知识,这为以后的神智派的思辨铺平了道路。

提尔米德里一再强调*walâyat*,"瓦拉雅特"("神圣的友谊";灵性的传授)的观念。他将"瓦拉雅特"区分为两个层次:一个是所有信徒都能够达到的一般的"瓦拉雅特";而另一个是只有灵性精英具有的特殊的"瓦拉雅特",即"真主的亲密伙伴,真主和他们谈话、交流,因为他们与真主处在一种真实、超越的合一状态"。正如科宾所指出的,"'瓦拉雅特'的双重性观念最早是什叶派提出的"。③提尔米德里在分析"瓦拉雅特"和预言之间的关系时,提出前者是至高无上的,因为它是永恒的,不像预言局限于某种特定的历史
128 状况。实际上,预言到穆罕默德这里已经完成了一个循环,而"瓦拉雅特"的循环则将一直延续到时间的尽头。④

277. 哈拉智,神秘主义者与殉教者

244/857年,哈拉智(侯赛因-伊本-曼苏尔)(al-Hallâj[Hussayn-ibn-Mansûr])生于伊朗西南部,起先接受了两位精神导师的教导,后来在巴格达遇到著名的谢赫祝奈德,并于264/877年成为他的弟子。哈拉智前往麦加朝觐,他在那里斋戒与静默,并首次体验到神秘的出神状态。"我的精神

① Schimmel,第57页以下。亦可参见Zaehner,第135—161页。

② Massignon,第289—292页列出该书的章节。

③ Corbin, *Histoire de la philosophie islamique*,第274页。亦可参见Nasr, "Shi'ism and Sufism"(=*Sufi Essays*),第110页以下。

④ 科宾(第375页)认为这个教义和什叶派有相似之处。

与真主，如同麝香与安息香混合在一起，又如醇酒和清水交融。”[1]朝觐归来，哈拉智为祝奈德所逐，与巴格达大部分苏非派断绝关系，离开该城达四年之久。后来，当他开始向公众传道时，不仅惹恼了传统派，也令苏非派大为不满，谴责他将“秘密”透露给那些尚未得到秘传的人。还有人指责他（竟然像先知那样！）“行奇迹”，而不是像别的谢赫那样，只对那些得到秘传的人展示他的权能。于是哈拉智脱去了苏非派的衣服，以便能自由自在地与大众打成一片。[2]

291/905 年，哈拉智在 400 名弟子陪同下进行第二次朝觐。接着他开始长途跋涉，到了印度、突厥斯坦，最远抵达中国边境。第三次赴麦加朝觐并在那里住了两年之后，他返回巴格达（294/908 年），致力于公众传道。[2]他宣称，人类的终极目标就是在爱（*'ishq*）的作用下与真主神秘的合一。在这种合一中，信徒的行为得以圣化与神化。他在出神状态中说出了一句著名的话：“我即真理（＝真主）”——这句话使他惹上杀身之祸。这一次，教法学家（指责他为泛神论）、政治家（指责他煽动群氓）和苏非派共同起来反对他。令人吃惊的是，哈拉智希望以渎神罪受死。他希望挑唆信徒起来结束这个丑闻：有人竟胆敢自称与神合一，当他们要杀死他的时候，他在曼苏尔清真 129
寺里大声呼喊：“真主啊，流我的血是合法的。杀了我吧……在穆斯林的世界里，再也没有比杀死我更加迫切的要务了。”[3]

哈拉智的这一奇怪行为令人联想到麦拉姆提派（*malâmtîya*），这群由沉思者组成的团体为了真主的爱，他们故意刺激教友，引起他们的斥责（*malâma*）。他们不遵守苏非派的习俗，并隐藏他们的神秘经验；此外，他们甚至用古怪的举止和显然不虔诚的行为去激怒信徒。[4]这一现象可以在 6 世纪以后某些东派基督教僧侣那里看到，在印度南部也有类似的现象。

哈拉智于 301/915 年被捕，在监狱中囚禁将近九年，[5]309/922 年被处死。

---

① *Dîw'ânan*, Massignon 翻译，载 *Lexique technique*，第 xvi 页。

②② L. Massignon, *La Passion d'al-Hallâj*，第 2 版，第 1 卷，第 177 页以下、第 268 页。

③ *Dîw'ân*，第 xxi 页。

④ 后来某些麦拉姆提派团体将他们蔑视规范的行为推到极致而进行狂欢活动。参见 Molé, *Les mystiques musulmans*，第 73—76 页。

⑤ 参见 Massignon, *Passion*，第 1 卷，第 385 页以下（指控）；第 502 页以下（审判）；第 607 页以下（殉难）。

有人亲耳听到他最后的祈祷："对出神者而言，有独一的真主为他做见证，足矣。"(字译为："对于出神者来说，独一的真主与他合一才是要紧的。")①

他的文字作品仅有一部分被保存下来：《古兰经》注释残篇，几封书信，一些格言和诗歌，还有一本小册子《论神性之统一》(*Kitâb at-tawasin*)，哈拉智在这本书中探讨了神性的统一和预言。②他的诗歌充满了最终与真主合一的强烈向往。人们经常能见到他用一些炼金术的术语表达其思想，③还多次提到阿拉伯字母的秘密含义。

路易·马西农(Louis Massignon)对于哈拉智的所有文献进行了编目、编辑以及详尽的分析，通过对这些文献的考察，我们可以看出哈拉智的信念
130 是坚定不移的，对先知也满怀崇敬之情。哈拉智的"道路"并不想破坏人格，而是要通过受苦受难去理解那揭示真主的本质与创造的秘密的"激扬的爱"(*'ishq*)。"我即真理"并不意味着当时人们所谴责的泛神论，因为哈拉智一直强调真主的超验性。只有在极少的出神体验中，受造的灵性才能够与真主合一。④

有一位反对哈拉智的神学家，对他的"转化的合一"概念做了比较确切的概括，虽然不免带有一些倾向性。他认为："(哈拉智主张)一个有着血肉之躯的人，遵从礼仪的规定，潜心虔诚的事务，隐忍没有肉欲的生活，并让自己的灵魂摒弃种种欲望——(这人)便上升到"(与真主)相和谐的人"的境界……于是他不再继续沉沦下去，使自己的本性超脱肉欲，得到净化。于是……真主的鲁哈就会通过麦尔彦之子尔撒降临到他身上。于是他就成了'一切服从于他的人'(*Muta'*)，除了执行真主的诫命之外，别无所求；从此以后，他的一切行为就是真主的行为，他的一切诫命就是真主的诫命。"⑤

哈拉智殉难后，他的神圣性逐渐高涨，实际上，遍及了整个穆斯林世界。⑥他身后对于苏非派以及某些神秘主义神学思潮的影响也同样是非常

---

① *Dîw'ân*，第 xxi—xxii 页。

② Massignon, *Passion*，第 1 卷，第 20 页以下；第 3 卷，第 295 页以下有诗歌的全部篇目以及大量的评注。

③ Massignon, *Passion*，第 3 卷，第 339 页。

④ Maggsignon, *Passion*，第 3 卷，该卷分析了哈拉智的神学：第 9 页以下(神秘主义神学)；第 63—234 页(教义神学)。Schimmel, *Mystical Dimensions*，第 71 页以下有简明扼要的分析。

⑤ 该文字的翻译根据 Massignon, *Passion*，第 3 卷，第 48 页。

⑥ 参见 *Dîw'ân*，第 xxxviii—xlv 页，马西农(Massignon)对于哈拉智如何逐渐为穆斯林社团所容纳，做了扼要的论述。

重要的。

278. 安萨里以及凯拉姆与苏非派之间的调和

哈拉智的殉难造成了众多后果，其中之一就是迫使苏非必须当众证明他们并没有与正统教义相违背。有些苏非以怪异的行为来掩饰他们的神秘 131
体验与神学思想。例如希布里(Shiblî, 247/861—334/945)就是如此，他是哈拉智的朋友，当哈拉智被吊在绞刑架上的时候他还请教他有关神秘合一(*unio mystica*)的含义，哈拉智死后，他又活了 23 年。为了使自己显得怪诞，希布里把自己比作一只癞蛤蟆。他用矛盾的、富有诗性的语言小心谨慎地为自己赢得了一种“避免受罚的特权”(马西农语)。他说：“为了真主的各种恩惠而爱真主，这个人必定是多神教徒”。有一次，希布里遣散他的弟子，因为不管他们到哪里，他都会与他们在一起，都会保护他们。①

另一名神秘主义者，伊拉克人尼法里(Niffarî,卒于 354/865 年)同样也用矛盾的语言表达他的思想，但是不像希布里那样矫揉造作。可能是他第一个宣称：祈祷是真主的赐予。“这是我给予你们的赠礼：如果我对于你们的祈祷没有回应，怎会让你们去祈祷。”②

在哈拉智殉教之后一个世纪，有些学者开始介绍苏非派的教义与实践。我们要特别注意关于“阶段”或者“站”(*maqâmât*)、“状态”(*ahwâl*)与“乘”(*tarîqah*,“塔里卡”)的学说，它们后来竟成了经典之论。可以区分三个主要“阶段”：入门者(*murîd*)、进阶者(*sâlik*)以及完美者(*kâmil*)。在谢赫的指导下，入门者必须进行各种苦行训练，从悔过开始直到最后对于所有发生在他身上的一切都能泰然处之。苦行与教导构成的内心斗争，要在谢赫的谨慎指导下进行。各“站”(*maqâmât*)是个人努力的结果，而“状态”则是真主无私的赐予。③

值得一提的是，在 3/9 世纪，穆斯林神秘主义形成了三种关于与真主合一的学说：“合一是指：(1)一种结合(*ittisâl* 和 *wisâl*)，它排除灵魂与真主等同的观念；(2)一种认同(*ittihâd*)，它本身具有两种不同的含义：一是与前述意 132

---

① 参见 Schimmel, *Mystical Dimensions*，第 78 页以下所引文献。

② Schimmel, *Mystical Dimensions*，第 80 页以下。希梅尔(Schimmel)强调帕斯卡也说过相似的话。

③ 各种“状态”的数目提法不一。阿那瓦蒂(Anawati)说，有的学者提出十种，主要有爱慕、畏惧、希望、渴望、稳静、凝视、确信等；参见 Anawati and Gardet, *Mystique musulmane*，第 42 页以下。参见同上书，第 125—180 页所引文献之翻译以及 S. H. Nasr, *Sufi Essays*，第 73—74、77—83 页。

思相同，一是表示本性的合一；(3)一种安居(*hulûl*)，指真主的精神安居在神秘主义者净化的灵魂中，但二者本性并不相互混同。正统伊斯兰教的学者只接受在‘结合’意义上的合一(或者类似‘认同’的第一种含义的合一)，但坚决不接受任何关于‘安居’的观念”。[1]

正是著名的神学家安萨里以他本人的声誉使得正统派接受了苏非派。阿布·哈米德·安萨里(Abû Hamîd al-Ghazzâli)于 451/1059 年生于波斯东部。起初研习“凯拉姆学”，并在巴格达担任教授。后来，他研究深受希腊哲学影响的法拉比(Fârâbî)和阿维森纳(Avicenna)的思想体系，以便在《哲学的反驳》一书中对它们进行批判。[2]在经历了一次个人的宗教危机后，安萨里于公元 1075 年放弃了教学生活，前往叙利亚旅行，接着又参访耶路撒冷和埃及部分地方。他研究过犹太教和基督教，有人发现他的宗教思想中有某些基督教的影响。在叙利亚的两年时间里，他潜心追随苏非的道路。阔别故乡十年以后，他回到巴格达，执教了很短一段时期。后来他就退休，与他的弟子一起回到家乡的小村庄，在那里分别创建苏非派的经堂(*madrasa*)和“道堂”。他的许多著作早已使他蜚声四海，但他笔耕不辍。他于 505/1111 年去世，为穆斯林世界所推崇。

我们不知道谁是安萨里的精神导师，以及他是怎样得到秘传的。但是毫无疑问在经历过一次神秘体验之后，他发现正统的神学(凯拉姆)有许多不妥之处。他用幽默的笔触写道：“那些精通离婚的种种古怪形式的饱学之士却不知道告诉你怎样去过一种精神生活，他们不知道诚心向真主、信任真主的真正含义是什么。”[3]在神秘地皈依苏非派并得到苏非派的秘传之后，安萨里感到苏非派的传授不应当保守秘密，并且只能传授给有灵性的精英，而是应当使得所有信徒都能够获得苏非派的真传。

其神秘体验[4]的真实性和强大活力，在他最重要的著作《圣学复苏精
133 义》中得到证明。该书是一部 40 章的大全，安萨里在书中先后研究了仪式问题、风俗、先知的消息，“那些导致毁灭”，以及导致救赎的事物。只是在该书的结尾处才探讨了神秘生活的某些方面。然而，安萨里尽了一切努力去

---

① Anawati and Gardet，第 43 页。

② 而这一反驳本身又受到了阿维罗伊的批评(参见 § 280)。

③ 转引自 Schimmel，第 93 页。

④ 安萨里在皈依苏非派之后，创作了他的灵性传记《从谬误中解脱出来》，但是没有说明他的秘传经历，他主要是批判了各种哲学家。

客观地对待一切事物,以苏非的思想去完善教法和圣训,而不是突出强调神秘体验。正是由于这一立场,《圣学复苏精义》为正统神学家所采纳,获得了无与伦比的权威性。

安萨里不仅是一名百科全书式的多产作家,他还是一名著名的论辩家;他不遗余力地攻击伊斯玛仪派和各种诺斯替倾向。尽管如此,在他的一些著作中围绕着神秘之光的思考还是表现出了某种诺斯替教的结构。

不少学者认为,安萨里“复活”伊斯兰教思想的宏愿并未实现。“他虽是一位出色人物,却几乎未能避免二三世纪之后穆斯林宗教思想的僵化。”[①]

279. 最早的形而上学家,阿维森纳,西班牙的穆斯林哲学

正是希腊文的哲学和科学著作的翻译,刺激并且维持了伊斯兰的哲学反思。到 3/9 世纪中叶,那些直接从柏拉图和亚里士多德(对于他们的了解不仅是通过新柏拉图主义)引经据典的著述随着学术争论的开展而产生影响。第一位哲学家阿布·尤素福·铿迪(Abû Yûsof al-Kindî, 185/796—约 260/873)[②]的著作部分流传至今。他不仅研究希腊哲学,而且研究自然科学和数学。铿迪致力于证明纯粹人类知识的可能性和有效性。诚然,他同 134
意真主将超自然的秩序赐予了先知;但是至少从原则上,人类思想能够通过自身恰当的手段去发现启示的真理。

对于这两类——人类的(尤其是古人运用的)与启示的(特别是《古兰经》中的)——知识的反思给铿迪提出了一系列将在穆斯林哲学中占据重要地位的问题:对《古兰经》进行形而上学(亦即理性的)解释的可能性,将真主与物自体和第一因等量齐观,将创造理解为与自然原因和新柏拉图主义的流溢说有所不同的原因,以及最后,个体灵魂的不死。

对于上述问题,法拉比(al-Fârâbî, 250/872—239/950)这位思想深邃的哲学家和神秘主义者进行了研究并提出了一些解决办法。他是第一个试图在哲学思考和伊斯兰教之间建立联系的人。他也研究过(亚里士多德所描述的)自然科学,以及逻辑学和政治神学。他受到柏拉图的启发,构想了“完

---

① Anwati and Gardet,第 51 页。亦可参见沙赫纳对安萨里的严厉批评,*Hindu and Muslim Mysticism*,第 126 页以下。但是科宾却证明哲学创新并没有因为阿维罗伊的去世(1198 年)而终结;哲学继续在东方,尤其在伊朗,以各种不同学派以及苏哈拉瓦迪(Sohrawardî)传统发展着。

② 在西方,他的几部作品于中世纪就被翻译成拉丁文,故而广为人知:如《论智性》(*De intellectu*)、《论五大元素》(*De Quinque Essentiis*)等。

美之城”的方案，并描述了典范性的“国王”，他精通各种人文科学和哲学知识，就像一个“披着先知穆罕默德外衣的柏拉图”。[1]可以说这种政治神学使得法拉比能够向他的后继者表明，他们应当怎样处理哲学和宗教的关系。他的形而上学建立在创造物的本质和存在有所不同的基础上：**存在是谓词，是本质的偶然性**。科宾正确地指出这个论点是形而上学史上的一座分水岭。同样颇具原创性的是他的智性和智性的拥有学说。但是法拉比对于神秘主义可谓热情有加，在他的著作里他运用了大量苏非派的术语。

正如阿维森纳自己承认的，多亏了法拉比的著作，年轻的他才能够了解亚里士多德的《形而上学》。伊本·西拿(Ibn Sînâ)生于布哈拉(Bukhara)，在西方他以阿维森纳著称，他的一些著作于12世纪被翻译成拉丁文。他的风格和普世的文化视野鲜有人能够与之相比。他的名著《医典》数世
135 纪以来雄踞欧洲医学宝座，在东方至今仍然颇有影响。伊本·西拿是一位勤于笔耕的学者(他的书目竟有292篇！)，主要作品包括如下内容：亚里士多德评注，一部探讨形而上学、逻辑学和物理学的《治疗论》(*Kitab al-Shifâ*)，两部论述其哲学思想的著作，[2]一部包罗万象的20卷百科全书，该书在加兹纳的穆罕默德征服伊斯法罕后被毁，只剩下一些残篇；等等。他的父亲和兄弟都是伊斯玛仪派。科宾认为，[3]伊本·西拿也许是十二伊玛目派的信徒。他于47岁时(426/1037年)在哈马丹附近去世，当时他还在那里陪同君主。

阿维森纳研究并且发展了法拉比所阐述的关于本质的形而上学。存在是创造的结果，也就是“神圣的思想自我思考的结果，而神的自我永恒化的意识不是别的，正是第一流溢、第一诺斯或者第一智慧”。[4]存在的多样性，通过一系列先后相继的流溢从此种第一智慧中发展出来。[5]从第二智慧中产生了第一层天的动力性智慧；从第三智慧产生第一层天的以太性的身体；如此继续。结果是产生十种“天使的”灵魂(*Angeli intellectuals*)和天界的灵魂(*Angeli caelestes*)，“它们没有感官功能，但是具有纯粹的想象力”。[6]

---

[1] 科宾语，*Histoire de la philosophie islamique*，第230页。

[2] *Le livre des directives et remarques* 和 *Le livre de Science*，戈乔恩(A. M. Goichon)翻译。关于阿维森纳其他著作的翻译，参见下文。

[3][4][6] Corbin, *Histoire de la philosophie islamique*，第239、240、240页。

[5] 这个过程 *La métaphysique du Shifâ* (9,6)做了描述，今根据阿那瓦蒂(Anawati)翻译。

第十种智慧是能动的、积极的智慧，在阿维森纳的宇宙论中起到重要的作用，因为正是通过它而产生大千世界①和无数的人类灵魂。②灵魂既然是一种看不见的实体，无形、不毁，在肉体死后继续存在。阿维森纳骄傲地以哲学论证个人的灵魂是不朽的，即使它们是受造的。他认为宗教的基本职能就是保证每一个人的幸福。但是真正的哲学家又是一个神秘主义者，因
为他要献身于对真主的爱，并寻求内在的真理。阿维森纳在他的著作中多 136
次提到“东方哲学”，如今只剩下很少一些片言只语，几乎都是关于死后生命的论述。他作为预言家的体验收集在三部《神秘主义概述》里面，③主要叙述他在光明天使（Illuminating Angel）引导下到神秘的东方某地的出神之旅，这个主题在苏哈拉瓦迪（§ 281）那里重新出现了。

本书篇幅有限，只能概略地论述安达卢西亚最早的一些神智派和神秘主义者。我们提到的有伊本・马萨拉（Ibn Massara, 269/883—319/931），他曾经漫游东方，与各地神秘主义团体多有交往，最后他在科尔多瓦（Cordoba）附近创办了一所道堂，收留了几位弟子。伊本・马萨拉在穆斯林统治下的西班牙最早组建了神秘主义的（秘密的）兄弟会团体。由于伊本・阿拉比（Ibn Arabî）大段大段地引用他的著作，我们才能够重构其诺斯替教和新柏拉图派教义的基本轮廓。

伊本・哈希姆（Ibn Hazm, 403/1013—454/1063）也出生于科尔多瓦，他是法律学家、思想家、诗人，创作了一部宗教、哲学体系的批评史。他有一部著名的诗集——《鸽子的颈环》，这部诗集从柏拉图《会饮篇》的神话汲取灵感。④他的爱论显然与第一位游吟诗人，阿基坦的威廉九世的“快乐的科学”颇多相似。⑤更为重要的是他关于宗教和哲学的论述。伊本・哈希姆概述了各种不同的怀疑论者和宗教信徒，坚持认为他们是拥有一部天启经书的民族，尤其是他们保存有人主合一（*tawhîd*）的观念和原有启示文献。

生活在 5/12 世纪的思想家伊本・巴哲（Ibn Bajja，拉丁经院哲学称之

---

① 参见 Goichon, *Le livre des directives*，第 430 页。

② 根据科宾（*Histoire*，第 243 页）的观点，正是由于这种积极的智慧，即采取了天使的形式，被称作“拉丁的阿维森纳主义”才受到压制。

③ 科宾做了很好的翻译和独到的评注，*Avicenne et le récit visionaire*。

④ 《会饮篇》的神话说，人类原先是双性同体的，因为自高自大，造神的反，被宙斯劈成两半，遂有男女之别和爱情。——译者

⑤ 参见 A. R. Nykl, *A Book Containing the Risâla*。

为阿芬帕斯[Avempace]),曾经对阿维罗伊和大阿尔伯特(Albert the Great)产生很大的影响。他对亚里士多德的许多著作做过评注,但是他自己的形而上学著作却始终没有完稿。然而我们要注意的是,伊本·巴哲"喜欢使用的字眼,比如独行者、异乡客却都是典型的伊斯兰教神秘主义诺斯替
137 派的用语。"①至于科尔多瓦的伊本·托法耶尔(Ibn Tofayl, 5/12 世纪),他也同样精通他那个时代所需要的百科全书般的渊博知识;但是,他真正的声誉却来自一部哲学浪漫小说《哈伊·伊木·雅克赞》(*Hayy Ibn Yaqzân*),这部小说 12 世纪被译成希伯来文,但是不为拉丁经院哲学所知。伊本·托法耶尔与苏哈拉瓦迪(§281)同时代,他回归"东方哲学"以及阿维森纳的秘传学说。这部小说的情节相继发生在两个岛上,第一个岛上住着一群人,信奉一种外学派的宗教,受到严酷教法的统治。有一名沉思者阿布萨尔(Absâl)决心迁移到隔壁的岛上去。他在那里遇见了仅有的居民哈伊·伊本·雅克赞;他是一位哲学家,对于生命的规律和灵魂的奥秘了如指掌。哈伊和阿布萨尔为了把神圣的真理传授给民众,他们回到第一个岛屿上面。但他们很快发现,人类社会已是无可救药,就回到了他们隐居的场所。"回到他们自己的岛上,这是否说明伊斯兰教的哲学与宗教之间的冲突是不可调和、无从解决呢?"

280. 安达卢西亚最后的、最伟大的思想家:阿维罗伊和伊本·阿拉比

伊本·路西德(Ibn Roshid,欧洲人称为阿维罗伊)被视为最伟大的伊斯兰教哲学家,他在西方享有盛名。事实上,阿维罗伊著作等身。为了重现亚里士多德这位大师的真实思想,阿维罗伊对其主要作品做了精辟的评注。在这里我们不必概述阿维罗伊体系的主线。但要知道,他对教法也颇为精通。例如他主张信徒都必须忠实履行宗教的基本原则,如在《古兰经》、圣训和公议中所规定的。但是那些具备更高智慧能力的人,则必须追求一种更为高级的学问,也就是哲学研究。神学家没有权力干涉这种活动,也不能对它的结论说三道四。神学作为一种中介性学科是必不可少的,但它必须受
138 到哲学的控制。然而,神学家与哲学家都不可以向民众揭示《古兰经》中语义含糊的句子。(这倒不是像某些西方神学家所说的"双重真理"。)

① Corbin, *Historie de philosophie islamique*,第 320 页。

阿维罗伊坚持这一观点，严厉而又不乏风趣地批判了安萨里的《哲学的反驳》(§278)。他在著名的《反驳之反驳》(*Tahâfot al-Tahâfot*，拉丁文翻译为《破坏之破坏》[*Destructio Destructionis*])一书中，证明安萨里不仅不懂哲学体系，而且他的论证恰好说明他的无知。他还指出了这部作品以及这位多产而博学的作者其他作品中的自相矛盾之处。

阿维罗伊也批判了法拉比和阿维森纳，指责他们为了取悦神学家而放弃了古代哲学家的传统。阿维罗伊渴望恢复一种纯粹的亚里士多德派的宇宙论，他拒斥阿维森纳的天使论，拒斥天界之灵(*Animae coeleste*)的概念，因而也拒斥由创造性的想象力产生的想象世界(参见§279)。**形式**并不是像阿维森纳所断言的，由能动的智性所创造。**物质本身就具有全部形式的潜能**。但既然物质具有个体化原则，而个体又是会朽坏的，因此，**不朽**只能**是非个体的**。[1]最后这个论点不仅在穆斯林神学家和神智派那里，而且在基督教思想家那里也引起了强烈的反驳。[2]

阿维罗伊曾想结识一位非常年轻的苏非派伊本·阿拉比，按照后者的回忆，阿维罗伊估计自己的思想体系可能不够完备而感到逊色。伊本·阿拉比是苏非派最伟大的天才之一，也是整个神秘主义世界中最具独创性的人物。他于 560/1165 年生于穆尔西亚(Murcia)，他钻研过所有的科学，不停地旅行，从摩洛哥到伊拉克，以寻找谢赫和修道的伙伴。他在年轻的时候就有了一些超自然的体验和某些启示。他最早的教师是两名妇女：当时年高九旬的沙木斯(Shams)和科尔多瓦的法蒂玛(Fatima of Cordoba)。[3]后来，他去了麦加，遇见一位谢赫的美丽女儿，创作了大量诗歌，题名为《欲望的解释》。这些诗歌抒发了一种强烈的神秘之爱，被看作是过于直白的色情 139
作品，但是其内容只是令人联想到但丁和贝阿特丽丝的关系。

伊本·阿拉比在克尔白前做沉思，体验到一些出神状态的景象(尤其是"永恒少年"的景象)，于是证明自己是"穆罕默德神性的封印"。他最重要的作品是 20 卷本的神秘主义著作《麦加的启示》。公元 1205 年，伊本·阿拉比在摩苏尔第三次获得秘传。[4]但是不久之后在开罗(1206 年)，他与当时的

---

① 参见科宾的批评性的分析，同上书，第 340 页以下。

② 阿维罗伊对于亚里士多德的评注最早的拉丁文译本大约完成于 1230—1235 年。尽管如此，在西方相当重要的"拉丁派阿维罗伊主义"，事实上是一种从圣奥古斯丁的观点衍伸出来的新解释。

③ 参见他的自传，由奥斯丁(R. J. Austin)翻译，载后者所著 *Sufis of Andalusia*。

④ 参见同上书，第 157 页。

宗教权威机构发生了一些冲突,匆匆返回麦加。在经历了多次旅行之后,他旺盛的创作能力丝毫没有减弱,伊本·阿拉比 638/1240 年死于大马士革,享年 85 岁。

伊本·阿拉比在伊斯兰教神秘主义和形而上学的历史上占有特殊地位(苏非派称之为“最伟大的谢赫”),但是他的思想至今还不大为人所知。[①]他的写作速度极快,好像总是得到一种超自然的灵感。他的《智慧的宝石》堪称杰作,最近被译成了英文,充满许多令人眼花缭乱的观感,但是在整体上缺乏计划性和严谨性。尽管如此,这种一闪而过的综论让我们能够把握他思想的独创性及其神秘主义神学的伟大之处。

伊本·阿拉比认为:“关于神秘状态的知识只能通过体验而获得;人的理性是无法定义它的,也不可能通过推理而得到这种体验。”[②]例如他认为秘传知识是必要的:“这种类型的灵性知识,因着它的微妙,在大多数人面前是隐藏起来的。因为它深不可测,危险极大。”[③]

伊本·阿拉比的形而上学和神秘主义的基本概念是**存在单一论**,或者更确切地说是存在与感知的单一性。换言之,整体的没有差别的现实是神
140 性之原初存在的模式。在爱与认识自我的欲望推动之下,这一神圣的现实自我分裂为主体(认知者)和客体(被认知者)。当伊本·阿拉比在关于单一存在的文字中探讨现实的时候,他使用了“*al-Haqq*”(“现实”、“真理”)这个术语。当他讨论分裂为两个极端的现实——精神的或智性的为一个极端,以及宇宙的或存在的为另外一个极端——的时候,他以前者指称安拉或造物主(*al-khâliq*),以后者指称受造物(*Khalq*)或宇宙。[④]

伊本·阿拉比倾向于使用创造性的想象力和爱这两个重要主题来解释这一创造过程。正是通过创造性的想象力的作用,存在于现实中的潜在形式被投射到他者的虚幻屏幕上,这样,真主就可以设想自己是一个对象。[⑤]

---

① 他的著作在埃及为禁书,而他的著作卷帙浩繁,艰涩难懂,至今尚未进行充分整理,翻译更少。

② *Les Révelations mecquoises*,文献转引自 Austin, *Ibn al-Arabî*, *The Bezels of Wisdom*,第 25 页。

③ 文献转引自奥斯丁(Austin),同上书,第 24 页。下文我们将特别引述奥斯丁(Austin)的翻译(《智慧的项链》)和他的评注。

④ Austin,第 153 页。伊本·阿拉比特别指出,每一个极端——精神的和宇宙——都暗含着另外一个极端潜在的、隐而不见的存在。

⑤ Austin,第 28、121 页。首先参见 Henry Corbin, *L'imagination créatrice dans le soufisme d'Ibn Arabî*。

因此，创造性的想象力就成了作为主体的现实和作为意识对象的现实之间的联接点，以及造物主和受造物之间的联接点。创造性的想象力将对象引入存在之中，于是神圣的主体就能够认识到这些对象了。

用来证明创造过程的第二个主题就是爱的过程，换言之，真主渴望被受造物认识。伊本·阿拉比首先描述了多产的现实所经历的分娩的痛苦。但是总有爱将各种受造物联合在一起。于是现实分裂为一个神圣的主体和一个受造的客体，然后又回归到了太初的单一性之中，而现在，这种单一性因为体验到自我的意识而变得更加丰富了。①

每一个人就其作为受造物而言，其潜在本质与真主并没有什么不同，就其作为真主意识的对象而言，人类有助于真主认识自己，因此他分享了一部分神性的自由。② 完人（Perfect Man）就是处在现实的两个极端中间的“地峡”。他既是阳性的，也就是代表天与真主的话语，又是阴性的，象征着宇宙大地。完人将天地融于一身，因此获得存在的单一性。③完人拥有真主般的 141
创造能力（*himmah*），能够真正地实现他内心的想象。④但是，完人只能在一段有限的时间之内保持这些想象。⑤最后要补充的是，对伊本·阿拉比来说，伊斯兰教其实就是通过完人所获得的体验与真理，完人最重要的职能就是担当先知（*nabi*）和使者（*rasûl*）。

与奥利金、弗洛里斯的约雅敬和爱克哈特一样，伊本·阿拉比虽然有许多忠实的、博学的弟子，并且得到苏非派的推崇，但是毕竟未能丰富和更新官方的神学。不过与这三位基督教大师不同，伊本·阿拉比的天才强化了穆斯林的神秘主义传统。

281. 苏哈拉瓦迪和光的神秘思想

绥哈布丁·叶海亚·苏哈拉瓦迪（Shihâboddin Yahyâ Sohrawardî）于549/1155 年生于伊朗西北部的苏哈拉瓦德镇（Sohraward）。他在阿塞拜疆

---

①② *The Bezels of Wisdom*，第 29、33、34 页。

③ Corbin, *L'imagination*，第 4 章，第 2 节。我们要注意的是，伊本·阿拉比认为，完人是一种人类的典范，普通人是难以达到的。

④ 参见 Corbin，第 4 章；Austin, *The Bezels*，第 36、121、158 页，在该书第 36 页上，他联想到西藏的坐禅法能够达到心想事成的境界；参见 § 315。

⑤ *The Bezels*，第 102 页。伊本·阿拉比还坚持认为拥有这种能力的人会遭遇极大的危险；同上书，第 37、158 页。

(Azerbaijan)和伊斯法罕(Isfahan)求学，在安纳托利亚住了几年，然后又到叙利亚。在那里，他遭到一群教法学家的起诉，受到审判，于 587/1191 年他 36 岁时被处死刑。历史学家称他为“被谋杀的(*maqtûl*)谢赫”，而他的弟子则称他为“殉教的(*Shahîd*)谢赫”。

苏哈拉瓦迪的主要著作《东方神智学》(*Oriental Theosophy* = *Hikmat al-Ishrâk*)代表了他一生的雄心壮志，他尤其是想复活古代伊朗的智慧与赫耳墨斯教的诺斯替思想。阿维森纳曾经探讨过一种“智慧”或“东方哲学”(参见 § 279)。苏哈拉瓦迪十分熟悉这位杰出先驱的观念。但是他认为阿
142 维森纳并不能实现这种“东方哲学”，因为他对它的原理、“东方源泉”本身一无所知。苏哈拉瓦迪写道：“在古代波斯人那里，有一群人组成了一个社团，他们接受真主的指导，因而走在正道上，他们是杰出的神智学家—圣人，与麻葛(*Majûs*，“马朱斯”)毫无共同之处。在我名为《东方神智学》的著作中复兴了他们难能可贵的关于光明的神智学，也就是柏拉图及其先辈在神秘体验中得到的学说，还没有任何一位先驱在这样的研究道路上进行过探讨。”①

苏哈拉瓦迪著述甚丰(共 49 部)，都以其亲身的一次体验为本，那是“他年轻时发生的一次皈依”。在这次出神的状态中，他发现了无数“赫耳墨斯和柏拉图所思考的光明的存在以及天界的光芒，亦即苏鲁支所宣称的、最虔诚的、有福的库思老国王在精神的恍惚状态中所追求的荣耀之光和光明王国(*Ray wa Khorreh*)的源泉”。②伊司拉克(*Ishrâq*，即日出的光芒)是指：(1)智慧，以光作为源泉的神智学；(2)一种以理性光明为基础的教义；(3)**东方人的**，也就是古波斯智者的神智学。这一“日出的光芒”就是“荣耀之光”，也就是《阿维斯陀》所说的圣火(*Xvarenah*，波斯语作 *Khorrah*；参见帕西语形式，Farr, Farrah)。苏哈拉瓦迪把它描述为光明中的光明的永恒流溢，从中产生了第一位大天使，即祆教所称的巴赫曼(*Bahman*[*Vohu Manah*])。光明中的光明与第一次流溢的关系在事物的每一个层次上都存在，它们成双成对，规定着一切事物的秩序。“通过二者之间相互的流溢与反射而产生出光明的积淀获得了无数的形式。在逍遥派(Peripatetic)或托勒密天文学

① Corbin, *Histoire de la philosophie islamique*，第 287 页。

② Corbin, *Histoire de la philosophie islamique*，第 288—289 页。另外一个版本载 Corbin, *En Islam iranie*，第 2 卷，第 100 页。

的恒(星)天体之外，还有无数美轮美奂的宇宙。”①

这个光明世界十分复杂，在此无法详述。②我们只要提到一点，那就是所有的精神存在的模态，所有的宇宙实体，都是由光明中的光明流溢出来的 143
不同种类的大天使所创造和引导的。苏哈拉瓦迪的宇宙论同时也是一种天使论。他的物理学令人想到马兹达教关于两种类型的现实(精神的[*mēnōk*]：天界的、细微的，以及物质的[*gētik*]：人间的、厚重的)以及摩尼教的二元论(§§215、233、234)。苏哈拉瓦迪的宇宙论提到了四大世界，其中有两个特别重要：玛拉库特(*Malakût*，天界灵魂与人类灵魂的世界)和想象的世界(*mundus imaginalis*)，“也就是介于这种纯粹的光明存在的理智世界与感官世界之间的世界；而感知这个世界的器官就是能动的想象力(Active Imagination)”。③正如亨利·科宾在论及这个中间世界所说的，“苏哈拉瓦迪实际上可能是为这一中间世界作出本体论论证的第一人，中间世界的思想为伊斯兰教的神秘主义者与诺斯替教所沿用并且加以发展。”④

通过这个中间世界，我们就能够揭开苏哈拉瓦迪所论述的灵性秘传的奥秘。那是一种在玛拉库特中发生的灵性事件，但是它们揭示了与之平行的外在事物的深层含义。《西方流放者游记》(*The Account of the Western Exile*)⑤实际上是一整套陪伴着弟子到东方旅行的入会礼仪式；换言之，这一简短的、谜一般的叙述帮助“流放者”找到自我。苏哈拉瓦迪及其“东方神智学家”(*Hokama Ishrâqîyûn*)认为，哲学思辨与灵性圆满密不可分。他们将哲学家寻找纯粹知识的方法，与苏非派追求内心净化的方法结合在一起。⑥

正如我们所看到的，弟子在这个中间世界中的灵性体验，构成了一系列 144

---

①③　Corbin, *Histoire de la philosophie islamique*，第 293、296 页。

②　参见 Corbin, *En Islam iranien*，第 2 卷，第 81 页以下；同一位作者，*Histoire de la philosophie islamique*，第 293 页以下。

④　“实际上，其重要性毋庸赘言。正是在这个重要的层面上开辟了通向人类的死后存在的道路。它有三方面的作用：正是通过它，复活得以实现；正是通过它，各位先知所描绘的符号以及一切异象体验都变得真实；因此，也正是通过这个世界，*ta'wîl*——也就是那些将《古兰经》启示的传授‘重新引向’它们的‘灵性的真理’的经注——得以实现。”(Corbin, *Histoire de la philosophie islamique*，第 296—297 页)

⑤　科宾的翻译和评注，参见 *L'Archangel empourpré*，第 265—288 页。参见该书所载苏哈拉瓦迪的其他神秘主义论述。亦可参见 *En Islam iranien*，第 2 卷，第 246 页以下。

⑥　在苏哈拉瓦迪为自己提出的灵性谱系中，我们还要提到的有，古希腊哲学家、波斯智慧以及某些伟大的苏非导师；参见 Corbin, *Histoire de la philosophie islamique*，第 299 页。

由创造性的想象力带来的入会礼考验。虽然这种考验与圣杯传奇(§270)处在不同的层面,但我们还是可以将这二者加以比较。我们还可以联想到各种传统叙事或者“典范性的史事”(参见哈西德派,§292)的巫术—宗教价值。在这里我们要补充的是,在罗马尼亚农民那里,(夜间)仪式性地讲述故事可以保护房屋不受魔鬼与恶灵的侵害。不仅如此,如此讲述故事甚至可以让上帝现身。①

这些比较使得我们能够更好地理解苏哈拉瓦迪的独创性以及他所继承的传统。创造性的想象力使人们有可能发现一个中间世界,它与萨满出神状态的幻觉以及古代诗人的灵感是相通的。我们知道,史诗以及某些类型的童话故事都起源于上天入地的出神之旅和冒险故事。②所有这些,一方面可以帮助我们理解叙事文学在“灵性教育”中的作用,另一方面也能够使我们认识到,在20世纪的西方世界发现无意识和辩证的想象力是何等的重要。

对苏哈拉瓦迪来说,一位既精通思辨哲学,又精通神秘主义玄思的智者才是真正的精神领袖,真正的“支柱”(*Qutb*),“没有这根支柱,世界就不可能继续存在,哪怕它不为人知或者人们对其浑然不知”。③科宾还论述道,人们会看出,这里有一个什叶派的主要思想,因为“**支柱的支柱**”正是伊玛目。他的**不为人知**的存在也透露出什叶派的概念:隐遁的伊玛目(*ghaybat*)以及“瓦拉雅特”的循环、“秘传预言”接替“先知的封印”的循环。因此在东方的神智学家与什叶派的神智学家之间存在一致性的地方。科宾还写道:“阿勒坡(Aleppo)的教法学家并没有遭到蒙骗。在审判苏哈拉瓦迪时,最终导致他死刑的主要罪名就是,他承认真主在任何时候,哪怕是现在,也能够创造
145 出一个先知来。即使这不是一个合法的先知,而是‘秘传的先知’,这种思想还是显露出了隐藏的什叶派思想。所以,通过他的生平事迹以及他为先知哲学的殉教而死,苏哈拉瓦迪最终仍然不免陷入‘西方流放’的悲剧之中”。④但是至少在伊朗,苏哈拉瓦迪的精神遗产流传至今。⑤

---

① 参见Ovidiu Bîrlea, *Folclorul românesc*, 1 (Bucharest, 1981),第141页以下。这是一种在古代曾经广为流传的概念;参见Eliade, *Myth and Reality*,第2章。

② 参见Eliade, *Shamanism*,第508页以下。

③④ Corbin, *Histoire de philosophie islamique*,第300—301页。

⑤ 亨利·科宾及其学生的成就之一就是开创了研究这一至今尚不为西方知晓的丰富哲学传统之先河。

282. 加拉路丁·鲁米：音乐、诗歌和舞蹈

穆罕默德·加拉路丁(Muhammad Jalâl al-Dîn)，以鲁米(Rûmî)的名字广为人知，1207 年 9 月 30 日生于巴里黑(Balkh)，这是呼罗珊(Khorasan)的一座城市。他父亲是神学家和苏非导师，因害怕蒙古人的入侵，于公元 1219 年离开此城，前往麦加朝觐。最后，全家定居在科尼亚(Konya)。他父亲去世之后，24 岁的加拉路丁·鲁米前往阿勒坡和大马士革求学。七年后他回到了科尼亚，1240—1249 年间，他教授教法和法典。但是在公元 1249 年 11 月 29 日，有位 60 高龄的流浪苦行僧，大不里士的沙木斯(Shams of Tabrîz)抵达科尼亚城。两人的见面有许多说法，但都多少提到鲁米戏剧性地皈依这位苏非大师：从一位著名的教法学家、神学家变成了最伟大的神秘主义者，甚至或许是伊斯兰教最有天才的宗教诗人。

沙木斯对于鲁米产生的巨大影响，使鲁米的弟子很嫉妒，就逼迫他，沙木斯只得前往大马士革。他曾经答应回来，但是在公元 1247 年 12 月 3 日被人神秘刺杀。① 鲁米为此哀伤了很长一段时间。他创作了一部神秘主义的诗集，就是以他的导师的名字命名的(*Diwân-e Shames-e Tabrîz*)，“吟唱‘爱与悲’的诗歌，这是一部巨著，好像是歌颂人间的至爱，但实际上却是歌颂神圣之爱。”② 另外，鲁米为了纪念沙木斯而创办了一种灵性音乐会(*samâ*)。他的儿子苏丹·瓦拉德(Sultân Walad)说：“他一刻也没有停止欣赏音乐和跳舞；从白天到夜晚都不休息。他曾经是一位学者；现在变成了诗人。他曾经是一名苦行僧；他现在沉醉了，不是沉醉在葡萄美酒里面，而是 146
沉醉在爱里面；被照亮的灵魂只啜饮光明的美酒。”③

晚年的鲁米指定胡萨姆·丁·查拉比(Husâm al-Dîn Chalabî)指导他的弟子。多亏有了查拉比，这位大师才能完成他的主要作品《玛斯纳维》(*Mathnawî*)。鲁米在公元 1273 去世前一直向查拉比口述诗文，有时在街头漫步的时候，有时在洗澡的时候。其成果就是这部大约有 45 000 句的神秘主义长篇史诗，其中不仅糅入了《古兰经》的经文和圣训，还包括赞诗、轶事以及东方的观念、传奇和地中海民间文学。

鲁米创建了一个兄弟组织，称为“毛拉维教团”(*Târiqa mâwlawîya*)，

---

① 原文如此。——译者

②③ Eva de Vitray-Meyerovith, *Rûmî et le sufisme*，第 20、18 页。

因为他被弟子和朋友尊称为“我们的毛拉”(土耳其语,*Mevlâna*)。这个教团很早就以“旋转的苦行僧(德尔维希)”著称于西方,因为在灵性音乐会的仪式期间,舞蹈者快速地旋转,还围绕着大厅旋转。“鲁米说,在音乐的节奏中潜藏着一个秘密,如果我揭示这个秘密,它将颠覆整个世界。”实际上,音乐唤醒灵性,使它回忆起自己真正的家乡,使它记住最终的目标。[1]“鲁米写道,我们都是阿丹的传人,我们曾倾听这些来自天园的音乐。我们自己还记得其中的一些,即使水、土把怀疑覆盖了我们全身。”[2]

就像神圣的音乐和诗歌一样,出神的舞蹈一开始便是苏非派的修炼方式之一。[3]有的苏非派认为,他们的出神之舞是仿照天使的舞蹈(参见莫勒[Molé]翻译的文献,第215—216页)。在鲁米建立的教团(但主要由他的儿子苏丹·瓦拉德主持)中,舞蹈既具有宇宙论又具有教义学的特征。苦行僧们穿着(像寿衣一样的)白衣,外罩黑色大衣(象征坟墓),头戴高帽(象征墓
147 碑)。[4]谢赫代表着天地之间的中介。乐手吹笛(*ney*),击打鼓钹。苦行僧旋转舞蹈的房间象征宇宙,“行星围绕着太阳旋转,同时也围绕着自己旋转。鼓声呼唤着最后的审判。舞蹈者分为两个半圆,一个代表下降的圆弧,或灵魂与肉体的缠结,另外一个代表灵魂上升到真主那里。”[5]每当舞乐的节奏转为迅疾,谢赫也参与共舞,并且舞至圆圈的中央,以代表太阳。“这是人与真主合一的至高无上的瞬间。”[6]我们还要补充的是,苦行僧的舞蹈很少导致精神变态的癫狂,这种情况只在某些边远地区才会发生。

鲁米在焕发伊斯兰教活力上具有重要的作用。整个穆斯林世界都在阅读、翻译和评注他的著作。其独一无二的流行程度再度证明在逐渐深化的宗教生活中艺术创造,尤其是诗歌的重要意义。如同其他神秘主义者一样,

---

① 参见莫勒的翻译,载“La danse extatique en Islam”,第208—213页。

② 《玛斯纳维》4, 745—746, Molé,第239页。在天园旅居的记忆以及对于最后审判号角的期待是苏非传统最古老的主题。

③ 参见莫勒的研究,同上书,各处;参见神学家甚至是苏非派自身对它的批判,同上书,第176页以下,等等。

④ 从灵性音乐会产生之日起,这种象征就由著名的土耳其诗人马赫莫德·切勒比(Mehmed Tchelebi)做了描述;参见莫勒的法文翻译,同上书,第248—251页。关于毛拉之舞,亦可参见鲁米和苏丹·瓦拉德作品的法文翻译,同上书,第238页以下。

⑤ De Vitray-Meyerovith, *Rûmî*,第41页。参见 Molé, “La danse”,第246页以下。

⑥ De Vitray-Meyerovith, *Rûmî*,第42页。参见一个毛拉维教团的描述,载 Molé, “La danse”,第229页以下。

鲁米从来没有停止颂扬神圣之爱，只不过他燃烧的热情和诗歌才能是无与伦比的。"没有爱，世界就毫无生气。"(《玛斯纳维》5, 3844)他的神秘主义诗歌丰富了音乐和舞蹈领域里的象征。他的教义学明显受到新柏拉图主义的影响，内容十分驳杂，同时具有相当浓厚的个人特点，以及传统的与大胆创新的一面。鲁米强调必须达到一种非存在的状态，以便进入*生成与存在*的状态。此外，他还大量援引哈拉智的原话。①

人类的存在乃是按照创造者的意志与计划发展的。真主授命人类做真主与世界之间的中介。人类"从精子发展到理性"不是一场空(《玛斯纳维》3, 1975)。"从你进入这个世界的那一瞬间，在你面前就放着一把让你逃避的梯子。"人首先是矿物质，然后是植物，然后才是动物。"然后才成为有知识、有理性、有信仰的。"最后人还将变为天使，在天上居住。但是这也不是 148
最后阶段。"还要超越天使的身份，融入这片汪洋大海(神圣的单一性)，让你这一滴水变成大海。"②鲁米在《玛斯纳维》的著名诗句(2, 1157)中解释了按照真主形象创造的人类原本就具有神的性质："我的形象在国王的心中存在：国王的心中假如没有我的形象就会病入膏肓……智性的光明来自我的思想；天园就因我原本的性质而创造……我拥有精神的王国……我并非与国王同类……但是我从他那里的神智获得他的光明。"③

283. 苏非派的胜利和神学家的反应。炼金术

神学家安萨里的工作使得苏非派受到世人的尊重，并且为教法学家所接受，苏非派就此广为流传。首先是在近东与北非，但是不久伊斯兰教所到之处都有苏非派的影响：印度、中亚、印度尼西亚以及东非地区。随着时间的推移，原先由生活在谢赫身边的弟子组成的几个有限的团体逐渐形成真正的教团，这些教团下设许多分支机构，拥有数百名成员。苏非派是伊斯兰教中最好的传教士。基波(Gibb)认为，什叶派的没落正是由于苏非派的盛行和他们的传教精神所致。④他们大获成功正好说明，他们得到很高的声望，而且得到了行政当局的保护。

---

① 参见 Schimmel, *Mystical Dimensions*，第 319 页以下。

② Odes Mystiqiue, 2(＝*Dîvân-e Shams-e Tabrîz*), de Vitray-Meyerovith, *Rûmî*，第 88—89 页；参见同上书，第 89 页，《玛斯纳维》9, 553, 3637 的法文翻译。

③ 引自 De Vitray-Meyerovith 的法文翻译。

④ 参见 Gibb, *Mohammedanism*，第 143 页。

乌里玛的宽容促进了对于外来概念的采纳和秘传方法的运用。某些苏非派的神秘技巧在与外国环境的接触过程中得以深化和完善。我们只要比较一下早期的苏非派的赞念(参见§275)与12世纪以来受到印度影响的赞
149 念就可以了。根据一位作者的说法,“先从(胸口)的左边赞念,那里将就像一座壁龛,摆放着心灵的明灯,那里是灵性澄明的炉膛。赞念继续进行,在胸口下方转向右边,上升到胸口上面。再继续回到原先的位置。”根据另一作者的说法,颂读赞念的苏非必须“蹲坐地上,两腿交叉,双臂抱腿,垂首至膝,闭目。抬头,当头部与心脏平齐,而且位置正好在右肩处,即口诵‘*lâ ilâh*’……当嘴巴与心脏平齐时,要用力赞诵‘*ilâh*’……到面部与心脏平齐时,则更加充满活力地赞诵‘安拉’……”。[①]我们很容易看出其与瑜伽—密教技巧之间的相似处,尤其是在刺激产生某些特殊的听觉与相伴随的视觉现象的训练,二者的相似处更是明显,这种训练过于复杂,这里就不再详细介绍了。

不过至少在真正的赞念者中间,这些外来影响并没有改变赞念的穆斯林特征。情况恰好相反。由于借鉴了某些外来的影响,一些宗教信仰和苦行方法反而得到丰富。我们甚至可以说,就像在基督教历史上所发生的情况一样,这些影响有助于伊斯兰教的“普世化”,使它得以在普世的维度上获得发展。

不管怎样,苏非派极大地促进了穆斯林宗教经验的复兴。苏非派的文化贡献也是相当巨大的。在所有穆斯林国家中,我们都可从音乐、舞蹈,特别是诗歌中看到苏非派的影响。[②]

这一运动虽然相当成功,而且至今仍然非常盛行,[③]但在伊斯兰的历史上也具有两面性。某些苏非派强烈的反理性主义有时颇具攻击性,他们对哲学家的攻击让民众感到非常痛快。此外,过度的情绪化、精神恍惚、出神
150 状态使得他们在公众集会上显得十分夸张。大多数苏非大师都反对这种过

---

① 文献转引自 L. Gardet, “La mention du nom divin (*dhikr*) en mystique musulmane”, 第654—655页。关于赞念与瑜伽—密教的技巧的相似性,参见 Eliade, *Yoga, Immortality, and Freedom*, 第200页以下、第362页以下。

② 尤其参见 Schimmel, *Mystical Dimensions*, 特别是第287页以下。正是因为神秘主义,或者更确切地说是神秘主义—色情的诗歌,大量的非伊斯兰观念和主题方才进入了不同民族的文学里面。

③ 参见同上书,第403页以下,以及注解1—7所引用的书目。

度的张扬，但并不是每次都能控制他们。实际上，某些教团成员，就像那些游方的苦行僧或者托钵僧（*fakirs*＝"贫穷"）一样，宣称他们能够行奇迹，能够不受教法的约束。

乌里玛们虽然被迫宽容苏非派，他们还是非常警惕外来的因素，尤其是伊朗的、诺斯替教的因素。在教法学家眼里，某些苏非大师的教导会对伊斯兰的整体性造成威胁。（不论过去还是现在，神学家——不仅仅是穆斯林神学家——都难以认识到神秘主义对于深化大众的宗教经验所作的巨大贡献，尽管他们有着"异端"的危险性，而这种危险性在神学家眼里正是存在于每一种宗教认识的层面。）乌里玛的反应就是不断建立宗教大学（*madrasas*），亦即具有官方地位和领薪教授的学院，开展神学教育。到 8/14 世纪，数百座宗教大学使得高等教育牢牢地控制在神学家手中。①

很可惜，经典的苏非派在西方中世纪并不为人所知。②通过安达卢西亚地区色情—神秘主义诗歌所传播的间接信息，并没有能够让两大神秘主义传统真正发生碰撞。③众所周知，伊斯兰教的重要影响在于通过阿拉伯文的翻译，传扬了古代哲学和科学著作，特别是亚里士多德的作品。

然而我们要补充的是，即使我们不考虑苏非派神秘主义，通过阿拉伯语著作——其中相当一部分为原著——赫耳墨斯教和炼金术却渗透进了西方世界。斯塔普勒同（Stapleton）认为，埃及亚历山大里亚的炼金术首先是在美索不达米亚的哈兰（Harran）形成的。这个假说不无争议，但它有助于说
明阿拉伯炼金术的起源。不管怎样，用阿拉伯语写作的最早、最著名的炼金 151
术士之一是贾比尔·伊本·哈彦（Jabîr ibn Hayyân），他是拉丁世界著名的格贝尔（*Geber*）。霍米亚德（Holmyard）推测他生活在 2/8 世纪，是第六位伊玛目加法尔（Ja'far）的学生。保罗·克劳斯（Paul Kraus）曾经撰写了一部关于这位炼金术大师的大部头专著，他认为实际上有好几个炼金术士（居然有 3 000多部著作是以哈彦为作者的！）生活在 3/9—4/10 世纪之间。科宾恰到好处地分析了"贾比尔"炼金术形成的什叶派与秘传派背景。实际上，《平

---

① 参见 Gibb, *Mohammedanism*，第 114 页以下、第 153 页以下对于这种教育控制所造成的文化影响的论述。

② 同样很可惜的是，伊斯兰教仅在东南欧洲由于奥斯曼帝国的缘故，换言之，由于土耳其人的占领而为人所知。

③ 另一方面，我们不能排除某些穆斯林和基督教秘传团体有过交往。只是我们不能推测这些交往对于中世纪宗教和文化的历史有什么影响。

衡的科学》使得人们发现“在每一个身体之中,显与隐(即显义与隐义)的存在是密不可分的”。[1]尽管如此,看来格贝尔的四部有名的拉丁文作品并非出自贾比尔之手。

西班牙的克雷莫纳的杰拉德(Gerard of Cremona)于公元1150年最早将这些阿拉伯文作品翻译为拉丁文。一个世纪后,炼金术已经广为人知,因为它被选入布韦的文森特(Vincent of Beauvais)的《百科全书》中。最著名的一部著作《绿宝石碑》(*Tabula Smaragdina*),节译自《创造的秘密》(*Book of the Secret of Creation*)。同样著名的还有也是译自阿拉伯文的《哲学总论》(*Turba Philosophorum*),以及12世纪阿拉伯文撰写的《皮卡特利克斯》(*Picatrix*)。毋庸赘言,这些著作虽然描述了许多物质、器械以及实验室的实验,却充满了神秘主义和神秘知识的思想。[2]一些神秘主义者和苏非大师,其中包括哈拉智,尤其是阿维森纳和伊本·阿拉比,都认为炼金术是一种真正的灵性技巧。14个世纪以后的今天,对于炼金术在穆斯林国家的发展,我们仍然知之甚少。在西方世界,赫耳墨斯教的炼金术在意大利文艺复兴时期之前一段时期内经历了一个荣耀的时代,它们甚至令牛顿也为之着迷不已(参见§311)。

---

① Corbin, *Histoire de la philosophie islamique*,第184页以下,尤其是“Le Livre du Glorieux de Jâbir ibn Hayyân”。

② 参见 Eliade, *The Forge and the Crucible*,第142页以下。

第36章　从巴尔·科赫巴起义到哈西德派的犹太教 152

284.《密西拿》的编定

在讨论犹太人与罗马人的第一场战争(66—73)以及提多(Titus)于公元70年摧毁圣殿时，我们曾提到对犹太教产生重大影响的一段插曲：著名的犹太拉比约翰嫩·本·撒该(Yohanan ben Zakkai)在耶路撒冷被围期间，躲在棺材里面潜逃出城。后获维斯巴芗(Vespasian)钦准，在犹太境内的亚布内(Jabneh)建立了一座学校。约翰嫩拉比深信，虽然以色列民族在军事上被摧毁了，但是，只要有一人还在研究《托拉》(Torah)，这个民族就不会灭亡(§224)。[①]接着，约翰嫩拉比还组织了一个犹太教公会(Sanhedrin)，由70人组成，一位纳西(*Nasi*)领导。[②]犹太教公会既是一个无可争议的宗教权威，又是一个审判法庭。在以后的三个世纪里，除了一次例外，“纳西”均以父子相传的方式继承。[③]

然而，60年不到，公元132年，巴尔·科赫巴(Bar Kokhba)掀起了同罗马人的第二场战争，以公元135年的大灾难告终，这又一次使犹太人的宗教认同感，甚至整个民族都陷于生死存亡的险境。皇帝哈德良(Hadrian)取缔了犹太教公会，禁止研究《托拉》、举行任何宗教仪式，否则处以死刑。有许多犹太教大师，包括著名的阿奇巴(Akiba)拉比皆被折磨致死。但是哈德良的后继者安东尼努斯·庇护(Antoninus Pius)皇帝又重新确立了犹太教公 153

① 实际上，当撒督该人中的祭司团体在圣殿被毁之后就失去了其存在的理由，教导信徒的责任落在律法学家，也就是法利赛人及其后继者拉比(“夫子、指导者”)们的身上。尤其可以参见G. F. Moore, *Judaism in the First Centuries of the Christian Era*，第1卷，第83页以下。

② 纳西(*Nasi*)，希伯来文意思为“亲王、统治者”，此称犹太教公会的领袖，又译作议长。

③ 参见Hugo Mantel, *Studies in the History of the Sanhedrin*，尤其第140页以下(论亚布内、乌舍[Usha]和其他地方犹太教公会的更换制度)。

会的权威;实际上,他还提高了它的权威。从此之后,犹太教公会的决定在整个散居犹太人之间都得到承认。正是在这一时期——从约翰嫩·本·撒该的弟子开始到公元200年末——形成了规范的犹太教基本结构。其中一项主要的革新就是取消到圣殿朝圣并举行献祭,代之以钻研律法、祈祷和虔敬行为。宗教活动可以在世界上任何一座犹太会堂(synagogue)中进行。《圣经》的研究以及洁净仪式的规定,确保了传统的连续性。

为了解释、阐明并统一无数涉及文化实践、经典解释以及律法问题的口头传统,[①]拉比犹大"亲王"(Judah "The Prince",175—220年的犹太教公会的纳西)致力于收集这些口传教导,将它们编撰成一部律法规范全书。这部巨著就是《密西拿》(Mishnah,"背诵"),它包含公元前1世纪到公元2世纪之间的文献。[②]该书分为六卷:农业、节日、家庭生活、民法、献祭与饮食的规定,以及洁净仪式。

人们可以看到某些地方提到了"默卡巴"(*Merkabah*)神秘主义(§288)。但是相反,当时极为流行的(例如表现在著名的伪经《巴录二书》和《以斯拉四书》中)对弥赛亚的希望和启示思想却没有反映。[③]似乎给人一种印象,就是《密西拿》对当时的历史一无所知,甚至有意回避。(例如,它讨论的问题是收获的十分之一必须交给耶路撒冷、哪些银钱可以兑换等。)[④]《密西拿》营造了一种典型的反历史处境,在这种处境中,生命与人类得以成圣的各种不同行为严格按照律法的规范而进行。农业活动因为上帝的显现以及人类(仪式化)的劳动行为而成为神圣活动。"以色列的土地因为与上
154 帝有关而神圣化了。主的出产因为人按照上帝的诫命而行动,因为各种祭品的严格规定和分配而神圣化了。"[⑤]

同样,关于斋戒的部分中,神圣时间的循环得到了组合、分类和命名,并且与神圣空间紧密联系在一起。[⑥]相同的目标在其他各卷中也可以找到。

---

① 从摩西到约书亚以及祭司们传授的"口传《托拉》",这一观念生成具有相当古老的、可敬的传统。

② Jacob Neusner, *Judaism: The Evidence of the Mishnah*,该书颇为有用,它是一部考证、分析与罗马两次战争之前、期间以及以后各个阶段保存下来的材料的专著。

③ 短论 *Maaser Sheni*, Nuesner,同上书,第128页做了概述。

④ 短论 *Maaser Sheni*,转引自 Neusner,同上书,第128页。

⑤ 里查德·S·撒拉松(Richard S. Sarason)语,转引自 Neusner,同上书,第131—132页。

⑥ Jacob Neusner, *Judaism: The Evidence of the Mishnah*,第132页以下。

该卷不仅详尽阐述了使宇宙、社会，以及家庭和个人得以圣化的各种仪式手段，直至其中最细枝末节之处，而且详尽阐述了如何避免污秽以及用某些特定的洁净仪式使得污秽失效的各种手段。

我们还需要说明，这种宗教概念与我们所称的“宇宙论的基督教”(参见§237)的乡村基督教的信仰与实践有着密切联系。尽管如此，二者还是存在着区别，在《密西拿》中，成圣的工作完全是因为上帝以及人类实践了上帝诫命的行为才得以实现的。但有意义的是，在《密西拿》(以及显然我们还将扼要叙述的《密西拿》的补充说明和注疏)中，上帝——直到那个时候他还仍然是历史中的上帝——似乎并不关心他子民的直接历史：现在，在律法引导下生命的成圣取代了弥赛亚的救赎。

事实上，《密西拿》延续并且完成了《利未记》所制定的祭司法典。这就是说，平信徒自身的举止表现也要像祭司和利未人一样；他们要遵守洁净与不洁的各项规定，他们在家里要像祭司们在圣殿中一样。这些洁净仪式在圣殿围墙以外得到遵守，它们将信徒和其余的人相互区别开来，而且确保了他们的神圣性。如果犹太民族希望生存下去，它就必须模仿上帝的神圣性，像一个生活在圣地上的神圣民族。①

《密西拿》致力于拉比犹太教的联合与巩固。总之，其目标是要保证犹太教继续生存下去，而在这个过程中，保证犹太民族无论被驱逐到哪里，都能够团结一致。正如雅各布·诺伊斯纳(Jacob Neusner)所言，“一个人能够做什么呢?”《密西拿》的答案如下：“人要就像上帝一样让世界运动起来。如果人有这样的意志，就没有什么不可能的……《密西拿》就是这样评价以色
列民族的生存环境，一败涂地、孤立无援，却还是生活在这片土地上；没有力 155
量，却依然神圣；缺少任何中心，又无立锥之地，更不必说耶路撒冷了，却独立于任何一个国家。”②

285.《塔木德》。反对拉比的运动：“卡拉派”

《密西拿》的问世，开创了一个名为“阿摩来姆”(*amoraim*，意为“演讲者”、“解释者”)的时代。《密西拿》及其注解《革马拉》(Gemara)构成《塔木德》(Talmud，“教导”)。第一个版本编定于巴勒斯坦(220—400 年左右)，称为《耶路撒冷塔木德》(Jerusalem Talmud)，它比《巴比伦塔木德》(Babyloni-

①② Neusner, *Judaism: The Evidence of the Mishnah*，第 226 页以下、第 282—283 页。

an Talmud)简明扼要，后者长达 8 744 页。《密西拿》中的行为法典“哈拉卡”(*halakhah*)，在《塔木德》中补充了“阿加达”(*aggadah*)，含有一系列伦理和宗教的教导，一些形而上学的以及神秘主义的思辨，甚至还有民间文学的素材。

《巴比伦塔木德》在犹太民族的历史上具有决定性的作用，它告诉犹太人如何在散居状态下顺应各种不同的政治和社会环境。早在公元 3 世纪，一位巴比伦大师就确定了一项基本原则：普通政府的立法就是唯一合法的律法，犹太人必须遵守。因此，当地政府的合法性得到宗教团体的承认。就民法而言，犹太社团的成员必须将他们的纠纷交由犹太教公会判断。

从整体上看，特别是从其内容与宗旨上看，《塔木德》似乎并不注重哲学思辨的重要性。然而，有些研究者还是研究了微妙而素朴的《塔木德》神学，以及某些秘传教义，保存在这部巨著中的甚至还有某个秘传教团的宗教生活。①

156 对我们的目标而言，只需略微考察那些有助于确立中世纪犹太教结构的历史事件。官方认可犹太人的族长相当于罗马行省的地方行政长官，他可派人到各地犹太社团那里去收税，公布节庆的日期。公元 359 年，族长希勒尔二世(Hiller Ⅱ)决定以书面形式确定历法，以便巴勒斯坦和散居的犹太人可以同时庆祝节日。当公元 429 年罗马人废除巴勒斯坦的族长制时，这一措施的重要性就一目了然了。正是由于萨珊王朝的宗教宽容，巴比伦才成为萨珊时代(226—637)散居犹太人的一个最重要的宗教中心。甚至在穆斯林征服之后，这一有利形势依然存在。所有东方的散居犹太社团都承认“加昂”(*gaon*)的权威性，加昂是精神导师和仲裁人，是在上帝和世俗政府面前的人民代表。“加昂时代”(*gaonim*)始于公元 640 年前后，到 1038 年犹太精神中心转移到西班牙时结束。但是到这个时候，《巴比伦塔木德》已被普遍公认为权威的拉比犹太教思想，也就是规范性的犹太教教科书。

拉比犹太教是通过学校教育(从小学到犹太经学院[Yeshiva])、犹太会堂和法庭而发展起来的。犹太会堂的礼拜仪式取代了原先的圣殿献祭，包括晨祷与午祷、信仰告白(“听着以色列啊，主，是我们的上帝，我们唯一的上

---

① 尤其参见 Solomon Schechter, *Aspects of Rabbinic Theology: Major Concepts of the Talmud*；或者 Gerd A. Wewers, *Gehimnis und Geheimhaltung im rabbinischen Judentum*。亦可参见 Moore, *Judaism*，第 1 卷，第 357—442 页的大量文献的翻译和评注，等等。

帝！”)和十八“感恩祈祷”(后为十九“感恩祈祷”)，亦即表达社团与个人希望的祈祷。每个星期三次——星期一、星期四和星期六——到会堂诵经。每逢星期六和节日期间举行公开演讲，内容涉及《摩西五经》和《先知书》，接着由拉比讲道。

公元 9 世纪，有一名“加昂”发表了第一部祈祷集，由此礼拜仪式的顺序固定下来了。自从 8 世纪以来，在巴勒斯坦形成了一种新型的会堂诗歌，很快便被接受了。因此，到 16 世纪，人们创作了各种礼拜诗歌，并将其融入会堂的圣事。

然而“加昂”严厉而又极端的传统主义有时会引发反对拉比的运动。其中有一些受到了巴勒斯坦的古老派教义或伊斯兰教的影响，但是被及时压制下去了。然而，公元 9 世纪在安南·本·大卫(Anan ben David)的领导下，出现了一种分裂运动，很快对拉比造成了极大的威胁。他们称为“卡拉 157
派”(Karaite，即只承认《圣经》权威的“圣书派”)，①拒斥口传(拉比)的律法，把它们看做只是出自人类的作品。卡拉派主张，应对《圣经》采取谨慎的批评的态度，以便恢复其中权威的教义与合法性；他们还要求犹太人回到巴勒斯坦，以便让弥赛亚早日来临。实际上，在但以理·埃尔-库米奇(Daniel al-Qumiqi，约 850 年)的领导下，巴勒斯坦出现了一个卡拉派团体，他们成功地将其思想传播到西北非洲和西班牙。“加昂”的反应异常强烈：他们写下了许多法典和小册子，重申并且强化了拉比思想以反对这个异端派别。卡拉派缺乏争取信徒的动力，但是该教派在某些边缘地区继续存在。然而，正如我们将要看到的，通过阿拉伯文的翻译而发现的希腊哲学，虽然只是激发出犹太哲学的天才，但是也激发了某些过度的、实际上是令人反感的教理。我们只要提到希维·埃尔-巴尔吉(Hiwî al-Balkî)就足够了，希维·埃尔-巴尔吉是 9 世纪的一位怀疑论者，他居然攻击《圣经》的道德观，并编了一部《圣经》洁本作为他的学校教材。

286. 中世纪的犹太神学家和哲学家

亚历山大里亚的斐洛(Philo of Alexandria，约前 13—54)曾致力于调和《圣经》启示与希腊哲学，但是他的思想没有引起犹太思想家的重视，只影响基督教的教父神学。只是到了公元 9—10 世纪，由于阿拉伯文的翻译

① 与公元 2 世纪的撒督该人一样。

著作，犹太人才发现了希腊思想以及穆斯林通过理性证明信仰的方法（凯拉姆）。最早一位重要的犹太哲学家是萨迪亚·本·约瑟夫加昂（*Gaon* Saadia ben Joseph，882—942）。他生于埃及并在那里接受教育，长期居住在巴格达，管理巴比伦地区一所相当著名的塔木德学院。虽然萨迪亚既没有构造体系，也没有创立学派，但他为犹太哲学家树立了一个榜样。①在其所著阿
158 拉伯文护教著作《信仰和意见之书》（*The Book of Beliefs and Opinions*）中，他证明了启示真理与理性之间的关系。这二者都是从上帝那里流溢出来的，但是《托拉》是上帝对犹太民族的特殊恩赐。犹太民族因为丧失了独立的国家，要维持它的统一和团结，只有依靠全体民族服从上帝的律法。②

11 世纪初，犹太文化的中心转移到了穆斯林统治下的西班牙。所罗门·伊本·加布里奥尔（Salomon ibn Gabriol）于 1021—1058 年间生活在马拉加（Malaga）。他以诗歌闻名，著名的诗歌被收入赎罪日的礼仪书里面。他在一部未完成作品《生命源泉》（*Makor Hayyim*）中借用了普罗提诺关于宇宙起源的"流溢说"。但是，伊本·加布里奥尔用了神圣意志的概念取代了至高思想的概念；换言之，还是雅赫维创造了世界。伊本·加布里奥尔把物质解释为第一流溢物；然而这种物质却是精神性的，它的物质性只是它众多属性中的一个。③《生命源泉》一书没有得到犹太人的重视，倒是翻译成了拉丁文，书名为 *Fons Vitae*，受到基督教神学家的高度赞赏。④

对于巴赫亚·伊本·帕库达（Bahya ibn Paqûda），我们几乎一无所知，他可能生活在 11 世纪的西班牙。伊本·帕库达用阿拉伯文撰写了一部论述精神道德的著作《论心灵的责任》，文中特别强调了内心的虔诚。同时他的作品也是一部精神自传。"在序言中，这位犹太博士就讲述了他是如何孤独，又如何因离群索居而痛苦。他之所以要著书立说，是为了反抗过于注重律法的社会环境，以便亲身证明至少还有一个犹太人，像真正的犹太教传统所要求的那样，以他的全部身心努力地生活……。每当夜幕低垂，巴赫亚就

---

① 他的一些著作已经失传，尤其是《圣经》评注的阿拉伯文译本。

② 参见《信仰和意见之书》（S·罗森伯拉特译），第 21 页以下、第 29 页以下。萨迪亚证明上帝存在的论证借鉴了凯拉姆学；参见 H. A. Wolson, *Kalam Arguments for Creation in Saadia, Averroes, etc.*，第 197 页以下。

③ *Fons Vitae*，48 以下；简写本，Munk，4，第 1 页。

④ 他们将伊本·加布里奥尔称作阿维塞布隆（Avicebron）。直到 1845 年，所罗门·蒙克（Solomon Munk）才考证出作者的原名。

感到他的灵魂敞开了。于是，在这男女为了爱情而拥抱的时刻，巴赫亚变成了上帝的情人：他双膝跪倒，俯伏在地，于默祷中进入长达数小时的出神状态，由此达到白天的苦修、谦卑、良心反省以及无限虔诚所追求的境界。”① 159

犹大·哈列维（Judah Halevi，1080—1149）与伊本·加布里奥尔一样，既是诗人又是神学家。在《捍卫被蔑视的宗教》一书中，他描绘了四人之间的一场对话：一位穆斯林的教法学家、一位基督徒、一位犹太学者，以及一位可萨（Khazars）国王：讨论结束的时候，这位国王改信了犹太教。与安萨里一样，犹大·哈列维运用哲学方法对抗哲学的有效性。宗教的可靠性并非通过理性的工具获得的，而是来自上帝的启示，例如赐予犹太民族的启示。先知的精神证明了以色列是特选的，没有一个异教哲学家能够成为先知。先知文化的兴起与顺从律法的诫命和圣地，以及真正的“万国的心脏”圣地的神圣价值密切相关。苦行文化在犹大·哈列维这种神秘体验里不起任何作用。

287. 在亚里士多德与《托拉》之间的迈蒙尼德

摩西·本·迈蒙（Moses ben Maimon），或迈蒙尼德（Maimonides），1135 年生于科尔多瓦，1204 年卒于开罗，他是一位拉比、医生和哲学家，代表着中世纪犹太思想的巅峰。他享有而且仍将享有崇高的威望，但是他多方面的天才以及著作明显缺乏统一性，并曾经引起了无数争论。②迈蒙尼德撰写了许多解经学著作（其中最著名的是《密西拿注释》和《密西拿托拉》），1195 年，他用阿拉伯文撰写了一部有名的哲学著作《迷津指南》。时至今 160
日，一些历史学家和犹太哲学家还认为迈蒙尼德的思想在两个方面是无人可以与之比肩的：一方面是给予解经学和律法著作灵感的原则（也就是“哈

---

① André Neher，“La philosophie juive médiévale”，第 1021 页。巴赫亚很可能受到穆斯林神秘主义的影响，但是毫无疑问他的精神生活和神学都具有犹太教的特点。正如纳赫（Neher）正确地注意到的，巴赫亚复兴了《圣经》、《古兰经》以及《塔木德》中的哈西德主义：“苦行、彻夜祈祷以及冥想”（同上书，第 1022 页）；简言之，这个传统“懂得如何将最普遍的宗教体验与以色列宗教的特殊性结合起来”。

② 正如伊萨多尔·特威尔斯基（Isadore Twersky）所言：“他令一些人灵感大发，令其他一些人怒不可遏，却很少有人对他毫不在意、漠然待之的。”有人认为他多才多艺而性格平和，或者相反，性格乖张而复杂多变，也有人认为这个学者有意无意充满了各种似非而是和自相矛盾的说法因而令人迷惑不解；*A Mainmonides Reader*，第 xiv 页。

拉卡"原则),另一方面是《迷津指南》中以亚里士多德为基础的形而上学思想。①

首先我们必须说明,迈蒙尼德高度赞赏亚里士多德这位"哲学之王"("他是继以色列先知以后人类智慧的最高代表"),他认为存在着传统犹太教与亚里士多德思想相互融和的可能性。②但是,迈蒙尼德不是在《圣经》与亚里士多德哲学之间寻找一一对应之处,而是一开始就将二者区别开来,"从而捍卫了《圣经》的经验,不同于安萨里和犹大·哈列维那样把它与哲学的经验割裂开来,使二者之间完全对立起来。《圣经》与哲学在迈蒙尼德这里是联系在一起的;它们有相同的根源,并且走向同一个目标。但是在这共同的进程中,哲学起着'道路'的作用,而《圣经》则指引人类踏上这条道路。"③

当然,迈蒙尼德认为,哲学是一门大胆的学科,如果认识不当还相当危险。只有在(通过服从律法)达到道德的完美境界的人才能使智慧也臻于完美。④犹太教社团中的每一位成员,不一定都要深入研究形而上学的思想;但是,人若服从律法,就必须伴随着哲学思考。开启民智胜过伦理美德。迈蒙尼德把形而上学的基本主张浓缩为十三项原则,要求每一个信徒至少要
161 思索并且吸收这些最基本的理论。他毫不犹豫地断言,掌握哲学原理是确保人死后灵魂继续存在的必要条件。⑤

与他之前的斐洛和萨迪亚一样,迈蒙尼德致力于用哲学的语言去解释历史事件和《圣经》术语。在批判并拒斥凯拉姆型的解释学之后,他介绍并运用亚里士多德的研究方法。诚然没有一种论证可以将亚里士多德世界的永恒性与《圣经》从虚无中创造这两种观点调和起来。但是迈蒙尼德认为,这两个命题有着相同之处,即二者都没有无可辩驳的证明。这位犹太教博士认为,《创世记》并没有断言"从虚无中创造是一种现实:它确实暗示了这

---

① 参见最近的一些评价,尤其是伊萨克·胡斯克(Issak Husik)和列奥·施特劳斯(Leo Strauss)的观点,载 David Hartmann, *Maimonides: Torah and Philosophic Quest*,第 20 页以下。与此形成对照的是,哈特曼(Hartmann)则尝试证明迈蒙尼德思想的统一性。

② 在这项工作中,他有两位先驱,只是不具备他那样的视野。

③ Neher, "La philosophie",第 1028—1029 页。

④ 在其《迷津指南》中,迈蒙尼德承认,为了防止人们误入歧途,他故意引用两种自相矛盾的断语,引导毫无怀疑之心的读者犯错误。

⑤ 《迷津指南》3:51,54。参见 Vajda, *Introduction à la pensée juive de Moyen Âge*,第 145 页。总之,只有在世期间获得的形而上学成就,才是"不朽的"。这样的概念在一些神秘主义传统中都存在着。

一点，但是隐喻解经法可以用希腊的命题去解释《圣经》的文本。因此，解决这个争议的原则不是外在的：这一原则就是上帝的至高无上，上帝对于自然的超验性”。①

虽说迈蒙尼德的天分极高，但是他未能证明亚里士多德的第一推动力与《圣经》中自由的、全能的造物主上帝是等同的。不过他断言，仅仅凭着智慧，也就是亚里士多德的哲学就能够发现真理。迈蒙尼德主张，除摩西之外，其他任何先知的启示都是没有价值的，都是想象的产物。摩西领受的《托拉》在任何时代都是独一无二、放之四海而皆准的重要著作。对于广大信徒而言，只要研究《托拉》并实践它的训诫就足够了。

迈蒙尼德的伦理学是《圣经》传统和亚里士多德模式的综合产物，实际上，他颂扬智慧的精进和哲学的求知。他的弥赛亚思想是纯粹人间性的："一座建立在知识基础上的人间城市，这知识就是要唤起人们自觉地去实践美德。"②迈蒙尼德相信通过形而上学知识可以获得灵魂不朽而不是肉身的复活。然而，有些解经学家注意到某种所谓迈蒙尼德的"否定神学"。"在上 162
帝与人之间，存在着虚无和深渊……如何跨越这道鸿沟呢？首先是要接受这种虚无。神性的不可接近、哲学无法把握上帝，皆源于人类耽于想象而弃绝那种虚无：正是在这种虚无中人类逐步地接近上帝……在《迷津指南》最精彩的几个章节中，迈蒙尼德证明为什么每一个祈祷都应当是静默的，每一种习俗应当如何趋向更加崇高的事物，也就是爱。只有爱才能够积极地逾越上帝与人之间的鸿沟：上帝与人类相遇，却丝毫不会丧失其严肃性。"③

现在我们要注意的是，虽然犹太哲学思想多少受到希腊、希腊化、伊斯兰教或者基督教哲学家的表面影响，但它仍不乏活力和独创性。与其说是影响，不如说是犹太思想家与古代异教的、基督教和伊斯兰教等各种哲学体系的代表进行持续的对话。这种对话对于各方都是有益的。我们在犹太教神秘主义历史上也看到了类似的情况（§288）。实际上，犹太教宗教精神的特征就是忠实于《圣经》的传统，同时能够吸纳各种外来的"影响"，但又不为

---

① Neher，"La philosophie"，第1031页。

② 同上书，第1032页。亦可参见 Hartmann，*Maimonides*，第81页以下翻译和注疏的原文。

③ Neher，第1032页。亦可参见 Hartmann，第187页，以及 Twersky，*A Mamonides Reader*，第83页以下、第432—433页等等的原文翻译。就本书的目的而言，我们可以不必讨论迈蒙尼德以后的一些哲学家，例如：格尔松尼德（Gersonides，又名 Levi Ben Gerson，1288—1344）、哈西代·克雷斯卡斯（Hasidai Crescas，1340—1410）、约瑟·阿尔波（Joseph Albo，1370—1444）等等。

它们所左右。

288. 初露端倪的犹太教神秘主义

犹太教神秘主义体验的形态既丰富又复杂。在进行以下的分析之前,应当先指出一些与众不同的特点。除了萨巴泰伊·兹维(Sabbatai Zwi)掀起的弥赛亚运动之外(§291),任何其他学派,虽然偶尔有时也会与拉比传统发生严重的对立,但是没有一个流派脱离规范的犹太教。至于
163 从一开始就具有犹太教神秘主义特点的秘传传统,长期以来都是从犹太教遗产中汲取养分的(参见本书第2卷,§200)。同样,诺斯替教因素在某种程度上可谓无所不在,归根到底还是根源于古老的犹太教神秘知识。①我们还要补充的是,最高的神秘主义体验,亦即与上帝合一,似乎是很少见的。一般而言,神秘主义者的目标是看见上帝,沉思上帝的庄严,并理解创造的奥秘。

犹太教神秘主义第一阶段的特点乃是在出神状态中升天直到上帝的宝座"默卡巴"。②这种秘传传统在公元前1世纪就已出现,一直持续到10世纪。③神圣荣耀显现的地方、上帝的宝座的世界,对于犹太教神秘主义者来说,就是诺斯替教的基督徒和赫耳墨斯教徒的普累若麻(*pleroma*)。在《赫卡洛特之书》(*Hekhaloth*,"天宫")中收集了这些简短又极其晦涩的经文。它们描述获得异象的人一路所看到的殿堂,最后到达第七座也就是最后一座天宫,那里有荣耀的宝座。这种出神之旅最初被称为"上升至默卡巴";不知何故,大约有500处故意被写成"下降至默卡巴"。矛盾的是,"下降"的情形却是用上升的术语加以描述的。

从一开始似乎就存在一些组织严密的秘密团体,他们的教义秘不示人,

---

① 当然,在某些情况下,我们也不能排除,这些传统诺斯替教的因素可能是直接或者间接通过同中世纪异端的基督教运动的接触而产生的。

② 默卡巴(*Merkabah*),希伯来文的意思是"神车",原指《以西结书》第1—10章描述的异象:上帝驾车在迦巴鲁河畔显现。围绕这一描述,自公元前2世纪形成各种犹太教神秘主义思想,可以通过各种苦行的方法与上帝交流。——译者

③ 肖勒姆(Scholem)将犹太教神秘主义划分为三个阶段:不见史载的古代启示文学作者的秘密集会,某些《密西拿》研究大师关于上帝的宝座的思考,以及《塔木德》晚期和后《塔木德》时期的默卡巴神秘主义;参见 *Major Trends in Jewish Mysticism*,第43页;亦可参见 *Jewish Mysticism, Merkabah Mysticism and Talmudic Tradition*,各处。最早提到默卡巴是4世纪埃塞俄比亚文的《以诺书》(*Book of Enoch*)。

秘法只向那些入会人员传授。除了具备一定的道德品格之外，新入会的人员还应在身体和容貌上符合一定的标准。①在出神之旅前要经过 12—40 天预备性的苦修训练：斋戒，歌咏仪式，复述名字或保持特定的姿势(头置于膝盖中)。

灵魂上升天界，遭遇种种危险，这些构成了公元 2—3 世纪诺斯替教与 164
神秘主义的共同主题。正如盖尔苏姆·肖勒姆(Gershom Scholem)所说，默卡巴神秘主义思想是诺斯替教的一个犹太教分支。②然而，在诺斯替教那里守卫七重天的"执政官"，到这种犹太教的诺斯替教这里则换成了站立天堂大门两旁的"看门人"。在这两种情况下，灵魂都需要一个"口令"：那就是一颗魔力封印，上面刻着一个秘密的名字，能够赶走魔鬼和敌对的天使。随着旅行的继续，危险也就越来越严重。最后的考验似乎像谜一般难解。保留在《塔木德》中的一段残经中说，拉比阿吉巴对三个想要进入"天堂"的拉比说："当你们抵达那个铺着闪光大理石板的地方时，不要喊：水！水！因为经上说：'说谎话的，必不得立在我眼前'。"③

在灵魂的旅行过程中，灵魂要接受各种启示，它们涉及创造的秘密、天使的等级和通神术的实践。在最高一层天的上帝宝座面前，灵魂"沉思上帝的神秘形象，他表现为一个'人的形状'，也就是先知以西结(Ezekiel)(《以西结书》1：26)曾经蒙准在天堂的宝座看到的。在这里他获得一个关于'身量'——希伯来语 *Shi'ur Qoma*——的启示：就是用神人同形的手段描述上帝，上帝显现为第一个人和《雅歌》中的爱人。同时，(灵魂)还获得关于身体各部位的神秘名称的启示"。④

这里便涉及犹太教不可见的上帝之投射到一个神秘形象，这个形象在犹太教启示文学和次经中显现为"大有荣耀"。但是这种对造物主想象性的描绘(他那硕大的斗篷照亮了星辰与天空)是从"一种绝对的一神论概念延伸出来的，绝对没有自相矛盾和异端的性质，好像造物主的上帝与真正的上 165
帝相对立似的"。⑤

除了有关于默卡巴的作品以外，还有一本只有几页纸的小册子，名《创

---

① Scholem, *Major Trends*，第 48 页。

② 参见 *Les origines de la Kabbale*，第 36 页。肖勒姆还论及"拉比的诺斯替思想，"亦即犹太教的诺斯替教的一种形式，固守哈拉卡传统；参见 *Major Trends*，第 65 页。

③ 《旧约全书·诗篇》101：7。——译者

④⑤ 参见 Scholem, *Les origines de la Kabbale*，第 29、31 页。

造之书》(*Sefer Yetsirah*),该书在中世纪十分有名,整个犹太人的散居社团也是家喻户晓。我们不知道该书何时何地著成(大约作于5—6世纪)。它扼要解释了宇宙的起源和结构。作者致力于"把他显然受到希腊影响的观念与《塔木德》中关于创世和默卡巴教义的学说结合起来,正是在这个过程中,我们第一次看到关于默卡巴概念的思辨注释"。①

第一部分讲述了"上帝创造世界的32种智慧(*Hokhma* 或 Sophia)的奇妙方法(参见§200):神圣的字母表中的22个字母和10个原始的数字(*Sephiroth*)。第一个数字是活生生的上帝的灵魂(*pneuma /ruah*)。从上帝的灵魂生出原始的空气,从原始的空气生出水和火,也就是第三个和第四个数字。从原始的空气中,上帝创制22个字母;从水中创造大混沌;从火中创造荣耀的宝座以及天使的等级。而最后六个数字则代表空间的六个方向"。②

对于数字问题带有一些神秘主义色彩的思辨,可能起源于新毕达哥拉斯派。但是关于"字母是创造天地的工具"的观念则是犹太教的解释。③"这种建立在语言神秘主义基础上的宇宙起源和宇宙结构的学说显示出同星相学观念的密切联系,显然从中我们能够形成字母和语词具有创造性和
166 神奇力量的巫术思想。"④《创造之书》还具有巫术功能。它成了喀巴拉派的手册,从萨迪亚到萨巴泰伊·多诺罗(Sabbatai Donnolo)的中世纪最伟大的犹太思想家都对其详加注释。

中世纪犹太教的虔诚派是由"三位虔诚的德国犹太人"(*Hassidei Ashkenaz*)促成的:撒母耳(Samuel)、他的儿子虔诚的耶胡达(Yehudah the Hasid)和沃尔姆斯的以利亚撒(Eleazar of Worms)。这一运动兴起于12世纪初的德国,尤其在公元1150—1250年期间进入了一个创造性的阶段。虽然莱茵河畔的虔诚派植根于默卡巴和《创造之书》,但它有一种新的、独特的创造。我们看到了某种大众神话的复兴,但是这些虔诚派(Hasids)拒绝关于末日的思辨,拒绝计算弥赛亚哪天降临。同样,他们对博学的拉比和系统

① Scholem, *Les origines de la Kabbale*, 第34页。最近的译本参见 Guy Casaril, *Rabbi Siméon Bar Yochai et la Cabbale*, 第41—48页。

② Scholem, *Les origines de la Kabbale*, 第35页。亦可参见 Scholem, *Major Trends*, 第76页以下。

③ Scholem, *Les origines de la Kabbale*, 第37—38页。Casaril, *Rabbi Siméon Bar Yochai*, 第42页,坚决认为这一观念与某种基督教的诺斯替教相似,例如克雷芒的《布道集》。

④ Scholem, *Les origins de la Kabbale*, 第40页。

的神学都不感兴趣。他们主要思考神性的统一，致力于对虔诚有一种新认识，并且身体力行。①与西班牙的喀巴拉派（参见§289）不同，这些虔诚派大师在民间广泛宣传他们的思想。这一运动的主要著作《哈西德之书》（*Sefer Hasidim*）运用了许多轶事、讽刺和训诫的故事。宗教生活注重苦行、祈祷和爱上帝。因为，敬畏上帝的最高境界就是对上帝的爱与虔诚。②

虔诚派致力于追求灵魂的绝对平静：他们坦然承受社团成员受到的伤害和威胁。③他们不追逐权力；尽管如此，他们运用神秘的巫术力量。④虔诚派的苦行表现出某些基督教的影响，只是与性无关而已。因为，我们知道犹太教从未接受这种类型的苦行。此外，我们还可以看出强烈的泛神论倾向："上帝与世界和人的距离比灵魂与肉体的距离更加切近。"⑤

德国的虔诚派并没有构造一个神智学的体系。然而我们从其思想中可 167
分辨出三大观念，它们各有不同的渊源：(1)关于"神圣的荣耀"（*Kavod*）；(2)关于"神圣"的基路伯的观念，这基路伯站立在宝座面前；以及(3)关于上帝的神圣性和尊严，以及人性的秘密与人走向上帝旅程的奥秘。⑥

289. 中世纪的喀巴拉

喀巴拉（Kabbalah）是犹太教秘传派神秘主义的杰出创造，喀巴拉这个术语大致是指"传统"的意思（源于词根 K B L，"接受"）。正如我们将要看到的，这种宗教创新虽然仍忠实于犹太教，但从不同的角度复活了诺斯替教传统，有时还带有一些异端色彩，其结构也具有宇宙论的宗教⑦（有时被误称为"泛神论"）的特点。这样，在喀巴拉教徒与拉比权威之间就会形成各种不同的紧张关系。但是我们要坚持指出的是，尽管这种紧张关系从一

---

①② Scholem, *Major Trends*，第91—92、95页。

③ 肖勒姆（Scholem）比较了虔诚派的平静与犬儒派和斯多亚派的心安（*ataraxia*）；同上书，第96页。亦可参见哈拉智的适度（§277）。

④ 正是在沃尔姆斯的以利亚撒的著作中，我们可以最早提到 *Golem*，亦即施巫术的小精灵（*homunculus*），当他的制造者进入出神状态时，它就会活动起来；参见，Scholem, "The Idea of the Golem"，第175页以下。

⑤ Scholem, *Major Trends*，第107页以下（转引文字于第108页）。很有可能受到埃里金纳（9世纪）的新柏拉图主义的影响；同上书，第109页。

⑥ Scholem，同上书，第118页。现在我们要指出的是，13世纪的这种犹太教虔诚派同18世纪波兰和乌克兰的虔诚派之间并没有渊源关系（参见§292）。

⑦ 尤其参见 Scholem, "Kabbala and Myth"；各处。

开始就存在着,喀巴拉对于加强散居犹太社团的精神抵抗作出了直接或间接的贡献。此外,虽然文艺复兴期间以及之后的基督教学者对于喀巴拉知之不多或者漠不关心,但是喀巴拉在西方基督教"非地域化"过程中发挥了作用。换言之,喀巴拉在欧洲14—19世纪思想史上具有很重要的地位。

最早阐述喀巴拉的是一本名为《巴希尔》(*Bahir*)的著作。这本书只流传下来一些残本,而且由好几层内容组成,晦涩难懂。《巴希尔》根据古老的材料于12世纪在普罗旺斯编撰而成,其中一种材料是《大奥秘》(*Raza Rabba*)一书,有些东方学者认为它是一部重要的秘教作品。①《巴希尔》阐述的
168 教义毫无疑问起源于东方——或者更加确切地说,起源于诺斯替教。书中可以看到古代神秘知识重现于各种不同的犹太教文献:阳性与阴性的永恒(Eons),普累若麻(*pleroma*)与灵魂之树,用那些与描绘诺斯替教的双重智慧(Sophia,女儿和妻子)类似的术语来描绘舍金纳(*Shekhinah*)。②

"至于通过编撰《巴希尔》而孕育的'喀巴拉派'与'清洁派'(Cathari)运动之间可能存在什么关系,这个问题至今仍未解决。没有确切的证据证明存在这样的关系,但我们又不能完全排除其可能性。在思想史上,《巴希尔》一书代表着中世纪犹太教有意识地、前所未有地再现一种远古象征,但是这种做法无论如何是有现实基础的。在《巴希尔》一书出版之后,某种形式的犹太教的神话思想开始与犹太教的拉比派、哲学派传统相遇,并且不可避免地发生了冲突。"③

普罗旺斯的喀巴拉门徒主要以《巴希尔》为基础来发展他们的理论。他们用其他精神因素,尤其是中世纪著名的新柏拉图主义思想来完善源自东方的古代诺斯替教传统。"就喀巴拉所表现出来的形式而言,它包含有这两种传统,有时候强调其中一种,有时候又强调另一种。正是以这样一种面目,或者毋宁说以这样双重的面目,喀巴拉传入了西班牙。"④

尽管喀巴拉派推崇神秘技巧,但是出神在喀巴拉中并不起重要的作用。

---

① 参见Scholem, *Major Trends*,第75页;*Les origines de la Kabbale*,第66页以下。

② Scholem, *Les origines de la Kabbale*,第78—107、164—194页,等等。(舍金纳的意思是"上帝的荣耀永留大地",表示神圣的显现。——译者)

③ Scholem, *Les origines de la Kabbale*,第211页。

④ Scholem, *Les origines de la Kabbale*,第384—385页。关于巴塞罗纳和比利牛斯之间的小镇赫罗纳(Gerone)的喀巴拉派,参见肖勒姆(Scholem)的大量说明,同上书,第388—500页。

实际上，在浩如烟海的喀巴拉文学中，很少提到关于个人出神的体验，也很少提到“神秘的合一”(*unio mystica*)。与上帝合一用 *devekuth*[①]（“依附”、“与上帝联合”）一词来表示，它指一种超越出神的恩典状态。这也解释了为什么将出神奉为圭臬的作者会默默无闻。亚伯拉罕·阿布拉菲亚(Abraham Abulafia)就曾面临如此苦境，他公元 1240 年生于萨拉戈萨(Saragossa)，长期在近东、希腊与意大利旅行，著作颇丰，但其思想却绝少为拉比所提倡，原因是它们太过于个人化了。

阿布拉菲亚将希伯来语的字母关联在一起，用这样的方法形成一种围绕着上帝各种名字的默想技巧。为了解释灵魂摆脱物质的链环获得自由的精神活动，他运用了绳结的想象，绳结不能切断，只能解开。阿布拉菲亚还使用某种类似瑜伽的训练：有节奏的呼吸，特殊的坐姿，不同形式的诵读。[②]通过字母的关联与排列，信徒可以进行神秘的冥想，并获得先知的异象。但他的出神不是那种恍惚状态的出神，阿布拉菲亚形容它是一种提前的救赎。实际上，处在出神状态中的信徒充满着一种超自然的光。[③]“阿布拉菲亚所说的**出神**，就是中世纪迈蒙尼德和犹太思想家所理解的**先知的异象**。人的理智与上帝的瞬间交融，也是哲人的**能动理智**(*agent intellect*)流入了个人灵魂。”[④] 169

很有可能，阿布拉菲亚的名望和死后的影响，由于 1275 年后在西班牙出版的《光辉之书》(*Sefer Ha-Zohar*)而大受限制。这部巨著（曼图阿[Mantua]的亚兰语本几乎达 1 000 页之厚）在喀巴拉历史上获得了前所未有的成功。它是唯一被视为经典的著述，有好几个世纪，它的地位仅次于《圣经》和《塔木德》。《光辉之书》是以伪书的形式撰写的，介绍了著名的拉比西缅·本·约哈伊(Simeon bar Yochai，2 世纪)与朋友和弟子关于神学和教育的讨论。长期以来，学者们把《光辉之书》看做是一部不同来源文献的编纂作品，有的包含着西缅本人的观念。但是盖尔苏姆·肖勒姆证明这

---

① 参见 Scholem，“Devekuth，or Communion with God”，各处。

② 参见 Scholem，*Major Trends*，第 139 页。

③ 肖勒姆(Scholem)翻译了 1295 年一位巴勒斯坦的无名门徒撰述备详的出神体验；同上书，第 143—155 页。

④ Casaril，*Rabbi Simeon Bar Yochai et la Cabbale*，第 72 页。“阿布拉菲亚近似异端的创新是要融合先知的异象和 *devekuth*，也就是通过人自身的意志、自身的爱与上帝结合在一起，以此证明先知的异象能够为每一个虔诚的诚实的神秘家经过努力而获得。”（同上书）

部“神秘主义小说”的作者是西班牙的喀巴拉派摩西·德·列昂(Moses de Leon)。①

170 肖勒姆认为,《光辉之书》代表了犹太教的神智学理论,也就是代表了一种神秘主义教理,其主要目标是要认识并描述上帝的奥秘工作。隐秘的上帝没有性质和属性;《光辉之书》以及喀巴拉派称之为“无限的存在”(*En-Sof*)。尽管隐秘的上帝活跃于整个宇宙,但他还是表现出某些属性,相应地,这些属性又代表着某些神圣的性质。喀巴拉派认为,上帝具备十种基本属性,同时又是神圣生命周行不殆的十个层次。这十个数字(*Sephiroth*)的名称分别反映了神性的不同显现方式。②所有的层次加在一起,就构成了上帝生活的“统一世界”,并且被想象为一棵树(上帝的神秘之树)或一个人(*Adam Kadmon*,初人)的形式。除了运用这种有机体的象征之外,《光辉之书》还运用了语言的象征,即上帝给予自己的名称。

创造是在上帝之内发生的;隐秘的“无限的存在”的运动,从静止到宇宙起源,再到自我显现。这一活动转变了“无限的存在”,将神圣的充足性转化为神秘的“虚无”,从“虚无”中流溢出十个数字。在《光辉之书》中,从虚无到存在的转化是通过“原点”的象征来表达的。③书中有一段文字(1 240b)断言,创造发生在两个层面上,“一个是高级的层面,一个是较低的层面”;也就是数字的层面和可见世界的层面。上帝的自我显现以及他在数字生命中的展开就是上帝的诞生。“上帝的诞生和宇宙的起源并不是两个不同的创造,而是同一个创造的两个方面。”④“最初,一切事物形成了一个巨大的整体,造物主的生命无拘无束地活动于他所创造的生物里面……是在人堕落之后
171 上帝才变成‘超验的’”。⑤

喀巴拉派最有意义的创新就是将上帝同“舍金纳”结合起来的观念,这

---

① 参见 Scholem, *Major Trends*,第 157—204 页。

② 上帝的“智慧”(*Hokhmah*)、上帝的“理智”(*Binah*)、上帝的“爱”或仁慈(*Hessed*)等等。第十种层次就是 *Malkhuth*,上帝的“尊荣”,《光辉之书》一般将其描绘为以色列社团的神秘原型或者舍金纳;参见 Scholem, *Major Trends*,第 212—213 页。关于《创造之书》中的数字,参见前文,§ 288。

③ 等同于上帝的“智慧”,*Hokmah*(第二种数字)。在第三种数字中,“点”变成了“宫殿”或者“建筑”,因而表示世界的创造。这个数字名 *Binah*,不仅是指“理智”,而且是指“差别”;参见 Scholem, *Major Trends*,第 219 页以下。

④ Scholem, *Major Trends*,第 223 页。这个教义摩西·德·列昂做了详尽的阐述。

⑤ Scholem, *Major Trends*,第 224 页。这个观念在“原始人”中间也存在;参见 Eliade, *Myth, Dreams, and Mysteries*,第 59 页以下。

种神婚(*hieros gamos*)成就了真正的上帝的统一性。根据《光辉之书》的观点,起初这种合一是永恒的、不间断的。但是亚当的罪令这种统一间断了,并造成了"舍金纳的放逐"。只有在救赎行为中恢复最初的和谐,"上帝才是唯一的,他的名字才是唯一的"。①

正如我们前文所述,喀巴拉思想将若干种具有宇宙论宗教特点的观念和神话重新引入了犹太教。《塔木德》所规定的工作与仪式的手段令生活得以神圣化,喀巴拉派补充了人与自然的神话价值、神秘体验的重要性,甚至某种源自诺斯替教思想的主题。从这种"开放"的现象中,从这种重新建立价值观的努力中,我们可以看到对某个宗教世界的深深怀念,在这个宗教世界中,《希伯来圣经》、《塔木德》和宇宙论的宗教精神、诺斯替教以及神秘主义共存。类似的现象我们在意大利文艺复兴时期赫耳墨斯教哲学家的"世界主义"观念中也能够看到。

290. 以撒·卢里亚和新喀巴拉

公元1492年犹太人被逐出西班牙,它所造成的后果之一就是喀巴拉发
生了转变:从原先的隐义教理转化为大众的教理。在公元1492年的这场大 172
灾难之前,喀巴拉派的兴趣主要集中在创世而非救赎的概念;一个人只要认识了世界与人类的历史,最终就可以复归原始的完美状态中。②但是,在被驱逐之后,新喀巴拉派充满了弥赛亚的情绪,"始"与"终"紧密地联结在一起。民族的大灾难因而具有了救赎的意义:它指示着弥赛亚时代降生之前的阵痛(参见§203)。从此之后,人生被理解为一种放逐的存在方式,流放的痛苦就可以用某些关于上帝与人的大胆理论加以解释。

新喀巴拉派认为,死亡、忏悔以及再生是将人类提升到上帝至福之境的三件大事。人类不仅受到他自身堕落的威胁,而且受到整个世界堕落的威

① Sholem, *Major Trends*,第232页。正如肖勒姆所提出的(第235页),喀巴拉派试图发现在上帝本身中的性的奥秘。《光辉之书》的另外一个独特之处在于将恶解释为上帝的显现——或者数字(Sholem, *Major Trends*,第273页以下,论述了雅各·伯麦[Jokob Boheme]思想的也有相似之处)。至于灵魂的转变的思想,最早为诺斯替教提出,在《巴希尔》中首次提到(参见同上书,第241页以下),但是直到16世纪萨费德的"新喀巴拉派"获得成功之后方才流行起来;参见Scholem, "The Messianic Idea in Kabbalism",第46页以下。

② Scholem, *Major Trends*,第244页。然而我们要指出的是,早在1492年以前,某些喀巴拉派就已经宣布,这场大灾难发生之日就是救赎到来之时。从西班牙被驱逐出来,表明救赎既是一种解放,也是一场灾难;同上书,第246页。

胁。后者是因为创造的第一次分裂,亦即“主体”与“客体”的分裂所造成的。新喀巴拉派宣传死亡与再生(并将再生想象为肉身复活,或者忏悔之后灵性的再生),新的弥赛亚思想就是通过这样的宣传为自己开辟出了一条道路,并且广为流传。①

从西班牙被驱逐大约 40 年以后,加利利地区的萨费德(Safed)成了新喀巴拉主义的家乡。不过即使在此之前,萨费德就是一个不断发展的精神中心。在那些最著名的大师中,我们必须提到约瑟夫·卡罗(Joseph Karo,1488—1575),他创作了拉比正统思想的最重要专论《齐备的盛宴》(*Shulkhan Arukh*),以及一系列奇特而又充满激情的《日记》,其中记录了他的出神体验。卡罗的例子特别能说明问题:表明拉比的渊博知识(*halakhah*)与喀巴拉派的神秘主义体验是可以相互结合的。实际上,卡罗在喀巴拉中不仅找到了获得出神体验亦即马吉德(*Maggid*)的理论基础,而且找到了具体的方法。②

173 在萨费德获得成功的新喀巴拉最著名的两位大师是摩西·本·雅各·科尔多维罗(Moses ben Jacob Cordovero,1522—1570)和以撒·卢里亚(Isaac Luria)。前者是一个精力旺盛、有学术体系的思想家,致力于对于喀巴拉,特别是对《光辉之书》作出个人的解释。他著作等身,而卢里亚直到 1572 年他 38 岁逝世时都没有留下任何著作。人们只能通过他弟子的笔记与著作——特别是海彦·维塔尔(Hayyim Vital,1543—1620)一本厚厚的论著——去了解他的思想体系。根据人们对他的各种回忆,以撒·卢里亚是一个先知型的人物,有过丰富而独特的出神体验。他的神学是建立在 *Tsimtsum* 教义上的。这个词最初是指“集中”或者“收缩”,但是喀巴拉派用它来指“隐退”和“退出”。卢里亚认为,宇宙之所以能够存在,是因为上帝的“收缩”过程。因为,如果上帝无所不在,那么还会有世界吗?“上帝怎么能够从虚无中创造世界,如果世界上连虚无都不存在?……因此上帝为了给这个世界留出一个空间,就不得不放弃自己的内部某个区域,这是一种神秘的太初的空间,他从这个空间‘退出’,以便在进行创世和启示活动中再回到

---

① 流放的恐惧因为灵魂转世的教义而被赋予了新的意义。灵魂最悲惨的命运就是“被弃”、“赤裸”,这种状态使得肉身复活无法实现,甚至会被打入地狱;参见同上书,第 250 页。

② 参见 R. J. Zwi Werblowsky, *Joseph Karo*, *Lawyer and Mystic*, 第 165 页以下。关于 *maggid*, 参见同上书, 第 257 页以下。亦可参见第 4 章(“Spiritual Life in Sixteenth Century Safed: Mystical and Magical Comtemplation”)。

这里。”①因此，“无限的存在”(*En-Sof*)的第一个行动不是一种向外的运动，而是一种从自身“隐退”的行动。正如肖勒姆教授所指出的，*Tsimtsum* 就是被放逐的最深刻的象征；它可以看作是上帝的自我放逐。只是在第二个行动中，上帝才放射出一道光辉开始了他创造性的启示。②

在“收缩”发生之前，上帝身上不仅存在爱与仁慈，还存在神性的严厉，喀巴拉派把它称为 *Din*，“审判”。然而，由于 *Tsimstsum* 的缘故，*Din* 也会变得明确可辨，因为 *Tsimstsum* 不仅是一个否定与限定的行为，而且也是一种“审判”。在创造的过程中可以区分出两种倾向：即落潮和涨潮(在喀巴拉派语汇中的“流出”)。就像人的器官组织一样，创造构成了一个神圣的吸入与呼出的庞大体系。卢里亚遵循《光辉之书》的传统，认为宇宙起源的行为 174
发生在上帝内部；实际上，*Tsimstsum* 创造出的太初空间内还留有神光的残余。③

这条教义由于两个同样深刻而大胆的概念得以完善：*Shevirath Ha-Kelim*(“打碎容器”)和 *Tikkun*，这个术语的意思是“改正错误”或“复原”。从“无限的存在”(*En-Sof*)的眼睛相继流溢出来的光明，容纳并保存在与各个数字(*Sephiroth*)相对应的容器里面。但是，当神圣的光明达到最后六个数字(*Sephiroth*)时，就立刻迸射出来，“容器”也碎裂了。一方面，卢里亚解释说，各个数字(*Sephiroth*)的光明与“壳”(*Kelipoth*)，亦即隐藏在“巨渊深处”的邪恶力量混合在一起；另一方面，他又强调，净化数字(*Sephiroth*)的必要性，以剔除里面的“壳”，使邪恶另外获得一个实体。④

至于 *Tikkun*，理想秩序的“复原”，亦即重新融入太一，这是人类存在的秘密目标，换言之也就是救赎。肖勒姆写道：“卢里亚的这些喀巴拉思想代表着犹太教神秘主义历史上拟人说思想的最大胜利。”⑤实际上，人被看做是一个小宇宙，而活跃的上帝是一个大宇宙。卢里亚可以说是铺陈了一种

---

① Scholem, *Major Trends*，第 261 页。

② 根据 Scholem, *Major Trends*，第 261—262 页，转引雅各布·埃姆登(Jacob Emden)的观点，*Tsimstsum* 的这种悖论是唯一一种试图严肃地探讨从虚无中创造世界的观念。此外，*Tsimstsum* 有力地阻止了尤其是文艺复兴以来开始影响喀巴拉的泛神论。

③ 这个观念令人想起巴西里得的思想体系；参见 Scholem, *Major Trends*，第 246 页。参见 Eliade, *History of Religious Ideas*，第 2 卷，第 375 页以下。

④ 肖勒姆强调了此说中的诺斯替教尤其是摩尼教的特点(散落世界的光明的碎片)；*Major Trends*，第 267 页以下、第 280 页以下。参见 Eliade, *History*，§§252—253。

⑤ Scholem, *Major Trends*，第 268 页。

上帝自我诞生的神话。[①]此外，人在最后的"复原"过程中发挥了一定的作用，即人促成了上帝在天国加冕。*Tikkun* 象征性地代表上帝的人格显现，与历史的进程相对应。弥赛亚的出现就是 *Tikkun* 的完满实现。[②]神秘的因素与救世的因素就这样融合在一起了。

卢里亚和萨费德的喀巴拉派——特别是海彦·维塔尔——将人类使命
175 的完成与灵魂转世(*Gilgul*)的思想直接联系起来了。这种联系更加凸显了人在宇宙中的重要性。每一个灵魂在灵性得到"修复"的那一刻都获得了他的个体性。服从十诫的灵魂，处在福乐的位置上，等候与亚当融合在一起，这时宇宙的"复原"就会发生。总之，世界真正的历史就是灵魂运动与相互关联的历史。灵魂转世(*Gilgul*)就是"复原"(*Tikkun*)过程的一个阶段。这个"复原"过程可以通过某些宗教活动(仪式、忏悔、冥想、祈祷)而缩短。[③]在这里我们必须指出，公元 1550 年以后，灵魂转世的概念完全融入了犹太人的民间信仰和宗教故事之中。

"卢里亚的喀巴拉是无一例外地影响不同犹太人阶层，以及散居在各个国家的社团中犹太民族的最后一场宗教运动。这是拉比犹太教历史上的最后一场运动，表达了一个全民族共同拥有的宗教世界。对于犹太教历史上的哲学家而言，他们或许会惊讶，这样的成就居然会与诺斯替教发生联系，然而这正是历史的辩证法。"[④]

还应当补充的是，新喀巴拉派的巨大成功再次显示出犹太宗教精神的一个特征：它能够吸收外来因素以更新自己，却不因此丧失拉比犹太教的基本结构。此外，在新喀巴拉派中，有一些基本属于秘传的概念也可以为没有参加秘密仪式的信徒所知，有时这些概念还会变得十分流行(正如灵魂转世这个概念)。

291. 背教的救世主

1665 年 9 月在士麦那(Smyrna)掀起了一场声势浩大的弥赛亚运动，不

---

① 卢里亚认为，无限存在并无任何在宗教方面的兴趣；参见 Scholem, *Major Trends*，第 271 页。

② Scholem, *Major Trends*，第 274 页。

③ Scholem, *Major Trends*，第 281 页以下。神秘的祈祷证明是获得救赎的一种有力工具；神秘祈祷的教义和实践构成卢里亚的喀巴拉派的隐义部分；同上书，第 276、278 页。

④ Scholem, *Major Trends*，第 285—286 页。

过很快就宣告失败：在一群狂热信徒面前，萨巴泰·兹维（Sabbatai Zwi，1626—1676）宣称自己就是以色列的弥赛亚。在此之前，已经有关于他本人 176
以及他的神圣使命的传言，但是由于他的“门徒”迦萨的纳坦（Nathan of Gaza，1644—1680）的缘故，萨巴泰才成为公认的弥赛亚。实际上，萨巴泰周期性地承受着一种折磨，一忽儿陷入极度的悲哀，一忽儿又沉溺于极大的喜乐。他得知迦萨的纳坦是一个先知，能够“向每一个人揭示他灵魂的奥秘”后，就前去拜访他，希望能够治好他的病。纳坦看来真是有“先见”的天赋，使萨巴泰深信自己是一个真正的弥赛亚。正是这位极富天才的“门徒”阐述了这一运动的神学基础并且将其广为宣传。至于萨巴泰，他什么也没有写，也没有留下什么原创的文字或者值得回忆的语录。

在整个犹太教世界里，弥赛亚的消息引发了前所未有的狂热。在宣布自己是弥赛亚之后六个月，萨巴泰取道前往君士坦丁堡，也许是要向穆斯林传教。但是他被穆斯塔法·帕夏（Mustafa Pasha）逮捕，投入监狱（1666 年 2 月 6 日）。萨巴泰·兹维不想成为一个殉教者，就宣布放弃犹太教，改信伊斯兰教。[1]但是不论是这位弥赛亚的背教还是 11 年之后的去世，都没有能够阻止他所发动的这场运动。[2]

萨巴泰的思想代表着中世纪以来犹太教的首次严重分裂，也是首次形成直接导致正统派解体的神秘主义观念。概而言之，这一异端宣扬一种宗教无政府主义。起初，对于背教的弥赛亚公开进行宣传，过了很长一段时间，出现了“从不洁的环境中成功回到萨巴泰·兹维”的期望，才使得这种宣传转为秘密的方式进行。

颂扬背教的救世主，这对于犹太教思想是一种可诅咒的渎神之举，被解释并且被奉为最深刻、最矛盾的奥秘。早在 1667 年，迦萨的纳坦就断言正是“萨巴泰诡异的行动，证明了其弥赛亚使命的真实性。”因为，“如果他不是救世主，那么这些背谬的行动就不会发生在他的身上。”真正的救赎行动就是那些造成很大丑闻的行动。[3]萨巴泰派神学家卡多佐（Cardozo，卒于 1706 177
年）认为，只有弥赛亚的灵魂足够坚强，才能够承受这样的牺牲，也就是下到

---

① 参见 Scholem，*Major Trends*，第 286—324 页。Scholem，*Sabbatai Sevi*，*The Mystical Messiah*，第 103—460 页。

② 参见 Scholem，*Sabbatai Sevi*，*Sabbatai Sevi*，第 461—929 页。

③ 参见 Scholem，*Major Trends*，第 314 页；同一作者，*Sabbatai Sevi*，第 800 页以下。

深渊的深处。[1]为了完成他的使命(亦即将邪恶力量所囚禁的最后一些神圣之光解救出来),弥赛亚必须先通过自己的行动而谴责自己。这就是为什么《托拉》的传统价值因此被取消了。[2]

在萨巴泰的信徒中可以区分出两种倾向:一种是温和派,另一种是激进派。温和派并不怀疑弥赛亚的真实性,因为上帝不会如此残忍地欺骗他的子民,但是背教的弥赛亚并不是一个值得仿效的对象。激进派的思想则相反:主张要像弥赛亚那样去做,也下到地狱去,因为**邪恶**必然被**邪恶**打败。因此邪恶的救赎价值或者功能就是通过这样的方式得到传扬。而其他人则认为,既然亚当的罪也被赦免,那么一个人做下邪恶的事情,在上帝的眼里就是美德了。这像种子埋在地里,《托拉》必须损毁才能够结果子,尤其是在弥赛亚的荣耀里面结果子。一切都是允许的,就是不道德的性行为也是允许的。[3]最邪恶的萨巴泰分子,雅各布·弗兰克(Jakob Frank, 卒于 1791 年),主张一种肖勒姆所称的"神秘的虚无主义"。他的一些门徒在一些具有革命性质的政治生活中表现出了他的虚无主义观点。

正如肖勒姆所看到的,在喀巴拉历史上新观念和新解释的出现总是伴
178 随着一种坚定的信念,那就是历史即将进入尾声。上帝的最深处的奥秘在
放逐时期隐秘不彰,但是在新时代来临之际将揭示其真实的意义。[4]

292. 哈西德派

最后的神秘主义运动哈西德派,居然会出现在波多里亚(Podolia)和沃里尼亚(Volhynia)这两个背教的救世主发挥巨大影响的地方,显得有一些悖论似的。很可能这一运动的创始人拉比以色列·巴尔·舍姆·托夫

---

① 转引自 Shcolem, *Major Trends*, 第 310 页;亦可参见所著 *Sabbatai Sevi*, 第 614 页以下。迦萨的纳坦主张,弥赛亚的灵魂从一开始发现自己为深渊所俘获;*Major Trends*, 第 297—298 页。这个观念具有诺斯替教的结构(奥菲特派[Ophites]也有同样的观念),但是其种子却在佐哈尔和卢里亚的作品中发现。

② 亚伯拉罕·法耶兹(Abraham Faez)认为,那些仍然忠实于律法的人都是有罪的;Scholem, *Major Trends*, 第 212 页。

③ Shcolem, *Major Trends*, 第 316 页。1700—1760 年间,有的狂欢活动就类似于卡波克拉提派(Carpocratians, 此派属于诺斯替教一种,创立于亚历山大里亚,主张耶稣在伊西斯庙里学得奥秘的知识,使徒将这知识传授给了卡波克拉提派。——译者)那样。

④ Scholem, *Major Trends*, 第 320—321 页。弥赛亚背教的必要性表现出诺斯替教的二元论——尤其是强调隐逸(超越)的上帝与造物的上帝的对立;同上书,第 322—323 页。

(IsraelBaal Shem Tov,“深谙主名的大师”,或者简写为 Besht)熟悉温和的萨巴泰运动。①但是他中和了萨巴泰运动的弥赛亚因素,也放弃了传统的喀巴拉派特有的秘密入会的兄弟会的排外性。“拜西特”(约 1700—1760)致力于将喀巴拉派的灵性发现讲解给普通民众听。这种将喀巴拉大众化的做法滥觞于以撒·卢里亚,它使得神秘主义具有了社会功能。

此举大获成功并且影响久远。在“深谙主名的大师”去世之后的 50 年——从公元 1760—1810 年——是哈西德派强有力的创造性阶段。一批神秘主义者与圣徒致力于更新被律法主义的犹太教所僵化的宗教价值。②事实上,一种新型的精神领袖开始出现:博学的《塔木德》学者和精通古典喀巴拉的信徒为“属灵派”(pneumatic)、接受天启者以及先知所取代。“义人”(*zaddik*)也就是精神导师,成了最佳的榜样。《托拉》的注释以及喀巴拉的秘密传授已经失去了它们的首要地位。义人的美德和举止激励着他们的弟子或忠实的追随者,这一发展说明了这一运动的重大社会意义。对整个社团而言,圣人的**生存方式**具体证明了以色列最高的宗教理想是有可能实现的。真正重要的是 179
这些大师的**人格**而非他们的教理。一位著名的“义人”写道:“我去梅瑟利兹(Meseritz)看望大师,不是为了向他学习《托拉》,而是为了看他系鞋带。”③

尽管在仪式上有所创新,这一创新运动始终维持在传统犹太教的框架中。但是哈西德的公开祈祷充满情感,唱歌、跳舞、狂热、欢喜。有时因为一些大师的怪异行为,这些不同寻常的情绪令哈西德派的反对者侧目。④但是,公元 1810 年后不久,过分的情感主义也丧失其声望和大众性,哈西德派开始承认拉比传统的重要性。

正如肖勒姆所表明的,哈西德派即使在其后有些夸张的义人派形式下也没有提出任何新的神秘主义观念。⑤它对犹太教历史最有意义的贡献在

---

① 参见肖勒姆的论证,Scholem, *Major Trends*,第 331—332 页。

② Scholem, *Major Trends*,第 336 页以下。

③ 转引自肖勒姆同上书,第 344 页。实际上,义人最能够鼓舞人的地方,不是用他们最热情的方式解释《托拉》,而是自己要成为《托拉》;Scholem,同上书。

④ 最著名的是拉比以利亚,他是维尔那(Vilna)的加昂,于 1772 年导演了一场针对这一运动的有系统的迫害;参见 Scholem, *Major Trends*,第 345—346 页。

⑤ Scholem, *Major Trends*,第 338 页以下。唯一的例外是拉迪(Laid, 乌克兰境内)的拉比史诺尔·撒尔曼(Rabbi Shneur Zalman)创立了一个学派,他被称为哈巴德(*Habad*, 前三个数字的简写:*Hochmah-Binah-Daath*);参见同上书,第 340 页以下。尤其可以参见 *Lettre aus hassidim sur l' extase*,作者是拉比史诺尔(Shneur)之子,鲁巴维奇的多夫·贝尔(Dov Baer of Lubavith, 1773—1827)。

于提出一些简单而大胆的方法，哈西德派的圣徒和大师用这些方法成功地将他们内心复兴的体验在普通犹太教徒中间广为传播。哈西德派故事集，主要是通过马丁·布伯(Martin Buber)的译文而为人所知，可谓这一运动最重要的创新。对圣徒行为和言语的复述获得了一种仪式性的价值。讲故事恢复了其远古的功能，尤其是重新激活了神话时代的功能，以及让超自然和传奇人物来到现实生活的功能。圣徒和义人的生平传记也有许多奇妙的情节，其中还可以看到巫术的反映。在犹太教神秘主义的历史终结的时候，这两种倾向——神秘主义与巫术——就像一开始的时候，相互接近，一起共存了。

我们要补充的是，在其他地方也有类似的现象；例如，在印度教或者是
180 在伊斯兰教那里，朗诵著名的苦行者和瑜伽行者的传奇或是各种史诗的某些情节，在民间宗教中发挥了重要的作用。在这里我们也可以看出口传文学的宗教功能，特别是**讲故事**，也就是讲述那些传奇性的、范例性的“历史”。在“义人”和印度教的精神领袖“古鲁”(*guru*)(有时也被其追随者神化为“古鲁神”[*gurudev*])之间存在着惊人的类似。在极端的义人派那里也会出现一些偏离常规的情形，**义人**也会沦为自身力量的牺牲品。同样的现象也存在于印度，从吠陀时代到现代都是如此。最后我们还要记得，两种倾向——神秘主义和巫术——的共存也是印度宗教历史的一大特点。

第37章　欧洲宗教运动：从中世纪后期到宗教改革的前夜 181

293. 拜占庭帝国的二元论异端：鲍格米勒派

公元10世纪以来，拜占庭的平信徒和神职人员都注意到了保加利亚的鲍格米勒派的教派运动。其创始人为鲍格米勒（“上帝所爱的”），他是一位乡村教士，除了他的名字之外我们一无所知。公元930年前后，他似乎开始传扬守贫、谦卑、苦修和忏悔；因为按照鲍格米勒的观点，这个世界是邪恶的；它是（基督的兄弟和上帝的儿子）撒但，也就是《旧约》中“邪恶的神”所造，[①]正统教会的圣事、圣像以及礼拜仪式都是空虚的，是魔鬼的作品。十字架应当唾弃，因为基督就是在十字架上遭受折磨而死的。唯一有效的祈祷就是《我们的天父》，应当白天念四次，夜晚念一次。

鲍格米勒派不吃肉，不饮酒，反对婚姻。其团体无等级之分。男子和女子在一起忏悔罪过，相互赦罪。他们批评富人，诅咒贵族，怂恿百姓不要服从他的主人，进行消极抵抗。这一教派获得成功的原因就在于得到了大众的拥护，因为大众对于教会的奢靡和教士的卑鄙感到失望，但是保加利亚农民的仇恨也不无影响，他们因为贫困而沦为地主尤其是拜占庭执政者的奴隶。[②] 182

巴西尔二世征服保加利亚（1018年）后，不少保加利亚贵族就在君士坦丁堡定居。鲍格米勒派遂为当地某些贵族甚至某些拜占庭修士所接受，鲍格米勒派形成了其神学。但是可能该派因神学的争论而发生分裂。有一些

---

① 可能鲍格米勒已经知道某种渗透进小亚细亚的保罗派和梅萨林派（Messalian）（6—10世纪）的某种二元论观点；关于它们的历史与教义的简要研究，参见Steven Runciman, *The Medieval Manichee*，第21—26页。

② 尤其参见Robert Browning, *Byzantium and Bulgaria*，第163页以下。人们将会发现与十字军反对阿尔比派的斗争相类似的情形，即北方的贵胄对于南方富裕贵族的嫉妒。

人主张撒但是自主的，是永恒全能的神，他们聚居在德拉戈维斯塔(Dragovista，这是位于色雷斯与马其顿交界处的一座村庄)教堂。老鲍格米勒派认为撒但是上帝堕落的兄弟，保持了“保加利亚派”的旧名。虽然德拉戈维斯塔派宣称绝对的二元论，而“保加利亚派”则持有温和的观点，但两个教会之间却相互宽容。因为鲍格米勒派在这一时期出现了一种新的发展势头。在拜占庭帝国、小亚细亚以及达尔马提亚组成许多社团，信徒数量与日俱增。社团开始分化，形成了教士和信徒两类人。祈祷和斋戒都有所强化，礼拜仪式变得繁复而冗长。“到12世纪末，10世纪的农民运动已经变成了一个教派，有修院仪式和强调沉思的说教，二元论和基督教的疏远也日渐明显。”①

当12世纪初开始镇压这一运动时候，鲍格米勒派撤退到了巴尔干地区的北面，他们的传教士则分赴达尔马提亚、意大利和法国。有些时候鲍格米勒派争取到了官方的认可。比如13世纪上半叶在保加利亚；在波斯尼亚则成为班库林(Ban Kulin，1180—1214)的国教。但是这一教派到14世纪开始失去其影响力，奥托曼征服保加利亚和波斯尼亚(1319年)之后，大多数鲍格米勒派都皈依了伊斯兰教。②

183 我们将很快谈到鲍格米勒派在西方的遭遇。我们要补充的是，在东南欧洲，某些鲍格米勒派的概念已经转移到了伪经中去了，并且至今保留在民间故事里面。在中世纪，一些伪经在东欧被冠以鲍格米勒派教士耶利米(Jeremias)之名而广为流传。③ 然而这些伪经无一为耶利米所作。比如《十字架的森林》，其主题在整个中世纪欧洲甚为著名，实际取材于一部诺斯替教的著作《尼哥底母福音》。另外一篇伪经《基督怎样成为一名教士》，在希腊人中间一直很有名。但是鲍格米勒派在这些古代传奇中加入了二元论的因素。斯拉夫语的《十字架的森林》开篇第一句话就是：“当上帝未造世界之前，只有他和撒但存在。”④正如我们所看到的(§251)，这一宇宙起源的主

---

① Arno Borst, *Les Cathares*，第63页。亦参见注解中所引资料。

② Runciman, *Medieval Manichee*，第63页以下，Obolensky, *The Bogmils*，第120页以下，都追溯了这一运动的历史。关于巴尔干和罗马尼亚的鲍格米勒派中坚如何坚持到17世纪，参见N. Cartojan, *Cărtile populare*，第1卷，第241页以下；Răvzan Theodorescu, *Bizant*, *Balcani*, *Occident*，第241页以下。

③ 参见Runciman，第82页以下；E. Turdeanu，“Apocryphes bogmiles et apocryphes pseudo-bogomiles”，等等。

④ 转引自Runciman，第84页。关于这一传奇的历史与流传，参见Cartojan，第115页以下；C. Quinn, *The Quest of Seth for the Oil of Life*，第49页以下。

题曾广为传播,只是东南欧洲和斯拉夫的变体强调了撒但的作用。可能由于追随了某些诺斯替教派,鲍格米勒派提高了魔鬼的地位,从而增强了二元论的倾向。

同样,在伪经《亚当和夏娃》中,鲍格米勒派引入了一个情节,亚当和撒但签订了一份契约,根据这份契约,由于地球是撒但所造,亚当及其后裔就属于撒但,直到基督来临。巴尔干的民间故事里面也可以发现同样的主题。①

在《约翰的质疑》(*Interrogatio Iohannis*)中,我们可以看出那些伪经是怎样被重新加以解释的,这是唯一一部真正的鲍格米勒派作品,由法国南部的异端裁判所的审判官翻译成拉丁文。它是关于传福音的约翰与基督的一次对话,涉及世界的创造、撒但的堕落、以诺的升天以及十字架的森林。人们从中可以发现一些从其他伪经借鉴过来的经文,以及一部 12 世纪的斯拉夫语作品的译文《传福音的约翰之问题》(*Questions of John the Evangelist*)。"但是其神学是彻头彻尾的鲍格米勒派。撒但在堕落之前仅次于上帝(虽然基督坐在圣父一侧)……但是我们还说不上它究竟是一部鲍格米勒派 184
的原创作品还是从希腊文翻译过来的作品。或许从其教义判断,它是某些鲍格米勒派或者某些梅萨林派(Messalian)作者利用手头的伪经材料编著的。"②

我们深感兴趣的是数世纪以来,这些《伪经》,尤其它们的口传变体在民间的宗教精神(Religiosity)中起到很大作用。正如我们将要看到的(§304),这并不是欧洲民间宗教故事的唯一源泉。但是在大众的想象世界中这种异端的二元论主题一如既往地存在着,这并不是毫无意义的。且举一例:在东南欧洲,魔鬼(潜入太初的海洋底下取得泥土)帮助上帝创世的神话只有一个结论:上帝在肉体和精神上都是软弱的。在某些版本中,上帝酣然入睡;在其他版本中,他对于宇宙起源以后遇到的一些问题束手无策:大地并没有完全在天穹的笼罩之下,一只刺猬建议他稍许挤压一下大地,这样就产生了高山深谷。③

魔鬼的威望、上帝的消极即其不可理喻的败绩——这些都可以视为"原

① 关于这些罗马尼亚传奇,参见 Cartojan,第 71 页以下。

② Runciman,第 86 页。亦可参见 Edin Bozóky, *Le Livre Secret des Cathares*。

③ 参见 Eliade, *Zalmoxis, the Vanishing God*,第 76 页以下所引资料。

始”宗教中“退位神”常有的表现形式，上帝在创造世界与人类后，对于所创造的成果毫无兴趣，并且回到天堂去了，他的创造最后是留给某个超自然存在或者巨匠造物主完成的。

294. 西方的鲍格米勒派：清洁派

公元 12 世纪的最初几十年已经可以看到鲍格米勒派出没于意大利、法国和德国西部。在奥尔良，他们成功地令许多贵族甚至教士改信，其中有一位罗伯特王的顾问以及王后的忏悔神父。人们可以看到，这个异端带来了一些根本性的冲击：上帝创造的不是这个可见的世界，事物是不洁净的，婚姻、领洗、圣餐以及忏悔是无益的，通过按手礼圣灵会降临到信徒身上，使他洁净、成圣。国王发现了这些异端，就审判他们，给他们定罪，并在 1022 年
185 12 月 28 日把他们烧死。他们成了西方最早死在烈焰之中的异端。但是这一运动继续发展。当时在意大利已经建立了清洁派教会，[1]他们向普罗旺斯、朗格多克、莱茵河地区以及比利牛斯地区派遣传教士。新教义的传播者主要是一批织工。普罗旺斯的社团划分为四个教区。大约于 1167 年，在图卢兹附近似乎召开了一次宗教会议。乘此契机，君士坦丁堡的鲍格米勒派主教成功地使伦巴第和法国南部的教会都改信了这一激进的二元论。

但是在向西方渗透的过程中，鲍格米勒派结合了当地一些反抗性传统的因素，使其教义更加缺乏一致性。[2] 清洁派既不相信地狱也不相信炼狱；撒但的领地就是这个世界；此外，他创造这个世界就是为了把精神囚禁在物质里面。撒但就是《旧约》的上帝雅赫维。真正的上帝，善良而光明的上帝与这个世界相距遥远。真正的上帝把基督送来，以传播救赎的途径。基督是一个纯洁的灵魂，因此他的肉体是虚幻的。[3] 这种对于生命的憎恨令人想起了某些诺斯替教和摩尼教(参见§§232 以下)。可以说，清洁派的理想就是以自杀和不生孩子达到人类的消亡，因为清洁派情愿道德败坏而不愿意结婚。

---

① Cathar 一名起源于 *Katharos*，“清洁”，“清洁派”这一名称大约在 1163 年开始使用。

② 我们要补充一点，多亏了异端裁判所的审判，我们对于清洁派的概念和仪式远比鲍格米勒派为多。

③ 强调教义上的差别是没有意义的；某些清洁派否认基督的神性；而其他人则在礼拜仪式中提到三位一体；还有人同意在上帝和世界之间贯穿着一系列的“永恒”，这些永恒性通过神圣的本质而相互渗透；等等。参见 Runciman，第 148 页以下；Borst，*Les Cathares*，第 124 页以下。

加入该教派的仪式名为订约(*convenza*, *convenientia*),信徒必须经过长期的学习之后,这一仪式方可举行。另有一个入教的仪式名为“安慰礼”(*consolamentum*),这个仪式进行之后,就可以进入“完人”的等级,它通常在临终时举行,如果信徒强烈要求,也可以提前举行;但是在后一种情况下,信徒必须接受相当严格的考验。安慰礼可在信徒的家中进行,由“完人”中最年长者主持。第一部分叫作 *servitium*,通常由全体教徒做集体忏悔;期间,
主持人手捧一本打开的《福音书》。① 接着慕道友仪式性地领受主祷文,跪 186
在主持人面前,请求得到他的祝福,并为他,一个罪人向上帝祷告。主持人答道,“愿上帝祝福你,让你做一个好基督徒,赐予你美好的结局!”仪式进行到一定时刻,主持人要求慕道友放弃罗马教会,放弃领洗的时候罗马教士在他前额上划的十字架。如果在接受安慰礼后又堕入罪恶之中,这个仪式就作废了。因此有的“完人”还要举行 *endura* 仪式,自觉挨饿,以至于死。②每一个庆典都以一个“平安”的记号结束,这个记号就是所有参加仪式的人相互吻一下。“完人”——不论男女——的声望比天主教神父的地位还要高。他们过着一种比一般人还要艰苦的苦行生活,还要每年进行三次斋戒。关于清洁派的组织我们知之甚少。但是每一个主教都有一个“长子”(*filius major*)和一个“次子”(*filius minor*)帮助处理教务;主教去世时,“长子”自动继承他的教职。其仪式与罗马礼拜仪式相似,但并非模仿;它们实际上是一直流传到公元 5 世纪的一种古代基督教的礼拜传统。③

为了理解清洁派的宣传以及一般很快转变为异端的准千禧年运动获得成功的奥秘,我们必须看到罗马教会的危机,尤其是教会机构的堕落。教皇英诺森三世(Innocent Ⅲ)在拉特兰(Lateran)第四次公会议的开幕式上提到了有些主教只知道沉溺“肉欲”,既不做灵性的教诲,又缺乏教牧的热情,“不懂得宣传上帝的道,给人民以指导”。更有甚者,神职人员道德败坏、收受贿赂更令信徒逐渐疏远他们。许多神父结婚或公开蓄妾。有些神父经营酒馆,以养活妻小。神父由于必须回报他们的保护人,就在每项宗教服务项目上收取额外的费用:到处主持婚礼、洗礼,为病人与死者主持弥撒等等。

---

①　显然,*servitium* 并无异端内容。演说者只有两点表明是二元论:一是强调肉体的罪;二是以下这句著名的话:“不要仁慈对待生来堕落的肉体;却要善待囚禁在牢狱里面的灵魂。”参见 Runciman,第 154 页。

②　参见 Runciman,第 154 页以下,以及 Borst,第 163 页以下。

③　Runciman,第 161—162 页。关于崇拜仪式和教职等级,参见 Borst,第 162—181 页。

187 因拒绝翻译《圣经》①(而东正教会早就这样做了)而无法推行宗教教育;信徒只有通过神父和修士获得关于基督教的教理。

12世纪上半叶,圣多明我(Saint Dominic,1170—1221)致力于同异端作斗争,但收效甚微。在他的请求下,教皇英诺森三世成立了布道兄弟会。但是,就像以往教皇派遣的使节一样,多明我会士也没有能够阻挡清洁派运动的发展。公元1204年,在卡尔卡松城(Carcassonne),清洁派与天主教神学家举行了最后一次公开辩论。公元1205年1月,教皇英诺森三世派遣卡索梅尔的彼得(Peter of Castlemare)到法国南方去剪除异端,彼得希望放弃这一使命,到一所修道院去隐居。但是教皇答道:"行动胜过沉思。"

最后,在公元1207年11月,教皇英诺森三世发起了一场针对阿尔比派(Albingensians)的十字军战争,他首先呼吁北方的贵族领袖:勃艮第(Burgundy)大公、巴克(Bac)、内维尔(Nevers)和布鲁瓦(Blois)的伯爵。他利诱这些贵族,许诺战争成功之后阿尔比派权贵的财产全部由他们瓜分。至于法国国王则深感可以借此将自己的领土向南方扩张。第一场战争从公元1208—1209年间一直持续到公元1229年,但是后来战争再次爆发并且持续了许多年。直到公元1330年,法国的清洁派教会才完全消灭。

这场不幸"针对阿尔比派十字军战争"的意义是多方面的。它是**唯一一场**获胜的十字军战争,这实在是对历史的嘲讽。其政治、文化以及宗教方面的后果也是相当重要的。它的成就在于推进了法兰西王国的统一和扩张,同时也造成南方文明的毁灭(特别是阿莉埃诺的事业以及爱情法庭的衰落,随之衰落还有他们对于妇女的颂扬以及游吟诗人的诗歌创作;参见§269)。至于在宗教方面造成的影响,最严重的便是异端裁判所的势力日炽,颇具威胁性。十字军战争期间在图卢兹的异端裁判所强迫所有12岁以上的妇女
188 和14岁以上的男子抨斥异端。公元1229年,图卢兹主教会议禁止拥有拉丁文版或方言版的《圣经》;只允许使用日课经、圣诗集、圣母祈祷书等经书——而且全为拉丁文。有一小批阿尔比派的信徒逃到意大利避难,最后还是被异端裁判所的特务发现。随着时间的推移,异端裁判所几乎遍及西欧和中欧各国。然而我们还要补充的是,针对异端的战争也促使教会实行一系列的改革,鼓励多明我会和方济各会那样的传教修会的发展。

① 弗里德里克·海尔(Friedrich Heer)认为,由于拒绝翻译《圣经》,才使得天主教失去了北美、英格兰和德国;参见所著 *The Medieval World*,第200页。

剪除阿尔比派的手段实为罗马教会历史上最黑暗的一页。但是天主教的反应也不无道理。该运动仇视生命和肉体,例如禁止结婚、否认耶稣复活等等,该运动的二元论思想使得清洁派与《旧约》传统和基督教大相径庭。事实上,阿尔比派宣扬的是一种自成一体的宗教,它具有东方的结构和渊源。

清洁派传教士前所未有的成功代表着东方宗教观念第一次大规模向西方的渗透,深入农村中的手工业者、神职人员和贵族阶层。人们一直要到 20 世纪才能够目睹类似的现象,一种具有东方渊源的千禧年思想在整个西欧受到热烈的欢迎,那就是马克思列宁主义。

295. 阿西西的圣方济各

12—13 世纪对守贫的宗教价值作出了异乎寻常的评估。许多异端运动,如卑微者(the *Humiliati*)、韦尔多派(the Waldensians)、清洁派以及贝居安女修会(the Beguines)等,都认为贫穷是实现耶稣和使徒宣布的理想的最主要、最有效的手段。为了荣耀这些运动,13 世纪初的教皇批准了两个托钵修会:多明我会和方济各会。但是,正如我们将看到的,在方济各会那里,这种基于守贫的神秘主义产生了各种危机,直接威胁到修会本身的存在。因为他们的创始人强调绝对的贫穷,对他来说,绝对的贫穷就是"守贫的圣母"(*Madonna Povertà*)。

方济各生于 1182 年,是阿西西一位富商的儿子。1205 年,他首次赴罗马朝圣,曾在圣彼得大教堂前当了一天的乞丐。还有一次,他拥抱了一个麻 189
风病人。回到阿西西之后,他在一所教堂旁边当了两年隐修士。公元 1209 年,方济各听到《马太福音》中一段著名的经文"医治病人,叫死人复活,叫长大麻风的洁净……不要带金银铜钱。"[①]从此,他就一字一句照着耶稣对使徒所说的话身体力行。有几个门徒参加了进来,方济各就制订了一个相当简明扼要的《会规》。1210 年,他再赴罗马,请求教皇英诺森三世的批准。教皇接受了他的请求,由方济各领导这个小修会(因此方济各会也称为小兄弟会)。该会修士分散在意大利各处传教,每年的五旬节时聚会一次。1207

---

① 《马太福音》10:8—10"医治病人,叫死人复活,叫长大麻风的洁净,把鬼赶出去。你们白白地得来,也要白白地舍去。腰袋里,不要带金银铜钱。行路不要带口袋;不要带两件褂子,也不要带鞋和拐杖。因为工人得饮食是应当的。"

年，方济各在佛罗伦萨结识了乌格利诺(Ugolino)枢机主教。枢机主教对于方济各的传道方法深为赞赏，成为他的挚友和该修会的保护人。一年之后方济各遇到多明我，多明我提议合并两个修会，但是为方济各所拒绝。

公元1219年，方济各和乌格利诺两人再次见面，乌格利诺听从其他更有修养的修士的建议，要求修改《会规》，但是没有成功。在此期间，方济各会传教士始入异国传教。在11位修士的陪同下，方济各出发朝拜圣地，他决定要向苏丹传教，造访穆斯林的营帐，颇受欢迎。此后不久传来了他任命的两位代理人改变了《会规》并且得到教皇殊遇的消息，方济各马上回到意大利。他听说某些小兄弟会士在法国、德国和匈牙利被指责为异端，这促使他接受教皇正式的保护。从此，一个自由的修士社团成为正式的修会，接受教规法律的管理。1223年，教皇洪诺留三世(Honorius Ⅲ)批准了新《会规》，而方济各退出修会的领导地位。一年之后，他隐居到维罗纳(Verona)。正是在这个隐居处他得到了圣五伤。虽然方济各年老多病，几乎失明，但他还是先后创作了《太阳颂》(*Canticles to the Sun*)、给小兄弟会士们的《告诫》(*Admonitions*)以及他的《约书》(*Testament*)。

190 在令人感动的《约书》的字里行间，方济各最后仍致力于捍卫修会的真正使命。他抒发对劳动的喜爱，要他的修士从事体力劳动，如果他们的工作没有报酬，就求助于“主的餐桌，挨家挨户地请求施舍”。他敦促修士不要“以任何借口，接受教堂、住所以及建筑，如果与《会规》中的神贫原则相违背；他们必须像客人、异乡人和朝圣者一样客居异乡。我要求所有修士遵守规定，不管在任何地方，都不得自己或者通过他人向罗马教廷索取任何批准书建造教堂或场所，不管是以传教的名义，还是以身体遭受迫害的名义”。①

公元1226年，方济各逝世不到两年，他的好友乌格利诺枢机主教成为教皇格列高利九世(Gregory Ⅸ)，册封他为圣人。当然，这也是让方济各派从属于教会的最佳途径。但这并无法解决所有困难。方济各最早的传记把他描绘为上帝派来发动教会改革的。有些小兄弟会士还认为他们的创始人正是弗洛里斯的约雅敬(参见§271)②所宣称的第三个时代的代表。13世纪方济各会士收集并传扬的关于方济各的大众故事，在14世纪以《圣方济

① 根据Ivan Garby, *Saint François d'Assise*，第139页的法文翻译。

② 参见Steven Ozment, *The Age of Reform*，第110页以下出色的叙述，该书还附有一份新著书目。

各的小花》为名结集出版，将方济各和他的门徒比做耶稣和他的门徒。虽然格列高利九世内心赞赏圣方济各，但他并不接受《约书》的原则，并在 1223 年修改了《会规》。反对的力量主要来自那些“遵规派”，以及后来强调必须绝对贫困的“属灵派”(Spirituals)。在一系列的教谕中，格列高利九世以及后继的教皇竭力证明他们不是“占有”那些房屋和其他物品，而只是“使用”它们而已。帕耳马的约翰(John of Parma)于 1247—1257 年期间担任该修会的总会长，他试图挽救圣方济各的传统，同时又避免与教皇发生公开冲突，但“属灵派”毫不妥协，使他的一切努力付诸东流。所幸的是帕耳马的约翰被圣波拿文都拉(Bonaventure)所代替，圣波拿文都拉可以被公正地看做修会的第二创始人。但是围绕着绝对贫困的争论在圣波拿文都拉生前以及去世(1274 年)之后一直持续不断。1320 年以后，这场争论终于结束。 191

当然，教会的胜利削弱了该会最初的热忱，使得通过回归早期耶稣门徒的朴素生活来改革教会的希望变得更为渺茫。但正是由于这种让步与妥协，方济各会才能继续生存下来。确实，最理想的典范是耶稣、他的门徒以及圣方济各的日常生活，也就是守贫、慈善和体力劳动。但是对于修士而言，对于修会最高权威——总会长——的服从是首要、也是最困难的一项义务。

296. 圣波拿文都拉和神秘主义神学

波拿文都拉，1217 年生于奥维耶托(Orvieto)附近，曾在巴黎学习神学，1253 年起在巴黎授课。1257 年在方济各会最危机的时期，他当选为总会长。波拿文都拉致力于协调两种极端的倾向，他一方面认同贫穷并从事体力劳动，另一方面也认为研究和沉思是必要的。他还撰写了一本比较温和的关于圣方济各的传记(*Legenda Maior*，1263 年)；三年后，教廷正式宣布其为唯一授权批准的传记。

在巴黎教学期间，波拿文都拉著成《彼得·郎巴德〈名言集〉注疏》、《短论》(*Breviloquium*)以及《问题答辩》。但是他的杰作《灵魂走向上帝的历程》，①是 1259 年他在维尔纳(Verna)短期隐居期间创作的。波拿文都拉

① “当我默想灵魂升向上帝的时候，我首先想起了这里发生在圣方济各本人身上的奇迹：他看见了有翼的小天使取了十字架形象的异象。在我看来，这个异象表明这位有福的神父出神之旅，指示我们到达天庭的道路。”(《前言》)

1273年被任命为阿尔巴诺(Albano)枢机主教,1274年逝世。1482年塞克斯图四世(Sextus Ⅳ)册封他为圣人,1588年塞克斯图五世(Sixtus Ⅴ)册封他为“天使博士”(*Doctor Seraphicus*)。

192 现在大家逐渐公认波拿文都拉的神学综合是中世纪最完善的。波拿文都拉致力于运用柏拉图、亚里士多德、奥古斯丁和希腊教父、伪丢尼修和圣方济各的思想。[①] 托马斯·阿奎那是在亚里士多德基础上构造他的体系的,而波拿文都拉则保留了中世纪新柏拉图主义的奥古斯丁传统。只是在中世纪由于托马斯—亚里士多德的综合体系获得成功,掩盖了波拿文都拉神学的深刻意义(就像到了现代,它又被新托马斯主义的兴起所掩盖一样)。

当代的一位学者,埃维尔特·H.卡森斯(Ewert H. Cousins)认为,波拿文都拉的思想基础是“对立统一”的观念。[②] 显然,这个概念或多或少地贯穿于整个宗教史。《圣经》的一神论思想中就有这个概念:上帝是无限的,又是有人格的;超越于历史,又在历史中有所作为;永恒的,又存在于时间之中的,等等。在耶稣身上这些对立就更加令人吃惊了。但是波拿文都拉详细阐述并构造了“对立统一”的体系,以其为论述“三位一体”的模式,第三位格代表了中介的、自主的原则。

《灵魂走向上帝的历程》无疑是波拿文都拉的一部杰作。在这里,作者运用了一个流传甚广并在基督教神秘主义神学初期就已经得到广泛认可的象征,那就是梯子的想象。[③] “就我们在创造中所处的地位而言,世界本身就是一个梯子,我们可以靠它通向上帝。被造的事物有些是迹象,有些则是形象;有些是物质的,有些则是精神的;有些是暂时的,有些则是永恒的;有些是外在于我们的,有些则在我们之内。为了能够思考最高原则,也就是比较灵性的、永恒的、在我们之上的原则,我们就必须穿越上帝的遗迹,它们是物质的、暂时的以及外在于我们的。这就意味着**在通往上帝的道路上要得到引导**。我们也必须进入我们的灵魂,那是上帝的形象,永恒的、灵性的、内

---

① 参见 Ewert H. Cousins, *Bonaventure and the Coincidence of Opposites*,第4页以下,以及第229页以下书目。

② 同上书,各处。尤其参见第1、3、5、7章。

③ 关于可供比较的文献,参见 Eliade, *Shamanism*,第430页以下、第487页以下;关于基督教传说中的“天梯”,参见 Dom Anselme Stolz, *Théologie de la mystique*,第117—145页;关于伊斯兰教和犹太教中的梯子,参见 Alexander Altman, “The Ladder of Ascension”。

在于我们的。**这便意味着要进入上帝的真理**。我们就要超越这些而进入永恒的、最具灵性的并且在我们之上的领域。”[①]这样,我们就会发现统一的 193
(也就是超越时间的太一)以及神圣的三位一体的上帝。

《灵魂走向上帝的历程》的前四章还思考了上帝在物质世界和灵魂中的反映,思考了接近上帝的方式。接下去的两章致力于思考上帝的存在(第 5 章)、善(第 6 章)。最后,在第 7 章,也就是最后一章,灵魂被神秘的出神状态把持住了,与被钉十字架的耶稣一起,从死亡过渡到诞生。我们必须强调这里大胆地赋予出神以重要的意义。与明谷的伯纳德的神秘主义体验有所不同,伯尔纳主要是以婚姻之爱来象征,而波拿文都拉则认为**神秘的合一就是与耶稣同死**,并且与他一起同上帝圣父结合。

此外,作为一名出色的方济各会士,波拿文都拉提倡掌握对大自然准确而严密的知识。上帝的智慧在宇宙的现实中显示出来;某种事物,人们研究得越深刻,就越能够渗透它的个体性里面,就越能将其理解为在上帝灵性中的典范性存在(《灵魂走向上帝的历程》第 2 章,第 4 节以下)。有些研究者认为,方济各会士对于大自然充满兴趣是促使经验科学兴起的源泉之一,例如罗杰尔·培根(Roger Bacon,约 1214—1292)以及奥卡姆(Ockham)弟子的发现等。我们可以把波拿文都拉将神秘主义体验和对大自然研究融为一体的做法,同道教在中国经验科学发展中所起的决定性影响进行比较(参见§134)。

297. 圣托马斯·阿奎那和经院哲学

一般来说,“经院哲学”一词用来指各种旨在追求天启和理性、信仰与理智之间一致性的神学体系。坎特伯雷的安瑟伦(Anselm of Canterbury,1033—1109)援用圣奥古斯丁的一句名言:“我信仰,正是为了能够理解。”换
言之,理性的运作是从信仰的终结之处开始的。但是,彼得·郎巴德(约 194
1100—1160)正是在其著作《名言集》中详细阐述了经院哲学的独特结构。经院哲学的神学家采取提问、分析和解答的形式,表述和探讨几个主题:上

① Ewert H. Cousins 翻译,*Bonaventure*,“The Classics of Western Spirituality”(New York:Paulist Press,1978),第 60 页(*Itinerarium*,第 1 章,第 2 部;亦可参见第 6 章)。Cousins,*Bonaventure and the Coincidence of Opposites*,参见其中的评注。我们还要补充的是,通向上帝的三大阶段——外在的、内在的以及超越的——每一个阶段都包含两种过程,此刻当下的和超越的。因此实际上有六个阶段,象征着拥抱圣方济各给他带来五伤的六翼天使。

帝、创世、道成肉身、救赎以及圣事。

在12世纪，亚里士多德和一些伟大的阿拉伯与犹太哲学家，特别是阿维洛伊、阿维森纳、迈蒙尼德的著作部分已有拉丁文译本。这些著作把理性与信仰的关系问题放到一个新的视角进行探讨。按照亚里士多德的说法，理性世界是完全独立的。大阿尔伯特(Albertus Magnus)或波尔施塔特的阿尔伯特(Albert of Bollstadt，1206—1267)是中世纪思想最解放的人之一，他满腔热情地为理性“重新争取到原本丧失殆尽的权利”。[1] 但是，这样的教义只会触怒传统派神学家，他们指责经院哲学家为了哲学而牺牲了宗教，为了亚里士多德而牺牲了基督。

大阿尔伯特的思想经其弟子托马斯·阿奎那(Thomas Aquinas，1224—1274)[2]得以深化和系统化。托马斯既是神学家也是哲学家，但是对他来说，中心问题只有一个：存在，或者换言之上帝。托马斯将自然与恩宠、理性的范围与信仰的范围加以明确的区分，这种区分也意味着它们的一致性。人们只要一开始花工夫反思他所认识的世界，那么上帝的存在就是显
195 而易见的。例如，这个世界总是以这样或者那样的方式处在运动之中，而每一个运动都必然有一个原因，但是这个原因又是由另外一个原因造成的。然而这个系列不会是无限的，所以人们必须同意有一个第一推动力在介入，这第一推动力不是别的，正是上帝。这一论证是托马斯所谓“五种方法”中的第一种。整个推理方式是一样的：从一个明显的现实作为出发点就能够达到上帝。(每一个充分的原因都是以另外一个原因为前提的，沿着这一系列原因不断追根溯源就达到第一因，也就是上帝。等等)

既然理性所发现的上帝是无限的，又是绝对的，因此人类的语言无法表达为理性所发现的上帝。上帝是一种存在(*ipsum esse*)的纯粹行为，因此是无限的、不变的和永恒的。如果用因果关系的原则来证明上帝的存在，那

---

① Étienne Gilson, *La philosophie au moyen âge*，第507页。“如果近代思想的特点是将可以证明的与不可以证明的区分开来，那么实际上正是在13世纪近代哲学就已经奠定了基础，正是大阿尔伯特为近代哲学划定了范围，意识到其价值和权力。”(同上书，第508页)

② 托马斯在世的日子相当短促，也没有什么戏剧性事件。1224年底或者1225年初生于阿格尼(Agni)，1244年入多明我会，次年赴巴黎在大阿尔伯特指导下进行学习。1256年取得神学教育的资格，执教于巴黎(1256—1259)和若干意大利城市。1269年返回巴黎，但是1272年再度离开，1273年在那不勒斯教书。托马斯应格列高利十世之召，参加第二次里昂公会议，1274年1月离开里昂，但是因患疾病只好停留在福萨农(Fossanon)，于3月7日去世。在他的大量著作中，最著名的是《神学大全》和《反异教大全》，这两部著作充分展示了他的天才。

么人们就能够同时得出结论说,上帝就是世界的创造者。他完全自由地创造了一切,无需任何必要的条件。但是,对托马斯而言,人类的理性不能论证这个世界是否一直存在,或者相反,创造开始于时间之内。信仰建立在上帝启示的基础之上,它要求我们相信世界是开始于时间之内的。这是一个启示真理的问题,就像其他信条(原罪、圣二位一体、上帝在耶稣身上道成肉身等)一样,因而是神学研究的对象,而非哲学研究的对象。

一切知识都暗含着*存在*这一中心概念,也就是拥有或显现人们想要认知的现实。人被创造,就是为了让他能够拥有关于上帝的全部知识,但是由于他的原罪,没有恩宠的帮助就无法获得那样的知识。信仰可以在恩宠的帮助下使信徒获得上帝在神圣历史过程中所启示的知识。

“圣托马斯的教理虽然遭到了抵制,但是它很快赢得了无数的门徒,不仅在多明我会的内部,而且还有其他社会背景的人们,或是经院哲学家,或是宗教徒……托马斯派的改革影响了整个哲学和神学领域;因而在这些领域里面,没有一个问题在历史上是没有受到托马斯派影响的,不能追溯到托马斯派的。但是,托马斯派尤其影响了一些最基本的本体论问题,解决了这些问题,其他问题也就迎刃而解了。”[①]吉尔松(Gilson)认为,圣托马斯的最大功绩就是不仅避免了“理性主义”,而且也避免了“神学主义”——即承认信仰的自足性。这位作者还认为,经院哲学的衰落肇始于巴黎主教司提 196
反·堂皮耶(Stephen Tempier)在 1270 年和 1277 年谴责亚里士多德的某些命题,尤其是其阿拉伯文的评注。[②] 从此以后,神学与哲学之间的联系遭到严重破坏。邓斯·司各脱(Duns Scotus,约 1265—1308)和威廉·奥卡姆(William of Ockham,约 1285—1347)的批评,对于托马斯派思想综合的破坏更是推波助澜。总之,在神学与哲学之间的距离日益加深预示着近代社会神圣与世俗的分离。[③]

我们要补充的是,吉尔松的解释并没有完全得到接受。托马斯·阿奎那并非中世纪仅有的经院哲学的天才人物。在 13—14 世纪,其他思想家——如司各脱和奥卡姆——同样享有很高——即使不是更高——的名望。但是托马

---

① Gilson, *La philosophie au moyen âge*,第 542 页。

② 参见关于这些谴责的讨论,同上书,第 58 页以下。这些命题很多是属于阿维洛伊派的,有的也和托马斯的思想有关系。

③ 参见 Ozment, *Age of Reform*,第 16 页。

斯主义之所以重要,是因为罗马教会在19世纪宣布其为官方神学。此外,托马斯主义在20世纪前25年的复兴,成为西方文化史上的一个重要阶段。

邓斯·司各脱,以"精微博士"(*doctor subtilis*)闻名,他批评托马斯的体系,攻击其理论基础,换言之,司各脱否认理性的重要性。邓斯·司各脱认为,除了将上帝等同于第一因这一点可以通过逻辑推理发现之外,一切宗教知识都是由信仰给予的。

奥卡姆,是一位"更精微博士"(*doctor plusquam subtilis*),他对理性神学的批判更进一步。既然人只能部分地认识他所观察到的事实,那么逻辑律、上帝的启示以及任何形而上学都是不可能的。奥卡姆坚决否认"一般"的存在:它们是想象的虚构,不具有真实性。既然不能直观地认识上帝,既然理性不能证明他的存在,那么人就必须满足于信仰和启示的教导。①

197 奥卡姆宗教思想的独创与深刻主要在于他的上帝观念。既然上帝是绝对自由的、全能的,那么他可以无所不为,甚至自相矛盾。例如他可以拯救罪人、诅咒圣徒。不能根据理性、想象或者人类语言的局限去限制上帝的自由。有一条信仰教导我们,上帝采取了人的本性,但他也可以用驴子、石头或木头的形式(也就是本性)显现自己。②

这些对于上帝的自由的悖论式的解释在以后数世纪中并没有激发任何神学的想象力。然而,从18世纪起,也就是在发现"原始人"之后,奥卡姆的神学原本应该使人们对于所谓"野蛮人的偶像崇拜"产生更为恰当的理解。因为神圣可以通过任何形式,甚至是异乎寻常的形式来显现自己。在奥卡姆所开启的视野中,神学思想原本能够为所有古老的传统宗教的神显作出解释;实际上,现在我们知道,人们崇拜的并非自然对象(石头、树木、水源等),而是它们所"显现"的超自然力量。

298. 爱克哈特大师:从上帝到神性

爱克哈特生于1260年,先后在科隆的多明我会和巴黎求学。分别于巴

---

① 吉尔松认为,"对于奥卡姆的研究使得我们看清一个至关重要的也是经常被误解的历史事实,那就是我们笼统所称的经院哲学,其内在的自我批判导致其在所谓近代哲学得以建立之前就已经衰败下去了"(第640页)。

② *Est articulus fidei quod Deus assumpsit naturam humanum. Non includit contradictionem, Deus assumere naturam asinam. Pari ratione potest assumere lapidem aut lignum*。参见Eliade, *Patterns in Comparative Religion*, §9,第26—30页,其中有关于这个问题的讨论。

黎(1311—1313)、斯特拉斯堡(Strashourg,1313—1323)和科隆(1323—1327)担任教授、布道员和行政官员。在后两座城市里,他向修士以及贝居安女修会修女(Beguines)讲道并领导他们。在他众多的著述中,最重要的是彼得·郎巴德的《〈名言集〉注疏》、《三分集》(*Opus tripartitum*),以及一部卷帙浩繁的神学《大全》,不幸大多散佚。然而,他的许多德语著作被保存下来,包括《神圣的慰藉》,以及许多论文、讲道与文章。但某些讲道的真实 198
性无法确认。

爱克哈特大师是一位原创的、深刻的并且与众不同的著述家。① 他被公认为西方神秘主义最重要的神学理论家。他受到传统的影响很深,但也在基督教神秘主义中开辟了一个新的时代。我们还应记得,从 4—12 世纪之间,要进行沉思默想,就必须放弃世俗生活,换言之,就必须去过修道生活。在沙漠中或修道院的孤独状态中,僧侣们期望接近上帝,享受上帝的降临。这种与上帝的亲密关系犹如回到天堂。在某种程度上,沉思者重新发现了亚当堕落之前的那种状态。

圣保罗可谓基督教神秘主义体验的第一人,他提到上升到了第三层天的出神:"我认得一个在基督里的人,他前 14 年被提到第三层天上去;(或在身内,我不知道;或在身外,我也不知道;只有上帝知道。)我认得这人;(或在身内,或在身外,我都不知道,只有上帝知道。)他被提到乐园里,听见隐秘的言语,是人不可说的。"(《哥林多后书》12∶2—4)可见自基督教早期开始就对天堂有着乡愁般的怀念。在祈祷的时候,人们朝向东方,人间天堂的方向。天堂的象征在教堂或修道院的花园里比比皆是。早期修道的教父(就像后来的圣方济各一样)连野兽也听从他们,因此对于天堂生活的最主要表现就是重新获得对动物的统治。②

根据本都的伊瓦格里乌斯(Evagrius Ponticus,4 世纪)的神秘主义神学,完美的基督徒就是僧侣,他是重新找到自身源头的人类的模范。孤独沉思的最终目的就是与上帝合一。然而,正如圣伯纳德所指出的,"上帝与人是相互分离的。分别保持各自的意志和本质。这样的一种合一在他们看来

---

① 除此之外,直到我们时代,他的拉丁文和方言文献才得到仔细的编辑出版。

② 参见 Eliade, *Myths, Dreams, and Mysteries*,第 681 页以下;Stolz, *Théologie*,第 18 页以下及各处。

是一种意志的合一,也是一种爱的统一。"①

199 这种婚姻意义上的神秘合一(*unio mystica*)在整个神秘主义历史上可谓屡见不鲜,而非仅见于基督教的神秘主义。在此我们一定要强调,这种合一方式对爱克哈特大师来说是完全陌生的。更有意义的事实是,这位多明我会士在布道的时候,不仅面向修士与修女,而且也面向普通信徒。在13世纪,追求灵性的完善再也不局限于修道院里面。有人提到神秘体验的"民主化"与"世俗化",这是在公元1200—1600年间的特有现象。爱克哈特大师就是在这一基督教神秘主义历史新阶段上的一位出色的神学家;他宣布并且在神学上论证了人在本体论上与上帝同一,同时又生活在这个世界上是可能的。②此外,在他看来,神秘体验表明一种"回归本源",而这个源头甚至先于亚当与创世。

爱克哈特大师借助于区分神的存在,精心构造了这样一种大胆的神学理论。他使用"上帝"(*Gott*)这个词来指造物主的上帝,而用"神性"(*Gottheit*)这个词来指称神圣的本质。神性乃是"上帝"的基础(*Grund*)、原则与原型。诚然,这不是一种先在或者一种在时间之内、在创世以后、在本体论上所发生的转变。但是,由于人类语言的模棱两可和局限,这种区分不幸会导致误解。在一次布道中,爱克哈特断言:"上帝与神性之别不啻天壤……。上帝能发挥作用,神性则不能,它没有什么作用好发挥的……。上帝和神性的区别就在于一个是有所为的,一个是无所为的。"③亚略巴古人丢尼修(§257)把上帝定义为"一个纯粹的虚无"。爱克哈特将此种否定性的神学
200 予以深化和扩展:"上帝是没有名字的,因为没有人能够理解关于他的任何东西……。因此,假如我说:上帝是善良的,那是不对的。我是善良的,上帝却不是善良的……。或如果我再说:上帝是智慧的,那是不对的,我比上帝更有智慧。假如我又说:上帝是一种存在,这也是不对的;他高于存在,他是

① *Sermones in Cantica Canticorum*,第70条,载*Pat.*, *Lat.*,第183卷,第1126页。

② 我们还可以将这个概念与《薄伽梵歌》的思想进行比较(参见§§193—194)。

③ 根据让内·安瑟-雷特-胡斯塔奇(Jeanne Ancelet-Hustache)的法文译本,*Maître Eckhart*,第55页。然而有些文献强调了三位一体的上帝与神性的绝对同一。参见Bernard McGinn,"Theological Summary",(载Edmund Colledge and Bernard McGinn, *Meister Eckhart, the Essential Sermons, Commentaries, Treatises and Defense*),第36页,注解71—72以下。参见同上书,第38页,注解81,至于爱克哈特对于作为*Unum*的圣父创造圣子*Verum*以及同时创造圣灵*Bonum*,这种解释是以圣奥古斯丁的思想为基础的。

一种超越本质的否定。”①

此外，爱克哈特坚持强调，人是“上帝的同类和亲属”，他鼓励信徒去获得神性的原则(*Gottheit*)，去超越三位一体的上帝。因为，灵魂的基础就其本质而言直接地、无需任何中介地分有了那神性的存在。上帝的整体性渗透在人类的灵魂里面。爱克哈特在神秘体验中所看到的，不是圣伯纳德和其他著名作者的“神秘合一”，而是回归到未曾显示的神性原则*Gottheit*；通过这一神性原则，信徒发现自己与上帝的基础在本体论上是同一的。“起初我没有上帝，只有我自己……。我是纯粹的存在(*ein ledic sin*)，通过神圣的真理认识我自己……我是我自己的第一因，是我的永恒存在的第一因，也是我在世存在的第一因。我诞生是为了我的永恒，由于我永恒的诞生，我将不死……。由于这种永恒的诞生，我是永恒的。我现在，而且将来也是永恒的……我是我自己的原因也是其他一切事物的原因。”②

对于爱克哈特而言，这种在创造之前的太初状态同样也是终结时期的状态，神秘体验能够预先将灵魂重新整合到无差别的神性之中。然而这不是一种泛神论，也不是一种吠檀多似的一元论。爱克哈特把与神合一比喻为一滴水滴入大海，那是将自己与大海等同；但是大海绝不同于一滴水。“因此灵魂成为神性，但是上帝绝不会成为灵魂。”然而，在神秘的合一里，“灵魂在上帝里面，就像上帝在自己里面一样”。③

爱克哈特考虑到灵魂和上帝的区别，同时又指出这种区别不具有决定 201
性。对他来说，人的使命就是要**在上帝中存在**，而不是做上帝的受造物而生活在这个世界上。因为**真正的人**——也就是他的灵魂——是永恒的；得救就是脱离**时间之外**。④ 爱克哈特一再赞扬“离群索居”(*Abgeschiedenheit*)是

---

① 根据让内·安瑟-雷特-胡斯塔奇(Anclet-IIustache)，第 55 页的法文翻译。尽管如此，爱克哈特还曾经做过另外的布道：“当我说上帝不是一种存在，而是高于存在，我并不怀疑他是存在的；相反，我将一种更为高级的存在归与他”(同上书)。

② 原文经弗朗兹·费弗尔(Franz Pfeiffer)编辑，欧兹曼(Ozment)翻译，第 128 页。

③ 约瑟夫·奎因(Josef Quint)编辑，第 131 页，*Deutsche Predigten und Traktate*，第 55 条，第 410 页，欧兹曼(Ozment)翻译，第 131 页；亦可参见 Colledge and Ozment，*Meister Eckhart*，第 45 页以下所引用的麦克基恩(McGinn)的书目。

④ 爱克哈特认为，时间是妨碍人类接近上帝的最大障碍；不仅时间，“而且在时间内的一切事物、一切情感甚至是时间的芳香都是如此”；参见 C. de B. Evans，*Meister Eckhart*，第 1 卷，第 237 页。

重新回归上帝所必不可少的宗教生活。[1] 得救就是获得"真知"而采取本体论的行动。人因发现自己真正的"存在"而得救；只是在他认识上帝——一切存在的源泉之前，他无法获知他的存在。[2] 确保得救的最基本的宗教体验就是信徒灵魂中逻各斯的诞生。既然圣父在永恒中创造了圣子，既然圣父的基础就是灵魂的基础，那么上帝便是在灵魂的基础中创造了圣子。进而言之，"圣父创造了我，他的唯一的儿子"。"他不仅创造了我，他的儿子，而且把我创造得像他自己(圣父)一样，而他自己也像我一样。"[3]

令爱克哈特的对手最为恼怒的是他提出的这个圣子诞生于信徒的灵魂里面的论点，这一教理暗示"善良正直"的基督徒与耶稣的同一性。诚然，这位多明我会士提出的这种相似性并不总是幸运的。在《布道六》的结尾处，
202 爱克哈特谈到人完全转变为耶稣，就像圣饼转变为耶稣的身体一样。"我彻底地变成了他，他的存在就在我里面产生了他的存在，那是一种相同的而非相似的存在。"[4]但是，在他的《辩护词》中，爱克哈特强调的是"在一定意义上"(*in quantum*)，也就是在形式和抽象的意义上而言，二者是相同的。[5]

爱克哈特强调与一切不是上帝(亦即神性)的事物——总之一切在世间的事物——相分离(*Abgeschiedenheit*)，这在一些人看来削弱了他的神秘神学的真实性和有效性。有人错误地指责他对教会的圣事活动缺乏兴趣，也不重视救赎历史上的事件。诚然，这位多明我会士并不强调上帝在历史中的角色或者耶稣在时间内的道成肉身。但是，他称颂一个人为了给一位病人一小杯汤水而中断沉思，他还曾反复说，我们可以在教堂里面遇见上帝，也可以在大街上遇见上帝。此外，爱克哈特还认为，沉思的最终目标就是回

---

① 在他的论离群索居的论文里，爱克哈特认为这样的生活甚至胜过谦卑和施舍；参见 *On Detachment*，载 Colledge and McGinn，第 285—287 页。但是他认定施舍是也是实行离群索居生活的一种途径(Meister Eckhart，第 1 卷，第 292 页)。

② 本体论与知识(*intelligere*)的相互依存某种程度上反映了爱克哈特神学的矛盾，如果不是自相矛盾的话。

③ 《布道六》，科勒治(Colledge)翻译，载 Colledge and McGinn，第 167 页。参见 McGinn，同上书，第 51 页以下以及 G. J. Kelley，*Meister Eckhart on Divine Knowledge*，第 126 页以下的其他文字。这篇论文在阿维尼翁遭到谴责，不是因为它的"异端"，而是因为它的"异端嫌疑"。

④ Colledge，载 Colledge and McGinn，第 180 页。亦可参见 *In agro dominico*，第 10 条，参见 McGinn，同上书，第 78 页。

⑤ 参见 MoGinn，同上书，第 53 页以下所引文献。亦可参见 *In agro dominico*，第 10 条，参见 McGinn，同上书，第 78 页。

到没有区分的神性中去,这个目标并不能满足信徒追求宗教的情感体验。对他来说,真福不是处在狂喜的状态,而是在沉思中与上帝实现理智上的合一。

公元 1321 年,爱克哈特大师被斥为异端,在他晚年的时候,不得不为自己的论点进行辩护。1329 年(他去世后一到两年),教皇约翰二十二世(John XXII)谴责了他的 28 条观点,宣布其中 17 条是异端,而其他诸条“荒诞、草率并且有异端的嫌疑”。[①] 很可能正是由于他语言的模棱两可以及某些神学家的嫉妒使得他遭到这样的谴责。无论如何,教廷的谴责还是造成了严重后果。虽然有他的弟子海因里希·苏索(Heinrich Suso, 1296—1366)和约翰·陶勒尔(Johann Tauler,参见 § 300)的努力以及许多多明我会士的忠诚,爱克哈特大师的著作还是完全被抛在一边长达数世纪。西方基督教神学与形而上学未能从他直觉与创新的解释中获益。他的影响局限在德语国家。他的作品悄悄地流传刺激了伪作的产生。尽管如此,爱克哈特的大胆思想不断启发着某些富有创造力的思想家,库萨的尼古拉就是其 203
中之一(§ 301)。

299. 大众虔敬以及皈依的险境

从 12 世纪末开始,对于灵性完美的追求再也不局限在修道院的大墙里面了。越来越多虔诚的平信徒决心在依然生活在世俗世界的同时,效法使徒和圣徒的生活。例如在里昂市出现了韦尔多派,他们是一个名叫彼得·韦尔多(Peter Waldo)富商的弟子。1173 年,韦尔多散尽家产,周济穷人,宣传自愿守贫。此外,还有意大利北部的“卑微者”(*humiliati*)。[②] 大多数人还是忠诚于教会,但有一部分人坚持他们与上帝直接联系,忽略崇拜甚至圣事。

在北部地区——弗兰德斯、尼德兰、德国等地——出现了小型的女性平信徒社团,被称为贝居安女修会修女(Beguines)。[③] 她们的生活主要是工作、祈祷和传道。另外还有类似的男性社团,即贝格哈特修士(Beghards),他们人数更少,但是同样献身于基督教完美和守贫的理想。[④]

---

① 关于爱克哈特的审判和判决,参见 Ancelet-Hustache,第 102 页以下;McGinn,载 Colledge and McGinn,第 13 页以下。

② 教皇卢齐乌(Lucius)三世于 1184 年宣布对这两个团体绝罚。

③ 某些作者认为,“Beguines”这个名称似乎是起源于“Albigeneses”;参见 Ozment,第 91 页,注解 58;Gordon Leff, *Heresy in the Later Middle Ages*,第 1 卷,第 18 页以下。

④ 参见 E. W. McDonnell, *The Beguines and Beghards in Medieval Culture*,各处。

这种大众虔敬的运动本于对使徒生活的怀念，令人联想到韦尔多派的宗教理想。它同时也表现出对于这个世界的厌恶以及对于教士的不满。也有可能某些“贝居安女修会修女”宁愿生活在修道院里，或者至少可以得到多明我会的灵性指导。例如马格德堡的马蒂尔德（Mechthilde of Magdeburg，1207—1282），她是第一个用德语写作的神秘主义者。她称圣多明我为“我至爱的神父”。在她的著作《神性之光》中，马蒂尔德使用了丈夫和妻子交合的神秘—色情的语言描绘：“你中有我，我中有你！”[①]马蒂尔德写道，
204 与上帝合一把人从罪恶中解救出来。对于那些有见识、诚实的信徒而言，这种提法并不构成异端。况且有些教皇和神学家也赞许贝居安女修会修女的正统和美德。[②] 但是，特别是从14世纪以来，许多教皇和神学家指责贝格哈特会修士与贝居安女修会修女是异端，[③]他们引用传统的陈词滥调，指责他们在魔鬼的蛊惑下举行纵欲的仪式。这种迫害的真正原因是教士和僧侣的嫉妒心。他们认为贝格哈特会修士与贝居安女修会修女的“使徒生活”是虚伪的，指责他们虚假的宗教热情。[④]

然而，我们要补充的是，这种虔诚多次导致非正统思想，甚至在教会权威眼中那就是异端。除此之外，在13—14世纪之间，正统与非正统的界限是经常变动的。况且有些平信徒团体所要求的宗教纯洁，超出人类能够承受的范围。教会无法忍受这种理想主义带来的危险，便给予了猛烈的反击。因而丧失了一次满足更真实、更深刻的基督徒灵性需要的机会。[⑤]

公元1310年，玛格丽特·波列特（Marguerite Poret）在巴黎被烧死，她是第一位被认定是“自由之灵”（Free Spirit）修士修女运动的成员。（尽管这个运动与贝格哈特会修士与贝居安女修会修女有许多相似之处，但是不可将二者混为一谈。）“自由之灵”组织的参与者[⑥]与教会断绝了一切联系。他

---

① 基督对她说：“你在我里面，是那样的自然以至于绝对没有任何其他事物横亘在我们之间了！”Robert E. Lerner，*The Heresies of the Free Spirit in the Late Middle Ages*，第19页。同样的爱（minne）的体验也给予13世纪最伟大的诗人和神秘主义者弗莱芒贝居安女修会修女哈德维奇（Hadewijch）以灵感；参见 Hadewijch，*Complete Works*，第127—158页。

② 参见 Lerner，第38页以下。

③ 确实有某些团体相信清洁派的教理；参见 Denziger，转引自 Ozment，第93页，注解63。

④ 这种不公正的批评也可以从这样一个事实中得到解释，那就是到了13世纪末，这些修士早已丧失他们原来的热情，享受着教士特权；参见 Lerner，第44页以下。

⑤ Ozment，第96页；亦可参见 Leff，1，第29页以下。

⑥ 参见 Leff，1，第310—407页；Lerner，各处。

们过着一种极端的神秘主义宗教生活，追求与神合一。指控他们的人认为，“自由之灵”的修士与修女相信：人能够在世俗生活中达到一种永不犯罪的完美境界。这些异端分子不需要教会的中保，因为“主的灵在哪里，那里就有自由”（《哥林多后书》3：17）。然而，没有任何证据表明他们鼓励违反道德的行为；相反，他们通过禁欲和苦行以实现“神秘的合一”。最后，他们不 205
再觉得自己与上帝和基督相分离。有些人断言：“我就是基督，甚至我不仅是基督！”①

尽管玛格丽特·波列特本人被当作异端烧死，但是她的著作《质朴灵魂之镜》广为传抄，被翻译成多种文字。当然，长期以来没有人知道她就是该书的作者（直到公元 1964 年才考证出来），不过这正好说明其中的异端因素并不怎么明显。《质朴灵魂之镜》中有一段关于爱情与理性之间的对话，内容涉及如何引导灵魂走向上帝。作者描述了“恩宠的七种状态”，最后达到与上帝的合一。在第五与第六种“状态”里，灵魂被“消灭”或被“解救”，变得像天使一样。但是第七种状态，也就是与上帝“合一”，只有死后在天堂里面才能够实现。②

其他属于“自由之灵”运动的作品，以爱克哈特大师之名而得以流传。其中最著名的是（伪）《讲道集》第 17、18 篇和第 37 篇。③小册子《卡特琳娜修女传》（*Schwester Katrei*）讲述了一个贝居安女修会修女与告解神父爱克哈特之间的关系。在结尾的时候，卡特琳娜修女向他做如下告解：“主啊，与我一同欢喜吧：我已经成为上帝！”她的告解神父命令她独自一人在教堂里生活三天。与《质朴灵魂之镜》一样，灵魂与上帝合一绝未造成混乱的后果。“自由之灵”运动所带来的最大创新在于，“神秘的合一”可以在今世获得。④

300. 灾难与希望：从鞭笞派到现代虔敬运动

除了那些动摇了整个西方教会的巨大危机外，⑤14 世纪还遭受了一

① 参见 Lerner，第 116 页以下。

② 玛格丽特·波列特因为她的消极被动而成为“异端”，弥撒、讲道、斋戒和祈祷因为“上帝已经在那里”而毫无用处。但是《质朴灵魂之镜》却是一篇秘教作品，它是写给那些能够“理解”的人阅读的。参见 Lerner，第 200 页以下文献和分析。

③ 在后面这篇讲道中，人们读到：“凡是弃绝了可见的被造物、上帝在他心中充分实现其意志的人……他又是人，又是上帝……他的身体充满了神圣的光明……他可以被称为神人。”

④ 参见 Lerner，第 215 页以下、第 241 页以下。

⑤ 教皇旅居阿维尼翁，1309—1377；大分裂，1378—1417，当时有两个（甚至三个）教皇同时在位。

206 系列自然灾害和凶兆：彗星、日食、洪水，特别是从公元1347年起流行被称为“黑死病”的可怕鼠疫。为了让上帝大发慈悲，开始出现了大批的鞭笞派(flagellants)游行队伍。①这是一场群众运动，遵循着特有的发展轨迹：由虔敬发展到非正统。实际上，鞭笞派为自我折磨感到骄傲，尽管他们在神学上处于无知状态，却以为自己的行为能够取代教会的权威和神权。因此，从1349年起他们就遭到了克雷芒六世(Clement Ⅵ)的禁止。

为了解脱自己甚至全世界的罪，巡回的平信徒团体在一位“大师”的引导下到各地游行。每到一座城市，游行队伍——有时多达数千人——就向大教堂走去，一边高唱圣歌，一边围成好几个圆圈。这些忏悔者叹息、痛哭，呼喊着上帝、耶稣和圣母的名字，然后用鞭子狠狠抽打自己，直到身上布满青紫块。②

此外，整个时代似乎为死亡、为死者在地狱中将要遭受的折磨所困扰。与对复活的希望相比，死亡对人们的想象力具有更大的影响。③艺术作品(墓碑、雕像，特别是绘画)以一种病态的精确性渲染尸体腐烂的每一个阶段。④“尸体横陈，甚至在墓碑上都是。”⑤在死亡之舞(*danse macabre*)中，
207 有一人扮演死亡之神，将不同年龄不同阶层的男女(国王、主教、有产者等等)逐一带走，这成为绘画和文学喜闻乐见的题材。⑥

这个时代还充满了血淋淋的祭品、“死亡艺术”(*ars moreindi*)手册，以及“虔诚者”(*Pietà*)主题的发展，并且赋予炼狱以重大意义。虽然教会对炼狱的定义可追溯到1259年，⑦但是主要是由于后来越来越多地为死者举行

---

① 这一现象并不新鲜。1260年佩鲁贾就出现鞭笞派，那一年——根据弗洛里斯的约雅敬的说法——是第七个时代的开始。在以后的数十年里，这一运动传遍了整个中欧，但是在造成一些个别的高潮后就消失了，直到1349年方才形成一股巨大的力量。

② 参见Leff，2，第485页以下。该团体的每一个成员必须每天当众鞭笞自己两次，夜间鞭笞自己一次。

③ Francis Oakley, *The Western Church in the Later Middle Ages*，第117页。

④ 参见T. S. R. Boase, *Death in the Middle Ages* 中精彩的图解文献。

⑤ Jurgis Baltrušaitis, *Le Moyen Âge fantastique*，第236页。“中世纪末期充满了解体的肉体和骷髅的异象。骷髅哐当作响，骨头碰撞之声盖过其他的喧哗。”(同上书)

⑥ 同上书，第235页以下。虽然起源于希腊化时期，但是中世纪的这些概念和想象来自亚洲，很可能来自中国的西藏；参见同上书，第244页以下。亦可参见Boase，第104页以下，以及尤其是Norman Cohn, *The Pursuit of the Millennium* (rev. ed.)，第130页以下。

⑦ 参见Jacques Le Goff, *La naissance du Purgatoire*，第177页以下、第381页以下。

弥撒而变得更加流行。①

这些充满危机和绝望的时刻增加并推广了人们追求更为真实的宗教生活的要求。人们有时也为追求神秘体验而着迷。在巴伐利亚、阿尔萨斯和瑞士等地,狂热的团体聚集在一起,自称"上帝之友"。他们的影响力不仅涉及各个平信徒阶层,甚至还波及一些修院。爱克哈特的两位弟子陶勒尔和苏索为了让爱克哈特的教理更加容易被接受,也为了避免引起怀疑,他们就采取了比较简要的形式进行传播。

约翰·陶勒尔的生平我们知之甚少。他大约生于1300年前后,死于1361年。有些归于他名下的著作实非出自他的手笔。②陶勒尔坚持认为,即上帝诞生于信徒的灵魂;信徒必须摧毁"每一种愿望,每一种欲望,每一种个人行为,只剩下对于上帝的质朴而纯洁的期待"。灵魂被引到"无形的上帝的黑暗秘密中,最终进入质朴而无形的统一性里面,丧失一切分别能力,没有客体也没有感觉"。③但陶勒尔不太鼓励在神秘主义体验中寻找恩宠。

关于海因里希·苏索(1296—1366)的生平与著作,我们拥有比较丰富的材料。他在很年轻的时候就进入贡斯当斯(Consdance)的多明我会修院,
大约在18岁那年,他有了初次的出神体验。公元1320年,他被送到爱克哈 208
特大师身边,与爱克哈特不同的是,苏索谈论他自己的出神经验。④例如他这样概括这种神秘方法的各个不同阶段:"凡是弃绝自我的人必须脱离一切被造的形式,同基督一起组成新的形式,并且转化到神性里面。"

也许是由于出版了捍卫爱克哈特大师思想的《真理之书》,苏索被迫放弃教职。他前往瑞士、阿尔萨斯等地旅行,遇到陶勒尔以及许多"上帝之友"的成员。苏索的布道活动使他在修院和平信徒中声名大振,因此遭到许多人的嫉妒,甚至恶意中伤。但是在他去世之后,他的书籍广为传阅。

佛莱芒伟大的神秘主义者扬·范·鲁伊斯布鲁克(Ruysbroeck,1292—

---

① 参见Oakley,第117页以下所引的事例。纪念那些治病的圣徒弥撒也越来越多:治疗喉咙不适的圣布莱斯(Blaise)、预防瘟疫的圣罗歇(Roche)等等(同上书)。

② 直到1910年,人们才成功地找到一些完整的或者残破的讲道集的真正作者。

③ 根据让内·安瑟-雷特-胡斯塔奇的译文。

④ "我认识一位布道兄弟会(多明我会的别称——译者)的教友,他小时候(大约有10年时间)大体每天都会接受两次满溢的恩宠,早晚各一次,总要持续两个守夜祈祷那么长久。在这期间,他沉浸于上帝、永恒的智慧之中,以至于他连话都说不出来。他好像飘浮在空气当中,迷失在时间和永恒之间,浸没在深不可测的上帝的喜悦里面"(根据让内·安瑟-雷特-胡斯塔奇的法文翻译)。

1381)虽然严厉批判贝居安女修会修女和“自由之灵”的信徒,但他也未能逃过教会训导权威(Magisterium)的怀疑。① 11部考证为他所作的著作大部分涉及精神指导。鲁伊斯布鲁克强调“异端分子”和“误入歧途的神秘主义者”的错误,他们将精神的空虚和与上帝合一混为一谈:人们如果不去过基督教的生活、服从教会,就不可能进行真正的沉思;“神秘的合一”不是“自然”发生的,而是一种神圣恩宠的赐予。

鲁伊斯布鲁克并非不知道他有被教会错误判断的危险,所以他不急于出版某些专供达到一定沉思阶段的人阅读的作品。② 尽管如此,他仍遭到巴黎大学校长让·格尔松(Jean Gerson)的误解和攻击。甚至相当真诚崇敬他的人,格尔哈特·格鲁特(Gerhard Groote)也认为鲁伊斯布鲁克的思想
209 可能会造成混乱。因此,鲁伊斯布鲁克一方面强调基督徒实践的必要性,另一方面又断言沉思体验可在较高层次达到。他明确说明,在这种特有的体验中“人们不可能完全成为上帝,抛弃作为受造物的样态”(《闪光的宝石》)。③ 然而这种体验能够实现一种“与上帝本质统一的联合”,沉思者的灵魂能够“与神圣的三位一体融为一体”(《神圣婚姻的装饰》,Ⅲ,前言;同上,3,6)。但是鲁伊斯布鲁克说,上帝是按照自己的形象创造人类的,“人类就像一面活生生的镜子,他将自己的本质反映在这面镜子里面”。他还说,为了理解这一既深刻又神秘的真理,人类“必须在自我中死,在上帝中生”(同上,Ⅲ,前言)。

总之,在神学理论指导下的沉思者所面临的教会当局审查的危险,一点也不会亚于各种类型的“神秘体验”的狂热分子。有些属灵派非常清楚不必冒这样的危险。格尔哈特·格鲁特(1340—1384)发动了一场新的苦行运动——共同生活兄弟会(Brethren of the Common Life),他对神学思辨和神秘体验毫无兴趣。其成员过着一种被称为“现代虔敬派”(*devotio moderna*)的宗教生活,一种素朴的、慷慨的和宽容的基督教,与正统教会相去不远。信徒要求思考道成肉身的奥秘,以及道成肉身在圣餐仪式中的再现,而不是去

---

① 1317年鲁伊斯布鲁克授任神父,1343年与一批沉思者退隐到一处隐修院,后来那里按照奥古斯丁会会规建设成为一座修院;他88岁时卒于该修院。

② 后来他创作了 *The Little Book of Enlightenment*,以便使晦涩的 *Kingdom of Love* 能够让沉思者比较容易读懂。鲁伊斯布鲁克教理的基本内容在他的论文 *The adornment of the Spiritual Marriage*(这是他的一部杰作)以及小册子 *The Sparkling Stone* 中做了充分的阐述。

③ 亦可参见 Oakley,第279页。

做神秘的思辨。在 14 世纪末和 15 世纪期间,共同生活兄弟会吸引了大量平信徒参加。这毕竟是一种普遍的深刻的虔诚需要,同时又能够为众人所接受,无怪乎像坎普斯的托马斯(Thomas à Kempis,1380—1471)所著的《效法基督》能够大获成功。

这种虔敬运动的意义和重要性至今仍然众说纷纭。有些学者认为它是各种社会改革如人文主义、天主教或新教改革的源泉之一。[①] 史蒂文·欧兹曼(Steven Ozment)认为"现代虔敬派"在某种程度预演并且伴随着 16 世纪的改革运动,他公正地指出,"其主要成就在于它在宗教改革前夜复兴了 210
传统的修道制度。'现代虔敬派'运动证明,像耶稣及其使徒那样过简单克己的团体生活,这种欲望即使到了中世纪晚期仍与原始教会时期一样强烈。"[②]

301. 库萨的尼古拉和中世纪的黄昏

尼古拉·克莱贝(Nicholas Krebs)于公元 1401 年生于库萨,在共同生活兄弟会管理的一所寄宿学校开始其学习生涯。有些学者认为,这段早年经历对于这位未来的枢机主教的精神发展产生过影响。[③] 库萨的尼古拉不久就发现爱克哈特大师与伪亚略巴古人的著作;正是这两位神秘主义神学家启发并且滋养了他的思想。但是,由于他渊博的知识(他精通数学、法律、历史、神学与哲学),他在形而上学研究上深刻的独创性以及他那独一无二的教会生涯使得库萨的尼古拉成为整个基督教历史上最复杂、最有吸引力的人物之一。[④]

对他的体系做一简明扼要的介绍,可能是徒劳的事情。对我们而言,最重要的是要记住他的宗教形而上学具有一种普世主义的视野,这在他的第

---

① 相反,波斯特(R. R. Post)坚持认为近代虔敬运动与宗教改革的精神之间没有连续性;参见 *The Modern Devotion*,第 675—680 页。

② Ozment,第 98 页。

③ Ernst Cassirer, *The Individual and the Cosmos in Renaissance Philosophy*,第 33、49 页。

④ 在数所著名大学(特别是 1417—1432 年在帕杜瓦大学)访学之后,他被祝圣为神父,1430 年前后受命担任科布伦兹的圣佛罗伦萨大教堂教长。1432 年入选巴斯勒的教务学院;然而,他加入了教皇犹金四世一派,作为使节被教皇派遣到君士坦丁堡邀请东方教会牧首和皇帝约翰·帕雷奥洛古斯参加佛罗伦萨公会议,以便为东西教会复合做准备。在他创作两部著名的作品——《论有学识的无知》(1440 年)和《论上帝的异象》(1453 年)——期间,库萨的尼古拉被擢升为枢机主教(1448 年)和布里克森(Brixen)主教(1450 年)。在布里克森,他卷入与泰罗尔的西格蒙德大公的冲突(1457 年),后迁至罗马,晚年潜心著述。1464 年死于托迪(Todi)。

一部著作《天主教的协调》(*De Concordantia Catholica*,1433年),还有他的《论有学识的无知》(*De Docta Ignorantia*,1440年)以及《和平的信仰》(*De pace fidei*,1453年)中都有所体现。库萨的尼古拉是第一位把"协调"当作一个普世的主题进行研究的人,"协调"不仅充分体现在教会生活、历史发展
211 和世界的结构中,还体现在上帝的本质里。① 他认为在教皇与公会议之间、在东西方教会之间,以及在基督教和历史上其他宗教之间都能够实现这种协调。他是通过伪亚略巴古人的否定神学而得出这一大胆结论的。正是通过这种否定方法,他创作了杰作《论有学识的无知》。

库萨的尼古拉(1437年11月)首次前往君士坦丁堡,在横渡地中海时,对有学识的无知(*docta ignorantia*)这一概念形成了直觉。这是一本很难读懂的书,所以在这里我们只是提出它的主要论点。库萨的尼古拉告诉我们,(相对的、复杂的以及有限的)知识无法把握(简单的、无限的)真理。既然一切科学都是猜想,所以人不可能认识上帝(1∶1—3)。真理,绝对的"极大",是理性无法企及的,因为理性不能解决矛盾(1∶10)。因此人必须超越推论性的理性和想象,而凭着直觉去了解这"极大"。实际上,有知识的人可以凭着简单的直觉去超越各种差别与歧异(1∶10)。但是,有知识的人却不能用理性的语言来表达,因此库萨的尼古拉便诉诸各种象征,首先就是几何图形(1∶1,12)。在上帝那里,无限大("极大")与无限小("极小")是一致的(1∶4),虚拟与现实也是一致的。② 上帝既非一体,也非三体,而是一个与三位一体相一致的整体(1∶19)。在他无限的纯洁性中,上帝包容(*complicatio*)一切事物,但同时他又处在(*explicatio*)一切事物之中;换言之,"包容性"与"被包容性"是一致的(2∶3)。在理解这种"对立的统一性"原则的过程中,我们的"无知"变成了"有学识的"。但是,"对立的统一性"绝对不能解释为一种通过理性而得到的综合,因为它不可能在有限的层面上实现,而是以猜想的方式在无限的层面上实现。③

库萨的尼古拉毫不怀疑,这种否定的方法使得对立的事物可以相互一致起来,它可为基督教的神学和哲学开辟一种全新的视野,进而有可能促进

---

① 参见 Jaroslav Pelikan,"Negative Theology and Positive Religion",第68页。

② 库萨的尼古拉认为,否定的神学高于肯定的神学,但是强调它们作为神学的组成部分又是相互协调的。

③ 我们要注意到这个概念——亦即无限的层面上形成的"对立的一致性"——同关于对立面的真实统一这一古老的、传统的概念(例如轮回和涅槃,参见§189)之间的差别。

基督教与其他宗教展开有条理的、富有成果的对话。不幸的是,西方基督教 212
世界并没有根据他的直觉和发现而有所作为。库萨于1453年写了《和平的信仰》,当时正值土耳其人征服君士坦丁堡,拜占庭帝国灭亡。事实上,"第二个罗马"的沦陷痛苦地证明了在宗教或政治上保存或者联合为一个整体方面欧洲束手无策。虽然这场灾难令库萨非常痛苦,但是他还是在《和平的信仰》中论证了各种宗教本质的统一性。他并不为宗教的"特殊性"——多神论、犹太教、基督教、伊斯兰教等等——所困扰。库萨依然遵循否定的方法,不仅考察了多神教的与真正的崇拜之间的不同,而且考察了双方的相通。因为多神教信徒"崇拜的是诸神中的神性。"①至于犹太教和伊斯兰教这些纯粹的一神教与基督教三位一体的一神教之间的区别,库萨的尼古拉认为:"作为造物主,上帝既是三位又是一体;但是作为无限,上帝既非三位又非一体,此外我们不能再说别的什么了。因为用来称呼上帝的那些名字都是受造的人类自己创造出来的;上帝本身无法描述,他超越于任何人可以命名或者言说的事物。"②此外,相信灵魂不朽的非基督教信仰者,其实已经不知不觉地承认了基督的死和复活。

这本精彩大胆的著作几乎完全被人遗忘。正如佩里肯(Pelikan)所说,《和平的信仰》一书到了18世纪末才被莱辛发现。有意义的是库萨的尼古拉的普世主义的观点为《智者纳坦》提供了灵感。可是同样有意义的是《和平的信仰》一书至今仍为近年来各种基督教普世运动的倡导者所忽视。

库萨的尼古拉是统一的罗马教会中最后一位重要的神学家—哲学家。在他去世50年之后,马丁·路德(Martin Luther)于1517年发表了著名的九十五条论纲(§307);数年之后,西方基督教的统一性从此一去不复返了。不过,从12世纪的韦尔多派和方济各会士到约翰·胡斯(John Hus)以及
15世纪的"现代虔敬派",许多人付出了努力,致力于"改革"("纯洁")教会 213
的某些实践和体制,而不是要造成教会分裂的后果。③

---

① 《和平的信仰》6:17,转引自Pelikan,第72页。"正是你赐予了生命与万物,你是我们通过各种不同的崇拜仪式所寻求的,你是我们用各种名字来称呼的,因为你是真正存在的,你无人知晓、不可言喻。"(《和平的信仰》7:21;Pelikan,同上书)

② 《和平的信仰》7:21;Pelikan,第74页。

③ 捷克籍司铎约翰·胡斯(1369—1415)在1400年被任命为布拉格大学校长,在布道中他批判神职人员、主教和教皇。在约翰·威克里夫(1325—1384)的影响下,胡斯创作了他最重要的一部著作《论教会》。受命于1414年出席康斯坦茨公会议,被谴责为异端并被处以火刑。

除一些极少数的例外，这些努力并没有造成重大的影响。多明我会的传教士吉罗拉莫·萨伏那洛拉(Girolamo Savonarola，1452—1498)代表了在罗马教会内部进行“改革”的最后一次尝试；萨伏那洛拉被指控为异端而被处以绞刑，尸体被绑在柱子上焚烧。从此之后，各种改革若不是反对天主教教会，就是在教会之外进行。

诚然，所有这些属灵的运动——有时依然处于正统范围内——以及它们所造成的反应，实际上都直接或间接地受到政治、经济和社会变化的影响。但是，罗马教会的敌意反应，特别是异端裁判所滥用职权，导致了基督教体验的贫乏与僵化。至于那些在欧洲历史上具有重要意义的政治因素的变化，我们只要提到君主制度的胜利以及君主制度所支持的一股新的灵性力量，亦即民族主义，就足够了。就我们的研究而言，我们应当看到，在宗教改革前夕，世俗的现实状况——不管是国家还是自然——完全独立于信仰的统治范围之外，这一点是很有意思的。

也许那个时代的人尚未意识到，但是奥卡姆的神学和政治学在历史的过程中表现出它的有效性。

302. 拜占庭和罗马。“和子句”纠纷

东方教会与西方教会的差异显然在公元4世纪就已经出现(§251)，在以后的数世纪又有所发展。原因很多：不同的文化传统(一方是希腊—东方的，另一方则是罗马—日耳曼的)；相互之间不仅语言不通，而且对神学文献
214 也不了解；在文化或教会体制上存在差异(神父在西方禁止结婚，西方用无酵的面包作圣餐；而东方则用发酵的面包；西方的圣餐要在酒里加上水等等)。教皇尼古拉斯(Nicholas)抗议让佛提乌(Photius，一个平信徒)过快地擢升为宗主教，“忘了”直接祝圣为米兰主教的安布罗斯的先例。罗马的某些动议也令拜占庭大为不满，例如6世纪时教皇宣布教会高于世俗权力；8世纪初，教皇确认查理曼大帝登基成为罗马皇帝，而这个称号一直是属于拜占庭皇帝的。

某些崇拜方式的发展和教会制度也赋予了东方基督教一种特有的面貌。我们已经看到，拜占庭帝国强调圣像崇拜(参见§258)以及例如东南欧洲农民流行的(§236)“宇宙论基督教”的重要性。整个大自然因十字架和复活而得到救赎和圣化，这种信念使得人们对生活有了信心，并且形成了一种宗教乐观主义。我们还要记得，东方教会十分重视敷圣油(Chrismation)

圣事，即所谓“圣灵赠礼的印记”。这个仪式在洗礼之后进行，使每一个平信徒（也就是万民[*laos*]中的一员）转变成为圣灵的承受者。这不仅解释了社团中每一分子的宗教责任，也说明了这些接受主教管理、在城市里面形成宗教组织的社团的自治。另外，我们还要补充的一个特点是：东方教会确信真正的基督徒可在今世神化（*theosis*，参见 § 303）。

双方的决裂肇始于在尼西亚—君士坦丁堡信经中加入“和子”一词。这段译文如下：“圣灵发自圣父和圣子。”第一个著名的“和子”纠纷可追溯到托雷多（Toledo）第二次公会议，该会议于 589 年召开，为了确认里卡尔德国王（King Reccared）从阿里乌派（Arianism）改信基督教。① 仔细分析，这两种形式表达了两种不同的神性概念。在西方教会的三位一体论中，圣灵确保 215
了神性的统一。相反，东方教会则强调圣父是三位一体的源泉、原则和起因。②

据某些学者的观点，正是日耳曼皇帝将新的表达方式强加给了这条信经。“加洛林帝国的成立在西方普及了‘和子’的概念，从而可谓形成了关于圣子的神学。目的就是为自己作为独一无二的野心勃勃的新国家找到一个合法化的基础。”③但是直到公元 1014 年，在皇帝亨利二世（Henry Ⅱ）的要求下，加入“和子”一语的信经才在罗马宣读④（而这个日期可视为大分裂开始的标志）。

尽管如此，两个教会之间的关系并非彻底决裂。公元 1053 年，教皇利奥九世（Leo Ⅸ）派遣了一个使团前往君士坦丁堡，由教廷特使洪贝尔（Humbert）枢机主教率领，要求恢复教会关系，并且联合抵抗当时正在推进占领意大利南部的诺曼人（Normans）。但是，拜占庭的牧首米歇尔·色路拉里乌（Michael Cerularius）对此相当冷淡，拒绝作出任何让步。公元 1054 年 7 月 15 日，教皇特使在圣索菲亚大教堂的祭台上放了一份绝罚色路拉里乌的宣告，指责他犯有十项异端，包括在信条中除去“圣子”一词、允许教士结婚等。

在这次决裂之后，西方人对希腊人的敌意与日俱增。公元 1204 年发生

① 很有可能，加入“和子”一词是为了强调对于三位一体的第二位格的理解，阿里乌派和天主教有所不同。

② 参见 Jaroslav Pelikan，*The Spirit of Eastern Christendom*，第 196—197 页。

③ Olivier Clément，*L'essor du christianisme oriental*，第 14 页。

④ 新的表述方式于 1274 年里昂公会议上被采纳为信条。

了最终难以挽回的决裂，当时第四次东征的十字军攻打君士坦丁堡，并将其洗掠一空，他们捣毁圣像、将圣人遗物丢弃在污物里面。根据拜占庭的编年史家尼塞塔斯·科尼亚底斯(Nicétas Choniatès)记载，一位妓女在牧首的宝座上唱起了淫秽的歌曲。这位编年史家写道："穆斯林没有侮辱我们的妇女……，没有让城中居民陷于悲惨的境地，没有剥掉他们的衣物，让他们赤身裸体地穿街走巷，也没有让他们饿死或被烧死……。而今，这些相信主的名字、和我们信仰同一种宗教的基督徒竟如此对待我们。"[①]正如前文已经
216 提到的(§268)，佛兰德斯的鲍德温被宣布为拜占庭的拉丁皇帝，而威尼斯人托马斯·摩罗西尼成为君士坦丁堡牧首。

希腊人一直也没有忘记这一段悲惨的历史。尽管如此，由于面临土耳其人的威胁，东正教会在公元 1261 年以后与罗马重新开始了教会谈判。它坚持召开一次普世的公会议以便平息"和子"的争论，安排联合的各项事宜。就拜占庭皇帝而言，他们期望得到西方的军事援助，急于实现同罗马教会的联合。谈判长达一个多世纪。最后，在佛罗伦萨公会议上(1438—1439)，东正教代表在皇帝的施压下接受了罗马的条件，但是联合立刻被信徒和教士宣布无效。进而，14 年之后，公元 1453 年，君士坦丁堡被土耳其人占领，拜占庭帝国从此灭亡。尽管如此，它的宗教结构在东欧以及俄罗斯至少持续了三个多世纪。那就是罗马尼亚历史学家伊尔加(N. Iorga)所说的"拜占庭之后的拜占庭"。[②] 这种东方的遗产促进了一种"民间"基督教的蓬勃发展，不仅抵制了多年以来对于历史的恐惧，而且创造出一个完整的艺术天地和宗教价值，其根源可以一直追溯到新石器时代(参见§304)。

303. 静修派僧侣。圣格列高利·帕拉马斯

我们已经提到过神化(*theosis*)[③]以及两位将这种与神合一的教理系统化的大学者，尼斯的格列高利和忏悔者马克西姆(§257)。在《摩西的生平》

---

① Nicétas Choniatès, *Histoire*, Olivier Clémnet 翻译，第 81 页。参见 Deno John Geanakoplos, *Interaction of the "Sibling" Byzantine and Western Culture*，第 10 页以下、第 307 页以下(注解 17—22)。君士坦丁堡于 1261 年被米歇尔·帕拉奥洛古斯(Michael Palaeologus)重新征服。

② 尤其参见，N. Iorga, *Byzance après Byzance*(Bucharest，1933；New edition，1971)。

③ 这个观念是以基督的话为基础的："你所赐给我的荣耀，我已赐给他们，使他们合而为一，像我们合而为一。我在他们里面，你在我里面，使他们完完全全地合而为一"；《约翰福音》17∶22。参见《彼得后书》1∶4。

(*Life of Moses*)一书中，尼斯的格列高利论及"光明的黑暗"，摩西说他在这"光明的黑暗"中看见了上帝(2∶163—164)。忏悔者马克西姆认为，正是在 217
黑暗中看见上帝造成了"神化"的后果；换言之，信徒参与到上帝里面。因此神化是一种自由的赠予，是"全能上帝的一个行动，他从超越性中自由地显现出来，然而同时在本质上却依然是不可认知的"。① 与此相似，有新神学家之称的西缅(Simeon，942—1022)是东方教会唯一谈论自身体验的神秘主义者，他用如下的语言描述"神化"的奥秘："主啊，你已经答应我，让我这座腐朽的庙宇——我的肉身——与你神圣的肉体结合，让我的鲜血与你的鲜血交融；甚至现在我也是你透明与半透明的肢体。"②

我们已经看到(§257)，神化(*theosis*)乃是东正教神学的核心教理。我们要补充的是，它与"静修派"(Hesychasts，该词起源于 *hesychia*，"平静")的灵性训练有密切联系，这些修士居住在西奈山(Mount Sinai)的修道院。他们最喜爱进行"心灵的祈祷"或者"耶稣的祈祷"。这一篇简短的经文("主，耶稣基督，上帝之子，请赐予我仁慈吧！")，必须不停地复诵、沉思和"内在化"。自从 6 世纪以来，静修派从西奈山出发传遍了整个拜占庭世界。约翰·克里马库斯(John Climacus，6/7 世纪)，西奈山最有影响的神学家，就已经十分注重静修的重要性。③ 但是隐居者尼希弗鲁斯(Nicephorus the Solitary，13 世纪)将这种神秘主义思潮传到了阿索斯圣山(Mount Athos)和其他修道院。尼希弗鲁斯认为，灵性生活的目标是要使人意识到"隐藏在心中的宝藏"；换言之要将精神(*nous*)与心灵，"上帝之地"，结合起来。以呼吸为工具，将精神"降临"到心灵里面就可以达到这种结合。

尼希弗鲁斯是"第一位将耶稣的祈祷与吐纳术结合在一起的人"。④ 在《论心的呵护》(On the Care of the Heart)一书中，尼希弗鲁斯详尽地阐述了这个方法。"正如我对你说的，坐下、凝神，把它——我是指你的精神——引入鼻孔，那是呼吸通向心灵的必经道路。推动它，迫使它与你吸入的空气一样下降到心灵中去。当它到达那里之后，你就会随之发现喜悦接踵而至 218
了……。就像一个离家男人掩饰不住与妻儿重逢的喜悦一样，当精神与灵魂

① Jean Meyendorff, *Saint Grégoire Palamas et la mystique orthodoxe*，第 45 页。

② 转引自同上书译文，第 57 页。

③ 参见 Colm Luibheid and Norman Russell 翻译，*John Climacus: The Ladder of Divine Ascent*, Kallistos Ware，第 48 页以下。

④ Jean Gouillard, *Petite Philocalie*，第 185 页。

结合在一起的时候喜悦和不可言喻的快乐就会喷涌而出……。然后你要明白,当你的精神到达那里时,你不可缄默不语,也不能漫不经心。不要做任何事情,也不要沉思,只要喊道:‘主,耶稣基督,上帝之子,请赐予我仁慈吧!’无论如何都不要换气。”①

对于静修派在阿索斯圣山上兴盛起更重要作用的人物是西奈的格列高利(Gregory of Sinai,1255—1346)。他强调“对上帝的回忆”的重要作用(“你要记念雅赫维[耶和华]你的上帝”;《申命记》8:18),以便意识到洗礼所赐予的、但是很快被罪孽掩盖的恩宠。格列高利欣赏隐修士的独居胜过团体的修院生活,因为长篇的祈祷在他看来太过外在化,不能唤起“对上帝的回忆”。但是他也提示修士小心那些由于想象而引发幻觉的危险性。②

在很大程度上,正是由于静修派引起的争论,拜占庭神学才不再是自9世纪以来的那种“重复的神学”。公元1330年前后,卡拉布里亚(Calabria)有个叫巴尔拉姆(Barlaam)的希腊人来到君士坦丁堡,他赢得了皇帝的信任,致力于教会之间的统一。③ 在与一些静修派修士会面之后,巴尔拉姆强烈批评他们的方法,并指责他们为异端——确切地说即梅萨林派(Messalianism)。④ 因为静修派宣称能够看到上帝本身。而直接用肉眼看到上帝是不可能的。在静修派的辩护者当中,最著名的是格列高利·帕拉马斯。帕拉马斯生于1296年,祝圣为神父并在阿索斯圣山的修院生活了20年之后,成为帖撒罗尼迦(Thessalonika)的大主教。帕拉马斯曾撰《静修派圣徒
219 的三大辩护》回应巴尔拉姆,他更进一步,要更新东正教神学。他最大的贡献是将神性的本质与“能量”加以区分,上帝正是凭着这些能量与人沟通并显现自己。“上帝的、不可认知的本质,如果不拥有一种与自身不同的能量,将根本无法存在,并将仅仅是一个灵性的概念而已。”⑤上帝的本质是能量的“原因”,“每一种能量实际上就是指一种不同的神的属性,但是它们并不

① 根据古伊拉得(Gouillard)的翻译,*Petite Philocalie*,第204页。关于其与瑜伽修行和齐克尔的相似,参见 Eliade, *Yoga, Immortality, and Freedom*,第63、216—219页。

② 迈耶恩多夫(Meyendorff)认为此乃“东正教神秘主义的基本特点:不论是否出于自愿,想象是与上帝合一最危险的敌人”(Meyendorff,第71页)。

③ 1339年,他接受秘密使命,到阿维尼翁会见教皇本笃十二世;参见 Deno John Geanakoplos, *Byzantine East and Latin West*,第90页以下所录巴尔拉姆的书信。

④ 梅萨林派认为,信徒的最终目标就是魂游像外,与基督光明的身体合为一体。

⑤ 译文载 Jean Meyendorff, *Introduction à l'etude de Grégoire Palamas*,第297页。

构成不同的实体,因为它们都是唯一的永生上帝的行为。”①(能量的教义为1341、1347 和 1351 年拜占庭宗教会议所肯定。)

至于静修派看见的神光,帕拉马斯引用耶稣变容的光。在他泊山(Mount Tabor)上,耶稣没有发生任何变化,而是使徒内心发生了变化:他们因为上帝的恩宠,能够在如此刺眼的光芒中看到耶稣的本来面貌。亚当在堕落之前曾经拥有这种能力,人类在将来的末世也将恢复这种能力。②此外,帕拉马斯发展了埃及修士的传统,断言看见永恒的光明与圣徒客观的光亮本性不可分离。“凡是沐浴上帝能量的……在某种程度上他变成了光明本身;他与光明融为一体了,他因与光明同在,就可以充分地看见未曾得到此种恩宠的人所看不见的东西。”③

实际上,自上帝道成肉身以后,难道我们的身体不正是“圣灵的殿吗?这圣灵是从上帝而来,住在你们里头的”(《哥林多前书》6:19);通过圣餐圣事,我们在身体里面发现了基督。“我们负载那表现为耶稣基督人格的圣父的光明”(《静修派圣徒的三大辩护》1:2,2)。这种神圣存在于我们的身体里面,“改变着我们的身体并赋予其灵性……以至于整个人都成了圣灵”。④ 220
但是这种肉体的“灵性化”并不意味着脱离物质。相反,沉思者“无需与自始至终伴随着他的物质相分离,凭着他自己、整体的受造物”,而通向上帝。⑤这位伟大的神学家反对下一个世纪(“古代文艺复兴”时期)吸引了拜占庭知识分子以及某些教会成员的柏拉图主义。⑥ 帕拉马斯回到《圣经》传统,强调圣事的重要性,认为通过圣事,物质的东西不必消亡就可以发生“变体”。

静修派以及帕拉马斯神学的胜利复兴了圣事生活,更新了某些教会体制。静修派迅速传入欧洲东部,进入罗马尼亚诸省、俄罗斯,直到诺夫哥罗

---

① 参见 Meyendorff, *Introduction à l'etude de Grégoire Palamas*,第 295 页对未经编辑的文本所做的概括。

② 这就是说对于上帝永恒光明的认识,与开端和终结时候的完美状态有关,也与历史开始之前的天堂和终结历史的末世有关。但是那些配进天国的人在今世就能够看到那永恒的光明,就像在他泊山上的使徒那样。参见 Eliade,“Experience of Mystical Light”, *The Two and the One*,第 60 页以下。

③ Vladimir Lossky, “La Théologie de la Lumière”,第 110 页。

④ 《静修派圣徒的三大辩护》2:2,9;迈耶恩多夫(John Meyendorff)翻译。

⑤ 帕拉马斯至少三次论及这一主题;参见 Meyendorff, *Introduction à l'etude de Grégoire Palamas*,第 218 页。

⑥ 参见 Geanakoplos,第 21 页以及注解 45。“在证明静修派神学家的思想的过程中,拜占庭教会对于文艺复兴的精神视而不见”,Meyendorff, *Introduction*,第 236 页。

德(Novgorod)。尽管如此,希腊文化的"复兴"以及柏拉图哲学的高扬并没有持续下去。换言之,拜占庭以及东正教国家并没有接触到人文主义。有些学者认为,正是由于帕拉马斯反对巴尔拉姆的奥卡姆主义以及希腊哲学的双重胜利,东正教没有给予宗教改革运动留下任何余地。

最后还需补充的是,在帕拉马斯之后最为大胆的神学家是尼古拉·卡巴希拉斯(Nicolas Cabasilas,1320/1325—1371),他是一位平信徒,在拜占庭行政机构中担任高级官员。卡巴希拉斯不仅奠定了一种长期影响东正教各族人民的传统的基础,而且认为平信徒高于修士。后者的模式是一种天使的生活,而平信徒的生活则是完美人的生活。此外,尼古拉·卡巴希拉斯写道,正是平信徒能够深刻地理解基督徒的体验,尤其是理解圣事的奥秘。①

---

① 参见所著 *Life in Jesus Christ* 以及 *The Explanation of the Divine Liturgy*,它们在东正教社会至今仍广为传阅。

第38章　宗教改革前后的宗教、巫术与赫耳墨斯教传统 221

304. 前基督教传统的遗存

我们前面已经多次提到，欧洲各民族的基督教化未能抹煞他们不同的民族传统。皈依基督教产生了许多共生现象和宗教融合，它们一再表现出农民或者牧民所特有的“民间”创造力。我们已经提到“宇宙论的基督教”的一些例子(§237)。在其他地方，我们还证明从新石器时代直到19世纪，某些与石头、水和植物有关的崇拜仪式、神话和象征的连续性。[1] 我们还要补充的是，随着各民族皈依基督教——即使有些地方的皈依是十分表面性的——大量的民族宗教传统以及地方神话都被同源化了，换言之，被综合进了一个共同的“神圣历史”中去了，并且用相同的语言，也就是用基督教的信仰与神话加以表达了。所以，例如对于风暴神的记忆保存在了圣以利亚的传奇里面；大量的屠龙英雄被圣乔治(Saint George)同化；某些对于女神的神话和崇拜仪式都被综合进了圣母马利亚的宗教性民间故事里面。总而言之，大量异教遗产的形式和变化显然变成了基督教化的神话—仪式的整体。

我们无需逐一列举所有“异教遗存”的范畴。只要引用几个特别具有启发意义的例子就足够了：例如，“卡里康扎利”(*kallikantzari*)，也就是在圣诞节与显现节之间的十二日中骚扰希腊村庄的魔鬼，其实他们就是古典时期半人半兽神话—仪式情节的延续；[2]而在火上行走的古老仪式，则被综合 222

---

① 尤其参见 Eliade, *Patterns in Comparative Religion*，第6、8、9章。

② 参见 J.-C. Lawson, *Modern Greek Folklore and Ancient Greek Religion*，第190—255页。他们的名字起源于 *Kentauroi*，同上书，第233页以下。亦可参见 G. Dumézil, *Le problème des Centaures*，第165页以下。

进了色雷斯的安纳斯塔纳利亚(*anastenaria*)仪式;①最后,同样在色雷斯举行的狂欢仪式,其结构令人联想到自公元前1 000年代起雅典的“田野中的狄奥尼索斯”以及安塞斯特利节(Anthesteria)(§123)。②我们还要进一步指出的是,某些见载于荷马史诗的题材和叙事主题至今依然流行在巴尔干半岛和罗马尼亚的民间故事里面。③ 此外,列奥波德·施密特(Leopold Schmidt)在分析中、东欧一些农业仪式时证明,它们与早在荷马时代就已经消失的古希腊神话—仪式是一脉相承的。④

对我们而言,应当对某些异教—基督教融合的事例进行一些描述,既可以说明古老遗产的弹性,也可以说明基督教化的过程。首先,我们选择“十二日”这一复杂仪式为例,因为它的源头可以一直追溯到史前时代。既然我们对于这个仪式的全部内容(庆典、游戏、唱歌、舞蹈、戴着动物面具游行)已经了如指掌,我们就集中考察仪式性的圣诞颂歌。它们遍及整个东欧,一直到波兰。圣诞颂歌的罗马尼亚语和斯拉夫语称作科林德(*colinde*),起源于一月历(*calendae Januarii*)。在若干个世纪里面,教会当局曾不遗余力地试图铲除它们,但总是以失败告终。(公元692年,君士坦丁堡公会议再度严令禁止。)结果相当一部分圣诞颂歌借用了民间基督教的神话人物与主题,总算是“基督教化了”。⑤

这个仪式习惯上从圣诞节前夜(12月24日)开始,一直持续到次日清晨。由年轻人组成圣歌队(*colindători*),人数6名到30名不等,推选一个熟
223 悉传统习俗的人作为领队,他们聚集在一所房子里接受必要的训练,每星期4—5次,持续40天或18天。到12月24日晚上,圣歌队穿上新衣,饰以鲜花、铃铛,首先来到主人的房子里放声高歌,然后挨家挨户拜访村里的每一家人。在街道上,他们高声叫喊,击打手鼓,吹响喇叭,为的是驱逐各种恶灵,并通知村民他们已经走近了。他们先在窗下唱上一曲圣诞颂歌,在得到准许之后,他们进入村民的房子继续唱歌,与姑娘们一起跳舞,口颂古老的

---

①② 参见 C. A. Romaios, *Cultes populaire de la Thrace*,第17—123、125—200页。

③ 参见 C. Poghirc, “Homère et la ballade populaire roumaine”; Eliade, “History of Religion and ‘Popular’ Cultures”,第7页。

④ 参见 L. Schmidt, *Gestaltheiligkeit im bäuerlichen Arbeitsmythos*。

⑤ 我们主要利用的是罗马尼亚的民间故事文献,但是人们还会在东欧其他的地方发现某些相似的情节,只是有所变化而已;参见 Eliade, “History of Religions and ‘Popular’ Cultures”,第11页以下。

祝福话。这些圣歌队将带来健康和富足,他们将一束绿色的杉树枝插在盛满了苹果和豆子的花瓶里来表达这些祝福。除了在那些穷困家庭之外,他们可以得到礼物:花冠、蛋糕、水果、肉、酒等。在走遍整个村庄之后,这群人举办一场宴会,全村的年轻人都会参加。

圣诞颂歌的仪式内容非常丰富、复杂。其中说祝福的话(*oratio*)和仪式性盛宴包含了最为古老的因素:它们与各种新年节极为相似。[1] 圣歌队在领队带领下发表一通演讲(*urare*),盛赞屋主高贵、慷慨和富足。有时圣歌队装扮成一群圣徒(圣约翰、圣彼得、圣乔治、圣尼古拉)。在保加利亚,某些圣诞颂歌的主题是上帝带着圣婴耶稣或者一群圣徒前来造访人间。而在其他地方,圣歌队被认为是"应邀前来"(*oaspeti buni*),是上帝派遣他们给人类带来幸运与健康的。在乌克兰略有变化,上帝本人去唤醒屋主,告诉他圣歌手快到了。在特兰西瓦尼亚(Transylvania)的罗马尼亚人那里,上帝从蜡制的梯子从天而降,身披星光点缀的外袍,外袍上面还画着圣歌队。[2]

许多圣诞颂歌也反映了东南欧洲各民族所特有的一种"宇宙论的基督教"。从中可以发现宇宙创造的故事,但是又与《圣经》宇宙起源论无关。上帝或耶稣在三天之内创造世界;但是耶稣发现大地太大了,天盖不住它,就扔出三个戒指,化作天使,天使生出高山。[3] 而其他一些圣诞颂歌则唱道, 224
上帝在创造大地之后,用四根银柱支撑它。[4] 还有许多歌曲把上帝描绘成为一个吹笛的牧人,圣彼得带领一大群羊跟随着他。

但是还有更多、更古老的圣诞颂歌把我们引入另外一个想象的世界。故事背景扩展到了整个世界:在上天与深谷、群山与黑海之间。在非常遥远的大海之中,有一座岛屿,岛上有一棵高大的树,一群年轻的姑娘绕着大树翩翩起舞。[5] 这些古老的圣诞颂歌以美好的言辞描绘其中的人物:他们英俊潇洒,不可征服;他们的衣服上点缀着太阳和月亮(恰似基督教赞美诗中的上帝一样)。在高高的天空中,在太阳的近旁,有一位年轻的猎人骑上骏

---

① 参见 Eliade, *Cosmos and History: The Myth of the Eternal Return*,第 51 页以下。

② 参见 Monica Brătulescu, "Colinda românească",第 62 页以下。

③ 关于这个民间故事的主题,参见 Eliade, *Zalmoxis, the Vanishing God*,第 76 页以下。

④ Al. Rosetti, *Colindele religioase la Români*,第 68 页以下;Monica Brătulescu, "Colinda românească",第 48 页以下。

⑤ 在某些版本中,宇宙树位于大海的中心或者对岸。

马。屋主和他的家人也都被神话化了:主人和他的亲戚被投射到一个天堂一般的乡村,就像国王一样。最美丽的圣诞颂歌的英雄往往是猎人和牧人,这一点就证明它们的古老。在皇帝的命令下,年轻的英雄与狮子搏斗,制服它并将它捆绑起来。50个骑士企图穿越大海(黑海),但只有一个成功到达那座岛屿,娶了一个最美丽的姑娘为妻。而其他英雄则去追逐拥有魔力的猛兽,并且战胜它们。

许多圣诞颂歌的情节类似于某种入会礼仪式。同样,其中也有一些姑娘的入会礼仪式的痕迹。[①] 姑娘和少妇吟唱的圣诞颂歌,与其他口头流传的歌谣一样,叙述一个迷路或者独居荒漠的少女所遭受的折磨,她承受着因女性的生理变化以及即将来临的死亡而造成的痛苦。但是,与男性入会礼不同的是,女性入会礼没有保留下明确的仪式。女性的入会礼考验只是残
225 存在圣诞颂歌以及其他庆典歌曲的想象世界里面。尽管如此,这些口传作品也有助于我们间接地了解远古时代女性的精神世界。

305. 净化舞蹈的象征和仪式

对于这些圣歌队进行的入会礼指导,[②]以最后加入名为马舞者(*căluşari*)的净化舞蹈的秘密团体而宣告完成。[③] 现在年轻人要学习的不是与圣诞节有关的传说和歌曲,而是一系列特别的舞蹈和神话。这种舞蹈名为马舞(*căluş*,起源于罗马尼亚语 *cal*,"马";拉丁文 *caballus*)。这个团体由7、9或11个青年组成,由一个年长的领队挑选并进行指导。他们每人手持狼牙棒和大刀,带着一个木马头和一面"旗帜",就是一头绑上许多草药的木杆。正如我们将要看到的,有一个马舞者,被称作"哑巴"或"戴面具",在整个团体中发挥着不同于其他舞者的作用。

入会礼的指导在森林里或其他与世隔绝的地方进行,整个过程持续两到三个星期。马舞者一旦为领队所选中,就要在五旬节的前夜聚集到一个秘密的地方。他们手持"旗帜",宣誓遵守团体的规章和习俗,彼此相待如同兄弟,在以后的9天(12天或14天)之内保持贞洁,不对外人透露他们将要

---

① 我们还要补充的是,在一位年迈的妇人引导下,那群举行庆典的姑娘(*caeta*)定期重新聚集在一起,接受性、婚姻、葬礼以及草药的秘密等方面的指导;Monica Brătulescu, "Caeta feminină",各处。

② 参见 Eliade, "History of Religions and 'Popular' Cultures",第17页。

③ 参见 Eliade, "Notes on the *Căluşari*",各处;Gail Kligman, *Căluş*。

看到或听到的一切，并且服从领队。当马舞者集体宣誓的时候，他们祈求仙女王后希罗底（Herodias＝*Irodiada*）的保护，高举手中的狼牙棒，相互敲打。他们一句话不说，免得仙女（*zîne*）让他们得病。从宣誓之后一直到团体正式解散，马舞者们都是聚集在一起，不会分离。

这个仪式中的许多因素令人联想到男性联盟（*Männerbund*）的入会仪式：在森林里与世隔绝，发誓保守秘密，“旗帜”的角色，狼牙棒与刀剑，马头的象征意义等等。① 马舞者最主要、最突出的特点就是杂技—编舞，他们尤 226
其精于让人产生在空中自由移动的印象。显然，他们闪转腾挪，像飞奔的骏马，又像且飞且舞的仙女（*zîne*）。而且，那些可能是仙女使其致病的人又是跳跃又是叫喊，“就像马舞者那样脚不点地。”马舞者与仙女的关系非常奇怪而且矛盾：马舞者祈求并且依赖希罗底的保护，同时却又面临成为她的随从，也就是成为那些仙女的受害者。马舞者模仿仙女的飞翔，但同时他们又突出自身与马——强壮英武的象征——的一致性。这种矛盾的关系本身也表现在他们的行为举止上。在大约两个星期内，马舞者由二三个小提琴手陪伴，到附近的大小村庄里跳舞、奏乐，试图治愈仙女的受害者。人们相信在此期间，也就是在复活节后第三个星期到五旬节的星期天，仙女们尤其是到夜幕降临后，飞翔、唱歌、跳舞。大家可以听到铃声、鼓声以及其他乐器的奏鸣，因为仙女有许多小提琴手、风笛手，甚至旗手随侍。对付这些仙女的最好办法就是吃蒜和艾蒿，马舞者正是把这两种植物装入一个小包，挂到旗杆的顶端。而且他们尽可能地多嚼大蒜。

治疗过程主要是一系列的舞蹈，并且辅之一些仪式性的动作。② 在有些地区，病人被抬到村外的树林边，放在一群马舞者中间。在跳舞的时候，领队用“旗帜”触碰其中一个舞蹈者，他立即倒地不醒。不论是真是假，这样的昏厥总要持续三五分钟。在舞者倒地的一瞬间，真的病人就要起身逃走；
不管怎样，有两个马舞者会扶住他的胳臂迅速离开。那个舞者的昏厥显然 227
具有治疗的象征意义：疾病离开病人而进入到马舞者体内，替他“去死”，然

① 迪米特里·康特米尔王子（Prince Dimitri Cantemir）还提供某些重要的信息，人们发现有一些信息到 19 世纪已经不存。根据这位 *Descriptio Moldavia* 的作者的记载，马舞者用女人的声音讲话，用麻布遮脸；他们知道 100 多种舞蹈，有的非常与众不同，舞者好像脚不点地，“就像空中飞舞似的”；马舞者只在教堂里面睡觉，免得仙女给他们带来痛苦。参见 *Descriptio Moldaviae*（评注本，Bucharest，1973），第 314 页。

② 病人要触摸一些草药，然后将一些大蒜撒在他的脸上；打碎一罐水；献祭一只黑鸡等等。

后再回到人间，因为他是“受了入会礼的”。

在舞蹈和仪式结束之间会表演一系列滑稽剧。其中最重要的角色是“哑巴”。例如，马舞者将他抛到空中，然后重重地摔到地上。“哑巴”好像摔死了，整个团体为他哀哭，并且准备埋葬他，但还没有来得及埋葬，他又活过来了。而富喜剧性、最精心设计的节目要等到最后一天上演，那天，舞蹈团体回到了村庄。有四个马舞者打扮得怪模怪样的，扮演大家熟悉的人物：教士、土耳其人（或哥萨克人）、医生和妇人。每个人都企图与妇人做爱，其手势极其猥亵。哑巴戴着一个木头阳具，做出各种荒诞古怪的动作增添欢乐的气氛。最后，某一个“演员”被杀死后又复活，而“妇人”则怀孕了。①

不论马舞起源于何处，②其最近几个世纪以来的形式仅见于罗马尼亚，它可以被视为某种罗马尼亚民间文化的创造。同时它的特点既相当古老，又具有开放的结构（这表明它也吸收了其他的一些场景，例如荒诞怪异的情节）。“马舞”这一远古的乡村仪式——其中狼牙棒的仪式功能、杉树形的木杆（而树木在前基督教的庆典中具有很重要的特殊意义）就是明证——封建社会对其产生了重大的影响（比如“旗帜”、刀剑，偶尔还有马刺），更不用说歌曲的内容了。虽然誓言是以上帝的名义来进行的，但是整个仪式与基督教没有任何关系。教会当局对此甚至以暴力手段加以反对，有时也取得了一定的成功，因为许多17世纪还存在的古老特征（参见第1133页注解①）后来都消失了。直到19世纪末，有些地区禁止马舞者参加圣餐，有时长达三年时间。但到最后，教会决定对他们采取容忍的态度。

因此，尽管有长达六个世纪的基督教以及其他文化的影响，人们还是能
228 够解读出东南欧洲乡村社会中入会仪式的遗迹。这些仪式融入了新年仪式与冬去春来的神话—仪式的系统。在某些情况下，例如在马舞者那里，远古的遗产是相当明显的，尤其是在舞蹈以及舞蹈特有的音乐结构中就更加明显了。相反，在圣诞颂歌的神话—仪式中，只有歌词保存了入会仪式的因素。我们可以说，在不同宗教与文化的影响下，许多与传统的入会礼有关的仪式都消失了（或者说遭到了彻底的压制），而歌词和神话的结构则得以保存下来。

---

① 参见 Eliade，“Notes on the *Călușari*”，第129页以下。

② 起源迄今仍然不详；参见 Eliade，“Notes on the *Călușari*”，第129页以下。

不管怎样，**舞蹈**与**文本**的宗教作用是非常明显的。这就是说，对圣诞颂歌的想象世界进行分析可以揭示中、东欧农民特有的宗教体验和神话创造力。不幸的是，对于这样的农村传统，我们尚未进行恰到好处的诠释；换言之，对于口头流传的神话—宗教文本，我们还没有像对于书面文本所做的那种分析。这样一种解释学研究不仅可以发掘传统文化遗产所具有的深刻含义，而且可以发掘基督教的资料是如何重新得到解释的。在基督教的"整体"历史上，农村人口的特殊创造是同样值得研究的。除了各种以《旧约》和希腊哲学为基础构建的神学以外，我们还必须注重考察"民间神学"的基本内涵，这样我们就会发现从新石器时代一直到东方和希腊化时期许多古老的宗教因素，尽管它们被重新解释、被基督教化了。[①]

306. "搜捕女巫"和民间宗教的兴衰

由新教教会和异端裁判所于 16—17 世纪发起的有名的、邪恶的"搜捕女巫"运动，其目的就是要摧毁一种撒但的、犯罪的崇拜，有的神学家认为，这种崇拜直接威胁到基督教信仰的基础。最近的研究[②]表明，当时的一些重大指
控纯属荒诞无稽：亲近魔鬼，集体淫乱，屠杀幼童，食人，施行咒术(*maleficia*) 229
等。许多巫师和女巫们屈打成招，承认犯下了这些可诅可咒、罪恶滔天的行为，乃至被处以火刑。这似乎为当代一些历史学家的观点做了辩护，他们认为所谓的巫师的神话—仪式纯粹是神学家以及异端裁判所的审判官捏造出来的。

然而这种观点必须做进一步的澄清。实际上，即使许多受害者并没有犯下当时被指控的罪行和异端，许多人确实承认进行了具有异教起源和结构的巫术—宗教庆典——长期以来，这些庆典一直为教会所禁止，即便它们有时表面上也会被基督教化。这种神话—巫术传统正是欧洲的民间宗教。我们现在就要讨论其中的一些例子，以便进一步理解某些术士招供——甚至相信——他们在施行某种魔鬼崇拜的过程。

大体而言，"搜捕女巫"的目的是要肃清"异教"残余：大体也就是那些丰

---

① 参见"History of Religions and 'Popular' Culture"，第 24 页以下。

② 这方面的著作可谓汗牛充栋。参见 Eliade, *Occultism, Withchcraft, and Cultural Fashions*，第 69—70 页以及注解 1—2，以及 Richard A. Horsley, "Further Reflections on Witchcraft and European Folk Culture"的书目。最近的出版物已在评论性书目(§306)中列出。

产仪式和入会仪式。搜捕女巫的后果是削弱了民间宗教的精神，在某些地区甚至造成了农业社会的衰落。①

根据1384年和1390年在米兰异端裁判所的审判，有两名妇女承认自己属于一个黛安娜·希罗底(Diana Herodias)领导的团体。其成员不仅有活人也有死者。她们在庆典宴会期间吃掉的动物，女神又会使它们(从骨头里面)起死回生。黛安娜(又名"东方女主人")教她的信徒如何使用草药治愈各种疾病、如何发现偷盗者、如何辨别巫师。② 显然黛安娜的信徒与施行魔鬼诅咒的人毫无共同之处。很有可能她们的仪式和异象是丰产崇拜的延续。但是，正如我们将会看到的，异端裁判所的审讯将情况全部改变了。在16—17世纪的洛林(Lorraine)，这些"行巫术的"在教会当局面前承认他们
230 只是"医师—占卜家"，而绝非巫师；只是经过严刑拷打之后，他们才最终交待他们是"撒但的奴隶"。③

"流浪派"(*benandanti*)案件也生动地说明在异端裁判所的压力之下，一个秘密的丰产崇拜如何变成了黑巫术实践。1575年3月31日，阿奎拉(Aquileia)和康科迪亚(Concordia)的异端裁判所的代理主教和审判官获悉在某些村庄里有巫师活动，他们被称为流浪派，自称是"好"巫士，因为他们专门与其他巫师(*stregoni*)进行战斗。对第一批流浪派的调查揭露了以下的事实：他们每年四次在夜间举行秘密集会(也就是在四季交换的那个星期)；他们骑着野兔、猫或者别的动物抵达集会地点；这些集会没有任何迹象显示出类似"巫师"集会的魔鬼特征；他们不放弃也不诅咒圣事和十字架，也不举行魔鬼崇拜。他们举行仪式的根据让人捉摸不透。流浪派凭着茴香枝叶，与使用灯心草茎扫帚的男女巫师(*strighe*, *stregoni*)对抗。流浪派宣称他们同邪恶的巫师大战并且治愈其受害者。如果流浪派在四季轮换的战斗中获胜，那么当年就会丰收，否则就会造成歉收和饥荒。④

后来的调查又揭露了流浪派招募成员的一些细节，以及他们夜间集会的内容。他们宣称有一位"天使"命令他们加入这个组织，他们一般在

---

① 为了充分说明这种现象的复杂性，我只分析一些鲜为人知的(来自罗马尼亚民间故事的文献)事例。

② B. Bonomo, *Caccia alle streghe* (Palermo, 1959)，第15—17、59—60页；Richard A. Horsley, "Further Reflections on Witchcraft and European Folk Religion"，第89页。

③ Étienne Delcambre，转引自Horsley，第93页。

④ Carlo Ginzburg, *I Benandanti*，第8页以下。

20—28岁之间获得这个团体的秘密。该团体实行军事化组织，由一位队长指挥，他击鼓为号，成员就会聚集到一起来。其成员发誓严守秘密。有时流浪派的集会有高达 5 000 名成员参加，有些来自同一地区，但大多数成员相互并不认识。他们有一面白鼬皮装饰的旗帜，而巫师的旗帜是黄色的，上面缀着四个魔鬼。流浪派成员有一个共同的特征：他们生下来的时候就"穿着 231
衣服"。换言之，他们出生的时候包裹着一层叫做胎膜的"薄膜"。

异端裁判所坚持他们对巫士集会的刻板概念，问他们那位"天使"是否许诺向他们提供美味佳肴、美人和其他淫秽的享乐，他们骄傲地否认这些影射之事。他们说只有巫师才在集会中跳舞狂欢。流浪派最大的谜团是他们前往集会地点的"出行方式"。他们坚持认为是在熟睡中凭着"意念"而去。在他们"出行"时，会出现一种深深的虚脱状态，几乎是一种强直性的昏厥状态，他们的灵魂能够离开自己的身体。他们并不预备油膏，为他们的"出行"做准备，这种虽然是一种*意念之游*，但在他们眼中却是真实的。

公元 1581 年，两名流浪派因异端罪名被判刑六个月，并且必须公开承认错误。在以后的 60 年内，陆续发生其余审判，我们以后将会考察这些审判带来的后果。不过现在让我们根据当时的文献重建这个民间秘密崇拜的结构。显然，其核心的仪式是与巫师进行战斗，以确保庄稼、葡萄园和"大地上的果树"都能有好收成。① 这种战斗发生在四个关键的农时季节，这使得我们无法怀疑该仪式的目的。流浪派与巫师之间的对抗很有可能延续了远古时代两大对立团体之间的考验和竞争，这种对抗的目的就是要刺激大自然的创造能力，更新人类社会。② 虽然流浪派强调他们为了十字架和"对耶稣的信仰"而战，但他们的仪式性战斗只是在表面上基督教化了。③ 此外，巫师受到指控一般也不是因为他们反对教会思想的罪行，他们的罪名主要是破坏庄稼的收成和蛊惑儿童。直到 1634 年(在经历了阿奎拉与康科迪亚 232
异端裁判所进行的 850 场审判和谴责之后)才发生首例指控巫师举行传说中邪恶的夜间聚会并予以判刑的案例。尽管如此，在意大利北方，对巫师指控并没有涉及魔鬼崇拜，而是他们向黛安娜献祭。④

---

① Carlo Ginzburg, *I Benandanti*，第 28 页。

② 关于这种神话—仪式情节，参见 Eliade, *La nostalgie des origins*，第 320 页以下。

③ Ginzburg, *I Benandanti*，第 34 页。

④ 只是在 1532 年，某些黛安娜崇拜的入会仪式参与者在酷刑之下招供他们亵渎了十字架和圣事。参见 Ginzburg，同上书，第 36 页所引文献。

然而，由于这些大量审判，流浪派开始套上了异端裁判所强加给他们的魔鬼学的模式。终于有一天，传统上的核心问题——丰产仪式——被置之一旁。1600 年以后，流浪派仅仅承认他们只不过为巫师的受害者治病。这种招供不无危险，因为异端裁判所认为驱逐恶魔能力本身就是巫师的一个证明。[①] 随着时间的推移，流浪派意识到自身的重要性，更加指控他们的对手本身就是巫师。但是，虽然对抗的情形愈发的严重，但是他们还是发觉自己在不知不觉中被引向了男女巫师的境地。1618 年，有一位流浪派承认参加了一个由魔鬼主持的夜晚聚会，但是他强调说他去那里只是为了从魔鬼那儿获取治病的能力。[②]

最后，1634 年，在经历了 50 年异端裁判所的审判之后，流浪派承认他们原本与巫师行同样的勾当。[③]其中的一位被告做了如下供认：他在身体上面抹上一种特殊的油膏参加巫师大会，在那里看到众多巫师举行庆典，狂舞滥交。然而他自始至终强调流浪派并未参加这种狂欢行为。数年之后，又有一名流浪派承认跟魔鬼订约，背弃基督以及基督教的信仰，还杀死了三名儿童。接下来的审判就显示出那些已经成为经典的巫师聚会的想象成分，流浪派承认自己经常参加巫师的舞会，向魔鬼致敬，舔他的屁股。最富有戏剧性的招供发生在 1644 年，被告详细描述了魔鬼的形象，讲述他如何把自
233 己的灵魂交给魔鬼，承认用招徕恶运的办法杀死了四个儿童。但是当这名囚犯在囚室单独见到主教时，又宣称他的招供全是假的，说他既非流浪派又非巫师。法官最后一致认为，这名囚犯"人们暗示他什么，他就招供什么"。我们不知道最后是如何宣判的，因为被告在囚室中上吊自杀了。这是对流浪派进行的最后一场重要审判。[④]

我们现在要更加仔细地考察这个团体的军事化特征，这一特征在他们面临异端裁判所审判之前是相当突出的。这并非孤立的例子。我们前文已经引述了（§249）一个例子，17 世纪有一位立陶宛老人与他的伙伴全都变成狼，下到地狱同巫师和魔鬼大战一场，以便索回被盗的财物（牛、小麦和其他大地的出产）。卡尔罗·金兹伯格（Carlo Ginzburg）正确地将流浪派和立

---

①②③· Ginzburg, *I Benandanti*，第 87 页以下、第 110 页、第 115 页以下。

④ Ginzburg, *I Benandanti*，第 184 页以下。尽管如此，直到 1661 年，流浪派还是充满勇气地宣称他们是在为基督教的信仰而与巫师展开斗争（同上书，第 115 页）。J. B. Russell, *Witchcraft in the Middle Ages*，第 212 页，1384 年和 1390 年在米兰审判的两个案件中，其信仰特点有些类似于流浪派。

陶宛的狼人与在出神状态中进入地下世界以确认他所属的部落得到保护的萨满进行了比较。[①] 我们也不应当忘记，在北欧有一种非常普遍的信仰，认为死去的战士和诸神一起与魔鬼的军队搏斗。[②]

罗马尼亚的民间传说可以让我们更加理解这种神话—仪式情节的起源和功能。我们知道，罗马尼亚教会和其他东正教会一样，并没有类似异端裁判所那样的机构。因此，虽然有时也会发生异端，但是对巫师的迫害在罗马尼亚既非大规模的，也非有系统的。我的分析仅局限在两个对我们的难题至关重要的术语上：*striga*，即表示“巫师”的拉丁文，以及“黛安娜”，她原是罗马女神，后来在西欧成为巫师的保护神。在罗马尼亚文中，*striga* 写作 *strigoï*（巫师），不管他们是活着的还是死去的（死去的巫师是指吸血鬼）。 234
“巫师”出生时覆盖着一层“薄膜”，他们长大后，只要戴上这层“薄膜”就可以隐身。大家认为他们有超自然的能力，例如他们可以进入大门紧闭的房屋，可以和狼或熊群一起玩耍而不受伤害；他们可以在人群与兽群中引发流行病；他们可以“控制”他（它）们或者使他（它）们改变容貌；他们也可以“控制”雨水，造成干旱；盗走牛奶，特别是给人带来厄运。他们可以化身为各种动物：狗、猫、狼、马、猪和癞蛤蟆等。在某些夜晚，特别是圣乔治节和圣安德烈节的夜晚，他们外出活动。回到家里之后，他们在原地转三圈，然后又变回原来的人形。他们的灵魂离开身体之后能够钻入马匹、扫帚或者木桶里面。巫师聚集在远离村庄的田野里，或者在“寸草不生的地极”。一到那里，他们就又变回人形，用短木棍、斧子、镰刀或其他武器**相互打斗**。这样的打斗可能持续整个晚上，搞得哭声遍地，再重归于好。回家时每个人都精疲力竭，脸色苍白，不知道发生过的事情，就进入深深的梦乡。[③]

可惜对于这种夜间打斗的意义与目的我们一无所知。我们可以想到

---

① Ginzburg，第 40 页。

② 尤其参见 Otto Höffler, *Verwandlungskulte*, *Volkssagen und Mythen* (Viena, 1973)，第 15、234 页以及各处。

③ 参见 Ion Muşlea and Ovidiu Bîrlea, *Tipologia folclorului: Din raspunsurile la chestionnarele lui B. P. Hasdeu*(Bucharest, 1970)，第 224—270 页所收集的大量文献。巫师在身上抹油，穿过壁炉飞出去，这样的信仰流传得也不广泛（同上书，第 248、256 页以下）。死去的巫师也会参加午夜的集会，用他们生前的武器打斗（同上书，第 267 页以下）。与欧洲其他的民间信仰一样，大蒜被认为是抵抗活着的或是死去的巫师最好的武器（第 254、268 页以下）。Burchard de Worms, *Corrector*，该书驳斥了某些妇女可以在夜间穿过关闭的大门出去，“到云层中去打斗”(J. B. Russel, *Witchcraft*，第 82 页)。但是我们不知道这些妇女在和谁打斗。

235 流浪派,以及在中、东欧相当普遍的"死者的游行"。但是流浪派是与巫师格斗,而罗马尼亚的巫师则相互打斗,而且每次打斗都是在哭声中重归于好。如果与"死者的游行"比较,则缺乏一个典型的特征:让村民们大为惊恐的噪声。不管怎样,罗马尼亚巫师的例子证明了一种真正的前基督教模式,就是在梦游以及在出神状态下的仪式性打斗,这种模式可以在欧洲许多地区发现。

古代达契亚(Dacia)女神黛安娜的故事也同样很有意思。黛安娜这一名称很可能取代了当地盖塔伊—色雷斯某个女神的名字。但和罗马尼亚的黛安娜有关的想象与仪式,其远古性是不容置疑的。实际上,我们猜测,在罗曼语系——意大利语、法语、西班牙语、葡萄牙语——各民族中,中世纪文献都提到了"黛安娜"崇拜与神话的作品,通过拉丁文的文献大致上反映出了博学的僧侣的意见。但是在罗马尼亚人这里,我们这个假设却无法证明。在罗马尼亚语中,这个女神的名字为 *Zîna* (*dziana*),意思是"仙女"。从同一个词根中衍生出另外一个字:*zînatec*,意为"恍惚、精神有问题或疯狂的人",也就是被黛安娜或仙女"附体"的人。[①] 前面我们曾经论及仙女与马舞者之间的矛盾关系(§304)。仙女残酷无情,不能直呼其名。要说"女圣徒"、"慷慨的"、"红玫瑰"或者就称之为"她们"(*iele*)。仙女是不会死亡的,她们有美丽女子的外形,喜欢嬉戏,令人着迷。她们身着白衣,裸露胸部,在白天看不见她们。她们有翅膀,每到夜晚便四处飞翔。她们喜欢歌唱跳舞,凡是她们跳过舞的地方,那里的草地就仿佛被火烧过一般。谁目睹她们跳舞或者犯了某些禁忌,仙女就会使他们生病,只有马舞者能治疗这种病。

236 正是由于罗马尼亚的文献非常古老,我们能够主要依靠它们去理解欧洲的巫师。首先,它们无疑延续了某些涉及丰产和治病的古老仪式和信仰。其次,这些神话—仪式情节表明存在两种对立而又互补的团体之间的对抗和斗争,这两个团体在仪式上人格化为年轻男子与年轻女子(流浪派、巫师、马舞者)。第三,在仪式性的打斗之后,这两个对立的团体有时会重归于好。第四,这种仪式上的二分状态显示出某种矛盾,因为,这两个团体虽然表达了生命的过程以及宇宙的丰产,但是同时总有一方代表否定的一面。甚至

① 有一群和 *zine* 不同的仙女,名 *Sînziene*,可能是从拉丁文 *Sanctae Diānae* 而来。*Sînziene* 是一些好心的仙女,我们用来称呼重要的圣施洗约翰节。

否定原则的人格化在一定的历史条件下可以解释为恶的具体表现。① 罗马尼亚的巫师和那些作为“黛安娜随从”的“仙女”似乎都是属于这种情况。在异端裁判所的限制下，类似的情况也发生在流浪派身上。这一过程由于一般人将前基督教的神话—仪式的遗迹等同于魔鬼的作为，甚至等同于异端，在西欧就变得更加复杂难解了。

307. 马丁·路德和德国的宗教改革

在西欧的文化与宗教史上，“搜捕女巫”甚嚣尘上之前的一个世纪是最具有创造力的。这种创造力不仅来自由于马丁·路德(Martin Luther)和约翰·加尔文(John Calvin)冲破重重阻力推行的宗教改革，而且因为这一时期——大致相当于马西利奥·费奇诺(Marsilio Ficino, 1433—1499)到乔丹诺·布鲁诺(Giordano Bruno, 1548—1600)——是以一系列(文化、科学、技术和地理上的)发现为特征的，它们无一例外对宗教产生了重大影响。我们还会有机会详细讨论意大利人文主义者所复兴的新柏拉图主义以及帕拉塞尔苏斯的炼金术疗法以及哥白尼和乔丹诺·布鲁诺日心说的文化价值和
宗教意义。但是，即使像印刷术这种技术性的发明也会对宗教产生重大影 237
响：实际上，它对宗教改革的宣传和获胜起到了重要作用。路德派“从一开始就是图书印刷的产物”：在这种工具的帮助下，路德能够有力而准确地将他的思想传遍整个欧洲。②

人们同样能够意识到美洲的发现引发了神学界的争论。但是克里斯多弗·哥伦布早就深为他的航海具有末世论特点而吃惊了。在“奇妙的境地里”(究竟在什么地方我们一无所知)，“上帝伸出了他的手”。哥伦布认为他的航海显然是“一个奇迹”。因为它不仅发现了“印度群岛”，还发现了一个新天新地。“上帝拣选我做他的信使，指示我往那里去发现新天新地，就是主通过圣约翰之口在《启示录》里面说出的、以赛亚此前早已提到过的新天新地。”③

---

① 关于宗教二元论中二元对立和对立双方的转化表达的恶的观念，参见 Eliade, *La nostalgie des origines*，第 345 页以下。

② A. G. Dickens, *Reformation and Society in Sixteenth Century Europe*，第 51 页：“在人类历史上第一次有一大批进行阅读的公众通过方言以及新闻和漫画等大众媒体来判断这些革命观念的有效性。”

③ 写给他护士的书信，转引自 Claude Kappler, *Monstres, Démons et merveilles à la fin du Moyen Age*，第 108 页。

根据哥伦布的计算,世界的末日将在155年之内到来。但是在末日来临之前,凭着从印度群岛运回的黄金,可以收复耶路撒冷,将“圣殿”归还“圣教会”。①

马丁·路德的观念和信仰在许多方面与他同时代人没有什么不同。例如,他毫不怀疑魔鬼的强大力量以及烧死巫师的必要性,他也认同炼金术的
238 宗教功能。② 与许许多多的神学家、虔敬派以及进行灵性修炼的平信徒一样(参见§§299—300)一样,马丁·路德在《日耳曼神学》(*Theologia deutsch*)一书中找到了“神秘”的慰藉,他认为这本书的重要性仅次于《圣经》和圣奥古斯丁的著作。③ 他阅读过许多书籍,进行过深入的思考,很快就受到威廉·奥卡姆的影响。但是他的宗教天才不能用他那个世纪的时代精神来解释。相反,正是马丁·路德的个人体验极大地改变了时代的精神取向。与穆罕默德的情况相似,马丁·路德的生平有助于我们理解其宗教创造力的源泉。

马丁·路德1483年11月10日生于艾斯勒本(图林根),1501年进入爱尔福特大学,1505年获得学位。几个月后,在一场可怕的暴风雨中,他差一点被闪电击中,因此发愿成为修士。同年,他进入爱尔福特的奥古斯丁会修院。马丁不顾父亲的反对,坚持自己的选择。1507年4月擢升神父,在维滕贝格和爱尔福特大学教授道德哲学。1510年11月,他有机会到罗马旅行,当时教会堕落的情况令他甚为震惊。两年以后,他取得神学博士学位,在维滕贝格大学教授《圣经》,讲授《创世记》的评注。

然而,他越是思考《旧约》中的圣父上帝(雅赫维)的怒气和正义的问题,他对宗教的担忧就越深。直到1513或1514年,他发现了所谓“上帝的公

---

① 1502年2月写给教皇亚历山大六世的书信。Claude Kappler, *Monstres, Démons et merveilles à la fin du Moyen Age*,第109页。

② 关于魔鬼,参见其所撰 *Commentary on the Epistle of Saint Paul to the Galatians*, Frag.,转引自 A. C. Kors and Edward Peters, *Witchcraft in Europe*,第195—201页的摘录(参见同上书,第202—212页,摘录加尔文所撰 *The Institutes of the Christian Religion*)。在《桌边谈话》中,路德说:“我对于巫师毫不怜悯:我要把他们全部烧死!”至于炼金术,路德在其《桌边谈话》中承认他“非常喜欢”。“之所以喜欢它,不仅因为它在熬炼金属、在蒸馏和升华草药和液体方面具有无穷的可资利用的价值,而且它对于世界末日死者复活问题上,也是很有利用价值的,而这一点尤其十分诱人。因为,就像在熔炉里面的火将提炼物质并且将其各个部分区分开来,萃取出灵魂、生命、元气、力量,而那些不纯洁的物质、残渣将留在炉底,如同死人和毫无价值的身体一样,上帝在审判的日子也会用火把一切事物同不洁的事物区分开来”(*Tischreden*,转引自 Montgomery,“L'astrologie et l'alchimie luthéreinne à l'époque de la Réforme”,第337页)。

③ 此书系匿名作者大约于1350年出版于德国,是路德得到的第一本机器印刷的图书。

义”的真正含义：上帝的公义就是上帝使一个人成为义人的行为；换言之，信徒凭着自己的信仰，通过上帝的行为而领受因基督的献祭所获得的公义。圣保罗的这种注释——“义人必因信得生”《罗马书》1∶12——成了马丁·239
路德的神学基础。他晚年曾写道：“我感到自己重生了，我已经穿过敞开的大门进入了天堂。”在沉思《罗马书》的时候——他认为这是“《新约》最重要的一部文献”——路德理解了人不可能通过自己的功德而称义（也就是与上帝建立恰当的关系）。相反，人只有通过对基督的信仰才能称义，获得拯救。正如信仰一样，得救也是上帝的赐予。1515 年，路德在课堂中详细阐述了这一发现，形成了他所谓的“十字架神学”。

1517 年 10 月 31 日，他开始了改革家的行动。这一天，马丁·路德在维滕贝格城堡大教堂的门上张贴了他反对赎罪券的九十五条论纲，抨击教会在教理和文化上的谬误。1518 年 4 月，他向教皇利奥十世（Leon X）写了一封毕恭毕敬的信件。但是他得到召令前往罗马为自己辩护。路德请求萨克森选帝侯贤者腓特烈（Friedrich der Weise）允许他在德国受审。1518 年 10 月，在枢机主教卡耶坦（Cajetan）面前，辩论于奥格斯堡举行。但是这位奥古斯丁会修士拒绝收回自己的观点。他和大多数高级教士和神学家一致认为，赦罪券缺乏任何教理上的根据。在随后的数月里，冲突愈演愈烈。1519 年，路德在莱比锡公开否认教皇至上的原则，宣称教皇也必须像其他人一样服从《圣经》的权威。1520 年 6 月 15 日，教皇以通谕《主兴起》（*Exsurge Domini*）[①]作为答复；勒令马丁·路德在六个月内收回观点，否则以绝罚论处。这个受到谴责的人当众将教皇的通谕付诸一炬，并接连出版了四本书，可谓他的全部著述中最精彩、最重要的一部分。在《致德意志基督教贵族公开信》这份宣言（1520 年 8 月）中，他否认教皇的权威高于宗教会议、神职人员与平信徒之间的区别，以及神职人员对《圣经》研究的垄断；对此他提出所 240
有基督徒既受了洗，便都是教士。两个月之后，他又针对神学家发表了《论教会的巴比伦之囚》，抨击神职人员以及滥用圣事。路德只接受三种圣事：洗礼、圣餐和告解。后来他又放弃了告解。在萨克森选帝侯的保护下，他躲藏在瓦特堡（1521 年）的城堡里，直到翌年才回到维滕贝格。[②]

① 即《斥马丁·路德谕》。——译者

② 在此期间他将《新约》翻译成德语（全部《圣经》译本完成于 1534 年），撰述《论修道誓言》，号召神职人员结婚，争取修士放弃修道誓言的自由。

与罗马的彻底决裂就这样发生了，如果当时皇帝查理五世对罗马教廷施压，采取各种改革措施，这种决裂其实是可以避免的。实际上，正如斯蒂文·欧兹曼(Steven Ozment)所言，当时的平信徒和一些修士一样，“普遍感受到一种紧迫的宗教压迫”。在1521年3月问世的《神圣罗马帝国特别是全德意志民族的悲哀》的小册子中，路德表达了贵族阶层与中产阶级的不满，重申了对教皇、德国高级教士、罗马教会以及整个教士阶层的批判。①

回到维滕贝格后，这位改革家不得不为了反对某种“先知”运动以及在他离开期间所实施的革新而大力宣传自己的思想。在随后的几年里，他还得面临其他的困难。1524年，德国南部爆发了一连串农民起义，路德在一个月之内便撰成《反对杀人越货的农民暴动》(1525年)，这本在各地广为散发的小册子从当时直到今天一直遭到批评。② 在农民起义期间，路德娶了一位还俗的修女卡塔琳娜·冯·苞拉(Katherine van Bora)，生下六个孩子。也是在这一时期，他与伊拉斯谟进行辩论(参见§308)，在梅兰希顿(1497—1560)和其他志同道合者的帮助下着手组建宗教改革的机构。路德
241 强调在圣事活动过程中唱赞美诗的重要性，本人也创作了一些赞美诗。他对弥撒进行解释，认为基督确实降临在弥撒里面，由此导致他与瑞士宗教改革家乌尔里希·茨温利(Ulrich Zwingli)之间的争论，茨温利只接受基督降临是象征性的信仰。

路德的晚境甚为艰难，特别是因为政治事件。他不得不接受世俗政权的保护，因为他认为武力胜过无政府或混乱。他不断地抨击那些激进的改革派。总之，他以越来越教条主义的方式阐述他后来成为路德教会福音派运动的神学理论与礼拜仪式。他于1546年2月18日逝世。

308. 路德的神学。与伊拉斯谟的辩论

在1522年6月的一封信中，马丁·路德写道：“我不允许任何人判断我的教理，就是天使也不行。凡是不接受我教理的人将得不到救赎。”雅克·马利坦(Jacques Maritain)引用了这一段文字，③证明马丁·路德的骄傲自

---

① Ozment, *The Age of Reform*, 第223页。

② 这一系列农民战争(或者扎克雷)遭到贵族联盟极其残酷的镇压。

③ *Sämtliche Werke*(Erlangen, 1826—1857)，第26卷，第144页；J. Maritin, *Trois Réformateurs* (1925)，第20页。参见同上书，莫赫勒(Moehler)根据一段文字认为“路德身居自己观点的中心，所有人都必须充满敬意地围绕这个中心；他使自己成为大写的人，所有人都必须以他为模范。”

大与自我中心。然而，这只是一个**不敢怀疑自己**神圣拣选以及先知使命之人的特有反应。上帝圣父具有这样的绝对自由，即按照自己的决定进行审判、判罪或救赎，既然接受了这样的启示，路德就不会宽容任何其他的解释。他的极度不宽容立场恰好反映了雅赫维的热情以及后者对于人类的防备。路德有幸得到的启示——因信称义(*sola fide*)——是决定性的、不容置疑的，就是天使也不容置评。

这个改变其一生的启示，路德在他的神学里一直不断加以阐述和捍卫。实际上，他可是一位出色而博学的神学家。① 就在他提出反对赎罪券的论点之前，他在《反对经院神学的辩论》(1517 年 9 月 4 日)中抨击了中世纪后期的神学。根据主要由托马斯·阿奎那系统阐述的中世纪教会思想，信徒在恩宠的状态下行善功有助于自己的救赎。此外，奥卡姆的众多弟子也认为理性与良心作为一种"上帝的赠礼"是原罪所不能消除的；因此，凡是按照发自天然的道德原则行善的人将会得到恩宠的报偿。奥卡姆派认为，这种信仰绝非贝拉基派(§§255 以下)，因为毕竟上帝愿意人类的得救。 242

在其《反对经院神学的辩论》中，路德猛烈抨击了这一教理。以自己的本性，也就是人的意志是没有自由去行善的。在堕落之后，人就不可能说有什么"自由意志"了，因为从此控制人类的乃是绝对的自我中心以及无止境地满足自身的欲望。这并不是说人类总是具有不道德的倾向或行动，有时候人也会追求善良和高贵，奉行宗教信仰，努力接近上帝。然而，即使这些行动本身也是有罪的，因为它们还是源自于同一种自我崇拜，马丁·路德视之为(尚未得到恩宠的)一切人类行为的基本模式。②

路德同样也反对亚里士多德的《伦理学》，因为后者认为教育可以确保人类的美德。总之路德认为经院派的神学是一种新贝拉基派。他认为，善——不论是否处在恩宠状态之内还是之外——完全无助于人类灵魂的得救。自 1517 年秋发表《反对经院神学的辩论》之后，路德不断对因信称义作出解释。他不大强调信仰的教理内容，重要的是**其信仰的体验**，那是一种天然的、整体的信仰，就像一个孩子的信仰一样。

至于著名的理性和信仰的相互协调，路德认为那是不可能的，并且认为

---

① 在 1509 年到 1517 年之间，他仔细地研究了亚里士多德、圣奥古斯丁、教父以及中世纪著名神学家的著作。

② 参见 B. A. Gerrish, "De Libero Arbitro"，第 188 页以及注解 10 所收集的文献。

肯定这一观点的人是异教徒。理性与信仰的领域毫无共同之处。正如他在以后所写的,信条不"反对(亚里士多德逻辑)的辩证真理,而是在它的外面、下面、上面、底下、周围、远处"。①

243 路德在回答伊拉斯谟《论自由意志》对他的种种批评时,又论述了其神学的基本主题——因信称义。这两位大思想家的对立与冲突,意义重大,既令人沮丧,又堪称典范。伊拉斯谟(1469—1536)长期以来一直抨击教会的堕落与滥用职权,强调必须立刻着手改革。此外,他对路德早年的努力抱以同情。② 但是,作为一位善良的基督徒和真诚的人文主义者,伊拉斯谟力避基督教团体的分裂,他憎恨战争、恶语相向以及宗教不宽容。他号召西方基督教进行彻底的改革,他不仅公开反对赦罪券、教士的不知自重、主教和枢机主教的道德败坏以及修士的虚伪,也反对经院哲学的方法和神学家的蒙昧主义。伊拉斯谟认为必须推行一种更为理性的教育,一再呼吁基督教如能吸收古典文化必会受益匪浅。③ 他的理想正是基督宣扬的和平:只有这种和平才能确保欧洲各民族之间的合作。

公元 1523 年 8 月 31 日,伊拉斯谟写信给乌尔里希·茨温利:"我相信,路德讲授的东西,我几乎全部讲述过,只是没有他那般激烈,而且我也回避了某些悖论和难解的文字。"④虽然伊拉斯谟并不接受路德的一些思想,但还是写信为路德求情,尽管明知这些信件会被公开发表。⑤ 当路德的论纲被宣布为异端时,伊拉斯谟反驳说,一个错误未必就是异端,⑥并且请求天主教神学家答复路德的解释,而不要一味地指责。由于主张对话的必要性,伊拉斯谟——首先被路德,然后被罗马教廷——批评为"中立主义",实际上
244 就是缺乏勇气。这种说法在一场新的可怕的宗教战争即将爆发前夜也许不无道理,因为在那种时刻,忠诚于某个信条经常要受到殉教的公开考验。但是伊拉斯谟的理想——相互的宽容与对话,以便达成相互理解并发现共同

---

① 转引自 Ozment, *The Age of Reform*,第 238 页。

② 对此可参见 Roland H. Bainton, *Erasmus of Christendom*,第 153 页以下的注释和引文。伊拉斯谟还曾提及他支持路德尚在撰写和重印过程中的那些书信和著述。

③ 参见 Bainton,同上书,第 113—114 页所概括和评注的文字。

④ Gerrish,"De Libero Arbitrio",第 191 页。"难解的文字"是指路德的名言:圣徒的善功属于罪的范畴,自由选择是一个无意义的名字,人类只有通过信仰才能够称义(同上书)。

⑤ 参见 Bainton, *Erasmus*,第 156 页以下。伊拉斯谟甚至在他的新版《新约》和注释中引用了路德的某些批评观点;参见同上书。

⑥ 参见 Gerrish,第 191 页,注解 38。

的基督教渊源——在 20 世纪最后 25 年的普世教会运动中却重新具有了一种令人动容的现实意义。

在几经犹豫之后，伊拉斯谟在罗马的压力之下不得不让步，同意批评路德。此外，他觉得与维滕贝格的新神学愈发的疏远。但是他没有匆忙行事。《论自由意志》一书完成于 1523 年，但是直到 1524 年 8 月才送达书商（首版在 9 月问世）。批评的文字相当温和。伊拉斯谟的批评集中在路德的一个观点上，即自由意志其实是*虚幻的*。实际上，在捍卫自己的论纲，反驳教皇《主兴起》的通谕时，路德已经写道："我说在恩宠之前的自由意志只是一个空虚的名词时显然是错误的。我应当直截了当地说，'自由选择实际上就是一个虚构或者一个空洞无物的名词'。因为人不能单凭自己的力量去进行善或恶的思考，（正如在康斯坦茨公会议受到谴责的威克里夫的信条一样）所有事物的发生都是有其绝对的必然性。"①

伊拉斯谟明确地表明了他的立场："我们在这里所指的自由选择，是人的一种意志力，人凭着这种意志力可以从事导致永恒救赎的事业或是远离永恒救赎的事业。"②伊拉斯谟认为，在善恶之间作出自由选择是人类对自己行为负责的必要条件。"如果意志不是自由的，那么我们就不能说罪人是有罪的，因为若是犯罪不是出于自愿，罪人也就不成其为罪人了。"③更重要的是，如果人没有选择的自由，上帝就对恶行和善行同样负有责任。④在许多地方，伊拉斯谟强调恩宠是至关重要的。人在自身得救的过程中并非毫无作为，而是像一个孩子那样在父亲的帮助下学会走路，同样一个有信仰的人也会学着选择行善避免作恶。

路德在《论自由的羁绊》(1525 年)一书中做了答复，他一生中特别喜欢 245
这本书。他一开始就表明伊拉斯谟的著作令他感到"厌恶、愤怒与蔑视"。⑤他的答复比《论自由意志》长出四倍，文字才华横溢、慷慨激昂，在神学视野上甚至超过了伊拉斯谟。路德责备伊拉斯谟死抱着普遍和平不放。"您就像个和事佬一样，希望结束*我们之间*的这场战争。"但是路德认为，问题涉及"一个严肃的、至关重要的而且永恒的真理，这个真理是那么至关重要，因此

① 转引自 Erasmus, *De Libero Arbitrio*，第 64 页。我们利用了 E. Gordon Rupp, *Luther and Erasmus: Free Will and Salvation* 一书的译文和评注。

②③④ 《论自由意志》，第 47、50、53 页。

⑤ 《论自由的羁绊》，菲利普 · 沃特森(Philip S. Watson)翻译和评注，载 *Luther and Erasmus: Free Will and Salvation*，第 103 页。

我们要坚持它、捍卫它，哪怕需要付出生命的代价，哪怕整个世界因而陷入喧嚣和争斗，甚至分崩离析，化作虚无。”[1]接着他就迅速地，然而带着幽默和讽刺的语气开始捍卫他本人的神学。

伊拉斯谟在一本大部头作品《过度努力》(*Hyperaspites*)中予以还击，书中表露了他的愤怒和不满。但是这位改革家这次没有作出反驳。他没有弄错：在他周围的喧嚣的确是与日俱增。事实上，宗教战争爆发了。

309. 茨温利、加尔文与天主教的改革

1531 年 10 月 11 日，瑞士的宗教改革家乌尔里希·茨温利与他的许多战友在卡佩尔(Kappel)一役中阵亡。[2] 多年以来，他在苏黎世和其他城市推行宗教改革。正是由于茨温利，苏黎世享有与维滕贝格一样的声名。但是，由于感到彻底孤立的威胁，天主教地区开始围攻苏黎世的势力。他们在
246 人数上和军事上都占了上风，取得了胜利。茨温利之死中断了瑞士宗教改革运动的发展，并且确定了该国的宗教边界，直到 19 世纪初。尽管如此，由于茨温利的后继者亨利·布林格(Henry Bullinger)，茨温利的事业得以继续发展和巩固。

茨温利创作了许多论文，内容涉及天命、洗礼和圣餐，以及其他各种主题。他对圣餐的解释尤其表现了这位瑞士宗教改革家的独创性。正是由于这种解释，他不能与路德领导的运动结盟。[3] 茨温利坚持认为，信徒领受圣餐，基督就会**灵性地降临**在他的心里。没有信仰，圣餐就毫无意义。“这是我的身体……”一语必须在象征的意义上去理解，那是为了纪念基督的献祭，巩固赎罪的信念。

路德羡慕瑞士的政治自由是不无道理的。然而，瑞士的宗教改革同样必须考虑到政治当局。茨温利有理由认为自己比路德更为“激进”。但是苏

---

[1] 《论自由的羁绊》，菲利普·沃特森(Philip S. Watson)翻译和评注，载 *Luther and Erasmus: Free Will and Salvation*，第 112 页。

[2] 茨温利 1489 年生于苏黎世附近，先后在巴塞尔、伯尔尼和维也纳求学，1506 年被祝圣为神父。他赞同路德的观点，但是认为自己并非路德派，因为他期望一种更为激进的宗教改革。1552 年他与一位寡妇秘密结婚，后生育了四个孩子。翌年，茨温利发表《六十七条论纲》，宣称《福音书》是唯一有价值的神学源泉，1525 年发布第一个新教宣言，《真伪宗教记》。苏黎世议会接受宗教改革：拉丁弥撒为德语圣餐礼拜取代，教堂去掉了圣像，修士还俗。

[3] 关于这一争论，参见 Ozment, *The Age of Reform*，第 334 页以下。

黎世与维滕贝格一样，宗教自由怂恿了极端主义的激进倾向。对茨温利而言，最艰苦、最激烈的冲突是在他和"再洗礼派"(Anabaptist)运动创始人康拉德·格雷贝尔(Conrad Grebel)之间发生的。格雷贝尔否认儿童洗礼的有效性。① 他认为，这一圣事应当为成年人举行，更确切地说，是为那些自由选择效法基督生活的人举行。② 因此，信徒们必须再度经历洗礼。茨温利撰写了四篇文章，批评这一教理，但是收效甚微。1528 年 1 月 21 日，首次举行了"再洗礼"仪式。3 月，市政当局禁止这一异端，有四名再洗礼派被处死。格雷贝尔本人于 1526 年被捕，翌年死于狱中。

虽然受尽迫害，③1530 年以后再洗礼派还是传遍了瑞士绝大部分地区 247
和德国南部。随着时间的推移，这一"激进"的宗教改革运动分化成若干团体，其中就有"精神派"(Spiritualists)，像帕拉塞尔苏斯、塞巴斯蒂安·弗兰克(Sebastian Franck)和瓦伦廷·魏格尔(Valentine Weigel)等。

和路德与茨温利一样，加尔文也必须反对再洗礼运动，以捍卫自己的神学。④ 加尔文 1509 年生于努瓦永(Noyon)，1523—1528 年就读于巴黎蒙太古学院，1532 年出版第一本著作《塞涅卡〈论仁慈〉注释》。在阅读并领会了路德的著作之后，他的热情从人文主义转向神学。可能在 1533 年左右，加尔文改变了信仰，1536 年到日内瓦避难。被任命为牧师后，他积极投入宗教改革的组织活动，然而两年后遭市议会驱逐。加尔文接受当时伟大的人文主义者、神学家马丁·布塞尔(Martin Bucer, 1491—1551)的邀请来到斯特拉斯堡。加尔文在斯特拉斯堡的日子是他一生中最美好的时光。由于布塞尔的友情，他学到了许多东西。1539 年发表了《基督教原理》(*Institutio religionis Christianae*)一书的修订本，⑤公元 1540 年发表《〈罗马书〉注释》。同年，他娶了伊蒂丽·德·布尔(Idelette de Bure)，她是一位再洗礼派的遗孀。然而，日内瓦的状况愈益恶化，当地议会请求他重返日内瓦。加尔文犹

① 此外，这种洗礼也没有《福音书》的证据。迄今为止，《圣经》唯一和绝对的权威性已经为改革的团体广为接受了。

② 由此出现了"再洗礼派"这一术语，不管是否恰当，它被用于指称那些认为第一次洗礼没有圣事价值的信徒。

③ 历史学家推算，1525 年到 1618 年间被处死的再洗礼派在 850—5 000 人之间。他们被烧死、斩首、溺毙；参见 Ozment, *The Age of Reform*，第 332 页。

④ Willem Balke, *Calvin and the Anabaptist Radicals*，参见该书首次收集和分析的全部相关文献。

⑤ 《基督教原理》1535 年作于法国，在以后的版本中加尔文曾多次修改补充。

豫了10个月,终于在1541年9月回到日内瓦,并在那里一直生活到1564年5月去世为止。

尽管遇到相当大的阻力,加尔文在日内瓦成功推行了他的宗教改革思想:在解决各种信仰和教会组织的问题中,《圣经》是唯一的权威。加尔文虽然不断地投身政治、教会与神学的争论,但还是留下了卷帙浩繁的著述。除大量的书信外,他还撰写了《旧约》和《新约》的评注、涉及宗教改革方方面面的论文和小册子,以及关于圣保罗书信的布道词。《基督教原理》是他的一部杰作,其神学思想和文采皆可圈可点。此书拉丁文定本于公元1559年发表。①

248 加尔文的神学并不形成一个体系。更确切地说,它是《圣经》思想的概括和注释。加尔文探索并思考了《旧约》和《新约》两本约书,根据圣奥古斯丁的思想去阅读并理解其中的许多要点。人们也可以看出路德的影响,不过他从未加以引用。加尔文以非常个性化的方式讨论其神学的基本问题:对上帝作为创造者和主的认识,十诫和信仰(按照使徒的象征),通过信仰和善功称义,行善的作用,预定说和上帝的天命,两项有效的圣事(洗礼和圣餐),以及祈祷,教会的权力,市民自治等。在加尔文看来,人一直是一个罪人,他的善功只有通过恩宠才能接受。保存于《圣经》中的启示可以消除超越的上帝与受造的人类之间的差别。然而,人不能认识上帝本身,只能认识将**自己显现给人类**的主。两项圣事便是耶稣与信徒交流的工具。

人们将会同意,在宗教改革的大神学家中,加尔文是最缺乏创新的。因为路德晚期的教义已日趋定型,此后神学创造在归正派教会中已非要务。重要的是从公共教育开始的个人自由的贯彻以及社会体制的改革。路德已经指出了个人创造性的重要,而他本人正是以自己的一生证明了这一原则。不仅仅是人文主义者所颂扬的"人的尊严",而是一种拒绝任何上帝之外权威的个人自由,通过一种潜移默化的去神圣化过程,渐次形成一个"现代世界",这个"现代世界"于启蒙时代初露端倪,因法国大革命和科学技术的胜利而灿然大备。

---

① 令人痛苦的一件事情是米歇尔·塞尔维特的被杀,他是一位西班牙医生和业余神学家,曾猛烈批评加尔文;参见 Williams, *The Radical Reformation*,第605页以下。"许多人认为,对于塞尔维持之死,加尔文所扮演的角色使新教蒙上极端保守主义耻辱,同以后异端裁判对待伽利略给天主教会蒙上的耻辱,可谓不相上下";Ozment,第369页。

至于加尔文，他不仅对于其教会的社会和政治进步所作的重大贡献超过路德，而且以自身为例，证明政治活动的功能和神学意义。事实上，他预示了 20 世纪下半叶盛极一时的政治神学：工作神学，解放神学，反殖民主义 249
神学等等。从这一角度来看，16 世纪以来的西欧宗教史完全融入了欧洲大陆的政治、社会、经济和文化的历史里面。

最后一次重要的宗教改革，是特兰托公会议（1545—1563）促成的，[①]然而其所产生的意义却模棱两可。特兰托改革姗姗来迟，而且为各种福音运动的扩展而迷惑，它是在当时的历史压力下发动的改革，主要目的是为了巩固教皇的政治权力。然而，许多神学家和教会高级人士长期以来一直呼吁实行真正的改革，特别是限制教皇的权力，恢复主教的权威。在特兰托公会议召开之前数年，在皇帝查理五世一再坚持下，新教神学家（其中有布塞尔和梅兰希顿）与天主教神学家（其中有约翰·埃克[John Eck]和约翰·格罗伯[Johann Groper]等）于 1541 年 4 月在雷根斯堡（Regensburg）展开讨论。几个星期后，双方就一些基本问题达成共识（例如对于救赎性质的“双重称义”解释等）。

不幸的是，特兰托公会议使这次敦睦和好之举付诸流水。教皇与耶稣会顾问期盼的改革是要阻止天主教国家出现新的路德、茨温利或加尔文。会议的机制使得唯有教皇的提议才是可以接受的。可以预料，保守主义倾向占了上风。尽管如此，会议还是确立了主教的权威（但要住在他们的教区以内），痛斥司铎的道德堕落，并对教士阶层的神学教育作出了若干重要的决定。另外，会议还鼓励整顿文化秩序，以满足平信徒真正的宗教生活需要。

如今名为后特兰托时代的天主教既是这种净化措施的结果，也是若干伟大的神秘主义者和传教士的功劳。中世纪的神秘主义与现代虔敬派传统在阿维拉的德肋撒（Theresa of Avila，1515—1582）以及十字架的约翰 250
（John of the Cross，1542—1591）那里得到了新的发展。圣德肋撒将神秘合一的体验表述为灵魂与耶稣之间的婚姻，尽管这种体验遭到异端裁判所的怀疑，但是仍然流行一时。[②] 然而，特别是耶稣会的创始人罗耀拉的圣依纳

① 第一次会议从 1545 年 3 月延续到 1547 年冬；第二次会议从 1551 年 5 月到 1552 年 5 月；最后一次会议从 1561 年 4 月延续到 1563 年 12 月。

② 我们在末章研究远古时代的、东方的以及西方的神秘主义体验的时候还要回来讨论这个问题。

爵(1491—1556),对于反宗教改革在道德、宗教和政治上取得成功作出了重大贡献。① 虽然他本人有过神秘体验,他曾经谈到过这种体验,但他还是选择了使徒的生活道路,用一句名言说就是“在行动中思考”。他的工作为世人所传颂——孤儿院、收容从良后妓女、初中和学院、在三大洲传教等。

罗耀拉的依纳爵教理的主要内容如下:绝对服从上帝,因此绝对服从上帝在世上的代表,即教皇和长上;确信祈祷、默想以及由此产生的分辨能力可以改变人的生存条件;相信上帝鼓励一切使人皈依的努力,因而鼓励一切改善自我的努力;确信善功——特别是一切帮助那些需要帮助的人的行为——是上帝所喜欢的。

与路德和加尔文的神学相比,罗耀拉的圣依纳爵的神学是一种极端乐观主义的神学。这或许可从依纳爵的神秘主义体验得到解释,这种体验影
251 响了他的默想方法以及他对行为的方式和价值的认识。盲目服从上帝在世上的代表透露出一种神秘主义的根源;我们可以把它同什叶派对伊玛目(§273)、印度教对精神导师(*gurudev*)的尊崇进行比较;因为在后两种情况里,这种尊崇也是能够通过神秘主义神学加以论证的。

不过罗耀拉的依纳爵的宗教天才主要体现在他的《神操》(*Spiritual Exercises*)一书中,这是一部短论,从他在蒙塞拉特附近的马内斯(Monnèse)第一次获得神秘的异象后就开始动笔了。这是一部实用手册,对于一个隐居四星期的人(不一定是耶稣会士)每日所需的祈祷和默想进行指导。这部作品继承并发展了古老的基督教的默想传统。甚至那著名的第一星期的灵修早在12世纪就已经有了先例,其中包括诉诸想象以构成一幅具体而生动的风景或历史的画面。但是依纳爵提出的这种具象化的方法,其强度更令人联想到某些印度的修定方法。独居潜修者要学会把他所处的空间通过想象的力量,投射到(在此刻当下!)神圣历史**揭示**自身的空间里去,从而使之得以神圣化。他必须**看见**耶稣时代的古耶路撒冷,他必须**用自**

① 依纳爵于1491年生于罗耀拉,年轻时浪漫不羁、喜欢冒险。在法兰西—西班牙战争(1521年)中身受重伤,后来阅读了几本宗教书籍,包括《效法基督》和圣方济各、圣多明我的传记。他决定效法他们。在他第一次到蒙塞拉特朝圣的时候,在圣母的祭台前发愿献身侍奉上帝。从此,依纳爵就一直过着极端苦修主义的生活,有时斋戒整整一个星期,经常步行、穿破衣,一天进行七个小时的祈祷。最初,他在巴塞罗那的一所初级学校学习拉丁文,1528年2月赴巴黎,并就学于蒙太古学院;他在1534年毕业。1540年,依纳爵和他的九位同道获准建立一个新修会,1540年获得教皇正式认可。耶稣会最初仅有60人,到依纳爵去世的1556年时,已超过了1 000人。

己的眼睛同约瑟和圣母一起走向伯利恒。如此等等。甚至当他吃饭的时候,也能够看见自己与使徒一起吃饭。

在这里我们必须强调,《神操》的精确性和严格性;所有皈依的冲动都要小心驾驭。潜修者的渐次净化绝非为了达到“神秘的合一”。潜修的目标是培养有灵性的运动员——然后再将他们派遣到世界各地。

310. 文艺复兴时期的人文主义、新柏拉图主义和赫耳墨斯教

美第奇的柯西莫(Cosimo de' Medici)收集了大量柏拉图和普罗提诺著作的抄本,委托佛罗伦萨著名的人文主义者马西里奥·费奇诺(Marsilio Ficino, 1433—1499)着手翻译。但是,大约在 1460 年,柯西莫得到一本名为《赫耳墨斯教文集》的抄本,请费奇诺立刻将其翻译出来。当时费奇诺还没有着手翻译柏拉图的著作。但他还是把《柏拉图对话》放在一边,全力以赴地动手翻译赫耳墨斯教的文章,并在 1463 年即科西莫去世前一年译毕。《赫耳墨斯教文集》就成了马西里奥·费奇诺第一部从古希腊语译成拉丁文 252
的译作。[①] 这也说明了三倍伟大的赫耳墨斯,即被认为是这些赫耳墨斯教文章的作者是何等的声名卓著(§209)。

费奇诺的拉丁文译本——特别是《赫耳墨斯教文集》、柏拉图与普罗丁的著作——在文艺复兴时期的宗教史上起到了重要的作用:它使得新柏拉图主义在佛罗伦萨高奏凯歌,在整个欧洲掀起了对赫耳墨斯教的狂热兴趣。最早的意大利人文主义者——从佩脱拉克(Petrarch, 1304—1374)到洛伦佐·瓦拉(Lorenzo Valla,约 1405—1457)——已经在倡导一种新的宗教取向,拒斥经院神学,回到教会教父那里。人文主义者认为,他们作为在俗的基督徒和优秀的古典学者,对于基督教的思想以及前基督教关于人性和神性观念的研究和理解要胜过神职人员。正如查尔斯·特林考斯(Charles Trinkaus)所指出的,这种对于“人类的凯旋”(*Homo triumphans*)的新解释并不一定起源于异教,不如说是受到教父传统的启发。[②]

---

① Frances A. Yates, *Giordano Bruno and the Hermetic Tradition*,第 12—13 页。在那之前,赫耳墨斯教的拉丁文著作仅有《阿斯克勒皮俄斯》(*Asclepius*)。

② 参见 Charles Trinkaus, “In Our Image and Likeness”,第 1 卷,第 xix 以下,第 41 页以下(佩脱拉克),第 155 页以下(洛伦佐·瓦拉);尤其参见第 341 页以下、第 381 页以下载录的文献。个性的全面实现并非是从异教那里借鉴来的一个观念;首先可以将其解释为恩宠神学的复兴;参见同上书,第 xx 页,第 46 页。

随着费奇诺、皮科·德拉·米兰多拉(Pico della Mirandola, 1463—1494)和埃吉迪欧·德·维特尔波(Egidio de Viterbo, 1469—1532)宣传新柏拉图主义,人的状况的高扬达到了一个新的层次。但是这样做并没有放弃基督教的背景。上帝在创造世界的时候,就让人类成为大地的主人,“人类就像上帝那样行动,这才使得历史与文明的创造性工作得以完成”。[1] 但是人类的神化,这种人文主义特有的倾向越来越多地从超出基督教的新柏拉图主义与赫耳墨斯教那里汲取灵感。

费奇诺和皮科·德拉·米兰多拉显然丝毫不怀疑他们信仰的正统性。早在公元2世纪,护教士拉克坦西(Lactantius)就把三倍伟大的赫耳墨斯看作受到上帝启示的智者,甚至认为赫耳墨斯的某些预言因为耶稣的诞生而
253 得到了实现。马西利奥·费奇诺再一次断言赫耳墨斯教、赫耳墨斯巫术同基督教之间的和谐一致。[2] 皮科认为巫术(*Magia*)与喀巴拉(*Cabala*)都证明了基督的神性。[3] 人们普遍相信一种令人肃然起敬的上古神学(*prisca theologia*),[4]信仰那些著名的“古代神学家”——苏鲁支、摩西、三倍伟大的赫耳墨斯、大卫、俄耳普斯、毕达哥拉斯和柏拉图等,这如今已经非常时髦了。

我们可以从这种现象看到经院哲学以及中世纪对于人和宇宙概念的极其不满。这是对于我们可以称之为“地方性”的,也就是纯粹**西方的**基督教的反动,是对一种更为普世的、超越历史的,以及“太初的”宗教的追求。皮科研读希伯来文,以便亲自钻研喀巴拉。在他看来,喀巴拉是比《旧约》更为古老而且能够解释《旧约》的启示。教皇亚历山大六世下令在梵蒂冈画了一幅壁画,充满了赫耳墨斯教的(也就是埃及的)象征和图像。古埃及、苏鲁支的神秘波斯、俄耳普斯的“秘密教理”都揭示了超出犹太—基督教以及人文主义者最近重新发现的古典世界的“奥秘”。事实上,人们深信可以发现亚洲与埃及那种太初的重要启示,证明其具有共同的基础和独特的来源。(到

① Charles Trinkaus, “In Our Image and Likeness”, 第 xxii 页。

② 尤其参见 D. P. Walker, *Spiritual and Demonic Magic: From Ficino to Campanella*, 第30页以下。

③ 从皮科遭到英诺森七世谴责的观点中,人们看到这一著名的提法:“Nulla est scientia que non magis certificet de divinitate Christi quam magia et cabala”。参见 Yates, *Giordano Bruno*, 第84页以下。

④ 参见 D. P. Walker, *The Ancient Theology*, 尤其是第22页以下(“Orpheus the Theologian”)。

了19世纪，在"发现"梵文和吠陀、奥义书的"远古性"之后，我们在此看到了同样的热情和希望，只是规模要小得多罢了。)

在将近两个世纪中，赫耳墨斯教倾倒了无数的神学家和哲学家，不论是信教的还是不信教的。如果说乔丹诺·布鲁诺(1548—1600)为哥白尼的发现而欢欣鼓舞，那正是因为他认为日心说具有深刻的宗教和巫术的意义。当布鲁诺还在英格兰的时候，他就预言了《阿斯克勒皮俄斯》(*Asclepius*)所描述的古埃及巫术宗教很快就会重现。乔丹诺·布鲁 254
诺认为自己胜过哥白尼，因为哥白尼只是以一个数学家的身份去理解他的理论，而他布鲁诺却能够将哥白尼的理论当成一种神圣秘密的象形文字来理解。①

但是乔丹诺·布鲁诺追求另外一种目标：他把赫耳墨斯与埃及宗教等同起来，而埃及宗教又被认为是最古老的，因此他是把他的宗教普世主义建立在埃及巫术的基础上。然而许多16世纪学者还不敢完全诉诸当时已经被斥为异端的赫耳墨斯巫术。将赫耳墨斯教引进法国的勒费弗尔·德塔普勒(Lefèvre d'Étaples, 1460—1537)的情况就是这样。他将《赫耳墨斯教文集》同《阿斯克勒皮俄斯》区别开来。新柏拉图主义者辛弗里安·香皮耶(Symphorien Champier, 1472—1539)甚至企图证明《阿斯克勒皮俄斯》论及巫术的文字不是出自赫耳墨斯而是阿普列乌斯(Apuleius)之手。② 16世纪的法国与欧洲其他国家一样，赫耳墨斯教的价值主要在于其宗教的普世主义有助于恢复和平和协调。一位新教作者菲利浦·德·莫尔奈(Philippe de Mornay)，在赫耳墨斯教中寻找避免恐怖的宗教战争的手段。在《论基督教的真理性》(*De la vérité de la religion chrétienne*, 1581年)一书中，莫尔奈提到，赫耳墨斯认为"上帝是唯一的……因此圣父和善的名字只属于他……。只有他一人才是大全；没有名字，但又比任何名字都高。"③

---

① 参见Yates, *Giodano Bruno*，第154页以下以及各处。有一位知识渊博的希腊学家以撒·卡苏本(Isaac Casaubon)在1614年证明《赫耳墨斯教文集》是一本问世很晚的文献——不会早于公元2—3世纪(参见§209)。但是"埃及人的奥秘"享有的巨大声望继续以一种新的形式在欧洲知识分子的想象中徘徊：那是一种"象形文字的奥秘"。

② Yates，第172页以下。关于16世纪法国的赫耳墨斯教，亦可参见Walker, *The Ancient Theology*，第3章。

③ 转引自Yates，第177页(法文)。亦可参见Walker，第31—33页、第64—67页，等等。天主教徒弗朗切斯科·帕特里奇(Francesco Patrizi)甚至相信，研究《赫耳墨斯教文集》能够令德意志的新教徒回到罗马教会；Yates，第182页以下。

达根斯(Dagens)写道:“赫耳墨斯教既影响了新教徒也影响了天主教徒,促进他们形成追求和平的倾向。”①人们感到,赫耳墨斯所启示的、在一
255 开始就为全人类所拥有的令人肃然起敬的宗教如今能够重新建立普世的和平,协调各种不同的信仰。这种启示的核心就是人的“神圣性”。人是一切创造物综合而成的小宇宙。“这个小宇宙是大宇宙的最终目的,而大宇宙又是小宇宙的住所……大小宇宙的联系你中有我,我中有你。”②

大宇宙—小宇宙的相互依存在中国、印度和希腊都早已有之。但是首先是在帕拉塞尔苏斯和他的门徒那里,这一思想才获得一种全新的活力。③正是人使得天界与尘世的交流成为可能。在16世纪,对于“自然巫术”(*magia naturalis*)的兴趣代表了一种保证自然和宗教之间和睦相处的努力。事实上,研究自然就为了追求更好地认识上帝。我们将会看到这一概念得到了辉煌的发展。

311. 炼金术的新意义:从帕拉塞尔苏斯到牛顿

我们前面已经论及(§283),以阿拉伯文保存或者撰述的炼金术作品可上溯至12世纪。最有名的炼金术作品是被认为出自赫耳墨斯之手的《绿宝石碑》,这是一部颇有名气的著作。正是在这部著作中,我们可以阐述赫耳墨斯教与炼金术之间一致性的名言:“天上的如同地上的,地上的如同天上的,以便实现合一的奇迹。”

西方的炼金术士追随从希腊时代就已闻名遐迩的转化过程的四大阶段(参见§211),也就是获得哲人之石的过程。第一阶段(*nigredo*)——退回到物质的液体状态——与炼金术士的“死亡”相对应。按照帕拉塞尔苏斯的观点;“凡是想
256 进上帝的王国的,必须首先以自己的肉身进入母亲那里,并在那里死去。”“母亲”就是原初物质(*prima materia*)、混沌状态(*massa confusa*)和深渊(*abyssus*)。④

---

① “Hermétisme et cabale en France, de Lefèvre d'Étaples à Bossuet”,第8页;Yates,第180页。

② Charles de Bouelles,转引自E. Garin,“Note sull'ermetismo del Rinascimento”,第14页。

③ 尤其参见Alex Wayman,“The Human Body as Microcosm in India, Greek Cosmology, and Sixteen-Century Europe”;Allen G. Debus, *Man and Nature in the Renaissance*,第12页以下、第26页以下。

④ 参见Eliade, *The Forge and the Crucible*,第154—155页。关于“哲学的乱伦”的其他引文,参见同上书,第155页。巴西勒·瓦伦廷(Basil Valentine)用*vitriol*一语做了一首离合诗,强调下往地狱(*decnsus ad inferos*)的极端必要:*Visita Interiora Terrae Rectificando Invenies Occultum Lapidem*(“参访下界,洁净自己,你将找到秘密之石”)。

有些文献强调，炼金术的操作（*opus alchymicum*）要与炼金术士的内在体验同步。"事物可因与之相似的事物而得到完善，因此，炼金术士必须参与到炼金操作的过程中去。"①多恩（Dorn）写道："要把你自己从死亡之石转变为活的哲人之石。"根据基希特尔（Gichtel）的说法，"我们就是通过这样的再生，不仅获得一个新的灵魂，而且获得一个新的身体。这新的身体就是从神圣的话（the divne word）或是从天上的智慧（Sophia）那里得来的。"炼金术士本人应当具备美德和人品，这也证明了炼金术不仅仅是一种实验室的操作：炼金术士必须健康、谦逊、有耐心、守贞；必须有自由的思想，能够与他的操作过程和谐一致；必须一边炼金，一边默想。

就本书的目的而言，我们不必概述炼金术操作的其他步骤。但是，我们应当留意的是，原初物质与哲人之石的悖论的特点。按照炼金术士的说法，这两样东西无处不在，并且以各种形式存在，可以用成千上万不同的名称来称呼它。我们且列举一份 1526 年的文献，哲人之石"人皆可以知之，无论少年，抑或耄耋；见于农村、村庄、城市，一切上帝创造的事物之中；只是人皆漠然待之。人不论贫富，每天都与它打交道。女仆随手把它扔到大街上。孩子拿它做游戏。然而就是没有人珍惜它，可是除了灵魂之外，在这个世界上最美妙、最珍贵的东西就只有它了。"②这实际上是一种"秘密语言"，它是对日常语言无法转述的经验的一种体验，同时又是一种同符号的隐秘含义所进行的秘密交流。

哲人之石可以将对立面统一起来。③ 它可以提纯金属，使之臻于"完 257
美"。阿拉伯的炼金术士赋予哲人之石治病的功效，正是通过阿拉伯炼金术，长生不老丹（*Elixir vitae*）的概念传入西方。④ 罗吉尔·培根曾经提到，有一种"药能够消除哪怕最粗劣的金属中一切不纯净和腐败之物"，能使人延长寿命好几个世纪。按照维拉诺瓦的阿诺尔德（Arnold of Villanova）的说法，哲人之石可以治一切病，使人返老还童。

---

① *Liber Platonis quartortum*（阿拉伯原著应作于公元 10 世纪之后）。转引自 Eliade, *The Forge and the Crucible*，第 158 页。人们可以发现，中国炼丹术士也有同样的原理；参见本书第 1 卷，§ 11。

② Eliade, *The Forge and the Crucible*，第 139—140 页。

③ 巴西勒·瓦伦廷认为，"邪恶必变得与善良一样"。斯塔基（Starkey）将此石描述为"矛盾的统一，敌人之间的讲和"；*The Forge and the Crucible*，第 166 页。

④ 参见 R. P. Multhauf, *The Origins of Chemistry*，第 135 页以下。

至于中国炼丹术(§134)已有的将金属转化为黄金的过程,无非是一个加快时间的节奏,促进自然的运动而已。正如一部14世纪的炼金术著作《提纯法大全》(*Summa Perfectionis*)写到的:“大自然长期不能提纯的事物,我们有绝招能在很短的时间做到。”本·琼森(Ben Jonson)在他的剧本《炼金术士》(第2幕,第2场)中阐述了同样的思想。炼金术士断言,“假如有充足的时间,铅和其他物质都会变成黄金”;另一位人物接着说:“可是我们技艺比这更绝”。[1] 换言之,炼金术士取代了时间之神。[2]

传统炼金术的基本原理——比方说矿石的生长、金属的转化、长生不老丹以及严守行业秘密等——在文艺复兴与宗教改革时期并没有受到挑战。[3] 尽管如此,中世纪炼金术的视野在新柏拉图主义和赫耳墨斯教的影响下有所改变。确信炼金术可以加快大自然的进程,具有了基督学的意义。如今炼金术士宣称,正如基督通过他的死亡和复活救赎人类,炼金术的操作也可以救赎自然。16世纪一位著名的赫耳墨斯教徒亨利希·昆拉特(Heinrich Khunrath)把哲人之石等同于耶稣,因为耶稣是“大宇宙之子”。
258 他还认为,哲人之石的发现能够揭示大宇宙的真正本质,基督以同样的方法丰富人,亦即小宇宙的灵性。深信炼金术的操作能够拯救人类与自然,实际上是对于彻底的更新(*renovatio*)的一种怀念,这种怀念自弗洛里斯的约雅敬开始就一直在西方基督教里面徘徊了。

约翰·迪(John Dee,生于1527年),著名的炼金术士、数学家和博学家,他向神圣罗马帝国皇帝鲁道夫二世(Rudolf Ⅱ)保证,他深知物质转化的秘密,预测通过炼金术士“奥秘的操作”可以实现整个世界精神领域的全面改革。[4] 同样,英国的炼金术士伊利亚斯·阿什莫尔(Elias Ashmole)认为,

---

① 参见 Eliade, *The Forge and the Crucible*,第51页。

② 我们已经讨论了这种普罗米修斯式立场的结果,同上书,第169页以下。

③ 甚至到18世纪,博学家对于矿物的生长并不持有怀疑的看法。然而他们还是思忖道,是否炼金术真能够推进自然的过程,“这些声称能够这样做到的炼金术士是一个诚实无欺的人,还是一个傻瓜,一个江湖骗子”(Betty Jo Teeter Dobbs, *The Foundations of Newton's Alchemy*,第44页)。被公认为当时最伟大的“理性主义”化学家,以严格的经验主义的实验方法著称的赫尔曼·布尔哈夫(Herman Boerhaave, 1664—1739)也仍然相信金属的转化。我们还将看到炼金术在牛顿的科学革命中的重要性。

④ 参见 Peter French, *John Dee: The World of an Elizabethan Magus*; R. J. W. Evans, *Rudolf Ⅱ and His World A Study of Intellectual History*,第218—228页。关于约翰·迪对于昆拉特的影响,参见 Frances Yates, *The Rosicrucian Enlightenment*,第37—38页。

炼金术、占星术与自然巫术(*magia naturalis*)是一切科学的“救赎者”。实际上,对帕拉塞尔苏斯以及梵·赫尔蒙特(Van Helmont)的拥护者来说,只有通过对“化学哲学”(即新炼金术)或者“真正医学”的研究才能够了解自然。[1] 化学而不是天文学,才是破解天地秘密的钥匙。既然创世被解释为一种化学过程,那么天地中一切现象都可以用化学术语来说明。通过思考大宇宙—小宇宙的关联,“化学—哲学家”能够把握大地和天体的秘密。例如罗伯特·弗卢德(Robert Fludd)就根据太阳的周期运动对人体血液循环进行化学般的描述。[2]

和同时代许多人一样,赫耳墨斯教信徒和化学—哲学家都期待一场涵盖各种宗教、社会和文化机构的广泛而彻底的改革——为此有人热心地投入其中的准备工作。这种普遍更新(*renovatio*)不可或缺的第一步就是教育改革。1614 年出版的一本匿名小册子,题为《兄弟社团的传说》(*Fama Fraternitatis*)提出了一种新的教育模式。作者透露,存在着一个名为玫瑰十字会的秘密团体。它的创始人是传奇般的人物克里斯提安·罗森克洛兹(Chistian Rosenkreuz),他掌握了“医学的真正秘密”,因此也掌握了所有科学的秘密。他陆续创作了不少书籍,但是只有玫瑰十字会成员才能得到这 259
些书籍。[3]《兄弟社团的传说》的作者呼吁欧洲所有的学者加入该会,以彻底实现知识的改革。换言之,作者呼吁他们加速整个西方世界的更新。这一呼吁产生了巨大反响。不到十年的时间,就有数百种书籍和小册子参与讨论神秘的玫瑰十字会所倡导的改革计划。

1619 年,约翰·瓦伦丁·安德烈亚(Johann Valentin Andreae)——有些历史学家认为他就是《兄弟社团的传说》的作者——出版了《基督城》(*Christianopolis*)。此书可能影响了培根的《新大西岛》(*New Atlantis*)。[4] 安德烈亚倡导成立一个由学者组成的新社团,以便创造一种建立在“化学哲学”基础上的新教育方法。在乌托邦的基督城里,学术中心就是实验室:在

---

① A. C. Debus, “Alchemy and the Historian of Science”,第 134 页。

② A. C. Debus, *The Chemical Dream of the Renaissance*,第 7、14—15 页。

③ 尤其参见同上书,第 17—18 页。我们应当留意,在 17 世纪初,人们看到许多中国的、性力派的以及希腊的文献重又复活了:太初的启示,最近被重新发现了,但是仅向那些入会者传授。

④ 参见 *Christianopolis, an Ideal State of the Seventeenth Century*, Felix Held 译(New York and London, 1916)。亦可参见 Yates, *The Rosicrucian Enlightenment*,第 145—146 页;Debus, *The Chemical Dream*,第 19—20 页。

实验室里“天地可以和合”、“写在地面上的神圣奥秘可以解开”。[①] 皇家医学院的院士罗伯特·弗卢德是众多支持《兄弟社团的传说》倡导的教育改革的学者之一。他同时也是一个狂热的炼金术士。弗卢德主张，不对神秘科学进行深入的研究，就不可能掌握自然哲学。弗卢德认为“真正的医学”乃是自然哲学的基础。对小宇宙——亦即人体——的知识向我们揭示了宇宙的结构，并且最终把我们引向上帝。此外，越了解宇宙，就越能了解我们自己。[②]

260 直到最近人们才意识到，在这场旨在以神秘传统与自然科学的大胆结合为手段，更新欧洲宗教与文化的普遍运动中，牛顿起到了重要的作用。确实，牛顿从未公开发表他炼金术实验的结果，不过他宣称有些实验是大获成功的。他的许多关于炼金术的手稿在1940年之前一直无人问津，最近贝蒂·尤·迪特·道布斯(Betty Jo Teeter Dobbs)在《牛顿炼金术的基础》(*The Foundations of Newton's Alchemy*, 1975年)一书中做了详细的研究。道布斯断言，牛顿在实验室里大量实验了炼金术著作中描绘的操作方法，他的探索“可谓前无古人，后无来者”(第88页)。牛顿希望通过炼金术发现微观世界的结构，以便将他的宇宙体系的观点贯彻到微观世界。他发现了维持各大行星按其轨道运行的万有引力，这并没有使他心满意足。可是，尽管他在1669年到1696年间毫不厌倦地进行实验，却未能发现支配微粒运动的力。虽然如此，当他在1679—1680年间开始研究天体轨道运动力学时，他将引力的“化学”概念运用到了宇宙上面。[③]

正如麦克古尔(McGuire)和拉坦西(Rattansi)所证明的那样，牛顿坚信，在太初之际“上帝将自然哲学和真正宗教的秘密传授给了一小批他所拣选的人。后来这种知识消失了，以后又有人重新发现了部分知识，可是当时这些知识与各种神话和神秘符咒结合在一起，普通人无从了解。如今，我们可以通过科学实验更为充分地发现这种知识”。[④] 正因如此，牛顿查阅了炼

---

① *Christianopolis*，第196—197页。

② Robert Fludd, *Apologia Compendiaris Fraternitatem de Rosea Cruce Suspicionis et Infamiae Maculis Aspersam, Veritatis quasi Fluctibus abluens et abstergens* (Leiden, 1616)，第83—93、100—103页，转引自Debus, *The Chemical Dream*，第19—20页。

③ Richard S. Westfall, "Newton and the Hermetic Tradiction"，尤其是第193—194页；参见Dobbs, *Foundations*，第211页。

④ Dobbs，同上书，第90页，转引自E. McGuire and P. M. Rattansi, "Newton and the 'Pipes of Pan'"，第108—143页。

金术文献中最深奥的部分，希冀发现其中所包含的真正秘密。有意思的是，
近代力学的鼻祖并不拒斥关于太初神秘的启示，如同他并不拒斥物质转化
的原理一样。他在《光学》(*Optics*, 1704年)一书中写道："身体转化为光，
光转化为身体，这与自然规律是完全一致的，因为自然似乎充满着物质的转
化"。道布斯认为，"牛顿的炼金术思想是很牢固的，他从未想到要否定它们
的普遍有效性，在一定意义上，他1675年以后的学术生涯一直是在努力将 261
炼金术和力学哲学结合起来。"①

在《原理》(*Principia*)发表之后，反对者认为牛顿所说的"力"实际上具有"神秘的性质"。道布斯教授承认，在某种意义上，这种批评是有道理的："牛顿的力很像文艺复兴时期神秘文学中所说的隐秘的交感和排斥。然而，牛顿赋予力以一种本体论的地位，与物质和运动的地位一样高。通过这种办法，通过把力加以量化，他把机械哲学抬高到超越一般人想象的'机械论'。"② 在分析牛顿"力"的概念时，理查德·威斯特法尔(Richard Westfall)得出结论，近代科学是赫耳墨斯教传统与机械哲学联姻的结果。③

在"近代科学"突飞猛进的时候，它已经忽视或者拒斥了赫耳墨斯教传统。换一种说法就是，牛顿力学的凯旋终结了他自己的科学理想。实际上，牛顿及其同时代人所期待的是一种完全不同的科学革命。在深化和发展文艺复兴时期新炼金术的希望与目标中——其首要目标是救赎自然——帕拉塞尔苏斯、约翰·笛、夸美纽斯(Comenius)、安德烈亚、弗卢德或者牛顿这些大思想家首先在炼金术中看到了他们的宏伟大业的一个模式：人类可以通过新的学习方法达到完美的境界。在他们看来，这样一种方法应当将赫耳墨斯教传统和医学、天文学、力学等自然科学，与不分教派的基督教融为一体。事实上，这种综合乃是基督教的一种创新，堪与早年柏拉图主义、亚里士多德主义和新柏拉图主义的综合相媲美。这种18世纪所梦想，并且部分得以实现的"知识"，可以说是在"整体知识"的帮助下基督教欧洲所作出的最后一次创举。

---

①② Dobbs, *Foundations*, 第230、211页。

③ Richard S. Westfall, *Force in Newton's Physics: The Science of Dynamics in the Seventeenth Century*, 第377—391页；Dobbs, 同上书，第211页。

262

第39章　西藏宗教

312."人的宗教"

西藏宗教,就像印度教,以及古代的、中世纪的基督教一样,在它的全盛时期,呈现了一种强大的综合能力,这是漫长的同化和融合所造成的结果。在过去数十年,西方学者因受藏学家的影响,把西藏宗教史解释为本地的苯教(Bon)与印度佛教相冲突的结果,最后印度佛教以喇嘛教的形式获得胜利。但是最新的研究,尤其是对敦煌文书(8—10 世纪)的分析显示了一个复杂的情形。首先,我们必须考虑到苯教以及前弘期佛教以前的本地宗教的重要性。这一传统宗教(被称作"人的宗教")一直为苯教和佛教学者所忽略。

此外,我们如今对于苯教的外来特征和融合主义的一面,特别是它的伊朗与印度的根源有了更好的认识。诚然,我们拥有的文献是晚期的(藏文字母是公元 7 世纪创制的),而且反映的是佛教和苯教之间相互论战、相互借鉴的结果。然而,在喇嘛教与苯教的外衣下,我们还是能够破解某些传统宗教的特征。西藏历史学家把"神的宗教"(*lhachos*)与"人的宗教"(*mi-chos*)区分开来;前者有时指苯教,有时指佛教;后者指传统宗教。

263 有关"人的宗教"——或称"祖"(Gcug)或"却"(chos,"习俗")——的一个重要来源就是"故事",也就是关于宇宙起源与谱系的神话。在婚礼、新年的节日以及为取悦地上诸神而举行的各种竞赛中,要仪式性地讲述这些"故事"。就像许多古老宗教一样,讲述一个社会、一种仪式或者一项制度起源的神话故事,可以延续神话的"太初"时代,从而确保各种活动的成功。① 准

① 参见 Eliade, *Myth and Reality*,第 21 页以下。亦可参见 G. Tucci, *Les religions du Tibet*,第 269 页以下。

确地讲述起源神话乃是"维持世界秩序所必不可少的一种宗教行为"。①

与其他地方一样,关于起源的神话由宇宙的起源开始。世界是由诸恰神(Phyva)创造的,他们被想象成天上的群山。(我们还将回来讨论山脉的宗教意义和象征意义。)一些山—神下凡人间,带来了动物、植物,可能还有第一批人。这一人神共处的天堂时代一共持续了1 000年。有一个魔鬼从第九层地狱里逃了出来,在人间播撒邪恶。诸神回到天界,人间就接连衰落达数百万年。然而,还有些人坚持实践"人的宗教",期待在"不虔诚的时代"之后会出现一个新世界,那时诸神将重返人间,死者都会复活。

这显然又是一个众所周知的关于"完美的太初时代"之后出现的日渐严重的普遍堕落的神话故事。但我们同样可以假设其中有印度(数百万年的宇宙循环)和伊朗的影响(魔鬼败坏创造的世界)。

世界有三重结构:恰神住在天界,水神与冥神(*Klu*)住在地下,而人类居住在中间。第一位赞普是从天上下凡的神,他与山神结为夫妻;他为接下来的七位神话赞普确立了模范。人类居住地起源的神话——宇宙起源神话 264
的较小的变体——有时是讲述了一个被打败的魔鬼或一只被解体的动物,有时则是一位神(山、石或树)与女神(湖、泉或河)的神婚。"每一个社团居住在一个特定的场所,因此认同各自的祖先和圣地。"②

在传统宗教里,赞普的作用相当重要。③ 赞普的神性体现在他的"光"和神通上面。最初的赞普只在白天待在地上,一到晚上,他们就返回天上。他们不会像一般人那样死去,但是到一定时刻,他们就通过具有魔力的绳子"木"(*mu*)(或"德木"[*dmu*])永远地返回天上,再也不下凡了。按照一份苯教编年史,这些最初的赞普"每人前额的王冠上都有一根闪光的浅黄色(或者是褐色)的'木'绳,可以通向远处(也可绷直)。在他们去世的那一刻,他们从脚开始(像彩虹一样地)融化,一直到前额的'木'绳里。而那闪光的'木'绳继续融化直入天穹"。④ 因此

---

① R. A. Stein, *Tibetan Civilization*,第195页。"为了认同团体与诸神和祖先的关系,就必须在每一次复述中追溯某一制度的起源,这种复述必须绝对真实。这甚至在喇嘛教仪式中也是如此,喇嘛教的仪式也总是会提到仪式的起源、神话中创制的先例。"(第198页)

② Stein,同上书,第210页。

③ 尤其参见A. Macdonald, "Une lecture des Pelliot tibétains...",第339页以下。参见Erik Haarh, *The Yar Lun Dynasty*,第126页以下。

④ Stein, *Tibetan Civilization*,第224页。参见Tucci, *Les religions du Tibet*,第286页以下。关于这个神话主题的比较分析,参见我们的"Cordes et Marionettes"(= *The Two and the One*,第166—168,尤其是第166—167页。)

在最后一个具有神性起源的赞普智贡(Digun)以前,人间没有任何赞普的墓地;智贡骄傲自大、脾气暴躁,在一次与人的决斗中,不小心砍断了自己的"木"绳。从此赞普的尸体就安葬在人间了,他们的陵墓已经发掘出土,也知道了一些相关的丧葬仪式。① 然而,某些拥有某种天赋的人,尤其是圣人与巫师,也可以通过他们的"木"绳升到天上去。

313. 传统的概念:宇宙、人与诸神

关于智贡砍断了"木"绳的神话,从另外一种背景看,它重复了自从世界为邪恶败坏之后,恰神与人类分离的神话。但与人神分离的神话相比,它对于西藏宗教思想史却具有更加重要的意义。因为一方面,"木"绳具有宇宙
265 论的功能:它像一根世界之轴联接天地。另一方面,它在宇宙—住所—人体的一本同源的体系中起着重要的作用。最后,在某个我们无法确定的时刻,还会发现在微妙的生理学里,在确保死者灵魂自由和升天的仪式中"木"绳也起着一定的作用。

诚然,印度佛教和苯教的影响是明显的。可是这一神话—仪式综合体的原创性及其象征意义则是不容怀疑的。宇宙—住所—人体的一本同源是一个远古概念,在亚洲流传甚广。佛教也有这种一本同源的思想,但并没有赋予它救赎的价值(§160)。

群山等同于最早的祖先下凡使用的梯子或者"木"绳。而赞普的陵墓也被称为"山"。② 此外,圣山——可以验证的"大地之神"或"本地的主人"——被看作是"擎天之柱"或者是"大地之钉",和"陵墓或寺庙边竖起的柱子具有相同的功能"。③ 天界和地界分为两层,通过"天门"和"地门"可以抵达那里。在家里,各层楼房之间用树干做成的梯子相联。屋顶上采光或排烟的洞口相当于"天门",而炉灶则相当于"地门"。④

正如圣山——即"地神"——被看作是联接天、地的"木"梯,而在人身上

① 参见 G. Tucci, *The Tombs of the Tibetan Kings*。参见 Stein,第 201 页。

② 古代赞普的陵墓和宫殿本该建造成"'木'绳圈的式样",即使在智贡砍断"木"绳以后也是如此;Stein,第 201—202 页。

③ Stein,第 203 页。圣山也是战神:它们被尊为"首领"或者"赞普",并与部落的起源有关系;同上书,第 207 页。

④ 人们可在屋顶上找到"住在山顶的诸神"(以两块石头和一面旗子表示);对他们的崇拜仪式与在群山里举行的仪式并无二致;参见 Stein,第 222 页。

也有一位保护神,被称作"地神",它安住于人的额头上,也就是放"木"绳的地方("战神"与"人神"住在肩膀上)。"木"梯也称"风梯"。因为"风梯"是一个用于表达人的生命力的术语。"风"是一种生命的原则,类似于印度人的"气"(*prāṇa*)。"它既是我们呼吸的空气,又是人体内微妙的流体。"①"木"绳能够使它"向上延伸"。这些观念可能都是经喇嘛教的精心融合而形成 266
的。不管怎样,喇嘛们超度灵魂使其得到最后解脱的仪轨让人想起神话中赞普在"木"绳中消失。② 换言之,圣人在他去世的那一刻,可以**在精神上**再现智贡断绳之前神话中的赞普的**实际上的**升天(这一概念令人想起北亚关于现代萨满教"今不如昔"神话的传说:以前的萨满是能够以肉身登天的;参见§246)。

我们还要回来再谈光在西藏宗教中所起的作用。现在我们要补充的是,除了刚才讨论的宇宙—住所—人体的一本同源外,传统宗教还包含了人神之间的某种对称。所以"灵魂"(*bla*)与"神灵"(*lha*)有时是难以区别的;这两个词在发音上很相似,连西藏人自己也会搞混。有一些外在的"灵魂"或"生命",住在大树、岩石或者神灵栖息的事物里。③ 此外,正如我们看到的,"大地之神"以及"战神"既可以居住在自然界中,也可以居住在人体内。

换句话说,**作为一种精神的生物**,人具备神的条件,尤其具备诸神在宇宙结构里的功能和命运。这也解释了何以众多仪式性的竞赛之为重要,不论是赛马、田径、搏斗,还是选美、射箭、挤牛奶或是辩论等。这些竞赛大部分在新年节庆时举行。整个新年节庆的场景就是天神与魔鬼之间的斗争,双方分别由两座大山来代表。与其他场景相似,天神得胜能确保来年新生命茁壮成长。"天神现身,与人同喜。猜谜语、讲故事、诵读史诗等,这些都影响收成与畜牧。神与人常在重大节日中相逢在一起,社会的对立得以确立但同时又得以化解。整个团体把自己同过去(世界或者祖先的起源)与住 267
所(神圣的祖先—大山)联系在一起,由此而变得生气勃勃了。"④

西藏的新年节庆显然受到伊朗的影响,但是其神话—仪式场景却是古已有之,这种现象出现在许多传统宗教中。总之,这个观念在全世界都广泛

---

①③ Stein,第283—284、228页。

② 这种融合在11世纪已经初露端倪。米拉日巴谈到,"砍断了的自由(解脱)之绳";Stein,第224页。

④ 参见"Remarques sur le dualisme religieux: dyades et polarités",第231—311页;载*The Quest: History and Meaning in Religion*,第127—175页。

存在[1]，根据这一观念，整个宇宙和生命、神灵的职能与人类的状况，被同一种循环往复的节律所主宰，这种节律是由自我包含、互为补充的两极共同组成的，周期性地融入到一种对立统一的联合一整体里面。我们可以将西藏的这个观念与阴阳对立及其在"道"中的周期性结合相提并论(参见§132)。不管怎样，前弘期的佛教徒在西藏遇到的传统宗教"并非是一批远古的、散漫的巫术一宗教的结合体……而是一种宗教，其实践与仪式扎根在一个有明确结构的体系里面，这个体系建立在与支持佛教的概念恰好相反的概念之上"。[2]

314. 苯教：冲突与融合

人们或许要问，"为什么(西藏)历史学家要抹煞这一古代宗教，甚至它的名字('祖')都消失了，而用另外一个宗教苯教——一种可以回溯到11世纪的结构性的宗教运动——取而代之呢？从苯波(*bon-po*)的角度来说，这是可以理解的：他们当然支持任何一种能够提高他们声望，主张他们才是最
268 古老的宗教的说法。"[3]而佛教历史学家对于本地宗教的血祭和末世论概念极为反感，因此，我们就用苯教的信仰和巫术行为来同化它们。

如不首先描述佛教传入西藏的过程，我们就很难描述苯教。这两种宗教从一开始就相互冲突，同时又彼此影响。各自相继受到赞普的保护或排斥。此外，从11世纪起，"经过改革的苯教"(*agyur Bon*)开始借用喇嘛教的教理、语汇和体制。然而，可以肯定，苯波的祭司、卦师和"巫师"在佛教僧侣到西藏宏法前就已经在西藏活动了。此外，我们现在阐述苯教的时候已经能够评估外来因素如何促进西藏宗教的多样性和重要性。至少某些类型的苯波的源头是外来的。根据传说，"外来的苯教"是从西藏西南部的象雄或者大食(伊朗)传入的。这一方面证明了某些苯教概念中的伊朗文化因素，另一方面，也说明在佛教传入之前，西藏可能就已受到印度文化(特别是湿

---

① R. A. Stein, *Recherches sur l'épopée et le barde au Tibet*，第440—441页。

② 参见A. Macdonald, "Une lecteur"，第367页。

③ A. M. Blondeau, "Les religion du Tibet"，第245页。此外，佛教"并不容忍杀牲祭祀，更不用说人祭。然而正是这个支承宇宙秩序的神一王的概念，以及灵魂不死的信仰——一个快乐的来世，它想象是在人间的生活因而使得人间生活具有了意义——绝没有为佛教的基本原则——一切永恒存在、轮回、不论今世还是来生的因果业报——留下任何空间。此外，"祖"所描述的理想乃是一种社会公义、人类幸福，而不是道德完满的理想"(同上书)。

婆派)的影响。

最古老的文献言及苯波的好几个类型:祭司,祭祀者,卦师,驱魔师,巫师等。这并不是说在11世纪之前,这些“神圣的专家”已经形成统一健全的组织了。在他们使用的仪式用具中,值得一提的是捉鬼的支架,尤其还有萨满教类型的手鼓,巫师靠着这种手鼓可以升天。根据传说,苯波特有的标志羊毛头巾是用来遮盖苯教传奇创始人贤饶米沃(Shenrab ni bo)的驴耳朵的(这是一个弥足珍贵的细节,因为它透露出了西方的起源。实际上,这正是弥达斯[Midas]的神话主题。)①与其他的神圣专家一样,苯波保护君王和部落首领。在葬礼(特别是赞普的葬礼)中扮演重要的角色,引导亡灵走向另一世界,并且以有能力唤醒死者、驱逐恶魔而声名远扬。

其他年代较晚的文献同样描述了许多不同的宇宙起源论和神学:实际 269
上已经形成多少系统化的形而上学思考。印度的影响,特别是佛教的影响是显而易见的。这并不是说此前就不存在任何“学说”了,很可能“沉思型”的苯波(家谱学家、神话作者和神学家)长期与祭师和巫师共存。

晚期的苯波作者是这样叙述他们的“神圣历史”的:苯教的创始人叫贤饶米沃(意为“杰出的人一祭司”)。他的诞生以及诞生的地点与释迦牟尼和莲花生(Padmasambhava,我们很快就要谈到他了)有着相同的模式。贤饶决定出生在西边某国(象雄或伊朗)。一道白光(精液的想象)像箭一样进入其父亲的头颅,而一道红光(代表女性的元素——血)进入母亲的头内。有一种更为古老的说法:贤饶化为五彩(像彩虹一样)从天堂下凡,化而为鸟,停留在未来母亲的头上。有两道光,一白一蓝,从他的生殖器射出,通过母亲的头颅进入她的身体。② 贤饶刚出生,就同魔王战斗,穷追不舍,他运用神通制服所有遇到的魔鬼。魔鬼为了向他表明臣服的决心,向他献上了包含他们法力精华的物品和咒语。于是魔鬼就成为苯教教理和法术的捍卫者。③ 这一切说明,贤饶告诉苯波,必须向哪些神灵祈祷,以及驱赶魔鬼的神通。在中国其他地方和西藏建立了苯教之后,贤饶就从人间隐退,过着

---

① 参见 Stein, *Recherches sur l'épopée et le barde au Tibet*,第381页以下。

② Stein, *Tib. Civ.*,第242页。藏族人认为,在生育的时候,婴儿的灵魂经过前额的骨缝(*sutura frontalis*)进入母亲头部,这人死的时候又从同一个部位离开他的身体;参见我们的研究“Spirit, Light, and Seed”,第98页(*Occultism, Witchcraft, and Cultural Fashions*)

③ 参见 Tucci, *Les religions du Tibet*,第304页。我们在传奇般的莲花生传记中也可以找到同样的主题;而这一次,这位佛教大师降服的是苯教的神灵。

苦行生活，最后跟佛陀一样涅槃。但是他留有一个儿子传播他的教义长达三年。

270 我们必须将这位叫做贤饶的传说人物视为苯教教义体系的创始人。因为据说是他收集或者整理了大量相互矛盾的习俗、仪式、神话传说、咒语和巫术用语等——“这些不完全是文学作品，因为在他之前形诸文字的经典可谓凤毛麟角”。[1] 从 11 世纪开始，苯教经典开始出现，据说这些经文是在佛教徒赞普的迫害时期苯教藏匿起来，后来又被“重新发现”的。[2] 其固定的形式可以溯至 15 世纪，那时归于贤饶名下的经典（据称是从象雄语翻译过来的）有已经辑成 75 卷的《甘珠尔》和 131 卷的注释本《丹珠尔》。这些经卷的分类和题名显然借鉴了喇嘛教经典的分类和题名方法。其教义也非常接近佛教：“诸物无常的法则，诸业束缚构成轮回。对苯教而言也是如此，人生要达到的目标就是大彻大悟，亦即佛的境界，或者就大乘而言就是空的境界。”[3]在“古旧”派佛教僧侣——也就是莲花生（参见下文 § 315）的弟子中间，苯教的教理分为九“乘”（或“道”）。后三乘在这两种宗教中是一样的。前六乘也有许多共同的因素，但是在苯波那里，他们也包含有一些苯教所特有的信仰与实践。[4]

在苯教经典中有若干种宇宙起源说。其中最重要的当推从太初之卵，或者从原人似的人形巨人（这一主题保存在史诗《格萨尔王传》里面）创造世界；或者由一个退位神——从这个退位神那里产生二者极端对立的原则——间接地创造世界。在前两种宇宙起源说中可以明显看出印度的影
271 响。根据第三种传说，起初在存在与非存在之间仅存一种纯粹的潜在性，这个潜在性自名为“受造的，万物之主”。从这“万物之主”流溢出一白一黑两道光，生出两人，也是一白一黑。后者名“黑色地狱”，就像长矛，是非存在、否定原则的化身，一切邪恶和灾难的罪魁祸首。而那白人名“喜爱有情之主”，是存在、世界上一切善和创造原则的化身。多亏了白人，神灵才受到人

---

[1] Tucci，第 305 页。

[2] 这一神话主题在近东和希腊化时期的希腊—罗马世界、印度和中国其他地方屡有所见。当然并不排除某些文献确实是藏匿起来到迫害结束之后又被重新发现了。

[3] Blondeau，“Les religions du Tibet”，第 310 页。除此之外，苯教还借鉴了菩萨和佛的三身的思想。虽然在名称上有所不同，苯教的万神殿包含“一些两教共有的神灵和魔鬼”（同上书）。

[4] 最完美的分析参见 D. Snellgrove, *The Nine Ways of Bon*。亦可参见 Tucci，第 291 页以下；Blondeau，第 310 页以下。

们的崇拜,并与魔鬼以及邪恶的代表进行斗争。[①] 这些观念令人想起察宛派的神学(§213),它们很可能由中亚的摩尼教徒传播到西藏的。

我们还要再次强调,苯教具有融合性的特点,不论是传统苯教还是经过改造的苯教都是如此。我们很快将会看到,喇嘛教采取并经历了相同的发展过程。在重大的历史时期,融合性是藏族精英的宗教创造力的一人特点。

315. 喇嘛教的形成与发展

按照传统的说法,佛教是松赞干布(约617—650)赞普确立的,后来他被认为是观世音菩萨的化身。然而很难明确这位君主对于佛教的弘法事业究竟作出了哪些贡献。我们只是知道,至少他还奉行古老的宗教实践。但是,有一点似乎是肯定的,即公元7世纪之前,在西藏的某些地区就已经出现了佛教思想。

佛教首次在西藏的官方文书以国教身份出现,是在赤松德赞(755—797?)在位期间。这位赞普据说是文殊师利菩萨的化身,他邀请印度高僧,特别是寂护(Śāntarakshita)、莲花戒(Kamalashīla)和莲花生到西藏。[②] 当时有两种倾向都在争取赞普的保护:一是"印度佛教",传授一种渐进的解脱 272
道;一是"汉地佛教",倡导各种顿悟的技巧(即禅)。赞普主持了一场辩论,在由双方各自陈述自己的方法并为之辩护(792—794)后,赞普选择了印度佛教的主张。这一著名的争论在桑耶寺(Bsam-yas)进行,该寺庙是赤松德赞即位之初兴建的寺院。这是第一座佛教寺庙,在以后数世纪兴建的一系列寺庙皆以此为范本。据说赤松德赞多次赠与寺庙产业,由此发动了喇嘛教神权统治的发展。

赤松德赞的后继者加强了佛教作为官方宗教的地位。到了9世纪,僧人在政治统治阶层内享有特权,经常获得大笔产业。赞普热巴坚(Ral-pa-čan)过分热心地推崇佛僧,引起了贵族反对。在他遇刺身亡后,由其兄弟继位(838—842),开始对佛教徒进行残酷迫害。根据后世的一部编年史记载,这个继位的赞普极力推行苯教。但是他也被人刺杀了,随后,整个西藏地区分裂为许多相互争斗的小邦,陷于无政府状态。佛教遭到禁毁,

---

① 参见 Stein, *Tib. Civ.*,第246页的概述;Tucci,第273页;亦可参见第280—288页。

② 围绕着最后这位人物形成了一个完整的神话,传说是他使得西藏皈依佛教的;参见 C. Ch. Toussaint, *Le dict de Padma*,其中含有莲花生的传说翻译。

寺庙挪为他用,佛僧面临被处死的威胁,被迫结婚或支持苯教,如此长达一个多世纪。僧侣机构纷纷瓦解,经书遭到损毁。然而,部分立场坚定的僧人还是幸存下来,尤其是在边远地区。这一迫害和混乱时期倒是有利于法术和放纵性的密宗实践的流传。

大约在公元970年,西藏西部的一名佛教赞普益西沃(Ye-çes'od)派遣仁钦桑波(Rin c'en bzan po,958—1055)到克什米尔寻访印度大师。从此开始了藏传佛教的后弘期。仁钦建立了一个学派,着手译经并修订早年的翻译。[①] 公元1042年,密宗大师阿底峡(Atīśa)来到西藏西部。他秘授佛法给当时年事已高的仁钦以及他的弟子。在这些弟子中,仲敦巴(Brom-ston)后
273 来成为阿底峡传统最有权威的代表人物。这是一场真正的改革,旨在重振佛教的原始结构:要求佛僧奉守严格的道德行为、独身、苦行,以及传统的修定法等。古鲁(藏语"喇嘛",*bla-ma*)的作用日益重要。阿底峡与弟子们所推动的改革为后来"善规派",即格鲁派(*Dge-lugs-pa*)的发展奠定了基础。但是另有一批信徒坚持莲花生的教义,不接受这一改革。后来他们自称为"古旧派",即宁玛派(*Rñin-ma-pa*)。

在11世纪与14世纪之间出现了一批精神大师,创立了各种新"学派",兴建了后来声名远播的寺院。西藏僧侣纷纷前往印度、克什米尔、尼泊尔寻访有名的古鲁,希冀得到秘授的解脱奥秘(特别是密宗)。这个时代著名的瑜伽行者、神秘主义者和魔法师有那罗巴(Nāropa)、玛尔巴(Marpa)与米拉日巴(Milarepa)。他们秘授并组织各种"学派",有些学派随着时间的推移产生众多分支。在此无需一一细述。我们只要提到宗喀巴(Tsong-kha-pa,1359—1419)的名字即可,他是继阿底峡之后著名的改革家,他创立了一个大有发展前途的学派,名"新派"或"善规派"(格鲁派)。宗喀巴的第三位继承者获得达赖喇嘛的称号(1578年)。五世达赖喇嘛(1617—1682)期间,格鲁派获得了重大胜利。从此之后一直到今天,达赖喇嘛被公认为是当地唯一的宗教和政治首领。寺庙的财富以及为数众多的僧侣——他们既是学者又是精神导师——确保了喇嘛教神权统治的强大和稳固。

至于"古旧派"宁玛派,他们认为在连续的口传教法之外,还存在启示,这些启示或可为某些出色的宗教人物通过出神所得,或在迫害时期被藏匿,

---

① 他奠定了100卷的《甘珠尔》(佛陀的教诲)和225卷的《丹珠尔》(印度的佛教学者的评注和系统论述)的基础。

以后又被重新发现的经书里面。就像在苯波那里一样,"古旧派"在11—14世纪这段时期陆续"发现"了许多文献。一位天赋甚高、极其勤奋的僧人龙钦(Klon-'chen,14世纪),整理了宁玛派传统,使之成为一个精心阐述的理论体系。奇怪的是,"古旧派"的真正复兴是在17世纪之后。然而,尽管"古旧派"和"新派"格鲁派在哲学上,特别是在各种仪轨上有所分歧,但是两派 274
并没有真正的决裂。到19世纪出现了一种兼容并蓄的运动,致力于将所有的传统佛教学派综合在一起。

316. 喇嘛教的教法和修行

西藏人并不认为自己在教法上有所创新。但是我们必须认识到,"尽管到13世纪初佛教在印度已经消亡,只剩下一些经书在流传的时候,佛教在西藏却继续发展成为生机勃勃的传统"。① 大乘佛教(摩诃衍那;参见§§187以下)在印度兴起后就有第一批僧侣往西藏弘法。最具影响力的有三个教派:由龙树所创(3世纪)的"中观派",无著所创(4—5世纪)的"瑜伽行派"或"唯识宗",最后为"密宗"或"金刚乘"。在以后的五个世纪里,所有这些教派都向西藏派遣了各自的代表,促进了西藏喇嘛教的形成。

简而言之,我们可以说"改革的"格鲁派遵循龙树的教导,运用逻辑和辩证法作为认识"空"并获得解脱(参见§189)的手段。而"古旧派"主要遵循无著创建的传统,尤其重视瑜伽冥想术的重要性。然而我们要强调的是,这种差别并不表明"古旧派"贬低辩证法,或者说在"改革派"那里彻底排斥传授瑜伽。至于密宗仪轨,虽然主要是宁玛派修持,但是格鲁派对它并没有完全予以忽视。

概而言之,信众有两种选择:顿悟或是渐悟。但是二者都认为要把握绝对(=空)只有除灭"二元性":主体(想)—客体(所想),现象世界—终极实在,轮回—涅槃等。龙树认为有两种真理,即相对的、约定俗成的真理(俗谛)和绝对的真理(真谛)。从第一种真理看,现象世界尽管在本体论上是不 275
真实的,但是在普通人的经验中却是真实无妄地*存在*着。而从绝对的真理看,思想可从一切看似存在的事物中发现不真实性,然而这种启发是无法用语言来表达的。对于两种真理的区分——俗谛和真谛——有助于维护俗家弟子的道德指导和宗教行动的价值。

---

① Blondeau,第271页。

这两种真理对应于两种类型的人。诚然,每个人都潜藏有佛性,但是要实现这种佛性却有赖各人的羯磨、无数前世的因缘。俗家弟子命定只能看到俗谛,只知道礼赠佛僧,施舍穷人,恪守无数的仪轨和朝拜,念诵六字真言“唵、嘛、呢、叭、咪、吽”,以此积累功德。对他们来说,“虔信的行为主要就是念诵这六字真言;由此进入某种修定的状态而遗忘自我”。[①] 至于僧人的境界,则因他们精神的完善程度而异。有的僧侣仍然陷于俗谛不得自拔;有的则选择了顿悟的捷径,认识到相对与绝对、轮回和涅槃的同一,换言之,他们通过体验的方式获得终极实在,即“空”。有些人因此举止古怪,甚至反常,他们宣称已经超越了俗谛虚妄的二元性。

正如在印度一样(参见§332),各种密宗派别在绝对保密的情况下,修炼并传授各种修定和仪式,旨在实现一切生存领域中的“对立统一”。而西藏所有的教派都接受大乘佛教的基本原则,特别是关于智慧的观念,即认为智慧这一阴性、被动的原则与“实行”、“方便”这一阳性、主动的原则密切相关。只有通过“实行”才能获得“智慧”。僧人通过特定仪轨和修定方法使这两种原则合二为一,得“大欢喜”(*mahāsukha*)。

276 喇嘛教的一大特征是强调古鲁的重要性。当然,在婆罗门教和印度教时期的印度,如同在早期佛教中一样,上师已被看做是佛门弟子精神上的父亲。但是藏传佛教将上师(古鲁)提高到近乎神圣的地位:他为弟子灌顶,解释经文的秘义,授予弟子一个秘密的、各种神通的曼荼罗(*mantra*)。上师首先找出初信者“主要的热情所在”,以便了解他的加持神,由此确定适合他的曼荼罗。

弟子必须对上师绝对信任。“礼敬上师的一丝毫发胜过礼敬三世(过去、现在和将来)佛身。”[②]在修定的过程中,弟子要把自己与上师相等同,而上师本人又与最高的神灵相等同。上师让他的弟子经历许多考验,以发现他信念的品质和局限。玛尔巴对他的弟子米拉日巴污辱有加,又骂又打,想要使他陷于绝望,但这些并没能够动摇米拉日巴的信念。玛尔巴虽然脾气暴躁、不公平而且粗鲁,但是他弟子的诚心经常让他感动得躲在暗处流泪。[③]

---

① Stein, *Tib. Civ.*,第174页。正由于今世积累的功德,信众才能够在来世有望转世进入更高级的生命状态。

② 经文转引自Stein,同上书,第176页。

③ 参见J. Bacot, *Le poète tibétain Milarepa* 的著名传记作品。

僧人的宗教活动主要就是进行一系列瑜伽—密宗的精神训练，其中最重要的即为观想。① 虔诚的修持者可以运用一些外在物体来帮助观想：如各种神灵的画像或曼荼罗等。但是，正如在印度一样(特别是在密宗里；参见§333)，所有神灵都必须是内在化的，换言之，僧人“创造”一个神灵，好像投射到屏幕上来。首先要观想“空”，然后在一个神秘的音节中神灵现身。僧人将自己等同于这个神灵。“于是就有一个发光的、虚空的、神圣的身体；他彻底融入这个神灵，而进入空的境界。”只有在这一时刻，神灵真正出现。“例如，有人曾说，为了证明这一点，在经过一次特殊的观想召神，神灵从画中走了下来，绕行一圈再回到画里：这时有人看到画面上他们的服装和所持物品有些零乱。菩萨上师在桑耶寺的观想修持如此专注，以至于令各路尊 277
神‘真正地’现身在每一个人的眼前：神像走出寺庙，绕行一周，再回到原先的位置上。”②

有些观想还需要掌握哈特瑜伽的技巧(§143)，例如自生热量(*gtum-mo*)，这种技巧可令苦行者裸身站在大雪中安度几个冬夜，并且烘干若干层潮湿的布单。③ 还有僧人的观想类似于行乞僧那样的瑜伽神通(*siddhi*，§195)；比如把他的“灵魂”移到尸体上去，就是让尸体还魂。最可怕的观想修持被称为“割肉”(*gćod*)，即割下自己的肉喂饲魔鬼。“在观想的神通会现出一个站在高处，手持大刀的女神，她跳到敬献供品人的头上，一刀砍下他的脑袋，再大卸八块；接着魔鬼和野兽扑到这堆碎肉上面，啖肉噬血。同时讲述一些本生故事，也就是佛陀在他的前生如何自割其身喂食饥饿的野兽和吃人的魔鬼。”④

这种观想让人联想到未来的萨满在入会礼上被魔鬼和祖先的灵魂肢解。这并不是喇嘛教综合萨满教信仰和技术的唯一例子。某些喇嘛—巫师运用法术相互斗法，与西伯利亚的萨满颇多相似。喇嘛和萨满一样能呼风

---

① 每一座寺庙都有特别的房间供僧人退隐和修定。

② Stein, *Tib. Civ.*，第182、183页。

③ 这是一种极其古老的技术，早在古代印度(参见苦行，§78)，尤其是在萨满那里就已经存在了；参见 Eliade, *Shamanism*，第412页以下；*Myths, Dreams, and Mysteries*，第92页以下、第146页以下。

④ R. Bleichsteiner, *L'Église Jaune*，第194—195页；Eliade, *Shamanism*，第436页。“‘割肉’(*gćod*)的修持不可能是长期精神准备的结果；从心理学上讲，它是专供那些特别虔诚的弟子进行修持的，免得别人屈从于自己招来的幻觉而迷失心智。尽管大师们警告在先，但还会经常出现这种情况”；Blondeau，第284页。

唤雨，腾云驾雾。① 尽管如此，西藏僧人骇人的观想虽然在结构上是萨满
278 的，但是所赋予其上的精神意义和价值确实是全然不同的。“观想自己的骷髅”，是萨满修炼所特有的方式，在喇嘛教那里的目的则是为了对于世界和自我的虚妄形成一种出神的体验。仅举一例，僧人必须将自己看做“一具发光的巨大无比的白色骷髅，从中燃烧蓬勃的火焰，充满了整个宇宙的虚空”。②

317. 光的本体论与神秘生理学

西藏宗教的一大特点便是它有着吸收与同化不同传统文化的能力，不管它们是本地的和远古的，还是外来的和新近的。我们可以考察某些与光现象有关的概念和仪式，来评估这种融合的后果。我们在讨论关于“木”绳以及土生土长的苯教宇宙起源说的时候，已经注意到光在其中所起的作用。居塞佩·图齐(Giuseppe Tucci)认为，西藏宗教体验的基本特征就是赋予光(“不论它是一种创造性原则、一种至上存在的象征，还是一种看得见的、可感知的启示，或万物所从出、存在于我们心目中的光明”)以极其重要的地位。③ 对于所有喇嘛教教派来说，精神(*sems*)就是光，这种等同构成了西藏灵魂解脱论的基础。④

然而，我们不由联想到，光在印度也被视为不同层次的精神和创造性能量的显现。实际上，这些概念可以追溯到《梨俱吠陀》(参见 § 81)。神、精神、光、男精(*semen virile*)的一本同源说，显然在梵书与奥义书中已有了清楚的阐述。⑤ 诸神现身、救世主(菩萨、大雄)的诞生或顿悟，都会伴随着一片满溢的超自然光芒。对于大乘佛教而言，精神(＝思想)“自然是光辉灿
279 烂的”。另一方面，我们也熟知光在伊朗神学中的作用(参见 § 215)。我们由此可以推测精神与光的等同在喇嘛教中的重要性，应当受到从印度传入观念的影响，也受到从印度传入的伊朗观念的间接影响。尽管

---

① 参见 Bleichsteiner，第 187 页以下、第 224 页以下；*Shamanism*，第 434 页。

② Lama Kasi Dawa Samdup and W. Y. Evans-Wentz, *Tibetan Yoga and Secret Doctrines*，第 330 页。

③ Tucci, *Les religions du Tibet*，第 97 页。

④ 同上书，第 98 页；尤其参见第 110 页以下、第 125 页以下。

⑤ 参见 Eliade, “Expérience de la lumière mystique”(重印于 *The two and the One*，第 19 页以下)。

如此，我们必须首先考察在佛教传入之前一个有关人类起源于光的神话，以理解喇嘛教又是如何从自身内部重新解释和赋予这一过程以新的意义的。

根据一个古老的传说，白光生蛋，蛋生太初之人。另外一个版本说这太初之人从虚空中诞生，光芒四射。又有一种传说解释了发光之人如何过渡到现在真正的人类。起初，人类没有性别，也没有性欲；他们身体里面有光散发出来。当时太阳和月亮都不存在。后来性本能被唤醒了，性器官也长出来了——接着太阳和月亮也高悬天空。一开始人类是这样繁殖的：男子身体流溢出的光渗入、照亮并充满女子的子宫。性本能是通过光得到满足的。但是人类越来越堕落，开始相互抚摩对方，最后他们竟发现了性交。①

根据这些传说，光和性是两个对立的原则：当其中一个原则占据支配地位的时候，另一个原则就无法显现自己，反之亦然。这就是说，光包含在（毋宁说是被囚禁在）“男精”里面。如前所述，（神圣）精神、光以及男精的同质，乃是起源于印度—伊朗人的观念。但在西藏神话和神学中光的重要性（例如“木”绳等），则表明这一人类起源的主题确实是土生土长的，然而这一主题并不排除以后在摩尼教影响下可能得到了重新解释。

摩尼教认为，太初之人由五道光组成，黑暗之魔打败他并将他吞食。从此之后，这五道光就被囚禁在人类——魔鬼的创造物——的身体，特别是其精子里面（§233）。我们可以在印度—西藏对爱欲（*maithuna*）的解释中再次看到这五道光，那是一种模仿神灵“游戏”的仪式性交合，因此一定不可以射精为结束（§334）。月称（Candrakīrti）和宗喀巴在解释《秘密会怛特罗》 280
（*Guhyasamāja Tantra*）时强调这样一个细节：在爱欲的过程中将完成神秘的交合，仿佛双方获得涅槃的意识。对于男子而言，这种涅槃的意识，名菩提心（*boddhicitta*），乃是通过一滴（*bindu*）从头顶流出的液体，挟着五道光明充满于性器官。月称说道：“在交合的过程中必须观想金刚（男子性器）与莲花（子宫），好像它们内部充满了五色光明。”②在这种五色光明的想象中

① 参见 Eliade, “Expérience de la lumière mystique”（重印于 *The two and the One*，第47页以下）。

② 参见 Tucci, “Some Glosses upon Guhyasamāja”，第349页。我们要记得，大乘佛教认为宇宙的元素——蕴或界——等同于如来。如来的终极实在通过光的各种颜色相区别。月称写道：“一切如来皆为五色光明。”（Tucci，同上书，第348页）关于这个问题，参见 *The Two and The One*，第37页以下；*Occultism, Witchcraft, and Cultural Fashions*，第99页以下。

明显可以看出摩尼教的影响。我们还会注意到,密宗抑制射精的诫命以及摩尼教确保女性不受孕,二者之间也存在着一种类似性(但这并不意味着一定有借鉴关系)。

在圣人和瑜伽行者去世的时候,他们的"灵魂"穿过头顶骨而飞出,就像一支发光的箭,通过"天上的排烟孔"①后消失。普通人死时,喇嘛会在濒死者的头顶上开一个孔,以方便"灵魂"的释放。在临终的最后关头和死后数日之内,喇嘛会为死者读《中阴闻教得度》(《西藏度亡经》)。喇嘛警告他将会被一道突如其来的耀眼光明所唤醒:那时他与自我同时也是终极实在相遇。这部经文吩咐死者:"不要因此胆怯、害怕、惊异。这正是你真正本质所散发的光芒。"该文继续说道,同样,其他雷鸣和恐怖现象"都无法伤害到你:你是不会死的。你只要知道这些神奇的现象只是你的思想形式。只要知道
281 这就是你的中阴"。② 但是,死者为"业"所障蔽,未必能遵从喇嘛的劝告。他感受到一系列纯洁的光——代表解脱、与佛等同——但他还是会为不纯洁的光所吸引,不纯洁的光象征死后世界的各种形式,换言之,死者还会转世,返回凡俗。③

每一个人在他临死的时候都会有获得解脱的机会:他只要能够认出他死的一瞬间看到的纯洁的光明。高声诵读《中阴闻教得度》是对临终者做最后一次劝告,但是最终决定死者命运的还是死者本人。他必须以他自己的意志去选择纯洁的光明,以他自己的力量去抵制死后存在的各种诱惑。换言之,死亡提供了一种新的得到秘传的可能性,但是这种秘传就像其他秘传一样,乃是一系列必须面对并征服的考验。死后体验到的光明是最后一次、也可能是最艰难的入会礼考验。

318. 西藏宗教创造的新趋势

《中阴闻教得度》无疑是西方世界中最著名的西藏宗教作品。1928 被译成英文出版,特别自 1960 年以来,该书已经成为许多年轻人的枕边读物。这一现象对当代西方精神发展史而言是非常有意义的。《中阴闻教得度》是

---

① "灵魂"穿过头顶骨的仪式至今仍然被称作"开天门",Stein,"Architecture et pensée religieuse en Extrême-Orient",第 184 页;参见 Eliade,"Briser le Toit de la Maison",第 136 页以下。

② Evans-Wentz, *The Tibetan Book of the Dead*,第 104 页。

③ 在白色和黄色的光以后,他将同时看见黄光、红光和绿光;同上书,第 110—130 页;亦可参见,第 173—177 页,以及 *Tibentan Yoga and Secret Doctrines*,第 237 页以下。

一本深奥而难懂的经文,任何其他宗教文学都没有与之相当的作品。它不仅引起心理学家、历史学家和艺术家的兴趣,尤其让无数的年轻人产生兴趣,这是一个征候:一方面说明在现代西方社会中,死亡几乎完全丧失了其神圣性,另一方面则是对死亡的无尽探索,强烈地希望将宗教或哲学的意义重新赋予这一结束人类存在的行为。①

相比之下略显平淡然而同样意义重大的事情,乃是关于香巴拉的传说 282
广为流传,据说那是一个保存着《时轮经》的秘境。② 现有若干种香巴拉的指导手册,皆出自喇嘛之手,但都是一种神秘的地理学描述。事实上这些手册所描绘的各种艰难险阻(高山、河流、湖泊、沙漠和各种妖魔鬼怪)令人联想起众多神话与民间传说中通往美妙福地的路径。此外,有些西藏学者断言,可以在梦中或出神状态下到达香巴拉。③ 人们依旧迷恋一个遥远的*亦真亦幻*的真境福地的古老神话,这就再一次显示我们这个去神圣化的西方社会亦有一种怀旧感。要理解这样的怀旧感,我们只要想到那部平庸的小说《失去的地平线》,尤其是据其改编而成的电影的轰动程度就可以了。

《中阴闻教得度》之后,在西方获得相当成功的西藏作品是《米拉日巴尊者传》。这是一部 12 世纪末的作品,巴柯(J. Bacot)将其译成法文(1925 年),埃文斯-温兹(Evans-Wentz)将其译成英文(1938 年)。可惜的是,米拉日巴(1052—1135)的诗集却一直鲜为人知。该诗集第一部全译本于 1962 年出版。④ 米拉日巴的生平与作品相当有意思,这位巫师、神秘主义者和诗人出色地揭示了西藏宗教的真髓。米拉日巴学习法术的目的原本是要替他的叔叔报仇;在向玛尔巴长期而艰难求学之后,他到一座山洞隐居,并成为觉者,体验到"生解脱"的无上欢喜。在他的诗歌中——要是由诗人来翻译必定会叫人手不释卷——他改造了印度密宗的神秘歌谣的方法,将其运用在本地的歌谣中。"他这样做当然是出于自己的爱好,但是也有普及佛教思

---

① 外来"死亡学"在西方当代世界的大获成功也许可以同骷髅之舞迅速风行相媲美,根据劳弗伦威(B. Lauferrenwei)的说法,这种舞蹈可能起源于西藏。

② 这个迄今尚未得到充分研究的密宗派别,于公元 960 年左右从中亚传至克什米尔和孟加拉。60 年之后,时轮——意为时间之轮——观念与其独到的度量时间、推测其占星术意义的思想体系一道传入西藏。参见 H. Hoffmann, *The Religions of Tibet*,第 126 页以下;同一作者"Kālacakra Studies I,"各处。

③ 参见 Edwin Bernbaum, *The Way to Shambala*,第 205 页以下。

④ *The Hundred Thousand Songs of Milarepa*, Garma C. K. Chang(张澄基)译注。

想，将它引入民间歌谣使之变得更加平易近人的想法。”①

283 最后，可能《格萨尔王》也将很快被比较文学家以及有教养的读者所发现。尽管直到14世纪末，这一古老史诗方才定型，但在此前三个世纪这部史诗就已经在民间流传了。其中心主题围绕着主人公是怎样发生转变的。经过一系列的考验，一个难看而坏心眼的小男孩转变为无往不胜的勇士，最后成了荣耀的君主格萨尔、魔鬼的征服者和全世界的国王。②

西藏宗教的综合性与中世纪的印度教和基督教颇多相似。在这三种宗教中，这种综合性乃是**传统的宗教**（也就是宇宙结构的神圣性）、**救赎的宗教**（佛教、基督教的福音以及毗湿奴教）和**秘传传统**（性力派、诺斯替教和法术）相遇的结果。至于罗马教会统治的西方中世纪与喇嘛教神权政治之间的对应性就更是令人惊讶了。

① Stein, *Tibetan Civilization*，第260页。

② 参见Stein，同上书，第276页；同一作者，*Recherches sur l'épopée*，第345页以下和各处。

缩 略 语 285

ANET J. B. Pritchard, *Ancient Near Eastern Texts Relating to the Old Testament* (Princeton, 1950; 2d ed. , 1955)

Ar Or *Archiv Orientální* (Prague)

ARW *Archiv für Religionswissenschaft* (Freiburg and Leipzig)

BEFEO *Bulletin de l'Ecole française de l'Extrême-Orient* (Hanoi and Paris)

BJRL *Bulletin of the John Rylands Library* (Manchester)

BSOAS *Bulletin of the School of Oriental and African Studies* (London)

CA *Current Anthropology* (Chicago)

HJAS *Harvard Journal of Asiatic Studies* (Cambridge, Mass.)

HR *History of Religions* (Chicago)

IIJ *Indo-Iranian Journal* (The Hague)

JA *Journal Asiatique* (Paris)

JAOS *Journal of the American Oriental Society* (Baltimore)

JAS *Journal of the Asiatic Society, Bombay Branch*

JIES *Journal of Indo-European Studies* (Montana)

JNES *Journal of Near Eastern Studies* (Chicago)

JRAS *Journal of the Royal Asiatic Society* (London)

JSS *Journal of Semitic Studies* (Manchester)

OLZ *Orientalistische Literaturzeitung* (Berlin and Leipzig)

RB *Revue Biblique* (Paris)

REG *Revue des Etudes Grecques* (Paris) 286

RHPR *Revue d'Histoire et de Philosophie religieuses* (Strasbourg)

RHR *Revue de l'Histoire des Religions* (Paris)

SMSR	*Studi e Materiali di Storia delle Religioni* (Rome)
VT	*Vetus Testamentum* (Leiden)
WdM	*Wörterbuch der Mythologie* (Stuttgart)

研究现状:问题与进展。评论性书目

第 31 章　古代欧亚大陆宗教

241. 关于欧亚地区北部宗教的史前史和原史,有一部导论性的优秀著作:Karl Jettmar in I. Paulson, A. Hultkrantz, and K. Jettmar, *Les religions arctiques et finnoises* (法文版, Paris, 1965; 德文版, Stuttgart, 1962), pp. 289—340。关于各种中亚文化的历史性概述,参见 Mario Bussagli, *Culture e civiltà dell'Asia Centrale* (Rome, 1970), pp. 27 ff. 。(游牧文化的起源), pp. 64ff. ;(定居文化的起源和特征), pp. 86 ff. 。("匈奴人—萨尔马特人"时期的斯基泰阶段);该著还有一份极好的批评性书目。亦可参见 K. Jettmar, *Die frühen Steppenvölker* (Kunst der Welt, Baden-Baden, 1964);同一作者, "Mittelasien und Sibirien in vorturkischer Zeit", *Handbuch der Orientalistik*, i Abt. V, Bd. 5 (Leiden and Cologne, 1966), pp. 1—105; Sergei I. Rudenko, *Frozen Tombs of Siberia: The Pazyryk Burial of Iron Age Horsemen* (Los Angeles, 1970;俄文版, 1953); E. Tryjarski, "On the Archaeological Traces of Old Turks in Mongolia", *East and West* (Rome, 1971); L. I. Albaum and R. Brentjes, *Wächter des Goldes: Zur Geschichte u. Kultur mittelasiatischer Vöker vor dem Islam* (Berlin, 1972); Denis Sinor, *Introduction à l'étude de l'Eurasie Centrale* (Wiesbaden, 1963;该书附有注释的书目)。

热内 · 格鲁塞(René Grousset)的综述,参见其著: *L'Empire des Steppes: Attila, Genghis-Khan, Tamerlan* (Paris, 1948),该著的内容至今无人可以超过。亦可参见 F. Altheim and R. Stiehl, *Geschichte Mittelasiens im Altertum* (Berlin, 1970); F. Altheim: *Attila und die Hunnen* (Baden-Baden, 1951;法文译本, 1953), *Geschichte der Hunnen*, 1—4

(Berlin, 1959—1962); E. A. Thompson, *A History of Attila and the Huns* (Oxford, 1948); Otto J. Maechen-Helfen, *The World of the Huns: Studies in Their History and Culture* (Berkeley, 1973;这是一部重要的著作,特别是它的考古学资料颇有利用价值;亦附有大量参考书目,pp. 486—578)。

288 与狼有关的宗教符号和神话—仪式场景(仪式性地转变成一种猛兽,游牧民族是肉食动物后代的神话,等等。)参见我们的研究,"Les Daces et les loups"(1959;再版参见 *De Zalmoxis à Genghis-Khan*, Paris, 1970, pp. 13—30;英文版,*Zalmoxis, the Vanishing God*, Chicago, 1972, pp. 12—20)。《蒙古秘史》开篇就是"成吉思汗的第一个祖先是一头由神选定下凡人间的苍色狼;它的妻子是一头惨白色的母鹿"。突厥人和回鹘人认为他们的祖先是一头母狼(T'ou Kiue)或一头公狼。根据中文史料,匈奴人是一位公主和一头神狼的后代。类似的神话在喀喇吉尔吉斯人那里也有流传。(其他的说法——通古斯人、阿尔泰人,等等——有公主和狗结合之说。)参见 Freda Krestchmar, *Hundestammvater und Kerberos*, 1 (Stuttgart, 1938), pp. 3 ff., 192 ff.,亦可参见 Sir G. Clauson, "Turks and Wolves", *Studia Orientalia* (Helsinki, 1964), pp. 1—22; J.-P. Roux, *Faune et Flore sacrées dans les société's altaïques* (Paris, 1966), pp. 310 ff.。

一头狼和一头雌鹿——母鹿是狼捕食的对象——相结合,这看上去可能有些自相矛盾。但是,这类叙述一个民族、一个国家,或者一个王朝起源的神话,都需要运用这种对立统一的符号(也就是作为原始统一性的整体性),以强调它的创新。

242. 参见 Uno Harva, *Die religiösen Vorstellungen der altaischen Völker*, FF Communication no. 125 (Helsinki, 1938),这位芬兰学者对此话题有最为出色的叙述(法译本,1959)。有关天神,参见 pp. 140—153;亦可参见 Eliade, *Traité d'histoire des religions*, §§ 17—18 (英文本,*Patterns in Comparative Religion*, New York, 1974, pp. 54—64)。参见 Wilhelm Schmidt, *Der Ursprung der Gottesidee*,该书最后四卷收集了大量种族志的资料:vol. 9 (1949),土耳其人和鞑靼人; vol. 10 (1952),蒙古人、通古斯人、尤卡吉尔人(Mongols, Tungus, Yukagirs); vol. 11 (1954),雅库特人、索约特人、卡拉加斯人、叶尼塞人; vol. 12 (1955),对于中亚游牧民族宗教的综述,pp. 1—613;与非洲游牧民族的比较,pp. 761—899。在使用这些资料的过程中,人们必须牢记施米特(R. P. Schmidt)的核心观点:存在一

个"原始一神论"。参见该作者的"Das Himmelsopfer bei den asiathischen Pferdezüchtern", *Ethnos* 7 (1942): 127—148。

关于腾格里,参见让-保罗·劳克斯(Jean-Paul Roux)的论文:"Tängri: Essai sur le Ciel-Dieu des peoples altaïques", *RHR* 149 (1956):49—82, 197—230; 150(1957):27—54, 173—212; "Notes additionnelles à Tängri, le Ciel-Dieu des peuples altaïques", *RHR* 154 (1958):32—66,亦可参见该作者的"La religion des Turcs de l'Orkhon des Ⅶe et Ⅷe siècles", *RHR* 160 (1962):1—24。

关于突厥人和蒙古人的宗教,参见 Jean-Paul Roux, *La religion des Turcs et des Mongols* (Paris, 1984)。有关蒙古人的宗教,可参见 N. Pallisen, *Die alte Religion der Mongolischen Völker* (diss., Marburg, 1949), "Micro-Bibliotheca Anthropos" no. 7 (Freiburg, 1953)。Walter Heissig, "La religion de la Mongolie",载 G. Tucci and W. Heissig, *Les religions du Tibet et de la Mongolie* (Paris, 1973), pp. 340—490,主要介绍了蒙古的民间宗教和喇嘛教。作者大量引用其一部重要著作中的原典和翻译:*Mongolische volksreligiöse und folkloristische Texte* (Wiesbaden, 1966)。 289

关于匈奴人的宗教,可参见 Otto J. Maenchen-Helfen, *The World of the Huns*, pp. 259—296,特别是 pp. 267 ff. (萨满和先知),280 ff. (面具和护身符)。

243. 关于宇宙论,参见 Uno Harva, *Die religiöse Vorstellungen*, pp. 20—88; M. Eliade, *Le chamanisme et les techniques archaïques de l'extase* (第2版,1968), pp. 211—222 (英文版,*Shamanism, Archaic Techniques of Ecstasy*, Princeton, 1972, pp. 259—279); I. Paulson, *Les religions arctiques et finnoises*, pp. 37—46, 202—229; J. P. Roux, "Les astres chez les Turcs et les Mongols", *RHR*(1979):153—192 (关于朝着太阳的祈祷, pp. 163 ff.)。

作为一个神灵,大地之神似乎并未扮演重要角色:人们既没有给他立神像,也不向他献祭(参见 Harva, pp. 243—249)。蒙古人认为,最初为他们选定家园的是大地之母(Ötügen) (ibid, p. 243)。亦可参见 E. Lot-Falck, "A propos d'Atüngän, déesse mongole de la terre", *RHR* 149(1956): 157—196; W. Heissig, "Les religions de la Mongolie", pp. 470—480

("Culte de la Terre et culte des hauteurs")。

244. 关于"潜水创世"的神话,参见我们的研究"The Devil and God",载 *Zalmoxis*, pp. 76—130。有关这个神话,各欧亚民族有不同的叙述,施米特(W. Schmidt)在他的著作:*Ursprung der Gottesidee*, vols. 9—12 中做了介绍和分析;其综合性论述可参见:vol. 12, pp. 115—173。必须补充说明的是,我们并不同意这位作者所做的历史分析和结论。

关于古突厥碑铭中的死神埃尔利克,参见 Annemarie v. Gabain, "Inhalt und magische Bedeutung der alttürkischen Inschriften", *Anthropos* 48 (1953): pp. 537—556,特别是 pp. 540 ff. 。

245. 关于北亚,中亚,南、北美洲,东南亚,大洋洲,中国西藏、中国其他地区以及印欧民族中不同的萨满教,参见我们的论著:*Shamanism*。前六章主要讨论中亚和西伯利亚的萨满教(pp. 3—215)。在此书问世后相继出版的相关重要作品中,我们要提到的是 V. Dioszegi, ed., *Glaubenswelt und Folklore der sibirischen Völker* (Budapest, 1963),关于萨满教的九点研
290 究;参见 Carl-Martin Edsman, ed. , *Studies in Shamanism* (Stockholm, 1967); Anna-Leena Siikala, *The Rite Technique of the Siberian Shaman*, FF Communication no. 220 (Helsinki, 1978)。

对此的总体介绍,参见 Harva, *Rel. Vorstell*, pp. 449—561。参见 Wilhelm Schmidt, *Ursprung d. Gottesidee*, vol. 12 (1955), pp. 615—759,该书阐述了其关于中亚游牧民族萨满教的全部思想。亦可参见 J. -P. Roux, "Le nom du chaman dans les textes turco-mongols", *Anthropos* 53 (1958): 133—142; idem, "Éléments chamaniques dans les textes pré-mongols", ibid, pp. 440—456; Walter Heissig, *Zur Frage der Homogenität des ostomongolischen Schamanismus* (Collectanea Mongolica, Wiesbaden, 1966); idem, "Chamanisme des Mongols",载 *Les religions de la Mongolie*, pp. 351—372; "Le repression lamaïque du chamanisme", ibid, pp. 387—400。

关于将要做萨满的人,他们的疾病以及具有入会礼作用的梦幻,参见 Eliade, *Shamanism*, pp. 33 ff. ; idem, *Mythes, rêves et mystères* (Paris, 1957), pp. 110 ff. 。(英文版 *Myths, Dreams, and Mysteries*, New York, 1975, pp. 73 ff.)。萨满并非是神经病患者(从 1861 年克里沃沙普金[Krivushapkin]到 1939 年的俄赫马克斯[Ohlmarks],一些学者都认为他们是神

经病),他们的智力水平似乎超出了他们所处的社会环境。"他们是丰富多彩的口传文学的主要守护者:一个雅库特萨满的诗歌语汇约有 12 000 个,而他平常说话——也就是他的族人能够听懂的话——的全部语汇不超过 4 000 个。……萨满展现出的记忆力和自我控制力明显高于常人的平均水平。他们能够在一个挤满观众、空间狭窄的圆顶帐篷中间表演他们的出神舞蹈,尽管他们全身披挂着多个总重量可达 30—40 磅的铁盘和其他一些物件,可他们既不会碰着谁,也不会撞伤谁"(*Myths, Dreams, and Mysteries*, p. 78)。

克森诺夫托夫(G. V. Ksenofontov)的书已经由腓特烈(A. Friedrich)和布德鲁斯(G. Buddruss)译成德文:*Schamanengeschichten aus Sibirien* (Munich, 1956)。

关于布里亚特人萨满的公开的入会礼,引述资料和摘要参见 *Shamanism*, pp. 115—122 (p. 115, n. 15,参考书目)。

246. 关于萨满起源的神话,参见 L. Steinberg, "Divine Election in Primitive Religions" (*Congrés International des Américanistes*, session 21, pt. 2 (1924), Götebory, 1925), pp. 472—512,特别是 pp. 474 ff.; Eliade, *Shamanism*, pp. 68 ff.。

关于阿尔泰民族马祭的习俗,参见 W. Radlov, *Aus Sibirien: lose Blätter aus dem Tagebuche eines reisenden Linguisten* (Leipzig, 1884), vol. 2, pp. 20—50,摘要见 *Shamanism*, pp. 190—198。Ibid, pp. 198—200,腾格里·凯拉汗(Tengere Kaira kan)、白乌耳干(Bai Ulgän),以及萨满教马祭仪式三者之间关系的历史分析。

关于在出神状态中下地狱,参见 *Shamanism*, pp. 200—224。Jean-Paul Roux, *La mort chez les peuples altaïques anciens et médiévaux* (Paris, 1963); idem, "Les chiffres symboliques 7 et 9 chez les Turcs non musulmans", *RHR* 168(1965):29—53。 291

我们已经知道,有些民族有"白"萨满和"黑"萨满之分,虽然黑白二者很难真正区分。在布里亚特人那里,大量半神半人被划分为黑白可汗,"黑萨满"效忠于黑可汗;而白可汗则有"白萨满"为他们效劳。但是,这种情形并非古而有之;根据神话传说,第一位萨满是"白"的,"黑"萨满是后来才出现的;参见 Garma Sandschejew, "Weltanschauung und Schamanismus der Alaren-Burjaten", *Anthropos* 27 (1927—1928): 933—955; 28 (1928):

538—560，967—986，特别是 p. 976。关于这种二元划分的形态及其根源，可参见 *Shamanism*，pp. 184—189。亦可参见 J.-P. Roux，"Les Etres intermédiares chez les peuples altaïques"，载 *Génies*，*Anges et Démons*，Sources Orientales，8 (Paris，1971)，pp. 215—256；idem，"La danse chamanique de l'Asie centrale"，载 *Les Danses Sacrées*，Sources Orientales，6 (Paris，1963)，pp. 281—314。

247. 关于萨满的服装和手鼓的象征意义，参见 *Shamanism*，pp. 145—180。

关于北亚萨满教的形成，ibid，pp. 288—300。关于萨满教在宗教和文化中所扮演的角色，ibid，pp. 508—511。

248. 尤卡吉尔人(Yukagirs)、楚克奇人(Chukchees)、库尔雅克人(Koryaks)以及吉里亚克人(Gilyaks)的语言属于古西伯利亚语族。萨莫耶德人(Samoyeds)、奥斯佳克人(Ostyaks)以及沃古尔人(Voguls)讲乌拉尔语。芬兰—乌戈尔民族包括芬兰人、车列米西人(Cheremis)、沃提亚克人(Votyaks)和匈牙利人等。

乌诺·哈瓦(Uno Harva)的 *Die Religion der Tscheremissen*，FF Communications no. 61 (Poorvo，1926)特别值得一提。对于"北亚宗教(西伯利亚部落)"和"芬兰民族宗教"的总体介绍可以参见 Ivan Paulson，*Les religions arctiques et finnoises*，pp. 15—136，147—261(参考书目极佳)。

关于天神的数量，参见 M. Castrén，*Reiseerinnerung aus den Jahren 1838—1844*，1 (St. Petersburg，1853)，pp. 250ff.；Paulson，"Les religions des Asiates septentrionaux"，pp. 61 ff.；R. Pettazzoni，*L'onniscienza di Dio* (Turin，1955)，pp. 379 ff.。

关于潜水创世的神话，参见 Eliade，*Zalmoxis*，pp. 76 ff.。

关于乌戈尔人的萨满教，参见 Eliade，*Shamanism*，pp. 220 ff.；爱沙尼亚人的萨满教，参见 Oskar Loorits，*Grundzüge des estnischen Volksglauben*，1 (Lund，1949)，pp. 259 ff.；2 (1951)，pp. 459 ff.。关于拉普人(Lapp)的萨满教，参见 Louise Backman and Ake Hultkrantz，*Studies in Lapp Shamanism* (Stockholm，1978)。

292 关于《卡勒瓦拉》中的万奈摩宁以及其他英雄的萨满血统，参见 Martti Haavio，*Väinämöinen*，*Eternal Sage*，FF Communications no. 144 (Helsinki，1952)。

关于动物的主人以及保护猎物的守护精灵、狩猎的保护者，参见 Ivan Paulson, *Schutzgeister und Gottheiten des Wildes* (*der Jagdiere und Fische*) *in Nordeurasien*: *Eine religionsethnographische u. religionsphänomenologische Untersuchung jägerischer Glaubensvorstellungen* (Stockholm, 1961)。参见同一位作者，“Les religions des Asiates septentrionaux (tribus de Sibérie)”, pp. 70—102; “Les religions des peuples finnois”, pp. 170—187; “The Animal Guardian: A Critical and Synthetic Review”, *HR* 3(1964): 202—219。在南、北美洲，非洲以及高加索等地区的原始猎人那里都可以找到同样的观念；参见 Paulson, “The Animal Guardian”, nn. 1—12。

249. 文字资料已经由克雷芒(C. Clemen)编辑出版，参见 *Fontes historiae religionum primitivarum*, *praeindogermanicarum*, *indogermanicarum minus notarum* (Bonn, 1936): A. Mierzynski, *Mythologiae lituanicae monumenta*, 1—2 (Varsovie, 1892—1895)，该书介绍和研究了 15 世纪中叶之前的全部资料。有关截止于 1952 年的研究现状，参见 Haralds Biezais, “Die Religionsquellen der baltischen Völker und die Ergebnisse der bisherigen Forschungen”, *Arv* 9(1953): 65—128。

关于波罗的海地区的宗教，哈拉德·比耶扎(Haralds Biezais)做了综合性的研究。参见 Ake V. Ström and Biezais, *Germanische und baltische Religion* (Stuttgart, 1975)。各种不同研究视角的总体介绍，可以参见 V. Pisani, “La religione dei Balti”，载 Tacchi Venturi, *Storia delle Religioni*, 6th ed. (Turin, 1971), vol. 2, pp. 407—461; Marija Gimbutas, *The Balts* (London and New York, 1963), pp. 179—204; Jonas Balys and Haralds Biezais, “Baltische Mythologie”，载 *WdM* 1 (1965): 375—454。

附有大量参考书目的重要资料，尤其是关于民俗学和人种志资料的专著，可参见 Haralds Biezais, *Die Gottesgestalt der Lettischen Volksreligion* (Stockholm, 1961)和 *Die himmlische Götterfamilie der alten Letten* (Uppsala, 1972)。亦可参见 H. Usener, *Götternamen*, 3d ed. (Frankfurt am Main, 1948), pp. 79—122, 280—283; W. C. Jaskiewicz, “A Study in Lithuanian Mythology: Juan Lasicki's Samogitian Gods”, *Studi Baltici* 9 (1952): 65—106。

关于 Dievs，参见 Biezais, *WdM* 1 (1965): 403—405; idem, “Gott der

Götter",载 *Acta Academia Aboensis*, Ser. A., Humaniora, vol. 40, no. 2 (Abo, 1971)。

Perkūnas,拉脱维亚语作 Pērkons,古普鲁士语作 Percunis,源自波罗的海斯拉夫语* Perqūnos(比较古斯拉夫语 Perunu),其与吠陀时期的雨神 Parjanya,阿尔巴尼亚语的 Perën-di,以及日耳曼语 Fjorgyn 有关。关于 Perkūnas,参见 J. Balys,载 *WdM* 1 (1965):431—434,以及 p. 434 上的参考书目。关于 Pērkons,参见 Biezais, *Die himmlische Götterfamilie der alten Letten*, pp. 92—179 (pp. 169 ff.:其中有对于印欧风暴神的比较研究)。

293 波罗的海地区的宇宙起源神话知之者甚少。如在大洋中间或西面有一棵太阳树(即宇宙树),落日在睡觉前将它的皮带挂在树上。

关于太阳女神少勒(Saule)和她的儿女们,以及天神的婚姻,参见 Biezais, *Die himmlische Götterfamilie der alten Letten*, pp. 183—538。少勒的女儿们与印欧神话中的黎明女神相似。

关于莱玛(Laima),参见 Biezais, *Die Hauptgöttinen der alten Letten* (Uppsala, 1955), pp. 119 ff. (她与福祸的关系),pp. 139 ff. (她与上帝的关系),pp. 158 ff. (与太阳神关系)。作为一个命运女神,莱玛(Laima)主管出生、婚姻、丰歉以及家畜健康(pp. 179—275)。比耶扎(Biezais)的解释被许多研究波罗的海文化的专家所接受(参见 Alfred Gaters, *Deutsche Literaturzeitung* 78, 9 Sept. 1957,其中有评论),但也遭到爱沙尼亚学者奥斯卡·洛里兹(Oskar Loorits)的反驳;参阅"Zum Problem der lettischen Schicksalsgöttinen", *Zeitschrift für slavische Philologie* 26(1957):78—103。核心问题如下:*daina* 究竟在多大程度上保存了古代拉脱维亚异教文化真正的原始资料?根据佩特里斯·斯密特(Pēteris Šmits)的说法,*daina* 盛行于 12—16 世纪。而比耶扎(Biezais)的观点与其相反,他认为 *daina* 保存了更为古老的宗教传统;它在 16 世纪的"繁荣"只是反映了民间诗歌创造进入一个新时代(*Die Hauptgöttinen*, pp. 31 ff., pp. 48)。另外一些学者也强调 *daina* 是能够不断自我更新的(参见 Antanas Maceina, *Commentationes Balticae*, 2, 1956)。但是奥斯卡·洛里兹(Oskar Loorits)却认为 *daina* 出现得太晚了,不足以证明莱玛是古老的印欧神灵;莱玛作为命运女神的职能是次要的(第 82 页);莱玛是一个"地位较低"的神,她的作用是有限的,在奥斯卡·洛里兹看来,她的作用仅限于助产和为新生儿祝福(第 93 页);简而言之,莱玛是一个无足轻重的宗教融合的产物,与拉脱维亚民间宗教文学中童贞女马利亚的形象非常相似(pp. 90 ff.)。

然而,我们还记得,当我们涉及的问题不是**关于宗教信仰的口头文献的年代,而是这种文献所表达宗教内涵的时候**,年代先后并不是一个评判标准。婴儿诞生的保护女神以及新生儿保护女神具有很古老的神话结构;尤其参见 Momolina Marconi, *Riflessi mediterranei nella più antica religione laziale* (Milan, 1939); G. Rank, "Lappe Female Deities of the Madder-akka Group", *Studia Septentrionalia*, 6 (Oslo, 1955), pp. 7—79。很难相信民间的波罗的海女神或半人半神,类似莱玛等,是以童贞女马利亚为原型而被创造出来的。很可能是马利亚替代了古代异教诸神,或者是在波罗的海基督教化以后,这些古代异教诸神借用了童贞女马利亚的神话和崇拜的一些特征。

关于狼人达到的"积极"目标,可以从 18 世纪的一名拉脱维亚老人那里得以证实。参见奥托·霍夫勒(Otto Höfler)发表的审判文本,*Kultische* 294
Geheimbünde der Germanen, 1 (Frankfurt am Main, 1934), pp. 345—351,相关摘要可参见我们的 *Occultism, Witchcraft, and Cultural Fashions* (Chicago, 1978), pp. 77—78。Ibid, pp. 73, 78 ff. ,其中含有对几个类似现象的分析(如阿奎莱亚的 *benandanti*,罗马尼亚的 *strigoï* 等)。

关于波罗的海民间传说的古老结构,亦可参见 Marija Gimbutas, "The Ancient Religion of the Balts", *Lituanus* 4 (1962): 97—108。对于其他印欧的文化遗存,人们也做了一些研究,参见 Jaan Puhvel, "Indo-European Structure of the Baltic Pantheon", *Myth in Indo-European Antiquity*, ed. G. J. Larson (Berkeley, 1974), pp. 75—85; Marija Gimbutas, "The Lithuanian God Velnias",载 Larson, ed. , pp. 87—92. 。亦可参见,Robert L. Fischer, Jr. , "Indo-European Elements in Baltic and Slavic Chronicles", *Myth and Law among the Indo-Europeans*, Jaan Puhvel, ed. (Berkeley, 1970), pp. 147—158。

250. 有关斯拉夫人的起源和古代史的简要介绍,可参见 Marija Gimbutas, *The Slavs* (London and New York, 1971);亦可参见 V. Pisani, "Baltico, slavo, iranico", *Ricerche Slavistiche* 15 (1967):3—24。

关于古斯拉夫宗教的希腊文、拉丁文文献已经编辑出版,参见 C. H. Meyer, *Fontes historiae religionis slavicae* (Berlin, 1931)。同一卷中有 *Knytlingasaga* 的冰岛文献和拉丁文译本,以及翻译成德文的阿拉伯文资料。最重要的资料已经译出，参见A. Brückner, *Die Slawen*, Religionsgeschichtliches Lesebuch, vol. 3 (Tübingen, 1926), pp. 1—17。有关东斯拉夫人的资料已经出版并有大量的注释，参见 V. J. Mansikka, *Die Religion der Ostslaven*, 1 (Helsinki, 1922)。

没有一部有关斯拉夫宗教史的综论。一般性的介绍著作，可参见 L. Niederle, *Manuel de l'anliquité slave*, vol. 2 (Paris 1926), pp. 126—168; B. O. Unbegaun, *La religion des anciens Slaves* (*Mana*, vol. 3 [Paris, 1948]), pp. 389—445(附有大量参考书目)；Marija Gimbutas, *The Slavs*, pp. 151—170。

关于神话，参见 Aleksander Brückner, *La mitologia slava*，由朱利亚·狄克斯坦诺夫娜(Julia Dicksteinówna)译自波兰语(Bologna, 1923); R. Jakobson, "Slavic Mythology"，载 Funk and Wagnalls, *Dictionary of Folklore, Mythology, and Legend* (New York, 1950), vol. 2, pp. 1025—1028; N. Reiter, "Mythology der alten Slaven", *WdM* 1, 6 (Stuttgart, 1964): 165—208(附有大量参考书目)。

关于西斯拉夫人的宗教，参阅 Th. Palm, *Wendische Kultstätten* (Lund, 1937); E. Wienecke, *Untersuchungen zur Religion der Westslawen* (Leipzig, 1940); R. Pettazzoni, *L'onniscienza di Dio*, pp. 334—372 ("Divinità policefale")。

295 关于斯拉夫人关于神的概念，参见 Bruno Merriggi, "Il concetto del Dio nelle religioni dei popoli slavi", *Ricerche Slavisliche* 1 (1952): 148—176；也可参见 Alois Schmaus, "Zur altslawischen Religionsgeschichte", *Saeculum* 4 (1953): 206—230。

大量关于斯拉夫人的人种学和民俗学的比较研究，参见 Evel Gasparini, *Il Matriarcato Slavo: Antropologia dei Protoslavi* (Florence, 1973)，附有大量参考书目(pp. 710—746)。作者的某些结论我们应当谨慎对待，但他的资料极有价值；参见我们的评论，*HR* 14(1974): 74—78。F. Haase, *Volksglaube und Brauchtum der Ostslawen* (Breslau, 1939)，仍然非常有用。亦可参见 Vladimir Propp, *Feste agrarie russe* (Bari, 1978)。

赫尔蒙德(Helmold, 1108—1177 年左右)的 *Chronica Slavorum* 已经被编入 *Monumenta Germaniae historica*, vol. 21 (Hannover, 1869)。其中有关宗教的章节，V. J. Mansikka, *Die Religion der Ostslaven*, 1 以及 Aleksander Brückner, *Die Slawen*, pp. 4—7 都做了引述。关于 *Chronicle of Nestor*,参见 Brückner, *Mitologia Slava*, pp. 242—243; idem, *Die Slawen*, pp. 16—17。

在关于佩隆(Perun)的大量参考书目中,需要提到 Brückner, *Mitologia Slava*, pp. 55—80(其中有过分苛刻的评论); R. Jakobson, "Slavic Mythology", pp. 1026; Gasparini, *Matriarcato Slavo*, pp. 537—542。某些作者觉得佩隆是拜占庭历史学家普罗科皮乌斯(Procopius)提到的"至上神,雷神"。但是,赫尔蒙德呼引的天神是遥不可即、不食人间烟火的,其结构与风暴之神有所不同。有关普罗科皮乌斯之说的价值,参阅 R. Benedicty, "Prokopios Berichte über die slawische Vorzeit", *Jahrbuch der Oesterreichischen Byzantinischen Gesellschaft* (1965), pp. 51—78。

关于弗罗斯(Volos)或维勒斯(Veles),参见 Brückner, *Mitologia Slava*, pp. 119—140; R. Jakobson, "Slavic Mythology", pp. 1027; idem, "The Slavic God 'Veles' and His Indo-European Cognates", *Studi Linguistici in Onore di Vittore Pisani* (Brescia, 1969), pp. 579—599; Jaan Puhvel, "Indo-European Structures of the Baltic Pantheon", *Myth in Indo-European Antiquity*, ed. G. I. Larson (Berkeley and Los Angeles, 1974), pp. 75—89,特别是 pp. 88—89; Marija Gimbutas, "The Lithuanian God Veles", Larson, pp. 87—92。

关于斯玛尔戈鲁(Simarglŭ),参见 Jakobson, "Slavic Mythology", p. 1027。关于摩克什(Mokosh),参见 Brückner, *Mitologia Slava*, pp. 141 ff. 。关于达兹博格(Dazhbog),参见 Brückner, *Mitologia Slava*, pp. 96 ff. ; Jakobson, "Slavic Mythology", p. 1027(两本著作均有大量参考书目)。

关于洛得(Rod)和罗泽尼莎(*rozhenitsa*),参见 Brückner, *Mitologia Slava*, pp. 166 ff. 。关于玛蒂·希拉泽姆耳佳(Mati syrazemlja),参见 Gimbutas, *The Slavs*, p. 69。她的主要节日是 *Kupala*(源自 *Kupati*,意为"沐浴"),在夏至时举行,包括点燃仪式性的圣火和集体沐浴。并且用稻草做成一个偶像,*kupala*,穿着打扮像一个妇女,然后放到一棵被砍伐下来,去掉枝丫,并打入泥土的树桩下。在波罗的海地区的斯拉夫人那里,只有妇女 296
可以砍伐和布置神木(桦木),然后向它献祭。桦木代表连接天地的宇宙树(Gimbutas, p. 169)。

关于波罗的海诸神，参见上面已经引证过的帕尔姆(Th. Palm)和威纳克(E. Wienecke)的著作，以及 Pettazzoni，*L'onniscienza di Dio*，p. 562 ff. 的批评性意见。

来自日耳曼人和 *Knytlinga Saga*(用 13 世纪的古冰岛语撰写)的资料提供了相当重要的有关鲁根(Rüggen)崇拜和圣所的信息。用金属加以装饰的木制偶像有三四个或者更多的头。在斯泰丁(Stettin)，有一座供奉特里格拉弗(Triglav)的神庙，即三头"至上神"。在阿尔克纳(Arkona)的斯万特维特(Sventovit)神像有四个头。另外还有不少多头神，鲁杰维特(Rugevit)的头上有七张脸。

关于斯万特维特，参见 Reiter，"Mythology der alten Slaven"，pp. 195—196；V. Machek，"Die Stellung des Gottes Svantovit in der altslavischen Religion"，*Orbis Scriptus* (Munich，1966)，pp. 491—497。

251. 关于森林之灵的资料(*leshy*，等)，参见 Gasparini，*Il Matriarcato Slavo*，pp. 494 ff.，关于森林精灵(*demovoi*)，ibid，pp. 503。

关于潜水创世神话的不同版本，参见 Eliade，*Zalmoxis*，pp. 76—131。

关于鲍格米勒派(Bogomilism)，参见 § 293 所引用的书目。

关于斯拉夫人的"二元论"，参见 *Zalmoxis* 所引用的书目，pp. 91—92，注解 34—36。

第 32 章 圣像破坏危机(8—9 世纪)之前的基督教会

252. 关于古代社会终结的一些最新综述有：S. Mazzarino，*The End of the Ancient World* (London，1966)，该书介绍并分析了现代历史学家提出的假设；Peter Brown，*The World of Late Antiquity* (London，1971)，这是目前为止有关此课题的最佳入门书；Hugh Trevor-Roper，*The Rise of Christian Europe* (New York，1965)，特别是 pp. 9—70。Johannes Geffcken，*Der Ausgang des grieschisch-römischen Heidentums*，2d ed. (Heidelberg，1929)至今无人超过。更为详尽的著作可参见 Ferdinand Lot，*La fin du monde antique et le début du Moyen Age* (Paris，1951)；Michael Rostovtzeff，*Social and Economic History of the Roman Empire*，2d ed. vols. 1—2 (Oxford，1957)；Ernst Stein，*Histoire du Bas Empire*，1—2 (Brussels，1949，1959)；Lucien Musset，*Les invasions：les vagues germaniques* (Paris，1965；2d rev. ed.，1969)；同上作者，*Les invasions：le second* *assaut contre l'Europe chrétienne*: *Ⅶ-Ⅺ^e siècles* (1966)。也可参见其他许多学者的研究:A. Momigliano ed., *The Conflict between Paganism and Christianity in the Fourth Century* (1963),尤其是 Momigliano, "Pagan and Christian Historiography in the Fourth Century", ibid, pp. 79—99; Peter Brown, *The Making of Late Antiquity* (Cambridge, Mass., 1978)。

关于异教精英分子的反应,参见 P. de Labriolle, *La réaction païenne*: *Etude sur la polémique anti-chrétienne du Ier au Ⅵ^e siècle* (New ed., Paris, 1950),尤其是 Walter Emil Kaegi, *Byzantium and the Decline of Rome* (Princeton, 1968),特别是 pp. 59—145。

《上帝之城》最新的(也是最佳的)并附评论的译本是 *La Cité de Dieu* of the *Etudes Augustiniennes*,共五卷,该书由多姆巴特(B. Dombart)和凯布(A. Kaib)主编,由孔毕斯(G. Combes)翻译(Paris, 1959—1960)。

关于《上帝之城》一书的结构和出版过程,参见 Peter Brown, *Augustine of Hippo*: *A Biography* (Berkeley and Los Angeles, 1967) pp. 299—329。亦可参见 J. Claude Guy, *Unité et structure logique de la "Cité de Dieu" de saint Augustin* (Paris, 1961)。似乎有点反常的是,圣奥古斯丁并没有讨论当时社会上的各种宗教思想(如神秘主义、东方宗教、密特拉教等),而是讨论一种彼得·布朗(Peter Brown)称之为"仅存于图书馆里"的古老异教文化。不过,在公元5世纪,异教精英确实热衷于 *litterata vetustas*——即被古典作家们保存下来的远古传统(Brown, p. 305)。

关于希腊、罗马史料,以及犹太教、基督教中的轮回概念,参见 G. W. Trompf, *The Idea of Historical Recurrence in Western Thought*: *From Antiquity to the Reformation* (Berkeley and Los Angeles, 1979),特别是 pp. 185 ff.。

253. 关于圣奥古斯丁的大量评论著作,可参见下列作品:H. I. Marrou, *S. Augustin et la fin de la culture antique* (1938; 2d ed., 1949); Peter Brown, *Augustine of Hippo*(这两部著作都有大量的参考书目)。亦可参见 Etienne Gilson, *Introduction à l'étude de saint Augustin*, 2d ed. (Paris, 1943); idem, *La philosophie au moyen âge* (Paris, 1944) pp. 125ff.; P. Borgomes, *L'Eglise de cc Temps dans la prédication de saint Augustin* (Paris, 1972); E. Lamirande, *L'Eglise céleste selon saint Augustin* (1963); Roy W. Battenhouse ed., *A Companion to the Study of*

St. Augustine (Oxford, 1955)。

254. 关于教父,参见 J. Quasten *The Golden Age of Greek Patristic Literature from the Council of Nicaea to the Council of Chalcedon* (Utrecht, 1960); H. A. Wolfson, *The Philosophy of the Church Fathers*, vols. 1—2 (Cambridge, Mass., 1956); J. Plegnieux, *Saint Grégoire de Nazianze théologien* (Paris, 1952); J. Daniélou, *Platonisme et théologie mystique: Essai sur la doctrine spirituelle de saint Grégoire de Nysse*, 2d ed. (Paris, 1954); O. Chadwick, *John Cassian: A Study in Primitive*
298 *Monasticism* (Cambridge, 1950); J. R. Palanque, *Saint Ambroise et l'empire romain* (Paris, 1933); P. Autin, *Essai sur Saint Jérôme* (Paris, 1951)。

关于奥利金,参见 Eugène de Faye, *Origène, sa vie, son oeuvre, sa pensée*, 1—3 (Paris, 1923—1928),尤其是 Pierre Nautin, *Origène: Sa vie et son oeuvre* (Paris, 1977)。瑙丁(Nautin)仔细分析了所有能够得到的现有的相关资料来撰写其传记,并且重构了奥利金的思想,至少是其大概思路。关于优西比乌(Eusebius)《教会史》所载奥利金传记(刊于瑙丁所著书,pp. 19—98),参见 Robert Grant, *Eusebius as Church Historian* (Oxford, 1980), pp. 77—83。

瑙丁的评论是公正的,奥利金"未能死得其所。如果他死在囚禁他的地牢里面,那么,殉教者称号就会使他免遭对其名誉长达数世纪的攻击。然而,尽管他一生都在渴望成为一个殉教者:在罗马皇帝塞维鲁(Septimius Severus)统治时期,他希望追随其父亲走上殉教之路;他又想在色雷斯的马克西米努斯(Maximin of Thrace)的统治下殉教,当时他正在撰写《殉道者的告诫》(*Exhortation to Martyrdom*);他为了殉教,在德修斯(Decius)的统治下受苦,但是他并没有获得后人眼中殉教者这一荣誉"(pp. 441)。

专著《论原理》(*De principiis*)的完整原文独见于鲁芬诺斯(Rufinus)的拉丁文译本,已由布特沃斯(G. W. Butterworth)译成英文,*On First Principles* (London, 1936),由亨利·克洛采尔(Henri Crouzel)和玛利诺·西默内提(Manlio Simonetti)译成法文,*Traié des Principes*, "Sources Chrétiennes", 4 vols. (1978—1980)。*De principiis* 的第四卷与《殉道者的告诫》、《祈祷者》(*The Prayer*)、《雅歌》(the Song of Songs)评论序言,以及罗旺·A. 克里尔(Rowan A. Greer)所翻译的 *Homily XXVII on Martyrs*,

Origen (New York, 1979)。亦可参见 *Commentaire sur saint Jean* "Sources Chrétiennes", 3 vols. (1966—1975),由塞西勒·布朗克(Cécile Blanc)编译;*Contre Celse*, 5 vols. (1967—1976)由玛塞尔·波列(Marcel Borret)编译;*Commentaire sur L'Evangile selon Matthieu* (Paris, 1970),由玛塞尔·吉罗(Marcel Girot)编译;*Les Homélies sur les Nombres*,由麦哈特(A. Méhat) (Paris, 1951)编译;以及 *Homélies sur Jérémie*,由瑙丁(P. Nautin) (Paris, 1976—1977)编译。

关于《六文本合参》(*Hexaples*)的构成,参见 Nautin, *Origène*, pp. 333—361。

关于奥利金的神学,参见 H. de Lubac, *Histoire et esprit: L'Intelligence de l'Écriture d'après Origène* (Paris, 1950); H. Crouzel, *Théologie de l'image de Dieu chez Origène* (Paris, 1956); B. Drewery, *Origen on the Doctrine of Grace* (London, 1960); M. Harl, *Origène et la fonction révélatrice du Verbe Incarné* (Paris, 1958)。

奥利金的对手常常指责他在专著《论本原》中支持灵魂转世的观点。参见 Claude Tresmontant, *La métaphysique du christianisme et la naissance de la philosophie chrétienne* (Paris, 1961), pp. 395—518。但是瑙丁(Pierre Nautin)却认为奥利金本人"始终对这一指控予以强烈的反击。他的假设是讲人的灵魂与肉体结合只有一次:即只有灵魂的入世(ensomatosis),不 299
存在灵魂的轮回(metensomatosis)" (Nautin, p. 126)。

255.《忏悔录》的最佳版本和译本是 A. Solignac, E. Tréhord, G. Bouisson, *Oeuvres de saint Augustin*, vols. 13—14 (1961—1962)。参见 P. Courcelle, *Les "Confessions" de saint Augustin dans la tradition littéraire: Antécédents et postérité* (Paris, 1963)。

关于摩尼教在罗马帝国统治下的非洲以及圣奥古斯丁,参见 F. Decret, *L'Afrique manichéenne* (Ⅳ-Ⅴ^{e} *siècles*): *Étude historique et doctrinale*, 2 vols. (1978); idem, *Aspects du manichéisme dans l'Afrique romaine: Les controverses de Fortunatus, Faustus et Felix avec saint Augustin* (1970)。

奥古斯丁反对摩尼教的一些论文片断(特别是写于公元 392 年的 *Acta contra Fortunatum Manichaeum*,公元 388 年的 *De Genesi contra Manichaeos*,以及公元 398—399 年的 *De natura boni contra Manichaeos*)的摘引和评论,参见 Claude Tresmontant, *La métaphysique du Christianisme*, pp. 528—549。

关于多纳图(Donatus)和多纳图派(Donatism),参见 W. H. C. Frend, *The Donatist Church* (Oxford, 1952); G. Willis, *Saint Augustine and the Donatist Controversy* (London, 1950)。

关于贝拉基和贝拉基派,参见 G. de Plinval, *Pélage: Ses écrits, sa vie et sa réforme* (Lausanne, 1943); J. Fergusson, *Pelagius* (Cambridge, 1956); S. Prese, *Pelagio e Pelageanesimo* (1961)。亦可参见 Peter Brown, *Augustine of Hippo*, pp. 340—375。

奥古斯丁关于灵魂起源、原罪和得救预定论原文的引述和讨论,参见 Claude Tresmontant, *La métaphysique*, pp. 588—612。

关于自然和恩宠的神学,尤其是圣奥古斯丁在这些方面的著述,参见 A. Mandouze, *Saint Augustin: L'aventure de la raison et de la grâce* (Paris, 1968),以及更具权威性的 Jaroslav Pelikan, *The Emergence of the Catholic Tradition, 100—600* (Chicago, 1971), pp. 278—331。

256. 奥古斯丁有关殉教者崇拜思想的发展,可参见 Victor Saxer, *Morts, martyrs, reliques en Afrique chrétienne aux premiers siècles* (Paris, 1980) pp. 191—280。

关于圣徒崇拜以及西方教会对圣物的宗教狂热,参见德拉黑克(H. Delahayc)的几本重要著作:"*Sanctus*," *essai sur le culte des saints dans l'antiquité* (Brussels, 1927); *Les origines du culte des martyrs*, 2d ed. (Brussels, 1933); *Les légends hagiographiqes*, 4th ed. (Brussels, 1955)。Peter Brown, *The Cult of the Saints: Its Rise and Function in Latin Christianity* (Chicago, 1980),这本小册子回答了这个问题并且几乎取代了先前有关这方面的文献。

关于殉教教堂,André Grabar, *Martyrium, recherches sur le culte des*
300 *reliques et l'art chrétien antique*, 1—2 (Paris, 1946),仍是基本的著作。亦可参见 E. Baldwin Smith, *The Dome: A Study in the History of Ideas* (Princeton, 1950)。

关于中世纪全盛时期的圣物买卖,参见 Patrick J. Geary, "The Ninth-Century Relic Trade: A Response to Popular Piety?"载 James Obelkevich ed., *Religion and the People, 800—1 700* (Chapel Hill,1979), pp. 8—19。

关于朝圣,参见 B. Kötting, *Peregrinatio religiosa: Wallfahrten in der Antiken und das Pilgerwesen in der alten Kirche* (Münster, 1950)。

有关(也许是最著名的圣徒)圣尼古拉的传奇形成和发展的代表作是 Charles W. Jones, *Saint Nicholas of Myra, Bari, and Manhattan: Biography of a Legend* (Chicago, 1978)。

257. 关于这方面的一般介绍,参阅 J. Daniélou, *Message évangélique et culture hellénistique* (Paris, 1961); Jaroslav Pelikan, *The Spirit of Eastern Christendom* (Chicago, 1974); Hans-George Beck, *Kirche u. theologische Literatur im byzantinischen Reich* (Munich, 1959); D. Obolensky, *The Byzantine Commonwealth: Eastern Europe, 500—1454* (London, 1971); Francis Dvornik, *The Idea of Apostolicity in Byzantium and the Legend of the Apostle Andrew* (Cambridge, Mass., 1958); Olivier Clément, *L'essor du christianisme oriental* (Paris, 1967)。

卡尔西顿公会议的经过和结果已经有介绍,参见 R. V. Sellers, *The Council of Chalcedon* (London, 1953),详细资料参见 Aloys Grillmeier and Heinrich Bacht, *Das konzil von Chalkedon: Geschichte und Gegenwart*, 3 vols. (Würzburg, 1951—1952)。

关于基督一性论,参见 W. H. C. Frend, *The Rise of the Monophysite Movement: Chapters in the History of the Church in the Fifth and Sixth Centuries* (Cambridge, 1972)。

关于拜占庭的礼拜仪式,参见 N. M. D. R. Boulet, *Eucharistie ou la Messe dans ses variétés, son histoire et ses origines* (Paris, 1953); Jean Hani, *La divine liturgie: Aperçus sur la Messe* (Paris, 1981)。关于罗曼努斯·梅罗德斯(Romanus Melodus),参见 E. Wellecz, *A History of Byzantine Music and Hymnography* (Oxford, 1949)。

关于拜占庭教会的象征,参见 H. Seldmayr, *Die Entstehung der Kathedrale* (Zurich, 1950); Jean Hani, *Le symbolisme du temple chrétien*, 2d ed. (Paris, 1978)。

关于神化(*theosis*),参见 Jules Cross, *La divinisation du chrétien d'après les Pères grecs: Contribution historique à la doctrine de la grâce* (Paris, 1938); Pelikan, *The Spirit of Eastern Christendom*, pp. 10—36。

关于忏悔者马克西姆,参见 Hans Urs von Balthasar, *Kosmische Liturgie* (Freiburg, 1941); Lars Thunberg, *Microcosm and Mediator: The* 301
Theological Anthropology of Maximus the Confessor (Lund, 1965);

Irénée Hausherr, *Philantie: De la tendresse pour soi à la charité, selon saint Maxime le Confesseur* (Rome, 1952)。

关于(伪)亚略巴古人狄奥尼索斯作品的最佳法文译本出自莫里斯·德·甘第拉(Maurice de Gandillac)之手(Paris, 1942)。关于忏悔者马克西姆通过狄奥尼索斯的拉丁文译本在西方的影响,参见 Deno John Geanakoplos, *Interaction of the 'Sibling' Byzantine and Western Cultures in the Middle Ages and the Italian Renaissance, 330—1 600* (Yale, 1976) pp. 133—345。

258. 圣像破坏运动分两个时期:第一个时期是从公元 726—787 年,第二个时期是公元 813 年和 843 年之间。在公元 726 年,皇帝利奥三世颁布谕旨,禁止使用圣像,其子君士坦丁五世(745—775)继续执行其父的这一政策。君士坦丁五世还不准圣徒崇拜,甚至不准崇拜圣母;他禁止"圣徒"和"上帝之母"这些字眼,称:"即使有人画了一幅基督的像……他也未必真正深入理解基督两种本性密切结合的教义"(原文引自 Pelikan, *The Spirit of Eastern Christendom*, pp. 116)。

公元 754 年召开的西里亚(Sierea)公会议一致谴责偶像崇拜。然而在公元 787 年,利奥三世的遗孀和君士坦丁堡的大主教在尼西亚召开第七次公会议。认为捣毁圣像的行为应受到诅咒,但是到了公元 815 年,皇帝利奥五世又重新使用原先的政策。一直到公元 843 年,在皇后西奥多拉召开的教区会议上才重新明确允许圣像崇拜。

需要补充的是圣像破坏者毁坏了所有他们能够找到的圣像,而第二次尼西亚公会议(公元 783 年)又命令没收所有关于毁坏圣像的文字资料;没有流传下来任何原始资料。

关于圣像崇拜的起源,参见 A. Grabar, *L'iconoclasme byzantin, dossier archéologique* (Paris, 1957), pp. 13—91; E. Kitzinger, "The Cult of Images in the Age before Iconoclasm", *Dumbarton Oaks Papers* 8 (1954): 83—159。

相关的比较研究,参见 Edwin Bevan, *Holy Images: An Inquiry into Idolatry and Image-Worship in Ancient Paganism and Christianity* (London, 1940)。

关于争论的过程,参见 N. Iorga, *Histoire de la vie byzantine: Empire et civilisation d'après les sources* (Bucharest, 1934), 2, pp. 30 ff., 65 ff.; E. I. Matin, *A History of the iconoclastic Controversy* (New York, n.

d.); Stephen Gero, *Byzantine Iconoclasm during the Reign of Constantine V* (Louvain, 1977); Paul J. Alexander, *The Patriarch Nicephorus of Constantinople: Ecclesiastical Policy and Image Worship in the Byzantine Empire* (Oxford, 1958); Norman Baynes, "The Icons before Iconoclasm", *Harvard Theological Review* 44 (1955): 93—106; idem, "Idola- 302
try and the Early Church", *Byzantine Studies and Other Essays* (London, 1960), pp. 116—143; Gerhart B. Ladner, "The Concept of the Image in the Greek Fathers and the Byzantine Iconoclastic Controversy", *Dumbarton Oaks Papers* 7 (1953): 1—34; Milton Anastos, "The Argument for Iconoclasm as Presented by the Iconoclasts in 754 and 815", *Dumbarton Oaks Papers* 7 (1953): 35—54。亦可参见 George Florovsky, "Origen, Eusebius and the Iconoclastic Controversy", *Church History* 19(1956): 77—96; Peter Brown, "A Dark-Age Crisis: Aspects of the Iconoclastic Controversy",首刊于 *English Historical Review* 88(1973):1—34;今刊于 Brown, *Society and the Holy in Late Antiquity* (Berkeley and Los Angeles, 1982), pp. 251—301。

关于圣像的美学意义及其神学假定,参见 Gervase Mathew, *Byzantine Aesthetics* (New York, 1963),特别是 pp. 98—107; E. Kissinger, "Byzantine Art in the Period between Justinian and Iconoclasm",载 *Berichte zum XI. Internationalen Byzantinisten-Kongress* (Munich, 1958), pp. 1—56。Cyril Mango, *The Art of the Byzantine Empire, 312—1453* (Englewood Cliffs, 1972), pp. 21—148; Fernanda de Maffei, *Icona, pittore e arte al Concilio Niceno II* (Rome, 1974)。

关于伊斯兰教是否影响圣像崇拜的假定,参见 G. E. von Grunebaum, "Byzantine Iconoclasm and the Influence of the Islamic Environment", *HR* 2(1962):1—10,该文对这一问题进行了重新考察。

第 33 章　穆罕默德与伊斯兰教的发展

259. 有关伊斯兰教兴起前的阿拉伯历史和文化,简洁明了的阐述可参见艾凡·沙希迪(Irfan Shahîd)的文章,参见 *The Cambridge History of Islam*, 1 (1970), pp. 3—29。亦可参见 H. Lammens, *Le berceau de l'Islam* (Rome, 1914); idem, *L'Arabie occidentale avant l'Hégire* (Beirut, 1928); W. Coskel, *Die Bedeutung der Beduinen in der Geschichte der Araber* (Cologne, 1953); F. Gabrielli, ed., *L'antica società beduina* (Rome, 1959); F. Altheim and R. Stiehl, *Die Araber in der alten Welt*, 1—4 (Berlin, 1964—1968); M. Guidi, *Storia e cultura degli Arabi fino alla morte di Maometto* (Florence, 1951); J. Ryckmans, *L'institution monarchique en Arabie méridionale avant l'Islam* (Louvain, 1951)。

关于前伊斯兰时期的阿拉伯宗教,参见 J. Wellhausen, *Reste arabischen Heidentums*, 3d ed. (Berlin, 1961); G. Ryckmans, *Les religions arabes préslamiques*, 2d ed. (Louvain, 1951); A. Jamme, "Le panthéon sudarabe préislamique d'après les sources épigraphiques", *Le Muséon* 60 (1947): 57—147; J. Henninger, "La religion bédouine préislamique",载 *L'antica società beduina*, pp. 115—140; Maria Höfner, "Die vorislamisch-
303 en Religionen Arabiens",载 H. Gese, M. Höfner, K. Rudolph, *Die Religionen Altsyriens*, *Altararabiens und der Mandäer* (Ṣtuttgart, 1970) pp. 233—402。阿拉伯南部地区的铭文和古迹的编辑和分析,参见 *Corpus des inscriptions et antiquités sud-arabes*, Académie des Inscriptions et des Belles Lettres (Louvain, 1977)。

关于精灵的信仰,参见 J. Henninger, "Geisterglaube bei den vorislamischen Araben", *Festschrift für P. J. Schebesta* (Freiburg, 1963) pp. 279—316。

关于三女神——拉特(Allāt)、默那(Manāt)和欧萨(al-'Uzzā),参见 M. Höfner, "Die vorislamischen Religionen", pp. 361 ff., 370 ff.; J. Henninger, "Ueber Sternkunde u. Sternkult in Nord-und Zentralarabien", *Zitier. f. Ethnologie* 79 (1954): 82—117,尤其是 pp. 99 ff.。

关于安拉在前伊斯兰时期的结构和崇拜,参见 *Shorter Encyclopedia of Islam*, H. A. R. Gibb and J. H. Kramers, eds. (Leiden, 1961), p. 33; M. Höfner, "Die vorislamischen Religionen", pp. 357 ff.; ibid,载 *WdM* 1 (1965): 420 ff.。谢尔赫德(J. Chelhoud)写了两篇关于伊斯兰教兴起前后的阿拉伯宗教的重要文章:*Le sacrifice chez les Arabes* (Paris, 1955); *Les structures du sacré chez les Arabes* (1965)。

关于祭神用的初熟地产,参见 Joseph Henninger, *Les fêtes de printemps chez les Sémites et la Pâque israélite* (Paris, 1975), pp. 37—50,附有

全部的参考书目。亦可参见同一位作者,“Zum Verbot des Knochenzerbrechens bei den Semiten”, *Studi... Giorgio Levi de la Vida* (Rome, 1956) pp. 448—459; idem, “Menschenopfer bei den Araber”, *Anthropos* 53 (1958): 721—805。罗伯逊·史密斯(W. Robertson Smith)勾画了古代闪族献祭的基本理论,圣尼卢斯(Saint Nilus)有关前伊斯兰时期阿拉伯人的叙述对这一理论加以证实,对于这个理论的讨论,参见 Karl Heussi, *Das Nilusproblem* (Leipzig, 1921), J. Henninger, “Ist der sogenannte Nilus-Bericht eine brauchbare religionsgeschichtliche Quelle?” *Anthropos* 50 (1955):81—148。

关于古代阿拉伯人和伊斯兰教的月亮崇拜,参见马克西姆·罗丁森(Maxime Rodinson)的文章,载 *La Lune: Mythes et Rites*, Sources Orientales 5 (Paris, 1962), pp. 153—214(附有大量参考书目)。

关于前伊斯兰时期的古代民族以及伊斯兰教徒前往麦加朝圣的情况,参见 J. Gaudefroy-Demombynes, *Le Pèlerinage à la Mecque* (Paris, 1923); Muhammad Hamidullah, *Les Pèlerinages*, Sources Orientales 3 (1960), pp. 87 ff.; J. Henninger, “Pèlerinages dans l'ancien Orient”, *Suppl. au Dictionnaire de la Bible*, vol. 7, fasc. 38, cols. 567—584 (Paris, 1963)。

关于克尔白(Ka'ba),参见霍夫纳(M. Höfner)的简要说明,“Die vorislamisehen Religionen”, pp. 360 ff.,以及“Ka'ba”,载 *Shorter Encyclopedia of Islam*, pp. 192—198。亦可参见第 263 节下面提供的参考书目。

这些崇拜、象征和古阿拉伯神话,主要是通过后世有关它们的民间神话 304
的虔诚和想象得以展现。

关于穆罕默德生平事迹的原始资料首推《古兰经》,此外还有伊本·伊司哈格(Ibn-Ishâk,卒于公元 768 年)根据口传史所撰写的最古老的传记《生平》(*Shîrah*),由伊本·希沙姆(Ibn-Hisham,卒于公元 822 年)删节后出版,还有瓦吉迪(al-Wâqidî,卒于公元 822 年)撰写的《远征》(*Maghâzi*)。前者最重要,已有英译本,参见 Alfred Guillaume, *The Life of Muhammad: A Translation of (Ibn) Ishāq's "Sīrat Rasūl Allāh"* (London, 1955)。不过,有一点必须确定,有些章节似乎具有传奇性;例如穆罕默德在叙利亚与商队同行,与基督教修道士相遇等等。

在新近出版的、最好的穆罕默德传记中,特别值得一提的有:Tor Andrae, *Mohammad, the Man and His Faith* (London, 1936; repr., New York, 1960);这部著作突出先知预言中的末世论因素;Régis Blachère, *Le problème de Mahomet: Essai de biographie critique du fondateur de l'Islam* (1952),填补了我们资料中的空白;W. Montgomery Watt, *Muhammad at Mecca* (Oxford, 1953); idem, *Muhammad at Medina* (Oxford, 1956),这两本书详细考察了穆罕默德讲道内容的社会和政治意义,并指出了他的政治才能;idem, *Muhammad: Prophet and Statesman* (Oxford, 1961),是上述两部著作的简写本;Maurice Gaudefroy-Demombynes, *Mahomet* (Paris, 1957),是一部博学之作,反映了19世纪末的实证历史学;Maxime Rodinson, *Mahomet* (1965; 2d ed.,修订和增补本,1969);ibid, "The Life of Muhammad and the Sociological Problem of the Beginnings of Islam", *Diogenes* no. 20 (1957), pp. 28—51。亦可参见 Martin Lings, *Muhammad: His Life Based on the Earliest Sources* (New York, 1983)。Muhammad Hamidullah, *Le Prophète de l'Islam. 1: Sa Vie. 2: Son Oeuvre* (Paris, 1959),这部两卷本尽管有丰富的资料,但没有多大的参考价值。

《古兰经》屡次被译成欧洲各大语言。我们参考了以下译本:Arthur J. Arberry, *The Koran Interpreted*, 2 vols. (London, 1955),这个译本从文学角度讲是最为成功的,尽管其曲解了一些古语;Richard Bell, *The Qur'an*, 2 vols. (Edinburgh, 1937—1939),此译本更为准确,但不易读;Régis Blachère, *Le Coran: Traduction selon un essai de reclassement des sourates*, 2 vols. (Paris, 1947—1950),这部著作的第一卷再版书名为:*Introduction au Coran* (Paris, 1959),1957年再版的《古兰经》译本减少了一些注释。许多东方学家、法国以及其他国家对整部译著反响热烈。本书法文本引用的经文,出自 D. Masson (Paris, 1967)本,英文本则出自 Arberry
305 本,但同时我们亦参考了 R. Blachère 与 Bell 的译本。

最早信徒记得的默示,在穆罕默德在世的时候就著成了文字。但是将所有《古兰经》的篇章汇集成一本"圣书",则是在第三代哈里发,即穆罕默德的女婿奥斯曼(644—655)的命令下实现的。各篇章并不是按照时间顺序编排的;最长的放在前面,最短的放在后面。

关于《古兰经》的成书过程,参见 A. Jeffrey, *Materials for the History of the Text of the Qur'an* (Leiden, 1937); R. Blachère, *Introduction au*

Coran, passim; John Burton, *The Collection of the Quran* (Cambridge, 1977); John Wansbrough, *Quranic Studies: Sources and Methods of Scriptural Interpretation* (Oxford, 1977)。

关于穆罕默德的首次出神体验,引文与分析参见 Tor Andrae, *Mohammed*, pp. 34 ff.; Watts, *Muhammad at Mecca*, pp. 39 ff.; Arthur Jeffrey, *Islam: Muhammad and His Religion* (New York, 1958), pp. 15—21。

《古兰经》各篇章在麦地那以前并没有提及天使哲布勒伊来(Gabriel)。这可能是因为穆罕默德起初以为他看到了上帝本人;参见 Watts, p. 42。穆罕默德的出神体验与其他先知(*kâhin*)的出神体验不同,不过,与先知一样,穆罕默德在期待默示的时候用大袍盖住脑袋;参见《古兰经》73:1,74:1。这是东方与地中海地区预言文化所特有的仪式行为。

关于哈尼夫,参见 Tor Andrae, *Les Origines de l'Islam et le Christianisme* (译自德文版本,Paris, 1955), pp. 39—65; N. A. Faris and H. W. Glidden, "The Development of the Meaning of the Koranic Hânif", *Journal of the Palestine Oriental Society* 19 (1930): 1—13; Watts, *Muhammad at Mecca*, pp. 28ff., p. 96, pp. 162—164。

260. 关于阿拉伯人的一神论倾向,参见 J. Wellhausen, *Reste arabischen Heidentums*, pp. 215ff.。

关于穆罕默德一神论的不同阶段,参见 C. Brockelmann, "Allah und die Götzen, der Ursprung des islamischen Monotheismus", *ARW* 21 (1922): 99 ff.; Watt, *Muhammad at Mecca*, pp. 63 ff.。

关于公开其默示的命令,参见 Watt, *Muhammad at Mecca*, pp. 48 ff. 所引证的《古兰经》苏拉以及评论。

关于阿拉伯国家的基督教信仰以及对穆罕默德可能产生的影响,参见 Richard Bell, *The Origin of Islam in Its Christian Environment* (London, 1926); Tor Andrae, *Les Origines de l'Islam et le Christianisme*, pp. 15—38, 105—112, 201—211; Joseph Henninger, *Spuren christlicher Glaubenswahrheiten im Koran* (Schöneck, 1951); J. Ryckmann, "Le 306
Christianisme en Arabie du Sud préislamique", 载 *Atti del Convegno Internazionale sul tema: L'Oriente cristiano nella storia della civiltà* (Rome, 1964)。

关于穆罕默德宣传的末世论,参见 Paul Casanova, *Mohammad et la*

Fin du Monde: *Étude critique sur l'Islam primitif* (Paris, 1911—1912), 其丰富的资料极有价值,但作者的论点未被人接受;Tor Andrae, *Mohammed*,尤其是 pp. 53 ff.。关于死亡、死后以及复活等概念,参见 Thomas O'Shaughnessy, *Muhammad's Thoughts on Death*: *A Thematic Study of the Qur'anic Data* (Leiden, 1969); Ragnar Eklund, *Life between Death and Resurrection according to Islam*, diss. (Uppsala, 1941); M. Gaudefroy-Demombynes, *Mahomet*, pp. 443ff.; Alford T. Welch, "Death and Dying in the Qur'an",载 Frank E. Reynolds and Earle H. Waugh, eds., *Religious Encounters with Death* (University Park and London, 1977), pp. 183—199。

关于《古兰经》对三个女神篇章的删除,参见 Watt, *Muhammad at Mecca*, pp. 103 ff.。删除这些内容产生了一种特殊的教法学思想。参见 Jeffrey, *Islam*, pp. 66—68。

261. 关于一位使者为了取回"圣书"而升天的神话—仪式的情节,参见 G. Widengren, *The Ascension of the Apostle and the Heavenly Book* (Uppsala, 1950); idem, *Muhammad*: *The Apostle of God and His Ascension* (Uppsala, 1955)。

关于 *mî'râj*(这个词原先是指"梯子",后来被引申为"升天",尤其是指穆罕默德的登霄),参见 s. v. "mî'râj",载 *Shorter Encyclopedia of Islam*, pp. 381—384; Widengren, *Muhammad*: *The Apostle of God*, pp. 76 ff.; Alexander Altman, *Studies in Religious Philosophy and Mysticism* (Ithaca, 1969), pp. 41—72 ("The Ladder of Ascension")。

关于穆斯林的末世论和它对但丁可能产生的影响,参见 Miguel Asin Palaciós, *La escatologia musulmana e la Divina Commedia*, 2d ed. (Madrid, 1941); E. Cerulli, *Il "Libro della Scala" e la questione delle fonte arabo-spagnole della Divina Commedia*, Studi e Testi 150 (Vatican City, 1949); ibid, *Nuove ricerche sul "Libro della Scala" e la conoscenza dell'Islam in Occidente*, Studi e Testi 271 (Vatican City, 1972)。

继维登格伦(Geo Widengren)之后,亚里山德罗·博萨尼(Alessandro Bausani)将注意力集中在《古兰经》中的伊朗要素上;参见他的 *Persia Religiosa* (Milan, 1959), pp. 136 ff.。我们不妨注意一下其中最重要的资料:《古兰经》中的两个音乐天使:哈鲁特(Harut)和马鲁特(Marut)(《古兰经》

2 : 102),源自马兹达教的六大天神中的胡尔伐达特(Haurvatât)和阿梅尔拉达特(Ameretât)(这一由拉伽德[Lagarde]提出的假说已被确证,G. Dumézil, *Naissances d'Archanges* [Paris, 1945], pp. 158 ff.);关于肉身复活的论证(《古兰经》29 : 19—20),在钵罗婆语(Pahlavi)经文中也有发现(例如,*Zâtspram*, chap. 34);有流星射向试图登上天堂的魔鬼的想象(《古兰 307
经》15 : 17—18;37 : 7—9 等等)在 *Mênôkê Khrat* (chap. 44)中也有类似的话;"真主的洗礼"(《古兰经》2 : 138)一词使人记起 *Dênkart* 一书中的一段话:"造物主 Ohrmazd 给时间施洗,"等等。这些伊朗因素通过犹太教、后来的基督教以及摩尼教的神秘知识和融合的神话得以传播(Bausani, p. 144)。

262—263. 关于麦加信徒遭到迫害,参见 Watt, *Muhammad at Mecca*, pp. 177 ff.;关于一群穆斯林移民阿比西尼亚(现称埃塞俄比亚)的原因,ibid, pp. 115 ff.。

关于穆罕默德与麦地那犹太人的关系,参见 Gaudefroy-Demombynes, *Mahomet*, pp. 119 ff., 152 ff.; Watt, *Muhammad at Medina*, pp. 192 ff. (附有书目);idem, *Muhammad, Prophet and Statesman*, pp. 166 ff.。关于犹太人的影响,参见 A. J. Wensinck, *Mohammed en de Joden te Medina* (Leiden, 1928;部分由 G. H. Bousquet and G. W. Bousquet-Mirandolle 翻译,标题为:"L'influence juive sur les origines du culte musulman", *Revue Africaine* 98 [154]:85—112); Tor Andrac, *Les origines de l'Islam*, pp. 100ff.; Abraham I. Katsh, *Judaism in Islam* (New York, 1954)。

关于穆罕默德在麦地那的活动,参见 Gaudefroy-Demombynes, *Mahomet*, pp. 110—226; Watt, *Muhammad at Medina*; *Shorter Encyclopedia of Islam*, s. v. "al-Madina", pp. 291—298。

关于乌姆玛(*ummah*),参见 *Shorter Encyclopedia of Islam*, s. v., pp. 603—604; Marshall Hodgson, *The Venture of Islam*, vol. 1, pp. 172—193; F. M. Denny, "The Meaning of *Ummah* in the Qur'ân", *HR* 15 (1975):34—70。需要补充的是,乌姆玛保存了一些部族习俗,尽管那是以宗教结构表现的。

关于《古兰经》中的易卜拉欣,参见 *Shorter Encyclopedia*, s. v. "Ibrahim", pp. 254—255(书目); Yonakim Moubarac, *Abraham dans le Coran: L'histoire d'Abraham dans le Coran et la naissance de l'Islam* (Paris, 1957)。

"克尔白"是非常古老的仪式中心;穆罕默德宣称它是由易卜拉欣和他的儿子易司马仪所建;参见 *Shorter Encyclopedia*, s. v, pp. 181—189(附有大量参考书目)。这个"世界中心"的象征意义——每个古老的仪式中心无一例外都具有这种象征意义——后来按照耶路撒冷的犹太教模式而不断发展;参见 A. J. Wensinck, *The Ideas of the Western Semites concerning the Navel of the Earth* (Amsterdam, 1916; New York, 1978), pp. 11—20, pp. 48ff., 52 ff.。"克尔白"在创世前2 000年就已经出现;亚当是在麦加附近被塑造出来的;穆罕默德肉体的物质被集中到了麦加的"地球的肚脐",等等(pp. 18 ff.)。穆斯林神秘主义者和神智学家充分发挥了克尔白的象征意
308 义;参见 Henry Corbin, "La configuration du Temple de la Ka'ba comme secret de la vie spirituelle", *Eranos-Jahrbuch* 34(1965): 79—166。

264. 在很长一段时间里,穆罕默德对基督徒表现出了一定的好感:"对于信道者最亲近的是自称基督徒的人,因为他们当中有许多牧师和僧侣,还因为他们不自大。当他们听见诵读降示使者的经典的时候,你看他们会为自己所认识的真理而热泪盈眶。他们说:'我们的主啊!我们已信道了,求你把我们同作证真理的人记录在一处。'"(《古兰经》5:84—85)

在征服麦加以后,穆哈默德遭到叙利亚基督徒的抵抗,至此他才改变了对基督徒的态度;参见《古兰经》9:29—35("他们舍真主而把他们的博士、僧侣和麦尔彦之子麦西哈当作主宰。他们所奉的命令只是崇拜独一的主宰,除他之外,绝无应受崇拜的。"《古兰经》9:31)。

关于基督徒的信仰(特别是聂斯脱利派和某些带有犹太—基督教色彩的诺斯替教派)与穆罕默德神学的关系,参见 Tor Andrae, *Les Origines de l'Islam*,特别是 pp. 105 ff.; D. Masson, *Le Coran et la révélation judéo-chrétienne: Études comparées* (Paris, 1958),以及本书§260的参考书目。

值得注意的是,某些诺斯替教派的教义,尤其是关于耶稣没有被钉死在十字架上、没有经历死亡的思想,经过教会的几次辩论和迫害后,在公元7世纪就几乎不复存在了,而今它们重新流行应归功于穆罕默德以及伊斯兰教的兴起。另一方面,很有可能某些反对三位一体的基督徒被穆罕默德提出的绝对一神论所吸引,并成为最早信奉伊斯兰教的人。

关于《古兰经》的神学理论有大量的文献。最好的导论性文字是关于安拉的一些条目:D. B. Macdonald, *Shorter Encyclopedia of Islam*;和 Louis

Gardet, *Encyclopédie de l'Islam* (new ed., 1956);亦可参见 A. J. Wensinck, *The Muslim Creed* (Cambridge, 1932); A. S. Triton, *Muslim Theology* (London, 1947); L. Gardet and M. M. Anawati, *Introduction à la Théologie musulmane* (Paris, 1948); Gaudefroy-Demombynes, *Mahomet*, pp. 261—497; Fazlur Rahman, *Islam* (London and New York, 1966), pp. 30—66, 85—116; F. M. Pareja, *Islamologia*, pp. 374—391, 445—492 (附有大量参考书目)。

关于穆罕默德传奇的演变以及先知作为超人所受到的崇拜,参见 Pareja, pp. 553—554(p. 554 附有参考书目)。

西方的东方学家对于伊斯兰教的诠释分析,主要有戈济赫尔(I. Goldziher)、斯诺克·胡尔格隆吉(C. Snouck Hurgronje)、贝克尔(C. H. Becker)、麦克多纳(D. B. Macdonald)和路易·马西农(Louis Massignon),参见 Jean-Jacques Waardenburg, *L'Islam dans le miroir de l'Occident* (Paris and The Hague, 1963),附有重要的参考书目,pp. 331—351。

265. 伊斯兰教历最初 40 年历史的详尽介绍,参见 Leone Caetani, *Annali dell'Islam*, 10 vols. (Milan and Rome, 1905—1926);不过,对于他的 309
诠释需谨慎看待。

关于伊斯兰教的一般历史可参见 Marshall G. S. Hodgson, *The Venture of Islam: Conscience and History of a World Civilization* (Chicago, 1974),这是作者的三卷遗作;vol. 1, *The Classical Age of Islam*; vol. 2, *The Expansion of Islam in the Middle Periods*; vol. 3, *The Gunpowder Empires and Modern Times*。只有第一卷涉及本章讨论的问题;尤其是 pp. 146—280。

在帕雷贾(F. M. Pareja)与波撒尼(A. Bausani)和赫尔特林(L. Hertling)合著的百科全书式的著作:*Islamologia* (Rome, 1951)中,有许多关于宗教机构和哈里发制度的章节(pp. 73 ff., 392 ff.)。

有关最早的哈里发的历史以及倭马亚王朝,参见 *Cambridge History of Islam*, vol. 1 (1970),完整的介绍参见 Laura Veccia Vaglieri and D. Sourdel, pp. 57—139,参考书目,参见 pp. 739—740;亦可参见 F. Gabrielli, *Muhammad and the Conquests of Islam* (London, 1968); H. Lammens, *Etudes sur le siècle des Omayyades* (Beirut, 1930); A. A. Vasiliev, *Byzance et les Arabes*, vols. 1—3 (Brussels, 1935—1968); B. Spuler, *The*

Muslim World: A Historical Survey, vol. 1, *The Age of the Caliphs* (Leiden, 1960;译自德文)。

关于阿巴斯王朝,参见 M. A. Shaban, *The Abbasid Revolution* (Cambridge, 1978)。

关于穆阿威叶和阿里的关系,参见 E. L. Petersen, *Alî and Mu'âwiya in Early Arabic Tradition* (Copenhagen, 1964)。

关于什叶派和伊斯玛仪派,参见本书第 35 章和 § § 273—274 的参考书目。

关于纪念侯赛因遇刺的宗教仪式,参见 Earle H. Waugh, "Muharram Rites: Community Death and Rebirth",参见 Frank Reynolds and Earle H. Waugh, *Religious Encounters with Death* (University Park and London, 1977)pp. 200—213。

关于基督教宗教建筑的影响,参见 E. Baldwin Smith, *The Dome: A Study in the History of Ideas* (Princeton, 1950), pp. 41 ff. ,以及其各处。

关于伊斯兰文化中的东方和地中海思想艺术技术的延续性,参见 Ugo Monneret de Villard, *Introduzione allo studio dell'archaeologia islamic* (Venice, 1960)pp. 89 ff. ,以及其他各处。

关于哈里发曼苏尔建造巴格达城,以及其宇宙和王朝的象征意义(源于萨珊王朝),参见 Charles Wendell, "Baghdād: *Imago mundi*, and Other Foundation-Lore", *International Journal of Middle East Studies* 2 (1971):99—128。

310

第 34 章 从查理曼大帝到弗洛里斯的约雅敬的西方基督教

266. 有关包括中东和亚洲在内的中世纪通史,参见 Edouard Perroy, *Le Moyen Age: L'expansion de l'Orient et la naissance de la civilisation occidentale* (Paris, 1955; 5th ed. , revised 1967)。对于中世纪西方文化史有精彩论述并具独特见解的论著,参见 Friedrich Heer, *The Medieval World: Europe 1100—1350* (London, 1962;德语原版,1961)。亦可参见 R. Morghen, *Medioevo cristiano*, 2d ed. (Bari, 1958)。

关于从古代到中世纪的过渡阶段,参见 Hugh Trevor-Roper, *The Rise of Christian Europe* (London and New York, 1965); William Carroll Park, *Origins of the Medieval World* (Stanford, 1958); H. I. Marrou,

Décadence romaine ou antiquité tardive? Ⅲ—Ⅵ^{e} *siècle* (Paris, 1977),以及有关这一问题的综述,*Il passaggio dell'antichità al medioevo in Occidente* (Spoleto, 1962)。

Henri Pirenne, *Mahomet and Charlemagne* (1937)一书的评论书目已经由帕克(Park)汇集,pp. 114—124。

关于加洛林王朝时期的基督教,参见 K. F. Morrison, *The Two Kingdoms: Ecclesiology in Carolingian Political Thought* (Princeton, 1964); E. Patzelt, *Die Karolingische Renaissance* (Graz, 1965)。

关于教皇格列高利七世和他的教会改革,参见 A. Fliche, *La réforme grégorienne*, vols. 1—3 (Paris, 1924—1937)。他当选教皇一年以后,即1074年,格列高利七世颁布教令,革除买卖圣职以及那些结婚、同居的神父的职权。1075年,他颁布了27条《教皇敕令》(*Dictatus Papae*),宣布教皇制的独立,教会权力独立于世俗政权,提出"建立教皇神权统治"(Jacques Le Goff, 载 *Histoire des Religions*, 1972, vol. 2, p. 813)。我们来引证一些最大胆的意见:"(1)罗马教会是由我主独自创立的。(2)只有罗马教皇才是普世的。(12)教皇可以罢黜皇帝。……(19)任何人都不能审判教皇"(ibid, p. 814)。高级教士、王公,特别是皇帝亨利四世对《教皇敕令》极为不满。但是1075年,格列高利七世"开除皇帝的教籍,罢免他并解除臣民对他效忠的誓言。1077年,皇帝通过在卡诺萨的忏悔又使教皇回心转意"(同上书)。卡诺萨事件"既反映了世俗化的起源以及谦卑的皇帝的软弱,也证明了教皇神权统治根本不可能实现"(J. Chelini,转引自 Le Goff, p. 814)。

亦可参见 R. Folz, *L'idée d'Empire en Occident du* Ⅴ^{e} *au* XIVe *siècle* (Paris, 1953); M. D. Chenu, *La théologie au douzième siècle* (Paris, 1957)。

关于中世纪的启示思想,参见 Norman Cohn, *The Pursuit of the Mil-* 311
lennium (new rev. and augmented ed., Oxford, 1970), pp. 29 ff., 以及其他各处; Bernard McGinn, *Visions of the End: Apocalyptic Traditions in the Middle Ages* (New York, 1979)。关于"世界末日的皇帝"这一题目,参见 Marjorie Reeves, *The Influence of Prophecy in the Later Middle Ages* (Oxford, 1969), pp. 293 ff.。

Georges Duby, *L'An Mil* (Paris, 1980),介绍了许多有关千禧年的恐怖和灾异的书籍,并做了极为精彩的分析。

267. 关于日耳曼人的神圣王权的观念，参见本书第2卷第832—833页提供的大量书目。关于皈依基督教后这一观念的继续存在，参见 Marc Bloch, *Les rois thaumaturges* (Strasbourg, 1922); William A. Chaney, *The Cult of Kingship in Anglo-Saxon England: The Transition from Paganism to Christianity* (Berkeley and Los Angeles, 1970)。亦可参见 Gale R. Owen, *Rites and Religions of the Anglo-Saxons* (London, 1981)。

关于骑士制度和封建制，参见 S. Painter, *French Chivalry* (Baltimore, 1940); Carl Stephenson, *Mediaeval Feudalism* (Ithaca, N. Y., 1942;该书有一个出色的导论;pp. 40 ff.。); Gustave Cohen, *Histoire de la chevalerie en France au Moyen Age* (Paris, 1949)。关于授剑仪式的详细分析，参见 Philippe du Puy de Clinchamps, *La chevalerie* (Paris, 1961), pp. 37 ff.。

268. 大量最新的有关十字军东征的参考书目，尤可参见 René Grousset, *L'Epopée des Croisades* (Paris, 1939); Steven Runciman, *History of the Crusades*, vols. 1—3 (Cambridge, 1951—1954); Adolf Waas, *Geschichte der Kreuzzüge*, vols. 1—2 (Freiburg i. B., 1956); Paul Alphandéry and Alphonse Dupront, *La chrétienté et l'idée de Croisade*, vols. 1—2 (Paris, 1958—1959); K. Setton, *A History of the Crusades*, vols. 1—2 (Philadelphia, 1958, 1962); J. A. Brundage, *The Crusades* (Milwaukee, 1962)。亦可参见汇总研究集：*L'idée de Croisade* (=X Congresso Intern. di Scienze storiche, Rome, 1955, Relazzioni Ⅲ, Florence, 1955)，尤其是 P. Lemerle, "Byzance et la Croisade"，以及 A. Cahen, "L'Islam et la Croisade"。

阿拉伯资料选集已被译成意大利语，参见 Francesco Gabrielli, *Storici Arabi delle Crociate* (Turin, 1957);英译本，*Arab Historians of the Crusades* (Berkeley and Los Angeles, 1969)。

关于末世论和千禧年的资料，参见 A. Dupront, "Croisades et eschatologie"，载 E. Castelli, ed., *Umanesimo e esoterismo* (Padua, 1960) pp. 175—198; Norman Cohn, *The Pursuit of the Millennium* (rev. and augmented ed., Oxford, 1970) pp. 61 ff., pp. 98 ff.。

亦可参见 F. Cardini, *La Crociate fra il mito e la storia* (Rome, 1971)。

312 **269.** 关于11世纪末建立的最初一批修会，参见 J. B. Mahn, *L'ordre*

cistercien, 2d ed. (Paris, 1951); J. Leclercq, *Saint Bernard et l'esprit cistercien* (Paris, 1966)。

关于中世纪西方社会的三大阶层,参见 J. Le Goff, *Pour un autre Moyen Âge: Travail et culture en Occident: 18 essais* (Paris, 1977), pp. 80—90; G. Duby, *Les trois ordres ou l'imaginaire du féodalisme* (Paris, 1978)。

关于大教堂的象征意义,参见 Hans Sedlmayr, *Die Entstehung der Kathedrale* (Zurich, 1950); Otto von Simpson, *The Gothic Cathedral* (New York, 1956); Marie-Madeleine Davy, *Initiation à la symbolique romane* (Paris, 1964); Aurelia Stappert, *L'Ange roman, dans la pensée et dans l'art* (Paris, 1975),尤其是 pp. 149 ff., 440 ff.(附有大量参考书目,插图精美);Erwin Panofsky, *Gothic Architecture and Scholasticism* (New York, 1976)。

关于阿基坦的阿莉埃诺(Aquitaine of Eleanor)和她的影响,参见 F. Heer, *The Medieval World*, pp. 157 ff.;亦可参见 A. Kelly, *Eleanor of Aquitaine and the Four Kings* (Cambridge, Mass., 1952)。

关于宫廷文学,参见 A. Jeanroy, *La poésie lyrique des troubadours* (Toulouse and Paris, 1934); R. R. Bezzola, *Les origines et la formation de la littérature courtoise en Occident, 500—1200* (Paris, 1944); P. Zumthor, *Histoire littéraire de la France médiévale, VI—XIV e siècle* (Paris, 1954); J. Lafite-Houssat, *Troubadours et Cours d'Amour* (Paris, 1960),这些书含有极为全面的介绍,包括贵妇法庭所作出的一些"判决"的译文,pp. 49—63; Moshé Lazar, *Amour courtois et "Fin Amors" dans la littérature du XII e siècle* (Paris, 1964)。

270. 关于阴性原则的宗教价值,参见 Elaine Pagels, *The Gnostic Gospels* (New York, 1979), pp. 57 ff.。专题论文:*Le Tonnerre, Esprit Parfait* 的翻译,参见 George W. Mac-Rae, *The Nag Hammadi Library* (James M. Robinson, ed., New York and San Francisco, 1977), pp. 271—277。ibid, pp. 461—470,由约翰·特纳(John Turner)翻译的另外一篇重要论文,*Trimorphic Protennoia*。

关于抒情诗与西班牙和阿拉伯诗歌对西班牙和普罗旺斯诗歌的影响问题,有大量评论性的文献。参见 Menéndez Pidal, *Poesía árabe y poesía europea* (Madrid, 1950); Emilio Garcia Gómez, *Poemas arábigo-andaluces* (new ed., Madrid, 1940); idem, "La lirica hispano-arabe y la aparición de la lirica romanca", *Al Andalus* 21 (1956): 310 ff.; Claudio Sanchez Albornoz, "El Islam de Espania y el Occidente",载 *L'Occidente e l'Islam, Atti della XII a settimana di studio di Spoleto*, 2—8 April 1964 (Spoleto, 1965), vol. I, pp. 149—308,尤其是 pp. 177 ff.; S. M. Stern, "Esistono dei rapporti letterari tra il mondo islamico e l'Europa occidentale nell'alto medio evo?" ibid, 2:631—665。

313 爱情的信徒(*Fedeli d'Amore*)的秘语,参见 R. Ricolfi, *Studi su i "Fedeli d'Amore"*, vol. 1 (Milan, 1933);参见 Mircea Eliade, *Naissances mystiques* (Paris, 1959), pp. 267 ff.。

在大量有关亚瑟王传奇小说的评论性文献中,我们可以参考下列著作: Roger S. Loomis, ed., *Arthurian Literature in the Middle Ages* (Oxford, 1959); idem, *The Development of Arthurian Romance* (London, 1963); Jean Marx, *La Légende arthurienne et le Graal* (Paris, 1952); idem, *Nouvelles recherches sur la légende arthurienne* (Paris, 1965); R. W. Barber, *Arthur of Albion: An Introduction to the Arthurian Literature and Legends in England* (London, 1961); T. B. Grant et al., eds., *The Legend of Arthur in the Middle Ages* (Cambridge, 1983)。亦可参见论文集 *La Lumière du Graal* ("Cahiers du Sud," 1951),尤其是 J. Vendryès, "Le Graal dans le cycle breton", pp. 73 ff.,以及国际会议的论文集:*Les Romans du Graal aux XII e et XIII e siècles* (Paris, 1956; edition of the C. N. R. S.)。

关于亚瑟王传奇小说的入会礼因素,参见 Eliade, *Naissances mystiques*, pp. 264 ff.;亦可参见 Antoinette Fiers-Monnier, *Initiation und Wandlung: Zur Geschichte des altfranzösischen Romans im XII. Jahrhundert*, Studiorum Romanorum, vol. 5 (Berne, 1951)。

关于《帕济法尔》(*Parzival*)一书中的东方因素,参见 Hermann Goetz, "Der Orient der Kreuzzüge in Wolframs *Parzival*", *Archiv für Kulturgeschichte*, vol. 2, pp. 1—42。亦可参见 Helen Adolf, *Visio Pacis: Holy City and Grail* (Pennsylvania State University Press, 1960; pp. 179—207 有极为详细的资料),这是一部知识渊博、发人深思的著作。

有关炼金术对沃尔弗朗·冯·埃森巴哈(Wolfram von Eschenbach)的

《帕济法尔》(*Parzival*)的影响,参见 Henry and Renée Kahane, *The Krater and the Grail: Hermetic Sources of the Parzival* (Urbana, 1965), H. Corbin, *En Islam iranien*(1971), vol. 2, pp. 143—154,后者也赞同其中一个解释。三个谜一样人物的姓名颇有来历:Kiot 可能是修养高深的公爵 Guillaume de Tudèle; Flégétanis 也许是指一部 12 世纪喀巴拉派的著作, *Falakath Thani*,"第二层天",此书名被人误认为是一位哲学家的名字(H. Kolb,引自 Goetz, pp. 2 ff.);根据亨利(Henry)和勒内·卡哈纳(Renée Kahane)的观点,Trevrizent 源自 *Trible Escient*(三重智慧),换言之就是源自三倍伟大的赫耳墨斯(参见 *The Krater and the Grail*, pp. 59 ff.)。亦可参见 Paulette Duval, *La Pensée alchimique et le conte du Graal* (Paris, 1979)。

关于骑士制度和圣杯神话—仪式场面之间的关系,参见 J. Frappier, "Le Graal et la Chevalerie", *Romania* 75 (1954) 165—210。

关于圣杯与伊朗神话的相似性,参见 Sir Jahangîr C. Coyajee, "The Legend of the Holy Grail: Its Iranian and Indian Analogues", *Journal of the K. R. Cama Oriental Institute*, Bombay (1939), pp. 37—126;"The 314
Round Table of King Kai Khusraun", ibid, pp. 127—194; H. Corbin, *En Islam iranien*, vol. 2, pp. 155—188。

271. 本书第 1034 页注解①提到了弗洛里斯的约雅敬的三篇论文,除此之外,我们还要补充 *Tractatus super Quattuor Evangelia*, Ernesto Buonaiuti, ed. (Rome, 1930),以及 *Liber Figurarum*, L. Tondelli, ed. (*Il Libro delle Figure dell'Abate Gioacchino da Fiore*, 2d ed., Turin, 1954);关于这部著作,亦可参见 Marjorie Reeves and Beatrice Hirsch-Reich, *The Figurae of Joachim of Fiore* (Oxford, 1972)。Marjorie Reeves, *The Influence of Prophecy in the Later Middle Ages: A Study in Joachimism* (Oxford, 1969), pp. 512—518, 541—542,该书引述了伪约雅敬的作品。B. McGinn, *Apocalyptic Spirituality* (New York, 1979), pp. 97—148, 289—297,对于约雅敬的作品做了节译和注疏。

关于弗洛里斯的约雅敬,可特别参考 H. Grundmann, *Studien über Joachims von Floris* (Leipzig, 1927); idem, *Neue Forschungen über Joachim von Floris* (Freiburg i. B., 1950); idem, "Zur Biographie Joachims von Fiore und Rainers von Ponza", *Deutsches Archiv für Erfor-*

schung des Mittelalters 16 (1960):437—546; E. Buonaiuti, *Gioacchino da Fiore, i tempi, la vita, il messaggio* (Rome, 1931); A. Crocco, *Gioacchino da Fiore* (Naples, 1960); Marjorie Reeves, *The Influence of Prophecy*; H. Mottu, *La manifestation de l'Esprit selon Joachim de Fiore* (Neuchâtel and Paris, 1977); Bernard McGinn, *Visions of the End: Apocalyptic Traditions in the Middle Ages* (New York, 1979), pp. 126—141, 313—318。麦克吉恩(McGinn)对约雅敬和约雅敬主义的近期研究做了出色的评论,参见"Apocalypticism in the Middle Ages: An Historiographical Approach", *Mediaeval Studies* 37 (1975): 252—286。亦可参见 Henri de Lubac, *La posterité spirituelle de Joachim de Flore*, vols. 1—2 (Paris, 1979, 1981)。

关于高拉索的修院,参见 F. Russo, *Gioacchino da Fiore e le fondazioni florensi in Calabria* (Naples, 1958)。

关于约雅敬象征符号的《圣经》渊源,参见 B. McGinn, "Symbolism in the Thought of Joachim of Fiore", *Prophecy and Millenarianism: Essays in Honor of Marjorie Reeves* (London, 1980), pp. 143—164。

第 35 章　伊斯兰教的神学和神秘主义传统

272. 首先简单介绍几本综合读本:H. A. R. Gibb, *Mohammedanism: An Historical Survey* (Oxford, 1949; 2d ed., 1961); Fazlur Rahman, *Islam* (Chicago, 1966; 2d ed., 1979); Toufic Fahd, "L'Islam et les sectes islamiques", *Histoire des Religions*,该书是在亨利-夏尔·毕克(Henri Charles Puech)的指导下完成的(Paris, 1977), vol. 3, pp. 3—177; A. Bausani, *L'Islam* (Milan, 1980)。亦可参见该书第 264—265 节所引用的参考书目。

Henri Leoust, *Les schismes dans l'Islam* (Paris, 1965),这是一部不可或缺的著作,从总体上介绍了伊斯兰教的历史,同时其本身又是一部资料丰
315 富的参考书。

中世纪的文化和精神,参见 Gustave E. von Grunebaum, *Medieval Islam* (Chicago, 1946; 2d ed. revised and enlarged, 1953)。亦可参见论文集,*Islam and Cultural Change in the Middle Ages* (Wiesbaden, 1975),以及 A. H. Hourani, S. M. Stern, S. A. El-All 和 N. Elisséeff 所撰写的论文,

载 A. H. Hourani and S. M. Stern, eds., *The Islamic City* (Oxford, 1970)。

关于逊尼派的凯拉姆学,条理清楚的介绍,参见 Henry Corbin, *Histoire de la philosophie islamique* (Paris,1964), Vol. 1, pp. 125—178; L. Gardet and M. M. Anawati, *Introduction à la théologie musulmane* (Paris, 1948); A. N. Nader, *Le système philosophique des Mo'tazilites* (Beirut, 1956); A. J. Arberry, *Revelation and Reason in Islam* (London, 1957); H. A. Wolfson, *The Philosophy of the Kalam* (Cambridge, Mass., 1976),这是一部基础性的著作。亦可参见 F. Rahman, *Prophecy in Islam: Philosophy and Orthodoxy* (London, 1958); S. H. Nasi, *AnIntroduction to Muslim Cosmological Doctrines* (Cambridge, Mass., 1964); Daniel Gimaret, *Théories de l'acte humain en théologie musulmane* (Louvain, 1980)。

关于艾什尔里和艾什尔里派,参见 W. C. Klein, *The Elucidation of Islam's Foundation* (New Haven, 1940; 译自 *Kitab al-Ibâna* of al-Ash'arî); W. W. Watt, *Free Will and Predestination in Early Islam* (London, 1948)。

273. 关于什叶派的历史,参见 Henri Laoust, *Les schismes dans l'Islam*, pp. 25, 98, 181 ff.。首次对什叶派思想和灵性技巧做详尽介绍的是亨利·科宾(Henry Corbin),其大量研究成果,发表在 *Eranos-Jahrbücher* 及其他几本著作中。极有价值的综合介绍,参见他的 *Histoire de la philosophie islamique*, vol. 1, pp. 41—150 (p. 350,有他至 1964 年为止所有论文的参考书目)。亦可参见 *Terre céleste et corps de résurrection: de l'Iran mazdéen à l'Iran shî'ite* (Paris, 1961),包括 17 位作者的译文,以及 *En Islam iranien*, vols. 1—2 (Paris, 1971—1972),参见什叶派部分。

274. 关于伊斯玛仪派,参见 W. Ivanow, *Studies in Early Persian Ismaelism* (Bombay, 1955); Henry Corbin, "Épiphanie divine et naissance spirituelle dans la Gnose ismaélienne", *Eranos-Jahrbuch* 23 (1955); idem, *Trilogie ismaélienne*(有对三篇论文评论的翻译;Paris, 1961); idem, *Histoire de la philosophie islamique*, pp. 110—148, 351(参考书目)。

在现存最老的伊斯玛仪派著作中,我们可以看到外典《多马福音》的成分,一些关于数字的神秘科学主题(源于诺斯替教),在宇宙生成论中起重要

作用的五天候有摩尼教的影响(如沙尔曼[Salman]和其对手之间的七次格
316 斗等);参见 Corbin, *Histoire*, p. 11。

关于马赫迪神话,参见 *Shorter Encyclopedia of Islam*, pp. 310—313; Ibn Khaldûn, *The Muqaddimah, An Introduction to History*, vols. 1—3, Franz Rosenthal 译(New York, 1958), pp. 156—200(亦可参见 pp. 186 ff.,其中包含苏非派对马赫迪观点的评论)。

关于安拉穆特改革后的伊斯玛仪教,参见 Marshall G. S. Hodgson, *The Order of the Assassins: The Struggle of the Early Isma'îlîs against the Islamic World* (The Hague, 1955)。

关于"山中老人",参见 C. E. Nowell, "The Old Man of the Mountain", *Speculum* 22(1947):497 ff.; idem, "The Sources of the History of the Syrian Assassins", *Speculum* 27(1952): 875 ff.; W. Fleischhauer, "The Old Man of the Mountain: The Growth of a Legend", *Symposium* 9 (1955): 76 ff.。关于马可·波罗的记述,参见 Leonardo Olschki, *Marco Polo's Asia* (Berkeley and Los Angeles, 1960), pp. 362—381。

275. 关于苏非派,在欧洲各大语言中都有相当多的作品。我们不妨来挑选几部重要著作:Reynold A. Nicholson, *Studies in Islamic Mysticism* (Cambridge, 1921; new ed., 1967); A. J. Arberry, *Sufism: An Account of the Mystics of Islam* (London, 1950); Marijan Molé, *Les mystiques musulmans* (Paris, 1965;有极为精彩的介绍);G. C. Anawati and Louis Gardet, *Mystique musulmane: Aspects et tendances, expériences et techniques* (Paris, 1961;包括大量附有评注的翻译);Fritz Meier, *Vom Wesen der islamischen Mystik* (Basel 1943;尤其强调对于信徒的传授);Seyyed Hossein Nasr, *Sufi Essais* (London, 1972); Anne-Marie Schimmel, *Mystical Dimensions of Islam* (Chapel Hill, 1975;该书是关于苏非派的最好著作之一,附有参考书目)。

关于西方苏非派研究的历史,参见 A. J. Arberry, *An Introduction to the History of Sufism* (London, 1942)。在已经翻译过来的文献中,可参见 Margaret Smith, *Readings from the Mystics of Islam* (London, 1950); idem, *The Sufi Path of Love* (London, 1954); Martino Mario Moreno, *Antologia della Mistica Arabo-Persiana* (Bari, 1951)。

关于对苏非语言的分析,参见 Louis Massignon, *Essai sur les origines*

du lexique technique de la mystique musulmane (Paris, 1922; new ed., 1968); Paul Nwyia, *Exégèse coranique et langage mystique* (Beirut, 1970)。

关于最早的神秘主义者,参见 L. Massignon, "Salmân Pâk et les prémices spirituelles de l'Islam iranien", *Société des Études Iraniennes* 7 (1934); Margaret Smith, *Râbî'a the Mystic and Her Fellow Saints in Islam* (Cambridge, 1928)。

关于什叶派与苏非派之间的关系,参见 H. Corbin, *Histoire de la philosophie islamique*, pp. 262 ff.; S. H. Nasr, *Sufi Essais*, pp. 97—103; John B. Taylor, "Ja'far al Sâdiq, Spiritual Forebear of the Sufis", *Islamic* 317
Culture, vol. 40, no. 2, pp. 97 ff.; Nasr, *Sufi Essais*, pp. 104 ff.。

让我们来引用一段库萨里(al-Qushairî)论苏非派寻找的教法与神圣真理二者之间的根本区别:"沙里亚注重的是奉行仪式和虔诚的行为;而真理强调的是真主的力量在内心的显现。任何一种没有真理精神支撑的仪式都是没有价值的,而任何没有教法构建的真理精神都是不完善的。教法之所以存在是为了规范人类的行为,而真理则使我们知道真主的安排。教法为服务于真主而存在,而真理是为了得到真主的思想。教法为遵守真主的规定而存在,而真理是为了理解真主的诫律:一个是外在的,另一个是内在的"(*Rîsâlat*,法文译本参见 Eva de Vitray-Meyerovitch, *Rûmî et le soufisme*, Paris, 1977, p. 80)。

276. 关于祖奴,参见 Margaret Smith, Readings from the *Mystics of Islam*, no. 20; A.-M. Schimmel, *Mystical Dimensions*, pp. 42 ff.。

关于比斯塔米(Bistâmî),参见 M. Molé, *Les mystiques musulmans*, pp. 53 ff.; A.-M. Schimmel, pp. 47 ff.;引用的参考资料参见注解 32—34。

关于祝奈德,参见 A. H. Abdel Kader, *The Life, Personality and Writings of al-Junayd* (London, 1962); R. C. Zaehner, *Hindu and Muslim Mysticism*, pp. 135—161; M. Molé, pp. 61 ff.; Schimmel, pp. 57 ff.。

关于提尔米德里,参见 Schimmel, pp. 56—57,以及在注解 35—36 中引用的参考书目;H. Corbin, *Histoire*, pp. 273—275。

关于苏非中 *qutb* 的教义,参见 M. Molé, pp. 79 ff.。

277. 关于哈拉智,可以参见 Louis Massignon, *La Passion d'al-Husayn-ibn-Mansûr al-Hallâj, martyr mystique de l'Islam, exécuté à Bag-*

dad le 26 Mars 922, 2 vols. (Paris, 1955;修订增补版,4 vols. Paris, 1975)。马西农(Massignon)关于哈拉智的研究著作参见参考书目,vol. 4, pp. 101—108。

关于哈拉智生平和殉道的完整介绍和诠释参见 Massignon, *La Passion* vol. 1。关于哈拉智的作品(在他去世 60 年后,其作品的目录,包括 46 本书,方得以出版。)ibid, vol. 3, pp. 286 ff. 。马西农强调哈拉智作品有 350 多句被 4/9 世纪穆斯林神秘主义的经典书目所引用;ibid, pp. 296 ff. 。亦可参见 Massignon, *Diwân* 的新译本("Documents Spirituels", vol. 10, Paris, 1955)。

关于麦拉姆提派(*malâmatîya*),参见 Alessandro Bausani, "Note sul 'Pazzo sacro' nell' Islam", *SMSR* 29(1958):93—107;M. Molé, *Les mystiques musulmans*, pp. 72 ff. ,以及 Schimmel, *Mystical Dimensions*, p. 86,
318 n. 59,该注解包含有参考书目。

关于与麦拉姆提派(*malâmatîya*)类似的"为基督疯狂派"(fools for Christ),参见 V. Roshcau, "Saint Siméon Salos, ermite palestinien et prototype des Fous-pour-le-Christ", *Proche-Orient Chrétien* 28(1978):209—219; idem, "Que savonsnous des Fous-pour-le-Christ?" *Irénikon* 53 (1980):341—353, 501—512。

278. 关于希布里和尼法里,参见 Schimmel, *Mystical Dimensions*, pp. 77—82, n. 46(参考书目)。

关于传统苏非派的理论和实践,参见 G. C. Anawati and L. Gardet, *Mystique musalmane*, pp. 41, 77, 147 ff. ; Schimmel, pp. 89 ff. (附有参考书目)。

关于安萨里,参见 Miguel Asin y Palacios, *Espiritualidad de Algazel y su sentido cristiano*, vols. 1—4(Madrid and Granada, 1934—1941); W. Montgomcry Watt, *Muslim Intellectual: A Study of Al-Ghazzâlî* (Edinburgh, 1963)以及 Schimmel, p. 92, n. 66,该注解包含有参考书目。

关于安萨里作品的翻译,参见 Schimmel, pp. 92—95, nn. 67, 71, 72,这些注解包含有参考书目。与我们关注的论题直接有关的作品有:W. H. Temple Gairdner, *Al-Ghazzâlî's The Niche for Lights* (London, 1915); W. M. Watt, *The Faith and Practice of Al-Ghazzâlî* (London, 1952;论文翻译题为"The Liberator of Errors");G. H. Bousquet, *Ih'yâ'oulum al-*

dîn'ou Vivification des Sciences de la Foi (Paris, 1955;包括四章的摘要)。

279. 关于伊斯兰教哲学的最佳概述,参见 Henry Corbin, *Histoire de la philosophie islamique* (Paris, 1964),pp. 348 ff.(参考书目部分)。

关于铿迪,ibid, pp. 217—222, 355(参考书目)。

关于法拉比,ibid, pp. 222 ff.; D. M. Dunlop, *The Fusul al-Madanî: Aphorisms of the Statesman al-Fârâbî* (文本与翻译,Cambridge, 1961); Muhsin Mahdi, trans., *Alfarabi's Philosophy of Plato and Aristotle* (Glencoe, Ill., 1962)。关于法拉比论预言,参见 F. Rahman, *Prophecy in Islam: Philosophy and Orthodoxy* (London, 1958), pp. 11—29。

关于阿维森纳,参见 A. M. Goichon, *La distinction de l'essence et de l'existence d'après Ibn Sina* (Paris, 1937); Louis Gardet, *La pensée religieuse d'Avicenne* (Paris, 1951); F. Rahman, *Avicenna's Psychology* (London, 1952); S. M. Afnan, *Avicenna, His Life and Works* (London, 1958); Henry Corbin, *Avicenne et le récit visionnaire: Étude sur le cycle des récits avicenniens* (Paris and Teheran, 1954; 2d ed. Paris, 1979); S. H. Nasr, *Three Muslim Sages* (Cambridge, Mass., 1963), pp. 9—51。

还有一些最新的译本:A. M. Goichon, trans., *Livresdes Directives et Remarques* (Paris, 1952); M. Anawati, trans., *La Métaphysique du* 319
Shifâ (Quebec, 1952); M. Achena and H. Massé, trans., *Le Livre de Science*, 2 vols. (Paris, 1955);参见 Corbin, pp. 357—358 提供的参考书目。

关于西班牙穆斯林的哲学和神学概述,参见 Corbin, *Histoire*, pp. 305—342, 361—363(参考书目)。

关于伊本·马萨拉,参见 Miguel Asin Palacios, *Ibn Massara y su escuela: Origines de la filosofia hispana-musulmana*, 2d ed. (Madrid, 1946)。

关于伊本·哈希姆,参见 A. R. Nykl, *A Book Containing the Risâla Known as "The Dove's Neck Ring about Love and Lovers"* (Paris, 1932); idem, *Hispano-Arabic Poetry and Its Relations with the Old Provençal Troubadors* (Baltimore, 1946)。

关于阿芬帕斯,参见 M. Asin Palacios, ed. and trans., *Avempace: El*

regimen del solitario (Madrid and Granada, 1946)。

关于伊本·托法耶尔,参见 Léon Gauthier, *Ibn Thofail, sa vie, ses oeuvres* (Paris, 1909); idem, *Hayy ibn Yaqdhan, roman philosophique d'Ibn Thofail*(文本与翻译,2d ed., Paris, 1936)。

280. 有关阿维罗伊最新的几本译作,参见:L. Gauthier, trans., *Traité décisif* (*Façî al-maqâl*) *sur l'accord de la religion et de la philosophie*, 3d ed. (Algiers, 1948);S. Van der Bergh, trans., *Averroes' Tahâfut al-Tahâfut* (*The Incoherence of the Incoherence*), 2 vols. (Oxford, 1954); G. F. Hourani, trans., *On the Harmony of Religion and Philosophy* (London, 1954)。

有关阿维罗伊的评论作品很多。如: L. Gauthier, *Ibn Rochd* (*Averroës*) (Paris, 1948); M. Horten, *Die Metaphysik des Averroes* (Halle, 1912);亦可参见 Etienne Gilson, H. Corbin, and Julius R. Weinberg: *Histoires*,该书有关于中世纪哲学的综合性介绍。

关于伊本·阿拉比能够找到的译著,参见 R. W. J. Austin, *Ibn al'Arabî: The Bezels of Wisdom* (New York, 1980), p. 12。此外还有:Titus Burckardt, *La Sagesse des Prophètes* (Paris, 1956), *Pearl Necklace* 的部分译本,以及奥斯丁(Austin)的附有大量评注的译本:*The Bezels of Wisdom*。有关伊本·阿拉比的自传性介绍,可参见 Austin, *Sufis of Andalusia* (London, 1971)的译文。

基本的评论书目参见 Austin, *The Bezels*, p. 13。特别需要提到的是,Izutsu, *Comparative Study of Key Philosophical Concepts in Sufism and Taoism*,第一部分(Tokyo, 1966); Henry Corbin, *L'imagination créatrice dans le soufisme d'Ibn Arabî* (Paris, 1958);以及 S. A. Q. Husaini, *The Pantheistic Monism of Ibn al-Arabî* (Lahore, 1970)。

320 **281.** 亨利·科宾(Henry Corbin)最早编辑出版了 *Oeuvres philosophiques et mystiques de Sohrawardî* (Istanbul and Leipzig, 1945; Teheran and Paris, 1952)的前两卷。也是他对苏哈拉瓦迪(Sohrawardî)的思想做了最为透彻的诠释;特别是他的 *En Islam iranien*, vol. 2: *Sohrawardî et des Platoniciens de Perse* (Paris, 1971); *Histoire de la philosophie islamique*, pp. 285—304; *L'Archange empourpré: Quinze traités et récits mystiques traduits du persan et de l'arabe* (Paris, 1976)。

通过口传或书面的资料,很难确切知道苏哈拉瓦迪对马兹达传统思想的认识程度。(除了参见科宾的作品以外,还可以参见 A. Bausani, *Persia Religiosa*, pp. 181 ff. ,以及 J. Duchesne-Guillemin, *La Religion de l'Iran Ancien*, pp. 363 ff.)。不管怎样,苏哈拉瓦迪运用了波斯传统思想和新柏拉图主义神智学。我们不妨回忆一下在萨珊王朝统治期间(公元 226—635),马兹达教成为帝国的官方宗教,尽管察宛派(§ 213)没有失去它的信徒。大教士卡达尔(Kartêr)成功判决了摩尼(§ 231),他本人是马兹达教正统教理的创始人。同样,在萨珊王朝统治下,王权的神话和思想意识获得较大的加强。(参见 G. Widengren, *Les religions de l'Iran*, pp. 343 ff.)。

在宗教和政治层面上,到穆斯林征服为止,唯一重要的事件就是马兹达克革命,此举得到国王卡瓦德(Kavâd, 488—531)的支持。马兹达克(Mazdak)认为社会的不平等是罪恶和痛苦的根源;因此,他提出要均分财产以及妇女。但是世俗与宗教的权贵们成功地说服国王不要那样做,并且在 528—529 年之间,后者发动了一次针对马兹达教信徒的大屠杀。值得注意的是,马兹达克革命引起的社会骚乱,"使阿维斯陀的最后修订工作得以进行,并且袄教国家教会取得了胜利"(Widengren, p. 343)。过了没有多长时间(在公元 635 年),波斯被穆斯林征服。但是隔绝于国家南部的马兹达教在 9 世纪经历了一次真正的复兴。(这一时期诞生了钵罗婆文的主要著作 *Bundahishn*, *Dênkart*,等等;Duchesne-Guillemin, pp. 365 ff.)。然而,从哈里发统治下解放出来并重建袄教国家的希望,被伽色尼和塞尔柱克王朝的土耳其人——伊朗人宗教传统和政治主权的死敌——给毁灭殆尽。

至于苏哈拉瓦迪与许多其他伊朗诗人及神秘主义者对于古波斯的怀旧感,我们必须将它置于一种——很不幸,至今仍然不详的——意识形态背景中去加以理解。

282.《玛斯纳维》已经编辑和翻译为英文,Reynold A. Nicholson, 8 vols. (London, 1925—1940);其他片断译文的目录参见 A. M. Schimmel, *Mystical Dimensions of Islam*, p. 310, n. 24。Selections of *Dîvân-i Shams-i Tabriz* 的英文版参见 R. A. Nicholson (1898; new ed. , Cambridge, 1961),法文版参见 E. de Vitray-Meyerovitch (Paris, 1973),(书名为 *Odes mystiques*);其他欧洲语言的译本,可参见 Schimmel, p. 310 页, n. 25。 321

关于鲁米(Rûmî),参见 A. M. Schimmel, *The Triumphal Sun*: *A*

Study of Mewlana Rûmî's Life and Work (London and The Hague, 1978); idem, *Mystical Dimensions*, pp. 309—328; E. de Vitray-Meyerovitch, *Rûmî et le soufisme* (1970); idem, *Mystique et poésie en Islam: Djalâlud-Din Rûmî et les derviches tourneurs*, 2d ed. (Paris, 1973); R. A. Nicholson, *Rûmî, Poet and Mystic* (London, 1950); William C. Chittick, *The Sufi Path of Love: The Spiritual Teachings of Rûmî* (Albany, 1983);亦可参见 de Vitray-Meyerovitch, *Rûmî*, p. 188 上的参考书目,以及 Schimmel, *Mystical Dimensions*, p. 311, nn. 25, 26; p. 316, nn. 28—31。

关于宗教音乐和舞蹈,参见 Marijan Molé, "La Danse extatique en Islam", *Les Danses Sacrées*, "Sources Orientales", vol. 4 (Paris, 1963), pp. 145—280。关于苦行僧的舞蹈,参见 Fritz Meier, "Der Derwischtanz: Versuch eines Ueberblicks", *Asiatische Studien* 8(1954):107—136。关于毛拉维(*mawlawi*)的舞蹈,参见 Hellmut Ritter, "Der Reigen der tanzenden Derwische", *Zeitschrift für vergleichende Musikwissenschaft* 1(1933):28—42。

283. 关于 *dhikr*,参见 Louis Gardet, "La mention du nom divin (*dhikr*) en mystique musulmane", *Revue Thomiste* (1952): 642—679; (1953):197—216; idem, *Mystique musulmane*, pp. 187—258; M. Eliade, *Yoga*, pp. 216—219; p. 408(参考书目)。

关于炼金术的起源,参见本书第 2 卷参考书目第 836 页以下;亦可参见 M. Eliade, *Forgerons et alchimistes*, 2d ed., corrected and augmented (Paris, 1977), pp. 173 ff. (英文版, *The Forge and the Crucible* [New York 1962], pp. 179 ff.)。

关于阿拉伯炼金术的历史,参见 Eliade, *Forgerons*, pp. 175 ff.,该书含有参考书目(*The Forge and the Crucible*, pp. 195 ff.)。尤其参见 Paul Kraus, *Jabîr ibn Hayyân, contribution à l'histoire des idées scientifiques dans l'Islam*, vols. 1—2 (Cairo, 1942—1943); H. Corbin, "Le Livre du Glorieux de Jabîr ibn Hayyân, Alchimie et Archétypes", *Eranos-Jahrbuch* 18(Zurich, 1950):47—114。亦可参见斯蒂芬斯·鲁斯玻利(Stéphane Ruspoli)翻译的伊本·阿拉比的一本小册子, *L'alchimie du bonheur parfait* (Paris, 1981)。

第36章 从巴尔·科赫巴起义到哈西德派的犹太教

284. 关于拉比约翰嫩·本·撒该以及毁坏神庙的后果,参见本书第2卷,§224书目。

从古代结束到中世纪这段时间,有关犹太人历史的权威性介绍,参见 Salo W. Baron, *A Social and Religious History of the Jews*, vols. 3—4 (New York, new. ed., 1950—1958)。 322

关于犹太教公会,参见 Hugo Mantel, *Studies in the History of the Sanhedrin* (Cambridge, Mass., 1961)。

George Foote Moore, *Judaism in the First Centuries of the Christian Era: The Age of the Tannaim*, vols. 1—2 (Cambridge, Mass., 1927;多次再版),此书至今仍有极大价值。(不过,还必须考虑波特尔[Porter]的观点,参见 Jacob Neusner, *Judaism*, pp. 5—14 的评注)。

关于《密西拿》,清楚而严密的论述可参见 Jacob Neusner, *Judaism: The Evidence of the Mishnah* (Chicago, 1981),这是诺伊斯纳(Neusner)大量早期出版作品的综合。欲了解《密西拿》内容,可参考以下最重要著作:*The Idea of Purity in Ancient Judaism* (Leiden, 1973); *A History of the Mishnaic Law of Purities*, vols. 1—22 (Leiden, 1974—1977); *The Modern Study of the Mishnah* (Leiden, 1973); *A History of the Mishnaic Law of Holy Things*, vols. 1—6(Leiden, 1978—1979); *Form-Analysis and Exegesis: A Fresh Approach to the Interpretation of Mishnah* (Minneapolis, 1980)。

Neusner, *Judaism*, pp. 381—403 附有主要的参考书目。

285. 在《巴比伦塔木德》的译本中,可以参见最新的版本,I. M. Weiss (Boston, 1918)的修订本,此译本是 M. L. Rodkinson (New York, 1896—1910; 10 vols.)基础上的改写本。该译本由 I. Epstein and J. H. Hertz 主持,许多学者共同参与翻译,1935年后在伦敦出版,共有35卷。我们还要提到的几本选集是:A. Cohen, *Everyman's Talmud* (London, 1932, repr. 1949); C. Montefiore and C. G. Loewe, *Rabbinic Anthology, Selected and Arranged with Comments and Introduction* (London, 1938; repr. New York, 1960); G. Goldin, *The Living Talmud* (Chicago and London, 1958)。

在大量的评论性文献中，可参考：Solomon Schechter, *Aspects of Rabbinic Theology* (New York, 1909; repr. 1961，该书附有路易斯·芬克尔斯坦[Louis Finkelstein]的导论)；G. F. Moore, *Judaism in the First Centuries of the Christian Era*, vol. 1, pp. 173 ff.; David Goodblatt, "The Babylonian Talmud", *Aufstieg und Niedergang der römischen Welt* (Berlin, 1972), vol. 1, pp. 257—336; J. Neusner, ed., *Understanding Rabbinic Judaism: From Talmudic to Modern Times* (New York, 1974)，以及 David Goodblatt, "Bibliography on Rabbinic Judaism", ibid, pp. 383—402; Joseph Heinemann, *Prayer in Talmud: Forms and Patterns*, Richard Sarason, trans. (Berlin, 1977); Jacob Neusner, *The Formation of the Babylonian Talmud* (Leiden, 1970); Gerd A. Wewers, *Geheimnis und Geheimhaltung im rabbinischen Judentum* (Berlin and New York, 1975);
323 J. Neusner, "The History of Earlier Rabbinic Judaism: Some New Approaches", *HR*(1977):216—236。

关于卡拉派(Karaites)，参见 L. Nemoy, *Karaite Anthology* (New Haven, 1952); D. Sidersky, "Le Caraïsme et ses doctrines", *RHR* 114 (1936):197—221; Z. Cahn, *The Rise of the Karaite Sect: A New Light on the Halakah and the Origin of the Karaites* (Philadelphia, 1937); A. Paul, *Recherches sur l'origine du Qaraïsme* (Paris, 1970)。

关于卡拉派与库姆兰(Qumran)宗派的关系，参见 N. Wieder, *The Judaean Scrolls and the Karaites* (London, 1962)。

286. 关于中世纪的犹太哲学，参见 G. Vajda, *Introduction à la pensée juive du Moyen Age* (Paris, 1947); Isaac Husik, *A History of Medieval Jewish Philosophy* (New York, 1916; repr. 1958); Julius Guttmann, *Die Philosophie des Judentums* (Munich, 1933；英译本，*Philosophies of Judaism*, New York, 1964)。精彩而独到的总体介绍参见 André Neher, "Philosophie Juive médiévale", *Histoire de la Philosophie*, Encyclopédie de la Pléiade, vol. 1 (Paris, 1969), pp. 1006—1047。

斐洛(Philo)著作的选本，参见 Nahum Glatzer, *The Essential Philo* (1971)，以及 David Winston, *Philo of Alexandria: The Contemplative Life, The Giants and Selections* (New York, 1981)。全部著作正在由阿纳尔德兹(R. Arnaldez)、普耶洛克斯(J. Pouilloux)以及蒙德塞特

(Mondésert)陆续翻译(Paris, 1961;至 1980 已经出版了 36 卷)。有关斐洛的最好著作是 V. Nikiprowetzky, *Le commentaire de l'Ecriture chez Philon d'Alexandrie* (Leiden, 1977)。

关于斐洛对中世纪基督教思想直接或间接的影响,参见 H. A. Wolfson, *Philo*, vols. 1—2(Cambridge, Mass., 1847);关于该问题的研究现状,ibid, vol. 2, p. 158 ff.。

第一个犹太哲学家是伊萨克·以色利(Isaac Israeli, 约 855—955),生卒于埃及。他的著作是各种不同思想的综合,不过,译成拉丁语后,被 13 世纪基督教经院哲学所利用。某些片断的翻译和评注参见 A. Altmann and S. Stern, *Isaac Israeli* (London, 1959)。

萨迪亚(Saadia)著作的完整翻译,参见 S. Rosenblatt, *The Book of Beliefs and Opinions* (New Haven, 1948)。亦可参见 M. Ventura, *La Philosophie de Saadia Gaon* (Paris, 1934); H. A. Wolfson, *Kalam Arguments for Creation in Saadia, Averroes, Maimonides and St. Thomas* (Saadia Anniversary volume, New York, 1943) pp. 197 ff.。

关于伊本·加布里奥尔(Salomon ibn Gabriol),可特别参见 S. Munk, *Mélanges*, pp. 151—306; J. Guttmann, *Die Philosophie des Judentums*, pp. 102—119; Isaac Husik, *A History of Medieval Jewish Philosophy* (New York, 1916), pp. 59—80; Julius R. Weinburg, *A Short History of Medieval Philosophy* (Princeton, 1964), pp. 146—149。

巴赫亚·伊本·帕库达(Bahya ibn Paqûda)的著作 *Introduction aux* 324
devoirs des coeurs,法文本译者为 A. Chouraqui (Paris, 1950);英文本译者为 Edwin Collins, *The Duties of the Heart* (London, 1909)。

犹大·哈列维(Judah Halevi)著作的翻译和注解,参见 Hartwig Hirschfeld, *Book of Kuzari* (New York, 1946)。亦可参见 Isaac Husik, *Three Jewish Philosophers: Philo, Saadia Gaon, Jehuda Halevi*,该书译自希伯来文,译者为 Hans Lewy, A Altmann,以及 I. Heinemann (New York, 1965;部分附注解)。

287. 迈蒙尼德(Maimonides)原著选集是一套编得极好的书籍,参见 Isadore Twenski, *A Maimonides Reader: Edited with an Introduction and Notes* (New York, 1972)。其中包括来自专著 *Mishneh Torah* (pp. 35—227)的很长一段摘录、*Guide for the Perplexed* (pp. 231—358)的重要

节选，以及几部很难得到的小册子和书信的译文(pp. 361—482)。亦可参见 Arthur Cohen, *Teachings of Maimonides* (New York, 1968)，该书由马文·福克斯(Marvin Fox)作序。在 *Moreh Nevukhim* 一书的众多译本中，我们使用的是最新版本：Shlomo Pines, trans., *The Guide for the Perplexed* (Chicago, 1963), *Mishneh Torah* 一书的多种译本参见于下列作品：*Maimonides Reader*, p. 484，以及 David Hartmann, *Maimonides: Torah and Philosophic Quest* (Philadelphia, 1976), pp. 269—272。Shlomo Pines (pp. 484—490)和 David Hartmann (pp. 272—288)的著作中有大量参考书目。

最完整的论著包括下列作品：Salo W. Baron, *A Social and Religious History of the Jews*, vol. 8 (New York, 1958), pp. 55—138; Joseph Sarachek, *Faith and Reason: The Conflict over the Rationalism of Maimonides* (New York, 1970)。亦可参见 Daniel Y. Silver, *Maimonidean Criticism and the Maimonidean Controversy: 1180—1240* (Leiden, 1965); Harry A. Wolfson, "Maimonides on the Unity and Incorporeality of God", *Jewish Quarterly Review* 56 (1965): 112—136; Alexander Altmann, "Essence and Existence in Maimonides", *Studies in Religious Philosophy and Mysticism* (Ithaca, 1969), pp. 108—127; "Free Will and Predestination in Saadia, Bahya, and Maimonides", *Essays in Jewish Intellectual History* (Hannover and London, 1981), pp. 35—64; "Maimonides 'Four Perfections'", ibid, pp. 65—76; "Maimonides and Thomas Aquinas: Natural or Divine Prophecy?" ibid, pp. 77—96。

戴维·哈特曼(David Hartmann)的研究非常宝贵，尤其是多部论证 *Mishneh Torah* 和 *Moreh Nevukhim* 两书之间连续性的著作。参见所著 *Maimonides: Torah and Philosophic Quest*, pp. 102 ff.。与之相反的观点，参见 Isaac Husik, *A History of Medieval Jewish Philosophy* (repr. New York, 1958), p. 5，以及 Leo Strauss, *Persecution and the Art of Writing* (Chicago, 1952), pp. 38—95: "The Literary Character of the
325 *Guide for the Perplexed*", idem, "Notes on Maimonides' Book of Knowledge", *Studies ... Presented to Gershom Scholem* (Jerusalem, 1967), pp. 269—285。

288. 关于犹太教神秘主义的历史——从它的起源到哈西德派——的

唯一且基本的著作是 Gershom Scholem, *Major Trends in Jewish Mysticism* (New York, 1946);我们用的是 1960 年的第 4 版,该版经过修订并新增了参考书目。亦可参阅法文译本,*Les grands courants de la mystique juive* (Paris ,1950)。idem, *Les origines de la Kabbale* (Paris, 1966;德文版,*Ursprung und Anfänge der Kabbala* , Berlin, 1962); *On the Kabbalah and Its Symbolism* (New York, 1965;德文版,Zurich, 1960); *The Messianic Idea in Judaism and Other Essays on Jewish Spirituality* (New York, 1971; 1937—1970 年发表的论文汇编)。

一本附有简明扼要的总论,收入一些重要文本的翻译的著作,乃是 Guy Casaril, *Rabbi Siméon bar Yochaï et la Kabbale* (Paris, 1961, collection "Maîtres Spirituels")。Paul Vuilliaud ,*La Kabbale Juive*: *Histoire et Doctrine*: *Essai critique*, 2 vols. (Paris, 1923),该书遭到肖勒姆(Scholem)的严厉批评。A. E. Waite, *The Holy Kabbalah*: *A Study of the Secret Traditions of Israel* (London, 1929)这本书仍有价值,特别有助于了解文艺复兴以后的基督教的喀巴拉派。关于犹太教的秘传思想和喀巴拉,参见 G. Vajda, "Recherches récentes sur l'esotérisme juif (1947—1953)", *RHR* 147 (1955): 62—92; idem, "Recherches récentes ... (1954—1962)", *RHR* 164(1963):39—86, 191—212; *RHR* 165(1964): 49—78; idem, *L'amour de Dieu dans la théologie juive du Moyen Âge* (Paris ,1957); idem, *Recherches sur la philosophie et la Kabbale dans la pensée juive du Moyen Âge* (Leiden, 1969)。

关于默卡巴,参见 Scholem, *Major Trends*, pp. 40—79; idem, *Jewish Gnosticism, Merkabah Mysticism and Talmudic Tradition* (New York, 1960), passim; idem, *Les Origines de la Kabbale*, pp. 27—33, 118—122, 128—138, 153—160 等。亦可参考 Ithamar Gruenwald, *Apocalyptic and Merkawah Mysticism* (Leiden, 1979)。

关于"身量"(*Shi'ur Qoma*),亦可参见 Alexander Altmann, "Moses Narboni's 'Epistle on *Shi'ur Qoma*'", *Studies in Religious Philosophy and Mysticism* (Ithaca, 1969) pp. 180—209。

关于《创造之书》(*Sefer Yetsira*),参见 Scholem, *Major Trends*, pp. 84, 126, 367 ff.; idem, *Les Origines de la Kabbale*, pp. 31 ff.。最新的译本是 Guy Casaril, pp. 41—48。亦可参见 G. Vajda, "Le Commentaire de

Saadia sur le *Sepher Yetsira*", *Revue des Études Juives* 56(1945):64—86。

关于德国的哈西德派,参见 Scholem, *Major Trends*, pp. 80—118。关于 Golem(有生命的假人)的神话和它的起源,参见 Scholem, "The Idea of the Golem", *On the Kabbalah and Its Symbolism*, pp. 158—204。

326 **289.** 关于在喀巴拉某些神话主题的再现,参见 G. Scholem, "Kabbalah and Myth", *On the Kabbalah and Its Symbolism*, pp. 87—117。

《巴希尔》(*Bahir*)的德文本和评注,参见 Scholem, *Das Buch Bahir* (Leipzig, 1923);亦可参见 *Major Trends*, pp. 74 ff., 229 ff.; *Origines de la Kabbale*, pp. 78—107, 164—194, 211 ff.。

关于 *devekuth*,参见 G. Scholem, "*Devekut*, or Communion with God", *The Messianic Idea in Judaism*, pp. 203—226(论文发表于 1950 年)。

关于亚伯拉罕·阿布拉菲亚(Abralian Abulafia),参见 Scholem, *Major Trends* pp. 119—155(以及参考书目注释, pp. 398 ff.)。参见 Guy Casaril, pp. 66 ff.。*Zohar* 相当完整的译本参见 Sperling and Maurice Simon, *The Zohar*, 5 vols. (London, 1931—1934, re-edition 1955)。亦可参见 David Chanan Matt, *Zohar*: *The Book of Enlightenment*,该书有翻译和介绍(New York, 1983)。尤其是 G. Scholem, *Die Geheimnisse Sohar* (Berlin, 1935)以及 *Zohar*: *Book of Splendor*(选集和注释)。最好的论著仍然是 Scholem, *Major Trends*, pp. 156—243(以及评注, pp. 385—407)。亦可参见 Ariel Bension, *The Zohar in Moslem and Christian Spain* (London, 1932); F. Secret, *Le Zohar chez les kabbalistes chrétiens de la Renaissance* (Paris and The Hague, 1958)。

关于舍金纳(*Shekinah*)观念的历史,参见 G. Scholem, "Zur Entwicklungsgeschichte der kabbalistischen Konzeption der Schekinah", *Eranos-Jahrbuch* 21 (Zurich, 1952):45—107。关于灵魂转世,参见 Scholem, *Major Trends*, pp. 241 ff.; idem, "The Messianic Idea in Kabbalism",载 *The Messianic Idea in Judaism*, pp. 37—48, pp. 46 ff.; idem, "Seelenwanderung und Sympathie der Seelen in der jüdischen Mystik", *Eranos-Jahrbuch* 24(1955):55—118。

290. 16 世纪关于萨费德(Safed)精神生活的最佳描述,参见 R. J. Zwi Werblowsky, *Joseph Karo, Lawyer and Mystic* (Oxford, 1962; repr. Philadelphia, 1977), pp. 38—83。ibid, pp. 84—168(含约瑟夫·卡罗[R.

Joseph Karo]的参考书目); pp. 169—286(对卡罗[Karo]神秘主义体验和神学的分析)。

关于以撒·卢里亚(Isaac Luria)及其学派,参见 Scholem, *Major Trends*, pp. 244—286, 407—415。

当他的一个信徒问他为什么不用书的形式记录下他的思想时,卢里亚回答道:“这是不可能的。因为所有的事物都是相关联的。我一开口讲话,感觉就如大海决堤,一泻千里。我怎么能表达自己心灵的感觉;我又如何能将其记录成书?”转引自 Scholem, *Major Trends*, p. 254。

以撒·卢里亚自称是继拿马尼德斯(Nahmanides)之后直接从先知以利亚那里学到神秘教理的唯一一个喀巴拉派信徒。

他的思想的传播几乎全靠以色列·萨鲁格(Israel Sarug)的作品,从1592—1598年,以色列·萨鲁格在意大利的喀巴拉派中传播这些思想。不过,以色列·萨鲁格也只是通过维塔尔(Vital)的作品了解卢里亚的思想。在某些观点上,他基本上重新注释了大师的教理;通过引入柏拉图主义,他为卢里亚提供了一个准哲学的基础——这也是他为何成功的最好解释; Scholem, *Major Trends*, pp. 257—258。 327

291. 关于萨巴泰·兹维(Sabbatai Zwi)以及萨巴泰派(Sabbatianism),参见 Scholem, *Major Trends*, pp. 286—324; idem, “Redemption through Sin”, *The Messianic Idea in Judaism*, pp. 78—141(此文最早用希伯来文发表于1937年); idem, “The Crypto-Jewish Sect of the Donmeh (Sabbatianism) in Turkey”, *The Messianic Idea*, pp. 142—166;尤其是译自希伯来文的肖勒姆(Scholem)的巨著,参见 R. J. Zwi Werblowsky, *Sabbatai Sevi, the Mystical Messiah* (Princeton, 1973;这是1957年在特拉维夫出版的原文的修订增补本。亦可参见 Yosef Hayim Yerushalmi, *From Spanish Court to Italian Ghetto* (New York, 1971; repr. Seattle and London, 1981), pp. 313—349。神学和历史方面的资料绝大部分被毁。然而,萨巴泰派的正统虔诚的信仰与异教信仰共存的温和形式持续了很长一段时间;参见 Scholem, *Major Trends*, pp. 299 ff. 。

292. 关于哈西德派,参见 Scholem, *Major Trends*, pp. 325—350(参考书目参见 pp. 436—438, 445—446); idem, “The Neutralization of the Messianic Element in Early Hassidism”, *The Messianic Idea in Judaism*, pp. 176—202; Martin Buber, *Die chassidischen Bücher* (Hellerau, 1928;

多次再版);idem, *Jewish Mysticism and the Legend of Baal Shem* (London, 1931); idem, *Deutung des Chassidismus* (Berlin, 1935); idem, *Hassidism* (New York, 1948); idem, *The Origin and Meaning of Hassidism*, Maurice Friedman, ed. (New York, 1960); Arnold Mandel, *La Voie du Hassidisme* (Paris, 1963); Elie Wiesel, *Célébration hassidique* (Paris, 1972); idem, *Les récits hassidiqucs*, trans. A. Guerne (Paris, 1961)。

关于拉迪的拉比史诺尔·撒尔曼(Rabbi Shneur Zalman of Ladi)和智慧派(*Habad*),参见 Scholem, *Major Trends*, pp. 340 ff.; Guy Casaril, *Rabbi Simeon bar Yochai*, pp. 166 ff.。关于智慧派(*Habad*),亦可参见 Dov Baer of Lubavitch, *Lettre aux hassidim sur l'extase*(法文本参见 Georges Levitte, Paris, 1975;附有导论和注解的英译本,参见 Louis Jacobs: Dobh Baer, *Tract on Ecstasy* [London, 1963; reprinted as *On Ecstasy: A Tract*, Chappaqua, N. Y., 1983])。

第 37 章　欧洲宗教运动

293. 关于鲍格米勒派(Bogomilism),参见 Dimitri Obolensky, *The*
328 *Bogomils: A Study in Balkan Neo-Manicheism* (Cambridge, 1948), pp. 290—304 中的大量参考书目,我们在"The Devil and God" (*Zalmoxis, the Vanishing God*, Chicago, 1972, pp. 76—130), pp. 89—90, n. 26 中提到的著作可作为补充;亦可参见 Arno Borst, *Les Cathares*(法文本, Paris, 1974), pp. 55 ff.,尤其是其所引用的参考书目非常有用。除了奥博伦斯基(Obolensky)对此的专题研究之外,最好的总体介绍参见 Steven Runciman, *The Medieval Manichee: A Study of the Christian Dualist Heresy* (Cambridge, 1947;法文本, Paris, 1949; *Le manichésme médiéval*)。

最重要的原始资料来自 Cosmas the Priest, *Le Traité Contre les Bogomiles*,翻译与评注参见 H. Ch. Puech and A. Vaillant (Paris, 1945),以及 Euthymius Zigabenus, *Dogmatic Panoply* (Migne, *Patrologia Graeca*, vol. 130)。参见 Runciman, pp. 73 ff. 对这两篇论文的分析。

Jordan Ivanov, *Bogomilski Knigi i legendy* (Sophia, 1925)一书的翻译,参见 Monette Ribeyrol, *Livres et légendes bogomiles* (Paris, 1976; pp. 381—390,安杰罗夫(D. Angelov)制作了一份最新的参考书目)。

有关异端的历史以及巴尔干半岛和罗马尼亚鲍格米勒派的残余,参见 Robert Browning, *Byzantium and Bulgaria*:*A Comparative Study across the Early Medieval Frontier* (London, Berkeley, and Los Angeles, 1975), pp. 163 ff.; Răzvan Theodorescu, *Bizant, Balcani, Occident la începuturile culturii medievale românesti, secolele X-XIV* (Bucharest, 1947), pp. 341 ff.; M. Lambert, *Medieval Heresy*:*Popular Movements from Bogomil to Hus* (1977); O. Cantacuzino, "Les tombes de Bogomiles découvertes en Roumanie et leurs rapports avec les communautés hérétiques byzantines et balkaniques", *Acts of the Fourteenth International Congress of Byzantine Studies* (Bucharest, 1975), vol. 2, pp. 515—528; Anton Balotă, "Bogomilismul şi cultura maselor populare în Bulgarie şi în Tările Române", *Romanoslavica* 10 (Bucharest, 1964):14—69。

关于外典和鲍格米勒的重新诠释,参见 E. Turdeanu, "Apocryphes bogomiles et apocryphes pseudo-bogomiles", *RHR* 138 (1950): 22—52, 176—218。关于外典 *The Wood of the Cross* 的流传历史,参见 N. Cartojan, *Cărtile populare în literatura românească*, 2d ed. (Bucharest, 1974), vol. 1, pp. 155 ff.; Esther Casier Quinn, *The Quest of Seth for the Oil of Life* (Chicago, 1962), pp. 49 ff.。关于 *Interrogatio Johannis*,参见 Edina Bozóky, ed.,翻译与评论,*Le Livre Secret des Cathares*:*Interrogatio Iohannis*, *Apocryphe d'origine bogomile* (Paris, 1980)。

294. 关于清洁派(Cathars)的综合介绍,参见 Steven Runciman, *The Medieval Manichee*, pp. 116—170,以及 Arno Borst, *Les Cathares*, esp. pp. 79—196(附有详尽的参考书目)。亦可参见 H. Ch. Puech, "Catharisme 329
médiéval et bogomilisme", *Oriente ed Occidente nel Medio Evo* (Rome, 1957), pp. 56—84;再版参见 *Sur le manichéisme et autres essais* (Paris, 1979), pp. 395—427。

清洁派的文献很少翻译出版,参见 A. Dondaine, *Le"Liber de duobus principiis", suivi d'un fragment de rituel cathare* (Rome, 1932); C. Thouzallier, *Un traité cathare inédit du début du XIIIe siècle* (Louvain, 1961); *Une somme anticathare* (Louvain, 1964);以及 René Nelli, *Écritures Cathares* (Paris, 1968)。亦可参见 Edina Bozóky, *Le Livre Secret des Cathares*:*Interrogatio Iohannis*, *Apocryphe d'origine bogomile*

(Paris, 1980)。

关于镇压阿尔比派的十字军,参见 P. Belperron, *La Croisade contre les Albigeois et l'union de Languedoc à la France* (Paris, 1943; 2d ed. 1948)。

关于异端裁判所,参见 J. Guiraud, *Histoire de l'Inquisition au Moyen Âge*. Vol. 1, *Cathares et vaudois*. Vol. 2, *L'Inquisition au XIIIe siècle en France, en Espagne et en Italie* (Paris, 1935, 1938)。最新的参考书目参见 H. Grundmann in Jacques Le Goff, ed., *Hérésies et sociétés dans l'Europe pré-industrielle* (Paris and The Hague, 1968), pp. 425—431。

关于历史背景,参见 Friedrich Heer, *The Medieval World* (London and New York, 1962), pp. 197 ff.。

295. 关于守贫的宗教意义,参见 Jeffrey B. Russell, *Religious Dissent in the Middle Ages* (New York, 1971), pp. 41 ff.。

关于圣方济各的最好的一部传记是 Omer Englebert, *Vie de Saint François* (Paris, 1947;参考书目参见, pp. 396—426)。主要内容参见 Ivan Gobry, *Saint François et l'esprit franciscain* (Paris, 1957;其中也包括圣方济各作品选摘 pp. 119—152)。亦可参见 Lawrence Cunningham, ed., *Brother Francis: An Anthology of Writings by and about Saint Francis of Assisi* (New York, 1972),尤其是,*François d'Assise: Écrits*(拉丁文本及其翻译,"Sources chrétiennes", 285, Paris, 1981)。

关于小兄弟会,参见 John Moorman, *A History of the Franciscan Order* (Oxford, 1968); Cagetan Esser, O. F. M., *Origins of the Franciscan Order* (Chicago, 1970); Malcolm D. Lambert, *Franciscan Poverty: The Doctrine of the Absolute Poverty of Christ and the Apostles in the Franciscan Order, 1210—1323* (London, 1961); *S. Francesco nella ricerca storica degli ultimi ottanta anni*, Convegni del Centro di Studi sulla spiritualità medioevale, 9 (Todi, 1971)。

296. 现存唯一的圣波拿文都拉(St. Bonaventure)著作全集是库阿拉切(Quaracchi)的方济各神父出版的九卷对开本。法文本被编入目录,参见 J.
330 G. Bougerol, *Saint Bonaventure et la sagesse chrétienne* (Paris, 1963), pp. 180—182。英文本选译,参见 Ewert H. Cousins, *Bonaventure* 的翻译与导读, Classics of Western Spirituality (New York, 1978)。

在最新有关圣波拿文都拉思想的专题研究中,我们可引用以下著作,

Etienne Gilson, *La philosophie de Saint Bonaventure*, 2d ed. (Paris, 1943); J. G. Bougerol, *Introduction to the Works of Bonaventure*, trans. Jose de Vinck (New York, 1964); idem, *Introduction à l'étude de saint Bonaventure* (Tournai, 1961); John Quinn, *The Historical Constitution of Saint Bonaventure's Philosophy* (Toronto, 1973); Ewert H. Cousins, *Bonaventure and the Coincidence of Opposites* (Chicago, 1978)。

关于梯子与神秘升天的象征意义,参见 Dom Anselme Stolz, *Théologie de la mystique*, 2d ed. (Chèvetogne, 1947), pp. 117—145; Alexander Altmann, *Studies in Religious Philosophy and Mysticism* (Ithaca, 1949);参见 Eliade, *Shamanism*, pp. 487 ff. 的参考书目。

297. 大阿尔伯特(Albertus Magnus)、圣托马斯·阿奎那和其他一些经院哲学家的著作,参见 Etienne Gilson, *La philosophie au Moyen Ăge* (Paris, 1947)。在同一部作品中,也收入了主要的评论性书目。亦可参见 E. Gilson, *Le thomisme*, 2d ed. (Paris, 1952); F. Copleston, *Aquinas* (Harmondsworth, 1955; p. 265 列有圣托马斯著作一览表);M. D. Chenu, *Introduction à l'étude de saint Thomas d'Aquin* (Montreal, 1950); idem, *La théologie comme science au XIIIe siècle* (Paris, 1957); idem, *Toward Understanding Saint Thomas* (Chicago, 1964)。

关于经院哲学的另一解释,参见 Steven Ozment, *The Age of Reform, 1250—1550: An Intellectual and Religious History of Late Medieval and Reformation Europe* (New Haven, 1980;关于托马斯·阿奎那,参见 pp. 9 ff., 60 ff.;关于奥卡姆,参见 pp. 35 ff.)。欧兹曼(Ozment)还介绍了最新的评论性著作。

关于邓斯·司各脱(Duns Scotus),参见 Effren Bettoni, *Duns Scotus: The Basic Principles of His Philosophy* (Washington, 1961)。

关于奥卡姆(Ockham),参见 Gordon Leff, *William of Ockham: The Metamorphosis of Scholastic Discourse* (Manchester, 1975);idem, *The Dissolution of the Medieval Outlook: An Essay on Intellectual and Spiritual Change in the Fourteenth Century* (New York, 1976)。

关于经院哲学,亦可参见 F. van Steenberghen, *Aristotle in the West: The Origins of Latin Aristotelianism* (Louvain, 1955);idem, *The Philosophical Movement of the Thirteenth Century* (Edinburgh, 1955); Gordon

Leff, *Medieval Thought*: *St. Augustine to Ockham* (Baltimore, 1962)。

综合性的观点,参见 H. A. Oberman, *The Harvest of Medieval Theology* (Cambridge, Mass., 1963)。

331 **298.** 爱克哈特大师(Meister Eckhart)全集的评注版即将付梓:*Die deutsche Werke*, vols. 1—5 (Stuttgart, 1938 ff.),以及 *Die lateinische Werke*, vols. 1—5 (1938 ff.)。在德意志研究联合会(Deutsche Forschungsgemeinschaft)的这一出版计划之前,关于爱克哈特作品不同版本的简要历史,参见"A Note on Eckhart's Works",载 Edmund Colledge and Bernard McGinn, *Meister Eckhart*: *The Essential Sermons Commentaries*, *Treatises and Defense* (New York, 1981), pp. 62 ff.。在此评注版出版之前,我们使用各种欧洲语言译本时候都要谨慎;比如说 C. de B Evans, *Meister Eckhart*, vols. 1—2 (London, 1924, 1931)。最有利用价值的是 Armand Maurer, *Master Eckhart*: *Parisian Questions and Prologues* (Toronto, 1974); Reiner Schurmann, *Meister Eckhart*: *Mystic and Philosopher* (Bloomington, 1978;包括八篇德语布道译文和一篇重要的爱克哈特思想研究);尤其是埃德蒙·科勒治(Edmund Colledge)和伯纳德·麦克基恩(Bernard McGinn)的译文。最好的德文译本是 Josef Quint, *Deutsche Predigten und Traktate* (Munich, 1955,还影印了一些中古高地德文的原始文献)。德文版的法译本:Paul Petit, *Oeuvres de Maître Eckhart*: *Sermons-Traités* (Paris, 1942)。亦可参见 Jeanne Ancelet-Hustache, *Maître Eckhart et la mystique rhénane* (Paris, 1956), pp. 77—119。

在大量评论性著作的书目中,我们应当关注的有:Vladimir Lossky, *Théologie négative et connaissance de Dieu chez Maître Eckhart* (Paris, 1960;这是一本重要的著作); C. F. Kelley, *Meister Eckhart on Divine Knowledge* (New Haven and London, 1977); Bernard Welte, *Meister Eckhart*:*Gedanken zu seinen Gedanken* (Freiburg, 1979;一种新的诠释); M. de Gandillac, "La 'dialectique' de Maître Eckhart", *La mystique rhénane*, Colloque de Strassbourg, 1961 (Paris, 1961), pp. 59—94,亦可参见埃德蒙·科勒治和伯纳德·麦克基恩提供的参考书目,pp. 349—353。

关于中世纪神秘主义的最完整、最好的阐述,参见 J. Leclercq F. Vandenbroucke,以及 L. Bouyer, *La spiritualité du Moyen Âge* (Paris, 1961)。亦可参见 *L'Attesa dell' età nuova nella spiritualità della fine del Medio*

Evo, Convegni del Centro di Studi sulla spiritualità medioevale, 3 (Todi, 1963)。

299. 关于中世纪宗教异端(或者那些被指责为异端的)运动,参见 M. D. Lambert, *Medieval Heresy: Popular Movements from Bogomil to Hus* (London, 1977); Jacques Le Goff, ed., *Hérésies et sociétés dans l'Europe pré-industrielle, XIe-XVIIIe siècles*, Colloque de Royaumont (Paris, 1968); *Movimenti religiosi populari ed eresie del medioevo*, in *X Congresso Internazionale di Scienze Storiche*, *Relazioni*, vol. 3 (Rome, 1955); Gordon Leff, *Heresy in the Later Middle Ages*, vols. 1—2 (Manchester and New York, 1967)。

Robert Bultot, *La doctrine du mépris du monde: Le XIe siècle*, vols. 332
1—2 (Louvain and Paris, 1963—1964),此书以大量文献分析了 11 世纪若干激进的禁欲主张——尤其是坎特伯雷的彼得·达米安(Peter Damien)和安瑟伦(Anselm)的主张。

关于贝居安女修会修女(Beguines)和贝格哈特会修士(Beghards),参见 E. W. McDonnell, *The Beguines and Beghards in Medieval Culture* (New Brunswick, 1954;参考资料极其丰富);Gordon Leff, *Heresy in the Later Middle Ages*, vol. 1, pp. 195 ff.; Ozment, *The Age of Reform*, pp. 91 ff.。

关于马格德堡的马蒂尔德(Mechthilde of Magdeburg),参见 Lucy Menzies, *The Revelations of Mechthilde of Magdebourg* (London, 1953);关于佛兰德斯贝居安女修会修女哈德维奇(Flemish Beguine Hadewich),参见 Mother Columbia Hart, O. S. B.,附有导论的译本,*The Complete Works* (New York, 1980)。

关于自由之灵运动,参见 G. Leff, vol. 1, pp. 310—407; Robert E. Lerner, *The Heresy of the Free Spirit in the Later Middle Ages* (Berkeley, 1972); H. Grundmann, *Religiöse Bewegungen im Mittelalter*, 2d ed. (Darmstadt, 1961), pp. 355—436。

关于玛格丽特·波列特(Marguerite Poret)的 *Le miroir des simples âmes* 以及有关伪爱克哈特的文献,参见莱尔纳(Lerner)的分析,pp. 200 ff。

亦可参见 Caroline Walker Bynum, *Jesus as Mother: Studies in the Spirituality of the High Middle Ages* (Berkeley and Los Angeles,

1982)。

300. 关于14世纪僧侣制度的危机,以及对这一问题的最新分析,可参见 Steven Ozment, *The Age of Reform*, pp. 135—181,以及 Francis Oakley, *The Western Church in the Late Middle Ages* (Ithaca and London, 1979),pp. 25—80,131—174。

关于鞭笞派,参见 Gordon Leff, *Heresy in the Later Middle Ages*, vol. 2, pp. 485—493(资料丰富)。

关于中世纪对于死亡研究的迷恋,参见 T. S. R. Boase, *Death in the Middle Ages* (New York, 1972;尤其在图像研究方面甚为出色);E. Dubruck, *The Theme of Death in French Poetry of the Middle Ages and the Renaissance* (The Hague, 1964);F. Oakley, pp. 116 ff. 。参见 *Il dolore e la morte nella spiritualità dei secoli XII—XIII*, Convegni del Centro di Studi della spiritualità medioevale, 5 (Todi, 1967)。

关于死亡之舞(*danse macabre*),参见 J. M. Clark, *The Dance of Death in the Middle Ages and the Renaissance* (1950); Jurgís Baltrušaitis, *Le Moyen Âge fantastique* (Paris, 1955), pp. 235 ff. (大量参考书目,pp. 258 ff. , esp. n. 15);Norman Cohn, *The Pursuit of the Millennium*, rev. ed. (London, 1970), pp. 130 ff. 。

关于炼狱教义史的权威性著作,参见 Jacques Le Goff, *La naissance du Purgatoire* (Paris, 1982), esp. pp. 177 ff. ,236 ff. , 357 ff. , 383 ff. 。

陶勒(Tauler)和苏索(Suso)的法译本,参见 Jeanne Ancelet-Hustache, *Maître Eckhart et la mystique rhénane*, pp. 190—191。

鲁伊斯布鲁克(Ruysbroeck)最重要的翻译作品,我们采用 Eric
333 Colledge, *The Spiritual Espousals* (London, 1952),以及 C. A. Wynschenk and Evelyn Underhill, *John of Ruysbroeck: The Adornment of the Spiritual Marriage; The Sparkling Stone; The Book of Supreme Truth* (London, 1951);亦可参见 Kay C. Petty, ed. , *Late Medieval Mysticism* (Philadelphia, 1957),pp. 285 ff. 。

很可能格尔松(Jean Gerson)指责鲁伊斯布鲁克,认为他以弗莱芒语写的著作是以有不少错误的拉丁语译本为依据的。参见 Andné Combes, *Essai sur la critique de Ruysbroeck par Gerson*, 3 vols. (Paris, 1945—1959)。

关于格鲁特(G. Groote)和现代虔敬派(*devotio moderna*),参见 R. R. Post, *The Modern Devotion: Confrontation with Reformation and Humanism* (Leiden, 1968),这是一部包含许多资料的著作。

301. 库萨的尼古拉的评注本全集:*Nicolai de Cusa Opera Omnia*,将由海德堡文学研究院出版发行(Leipzig,1932 ff.)。

在法文本中,可参见 M. de Gandillac, *Oeuvres choisis* (Paris, 1942); L. Moulinier, *De la Docte Ignorance* (Paris, 1930); E. Vansteenberghe, *Traité de la vision de Dieu* (Louvain, 1925)。一般介绍,参见 E. Vansteenberghe, *Le cardinal de Cues* (Paris, 1920); P. Rotta, *Il cardinale Nicola da Cusa* (Milan, 1928)。

最佳专著仍然是 M. de Gandillac, *La philosophie de Nicolas de Cues* (Paris, 1941)。亦可参见 Ernst Cassirer, *The Individual and the Cosmos in Renaissance Philosophy* (New York, 1963;德文原版于 1927 年,*Studien der Bibliothek Marburg*, 10, Leipzig and Berlin), chapters 1 and 2 (pp. 7—72); Paul E. Sigmund, *Nicholas of Cusa and Medieval Political Thought* (Cambridge, Mass., 1963); E. Hoffmann, *Universum des Nicolaus von Cues* (Heidelberg, 1930); idem, *Die Vorgeschichte der cusanischen Coincidentia oppositorum* (*De Beryllo* 的译序, Leipzig, 1938); G. Saitta, *Nicola da Cusa el'umanesimo italiano* (Bologna, 1957); Jaroslav Pelikan, "Negative Theology and Positive Religion: A Study of Nicholas Cusanus *De pace fidei*", *Prudentia*, Supplementary Number, 1981: *The Via Negativa*, pp. 61—77。

关于约翰·胡斯的神学,参见 M. Spinka, *John Hus at the Council of Constance* (New York, 1966)。

关于 *sacerdotum* 和 *regnum* 两派之间的冲突史,以及涉及王权起源与结构的政治神学的发展,参见 Ernst H. Kantorowitz, *The King's Two Bodies: A Study of Medieval Political Theology* (Princeton, 1957), pp. 193 ff.。

302. 有关简介,参见 Olivier Clément, *L'essor du christianisme oriental* (Paris, 1964); idem, *Byzance et le christianisme* (Paris, 1964)。亦可参见 Steven Runciman, *The Eastern Schism* (Oxford, 1955); P. Sherrard, 334
The Greek East and the Latin West (New York, 1959);尤其是 D. Obolen-

sky, *The Byzantine Commonwealth*, *Eastern Europe*, *500—1453* (New York, 1971),以及 A. Toynbee, *Constantine Porphyrogenitus and His World* (London, 1973)。

清楚而且深刻的导论,可参见 Jaroslav Pelikan, *The Spirit of Eastern Christendom*, *600—1700* (Chicago, 1974), pp. 146—198 (pp. 308—310, 含有评论性书目)。亦可参见 Francis Dvornik, *The Photian Schism*: *History and Legend* (Cambridge, 1948); idem, *Byzantium and the Roman Primacy* (New York, 1966); idem, *Byzantine Mission among the Slavs*: *SS. Constantine-Cyril and Methodius* (New Brunswick, 1970)。

两大教会和两大文化之间关系的精彩分析,参见 Deno John Geanakoplos, *Byzantine East and Latin West* (New York, 1966); idem, *Interaction of the "Sibling" Byzantine and Western Culture in the Middle Ages and the Renaissance* (New Haven and London, 1976), esp. pp. 3—94。

303. 首先让我们引证若干东方神学的最新研究成果,它们是: V. Lossky, *Essai sur la théologie mystique de l'Église d'Orient*, 2d ed. (Paris, 1960); idem, *A l'image et à la ressemblance de Dieu* (Paris, 1967); M. LotBorodine, *La déification de l'homme* (Paris, 1970); J. Meyendorff, *Le Christ dans la théologie byzantine* (Paris, 1969); L. Ouspensky, *Essai sur la théologie de l'icône dans l'Eglise orthodoxe* (Paris, 1960)。

关于西缅(Simeon),参见 J. Darrouzès, trans., *Siméon le nouveau théologien*, *chapitres théologiques*, *gnostiques et pratiques*, Sources Chrétiennes, vol. 51 (Paris, 1951)。亦可参见 Hermegild Maria Biedermann, *Das Menschenbild bei Symeon dem Jüngerem dem Theologen* (Würzburg, 1949)。

关于"心灵的祈祷",参见 Jean Gouillard, *Petite Philocalie de la Prière du Coeur* (Paris, 1953; new ed. 1968)。

关于约翰·克里马库斯(John Climacus),参见 Coim Luibheid and Norman Russell, trans., *John Climacus*, *The Ladder of Divine Ascent* (New York, 1982,卡利斯托·威尔[Kallistos Ware]为之写了一篇很长的序言)。

关于静修主义,参见 Irénée Hausherr, *La Méthode d'oraison hésychaste* (Rome, 1927, Orientalia Christiana Ⅸ, 2); idem, "L'Hésychasme, étude de spiritualité", *Orientalia Christiana Periodica* 22 (1956): 5—40, 247—285。

让·迈耶恩多夫(Jean Meyendorff)对重新发现格列高利·帕拉马斯(Gregory Palamas)贡献巨大。尤其是他编译的著作 *Triades pour la défense des saints Hésychastes* (Louvain, 1959); *Introduction à l'étude de Grégoire Palamas* (Paris, 1959;包括对帕拉马斯发表以及未发表著作的全面介绍,pp. 331—400)。*Saint Grégoire Palamas et la mystique orthodoxe* (Paris, 1959)。亦可参见 Leonidas C. Coutos, *The Concept of Theosis in Saint Gregory Palamas: With Critical Text of the "Contra Akindynum"*, 2 vols. (Los Angeles, 1963); Jaroslav Pelikan, *The Spirit of Eastern* 335
Christendom (Chicago, 1974), pp. 261 ff.; Vladimir lossky, "La Théologie de la Lumière chez Grégoire Palamas de Thessalonique", *Dieu Vivant* 1 (1945):93—118。

关于神秘之光体验的比较研究,参见 M. Eliade, *The Two and the One* (Chicago, 1966), pp. 19—77。

关于尼古拉·卡巴希拉斯(Nicholas Cabasilas)的简洁概述,参见 Olivier Clément, *Byzance et le christianisme oriental* (Paris, 1964), pp. 50—73。

第 38 章　宗教改革前后的宗教、巫术与赫耳墨斯教传统

304. 劳乌尔·曼塞利(Raoul Manselli)在他的著作 *La religion populaire au Moyen Age: Problèmes de méthode et d'histoire* (Montreal and Paris, 1975)中,强调"一种渗透在两种文明之间使之达到相互融合的关系"(p. 20),这里的两种文明指"异教"和基督教。

地方神话同化到基督教"神圣历史"之中,并不构成如保尔·萨因蒂夫(Paul Saintyves)在其著作 *Les Saints successeurs des dieux* (Paris, 1907)中所指出的"继承性"。参见 E. Vacandart, *Études de critique et d'histoire religieuses*, 3d Series (Paris, 1912), pp. 59—212:"Origines du culte des saints. Les saints sont-ils successeurs des dieux?"一文的观点。

没有必要重复指出或多或少是以基督教形式生存下来的那些在世界上流传甚广的神话象征,如宇宙树、桥、梯子、地狱和天堂等等。末世之桥古老情节的经久不衰就足以说明这一点(参见 Eliade, *Shamanism*, pp. 386 ff.,

492 ff.),其存在于中世纪(参见 Peter Dinzelbacher, *Die Jenseitsbrücke im Mittelalter*, Vienna, 1973),并且一直流传至今(参见 Luigi. M. Lombardi Satriani and Mariano Meligrana, *Il Ponte di San Giacomo*: *L'ideologia della morte nella società contandina del Sud*, Milan, 1982, pp. 121 ff.)。

我们在正文中忽略了与城市的集市和公共广场有关的仪式和习俗——如新年期间的愚人节,信徒身着传统服饰,头带面具,在愚人节主教的带领下进入大教堂,并可以在里面为所欲为。在诺曼底,教堂执事一直在祭台上边嚼香肠边掷骰子、玩纸牌。亦可参见 Mikhail Bakhtine, *L'oeuvre de François Rabelais et la culture populaire au Moyen Age et sous la Renaissance* (法文本,Paris, 1970),该书有极好的分析。

关于希腊的异教残余,参见 J. C. Lawson, *Modern Greek Folklore and Ancient Greek Religion* (Cambridge, 1910; re-ed. New York, 1964); Georges Dumézil, *Le problème des Centaures* (Paris, 1929),pp. 155—193;
336 C. A. Romaios, *Cultes populaires de Thrace*: *Les Anasténaria*; *la cérémonie du lundi pur* (Athens, 1949); Basil Makrakis, *Fire Dances in Greece* (Heraklion, 1982)。对于保尔·弗里德里希(Paul Friedrich)来说,希腊某些乡间社团的研究有助于解释荷马时代社会的结构,另外,对贞女马利亚的崇拜更有助于我们理解得墨忒耳;参见 Friedrich, *The Meaning of Aphrodite* (Chicago, 1978), p. 55。亦可参见 C. Poghirc, "Homère et la ballade populaire roumaine", *Actes du IIIe Congrès international du Sud-Est européen* (Bucharest, 1974); Leopold Schmidt, *Gestaltheiligkeit im bäuerlichen Arbeitsmythos*: *Studien zu den Ernteschnitzgeräten und ihre Stellung im europäischen Volksglauben und Volksbrauch* (Vienna, 1952); M. Eliade, "History of Religions and 'Popular' Cultures", *HR* 20 (1980):1—26,尤其参见 5 ff。

关于圣诞颂歌(*Colinde*),有大量文献(参见我们的"History of Religions and 'Popular' Cultures", p. 11, n. 29)。这里只重复曾经引证过的著作:Al. Rosetti, *Colindele religioase la Români* (Bucharest, 1920); P. Caraman, "Substratul mitologic al sărbătorilor de iarnă la Români și Slavi", *Arhiva* 38 (Iași, 1931): 358—447; Ovidiu Bîrlea, "Colindatul in Transilvania", *Anuarul Muzeului Etnografic al Transilvaniei pe anii 1965—1967* (Cluj, 1969), pp. 247—304; Monica Bratulescu, *Colinda Românească* (Bucharest,

1981); idem,"Ceata feminină — încercare de reconstituire a unei instituţii tradiţionale româneşti", *Revista de Etnografie şi Folclor* 23 (Bucharest, 1978):37—60;Petru Caraman, "Descolindatul în sud-estul Europei" (part 1), *Annarul de Folclor* 2 (Cluj-Napoca, 1981):57—94。

在圣歌队(*colindători*)的组织与培训中可以辨别出入会礼的结构,参见 Traian Herseni, *Forme străvechi de cultură populară românească* (Cluj-Napoca, 1977),pp. 160 ff. 。

305. 参见 M. Eliade, "Notes on the *Căluşari*," *The Gaster Festschrift:journal of the Ancient Near Eastern Society of Columbia University* 5 (1973): 109 ff. ; idem, "History of Religions and 'Popular' Cultures",pp. 17 ff. 。

关于马舞者(*căluşari*)组织最重要的原始资料,参见 Tudor Pamfile, *Sărbătorile de vară la Români* (Bucharest, 1910), pp. 54—75; Theodor T. Burada, *Istoria teatrului în Moldova* , 2 vols. (Jassy, 1905),vol. 1, pp. 62—70。大量相关资料参见 Mihal Pop,"Consideratii etnografice şi medicale asupra *căluşului* oltenesc", *Despre medicina populară românească* (Bucharest, 1970), pp. 213—222; Gheorghe Vrabie, *Folclorul* (Bucharest, 1970), pp. 511—531; Horia Barbu Oprişan, *Căluşari* (Bucharest, 1960),尤其是 Gayle Kligman, *Călus* (Chicago, 1981)。亦可参见 R. Vuia, "Originea jocului de căluşari", *Dacoromania* 2 (Cluj, 1922): 215—254; Eliade, "Notes", pp. 120 ff. 。

关于男性联盟的入会礼,参见 Eliade, *Initiation, rites, sociétés secrètes*(=*Naissances mystiques*), pp. 185 ff. ,以及所收集的参考书目, ibid. , nn. 6—66。

306. 在大量有关欧洲女巫的参考文献中,以下著作值得一提:H. R. 337
Trevor-Roper, *The European Witch-Craze of the Sixteenth and Seventeenth Centuries* (New York, 1969;亦可参见其所著 *The Crisis of the Seventeenth Century:Religion, the Reformation and Social Change*, 1968, chaps. 1—4); Alan Macfarlane, *Witchcraft in Tudor and Stuart England* (New York, 1970); Jeffrey Burton Russell, *Witchcraft in the Middle Ages* (Ithaca, 1972;附有大量参考书目,pp. 350—377);Keith Thomas, *Religion and the Decline of Magic* (New York, 1971);Norman Cohn,

Europe's Inner Demons (New York, 1975;法文本,*Démonolâtrie et sorcellerie au Moyen Age*, Paris, 1982);F. E. Lorint and J. Bernabe, *La sorcellerie paysanne* (Brussels, 1977); Robert Mandrou, *Possession et Sorcellerie au XVIIe siècle:Textes inédits* (Paris, 1979);E. William Monter, *Witchcraft in France and Switzerland:The Borderlands during the Renaissance* (Ithaca,1976)。

相关原始资料的选本,参见 E. William Monter, *European Witchcraft* (New York, 1969);Barbara Rosen, *Witchcraft* (London, 1970);Max Marwick, ed., *Witchcraft and Society* (Baltimore, 1970);尤其是 Alan C. Kors and Edward Peters, *Witchcraft in Europe, 1100—1700:A Documentary History* (Philadelphia, 1972)。参见 H. C. Erik Midelfort, *Witch Hunting in Southwestern Germany, 1562—1684:The Social and Intellectual Foundations* (Stanford, 1972),esp. pp. 30 ff., 193 ff.。这部著作阐明了天主教徒和新教徒"搜捕女巫"的不同之处。

亦可参见两部从医学史角度撰写的著作:Gregory Zilboorg, *The Medieval Man and the Witch during the Renaissance* (Baltimore, 1935); Thomas R. Forbes, *The Midwife and the Witch* (New York, 1966)。

参见 E. W. Monter,"The Historiography of European Witchcraft:Progress and Prospects", *Journal of Interdisciplinary History* 2 (1972): 435—451;M. Eliade, "Some Observations on European Witchcraft", *HR* 14 (1975) 149—172 (=*Occultism, Witchcraft, and Cultural Fashions*, pp. 69—92); Richard A. Horsley,"Further Reflections on Witchcraft and European Folk Religion",*HR* (1979):71—95。

关于流浪派(*benandanti*)最好的原始资料现存于 Carlo Ginzburg, *I Benandanti:Ricerche sulla stregoneria e sui culti agrari tra cinquecento e seicento* (Turin, 1966)。

大量关于胎膜的信仰和仪式的参考书目,参见 Thomas R. Forbes, "The Social History of the Caul",*Yale Journal of Biology and Medicine* 25 (1953):495—508。

关于 *Wilde Heer*,参见 Victor Waschnitius, *Perht, Holda und verwandte Gestalten:Ein Beitrag zur deutschen Religionsgeschichte* (Vienna, 1914),尤其参见 pp. 173 ff.; Otto Höffler, *Kultische Geheimbünde der*

Germanen, vol. 1, pp. 68 ff.; idem, *Verwandlungskulte*, pp. 78 ff.; 338
Waldemar Liungmann, *Traditionswanderungen:Euphrat-Rhein*, Folklore Fellows Communication, 118 (Helsinki, 1937), pp. 596 ff.; R. Bernheimer, *Wild Men in the Middle Ages* (Cambridge, Mass., 1952), pp. 79 ff., 132; Cinzburg, *I Benandanti*, pp. 48 ff.。

关于 *zîna*(即黛安娜)和 *zînatec*(即拉丁语的黛安娜)的词源,评论性的参考书目参见 Alejandro Cioranescu, *Diccionario etimologico Rumano* (Universidad de la Laguna, 1961), p. 915; Al. Rosetti, *Istoria limbii române* (Bucharest, 1968), pp. 367—395。

关于 *zîne* 和 *jele*,在众多著作中可参见, Aurel Candrea, *Folclorul românesc comparat* (Bucharest, 1944), pp. 156 ff.; I. Muşlea and O. Bîrlea, *Tipologia folclorului*, pp. 206 ff.。

307. 关于马丁·路德及其同时代著作的许多专题研究,我们可以关注最新的一些成果:R. H. Bainton, *Here I Stand* (New York and Nashville, 1950);Erik Erikson, *Young Man Luther*(1958;其中包含出色但不乏争议的诠释;有关评论参见 Ozment, *The Age of Reform* pp. 223—231); E. G. Schwiebert, *Luther and His Times*; *The Reformation from a New Perspective* (St. Louis, 1950); R. H. Fife, *The Revolt of Martin Luther* (New York, 1957); Richard Stauffer, *La Réforme, 1517—1564* (Paris, 1970);J. Pelikan, *Luther the Expositor* (St. Louis, 1959);H. G. Haile, *Luther:An Experiment in Biography* (New York, 1980;对了解马丁·路德的晚年尤为珍贵)。

关于宽恕的历史,参见 J. E. Campbell, *Indulgences* (Ottawa, 1953); P. F. Palmer, ed., *Sacraments and Forgiveness* (Westminster, 1960)。

亦可参见 Arthur Rühl, *Der Einfluss der Mystik auf Denken und Entwicklung des jungen Luthers* (Oberhessen, 1960); J. Pelikan, ed., *Interpreters of Luther:Essays in Honor of Wilhelm Pauck* (Philadelphia, 1968);Steven Ozment, *Homo Spiritualis:A Comparative Study of the Anthropology of Johannes Tauler, Jean Gerson and Martin Luther in the Context of Their Theological Thought* (Leiden, 1968);F. E. Cranz, *An Essay on the Development of Luther's Thought on Justice, Law and Society* (Cambridge, Mass., 1959);S. Ozment, ed., *The Reformation in Me-*

dieval Perspective (Chicago, 1971)。亦可参见§308的参考书目。

308. 我们利用马丁·路德著作的最新译本,参见佩里肯(J. Pelikan)和勒曼(H. T. Lehman)主持出版的 *Works*, 58 vols. (St. Louis, 1955 ff.);尤其是 vol. 25(《罗马书》的讲课),vol. 38(道与圣事),以及 vols. 42—43(论崇拜仪式)。我们也参考了 Bertram Lee Woolf, *Reformation Writings* (London, 1959);亦可参见 Bengt Hoffman, *The Theologia Germanica of Martin Luther* (New York, 1980),这两本书都是附有评注的译本。

马丁·路德神学的最新介绍著作,特别要提到的是 John Dillenberger,
339 *God Hidden and Revealed*: *The Interpretation of Luther's deus absconditus and Its Significance for Religious Thought* (Philadelphia, 1953);R. Prentor, *Spiritus Creator* (Philadelphia, 1953);Bengt Hägglund, *Theologie und philosophie bei Luther und in der occamistischen Tradition* (Lund, 1955); B. A. Gerrish, *Grace and Reason*: *A Study in the Theology of Luther* (Oxford, 1952;这是一部重要著作); H. A. Oberman, ed., *Luther and the Dawn of the Modern Era* (Leiden, 1974)。

关于伊拉斯谟(Erasmus),参见 J. Huizinga, *Erasmus of Rotterdam* (英文本,1924),其中的参考书目尚未过时。Roland H. Bainton, *Erasmus of Christendom* (New York, 1969),该书特别包括了伊拉斯谟大量书信片断和鲜为人知的著作,故更显珍贵(丰富的参考书目,pp. 285—299)。亦可参见 John C. Olin, ed., *Erasmus*: *Christian Humanism and the Reformation*, *Selected Writings* (New York, 1965)。

关于伊拉斯谟的著作和思想,参见 Louis Bouyer, *Autour d'Erasme* (Paris, 1955); Peter G. Bietenholz, *History and Biography in the Work of Erasmus* (Geneva, 1966); Ernst Wilhelm Kohls, *Die Theologie des Erasmus*, vols. 1—2 (Basle, 1966); Jean-Claude Margolin, *Erasme par lui-même* (Paris, 1965); Margaret M. Phillips, *Erasmus and the Northern Renaissance* (London, 1949); A. Renaudet, *Erasme et l'Itale* (Geneva, 1954)。亦可参见 Richard L. De Molens, ed., *Essays on the Works of Erasmus* (New Haven and London, 1978),尤其是 De Molen's "Opera Omnia Desiderii Erasmi"(pp. 1—50),以及 B. A. Gerrish, "Erasmus on Piety, Theology and the Lutheran Dogma"(pp. 187—209)。

关于《论自由意志》(*De Libero Arbitrio*)和《论自由的羁绊》(*De Servo*

Arbitrio)有许多版本和译本。我们使用最新、最完整的版本:E. Gordon Rupp and Philip S. Watson, *Luther and Erasmus*:*Free Will and Salvation* (Philadelphia, 1969),这是一部附有评注的译本。

309. 关于茨温利(Zwingli)的生平与思想,可参见 Fritz Büsser, *Huldrych Zwingli*:*Reformation als prophetischen Auftrag* (Zurich, 1973); G. H. Potter, *Zwingli* (Cambridge, 1976); W. H. Neuser, *Die reformatorische Wende bei Zwingli* (Neukirchen-Vluyn, 1976)。关于茨温利和布林格(Bullinger)著作精彩的节选,参见 G. W. Bromiley, *Zwingli and Bullinger*:*Selected Translations with Introduction and Notes* (Philadelphia, 1953)。

关于再洗礼派(Anabaptists)和其他"激进的改革"运动,可特别参见 G. H. Williams, *The Radical Reformation* (Philadelphia, 1962;参见 ibid., pp. 118—120,瑞典、德国南部和奥地利最早的再洗礼派的历史);亦可参见 G. H. Williams and A. Mergal, eds., *Spiritual and Anabaptist Writers* (Philadelphia, 1957); G. Hershberger, ed., *The Recovery of the Anabaptist Vision* (Scottsdale, Pa., 1957)。

有关加尔文(Calvin)思想与作品的最好入门书是:A. M. Schmidt, *Jean Calvin et la tradition calvinienne* (Paris, 1956)。第一部加尔文的传记出自与其同时代人狄奥多尔·贝札(Theodore Beza)之手,名为 *La Vie de Calvin*(英文本,Philadelphia, 1836),此书成为后来所有传记的基本资料来 340
源。特别参见 Alexandre Ganoczi, *Le jeune Calvin*:*Genèse et l'évolution de sa vocation réformatrice* (Wiesbaden, 1966)。

我们还使用了如下资料:A. Lefranc, J. Pannier, H. Chatelain ed., *Institutions de la religion chrétienne* (Paris, 1911 ff., repr. 1978),这是第一部法文本(1541 年),以及 John T. McNeill and F. L. Battles, *Institutes of the Christian Religion*, 2 vols. (Philadelphia, 1960),这是拉丁文定本(1559 年)的附有评注的译本;这个译本的优点在于它兼顾了 *Institutes* 一书所有的拉丁文与法文译本。

关于加尔文的神学,参见 John T. McNeill, *The History and Character of Calvinism* (New York, 1957); Quirinus Breen, *John Calvin*:*A Study in French Humanism*, 2d ed. (Grand Rapids, 1968); E. W. Monter, *Calvin's Geneva* (New York, 1967); Rudolf Pfister, *Kirchenge-*

schichte der Schweiz, vol. 2(Zurich, 1974); Emile G. Leonard, *Histoire générale du protestantisme*, 1—2(Paris, 1961); Dewey D. Wallace, Jr., *Puritans and Predestination: Grace in English Protestant Theology, 1525—1695* (Chapel Hill, 1982)。

关于塞尔维特,参见 Roland H. Bainton, *Hunted Heretic: The Life and Death of Michael Servetus, 1511—1553* (Boston, 1960)。

关于与再洗礼派的争论,参见 Willem Balke, *Calvin and the Anabaptist Radicals*,译者为 William J. Heynen (Grand Rapids, 1981)。

关于天主教的改革,参见 Léon Cristiani, *L'Eglise à l'époque du concile de Trente* (Paris, 1948); Hubert Jedin, *Geschichte des Konzils von Trent*, 1—2(Freiburg i. B., 1949—1957;英文本,St. Louis, 1957—1962); Hermann Tüchler, C. A. Bouman, and Jacques Le Brun, *Réforme et Contre-Réforme* (Paris, 1968);Marvin R. O'Connell, *The Counter Reformation, 1599—1610*(New York, 1974)。

关于罗耀拉的依纳爵(Ignatius of Loyola),参见 Alain Guillermou, *Saint Ignace de Loyola et la Compagnie de Jésus* (Paris, 1960;该书有生动清楚的引论,并附有精彩的圣像;参见 ibid., p. 187,这里有译成法文的罗耀拉的依纳爵著作的书目)。亦可参见 Henry Dwight Sedgwick, *Ignatius Loyala: An Attempt at an Impartial Biography* (New York, 1923;虽非专家撰写,但情况相当熟悉);Alexandre Brou, S. J., *Ignatius' Methods of Prayer* (Milwaukee, 1947;其价值在于引用并评论了大量原文,并将《神操》[*Exercises*]一书置于基督教精神的历史中去加以理解);James Broderick, S. J., *The Origins of the Jesuits* (London and New York, 1940;圣依纳爵的生平与修会历史的联系)。

310. 关于意大利人文主义者对基督教的认识,参见 Charles Trinkaus, "*In Our Image and Likeness*": *Humanity and Divinity in Italian Humanist Thought*, 2 vols. (Chicago, 1970;这是一本不可或缺的参考著作,其中的引文也很宝贵,pp. 325—457,778—885)。亦可参见 Gioacchino Paparelli, *Feritas, Humanitas, Divinitas: Le componenti dell'Umanesimo* (Mes-
341 sina and Florence, 1960); Paul Oskar Kristeller, *Renaissance Thought: The Classic Scholastic and Humanistic Strains* (New York, 1961); Wallace K. Ferguson, ed., *Renaissance Studies* (New York, 1963);John W.

O'Malley, *Giles of Viterbo on Church and Reform: A Study in Renaissance Thought* (Leiden, 1968); Franco Gaeta, *Lorenzo Valla: Filologia e storia nell'umanesimo italiano* (Naples, 1955)。

关于文艺复兴时期对宗教的诠释,参见 Carlo Angeleri, *Il problema religioso del Rinascimento: Storia della critica e bibliografia* (Florence, 1952)。亦可参见 Giovanni di Napoli, *Studi sul Rinascimento* (Naples, 1973), pp. 1—84。

关于马西里奥·费奇诺(Marsilio Ficino),特别参见 P. O. Kristeller, *Il pensiero filosofico di Marsilio Ficino* (Florence, 1953;译文和1943年的英文原文);Giuseppe Saitta, *Marsilio Ficino e la filosofia dell' Umanesimo*, 3d ed. ,增订版(Bologna, 1954); E. Garin, *L'umanesimo italiano*, 2d ed. (Bari, 1958); Raymond Marcel, *Marsile Ficin* (Paris, 1958)。

关于皮科·德拉·米兰多拉(Pico della Mirandola),参见 Eugenio Garin, *Giovanni Pico della Mirandola* (Florence, 1937); Engelbert Monnerjahn, *Giovanni Pico della Mirandola: Ein Beitrag zur philosophichen Theologie des italienischen Humanismus* (Wiesbaden, 1960); Giovanni di Napoli, G. *Pico della Mirandola e la problematica dottrinale del suo tempo* (Rome, 1963)。

关于文艺复兴时期的赫耳墨斯教,特别参见 Frances Yates, *Giordano Bruno and the Hermetic Tradition* (London and Chicago, 1964)。关于古代神学,参见 D. P. Walker, *The Ancient Theology* (London, 1972)。关于文艺复兴时期的巫术,参见 D. P. Walker, *Spiritual and Demonic Magic, from Ficino to Campanella* (London, 1958; new ed. , Notre Dame and London, 1975); Edgar Wind, *Pagan Mysteries in the Renaissance* (enlarged ed. , London, 1967; esp. pp. 1—16, 218—235); Ioan P. Culiano, *Eros et Magie*。

关于秘传宗教,参见 E. Garin, "Note sull'ermetismo del Rinascimento",载 E. Castelli, ed. , *Testi umanistici dell'Ermetismo* (Rome, 1955), pp. 8—19; E. Castelli, ed. , *Umanesimo e esoterismo* (Padua, 1969;尤其是 Maurice de Gandillac, Cesare Vasoli, and François Secret 的研究)。亦可参见 J. Dagens, "Hermétisme et cabale en France de Lefèvre d'Étaples à Bossuet", *Revue de Littérature Comparée* (January-March, 1961), pp.

3 ff.。

关于基督教中的喀巴拉派,参见 F. Secret, *Les Kabbalistes chréutiens de la Renaissance* (Paris, 1964),以及 *Kabbalistes chrétiens*, Cahiers de l'Hemétisme, 5 (Paris, 1979)。

关于大宇宙与小宇宙的一本同源,参见 Leonard Barkan, *Nature's Work of Art: The Human Body as the Image of the World* (New Haven, 1977); Alex Wayman, "The Human Body as Microcosm in India, Greek Cosmology, and Sixteenth-Century Europe", *HR* 32(1982):172—190; Allen G. Debus, *Man and Nature in the Renaissance* (Cambridge, 1978), pp. 26 ff.。

342 **311.** 关于炼金术的简单描述和炼金术同冶金术神话之间的关系,参见 Eliade, *The Forge and the Crucible* (1962;亦可参见法文增订版, *Forgerons et alchimistes* [Paris, 1977])。亦可参见 R. P. Multhauf, *The Origins of Chemistry* (London, 1966); Allan G. Debus, "The Significance of the History of Early Chemistry", *Cahiers d'histoire mondiale* 9, no. 2 (1965):37—58; John Read, *Through Alchemy to Chemistry* (New York, 1956)。

关于中世纪的炼金术,引文参见 *The Forge and the Crucible*, pp. 197—198; *Forgerons et alchimistes*, pp. 175—176。关于文艺复兴和宗教改革时期的炼金术,参见本书第 1 卷和第 2 卷中的参考书目, pp. 198—199 和 176—177。特别参见 Walter Pagel, *Paracelsus: An Introduction to Philosophical Medicine in the Era of the Renaissance* (Basel and New York, 1958;法文本, 1963); Allan G. Debus, *The English Paracelsians* (London, 1965); idem, *The Chemical Dream of the Renaissance* (Cambridge, 1968); idem, "The Chemical Philosophers: Chemical Medicine from Paracelsus to van Helmond", *History of Science* 2(1974):235—259; idem, *Man and Nature in the Renaissance* (Cambridge, 1978); Peter French, *John Dee: The World of an Elizabethan Magus* (London, 1972); R. J. W. Evans, *Rudolf II and His World* (Oxford, 1973)。

关于牛顿时代对于炼金术的重新解释,参见 Betty Jo Teeter Dobbs, *The Foundations of Newton's Alchemy* (Cambridge, 1975); Frances Yates, *The Rosicrucian Enlightenment* (London, 1972); Richard S. Westfall, *Force in Newton's Physics* (London and New York, 1971); idem, "Newton and the Hermetic Tradition", 载 *Science, Medicine and Society in the Renaissance: Essays to Honor Walter Pagel* (New York, 1972), vol. 2. pp. 183—198。

关于约翰·瓦伦丁·安德里亚(J. V. Andreae),参见 J. W. Montgomery, *Cross and Crucible: Johann Valentin Andreae (1586—1654); Phoenix of the Theologians*, 1—2 (The Hague, 1973)。

《兄弟社团的传说》(*Fama Fraternitatis*)被收入 Frances Yates, *The Rosicrucian Enlightenment*, pp. 238—251。Bernard Gorceix, *Bible des Rose-Croix* 将 *Fama*, *Confessio Fraternitatis R. C.* (1615),以及 Christian Rosenkreutz, *Noces Chimiques* 译成了法文。

参见 Jean-Jacques Mathé, *Alchimie, Cahiers de l'Hermétisme* (Paris, 1978),pp. 191—212,该书提供了 1954 年至 1977 年出版的法文著作的评论性书目。参见此书中安东尼·法弗尔(Antoine Faivre)和伯纳德·胡森(Bernard Husson)的研究论文。

第 39 章　西藏宗教

312. 关于西藏宗教史,参见 R. A. Stein, *Tibetan Civilization* (Stanford, 1972;该书译自 *La civilisation tibétaine*, Paris, 1962);G. Tucci, *Ti- 343
bet, Land of Snow* (London, 1967); D. Snellgrove and H. Richardson, *A Cultural History of Tibet* (New York, 1968)。

有关西藏宗教的通论性著作,可参见如下著作:Charles Bell, *The Religion of Tibet* (Oxford, 1931;尽管该书内容陈旧,但作者提供的第一手资料仍有价值);R. B. Ekvall, *Religious Observances in Tibet: Patterns and Functions* (Chicago, 1964;该书介绍了作者在西藏西部的考察);H. Hoffmann, *Die Religionen Tibets* (Freiburg i Breisgau, 1956;英文本,*The Religions of Tibet*, London, 1961)。Marcelle Lalou, *Les religions du Tibet* (Paris, 1957), G. Tucci and W. Heissig, *Die Religionen Tibets und der Mongolie* (Stuttgart, 1970,法文本,*Les Religions du Tibet et de Mongolie*, Paris, 1973), pp. 13—336(这是对西藏全部宗教最完整的介绍)。通论性介绍中的优秀作品可参见 R. A. Stein, *Tibetan Civilization*, pp. 164—247; Anne-Marie Blondeau, "Religions du Tibet", 载 *Histoire des*

Religions（该书在亨利-夏尔·毕克的指导下），vol. 3（1976），pp. 233—329。

西藏史前史仍然是个谜；参见 Paul Aufschneiter，"Prehistoric Regions Discovered in Inhabited Tibet"，*East and West* 7(1956)：74—88。据说有研究者发现了几个巨石遗址，并试图通过某些建筑和习俗来解释巨石的文化踪迹：参见 A. W. Macdonald，"Une note sur les mégalithes tibétains"，*JA* (1963)：63—76；S. Hummel，"Die Steinreihen des tibetischen Megalithikums und die Ge-sar-sage"，*Anthropos* 60(1965)：933—988(其中包含作者早期著作中对这个问题的研究)。

关于传统宗教，参见 A. Macdonald，"Une lecture des Pelliot tibétains 1286，1287，1038，1047 and 1290：Essai sur la formation et l'emploi des mythes politiques dans la religion royale de Sron-bcan rgam-po"，载 *Études tibétaines dédiées à la mémoire de Marcelle Lalou*（Paris，1971），pp. 190—391(对于敦煌手稿的深入分析，改变了对于佛教传入之前传统的解释；有关结论参见 A. M. Blondeau，pp. 236—245 的概述)；R. A. Stein，"Du réicit au rituel dans les manuscrits tibétains de Touen-houang"，载 *Études tibétains ... Marcelle Lalou*，pp. 479—547；idem，*Tibetan Civilization*，pp. 191—229；F. W. Thomas，*Ancient Folk-literature from North-Eastern Tibet*（Berlin，1957；包括在敦煌发现的几本占卜手册和有关西藏文明起源神话的编译本)。不过，为什么在 7—10 世纪间会有大量手稿藏在甘肃省敦煌石窟的墙壁里，至今仍然是一个谜。

关于 Phyva 神，参见 A. Macdonald，"Une lecture des Pelliot tibétains"，pp. 291 ff.；关于"good religion of Gcug"，参见 ibid.，pp. 341 ff.；关于时间的周期循环(temporal cycles)，参见 pp. 364 ff.。

几个宇宙生成论神话的翻译片断，参见 Macdonald，*L'Origine du Monde*，Sources Orientales，1(Paris，1959)，pp. 422 ff.；亦可参见已经出版和翻译的起源神话的最初几部分，参见 E. Haarh，*The Yar-lun Dynasty*
344 (Copenhagen，1969)，pp. 134 ff.。用蛋来解释世界起源的神话也许体现了受到印度影响的苯教传统；参见 Stein，*Tibetan Civilization*，pp. 194—195。

有关最早赞普起源神话的介绍和讨论，参见 Haarh，*The Yar-lun Dynasty*，pp. 126 ff.，以及其他各处；A. Macdonald，"Une lecture"，pp. 202

ff. ; J. Russell Kirkland, “The Spirit of the Mountain: Myth and State in pre-Buddhist Tibet”, *HR* 21 (1982):257—271;Manabu Waida, “Symbolism of ‘Descent’ in Tibetan Sacred Kingship and Some East Asian Parallels”, *Numen* 20(1973):60—78。

最早的国王自天堂降临大地,死后则重新升入天堂,这一神话在苏美尔人那里得到证实;参见本书第1卷§17以及后面的参考书目,p. 392。关于巴比伦诸神的光芒,参见本书第1卷第342页的参考书目。西藏王陵已被确认,参见 Giuseppe Tucci, *The Tombs of the Tibetan Kings* (Rome, 1950),但在君主制度废除后它们受到了破坏。多亏最新的研究成果,我们才开始对他们的葬礼观念和围绕王陵的祭祀活动有所认识。当时基本上是实行土葬,因为他们相信身体会复活:死者的灵魂在不同的两界(天堂和地狱)等待身体的复活;参见 A. Macdonald, pp. 365 ff. ; R. A. Stein, *Tibetan Civilization*, pp. 200—202; A. M. Blondeau, pp. 243—245。

关于最早的神话时代国王的“木”绳,参见 G. Tucci, *Les religions du Tibet*, pp. 286 ff. , 301 ff. (国王的神圣性);E. Haarh, pp. 28 ff. , 177 ff. ; Eliade, *The Two and the One*, pp. 166—167。

关于传统宗教中君主的重要角色,参见 A. Macdonald, pp. 376 ff. ,以及其他各处。

313. 关于宇宙—房屋—人体的一本同源,参见 M. Eliade, “Centre du Monde, Temple, Maison”, *Le Symbolisme cosmique des monuments religieux* (Rome, 1957), pp. 57—82; idem, “Briser le toit de la maison: Symbolisme architectonique et physiologie subtile”, *Studies in Mysticism and Religion, Presented to Gershom G. Scholem* (Jerusalem, 1967), pp. 131—139; R. A. Stein, “Architecture et pensée religieuse en Extrême-Orient,” *Arts Asiatiques* 4 (1957), pp. 163—186; idem, “L'habitat, le monde et le corps humain en Extrême-Orient et en Haute-Asie”, *JA* (1957): 37—74。

圣山具有的武士特征,可以从献给它们的节日,各种竞赛,两组武士的舞蹈、轮唱等等得到说明;参见 Stein, *Tibetan Civilization*, p. 210。

“武士之神”和“人类之神”居住在人的肩膀上,他们“在时间和空间上将个人与人群关联起来:在空间上,他们控制自然的环境、房屋或国家;在时间上,他们掌管着从家族祖先到他们后代的命运。人在这些关 345

系中,他的神保佑他——如果一切顺利——身强体健,气壮如牛,长命百岁,事业有成"(Stein, *Tibetan Civilization*, p. 222,译者:J. E. Stapleton Driver)。

关于灵魂的多样性,参见 Stein, *Tibetan Civilization*, pp. 226 ff. 。关于仪式性的竞赛,参见 Stein, *Recherches sur l'épopée et le barde au Tibet* (Paris, 1959), pp. 437 ff. ; idem, *Tibetan Civilization*, pp. 212 ff. 。关于伊朗的影响,参见 stein, *Recherches*, p. 296。

我们已经分析了对抗和竞赛的神话—仪式场景,参见 M. Eliade, "Remarques sur le dualisme religieux" (1967),重版名 *La Nostalgie des Origines* (1971);尤其参见 pp. 284 ff. ;英文版,参见 Eliade, *The Quest: History and Meaning in Religion* (Chicago, 1969), pp. 126—175 ("Prolegomenon to Religious Dualism: Dyads and Polarities", esp. pp. 159ff. ,其中有关于印度尼西亚、西藏地区和印度的神话和仪式)。

314. 关于苯教,参见 G. Tucci, *Les religions du Tibet*, pp. 271 ff. ; Helmut Hoffmann, *Quellen zur Geschichte der tibetischen Bon-Religion* (Wiesbaden, 1950;作者主要使用的是佛教原始资料); Marcelle Laiou, "Tibétain ancien Bod/Bon", *JA* 246(1958):157—268; D. L. Snellgrove, *The Nine Ways of Bon* (London, 1967); S. G. Karmay, *The Treasury of Good Sayings: A Tibetan History of Bon* (London, 1972); P. Kvaerne, "Bonpo Studies: The A-Khnid System of Meditation", *Kailash* 1(1973): 19—50, 248—322; idem, "The Canon of the Tibetan Bonpos", *IIJ* 16 (1974): 18—56, 96—144。

有关苯教的修行方式与萨满教之间的相似之处,参见 M. Eliade, *Shamanism*, pp. 431 ff. ;亦可参见 H. Hoffmann, *Symbolik der tibetischen Religionen und des Schamanismus* (Stuttgart, 1967), pp. 67—141。

关于苯波的葬礼,参见 M. Lalou, "Rituel Bon-Po des funérailles royales", *JA* 249(1952): 339—362; idem, "Le chemin des morts dans les croyances de Haute Asie", *RHR* 135(1949): 42—48; R. A. Stein, "Du récit au rituel", *Études tibétaines ... Marcelle Lalou*, pp. 479—547(在葬礼仪式中讲述起源神话的作用)。

关于精神、光和精液三者之间的关系,参见 Eliade, *Occultism, Witchcraft, and Cultural Fashions*, pp. 93—119。

315. 关于西藏佛教的历史,参见 H. Hoffmann, *The Religions of Tibet*, pp. 28—83,111—180; G. Tucci, *Les religions du Tibet*, pp. 29—54; P. DemiévilJe, *Le Concile de Lhasa* (Paris, 1952;印度和中国佛教僧侣之间的争论);D. S. Ruegg,"Sur les rapports entre le Bouddhisme et le 'substrat religieux' indien et tibétain", *JA*(1964):77—95。

关于阿底峡(Atīśa),参见 A. Chattopadhyaya, *Atiśa and Tibet* (Calcutta, 1967);关于莲花生(Padmasambhava),参见 C. C. Toussaint, *Le dict de Padma* (1933); A. M. Blondeau, "le Lha-'dre bka'-than", *Études tibétaines ... Marcelle Lalou*, pp. 29—126(这是对一部藏匿已久被重新发现的文本的翻译,内容涉及莲花生降服鬼神等内容);关于那罗巴(Naropa), 346
参见 H. Guenther, *The Life and Teachings of Naropa* (Oxford, 1963); 关于玛尔巴(Marpa),参见 J. Bacot, *La vie de Marpa le "traducteur"* (1937);关于米拉日巴(Milarepa),参见下面 § 317。

关于宗喀巴(Tsong-kha-pa),参见 E. Obermiller, "Con-kha-pa le Pandit", *Mélanges chinois et bouddhiques* 3 (1934—1935):319—338; R. Kaschewsky, *Das Leben des lamaistischen Heilige Tsongkhapa* (Wiesbaden, 1971)。亦可参见 C. Schulemann, *Die Geschichte der Dalai-Lamas* (Heidelberg, 1911)。

316. 关于喇嘛教的教理和修行,参见 R. Stein, *Tibetan Civilization*, pp. 164—191; Tucci, *Les religions du Tibet*, pp. 55—210; R. Bleichsteiner, *Die Gelbe Kirche*(1936;法文本,*L'Église jaune*,1937); H. V. Guenther, *sGam-po-pa*, *The Jewel Ornament of Liberation* (London, 1959); idem, *Buddhist Philosophy in Theory and Practice* (London, 1972); F. Lessing and A. Wayman, *Mkhas grub rje's Fundamentals of Buddhist Tantras* (The Hague, 1968;藏文原本和附加译文的注释);Eva M. Dargyay, *The Rise of Esoteric Buddhism in Tibet* (Delhi, 1977)。

亦可参见 G. Tucci, *Indo-Tibetica*, 7 vols. (Rome, 1932—1941); *Tibetan Painted Scrolls*, 2 vols. (Rome, 1949); *The Theory and Practice of the Mandala* (London, 1961)。关于喇嘛教的"民间化",参见 R. Nebesky-Wojkovitz, *Oracles and Demons of Tibet* (The Hague, 1956); Stephen Beyer, *The Cult of Tārā:Magic and Ritual in Tibet* (Berkeley and Los Angeles, 1973)。

关于佛教造像，参见 W. E. Clark, *Two Lamaistic Pantheons* (New York, 1937); A. K. Gordon, *The Iconography of Tibetan Lamaism* (Tokyo, 1959)。关于“巫师”的造像，参见 T. Schmid, *The Eighty-Five Siddhas* (Stockholm, 1958)。

关于割肉(*gčod*)，参见 R. Bleichsteiner, *L'Église jaune*, pp. 194 ff. ; Alexandra David-Neel, *With Mystics and Magicians in Tibet* (London, 1931;原版本为 *Mystiques et Magiciens du Thibet*, Paris, 1929), pp. 126 ff. ; Eliade, *Shamanism*, pp. 436—437。

关于西藏和摩梭人的萨满教，参见 Eliade, *Shamanism*, pp. 436ff. , 444ff. 。

317. 关于光的形态和意义，参见 Eliade, “Expérience de la lumière mystique” (1957)，重版发表于 *The Two and the One*, pp. 19—77; idem, “Spirit, Light, and Seed” (1971)，重版发表于 *Occultism, Witchcraft, and Cultural Fashions*, pp. 93—119。

关于灵魂之光以箭或光线的形式穿透人体而遁去的象征意义，参见 Eliade, “Briser le toit du maison”，以及 R. A. Stein, “Architecture et pensée religieuse”; idem, “L'habitat, le monde et le corps humain”(引自上文，§ 313)，后两篇文章是作者的两大研究成果。

月称(Candrakīrti)和宗喀巴原著的译本，参见 G. Tucci, “Some Glosses upon Guhyasamāja”, *Mélanges chinois et bouddhiques* 3 (1934—1935):339—353。亦可参见 Alex Wayman, *Yoga of the Guhyasamājatantra* (Delhi and Benares, 1977)。

《中阴闻教得度》(*Bardo Thödol*)的译本有如下几种：Lama Kazi Dawa-Samdup and W. Y. Evans-Wentz, *The Tibetan Book of the Dead* (Oxford, 1927;法文本，1958);Francesca Fremantle and Chögyam Trungpa, *The Tibetan Book of the Dead* (Berkeley and London, 1975);以及 Giuseppe Tucci, *Il Libro Tibetano dei morti* (Milan, 1949)。亦可参见 D. M. Back, *Eine buddhistische Jenseitsreise: Das sogenannte “Totenbuch der Tibeter” aus philologischer Sicht* (Wiesbaden, 1979); Dawa-Samdup and Evans-Wentz, *Tibetan Yoga and Secret Doctrines* (Oxford, 1935), pp. 223 ff. 。

318. 在 11 世纪的前 25 年中，密教经典《时轮经》(Kālacakra)传入西藏。在一些新观念中，它介绍了关于时间周期的占星术解释。藏历始于公元 1026 年，同年正式认可了《时轮经》(Kālacakra)。有关《时轮经》这一大乘佛教(Mahāyāna)最后表现的教理和历史,尚无人加以研究。参见 George Roerich, "Studies in the Kālacakra", *Journal of Urusvati Himalayan Research Institute of the Roerich Museum* 2 (1931):11—22; H. Hoffmann, "Kālacakra Studies, I: Manichaeism, Christianity and Islam in Kālacakra Tantra", *Central Asiatic Journal* 13 (1969):52—75; idem, *The Religions of Tibet*, pp. 126 ff.。

根据西藏的传说,在位于西藏北部有一个叫作香巴拉(Shambala)的秘境,《时轮经》在那里得到著述和保护;有的学者(如劳费尔和伯希和)认为它位于和阗附近,有的学者(如萨拉特·钱得拉·达斯[Sarat Chandra Das])认为在大夏或者在中亚。有关这些争论,以及对香巴拉的若干象征性的解释,可参见 Edwin Birnbaum, *The Way to Shambala: A Search for the Mythical Kingdom beyond the Himalayas* (New York, 1980;参见其中引证的参考书目,pp. 269—287)。

在米拉日巴著述的部分翻译中,最贴近原文的是 Berthold Laufer, *Milaraspa: Tibetische Texte in Auswahl übertragen* (Hagen i. W. and Darmstadt, 1922); H. Hoffmann, *Mi-la ras-pa: Sieben Legenden* (Munich and Planegg, 1950); Sir Humphrey Clarke, *The Message of Milarepa* (London, 1958)。亦可参见最新的译本, Lobsang P. Lhalungpa, *The Life of Milarepa* (New York, 1977)。

第一部全译本,参见 Garma C. C. Chang, *The Hundred Thousand Songs of Milarepa*, 2 vols. (New York, 1962)。有关这部著作严肃的评论,参见 D. Snellgrove, *Asia Major* 10(1963):302—310;亦可参见 de Jong, *IIJ* 10(1967):204—212,其尽力展现"这部译著的精彩之处"(p. 205); ibid., 211—212,这里包含了所有译本的书目。

关于造像研究,参见 T. Schmid, *The Cotton-clad Mila: The Tibetan Poet-Saint's Lift in Pictures* (Stockholm, 1958)。

关于格萨尔王的史诗,参见 Alexandra David-Neel and Lama Yongden, *The Superhuman Lift of Gesar of Ling* (London, 1933; =*La vie surhumaine de Guésar de Ling*, Paris, 1931:其中包含史诗的基本介绍和部分翻译);R. A. Stein, *L'épopée tibétaine de Gesar dans sa version lamaïque de Ling* (1956); idem, "Peintures tibétaines de la Vie de Gesar", *Arts Asiatiques* 5 (1958):243—271; idem, *Recherches sur l'épopée et le barde au*

Tibet（1959；这是一部权威性的著作）；idem，“Une source ancienne pour l'histoire de l'épopée tibétaine”，*JA*（1963）：77—105；M. Herrnanns，*Der National-Epos der Tibeter*：*Gling König Ge sar*（Regensburg，1965；这是一部篇幅达 1 000 多页的博大精深之作。需要仔细参阅）。

英汉术语索引 349

（索引页码参见边码）

图书在版编目(CIP)数据

宗教思想史. 第3卷，从穆罕默德到宗教改革 / (美)伊利亚德(Eliade，M.)著 ；晏可佳等译 .— 上海 ：上海社会科学院出版社，2011
ISBN 978-7-80745-915-6

Ⅰ. ①宗… Ⅱ. ①伊… ②晏… Ⅲ. ①宗教史 ：思想史—世界 Ⅳ. ①B929.1

中国版本图书馆 CIP 数据核字(2011)第164883号

合同登记号:09-2011-462

宗教思想史(第3卷)——从穆罕默德到宗教改革

作　　者：[美]米尔恰·伊利亚德(Mircea Eliade)
译　　者：晏可佳　姚蓓琴
责任编辑：龙　华
封面设计：闵　敏
出版发行：上海社会科学院出版社
上海顺昌路622号　邮编200025
电话总机021-63315947　销售热线021-53063735
http://www.sassp.cn　E-mail:sassp@sassp.cn
照　　排：南京理工出版信息技术有限公司
印　　刷：上海颛辉印刷厂有限公司
开　　本：710毫米×1010毫米　1/16
印　　张：22.25
插　　页：2
字　　数：370千
版　　次：2011年9月第1版　2022年1月第6次印刷

ISBN 978-7-80745-915-6/B·064　定价：158.00元(全3卷)